Imprimerie MIGNE, au Petit-Montrouge.

# DICTIONNAIRE
## DE
# THÉOLOGIE DOGMATIQUE.

## J

JACOB, fils d'Isaac et petit-fils d'Abraham, fut le père des douze chefs des tribus d'Israël. Nous n'avons pas dessein de rapporter en détail toutes les actions de ce patriarche, mais d'examiner celles que les incrédules ont censurées avec trop de rigueur, et contre lesquelles ils ont fait des objections.

1° *Jacob* profite de la faim et de la lassitude de son frère Esaü, pour lui enlever le droit d'aînesse, qui était inaliénable. Si, par le *droit d'aînesse*, on entend les biens de la succession paternelle, ce reproche est faux. Esaü eut pour partage, aussi bien que son frère, *la rosée du ciel, et la graisse de la terre*, l'abondance de toutes choses (*Gen.*, c. XXVII, v. 39). Lorsque *Jacob*, revenant de la Mésopotamie où il s'était enrichi, voulut lui faire des présents, il répondit : *Je suis assez riche, mon frère; gardez pour vous ce que vous avez*, c. XXXIII, v. 9. Or, ce que *Jacob* possédait pour lors était le fruit de son travail ; il dit lui-même : *J'ai passé le Jourdain avec mon bâton, et je reviens avec deux troupes nombreuses d'hommes et d'animaux*, c. XXXII, v. 10. Isaac vivait encore ; et à sa mort il n'y eut point de dispute entre les deux frères pour le partage de sa succession, c. 35, v. 29.

Qu'était-ce donc que le droit d'aînesse vendu par Esaü et acheté par *Jacob ?* Le privilége d'avoir dans la suite des siècles une postérité plus nombreuse et plus puissante, d'y conserver le culte du vrai Dieu, d'entrer dans la ligne des ancêtres du Messie. Telles étaient les bénédictions promises aux patriarches Abraham et Isaac. Esaü n'y avait aucun droit, c'était un bienfait de Dieu purement gratuit ; Dieu l'avait destiné et promis à *Jacob*, lorsqu'il était encore dans le sein de sa mère. *Gen.*, c. XV, v. 23. Esaü méritait d'en être privé, à cause du peu de cas qu'il en fit, et de la facilité avec laquelle il y renonça, c. XXV, v. 34. Il aggrava sa faute en épousant deux étrangères, desquelles Isaac et Rébecca étaient mécontents, c. XXVI, v. 35. Quoique la narration de l'historien sacré soit très-succincte et détaille peu de circonstances, elle en dit assez pour nous faire comprendre qu'Esaü était naturellement violent, impétueux dans ses désirs, déterminé à les satisfaire, quoi qu'il en pût arriver. Il se fit un jeu de son serment et du droit de primogéniture ; quand il vit les suites de son imprudence, il forma le dessein de tuer son frère, c. XXVII, v. 41. Il n'inspira point à ses femmes le respect qu'elles auraient dû avoir pour Isaac et Rébecca, c. XXVII, v. 46. Cette conduite est beaucoup plus répréhensible que celle de *Jacob*. Au mot HAINE, nous avons expliqué en quel sens Dieu a dit par un prophète : *J'ai aimé Jacob et j'ai haï Esaü*.

2° *Jacob*, par le conseil de sa mère, trompe Isaac par un mensonge, pour obtenir la bénédiction destinée à Esaü. Ce fut une faute de la part de l'un et de l'autre ; mais Dieu, qui avait annoncé ses desseins, ne voulut pas y déroger pour punir deux coupables. Isaac lui-même, instruit du mensonge de Jacob, ne révoqua point sa bénédiction ; il la confirma, parce qu'il se souvint de la promesse que Dieu avait faite à Rébecca ; il dit à Esaü : *Ton frère a reçu la bénédiction que je te destinais ; il sera béni, et tu lui seras soumis*. C. XXVII, v. 33. Lorsque *Jacob* partit pour la Mésopotamie, Isaac lui renouvela les bénédictions et les promesses faites à Abraham. C. XXVIII, v. 4. Il ne faut pas en conclure que Dieu récompensa la tromperie de *Jacob* ; il n'est point ici question de récompense, mais de l'exécution d'une promesse que Dieu avait faite avant que *Jacob* fût au monde ; celui-ci fut assez puni par la crainte que lui inspirèrent, pendant longtemps, les menaces d'Esaü, c. XXVII, v. 11, etc.

Un incrédule a objecté qu'il n'est pas possible qu'Isaac ait été trompé par l'artifice grossier dont *Jacob* se servit pour se déguiser. Mais ce vieillard, aveugle et couché sur son lit, ne se défiait de rien, et il fut informé lui-même de son erreur, lorsqu'il s'aperçut de la fraude. C. XXVII, v. 33. Ajoutons qu'aucun motif n'a pu engager l'historien sacré à forger cette narration, il aurait eu plutôt intérêt à la supprimer : elle n'était pas honorable à la postérité de *Jacob*.

Le même critique prétend que la bénédiction d'Isaac a été fort mal accomplie ; que les

# CYCLOPÉDIE

# THÉOLOGIQUE,

OU

SÉRIE DE DICTIONNAIRES SUR TOUTES LES PARTIES DE LA SCIENCE RELIGIEUSE,

OFFRANT EN FRANÇAIS, ET PAR ORDRE ALPHABÉTIQUE,

LA PLUS CLAIRE, LA PLUS FACILE, LA PLUS COMMODE, LA PLUS VARIÉE
ET LA PLUS COMPLÈTE DES THÉOLOGIES.

CES DICTIONNAIRES SONT CEUX

D'ÉCRITURE SAINTE, — DE PHILOLOGIE SACRÉE, — DE LITURGIE, — DE DROIT CANON, —
DES HÉRÉSIES, DES SCHISMES, DES LIVRES JANSÉNISTES, DES PROPOSITIONS ET DES LIVRES CONDAMNÉS,
— DES CONCILES, — DES CÉRÉMONIES ET DES RITES, —
DE CAS DE CONSCIENCE, — DES ORDRES RELIGIEUX (HOMMES ET FEMMES), — DES DIVERSES RELIGIONS, —
DE GÉOGRAPHIE SACRÉE ET ECCLÉSIASTIQUE, — DE THÉOLOGIE MORALE, ASCÉTIQUE ET MYSTIQUE,
— DE THÉOLOGIE DOGMATIQUE, CANONIQUE, LITURGIQUE, DISCIPLINAIRE ET POLÉMIQUE,
— DE JURISPRUDENCE CIVILE-ECCLÉSIASTIQUE,
— DES PASSIONS, DES VERTUS ET DES VICES, — D'HAGIOGRAPHIE, — DES PÈLERINAGES RELIGIEUX, —
D'ASTRONOMIE, DE PHYSIQUE ET DE MÉTÉOROLOGIE RELIGIEUSES, —
D'ICONOGRAPHIE CHRÉTIENNE, — DE CHIMIE ET DE MINÉRALOGIE RELIGIEUSES, — DE DIPLOMATIQUE CHRÉTIENNE,—
DES SCIENCES OCCULTES, — DE GÉOLOGIE ET DE CHRONOLOGIE CHRÉTIENNES.

PUBLIÉE

PAR M. L'ABBÉ MIGNE,

ÉDITEUR DE LA BIBLIOTHÈQUE UNIVERSELLE DU CLERGÉ,

OU

DES COURS COMPLETS SUR CHAQUE BRANCHE DE LA SCIENCE ECCLÉSIASTIQUE.

PRIX : 6 FR. LE VOL. POUR LE SOUSCRIPTEUR A LA COLLECTION ENTIÈRE, 7 FR., 8 FR., ET MÊME 10 FR. POUR LE
SOUSCRIPTEUR A TEL OU TEL DICTIONNAIRE PARTICULIER.

## 52 VOLUMES, PRIX : 312 FRANCS.

## TOME TRENTE-CINQUIÈME.

DICTIONNAIRE DE THÉOLOGIE DOGMATIQUE.

TOME TROISIÈME.

N-P

4 VOL. PRIX : 26 FRANCS.

S'IMPRIME ET SE VEND CHEZ J.-P. MIGNE, EDITEUR,
AUX ATELIERS CATHOLIQUES, RUE D'AMBOISE, AU PETIT-MONTROUGE,
BARRIÈRE D'ENFER DE PARIS.

1850

# DICTIONNAIRE
## DE
# THÉOLOGIE
## DOGMATIQUE,
### LITURGIQUE, CANONIQUE ET DISCIPLINAIRE.

**PAR BERGIER.**

### NOUVELLE ÉDITION

MISE EN RAPPORT AVEC LES PROGRÈS DES SCIENCES ACTUELLES;

RENFERMANT TOUT CE QUI SE TROUVE DANS LES ÉDITIONS PRÉCÉDENTES,
TANT ANCIENNES QUE MODERNES, NOTAMMENT CELLES DE D'ALEMBERT ET DE LIÉGE SANS CONTREDIT
LES PLUS COMPLÈTES,
MAIS DE PLUS ENRICHIE D'ANNOTATIONS CONSIDÉRABLES ET D'UN GRAND NOMBRE D'ARTICLES NOUVEAUX SUR LES
DOCTRINES OU LES ERREURS QUI SE SONT PRODUITES DEPUIS QUATRE-VINGTS ANS;

## ANNOTATIONS ET ARTICLES

QUI RENDENT LA PRÉSENTE ÉDITION D'UN TIERS PLUS ÉTENDUE QUE TOUTES CELLES DU CÉLÈBRE
APOLOGISTE, CONNUES JUSQU'A CE JOUR, SANS AUCUNE EXCEPTION;

**PAR M. PIERROT,**

ANCIEN PROFESSEUR DE PHILOSOPHIE ET DE THÉOLOGIE AU GRAND SÉMINAIRE DE VERDUN,
AUTEUR DU *Dictionnaire de Théologie morale;*

PUBLIÉ

**PAR M. L'ABBÉ MIGNE,**
ÉDITEUR DE LA BIBLIOTHÈQUE UNIVERSELLE DU CLERGÉ,
OU
DES COURS COMPLETS SUR CHAQUE BRANCHE DE LA SCIENCE ECCLÉSIASTIQUE.

4 VOLUMES. PRIX : 26 FRANCS.

### TOME TROISIEME.
J-P

S'IMPRIME ET SE VEND CHEZ J.-P. MIGNE, EDITEUR,
AUX ATELIERS CATHOLIQUES, RUE D'AMBOISE, AU PETIT-MONTROUGE,
BARRIÈRE D'ENFER DE PARIS.

1850

Iduméens, descendants d'Esaü, ont toujours été plus puissants que les Israélites. Selon lui, les Iduméens aidèrent Nabuchodonosor à détruire Jérusalem, ils se joignirent aux Romains ; Hérode, Iduméen, fut créé roi des Juifs par ces derniers, et, longtemps après, ils s'associèrent aux Arabes, sectateurs de Mahomet, pour prendre Jérusalem et la Judée, dont ils sont demeurés en possession. Cette érudition pèche en plusieurs choses. Il est certain que David fit la conquête de l'Idumée (*II Reg.* c. VIII, v. 14) ; que les Iduméens ne secouèrent le joug que cent soixante ans après, sous le règne de Joram, fils de Josaphat (*IV Reg.* c. VIII, v. 20). C'est ce que Jacob avait prédit à Esaü, en lui disant : *Le temps viendra où tu secoueras son joug* (*Gen.* XXVII, 40). Nabuchodonosor ravagea l'Idumée aussi bien que la Judée (*Jerem.* XLIX, 20). Dieu déclare par Malachie qu'il ne permettra pas que les Iduméens se rétablissent dans leur pays, comme il a replacé les Juifs dans la Palestine après la captivité de Babylone ; et c'est à ce sujet qu'il dit : *J'ai aimé Jacob, et j'ai haï Esaü.* C. I, v. 2 et suiv. Sous les Asmonéens, Judas Machabée vainquit encore ce qui restait des descendants d'Esaü (*I Mach.*, c. V, v. 3). Pendant le siège de Jérusalem, ils se rendirent aux Romains ; mais il ne paraît pas qu'ils aient eu aucune part au sac de la Judée. Josèphe, *Guerre des Juifs*, l. IV, c. 15. Depuis cette époque, il n'est plus question d'eux dans l'histoire. On ne prouvera jamais que les Arabes mahométans, qui se sont joints aux Turcs, aient été la postérité d'Esaü ; ce sont plutôt des descendants d'Ismaël, comme ils s'en vantent eux-mêmes.

D'ailleurs, à la venue du Messie, toutes les promesses faites à la postérité de Jacob ont été censées accomplies ; le règne d'Hérode est précisément l'époque à laquelle nous devons nous fixer pour voir toute puissance souveraine enlevée aux Juifs, selon la prédiction de Jacob (*Gen.*, c. XLIX, v. 10).

3° Jacob, arrivé dans la Mésopotamie, épouse les deux sœurs, filles d'un père idolâtre, et prend encore leurs servantes ; il est donc coupable d'inceste, de polygamie et de désobéissance à la loi, qui défendait aux patriarches ces sortes d'alliances. Mais il faut faire attention que les mariages de Jacob ont été contractés trois cents ans avant que fût portée la loi qui défendait à un homme d'épouser les deux sœurs. Ces mariages n'étaient pas réputés incestueux chez les Chaldéens, puisque ce fut Laban lui-même qui donna ses deux filles à Jacob. À l'article POLYGAMIE, nous verrons qu'elle n'était pas défendue par la loi naturelle avant l'état de société civile. Les enfants d'Adam n'avaient pas péché en épousant leurs sœurs.

Quoiqu'il soit parlé dans le livre de la *Genèse* des *théraphims*, ou idoles de Laban, nous voyons cependant qu'il adorait le vrai Dieu, puisque c'est en son nom seul qu'il jure alliance avec Jacob (*Genes.*, c. XXXI, v. 49 et suiv.). Il ne s'ensuit donc pas que ses filles aient été idolâtres. Jacob aurait été beaucoup plus coupable d'épouser des Chananéennes, puisque c'est avec celles-ci que les patriarches ne devaient point contracter alliance.

4° Les censeurs de l'Écriture sainte accusent Jacob d'avoir trompé son beau-père, en changeant la couleur des troupeaux ; ils ajoutent que l'expédient dont il se servit est une absurdité, dont l'effet supposé est contraire à toutes les expériences. C'est Jacob, au contraire, qui se plaint à Laban de ce qu'il a mal payé ses services, et a changé dix fois son salaire. C. XXXI, v. 36, 41. Laban, confondu, reconnaît qu'il a tort, que Dieu l'a comblé de biens par les services de Jacob ; il jure alliance avec lui. *Ibid.*, v. 44. Rien ne nous oblige de supposer que l'expédient dont Jacob se servit pour changer la couleur des troupeaux, produisit cet effet naturellement ; il reconnaît lui-même que c'est Dieu qui a voulu l'enrichir par ce moyen. C. XXXI, v. 9 et 16. Cependant plusieurs naturalistes anciens et modernes ont cité des exemples des effets extraordinaires produits sur le fœtus par les objets dont les mères ont été frappées dans le temps de la conception (1).

(1) L'auteur de la *Philosophie de l'Histoire*, dans le chapitre des *Préjugés populaires*, s'exprime ainsi :

« Parmi beaucoup d'erreurs auxquelles le genre humain a été livré, on croyait qu'on pouvait faire naître des animaux de la couleur qu'on voulait, en présentant cette couleur aux mères avant qu'elles conçussent. L'auteur de la Genèse dit que Jacob eut des brebis tachetées par cet artifice. »

*Réponse.* Cet écrivain traite de préjugé l'opinion de la force de l'imagination de la mère sur le fœtus. Qu'on lise Bochart, et l'on verra si l'on peut qualifier ainsi un sentiment que ce savant a prouvé par une infinité d'exemples anciens et modernes : nous y en ajouterons un tout récent, rapporté par le Père Gumila, dans sa curieuse *Description de l'Orénoque*. Voici ses paroles :

« Étant, en 1738, principal du collége de Carthagène, dans le nouveau royaume de Grenade, je fus à une infirmerie qui n'est séparée du collége que par une muraille, pour visiter les domestiques malades qu'on y amène de la campagne. J'y trouvai entre autres une négresse mariée, qui me fit le détail de sa maladie, ajoutant qu'il s'en fallait beaucoup qu'elle eût obtenu sa santé, dont le médecin l'avait flattée lors de son accouchement. Là-dessus je voulus aussi voir l'enfant pour voir s'il se portait bien. La négresse le découvrit, et je vis avec un étonnement que je ne puis exprimer, un enfant tel qu'on n'en a jamais vu depuis que le monde est monde. Je vais le dépeindre pour qu'on ne m'accuse point d'exagérer ; mais je crains de ne pouvoir y réussir avec la plume, puisque les meilleurs peintres du pays n'ont pu à venir à bout avec le pinceau :

« Cette fille, qui pouvait alors avoir environ six mois, et qui est entrée aujourd'hui dans sa cinquième année, est tachetée de blanc et de noir, depuis le sommet de la tête jusqu'aux pieds, avec tant de symétrie et de variété, qu'il semble que ce soit l'ouvrage du compas et du pinceau. Sa tête, pour la plus grande partie, est couverte de cheveux noirs bouclés, d'entre lesquels s'élève une pyramide de poil crépu aussi blanc que la neige, dont la pointe vient aboutir sur le sommet même de la tête, d'où elle descend, en élargissant ses deux lignes collatérales, jusqu'au milieu de l'un et de l'autre sourcil, avec tant de régularité dans les couleurs, que les deux moitiés des sourcils, qui servent de base aux deux angles de la pyramide, sont de poil blanc et bouclé au lieu que les deux autres

5° Nos adversaires disent que le prétendu combat de *Jacob* contre un ange ou contre un spectre, pendant la nuit, ne fut qu'un rêve de son imagination, ou que c'est une fable inventée par les Juifs, à l'imitation des autres nations, qui toutes se sont flattées d'avoir des oracles qui leur promettaient l'empire de l'univers. Mais l'effet du combat, soutenu par *Jacob*, qui en demeura boiteux le reste de sa vie, prouve que ce ne fut pas un rêve, et l'usage des Israélites de s'abstenir de manger le nerf de la cuisse des animaux prouve que cet événement n'était pas une fable. A l'époque dont nous parlons, c'est-à-dire, vers l'an du monde 2260, six cents ans tout au plus après le déluge, où étaient les nations auxquelles des oracles avaient promis l'empire de l'univers ? Ce trait de vanité n'a pris naissance que chez les peuples conquérants, et il n'y en avait point pour lors.

Le testament de *Jacob*, par lequel il prédit à ses enfants la destinée de leur postérité, pourrait fournir matière à beaucoup de réflexions. L'on ne peut pas présumer que Moïse ni un autre auteur ait osé le forger; les crimes reprochés à Ruben, à Siméon et à Lévi, étaient des taches que leurs tribus étaient intéressées à ne pas souffrir : quel motif pouvait engager Moïse à noircir sa propre tribu ? La prééminence accordée à celle de Juda, au préjudice des autres, devait leur causer de la jalousie : les partages de la Terre promise, faits en conséquence de ce testament, en auraient mécontenté plusieurs, si elles n'avaient pas su que tout avait été ainsi réglé par leur père. Quel qu'ait été l'auteur de ce testament, il a certainement eu l'esprit prophétique, puisqu'il a prédit des événements qui ne devaient arriver que plusieurs siècles après. Les preuves que nous avons données de l'authenticité du livre de la *Genèse* ne peuvent laisser aucun doute sur ce sujet. Quant à la manière dont il faut entendre la prophétie que *Jacob* fait à Juda, son quatrième fils, *Voy.* JUDA.

On dit qu'il est bien étonnant que Dieu

moitiés qui sont du côté des oreilles, sont d'un poil noir et crépu. Pour mieux relever l'espace blanc que forme la pyramide dans le milieu du front, la nature y a placé une tache noire régulière, qui domine considérablement, et sert à relever sa beauté. Le reste de son visage est d'un noir clair, parsemé de quelques taches d'une couleur plus vive ; mais ce qui relève infiniment ses traits, sa bonne grâce et la vivacité de ses yeux, est une autre pyramide blanche, qui, s'appuyant sur la partie inférieure du cou, s'élève avec proportion, et qui, partageant le menton, vient aboutir au-dessous de la lèvre inférieure dans le creux qu'elle forme. Depuis l'extrémité des doigts des mains jusqu'au-dessus du poignet, et depuis les pieds jusqu'à la moitié des jambes, elle paraît avoir des gants et des bottines naturelles d'un noir clair tirant sur le cendré, ce qui produit une admiration sans égale, d'autant plus que ces extrémités sont parsemées d'un grand nombre de mouches aussi noires que du jais. De l'extrémité inférieure du cou descend comme une espèce de pèlerine noire sur la poitrine et sur les épaules, laquelle se termine en trois pointes, dont deux sont placées sur les gros muscles des bras ; et la troisième, qui est la plus large, sur la poitrine. Son épaule est d'un noir clair et tacheté comme celui des pieds et des mains. Enfin, ce qu'il y a de plus singulier dans cette fille est le reste du corps, lequel est tacheté de blanc et de noir, avec la même variété dont j'ai parlé, avec deux taches noires qui occupent les deux genoux. »

« Je retournai plus d'une fois à l'infirmerie avec quelques-uns de nos Pères, pour contempler et admirer ce prodige ; et à quelques jours de là, il y eut une affluence considérable de citoyens et d'étrangers, qui venaient d'arriver sur les galions, qui s'en retournaient tout remplis d'étonnement, et donnant des louanges au Créateur, qui, toujours admirable dans ses ouvrages, prend quelquefois plaisir à les varier pour montrer sa puissance. Les dames du pays attendaient avec impatience la guérison de la négresse, pour qu'elle pût porter chez elles cet enfant extraordinaire. Elles furent enfin satisfaites ; et cet objet fit une telle impression sur leur esprit, qu'elles accablèrent la mère et la fille d'une infinité de présents. Elles ne la prenaient point entre leurs bras qu'elles ne lui missent des colliers et des bracelets de perles précieuses, et plusieurs bijoux semblables. Il y eut plusieurs personnes qui voulurent l'acheter à quelque prix que ce fût ; mais les égards qu'elles se devaient les unes et les autres, joints à la crainte de chagriner le père et la mère, furent cause qu'elles ne purent se satisfaire. Cependant la fille se réveilla avec quelques symptômes de fièvre, le visage triste et abattu, ce qui m'obligea, dès que la nuit fut venue, de la rapporter à sa mère, dans l'habitation où elle était née. Cependant ce prodige fit du bruit dans le nouveau royaume et dans la province de *Caracas*, et l'on m'assura même que les consuls anglais avaient envoyé son portrait à la cour de Londres.

« Ce phénomène excita parmi les curieux plusieurs disputes sur l'origine des couleurs ; on ne parlait plus d'autre chose, chacun adoptant l'opinion qui favorisait son inclination, ce qui fut alors que j'admis pour indubitable celle que j'ai avancée ci-dessus, touchant la force de l'imagination. Ayant pris un jour cette fille entre mes bras, pour mieux observer la variété des couleurs dont j'ai parlé, je remarquai qu'il sauta en même temps sur les genoux de la négresse, une chienne noire et blanche. Je comparai ses taches avec celles de la fille ; et ayant trouvé beaucoup de ressemblance entre elles, je me mis à les examiner en détail, si bien que je trouvai une conformité totale entre les unes et les autres, non-seulement pour la forme, la figure et la couleur, mais encore par rapport aux endroits où elles étaient placées. Je ne fis là-dessus aucune question à la négresse, pour ne point m'écarter du système que j'avais adopté. Je lui demandai seulement depuis quel temps elle avait cette chienne ; et elle me répondit qu'il lui avait été élevée depuis qu'on l'avait ôtée à sa mère pour la lui donner. Je lui demandai encore si la chienne suivait son mari lorsqu'il allait aux champs. Elle me dit que non, et que la chienne lui tenait toujours compagnie. Je crus donc alors, et je crois encore que la vue continuelle de cet animal, jointe au plaisir qu'elle trouvait à jouer avec elle, avait été plus que suffisante pour tracer cette variété de couleurs dans son imagination, et l'imprimer à la fille qu'elle portait dans son sein. Je communiquai ma pensée à deux de nos pères, lesquels ayant comparé, comme j'avais fait, les taches de la chienne avec celles de la fille, ne doutèrent plus que ce fût un effet de l'imagination de la mère.

« Tout ce que je pourrais ajouter, pour établir la vérité du fait que je viens de rapporter, serait inutile, puisqu'il y a dans cette ville plusieurs personnes, tant ecclésiastiques que séculiers, qui en ont été témoins ; et qu'à Cadix même il se trouve un grand nombre de gens qui ont vu la fille dont je parle. » — *Réponses critiques*, par Bullet, tom. 1, p. 205.

ait choisi par préférence une famille dans laquelle il y avait eu tant de crimes, l'inceste de Ruben et celui de Juda, le massacre des Sichimites par Siméon et par Lévi, Joseph vendu par ses frères, etc. Il s'ensuit seulement que dans tous les siècles, et surtout dans les premiers âges du monde, les mœurs ont été très-grossières et les hommes très-vicieux; que la loi naturelle a été mal connue et mal observée; que Dieu, toujours très-indulgent, a répandu sur ses créatures des bienfaits très-gratuits, s'est souvent servi de leurs crimes pour accomplir ses desseins. Aujourd'hui, comme autrefois, il y a lieu de dire : Si Dieu ne nous a pas exterminés, c'est par miséricorde, et parce que sa bonté est infinie (*Thren*. III, 22.).

On soutient mal à propos que ces traits de l'histoire sainte sont de mauvais exemples, et autorisent les crimes des méchants, puisque cette même histoire nous montre la Providence divine attentive à punir le crime ou en ce monde ou en l'autre. Ruben est privé de son droit d'aînesse ; Siméon et Lévi sont notés dans leur postérité ; nous voyons les frères de Joseph prosternés et tremblants à ses pieds, etc. *Jacob* lui-même, parvenu à l'âge de cent trente ans, proteste que sa vie n'a été qu'une suite de souffrances (*Genes*. c. XLVII, v. 9). Au lit de la mort, il n'attend son salut que de Dieu. C. XLIX, v. 18.

Nous ne sommes donc pas obligés de justifier toutes les actions des patriarches, puisque les écrivains sacrés qui les rapportent ne les approuvent point. Il n'est pas nécessaire non plus de dire que c'étaient des types, des figures, des mystères qui annonçaient des événements futurs : cela ne suffirait pas pour les excuser. Mais les incrédules en condamnent plusieurs qui étaient réellement innocentes dans les siècles et dans les circonstances où elles sont arrivées, parce que le droit naturel ne peut pas être absolument le même dans les divers états de l'humanité. La raison en est que le bien commun de la société, qui est le grand objet du droit naturel, varie nécessairement selon les différentes situations dans lesquelles la société se trouve. *Voy*. DROIT NATUREL.

**JACOBINS**, est le nom que l'on donne en France aux dominicains ou frères-prêcheurs, à cause de leur principal couvent qui est à la rue Saint-Jacques, à Paris. C'était un hôpital de pèlerins de Saint-Jacques, lorsque les dominicains vinrent s'y établir en 1218. *Voy*. DOMINICAINS.

**JACOBITES**, hérétiques eutychiens ou monophysites, qui n'admettent en Jésus-Christ qu'une seule nature, composée de la divinité et de l'humanité. Cette erreur est commune aux cophtes d'Egypte, aux Abyssins ou Ethiopiens, aux Syriens du patriarcat d'Antioche, et aux chrétiens du Malabar, que l'on nomme chrétiens de saint Thomas. Nous avons parlé des *jacobites* cophtes et des Ethiopiens dans leurs articles, il est à propos de faire connaître les Syriens. Personne n'a fait leur histoire avec plus d'exactitude que le savant Assémani, dans sa *Bibliothèque orientale*. tom. II.

Au mot EUTYCHIANISME, nous avons suivi les progrès de cette hérésie jusqu'au moment auquel ses partisans prirent le nom de *jacobites*.

Sur la fin du V° siècle, les partisans d'Eutychès, condamnés par le concile de Chalcédoine, étaient divisés en plusieurs sectes et prêts à s'anéantir. Sévère, patriarche d'Antioche, chef de la secte des acéphales, et les autres évêques eutychiens, comprirent la nécessité de se rallier. L'an 541, ils élurent pour évêque d'Edesse un certain Jacques Baradée ou Zanzale, moine ignorant, mais rusé, insinuant et actif, et ils lui donnèrent le titre de métropolitain œcuménique. Il parcourut l'Orient, rassembla les différentes sectes d'eutychiens, et en devint le chef; c'est de là qu'ils ont été nommés *jacobites*. Ces sectaires, protégés d'abord par les Perses, ennemis des empereurs de Constantinople, ensuite par les Sarrasins, rentrèrent peu à peu en possession des églises de Syrie soumises au patriarcat d'Antioche; ils s'y sont conservés jusqu'aujourd'hui.

Pendant les croisades, lorsque les princes d'Occident eurent conquis la Syrie, les papes nommèrent un patriarche catholique d'Antioche, et les catholiques reprirent, dans cette contrée, l'ascendant sur les *jacobites*. Alors ceux-ci témoignèrent quelque envie de se réunir à l'Eglise romaine ; mais ce dessein n'eut aucune suite. Depuis que les Sarrasins ou Turcs sont rentrés en possession de la Syrie, les *jacobites* ont persévéré dans le schisme ; les catholiques qui se trouvent dans ce pays-là, surtout au mont Liban, sont nommés *maronites* et *melchites*. *Voy*. ces mots.

Cependant plusieurs voyageurs modernes nous assurent que le nombre des *jacobites* diminue tous les jours, par les progrès que font, dans l'Orient, les missionnaires catholiques. En 1782, M. Miroudot, évêque de Bagdad, est parvenu à faire élire, pour patriarche des *jacobites* syriens, un évêque catholique qui s'est réconcilié à l'Eglise romaine avec quatre de ses confrères. Les conversions de ces sectaires seraient plus fréquentes, sans les persécutions que les catholiques essuient continuellement de la part des Turcs.

Dans plusieurs endroits, les *jacobites* syriens se sont réunis aux nestoriens, quoique, dans l'origine, leurs sentiments sur Jésus-Christ fussent diamétralement opposés ; et ils se sont séparés des cophtes égyptiens du patriarcat d'Alexandrie, qui venaient originairement de la même souche, parce que les *jacobites* syriens mettent de l'huile et du sel dans le pain de l'eucharistie : usage que les *jacobites* égyptiens n'ont jamais voulu tolérer. Ainsi ces sectaires sont aujourd'hui divisés en *jacobites* africains et en *jacobites* orientaux ou syriens.

Plusieurs auteurs ont cru que, dans le fond, les *jacobites* en général n'étaient plus dans le sentiment d'Eutychès, et qu'ils rejetaient le concile de Chalcédoine par pure prévention. Ils se sont trompés. M. Arquetil, qui a vu au Malabar, en 1758, des évêques syriens *jacobites*, et qui rapporte leur profession de foi, fait voir qu'ils sont encore dans la même erreur qu'Eutychès. Ils admettent en Jésus-Christ Dieu et homme parfait, une personne et *une nature incarnée*, sans séparation et *sans mélange*; c'est ainsi qu'ils s'expriment. A la vérité, ces dernières paroles semblent contradictoires à leur erreur, et M. Anquetil le leur fit observer; mais ils n'en furent pas moins obstinés à le soutenir ainsi. *Zend-Avesta*, tom. I, 1ʳᵉ part., p. 165 et suiv. Quand on leur demande comment il se peut faire que la divinité et l'humanité soient en Jésus-Christ une seule nature, *sans être mélangées* et confondues, ils disent que cela se fait par la toute-puissance de Dieu; qu'à la vérité cela ne se conçoit pas, mais que rien n'est concevable dans un mystère tel que celui de l'incarnation. Quelques-uns ont cherché, en différents temps, à se rapprocher des catholiques, en prétendant qu'ils n'en étaient séparés que par une dispute de mots; mais, dans le vrai, ils sont très-opiniâtres dans leur erreur. Ils font profession de condamner Eutychès, parce qu'il a, disent-ils, confondu les deux natures en Jésus-Christ, en soutenant que la divinité avait absorbé l'humanité; pour nous, nous croyons que l'une et l'autre subsistent sans mélange et sans confusion. Mais ce qui prouve, ou qu'ils ne s'entendent pas eux-mêmes, ou qu'ils déguisent leur sentiment, c'est qu'ils soutiennent comme les monothélites, qu'il n'y a en Jésus-Christ qu'une seule volonté, savoir, la volonté divine; ils supposent donc qu'en lui la nature humaine n'est pas entière, puisqu'elle est privée d'une de ses facultés essentielles, qui est la volonté. En parlant de l'eutychianisme, nous avons fait voir que cet entêtement des monophysites n'est pas une pure dispute de mots, comme plusieurs protestants ont voulu le persuader.

Suivant le rapport d'Assémani, outre cette erreur principale, quelques *jacobites* ont dit que Jésus-Christ est composé de deux personnes, c'est l'erreur de Nestorius; mais ils confondaient le nom de *personne* avec celui de nature. D'autres ont nié, comme les Grecs, que le Saint-Esprit procède du Père et du Fils; ce n'est pas néanmoins le sentiment commun de cette secte. Ils prétendent, comme les arminiens, que les saints ne jouiront de la gloire éternelle, que les méchants ne seront envoyés au supplice éternel qu'après la résurrection générale et le jugement dernier. Ainsi ils n'admettent pas le purgatoire; cependant, en général, ils prient pour les morts. On les a faussement accusés de nier la création des âmes. Ils reconnaissent sept sacrements, et croient la présence réelle de Jésus-Christ dans l'eucharistie; mais ils admettent l'impanation, ou une union hypostatique du pain et du vin avec le Verbe. Cependant il n'y a aucun vestige de cette erreur dans leurs liturgies; on y trouve même le terme de *transmutation*, en parlant de l'eucharistie. *Perpétuité de la foi*, tom. I, l. v, c. 11, tom. IV, p. 65 et suiv. Ils croient, comme les Grecs, que la consécration se fait par l'invocation du Saint-Esprit; ils consacrent avec du pain levé, contre l'ancien usage de l'Eglise syriaque, et ils y mettent du sel et de l'huile. Ces *jacobites* syriens ne pratiquent point la circoncision, comme font les Abyssins ou Ethiopiens, mais donnent la confirmation avec le baptême. Ils administrent l'extrême-onction, qu'ils nomment *la lampe*; ils ont conservé l'usage de la confession et de l'absolution; ils croient le mariage dissoluble en certains cas graves.

On a révoqué en doute mal à propos la validité de leur ordination; Morin n'a pas rapporté fidèlement et en entier le rite qu'ils y observent: Assémani détaille fort au long les cérémonies de l'élection et de l'ordination de leur patriarche, de même que Renaudot a décrit exactement celles qui s'observent à l'égard du patriarche *jacobite* d'Alexandrie. Ils ne confondent donc point le clergé avec le peuple, comme font les protestants. Ils ordonnent des chantres, des lecteurs, des sous-diacres, des diacres, des archidiacres, des prêtres, des chorévêques, des périodeutes ou visiteurs, des évêques, des métropolitains ou archevêques, un patriarche; mais ils ne distinguent que six ordres, trois mineurs et trois majeurs. Ils ont un office divin auquel les clercs sont obligés; ils permettent aux ecclésiastiques mariés de vivre avec les femmes qu'ils ont prises avant d'être ordonnés, mais non de se marier après leur ordination; pour faire des évêques, ils prennent ordinairement des moines; c'est le patriarche qui les élit et les ordonne. Ils ont donc conservé l'état monastique; il y a parmi eux des monastères de l'un et de l'autre sexe, où l'on fait les vœux de pauvreté, de continence et de clôture, où l'on pratique une abstinence perpétuelle et beaucoup de jeûnes. Outre le carême et le jeûne des mercredis et vendredis, ils ont ceux de la sainte Vierge, des apôtres, de Noël, des Ninivites, et chacun de ces jeûnes dure plusieurs semaines. Dans l'office divin, ils suivent la version syriaque de l'Ancien et du Nouveau Testament, et ils célèbrent en syriaque, quoique leur langue vulgaire soit l'arabe; ils ont même porté leur liturgie syriaque dans les Indes. Pour l'usage ordinaire, ils ont une version arabe de l'Écriture sainte qui a été faite sur le syriaque. *Voy.* Bible.

La principale liturgie des *jacobites* syriens est celle qui porte le nom de saint Jacques, et les catholiques syriens, nommés maronites et melchites, s'en servent aussi. Par conséquent elle est plus ancienne que le schisme des *jacobites* ou eutychiens, et que le concile de Chalcédoine, puisque, depuis cette époque, ils ont formé une secte absolument séparée des catholiques. Cette liturgie n'est pas la même que celle qui a été faite par Jacques Baradée ou Zanzale, chef des *jacobites*. Or, on y retrouve les dogmes que les protestants ont rejetés, sous prétexte que c'étaient des innovations faites par l'Eglise romaine; l'intercession et l'invocation de la sainte Vierge et des saints ; les prières pour les morts, la croyance des peines expiatoires après la mort, la notion de sacrifices, etc. *Voy.* cette liturgie dans le Père Lébrun, tom. IV, p. 585. Les *jacobites* en ont encore plusieurs autres sous différents noms, comme de saint Pierre, de saint Jean l'Evangéliste, des douze apôtres, etc. On leur en connaît près de quarante.

Ces hérétiques, séparés de l'Eglise romaine depuis douze cents ans, n'ont certainement emprunté d'elle ni leur croyance ni leurs rites, et ils ne se sont pas avisés, d'un commun consentement, de corrompre leur liturgie pour plaire aux catholiques. Il faut donc que les dogmes professés dans la liturgie syriaque de saint Jacques aient été la croyance commune de l'église universelle en 451, époque du concile de Chalcédoine, qui a donné lieu au schisme des *jacobites* ; et il est prouvé d'ailleurs que cette liturgie ancienne était celle de l'Eglise de Jérusalem. *Voy.* Saint JACQUES LE MINEUR, et les *Liturgies orientales* publiées par l'abbé Renaudot, tome II.

L'étude de l'Ecriture sainte et de la théologie a été cultivée par les *jacobites* syriens jusque vers le xv° siècle. Assémani donne le catalogue de cinquante-deux auteurs de cette secte, et la notice de leurs ouvrages. Les deux plus célèbres de ces écrivains sont Denis Bar-Salibi, évêque d'Amide, qui a vécu sur la fin du xii° siècle, et Grégoire Bar-Hébræus, surnommé Abulpharage, patriarche d'Orient, né l'an 1226. Ce dernier a été accusé mal à propos d'avoir apostasié. Il ne faut pas le confondre avec Abulpharagius Abdalla Benattibus, prêtre et moine nestorien, mort l'an 1043. Mais, depuis le xiv° siècle, les *jacobites* syriens sont tombés dans l'ignorance ; leur secte, autrefois très-répandue dans la Syrie et dans la Mésopotamie, est beaucoup diminuée par les travaux des missionnaires catholiques, et l'on prétend qu'il en reste tout au plus cinquante familles dans la Syrie. *Voyages de M. de Pagès*, t. I, p. 352.

C'est donc vainement que Mosheim et quelques autres protestants triomphent de la résistance que les *jacobites* syriens ont opposée aux émissaires des papes, et aux missionnaires qui ont voulu ramener ces sectaires dans le sein de l'Eglise romaine ; ces efforts n'ont pas été aussi inutiles qu'on le prétend. D'ailleurs, qu'importe aux protestants la conversion ou la résistance des *jacobites* ? Ceux-ci ne pensent pas comme eux ; ils leur diraient anathème, s'ils les connaissaient. Mais telle est la bizarrerie et l'entêtement des protestants : ils louent le zèle et le courage avec lequel les sectaires orientaux ont propagé leurs erreurs, et ils blâment l'empressement des missionnaires catholiques à faire des prosélytes. Ils attribuent les missions faites dans le Nord à l'ambition des papes ; et ils ne disent rien de l'ardeur avec laquelle les patriarches grecs, cophtes, syriens, *jacobites*, et nestoriens, ont étendu et exercé leur juridiction sur les évêques et les Eglises qui les reconnaissent pour pasteurs. Ils dissimulent et ils pardonnent aux hérétiques orientaux toutes leurs erreurs, parce qu'ils ne sont pas soumis aux papes, et ils prennent dans le sens le plus odieux tous les articles de croyance des catholiques qu'il leur plaît de rejeter. *Voy.* EUTYCHIANISME.

JACQUES LE MAJEUR (saint), apôtre, fils de Zébédée et frère de saint Jean l'Evangéliste, fut, avec lui et avec saint Pierre, témoin de la transfiguration de Jésus-Christ sur le Thabor. On ne sait pas précisément à quels peuples il a prêché l'Evangile, ni s'il est sorti de la Judée. Il fut mis à mort par Hérode Agrippa, l'an 44 de Jésus-Christ ; c'est le premier apôtre qui ait reçu la couronne du martyre (*Act.* c. xii, v. 2). Il n'a rien laissé par écrit. Au mot ESPAGNE, nous avons observé que la tradition des Eglises de ce royaume, qui porte que *saint Jacques le Majeur* y a prêché l'Evangile, est contestée par plusieurs savants.

JACQUES LE MINEUR (saint), apôtre, frère de saint Jude, fils de Cléophas et de Marie, sœur ou cousine de la sainte Vierge, est nommé *frère du Seigneur*, c'est-à-dire son parent. Il fut aussi nommé *le Juste*, à cause de ses vertus, et fut établi premier évêque de Jérusalem. Il parla le premier après saint Pierre, dans le concile tenu par les apôtres, l'an 49 ou 50. Ananus II, grand sacrificateur des Juifs, le fit condamner à mort pour avoir rendu témoignage à Jésus-Christ ; le peuple en fureur le précipita du haut du temple. C'est ce que rapporte Eusèbe d'après Hégésippe (*Hist. Eccl.*, l. II, c. 23).

Le Clerc, *Hist. ecclés.*, an 62, § 3, a rassemblé, d'après Scaliger, dix ou douze objections contre le récit d'Hégésippe, et a fait tous ses efforts pour prouver que c'est un amas de fables. Après les avoir examinées de sang-froid, aucune ne nous paraît solide ; elles ne prouvent rien, sinon qu'elles viennent d'une critique pointilleuse, soupçonneuse et maligne à l'excès. Le principal dessein de Le Clerc a été de prouver que les auteurs ecclésiastiques du second siècle étaient ou d'une probité très-suspecte, ou d'une crédulité puérile, et que l'on ne peut ajouter aucune foi à ce qu'ils disent ; il n'est parvenu à le persuader qu'à ceux qui sont intéressés comme lui à mépriser toute espèce de tradition.

Il nous reste de *saint Jacques* une lettre que l'on croit avoir été écrite vers l'an 59, environ trois ans avant son martyre. Quelques auteurs l'ont attribuée à saint Jacques le Majeur ; mais il est plus probable qu'elle est du saint évêque de Jérusalem : elle est appelée *épître catholique*, parce qu'elle n'est point adressée à une Eglise particulière, mais aux juifs convertis et dispersés dans la Judée et ailleurs. *Saint Jacques* y combat principalement l'erreur de ceux qui enseignaient que la foi seule suffisait au salut sans les bonnes œuvres. Eusèbe et saint Jérôme nous apprennent que quelques anciens avaient douté de l'authenticité et de la canonicité de cette lettre ; mais elle est citée comme Écriture sainte, et sous le nom de saint Jacques, par Origène, par saint Athanase, par saint Hilaire, par saint Cyrille de Jérusalem, par les conciles de Laodicée et de Carthage, par saint Ambroise et saint Augustin, etc.; et l'on ne peut faire aucune objection solide contre ces témoignages. Il y a aussi une liturgie qui porte le nom de saint Jacques, de laquelle se servent les Syriens, soit jacobites soit catholiques. Les savants qui l'ont examinée avec soin sont persuadés que c'est la plus ancienne des liturgies orientales qui existe, et la même qui a été à l'usage de l'Église de Jérusalem dès les temps apostoliques. Les protestants, qui étaient intéressés à en contester l'authenticité, ont objecté que cette liturgie ne peut pas avoir été composée par saint Jacques, puisqu'il est certain que les liturgies n'ont été mises par écrit qu'au v° siècle. Comment, disent-ils, peut-on être assuré que celle de saint Jacques a été conservée pendant quatre cents ans, telle que cet apôtre l'avait établie dans son Eglise? Elle se trouve en grec et en syriaque; ceux qui ont confronté les deux textes jugent que le syriaque a été fait sur le grec: or, le grec ne peut pas être l'original, puisqu'à Jérusalem on parlait syriaque et non grec; d'ailleurs on trouve dans l'un et dans l'autre les termes *consubstantiel* et *mère de Dieu*: le premier n'a été en usage que depuis le concile de Nicée, le second, depuis le concile d'Éphèse, tenu l'an 431. Quand la liturgie de *saint Jacques* aurait existé avant cette époque, il est évident qu'elle a été interpolée.

Au mot LITURGIE, nous prouverons que, depuis les apôtres, il y a eu dans chaque Église une formule constante de célébrer les saints mystères, à laquelle on ne s'est jamais donné la liberté de toucher quant au fond, mais à laquelle on a surajouté des prières et des expressions relatives aux dogmes qu'il fallait professer expressément, lorsqu'il est survenu des hérésies.

Nous sommes très-assurés que celle de *saint Jacques* existait avant le v° siècle, puisque saint Cyrille de Jérusalem, mort l'an 385, explique aux nouveaux baptisés la principale partie de la liturgie nommée *anaphora*, et qui commence à l'oblation; l'on voit que ce qu'il en dit est la même chose que ce qui se trouve dans la liturgie de *saint Jacques*.

Au III° et au IV° siècle, lorsque la langue grecque fut devenue commune dans tout l'Orient, la liturgie fut célébrée dans cette langue, surtout dans les villes où le grec était dominant; mais, dans les campagnes où le peuple parlait syriaque, on conservą ce langage dans l'office divin; conséquemment, au v° siècle, la liturgie fut écrite dans l'une et dans l'autre langue. Mais l'abbé Renaudot, qui a traduit en latin les deux textes, *Liturg. orient. Collect.*, t. II, et le père Lebrun, qui les a confrontés, *Explic. de la messe*, t. IV, pag. 347 et 580, n'y ont trouvé aucune différence essentielle.

L'addition des termes *consubstantiel* et *mère de Dieu*, qui y a été faite depuis la naissance de l'arianisme et du nestorianisme, n'y a rien changé pour le fond.

Sur la fin du v° siècle, lorsque les Syriens, partisans d'Eutychès, se séparèrent de l'Église catholique, ils retinrent la liturgie syriaque de *saint Jacques*, aussi bien que les orthodoxes; les uns ni les autres n'y ont pas touché, puisqu'elle se trouve la même chez les jacobites et chez les maronites. L'an 692, le concile *in Trullo* opposa l'autorité de cette liturgie aux arméniens, qui ne mettaient point d'eau dans le calice.

Il est donc certain qu'au v° siècle on était persuadé que cette liturgie était des temps apostoliques; on lui donna le nom de *saint Jacques*, évêque de Jérusalem, parce que c'était l'ancienne liturgie de cette Église, comme on a donné le nom de saint Marc à celle de l'Église d'Alexandrie, et de saint Pierre à celle d'Antioche, etc., sans prétendre que ces liturgies ont été écrites par ces divers apôtres. — Celle dont nous parlons était encore en usage à Jérusalem au IX° siècle, sous Charles le Chauve, qui voulut voir célébrer les saints mystères selon cette liturgie de *saint Jacques*. *Epist. ad Cler. Ravenn.* — Comme on y trouve les dogmes et les rites rejetés par les protestants, il n'est pas étonnant qu'ils ne veuillent lui attribuer aucune autorité; mais en cela même, elle est conforme à toutes les autres liturgies, soit de l'Orient, soit de l'Occident, conformité qui prouve invinciblement que la croyance catholique a été la même dans tous les lieux et dans tous les siècles. *Voy.* LITURGIE.

JACQUES DE NISIBE (saint), évêque de cette ville et docteur de l'Église syrienne, a vécu au IV° siècle; il était au concile de Nicée l'an 325. Il reste de lui dix-huit discours sur divers sujets de dogme et de morale. Le saint les avait écrits en arménien, pour l'instruction des peuples qui parlaient cette langue. Saint Athanase les appelle les monuments de la simplicité et de la candeur d'une âme apostolique. *Epist. encyclic. ad episc. Ægypti et Libyæ.* M. Antonelli les a publiés à Rome en 1756, en arménien et en latin, avec des notes, in-fol. Ce même saint avait confessé la foi durant la persécution de Maximin II; c'est un illustre témoin de la tradition du IV° siècle. Voyez *Vies des Pères et des Martyrs*, t. VI, p. 174 et suiv.

Assémani, dans sa *Bibliothèque orientale*, tom. I, c. 5, 27 et 40, prétend que l'on a souvent attribué à cet évêque de Nisibe les ouvrages d'un autre *saint Jacques*, moine de la même ville, ceux de *saint Jacques*, évêque de Sarug, mort l'an 521, et ceux de *Jacques*, évêque d'Édesse, mort l'an 710; il prouve, contre l'abbé Renaudot, que ces deux derniers étaient catholiques et non jacobites.

JACULATOIRE. On appelle *oraisons jaculatoires* des prières courtes et ferventes adressées à Dieu du fond du cœur, même sans prononcer des paroles. La plupart des versets des psaumes sont des prières de cette espèce: tel est le verset *Deus, in adju-*

*torium*, etc., que l'Eglise a placé à la tête de toutes les heures canoniales. — Les auteurs ascétiques recommandent l'usage fréquent de ces prières à tous ceux qui veulent s'élever à la perfection chrétienne. Elles servent à rappeler le souvenir de la présence de Dieu, à écarter les tentations, à sanctifier toutes nos actions.

JAHEL, épouse de Haber le Cinéen, allié des Israélites, est célèbre dans l'histoire sainte. Sisara, général de l'armée de Jabin, roi des Chananéens, vaincu par les Israélites, et obligé de fuir, se réfugia dans la tente de cette femme qui lui offrait un asile; elle le tua pendant qu'il dormait. Voilà, disent les censeurs de l'histoire sainte, un trait de perfidie, et il est loué dans l'Ecriture (*Jud.*, c. v, § 24). — Ce serait une perfidie, sans doute, si, selon les lois de la guerre, suivies par les nations anciennes, il n'avait pas été permis de tuer un ennemi vaincu et hors de défense; mais quel peuple a connu les lois observées aujourd'hui chez les nations chrétiennes?

On dira que, suivant le livre des Juges, c. iv, 17, *il y avait paix* entre Jabin et la famille de *Jahel*, que cette femme abusa donc de la confiance d'un allié. Mais il n'y a point de verbe dans le texte; il signifie donc plutôt qu'*il y avait eu paix* autrefois entre la famille de *Jahel* et ce roi des Chananéens; depuis que cette famille était voisine et alliée des Israélites, elle ne pouvait être censée amie d'un roi qui était armé contre eux; Sisara eut donc tort de confier sa vie à une femme qu'il devait regarder comme ennemie. Il n'est pas étonnant que *Jahel* soit louée de son courage par les Israélites, et que le peuple l'ait comblée de bénédictions, parce qu'elle avait consommé la victoire; chez toutes les nations l'on ferait encore de même aujourd'hui.

JALOUSIE. Nous lisons dans l'Ecriture sainte que le Seigneur est un *Dieu jaloux*; qu'il ne souffre pas que l'on rende impunément à d'autres qu'à lui le culte qui lui est dû. (*Exod.*, c. xx, v. 5; c. xxxiv, v. 14, etc.) Il dit par un prophète: *J'ai eu contre Sion une violente jalousie qui m'a causé la plus grande indignation* (*Zachar.* c. viii, v. 2). Une passion aussi basse et aussi odieuse convient-elle à Dieu? Les marcionites, les manichéens, Julien et d'autres ennemis du christianisme, ont été autrefois scandalisés de ces expressions; les incrédules modernes les reprochent encore aux auteurs sacrés. Il semble, disent-ils, que Dieu se fâche lorsque nous aimons autre chose que lui : cela est aussi absurde que le préjugé des païens, qui croyaient que leurs dieux étaient envieux et *jaloux* de la prospérité des hommes.

Déjà, au mot ANTHROPOPATHIE, nous avons expliqué pourquoi et en quel sens les écrivains sacrés semblent attribuer à Dieu les passions humaines; ils ont été forcés de parler de Dieu comme on parle des hommes, parce qu'ils n'ont pas pu créer un langage exprès pour exprimer les attributs et les actions de la Divinité.

Sans ressentir la passion de la *jalousie*, Dieu agit comme s'il était jaloux; il défend de rendre à d'autres êtres qu'à lui le culte qui lui est dû, et il menace de punir ceux qui sont coupables de cette profanation. Ce n'est pas qu'il ait besoin de ce culte, ni qu'il perde quelque chose de son bonheur lorsque les hommes le lui refusent; mais c'est parce que le polythéisme et l'idolâtrie sont absurdes, contraires à la raison et au bon sens, toujours accompagnés de crimes et de désordres, par conséquent pernicieux à l'homme. La *jalousie* de Dieu, à cet égard, n'est donc autre chose que sa justice souveraine et sa bonté à l'égard de l'homme. — Il ne s'ensuit pas de là que Dieu nous défend d'aimer autre chose que lui; il nous commande au contraire d'aimer nos père et mère et notre prochain comme nous-mêmes; il ne condamne point ceux qui aiment leurs amis, lorsqu'il leur ordonne d'aimer aussi leurs ennemis, et de faire du bien à tous (*Matth.*, c. v, v. 44 et 56). Mais il nous défend de rien aimer autant que lui, de lui rien préférer; il veut que nous soyons prêts à tout quitter, à sacrifier même notre vie, lorsque cela est nécessaire pour son service : y a-t-il en cela de l'injustice?

Lorsque les païens ignorants et stupides attribuaient à leurs dieux la *jalousie*, ils se les représentaient comme semblables aux petits tyrans envieux et ombrageux dont ils étaient environnés; mais lorsque les philosophes ont parlé de la *jalousie* des dieux, ils ont entendu par là, comme les auteurs sacrés, la justice vengeresse de la Divinité, qui punit les criminels orgueilleux et insolents; et en cela ils ne sont pas répréhensibles ni les uns ni les autres. *Notes de Mosheim sur le Système intellect. de Cudworth*, c. 5, § 39.

Quant à la *jalousie* dont les hommes sont souvent coupables les uns envers les autres, elle est formellement condamnée par l'apôtre saint Jacques, c. iii, v. 14 et 16, et c'est l'un des vices les plus opposés à la charité chrétienne si étroitement commandée par Jésus-Christ. Saint Cyprien a fait un traité exprès contre cette passion, *de Zelo et Livore*; il en fait voir les suites funestes; il lui attribue les schismes et les hérésies, et il n'est que trop vrai que la *jalousie* contre les chefs de l'Eglise a toujours eu plus de part que le zèle aux plaintes, aux déclamations, aux procédés violents des réformateurs de toute espèce. Saint Jean Chrysostome dit qu'un homme jaloux mérite autant d'être retranché de l'Eglise qu'un fornicateur public; mais pour que la *jalousie* pût être l'objet des censures ecclésiastiques, il fallait qu'elle fût prouvée par quelque action qui partait évidemment de ce motif.

JALOUSIE (Eau de). Il est dit (*Num.*, c. v, v. 14) que si un mari a des soupçons touchant la fidélité de sa femme, il la conduira au prêtre, qui lui fera avaler une eau amère sur laquelle il aura prononcé des malédictions; que si cette femme est innocente, il ne lui en arrivera point de mal ; que si elle est coupable, elle en mourra. Plusieurs incrédules ont conclu de là que chez les Juifs un mari pouvait, par le moyen des prêtres, empoisonner sa femme lorsqu'il lui en prenait envie.

Ces critiques auraient compris l'absurdité de leur reproche, s'ils avaient fait attention que, dans le cas d'infidélité de son épouse, un juif pouvait faire divorce avec elle et la renvoyer : cela était plus simple que de la faire empoisonner par un prêtre. La vérité est que l'*eau de jalousie* ne pouvait produire naturellement aucun effet ; il n'y entrait rien qu'un peu de poussière prise sur le pavé du tabernacle, et les malédictions que le prêtre avait écrites sur un morceau de papier ou de vélin. Ces malédictions n'avaient certainement pas par elles-mêmes la force de faire mourir une femme coupable ; il fallait donc que cet effet, s'il arrivait, fût surnaturel, et alors il ne dépendait plus du prêtre.

D'autres raisonneurs ont imaginé que l'*eau de jalousie* était un expédient illusoire et puéril que Moïse avait prescrit pour calmer les soupçons jaloux et les accusations téméraires des Juifs contre leurs épouses ; que cette eau ne pouvait faire ni bien ni mal aux femmes, soit qu'elles fussent coupables ou innocentes, mais que c'était un épouvantail pour les contenir dans le devoir par une terreur panique. Cette conjecture n'a rien de vraisemblable. Indépendamment de l'inspiration de Dieu qui dirigeait Moïse, la feinte qu'on lui attribue aurait été indigne d'un législateur aussi sage.

**JANSÉNISME**, système erroné touchant la grâce, le libre arbitre, le mérite des bonnes œuvres, le bienfait de la rédemption, etc., renfermé dans un ouvrage de Corneille Jansénius, évêque d'Ypres, qu'il a intitulé *Augustinus*, et dans lequel il a prétendu exposer la doctrine de saint Augustin sur les différents chefs dont nous venons de parler.

Ce théologien était né de parents catholiques, près de Laerdam en Hollande, l'an 1585. Il fit ses études à Utrecht, à Louvain et à Paris. Il fit connaissance, dans cette dernière ville, avec le fameux Jean de Hauranne, abbé de Saint-Cyran, qui le conduisit avec lui à Bayonne, où il demeura douze ans en qualité de principal du collège. Ce fut là qu'il ébaucha l'ouvrage dont nous parlons ; il le composa dans le dessein de faire revivre la doctrine de Baïus, condamnée par le saint-siége en 1557 et 1579. Il l'avait puisée dans les leçons de Jacques Janson, disciple et successeur de Baïus, et ce dernier avait embrassé en plusieurs choses les sentiments de Luther et de Calvin. *Voy.* Baïanisme. L'abbé de Saint-Cyran était dans les mêmes opinions. De retour à Louvain, Jansénius y prit le bonnet de docteur ; il obtint une chaire de professeur pour l'Écriture sainte, et fut nommé à l'évêché d'Ypres par le roi d'Espagne ; mais il ne le posséda pas longtemps : il mourut de la peste en 1638, quelques années après sa nomination. Il avait travaillé pendant vingt ans à son ouvrage ; il y mit la dernière main avant sa mort, et il laissa à quelques amis le soin de le publier : on y trouve diverses protestations de soumission au saint-siége ; mais l'auteur ne pouvait pas ignorer que la doctrine qu'il établissait avait déjà été condamnée dans Baïus.

L'*Augustin* de Jansénius parut pour la première fois, à Louvain, en 1640, et le pape Urbain VIII, en 1642, le condamna comme renouvelant les erreurs du baïanisme. Cornet, syndic de la faculté de théologie de Paris, en tira quelques propositions qu'il déféra à la Sorbonne, et la faculté les condamna. Le docteur Saint-Amour et soixante-dix autres appelèrent de cette censure au parlement, et la faculté porta l'affaire devant le clergé. Les prélats, dit M. Godeau, voyant les esprits trop échauffés, craignirent de prononcer, et renvoyèrent la décision au pape Innocent X. Cinq cardinaux et treize consulteurs tinrent, dans l'espace de deux ans et quelques mois, trente-six congrégations ; le pape présida en personne aux dix dernières. Les propositions tirées du livre de Jansénius y furent discutées : le docteur Saint-Amour, l'abbé de Bourzeys, et quelques autres qui défendirent la cause de cet auteur, furent entendus, et l'on vit paraître, en 1653, le jugement de Rome qui censure et qualifie les cinq propositions suivantes :

1° « Quelques commandements de Dieu sont impossibles à des hommes justes qui veulent les accomplir et qui font à cet effet des efforts selon les forces présentes qu'ils ont : la grâce qui les leur rendrait possibles leur manque. » Cette proposition, qui se trouve mot pour mot dans Jansénius, fut déclarée téméraire, impie, blasphématoire, frappée d'anathème, et hérétique. En effet, elle avait déjà été proscrite par le concile de Trente, sess. 6, c. 11, et can. 18. — 2° « Dans l'état de nature tombée, on ne résiste jamais à la grâce intérieure. » Cette proposition n'est pas mot pour mot dans l'ouvrage de Jansénius, mais la doctrine qu'elle contient y est en vingt endroits. Elle fut notée d'hérésie, et elle est contraire à plusieurs textes formels du Nouveau Testament. — 4° « Dans l'état de nature tombée, pour mériter ou démériter, l'on n'a pas besoin d'une liberté exempte de nécessité ; il suffit d'avoir une liberté exempte de coaction ou de contrainte. » On lit en propres termes dans Jansénius : « Une œuvre est méritoire ou déméritoire lorsqu'on la fait sans contrainte, quoiqu'on ne la fasse pas sans nécessité. » *L.* vi, *de Grat. Christi*. Cette proposition fut déclarée hérétique ; elle l'est en effet, puisque le concile de Trente a décidé que le mouvement de la grâce, même efficace, n'impose point de nécessité à la volonté humaine. — 4° « Les semi-pélagiens admettaient la nécessité d'une grâce prévenante pour toutes les bonnes œuvres, même pour le commencement de la foi ; mais ils étaient hérétiques en ce qu'ils pensaient que la volonté de l'homme pouvait s'y soumettre ou y résister. » La première partie de cette proposition est condamnée comme fausse, et la seconde comme hérétique ; c'est une conséquence de la seconde proposition. Voy. SEMI-PÉLAGIANISME. — 5° « C'est une erreur semi-pélagienne de dire que Jésus-Christ est mort et a répandu son sang pour tous les hommes. » Jansénius, de Gratia Christi, l. III, c. 2, dit que les Pères, bien loin de penser que Jésus-Christ soit mort pour le salut de tous les hommes, ont regardé cette opinion comme une erreur contraire à la foi catholique ; que le sentiment de saint Augustin est que Jésus-Christ n'est mort que pour les prédestinés, et qu'il n'a pas plus prié son Père pour le salut des réprouvés que pour celui des démons. Cette proposition fut condamnée comme impie, blasphématoire et hérétique (1).

Il n'est pas nécessaire d'être profond théologien pour sentir la justice de la censure prononcée par Innocent X. Personne, dit M. Bossuet dans sa *Lettre aux religieuses de Port-Royal*, personne ne doute que la condamnation de ces propositions ne soit canonique. On peut ajouter même qu'il suffit à un chrétien non prévenu de les entendre prononcer pour en avoir horreur.

On voit encore que la seconde est le principe duquel toutes les autres découlent comme autant de conséquences inévitables. S'il est vrai que dans l'état de nature tombée l'on ne résiste jamais à la grâce intérieure, il s'ensuit qu'un juste qui a violé un commandement de Dieu, a manqué de grâce pour ce moment ; qu'il l'a violé par nécessité ou par impuissance de l'accomplir. Si cependant il a péché et démérité pour lors, il s'ensuit que pour pécher il n'est pas besoin d'avoir

(1) Voici les termes de cette condamnation : «Primam prædictarum propositionum : *Aliqua Dei præcepta homini us justis volentibus, et conantibus, secundum præsentes quas habent vires, sunt impossibilia, deest quoque illis gratia qua possibilia fiant* : temerariam, impiam, blasphemam, anathemate damnatam, et hæreticam declaramus, et uti talem damnamus.

« Secundam : *Interiori gratiæ, in statu naturæ lapsæ, nunquam resistitur :* hæreticam declaramus, et uti talem damnamus.

« Tertiam : *Ad merendum et demerendum, in statu naturæ lapsæ, non requiritur in homine libertas a necessitate, sed sufficit libertas a coactione :* hæreticam declaramus, et uti talem damnamus.

« Quartam : *Semipelagiani admittebant prævenientis gratiæ interioris necessitatem ad singulos actus, etiam ad initium fidei, et in hoc erant hæretici, quod vellent eam gratiam talem esse, cui posset humana voluntas resistere vel obtemperare :* falsam et hæreticam declaramus, et uti talem damnamus.

« Quintam : *Semipelagianum est dicere, Christum pro omnibus omnino hominibus mortuum esse, aut sanguinem fudisse :* falsam, temerariam, scandalosam ; et intellectam eo sensu, ut Christus pro salute duntaxat prædestinatorum mortuus sit, impiam, blasphemam, contumeliosam, divinæ pietati derogantem, et hæreticam declaramus, et uti talem damnamus.

« Mandamus igitur omnibus Christi fidelibus utriusque sexus, ne de dictis propositionibus sentire, docere, aliter præsumant, quam in hac præsenti nostra declaratione et definitione continetur, sub censuris et poenis contra hæreticos et eorum fautores in jure expressis. »

une liberté exempte de nécessité. D'autre part, si la grâce manque souvent aux justes, puisqu'ils pèchent, à plus forte raison manque-t-elle aux pécheurs ou à ceux qui sont dans l'habitude de pécher : on ne peut donc pas dire que Jésus-Christ est mort pour mériter et obtenir à tous les hommes les grâces dont ils ont besoin pour faire leur salut. Dans ce cas, les semi-pélagiens qui ont cru que l'on résiste à la grâce, et que Jésus-Christ en a obtenu pour tous les hommes, étaient dans l'erreur.

Si donc la seconde proposition de Jansénius est fausse et hérétique, tout son système tombe par terre. Or, dans l'article GRACE, § 2 et 3, nous avons prouvé par plusieurs passages de l'Ecriture sainte, par le sentiment des Pères de l'Eglise, et surtout de Saint Augustin, par le témoignage de notre propre conscience, que l'homme résiste souvent à la grâce intérieure, et que Dieu donne des grâces à tous les hommes sans exception, mais avec inégalité. Aux mots SALUT, SAUVEUR, RÉDEMPTION, etc., nous prouverons par les mêmes autorités que Jésus-Christ a versé son sang pour tous les hommes. Au mot LIBERTÉ, nous ferons voir que l'idée qu'en a donnée Jansénius, n'est pas différente, dans le fond, de celle qu'en ont eue Calvin, Luther et tous les fatalistes.

En effet, tout le système de Jansénius se réduit à ce point capital, savoir, que depuis la chute d'Adam le plaisir est l'unique ressort qui remue le cœur de l'homme ; que ce plaisir est inévitable quand il vient, et invincible quand il est venu. Si ce plaisir vient du ciel ou de la grâce, il porte l'homme à la vertu : s'il vient de la nature ou de la concupiscence, il détermine l'homme au vice, et la volonté se trouve nécessairement entraînée par celui des deux qui est actuellement le plus fort. Ces deux délectations, dit Jansénius, sont comme les deux bassins d'une balance : l'un ne peut monter sans que l'autre ne descende. Ainsi l'homme fait invinciblement, quoique volontairement, le bien ou le mal, selon qu'il est dominé par la grâce ou par la cupidité ; il ne résiste donc jamais ni à l'une ni à l'autre. Ce système n'est ni philosophique ni consolant ; il fait de l'homme une machine, et de Dieu un tyran ; il répugne au sentiment intérieur de tous les hommes ; il n'est fondé que sur un sens abusif donné au mot *délectation*, et sur un axiome de saint Augustin pris de travers. Voy. DÉLECTATION. Il avait déjà été frappé d'anathème par le concile de Trente, sess 6, *de Justif.*, can. 5 et 6.

Mais le désir de former un parti et d'en écraser un autre, l'inquiétude naturelle à certains esprits, et l'ambition de briller par la dispute, suscitèrent des défenseurs à Jansénius contre la censure de Rome. Le docteur Arnauld et d'autres, qui avaient embrassé les opinions de ce théologien, et qui avaient fait les plus grands éloges de son livre avant la condamnation, soutinrent que les propositions censurées n'étaient point dans l'*Augustinus*, qu'elles n'étaient point condamnées dans le sens de Jansénius, mais dans un sens faux que l'on avait donné mal à propos à ses paroles ; que sur ce fait le souverain pontife avait pu se tromper. C'est ce que l'on nomma la distinction du *droit* et du *fait*. Ceux qui s'y retranchaient disaient que l'on était obligé de se soumettre à la bulle du pape *quant au droit*, c'est-à-dire de croire que les propositions, telles qu'elles étaient dans la bulle, étaient condamnables, mais que l'on n'était pas tenu d'y acquiescer *quant au fait*, c'est-à-dire de croire que ces propositions étaient dans le livre de Jansénius, et qu'il les avait soutenues dans le sens dans lequel le pape les avait condamnées.

Il est clair que si cette distinction était admissible, inutilement l'Eglise condamnerait des livres et voudrait les ôter des mains des fidèles ; ils pourraient s'obstiner à les lire, sous prétexte que les erreurs que l'on a cru n'y voir n'y sont pas, et que l'auteur a été mal entendu. Mais on voulait un subterfuge, et celui-ci fut adopté. En vain l'on prouva, contre les partisans de Jansénius, que l'Eglise est infaillible quand il s'agit de prononcer sur un fait dogmatique, ils persévérèrent à soutenir leur absurde distinction ; ils prodiguèrent l'érudition ; ils brouillèrent tous les faits de l'histoire ecclésiastique ; ils renouvelèrent tous les sophismes des hérétiques anciens et modernes pour la faire valoir. *Voy.* DOGMATIQUE.

Arnauld fit plus : il enseigna formellement la première proposition condamnée ; il prétendit que la grâce manque au juste dans des occasions où l'on ne peut pas dire qu'il ne pèche pas ; qu'elle avait manqué à saint Pierre en pareil cas, et que cette doctrine était celle de l'Ecriture et de la tradition. La faculté de théologie de Paris censura, en 1656, ces deux propositions ; et comme Arnauld refusa de se soumettre à cette décision, il fut exclu du nombre des docteurs ; les candidats signent encore cette censure.

Cependant les disputes continuaient ; pour les assoupir, les évêques de France s'adressèrent à Rome. En 1655, Alexandre VII prescrivit la signature d'un *formulaire*, par lequel on proteste que l'on condamne les cinq propositions tirées du livre de Jansénius, *dans le sens de l'auteur*, comme le saint siége les a condamnées (1). Louis XIV donna, dans cette même année, une déclaration qui fut enregistrée au parlement, et qui ordonna la signature du formulaire sous des peines grièves. Ce formulaire devint ainsi une loi de l'Eglise et de l'Etat :

(1) Il était ainsi conçu : « Ego N. constitutioni apostolicæ Innocentii X, datæ die 31 maii 1653 et constitutioni Alexandri VII, datæ 16 octobris 1656, summorum pontificum, me subjicio, et quinque propositiones, ex Cornelii Jansenii libro, cui nomen *Augustinus*, excerptas, et in sensu ab eodem auctore intento, prout illas per dictas constitutiones sedes apostolica damnavit, sincero animo rejicio ac damno ; et ita juro : sic me Deus adjuvet, et hæc sancta Dei Evangelia. »

plusieurs de ceux qui refusaient d'y souscrire furent punis.

Malgré la loi, MM. Pavillon, évêque d'Aleth, Choart de Buzenval, évêque d'Amiens, Caulet, évêque de Pamiers, et Arnauld, évêque d'Angers, donnèrent, dans leurs diocèses, des mandements dans lesquels ils faisaient encore la distinction du fait et du droit, et autorisèrent ainsi les réfractaires. Le pape irrité voulut leur faire leur procès, et nomma des commissaires : il s'éleva une contestation sur le nombre des juges. Sous Clément IX trois prélats proposèrent un accommodement dont les termes étaient que les quatre évêques donneraient et feraient donner dans leurs diocèses une nouvelle signature du formulaire, par laquelle on condamnerait les propositions de Jansénius, sans aucune restriction, la première ayant été jugée insuffisante. Les quatre évêques y consentirent et manquèrent de parole ; ils maintinrent la distinction du fait et du droit. On ferma les yeux sur cette infidélité, et c'est ce qu'on nomma *la paix de Clément IX*.

En 1701, l'on vit paraître le fameux *Cas de conscience*. Voici en quoi il consistait. On supposait un ecclésiastique qui condamnait les cinq propositions dans tous les sens dans lesquels l'Eglise les avait condamnées, même dans le sens de Jansénius, de la manière qu'Innocent XII l'avait entendu dans ses brefs aux évêques de Flandre, auquel cependant on avait refusé l'absolution, parce que, quant à la question de fait, c'est-à-dire à l'attribution des propositions au livre de Jansénius, il croyait que le silence respectueux suffisait. L'on demandait à la Sorbonne ce qu'elle pensait de ce refus d'absolution.

Il parut une décision signée de quarante docteurs, dont l'avis était que le sentiment de l'ecclésiastique n'était ni nouveau ni singulier, qu'il n'avait jamais été condamné par l'Eglise, et qu'on ne devait point pour ce sujet lui refuser l'absolution.

C'était évidemment justifier une fourberie ; car enfin lorsqu'un homme est persuadé que le pape et l'Eglise ont pu se tromper, en supposant que Jansénius a véritablement enseigné telle doctrine dans son livre, comment peut-il protester avec serment qu'il condamne les propositions de Jansénius dans le sens que l'auteur avait en vue, et dans lequel le pape lui-même les a condamnées ? Si ce n'est pas là un parjure, comment faut-il le nommer ? Si une pareille décision n'a jamais été censurée par l'Eglise, c'est qu'il ne s'était encore point trouvé d'hérétique assez rusé pour imaginer un pareil subterfuge. Aussi cette pièce ralluma l'incendie. Le cas de conscience donna lieu à plusieurs mandements des évêques : le cardinal de Noailles, archevêque de Paris, exigea et obtint des docteurs qui l'avaient signée une rétractation. Un seul tint ferme, et fut exclu de la Sorbonne.

Comme les disputes ne finissaient point, Clément XI, qui occupait alors le saint-siège, après plusieurs brefs, donna la bulle *Vineam*

*Domini Sabaoth*, le 15 juillet 1705, dans laquelle il déclare que le silence respectueux sur le fait de Jansénius ne suffit pas pour rendre à l'Eglise la pleine et entière obéissance qu'elle a droit d'exiger des fidèles (1).

M. l'évêque de Montpellier, qui l'avait d'abord acceptée, se rétracta dans la suite. Ce fut alors que l'on fit la distinction du double sens des propositions de Jansénius, l'un qui est le sens vrai, naturel et propre de Jansénius, l'autre qui est un sens faux, putatif, attribué mal à propos à cet auteur. On convient que les propositions étaient hérétiques dans ce dernier sens imaginé par le souverain pontife, mais non dans leur sens vrai, propre et naturel; c'était en revenir au premier subterfuge imaginé par le docteur Arnauld et par ses adhérents.

Voilà où la question du *Jansénisme* et de sa condamnation en était venue, lorsque le Père Quesnel de l'Oratoire publia ses *Réflexions morales sur le Nouveau Testament*, dans lesquelles il délaya tout le poison de la doctrine de Jansénius. On vit alors, plus évidemment que jamais, que ses partisans n'avaient jamais cessé d'y être attachés et de la soutenir, dans le sens même condamné par l'Eglise, malgré toutes les protestations qu'ils faisaient du contraire, qu'ils n'avaient jamais cherché qu'à en imposer et à séduire les âmes simples et droites. La condamnation du livre de Quesnel, que porta Clément XI par la bulle *Unigenitus*, en 1715, a donné lieu à de nouveaux excès de la part des partisans obstinés de cette doctrine. *Voy.* QUESNELLISME.

De toutes les hérésies que l'on a vues éclore dans l'Eglise, il n'en est aucune qui ait eu des défenseurs plus subtils et plus habiles, pour le soutien de laquelle on ait employé plus d'érudition, plus d'artifices, plus d'opiniâtreté, que celle de Jansénius. Mal-

(1) Nous citons les expressions de cette bulle : « Primo quidem præinsertas Innocentii X, et Alexandri VII prædecessorum constitutiones, omniaque et singula in eis contenta, auctoritate apostolica, tenore præsentium, confirmamus, approbamus et innovamus.

« Ac insuper, ut quævis in posterum erroris occasio penitus præcidatur, atque omnes catholicæ Ecclesiæ filii Ecclesiam ipsam audire, non tacendo solum ( nam et impii in tenebris conticescunt ), sed et interius obsequendo, quæ vera est orthodoxi hominis obedientia, condiscant hac nostra perpetuo valitura constitutione : obedientiæ, quæ præinsertis apostolicis constitutionibus debetur, obsequioso illo silentio minime satisfieri ; sed damnatum in quinque præfatis propositionibus Janseniani libri sensum, quem illarum verba præ se ferunt, ut præfertur, ab omnibus Christi fidelibus ut hæreticum, non ore solum, sed et corde rejici ac damnari debere ; nec aliâ mente, animo, aut credulitate supradictæ formulæ subscribi licite posse ; ita ut qui secus, aut contra quoad hæc omnia et singula, senserint, tenuerint, prædicaverint, verbo vel scripto docuerint aut asseruerint, tanquam præfatarum apostolicarum constitutionum transgressores, omnibus et singulis illarum censuris et pœnis omnino subjaceant, eadem auctoritate apostolica decernimus, declaramus, statuimus et ordinamus. »

gré vingt condamnations prononcées contre elle depuis plus d'un siècle, il est encore un bon nombre de personnes instruites qui y tiennent, soit par les principes, soit par les conséquences, en supposant toujours que c'est la doctrine de saint Augustin. Plusieurs théologiens, sans donner dans les mêmes excès, se sont rapprochés des opinions rigoureuses des jansénistes, pour ne pas donner lieu à leurs accusations de pélagianisme, de relâchement, de fausse morale, etc. Ce phénomène serait moins étonnant, si le système de Jansénius était sage et consolant, capable de porter les fidèles à la vertu et aux bonnes œuvres; mais il n'est point de doctrine plus propre à désespérer une âme chrétienne, à étouffer la confiance, l'amour de Dieu, le courage dans la pratique de la vertu, à diminuer notre reconnaissance envers Jésus-Christ. Si, malgré la rédemption du monde opérée par ce divin Sauveur, Dieu est encore irrité de la faute du premier homme; s'il refuse encore sa grâce non-seulement aux pécheurs, mais aux justes; s'il leur impute à péché des fautes qu'il leur était impossible d'éviter sans la grâce, quelle confiance pouvons-nous donner aux mérites de notre Rédempteur, aux promesses de Dieu, à sa miséricorde infinie? Si, pour décider du sort éternel de ses créatures, Dieu préfère d'exercer sa justice et sa puissance absolue plutôt que sa bonté; s'il agit en maître irrité et non en père compatissant, nous devons le craindre sans doute, mais pouvons-nous l'aimer? Les jansénistes ont condamné la crainte de Dieu comme un sentiment servile, et c'est le seul qu'ils nous aient inspiré; ils ont affecté de prêcher l'amour de Dieu, et ils ont travaillé de toutes leurs forces à l'étouffer. Ils ont pris le titre fastueux de *défenseurs de la grâce*, et dans la réalité ils en étaient les destructeurs; ils déclamaient contre les pélagiens, et ils enseignaient une doctrine plus odieuse. Dieu, disaient les pélagiens, ne donne pas la grâce, parce qu'elle n'est pas nécessaire pour faire de bonnes œuvres; les forces naturelles de l'homme lui suffisent. Selon les semi-pélagiens, la grâce est nécessaire pour faire le bien; mais Dieu ne la donne qu'à ceux qui la méritent par leurs bons désirs. Jansénius dit : La grâce est absolument nécessaire ; mais souvent Dieu la refuse, parce que nous ne pouvons pas la mériter. Vous avez tous tort, leur répond un catholique, la grâce est absolument nécessaire; aussi Dieu la donne à tous, non parce que nous la méritons, mais parce que Jésus-Christ l'a méritée et l'a obtenue pour tous; il la donne, et parce qu'il est juste, et parce qu'il est bon, et parce qu'il nous a aimés jusqu'à livrer son Fils à la mort pour la rédemption de tous. Tel est le langage de l'Ecriture sainte, des Pères de tous les siècles, de l'Eglise dans toutes ses prières, de tout chrétien qui croit sincèrement en Jésus-Christ, Sauveur du monde. Lequel de ces divers sentiments est le plus propre à nous inspirer la reconnaissance, la confiance, l'amour de Dieu, le courage de renoncer au péché et de persévérer dans la vertu ?

Vainement les jansénistes citent à tout propos l'autorité de saint Augustin ; Calvin en fait autant pour soutenir ses erreurs. Mais il est faux que saint Augustin ait eu les sentiments que Calvin, Jansénius et leurs partisans lui prêtent ; personne n'a représenté avec plus d'énergie que lui la miséricorde infinie de Dieu, sa bonté envers tous les hommes, la charité universelle de Jésus-Christ, sa compassion pour les pécheurs, l'immensité des trésors de la grâce divine, la libéralité avec laquelle Dieu ne cesse de les répandre.

A peine Innocent X eut-il condamné le système de Jansénius, que cette doctrine fut victorieusement réfutée, en particulier par le père Deschamps, jésuite, dans un ouvrage intitulé : *De Hæresi Janseniana ab Apostolica Sede merito proscripta*, qui parut en 1654, et dont il y a eu plusieurs éditions. Cet ouvrage est divisé en trois livres. Dans le premier, l'auteur démontre que Jansénius a copié dans les hérétiques, surtout dans Luther et dans Calvin, tout ce qu'il a enseigné touchant le libre arbitre, la grâce efficace, la nécessité de pécher, l'ignorance invincible, l'impossibilité d'accomplir les commandements de Dieu, la mort de Jésus-Christ, la volonté de Dieu de sauver tous les hommes, et la distribution de la grâce suffisante. Dans le second, il prouve que les erreurs de Jansénius sur tous ces chefs ont été déjà condamnées par l'Église, surtout dans le concile de Trente. Dans le troisième, il fait voir qu'à l'exemple de tous les sectaires, Jansénius a prêté faussement à saint Augustin des opinions qu'il n'eut jamais, et que ce saint docteur a enseigné formellement le contraire. Aucun des partisans de Jansénius n'a osé entreprendre de réfuter cet ouvrage ; ils n'en ont presque jamais parlé, parce qu'ils ont senti qu'il était inattaquable.

Les protestants, bien convaincus de la ressemblance qu'il y a entre le système de Jansénius sur la grâce et celui des fondateurs de la réforme, n'ont pas manqué de soutenir que c'est réellement le sentiment de saint Augustin ; mais vingt fois l'on a démontré le contraire. Ils ont vu avec beaucoup de satisfaction le bruit que le livre de Jansénius a fait dans l'Église catholique, les disputes et l'espèce de schisme qu'il a causés, l'opiniâtreté avec laquelle ses défenseurs ont résisté aux censures de Rome. Ils ont fait de pompeux éloges des talents, du savoir, de la piété, du courage de ces prétendus disciples de saint Augustin ; mais ils n'ont pas osé justifier les moyens dont ces opiniâtres se sont servis pour soutenir ce qu'ils appelaient *la bonne cause*. Mosheim, qui reconnaît la conformité de la doctrine des jansénistes avec celle de Luther, *de Auctorit. Concilii Dordrac.*, § 7, avoue, dans son *Hist. ecclés.*, XVII° siècle, sect. 2, 1ʳᵉ part., c. 1, § 40, qu'ils ont employé des explications captieuses, des distinctions subtiles, les mêmes sophismes et les mêmes invectives qu'ils reprochaient à leurs adversaires, qu'ils ont eu recours à la superstition, à l'imposture, aux faux miracles, pour fortifier leur parti ; que sans doute ils ont regardé ces fraudes pieuses comme permises lorsqu'il s'agit d'établir une doctrine que l'on croit vraie. C'est plus qu'il n'en faut pour justifier la rigueur avec laquelle quelques-uns des plus fougueux jansénites ont été traités. Mosheim voudrait persuader que l'on a exercé contre eux une persécution cruelle et sanglante ; il est cependant très-certain que toutes les peines se sont bornées à l'exil ou à quelques minutes de prison, et que l'on punissait en eux, non leurs opinions, mais leur conduite insolente et séditieuse.

Indépendamment des conséquences pernicieuses que l'on peut tirer de la doctrine de Jansénius, la manière dont elle a été défendue a produit les plus tristes effets ; elle a ébranlé dans les esprits le fond même de la religion, et a préparé les voies à l'incrédulité. Les déclamations et les satires des jansénistes contre les souverains pontifes, contre les évêques, contre tous les ordres de la hiérarchie, ont avili la puissance ecclésiastique ; leur mépris pour les Pères qui ont précédé saint Augustin a confirmé les préventions des protestants et des sociniens contre la tradition des premiers siècles ; à les entendre, il semble que saint Augustin a changé absolument cette tradition au cinquième : jusqu'alors les Pères avaient été pour le moins sémi-pélagiens. Les faux miracles qu'ils ont forgés pour séduire les simples, et qu'ils ont soutenus avec un front d'airain, ont rendu suspects aux déistes tous les témoignages rendus en fait de miracles ; l'audace avec laquelle plusieurs fanatiques ont bravé les lois, les menaces, les châtiments ; et ont paru disposés à souffrir la mort plutôt que de démordre de leurs opinions, a jeté un nuage sur le courage des anciens martyrs. L'art avec lequel les écrivains du parti ont su déguiser les faits ou les inventer au gré de leur intérêt, a autorisé le pyrrhonisme historique des littérateurs modernes. Enfin, le masque de piété sous lequel on a couvert mille impostures, et souvent des crimes, a fait regarder les dévots en général comme des hypocrites et des hommes dangereux.

Il serait donc à souhaiter que l'on pût effacer jusqu'au moindre souvenir des erreurs de Jansénius, et des scènes scandaleuses auxquelles elles ont donné lieu. C'est un exemple qui apprend aux théologiens à se tenir en garde contre le rigorisme en fait d'opinion et de morale, à se borner aux dogmes de la foi, et à se détacher de tout système particulier. Si l'on avait employé à débrouiller des questions utiles tout le temps et tout le travail que l'on a consumés à écrire pour et contre le *jansénisme*, au lieu de tant d'ouvrages déjà oubliés, nous en aurions qui mériteraient d'être conservés à la postérité.

JAPON. Mission du Japon. Par les travaux de saint François-Xavier, qui pénétra dans ce royaume l'an 1549, et par ceux des missionnaires portugais qui lui succédèrent, le christianisme fit d'abord au *Japon* des progrès incroyables : l'on prétend que l'an 1596 il y avait quatre cent mille chrétiens dans cet empire. Nous ne nous arrêterons pas à discuter les raisons que les protestants et les incrédules qui les ont copiés, ont données de ce succès rapide. Les uns disent que ce fut d'abord l'envie des Japonais de lier un commerce utile avec les Portugais ; d'autres prétendent que ce fut la conformité qui se trouva entre plusieurs dogmes et plusieurs rites de la religion catholique romaine et ceux de la religion japonaise ; quelques-uns néanmoins sont convenus que cette nation ne put s'empêcher d'admirer la charité que les missionnaires exerçaient envers les pauvres et les malades, au lieu que les bonzes du *Japon* regardaient les malheureux comme les objets de la colère du ciel.

Bientôt la rivalité de commerce entre les Hollandais et les Portugais alluma la guerre entre ces deux peuples ; les missionnaires protégés par la cour de Portugal se trouvèrent enveloppés dans cette brouillerie. Les Hollandais, devenus protestants, virent avec dépit le catholicisme faire des conquêtes au bout de l'univers ; l'intérêt sordide, la jalousie nationale, la rivalité de religion, les engagèrent à faire tous leurs efforts pour rendre suspects leurs concurrents. Ils disent que les Portugais s'étaient rendus odieux aux Japonais par leur avarice, leur orgueil, leur infidélité dans le commerce, leur zèle imprudent pour leur religion ; mais les Portugais ont reproché les mêmes vices à leurs adversaires. On dit que la mésintelligence entre les missionnaires jésuites et les dominicains contribua encore à décréditer les uns et les autres. Quoi qu'il en soit, les passions humaines ne tardèrent pas à détruire ce que le zèle apostolique avait édifié. La fatalité des circonstances y contribua. Deux ou trois usurpateurs envahirent successivement le trône du *Japon ;* les chrétiens, fidèles à leur souverain légitime, prirent les armes en sa faveur ; ils furent traités comme rebelles par le parti contraire qui triompha, et les missionnaires furent regardés comme les auteurs de la résistance des chrétiens. Les nouveaux monarques, pour affermir leur domination, se sont fait un point de politique d'exterminer la religion chrétienne, et de bannir les Européens de leur empire. Pendant cinquante ans ils ont exercé une persécution sanglante et cruelle ; des milliers de martyrs ont péri dans les tourments, et cette barbarie a extirpé au *Japon* jusqu'aux derniers restes du christianisme. Les incrédules n'ont pas manqué d'écrire que les chrétiens ont été ainsi traités, parce qu'ils cabalaient pour se rendre maîtres de l'empire. Depuis ce temps-là, les Hollandais sont les seuls Européens auxquels il est permis d'aborder au *Japon* pour y commercer, et on ne leur permet d'aller à terre qu'après qu'ils ont foulé aux pieds l'image de Jésus-Christ : c'est ce que les Japonais appellent *faire le jésumi ;* et l'on prétend que ce sont les Hollandais eux-mêmes qui leur ont suggéré cette cérémonie. Pour en pallier l'impiété, on dit que les Hollandais, en qualité de protestants, ne rendent aucun culte aux images. Mais autre chose est de ne point pratiquer ce culte, et autre chose de faire une action qui est regardée par les *Japonais* comme un renoncement formel au christianisme. Des protestants mêmes doivent se souvenir que les premiers chrétiens ont mieux aimé souffrir la mort que de jurer par le génie des césars, parce que ce jurement était regardé par les païens comme un acte de paganisme ; que le vieillard Éléazar préféra de marcher au supplice, plutôt que de manger de la viande de pourceau, parce que cette action aurait été prise pour une abnégation du judaïsme. Jésus-Christ a menacé de la réprobation, non-seulement ceux qui le renient formellement devant les hommes, mais encore ceux qui rougissent de lui (*Luc.* c. IX, v. 26). Que penser de ceux qui foulent son image aux pieds, afin de persuader qu'ils ne sont pas chrétiens ?

Dans un ouvrage récent, M. le baron de Haren a tâché de disculper la nation hollandaise de l'extinction du christianisme au *Japon ;* il prétend qu'elle n'y a point contribué ; cependant il est certain qu'elle prêta son artillerie à l'empereur dans une bataille contre les chrétiens. Il passe légèrement sur la cérémonie du *jésumi ;* mais il justifie les missionnaires et les chrétiens du *Japon* contre les reproches des incrédules, qui les accusent d'avoir excité des séditions dans cet empire, et d'avoir été les auteurs des révolutions qui y sont arrivées. Il soutient que, dans les deux guerres civiles qui s'y sont élevées, les chrétiens ont suivi constamment le parti du souverain légitime contre les usurpateurs. Ceux-ci, victorieux et devenus les maîtres, se sont vengés de la fidélité des chrétiens envers leur véritable empereur. *Recherches historiques sur l'état de la religion chrétienne au Japon,* 1778.

La religion chrétienne n'a point à rougir de ce malheur ; elle se félicitera toujours d'avoir des enfants fidèles, jusqu'à la mort, à Dieu et à César. Mais plusieurs incrédules modernes ont à se reprocher d'avoir répété sans preuve, sans connaissance de cause et par pure prévention, les calomnies que Kœmpfer et d'autres Hollandais ont publiées contre les missionnaires et contre les chrétiens du *Japon,* pour pallier le crime de leur nation. Ce n'est point à nous de juger si M. le baron de Haren a réussi à la justifier pleinement.

Mais, pendant que ce protestant judicieux et équitable a fait l'apologie des chrétiens du *Japon,* l'on est étonné de voir un écrivain né dans le sein du christianisme et qui vit dans un royaume catholique, attribuer l'extinction de la religion chrétienne chez les Japonais aux vices et à la mauvaise conduite des missionnaires, et lancer à ce sujet une invective sanglante contre les prêtres en général. C'est néanmoins ce qu'a fait le rédacteur du *Dictionnaire géographique de l'Encyclopédie*, au mot JAPON. Il n'a cité aucun garant des faits qu'il avance; il n'aurait pas pu en alléguer d'autres que Kœmpfer ou quelques autres protestants fougueux. Il a ignoré sans doute que leurs impostures ont été réfutées, il y a plus d'un siècle, par le témoignage même d'autres protestants plus désintéressés et plus croyables. Voyez *Apologie pour les catholiques*, t. II, c. 16, imprimée en 1682. Quant à la bile qu'il a vomie contre les prêtres en général, il l'avait sucée dans les écrits de nos philosophes antichrétiens.

JARDIN D'EDEN. *Voy.* PARADIS.

JEAN-BAPTISTE (saint), précurseur de Jésus-Christ. L'historien Josèphe a rendu témoignage, aussi bien que l'Evangile, aux vertus de ce saint homme. *Antiq. Jud.*, l. XVIII, c. 7. « C'était, dit-il, un homme de grande piété, qui exhortait les Juifs à embrasser la vertu, à exercer la justice, à recevoir le baptême, à joindre la pureté du corps à celle de l'âme. Comme il était suivi d'une grande multitude de peuple qui écoutait sa doctrine, Hérode, craignant son pouvoir, l'envoya prisonnier dans la forteresse de Machéra, où il le fit mourir. » Josèphe ajoute que la défaite de l'armée d'Hérode par Arétas fut regardée comme une punition que Dieu tirait de ce meurtre.

Blondel et quelques autres critiques ont voulu rendre ce passage suspect d'interpolation, parce qu'il leur a paru trop honorable à *saint Jean-Baptiste*. Quelle raison aurait donc pu empêcher Josèphe de rendre témoignage à un homme dont la vertu était reconnue dans toute la Judée, et que plusieurs Juifs avaient été tentés de prendre pour le Messie? Mais voilà l'entêtement des ennemis du christianisme; il sont fâchés de ce que Jésus-Christ a eu pour précurseur et pour premier apôtre un homme d'une vertu aussi éminente, et au témoignage duquel ils ne peuvent rien opposer.

Quelques-uns ont dit qu'il y avait eu un complot formé entre Jésus et *Jean-Baptiste* pour en imposer au peuple, pour flatter l'espérance que les Juifs avaient d'un libérateur, et que *Jean-Baptiste* était convenu de céder le premier rôle à Jésus. Mais il aurait fallu du moins nous apprendre quel intérêt, quel motif, ces deux personnages ont pu avoir de former ce complot, de s'exposer tous deux à la mort, et de la subir en effet pour flatter les espérances de leur nation.

Dans l'Evangile de saint Jean, c. I, 33, *Jean-Baptiste* proteste qu'il ne connaissait pas Jésus, mais qu'il l'a reconnu pour le Fils de Dieu, en voyant le Saint-Esprit descendre sur lui à son baptême. Il paraît donc que Jésus-Christ et son précurseur ne s'étaient jamais vus; le premier avait vécu à Nazareth dans la plus grande obscurité, le second avait habité les déserts des montagnes de la Judée, et l'on ne voit pas en quel temps ils auraient pu convenir ensemble du rôle qu'ils devaient jouer. Ce n'est pas assez d'imaginer des soupçons, lorsqu'ils ne sont fondés sur rien. Ces calomniateurs téméraires ont dit ensuite que Jésus paya d'ingratitude le témoignage que *Jean-Baptiste* lui avait rendu; qu'il ne fit rien pour le tirer de sa prison, et qu'après sa mort Jésus n'en parla presque plus. Si Jésus avait fait quelque tentative pour délivrer son précurseur des mains d'Hérode, on l'accuserait d'avoir attenté à l'autorité légitime, et on citerait cette circonstance comme une nouvelle preuve du complot formé entre eux. Mais il fallait que leur témoignage mutuel fût confirmé par leur mort : c'est la destinée de ceux que Dieu envoie pour instruire et pour corriger les hommes. Jésus a rappelé plus d'une fois aux Juifs les leçons, les exemples, les vertus de *Jean Baptiste*. (*Matth.* c. XI, v. 18; c. XVII, v. 12; *Marc.* c. IX, v. 12; *Luc.* c. VII, v. 33; c. XX, v. 4; *Joan.* c. XX, v. 40.)

Animé du même esprit que les incrédules, Beausobre, *Hist. du Manich.*, l. I, c. 4, § 9, prétend que l'hérésiarque Manès a pu blâmer *avec justice* la faiblesse de *Jean-Baptiste*, qui, voyant que le Sauveur ne le délivrait pas de sa prison, entra dans quelque doute qu'il fût le Christ. Où sont donc les preuves de ce doute prétendu? *Matth.*, c. XI, v. 2 et suiv., il est dit que *Jean-Baptiste*, informé dans sa prison des miracles opérés par Jésus, lui envoya demander par deux de ses disciples, *Etes-vous celui qui doit venir, ou devons-nous en attendre un autre?* qu'en leur présence Jésus guérit plusieurs malades, et dit aux deux disciples: *Allez dire à Jean ce que vous avez vu*. Lorsqu'ils furent partis, Jésus loua devant tout le peuple la constance, la fermeté, la vie austère et les autres vertus de *Jean-Baptiste*; il ne le soupçonna donc pas d'être dans le doute touchant la qualité du Messie. Il est clair que *Jean-Baptiste* avait envoyé ses deux disciples, non pour dissiper son propre doute, mais pour confirmer dans l'esprit de tous ses disciples le témoignage qu'il avait rendu à Jésus. Aussi, après sa mort, plusieurs s'attachèrent à Jésus (*Joan.* c. I, v. 37).

Ces réflexions ont été faites par les Pères de l'Eglise et par les commentateurs; Manès ou son apologiste ont-ils été en état d'en prouver la fausseté?

JEAN (chrétiens de saint). *Voy.* MANDAÏTES.

JEAN CHRYSOSTOME (saint). *Voy.* CHRYSOSTOME.

JEAN DAMASCÈNE (saint). *Voy.* DAMASCÈNE.

JEAN L'EVANGÉLISTE (saint), apôtre de Jésus-Christ. Outre son Evangile, il a écrit trois lettres et l'Apocalypse. On croit communément qu'il a vécu et gouverné l'Eglise d'Ephèse jusqu'à l'an 100 ou 104 de Jésus-Christ, qu'il était presque centenaire, et qu'il a écrit son Evangile peu de temps avant sa mort. Quelques auteurs se sont persuadé que ce saint apôtre n'est pas mort; mais ils ne se fondaient que sur un passage de son Evangile, duquel ils ne prenaient pas le vrai sens. *Bible d'Avignon*, tom. XIII, p. 525.

Il est du moins indubitable que son Evangile a été écrit le dernier de tous. *Saint Jean* s'y est proposé de rapporter plusieurs actions du Sauveur dont les autres évangélistes n'avaient pas parlé; de nous transmettre ses discours, dont les autres n'avaient écrit qu'une petite partie; enfin de réfuter les hérétiques, dont les uns niaient la divinité de Jésus-Christ, les autres la réalité de sa chair : il les réfute encore plus directement dans ses lettres. Or, ces sectaires n'ont commencé à faire du bruit que dans les dernières années du 1ᵉʳ siècle.

Il est même probable que saint Clément de Rome a écrit ses deux épîtres aux Corinthiens avant que l'Evangile de *saint Jean* eût été publié; ce pape cite des passages des trois autres Evangiles, mais il n'en cite aucun de celui de *saint Jean*. L'Apôtre n'a point fait mention de la prophétie de Jésus-Christ touchant la ruine de Jérusalem, parce qu'alors elle était accomplie; on aurait pu l'accuser de l'avoir forgée après l'événement; mais elle était consignée dans les autres Evangiles, qui avaient été écrits avant cette révolution : c'est la remarque de saint Jean Chrysostome, *Hom.* 76, *al.* 77, *in Matth.*, n. 2.

Les incrédules qui ont dit que le premier chapitre de l'Evangile de *saint Jean*, dans lequel il est parlé de la génération éternelle du Verbe, a été composé par un platonicien, ou qu'il a été emprunté de Philon, qui était platonicien lui-même, ont montré moins de sagacité que d'envie de favoriser les sociniens. Il y a loin des idées de Platon au mystère de l'incarnation révélé à *saint Jean* par Jésus-Christ; le style de cet évangéliste est celui d'un homme inspiré, et non celui d'un philosophe. Les anciens hérétiques qui niaient la divinité de Jésus-Christ, comme les aloges et les cérinthiens, rejetaient l'Evangile de *saint Jean;* mais c'est celui dont l'authenticité est la plus indubitable. Pierre, évêque d'Alexandrie, nous apprend qu'au vıᵉ siècle on gardait encore à Ephèse l'autographe de *saint Jean*, τὸ ἰδιόχειρον, *Chron. Alex. a Radero editum.* Touchant l'authenticité de ses trois lettres, *voyez* la *Bible d'Avignon*, tome XVI, page 457 ; sur celle de l'Apocalypse, *voyez* ce mot.

Dans la première de ces trois lettres, il y a un passage qui est devenu célèbre par les contestations qu'il a fait naître, et par l'importance du sujet. Nous y lisons, c. v, v, 7 : *Il y en a trois qui rendent témoignage dans le ciel, le Père, le Verbe et le Saint-Esprit; et ces trois sont une même chose :* v. 8, *et il y en a trois qui rendent témoignage sur la terre, l'esprit, l'eau et le sang ; et ces trois sont une même chose.* Les sociniens, embarrassés par le v. 7, soutiennent qu'il n'était pas originairement dans le texte de *saint Jean*, mais qu'il y a été ajouté dans la suite des siècles : 1° parce qu'il manque dans la plupart des manuscrits anciens, soit grecs, soit latins ; 2° parce qu'il n'a pas été cité par les Pères qui ont disputé contre les ariens, et qui n'auraient pas manqué de s'en servir, s'il leur avait été connu ; 3° parce que plusieurs critiques catholiques sont convenus que c'est une interpolation.

On leur répond, 1° que si ce passage manque dans un grand nombre de manuscrits, on le trouve dans plusieurs autres très-anciens, et les critiques ne peuvent pas prouver que les plus anciens sont ceux dans lesquels il manque. Il y en a quelques-uns dans lesquels les deux versets sont transposés. 2° Comme ces deux versets commencent et finissent par les mêmes mots, les copistes ont pu confondre fort aisément les derniers mots du septième avec ceux du huitième, et sauter ainsi de l'un à l'autre : l'erreur une fois commise a passé d'un manuscrit dans un autre ; ainsi, les exemplaires fautifs se sont multipliés. Cela est plus aisé à concevoir que de supposer que le v. 7 a été ajouté au texte avec réflexion, de mauvaise foi, et a dans la suite été adopté sans examen. 3° Au ıııᵉ siècle, avant la naissance de l'arianisme, saint Cyprien a cité le v. 7, *L. de Unit., Eccles., et Epist. ad Jubaian.* Tertullien semble y faire allusion, *L. ad Praxeam*, c. 25. 4° L'on affirme mal à propos que ce verset n'a pas été allégué par les Pères contre les ariens; il le fut l'an 484, dans une profession de foi présentée à Hunéric, roi des Vandales, qui était arien, par quatre cents évêques d'Afrique. Victor Vit. *L.* ııı, *de Persec. Vandal.* S'il n'a pas été cité par les Pères grecs du ıvᵉ siècle, c'est qu'ils avaient des exemplaires fautifs. Depuis plus de cinq cents ans, ce passage est regardé comme authentique chez les Grecs et chez les Latins, et les protestants l'admettent de même que les catholiques. *Bible d'Avignon*, t. XVI, p. 461. Il y a encore une dissertation sur ce sujet à la fin du *Commentaire du père Hardouin sur les Evangiles.*

Tertullien, dans son livre des *Prescriptions*, c. 36, rapporte que *saint Jean l'Evangéliste*, avant d'être relégué par Domitien dans l'île de Patmos, fut jeté dans une chaudière d'huile bouillante, dont il sortit sain et sauf. On présume que ce fait arriva l'an 95 à Rome, où l'apôtre avait été conduit par l'ordre du proconsul d'Asie. Quelques protestants ont traité de fable cette narration de Tertullien, en particulier Heumann, dans une dissertation imprimée à Brême en 1719. Il dit que Tertullien est le seul qui ait parlé de ce miracle; que si quelques autres Pères en ont fait mention, c'est uniquement d'après lui ; que cet auteur croyait légèrement des fables, etc. Mosheim, dans une dissertation sur ce même sujet, a montré la faiblesse de ces raisons ; il allègue l'autorité de saint Jérôme, qui se fonde, non sur Tertullien, mais sur les *historiens ecclésiastiques. Comment. in Matth.* l. ııı, p. 92. Contre ces deux témoignages positifs, les preuves négatives, les reproches de crédulité, etc., re concluent rien. *Moshemii dissert. ad Hist. eccles.*, tom. I, pag. 504 et suiv.

**JEAN** (saint). Il y a un grand nombre de communautés ecclésiastiques et religieuses qui ont été instituées sous les noms de saint Jean-Baptiste et de saint Jean l'Evangéliste ; les unes subsistent encore, les autres sont éteintes. L'histoire ecclésiastique d'Angleterre fait mention des chanoines hospitaliers et des hospitalières de saint Jean-Baptiste de Conventry, approuvés par Honoré III ; ils portaient une croix noire sur leur robe blanche et sur leur manteau, ce qui les fit nommer *porte-croix;* il y est aussi parlé des hospitaliers et des hospitalières de saint Jean-Baptiste de Nottingham : il est à présumer que c'était le même ordre. Il y a eu des ermites de saint Jean-Baptiste de la Pénitence établis dans la Navarre, sous l'obéissance de l'évêque de Pampelune et confirmés par Grégoire XIII. On a vu d'autres ermites de saint Jean-Baptiste, fondés en France en 1630, par le frère Michel de Sainte-Sabine, pour la réformation des ermites. On connaît en Portugal des chanoines réguliers sous le titre de saint Jean l'Evangéliste. L'ordre militaire de saint Jean de Jérusalem et celui de saint Jean de Latran sont célèbres.

* **JEAN DE POILLI.** Ce docteur de la Faculté de théologie de Paris voulait séparer absolument les religieux de tout contact avec le monde. Il prétendait que les prêtres religieux ne pouvaient même recevoir de juridiction pour le tribunal de la pénitence. Cette doctrine fut condamnée avec justice.

**JEHOVAH,** nom propre de Dieu en hébreu: il signifie *celui qui est,* l'Etre par excellence, l'Eternel ; ainsi l'ont rendu toutes les anciennes versions. Parmi les hébraïsants, les uns prononcent *Jéhovah,* les autres *Javoh,* les autres *Jéhvéh* ; quelques auteurs grecs ont écrit *Jao* et *Jévo.* Comme les juifs ont la superstition de ne jamais le prononcer, ils l'appellent le *nom ineffable;* lorsqu'ils le rencontrent dans le texte hébreu, ils prononcent à sa place le nom *Adonaï, mon Seigneur;* et ils ont placé sous les lettres du nom *Jéhovah* les points voyelles du mot *Eloha,* autre nom de Dieu.

Ils prétendent qu'il ne fut jamais permis à personne de le prononcer, si ce n'est au grand prêtre, dans le sanctuaire, une seule fois l'année, savoir, le grand jour des expiations ; mais cette imagination est sans fondement. Il aurait au moins fallu que le grand prêtre transmît cette prononciation à son successeur, autrement celui-ci n'aurait pu la deviner. Une preuve que les Juifs ont quelquefois prononcé ou écrit ce nom, même dans les derniers siècles de la synagogue, c'est que les auteurs profanes en ont eu connaissance, puisque eux-mêmes l'ont écrit bien ou mal. Les Juifs modernes sont encore persuadés que quiconque saurait la véritable prononciation de ce nom ineffable pourrait opérer par sa vertu les plus grands prodiges. Pour expliquer comment Jésus-Christ a pu faire tant de miracles, ils disent qu'il avait dérobé dans le temple la prononciation du nom ineffable. Toutes ces rêveries ne méritent aucune attention.

DICTIONN. DE THÉOL. DOGMATIQUE. III.

La circonstance dans laquelle Dieu a daigné révéler son nom propre et qui ne convient qu'à lui, est remarquable. Lorsqu'il voulut envoyer Moïse en Egypte pour tirer de la servitude les Israélites, Moïse lui demanda : *Lorsque je dirai aux enfants d'Israël : Le Dieu de vos pères m'envoie vers vous, s'ils me demandent votre nom, que leur répondrai-je ? Je suis,* dit le Seigneur, *celui qui est ; tu leur diras : Celui qui est m'a envoyé vers vous* (Exod. c. III, v. 13 et 14). Les Septante ont très-bien traduit : *Je suis l'Etre ; l'Etre m'a envoyé vers vous.*

Mais ce qui est dit, c. VI, v. 2 et 3, forme une difficulté. Dieu dit à Moïse : *Je suis Jéhovah, je me suis bien fait connaître à Abraham, à Isaac, à Jacob, comme Dieu tout-puissant* (*Schaddaï*)*: mais je n'en ai pas été connu par mon nom de Jéhovah.* Cependant nous voyons dans plusieurs passages de la *Genèse,* Noé, Abraham, Isaac et Jacob, donner à Dieu le nom de *Jéhovah.*

La plupart des commentateurs répondent que Moïse fait ainsi parler les patriarches par anticipation ; mais il y a une manière plus satisfaisante d'entendre ce passage. Il faut se souvenir que, dans le style de l'Ecriture sainte, *être appelé de tel nom* signifie être véritablement ce qui est exprimé par ce nom. Ainsi, lorsqu'Isaïe a dit, c. VII, v. 14, que l'enfant dont il parle *sera nommé Emmanuel,* cela signifie qu'il sera véritablement *Emmanuel,* Dieu avec nous. Or, *Jéhovah* ne signifie pas seulement *celui qui est,* ou l'Eternel ; il exprime encore celui qui est toujours le même, celui qui ne change point, celui dont les desseins sont immuables. Dieu semble s'expliquer ainsi lui-même dans le prophète Malachie, chap. III, v. 6 : *Moi, Jéhovah, je ne change point.*

Jusqu'au moment où Dieu daigna se révéler à Moïse, il s'était fait connaître aux patriarches comme Dieu tout-puissant, par les divers prodiges qu'il avait opérés sous leurs yeux ; mais il n'avait pas encore démontré par les événements la certitude immuable de ses promesses. Or, c'est ce que Dieu allait faire, en délivrant son peuple de l'Egypte, comme il l'avait promis à Abraham quatre cents ans auparavant. Ce qu'il dit à Moïse, *Exod.,* c. VI, v. 2, peut donc signifier : *J'ai assez convaincu Abraham, Isaac et Jacob, que je suis le Dieu tout-puissant ; mais je n'ai pas encore démontré, comme je vais le faire, que je suis le Dieu immuable, qui ne manque point à mes promesses.* La suite du passage paraît indiquer ce sens, comme l'a très-bien vu le cardinal Cajétan, qui donne cette explication.

**JEPTHÉ,** chef et juge des Israélites, célèbre par la victoire qu'il remporta sur les Ammonites, et par le vœu qu'il fit avant de marcher contre eux (*Jud.* c. XI, v. 30 et suiv.). Il dit, suivant le texte hébreu : « Si le Seigneur livre les Ammonites entre mes mains, ce qui sortira le premier de ma maison, à ma rencontre, sera au Seigneur, et je l'offrirai en holocauste...... A son retour, ce qu'il rencontra le premier fut sa fille unique

2

Il déchira ses vêtements et déplora son malheur. Sa fille lui demanda deux mois de délai, pour aller pleurer sa virginité avec ses compagnes... Après ce temps expiré, Jephté accomplit son vœu, et sa fille était vierge ( ou demeura vierge ). De là l'usage s'établit, parmi les filles d'Israël, de pleurer tous les ans pendant quatre jours la fille de Jephté. »

Quel fut l'objet du vœu de ce père infortuné? Sa fille fut-elle immolée en sacrifice ou seulement condamnée au service du tabernacle, et à une virginité perpétuelle? Sur cette question les commentateurs sont partagés : les uns pensent que cette fille fut véritablement offerte en sacrifice, et les incrédules ont allégué ce fait pour prouver que les Juifs offraient à Dieu des victimes humaines; d'autres jugent qu'il n'en est point ici question, mais qu'il s'agit seulement d'un dévouement de cette fille au service du tabernacle.

En effet, le texte hébreu peut avoir deux sens très-différents ; au lieu de dire : « Ce qui sortira le premier de ma maison, *et* sera au Seigneur, *et* je l'offrirai en holocauste, » on peut traduire : « *Ou* sera au Seigneur, *ou* je l'offrirai en holocauste. » La préposition *vau*, qui est ici répétée, est souvent disjonctive.

D'ailleurs *holah*, qui signifie *holocauste*, exprime aussi une simple oblation; il est dérivé de *hal*, *hol*, élévation, parce que l'on élevait sur ses mains ce que l'on offrait à Dieu.

Voici les raisons par lesquelles on prouve que la fille de Jephté ne fut point immolée (1).

(1) Le sentiment de ceux, dit Bullet, qui croient que le vœu de Jephté n'eut pour objet que la consécration de sa fille au service du tabernacle, est aujourd'hui le plus suivi. On eût ajouté bien de la force à la preuve que l'on tire de l'hébreu en faveur de cette explication, si l'on eût fait attention à une des significations offerte par la particule vau, qui est celle de *quamobrem*, *propterea*, en latin ; et de *c'est pourquoi*, en français. Car en traduisant le dernier vau de cette sorte, il paraît si clairement que Jephté a seulement voulu consacrer sa fille au culte du Seigneur, qu'on ne peut penser le contraire. On s'en convaincra par la lecture du texte, traduit sur l'original, conformément à l'observation que nous venons de faire. Jephté fit ce vœu au Seigneur : Si vous livrez entre mes mains les enfants d'Ammon, ce qui sortira de la porte de ma maison, au-devant de moi, lorsque je reviendrai en paix, victorieux des enfants d'Ammon, sera consacré au Seigneur, ou je l'offrirai en holocauste. Jephté passa donc dans le pays des enfants d'Ammon pour les combattre, et Dieu les livra entre ses mains... Jephté revint à Maspha dans sa maison, et voici sa fille venant au-devant de lui, au son des tambours et au milieu des danses ; or elle était sa fille unique, et il n'avait point d'autre enfant qu'elle. Dès que Jephté l'aperçut, il déchira ses vêtements et s'écria : Ah ma fille ! vous m'accablez de la plus vive affliction, et vous êtes devenue un sujet qui me remplit de trouble, car j'ai prononcé de ma propre bouche un vœu au Seigneur, et je ne pourrai le changer. Elle lui dit : Mon père, puisque vous avez fait un vœu au Seigneur, accomplissez sur moi ce que vous lui avez promis, après que le Seigneur vous a fait tirer vengeance des enfants d'Ammon; vos ennemis ; et elle dit à son père : Accordez-

1° Les sacrifices de sang humain sont absolument défendus aux Juifs (*Deuter.* c. XII, v. 30 ) : « Gardez-vous, leur dit Moïse, d'imiter les nations qui vous environnent , de pratiquer leurs cérémonies, de dire : J'honorerai mon Dieu comme ces nations ont honoré leurs dieux. N'en faites rien; car elles ont fait pour leurs dieux des abominations, que le Seigneur a en horreur ; elles leur ont offert leurs fils et leurs filles, et les ont consumés par le feu. Faites seulement pour le Seigneur ce que je vous ordonne, n'y ajoutez et n'en retranchez rien. »

Offrirai-je à Dieu, dit un prophète, mon fils aîné pour expier mon crime, et le fruit de mes entrailles pour expier mon péché ? O homme ! je t'apprendrai ce qui est bon, et ce que le Seigneur exige de toi : c'est de pratiquer la justice et la miséricorde, et de penser à la présence de ton Dieu. (*Mic.* c. VI, v. 7 et 8). Dieu, pour témoigner aux Juifs que leurs sacrifices lui déplaisent, leur dit : *Celui qui immole un bœuf fait comme s'il tuait un homme*, etc. (*Isaï* c. LXVI, v. 3.)

Quand Jephté aurait pu ignorer cette défense, les prêtres chargés d'immoler toutes les victimes ne pouvaient pas l'oublier ; il n'y avait point encore eu d'exemple d'un pareil sacrifice.

2° Dans le *Lévitique*, c. XXVII, v. 2, il est ordonné de racheter à prix d'argent les personnes vouées au Seigneur. A la vérité, il y est dit, *ibid*, v 28 et 29, que ce qui aura été consacré au Seigneur par l'*anathème* (cherem), ne pourra pas être racheté ; mais l'anathème ne pouvait être prononcé que contre les ennemis de l'état : un homme ne s'est jamais

moi ce que je vais vous demander : donnez-moi un délai de deux mois, et j'irai vers les montagnes, et je pleurerai avec mes amies ma virginité. Son père lui dit : Allez ; et il la laissa libre pendant deux mois, et elle alla elle et ses amies, et elle pleura sur les montagnes sa virginité : et au bout de deux mois elle revint trouver son père, qui accomplit à son égard le vœu qu'il avait fait : c'est pourquoi elle n'avait commerce avec aucun homme.

Si la fille de Jephté avait été immolée, comment l'écrivain sacré aurait-il pu ajouter : *c'est pourquoi elle n'avait commerce avec aucun homme* ? Une telle réflexion serait-elle sensée ?

Il faut à présent montrer par des exemples, que la particule vau se prend dans le sens que nous lui avons donné.

*Genèse*, chap. VII, vers. 21. VAU, *c'est pourquoi* toute chair qui se mouvait sur la terre expira.

Chap. XII, vers. 10. La famine survint dans ce pays; VAU, *c'est pourquoi*, Abraham descendit en Égypte.

Chap. XX, vers. 6. Je sais que vous l'avez fait avec un cœur simple : VAU, *c'est pourquoi* je vous ai préservé de pécher.

Chap. XLVIII, vers. 1. On vint dire à Joseph que son père était malade ; VAU, *c'est pourquoi* il prit avec lui ses deux fils et l'alla voir.

*Lévitique*, c. X, vers. 1, 2. Nadab et Abiu offrirent devant le Seigneur un feu étranger ; VAU, *c'est pourquoi* il sortit de devant le Seigneur un feu qui les fit périr, et ils moururent.

*Deutéronome*, chap. XXXI, vers. 16, 17. Ce peuple violera l'alliance que j'ai faite avec lui ; VAU, *c'est pourquoi* ma colère s'allumera contre lui. — *Réponses critiques.*, etc., par Bullet, to.n. I.

avisé de le prononcer contre ce qui lui appartenait. Autre circonstance que Jepthé ne pouvait pas ignorer.

3° Ceux qui veulent que la fille de Jepthé ait été immolée, traduisent à leur gré les paroles du texte; ils lisent : *La première personne qui sortira de ma maison* : et le texte porte : *Ce qui sortira le premier* : ce pouvait être un animal : ils ajoutent : *Je l'offrirai en holocauste* : et le terme hébreu peut signifier simplement : *J'en ferai une offrande*. Les trente-deux personnes qui, après la défaite des Madianites, furent réservées *pour la part du Seigneur* ( *Num.* c. XXXI, v. 40 ) ne furent certainement pas immolées en sacrifice.

4° La fille de Jepthé demande la liberté d'aller pleurer, non sa mort, mais sa virginité, ou la nécessité de demeurer vierge; après avoir dit que le vœu fut accompli, l'historien ajoute : *Et elle fut vierge*, ou elle demeura vierge : elle ne fut donc pas immolée. On demande pourquoi donc Jepthé fut-il si affligé ? pourquoi les filles d'Israël pleuraient-elles la fille de Jepthé ? Parce qu'il était fâcheux à un père victorieux, devenu chef de sa nation, de ne pas établir une fille qui était son unique enfant. Le terme hébreu qui signifie *pleurer*, peut signifier simplement *célébrer*, rappeler la mémoire. Il y avait certainement chez les Israélites des femmes attachées au service du tabernacle, puisque l'histoire sainte accuse les enfants d'Héli d'avoir eu un commerce criminel avec elles ( *I Reg.* c. II, v. 22 ). Ces femmes étaient regardées comme des esclaves, puisque c'était le sort des prisonnières de guerre : Jepthé ne pouvait voir, sans être affligé, que sa fille fût condamnée à un pareil sort.

5° Si l'on envisage autrement le vœu de Jepthé, l'on est forcé de dire que ce vœu fut téméraire, et que l'exécution en fut criminelle; cependant il n'est point blâmé dans l'Ecriture, il est même loué par saint Paul ( *Hebr.* c. XI, v. 32). Il n'est donc pas probable qu'il ait fait cette double faute. *Synopse des Crit. Jud.*, c. 11. Dans la *Bible d'Avignon*, tome III, page 580, dom Calmet a soutenu le contraire ; mais il n'a pas détruit les raisons que nous venons d'alléguer. Elles sont très-bien exposées dans la *Bible de Chais*, tom. IV, pag. 118, quoique l'auteur finisse par adopter la même opinion que dom Calmet. Mais il est aisé de voir que les protestants ne la préfèrent à la première qu'à cause de leur aversion contre le vœu de virginité. Reland, *Antiquit. sacr. vet. heb.*, 3° part., ch. 10, n° 6, nous paraît avoir solidement prouvé que la fille de Jepthé ne fût point immolée.

JÉRÉMIE, l'un des quatre grands prophètes, était de race sacerdotale ; il prophétisa principalement sous le règne de Sédécias, pendant que Jérusalem était assiégée par l'armée de Nabuchodonosor. Il ne cessa d'exhorter les Juifs à se rendre aux Assyriens, et de leur protester que s'ils continuaient à se défendre, la ville serait prise d'assaut, mise à feu et à sang : c'est ce qui arriva.

L'accomplissement des prédictions de ce prophète a donné lieu aux incrédules de le peindre comme un traître, vendu aux Assyriens. Il travailla, disent-ils, à décourager ses concitoyens et à les soulever contre leur roi : il ne leur annonça que des malheurs. Cependant il ne laissa pas d'acheter des terres dans le pays dont il prédisait la désolation. Lorsque Jérusalem fut prise, le monarque assyrien le recommanda fortement à son général Nabusardan, et Jérémie conserva toujours du crédit à la cour de Babylone. Il en fut quitte pour faire des lamentations sur les ruines de son pays, et pour consoler ses concitoyens, en leur prédisant la fin de la captivité.

Si ce portrait est véritable, voilà un traître d'une singulière espèce. Jérémie, prêtre et prophète, trahit sa patrie contre son propre intérêt ; il consent à perdre son état, sa liberté, sa vie même, pour livrer aux Assyriens Jérusalem, le temple, la Judée entière ; il refuse ensuite les offres du général assyrien ; il veut demeurer dans sa patrie dévastée pour consoler les malheureux, pour y faire observer la loi du Seigneur : il accompagne les Juifs fugitifs jusqu'en Egypte. Pendant le siége, il achète un champ afin d'attester que la Judée sera repeuplée et cultivée de nouveau, mais il ne le paye pas avec de l'argent reçu des Assyriens. Après le siége, il n'accepte d'eux que des vivres et de légers secours pour subsister. S'il conserve du crédit à la cour de Babylone, il n'en fait usage que pour adoucir le sort de ses frères captifs. Il faut donc que ce traître prétendu ait été tout à la fois impie et religieux, perfide et charitable, vendu aux Assyriens et désintéressé, ennemi de ses frères et victime de son affection pour eux. Quand on veut peindre un homme tel qu'il est, il ne faut pas affecter de choisir, dans sa vie, les traits qui peuvent recevoir une interprétation odieuse, en laissant de côté ce qui les justifie. Jérémie savait, par une révélation divine et par les prédictions des prophètes qui l'avaient précédé, que Jérusalem serait prise, que les Juifs seraient conduits en captivité, que plus ils feraient de résistance aux Assyriens, plus leur sort serait fâcheux : il le leur représente, où est le crime ? Pendant le siége, les Juifs ne veulent suivre aucun de ses conseils, ni écouter aucune de ses remontrances ; ils le mettent en prison, parce qu'il ne veut pas flatter leurs folles espérances ; ils le plongent dans une fosse remplie de boue ; il y aurait péri sans le secours d'un Ethiopien : il était encore dans les fers lorsque la ville fut prise ; il en fut tiré par les Assyriens, et l'on suppose qu'il fut cause de la prise de la ville ? Le roi Sédécias, subjugué par des furieux, n'osait consulter Jérémie qu'en secret : il n'osa pas le tirer de leurs mains, et l'on suppose que ce prophète soulevait le peuple contre son roi, etc. Ces calomnies sont réfutées par l'histoire même.

On ne peut pas nier que les prédictions de Jérémie sur Jérusalem, sur les nations voisines, sur l'Egypte, n'aient été accomplies : il était donc inspiré du ciel. Dieu n'aurait pas accordé l'esprit prophétique à un fourbe, à un traître, à un méchant homme ; les Juifs, devenus plus sages, n'auraient pas conservé pour lui et pour ses écrits le respect dont ils ont toujours été pénétrés. *Voy.* PROPHÈTE.

Un de nos philosophes a osé dire que Jérémie était non-seulement un traître, mais un insensé, parce qu'il se chargea d'un joug et se garrotta de chaînes, pour mettre sous les yeux des Juifs les signes de l'esclavage auquel ils seraient réduits par les Assyriens (*Jerem.* c. XXVII, 2). Si c'était là un trait de folie, il faut conclure que tous les Orientaux étaient des insensés, puisque c'était leur coutume de peindre par leurs actions les objets dont ils voulaient frapper l'imagination de leurs auditeurs. *Voy.* ALLÉGORIE, HIÉROGLYPHE.

JÉRICHO. Le siége et la prise de cette ville par Josué ont fourni aux incrédules plusieurs sujets de déclamation. Ils disent : 1° Que pour faire passer aux Israélites le Jourdain près de *Jéricho*, il n'était pas nécessaire de suspendre les eaux par miracle ; que, dans cet endroit, le fleuve n'a pas quarante pieds de largeur ; qu'il était aisé d'y jeter un pont de planches, encore plus aisé de le passer à gué. Mais, selon le témoignage des voyageurs, le Jourdain a dans cet endroit plus de soixante-quinze pieds de largeur ; il est très-profond et très-rapide. Au temps du passage de Josué, ou vers la moisson, ce fleuve avait rempli ses bords, et le texte porte qu'il regorgeait. Il n'était donc pas possible d'y jeter un pont de planches, encore moins de le passer à gué (*Josue*, c. III, 15). — 2° Qu'il n'était pas nécessaire d'envoyer des espions à *Jéricho*, puisque les murs de cette ville devaient tomber au son des trompettes. Mais lorsque Josué envoya ses espions, il était encore à Sétim, assez loin du Jourdain ; il ne savait pas encore que Dieu ferait tomber les murs de *Jéricho* par miracle : il n'en fut averti que plusieurs semaines après (*Josue*, c. II, III, V). — 3° Selon les censeurs de l'histoire sainte, tous les habitants de *Jéricho* et tous les animaux furent *immolés à Dieu*, excepté une femme prostituée qui avait reçu chez elle les espions des Juifs. Il est étrange, disent-ils, que cette femme ait été sauvée pour avoir trahi sa patrie ; qu'une prostituée soit devenue l'aïeule de David et même du Sauveur du monde. Il est vrai qu'à la prise de *Jéricho* tout fut tué et la ville rasée, parce que tout avait été voué à l'*anathème* ou à la vengeance divine ; il ne s'ensuit pas que tout ait été *immolé* à Dieu : le sac des villes, le massacre des ennemis, ne furent jamais regardés, chez aucun peuple, comme des sacrifices offerts à Dieu. Il n'est pas certain que Rahab ait été une prostituée ; l'hébreu *zanah* ne signifie souvent qu'une cabaretière, une femme qui reçoit les étrangers. Pour qu'elle fût la même que l'aïeule de David, il faudrait qu'elle eût vécu au moins deux cents ans. Elle ne fut pas sauvée seule, mais avec toute sa parenté, non pour avoir trahi sa patrie, la visite des espions ne fit à *Jéricho* ni bien ni mal, mais pour avoir rendu hommage au Dieu d'Israël et protégé ses envoyés. « Je sais, leur dit-elle, que Dieu vous a livré notre pays, il y a répandu la terreur. Nous avons appris les miracles qu'il a opérés pour vous tirer de l'Egypte, et la manière dont vous avez traité les rois des Amorrhéens. Le Seigneur votre Dieu est le Dieu du ciel et de la terre ; jurez-moi donc, en son nom, que vous épargnerez ma famille comme je vous ai épargnés (*Josue*, c. II, 9). Il ne tenait qu'aux habitants de *Jéricho* d'imiter cette conduite. — 4° Le sac de *Jéricho*, continuent nos censeurs, est un exemple de cruauté détestable. Mais ce qu'Alexandre fit à Tyr, Paul-Émile en Épire, Julien à Dacires et à Majoza-Malcha, Scipion à Carthage et à Numance, ummius à Corinthe, César à Alexie et à Gergovie, n'est pas moins cruel : tel a été le droit de la guerre chez les peuples anciens. En quoi les Israélites sont-ils plus coupables que les autres ? *Voy.* CHANANÉENS.

JÉROME DE PRAGUE. *Voy.* HUSSITES.

JEROME (saint), prêtre, l'un des plus savants Pères de l'Église, mourut l'an 420. L'édition de ses ouvrages, donnée à Paris par D. Martianay, en 5 vol. *in-folio*, fut commencée en 1693, et finie en 1704. Elle a été renouvelée à Véronne en 1738, par le Père Villarsi, de l'Oratoire, en dix volumes *in-folio*.

Le premier volume de D. Martianay renferme la traduction latine des livres saints, faite par *saint Jérôme* sur les textes originaux ; le deuxième renferme plusieurs traités pour servir à l'intelligence de l'Ecriture sainte ; le troisième, un savant commentaire sur les prophètes ; le quatrième, un commentaire sur saint Matthieu et sur plusieurs épîtres de saint Paul, les lettres du saint docteur et des traités contre divers hérétiques. On a mis dans le cinquième les ouvrages supposés à *saint Jérôme*, et plusieurs pièces qui servent à l'histoire de sa vie.

Les critiques protestants, comme Daillé, Barbeyrac et leurs copistes, ont fait différents reproches à ce Père de l'Église. Ils disent d'abord qu'il a écrit avec trop de précipitation ; mais il faut juger du mérite de ses ouvrages par ce qu'ils renferment, et non par le temps qu'il a mis à les faire. Un homme aussi laborieux que *saint Jérôme*, et aussi instruit, est capable de faire de bons livres et en peu de temps.

On dit qu'il a eu trop d'estime pour la vie solitaire, pour la virginité, pour le célibat ; qu'il a parlé trop désavantageusement des secondes noces. La question est de savoir si, sur ces différents chefs, il n'a pas mieux pensé que les protestants et que les incrédules ; il en jugeait d'après les livres saints qu'il avait beaucoup lus et qu'il possédait très-bien : ses accusateurs en parlent d'après leurs préjugés et leurs préventions. Il est accusé d'avoir manqué de modérat on envers ses adversaires, d'avoir écrit contre eux d'un style vif, emporté, et souvent indécent. On ne peut pas disconvenir de la vivacité excessive de *saint Jérôme*; mais quand l'opiniâtreté des hérétiques à l'attaquer ne pourrait pas lui servir d'excuse, il faudrait encore faire plus d'attention aux choses qu'au style, laisser de côté les expressions trop vives, et approuver la doctrine. Il y a de l'injustice à exiger qu'un saint soit exempt des moindres défauts de l'humanité. Il a changé, dit-on de sentiment suivant les circonstances. Il en a plutôt changé selon le progrès de ses connaissances : preuve qu'il cherchait sincèrement la vérité, et qu'il n'hésitait pas de se corriger lorsqu'il reconnaissait qu'il s'était trompé.

Dailé a fait grand bruit sur un passage de ce saint docteur, *Epist.* 50 *ad Pammach.*, où il dit que, quand on dispute, on ne dit pas toujours ce que l'on pense, que l'on cherche à vaincre l'adversaire, par la ruse autant que par la force. Il est clair que *saint Jérôme* veut parler de l'usage que l'on fait, dans la dispute, des arguments personnels tirés des principes de l'adversaire qu'on réfute. Ces arguments ne sont pas toujours conformes au sentiment de celui qui s'en sert ; mais ils sont légitimes et solides, puisqu'ils démontrent que l'adversaire n'est pas d'accord avec lui-même. Il en est de même lorsqu'un adversaire prouve mal un fait ou une opinion qui peuvent être vrais ; on attaque ses arguments, quoique, sur le fond, l'on pense comme lui. Ce sont des ruses, sans doute, mais ruses très-permises, dont on n'a jamais fait un crime à personne. Les censeurs mêmes de *saint Jérôme* en ont souvent employé qui sont moins honnêtes; ce n'est pas une fort louable de donner un sens criminel à un passage, lorsqu'il peut avoir un sens très-innocent.

Le saint docteur, en commentant les paroles de Jésus-Christ (*Matth.* c. v, v. 34), défend, comme le Sauveur lui-même, de jurer dans le discours ordinaire ; de là Barbeyrac conclut qu'il condamne le serment en général et sans distinction.

Sur *saint Matthieu*, c. XVII, v. 26, *saint Jérôme* fait remarquer que Jésus-Christ a payé le tribut à César, afin d'accomplir toute justice. Il ajoute : Malheureux que nous sommes ! nous portons le nom du Christ, et nous ne payons aucun tribut. Barbeyrac soutient que *saint Jérôme* défend aux chrétiens de payer les tributs.

Dans son *Commentaire sur Jonas*, *saint Jérôme* n'a pas voulu condamner les femmes chrétiennes qui se sont donné la mort plutôt que de laisser violer leur chasteté ; son censeur en conclut que ce Père approuve le suicide en pareil cas.

Comme *saint Jérôme* a écrit avec beaucoup de chaleur contre Jovinien qui ne faisait aucun cas de la virginité, et contre Vigilance qui condamnait le culte des reliques, on sent bien qu'un protestant ne peut pas pardonner ces deux traits à un Père de l'Eglise ; aussi Barbeyrac s'emporte contre lui, et déclame de toutes ses forces. *Traité de la Morale des Pères*, c. 15. Tel est le génie des protestants. *Saint Jérôme* a condamnés et réfutés d'avance : donc ils ont droit eux-mêmes de le condamner ; mais l'Eglise a suivi la doctrine de *saint Jérôme*, et elle a réprouvé la leur.

Ce n'est pas la peine de répondre en détail aux reproches de Barbeyrac : les uns consistent à donner pour des erreurs, des vérités que nous professions encore ; les autres ne sont que de fausses conséquences et de fausses interprétations de la doctrine de ce saint prêtre. Un autre critique protestant, beaucoup plus instruit, a poussé encore plus loin la fureur. Le Clerc, en colère contre D. Martianay, éditeur des ouvrages de saint Jérôme, et déterminé à le contredire en toutes choses, a fait retomber son ressentiment sur le saint docteur. Il a publié, en 1700, un livre intitulé : *Quæstiones hieronymianæ*, où, sous prétexte de relever les fautes de l'éditeur, il cherche à ruiner toute l'estime que l'on peut avoir pour saint Jérôme ; il soutient, *Quæst.*, p. 7, que tout son mérite se réduit au talent de déclamer; qu'il n'a qu'une connaissance très-médiocre de l'hébreu et du grec ; qu'il n'avait fait qu'effleurer la théologie et les autres sciences, qu'il n'avait rien d'original dans l'invention, ni d'exact dans la méthode; que pour peu que l'on connaisse la dialectique, on ne trouve dans ses raisonnements qu'une vaine enflure et des exagérations de rhétorique, sans aucune force et sans jugement. Il pense que si Erasme lui a donné des louanges sur ce point, ç'a été afin de faire valoir son édition, et pour se réconcilier avec les moines. Tout le livre de Le Clerc est employé à prouver les différentes accusations ; et il faut convenir que si la malignité, les interprétations fausses, les principes hasardés en fait de grammaire et d'étymologies hébraïques, les intérêts de secte et de parti, peuvent tenir lieu de preuves, Le Clerc est venu parfaitement à bout de son dessein.

Richard Simon, autre censeur très-téméraire, a de même attaqué D. Martianay avec beaucoup d'aigreur, et s'est répandu en invectives contre les moines, dans des lettres critiques imprimées en 1699; mais il a parlé de saint Jérôme avec beaucoup plus de respect que Le Clerc. Nous ignorons si le père Villarsi, dans son édition de 1738, a suivi un meilleur ordre que D. Martianay, et s'il a satisfait aux reproches des deux critiques dont nous venons de parler.

JÉRONYMITES, nom de divers ordres ou congrégations de religieux, autrement appelés *ermites de saint Jérôme*, parce qu'ils ont cherché à rendre leur manière de vivre conforme aux instructions de ce saint docteur. Ceux d'Espagne doivent leur naissance au tiers ordre de saint François, dont les premiers *jéronymites* étaient membres. Grégoire XI approuva leur congrégation l'an 1374 ; il leur donna les constitutions du couvent de Sainte-Marie-du-Sépulcre, avec la règle de saint Augustin; pour habit une tunique de drap blanc, un scapulaire de couleur tannée, un petit capuce et un manteau de pareille couleur, le tout sans teinture, et de vil prix.

Ces religieux sont en possession du couvent de Saint-Laurent de l'Escurial, où les rois d'Espagne ont leur sépulture, de celui de Saint-Isidore de Séville, et de celui de Saint-Just, dans lequel Charles-Quint se retira lorsqu'il eut abdiqué la couronne impériale et celle d'Espagne. Il y a encore dans ce royaume d'autres religieux *jéronymites*, qui furent fondés sur la fin du XV° siècle; Sixte IV les mit sous la juridiction des anciens *jéronymites*, et leur donna les constitutions du monastère de Sainte-Marthe de Cordoue; mais Léon X leur ordonna de prendre les premières, dont nous venons de parler. Ainsi ces deux congrégations furent réunies.

Les ermites de saint Jérôme de l'observance de Lombardie ont pour fondateur Loup d'Olmédo, qui les établit, en 1424, dans les montagnes de Cazalla, au diocèse de Séville; il leur donna une règle composée des instructions de saint Jérôme, et qui fut approuvée par le pape Martin V. Ces *jéronymites* furent dispensés de garder la règle de saint Augustin.

Pierre Gambacorti, de Pise, fonda la troisième congrégation des *jéronymites*, vers l'an 1377. Ils ne firent que des vœux simples jusqu'en 1568; alors Pie V leur ordonna de faire des vœux solennels. Ils ont des maisons en Italie, dans le Tyrol et dans la Bavière et ils sont au nombre des ordres mendiants.

La quatrième congrégation de *jéronymites*, dite de Fiésoli, commença l'an 1360. Charles de Monte Granelli, de la maison des comtes de ce nom, se retira dans la solitude et s'établit d'abord à Véronne, avec quelques compagnons qu'il rassembla. Cette congrégation fut mise, par Innocent VII, sous la règle et les constitutions de saint Jérôme; mais en 1441, Eugène IV leur donna la règle de saint Augustin. Comme le fondateur était du tiers ordre de saint François, il en garda l'habit; en 1460, Pie II pe mit à ceux qui voudraient de le quitter, ce qui occasionna une division parmi eux; mais en 1668 Clément IX supprima entièrement cet ordre, en l'unissant à la congrégation du B. Pierre Gambacorti.

JÉRUSALEM (Église de). Il est dit dans les Actes des apôtres, que cinquante jours après la résurrection de Jésus-Christ, les apôtres reçurent le Saint-Esprit; que saint Pierre, en deux prédications, convertit à la foi chrétienne huit mille hommes, et que ce nombre augmenta de jour en jour. Quelques années après, les anciens de cette Église dirent à saint Paul : « Vous voyez, mon frère, combien de milliers de Juifs croient en Jésus-Christ. » Ce fait est confirmé par Hégésippe, auteur du II° siècle; par Celse, qui reproche aux Juifs convertis de s'être attachés à un homme mis à mort depuis peu de temps; dans Origène, l. II, n. 1, 4, 46; et par Tacite, qui dit que le christianisme se répandit d'abord dans la Judée, où il avait pris naissance, *Annal.*, l. XV, n. 44.

L'on commença de bonne heure à disputer dans cette Église; les apôtres s'y assemblèrent vers l'an 51, pour décider que les gentils convertis n'étaient pas tenus à garder la loi de Moïse. Les ébionites prétendirent que Jésus était né de Joseph; Cérinthe nia sa divinité; d'autres la réalité de sa chair; saint Paul et saint Jean réfutent ces erreurs dans leurs lettres. L'existence d'une Eglise nombreuse à Jérusalem, avant la destruction de cette ville, ou avant l'an 70, est donc incontestable.

Mais si la résurrection de Jésus-Christ, ses miracles et les autres faits publiés par les apôtres, n'avaient pas été indubitables, ces prédicateurs auraient-ils pu faire un si grand nombre de prosélytes sur le lieu même où tout s'était passé, dans un temps où ils étaient environnés de témoins oculaires, et de sectaires qui étaient intéressés à les contredire.

Pour expliquer naturellement la naissance et les progrès du christianisme, les incrédules modernes supposent que les apôtres ne prêchèrent d'abord qu'en secret et dans les ténèbres; qu'ils ne commencèrent à se montrer au grand jour que quand ils furent assez forts pour intimider les Juifs, et qu'alors on ne pouvait plus les convaincre d'imposture, parce que les témoins ne subsistaient plus. C'est une supposition fausse. Le meurtre de saint Etienne et de saint Jacques, l'emprisonnement de saint Pierre, le tumulte excité par les Juifs contre saint Paul, les disputes qui régnèrent parmi les Juifs convertis, et qui donnèrent lieu au concile de Jérusalem, etc., prouvent que la prédication des apôtres fit d'abord beaucoup de bruit, et fut connue de tout Jérusalem; que la rapidité de leur succès étonna les chefs de la nation juive; que ceux-ci n'osèrent traiter les apôtres comme ils avaient traité Jésus-Christ lui-même. — Il est donc incontestable que les faits sur lesquels les apôtres fondaient leurs prédications, et qui sont la base du christianisme, ont été hautement publiés d'abord, et poussés au plus haut point de notoriété, sur le lieu même où ils se sont passés, et sous les yeux des témoins oculaires; que ceux même qui avaient le plus d'intérêt de les contester n'ont pu y rien opposer; que ceux qui les ont crus étaient invinciblement persuadés de la vérité de ces faits.

Dès l'origine, la communauté des biens s'établit parmi les fidèles de Jérusalem; mais au mot COMMUNAUTÉ DE BIENS, nous avons fait voir qu'elle consistait seulement dans la libéralité avec laquelle chacun d'eux pourvoyait aux besoins des autres; nous savons que la même charité mutuelle a régné dans les autres Églises : quant à la communauté de biens prise en rigueur, on ne peut pas prouver qu'elle ait été établie nulle part. C'est donc mal à propos que les incrédules ont écrit que c'était là une des principales causes de la propagation rapide du christianisme. Quand elle aurait eu lieu à Jérusalem, en quoi aurait-elle influé sur la conversion des peuples de l'Asie mineure, de la Grèce ou de l'Italie? La charité héroïque qui a été pratiquée par tous les chrétiens dans tous les lieux, même envers les païens, a fait des prosélytes sans doute, les Pères de l'Eglise en déposent; nous ne pensons pas que ce motif de conversion fasse déshonneur à notre religion. *Voy.* CHRISTIANISME.

Il y a plusieurs contestations entre les théologiens catholiques et les protestants, au sujet de l'assemblée tenue à Jérusalem par les apôtres vers l'an 51, de laquelle il est parlé, *Act.*, c. xv. Il s'agit de savoir si ce fut un vrai concile, si les prêtres et le peuple y eurent voix délibérative, quel fut l'objet de la décision, si ce fut une loi perpétuelle et qui devait durer toujours.

Déjà, au mot CONCILE, nous avons prouvé que rien ne manquait à cette assemblée pour mériter ce nom, puisqu'il s'y trouvait au moins trois apôtres, dont l'un était évêque titulaire de Jérusalem, plusieurs disciples qui participaient à leurs travaux, et que saint Pierre y présidait. Il n'était pas nécessaire que tous les apôtres et tous les pasteurs qu'ils avaient établis, fussent appelés : chacun des apôtres avait reçu de Jésus-Christ et du Saint-Esprit le droit de faire des lois pour le gouvernement de l'Eglise (*Matth.*, c. xix, v. 28); à plus forte raison avaient-ils ce droit, lorsque plusieurs étaient réunis à leur chef. Mosheim, qui a discuté cette question, convient que c'est une dispute de mots. *Inst. Hist. christ.*, p. 261. Le décret de ce concile fut donc une véritable loi qui obligeait tous les fidèles; non-seulement il concernait la discipline, mais il décidait un dogme; savoir, que les gentils convertis n'étaient pas obligés, pour être sauvés, à observer la circoncision ni les autres lois cérémonielles des Juifs; qu'il leur suffisait d'avoir la foi; et l'on sait que, par *la foi*, les apôtres entendaient la soumission à la morale de Jésus-Christ, aussi bien qu'au reste de sa doctrine. Quoique cette décision ne fût adressée qu'aux gentils convertis d'Antioche, de Syrie et de Cilicie, elle ne regardait pas moins les autres Eglises, puisque saint Paul enseigna la même doctrine aux Galates. D'où il s'ensuivait que, s'il était encore permis aux juifs d'observer leur loi cérémonielle, ce n'était plus comme une loi religieuse, mais comme une simple police.

En second lieu, il est dit (*Act.* c. xv, v. 6 et 7) que les apôtres et les prêtres ou anciens s'assemblèrent pour examiner la question, que l'examen se fit avec soin; v. 22, qu'il plut aux apôtres, aux anciens ou prêtres, *et à toute l'Eglise*, d'envoyer des députés porter cette décision à Antioche : de là les protestants ont conclu que les prêtres et le peuple eurent voix délibérative dans ce concile, qu'ils auraient dû l'avoir de même dans tous les autres; que ç'a été dans la suite une usurpation de la part des évêques, de s'attribuer ce droit exclusivement; qu'en cela ils ont perverti l'ordre établi par les apôtres, qu'ils ont changé en aristocratie un gouvernement qui, dans son origine, était démocratique.

Aux mots EVÊQUE, HIÉRARCHIE, etc., nous avons prouvé le contraire, et le chapitre même que l'on nous objecte, le confirme. Les prêtres ni le peuple ne parlent point dans cette assemblée, on ne demande point leur suffrage : il est dit au contraire, v. 12, que la *multitude se tut*. Leur présence ne prouve donc point qu'ils y assistaient en qualité de juges ou d'arbitres, mais seulement comme intéressés à savoir ce qui serait décidé. Lorsque les magistrats prononcent un arrêt à l'audience, on ne s'avise pas de dire que c'est l'ouvrage des avocats et des auditeurs.

Basnage a cependant soutenu que le concile de Jérusalem est le seul œcuménique que l'on ait pu tenir; que si on le prenait pour règle et pour modèle des autres, il faudrait que les apôtres y présidassent, qu'ils fussent composés de tous les évêques de l'Eglise chrétienne, que les prêtres et le peuple eussent part aux décisions. *Histoire de l'Eglise*, l. x, c. 1, § 3. Il aurait été bien embarrassé de faire voir en quoi consistait la part que les prêtres et le peuple eurent à la décision du concile de Jérusalem. Les évêques sont les successeurs des apôtres; ils ont donc hérité du droit de tenir des conciles; il n'est pas plus nécessaire que tous y assistent, qu'il ne l'a été que tous les apôtres fussent présents au concile de Jérusalem. *Voy.* CONCILE. Les protestants veulent persuader que les apôtres n'avaient le droit de juger et de faire des lois, que parce qu'ils avaient reçu le Saint-Esprit; mais longtemps auparavant Jésus-Christ leur avait dit : *Vous serez assis sur douze sièges pour juger les tribus d'Israël* (*Matth.* c. xix, v. 28).

En troisième lieu, le concile enjoint aux fidèles de s'abstenir *de la souillure des idoles*, ou des viandes immolées aux idoles, du sang, des viandes suffoquées et de la *fornication* (*Act.* c. xv, v. 20 et 29). Il n'est aucun de ces termes sur le sens duquel les commentateurs n'aient disputé. Spencer a fait à ce sujet une assez longue dissertation, *de Legib. Hebr. ritualib.*, l. ii, p. 435. Après avoir rapporté les divers sentiments, il est d'avis qu'il faut prendre les termes dans le sens le plus naturel et le plus ordinaire; que par la *souillure des idoles*, il faut entendre tous les actes d'idolâtrie : or, c'en était un de manger des viandes immolées aux idoles, soit dans leur temple, soit ailleurs, soit après un sacrifice, soit dans un autre temps; d'invoquer les dieux au commencement ou à la fin du repas, de faire des libations à leur honneur, etc. Ces pratiques étaient familières aux païens; c'est pour cela que les Juifs évitaient de manger avec eux. S'abstenir du sang n'est point s'abstenir du meurtre, mais éviter de manger le sang des animaux, par conséquent les viandes suffoquées dont le sang n'a pas été versé. La fornication est le commerce avec une prostituée, commerce que les païens ne mettaient pas au rang des crimes.

Quoique le décret du concile de Jérusalem semble mettre toutes ces actions sur la même ligne, il ne s'ensuit pas, dit Spencer, que l'idolâtrie et la fornication soient en elles mêmes aussi indifférentes que l'usage du sang et des viandes suffoquées ; les deux premières sont défendues par la loi naturelle, le reste ne l'était que par une loi positive, relative à la police et aux circonstances. Mais tout cela est joint ensemble, parce que c'étaient autant de signes, de causes et d'accompagnements de l'idolâtrie, cet auteur le prouve par des témoignages positifs. Telle est, selon lui, la principale raison de la défense portée par les apôtres ; la seconde était l'horreur que les Juifs avaient pour toutes ces pratiques, et qui les détournait de fraterniser avec les gentils ; la troisième était la nécessité d'écarter de ceux-ci toute occasion de retourner à leurs anciennes mœurs.

En quatrième lieu, cette loi a été souvent renouvelée dans la suite ; elle se trouve dans les *Constitutions apostoliques*, l. vi, c. 12 ; dans le deuxième canon du concile de Gangres, dans le concile *in Trullo*, dans une loi de l'empereur Léon, dans un concile de Worms, sous Louis le Débonnaire : dans une *Lettre du pape Zacharie à l'archevêque de Mayence*, et dans plusieurs *Pénitentiaux*. Cette discipline est encore observée chez les Ethiopiens ; elle l'a été en Angleterre jusqu'au temps de Bède. C'est ce qui a déterminé plusieurs savants protestants à soutenir qu'elle n'aurait jamais dû être abrogée, puisqu'elle est fondée sur l'Ecriture sainte et sur une tradition constante : Notre coutume, disent-ils, de manger du sang scandalise non-seulement les Juifs et les Grecs schismatiques, mais encore un grand nombre d'hommes pieux et instruits. Mais il est évident que les deux raisons principales pour lesquelles cette loi était établie ne subsistant plus, elle ne doit plus avoir lieu, et que ceux qui se scandalisent de l'usage contraire ont tort. Si les Juifs et les Grecs se faisaient catholiques, ils seraient les maîtres de s'abstenir du sang et des viandes suffoquées, pourvu qu'ils ne le fissent pas par un motif superstitieux. La tradition que l'on nous oppose n'a pas été aussi constante qu'on le prétend, puisqu'au iv° siècle, du temps de saint Augustin, cette abstinence n'était déjà plus observée dans l'Eglise d'Afrique. Saint Augustin, *contra Faust.*, l. xxxii, cap 13. Des raisons locales l'ont tenue en vigueur plus longtemps dans le Nord de l'Europe, parce que le christianisme n'y a pénétré qu'au vii° siècle et dans les suivants, et que les mœurs grossières des païens convertis exigeaient cette précaution. Tout cela prouve que c'est à l'Eglise qu'il appartient de juger de la discipline qui convient dans les temps

et les lieux différents. Quant aux protestants, qui veulent décider de tout par l'Ecriture sainte, c'est leur affaire de dire pourquoi ils ne gardent pas une loi qu'ils y voient en termes formels.

* JÉRUSALEM (Destruction de). La ville de Jérusalem, l'objet de la prédilection de Dieu, se montra ingrate et mérita d'être punie. Jamais punition ne fut plus éclatante ; aucune preuve en faveur de la vérité de notre religion n'est plus visible que celle-ci. Nous emprunterons à Keith cette preuve inattaquable qui déposera dans tous les siècles en faveur de notre foi.

« Les instruments ne manquent jamais pour l'exécution des desseins de Dieu ; de même, quand cela est nécessaire pour la confirmation de sa parole, il ne manque point de témoignage pour attester que ses desseins déclarés ont reçu leur pleine exécution. L'histoire n'offre rien de pareil au siège et à la destruction de Jérusalem, et aux malheurs que ses habitants se sont infligés et ont attirés sur eux par leur sauvage barbarie et leur résistance obstinée. Il n'est point de ville ni de pays dont la destruction, la dévastation et les malheurs soient conservés dans un détail aussi clair et aussi authentique. Josèphe, qui était juif lui-même et témoin oculaire des faits qu'il rapporte, donne un récit circonstancié de toute la guerre ; d'où il résulte une preuve complète et évidente de la vérité de ce qui a été prédit par Moïse, et les prophètes, et aussi de tout ce que le Christ, dans une vision plus claire, et jusqu'à jeter ses disciples dans l'étonnement et le trouble, a révélé explicitement par rapport au sort qui attendait prochainement cette coupable cité. Les écrivains païens aussi mentionnent une multitude de faits.

« Les prophéties de l'Ancien et du Nouveau Testament relatives au siège et à la destruction de Jérusalem, sont si nombreuses, que pour les insérer ici tout au long, il faudrait plus d'espace que nous n'en pouvons consacrer à la considération même du sujet. Le lecteur peut les voir telles qu'on les trouve dans *la parole écrite*, les Ecritures (Lev. xxvi, 14, etc. ; Deut. xxviii, 15, etc. ; Is. xix, 1, etc. ; Ezech. vi, vii ; Jer. xxvi, 18 ; Mich. iii, 12 ; Matth. xxi, 33, etc. ; xxii, 1-7 ; xx.v ; Marc. xiii ; Luc. xx, 9-19 ; xxi, xxiii, 27-31). Leur signification ne demande pas d'autre exposition. Outre les prédictions littérales, on trouve encore dispersées çà et là dans l'Evangile de fréquentes allusions à l'abolition de la loi de Moïse et au dernier bouleversement de la république des Juifs.

« Un peuple d'une attitude menaçante, d'une langue inconnue, et aussi rapide que le vol de l'aigle, devait s'avancer d'une terre lointaine contre les Juifs, pour les dépouiller de tous leurs biens, pour les assiéger dans toutes leurs villes et renverser leurs murailles hautes et fortifiées. Il ne devait rester de tout le peuple qu'un petit nombre d'hommes ; ils devaient être massacrés sous les yeux de leurs ennemis ; l'orgueil de leur puissance devait être brisé, leurs villes devaient être dévastées ; eux-mêmes ils devaient être détruits, réduits à rien, arrachés de leur patrie, vendus comme esclaves, tombés dans un tel mépris que personne n'en voudrait acheter. Leurs hauts lieux devaient être frappés de désolation, et leurs ossements dispersés autour de leurs autels. Jérusalem devait être environnée de toutes parts, et entourée de lignes de circonvallation ; on devait élever des forts contre elle ; elle devait être labourée comme un champ de terre, devenir un monceau de décombres, et être frappée d'une ruine totale. Le glaive, la famine et la peste devaient concourir à leur destruction.

« Les Juifs vécurent sans crainte de ces terribles jugements de Dieu tant qu'ils furent en paix, et ne voulurent point écouter la voix de Jésus. Ils ne voulaient point avoir d'autre roi que César, et ils se reposaient sur l'empire romain de la sécurité de leur patrie. Mais celui qu'ils avaient rejeté fit voir que Dieu les avait aussi rejetés eux-mêmes, qu'ils comblaient la mesure de leurs p res, et que tous les arrêts de la justice divine qui avaient autrefois été prononcés contre eux, et d'autres encore que leurs pères n'avaient point entendus, se feraient sentir à plusieurs d'entre eux, et que quelques-uns de ceux qui vivaient alors en seraient les t moins. Et *l'homme de douleurs* dont le visage était endurci comme une p erre très-dure contre les souffrances inouïes qu'il eut à endurer, et qui ne versa pas une larme pour son propre compte, fut touché de cou passion, son cœur s'amollit et fut aisi d'attendrissement, comme le serait un enfant, à la vue des grands crim es de sa nation et des malheurs qui étaient près de fondre sur cette cité criminelle, impénitente et maudite : *Et royant J rusalem, il pleura sur el e.*

« Trente-six ans expirés entre la mort du Christ et la ruine de Jérusalem; la mort, antérieure à cet événement, de deux au moins des évangélistes qui rapportent es prophéties qui y sont rel..t ves ; la manière dont les prédictions et les allusions qui concernent les destinées de Jérusalem sont mêlées au récit évangélique; l'avertissement donné aux disciples du Christ de se soustraire aux malheurs qui étaient près de fondre sur leur patrie, et l'annonce qui leur est faite des signes qui leur en feront connaître l'approche; la frayeur qu'inspirait à quelques-uns des premiers convertis la foi chrétienne la persuasion que le jour du jugement était proche, et qui avait pour source la connexion intime qui existe entre les prophéties concernant la ruine de Jérusalem et celles qui sont relatives au second avénement du Christ et à la fin du monde (toutes choses dont ses disciples lui avaient demandé la révélation); l'assentiment unanime de l'antiquité à la première prédication de l'Evangile ; et la vérité constante des prophéties, continuant encore à se manifester dans l'état présent de Jérusalem, qui est foulée par les pieds des gentils, fournissent une preuve aussi complète qu'on peut l'imaginer, que toutes ces prédictions ont été faites avant l'événement.

« Il ne saurait y avoir de coïncidence plus étroite, par rapport aux faits, que celle qui existe entre les prédictions de J sus et le récit de l'historien juif. Eh bien! comme le lecteur le verra dans la suite, cette coïncidence n'est pas plus claire que celle qui se trouve entre le témoig age des incrédules modernes et les prophéties qui ont rapport à la désolation passée et présente de la Judée.

« Des guerres, des bruits de guerre, des commotions, les nations se soulevant contre les nations, et les royaumes contre les royaumes, des famines, des pestes et des tremblements de terre en divers lieux : tels sont les plus grands de tous les malheurs temporels que redoutent les humains. Ce n'était cependant là que le commencement des afflictions et les avant-coureurs de maux plus affreux encore. Il apparaîtra beaucoup de faux christs qui séduiront beaucoup de monde. Les disciples de Jésus seront persécutés, affligés, emprisonnés, haïs de toutes les nations, et conduits, pour l'amour de son nom, devant les gouverneurs et les rois, et beaucoup d'entre eux seront mis à mort. L'iniquité abondera, et la charité se refroidira dans le cœur de beaucoup; toutefois l'Evangile du royaume sera prêché dans tout l'univers. L'abomination de la désolation sera vue dans le lieu où elle ne doit pas être. Jérusalem sera de toutes parts environnée par les armées, elle sera entourée d'une tranchée et les habitants enveloppés de tous côtés. Il y aura aussi d'horribles fantômes et de grands signes dans le ciel; et à ces signes on reconnaîtra que la ruine de Jérusalem est proche. La terre sera frappée d'une grande détresse, et le peuple sentira les coups d'une grande colère ; la tribulation sera telle qu'il n'y en eut et qu'il n'y en aura jamais de semblable. Les Juifs tomberont sous les coups du glaive ; ce qu'il en restera sera mené en captivité chez toutes les nations; du temple et de Jérusalem allmême il ne restera pas pierre sur pierre, et elle sera foulée par les pieds des ge tils jusqu'à ce que le temps des gentils soit accompli.

« Ces prophéties ont été faites dans un temps de parfaite paix, et cependant elles ont été accomplies avant qu'il se fût écoulé une génération. Les séductions qui furent mises en œuvre par de faux christs, ou prétendus prophètes, occasionnèrent quelques-unes des premières commotions, qui bientôt s'étendirent sur toute la Judée. Chaque ville, en Syrie, devint le théâtre d'une guerre civile. Les Juifs furent excités à la révolte par les indignités et les oppressions auxquelles ils furent en butte sous Florus, gouverneur romain. Enfin ils se révoltèrent ouvertement contre les Romains. Ces guerres et ces bruits de guerre et ces commotions ne furent pas restreintes à la Syrie. A Alxandrie, cinquante mille Juifs furent massacrés d'une seule fois. L'Italie éprouva de si fortes convulsions, que, dans le court espace de deux ans, quatre empereurs souffrirent la mort. Il y eut des pestes et des famines, une grande mortalité à Babylone et à Rome et en divers lieux, de grands tremblements de terre qui renversèrent différentes villes. L'o d e de la nature, dit Josèphe, *était b ulevers* ; *et il y a ait des pres ages d m lheurs non ordinaires.* Il y avait des signes et d'horribles fantômes capables d'effrayer les plus hardis. L'iniquité abondait, et même la foi et la charité chrétienne s'affaiblissaient. Le nom de chrétien devint un signal de persécution et une marque de haine. Les chrétiens étaient conduits devant les gouverneurs et les rois. Paul, abandonné par de faux frères, comparut seul devant Néron. Les corps des chrétiens, couverts de matières combustibles, éclair rent les rues de Rome. Mais, quoique les disc p es de Jésus fussent haïs, persécutés, emprisonnés, affligés, battus de verges, et un grand nombre d'entre eux massacrés, brûlés ou crucifiés, l'Evangile du royaume n'en était pas moins prêché de l'Espagne jusqu'à l'Inde, et publié dans tout le monde. Ils portaient à la mort le triomphe de leur foi, mais dans les jugements de Dieu contre Jérusalem, il ne périt pas un cheveu de leurs têtes. Le dernier signal avait été donné : les enseignes idolâtres des Romains couvraient la Judée : Jérusalem était toute environnée d'armées. Ces armées se retirèrent encore pour un temps. Beaucoup de personnes alors s'enfuirent de la cité. Les chrétiens avertis d'avance, comme le rapporte Eusèbe, se réfugièrent à Pella, dans les montagnes; mais une multitude d'autres personnes qui étaient montées à Jérusalem pour la fête de Pâques, ou qui s'y réfugiaient pour mettre en sûreté, au moins pour un temps, leurs vies et leurs propriétés, se réunit dans l'enceinte des murs de la ville. *Qua d donc le peuple du prince fut venu* (Vespasien qui fut élu empereur de Rome pendant qu'il était dans la Judée), il n'y eut plus aucun moyen d'évasion. La ville et le sanctuaire étaient sur le point d'être détruits, et le jour de la colère du Seigneur était venu sur Jérusalem.

« Jésus ayant été crucifié, César renié, et le sceptre étant échappé de leurs mains, les Juifs se trouvaient sans chef et sans roi, quand les conquérants du monde vinrent aussi conquérir cette nation qui s'était montrée rebelle contre Dieu et contre les hommes. Les brigands qui s'étaient réunis par bandes au milieu des troubles précédents, et restaient cantonnés dans les montagnes de Judée, ne trouvant point d'abri contre la puissance des Romains, accoururent en foule à Jérusalem, et conjointement avec les zélateurs et une populace anarchique, y exercèrent leur domination. Le pillage, le massacre et la destruction furent aussi leur œuvre. Les provisions communes, amassées pour soutenir le siège, furent pillées et brûlées. Les factions étaient aux prises l'une avec l'autre, et le sang de milliers de Juifs était versé par leurs propres frères. Les combats n'étaient ni moins fréquents ni moins rigoureux avec les ennemis du dehors qu'avec ceux du dedans. Les prêtres étaient massacrés à l'autel, et leurs os dispersés aux alentours. Enfin le pouvoir resta entre les mains des brigands, ou zélateurs, sans leur être désormais contesté. Mais la famine bientôt exerça ses ravages sur tout le monde sans distinction. On fouilla dans les égouts pour y chercher des aliments; on rongea les ceintures, les souliers et le cuir des boucliers. Les immondices les plus dégoûtantes étaient dévorées avec avidité. Les corps des faméliques tombaient morts dans les rues. Mais le fait le plus épouvantable, qui bientôt devint notoire, et dont la découverte frappa d'horreur toute la ville en proie à la souffrance, et les assaillants même d'étonnement et de rage, c'est une femme autrefois riche et noble, qui tue, rôtit et mange son propre enfant encore à la mamelle. Ceci montre avec quelle vérité prophétique et quelle juste compassion Jésus avait déploré *le malheur des mères qui allaiteraient dans c s jours*, fait dont Moïse, quinze cents ans auparavant, avait décrit toutes les circonstances (*Deut.*, XXIII, 56, etc.), et dispense le cœur le plus insensible de chercher d'autres témoignages d'une tribulation si grande, qu'il ne saurait y en avoir de pareille. Cependant les Juifs, transportés de fureur, quoiqu'ils perdissent tout espoir d'un secours divin, à la nouvelle d'une action si monstrueuse et si contraire à la nature, ne voulurent pas se rendre. Ils ne voulaient entendre parler d'aucun accommodement. Affaiblis par leurs assauts désespérés, les Romains élevèrent un mur et environnèrent la ville de tous côtés. *Crucifiez-le, crucifiez le!* tel avait été autrefois leur cri et celui de leurs pères, qui appelaient ainsi avec imprécation le sang de Jésus sur eux-mêmes et sur leurs enfants ; et assurément il était retombé sur eux. Ceux qui fuyaient la famine étaient arrêtés comme prisonniers, et chaque jour on en crucifiait cinq cents en dehors des murs de Jérusalem, jusqu'à ce qu'on ne pût plus trouver de place pour planter les croix, ou que l'on manquât de croix pour y attacher les corps. Le but que l'on se proposait par une telle cruauté fut complètement manqué : un spectacle si triste et si révoltant ne put intimider et amener à se soumettre les furieux qui dominaient dans cette malheureuse cité. Dans les entrailles déchirées de quelques-uns des captifs massacrés on trouva de l'or : comme en effet ils l'aimaient autant que leur vie, ils l'avaient avalé dans l'espoir de la sauver. Alors les Arabes et les Syriens qui étaient alliés aux Romains, et les *harpies* préposées à la garde de leurs camps, cherchèrent dans les corps des déserteurs des trésors qu'ils supposaient y être cachés; et c'est ainsi que, dans l'espace d'une seule nuit, deux mille hommes furent mis en pièces.

« Il est déchirant d'arrêter son attention au récit de tant d'horreurs accumulées ; et l'exemple de Jésus ne défend pas aux chrétiens de verser des larmes. Qu'il suffise de le dire : cent quinze mille cadavres furent transportés hors de la ville par une seule des portes, durant le siége ; il en passa six cent mille par toutes les portes ; et c'étaient seulement les pauvres, qui n'avaient pas d'autre sépulture que d'être jetés hors de l'enceinte de la cité. Beaucoup de maisons, en outre, étaient remplies de cadavres ; il y en avait aussi d'entassés en monceaux dans toutes les places libres, jusqu'à ce qu'on ne vit plus aucun endroit et qu'il n'y eût plus de place dans la ville qui n'en fût couverte. Une foule de gens de toute classe, six mille environ, périrent au milieu des flammes, dans les parvis du temple, ou se précipitèrent et se donnèrent la mort ; dix mille autres y furent égorgés ; les égouts de la ville furent remplis et comblés avec des corps morts : onze cent mille Juifs périrent dans le siége et le sac de cette ville et dans les attaques des assassins ; et au moment où Jérusalem fut livrée aux flammes dévorantes, le sang ruisselait dans toutes les rues.

Jérusalem fut dévouée à une ruine complète. Ses remparts furent détruits, ses créneaux abattus ; car ils n'étaient pas au Seigneur. La cité et le sanctuaire furent rasés jusqu'aux fondements. Les Romains firent passer la charrue sur la place où elle avait été, et ce fut là le dernier acte de leur vengeance, vouant ainsi Jérusalem à une désolation perpétuelle ; et c'est ainsi qu'ils mirent la dernière main à l'œuvre dont ils avaient été chargés, faisant disparaître jusqu'aux traces de cette ville criminelle, et ne laissant pas du temple *pierre sur pierre qui n'eût été renversée*.

« Les Juifs furent passés au fil de l'épée. Sans parler de ceux qui périrent dans les séditions et pendant le siége, deux cent quarante mille furent égorgés dans les villes de Juda et dans les contrées voisines : ce calcul est de Josèphe, qui spécifie le nombre de ceux qui périrent dans chaque lieu en particulier. Quatre-vingt-dix-sept mille prisonniers furent menés en captivité. Beaucoup furent emmenés en Égypte et vendus comme esclaves (*Deut.* XXVIII, 68). Les places où se tenaient les foires des esclaves en étaient encombrées, au point que personne n'en voulait plus acheter ; et même dans une occasion, plus de onze mille captifs, soit par malice, soit par incurie, furent laissés sans nourriture et moururent de faim.

« Les jugements du Seigneur s'attachèrent aux Juifs d'une manière si rigoureuse et tombèrent sur eux et les accablèrent si complètement, qu'en ce qui concerne la destruction de Jérusalem et la dévastation de leurs villes et de leur patrie, il n'en est pas un seul qui n'ait été exécuté à la lettre.

« Jérusalem était appelée la cité du Seigneur, et Sion sa sainte montagne, et c'était le seul lieu de la terre où gloire lui était rendue. Cependant les crimes de Jérusalem ne pouvaient se dérober à sa vue. La patience avec laquelle il les avait supportés si longtemps et par laquelle il avait essayé en vain de les gagner, ne devait pas lutter toujours, même avec la cité qu'il avait choisie pour y placer la gloire de son nom. Quand donc ses iniquités furent montées à leur comble, que, dans le jour de sa visite, elle n'eut voulu s'instruire, ou se purifier, ou se laver des souillures de ses péchés, quoique Dieu eût envoyé son Fils aux brebis perdues de la maison d'Israël, et qu'une piscine eût été ouverte pour le péché et pour l'impureté ; que les Juifs eurent rejeté le Sauveur, et voulurent avoir d'autres maîtres pour régner sur eux, Dieu ne voulut plus avoir pour elle de compassion ni d'indulgence ; son cœur déchargea sa vengeance contre cette nation, et cependant sa colère ne fut pas encore assouvie, et sa main demeurait toujours levée sur elle, et il livra Jacob à la malédiction et Israël à l'ignominie. Mais si Dieu n'a pas épargné les branches naturelles, prenez garde qu'il ne vous épargne pas non plus. Si le prix de leurs iniquités, en attendant qu'il les récompensât au double, a été versé dans le sein des enfants d'Abraham, son ami, qui êtes-vous, ou quelle est la maison de votre père, pour qu'aucun de vos crimes reste impuni, et vous continuez de vivre dans l'impénitence, et si encore, au temps de sa miséricordieuse visite, le Sauveur est rejeté et crucifié de nouveau ?

« Ce n'est pas sur la force de leurs remparts que repose la sécurité des nations ; car il n'y en eut point de plus forts que ceux de Jérusalem : ni dans l'abondance de leur richesses ; car telles étaient les richesses accumulées dans cette ville, qu'après sa démolition, le prix de l'or, dans la Syrie, fut réduit de moitié : si le Seigneur ne garde pas lui-même la cité, c'est en vain que veille celui qui la garde ; et le péché doit à la fin être la ruine de tout peuple. Les crimes combinés des individus en particulier forment la masse des iniquités de la nation ; et après qu'elles se sont accrues de plus en plus, le temps vient bien vite où elles montent jusqu'au ciel, et alors la foudre ne saurait être retenue plus longtemps. Il est d'autres ivrognes que ceux d'Ephraïm contre lesquels le Seigneur fit entendre les arrêts de sa justice, et qui ne sont pas moins coupables que ceux-ci, cette avarice, qui est une idolâtrie, et en punition de laquelle les Juifs ont été frappés, abonde encore. Car, en pratique, où voit-on l'amour de Dieu exercer une influence pareille à celle que déploie l'amour du monde? Où voit-on l'accomplissement de la loi du Christ dans le support mutuel des fardeaux les uns des autres, si on le compare aux traces que laisse la loi des richesses, quand chacun cherche ses propres intérêts? Mais, demandera le lecteur, que peut faire un homme pour détourner les calamités nationales et diminuer la masse des iniquités d'un peuple? Que tout homme fasse pénitence, comme autrefois à Ninive, et tous seront sauvés, quand bien même l'arrêt dont ils sont menacés ne serait plus qu'à quarante jours de son exécution. Mais quel est celui qui, continuant de vivre dans le péché, et réfléchissant sur la ruine totale de Jérusalem, peut se flatter, si les jugements du Seigneur éclatent contre sa patrie, qu'il n'aura point de part à la masse d'iniquités qui les ont attirés? *J'ai cherché un homme parmi eux*, dit celui à qui tout jugement appartient, *qui se présentât comme une haie entre moi et eux, qui s'opposât à moi pour la défense de cette terre, afin que je ne la détruisisse point, et je n'en ai point trouvé* (Ezech. xxii, 30).

« Toutefois, ce ne sont pas les jugements que Dieu, dans le temps, exerce sur les nations, fussent-ils aussi terribles que ceux de Jérusalem, que tout homme doit principalement considérer; mais bien sa propre éternelle destinée, afin de se soustraire à la colère qui doit éclater, et d'arriver à la possession de la vie éternelle : *tout homme se soutient ou tombe pour son propre maître*. De même donc qu'un roi, sur la terre, en faisant un exemple terrible dans le châtiment d'un criminel, vient frapper d'épouvante le cœur de ses sujets rebelles, ainsi Jérusalem nous sert à proposée comme un exemple qui nous montre que l'iniquité ne passera pas impunie, et que les terreurs du Seigneur et ses menaces contre les pécheurs impénitents seront toutes exécutées, ainsi que sa parole a été vraie et sa colère terrible à l'égard de Jérusalem. »

JÉSUATES, nom d'une sorte de religieux, que l'on appelait autrement clercs apostoliques, ou *Jésuates de saint Jérôme*. Leur fondateur est Jean Colombin, de Sienne en Italie. Urbain V approuva cet institut à Viterbe, l'an 1367, et donna lui-même à ceux qui étaient présents, l'habit qu'ils devaient porter; il leur prescrivit la règle de saint Augustin, et Paul V les mit au nombre des ordres mendiants. Ils pratiquèrent d'abord la pauvreté la plus austère et une vie très-mortifiée : on leur donna le nom de *Jésuates*, parce que leurs premiers fondateurs avaient toujours le nom de Jésus à la bouche; ils y ajoutèrent celui de saint Jérôme, parce qu'ils prirent ce saint pour leur protecteur.

Pendant plus de deux siècles, ces religieux n'ont été que frères lais. En 1606, Paul V leur permit de recevoir les ordres. Dans la plupart de leurs maisons, ils s'occupaient de la pharmacie; d'autres faisaient le métier de distillateurs, et vendaient de l'eau-de-vie; ce qui les fit nommer en quelques endroits *les pères de l'eau-de-vie*. Comme ils étaient devenus riches dans l'état de Venise, et qu'ils s'étaient beaucoup relâchés de leur ancienne régularité, la république demanda leur suppression à Clément IX, pour employer leurs biens aux frais de la guerre de Candie : ce pape l'accorda en 1668. Il y a encore en Italie quelques religieuses du même ordre; on les a conservées, parce qu'elles ont persévéré dans la ferveur de leur premier établissement. Cet exemple et une infinité d'autres ne prouvent que trop le danger qu'il y a pour tout ordre religieux quelconque d'acquérir des richesses.

JÉSUITES, ordre de religieux fondé par saint Ignace de Loyola, gentilhomme espagnol, pour instruire les ignorants, convertir les infidèles, défendre la foi catholique contre les hérétiques, et qui a été connu sous le nom de *compagnie* ou *société de Jésus*. Il fut approuvé par Paul III, en 1540, et confirmé par plusieurs papes postérieurs; l'institut en fut déclaré *pieux* par le concile de Trente, sess. 25, *de Reform.*, c. 16. Il a été supprimé par un bref de Clément XIV, du 31 juillet 1773.

Pendant deux cent trente ans qu'a subsisté cette société, elle a rendu à l'Église et à l'humanité les plus grands services, par les missions, par la prédication, par la direction des âmes, par l'éducation de la jeunesse, par les bons ouvrages que ses membres ont publiés dans tous les genres de sciences. On peut consulter la bibliothèque de leurs écrivains, donnée par Alégambe, et ensuite par Sotuel, en 1676, *in-folio*; et depuis, quel supplément n'aurait-on pas à y ajouter?

Cette société n'existe plus (1). Nous souhaitons sincèrement qu'il se forme dans les autres corps séculiers ou réguliers, des missionnaires tels que ceux qui ont porté le christianisme au Japon, à la Chine, à Siam, au Tonkin, aux Indes, au Mexique, au Pérou, au Paraguay, à la Californie, etc.; des théologiens tels que Suarès, Petau, Sirmond, Garnier; des orateurs tels que Bourdaloue, Larue, Segaud, Griffet, Neuville; des historiens qui égalent d'Orléans, Longueval, Daniel; des littérateurs qui effacent Rapin, Vanières, Comire, Jouvency, etc., etc. Nous souhaitons surtout que bientôt on ne s'aperçoive plus du vide immense qu'ils ont laissé pour l'éducation de la jeunesse, et que les générations futures soient, à cet égard, plus heureuses que celle qui suit immédiatement leur destruction.

JÉSUITESSE, congrégation de religieuses qui avaient des établissements en Italie et en Flandre : elles suivaient la règle et imitaient le régime des jésuites. Quoique leur institut n'eût point été approuvé par le saint-siège, elles avaient plusieurs maisons auxquelles elles donnaient le nom de *collèges*, d'autres qui portaient le nom de noviciats. Elles faisaient entre les mains de leurs supérieures les trois vœux de pauvreté, de chas-

(1) Elle a été rétablie par notre saint-père le pape Pie VII. Elle souffre persécution, comme tous les vrais et ardents défenseurs de l'Église.

teté et d'obéissance ; mais elles ne gardaient point la clôture, et se mêlaient de prêcher.

Ce furent deux filles anglaises venues en Flandre, nommées Warda et Tuitia, qui formèrent cet institut, selon les avis et sous la direction du Père Gérard, recteur du collége d'Anvers, et de quelques autres jésuites. Le dessein de ces derniers était d'envoyer ces filles en Angleterre, pour instruire les personnes de leur sexe. Warda devint bientôt supérieure générale de plus de deux cents religieuses.

Le pape Urbain VIII, par une bulle du 13 janvier 1630, adressée à son nonce de la Basse-Allemagne, et imprimée à Rome en 1630, supprima cet ordre institué avec plus de zèle que de prudence.

JÉSUS-CHRIST. Quand on n'envisagerait *Jésus-Christ* que comme l'auteur d'une grand révolution sur enue dans le monde, comme un législateur qui a enseigné la morale la plus pure et établi la religion la plus sage et la plus sainte qu'il y ait sur la terre, il mériterait encore d'occuper la première place dans l'histoire, et d'être représenté comme le plus grand des hommes. Mais aux yeux d'un chrétien *Jésus-Christ* n'est pas seulement un envoyé de Dieu, c'est le Fils de Dieu fait homme, le Rédempteur et le Sauveur du genre humain. Il est du devoir d'un théologien de prouver que cette croyance est bien fondée, que ce divin personnage s'est fait voir sous les traits les plus capables de démontrer sa divinité, et de convaincre les hommes qu'il était envoyé pour opérer le grand ouvrage de leur salut.

Nous avons donc à examiner, 1° le caractère personnel de *Jésus-Christ*, et la manière dont il a vécu parmi les hommes ; 2° la preuve principale de sa mission divine, qui sont ses miracles. On trouvera les autres preuves ou motifs de crédibilité, à l'article CHRISTIANISME, et nous établissons directement sa divinité au mot FILS DE DIEU.

1. Annoncé par une suite de prophéties pendant quarante siècles, attendu chez les Juifs et dans tout l'Orient, prévenu par un saint précurseur, précédé par des prodiges, *Jésus* paraît dans la Judée et prêche l'avénement du royaume des cieux. Sa naissance a été marquée par des miracles ; mais son enfance a été obscure et cachée : il est issu du sang des rois ; mais il ne tire aucun avantage de cette origine ; il déclare que son royaume n'est pas de ce monde. Il prouve sa mission et confirme sa doctrine par une multitude de miracles : il multiplie les pains, guérit les malades, ressuscite les morts, calme les tempêtes, marche sur les eaux, donne à ses disciples le pouvoir d'opérer de semblables prodiges : il les fait sans intérêt, sans vanité, sans affectation ; il refuse d'en faire pour contenter la curiosité ou pour punir les incrédules ; on les obtient de lui par des prières, par la confiance, par la docilité. Les miracles des imposteurs n'ont pour but d'étonner et de séduire les hommes ; ceux de *Jésus-Christ* sont tous destinés à les secourir, et à les consoler, à les instruire et à les sanctifier. *Voy* PROPHÉTIES, MIRACLES.

Sa doctrine est sublime. Ce sont des mystères qu'il faut croire ; mais un Dieu qui enseigne les hommes ne doit-il leur apprendre que ce qu'ils peuvent concevoir ? Il n'argumente point, il ne dispute point comme les philosophes ; il ordonne de croire sur sa parole, parce qu'il est Dieu. « Il ne convenait point, dit Lactance, que Dieu, parlant aux hommes, employât des raisonnements pour confirmer ses oracles, comme si l'on pouvait douter de ce qu'il dit ; mais il a enseigné comme il appartient au souverain arbitre de toutes choses, auquel il ne convient point d'argumenter, mais de dire la vérité. » Lact., *divin. Instit.*, l. III, c. 2. Les mystères qu'il annonce ne sont point destinés à étonner la raison, mais à toucher le cœur : un Dieu en trois personnes, dont chacune est occupée de notre sanctification ; un Dieu fait homme pour nous racheter et nous sauver, qui se donne à nous pour victime et pour nourriture de nos âmes ; un Dieu qui ne permet le péché que pour mieux éprouver la vertu, qui n'attache ses grâces qu'à ce qui réprime les passions ; qui punit en ce monde, non pour se faire craindre, mais pour sauver ceux qu'il châtie. Est-il surprenant que cette doctrine forme des saints ?

La morale de *Jésus-Christ* est pure et sévère, mais simple et populaire ; il n'en fait pas une science profonde et raisonnée ; il la réduit en maximes, la met à portée des plus ignorants, la confirme par ses exemples. Doux et affable, indulgent, miséricordieux, charitable, ami des pauvres et des faibles, il n'affecte ni une éloquence fastueuse, ni un rigorisme outré, ni des mœurs austères, ni un air réservé et mystérieux ; il promet la paix et le bonheur à ceux qui pratiqueront ses préceptes ; il n'a en vue que la gloire de Dieu son Père, la sanctification des hommes, le salut et le bonheur du monde.

Patient jusqu'à l'héroïsme, modeste et tranquille dans les opprobres et les souffrances, il les supporte sans faiblesse et sans ostentation ; il ne cherche point à braver ses ennemis, mais à les toucher et à les convertir. Couvert d'outrages, crucifié entre deux malfaiteurs, il meurt en demandant grâce pour ses accusateurs, ses juges et ses bourreaux ; il laisse au ciel le soin de faire éclater son innocence par des prodiges. Si un Dieu a pu se faire homme, c'est ainsi qu'il devait mourir, et puisque *Jésus-Christ* est mort en Dieu, il devait ressusciter.

Mais sorti du tombeau, il ne va point se montrer à ses ennemis : il avait assez fait pour les convertir ; il n'entreprend point de les forcer ; il veut que la foi soit raisonnable, mais libre ; ce n'est point par des opiniâtres qu'il avait résolu de réformer l'univers. Quand il se serait montré, ces furieux n'en auraient pas été plus dociles ; ils auraient attribué à la magie ses apparitions, comme ils avaient fait à l'égard de ses autres miracles.

Il avait promis d'envoyer son esprit à ses apôtres ; leur conduite et leurs succès prouvent que cet Esprit-Saint leur a été donné. Il avait prédit que la nation juive serait punie ; le châtiment a été terrible, et dure encore : que l'Évangile serait prêché par toute la terre ; il a été porté en effet aux extrémités du monde : que les Juifs et les païens qui se détestaient, deviendraient les brebis d'un même troupeau, et le prodige s'est opéré ; que son Église durerait jusqu'à la consommation des siècles, et déjà nous lui comptons dix-sept cents ans de durée ; que cependant sa doctrine serait toujours contredite et toujours attaquée, elle l'a toujours été et l'est encore : les philosophes même se chargent aujourd'hui de vérifier la prophétie.

Grands génies, savants dissertateurs, montrez-nous dans l'histoire du monde quelque chose qui ressemble à la personne, à la conduite, au ministère de *Jésus-Christ*. Des historiens qui ont su peindre un Homme-Dieu sous des traits aussi singuliers et aussi majestueux, n'ont été ni des imbéciles ni des imposteurs ; ils n'avaient point de modèle, et ils n'étaient pas assez habiles pour le forger. Un envoyé de Dieu, qui a rempli si parfaitement tous les caractères d'une mission divine, n'est lui-même ni un fourbe ni un fanatique. Puisqu'il a dit qu'il était le Fils de Dieu, il l'est véritablement.

Si nous comparons ce divin maître aux autres fondateurs de religions, quelle différence. La plupart de ceux-ci ont confirmé le polythéisme et l'idolâtrie, parce qu'ils les ont trouvés généralement établis. Quelques-uns ont peut-être adouci la férocité des mœurs ; mais ils n'en ont pas diminué la corruption. Plusieurs étaient ou des conquérants qui inspiraient la crainte, ou des souverains respectés ; ils ont employé la force, l'autorité ou la séduction pour se faire obéir. *Jésus-Christ* n'a eu de l'ascendant sur les hommes que par sa sagesse, par ses vertus, par ses miracles ; son ouvrage ne s'est accompli que lorsqu'il n'é ait plus sur la terre. Confucius a pu, sans prodige, rassembler les préceptes de morale des sages qui l'avaient précédé, et se faire un grand nom chez un peuple encore très-ignorant ; mais il n'a pas corrigé la religion des Chinois, déjà infectée de polythéisme par le culte qu'ils rendaient aux esprits et aux ancêtres : sa doctrine n'a pas empêché l'idolâtrie du Dieu Fo de s'introduire à la Chine et d'y devenir la religion populaire. Les philosophes indiens, quoique partagés en divers systèmes, se sont réunis pour plonger le peuple dans l'idolâtrie la plus grossière, ont mis une inégalité odieuse et une haine irréconciliable entre les différentes conditions des hommes. Les prétendus sages de l'Égypte y ont laissé établir un culte et des superstitions qui ont rendu cette nation ridicule aux yeux de toutes les autres. Zoroastre, pour réformer l'idolâtrie des Chaldéens et des Perses, y a substitué un système absurde, a multiplié à l'infini les pratiques minutieuses, a inondé de sang la Perse et les Indes, pour affermir ce qu'il appelait *l'arbre de sa loi*. Les philosophes et les législateurs de la Grèce n'ont pas osé toucher aux fables ni aux superstitions déjà anciennes dans cette contrée ; ils ont été plus occupés de leurs disputes que de la réforme des erreurs et de la correction des mœurs.

Mahomet, imposteur, voluptueux et perfide, a favorisé les passions des Arabes, pour parvenir à réunir dans sa tribu l'autorité religieuse et le pouvoir politique. Toute la sagesse de ces hommes si vantés n'a consisté qu'à faire servir à leurs desseins ambitieux les préjugés, les erreurs, les vices qui dominaient dans leur pays et dans leur siècle. La plupart n'ont subjugué que des nations ignorantes et barbares, *Jésus-Christ* a fondé le christianisme au milieu de la philosophie des Grecs et de l'urbanité romaine ; il n'a épargné aucun vice, n'a fomenté aucune erreur ; il a refusé le titre de roi lorsqu'un peuple nourri par sa puissance voulait le lui donner.

Pour savoir s'il a contribué au bonheur de l'humanité, nous invitons les détracteurs du christianisme à comparer l'état des nations qui adorent *Jésus-Christ* avec celui des païens anciens et des infidèles d'aujourd'hui. Qu'ils nous disent s'ils auraient mieux aimé vivre à la Chine, aux Indes, chez les Perses, parmi les Égyptiens, dans les républiques de la Grèce ou de l'Italie, que chez les peuples policés par l'Évangile. Jamais ils n'ont fait ce parallèle, jamais ils n'oseront le faire. Auraient-ils reçu l'éducation, les connaissances, les mœurs douces et polies dont ils s'applaudissent, s'ils étaient nés ailleurs ? Partout où la foi chrétienne s'est établie, elle y a porté plus ou moins promptement les mêmes avantages ; partout où elle a cessé de régner, la barbarie a pris sa place : telle est la triste révolution qui s'est faite sur les côtes de l'Afrique et dans toute l'Asie, depuis que le mahométisme s'y est élevé sur les ruines du christianisme.

Le plus léger sentiment de reconnaissance doit donc suffire pour nous faire tomber aux pieds de *Jésus-Christ*, et rendre hommage à sa divinité. Vrai soleil de justice, il a répandu la lumière de la vérité et allumé le feu de la vertu ; aucun peuple, aucun homme n'est demeuré dans les ténèbres de l'erreur et dans la corruption du péché, que ceux qui ont refusé de s'instruire et de se convertir. Avec toutes leurs disputes, les philosophes n'ont pas corrigé les mœurs d'une seule bourgade ; par la voix de douze pêcheurs, notre divin maître a changé la face de la meilleure partie de l'univers.

Que des nations corrompues par l'excès de la prospérité, amollies par le luxe et par les plaisirs, se dégoûtent de sa doctrine, et prêtent l'oreille aux sophismes des incrédules, ce n'est pas un prodige. « La lumière, dit-il, a beau luire dans le monde, les hommes lui préfèrent les ténèbres, parce que leurs œuvres sont mauvaises. » (*Joan.* c. III, v. 19)

Lorsque les incrédules ont été obligés de s'expliquer sur l'opinion qu'ils avaient conçue de ce divin législateur, ils n'ont pas été peu embarrassés. Tant qu'ils ont professé le déisme, ils ont affecté d'en parler avec respect ; ils ont rendu justice à la sainteté de sa doctrine et de sa conduite, à l'importance du service qu'il a rendu à l'humanité ; quelques-uns en ont fait un éloge pompeux : s'ils ne l'ont pas reconnu comme Dieu, ils l'ont peint du moins comme le meilleur et le plus grand des hommes.

Mais comment concilier cette idée, avec la doctrine qu'il a prêchée ? Il s'est attribué constamment le titre et les honneurs de la divinité ; il veut que l'on honore le Fils comme on honore le Père (*Joan.* c. VI, v. 23). Lorsque les Juifs ont voulu le lapider, *parce qu'il se faisait Dieu*, loin de dissiper le scandale, il l'a confirmé (C. X, v. 33). Il a mieux aimé se laisser condamner à la mort que de renoncer à cette prétention (*Matth.* c. XXVI, v. 63). Après sa résurrection, il a souffert qu'un de ses apôtres le nommât *mon Seigneur et mon Dieu* (*Joan.* c. XX, v. 28). Suivant l'expression de saint Paul, il n'a point regardé comme une usurpation de s'égaler à Dieu (*Philip.* c. II, v. 6).

Si *Jésus-Christ* n'est pas véritablement *Dieu* dans toute la rigueur du terme, voilà une conduite abominable, plus criminelle que celle de tous les imposteurs de l'univers. Non-seulement *Jésus* a usurpé les attributs de la divinité, mais il a voulu que ses disciples fussent comme lui victimes de ses blasphèmes ; il n'a daigné prévenir ni l'erreur dans laquelle son Église est encore aujourd'hui, ni les disputes que ses discours devaient nécessairement causer. Il n'y a donc pas de milieu : ou *Jésus-Christ* est Dieu, ou c'est un malfaiteur qui a mérité le supplice auquel il a été condamné par les Juifs.

Dans le désespoir de sortir jamais de cet embarras, les incrédules, devenus athées, ont pris le parti extrême de blasphémer contre *Jésus-Christ*, de le peindre tout à la fois comme un imbécile fanatique et comme un imposteur ambitieux. Ils se sont appliqués à noircir sa doctrine, sa morale, sa conduite, les prédicateurs dont il s'est servi, et la religion qu'il a établie. Mais le fanatisme n'inspira jamais des vertus aussi douces, aussi patientes, aussi sages que celles de *Jésus-Christ*. Un ambitieux ne commande point l'humilité, le détachement de toutes choses, le seul désir des biens éternels, ne se résout point à la mort pour soutenir une imposture. Aucun fanatique, aucun imposteur n'a jamais ressemblé à *Jésus-Christ*. D'ailleurs, quiconque croit un Dieu et une providence ne se persuadera jamais que Dieu s'est servi d'un fourbe insensé pour établir la plus sainte religion qu'il y ait sur la terre, et la plus capable de faire le bonheur de l'humanité. Un fanatique en démence est incapable de former un plan de religion tout différent du judaïsme dans lequel il avait été élevé ; un plan dans lequel le dogme, la morale et le culte extérieur se trouvent indissolublement unis et tendent au même but ; un plan qui dévoile la conduite que Dieu a tenue depuis le commencement du monde, qui unit ainsi les siècles passés et les siècles futurs, qui fait concourir tous les événements à un seul et même dessein. Aucune religion fausse ne porte ces caractères. Enfin un homme dominé par des passions vicieuses n'a jamais montré un désir aussi ardent de sanctifier les hommes, d'établir sur la terre le règne de la vertu. Un faux zèle se trahit toujours par quelque endroit : celui de *Jésus-Christ* ne s'est démenti en rien. En deux mots, si *Jésus-Christ* est Dieu-Homme, tout est d'accord dans sa conduite ; s'il n'est pas Dieu, c'est un chaos où l'on ne peut rien comprendre.

Comme les reproches que les incrédules font à *Jésus-Christ* sont contradictoires, nous sommes dispensés de les réfuter en détail ; d'ailleurs nous avons répondu à la plupart dans plusieurs articles de ce *Dictionnaire* : nous nous bornons à en examiner quelques-uns.

1° Ils disent : *Jésus-Christ* n'a voulu se faire connaître qu'à ses disciples ; il a manqué de charité à l'égard des docteurs juifs ; il les traite durement ; il leur refuse des preuves de sa mission et les miracles qu'ils lui demandent : en cela il contredit ses propres maximes.

Le contraire de tout cela est prouvé par l'Évangile. *Jésus-Christ* a déclaré sa mission, sa qualité de Messie et de Fils de Dieu, en un mot, sa divinité, aux docteurs juifs aussi bien qu'à son peuple et à ses disciples. *Voy.* Fils de Dieu. Lorsque les docteurs ont montré de la docilité et de la droiture, il les a instruits avec la plus grande douceur, témoin Nicodème. Quant à ceux dont il connaissait l'incrédulité obstinée et la malignité, il leur a refusé des miracles qui auraient été inutiles, tels que des signes dans le ciel, et qui n'auraient servi qu'à les rendre plus coupables. Il a eu le droit de les traiter durement, c'est-à-dire de leur reprocher publiquement leurs vices, leur hypocrisie, leur basse jalousie, leur opiniâtreté ; il ne tenait qu'à eux de se corriger. Si ce divin Maître avait fait autrement, les incrédules l'accuseraient d'avoir ménagé la faveur et l'appui des chefs de la synagogue, et d'avoir dissimulé leurs vices pour parvenir à ses fins. On voit, par ce qu'en a dit Josèphe, que *Jésus-Christ* ne leur a fait aucun reproche mal fondé.

2° La doctrine de *Jésus*, disent nos adversaires, renferme des mystères où l'on ne conçoit rien ; sa morale n'est pas plus parfaite que celle de Philon le juif, qui était celle des philosophes.

Mais parce que nous ne concevons pas les mystères, il ne s'ensuit pas que Dieu n'a pas pu et n'a pas dû les révéler ; nous les concevons assez pour en tirer des conséquences essentielles à la pureté des mœurs, et c'est assez pour démontrer l'utilité de cette révélation. *Voy.* Mystères. Quant à la morale, Philon avait plutôt pris la sienne dans les auteurs sacrés que chez les philosophes, et *Jésus-Christ* n'a pas dû en enseigner une autre, parce que la morale est essentiellement immuable ; mais nous soutenons que *Jésus-Christ* l'a beaucoup mieux développée que les docteurs juifs, qu'il en a retranché les fausses interprétations des pharisiens, qu'il y a joint des conseils de perfection très-sages et très-utiles. *Voy.* Morale.

3° L'on accuse *Jésus-Christ* d'avoir souvent mal raisonné et mal appliqué l'Ecriture sainte (*Matth.* c. XXIII, v. 29.) Il reprend les pharisiens qui honoraient les tombeaux des prophètes ; il dit qu'ils témoignaient *par là même* qu'ils sont les enfants et les imitateurs de ceux qui les ont tués. Il applique au Messie le psaume CIX : *Dixit Dominus Domino meo*, qui regarde évidemment Salomon (c. XXII, v. 44). Il refuse de dire aux chefs de la nation juive par quelle autorité il agit, à moins qu'ils ne décident eux-mêmes la question de savoir si le baptême de Jean venait du ciel ou des hommes (c. XXI, v. 24). Ce n'était là qu'un subterfuge pour ne pas répondre à des hommes qui avaient droit de l'interroger.

Ce sont plutôt les incrédules eux-mêmes qui raisonnent fort mal, et qui prennent mal le sens des paroles du Sauveur. Il reproche aux pharisiens, non pas les honneurs qu'ils rendaient aux tombeaux des prophètes, mais leur hypocrisie, par conséquent le motif par lequel ils agissaient ainsi ; il ne leur dit point : Vous témoignez *par là même*, etc., mais vous témoignez d'ailleurs, par toute votre conduite, que vous êtes les enfants et les imitateurs de ceux qui les ont mis à mort, et cela était vrai.

Nous soutenons qu'il est impossible d'appliquer à Salomon tout ce qui est dit dans le psaume CIX. David ne le déclare son successeur que sur la fin de sa vie ; alors il n'avait plus d'ennemis à subjuguer. On ne peut pas dire de l'un ni de l'autre, qu'il a été prêtre pour toujours selon l'ordre de Melchisédech, etc.

*Jésus-Christ* avait prouvé vingt fois aux Juifs, par ses miracles, qu'il agissait de la part de Dieu son Père et par une autorité divine : ils lui faisaient donc une question ridicule à vouloir égales. Ils ne voulurent pas avouer que Jean Baptiste était l'envoyé de Dieu, parce que *Jésus-Christ* leur aurait dit : Pourquoi donc ne croyez-vous pas au témoignage qu'il m'a rendu ? L'argument qu'il leur faisait était juste et sans réplique.

4° Les incrédules prétendent que par un mouvement de colère il chassa les vendeurs du temple sans autorité légitime, et qu'il troubla la police sans nécessité (*Joan.* c. II, v. 14). Mais l'évangéliste même nous dit que, dans cette circonstance, *Jésus* agit par zèle pour l'honneur de la maison de Dieu, et non par colère ; il avait une autorité légitime, et il l'avait prouvé. Ceux qui vendaient des victimes et les changeurs pouvaient se tenir hors du temple : c'était une très-mauvaise police de les laisser faire leur commerce dans l'intérieur.

Au mot Ame nous avons fait voir que *Jésus-Christ* n'a pas mal raisonné, en prouvant aux Juifs l'immortalité de l'âme, et au mot Adultère, qu'il n'a point péché contre la loi en renvoyant la femme adultère.

Nous ne croyons pas qu'il soit nécessaire de rapporter et de réfuter les calomnies absurdes que les juifs modernes ont forgées contre *Jésus-Christ* dans les *Sepher Tholdoth Jeschu*, ou *Vies de Jésus*, qui ont paru dans les derniers siècles. Les anachronismes, les puérilités, les traits de démence dont ces livres sont remplis, font pitié à tout homme de bon sens. Orobio, juif très-instruit, n'a pas osé en citer un seul article.

II. Comme nous donnons pour signe principal de la mission de *Jésus-Christ* les miracles qu'il a opérés, nous devons indiquer, du moins en abrégé, les preuves générales de ces miracles.

La première est le témoignage des apôtres et des évangélistes. Deux de ceux qui ont écrit l'histoire se donnent pour témoins oculaires ; les deux autres les ont appris de ces mêmes témoins. Saint Pierre prend à témoin de ces miracles les Juifs rassemblés à Jérusalem le jour de la Pentecôte (*Act.* c. II, v. 22 ; c. x, v. 37). Ils ont donc été publiés dans la Judée même, peu de temps après, et sur le lieu où ils ont été opérés, en présence de ceux qui les ont vus ou qui en ont été informés par la notoriété publique, et qui avaient intérêt de les contester, s'il eût été possible. Ces miracles sont encore confirmés par les témoignages de l'historien Josèphe, de Celse, de Julien, des gnostiques, etc. Il faut se raidir contre l'évidence même pour soutenir, comme les incrédules, que les miracles de *Jésus* n'ont été vus que par ses disciples ; que les Juifs ne les ont pas vus puisqu'ils n'y ont pas cru ; que ces faits n'ont été écrits qu'après la ruine de Jérusalem, lorsqu'il n'y avait plus de témoins oculaires. Ces miracles ont été vus non-seulement par tous les habitants de la Judée qui ont voulu les voir, mais par tous les Juifs de l'univers qui se trouvaient à Jérusalem aux principales fêtes de l'année. Parce que la plupart de ces témoins n'ont pas cru la mission, la qualité de Messie, la divinité de *Jésus-Christ*, il ne s'ensuit pas qu'ils n'ont pas cru les miracles qu'ils avaient vus : il s'ensuit seulement qu'ils n'en ont pas tiré les conséquences qui s'ensuivaient. Ce sont deux choses fort différentes. Plusieurs de ceux qui ont avoué formellement ces miracles, soit parmi les Juifs, soit parmi les païens, n'ont pas embrassé pour cela le christianisme. Ces faits ont été certainement écrits avant la ruine de Jérusalem, puisque les trois premiers Evangiles, les Actes des apôtres et les Epîtres de saint Paul ont paru avant cette époque.

Seconde preuve. Non-seulement les Juifs n'ont point contesté ces miracles dans le temps qu'on les a publiés, mais plusieurs les ont formellement avoués. Les uns les ont attribués à la magie et à l'intervention du démon; les autres à la prononciation du nom de Dieu que *Jésus* avait dérobée dans le temple. Si les Juifs en étaient disconvenus, Celse qui les fait parler, Julien, Porphyre, Hiéroclès, n'auraient pas manqué d'alléguer cette réclamation des Juifs; ils ne le font pas : les disciples des apôtres se seraient plaints, dans leurs écrits, de la mauvaise foi des Juifs; ils ne les en accusent pas : les compilateurs du Talmud auraient allégué ce témoignage de leurs ancêtres; tout au contraire, ils avouent les miracles de *Jésus-Christ*. Galatin, *de Arcanis cathol. verit.*, l. VIII, c. 5. Orobio, juif très-instruit, fidèle à suivre la tradition de sa nation, n'a pas osé jeter du doute sur ce fait essentiel.

Troisième preuve. Les auteurs païens qui ont attaqué le christianisme, ont agi de même ; sans nier les miracles de *Jésus-Christ*, ils ont dit qu'il les a faits par magie ; que d'autres que lui en ont fait de semblables ; que cette preuve ne suffit pas pour établir sa divinité et la nécessité de croire en lui. Il aurait été bien plus simple de les nier absolument, si cela était possible.

Quatrième. Plusieurs anciens hérétiques contemporains des apôtres, ou qui ont paru immédiatement après eux, ont attaqué des dogmes enseignés dans l'Evangile; mais nous n'en connaissons aucun qui en ait contredit les faits; les sectes mêmes qui ne convenaient pas de la réalité des faits avouaient qu'ils s'étaient passés, du moins en apparence ; ils ne taxaient point les apôtres de les avoir forgés. Il y a eu des apostats dès le I<sup>er</sup> siècle; saint Jean nous l'apprend : aucun n'est accusé d'avoir publié que l'histoire évangélique était fausse. Il y en avait parmi ceux que Pline interrogea, pour savoir ce que c'était que le christianisme, et ils ne lui découvrirent aucune espèce d'imposture.

Cinquième. Une preuve plus forte de la vérité des miracles de *Jésus-Christ*, est le grand nombre de Juifs et de païens convertis par les apôtres et par les disciples du Sauveur. Quel motif a pu les engager à croire en *Jésus-Christ*, à se faire baptiser, à professer la foi chrétienne, à braver la haine publique, les persécutions et la mort, sinon une persuasion intime de la vérité des faits évangéliques? C'est la preuve principale sur laquelle insistent les apôtres. *Jésus-Christ* lui-même avait dit aux Juifs (*Joan.* c. X, v. 38): *Si vous ne voulez pas me croire, croyez à mes œuvres*. Saint Pierre leur dit à son tour : *Vous savez que Dieu a prouvé le caractère de Jésus de Nazareth par les miracles qu'il a faits au milieu de vous ; vous l'avez mis à mort, mais Dieu l'a ressuscité; faites pénitence, et recevez le baptême* (*Act.* c. II, v. 22). Saint Paul dit aux païens : *Renoncez à vos dieux, adorez le seul Dieu, Père de l'univers, reconnaissez Jésus-Christ son Fils qu'il a ressuscité* (*Act.* c. XVII, v. 24). Il a été prouvé Fils de Dieu par le pouvoir dont il a été revêtu, et par la résurrection des morts (*Rom.* c. I, v. 4).

Sixième. Comme la résurrection de *Jésus-Christ* est le plus grand de ses miracles, les apôtres, non contents de la publier, la mettent dans le symbole : ils en établissent un monument en célébrant le dimanche. Selon saint Paul, elle est représentée par la manière dont le baptême est administré. On lisait l'Evangile dans toutes les assemblées chrétiennes, et l'Evangile en parle comme d'un fait indubitable. Il était donc impossible d'être chrétien sans la croire, et personne ne l'aurait crue, si elle n'avait pas été invinciblement prouvée.

Toutes ces preuves auraient besoin d'être traitées plus au long ; mais ce n'est pas ici le lieu. Les incrédules se contentent de nous objecter que les prétendus miracles de Zoroastre, de Mahomet, d'Apollonius de Thyane, et de quelques autres imposteurs, ne sont pas moins attestés que ceux de *Jésus-Christ*, et ne sont pas crus avec moins de fermeté par leurs sectateurs.

Ils nous en imposent évidemment. 1° Ces prétendus miracles ne sont rapportés par aucun témoin oculaire ; aucun de ceux qui les ont écrits n'ont osé dire, comme saint Jean : « Nous vous annonçons et nous vous attestons ce que nous avons vu de nos yeux, ce que nous avons entendu nous-mêmes, ce que nous avons examiné avec attention, et ce que nous avons touché de nos mains (*I Joan.* c. I, v. 1). » — 2° La plupart de ces prodiges sont en eux-mêmes ridicules, indignes de Dieu, ne pouvaient servir qu'à favoriser l'orgueil du thaumaturge, à étonner et à effrayer ceux qui les auraient vus ; ceux de *Jésus-Christ* ont été des actes de charité destinés à l'avantage temporel et spirituel des hommes, à soulager leurs maux, à les éclairer, à les tirer de l'erreur et du désordre, à les mettre dans la voie du salut. — 3° Ce ne sont point les prétendus miracles des imposteurs qui ont fait adopter leur doctrine ; il est prouvé que la religion de Zoroastre et celle de Mahomet se sont établies par la violence, et il y avait longtemps que le paganisme subsistait, lorsque les faiseurs de prestiges ont paru dans le monde. Au contraire, ce sont les miracles de *Jésus-Christ* et ceux des apôtres qui ont fondé le christianisme. — 4° Aucun de ces thaumaturges supposés n'a été prédit, comme *Jésus-Christ*, plusieurs siècles auparavant, par une suite de prophètes qui ont annoncé aux hommes ses miracles futurs. Aucun des faux miracles n'a été avoué par les sectateurs d'une religion différente. Si quelques Pères de l'Eglise sont convenus des prodiges allégués par les païens, d'autres les ont niés et réfutés formellement. Aucun imposteur célèbre n'a pu donner à ses disciples, comme a fait *Jésus-Christ*, le pouvoir d'opérer des miracles semblables aux siens.

Voilà les différences auxquelles les incrédules ne répliqueront jamais. L'on a pu adopter de fausses religions par entêtement pour certaines opinions, par une estime aveugle pour le fondateur, por docilité pour les préjugés nationaux, par intérêt, par ambition, par libertinage; la religion chré tienne est la seule qui n'a pu être embrassée que par conviction de la vérité des faits, par la certitude de la mission divine de son auteur, et par son amour pour la vertu.

Une question très-importante parmi les théologiens, est de savoir si *Jésus-Christ* est mort pour tous les hommes sans exception; s'il est, dans un sens très-réel, le Sauveur et le Rédempteur de tous, comme l'Ecriture sainte nous en assure. *Voy.* SALUT, SAUVEUR.

Chez toutes les nations chrétiennes, la naissance de *Jésus-Christ* est l'époque de laquelle on date les années, et qui sert de base à la chronologie. La manière la plus sûre et la plus commode de la fixer, est de supposer, comme les anciens Pères de l'Eglise, que *Jésus-Christ* est né dans l'année de Rome 749, la quarantième d'Auguste, la cinquième avant l'ère commune, sous le consulat d'Auguste et L. Cornélius Sulla. Il entrait dans sa trentième année lorsqu'il fut baptisé; il fit ensuite quatre Pâques, et fut crucifié le 25 de mars, la trente-troisième année de son âge, la vingt-neuvième de l'ère commune, sous le consulat des deux Géminés.

Par conséquent, *Jésus-Christ* mourut la quinzième année de Tibère, à compter du temps auquel cet empereur commença de régner seul, ou la dix-huitième depuis que Auguste l'eut associé à l'empire. *Voy. Vies des Pères et des Martyrs*, tome V, note, pag. 635 et suiv. Dans la *Bible d'Avignon*, tome XIII, pag. 104, il y a une dissertation dans laquelle l'auteur adopte un calcul différent de celui-ci. Il suppose que *Jésus-Christ* est né deux ans avant le commencement de l'ère commune, et qu'il est mort la trente-troisième année de cette ère. Ce n'est point à nous d'examiner lequel de ces deux sentiments est le mieux fondé.

Il est bon de savoir que cet usage de compter les années depuis la naissance de *Jésus-Christ* n'a commencé en Italie qu'au vi° siècle; en France au vii°, et même au viii°, sous Pépin et Charlemagne: les Grecs s'en sont rarement servis dans les actes publics; les Syriens n'ont commencé à en user qu'au x° siècle. *Voy.* CHRISTIANISME, EVANGILE, MIRACLES, HUMANITÉ DE JÉSUS-CHRIST, INCARNATION, etc., etc.

JEU. Il est constant que, depuis la naissance du christianisme, les *jeux* de hasard ont été sévèrement défendus par les lois de l'Eglise, non-seulement aux clercs, mais aux simples fidèles. On le voit par le canon 42, ol. 35, des apôtres, et par le canon 76 du concile d'Elvire, tenu vers l'an 300. Cela était d'autant plus convenable, que les anciennes lois romaines punissaient déjà, par l'exil et par d'autres peines, les joueurs de profession. Les sages mêmes du paganisme ont considéré la passion du *jeu* comme la source d'une infinité de malheurs et de crimes. Aussi les Pères de l'Eglise ont regardé le gain fait aux *jeux* de hasard comme une espèce d'usure ou plutôt le vol défendu par le huitième commandement de Dieu.

DICTIONN. DE THÉOL. DOGMATIQUE. III.

Les empereurs romains ne l'ont pas envisagé différemment, puisque Justinien décida, par une loi formelle, que celui qui avait contracté une dette aux *jeux* de hasard ne pourrait être poursuivi en justice; qu'au contraire il serait admis à répéter ce qu'il aurait payé volontairement. Depuis Charlemagne jusqu'à Louis XV, il n'est presque aucun de nos rois qui n'ait porté des lois sévères contre les joueurs et ceux qui donnent à jouer. Il y a au moins vingt arrêts du parlement de Paris rendus pour en maintenir l'exécution. Bingham, *Orig. ecclés.*, tom. VII, liv. xvi, c. 12, § 20; *Code de la religion et des mœurs*, tit. 30, tom. II, p. 384.

Mais la corruption des mœurs et les abus, une fois établis, seront toujours plus forts que toutes les lois : comment espérer qu'elles seront respectées, lorsque la multitude, le rang, le crédit des coupables, les met à couvert de toute punition, et que les défenses sont violées par ceux mêmes qui les ont faites?

JEUNE. Nous n'avons rien à dire touchant les *jeûnes* des païens, des juifs, des mahométans; mais puisque cette pratique a été conservée dans le christianisme, que les hérétiques et les épicuriens modernes lui ont déclaré la guerre, nous sommes obligés d'en faire l'apologie. Remarquons d'abord que le *jeûne* n'était commandé aux Juifs par aucune loi positive; ce n'était donc pas une pratique purement cérémonielle; cependant il est approuvé et loué dans l'Ancien Testament comme une mortification méritoire et agréable à Dieu. David, Achab, Tobie, Judith, Esther, Daniel, les Ninivites, toute la nation juive, ont obtenu de Dieu par ce moyen le pardon de leurs fautes, ou des grâces particulières. Les prophètes n'ont point condamné absolument les *jeûnes* des Juifs, mais l'abus qu'ils en faisaient; ils les ont même exhortés plus d'une fois à jeûner (*Joël*, c. I, v. 14; c. II, v. 12, etc.).

Dans le Nouveau Testament, les *jeûnes* de saint Jean-Baptiste et d'Anne la prophétesse sont cités avec éloge. Jésus-Christ lui-même en a donné l'exemple (*Matth.* c. IV, v. 2); il a seulement blâmé ceux qui jeûnaient par ostentation afin de paraître mortifiés (c. VI, v. 16 et 17). Il dit que les démons ne peuvent être chassés que par la prière et par le *jeûne* (c. XVII, v. 20). Il n'y obligea point ses disciples; mais il prédit que, quand il ne serait plus avec eux, ils jeûneraient (c. IX, v. 15). Ils l'ont fait, en effet; nous voyons les apôtres se préparer, par le *jeûne* et par la prière, aux actions importantes de leur ministère (*Act.* c. XIII, v. 2; c. XIV, v. 22; c. XXVII, v. 21). Saint Paul exhorte les fidèles à s'y exercer (*II Cor.* c. VI, 5), et il le pratiquait lui-même (c. XI, v. 27). C'est donc une action sainte et louable.

Les ennemis du christianisme en jugent autrement : C'est, disent-ils, une pratique superstitieuse, fondée sur une fausse idée de la Divinité; l'on s'est persuadé qu'elle se plaisait à nous voir souffrir. Les Orientaux et les platoniciens avaient rêvé que nous sommes infestés par des démons qui nous portent au vice, et que le *jeûne* sert à les vaincre ou à les mettre en fuite. Le *jeûne* peut nuire à la santé : en diminuant nos forces, il nous rend moins capables de remplir des devoirs qui exigent de la vigueur.

Cependant les plus habiles naturalistes conviennent encore aujourd'hui que le remède le plus efficace contre la luxure est l'abstinence et le *jeûne* (*Hist. nat.*, t. III, in-12, c. 4, p. 105). Croient-ils pour cela que la luxure est un mauvais démon qui infeste notre âme? Les Pères de l'Eglise, qui ont tant recommandé le *jeûne*, et qui l'ont pratiqué eux-mêmes, ne le croyaient pas plus. Les anciens philosophes, les sectateurs de Pythagore, de Platon et de Zénon, plusieurs épicuriens même, ont aussi loué et pratiqué l'abstinence et le *jeûne;* l'on peut s'en convaincre en lisant le *Traité de l'abstinence* de Porphyre. Ils n'avaient certainement pas rêvé que la Divinité se plaît à nous voir souffrir, et les épicuriens ne croyaient pas aux démons. Mais ils savaient par expérience que le *jeûne* est un moyen d'affaiblir et de dompter les passions, que les souffrances servent à exercer la *vertu* ou la *force* de l'âme.

Quiconque admet un Dieu et une providence croit que, quand l'homme a péché, il lui est utile de s'en repentir et d'en être affligé ; c'est un préservatif contre la rechute: or, les censeurs du *jeûne* conviennent qu'un homme affligé ne pense pas à manger. Ce n'est donc pas une superstition de juger que le *jeûne* est un signe et un moyen de pénitence, aussi bien qu'un remède contre la fougue des passions. Et comme nous n'accusons point de cruauté un médecin qui prescrit l'abstinence et des remèdes à un malade, Dieu n'est pas cruel non plus, lorsqu'il ordonne à un pécheur de s'affliger, de s'humilier, de souffrir et de jeûner.

Pour savoir si le *jeûne* est nuisible à la santé, ou peut nous rendre incapables de remplir nos devoirs, il suffit de voir s'il y a moins de vieillards à la Trappe et à Sept-Fonts que parmi les voluptueux du siècle ; si les médecins sont plus souvent appelés pour guérir des infirmités contractées par le *jeûne*, que pour traiter des maladies nées de l'intempérance ; si enfin les gourmands sont plus exacts à remplir leurs devoirs que les hommes sobres et mortifiés.

Lorsque nous lisons les dissertations des épicuriens modernes, il nous paraît qu'ils cherchent moins ce qui est utile à la société en général, qu'ils ne pensent à justifier la licence avec laquelle ils violent les lois de l'abstinence et du *jeûne*. *Voy.* Carême, Abstinence. Ils traitent de fables ce qu'on lit dans la vie de plusieurs saints de l'un ou de l'autre sexe, qui ont passé trente ou quarante jours sans manger. Mais ces faits sont trop bien attestés pour que l'on puisse en douter. Indépendamment des forces surnaturelles que Dieu a pu donner à ses serviteurs, il est certain qu'il y a des tempéraments qui, fortifiés par l'habitude, peuvent pousser beaucoup plus loin le *jeûne* que le commun des hommes, sans déranger leur santé, et même sans s'affaiblir beaucoup. Ce que nous lisons dans les relations de plusieurs voyageurs, qui se sont trouvés réduits à passer plusieurs jours dans des fatigues excessives, sans autre nourriture qu'une poignée de farine de maïs ou quelques fruits sauvages, rend très-croyable ce que l'on raconte des *jeûnes* observés par les saints. En général, la nature demande peu de choses pour se soutenir : mais la sensualité passée en habitude est une tyrannie à peu près invincible. Nous sommes étonnés de la multitude et de la rigueur des *jeûnes* que pratiquent encore aujourd'hui les différentes sectes de chrétiens orientaux.

Daillé, Bingham et d'autres écrivains protestants soutiennent que, dans les premiers siècles, le *jeûne* ne renfermait point l'abstinence de la viande, qu'il consistait seulement à différer le repas jusqu'au soir, à en retrancher les mets délicats et tout ce qui pouvait flatter la sensualité. Ils le prouvent par un passage de Socrate (*Hist. ecclés.*, l. v, c. 22), qui dit que pendant le carême les uns s'abstenaient de manger d'aucun animal, les autres usaient seulement de poisson, quelques-uns mangeaient de la volaille sans scrupule, et par l'exemple de l'évêque Spiridion, qui, dans un jour de *jeûne*, servit du lard à un voyageur fatigué, et l'exhorta à en manger (*Sozom.*, l. I, c. 11).

Mais de tous les mets dont on peut se nourrir, y en a-t-il de plus succulents et qui flattent davantage la sensualité que la viande ? C'est donc la première chose de laquelle il convenait de s'abstenir les jours de *jeûne*, selon l'observation même de nos critiques. Le passage de Socrate prouve très-bien que de son temps, comme aujourd'hui, il y avait des chrétiens très-peu scrupuleux, et qui observaient fort mal la loi du *jeûne ;* mais les abus ne font pas la règle. Plus de soixante-dix ans avant le temps auquel Socrate écrivait, le concile de Laodicée, tenu l'an 366 ou 367, avait décidé que l'on devait observer la *xérophagie*, ou ne vivre que d'aliments secs pendant la quarantaine du *jeûne*, can. 50 ; il ne permettait donc pas l'usage de la viande.

L'exemple de saint Spiridion favorise encore moins nos adversaires. L'historien observe qu'il ne se trouva chez lui ni pain, ni farine ; le voyageur, auquel il servit du lard, refusa d'abord d'en manger et représenta qu'il était chrétien ; donc l'usage des chrétiens n'était pas de faire gras en carême. Le saint évêque vainquit sa répugnance, en lui disant que, selon l'Ecriture sainte, tout est pur pour les cœurs purs ; le cas de nécessité l'excusait dans cette circonstance. Cette réponse nous indique la raison pour laquelle l'Eglise ne fit pas d'abord une loi générale de l'abstinence ; on craignait de favoriser l'erreur des marcionites, qui s'abstenaient de la viande et du vin, parce que, selon leur opinion, c'étaient des productions du mauvais principe. De là les canons des apôtres ordonnent de déposer un ecclésiastique qui s'abstient de viande et de vin par un motif d'horreur et non pour se mortifier, qui oublie que ce sont des dons du Créateur, et blasphème ainsi contre la création, *Can.* 43 et 45, ou, selon d'autres, 51 et 53. Lorsque le danger a été passé, l'abstinence a été généralement observée, et c'est très-mal à propos que les protestants se sont élevés contre cette discipline respectable. *Voy.* Bévéridge, sur les *Canons de l'Eglise primitive*, l. III, c. 9, § 7.

Mosheim, quoique protestant, a été forcé de convenir que le *jeûne* du mercredi et du vendredi paraît avoir été en usage dès le temps des apôtres, ou immédiatement après. Les apôtres ont-ils donc laissé introduire une pratique superstitieuse? Un savant académicien a prouvé que les *jeûnes* religieux ont été en usage chez la plupart des peuples de l'univers; et en remontant à l'origine, il a trouvé cette pratique fondée sur des motifs très-sensés, *Mém. de l'Acad. des Inscript.*, tom. V, in-12, p. 38. Mosheim avait profondément oublié l'Evangile, lorsqu'il a écrit et répété que les premiers chrétiens puisèrent dans la philosophie de Platon leur goût excessif pour le *jeûne* et pour l'abstinence. Les justes de l'Ancien Testament, Jésus-Christ et les apôtres avaient-ils étudié dans l'école de Platon? *Dissert. de turbata per recent. Platonicos Ecclesia*, § 49 et 50; *Hist. ecclés.*, deuxième siècle, II° part., c. 1, § 12; *Hist. christ.*, sæc. II, § 35. *Voy.* ABSTINENCE, ASCÈTES, CARÊME, MORTIFICATION.

JOACHIMITES, disciples de Joachim, abbé de Flore en Calabre, ordre de Citeaux, qui passa pour prophète pendant sa vie, et qui après sa mort laissa plusieurs livres de prédictions et d'autres ouvrages. Ces écrits furent condamnés, sans nommer l'auteur, l'an 1215 par le concile de Latran, et par celui d'Arles, en 1260.

Les *joachimites* étaient entêtés du nombre ternaire, relativement aux trois personnes de la sainte Trinité. Ils disaient que Dieu le Père avait régné sur les hommes depuis le commencement du monde jusqu'à l'avénement de Jésus-Christ; que l'opération du Fils a duré depuis cet avénement jusqu'à leur temps, pendant douze cent soixante ans; qu'après cela le Saint-Esprit devait opérer aussi à son tour. Cette division n'était déjà rien moins que conforme à la saine théologie, suivant laquelle toutes les opérations extérieures de la Divinité doivent être attribuées conjointement aux trois Personnes divines. Ils divisaient les hommes, les temps, la doctrine, la manière de vivre, chacun en trois ordres ou trois états, ce qui faisait quatre *ternaires*. Le premier comprenait trois états ou ordres d'hommes; savoir, celui des gens mariés, qui avait duré sous le règne du Père éternel, ou sous l'Ancien Testament; celui des clercs, qui a eu lieu sous le règne du Fils, ou sous la loi de grâce; celui des moines, qui devait dominer du temps de la plus grande grâce par le Saint-Esprit. Le second ternaire est celui de la doctrine, savoir, l'Ancien Testament donné par le Père; le Nouveau, qui est l'ouvrage du Fils; et l'Evangile éternel qui devait venir du Saint-Esprit. Le ternaire des temps sont les trois règnes dont nous avons parlé: celui du Père, ou l'esprit de la loi mosaïque; celui du Fils, ou l'esprit de grâce; celui du Saint-Esprit, ou de la très-grande grâce, et de la vérité enfin découverte. Sous le premier, disaient ces visionnaires, les hommes ont vécu selon la chair; sous le second, ils ont vécu entre la chair et l'esprit; sous le troisième, et jusqu'à la fin du monde, ils vivront entièrement selon l'esprit. Dans cette troisième période, selon les *joachimites*, les sacrements, les figures et tous les signes sensibles devaient cesser et la vérité se montrer à découvert.

On prétend que l'abbé Joachim était aussi trithéiste; qu'il n'admettait, entre les trois personnes divines, qu'une union de volontés et de desseins.

Malgré l'autorité des deux conciles qui ont condamné ses visions et son *Evangile éternel*, il s'est trouvé un abbé de son ordre nommé Grégoire Laude, qui a écrit sa vie, a voulu éclaircir ses prophéties, et a tenté de les justifier du crime d'hérésie; cet ouvrage fut imprimé à Paris en 1660, en un vol. in-folio. D. Gervaise, ancien abbé de la Trappe, a aussi donné au public une histoire de l'abbé Joachim, et a de nouveau entrepris son apologie; mais aucun de ces deux écrivains n'est venu à bout de prouver que l'on ait imputé faussement à ce moine les erreurs condamnées dans ses livres. Il n'est pas certain qu'il soit l'auteur de l'*Evangile éternel*: quelques-uns prétendent que cet ouvrage est de Jean de Rome, ou Jean de Parme, septième général des frères mineurs; d'autres l'attribuent à Amauri, ou à quelqu'un de ses disciples; selon d'Argentré, quelques religieux voulurent en introduire la doctrine dans l'université de Paris, en 1254.

Quoi qu'il en soit, les visions de l'abbé Joachim produisirent de très-mauvais effets. Elles donnèrent lieu aux rêveries de Ségarel, de Doucin, et d'autres fanatiques, dont les sectateurs troublèrent l'Eglise pendant le reste du treizième siècle. *Voy.* APOSTOLIQUES.

JOANNITES. On donna ce nom, dans le v° siècle, à ceux qui demeurèrent attachés à saint Jean Chrysostome, et ne voulurent point rompre communion avec lui. On sait que ce saint fut exilé par les artifices de l'impératrice Eudoxie, et déposé dans un conciliabule par Théophile d'Alexandrie, ensuite dans un second tenu à Constantinople; le nom de *joannites* devint ainsi un titre de disgrâce à la cour impériale. *Voy.* SAINT JEAN CHRYSOSTOME.

JOB, nom d'un des livres de l'Ancien Testament, ainsi appelé parce qu'il renferme l'histoire de Job, patriarche célèbre par sa patience, par sa soumission à Dieu, sa sagesse et ses autres vertus. Ce saint personnage vivait dans la terre de Hus, que l'on croit être l'Idumée orientale, aux environs de Bosra. Le sentiment le plus commun est que Job lui-même est l'auteur du livre qui contient son histoire.

On a formé sur ce livre une infinité de conjectures. Quelques protestants, suivis par les incrédules, ont pensé que Job n'est point un personnage réel qui ait véritablement existé, que son livre est une allégorie ou une fable morale, et non une histoire. Mais ce sentiment ne s'accorde point avec le récit de plusieurs auteurs sacrés (Ezéchiel. c. XIV, v. 14) met Job, avec Noé et Daniel, au rang des hommes d'une vertu éminente. L'auteur du livre de Tobie compare les reproches que l'on faisait à ce saint homme, à ceux dont Job était accablé par ses amis (*Tob.*, c. II, v. 11). L'apôtre saint Jacques propose Job comme un modèle de patience (c. v, v. 11). Tout cela paraît désigner un personnage réel. Quand on prendrait pour une allégorie ce qui est dit dans le livre de Job touchant les enfants de Dieu, ou les anges, parmi lesquels se trouve Satan, etc. (c. I et II), cela n'empêcherait pas que le reste de l'histoire ne dût être regardé comme véritable. On n'a pas moins varié sur l'auteur du livre. Les uns ont cru que Job l'avait écrit lui-même en syriaque ou en Arabe, et que c'est le plus ancien de nos livres saints ; qu'ensuite Moïse ou quelque autre Israélite l'a traduit en hébreu ; d'autres l'ont attribué à Eliu, ou à l'un des deux autres amis de Job ; plusieurs à Moïse ou à Salomon, à Isaïe ou à quelque écrivain plus récent ; aucune de ces dernières opinions n'est assez solidement établie.

Il paraît que l'auteur du livre de Job a fait allusion au passage de la mer Rouge, lorsqu'il a dit en parlant de Dieu (c. XXVI, v. 12) : « Il a fendu la mer par sa puissance, il a frappé le superbe par son souffle, il a rendu le ciel serein et a blessé le serpent tortueux. » Isaïe (c. LI, v. 9) se sert des mêmes expressions en citant ce prodige. Mais, d'un autre côté, si Job a vécu dans le voisinage du désert pendant les quarante ans que les Israélites y ont passé, il est étonnant qu'il n'ait pas cité leur servitude en Egypte comme un exemple des calamités par lesquelles Dieu afflige souvent ceux qu'il aime et qu'il protège.

La langue originale de ce livre est l'Hébreu, mais mêlé d'expressions arabes et chaldaïques, et de plusieurs tours de phrases qui ne se trouvent point dans l'hébreu pur ; c'est ce qui rend cet ouvrage obscur et difficile à entendre. Aussi la version grecque dont les anciens se sont servis est-elle très-imparfaite. Le texte est écrit en style poétique, et en vers libres, quant à la mesure et à la cadence ; leur beauté consiste principalement dans la force de l'expression, dans la sublimité des pensées, dans la vivacité des mouvements, dans l'énergie des peintures, dans la variété des caractères ; tout cela y est réuni dans le plus haut degré. C'est un monument précieux de l'ancienne philosophie des Orientaux. Job y discute avec ses amis une question très-importante ; savoir, si Dieu, sans injustice, peut affliger les justes ; Job soutient qu'il le peut, et en donne les mêmes raisons que nous alléguons encore aux détracteurs de la Providence. Il pose pour principe, 1° que les desseins de Dieu sont impénétrables, qu'il est le maître absolu de ses bienfaits, qu'il peut les accorder ou les refuser à qui il lui plaît, sans qu'on puisse l'accuser d'injustice ; 2° qu'aucun homme n'est exempt de péché, qu'il en est souillé dès sa naissance, les afflictions qu'il éprouve peuvent donc être toujours l'expiation de ses fautes. 3° Il soutient que Dieu dédommage ordinairement en ce monde le juste affligé, et il en est lui-même un illustre exemple. 4° Job ne borne point ses espérances à cette vie ; il compte sur un état à venir dans lequel le juste sera récompensé de ses vertus, et le méchant puni de ses crimes. Lowt, qui, dans son ouvrage *De sacra Poesi Hebræorum*, a éclairci un grand nombre de passages du livre de Job, fait voir que ce patriarche parle évidemment d'un lieu de félicité pour les justes après la mort.

Il y a plus, ce saint homme professe clairement le dogme de la résurrection future. Il dit (c. XIX, v. 25 et suivants) : « Je sais que mon Rédempteur est vivant, et que je ressusciterai de la terre au dernier jour ; que je serai de nouveau revêtu de ma dépouille mortelle, et que je verrai mon Dieu dans ma chair, etc. » Ceux qui ont conclu de là que le livre de Job est d'un auteur récent, que les anciens n'avaient pas une idée aussi claire de la résurrection qu'elle le paraît dans ce passage, sont partis d'un principe très-faux, en supposant que ce n'était point là la croyance primitive des anciens peuples, et surtout des patriarches. *Voy.* RESURRECTION.

Ce n'est donc pas sans raison que les Juifs et les chrétiens ont regardé Job comme un auteur inspiré. Son livre a été reconnu pour canonique par la Synagogue et par l'Eglise, dès les premiers siècles. Saint Paul l'a cité (*I Cor.* c. III, v. 19). « Il est écrit, dit-il, je surprendrai les sages dans leur fausse sagesse. » Or, ce passage ne se trouve que dans le livre de Job, c. v, v. 11. Ce livre est renfermé dans les plus anciens catalogues des livres sacrés. Ceux qui ont voulu faire douter si les Juifs l'avaient reçu comme tel, n'ont allégué que le silence de Josèphe ; mais ce silence ne prouve rien, puisque Josèphe n'a pas nommé en détail les livres de l'Ecriture. Saint Jérôme atteste que Job était mis par les Juifs au rang des hagiographes ; aucun docteur juif n'a dit le contraire. Le jésuite Pinéda a fait un savant commentaire sur ce livre, et Spanheim a donné une *Vie de Job* très-détaillée. *Voy.* la *Préface du livre de Job, Bible d'Avignon*, t. VI, p. 449.

JOEL est le second des douze petits prophètes. Il paraît qu'il prophétisa dans le royaume de Juda, après la ruine de celui d'Israël, et le transport des dix tribus en Assyrie. Sa prophétie, qui ne contient que trois chapitres, annonce quatre grands événements ; savoir, une nuée d'insectes qui devait ravager les campagnes et produire une famine dans le royaume de Juda : Jérémie parle de cette famine (c. xiv, v. 1) ; une armée d'étrangers qui devait venir et achever de dévaster la Judée : il est à présumer que c'est l'armée de Nabuchodonosor, qui détruisit le royaume de Juda, et emmena les Juifs à Babylone ; le retour de cette captivité et les bienfaits dont Dieu voulait ensuite combler son peuple ; enfin la vengeance qu'il tirerait des peuples ennemis des Juifs.

Dans les *Actes des Apôtres*, chap. II, v. 16, saint Pierre applique à la descente du Saint-Esprit ce que Joël avait dit des faveurs que Dieu voulait accorder à son peuple, et des signes qui devaient paraître à cette occasion dans le ciel et sur la terre. De là plusieurs Pères de l'Église, et plusieurs commentateurs, ont conclu que la prophétie de Joël n'avait point été accomplie dans toute son étendue, au retour de la captivité de Babylone ; qu'il fallait par conséquent lui donner un double sens. Quelques modernes, qui ont vu que toutes les circonstances n'avaient pas été vérifiées non plus à la descente du Saint-Esprit et à la prédication de l'Évangile, ont pensé que ce qui est dit du *jugement* que Dieu devait exercer sur les nations doit s'entendre de la fin du monde et du jugement dernier ; conséquemment qu'il y a dans les paroles de Joël un troisième sens prophétique. *Voy.* la préface sur *Joël*, *Bible d'Avignon*, tom. XI, p. 361.

JOIE. Un des reproches les plus communs que les incrédules font à la religion, c'est que ses dogmes, sa morale, ses pratiques semblent faits pour nous attrister, pour nous interdire toute espèce de *joie* et de plaisirs ; que la piété ou la dévotion n'est dans le fond qu'un accès de mélancolie ; qu'un chrétien régulier et fervent doit être le plus malheureux des hommes.

Cette prévention ne s'accorde guère avec le langage de nos livres saints. Continuellement le psalmiste exhorte les adorateurs du vrai Dieu à se réjouir, à se livrer aux plus doux transports de la *joie* ; il invite tous les hommes à goûter et à éprouver combien le Seigneur est doux ; il ne regarde comme heureux que ceux qui servent le Seigneur, qui connaissent sa loi, et qui y conforment leur conduite. Saint Paul exhorte de même les fidèles à se réjouir dans le Seigneur (*Philipp.*, c. III, v. 1 ; c. IV, v. 4) ; à chanter de tout leur cœur des hymnes et des cantiques pour louer Dieu (*Ephes.* c. v, v. 19 ; *Coloss.* c. III, v. 16). Il dit que le royaume de Dieu en ce monde ne consiste point dans les voluptés sensuelles, mais dans la *joie* et la paix du Saint-Esprit (*Rom.* c. xiv, v. 17). Il proteste qu'au milieu des travaux et des peines de l'apostolat il est comblé et transporté de joie (*II Cor.* c. vii, v. 4). Les saints, dans tous les siècles, ont répété la même chose. Ceux qui avaient mené d'abord une vie peu chrétienne ont attesté, après leur conversion, qu'ils jouissaient d'un sort plus heureux, qu'ils goûtaient une *joie* plus douce et plus pure qu'ils n'avaient fait lorsqu'ils se livraient au plaisir. Tous ces hommes vertueux ont-ils été des imposteurs, ou le christianisme a-t-il changé de nature, pour devenir une religion triste et lugubre ?

Que Dieu, touché de compassion envers le genre humain, ait daigné envoyer et livrer son Fils unique pour nous sauver ; que, par les mérites de ce divin Rédempteur, il distribue plus ou moins abondamment à tous les hommes des grâces pour les conduire au salut ; que nous ayons pour juge un Dieu qui a voulu être notre frère, afin d'être miséricordieux (*Hebr.* c. II, v. 17) ; que les souffrances inévitables à la nature humaine puissent devenir pour nous le principe d'une éternité de bonheur, etc. : voilà des dogmes qui ne sont certainement pas destinés à nous effrayer et à nous attrister, mais à nous réjouir et à nous consoler ; et ce sont précisément les dogmes fondamentaux du christianisme.

Nous convenons que, pour en établir la croyance, il a fallu que les apôtres et les premiers fidèles fussent exposés aux plus rudes épreuves, même à perdre la vie dans les tourments, ce sont là les sujets de tristesse et de larmes que Jésus-Christ leur avait annoncés ; mais il leur avait prédit aussi que leur tristesse serait changée en *joie* (*Joan.* c. xvi, v. 20) : il ne les a pas trompés.

Si le sentiment d'un philosophe païen peut faire plus d'impression sur les incrédules que celui des auteurs sacrés et des saints de tous les siècles, nous les invitons à lire le traité de Plutarque contre les épicuriens, dans lequel il s'attache à prouver *que l'on ne peut vivre heureux en suivant la doctrine d'Épicure* ; qu'il y a de la folie à se priver des consolations que donne la religion, soit pendant la vie, soit à la mort. Ce philosophe était-il un enthousiaste, un insensé ou un esprit faible, tel que les incrédules ont coutume de peindre les saints du christianisme ? Ils devraient essayer du moins de répondre aux arguments de Plutarque ; aucun d'eux ne l'a encore entrepris.

JONAS est l'un des douze petits prophètes ; il parut sous le règne de Joas et de Jéroboam II, roi d'Israël (*IV Reg.* c. xiv, v. 25), et d'Ozias ou Azarias, roi de Juda, par conséquent plus de huit cents ans avant notre ère ; ainsi il paraît être le plus ancien des prophètes.

Sa prophétie, renfermée en quatre chapitres, nous apprend que Dieu lui ordonna d'aller prêcher à Ninive ; que *Jonas* s'embarqua pour s'enfuir et éviter cette commission. Dieu excita une tempête, pendant laquelle les mariniers jetèrent ce prophète dans la mer ; il y fut englouti par un grand poisson qui, après trois jours, le vomit sur le sable. Alors *Jonas* alla prédire aux Ninivites leur ruine prochaine ; ils firent pénitence, et Dieu leur pardonna.

Jésus-Christ, dans l'Évangile, a proposé aux Juifs l'exemple de la pénitence des Ninivites, et il ajoute : *De même que Jonas demeura trois jours et trois nuits dans le ventre d'un poisson, ainsi le Fils de l'homme demeurera trois jours et trois nuits dans le sein de la terre*

(*Matth.*, c. XII, v. 40). Aussi la prophétie de *Jonas* a toujours été mise au nombre des livres canoniques, et reconnue comme authentique, soit par les Juifs, soit par les chrétiens ; le livre de Tobie paraît y faire allusion ( c. XIV, v. 6 ).

Mais les incrédules n'ont pas manqué de tourner en ridicule l'histoire de *Jonas*, et de la regarder comme une fable ; les païens faisaient de même autrefois, saint Augustin, *Epist.*, 102, q. 6, n. 30. Comment un homme a-t-il pu être avalé par un poisson sans être brisé, vivre pendant trois jours et trois nuits dans le ventre de cet animal sans être étouffé ? Ce miracle n'était pas nécessaire ; Dieu pouvait convertir autrement les Ninivites. Est-il croyable que ce peuple ait ajouté foi à un étranger, à un inconnu qui venait lui prédire sa ruine prochaine, qu'il ait fait pénitence sur cette menace ? *Jonas* dut être regardé comme un insensé. Les fables grecques racontaient aussi que Hercule avait été avalé par un poisson.

Nous répondons que, quand il est question d'un miracle opéré par la toute-puissance de Dieu, il est ridicule de demander comment il a pu se faire. Les naturalistes savent qu'il y a dans la Méditerranée des poissons assez gros pour avaler un homme entier, et ils en citent des exemples. Que celui qui engloutit *Jonas* ait été une baleine, ou une lamie, cela est fort indifférent. Il n'a pas été plus difficile à Dieu de faire vivre un homme pendant trois jours dans le ventre de ce monstre, que de faire croître un enfant dans le sein de sa mère. Si nous n'étions pas instruits par expérience de la manière dont un homme ou un animal vient au monde, nous ne pourrions pas nous persuader que cela est possible. Parce que Dieu pouvait faire autrement, s'ensuit-il que ce que nous voyons n'est pas vrai ? L'histoire de *Jonas* est plus ancienne que les fables des Grecs ; celles-ci n'ont donc pas pu lui servir de modèle.

Le miracle opéré à l'égard de *Jonas* n'était pas plus nécessaire à Dieu que tout autre miracle ; mais il a été très-utile pour donner aux Juifs, d'avance, un exemple de la résurrection de Jésus-Christ, pour convaincre l'univers entier du pouvoir de la pénitence, pour prouver l'étendue des miséricordes de Dieu envers tous les peuples et envers tous les hommes sans exception. Ce que disent à Dieu les mariniers, en jetant *Jonas* dans la mer ; les réflexions des Ninivites sur la miséricorde de Dieu ; le reproche que Dieu adresse à son prophète, qui se plaignait de cette miséricorde même, sont une des plus touchantes leçons qu'il y ait dans toute l'Ecriture sainte. Elle démontre aux incrédules que Dieu n'a jamais abandonné entièrement aucune nation, qu'il a toujours agréé le culte, les prières, les hommages de tous les peuples, lorsqu'ils les lui ont adressés. *Voy.* la dissertation sur le miracle de Jonas, *Bible d'Avignon*, t. XI, p. 516.

JOSAPHAT est le nom d'un roi de Juda ; il signifie *juge* ou *jugement*. La vallée de Josaphat était célèbre par une victoire que ce roi y remporta sur les ennemis de son peuple (*II Paral.* c. 20). Dans le prophète Joël (c. III, v. 2 et 12), le Seigneur dit : « *Je rassemblerai tous les peuples dans la vallée de Josaphat, c'est-à-dire dans la vallée du jugement ; je disputerai contre eux sur ce qu'ils ont fait à mon peuple, et je les jugerai.* Le prophète ne parle que des peuples voisins et ennemis des Juifs ; mais sur l'équivoque du mot Josaphat, plusieurs commentateurs se sont persuadé qu'il était question là du jugement dernier, et qu'il devait se faire dans cette vallée de la Palestine. C'est une opinion populaire qui n'a aucun fondement. *Voy.* JOEL.

JOSEPH, fils de Jacob, l'un des douze patriarches ; son histoire, qui est rapportée dans le livre de *la Genèse*, c. 37 et suiv., est très-touchante : mais elle a fourni matière à un très-grand nombre de critiques absurdes, qui ne prouvent autre chose que l'ignorance et la malignité des censeurs modernes de l'histoire sainte.

Comme ils ont cru trouver de la ressemblance entre plusieurs événements de la vie de ce patriarche et des aventures de quelques héros fabuleux, ils ont tâché de persuader que l'historien juif avait tiré sa narration des écrivains grecs ou arabes. Ils n'ont point fait attention que Moïse, auteur du livre de *la Genèse*, a écrit plus de cinq cents ans avant tous les auteurs profanes dont nous avons la connaissance. Justin, qui parle de l'histoire de *Joseph*, après Trogue-Pompée, l. XXXVI, ne paraît point la révoquer en doute. Elle tient d'ailleurs à une multitude de faits qui en démontrent la réalité. Le voyage de Jacob en Egypte, où il est appelé par *Joseph* ; le séjour que sa postérité fait dans ce pays-là, et dont les historiens égyptiens font mention ; les deux enfants de *Joseph* adoptés par Jacob, et qui deviennent chefs de deux tribus ; les os de *Joseph*, conservés en Egypte pendant deux siècles, reportés ensuite dans la Palestine, et enterrés à Sichem : tout cela forme une chaîne indissoluble qui ne peut être un tissu de fictions.

La plupart des aventures de *Joseph*, disent nos critiques, ne sont fondées que sur des songes prétendus mystérieux. Il en fait d'abord qui lui présagent sa grandeur future ; transporté en Egypte, il explique les rêves de deux officiers de Pharaon ; il donne ensuite l'interprétation des songes de ce roi, et, pour récompense, il est fait premier ministre. Tout cela ne peut servir qu'à autoriser la folle confiance que les peuples ignorants ont donnée à leurs rêves dans tous les temps, et donner lieu aux fourberies des imposteurs.

Nous répondons que si tous les songes étaient aussi clairs, aussi bien circonstanciés, aussi exactement vérifiés par l'événement, que ceux dont *Joseph* donna l'explication, il serait très-permis d'y ajouter foi. Dieu, sans doute, a pu se servir de ce moyen pour faire connaître ses volontés et ses desseins, lorsqu'il le jugeait à propos : mais il avait fait défendre par Moïse de donner confiance en général aux rêves des imposteurs (*Deut.*, c. XIII, v. 1 et suiv.). Jacob et ses enfants n'ajoutèrent d'abord aucune foi aux songes de *Joseph*; la suite seule démontra que ce n'étaient pas des illusions.

Il est dit (*Gen.*, c. XLIV, v. 5) que *Joseph* se servait de sa coupe pour tirer des présages, et il dit à ses frères, v. 15 : « Ne savez-vous pas que personne n'est aussi habile que moi dans l'art de deviner ? » Cet art frivole était donc pratiqué par un homme que l'on nous donne pour un modèle de sagesse et de vertu.

Mais le texte hébreu présente un autre sens, v. 5. Le serviteur de *Joseph* dit : « N'est-ce point là la coupe dans laquelle boit mon maître ? Devin habile, il a deviné ce qu'il en était ; » il a deviné ce qu'elle était devenue et où elle devait se trouver. Les paroles de *Joseph* ne signifient rien de plus ; il n'avait pas tort d'alléguer la science que Dieu lui avait donnée des choses cachées ; mais ce n'était ni une connaissance naturelle ni un art duquel il fît profession.

Les censeurs de l'histoire sainte témoignent leur étonnement de ce que l'eunuque Putiphar avait une femme ; il avait même une fille, disent-ils, puisque *Joseph* eut pour épouse Asseneth, fille de Putiphar (*Gen.* c. XLI, v 45). Ils confondent deux personnages très-différents, *Putiphar* auquel *Joseph* fut vendu était maître de la milice de Pharaon (*Gen.* c. XXXIX, v. 1), et *Poutiperagh*, dont il épousa la fille, était prêtre, ou plutôt gouverneur de la ville d'Héliopolis : ces deux noms ne sont pas le même en hébreu.

Selon la remarque de Favorin, le grec εὐνοῦχος vient de εὐνήν ἔχειν, *garder le lit* ou l'intérieur d'un appartement ; c'était, dans l'origine, le titre de tout officier de la chambre du roi, et l'hébreu *saris* ne signifie pas autre chose. Ce n'est que dans la suite, et chez les nations corrompues, que la jalousie des princes les a engagés à faire mutiler des hommes pour le service intérieur de leur palais. Ainsi, de ce que le maître de la milice, le pannetier et l'échanson du roi sont nommés *saris* de Pharaon, il ne s'ensuit pas qu'ils aient été *eunuques* dans le sens actuellement attaché à ce terme.

Ces mêmes critiques disent que *Joseph* commit une imprudence, en déclarant au roi d'Egypte que ses frères étaient pasteurs de troupeaux, puisque les Egyptiens avaient horreur de cette profession. Mais *Joseph* avait ses raisons ; il ne voulut pas que ses frères et ses neveux fussent placés d'abord dans l'intérieur de l'Egypte et mêlés avec les Egyptiens ; il les mit dans la terre de Gessen, qui était un pays de pâturages, afin qu'ils y conservassent plus aisément leurs mœurs et leur religion.

La conduite de *Joseph*, devenu premier ministre, n'a pas trouvé grâce au tribunal des incrédules ; ils prétendent que, pour faire sa cour, il força les Egyptiens, pendant la famine, de vendre toutes leurs terres au roi pour avoir des vivres ; qu'il les rendit ainsi tous esclaves ; qu'ensuite il les obligea encore à vendre tout leur bétail, mais qu'il laissa les terres aux prêtres, parce qu'il avait épousé la fille d'un prêtre, et qu'il les rendit indépendants de la couronne ; qu'il eut l'attention de faire donner à ses parents les postes les plus importants du royaume. — Toutes ces accusations sont fausses. L'histoire porte seulement que *Joseph* rendit le roi propriétaire de toutes les terres de son royaume ; ses sujets ne furent plus que ses fermiers, ils lui rendaient le cinquième du produit net, et avaient le reste pour eux (*Gen.*, c. XLVII, v. 24). Dans un pays aussi fertile que l'Egypte, cet impôt était très-léger ; il n'est aucune nation qui ne se crût fort heureuse d'en être quitte pour un pareil tribut. Quand on dit que *Joseph* rendit *esclaves* les Egyptiens, l'on joue sur un mot. L'hébreu *hebed*, esclave, signifie aussi *sujet, vassal, serviteur*. Lorsque les frères de *Joseph* disent au roi : Nous sommes vos serviteurs (*Ibid.*, v. 19), cela ne signifie point, nous sommes *vos esclaves*. En quel sens peut-on appeler *esclavage* la condition de fermiers, qui ne rendent que le quint du produit net à leur maître ?

Sur un autre passage mal entendu, l'on suppose que *Joseph* fit changer de demeure à tous les Egyptiens, et les transplanta d'un bout du royaume à l'autre (*Ibid.*, v. 21). Vaine imagination. Le terme hébreu, qui signifie *faire passer* d'un lieu à un autre, signifie aussi *faire passer* d'une condition à une autre, changer le sort d'une personne. *Joseph* changea le sort ou l'état des Egyptiens d'un bout du royaume à l'autre, et rendit leur condition meilleure. Il ne s'ensuit pas de là qu'il les ait délogés ou transportés. La Vulgate a rendu très-exactement le sens du texte.

Il n'acheta pas les terres des prêtres, parce qu'elles n'étaient pas à eux ; le roi les leur avait données ; ils n'en avaient que l'usufruit : leur état était encore le même du temps d'Hérodote, l. XI, c. 37. En quel sens de simples usufruitiers sont-ils indépendants de la couronne ? Il n'est pas certain que *Joseph* ait épousé la fille d'un prêtre : l'hébreu *cohen* signifie non-seulement un prêtre, mais un prince, un chef de tribu, un homme distingué dans sa nation. De là même il s'ensuit que, chez les Egyptiens, les prêtres tenaient un rang considérable ; c'est encore un fait dont Hérodote a été témoin.

Pharaon, dit à *Joseph*, en parlant de ses frères : « S'il y en a parmi eux qui aient de l'industrie, confiez-leur le soin de mes troupeaux (*Gen.*, c. XLVII, v. 6). Cet emploi n'était pas, sans doute, le plus important de son royaume.

Enfin, il est impossible, disent nos critiques, qu'une famine ait pu durer en Egypte pendant sept années consécutives : on sait que ce sont les inondations du Nil qui fertilisent cette contrée, que, par ce moyen, la terre n'exige presque aucune culture. Il n'est pas probable que les crues du Nil aient pu être interrompues pendant sept ans : d'où aurait pu venir ce phénomène ? L'historien semble ignorer ce fait important, puisqu'il n'en fait aucune mention. — Cela prouve, selon nous, que l'histoire sainte ne dit rien pour satisfaire notre curiosité : elle ne raconte les événements que pour nous faire admirer la conduite de la Providence. Les censeurs de ce divin livre doivent savoir que quand les crues du Nil ne sont pas assez abondantes, ou qu'elles le sont trop, elles portent un égal préjudice à la fertilité de l'Egypte. Dans le premier cas, les eaux ne déposent pas assez de limon pour engraisser la terre ; dans le second, elles ne se retirent pas assez tôt pour donner le temps de la labourer et de semer : il a donc pu se faire que, pendant sept années consécutives, l'inondation du Nil fût excessive ou insuffisante.

Nous pourrions ajouter que l'historien fait assez comprendre de quelle cause devait partir la famine de l'Egypte, puisque les sept vaches grasses et les sept vaches maigres, symbole des sept années d'abondance et des sept années de stérilité, que Pharaon vit en songe, sortaient du Nil (*Gen.* cap. XLI, v 2).

C'est trop nous arrêter à des observations minutieuses, et qui ne méritent pas une réfutation suivie ; mais il est bon de montrer souvent des exemples de l'imprudence, du défaut de connaissances et du peu de bonne foi que les incrédules font paraître.

JOSEPH (saint), époux de la sainte Vierge, père nourricier de Jésus-Christ. Comme on a poussé, de nos jours, la malignité jusqu'à jeter des soupçons sur la pureté de la naissance de notre Sauveur, on a trouvé bon de supposer, contre toute vérité, que *saint Joseph* n'avait ni estime ni affection pour Marie son épouse ; qu'il voyait de mauvais œil l'enfant qu'elle avait mis au monde ; que Jésus-Christ lui-même avait très-peu d'égards pour *saint Joseph*.

Pour sentir l'absurdité de toutes ces calomnies, il suffit de savoir que les évangélistes déposent du contraire, et qu'ils ont écrit dans un temps où ils auraient été contredits par des témoins oculaires, s'ils avaient avancé des faits faux ou incertains. Selon leur récit, *Joseph*, avant d'avoir été instruit du mystère de l'incarnation par un ange, et s'apercevant de la grossesse de son épouse, pensa à la renvoyer, non publiquement, mais en secret, parce *qu'il était juste :* il était donc très-persuadé de l'innocence de Marie. S'il avait eu des soupçons contre elle, ils auraient été promptement dissipés, soit par l'apparition de deux anges, dont l'un lui révéla le mystère de l'incarnation, l'autre lui ordonna de fuir en Egypte ; soit par l'adoration des mages, soit par les transports de joie d'Anne et de Siméon lorsque Jésus fut présenté au temple. En effet, *Joseph* accompagne Marie à Bethléem ; il est témoin de la naissance de Jésus et des hommages que lui rendent les pasteurs et les mages ; il fuit en Egypte avec la mère et l'enfant ; il les ramène ; il est présent lorsque Jésus est offert dans le temple ; il les reconduit à Nazareth ; il va tous les ans, avec Jésus et Marie, à la fête de Pâques ; il cherche avec elle Jésus, et le retrouve dans le temple ; Jésus retrouvé lui adresse la parole aussi bien qu'à sa mère ; il retourne avec eux à Nazareth ; l'Evangile remarque qu'il leur était soumis (*Luc.* c. II, v. 23 ; *Matth.*, c. II). Quelle preuve peut-on désirer d'une union plus intime, d'un attachement mutuel plus constant ?

Depuis que Jésus-Christ eut commencé sa mission, l'Evangile ne parle plus de *Joseph* : probablement il était mort ; mais les évangélistes ont passé sous silence tout le temps de la vie du Sauveur, qui s'est écoulé depuis l'âge de douze ans jusqu'à trente. Lorsque les habitants de Nazareth, étonnés de de la doctrine et des miracles de Jésus, demandent : « N'est-ce donc pas là un artisan, fils de Marie, frère ou parent de Jacques, de Joseph, de Judas et de Simon ? ses parentes ne sont-elles pas encore parmi nous (*Marc.* c. VI, v. 3) ? » ils semblent supposer que *saint Joseph*, son père, n'existait plus.

A l'article MARIE, nous verrons que les autres calomnies, forgées par les incrédules contre cette sainte Mère de Dieu, ne sont pas mieux fondées que celles-ci.

La fête de *saint Joseph* n'a été célébrée que fort tard dans l'Eglise latine ; mais elle est plus ancienne chez les Grecs.

JOSÈPHE, historien juif, était de race sacerdotale, et tenait un rang considérable dans sa nation. Après avoir été témoin du siége de Jérusalem et de la ruine de sa patrie, il fut estimé et comblé de faveurs par plusieurs empereurs, et écrivit à Rome l'*Histoire de la guerre des Juifs* et les *Antiquités judaïques* : les Romains mêmes ont fait cas de ces deux ouvrages. Nous y trouvons trois passages remarquables. Dans l'un, *Josèphe* rend témoignage des vertus de saint Jean-Baptiste et de sa mort, ordonnée par Hérode (*Antiq. judaïq.*, l. XVIII, c. 7.). Dans l'autre, il dit que le pontife Ananus II fit condamner Jacques, frère de Jésus, nommé *Christ*, et quelques autres à être lapidés, et que cette action déplut à tous les gens de bien de Jérusalem. L. XX, c. 8. Dans le troisième, il parle de Jésus-Christ en ces termes : « En ce temps-là parut Jésus, homme sage, si cependant on doit l'appeler un homme ; car il fit une infinité de prodiges, et enseigna la vérité à tous ceux qui voulurent l'entendre. Il eut plusieurs disciples, tant juifs que gentils, qui embrassèrent sa doctrine C'était le Christ. Pilate, sur l'accusation des premiers de notre nation, l'ayant fait crucifier, cela n'empêcha pas ceux qui s'étaient attachés à lui dès le commencement, de lui demeurer fidèles. Il leur apparut vivant, trois jours après sa mort, selon la prédiction que les prophètes avaient faite de sa résurrection et de plusieurs autres choses qui le regardaient ; et encore aujourd'hui la secte des chrétiens subsiste et porte son nom. » L. XVIII, c. 4 (1).

(1) *Preuves de l'authenticité du texte de Josèphe.*
1° On ne connaît pas un seul manuscrit ancien, où ce passage ne se trouve tel que nous l'avons rappor-

Ce passage était trop favorable au christianisme, pour ne pas donner de l'humeur aux incrédules. Blondel, Lefèvre, et d'autres protestants, dont l'ambition était de décrier les Pères de l'Eglise, ont trouvé bon de soutenir que ce passage est une interpolation, une fraude pieuse de quelque auteur chrétien ; ils ont accusé Eusèbe de cette infidélité, parce qu'il est le premier qui ait cité le passage dont il s'agit. La foule des incrédules n'a pas manqué d'adopter ce soupçon : plusieurs auteurs chrétiens se sont laissé émouvoir par leurs clameurs ; la multitude des écrits qui ont été faits pour et contre a presque rendu la question problématique. Celui qui nous paraît l'avoir traitée avec le plus de soin est Daubuz, écrivain anglais, dont Grabe a publié l'ouvrage sous ce titre : *Caroli Daubuz, de Testim. Fl. Josephi libri duo*, in-8°, Londres, 1706. Dans la première partie du premier livre, Daubuz fait l'énumération des auteurs modernes, dont les uns ont attaqué, les autres défendu l'authenticité du passage de *Josèphe*. Il cite ensuite les anciens qui auraient dû en parler, et dont le silence est un argument négatif ; les juifs qui l'ont rejeté, les chrétiens dont les uns ont douté, les autres se sont inscrits en faux contre ce passage. Dans la seconde partie, il répond à une réflexion de ceux qui regardent le témoignage de *Josèphe* comme une pièce très-indifférente au christianisme. Dans la troisième, il examine quel a pu être le sentiment de *Josèphe* à l'égard de Jésus-Christ, et quels motifs il a eus d'en parler avantageusement. Dans le second livre, il montre, par un examen suivi de toutes les phrases et de tous les mots de ce passage célèbre, qu'il n'est ni déplacé, ni décousu, ni différent du style ordinaire de *Josèphe* ; que non-seulement il n'est pas interpolé, mais qu'il n'a pas pu l'être ; qu'un faussaire n'a pas pu être assez habile pour le forger. De ces réflexions il est aisé de tirer des réponses solides et satisfaisantes à toutes les objections de Lefèvre, de Blondel, et de leurs copistes.

Ils disent : 1° que ce passage coupe le fil de la narration de *Josèphe* ; qu'il n'a aucune liaison avec ce qui précède ni avec ce qui suit. Mais Daubuz fait voir, par plusieurs exemples, que la méthode de *Josèphe* n'est point de ménager des transitions ni des liaisons ; que souvent il n'y a dans les faits qu'il raconte point d'autre connexion que la proximité des temps. Or, ce synchronisme se trouve dans le passage contesté avec ce qui précède et ce qui suit.

2° Saint Justin, disent-ils, saint Clément d'Alexandrie, Tertullien, dans son ouvrage *contre les Juifs* ; Origène, Photius, n'auraient pas manqué de citer le passage de *Josèphe*, s'ils l'avaient cru authentique : non-seulement ils n'en parlent point, mais Origène témoigne formellement que *Josèphe* ne croyait pas que Jésus fût le Christ.

Mais quand saint Clément, qui écrivait en Egypte, et Tertullien, qui vivait en Afrique, n'auraient pas connu les écrits de *Josèphe*, cela ne serait pas étonnant. Du temps de saint Justin, les exemplaires de *Josèphe* ne pouvaient pas encore être fort multipliés :

té. Comment donc se peut-il faire qu'aucun n'ait échappé à l'interpolation ?

2° On conserve dans la bibliothèque du Vatican un ancien manuscrit qui appartenait à un juif, lequel, en traduisant Josèphe du grec en hébreu, y a effacé le texte dont nous parlons. La rature y paraît encore aujourd'hui. Que diront à cela les critiques et les censeurs ?

3° Eusèbe de Césarée, qui vivait cent cinquante ou soixante années après la mort de Josèphe, cite le même texte dans son grand ouvrage de la *Démonstration évangélique*, par lequel il prouve, contre les Juifs, l'accomplissement des prophéties dans la personne de Jésus-Christ. Il le cite encore dans son *Histoire ecclésiastique*.

Or, l'histoire de Josèphe étant entre les mains des juifs et des païens ; un homme aussi éclairé que Eusèbe aurait-il osé citer un passage imaginaire ? et tout le judaïsme et le paganisme ne se seraient-ils pas récriés contre la supposition ? Cependant il n'y a pas le moindre vestige d'aucune réclamation.

4° Saint Jérôme, qui était si exact sur l'authenticité des ouvrages, Rufin, antagoniste de saint Jérôme, Isidore de Pelusium, et quantité d'autres auteurs grecs, syriens, égyptiens, du IV° et du V° siècle, rapportent le même passage. Comment des hommes qui ne sont venus qu'onze ou douze siècles après eux, qui sont si éloignés des sources et des événements, nous prouveront-ils que tous ces anciens étaient des hommes sans discernement et sans critique, et que toute la sagacité était réservée à notre temps ?

5° Le savant Huet, Valois, Vossius, Spencer, Pagi, et une infinité d'autres critiques très-savants et très-éclairés, reconnaissent ce texte pour authentique. Et quels hommes, vis-à-vis de deux ou trois qui l'ont suspecté, et qui sont Cappel, Blondel et Lefèvre ! — Nonnote, *Dictionnaire de la Religion*, tom. II.

6° Si l'on rejette le texte dont il s'agit, il faudra supposer aussi, contre toute raison, qu'on a également inséré dans Josèphe deux autres passages qui tiennent nécessairement au texte, et où l'auteur parle de la mort de saint Jean-Baptiste dont il fait l'éloge, et de la personne de saint Jacques qu'il appelle *le frère de Jésus*. Qui ne voit en effet que si ces deux textes sont authentiques, comme ils le sont évidemment, celui qui regarde Jésus-Christ ne l'est pas moins, puisqu'il serait absurde de supposer que Josèphe a parlé de saint Jacques et de saint Jean, sans parler de Jésus-Christ même, dont l'histoire et le caractère avaient fait incomparablement plus de bruit ? Le texte sur saint Jean-Baptiste est cité à son article. Voici celui sur saint Jacques : « Ananus, qui, comme nous venons de le dire, avait été élevé à la dignité de grand prêtre, était un esprit audacieux, féroce, de la secte des sadducéens, les plus sévères de tous les Juifs dans leurs jugements. Il prit le temps de la mort de Festus, et où Albinus n'était pas encore arrivé, pour assembler un conseil devant lequel il fit venir Jacques, frère de Jésus nommé Christ, et quelques autres, les accusa d'avoir contrevenu à la loi, et les fit condamner à être lapidés. Cette action déplut infiniment à tous ceux des habitants de Jérusalem qui avaient de la piété et un véritable amour pour l'observation de nos lois. Ils envoyèrent secrètement vers le roi Agrippa, pour le prier de mander à Ananus de n'entreprendre plus rien de semblable, ce qu'il avait fait ne pouvant s'excuser. Quelques-uns d'eux allèrent au-devant d'Albinus qui était alors parti d'Alexandrie, pour l'informer de ce qui s'était passé, etc. » (*Ant. jud.*, l. XX, c. 8.)

le silence de ces trois Pères ne prouve donc rien : celui de Photius ne conclut pas davantage, puisque, selon l'opinion de plusieurs savants critiques, nous n'avons pas sa *Bibliothèque* entière. Origène pense que *Josèphe* ne croyait pas que Jésus *fût le Christ* ou le Messie attendu par les Juifs. Il ne s'ensuit pas que, selon Origène, *Josèphe* n'ait pu parler comme il l'a fait : nous le verrons dans un moment.

3° C'est ici, en effet, la grande objection des critiques. Il ne se peut pas faire, disent-ils, que *Josèphe*, juif pharisien, prêtre attaché à sa religion, ait pu dire de Jésus : *Si cependant on peut l'appeler un homme, et il était le Christ* ; qu'il ait avoué ses miracles, surtout sa résurrection ; qu'il lui ait appliqué les prédictions des prophètes : c'est tout ce qu'aurait pu faire un chrétien le mieux convaincu. Deux ou trois réflexions de l'auteur anglais font sentir le faible de cette objection. Il observe que du temps de Jésus-Christ, et immédiatement après, il y eut deux sortes de Juifs qui pensaient très-différemment. Des chefs de la nation, par politique, craignaient la moindre révolution qui pouvait faire ombrage aux Romains et aggraver le joug imposé aux juifs : c'est ce qui les rendit ennemis déclarés de Jésus-Christ, de ses apôtres et du Christianisme. D'autres, plus modérés, ne refusaient pas de regarder Jésus comme un prophète, de croire ses miracles, d'embrasser sa doctrine, mais sans renoncer pour cela au Judaïsme. Tels furent les juifs ébionites. Cette manière de penser dut se fortifier encore, lorsqu'ils virent la ruine de leur nation et les progrès du christianisme : circonstances dans lesquelles se trouvait *Josèphe* lorsqu'il fit ses ouvrages. Il était d'ailleurs attaché à la famille de Domitien, dans laquelle il y avait plusieurs chrétiens. On peut présumer même qu'Epaphrodite, auquel il adresse ses écrits, est le même qu'Epaphras, duquel saint Paul a parlé dans ses lettres. *Josèphe* était donc intéressé à ménager la faveur de ces chrétiens, en parlant honorablement de Jésus-Christ. Lefèvre raisonne fort mal, lorsqu'il dit que si *Josèphe* avait tenu le langage qu'on lui prête, il n'aurait pas assez ménagé les préjugés des païens : ce n'est pas à eux que *Josèphe* avait le plus d'intérêt de plaire. Enfin ne donne-t-on pas un sens forcé à ses paroles ? En disant de Jésus, *Si cependant on peut l'appeler un homme*, il ne prétend pas le donner pour un Dieu, comme Lefèvre le prétend, mais pour un envoyé de Dieu, revêtu d'un pouvoir supérieur à l'humanité, tels qu'avaient été les autres prophètes. *Il était le Christ* ne signifie point qu'il était le Messie attendu par les Juifs, mais que Jésus était le même personnage que les Latins nommaient *Christus*, nom duquel les chrétiens avaient tiré le leur. *Josèphe* n'avoue point formellement la résurrection de Jésus-Christ : mais il dit que Jésus-Christ apparut vivant à ses disciples, trois jours après sa mort ; et quand *Josèphe* serait expressément convenu de cette résurrection il ne s'ensuivrait rien ; les Juifs ébionites ne la niaient pas. Par la même raison, il a pu dire que les prophètes avaient prédit ce qui était arrivé à Jésus, sans cesser pour cela d'être Juif.

4° Blondel prétend que *Josèphe* n'a pas pu dire, avec vérité, que Jésus-Christ s'était attaché des gentils aussi bien que des Juifs ; mais il a oublié que, selon l'Evangile, le centurion de Capharnaüm, dont Jésus-Christ avait guéri le serviteur, crut en lui (*Matt.*, c. VIII, v. 10) ; qu'un autre crut de même avec toute sa maison (*Joan.*, c. IV, v. 53) ; que plusieurs gentils désirèrent de voir Jésus, et qu'il en fut satisfait (c. XII, v. 20). Les apôtres en convertirent un plus grand nombre, surtout saint Paul : il n'y a donc rien que de vrai dans ce que dit *Josèphe*.

5° Pendant que Lefèvre trouve mauvais que *Josèphe* n'ait pas parlé de saint Jean-Baptiste dans ce passage, Blondel, de son côté, rejette ce que l'historien juif en dit ailleurs, parce que, selon lui, le précurseur y est trop loué. Qui pourrait satisfaire la bizarrerie de pareils critiques ?

6° Il n'est pas nécessaire de réfuter les accusations que Lefèvre forme contre Eusèbe ; elles ont été dictées par l'humeur et par l'esprit de parti. Eusèbe n'a jamais été convaincu d'avoir falsifié ou interpolé aucun des passages des anciens auteurs qu'il a cités ; il n'aurait pu commettre une infidélité, en citant à faux l'ouvrage de *Josèphe*, sans s'exposer à l'indignation publique. On ne connaît aucun exemplaire du texte de cet auteur juif, dans lequel le passage en question ne se trouve point. Que les juifs modernes ne veuillent pas le reconnaître, on ne doit pas en être surpris ; ils refusent toute confiance à l'histoire authentique de cet ancien écrivain, et ne la donnent qu'au faux *Josèphe*, fils de Gorion, rempli de fables et de puérilités. Nous présumons que si l'ouvrage de Daubuz avait été publié avant que Le Clerc eût composé son *Art critique*, celui-ci n'aurait pas osé affirmer aussi hardiment qu'il l'a fait, que le passage de *Josèphe* est évidemment une interpolation faite dans cet historien, par un chrétien de mauvaise foi. *Art. critique*, III° part., sect. 1re, c. 14, n. 8 et suiv.

De ce que nous venons de dire il ne s'ensuit pas que nous regardions le passage tant contesté comme une preuve fort essentielle au christianisme ; le silence de *Josèphe* nous serait aussi avantageux que son témoignage. Cet auteur n'a pas pu ignorer ce que les chrétiens publiaient touchant Jésus-Christ, ses miracles, sa résurrection, ni l'accusation qu'ils formaient contre les Juifs d'avoir mis à mort le Messie. S'il a eu à cœur l'honneur de sa nation, il a dû faire son apologie ; et si les faits affirmés par les chrétiens n'étaient pas vrais, il a dû en démontrer la fausseté. Le silence gardé en pareil cas équivaut à un aveu formel et emporte la conviction. C'est donc très-mal à propos que les incrédules veulent triompher sur la prétendue falsification du texte de *Josèphe*, et insulter à la simplicité de ceux qui regardent comme authentique le témoignage qu'il rend à Jésus-Christ.

**JOSÉPHITES**, congrégation des prêtres missionnaires de Saint-Joseph, instituée à Lyon, en 1656, par un nommé Cretenet, chirurgien, né à Champlitte en Bourgogne, qui s'était consacré au service de l'hôpital de Lyon. La première destination de ces prêtres a été de faire des missions dans les paroisses de la campagne; ils sont aussi chargés de l'enseignement des humanités dans plusieurs colléges. Ils portent l'habit ordinaire des ecclésiastiques, et sont gouvernés par un général. (*Histoire des ordres monast.*, tom. VIII, pag. 191.)

Il y a aussi une congrégation de filles nommées *Sœurs de Saint-Joseph*, qui fut instituée au Puy-en-Velay, par l'évêque de cette ville, en 1650, et qui s'est répandue dans plusieurs de nos provinces méridionales. Ces filles embrassent toutes les œuvres de charité et de miséricorde, comme le soin des hôpitaux, la direction des maisons de refuge, l'éducation des orphelines pauvres, l'instruction des petites filles dans les écoles, la visite des malades dans les maisons particulières, les assemblées de charité, etc. Elles ne font que des vœux simples, dont elles peuvent être dispensées par les évêques sous l'obéissance desquels elles vivent. Il faut que ce soit encore le chirurgien Cretenet qui ait formé l'idée de cet institut, puisque dans plusieurs endroits ces filles sont nommées *Cretenistes*. (*Histoire des ordres monast.*, tome VIII, p. 186.)

**JOSUÉ**, chef du peuple hébreu et successeur immédiat de Moïse, a toujours été regardé comme auteur du livre qui porte son nom, et qui est placé dans nos Bibles après le Pentateuque. Dans le dernier chapitre de ce livre, v. 26, il est dit que Josué écrivit toutes ces choses dans le livre de la loi du Seigneur : preuve qu'il mit sa propre histoire à la suite de celle de Moïse, sans aucune interruption. De même que Josué a raconté la mort de Moïse dans le dernier chapitre du Deutéronome, l'auteur du livre des Juges a aussi placé celle de Josué dans les derniers versets du ch. 24. On n'a pas fait attention à ces deux circonstances, lorsque l'on a divisé nos livres saints; ainsi le chapitre 34 du Deutéronome devait être le commencement du livre de *Josué*; et les sept derniers versets de celui-ci seraient beaucoup mieux placés à la tête du livre des Juges. Il n'y a jamais eu de doute chez les Juifs, ni chez les chrétiens, sur l'authenticité et la canonicité de ces deux ouvrages : la manière dont ils sont écrits prouve qu'ils ont été rédigés par des témoins oculaires. Le livre de *Josué* est cité, *III Reg.* c. XVI, v. 34, et dans celui de l'*Ecclésiastique*, c. XLVI, v. 1.

On convient cependant qu'il y a dans ce livre quelques additions, comme des noms de lieux changés, ou quelques mots d'éclaircissements, qui y ont été mis par des écrivains postérieurs : mais, outre que ces légères corrections ne changent rien au fond de l'histoire, c'est une preuve que ce livre a été lu dans tous les siècles. La même chose est arrivée à l'égard des auteurs profanes, et le texte n'en est pas moins pour cela authentique. Le livre de *Josué* contient l'histoire de la conquête de la Palestine, faite par ce chef des Hébreux. Au mot CHANANÉENS, nous avons montré que cette invasion n'eut rien en soi d'illégitime, et qu'il n'est pas vrai que Josué ait traité les anciens habitants avec une cruauté inouïe jusqu'alors : il en usa selon les lois de la guerre, telles qu'elles étaient en usage chez tous les anciens peuples.

Les incrédules ont fait d'autres objections contre les miracles de Josué, sur le passage du Jourdain, la prise de Jéricho, la pluie de *pierres* qui tomba sur les Chananéens, le retardement du *soleil* : nous y répondrons ailleurs. *Voy.* tous ces mots.

Il y a encore un prétendu *livre de Josué*, que conservent les Samaritains, mais qui est fort différent du nôtre : c'est leur chronique qui contient une suite d'événements assez mal arrangés et mêlés de fables, depuis la mort de Moïse jusqu'au temps de l'empereur Adrien. Joseph Scaliger, entre les mains duquel elle était tombée, la légua à la bibliothèque de Leyde. Elle est écrite en arabe, mais en caractères samaritains : Hottinger, qui avait promis de la traduire en latin, est mort sans avoir tenu parole. Tout ce que l'on peut conclure de cet ouvrage, est que les Samaritains ont eu connaissance du livre de *Josué*, mais qu'ils en ont défiguré l'histoire par des fables; que cette compilation est très-moderne, si le commencement et la fin sont du même auteur.

Les Juifs modernes attribuent à Josué une prière rapportée par Fabricius (*Cod. apocr. vet. Test.*, tome V). Ils le font aussi auteur de dix règlements qui doivent, selon eux, être observés dans la Terre promise; on les trouve dans Selden, *de Jure nat. et gent.*, l. VI, c. 2. On conçoit que ces deux traditions juives ne méritent aucune croyance.

**JOUR.** Dans l'Ecriture sainte, ce mot se prend en différents sens. 1° Il signifie le temps en général : *dans ces jours*, c'est-à-dire en ce temps-là. Jacob (*Gen.* c. XLVII, v. 9) appelle le temps de sa vie *les jours* de son pèlerinage. 2° *Un jour* se met pour une année (*Exod.* c. XIII, v. 10); vous observerez cette cérémonie dans le temps fixé, *de jour en jour*, c'est-à-dire d'année en année. 3° Il désigne les événements dont l'histoire fait mention; les livres des Paralipomènes sont appelés en hébreu *Verba dierum*, l'histoire des *jours*, ou le journal des événements. Un grand *jour* est un grand événement; un bon *jour*, un temps de prospérité; les *jours* mauvais, un temps de malheur et d'affliction (*Ps.* XCIII, v. 13), ou un temps de désordre et de déréglement (*Ephes.* c. V, v. 16). 4° Il signifie le moment favorable (*Joan.* c. IX, v. 4). Jésus-Christ dit : *Je dois faire l'ouvrage de celui qui m'a envoyé pendant qu'il est jour.* Il dit à la ville de Jérusalem (*Luc.* c. XIX, v. 42) : *Si tu avais connu surtout dans ce jour qui t'est donné*, ce qui je fais pour te procurer la paix. 5° Il exprime quelquefois la connaissance de Dieu et de sa loi. Rom. c. XIII, v. 12, la nuit est passée, le jour est arrivé; l'ignorance et les ténèbres de l'idolâtrie ont fait place aux lumières de la foi (I Thess. c. III, v. 5) : Vous êtes les enfants de la lumière et du jour, et non de la nuit et des ténèbres. Saint Pierre (Epist. II, c. I, v. 29) appelle les prophéties un flambeau qui luit dans les ténèbres jusqu'à ce que le vrai jour vienne, jusqu'à ce que leur accomplissement nous en montre le vrai sens. 6° Les derniers jours signifient quelquefois un temps fort éloigné ; le jour du Seigneur est le moment auquel Dieu doit opérer quelque chose d'extraordinaire (Isaï. c. II, v. 11 ; c. XIII, v. 6 et 9 ; Ezech. c. XIII, v. 5 ; c. XXX, v. 3 ; Joel, c. II, v. 11, etc.). Dans les Epîtres de saint Paul, cette même expression désigne le moment auquel Jésus-Christ doit venir punir la nation juive de son incrédulité et du crime qu'elle a commis en le crucifiant (I Thess. c. I, v. 2 ; II Thess. c. II, v. 2, etc.). 7° Elle désigne aussi le jugement dernier (Rom. c. II, v. 16 ; I Cor. c. III, v. 13, etc.). 8° Enfin l'éternité : Dan. c. VII, v. 9 ; Dieu est nommé l'Ancien des jours, ou l'Eternel.

Quelques physiciens, pour concilier leur système de cosmogonie avec la narration de Moïse, ont supposé que les six jours de la création étaient six intervalles d'un temps indéterminé, et que l'on peut les supposer assez longs pour que Dieu ait opéré, par des causes physiques, ce que l'Ecriture semble attribuer à une action immédiate de sa toute-puissance. Mais cette interprétation ne s'accorde pas assez avec le sens littéral du texte ; Moïse dit qu'il y eut un soir et un matin, et que ce fut le premier jour ; il parle de même du second et des suivants. Cela signifie littéralement un jour ordinaire et naturel de vingt-quatre heures ; autrement Moïse n'aurait pas été entendu par les lecteurs, et il aurait abusé du langage ; il n'y a aucun motif de supposer qu'après avoir désigné six intervalles de temps indéterminé, cet historien a changé tout à coup la signification du mot jour, en disant que Dieu bénit le septième jour et le sanctifia.

JOURS D'ABSTINENCE, DE FÉRIE, DE FÊTE, DE JEUNE. Voy. ces mots.

JOURDAIN, fleuve de la Palestine. Il est dit dans le livre de Josué, c. 3, que, pour ouvrir aux Israélites le passage du Jourdain et l'entrée de la Terre promise, Dieu suspendit le cours de ce fleuve, fit remonter vers leur source les eaux supérieures, qui s'élevèrent comme une montagne, pendant que les eaux inférieures s'écoulaient dans la mer Morte.

Quelques incrédules modernes ont attaqué cette narration. Josué, disent-ils, fait passer aux Israélites le Jourdain dans notre mois d'avril, au temps de la moisson ; mais la moisson ne se fait dans ce pays-là qu'au mois de juin : jamais au mois d'avril le Jourdain n'est à pleins bords ; ce petit fleuve ne s'enfle que dans les grandes chaleurs, par la fonte des neiges du mont Liban. Vis-à-vis de Jéricho, où les Israélites se trouvaient pour lors, le Jourdain n'a que quarante ou tout au plus quarante-cinq pieds de largeur ; il est aisé d'y jeter un pont de planches, ou de le passer à gué.

Jamais critique ne fut plus téméraire à tous égards. 1° Il est prouvé par les livres de Moïse que les prémices de la moisson d'orge étaient offertes au Seigneur le lendemain de la fête de Pâques, par conséquent le quinzième de la lune de mars, et celles de la moisson de froment à la fête de la Pentecôte, qui tombait très-fréquemment en mai ; notre mois d'avril était donc le temps de la pleine moisson.—2° L'auteur du premier livre des Paralipomènes, c. XII, v. 15 ; celui de l'Ecclésiastique, c. XXIV, v. 36; Josèphe, Antiq. Jud., l. v, c. 1, attestent, aussi bien que Josué, qu'au temps de la moisson le Jourdain a coutume de combler ses rives. Les voyageurs modernes, Doubdan, Thévenot, le Père Nau, Maundrell, le Père Eugène, un auteur du VIIe siècle cité par Reland, ne donnent pas tous la même largeur au Jourdain, parce que tous ne l'ont pas vu dans le même temps ; mais Doubdan, qui l'a vu le 22 avril, dit qu'il était fort rapide, prêt à se déborder, et qu'il avait alors un jet de pierre de largeur. Maundrell lui donne environ soixante pieds; Morison, plus de vingt-cinq pas, ou soixante-deux pieds et demi ; Shaw, trente verges d'Angleterre, ou quatre-vingt-dix pieds; le père Eugène, environ cinquante pas, qui font cent vingt-cinq pieds. L'on convient qu'il est moins large aujourd'hui qu'autrefois, parce qu'il a creusé son lit ; mais jamais il n'a été guéable au mois d'avril, parce qu'alors les chaleurs sont déjà assez grandes dans la Syrie pour fondre les neiges du Liban. — 3° Les Israélites n'étaient pas accoutumés à faire des ponts ; ils n'avaient ni planches ni madriers ; un pont assez large pour passer environ deux millions d'hommes n'aurait pas été aisé à construire, et les Chananéens auraient attaqué les travailleurs. Enfin, quand le miracle n'aurait pas été absolument nécessaire, Dieu est le maître d'en faire quand il lui plaît. Josué, en racontant celui-ci, parlait à des témoins oculaires ; près de mourir, il leur rappelle les prodiges que Dieu a opérés pour eux, et ils avouent qu'ils les ont vus de leurs yeux (c. XXIV, v. 17). Le psalmiste dit que le Jourdain a remonté vers sa source (Ps. CIII, v. 3).

JOVINIANISTES, sectateurs de Jovinien, hérétique qui parut sur la fin du IVe et au commencement du Ve siècle. Après avoir passé plusieurs années sous la conduite de saint Ambroise, dans un monastère de Milan, et dans les pratiques d'une vie très-austère, Jovinien s'en dégoûta, préféra la liberté et les plaisirs de la ville de Rome à la sainteté du cloître.

Pour justifier son changement, il enseigna que l'abstinence et la sensualité étaient en elles-mêmes des choses indifférentes ; que l'on pouvait sans conséquence user de toutes les viandes, pourvu qu'on le fît avec actions de grâces; que la virginité n'était pas un état plus parfait que le mariage, qu'il était faux que la Mère de Notre-Seigneur fût demeurée vierge après l'enfantement, qu'autrement il faudrait soutenir, comme les manichéens, que Jésus-Christ n'avait qu'une chair fantastique. Il prétendait que ceux qui avaient été régénérés par le baptême ne pouvaient plus être vaincus par le démon; que comme la grâce du baptême est égale dans tous les hommes, et le principe de tous leurs mérites, ceux qui la conserveraient jouiraient dans le ciel d'une récompense égale. Selon saint Augustin, il soutenait encore, comme les stoïciens, que tous les péchés sont égaux.

Jovinien eut à Rome beaucoup de sectateurs. On vit une multitude de personnes, qui avaient vécu jusqu'alors dans la continence et la mortification, renoncer à un genre de vie qu'elles ne croyaient bon à rien, se marier, mener une vie molle et voluptueuse, se persuader qu'elles pouvaient le faire sans rien perdre des récompenses que la religion nous promet. Jovinien fut condamné par le pape Sirice et par un concile que saint Ambroise tint à Milan, en 390.

Saint Jérôme, dans ses écrits contre Jovinien, soutint la perfection et le mérite de la virginité avec la véhémence ordinaire de son style. Quelques-uns se plaignirent de ce qu'il paraissait condamner l'état du mariage; le saint docteur fit voir qu'on l'interprétait mal, et s'expliqua plus exactement. Comme les protestants ont adopté une bonne partie des erreurs de Jovinien, ils ont renouvelé contre saint Jérôme le même reproche; ils ont prétendu qu'après avoir donné dans un excès, il s'était contredit: mais se dédire ou se rétracter, quand on reconnaît que l'on s'est mal exprimé, ce n'est pas une contradiction. Si les hérétiques étaient d'assez bonne foi pour faire de même, loin de les blâmer, nous les applaudirions; mais saint Jérôme n'a pas été dans ce cas. *Voy.* saint JÉRÔME. Fleury, *Hist. ecclés.*, t. IV, l. XIX, n. 19.

JUBILÉ, chez les Juifs, était le nom de la cinquantième année, à laquelle les prisonniers et les esclaves devaient être mis en liberté; les héritages vendus devaient retourner à leurs anciens maîtres, et la terre devait demeurer sans culture.

Selon quelques auteurs, le mot hébreu *jobel* est dérivé du verbe *hobil*, éconduire, renvoyer; il signifie rémission ou renvoi; c'est ainsi que l'on entend les Septante. Selon d'autres, il signifie *bélier*, parce que le *jubilé* était annoncé au son des cors faits de cornes de bélier. Cette étymologie n'est guère probable.

Il est parlé fort au long du *jubilé* dans les ch. 25 et 27 du Lévitique. Il y est commandé aux Juifs de compter sept semaines d'années, ou sept fois sept, qui font quarante-neuf ans, et de sanctifier la cinquantième année, en laissant reposer la terre, en donnant la liberté aux esclaves, en rendant les fonds à leurs anciens possesseurs. Ainsi chez les Juifs les aliénations des fonds ne se faisaient point à perpétuité, mais seulement jusqu'à l'année du *jubilé*. Cette loi avait évidemment pour objet de conserver l'ancien partage qui avait été fait des terres, de maintenir parmi les Juifs l'égalité des fortunes, et d'alléger la servitude. Elle fut observée fort exactement jusqu'à la captivité de Babylone; mais il ne fut plus possible de l'exécuter après le retour. Les docteurs juifs disent dans le Talmud qu'il n'y eut plus de *jubilé* sous le second temple. *Voy.* Reland, *Ant. sacr.*, IV° part., ch. 8, n. 18; Simon, *Suppl. aux cérém. des Juifs*.

Pour comprendre comment ce peuple pouvait subsister lorsqu'il ne cultivait pas la terre, *voy.* SABBATIQUE.

JUBILÉ, dans l'Eglise catholique, est une indulgence plénière et extraordinaire accordée par le souverain pontife à l'Eglise universelle, ou du moins à tous ceux qui visiteront à Rome les églises de saint Pierre et de saint Paul. Elle est différente des indulgences ordinaires, en ce que, pendant le *jubilé*, le pape accorde aux confesseurs le pouvoir d'absoudre de tous les cas réservés, et de commuer les vœux simples. Le premier *jubilé* fut établi par Boniface VIII, l'an 1300 (1), en faveur de ceux qui feraient le voyage de Rome et visiteraient l'église des saints apôtres; cette année apporta tant de richesses à Rome, que les Allemands l'appelaient *l'année d'or*. Il avait fixé le *jubilé* de cent ans en cent ans; Clément VI voulut qu'il eût lieu tout les cinquante ans; Urbain VIII avait réduit cette période à trente-cinq ans; Sixte IV l'a fixé à vingt-cinq, afin que chacun puisse jouir de cette grâce une fois en sa vie.

On appelle à Rome le *jubilé*, l'année sainte. Pour en faire l'ouverture, le pape, ou, pendant la vacance du siége, le doyen des cardinaux, va en cérémonie à Saint-Pierre pour en ouvrir la porte sainte, qui est murée, et qui ne s'ouvre que dans cette circonstance. Il prend un marteau d'or et en frappe trois coups, en disant: *Aperite mihi portas justitiæ*, etc., et l'on démolit la maçonnerie qui bouche la porte. Le pape se met à genoux devant cette porte, pendant que les pénitenciers de Saint-Pierre la lavent d'eau bénite; ensuite il prend la croix, entonne le *Te Deum*, et entre dans l'église avec le clergé. Trois cardinaux-légats, que le pape a envoyés aux trois autres portes saintes, les ouvrent avec la même cérémonie; elles sont aux églises de Saint-Jean-de-Latran, de Saint-Paul et de Sainte-Marie-Majeure. Cela se fait tous les vingt-cinq ans, aux premières vêpres de la fête de Noël; le lendemain matin le pape donne la bénédiction au peuple en forme de *jubilé* ou d'indulgence. Lorsque l'année sainte est expirée, on referme la porte sainte la veille de Noël. Le pape bénit les pierres et le mortier, pose la

---

(1) Nous avons rapporté l'histoire de son établissement au mot JUBILÉ de notre Dict. de Théol. morale.

..., et y met douze cassettes ...édailles d'or et d'argent ; la ...monie se fait aux trois autres ...ntes. Autrefois le *jubilé* attirait à ... ...e quantité prodigieuse de peuples de t... ...es pays de l'Europe ; il n'y en va plus guère aujourd'hui que des provinces d'Italie, surtout depuis que les papes étendent l'indulgence du *jubilé* aux autres pays, et que l'on peut la gagner chez soi.

Boniface IX accorda des *jubilés* en différents lieux, à des princes ou à des monastères: par exemple, aux moines de Cantorbéry pour tous les cinquante ans ; alors le peuple accourait de toutes parts visiter le tombeau de saint Thomas Becket. Aujourd'hui les *jubilés* sont plus fréquents ; chaque pape en accorde ordinairement un l'année de sa consécration, et à l'occasion de quelque besoin particulier de l'Eglise.

Pour gagner l'indulgence du *jubilé*, la bulle du souverain pontife oblige les fidèles à des jeûnes, à des aumônes, à des prières ou stations : pendant toute l'année sainte, les autres indulgences demeurent suspendues. Il y a des *jubilés* particuliers dans certaines villes à la rencontre de quelques fêtes : au Puy-en-Velay, lorsque la fête de l'Annonciation arrive le vendredi saint ; à Lyon, quand celle de saint Jean-Baptiste concourt avec la Fête-Dieu.

Cette pratique de l'Eglise romaine ne pouvait manquer d'émouvoir la bile des protestants. A l'occasion du *jubilé* de 1750, l'un d'entre eux a fait un livre en trois volumes in-8°, pour en prouver l'abus ; il y a rassemblé tout ce que les réformateurs fanatiques, les libertins, les incrédules de toutes les nations, ont vomi contre la pratique des indulgences et des bonnes œuvres. Il dit que le *jubilé* est une invention humaine, qui doit son origine à l'avarice et à l'ambition des papes ; son crédit à l'ignorance et à la superstition des peuples, et qui n'a pris naissance que l'an 1300 ; que l'on a employé mille faux prétextes pour en rendre la célébration respectable. C'est, selon lui, une imitation des jeux séculaires des Romains, un trafic honteux des indulgences, une pompe purement mondaine, une occasion de débauche et de désordres pour les pèlerins. Ces reproches sont assaisonnés d'historiettes scandaleuses, de sarcasmes sanglants, et de tout le fiel du protestantisme ; aussi le traducteur de Mosheim a fait un pompeux éloge de cet ouvrage et de son auteur. (*Hist. ecclés.*, XIIIᵉ siècle, IIᵉ part., c. 4, § 3).

Nous répondrons en peu de mots, 1° qu'il y a de l'imposture à nommer invention nouvelle et purement humaine l'usage des indulgences en général ; au mot INDULGENCE, nous avons fait voir que cette invention est des temps apostoliques, qu'elle est fondée sur l'Ecriture sainte, et que saint Paul en a donné l'exemple. Nous ne concevons pas en quoi ni comment des œuvres de piété, de charité, de mortification, de pénitence, faites par le désir d'obtenir le pardon de nos péchés sont une superstition ; il y a longtemps que nous supplions les protestants de dissiper notre ignorance sur ce point. Nous avons beau leur dire que le *jubilé* n'est autre chose qu'une indulgence accordée en considération de certaines bonnes œuvres et afin de nous engager à les faire ; ils s'obstinent dans leur prévention et n'en veulent pas sortir. Si nous leur disions que leurs jeûnes solennels, annoncés avec emphase, sont une pompe purement mondaine, que répliqueraient-ils ? 2° C'est une injustice malicieuse d'attribuer des motifs vicieux à des papes qui ont pu en avoir de louables. Une preuve qu'en instituant et en multipliant les *jubilés*, ils n'ont agi ni par ambition ni par avarice, c'est qu'ils ont étendu l'indulgence à tous les fidèles, sans les obliger tous à faire le voyage de Rome, ni à payer une seule obole. Non-seulement cette indulgence ne coûte rien à personne, mais on sait que pendant le *jubilé* les pèlerins de toutes les nations sont accueillis, logés, soignés, nourris et servis dans les hôpitaux de Rome, souvent par les personnes les plus respectables. L'affluence des pèlerins ne peut donc être un avantage que pour le peuple de cette ville, tout au plus, et non pour le pape ni pour son trésor. Où est donc ici le *trafic honteux* des indulgences ? En rendant les *jubilés* plus communs, les papes n'ont pas ignoré que cela diminuerait l'empressement pour le pèlerinage de Rome ; ainsi, quand Boniface VIII pourrait être accusé d'avoir agi par ambition et par avarice, ce reproche ne doit pas retomber sur ses successeurs qui ont étendu les *jubilés* à chaque cinquantième et ensuite à chaque vingt-cinquième année. 3° Pendant que l'auteur dont nous parlons a rêvé que le *jubilé* est une imitation des anciens jeux séculaires, Mosheim prétend que Clément VI peut avoir eu en vue le *jubilé* des Juifs, qui avait lieu tous les cinquante ans. Mais des motifs d'avarice ou d'ambition n'ont guère de rapport aux jeux séculaires ; peut-on prouver que Boniface VIII y pensait l'an 1300 ? De l'aveu même de Mosheim, ce fut par condescendance pour la demande des Romains que Clément VI accorda un *jubilé* cinquante ans après celui de Boniface VIII ; il n'eut donc pas besoin de consulter le calendrier des Juifs. Il reste encore à nous apprendre par quelle allusion aux usages du paganisme ou du judaïsme, Urbain VI et Sixte VI ont réglé que le *jubilé* aurait lieu tous les vingt-cinq ans. 4° Pendant que nos adversaires ont recueilli toutes les anecdotes scandaleuses auxquelles les *jubilés* ont pu donner occasion depuis près de cinq cents ans, ont-ils tenu registre des bonnes œuvres que ce spectacle de religion a fait éclore, des confessions, des communions, des prières, des aumônes, des restitutions, des réconciliations, des conversions qui se sont faites ? On a vu ce qui est arrivé à Paris au dernier *jubilé* ; les incrédules en ont frémi, et les protestants n'y ont rien gagné : honteux de ce qu'ils avaient vu dans celui de l'an 1751, ils ont exhalé leur bile en invectives contre cet usage. 5° Quand il serait vrai qu'il y a eu autrefois de l'abus dans les motifs et dans la manière d'accorder les indulgences, et dans les effets qu'elles ont produits, à quoi sert-il d'en rappeler le souvenir, lorsqu'il est incontestable que ces abus ne subsistent plus? Cela démontre que les pasteurs de l'Eglise n'étaient pas incorrigibles, puisqu'ils se sont corrigés. Il n'en est pas de même des protestants, puisqu'ils sont encore aussi entêtés, aussi malicieux, aussi aveugles dans leurs haines qu'ils l'étaient il y a deux cents ans.

JUDA, quatrième fils de Jacob, chef de la principale tribu de sa nation; son nom signifie *louange*, ou celui qui est loué. La prophétie que son père, au lit de la mort, lui adressa, est célèbre, et a donné lieu à un grand nombre de dissertations. « *Juda*, lui dit-il, tes frères te combleront de louanges; les enfants de ton père se prosterneront devant toi; ta main sera levée sur la tête de tes ennemis; tu ressembles à un lion prêt à se jeter sur sa proie, et qui inspire encore la frayeur pendant son sommeil. Le sceptre ne sera point ôté de *Juda*; et il y aura toujours un chef de sa race, *jusqu'à ce que vienne l'envoyé* qui rassemblera les peuples. O mon fils! tu attacheras ta monture à la vigne, tu laveras tes vêtements dans le suc du raisin, tes yeux recevront un nouvel éclat par le vin, et le lait le blanchira les dents. » (*Gen.* c. XLIX, v. 8).

Les *Paraphrases chaldaïques* et les anciens docteurs juifs ont appliqué unanimement cet oracle au Messie; les plus savants rabbins l'entendent encore ainsi. Voyez *Munimen fidei*, part. 1, c. 14. Ils ne contestent que sur l'application que nous en faisons à Jésus-Christ. Saint Jean, dans l'Apocalypse, y fait allusion, lorsqu'il nomme Jésus-Christ *le lion de Juda qui a vaincu* (c. v, v. 5).

Il est certain d'abord que le mot *sceptre* ne désigne pas toujours la royauté; dans le style des patriarches, ce n'est autre chose que le bâton d'un vieillard ou d'un chef de famille: il exprime seulement une prééminence, une autorité analogue aux divers états de la nation. Ce sens est encore déterminé par le mot suivant, qui signifie un chef, un magistrat, un dépositaire de lois ou d'archives.

Jacob prédit à *Juda*, 1° une supériorité de force sur ses frères; il le compare à un lion; 2° une possession meilleure; il la désigne par l'abondance du lait et du vin; 3° l'autorité marquée par le bâton de commandement; 4° le privilège de donner la naissance au Messie; 5° des chefs ou magistrats de sa tribu, jusqu'à ce que cet envoyé de Dieu vienne rassembler les peuples. Les Juifs ne contestent aucune de ces circonstances, et toutes ont été exactement accomplies. En effet, la tribu de *Juda* fut toujours la plus nombreuse; on le voit par les dénombrements qui furent faits dans le désert (*Num.* c. I, v. 27; c. XXVI, v. 22). Elle campait la première à l'orient du tabernacle (*cap.* II, v. 3). Moïse, près de mourir, fait l'éloge des guerriers de cette tribu; il lui annonce qu'elle marchera à la tête des autres pour conquérir la Palestine (*Deut.* c. XXXIII, v. ). Les livres de Josué et des Juges nous apprennent qu'il en fut ainsi (*Jud.* c. I, v. 1; *Jos.* c. XV).

Dans la distribution de la Terre promise, elle eut la portion la plus considérable, et fut placée au centre; elle renfermait dans son partage la ville de Jérusalem, capitale de la nation: les vignobles des environs étaient célèbres. Après la mort de Saül, elle prit David pour son roi, et forma un état séparé pendant que les autres tribus obéissaient à Isboseth. David le fait remarquer (*Ps.* LIX, v. 8): le Seigneur a dit: *Juda est mon roi*. Sous Roboam, lorsque dix tribus se séparèrent, celle-ci garda la fidélité aux descendants de David, et continua de faire un royaume séparé sous son propre nom de *Juda*; souvent elle tint tête aux rois d'Israël et à toutes leurs forces. Après que les dix tribus eurent été emmenées en captivité et dispersées par les Assyriens, celle de *Juda* subsista encore dans la Palestine, sous ses rois, pendant plus d'un siècle.

Au bout de soixante et dix ans de captivité à Babylone, elle revint dans sa patrie, se maintint en corps de nation, usa de ses lois; les restes de Benjamin et de Lévi lui furent incorporés; le nom de *Juda* ou de *Juifs* a été dès lors commun à toute la race de Jacob; Jérémie l'avait prédit (c. XXX, v. 1). Les livres d'Esdras et des Machabées nous parlent des princes, des grands, des anciens, des magistrats de *Juda*. Lorsque la nation eut pris pour ses chefs des prêtres issus de Lévi, ils n'agirent point en leur nom, mais au nom des anciens et du peuple des Juifs (*I Mach.* c. XII, v. 16, etc.).

Cette tribu a ainsi conservé sa consistance, ses généalogies, ses possessions, sa prééminence sur les autres tribus, jusqu'à la destruction de la république juive sous les Romains, et à la ruine de Jérusalem. Mais alors le Messie était arrivé; son Evangile *rassemblait les peuples* dans une seule Eglise: il avait prédit lui-même que la nation juive allait être dispersée, son temple et sa capitale rasés. L'oracle de Jacob était accompli dans tous ses points. Pour le prouver, il n'est pas nécessaire de montrer dans la tribu de *Juda* un sceptre royal, une autorité souveraine et monarchique toujours subsistante jusqu'à ce moment, mais une prééminence toujours sensible et remarquable dans les divers états dans lesquels la nation juive s'est trouvée. Or, on ne peut contester ce privilège à la tribu de *Juda*, ni méconnaître le moment auquel elle a cessé d'en jouir. Depuis que le Messie a rassemblé les peuples sous ses lois, les descendants de *Juda*, chassés de leur terre natale et de leurs possessions, n'ont eu ni sceptre, ni autorité, ni gouvernement dans aucun lieu du monde. Il n'est pas nécessaire non plus que *Juda* ait perdu tous ses privilèges au moment précis de la naissance du Messie; il suffit qu'on les ait vus s'anéantir lorsque l'Eglise de Jésus-Christ s'est formée par la réunion des juifs et des gentils, puisque, selon la prophétie, la fonction de cet envoyé était de *rassembler les peuples*, ou de réunir à lui tous les peuples. C'est ce qu'il a fait en envoyant ses apôtres prêcher l'Évangile à toutes les nations et *à toute créature*, et en déclarant que toutes seraient *un même troupeau sous un même pasteur (Joan.* c. x, v. 16).

Depuis cette époque, qui est un fait éclatant, la tribu de *Juda*, dispersée dans l'univers, ne peut plus observer ses anciennes lois ni son culte religieux; elle n'a plus de possessions ni de généalogies. Un Juif ne peut plus prouver qu'il descend de *Juda* plutôt que de Lévi, de Benjamin, ou d'un étranger prosélyte. Quand il viendrait aujourd'hui un Messie tel que les juifs l'attendent, il lui serait impossible de montrer de quel sang il est descendu; au lieu que l'on n'a jamais osé contester à Jésus-Christ sa naissance dans cette tribu : sa généalogie en fait foi ; les Juifs mêmes l'ont appelé *fils de David*.

Le droit de vie et de mort n'avait été ôté aux Juifs ni par les rois d'Assyrie, ni par les Perses, ni par les rois de Syrie, ni par Hérode ; mais ils en furent privés par les Romains : ils furent obligés d'obtenir de Pilate la confirmation de l'arrêt de mort qu'ils avaient prononcé contre Jésus-Christ dans leur sanhédrin *(Joan.* c. xviii, v. 31). Ils n'étaient donc déjà plus en possession du sceptre ni de l'autorité politique ; ils ne l'ont jamais recouvré depuis : donc à cette époque le Messie est arrivé. Que peuvent opposer les Juifs à cette démonstration?

Il est bon de remarquer que la prophétie de Jacob n'a pu être forgée ni par Moïse, qui n'a vu que les premiers traits de son accomplissement, ni par Esdras, qui a vécu près de cinq cents ans avant les derniers. A moins que Esdras n'ait eu l'esprit prophétique, il n'a pas pu deviner qu'à l'arrivée d'un Messie de la tribu de *Juda*, cette tribu perdrait toute son autorité et sa consistance; c'est alors, au contraire, qu'elle aurait dû naturellement acquérir un nouveau degré de prospérité et une prééminence plus marquée. De là nous concluons encore contre les juifs, qu'ils ont très-grand tort d'attendre pour Messie un roi, un conquérant qui leur assujettira tous les peuples. Si cela pouvait arriver, non-seulement la tribu de *Juda* ne perdrait pas le sceptre pour lors; elle le prendrait, au contraire, et en jouirait avec plus d'éclat que jamais : la prophétie de Jacob se trouverait absolument fausse. Quelques incrédules cependant ont écrit que cette prophétie ne prouve rien en faveur de Jésus-Christ, que l'on ne peut pas lui donner un sens raisonnable ni en tirer aucune conséquence contre les Juifs. Nous lui donnons un sens très-raisonnable et avoué de tout temps par les Juifs. *Voy.* Galatin, l. iv, c. 4. Nous en faisons voir la justesse par toute la suite de l'histoire; nous démontrons qu'elle ne peut être appliquée à aucun autre personnage qu'à Jésus-Christ, et nous en concluons invinciblement contre les Juifs, que le Messie est arrivé depuis dix-sept siècles. *Voy.* Sceptre, Schiloh.

**JUDAÏSANTS.** Dans le premier siècle de l'Eglise, on nomma *chrétiens judaïsants* ceux d'entre les Juifs convertis qui soutenaient que pour être sauvé ce n'était pas assez de croire en Jésus-Christ et de pratiquer sa doctrine, mais qu'il fallait encore être fidèle à toutes les observances judaïques ordonnées par la loi de Moïse, telles que le sabbat, la circoncision, l'abstinence de certaines viandes, etc. ; que même les gentils, devenus chrétiens, y étaient obligés. Les apôtres décidèrent le contraire au concile de Jérusalem, l'an 51 *(Act.* c. xv, v. 5 et suiv.). Ceux qui persévérèrent dans cette erreur, malgré la décision, furent regardés comme hérétiques. Saint Paul écrivit contre eux son épître aux Galates, environ quatre ans après la décision du concile. *Voy.* Loi cérémonielle, Observances légales. Mais il faut faire attention que les apôtres n'avaient pas interdit ces observances aux chrétiens Juifs de naissance.

Comme l'Eglise chrétienne conserve encore quelques-unes des pratiques religieuses qui étaient observées par les Juifs, les incrédules disent que nous continuons de judaïser ; c'est un reproche que leur ont fourni les protestants. Saint Léon leur a répondu, il y a quatorze cents ans, *Serm.* 16, n. 6 : « Lorsque sous le Nouveau Testament nous observons quelques-unes des pratiques de l'Ancien, la loi de Moïse semble ajouter un nouveau poids à celle de l'Evangile et l'on voit par là que Jésus-Christ est venu, non pour abolir la loi, mais pour l'accomplir. Quoique nous n'ayons plus besoin des images qui annonçaient la venue du Sauveur, ni des figures, lorsque nous possédons la vérité, nous conservons cependant ce qui peut contribuer au culte de Dieu et à la régularité des mœurs, parce que ces pratiques conviennent également à l'une et à l'autre alliance. » Nous ne les observons donc pas parce que Moïse les a prescrites, et parce que les Juifs les ont gardées, mais parce que les apôtres nous les ont transmises, et nous ont ordonné de *conserver tout ce qui est bon (I Thess.* c. v, x. 21).

Dans le discours familier, on dit qu'un homme *judaïse*, lorsqu'il est trop scrupuleux observateur des pratiques qui paraissent peu essentielles à la religion ; mais, avant de blâmer cette exactitude, il faut se souvenir de la leçon que Jésus-Christ faisait aux pharisiens qui négligeaient les devoirs les plus essentiels de la loi, pendant qu'ils s'attachaient à des minuties : *Il fallait faire les uns,* leur dit-il, *et ne pas omettre les autres. (Matth.*, c. xxiii, v. 23).

On pense communément que ce fut seulement sous le règne d'Adrien, après l'an 134, qu'arriva la division entre les Juifs convertis, dont les uns renoncèrent absolument aux rites mosaïques, les autres s'obstinèrent à les conserver, et furent nommés *judaïsants*. Mosheim., *Hist. christ.*, sæc. 2, § 38, a recherché la cause de cet événement, et juge que le principal motif qui engagea les premiers à ne plus *judaïser* fut l'envie de ne plus être exposés aux rigueurs que Adrien exerçait contre les juifs, et de pouvoir habiter la nouvelle ville de Jérusalem que ce prince avait fait bâtir sous le nom d'*Ælia-Capitolina*. Ajoutons que les juifs incrédules s'étaient rendus odieux à tout l'empire par les massacres dont ils s'étaient rendus coupables; il y avait donc beaucoup de danger à paraître juif. Mosheim croit encore que le parti des *judaïsants* opiniâtres se sous-divisa en deux sectes, dont l'une fut celle des *ébionites*, l'autre celle des *nazaréens*. *Voy.* ces deux mots.

JUDAISME, religion des Juifs. Dieu l'a donnée à ce peuple par le ministère de Moïse, vers l'an du monde 2513, selon le calcul du texte hébreu; elle a duré environ 1550 ans, jusqu'à la ruine de Jérusalem et la dispersion des Juifs. Les livres de Moïse contiennent les dogmes, la morale, les cérémonies de cette religion. A l'article Moïse, nous ferons voir que ce législateur avait prouvé sa mission divine par des signes incontestables. Ici nous traiterons brièvement des différentes parties de la religion qu'il a établie.

I. Les dogmes qu'il a enseignés aux Juifs étaient les mêmes que ceux qui avaient été révélés aux patriarches leurs aïeux. Ce peuple adorait un seul Dieu, créateur, souverain Seigneur de l'univers, dont la Providence gouverne toutes choses, législateur suprême, rémunérateur de la vertu et vengeur du crime. Toutes les lois, toutes les pratiques du judaïsme tendaient à inculquer ces grandes vérités. Au mot Créateur, nous avons prouvé que Moïse a enseigné clairement le dogme de la création. Or, dès que l'on est persuadé que Dieu a tiré du néant l'univers par un seul acte de sa volonté, on n'a aucune peine à comprendre qu'il le gouverne de même, et qu'il ne lui en coûte pas plus pour en prendre soin qu'il ne lui en a coûté pour le faire tel qu'il est. Les Juifs n'ont jamais douté que la Providence divine ne s'étendît à tous les peuples et à tous les hommes sans exception; mais ils ont cru avec raison que cette Providence veillait sur eux avec une attention particulière, que Dieu les avait choisis pour être son peuple par préférence aux autres nations, et qu'il leur accordait plus de bienfaits. *Si vous gardez mon alliance*, leur dit le Seigneur, *vous serez ma portion choisie parmi tous les autres peuples; car toute la terre est à moi*. (*Exod.*, c. xix, v. 5, etc.)

Aux mots Ame, Immortalité, Enfer, nous avons montré que les Juifs ont cru constamment l'immortalité de l'âme, les récompenses et les peines de l'autre vie; qu'ils n'ont pas eu besoin d'emprunter cette doctrine d'aucune autre nation, qu'ils l'avaient reçue de leurs aïeux, et qu'elle venait d'une révélation primitive. Les auteurs païens, mieux instruits ou plus équitables que les incrédules modernes, ont rendu justice aux Juifs sur ce point. Les Juifs, dit Tacite, conçoivent par la pensée un seul Dieu, Etre suprême, éternel, immuable, dont la durée ne finira jamais. » *Judæi mente sola unumque Numen intelligunt, summum, illud et æternum, neque mutabile, neque interiturum.*

*Hist.*, lib. v, c. 5. Dion-Cassius, lib. xxxvii, dit de même que les Juifs adorent un Dieu invisible et ineffable : et l'on ose écrire aujourd'hui qu'ils adoraient un Dieu corporel, local, qui ne pensait qu'à eux, semblable aux dieux des autres nations, etc. Toland a poussé l'audace jusqu'à soutenir que le Dieu de Moïse était le monde, et que sa religion était le panthéisme.

« Les Juifs, continue Tacite, pensent que les âmes de ceux qui sont morts dans les combats ou dans les supplices sont éternelles. Comme les Egyptiens, ils enterrent les morts et ne les brûlent point; ils ont le même soin des cadavres et la même opinion sur les enfers. » Mais cette croyance était celle des patriarches, avant que les enfants de Jacob eussent habité l'Egypte. Lorsque les littérateurs de notre siècle affirment que les Juifs empruntèrent des Chaldéens et des Perses la croyance d'une vie future, qu'ils n'en avaient eu aucune notion avant leur captivité à Babylone, ils s'exposent au mépris de tous les hommes instruits.

Mais il ne faut pas oublier un article essentiel de la foi des Juifs, la chute originelle de l'homme, la promesse d'un Rédempteur, d'un Messie ou d'un envoyé de Dieu, qui viendrait rassembler tous les peuples sous ses lois, conclure une alliance nouvelle entre Dieu et le genre humain. Ce dogme est consigné dans l'histoire même de la création, dans le testament de Jacob, dans les prédictions de Moïse et dans toute la suite des prophéties. *Voy.* Messie.

II. La morale du *judaïsme* est renfermée en abrégé dans le Décalogue; c'est encore celle des patriarches, puisque c'est la loi naturelle écrite. *Voy.* Décalogue. Mais Moïse l'avait rendue plus claire, en avait facilité la connaissance et l'exécution par les différentes lois qui prescrivaient aux Juifs leurs devoirs envers Dieu et envers le prochain. Ainsi le précepte de n'adorer qu'un seul Dieu était expliqué et confirmé non-seulement par toutes les lois qui défendaient aux Juifs les pratiques superstitieuses des idolâtres, mais par celles qui prescrivaient les sacrifices, les offrandes, les fêtes, les cérémonies du culte divin, les précautions qu'il fallait observer pour s'en acquitter avec la décence et le respect convenables. C'est à ce grand objet que se rapportaient toutes les lois cérémonielles.

La défense de prendre le nom du Seigneur en vain était appuyée par d'autres qui punissaient le parjure ou le blasphème, ou qui ordonnaient d'exécuter fidèlement les vœux que l'on avait faits au Seigneur.

Comme le sabbat était principalement ordonné pour conserver la mémoire de la création, nous voyons qu'un homme fut puni de mort pour en avoir violé la sainteté (*Num.* c. xv, v. xxxii). Dieu voulut encore en assurer l'observation par un miracle habituel, en ne faisant point tomber la manne le jour du sabbat.

Au commandement général d'honorer les pères et mères, Dieu ajouta des lois sévères qui condamnaient à mort non-seulement celui qui aurait frappé son père ou sa mère, mais celui qui les aurait outragés de paroles, et qui interdisaient toute turpitude, toute impudicité à leur égard. Conséquemment il était ordonné de respecter les vieillards et les hommes constitués en dignité, parce qu'on doit les regarder, en quelque manière, comme les pères du peuple.

Les défenses de nuire au prochain dans sa personne, dans ses biens, dans son honneur, étaient renfermées dans ce commandement général : *Vous aimerez votre prochain comme vous-même; c'est moi, votre Seigneur, qui vous l'ordonne, vous ne conserverez contre lui dans votre cœur ni haine, ni ressentiment, ni dessein de vous venger; vous oublierez les injures de vos concitoyens* (Levit. c. XIX, v. 17 et suiv.). Mais Moïse entra dans le plus grand détail de toutes les violences que l'on pouvait commettre à l'égard du prochain, de toutes les manières dont on pouvait lui nuire et lui porter du préjudice; toutes ces actions furent interdites sous des peines sévères, souvent sous peine de mort. Il ne se borna point à proscrire l'adultère, mais il nota d'infamie la prostitution et le commerce illégitime des deux sexes (Levit. c. XIX, v. 29; Deut., c. XXIII, v. 17). Il ne fit grâce à aucun désordre capable de nuire à la pureté des mœurs.

Puisque les désirs même illégitimes étaient interdits aux Juifs par le Décalogue, comment des actions criminelles auraient-elles pu leur être permises ?

Il est évident que toutes ces lois positives tendaient à faire connaître la loi naturelle dans toute son étendue, et à la faire mieux observer; qu'un Juif ainsi instruit devait être moins exposé à la violer qu'un païen. Il y a cependant eu des déistes assez aveugles pour prétendre que tant de lois positives nuisaient à l'observation de la loi naturelle.

Le Clerc, critique téméraire, en fut jamais, a osé soutenir ce paradoxe, *Hist, ecclés.*, *Proleg.*, sect. 3, c. II, § 20 et suiv., et il a voulu le confirmer par des exemples. 1° Il y avait, à la vérité, dit-il, une loi qui obligeait les enfants à honorer leurs pères et mères, mais il y en avait une autre qui permettait le divorce et la polygamie; celle-ci rendait à peu près impossible l'observation de la précédente : on sait jusqu'à quel point ces deux abus mettent le désordre, la division, la haine dans les familles. 2° La loi qui défendait aux Israélites de souffrir aucun idolâtre parmi eux n'était pas équitable ; ils auraient été bien fâchés d'être traités de même chez leurs voisins, lorsque des calamités les obligeaient de s'y réfugier, et lorsqu'ils furent répandus chez toutes les nations après la captivité de Babylone. 3° Celle qui ordonnait de mettre à mort tout homme coupable d'idolâtrie, fût-il parent, ami ou allié était inhumaine; il eût mieux valu tâcher de les corriger. Qu'auraient dit les Israélites, si les peuples voisins qui les subjuguèrent plus d'une fois, les avaient forcés, par des supplices, de renoncer à leur religion ? 4° Comme la loi de Moïse ne proposait ni récompenses à espérer, ni punitions à craindre dans une autre vie, ils n'ont pas pu y être constamment attachés; de là sont venues, sans doute, leurs fréquentes apostasies et leurs rechutes presque continuelles dans l'idolâtrie. On ne peut donc justifier la législation de Moïse, qu'en disant qu'elle était proportionnée au caractère grossier, dur, intraitable de son peuple, et que celui-ci n'était pas capable d'en supporter une plus parfaite.

*Réponse.* Quand tout cela serait absolument vrai, il s'ensuivrait déjà que cette législation n'était indigne ni de la sagesse, ni de la sainteté de Dieu. Solon faisait, par cette même raison, l'apologie des lois qu'il avait données aux Athéniens. Mais qu'aurait répondu Le Clerc à un incrédule qui lui aurait objecté qu'il ne tenait qu'à Dieu de rendre son peuple plus doux et plus traitable ? Nous en convenons sans difficulté; mais, parce que Dieu le pouvait, il ne s'ensuit pas qu'il le devait : autrement il faudrait soutenir que Dieu n'a pas dû permettre qu'il y eût dans l'univers un seul peuple, et même un seul homme vicieux et insensé. Mais il y a d'autres réflexions à faire.

Nous convenons, en premier lieu, que, chez les nations corrompues, le divorce et la polygamie sont des obstacles à peu près invincibles à l'union des familles et à la tendresse mutuelle entre les enfants et leurs parents; mais chez les Hébreux, dont les mœurs étaient simples, la vie laborieuse, et les idées assez bornées, ces deux abus ne pouvaient pas produire d'aussi pernicieux effets, parce que Moïse avait pris des précautions pour en prévenir les conséquences. *Voy.* DIVORCE, POLYGAMIE.

En second lieu, il est vrai que la loi leur défendait de souffrir chez eux aucun acte d'idolâtrie; mais il est faux qu'elle leur ordonnât de bannir tous les idolâtres, lorsque ceux-ci ne faisaient aucun exercice extérieur de leur fausse religion : au contraire, il leur était ordonné de traiter les étrangers avec douceur et avec humanité, parce qu'ils avaient été eux-mêmes étrangers en Égypte. (*Exod.* c. XXII, v. 21; *Levit.* c. XIX, v. 33; *Deut.* c. X, v. 18, 19, etc.) Or, tout étranger était alors polythéiste et idolâtre. On ne peut pas prouver que, quand ils étaient réfugiés chez leurs voisins, ils y aient fait aucun exercice de religion contraire à la croyance de ces peuples.

En troisième lieu, nous soutenons que la loi qui punissait de mort tout acte d'idolâtrie n'était ni cruelle ni injuste. Dieu avait attaché à cette condition la conservation de la nation juive : en souffrir l'infraction, c'était mettre le salut de la république en danger. Osera-t-on soutenir que Dieu n'avait pas cette autorité, qu'il n'a jamais dû punir de mort aucun impie, parce qu'il aurait été mieux de le corriger? Mais les mécréants, non contents d'imposer à tous les hommes la loi de la tolérance absolue envers leurs semblables, veulent encore en faire une obligation à Dieu. Jamais les Juifs n'ont forcé personne, par des supplices, à embrasser leur religion.

Enfin, quoique la législation de Moïse n'ait renfermé ni promesses ni menaces expresses et formelles pour la vie future, il n'est pas moins vrai que les Hébreux croyaient une vie à venir, parce que ç'avait été, de tout temps, la foi des patriarches leurs aïeux. *Voy.* Ame, § 2. Mais comme cette législation renfermait tout à la fois les lois morales, les lois cérémonielles et les lois civiles, il n'aurait pas été convenable de donner à toutes indifféremment la sanction des peines et des récompenses de l'autre vie. S'il faut en croire les matérialistes de nos jours, celles de ce monde font beaucoup plus d'impression sur les hommes que celles de la vie à venir; ce n'a donc pas été là une cause des apostasies des Juifs.

Que l'on envisage la morale juive sous quelque aspect que l'on voudra, elle est pure, sage, irrépréhensible, convenable à tous égards au temps, au lieu, au génie du peuple pour lequel elle était destinée, plus parfaite que celle de tous les législateurs philosophes. Aucune des lois civiles, politiques ou militaires, portées par Moïse, n'est contraire à la loi naturelle; toutes concourent à la faire exactement pratiquer. Lorsque Jésus-Christ est venu donner au genre humain de nouvelles leçons de morale, il n'a point contredit celles de Moïse; mais il a rejeté les fausses explications qu'en donnaient les docteurs juifs : il a sagement distingué les préceptes qui regardent la conduite personnelle de l'homme d'avec les lois civiles et nationales relatives à la situation particulière dans laquelle se trouvaient les Hébreux sous Moïse; il en a retranché ce qui était devenu sujet à des inconvénients, comme la polygamie, le divorce, la peine du talion, etc.; il y a ajouté des conseils de perfection pour en rendre l'observation plus sûre et plus facile, mais dont les anciens Juifs n'étaient pas capables. Les incrédules, qui ont censuré et calomnié la morale et les lois de Moïse, n'en ont pris ni le sens ni l'esprit; ils n'ont fait attention ni au siècle, ni au climat, ni au caractère national, ni aux mœurs générales des anciens peuples.

III. Mais pourquoi tant de cérémonielles? pourquoi un culte extérieur si minutieux et si grossier? Les Hébreux n'étaient pas en état d'en pratiquer un plus parfait, et il n'y en avait point alors dans le monde. Quand on l'examine de près, on en voit la sagesse et l'utilité. — 1° Il fallait un culte qui occupât beaucoup les Juifs, parce qu'ils avaient pris en Egypte le goût de la pompe et des cérémonies, et parce que c'était un moyen d'adoucir leurs mœurs, en les obligeant de se rapprocher souvent, et d'avoir beaucoup d'attention à leur extérieur. — 2° Il fallait que tout fût prescrit dans le plus grand détail, afin qu'ils ne fussent pas tentés d'y mettre rien du leur; il était donc absolument nécessaire de leur interdire tous les usages des Egyptiens et des Chananéens, pour lesquels ils n'avaient que trop de penchant : un très-grand nombre de lois cérémonielles y sont relatives. — 3° La plupart des cérémonies ordonnées aux Juifs étaient des monuments et des preuves des prodiges que Dieu avait opérés en leur faveur, et des bienfaits qu'il leur avait accordés, comme la Pâque, l'offrande des premiers-nés, les fêtes de la Pentecôte et des Tabernacles, la Circoncision, signe des promesses que Dieu avait faites à Abraham, etc. — 4° Plusieurs autres, comme les purifications, les ablutions, les abstinences, avaient pour objet la propreté et la santé du peuple, la salubrité de l'air et du régime : c'étaient des précautions relatives au climat. La sagesse de ces attentions, qui nous paraissent minutieuses, est prouvée par l'effet qu'elles produisaient; puisque, selon le témoignage de Tacite, les Juifs étaient d'un tempérament robuste et vigoureux, au lieu que, sous le règne du mahométisme, l'Egypte et la Palestine sont devenues le foyer de la peste. Tout était ordonné par motif de religion, parce qu'un peuple qui n'était pas encore civilisé, était incapable de se conduire par un autre motif.

Les censeurs anciens et modernes du *judaïsme* ont dit que toutes ces observances légales étaient superstitieuses; mais ils auraient dû expliquer ce qu'ils entendaient par *superstition*. Un culte superstitieux est celui que Dieu n'a point ordonné ou qu'il réprouve, qui ne peut produire aucun bon effet, qui peut donner lieu à des erreurs et à des abus. Celui des Juifs était-il dans ce cas? Dieu l'avait expressément ordonné, et, par des promesses positives, il y avait attaché la prospérité de cette nation; toutes les fois que les Juifs s'en écartèrent, ils furent punis, et se trouvèrent obligés d'y revenir. Ce culte était destiné à les détourner des superstitions et des crimes des peuples idolâtres dont ils étaient environnés, à conserver parmi eux le dogme essentiel d'un seul Dieu créateur, oublié et méconnu chez tous les peuples, et à nourrir l'attente d'un Messie Rédempteur et Sauveur du genre humain : c'est aussi l'effet qui en est résulté; en quel sens a-t-il pu être superstitieux? Que les païens, aveuglés par leurs propres superstitions, aient blâmé un culte qu'ils connaissaient très-mal, dont ils ignoraient les motifs et le dessein, cela n'est pas étonnant; mais que des philosophes, élevés dans le sein du christianisme, à portée d'examiner le *judaïsme* en lui-même, en jugent avec la même prévention, cela ne leur fait pas honneur.

Par un préjugé contraire, les juifs d'aujourd'hui prétendent que le culte extérieur ou cérémoniel prescrit par leur loi, est beaucoup plus parfait et plus agréable à Dieu que la pratique des vertus morales; qu'il donne une vraie sainteté à ceux qui l'observent; que Dieu, après l'avoir établi, n'a pas pu l'abolir. Cette erreur est ancienne parmi eux; les prophètes l'ont déjà reproché à leurs pères; les pharisiens en étaient imbus du temps de Jésus-Christ : plusieurs même de ceux qui se convertirent à la prédication

considération du nouveau. T. III, *de Grat. Christi Salvat.* l. III, c. 6, p. 116. Selon lui, Dieu faisait semblant de vouloir le salut des Juifs, mais dans le fond il n'en avait aucune envie.

A Dieu ne plaise qu'un chrétien souscrive jamais à ce blasphème! Dieu a sincèrement voulu sauver tous les hommes dans tous les temps, avant la loi et sous la loi, aussi bien que sous l'Evangile, toujours par la grâce du Rédempteur, quoique cette grâce n'ait pas été distribuée, sous les deux premières époques, aussi abondamment que sous la troisième. Tout système contraire à cette grande vérité est une erreur. Les visions des marcionites, des manichéens, des prédestinatiens, et celles des pélagiens, quoique très-opposées, sont également réfutées par la doctrine des anciens Pères.

« L'un et l'autre Testament, dit saint Irénée, ont été faits par le même père de famille, par le Verbe de Dieu Notre-Seigneur Jésus-Christ, qui a parlé à Abraham et à Moïse, qui, dans ces derniers temps, nous a mis en liberté, et a rendu plus abondante la grâce qui vient de lui... Ils ne sont différents que par leur étendue, comme l'eau est différente d'une autre eau, la lumière d'une autre lumière, la grâce d'une autre grâce. La loi de liberté est plus étendue que la loi de servitude; c'est pour cela qu'elle a été donnée, non pour un seul peuple, mais pour le monde entier. Le salut est un, comme Dieu créateur de l'homme est un; les préceptes sont multipliés comme autant de degrés qui conduisent l'homme à Dieu. » *Adv. hær.*, l. IV, c. 21 et 22. « C'est toujours le même Seigneur qui, par son avénement, a répandu sur les dernières générations une grâce plus abondante que celle qui était accordée sous l'Ancien Testament... Comment Jésus-Christ est-il la fin de la loi, s'il n'en est aussi le commencement ?...... C'est le Verbe de Dieu, occupé dès la création à monter et à descendre, pour donner la santé aux malades... Puisque dans la loi et dans l'Evangile le premier et le grand précepte est d'aimer Dieu sur toutes choses, et le second d'aimer le prochain comme soi-même, il est clair que la loi et l'Evangile viennent du même auteur. Puisque dans l'un et l'autre Testament les préceptes de perfection sont les mêmes, ils démontrent le même Dieu. » *Ibid.*, c. 24 et 26. Saint Augustin a répété ce raisonnement contre les manichéens. *De Morib. Eccles.*, l. I, c. 28.

« La loi, dit saint Clément d'Alexandrie, est l'ancienne grâce émanée du Verbe divin, par l'organe de Moïse. Quand l'Ecriture dit que la loi a été donnée par Moïse, elle entend que la loi vient du Verbe de Dieu, par Moïse son serviteur : c'est pour cela qu'elle a été portée seulement pour un temps; mais la grâce et la vérité apportées par Jésus-Christ sont pour l'éternité. » *Pædag.*, l. I, c. 7, p. 133. « La loi conduit donc à Dieu... Elle a été notre précepteur en Jésus-Christ, afin que nous fussions justifiés par la foi... Mais c'est toujours le même Seigneur, bon pasteur et législateur, qui prend soin du troupeau et des ouailles qui écoutent sa voix ; qui, par le secours de la raison et de la loi, cherche sa brebis perdue *et la trouve.* » *Strom.*, l. I, c. 26, p. 420. « La loi et l'Evangile sont l'ouvrage du même Seigneur, qui est la puissance et la sagesse de Dieu; et la crainte qu'inspire la loi est un trait de miséricorde relativement au salut... Soit donc que l'on parle ou de la loi naturelle qui nous est donnée avec la naissance, ou de celle qui a été publiée dans la suite par Dieu lui-même, c'est une seule et même loi, quant à la nature et à l'instruction. » *Ibid.*, c. 2, p. 422; c. 28, p. 424; c. 29, p. 427; l. XI, c. 6, p. 444 ; c. 7, p. 447. « Ayons donc recours à ce Dieu Sauveur, qui invite au salut par les prodiges qu'il a faits en Egypte et dans le désert, par le buisson ardent et par la nuée lumineuse, *image de la grâce divine*, qui suivait les Hébreux dans le besoin. » *Cohort. ad Gent.*, c. 1, p. 7. Ce n'est pas là du pélagianisme.

« Le peuple juif, dit Tertullien, est le plus ancien, et a été favorisé le premier *de la grâce divine*, sous la loi ; nous sommes les puînés selon le cours des temps ; mais Dieu vérifie à cet égard ce qu'il avait dit de Jacob et d'Esaü, que l'aîné serait inférieur au cadet... Selon qu'il convient à la bonté et à la justice de Dieu, créateur du genre humain, il a donné à toutes les nations la même loi ; il ordonne qu'elle soit observée selon les temps, quand il le veut, comme il le veut, et par qui il lui plaît... Déjà dans la loi donnée à Adam, nous trouvons le germe de tous les préceptes qui se sont multipliés ensuite sous la main de Moïse, surtout le grand précepte : *Vous aimerez le Seigneur votre Dieu de tout votre cœur*, etc. » *Adv. Jud.*, c. 1 et 2. Après avoir indiqué ce que dit saint Paul, que la pierre qui fournissait aux Juifs l'eau spirituelle était Jésus-Christ, Tertullien fait remarquer que ce divin Sauveur est désigné dans plusieurs endroits de l'Ecriture sous le nom et la figure de *pierre. Ibid.*, c. 9, p. 194. Dans son premier livre *contre Marcion*, c. 22, il prouve que si Dieu est bon par la nature, il a dû exercer sa bonté et sa miséricorde envers les hommes, depuis la création jusqu'à nous ; ne pas différer jusqu'à la venue de Jésus-Christ, à guérir les plaies de la nature humaine ; et, dans le quatrième, il démontre qu'il n'y a aucune opposition entre l'Ancien Testament et le Nouveau.

Saint Athanase, *de Incarn. Verbi Dei*, n. 12, op. 1, c. p. 57, enseigne que le Verbe divin avait pourvu à ce que tous les hommes pussent le connaître par le spectacle de la nature, mais que, comme leur méchanceté n'avait fait que s'accroître, il voulut remédier à ce malheur, en les faisant instruire par d'autres hommes, par Moïse et par les prophètes. « On pouvait donc, dit-il, par la connaissance de la loi, réprimer toute perversité et mener une vie vertueuse. Car la loi n'avait pas été donnée, et les prophètes n'avaient pas été envoyés pour les Juifs seuls. Mais ils étaient pour le monde entier comme une sainte école établie pour faire connaître Dieu, et pour donner des leçons de vertu. » Nous espérons que l'on n'accusera pas saint Athanase d'avoir exclu par ces paroles le secours de la grâce, ou l'opération intérieure du Verbe divin, dans les esprits et dans les cœurs, lui qui dit d'ailleurs que sous l'Ancien Testament la grâce était déjà donnée à toutes les nations. *Expos. in ps.* cxiii, v. 2 et 8 ; *voyez* encore in ps. cxviii, v. 5, etc.

Tel a été le langage de tous les Pères et de l'Eglise chrétienne dans tous les siècles. Le concile de Trente y faisait attention, lorsqu'il a décidé que les Juifs ne pouvaient être justifiés ni délivrés du péché, *par la lettre de la loi de Moïse, par la doctrine de la loi, sans la grâce de Jésus-Christ.* Sess 6, *de Justif.*, c. 1 et can. 1. Mais il n'a pas ajouté que les Juifs ne recevaient pas cette grâce. Tous les Pères ont très-bien aperçu le plan que la divine providence a suivi, que la révélation nous découvre, et que nous ne nous lassons pas de répéter. La religion des patriarches était convenable à l'état des familles et des peuplades séparées les unes des autres, et qui ne pouvaient encore se réunir en corps de nation. Le *judaïsme* était tel qu'il le fallait pour un peuple naissant, qui avait besoin d'être policé, soumis au joug d'une société civile, préservé des erreurs et des vices des autres peuples. Le christianisme était réservé pour le temps auquel tous seraient capables de former entre eux une société religieuse universelle. La durée des deux premières était donc fixée par leur destination même ; Dieu les a fait cesser au moment où elles n'étaient plus utiles ni convenables. Quant à la troisième, c'est la religion du sage, de l'homme parvenu à la maturité parfaite ; elle doit durer jusqu'à la fin des siècles.

De même qu'en établissant le *judaïsme*, Dieu n'a pas réprouvé par une loi positive la religion des patriarches, ainsi, par un trait égal de sagesse, Jésus-Christ, en fondant le christianisme, n'a point porté de loi expresse et formelle pour condamner où abroger le *judaïsme* ; il savait que l'observation de cette loi deviendrait impossible par la ruine du temple et par la dispersion des Juifs. Les espérances dont cette nation se flatte, d'être un jour rétablie, remise en possession de ses usages et de ses lois, sont évidemment contraires au plan général de la Providence et à l'état actuel du genre humain. Quelque temps avant la venue de Jésus-Christ, le *judaïsme* s'était divisé en deux sectes principales, celle des Pharisiens et celle des Sadducéens ; Josèphe y ajoute celle des esséniens : aujourd'hui il est partagé entre la secte des caraïtes et celle des talmudistes, disciples des rabbins ; celle-ci est infiniment plus nombreuse que l'autre. *Voyez-les* chacune sous son nom.

V. Sous prétexte de mieux faire comprendre combien les leçons de Jésus-Christ et des apôtres étaient nécessaires au genre humain, Le Clerc, dans son *Hist. ecclés.*, proleg., sect. 1, c. 8, s'est avisé de soutenir qu'un juif pouvait très-difficilement prouver aux païens la vérité et la divinité de sa religion, et que nous ne pouvons y réussir nous-mêmes que par le témoignage de Jésus-Christ et des apôtres, dont la mission nous est certainement connue.

Avant d'examiner les raisons sur lesquelles il a étayé ce paradoxe, nous ne pouvons nous empêcher de témoigner notre étonnement : comment ce critique, qui montre souvent tant de sagacité, n'a-t-il pas aperçu les conséquences de sa prétention ? Il s'ensuivrait, 1° que Dieu a très-mal pourvu à la foi et au salut des Juifs, puisqu'il n'a pas revêtu leur religion de preuves assez fortes pour fonder la croyance de tout homme raisonnable et instruit ; qu'en cela même Dieu a ôté aux païens un des moyens les plus propres à les détromper du polythéisme, et à les conduire à la connaissance du vrai Dieu : supposition contraire à ce qu'il a déclaré formellement lui-même par ses prophètes. Il dit et répète par la bouche d'Ezéchiel, que s'il a tiré les Israélites de l'Egypte, s'il les a conservés dans le désert malgré leurs infidélités, s'il les a punis par la captivité de Babylone, et s'il veut les rétablir dans la Terre promise, c'est afin que toutes les nations sachent qu'il est le Seigneur et l'arbitre souverain de l'univers (*Ezech.* c. xx, v. 9, 14, 48 ; c. xxviii, v. 25 ; c. xxxvi, v. 22, 36 ; c. xxxvii, v. 28, etc.).

Il s'ensuivrait, en second lieu, que nous n'avons point d'autre preuve solide de la divinité du *judaïsme* que la parole de Jésus-Christ et des apôtres ; que ceux qui la démontrent aujourd'hui par des raisons tirées de la nature même de cette religion, de sa convenance avec les besoins du genre humain dans l'état où il était pour lors, de la sainteté de ses dogmes et de sa morale en comparaison de la croyance des autres nations, etc., raisonnent mal et perdent leur temps ; que nos anciens apologistes, qui ont voulu prouver aux païens la vérité de l'histoire juive, y ont mal réussi. Le Clerc se réfute lui-même en répondant à la plupart des objections qu'il propose, et en les résolvant par des raisons tirées, non de l'Evangile, mais de la lumière naturelle et du sens commun. Nous le verrons ci-après. L'espèce de dissertation qu'il a faite sur ce sujet ne peut donc aboutir qu'à confirmer les sociniens dans l'idée désavantageuse qu'ils ont et qu'ils donnent de la religion juive, et à fournir des armes aux incrédules pour attaquer la révélation. Quoique Le Clerc déclare et proteste que ce n'est point là son dessein, il n'est pas moins vrai qu'il a produit cet effet, puisque les objections qu'il prête à un païen pour embarrasser un juif qui aurait voulu en faire un prosélyte, ont été la plupart copiées par les incrédules de nos jours.

Il prétend d'abord qu'un juif ne pouvait prouver sans beaucoup de difficulté l'antiquité des livres de Moïse, ou leur authenticité, ni la vérité de tout l'Ancien Testament, ni la divinité ou l'inspiration de tous ces écrits. Cependant les plus habiles écrivains de notre siècle, même chez les protestants, ont prouvé que Moïse est véritablement l'auteur du Pentateuque ; que ce livre est par conséquent plus ancien que toutes les histoires profanes : nous l'avons prouvé nous-même au mot PENTATEUQUE, et nous ne craignons pas que les incrédules, endoctrinés par Le Clerc, viennent à bout de renverser nos preuves. Nous avons démontré de même la vérité de l'histoire juive au mot HISTOIRE SAINTE. Quant à la divinité ou à l'inspiration des livres de l'Ancien Testament, en général, nous convenons qu'elle ne peut être solidement prouvée que par le témoignage de Jésus-Christ et des apôtres ; mais nous soutenons aussi, contre Le Clerc et contre les protestants, que nous ne pouvons être certains de ce témoignage que par celui de l'Eglise : car enfin nous les défions de nous citer dans le Nouveau Testament un passage dans lequel Jésus-Christ ou les apôtres aient déclaré que tous les livres de l'Ancien placés dans le canon, sont inspirés et parole de Dieu. *Voy.* ECRITURE SAINTE, § 1 et 2.

Les païens, dit Le Clerc, ne pouvaient pas croire aisément la création du monde et celle de l'homme, le péché de nos premiers parents, le déluge universel, l'arche qui renfermait tous les animaux, etc. Mais nous avons fait voir que, malgré l'avis de ce critique et de tous les sociniens, le dogme de la création est démontré, que l'histoire de la chute de l'homme ne renferme rien d'incroyable, que le déluge universel est encore attesté par toute la face du globe, que les miracles de Moïse sont prouvés d'une manière incontestable, etc. Il en est de même de tous les autres faits historiques, contre lesquels les incrédules se sont élevés, et qui, au jugement de notre critique, devaient révolter ou scandaliser les païens. Il ne convenait guère à un savant qui faisait profession du christianisme, de vouloir nous persuader que les objections des anciens auteurs païens, tels que Celse, Julien, Porphyre, etc., contre le *judaïsme*, étaient très-redoutables ; que, tout considéré, un juif, quelque habile qu'il fût, était incapable d'y répondre ; qu'ainsi un païen était, à le bien prendre, dans une ignorance invincible à l'égard de la notion et du culte d'un seul Dieu.

Il ne sert à rien de dire que Dieu avait donné la loi de Moïse pour les Juifs seuls ; du moins il n'avait pas réservé pour eux seuls les grandes vérités sur lesquelles ces lois étaient fondées, et que Dieu avait révélées depuis le commencement du monde : l'unité de Dieu, la création, la providence divine, générale et particulière, l'immortalité de l'âme, les peines et les récompenses d'une autre vie, la future venue d'un Rédempteur pour le salut de tout le genre humain, etc. Or, toutes les nations dont les Juifs étaient environnés ne pouvaient parvenir à la connaissance de toutes ces vérités par un moyen plus facile et plus sûr que par l'histoire dont les Juifs étaient dépositaires, et par la tradition constante qu'ils avaient reçue de leurs pères, dont la chaîne remontait jusqu'au premier âge du monde. De là, sans doute, est venue la multitude des prosélytes qui avaient embrassé le *judaïsme* dans les siècles de la prospérité de cette nation : il est probable que le nombre en aurait été plus grand vers le temps de la venue du Sauveur, sans les persécutions continuelles que les Juifs essuyèrent de la part des Grecs et des Romains. On ne nous persuadera jamais que tous ces honnêtes païens avaient changé de religion sans aucun motif solide de persuasion.

Notre critique a encore plus de tort d'avancer que la plupart des rites judaïques étaient empruntés des païens ; que ceux-ci ne pouvaient pas les juger plus saints ni plus respectables chez les Juifs que chez eux. Nous avons prouvé la fausseté de cet emprunt au mot LOI CÉRÉMONIELLE. Avant l'abus que les païens avaient fait des cérémonies religieuses pour honorer les fausses divinités, les patriarches, ancêtres des Juifs, les avaient employées au culte du vrai Dieu. La plupart de ces rites se sont trouvés les mêmes chez des nations qui ne pouvaient avoir eu ensemble aucune relation, parce qu'ils ont été dictés par un instinct naturel aussi bien que par la révélation primitive ; ainsi l'emprunt supposé par Le Clerc et par les incrédules est un soupçon sans fondement. Ce critique trop hardi a eu tort de dire, *ibid.*, sect. 3, c. 3, § 14 : « Ces rites ressemblent tellement à ceux des païens, que si nous ne savions pas par l'Evangile que Dieu, en les ordonnant, a voulu se proportionner à la faiblesse d'un peuple grossier, et ne les a institués que pour peu de temps, nous aurions peine à y reconnaître les traits de la sagesse divine. » 1° L'on ne peut pas appeler peu de temps une durée de quinze cents ans. 2° Il est prouvé par les prophètes, aussi bien que par l'Evangile, que l'ancienne alliance en promettait une nouvelle. 3° Nous serions en état de prouver que toutes les lois cérémonielles étaient très-sages, eu égard aux circonstances, que la plupart étaient directement contraires aux usages des païens, et tendaient à préserver les Juifs de l'idolâtrie.

Comme les autres sociniens, il assure qu'il n'est fait mention de l'immortalité de l'âme et de la vie future dans les anciens livres des Juifs, que d'une manière très-obscure et très-équivoque ; que si les derniers écrivains juifs en ont parlé plus clairement, ils avaient reçu cette connaissance des poëtes et des philosophes grecs, surtout des platoniciens. Au mot AME, § 2, nous avons fait voir, par de bonnes preuves, que ce dogme essentiel a été cru, non-seulement par Moïse et par les anciens Juifs, mais par les patriarches, leurs aïeux et leurs instituteurs. Il est prouvé d'ailleurs que cette croyance de la vie future s'est retrouvée chez les sauvages de l'Amérique, chez les insulaires de la mer du Sud, chez les nègres et chez les Lapons ; ce ne sont certainement pas les philosophes platoniciens qui l'ont portée dans ces divers climats

Enfin, puisque Le Clerc convient qu'en vertu des lumières que nous avons reçues par l'Evangile nous sommes en état de réfuter victorieusement les objections des païens, il y a du ridicule à supposer que les Juifs ne pouvaient pas y satisfaire avec le secours de la révélation primitive, faite aux patriarches longtemps avant celle que Dieu donna par Moïse. Il est certain, au contraire, que celle-ci fut donnée, non-seulement pour les Juifs, mais afin que les nations qui étaient à portée d'en prendre connaissance, pussent renouer par ce moyen la chaîne de la tradition primitive, que les ancêtres de ces nations avaient laissé rompre par une négligence très-blâmable. Il est donc évident que le censeur du *judaïsme* en a très-mal connu l'esprit et la destination.

* JUDAÏSME RÉFORMÉ. Le judaïsme semblait une religion absolument stationnaire, que rien au monde ne pourrait ébranler. Dix-huit cents ans d'existence au milieu de toutes les religions, de toutes les institutions politiques et de tous les peuples, paraissaient le mettre à couvert de toutes les atteintes du philosophisme. Il s'est ébranlé en Allemagne. Il y a commencé une transformation qui pourra se communiquer au loin. Dès 1818, on y forma une église Israélite dont voici la description :

« L'intérieur du temple est simplement, mais élégamment orné ; il s'y trouve un orgue et une chaire. L'orgue est placé au-dessus de la porte d'entrée, la chaire est élevée en face. La nef est occupée par des bancs entre les rangs desquels on a laissé un espace libre, pour s'y tenir debout; ces bancs et cet espace sont exclusivement réservés aux hommes, les femmes prenant place dans les tribunes élevées des deux côtés de la nef. Les places des bancs sont numérotées et louées ; près de la chaire se trouvent deux rangs de sièges réservés aux étrangers. Le temple est placé sous l'administration de quatre directeurs et de plusieurs députés dont les fonctions sont gratuites. Deux *prédicants* sont chargés de l'exercice du culte : ce sont les docteurs Kley et Salomon. Leur traitement, ainsi que la solde *des clercs attachés au service de l'Eglise*, sont payés sur la caisse du temple.

« Chaque samedi et à chaque fête israélite, un service public est célébré dans le temple ; un sermon y est prononcé de neuf à dix heures du matin, en langue allemande. Les prières liturgiques y sont alternativement récitées en hébreu et en allemand. Les cantiques, au contraire, qui y sont exécutés par un chœur bien composé, avec accompagnement de l'orgue et sur des mélodies convenables, sont toujours chantés en langue allemande ; il en est de même des sermons toujours prêchés, comme il a été dit, en allemand. Plusieurs de ces sermons, qui offrent un grand intérêt, ont été publiés par leurs auteurs, les docteurs Kley et Salomon. Quelques volumes en ont déjà paru

« La direction du temple songe à améliorer et augmenter le livre des cantiques, attendu que parmi ses thèmes actuels il ne s'en trouve pas toujours d'appropriés aux sujets des sermons, et déjà les plus célèbres poètes de l'Allemagne ont été invités à concourir à cette œuvre. Le local, trop petit, et sa fréquentation qui va toujours croissant, obligeront sous peu à songer également à la construction d'un édifice plus vaste, les assemblées étant souvent trop considérables pour y trouver place. Les *Israélites de l'ancien rite* célèbrent leurs offices dans *leurs synagogues*, établies dans d'autres parties de la ville. »

JUDAS ISCARIOTE était un des douze apôtres que Jésus-Christ avait choisis, mais il trahit son maître et le livra aux Juifs. Cette perfidie, qui a rendu exécrable sa mémoire, loin de fonder aucun soupçon contre la sainteté de Jésus-Christ, la démontre d'une manière invincible. *Judas* ne révèle aux Juifs aucune imposture, aucun mauvais dessein, aucun crime de Jésus ni de ses disciples ; il se borne à indiquer le moyen de se saisir de Jésus sans bruit et sans danger. Si Jésus avait été un imposteur, un séducteur, un opérateur de faux miracles, *Judas* aurait fait une action louable en dévoilant la fourberie aux chefs de la nation ; il n'aurait dû en avoir aucun remords. Cependant, lorsqu'il voit que son Maître est condamné, il va se déclarer coupable d'avoir *trahi un juste* ; il jette dans le temple l'argent qu'il avait reçu, et se pend par désespoir. Le champ nommé *Hakeldamach*, le *champ de sang*, attestait l'innocence de Jésus, le repentir de son disciple, l'injustice volontaire et réfléchie des Juifs.

La conduite de ce disciple infidèle a fourni aux Pères de l'Eglise d'autres réflexions très-importantes. Saint Jean Chrysostome, dans deux homélies sur ce sujet, fait remarquer les traits de bonté et de miséricorde de Jésus-Christ à l'égard de *Judas* : les paroles qu'il lui adresse, le baiser qu'il lui donne pour toucher son cœur et le faire rentrer en lui-même. « Ce perfide, dit-il, vendit son Maître pour trente deniers ; malgré cet outrage, Jésus-Christ n'a pas refusé de donner pour la rémission des péchés ce même sang vendu, et de le donner au vendeur même, si celui-ci avait voulu. Le Seigneur lui avait accordé tout ce qui dépendait de lui ; mais le traître persévéra dans son dessein. » *Hom.* 1, *de Prodit. Judæ*, n. 3 et 5.

Saint Ambroise, saint Astérius, évêque d'Amasée, saint Amphiloque, saint Cyrille d'Alexandrie, saint Léon, saint Augustin, disent de même que le sang de Jésus-Christ a été versé pour *Judas*, qu'il ne tenait qu'à lui d'en profiter. Origène, *Tract.* 35, *in Matth.*, n. 127, a fait, sur le désespoir de ce disciple, une conjecture singulière ; il pense que *Judas* voulut prévenir par sa mort celle de son Maître, espérant de le trouver dans l'autre monde, de lui confesser son péché, et d'en obtenir le pardon. Il n'excuse point cette erreur.

JUDE (saint), apôtre, surnommé *Thadée*, *Lébée* et le *Zélé*, est aussi appelé quelquefois *frère du Seigneur*, c'est-à-dire parent de Jésus-Christ : on croit qu'il était fils de Marie, épouse de Cléophas, et sœur ou cousine de la sainte Vierge ; qu'il était par conséquent frère de saint Jacques, évêque de Jérusalem. Les Américains le révèrent comme leur apôtre particulier

Il nous reste de lui une *épître* assez courte, qui ne contient que vingt cinq versets : elle est adressée aux fidèles en général. On ignore en quel temps précisément elle a été écrite ; mais, comme dans les v. 17 et 18, saint *Jude* parle des apôtres comme de personnages qui n'existent plus, on présume qu'elle a été écrite après l'an 66 ou 67 de Jésus-Christ, peut-être même après la ruine de Jérusalem. Quelques-uns en reculent la date jusqu'en l'an 90. L'apôtre y combat de faux docteurs, que l'on croit être les nicolaïtes, le simoniens et les gnostiques, qui troublaient déjà l'Église; il avertit les fidèles de se précautionner contre eux. Cette *épître* n'a pas été d'abord reçue comme canonique par le sentiment unanime de toutes les Églises; quelques anciens ont douté de son authenticité, parce que l'auteur cite une prophétie d'*Enoch*, qui semble tirée du livre apocryphe publié sous le nom de ce patriarche, et un fait concernant la mort de Moïse, qui ne se trouve point dans les livres canoniques de l'Ancien Testament : de là on a supposé que ce fait est tiré d'un autre ouvrage apocryphe intitulé : L'*Assomption de Moïse*. Mais ces deux conjectures n'ont jamais été assez certaines pour donner droit de contester l'authenticité de l'*épître de saint Jude*; cet apôtre peut avoir cité la prophétie d'*Enoch* et le fait concernant Moïse, sur la foi de quelque ancienne tradition, sans avoir eu en vue aucun livre. Il n'y a aucune preuve que le livre apocryphe d'*Enoch* ait été déjà écrit l'an 67 ou 70, ni que la prophétie dont nous parlons ait été contenue dans ce livre. Peut-être est-ce le verset 14 de l'*épître de saint Jude* qui a donné lieu à un faussaire de fabriquer le prétendu livre d'*Enoch*; et celui de l'*Assomption de Moïse* semble être encore plus moderne.

Eusèbe, *Hist. ecclés.*, liv. II, chap. 25, dit que l'*épître de saint Jude* a été peu citée par les anciens; elle est en effet trop courte pour que l'on ait lieu de la citer souvent; mais il témoigne qu'elle était lue publiquement dans plusieurs Églises. Origène, saint Clément d'Alexandrie, Tertullien et les Pères postérieurs l'ont reconnue pour canonique; et depuis le IVᵉ siècle il n'y a point eu de contestation sur ce sujet. C'est mal à propos que Luther, les centuriateurs de Magdebourg et les anabaptistes ont persisté à la regarder comme douteuse, et à s'en tenir à la simple conjecture des anciens. Le Clerc ne fait aucune difficulté de l'admettre, *Hist. ecclésiast.*, an 90.

Grotius a pensé que cette *épître* n'était pas de *saint Jude*, apôtre, mais de Judas, quinzième évêque de Jérusalem, duquel on ne connaît que le nom, et qui vivait sous Adrien; il croit que ces mots *frater autem Jacobi*, qu'on lit dans le verset 1, ont été ajoutés par les copistes, parce que *saint Jude* ne prend pas la qualité d'apôtre, et que si cette lettre eût été véritablement de lui, elle aurait été reçue d'abord par toutes les Églises. Vaines imaginations. Saint Pierre, saint Paul, saint Jean, n'ont pas pris la qualité d'apôtres à la tête de toutes leurs lettres, et quelques Églises ont douté d'abord de l'authenticité d'autres écrits qui ont été reconnus universellement dans la suite pour authentiques et canoniques.

On a encore attribué à *saint Jude* un faux *Évangile*, qui a été déclaré apocryphe par le pape Gélase, au Vᵉ siècle.

JUDITH, nom d'un livre historique de l'Ancien Testament, ainsi appelé, parce qu'il contient l'histoire de *Judith*, héroïne juive, qui délivra la ville de Béthulie, assiégée par Holopherne, général de Nabuchodonosor, et mit à mort ce général. On ne sait pas précisément qui est l'auteur de cette histoire; mais il ne paraît pas avoir vécu longtemps après l'événement. On a disputé beaucoup sur la canonicité de ce livre. Du temps d'Origène, les Juifs l'avaient en hébreu ou plutôt en chaldéen, et, selon saint Jérôme, ils plaçaient ce livre au rang des hagiographes : c'est sur le chaldéen que ce Père a fait sa version latine; elle est très-différente de la traduction grecque, qui n'est pas exacte; mais la version syriaque que nous en avons a été prise sur un grec plus correct que celui qu'on lit aujourd'hui. Les Juifs ne mettent plus ce livre dans leur canon des saintes Écritures; mais l'Église chrétienne a eu de bonnes raisons pour l'y placer.

Saint Clément, pape, a cité l'histoire de *Judith* dans sa *Première lettre aux Corinthiens*, de même que l'auteur des *Constitutions apostoliques*. Saint Clément d'Alexandrie, *Strom.*, lib. IV; Origène, *Hom.* 19, *in Jerem.*, et tom. III, *in Joann.*; Tertullien, *L. de Monogam.*, c. 17; saint Ambroise, *L.* III, *de Officiis*, et *L. de Viduit.*; saint Jérôme, *Epist. ad Furiam*, en font mention. L'auteur de la Synopse attribuée à saint Athanase en a donné le précis, comme des autres livres sacrés. Saint Augustin, *L. de Doctr. Christ.*, cap. 8; le pape Innocent Iᵉʳ, dans sa *Lettre à Exupère*; le pape Gélase, dans le concile de Rome; saint Fulgence et deux auteurs anciens, dont les sermons sont dans l'appendix du cinquième tome de saint Augustin, reçoivent ce livre comme canonique : il a été déclaré tel par le concile de Trente. Saint Jérôme dit que le concile de Nicée le comptait déjà entre les Écritures divines : il avait sans doute des preuves de ce fait. Origène atteste que de son temps on le lisait aux catéchumènes.

Quelques incrédules modernes ont fait sur l'histoire de *Judith* des commentaires faux et très-indécents. Ils disent que l'on ignore si l'événement dont elle parle est arrivé avant ou après la captivité; mais ils devraient savoir qu'à compter du règne de Manassès les Juifs ont souffert quatre déportations de la part des monarques assyriens, et que plusieurs de ceux-ci ont porté le nom de Nabuchodonosor. Celui dont parle le livre de *Judith* est évidemment le même qui avait vaincu et fait prisonnier Manassès (*II Paral.*, c. XXXIII, v. 21); qui avait remporté une victoire sur Arphaxad, roi des Mèdes (*Judith*, c. I, v. 5) : or, celui-ci est le *Phraort's* dont parle Hérodote, liv. I. En plaçant l'histoire de *Judith*, à la dixième année du règne de Manassès, il ne reste aucune difficulté. Ils disent que l'on ignore également où était située Béthulie, si c'était au Nord ou au midi de Jérusalem

Quand cela serait, il ne s'ensuivrait rien : il y a bien d'autres villes anciennes dont on ne connaît plus aujourd'hui la vraie position. Selon le livre de *Judith*, Béthulie était voisine de la plaine d'Esdrelon : or, cette plaine était certainement dans la Galilée, entre Bethsam ou Scythopolis et le mont Carmel ; cette ville était donc située à trente lieues ou environ au nord de Jérusalem.

Surtout il ne fallait pas calomnier *Judith*, en disant que cette femme joignit au meurtre la trahison et la prostitution. Son histoire assure positivement que Dieu veilla sur elle et que sa pureté ne reçut aucune atteinte (*Judith*, c. XIII, v. 20). On n'a jamais nommé *trahison* ni *perfidie* les ruses, les mensonges, les faux avis dont on se sert à la guerre, pour tromper l'ennemi et le faire tomber dans un piége ; le meurtre a toujours été censé permis en pareil cas, du moins chez les anciens peu les. *Judith* est louée de cette action par les prêtres juifs et par le peuple ; ils rendent grâces à Dieu de la défaite d'un ennemi qui les avait dévoués à la mort : peut-on les condamner ?

Ces mêmes critiques objectent que *Judith*, selon son histoire, a vécu cent cinq ans après la délivrance de Béthulie ; il faudrait donc qu'elle eût été âgée au moins de cent trente cinq ans lorsqu'elle mourut, ce qui n'est pas probable. Mais c'est une fausse interprétation ; le texte porte seulement qu'elle demeura dans la maison de son mari jusqu'à l'âge de cent cinq ans (*Judith*, c. XVI, v. 28). Il s'ensuit seulement qu'elle vécut assez longtemps pour faire conserver jusqu'à la troisième génération le souvenir très-distinct de son histoire.

L'historien n'a point altéré la vérité, lorsqu'il a dit que, pendant toute la vie de cette femme, et même plusieurs années après, Israël jouit d'une paix que l'ennemi ne troubla point (*Ibid.*, v. 30). En effet, depuis la dixième année du règne de Manassès jusqu'à la vingt-troisième de celui de Josias, dans laquelle *Judith* mourut, les Israélites ne furent troublés par aucune guerre étrangère ; Josias ne fut tué qu'à la trentième année de son règne, en combattant contre les Egyptiens.

Nos censeurs de l'histoire de *Judith* ont fait une observation très-fausse, lorsqu'ils on dit que la fête célébrée par les Juifs, en mémoire de la délivrance de Béthulie, ne prouvait rien ; qu'il y avait chez les Grecs et chez les Romains une infinité de fêtes qui n'attestaient que des fables. On a souvent défié aux incrédules de citer un seul exemple d'une fête instituée à la date même d'un événement, ou peu de temps après, et pendant la vie des témoins oculaires, qui n'attestât qu'une fable. Les fêtes grecques et romaines n'avaient été établies que plusieurs siècles après les événements de leur histoire fabuleuse ; on ignorait même dans la Grèce et à Rome quel était l'objet de la plupart des fêtes qu'on y célébrait. Mais l'historien de *Judith* atteste que le jour de la victoire de cette héroïne fut mis au rang des jours saints, et que, *depuis ce temps-là jusqu'à ce jour*, il est célébré comme une fête par les Juifs ; il a donc été institué et célébré par les témoins oculaires de l'événement (*Judith*, c. XVI, v. 21). Ainsi portait l'exemplaire chaldéen sur lequel saint Jérôme a fait sa traduction.

JUGEMENT. Ce terme, dans l'Ecriture sainte, se prend en divers sens. Il signifie, 1° tout acte de justice exercé même par un particulier. *Faire jugement en justice* (*Gen.* c. XVIII, v. 19), c'est rendre à chacun ce qui lui est dû. 2° L'assemblée des juges : *ps.* I, v. 5 ; il est dit que les impies n'oseront paraître ou se montrer en *jugement*, ni dans l'assemblée des justes. *Matth.* c. v, v. 22, celui qui se met en colère contre son frère sera condamnable en *jugement*, ou au tribunal des juges. 3° La sentence ou la condamnation prononcée par les juges. *Jérem.*, c. XXV, v. 11, un *jugement de mort* est une condamnation à la mort. 4° La peine ou le châtiment d'un crime : Dieu dit (*Exod.*, c. XII, v. 12) : *J'exercerai mes jugements sur les dieux de l'Egypte*, c'est-à-dire je frapperai et je détruirai les objets du culte des Egyptiens. 5° Une loi (*Exod.*, c. I, v. 1) : Voici les *jugements*, c'est-à-dire les lois que vous établirez. Dans le psaume CXVIII, les lois de Dieu sont souvent appelées ses *jugements*. 6° Les *jugements* de Dieu signifient assez communément la conduite ordinaire de la Providence ; c'est dans ce sens qu'il est dit que les *jugements* de Dieu sont incompréhensibles, sont un abîme, etc.

JUGEMENT DE ZÈLE. C'est ainsi que les docteurs juifs ont appelé un prétendu droit établi chez leurs aïeux, selon lequel tout particulier avait droit de mettre à mort sur-le-champ, et sans aucune forme de procès, quiconque renonçait au culte de Dieu, prêchait l'idolâtrie et voulait y engager ses concitoyens. On a voulu prouver ce droit par le ch. XIII du *Deutéronome*, v. 9 ; mais cet endroit même suppose qu'il y aura un *jugement* prononcé dans l'assemblée du peuple ; la loi veut seulement que chacun se porte pour accusateur. On cite encore l'exemple de Phinées (*Num.* c. XXV, v. 7) ; mais il était moins question là d'un acte d'idolâtrie que d'un scandale public donné à la face du tabernacle et de tout le peuple assemblé. Phinées se crut autorisé par la présence de Moïse et du gros de la nation, et Dieu approuva sa conduite : il ne s'ensuit pas que tout Israélite ait eu droit de l'imiter.

JUGEMENT DERNIER. L'Eglise chrétienne, fondée sur les paroles de Jésus-Christ (*Matth.*, c. XXV, v. 31), croit qu'à la fin du monde tous les hommes ressusciteront, paraîtront au tribunal de ce divin Sauveur, pour être jugés en corps et en âme ; que les justes recevront pour récompense le bonheur éternel, et que les méchants seront condamnés au feu de l'éternité. Cette sentence générale sera la confirmation de celle qui a été portée contre chaque homme en particulier immédiatement après sa mort. « Il faut, dit saint Paul, que nous soyons tous présentés à découvert devant le tribunal de Jésus Christ, afin que chacun remporte ce qui appartient à son corps, selon qu'il a fait le bien ou le mal (*II Cor.*, c. v, v. 10). Ne jugez point votre frère; nous paraîtrons tous devant le tribunal de Jésus-Christ... ainsi chacun de nous rendra compte à Dieu pour soi-même. (*Rom.* c. xiv, v. 10, etc.)»

Cette vérité est terrible, sans doute, et doit être souvent répétée, surtout aux pécheurs obstinés; mais saint Paul ranime la confiance des fidèles, en leur disant qu'il a fallu que Jésus-Christ « fût semblable à ses frères en toutes choses, afin qu'il fût miséricordieux, fidèle pontife auprès de Dieu, et propitiateur pour les péchés du peuple (*Hebr.* c. ii, v. 17).» Lorsque Pélage s'avisa de décider qu'au *jugement* de Dieu aucun pécheur ne serait pardonné, mais que tous seraient condamnés au feu éternel, saint Jérôme lui répondit : « Qui peut souffrir que vous borniez la miséricorde de Dieu, et que vous dictiez la sentence du juge avant le jour du *jugement*? Dieu ne pourra-t-il, sans votre aveu, pardonner aux pécheurs, s'il le juge à propos ? Vous alléguez les menaces de l'Ecriture ; ne savez-vous pas que les menaces de Dieu sont souvent un effet de sa clémence ? » *Dial. contre Pélag.*, c. ix. Saint Augustin le réfuta de même. « Que Pélage, dit-il, nomme comme il voudra celui qui pense qu'au *jugement* de Dieu aucun pécheur ne recevra miséricorde ; mais qu'il sache que l'Eglise n'adopte point cette erreur; car quiconque ne fait pas miséricorde, sera jugé sans miséricorde... Si Pélage dit que tous les pécheurs sans exception seront condamnés au feu éternel, quiconque aurait approuvé ce *jugement* aurait prononcé contre soi-même ; car qui peut se flatter d'être sans péché? » *L. de Gestis Pelagii*, c. iii, n. 9 et 14.

Chez les Grecs schismatiques, plusieurs ont enseigné que la récompense éternelle des saints et la damnation des méchants sont différés jusqu'au *jugement dernier*. Cette opinion fausse fut condamnée par le quatorzième concile général tenu à Lyon en 1274, et par celui de Florence en 1438, lorsqu'il fut question de la réunion de l'Eglise grecque avec l'Eglise latine.

Il est dit dans le prophète Joël (c. iii, v. 2 et 12) : *J'assemblerai toutes les nations dans la vallée de Josaphat, et je me placerai sur un trône pour les juger*. De là est née l'opinion populaire que le *jugement dernier* doit se faire dans cette vallée. Mais *Josaphat* signifie *jugement* de Dieu, et il est incertain s'il y a eu dans la Palestine ou ailleurs une vallée de ce nom : dans cet endroit le prophète, en disant *toutes les nations*, ne désigne que les peuples voisins de la Judée, et il n'est pas aisé de voir quel est l'événement qu'il prédit par ces paroles.

Les sociniens, fondés sur un passage de l'Evangile mal entendu, soutiennent que Jésus-Christ a ignoré le jour et l'heure du *jugement dernier*. *Voy.* Agnoètes.

JUGES. On nomme ainsi les chefs qui ont gouverné la nation des Hébreux depuis la mort de Josué jusqu'au règne de Saül, qui fut le premier de leurs rois ; ce qui fait un espace d'environ quatre cents ans : de là le livre qui en contient l'histoire est appelé *les Juges*.

On ne sait pas certainement qui en est l'auteur : quelques-uns l'ont attribué à Phinées, grand prêtre des Juifs ; d'autres à Esdras ou à Ezéchias ; la plupart à Samuel : ce dernier sentiment paraît le plus probable. 1° L'auteur vivait dans un temps où les Jébuséens étaient encore maîtres de Jérusalem, comme on le voit par le ch. i, v. 21, par conséquent avant le règne de David, qui chassa ces Jébuséens de la forteresse de Sion. 2° L'auteur, en parlant de ce qui s'est passé sous les *juges*, remarque plus d'une fois qu'alors il n'y avait point de roi dans Israël ; ce qui semble prouver qu'il écrivait lui-même sous les rois. La seule difficulté considérable qu'il y ait contre ce sentiment, c'est qu'il est dit, chap. xviii, v. 30, que les enfants de Dan établirent Jonathan et ses fils pour servir de prêtres dans la tribu de Dan, *jusqu'au jour de la captivité*, et que l'idole de Michas demeura parmi eux pendant que la maison de Dieu fut à Silo. Il semble que l'on ne peut entendre cette *captivité* que de celle qui arriva sous Theglat-Phalasar, roi d'Assyrie, plusieurs siècles après Samuel. Le texte hébreu, au lieu de *captivité*, porte *jusqu'à la transmigration du pays ;* mais l'on observe que le mot hébreu qui signifie *délivrance*, a pu être aisément confondu avec un autre qui signifie *transmigration* : ainsi l'on peut penser qu'il est ici question du moment auquel les Israélites furent délivrés du joug des Philistins, placèrent l'arche du Seigneur à Gabaa, et renoncèrent à l'idolâtrie (*I Reg.* c. vii). Il n'est pas probable que Samuel, Saül et David aient souffert que pendant leur gouvernement les Danites continuassent à être idolâtres.

On n'a jamais douté de l'authenticité du livre des *Juges ;* il a toujours été dans le canon des Juifs et dans celui des chrétiens. L'auteur des psaumes en a tiré deux versets, *ps.* lxvii, v. 8 et 9 ; celui du second livre des Rois en a cité le fait de la mort d'Achimélech; saint Paul cite les exemples de Jephté, de Baruch et de Samson.

Les censeurs modernes de l'histoire juive ont argumenté contre plusieurs des faits qui y sont rapportés. On trouvera la réponse à leurs objections dans les articles Aod, Gédéon, Jephté, Samson, Prêtre.

JUIFS. Nous n'avons dessein de toucher à l'histoire des *Juifs* qu'autant que cela est nécessaire pour faire sentir la vérité de la narration des écrivains sacrés, et pour réfuter les erreurs, les calomnies, les vaines conjectures que les incrédules anciens et modernes ont voulu y opposer.

Nous parlerons 1° de l'origine des *Juifs*, 2° de leurs mœurs, 3° de leur prospérité, 4° de la haine que les autres nations leur ont témoignée, 5° du choix que Dieu avait fait de ce peuple, 6° de son état actuel, 7° de sa conversion future.

I. *Origine du peuple juif.* On sait d'abord que les historiens grecs et romains, et en général tous les auteurs profanes, ont été très-mal instruits de l'origine, des mœurs, des lois, de la religion des *Juifs* ; on en sera convaincu, si l'on veut lire l'extrait d'un mémoire fait à ce sujet dans l'*Histoire de l'Académie des Inscriptions*, t. XIV, *in*-12, p. 357. Ce peuple n'a commencé à être connu des autres nations que quand ses livres ont été traduits en grec sous Ptolomée Philadelphe, et cette traduction n'a pas été d'abord fort répandue. A cette époque, la république juive était sur sa fin, et déjà elle avait subsisté plus de treize cents ans. Diodore de Sicile et Tacite, deux historiens qui ont le plus parlé des *Juifs*, les connaissaient fort mal. Vouloir s'en rapporter uniquement à ce qu'ont dit ces étrangers, c'est un entêtement aussi absurde que si nous voulions seulement consulter sur les Chinois les premiers voyageurs ou négociants qui ont abordé à la Chine ; nous n'avons commencé à prendre des notices exactes de ce dernier peuple, que quand on nous a fait part de ce que racontent ses propres historiens.

C'est donc dans l'histoire juive, et non ailleurs, que nous devons apprendre à connaître les *Juifs*. Elle nous dit que les descendants d'Abraham et de Jacob furent nommés d'abord *Hébreux* ; que, transportés en Egypte, ils s'y multiplièrent ; que c'est là qu'ils ont commencé à former un corps de nation. Elle ajoute que sortis de l'Egypte, ils ont demeuré dans les déserts voisins de l'Arabie ; qu'ils se sont rendus maîtres du pays des Chananéens, nommé aujourd'hui la Palestine ; qu'ils y ont formé d'abord une république et ensuite deux royaumes ; qu'après plusieurs siècles, ils furent subjugués et transportés au delà de l'Euphrate par les rois d'Assyrie. Revenus dans leur pays sous Cyrus et ses successeurs, ils y établirent de nouveau le gouvernement républicain et ils y ont subsisté ainsi jusqu'à ce que les Romains ont soumis la Judée, ruiné Jérusalem et dispersé la nation. Il n'est aucun de ces faits principaux qui ne puisse être prouvé par le récit des auteurs profanes, même les plus prévenus contre les *Juifs*, ils sont d'ailleurs tellement liés entre eux, que l'on ne peut en détruire un seul sans renverser toute la suite de l'histoire. Nous n'avons donc besoin d'aucune discussion pour prouver que les *Juifs* ne sont ni une peuplade d'Egyptiens, comme la plupart des anciens l'ont pensé, ni une horde d'Arabes Bédouins, comme quelques modernes l'ont avancé : la différence du langage de ces trois peuples démontre qu'ils n'ont pas eu une même origine. C'est la réflexion que Origène opposait déjà au philosophe Celse ; il était en état d'en juger, puisqu'il était né à Alexandrie, qu'il avait fait plusieurs voyages en Arabie, et qu'il avait appris l'hébreu : il a été à portée de comparer les trois langues.

Si les hébreux furent reçus d'abord en Egypte à titre d'hospitalité, comme le dit leur histoire, l'esclavage auquel ils furent réduits par les Egyptiens, était une injustice et une tyrannie. Lorsqu'ils ont été assez forts, ils ont été en droit de sortir de l'Egypte malgré les Egyptiens, d'en exiger un dédommagement de leurs travaux, à plus forte raison de le recevoir à titre d'emprunt. La compensation qui est rarement permise aux particuliers, est très-légitime de nation à nation. Il n'est donc pas nécessaire de recourir à un ordre exprès de Dieu pour prouver que les *Juifs* n'étaient point une bande de voleurs, que l'on a tort de les peindre comme tels, sous prétexte qu'ils ont enlevé aux Egyptiens ce qu'ils avaient de plus précieux.

On a mis en doute si soixante et dix familles issues de Jacob ont pu produire, dans un espace de deux cent quinze ans, une population assez nombreuse pour donner de l'inquiétude aux Egyptiens, et qui, selon le calcul ordinaire, devait se monter à deux millions d'hommes. Mais il est prouvé que l'Anglais Pinès, jeté dans une île déserte avec quatre femmes, a produit en soixante ans une peuplade de sept mille quatre-vingt-dix-neuf personnes : c'est plus, à proportion, que n'en avaient produit les enfants de Jacob.

Nous n'examinerons pas ici si la sortie des Hébreux hors de l'Egypte a été précédée, accompagnée et suivie de miracles ; cette discussion est renvoyée à l'article Moïse, parce que c'est la preuve de sa mission. Les incrédules, qui ne veulent point de miracles, ne nous ont point encore appris comment et par quel moyen les Hébreux ont pu se tirer de l'Egypte, et subsister pendant quarante ans dans un désert absolument stérile. Il faut cependant qu'ils y aient vécu en très-grand nombre, puisque en partant du désert ils se sont emparés de la Palestine, malgré la résistance des Chananéens.

II. *Mœurs des Juifs.* L'on a souvent demandé comment Dieu avait choisi par préférence un peuple ingrat, rebelle, intraitable, tel que les *Juifs*. Nous répondrons, 1° qu'il a fait ce choix pour convaincre tous les hommes que, quand il leur fait du bien, c'est par une bonté purement gratuite, et que s'il les traitait comme ils le méritent, il les exterminerait tous. Moïse n'a pas laissé ignorer aux *Juifs* cette triste vérité ; il la leur a répétée plus d'une fois, et nous pouvons tous tant que nous sommes, nous appliquer la même leçon. 2° Nous défions les censeurs de la Providence de prouver qu'au siècle de Moïse il y avait des peuples beaucoup meilleurs que les *Juifs*, et plus dignes des bienfaits de Dieu : nous ne les connaissons que par le tableau que Moïse en a fait, et il n'est rien moins qu'avantageux. 3° L'on exagère fort mal à propos les vices des *Juifs* et le déréglement de leurs mœurs. On leur prête des crimes et des atrocités dont ils ne furent jamais coupables. En effet, la conquête de la Palestine est-elle un brigandage abominable, comme on la représente de nos jours ? De tous les peuples conquérants ou usurpateurs, le plus innocent ou le plus excusable est sans doute celui qui manque de moyens naturels de subsistance, qui n'a point de terres à cultiver, et qui en cherche ; s'il en trouve et qu'on les lui refuse, il est en droit de s'en emparer par la force. Quand les Hébreux n'auraient pas eu pour eux une promesse et une concession formelle de la part de Dieu, il serait encore injuste de les peindre comme des brigands, parce qu'ils ont dépossédé les Chananéens: Ceux-ci n'avaient pas un titre de possession plus sacré et plus légitime que les *Juifs*, puisqu'ils avaient exterminé des peuplades entières pour se mettre à leur place. *Voy.* CHANANÉENS. Mais il n'est pas vrai que les *Juifs* aient commencé par tout détruire ; la conquête de la Terre promise ne fut achevée que sous David, quatre cents ans après Josué ; et depuis cette époque ils n'ont entrepris aucune guerre offensive.

Pour prouver que les *Juifs* étaient une horde d'Arabes Bédouins ou voleurs, on a dit : « Abraham vola les rois d'Egypte et de Gérare en extorquant d'eux des présents ; Isaac vola le même roi de Gérare par une même fraude ; Jacob vola le droit d'aînesse à son frère Esaü ; Laban vola Jacob son gendre, lequel vola son beau-père ; Rachel vola à Laban son père jusqu'à ses dieux ; les enfants de Jacob volèrent les Sichimites après les avoir égorgés ; leurs descendants volèrent les Egyptiens, et allèrent ensuite voler les Chananéens. »

Les *Juifs* peuvent répondre qu'ils ont été volés à leur tour par les Egyptiens sous Roboam, par les Assyriens sous leurs derniers rois, par les Grecs et par les Syriens sous Antiochus, par les Romains qui ont détruit Jérusalem ; que ceux-ci, après avoir volé tous les peuples connus, ont été volés par les Goths, les Huns, les Bourguignons, les Vandales et les Francs. Nous avons l'honneur d'être issus des uns ou des autres, sans qu'il suive de là que nous sommes des Arabes Bédouins ; à parcourir l'univers d'un bout à l'autre, on ne trouvera aucune nation qui ait une origine plus noble et plus honnête que la nôtre.

A l'article JUDAÏSME, nous avons fait voir que les *Juifs* ont eu une croyance plus sensée, une morale plus pure, des lois plus sages, des mœurs plus décentes que les autres nations ; quant à leur destinée, elle a été à peu près la même. Ils ont éprouvé successivement la prospérité et les revers, des temps heureux et des malheurs. Si l'histoire des peuples voisins avait été écrite avec autant d'exactitude que celle des *Juifs*, nous y verrions plus de crimes et de désastres que dans l'histoire juive. Celles des Assyriens et des Perses, celles des Grecs et des Romains, quoique très-peu sincères, et marquées au coin de l'orgueil national, ne sont ni une école de vertu, ni un tableau fort consolant pour le genre humain. Partout l'on voit d'abord des peuplades isolées qui cherchent à s'entre-détruire ; celle qui est la plus nombreuse et la plus forte assujettit les autres, et forme une nation ; pauvre d'abord, laborieuse et frugale, elle s'accroît insensiblement, devient ambitieuse, inquiète et avide ; enrichie par son industrie ou par ses rapines, elle se corrompt et se pervertit, pour devenir la proie d'une autre qui se corrompra et se perdra à son tour.

Quelques incrédules de nos jours ont osé écrire que les *Juifs* offraient des sacrifices de victimes humaines et mangeaient de la chair humaine : nous avons réfuté ces deux calomnies aux mots ANATHÈME et ANTHROPOPHAGES.

Immédiatement avant la venue de Jésus-Christ, le gouvernement tyrannique des rois de Syrie, d'Hérode et de ses fils, ensuite des Romains, contribua beaucoup à dépraver les chefs de la synagogue et la nation juive en général : le pontificat était vendu au plus offrant ; plus un *juif* était vicieux, plus il était sûr de plaire à ces maîtres insensés.

III. *De la prospérité des Juifs*. Leurs historiens ont écrit, avec une égale sincérité, les vertus et les crimes de leurs aïeux, les prospérités et les calamités de leur nation ; mais ils attestent que ses malheurs furent toujours le châtiment de ses infidélités à la loi de Dieu. Il n'est donc pas vrai que Dieu ait manqué de fidélité à remplir les promesses qu'il avait faites à leurs pères. *Voy.* PROMESSES.

Attribuerons-nous aux *Juifs* les funestes suites de l'ambition dévorante et insensée des monarques assyriens ? Ils en ont été la victime, et non la cause. Celle des rois de Syrie, successeurs d'Alexandre, n'a été ni plus raisonnable ni moins meurtrière, et nous ne voyons pas quel droit plus légitime ont eu les Romains, vainqueurs des Syriens, de réduire la Judée en province romaine. Les *Juifs* n'ont été agresseurs dans aucune de ces guerres ; si leurs révoltes fréquentes ont réduit les Romains à les exterminer, les Romains les avaient forcés à se révolter par le brigandage et par la tyrannie de leurs proconsuls et de leurs lieutenants. *Voy.* Tacite, *Hist.*, l. v, c. 9 et 10. Cependant l'on prétend montrer une bizarrerie inconcevable dans la conduite de la Providence à l'égard des *Juifs*. Dieu, disent les censeurs de nos livres saints, prodigue les miracles, les plaies et les meurtres, pour tirer son peuple de cette Egypte riche et fertile, où il avait des temples sous le nom d'*Iao*, ou le grand Etre, sous le nom de *Kneph*, l'Etre universel ; il conduit son peuple dans un pays où nous ne voyons ériger un temple à Dieu que plus de cinq cents ans après l'établissement des *Juifs* ; et quand ils ont bâti ce temple, il est détruit.

Sans contester sur les prétendus temples érigés au vrai Dieu en Egypte, et sur les noms que nos savants critiques veulentในer prêter, nous demandons si Dieu n'a pas pu avoir d'autres desseins, en conduisant les *Juifs*, que de se faire bâtir un temple. Quoi qu'on en dise, ce temple a subsisté pendant quatre cent vingt-sept ans. Lorsqu'il a été détruit, que Jérusalem a été ruinée, et la nation juive dispersée par Nabuchodonosor, tout a été rétabli au bout de soixante-dix ans, selon les prédictions des prophètes. Les peuples voisins, Moabites, Ammonites, Iduméens, compagnons de l'infortune des *Juifs*, ont disparu pour toujours ; les Assyriens et les Chaldéens, auteurs de leurs malheurs, ont cessé d'être *Juifs*, comme renaissant de leurs propres cendres, ont formé de nouveau une société politique et religieuse. Les Perses, sous la protection desquels ils rentrent dans la terre de leurs pères, l'antique monarchie d'Egypte qui a été leur berceau, les rois de Syrie, devenus leurs oppresseurs, se sont évanouis successivement ; pour eux, ils subsistent en corps de nation dans leur terre natale, avec leur temple, leur religion, leurs lois, jusqu'à la venue du Messie, qui devait appeler tous les peuples à un culte plus parfait, mais toujours fondé sur les dogmes, sur la morale, sur les prophéties et sur les espérances des *Juifs*.

Est-il vrai que ce peuple ait été ignorant, barbare, stupide, sans industrie, sans aucune connaissance des lettres, des arts, et du commerce, comme on affecte communément de le peindre ? Il faut avoir bien peu lu les livres des *Juifs* pour s'en former une pareille idée. Avant la captivité de Babylone, chez quel peuple de l'univers citera-t-on des monuments certains et incontestables de la culture des lettres ? Alors les *Juifs* avaient un corps d'histoire, un code de législation, une police réglée, des archives et des livres, depuis près de neuf cents ans. Les premières notions que nous puissions avoir des connaissances, de l'industrie, des arts des Egyptiens, sont celles que Moïse nous fournit, et qu'il possédait lui-même. Nous n'avons rien de plus ancien touchant les arts, le commerce et la navigation des Phéniciens, que ce qui est dit dans l'histoire de David et de Salomon. Le premier monument incontestable des connaissances astronomiques des Chaldéens est le livre de Daniel. De nos jours même, pour remonter à l'origine des lois, des sciences et des arts, on n'a pu rien faire de mieux que de prendre les livres des *Juifs* pour base de toutes les conjectures et de toutes les découvertes.

Ce qui est dit dans l'*Exode* de la structure du tabernacle ; dans les livres des *Rois*, de la magnificence du temple de Salomon ; le plan qui en est tracé dans *Ezéchiel* ; le portrait de la femme forte et de ses travaux, dans les *Proverbes* ; le tableau du luxe des femmes juives, dans *Isaïe*, démontrent que les *Juifs* connaissaient les arts, et qu'ils n'en ont jamais négligé la pratique. Un peuple agriculteur ne peut pas s'en passer : le plus nécessaire de tous conduit infailliblement à la découverte des autres. Placés dans le voisinage des Phéniciens, qui ont été les premiers négociants, et des Egyptiens qui avaient besoin d'aromates, les *Juifs* n'ont pu demeurer sans commerce, mais la navigation ne leur était pas nécessaire pour le débit de leurs marchandises. Leur pays produisait non-seulement du blé, du vin, des olives, des figues, des dattes en abondance, mais des métaux, du baume, des gommes et des résines de toute espèce. Déjà ce commerce était établi entre la Palestine et l'Egypte du temps de Jacob ( *Gen.* c. 37, v. 25 ; c. 43, v. 11 ) ; et il en est encore fait mention dans Jérémie ( chap. XLVI, v. 11 ). L'asphalte de Judée était connu de toutes les nations, surtout des Egyptiens ; *Pausanias* parle de la soie, ou plutôt du byssus du pays des Hébreux. L. v. c. 5. Par l'énumération des marchandises que portaient les *Juifs* aux foires de Tyr, et que l'on peut voir dans Ezéchiel ( c. XXVII, v. XVII ), il est prouvé qu'ils savaient faire autre chose que l'usure et rogner la monnaie, quoique ce soit là le seul talent que leur accordent nos philosophes incrédules. Il n'est donc pas nécessaire d'avoir recours aux flottes de Salomon, ni aux liaisons que David entretenait avec Hiram, roi de Tyr, pour démontrer que de tout temps les *Juifs* ont été occupés du commerce. Ils n'étaient point retenus chez eux par les lois absurdes qui défendaient aux Egyptiens, aux Spartiates et à d'autres peuples de sortir de leur pays, et qui en bannissaient les étrangers ; ils leur était ordonné au contraire de faire accueil aux étrangers, et de les bien traiter. Sous le règne de Salomon, il y avait dans la Judée cent cinquante-trois mille six cents étrangers prosélytes ( *II Paral.* c. II, v. 17 ).

A la vérité, les *Juifs* n'ont élevé ni colosses ni pyramides, comme les Egyptiens ; ils n'ont point excellé, comme les Grecs, dans les sciences et dans les arts du dessin, ni dans l'art militaire, comme les Romains ; mais nous ne voyons pas ce qu'ils y ont perdu. Ce ne sont ni les édifices, ni les arts de luxe, ni la discipline militaire, ni les conquêtes, qui rendent un peuple heureux : c'est la paix, l'agriculture, l'abondance, la raison, la vertu.

IV. *D'où sont venus le mépris et la haine des autres nations contre les Juifs ?* Un des principaux reproches que font les philosophes contre les *Juifs*, est qu'ils ont été méprisés et détestés de toutes les autres nations ; eux-mêmes ne pouvaient en souffrir aucune ; dans tous les temps ils ont été fanatiques, intolérants, insociables.

Examinons d'abord en quoi consistait leur intolérance ; nous verrons ensuite si on a eu raison de les mépriser et de les détester. — 1° Si l'on entend que, par la loi des *Juifs*, il leur était ordonné de ne point souffrir parmi eux l'idolâtrie, ni les abominations dont elle était accompagnée, la prostitution, les sacrifices de sang humain, la divination, la magie, nous convenons que cette loi était très-intolérante ; mais nous ne voyons pas en quoi il importait au genre humain que ces désordres fussent tolérés nulle part : partout où ils l'étaient, le culte du vrai Dieu ne pouvait subsister. Peut-on citer une seule nation idolâtre qui ait souffert chez elle le culte d'un seul Dieu ? Les autres peuples faisaient, pour maintenir chez eux l'erreur, la folie et les crimes, ce que faisaient les *Juifs* pour conserver la vérité, la sagesse et la vertu. — 2° Ceux-ci n'étaient intolérants que parmi eux et pour eux, dans l'enceinte de leur territoire : nulle part il ne leur est ordonné d'aller exterminer l'idolâtrie chez les Egyptiens, les Iduméens, les Arabes, les Ammonites, les Moabites, à Damas ou à Babylone; la loi, au contraire, leur défend d'inquiéter leurs voisins. Souvent les autres peuples sont allés, le fer et le feu à la main, outrager la religion des étrangers : Cambyse alla tuer les animaux sacrés de l'Egypte ; les Perses brisèrent les statues et brûlèrent les temples des Grecs ; Alexandre ne cessa de persécuter les mages; les Romains anéantirent le druidisme dans les Gaules ; les Syriens répandirent le sang des *Juifs* pour leur faire embrasser la religion grecque; Chosroès jura qu'il poursuivrait les Romains jusqu'à ce qu'il les eût forcés à renier Jésus-Christ et à adorer le soleil; Mahomet a dévasté l'Asie pour établir l'Alcoran, etc. : les *Juifs* n'ont rien fait de semblable. — 3° Les *Juifs* ne forçaient point les étrangers établis parmi eux à embrasser le judaïsme : pourvu que ces païens ne fissent aucun acte d'idolâtrie, on les laissait tranquilles. Il leur était permis d'adorer Dieu dans le temple, de prendre part aux fêtes ; on y recevait leurs offrandes. Jérémie défend aux *Juifs* exilés à Babylone de prendre part au culte des Chaldéens ; il ne leur ordonne point de le combattre ni de le troubler. *Baruch*, cap. IV. Où est donc l'intolérance cruelle, le zèle fanatique des *Juifs*? Leur était-il moins permis qu'aux autres peuples d'avoir une religion publique, nationale et exclusive ?

Quant aux mépris et à l'aversion que les étrangers ont eus pour les *Juifs*, il y a plusieurs réflexions à faire. En premier lieu, les préventions nationales ne prouvent pas plus chez les anciens que chez les modernes. Les Grecs traitaient de *barbares* tout ce qui n'était pas grec; les Romains n'estimaient qu'eux-mêmes et les Grecs ; les Anglais, peu instruits, nous haïssent et nous estiment très-peu : nous sommes plus équitables à leur égard. A peine trouvera-t-on deux peuples voisins qui n'aient des préventions l'un contre l'autre ; moins ils se connaissent, plus ils ont de dispositions à se haïr.

En second lieu, qui sont les auteurs les moins favorables aux *Juifs*? Ce sont les historiens, les orateurs, les poètes romains ; mais il est prouvé que tous ces beaux esprits connaissaient très-mal les *Juifs*. Ils étaient ou païens zélés, ou épicuriens; ils devaient détester la religion juive, comme font encore les incrédules d'aujourd'hui. Leur mépris n'a éclaté qu'après plusieurs guerres entre les Romains et les *Juifs*; ceux-ci ne purent souffrir l'insolence et la tyrannie des officiers et des soldats romains; ils se révoltèrent : or, selon le préjugé des Romains, tout peuple qui leur résistait était abominable : ils n'ont pas mieux traité les Gaulois que les *Juifs*. Pendant que les *Juifs* luttaient contre les Antiochus, les Romains trouvèrent bon d'accorder aux *Juifs* des marques d'estime et d'amitié ; lorsque le royaume de Syrie eut été écrasé, ils tombèrent sur les *Juifs*, parce que ces derniers se prétendaient libres; et pour avoir droit de les tyranniser, on affecta pour eux un souverain mépris : c'est l'usage des peuples conquérants.

En troisième lieu, les philosophes plus anciens, les hommes d'Etat, les souverains, les corps de république, n'avaient pas pensé comme les beaux esprits de Rome. Hermippus et Numénius, sectateurs de Pythagore ; Cléarque et Théophraste, disciples d'Aristote; Mégasthène, Hécatée d'Abdère, Onomacrite, Porphyre lui-même, loin de témoigner aucun mépris pour les *Juifs*, en ont parlé d'une manière avantageuse. Strabon, Diodore de Sicile, Trogue-Pompée, Dion Cassius, Varron et d'autres, malgré leurs préjugés contre les *Juifs*, leur ont cependant rendu justice sur plusieurs chefs. Alexandre leur accorda droit de bourgeoisie dans sa ville d'Alexandrie; le fondateur d'Antioche fit de même; les Ptolémées les protégèrent en Egypte; les Spartiates leur écrivirent des lettres de fraternité. Ces témoignages d'estime nous paraissent d'un plus grand poids que les sarcasmes des auteurs latins.

Enfin, dans quel temps le mépris pour les *Juifs* a-t-il éclaté ? lorsque leur république était déjà détruite, ou sur le penchant de sa ruine. Tourmentés successivement par les Assyriens, par les Antiochus, par les Romains, ils se répandirent de toutes parts; ainsi dispersés dans l'Egypte, dans la Grèce, dans l'Italie, ils s'abâtardirent, sans doute Toute la nation, livrée à l'esprit de vertige après la mort de Jésus-Christ, ne fut plus connue que par son opiniâtreté stupide; elle prêta le flanc au ridicule et au mépris : tous les peuples conçurent de l'aversion contre elle : cette destinée lui avait été prédite Que dans ces derniers temps les *Juifs* eux-mêmes aient détesté les païens en général, cela n'est pas étonnant : ils n'en avaient que trop acquis le droit par les persécutions qu'ils en avaient essuyées. Mais ce n'est point là leur esprit ni leur état primitif. Confondre les derniers siècles de leur histoire avec les premiers, les mœurs modernes avec les anciennes, la vieillesse d'une nation avec ses belles années, comme font les incrédules, c'est tout brouiller, et déraisonner sous un faux air d'érudition.

V. *Du choix que Dieu avait fait des Juifs* Cent fois l'on a demandé comment Dieu avait choisi pour son peuple une race aussi grossière, aussi intraitable, aussi ingrate que les *Juifs* ; pourquoi il les a comblés de bienfaits et de grâces, pendant qu'il abandonnait les autres nations. Nous demandons, à notre tour, quel peuple du monde valait mieux que les *Juifs*, et méritait de leur être préféré A l'époque de la vocation d'Abraham et des promesses faites à sa postérité, nous ignorons quel était l'état des autres nations; nous ne savons pas seulement s'il y avait pour lors le tiers du globe peuplé et habité. Où Dieu pouvait-il mieux placer le flambeau de la révélation que dans la Palestine ? Cette partie de l'Asie touchait au berceau du genre humain, était le centre de l'univers habité pour lors; elle communiquait à toutes les nations connues, soit par terre, soit par la navigation de la Méditerranée. Si, à l'époque de l'établissement des *Juifs*, ces nations enivrées d'orgueil et de fables, n'ont pas voulu faire attention aux miracles que Dieu opérait; si, quinze cents ans après, elles ont encore résisté, lorsque la vérité leur a été annoncée directement par les apôtres, il n'y a pas plus de raison de nous en prendre à Dieu, que de lui attribuer l'aveuglement des incrédules modernes.

Par le choix que Dieu a fait d'un peuple tel que les *Juifs*, il a démontré aux hommes deux grandes vérités. La première, que quand il leur accorde des grâces particulières, ce n'est ni pour les récompenser de leurs talents et de leurs mérites, ni en considération du bon usage qu'il prévoit qu'ils en feront, mais par pure bonté et par une miséricorde très-gratuite; que s'il traitait les hommes comme ils le méritent, son tonnerre ne se reposerait jamais. C'est ce que Moïse et les prophètes n'ont cessé de répéter aux *Juifs*. La seconde, que les talents, les succès, les avantages dont les hommes font le plus de cas, sont de nulle valeur aux yeux de Dieu. Il a montré sa bonté envers la postérité d'Abraham, non en lui accordant plus d'esprit, plus de connaissances, de richesses, de prospérité temporelle qu'aux autres nations, mais en lui donnant une religion plus pure et des lois plus sages. De quoi ont servi aux Egyptiens leur industrie et leur police; aux Grecs leur philosophie et leurs arts; aux Phéniciens leur commerce et leurs richesses; aux Romains leurs talents militaires et leurs conquêtes, s'ils n'en ont été ni plus éclairés sur la religion, ni mieux disposés à la vertu? Celse, Julien, Porphyre, Marcion et ses sectateurs vantaient la destinée brillante de ces nations comme une preuve de la protection du ciel; les incrédules modernes en concluent que Dieu devait plutôt les choisir que les *Juifs* pour les rendre dépositaires de la révélation. Erreur de part et d'autre. Les bienfaits temporels n'ont rien de commun avec les grâces de salut; les premiers sont plutôt un obstacle qu'un moyen pour devenir meilleur.

Quand on ajoute que Dieu, uniquement occupé des *Juifs*, abandonnait ou négligeait les autres nations, l'on contredit également les lumières du bon sens et le témoignage des livres saints. S'il y a dans ces livres un dogme clairement et constamment enseigné, c'est la providence générale de Dieu envers tous les peuples et à l'égard de tous les hommes, soit dans l'ordre naturel, soit relativement au salut. *Voy.* ABANDON, GRACE, § 3. Les incrédules eux-mêmes soutiennent qu'en fait de prospérité temporelle, Dieu a mieux traité d'autres nations que les *Juifs*. Quant aux bienfaits surnaturels, Moïse déclare aux *Juifs* que si Dieu leur en accorde plus qu'aux autres peuples, ce n'est pas précisément pour eux, mais afin de faire éclater la gloire de son nom par toute la terre, et pour apprendre à toutes les nations qu'il est *le Seigneur* (*Deut.*, c. VII, v. 7; c. VIII,

v. 17; c. IX, v. 4 et suiv.). David le répète (*Ps.* CXIII, v. 9). Ezéchiel le confirme (c. XXXVI, v. 22). *Voy.* encore Tobie, c. XIII, v. 4, etc., et l'article PROVIDENCE.

A la vérité, les écrivains sacrés parlent plus souvent aux *Juifs* des grâces particulières que Dieu leur accorde que de celles qu'il fait aux autres nations, parce que le dessein de ces auteurs est d'inspirer aux *Juifs* la reconnaissance, la confiance; la soumission envers Dieu. Qu'importait-il à un *Juif* de savoir de quelle manière Dieu en agissait envers les Indiens et les Chinois?

VI. *De l'état actuel des Juifs.* C'est une grande question, entre les *juifs* et les chrétiens, de savoir si l'état malheureux dans lequel ce peuple est réduit aujourd'hui dans le monde entier, est une punition visible de Dieu, et pour quel crime ils sont ainsi traités. Nous soutenons que c'est pour avoir rejeté et crucifié le Messie, mais que Dieu les conserve pour qu'ils servent de témoins et de garants des écrits et des faits sur lesquels le christianisme est fondé.

Il est bon de savoir d'abord que Jésus-Christ leur a clairement prédit leur destinée (*Matth.*, c. XXIII, v. 32). Après leur avoir reproché leur cruauté envers les anciens prophètes et le sang qu'ils ont répandu, il leur dit : Vous comblez à présent la mesure de vos pères. Race de vipères, comment éviterez-vous votre condamnation à la géhenne pour ce sujet ? *Je vous envoie des prophètes et des sages : vous lapiderez les uns, vous crucifierez les autres..., de manière que vous ferez retomber sur vous tout le sang innocent qui a été répandu......... Je vous le répète, tout cela retombera sur cette génération présente...; votre demeure restera déserte.*

Bien plus : les anciens rabbins, compilateurs du Talmud, ont reconnu qu'à la venue du Messie la synagogue serait aveugle et incrédule. Ils disent : « Au siècle où le Fils de David viendra, la maison de l'enseignement sera livrée à la fornication......, la sagesse des scribes rendra une odeur de mort... Les premiers sages nous ont donné le pain, c'est-à-dire la doctrine de l'Ecriture ; mais nous manquons de bouche pour le manger. Nous sommes aussi stupides que des bêtes de somme...; vous n'avez pas pu voir le Dieu saint et béni, comme il est dit dans Isaïe, c. VI : *Le cœur de ce peuple est endurci*, etc. » Cependant plusieurs incrédules, à la tête desquels est Spinosa, prétendent que ce phénomène n'a rien que de naturel. Les *Juifs* se conservent, disent-ils, par l'attachement qu'ils ont pour leurs cérémonies, surtout pour la circoncision, et par la haine qu'ils inspirent aux autres nations. La crédulité, l'opiniâtreté, l'ignorance, les attachent à leur religion ; l'espérance qu'elle leur donne d'un Messie futur les console ; la singularité de leurs usages les concentre et les rallie entre eux ; les vexations qu'ils souffrent pour leur religion la leur rendent plus chère : c'est l'effet naturel des persécutions.

Mais ces philosophes nous donnent pour raison le fait même qu'il s'agit d'expliquer.

Pourquoi, malgré le laps des temps et la variété des climats, les *Juifs* conservent-ils la même ignorance et la même crédulité, le même attachement à une religion qui les rend odieux à toutes les nations? Qu'ils soient persécutés ou tolérés en Europe, en Asie, en Amérique, ils sont partout les mêmes. Les persécutions longues, violentes, continuelles, détruisent les autres religions ; elles ne peuvent rien sur celle des *Juifs*. Il faut donc que Dieu la conserve dans des vues particulières. Il ne s'ensuit pas de là que Dieu rende exprès les *Juifs* obstinés et aveugles, afin qu'ils servent de preuve au christianisme, mais qu'il se sert de leur obstination libre et volontaire pour nous confirmer dans notre croyance.

Orobio, savant *juif*, a fait tout son possible pour esquiver les conséquences que nous tirons contre sa nation ; il dit d'abord que ce n'est point à nous d'interroger Dieu sur les raisons de sa conduite. Voyez *Philippi a Limborch amica Collatio cum erudito judæo*, p. 168, 170. Mais en cela il n'est pas d'accord avec lui-même ; il soutient que si la captivité actuelle des *Juifs* était la punition de leur incrédulité au Messie, Dieu l'aurait clairement prédit par les prophètes, quand même cette prédiction n'aurait pas dû prévenir le mal ; il suppose donc que Dieu aurait rendu raison de sa conduite. Il affirme qu'à cause des péchés des *Juifs* Dieu retarde l'exécution des promesses qu'il a faites d'envoyer le Messie, quoiqu'il n'ait jamais prédit ce retard, et qu'il ne soit pas obligé de rendre raison de sa conduite. Tout cela ne s'accorde pas.

Dieu avait solennellement promis de protéger les *Juifs*, tant qu'ils seraient fidèles à son culte ; il avait menacé de les disperser, de les humilier, de les affliger, lorsqu'ils se livreraient à l'idolâtrie ; mais il avait ajouté que, s'ils revenaient à lui, il les rétablirait dans leur prospérité : telle est la sanction qu'il avait donnée à la loi de Moïse. *Deut.*, c. xxx. Avant la venue de Jésus-Christ, Dieu a fidèlement accompli toutes ces promesses et toutes ces menaces ; nous le voyons par l'histoire juive. Pourquoi ne fait-il pas de même aujourd'hui ? Les *juifs* ne sont point actuellement idolâtres, ils sont même très-attachés à leur loi, ils la suivent autant qu'ils peuvent : pour quel crime plus grief que l'idolâtrie Dieu les punit-il plus rigoureusement et plus longtemps qu'il n'a jamais fait? Daniel prédit qu'après la mort du Messie la désolation sera portée à son comble et durera jusqu'à la fin (*Dan.*, c. ix, v. 26 et 29) ; cela nous paraît clair.

Les rabbins disent que leur misère présente est une extension et une continuation de la captivité de Babylone ; que Dieu la prolonge pour les mêmes raisons, à cause des infidélités de la nation.

Mais c'est encore ici une fausseté et une contradiction. 1° Ils soutiennent que leur état présent ne peut pas être le châtiment d'un prétendu déicide commis depuis près de dix-huit cents ans, et ils veulent que ce soit une continuation du châtiment de l'idolâtrie dans laquelle leurs pères sont tombés il y a trois mille ans. 2° Ce crime n'a pas continué, puisque les *Juifs* ne sont plus idolâtres ; donc la peine ne peut pas durer si longtemps. 3° Les mêmes prophètes, qui ont prédit la captivité de Babylone, en ont aussi prédit la fin au bout de soixante-dix ans (*Jerem.* c. xxv et xxix ; *Dan.*, c. ix, v. 2). L'édit de Cyrus, donné après ce terme, était exprès et illimité pour toute la nation (*I Esdr.* c. i, v. 3). L'auteur des *Paralipomènes*, à la fin du second livre, reconnaît que cet édit mit fin à la captivité. Daniel (*ibid.*, v. 11 et 13) et Néhémie (*II Esdr.* c. i, v. 8) attestent que, pendant ce temps d'affliction, Dieu avait exécuté contre son peuple toutes les menaces qu'il avait faites par la bouche de Moïse ; tout a donc été terminé au retour. Ezéchiel, c. xviii, et Jérémie, c. xxxi, v. 29, déclarent que *les enfants ne porteront point l'iniquité de leurs pères*, dès qu'ils n'y ont point de part. Dieu promet, par Isaïe, qu'après la captivité de Babylone *il ne se souviendra plus des iniquités de son peuple* (c. xliii, v. 25) ; les *Juifs* blasphèment, quand ils soutiennent le contraire.

Il n'est pas aisé de compter les contradictions dans lesquelles Orobio a été forcé de se jeter : tantôt il soutient que les *Juifs*, depuis la captivité de Babylone, ont toujours eu horreur de l'idolâtrie, et ont été très-attachés à leur loi, *Amica collat.*, p. 167, 211 ; tantôt il dit qu'actuellement même ils ne sont pas tout à fait exempts d'idolâtrie, et se rendent encore coupables d'autres crimes. Quelquefois il prétend que l'idolâtrie et l'infidélité à la loi de Moïse sont les forfaits que Dieu a menacé de punir le plus rigoureusement, et qu'il ne prescrit aux *Juifs* point d'autre pénitence que de renoncer au culte des dieux étrangers, et de retourner à l'observation de la loi. *Ibid.*, p. 137, 162. D'autres fois il s'efforce d'excuser l'idolâtrie, et de montrer qu'il y a d'autres crimes qui méritent une vengeance plus sévère. P. 173. Souvent il dit que les malédictions prononcées dans le *Deutéronome* regardent plutôt la captivité présente que celle de Babylone, parce que les *Juifs* sont à présent plus malheureux qu'ils ne le furent alors ; ensuite il veut persuader que l'état de plusieurs *Juifs* est assez heureux pour exciter la jalousie des autres nations, que l'opprobre tombe plutôt sur le corps de la nation juive que sur les particuliers. Selon lui, le meurtre du Messie ne peut pas être un crime national, et il veut que l'apostasie de plusieurs particuliers, qui se font chrétiens ou mahométans, soit un crime national. Mais lui-même nous fait toucher au doigt la preuve du contraire. Jésus-Christ, seul vrai Messie, a été rejeté par le conseil de la nation juive dans le temps qu'elle faisait encore un corps politique ; le peuple a demandé sa mort, a consenti que son sang retombât sur tous les *Juifs* et sur leurs enfants. Ceux qui sont dispersés partout, et qui n'ont pas voulu se convertir, y ont applaudi ; ils l'approuvent encore aujourd'hui ; ils regardent Jésus-Chris comme un faux prophète, qui a mérité la mort selon la loi; sur ce point, leur opiniâtreté est invincible. Nous défions les rabbins d'assigner parmi eux aucun forfait qui porte mieux les caractères d'un crime national que celui-là. Lorsqu'un *juif* se fait chrétien, à Rome ou à Paris, qu'un autre prend le turban à Constantinople, quelle part peuvent avoir à cette action les *juifs* de Pologne, d'Angleterre ou d'Amérique?

Si l'anathème de la nation juive, continue Orobio, était une punition de sa révolte contre le Messie, il ne pourrait être effacé que par une amende honorable faite au Messie, et par la profession du christianisme; cependant un *Juif* s'y soustrait aussi bien en embrassant le mahométisme qu'en adorant Jésus-Christ.

Nous répliquons: Si l'opprobre actuel des *Juifs* était un châtiment de leur infidélité à la loi de Moïse, il ne pourrait être expié que par une amende honorable faite à cette loi: or, quand un *juif* se fait mahométan, il ne devient certainement pas plus soumis à la loi de Moïse, et cependant il cesse d'être odieux comme *juif*. Selon ce rabbin, et selon la vérité, l'état de réprobation des *Juifs* tombe plutôt sur la nation que sur les particuliers; il est donc tout simple qu'un *juif*, en se dépouillant du caractère national, soit à couvert de l'opprobre attaché à sa nation; mais cela ne décide rien pour ou contre son salut éternel. S'il embrasse le christianisme, il sera jugé de Dieu comme chrétien, selon qu'il aura rempli ou violé les devoirs de sa religion; s'il se fait turc ou païen, il sera jugé comme ces nations infidèles. Puisqu'il est démontré jusqu'à l'évidence que l'état actuel des *Juifs* est une punition de leur incrédulité au Messie, et de la mort qu'ils lui ont fait subir, ils ne peuvent espérer de rentrer en grâce avec Dieu, qu'en adorant ce même Messie qu'ils ont attaché à la croix.

VII. *De la conversion future des Juifs.* Une dernière question est de savoir s'il est prédit par les auteurs sacrés que tous les *Juifs* doivent se convertir à la fin du monde; c'est une opinion assez commune parmi les commentateurs modernes, et les *Juifs* n'ont pas manqué de s'en prévaloir. Le sentiment des docteurs chrétiens, disent-ils, vient évidemment de ce qu'ils ont senti que les anciennes prophéties qui annoncent que, quand le Messie paraîtra, tous les *Juifs* se réuniront à lui, n'ont pas été accomplies à l'avènement de Jésus-Christ; c'est donc un subterfuge qu'ils ont trouvé pour attaquer les espérances des *Juifs*, et pour écarter les conséquences qui s'ensuivent évidemment de ces mêmes prophéties. *Amica collatio*, p. 133.

Il est vrai que saint Paul, dans l'*Epître aux Romains*, ch. xi, v. 25 et suiv., témoigne qu'il espère la conversion des *Juifs*; il se fonde sur une prédiction d'Isaïe, qui annonce qu'il viendra un rédempteur pour Sion, et pour ceux de Jacob *qui retournent de leurs prévarications*, c. lix, v. 20. Ces dernières paroles mettent une restriction à la promesse de Dieu; on ne peut l'étendre à tous les *Juifs*.

Saint Paul ne donne pas plus d'extension à sa prophétie. 1° Il dit que si les *Juifs ne persévèrent point dans l'incrédulité*, ils seront replantés sur leur ancien tronc, que Dieu est assez puissant pour les y greffer de nouveau; donc, lorsqu'il ajoute qu'alors tout Israël sera sauvé, il faut toujours sous-entendre, *s'ils ne persévèrent point dans l'incrédulité*. 2° Il avertit les gentils de ne point s'enorgueillir de leur vocation, mais de craindre que si Dieu a réprouvé une partie des *Juifs*, malgré ces promesses, il peut aussi laisser retomber les gentils dans l'incrédulité, malgré leur vocation; la conversion future des *Juifs* est donc conditionnelle tout comme la persévérance des gentils. 3° Saint Paul fonde son espérance sur ce que *Dieu ne se repent jamais de ses dons ni de sa vocation*; mais lorsque les hommes rendent ses dons inutiles par leur résistance et leur infidélité, il ne s'ensuit pas que Dieu se soit repenti. Il paraît donc que saint Paul ne parle point d'une conversion générale des *Juifs* à la fin du monde, mais d'une conversion successive et très-lente, comme on l'a vu par l'événement. L'Apôtre écrivait aux Romains vers l'an 58 de notre ère, douze ans avant la ruine de Jérusalem; à cette époque, un grand nombre de *Juifs* se convertirent en effet.

Vainement l'on veut adapter à une conversion générale des *Juifs*, à la fin du monde, d'autres prophéties de Michée, d'Osée, de Malachie, qui disent la même chose que celle d'Isaïe; ces prédictions, qui regardent évidemment les *Juifs* revenus de Babylone, ne peuvent être appliquées à un événement plus reculé que dans un sens figuré et allégorique, qui n'est pas une forte preuve. Cette méthode même autorise l'entêtement des *Juifs*, et leur fait espérer, sous un Messie futur, un accomplissement plus parfait des promesses de Dieu, que celui qui eut lieu pour lors. Quand on y ajoute les prédictions d'un second avènement du prophète Elie sur la terre, on oublie que Jésus-Christ lui-même a prévenu cette objection. Lorsque ses disciples lui représentèrent qu'Elie devait venir sur la terre, il leur répondit que cette prédiction regardait Jean-Baptiste (*Matth.*, c. xi, v. 14; c. xvii, v. 10; *Luc.*, c. i, v. 17). Ce que l'on tire de l'Apocalypse, pour éclaircir les événements qui doivent précéder la fin du monde, loin de dissiper l'obscurité, ne sert qu'à l'augmenter.

Mais, dit-on, ç'a été le sentiment des Pères et des interprètes de l'Ecriture sainte, c'est, dans le christianisme, une espèce de tradition de laquelle il n'est pas permis de s'écarter; *Préf. sur Malachie, Bible d'Avignon*, t. XI, p. 766 et suiv.; t. XVI, p. 748 et suiv. Malheureusement, on n'a cité que trois Pères de l'Eglise et trois ou quatre commentateurs modernes; cela suffit-il pour fonder une tradition? On ne sait que trop l'abus qui a été fait de cette prétendue tradition dans notre siècle.

Quand la prédiction de la conversion future

des *Juifs* serait plus claire et plus formelle, les rabbins ne pourraient encore en tirer aucun avantage. Les prophéties qui promettaient aux *Juifs* leur retour de Babylone, étaient générales, absolues, sans exception ni limitation expresse; cependant un très-grand nombre ne revinrent point, parce qu'ils ne voulurent pas revenir. Une promesse de la rédemption générale des *Juifs*, sous le Messie, prouverait-elle davantage que la promesse du retour général des *Juifs* après la captivité? Toute promesse de Dieu suppose que l'homme ne mettra pas volontairement obstacle à son entier accomplissement : or, c'est ce qu'ont fait les Juifs au retour de Babylone et à l'avénement du Messie ; il serait absurde de supposer que, sous leur prétendu Messie futur, aucun *juif* ne sera libre de demeurer tel qu'il est ; que ceux qui sont établis en Amérique abandonneront leurs possessions et leur état pour aller se réunir au Messie dans la Terre promise.

Nous finirons cet article, en observant que l'on s'exprime fort mal, quand on dit qu'en Espagne et en Portugal l'inquisition ne souffre point de *Juifs*, qu'elle sévit contre eux et les envoie au supplice, etc. C'est par les édits des souverains de ces deux royaumes que les *Juifs* en ont été bannis ; ceux qui veulent y demeurer ne le peuvent faire qu'en feignant d'être chrétiens, par conséquent en profanant les sacrements qu'ils reçoivent ; lorsque l'inquisition les découvre, elle les punit, non comme *Juifs*, mais comme profanateurs et rebelles aux ordres du souverain. Si ceux qui ont déclamé contre cette conduite avaient été mieux instruits ou plus sincères, ils n'auraient pas déguisé le vrai motif du châtiment.

*Juifs chrétiens. Un cordonnier d'Angleterre, nommé William Cornhill, tenta de réformer le protestantisme en ressuscitant les pratiques judaïques. Il prit la Bible et s'interdit tout ce qui était défendu aux Juifs par la loi cérémonielle. Il se fit un certain nombre de partisans, et parvint à former une secte. C'est une preuve ajoutée à tant d'autres, qu'une fois séparé du centre de l'Eglise catholique, il ne peut plus y avoir rien de stable et de déterminé.

JULIEN, empereur romain, surnommé l'*Apostat*, l'un des plus ardents persécuteurs de la religion chrétienne. C'est ainsi qu'il est représenté par les Pères de l'Eglise et par les écrivains ecclésiastiques.

Comme les incrédules de notre siècle se sont fait un plan de contredire les Pères en toutes choses, et de révoquer en doute les faits les mieux établis, plusieurs ont soutenu que *Julien* ne fut ni apostat ni persécuteur, que ce fut un héros et un sage. C'est à nous de justifier les Pères et de prouver la vérité de leurs accusations.

1° Que *Julien* ait été élevé dans la religion chrétienne, qu'il l'ait ensuite abjurée pour faire profession du paganisme, c'est un fait non-seulement attesté par ses panégyristes, *Liban.*, *Orat. parent. in Jul.* §9, mais dont il convient lui-même dans une de ses lettres aux habitants d'Alexandrie, *Epist.* 51. Dans une autre, son frère Gallus le félicite de sa piété envers les martyrs. Il est certain que l'an 360, lorsqu'il fut déclaré auguste, il assista encore à l'église chrétienne le jour de l'Epiphanie avec la pompe impériale, afin de plaire aux soldats et aux peuples des Gaules presque tous chrétiens. — 2° Ce sont les païens eux-mêmes qui l'accusent d'avoir persécuté les chrétiens, entre autres Eutrope, l. x, et Ammien Marcellin, l. xxiv, p. 505. S'il ne fit publier aucun édit pour condamner les chrétiens à la mort, c'est qu'il savait que les supplices, loin d'en diminuer le nombre, n'avaient servi qu'à l'augmenter. *Liban.*, *ibid.*, n° 58. Il convient lui-même que les chrétiens allaient à la mort sans répugnance, parce qu'ils espéraient l'immortalité. *Fragm. Orat.*, p. 288. Mais il approuva ou dissimula tous les excès auxquels les païens se portèrent contre eux : et il feignit de laisser à tous la liberté, afin de les mettre aux prises et de les rendre par là moins redoutables. *Amm. Marcell.*, l. xxii, c. 3. L'édit par lequel il défendit aux chrétiens d'étudier et d'enseigner les lettres a été blâmé par les païens mêmes. *Ibid.*, c. 10. — 3° Si *Julien* avait été sage, il ne se serait pas livré, comme il le fit, à cette troupe de sophistes et d'imposteurs qui l'environnaient ; il ne les aurait pas rendus insolents en les comblants d'honneurs et de bienfaits : il donna dans toutes les superstitions de la théurgie et de la magie, poussa aux derniers excès l'entêtement pour la divination et l'idolâtrie, ne rougit point d'en exercer les fonctions les plus dégoûtantes : les païens lui ont encore reproché de ridicule. *Amm. Marcell.*, l. xxv, c. 6. Il y ajouta celui de l'hypocrisie. En écrivant aux juifs, il évite de paraître idolâtre ; il ne parle que du *Dieu très-bon* qu'ils adorent, et se propose de rebâtir le temple de Jérusalem. *Epist.* 25. Il le tenta en effet, et fut confondu par un miracle. *Voy.* TEMPLE.

On ne peut disconvenir de son courage ; mais il fut bouillant, téméraire, avide de gloire à un excès puéril. Maître de conclure avec les Perses une paix avantageuse, il eut la folie de vouloir imiter Alexandre ; il se laissa tromper par un espion, malgré les remontrances de ses généraux ; il exposa son armée à une perte certaine en faisant brûler sa flotte. Il mit l'Assyrie à feu et à sang ; la manière dont il traita les villes de Diacires, Ozogardane et Maogamalque fait horreur. Il a écrit contre le christianisme, son ouvrage a été réfuté par saint Cyrille d'Alexandrie. De nos jours, les incrédules ont eu grand soin d'en recueillir le texte dans saint Cyrille, de le publier comme un monument précieux pour l'incrédulité. En plusieurs choses, il est très-favorable à notre religion, et il renferme des aveux qu'il est important de faire remarquer.

*Julien* attaque le judaïsme plus directement que la religion chrétienne ; il défigure la doctrine de Moïse, afin de la faire paraître moins sage que celle de Platon ; il fait contre l'histoire sainte les mêmes objections que les marcionites et les manichéens ; il déprime tant qu'il peut les écrivains hébreux ; et, par un travers inconcevable, il s'efforce de concilier le judaïsme avec le paganisme ; il soutient que les juifs et les païens adorent le même Dieu, qu'ils ont les mêmes cérémonies, qu'Abraham a observé les augures, que Moïse a connu les dieux expiateurs et a enseigné le polythéisme. Il convient que les païens ont imaginé sur les dieux des fables indécentes, et il est lui-même entêté de toutes ces fables ; il ne prouve les dogmes du paganisme que par les prétendus prodiges que les dieux ont opérés, et par la prospérité des peuples qui les ont adorés. Mais qu'aurait dit Julien, s'il avait prévu la prospérité des Perses qui n'adoraient pas ses dieux, par lesquels cependant il fut vaincu, et les exploits des Barbares qui ont détruit l'empire romain ?

Une remarque essentielle, c'est qu'il n'a pas osé nier formellement les miracles de Jésus-Christ, ni même ceux des apôtres; il les avoue même assez clairement. « Jésus, pendant toute sa vie, dit-il, n'a rien fait de mémorable, à moins qu'on ne regarde comme de grands exploits d'avoir guéri les boiteux et les aveugles et d'avoir exorcisé les démons dans les villages de Bethsaïde et de Béthanie. » Dans saint Cyrille, l. VI, p. 119 : « Lui qui commandait aux esprits, qui marchait sur la mer, qui chassait les démons, qui a fait, à ce que vous dites, le ciel et la terre, n'a pu changer les cœurs de ses proches et de ses amis pour leur salut. *Ibid.*, p. 209. Mais la résurrection de Jésus-Christ du moins était un fait mémorable ; *Julien* n'en parle point ; s'il pouvait la contester, s'il pouvait prouver la fausseté des miracles rapportés dans l'Evangile, pourquoi cette faiblesse ? Il devait sentir de quelle importance était cette discussion ; il n'y entre point. Il dit que saint Paul est le plus grand magicien et le plus odieux imposteur qui fût jamais ; en quoi consiste sa magie, s'il n'a point fait de miracles ?

Non-seulement Julien avoue la constance des chrétiens à souffrir le martyre, mais il reconnaît leur libéralité envers les pauvres. *Misopog.*, 363. Il convient que le christianisme s'est établi par les œuvres de charité et par la sainteté des mœurs que les chrétiens savent contrefaire ; qu'ils nourrissent non-seulement leurs pauvres, mais encore ceux des païens. *Epist.* 49. Il aurait voulu introduire parmi les prêtres du paganisme la même régularité de mœurs qu'il voyait régner parmi les ministres de la religion chrétienne.

Ces divers témoignages rendus à notre religion par un de ses plus grands ennemis, sont la meilleure apologie que l'on puisse opposer aux calomnies des incrédules modernes ; et si l'on veut se donner la peine de lire les réponses que saint Cyrille a données aux objections, aux reproches, aux calomnies de *Julien*, l'on verra la différence qu'il y a entre un homme qui sait raisonner et un vain discoureur.

JUREMENT ou SERMENT. Jurer, c'est prendre Dieu à témoin de la vérité d'un discours, ou de la sincérité d'une promesse, et faire une imprécation contre soi-même, si l'on ment ou si l'on n'accomplit pas ce que l'on promet ; c'est donc un acte religieux par lequel on fait profession de craindre Dieu et sa justice.

Nous en voyons des exemples parmi les plus sincères adorateurs du vrai Dieu. Abraham (*Gen.* c. XIV, v. 22) proteste avec *serment* qu'il n'acceptera pas les présents du roi de Sodome. Cap. XXI, v. 23, il jure alliance avec Abimélech. Cap. XXIV, v. 2, il fait jurer son économe qu'il ne donnera pas pour épouse à Isaac une Chananéenne. Cap. XXVI, v. 31, Isaac renouvelle avec *serment* l'alliance faite par son père avec Abimélech. Cap. XXXI, v. 53, Jacob fait de même avec Laban. Dieu semble avoir approuvé cet usage, en confirmant, par une espèce de *serment*, les promesses qu'il faisait à Abraham : *J'ai juré par moi-même*, dit le Seigneur, *de vous bénir et de multiplier votre postérité*. (*Gen.* c. XXII, v. 16.)

La formule ordinaire du *serment* était : *Vive le Seigneur* (*Jud.* c. VIII, v. 19) ; ou *Que le Seigneur me punisse si je ne fais telle chose* (*I Reg.*, c. XXIV, v. 44 et 45). Dieu lui-même dit souvent : *Je suis vivant*, pour attester ce qu'il fera (*Num.* c. XIV, v. 28, etc.).

Il était défendu aux Juifs, 1° de jurer par le nom des dieux étrangers (*Exod.*, c. XXIII, v. 13). *Vous craindrez le Seigneur votre Dieu*, leur dit Moïse ; *vous le servirez seul, et vous jurerez par son nom* (*Deut.* c. VI, v. 13). 2° De prendre en vain ce saint nom et de se parjurer (*Exod.*, c. XX, v. 7 ; *Levit.*, c. XIX, v. 12). Ces deux défenses regardaient également les *jurements* que l'on faisait par-devant les juges, ou pour confirmer un contrat mutuel, et ceux dont on usait dans les discours ordinaires.

Jésus-Christ, dans l'Evangile, ajoute une nouvelle défense, qui est de jurer sans nécessité : *Vous savez qu'il a été dit aux anciens : Vous ne vous parjurerez point ; mais vous rendrez au Seigneur vos jurements ; pour moi, je vous dis de ne pas jurer du tout, ni par le ciel, qui est le trône de Dieu, ni par la terre, qui est son marche-pied, ni par Jérusalem, qui est la ville du grand Roi, ni par votre tête, puisque vous ne pouvez changer la couleur d'un seul de vos cheveux. Que votre discours se borne à dire oui ou non : tout ce que l'on y ajoute de plus vient d'un mauvais fond.* (*Matth.*, c. V, v. 33.) Dans un autre endroit, il réfute la distinction que faisaient les pharisiens entre les *jurements* qui obligeaient et ceux qui n'obligeaient pas (c. XXIII, v. 16). Saint Jacques répète aux fidèles la même leçon (*Jac.*, c. V, v. 12). Par ces paroles, Jésus-Christ a-t-il condamné les *serments* même qui se font en justice pour confirmer un témoignage, ou entre des hommes constitués en autorité, qui jurent l'exécution d'un traité ? Les quakers, les anabaptistes et quelques sociniens le prétendent ; mais il est évident qu'ils se trompent. Le Sauveur parle du *discours* ordinaire, et non des actes publics de justice : les *jurements* qu'il condamne n'étaient certainement pas des formules usitées devant les juges. Saint Paul dit que parmi les hommes les contestations se terminent par le *serment*, et il ne blâme point cette pratique (*Hebr.*, c. vi, v. 16). Il observe que Dieu a daigné jurer par lui-même, pour confirmer ses promesses et rendre notre espérance plus inébranlable.

Les Pères de l'Eglise ont répété à la lettre la défense que Jésus-Christ a faite, et dans les mêmes termes. Barbeyrac leur en a fait un crime ; il soutient que ces Pères ont condamné toute espèce de *serment* sans restriction et sans distinction ; que, faute d'expliquer l'Evangile dans son vrai sens, ils ont tendu aux fidèles un piége d'erreur : il en conclut que ce sont de mauvais interprètes de l'Ecriture sainte et de mauvais moralistes. Il fait ce reproche à saint Justin, à saint Irénée, à saint Clément d'Alexandrie, à Tertullien, à saint Basile, à saint Jérôme. *Traité de la Morale des Pères*, c. ii, iii, v, vi, xi et xv. Ce qu'il y a de singulier, c'est que Barbeyrac, si parfait moraliste, n'a pas trouvé bon, non plus que les Pères, de désigner les cas dans lesquels le *jurement* peut être permis ou défendu ; il s'est donc rendu coupable du même crime qu'eux. Mais il faut s'aveugler au grand jour, pour ne pas voir que les Pères ont parlé comme l'Evangile, du discours ordinaire et des conversations, lorsqu'ils ont dit qu'il n'était pas permis de jurer. Il ne leur est pas venu dans l'esprit que l'on pût prendre dans un autre sens les paroles de Jésus-Christ ni les leurs, et que l'on pût les appliquer aux *serments* faits par autorité publique. Sont-ils blâmables de n'avoir pas prévu l'entêtement des quakers et des anabaptistes ? On n'en avait point vu d'exemple avant le xvi<sup>e</sup> siècle.

Les premiers chrétiens ne purent consentir à faire, soit le *serment* militaire, soit les *serments* exigés en justice, lorsqu'on les faisait au nom des faux dieux ou en présence de leurs simulacres : c'aurait été un acte d'idolâtrie ; mais ils ne refusèrent jamais de faire des *serments* qui n'avaient aucun trait de paganisme. « Nous jurons, dit Tertullien, non par les génies des césars, mais par la vie ou la conservation des césars, qui est plus auguste que tous les génies. » (*Apol.*, c. xxxii.) De là même on a conclu que ceux qui furent mis à mort par ordre de Caligula, parce qu'ils n'avaient jamais voulu jurer *par son génie*, étaient des chrétiens. *Sueton. in Calig.* c. 27. *Voy.* les *Notes de Havercamps sur le passage de Tertullien*. Il est donc faux que ce Père condamne toute espèce de *serment* ; c'est dans son *Traité de l'Idolâtrie* qu'il semble l'interdire absolument à tout chrétien : cette circonstance seule aurait dû ouvrir les yeux à Barbeyrac, et il ne nous serait pas plus difficile de justifier les autres Pères de l'Eglise par leurs écrits même et par les circonstances dans lesquelles ils ont parlé.

D'autres philosophes bizarres ont décidé que les *serments* sont inutiles ; que celui qui ne craint pas de mentir n'aura point horreur de se parjurer. Cela n'est pas toujours vrai : tout homme sent très-bien qu'un parjure est un plus grand crime qu'un simple mensonge, puisqu'il ajoute l'impiété à la mauvaise foi. « Il n'y a, dit Cicéron, point de lien plus fort que le *serment*, pour empêcher les hommes de manquer à la foi et à la parole qu'ils ont donnée : témoin la loi des douze tables, témoin les sacrées formules qui sont en usage parmi nous pour ceux qui prêtent *serment*, témoin les alliances et les traités où nous nous lions par *serment*, même avec nos ennemis, témoin enfin les recherches de nos censeurs, qui ne furent jamais plus sévères que dans ce qui concerne le *serment*. » *De Offic.* iii, c. 31. Le *serment*, dit un écrivain très-sensé, n'empêche pas tous les parjures, mais il atteste toujours que le parjure est le plus grand des crimes. *Voy.* PARJURE.

Dans le style populaire, on appelle *jurement*, non-seulement toutes les formules dans lesquelles le nom de Dieu est employé directement ou indirectement pour confirmer ce que l'on dit, mais encore les blasphèmes, les imprécations que l'on fait contre soi-même ou contre les autres, même les paroles brutales et injurieuses au prochain : tout cela est évidemment condamné par l'Evangile. Jésus-Christ réprouve les imprécations que l'on fait contre soi-même, en disant : *Ne jurez point par votre tête ;* en effet, lorsqu'un homme jure ainsi, c'est comme s'il disait : *Je consens à perdre la tête ou la vie, si je ne dis pas la vérité.* Or, c'est à Dieu seul de disposer de notre vie ; nous n'avons aucun droit d'y renoncer sans son ordre. Il nous est défendu de souhaiter du mal au prochain, à plus forte raison de faire contre lui des imprécations qui tendent à intéresser le ciel dans nos sentiments de haine et de vengeance. Le respect que nous devons à Dieu et à son saint nom doit nous empêcher de l'invoquer par légèreté, à plus forte raison par colère et par brutalité. L'habitude des *jurements* parmi le peuple est un reste de la grossièreté des siècles barbares.

Pour jurer, même en justice, il n'est pas nécessaire de prononcer des paroles, il suffit de faire le signe ou le geste usité en pareil cas, comme de lever la main, de la porter à sa poitrine, de toucher l'Evangile ou une relique, etc. Dans les siècles d'ignorance, où l'on avait établi la mauvaise coutume de jurer sur les châsses des saints, quelques insensés imaginèrent que quand on avait ôté d'avance les reliques de la châsse, le *serment* n'obligeait plus. Erreur qui va de pair avec celle des pharisiens que Jésus-Christ réfute dans l'Evangile (*Matth.*, c. xxiii, v. 16). *Voy.* PARJURE, IMPRÉCATION.

Un écrivain récent déplore avec raison le peu de respect que l'on a parmi nous pour le *serment*, la facilité avec laquelle on trouve toujours des témoins prêts à attester en justice la capacité et la probité d'un homme qui se présente pour remplir une charge, et que souvent ils ne connaissent pas. Il observe très-bien que regarder le *serment* comme une simple formalité, c'est manquer de respect pour le saint nom de Dieu, et rompre un des liens les plus forts qu'il y ait dans la société.

Ces réflexions sages ne justifient point la proposition dans laquelle Quesnel a dit que :

« Rien n'est plus contraire à l'Esprit de Dieu et à la doctrine de Jésus-Christ, que de rendre communs les *serments* dans l'Eglise, parce que c'est multiplier les occasions de se parjurer, tendre un piége aux faibles et aux ignorants, et faire servir le nom et la véracité de Dieu aux desseins des impies. » *(Prop.* 101.) Il en voulait évidemment à la signature du formulaire, par lequel on atteste que l'on condamne les propositions de Jansénius dans le sens de l'auteur. Suivant cette morale, il faudrait aussi supprimer les professions de foi par lesquelles on atteste que l'on est chrétien et catholique. Cet auteur téméraire n'hésite point de nommer *impies* ceux qui ne pensent point comme lui.

JURIDICTION, pouvoir de faire des lois et prononcer des jugements obligatoires dans une certaine étendue de territoire. Nous n'avons à parler que de la *juridiction* spirituelle des pasteurs de l'Eglise; leur *juridiction* temporelle est l'objet du droit canonique (1).

(1) « La différence des objets, dit M. Doney, établit deux espèces de juridictions spirituelles : l'une intérieure, qui s'exerce dans le tribunal de la pénitence et qui remet les péchés ; l'autre extérieure, qui maintient et gouverne l'Eglise, et qui a pour sanction les censures. L'une et l'autre juridiction ont été conférées par Jésus-Christ à ses apôtres : la première, lorsqu'il leur dit : *Recevez le Saint-Esprit ; ceux à qui vous remettrez les péchés, ils leur seront remis, et ceux à qui vous les retiendrez, ils leur seront retenus* (*Joan.*, c. xx, v. 22 et 23) : la seconde, quand il leur a dit : *Tout ce que vous lierez sur la terre sera lié dans le ciel, et tout ce que vous délierez sur la terre sera délié dans le ciel* (*Matth.*, c. xviii, v, 18). Or, cette double juridiction a passé des apôtres aux évêques, leurs successeurs, dans toute la suite des siècles, et les évêques l'ont de même communiquée avec plus ou moins d'étendue aux pasteurs du second ordre, aux simples prêtres.

« La véritable juridiction est celle qui vient de Jésus-Christ, le fondateur et le chef de l'Eglise catholique: toute autre juridiction, provenant des hommes, ne peut avoir aucun effet. Or, on reconnaît que la juridiction vient de Jésus-Christ, lorsqu'elle est conférée par les successeurs des apôtres, conformément aux règles, aux lois de l'Eglise qui est dépositaire de tout pouvoir, de toute juridiction spirituelle. Cette doctrine est consacrée par le saint concile de Trente. « Tous ceux qui osent s'ingérer à exercer le saint ministère, de leur propre témérité, ou n'y étant appelés que par le peuple ou par la puissance séculière et par les magistrats, ne sont pas des ministres de l'Eglise, mais doivent être regardés comme des voleurs et des larrons qui ne sont pas entrés par la porte. *Decernit sancta synodus eos, qui tantummodo a populo aut sæculari potestate ac magistratu vocati et instituti, ad hæc ministeria exercenda ascendunt, et qui ea pr opria temeritate sibi sumunt, omnes non Ecclesiæ ministros, sed fures et latrones per ostium non ingressos habendos esse.* Conc. Trid., sess. 23, de Ordine, c. 4. Et le saint concile confirme encore cette décision, en prononçant « anathème contre quiconque dira que ceux qui n'ont point été légitimement ordonnés ni envoyés par la puissance ecclésiastique et canonique, sont de légitimes ministres de la parole et des sacrements. » *Si quis dixerit eos qui nec ab ecclesiastica et canonica potestate rite ordinati, nec missi sunt, sed aliunde veniunt, legitimos esse verbi et sacramen orum, ministros, anathema sit.* Conc. Trid., sess. XXIII, can. 7.

« Qu'on parcoure l'histoire de l'Eglise, on verra

A l'article LOIS ECCLÉSIASTIQUES, nous prouverons que les pasteurs de l'Eglise ont reçu de Dieu le pouvoir de faire des lois concernant le culte divin et les mœurs des fidèles, et que ceux-ci sont obligés, en conscience, de s'y soumettre et de s'y conformer ; que, dans tous les siècles, l'Eglise a usé de ce pouvoir et a statué des peines contre les réfractaires. Mais il y a contestation entre les théologiens, pour savoir si les évêques tiennent immédiatement de Jésus-Christ leur *juridiction* spirituelle sur les fidèles de leur diocèse, ou s'ils la reçoivent du souverain pontife. Les ultramontains soutiennent ce dernier sentiment; Bellarmin a fait tous ses efforts pour l'établir. T. 1, *Controv.* 3, *de summo Pont.* En France, nous pensons le contraire, nous disons que les évêques ont reçu de Jésus-Christ leur *juridiction* aussi immédiatement que leurs pouvoirs d'ordre et leur caractère (1).

Pour étayer son opinion, Bellarmin, lib. II,

constamment les évêques et les prêtres puiser à la même source la *juridiction* nécessaire au ministère pastoral. Le ministère n'a jamais été exercé que sur des titres positifs, toujours émanés de la même origine, toujours conférés conformément aux règles de l'Eglise. Ces titres n'ont pas toujours été les mêmes : il y en a eu de perpétuels et de transitoires, d'ordinaires et de délégués, de plus ou de moins étendus. La manière d'être pourvu de ces titres a aussi varié. On a vu tantôt des élections sous différentes formes, tantôt des présentations et des nominations. Mais ce qui n'a jamais varié, ce qui a toujours été regardé comme sacré, c'est que l'Eglise seule déterminait les formes ; et l'on n'a jamais regardé comme ayant un titre légitime, celui qui n'en avait pas un conforme aux règles alors en vigueur dans l'Eglise (*a*). »

(1) La *Tradition de l'Eglise sur l'institution des évêques* expose ainsi cette grande controverse :

« Les théologiens gallicans distinguent deux sortes de *juridiction* : l'une, qu'ils appellent juridiction radicale, est inséparable du caractère, mais demeure liée et sans exercice jusqu'à ce que le ministre consacré ait reçu, par l'institution ou l'approbation canonique, l'autre espèce de juridiction, qui donne seule un pouvoir complet. Dans ce système, l'attribution du territoire, ou la désignation des sujets, appartient au souverain pontife, et cette désignation est une condition nécessaire pour que Jésus-Christ confère la juridiction. Tel était le sentiment des évêques français qui assistèrent au concile de Trente. Le Père Alexandre, le Père Juénin, le Père Dumesnil, le Père Thomassin et la Sorbonne, enseignant la même doctrine, et soutiennent à la fois la collation immédiate de la juridiction par Jésus-Christ, et le droit essentiel au siège apostolique d'attribuer à chaque évêque le diocèse qu'il doit régir, et hors duquel cessent tous ses pouvoirs, sans quoi tous les évêques seraient papes, et le gouvernement de l'Eglise deviendrait une anarchie de souverains. Rien n'empêche d'adopter cette opinion, aisément conciliable avec les principes catholiques, pourvu que l'on ne confonde point l'opération interne qui imprime le caractère avec l'autorisation efficace d'exercer une juridiction extérieure quelconque. La seule exposition de ce sentiment décide en faveur du pape la question de l'institution des évêques. Aussi le savant cardinal Gerdil, *Oper. card. Gerdil*, t. XI, parlant

(a) Voyez notre Dict. de Théol. mor., art. JURIDICTION, où nous avons établi l'existence de la juridiction ecclésiastique, et nous avons clairement expliqué la nature et les différentes espèces de juridiction.

c. 9, commence par supposer, 1° que le gouvernement de l'Eglise est purement monarchique; que, comme dans une monarchie, toute autorité civile et politique émane du souverain; ainsi, dans l'Eglise, toute *juridiction* doit partir immédiatement du souveraine de la juridiction radicale, observe-t-il avec raison que « tous les catholiques, étant d'accord qu'elle peut être restreinte par les lois de l'Eglise, et qu'elle est soumise à l'autorité pontificale, on n'en peut rien conclure contre le pouvoir dont nous savons très-certainement que les papes ont usé dès l'origine, pour instituer des églises et leur imposer une discipline. »

« Un grand nombre de théologiens ont sur la juridiction des principes différents. Premièrement, ils n'admettent point la distinction reçue dans nos écoles entre les deux juridictions. La juridiction, selon eux, est originairement distincte du caractère. L'ordination rend propre à la recevoir; mais elle ne la donne pas. On ne saurait, disent-ils, concevoir nettement un pouvoir avec lequel on ne peut rien. La juridiction proprement dite suppose nécessairement une relation entre deux termes : l'un d'où elle part, l'autre où elle aboutit, entre plusieurs sujets : l'un qui gouverne, et les autres qui sont gouvernés. Ce sentiment leur semble plus conforme à la doctrine des conciles et de saint Thomas. Il n'y a donc, selon ces théologiens, qu'une sorte de juridiction, qu'ils définissent, une délégation légitime pour exercer un ministère spirituel. Secondement, ils soutiennent que, puisque Jésus-Christ évidemment n'assigne point le territoire, ne désigne point l'Eglise où chaque évêque doit présider, ne délègue point un pasteur pour telles ou telles fonctions, la juridiction n'est point donnée immédiatement par Jésus-Christ; qu'elle est un écoulement de la puissance accordée aux pontifes romains dans la personne de saint Pierre; qu'ainsi nul ne peut la recevoir que d'eux ou de ceux à qui ils ont permis de la conférer en leur nom : conclusion parfaitement semblable à celle des théologiens gallicans, en ce qui tient à la discipline; mais les principes sur lesquels se fondent les auteurs qui ne reconnaissent qu'une espèce de juridiction paraissent plus simples, plus naturels, et surtout plus d'accord avec la tradition. »

« Considérons en premier lieu le passage de l'Evangile où se trouve, de l'aveu de tous les catholiques, l'institution de l'épiscopat. Pierre vient de confesser la divinité du Christ, et pour récompenser sa foi, Jésus lui déclare qu'il sera le fondement de son Eglise : *Tu es heureux, Simon, fils de Jona, car la chair et le sang ne t'ont point révélé ces choses, mais mon Père qui est dans le ciel ; et moi je te dis : Tu es Pierre, et sur cette pierre je bâtirai mon Eglise.... et je te donnerai les clefs du royaume des cieux ; et tout ce que tu lieras sur la terre sera lié dans le ciel, et tout ce que tu délieras sur la terre sera délié dans le ciel.* « *Beatus es, Simon Bar-Jona, quia caro et sanguis non revelavit tibi, sed Pater meus qui in cœlis est. Et ego dico tibi, quia tu es Petrus, et super hanc petram ædificabo Ecclesiam meam.... Et tibi dabo claves regni cœlorum : et quodcumque ligaveris super terram, erit ligatum et in cœlis ; et quodcumque solveris super terram, erit solutum et in cœlis* (*Matth.*, c. xvi, v. 17, 18 et 19). » Remarquez la force singulière de ces paroles, *et tibi dico, je te dis à toi, à toi seul, je te donnerai les clefs du royaume du ciel.* Le Sauveur fait manifestement allusion à un passage d'Isaïe où Dieu parle ainsi du personnage figuratif de son Fils : *Je mettrai sur son épaule la clef de la maison de David : il ouvrira, et nul ne pourra fermer ; il fermera, et nul ne pourra ouvrir* : « *Dabo clavem domus David super humerum ejus ; et aperiet, et non erit qui claudat ; et claudet, et non erit qui aperiat* (*Isaï.*, c. xxii, v. 22). » Les clefs, dans l'Ecriture, sont l'image et le symbole de la souveraineté. C'est donc toute sa puissance que Jésus-Christ remet à Pierre, sans exception ni limites. Il l'établit à sa place pour lier et délier, il le substitue, si l'on peut le dire, à tous ses droits ; et celui qui disait de lui-même : *Tout pouvoir m'a été donné au ciel et sur la terre* : « *Data est mihi omnis potestas in cœlo et in terra* (*Matth.*, c. xxviii, v. 18), » confie au prince des apôtres ce pouvoir infini, qui doit être jusqu'à la fin des temps la force et le salut de l'Eglise.

« Or, toute juridiction est une participation des clefs qui n'ont été données qu'à Pierre seul : il est donc l'unique source de la juridiction. De la plénitude de sa puissance émane toute autorité spirituelle, comme nous l'apprenons des Pères, des papes et des conciles.

« Tertullien, si près de la tradition apostolique, et avant sa chute si soigneux de la recueillir, écrivait dès le second siècle : « Le Seigneur a donné les clefs à Pierre, et par lui à l'Eglise. » *Si adhuc clausum putas cœlum, memento claves ejus hic Dominum Petro : et per eum, Ecclesiæ reliquisse* (*Scorpiac.*, cap. x). Dira-t-on que c'est une exagération de Tertullien ? Convenez donc que toute l'Afrique exagère également ; car voilà saint Optat de Milève qui répète : « Saint Pierre a reçu seul les clefs du royaume des cieux pour les communiquer aux autres pasteurs. » *Bono unitatis, B Petrus..., præferri apostolis omnibus meru t, et claves regni cœlorum, communicandas cæteris, solus accepit* (lib. vii *contra Parmenianum*, n. 3. *Oper. sancti Optati*). Et saint Cyprien avant lui, et après lui saint Augustin, ne s'expriment pas avec moins de force : « Notre-Seigneur, dit le premier, en établissant l'honneur de l'épiscopat, dit à saint Pierre dans l'Evangile : *Vous êtes Pierre*, etc., *et je vous donnerai les clefs du royaume des cieux*, etc. C'est de là que, par la suite des temps et des successions, découlent l'ordination des évêques et la forme de l'Eglise, afin qu'elle soit établie sur les évêques. *Dominus noster, cujus præcepta metuere et observare debemus, episcopi honorem, et Ecclesiæ suæ rationem disponens, in Evangelio loquitur, et dicit Petro : Ego tibi dico, etc., et tibi dabo claves, etc., et quæ ligaveris, etc. Inde per temporum et successionum vices episcoporum ordinatio et Ecclesiæ ratio decurrit, ut Ecclesia super episcopos constituatur, et omnis actus Ecclesiæ per eosdem præpositos gubernetur* (*Epist.* 33 ed. Peur., 27. Pamel., *Op. S. Cyp.*, p. 216). Saint Cyprien ignorait-il la dignité de l'épiscopat ? L'évêque d'Hippone en trahissait-il les droits, lorsqu'instruisant son peuple, et avec lui toute l'Eglise, qui dans avec tant de vénération ses admirables discours, il disait : « Le Seigneur nous a confié ses brebis, parce qu'il les a confiées à Pierre ? *Commendavit nobis Dominus oves suas, quia Petro commendavit* (*Serm.* 296, n. 11, Oper. S. Aug., tom. V, col. 1202) (a).

(a) Pie V, bref *Super soliditate*, oper. Gerdil. t. II, t. XII, s'appuie sur l'autorité de saint Augustin pour établir le point que nous établissons. « La vérité qu'enseigne saint Augustin, que la principauté de la chaire apostolique a toujours été en vigueur dans le siège de Rome, et que cette principauté d'apostolat élève le souverain pontife au-dessus de tout autre évêque ; cette vérité, appuyée sur tant de preuves évidentes, éclate surtout en ce que le successeur de saint Pierre, par cela seul qu'il succède à Pierre, préside de droit divin à tout le troupeau de Jésus-Christ, en sorte qu'il reçoit avec l'épiscopat la puissance du gouvernement universel ; tandis que les autres évêques possèdent chacun une portion particulière du troupeau, non de droit divin, mais de droit ecclésiastique, laquelle leur est assignée, non par la bouche de Jésus-Christ, mais par leur ordination hiérarchique nécessaire pour qu'ils puissent exercer sur cette portion du troupeau une puissance ordinaire de gouvernement. Quiconque voudra refuser au souverain pontife la suprême autorité dans cette assignation, il est nécessaire qu'il attaque la mission légitime de tant d'évêques qui, dans le monde entier, régissent les églises, ou fondées originairement par l'aurain pontife. Mais, c'est un pur système qui ne porte sur rien. Nous sommes beaucoup mieux fondés à soutenir que le gouvernement de l'Eglise n'est ni une monarchie pure, ni une aristocratie, mais un mélange de l'une et de l'autre; qu'en cela il est plus parfait et

« Si de l'Afrique nous passons en Syrie, nous entendons saint Ephrem louer Basile : « de ce qu'occupant la place de Pierre, et participant également à son autorité et à sa liberté, il reprit avec une sainte hardiesse l'empereur Valens. » *Basilius, locum Petri obtinens, ejusque pariter auctoritatem libertatemque participans.... Valentem redarguit.* Encomium sancti Basilii. Oper. S. Ephrem, pag. 725. On le voit, l'autorité de cet illustre évêque n'était qu'une participation de celle de Pierre, il le représentait; il tenait sa place, dit saint Ephrem. Saint Gaudence de Bresse appelle saint Ambroise le successeur de Pierre. *Tanquam Petri apostoli successor, ipse erit os universorum circumstantium sacerdotum.* Tract. t. hab. in die suæ ord nat on s. Magna Biblioth. vet. Patrum, tom. II, col. 59, édit. Paris, Gildas, surnommé le Sage, dit que « les mauvais évêques usurpent le siège de Pierre avec des pieds immondes: *Sedem Petri apos oli immundis ped:bus.... usurpantes.... Judam quodammodo in Petri cathedra Domini tradivorem.... statuunt....* (Gildæ Sapientis presbyteri in Eccles. ordin. acris correptio. Biblioth. PP. Lugd n.), tome VIII, p. 715). Les évêques d'un concile de Paris parlent dans le même sens. Ils déclarent n'être que les vicaires du prince des apôtres, *Dominus beato Petro, cujus vicem indig: i gerimus,* ait : *Quodcunque ligaver s*, etc. (Conc. Parisiens. VI, t. VII, Conc., col. 1664). Pierre de Blois écrit à un évêque : « Pere, rappelez-vous que vous êtes le vicaire du bienheureux Pierre : *Recolite, Pater, quia beati Petri vicarius estis* (Epist. 148, oper. Petri Blesensis, p. 235).

« Saint Grégoire de Nysse, un si grand docteur, confesse en présence de tout l'Orient la même doctrine, sans qu'aucune réclamation s'élève : « Jésus-Christ, dit-il, a donné par Pierre aux évêques les clefs du royaume céleste. » *Per Petrum episcopis dedit (Christus) claves cœlestium bonorum.* Oper. S. Greg. Nyss., tom. III, pag. 314, édit. Paris. Et il ne fait en cela que professer la foi du saint-siège, qui, par la bouche de saint Léon, prononce que « tout ce que Jésus-Christ a donné aux autres évêques, il le leur a donné par Pierre. » Et encore : « Le Seigneur a voulu que le ministère (de la prédication) appartînt à tous les apôtres, mais il l'a néanmoins principalement confié à saint Pierre, le premier des apôtres, afin que de lui, comme du chef, ses dons se répandissent dans tout le corps. » *Si quid cum eo commune cæteris voluit esse prin ipibus, nunquam nisi per ipsum dedit qui quid aliis non negavit.* Serm. 4 in ann. assum. ejusd., c. 2. Oper. S. Leon., ed. Ballerini, tom. II, col. 16. *Hujus muneris sacramentum ita Dominus ad omnium apostolorum officium pertinere voluit, ut in beatissimo Petro apostolorum omnium summo principaliter collocavit; et ab ipso, quasi quodam capite, dona sua velit in corpus omne m:nare.*

torité apostolique, ou divisées ou réunies par elle, et qui ont reçu du pontife romain la mission pour les gouverner; de sorte qu'on ne pourrait, sans bouleverser l'Eglise et le régime épiscopal même, porter atteinte à ce grand et admirable assemblage de puissance conférée par une disposition divine à la chaire de saint Pierre, afin, comme le dit saint Léon, que saint Pierre régisse véritablement toute l'Eglise que Jésus-Christ régit principalement; car si Jésus-Christ a voulu qu'il y eût quelque chose de commun à Pierre et aux autres pasteurs, tout ce qu'il n'a pas refusé à ceux-ci, il le leur a donné uniquement par Pierre. »

Après avoir fait observer que la tactique des ennemis de la religion a toujours été de jeter la division parmi les pasteurs, le saint pontife continue : « Il n'y a qu'un seul Dieu, qu'un seul Christ, qu'une seule Eglise, et une seule chaire fondée sur Pierre par la voix du Seigneur, dit saint Cyprien, qui reconnait que la chaire de Pierre est l'Eglise principale, où l'unité sacerdotale a pris naissance, et où la perfidie ne peut avoir d'accès. »

Epist. 10 ad episc. prov. Viennens., c. 1. Ibid., col. 633.

« Avant saint Léon, Innocent I écrivait aux évêques d'Afrique : « Vous n'ignorez pas ce qui est dû au siège apostolique, d'où découlent l'épiscopat et toute son autorité. » Et un peu plus loin : « Quand on agite des matières qui intéressent la foi, je pense que nos frères et coévêques ne doivent en référer qu'à Pierre, c'est-à-dire à l'auteur de leur nom et de leur dignité. » *Scientes quid apostolicæ sedi, cum omnes hoc loco positi ipsum sequi desid:rent apostolum, debeatur a quo ipse episcopatus et tota auctoritas nominis hujus eme.sit.* Epist. 29. Innoc. I ad conc. Carth., n. 1. Int. Epist. Rom. pontif., ed. D. Constant, col. 888. *Quoties fidei ratio ventilatur, arbitror omnes fratres et coepis.opos nostros nonnisi ad Petrum, id est, sui nominis et honoris auctorem, referre debere.* Epist. 30 ad conc. Milev., c. 2. Ibid., col. 896. Et dans une lettre adressée à Victrice de Rouen : « Je commencerai avec le secours de l'apôtre saint Pierre, par qui l'apostolat et l'épiscopat ont pris leur commencement en Jésus-Christ. » *Incipiamus igitur, adjuvante sancto apostolo Petro, per quem et apostolatus et episcopatus in Christo cœpit exordium.* Epist. 2 S. Innoc. ad Victric. Rot., c. 2. Inter Epist. R. Pont., col. 747.

« De siècle en siècle on entend la même voix sortir de toutes les églises. « Le Seigneur, en disant pour la troisième fois : *M'aimez-vous? paissez mes brebis*, a donné cette charge à vous premièrement, et ensuite par vous à toutes les Eglises répandues dans l'univers. » *Domino dicente tertio : Amas me ? pasce oves meas; tradidit prius vobis mandatum ostendens, et per vos deinde omnibus per universa m:mundum sanctis ecclesiis condonavit.* T. IV, conc. col. 1692. Ainsi s'exprime Etienne de Larisse, dans une requête à Boniface II.

« Comment oserais-je, écrivait à saint Grégoire Jean, évêque de Ravenne, comment oserais-je résister à ce siège qui transmet ses droits à toute l'Eglise ? » *Quibus ausibus ego sanctissimo illi sedi, quæ universæ Ecclesiæ jura sua transmittit, præsumpserim obviare?* Epist. Joan. is Raven., inter Epist. S. Greg., l. III, ep. 57. Oper. S. Greg. tom. II, col. 668.

« Citons encore saint Césaire d'Arles, qui écrivait au pape Symmaque : « Puisque l'épiscopat prend son origine dans la personne de l'apôtre saint Pierre, il faut que Votre Sainteté, par ses sages décisions, apprenne clairement aux églises particulières les règles qu'elles doivent observer. » *Si.ut a persona B. Petri apostoli episcopatus sumit initium, ita necesse est ut, disciplinis competentibus, Sanctitas vestra singulis ecclesiis quid observare debeant evidenter ostendat.* Cæs. Arel. exemp. libel. ad Sym., tom. IV Conc., col. 1294.

« Jusqu'au schisme d'Occident, on ne connut point d'autre doctrine en France; mais pour ne pas nous étendre à l'infini, nous ajouterons seulement aux passages qui précèdent les paroles d'un concile de Reims contre les assassins de Foulques, archevêque de cette ville. « Au nom de Dieu, et par la vertu du Saint-Esprit, ainsi que par l'autorité divinement conférée aux évêques par le bienheureux Pierre, prince des apôtres, nous les séparons de la sainte Eglise. » *In nomine Domini, et in virtute sancti Spiri.s, necnon auctoritate episcopis per B. Petrum principem apostolorum divinitus collata, ipsos a sanctæ matris Ecclesiæ gremio segreganus.* T. IX, Concil., col. 481.

« C'en est assez : attendons, pour en dire davantage, qu'on ose accuser d'erreur ces illustres soutiens de l'Eglise, et qu'on aille les appeler à partie dans le ciel même, où ils jouissent depuis tant de siècles de

moins sujet aux inconvénients. Dans une monarchie même, le pouvoir du souverain peut être plus ou moins étendu; lorsque, dans l'origine, il a été restreint par des lois fondamentales, par des formes inviolables, par des pouvoirs intermédiaires et perpétuels, le souverain ne cesse pas pour cela d'être monarque; il s'ensuit seulement qu'il n'est pas despote. Or, qu'il en soit ainsi du gouvernement de l'Eglise, ç'a été le sentiment de toute l'antiquité, confirmé par la pratique des quatre premiers siècles, Si cette vérité a été souvent méconnue dans la suite, ç'a été un malheur causé par l'inondation des barbares et par les révolutions qui ont succédé (1).

la récompense de leur zèle à défendre la vérité catholique, et à nous en conserver le dépôt dans sa pureté primitive. Jusque-là, prenant droit des témoignages allégués, nous demanderons : Si saint Pierre a reçu seul les clefs pour les communiquer aux autres pasteurs, de qui ceux-ci les recevront-ils, s'ils ne veulent plus les recevoir de Pierre? Sera-ce de l'Eglise universelle? Mais l'Eglise universelle, en tant qu'on lui attribue la juridiction, qu'est-ce autre chose que le corps des pasteurs? Ce seront donc les pasteurs qui se donneront eux-mêmes les clefs; et, puisqu'ils les donnent, ils les ont donc, et tout ensemble ils ne les ont pas, puisque la question est de savoir de qui ils les recevront. Se peut-il imaginer de contradiction plus manifeste? car remarquez cet enchaînement : Pierre reçoit seul les clefs, non pour en remettre la pleine et entière disposition, mais pour en *communiquer* l'usage aux autres pasteurs. Donc les autres pasteurs sont privés des clefs jusqu'à ce qu'ils les aient reçues de Pierre. En admettant le principe, on ne peut nier la conséquence; et nous venons de voir le principe posé par Tertullien, saint Cyprien, saint Optat de Milève, saint Augustin, saint Ephrem, saint Grégoire de Nysse, saint Innocent et saint Léon. On passe outre cependant, et l'on dit : « L'Eglise donnera les clefs aux pasteurs; mais qui les donnera à l'Eglise elle-même? Les mêmes Pères nous l'apprennent : Jésus-Christ a donné les clefs à Pierre, et par lui à l'Eglise. » On n'avance donc rien en recourant à l'Eglise, si on ne présuppose le consentement de Pierre. N'importe, oublions pour un moment la maxime de Tertullien : demandons seulement quelle est cette Eglise douée de juridiction, cette Eglise de qui les pasteurs recevront les clefs? Il n'y a point à hésiter, ce sont les pasteurs mêmes. Ainsi l'on soutient ensemble ces deux propositions : les pasteurs n'ont point les clefs ; les pasteurs se donneront les clefs. On met la plénitude de la juridiction là où on a supposé l'absence de toute juridiction; et, pour ne pas reconnaître les droits du saint-siège, on outrage sans remords ceux du bon sens. Qu'on y prenne garde cependant, on n'arrête pas où l'on veut un faux principe. L'erreur est comme ces plantes parasites, qui montent sans cesse jusqu'à ce qu'elles soient arrivées au sommet de l'arbre qu'elles serrent et étouffent dans leurs mortels embrassements. Qui empêchera, par exemple, qu'en étendant un peu le système dont nous venons de prouver l'absurde inconséquence, les prêtres ne se croient point permis d'instituer les prêtres et de leur conférer les pouvoirs? Pourquoi seraient-ils plus étroitement obligés de recevoir des évêques, que les évêques ne le sont de les recevoir du pape? La subordination est-elle moins ordonnée aux uns qu'aux autres? ou est-ce peut-être que l'Ecriture et la tradition, ayant décidé clairement que les prêtres doivent recevoir de leur chef la mission, il soit demeuré incertain de qui les évêques la doivent tenir? Chose étonnante, que Dieu n'ait pas su établir avec clarté le principe fondamental du gouvernement de l'Eglise! Mais qui oserait prononcer contre sa sagesse divine un tel blasphème? Qui oserait dire que l'ordre de transmission légitime de l'autorité qui lie et délie, qui ouvre et ferme les portes du ciel, ait été laissé douteux, en sorte que l'Eglise reposant sur le ministère, comme à son tour le ministère repose sur la mission, on ne sache néanmoins avec certitude, ni qui la doit recevoir, ni qui la peut donner? Certes, c'est là aussi une opinion trop monstrueuse pour qu'elle trouve jamais des défenseurs. Il faut donc avouer qu'aucun point de doctrine ne doit être plus certain, ni mieux connu que celui par lequel on peut s'assurer de la légitimité des premiers pasteurs : plus certain, pour que l'existence de l'Eglise même soit certaine ; mieux connu, afin que dans tous les temps, et à tous les moments, chaque chrétien puisse dire, avec une pleine confiance et une inébranlable fermeté : Je crois l'Eglise. Maintenant qu'on nous réponde. Croit-on qu'un dogme si essentiel ait été ignoré de l'antiquité? Non, sans doute, car nous ne pouvons nous-mêmes l'apprendre que d'elle : son symbole est notre symbole, sa foi est la règle de notre foi. Donc il faut, ou soutenir que Tertullien, saint Cyprien, saint Optat de Milève, saint Augustin, saint Ephrem, saint Grégoire de Nysse, saint Innocent, saint Léon, pour ne parler ici que de ces Pères, ont non-seulement ignoré un dogme essentiel de la foi catholique universellement connu de leur temps, mais qu'ils l'ont entièrement renversé, sans qu'une seule voix ait pris sa défense, ou convenir que la juridiction a été donnée par Jésus-Christ à Pierre seul, pour la communiquer aux autres évêques. D'où il s'ensuivra nécessairement qu'à moins que Jésus-Christ ne parle derechef pour établir un nouvel ordre, tout pasteur non institué par Pierre, ou de son consentement, est sans mission, sans autorité, un aveugle qui conduit d'autres aveugles, et tombe avec eux dans la même fosse. »

(1) « Le principe de la constitution de l'Eglise (dit le livre de la *Tradition de l'Eglise sur l'institution des évêques*; Introduction, p. 9) se trouve dans cette prière du Rédempteur à son Père : *Qu'ils soient un, comme nous sommes un!* Or, sans un centre, point d'unité ; sans une subordination graduée, point de centre ; point de subordination sans un chef.

« Un chef unique, souverain, est donc, par la nature même des choses, la base de tout l'édifice. On a lieu de s'étonner qu'on ait contesté cette vérité, quand on voit Jésus-Christ la déclarer si expressément; quand on le voit se hâter, pour ainsi dire, d'établir ce chef, et lui confier le soin d'un troupeau qui n'existait pas encore.

« Pasteur universel, au-dessous de lui sont tous les pasteurs qu'il dirige, régit, confirme, selon l'ordre de son maître. Envoyés pour baptiser et enseigner, ils ne baptiseront et n'enseigneront que sous la dépendance et par l'autorité de celui qui les doit *paître* et *affermir*, qui peut toujours leur demander compte de la mission qu'il leur a donnée, et qu'il est libre de restreindre ou d'étendre, suivant les nécessités, les convenances de chaque portion de la société ou de la société entière...

« La primauté de saint Pierre est donc une primauté non-seulement d'honneur, mais de *juridiction*. Cette proposition est de foi, et elle a été définie comme telle par les conciles œcuméniques. Ecoutons celui de Florence : « Le pape est le vrai *vicaire de Jésus-Christ*, le *chef* de toute l'Eglise, le *père*, le *docteur* de tous les chrétiens, et il a reçu de Jésus-Christ, dans la personne de saint Pierre, le *plein pouvoir de paître, régir* et *gouverner* l'Eglise universelle, ainsi qu'il est marqué dans les actes des conciles œcuméniques et *dans les saints canons*... »

Toutes les brebis sont soumises au premier pasteur,

2° Bellarmin suppose que saint Pierre seul a été ordonné ou sacré évêque par Jésus-Christ, au lieu que les autres apôtres ont été ordonnés par saint Pierre, lib. I, c. 23. Pure imagination, qu'il a soin de réfuter lui-même. Il prouve, lib. IV, c. 24, que les autres apôtres ont reçu, non de saint Pierre, mais de Jésus-Christ, leur *juridiction* sur toute l'Eglise. Il serait fort singulier que ce divin Sauveur leur eût donné par lui-même la *juridiction* et non l'ordination, qu'il eût fallu autre chose que la volonté de Jésus-Christ et sa parole pour leur donner en même temps tous les pouvoirs dont ils étaient revêtus.

parce que Jésus-Christ n'en a excepté aucune, et que toutes sont comprises dans ces mots : *Pasce oves meas.* « C'est à Pierre, dit Bossuet, qu'il est ordonné premièrement d'aimer plus que tous les autres apôtres (Joan., c. XXI, v. 15, 16, 17), et ensuite de paître et gouverner tout, et les agneaux et les brebis, et les petits et les mères, et les pasteurs mêmes : pasteurs à l'égard des peuples, et brebis à l'égard de Pierre. » Son troupeau, ce sont tous les chrétiens, ministres et simples fidèles ; le monde est son diocèse, et rien dans l'Eglise ne se dérobe à sa puissance et à son amour. »

Ecoutons les docteurs français, qu'on n'accusera pas d'exagérer les droits des papes.

« L'Eglise romaine, dit Pierre d'Ailly, *représente l'Eglise universelle*, ce qui n'appartient à aucune autre Eglise particulière, mais seulement au concile général... L'Eglise romaine *possède seule la plénitude du pouvoir* dont elle communique une portion aux autres Eglises. De là vient qu'elle peut les juger toutes, et que toutes doivent garder la discipline qu'elle leur prescrit : et celui-là est hérétique qui viole ses privilèges. »

De l'aveu de Gerson, « la plénitude de la puissance ecclésiastique réside formellement et subjectivement dans le seul pontife romain, et elle n'est autre chose que le pouvoir d'ordre et de juridiction qui a été donné surnaturellement par Jésus-Christ à Pierre, comme à son vicaire et au *souverain monarque*, pour lui et ses successeurs légitimes jusqu'à la fin des siècles. » Gerson déclare hérétique et schismatique, quiconque nierait que le pape a été institué surnaturellement et immédiatement, et qu'il possède une autorité *monarchique* et *royale* dans la hiérarchie ecclésiastique. » Après avoir signalé les changements auxquels les gouvernements civils sont exposés, « il n'en est pas ainsi, dit Gerson, de l'Eglise qui a été fondée par Jésus-Christ sur *un seul monarque suprême*. C'est la seule police immuablement *monarchique* et en quelque sorte *royale* que Jésus-Christ ait établie. »

« Le pape, dit Almain, seul possède une autorité primitive qui lui soumet tous les autres, sans qu'il soit soumis à aucun. La puissance universelle de faire des canons obligatoires par tout l'univers a été donnée à un seul, savoir à Pierre et à ses successeurs, et elle n'a été donnée à nul autre. Un seul est investi de la puissance suprême, et l'Eglise n'est une que par l'unité du chef. Elle forme un corps mystique dont le pape est le chef. Le pouvoir du pape, dans les choses spirituelles, est un pouvoir souverain, et ce genre de gouvernement ne peut être changé. »

Les ambassadeurs de Charles VII disaient à Eugène IV : « Nous ne mettons point en doute votre principauté, très-saint père, mais nous disons : *Soyez notre prince* (Is., c. III, v. 6). Nous savons et nous confessons hautement que la *principauté monarchique* a été établie de Dieu (dans l'Eglise), non-seulement selon la commune Providence du monde, mais aussi par l'institution particulière de Jésus-Christ, et que vous la possédez par une vraie et légitime succession. »

Enfin, la faculté de théologie de Paris, en censurant le livre de Marc-Antoine de Dominis, a condamné cette doctrine comme *hérétique* et *schismatique*. « Monarchiæ forma non fuit immediate in Ecclesia a Christo instituta. *Hæc propositio est hæretica, schismatica, ordinis hierarchici subversiva, et pacis Ecclesiæ perturbativa.* Collect. judiciorum, etc. Tom. I, part. II, p. 105. »

« Doctrina in articulis Joannis Hus contenta, nimirum *in Ecclesia non dici unum caput supremum et monarcham præter Christum, suam Ecclesiam per multos ministros, sine uno isto monarcha mortali regere perfecte et gubernare*, est doctrina christiana a sanctis Patribus egregie explicata et confirmata. *Hæc propositio est hæretica quoad singulas partes.* Ibid., pag. 406. »

(1) La *Tradition de l'Eglise sur l'institution des évêques* apprécie différemment le fait proposé.

« Dans ces premiers moments, où rien ne paraissait encore réglé dans le gouvernement de l'Eglise, où le prince des apôtres ne s'était point encore, pour ainsi dire, placé à leur tête, il semble qu'on devait s'attendre à les voir concourir également à l'élection de Mathias. Cependant Dieu ne permit pas qu'il en fût ainsi. Il voulut que le caractère et l'autorité du chef fussent clairement marqués dans le premier acte solennel de juridiction ecclésiastique qu'offrent les fastes du christianisme. En présence de l'Eglise assemblée, Pierre, rempli de cette grande idée que Jésus-Christ lui avait donnée de lui-même, prend possession de la principauté qu'il doit transmettre à ses successeurs. C'est lui qui propose d'élire à la place de Judas un nouvel apôtre, qui *tient l'assemblée* où il doit être élu, qui désigne ceux entre lesquels on le peut choisir ; et saint Chrysostome assure qu'il avait le plein pouvoir de le nommer seul, *licebat et quidem maxime*. « Pourquoi, se demande le saint docteur, Pierre communique-t-il aux disciples son dessein ? Pour prévenir les contentions et les rivalités ; c'est ce qu'il évite toujours, et ce qui lui a fait dire d'abord : *Mes frères, il faut élire un d'entre nous.* Il remet le jugement à la multitude, afin de lui rendre vénérable celui qu'elle choisirait, et pour ne pas exciter sa jalousie... Quoi donc? Pierre ne pouvait-il pas l'élire lui-même ? Il le pouvait, sans doute ; mais il s'en abstient, de peur de favoriser quelqu'un. » Et encore : « C'est lui qui a dans cette affaire la principale autorité, comme celui sous la main de qui tous les autres ont été placés ! car c'est à Pierre que le Christ a dit : *Quand tu seras converti, affermis tes frères* (Homil. 3, in Act. Apost.). »

« Ces paroles de saint Chrysostome ne semblent pas susceptibles de recevoir plusieurs interprétations. Cependant M. Bossuet, répondant à un auteur anonyme, dans la *Défense de la déclaration du clergé*, le blâme « de s'être mis en tête que saint Chrysostome ait cru que saint Pierre était en droit de déterminer seul cette affaire, sans même consulter les

Vainement Bellarmin semble distinguer la *juridiction* d'avec la mission, et l'épiscopat d'avec l'apostolat; de son propre aveu, les apôtres ont reçu de Dieu l'un et l'autre. Pour les leur donner, a-t-il fallu autre chose que ces paroles de Jésus-Christ : *Prêchez l'Evangile à toute créature* (Marc., xv, 16). *Je vous envoie comme mon Père m'a envoyé.... Recevez le Saint-Esprit ; les péchés seront remis à ceux auxquels vous les remettrez*, etc. (Joan., xx, 21). On ne le prouvera jamais.

3° Plus vainement encore ce théologien prétend que la *juridiction* universelle, donnée par Jésus-Christ aux apôtres, était extraordinaire, déléguée, et ne devait pas passer à leurs successeurs, au lieu que celle dont il avait revêtu saint Pierre était ordinaire, perpétuelle, et devait être transmise à tous les souverains pontifes, lib. I, c. 9; lib. IV, c. 25. Il s'ensuit seulement que la *juridiction* des autres apôtres ne devait pas se transmettre à leurs successeurs dans la même étendue qu'ils l'avaient eux-mêmes reçue; mais il ne s'ensuit pas qu'ils ne devaient et ne pouvaient en transmettre aucun degré. C'est une absurdité de supposer que quand un apôtre établissait un évêque dans une contrée, et qu'il lui donnait, par l'ordination, les pouvoirs d'ordre et la mission, il ne lui donnait pas aussi la *juridiction* sur son troupeau. Voyons-nous les évêques établis par saint Paul et par saint Jean, longtemps après la mort de saint Pierre, demander la *juridiction* aux successeurs de ce prince des apôtres ?

4° Par une suite de la même hypothèse, Bellarmin imagine que les évêques ne sont pas les successeurs des apôtres, dans le même sens que le pape est le successeur de saint Pierre, parce qu'ils n'héritent point de la *juridiction* des apôtres sur toute l'Eglise, au lieu que les papes la reçoivent avec la même étendue que saint Pierre. Mais les bornes, mises par les apôtres mêmes à la *juridiction* ordinaire des évêques, ne la rendaient pas nulle. Jésus-Christ l'avait donnée à ses apôtres telle qu'il la leur fallait pour établir l'Evangile; il n'y avait point mis de bornes, non plus qu'à leur mission, puisqu'il les avait envoyés prêcher *à toutes les nations*. Pour la suite, il n'était pas nécessaire que chaque évêque eût une *juridiction* illimitée : il suffisait qu'il y eût dans l'Eglise un chef qui la conservât sur tout le troupeau. De ce que saint Paul

autres apôtres, ce qui, certainement, dit-il, est très-éloigné de la pensée du saint docteur, et tout à fait contraire aux maximes qu'on suivait alors. Saint Chrysostome veut simplement dire par ces paroles que saint Pierre qui, comme chef de l'assemblée, venait d'ouvrir l'avis touchant l'élection, était en droit de désigner et d'élire un des disciples, parce que sans doute son choix aurait été ratifié par les autres apôtres ; or, dans ce sens, saint Pierre aurait été, non le seul électeur, mais le premier d'entre les électeurs. » Ainsi M. Bossuet convient que Pierre était en droit de désigner et d'élire un des disciples : cela est trop clair dans saint Chrysostome pour qu'on le puisse nier. Ce qu'ajoute M. Bossuet, « parce que sans doute son choix aurait été ratifié par les autres apôtres, » est une pure glose tout à fait nouvelle, que ne donne le saint docteur, et qui répugne également à l'esprit et à la lettre de son texte. Si saint Pierre abandonne l'élection à l'assemblée, c'est de sa part une concession : *il souffre, il permet*, dit saint Chrysostome, c'est un droit qui lui appartenait *éminemment*, et dont il consent à ne point user, de peur qu'on ne le soupçonnât de favoriser quelqu'un. En même temps qu'il se montre le premier en autorité, il veut être aussi le premier à mettre en pratique cette belle maxime de condescendance et de charité : *Ne dominez point sur l'héritage du Seigneur, mais rendez-vous le modèle de son troupeau par une vertu qui naisse du cœur*. Que voit-on en tout cela qui indique que l'approbation des apôtres était nécessaire? Il n'est rien qu'on ne puisse faire dire à un auteur, lorsqu'on croira posséder le privilège de lire dans son esprit, et d'y découvrir, sans autre secours que cette espèce d'intuition miraculeuse, ses sentiments les plus cachés. Encore ne faudrait-il pas mettre les secrètes idées de cet auteur en contradiction avec ses aveux formels. Or, saint Chrysostome déclare que saint Pierre pourrait élire *seul* Mathias ; comment aurait-il pensé qu'il ne pouvait faire sans le concours des autres apôtres ? Qu'y a-t-il de plus opposé que ces deux propositions ? et peut-on de bonne foi prétendre que l'une ne soit que l'explication et le développement de l'autre? Il pouvait, c'est-à-dire qu'il ne pouvait pas : commentaire fort singulier assurément, et aussi peu digne de Bossuet que de saint Chrysostome. Ce n'était pas ainsi que l'évêque de Meaux expliquait la tradition, et se montrait l'égal des Pères en les interprétant dans son immortelle *Histoire des Variations*, et dans ses *Avertissements aux prétendus réformés*. Pour défendre ce qu'il avance touchant l'élection de Mathias, il se fonde sur *les maximes qu'on suivait alors*. Mais n'est-ce pas apporter en preuve la question même ? Car ce sont justement ces maximes qu'il s'agit de connaître et d'éclairer. Dans tous les cas, on ne détruit pas un texte précis par de vagues allégations. Et, pour en venir au fond, ces maximes, quelles qu'elles fussent, saint Chrysostome ne les entendait certainement pas de la même manière que l'auteur de la *Défense*, puisque si on avait demandé à celui-ci : Pierre ne pouvait-il pas élire lui-même le successeur de Judas, *an Petrum ipsum eligere non licebat ?* il n'est pas sans doute hésité à répondre : *Non licebat* ; « saint Pierre pouvait donner son avis le premier, mais il n'avait que sa voix : » tandis que saint Chrysostome, au contraire, accorde à Pierre ce droit sans restriction, sans modification, *licebat, et quidem maxime* ; et la raison qu'il en rend est remarquable : c'est que tous lui étaient soumis, ou, selon la force de l'original, *étaient sous sa main*, comme des instruments dont on dispose avec une pleine puissance et une entière liberté, en vertu de ces paroles de Jésus-Christ : *Confirme tes frères*.

« Saint Chrysostome n'est pas le seul qui ait reconnu cette prérogative du prince des apôtres. L'ancien auteur du panégyrique de saint Pierre et de saint Paul, attribué par quelques savants à saint Grégoire de Nysse, exalte en termes magnifiques le privilège que saint Pierre possédait seul de créer de nouveaux apôtres : « Cet honneur n'appartenait, dit-il, qu'à celui que Jésus-Christ avait établi chef et prince à sa place, pour gouverner, comme son vicaire, les autres disciples. »

« C'était au II° siècle une tradition de l'Eglise romaine, que saint Pierre avait imposé les mains à saint Paul. Il est sûr du moins que saint Paul et saint Barnabé reçurent l'Esprit-Saint pour l'œuvre à laquelle ils étaient destinés par le ministère de l'Eglise d'Antioche, qui, fondée par saint Pierre, était revêtue de cette autorité supérieure qu'y laissa le saint apôtre, lorsqu'il se rendit à Rome pour y établir, avec son siège, sa primauté sur toute l'Eglise. »

n'a pas donné à Timothée et à Tite une *juridiction* aussi étendue que la sienne, il ne s'ensuit pas qu'il ne leur en ait donné aucune, ou qu'ils aient été obligés de l'emprunter ailleurs. Il y aurait du ridicule à soutenir que l'évêque d'Ephèse n'était pas le successeur de saint Jean, parce qu'il n'avait pas le même degré de *juridiction* que saint Jean. Savons-nous, d'ailleurs, si les disciples du Sauveur, ou ceux des apôtres, qui sont allés prêcher au loin, avaient une *juridiction* limitée à un territoire particulier.

Les apôtres mêmes, quoique revêtus d'une *juridiction* générale, se sont souvent abstenus d'en faire usage. Saint Paul déclare qu'il n'a prêché l'Evangile que dans des lieux où Jésus-Christ n'avait pas encore été annoncé, afin de ne pas bâtir sur le fondement d'autrui (*Rom.*, xv, 20). Il était convenu avec saint Pierre de prêcher l'Evangile, principalement aux gentils, pendant que saint Pierre et ses collègues instruisaient les Juifs par préférence (*Galat.*, ii, 9); mais, avant cet arrangement, il avait déjà quatorze ans d'apostolat (1).

(1) La *Tradition sur l'institution des évêques* (t. I<sup>er</sup>, p. 69) explique ainsi la mission de saint Paul et des autres apôtres:

« Quelques-uns de ceux qui ont traité du gouvernement de l'Eglise n'ont pas assez fait attention aux différences nécessaires qui ont dû exister dans le régime d'une société qui se formait, et de la même société déjà formée. En voyant exercer aux apôtres de si grands pouvoirs, on ont presque méconnu le pouvoir encore plus grand du chef. Leurs yeux, éblouis par l'éclat que répandaient au loin les Eglises naissantes à la fois dans toutes les parties de l'univers, n'ont pas su discerner les privilèges spéciaux qui, à cette époque comme à toutes les autres, distinguaient la chaire principale. Telle est certainement la source de l'erreur des protestants, qui ne voient dans l'Eglise primitive qu'un assemblage fortuit de parties incohérentes, sur lesquelles les hommes et le temps ont travaillé de concert, pour les lier les unes aux autres, et leur donner une forme régulière. Saint Cyprien est le premier, à les en croire, qui ait conçu la grande idée de l'unité; et ceux qui font gloire de fonder leur foi uniquement sur l'Ecriture, oublient que Jésus-Christ même avait dit, *qu'ils soient un comme nous sommes un*.....

« Jésus-Christ a été destiné éternellement pour être le chef de l'Eglise. Toute autorité découle de la sienne, et n'en est qu'une participation; il est la source unique et perpétuellement féconde du pouvoir spirituel. *Je vous envoie*, dit-il aux apôtres, *comme mon Père m'a envoyé*, sublime mission, qui part de Dieu pour arriver au dernier ministre! Mais, pour la recevoir, il faut qu'elle soit donnée; il faut que Jésus-Christ, qui la renferme en soi tout entière, prononce ces mots: *je vous envoie*; car autrement comment saurait-on si l'on est envoyé? Après que Jésus-Christ eut quitté la terre, le cours de la mission se serait donc arrêté, s'il ne s'était pas substitué un homme dont il faisait son organe. Cet homme, ce fut Pierre, qu'il chargea de le représenter par lui-même et par ses successeurs jusqu'à la fin des siècles: *Pasce oves meas*. Voilà l'ordre qui doit durer toujours; il est établi dès le premier moment: aussi ne changera-t-il jamais pendant que l'Eglise subsistera. Mais cette Eglise, il fallait la fonder ou plutôt l'étendre, puisqu'elle devait remplir le monde entier. La sagesse divine, avant de remonter au ciel, avait pourvu à la prompte diffusion de l'Evangile, par des moyens proportionnés dans leur durée à l'effet qu'ils

5° Par la même nécessité de système, Bellarmin prétend que c'est saint Pierre qui a fondé les trois Eglises patriarcales d'Alexandrie, d'Antioche et de Rome; que c'est par les évêques de ces trois grands sièges qu'il a communiqué la *juridiction* à tous les autres évêques du monde. C'est dommage que l'antiquité n'ait eu aucune connaissance de ce fait important. Outre qu'il est fort douteux si saint Pierre a eu aucune part à la fondation de l'Eglise d'Alexandrie, si saint Marc en a été fait évêque avant ou après la mort de saint Pierre, les patriarches de Jérusalem n'auraient certainement pas avoué qu'ils tenaient leur *juridiction* de ceux d'Antioche et d'Alexandrie.

Selon une tradition assez constante, saint André et saint Philippe ont prêché l'Evangile dans le nord de l'Asie et de l'Europe; d'autres apôtres dans la Perse et dans les Indes: croirons-nous que les évêques qu'ils y ont établis ont eu recours aux patriarches d'Antioche ou d'Alexandrie pour recevoir la *juridiction* épiscopale, et ne se sont pas crus autorisés à gouverner leur troupeau en vertu

devaient produire. L'ordre du ministère réglé pour tous les temps n'est pas semblable en tout à celui qui devait favoriser l'établissement de l'Eglise. Une autorité extraordinaire est donnée aux apôtres pour que l'œuvre de Dieu s'accomplisse avec une rapidité non moins extraordinaire. Quoique inférieurs à Pierre, qui tient au milieu d'eux la place de Jésus-Christ, ils ont reçu comme lui la plénitude de la puissance apostolique; mais ils ne la transmettront point à leurs successeurs; elle n'est pour eux qu'une commission personnelle et temporaire. Ils seront comme des conquérants qui, ne devant point avoir de postérité, laissent toutes leurs conquêtes à un monarque plus heureux, dont la race ne s'éteindra point. Avec eux cessera l'apostolat, ainsi que les dons qui y sont attachés. La dignité épiscopale, séparée de ces dons, est la seule qui doive subsister, parce que c'est la seule qui entre dans l'économie du gouvernement stable où tout se rapporte à un centre commun, et vient y puiser sa force. « Il faut, dit Bossuet, que la commission extraordinaire de Paul expire avec lui à Rome, et que réunie à jamais, pour ainsi parler, à la chaire suprême de saint Pierre, à laquelle elle était subordonnée, elle élève l'Eglise romaine au comble de l'autorité et de la gloire. »

« Ce qui est vrai de saint Paul est également vrai des autres apôtres. C'est une maxime reçue par tous les théologiens, que les évêques succèdent aux apôtres dans l'épiscopat et non dans l'apostolat. Il ne servirait de rien de répondre, observe le cardinal Gerdil, que cette distinction ne se trouve que dans les écrivains modernes. Cela peut être vrai tout au plus pour le nom des mots, mais la chose est aussi ancienne que l'Eglise. Qui jamais s'est imaginé que les sept évêques d'Asie fussent égaux à saint Jean dans la puissance de gouvernement? ou que Denis l'Aréopagite et les autres évêques nommés dans les Epîtres de saint Paul, et préposés par lui à diverses Eglises particulières, possédassent la même autorité que cet apôtre? Pour confirmer ces preuves, j'ajouterai, poursuit Gerdil, un argument qui paraît d'une grande force, et même décisif. Qu'on réfléchisse qu'excepté saint Pierre, saint Jacques, frère du Seigneur, est le seul d'entre les apôtres qui ait été tout ensemble apôtre et évêque d'une Eglise particulière: or, quoiqu'on puisse très-bien dire que les évêques qui occupèrent après lui le siège particulier lui succédèrent dans l'épiscopat, on ne peut pas dire également qu'ils lui aient succédé dans l'autorité propre de l'ordination et de la mission qu'ils avaient reçues des apôtres? Si cette discipline avait eu lieu, il serait fort étrange qu'il n'en fût resté aucun vestige dans les monuments des trois premiers siècles.

Lorsqu'on objecte à Bellarmin les paroles que saint Paul adresse aux anciens de l'Eglise d'Ephèse : « Veillez sur vous et sur tout le troupeau dont le Saint-Esprit vous a établis évêques pour gouverner l'Eglise de Dieu (*Act.*, c. xx, v. 21), il dit que ces évêques ont reçu le pouvoir de gouverner, non pas immédiatement du Saint-Esprit, mais de l'apostolat, puisque non-seulement il ne leur transmit point la plénitude de l'autorité apostolique, en vertu de laquelle aucun apôtre ne pouvait être assujetti aux autres, excepté au chef, mais encore que ces évêques furent réellement subordonnés au siège patriarcal d'Antioche, et même à la métropole de Césarée, subordination à laquelle évidemment saint Jacques n'aurait pu être astreint, non plus que ceux qui, en lui succédant sur le siège particulier de Jérusalem, auraient en même temps hérité de toute l'étendue du pouvoir apostolique. A plus forte raison faut-il dire que les évêques qui ne succèdent point aux apôtres dans un siège particulier que ceux-ci aient occupé, mais qui furent originairement établis par eux pour régir des portions particulières du troupeau, doivent certainement être regardés comme les successeurs des apôtres dans l'épiscopat, titre qui suffit pour constituer une dignité sublime, mais non dans la plénitude de l'autorité qui était propre à l'apostolat, et de laquelle seule peut dériver cette prééminence indépendante de l'ordination qui élève certains sièges au-dessus des autres. »

« Le Père Alexandre, si attentif à ne rien exagérer lorsqu'il s'agit des prérogatives des pontifes romains, n'enseigne point une autre doctrine. « La suprême puissance dans l'Eglise, dit-il, a été accordée non-seulement à Pierre, mais encore aux autres apôtres, pour en user comme d'un pouvoir extraordinaire, et qui devait expirer avec eux. Ils pouvaient donc dire tous comme saint Paul, *le soin de toutes les églises est mon occupation de chaque jour* ; mais cette autorité souveraine a été donnée à Pierre comme au pasteur ordinaire, destiné à avoir une suite non interrompue de successeurs, lorsqu'enfin la puissance apostolique se serait concentrée en un seul. De là vient que, par antonomase, le siège de Pierre est appelé apostolique par saint Jérôme, par saint Augustin, par les Pères du concile de Chalcédoine, et par les évêques des Gaules, dans leur lettre à saint Léon. » (*Dissert. 4, ad sæc. 1.*) Le Père Alexandre remarque ensuite que ces maximes ont leur fondement dans l'Ecriture même : « Car, pour ce qui est de la puissance apostolique, Jésus-Christ dit aux apôtres : *Allez dans tout l'univers, prêchez l'Evangile à toute créature*, afin de montrer qu'ils pouvaient étendre leur sollicitude par toute la terre. Mais on voit encore clairement par l'Ecriture que certaines portions de territoires, certains troupeaux particuliers étaient confiés par les apôtres aux évêques qu'ils ordonnaient. *Veillez*, dit saint Paul, *à tout le troupeau sur lequel l'Esprit-Saint vous a établis évêques pour gouverner l'Eglise de Dieu qu'il a acquise au prix de son sang*. La suite prouve que saint Paul parle d'un troupeau particulier. *Je sais qu'après mon départ il entrera parmi vous des loups ravissants qui n'épargneront pas le troupeau*. Et saint Pierre : *Paissez*, dit-il, *le troupeau de Dieu dont vous êtes chargés*. C'est pourquoi les Pères n'ont point pensé que les évêques eussent reçu, comme les apôtres, une puissance universelle dans l'Eglise ; mais ils ont limité le pouvoir qu'ils tenaient des apôtres à certains sièges particuliers. » (*Ibid.*)

médiatement par le canal de saint Pierre : il ne fait pas attention que ces évêques avaient été ordonnés par saint Paul, et que cet apôtre n'a jamais cru avoir besoin de la commission d'aucun homme pour exercer les fonctions de l'apostolat. Ce n'est pas ainsi non plus que l'entendaient les évêques du grand concile d'Afrique, tenu sous saint Cyprien, qui disaient : « Jésus-Christ seul a le pouvoir de nous préposer au gouvernement de son Eglise, et de juger de nos actions. » On sait qu'ils en voulaient par là au pape saint Etienne (1).

« Des nombreuses autorités qu'allègue le Père Alexandre à l'appui de ce sentiment des Pères, nous ne citerons que le quinzième canon du concile de Nicée, qui défend aux évêques de passer d'une ville dans une autre. « Comment le concile de Nicée, continue le Père Alexandre, aurait-il pu attacher un évêque à un seul lieu, si, de droit divin et sans exception ni limitation, l'autorité de cet évêque s'étendait à toutes les églises? Le pouvoir des évêques n'a donc pas une telle étendue : on ne peut donc pas dire qu'ils aient succédé à la plénitude de la puissance apostolique. »

« Messieurs de Marca, Hallier, le Père Pétau, et tous les théologiens catholiques, établissent les mêmes principes ; et la vérité en est si constante, selon la remarque de Zallinger, qu'elle a été reconnue même par des protestants, entre autres par Mosheim. Si Antoine de Dominis cherche à répandre des opinions contraires, il est aussitôt censuré, et les facultés de théologie de Paris et de Cologne n'hésitent point à déclarer sa doctrine hérétique.

« On convient universellement que la puissance extraordinaire des apôtres renfermait le droit de fonder des Eglises et d'instituer des évêques. « Or, dit le savant cardinal Gerdil, t. XII, si cette puissance devait finir avec eux, si elle était ordinaire dans saint Pierre seul, il s'ensuit nécessairement qu'aux seuls successeurs de saint Pierre appartient cette suprême autorité, qui consiste à pouvoir exercer par tout le monde le ministère apostolique, non-seulement en annonçant l'Evangile, en administrant les sacrements, mais encore en instituant les Eglises, en créant des évêques, et en étendant partout leur paternelle sollicitude. »

(1) La *Tradition de l'Eglise sur l'institution des évêques* va réfuter Bergier :

« L'Eglise de Rome attribue sa grandeur et ses prérogatives à la puissante primauté de saint Pierre qui, l'ayant établie par sa prédication, l'affermit par ses miracles, et légua par son martyre tous ses droits à ses successeurs. Celle d'Alexandrie fait dériver ses privilèges du même apôtre, qui la fonda et la gouverna par son disciple saint Marc. Enfin l'Eglise d'Antioche, comme l'atteste saint Chrysostome, rapporte aussi le rang dont elle jouit à saint Pierre, qui en fut le premier évêque. C'est ainsi que tout ce qui, dans l'Eglise, offre un caractère de prééminence et de force, vient se rattacher de soi-même à la pierre fondamentale.

« Chose remarquable : quoique les apôtres eussent établi un grand nombre d'évêques, et que les anciens aient quelquefois donné à ces sièges primitifs le nom d'apostoliques, cependant ce glorieux titre a toujours désigné particulièrement ceux qui reconnaissent saint Pierre pour fondateur. « C'est, dit Thomassin, ce qui a fait couler sur eux ou la plénitude ou une participation singulière de cette primauté dont Jésus-Christ avait honoré saint Pierre, la vigilance amoureuse du divin fondateur de l'Eglise ayant ainsi disposé le cours de la prédication de l'Evangile, afin que toute la suite des siècles reconnût pour unique chef celui qu'il avait lui-même honoré de cette

6° Un nouveau trait de prévention de la part de ce savant théologien est de prétendre qu'un évêque n'a pas le pouvoir d'envoyer des missionnaires aux peuples infidèles. Mais si un évêque se trouvait tout à coup transporté au milieu de ces peuples, auguste qualité lorsqu'il formait son Église, et que dans les premiers commencements il traçait l'image et les règles de tous les siècles à venir. *Discipl.*, liv. I, c. 7. »

« Pour détruire un fait si constant, inutilement objecterait-on avec M. Dupin, que « si on rapportait à cette cause la dignité des patriarches, les siéges patriarcaux eussent dû être beaucoup plus nombreux, puisque saint Pierre a fondé et gouverné d'innombrables Églises. » Cette objection serait sans réplique, si on soutenait qu'une Église est patriarcale, par cela seul que saint Pierre ou ses disciples l'ont fondée; car alors il est clair que toutes les Églises d'Occident et les principales Églises d'Orient devraient porter ce titre, et qu'il y aurait ainsi presque autant de patriarcats que d'évêchés. Mais aussi n'est-ce pas là ce qu'on prétend; et M. Dupin ne l'ignorait pas. Il a créé une absurdité pour se donner le facile plaisir de la détruire, et peut-être dans l'espoir de faire prendre le change au lecteur. Ce qu'on soutient d'après la tradition, c'est que Rome, Alexandrie et Antioche, ne possédèrent une si haute autorité, que parce que saint Pierre voulut y établir d'une manière spéciale la prééminence de son trône, comme parle Thomassin. Un auteur, qui sans doute n'était pas moins instruit que M. Dupin des origines ecclésiastiques, saint Léon, un pape si docte, et dont l'autorité a toujours été si grande dans l'Église, le dit formellement : « Que le siége d'Alexandrie ne perde rien de la dignité qu'il doit à saint Marc, disciple de saint Pierre; et que l'Église d'Antioche, où naquit le nom de chrétien par la prédication du même apôtre, demeure dans l'ordre fixé par les règlements de nos pères, et que, placée au troisième rang, elle ne descende jamais au-dessous. » On trouve à la fois dans ces paroles, et un témoignage qui atteste que les priviléges d'Alexandrie et d'Antioche découlent du prince des apôtres, et un acte d'autorité par lequel saint Léon, héritier de la puissance de Pierre, confirme ces priviléges. *Epist.* 104.

« Richer avoue que saint Léon, dans le passage qu'on vient de lire, attribue à saint Pierre l'établissement des siéges patriarcaux. « Mais, ajoute-t-il, qu'y a-t-il là d'étonnant? puisque ce pape, flatté de l'éclat de sa chaire, se plait à étaler ici, comme en beaucoup d'autres endroits, les franges de sa robe pontificale. »

« Quel langage et quelle réponse! Sur quoi fondera-t-on la tradition, si on rejette le témoignage d'un pontife aussi docte que saint, uniquement parce qu'il était pape? Y a-t-il un seul écrivain qui ne puisse offrir à la mauvaise foi de semblables motifs d'exclusion? Il n'en faudra croire, par exemple, ni les Pères grecs, ni les Pères latins, sur ce qui intéresse spécialement et leur siècle et leurs Églises, parce qu'ils étaient tous attachés ou à tels hommes, ou à telles opinions, ou à telle discipline; et les rivalités qui ont quelquefois existé entre eux fourniront un nouveau prétexte de récuser leur autorité. Où n'irait-on point avec un tel principe? D'un mot on renverserait toute l'histoire, et dans tout ce qui repose sur le témoignage des hommes, la raison ne verrait qu'un doute éternel et d'impénétrables ténèbres. Laissons aux ennemis de la vérité une méthode qui n'a été inventée que pour l'obscurcir; et malgré les dédains affectés de quelques aigres critiques, pour une tradition qui les condamne, ne cessons point de marcher, à la lumière de son flambeau, dans la route que nous nous sommes tracée.

« Le pape saint Gélase et les soixante-dix évêques du concile de Rome, célébré en 494, s'expriment d'une manière encore plus expresse que saint Léon : « L'Église romaine, sans rides et sans taches, est donc le premier et le principal siége de saint Pierre. Le second est le siége d'Alexandrie, consacré au nom de Pierre par saint Marc, son disciple et son évangéliste, qu'il envoya en Égypte, où, après avoir prêché la parole de vérité, il consomma son glorieux martyre. Le troisième siége établi à Antioche tient aussi un rang honorable, à cause du nom du même apôtre qui habita cette ville avant de venir à Rome, et parce que c'est en ce lieu que prit naissance le nom du nouveau peuple des chrétiens. »

« Innocent I, écrivant à Boniface, son apocrisiaire à la cour de Constantinople, rend la même raison de l'éminence de l'Église d'Antioche, qu'il appelle *la sœur de l'Église romaine*, parce qu'elles reconnaissent le même apôtre pour père; et dans une autre lettre il assure « que les priviléges que le concile de Nicée lui attribua ne lui furent point accordés à cause de la grandeur et de l'importance de cette cité, mais parce qu'elle a eu l'avantage de posséder le premier siége du premier apôtre : » ce qui est confirmé encore par le témoignage de saint Chrysostôme, et par celui de Maxime, qui, dans le concile de Chalcédoine, dit que le trône d'Antioche est le trône de saint Pierre.

« Il ne manquerait, pour compléter les preuves des droits et de l'autorité de saint Pierre sur cette grande Église, que de le voir s'y donner lui-même un successeur; mais cela même, nous le voyons. Félix III et Théodoret nous apprennent que saint Ignace fut ordonné évêque d'Antioche de la propre main de saint Pierre, *Petri dextera episcopus ordinatus est*. Nicéphore, qui confirme ce fait, ajoute que le saint apôtre avait déjà confié à Évode le gouvernement de l'Église d'Antioche; et cet historien le fait clairement entendre que saint Ignace, qu'il représente comme un homme inspiré de Dieu, reçut immédiatement sa mission de saint Pierre.....

« Nous lisons dans saint Grégoire que « les trois patriarches sont assis dans une seule et même chaire apostolique, parce qu'ils ont tous succédé au siége de Pierre et à son Église, que Jésus-Christ a fondée dans l'unité, et à qui il a donné un chef unique pour présider aux trois siéges principaux des trois villes royales, afin que ces trois siéges, indissolublement unis, liassent étroitement les autres Églises au chef divinement institué. « Tout le monde sait, écrit ce grand pontife à Euloge d'Alexandrie, que le bienheureux évangéliste Marc fut envoyé à Alexandrie par saint Pierre son maître. Ainsi nous sommes tellement liés par l'unité du maître et du disciple, que nous paraissons présider, moi au siége du disciple à cause du maître, et vous au siége du maître à cause du disciple : » ce qu'il répète dans une autre lettre adressée au même évêque : « Votre siége, lui dit-il, est le nôtre, » et encore : « Quoiqu'il y ait eu plusieurs apôtres, il n'y a pourtant qu'un seul d'entre eux, placé en trois lieux différents, qui ait eu autorité sur les autres siéges. Saint Pierre a élevé au premier rang celui où il daigna se fixer et terminer sa vie mortelle. C'est lui qui a illustré le siége où il envoya l'évangéliste son disciple, c'est encore lui qui établit le siége qu'il devait abandonner, après l'avoir occupé sept ans : ainsi ce n'est qu'un seul et même siége. » Peut-on dire plus nettement que la prééminence des trois siéges patriarcaux n'était qu'une émanation de celle de saint Pierre, et, par une conséquence immédiate, qu'il faut rapporter à cet apôtre l'autorité qu'ils exerçaient?

« Dans sa réponse aux Bulgares, Nicolas I attribue également à saint Pierre l'origine et les droits des Églises patriarcales. « Vous désirez savoir exactement, dit-il, combien il y a de patriarches. Ceux-là sont véritablement patriarches, qui, par une succes-

lui serait-il défendu de leur prêcher l'Evangile, de les convertir, de les gouverner comme pasteur, avant d'en avoir reçu la commission du saint-siége, comme cela s'est fait du temps des apôtres? Nous ne pensons pas que Bellarmin ose le soutenir (1).

7° Si les évêques, dit-il, avaient reçu de Dieu leur juridiction, elle serait égale pour tous; or, celle des uns est plus étendue que celle des autres : le souverain pontife ne pourrait étendre, ni resserrer, ni changer cette juridiction; il le peut cependant, puisqu'il le fait, soit par le partage d'un évêché en plusieurs, soit par les exemptions, les réserves, etc.

Nous répondons que la juridiction des évêques serait égale et immuable, si le bien de l'Eglise l'exigeait ainsi; cela est si vrai que, dans le cas de nécessité, on a vu de saints évêques faire des actes de juridiction hors de leur diocèse, donner les ordres sacrés, etc., et ils n'en ont point été blâmés. On cite pour exemple saint Athanase, Eusèbe de Samosate et saint Epiphane, Bingham, *Orig. ecclés.*, l. II, c. 5, § 3. En donnant aux apôtres la juridiction, Jésus-Christ a voulu qu'elle fût transmise à leurs successeurs de la manière la plus avantageuse au bien de l'Eglise; qu'elle fût dévolue au chef dans toute son universalité, à ses collégues dans le degré nécessaire pour exercer utilement leurs fonctions : il ne s'ensuit pas de là que ce soit le chef qui la donne aux autres. Le souverain pontife ne fait point des unions, des partages, des exemptions ni des réserves, à son gré, sans consulter personne, et contre le bien de l'Eglise; autrement elles seraient illégitimes. Nous reconnaissons volontiers dans le souverain pontife la qualité de vicaire de Jésus-Christ, de chef visible de l'Eglise, de pasteur universel; nous lui attribuons, comme tous les catholiques, une juridiction générale, une plénitude de puissance et d'autorité sur tout le troupeau : nous le prouverons même autant que nous en sommes capables. *Voy.* PAPE. Mais nous ne conviendrons jamais que cette puissance soit absolue, illimitée, indépendante de toute règle, supérieure à celle de l'Eglise assemblée; que la juridiction réside en lui seul, et que les autres évêques la reçoivent de lui : un pouvoir de cette nature ne serait ni utile à l'Eglise, ni digne de la sagesse de Jésus-Christ.

Il n'est pas vrai, comme le prétend Bellarmin, que sans cela l'Eglise ne puisse être un seul troupeau, une société bien unie et bien réglée, conserver l'intégrité de la foi et de la morale : l'expérience de dix-sept siècles prouve le contraire. Ce n'est pas dans les temps où l'autorité du chef de l'Eglise était absolue, que les choses sont allées le mieux.

sion non interrompue de pontifes, sont assis sur les siéges apostoliques, c'est-à-dire président aux Eglises certainement fondées par les apôtres : savoir, l'Eglise de Rome, que les princes des apôtres Pierre et Paul fondèrent par leur prédication, et consacrèrent de leur propre sang pour l'amour du Christ; l'Eglise d'Alexandrie, que l'évangéliste saint Marc, disciple et fils de saint Pierre, qui l'avait enfanté dans le baptême, établit et dédia par le sang de Jésus-Christ, après en avoir reçu la mission de saint Pierre; enfin l'Eglise d'Antioche, où les fidèles, formant une nombreuse assemblée, reçurent pour la première fois le nom de chrétiens, et que saint Pierre gouverna plusieurs années avant de venir à Rome. » Ainsi le pape ne reconnaît de siéges *véritablement* apostoliques que ceux dont l'origine remonte à saint Pierre. S'il dit que ce titre appartient à tous les siéges fondés par les apôtres, aussitôt il explique sa pensée, et il réduit à trois le nombre de ces Eglises distinguées de toutes les autres par la grandeur de leurs prérogatives. Quoi donc! ignorait-il que saint Jean fonda plusieurs Eglises en Asie, saint Paul celle de Corinthe, et ainsi des autres apôtres? Il le savait sans doute; mais il savait encore qu'aucun des apôtres, hors de saint Pierre, n'avait pu laisser dans les Eglises qu'il enfantait cette autorité suréminente, caractère propre du chef, et son immortel attribut. A tous ces témoignages on peut joindre celui des Grecs, fidèles échos de la tradition sur ce point, même dans les derniers temps, malgré les préjugés qui auraient pu les porter à l'altérer ou à l'obscurcir. « De même, dit Barlaam, que Clément a été fait évêque de Rome, ainsi saint Marc a été établi évêque d'Alexandrie par saint Pierre. » Avant Barlaam, Procope Cartophylax écrivait : « Saint Marc, promu par saint Pierre pasteur et premier évêque des Egyptiens, honora par ses travaux apostoliques la province qui lui fut confiée, et illustra son ministère par ses sueurs. » Si saint Marc fut, comme saint Clément, créé évêque par saint Pierre, si le premier possédait le siége d'Alexandrie au même titre que le second possédait le siége de Rome, l'autorité de saint Marc n'était donc, comme celle de saint Clément, que l'autorité de saint Pierre.

« Nil, archimandrite, surnommé *Donopatrius*, dans son traité *des cinq siéges patriarcaux*, observe que saint Pierre, après avoir fondé l'Eglise d'Antioche, et lui avoir donné pour évêque son disciple Evode, vint à Rome, d'où il envoya l'évangéliste saint Marc à Alexandrie. « Pierre, le premier des apôtres, après avoir rempli, tant par lui-même que par ceux qu'il institua à sa place, les fonctions d'évêque dans les principales villes de deux parties du monde, l'Asie et l'Europe, résolut aussi d'en créer un pour la troisième partie, je veux dire pour la Libye. C'est pourquoi il envoya de Rome en Egypte l'évangéliste saint Marc, qui fonda à Alexandrie, capitale de cette contrée, une Eglise qui éclaira toute la Libye. En parcourant l'univers et en prêchant l'Evangile, les autres apôtres établissaient des évêques dans toutes les villes où ils passaient; mais les trois que nous venons de nommer possédèrent le primauté sur toutes les autres, savoir l'évêque d'Antioche en Asie et dans tout l'Orient, l'évêque de Rome en Europe, c'est-à-dire en Occident, et dans la Libye l'évêque d'Alexandrie, qui commandait à toute la Palestine dont Jérusalem faisait partie. »

« Nous pouvons donc conclure, 1° que tous les évêques, même ceux créés par les apôtres, furent soumis dès le commencement à la juridiction des trois grands siéges, à qui saint Pierre communiqua en tout sa primauté, ou une partie de sa primauté. 2° Que tous les privilèges dont jouissaient les patriarches d'Alexandrie et d'Antioche n'étaient, comme le dit Thomassin, qu'un rejaillissement de la primauté céleste dont Jésus-Christ honora saint Pierre. »

(1) Un évêque qui n'est pas canoniquement institué, dit M. Doney, n'a pas plus de juridiction sur les infidèles que sur les chrétiens.

Là faiblesse des raisonnements de cet auteur nous fournit la preuve du sentiment opposé. Nous soutenons, en premier lieu, que le gouvernement de l'Eglise n'est point purement monarchique, mais tempéré par l'aristocratie; que l'apostolat, l'épiscopat, la mission et la juridiction des pasteurs viennent de la même source, de Jésus-Christ, par la succession et l'ordination; que l'autorité est solidaire entre tous les évêques, et que tous doivent l'exercer selon les anciens canons et de la manière la plus utile au bien général de l'Eglise. Tel est le sentiment des Pères, confirmé par toute la suite de l'histoire ecclésiastique. *Voy.* Bingham, *Orig. ecclés.*, l. II, c. 5, § 1 et 2. C'est la doctrine établie dans les articles 2 et 3 de la *Déclaration du clergé de France*, en 1682, et qui est fondée sur des preuves sans réplique. *Voy.* Florence, Gallican, Infaillibilistes.

En second lieu, nous soutenons que les évêques sont les successeurs des apôtres dans un sens aussi propre que le souverain pontife est successeur de saint Pierre. C'est le sentiment de saint Cyprien, d'un concile de Carthage, de saint Jérôme, de saint Augustin, de Sidoine Apollinaire, de saint Paulin, etc. Bingham, *ibid.*, chap. 2, § 2 et 3.

Ce serait une erreur de croire que cette succession est attachée au lieu ou au siège particulier qui a été occupé par tel apôtre, puisque les apôtres avaient chacun personnellement *juridiction* sur toute l'Eglise; elle est attachée à l'ordination, parce que celle-ci donne la mission et la qualité de pasteur, par conséquent le pouvoir d'enseigner, de faire les fonctions du culte divin, et de gouverner un troupeau. Quoique cette *juridiction* ait été limitée dans chaque évêque par les apôtres mêmes, selon l'intention de Jésus-Christ, et pour l'utilité de l'Eglise, elle n'en est pas moins surnaturelle et divine; elle ne peut donc être ôtée à un évêque que par la dégradation (1).

Il ne servirait à rien d'objecter qu'il y a eu autrefois des évêques qui n'étaient attachés à aucun siége, qu'aujourd'hui un évêque *in partibus* n'a point de *juridiction*, puisqu'il n'a point de troupeau. Les premiers étaient destinés à se former eux-mêmes un siège en convertissant des païens; il en est de même des seconds; dès le moment qu'il y aurait des chrétiens dans le diocèse dont un évêque *in partibus* est titulaire, il serait dans le droit et dans l'obligation d'aller les gouverner, et il n'aurait pas besoin pour cela d'une nouvelle commission.

En troisième lieu, nous soutenons qu'il faut prendre dans toute la rigueur des termes ce qu'a dit saint Paul, que *le Saint-Esprit a établi les évêques pour gouverner l'Eglise de Dieu*, parce que toute l'antiquité l'a ainsi entendu; il en résulte que les évêques ont reçu de Jésus-Christ et du Saint-Esprit la commission, et par conséquent le pouvoir de gouverner; c'est ce qui constitue la *juridiction*. On n'a méconnu cette vérité que dans les derniers siècles, lorsque des révolutions fâcheuses ont fait perdre de vue l'ancienne discipline et ont fait oublier les vrais principes. Au lieu de dire, comme les Pères, qu'il n'y a dans l'Eglise qu'un seul épiscopat, duquel les évêques tiennent solidairement chacun une partie, saint Cyprien, *de Unit. Eccl.*, p. 108, on a voulu concentrer tout l'épiscopat dans un seul siége, duquel les évêques ne fussent que les délégués.

Les titres, les pouvoirs, les privilèges de saint Pierre et de ses successeurs, sont assez augustes pour n'avoir pas besoin d'être exagérés; ils sont trop solidement établis pour qu'il faille les étayer sur des sophismes et des systèmes arbitraires. C'est mal servir la religion et l'Eglise, que de vouloir introduire une police plus parfaite que celle dont Jésus-Christ est l'auteur. Les sociétés séparées de l'Eglise romaine auraient moins de répugnance à reconnaître dans son chef le vicaire de Jésus-Christ, si on ne lui avait jamais attribué d'autres droits que ceux qui lui appartiennent véritablement (1).

(1) *Omnis res per quascunque causas nascitur, per easdem dissolvitur.* Or, c'est du pape qu'un évêque reçoit le gouvernement de son diocèse. Donc c'est au pape qu'il appartient de le lui ôter, quand le bien de l'Eglise lui paraît réclamer cette mesure. « Que la juridiction des évêques vienne immédiatement de Jésus-Christ ou du souverain pontife, elle est néanmoins de sa nature tellement dépendante de ce dernier, que, de l'aveu de tous les catholiques, il peut de son autorité la restreindre ou même l'anéantir pour des raisons légitimes. *Benedict.* XIV, *de synod. diœces.*, l. VII, c. 8. Conformément à ce principe, et malgré les réclamations des évêques qui refusaient de donner leur démission, Pie VII a supprimé en France tous les anciens siéges épiscopaux et en a créé de nouveaux.

(1) Le *Mémorial catholique*, t. VI, p. 40, envisage la question d'une manière bien différente :

« Lorsqu'il s'agit de savoir quelle est la doctrine de l'Eglise, il importe peu d'examiner si elle plaît à ses ennemis. Notre adversaire prétend que les opinions gallicanes sont plus propres à diminuer leurs préventions contre les catholiques et à les rapprocher de nous. Mais n'est-ce pas un moyen de faire aller l'Eglise à eux, au lieu de les faire venir à l'Eglise ?... En suivant sa méthode, on sacrifierait aux répugnances des sectaires tous les points de doctrine catholique qui n'ont pas encore été formellement définis. Avant que l'Eglise eût expressément décidé comme article de foi qu'elle a le pouvoir de mettre des empêchements dirimants au mariage, on aurait pu dire aussi que les gouvernements séparés d'elle seraient mieux disposés à son égard si on ne lui attribuait pas ce droit, par lequel elle exerce, au moins indirectement, un si grand pouvoir sur le *temporel* des familles. Où irions-nous, si nous nous laissions entraîner sur cette pente ? Ce n'est pas ainsi que l'Eglise entend ses intérêts. Lorsque le livre de Febronius parut en Allemagne, tous les protestants applaudirent à cet ouvrage, comme ils applaudissent de nos jours aux libertés gallicanes. Alors les partisans de Febronius se mirent à faire valoir cet heureux résultat de son livre, qui rendait, suivant eux, un service inappréciable, en affaiblissant les préventions et les répugnances des sectaires contre la religion catholique. Comme l'auteur de cet ouvrage avait pris soin de ne nier, en termes exprès, aucune proposition définie par l'Eglise, il leur semblait que, pour des points qui n'étaient pas formellement dé-

Dictionn. de Théol. dogmatique. III.

Par une discipline ancienne et constante, il est établi que les évêques ont le pouvoir de donner un degré de *juridiction* aux simples prêtres, pour absoudre les péchés; tous doivent l'exercer avec subordination à celle de l'évêque, de même que les évêques doivent exercer la leur avec une extrême déférence envers le souverain pontife. En cela même consiste la force de l'Eglise, et c'est alors qu'elle est, selon l'expression des Pères, une armée rangée en bataille : *Castrorum acies ordinata*.

Pour compléter cet article nous devrions exposer quel est l'objet de la juridiction. Nous le faisons aux mots. PAPE, EVÊQUE, CAUSES MAJEURES, INSTITUTION, EMPECHEMENT, etc.

JUSTE. Ce mot, pris dans le sens théologique, ne signifie pas seulement un homme qui remplit les devoirs de justice à l'égard du prochain, et rend à chacun ce qui lui est dû; mais celui qui satisfait entièrement à la loi de Dieu, et remplit toutes ses obligations, soit à l'égard de Dieu, soit à l'égard du prochain, soit à l'égard de soi-même : c'est ce qu'on appelle *un saint*. Mais cette justice est susceptible de plus et de moins à l'infini, et aucun homme ne la possède dans toute sa perfection. Les théologiens nomment encore *juste* celui qui a passé de l'état du péché à l'état de grâce.

Chez les écrivains de l'Ancien Testament, *juste* ne se prend pas toujours dans cette signification rigoureuse; souvent il désigne seulement un homme fidèle au culte du vrai Dieu, un homme de bien, ce que nous nommons *un honnête homme*, quoique sujet d'ailleurs à des défauts et à des faiblesses : ainsi il est dit de Noé que *c'était de son temps un homme juste et parfait* (*Gen.* c. VI, v. 9). Saül dit à David : *Vous êtes plus juste que moi.* (*I. Reg.* c. XXIV, v. 18). Juda dit de sa bru : *Elle est plus juste que moi*, quoiqu'elle fût coupable d'un crime (*Gen.* c. XXXVIII, v. 26). Job soutenait à ses amis qu'il était *juste;* il ne se croyait pas pour cela exempt de péché. Dans les premiers âges du monde, le droit naturel et le droit des gens n'étaient pas aussi bien connus qu'ils le sont sous l'Evangile; c'était alors un très-grand mérite de n'avoir commis aucun crime.

Sous la loi de Moïse, l'Ecriture nomme *juste* tout homme qui demeurait fidèle au culte du vrai Dieu, pendant que les autres se livraient à l'idolâtrie et aux superstitions des païens. Dans le livre d'*Esther*, c. 9, les Juifs sont appelés *la nation des justes*, par opposition aux infidèles, qui n'adoraient pas le vrai Dieu.

En vertu des promesses que Dieu avait faites aux Juifs de les protéger et de leur accorder ses bienfaits, tant qu'ils seraient fidèles à leur loi, un homme irrépréhensible sur ce point, quoique sujet d'ailleurs à des vices, pouvait prétendre à des grâces temporelles. Lorsque Dieu lui en accordait, on ne peut pas les regarder comme une récompense ni comme une approbation de ses fautes, mais seulement comme un effet de la promesse générale attachée à la loi. Dieu

---

cidés, il ne fallait pas renoncer au grand avantage de faciliter le retour des protestants. Pie VI en a jugé autrement, et l'Eglise s'en est bien trouvée.

« Rien de plus funeste que cette méthode de rejeter les sentiments communs de l'Eglise par charité pour ses ennemis. Loin de ramener des sectes déjà formées, qui se moquent de cette condescendance, elle prépare la voie à des sectes nouvelles. Comme les esprits ne passent pas instantanément de l'obéissance à la révolte formelle, mais par une gradation quelquefois peu sensible, les sectes ne débutent presque jamais par une protestation contre les décisions expresses de l'Eglise. Elles commencent par se faire une doctrine différente de la doctrine communément reçue, une doctrine à part ; elles s'isolent, avant de se séparer ; elles sont des partis dans l'Eglise, avant d'être des sectes.

« Du reste, notre adversaire s'abuse complètement lorsqu'il s'imagine que le gallicanisme est un moyen de convertir les protestants et les philosophes. A cet égard, ils lui donnent eux-mêmes un démenti formel; car ils nous apprennent que les opinions gallicanes leur paraissent contradictoires aux principes catholiques. « Que le concile soit au-dessus du pape, dit Puffendorf, c'est une proposition qui doit entraîner sans peine l'assentiment de ceux qui s'en tiennent à la raison et à l'Ecriture (les protestants); mais que ceux qui regardent le siége de Rome comme le centre de toutes les Eglises, et le Pape comme évêque œcuménique, adoptent aussi le même sentiment, *c'est ce qui ne doit pas sembler médiocrement absurde ;* car la proposition qui met le concile au-dessus du pape établit une véritable aristocratie, et cependant l'Eglise romaine est une monarchie. *De habit. rel. christ. ad vitam civilem*, § 38. Que dit de nos jours (mai 1826) la *Revue protestante* au sujet des gallicans? « Nous savons que les catholiques dits é*clairés* qui ont recueilli, exploité et enrichi l'héritage des anciens jansénistes, sont des protestants qui n'ont fait que la moitié du voyage ; nous les attendons, ils viendront à nous un jour. » Que disent les philosophes? *Le Globe*, t. III : « La question va de jour en jour se précisant davantage, entre la religion romaine d'une part, le protestantisme et la philosophie de l'autre. En vain quelques politiques à transactions et quelques héritiers des opinions parlementaires s'obstinent à vouloir relever le gallicanisme : ce devait être son sort de mourir, lorsqu'il y aurait pleine connaissance, pleine franchise dans les deux seules écoles qui peuvent réellement se disputer le monde. Il faut aujourd'hui ou rejeter complètement le principe d'autorité, ou l'accepter sans réserve. L'unité catholique se compose du concile d'une part, et du saint-siége de l'autre, mais liés d'une indissoluble union : stipuler des libertés particulières à une Eglise, c'est dissoudre l'unité. Et que le tort vienne du souverain pontife qui envahit le droit des Eglises, ou des Eglises qui se révoltent contre le souverain pontife, il n'importe ; la séparation existe ; il n'y a plus de catholicisme : c'est reconnaître le droit d'examen, c'est proclamer la souveraineté nationale en matière de religion : *c'est un protestantisme de discipline, qui doit tôt ou tard amener le protestantisme contre le dogme.* » Ainsi, protestants et philosophes s'accordent à reconnaître qu'un gallican ne reste catholique que par inconséquence. Mais alors, qu'on nous explique comment cette inconséquence serait un moyen de les convertir, et comment la religion catholique leur paraîtra plus raisonnable, lorsqu'on la leur présentera d'une manière qu'ils jugent contradictoire. Aussi de tous les protestants célèbres qui rentrent dans l'Eglise, il n'en est pas un seul qui s'arrête dans le gallicanisme, ainsi que l'explique très-bien M. de Haller

tenait sa parole, sans préjudicier aux droits de sa justice, qui punit dans l'autre vie tous les crimes, lorsqu'ils n'ont pas été expiés ici-bas par un repentir sincère. Faute d'avoir fait ces réflexions, les censeurs de l'histoire sainte se sont échappés en déclamations très-indécentes contre la plupart des personnages de l'Ancien Testament; ils en ont relevé toutes les fautes; ils ont accusé Dieu d'avoir protégé des hommes très-vicieux. Ils ont ainsi copié les invectives des marcionites, des manichéens, de Celse et de Julien, auxquelles les anciens Pères ont répondu. Saint Irénée disait à ces censeurs téméraires, qu'il ne convient point à des enfants d'imiter le crime de Cham, et de révéler avec affectation la turpitude de leurs pères; que nous ne sommes pas assez instruits du détail des faits, pour juger de toutes les circonstances qui ont pu les excuser; que leurs fautes mêmes peuvent servir à notre instruction, et que Jésus-Christ, par sa mort, a effacé leurs crimes. *Advers. Hæres.*, liv. IV, chap. 49 et suivants. Si Dieu n'avait répandu ses bienfaits que sur ceux qui les ont mérités par une vertu sans tache, il n'en aurait accordé à personne.

C'est encore une plus grande injustice de la part des incrédules de rechercher avec malignité les moindres taches qui peuvent se trouver dans la conduite des saints du Nouveau Testament. Jamais on n'a prétendu que, sous l'Evangile même, un *juste* fût un homme exempt du plus léger défaut; la nature humaine ne comporte point cette perfection. En parlant de *justice*, il faut se souvenir qu'un des devoirs qu'elle nous impose est d'avoir de l'indulgence pour nos semblables.

Souvent l'Ecriture sainte répète que Dieu est *juste*, que ses jugements, ses desseins, ses lois, sont l'équité même. Comment, en effet, un Etre souverainement heureux, infiniment puissant et bon, pourrait-il être injuste? Les hommes ne le sont que parce qu'ils sont indigents, faibles et sujets à des passions déraisonnables; ils aiment la justice et la rendent avec plaisir, lorsqu'il ne leur en coûte rien et que cela ne nuit point à leur intérêt. Mais Dieu ne peut pas être *juste* à la manière des hommes. *Voy.* Justice de Dieu.

JUSTICE, vertu morale qui consiste non-seulement à ne blesser jamais le droit d'autrui, mais à rendre à chacun ce qui lui est dû. C'est dans le *Dictionnaire de philosophie morale*, et dans celui de *Jurisprudence*, qu'il faut chercher la notion des différentes espèces de *justices* : on y verra ce que l'on entend par *justice commutative, distributive, légale*, etc.; mais nous sommes obligés de remarquer les inconvénients dans lesquels on tombe, lorsque l'on veut rendre l'idée de *justice*, en général, indépendante des notions que nous en donne la religion.

1° La *justice* suppose un *droit* : or, nous avons prouvé ailleurs que si l'on n'admet point une loi divine, qui nous défend de nuire à nos semblables, et nous ordonne de leur faire du bien, il n'y a plus ni droit ni tort; rien ne peut plus être *juste* ou *injuste* que dans un sens très-impropre. *Voy.* Droit.

2° Les droits de l'humanité, par conséquent les devoirs de *justice*, changent de face selon les divers aspects sous lesquels on considère la nature humaine. Si l'on envisageait les hommes comme autant de productions du hasard, ou d'une nécessité aveugle, tels que les supposent les matérialistes, quels droits réciproques, quels devoirs de *justice* pourrions-nous fonder sur cette notion? Il n'y en aurait pas plus entre les hommes qu'entre les animaux. Mais lorsque nous les considérons comme l'ouvrage d'un Dieu sage et bienfaisant, comme une famille dont Dieu veut être le père, cette idée établit entre eux un lien de société beaucoup plus étroit et plus sacré que ne peut faire la simple ressemblance de nature, ou le besoin mutuel ; de là découlent des devoirs de *justice* fort étendus. C'est sur cette notion même que Jésus-Christ a fondé l'obligation de faire aux autres ce que nous voulons qu'ils nous fassent, aussi bien que les devoirs de charité, *afin*, dit-il, *que vous soyez les enfants de votre Père céleste, qui est bienfaisant à l'égard de tous* (*Luc.* c. VI, v. 31 et 35).

3° Il semble d'abord que tous les devoirs de *justice* soient très-aisés à connaître par les seules lumières de la raison; cependant ils ont été très-souvent méconnus par les anciens moralistes. La plupart ont supposé de belles maximes; mais il est rare qu'ils ne les contredisent point dans les détails. En général, tous ont été portés à justifier les devoirs autorisés par les lois civiles de leur patrie, comme nous voyons aujourd'hui les philosophes des Indes et de la Chine approuver toutes les coutumes et les lois qu'ils ont reçues de leurs aïeux. Si l'on demandait aux différents peuples du monde, dit Hérodote, quels sont les usages les plus raisonnables, chacun jugerait que ce sont ceux de son pays. Les devoirs de *justice* et d'équité naturelle ne sont donc pas, par eux-mêmes, aussi évidents que le supposent les ennemis de la révélation, puisqu'il n'est aucune nation privée de ce flambeau, qui n'ait eu des lois et des mœurs contraires à la *justice* en plusieurs points. Rien n'était donc plus nécessaire que d'enseigner aux hommes les devoirs d'équité naturelle par des lois divines positives, comme Dieu a daigné le faire, et il n'est aucun peuple chez lequel ces devoirs soient aussi bien connus que chez les nations chrétiennes.

JUSTICE, dans le langage théologique, et dans l'Ecriture sainte, a plusieurs autres sens que celui dont nous venons de parler. L'Ecriture appelle souvent *justice* l'assemblage de toutes les vertus : lorsque Jésus-Christ dit (*Matth.* c. v, v. 6) : « *Heureux ceux qui ont faim et soif de la justice, parce qu'ils seront rassasiés*, c'est comme s'il avait dit : Heureux ceux qui désirent d'être vertueux et parfaits; ils trouveront dans ma doctrine de quoi contenter leur désir. Le psalmiste dit de même : Heureux ceux qui pratiquent la *justice* en tout temps (*Ps.* 105, v. 3). Quelquefois ce mot désigne les bonnes œuvres en général ; ainsi le Sauveur dit : *Prenez garde de faire votre justice, c'est-à-dire vos bonnes œuvres, devant les hommes, pour en être vus* (*Matth.*, c. VI, v. 1). Il est dit du juste qu'il a distribué ses biens, et les a donnés aux pauvres ; que sa *justice* demeure pour toujours (*Ps.* 111, v. 9). Abraham crut à la promesse de Dieu, et sa foi lui fut réputée à *justice* (*Gen.* c. XV, v. 6), c'est-à-dire que Dieu lui tint compte de sa foi comme d'une action méritoire et digne de récompense. Saint Paul appelle *justices de la loi* les actes de vertu commandés par la loi (*Rom.* c. II, v. 26) ; *justices de la chair* les œuvres cérémonielles (*Hebr.* c. IX, v. 10) ; et *injustice* toute espèce de vice et de péché (*Rom.*, c. I, v. 18).

Les commandements de Dieu sont souvent nommés les *justices de Dieu :* ainsi (*Ps.* XVIII, v. 9), il est dit que les *justices du Seigneur* sont droites et réjouissent les cœurs (*Ps.* LXXXVIII, v. 32) ; s'ils profanent mes *justices* et ne gardent pas mes commandements, etc.

Dans les Epîtres de saint Paul, la *justice* signifie presque toujours l'état de grâce, l'état d'un homme non-seulement exempt de péché, mais revêtu de la grâce sanctifiante, agréable à Dieu, et digne de la récompense éternelle. Dans les Epîtres aux Romains et aux Galates, l'apôtre prouve que non-seulement sous l'Evangile l'homme ne peut acquérir cette *justice* que par la foi en Jésus-Christ ; mais qu'avant la loi de Moïse, aussi bien que sous la loi, les patriarches et les Juifs ont été rendus justes, non par les œuvres de la loi cérémoniale, mais par la foi. En nommant cette *justice* la *justice de Dieu*, il n'entend pas celle par laquelle Dieu est juste, mais celle qui vient de la grâce de Dieu, et par laquelle l'homme devient juste, passe de l'état du péché à l'état de la grâce. Ainsi il dit (*Rom.* c. I, v. 17) que dans l'Evangile *la justice de Dieu est révélée d'une foi à une autre foi ;* c'est-à-dire que l'Evangile nous a fait connaître que la *justice* qui vient de Dieu est donnée à l'homme, soit par la foi que Dieu exigeait sous l'Ancien Testament, soit par celle qu'il commande sous le Nouveau. Il ajoute (c. III, v. 20), « que personne n'est justifié par les œuvres de la loi ; que la loi se bornait à faire connaître le péché, mais qu'à présent la *justice de Dieu* est manifestée par le témoignage que lui rendent la loi et les prophètes ; que cette *justice de Dieu* vient de la foi en Jésus-Christ, à tous ceux et pour tous ceux qui croient en lui, sans distinction, soit juifs, soit gentils, etc. »

Saint Augustin, dans ses ouvrages contre les pélagiens, a beaucoup insisté sur cette distinction ; il appelle *justice de l'homme* celle qu'un juif croyait avoir, parce qu'il avait accompli la loi cérémonielle de Moïse, et celle dont un païen se flattait, parce qu'il avait fait des œuvres moralement bonnes : il nomme, comme saint Paul, *justice de Dieu*, celle que Dieu donne à l'homme par la foi en Jésus-Christ. *L.* III, *contra duas epist. Pelag.*, c. 7, n. 20 ; *L. de Grat. Christi*, c. 13, n. 14, etc.

Mais il ne faut pas oublier que quand saint Paul décide que la loi ne donnait pas la *justice*, que l'homme n'est point justifié par les œuvres de la loi, etc., il entend la *loi cérémonielle*, et non la loi morale. Il réfutait les Juifs, qui se prétendaient justes et dignes des bienfaits de Dieu, pour avoir observé la circoncision, le sabbat et les autres cérémonies prescrites par la loi ; qui soutenaient que les païens convertis ne pouvaient être censés justes, ni être sauvés, à moins qu'à la foi en Jésus-Christ ils n'ajoutassent l'observation des cérémonies prescrites par Moïse. Lorsque saint Paul parle de la loi morale contenue dans le Décalogue, il dit que ceux qui l'accomplissent seront *justifiés*, ou rendus justes (*Rom.* cap. II, v. 13). Il ajoute : « Détruisons-nous donc la loi par la foi ? A Dieu ne plaise ; au contraire, nous l'établissons » dans sa partie la plus essentielle, qui est la loi morale (C. III, v. 31).

En effet, par *la foi*, saint Paul n'entend pas seulement la croyance des vérités que Dieu a révélées, mais la confiance à ses promesses, et l'obéissance à ses ordres ; cela est évident par le tableau qu'il trace de la foi des anciens justes (*Hebr.*, cap. XI), et surtout de la foi d'Abraham (*Rom.* cap. IV, v. 11). Ainsi, selon l'apôtre, *la foi en Jésus-Christ* n'est pas seulement l'acquiescement de l'esprit aux dogmes que ce divin Maître a enseignés, mais la confiance aux promesses qu'il a faites, et l'obéissance aux lois qu'il a portées ; autrement la foi des chrétiens sous l'Evangile n'aurait pas le même mérite que celle des anciens justes dont il leur propose l'exemple. Il dit (*Galat.* cap. III, v. 12), que *la loi n'est pas de la foi*, ou n'exige pas la foi ; qu'elle se borne à dire : *Celui qui accomplira ces préceptes y trouvera la vie*. Un juif, en effet, pouvait accomplir les cérémonies de la loi par la crainte des peines temporelles portées contre les infracteurs, sans avoir aucune foi aux promesses que Dieu avait faites aux Juifs.

Quant aux lois morales, c'est autre chose : jamais saint Paul n'a enseigné, comme les pélagiens, qu'un juif pouvait les observer sans avoir besoin d'aucune grâce, ni que cette grâce était accordée sous l'Ancien Testament, en vertu de la loi de Moïse, ou en vertu d'une promesse attachée à cette loi. Il a pensé que toute grâce, accordée aux hommes depuis le commencement du monde, venait de Jésus-Christ, et de la promesse que Dieu avait faite à Adam d'une rédemption ; puisqu'il dit que Jésus-Christ était hier aussi bien qu'aujourd'hui (*Hebr.* c. XIII, v. 8) ; qu'en lui toutes les promesses de Dieu ont leur vérité et leur accomplissement (*II Cor.* c. I, v. 20) ; que les Juifs buvaient l'eau spirituelle de la pierre qui les suivait, et que cette pierre était Jésus-Christ (*I Cor.* c. X, v. 4).

Faute d'avoir pris le sens des expressions

de saint Paul, plusieurs théologiens ont soutenu des opinions très-répréhensibles; les prétendus réformateurs ont enseigné des erreurs absurdes, et les incrédules ont calomnié grossièrement la doctrine de cet apôtre. *Voy.* JUSTIFICATION.

JUSTICE DE DIEU, perfection par laquelle Dieu accomplit les promesses qu'il a faites à ses créatures, récompense la vertu et punit le crime. La *justice* de l'homme consiste à rendre à chacun ce qui lui est dû; elle suppose des droits et des devoirs mutuels entre les hommes, une loi suprême qui leur défend de se nuire réciproquement, et qui leur ordonne de se secourir au besoin les uns les autres. Cette notion ne peut convenir à la *justice divine*. Lorsque Dieu nous a créés, il ne nous devait rien, pas même l'existence; tout ce qu'il nous a donné est une pure libéralité de sa part, nous n'avons droit d'attendre de lui que ce qu'il a daigné nous promettre; la seule loi qui puisse l'obliger sont ses perfections infinies. La *justice de Dieu* ne consiste donc point à nous accorder telle ou telle mesure de dons naturels, ou de grâce de salut, ni à les distribuer également à tous les hommes; quand on y regarde de près, cette égalité est impossible, et ne pourrait tourner au bien général du genre humain: mais cette *justice* consiste à ne demander compte à chacun de nous que de ce qu'il a reçu, et à tenir fidèlement les promesses que Dieu nous a faites. *Voy.* INÉGALITÉ.

Jésus-Christ nous donne dans l'Evangile la véritable idée de la *justice divine*, par la parabole des talents (*Matth.* c. XXV; *Luc.* c. XIX). Le père de famille confie à chacun de ses serviteurs telle portion de ses biens qu'il lui plaît; lorsqu'il leur fait rendre compte, il récompense chacun d'eux à proportion du profit qu'il a fait; il punit le serviteur paresseux et infidèle, qui a enfoui son talent, et n'en a fait aucun usage. Ainsi, Dieu distribue à son gré les dons de la nature et de la grâce; la portion qu'il en donne à tel homme ou à tel peuple ne porte aucun préjudice à celle qu'il a destinée aux autres; il ne s'est engagé par aucune promesse à mettre entre eux une égalité parfaite, et ils n'ont aucun droit d'exiger plus ou moins: au jour du jugement, il doit *rendre à chacun selon ses œuvres*, récompenser ou punir du bon ou du mauvais usage que l'on aura fait de ses dons; il l'a promis, et il ne peut manquer à sa parole (*Num.* c. XXIII, v. 19; *II Petr.* c. III, v. 4 et 9, etc.). Dieu, dit saint Augustin, n'exige point ce qu'il n'a pas donné, il a donné à tous ce qu'il exige d'eux (*In Ps.* 49, n. 15). Dieu a fait non-seulement des promesses, mais des menaces, pour nous apprendre qu'il est le vengeur du crime, aussi bien que le rémunérateur de la vertu; mais rien ne l'oblige à exécuter toutes ses menaces, parce qu'il peut pardonner quand il lui plaît. Il dit: *J'aurai pitié de qui je voudrai, et je ferai miséricorde à qui il me plaira* (*Exod.* c. XXXIII, v. 19). Saint Paul a répété ces paroles (*Rom.* c. IX, v. 15), et les Pères de l'Eglise les ont développées. « Dieu est bon, dit saint Augustin, Dieu est juste: parce qu'il est bon, il peut sauver une âme sans mérites; parce qu'il est juste, il n'en peut damner aucune sans qu'elle l'ait mérité » (*Contra Jul.*, l. III, c. 18, n. 35). « Lorsqu'il punit, c'est qu'il le doit, parce qu'il est incapable d'injustice; quand il fait miséricorde, ce n'est pas qu'il le doive, mais alors il ne fait tort à personne » (*Contra duas Epist. Pelag.*, l. IV, c. 6, n. 16). « Dieu est miséricordieux quand il juge, et juste quand il pardonne; quelle espérance nous resterait si la miséricorde ne l'emportait sur la justice » (*Epist* 167 *ad Hieron.*, c. VI, n. 20)? « Lorsque Dieu fait miséricorde, dit saint Jean Chrysostome, il accorde le salut sans discussion; il fait trêve de justice, et ne demande compte de rien » (*Hom. in Ps.* 50, v. 1). Pélage osa décider qu'au jour du jugement les pécheurs ne seront pas pardonnés, mais condamnés au feu éternel. Saint Jérôme et saint Augustin s'élevèrent contre cette témérité, et la taxèrent d'erreur. On trouvera leurs paroles au mot JUGEMENT DERNIER.

Quand on dit: la *justice de Dieu* exige que le crime soit puni, l'on entend qu'il le soit ou en ce monde ou en l'autre, par des peines passagères, ou par un supplice éternel: et ce n'est point à nous de juger en quel cas Dieu ne peut et ne doit plus pardonner. Il ne faut pas en conclure que les menaces de Dieu ne sont ni sincères ni redoutables; que les pécheurs peuvent les braver impunément, et compter toujours sur une miséricorde infinie: Dieu, quoique toujours le maître de faire grâce, a déclaré cependant qu'il punirait; Jésus-Christ nous assure que les méchants iront au feu éternel, et les justes à la vie éternelle (*Matth.* c. XXV, v. 46); mais il n'a pas décidé quel doit être le degré de méchanceté de l'homme pour que la miséricorde divine ne puisse plus avoir lieu. A le bien prendre, la *justice de Dieu* fait partie de sa bonté; s'il ne punissait jamais, ce monde ne serait plus habitable; les gens de bien seraient les victimes de l'impunité accordée aux méchants. C'est ce que les Pères de l'Eglise ont répondu aux marcionites et aux manichéens, qui appelaient *cruauté* la sévérité avec laquelle Dieu a souvent puni les pécheurs dans les premiers âges du monde.

En parlant de cette divine perfection, il est à propos de penser toujours à cette réflexion du sage (*Sapient.* c. XII, v. 19): « Lorsque vous jugez, vous donnez lieu au pécheur de faire pénitence. Si en punissant les ennemis mêmes de votre peuple, qui avaient mérité la mort, vous les avez affligés avec tant de circonspection qu'ils ont eu le temps et les moyens de se corriger de leur malice, avec combien plus de ménagements jugez-vous vos enfants, après avoir fait à leurs pères tant de promesses, de protestations et de serments? »

La *justice de Dieu* n'exige point que le crime soit puni en ce monde, encore moins que la vertu y soit toujours récompensée ; il est selon l'ordre, au contraire, que la vie présente soit un état de liberté et d'épreuve ; que le mérite ait lieu avant la récompense, et que le crime précède le châtiment : une conduite contraire serait absurde, et incompatible avec la nature de l'homme.

1° Si Dieu récompensait la vertu sur-le-champ dans cette vie, il ôterait aux justes le mérite de la persévérance, du courage, de la confiance en lui ; il bannirait du monde les exemples de vertu héroïque et de patience ; il rendrait l'homme esclave et mercenaire ; il étoufferait en lui toute énergie. S'il punissait le crime dès qu'il est commis, il retrancherait aux pécheurs le temps et les moyens de faire pénitence ; cette conduite serait trop rigoureuse à l'égard d'un être aussi faible, aussi inconstant, aussi variable que l'homme : il est de la bonté et de la sagesse divine de l'attendre à pénitence jusqu'au dernier soupir. Ainsi Dieu en agit ordinairement (*II Petr.* c. III, v. 9).

2° Souvent une action que les hommes jugent louable est réellement digne de punition, parce qu'elle a été faite par un motif criminel ; souvent un délit qui semble mériter des châtiments est pardonnable, parce qu'il a été commis par surprise et par erreur : Dieu serait donc obligé de récompenser de fausses vertus et de punir des fautes excusables, pour se conformer aux idées trompeuses des hommes. Est-il expédient à la société que, par la conduite de la *justice divine*, tous les crimes secrets, les pensées, les désirs, les intentions vicieuses, soient publiquement connus ? Y a-t-il quelqu'un de nous qui soit intéressé à le désirer ? Alors il n'y aurait plus de conscience ni de remords, le vice ne serait plus censé qu'une maladie, et nous n'en serions plus honteux, dès que personne n'en serait exempt.

3° Pour que le pécheur fût puni et le juste récompensé sur la terre autant qu'ils le méritent, il faudrait que leur vie fût éternelle ici-bas. Quand les peines de ce monde pourraient suffire pour punir tous les crimes, la félicité dont l'homme peut y jouir n'est certainement pas assez parfaite pour être un digne salaire de la vertu.

4° Les souffrances des justes sont souvent l'effet d'un fléau général dans lequel ils se trouvent enveloppés, la prospérité des pécheurs une conséquence de leurs talents naturels et des circonstances dans lesquelles ils sont placés ; il faudrait donc que Dieu fît continuellement des miracles, pour exempter les premiers d'un malheur général, et pour frustrer les seconds du fruit de leurs talents. Ce plan de providence ne serait ni juste ni sage.

Les incrédules raisonnent donc très-mal, lorsqu'ils prétendent que le cours des choses de ce monde ne prouve ni la *justice de Dieu*, ni l'existence d'une autre vie ; que puisque Dieu peut être injuste ici-bas, et y souffrir le désordre qui y règne, il n'est pas fort sûr que tout sera réparé dans une vie à venir. Dès qu'il est démontré que Dieu, Etre nécessaire, est souverainement heureux et puissant, il est nécessairement bon et juste ; il ne peut avoir aucun motif d'être injuste et méchant. Il le serait, si les choses demeuraient éternellement telles qu'elles sont ici-bas ; il ne l'est point s'il y a des peines et des récompenses futures. Alors les épreuves temporelles des justes et la prospérité passagère des pécheurs ne sont plus une *injustice* ni un *désordre* qui demandent *réparation* ; il est dans l'ordre, au contraire, que les premiers méritent par la patience la récompense éternelle qui leur est promise, et que les seconds aient du temps pour éviter par la pénitence le supplice éternel dont ils sont menacés. La *justice divine* n'est donc point blessée, lorsque dans un fléau général Dieu enveloppe les innocents avec les coupables, les enfants avec les adultes ; parce qu'il peut toujours dédommager dans l'autre vie ses créatures des peines temporelles qu'elles ont souffertes dans celle-ci. Lorsque les manichéens objectèrent cette conduite de Dieu, saint Augustin leur demanda : « Savez-vous quelle récompense Dieu a donnée à ceux par la mort desquels il a corrigé ou effrayé les vivants ? *L.* 22 *contra Faustum*, c. 78 et 79. *L.* 2 *contra Adv. legis et prophet.*, c. 11, n. 35.

Une autre accusation de ces hérétiques, répétée par les incrédules, est la menace que Dieu fait aux Juifs de punir les enfants du péché de leur père (*Exod.* c. XX, v. 5 ; *Levit.* c. XXVI, v. XXXIX ; *Deut.* c. V, v. 9). Saint Augustin fait remarquer qu'il est question là de punition temporelle, et non d'un châtiment éternel : « Nous voyons dans l'Ecriture, dit-il, des hommes frappés de mort pour les péchés d'autrui ; mais personne n'est damné pour un autre. » *Ibid.* l. I, c. 16, n. 30. Au mot ENFANT, nous avons fait voir qu'il n'y a point d'injustice dans cette conduite de la Providence.

Dieu, législateur suprême, souverain maître du siècle futur aussi bien que du siècle présent, ne peut donc être assujetti à toutes les règles de justice, auxquelles les hommes doivent se conformer, parce qu'il est doué d'une prévoyance et d'une puissance que les hommes n'ont point.

Vainement on dira qu'il n'y a donc aucune ressemblance, aucune analogie entre la *justice divine* et la justice humaine ; que nous abusons des termes en nommant *justice* en Dieu ce que nous appelons *injustice* de la part des hommes. Un roi n'est point astreint à toutes les lois de justice qui obligent les particuliers ; il a droit de venger les crimes ; ses droits sont inaliénables ; la prescription n'a pas lieu contre lui, souvent il se trouve juge dans sa propre cause, etc. : il n'en est pas de même de ses sujets ; conclura-t-on qu'un roi est injuste dans ces différents cas ?

Entre la *justice de Dieu* et celle des hommes, il y a, non une ressemblance parfaite, mais une analogie sensible. De même que par la loi divine les hommes sont obligés à tenir fidèlement leur parole et leurs engagements, à respecter leurs droits mutuels : ainsi Dieu, en vertu de ses perfections infinies, accomplit fidèlement ses promesses et maintient constamment l'ordre moral qu'il a établi. Il ne peut donc mentir, se contredire, nous tromper, punir un innocent ou l'affliger sans le dédommager ; laisser un coupable impuni pour toujours, priver pour jamais la vertu de sa récompense. Il est la vérité même, fidèle à ses promesses, juste dans ses vengeances, saint et irrépréhensible dans toute sa conduite : les méchants doivent le craindre, les bons espérer en lui et l'aimer. Soit qu'il récompense, qu'il punisse ou qu'il pardonne, il le fait pour le bien général de l'univers. Quand même il nous serait impossible de concilier certains événements avec les idées qu'il nous a données de sa *justice*, nous aurions encore tort d'en conclure qu'il est injuste, puisqu'il est démontré qu'il ne peut pas l'être ; il s'ensuivrait seulement que nous ignorons les circonstances, les raisons et les motifs de sa conduite. *Voy.* Providence.

*Justice originelle. Voy.* Adam, Nature (État de ).

JUSTIFICATION, action par laquelle l'homme passe du péché à l'état de la grâce, devient agréable à Dieu et digne de la vie éternelle. En quoi consiste cette action ? comment se fait-elle ? c'est une question qui a causé la plus grande dispute entre les protestants et les catholiques (1).

Luther, qui voulait prouver que les sacrements ne produisent rien en nous par leur propre vertu, que ce sont seulement des signes propres à exciter la foi en nous, et par lesquels nous témoignons notre foi, fut obligé de changer toute la doctrine de l'Église sur la *justification*. Il soutient que l'homme est justifié par la foi, non par la foi générale par laquelle nous croyons à la parole de Dieu, à ses promesses, à ses menaces, mais par une foi spéciale par laquelle le pécheur croit fermement que la justice de Jésus-Christ et ses mérites lui sont imputés. *Voy.* Imputation. Selon lui, le pécheur est justifié dès qu'il croit l'être avec une certitude entière, quelles que soient d'ailleurs ses dispositions. De là s'ensuivraient plusieurs erreurs, non-seulement sur la cause formelle de la *justification*, mais sur ce qui la précède et ce qui la suit.

Il fallait en conclure, 1° que la *justification* ne produit en nous aucun changement réel ; que la *justice* de l'homme n'est qu'une dénomination purement extérieure ; que quand il est dit que *Dieu justifie l'impie*, cela signifie seulement que Dieu daigne le réputer et le déclarer tel, dans le même sens qu'un arrêt des magistrats justifie un accusé, c'est-à-dire le déclare et le fait paraître innocent, et le met à couvert de la punition, soit que d'ailleurs son crime soit vrai ou faux ; qu'ainsi nos péchés sont effacés, seulement en ce sens qu'ils ne nous sont pas imputés. — Il s'ensuivait, 2° que le baptême reçu par un

---

(1) Voici les canons du concile de Trente sur la justification :

Si quelqu'un dit qu'un homme est absous de ses péchés et justifié de ce qu'il (ou aussitôt qu'il) croit avec certitude être absous et justifié, ou que personne n'est véritablement justifié que celui qui se croit être justifié, et que c'est par cette seule foi que l'absolution et la justification s'accomplissent, qu'il soit anathème. C. 14. — Si quelqu'un dit qu'un homme, né de nouveau (par le baptême) et justifié, est obligé, selon la foi, de croire qu'il est certainement du nombre des prédestinés, qu'il soit anathème. C. 15. — Si quelqu'un dit que la grâce de la justification n'est que pour ceux qui sont prédestinés à la vie, et que tous les autres qui sont appelés, sont à la vérité appelés, mais qu'ils ne reçoivent point la grâce comme étant prédestinés au mal par la puissance de Dieu, qu'il soit anathème. C. 17. — Si quelqu'un dit que Jésus-Christ a été donné de Dieu aux hommes en qualité seulement de Rédempteur, dans lequel ils doivent mettre leur confiance, et non pas aussi comme législateur, auquel ils doivent obéir, qu'il soit anathème. C. 21. — Si quelqu'un dit qu'un homme justifié peut persévérer dans la justice qu'il a reçue sans un secours particulier de Dieu, ou, au contraire, qu'avec ce secours même, il ne le peut pas, qu'il soit anathème. C. 22. — Si quelqu'un dit qu'un homme, une fois justifié, ne peut plus pécher ni perdre la grâce, et qu'ainsi celui qui tombe dans le péché n'a jamais été vraiment justifié ; ou, au contraire, qu'un homme justifié peut, pendant toute sa vie, éviter toute sorte de péchés, même véniels, si ce n'est par un privilége particulier de Dieu comme c'est le sentiment de l'Église à l'égard de la sainte Vierge, qu'il soit anathème. C. 23. — Si quelqu'un dit que la justice qui a été reçue n'est pas conservée et même augmentée devant Dieu par les bonnes œuvres, mais que ces bonnes œuvres sont le fruit seulement de la justification et des marques qu'on la reçue, mais non une cause qui l'augmente, qu'il soit anathème. C. 24. — Si quelqu'un dit qu'en quelque bonne œuvre que ce soit, le juste pèche au moins véniellement, ou, ce qui est encore plus insupportable, qu'il pèche mortellement, et qu'ainsi il mérite les peines éternelles, et que la seule raison par laquelle il n'est pas damné, c'est parce que Dieu ne lui impute pas ses œuvres à damnation, qu'il soit anathème. C. 25. — Si quelqu'un dit que les justes ne doivent, pour leurs bonnes œuvres faites en Dieu, attendre ni espérer de lui la récompense éternelle par sa miséricorde et le mérite de Jésus-Christ, pourvu qu'ils persévèrent jusqu'à la fin, en faisant le bien et en gardant ses commandements, qu'il soit anathème. C. 26. — Si quelqu'un dit que la grâce étant perdue par le péché, la foi se perd toujours en même temps, ou que la foi qui reste n'est pas une véritable foi, quoiqu'elle ne soit pas vive, ou que celui qui a la foi sans la charité n'est pas chrétien, qu'il soit anathème. C. 28. — Si quelqu'un dit qu'à tout pécheur pénitent, qu'a reçu la grâce de la justification, l'offense est tellement remise et l'obligation à la peine tellement effacée et abolie, qu'il ne lui reste aucune peine temporelle à payer, soit en cette vie, soit dans l'autre dans le purgatoire, avant que l'entrée au royaume du ciel puisse lui être ouverte, qu'il soit anathème. C. 30. — Si quelqu'un dit qu'un homme justifié pèche lorsqu'il fait de bonnes œuvres en vue de la récompense éternelle, qu'il soit anathème. C. 31. — Si quelqu'un dit que les bonnes œuvres d'un homme justifié sont tellement les dons de Dieu, qu'elles ne soient pas aussi les mérites des hommes justifiés, ou que par ces bonnes œuvres qu'il fait par les secours de la grâce de Dieu, et les mérites de Jésus-Christ dont il est un membre vivant, il ne mérite pas véritablement une augmentation de grâce, de cette même vie, pourvu qu'il meure en grâce, et même l'augmentation de la gloire, qu'il soit anathème. C. 32.

adulte, ni la pénitence ne contribue en rien à le rendre juste; que c'est tout au plus un signe extérieur, capable d'exciter en lui la foi spéciale imaginée par Luther, ou une profession de foi par laquelle il témoigne qu'il croit fermement que la justice de Jésus-Christ lui est imputée. — 3° il s'ensuivait que les actes de foi générale, de crainte des jugements de Dieu, de confiance en ses promesses, de charité même et de repentir, loin de contribuer en rien à la *justification*, sont plutôt des péchés qui rendent l'homme plus coupable, jusqu'à ce qu'il ait fait enfin l'acte de foi spéciale, et qu'il croie avec une entière certitude, que la justice et les mérites de Jésus-Christ lui sont imputés. — 4° Qu'il en est de même des bonnes œuvres postérieures à la *justification*; que, loin de mériter à l'homme une augmentation de grâce et un nouveau degré de gloire éternelle, ce sont des péchés au moins véniels, mais que Dieu n'impute pas.

A ces différentes erreurs, Calvin ajouta l'inamissibilité de la justice; il enseigna que l'homme, une fois justifié par l'acte de foi spéciale dont nous parlons, ne peut plus déchoir de cet état, perdre *totalement* et *finalement* cette foi justifiante, quelle que soit l'énormité des crimes qu'il commet d'ailleurs. *Voy.* INAMISSIBLE.

On demandera, sans doute, sur quoi ces deux réformateurs pouvaient fonder une doctrine aussi absurde et aussi pernicieuse; ils ne l'appuyaient que sur quelques passages de l'Ecriture dont ils tordaient le sens, et sur les calomnies par lesquelles ils déguisaient la doctrine catholique pour la faire paraître odieuse.

Lorsque saint Paul dit que la foi d'Abraham lui fut réputée à justice (*Rom.* c. IV, v. 3), entend-il qu'Abraham crut que la justice de Jésus-Christ lui était imputée? Rien moins. L'apôtre lui-même fait consister la foi d'Abraham en ce qu'il crut aux promesses que Dieu lui faisait, malgré les obstacles qui semblaient s'opposer à leur accomplissement, et obéit aux ordres que Dieu lui donnait, quelque rigoureux qu'ils parussent. *Hebr.*, cap. 11. Ainsi, quand saint Paul ajoute qu'Abraham ne fut pas justifié *par les œuvres*. (*Rom.*, c. IV, v. 2), il entend, par la circoncision et par les œuvres cérémonielles de la loi mosaïque : cela est évident par le texte même. Il est absurde d'en conclure, comme faisait Luther, qu'Abraham ne fut pas justifié par les actes d'obéissance qu'il fit, puisque c'est dans ces mêmes actes que saint Paul fait consister sa foi. *Voy.* FOI, § 5.

C'est encore une plus grande absurdité de prétendre que si des actes de foi générale, de crainte de Dieu, de confiance en sa miséricorde, de repentir, d'amour de Dieu, etc., contribuaient à la *justification*, ce serait une justice humaine, pharisaïque, purement naturelle, qui ne viendrait pas de Dieu ni de Jésus-Christ; puisque, selon la doctrine catholique, aucun de ces actes ne peut être fait comme il le faut que par la grâce de Jésus-Christ. L'erreur contraire a été condamnée dans les pélagiens.

Le concile de Trente a enseigné dans la plus grande exactitude la doctrine de l'Eglise sur la *justification;* il a décidé; 1° que l'homme est justifié non-seulement par l'imputation de la justice de Jésus-Christ, et la simple rémission du péché, mais par la grâce et la charité que le Saint-Esprit répand dans nos cœurs; qu'ainsi cette justice est véritablement intérieure et inhérente à notre âme. — 2° Que l'homme se dispose à la *justification* par la foi et la confiance aux promesses de Dieu, par le repentir de ses fautes et par l'amour de Dieu, par la crainte même de ses jugements; mais qu'il ne peut produire aucun de ces actes, tels qu'il les faut pour devenir juste, sans le secours de la grâce, ou sans l'inspiration du Saint-Esprit; qu'il ne s'ensuit cependant pas de là qu'aucun des actes qui précèdent la *justification* puisse la mériter en rigueur. — 3° Que le pécheur une fois justifié n'est pas dispensé pour cela d'accomplir les commandements de Dieu et de l'Eglise, ni de faire de bonnes œuvres, puisque la grâce sanctifiante peut se perdre par un seul péché mortel; que les bonnes œuvres sont nécessaires pour mériter une augmentation de grâce et un nouveau degré de récompense éternelle, et pour persévérer dans la justice, quoique la persévérance finale soit un don spécial de la bonté de Dieu.

Conséquemment le concile frappe d'anathème ceux qui enseignent que toutes les œuvres qui se font avant la *justification* sont autant de péchés, et que plus un pécheur s'efforce de se disposer à la *justification*, plus il pèche; ceux qui prétendent que la *justification* se fait par la foi seule, ou par la seule confiance dans laquelle nous sommes, que nos péchés nous sont remis à cause des mérites de Jésus-Christ; ceux qui disent que nous sommes formellement justes par la justice de Jésus-Christ. Il condamne ceux qui osent avancer que l'homme est pardonné, absous, justifié, dès qu'il se croit tel, et qu'il est obligé de le croire ainsi de foi divine, même de croire qu'il est du nombre des prédestinés; ou qui soutiennent que les prédestinés seuls sont justifiés. Il réprouve la témérité des faux docteurs qui enseignent que l'homme justifié par la foi n'est plus obligé à l'accomplissement des commandements de Dieu et de l'Eglise, qu'il ne peut plus pécher ni perdre la justice ; que les bonnes œuvres ne sont d'aucun mérite, ne contribuent en rien à conserver ni à augmenter la grâce de la *justification;* que ce sont plutôt des péchés, au moins véniels, mais que Dieu n'impute pas. Il rejette de même toutes les autres conséquences que les novateurs tiraient de leur doctrine. *Sess.* 6, *de Justif.*

Un fait certain, c'est que la doctrine des protestants n'a pas servi à multiplier parmi eux les bonnes œuvres, mais plutôt à les étouffer; et c'est une assez bonne preuve pour conclure qu'elle est fausse. M. Bossuet, a traité savamment toute cette question. *Hist. des Variat.*, l. I, n. 7 et suiv.; l. III, n. 18 et suiv.; l. XV, n. 141 et suiv.

JUSTIN (saint), philosophe, né à Naplouse dans la Palestine, a vécu et s'est converti au christianisme dans le second siècle; il a souffert le martyre l'an 167. Il adressa une apologie de notre religion à l'empereur Antonin, et une à Marc-Aurèle : ce ne fut pas sans fruits, puisque ces deux princes firent cesser, ou du moins diminuer la persécution que les magistrats exerçaient contre les chrétiens. Saint Justin avait déjà écrit une *Exhortation aux gentils*, dans laquelle il leur prouve que les poëtes et les philosophes ne leur ont enseigné que des fables et des erreurs en fait de religion, et il les exhorte à chercher la connaissance de Dieu dans nos livres saints. Il s'attacha ensuite à démontrer aux juifs, par les prophéties, la vérité du christianisme, dans son *Dialogue avec Tryphon*. Nous avons encore de lui un *Traité de la Monarchie*, ou de l'unité de Dieu; une *Lettre à Diognète*, qui désirait de connaître la religion chrétienne. Il avait fait d'autres ouvrages qui ne subsistent plus, et on lui en avait attribué plusieurs dont il n'est pas l'auteur.

D. Prudent Marand a donné une édition des ouvrages de ce Père en grec et en latin, à Paris, en 1742, *in-folio*. Il y a joint les apologies d'Athénagore, de Tatien, d'Hermias, et les trois livres de saint Théophile d'Antioche à Autolycus : tous ces écrits sont du second siècle.

Comme le témoignage d'un auteur aussi ancien et aussi respectable que *saint Justin* est du plus grand poids en matière de doctrine, les critiques protestants ont fait tous leurs efforts pour l'affaiblir; ils prétendent qu'il y a dans ses ouvrages des erreurs de toute espèce, et les incrédules ont été fidèles à les copier.

En premier lieu, Le Clerc, *Hist. ecclés.*, an. 101, § 5, observe que, faute d'avoir su l'hébreu, ce Père est tombé dans plusieurs méprises. Il accuse mal à propos les juifs d'avoir effacé dans la version des Septante plusieurs prophéties qui annonçaient Jésus-Christ comme Dieu et homme crucifié, *Dial. cum Tryph.*, n. 71 et 72. S'il avait pu consulter le texte hébreu, il aurait vu que des quatre passages qu'il cite en preuve, il y en a un qui se trouve parfaitement conforme dans le texte et dans la version, mais qui ne regarde pas Jésus-Christ. Les trois autres n'y sont point : d'où nous devons conclure que c'est une interpolation faite dans les exemplaires des Septante dont se servait *saint Justin*, et qui partait de la main d'un chrétien plutôt que d'un juif. En second lieu, si ce Père avait été en état de confronter la version des Septante avec le texte hébreu, il aurait vu combien cette version est fautive, il n'aurait pas été tenté de la croire inspirée, non plus que les autres Pères de l'Eglise; il aurait ajouté moins de foi à la fable qu'on lui avait racontée sur les 72 cellules dans lesquelles les 72 interprètes avaient été renfermés, etc. En troisième lieu, il aurait cité plus fidèlement l'Ecriture sainte, il en aurait mieux rendu le sens, il ne se serait point attaché à des explications allégoriques desquelles les juifs sont en droit de ne faire aucun cas, et en général il aurait mieux raisonné qu'il n'a fait ; *Ibid.*, an. 139, § 3 et sui.; an. 140, § 2 et suiv.

Tous ces reproches sont-ils justes? Au mot HÉBREU, § 4, nous avons montré le ridicule de la prévention dans laquelle sont tous les protestants, que sans la connaissance de la langue hébraïque, les Pères ont été incapables d'entendre suffisamment l'Ecriture sainte, pendant qu'ils soutiennent d'autre part que les simples fidèles, avec le secours d'une version, sont capables de fonder leur foi sur ce livre divin. Il eût été absurde que *saint Justin* argumentât sur le texte hébreu contre Tryphon, juif helléniste, qui ne savait pas plus d'hébreu que ce Père, et qui se servait comme lui de la version des Septante. Quand *saint Justin* aurait été habile hébraïsant, et quand il aurait confronté la version avec le texte, il n'aurait pas été moins tenté d'accuser les juifs d'avoir corrompu le texte que d'avoir falsifié la version, puisque plusieurs hébraïsants modernes ont soupçonné les juifs de ce même crime. Il est certain d'ailleurs que du temps de *saint Justin* il y avait une infinité de variantes et des différences considérables entre les divers exemplaires de la version des Septante ; c'est ce qui occasionna le travail que Origène entreprit sur cette version dans le siècle suivant, et la confrontation qu'il en fit avec le texte et avec les autres versions. Il n'est donc pas étonnant que *saint Justin* ait attribué à l'infidélité des juifs la différence qu'il voyait entre les diverses copies qu'il avait confrontées. Il reprocha aux juifs tant d'autres crimes en ce genre, qu'il ne pouvait les croire incapables de celui-là. Suivant son opinion, détourner le sens d'une prophétie par une interprétation fausse, ou la supprimer dans un livre, c'était à peu près la même infidélité : les juifs étaient notoirement convaincus de la première, *saint Justin* n'hésitait pas de leur attribuer la seconde. Nous ne pouvons pas douter que ce Père n'ait lu, dans l'exemplaire dont il se servait, les passages qui ne s'y trouvent plus aujourd'hui, puisque l'un a été cité de même par saint Irénée, et l'autre par Lactance. Il n'est pas absolument certain que ces interpolations avaient été faites de mauvaise foi par des chrétiens, puisqu'elles ont pu venir de quelques citations peu exactes faites par défaut de mémoire.

On doit se souvenir que ces sortes de citations ne sont pas un crime. Les auteurs même sacrés ne se sont jamais piqués d'une exactitude littérale aussi scrupuleuse qu'on l'exige aujourd'hui; les adversaires contre lesquels les Pères écrivaient, n'étaient pas des critiques aussi pointilleux que les hérétiques de nos jours; les juifs ni les païens ne connaissaient pas plus les subtilités de grammaire que les Pères de l'Eglise. Les premiers admettaient les explications allégoriques de l'Ecriture sainte; on croyait pour lors les faits sur lesquels *saint Justin* et les autres Pères argumentent; des raisonnements qui nous semblent aujourd'hui très-peu solides avaient du moins alors une force relative, eu égard aux opinions universellement répandues. Il y a de l'injustice de la part des protestants à blâmer les Pères de s'en être prévalus.

Le respect de *saint Justin* et des autres Pères pour la version des Septante ne venait pas de ce qu'il la croyaient exactement conforme au texte, mais de ce qu'ils la voyaient citée par les apôtres; ils ne pensaient pas que ces auteurs inspirés eussent voulu se servir d'une version fautive, sans avertir les fidèles qu'il fallait s'en défier. Cette conduite des Pères nous paraît plus louable que l'affectation des hérétiques de décrier cette version. *Voy* Septante. — Nous ne ferons pas non plus un crime à *saint Justin* d'avoir ajouté foi à ce que les juifs d'Alexandrie publiaient touchant les cellules des 72 interprètes; c'est une preuve de la vénération religieuse que les juifs hellénistes avaient pour leur version; ni de ce qu'il a répété ce qu'on lui avait dit touchant la sibylle de Cumes; ni de s'être trompé peut-être en prenant le dieu *Semosancus* pour Simon le Magicien. Une crédulité facile sur des faits peu importants n'est point une marque d'ignorance ni d'esprit borné, mais de candeur et de bonne foi. Il n'y a pas de prudence de la part des protestants à insister sur la crédulité des anciens; jamais secte n'a été plus crédule que la leur à l'égard de toutes les fables et de toutes les impostures qu'on leur débitait contre l'église catholique.

Barbeyrac, dans son *Traité de la morale des Pères*, c. 2, 4, 11, a reproché d'autres erreurs à *saint Justin*. Selon lui, dit-il, Dieu, en créant le monde, en a confié le gouvernement aux anges; ainsi ce Père n'attribue à Dieu qu'une providence générale. *Apol.* 2, c. 5. C'était confirmer l'erreur des païens touchant les dieux secondaires. Mais dans cet endroit même, c. 6, *saint Justin* dit que les noms *Dieu, Père, Créateur, Seigneur, Maître*, ne sont pas des noms de la nature divine, mais des titres d'honneur tirés des bienfaits et des opérations de Dieu : or, ces titres ne lui conviendraient pas, s'il n'avait qu'une providence générale. Dans le *Dial. avec Tryphon*, n. 1, il condamne les philosophes qui prétendaient que Dieu ne prenait aucun soin des hommes en particulier, afin de n'avoir rien à redouter de sa justice. Il pensait donc que Dieu se sert des anges comme de ministres pour exécuter ses volontés, mais qu'ils ne font rien que par ses ordres; les païens regardaient leurs dieux comme des êtres indépendants, à la discrétion desquels le gouvernement du monde était abandonné. Ces deux opinions sont fort différentes. — Une seconde erreur de *saint Justin*, est d'avoir cru que les anges ont eu commerce avec les filles des hommes; nous avons examiné ce fait au mot Ange.

Ce même critique tourne en ridicule *saint Justin*, parce qu'il a fait remarquer partout la figure de la croix, dans les mâts des vaisseaux, dans les enseignes des empereurs, dans les instruments de labourage, etc. Cela valait-il la peine de lui faire un reproche amer? Sa pensée se réduit à dire aux païens : Puisque vous avez tant d'horreur de la croix, à laquelle les chrétiens rendent un culte, ôtez-en la figure des mâts de vos vaisseaux, de vos enseignes militaires et des instruments du labourage.

Il a trop loué la continence, dit Barbeyrac; il semble regarder comme *illégitime* l'usage du mariage. Mais dans quel cas? Lorsqu'on se le permet pour satisfaire les désirs de la chair, et non pour avoir des enfants; il s'en explique assez clairement. D'ailleurs le passage que cite notre censeur est tiré d'un fragment du *Traité sur la Résurrection*, qui n'est pas universellement reconnu pour être de *saint Justin*. Si, dans la suite, Tatien son disciple a poussé l'entêtement jusqu'à condamner absolument le mariage, il n'est pas juste d'en rendre responsable *saint Justin*, qui n'a point enseigné cette erreur. Nous convenons que, comme tous les Pères, il a fait de grands éloges de la chasteté et de la continence; mais nous pouvons contre les protestants que ce n'est point là une erreur, puisque c'est la pure doctrine de Jésus-Christ et des apôtres. *Voy.* Chasteté, Célibat. — Il a rapporté sans restriction la défense que Jésus-Christ a faite de prononcer aucun jurement. Nous soutenons encore qu'en cela il n'est point répréhensible, non plus que les autres Pères. *Voy.* Jurement. Il n'a pas expressément désapprouvé l'action d'un jeune chrétien, qui, pour convaincre les païens de l'horreur que les chrétiens avaient de l'impudicité, alla demander au juge la permission de se faire mutiler, qui cependant ne le fit point, parce que cette permission lui fut refusée. *Apol.* 1, n. 9. Mais ce Père ne l'approuve pas formellement non plus; il ne cite ce fait que pour montrer combien les chrétiens étaient incapables des désordres dont les païens osaient les accuser. De même il n'a pas expressément blâmé ceux qui allaient se dénoncer eux-mêmes comme chrétiens, et s'offrir au martyre, *Apol.* 2, n. 4 et 12; conduite que d'autres ont condamnée. Aussi soutenons-nous que cette démarche ne doit être ni approuvée ni condamnée absolument et sans restriction, parce qu'elle a pu être louable ou blâmable, selon les motifs et les circonstances. Ceux qui allaient se présenter d'eux-mêmes aux magistrats pour les détromper de la fausse opinion qu'ils avaient conçue du christianisme, pour leur prouver la vérité de cette religion et l'innocence des chrétiens, pour leur montrer l'injustice et l'inutilité des persécutions, etc., ne doivent point être taxés d'un faux zèle : leur motif n'était pas de se dévouer à la mort, mais d'en préserver leurs frères. Autrement il faudrait condamner *saint Justin* lui-même : personne n'a encore eu cette témérité.

Ce Père a dit que Socrate et les autres païens qui ont vécu d'une manière conforme à la raison étaient chrétiens, parce que Jésus-Christ, Fils unique de Dieu, est la raison souveraine à laquelle tout homme participe. De là on conclut que, selon *saint Justin*, les païens ont pu être sauvés par la raison ou par la lumière naturelle seule : ce qui est l'erreur des pélagiens. Un incrédule de nos jours a trouvé bon d'aggraver ce reproche, en falsifiant le passage : selon *saint Justin*, dit-il, celui-là est chrétien qui est vertueux, fût-il d'ailleurs athée. *De l'homme*, t. I, sect. 2, c. 16.

Voici les propres paroles de ce Père, *Apol.* 1, n. 46 : « On nous a enseigné que Jésus-Christ est le premier-né de Dieu, et la raison souveraine, à laquelle tout le genre humain participe, comme nous l'avons déjà dit. Ceux qui ont vécu selon la raison sont chrétiens, quoiqu'ils aient été réputés athées : tels ont été, chez les Grecs, Socrate, Héraclite, etc. » Or, Socrate ni Héraclite n'étaient pas athées, quoiqu'on en ait accusé le premier. *Apol.* 2, n. 20. « Tout ce que les philosophes et les législateurs ont jamais pensé ou dit de bon ou de vrai, ils l'ont trouvé en considérant et en consultant *en quelque chose* le Verbe ; mais comme ils n'ont pas connu tout ce qui vient du Verbe, c'est-à-dire de Jésus-Christ, ils se sont contredits....., et ils ont été traduits en justice comme des impies et des hommes trop curieux. Socrate, l'un des plus décidés de tous, a été accusé du même crime que nous. » Nous savons très-bien qu'il n'est pas exactement vrai que les philosophes aient été *chrétiens*, en prenant ce terme à la rigueur ; mais ils l'ont été *en quelque chose*, en tant qu'ils ont consulté et suivi la droite raison ; comme font les chrétiens, et qu'ils ont été accusés d'athéisme aussi bien qu'eux, précisément parce qu'ils étaient plus raisonnables que les autres hommes. Dans le même sens, Tertullien a dit, *Apolog.*, c. 21, que Pilate était déjà chrétien, *dans sa conscience*, lorsqu'il fit savoir à l'empereur Tibère ce qui s'était passé dans la Judée au sujet de Jésus-Christ. — S'ensuit-il de là que *saint Justin* a cru le salut des païens dont il parle ? Si l'on veut consulter son *Dialogue avec Tryphon*, n. 45 et 64, on verra qu'il n'admet point de salut que par Jésus-Christ *et par sa grâce* ; mais en parlant à des païens, ce n'était pas le lieu de faire une distinction entre les secours naturels que Dieu donne, et les grâces surnaturelles. *Voy.* la *Préface de don Marand*, 2ᵉ part., c. 7.

Brucker soutient que *saint Justin* n'attribue pas seulement à Socrate et aux autres sages païens une lumière purement naturelle, mais une révélation semblable à celle qu'ont eue Abraham et les autres patriarches, et qu'il a cru que cette lumière émanée du Verbe divin suffisait pour leur salut, *lorsqu'ils l'ont suivie*. Quand cela serait vrai, il n'y aurait pas encore lieu de lui reprocher une erreur contre la foi. *Saint Justin* n'a jamais pensé que Socrate, en adorant les dieux d'Athènes, avait suivi la lumière du Verbe divin, *Hist. crit. philos.*, t. III, p. 375. Il est exactement vrai que, si les païens avaient correspondu aux grâces que Dieu leur a faites, ils seraient parvenus au salut ; parce que Dieu leur en aurait accordé encore de plus abondantes, et ensuite le don de la foi. D'autres lui ont attribué l'erreur des millénaires : ils se trompent ; *saint Justin* en parle comme d'une opinion que plusieurs chrétiens pieux et d'une foi pure ne suivent point. *Dial. cum Tryph.*, n. 80. Il n'y était donc pas attaché lui-même.

Un déiste a dit que *saint Justin* n'a pas admis la création, et qu'il a cru, comme Platon, l'éternité de la matière ; un autre a répété cette accusation ; tous deux copiaient Le Clerc et les sociniens : ainsi se forment les traditions calomnieuses parmi nos adversaires. Cependant *saint Justin* dit formellement, *Cohort. ad Gent.*, n. 22 : « Platon n'a pas appelé Dieu *créateur*, mais *ouvrier* des dieux : or, selon Platon lui-même, il y a beaucoup de différence entre l'un et l'autre. Le créateur n'ayant besoin de rien qui soit hors de lui, fait toutes choses par sa propre force et par son pouvoir, au lieu que l'ouvrier a besoin de matière pour construire son ouvrage. N. 23, puisque Platon admet une matière incréée, égale et coéternelle à l'ouvrier, elle doit, par sa propre force, résister à la volonté de l'ouvrier. Car enfin, celui qui n'a pas créé n'a aucun pouvoir sur ce qui est incréé ; il ne peut donc pas faire violence à la matière, puisqu'elle est exempte de toute nécessité extérieure. Platon l'a senti lui-même, en ajoutant : *Nous sommes forcés de dire que rien ne peut faire violence à Dieu.* » Saint Justin a donc très-bien compris que la notion d'être incréé ou éternel emporte la nécessité d'être et l'immutabilité ; et puisqu'il suppose que Dieu a disposé de la matière comme il lui a plu, il a jugé conséquemment que la matière n'est ni éternelle, ni incréée. N. 21, il fait sentir toute l'énergie du nom que Dieu s'est donné, en disant : *Je suis celui qui est*, où l'Etre par excellence. Ainsi, lorsque dans sa *première Apol.*, n. 10, il dit que Dieu, étant bon, a dès le commencement fait toutes choses *d'une matière informe*, il n'a pas prétendu insinuer que Dieu n'avait pas créé la matière avant de lui donner une forme : il avait démontré le contraire. Un autre déiste prétend que ce même Père a cité un faux Evangile, et cela n'est pas vrai. Scultet, zélé protestant, lui fait un crime de ce qu'il a soutenu le libre arbitre de l'homme, comme si c'était là une erreur. *Medulla theol. PP.*, l. I, c. 17.

Si des accusations aussi vagues, aussi téméraires et aussi injustes, ont suffi pour porter les protestants à ne faire aucun cas des ouvrages de *saint Justin*, nous ne pouvons pas le plaindre de leur prévention.

Mais les sociniens et leurs partisans, comme Le Clerc, Mosheim, etc., ont fait à ce Père un reproche beaucoup plus grave ; ils prétendent qu'il a emprunté de Platon ce qu'il a dit du Verbe divin et des trois personnes de la sainte Trinité, et qu'il a fait tous ses efforts pour accommoder les dogmes du christianisme aux idées de ce philosophe. Brucker, en faisant profession de ne pas approuver cette accusation, l'a cependant confirmée, en attribuant à *saint Justin* un attachement excessif aux opinions de Platon. *Hist. crit, philos.*, t. III, p. 33.

Dom Marand, dans sa *Préface*, 2ᵉ part., c. 1, a complétement réfuté cette imagination ; il a rapporté tous les passages de Platon, dont nos critiques téméraires se sont prévalus ; il a fait voir que jamais ce philosophe n'a eu aucune idée d'un Verbe personnellement distingué de Dieu ; que par *Verbe ou raison*, on a entendu l'intelligence divine ; que par le *Fils de Dieu*, il a désigné le monde, et rien de plus ; que *saint Justin*, loin d'avoir donné dans les visions de Platon, les a souvent combattues. *Voy.* PLATONISME.

Quant à ceux qui ont avancé que *saint Justin* n'était pas orthodoxe sur la divinité, la consubstantialité et l'éternité du Verbe, on peut consulter Bullus, *Defensio fidei Nicænæ*, et M. Bossuet, *sixième Avertissement aux protestants*, qui ont pleinement justifié ce saint martyr. Nous avons suivi leur exemple au mot TRINITÉ PLATONIQUE, § 3, et au mot VERBE, § 3 et 4.

L'opiniâtreté avec laquelle les protestants ont voulu trouver des erreurs dans ses ouvrages, nous paraît encore moins étonnante que les efforts qu'ils ont faits pour obscurcir ce qu'il a dit de l'eucharistie. *Apol.* 1, n. 66. Après avoir exposé la manière dont se fait la consécration du pain et du vin dans les assemblées chrétiennes, il ajoute : « Cet aliment est appelé parmi nous eucharistie…, et nous ne le recevons point comme un pain et une boisson ordinaire. Mais de même que Jésus-Christ, notre Sauveur, incarné par la parole de Dieu, a eu un corps et du sang pour notre salut, ainsi l'on nous enseigne que ces aliments, sur lesquels on a rendu grâces par la prière qui contient ses propres paroles, et par lesquels notre chair et notre sang sont nourris, sont la chair et le sang de ce même Jésus. »

« Quelques-uns, dit Le Clerc, *Hist. ecclesiast.*, an. 139, § 30, ont conclu de ces paroles et de quelques autres passages semblables des anciens, que Jésus-Christ unit des symboles eucharistiques à son corps et à son sang par une union hypostatique, de même que le Verbe éternel a uni à sa personne l'humanité entière de Jésus-Christ ; mais c'est bâtir sans fondement, que vouloir appuyer un dogme sur une comparaison faite par *saint Justin*, écrivain très-peu exact. Il a seulement voulu dire que le pain et le vin de l'eucharistie deviennent le corps et le sang de Jésus-Christ, parce que le Sauveur a voulu que, dans cette cérémonie, ces aliments nous tinssent lieu de son corps et de son sang. »

On ne peut pas mieux s'y prendre pour tromper les lecteurs. A la vérité, ceux d'entre les luthériens qui ont admis dans l'eucharistie l'*impanation* ou la *consubstantiation*, ont pu imaginer une union hypostatique ou substantielle entre Jésus-Christ et le pain et le vin ; mais elle ne peut pas être supposée par les catholiques qui croient la *transsubstantiation*, qui sont persuadés que par la consécration la substance du pain et du vin est détruite, qu'il n'en reste que les apparences ou les qualités sensibles ; qu'ainsi la seule substance qu'il y ait dans l'eucharistie est Jésus-Christ lui-même. Parce que *saint Justin* compare l'action par laquelle le Verbe divin s'est fait homme, à celle par laquelle le pain et le vin deviennent son corps et son sang, il ne s'ensuit pas que l'effet de l'une et de l'autre action est parfaitement le même ; il s'ensuit seulement que l'une et l'autre opèrent ce changement réel et miraculeux. Cela ne serait pas, et la comparaison serait absurde, si les paroles de Jésus-Christ signifiaient seulement que le pain et le vin doivent nous tenir lieu de son corps et de son sang. Or, il n'a pas dit : *Prenez et mangez, comme si c'était mon corps et mon sang* ; il a dit : *Prenez et mangez, ceci est mon corps et mon sang*. Mais puisque les protestants se donnent la liberté de tordre à leur gré le sens des paroles de l'Ecriture, ils peuvent bien faire de même à l'égard de celles des Pères de l'Eglise. Ils ont cependant beau s'aveugler, la description que fait *saint Justin*, dans cet endroit, de ce qui était pratiqué dans les assemblées religieuses des chrétiens, sera toujours la condamnation de la croyance et de la conduite des protestants. Ce tableau est très-conforme à celui que saint Jean a tracé de la liturgie chrétienne, *Apocal.*, cap. 4 et suiv. ; l'un sert à expliquer l'autre. Nous y voyons, n. 66 et 67, 1° que la consécration de l'eucharistie se faisait tous les dimanches ; au lieu que la plupart des protestants ne font leur cène que trois ou quatre fois par an. 2° Cette cérémonie est nommée par *saint Justin*, eucharistie et oblation : les protestants ont supprimé ces deux mots, pour y substituer celui de *cène* ou de *souper*. 3° L'on croyait que le changement qui se fait dans les dons offerts, était opéré en vertu des paroles que Jésus-Christ prononça lui-même en instituant cette cérémonie : selon les protestants, au contraire, tout l'effet de la cène vient de la manducation ou de la communion. 4° L'eucharistie était portée aux absents par les diacres : cet usage a encore déplu aux protestants. 5° La consécration était précédée de la lecture des écrits des apôtres et des prophètes, et de plusieurs prières : les protestants y mettent beaucoup moins d'appareil ; et après cette belle réforme ils se vantent d'avoir réduit la cérémonie à sa simplicité primitive. *Voy.* LITURGIE.

\* KALMOUKS. C'est une tribu errante, qui professe la religion de Dalaï-Sama. C'est un peuple extrêmement superstitieux. Ce qu'il y a de plus extraordinaire dans son culte sont des moulins à prières. Il appartient au Dictionnaire des Religions de les faire connaître. *Voy.* Dict. des Religions.

*KANTISME. M. Jéhan a donné sur ce sujet une suite d'articles fort remarquables dans la *Voix de la Vérité*. Nous nous contentons de les rapporter.

« Une fois la raison humaine proclamée juge absolu de Dieu, de l'homme et du monde, de leur nature et de leurs rapports, la philosophie s'en alla de système en système, d'une part, aboutir, par Locke, Condillac, Helvétius, d'Holbach, etc., au plus grossier matérialisme; de l'autre, se perdre, par Hume, Kant, Fichte, Schelling, Hégel, dans le panthéisme de Spinosa, qui n'avait été lui-même, suivant l'expression de Leibnitz, qu'un *cartésianisme exagéré*. Le résultat brutal des doctrines philosophiques, particulièrement en France, sur la fin du dix-huitième siècle, est généralement connu; ce qui l'est moins chez nous, c'est la marche et le développement d'un rationalisme infiniment plus subtil et plus spécieux en Allemagne, depuis Kant jusqu'à nos jours. Ce rationalisme, qui n'a pas laissé pierre sur pierre dans l'édifice des connaissances humaines, a été introduit en France par l'éclectisme universitaire; il nous envahit de toutes parts et menace de ruiner parmi nous toute foi, toute morale, toute croyance et toute vérité. Commençons donc par exposer la doctrine de Kant, le plus profond analyste des temps modernes.

« KANT (Emmanuel), né en 1724, à Kœnigsberg, était fils d'un sellier. Il resta longtemps obscur et pauvre, et fut pendant quinze ans simple répétiteur. Il obtint, en 1770, la chaire de logique et de métaphysique à l'Université de Kœnigsberg, devint, en 1787, recteur de cette Université, et mourut en 1804, dans sa ville natale, dont il n'était, dit-on, jamais sorti. Il est l'auteur d'un système qui a opéré en philosophie une véritable révolution. Quel est ce système ?

« Ici nous allons nous efforcer de nous donner un mérite impossible peut-être à obtenir dans l'exposition de la philosophie kantienne, celui de la clarté.

« La connaissance suppose une faculté de connaître; mais, pour que celle-ci soit en action, il faut que les objets affectent nos sens. Ainsi, dans le temps, aucune connaissance ne prévient en nous l'expérience : toute connaissance commence avec elle. Mais de ce que la connaissance commence avec l'expérience, il ne s'ensuit pas qu'elle en provienne tout entière. Y a-t-il donc des connaissances, ou dans la connaissance y a-t-il des éléments qui ne viennent ni de l'expérience, ni d'aucune impression sensible ? C'est là la question que Kant se propose de résoudre.

« De telles connaissances ou tels éléments de connaissance sont dits *a priori*, pour les distinguer des connaissances qui ont leur origine *a posteriori*, c'est-à-dire dans l'expérience. On ne doit donner le nom de connaissances *a priori* qu'aux connaissances qui sont indépendantes non-seulement de telle ou telle expérience particulière, mais de toute expérience quelconque. Ces connaissances sont dites *pures* lorsqu'il ne s'y mêle absolument rien d'empirique.

« Tout changement a sa cause » est une connaissance *a priori*, mais elle n'est pas *pure*, parce que nous n'aurions pas l'idée de changement si nous n'avions rien vu changer. Les connaissances pures, les jugements *a priori*, se conçoivent sur-le-champ, en vertu de conditions nécessaires et d'une rigoureuse universalité que l'expérience ne peut leur conférer. Les jugements généraux fondés sur l'expérience peuvent tous au contraire se traduire ainsi : « Autant que nous l'avons observé jusqu'à présent, il se rencontre aucune exception à cette règle. » Exemple : « Tous les corps sont pesants. » Ce jugement d'expérience n'est ni absolument ni rigoureusement universel, car on conçoit que les corps pourraient n'être pas pesants :

« On peut citer d'abord comme des jugements absolument nécessaires, rigoureusement universels ou *a priori*, les propositions mathématiques, par exemple, celle-ci : « Trois angles d'un triangle sont égaux à deux droits. » A une telle proposition il n'y a pas d'exception connue, possible, concevable. D'ailleurs les connaissances empiriques seraient-elles possibles, s'il n'y avait pas de connaissances *a priori* ? L'expérience existerait-elle si elle n'avait pas des règles qui lui donnent sa forme et sa valeur ? Mais ces règles de l'expérience ne viennent pas, ne peuvent pas venir de l'expérience même. Les conditions du jugement d'expérience ou les règles en vertu desquelles le jugement est bon ou mauvais, sont évidemment *a priori* dans l'esprit. Il y a donc des connaissances *a priori*.

« Soit cet axiome : « Tout changement a sa cause. » L'idée de *cause* est unie à celle d'*effet*, en vertu d'une combinaison nécessaire et universelle. La dériver de l'expérience ou de la sensation, ce serait l'annuler, car l'expérience ne peut nous donner que des phénomènes qui se succèdent, une conjonction fortuite d'accidents, ainsi que Hume l'a prouvé. Cependant l'idée de *causalité* existe dans l'esprit, elle y est inébranlable, elle donne naissance à des jugements nécessaires, universels; mais, comme elle n'est pas d'origine empirique, c'est une connaissance *a priori* qui se traduit en jugements *a priori*. Et la métaphysique, qu'est-ce, sinon une science construite de jugements tout spéculatifs et n'atteignant que des connaissances qui portent dans une sphère où nulle expérience ne pénètre ?

« Mais comment la métaphysique prend-elle sur elle d'aborder l'examen de tous ces sublimes problèmes, Dieu, la liberté, etc., sans avoir seulement regardé si elle en a le droit et les moyens ? Avant la métaphysique il y aurait donc une science. C'est celle qui chercherait comment on peut ainsi sortir du domaine de l'expérience, sur la foi de quelles idées primitives on peut s'élever à ces hautes recherches, quelle est l'origine et la portée de ces axiomes sur lesquels on s'appuie pour ériger le brillant édifice des spéculations métaphysiques. Cette science serait celle des fondements de la connaissance humaine. La philosophie de Kant est précisément cette science première de toute métaphysique. Il se propose de résoudre la question de la valeur originelle des éléments de la connaissance humaine. L'exposé suivant le fera mieux comprendre encore.

« Tout acte de connaissance peut se formuler en un jugement; tout jugement renferme un sujet et un attribut et exprime la pensée d'un rapport entre tous deux. Mais ce rapport est possible de deux manières : ou l'attribut appartient au sujet, comme quelque chose qui est contenu dans l'idée du sujet, qui est pensé avec lui et n'en peut être séparé; c'est alors un jugement analytique; ou bien l'attribut n'est pas compris dans le sujet, quoiqu'il lui soit légitimement réuni, et alors le jugement est synthétique. Dans le premier cas, il y a identité de l'attribut au sujet, dans le second cas il y a combinaison sans identité.

« Exemple : « Tous les corps sont étendus; » voilà un jugement analytique, car l'idée d'*étendue* n'ajoute rien à l'idée de *corps*, elle y est nécessairement comprise; qui pense le corps pense l'étendue. Mais si je dis : *Tous les corps sont pesants;* c'est un jugement synthétique, car on peut concevoir le corps sans la *pesanteur*. Le corps n'est pas nécessairement pesant. Ce dernier jugement est fondé sur l'expérience.

« Dans le jugement synthétique qui vient de nous servir d'exemple, à la connaissance que j'ai du corps j'ajoute une autre connaissance; j'apprends de l'expérience que la pesanteur est constamment unie aux autres caractères du sujet et je l'ajoute : il n'y a pas identité entre les deux termes du jugement, il y a union synthétique. L'expérience n'est qu'une synthèse d'intuitions diverses, qui s'appartiennent l'une à l'autre, mais d'une manière contingente et non par un lien nécessaire. Au contraire, le jugement analytique : *Tous les corps sont étendus*, n'a besoin d'aucune expérience. Aucune expérience n'est nécessaire pour tirer d'une idée ce qui y est nécessairement compris. Tout jugement analytique est donc nécessairement un jugement *a priori* et ne donne aucune connaissance réelle. Les jugements synthétiques ajoutent au contraire à nos connaissances, ils sont donc en général *a posteriori*.

« Mais puisqu'il y a des connaissances *a priori*, des connaissances *pures*, c'est-à-dire des connaissances qui ne sont pas puisées dans l'expérience, il faut qu'il y ait des jugements synthétiques *a priori*. Comment sont-ils possibles ? L'examen de problème est toute une science dont l'objet est la raison pure. La raison est éminemment le pouvoir de connaître ; c'est la connaissance en puissance. Rechercher, déterminer, ordonner ce qui est *pur* ou *a priori* dans la connaissance, ou considérer la raison dans ses éléments, dans ses lois, dans ses procédés, indépendamment de l'objet même de ses connaissances, c'est *critiquer* la raison pure, c'est construire la science transcendantale. Cette science est *critique*, car elle a pour but moins de donner la connaissance que de l'expliquer, moins d'agrandir la raison que d'y porter la lumière. Elle laisse de côté la nature des choses pour ne s'occuper que de l'intelligence qui juge de la nature des choses, et encore de l'intelligence seulement en tant qu'elle connaît *a priori*. C'est ce qu'indique le titre même de l'ouvrage capital de Kant : *Critique de la raison pure*, c'est-à-dire jugement, examen de la raison ou de la connaissance humaine étudiée en elle-même. La science ainsi comprise donne sur la raison une certitude absolue et le doute absolu sur tout le reste.

La critique de la raison pure n'est au fond qu'une analyse de l'esprit humain. Cette analyse ne diffère de la psychologie qu'en ce que celle-ci montre ce que fait l'esprit humain, et que celle-là recherche comment il est possible qu'il le fasse. La psychologie ordinaire nous dit que le *moi* a des sensations, puis des perceptions, puis des notions, puis qu'il forme des jugements et parvient ainsi à connaître. La psychologie critique se demande comment il se peut qu'il connaisse, comment des sensations, perceptions, notions, jugements, qui appartiennent à un être individuel, peuvent être un lien avec un ou plusieurs autres êtres individuels externes, et constituer de ceux-ci à celui-là le rapport du connu au connaissant ; en un mot, comment il se fait que les phénomènes de l'un soient pris comme la traduction des phénomènes de l'autre.

« Avant d'aller plus loin, il est nécessaire de revenir sur l'exposé que nous avons donné de la philosophie kantienne pour constater trois choses d'une haute importance dans l'appréciation du *criticisme*, et que dès le début Kant prend pour convenues et accepte de ses prédécesseurs.

« La première, c'est qu'en fait, toute connaissance commence par l'expérience, c'est-à-dire que nous ne connaissons rien qu'autant que notre sensibilité a été affectée par quelque chose qui paraît ne pas venir d'elle, en sorte que l'activité intérieure par laquelle nous connaissons est originairement passivité. — La seconde chose, qui n'est qu'un second point de vue de la première, c'est que toute modification intérieure réductible en connaissance est aperçue de celui qui l'éprouve, et il en a conscience. Certainement il y a lieu d'être fort étonné de voir Kant adopter au début ces deux points sans les examiner, sans même les définir. Lui qui se pique de tout refaire, comment peut-il ainsi emprunter de confiance, 1° le principe du sensualisme ou de l'empirisme ; 2° le principe de la psychologie comme science d'observation ? C'est là, il en faut convenir un singulier début pour une doctrine qui se dit transcendantale. — La troisième chose que Kant suppose sans en examiner la valeur, c'est la théorie logique du jugement, et par conséquent la logique dont cette théorie est la base. Il considère celle-ci comme un principe convenu, comme un savoir accepté antérieurement à toute science. C'est donc encore là un préalable à joindre aux deux autres, l'expérience sensible et la conscience.

« Et d'abord, pour ce qui concerne l'expérience, admettre qu'elle est le commencement de toute notre connaissance, n'est-ce pas placer la vérité en dehors de l'intelligence, et tomber par conséquent dans le scepticisme ? car c'est se condamner à rechercher si la faculté de connaître est légitime, c'est-à-dire est la faculté de la vérité ; or, pour savoir si elle est la faculté de la vérité, il faut qu'elle le soit, la faculté de connaître ne pouvant être connue que par la faculté de connaître. En second lieu, si toute connaissance commence par l'expérience, il s'ensuit que l'idée est plus ou moins directement produite par l'impression des objets sur l'esprit. C'est le principe même du sensualisme. Partant de ce principe, Kant distingue dans la connaissance deux éléments . un élément nécessaire, le subjectif (*a*), la forme intelligible ou pure ; et un élément contingent, l'objectif, la matière fournie par l'expérience ; et il admet entre ces deux éléments une différence d'origine. Cette différence, Kant l'affirme gratuitement. S'il n'y a point de connaissance sans l'expérience, ce que l'intelligence ajoute à l'expérience n'est donc pas de la connaissance ; c'est une addition sans valeur, qui se manifeste que la nature et peut-être l'infirmité du sujet qui l'a faite.

Nous insistons pour faire remarquer cette contradiction de la doctrine kantienne. Selon Kant, toute la science humaine commence avec les sensations ; mais elle ne dérive pas toute des sensations. Mais si la science humaine tout entière commence par les sensations, il n'existe donc rien avant les sensations ; les prétendues formes pures qu'on pose dans le sujet connaissant, sont donc un néant ; et par conséquent, le sujet dont ces formes constituent la nature n'existe pas avant les sensations. L'existence de ce sujet est donc une pure hypothèse dans le système de Kant et de son école. On connaît maintenant l'objet de la philosophie critique, et l'on voit que les principes sur lesquels elle repose sont loin d'être satisfaisants. Il nous reste à signaler dans ce système des erreurs bien plus graves encore.

« Quand vous regardez au dedans de vous, vous y découvrez des facultés, des qualités, une force qui sent, pense, compare, juge, raisonne, veut, agit ; mais ces facultés, ces qualités, cette force, sont bornées en vous, limitées, finies : vous êtes irrésistiblement convaincu que vous connaissez, mais que vous ne connaissez pas tout ; que vous pouvez, mais que vous ne pouvez pas tout, etc. Si vous envisagez le monde extérieur, le monde de la nature, vous y trouvez d'autres hommes dans les mêmes conditions que vous et une multitude indéfinie d'êtres que la borne environne, presse aussi de toutes parts : limites dans l'être, limites dans la force, limites dans la durée ; ainsi, vous ne voyez que limites partout, dans l'homme, dans la nature, dans les êtres innombrables qui la composent ; seulement la limite ou l'imperfection est à divers degrés : l'homme est moins imparfait que l'animal, l'animal moins que le végétal, celui-ci moins que le minéral ; mais tous sont imparfaits et finis. Tout est-il donc au dedans de moi et

---

(*a*) On a donné le nom de *subjectifs* aux faits saisis par la conscience ou faits intérieurs, aux manières d'être et d'agir du *moi*, qui en est le sujet, et le nom d'*objectifs*, aux objets ou faits extérieurs, quelle qu'en soit la nature, matériels ou immatériels, physiques ou métaphysiques ; Dieu, le *moi* lui-même, en tant que substance, sont *objectifs*.

au dehors de moi, fini, borné, limité, relatif, multiple, variable, contingent, temporel, car tous ces mots sont synonymes? Oui, si je ne consulte que le rapport des sens et des faits de conscience ; mais si j'interroge la raison, elle m'élève irrésistiblement de la perception du fini à la conception intuitive de l'infini, du relatif à l'absolu, du contingent au nécessaire, du variable à l'immuable, du temporel à l'éternel, de l'imperfection à la souveraine perfection, de même que je passe de l'idée d'un corps et de ses bornes ou de celle d'une succession et de ses limites, à l'idée de l'espace et du temps sans bornes.

« Il m'est impossible de concevoir rationnellement le fini sans l'idée de l'infini. En effet, qu'est-ce que le fini sinon la privation de l'infini? Peut-on connaître le fini sans lui attribuer une borne, et une borne, qu'est-ce, sinon une pure négation d'une plus grande étendue ? Pourrait-on jamais se représenter la privation de l'infini si l'on ne concevait l'infini lui-même ? Le fini ne se suffit pas à lui-même ; il ne peut se concevoir et par conséquent s'expliquer que par l'infini. Ces deux concepts s'exigent mutuellement. Il est tellement impossible de les isoler, que, lorsqu'on l'essaie, le concept exclu se transforme aussitôt en ce concept dont on voulait le séparer. Isolez l'infini du fini, l'infini ne renferme plus alors le fini en soi, le fini demeure hors de lui ; l'infini n'est donc pas tout, il devient limité, il devient fini. Isolez le fini de l'infini, le fini peut alors se concevoir par lui-même, il se suffit donc ; mais ce qui se suffit est inconditionnel, absolu : voilà le fini qui devient infini. Il n'est donc pas donné à l'esprit humain de séparer ces deux termes ; les deux idées qu'ils expriment nous accompagnent sans cesse, nous les retrouvons dans toutes nos perceptions ; elles font partie intégrante de toutes nos pensées, elles sont le fondement de notre raison, nous ne saurions nous en défaire. Prenez garde que l'indéfini n'est pas l'infini. L'indéfini n'est qu'une existence dont nous ne connaissons pas les bornes ; ce n'est qu'un fini plus ou moins étendu ; il recule, il suspend la borne : l'infini seul la supprime absolument.

« Ne dites pas que l'infini n'est que du fini ajouté à du fini. Evidemment cette addition ne vous donnerait jamais que du fini. Reculez la limite tant que vous voudrez, l'extension de l'objet fini ne supprimera pas sa borne, et à quelque point que vous la portiez, vous ne serez pas plus près de l'infini que vous ne l'étiez au point de départ, car la différence de l'infini au fini est une différence de nature et non point d'étendue.

« Constatons bien les rapports qui existent entre le fini et l'infini. Nous affirmons donc qu'il existe des rapports, et des rapports nécessaires entre le fini et l'infini. En effet, pouvez-vous concevoir le fini tout seul ? Jamais. Le fini a sa raison d'être dans l'infini, ou bien il se suffit à lui-même, et par conséquent il est lui-même l'infini. Le fini devient alors l'infini, la contradiction peut-elle être plus formelle ? votre raison se révolte, et vous êtes forcé, par la constitution même de votre nature, à rapporter le fini à l'infini, à considérer l'infini comme la cause du fini, à reconnaître entre l'un et l'autre le rapport de la cause à l'effet. Alors les existences sont données ; tout s'explique, tout s'arrange et s'ordonne ; l'inflexible logique, l'esprit, la raison, sont satisfaits. Si nous continuons de nous élever vers cet infini qui vient de se révéler à nous, si nous en étudions de plus en plus la nature, nous trouvons qu'il renferme en lui, à un degré sans limites, toutes les perfections répandues dans le monde. En effet, dans le fini, dans la créature nous remarquons qu'il y a force, beauté, bonté, intelligence, sagesse, liberté, justice ; nous affirmons donc que l'infini, cause suprême du monde, possède dans leur souveraine perfection ces mêmes attributs qui se manifestent, qui se reproduisent comme de pâles reflets des traits affaiblis dans les êtres émanés de sa puissance. Et puisqu'il possède toute perfection, nous pouvons affirmer encore qu'il se suffit pleinement à lui-même, que par conséquent il est un infini personnel, une personnalité infinie, un Dieu personnel, cause libre du monde et par conséquent distincte du monde.

« Pour arriver à cette conclusion, nous n'avons fait que développer l'idée même de l'infini ; nous avons tiré le même du même : ce procédé est rigoureux. Cette preuve de l'existence de Dieu est supposée dans toutes les autres, elle leur sert de base et leur donne toute leur valeur. Ainsi la preuve par l'idée de l'être nécessaire se réduit à dire : Il faut admettre l'être infini, Dieu, ou le néant ; la preuve cosmologique ou tirée des causes finales et du spectacle de l'univers, n'a de force que par l'idée de l'infini, car, tout seul, cet argument ne nous conduirait qu'à un ordonnateur du monde dans le sens de Platon et des anciens philosophes, et nullement au Dieu créateur.

« On comprend donc l'importance, pour la théodicée chrétienne, de cette preuve de l'existence de Dieu par l'idée de l'infini. Mais pourquoi l'avons-nous présentée ici ? C'est qu'aujourd'hui le débat entre la vérité et l'erreur, entre la religion et le rationalisme, et particulièrement le rationalisme des écoles germaniques, vient se résumer dans cette question : Le fini existe-t-il, ou autrement le fini et l'infini sont-ils identiques ?

« Occupons-nous d'abord des points de contact du criticisme avec la preuve que nous avons exposée.

« Les objets peuvent être considérés de deux manières. Pris comme intuitions, c'est-à-dire lorsque nous distinguons le mode dans lequel nous les contemplons de leur constitution en eux-mêmes, nous les appelons êtres sensibles. Et lorsque nous considérons cette constitution même, quoique nous ne puissions la percevoir intuitivement, ou bien lorsque nous contemplons les choses purement possibles qui ne sont pas les objets de nos sens, mais des objets pensés par l'intelligence, nous les nommons êtres intelligibles. Les êtres sensibles et les êtres insensibles, Kant les appelle en grec, les premiers, *phénomènes* (chose manifestée), les seconds, *noumènes* (chose pensée). Le phénomène, c'est l'objet en tant que perçu ; le noumène, c'est l'objet en lui-même, ou l'objet possible qui n'est point sensible. L'être ainsi considéré ne peut être en effet que pensé. Le phénomène est l'apparu, le noumène est le pensé. Dans le langage ordinaire, le phénomène ce sont les qualités ; le noumène c'est la substance.

« Eh bien ! Kant nie toute réalité objective ; il méconnaît la valeur de ce jugement naturel qui accompagne nos sensations et qui nous persuade de la vérité de leur objet. Il soutient que nous ne connaissons des objets que les phénomènes, c'est-à-dire les *apparences*, puisque seuls les phénomènes sont donnés. Suivant lui, les choses en soi nous échappent et ne sont que conçues par l'intelligence, ne sont que des noumènes. Tout ce que l'intelligence conçoit au delà des phénomènes, elle la prend sur elle. Ainsi, les corps ne sont qu'une collection d'apparences ; le *moi* de la conscience est aussi, comme tous les autres objets de la nature, une apparence. Toute la science humaine tourne dans un cercle d'apparences sans pouvoir en sortir jamais. Suivant le même philosophe, la faculté qui ramène les notions à un petit nombre de principes d'une forme absolue, la raison pas plus que l'entendement n'est intuitive, elle est purement régulatrice. L'intuition de la raison n'est que le mirage de la raison pour elle-même.

Ainsi le résultat définitif du criticisme, c'est l'impossibilité pour l'homme d'une connaissance réelle et la réduction de toute notre science à un rêve régulier. Disons-le, c'est le scepticisme pur, le scepticisme universel.

« Nous avons à répondre à une difficulté grave

soulevée par le *criticisme*, et qui fait tout le fond de ce système. Kant prétend avoir démontré l'impossibilité pour l'homme d'une connaissance réelle, et avoir réduit toute notre science à un rêve régulier. Disons-le, c'est le scepticisme pur, le scepticisme universel. Il n'y a, en effet, aucune connaissance s'il n'y a pas des objets connus : la connaissance n'est qu'un vain mot si elle n'est pas la connaissance de quelque chose de réel. Si toute notre science n'est composée que d'apparences, toute notre science est chimérique. Si parce que la raison est subjective, c'est-à-dire se manifeste par la conscience, elle n'a aucune valeur hors des limites du sujet et ne peut affirmer ni Dieu, ni l'âme, ni le temps, ni l'espace, ni le moi, ni le monde, en un mot aucune réalité substantielle, que nous reste-t-il? Des phénomènes; les phénomènes extérieurs du monde, les phénomènes intérieurs du moi. Mais si vous dépouillez de toute réalité le moi et le monde, si la substance du monde et du moi n'est pas réelle, comment les phénomènes, les modes qu'ils présentent à mes sens ou à ma raison seront-ils plus réels? Admettre la réalité des phénomènes et nier la réalité de la substance, n'est-ce pas une contradiction? Peut-on affirmer la réalité des phénomènes quand on nie la réalité de la substance? Evidemment avec la substance nous échappent les phénomènes, et nous nous trouvons plongés dans la nuit du scepticisme

« Kant demande à la connaissance objective ses preuves. Pourquoi donc n'en demande-t-il pas autant à la connaissance subjective? Elle ne serait pas moins embarrassée de les fournir : c'est exiger trop ou trop peu. Veut-on argumenter, il n'y a pas plus d'argument en faveur de la compétence du moi à l'égard du moi, que de sa juridiction sur le non-moi. Observe-t-on, il y a ici de chaque côté des faits d'égale valeur; la conscience, la perception, la sensation en elle-même, et la sensation vue dans sa cause, le consentement de la raison à ses propres principes et la sécurité avec laquelle elle les tient pour vrais d'une manière absolue, sont des faits pareillement, et l'on ne voit pas pourquoi tel de ces faits aurait le privilège de n'être pas contrôlé par la dialectique, tandis que tel autre lui serait entièrement abandonné.

« Une pétition de principe est le point de départ de toutes nos connaissances. L'esprit humain est une pétition de principe ; c'est un point indéniable ; il a fait toute la fortune du scepticisme. Il faut le savoir et passer outre. Le pyrrhonisme, ce dernier terme du scepticisme, articule son *peut-être*, formule sa pensée, et sacrifie à la raison au moment qu'il la blasphème. Toute science, tout système implique la logique et lui reconnaît ainsi une valeur absolue. Celui qui place en regard l'une de l'autre deux séries d'arguments contraires et en conclut l'incertitude, celui-là affirme le principe de contradiction et donne cette affirmation pour base au doute qu'il établit.

« La nature est plus puissante que tous les systèmes. Vous voulez que je doute de la réalité du moi, de la réalité du monde, de la réalité du fini et de l'infini; mais y a-t-il en moi rien de plus personnel que ces idées et leurs rapports? Puis-je m'en dépouiller? Ne sont-ce pas des lois qui dominent ma raison et la raison de tous les hommes? Vous prétendez qu'aucune des affirmations de l'esprit humain ne répond à la vérité ; vous savez donc discerner le certain de l'incertain, vous connaissez donc les caractères de l'un et de l'autre? Vous soutenez que nous n'atteignons que des apparences et jamais des réalités, vous savez donc établir une différence entre les réalités et les simples apparences? Vous savez donc ce que c'est que le certain, le réel ; il s'est donc manifesté à votre intelligence? Autrement de quel droit prononceriez-vous que l'esprit humain est incapable de le connaître? Sur quoi vous fonderiez-vous pour affirmer que nous ne sommes en rapport qu'avec des apparences, si vous n'aviez aucune idée des réalités et si vous ne saviez pas distinguer ces réalités des apparences? Il serait plaisant que vous nous refusassiez le droit de rien affirmer comme vrai, si vous ne saviez pas même ce que c'est que le vrai.

« Mais abordant plus directement le kantisme, nous dirons à l'auteur de la *Critique de la raison pure* : Vous admettez comme point de départ que toute connaissance commence par l'expérience, c'est-à-dire que nous ne connaissons rien qu'autant que notre sensibilité a été affectée par quelque chose qui ne paraît pas venir d'elle ; en sorte que l'activité intérieure, par laquelle nous connaissons, est originairement passivité. Le subjectif n'est donc pas tout, puisque dans le subjectif on trouve l'objectif, par exemple, la non-conscience de l'origine de l'expérience : nous ne sentons pas ce qui fait que nous sentons. Le moi subjectif lui-même est quelque chose, par conséquent il existe objectivement, et le subjectif est un objectif. Il y a conscience d'un réel absolu, car la conscience n'est pas rien.

« Vous admettez la raison : or, la raison est conforme à la vérité ou elle n'est pas la raison ; la connaissance donne la vérité ou l'on ne connaît pas. Puisque le subjectif existe, la raison qui le connaît, connaît la vérité en tant qu'elle connaît cette vérité-là. Il y a donc une connaissance objective légitime et certaine. Il n'y a pas jusqu'au titre de votre livre qui ne soit contre vous : *La critique de la raison pure*, que signifie ce titre? Une critique suppose un critique, un juge de la raison pure, c'est donc la raison jugeant la pensée humaine et faisant, avec une autorité que vous nous donnez pour démonstrative, la part du subjectif et de l'objectif, c'est-à-dire établissant la vérité absolue. Votre raison critique, en tant qu'elle critique ou juge la raison pure, est évidemment distincte de celle-ci. Elle la prend pour objectif en tant qu'objet d'observation, c'est-à-dire d'expérience ; elle s'en donne donc par la conscience une certaine intuition, et, en la jugeant, elle la soumet à une loi, elle la rapporte à un type qu'elle prend en elle-même et qu'elle lui impose, c'est-à-dire encore à un absolu. En tant qu'elle juge, il faut bien qu'elle se prenne autrement qu'en tant qu'elle est jugée.

« La sensibilité, l'entendement, la raison, c'est le *moi sentant, comparant, raisonnant*; l'intelligence, en un mot, c'est le *moi connaissant*. Les lois ne peuvent être plus vraies et plus réelles que les *fonctions* dont elles sont dérivées ; ces *fonctions* ne peuvent être plus vraies, plus réelles que le *sujet*, le *moi* qui les remplit et les propriétés qui l'en rendent capable. Mais si le moi, le sujet, son existence, ses propriétés ne sont que des *apparences*, le monde subjectif n'est donc qu'un monde d'apparences, les lois qui le régissent ne sont donc point des lois réelles, mais des lois apparentes aussi, qui serviront, si l'on veut, pour appliquer des apparences (les formes intellectuelles) à d'autres apparences (la matière) ; et nous serons promenés ainsi dans un cercle d'apparences, cherchant un point d'appui qui nous permette de les fixer, et ne trouvant ce point d'appui nulle part, ni au dedans de nous, ni au dehors.

« En présence de ce résultat final du *criticisme*, il n'y a plus que l'arme du ridicule qui puisse faire justice de semblables doctrines, et involontairement on se rappelle ces vers du *Virgile travesti* de Scarron qui avait ainsi donné, plus d'un siècle avant Kant, le résumé de la *phénoménologie universelle*

Je vis l'ombre d'un cocher
Frottant l'ombre d'un carrosse
Avec l'ombre d'une brosse.

KARAITE. *Voy.* CARAÏTE.
KEIROTONIE. *Voy.* IMPOSITION DES MAINS.
KERI et KÉTIB, mots hébreux qui signifient *lecture* et *écriture*. Souvent les massorètes, au lieu du mot écrit dans le texte hébreu, et qu'ils nomment *kétib*, en ont mis

un autre à la marge, et le nomment *keri*, ce qu'il faut lire ; ou il ont écrit le mot mis à la marge avec des points et des accents différents de ceux qu'il porte dans le texte. Mais les critiques les plus habiles conviennent que ces corrections des massorètes ne sont ni fort sûres ni fort importantes, et que l'on est en droit de n'y faire aucune attention. Il est plus utile de consulter les variantes qui peuvent se trouver entre les manuscrits et les meilleures éditions du texte. On doit cependant savoir gré aux massorètes d'avoir toujours respecté le texte, et de n'avoir mis qu'à la marge leurs prétendues corrections. *Voy.* les *Proléq. de la Polyg. de Walton*, sect. 18, n. 8.

KÉSITAH, mot hébreu qui désigne une brebis. Il est dit dans la *Gen.*, xxxiii, v. 19, que Jacob acheta des fils d'Hémor un champ pour cent *késitah* ou *brebis*, et dans le livre de *Job*, c. xlii, v. 11, que ce patriarche reçut de chacun de ses parents et de ses amis une *késitah*, une brebis, et un pendant d'oreille d'or. Quelques interprètes ont cru que c'était une monnaie empreinte de la figure d'un agneau. Mais il serait difficile de prouver que du temps de Jacob et de Job il y eût déjà de l'argent monnayé et frappé au coin ; il est plus probable que c'étaient des agneaux ou des brebis en nature. On sait assez que le commerce a commencé par des échanges dans les premiers âges du monde.

A la vérité, nous lisons, *Gen.* c. xx, v. 16, qu'Abimélech, roi de Gérare, donna à Abraham mille pièces d'argent, et c. xxiii, v. 16, qu'Abraham acheta un tombeau quatre cents sicles d'argent *de bonne monnaie* ; mais le texte porte, *d'argent qui a cours chez le marchand*. Il paraît que la valeur du sicle se vérifiait au poids et non à la marque. Il n'y avait pas alors assez de commerce et de relation entre les peuples pour qu'ils eussent pu convenir d'une monnaie commune. Nous savons que des écrivains très-instruits ont soutenu que l'usage de la monnaie frappée au coin est bien plus ancien qu'on ne pense ; mais il n'est pas nécessaire de recourir à cette supposition pour donner un sens très-vrai à ce qui est dit d'Abraham. Les incrédules qui ont voulu argumenter contre cette narration, parce que l'usage de la monnaie ne remonte pas jusqu'au temps d'Abraham, ont très-mal raisonné. Dans plusieurs contrées de l'Orient, la valeur de l'or et de l'argent s'estime encore aujourd'hui au poids, et non à la marque.

KIJOUN, nom d'une idole ou d'une fausse divinité honorée par les Israélites dans le désert. Le prophète Amos leur dit, c. v, v. 26 : « Vous avez porté le tabernacle de votre Moloch et *Kijoun*, vos images et l'étoile de vos dieux que vous vous êtes faits. » Comme en arabe *Keivan* est Saturne, ou plutôt le soleil nommé *Saturne* par les Occidentaux, il paraît que c'est le *Kijoun* des Hébreux, et que *Moloch Kijoun* est le *soleil-roi*. Saint Etienne, *Act.*, c. vii, v. 43, cite le passage d'Amos, et traduit *Kijoun* par *Remphan*, les Septante ont écrit *Rephan* ; or, selon le P. Kircher, *Rephan* en égyptien était Saturne, même personnage que le soleil. La planète de Saturne n'est pas assez visible pour qu'elle ait été connue et adorée dès les premiers temps ; chez tous les peuples, l'adoration du soleil et de la lune a été la plus ancienne idolâtrie. *Voy.* Astres.

KORBAN : *Voy.* Corban.

KYRIE ELEISON, mots grecs qui signifient *Seigneur, ayez pitié*. Cette courte prière, souvent répétée dans l'Ecriture sainte, et qui convient très-bien aux hommes tous pécheurs, a commencé dans l'Orient à faire partie de la liturgie ; on la trouve dans les plus anciennes, et dans les *Constitutions apostoliques*, qui contiennent les rites des Eglises grecques des quatre premiers siècles. L. viii, c. 8. C'était une espèce d'acclamation par laquelle le peuple répondait aux prières que le prêtre ou le diacre faisait pour les besoins de l'Eglise, pour les catéchumènes, pour les pénitents, etc. Elle n'est guère moins ancienne dans l'Eglise latine. Vigile de Tapse, qui vivait sur la fin du v° siècle, et qui est probablement l'auteur d'une prétendue conférence entre Paxentius, arien, et saint Augustin, dit que les Eglises latines gardaient ces mots grecs, afin que Dieu fût invoqué dans les langues étrangères, aussi bien qu'en latin. Saint Augustin, *Append.*, t. II, p. 44. Le concile de Vaisons, tenu l'an 529, ordonna, can. 3, que le *Kyrie eleison*, déjà en usage dans tout l'Orient et l'Italie, fût désormais récité dans les Eglises des Gaules, non-seulement à la messe, mais à matines et à vêpres. Ceux qui ont écrit que cet usage n'était introduit dans toute l'Eglise que depuis saint Grégoire se sont évidemment trompés, puisque ce saint pape n'a occupé le siège de Rome que plus de soixante ans après le concile de Vaisons. Lorsque quelques Siciliens se plaignirent de ce qu'il voulait introduire dans l'Eglise de Rome la langue, les rites et les usages des Grecs, il répondit, *Epist.* 64, l. 7, que ceux dont on parlait y étaient établis avant lui.

On répète trois fois *Kyrie* à l'honneur de Dieu le Père, trois fois *Christe* en parlant au Fils, et autant de fois *Kyrie* en s'adressant au Saint-Esprit, pour marquer l'égalité parfaite des trois personnes divines : c'est une profession de foi abrégée du mystère de la sainte Trinité. Les critiques protestants, qui ont mis que cette affectation du nombre de neuf était une espèce de superstition, n'ont pas montré beaucoup de discernement ; il n'y a pas plus ici de superstition que dans la triple immersion du baptême et dans le *trois fois saint* qui est tiré de l'Apocalypse. *Voy.* le P. Lebrun, tom. I, p. 164.

Un savant auteur anglais a écrit que cette prière était connue des païens, qu'ils l'adressaient souvent à leurs dieux, et qu'elle se trouve dans Epictète, Cudworth, *Syst. Intell.*, c. ii, § 27 ; et le cardinal Bona a été dans cette opinion, *Rer. Liturg.*, l. ii, c. 4. Mosheim, dans ses *Notes sur Cudworth*, ne l'approuve point ; il soupçonne que ce sont plutôt les païens qui avaient emprunté ce deux mots des chrétiens. Il blâme en général ceux qui attribuent trop légèrement aux premiers fidèles ces sortes d'emprunts. Malheureusement il est tombé lui-même dans cette faute plus souvent qu'aucun autre. Vingt fois il a répété dans ses ouvrages que les premiers chrétiens empruntèrent plusieurs usages des juifs et des païens, afin de leur inspirer moins d'aversion pour le christianisme; que la plupart de ces usages n'étaient fondés que sur les principes de la philosophie de Platon, à laquelle les Pères de l'Eglise étaient attachés. Or, cette philosophie était un des principaux appuis du paganisme. Nous avons eu soin de réfuter cette imagination toutes les fois que l'occasion s'en est présentée.

Quant à la prière *Kyrie eleison*, quand il serait vrai que les païens s'en sont servis quelquefois, ils n'ont pas pu y attacher le même sens que les chrétiens. 1° Par le mot *Kyrie, Seigneur*, un chrétien entendait le seul vrai Dieu, créateur et seul souverain maître de l'univers; un païen ne pouvait entendre qu'un dieu particulier, tel que Jupiter ou autre. D'ailleurs, l'usage des païens ne fut jamais de donner à aucun de leurs dieux le titre de *Seigneur*, mais plutôt celui de *père* ou de *bienfaiteur*. 2° Ils n'avaient aucune idée du besoin continuel que nous avons tous, comme pécheurs, de la miséricorde de Dieu, et, en général, ils ne croyaient pas leurs dieux fort miséricordieux. Cette prière ne pouvait donc avoir lieu que dans la bouche de quelque malade souffrant, qui aurait imploré la pitié d'Esculape, dieu de la santé. Ainsi la remarque du critique anglais, réfutée par Mosheim, n'a aucune vraisemblance.

# L

LABADISTES, hérétiques, disciples de Jean Labadie, fanatique du XVII° siècle. Cet homme, après avoir été jésuite, ensuite carme, enfin ministre protestant à Montauban et en Hollande, fut chef de secte, et mourut dans le Holstein en 1674.

Voici les principales erreurs que soutenaient Labadie et ses partisans : 1° Ils croyaient que Dieu peut et veut tromper les hommes, et les trompe effectivement quelquefois; ils alléguaient en faveur de cette opinion monstrueuse divers exemples tirés de l'Ecriture sainte qu'ils entendaient mal : comme celui d'Achab, de qui il est dit que Dieu lui envoya un esprit de mensonge pour le séduire. 2° Selon eux, le Saint-Esprit agit immédiatement sur les âmes, et leur donne divers degrés de révélation tels qu'il les faut pour qu'elles puissent se décider et se conduire elle-mêmes dans la voie du salut. 3° Ils convenaient que le baptême est un sceau de l'alliance de Dieu avec les hommes, et ils trouvaient bon qu'on le donnât aux enfants naissants; mais ils conseillaient de le différer jusqu'à un âge avancé, parce que, disaient-ils, c'est une marque qu'on est mort au monde et ressuscité en Dieu. 4° Ils prétendaient que la nouvelle alliance n'admet que des hommes spirituels, et qu'elle les met dans une liberté si parfaite, qu'ils n'ont plus besoin de loi ni de cérémonies, que c'est un joug duquel Jésus-Christ a délivré les vrais fidèles. 5° Ils soutenaient que Dieu n'a pas préféré un jour à l'autre; que l'observation du jour du repos est une pratique indifférente; que Jésus-Christ n'a pas défendu de travailler ce jour-là comme pendant le reste de la semaine; qu'il est permis de le faire, pourvu que l'on travaille dévotement. 6° Ils distingaient deux Eglises, l'une dans laquelle le christianisme a dégénéré et s'est corrompu, l'autre qui n'est composée que de fidèles régénérés et détachés du monde. Ils admettaient aussi le règne de mille ans, pendant lequel Jésus-Christ devait venir dominer sur la terre, convertir les juifs, les païens et les mauvais chrétiens. 7° Ils ne croyaient point à la présence réelle de Jésus-Christ dans l'eucharistie; selon eux, ce sacrement n'est que la commémoration de la mort de Jésus-Christ; on l'y reçoit seulement spirituellement, quand l'on communie avec les dispositions nécessaires. 8° La vie contemplative, selon leur idée, est un état de grâce et d'union divine, le parfait bonheur de cette vie, et le comble de la perfection. Ils avaient sur ce point un jargon de spiritualité que la tradition n'a point enseigné, et que les meilleurs maîtres de la vie spirituelle ont ignoré.

Il y a eu pendant longtemps des *labadistes* dans le pays de Clèves; mais il est incertain s'il s'en trouve encore aujourd'hui. Cette secte n'avait fait que joindre quelques principes des anabaptistes à ceux des calvinistes, et la prétendue spiritualité dont elle faisait profession, était la même que celle des piétistes et des hernhutes. Le langage de la piété, si énergique et si touchant dans les principes de l'Eglise catholique, n'a plus de sens et paraît absurde, lorsqu'il est transplanté chez les sectes hérétiques; il ressemble aux arbustes, qui ne peuvent prospérer dans une terre étrangère.

LABARUM, étendard militaire que fit faire Constantin lorsqu'il eut vu dans le ciel la figure de la croix. *Voyez* CONSTANTIN. On ignorait l'étymologie du mot *labarum*; M. de Gébelin dit, avec beaucoup de vraisemblance, qu'il vient de *lab, main*, d'où est venu λάβω *prendre, tenir*; et de ἄρω, *élever*; c'est à la lettre, *ce que l'on tient élevé*.

LACTANCE, orateur latin et apologiste de la religion chrétienne. Selon l'opinion du père Franceschini, dernier éditeur des ouvrages de *Lactance*, cet écrivain était né à Formo en Italie. Il étudia sous Arnobe, à Sicca en Afrique, fut appelé à Nicomédie pour enseigner la rhétorique, devint précepteur de Crispus, fils de Constantin, et se retira à Trèves après la mort funeste de son élève ; il mourut l'an 325. Son principal ouvrage est celui des *Institutions divines*, où il s'attache à démontrer l'absurdité du paganisme et des opinions des philosophes, et leur oppose la vérité et sagesse de la doctrine chrétienne. On ne doute plus aujourd'hui que le livre de la *Mort des Persécuteurs* ne soit de lui. Il a fait aussi un livre de *l'Ouvrage de Dieu*, dans lequel il prouve la providence, et un autre de la *Colère de Dieu*, où il fait voir que Dieu est vengeur du crime, aussi bien que rémunérateur de la vertu. Son style n'est pas moins élégant que celui de Cicéron. *Lactance* avait encore écrit plusieurs autres ouvrages qui ne sont pas venus jusqu'à nous. Ceux qui nous restent ne sont pas sans défaut ; plusieurs censeurs un peu trop rigides y ont noté un assez grand nombre d'erreurs théologiques ; mais la plupart sont seulement des façons de parler peu exactes, et qui sont susceptibles d'un sens orthodoxe lorsqu'on ne le prend pas à la rigueur. Il faut se souvenir que cet auteur n'était pas théologien, mais orateur ; qu'il n'avait pas fait une longue étude de la doctrine chrétienne, mais qu'il possédait très-bien l'ancienne philosophie. Quoiqu'il ne fût pas assez instruit pour expliquer avec précision tous les dogmes du christianisme, il a cependant rendu à la religion un service essentiel, en mettant au grand jour les erreurs, les absurdités et les contradictions des philosophes. Son ouvrage de la *Mort des Persécuteurs* contient plusieurs faits essentiels dont *Lactance* était très-bien informé, et qui ne se trouvent point ailleurs. On n'a pas tort de le mettre au nombre des Pères de l'Eglise. L'abbé Lenglet Dufresnoi a donné à Paris, en 1748, une très-belle édition de *Lactance*, en deux vol. in-4°. Le père Franceschini l'a fait réimprimer à Rome en 1754 et 1760, en dix volumes in-8°, avec de savantes dissertations.

LAI. On nomme ainsi celui qui n'est point engagé dans les ordres ecclésiastiques ; c'est une abréviation du mot *laïque*, et ce terme est principalement en usage parmi les moines ; ils entendent par *frère lai*, un homme pieux et non lettré, qui se donne à un monastère pour servir les religieux.

Le *frère lai* porte un habit un peu différent de celui des religieux ; il n'a point de place au chœur, ni de voix en chapitre, il n'est pas dans les ordres ni même souvent tonsuré ; il ne fait vœu que de stabilité et d'obéissance. Cet état est souvent embrassé par des hommes d'un caractère paisible et vertueux, qui fuient la dissipation du monde, et désirent de mieux servir Dieu dans un cloître. Il y a aussi des *frères lais* qui font les trois vœux de religion, qui sont destinés au service intérieur et extérieur du couvent, qui exercent les offices de jardinier, de cuisinier, de portier, etc. On les nomme aussi *frères convers*.

Cette institution a commencé dans le XI° siècle ; ceux à qui l'on donnait ce titre étaient des hommes trop peu lettrés pour devenir clercs, et qui, en se faisant religieux, se destinaient entièrement au travail des mains et au service temporel des monastères. On sait que dans ce temps là la plupart des laïques n'avaient aucune teinture des lettres, et que l'on nomma *clercs* tous ceux qui avaient un peu étudié et qui savaient lire. Cependant il n'aurait pas été juste d'exclure les premiers de la profession religieuse, parce qu'ils n'étaient pas lettrés. Il ne faut donc point attribuer cette distinction au dégoût que prirent les religieux pour le travail des mains, à l'ambition d'être servis par des *frères lais*, au relâchement de la discipline, ni à d'autres motifs condamnables. Dans un temps où le clergé séculier était à peu près anéanti, où les fidèles étaient réduits à recevoir des religieux tous les secours spirituels, il était naturel que ceux qui pouvaient les leur rendre s'y livrassent tout entiers, pendant que ceux des religieux qui en étaient incapables s'occupaient du travail des mains et du temporel. Il est sans doute résulté dans la suite un inconvénient de cette différence d'occupations, en ce que les religieux-clercs n'ont plus regardé les *frères lais* que comme des manœuvres et des domestiques ; mais dans l'origine la distinction entre les uns et les autres est venue de la nécessité et non du désir ou du projet d'introduire un changement dans la discipline monastique.

De même, dans les monastères des filles, outre les religieuses du chœur, il y a des sœurs converses, uniquement reçues pour le service du couvent, et qui font les trois vœux de religion. Mais dans quelques ordres très-austères, comme chez les Clarisses, il n'y a point de sœurs converses ; toutes les religieuses font tour à tour tout le service et le travail intérieur de la maison.

LAICOCEPHALES. Ce nom signifie une secte d'hommes qui ont pour chef un laïque : il fut donné par quelques catholiques aux schismatiques anglais, lorsque, sous la discipline de Samson et de Morison, ces derniers furent obligés, sous peine de prison et de confiscation de biens, de reconnaître le souverain pour chef de l'Eglise. C'est par ces moyens violents que la prétendue réforme s'est introduite en Angleterre. Le pouvoir pontifical, contre lequel on a tant déclamé, ne s'est jamais porté à de pareils excès. Mais l'absurdité de la réforme anglicane parut dans tout son jour, lorsque la couronne d'Angleterre se trouva placée sur la tête d'une femme : on ne vit pas sans étonnement les évêques anglais recevoir leur juridiction spirituelle de la reine Elisabeth.

LAIQUE, se dit des personnes et des choses distinguées de l'état ecclésiastique, ou de ce qui appartient à l'Eglise ; ce nom vient du grec λάος, *peuple*. Ainsi l'on appelle *personnes laïques*, toutes celles qui ne sont point engagées dans les ordres ni dans la cléricature ; *biens laïques*, ceux qui n'appartiennent pas à l'Eglise ; *puissance laïque*, l'autorité civile des magistrats, par opposition à la puissance spirituelle ou ecclésiastique.

La plupart des auteurs protestants ont prétendu que la distinction entre les clercs et les *laïques* était inconnue dans l'Eglise primitive ; qu'elle n'a commencé qu'au iii° siècle, que ça été un effet de l'ambition du clergé. Ainsi le soutiennent encore les calvinistes, que l'on nomme en Angleterre presbytériens et puritains. Mais les anglicans ou épiscopaux ont soutenu, comme les catholiques, que cette distinction a été faite par Jésus-Christ lui-même, et qu'elle a été établie par les apôtres. C'est à eux seuls, et non aux simples fidèles, que Jésus-Christ a dit : Vous n'êtes pas de ce monde, je vous ai tirés du monde, vous êtes la lumière du monde, etc. C'est à eux seuls qu'il a donné la commission d'enseigner toutes les nations, le pouvoir de remettre les péchés et de donner le Saint-Esprit ; qu'il a promis de les placer sur douze siéges pour juger les douze tribus d'Israël, etc. Ils ont donc une mission, un caractère, des pouvoirs, des fonctions, que n'ont point les simples fidèles.

Saint Paul, dans ses lettres à Tite et à Timothée, leur prescrit des devoirs qu'il n'exige point des simples fidèles ; il charge les premiers d'enseigner, de conduire, de gouverner ; les seconds, d'écouter les avis de leurs pasteurs et d'obéir. Saint Clément de Rome, disciple et successeur immédiat des apôtres, *Epist.* 1 ad *Cor.*, n° 40, veut que l'on observe dans l'Eglise le même ordre qui était gardé parmi les Juifs, chez lesquels les *laïques* n'avaient ni les mêmes devoirs, ni les mêmes fonctions que les lévites et les prêtres. Saint Ignace, dans ses lettres, nous montre cette même discipline déjà établie, et saint Clément d'Alexandrie la suppose évidemment. *Quis dives salvetur*, p. 959. Il n'est donc pas vrai que Tertullien et saint Cyprien soient les premiers qui en ont fait mention ; elle existait avant eux, et elle est aussi ancienne que l'Eglise.

Vainement on objecte que saint Pierre, *Epist.* 1, c. ii, v. 9, attribue le sacerdoce à tous les fidèles ; et que, chap. v, v. 3, il les nomme *clercs* ou *clergé*, c'est-à-dire l'héritage du Seigneur. Dans ces mêmes endroits l'apôtre leur attribue la royauté ; on n'en conclura pas que tous sont rois ; il explique ce qu'il entend par *sacerdoce*, en disant que c'est pour offrir à Dieu des victimes spirituelles, des vœux, des louanges, des prières ; il charge les anciens ou les prêtres de paître et de gouverner le troupeau du Seigneur ; il ordonne aux jeunes gens d'être soumis aux anciens. De même, dans l'Ancien Testament, le peuple juif est appelé un royaume de prêtres, *Exod.*, cap. xix, v. 6 ; et l'héritage du Seigneur, *Deut.*, c. iv, v. 20, et c. ix, v. 29. Saint Pierre n'a fait que répéter ces expressions ; il ne s'ensuit pas que chez les Juifs il n'y ait eu aucune distinction entre les prêtres et le peuple : si un simple juif avait osé faire les fonctions des prêtres, il aurait été puni de mort ; Saül, quoique revêtu de la royauté, fut puni pour avoir eu cette témérité. Bingham, *Orig. ecclés.*, liv. i, c. 5 ; Bellarm., tom. II, *Controv.* 2, etc. *Voy.* CLERGÉ.

LAMENTATION, poëme lugubre. Jérémie en composa un touchant la mort du saint roi Josias, et dont il est fait mention, *II Paral.*, c. xxxv, v. 25. Ce poëme est perdu ; mais il en reste un autre du même prophète touchant les malheurs de Jérusalem ruinée par Nabuchodonosor. Ces *lamentations* contiennent cinq chapitres, dont les quatre premiers sont en vers acrostiches, et abécédaires ; chaque verset ou chaque strophe commence par une des lettres de l'alphabet hébreu, rangées selon l'ordre qu'elles y gardent ; le cinquième est une prière par laquelle le prophète implore les miséricordes du Seigneur. Les Hébreux nomment ce livre *Echa*, c'est le premier mot du texte, cu-*kinnoth*, *lamentations* ; les Grecs, θρῆνος, qui signifie la même chose. Le style de Jérémie est tendre, vif, pathétique ; son talent était d'écrire des choses touchantes.

Les Hébreux avaient coutume de faire des *lamentations* ou des cantiques lugubres à la mort des grands hommes, des rois ou des guerriers, et à l'occasion des calamités publiques ; ils avaient des recueils de ces *lamentations* ; l'auteur des *Paralipomènes* en parle dans l'endroit que nous avons cité. Nous avons encore celle que David composa sur la mort de Saül et de Jonathas. *II Reg.*, c. i, v. 18. Il paraît même que les Juifs avaient des pleureuses à gage, comme celles que les Romains appelaient *præficæ* : *Faites venir les pleureuses*, dit Jérémie, *qu'elles accourent et qu'elles se lamentent sur notre sort*. Cap. ix, v. 17,18.

On chante les *lamentations* de Jérémie pendant la semaine sainte à l'office des ténèbres, afin d'inspirer aux fidèles les sentiments de componction convenables aux mystères que l'on célèbre dans ces saints jours. Jérusalem, désolée de la perte de ses habitants, est la figure de l'Eglise chrétienne affligée des souffrances et de la mort de son divin Epoux ; c'est aussi l'image d'une âme qui a eu le malheur de perdre la grâce de Dieu par le péché, et qui désire de la récupérer par la pénitence.

Dans le ch. iv, v. 20, on lit ce passage remarquable : *Le Christ ou l'oint du Seigneur a été pris pour nos péchés ; lui à qui nous disions, sous votre ombre ou sous votre protection nous vivrons parmi les nations*. Les Pères de l'Eglise ont appliqué avec raison ces paroles à Jésus-Christ ; on ne conçoit pas de quel autre personnage que du Messie le prophète a voulu parler. C'est aussi à lui que les anciens docteurs juifs en ont fait l'application. *Voy.* Galatin, l. viii, eap. 10.

LAMPADAIRE, nom d'un officier de l'Eglise de Constantinople, qui avait soin du luminaire et portait un bougeoir élevé devant l'empereur et l'impératrice, pendant qu'ils assistaient au service divin. La bougie qu'il tenait devant l'empereur était entourée de deux cercles d'or en forme de couronne, et celle qu'il tenait devant l'impératrice n'en avait qu'un.

Un critique moderne, qui n'est pas ordinairement heureux dans ses conjectures, dit que les patriarches de Constantinople imitèrent cette pratique, et s'arrogèrent le même droit; que de là vraisemblablement est venu l'usage de porter des bougeoirs devant les évêques lorsqu'ils officient : il pense que cette coutume, quelque interprétation favorable qu'on puisse lui donner, n'est pas le fruit des préceptes du christianisme.

Il se trompe; Jésus-Christ, dans l'Evangile, a dit à ses disciples : *Ayez toujours vos lampes ardentes à la main; imitez les serviteurs vigilants, qui attendent le moment auquel leur maître viendra frapper à la porte, afin de la lui ouvrir promptement.* Luc., c. XII, v. 35. *Vous êtes la lumière du monde...; faites-la toujours briller devant les hommes, de manière qu'ils voient vos bonnes œuvres,* etc. Matth., c. v, v. 14. La bougie allumée devant les évêques est évidemment destinée à les faire souvenir de cette leçon de Jésus-Christ; il n'y a pas là de quoi flatter l'amour-propre. Il était très-convenable d'inculquer la même vérité aux maîtres du monde, surtout lorsqu'ils étaient au pied des autels : ils ne sont pas moins obligés que les pasteurs à donner bon exemple aux hommes. C'est dans le même dessein que l'on mettait un cierge allumé à la main de ceux qui venaient de recevoir le baptême.

Mais à quoi bon ces couronnes d'or autour d'une bougie? C'étaient les signes de la dignité impériale. Si l'on imagine qu'il est bon de faire perdre de vue aux souverains les signes de leur dignité, l'on se trompe encore; ces signes ont été établis, non-seulement pour leur concilier le respect, mais pour les faire souvenir de leur devoir. Lorsqu'ils écartent ces symboles trop énergiques, et qu'ils affectent de se confondre avec le peuple, ce n'est pas ordinairement dans le dessein de l'édifier. Défions-nous d'une fausse philosophie qui tourne en ridicule tout ce que l'on appelle étiquette, bienséance du rang, marque de dignité; parce qu'elle ne veut porter aucun joug : les mœurs, la vertu, la police, le bien public, n'y gagnent certainement rien.

LAMPÉTIENS, secte d'hérétiques qui s'éleva, non dans le VIIᵉ siècle, comme le disent plusieurs critiques, mais sur la fin du IVᵉ. Pratéole les a confondus mal à propos avec les sectateurs de Wiclef, qui n'ont paru qu'environ mille ans plus tard. Les *lampétiens* adoptèrent en plusieurs points la doctrine des ariens; mais il est fort incertain s'ils y ajoutèrent quelques-unes des erreurs des marcionites. Ce que l'on sait de plus précis, sur le témoignage de saint Jean Damascène, c'est qu'ils condamnaient les vœux monastiques, particulièrement celui d'obéissance, qui était, disaient-ils, contraire à la liberté des enfants de Dieu. Ils permettaient aux religieux de porter tel habit qu'il leur plaisait, prétendant qu'il était ridicule d'en fixer la couleur et la forme, pour une profession plutôt que pour une autre, et ils affectaient de jeûner le samedi.

Selon quelques auteurs, ces *lampétiens* étaient encore appelés marcianistes, massaliens, euchites, enthousiastes, choreutes, adalphiens et eustathiens. Saint Cyrille d'Alexandrie, saint Flavien d'Antioche, saint Amphiloque d'Icone, avaient écrit contre eux; ils étaient donc bien antérieurs au VIIᵉ siècle. *Voy.* la note de Cotelier sur les *Const. Apost.,* l. v, c. 15, n. 5. Il paraît que l'on a confondu le nom des marcianistes avec celui des marcionites, quand on a dit que les *lampétiens* avaient adopté les erreurs de ces derniers. Ce que l'on peut dire de plus probable, c'est que les différentes sectes dont nous venons de parler ne faisaient point corps, et n'avaient aucune croyance fixe; voilà pourquoi les anciens n'ont pas pu nous en donner une notice plus exacte.

Il n'est pas étonnant que les vœux monastiques aient trouvé des adversaires et des censeurs, ne fût-ce que parmi les moines dégoûtés de leur état; mais ils ont été défendus et justifiés par les Pères de l'Eglise les plus respectables. Il y a du moins un grand préjugé en leur faveur, c'est qu'ordinairement ceux qui se sont dégoûtés de la vie monastique et l'ont quittée pour rentrer dans le monde, n'étaient pas d'excellents sujets.

LAMPROPHORES, surnom que l'on donnait aux néophytes pendant les sept jours qui suivaient leur baptême, parce qu'ils portaient un habit blanc dont on les avait revêtus au sortir des fonts baptismaux. C'était le symbole de l'innocence et de la pureté de l'âme qu'ils avaient reçues par ce sacrement. *Lamprophore* est formé de λαμπρός, éclatant, et de φέρω, je porte. Quand on baptise des adultes, l'on observe encore aujourd'hui l'usage de les revêtir d'un habit blanc; mais l'on se contente de mettre sur la tête des enfants baptisés un bonnet de toile blanche que l'on nomme *crémeau. Voy.* ce mot.

Les Grecs donnaient encore le nom de *lamprophore* au jour de Pâques, tant à cause que la résurrection de Jésus-Christ est une source de lumière pour les chrétiens, que parce qu'en ce jour les maisons étaient éclairées par un grand nombre de cierges. La lumière est le symbole de la vie, comme les ténèbres désignent souvent la mort; de là on regarde le cierge pascal comme l'image de Jésus-Christ ressuscité.

LANFRANC, né en Lombardie, se fit moine à l'abbaye du Bec en Normandie, devint abbé de Saint-Etienne de Caën, et mourut archevêque de Cantorbéry, l'an 1089. Il a laissé plusieurs ouvrages qui ont été publiés par D. Luc d'Achery, en 1648, à Paris, in-fol. Le plus connu de tous est son *Traité du corps et du sang du Seigneur,* dans lequel il établit la foi de l'Eglise sur l'eucharistie, et combat les erreurs de Bérenger. Cet auteur se sent moins que ses contemporains de la rudesse du siècle dans lequel il écrivait; il montre une grande con naissance de l'Ecriture sainte, de la tradition et du droit canonique : on trouve dans ses écrits plus de naturel, d'ordre et de précision que dans les autres productions du xi° siècle. Les protestants, qui ont témoigné en faire peu de cas, parce qu'il était moine, avaient oublié que son mérite seul le fît placer sur le premier siège d'Angleterre, qu'il gagna la confiance de Guillaume le Conquérant; que, pendant l'absence de ce prince, Lanfranc gouverna plusieurs fois le royaume avec toute la sagesse possible. Il ne faut donc juger des hommes ni par l'habit qu'ils ont porté, ni par le siècle dans lequel ils ont vécu; le cloître fut et sera toujours le séjour le plus propre pour se livrer à l'étude, pour acquérir tout à la fois beaucoup de connaissances et de vertus. On n'a qu'à confronter ce qu'a écrit Lanfranc pour établir le dogme de l'eucharistie, avec ce que les plus habiles ministres protestants ont fait pour l'attaquer; on verra de quel côté il y a le plus de justesse et de solidité. Voy. Bérenger.

LANGAGE, LANGUE. — Il est dit dans l'Ecclésiastique, c. xvii, v. 5, que Dieu a donné à nos premiers parents la raison, une langue ou un langage, des yeux, des oreilles, le sentiment et l'intelligence. Dans l'histoire de la création, Dieu parle à Adam et lui présente les animaux pour leur donner un nom; Adam et Eve conversent ensemble; Dieu est donc l'auteur du langage. Les spéculations des philosophes modernes, sur la manière dont les hommes ont pu le former, sont non-seulement contraires au respect dû à la révélation, mais un tissu de visions que Lactance réfutait déjà au iv° siècle. Divin. Instit., l. vi, c. 10. Il suffit d'avoir du bon sens, dit-il, pour concevoir qu'il n'y eut jamais d'hommes sortis de l'enfance, et qui fussent rassemblés sans avoir l'usage de la parole; Dieu, qui ne voulait pas que l'homme fût une brute, a daigné lui parler et l'instruire en le créant (1).

(1) Convaincu, dit J.-J. Rousseau, de l'impossibilité presque démontrée que les langues aient pu naître et s'établir par des moyens purement humains, je laisse à qui voudra l'entreprendre la discussion de ce difficile problème... La parole me paraît avoir été fort nécessaire pour inventer la parole. (Disc. sur l'Inégalité.)

« Il aurait fallu, dit M. de Bonald, pour cette invention, toute la force, toute l'étendue, toute la sagacité de réflexion et d'observation dont l'esprit de l'homme peut être capable, et les plus profondes combinaisons de la pensée. Aussi les partisans de l'invention du langage ne manquent pas de dire que les hommes s'observèrent, réfléchirent, comparèrent, jugèrent, etc.; car il fallait tout cela pour inventer l'art de parler. Mais je le demande : de quelle nature, je dirais presque de quelle couleur étaient les observations, les réflexions, les comparaisons, les jugements de ces esprits qui n'avaient encore, en cherchant le langage, aucune expression qui pût leur donner la conscience de leurs propres pensées? Philosophes, essayez de réfléchir, de comparer, de juger, sans avoir présents et sensibles à l'esprit aucun mot, aucune parole... Que se passe-t-il dans votre esprit, et qu'y voyez-vous? Rien, absolument rien ; et vous

Il n'est pas besoin d'une dissertation pour prouver que la connaissance des langues anciennes est très-utile et même nécessaire à un théologien. L'hébreu est la langue originale dans laquelle ont été écrits les livres de l'Ancien Testament; aucune version ne peut en rendre parfaitement et partout le sens et l'énergie. Quelques-uns de ces livres ne nous restent plus que dans la version grecque ; c'est la langue de laquelle se sont servis les évangélistes, les apôtres et leurs disciples, les Pères de l'Eglise les plus anciens et les plus respectables. Le latin est la langue ecclésiastique de tout l'Occident. Mais les protestants se trompent, lorsqu'ils imaginent que la connaissance des langues les rend beaucoup plus capables d'entendre l'Ecriture sainte que n'étaient les anciens Pères, et lorsqu'ils prétendent que ceux-ci en général sont de mauvais interprètes, parce qu'ils ne savaient pas l'hébreu. Origène et saint Jérôme l'avaient appris; cependant ils n'ont pas vu dans l'Ecriture sainte d'autres dogmes ni une autre morale que leurs contemporains, qui étaient bornés à consulter la version grecque.

Sans avoir besoin d'un grand appareil d'érudition, les Pères ont été instruits et guidés par la tradition des Eglises fondées par les apôtres, par l'enseignement commun des différentes sociétés orthodoxes; et cet enseignement est beaucoup plus infaillible que les savantes conjectures des modernes. Si ces derniers nous ont satisfait sur plusieurs articles de peu d'importance, ils ont aussi fait naître des doutes sur d'autres choses plus nécessaires. Les nouveaux commentaires, loin de terminer les anciennes disputes, en ont souvent excité de nouvelles : parmi les explications des Pères, il y a beaucoup moins d'opposition qu'entre celles des critiques de nos derniers siècles.

Nous sommes bien éloignés de blâmer ou de déprimer l'étude des langues ; nous en reconnaissons volontiers la nécessité : mais

ne pouvez pas plus percevoir vos propres pensées, lorsqu'elles s'appliquent à des objets incorporels, comparer les unes avec les autres, et juger entre elles, sans des expressions qui vous les représentent, que vous pouvez voir vos propres yeux, et prononcer sur leur forme et leur couleur, sans un corps qui en réfléchisse l'image.

« Et, en effet, ce ne sont pas ici des objets physiques, des objets particuliers ou composés de parties qu'on peut voir et toucher, et dont il suffit de se retracer la figure, opération de la faculté d'imaginer qui s'exécute dans la brute comme dans l'homme ; ce sont des relations de convenance, d'utilité, de nécessité ; ce sont des idées morales, sociales ou générales, des idées de rapports de choses et de personnes, d'où dériveront bientôt des lois et des devoirs. Ce sont même des rapports intellectuels entre des êtres physiques ou entre ces êtres et l'homme, rapports qui deviennent l'objet de tous les arts et même des plus hautes sciences. Ce sont, en un mot, des vérités, et non simplement des faits qu'il faut exprimer ; c'est-à-dire des objets incorporels qui ne sont point image, ne peuvent, qu'à l'aide du discours, être la matière et la forme du raisonnement. Mais de toutes les combinaisons ou compositions d'idées et

si à ce secours, quelque utile qu'il soit, l'on n'ajoute pas la soumission à l'Eglise et la fidélité à suivre la tradition, l'Ecriture sainte, loin de concilier les esprits, sera toujours une pomme de discorde jetée parmi eux; chaque nouveau docteur y trouvera ses

de rapports, la plus vaste, la plus compliquée, la plus intellectuelle et, si l'on peut le dire, la plus déliée, est précisément le langage qui renferme toutes les idées et tous leurs rapports, et qui est l'instrument nécessaire de toute réflexion, de toute comparaison, de tout jugement. C'était donc le moyen de toute invention qu'il fallait commencer par inventer ; et comme la pensée n'est qu'une parole intérieure, et la parole une pensée rendue extérieure et sensible, il fallait, de toute nécessité, que l'inventeur du langage pensât, inventât l'expression de sa pensée, lorsque, faute d'expression, il ne pouvait avoir même la pensée de l'invention.

« Familiarisés, dès le berceau, avec le langage, que nous entendons avant de pouvoir l'écouter, que nous répétons avant de pouvoir le comprendre, que nous parlons sans cesse ou avec nous-mêmes ou avec les autres, nous ne faisons plus d'attention à cet art merveilleux, devenu pour l'homme sa propre nature, qu'au jeu de nos poumons ou à la circulation de notre sang. La parole est pour nous comme la vie, dont nous jouissons sans connaître ce qu'elle est et sans réfléchir à ce qui l'entretient. Et cependant l'être, la société, le temps, l'univers, tout entre dans cette magnifique composition : l'être, avec toutes ses modifications et toutes ses qualités ; la société, avec ses personnes, leur rang, leur nombre et leur sexe ; le temps, avec le passé, le présent et le futur ; l'univers, enfin, avec tout ce qu'il renferme. Tout ce que la langue nomme est ou peut être ; seuls, le néant et l'impossible n'ont pas de nom. Lumière du monde moral qui *éclaire tout homme venant en ce monde*, lien de la société, vie des intelligences, dépôt de toutes les vérités, de toutes les lois, de tous les événements, la parole règle l'homme, ordonne la société, explique l'univers. Tous les jours elle tire l'esprit de l'homme du néant, comme aux premiers jours du monde une parole féconde tira l'univers du chaos ; elle est le plus profond mystère de notre être ; et loin d'avoir pu l'inventer, l'homme ne peut pas même la comprendre. » (*Recherches philosophiques*, tom. I, chap. 2).

M. Laurentie a donné à cette thèse des développements que nous rapportons. « Voyez, dit M. Laurentie, cet homme vivant au milieu d'une société, sans avoir aucune des notions qui constituent la société des intelligences. Nul doute que l'aspect de l'ordre moral qui se manifeste dans les dehors de la société humaine ne fasse sur son esprit une certaine impression d'étonnement, et ne le porte, par une sorte d'instinct naturel, jusqu'à une imitation imparfaite des actes, même moraux, des autres hommes. Cependant cet homme reste sans notion de ce qui est bien ou de ce qui est mal. Il a des sentiments, sans doute, parce qu'il a des sensations ; mais il ne compare pas, il ne déduit pas, il ne raisonne pas, il n'a pas d'idées. Il y a des hommes d'une philosophie religieuse, mais peu réfléchie, dont l'imagination se refuse à concevoir des intelligences vides ainsi de toute notion. Ils ne peuvent pas surtout supposer qu'il y ait des créatures assez cruellement traitées par la nature pour que la pensée de Dieu soit absente de leur esprit. Mais en supposant que le spectacle merveilleux du monde et l'aspect même de tous les hommes, accoutumés à proclamer par leurs adorations silencieuses l'existence d'un être mystérieux, puissent jeter dans l'âme d'un sourd-muet la pensée de cet être et le sentiment de sa puissance, quelle distance infinie de cette pensée vague et indéfinie, sorte de terreur inexplicable, à la notion claire et positive de la Divinité, telle qu'elle existe dans une intelligence développée par la parole ! Cette impression confuse n'a rien qui lui donne le plus léger rapport avec l'idée, entendue dans sa perfection complète. Et cependant je parle du sourd-muet qui vit parmi les hommes dont les actes extérieurs peuvent faire pénétrer, à son insu, dans son esprit des impressions morales, et lui tenir lieu, jusqu'à un certain point, de propres réflexions. Mais que serait-ce si le sourd-muet vivait dans une société d'hommes dont les habitudes seraient purement animales ? L'intelligence du sourd-muet resterait alors inanimée ; et quelque idée que l'on se fasse de ses perceptions intimes, jamais on ne pourrait comprendre que ces perceptions pussent ressembler à des notions claires et précises ; il serait enfin, si j'ose le dire, une brute véritable, douée seulement du don, mais du don enfoui de la pensée, et dont la destinée intellectuelle se révélerait tout au plus par son imitation parfaite des actes extérieurs de la vie de l'homme intelligent.

« Dans le dernier siècle, des hommes bien intentionnés, voulant répondre à la philosophie téméraire qui osait penser que Dieu était une invention des prêtres, ou qui répétait, après d'anciens athées, que sa croyance était le résultat de la peur, allèrent consulter aussi la conscience du sourd-muet, pour y trouver, si c'était possible, cette pensée empreinte, et pour venger ainsi l'existence de la Divinité et la conscience du reste des hommes. Cette expérience était inutile ; aujourd'hui il suffit de dire qu'elle eût été désespérante pour la cause de la vérité, si la vérité eût eu besoin, pour éclater à tous les regards, des révélations arrachées à la conscience des êtres incomplets. En effet, ceux qui, après avoir été instruits par les méthodes récemment pratiquées, furent interrogés sur leurs anciennes notions, ne firent jamais que témoigner que leurs notions étaient vagues et confuses, et leurs sentiments indéfinissables. Cette expérience peut être répétée à chaque moment depuis que les méthodes, devenues d'une application plus universelle et plus facile, nous montrent des sourds-muets parvenus à une instruction assez développée pour pouvoir rendre compte de leurs perceptions présentes et de leurs anciens souvenirs. Or, chaque expérience nouvelle montrera que le sourd-muet, c'est-à-dire l'homme sans parole, l'homme sans communication avec les intelligences, vit sans idées ou sans notions, même sans l'idée ou la notion de Dieu, bien qu'il y ait dans son âme une singulière disposition à soupçonner, à deviner, peut-être à chercher et à vouloir l'existence d'un Être supérieur à tous les autres, leur auteur et leur conservateur. Il ne faut pas imaginer que nos observations ne soient qu'une opinion particulière et capricieuse de notre esprit ; elles sont le résultat de l'expérience des hommes qui se sont le plus étudiés à connaître l'existence intellectuelle du sourd-muet.

« Les *Mémoires de l'Académie des Sciences* font mention d'un sourd de Chartres qui, ayant été guéri de sa surdité, déclara, lorsqu'il fut instruit, qu'il avait mené jusque-là une vie purement animale. Les théologiens et les physiologistes s'empressèrent d'interroger cet être à qui la parole venait de rendre l'intelligence ; et toujours il désespéra ceux qui s'attendaient à trouver en lui des idées innées, ou des idées produites par la sensation. Il est curieux de voir comment le cardinal Gerdil, grand partisan des idées innées, s'efforce de mettre ce fait en harmonie avec son système : *Le sourd*, dit-il, *avait réellement des idées ; seulement il n'en avait pas fait usage.* Voilà, il faut en convenir, un moyen commode de tout expliquer, et il n'est pas de système qu'on ne pût justifier avec des distinctions aussi raffinées.

« Un ouvrage assez rare, intitulé : *Antiloques phi-*

rêveries, et les appuiera sur vingt passages entendus à sa manière : l'expérience de dix-sept siècles n'en est qu'une trop bonne preuve. Depuis que les novateurs en ont tous appelé à l'Ecriture sainte, sont-ils mieux d'accord entre eux qu'avec l'Eglise catholique ? Aucune secte n'a autant travaillé sur l'Ecriture que les sociniens, et aucune n'en a fait un abus plus intolérable. Au III° siècle, Tertullien s'élevait déjà contre cette licence des hérétiques ; il leur reprochait leur témérité de vouloir prendre d'eux-mêmes le sens de l'Ecriture, sans consulter l'Eglise, à laquelle seule Dieu en a confié la lettre et en a donné l'intelligence.

LANGUES (confusion des). *Voy.* BABEL.

LANGAGE TYPIQUE. *Voy.* TYPE.

LANGUE VULGAIRE. Il y a une grande dispute entre les catholiques et les protestants, pour savoir si c'est un usage louable, ou un abus, de célébrer l'office divin et la liturgie dans une *langue* qui n'est pas entendue du peuple. C'est un des principaux reproches que les controversistes hétérodoxes ont faits à l'Eglise romaine ; ils l'accusent d'avoir changé en cela l'usage de l'Eglise primitive, de cacher au peuple les choses qu'il a le plus grand intérêt de connaître, de le forcer à louer Dieu sans rien comprendre à ce qu'il dit.

Nous convenons que, du temps des apôtres et dans les premiers siècles, le service divin se fit en *langue vulgaire* dans la plupart des Eglises ; savoir, en syriaque dans toute l'étendue de la Palestine et de la Syrie, en grec dans les autres provinces de l'Asie et de l'Europe où l'on parlait cette langue, en latin dans l'Italie et dans les autres parties occidentales de l'empire. Il y a même lieu de présumer qu'en Egypte, pendant que l'on se servait du grec dans la ville d'Alexandrie, on célébrait en cophte dans les autres églises de cette contrée ; mais on ne sait pas précisément en quel temps cette diversité a commencé. C'est inutilement que Bingham a pris beaucoup de peine pour prouver le fait général, puisqu'il n'est contesté par personne. *Orig. ecclés.*, l. XIII, c. 4.

Mais il y a aussi des exceptions qu'il ne fallait pas dissimuler. Lorsque saint Paul alla prêcher en Arabie, est-il certain qu'il y ait célébré la liturgie en arabe ? Quoique le

---

*losophiques*, renferme un dialogue entre un sourd-muet instruit par les méthodes nouvelles et un de ses amis. On voit clairement que le sourd-muet, M. le chevalier d'Etavigni, dont la première vie avait pu être moins matérielle que celle des sourds-muets ordinaires, à cause des habitudes distinguées dont il avait dû puiser l'imitation dans sa famille, fait des efforts pour retrouver dans ses souvenirs quelque trace de notions intellectuelles. Mais on voit aussi que ses efforts sont vains, et qu'il n'y retrouve que des images vagues et confuses qui ne durent jamais ressembler le moins du monde à des idées.

« Moi-même, dit M. Laurentie, j'ai interrogé des sourds-muets instruits et désintéressés dans leurs explications. Tous m'ont assuré qu'avant le moment de leur instruction ils n'avaient aucune idée, même de Dieu. Le docte M. Jamet, recteur de l'Académie de Caen, et fondateur d'une école illustre de sourds-muets, m'a fait part de sa longue expérience et m'a confirmé dans mes convictions. En d'autres lieux, et principalement à Angers, j'ai pu voir les difficultés qu'on éprouve pour faire entrer une idée bien nette de Dieu dans la tête d'un sourd-muet. On m'a cité un élève de la maison de la Chartreuse, auprès de Vannes, qui disait qu'il n'avait pas peur d'être frappé par le bras de Dieu, parce que Dieu n'avait pas de bras, et qu'il était rond. Il croyait que c'était le soleil qui était Dieu, parce que le signe de l'adoration de Dieu consiste à lever les mains et les yeux au ciel ; et il y en a qui croient longtemps, pour cela même, qu'il y a deux dieux, le dieu du jour et le dieu de la nuit. Mais j'ai à citer des autorités qui sont plus imposantes que mes faibles observations.

« J'ai sous les yeux un mémoire rempli de faits curieux, et composé par un homme qui a vu de très-près les élèves de l'école des sourds-muets de Paris. Ce mémoire établit clairement que le sourd-muet, seul dans l'univers, vivrait dans une éternelle enfance, sans le bienfait de l'instruction... Il est certain, d'après les observations d'expérience dont il parle, que le sourd-muet, tel qu'il vit, et grandit, et végète parmi les hommes, est un être purement animal, sans idées, sans notions de ce qui est bien ou mal, machine vivante, et se mouvant par tous les ressorts organiques qui servent d'instrument à l'intelligence humaine, mais incapable de donner un motif moral à ses actions ; simplement imitateur enfin des actes des autres hommes, dont il était destiné, sans une disgrâce cruelle de la nature, à partager les destinées intellectuelles, et toutefois placé à une distance infinie au-dessus de l'animal, par le don tout divin de l'intelligence dont l'usage lui est interdit, et qu'il doit retrouver un jour libre des imperfections des sens et des vices grossiers de la matière. C'est ainsi que les plus savants instituteurs des sourds-muets ont considéré ces êtres malheureux. « Les sourds-muets, dit M. l'abbé de l'Epée, sont réduits en quelque sorte à la condition des bêtes. » Il parle ici des sourds-muets par rapport à la connaissance de la religion ; mais M. Sicard est plus absolu, et ce qu'il dit paraît encore plus désolant, puisqu'il l'applique à toutes sortes de notions morales. « C'est une grande erreur, dit-il, de confondre le sourd-muet avec un enfant ordinaire... Borné aux seuls mouvements physiques, il n'a pas même, avant qu'on ait déchiré l'enveloppe sous laquelle sa raison demeure ensevelie, cet instinct sûr qui dirige les animaux. Le sourd-muet est seul dans la nature, *sans aucun exercice possible de ses facultés intellectuelles*, qui demeurent sans action, sans vie... à moins qu'une main bienfaisante ne parvienne à le tirer de ce sommeil de mort... Quant au moral, il n'en soupçonne pas même l'existence. Rapporter tout à lui, obéir avec impétuosité à tous les besoins naturels, satisfaire tous ses appétits, s'irriter contre les obstacles... renverser tout ce qui s'oppose à ses jouissances... voilà toute la morale de cet infortuné. Il n'a des yeux que pour le monde physique ; et encore quels yeux ? Il voit tout sans intérêt... *Le monde moral n'existe pas pour lui, et les vertus comme les vices sont sans réalité*. Tel est le sourd-muet dans son état naturel ; le voilà tel que l'habitude de l'observation, en vivant avec lui, m'a mis à même de le dépeindre. » En un mot, et pour nous résumer, le sourd-muet n'a pas d'idées, puisqu'il ne parle pas ; donc, sans la parole, l'homme ne pouvait inventer la parole ; donc l'invention de la parole était impossible ; donc la parole ou le langage est un don de Dieu. » Voyez l'*Introduction de la philosophie*, etc par M. Laurentie, ch. II, art. 2.

christianisme ait subsisté au moins pendant quatre cents ans dans cette partie du monde, il n'y a dans toute l'antiquité aucun vestige d'une liturgie arabe. Il a duré au moins aussi longtemps dans la Perse, et l'on n'a jamais entendu parler d'un service divin fait en langue persane. Du temps de saint Augustin, la langue punique était encore la seule qui fût entendue par une bonne partie des chrétiens d'Afrique; il nous l'apprend dans ses écrits; mais il n'a jamais été question de traduire dans cette langue les prières de la liturgie. Lorsque le christianisme pénétra dans les Gaules, le latin n'était pas plus la *langue vulgaire* du peuple que le français ne l'est aujourd'hui dans nos provinces éloignées de la capitale; il l'était encore moins chez les Espagnols, chez les Anglais et chez les autres peuples du Nord: cependant l'on a constamment célébré la liturgie en latin dans tout l'Occident. Il n'est donc pas universellement vrai que dans les premiers siècles le service divin ait été fait en *langue vulgaire*, puisque les trois langues dans lesquelles il a été célébré d'abord n'étaient point vulgaires dans une grande partie du monde chrétien.

Dans la suite des temps, lorsque le mélange des peuples a changé les langues et a multiplié les jargons à l'infini, soit dans l'Orient, soit dans l'Occident, l'Eglise ne s'est point assujettie à toutes ces variations; elle a conservé constamment dans l'office divin les mêmes langues dans lesquelles il avait été célébré d'abord : nous prouverons dans un moment que cette conduite a été très-sage.

Parce que les protestants ont lu que les Grecs font leur office en grec, les Syriens en syriaque, et les Egyptiens en cophte, ils se sont imaginés que ces langues sont encore populaires, comme elles l'étaient autrefois dans ces contrées. C'est une erreur grossière. Le grec vulgaire d'aujourd'hui est un langage corrompu, très-différent du grec littéraire; la *langue vulgaire* des Syriens n'est plus le syriaque, mais l'arabe qui est aussi parlé par les chrétiens d'Egypte. L'éthiopien a été presque entièrement effacé chez les Abyssins par une langue nouvelle qu'un roi d'extraction étrangère y a introduite; l'arménien moderne n'est plus celui dans lequel la liturgie arménienne a été écrite : la liturgie syriaque a été portée chez les Indiens de la côte de Malabar, qui n'ont jamais eu l'usage de cette langue : elle est en usage chez les nestoriens qui ne l'entendent plus. Assémani, *Biblioth. Orient.*, tom. IV, c. 7, § 22. Tous ces peuples sont donc obligés de faire des études pour entendre le langage de leur liturgie, tout comme nous sommes forcés d'apprendre le latin. C'est de la part des protestants, une injustice de reprocher à l'Eglise romaine seule une conduite qui est la même que celle de toutes les autres sociétés chrétiennes; mais les prétendus réformateurs n'étaient pas assez instruits pour juger de ce qui est bien ou mal. *Voy.* Liturgie.

Ils auraient eu quelque raison de se plaindre, si l'Eglise avait décidé qu'il faut absolument célébrer l'office divin dans une langue inconnue au peuple; mais loin de le faire, elle n'a donné l'exclusion à aucune langue : elle a même permis l'introduction d'une langue nouvelle dans le service, toutes les fois que cela s'est trouvé nécessaire pour faciliter la conversion d'un peuple entier : ainsi, outre le grec, le latin et le syriaque, qui datent du temps des apôtres, la liturgie a été célébrée en cophte de très-bonne heure. Au IV° siècle, lorsque les Ethiopiens et les Arméniens se convertirent, elle fut traduite en éthiopien et en arménien; au V°, elle fut mise par écrit dans ces six langues. Au IX° et au X°, on la traduisit en esclavon pour les Moraves et pour les Russes, et il leur fut permis de la célébrer dans cette langue. Mais lorsque tous ces langages ont changé, on a conservé la liturgie telle qu'elle était, et nous soutenons que l'on a bien fait.

1° L'unité de langage est nécessaire pour entretenir une liaison plus étroite et une communication de doctrine plus facile entre les différentes Eglises du monde, et pour les rendre plus fidèlement attachées au centre de l'unité catholique. Que les différentes sociétés protestantes, qui n'ont entre elles rien de commun, ne se soient pas mises en peine de conserver un même langage dans le service divin, cela n'est pas étonnant; c'est autre chose pour l'Eglise catholique, dont le caractère est l'unité et l'uniformité. Si les Grecs et les Latins n'avaient eu qu'une même langue, il n'aurait pas été aussi aisé à Photius et à ses adhérents d'entraîner toute l'Eglise grecque dans le schisme, en attribuant à l'Eglise romaine des erreurs et des abus dont elle ne fut jamais coupable. Dès qu'un protestant est hors de sa patrie, il ne peut plus participer au culte public; un catholique n'est dépaysé dans aucune des contrées de l'Eglise latine. On a dit que l'empressement des papes à introduire partout la liturgie romaine était un effet de leur ambition et de l'envie de dominer; dans la vérité, ç'a été un effet de leur zèle pour la catholicité, qui est le caractère de la véritable Eglise. — 2° Une langue savante, qui n'est entendue que des hommes instruits, inspire plus de respect que le jargon populaire. La plupart de nos mystères paraîtraient ridicules, s'ils étaient exprimés dans une langue trop familier. Nous le voyons par la traduction des psaumes en vieux français, qui avait été faite par Marot pour les calvinistes : le style n'en est plus supportable. Les Bretons, les Picards, les Auvergnats, les Gascons, avaient autant de droit de faire l'office divin dans leur patois, que les calvinistes de Paris en avaient de le faire en français : pourquoi les réformateurs, si zélés pour l'instruction du bas peuple, n'ont-ils pas traduit la liturgie et l'Ecriture sainte dans tous ces jargons? Cela aurait-il contribué beaucoup à rendre la religion respectable? — 3° L'instabilité des langues vivantes entraînerait nécessairement du changement dans les formules du culte divin et de l'administration des sacrements; ces altérations fréquentes en produiraient infailliblement dans la doctrine, puisque ces formules sont une profession de foi. On en a vu la preuve chez les protestants, dont la croyance est aujourd'hui très-différente de celle qui a été prêchée par les premiers réformateurs. Sans cesse ils sont obligés de retoucher leurs versions de la Bible, et chaque nouveau traducteur y met du sien; il est en droit de traduire selon ses idées et ses sentiments particuliers. Les Bibles luthériennes, calvinistes, sociniennes, anglicanes, ne sont pas exactement les mêmes, et les liturgies de ces différentes sectes ne se ressemblent pas davantage. *Voy.* VERSION. — 4° La nécessité d'apprendre la langue de l'Eglise a conservé dans tout l'Occident la connaissance du latin, nous a donné la facilité de consulter et de perpétuer les monuments de notre foi. Sans cela, l'irruption des Barbares aurait étouffé dans nos climats toutes les connaissances humaines. Si parmi nous il suffisait d'entendre le français pour être en état de célébrer l'office divin, toute la science des ministres de l'Eglise se réduirait bientôt à savoir lire. Il ne sied point aux protestants, qui se sont flattés d'être plus savants que les catholiques, de blâmer une méthode qui met les ecclésiastiques dans la nécessité de faire des études, et qui tend à prévenir le règne de l'ignorance. Sans la rivalité qui règne entre les catholiques et les protestants, ces derniers avec leur zèle pour les *langues vulgaires*, seraient déjà plongés dans la même ignorance que les cophtes d'Egypte, les jacobites de Syrie et les nestoriens des frontières de la Perse.

Il n'est pas vrai que, par l'usage d'une langue morte, les fidèles se trouvent privés de la connaissance de ce qui est contenu dans la liturgie; loin de leur interdire cette connaissance, l'Eglise recommande à ses ministres d'expliquer au peuple les différentes parties du saint sacrifice et le sens des prières publiques: elle l'a ainsi ordonné dans le décret même du concile de Trente, contre lequel les protestants ont tant déclamé. « Quoique la messe, dit ce concile, contienne un grand sujet d'instruction pour le commun des fidèles, les Pères n'ont cependant pas jugé expédient qu'elle fût célébrée en *langue vulgaire*. C'est pourquoi, sans s'écarter de l'usage ancien de chaque Eglise, approuvé par celle de Rome, qui est la mère et la maîtresse de toutes les Eglises, et pour que le pain de la parole de Dieu ne manque point aux ouailles de Jésus-Christ, le saint concile ordonne à tous les pasteurs et à tous ceux qui ont charge d'âmes, d'expliquer souvent, ou par eux-mêmes ou par d'autres, une partie de la messe pendant qu'on la célèbre, et de développer les mystères de ce saint sacrifice surtout les jours de dimanche et de fête. » Sess. 22, c. 8. D'autres conciles particuliers ont ordonné la même chose, et il n'est aucun pasteur qui ne se croie obligé de satisfaire à ce devoir. — D'ailleurs, l'Eglise n'a pas absolument défendu les traductions des prières de la liturgie, par lesquelles le peuple peut voir dans sa langue ce que les prêtres disent à l'autel; elle n'a désapprouvé ces traductions que quand on a voulu s'en servir pour introduire des erreurs. Sur ce sujet, les moyens d'instruction sont multipliés à l'infini; quoi qu'en disent les protestants, il n'est pas vrai qu'en général le peuple sache mieux sa religion chez eux que chez nous; leur symbole est plus court que le nôtre et plus aisé à retenir, et leur rituel n'est pas fort long: ils sont plus disputeurs et moins dociles que nous; leurs femmes se croient théologiennes, parce qu'elles lisent la Bible; ce n'est pas là un grand bien; la plupart ne savent pas seulement ce que nous croyons et ce que nous enseignons, puisqu'ils ne cessent de travestir et de calomnier notre croyance.

Enfin, il n'est pas vrai que quand le peuple unit sa voix à celle des ministres de l'Eglise dans une langue qui ne lui est pas familière, il ignore absolument ce qu'il dit; il sait, du moins en gros, le sens des prières qu'il fait, et c'en est assez pour nourrir sa foi et sa piété. En général, il y a plus de vraie piété parmi le peuple catholique que parmi les protestants.

Leurs controversistes ont fait grand bruit du passage dans lequel saint Paul dit: *Si je prie dans une langue que je n'entends pas, mon cœur, à la vérité, prie; mais mon esprit et mon intelligence sont sans fruit... J'aime mieux ne dire dans l'église que cinq paroles dont j'aie l'intelligence, pour en instruire aussi les autres, que d'en dire dix mille dans une langue inconnue.* (*I Cor.* c. XIV, v. 14 et 19.) Mais la langue dont l'Eglise se sert dans ses prières, n'est pas absolument inconnue, même au peuple, puisque, par les leçons des pasteurs et par les traductions de la liturgie, le simple fidèle est suffisamment instruit de ce qu'il dit. Il n'en était pas de même lorsqu'un chrétien, doué surnaturellement du don des langues, parlait dans l'église, sans pouvoir être entendu de personne: c'est l'abus que saint Paul voulait réformer. Nous ne voyons pas que lui-même ait donné aux Arabes qu'il convertit, une liturgie dans leur langue. *Voy.* la *Dissertation sur les liturgies orientales*, par l'abbé Renaudot, p. 43, Le Brun, *Explication de la messe*, tom. VII, 14° dissertation; *Traité sur l'usage de célébrer le service divin dans une langue non vulgaire*, par le P. d'Antecourt, etc.

LAOSYNACTE, officier de l'Eglise grecque, dont la charge était de convoquer le peuple pour les assemblées, comme faisaient aussi les diacres dans les occasions nécessaires. Ce mot vient de λαός, *peuple*, et συνάγω, *j'assemble*.

La multitude d'officiers attachés au service de l'Eglise chez les Grecs démontre le soin que l'on avait surtout dans les premiers siècles à maintenir l'ordre, la décence, la modestie, la sûreté dans les assemblées chrétiennes. On veillait exactement à ce qu'il ne s'y glissât aucun païen, aucun étranger inconnu ou suspect, aucun pécheur retranché de la communion. La certitude d'y être surveillé inspirait la retenue aux jeunes gens et à ceux qui n'avaient pas beaucoup de piété : personne n'y jouissait du privilége de braver impunément la sainteté des temples et la majesté du service divin. Les princes, les grands, les empereurs même, se conformaient à la discipline établie par les pasteurs, donnaient les premiers l'exemple du respect dû au lieu saint et aux mystères que l'on y célébrait; personne n'y exerçait la police que les ministres de l'Eglise. On aurait été bien étonné, si l'on y avait vu entrer des militaires armés et dans l'équipage de soldats qui sont en présence de l'ennemi : cette indécence ne s'est introduite en Occident que depuis l'irruption des barbares. *Voy.* DIACRE.

**LAPIDATION**, est l'action de tuer quelqu'un à coups de pierres : mot formé du latin, *lapis*, pierre.

Sans entrer dans le détail des différents crimes pour lesquels la loi de Moïse ordonnait de lapider les coupables, il paraît, par plusieurs passages de l'Ecriture sainte, que souvent les Juifs se croyaient en droit d'employer ce supplice sans aucune forme de procès, et c'est ce qu'ils appelaient *le jugement de zèle* : ils en agissaient ainsi à l'égard des blasphémateurs, des adultères et des idolâtres; mais on ne voit pas qu'ils y aient été formellement autorisés par la loi. Le chapitre XIII du Deutéronome, dont quelques incrédules veulent se prévaloir, n'établissait point cette police; et le prétendu jugement de zèle fut souvent, de la part des Juifs, l'effet d'une aveugle passion et d'un fanatisme insensé, puisqu'ils avaient ainsi mis à mort plusieurs prophètes. Jésus-Christ et saint Paul le leur reprochent (*Matth.* c. XXIII, v. 37; *Hebr.* c. XI, v. 37).

Lorsqu'un coupable avait été condamné par le conseil des Juifs à être lapidé, on le traînait hors de la ville pour lui faire subir son supplice : ainsi fut traité saint Etienne, par sentence de ce conseil présidé par le grand prêtre (*Act.* c. VII, v. 57); mais lorsque les Juifs agissaient par la fureur d'un faux zèle, ils lapidaient partout où ils se trouvaient, même dans le temple : tel est l'excès auquel ils s'étaient portés contre le prêtre Zacharie (*Matth.* c. XXV, v. 35). De même, lorsqu'ils amenèrent à Jésus-Christ une femme surprise en adultère, il dit aux accusateurs, dans le temple même : *Que celui d'entre vous qui est innocent lui jette la première pierre* (*Joan.* c. VIII, v. 7). Une autre fois, les Juifs ayant prétendu qu'il blasphémait, ramassèrent des pierres dans ce même lieu pour le lapider. Ils en usèrent de même lorsqu'il leur dit : *Mon père et moi ne sommes qu'un*. Il ne s'ensuit pas de là que la loi de Moïse ait inspiré le fanatisme, la fureur, la cruauté aux Juifs.

**LAPSES**. C'étaient, dans les premiers temps du christianisme, ceux qui, après l'avoir embrassé, retournaient au paganisme. On distinguait cinq espèces de ces apostats, que l'on nommait *libellatici, mittentes, thurificati, sacrificati, blasphemati.* Par *libellatici*, l'on entendait ceux qui avaient obtenu du magistrat un billet qui attestait qu'ils avaient sacrifié aux idoles, quoique cela ne fût pas vrai. *Mittentes* étaient ceux qui avaient député quelqu'un pour sacrifier à leur place; *thurificati*, ceux qui avaient offert de l'encens aux idoles; *sacrificati*, ceux qui avaient pris part aux sacrifices des idolâtres; *blasphemati*, ceux qui avaient renié formellement Jésus-Christ, ou juré par les faux dieux; on nommait *stantes* ceux qui avaient persévéré dans la foi. Le nom de *lapsi* fut encore donné dans la suite à ceux qui livraient les livres saints aux païens pour les brûler. Ceux qui étaient coupables de l'un ou de l'autre de ces crimes ne pouvaient être élevés à la cléricature; et ceux qui y étaient tombés, étant déjà dans le clergé, étaient punis par la dégradation : on les admettait à la pénitence : mais après l'avoir faite, ils étaient réduits à la communion laïque. Bingham, *Orig. ecclés.*, l. IV, c. 3, § 7; et l. VI, c. 2, § 4.

Il y eut deux schismes au sujet de la manière dont les lapses devaient être traités : à Rome, Novatien soutint qu'il ne fallait leur donner aucune espérance de réconciliation; à Carthage Félicissime voulait qu'on les reçût sans pénitence et sans épreuve : l'Eglise garda un sage milieu entre ces deux excès.

Saint Cyprien, dans son Traité *de Lapsis*, met une grande différence entre ceux qui s'étaient offerts d'eux-mêmes à sacrifier dès que la persécution avait été déclarée, et ceux qui avaient été forcés, ou qui avaient succombé à la violence des tourments; entre ceux qui avaient engagé leurs femmes, leurs enfants, leurs domestiques, à sacrifier avec eux, et ceux qui n'avaient cédé qu'afin de mettre leurs proches, leurs hôtes ou leurs amis à couvert du danger. Les premiers étaient beaucoup plus coupables que les seconds, et méritaient moins de grâce; aussi les conciles avaient prescrit pour eux une pénitence plus longue et plus rigoureuse : mais saint Cyprien s'élève avec une fermeté vraiment épiscopale contre la témérité de ceux qui demandaient d'être réconciliés à l'Eglise et admis à la communion sans avoir fait une pénitence proportionnée à leur faute, qui employaient l'intercession des martyrs et des confesseurs pour s'en exempter. Le saint évêque déclare que, quelque respect que l'Eglise doive avoir pour cette intercession, l'absolution extorquée par ce moyen ne peut réconcilier les coupables avec Dieu. *Voy.* INDULGENCE.

**LATIN**. L'Eglise *latine* est la même chose que l'Eglise romaine ou l'Eglise d'Occident, par opposition à l'Eglise grecque ou à l'Eglise d'Orient.

Depuis le schisme des Grecs, commencé dans le IX° siècle et consommé dans

.e xi°, les catholiques romains répandus dans tout l'Occident, ont été nommés *Latins*, parce qu'ils ont retenu dans l'office divin l'usage de la langue latine, de même que ceux d'Orient ont conservé l'usage de l'ancien grec.

M. Bossuet, dans sa *Défense de la tradition et des saints Pères*, observe très-bien que, depuis ce schisme fatal, l'Eglise *latine* a été l'Eglise catholique ou universelle ; qu'ainsi, en fait de doctrine, ce serait un abus de vouloir opposer le sentiment de l'Eglise grecque à celui de l'Eglise *latine*. Il ne s'ensuit pas néanmoins qu'il soit inutile de savoir ce que l'on a pensé dans l'Eglise grecque dans les huit premiers siècles, puisqu'alors elle faisait partie de l'Eglise universelle. Il faut nécessairement joindre les Pères grecs aux Pères *latins*, pour former la chaîne de la tradition, et la faire remonter jusqu'aux apôtres. Ç'a donc été un malheur que, depuis l'inondation des Barbares en Occident, l'on n'ait plus été en état de cultiver la langue grecque, et de lire les Pères qui avaient écrit dans cette langue ; ce n'est que depuis la renaissance des lettres parmi nous, que l'on a recommencé à étudier la doctrine chrétienne dans les ouvrages de ces écrivains vénérables.

Comme, au vii° siècle, les mahométans ont fait dans l'Orient les mêmes ravages que les Barbares du Nord avaient faits en Occident pendant le v° et les suivants, les lettres ont été encore moins cultivées, depuis ce temps-là, chez les Grecs que chez les *latins* ; et il y a eu moins de personnages célèbres parmi les premiers que parmi les seconds. Depuis plus de deux cents ans, l'étude de l'antiquité s'est renouvelée parmi nous, elle ne s'est point réveillée chez les Grecs : il n'y a parmi eux ni écoles célèbres, ni riches bibliothèques ; ceux d'entre eux qui veulent faire de bonnes études, sont obligés de venir en Italie. On a travaillé à la réunion des Grecs et des *Latins* dans les conciles de Lyon et de Florence, mais avec peu de succès. Pendant les croisades, les *Latins* s'emparèrent de Constantinople, et y dominèrent plus de soixante ans, sous des empereurs de leur communion ; ces expéditions militaires ont encore augmenté l'aversion et l'antipathie entre les deux peuples. Aussi les Grecs détestent plus les *Latins* qu'ils ne haïssent les mahométans, sous la tyrannie desquels ils sont opprimés, et les missionnaires qui vont en Orient trouvent très-peu de fruit à faire chez les Grecs. *Voy.* GRECS.

LATITUDINAIRES, nom tiré du latin *latitudo*, largeur. Les théologiens désignent sous ce nom certains tolérants, qui soutiennent l'indifférence des sentiments en matière de religion, et qui accordent le salut éternel aux sectes même les plus ennemies du christianisme : c'est ainsi qu'ils se flattent d'avoir élargi la voie qui conduit au ciel. Le ministre Jurieu était de ce nombre, ou du moins il autorisait cette doctrine par sa manière de raisonner ; Bayle le lui a prouvé dans un ouvrage intitulé : *Janua cœlorum omnibus reserata*, la Porte du ciel ouverte à tous. Ce livre est divisé en trois traités. Dans le premier, Bayle fait voir que, suivant les principes de Jurieu, l'on peut très-bien faire son salut dans la religion catholique, malgré tous les reproches d'erreurs fondamentales et d'idolâtrie que ce ministre fait à l'Eglise romaine. D'où il s'ensuit que les prétendus réformés ont eu très-grand tort de rompre avec cette Eglise, sous prétexte que l'on ne pouvait pas y faire son salut. Dans le second, Bayle prouve que, selon les mêmes principes, l'on peut aussi être sauvé dans toutes les communions chrétiennes, quelles que soient les erreurs qu'elles professent, par conséquent parmi les ariens, les nestoriens, les eutychiens ou jacobites, et les sociniens. C'est donc mal à propos que les protestants on refusé la tolérance à ces derniers. Dans le troisième, qu'en raisonnant toujours de même, on ne peut exclure du salut ni les juifs, ni les mahométans, ni les païens. *OEuvres de Bayle*, tom. II.

M. Bossuet, dans son *sixième Avertissement aux protestants*, 3° partie, a traité cette même question plus profondément, et il a remonté plus haut. Il a démontré, 1° que le sentiment des *latitudinaires*, ou l'indifférence en fait de dogmes, est une conséquence inévitable du principe duquel est partie la prétendue réforme ; savoir, que l'Eglise n'est point infaillible dans ses décisions, que personne n'est obligé de s'y soumettre sans examen, que la seule règle de foi est l'Ecriture sainte. C'est aussi le principe sur lequel les sociniens se sont fondés, pour engager les protestants à les tolérer ; ils ont posé pour maxime qu'il ne faut point regarder un homme comme un hérétique ou mécréant, dès qu'il fait profession de s'en tenir à l'Ecriture sainte. Jurieu lui-même est convenu que tel était le sentiment du très-grand nombre des calvinistes de France, qu'ils l'ont porté en Angleterre et en Hollande lorsqu'ils s'y sont réfugiés ; que dès ce moment cette opinion y fait chaque jour de nouveaux progrès. D'où il résulte évidemment que la prétendue réforme, par sa propre constitution, entraîne dans l'indifférence des religions ; la plupart des protestants n'ont point d'autre motif de persévérer dans la leur. Jurieu est encore convenu que la tolérance civile, c'est-à-dire l'impunité accordée à toutes les sectes par le magistrat, est liée nécessairement avec la tolérance ecclésiastique ou avec l'indifférence, et que ceux qui demandent la première n'ont d'autre dessein que d'obtenir la seconde. — 2° Il fait voir que les *latitudinaires*, ou indifférents, se fondent sur trois règles, dont aucune ne peut être contestée par les protestants ; savoir : 1° *qu'il ne faut reconnaître nulle autorité que celle de l'Ecriture* ; 2° *que l'Ecriture, pour nous imposer l'obligation de la foi, doit être claire* ; en effet, ce qui est obscur ne peut rien et ne fait que donner lieu à la dispute ; 3° *ou où l'Ecriture paraît enseigner des choses* inintelligibles, et auxquelles la raison ne peut atteindre, comme les mystères de la Trinité, de l'Incarnation, etc., *il faut la tourner au sens qui paraît le plus conforme à la raison, quoiqu'il semble faire violence au texte.* De la première de ces règles, il s'ensuit que les décisions des synodes et les confessions de foi des protestants ne méritent pas plus de déférence qu'ils n'en ont eu eux-mêmes pour les décisions des conciles de l'Eglise romaine ; que quand ils ont forcé leurs théologiens de souscrire au synode de Dordrecht, sous peine d'être privés de leurs chaires, etc., ils ont exercé une odieuse tyrannie. La seconde règle est universellement avouée parmi eux ; c'est pour cela qu'ils ont répété sans cesse que, sur tous les articles nécessaires au salut l'Ecriture est claire, expresse, à portée des plus ignorants. Or, peut-on supposer qu'elle le soit sur tous les articles contestés entre les sociniens, les arminiens, les luthériens et les calvinistes ? Non, sans doute ; tous sont donc très-bien fondés à persister dans leurs opinions. La troisième règle ne peut pas être contestée non plus par aucun d'eux, c'est sur cette base qu'ils se sont fondés pour expliquer dans un sens figuré ces paroles de Jésus-Christ : *Ceci est mon corps ; si vous ne mangez ma chair et ne buvez mon sang,* etc., parce que, selon leur avis, le sens littéral fait violence à la raison. Un socinien n'a donc pas moins de droit de prendre dans un sens figuré ces autres paroles, *le Verbe était Dieu, le Verbe s'est fait chair,* dès que le sens littéral lui paraît blesser la raison. Il n'est pas un des prétextes dont les calvinistes se sont servis pour éluder le sens littéral dans le premier cas, qui ne serve aussi aux sociniens pour l'esquiver dans le second. Vainement les protestants ont eu recours à la distinction des articles fondamentaux et non fondamentaux : de leur propre aveu, cette distinction ne se trouve pas dans l'Ecriture sainte. Peut-on d'ailleurs regarder comme fondamental, selon leurs principes, un article sur lequel on ne peut citer que des passages qui sont sujets à contestation, et susceptibles de plusieurs sens ? Au jugement d'un socinien, les dogmes de la Trinité et de l'Incarnation ne sont pas plus fondamentaux que celui de la présence réelle aux yeux d'un calviniste. *Voy.* FONDAMENTAL. — 3° M. Bossuet montre que, pour réprimer les *latitudinaires,* les protestants ne peuvent employer aucune autorité que celle des magistrats. Mais ils se sont ôté d'avance cette ressource, en déclamant non-seulement contre les souverains catholiques qui n'ont pas voulu tolérer le protestantisme dans leurs Etats, mais encore contre les Pères de l'Eglise qui ont imploré, pour maintenir la foi, le secours du bras séculier, surtout contre saint Augustin, parce qu'il a trouvé bon que les donatistes fussent ainsi réprimés. A la vérité, Jurieu et d'autres ont été forcés d'avouer que leur prétendue réforme n'a été établie nulle part par un autre moyen : à Genève, elle s'est faite par le sénat ; en Suisse, par le conseil souverain de chaque canton ; en Allemagne, par les princes de l'empire ; dans les Provinces-Unies, par les états ; en Danemark, en Suède, en Angleterre, par les rois et les parlements : l'autorité civile ne s'est pas bornée à donner pleine liberté aux protestants ; mais elle est allée jusqu'à ôter les églises aux papistes, à défendre l'exercice public de leur culte, à punir de mort ceux qui y persistaient. En France même, si les rois de Navarre et les princes du sang ne s'en étaient pas mêlés, on convient que le protestantisme aurait succombé. Ainsi ses sectateurs ont prêché successivement la tolérance et l'intolérance, selon l'intérêt du moment ; les patients et les persécuteurs ont eu raison tour à tour, lorsqu'ils se sont trouvés les plus forts. — 4° Il observe qu'en Angleterre la secte des brownistes, ou indépendants, est née de la même source. Ces sectaires rejettent toutes les formules, les catéchismes, les symboles, même celui des apôtres, comme des pièces sans autorité ; ils s'en tiennent, disent-ils, à la seule parole de Dieu. D'autres enthousiastes ont été d'avis de supprimer tous les livres de religion, et de ne réserver que l'Ecriture sainte. — 5° Il prouve, comme a fait Bayle, que, selon les principes de Jurieu, qui sont ceux de la réforme, on ne peut exclure du salut ni les Juifs, ni les païens, ni les sectateurs d'aucune religion quelconque. L'Eglise catholique, plus sage et mieux d'accord avec elle-même, pose pour maxime que ce n'est point à nous, mais à Dieu, de décider qui sont ceux qui parviendront au salut, et qui sont ceux qui en seront exclus. Dès qu'il nous a commandé la foi à sa parole comme un moyen nécessaire et indispensable au salut, il ne nous appartient pas de dispenser personne de l'obligation de croire ; et il est absurde d'imaginer que Dieu nous a donné la révélation, en nous laissant la liberté de l'entendre comme il nous plaira ; ce serait comme s'il n'avait rien révélé du tout. Aussi a-t-il confié à son Eglise le dépôt de la révélation ; et si, en la chargeant du soin d'enseigner toutes les nations, il n'avait pas imposé à celle-ci l'obligation de se soumettre à cet enseignement, Jésus-Christ aurait été le plus imprudent de tous les législateurs. Depuis dix-huit siècles, cette Eglise n'a changé ni de principes ni de conduite ; elle a frappé d'anathème et a rejeté de son sein tous les sectaires qui ont voulu s'arroger l'indépendance. Les absurdités, les contradictions, les impiétés dans lesquelles ils sont tombés tous, dès qu'ils ont rompu avec l'Eglise, achèvent de démontrer la nécessité de lui être soumis. En prêchant l'indépendance, les *latitudinaires,* loin de faciliter le chemin du ciel, n'ont fait qu'élargir la voie de l'enfer. *Voy.* INDIFFÉRENCE.

LATRAN, était dans l'histoire romaine le nom d'un homme, de Plautius Latéranus, consul désigné, qui fut mis à mort par Néron ; il fut donné ensuite à un ancien palais de Rome et aux bâtiments que l'on a faits à sa place ; enfin à l'église de Saint-Jean-de-Latran, qui passe pour être la plus ancienne de Rome, et qui est le siége de la papauté ; mais il est probable que son nom lui vient plutôt de *later*, brique, que du consul Latéranus.

On appelle conciles de *Latran* ceux qui ont été tenus à Rome dans la basilique de ce nom, et il y en a eu onze, dont quatre généraux ou œcuméniques ; nous ne parlerons que de ces derniers. — L'un est celui de l'an 1123, sous le pape Calixte II, dans lequel on fit plusieurs canons touchant la discipline, surtout contre la simonie, contre le pillage des biens de l'Église, contre l'ambition des moines qui usurpaient la juridiction et les fonctions ecclésiastiques. C'est le neuvième concile général. On y voit que les mœurs de l'Europe étaient alors très-corrompues, que la licence des séculiers, portée à son comble, s'était communiquée au clergé. — Le dixième fut tenu en 1139, sous le pape Innocent II, immédiatement après le schisme formé par Pierre de Léon, ou l'antipape Anaclet. Comme Innocent II n'avait pas encore été reconnu par les rois de Sicile et d'Écosse, un des premiers objets du concile fut d'éteindre enfin tout reste de schisme, et de réformer les abus qui s'étaient introduits à cette occasion. Il condamna ensuite les erreurs de Pierre de Bruis et d'Arnaud de Bresse, l'un des disciples d'Abailard. *Voy.* ARNALDISTES et PÉTROBRUSIENS. On fut obligé de renouveler la plupart des canons de discipline qui avaient été faits dans le concile précédent, et qui avaient produit très-peu d'effet. Le onzième, l'an 1179, fut présidé par Alexandre III, et il fut encore destiné à éteindre un nouveau schisme formé par un antipape Calixte, soutenu par l'empereur Frédéric. Ce concile prit des mesures et fit des règlements pour prévenir, dans la suite, les schismes à l'occasion de l'élection des papes. Il condamna les vaudois, les cathares, appelés aussi patarins ou poplicains, et les albigeois. Il renouvela les canons des conciles précédents touchant la discipline, et fit de nouveaux efforts pour réprimer le brigandage des seigneurs, le luxe des prélats, le déréglement des ordres, soit militaires soit religieux. Mais, que pouvaient produire les lois ecclésiastiques au milieu des désordres et de l'anarchie qui régnaient dans l'Europe entière ? — Le douzième fut convoqué l'an 1215 par Innocent III. Ce pape y fit recevoir soixante-dix canons de discipline, à la tête desquels est une exposition de la foi catholique contre les albigeois et les vaudois. La présence réelle de Jésus-Christ dans l'eucharistie y est établie ; c'était la confirmation des conciles précédents, qui avaient condamné l'hérésie de Bérenger. On y trouve, pour la première fois, le terme de *transsubstantiation*, pour exprimer le changement du pain et du vin au corps et au sang de Jésus-Christ. Le concile condamna ensuite le traité que l'abbé Joachim avait fait contre Pierre Lombard sur la Trinité, et dans lequel il avait enseigné des erreurs. On y trouve enfin la condamnation de la doctrine d'Amauri. — Le onzième canon renouvelle l'ordonnance qui avait été portée dans le concile précédent, d'établir des maîtres de grammaire dans les églises cathédrales et collégiales ; il veut que l'on établisse aussi des théologaux dans les églises métropolitaines : règlement sage, mais triste monument de l'ignorance dans laquelle l'on était plongé, et que les pasteurs s'efforçaient en vain de dissiper. — Le vingt-unième est le célèbre canon *Omnis utriusque sexus*, qui ordonne à tous les fidèles de se confesser au moins une fois l'an, à leur propre prêtre, et de recevoir la sainte eucharistie au moins à Pâques. Il fut fait à l'occasion des albigeois et des vaudois, qui méprisaient la confession et la pénitence administrée par les prêtres, et prétendaient recevoir l'absolution de leurs péchés par la seule imposition des mains de leurs chefs. La plupart des lois portées dans ce concile ont été renouvelées par celui de Trente, et sont aujourd'hui assez généralement observées. *Voy.* l'*Histoire de l'Église gallicane*, tome X, l. 30, an. 1215.

LATRAN (chanoines de) ou de SAINT-SAUVEUR. C'est une congrégation de chanoines réguliers, dont le chef-lieu est l'église de Saint-Jean-de-*Latran*. Quelques auteurs ont prétendu qu'il y avait eu à Rome, depuis les apôtres, une succession continuelle de clercs vivant en commun, et attachés à cette église ; mais ce ne fut que sous Léon III, vers le milieu du VIII° siècle, qu'il se forma des congrégations de chanoines réguliers vivant en commun. On ne peut donc pas prouver que les clercs de Saint-Jean-de-*Latran* aient possédé cette église pendant huit cents ans, et jusqu'à Boniface VIII qui la leur ôta, pour mettre à leur place des chanoines réguliers. Eugène IV, cent cinquante ans après, y rétablit les anciens possesseurs. Aujourd'hui une partie de ces chanoines sont des cardinaux.

LATRIE, mot grec dérivé de λάτρις, *serviteur*. Dans l'origine, λατρεία désignait le respect, les services et tous les devoirs qu'un esclave rend à son maître : de là l'on s'est servi de ce terme pour signifier le culte que nous rendons à Dieu. Comme nous honorons aussi les saints par respect pour Dieu lui-même, l'on a nommé *dulie* le culte rendu aux saints, afin de témoigner que ce culte n'est point égal à celui que l'on rend à Dieu, qu'il lui est inférieur et subordonné. Cette distinction n'a pas satisfait les protestants ; ils disent que chez les Grecs λάτρις et δοῦλος signifient également un *serviteur* ; qu'ainsi *dulie* et *latrie* expriment l'un et l'autre le *service* ; d'où ils concluent que nous *servons* indifféremment Dieu, les saints, les reliques, les images, puisque nous rendons un culte à ces divers objets : qu'entre *idolâtrie*, service des idoles, et *iconolâtrie*, service des images, il n'y a évidemment aucune différence. Mais argumenter sur un mot équivoque n'est pas le moyen d'éclaircir une question. Un militaire *sert* le roi, un magistrat *sert* le public : nous rendons *service* à nos amis ; nous disons même à un inférieur, je suis votre *serviteur*. Si un disputeur soutenait que, dans tous ces exemples, le mot *servir* a le même sens, il se rendrait très-ridicule.

*Servir Dieu*, ce n'est pas seulement lui rendre des honneurs et du respect, mais c'est lui témoigner l'amour, la reconnaissance, la confiance, la soumission et l'obéissance que nous lui devons comme au souverain maître de toutes choses ; peut-on dire, dans le même sens, que nous *servons* les saints et les images, parce que nous les honorons, et que nous leur donnons des signes de respect ? Nous honorons les saints, parce qu'ils sont eux-mêmes les serviteurs de Dieu ; en cela nous n'obéissons pas aux saints, mais à Dieu. Il est dit qu'ils *régneront* avec Dieu (*Apoc.*, c. XXII, v. 5) ; leur récompense est appelée un *royaume* (*Matth.*, c. XXV, v. 34) : en quel sens, s'il n'est pas permis de leur adresser des respects ni des prières ? Nous honorons les images ; parce qu'elles nous représentent des objets respectables, et c'est à ces objets mêmes que s'adressent nos respects ; mais ce respect n'est ni égal, ni inspiré par le même motif que celui que nous rendons à Dieu.

Quelques ordres religieux, plusieurs dévots à la sainte Vierge, se sont nommés *serviteur de Marie* ; cela ne signifie point qu'ils voulaient obéir à la sainte Vierge comme à Dieu : nous appelons les prières pour les morts un *service* pour eux, et il ne s'ensuit rien.

Posons donc pour principe que les mots *latrie, dulie, culte, service*, etc., changent de signification, selon les divers objets auxquels ils sont appliqués ; que de même le culte change de nature, selon la diversité des objets auxquels il est adressé, et des motifs par lesquels il est inspiré ; que c'est l'intention seule qui décide si un culte est religieux ou superstitieux, légitime ou criminel.

L'*idolâtrie*, c'est-à-dire le culte ou le respect rendu au simulacre d'un dieu du paganisme, était un crime, non-seulement parce que Dieu l'avait défendu par une loi positive, mais parce qu'il était absurde et impie en lui-même. Il était adressé à un être imaginaire et fantastique, à un prétendu génie ou démon, que l'on supposait présent et logé dans une statue, en vertu de sa consécration ; à un personnage auquel on attribuait tout à la fois les vices de l'humanité et un pouvoir absolu sur tous les hommes, auquel on voulait témoigner par là un respect, une soumission, une confiance qui ne sont dus qu'au Créateur et au souverain Maître de l'univers. L'*iconolâtrie*, ou le culte rendu à un image de Jésus-Christ ou d'un saint, porte-t-elle aucun de ces caractères ? Y a-t-il aucune ressemblance entre ces deux cultes ?

Daillé, qui a tant écrit contre le culte prétendu superstitieux de l'Eglise romaine, est forcé de convenir que, dès le IVᵉ siècle, les Pères de l'Eglise ont mis une différence entre *latrie* et *dulie* ; que par le premier de ces termes ils ont désigné le culte rendu à Dieu, et par le second le culte adressé aux saints ; puisque l'Eglise a trouvé bon d'adopter cette distinction, il est de notre devoir de nous y conformer : c'est à elle de fixer le langage de la religion et de la théologie, comme c'est à la société civile de déterminer le sens du langage ordinaire. Mais, il ne faut pas croire que le culte des saints, des images et des reliques, n'ait commencé qu'au IVᵉ siècle, comme Daillé et les autres protestants le prétendent : nous prouverons en son lieu qu'il date du temps des apôtres. *Voy.* CULTE, DULIE, SAINTS, etc.

LAUDES. *Voy.* HEURES CANONIALES.

LAURE, demeure des anciens moines. Ce mot vient du grec λυρα, *place, rue, village, hameau*. Les auteurs ne conviennent point de la différence qu'il y avait entre *laure* et *monastère*. Quelques-uns prétendent que *laure* signifiait un vaste édifice, qui pouvait contenir jusqu'à mille moines et plus ; mais il paraît par l'histoire ecclésiastique, que les anciens monastères de la Thébaïde n'ont jamais été de cette étendue. L'opinion la plus probable est que les monastères étaient, comme ceux d'aujourd'hui, de grands bâtiments divisés en salles, chapelles, cloître, dortoirs et cellules pour chaque moine ; au lieu que les *laures* étaient des espèces de villages ou hameaux, dont chaque maison était occupée par un ou deux moines au plus. Ainsi les couvents des chartreux d'aujourd'hui paraissent représenter les *laures*, au lieu que les maisons des autres moines répondent aux monastères proprement dits.

Les différents quartiers d'Alexandrie furent d'abord appelés *laures* ; mais après l'institution de la vie monastique, ce terme fut borné à signifier les espèces de hameaux habités par des moines. Ceux-ci ne se rassemblaient qu'une fois la semaine pour assister au service divin, et s'édifier mutuellement. Ce que l'on avait d'abord appelé *laure* dans les villes fut nommé *paroisse*.

LAVABO, ou LAVEMENT DES DOIGTS, cérémonie qui se fait par le prêtre à la messe ; il lave ses doigts du côté de l'épître, en récitant plusieurs versets du psaume XXV, qui commence par ces mots : *Lavabo inter innocentes manus meas*. Au IVᵉ siècle, saint Cyrille de Jérusalem, *Catech. Mystag*, 5, et l'auteur des *Constitutions apostoliques*, l. II, c. 8, n. 11, observent que cette action de se laver les mains est un symbole de la pureté d'âme que les prêtres doivent apporter à la célébration du saint sacrifice.

On peut voir dans le P. Lebrun, *Explicat. des cérémonies de la sainte messe*, tome II, pag. 343, qu'il y a des variétés dans la manière de placer cette action. Selon l'ordre romain, elle se fait immédiatement avant l'oblation ; dans les Eglises de France et d'Allemagne, elle se fait immédiatement après ; dans quelques-unes, l'usage est de la faire avant et après. *Voy. les Notes du Père Ménard sur le Sacram. de saint Grégoire*, p. 370 et 371.

**LAVEMENT DES PIEDS**, coutume que les anciens pratiquaient à l'égard de leurs hôtes, et qui est devenue dans le christianisme une cérémonie pieuse. — Les Orientaux lavaient les pieds aux étrangers qui arrivaient d'un voyage, parce que, pour l'ordinaire, on marchait les jambes nues et les pieds garnis seulement de sandales. Ainsi Abraham fit laver les pieds aux trois anges qu'il reçut chez lui (*Gen.*, c. XVIII, v. 4). On fit la même chose à Éliézer et à ceux qui l'accompagnaient, lorsqu'ils arrivèrent chez Laban, et aux frères de Joseph en Égypte (*Genes.*, cap. XXIV, v. 32, c. XLIII, v. 24). Cet office s'exerçait ordinairement par des serviteurs et des esclaves. Abigaïl témoigne à David qu'elle s'estimerait heureuse de laver les pieds aux serviteurs du roi (*I Reg.*, c. XXV, v. 41). Jésus, invité à manger chez Simon le pharisien, lui reproche d'avoir manqué à ce devoir de politesse (*Luc.*, c. VII, v. 44).

Jésus lui-même, après la dernière cène qu'il fit avec ses apôtres, voulut leur donner une leçon d'humilité en leur lavant les pieds; et cette action est devenue depuis un acte de piété. Ce que le Sauveur dit à saint Pierre dans cette occasion : *Si je ne vous lave, vous n'aurez point de part avec moi*, a fait croire à plusieurs anciens que le *lavement des pieds* avait des effets spirituels, et pouvait effacer les péchés. Saint Ambroise (*L. de Myst.* c. VI) témoigne que, de son temps, on lavait les pieds aux nouveaux baptisés, au sortir du bain sacré, et il semble croire que, comme le baptême efface les péchés actuels, le *lavement des pieds*, qui se fait ensuite, ôte le péché originel, ou du moins diminue la concupiscence. Ce sentiment lui est particulier.

Cet usage n'avait pas seulement lieu dans l'église de Milan, mais encore dans d'autres églises d'Italie, des Gaules, de l'Espagne et de l'Afrique. Le concile d'Elvire le supprima en Espagne, à cause de la confiance superstitieuse que le peuple y mettait; il paraît que dans les autres églises il a été aboli, à mesure que la coutume de donner le baptême par immersion a cessé. Quelques anciens lui ont donné le nom de *sacrement*, et lui ont attribué le pouvoir d'effacer les péchés véniels; c'est le sentiment de saint Bernard, et saint Augustin a pensé de même. Il observe cependant, (*Epist.* 119 *ad Ianuar*), que plusieurs s'abstenaient de cette pratique, de peur qu'elle ne semblât faire partie du baptême. Un ancien auteur, dont les sermons sont dans l'appendice du V⁰ tome des ouvrages de ce Père, soutient que le *lavement des pieds* peut remettre les péchés mortels. Cette dernière opinion n'a nul fondement dans l'Écriture sainte ni dans la tradition. Quant au nom de *sacrement*, duquel quelques-uns se sont servis, il paraît qu'ils ont seulement entendu par là le signe d'une chose sainte, c'est-à-dire de l'humilité chrétienne, mais auquel Jésus-Christ n'a point attaché la grâce sanctifiante comme aux autres sacrements.

Il faut avouer cependant que la tradition et la croyance de l'Église sont ici la seule règle qui puisse nous faire distinguer cette cérémonie d'avec un sacrement ; nous ne voyons pas pourquoi les protestants, qui s'en tiennent à l'Écriture seule, refusent de mettre le *lavement des pieds* au nombre des sacrements. Rien n'y manque des conditions qu'ils exigent ; c'est un signe très propre à représenter la grâce qui nous purifie de nos péchés ; Jésus-Christ semble y avoir attaché cette grâce, en disant à saint Pierre, *si je ne vous lave, vous n'aurez point de part avec moi ;* il ordonne à ses disciples de faire cette cérémonie à son exemple (*Joan.*, cap. XIII, v. 14). Que faut-il de plus ?

Cette cérémonie se fait le Jeudi saint chez les Syriens et chez les Grecs, aussi bien que dans l'Église latine. A Rome, le pape, à la tête du sacré collège, se rend dans une salle de son palais destinée à cette action ; il prend une étole violette, une chape rouge, une mitre simple; les cardinaux sont en chape violette. Il met de l'encens dans l'encensoir, et donne la bénédiction au cardinal-diacre qui doit chanter l'évangile, *Ante diem festum Paschæ*, etc. (*Joan.*, c. XIII); c'est l'histoire de cette action même faite par Jésus-Christ. Après l'évangile, on lui présente le livre à baiser, et le cardinal-diacre lui donne l'encens. Alors un chœur de musiciens entonne l'antienne ou le répons *Mandatum novum do vobis*, etc. Le pape ôte sa chape, prend un tablier, lave les pieds à douze pauvres prêtres étrangers, qui sont assis sur une estrade, et vêtus d'un habit de camelot blanc, avec une espèce de capuchon fort ample. Il leur fait distribuer à chacun par son trésorier, une médaille d'or et une d'argent, du poids d'une once. Le majordome leur donne à chacun une serviette, avec laquelle le doyen des cardinaux, ou le plus ancien, leur essuie les pieds. Le pape retourne à sa chaire, lave ses mains, reprend la chape et la mitre, dit l'oraison dominicale et d'autres prières. Il ôte ensuite ses habits pontificaux, et rentre dans son appartement suivi du même cortège. Les douze pauvres sont conduits dans une autre salle du Vatican, où on leur sert à dîner; le pape vient leur présenter à chacun le premier plat, et leur verse le premier verre de vin, leur parle avec bonté, leur accorde des indulgences, et se retire. Pendant le reste du repas, le prédicateur ordinaire du pape fait un sermon. La cérémonie finit par le dîner que le saint-père donne aux cardinaux. Les empereurs de Constantinople faisaient la même cérémonie dans leur palais avant la messe. *Voy. les Notes du père Ménard sur le Sacram. de saint Grégoire*, p. 97. Au mot CÈNE, nous avons rapporté la manière dont le roi la fait en France.

**LAZARE.** Un des miracles les plus éclatants que Jésus-Christ ait opérés est la résurrection de *Lazare ;* les incrédules ont fait tous leurs efforts pour le rendre douteux, mais la narration de l'évangéliste qui le rapporte nous présente des caractères de vérité si frappants, qu'il n'est pas possible de les obscurcir : quiconque les examinera sans prévention sera convaincu que la fraude, l'imposture, l'erreur, le hasard, n'ont pu y avoir aucune part (*Joan.*, c. XI et XII).

1° *Lazare* était un homme riche et considéré chez les Juifs : cela est prouvé par la manière dont l'Evangile en parle, par la quantité de parfums que sa sœur répandit pour faire honneur à Jésus, par la manière dont il fut embaumé après sa mort; par l'attention des principaux Juifs de Jérusalem, qui vinrent consoler Marthe et Marie de la mort de leur frère, etc. Un homme de cette condition aurait-il voulu se déshonorer et se rendre odieux à sa nation par une fraude concertée avec Jésus? Que pouvait-il en espérer, et que n'avait-il pas à craindre? Il aurait fallu que les deux sœurs et les domestiques de *Lazare* fussent du complot. Comment feindre la maladie, la mort, les funérailles, l'embaumement d'un homme de considération à une demi-lieue de Jérusalem, sans danger d'être découvert? — 2° La crainte du ressentiment des Juifs devait en détourner les complices : il y avait une excommunication prononcée par le conseil des Juifs contre tous ceux qui reconnaîtraient Jésus pour le Messie; ses ennemis avaient déjà tenté plus d'une fois de l'arrêter : essayer une fourberie dans ces circonstances, c'était accélérer la perte de Jésus et s'y envelopper avec lui. Jésus lui-même aurait-il osé la proposer à une famille qui lui témoignait de l'affection et de l'estime, et dont l'amitié pouvait lui être utile? Il ne faut pas s'obstiner, comme font les incrédules, à peindre Jésus, tantôt comme un fanatique imbécile et imprudent, tantôt comme un fourbe assez adroit pour en imposer à toute la Judée : ces deux caractères ne s'accordent pas, et ni l'un ni l'autre ne peuvent être attribués à *Lazare*. — 3° Jésus n'était pas à Béthanie lorsque *Lazare* tomba malade, mourut et fut enterré; il était à Bétharaba, au delà du Jourdain, à plus de douze lieues de distance de Béthanie : on lui envoya un messager pour l'avertir. Il se passa au moins cinq jours depuis le départ de cet envoyé jusqu'à l'arrivée de Jésus, qui affecta de ne pas se presser. S'il y avait eu de la fraude, il faudrait supposer que *Lazare* et ses complices avaient pris sur eux tout l'odieux du complot, et avaient ménagé à Jésus un prétexte très-apparent pour se disculper, en disant qu'il était absent, et qu'il avait été trompé lui-même. — 4° La douleur des deux sœurs, après la mort de *Lazare*, avait toutes les marques possibles de sincérité; les Juifs venus de Jérusalem croient que Marie, qui sort pour aller au-devant de Jésus, va pleurer au tombeau de son frère. Le discours qu'elles adressent successivement à Jésus, les larmes que répand Marie, celles que Jésus verse lui-même, la réponse qu'il fait aux deux sœurs, l'étonnement des assistants, qui disent : *Cet homme, qui a guéri un aveugle-né, ne pouvait-il donc pas empêcher son ami de mourir?* tout annonce la sincérité et la bonne foi. — 5° C'est en présence des deux sœurs, des Juifs de Jérusalem, de ses disciples, que Jésus se fait conduire à la caverne dans laquelle il a inhumé *Lazare* : on ne prend pas tant de témoins pour jouer une imposture. Il ordonne d'ôter la pierre qui fermait le tombeau : *Seigneur*, lui dit Marthe, *il sent déjà mauvais, il y a quatre jours qu'il est enseveli* : cette circonstance est répétée deux fois. Jésus lève les yeux au ciel, invoque son Père, appelle *Lazare*, et lui commande de sortir dehors; le mort se lève, on lui ôte les bandes sépulcrales; il est plein de vie. Plusieurs Juifs, témoins de ce prodige, crurent en Jésus-Christ. Une narration si naturelle et si bien circonstanciée ne peut pas être un ouvrage d'imagination. — 6° L'usage des Juifs d'enterrer les morts dans des cavernes est certain; il venait des patriarches : on voit encore dans la Judée plusieurs de ces tombeaux anciens, et l'on sait que les Juifs avaient changé peu de chose à la manière d'embaumer des Egyptiens. Ils enduisaient d'aromates les corps. Nicodème apporta environ cent livres de myrrhe et d'aloès pour embaumer le corps de Jésus, *selon la coutume des Juifs*. Lorsque Marie répandit des parfums sur Jésus : *Elle me rend déjà*, dit-il, *les honneurs de la sépulture*. Après avoir saupoudré de ces drogues desséchantes les membres du mort, ils les liaient de bandelettes qui en étaient imbibées; ils environnaient de même la tête et le couvraient d'un suaire. C'est ainsi que *Lazare* avait été enseveli; l'évangéliste le fait remarquer en parlant des bandelettes dont ses mains et ses pieds étaient liés, et du suaire qui était sur sa tête. Si *Lazare* n'avait pas été mort, il lui aurait été impossible de demeurer pendant plusieurs heures ainsi emmailloté, le visage couvert de drogues, dans un tombeau couvert par une pierre, sans être suffoqué; et s'il n'avait pas été ainsi enseveli comme l'étaient les morts de sa condition, les Juifs présents à la résurrection n'auraient pas été dupes d'une sépulture simulée : ils auraient accusé Jésus, *Lazare* et ses sœurs d'imposture. — 7° Tout au contraire, il est dit que plusieurs crurent en Jésus-Christ, que les autres allèrent avertir les Juifs de ce qui s'était passé. Là-dessus ils délibèrent : « Que ferons-nous, disent-ils? Cet homme fait beaucoup de miracles; si nous le laissons continuer, tout le monde croira en lui; les Romains viendront détruire notre ville et notre nation. » Ils prennent la résolution de faire mourir Jésus. Plusieurs vinrent exprès à Béthanie pour voir *Lazare* ressuscité. Le bruit que ce miracle fit à Jérusalem valut à Jésus l'entrée triomphante qu'il y fit quelques jours avant la pâque. Les Juifs, furieux de cet éclat, résolurent de se défaire aussi de *Lazare*, parce que sa résurrection augmentait le nombre des partisans de Jésus.

Ainsi les circonstances dont ce miracle fut précédé, la manière dont il fut opéré, les effets qu'il produisit, concourent à en démontrer la réalité : les incrédules auraient dû y faire quelque attention avant d'argumenter pour le faire paraître douteux.

Dira-t-on, comme quelques-uns, que toute cette histoire est fausse, que saint Jean l'a forgée dans un temps où il n'y avait plus de témoins oculaires ni contemporains qui pussent le contredire ? Nous n'insisterons point sur le caractère personnel de saint Jean, sur son âge vénérable, sur le ton de candeur qui règne dans tous ses écrits, sur l'inutilité de cette fable pour établir l'Evangile. Mais comment un vieillard centenaire, un écrivain juif, auquel les incrédules n'ont jamais attribué des talents sublimes, a-t-il pu forger une narration si naturelle et si bien circonstanciée, où rien ne se dément, où tout contribue à persuader, s'il n'a pas été lui-même témoin oculaire du fait et de la manière dont il s'est passé ? Avec la critique la plus subtile et la plus maligne, les incrédules n'ont pu y découvrir aucune marque d'imposture. Il est faux qu'alors il n'y eût plus de témoins oculaires. Quadratus, disciple des apôtres, atteste que plusieurs personnes, guéries ou ressuscitées par Jésus-Christ, avaient vécu jusqu'au temps auquel il écrivait ; c'était sous Adrien, vers l'an 120, par conséquent assez longtemps après la mort de saint Jean (Eusèbe, *Hist.*, l. IV, cap. 3). Cet évangéliste était donc environné, soit de témoins oculaires ou contemporains, soit de gens qui avaient pu apprendre la vérité de leur bouche.

La résurrection de *Lazare* n'était point un fait obscur que saint Jean pût forger sans conséquence : il fait remarquer que ce prodige avait fait du bruit dans la Judée ; que, d'un côté, il augmenta le nombre des partisans de Jésus ; que, de l'autre, il aigrit ses ennemis, et leur fit prendre la résolution de le mettre à mort. Il n'était donc pas possible de le publier à faux, sans s'exposer à être contredit, et cette imprudence aurait été d'autant plus grossière que les autres évangélistes n'en avaient pas parlé. Il faudrait donc toujours supposer que saint Jean a été, d'un côté, un fourbe très-adroit, capable de forger la narration la plus propre à en imposer ; de l'autre, un imposteur stupide, qui n'a pas vu le danger auquel il s'exposait de nuire à la cause en voulant la servir. Mais le silence des autres évangélistes est justement ce qui inspire des soupçons à d'autres critiques. Il est évident, disent-ils, qu'en fait de résurrections, ces historiens sont allés en augmentant, et ont voulu enchérir les uns sur les autres : saint Matthieu et saint Marc n'avaient parlé que de la résurrection de la fille de Jaïre, qui venait seulement d'expirer ; saint Luc y ajoute le fils de la veuve de Naïm que l'on portait en terre ; cela était plus admirable : saint Jean, pour amplifier, raconte la résurrection de *Lazare*, mort depuis quatre jours, enterré et déjà infect. Cette progression de merveilleux sent la fable et le dessein d'en imposer. Aucun écrivain juif n'a parlé de ce miracle, et il n'en est fait mention dans aucun monument public.

Nous soutenons qu'il n'est pas vrai que saint Jean cherche à augmenter le merveilleux des miracles de Jésus-Christ, puisqu'il a passé sous silence non-seulement les deux premières résurrections rapportées par les autres évangélistes, mais encore la transfiguration de Jésus-Christ, de laquelle il avait été témoin oculaire. Ce prodige était pour le moins aussi capable d'exciter l'admiration que la résurrection de *Lazare*. En lisant son Évangile, on voit que son dessein était principalement de rapporter les discours et les actions de Jésus-Christ dont il n'était pas fait mention dans les autres évangélistes ; c'est pour cela qu'il est le seul qui raconte le miracle des noces de Cana. Mais il déclare à la fin de son Evangile que Jésus a fait beaucoup d'autres miracles qu'il ne rapporte point ; et le récit de Quadratus prouve qu'en effet Jésus avait encore ressuscité d'autres morts que ceux dont parlent les évangélistes. Il est évident qu'aucun des quatre ne s'est proposé de faire une histoire complète des miracles, des discours, des actions de Jésus-Christ ; les trois premiers n'ont presque rien dit de ce qu'il a fait depuis la fête des Tabernacles, au mois d'octobre, jusqu'à la pâque suivante, et c'est dans cet intervalle de temps qu'il ressuscita *Lazare*.

Dans les *Sepher Tholdoth Jesu*, les Juifs ont avoué qu'il a ressuscité des morts ; n'est-ce pas assez que cet aveu général de leur part. C'est une absurdité d'exiger qu'ils aient écrit ces miracles en détail ; par là ils auraient rendu leur incrédulité plus inexcusable, et se seraient couverts d'ignominie. Mais les ennemis du christianisme ne craignent point de se rendre aussi ridicules que les Juifs ; parce que l'historien Josèphe leur semble avoir parlé trop clairement des miracles et de la résurrection de Jésus-Christ, ils rejettent son témoignage comme supposé ; cet aveu, disent-ils, est trop formel pour un Juif : lorsqu'on leur en allègue d'autres qui ne sont pas aussi exprès, ils n'en font point de cas ; ils disent : Cela n'est pas assez formel. Comment faudrait-il donc que les aveux des Juifs fussent conçus pour les convaincre ? Il aurait fallu, disent-ils, que les Juifs, prétendus témoins de la résurrection, eussent vu *Lazare* malade, mort, embaumé, qu'ils eussent senti l'odeur de sa corruption, enfin qu'ils eussent conversé avec lui depuis sa sortie du tombeau. Qui leur a dit que cela n'est pas arrivé ? L'Evangile nous donne lieu de présumer tout ce qu'ils exigent. En effet, les Juifs, venus de Jérusalem à Béthanie pour consoler Marthe et Marie, étaient les amis de *Lazare* ; ils l'avaient donc vu malade, et ils avaient assisté à ses funérailles, puisque Béthanie n'était qu'à une demi-lieue de Jérusalem. Lorsque Jésus fit ouvrir le tombeau en leur présence, ils virent *Lazare* mort et embaumé ; ils purent donc respirer l'odeur de sa corruption. Ils le virent sortir du tombeau à la voix de Jésus, et ils purent converser avec lui à ce moment même : quelques-uns d'entre eux allèrent raconter aux chefs de la nation ces faits dont ils avaient été témoins.

Quand nous aurions leur propre témoignage par écrit, de quoi nous servirait-il contre les incrédules? Ou ces témoins ont cru en Jésus-Christ, ou ils n'y ont pas cru : s'ils y ont cru, leur témoignage devient suspect comme celui des apôtres, qui sont eux-mêmes des juifs convertis; s'ils n'y ont pas cru, l'argument ordinaire des incrédules reviendra sur la scène : il est impossible, diront nos adversaires, que des hommes raisonnables aient vu un pareil miracle sans croire en Jésus-Christ. Déjà ils nous opposent ce raisonnement : si ce miracle, disent-ils, eût été incontestable, il n'est pas possible que les Juifs eussent poussé la rage jusqu'à vouloir mettre à mort *Lazare* aussi bien que Jésus, afin d'arrêter les suites de ce prodige; il est plus naturel de croire qu'ils les reconnurent tous deux coupables d'imposture.

Tel est l'entêtement de nos adversaires; ils aiment mieux penser que Jésus, ses disciples, *Lazare*, ses sœurs, ses domestiques, ses amis, ont été tous à la fois des fourbes et des insensés, qui trompaient sans motif et au péril de leur vie, que d'avouer que les Juifs étaient des forcenés. Mais ils sont peints comme tels par Josèphe lui-même; la conduite qu'ils ont tenue après la résurrection de Jésus-Christ le démontre, et depuis dix-sept cents ans leur postérité porte encore ce caractère. La conduite de Jésus et de ses disciples est-elle marquée au même coin? L'opiniâtreté même des incrédules nous fait voir jusqu'où les Juifs ont pu la pousser, et ce que produit la passion sur les esprits qui s'y sont une fois livrés.

LAZARISTES. C'est le nom que l'on donne vulgairement aux prêtres de la congrégation de la Mission, parce qu'ils occupent à Paris la maison de Saint-Lazare. Cette congrégation a été instituée par saint Vincent de Paul, en 1617, et confirmée par les papes Alexandre VII et Clément X. Leur destination est de travailler à l'instruction des peuples de la campagne et à l'administration des paroisses, de former les jeunes ecclésiastiques aux fonctions de leur état, de faire des missions dans les pays infidèles, de s'employer au secours et au rachat des esclaves sur les côtes de Barbarie. L'utilité de leurs travaux a fait promptement multiplier cet institut dans les divers états de l'Europe; ils sont actuellement chargés des missions que les jésuites avaient établies dans les échelles du Levant, ainsi qu'à Pékin et à Goa.

LEÇON, manière de lire. Dans la Bible, dans les écrits des Pères et des auteurs ecclésiastiques, les différentes *leçons* ou variantes sont les termes différents dans lesquels le texte d'un même auteur est rendu dans les différents manuscrits anciens : cette diversité vient pour l'ordinaire de l'altération que le temps y a causée, ou de l'inattention des copistes.

Les versions de l'Ecriture portent souvent des *leçons* différentes du texte hébreu, et les divers manuscrits de ces versions présentent souvent des *leçons* différentes entre elles. La grande affaire des critiques et des éditeurs est de déterminer laquelle de plusieurs *leçons* est la meilleure; ce qui se fait en confrontant les différentes *leçons* de plusieurs manuscrits ou imprimés, et en préférant celle qui fait un sens plus conforme à ce qu'il paraît que l'auteur a voulu dire, ou qui se trouve dans les manuscrits ou les imprimés les plus corrects. *Voy.* VARIANTES.

LEÇON, ce qui doit être lu. En termes de bréviaire, ce sont des morceaux détachés, soit de l'Ecriture sainte, soit des Pères, ou des auteurs ecclésiastiques, qu'on lit à matines. Il y a des matines à neuf *leçons*, d'autres à trois *leçons* : les capitules sont des *leçons* abrégées. On appelle aussi *leçons de théologie*, ce qu'un professeur de cette science enseigne à ses écoliers, et chaque séance qu'il emploie à cette fonction. Enfin, *leçon* signifie quelquefois instruction; dans ce sens, nous disons que l'Evangile nous donne d'excellentes *leçons*.

LECTEUR, clerc revêtu de l'un des quatre ordres mineurs. Les *lecteurs* étaient anciennement de jeunes enfants que l'on élevait pour les faire entrer dans le clergé; ils servaient de secrétaires aux évêques et aux prêtres, et s'instruisaient ainsi en lisant et en écrivant sous eux; conséquemment on choisissait ceux qui paraissaient les plus propres à l'étude, et qui pouvaient être dans la suite élevés au sacerdoce : plusieurs cependant demeuraient *lecteurs* toute leur vie. La plupart des savants pensent que la fonction des *lecteurs* n'a été établie qu'au III$^e$ siècle, et que Tertullien est le premier qui en ait parlé. Pour prouver que cet ordre est plus ancien, le père Ménard a cité la lettre de saint Ignace aux fidèles d'Antioche, c. 12. Mais cette lettre est supposée. La fonction des *lecteurs* a toujours été nécessaire dans l'Eglise, puisque l'on y a toujours lu les Ecritures de l'Ancien et du Nouveau Testament, soit à la messe, soit à l'office de la nuit. On y lisait aussi les actes des martyrs, les lettres des autres évêques, ensuite les homélies des Pères, comme on le fait encore; il était naturel de préférer pour cette fonction des hommes qui avaient une voix plus sonore, un organe plus agréable, une prononciation plus nette que les autres. Bingham, *Orig. ecclés.*, l. III, c. 5, tom. II, pag. 29, observe que dans l'Eglise d'Alexandrie l'on permettait aux laïques, même aux catéchumènes, de lire l'Ecriture sainte en public, mais qu'il ne paraît pas que cette permission ait eu lieu dans les autres églises; il pense que tantôt les diacres, tantôt les prêtres, et quelquefois les évêques, s'acquittaient de cette fonction : cela peut être mais il n'est pas prouvé qu'elle ait été interdite à ceux des laïques qui en étaient capables.

Les *lecteurs* étaient chargés de la garde des livres sacrés, ce qui les exposait beaucoup à être inquiétés pendant les persécutions. La formule de leur ordination marque qu'ils doivent lire pour celui qui prêche, chanter les leçons, bénir le pain et les fruits nouveaux. L'évêque les exhorte à lire fidèlement et à pratiquer ce qu'ils lisent, et les met au rang de ceux qui administrent la parole de Dieu. Comme il leur appartenait de lire l'épître et l'évangile, saint Cyprien jugeait que cette fonction ne convenait mieux à personne qu'aux confesseurs qui avaient souffert pour la foi (*Epist.* 33 et 34), puisqu'ils avaient confirmé par leur exemple les vérités qu'ils lisaient au peuple.

Dans l'Eglise grecque, les *lecteurs* étaient ordonnés par l'imposition des mains, mais cette cérémonie n'avait pas lieu pour eux dans l'Eglise latine. Le quatrième concile de Carthage ordonne que l'évêque mettra la Bible entre les mains du *lecteur* en présence du peuple, en lui disant : *Recevez ce livre, et soyez lecteur de la parole de Dieu ; si vous remplissez fidèlement votre emploi, vous aurez part avec ceux qui administrent la parole de Dieu.* Voy. le *Sacram. de S. Grég.*, p. 233, et les *Notes du P. Ménard*, pag. 274 et suiv.

Les personnes de la plus haute considération se faisaient honneur de remplir cette fonction, témoin l'empereur Julien et son frère Gallus, qui pendant leur jeunesse, furent ordonnés *lecteurs* dans l'église de Nicomédie. Par la novelle 123 de Justinien, il fut défendu de prendre pour *lecteurs* des jeunes gens au-dessous de dix-huit ans ; mais avant ce règlement l'on avait vu cet emploi rempli par des enfants de sept à huit ans, que leurs parents destinaient de bonne heure à l'Eglise, afin que par une étude continuelle ils se rendissent capables des fonctions les plus difficiles du saint ministère.

Il paraît, par le concile de Chalcédoine, qu'il y avait dans quelques églises un *archilecteur*, comme il y a eu un archiacolyte, un archidiacre, un archiprêtre, etc. Le septième concile général permet aux abbés qui sont prêtres et qui ont été bénis par l'évêque, d'imposer les mains à quelques-uns de leurs religieux pour les faire *lecteurs*.

LECTICAIRES, clercs qui dans l'Eglise grecque étaient chargés de porter les corps morts sur un brancard nommé *lectum* ou *lectica*, et de les enterrer ; on les nommait aussi *copiates* et *doyens*. Voy. Funérailles.

\* LECTURE DE L'ÉCRITURE SAINTE. Il s'est élevé entre les catholiques et les protestants une grande controverse sur la nécessité et l'utilité de la lecture de l'Ecriture sainte.

Observons, avant d'entrer en matière, que nous ne prétendons pas mettre en question s'il est utile aux pasteurs de lire et d'étudier profondément l'Ecriture sainte ; personne ne peut en douter, surtout que maintenant nos livres saints sont l'objet de tant de violentes attaques. Il ne s'agit donc que des simples fidèles, et c'est d'eux seuls que l'on demande si la lecture de l'Ecriture sainte leur est nécessaire ou si l'on peut même dire qu'elle leur soit toujours utile.

Les protestants prétendent que cette lecture est nécessaire à tous les fidèles, et cette doctrine est étroitement liée à leur principe de l'examen privé, puisque si l'on refuse de former sa foi sur celle de l'Eglise, il devient nécessaire à chaque particulier de la former par le témoignage de l'Esprit saint qui l'éclaire dans la lecture des livres saints, et lui donne l'intelligence au moins des articles fondamentaux. Une conséquence nécessaire de cette opinion est qu'aucune autorité ne peut interdire à qui que ce soit la lecture des livres saints ; mais que l'on doit au contraire faciliter à chacun les moyens de les lire en les traduisant en langue vulgaire, et en les répandant parmi le peuple. Les protestants d'aujourd'hui mettent ce système en pratique pour l'établissement des sociétés bibliques destinées à répandre avec profusion l'Ecriture sainte en langue vulgaire. Nous dirons un mot de ces sociétés qui se sont introduites même chez les catholiques.

Cette doctrine des protestants a été adoptée par le Père Quesnel et par les jansénistes, qui ont enseigné que la lecture de l'Ecriture sainte était nécessaire en tout temps et en tout lieu et à toute sorte de personnes, et que l'interdire à quelqu'un, c'était lui faire souffrir une sorte d'excommunication. Ce sentiment du Père Quesnel a été condamné dans la constitution *Unigenitus* (Voy. les propositions 79, 80, 81, 82, 83, 84, 85). Voici deux de ces propositions condamnées dans le Père Quesnel : *Lectio sacræ Scripturæ est pro omnibus.... Utile et necessarium et omni tempore, omni loco, est omni personarum generi studere et cognoscere spiritum, pietatem et mysteria Scripturæ sacræ.*

Les théologiens catholiques enseignent que la lecture de l'Ecriture sainte, quelque utile qu'elle soit en elle-même, ne doit être ni conseillée, ni interdite indistinctement à tout le monde, et qu'on ne peut prescrire à ce sujet sans avoir égard aux personnes, aux temps et aux lieux ; parce que cette lecture utile à ceux qui sont bien disposés, devient dangereuse pour certaines personnes, dans certaines circonstances, etc.

Nous établissons les assertions suivantes :

La lecture de l'Ecriture sainte n'est pas nécessaire à tous les fidèles, ni toujours utile ; car cette lecture ne pourrait être nécessaire, ou qu'autant qu'elle serait un moyen sans lequel on ne pourrait remplir les conditions essentielles au salut, ou qu'autant qu'il existerait une loi qui en fît un précepte : *necessitate medii aut necessitate præcepti*, comme disent les théologiens. Or la lecture de l'Ecriture sainte n'est nécessaire aux simples fidèles d'aucune de ces deux manières.

1° Il est certain qu'elle n'est pas nécessaire d'une nécessité de moyen ; en effet, si elle l'était, ce serait, comme l'ont dit les protestants, pour acquérir les connaissances des articles de foi nécessaires au salut ; ou cette lecture est nulle, car les fidèles peuvent, sans cette lecture, acquérir les connaissances nécessaires au salut ; en écoutant les instructions de leurs pasteurs ; donc, etc. De plus, on peut citer, même dans la primitive Eglise, plusieurs exemples qui prouvent invinciblement que la lecture de l'Ecriture sainte n'est pas nécessaire aux fidèles, *necessitate medii*. C'est ainsi que saint Jean l'Evangéliste forma, selon Eusèbe, un grand nombre de disciples sans le secours de l'Ecriture sainte. Saint Irénée nous apprend que de son temps il y avait plusieurs nations qui avaient embrassé le christianisme sans le secours de l'Ecriture : *qui sine atramento et litteris Christum profitebantur*. Saint Augustin nous représente de même les solitaires de son temps. Il serait facile de citer un grand nombre de textes qui prouveraient que l'antiquité était loin de penser comme les protestants ; car si les apôtres eussent pensé que la lecture de l'Ecriture sainte eût été nécessaire de nécessité de moyen, comment n'araient-ils pas fait traduire dans les langues vulgaires ?

2° La lecture de l'Ecriture sainte n'est pas nécessaire, *necessitate præcepti*. En effet, 1° on ne prouvera jamais qu'il y ait un précepte divin ou ecclésiastique, obligeant les simples fidèles à lire l'Ecriture sainte. 2° Il est absurde de croire qu'il y ait un précepte de faire une chose qui peut devenir nuisible ; or, ce précepte supposé par les adversaires serait nuisible. Dès les temps apostoliques, saint Pierre nous apprend qu'il y avait des esprits légers et ignorants, qui abusaient de l'épître de saint Paul et de l'Ecriture pour la perte de leurs âmes : *qui indocti et instabiles depravant sicut et cæteras scripturas ad suam ipsorum perniciem* (II Petr. III, 16).

Dans les siècles postérieurs, les peuples n'ayant pas conservé le respect envers les pasteurs, la lecture des livres saints devint fort dangereuse.

Une décrétale d'Innocent III, donnée en 1199, nous apprend que la lecture que les laïques faisaient de l'Ecriture sainte produisait le plus grand abus dans le diocèse de Metz, et donnait occasion de mépriser le clergé et de contredire les décisions de l'Eglise, sous prétexte qu'elles n'étaient pas conformes à l'Ecriture. C'est aussi ce que faisaient les Vaudois qui parurent vers la même époque. Mais la réforme du XVIe siècle mit le comble à ces abus, en répandant avec profusion des versions en langue vulgaire des livres saints ; ce qui causa la perversion d'un nombre infini de gens ignorants, qui, incapables de comprendre par eux-mêmes l'Ecriture, s'imaginaient y trouver tout ce que les réformateurs voulaient leur faire voir. Tous ces faits prouvent que la lecture de l'Ecriture sainte ne doit pas être permise indifféremment à toutes sortes de personnes, et qu'elle peut être très-dangereuse. Quels bons effets, par exemple, peut produire sur les gens simples la lecture du Cantique des cantiques, etc. Ne peut-on pas craindre qu'on abuse de quelques textes obscurs pour tomber dans l'hérésie ? Il est donc absurde de supposer que tous les fidèles soient obligés de lire l'Ecriture sainte ; ainsi, c'est avec raison que la doctrine de nos adversaires a été condamnée dans la 4e règle de l'*Index* et dans la bulle *Dominici gregis*.

La principale objection qu'on propose contre l'assertion précédente, se tire de plusieurs textes des SS. PP. que M. Dupin rassemble avec tant de complaisance, qu'on pourrait croire qu'il partage l'erreur des jansénistes.

Pour répondre à tous ces textes, il suffit de remarquer la différence immense qui se trouve entre le temps où vivaient ces Pères et le nôtre. Les saints Pères parlaient à des personnes instruites, dociles, qui reconnaissaient la voix des pasteurs. La lecture de l'Ecriture sainte leur pouvait être fort utile, tandis qu'elle serait fort nuisible à ceux auxquels le Père Quesnel a appris que les premiers pasteurs persécutent la vérité. Au reste, il faut remarquer que l'Eglise n'a jamais défendu aux laïques la lecture des textes originaux et des anciennes versions. Si l'on demande pourquoi la même écriture peut être lue dans une langue et non dans une autre, nous répondrons que la lecture des textes et des anciennes versions suppose un lecteur instruit et par conséquent moins exposé à la perversion ; tandis que celle des versions en langue vulgaire peut être faite par le premier ignorant venu. En France, il n'y a aucune défense de lire les versions en langue vulgaire faites par des auteurs catholiques, et qui ont l'approbation de l'ordinaire. Dans le pays où la 4e règle de l'*Index* est reçue, il faut de plus la permission de son confesseur ; et il est certain qu'en France, même les personnes peu instruites ne doivent pas faire cette lecture sans la permission de leur confesseur, non en vertu de la 4e règle de l'*Index* qui n'est pas reçue chez nous, mais parce que le droit naturel défend une lecture qui peut être nuisible.

D'après tout ce que nous venons de dire, il est facile de voir ce qu'on doit penser des sociétés bibliques. Ces sociétés ont pour effet de répandre chez les différents peuples des versions de l'Ecriture en langue vulgaire, et elles ont travaillé avec tant d'ardeur à remplir ce but, que celle de Londres, la principale de toutes, a distribué, depuis 1804, époque de son établissement, jusqu'en 1817, 1,557,973 exemplaires de l'Ecriture en différentes langues vulgaires. Un grand nombre d'autres sociétés se sont formées à l'instar de la société anglaise, et il y en a maintenant en Hollande, en Prusse, en Allemagne, en Pologne, en Suisse, et même à Paris. Il est facile de juger de ces entreprises d'après les principes que nous venons d'établir : puisque l'Ecriture sainte n'est pas utile à tous, et qu'elle demande certaines conditions pour être profitable, il s'ensuit qu'on ne doit pas la mettre indistinctement entre les mains de tous. Ce livre étant obscur demande de la foi et de la soumission ; autrement il occasionnera bien des erreurs et des extravagances : d'ailleurs, il doit être interprété d'après la tradition et non d'après le sens particulier de chacun, et par conséquent, il doit égarer la plupart de ceux entre les mains desquels la société biblique le met, puisque la plupart d'entre eux n'ont d'autre secours que leur sens privé pour interpréter l'Ecriture. C'est donc avec raison que Pie VII a désapprouvé ces établissements dans son bref adressé à l'archevêque de Gnesnes, primat de Pologne, ainsi que Léon XII, dans sa lettre encyclique rapportée dans l'*Ami de la Religion* du 2 juillet 1825. Plusieurs membres de l'Eglise anglicane se sont même élevés contre ces sociétés. On peut voir leur témoignage dans l'ouvrage de M. Weix, ministre anglican, qui les regarde comme tout à fait contraires aux vrais intérêts de l'Evangile.

**LECTURES DE BOYLE.** Suite de discours publics fondés en Angleterre par Robert Boyle, en 1691, dans le dessein de prouver la religion chrétienne contre les infidèles et les incrédules, et de répondre aux objections de ces derniers, sans entrer dans aucune des controverses et des disputes qui divisent les chrétiens. Ces discours ont été recueillis en anglais par extraits en 3 vol. *in-fol.*, et traduits en français sous le titre de *Défense de la religion, tant naturelle que révélée*, etc., en 6 vol. *in-12*.

Il est fâcheux, sans doute, qu'une pareille fondation ait été nécessaire en Angleterre, et que notre nation même ait eu besoin de recevoir des remèdes contre la vapeur pestilentielle de l'incrédulité qui nous a été communiquée par les Anglais. Mais nous ne devons pas être moins reconnaissants envers ceux qui ont travaillé à guérir cette maladie et à en arrêter les progrès. Si les incrédules français avaient été aussi exacts à lire ce qui a été écrit en faveur de la religion chez nos voisins, que ce qui a été fait contre elle, ils auraient peut-être rougi de copier des impostures et des sophismes qui avaient été complètement réfutés dans la langue même dans laquelle ils avaient paru d'abord, et ils auraient été moins hardis à nous donner comme nouvelles des objections très-connues de tous les théologiens instruits.

Pour connaître les écrivains anglais qui ont attaqué la religion et ceux qui l'ont défendue, il faut consulter l'ouvrage de Jean Leland, intitulé : *Views of the Deistical Writers*, etc., ou *Tableau des Ecrivains qui ont professé le déisme en Angleterre*, en 3 vol. in-8°. Cet auteur donne une notice exacte de leurs livres, et de ceux que l'on a composés contre eux ; il en fait l'extrait ; il expose les principes et les paradoxes des incrédules, et les réfute sommairement. La plupart des réfutations qu'il nous fait connaître ont été traduites en français ; l'ouvrage même dont nous parlons l'aurait été, s'il y avait plus d'ordre et de méthode ; mais il aurait besoin d'être entièrement refondu. Il faut que dans ce combat l'avantage soit demeuré aux apologistes du christianisme, puisque ses ennemis ont été réduits au silence et n'ont pas osé répliquer ; ce n'est pas par crainte, puisque la liberté de la presse est très-observée en Angleterre ; c'est donc par impuissance. Il en sera de même de ceux qui ont parlé si haut parmi nous, et qui se sont fait une réputation en copiant servilement les Anglais ; leurs plagiats, mis au grand jour, suffisent déjà pour les couvrir d'opprobre. *Voy.* INCRÉDULES.

LÉGENDAIRE, écrivain des légendes ou des vies des saints. Le premier *légendaire* grec que l'on connaît est Siméon Métaphraste, qui vivait au x° siècle, et le premier *légendaire* latin est Jacques de Varase, plus connu sous le nom de Jacques de Voragine, qui mourut archevêque de Gênes, en 1298, âgé de 96 ans.

La vie des saints par Métaphraste, pour chaque jour du mois et de l'année, n'est point une fiction de son cerveau, comme le prétendent quelques critiques mal instruits ; cet auteur avait sous les yeux des monuments qui ne subsistent plus ; mais il ne s'est pas borné à en rapporter fidèlement les faits, il a voulu les broder et les embellir. On peut s'en convaincre, en comparant les actes originaux du martyre de saint Ignace et quelques autres avec la paraphrase que Métaphraste en a faite.

Jacques de Varase est auteur de la fameuse *Légende dorée*, qui fut reçue avec tant d'applaudissement dans les siècles d'ignorance, et que la renaissance des lettres fit souverainement dédaigner. *Voy.* ce qu'en pensent Melchior Cano, dans ses *Lieux théologiques*, Wicélius et Baillet.

Les ouvrages de Métaphraste et de Varase ne pèchent pas seulement du côté de l'invention, de la critique et du discernement, mais ils sont remplis de contes puérils et ridicules ; quelques autres écrivains les ont imités dans les bas siècles, et n'ont pas été plus judicieux. Quels qu'aient été leurs motifs, on ne peut pas les excuser ; la religion n'approuve aucune espèce de mensonge ; une piété fondée sur des fables ne peut pas être solide. Les Pères de l'Eglise ont formellement réprouvé toutes les fraudes pieuses, toutes les fictions forgées pour se conformer au mauvais goût des lecteurs. Mais dans les siècles de ténèbres l'on ne lisait plus les Pères de l'Eglise ; et l'on n'avait que trop oublié leurs leçons.

Quoique le mépris que l'on a eu pour les *légendaires* dont nous parlons ait été très-bien fondé, il a eu cependant des suites fâcheuses. A force de rejeter de fausses pièces, on a contracté le goût d'une critique chagrine et pointilleuse, hardie, mais souvent téméraire, qui a refusé toute croyance à des actes dont l'authenticité et la vérité ont été ensuite reconnues et prouvées. Les protestants surtout ont donné dans cet excès, et quelques-uns même de nos écrivains ne s'en sont pas assez préservés. *Voy.* CRITIQUE.

LÉGENDE, vie du martyr ou du saint dont on faisait l'office, ainsi nommée, parce qu'on devait la lire, *legenda erat*, dans les leçons de matines et dans le réfectoire d'une communauté.

Augustin Valério, évêque de Vérone et cardinal, qui florissait dans le siècle passé, a découvert l'une des sources d'où sont venues les fausses *légendes*. Dans son ouvrage intitulé, *de Rhetorica christiana*, traduit en français, et imprimé à Paris en 1758, in-12, il a remarqué que l'on avait coutume dans les monastères d'exercer les jeunes religieux par des amplifications latines qu'on leur donnait à composer sur le martyre d'un saint ; ce travail leur laissait la liberté de faire agir et parler les tyrans et les saints persécutés, dans le goût et de la manière qui leur paraissait vraisemblable, et leur donnait lieu de composer sur ce sujet une espèce d'histoire remplie d'ornements de pure invention. Quoique ces sortes de pièces ne fussent pas d'un grand mérite, celles qui paraissaient les plus ingénieuses et les mieux faites furent mises à part. Longtemps après, elles se sont trouvées avec les manuscrits dans les bibliothèques des monastères ; et comme il était difficile de distinguer ces jeux d'esprit d'avec de véritables histoires, on les a pris pour des actes authentiques, dignes de la croyance des fidèles. Cette source d'erreur, dans son origine, a été très-innocente. Il n'en est pas de même de l'infidélité réfléchie de Siméon Métaphraste, qui, de propos délibéré, a rempli les vies des saints de plusieurs faits imaginaires et de circonstances romanesques ; il ne peut avoir eu d'autres motifs que de se conformer au goût des grecs, pour le merveilleux vrai ou faux. Bellarmin dit nettement que Métaphraste a écrit quelques-unes de ses vies, non de la manière dont les choses ont été, mais telles qu'elles ont pu être.

Cette liberté d'embellir les faits s'était autrefois glissée jusque dans la traduction de quelques livres de l'Ecriture. Saint Jérôme, dans sa préface sur le livre d'Esther, nous apprend que la version vulgate de ce livre qui se lisait de son temps était remplie de ces sortes d'additions.

Mais l'Eglise n'oblige personne à croire tout ce qui est contenu dans les *légendes* ; on retranche aujourd'hui des bréviaires tout ce qui peut paraître douteux ou suspect ; l'on a recherché avec le plus grand soin les titres et les monuments originaux et authentiques, afin de supprimer tout ce qu'un zèle mal entendu et une crédulité imprudente avaient fait adopter trop légèrement. Le travail immense et éclairé des bollandistes a contribué beaucoup à cette sage réforme. *Voy.* BOLLANDISTES.

LÉGION FULMINANTE. On lit dans Eusèbe, *Hist. ecclés.*, l. v, c. 5, et dans d'autres écrivains ecclésiastiques, que Marc-Aurèle, dans un guerre contre les Quades qui habitaient au delà du Danube, se trouva tout à coup environné avec son armée par ces Barbares; que ses soldats, tourmentés de la soif, allaient succomber et auraient péri, s'il n'était survenu un orage qui fournit aux Romains de quoi se désaltérer, et lança la foudre sur l'armée ennemie. Ces mêmes auteurs ajoutent que ce prodige fut l'effet des prières des soldats chrétiens; que Marc-Aurèle l'attesta ainsi lui-même dans une lettre qu'il écrivit au sénat; qu'en témoignage du fait il donna à la légion mélitine, composée de soldats chrétiens, le nom de *légion fulminante* ou foudroyante. Le même fait est rapporté, quant à la substance, non-seulement par saint Apollinaire, auteur contemporain, par Tertullien, par Eusèbe, par saint Jérôme et par saint Grégoire de Nysse, écrivains chrétiens, mais par Dion Cassius, par Jules Capitolin, par le poëte Claudien, et par Thémistius, auteurs païens. Il est attesté d'ailleurs par le bas-relief de la colonne d'Antonin qui subsiste encore, où l'on voit la figure de Jupiter pluvieux, qui d'un côté fait tomber la pluie sur les soldats romains, et de l'autre lance la foudre sur leurs ennemis. Cet événement fut constamment regardé comme un miracle; mais au lieu que les chrétiens l'attribuèrent aux prières des soldats de leur religion, les païens en firent honneur, les uns à quelques magiciens qui étaient dans l'armée de Marc-Aurèle, les autres à ce prince lui-même, et à la protection que les dieux lui accordaient.

La question de savoir ce qu'en a pensé cet empereur, et s'il a véritablement reconnu que c'était un effet de la prière des chrétiens qui étaient dans son armée. Or, Tertullien cite la lettre que Marc-Aurèle en écrivit au sénat, et la manière dont il en parle témoigne qu'il l'avait vue. Saint Jérôme, traduisant la chronique d'Eusèbe, dit positivement que cette lettre existait encore. Tertullien ajoute pour preuve la défense que fit ce prince, sous peine de mort, d'accuser les chrétiens, et de les tourmenter pour leur religion. Il faut donc que dans cette lettre Marc-Aurèle leur ait attribué le prodige en question, autrement elle n'aurait servi de rien pour prouver que c'avait été un effet de leurs prières. Nous convenons que la lettre authentique et originale de cet empereur ne subsiste plus; celle que l'on trouve à la suite de la première apologie de saint Justin, n. 74, est une pièce supposée; elle n'a été faite qu'après le règne de Justinien; mais, loin de rien prouver contre l'existence de la vraie lettre, elle la suppose plutôt: l'auteur qui l'a forgée a cru pouvoir suppléer de génie à celle qui était perdue; il a eu tort, et il a mal réussi: elle est évidemment différente de celle dont parlent Tertullien et saint Jérôme.

On objecte que le nom de *légion fulminante* avait été déjà donné, avant le règne de Marc-Aurèle, à la légion mélitine, ou du moins à une autre; cela peut être, quoique ce fait ne soit pas trop bien prouvé: il s'ensuivrait seulement que l'empereur confirma ce nom à la légion mélitine, en témoignage du prodige dont nous parlons. C'est un événement certain, puisqu'il est rapporté par plusieurs auteurs contemporains qui avaient des intérêts et des opinions très-opposés, et qu'il est attesté par un monument érigé dans le temps même. On ne peut pas soupçonner un empereur philosophe, tel que Marc-Aurèle, de l'avoir forgé, ou d'y avoir supposé un faux merveilleux; toute son armée en avait été témoin et pouvait en juger. Est-ce le hasard qui a servi si à propos l'armée romaine? Personne ne l'a imaginé pour lors. Attribuer ce prodige à des magiciens ou aux dieux du paganisme, c'est une absurdité. Il faut donc que les chrétiens aient été bien fondés à s'en faire honneur. *Voy.* Tillemont, *Hist. des Emp.*, tom. II, p. 369 et suiv.

Plusieurs savants critiques, surtout parmi les protestants, ont disputé pour savoir si cet événement a été miraculeux, ou si on doit l'attribuer aux causes naturelles. Daniel de Larroque, protestant converti, a fait une dissertation pour soutenir ce dernier sentiment; Herman Witsius en a fait une autre pour le réfuter. Moyle, savant anglais, a été dans la même opinion que Larroque; Pierre King, chancelier d'Angleterre, a écrit contre lui. Mosheim a traduit en latin et comparé les lettres de ces deux auteurs, dans son ouvrage intitulé: *Syntagma Dissert. ad sanctiores disciplinas pertinentium*, p. 639, et il a donné le précis de cette dispute, *Hist. christ.*, sæc. 2, § 17. Il embrasse le parti de Larroque et de Moyle, il conclut que la pluie mêlée de foudres, à laquelle l'armée de Marc-Aurèle dut son salut, fut un phénomène naturel, et il réfute les raisons pour lesquelles on a voulu prouver que c'avait été l'effet de la prière des soldats chrétiens. Il n'a fait que suivre la route que Le Clerc lui avait tracée, *Hist. ecclés.*, an. 174, § 1 et suivants.

1° Il soutient, malgré le récit d'Apollinaire rapporté par Eusèbe, *Hist. ecclés.*, l. v, c. 5, qu'il n'y eut jamais dans l'armée romaine une légion composée tout entière de chrétiens. Mais Apollinaire ne dit point que la *légion fulminante* ait été ainsi composée; son récit suppose seulement qu'elle était remarquable par le grand nombre de chrétiens qui s'y trouvaient; il n'en a pas fallu davantage pour lui attribuer principalement le prodige dont nous parlons, quoiqu'il y ait eu dans l'armée d'autres chrétiens que ceux-là. — 2° Il est faux, dit-il, que Marc-Aurèle ait attribué aux prières des chrétiens le prodige de sa délivrance, et qu'en témoignage de ce bienfait il ait donné à la légion mélitine le nom de *légion fulminante;* elle portait ce nom longtemps avant le règne de Marc-Aurèle; et ce prince, par la colonne antonine, a témoigné qu'il en était redevable à Jupiter pluvieux : une de ses médailles attribue ce prodige à Mercure. On peut répondre qu'en érigeant un monument public, cet empereur n'a pas pu se dispenser de le rendre conforme au préjugé du paganisme, quoiqu'il fût intérieurement convaincu que les prières des chrétiens étaient la véritable cause de ce qui était arrivé, et qu'il l'eût ainsi déclaré dans un rescrit. Quand il serait vrai que la religion mélitine était déjà nommée *fulminante* longtemps auparavant, il ne s'ensuivrait pas encore que c'est ce surnom qui a donné lieu de lui attribuer le prodige arrivé sous Marc-Aurèle. — 3° Il est probable, continue Mosheim, que Tertullien, en parlant des *lettres de Marc-Aurèle*, a voulu parler du rescrit d'Antonin le Pieux, père du précédent, aux communautés d'Asie, par lequel il défend de persécuter davantage les chrétiens. Nous soutenons, au contraire, qu'une bévue aussi grossière de la part de Tertullien n'est pas probable, puisqu'il nomme très-distinctement Marc-Aurèle, et que le rescrit de son père ne faisait aucune mention du prodige en question. — 4° L'on dit que ces prétendues *lettres de Marc-Aurèle*, pour faire cesser la persécution, ne s'accordent pas avec l'événement, puisque les chrétiens souffrirent beaucoup sous son règne, et que trois ans après le prodige prétendu, les fidèles de Lyon et de Vienne furent horriblement tourmentés. Il s'ensuit seulement que les ordres des empereurs à ce sujet étaient fort mal exécutés, que la plupart des orages excités contre les chrétiens venaient de la fureur du peuple et de la connivence des magistrats, plutôt que des ordres du prince; c'est de quoi saint Justin se plaignait dans sa seconde Apologie. On sait d'ailleurs que les Antonins manquèrent souvent de fermeté pour réprimer les désordres. — 5° Enfin, Mosheim observe qu'une pluie orageuse mêlée de foudres, survenue à propos, n'est pas un miracle, mais que les orateurs, les poëtes, les écrivains chrétiens, par enthousiasme, ont ajouté à l'événement naturel des circonstances fabuleuses. Il nous paraît que des foudres lancées contre les Barbares, et qui épargnent les Romains, ne sont pas un phénomène naturel. En prêtant l'enthousiasme, l'amour du merveilleux, le goût romanesque, à tous les écrivains, on peut introduire fort aisément le pyrrhonisme historique. Par cette méthode, les protestants ont appris aux incrédules à révoquer en doute et à nier tous les miracles rapportés par les auteurs sacrés.

LÉGION THÉBAINE OU THÉBÉENNE, nom donné à une légion des armées romaines, qui refusa de sacrifier aux idoles, et souffrit le martyre sous les empereurs Dioclétien et Maximien, l'an de Jésus-Christ 302.

Maximien se trouvant à *Octodurum*, bourg des Alpes Cottiennes, dans le Bas-Valais, aujourd'hui nommé *Martinach*, voulut obliger son armée de sacrifier aux fausses divinités. Les soldats de la *légion thébéenne*, tous chrétiens, refusèrent de le faire : ils étaient pour lors à huit milles de là, dans le lieu nommé *Agaunum*, et que l'on appelle à présent Saint-Maurice, du nom du chef de cette légion. L'empereur ordonna de les décimer, sans qu'ils fissent aucune résistance. Un second ordre aussi rigoureux essuya de leur part le même refus; ainsi, ils se laissèrent massacrer sans se prévaloir de leur nombre et de la facilité qu'ils avaient de défendre leur vie à la pointe de leur épée. Incapables de trahir la fidélité qu'ils devaient à Dieu, ni celle qu'ils devaient à l'empereur, ils remportèrent tous la couronne du martyre, au nombre de six mille six cents.

La plupart de nos littérateurs modernes ont décidé que cette histoire est une fable, et ç'a été l'opinion du plus célèbre incrédule de notre siècle. Il a copié les raisons par lesquelles Dubourdieu a combattu ce fait dans une dissertation à ce sujet, et celui-ci a répété ce qu'avait dit Dodwel dans sa dissertation *de Paucitate Martyrum :* on peut y joindre Spanheim, Lesueur, Hottinger, Moyle, Burnet, Mosheim, Basnage, de Bochat, Spreng et d'autres critiques protestants.

Hickes, savant anglais, a réfuté Burnet. Dom Joseph de l'Isle, bénédictin, abbé de Saint-Léopold de Nancy, a écrit contre Dubourdieu, et a soutenu la vérité du martyre de la *légion thébéenne*, en 1737 et 1741. Mosheim, un peu moins prévenu que les autres protestants, convient de la bonté de l'ouvrage de ce religieux, et avoue que la plupart des arguments de ses adversaires ne sont pas sans réplique, *Hist. Christ.*, sæc. 3, § 22, 564; il se borne à douter de la vérité de cette histoire, pour deux raisons. La première est le silence de Lactance dans son livre de la *Mort des Persécuteurs*, où il rapporte les cruautés de Maximien, sans faire mention du massacre de la *légion thébéenne*. Mais si l'on examine avec soin la narration de Lactance, on verra qu'il ne s'est occupé que de ce qui s'est passé dans l'Orient, et de la grande persécution qui commença l'an 303. La seconde raison de Mosheim est qu'il y eut, dans ce même temps, un Maurice, tribun militaire, martyrisé dans la ville d'Apamée en Syrie, avec 70 soldats, par ordre de Maximien : Théodoret en fait mention dans sa *Thérap.*, l. 8. Il n'est pas possible, dit-il, de supposer que les Grecs ont emprunté les martyrs d'Agaune pour les transporter dans l'Orient; il est plus probable qu'un prêtre ou un moine d'Agaune aura voulu adapter à son église ou à son monastère la légende des martyrs d'Apamée. Mais nous allons voir ce soupçon pleinement réfuté par des faits et des monuments incontestables.

En effet, M. de Rivaz, savant né dans le Valais, a démontré que tous ces écrivains protestants étaient fort mal instruits. Dans un ouvrage intitulé : *Eclaircissement sur le martyre de la légion thébéenne*, imprimé à Paris en 1779, il a prouvé la vérité de ce martyre avec une érudition et une solidité qui peuvent servir de modèle dans ces sortes de discussions. Son travail fermerait désormais la bouche à nos critiques plagiaires des protestants, s'ils cherchaient de bonne foi les lumières dont ils ont besoin. — Il démontre 1° l'authenticité des actes de ce martyre, écrits par saint Eucher, évêque de Lyon, l'an 432, et fait voir que ce saint évêque, dont les talents sont connus par ses écrits, était très-bien informé. Il prouve que le culte des martyrs thébéens a commencé dans l'église d'Agaune ou de Saint-Maurice, qui est l'ancien *Tarnade*, dès l'an 351, par conséquent sous les yeux des témoins oculaires, 49 ans après l'événement. Alors les saints martyrs étaient encore amoncelés sur le lieu même où ils avaient été massacrés. — 2° M. de Rivaz montre l'harmonie parfaite qui règne entre ces mêmes actes et les monuments de l'histoire profane. Ce travail, qu'aucun critique n'avait encore entrepris, fait tomber la plupart des objections. Il répond à toutes celles que l'on a faites, et prévient même celles que l'on pourrait faire. — 3° Il donne les fastes exacts du règne des empereurs Dioclétien et Maximien, conciliés avec tous les monuments, surtout avec la date de leurs lois : il éclaircit ainsi la géographie et la chronologie, et cette exactitude répand un jour infini sur l'histoire de ce temps-là.

Contre ces preuves positives et incontestables, qui se prêtent un appui mutuel, de quel poids peuvent être les conjectures frivoles et toujours fausses des protestants et de leurs copistes ? Ceux-ci ont tous affecté de confondre les actes authentiques écrits par saint Eucher, l'an 432 au plus tard, avec la légende composée par un moine d'Agaune, l'an 524. Celui-ci a copié en partie l'écrit de saint Eucher, mais il l'a amplifié, selon la coutume des anciens légendaires ; les objections qui portent contre sa narration n'ont aucune force contre les actes composés par saint Eucher. C'est ce moine, et non l'évêque de Lyon, qui parle de saint Sigismond, mort l'an 523 ; ainsi les prétendues fautes de chronologie que l'on croyait voir dans ces actes sont absolument nulles.

Il est donc faux que les premiers auteurs qui ont parlé des martyrs thébéens, soient Grégoire de Tours et Venance Fortunat, sur la fin du VI° siècle. Il est prouvé, par des faits incontestables, que le culte de ces saints martyrs était répandu dans toutes les Gaules avant la fin du IV° siècle, par conséquent avant qu'il se fût écoulé cent ans depuis leur martyre, et il avait commencé sur le lieu même près de cinquante ans plus tôt. Il est encore plus faux qu'il n'y ait eu dans les armées de l'empire aucune *légion thébéenne*, comme a osé l'avancer le célèbre incrédule dont nous avons parlé : il y en avait cinq de ce nom, selon la notice de l'empire ; et M. de Rivaz distingue très-clairement celle dont il est ici question. Il pousse l'exactitude jusqu'à suivre, jour par jour, la marche de l'armée de Maximien, et montre que le massacre a dû se faire le 22 septembre de l'an 302.

Cet ouvrage qui satisfait pleinement la curiosité de tout lecteur non prévenu, fait voir la différence qu'il y a entre une critique sage, animée par le désir de connaître la vérité, et celle qui n'a pour guide qu'une aveugle prévention contre les dogmes et les pratiques de l'Eglise romaine. Le culte des martyrs d'Agaune, établi quarante-neuf ans après leur mort, et bientôt répandu partout, est un monument contre lequel l'hérésie ni l'incrédulité ne peuvent rien opposer de raisonnable. Le IV° siècle a-t-il été un temps d'ignorance, de ténèbres, de superstitions et d'erreurs ? C'est celui dans lequel ont brillé les plus grandes lumières de l'Eglise. Avait-on conjuré dès lors d'altérer la foi, la doctrine, le culte, les pratiques enseignées par les apôtres ? En Orient comme en Occident, l'on avait pour maxime qu'il ne faut rien innover, mais suivre exactement la tradition : *nihil innovetur, nisi quod traditum est*. Il serait singulier qu'avec cette règle enseignée par les pasteurs, et suivie par les fidèles, la croyance de l'Eglise primitive eût pu changer. *Voy*. MARTYRS.

LÉGISLATEUR. La religion, en général, est-elle un effet de la politique des *législateurs* ? est-ce un frein qu'ils ont imaginé pour retenir les peuples sous le joug des lois, et qui n'existerait pas sans eux ? C'est l'opinion que soutiennent quelques incrédules ; il n'est pas besoin de réflexions profondes pour démontrer la fausseté de cette supposition.

L'on a trouvé des vestiges de religion et un culte plus ou moins grossier chez des nations sauvages qui n'avaient jamais eu de *législateurs*, et qui ne connaissaient aucune loi civile. Les premières idées de la Divinité ne viennent donc pas de ceux qui ont fondé les Etats et les républiques, mais de l'instinct de la nature ; or, tout homme qui connaît un Dieu, sent la nécessité de lui rendre un culte ; jamais une peuplade ou une famille n'a eu la notion d'un Dieu, sans en tirer cette conséquence : les premières idées de la religion sont donc antérieures à toutes les lois.

Tous les peuples qui ont reçu des lois ont conservé le souvenir de celui qui les leur a données : les Chinois citent Fo-Hi ; les Indiens, Bramah ; les Egyptiens, Menès ; les Perses, Zoroastre ; les Grecs, Minos et Cécrops ; les Romains, Numa ; les Scandinaves, Odin ; les Péruviens, Manco-Capac, etc. Y a-t-il un seul de ces peuples qui atteste que celui qui a réuni les premières familles en corps de nation et de société civile, leur a donné aussi les premières notions de la Divinité, et qu'avant cette époque, elles n'adoraient ni ne connaissaient aucun Dieu ? Une peuplade d'athées stupides serait un vrai troupeau d'animaux à deux pieds : nous voudrions savoir comment s'y prendrait un *législateur* pour lui donner, dans cet état, des lois et une forme de religion.

Les *législateurs* ont fondé les lois, non-seulement sur la notion d'un Dieu et d'une providence, mais encore sur les sentiments de bienveillance mutuelle que la nature a donnés aux hommes, sur l'attachement qu'ils contractent dès l'enfance pour leur famille et pour le sol sur lequel ils sont nés, sur le désir de la louange et la crainte du blâme, sur l'amour du bonheur; mais ces sentiments existaient avant eux, ils n'en sont pas les créateurs, et s'ils n'avaient pas trouvé les hommes ainsi disposés par la nature, jamais ils n'auraient pu réussir à les tirer de la barbarie. On ne peut pas plus attribuer aux *législateurs* les premiers principes de religion, que les autres penchants naturels dont nous venons de parler. Pour se faire écouter, la plupart ont été obligés de feindre qu'ils étaient inspirés, instruits et envoyés par la Divinité; un peuple, qui ne connaîtrait point de Dieu, ajouterait-il foi à une mission divine? Nous ne voyons pas, d'ailleurs, quel avantage les incrédules peuvent tirer de leur fausse supposition. Tous les *législateurs*, dans les différentes contrées de l'univers, ont unanimement jugé que la religion est non-seulement utile, mais nécessaire aux hommes; que, sans elle, il n'est pas possible d'établir ni de faire observer des lois : donc c'est la nature, la raison, le bon sens, qui leur ont donné à tous cette persuasion. A-t-il été plus difficile à la nature de mettre cette opinion dans l'esprit de tous les hommes, que de l'inspirer à tous les *législateurs?*

Mais ce n'est pas sur des spéculations qu'il faut se fonder pour savoir quelle a été la première origine de la religion; l'histoire sainte, plus croyable que les philosophes, nous atteste que Dieu n'a pas laissé aux hommes le soin de se faire une religion; il l'a enseignée lui-même à notre premier père, pour que celui-ci la transmît à ses enfants. Dieu a été le premier instituteur aussi bien que le premier *législateur* du genre humain; il a gravé dans les cœurs les sentiments religieux, en même temps que les principes d'équité, de reconnaissance et d'humanité, et il a daigné y ajouter une révélation positive de ce que l'homme devait croire et pratiquer. Une preuve démonstrative de ce fait est la comparaison que nous faisons entre la religion des patriarches et toutes celles qui ont été établies par les *législateurs* des nations. La première montre la divinité de son origine par la vérité de ses dogmes, par la sainteté de sa morale, par la pureté de son culte; au lieu que nous voyons dans toutes les autres l'empreinte des erreurs et des passions humaines. *Voy.* Religion naturelle.

Si, dans l'origine, la religion était l'ouvrage des réflexions, de l'étude, de la politique des *législateurs*, elle aurait suivi, sans doute, la marche des autres connaissances humaines; elle serait devenue meilleure et plus pure, à mesure que les peuples ont fait des progrès dans les sciences, dans les arts, dans la législation; le contraire est arrivé : les nations qui ont paru les mieux civilisées, les Egyptiens, les Indiens, les Chinois, les Chaldéens, les Grecs et les Romains, n'ont pas eu une religion plus sensée ni plus parfaite que les Sauvages; tous ont donné dans le polythéisme et dans l'idolâtrie la plus grossière. Leurs *législateurs* n'ont pas osé y toucher; s'ils en ont réglé la forme extérieure, ils ont laissé le fond tel qu'il était; et lorsque les philosophes sont survenus, ils n'ont eu ni assez de capacité ni assez de pouvoir pour réformer des erreurs déjà invétérées; ils ont été d'avis qu'il fallait suivre la religion établie par les lois, quelque absurde qu'elle pût être.

Enfin, quand on adopterait pour un moment la fausse spéculation des incrédules, il n'y aurait encore rien à gagner pour eux. Les *législateurs* ont été incontestablement les plus sages de tous les hommes, les bienfaiteurs et les amis de l'humanité; tous ont jugé que la religion est d'une nécessité indispensable pour fonder les lois et la société civile. Aujourd'hui quelques dissertateurs, qui n'ont rien fait, rien établi, rien observé d'après nature, prétendent mieux voir et mieux penser que tous les sages de l'univers; ils soutiennent que la religion est une institution pernicieuse, et le plus funeste présent que l'on ait pu faire aux hommes. Qu'ils commencent par fonder un Etat, une république, un gouvernement sans religion, nous pourrons croire alors que celle-ci ne sert à rien. Il y a plus de seize cents ans que Plutarque, dans son traité *contre Colotès*, se moquait déjà de cet entêtement des épicuriens.

L'absurdité de la supposition que nous venons de détruire a forcé la plupart des incrédules de recourir à une hypothèse directement opposée, à prétendre que les premières notions de religion sont nées de l'ignorance et de la stupidité des peuples encore barbares. C'est avouer clairement la vérité que nous soutenons, savoir, que la religion est un sentiment naturel à l'homme, puisqu'il se trouve dans ceux même qui sont les moins capables de réflexion. S'ensuit-il de là que c'est un sentiment faux et mal fondé? Il s'ensuit plutôt que les incrédules, qui voudraient le détruire, luttent contre la nature et contre les premières notions du bon sens. *Voy.* Religion.

A l'article Loi, nous prouverons qu'il est impossible de s'en former une idée juste, ni de lui donner aucune force, à moins que l'on ne commence par supposer un Dieu souverain *législateur*.

LÉON (saint), pape et docteur de l'Eglise, mort l'an 461, a mérité le surnom de *grand* par ses talents et par ses vertus. Il nous reste de lui quatre-vingt-seize sermons et cent quarante et une lettres; on ne doute plus qu'il ne soit aussi l'auteur des deux livres *De la vocation des gentils*. La meilleure édition de ses ouvrages est celle qu'a donnée le père Quesnel, en 2 vol. *in-4°*, imprimée d'abord à Paris en 1675, ensuite à Lyon, in-fol., en 1700, enfin à Rome, en 3 vol. in-fol. Celle-ci est la plus complète. Comme ce saint pape a vécu précisément dans le temps auquel la dureté des expressions desquelles l'Eglise d'Afrique s'était servie en condamnant les pélagiens, faisait de la peine à plusieurs personnes, il s'est appliqué principalement à relever le prix, l'étendue, l'efficacité de la grâce de la rédemption; aucun des Pères n'en a parlé avec plus de force et de dignité, et n'a mieux réussi à nous inspirer une tendre reconnaissance envers Jésus-Christ, Sauveur du genre humain.

Barbeyrac, *Traité de la morale des Pères*, c. 17, § 2, dit que saint Léon n'est pas fertile en leçons de morale, qu'il l'a traitée assez sèchement et d'une manière qui divertit plutôt qu'elle ne touche. Il lui reproche d'avoir approuvé la violence envers les hérétiques et même l'effusion de leur sang; il cite pour preuve la lettre quinzième de ce Père à Turibius, évêque d'Espagne, au sujet des priscillianistes. Il est cependant certain que la très-grande partie des sermons de *saint Léon*, et de ses lettres, roule sur des points de morale, et qu'il en donne des leçons très-judicieuses. Quant à la manière dont il les traite, nous disons aussi bien que les censeurs de ce Père : *Qu'on lise ses ouvrages, et que l'on juge*. Si quelqu'un n'est pas touché de l'éloquence de ce grand pape, que l'on a souvent nommé *le Cicéron chrétien*, il est d'un goût bien dépravé. Mais Barbeyrac avait très-peu lu les ouvrages des Pères qu'il ose censurer ; il copie Daillé, Scultet, Bayle, le Clerc, sans s'embarrasser si leur critique est juste ou absurde. A l'article PÈRES DE L'ÉGLISE, nous ferons voir l'ineptie des reproches que l'on fait en général à ces grands hommes.

Avant de savoir si *saint Léon* est blâmable d'avoir approuvé le supplice des priscillianistes, il faudrait commencer à examiner leur doctrine et les effets qu'elle pouvait produire. Ils soutenaient que l'homme n'est pas libre, mais dominé par l'influence des astres; que le mariage et la conception de l'homme sont l'ouvrage du démon; ils pratiquaient la magie et des turpitudes infâmes dans leurs assemblées; ils prétendaient que le mensonge et le parjure leur étaient permis. C'était la même doctrine que celle des manichéens. *Saint Léon* en était instruit et convaincu par l'aveu des coupables; on le voit par la lettre même à Turibius. Y eut-il jamais une hérésie plus propre à dépeupler les Etats, à justifier tous les crimes, à troubler l'ordre et la paix de la société ? Un souverain sage ne pouvait se dispenser de sévir contre ses partisans, et un moraliste ne pouvait blâmer cette rigueur sans se couvrir de ridicule. Nous savons très-bien que saint Martin et d'autres saints personnages désapprouvèrent hautement les deux évêques Idace et Ithace, qui se rendaient accusateurs et persécuteurs des priscillianistes : ce personnage ne convenait pas à des évêques, c'était l'affaire des magistrats et des officiers de l'empereur. Il ne s'ensuit pas de là que ces derniers aient été injustes, lorsqu'ils poursuivaient et punissaient ces hérétiques, ni que *saint Léon* ait dû blâmer cette rigueur : le bien public exigeait que cette secte abominable fût exterminée. C'est pour cela même que l'on poursuivit en France, au XII° siècle, les Albigeois, qui enseignaient à peu près la même doctrine. On peut tolérer des erreurs qui n'ont aucun rapport à l'ordre public ni à la pureté des mœurs ; mais prêcher la tolérance générale et absolue pour toute doctrine quelconque, c'est une morale absurde et détestable. *Voy.* PRISCILLIANISTES.

Beausobre, dans son *Hist. du Manich.*, l. IX, c. 9, t. II, p. 756, a forgé contre *saint Léon* une calomnie plus atroce ; il l'accuse d'avoir imputé faussement aux manichéens et aux priscillianistes des turpitudes dont ils n'étaient pas coupables; d'avoir suborné des témoins pour attester ces faits, afin de décrier ces hérétiques à Rome. Pour toute preuve, il dit que de tout temps les Pères ont usé sans scrupule de fraudes pieuses pour le salut des hommes ; par exemple, de livres faux et supposés : que, si l'on en croit saint Grégoire, pape, *L.* 3, *Epist.* 30, *saint Léon* joua une comédie en faisant sortir du sang des linges qui avaient touché les corps des saints, afin de prouver que ces linges faisaient autant de miracles que les corps mêmes. Nous pourrions nous borner à répondre que ceux qui ne croient pas à la vertu des Pères sont incapables d'en avoir ; personne n'est aussi soupçonneux que les malhonnêtes gens. La première preuve de Beausobre est une nouvelle imposture. Nous prouverons ailleurs que quand les Pères ont cité des ouvrages supposés, ils les croyaient authentiques ; c'était, de leur part, une erreur et non une fraude. La seconde preuve est détruite par Beausobre lui-même : il juge que la lettre trentième de saint Grégoire, l. 3, est un tissu de fables ; donc, selon lui, la prétendue comédie attribuée à *saint Léon* est fabuleuse ; donc elle n'a pas été jouée par *saint Léon*. L'on ne peut pas prouver que c'est saint Grégoire qui l'a forgée ; on ne peut l'accuser, tout au plus, que d'avoir été trop crédule. *Voy.* SAINT GRÉGOIRE, pape.

LETTRES (belles). Plusieurs ennemis du christianisme ont osé soutenir que l'établissement de cette religion a nui à la culture et au progrès des *lettres* : la plus légère teinture de l'histoire suffit pour démontrer l'injustice et la fausseté de ce reproche. Nous soutenons, au contraire, que, sans le christianisme, l'Europe entière serait aujourd'hui plongée dans la même barbarie que l'Asie et l'Afrique. Avant d'exposer les faits qui le prouvent, il est bon de voir l'idée que les livres saints nous donnent de l'étude et des connaissances humaines. Les auteurs sacrés, aussi bien que les profanes, ont compris sous le nom de *sagesse*, toutes les connaissances utiles et agréables. « Heureux l'homme, dit Salomon, qui s'est procuré la sagesse et qui a multiplié ses connaissances ; il a fait une acquisition plus précieuse que toutes les richesses de l'univers ; aucun des objets qui excitent la cupidité des hommes ne mérite de lui être comparé. Ce trésor prolonge la vie, rend l'homme véritablement riche et le couvre de gloire, lui fait couler ses jours dans l'innocence et dans la paix. C'est l'arbre de vie pour ceux qui le possèdent, et la source du vrai bonheur. » (*Prov.*, c. III, v. 13.) Nous doutons qu'aucun auteur profane ait fait de la philosophie un éloge plus pompeux. Il est répété cent fois dans le livre de la Sagesse et dans l'Ecclésiastique ; c'est une exhortation continuelle à l'étude.

Mais ces écrivains sacrés ont grand soin de nous avertir que la sagesse est aussi un don du ciel. Si l'Ecclésiaste, c. I et II, semble faire peu de cas de l'étude et des connaissances humaines, c'est qu'il ne considérait que l'abus qu'en font la plupart de ceux qui les ont acquises. « Les savants qui enseignent la vertu aux hommes, dit le prophète Daniel, brilleront comme la lumière du ciel, leur gloire sera éternelle comme l'éclat des astres. » (Cap. XII, v. 3.) Lui-même, par ses connaissances, mérita la faveur et la confiance des rois de Babylone, et servit utilement sa nation.

Jésus-Christ dit que, dans le royaume des cieux ou dans son Eglise, un docteur savant ressemble à un père de famille qui distribue à ses enfants les trésors qu'il a eu soin d'amasser (*Matth.*, c. XIII, 52). Lorsqu'il a choisi des ignorants pour prêcher sa doctrine, il a voulu démontrer qu'il n'avait besoin d'aucun secours humain ; il leur a promis une lumière surnaturelle et les dons du Saint-Esprit. Lui-même étonnant les Juifs par la sagesse de ses leçons, quoiqu'il n'eût fait aucune étude (*Joan.*, cap. VII, 15).

Lorsque saint Paul a déprimé la philosophie et les sciences des Grecs, il a montré l'abus qu'en avaient fait leurs philosophes ; il a révélé le dessein qu'avait la Providence en se servant de quelques hommes sans *lettres* pour confondre les faux sages : mais lorsque quelques-uns voulurent déprimer le mérite de ses discours, il leur fit observer que, s'il dédaignait les agréments du langage, il n'était pas pour cela un ignorant (*II Cor.*, c. XI, 6). Il exige qu'un évêque ait le talent d'enseigner, et il exhorte Timothée, son disciple, à lire et à étudier, aussi bien qu'à instruire (*I Tim.*, c. V, v. 2, 13, 16). Ainsi, le christianisme, loin de détourner ses sectateurs de la culture des *lettres* et des sciences, leur fournissait un nouveau motif de s'y appliquer, savoir, la nécessité de réfuter les philosophes et le désir de les convertir. Dès le II° siècle, saint Justin, Tatien, Athénagore, Hermias, et d'autres écrivains chrétiens, dont plusieurs ouvrages sont perdus ; au III°, saint Clément d'Alexandrie, Origène et ses disciples montrèrent dans leurs écrits les connaissances les plus étendues en fait de philosophie et d'histoire ; ils remplacèrent dans l'école d'Alexandrie Pantænus et Ammonius Saccas, et la rendirent célèbre par l'éclat de leurs leçons. Au IV°,

saint Athanase, saint Basile, saint Grégoire de Nazianze, saint Grégoire de Nysse, Arnobe et Lactance, furent regardés comme les plus grands orateurs et les meilleurs écrivains de leur temps ; le V° fut encore plus fertile en grands hommes : aucun auteur profane de ce temps-là ne les a égalés. L'empereur Julien, jaloux de la gloire que répandait sur le christianisme les talents de ses docteurs, défendit aux chrétiens de fréquenter les écoles et d'enseigner les *lettres*. « Ces gens-là, disait-il, nous égorgent par nos propres armes ; ils se servent de nos auteurs pour nous faire la guerre. » Mais la mort de cet empereur rendit bientôt inutile cet acte de tyrannie. Saint Clément d'Alexandrie, *Strom.*, l. I, c. 2, p. 327 ; saint Basile, *Epist.* 175, *ad Magnen.*; saint Jérôme, *Epist. ad Nepotianum*, recommandent l'étude des *lettres* aussi bien que celle de l'Ecriture sainte.

Les lumières répandues en Europe au V° siècle seraient allées, sans doute, en croissant toujours, si une révolution subite n'en avait changé la face. Des essaims de Barbares, sortis des forêts du Nord, dévastèrent successivement l'Europe et l'Asie, détruisirent les monuments des sciences et des arts, répandirent partout la désolation ; leurs ravages ont continué pendant plusieurs siècles, et n'ont cessé que quand le christianisme a été établi dans le Nord. Cette religion sainte aurait certainement succombé sous des coups aussi terribles, si Dieu ne l'avait soutenue. C'est dans son sein que se sont formées les ressources par lesquelles la Providence voulait réparer le mal dans la suite des temps. *Voy.* BARBARES.

Pour échapper au brigandage, un grand nombre d'hommes embrassèrent la vie monastique ; ils partagèrent leur temps entre le travail des mains, l'étude et la prière ; ils gardèrent et transcrivirent les livres qui subsistaient encore. D'autre côté, les ecclésiastiques, obligés à l'étude par leur état, conservèrent une faible teinture des sciences ; le nom de *clerc* devint synonyme de celui de *lettré*. La langue latine, quoique bien déchue de sa pureté, se conserva dans l'office divin et dans les livres ecclésiastiques ; il y eut toujours des écoles dans l'enceinte des églises et des monastères.

Que penserons-nous de certains critiques modernes qui ont écrit que le latin avait été abâtardi par la religion, comme si c'était elle qui fît venir les Barbares, et leur conseilla de mêler leur jargon avec le langage des Romains ? D'autres se sont plaints de ce que nos études et la plupart de nos institutions, dans les bas siècles, ont pris un air monastique. C'est la preuve du fait que nous soutenons, savoir, que les clercs et les moines ont véritablement sauvé du naufrage les *lettres* et les sciences. Les clercs furent obligés d'étudier le droit romain et la médecine ; ils se trouvèrent seuls capables de les enseigner, parce que les nobles, livrés à la profession des armes, poussaient la stupidité jusqu'à regarder l'étude comme une marque de roture, et que les esclaves n'avaient pas la liberté de s'y appliquer. Telle est, parmi nous, la première source des priviléges, de la juridiction temporelle et des prérogatives accordées au clergé ; il était devenu la seule ressource des peuples dans les temps malheureux ; doit-il en rougir ? A la fondation des universités, toutes les places furent remplies par des clercs ; ces établissements furent envisagés comme des actes de religion qui doivent se faire sous l'autorité du chef de l'Église. Quand on voit un Gerson, chancelier de l'église de Paris, prendre, par charité, le soin des petites écoles, on comprend que la religion seule peut inspirer ce zèle pour l'instruction des ignorants. Les anciens Pères en avaient donné l'exemple, mais il n'a pas de modèles parmi les philosophes, et il n'aura point d'imitateurs parmi nos adversaires modernes.

La poésie, dans son origine, avait été consacrée à célébrer la Divinité ; dans les siècles barbares, elle revint à sa première destination ; les hymnes et le chant firent toujours partie du service divin. Dans les assemblées de notre nation, en présence du souverain et des vassaux, les évêques et les abbés étaient les seuls hommes capables de porter la parole, parce qu'ils étaient obligés par état de faire au peuple des discours de religion. Les sermons de Fulbert et d'Yves de Chartres, ceux de saint Anselme et de saint Bernard, ne sont pas aussi éloquents que ceux de saint Basile et de saint Jean Chrysostome ; mais on y voit encore des traits de génie et un grand usage de l'Ecriture sainte, source divine qui fournit toujours l'élévation des pensées, la vivacité des sentiments, la noblesse des expressions. A Rome surtout, les études se soutinrent et se ranimèrent par le soin des souverains pontifes. C'est de Rome que Charlemagne fit venir des maîtres pour rétablir la culture des *lettres* dans son empire ; Alcuin, dont il prit des leçons, avait étudié à Rome. Or, la religion entretenait une liaison nécessaire entre le siége apostolique et toutes les églises de la chrétienté. Les jalousies, l'ambition, le génie oppresseur des petits souverains qui tenaient l'Europe en esclavage, auraient rompu tout commerce entre ses habitants, si la religion n'avait conservé parmi eux la communication et les rapports de société.

Aujourd'hui l'ignorance présomptueuse, décorée du nom de philosophie, déclame contre la domination des papes ; elle ne voit pas que ç'a été non-seulement un effet nécessaire des circonstances, mais un des moyens qui nous ont sauvés de la barbarie. On se récrie sur la multitude des fondations pieuses, et l'on oublie que pendant longtemps ce fut le seul moyen possible de soulager les malheureux. On est scandalisé de la richesse des monastères, parce que l'on ignore qu'ils ont été, pendant plusieurs siècles, le seul asile des pauvres. On exagère les suites funestes des croisades ; c'est néanmoins de cette époque qu'il faut dater le commencement de la liberté civile, du commerce et de la police de nos contrées, et dès lors la puissance des mahométans a cessé d'être redoutable. On tourne en ridicule les disputes qui ont régné entre l'empire et le sacerdoce, mais elles nous ont forcés de consulter l'antiquité, et de reprendre un goût d'érudition. L'on a même cherché à décrier le zèle des missionnaires qui vont prêcher l'Evangile aux infidèles ; cependant ils ont contribué plus que personne à nous faire connaître les nations éloignées de nous. Ainsi, par un entêtement stupide, les incrédules reprochent au christianisme les secours qu'il leur a fournis pour étendre leurs connaissances. Ils disent qu'au lieu de porter les hommes à l'étude de la nature, de la morale, de la législation, de la politique, le christianisme ne les occupe que de disputes frivoles de religion. Nous leur répondons que, sans ces disputes, les hommes seraient incapables de se porter à aucune espèce d'étude, et entièrement abrutis. La philosophie, dans son berceau, a commencé par des recherches sur la cause première, sur la conduite de la Providence, sur la nature et la destinée de l'homme : qu'ils nous citent un seul peuple sans religion qui ait fait des études. Les nations qui ne sont pas chrétiennes ont-elles fait de plus grands progrès que nous dans les connaissances que nous vantent nos adversaires ? Depuis qu'ils ont cessé eux-mêmes d'être chrétiens, ont-ils perfectionné beaucoup la morale et la législation ? Voici des faits contre lesquels échoueront toujours leurs conjectures et leurs raisonnements frivoles. Les peuples qui n'ont jamais été chrétiens sont encore à peu près barbares ; ils sont tous devenus policés dès qu'ils ont embrassé le christianisme, et tous ceux qui l'ont abandonné sont retombés dans leur première ignorance. Nous nous en tenons à cette expérience. *Voy.* ART, SCIENCE, PHILOSOPHIE, etc.

LETTRES. Il est parlé, dans l'histoire ecclésiastique, de différentes espèces de *lettres*, comme *lettres* formées ou canoniques ; *lettres* de communion, de paix, de recommandation ; *lettres* d'ordre, *lettres* apostoliques, etc. Au mot FORMÉES, nous avons parlé des premières, et à l'article INDULGENCE, nous avons fait mention des *lettres* que les martyrs et les confesseurs donnaient à ceux qui étaient réduits à la pénitence canonique, et par lesquelles ils demandaient que le temps de cette pénitence fût abrégé. Nous ajoutons que l'on appelait *lettres formées* ou canoniques, les attestations que l'on donnait aux évêques, aux prêtres et aux clercs, lorsqu'ils étaient obligés de voyager, au lieu que l'on appelait *lettres de communion*, de paix ou de recommandation, celles que l'on donnait aux laïques lorsqu'ils étaient dans le même cas. Le concile de Laodicée de l'an 366, celui de Milève de l'an 402, celui de Meaux de l'an 845, ordonnent aux prêtres et aux clercs obligés de voyager, de demander à leur évêque des *lettres* canoniques, et défendent d'admettre à la communion et aux fonctions ecclésiastiques ceux qui n'ont pas pris cette précaution. Un concile de Carthage de l'an

397 défend aussi aux évêques de passer la mer sans avoir reçu du primat ou du métropolitain des *lettres* semblables. Cette précaution était nécessaire, surtout dans les premiers siècles, soit pendant le temps des persécutions, lorsqu'il était dangereux de se fier à des étrangers qui auraient pu se donner pour chrétiens, sans l'être en effet, soit pour ne pas communiquer avec des hérétiques, soit enfin pour ne pas être trompé par des hommes qui se seraient attribué faussement les priviléges de la cléricature. Aujourd'hui encore il est d'usage dans les divers diocèses, de ne laisser exercer aucune fonction à un prêtre étranger, s'il n'est pas muni d'un *exeat* ou d'une attestation de son évêque, à moins qu'il ne soit suffisamment connu d'ailleurs.

On appelle *lettre d'ordre*, l'attestation d'un évêque par laquelle il conste que tel clerc a reçu tel ordre, soit mineur, soit sacré, et qu'il lui est permis d'en exercer les fonctions. L'on nomme *lettres apostoliques* les rescriptions du souverain pontife, soit pour la condamnation de quelque erreur, soit pour la collation d'un bénéfice, soit pour accorder une dispense, soit pour absoudre d'une censure. *Voy.* BREF.

LÉVIATHAN, mot hébreu qui signifie *le monstre des eaux* : il paraît que c'est le nom de la baleine dans le livre de Job, c, XLI. Les rabbins ont forgé des fables au sujet de cet animal ; ils disent qu'il fut créé dès le commencement du monde, au cinquième jour ; que Dieu le tua et le sala pour le conserver jusqu'à la venue du Messie, qui en sera régalé avec les Juifs dans un festin qui leur sera donné. Les plus sages d'entre eux, qui sentent le ridicule de cette fiction, tâchent de la tourner en allégorie, et disent que leurs anciens docteurs ont voulu désigner le démon sous le nom de *Léviathan*. Samuel Bochart, dans son *Hiérocoicon*, a montré que c'est le nom hébreu du crocodile ; et celui-ci peut très-bien être appelé le monstre des eaux. *Voy.* la dissertation de dom Calmet sur ce sujet, *Bible d'Avignon*, tom. VI, p. 505.

LÉVITE, Juif de la tribu de Lévi, à laquelle Dieu avait attribué le sacerdoce et les fonctions du culte divin. Le nom de *Lévi* fut donné par Lia, femme de Jacob, à un de ses fils, par allusion au verbe hébreu, *lavah*, *être lié, être uni*, parce qu'elle espéra que la naissance de ce fils lui attacherait plus étroitement son époux. Les simples *lévites* étaient inférieurs aux prêtres : ils répondaient à peu près à nos diacres. Ils n'avaient point de terres en propre ; ils vivaient de la dîme et des offrandes que l'on faisait à Dieu dans le temple. Ils étaient répandus dans toutes les tribus, qui, chacune, avaient donné quelques-unes de leurs villes aux *lévites*, avec quelques campagnes aux environs, pour faire paître leurs troupeaux.

Par le dénombrement que Salomon fit des *lévites* depuis l'âge de vingt ans, il en trouva trente-huit mille capables de servir. Il en destina vingt-quatre mille au ministère journalier sous les prêtres ; six mille pour être juges inférieurs dans les villes, et pour décider les choses qui touchaient à la religion, mais qui n'étaient pas de grande conséquence ; quatre mille pour être portiers, et avoir soin des ornements du temple ; et le reste pour faire l'office de chantres. Mais tous ne servaient pas ensemble ; ils étaient distribués en différentes classes, qui se relayaient et servaient tour à tour.

Comme Moïse était de la tribu de Lévi, les incrédules l'ont accusé d'avoir eu pour elle une prédilection marquée, de lui avoir attribué le sacerdoce et l'autorité, au préjudice des autres tribus. C'est un injuste soupçon ; il est aisé de le dissiper. — 1° Si Moïse avait agi par intérêt ou par prédilection, il aurait assuré le souverain sacerdoce à ses propres enfants, et non à ceux de son frère Aaron. Il atteste que Dieu lui-même est l'auteur de ce choix ; c'est ce qui fut confirmé par le miracle de la verge d'Aaron, qui fleurit dans le tabernacle, et par la punition miraculeuse de Coré et de ses partisans qui voulaient s'arroger le sacerdoce. Si tous ces faits n'étaient pas vrais, les onze tribus intéressées à la chose ne les auraient pas laissé subsister dans les livres de Moïse ; sous Josué ou sous les juges, ils auraient demandé que cet arrangement fût changé. — 2° Moïse, dans son histoire, ne ménage en aucune manière sa tribu ni sa propre famille. Il rapporte, non-seulement ses propres fautes, celles d'Aaron son frère, celle de Nadab et d'Abiu ses neveux, et leur punition, mais l'ancienne faute de Lévi son aïeul et de Siméon ; il rapporte le reproche que Jacob leur père leur en fit au lit de la mort, la prédiction qu'il leur adressa, en disant qu'ils seraient *dispersés dans Israël;* et les *lévites* le furent en effet. (*Gen.*, c. XLIX, v. 7). Moïse pouvait très-bien se dispenser de rappeler ce fait désavantageux à sa tribu ; et si les *lévites* avaient été de mauvaise foi, comme les incrédules affectent de le supposer, ils n'auraient pas laissé subsister dans les livres de Moïse, dont ils étaient dépositaires, cette circonstance fâcheuse. — 3° L'on se trompe quand on imagine que le sort des *lévites* était meilleur que celui des autres Israélites. Cette tribu fut toujours la moins nombreuse ; on le voit par les dénombrements qui se firent dans le désert (*Num.*, c. III, v. 13 et 39). La subsistance des *lévites* était précaire, puisqu'ils vivaient des dîmes et des oblations ; elle était donc très-mal assurée, lorsque le peuple se livrait à l'idolâtrie. Ils n'avaient aucune autorité civile dans la république ; elle était dévolue aux anciens de chaque tribu ; dans la liste des juges qui le gouvernèrent avant qu'il y eût des rois, le seul Héli était de la tribu de Lévi.

Quand Moïse n'aurait pas été guidé par les ordres de Dieu, il aurait évidemment compris que la nature du sacerdoce lévitique exigeait des hommes qui en fussent uniquement occupés, et qui formassent un ordre particulier de citoyens : il en a été ainsi chez tous les peuples policés. En Egypte, le sort des prêtres était plus avantageux que celui des *lévites* chez les Juifs, et le sacerdoce chez les Romains donnait encore plus de prérogatives à ceux qui en étaient revêtus.

Les incrédules ont fait grand bruit au sujet d'une guerre que s'attirèrent les Benjamites, pour n'avoir pas voulu punir l'outrage fait chez eux à la femme d'un *lévite* ; nous en parlons au mot PRÊTRE DES JUIFS. Reland, *Antiq. héb.*, p. 115.

LÉVITIQUE. C'est le troisième des cinq livres de Moïse. Il est ainsi appelé, parce qu'il traite principalement des cérémonies du culte divin qui devaient être faites par les *lévites* : c'est comme le rituel de la religion juive.

On demande, et cette question a été faite par plusieurs incrédules, comment et pourquoi Dieu avait commandé avec tant de soin et dans un aussi grand détail des cérémonies minutieuses, indifférentes à son culte, et qui paraissent superstitieuses. Nous répondons, 1° que toute cérémonie est indifférente en elle-même, que c'est l'intention qui en fait toute la valeur ; mais elle cesse d'être indifférente dès que Dieu l'a commandée ; elle sert à son culte dès qu'elle est observée par un motif de religion ou d'obéissance à la loi de Dieu ; elle ne peut donc alors être superstitieuse dans aucun sens. 2° Pour que Dieu commande une pratique, il n'est pas nécessaire qu'elle soit par elle-même un acte d'adoration, d'amour, de reconnaissance, etc. ; il a pu ordonner ce qui contribuait à la propreté, à la santé, à la décence, ce qui servait à détourner les Israélites de l'idolâtrie et des mœurs corrompues de leurs voisins, ou qui avait une autre utilité quelconque. On ne prouvera jamais que, parmi les choses commandées aux Juifs, il y en ait aucune absolument inutile. De même il était à propos de leur défendre, non-seulement toute pratique mauvaise et criminelle en elle-même, mais tout usage dangereux relativement aux circonstances. 3° Un peuple tel que les Juifs, qui n'était pas encore policé, qui avait eu en Egypte de très-mauvais exemples, qui allait être environné d'idolâtres, ne pouvait être contenu et civilisé que par les motifs de religion : nous défions les incrédules d'en assigner aucun autre capable de faire impression sur les Juifs. Il fallait donc que tout leur fût prescrit ou défendu dans le plus grand détail, afin de leur ôter la liberté de mêler dans leur culte et dans leurs mœurs les usages absurdes ou pernicieux de leurs voisins. Cette nécessité n'a été que trop prouvée par le penchant invincible que ce peuple a montré à suivre l'exemple des nations idolâtres. Il n'est donc aucune des lois portées dans le *Lévitique* qui n'ait eu une utilité relative aux circonstances et au caractère national des Juifs. *Voy.* LOI CÉRÉMONIELLE.

LÉVITIQUES, branche des nicolaïtes et des gnostiques ; qui parut au second siècle de l'Eglise. Saint Epiphane en a fait mention, sans nous apprendre s'ils avaient quelque dogme particulier.

LIBATION. *Voy.* EAU.

LIBELLATIQUES. Dans la persécution de Dèce, il y eut des chrétiens qui, pour n'être point obligés de sacrifier aux dieux en public, selon les édits de l'empereur, allaient trouver les magistrats, et obtenaient d'eux, par grâce ou par argent, des certificats par lesquels on attestait qu'ils avaient obéi aux ordres de l'empereur, et on défendait de les inquiéter davantage sur le fait de la religion. Ces certificats se nommaient en latin *libelli*, d'où l'on fit le nom de *libellatiques*.

Les centuriateurs de Magdebourg, et Tillemont, tom. III, p. 318 et 702, pensent que ces lâches chrétiens n'avaient pas réellement renoncé à la foi, ni sacrifié aux idoles, et que le certificat qu'ils obtenaient était faux. Les *libellatiques*, dit ce dernier, étaient ceux qui allaient trouver les magistrats, ou leur envoyaient quelqu'un, pour leur témoigner qu'ils étaient chrétiens, qu'il ne leur était pas permis de sacrifier aux dieux de l'empire ; qu'ils les priaient de recevoir d'eux de l'argent, et de les exempter de faire ce qui leur était défendu. Ils recevaient ensuite du magistrat, ou lui donnaient un billet qui portait qu'ils avaient renoncé à Jésus-Christ, et qu'ils avaient sacrifié aux idoles, quoique cela ne fût pas vrai : ces billets se lisaient publiquement. Baronius, au contraire, pense que les *libellatiques* étaient ceux qui avaient réellement apostasié et commis le crime dont on leur donnait une attestation : probablement il y en avait de ces uns et des autres, comme le pense Bingham, *Orig. ecclés.*, l. XVI, c. 4, § 6. Mais, soit que leur apostasie fût réelle ou seulement simulée, ce crime était très-grave ; aussi l'Eglise d'Afrique ne recevait à la communion ceux qui y étaient tombés, qu'après une longue pénitence. Cette rigueur engagea les *libellatiques* à s'adresser aux confesseurs et aux martyrs qui étaient en prison ou qui allaient à la mort, pour obtenir, par leur intercession, la relaxation des peines canoniques qui leur restaient à subir ; c'est ce qui s'appelait *demander la paix*. L'abus que l'on fit de ces dons de paix causa un schisme dans l'Eglise de Carthage, du temps de saint Cyprien : ce saint évêque s'éleva avec force contre cette facilité à remettre de telles prévarications, comme on peut le voir dans ses lettres 31, 52 et 68, et dans son traité *de Lapsis*. Le zième canon du concile de Nicée, qui règle la pénitence de ceux qui ont renoncé à la foi sans avoir souffert de violence, peut regarder les *libellatiques*. *Voy.* LAPSES.

LIBELLE DIFFAMATOIRE, écrit par lequel on noircit la réputation de quelqu'un. Le concile d'Elvire, tenu vers l'an 300, prononça la peine d'excommunication contre ceux qui auraient la témérité de publier des *libelles diffamatoires*, et l'empereur Valentinien voulut qu'ils fussent punis de mort. Saint Paul accuse les anciens philosophes d'avoir été détracteurs et insolents (*Rom.*, c. I, v. 30) ; mais il ne leur reproche pas d'avoir été auteurs de *libelles diffamatoires*. Celse, Julien, Porphyre, ont attaqué les chrétions en général, mais ils n'ont calomnié personne en particulier. Les incrédules de notre siècle ont été moins modérés ; ils ont noirci, dans leurs écrits, les vivants et les morts ; ils n'ont épargné personne : jamais la licence des *libelles diffamatoires* n'a été poussée aussi loin qu'elle l'est aujourd'hui, signe trop évident de la perversité des mœurs. Bayle accuse les calvinistes d'avoir été les premiers auteurs de cet affreux désordre : quelle peste plus pernicieuse pouvaient-ils introduire dans la société. *Avis aux réfugiés*, 1er point.

**LIBÉRATEUR.** *Voy.* MÉDIATEUR.

**LIBÈRE**, pape, élevé sur la chaire de saint Pierre l'an 352, mort l'an 366. Il est devenu célèbre par la faiblesse qu'il eut pour les ariens, après leur avoir résisté d'abord avec fermeté, et par l'affectation avec laquelle plusieurs théologiens ont exagéré sa faute. Ils ont prétendu que ce pape avait signé l'arianisme : cela n'est pas prouvé. *Libère*, exilé pour la foi catholique par l'empereur Constance, vaincu par les rigueurs qu'on lui faisait souffrir, affligé de ce que l'on avait mis un anti-pape à sa place, crut devoir céder au temps. Il souscrivit à la condamnation de saint Athanase et à la formule du concile de Sirmich, de l'an 358, dans laquelle le terme de *consubstantiel* était supprimé, sous prétexte que l'on en abusait pour établir le sabellianisme ; mais il dit en même temps anathème à tous ceux qui enseignaient que le Fils n'est pas semblable au Père, *en substance et en toutes choses*. Ainsi, loin de signer l'arianisme, il le condamnait (1).

Nous convenons que supprimer le terme de *consubstantiel*, c'était donner aux ariens sujet de triompher ; mais ce n'était pas enseigner ni embrasser formellement leur erreur. Saint Athanase n'était point condamné

(1) Il y a eu trois assemblées à Sirmich. Les professions de foi de la première de la deuxième, sans être assez explicites, ne contenaient rien de contraire à la foi. Celle de la deuxième était hérétique. Il est certain que Libère ne signa pas celle-ci. Voici comment Cellier s'exprime à cet égard :

« Quelques critiques prétendent que le pape Libère souscrivit à la seconde formule de Sirmium, composée par les ariens en 357. Cette formule était si mauvaise qu'ils se repentirent dans la suite de l'avoir faite, et qu'ils firent leur possible pour en retirer tous les exemplaires. Mais il nous parait comme hors de doute, que ce fut à la première profession de foi de Sirmium, dressée en 351, contre Photin, que Libère souscrivit. Car il est certain par saint Hilaire, que celle que ce pape signa avait été faite par vingt-deux évêques, du nombre desquels était Démophile. Or, il ne paraît par aucun endroit qu'un si grand nombre d'évêques se soient mêlés de la seconde formule de Sirmium. Valens, Ursace et Germinius y sont dénommés seuls ; et le texte latin de cette formule, tel qu'il est rapporté par saint Hilaire, ne donne pas lieu de conjecturer qu'il y en ait eu d'autres, à moins qu'on y ajoute Osius et Potamius, dont les noms se trouvent à la tête de cette formule. Libère lui-même, dans sa *Lettre aux évêques d'Orient*, leur dit qu'il a souscrit à leur profession de foi, qui lui a été présentée par Démophile, et qu'il a approuvée comme catholique. On ne peut donc douter que la profession qu'il signa et qu'il approuva, n'ait été de la façon des Orientaux ; autrement Libère n'aurait pu la leur attribuer. Or, il est certain qu'ils n'eurent

par les ariens comme hérétique, mais comme perturbateur de la paix ; abandonner sa cause, c'était trahir le parti de la vérité, mais ce n'était pas professer expressément l'hérésie. La faute de *Libère* fut très-grave, sans doute ; aussi lorsqu'il fut de retour à Rome, et qu'il vit l'avantage que les ariens tiraient de sa condescendance, il la désavoua, reconnut sa faiblesse et la pleura. Il est fort singulier que de prétendus zélateurs de l'orthodoxie aient moins d'indulgence pour la faute de Libère que saint Athanase, plus intéressé qu'eux dans cette affaire et mieux instruit des faits. Il excuse ce pape et Osius d'avoir enfin cédé à la violence, et soutient que leur conduite fait son apologie. *Histor. Arianor.*, n. 41, Ap. t. I, p 368, n. 45, p. 372, n. 46, p. 378.

Cet exemple prouve qu'avec les hérétiques il n'y a point de ménagements à garder ; que les prédicateurs de la tolérance, en pareil cas, sont les ennemis les plus dangereux de la vérité et de la religion. *Voy.* Sozomène, *Hist. ecclés.*, t. IV, c. 15 ; Petau, *Dogm. Théol.*, t. II, p. 45 ; Tillemont, tom. VI, p. 420.

\* LIBERTÉ. Dans notre Dictionnaire de Théol. mor. nous avons donné une notion complète de la liberté. Nous allons consacrer ici une suite d'articles à la liberté des anges, des bienheureux, des damnés, de Dieu, de Jésus-Christ et de l'homme.

\* LIBERTÉ DES ANGES. On appelle anges, les créatures intelligentes supérieures à l'homme, desquelles il est fait mention dans les saintes Écritures. A la différence de l'âme humaine, les anges n'ont aucun union hypostatique avec la matière ; ce sont de purs esprits : telle est du moins la croyance commune, surtout depuis le quatrième concile général de Latran, qui paraît l'avoir adoptée. Parmi les anges, les uns demeurèrent fidèles à Dieu, les autres lui désobéirent. Les premiers méritèrent la béatitude, telle est la tradition générale ; ce qui est encore plus cer-

aucune part à la seconde de Sirmium. Les Occidentaux seuls la composèrent : encore étaient-ils en très-petit nombre, au plus cinq ou six ; au lieu que celle que Libère approuva avait été dressée par plusieurs évêques, savoir, par vingt-deux, ainsi que le dit saint Hilaire. Le titre de catholique que Libère donne à la formule qu'il souscrivit, marque encore que ce n'a pu être la seconde de Sirmium, qui eut à peine vu le jour, que ceux qui l'avaient composée tâchèrent de l'ensevelir dans les ténèbres, tant elle avait causé de scandale, même parmi les ennemis de la vérité. Au contraire la première de Sirmium, en 351, pouvait passer pour orthodoxe ; car, excepté le terme de *consubstantiel* qui ne s'y trouvait pas, elle n'avait rien qui fût répréhensible. Saint Hilaire la trouvait nette, exacte et précise, propre à éloigner toutes les ambiguïtés ; et si dans la suite il la traita de perfidie, c'est qu'elle en avait fourni l'occasion, les évêques ariens s'en étant servis, soit pour faire tomber la foi du *consubstantiel*, qui n'y était pas exprimé, soit pour détacher les évêques orthodoxes de la communion de saint Athanase. Enfin, selon Sozomène, Libère étant venu à Sirmium en 358, y signa la condamnation de tous ceux qui ne reconnaissaient pas le Fils semblable au Père en essence et en toutes choses. Est-il à présumer qu'il en aurait agi ainsi, s'il avait signé quelque temps auparavant la seconde formule de Sirmium, dans laquelle il est défendu de parler de l'unité ni de la ressemblance de substance, sous prétexte qu'il ne nous est pas possible de connaître la génération du Verbe. » (Dom Cellier, *His. g n. d s auteurs sacr. et ecclés.*, t. V.)

tain, c'est que les mauvais anges méritèrent leur damnation. Et comme des êtres dépourvus de liberté ne peuvent mériter ni récompense ni punition, les bons et les mauvais anges ont donc reçu de Dieu un libre arbitre et même un libre arbitre moralement flexible au bien et au mal. Si les bons anges n'eussent pas été soumis à la tentation, s'ils eussent toujours été plus enclins au bien qu'au mal, où serait le mérite de leur persévérance. Quant aux anges qui ont péché, leur chute démontre qu'ils éprouvèrent dans leur for intérieur une sollicitation à faire ce qu'ils devaient omettre ou à omettre ce qu'ils devaient faire ; sans cela ils eussent persévéré dans le devoir, leur chute n'eût pas eu lieu, car jamais l'être intelligent ne s'écarte sciemment du devoir que par la difficulté qu'il trouve à le suivre. Plus sollicité intérieurement à considérer sa propre excellence que Dieu dont il la tenait, l'ange a pu concentrer ses regards en lui-même, cesser de voir et de sentir Dieu comme auparavant : dès lors, épris de l'amour de lui-même, l'ange a pu s'oublier jusqu'à vouloir vivre indépendant de son créateur. On doit appliquer à nos premiers parents ce que nous disons ici de la liberté et de la chute des anges. Puisque nos premiers parents ont péché, ils étaient libres et ils furent tentés. Jamais Ève n'eût écouté le serpent, jamais Adam n'eût cédé à son épouse, si l'un et l'autre n'eussent été sollicités à cette fatale condescendance par une tentation véritablement intérieure. Sans doute la concupiscence n'existait pas dans l'état d'innocence. L'homme et l'ange innocent ne portaient pas comme nous en eux-mêmes une source permanente de tentations ; mais il pouvait arriver que par l'effet de certaines circonstances ils fussent momentanément plus inclinés vers les créatures que vers le créateur, et sentissent quelque difficulté à garder la loi divine : cela suffit et même, selon nous, est nécessaire pour bien expliquer comment les uns sont tombés dans le péché, et comment les autres ont vraiment mérité de devenir impeccables. Nous dirons plus bas ce qu'est devenue la liberté dans les anges confirmés en grâce et dans les anges prévaricateurs. (*Voy.* Lib. des bienh. et lib. des damnés.) Une seule question demande à être traitée ici brièvement. L'ange adhère-t-il immuablement à ce qu'il a choisi une fois ? Oui, répondent saint Thomas et ses disciples : « Comme donc, conclut le docteur angélique, comme les bons anges en adhérant une fois à la justice ont été confirmés en grâce, ainsi les mauvais en péchant ont été obstinés dans le péché. » (*Sum.*, 1ª part., q. 74, a. 2.) Saint Thomas entend que l'impeccabilité suive de l'acte bon comme l'obstination suit de l'acte mauvais, naturellement et sans une intervention particulière de Dieu, il s'écarte de la tradition qui nous présente l'impeccabilité des saints anges comme un don spécial de Dieu et accordé en vue de leurs mérites. Et cependant n'est-il pas vraisemblable que les bons anges ont pris au moins une fois la résolution d'obéir en tout à Dieu : or, s'ils l'ont prise et que de leur nature ils y persévèrent immuablement, comme cette résolution est essentiellement opposée à tout péché, ils sont devenus impeccables naturellement et non par l'action surnaturelle de Dieu qui voulait les récompenser. Cette objection contre le système des thomistes nous paraît plus forte que les preuves dont ils l'étayent. En conséquence, nous rejetons ce système et préférons croire, avec la plupart des théologiens, que l'ange de sa nature n'adhère pas immuablement à un parti pris et peut revenir sur une première résolution.

\* Liberté des Bienheureux. Nous appelons bienheureux les anges et les âmes humaines qui voient Dieu et jouissent de la béatitude surnaturelle. Toute la théologie est d'accord, avec saint Augustin, pour proclamer la liberté des bienheureux et la dire plus parfaite que celle des voyageurs, des créatures encore sur la voie et non au terme du bonheur. « La première liberté, dit saint Augustin, a été de pouvoir ne pas pécher ; la dernière, beaucoup plus grande, sera de ne pouvoir pas pécher » (*De Correp. et Grat. cap.*, 11) ; mais la liberté des bienheureux est-elle exempte de nécessité ; consiste-t-elle dans le pouvoir d'agir et de n'agir pas. Sauf un très-petit nombre de docteurs qui paraissent le nier, tous s'accordent à l'affirmer. Il est de foi que les bienheureux ne commettront jamais de péché qui les exclut du ciel. Mais sont-ils dans une impuissance absolue de pécher ? Oui, selon un grand nombre de théologiens. Plusieurs même restreignent aux choses indifférentes ou d'égale bonté le libre arbitre des bienheureux, qui, selon eux, font nécessairement tout ce qu'ils savent être le plus agréable à Dieu. Pour nous, nous préférons le sentiment des scotistes : nous croyons avec eux que les bienheureux peuvent, rigoureusement parlant, s'abstenir de ce qu'ils font, même d'aimer Dieu, encore peut-être qu'ils soient dans une impossibilité absolue de faire le contraire. Car si les bienheureux sont nécessités à faire le meilleur ou à accomplir les ordres de Dieu, dès lors ils les accomplissent sans dignité morale, comme simples instruments de Dieu, comme le soleil les accomplit, et la béatitude a rétréci la sphère de leur liberté, bien loin de l'agrandir. Il est bien plus digne des bienheureux, et conséquemment de la bonté divine, que Dieu les détermine infailliblement au bien, mais non pas nécessairement. Pour que les saints obéissent toujours à Dieu, il n'est pas nécessaire de leur ôter le pouvoir absolu de désobéir, il suffit que l'obéissance leur soit rendue toujours plus facile et plus agréable que la désobéissance : ou, si l'on aime mieux, il suffit que Dieu leur accorde la grâce efficace pour chacune de leurs actions. Comment, dira-t-on, supposer qu'en voyant le souverain bien, les saints ne ressentent pas invinciblement de l'amour pour lui ? Sans doute la vue de Dieu cause inévitablement aux bienheureux une joie ineffable et un désir véhément de s'unir à lui ; et jusque-là le bienheureux n'a pas à exercer sa liberté ; mais il peut consentir librement à cette joie et à ce désir produit en lui ; il peut se porter librement vers Dieu, non en tant que béatifiant actuellement, mais en tant que parfait et de soi aimable. Ainsi les bienheureux aiment Dieu librement par un motif rationnel et désintéressé, ils exécutent librement les ordres de Dieu, et cependant ils sont impeccables.

\* Liberté des Damnés. Nous entendons par damnés seulement les anges et les âmes humaines qui sont condamnés aux châtiments éternels à cause de leurs propres péchés. Nous n'avons pas à nous occuper de l'état où se trouvent les âmes privées pour toujours de la vision béatifique pour le seul péché originel : nous dirons cependant qu'elles n'ont pas la liberté de gagner le ciel, que probablement elles jouissent de la liberté, au moins dans la sphère du bien naturel, et qu'on irait contre toute vraisemblance si l'on supposait qu'elles blasphèment Dieu sans cesse. Quant aux damnés proprement dits, il est de fait qu'ils ne feront jamais une pénitence qui les délivre de l'enfer, et tous les théologiens s'accordent à dire qu'ils sont privés de tout secours surnaturel, et par là dans l'impuissance absolue de faire aucune bonne action de l'ordre surnaturel. Relativement aux bonnes actions de l'ordre naturel, ils ne peuvent pas non plus en faire selon le sentiment le plus commun, et ils pèchent en toutes leurs actions, soit parce qu'ils sont seulement dans l'impuissance morale d'éviter le péché, soit aussi parce qu'ils sont libres dans la sphère du mal, comme les bienheureux le sont dans celle du bien : pouvant s'abstenir de l'acte individuel et mauvais qu'ils font, ils pèchent véritablement, mais ne méritent pas un accroissement de peines parce qu'ils ne sont plus à l'état d'épreuve. (*Voy.* Suarès, *de Angelis*; Bellarmin, *de Grat. et lib. arbit.*, etc., qui adoptent cette opinion). Nous admettons volontiers que les damnés pèchent librement et qu'ils pèchent souvent. Ces continuelles rechutes expliquent très-bien le continuel abandon de Dieu et la continuité des tourmens qu'ils endurent. Scot et Durand ne regardent pas comme prouvé que les damnés pèchent en toutes leurs actions : nous sommes de leur avis. Il est peu vraisemblable qu'une âme naturellement honnête et religieuse, damnée pour quelque faute grave sans doute, mais impliquant plus de faiblesse que de malice, soit au premier instant de sa damnation changée au point de ne savoir plus que maudire Dieu et vouloir le mal. Eh bien ! il est à présumer, chose terrible à penser, que probablement, si Dieu n'y met obstacle, la corruption et la malice des damnés, et conséquemment leurs peines, iront éternellement s'accroissant.

* **Liberté de Dieu.** 1. C'est une question grave et difficile que nous ne pouvons qu'effleurer ici. La liberté de Dieu a été fort souvent dénaturée ou même niée formellement. Les stoïciens paraissent n'avoir admis en Dieu qu'une liberté exempte de contrainte : et cela devait être, puisque leur Jupiter ou Dieu suprême, c'est le grand tout, l'âme universelle qui informe le monde. Les panthéistes modernes croient aussi, avec Spinosa, que Dieu agit en tout par nécessité de nature. En plusieurs endroits de ses ouvrages, M. Cousin a enseigné que la création est nécessaire, quoique plus tard il ait expliqué cette nécessité d'une souveraine convenance qui peut-être en diffère peu. Mais, avec tous les catholiques, nous allons prouver que vis-à-vis de la création et des créatures Dieu jouit d'une liberté exempte de nécessité. Nous disons vis-à-vis de la création et des créatures; car nous convenons que Dieu n'est pas libre de se connaître et de ne se connaître pas, d'être en une seule ou en trois personnes, etc.

2. La liberté de Dieu est une vérité sinon de fait, du moins théologiquement certaine ; car l'Ecriture sainte nous représente sans cesse Dieu agissant comme il veut, *prout vult* (I C. r. viii), faisant toutes choses selon le dessein de sa volonté, *secundum consilium voluntatis suæ* (*Eph.* 1). Or ces expressions dénotent évidemment un agent libre, une action libre, car elles ne désignent que cela dans le langage ordinaire, et l'Ecriture emploie toujours le langage ordinaire ; *prout vult*, c'est-à-dire, explique très-bien saint Ambroise, selon l'arbitre de sa libre volonté, et non pour obéir à la nécessité, *pro liberæ voluntatis arbitrio non pro necessitatis obsequio* (*L. ii de Fide*, c. 3). Les saints Pères sont unanimes à professer que Dieu n'a pas créé le monde nécessairement et qu'il a pu faire autre chose que ce qu'il a fait. Abélard et Wiclef, qui niaient la liberté divine, ont été condamnés, le premier par le concile de Sens, et le second par celui de Constance. Enfin, la plupart des théologiens déclarent non-seulement certaine, mais même de fait l'existence en Dieu de la liberté de contingence.— Certes le pouvoir d'agir et de n'agir pas est une perfection véritable. Réaliser le bien toujours et librement est plus parfait que de le réaliser par nécessité de nature. Disons mieux : il n'y a aucun mérite, aucune dignité morale à faire le bien nécessairement : on n'est pas plus digne d'éloges pour cela, que le soleil qui nous éclaire et nous échauffe. Ainsi nier la liberté de Dieu, supposer qu'il agit nécessairement, c'est refuser à Dieu une perfection qu'il a donnée à sa créature, c'est ôter à Dieu toute dignité morale, le dépouiller de sa justice, de sa sainteté, de sa bonté, et par suite c'est se rendre la reconnaissance à l'égard de Dieu et la religion en général ridicules ou impossibles.—Si Dieu est nécessité à créer, tout ce qui existe est nécessaire, il ne peut y avoir une étoile ni un vermisseau de plus ou de moins ; Dieu ne peut faire que ce qu'il fait, il ne peut pas remuer le fétu de paille qui est en repos. — Si Dieu est nécessité ou mû invinciblement à créer, c'est qu'il n'a pas tout ce qu'il lui faut, c'est qu'il lui manque quelque chose ou que son être n'est pas complet ; car s'il était complet, il serait infini, se suffirait à lui-même et n'aspirerait pas invinciblement à quelque autre chose. Donc, à moins d'admettre le panthéisme qui suppose les créatures parties intégrantes de l'essence divine et qui divinise les crimes comme les vertus, puisqu'il suppose que tout est Dieu ou œuvre nécessaire et immanent de l'essence divine, nous devons reconnaître que les créatures ne sont point nécessaires à la perfection divine, que Dieu peut être et se maintenir parfait, heureux sans elles, qu'ainsi il peut se passer de toute créature, et que s'il a créé, ce n'est pas par besoin, par nécessité, mais par un choix entièrement libre.

3. Une objection contre la liberté de Dieu, c'est que la substance divine étant nécessaire n'est pas susceptible d'une modification contingente, d'un acte libre par conséquent. Mais la réponse est facile. La substance divine est nécessaire, en ce qu'elle ne peut être anéantie ni même altérée. Or, encore qu'elle veuille créer ou ne pas créer, qu'elle fasse ceci ou cela, elle ne subit aucune altération. Ainsi notre âme demeure immuable dans sa substance malgré la variété de ses pensées et de ses sentiments. La simplicité absolue de Dieu s'oppose, direz-vous, à toute distinction réelle entre l'action créatrice et la substance divine; conséquemment l'action créatrice étant identique à la substance est nécessaire comme elle. Il est vrai que les saints Pères et la plupart des théologiens n'admettent pas que l'action créatrice soit distincte réellement de la substance divine ; et l'on ne doit pas s'en étonner, puisque beaucoup de philosophes regardent la tristesse et la joie, l'affirmation et la négation comme indistinctes réellement entre elles et de notre âme. Ce qu'il y a de certain, c'est que la force, malgré sa simplicité, peut agir diversement; qu'on suppose distincte ou non réellement d'elle son action et ses produits immanents : ce qu'il y a de certain, c'est qu'on ne doit point toujours affirmer de la force ce qu'on peut affirmer de ses opérations. Notre force, notre moi est un et permanent; et ses opérations ne sont-elles pas multiples et passagères. Donc, encore que la substance divine soit nécessaire, l'action créatrice peut être contingente ou libre. Dieu est incapable de changements qui supposent une altération dans sa substance, une composition de parties, une imperfection; et nous avons vu que l'acte créateur, pour être libre, n'introduit en Dieu ni altération ni composition de parties.

4. Mais la contingence de l'acte créateur ne suppose-t-elle pas une imperfection, la possibilité pour Dieu de manquer à sa sagesse ? Car si Dieu a créé, c'est sans doute qu'il a jugé meilleur de créer que de ne pas créer, autrement il eût agi à l'aventure ou contre sa sagesse : Dieu a donc été déterminé invinciblement à créer par la raison du meilleur, et il n'a pu s'en abstenir sans cesser d'être infiniment sage. Voici notre réponse : 1° Supposé que Dieu ait jugé meilleur de créer ce monde que de ne le pas créer, il ne suit pas évidemment qu'il ait été nécessité à le créer ; 2° Si cela suivait évidemment, il faudrait rejeter sans balancer l'hypothèse du meilleur, laquelle est loin d'être démontrée. Premièrement, supposons que Dieu ait jugé plus digne de lui, meilleur de créer, la création en devient-elle nécessaire ? Non, car ce jugement divin n'a pu nécessiter l'acte créer, qu'autant qu'il est cause efficiente de l'acte créateur : or il n'est pas prouvé qu'il en soit cause efficiente. L'entendement divin, pas plus que le nôtre, n'est opératif par lui-même, il ne suffit ni à Dieu ni à nous de concevoir les choses pour les produire : autrement Dieu qui connaît une multitude de mondes qui ne peuvent coexister les eût produits en les concevant et par là eût réalisé l'impossible. Nos pensées, il est vrai, engendrent des sentiments plus puissants qu'elles sur notre volonté ; mais notre volonté demeure ordinairement maîtresse de suivre ou de ne pas suivre ces sentiments, lesquels ne nécessitent pas la volonté, à

moins qu'ils ne soient plus forts qu'elle. Donc, encore que Dieu juge meilleur de créer le monde que de ne le pas créer, et que, par suite de ce jugement, il soit incliné à créer le monde, il n'y est pas nécessité pour cela : cette inclination ne pourrait nécessiter sa volonté divine, qu'autant qu'elle serait plus forte que cette volonté, plus que toute-puissante. Donc Dieu pouvait n'être pas nécessité à la création, encore qu'elle lui apparût le parti le plus digne de ses divins attributs. Secondement, si vous ne concevez pas que Dieu ait fait librement ce qu'il jugeait meilleur de faire que d'omettre, dites alors, vous le pouvez sans absurdité, dites qu'il a jugé également digne de lui de créer et de ne pas créer, de créer ce monde et d'en créer un autre. Il n'est peut-être aucun monde qui n'eût une infinité d'égaux. Ne pouvez-vous pas supposer dans le monde actuel une infinité de changements partiels qui, sans nuire à la perfection du tout, feraient des mondes différents de celui-ci; car vous n'affirmez pas sans doute que Dieu ne peut, sans rendre le monde moins parfait, créer un seul individu, un seul atome différent de ceux qui existent, donner une grâce de plus, empêcher un seul des péchés qu'il laisse commettre, etc. Ainsi le monde actuel, n'eût-il pas de supérieurs, pourrait avoir des égaux : ainsi ne méritant pas la préférence sur ceux-ci, il n'a pu obliger Dieu à le choisir préférablement aux autres. Il pouvait être indifférent à Dieu de créer et de ne pas créer, parce qu'il ne pouvait rien faire qui ne fût infiniment distant de lui, parce qu'en ne créant pas il se prouvait magnifiquement à lui-même sa suprême indépendance, sa souveraine suffisance. Il pouvait être indifférent à créer ce monde ou à en créer un autre; car il n'est pas prouvé que ce monde n'ait pas d'égaux, et même de supérieurs; car un monde qui n'a pas de supérieur dans tous les possibles devrait être infini absolument, égal à Dieu. Mais un monde si parfait qu'on le suppose est toujours infiniment distant de Dieu; donc on peut concevoir un monde plus ressemblant à Dieu, manifestant davantage les perfections divines, et meilleur par conséquent. Selon cette manière de raisonner qui n'est pas à mépriser, puisqu'elle a plu à Bossuet, à Fénelon, etc., Dieu n'est pas tenu au meilleur absolu, parce que ce meilleur est impossible. Donc il ne répugne pas que Dieu agisse librement, fasse autre chose qu'il fait, puisqu'il peut faire autrement et aussi bien.

\* LIBERTÉ DE JÉSUS-CHRIST. Comme Jésus-Christ est à la fois Dieu et homme, il possède la liberté divine et la liberté humaine. Pour la liberté divine, voyez LIBERTÉ DE DIEU. Pour la liberté humaine qui est semblable à celle des bienheureux, nous suffirait de renvoyer à la LIBERTÉ DES BIENHEUREUX. Ajoutons cependant quelques mots. La liberté de Jésus-Christ, en tant qu'homme, a beaucoup exercé les théologiens, qui n'ont pu s'accorder. On est d'accord que l'humanité du Sauveur jouissait de la vision béatifique et était impeccable au premier instant même de sa conception. On convient encore qu'il pouvait librement et indifféremment choisir l'un quelconque de plusieurs biens égaux sous tous les rapports. Mais était-elle libre vis-à-vis des commandements de Dieu? Non, disent un grand nombre de théologiens. Alors comment Jésus-Christ a-t-il pu mériter par sa passion, par sa mort, comme il est certain qu'il a mérité par là ? Quelques-uns, avec Gibieuf et Thomassin, oratoriens, veulent que Jésus-Christ ait mérité par cela seul qu'il a agi volontairement, la liberté exempte de nécessité : la liberté de contingence n'étant pas requise pour le mérite dans l'état d'innocence. Mais cette manière de résoudre la difficulté est généralement improuvée. Le jésuite Holtzclau, citant pour son sentiment saint Anselme, le Père Pétau et d'autres, prétend que Jésus-Christ, n'ayant point reçu un précepte rigoureux de mourir, a choisi librement la mort, puisqu'il pouvait la refuser sans péché. La plupart admettent que le Sauveur reçut de son Père un précepte rigoureux d'accepter la mort ; mais il pouvait, selon les uns, en demander dispense, et, selon les autres, il était libre quant aux circonstances et non quant à la substance du précepte. Pour nous, avec Sylvain, Contenson, etc., nous croyons qu'il accomplissait librement, sans nécessité, les ordres de son Père : nous pensons même qu'il produisait librement des actes d'amour de Dieu : la raison en est que ni les ordres de son Père, ni la vue du meilleur, ni la motion du Verbe, ne nécessitaient l'humanité du Sauveur à vouloir, mais seulement l'inclinaient, sollicitaient, mais ne produisaient point son assentiment qui dès lors était exempt de nécessité et méritoire; car le Verbe n'avait nul besoin de nécessiter l'humanité pour la déterminer infailliblement au bien et au meilleur.

\* LIBERTÉ DE L'HOMME. L'homme agit sans avoir pu s'empêcher d'agir, et alors il n'agit pas librement ; d'autres fois il agit ayant pu ne pas agir, il veut ayant pu ne pas vouloir, il prend un parti ayant pu en prendre un autre; il se montre libre. La liberté est un fait présent à nous-mêmes comme notre pensée, se faisant sentir à tous tellement, que le commun des hommes y croit comme il croit à sa propre existence, et que nul fataliste n'a jamais pu se soustraire complétement à cette croyance, mettre sa conduite habituelle en opposition avec cette croyance. La liberté est une vérité d'intuition plutôt que de raisonnement; la prouver par le raisonnement, c'est s'éclairer avec un flambeau en plein midi. Maintenant que j'écris ces lignes, je sens, à n'en pouvoir douter, que je puis cesser d'écrire ; maintenant que je m'occupe de la question de la liberté, je me sens le maître de penser à autre chose, à un problème de géométrie, par exemple. Incliné fortement vers le mal je tiens ferme et demeure attaché à la vertu; la passion étant calmée, je m'applaudis intérieurement, j'éprouve la plus douce satisfaction. Mais si j'ai la faiblesse de céder à la tentation, j'en suis puni par un sentiment pénible, qui a son nom dans toutes les langues, et qui, enfonçant dans mon cœur sa pointe acérée, m'oblige malgré moi de me reconnaître coupable. Si je tombe dans un mal inévitable, j'en souffre, il est vrai; je désirerais avoir pu l'éviter; mais je ne suis pas déchiré par cette pensée désolante : tu es l'auteur de tes souffrances, c'est à toi-même qu'il te faut les imputer. Tous les hommes avec qui je vis parlent, agissent, comme s'ils étaient libres, affirment qu'ils se sentent libres. J'ai donc lieu de conclure que le sentiment invincible de la liberté existe chez eux comme chez moi, fait partie de la nature humaine et, par conséquent, est commun à tous les hommes. Si quelqu'un avait de la peine à admettre cette conclusion, il lui serait facile de la vérifier. Les langues, les institutions civiles ou religieuses de tous les peuples, déposent de leur croyance à la liberté. Toutes les langues ont des expressions pour marquer ce qui dépend de nous et ce qui n'en dépend point, ce qui est actif, libre, et ce qui est passif, nécessaire. Ces expressions si communes dans notre langue, il est maître de soi, il sait se commander, etc., expriment très-bien la liberté exempte de nécessité, de servitude. Or, elles se retrouvent non moins fréquemment chez les Grecs et chez les Latins qui disent, *sui compos*. T. Liv. ; *sui potens*, Hor. ; *sibi imperans*, Cic. ; ἑαυτοῦ ἄρχειν, ἐγκρατῆ αὐτὸν ἑαυτοῦ, Plat. etc. Les hommes de tous les temps et de tous les pays n'ont-ils pas délibéré, formé des projets, fait des promesses? Or, met-on en délibération ce qui ne dépend pas de soi, si l'on mourra par exemple; formera-t-on le projet de voyager dans la lune, promettra-t-on de ressusciter les morts? Ainsi, l'on ne projette, l'on ne promet sérieusement que ce qu'on croit pouvoir faire ou omettre. Et c'est ce pouvoir de faire ou d'omettre, en un mot le libre arbitre qui constitue le caractère moral, obligatoire d'une promesse, d'un engagement quelconque. Otez la liberté, il n'y a plus ni bien ni mal moral, la vertu n'est qu'un nom. La vertu, c'est la force intelligente qui gouverne les passions, loin de se mettre à leur service, de s'en laisser dominer. Tous les sages veulent qu'on soumette les passions à la raison. Or de semblables préceptes sont ridicules, si l'homme n'est pas libre, car la raison par elle-même montre seulement le devoir, au lieu que la passion par elle-même pousse à agir : si donc il n'y avait pas dans l'homme une force maîtresse d'agir suivant les lumières de la raison et contre les impulsions de la passion, il serait ridicule de vouloir que celles-ci, naturellement plus puissantes, soient assujetties à celles-là. Si nous ne sommes pas libres, nous ne sommes pas obligés, nous n'avons droit à rien; car on ne saurait être obligé ou avoir droit à l'impossible: or, dans le système de la fatalité, nous pouvons uniquement ce que nous faisons ; à chaque instant donné avec ses circonstances il nous est impossible d'agir autrement que nous agissons : si je ne vous paye pas, c'est que je ne le puis, comme si vous ne me volez point, c'est que vous ne le pouvez pas: faisant ce qu'il peut, chacun est irrépréhensible, quoi qu'il fasse aussi, est-ce un adage du droit romain comme du droit canonique que, nul n'est tenu à l'impossible. Aussi devant tous les tribunaux et dans tous les temps, les mêmes crimes ont été punis plus ou moins, selon qu'ils apparaissaient commis avec plus ou moins de liberté : et jamais on n'a déclaré coupable l'accusé, d'avoir fait une action qu'évidemment il n'avait aucunement dépendu de lui d'éviter, et cela doit être : « Car, dit saint Augustin, avancer qu'un homme est coupable pour n'avoir pas fait ce qu'il ne pouvait pas faire, c'est le comble de l'injustice et de la folie » (*Lib. de duab. Anim.* c. 12). Les fatalistes eux-mêmes en conviennent. Ecoutons l'un d'eux, Helvétius : « L'homme d'esprit, dit ce philosophe, sait que les hommes sont ce qu'ils doivent être ; que toute haine contre eux est injuste; qu'un sot porte des sottises comme le sauvageon des fruits amers ; que l'insulter, c'est reprocher au chêne de porter le gland plutôt que l'olive » (*Helv., de l'Esprit*, disc. 2, c. 10). Un autre fataliste, M. Owen, déclare aussi que « si un homme fait mal, ce n'est pas à lui qu'il faut s'en prendre, mais bien aux circonstances fatales dont il a été entouré » (*L'Univers cathol.*, t. V, p. 338-9). Ainsi conclurons-nous avec Diderot : « Il est évident que, si l'homme n'est pas libre, il n'y aura ni bien ni mal moral, ni juste ni injuste, ni obligation ni droit » (*Encyclop.*, art. *droit natur.*). Or, des conséquences si monstrueuses, si réprouvées par le sens commun de l'humanité, suffiraient pour faire rejeter le fatalisme, quand même il ne serait pas en opposition avec le sens intime de chacun, du fataliste lui-même ; car le fataliste croit malgré lui à la liberté, il se reproche une imprudence volontaire, les crimes qu'il peut commettre. Si sa femme lui devient infidèle, et qu'elle prétende avoir été nécessitée par un amour involontaire; si la personne qui le vole allègue son impuissance de résister à la tentation, notre fataliste se paiera-t-il d'une pareille excuse ? Puisque le fatalisme est en opposition avec le sens intime de tous les hommes, puisqu'il sape la morale par sa base, il devient inutile de prouver son opposition avec les enseignements de la religion. Toute religion reconnaît une distinction entre le vice et la vertu, la responsabilité des hommes devant la Divinité qui les punit et les récompense selon leurs mérites. Donc toute religion implique la liberté sans laquelle l'homme n'est pas plus responsable de ses actes que l'arbre ne l'est de ses fruits, puisque tous les deux agissent avec une égale nécessité. Aussi est-ce un dogme de foi pour tous les catholiques que l'homme est libre, exempt de toute nécessité, même sous l'action de la grâce ou sous celle de la concupiscence : Luther, Calvin, Jansénius, qui faisaient de l'homme déchu un automate déterminé irrésistiblement en tout par la grâce ou par la concupiscence, c'est-à-dire pour chaque cas par celle des deux qui se trouve la plus forte, ont été solennellement désapprouvés par l'Eglise. Certes, le catholicisme, et même le grand Augustin, dont les novateurs invoquaient vainement l'autorité, se fussent bien gardés d'admettre la doctrine impie, immorale du fanatisme. « Avais-je besoin de scruter ces livres obscurs, dit le docteur de la grâce, pour savoir que personne n'est digne de blâme ou de supplice , parce qu'il n'a pas fait ce qu'il ne pouvait pas faire ? » N'est-ce pas là ce que chantent les bergers sur les montagnes, et les poètes sur les théâtres, et les ignorants dans les carrefours, et les savants dans les bibliothèques, et les évêques dans la chaire , et le genre humain dans tout l'univers. (*Lib de Anim.* 11).

Ne dites pas que Augustin a changé de doctrine lorsqu'il lui fallut combattre non plus les manichéens, mais Pélage et ses disciples. Car, il vous répondra : « C'est pour imposer aux autres et à vous-même que vous parlez ainsi ; si quelqu'un dit que les hommes ont le libre arbitre ou que Dieu est le créateur des hommes qui naissent, on le nomme Pélagien et Célestien. La foi établit ces deux vérités » (*De Nupt. et Concup.*, l. II, c. 3). Vous voyez qu'en combattant les adversaires de la grâce, Augustin reconnaît expressément que la foi établit la vérité du libre arbitre. La liberté ainsi démontrée par le sens intime et par la conduite même des fatalistes, par la croyance de tous les peuples à la responsabilité de l'homme devant ses semblables et devant Dieu, et par suite à la justice des peines et des récompenses de cette vie et de la vie future, il nous faudrait répondre aux difficultés des fatalistes contre le libre arbitre, puis déduire les conséquences morales de ce principe, qu'un acte humain n'est imputable qu'autant qu'il est libre. Mais ces conséquences se trouvent exposées dans divers articles de ce Dictionnaire. *Voy.* ACTE HUMAIN, ADVERTANCE VOLONTAIRE, etc.; et pour les difficultés contre la liberté, *V. y.* FATALISME, NÉCESSITÉ. (*Voy.* le Dict. de Théol. mor., art. *Liberté*.)

LIBERTÉ NATURELLE, ou LIBRE ARBITRE, ou LIBERTÉ DE L'HOMME ; puissance d'agir par réflexion, par choix, et non par contrainte ou par nécessité. Comme la *liberté* de l'homme est une vérité de conscience, elle se conçoit mieux par le sentiment intérieur que par aucune définition.

Lorsque les philosophes et les théologiens nomment cette faculté *liberté d'indifférence*, ils n'entendent point que nous sommes insensibles aux motifs par lesquels nous nous déterminons à agir ; mais que ces motifs ne nous imposent aucune nécessité, et que, sous leur impulsion, nous demeurons maîtres de notre choix. Quand on dit que l'homme est *libre*, on entend non-seulement que, dans toutes ses actions réfléchies, il est le maître d'agir ou de ne pas agir, mais qu'il est *libre* de choisir entre le bien et le mal moral, de faire une bonne œuvre ou de pécher, d'accomplir un devoir ou de le violer.

Quelques fatalistes, qui ne voulaient pas avouer que l'homme est *libre*, ont soutenu que Dieu lui-même ne l'est pas : mais qui peut gêner la *liberté* d'un Être dont la puissance est infinie, dont le bonheur est parfait, et qui agit par le seul vouloir ? En Dieu, cette *liberté* ne consiste point dans le pouvoir de choisir entre le bien et le mal, mais de choisir entre les divers degrés de bien. Quel motif pourrait porter au mal un Être souverainement heureux et qui n'a besoin de rien ? La *liberté* de Dieu est attestée par la variété de ses ouvrages, par l'inégalité qui se trouve entre les créatures. Une cause, qui agit nécessairement, agit de toute sa force ; une cause *libre* modère et dirige son action comme il lui plaît. *Dieu*, dit le Psalmiste, *a fait tout ce qu'il a voulu dans le ciel et sur la terre* (*Ps.* cxiii, cxxxiv, etc.). Il n'y a point d'autre raison à chercher de ce qu'il a fait, que sa volonté même : quant aux motifs, nous les ignorons, à moins qu'il n'ait daigné nous les faire connaître. Le père Pétau (*Dogm. Théol.*, tom. I, l. v, c. 4) prouve, par l'Ecriture sainte et par la tradition constante des Pères de l'Eglise, que la *liberté* souveraine de Dieu a toujours été un des dogmes de la foi chrétienne. La grande question est de savoir si l'homme est *libre*; si, lorsqu'il agit, il agit par nécessité ou par choix ; si sa conscience le trompe, lorsqu'elle lui fait sentir qu'il est le maître de choisir entre le bien et le mal. C'est aux philosophes de prouver la *liberté* par les arguments que fournit la raison, et de répondre aux sophismes des fatalistes ; notre devoir est de consulter, sur ce point, les monuments de la révélation, l'Ecriture sainte et la tradition.

Il n'est aucune vérité plus clairement révélée, ni plus souvent répétée dans les livres saints, que le *libre arbitre* de l'homme ; c'est une des premières leçons que Dieu lui a données. Il est dit (*Genes.*, c. i, v. 26 et 27) que Dieu a créé l'homme à son image et à sa ressemblance : si l'homme était dominé par l'appétit comme les brutes, ressemblerait-il à Dieu ? Le Seigneur lui parle et lui impose des lois, il n'en prescrit point aux brutes ; la seule loi pour elles est la nécessité qui les entraîne. Dieu punit l'homme lorsqu'il a péché ; les animaux ne sont pas susceptibles de punition. Après la chute d'Adam, Dieu dit à Caïn, qui méditait un crime : *Si tu fais bien, rassure-toi ; si tu fais mal, ton péché demeurera, mais tes penchants te seront soumis, et tu en seras le maître* (*Gen.*, c. iv, v. 3). Il n'est donc pas vrai que, par le péché d'Adam, ses descendants aient perdu leur *liberté*. Il est dit encore d'Adam, après son péché, qu'il est créé à l'image de Dieu, et que lui-même a engendré un fils à son image et à sa ressemblance (c. v, v. 1 et 5). Ce serait une fausseté, si Adam créé *libre* ne l'avait plus été après son péché.

Lorsque Dieu veut punir par le déluge les hommes corrompus à l'excès, il dit, selon le texte hébreu : *Je ne condamnerai point ces hommes à un supplice éternel, parce qu'ils sont charnels, mais je les laisserai vivre encore six vingts ans* (c. vi, v. 3) ; c'est la remarque de saint Jérôme. Dieu a donc pitié de la faiblesse de l'homme : punirait-il d'un supplice éternel des péchés qui ne seraient pas *libres*? Après le déluge, Dieu défend le meurtre sous peine de la vie, parce que l'homme est fait à l'image de Dieu (c. ix, v. 6) : cette image n'a donc pas été entièrement effacée par le péché. Dieu pardonne à Abimélech l'enlèvement de Sara, parce qu'il avait péché par ignorance (c. xx, v. 4 et 6) : un péché commis par nécessité ne serait plus punissable. Dieu met à une épreuve terrible l'obéissance d'Abraham ; il s'agissait de vaincre la plus forte de toutes les affections humaines, la tendresse paternelle ; parce qu'Abraham la surmonte pour obéir à l'ordre de Dieu, il est récompensé et proposé pour modèle à tous les hommes (c. xxii, v. 16). S'il a été conduit par un mouvement de la grâce, plus invincible que celui de la nature, où est le mérite de cette action ?

Après que Dieu eut donné des lois aux Hébreux, il leur dit par la bouche de Moïse : *La loi que je vous impose n'est ni au-dessus de vous, ni loin de vous ;...... elle est près de vous, dans votre bouche et dans votre cœur, afin que vous l'accomplissiez.... J'atteste le ciel et la terre que je vous ai proposé le bien et le mal, les bénédictions et les malédictions, la vie et la mort ; choisissez donc la vie, afin que vous en jouissiez, vous et vos descendants, et que vous aimiez le Seigneur votre Dieu* (*Deut.*, c. xxx, v. 11 et suiv.). Josué, près de mourir, leur répète la même leçon (c. xxiv, v. 14 et suiv.). Que pouvait-elle signifier, si les Hébreux n'étaient pas *libres* et maîtres absolus de leur choix ? Les prophètes supposent cette même *liberté*, lorsqu'ils reprochent à ce peuple ses infidélités, qu'ils l'exhortent à se repentir et à rentrer dans l'obéissance. Les Juifs, punis par des châtiments éclatants, n'ont jamais osé dire qu'ils n'avaient pas été *libres* d'éviter les crimes dont ils étaient coupables : quelquefois ils ont prétendu qu'ils étaient punis des péchés de leurs pères, et Dieu leur a témoigné le contraire (*Ezech.*, cap. xviii, v. 2 ; *Jerem.*, cap. xxxi, v. 29). Le châtiment n'aurait pas été plus juste, si leurs propres fautes n'avaient pas été *libres*. L'auteur du livre de l'Ecclésiastique le fait très-bien sentir (c. xv, v. 11 et suiv.) : « Ne dites point, *Dieu me manque ;* ne faites point ce qui lui déplaît : n'ajoutez point, *c'est lui qui m'a égaré ;* il n'a aucun besoin des impies ; il déteste l'erreur et le blasphème. Dès le commencement, il a créé l'homme et lui a remis sa conduite entre les mains ; il lui a donné des lois et des commandements : si vous voulez les garder et lui être toujours fidèles, vous serez en sûreté. Il a mis devant vous l'eau et le feu, prenez celui qu'il vous plaira. L'homme a devant lui le bien et le mal, la vie et la mort, ce qu'il choisira lui sera donné.... Dieu n'a commandé à personne de mal faire, et n'a donné à personne lieu de pécher ; il ne désire point de multiplier ses enfants ingrats et infidèles. » Cet auteur avait évidemment dans l'esprit les paroles de Moïse ; il ne fait que les confirmer. Jésus-Christ semble y avoir aussi fait allusion, lorsqu'il a dit : *Si vous voulez trouver la vie, gardez les commandements* (*Matt.*, c. xix, v. 17). Ses auditeurs, étonnés des conseils de perfection qu'il leur donnait, lui demandèrent : *Qui pourra donc être sauvé?* Il leur répondit : *Cela est impossible aux hommes, mais tout est possible à Dieu* (*Ibid.*, v. 26). Il suppose donc que Dieu rend possibles par sa grâce, non-seulement les commandements, mais encore les conseils de perfection. A quoi pensaient les incrédules, qui ont dit que ce divin Maître n'a pas enseigné clairement la *liberté* de l'homme? En parlant de sa morale, il dit que c'est un joug agréable et un fardeau léger (*Matth.*, c. XI, v. 29); le serait-il, si Dieu ne l'allégeait par sa grâce, et si la concupiscence était un joug invincible?

Saint Paul nous assure que Dieu, fidèle à ses promesses, ne permettra pas que nous soyons tentés au-dessus de nos forces (*I Cor.*, c. X, v. 13). Il en imposerait aux fidèles, si l'homme, dominé par la concupiscence, n'était pas le maître d'y résister. On aura beau tordre par des subtilités le sens de tous ces passages : ou les écrivains sacrés sont des sophistes qui ont violé toutes les règles du langage, ou il faut avouer qu'ils ont enseigné clairement et sans aucune équivoque la *liberté* de l'homme. Bayle, qui a fait tous ses efforts pour renverser ce dogme, est forcé de convenir que, s'il est faux, tous les systèmes de religion tombent par terre.

Dans l'ouvrage que nous avons déjà cité, le père Pétau fait voir que tous les Pères de l'Eglise ont toujours entendu par *liberté* l'indifférence ou le pouvoir de choisir; et tom. III, *de Opif. sex dier.*, l. III, 4 et 5, il prouve que tous, sans excepter saint Augustin, ont attribué ce pouvoir à l'homme dans ses actions morales ; il répond aux passages que les hérétiques ont cherché dans les ouvrages des Pères, pour obscurcir cette vérité. Il traite encore la même question, tom. IV, l. IX, cap. 2 et suiv. On ne peut apporter plus d'exactitude dans une discussion théologique; mais il ne nous est pas possible d'entrer dans le même détail. Cependant les théologiens hétérodoxes prétendent que les Pères qui ont combattu les pélagiens, et en particulier saint Augustin, ont soutenu contre ces hérétiques que, par le péché d'Adam l'homme a été dépouillé de sa *liberté*.

Il y a ici une grossière équivoque dont il est aisé de démontrer l'illusion. Qu'entendait Pélage par *liberté* ou *libre arbitre?* Il entendait une égale facilité de faire le bien ou le mal, une espèce d'équilibre de la volonté humaine entre l'un et l'autre ; c'est en cela qu'il faisait consister *l'indifférence;* saint Augustin nous en avertit, et c'est encore ainsi que les calvinistes définissent la *liberté d'indifférence* (*Hist. du Manich.*, liv. VII, ch. 2, § 4); notion fausse s'il en fut jamais. Voici, dit le saint docteur, comment Pélage s'est exprimé dans son premier livre du *Libre arbitre :* « Dieu nous a donné le pouvoir d'embrasser l'un ou l'autre parti (le bien ou le mal)..... L'homme peut à son gré produire des vertus ou des vices..... Nous naissons capables et non remplis de l'un ou de l'autre ; nous sommes créés sans vertus et sans vices. » (Saint Augustin, *L. de Grat. Christi*, c. XVIII, n. 19 ; *L. de Pec. orig.*, cap. XIII, n. 14). Julien soutenait encore cet équilibre prétendu (*L.* 3, *Op. imperf.*, n. 109 et 117) ; et les semi-pélagiens avaient retenu la même notion du *libre arbitre* (Saint Prosper, *Epist. ad August.*, n. 4). De là les pélagiens concluaient que la nécessité de la grâce détruirait la *liberté*, parce qu'elle inclinerait la volonté au bien et non au mal. *Voy.* saint Jérôme, *Dial.* 3 *contra Pelag.*, etc. Si l'on perd de vue cette notion pélagienne de la *liberté*, on ne comprendra rien à la doctrine de saint Augustin, et on ne réussira jamais à concilier ce saint docteur avec lui-même. Il soutient avec raison que la *liberté*, ainsi conçue, ne s'est trouvée que dans Adam avant son péché ; que, par sa chute, l'homme a perdu cette grande et heureuse liberté ; que, par la concupiscence, il est beaucoup plus porté au mal qu'au bien ; qu'il a besoin du secours de la grâce pour rétablir en lui l'indifférence telle que Pélage la concevait (*L. de Spir. et Litt.*, c. XXX, n. 52 ; *L.* 3, *contra duas Epist. Pelag.*, c. VIII, n. 24 ; *Epist.* 217 *ad Vital.*, c. III, n. 8 ; c. VI, n. 23, etc.) ; qu'ainsi la grâce, loin de détruire le *libre arbitre*, le répare et le guérit de sa blessure (*L. de Grat. Christi*, cap. XLVII, n. 52 ; *L. de Grat. et Lib. arb.*, c. I, n. 1, etc.). « Qui de nous, dit-il, prétend que le genre humain a perdu sa *liberté* par le péché du premier homme? Ce péché a détruit une *liberté*, savoir, celle que l'homme avait dans le paradis de conserver une parfaite justice avec l'immortalité..... Mais le *libre arbitre* est si bien demeuré dans les pécheurs, que c'est par là même qu'ils pèchent, puisqu'en péchant ils font ce qui leur plaît. «(*L.* I *contra duas Ep. Pelag.*, cap. II, n. 5). « Comment Dieu nous donne-t-il des lois, s'il n'y a plus de *libre arbitre* » (*L. de Grat. et Lib. arb.*, c. II, n. 4). « Sans *libre arbitre*, l'obéissance serait nulle » (*Epist.* 214 *ad Valent.*, n. 7, etc.).

Il est donc constant, selon la doctrine de saint Augustin, que quand l'homme se porte au mal, il n'y est point entraîné invinciblement par la concupiscence ; que quand il fait le bien, il n'y est point déterminé irrésistiblement par la grâce ; que, dans l'un et l'autre cas, il a un vrai pouvoir de choisir, et qu'il agit avec une pleine *liberté*. Jamais on n'a nommé *choix* ce qui se fait par nécessité (1)

Lorsque l'évêque d'Ypres, en suivant Cal-

(1) Si quelqu'un dit que, depuis le péché d'Adam, le libre arbitre de l'homme est perdu et éteint ; que ce n'est qu'un nom sans réalité, ou enfin une fiction et une vaine imagination que le démon a introduite dans l'Eglise, qu'il soit anathème! (C. de Trente, vi° Sess., *Decr. de la justif.*, c. 5.) — Si quelqu'un dit qu'il n'est pas au pouvoir de l'homme de prendre des voies mauvaises, mais que Dieu opère les mauvaises œuvres aussi bien que les bonnes, non-seulement en tant qu'il les permet, mais proprement et par lui-même ; en sorte que la trahison de Judas n'est pas moins son propre ouvrage que la vocation de saint Paul, qu'il soit anathème! (C. VI, V. *Justification*).

vin, a posé pour maxime que, dans l'état de nature tombée, il n'est pas nécessaire, pour mériter ou démériter, d'être exempt de nécessité, qu'il suffit de n'être pas contraint ou forcé, il contredit tout à la fois l'Ecriture sainte, le sentiment de saint Augustin, le témoignage de la conscience et le sens commun de tous les hommes. — 1° L'Ecriture sainte dit et suppose que l'homme est maître de choisir le bien ou le mal ; s'avisa-t-on jamais de regarder comme un choix ce que l'homme fait ou éprouve par nécessité, comme la faim, la soif, la lassitude, le sommeil, la douleur ; et de lui faire un mérite ou un crime de ces différents états? L'Ecriture nous assure que l'homme est maître de ses actions : que la loi de Dieu n'est point au-dessus de nous ; que Dieu ne permettra point que nous soyons tentés au-dessus de nos forces ; elle ne veut point que, pour excuser ses fautes, le pécheur allègue son impuissance, etc. Tout cela serait faux si l'homme, invinciblement entraîné tantôt par la concupiscence, et tantôt par la grâce, cédait nécessairement à l'une ou à l'autre, n'avait pas un vrai pouvoir de résister à l'une et à l'autre. — 2° Si saint Augustin avait pensé que ce pouvoir n'était pas nécessaire, il ne se serait pas donné la peine de réfuter ni les pélagiens qui disaient que la grâce détruirait le *libre arbitre* ; ni les manichéens qui supposaient l'homme invinciblement entraîné au mal. Il avait dit à ces derniers (*L.* III *de Lib arb.*, cap. XVIII, n. 50, et c. XIX, n. 53): « Si l'on ne peut pas résister à la mauvaise volonté, on lui cède sans péché..... Car qui pèche en ce qu'il ne peut pas éviter? L'ignorance, ni l'impuissance, ne vous sont pas imputées à péché, mais la négligence à vous instruire et la résistance à celui qui veut vous guérir. » Il répète et confirme la même chose dans ses ouvrages contre les pélagiens (*L. de Nat. et Grat.*, cap. LXVII, n. 80 ; *L.* I *Retract.*, cap. IX). Il a retenu constamment la définition qu'il avait donnée du péché, en disant que c'est la volonté de faire ce que la justice défend, et ce dont il nous est libre de nous abstenir (*L.* I *Retract.*, cap IX, 15, 26). Il avoue cependant que cette définition ne convient point au péché originel, qui est la suite et la peine du péché de notre premier père ; mais il ne s'ensuit rien. Ce serait une absurdité de comparer le péché originel de la nature humaine tout entière avec les péchés personnels et libres que commet chaque particulier. — 3° Le sentiment intérieur, ou le témoignage de la conscience, est pour nous le souverain degré de l'évidence : saint Augustin lui-même y rappelait les manichéens pour les forcer de reconnaître le *libre arbitre:* et selon saint Paul, c'est par ce témoignage que Dieu jugera les hommes (*Rom.*, cap. II, v. 15). Aussi saint Augustin dit que, pour justifier le jugement de Dieu, il faut affranchir le *libre arbitre* de tout lien de nécessité (*Contra Faust.*, l. II, c, v). Or, quand nous savons le mouvement de la grâce qui nous porte à une bonne œuvre, ou quand nous nous laissons dominer par la concupiscence qui nous entraîne au mal, la conscience nous atteste que nous sommes maîtres de résister ; c'est pour cela que, dans le premier cas, nous nous savons bon gré de notre action, et que, dans le second, nous avons des remords, et nous nous repentons. Il n'en est pas de même lorsque nous sentons que nous avons agi par nécessité. Donc la conscience nous convainc que, pour mériter ou démériter, il est nécessaire d'être exempt non-seulement de violence et de coaction, mais encore de nécessité. Dieu prend-il plaisir à tromper en nous le sentiment intérieur, pendant qu'il renvoie continuellement les pécheurs au jugement de leur propre cœur, et qu'il en appelle à ce jugement pour justifier sa conduite à leur égard ? — 4° Ainsi jugent tous les hommes, non-seulement de leurs propres actions, mais encore des actions de leurs semblables. Chez aucune nation policée l'on n'a établi des peines pour les délits que l'homme n'a pas été le maître d'éviter ; on ne punit point les enfants, les insensés ni les imbéciles, parce que l'on pense qu'ils agissent par nécessité comme les brutes : on ne prétend pas pour cela qu'ils sont violentés ou forcés. Quelque préjudice que la société reçoive d'une action qui n'a pas été *libre*, on la regarde comme un malheur et non comme un crime. Croirons-nous la justice de Dieu moins équitable ou moins compatissante que celle des hommes, ou nommerons-nous *justice* en Dieu ce que nous appellerions *tyrannie* de la part des hommes ? Dieu lui-même ne dédaigne pas d'en appeler à leur tribunal : *Jugez*, dit-il, en parlant du peuple juif, *jugez entre moi et ma vigne*, etc. (*Isaï*, c. V, v. 3).

Nous savons que saint Paul a nommé la concupiscence *péché* et *loi de péché*, quoique les mouvements de la concupiscence ne soient pas *libres* ; mais, dans le style de l'Ecriture sainte, *péché* signifie souvent défaut, imperfection, vice involontaire, et non faute imputable et punissable. « La concupiscence, dit saint Augustin, est appelée *péché*, parce qu'elle vient du péché, et qu'elle nous porte au péché malgré nous. » (*L. de Perfec. justitiæ*, c. XXI, n. 44 ; *L. de Continentiâ*, c. III, n. 8 ; *L.* I, *contra duas Epist. Pelag.*, c. XIII, n. 27 ; *L.* I, *Retract.*, c. XV, n. 2 ; *L.* II *Op. imperf.*, n. 71 ; *Epist.* 196, *ad Asell.*, c. I, n. 6). Il n'est donc pas ici question de démérite ni d'action punissable. A ce même sujet, saint Augustin dit qu'il y a des choses faites par nécessité que l'on doit désapprouver : *Sunt etiam necessitate facta improbanda* (*L.* III, *de Lib. arb.*, c. XVIII, n. 51); mais autre chose est de les désapprouver comme un défaut, et autre chose de les punir ; on n'approuve point les mauvaises actions des insensés ni des imbéciles ; il ne s'ensuit pas qu'il faille les punir, et que ce sont des péchés imputables. A la vérité, le saint docteur ne s'est pas toujours exprimé avec la même exactitude que les théologiens observent aujourd'hui ; souvent il a confondu le terme de *volonté* avec celui de *liberté*, et il oppose à celui de *nécessité;* il dit que ce qui se fait par nécessité se fait par nature, et non par volonté ; il appelle *volontaire* ce qui est en notre pouvoir, et par conséquent *libre :* « Nous devenons vieux, dit-il, et nous mourons, non par volonté, mais par nécessité, etc. ( *L.* III *de Lib. arb.*, c. I, n. 1 et 2 ; c. III, n. 7 et 8 ; *L. de Duab. animab.,* c. XII, n. 17 : *L.* I *Retract.,* c. XV, n. 6 ; *Epist.* 166, n. 5, etc.)

Dans le premier livre de ses *Rétractations,* c. XIV, n. 27, il dit que le péché originel des enfants peut, sans absurdité, être appelé *volontaire,* parce qu'il vient de la volonté du premier homme ; mais si ce n'est pas là une absurdité, c'est du moins un abus de terme absolument contraire aux passages que nous venons de citer, et qui détruit les réponses que saint Augustin avait données aux manichéens. Peut-on dire du péché originel des enfants qu'il leur est *libre,* qu'il est en leur pouvoir, qu'ils sont souillés du péché par volonté, et non par nature et par nécessité ? On a fait grand bruit de la maxime établie par ce saint docteur, que *nous agissons nécessairement selon ce qui nous plaît davantage;* comment n'y a-t-on pas vu une nouvelle équivoque? L'homme qui, aidé de la grâce, résiste à l'attrait d'un plaisir défendu, ne fait certainement pas ce qui lui plaît le plus, puisqu'il se fait violence ; il agit par raison, et non par délectation ou par plaisir; la prétendue nécessité à laquelle il obéit, vient de son choix et de l'exercice de sa *liberté :* la grâce ne peut être appelée *délectation* que parce qu'elle agit sur notre volonté même, qu'elle ne nous fait point violence, et ne nous impose aucune nécessité. Ce n'est pas sur des expressions captieuses qu'il faut fonder des systèmes théologiques, où juger de la doctrine de saint Augustin.

Personne n'a mieux réussi à embrouiller cette question que Beausobre (*Hist. du Manich.,* l. VII, c. II, § 4). Il s'agissait de savoir si les manichéens admettaient ou niaient la *liberté* de l'homme. On peut, dit-il, entendre par *liberté,* 1° la spontanéité ; celle-ci n'exclut que la violence ou la contrainte, et non la *nécessité* ; 2° le pouvoir de faire le bien et de s'abstenir du mal ; 3° l'indifférence ou le parfait équilibre de la volonté entre l'un et l'autre. Selon lui, avant la naissance du pélagianisme, les Pères de l'Eglise et saint Augustin lui-même ont attribué à l'homme la *liberté* dans ce troisième sens ; ils l'ont ainsi soutenue contre les marcionites et les manichéens ; mais en combattant contre les pélagiens, saint Augustin changea de système, et nia ce *libre arbitre* qu'il avait autrefois défendu. Depuis cette époque, l'on a disputé pour savoir si l'homme a perdu par le péché le pouvoir de faire le bien, et n'a conservé que celui de faire le mal ; le pour et le contre ont été soutenus, du moins dans l'Eglise latine (*Ibid.,* § 7 et 14). De là Beausobre conclut que les manichéens n'ont pas plus nié le *libre arbitre* que saint Augustin, et tous ceux qui l'ont suivi.

Tout cela est faux et captieux. 1° Il est faux qu'avant la naissance du pélagianisme les Pères aient attribué aux enfants d'Adam la *liberté* pélagienne. l'équilibre de la volonté entre le bien et le mal, le pouvoir *égal* de faire l'un ou l'autre. Ils l'ont attribué à Adam innocent, mais non à l'homme souillé du péché ; ils ont cru, comme l'Eglise le croit encore, que par le péché d'Adam le *libre arbitre* a été non détruit, mais affaibli ; que la volonté humaine a été dès lors plus inclinée au mal qu'au bien, qu'ainsi l'équilibre a cessé d'avoir lieu. Mais le *libre arbitre* ne consiste point dans cet équilibre, comme le voulaient les pélagiens ; il consiste dans le pouvoir de choisir entre le bien et le mal : or, malgré l'inclination au mal, que nous appelons la concupiscence, l'homme a conservé le pouvoir du choix, puisque cette inclination n'est pas invincible. Tous les jours nous nous déterminons par raison à choisir le parti pour lequel nous nous sentons le moins d'inclination, pour lequel même nous avons de la répugnance. C'est alors que nous sentons le mieux que nous sommes *libres,* c'est-à-dire maîtres de nous-mêmes, maîtres de nos inclinations et de nos actions. Ce pouvoir a été nommé par les théologiens *liberté d'indifférence;* mais ils n'ont jamais entendu par là l'équilibre prétendu de Beausobre et des pélagiens. — 2° Il n'y a que des hérétiques qui aient osé soutenir que, par le péché d'Adam, l'homme a perdu absolument le pouvoir de faire le bien, qu'il n'a plus que celui de faire le mal ; jamais l'Eglise n'a autorisé cette erreur des manichéens ; jamais saint Augustin, ni aucun autre Père, ne l'a soutenue. On a seulement enseigné que l'homme n'est plus capable de faire une bonne œuvre surnaturelle et méritoire pour le salut, qu'il lui faut pour cela le secours de la grâce. Mais l'on peut soutenir sans erreur qu'il a le pouvoir de faire, par un motif naturel et par ses forces naturelles, une action moralement bonne qui n'est point un péché, quoiqu'elle ne soit d'aucune valeur pour le salut. — 3° Il est faux que les manichéens aient accordé à l'homme la même *liberté* que les Pères de l'Eglise ; qu'ils n'aient point imposé à sa volonté d'autre nécessité que celle dont parle saint Paul. Les preuves que Beausobre apporte du contraire témoignent seulement ou que ces hérétiques ont affirmé faussement qu'ils admettaient le *libre arbitre,* pendant qu'ils posaient des principes contraires, ou que souvent, dans la dispute, ils y ont été réduits par leurs adversaires. C'est le cas dans lequel se trouvent la plupart des sectaires, parce qu'ils sont ordinairement aussi peu sincères que mauvais raisonneurs. Mais Beausobre a trouvé bon de justifier les manichéens, pour rejeter tout le blâme sur les Pères de l'Eglise.

Il faut donc distinguer soigneusement l'action *volontaire* d'avec un acte *libre,* et ne point les confondre, comme l'on fait souvent, dans les discours ordinaires. Un acte *volontaire* est celui qui se fait avec connaissance, mais souvent sans réflexion, en vertu d'un penchant qui nous y porte, et non d'un motif qui nous y détermine. Si ce penchant est tellement violent que nous ne soyons pas maîtres d'y résister, l'acte n'est ni contraint ni forcé, puisqu'il ne vient point d'une violence extérieure : il est volontaire, mais il n'est pas *libre* ; il vient de la nature et de la nécessité. Ainsi, un homme pressé par la faim désire nécessairement de manger ; un homme accablé par le sommeil s'endort nécessairement ; un homme effrayé par un danger subit tremble et fuit par nécessité : la cause de ces actes n'est point un motif réfléchi et délibéré, mais une disposition mécanique des organes qui vient de la nature ou de l'habitude ; dans ces différents cas l'homme n'agit point par choix ni avec *liberté* ; aucun de ces actes n'est punissable ni imputable à péché en lui-même, mais seulement dans sa cause, lorsqu'elle vient de quelques actes *libres*. Un acte *libre* est celui qui se fait avec attention et réflexion, par choix et par un motif, avec un vrai pouvoir de résister à ce motif et de faire le contraire ; l'homme pressé par la faim ne dira point : Je suis libre de désirer ou de ne pas désirer de manger, ce désir est de mon choix ; mais il dira : Quoique j'aie un désir violent de manger, je suis encore *libre* de résister et de m'en abstenir, ou de différer. Si le besoin et le désir étaient parvenus à un degré de violence qui ne laissât plus à l'homme le pouvoir de résister, alors la volonté efficace de manger et l'action qui s'ensuivrait, ne seraient plus *libres*. Dans un sens, plus la volonté est entraînée vers un objet, plus l'acte est volontaire, moins il est *libre* : c'est le cas des pécheurs d'habitude ; mais comme cette habitude a été contractée librement, elle ne diminue point la grièveté des crimes qu'elle fait commettre ; au contraire, une action est parfaitement *libre*, lorsque, par un motif réfléchi et par un mouvement de la grâce, nous résistons à une inclination violente ou à une habitude invétérée : jamais l'homme n'est plus évidemment maître de lui-même et de ses actions, que quand il commande à une passion et réussit à la dompter ; alors il fait, non ce qui lui plaît davantage, mais ce qu'il doit ; il suit sa conscience et non son penchant : c'est en cela même que consiste la *vertu*, qui est la force de l'âme.

Telles sont les notions que le bon sens dicte à tous les hommes : vouloir les combattre par les abstractions métaphysiques, par des passages de l'Ecriture sainte ou des Pères, mal entendus et mal expliqués, c'est autoriser, non-seulement les sophismes des fatalistes, mais encore l'entêtement des pyrrhoniens.

On a toujours remarqué que les sectes de philosophes ou de théologiens qui attaquaient le *libre arbitre*, affectaient d'enseigner la morale la plus rigide ; ainsi les stoïciens, partisans de la fatalité, se distinguaient par le rigorisme de leurs maximes. N'en soyons pas surpris. Si au dogme de la nécessité, qui ne tend à rien moins qu'à justifier tous les crimes, ils avaient encore ajouté une morale relâchée, ils se seraient rendus trop odieux ; il fallut donc, pour en imposer au vulgaire, se parer d'une morale austère. Mais les anciens n'ont pas été dupes de cet artifice ; Aulu-Gelle et d'autres regardèrent les stoïciens comme une secte de fourbes et d'hypocrites : il est difficile d'avoir meilleure opinion de leurs imitateurs. Dans le système de la fatalité ou de la nécessité de nos actions, ce n'est plus l'homme, mais c'est Dieu qui est l'auteur du péché ; Calvin, qui l'a senti, n'a pas hésité de proférer ce blasphème : vainement ceux qui suivent la même opinion veulent-ils esquiver cette horrible conséquence ; elle saute aux yeux de tous les hommes non prévenus. *Voy.* GRACE, PÉCHÉ, VOLONTÉ DE DIEU, etc.

\* LIBERTÉ DES EGLISES. Dans une vaste monarchie, dont les provinces s'étendent au loin et sous des climats divers, il s'établit des coutumes que le prince tolère ; parce qu'il comprend que les habitudes, le pays, le climat, ne permettent pas de plier tous les sujets d'un empire aux mêmes lois ; il y a une tolérance sur les points secondaires. L'Eglise forme le plus vaste gouvernement qui existe sur la terre, puisqu'elle ne connaît d'autres limites que celles de l'univers. Il était de sa sagesse de tolérer certains usages en matière de discipline, de respecter les coutumes qui ont pris naissance dans les habitudes d'un peuple ou dans la nécessité de sa position. Ces usages, ces coutumes, que l'Eglise respecte, sont une dérogation aux lois générales de l'Eglise. On les nomme *libertés d'une Eglise*. Il est peu d'Eglises qui n'aient les leurs, parce qu'il y en a peu qui n'aient des usages particuliers. Pour être légitimes elles doivent être revêtues de quelques conditions.

Les libertés d'une Eglise ne doivent nuire en rien aux droits du souverain pontife et du concile général. Il est bon de remarquer que toute espèce de coutume ou de liberté est fondée sur le consentement au moins tacite du souverain pontife ; car le pape jouit sur l'Eglise universelle d'une juridiction absolue, qu'aucune Eglise particulière ne peut limiter à son gré. De là suivent plusieurs conséquences extrêmement importantes. 1° Que le pape et le concile général ont le droit d'abroger toutes les libertés de toutes les églises particulières. Ce pouvoir découle de la puissance législative qui leur appartient ; 2° Que toutes les Eglises particulières, nonobstant leurs libertés, sont tenues d'obéir aux décrets des souverains pontifes et des conciles généraux, même concernant la discipline, à moins qu'il ne soit constant qu'ils n'aient pas voulu déroger aux coutumes légitimement établies. Il arrive quelquefois que les papes ne veulent pas porter atteinte aux coutumes légitimement établies, d'autres fois ils veulent ramener l'Eglise à l'uniformité sur certains points. Dans ce dernier cas, la liberté et les usages doivent céder ; c'est ce qui arriva relativement à l'usage des églises de l'Asie-Mineure de célébrer la fête de Pâques le 14° de la lune de mars. Le concile de Vienne condamna cette coutume et les contreignit à se conformer à la discipline générale.

D'après la notion que nous venons de donner des libertés d'une Eglise, on voit qu'elles sont très-légitimes en elles-mêmes, conformes à l'esprit de charité de l'Eglise. Les esprits qui les condamnent absolument, qui voudraient faire passer un niveau absolu sur tous les fidèles, sont aussi condamnables que ceux qui leur donnent une étendue exagérée, qui, par une pensée schismatique, prétendent abuser des libertés de leur Eglise pour se soustraire aux décrets légitimes des souverains pontifes et des conciles généraux.

\* LIBERTÉS DE L'EGLISE GALLICANE. Il est peu de

questions qui aient plus remué l'Eglise de France que celle-ci ; elle mérite d'être exposée avec une certaine étendue. Nous ferons d'abord connaître les principaux recueils où sont renfermés nos prétendues libertés, ensuite nous en donnerons un exposé succinct ; enfin, nous les apprécierons au point de vue de l'intérêt de l'Eglise et de la conscience.

I. *Principaux recueils de nos libertés.* Pierre Pithou, jurisconsulte et érudit célèbre, né à Troyes en 1539, élevé dans le calvinisme, est le premier, que nous sachions, qui ait rédigé en série d'articles et comme en formules ce qu'il est convenu de nommer *les libertés de l'Eglise gallicane*. Jamais, du reste, l'épiscopat français ne voulut reconnaître ni approuver cette rédaction du légiste. Pithou s'était converti à la foi catholique ; mais il est permis de croire, d'après sa conduite et ses ouvrages, qu'il lui était resté quelque chose de l'esprit de schisme et d'hérésie. Sa doctrine sur la puissance spirituelle et temporelle, son opposition contre le saint-siége, ne sont pas d'un enfant dévoué de l'Eglise.

Ce fut Pierre Du Puy, né en 1582, qui publia l'énorme traité des *Preuves des libertés de l'Eglise gallicane*. Ce traité fut censuré avec beaucoup de force et de raison par l'assemblée du clergé de 1639. Elle qualifiait les prétendues libertés par ces paroles expressives : *Servitutes potius quam libertates* ; ce sont des servitudes plutôt que des libertés. Du Puy, comme Pithou, s'est attaché dans ses ouvrages à déprimer l'autorité ecclésiastique, en faveur de laquelle cependant la force de la vérité lui arracha de précieux témoignages. On peut, en grande partie, faire remonter à ces deux hommes la chaîne des magistrats et des jurisconsultes qui voulurent plus ou moins, et à peu près à toutes les époques, soumettre l'Eglise au pouvoir temporel. Le cours de leurs idées prit sa source dans les doctrines mêmes protestantes. Le XVIe siècle les voyait déborder de toutes parts. Richer ne sut pas se soustraire à ces funestes influences. Syndic de la Faculté de théologie de Paris en 1608, il soutint dans son livre *De la Puissance ecclésiastique et politique*, que tout droit de gouvernement soit spirituel, soit temporel, résidait dans la communauté, c'est-à-dire dans le peuple ; que les évêques tenaient leur juridiction du peuple non moins que les magistrats. Richer rétracta ses erreurs ; mais le *richérisme* lui survécut ; et, sous un nom ou sous un autre, il enfanta bien des maux.

Marc Antoine de Dominis, archevêque de Spalatro, apostasia en Angleterre vers l'année 1616 ; il soutint dans ses ouvrages les principes de Richer. Revenu en Italie, il condamna solennellement l'hérésie qu'il avait professée ; mais on ne fut jamais bien assuré de la sincérité de son retour. Le jansénisme avait besoin du richérisme et l'embrassa ; le trop fameux P. Quesnel l'enseigna dans la quatre-vingt-dixième proposition extraite des *Réflexions morales* : le canoniste Van Espen, ardent promoteur du schisme d'Utrecht, voulut aussi remettre aux mains du magistrat ou du peuple les droits de la juridiction spirituelle. Louis Ellies du Pin, partisan trop avoué des jansénistes, de Richer et même de l'anglicanisme, s'attira, au milieu de ses volumineux travaux, les plaintes sévères de Bossuet, qui le dénonça à M. De Harlay, archevêque de Paris. Ce prélat condamna du Pin, et supprima les premiers volumes de sa bibliothèque ecclésiastique. D'Héricourt, avocat au parlement, dans ses *Lois ecclésiastiques*, laissa trop percer aussi le penchant à abaisser la puissance spirituelle ; et les jansénistes ne manquèrent pas, dans leur infatigable rôle d'éditeurs, de donner une édition de cet ouvrage, où ils insérèrent des notes que leur esprit bien connu avait dictées. Au nom des libertés de l'Eglise, ils appelaient sur l'Eglise l'oppression du magistrat.

La philosophie du XVIIIe siècle, qui s'alliait, au besoin, avec le jansénisme, adopta volontiers ses idées sur l'asservissement de l'autorité spirituelle. Voltaire, quand il souffre ou permet une religion et un sacerdoce, entend bien qu'il n'y ait dans l'Etat qu'un seul et même pouvoir réglant les choses religieuses et politiques. Cela devait être : philosophes, apôtres de la liberté, sectaires, tous voulaient pour eux-mêmes, la licence, et à l'égard de l'Eglise catholique seule la plus cruelle intolérance, le despotisme le moins déguisé.

Enfin parut Febronius ou plutôt Jean-Nicolas de Hontheim, évêque de Myriophite *in partibus*, suffragant de Trèves, qui, sous le pseudonyme de Febronius, publia à la fin du XVIIIe siècle une compilation indigeste, où les droits de l'Eglise, ceux de la primauté romaine, ceux des évêques, sont outrageusement trahis et asservis au pouvoir civil. Joseph II, nous l'avons déjà rappelé, n'avait que trop profité de ces leçons du schisme. Mais Febronius, du moins, abandonna ses erreurs, et Pie VI se félicita de son retour dans une allocution adressée au sacré collège. Le même pontife, dans divers brefs et surtout dans la bulle *Auctorem fidei*, fulminée contre l'évêque janséniste Ricci, qui tenait son synode tenu à Pistoie, condamna ces téméraires et pernicieuses doctrines. La constitution civile du clergé, qui en était le triste fruit, fut réprouvée comme elle le méritait par l'unanimité, moins quatre, des évêques de France, et condamnée aussi par Pie VI. On retrouve malheureusement encore, dans la loi de germinal an X, dans les prétentions de quelques légistes de nos jours, trop de traces de cet esprit d'inquiétude et d'oppression à l'égard de l'Eglise.

Nous avons vu, de nos jours, M. Dupin donner un recueil de nos libertés dans son *Manuel*, ouvrage écrit entièrement dans des idées parlementaires. Il a été condamné par l'épiscopat français.

II. Les canonistes ne sont point d'accord sur le nombre des libertés de l'Eglise gallicane. Les uns les font monter au nombre de quatre-vingt-trois, les autres, à treize seulement. Mgr de Frayssinous, dans son livre des *Vrais principes de l'Eglise gallicane*, les ramène à quatre ou cinq. Nous nous contentons de citer celles-ci :

1° Le tribunal de l'inquisition n'est point admis en France.

2° Les bulles des papes qui concernent le for extérieur n'ont pas ordinairement force en France, et ne peuvent être exécutées, à moins qu'elles n'aient été enregistrées par le conseil d'Etat. Cette liberté, ou plutôt cette servitude a été inscrite dans les articles organiques. Nous la croyons peu compatible avec notre nouvelle constitution. Il est constant que dans les circonstances telles que des troubles longs et prolongés, on ne tient aucun compte de l'enregistrement.

On a dû remarquer que nous ne parlons ici que des bulles qui concernent le for extérieur. Tel serait l'établissement d'une fête, etc. Mais lorsque la bulle est purement dogmatique, qu'elle concerne les mœurs, ou qu'elle accorde des faveurs qui n'ont aucune action publique au for extérieur, l'enregistrement n'est nullement nécessaire pour y être soumis ou pour profiter des grâces qui sont accordées.

3° Les sujets du roi de France ne peuvent être cités ou contraints à paraître devant un tribunal étranger sous prétexte d'appellation ou de jugement.

4° Le nonce du pape n'a aucune juridiction en France ; il est traité comme l'ambassadeur d'une puissance étrangère. Le légat *a latere*, qui jouit d'une véritable juridiction, ne peut y être reçu que du consentement du pouvoir temporel.

5° Les décisions des congrégations des cardinaux n'ont chez nous d'autre force que l'autorité de docteurs instruits ; mais leurs décisions disciplinaires ne sont point obligatoires.

III. Il est très-facile de juger, d'après ce que nous

avons dit dans notre article LIBERTÉ DES ÉGLISES, que les libertés de l'Église gallicane peuvent être suivies en conscience. Nous devons observer que le catholique ne doit pas les interpréter dans le sens schismatique des parlements. Ce qui faisait dire à Fleury : « Quelques mauvais Français réfugiés hors du royaume pourraient faire un traité des *servitudes* de l'Église gallicane, comme on en a fait de ses libertés, et ils ne manqueraient pas de preuves (*Discours sur les libertés de l'Église gallicane*). » Il avait dit encore : « La grande servitude de l'Église gallicane, s'il est permis de parler ainsi, c'est l'étendue excessive de la juridiction séculière. » Bossuet ne parlait pas différemment dans sa lettre au cardinal d'Estrée : « Je fus indispensablement obligé (dans mon sermon sur l'Unité) à parler des libertés de l'Église gallicane, et je me proposais deux choses : l'une de le faire sans aucune diminution de la vraie grandeur du saint-siége ; l'autre, de les expliquer de la manière que les entendent les évêques et non pas de la manière que les entendent les magistrats. »

LIBERTÉ CHRÉTIENNE. Luther, Calvin et quelques-uns de leurs disciples, ont prétendu que, par le baptême, un chrétien ne contracte point d'autre obligation que d'avoir la foi ; qu'en vertu de la liberté qu'il acquiert par ce sacrement, son salut ne dépend plus de l'obéissance à la loi de Dieu, mais seulement de la foi ; qu'il est affranchi de toute loi ecclésiastique, de tous les vœux qu'il a faits ou qu'il peut faire dans la suite. Pour étayer ces erreurs, ils ont abusé de quelques passages dans lesquels saint Paul déclare qu'un baptisé n'est plus assujetti à la loi de Moïse ; mais jouit de la *liberté* des enfants de Dieu. Il est étonnant que les sectaires n'en aient pas encore conclu qu'un chrétien est affranchi de toute loi civile, qu'aucune puissance humaine n'a droit d'imposer des lois à un homme baptisé.

Le concile de Trente a proscrit cette morale absurde et séditieuse, sess. 7, *de Bapt.*, can. 7, 8 et 9. Il dit anathème à ceux qui soutiennent que par le baptême un fidèle n'est obligé qu'à croire, et non à observer toute la loi de Jésus-Christ ; à ceux qui disent qu'il est affranchi de toute loi ecclésiastique, écrite ou insinuée par la tradition, qu'il n'y est assujetti qu'autant qu'il veut bien s'y soumettre ; à ceux qui enseignent que tous les vœux faits après le baptême sont absolument nuls, dérogent à la dignité de ce sacrement et à la foi que l'on y a promise à Dieu.

Comment de prétendus réformateurs, qui faisaient profession de s'en tenir à la lettre de l'Écriture sainte, ont-ils osé la contredire aussi ouvertement ? Lorsqu'un homme demande à Jésus-Christ ce qu'il faut faire pour avoir la vie éternelle, ce divin Maître ne lui répond pas, *croyez*, mais *gardez les commandements* (*Matth.*, c. XIX, v. 17). Il dit qu'au jour du jugement les méchants seront condamnés au feu éternel, non pour avoir manqué de foi, mais pour n'avoir pas exercé la charité et fait de bonnes œuvres (c. XXV, v. 41). Saint Paul répète, d'après le Sauveur, que Dieu rendra à chacun, non selon la mesure de sa foi, mais selon ses œuvres (*Matth.*, c. XVI, v. 27 ; *Rom.*, c. II, v. 6 ; *II Cor.*, c. IX, v. 10). Saint Jacques enseigne que l'homme est justifié par ses œuvres (c. II, v. 14). L'Apôtre ne cesse d'exhorter les fidèles à faire du bien : il dit que l'homme ne moissonnera que ce qu'il aura semé, etc. (*Galat.*, c. 6, v. 7). Il ordonne aux fidèles d'obéir à leurs pasteurs, et à ceux-ci de reprendre et de corriger ceux qui se conduisent mal (*Hebr.*, c. XIII, v. 17 ; *II Tim.*, c. IV, v. 2). Ce n'est encore qu'une répétition des leçons de Jésus-Christ, qui veut que l'on regarde comme un païen et un publicain celui qui n'écoute pas l'Église (*Matth.*, c. XVIII, v. 17). Nous chercherions vainement dans l'Écriture la dispense accordée aux fidèles d'observer les commandements de l'Église.

La loi qui ordonne à tout homme d'accomplir les vœux qu'il a faits, ne peut pas être plus formelle : *Si quelqu'un a fait un vœu au Seigneur, ou s'est obligé par serment, il ne manquera point à sa parole, mais il accomplira exactement ce qu'il a promis* (*Num.*, c. XXX, v. 3). Nous ne voyons nulle part dans le Nouveau Testament une défense de faire des vœux, ni une permission de violer ceux que l'on a faits : un point de morale aussi essentiel aurait bien mérité d'être couché par écrit. Le commandement d'accomplir les vœux n'était point une loi cérémonielle, puisque les patriarches ont fait des vœux longtemps avant la publication de la loi de Moïse (*Gen.*, c. XXVIII, v. 20). Plus de douze ans après la décision du concile de Jérusalem, qui exemptait les fidèles d'observer la loi cérémonielle, nous voyons encore saint Paul accomplir un vœu dans le temple (*Act.*, c. XXIV, v. 17). Si la *liberté*, telle que la veulent les hérétiques et les incrédules, était un fruit du christianisme, cette religion sainte aurait porté un coup mortel au repos et au bon ordre de la société. *Voy.* ŒUVRES, LOIS ECCLÉSIASTIQUES, VŒU, etc.

LIBERTÉ DE CONSCIENCE (1), c'est le terme duquel se sont servis les calvinistes, lorsqu'ils ont demandé en France le privilége d'exercer publiquement leur religion, d'avoir des temples, des ministres, des assemblées. On voit d'abord l'équivoque de cette expression, et l'abus que les sectaires en ont fait.

Il y a bien de la différence entre la *liberté* que se donnent quelques citoyens de servir Dieu en particulier comme ils l'entendent, et la *liberté* que demande un parti nombreux d'établir dans le royaume une religion nouvelle, de l'exercer publiquement, d'élever ainsi autel contre autel. La première ne gêne point la religion dominante, et ne lui porte aucun préjudice ; la seconde est une rivalité qu'on lui oppose, une apostasie publique que l'on autorise, un piége que l'on tend à la curiosité des ignorants, un appât pour l'indépendance des libertins. La reli-

(1) Nous avons déjà observé qu'une véritable liberté de conscience est plus utile à la religion qu'une protection qu'on peut faire tourner à son détriment. Le devoir d'un sage gouvernement est de protéger la véritable liberté et de réprimer les écarts de celle qui trouble l'ordre public ou porte atteinte à la conscience ou à la considération de quelque classe de citoyens.

g'on catholique exige non-seulement des temples et des assemblées, mais un cérémonial pompeux et éclatant, des fêtes, des processions, l'administration publique des sacrements, des jeûnes, des abstinences, un clergé qui soit respecté ; le calvinisme ne veut rien de tout cela, condamne et rejette ces pratiques comme des abus, des superstitions, des restes de paganisme : c'est ainsi que ses partisans se sont expliqués dès l'origine. S'il y eut jamais deux religions incompatibles, ce sont ces deux-là ; il n'était pas possible de présumer que les sectateurs de l'une et de l'autre pussent vivre en paix : l'antipathie mutuelle n'est que trop prouvée par plus de deux cents ans d'expérience.

La question est de savoir si la demande des calvinistes était légitime, si le gouvernement était obligé, de droit naturel, à l'accorder ; s'il le pouvait en bonne politique : nous prions qu'on pèse sans partialité les réflexions suivantes.

1° L'on sait quels furent les premiers prédicants du calvinisme, et quelle était leur doctrine ; ils enseignaient que le catholicisme est une religion abominable, dans laquelle il n'est pas possible de faire son salut ; que le sacrifice de la messe, l'adoration de l'eucharistie, le culte des saints, des reliques, des images, sont une idolâtrie ; que les fêtes, les jeûnes, les abstinences, des cérémonies, sont des superstitions, la confession une tyrannie, que l'Eglise romaine est la prostituée de Babylone, et le pape l'antechrist ; qu'il fallait abjurer, proscrire, exterminer cette religion par toutes les voies possibles. Ces excès sont aujourd'hui enseignés dans leurs livres, et jamais les calvinistes n'ont eu assez de bon sens pour les désavouer. David Hume convient qu'en Ecosse, l'an 1542, la tolérance des nouveaux prédicants, et le dessein formé de détruire la religion nationale, auraient eu à peu près le même effet ; il le prouve par la conduite fanatique de ces sectaires, *Histoire de la Maison de Tudor*, tom. III, pag. 9 ; tom. IV pag. 59 et 104 ; tom. V, pag. 213, etc. Il en était de même en France. Partout où les calvinistes ont pu se rendre les maîtres, ils n'ont souffert aucun exercice de la religion catholique : de quel droit voulaient-ils que l'on permît la leur ? Un principe qui leur est commun avec tous les incrédules, est qu'il ne faut pas souffrir une religion intolérante : en fut-il jamais de plus intolérante que le calvinisme ? — 2° Il y avait douze cents ans que le catholicisme était en France la religion dominante, et même la seule religion ; la législation, les mœurs, la constitution du gouvernement, y étaient analogues et fondées sur cette base : qui avait donné mission aux calvinistes pour venir l'attaquer ? C'étaient des séditieux ; leur ton, leur langage, leurs principes, leur conduite, annonçaient la révolte. Dans tout gouvernement la sédition est punissable. Une expérience constante prouve que les apostats ne respectent plus aucun engagement ; qu'infidèles à Dieu, ils sont incapables de fidélité envers le souverain : nos rois devaient donc se croire intéressés personnellement à réprimer les attentats des sectaires. Lorsque ceux-ci parurent en France, Luther avait déjà mis l'Allemagne en feu, une partie de la Suisse était en proie au même incendie. François I" voyait très-bien que le calvinisme ne pouvait s'établir sans causer une révolution qui mettrait sa couronne en danger ; que les principes républicains des calvinistes étaient une peste dans un Etat monarchique. Lui-même fomentait les troubles d'Allemagne afin de susciter des affaires et des embarras à Charles-Quint : il ne pouvait, sans contradiction, se croire obligé à permettre la propagation de l'hérésie. — 3° L'événement ne tarda pas à vérifier l'idée que ce prince avait conçue des calvinistes. A peine eurent-ils entraîné dans leur parti quelques-uns des grands du royaume, qu'ils cabalèrent contre l'Etat, et voulurent se rendre maîtres du gouvernement. Dès qu'ils se sentirent assez forts, ils prirent les armes, et ils obtinrent enfin *liberté de conscience* l'épée à la main. Nous n'avons aucun dessein de retracer les scènes sanglantes auxquelles ces guerres civiles ont donné lieu pendant près d'un siècle. Il en résulte qu'en 1598, lorsque Henri IV accorda aux calvinistes l'édit de Nantes, il y fut forcé pour pacifier son royaume, et qu'en cela il ne pécha ni contre la religion, ni contre la saine politique, parce que la nécessité est au-dessus de toutes les lois. Autant François I" et Charles IX auraient été imprudents en tolérant le calvinisme, autant Henri IV fut sage en cédant aux circonstances. C'est la raison qu'il donna lui-même de sa conduite à l'égard des huguenots, en répondant aux députés de la ville de Beauvais, l'an 1594. Mais en 1685, lorsque Louis XIV se sentit assez puissant pour n'avoir plus rien à redouter des calvinistes, sur quoi s'appuiera-t-on pour soutenir qu'il n'a pas été en droit de révoquer un édit accordé à regret par ses prédécesseurs, et que les calvinistes n'ont jamais observé ? Nous le prouverons dans d'autres articles, et nous ferons voir que cette révocation fut pour le moins aussi sage que l'avait été la concession. — 4° On ne s'est pas donné la peine de comparer la conduite des calvinistes avec celle des premiers chrétiens ; on y aurait vu une énorme différence. Jamais les fidèles persécutés n'ont déclamé contre le paganisme avec autant de fureur que les protestants contre le papisme ; jamais ils n'ont dit qu'il fallait exterminer l'idolâtrie par tous les moyens possibles ; qu'il fallait courir sus à tous ceux qui l'exerçaient et la protégeaient : jamais ils n'ont pris les armes contre les empereurs ; ils n'ont point élevé de clameur contre leur despotisme, ils ne sont entrés dans aucune des conjurations qui ont éclaté pendant les trois premiers siècles. L'édit de tolérance, ou de *liberté de conscience*, leur fut accordé par Constantin, sans qu'ils eussent osé le demander, sans que ce prince y fût forcé par aucun motif de crainte : nos apologistes s'étaient bornés à représenter que c'était une injustice de vouloir contraindre par les supplices des sujets innocents et paisibles à offrir de l'encens aux idoles.

Lorsque, malgré la teneur des édits, l'empereur Julien entreprit de rétablir le paganisme, et autorisa les païens à vexer les chrétiens, ceux-ci n'excitèrent ni tumulte, ni sédition ; les soldats chrétiens lui furent aussi fidèles que les autres. Ils ne tentèrent ni de s'assurer de sa personne, ni de changer le gouvernement, ni d'obtenir des villes de sûrté, ni de repousser la violence, ni de se liguer avec des souverains étrangers, comme ont fait les calvinistes ; ils se laissèrent égorger avec autant de patience que sous Néron. Ils suivaient en cela les leçons de Jésus-Christ, la morale des apôtres, les instructions des pasteurs ; mais ces leçons divines ont été étrangement oubliées par des prédicants qui avaient toujours la Bible à la main.

Puisqu'un gouvernement ne peut subsister sans religion, lorsqu'un peuple est assez heureux pour avoir reçu du ciel une religion pure et vraie, il doit la chérir comme le plus précieux de tous les biens, punir et réprimer les fanatiques qui veulent la lui ôter et la changer. Depuis douze cents ans, la monarchie française subsiste sous les lois du catholicisme ; aucun gouvernement connu n'a duré aussi longtemps, et n'a subi moins de révolutions : cette expérience est assez longue pour nous faire désirer de demeurer comme nous sommes.

Personne n'a fait autant de sophismes que Bayle sur la *liberté de conscience* ; ils ont été fidèlement copiés par Barbeyrac et par la plupart des incrédules. Bayle part du principe que la conscience errônée a les mêmes droits que la conscience droite, que nous sommes aussi obligés d'obéir à l'une qu'à l'autre, que cette obligation est naturelle, essentielle et absolue. C'est une fausseté ; nous l'avons réfutée au mot Conscience. Une fausse conscience ne peut nous disculper d'une mauvaise action que quand l'erreur est invincible, qu'elle ne vient ni de négligence de s'instruire, ni d'aucune passion, ni d'opiniâtreté ; dans tout autre cas, elle ne diminue point la grièveté du péché. Or a-t-on jamais pu penser que l'erreur des premiers sectateurs du calvinisme était invincible, et que la passion n'y avait aucune part ? La légèreté avec laquelle ils avaient prêté l'oreille aux prédicants, la mauvaise foi avec laquelle ils travestissaient les dogmes catholiques, les fureurs auxquelles ils se livraient contre le clergé, le pillage et les violences qu'ils exerçaient, étaient des signes trop évidents d'une passion aveugle. Les déclamations et les sophismes, qui tournèrent les têtes dans ce temps de vertige, n'ameuteraient peut-être pas aujourd'hui vingt personnes. Si les sectaires étaient absolument obligés de suivre une conscience si mal formée, tout séditieux est dans la même obligation, dès qu'il s'est persuadé que le gouvernement contre lequel il se révolte est injuste, oppresseur, tyrannique, qu'il est de la justice et du bien public de le détruire. Le principe de Bayle ne tend à rien moins qu'à justifier tous les insensés et tous les scélérats de l'univers. C'est tout au plus aux descendants des premiers calvinistes, élevés dès l'enfance dans l'hérésie, écartés de tous les moyens d'instruction, que l'on peut opposer une erreur moralement invincible.

Bayle, pour prouver que toute contrainte est injuste à l'égard des errants, dit que tous les partis en jugent ainsi lorsqu'ils s'y trouvent exposés, et qu'ils changent de principes selon les circonstances. Cela peut être ; mais cela ne prouve ni que tous ont également raison, ni que tous se trompent. Il est naturel que tout homme croie injuste une loi, un arrêt, une conduite qui le condamne et le fait souffrir ; mais souvent c'est lui qui est injuste et aveuglé par son intérêt. En fait de religion, comme en matière de politique, il y a des circonstances dans lesquelles la contrainte serait inique et absurde ; il en est d'autres où elle est juste et sage. En général, une secte paisible, dont la conduite est innocente aussi bien que la doctrine, mérite la tolérance : un parti fanatique et turbulent s'en rend indigne ; et la sage politique défend de la lui accorder. C'est le cas dans lequel ont été les calvinistes ; Bayle lui-même leur a reproché leur fureur dans la *Lettre aux Réfugiés* et dans d'autres écrits. Il se trompe encore quand il ne veut pas que l'on mette une différence entre les juifs, les mahométans, les infidèles en général, et les hérétiques : les premiers n'ont été ni élevés, ni instruits dans le sein de l'Eglise, leur ignorance peut donc être plus excusable que celle des hérétiques. Il est d'ailleurs prouvé par l'expérience que les apostats sont beaucoup plus furieux contre la religion qu'ils ont quittée, que les infidèles qui ne l'ont jamais connue ; comme ils ont déserté par passion ou par libertinage, ils cherchent à couvrir la honte de leur apostasie par une haine déclarée contre l'Eglise ; ils font comme les rebelles, qui disent que quand on a une fois tiré l'épée contre le gouvernement, il faut jeter le fourreau dans la rivière.

Les catholiques ont usé de contrainte à l'égard des protestants ; ceux-ci, à leur tour, l'ont employée contre les catholiques : la question est toujours de savoir lequel des deux partis avait le meilleur droit, les possesseurs légitimes enfants de la maison, ou les usurpateurs. *Voy.* Tolérance, Intolérance, Violence, etc.

Liberté de penser, expression aussi captieuse que la précédente. Qu'un homme pense intérieurement ce qu'il voudra, aucune puissance sur la terre n'a intérêt de s'en informer, et n'a aucun moyen de le connaître ; les pensées d'un homme, renfermées en lui-même, ne peuvent faire ni bien ni mal à personne. Mais par *liberté de penser*, les incrédules entendent non-seulement la liberté de ne rien croire et de n'avoir aucune religion, mais encore le droit de prêcher l'incrédulité, de parler, d'écrire, d'invectiver contre la religion; quelques-uns y ajoutent le privilége de déclamer contre les lois et contre le gouvernement : ils prétendent que cette *liberté* est de droit naturel, qu'on ne peut la leur ôter sans absurdité et sans injustice; par conséquent ils ont trouvé bon de s'en mettre en possession. Comme les prêtres et les magistrats s'opposent à cette licence, les incrédules disent qu'il y a entre les magistrats et les prêtres une conspiration et un dessein formé de mettre les peuples à la chaîne, d'étouffer toutes les lumières et tous les talents, afin de dominer plus despotiquement.

Mais des philosophes, qui croient avoir toutes les lumières possibles et tous les talents, devraient commencer par s'accorder avec eux-mêmes, et ne pas fournir des armes contre eux. Déjà nous avons réfuté leurs prétentions au mot INCRÉDULES; mais on ne peut trop insister sur l'absurdité de leurs raisonnements. 1° Tous ne pensent pas de même; plusieurs sont convenus que les magistrats ont droit de réprimer ceux qui osent professer l'athéisme, et de les faire périr même, si l'on ne peut pas autrement en délivrer la société, parce que l'athéisme renverse tous les fondements sur lesquels la conservation et la félicité des hommes sont principalement établies. D'autres ont dit qu'il faut punir les libertins, qui n'attaquent la religion que parce qu'ils sont révoltés contre toute espèce de joug, et qu'ils ne respectent ni les lois, ni les mœurs; parce qu'ils déshonorent et la religion dans laquelle ils sont nés, et la philosophie de laquelle ils font profession. Un déiste célèbre a écrit que les ridicules outrageants, les impiétés grossières, les blasphèmes contre la religion, sont punissables, parce qu'ils n'attaquent pas seulement la religion, mais ceux qui la professent; que c'est une insulte qu'on leur fait, et qu'ils ont droit de s'en ressentir. Un autre a soutenu que quand on annonce au peuple un dogme qui contredit la religion dominante, et qui peut troubler la tranquillité publique, le gouvernement a droit de sévir, et le peuple de crier, *crucifige*. Un philosophe anglais condamne les esprits forts, qui se persuadent que, parce qu'un homme a droit de penser et de juger par lui-même, il a aussi droit de parler comme il pense. La *liberté*, dit-il, lui appartient en tant qu'il est raisonnable; mais il est gêné par les lois, comme membre de la société. Un autre ne veut reconnaître ni pour bons citoyens, ni pour bons politiques, ceux qui travaillent à détruire la religion, parce qu'en affranchissant les hommes d'un des freins de leurs passions, ils rendent l'infraction des lois de l'équité et de la société plus aisée et plus sûre à cet égard. Enfin, un de nos écrivains pense que l'on doit laisser à la prudence du gouvernement et des magistrats à déterminer en ce genre ce qu'il vaut mieux ignorer que punir. Ainsi, voilà la *liberté de penser, de parler et d'écrire*, condamnée par ceux mêmes qui en ont fait usage. — 2° Ses partisans les plus outrés sont convenus que les systèmes d'irréligion ne sont pas faits pour le peuple, qu'il a besoin d'un frein pour le contenir et réprimer ses passions, qu'à tout prendre il vaut encore mieux qu'il ait une religion fausse que de n'en point avoir du tout. Quelle est donc la témérité et la démence de ceux qui publient des recueils d'objections contre la religion, qui s'attachent à les mettre à portée du peuple, et à le plonger ainsi dans l'irréligion? — 3° Un des principaux reproches qu'ils font à la religion est de faire naître des disputes et des divisions parmi les hommes; mais en écrivant contre elle, ils fournissent matière à des disputes nouvelles, plus capables qu'aucune autre à mettre les hommes aux prises. Il s'agit de savoir si le christianisme est vrai ou faux, utile ou pernicieux à la société, s'il y a un Dieu ou s'il n'y en a point, une vie à venir ou un anéantissement éternel, etc. Qui peut leur répondre que, si leurs principes venaient à former une secte nombreuse, on ne verrait pas renaître les séditions, les guerres, les massacres, dont ils ne cessent pas de renouveler le souvenir? — 4° Ils ont applaudi aux souverains qui n'ont pas voulu permettre l'établissement du christianisme dans leurs États, qui ont même employé les supplices pour le bannir, parce qu'il leur a semblé propre à troubler la tranquillité de leurs sujets. Mais si les souverains de l'Europe sont bien convaincus de la vérité, de la sainteté, de l'utilité du christianisme, et des pernicieux effets que peut produire la *liberté de penser*, ont-ils moins de droit de sévir contre cette *liberté*, que les souverains infidèles n'en ont de proscrire le christianisme? — 5° L'on a cité cent fois la *liberté* que laissaient les Romains de parler et d'écrire contre leur religion, de la jouer sur le théâtre, de lancer des sarcasmes contre les dieux, de professer l'athéisme en plein sénat, etc. D'autre part, on sait avec quelle rigueur ils ont défendu l'introduction de toute religion nouvelle, avec quelle cruauté ils ont persécuté les prédicateurs et les sectateurs du christianisme; ils ont poussé le fanatisme jusqu'à croire qu'ils étaient redevables de leurs victoires et de leur prospérité à la protection des dieux, que le salut de l'empire dépendait de la conservation du paganisme. *Voy. l'Hist. de l'Acad. des Inscript.*, t. XVI, in-12, p. 202. Mais on sait aussi l'effet qu'a produit cette contradiction ridicule. Polybe et d'autres ont observé que l'irréligion des particuliers, et surtout des grands, étouffa peu à peu les vertus patriotiques, causa la décadence et enfin la ruine totale de l'empire. Cet exemple même doit servir de leçon à tout gouvernement qui serait tenté d'imiter une conduite aussi absurde. Vainement l'on a encore insisté sur la *liberté* de la presse qui règne en Angleterre; la conduite des Anglais n'a été ni plus conséquente, ni plus sensée que celle des Romains. Dans le temps que le gouvernement laissait publier impunément des livres d'athéisme et d'irréligion, si un écrivain avait fait un livre pour prouver qu'il fallait rétablir en Angleterre le catholicisme et l'ancienne autorité des rois, il aurait expié cette *liberté de penser* sur un échafaud. Enfin, à force de tolérer la licence, le gouvernement s'est trouvé obligé de la réprimer, et de punir les auteurs de livres impies. — 6° Pendant plus de cinquante ans les incrédules français ont joui à peu près de la même *liberté* que les Anglais; il n'est aucune de leurs productions qui n'ait vu le jour : il y a de quoi former une bibliothèque entière d'irréligion. Ils ont prêché successivement le déisme, l'athéisme, le matérialisme; ils se sont emportés avec une fureur égale contre les prêtres, contre les magistrats, contre les lois, contre les souverains : que diront-ils de plus, et quel effet ont-ils produit? Ils ont enlevé à la religion quelques esprits faux que le libertinage lui avait déjà débauchés; ils ont augmenté la corruption des mœurs dans tous les états, ils ont multiplié les suicides autrefois inouïs; ils ont donné lieu à des crimes dont les magistrats ont été forcés de punir les coupables. Tels sont leurs exploits et les grands avantages que produit la *liberté de penser*, d'écrire et de déraisonner. *Voy.* Tolérance, Intolérance, etc.

Liberté politique. Cet article ne tient que très-indirectement à la théologie; mais, comme il a plu aux incrédules de soutenir que le christianisme est de toutes les religion la moins favorable à la *liberté* des peuples, il est de notre devoir de prouver le contraire. Après avoir montré, au mot Despotisme, que ce vice du gouvernement ne vient point de la religion, il nous reste encore à faire voir qu'il n'est point de vraie *liberté* que celle qui est fondée sur la loi divine et sur la religion, qu'aucune religion ne tend plus directement que la nôtre à contenir dans de justes bornes l'autorité du souverain. *La Politique tirée de l'Ecriture sainte*, par M. Bossuet, nous fournit des preuves surabondantes; mais nous ne prendrons que les principales, et les réflexions de nos adversaires mêmes achèveront de mettre en évidence le fait que nous soutenons.

Dans l'Ancien et le Nouveau Testament, nous apprenons que tous les hommes sont frères, nés du même sang, destinés tous à jouir des bienfaits du Créateur (*Gen.*, c. i, v. 28; c. xix, v. 7; *Matth.* c. xxiii, v. 8, etc.). Comme la société leur est nécessaire pour leur bien, Dieu les a formés pour vivre ensemble et s'aider mutuellement; la société ne pouvant subsister sans subordination, il a fallu des lois et un pouvoir souverain pour les faire exécuter. C'est Dieu lui-même qui a donné des lois aux premiers hommes, et qui a fondé la société civile par la société domestique; afin de rendre les lois civiles plus respectables, Dieu fit placer dans un même code celles des Juifs avec les lois morales et les lois religieuses. L'Ecriture nous enseigne encore que toute puissance humaine vient de Dieu, que c'est lui qui en a fixé l'étendue et les bornes (*Rom.*, c. xiii, v. 1 et suiv.). Les rois ne sont donc pas les propriétaires du pouvoir souverain, mais seulement les dépositaires : c'est à Dieu qu'ils doivent en rendre compte. Dieu les nomme *pasteurs* de son peuple : comme le troupeau n'est point fait pour le pasteur, mais le pasteur pour le troupeau, ce n'est point pour l'avantage personnel des rois que Dieu les a placés sur le trône, mais pour le bien du peuple; le peuple est à Dieu, et non au roi; celui-ci doit être l'image de la bonté de Dieu et le ministre de sa providence toujours juste et bienfaisante.

Dieu n'a point dispensé les rois de la loi générale qui ordonne à tout homme de faire aux autres ce qu'il veut qu'on lui fasse (*Matth.*, c. vii, v. 12), il leur commande, au contraire, d'avoir continuellement sa loi sous les yeux, cette loi éternelle, juste et sainte, qui ne fait point acception des personnes, et qui pourvoit également aux droits de tous (*Deut.*, c. xviii, v. 16 et suiv.). Il les avertit que, quand ils jugent, ce n'est pas leur propre jugement qu'ils exercent, mais celui de Dieu; qu'il les jugera lui-même, et que s'ils abusent de leur pouvoir, il les punira plus sévèrement que les particuliers (*Sap.*, c. vi, v. 2, 3, 9, etc.). En effet, l'histoire sainte nous montre les rois toujours punis de leurs fautes par la révolte de leurs sujets, par des ennemis étrangers, par les désordres de leur propre famille, par les fléaux que Dieu leur envoie. Si à ces grandes leçons nous ajoutons toutes les vertus que Dieu commande aux souverains, la justice, la sagesse, la douceur, la modération, la clémence, la constance et la fermeté, la piété, la chasteté, l'assiduité aux affaires, la prudence dans le choix des ministres, le soin de soulager les pauvres et de protéger les faibles, de renoncer à toute conquête injuste, d'éviter la guerre, source féconde de désastres et de malheurs : quel prétexte un roi trouvera-t-il dans sa religion pour opprimer les peuples, pour leur ravir le degré de *liberté* que Dieu leur a laissée, et qui est nécessaire à leur bonheur, pour établir le despotisme sur la ruine des lois? Lorsqu'un philosophe a écrit que la superstition a fait croire aux hommes que les dépositaires de l'autorité publique avoient reçu des dieux le droit de les asservir et de les rendre malheureux, *Polit. nat.*, tom. II, disc. 5, § 7, il doit du moins avouer que cette superstition n'est pas née du christianisme. Quel système nos profonds politiques ont-ils imaginé qui soit plus favorable à la *liberté* des peuples? Ils sont forcés d'observer eux-mêmes qu'*être libre* ce n'est pas avoir le pouvoir de faire tout ce qu'on veut, mais tout ce qu'on doit vouloir; que l'homme étant destiné par la nature à vivre en société, il est par là même assujetti à tous les devoirs qu'exige le bien commun de la société dans laquelle sa naissance l'a placé. *Ibid.*

Le degré de *liberté* légitime est donc relatif au caractère de chaque nation, à la masure d'intelligence et de sagesse qu'elle a pour se conduire, de vertu à laquelle elle est parvenue, ou de corruption dans laquelle elle est tombée. Un peuple léger, frivole, inconstant, perverti par le luxe et par un goût effréné pour le plaisir, auquel il ne reste ni mœurs, ni patriotisme, ni respect pour les lois, est-il capable d'une grande *liberté*? Plus il la désire, moins il la mérite; plus il semble redouter l'esclavage, plus il fait de pas pour y tomber; ses clameurs contre le despotisme avertissent le gouvernement de bander tout ses ressorts et de renforcer son pouvoir : c'est par le despotisme même que Dieu menace de punir une nation vicieuse (*Isaï.*, XIX, 4).

Nos politiques incrédules, qui ne veulent ni Dieu ni loi divine, commencent par supposer que l'homme est *libre* par nature, affranchi de toute loi, maître absolu de lui-même et de ses actions; que *sa liberté* ne peut être gênée qu'autant qu'il y consent pour son bien ; que la société civile est fondée sur un contrat par lequel l'homme s'est soumis aux lois et au souverain, afin d'en être protégé ; que, quand il sent qu'il est mal gouverné, il peut rompre son engagement et rentrer dans l'indépendance.

Au mot SOCIÉTÉ nous réfuterons ce système absurde ; il est bien étrange que des philosophes, qui nous refusent la *liberté* naturelle ou le libre arbitre, veuillent pousser si loin la *liberté politique*. C'est une contradiction d'affirmer que l'homme est destiné à la société par la nature, que cependant il est libre par nature et affranchi de toute loi. La société peut-elle donc subsister sans loi, et y a-t-il des lois lorsque personne n'est tenu de les observer ? La *nature* ne signifie rien, si par ce terme l'on entend autre chose que la volonté du Créateur ; la *nature*, prise pour la matière, ne veut rien, n'ordonne rien, ne dispose de rien ; mais Dieu, créateur de l'homme, est aussi l'auteur de ses besoins et de sa destinée, par conséquent de la société et des lois sociales ; c'est lui qui, sans consulter l'homme, lui a imposé pour son bien les devoirs de société. C'est donc une absurdité de supposer que l'homme, qui a Dieu pour maître, est cependant son propre maître, qu'il peut disposer de lui-même contre la volonté de Dieu, qu'il faut un contrat pour limiter sa *liberté*, lorsque Dieu y a mis des bornes. La *liberté* du citoyen est-elle donc mieux en sûreté sous sa propre garde que sous celle de Dieu ? S'il peut à son gré rompre ses engagements, la force seule peut l'assujettir ; un souverain qui compte sur un autre moyen pour retenir ses sujets sous le joug des lois, est un insensé ; dès qu'il n'est pas despote, il n'est plus rien. Ainsi, en voulant outrer la *liberté politique*, on l'anéantit.

Mais la religion y a mieux pourvu : en rapportant à Dieu la société civile, aussi bien que la société naturelle, elle a fondé sur une base inébranlable l'autorité des rois, l'obéissance des peuples et les bornes légitimes de l'un et de l'autre. La loi divine, source de toute justice, le bien général de la société dont Dieu est le père, voilà les deux règles desquelles il n'est jamais permis de s'écarter. Ce bien général exige que le peuple ne soit jamais blessé dans les droits qui lui sont attribués par les lois ; mais il exige aussi que le souverain ne soit pas gêné dans l'exercice de son autorité par un pouvoir plus grand que le sien : le bien général ne demande point que le peuple soit le juge et l'arbitre de l'étendue de sa liberté, ni des bornes du pouvoir du souverain : l'expérience ne prouve que trop les abus qui résulteraient de cette constitution.

Nos adversaires n'ont pu les méconnaître ; plusieurs ont avoué qu'en général le peuple est incapable de se former une vraie notion de la *liberté*. « Pour peu, dit l'un d'entre eux, que l'on consulte l'histoire des démocraties, tant anciennes que modernes, on voit que le délire et la fougue président communément aux conseils du peuple... . Une multitude jalouse et ombrageuse croit avoir à se venger de tous les citoyens que le mérite, les talents ou les richesses lui rendent odieux ; c'est l'envie et non la vertu qui est le mobile ordinaire des républiques. » Il le prouve par l'exemple des Athéniens, des autres peuples de la Grèce et des Romains ; il montre le ridicule des Anglais, qui, par une crainte puérile de l'esclavage, ne font régner aucune police chez eux. « Est-ce donc jouir d'une vraie *liberté*, dit-il, que d'être exposé sans cesse aux insultes, aux boutades, aux excès d'une populace effrénée, qui croit par ses désordres exercer sa liberté ? » *Polit. nat.*, tome II, disc. 7, § 41 ; disc. 9, § 6, etc. Un autre a pensé de même : « Dans la démocratie, dit-il, bientôt le peuple, qui ne raisonne guère, qui ne distingue nullement la *liberté* de la licence, se vit déchiré par des factions; étourdi, inconstant, impétueux dans ses passions, sujet à des accès d'enthousiasme; il devint l'instrument de l'ambition de quelque harangueur, qui s'en rendit le maître et bientôt le tyran..... Ainsi la démocratie, en proie aux cabales, à la licence, à l'anarchie ; ne procure aucun bonheur à ses citoyens, et les rend souvent plus inquiets de leur sort que les sujets d'un despote ou d'un tyran. » *Système social*, II° part. c. 2, pag. 24, 31, etc. Un troisième n'a pas conçu une idée plus avantageuse de la *liberté* prétendue des Grecs et des Romains sous le gouvernement républicain ; il pense qu'il y a plus de *liberté* populaire aujourd'hui même dans les monarchies, qu'il n'y en avait dans les anciennes républiques. *De la félicité publique*, tom. II, c. 4. David Hume avait déjà fait cette observation ; et l'auteur, qui a recherché l'origine du despotisme oriental, semble l'avoir adoptée. Mais ces divers auteurs ne nous ont pas instruits des causes de cette heureuse révolution ; nous soutenons que l'Europe en est redevable au christianisme, puisqu'elle ne s'est faite que chez les nations chrétiennes.

On a fait un crime à M. Bossuet d'avoir prouvé que le pouvoir des rois doit être absolu, *Polit. tirée de l'Ecriture sainte*, tom. I, liv. IV, art. 1er. L'on a, pour rendre cette doctrine odieuse, affecté de confondre le pouvoir absolu avec le pouvoir illimité et arbitraire. Mais Bossuet lui-même s'est récrié contre cette injustice; il a soigneusement distingué ces deux choses. Par le pouvoir absolu, il entend, 1° que le prince n'est pas obligé de rendre compte à personne de ce qu'il ordonne; 2° que quand il a jugé, il n'y a point de tribunal supérieur auquel on puisse en appeler; 3° qu'il n'y a point de force coactive contre lui. Sans cela, dit-il, le prince ne pourrait faire le bien, ni réprimer le mal; il faut que sa puissance soit telle que personne ne puisse espérer de lui échapper : la seule défense des particuliers contre la puissance publique doit être innocence. *Ibid.* Mais il faut observer que les rois ne sont pas affranchis pour cela des lois, encore moins d'écouter les représentations et les remontrances; il prouve que les lois fondamentales de la monarchie doivent être sacrées et inviolables; qu'il est même très-dangereux de changer sans nécessité celles qui ne le sont pas, tom. I, liv. I, art. 4. Après avoir fait voir en quoi consiste le gouvernement arbitraire, il dit que cette forme est odieuse et barbare, qu'elle ne peut avoir lieu chez un peuple bien policé; que sous un Dieu juste il n'y a point de pouvoir purement arbitraire, tom. II, liv. VIII, art. 1, prop. 4; art. 2, prop. 1. C'est donc très-mal à propos qu'on l'accuse d'avoir favorisé le despotisme. — Ce sont plutôt nos adversaires qui travaillent à l'établir, en délivrant les rois du frein de la religion. Un souverain, qui envisagerait les hommes comme un vil troupeau de brutes sorties par hasard du sein de la matière, serait-il plus porté à respecter leur *liberté* et à s'occuper de leur bien-être, que celui qui les regarde comme les créatures d'un Dieu juste et sage, comme une grande famille dont Dieu est le père, comme des âmes rachetées par le sang d'un Dieu; comme les héritiers futurs d'un royaume éternel, etc. — Ils disent que la religion ne fait point d'impression sur les rois; que s'ils étaient athées, ils ne pourraient pas être pires; que le seul moyen de les forcer à être justes, est la raison : déclamation fougueuse et absurde. La crainte agit-elle plus puissamment sur les despotes que la religion? Un sultan ne peut ignorer qu'à tout moment il peut être détrôné, emprisonné et étranglé : il ne faut pour cela qu'une sentence du mufti, ou une révolte des soldats : on en connaît plusieurs exemples; ont-ils produit beaucoup d'effet? La Chine a essuyé vingt-deux révolutions générales; elles n'y ont pas allégé le joug du despotisme. Rome n'a été opprimée par un plus grand nombre de mauvais empereurs, que dans le temps qu'ils étaient massacrés impunément : on en compte trente-deux en moins d'un siècle. Nous cherchons vainement dans l'histoire ce que les peuples y ont gagné.

Nous convenons qu'un roi athée, s'il était né bon, ferait moins de mal que s'il était né méchant; mais comme nous n'en connaissons aucun qui ait fait profession d'athéisme, nous ne savons pas jusqu'à quel point un tel monstre serait capable de porter la cruauté. Peut-on prouver que parmi les princes chrétiens, ceux qui ont été les plus religieux et les plus pieux, ont été les plus mauvais? La plus grande grâce que l'on puisse faire aux incrédules est d'oublier les invectives séditieuses auxquelles ils se sont livrés. *Voy.* AUTORITÉ, GOUVERNEMENT, ROI.

LIBERTINI. *Voy.* AFFRANCHIS.

LIBERTINS, fanatiques qui s'élevèrent en Flandre vers l'an 1547. Ils se répandirent en France : il y en eut à Genève, à Paris, mais surtout à Rouen, où un cordelier infecté du calvinisme enseigna leur doctrine. Ils soutenaient qu'il n'y a qu'un seul esprit de Dieu répandu partout, qui est et qui vit dans toutes les créatures; que notre âme n'est autre chose que cet esprit de Dieu, et qu'elle meurt avec le corps : que le péché n'est rien, et qu'il ne consiste que dans l'opinion, puisque c'est Dieu qui fait tout le bien et tout le mal; que le paradis est une illusion et l'enfer un fantôme inventé par les théologiens. Ils soutenaient que les politiques ont forgé la religion pour contenir les peuples dans l'obéissance, que la régénération spirituelle ne consiste qu'à étouffer les remords de la conscience; la pénitence, qu'à soutenir que l'on n'a fait aucun mal; qu'il est permis et même expédient de feindre en matière de religion et de s'accommoder à toutes les sectes. — Ils ajoutaient à tout cela des blasphèmes contre Jésus-Christ, en disant que ce personnage était un je ne sais quoi, composé de l'esprit de Dieu et de l'opinion des hommes. Ces principes impies leur firent donner le nom de *libertins* que l'on a toujours pris depuis dans un mauvais sens. Ils se répandirent aussi en Hollande et dans le Brabant. Leurs chefs furent un tailleur de Picardie, nommé Quintin, et un nommé *Coppin* ou *Choppin*, qui s'associa à lui et se fit son disciple.

On voit que leur doctrine est en plusieurs articles la même que celle des incrédules d'aujourd'hui; le libertinage d'esprit, qui se répandit à la naissance du protestantisme, devait naturellement conduire à ces excès tous ceux dont les mœurs étaient corrompues. — Quelques historiens ont rapporté autrement les articles de croyance des *libertins* dont nous parlons, et cela n'est pas étonnant; une secte, qui professe le libertinage d'esprit et de cœur, ne peut pas avoir une croyance uniforme.

On dit qu'un des plus grands obstacles que Calvin trouva, lorsqu'il voulut établir à Genève sa réformation, fut un nombreux parti de *libertins*, qui ne pouvaient souffrir la sévérité de sa discipline; et l'on conclut de là que le libertinage était le caractère dominant de l'Église romaine. Mais ne s'est-il plus trouvé de *libertins* dans aucun des lieux où la prétendue réforme était bien établie et le papisme profondément oublié?

Jamais le nombre d'hommes pervers, perdus de mœurs et de réputation n'a été plus grand que depuis l'établissement du protestantisme; on pourrait le prouver par l'aveu même de ses plus zélés défenseurs. Il est évident que les principes des *libertins* n'étaient qu'une extension de ceux de Calvin. Ce réformateur le comprit très-bien, lorsqu'il écrivit contre ces fanatiques; mais il ne put réparer le mal dont il était le premier auteur. (*Hist. de l'Eglise gallicane*, t. XVIII, an. 1549.)

LIBRE. Dans le xvi° siècle on donna ce nom à quelques hérétiques qui suivaient les erreurs des anabaptistes, et qui secouaient le joug de tout gouvernement, soit ecclésiastique, soit séculier. Ils avaient des femmes en commun, et ils appelaient *union spirituelle* les mariages contractés entre frère et sœur; ils défendaient aux femmes d'obéir à leurs maris lorsqu'ils n'étaient pas de leur secte. Ils se prétendaient impeccables après le baptême, parce que, selon eux, il n'y avait que la chair qui péchât; et dans ce sens, ils se nommaient des *hommes divinisés*. Ce n'est pas ici la seule secte dans laquelle le fanatisme se joint à la corruption des mœurs; plusieurs autres ont eu recours au même expédient pour étouffer les remords et satisfaire plus librement les passions. Gauthier, *Chronique*, sect. 16, c. 70.

* LIBRES PENSEURS. Il y a eu de tout temps des libres penseurs, des esprits forts, qui ont dédaigné les routes battues et se sont frayé des sentiers inconnus du vulgaire. La maladie d'innover est aussi ancienne que l'homme; elle a son fondement dans l'orgueil de notre nature. Quoi de plus agréable que de se dire : « Le monde avant moi marchait dans les ténèbres, j'ai fait luire la lumière ? » Il s'en faut cependant que les effets répondent à de telles prétentions. Que sont toutes les inventions religieuses, philosophiques, politiques, sociales, qui s'étalent chaque matin sous nos yeux, sinon de vieilles idées condamnées par l'expérience et flétries par l'histoire? Nous avons vu le mal que les libres penseurs du xv° et du xviii° siècle ont fait à la religion. Nous voyons le tort que les libres penseurs font à la société et aux gouvernements établis. Leurs belles théories amoncellent des ruines et rien que des ruines.

Il y a eu en Angleterre une société religieuse connue sous le nom de *Libres penseurs*. Ils ne reconnaissaient ni divinité de Jésus-Christ, ni péché originel, ni baptême, ni cène, ni chant. Leurs réunions consistaient en banquets fraternels, qui rappelaient ceux des premiers chrétiens. Ils n'avaient d'autres livres sacrés que l'Evangile qu'ils expliquaient d'une manière tout humaine. On voit que ce n'étaient des chrétiens que de nom, et en réalité, de ces prétendus philosophes qui se sont multipliés pour le malheur du monde. Les libres penseurs existent encore en Angleterre comme association religieuse.

LICENCE, LICENCIÉ. Dans la faculté de théologie, on nomme *licence* le cours d'études de deux ans qui se fait depuis qu'un étudiant a reçu le degré de bachelier, jusqu'à ce qu'il obtienne celui de *licencié*. Un *bachelier en licence* est celui qui fait ce cours d'études; il est obligé d'assister à toutes les thèses qui se soutiennent, d'y argumenter, de subir plusieurs examens et de soutenir des thèses. Le degré de *licencié* est ainsi nommé, parce que celui qui l'obtient reçoit non-seulement la *licence* ou la permission de se retirer, mais le privilége de lire et d'enseigner publiquement la théologie. *Voy.* DEGRÉ.

Comme le goût dominant de notre siècle est de changer tout ce qui s'est fait autrefois, il s'est trouvé des censeurs qui ont blâmé cette manière d'exercer les jeunes gens à la théologie. Ils ont dit que les études de *licence* n'étaient bonnes qu'à faire des disputeurs, à perpétuer les subtilités de la scolastique, à dégoûter du travail paisible du cabinet; que de fréquents examens à subir, et la lecture assidue des bons auteurs seraient plus capables de donner aux ecclésiastiques les connaissances dont ils ont besoin pour servir utilement l'Eglise.

On nous permettra de prendre la défense de l'usage établi. 1° Il faut un aiguillon puissant pour exciter à l'étude des jeunes gens souvent paresseux, dissipés, trop confiants à leur capacité naturelle. Le plus puissant de tous est certainement l'émulation ou le désir de se distinguer parmi des compagnons d'étude; un jeune théologien ne connaît bien ses forces ni sa faiblesse que quand il s'est mesuré avec ceux qui courent la même carrière. Le désir de mériter l'approbation et les suffrages des examinateurs ne sera jamais aussi vif que l'ambition de l'emporter sur des concurrents. Une preuve de cette vérité, c'est que plusieurs négligent l'étude après leur *licence*, parce qu'ils n'ont plus le même motif d'émulation. — 2° Quoi qu'on en dise, la méthode scolastique est nécessaire : nous le prouverons en son lieu. Les hérétiques l'ont décriée, parce qu'elle aguerrit contre eux les théologiens catholiques, et il est fort aisé d'en corriger les défauts, s'il s'y en trouve encore. Se flattera-t-on de créer aujourd'hui, par une méthode nouvelle, des théologiens plus habiles que Bossuet, Fénelon, Tournély, etc., qui avaient fait leur *licence*? — 3° Rien n'empêche les évêques d'établir pour les ecclésiastiques, après leur *licence*, des examens sur les questions de morale et de pratique, sur l'explication de l'Ecriture sainte, sur la discipline de l'Eglise, etc. Autrefois la maison épiscopale était le séminaire des clercs, et l'évêque lui-même leur premier maître; aucun ecclésiastique ne refuserait de se soumettre à ce nouveau cours d'études en sortant de dessus les bancs; l'émulation y serait entretenue par l'espérance d'être plus promptement et plus avantageusement placé qu'un autre. Il faudrait donc commencer par essayer quelque part la méthode que l'on juge être la meilleure; si elle réussissait mieux que l'ancienne, il serait permis alors de raisonner d'après ce succès : jusqu'à ce que l'épreuve soit faite, il faut se défier beaucoup du jugement des réformateurs.

* LIEUX SAINTS. Rien au monde n'est plus digne de fixer l'attention de l'homme que tout ce qui tient au culte de la Divinité. Il puise de profonds enseigne-

ments dans l'étude des dogmes qui sont le fondement de toute religion, dans la connaissance des cérémonies qui doivent en manifester l'esprit, dans l'idée de ses ministres qui doivent l'honorer. Il n'y a pas même jusqu'aux lieux consacrés par les peuples pour honorer la Divinité, qui ne doivent parler au cœur de l'homme. Ces lieux méritent de devenir l'objet de notre étude.

Les hommes ont-ils eu, dès l'origine, des lieux plus spécialement consacrés au service divin? L'homme a besoin d'un culte public; notre nature et l'histoire du genre humain en attestent la nécessité. Il est donc aussi ancien que le monde. Mais, dans nos idées, un culte public et des lieux plus spécialement consacrés à la Divinité sont corrélatifs. Nous croyons donc que, dès l'origine, les hommes ont eu des lieux plus spécialement consacrés au culte de la Divinité.

Le Pentateuque nous révèle que les premiers enfants de la terre, aussi simples dans leurs rites que dans leurs mœurs, rendaient partout, sans distinction de lieux, leurs hommages au Créateur de toutes choses. Un autel de pierre élevé au fond de la vallée, des fruits offerts au pied de l'arbre qui les avait portés, par la main peut-être qui les avait détachés, des animaux immolés dans le champ qui les avait nourris, la prière sur la montagne, où il était permis de sacrifier, voilà quels furent les lieux sacrés à l'origine.

Abraham, afin sans doute d'environner de plus de respect l'autel qu'il avait dressé à Bersabée, planta tout autour un bois, où il se rendait lui et ses enfants avec l'assiduité la plus louable. Cet usage se répandit rapidement, et toutes les hauteurs furent à la fois plantées de bocages. — Les païens consacrèrent des arbres à leurs divinités. Ils placèrent au milieu des sombres forêts les temples des divinités farouches. Un bois de myrte environnait la demeure des dieux des plaisirs. Leurs adorateurs pouvaient s'égarer dans les sentiers tortueux et se livrer à la volupté sous la garde du dieu tutélaire. Peut-on s'étonner, après cela, que le Seigneur ait ordonné aux Israélites d'abattre les forêts des Chananéens, de détruire leurs statues? C'était un devoir prescrit par la morale; c'était une nécessité pour un peuple qui éprouvait un si violent penchant pour les divinités étrangères. Il leur fallait un culte sévère qui leur rappelât sans cesse l'unité de Dieu. C'est ce qui faisait très-bien le tabernacle, le seul qu'il fût permis d'élever au Seigneur.

LIEUX THÉOLOGIQUES. Ce sont les sources dans lesquelles les théologiens puisent des preuves pour appuyer les vérités qu'ils veulent établir. Dans le même sens, Cicéron a nommé *lieux oratoires* les sources qui fournissent des preuves aux orateurs.

Melchior Cano, dominicain, évêque des Canaries, qui avait assisté au concile de Trente, a fait un très-bon traité des *Lieux théologiques*. Il serait à souhaiter que la forme en fût aussi agréable que le fond en est solide; mais il s'est trop attaché à la méthode scolastique; c'est ce qui rend la lecture de cet ouvrage peu attrayante. L'auteur est mort au milieu du XVIe siècle, dans un temps auquel les études de théologie n'avaient pas encore pris la bonne route qu'elles suivent aujourd'hui. Après avoir remarqué que la théologie est une science de tradition, d'autorité et non de raisonnements, il distingue dix espèces de preuves ou de *lieux théologiques*: 1° l'Ecriture sainte, qui est la parole de Dieu; 2° la tradition conservée de vive voix depuis les apôtres jusqu'à nous; 3° l'autorité de l'Eglise catholique; 4° les décisions des conciles généraux qui la représentent; 5° l'autorité de l'Eglise romaine ou des souverains pontifes; 6° le témoignage des Pères de l'Eglise; 7° le sentiment des théologiens qui ont succédé aux Pères dans la fonction d'enseigner, et auxquels on peut joindre les canonistes; 8° les raisonnements par lesquels on tire des conséquences de ces différentes preuves; 9° l'opinion des philosophes et des jurisconsultes; 10° le témoignage des historiens touchant les matières de fait. On trouvera dans ce *Dictionnaire* des articles particuliers sur chacun de ces chefs.

1° Pour établir l'autorité de l'Ecriture sainte, l'évêque des Canaries observe que Dieu, dont elle est la parole, ne peut nous induire en erreur, ni par lui-même, ni par l'organe de ceux qu'il a inspirés, et auxquels il a donné mission pour déclarer ses volontés aux hommes. Il prouve que le discernement des livres que l'on doit recevoir comme parole de Dieu ne peut se faire que par le jugement de l'Eglise. Il répond aux raisons des hérétiques qui ont prétendu que l'on peut discerner ces livres par eux-mêmes, et découvrir sans autres secours s'ils sont inspirés ou non. Quant aux livres dont la canonicité a été révoquée en doute pendant quelque temps, il montre que l'on ne doit pas les rejeter. Il établit l'autorité de la version Vulgate, sans contester l'utilité des textes originaux, ni de l'étude des anciennes langues; il fait voir que cette version fait preuve et doit être reçue pour authentique dans le sens que l'a déclaré le concile de Trente. Il traite ensuite la question de savoir jusqu'à quel point l'on doit étendre l'inspiration et l'assistance que Dieu a donnée aux auteurs sacrés; il soutient que ces écrivains n'ont pu se tromper en rien, qu'il n'y a aucune erreur dans leurs écrits, qu'il n'a cependant pas été nécessaire que Dieu leur dictât jusqu'aux mots et aux syllabes. *Voy.* CANON, ECRITURE SAINTE, INSPIRATION, etc. — 2° Sur le second chef, Melchior Cano s'attache à prouver que les apôtres, outre les vérités qu'ils ont mises par écrit, en ont enseigné d'autres que l'Eglise a soigneusement conservées, et que l'on doit y croire comme à celles qui sont consignées dans l'Ecriture sainte. Il observe que l'Eglise de Jésus-Christ était formée avant que le Nouveau Testament eût été écrit, à plus forte raison avant que l'on eût pu le traduire dans les différentes langues des peuples convertis. Il fait voir que la virginité perpétuelle de Marie, la descente de Jésus-Christ aux enfers, la validité du baptême des enfants, etc., qui sont des dogmes de la foi chrétienne, ne se trouvent pas clairement et formellement révélées dans les Ecritures; qu'il en est de même de plusieurs usages qui viennent certainement des apôtres. Il n'y a d'ailleurs aucune raison de croire que les apôtres ont mis par écrit tout ce qu'ils ont enseigné de vive voix; celles que les protestants ont alléguées pour le prouver ne sont pas plus solides: notre auteur y répond;

il donne des règles pour discerner les traditions que l'on doit regarder comme apostoliques. *Voy.* TRADITION. — 3° En troisième lieu, touchant l'*Eglise*, après avoir fixé le sens de ce terme, et après avoir montré qui sont les membres de cette société sainte, Cano prouve qu'elle ne peut ni tomber dans l'erreur, ni y entraîner les fidèles, conséquemment que le corps des pasteurs chargé d'enseigner ne peut ni se tromper, ni égarer le troupeau : il discute les autorités, les faits, les raisonnements que les hérétiques ont opposés à cette vérité. *Voy.* EGLISE, INFAILLIBILITÉ. — 4° Ce qui est vrai à l'égard de l'Eglise universelle s'applique naturellement aux conciles généraux qui la représentent ; l'Eglise même ne peut professer et déclarer sa foi d'une manière plus authentique que ni plus éclatante que dans une assemblée générale de ses pasteurs. Conséquemment Cano soutient que dans les matières qui concernent la foi et les mœurs, un concile général est infaillible ; mais, comme tous les théologiens ultramontains, il fait dépendre cette infaillibilité de la convocation, de la présidence et de la confirmation qu'en fait le souverain pontife, tellement que si une de ces choses manque, le concile n'a plus aucune autorité : doctrine à laquelle nous ne souscrivons point, et qui est contraire à celle du clergé de France. *Voy.* CONCILE, INFAILLIBILITÉ. — 5° De même, en traitant de l'autorité du souverain pontife en matière de foi, l'évêque des Canaries fait son possible pour la rendre égale à celle d'un concile général ; il allègue les passages de l'Ecriture sainte, des conciles, des Pères de l'Eglise, surtout des papes, qui semblent favorables à cette opinion. Mais M. Bossuet, dans sa *Défense de la Déclaration du clergé de France* de 1682, a solidement répondu à toutes ces autorités ; il a fait voir que les ultramontains en poussent trop loin les conséquences, et il leur oppose des preuves auxquelles Cano ne satisfait point. *Voy.* PAPE, INFAILLIBILITÉ (1). — 6° A l'égard de l'autorité des Pères de l'Eglise, il observe que leur sentiment, lorsqu'il n'est pas unanime, ou du moins suivi par le très-grand nombre, ne fait qu'un argument probable. A cette occasion, il s'élève contre les théologiens qui ont voulu faire du seul saint Augustin un cinquième évangile, et donner à ses ouvrages une autorité égale à celle des livres canoniques. *Voy.* SAINT AUGUSTIN. Mais il soutient qu'en fait de matières dogmatiques, lorsque le très-grand nombre des Pères enseignent une même doctrine, on doit regarder ce consentement comme une marque certaine de vérité. En effet, si presque tous avaient adopté une même erreur, il s'ensuivrait qu'ils y ont entraîné l'Eglise entière, puisqu'en général les fidèles ont toujours suivi avec docilité la doctrine des Pères, et les ont regardés comme leurs maîtres et leurs guides. D'ailleurs, comment un grand nombre d'hommes recommandables par leurs lumières et par leurs vertus, qui ont vécu en différents temps et en différents lieux, entre lesquels il ne peut y avoir eu de collusion, auraient-ils embrassé tous la même opinion sans fondement, sans intérêt contre toute apparence de vérité ? L'unanimité ou la presque unanimité de leurs sentiments sur une question dogmatique n'a pas pu se former par hasard : on ne peut en imaginer une autre cause que la solidité des preuves. *Voy.* PÈRES DE L'EGLISE. — 7° Après avoir allégué les reproches et les invectives que les hérésiarques et leurs partisans ont vomis contre les théologiens, l'auteur, sans dissimuler les défauts dans lesquels plusieurs scolastiques sont tombés, fait voir qu'on ne doit pas les attribuer à la théologie, de même que l'on ne rend point la philosophie responsable des défauts des philosophes. Il convient que, quand les théologiens disputent et ne sont point d'accord sur une question, leur avis ne fait pas preuve ; mais lorsque le très-grand nombre sont de même sentiment, il y a de la témérité à le contredire et à le taxer d'erreur. En effet, non-seulement le commun des fidèles se trouve dans la nécessité de s'en rapporter à ceux qui sont chargés d'enseigner, mais les pasteurs même de l'Eglise, assemblés en concile, n'ont jamais manqué de consulter les théologiens et de prendre leur avis. Il en est de même des canonistes en matière de lois et de discipline. On voit aisément que les calomnies des hérétiques contre les théologiens leur ont été dictées par la passion ; il leur était naturel de haïr et de décrier des adversaires qu'ils redoutaient, et qui souvent les couvraient de confusion. *Voy.* THÉOLOGIE, SCOLASTIQUE. — 8° Sur l'usage que l'on doit faire du raisonnement dans les matières théologiques, Cano convient que les scolastiques des derniers siècles en ont abusé, lorsqu'au lieu de fonder les dogmes de la foi sur l'Ecriture sainte et sur la tradition, ils se sont attachés à les prouver principalement par des raisonnements philosophiques. Mais il n'approuve pas non plus ceux qui auraient voulu bannir de la théologie l'usage de la dialectique et des autres sciences humaines. Puisque les hérétiques et les incrédules s'en servent pour attaquer les vérités de la foi, un théologien, pour les défendre, est obligé de recourir aux mêmes armes ; et cela n'a jamais été plus nécessaire que dans notre siècle, puisque l'on y a fait usage de toutes les sciences pour attaquer l'Ecriture sainte et les preuves de notre religion. Une étude indispensable est celle de la critique pour apprendre à distinguer les monuments authentiques d'avec ceux qui ne le sont pas. *Voy.* CRITIQUE, MÉTAPHYSIQUE. — 9° En parlant des philosophes, notre auteur ne dissimule pas que, dans l'origine du christianisme, ils en ont été les plus mortels ennemis, et que, selon les observations des Pères de l'Eglise, les hérésies ont été enfan-

---

(1) Nous avons combattu l'opinion gallicane dans nos art. DÉCLARATION DU CLERGÉ DE FRANCE, DE 1682, et INFAILLIBILITÉ DU PAPE.

tées par des hommes qui ont voulu assujettir les dogmes révélés de Dieu aux opinions philosophiques. Les Pères ont donc été obligés de connaître ces opinions, et ils s'en sont servis avec avantage, soit pour réfuter les erreurs, soit pour défendre les vérités chrétiennes. Aujourd'hui on leur en fait un crime, sans vouloir considérer les circonstances dans lesquelles ils étaient, le caractère et le génie de leurs adversaires. Nous nous trouvons encore dans le même cas que les Pères, nous sommes forcés de les imiter. Mais, loin de fonder les vérités révélées sur les opinions philosophiques, nous nous servons des premières pour discerner ce qu'il y a de vrai ou de faux dans les secondes. Celles-ci méritent d'autant moins de croyance, qu'elles changent de siècle en siècle. Il n'en est peut-être aucune qui n'ait déjà été successivement suivie et abandonnée, défendue et réfutée, deux ou trois fois depuis la naissance de la philosophie. A la première apparition d'un système qui est ou qui paraît nouveau, les esprits superficiels l'embrassent avec enthousiasme; mais bientôt il se trouve des raisonneurs qui le détruisent de fond en comble. Nous pourrions en citer plusieurs exemples. *Voy.* PHILOSOPHIE.

Selon la remarque judicieuse de notre auteur, c'est un abus de vouloir que les auteurs sacrés, qui parlaient pour tout le monde, se soient servis du langage philosophique plutôt que du style populaire : leurs expressions ne peuvent donc servir ni à prouver ni à combattre les opinions spéculatives des philosophes; mais on doit rejeter celles-ci, lorsqu'elles paraissent imaginées exprès pour attaquer nos livres saints. L'évêque des Canaries dit deux mots des jurisconsultes, et montre jusqu'à quel point un théologien doit avoir connaissance du droit civil, dans quel cas l'Eglise a dû conformer ses lois à celles des souverains. *Voy.* LOIS ECCLÉSIASTIQUES.

Le dixième, et le dernier des *lieux théologiques*, est le témoignage des historiens. Comme la plupart des preuves de la révélation sont des faits, la connaissance de l'histoire est absolument nécessaire à un théologien; il en a besoin pour concilier l'histoire sainte avec l'histoire profane : il ne doit donc négliger ni l'étude de la chronologie, ni celle de la géographie, qui sont les deux yeux de l'histoire, et ces deux sciences sont portées aujourd'hui à un grand degré de perfection. Mais ce serait une erreur de prétendre, comme font les incrédules, que la narration d'un auteur profane, souvent mal instruit, peut faire preuve contre un fait articulé distinctement par les écrivains sacrés. Plus on consulte les anciens monuments, plus on est convaincu que ces derniers méritent mieux notre confiance que tous les autres. Jusqu'à présent les incrédules, malgré toutes leurs recherches, n'ont encore pu montrer dans nos livres saints aucune erreur en fait d'histoire. *Voy.* HISTOIRE SAINTE.

Cano examine, en détail, qui sont, parmi les historiens profanes ceux qui méritent le plus de croyance; et ce point de critique n'est pas facile à décider. Il y a tant de variété entre eux sur les faits de l'histoire ancienne, que l'on ne sait souvent auquel on doit plutôt s'en rapporter. Il fait la même chose à l'égard des historiens ecclésiastiques; il ne dissimule aucun des reproches qu'on leur a faits; il déplore surtout l'imprudente crédulité de ceux qui ont dressé les légendes ou les vies des saints, qui ont adopté, sans examen et sans critique, les fables populaires; qui ont rapporté une multitude de prodiges dénués de preuves ; mais inutilement les incrédules ont voulu en tirer avantage pour rendre douteux tous les faits favorables à notre religion. *Voy.* LÉGENDE. C'est de leur part un préjugé très-injuste de préférer toujours le témoignage des écrivains ennemis du christianisme à celui des Pères de l'Eglise et des apologistes de notre religion, de supposer qu'un auteur est indigne de foi dès qu'il croit en Dieu. *Voy.* HISTOIRE ECCLÉSIASTIQUE.

L'ouvrage dont nous faisons l'extrait est terminé par quelques discussions relatives aux objets qu'il y sont traités. Après avoir expliqué ce que c'est que la théologie, quel est son objet, sa fin, le degré de certitude qu'on doit lui attribuer, l'auteur distingue deux sortes de vérités de foi; les unes sont celles que Dieu a expressément enseignées à son Eglise par une révélation écrite ou non écrite; les autres en sont une conséquence évidente : les unes ni les autres ne peuvent être niées ni révoquées en doute sans errer contre la foi. Sur cette matière, il est bon de consulter Holden, *de Resolutione fidei*. — Il examine ensuite les divers degrés d'erreur; il donne la notion d'une hérésie proprement dite; il montre en quoi elle est différente d'une simple erreur; quelles règles l'on doit suivre pour imprimer à une proposition la note d'hérésie; ce que l'on entend par une proposition erronée, qui sent l'hérésie, qui offense les oreilles pieuses, qui est téméraire ou scandaleuse, etc. *Voy.* CENSURE. Enfin, il expose les précautions que l'on doit prendre, en faisant usage des divers *Lieux théologiques* dont il a parlé : en quels cas les arguments que l'on en tire peuvent être plus ou moins certains. Il donne lui-même l'exemple, en traitant trois questions théologiques selon la méthode qu'il a prescrite, savoir, le sacrifice de l'eucharistie, le degré de connaissance dont l'âme de Jésus-Christ a été douée dès l'instant de sa création, l'immortalité de l'âme.

LIGATURE. On donne quelquefois ce nom aux amulettes ou préservatifs, parce qu'on les porte suspendus au cou, ou attachés à quelque partie du corps. *Voy.* AMULETTE.

Chez les théologiens mystiques, *ligature* signifie une suspension totale des facultés supérieures ou des puissances intellectuelles de l'âme; ils prétendent que quand l'âme est livrée à une parfaite contemplation, elle cesse privée de toutes ses opérations, et cesse d'agir, afin d'être mieux disposée à recevoir les impressions et les communications de la grâce divine. Cet état, selon eux, est purement passif; mais comme il peut venir d'une cause physique ou d'une certaine constitution de tempérament, il est dangereux de s'y tromper, et l'on ne peut prendre trop de précautions avant de décider si cet état dans telle personne est naturel ou surnaturel. *Voy.* Extase.

LIMBES. Dans l'origine, *limbus*, en latin, est le bord ou la bordure d'un vêtement; aujourd'hui, *limbes* est un mot consacré parmi les théologiens, pour signifier le lieu où les âmes des saints patriarches étaient détenues, avant que Jésus-Christ y fût descendu après sa mort et avant sa résurrection, pour les délivrer et les faire jouir de la béatitude. Le nom de *limbes* ne se lit ni dans l'Ecriture sainte, ni dans les anciens Pères, mais seulement celui d'*enfers*, *inferi*, les lieux bas. Il est dit de Jésus-Christ, dans le symbole, *descendit ad inferos*, et saint Paul (*Ephes.*, c. IV, v. 9), dit que Jésus-Christ est descendu aux parties inférieures de la terre; tous les Pères se sont exprimés de même. Dans ce sens, il est vrai de dire que les bons et les méchants étaient dans *les enfers*, lorsque Jésus-Christ y est descendu; mais il ne s'ensuit pas que tous aient été dans le même lieu encore moins que tous aient enduré les mêmes tourments. Dans la parabole du mauvais riche, *Luc.*, c. XVI, v. 26, il est dit qu'entre le lieu où étaient Abraham et le Lazare, et celui dans lequel souffrait le mauvais riche, il y a un vide immense qui empêche que l'on ne puisse passer de l'un dans l'autre. Ainsi les Pères ont eu soin de distinguer expressément ces deux parties des enfers. *Voy.* Petau, *Dogm. Théol.*, tome IV, II° part. l. XIII, c. 18, § 5.

Quelques théologiens pensent que les enfants morts sans baptême sont dans les *limbes*, ou dans le même lieu dans lequel les âmes des patriarches attendaient la venue de Jésus-Christ; mais cette conjecture ne peut pas s'accorder avec le sentiment de saint Augustin et des autres Pères, qui ont soutenu, contre les pélagiens, qu'entre le séjour des bienheureux et celui des damnés, il n'y a point de lieu mitoyen pour les enfants. Au reste, peu importe dans quel lieu soient ces enfants, pourvu qu'ils n'endurent pas les supplices des réprouvés. — On ne sait pas quel est le premier qui a employé le mot *limbus*, pour désigner un séjour particulier des âmes; on ne le trouve pas en ce sens dans le Maitre des Sentences; mais ses commentateurs s'en sont servis. Comme le terme d'*enfer* semblait emporter l'idée de la damnation et d'un supplice éternel, ils en ont employé un autre plus doux. *Voy.* Durand, *in quart. Sent.*, dist. 21, q. 1, art. 1; D. Bonavent. *ibid.*, dist. 15, art. 1, q. 1, etc.

LINGES SACRÉS. L'Eglise a jugé convenable que les *linges* sur lesquels on dépose l'eucharistie pendant le saint sacrifice fussent consacrés à cet usage par une bénédiction particulière. Tels sont les nappes d'autel, les corporaux, la palle. Dans l'ancienne loi, Dieu avait ordonné de consacrer tous les ornements du tabernacle et du temple; à plus forte raison convient-il que la même chose soit observée à l'égard des autels du christianisme, sur lesquels le Fils de Dieu daigne se rendre réellement présent, et renouveler son sacrifice. On ne peut apporter trop de soin pour inspirer un profond respect pour tout ce qui sert à cet auguste mystère; une trop grande familiarité avec le culte divin diminue insensiblement la foi et ne manque pas de conduire aux profanations. — Cette bénédiction des *linges* d'autel est ancienne, puisqu'elle se trouve dans le Sacramentaire de saint Grégoire; et Optat de Milève, au v° siècle, parle de ces *linges*. *Voy.* les *notes du père Ménard*, p. 197. C'est ainsi que l'Eglise atteste sa croyance par tous ses rites extérieurs. Si elle ne croyait pas la présence réelle de Jésus-Christ dans l'eucharistie, elle n'aurait pas autant de respect pour tout ce qui sert à ce mystère. En renonçant à cette foi, les protestants ont supprimé toutes les cérémonies qui l'expriment: chez eux, la cène se fait avec aussi peu d'appareil qu'un repas ordinaire. Ils traitent nos cérémonies de superstition, et les incrédules répètent aveuglément les mêmes reproches. Ils ne comprennent pas le sens de ces professions de foi qui parlent aux yeux des plus ignorants. Il faudrait donc commencer par prouver que l'Eglise est fausse, avant de conclure que ses rites sont superstitieux. *Voy.* Autel, Vases sacrés.

\* LINGUISTIQUE. *Voy.* Ethnographie.

LITANIES. Ce terme, dans l'origine, est le grec λιτανεία, *prière*, *supplication*, *rogation;* dans la suite il a désigné certaines prières publiques accompagnées de jeûnes ou d'abstinence et de processions, que l'on a faites pour apaiser la colère de Dieu, pour détourner quelque fléau dont on était menacé, pour demander à Dieu quelque bienfait, ou le remercier de ceux que l'on avait reçus. Les auteurs ecclésiastiques et l'ordre romain nomment aussi *litanies* les personnes qui composent la procession et qui y assistent; mais ce terme signifie proprement les prières que l'on y fait et qui se disent à deux ou plusieurs chœurs qui se répondent.

Vers l'an 470, saint Mamert évêque de Vienne, à l'occasion des tremblements de terre, des incendies et des autres fléaux dont son diocèse était affligé, institua les processions des Rogations qui se font les trois jours avant l'Ascension; elles furent nommées les *grandes litanies*, et devinrent bientôt un usage général dans toutes les Gaules. On sait assez que le v° et le vi° siècle furent marqués par de fréquentes calamités publiques. *Voy.* Rogations.

L'an 590, à l'occasion d'une peste qui ravageait la ville de Rome, saint Grégoire, pape, indiqua une *litanie* ou procession à sept bandes, qui devaient marcher au point du jour le mercredi suivant, et sortir de diverses églises pour se rendre toutes à Sainte-Marie-Majeure. La première troupe était composée du clergé, la seconde des abbés avec leurs moines, la troisième des abbesses avec leurs religieuses, la quatrième des enfants, la cinquième des hommes laïques, la sixième des veuves, la septième des femmes mariées. On croit que de cette procession générale est venue celle qui se fait le jour de saint Marc: Elle fut aussi appelée à Rome la *grande litanie*, à cause de sa grande solennité ; mais elle n'a été mise en usage dans les églises des Gaules que longtemps après ; et le nom de *grandes litanies* est demeuré aux prières des Rogations. Saint Charles Borromée montra un grand zèle à rétablir dans l'église de Milan ces différentes *litanies* ; il ranima par ses discours et par ses exemples la piété du peuple. Dans plusieurs églises, les *litanies* des Rogations et de saint Marc étaient accompagnées d'abstinence et de jeûne ; aujourd'hui l'on se borne à l'abstinence, parce que ce n'est pas la coutume de jeûner dans le temps pascal.

Les courtes formules des prières, dont les *litanies* sont composées, ont été faites afin que le clergé et le peuple pussent prier plus commodément sans interrompre la marche des processions. Dans les *notes du père Ménard* sur le *Sacramentaire de saint Grégoire*, p. 136, on trouve la formule des *litanies* qui se chantaient dans les églises des Gaules aux ix° et x° siècles ; il les a tirées d'un ancien manuscrit de l'abbaye de Corbie. A l'exemple de ces *litanies des Saints*, l'on a composé d'autres *litanies* particulières, comme celles du saint Nom de Jésus, du saint Sacrement, de la sainte Vierge, etc.; mais elles sont moins anciennes. *Voy.* Bingham, t. V, l. xiii, c. 1, § 10 ; Thomassin, *Traité du jeûne*, p. 174, 413, etc.

Basnage, dissertant sur les *litanies* et les rogations, *Hist. de l'Egl.* liv. xxi, c. 3, prétend que, dans l'origine, il n'était point question des saints dans les *litanies* ; que l'on s'y adressait à Dieu seul ; il n'en apporte aucune preuve positive ; il se contente de citer les auteurs qui ont écrit que l'on y priait Dieu, que l'on implorait sa miséricorde et son secours, etc. Qui en douta jamais ? Il observe lui-même que nous disons seulement aux saints, *priez pour nous*, au lieu que nous disons à Dieu, *ayez pitié de nous, secourez-nous, pardonnez-nous* ; donc toutes ces prières se rapportent à Dieu, les unes immédiatement et directement, les autres indirectement et par l'intercession des saints. Ainsi l'ont entendu les anciens ; ainsi l'Eglise catholique l'entend encore ; la remarque de Basnage ne prouve donc rien.

LITURGIE (1). Le mot grec λειτουργία, suivant les grammairiens, signifie *ouvrage, fonction, ministère public* ; il est composé de λειτὸς, *public*, et de ἔργον, *ouvrage, action*. Mais puisque ce terme est principalement consacré à désigner le culte divin et les cérémonies qui en

---

(1) Nous avons consacré un long article à la liturgie dans notre Dict. de Théol. mor. Il servira de complément à celui de Bergier. Voyez aussi le *Dictionnaire de Liturgie* par M. l'abbé Pascal, et celui des *Cérémonies et des Rites sacrés*, par M. l'abbé Boissonnet, publiés tous deux par M. l'abbé Migne.

---

font partie, i. est plus naturel de le dériver de λειταί, qui se trouve dans Hésychius, au lieu de λιταί, *prières, supplications, vœux* adressés à la Divinité, d'où est venu le latin *litare*, prier, sacrifier.

A proprement parler, la *liturgie* n'est autre chose que le culte rendu publiquement à la Divinité ; il est donc aussi ancien que la religion, puisque c'est une des premières leçons que Dieu a données à l'homme en le créant. Dans l'histoire même de la création, il est dit que Dieu bénit le septième jour et *le sanctifia* (*Gen.*, ii, 2 et 3) ; il destina donc ce jour à son culte, et sûrement il ne laissa pas ignorer à nos premiers parents la manière dont il voulait être honoré. Mais nous avons assez parlé ailleurs du culte rendu à Dieu par les patriarches et par les Juifs. *Voy.* CULTE, JUDAÏSME, LOIS CÉRÉMONIELLES, etc. Nous devons donc nous occuper seulement ici de la *liturgie* chrétienne ou du culte divin, tel qu'il a été institué par Jésus-Christ et par les apôtres.

Jésus-Christ, qui est venu au monde pour apprendre aux hommes à adorer Dieu *en esprit et en vérité*, a dû faire cesser le culte grossier pratiqué par les Juifs ; mais il n'a pas supprimé pour cela toutes les cérémonies, comme certains dissertateurs ont voulu le persuader. Il en a même institué plusieurs, et après son ascension, il a envoyé le Saint-Esprit à ses apôtres pour leur enseigner toute vérité, et leur faire comprendre parfaitement tout ce que leur divin Maître leur avait dit (*Joan.* xiv, 26 ; xvi, 13). Ils ont donc exactement suivi ses intentions, en réglant le culte divin ; saint Paul assure les Corinthiens qu'il a reçu du Seigneur tout ce qu'il leur a dit touchant la consécration de l'eucharistie (*I Cor.* xi, 23). C'est cette consécration même que l'on nomme proprement *liturgie*, parce que c'est la partie la plus auguste du service divin. Nous traitons des autres parties de l'office de l'Eglise sous leur nom particulier.

Déjà, dans l'Apocalypse de saint Jean, nous trouvons le tableau d'une *liturgie* pompeuse. Il rapporte une vision qu'il eut le dimanche, jour auquel les fidèles s'assemblaient pour célébrer les saints mystères (*Apoc.* i, 10). L'apôtre peint en effet une assemblée à laquelle préside un pontife vénérable, assis sur un trône, et environné de vingt-quatre vieillards ou prêtres (iv, 2, 3, 4). Nous y voyons des habits sacerdotaux, des robes blanches, des ceintures des couronnes, des instruments du culte divin, un autel, des chandeliers, des encensoirs ; un livre scellé (*ibid.*, et v, 1) ; il y est parlé d'hymnes, de cantiques, d'une source d'eau qui donne la vie (v, 11 et 12 ; vii, 17). Devant le trône, et au milieu des prêtres, est un agneau en état de victime, auquel sont rendus les honneurs de la divinité. C'est donc un sacrifice auquel Jésus-Christ est présent ; s'il y est en état de victime, il faut aussi qu'il en soit le pontife principal (v, 6, 11 et 12). Sous l'autel sont les martyrs qui demandent que leur sang soit vengé (vi, 9 et 10) On sait que l'usage de l'Eglise primitive a été d'offrir les saints mystères sur le tombeau et sur les reliques des martyrs Un ange présente à Dieu de l'encens, et il est dit que c'est l'emblème des prières des saints ou des fidèles (VIII, 2; Fleury, *Mœurs des chrét.*, n° 39).

Comme il est de l'intérêt des protestants de persuader que, dans les trois premiers siècles de l'Eglise, on n'a rendu aucun culte religieux à l'eucharistie, aux anges, aux saints, ni aux reliques des martyrs, ils ont senti les conséquences que l'on peut tirer contre eux de ce tableau, et ils ont cherché à les détourner. Ils ont dit que l'Apocalypse est une vision et non une histoire ; que l'autel, le trône, etc., vus par saint Jean, étaient dans le ciel et non sur la terre. Mais si l'on rapproche de ce tableau ce que dit saint Ignace dans ses lettres, touchant la manière dont l'eucharistie doit se faire par l'évêque au milieu des prêtres et des diacres ; ce qui est rapporté dans les actes de son martyre et de celui de saint Polycarpe, concernant l'usage des fidèles de s'assembler sur le tombeau et sur les reliques des martyrs ; le récit que fait saint Justin de ce qui se passait dans les assemblées des chrétiens (*Apol.* I, n° 65 et suiv.), on verra qu'au II° siècle, et très-peu de temps après la mort de saint Jean, l'on faisait exactement sur la terre ce que cet apôtre avait vu dans le ciel. Bingham, *Orig. ecclés.*, l. XIII, c. 2, § 1, est convenu que dans le chapitre 8 de l'Apocalypse, l'Eglise chrétienne est représentée dans le ciel et sur la terre ; en cela il a été de meilleure foi que les autres protestants. Ainsi, de deux choses l'une : ou saint Jean a représenté la gloire éternelle sous l'image de la *liturgie* chrétienne, ou cette *liturgie* a été dressée selon le plan tracé par saint Jean : dans l'un et l'autre cas elle vient de la tradition apostolique. Saint Irénée, *adv. Hær.*, lib. IV, c. 17, n° 5, et c. 18, n° 6, le suppose ainsi ; et cela n'a pas pu être autrement. Quel personnage aurait pu avoir assez d'autorité pour faire recevoir par toutes les églises une *liturgie* uniforme, si le modèle n'en avait pas été tracé par les apôtres ? Or, lorsque nous comparons cette *liturgie* apostolique avec l'explication qu'en a donnée saint Cyrille de Jérusalem dans ses *Catéchèses*, l'an 347 ou 348, avec la *liturgie* placée dans les *Constitutions apostoliques* avant l'an 390, avec les autres *liturgies* écrites au commencement du v° siècle, nous y trouvons une conformité si parfaite, que l'on ne peut y méconnaître une même origine.

Quoi qu'en disent les protestants et leurs copistes, cette *liturgie* apostolique n'est point telle qu'ils le prétendent ; on n'y voit point cette extrême simplicité qu'ils se flattent d'avoir imitée ; on y trouve même une doctrine très-différente de la leur : nous le prouverons en détail. Ils se sont imaginé que, dans les premiers siècles, chaque évêque était le maître d'arranger comme il lui plaisait la *liturgie* de son église : c'est une fausse supposition. Après l'ascension du Sauveur, les apôtres sont restés réunis à Jérusalem pendant quatorze ans, avant de se disperser pour aller prêcher l'Evangile. Eusèbe, *Hist. ecclés.*, l. V, c. 18, à la fin. Ils ont donc célébré ensemble l'office divin, ou la *liturgie*, pendant tout ce temps-là (*Act.*, XIII, 2). Ils ont eu par conséquent une formule fixe et uniforme ; et il n'y a aucune raison de croire qu'ils l'ont changée lorsqu'ils ont été séparés. On a donc tout lieu de penser que la *liturgie* de saint Jacques, suivie dans l'Eglise de Jérusalem, était celle que les apôtres y avaient établie. Qui aurait osé réformer ce que ces saints fondateurs du christianisme avaient réglé ?

Ce n'est donc pas des protestants que nous devons apprendre ce qu'il faut penser des *liturgies* suivies par les différentes Eglises de l'Orient et de l'Occident ; si elles sont authentiques ou supposées ; quel degré d'autorité on doit leur attribuer ; quelles conséquences on peut en tirer : nous sommes forcés de chercher des lumières ailleurs.

Jusqu'au XVII° siècle l'on s'était fort peu occupé de ces *liturgies* ; les théologiens en avaient rarement fait usage pour prouver la doctrine chrétienne : mais lorsque les protestants eurent la témérité d'assurer que les sectes des chrétiens orientaux, séparés de l'Eglise romaine depuis douze cents ans, avaient la même croyance qu'eux sur l'eucharistie, sur l'invocation des saints, sur la prière pour les morts, etc., il fallut examiner les monuments de la foi de toutes ces sectes, et particulièrement leurs *liturgies*. C'est ce qu'ont fait les auteurs de *la Perpétuité de la foi*, surtout dans le quatrième et le cinquième volume : ensuite l'abbé Renaudot a donné une ample *Collection des liturgies orientales*, en 2 vol. in-4°, avec des notes et une savante préface. En 1680, le cardinal Thomasius a publié à Rome *les anciens Sacramentaires de l'Eglise romaine*, c'est de là que dom Mabillon a tiré, en 1685, la *liturgie gallicane*, qu'il a fait imprimer après l'avoir confrontée avec un manuscrit du VI° siècle, et avec deux autres missels anciens. Déjà le père Ménard avait publié, en 1640, le *Sacramentaire de saint Grégoire* avec de savantes notes ; et l'on a réimprimé depuis peu le missel mozarabique. Le P. Lebrun a rassemblé toutes ces *liturgies*, et celles que l'abbé Renaudot n'avait pas pu se procurer ; il les a comparées entre elles et avec celles des protestants : il ne nous manque plus rien pour juger de ces divers monuments avec connaissance de cause. *Voy. Explic. des cérém. de la messe*, t. III et suiv. (1).

Pour mettre un peu d'ordre dans cette discussion, nous examinerons, 1° quelle est l'antiquité et l'autorité des *liturgies* en général ; 2° nous parlerons en particulier de celles des cophtes ou chrétiens d'Egypte, auxquelles on doit rapporter celles des Abyssins ou chrétiens d'Ethiopie ; 3° des *liturgies* syriaques, suivies, tant par les Syriens ca-

---

(1) L'ouvrage du P. Lebrun que cite souvent Bergier dans cet article, a été reproduit *in extenso* dans le *Dictionnaire des Cérémonies et des Rites sacrés*, par M. l'abbé Boissonnet, 3 vol. grand in-8°, édit. Migne.

tholiques nommés maronites, que par les jacobites ou eutychiens; 4° de celles des nestoriens et des arméniens; 5° des *liturgies* grecques; 6° de celles des Latins, suivies par les Eglises de Rome, de Milan, des Gaules, de l'Espagne; 7° nous verrons les conséquences qui résultent de la comparaison de tous ces monuments; 8° nous jetterons un coup d'œil sur les *liturgies* des protestants.

1. *De l'antiquité et de l'autorité des liturgies.* Le P. Lebrun a très-bien prouvé qu'aucune *liturgie* n'a été mise par écrit avant le v° siècle, excepté celle qui se trouve dans les *Constitutions apostoliques*, et qui date au moins de l'an 330. Il ne faut cependant pas en conclure, comme ont fait les protestants et d'autres, que les *liturgies* qui portent les noms de saint Marc, de saint Jacques, de saint Pierre, etc., sont des pièces apocryphes et sans autorité. Les mêmes raisons qui prouvent que la *liturgie* n'a pas été d'abord mise par écrit, prouvent aussi qu'elle a été soigneusement conservée par tradition dans chaque église, et fidèlement transmise par les évêques à ceux qu'ils élevaient au sacerdoce. C'était un mystère, ou un secret que l'on voulait cacher aux païens, mais que les pasteurs se confiaient mutuellement; ils apprenaient par mémoire les prières et les cérémonies; cela était d'autant plus aisé, que c'étaient des pratiques d'un usage journalier; mais ils étaient persuadés qu'il ne leur était pas permis d'y rien changer. Les Pères de l'Eglise nous font remarquer cette instruction traditionnelle: leur fidélité à garder ce dépôt est attestée par la conformité qui s'est trouvée, pour le fond, entre les *liturgies* des différentes églises du monde, lorsqu'elles ont été mises par écrit. Le style des prières est souvent différent, le sens est partout le même, et il y a peu de variété dans l'ordre des cérémonies. Dans toutes l'on retrouve les mêmes parties, la lecture des Ecritures de l'Ancien et du Nouveau Testament, l'instruction dont elle était suivie, l'oblation des dons sacrés faite par le prêtre, la préface ou exhortation, le *sanctus*, la prière pour les vivants et pour les morts, la consécration faite par les paroles de Jésus-Christ, l'invocation sur les dons consacrés, l'adoration et la fraction de l'hostie, le baiser de paix, l'oraison dominicale, la communion, l'action de grâces, la bénédiction du prêtre. Telle est la marche à peu près uniforme des *liturgies*, tant en Orient qu'en Occident; cette ressemblance pourrait-elle s'y trouver, si chacun de ceux qui les ont rédigées avait suivi son goût dans la manière de les arranger? En rassemblant ce qu'en ont dit les Pères des quatre premiers siècles, on voit que de leur temps les *liturgies* étaient de telles qu'elles étaient mises par écrit au cinquième.

Plusieurs sectes d'hérétiques, en se séparant de l'Eglise catholique, ont conservé la *liturgie* telle qu'elle était avant leur schisme, et n'ont pas osé y toucher, tant on était persuadé que cette altération était un attentat: pendant les quatre premiers siècles, aucun n'a eu cette témérité; Nestorius est le premier auquel on l'ait reprochée. *Leont. Byzant. contra Nest. et Eutych.*, l. III. C'est sans doute, une des raisons qui firent sentir la nécessité d'écrire les *liturgies*. Depuis ce moment, il ne fut plus possible de les altérer sans exciter la réclamation des fidèles, puisqu'alors elles étaient en langue vulgaire.

Bingham a voulu en imposer, lorsqu'il a soutenu que, dans les premiers siècles, chaque évêque avait la liberté de composer une *liturgie* pour son église, *Orig. eccl.*, l. II, c. 6, § 2, et d'y arranger le culte divin comme il le trouvait bon, l. XIII, c. 5, § 1. Pour prouver cette prétendue liberté, ce n'était pas assez d'alléguer quelque légère diversité entre les *liturgies*, puisqu'il reconnaît lui-même que de temps en temps l'on y a fait quelques additions; la variété aurait été beaucoup plus grande, si chaque évêque s'était cru en droit de l'arranger selon son goût. Croit-on que les fidèles, accoutumés à entendre la même *liturgie* pendant tout l'épiscopat d'un saint évêque, auraient souffert aisément que son successeur la changeât? Souvent ils ont été prêts à se mutiner pour des sujets moins graves. Les protestants ont donc très-mal raisonné, lorsqu'ils ont dit que les *liturgies* connues sous les noms de saint Marc, de saint Jacques ou d'un autre apôtre, sont des pièces supposées, qui n'ont été écrites que plusieurs siècles après la mort de ceux dont elles portent les noms. Qu'importe la date de leur rédaction par écrit, si, depuis les apôtres, elles ont été conservées et journellement mises en usage par des Eglises entières? Il a été naturel de nommer *liturgie de saint Pierre*, celle dont on se servait dans l'Eglise d'Antioche; *liturgie de saint Marc*, celle qui était suivie dans l'Eglise d'Alexandrie; *liturgie de saint Jacques*, celle de Jérusalem; *liturgie de saint Jean Chrysostome*, celle de Constantinople, et ainsi des autres. On ne prétendait pas pour cela que ces divers personnages les eussent écrites, mais qu'elles venaient d'eux par tradition, et il nous paraît que, dans cette question, la tradition d'une Eglise entière mérite croyance. On a pu, sans doute, ajouter de temps en temps à ces *liturgies* quelques termes destinés à professer nettement la foi de l'Eglise contre les hérétiques, comme le mot *consubstantiel*, après le concile de Nicée, et le titre de *Mère de Dieu* donné à la sainte Vierge, après le concile d'Ephèse. Cela prouve que la *liturgie* a toujours été une profession de foi; mais l'on sait à quelle occasion et par quel motif ces additions ont été faites, et on ne les trouve pas dans toutes les *liturgies*; au lieu que l'on trouve dans toutes, sans exception, les prières et les cérémonies qui expriment les dogmes rejetés par les protestants. Il ne faut donc pas raisonner sur l'authenticité de ces monuments comme sur l'ouvrage particulier d'un Père de l'Eglise; aucun livre de cette dernière espèce n'a été appris par cœur et récité journellement dans les églises, comme les *liturgies*. L'authenticité de celle-ci est prouvée par leur uniformité; ce n'est point dans des manuscrits épars qu'il a fallu les chercher, mais dans les archives des églises qui les suivaient. Il est fâcheux que des savants, respectables d'ailleurs, n'aient pas fait cette réflexion, et soient tombés dans la même méprise que les protestants. *Voy.* l'*Hist. de l'Acad. des Inscript.*, tom. XIII, in-12, p. 163.

Le degré d'autorité des *liturgies* est encore très-différent de celle de tout autre écrit : quel que soit le nom qu'elles portent, c'est moins l'ouvrage de tel auteur, que le monument de la croyance et de la pratique d'une Eglise entière ; il a l'autorité non-seulement d'un saint personnage, quel qu'il soit, mais la sanction publique d'une société nombreuse de pasteurs et de fidèles qui s'en sont constamment servie. Ainsi, les *liturgies* grecques de saint Basile et de saint Jean Chrysostome ont non-seulement tout le poids que méritent ces deux saints docteurs, mais le suffrage des Eglises grecques qui les ont suivies et qui s'en servent encore. Jamais les Eglises ne s'y seraient attachées si elles n'y avaient pas reconnu l'expression fidèle de leur croyance. Par une raison contraire, la *liturgie* insérée dans les *Constitutions apostoliques* n'est presque d'aucune autorité, quoiqu'elle ait été écrite la première, parce qu'on ne connaît aucune Eglise qui s'en soit servi.

Quand les objections que Daillé a faites contre les écrits des Pères seraient solides, elles n'auraient aucune force contre les *liturgies*. Ici, c'est la voix du troupeau jointe à celle du pasteur ; c'est tout un peuple qui, par la forme de son culte et par les expressions de sa piété, rend témoignage de sa croyance. Or, la plupart des anciennes Eglises avaient reçu leur croyance des apôtres mêmes. Aucune n'a jamais été sans *liturgie*, et aucune n'a été assez insensée pour exprimer, par ses paroles et par ses actions, une doctrine qu'elle ne croyait pas ou qu'elle regardait comme une erreur. Les *liturgies* des Orientaux prouvent aussi évidemment leur foi, que celles des protestants expriment leur doctrine.

S'il se trouve quelque ambiguïté dans le langage des prières, le sens en est expliqué par les cérémonies, et ces deux signes réunis ont une toute autre énergie que de simples paroles. Quand celles de la consécration, *ceci est mon corps*, seraient équivoques, l'invocation du Saint-Esprit, par laquelle on le prie de changer les dons eucharistiques, et d'en faire le corps et le sang de Jésus-Christ, l'élévation et l'adoration de l'hostie, l'usage de porter l'eucharistie aux absents, attesteraient la présence réelle d'une manière invincible. Les protestants l'ont si bien compris, qu'en changeant de dogme, ils ont été forcés de supprimer les cérémonies : c'était une condamnation trop sensible de leur doctrine. Aussi, dès les premiers siècles, on a opposé aux hérétiques ces monuments de la foi de l'Eglise. Selon le témoignage d'Eusèbe, *Histoire ecclés.*, liv. v, c. 28, un auteur du II<sup>e</sup> siècle, pour réfuter Artémon, qui prétendait que Jésus-Christ était un pur homme, lui citait les cantiques composés par les fidèles dès le commencement, par lesquels ils louaient Jésus-Christ comme Dieu. Paul de Samosate, qui pensait comme Artémon, fit supprimer ces cantiques dans son église, *ibid.*, liv. VII, c. 30. Nous apprenons de Théodoret, qu'Arius changea la doxologie que l'on chante à la fin des psaumes, parce qu'elle réfutait son erreur : il aurait voulu changer aussi les paroles de la forme du baptême, mais il n'osa pas y toucher. Théodoret, *Hæret. Fab.*, l. IV, c. 1.

Au v<sup>e</sup> siècle, saint Augustin prouvait aux pélagiens le péché originel par les exorcismes du baptême ; la nécessité de la grâce et la prédestination, par les prières de l'Eglise, *Epist.* 95, 217, etc. Le pape saint Célestin proposait cette règle aux évêques des Gaules, lorsqu'il leur écrivait : « Faisons attention au sens des prières sacerdotales, qui, reçues par tradition des apôtres dans tout le monde, sont d'un usage uniforme dans toute l'Eglise catholique ; et par la manière dont nous devons prier, apprenons ce que nous devons croire. » Ainsi ce pontife attestait l'authenticité et l'autorité des *liturgies ;* elle n'est pas d'minuée depuis douze cents ans : jusqu'à la fin des siècles elle sera la même.

II. *Des liturgies cophtes*. On sait, par une tradition constante, que l'Eglise d'Alexandrie, capitale de l'Egypte, fut fondée par saint Marc ; et l'on ne peut pas douter que ce saint évangéliste n'y ait établi une forme de *liturgie*. Elle s'y conserva, comme ailleurs, par tradition, jusqu'au v<sup>e</sup> siècle, et, selon l'opinion commune, ce fut saint Cyrille d'Alexandrie qui rédigea pour lors et mit par écrit la *liturgie* de son Eglise. Il l'écrivit en grec, qui était alors parlé en Egypte ; de là cette *liturgie* a été nommée indifféremment *liturgie de saint Marc* et *liturgie de saint Cyrille*. Mais comme une bonne partie du peuple de l'Egypte n'entendait pas le grec, et ne parlait que la langue cophte, il paraît qu'au v<sup>e</sup> siècle l'usage était déjà établi, dans ce royaume, de célébrer l'office divin en cophte aussi bien qu'en grec, et que la *liturgie* grecque de saint Cyrille fut aussi écrite en cophte pour l'usage des naturels du pays.

Lorsque Dioscore, son successeur, partisan d'Eutychès, et condamné par le concile de Chalcédoine, en 451, se sépara de l'Eglise catholique, il entraîna dans son schisme la plus grande partie des Egyptiens natifs. Ces schismatiques continuèrent à célébrer en cophte, pendant que les Grecs d'Egypte, attachés à la foi catholique et au concile de Chalcédoine, conservèrent de leur côté l'usage du grec dans le service divin. Cette diversité a duré pendant deux cents ans, et jusque vers l'an 660, temps auquel les mahométans se rendirent maîtres de l'Egypte. Alors les Grecs d'Egypte, fidèles aux empereurs de Constantinople, furent opprimés ; les cophtes schismatiques, qui avaient favorisé la conquête des mahométans, obtinrent d'eux l'exercice libre de leur religion, et l'ont conservé jusqu'aujourd'hui. *Voy.* Cophtes.

Ils ont trois *liturgies :* l'une, qu'ils nomment de saint Cyrille; c'est la même, pour le fond, que celle dont nous venons de parler; la seconde est celle de saint Basile; la troisième, de saint Grégoire de Nazianze, surnommé le Théologien. Dans ces deux dernières, les cophtes eutychiens, ou jacobites, ont placé avant la communion une confession de foi conforme à leur erreur, mais ils n'ont pas touché à celle de saint Cyrille, nommée aussi de saint Marc. L'abbé Renaudot l'a traduite non-seulement du cophte, mais l'a confrontée avec le texte grec, duquel elle est originairement tirée. L'on ne peut pas douter que ce ne soit la *liturgie* qui était en usage dans l'Eglise d'Alexandrie, au v° siècle, avant le schisme de Dioscore, puisque les catholiques avaient continué de s'en servir encore depuis cette époque. Le P. Lebrun l'a aussi rapportée. On n'y trouve aucune erreur, mais une conformité parfaite avec la croyance catholique sur tous les points contestés entre les protestants et nous. De quel droit dira-t-on que cette *liturgie de saint Marc* est une pièce apocryphe et supposée, qui n'a aucune autorité? Dans les deux autres *liturgies* des cophtes, on ne trouve rien de changé ni d'ajouté, que la profession de l'eutychianisme. Depuis que l'arabe est devenu la langue vulgaire de l'Egypte, les cophtes n'ont pas laissé de célébrer en cophte, quoiqu'ils n'entendissent plus cette langue.

Comme les Abyssins ou chrétiens d'Ethiopie ont été convertis à la foi chrétienne par les patriarches d'Alexandrie, et sont demeurés sous leur juridiction, ils ont aussi adhéré à leur schisme, et ils y persévèrent. Outre les trois *liturgies* dont nous venons de parler, ils en ont encore neuf autres; ce qui semble prouver qu'autrefois elles étaient au nombre de douze en Egypte: mais le fond et le plan sont les mêmes: toutes ont été traduites en éthiopien. A la réserve de l'eutychianisme, qui se trouve professé dans plusieurs, elles ne renferment rien de contraire à la foi catholique. C'est contre toute vérité que Ludolf, La Croze et quelques autres ont voulu persuader que la croyance des Abyssins était plus conforme à celle des protestants qu'à celle de l'Eglise romaine; le contraire est évidemment prouvé, soit par leur *liturgie*, que l'abbé Renaudot a donnée sous le nom de *Canon universus Æthiopum*, soit par celle qui porte le nom de Dioscore, et que l'on trouve dans le P. Lebrun, t. IV, pag. 554. *Voy.* ÉTHIOPIENS.

III. *Liturgie des Syriens.* Après la condamnation d'Eutychès au concile de Chalcédoine, on vit en Syrie à peu près la même chose qu'en Egypte: cet hérétique y trouva un grand nombre de partisans; il y eut même différents schismes parmi eux, et beaucoup de disputes entre eux et les catholiques. Ceux-ci furent nommés *melchites* par leurs adversaires, c'est-à-dire *royalistes*, parce qu'ils suivaient la croyance de l'empereur. Mais les uns et les autres conservèrent en syriaque la même *liturgie* qu'ils avaient eue auparavant. Elle était communément appelée *liturgie de saint Jacques*, parce qu'on la suivait à Jérusalem, de même que dans toutes les Eglises syriaques du patriarcat d'Antioche. On ne peut douter de l'antiquité de cette *liturgie*, lorsqu'on la confronte avec la cinquième *Catéchèse mystagogique* de saint Cyrille de Jérusalem. L'an 347 ou 348, ce saint évêque en expliquait aux nouveaux baptisés la partie principale qui commence à l'oblation, et il en suit exactement la marche. Probablement au v° siècle elle fut d'abord écrite en grec, puisque dans le syriaque, l'on a conservé plusieurs termes grecs. On y ajouta le mot *consubstantiel*, adopté par le concile de Nicée, et Marie y est nommée *Mère de Dieu*, comme l'avait ordonné le concile d'Ephèse: il ne s'ensuit pas de là que cette *liturgie* ait été inconnue avant cette addition. L'an 692, les Pères du concile *in Trullo* la citèrent sous le nom de saint Jacques, pour réfuter l'erreur des arméniens qui ne mettaient point d'eau dans le calice. Au IX° siècle, Charles le Chauve voulut voir célébrer la messe selon cette *liturgie de saint Jacques* usitée à Jérusalem, *Epist. ad Clerc. Ravennat.* Jamais les Orientaux n'ont douté qu'elle ne fût effectivement de saint Jacques. Dans la suite, lorsque les patriarches de Constantinople ont eu assez de crédit pour faire supprimer, dans l'étendue de leur juridiction, toutes les *liturgies*, à l'exception de celles de saint Basile et de saint Jean Chrysostome, ils ont cependant souffert que dans les églises de Syrie l'on se servît de celle de saint Jacques, au moins le jour de sa fête. Elle a donc toute l'authenticité que donne à un monument l'autorité des églises. Vainement Rivet et d'autres protestants ont voulu l'attaquer, à cause de l'addition dont nous venons de parler, et du *trisagion* qui n'a commencé, disent-ils, qu'à la fin du v° siècle. Mais ces critiques ont confondu le *trisagion* tiré de l'Ecriture sainte, et la formule *Agios, ô Theos*, etc., qui a commencé à être chantée à Constantinople l'an 446, avec une addition que Pierre le Foulon, chef des théopaschites, fit à cette formule après l'an 463. Cette addition est de la fin du v° siècle; mais le *sanctus* ou *trisagion* de la *liturgie* est tiré de l'Apocalypse. Il est ridicule, d'ailleurs, de supposer que les Eglises n'ont pas dû ajouter à leurs prières les formules nécessaires pour attester leur foi contre les hérétiques, lorsque ceux-ci voulaient y en faire eux-mêmes pour professer leurs erreurs, ou que ces additions, toujours remarquées, dérogent à l'authenticité des *liturgies*.

Celle de saint Jacques fournit un argument invincible contre les protestants, puisque l'on y trouve la profession claire et formelle des dogmes qu'ils ont osé taxer de nouveauté, et les cérémonies qu'ils reprochent à l'Eglise romaine comme des pratiques superstitieuses; la présence réelle et la transsubstantiation, le mot de *sacrifice*, la fraction de l'hostie, les encensements, la prière pour les morts, l'invocation des saints, etc. Les Syriens eutychiens ou jacobites n'y ont point inséré leur erreur; les orthodoxes et les hérétiques ont conservé un égal respect pour ce monument apostolique.

La *liturgie* de saint Basile a été aussi traduite en syriaque pour les Eglises de Syrie, et l'on compte près de quarante *liturgies* à leur usage ; mais elles ne varient que dans les prières, comme chez nous les collectes et les autres oraisons de la messe relativement aux différentes fêtes : la *liturgie* de saint Jacques, qui contient tout l'ordre de la messe, est la plus commune parmi les Syriens, et elle a servi de modèle à toutes les autres : on peut s'en convaincre par la confrontation.

IV. *De la liturgie des nestoriens et de celle des arméniens.* Lorsque Nestorius eut été condamné par le concile d'Ephèse, l'an 431, ses partisans se répandirent dans la Mésopotamie et dans la Perse, et y formèrent un grand nombre d'Eglises : souvent on les a nommés *chaldéens*. Ils continuèrent de se servir de la *liturgie* syriaque, et ils l'ont portée dans toutes les contrées où ils se sont établis, même dans les Indes, à la côte du Malabar, où ils subsistent encore sous le nom de chrétiens de saint Thomas. Leur missel contient trois *liturgies* : la première intitulée *des apôtres*, la seconde *de Théodore l'Interprète*, la troisième *de Nestorius*. L'abbé Renaudot, qui les a traduites, observe que la première est l'ancienne *liturgie* des Eglises de Syrie, avant Nestorius, et qu'elle est comme le canon universel auquel les deux autres renvoient. Le P. Lebrun l'a comparée avec celle dont se servaient les nestoriens du Malabar, avant que leur missel eût été corrigé par les Portugais qui travaillèrent à leur conversion. Ainsi, l'on ne peut douter de l'antiquité de cette *liturgie :* elle n'est différente de celle des Syriens dans aucune chose essentielle.

La Croze, dans son *Histoire du christianisme des Indes*, avait osé avancer que les nestoriens ne croyaient ni la présence réelle, ni la transsubstantiation, qu'ils ignoraient la doctrine du purgatoire, etc. Le P. Lebrun prouve le contraire, non-seulement par leur *liturgie*, mais par d'autres monuments de leur croyance, tom. VI, pag. 417 et suiv. Ceux qui se sont laissé séduire par le ton de confiance de La Croze auraient bien fait d'y regarder de plus près. *Voy.* NESTORIENS, SAINT THOMAS. Quant aux arméniens, ils furent entraînés, l'an 525, dans l'erreur d'Eutychès par Jacques Baradée ou Zanzale, d'où est venu le nom de *jacobites*, et ils se séparèrent de l'Eglise catholique. Plusieurs d'entre eux s'y sont réunis en différents temps, mais leur schisme n'est pas encore entièrement éteint. Comme saint Grégoire l'Illuminateur, qui les convertit à la foi chrétienne au IV° siècle, avait été instruit à Césarée en Cappadoce, et que saint Basile, évêque de cette ville, prit soin des Eglises d'Arménie, on pense qu'ils reçurent d'abord la *liturgie* grecque de saint Basile, de même que les moines arméniens se rangèrent sous sa règle. On ne leur a point reproché d'y avoir fait des changements depuis leur schisme, si ce n'est qu'ils adoptèrent l'addition que Pierre le Foulon avait faite au *trisagion*, en 463, et qu'ils cessèrent de mettre de l'eau dans le calice. Cette omission leur fut reprochée par le concile *in Trullo*, l'an 692.

L'abbé Renaudot n'avait pas pu avoir la *liturgie* originale des arméniens schismatiques; mais le P. Lebrun s'en procura une traduction latine authentique : il l'a donnée dans son cinquième tome, pag. 52 et suiv., avec d'amples remarques. On y voit la présence réelle, la transsubstantiation, l'élévation et l'adoration de l'hostie, l'invocation des saints, la prière pour les morts, etc. Il est prouvé, d'ailleurs, par des titres incontestables, que les arméniens n'ont jamais pensé sur nos dogmes comme les sectaires du XVI° siècle. *Ibid.*, p. 26 et suiv. *Voy.* ARMÉNIENS.

V. *Liturgies grecques.* Les deux principales *liturgies* dont se servent les Grecs soumis au patriarcat de Constantinople, sont celle de saint Basile et celle de saint Jean Chrysostôme. On ne doute pas que saint Basile ne soit véritablement auteur ou rédacteur de la première ; pour la seconde, elle n'a été attribuée à saint Jean Chrysostome que 300 ans après sa mort. Il paraît que c'est l'ancienne *liturgie* de l'Eglise de Constantinople, qui fut nommée *liturgie des apôtres* jusqu'au VI° siècle. Celle-ci sert toute l'année, et contient tout l'ordre de la messe ; l'autre, dont les prières sont plus longues, n'a lieu qu'à certains jours marqués. Il y en a une troisième que l'on nomme *messe des présanctifiés*, parce que l'on n'y consacre point, et que l'on se sert des espèces consacrées le dimanche précédent; de même que dans l'Eglise romaine, le jour du vendredi saint, le prêtre ne consacre point, mais communie avec les espèces consacrées la veille. *Voy.* PRÉSANCTIFIÉS. Les prières de cette messe paraissent être moins anciennes que celles des précédentes.

Le Père Lebrun, tom. IV, pag. 384 et suiv., a rapporté les prières et l'ordre des cérémonies de la *liturgie* de saint Jean Chrysostome. Elle est suivie dans toutes les Eglises grecques de l'empire ottoman qui dépendent du patriarcat de Constantinople, et dans celle de Pologne et de Russie. Quant aux Grecs qui ont des églises en Italie, ils y ont fait quelques changements. Les patriarches de Constantinople sont même venus à la faire adopter dans les patriarcats d'Antioche, de Jérusalem et d'Alexandrie, par les chrétiens melchites, qui, dans le V° siècle, se préservèrent de l'erreur des eutychiens. Quoique dans tous ces pays, l'on n'entende que le grec, on y suit cependant la *liturgie* grecque ; mais à cause du petit nombre de ceux qui sont capables de la lire, on est souvent obligé de célébrer en langue arabe. Depuis que toutes ces *liturgies* cophtes, éthiopiennes, syriaques, grecques, ont été publiées, confrontées, et examinées par les savants de toutes les nations, munies de toutes les attestations possibles, personne n'oserait plus soutenir, comme faisait le ministre Claude, que les Grecs schismatiques ont sur l'eucharistie et sur les autres dogmes contestés par les protestants, des sentiments différents de ceux de l'Eglise romaine.

Mais à l'égard de la croyance des premiers siècles, l'entêtement des protestants est inconcevable. Bingham, dans ses *Origines ecclésiastiques*, ouvrage très-savant, liv. xv, c. 3, expose l'ordre et les prières de la *liturgie* grecque insérée dans les *Constitutions apostoliques*, avant l'an 390, l. vııı, c. 12. Il rapporte les paroles de l'oblation et de la consécration, l'invocation du Saint-Esprit, auquel on demande qu'il descende sur ce *sacrifice*, qu'il fasse du pain le corps, et du calice le sang de Jésus-Christ, la formule *sancta sanctis*, la réponse du peuple : *Le seul Saint est le Seigneur Jésus-Christ : béni soit celui qui vient au nom du Seigneur, c'est Dieu lui-même, notre souverain Maître, qui s'est montré à nous*, etc. Toutes ces paroles n'ont pas pu lui dessiller les yeux. Il dit que l'on supplie le Saint-Esprit de changer les dons eucharistiques, *non quant à la substance*, mais quant à la vertu et à l'efficacité. Que signifient donc ces paroles, *béni soit*, etc., si Jésus-Christ n'est pas réellement présent ? Lorsque le prêtre présente la communion, il ne dit point : *C'est ici la vertu et l'efficacité du corps de Jésus-Christ*, mais *c'est le corps de Jésus-Christ*, et le fidèle répond *amen*, je le crois. Le fidèle, sans doute, prend les paroles du prêtre dans leur sens naturel, il ne vient à l'esprit de personne de croire que du pain et du vin ont la même vertu et la même efficacité que le corps et le sang de Jésus-Christ.

Le prêtre dit à Dieu : *Nous vous offrons pour tous les saints qui ont été agréables à vos yeux, pour tout ce peuple*, etc.; en quel sens, si ce n'est que du pain et du vin? Si c'est le corps et le sang de Jésus-Christ, nous concevons qu'ils sont offerts à Dieu pour lui rendre grâces du bonheur des saints, pour le salut du peuple et de l'Eglise, etc.; c'est alors un vrai sacrifice. Le prêtre ajoute : *Faisons mémoire des saints martyrs, afin de mériter de participer à leur triomphe;* pourquoi cette *mémoire*, sinon pour les honorer et obtenir leur intercession ? Il dit : *Prions pour ceux qui sont morts dans la foi.* Tout cela se trouve dans la *liturgie* de saint Jacques, de laquelle Bingham semble reconnaître l'antiquité, et dans toutes les *liturgies* du monde. L'Eglise romaine ne fait donc que répéter dans la sienne des expressions desquelles on se servait déjà il y a treize cents ans. Une preuve qu'elles signifient la présence réelle, la transsubstantiation, la nature du sacrifice, le culte des saints, la prière pour les morts, c'est que quand les anglicans ont cessé de croire ces dogmes, ils ont cessé aussi de tenir ce langage : donc l'ancienne Eglise ne s'en serait pas servie, si elle avait pensé comme les anglicans.

VI. *Des liturgies de l'Occident.* L'Eglise latine ne connaît que quatre *liturgies* anciennes : savoir, celles de Rome, de Milan, des Gaules, de l'Espagne. On n'a jamais douté à Rome que la *liturgie* de cette Eglise ne vint, par tradition, de saint Pierre; ainsi le pensaient, au ıvᵉ siècle, saint Innocent Iᵉʳ, *Epist. ad Decent.*, et au vıᵉ le pape Vigile, *Epist. ad Profut*. Mais il ne faut pas la confondre avec une prétendue *liturgie de saint Pierre*, qui n'est connue que depuis deux cents ans; celle-ci n'est qu'un mélange des *liturgies* grecques avec celle de Rome : elle n'a été à l'usage d'aucune Eglise.

On ne connaît point de *liturgie* latine écrite avant le sacramentaire que dressa le pape Gélase, vers l'an 496. Le cardinal Thomasius le fit imprimer à Rome, en 1680, sous le titre de *Liber Sacramentorum romanæ Ecclesiæ*; ce savant cardinal pense que saint Léon y avait eu beaucoup de part, mais que le fond est des premiers siècles. Environ cent ans après Gélase, saint Grégoire le Grand y retrancha quelques prières, en changea d'autres, y ajouta peu de chose. Le canon de la messe, qui se trouve à la page 196 de Thomasius, est le même que celui dont nous nous servons encore; il ne renferme aucun des saints postérieurs au ıvᵉ siècle, preuve de son antiquité. C'est ce que nous appelons la *liturgie grégorienne*, et c'est la plus courte de toutes; elle est trop connue pour qu'il soit nécessaire d'en parler plus au long. L'exactitude avec laquelle on la suit depuis plus de douze cents ans, doit faire présumer qu'on ne l'observait pas moins scrupuleusement avant qu'elle fût écrite. Cette réflexion aurait dû engager les protestants à la respecter davantage; on les défie de montrer aucune différence, pour la doctrine, entre cette *liturgie* et celles des Eglises orientales.

Une preuve frappante de l'attachement des Eglises à leur ancienne *liturgie*, est la fermeté avec laquelle celle de Milan a conservé la sienne, malgré les tentatives que l'on a faites en différents temps pour y introduire celle de Rome. Les Milanais croient en être redevables à saint Ambroise, et ce saint docteur avait composé en effet des hymnes et des prières pour l'office divin; mais on ne peut pas prouver qu'il ait touché au fond de la *liturgie* qui était suivie avant lui. Cela paraît évidemment par la comparaison qu'a faite le P. Lebrun de la messe ambrosienne avec la messe romaine ou grégorienne, t. III, p. 208; il n'y a que des différences légères entre le canon de l'une et celui de l'autre, mais aucune dans la doctrine. *Voy.* AMBROSIEN.

La messe gallicane, qui a été en usage dans les Eglises des Gaules jusqu'à l'an 758, a beaucoup plus de ressemblance avec les *liturgies* orientales qu'avec l'ordre romain. On pense, avec assez de probabilité, que cela est venu de ce que les premiers évêques qui ont prêché la foi dans les Gaules, comme saint Pothin de Lyon, saint Trophime d'Arles, saint Saturnin de Toulouse, etc., étaient Orientaux. Ils ont établi, sans doute, dans les Eglises qu'ils ont fondées, une *liturgie* semblable à celle à laquelle ils étaient accoutumés. Dans les monuments qui nous l'ont conservée, nous retrouvons les mêmes expressions et les mêmes cérémonies, par conséquent la même doctrine que dans toutes les autres *liturgies* dont nous avons parlé jusqu'à présent. *Voy.* GALLICAN; Lebrun, t. III, pag. 241. Cette conformité est encore plus sensible par l'examen de la messe gothique ou mozarabique, qui était en usage en Espagne au v° siècle et dans les suivants, et qui est, dans le fond, la même que la messe gallicane. Le P. Le Brun les a comparées et a noté tout ce qui était commun à l'une ou à l'autre, t. III, p. 334. Le P. Leslée, jésuite, qui a fait réimprimer à Rome, en 1755, le missel mozarabique, a fait la même comparaison ; il prétend que c'est le mozarabique qui a servi de modèle au gallican, mais il ne paraît pas avoir eu connaissance des raisons par lesquelles le P. Lebrun a prouvé le contraire, du moins il ne les réfute pas. D. Mabillon pense aussi que l'ordre gallican est plus ancien que le mozarabique, *de Liturgia gallicana.*

En effet, le P. Lebrun a montré que, pendant les quatre premiers siècles, l'ordre romain fut suivi en Espagne; au v°, les Goths s'y établirent. Or, avant de tomber dans l'arianisme, les Goths avaient reçu de l'Orient, et surtout de Constantinople, la foi chrétienne, par conséquent la *liturgie* grecque. Martin, archevêque de Brague; Jean, évêque de Gironne; saint Léandre, archevêque de Séville, qui tous contribuèrent à la conversion des Goths sur la fin du vi° siècle, avaient été instruits dans l'Orient. Ils étaient donc portés à conserver la *liturgie* gothique qui en était venue, et qui se trouvait conforme à la *liturgie* gallicane suivie dans la Gaule narbonaise, où les Goths dominaient aussi bien qu'en Espagne.

De là même il s'ensuit que saint Léandre et saint Isidore de Séville, son frère, en dressant la *liturgie* d'Espagne, n'ont point touché au fond qui existait avant eux; ils n'ont fait qu'ajouter des prières, des collectes, des préfaces relatives aux évangiles et aux différents jours de l'année. Mais le sens des prières, les rites essentiels, l'oblation, la consécration, l'adoration de l'eucharistie, la communion, etc., sont les mêmes; les conséquences qui en résultent ne sont pas différentes.

Cette *liturgie* gothique a été conservée en Espagne par les chrétiens, qui s'y maintinrent après l'invasion des Maures ou Arabes, jusqu'à l'an 1080, et c'est ce mélange des chrétiens avec les Maures qui fit nommer les premiers *mozarabes.* Il a fallu que les papes travaillassent pendant plus de trente ans consécutifs pour établir en Espagne l'usage de la *liturgie* romaine. *Voy.* MOZARABES. Tous ces faits démontrent qu'il n'a été aisé dans aucun siècle, ni dans aucun lieu du monde, d'introduire des changements dans la *liturgie.*

VII. *Conséquences qui résultent de la comparaison des liturgies.* Par le détail abrégé que nous venons de faire, on voit que le sens, la marche, l'esprit de toutes les *liturgies* connues sont d'une uniformité frappante, malgré la diversité des langues et du style, la distance des lieux, et les révolutions des siècles. En Egypte et dans la Syrie, dans la Perse et dans la Grèce, en Italie et dans les Gaules, la *liturgie* fut toujours célébrée par des prêtres, et non par des laïques, avec des cérémonies augustes, et non comme un repas ordinaire. Partout nous voyons des autels consacrés et des habits sacerdotaux, le pain et le vin offerts à Dieu comme destinés à devenir le corps et le sang de Jésus-Christ, l'invocation par laquelle on demande à Dieu ce changement, la consécration faite par les paroles du Sauveur, l'adoration rendue au sacrement, exprimée par des prières, par des gestes, par des encensements, la communion envisagée comme la réception du corps et du sang de Jésus-Christ, les noms de *victime,* de *sacrifice,* d'*immolation,* etc. Ce phénomène serait-il arrivé, si, lorsqu'on a écrit des *liturgies* au v° siècle, il n'y avait pas eu un modèle ancien et respectable auquel toutes les Eglises se sont crues obligées de se conformer ? Ce modèle peut-il avoir été fait par d'autres que par les apôtres ? D'autre part, dans les différentes parties du monde, les rédacteurs des *liturgies* ont-ils pu s'accorder à se servir tous d'un langage équivoque et abusif, à prendre les termes *autel, sacrifice, immolation, victime, changement,* etc., dans un sens impropre et captieux ? Ou il faut supposer que dans aucun lieu de l'univers on n'a pas pris le vrai sens du langage le plus ordinaire, ou il faut soutenir que tous les écrivains, sans s'être concertés, ont cependant conçu le projet uniforme de changer la doctrine des apôtres et de tromper les fidèles. Une illusion générale est aussi impossible qu'une mauvaise foi universelle. Il y a eu des schismes, des disputes, des jalousies entre les évêques et les Eglises; ce malheur a été commun à tous les siècles : les intérêts, les préjugés, les affections, les mœurs, le langage, n'étaient pas les mêmes; ces causes n'ont donc pu produire ni une erreur semblable, ni un projet uniforme.

Les hérétiques, en se séparant de l'Eglise, ont encore respecté la *liturgie* à laquelle les peuples étaient accoutumés, il n'y ont glissé leurs erreurs que quand ils ont été sûrs que leur troupeau, imbu de leur doctrine, la verrait paraître sans étonnement dans les prières publiques. Ils n'ont altéré qu'un petit nombre de *liturgies,* et le modèle original, conservé par les catholiques, a toujours servi de témoignage contre les novateurs. Chez les catholiques même les différentes Eglises ont été jalouses de conserver leur ancienne *liturgie;* celle de Milan garde la sienne depuis son origine; les Eglises d'Espagne n'ont quitté la leur qu'à l'occasion de l'irruption des Goths, et sont demeurées attachées à la messe gothique jusque dans le xi° siècle; il a fallu toute l'autorité de Charlemagne pour introduire dans les Gaules l'office romain au lieu du gallican, quoique l'un ne renferme rien de contraire à l'autre.

Saint Augustin voulut établir dans son Église l'usage de réciter, pendant la semaine sainte, la passion de Jésus-Christ selon les quatre évangélistes, comme l'on fait aujourd'hui, au lieu qu'avant lui on ne lisait que celle qui est dans saint Matthieu; cette nouveauté excita un murmure : lui-même nous l'apprend. *Serm.* 144 *de Temp.* Il est certain que depuis douze cents ans la *liturgie* romaine n'a pas changé; y a-t-l des preuves pour faire voir que l'on y était moins attaché pendant les cinq premiers siècles ?

Malgré ces faits incontestables, les protestants ont soutenu que la croyance de l'Église avait changé touchant l'eucharistie; nous leur opposons un raisonnement fort simple : la croyance ne peut changer sans que le langage et les cérémonies de la *liturgie* ne changent; vous l'avez prouvé par votre exemple : or ce dernier changement ne s'était pas fait avant vous; la confrontation des *liturgies* en dépose : donc avant vous la croyance touchant l'eucharistie n'a jamais changé.

Dans presque tous les siècles, on a vu naître des erreurs sur ce point essentiel de doctrine; nous les rapportons au mot EUCHARISTIE : ce mystère a donc toujours tenu les esprits attentifs, parce qu'il est étroitement lié à celui de l'incarnation et au dogme de la divinité de Jésus-Christ. Il a donc toujours été question du sens qu'il fallait donner aux paroles de la *liturgie*; il n'était pas possible aux fidèles de l'oublier, ni aux pasteurs de le changer.

VIII. *Liturgie des protestants.* Ce que nous soutenons touchant l'immutabilité de la foi de l'Église a été mis en évidence par la conduite des protestants. Dès qu'ils ont nié la présence réelle, et n'ont plus voulu que la messe fût un sacrifice, il leur a fallu supprimer les paroles et les cérémonies de la messe qui attestaient la croyance contraire : ils ont ainsi reconnu malgré eux l'énergie de ces signes usités dans toutes les Églises du monde, et ont fait profession de rompre avec elles.

La première chose que fit Luther, fut d'abolir, à Wirtemberg, le canon de la messe; il n'en conserva que les paroles de la consécration. Quoiqu'il continuât de soutenir la présence réelle, il supprima tout ce qui pouvait donner l'idée de sacrifice. Il conserva cependant l'élévation de l'hostie, en laissant la liberté de la faire ou de la retrancher; cet article causa du trouble dans son parti; enfin il trouva bon de la supprimer.

Zwingle et Calvin, qui niaient la présence réelle, ne retinrent pour la cène que l'oraison dominicale et la lecture des paroles de l'institution de l'eucharistie; ils abolirent toutes les paroles et les cérémonies que Luther avait conservées avant et après la consécration.

En Angleterre, Henri VIII n'avait pas touché à la *liturgie*; mais en 1549, sous Édouard VI, l'on en fit une nouvelle, dans laquelle on retrancha les prières du canon et l'élévation de l'hostie; l'on y représenta encore la communion comme l'action de manger la chair et de boire le sang de Jésus-Christ, et l'on y permit de faire la cène dans les maisons particulières. On y conserva les habits sacerdotaux, les noms de *messe* et d'*autel*, le pain azyme; mais on y changea plusieurs prières, et l'on y déclara que le corps de Jésus-Christ n'est que dans le ciel. En 1553, sous la reine Marie, qui était catholique, la messe romaine fut rétablie. En 1559, la reine Élisabeth, qui était protestante, fit remettre en usage la *liturgie* d'Édouard VI; elle voulut que le dogme de la présence réelle n'y fût ni enseigné ni combattu, mais laissé en suspens. On n'y toucha presque pas sous Jacques I<sup>er</sup>, mais les troubles survenus sous Charles I<sup>er</sup>, au sujet de la *liturgie*, servirent de prétexte pour le faire périr sur un échafaud. et ces troubles continuèrent sous Cromwell. En 1662, Charles II fit retoucher cette même *liturgie* d'Édouard; l'on y déclara que le corps de Jésus-Christ n'est que dans le ciel; on y mit la prière pour les morts en termes ambigus : plusieurs savants anglais écrivirent contre cette *liturgie*.

Les disputes ne furent pas moins vives en Écosse; mais comme les puritains ou calvinistes rigides y ont prévalu, ils ont retranché les cérémonies; ils observent à peu près la même manière de célébrer la cène que Calvin établit à Genève; c'est aussi celle que suivirent les calvinistes de France. En Suède, le luthéranisme s'établit d'abord sous Gustave I<sup>er</sup>, et la messe y fut abolie; après bien des disputes et des incertitudes, l'on y publia, en 1576, une *liturgie* qui se rapprochait beaucoup de la messe romaine; on y prescrivait l'élévation de l'hostie, et l'on y déclarait que l'on reçoit le corps et le sang de Jésus-Christ *dans l'usage*. Le P. Lebrun a donné cette *liturgie*, tom. VII, page 162 et suiv. Dans la suite, le luthéranisme a repris le dessus en Suède; mais les luthériens des divers pays du Nord n'ont entre eux aucune forme de *liturgies* fixe et immuable.

Depuis que les esprits se sont calmés, et que l'on a comparé les *liturgies* des protestants avec celles de toutes les autres Églises du monde, plusieurs d'entre eux sont convenus que les prétendus réformateurs se sont trop écartés de l'ancien modèle; mais comment en conserver le langage et la forme, lorsqu'on en avait abandonné l'esprit et la doctrine ? Ceux qui ont voulu s'en rapprocher, comme on a fait à Neuchâtel, n'ont réussi qu'à se donner un ridicule de plus. Cette bizarrerie même démontre que, si les anciennes Églises avaient pensé comme les protestants, leurs *liturgies* n'auraient jamais pu être telles que nous les voyons.

Pour faire adopter les *liturgies* des hérétiques, il a fallu, dans plusieurs pays, des lois, des menaces, des peines, des supplices; on n'avait rien vu de semblable autrefois : la messe romaine, contre laquelle les protestants ont tant déclamé, n'a point fait répandre de sang. Dès qu'un peuple a été chrétien, il a reçu sans résistance une *liturgie* qui était l'expression fidèle de la doctrine des apôtres ; jamais il n'a touché à la *liturgie* sans avoir changé de croyance, et l'époque de ce changement a toujours été remarquée.

C'est donc aujourd'hui un très-grand avantage pour les théologiens de pouvoir consulter et comparer les *liturgies* de toutes les communions chrétiennes ; il n'est aucune preuve plus convaincante de l'antiquité, de la perpétuité, de l'immutabilité de la foi catholique, non-seulement touchant les dogmes contestés par les protestants, mais à l'égard de tout autre point de croyance. *Voy.* Messe.

LIVRE. Un sentiment de vanité a pu persuader aux littérateurs du xvi° siècle que toute vérité se trouve dans les *livres* ; qu'il n'est aucun autre monument certain des connaissances humaines, aucune autre règle de croyance ni de conduite à laquelle on puisse se fier. Cette prétention, qui aurait paru absurde dans toute autre matière, a été cependant soutenue avec beaucoup de chaleur en fait de religion, et l'est encore par des sectes nombreuses. On pourrait leur demander d'abord comment ont pu faire les premiers philosophes, qui n'avaient pas de *livres*; ils ont cependant acquis des connaissances, puisqu'ils ont formé des écoles nombreuses, et que leur doctrine s'est perpétuée parmi leurs disciples.

Pour nous, qui pensons que Dieu a établi la religion pour les ignorants aussi bien que pour les savants, et qu'il n'est ordonné à personne de savoir lire, sous peine de damnation, nous présumons qu'il y a d'autres moyens d'instruction; que quand il n'y aurait jamais eu de *livres*, la vraie religion aurait cependant pu s'établir et se perpétuer sur la terre. C'est ainsi qu'elle y a duré pendant près de deux mille ans ; c'est ainsi que les fausses religions subsistent encore chez plusieurs nations ignorantes, depuis un grand nombre de siècles ; c'est ainsi enfin que les hérétiques même transmettent leur doctrine au très-grand nombre de leurs sectateurs qui n'ont aucun usage des lettres. De même qu'un ignorant n'a pas besoin de *livres* pour être convaincu de la vérité et de la divinité de la religion chrétienne, nous concluons qu'il n'en a pas besoin non plus pour savoir certainement ce qu'enseigne cette religion et quelle en est la doctrine.

Le christianisme était professé, et il y avait des Églises fondées avant que la plupart du *livres* du Nouveau Testament fussent écrits, et qu'ils fussent connus des simples fidèles. « Quand les apôtres, dit saint Irénée, ne nous auraient rien laissé par écrit, ne faudrait-il pas toujours suivre la tradition que nous ont laissée les pasteurs auxquels ils ont confié le soin des Églises ? C'est la méthode que suivent plusieurs nations barbares qui croient en Jésus-Christ sans écritures et sans *livres*, mais qui ont la doctrine du salut gravée dans leur cœur par le Saint-Esprit, et qui gardent avec soin l'ancienne tradition..... Ceux qui ont ainsi reçu la foi sans écritures nous paraissent barbares; mais, dans le fond, leur foi est très-sage, leur conduite très-louable, leurs vertus sont très-agréables à Dieu. » *Adv. Hær.*, l, III, cap. 4, n. 1 et 2.

Parmi les sujets d'un grand royaume, il n'y en a pas un millième qui aient lu le texte des lois, la plupart ne sont pas seulement capables de lire leurs titres ; aucun cependant n'ignore ses droits et n'est inquiet sur ses possessions. Les usages civils, les devoirs de la société, les *mœurs*, en un mot, ne sont couchés dans aucun code ; est-on pour cela moins instruit de ce que l'on doit faire ? Avant notre siècle, il en était de même du procédé des arts les plus compliqués, et qui exigent le plus d'industrie ; y avait-l pour cela moins d'artistes habiles ? Vainement l'on se bornerait à donner des *livres* à ceux qui étudient les sciences et les arts ; s'ils n'ont pas un maître pour leur expliquer les termes, pour leur montrer l'ordre des procédés, pour leur faire éviter les méprises, ils ne seront jamais fort instruits.

Par le laps des siècles, par le changement des langues, par la différence des mœurs, par les disputes des savants, etc., les anciens *livres* deviennent nécessairement très-obscurs et souvent inintelligibles ; il faut donc que la tradition vivante, l'usage journalier et les pratiques, les maîtres chargés d'enseigner, viennent à notre secours pour nous en donner l'intelligence. De là nous concluons que Jésus-Christ aurait très-mal pourvu à la perpétuité et à l'immutabilité de sa doctrine s'il n'avait donné à son Église que des *livres* pour tout moyen d'enseignement. Ce n'est pas la lettre d'un *livre* qui nous guide, c'est le sens : or, comment pouvons-nous être sûrs que nous en prenons le vrai sens, lorsqu'une multitude d'hommes, qui paraissent sages et instruits, soutiennent qu'il faut entendre autrement le texte ? Si nous nous flattons que Dieu nous donne une inspiration qu'il leur refuse, nous tombons dans le fanatisme. Si nous pensons qu'alors l'erreur ne peut être ni imputable, ni dangereuse, c'est avouer que, dans le fond, il n'y a ni foi certaine, ni doctrine constante à laquelle nous soyons obligés de nous fixer, et qu'après avoir consulté un *livre* que nous prenions pour règle de notre foi, nous ne sommes pas plus avancés qu'auparavant.

Inutilement on nous dit que l'Écriture est claire sur tous les articles de foi nécessaires au salut ; que quand un dogme n'est pas révélé clairement, il n'est pas nécessaire, puisqu'il n'en est aucun qui n'ait été contesté, et sur lequel on n'ait cité l'Écriture pour et contre. Osera-t-on dire que, pour être chrétien et dans la voie du salut, il n'est pas nécessaire de savoir si Jésus-Christ est Dieu, ou s'il ne l'est pas ; si on doit l'adorer comme un Dieu, ou seulement le respecter comme un homme? C'est comme si l'on disait qu'il n'importe en rien au salut de croire un seul Dieu, ou d'en admettre plusieurs, d'être chrétien ou idolâtre. Or, la divinité de Jésus-Christ a été contestée depuis la naissance du christianisme ; elle l'est encore, et il n'est aucun article sur lequel on ait autant allégué les passages de l'Ecriture sainte de part et d'autre. Chez les sectes même les plus obstinées à rejeter toute autre règle de foi que l'Ecriture sainte, est-ce véritablement le texte du *livre* qui règle la foi des particuliers? Avant de lire l'Ecriture sainte, un protestant est déjà prévenu par son catéchisme, par les sermons des ministres, par la croyance de sa famille. De là un luthérien ne manque jamais de voir dans l'Ecriture les sentiments de Luther, un calviniste ceux de Calvin, un anabaptiste ou un socinien ceux de sa secte, tout comme un catholique y trouve ceux de l'Eglise romaine. Il est donc évident que tous sont également guidés par la tradition, ou par la croyance de la société dans laquelle ils ont été élevés.

Sur cette importante question, les protestants d'un côté, les déistes de l'autre, ont donné dans les excès les plus opposés, et se sont réfutés mutuellement. Les premiers persistent à soutenir qu'il faut chercher les vérités de la foi dans les *Livres* saints, et non ailleurs; que tout ce qu'il faut croire y est clairement révélé; que s'en rapporter à la tradition et à l'enseignement de l'Eglise, c'est soumettre la parole de Dieu à l'autorité des hommes, etc. Les déistes ont dit : Il ne faut point de *livres*; tous sont obscurs, et sont entendus différemment par les divers partis; c'est une source intarissable de disputes; les peuples qui n'ont point de *livres* ne disputent point. Entre ces deux excès, l'Eglise catholique garde un sage milieu; elle dit aux protestants : Depuis dix-sept siècles, toutes les contestations survenues entre les sociétés chrétiennes ont eu pour objet de savoir comment il faut entendre certains passages des *Livres* saints; toutes en ont allégué en faveur de leurs opinions. Non-seulement c'est le sujet des disputes entre vous et les catholiques, mais entre vous et les différentes sectes nées parmi vous. Dans vos contestations avec les sociniens, vous avez éprouvé qu'il était impossible de les convaincre par l'Ecriture sainte, et, contre vos principes, vous avez été forcés de recourir à la tradition pour leur faire voir qu'ils abusaient du texte sacré. Vous êtes donc convaincus, par votre expérience, que les *Livres* saints ne suffisent pas pour terminer les disputes en matière de foi. Elle dit aux déistes : Il n'est pas vrai que les *livres* soient inutiles ou pernicieux par eux-mêmes; l'abus que l'on en fait ne prouve rien. Quelque obscurs qu'on les suppose, on peut en découvrir le sens par la manière dont ils ont été entendus dès l'origine; par la croyance d'une grande société, qui les a toujours respectés comme parole de Dieu; par le sentiment des docteurs, qui ont eu pour maîtres les auteurs mêmes de ces *livres*; par les usages religieux qui en représentent la doctrine; par la condamnation de ceux qui ont voulu en pervertir le sens. Ainsi l'on cherche le sens des anciennes lois dans les écrits des jurisconsultes et dans les arrêts des tribunaux, et les sentiments d'un ancien philosophe dans les ouvrages soit de ses disciples, soit de ceux qui ont fait profession de les réfuter.

Entre deux méthodes d'enseigner, il est à présumer que Jésus-Christ a choisi celle qui est non-seulement la plus solide et la plus sûre, mais encore la plus à portée des ignorants, puisque ceux-ci forment la plus grande partie du genre humain. Or, il est évident qu'un ignorant n'est pas capable de juger par lui-même si tel *livre* est inspiré de Dieu ou non, s'il est authentique et s'il a été fidèlement conservé, s'il est bien traduit dans sa langue, s'il faut entendre tel passage dans le sens littéral ou dans le sens figuré, etc. Mais il ne lui est pas plus difficile de se convaincre que les pasteurs de l'Eglise catholique sont les successeurs des apôtres, que de s'assurer que Louis XVI est le successeur légitime du fondateur de la monarchie française. Les mêmes preuves qui établissent la mission des apôtres, établissent aussi la mission de leurs successeurs.

On ne doit pas être surpris de ce que nous répétons ces mêmes vérités dans plusieurs articles de ce *Dictionnaire*; c'est ici la contestation fondamentale et décisive entre l'Eglise catholique et les différentes sectes hétérodoxes qui sont sorties de son sein, et ont levé l'étendard contre elle. *Voy.* Autorité, Examen, Foi, Tradition, etc.

Livres saints ou sacrés. Tous les peuples lettrés ont nommé *livres sacrés* les *livres* qui contenaient les objets et les titres de leur croyance; il est naturel d'avoir un grand respect pour des *livres* que l'on croit émanés de la Divinité. Quand une nation est persuadée que certains hommes ont été envoyés de Dieu pour annoncer ses volontés et pour prescrire la manière dont il veut être adoré, elle doit conclure que Dieu n'a pas permis que ces hommes enseignassent des erreurs, autrement il aurait tendu à ce peuple un piége inévitable : elle doit donc regarder les *livres* de ces envoyés comme la parole de Dieu même, comme la règle de foi et de conduite qu'elle doit suivre. Toute la question se réduit à savoir si les divers personnages, qui ont été regardés comme envoyés de Dieu, ont eu véritablement les signes qui peuvent caractériser une mission divine. Or, nous prouvons que Moïse, les prophètes, Jésus-Christ et ses apôtres, en ont été certainement revêtus : c'est donc à juste titre que nous regardons leurs *livres* comme saints et sacrés. *Voy.* Mission, Moïse, etc.

D'autre part, nous prouvons qu'aucun fondateur des fausses religions n'a montré les mêmes caractères, mais plutôt des signes tout opposés; conséquemment c'est mal à propos, et sans aucune preuve, que les Chinois, les Indiens, les parsis, les mahométans, nomment *sacrés* les *livres* qui contiennent leur croyance. Nous ne craignons pas que les docteurs de ces fausses religions entreprennent de tourner contre nos *Livres saints* les arguments que nous faisons contre les leurs; aucun d'entre eux ne l'a jamais entrepris,

C'est donc, de la part des incrédules, une injustice de dire que le respect que nous portons à nos *Livres saints* n'est pas mieux fondé que celui que les autres peuples témoignent pour les leurs. Aucun incrédule n'est encore venu à bout de faire voir que les preuves sont les mêmes de part et d'autre. *Voy.* Chinois, Indiens, etc.

Déjà nous avons parlé de nos *Livres saints* dans les articles Bible, Canon, Ecriture sainte, etc., et nous en donnerons une courte notice au mot Testament.

Jamais ces divins écrits n'avaient été attaqués avec autant de fureur que de nos jours; non-seulement les incrédules modernes ont répété tout ce qu'avaient dit autrefois les marcionites, les manichéens, Celse, Julien, Porphyre, pour rendre ces *livres* méprisables, surtout l'Ancien Testament; mais ils ont enchéri sur tous ces anciens ennemis du christianisme; ils ont mis, pour ainsi dire, à contribution toutes les sciences, pour trouver des reproches à faire contre les écrivains sacrés. Ils ont voulu prouver que ces *livres* prétendus inspirés sont des écrits apocryphes, faussement attribués aux auteurs dont ils portent les noms, et d'une date très-postérieure; que les *livres* de religion des autres nations portent des marques plus apparentes d'authenticité et de vérité que les nôtres. On a cru y trouver des erreurs contre la chronologie, la géographie, l'astronomie, la physique et l'histoire naturelle; des faits contredits par des auteurs profanes très-dignes de foi, des exemples même pernicieux aux mœurs. On a censuré le langage, les expressions, le style de l'Ecriture sainte, aussi bien que la doctrine; il n'est presque pas un verset qui n'ait donné matière aux invectives et aux sarcasmes de nos prétendus philosophes. Une critique plus décente et plus modérée aurait sans doute fait plus d'impression, et en aurait imposé plus aisément aux lecteurs; mais on a vu que les libelles de nos adversaires étaient marqués au coin de l'impiété et du libertinage, on y a remarqué tant de traits d'ignorance, de mauvaise foi et de malignité, que la plupart ont été méprisés dès leur naissance.

Pour juger sensément de nos *Livres saints*, il fallait un degré de lumière et de capacité que n'avaient pas nos adversaires, une grande connaissance des langues, des opinions, des mœurs, des usages civils et religieux des nations anciennes, du sol et de la température des différentes contrées de l'Orient, des révolutions qui y sont arrivées, des circonstances dans lesquelles se trouvaient les auteurs *sacrés*. Les vrais savants, loin de mépriser ces anciens monuments, en ont fait l'objet de leurs recherches et la base de leur érudition; nous voyons tous les jours le récit des historiens de l'Ancien Testament confirmé par le témoignage des voyageurs les plus sensés; plus on avance dans la connaissance de la nature, plus on est convaincu que Moïse et ceux qui l'ont suivi ont été instruits et sincères. Aussi la critique téméraire des incrédules a fait éclore de nos jours plusieurs ouvrages estimables, dans lesquels leurs vaines imaginations ont été pleinement réfutées. On leur a fait voir que nos *Livres saints* n'ont pas été aussi inconnus qu'ils le prétendent aux nations voisines des Juifs; que les auteurs égyptiens, phéniciens, chaldéens, assyriens, en ont parlé avec estime; qu'il en a été de même des Grecs, lorsque ces *livres* ont été traduits dans leur langue.

Que prouve, d'ailleurs, l'ignorance des nations anciennes les unes à l'égard des autres; le peu de curiosité qu'elles ont eu de se connaître, le peu de commerce qui régnait entre elles? Jusqu'à nos jours, les *livres* des Chinois, des Indiens, des parsis, étaient presque inconnus aux savants européens. Mais depuis que l'on a pris la peine de les aller chercher et de les traduire, nous ne redoutons plus la comparaison que l'on en peut faire avec les nôtres. Soit que l'on examine les preuves de leur authenticité, soit que l'on en considère la doctrine, les lois, la morale, tout l'avantage nous reste; on voit la vanité des conjectures de nos adversaires qui en avaient parlé au hasard et sans en avoir la moindre notion.

Quand il y aurait des difficultés insolubles dans la chronologie, cela ne serait pas étonnant à l'égard de *livres* si anciens; mais il est aujourd'hui démontré qu'en comparant les chronologies des Egyptiens, des Chaldéens, des Chinois, des Indiens, avec celle du texte sacré, elles ne sont rien moins qu'opposées; qu'elles se concilient aisément à l'égard des principales époques, quand on connaît la manière dont chacune de ces nations supputait les temps. *Voy.* l'*Histoire de l'Astronomie ancienne*, par M. Bailly. Les conjectures de quelques modernes touchant l'antiquité du monde, fondées sur des systèmes de physique, aussi aisés à détruire qu'à édifier, ne prévaudront jamais sur des preuves de fait et sur le témoignage réuni de tous les peuples lettrés.

Comment a-t-on trouvé des fautes de géographie dans nos *Livres saints*? En confondant un peuple avec un autre, en prenant de travers des noms hébreux dont on ignorait le sens, ou qui étaient mal traduits dans les versions. Mais ces critiques hasardées feront-elles oublier les travaux du savant Bochart sur la géographie *sacrée*, et les lumières qu'il y a répandues? De nos jours, en montrant la vraie signification d'un mot hébreu, qui n'avait pas été aperçue par les commentateurs, M. de Gébelin a fait voir la justesse d'un passage d'Ezéchiel, qui nous apprend que Nabuchodonosor avait conquis l'Espagne. Il concilie heureusement la chronologie et la géographie sur une partie considérable de l'histoire sainte, qui, jusqu'à présent, avait été regardée comme un chaos. *Monde primit.*, t. VI; *Essai d'hist. orient.*

A l'égard de l'astronomie, un autre savant, qui a examiné de près le *livre* de Daniel, fait voir que ce prophète s'est servi du cycle astronomique le plus parfait que l'on ait encore pu imaginer, et que, par le moyen de ce cycle, on peut résoudre plusieurs problèmes très-difficiles. *Rem. astronom. sur la prophétie de Daniel*, par M. de Cheseaux.

Aujourd'hui c'est principalement sur la physique des *Livres saints* que les censeurs se flattent de triompher. Mais, avant de s'attribuer la victoire, il faudrait qu'ils fussent convenus ensemble d'un système général de physique et qu'ils l'eussent démontré dans toutes ses parties : l'ont-ils fait? Jusqu'à présent ils n'ont fait que passer d'un système à un autre, rajeunir les vieilles opinions pour les abandonner ensuite, disputer et se réfuter mutuellement. Les nouvelles cosmogonies, dont on nous amuse, auront-elles un règne plus long que les anciennes ? Déjà M. de Luc vient de les détruire dans ses *Lettres sur l'histoire de la terre et de l'homme*; il prouve que la cosmogonie tracée par Moïse est la seule conforme à la structure du globe, et que toutes les autres sont réfutées par les observations. L'unique dessein des physiciens modernes semble avoir été de nous faire oublier Dieu, et d'établir le matérialisme ; les auteurs *sacrés*, au contraire, n'ont écrit que pour nous montrer la puissance, la sagesse, la bonté de Dieu dans ses ouvrages.

On a fait de savantes dissertations pour découvrir ce que c'est que *Béhémoth* et *Léviathan* dans le livre de Job, pour savoir si l'animal dont parle Salomon dans les Proverbes est la fourmi ou un autre insecte, s'il y a une espèce de poisson qui ait pu engloutir Jonas et le laisser vivre dans ses entrailles ; si les coquillages qui se trouvent dans le sein de la terre viennent de la mer ou d'ailleurs ; combien il a fallu de siècles pour former les couches de lave qu'ont vomies les volcans, etc. Nous attendrons que tous les dissertateurs soient d'accord, avant de convenir que les auteurs sacrés étaient des ignorants en fait d'histoire naturelle. Lorsque nous aurons comparé ensemble Hérodote, Ctésias, Xénophon, Strabon, Diodore de Sicile, les fragments de Bérose, d'Abydène, de Manéthon, d'Eratosthène, de Sanchoniathon, etc., formerons-nous une histoire ancienne aussi complète, aussi exacte, aussi suivie que celle que nous fournissent nos *Livres saints?* Sans eux, il ne nous reste plus de fil pour nous conduire dans ce labyrinthe ; nous ne trouvons plus que des ténèbres. *Voy.* HISTOIRE SAINTE.

Des littérateurs superficiels, qui ne connaissent que leur siècle et leur nation, qui sont persuadés que nos mœurs sont la règle de l'univers entier, sont étonnés des usages qui ont régné dans les premiers âges du monde ; tout leur y paraît absurde, grossier, détestable ; ils ne peuvent concevoir comment Dieu a daigné instruire et gouverner des hommes si différents de ceux d'aujourd'hui. Mais le genre humain, dans son enfance, a-t-il donc dû être le même que dans sa maturité ? Trouverons-nous mauvais qu'il y ait encore aujourd'hui des Arabes scénites, des Tartares errants et des Sauvages ? Ce sont cependant des hommes, quoiqu'ils ne nous ressemblent point. Quand on veut que Dieu ait fait régner dans tous les temps les mêmes idées, les mêmes lois, les mêmes vertus, c'est comme si l'on se plaignait de ce qu'il n'a pas établi la même température, le même degré de fertilité et d'agrément dans tous les climats.

Loin de nous scandaliser des abus que Dieu a soufferts, des désordres qu'il a permis, des crimes qu'il a pardonnés, des bienfaits qu'il a répandus sur des hommes toujours ingrats et rebelles, insensés et vicieux, nous devons bénir sa miséricorde infinie, nous féliciter de pouvoir espérer pour nous la même indulgence, et d'avoir reçu par Jésus-Christ des leçons capables de nous rendre meilleurs. C'est ce que les auteurs sacrés veulent nous faire comprendre, lorsqu'ils font le tableau des mœurs primitives du monde ; cette réflexion vaut mieux que les spéculations creuses des incrédules : celles-ci tendent à nous ôter non-seulement toute notion de la Divinité, mais encore à étouffer toute espèce d'érudition. Si Dieu n'avait pas conservé l'étude des *Livres saints* au milieu de la barbarie, nous serions peut-être aussi stupides et aussi abrutis que les Sauvages. *Voy.* LETTRES (1).

LIVRES DÉFENDUS. Dès les premiers siècles de l'Eglise, le zèle des pasteurs pour la pureté de la foi et des mœurs leur fit sentir la nécessité d'interdire aux fidèles les lectures capables d'altérer l'une ou l'autre ; conséquemment il fut défendu de lire les *livres* obscènes, ceux des hérétiques et ceux des païens. Cette attention était une conséquence nécessaire de la fonction d'enseigner, de laquelle les pasteurs étaient chargés. Il n'est pas besoin de longues réflexions pour comprendre qu'à l'égard des *livres* obscènes rien ne peut excuser ni la licence des écrivains, ni la curiosité des lecteurs. Saint Paul ne voulait pas que les fidèles prononçassent une seule obscénité ; il leur aurait encore moins permis d'en lire ou d'en écrire (*Ephes.* v, 4 ; *Coloss.*, III, 8). La multitude de ces sortes d'ouvrages sera toujours un

---

(1) Parmi les *livres sacrés* des nations, disent les auteurs de l'édition Lefort, on ne peut ranger l'*Edda*, ni le livre de Lao-tseu, encore moins le *Coran*. De la comparaison du Pentateuque avec le *Zend-Avesta*, les *Védas*, les *Kings*, ressort sa supériorité sous le triple rapport de l'authenticité, de l'ancienneté, du fond : aussi y a-t-il lieu de s'étonner de l'engouement de quelques savants pour certaines productions exotiques, notamment pour les livres de l'Inde. Cependant, la science, à force de traiter ces matières, a mis en relief quelques faits généraux. Le plus marquant, c'est le déluge. Au-delà du déluge, le nuage s'épaissit. On entrevoit néanmoins quelques traits saillants de l'histoire primitive : le monde sortant du chaos, le genre humain issu d'un seul couple, infraction et malheurs à la suite, lutte des deux principes, bons et mauvais génies en opposition, idée vague du rétablissement de l'ordre un jour ! mais tout cela est noyé dans des fables absurdes. Qui n'aurait pas l'exemplaire original, en altération duquel toutes ces fables furent fabriquées, ou qui l'aurait, mais le dédaignerait, ne sortirait pas de ces labyrinthes.

triste monument de la corruption du siècle qui les a vus naître; la défense générale d'en lire aucun, portée par les prélats délégués du concile de Trente, est juste et sage. *Req.* 7. On ne serait pas surpris de voir cette licence poussée à l'excès chez les païens; mais les poëtes mêmes de l'ancienne Rome, Ovide, Juvénal et d'autres, en ont reconnu les pernicieux effets, et la nécessité d'en préserver surtout la jeunesse. Qu'auraient dit les Pères de l'Eglise qui ont déclamé contre cette turpitude, s'ils avaient pu prévoir qu'elle renaîtrait chez les nations chrétiennes ?

Bayle, qui ne passera jamais pour un moraliste sévère, est convenu du danger attaché à la lecture des *livres* contraires à la pudeur; il a même répondu aux mauvaises raisons que certains auteurs de ces *livres* alléguaient pour pallier leur crime *(Dict. crit.* Guarini, Rem. C. et D. *Nouv. lettres crit. sur l'hist. du Calvin.,* OEuv. tom. II, lettre 19). Quand il a voulu justifier les obscénités qu'il avait mises dans la première édition de son *Dictionnaire,* il n'a rien trouvé de mieux à faire que de promettre qu'il les corrigerait dans la seconde édition *(OEuv.* tom. IV, *Réflex. sur un imprimé,* n. 33 et 34). Il s'est donc formellement condamné lui-même.

Une fatale expérience ne prouve que trop les pernicieux effets des mauvaises lectures; c'est par là que se sont corrompus la plupart de ceux qui se sont livrés au libertinage, et qu'ils ont augmenté le penchant vicieux qui les y portait. Plus les auteurs de ces *livres* obscènes y ont mis d'esprit et d'agrément, plus ils sont coupables; ils ont imité la scélératesse d'un chimiste qui aurait étudié l'art d'assaisonner les poisons pour les rendre plus dangereux. Pour s'excuser, ils disent que ces lectures font moins d'effet que les tableaux obscènes, les spectacles, les conversations trop libres des deux sexes : cela peut être ; mais parce qu'elles font moins de mal, il ne s'ensuit pas qu'elles soient innocentes : il n'est pas permis de commettre un crime, parce que d'autres en commettent un plus grand. Ils disent que la plupart des lecteurs savent déjà ou apprendraient d'ailleurs ce qu'ils trouvent dans un ouvrage trop libre; cela est faux, en général. Ce *livre* peut tomber entre les mains de jeunes gens qui n'ont pas encore le cœur gâté et jeter en eux les premières semences du vice : mais quand même le mal serait déjà commencé, ce serait encore un crime de l'augmenter. Ils allèguent enfin la multitude de ceux qui ont écrit, publié ou commenté des sortes d'ouvrages, et auxquels on n'en a fait aucun reproche. C'est justement parce que l'on a souffert souvent trop de licence sur ce point, qu'il est plus nécessaire de. le réprimer; la multitude des coupables est un motif de plus de sévir contre les principaux, afin d'épouvanter et de corriger les autres. *Voy.* OBSCÉNITÉ, ROMAN.

Quant aux *livres* des hérétiques qui donnent atteinte à la pureté de la foi, l'Eglise les a également proscrits, parce que le danger est le même; souvent, pour les supprimer, les empereurs ont appuyé par leurs lois les censures de l'Eglise. Après la condamnation d'Arius par le concile de Nicée, Constantin ordonna que les *livres* de cet hérésiarque fussent brûlés ; il défendit à toutes personnes de les cacher, sous peine de mort. Socrate, *Hist. ecclés.*, l. I, c. 9. Arcadius et Honorius portèrent la même loi contre ceux des eunomiens, *Cod. Théod.*, l. XVI, tit. 5, leg. 34. Théodose le Jeune la renouvela contre ceux de Nestorius, *ibid.*, leg. 66. Le quatrième concile de Carthage ne permit, même aux évêques, la lecture des *livres* hérétiques, qu'autant que cela serait nécessaire pour les réfuter ; les prélats délégués par le concile de Trente ont prononcé la peine d'excommunication contre tous ceux qui retiennent ou qui lisent les *livres* condamnés par l'Eglise, ou mis à l'*index*.

Saint Paul défend aux fidèles d'écouter les discours artificieux des hérétiques, et même de les fréquenter *(Rom.,* c. XVI, v. 17 ; *Tit.,* c. III, v. 10, etc.). Il n'y avait pas un moindre danger à lire leurs *livres. Voy.* Bellarm., tome II, *Controv.* 2, l. 3, c. 20. Quiconque fait cas de la foi, et la regarde comme un don de Dieu, ne s'expose pas témérairement à la perdre.

La sévérité de l'Eglise sur ce point a été blâmée par les auteurs, qui sentaient que leurs propres *livres* méritaient d'être proscrits; mais que prouvent les clameurs des coupables contre la loi qui les condamne ? La défense de lire les *livres* hérétiques ne regarde point les docteurs chargés d'enseigner, capables de montrer le faible des sophismes des ennemis de l'Eglise et de les réfuter. Quant aux simples fidèles, nous ne voyons pas pourquoi il leur serait permis de chercher des doutes, des tentations, des pièges d'erreur, ni en quoi consiste l'avantage de satisfaire une vaine curiosité. Le nombre de ceux qui ont fait naufrage dans la foi par cette imprudence, devrait retenir tous ceux qui sont tentés de s'exposer au même danger.

Dans tous les temps, les artifices des hérétiques ont été les mêmes ; Tertullien les dévoilait déjà au III⁰ siècle. « Pour gagner, dit-il, des sectateurs, ils exhortent tout le monde à lire, à examiner, à peser les raisons pour et contre ; ils répètent continuellement le mot de l'Evangile, *cherchez et vous trouverez.* Mais nous n'avons plus besoin de curiosité après Jésus-Christ, ni de recherche après l'Evangile ; un des points de notre croyance est d'être persuadé qu'il n'y a rien à trouver au delà. Ceux qui cherchent la vérité ne la tiennent pas encore, ou ils l'ont déjà perdue ; celui qui cherche la foi n'est pas encore chrétien, ou il a cessé de l'être. Cherchons, à la bonne heure, mais dans l'Eglise, et non chez les hérétiques; selon les règles de la foi, et non contre ce qu'elle nous prescrit. Ces hommes qui nous invitent à chercher la vérité ne veulent que nous attirer à leur parti ; lorsqu'ils y ont réussi, ils soutiennent d'un ton d'autorité ce qu'ils avaient fait semblant d'abandonner à nos recherches. » *De Præsc. adv. hæret.*, c. 8. Les sectaires des derniers siècles n'ont pas agi autrement que ceux des premiers ; pour séduire les enfants de l'Eglise, ils les ont invités à lire leurs *livres*, à raisonner sur la foi, à disputer ; mais ils déclamaient avec fureur contre quiconque n'embrassait pas leur avis à la fin de l'examen. Lorsqu'ils ont eu un grand nombre de sectateurs, ils leur ont défendu de lire les *livres* des controversistes catholiques ; c'était, selon eux, un piége dangereux : après avoir reproché à l'Eglise de vouloir dominer sur la foi de ses enfants, ils ont pris eux-mêmes un empire despotique sur la croyance de leurs sectateurs.

On dit que la prohibition des *livres* hétérodoxes n'aboutit qu'à leur donner plus de célébrité et à piquer la curiosité des lecteurs ; cela fait soupçonner que ces *livres* renferment des objections insolubles. Mais quand une loi produirait ce mauvais effet par l'opiniâtreté des infracteurs, il ne s'ensuivrait pas encore qu'elle est injuste et pernicieuse par elle-même. Toute défense irrite les passions par le frein qu'elle leur oppose ; faut-il supprimer toutes les lois prohibitives, parce que les insensés se font un plaisir de les braver ? Si, en défendant de lire les *livres* des hérétiques, l'Eglise n'avait pas soin d'instruire les fidèles, de faire réfuter les premiers par ses docteurs, de mettre au grand jour la fausseté des reproches qu'on lui fait, sa conduite serait blâmable, sans doute. Mais il n'a jamais paru un *livre* hétérodoxe digne d'attention qui n'ait été réfuté par les théologiens catholiques, et ceux-ci n'ont jamais dissimulé les objections de leurs adversaires. Nous avons toutes celles de Marcion dans Tertullien, celles d'Arius dans saint Athanase, celles des manichéens, des donatistes, des pélagiens dans saint Augustin, etc. Une preuve que ces arguments sont rapportés dans toute leur force, c'est que les incrédules et les sectaires qui les ont renouvelés n'y ont rien ajouté et ne les ont pas rendus meilleurs.

Ceux qui accusent les Pères de l'Eglise et les théologiens, de supprimer, d'affaiblir, de déguiser les objections des mécréants, sont des calomniateurs, puisque ordinairement les premiers ont la bonne foi de rapporter les propres termes de leurs antagonistes. Où sont les difficultés auxquelles on n'ait jamais répondu ! Si un argument paraît plus fort dans le *livre* d'un hérétique, c'est que la réponse n'y est pas : il paraîtra faible, dès qu'un réfutateur instruit en fera sentir la faiblesse. C'est donc très-mal à propos que des esprits légers, curieux, soupçonneux, se persuadent que les *livres* supprimés ou défendus renferment des objections insolubles. Si ces *livres* ne contenaient que des raisonnements, ils ne feraient pas grande impression ; mais les impostures, les calomnies, les anecdotes scandaleuses, les accusations atroces, les déclamations, les sarcasmes, en sont les principaux matériaux ; c'est de quoi la malignité aime à se repaître : est-il fort nécessaire de voir toutes ces infamies dans les originaux ?

On dit que pour être solidement instruit de la religion, il faut savoir le pour et le contre. Soit ; d'abord, le pour et le contre se trouvent dans les théologiens catholiques. Mais la maxime est fausse. Un fidèle convaincu de sa religion par de bonnes preuves n'a pas plus besoin de connaître les sophismes par lesquels on peut l'attaquer, que d'être au fait de toutes les fourberies par lesquelles on peut éluder les lois. Cette seconde science est bonne pour les jurisconsultes ; la première est faite pour les théologiens. Ne peut-on pas croire solidement un Dieu, sans avoir lu les objections des athées ? N'avons-nous droit de nous fier au sentiment intérieur, au témoignage de nos sens, aux preuves de fait, qu'après avoir discuté les sophismes des sceptiques et des pyrrhoniens ? Si sur chaque question il faut examiner le pour et le contre avant d'agir, notre vie se passera comme celle des sophistes, à disserter, à disputer, à déraisonner, et à ne rien croire. Nos adversaires suivent-ils eux-mêmes leur propre maxime ? Ils n'en font rien ; jamais ils n'ont lu ni étudié les *livres* des orthodoxes qui les ont réfutés.

Beausobre, *Hist du Manich.*, tom. I, pag. 218, blâme hautement les papes saint Léon, Gélase, Symmaque, Hormisdas, d'avoir fait brûler les *livres* des manichéens, et les lois des empereurs qui l'ordonnaient ainsi. Il fait observer que les chrétiens se plaignirent lorsque les empereurs païens ordonnèrent de brûler nos *livres*, et lorsqu'ils défendirent la lecture des *livres* des sybilles et de ceux d'Hystaspes, parce que ces ouvrages favorisaient le christianisme. Les écrits des manichéens, dit-il, ne pouvaient inspirer que du mépris, s'ils contenaient toutes les absurdités qu'on leur attribue. Cependant Beausobre convient qu'il y a des *livres* qui sont dignes du feu, tels que sont ceux qui corrompent les mœurs, qui sapent les fondements de la religion, de la morale et de la société. Voilà déjà une décision de laquelle les incrédules ne lui sauront pas bon gré et sur laquelle ils auront droit d'argumenter. Si la loi fait partie essentielle de la religion, les *livres* qui en attaquent la pureté sont-ils moins dignes du feu que ceux qui en sapent les fondements ? La question est de savoir si les *livres* des manichéens n'étaient pas de cette dernière espèce ; or, nous soutenons qu'ils en étaient. Malgré les absurdités qu'ils renfermaient, ils n'étaient pas universellement méprisés, puisque les manichéens faisaient des prosélytes. Mais il ne convient guère aux descendants des calvinistes incendiaires de bibliothèques, de se plaindre de ce que les papes ont fait brûler les *livres* des manichéens. On ne peut alléguer contre cette conduite aucune raison de laquelle les incrédules ne puissent se servir pour mettre à couvert du feu leurs propres *livres*.

Ce que nous disons à l'égard des *livres* hérétiques est encore plus vrai à l'égard de ceux des incrédules. Dans les premiers siècles, nous ne voyons point de lois qui interdisent la lecture de ces derniers, parce que les philosophes ne firent pas un grand nombre d'ouvrages pour attaquer le christianisme. A la réserve de ceux de Celse, de Porphyre, de Julien, d'Hiéroclès, nous n'en connaissons aucun qui ait eu quelque célébrité. Mais l'avis général que saint Paul avait donné aux fidèles : « Prenez garde de vous laisser séduire par la philosophie et par de vaines subtilités (*Coloss.*, II, 8), » suffisait pour les détourner de toute lecture capable d'ébranler leur foi. Le seizième canon du quatrième concile de Carthage, qui défend aux évêques de lire les *livres* des païens sans nécessité, semble désigner plutôt les fables des poëtes, les *livres* d'astrologie, de magie, de divination, etc., que les *livres* de controverse. Lorsque Origène a écrit contre Celse, et saint Cyrille contre Julien, ils ont copié les propres termes de ces deux philosophes; nous présumons que les Pères qui avaient réfuté Porphyre avaient fait de même. Rien n'est donc plus injuste que le reproche souvent répété par les incrédules contre les Pères de l'Église, d'avoir supprimé tant qu'ils ont pu les ouvrages de leurs ennemis; les Pères, au contraire, se sont plaints de l'injustice des païens à cet égard, parce que la lecture de nos *livres* ne pouvait produire que de bons effets pour les mœurs et pour le bon ordre de la société. Dioclétien fit rechercher et brûler tant qu'il put les *livres* des chrétiens. « J'entends avec indignation, dit Arnobe, murmurer et répéter que, par ordre du sénat, il faut abolir tous les *livres* destinés à prouver la religion chrétienne et à combattre l'ancienne religion.... Faites donc le procès à Cicéron, pour avoir rapporté les objections des épicuriens contre l'existence des dieux. Supprimer les *livres*, ce n'est pas défendre les dieux, mais craindre le témoignage de la vérité (*Adv. Gent.*, l. III, p. 46). Aussi Julien remerciait les dieux de ce que la plupart des *livres* des épicuriens et des pyrrhoniens étaient perdus, *Frag.*, p. 301, et il souhaitait que tous ceux qui traitaient de la religion des galiléens ou des chrétiens fussent détruits, *Epist.* 9, *ad Ecdicium*, p. 378.

Ce n'est pas ainsi qu'en ont agi les Pères: loin de supprimer les écrits de Celse, de Julien, d'Hiéroclès contre le christianisme, ils en ont conservé les propres paroles ; si ceux de Porphyre sont perdus, c'est que ceux de saint Méthodius et d'autres Pères qui l'avaient réfuté ne subsistent plus. On n'a pas détruit ce que Lucien, Tacite, Libanius, Zozyme, Rutilius, Numatianus, etc., ont dit au désavantage de notre religion, puisqu'on le retrouve encore dans leurs ouvrages. Plusieurs *livres* très-avantageux au christianisme ont péri ; il n'est pas étonnant que ceux de ses ennemis aient eu le même sort. Si l'on a livré aux flammes des *livres* de divination, d'astrologie judiciaire, de magie, ou des *livres* obscènes, il n'y a aucun sujet d'en regretter la perte. Or les manichéens avaient des *livres* de magie. Lorsque Anastase le Bibliothécaire dit que *le pape Symmaque fit brûler leurs simulacres*, Beausobre répond qu'il ne sait ce que c'est que ces *simulacres*: c'étaient évidemment des caractères et des figures magiques.

La question est de savoir si ce que les Pères ont dit au sujet de la fureur des païens contre nos *livres*, peut autoriser les incrédules à écrire impunément contre la religion : c'est ce que nous allons examiner (1).

LIVRES CONTRE LA RELIGION. La licence de publier de ces sortes d'ouvrages n'a été dans aucun siècle poussée aussi loin que dans le nôtre ; aucune nation n'en a vu éclore autant qu'il s'en est fait en France ; ce crime est sévèrement défendu par nos lois : plusieurs portent la peine de mort. *Voy. Code de la religion et des mœurs*, tom. I, tit. 8. Il est bon de voir si ces lois sont injustes ou imprudentes, et si les incrédules ont des raisons solides à leur opposer.

La maxime qu'Arnobe opposait aux païens, savoir, que supprimer les *livres* ce n'est pas défendre les dieux, mais craindre le témoignage de la vérité, n'est point applicable au cas présent. 1° Les païens ne connaissaient pas les preuves du christianisme ; ils le proscrivaient sans examen ; nous connaissons depuis fort longtemps les objections des incrédules, ils n'ont fait que les répéter. 2° Les païens n'ont jamais pris la peine de répondre aux apologistes du christianisme, au lieu que les arguments des incrédules ont été réfutés cent fois. 3° En proscrivant le christianisme, on rejetait une religion dont on n'osait pas attaquer la morale, puisque ses ennemis même prétendaient qu'elle était la même que celle des philosophes ; nos incrédules nous prêchent celle de l'athéisme et du matérialisme, la morale des brutes et non celle des hommes. 4° L'on ne pouvait montrer, dans les *livres* des chrétiens, aucun principe séditieux capable de troubler l'ordre public ou de révolter le peuple contre les lois; les *livres* des incrédules, au contraire, sont aussi injurieux au gouvernement que furieux contre la religion : c'est pour cela même que les magistrats ont sévi contre plusieurs. Il n'y a donc aucune comparaison à faire entre les uns et les autres.

Les incrédules disent qu'il doit être permis à tout homme de proposer des doutes ; que c'est le seul moyen de s'instruire. Principe faux. Sous prétexte de proposer des doutes, est-il permis à tout homme de soutenir publiquement que notre gouvernement est illégitime et tyrannique, nos lois injustes et absurdes, nos possessions des vols et des usurpations? Tout écrivain coupable de cette démence serait punissable comme séditieux ; il ne l'est pas moins lorsqu'il attaque une religion protégée par le gouvernement, autorisée par les lois, à laquelle tout bon citoyen attache son repos et sa tranquillité. Pour s'instruire, ce n'est pas au public, aux ignorants, aux jeunes gens, aux hommes vicieux, qu'il faut proposer des doutes ; c'est aux théologiens et aux hommes capables de les résoudre. Professer le déisme, le matérialisme, le pyrrhonisme en fait de religion, ce n'est pas proposer des doutes, c'est vou-

(1) Voy. le Dict. de Théol. mor., art. *Livres*, où nous avons précisé ce qui est permis et défendu.

loir en donner à ceux qui n'en ont point. Selon la loi naturelle, tout homme dont les incrédules ont ébranlé la foi, troublé le repos, empoisonné les mœurs, serait en droit de les attaquer personnellement, de les traduire au pied des tribunaux, de leur demander réparation du dommage qu'ils lui ont causé ; à plus forte raison tous ceux qu'ils ont insultés, tournés en ridicule et calomniés. Ils disent que leurs *livres* ne peuvent produire du mal ; que, s'ils sont mauvais, ils tomberont dans le mépris ; que, s'ils sont bons, ce serait une injustice de punir les auteurs. Autre principe faux. Dans ce genre de *livres*, la plupart des lecteurs sont incapables de discerner le bon du mauvais ; il est toujours un grand nombre d'esprits pervers et de cœurs gâtés qui vont au-devant de la séduction, qui cherchent à se tranquilliser dans le crime par les principes d'irréligion ; leur fournir des sophismes, c'est les armer contre la société. Les incrédules ont saisi le moment dans lequel ils ont vu la contagion prête à se répandre, pour divulguer le venin qui devait l'augmenter : ils méritent d'être traités comme des empoisonneurs publics. Nous espérons, à la vérité, que leurs *livres* tomberont dans le mépris, et déjà nous en avons un grand nombre d'exemples ; leurs derniers écrits ont fait profondément oublier les premiers. Tous ont été annoncés dans le temps comme des ouvrages victorieux, terribles, décisifs, auxquels les théologiens n'auraient rien à répliquer ; et il n'en est pas un seul dont on n'ait fait voir le faux et l'absurdité. Mais la chute et le mépris de ces ouvrages de ténèbres ne réparera pas le mal qu'ils ont fait.

S'il n'était pas permis d'attaquer toutes les religions, continuent nos philosophes, les missionnaires qui vont prêcher chez les infidèles seraient punissables. Ils le seraient, sans doute, s'ils voulaient établir l'athéisme, parce qu'il vaut encore mieux pour un peuple avoir une fausse religion que de n'en avoir point du tout. Ils le seraient, s'ils allaient prêcher pour corrompre les mœurs, pour soulever les peuples contre les prêtres et contre le gouvernement, comme font les incrédules : mais est-ce là le dessein des missionnaires ? Convaincus de la vérité, de la sainteté, de l'utilité du christianisme, revêtus d'une mission divine qui dure depuis dix-sept siècles, ils bravent tout danger pour aller instruire des hommes qui en ont réellement besoin : lorsqu'ils ont du succès, ils parviennent à les civiliser et à les rendre plus heureux. Ce ne sont là ni les desseins, ni la morale, ni le talent des incrédules ; ils se cachent et désavouent leurs *livres* ; ils ne se montrent que quand ils sont sûrs de l'impunité : plusieurs ont fait fortune et ont acquis de la réputation ; dès que cette espérance cesse, ils n'écrivent plus. Quelques-uns ont poussé l'ineptie jusqu'à dire que de droit naturel nos pensées et nos opinions sont à nous, et sont la plus sacrée de nos propriétés ; que c'est une injustice et une absurdité de vouloir empêcher un homme de penser comme il lui plaît et de le punir pour ses opinions. Et qui les empêche de penser et de rêver comme il leur plaît ? Des écrits rendus publics, des invectives, des impostures, des calomnies, ne sont plus de simples pensées, ce sont des délits soumis à l'inspection de la police ; s'ils attaquent un particulier, il a droit de s'en plaindre ; s'ils troublent la société, elle a raison de sévir. Lorsque les théologiens ont avancé des opinions douteuses, on les a réprimés, et les philosophes ont applaudi à la punition : par quelle loi sont-ils plus privilégiés que les théologiens ? Quand on leur demande de quel droit ils se mêlent du gouvernement, de la religion, de la législation, ils répondent : Par le même droit qu'un passager éveillé donne des avis au pilote endormi qui tient le gouvernail du navire dans lequel il se trouve lui-même. Mais si ce passager est un somnambule qui rêve et qui trouble sans sujet le repos de tout l'équipage, il nous paraît que l'on fait bien de le garrotter, afin qu'il ne donne plus l'alarme mal à propos. Tout écrivain de génie, disent-ils encore, est magistrat-né de sa nation : son droit est son talent. Pourquoi ne pas ajouter qu'il en est le législateur et le souverain. Ainsi la fatuité d'un discoureur qui lui persuade qu'il est *écrivain de génie* suffit, selon nos nouveaux politiques, pour lui donner l'autorité de rendre des arrêts.

L'absurdité de toutes ces prétentions suffit pour démontrer quel serait le sort des nations, si elles avaient l'imprudence de se livrer à l'indiscrétion de pareils docteurs. S'ils étaient les maîtres, ils proscriraient cette liberté d'écrire qu'ils demandent ; ils ne souffriraient pas que personne osât combattre leurs principes ; ils feraient brûler tous les *livres* de religion ; ils détruiraient les bibliothèques, comme ont fait les fanatiques d'Angleterre au XVIe siècle, afin d'établir despotiquement le règne de leurs opinions. De tout temps l'on a vu que ceux qui réclamaient le plus hautement la liberté pour eux-mêmes, étaient les plus ardents à en dépouiller les autres.

On ne peut les méconnaître au portrait que saint Paul a tracé des faux docteurs : « Il y aura, dit-il, des hommes remplis d'eux-mêmes, ambitieux, orgueilleux et vains, blasphémateurs, ingrats et impies, ennemis de la société et de la paix, calomniateurs, voluptueux et durs, sans affection pour personne, etc. : il faut les éviter. Ces hommes dangereux s'introduisent dans les sociétés, cherchent à captiver les femmes légères et déréglées, sous prétexte de leur enseigner la vérité. » (*II Tim.* III, 2.)

LOI. Selon les théologiens, la *loi* est la volonté de Dieu intimée aux créatures intelligentes, par laquelle il leur impose une obligation, c'est-à-dire les met dans la nécessité de faire ou d'éviter telle action, sinon d'être punies. Ainsi, selon cette définition, il est évident que, sans la notion d'un Dieu et d'une providence, il n'y a point de *loi* ni d'obligation morale proprement dite.

C'est par analogie que nous appelons *lois* les volontés des hommes qui ont l'autorité de nous récompenser et de nous punir ; mais si cette autorité ne venait pas de Dieu, si elle n'était pas un effet de sa volonté suprême, elle serait nulle et illégitime ; elle se réduirait à la force ; elle pourrait nous imposer une nécessité physique, et non une obligation morale. Telle est l'équivoque sur laquelle se sont fondés les matérialistes, lorsqu'ils ont voulu établir une morale indépendante de toute notion de la Divinité ; ils ont dit que la *loi* est la nécessité dans laquelle nous sommes de faire ou d'éviter telle action, sinon d'être blâmés, haïs et méprisés de nos semblables, et de nous condamner nous-mêmes.

Cette définition est évidemment fausse ; elle suppose, 1° que tout homme assez puissant ou assez fourbe pour se faire louer, estimer et servir par ses semblables, sans faire aucune bonne action, n'est pas obligé d'en faire ; que s'il y réussit par des crimes, il n'est pas coupable. Combien n'y a-t-il pas d'hommes qui ont obtenu les éloges, l'estime, l'admiration de leur nation, par des actions contraires à la *loi* naturelle et au droit des gens ? Ces actions sont-elles devenues des actes de vertu, parce qu'elles ont été louées et approuvées par une nation stupide et barbare ? Celui qui les faisait n'était certainement pas obligé d'aller consulter les autres peuples pour savoir s'ils en pensaient de même. D'autre sont été blâmés, condamnés et punis pour avoir fait des actes de vertu. Rien n'est plus absurde que de faire dépendre les notions du bien et du mal moral de l'opinion des hommes. 2° Il s'ensuit que quand un homme est assez puissant ou endurci dans le crime pour braver la haine et le mépris des autres, et pour étouffer les remords, il est affranchi de toute *loi*, et qu'il ne peut plus être coupable. L'absurdité de toutes ces conséquences démontre la fausseté du système de morale des matérialistes.

Plusieurs anciens philosophes et quelques littérateurs modernes ont dit que la *loi* en général est la raison humaine, en tant qu'elle gouverne tous les peuples de la terre. Cette définition n'est pas juste. La raison, ou la faculté de raisonner, peut nous indiquer ce qu'il nous est avantageux de faire ou d'éviter, mais elle ne nous impose aucune nécessité de faire ce qu'elle nous dicte ; elle peut nous intimer la *loi*, mais elle n'a point par elle-même force de *loi*. Si Dieu ne nous avait pas ordonné de la suivre, nous pourrions y résister sans être coupables. Le flambeau qui nous guide et la *loi* qui nous oblige ne sont pas la même chose. D'ailleurs la raison ne nous guide avec sûreté que quand elle est droite : or, dans combien d'hommes n'est-elle pas obscurcie et dépravée par les passions, par une mauvaise éducation, par les *lois* et les coutumes de la nation dans le sein de laquelle ils sont nés ? Supposer qu'elle est encore la *loi* de l'homme, c'est toujours faire dépendre le crime et la vertu de l'opinion des peuples.

Il faut donc nécessairement remonter plus haut. Puisque Dieu, en créant l'homme, lui a donné tout à la fois la raison et l'intelligence, une inclination violente à rechercher son propre bien, et le besoin de vivre en société avec ses semblables, sans doute il a voulu que l'homme fît ce qui lui est avantageux, sans nuire au bien des autres ; il lui a défendu de chercher ses intérêts aux dépens des leurs : autrement Dieu aurait voulu l'impossible ; il aurait voulu que l'homme vécût en société, sans vouloir qu'il fît ce qui est absolument nécessaire pour former la société ; il serait tombé en contradiction. Cette volonté ou cette *loi* de Dieu est donc prouvée par la constitution même de l'homme. D'autre part, Dieu n'a pas pu consentir que l'homme fût le maître de braver impunément cette volonté suprême, aussi bien que celle de ses semblables ; autrement cette volonté serait en Dieu une simple *velléité* ; il n'aurait pas suffisamment pourvu au bien de la société dont il est l'auteur. Il a donc établi des récompenses pour ceux qui accomplissent la *loi*, et des châtiments pour ceux qui la violent. De là viennent le *dictamen* de la conscience, les remords causés par le crime, la satisfaction secrète attachée aux actes de vertu. Ce sont là les signes qui nous avertissent de la *loi* ou de la volonté de notre souverain Maître, mais qui ne sont pas cette loi.

Les anciens philosophes, plus sensés que les modernes, avaient sur ce point la même idée que les théologiens. Selon Cicéron, qui copiait Platon, la vraie *loi*, la *loi* primitive, source de toutes les autres, est, non la raison humaine, mais la raison éternelle de Dieu, la sagesse suprême qui régit l'univers ; tel est, dit-il, le sentiment de tous les sages, *de Legib.*, l. II, n. 14 ; Platon, *de Legib.* lib. IV ; c'était celui de Socrate ; Brucker, *Hist. Philos.*, tom. I, pag. 561. Les pythagoriciens posaient de même pour fondement de toutes les *lois* la croyance d'une divinité qui punit et récompense, *Prologue des lois de Zaleuchus, Ocellus Lucan.*, c. 4, etc. — Leland, *Demonstr. évang.*, t. III, p. 342 et suiv., a cité d'autres passages des anciens. Mais nous avons une meilleure preuve de cette théorie dans nos livres saints. Immédiatement après la création de l'homme, Dieu exerça l'auguste fonction de législateur ; il imposa une *loi* à notre premier père, et le punit ensuite pour l'avoir violée. Après avoir averti Caïn que sa conscience serait le juge de ses actions et le vengeur de ses crimes, il le punit d'y avoir résisté en commettant un homicide (*Gen.* IV, 7 et 11). Il exerça la même justice envers le genre humain, en le faisant périr par le déluge. Toute l'histoire sainte est le tableau de cette Providence juste et sage, qui récompense la vertu par des bienfaits, et punit le crime, même en ce monde, sans préjudice de ce qui lui est réservé pour une autre vie.

Les incrédules, qui ne veulent point qu'un Dieu gouverne le monde, disent que nous ne connaissons pas assez la nature divine, ni les volontés de Dieu, pour deviner ce qu'il ordonne et ce qu'il défend ; que, pour s'être fait une fausse idée de la Divinité, tous les peuples lui ont attribué des *lois* absurdes ; qu'il faut fonder les *lois* sur la nature de l'homme, sur ses besoins sensibles, sur l'intérêt général de la société, choses qui nous sont beaucoup mieux connues. Sophisme grossier. Ces mêmes raisonneurs, qui prétendent si bien connaître la nature de l'homme, commencent par la défigurer, en supposant que l'homme n'est qu'un corps et un pur animal ; avec une pareille notion, peut-on le supposer soumis à d'autres *lois* qu'à celles des brutes ?

C'est par la nature même de l'homme, non telle qu'ils la conçoivent, mais telle qu'elle est, que nous voyons ce que Dieu a ordonné et ce qu'il a défendu. Il y aurait contradiction à supposer que Dieu, en donnant à l'homme tel besoin, telle inclination, tel degré de raison et d'intelligence, ne lui a pas prescrit des *lois* analogues à cette constitution. Mais si l'homme était l'ouvrage du hasard, ou d'une nécessité aveugle, quelles *lois* morales pourrait-on fonder sur sa nature ?

Les peuples ignorants et stupides n'ont argumenté ni sur la nature de Dieu, ni sur la nature de l'homme, pour attribuer à Dieu ou pour établir eux-mêmes des *lois* absurdes. Ils ont cru faussement les fonder sur les intérêts de la société ou des particuliers, qu'ils entendaient très-mal. Que l'on interroge tous les peuples qui ont de pareilles *lois*, ou ils diront qu'ils les suivent, parce qu'elles ont été faites par leurs pères, ou ils les justifieront par des raisons d'utilité apparente et d'intérêt mal entendu, ou ils argumenteront sur de prétendus principes de justice qui n'ont aucun rapport à la Divinité. A la vérité, la plupart des anciens législateurs se sont donnés pour inspirés, afin de soumettre plus aisément les peuples aux *lois* qu'ils leur proposaient. Ils sentaient qu'aucun homme ne peut avoir par lui-même l'autorité d'imposer des *lois* à ses semblables. Les erreurs dans lesquelles ils sont tombés ne sont cependant pas venues de ce qu'ils concevaient mal la nature de Dieu, mais de ce qu'ils entendaient mal les intérêts des hommes, ou de ce qu'ils cherchaient leur intérêt particulier plutôt que celui des peuples.

Jamais on n'a tant parlé qu'aujourd'hui de l'esprit des *lois*, de l'esprit des coutumes et des usages des différents peuples ; pour saisir cet esprit, il faudrait se mettre à la place du législateur, voir les circonstances dans lesquelles il se trouvait, le caractère, les besoins, les idées, les habitudes de ceux pour lesquels telle *loi* a été faite ; par conséquent il faudrait savoir parfaitement l'histoire de chaque nation dans son origine. Cela n'est pas aisé, puisque, chez la plupart des peuples, la législation est plus ancienne que l'histoire. Il est donc très-permis de douter si les philosophes, qui ont cru prendre l'esprit des *lois* et des coutumes, y ont parfaitement réussi. Le peuple juif est le seul dont les *lois* soient incorporées à son histoire, et dont le législateur ait montré le véritable esprit de ses *lois* ; et la plupart des modernes qui en ont parlé n'ont pas pris la peine de consulter cette histoire, avant de raisonner sur les *lois* qu'elle renferme.

Selon notre manière de concevoir, toute *loi* vient de Dieu, comme premier et souverain législateur : mais on n'appelle *lois divines* que celles que Dieu a portées ou immédiatement par lui-même, ou par des hommes spécialement envoyés de sa part. Ainsi la *loi* divine se divise en *loi* naturelle et en *loi* positive ; celle-ci se sous-divise en *loi* ancienne et *loi* nouvelle. Dans la *loi* ancienne ou mosaïque, on distingue les *lois* morales d'avec les *lois* cérémonielles et les *lois* politiques. Sous la *loi* nouvelle, il y a des *lois* divines et des *lois* ecclésiastiques. Ces dernières sont censées *lois* humaines aussi bien que les *lois* civiles. Nous sommes obligés de parler de ces différentes espèces de *lois*, parce qu'il n'en est aucune qui ne donne lieu à des questions théologiques.

Loi naturelle ou Loi de nature. On nomme ainsi la *loi* que Dieu a imposée à tous les hommes, et qu'il a dû leur imposer en conséquence de la nature qu'il leur a donnée, c'est-à-dire de leurs besoins, de leurs inclinations, de leurs qualités bonnes ou mauvaises. Pour prouver l'existence de cette *loi* et les devoirs qu'elle nous prescrit, il nous suffit de nous examiner nous-mêmes, et de voir la manière dont nous sommes constitués. — 1° Le sentiment d'une *loi naturelle* est aussi général dans tous les hommes que la notion d'une Divinité. Si l'on excepte un petit nombre d'épicuriens, qui se parent du nom de *déistes*, quiconque admet un Dieu, fût-il sauvage et presque stupide, l'envisage non-seulement comme l'auteur de son être, mais comme un maître qui lui impose des devoirs, qui peut le récompenser et le punir. C'est qui rend tout homme *religieux*, qui le porte à tâcher, par des respects et des offrandes, de se concilier les faveurs de son Dieu, et lui fait craindre de provoquer sa colère. Une persuasion aussi générale ne peut pas venir du hasard ; c'est donc un instinct de la nature, par conséquent l'ouvrage de Dieu. Or, un Créateur infiniment sage n'a pas pu faire d'un sentiment faux l'instinct général de la nature (1). — 2° L'homme est

---

(1) « Loin de nous, dit M. Frayssinous (Conférence sur la loi naturelle), loin de nous la puérile pensée qu'il fut un temps où le genre humain vivait sans Dieu, sans aucun sentiment religieux, sans aucun principe de morale ; comme s'il avait commencé par être athée et entièrement brute, et que, par des progrès insensibles, il fût passé de cet état complet d'athéisme et d'abrutissement à celui de quelque croyance religieuse, et qu'il eût enfin découvert Dieu, la providence, la vie future, la morale, ainsi qu'après bien des efforts et des expériences multipliées on a découvert l'algèbre ou la chimie. L'homme est un être naturellement raisonnable, moral, religieux : vous le trouveriez plutôt dépouillé de toute intelligence, que dépourvu de toute notion de justice et de vertu. Si haut que vous remontiez dans l'antiquité, vous verrez toujours les hommes en possession de croire à quelques maximes de religion et de morale. Ici la nature a devancé l'industrie : tandis que la faible raison s'est égarée sur tout cela en de

né avec un fonds de pitié pour son semblable ; il n'aime point à le voir souffrir ; sans réflexion même, il tend le bras à celui qu'il voit près de tomber. A moins qu'il ne soit dominé par un mouvement de colère ou de vengeance, il est porté à secourir un malheureux, et il goûte un contentement intérieur lorsqu'il lui a fait du bien. D'autre part, l'homme s'aime lui-même, recherche son bien-être, craint de souffrir, désire de se conserver : ce sentiment domine en lui sur tous les autres, est le mobile de la plupart de ses actions. Ainsi, respect envers Dieu, bienfaisance envers les hommes, amour de soi-même, voilà trois penchants certainement innés dans l'humanité. Mais l'homme éprouve des passions capables d'étouffer ces penchants ou de les pervertir, de le rendre irréligieux, méchant et malfaisant, cruel même envers soi. Dieu lui permet-il également de céder aux uns ou aux autres ? L'at-t-il rendu susceptible de religion, de bienfaisance, d'amour bien réglé de soi, sans lui en faire un dev ir? Dans ce cas, Dieu n'aurait voulu ni le bien général de l'humanité, ni l'avantage de chaque particulier ; il aurait destiné l'homme à la société, et il aurait rendu la société impossible. Ces suppositions répugnent à l'idée d'un Etre souverainement bon. Puisque Dieu a fait l'homme capable de discerner entre le bien et le mal moral, de choisir l'un ou l'autre avec une pleine liberté, il lui a certainement imposé l'obligation de pratiquer l'un et d'éviter l'autre ; il n'a pu créer un être susceptible de *lois*, sans lui donner aucune *loi*. — L'homme est convaincu de l'existence d'une obligation morale par le sentiment intérieur que nous appelons *la conscience*. Le malfaiteur se cache pour commettre un crime, lors même qu'il n'a rien à redouter de la part de ses semblables ; lorsqu'il l'a commis, il éprouve de la honte et des remords : ainsi, il est averti par la nature qu'il y a un souverain vengeur dont il doit craindre la justice. On dit que, par l'habitude du crime, le méchant vient à bout d'étouffer les remords et la honte : quand le fait serait vrai, il ne prouverait encore rien ; à force de s'endurcir aux souffrances, l'homme peut émousser la sensibilité physique ; il ne s'ensuit pas de là qu'elle ne lui est pas naturelle. Un malfaiteur, pris pour juge des actions d'un autre, blâme sans hésiter ce qui est mal, et approuve ce qui est bien ; il prononce ainsi contre lui-même, et rend hommage à la *loi*, lors même qu'il ne veut pas la suivre. — 4° Les philosophes païens, Ocellus Lucanus, Platon, Théophraste, Cicéron et d'autres, ont très bien aperçu toutes ces vérités, et ils en ont conclu comme nous l'existence d'une *loi naturelle*. Ils disent que toute *loi* est émanée de l'intelligence divine ; que la *loi* suprême, fondement de toutes les autres, est la raison et la sagesse du Dieu souverain. Plat., *de Legib.*, l. IV, *In Crit. et Polit.;* Cic., *de Legib.*, l. II, n. 14 et sui.; Lact , l. VI, c. 8, etc.

Vainement les matérialistes ont voulu fonder la morale et les devoirs de l'homme sur son intérêt temporel ; ils ont confondu le sentiment moral avec la sensibilité physique : absurdité révoltante. Est-il donc besoin de vertu ou de force d'âme pour agir par un motif d'intérêt? Quel est le motif intéressé d'un homme qui meurt pour sa patrie ? Sans une *loi naturelle*, émanée de la volonté de Dieu, il n'y a plus ni bien ni mal moral, ni vice ni vertu. *Voy.* BIEN ET MAL MORAL, DEVOIR, etc.

Mais ce n'est pas assez pour un théologien de prouver l'existence de la *loi naturelle* par vaines recherches, ou que même elle n'a enfanté que des systèmes très-ridicules, nos livres saints nous font assister en quelque sorte à l'œuvre de la création, et nous apprennent comment les choses se sont passées. Ce que les sages de l'antiquité avaient ignoré, les enfants le savent parmi nous. Le premier homme sortit des mains de son créateur dans l'état de maturité : il ne naquit pas enfant, dans la faiblesse et l'ignorance du premier âge ; il parut sur la terre homme fait, jouissant, dès le moment de son existence, de toutes les facultés du corps et de l'esprit ; il arriva à la vie avec des connaissances toutes formées dans son esprit, avec des sentiments religieux dans son cœur, avec une langue toute faite pour exprimer ses idées : il trouva en lui la connaissance de Dieu son créateur, des notions d'ordre et de vertu, l'amour du bien, une intelligence qui s'élevait jusqu'à l'auteur de son être, une volonté animée du désir de lui plaire ; sans doute son premier sentiment fut celui de la reconnaissance et de l'amour. Ce qu'il avait reçu de Dieu même, ce qu'il savait, il le transmit à ses enfants, qui, à leur tour, le laissèrent comme un héritage aux générations suivantes : la tradition se conserva, s'étendit avec l'espèce humaine ; et voilà comme, de famille en famille, d'âge en âge, de contrée en contrée, les notions primitives se sont conservées plus ou moins pures dans le genre humain. Ainsi toutes les croyances religieuses et morales ont une source commune ; mais ce sont des ruisseaux dont les uns ont conservé la pureté de leurs eaux, et dont les autres se sont plus ou moins altérés à travers la corruption des siècles. C'est de là que sont venus ces principes communs à tous les hommes, que l'ignorance ou les passions affaiblissent, mais n'anéantissent pas ; cette lumière qui, pour bien des peuples, a été obscurcie des nuages du mensonge, mais qui laissa toujours échapper quelques rayons. Or, ces règles universelles, invariables, dont le sentiment se trouve partout, ces notions communes de bien et de mal, qui gouvernent l'espèce humaine, et sont comme la législation secrète du monde moral, voilà ce qu'on appelle *loi naturelle* : dénomination très-légitime. Elle est naturelle, parce qu'elle est fondée sur la nature des choses, sur des rapports primitifs entre l'homme et Dieu, entre l'homme et ses semblables ; naturelle, parce que les principes en sont tellement conformes à notre nature raisonnable, qu'il suffit de les exposer pour en faire sentir la vérité ; naturelle, parce qu'on en trouve des vestiges partout où se trouve la nature humaine, ce qui a fait dire qu'elle est gravée dans le cœur ; naturelle enfin, parce qu'il fallait la distinguer de toute autre loi donnée à l'homme depuis la création, et qu'on appelle positive. Aussi la dénomination de *loi naturelle* est-elle autorisée par les livres saints, et notamment par saint Paul, par tous les docteurs de l'Église, par tous les moralistes de toutes les nations et de tous les siècles, par le langage universellement reçu de tous les hommes ; en sorte que proscrire le mot de *loi naturelle*, ce serait se mettre en révolte contre le genre humain. »

la constitution même de l'humanité ; il doit encore montrer que Dieu a confirmé, par la révélation, les leçons de la nature.

Dans le temps que Caïn, fils aîné d'Adam, était rongé de jalousie, Dieu lui dit : *Si tu fais bien, n'en recevras-tu pas le salaire ? Si tu fais mal, ton péché est à la porte, est toujours avec toi* (Gen., c. IV, v. 7). Dieu le renvoie au témoignage de sa conscience. Ce reproche suppose que Caïn sentait ce qui est mal, ce qu'il voulait faire et ce qu'il devait éviter. Job, après avoir dit que Dieu est le souverain législateur, ajoute que tout homme le voit et l'envisage comme de loin (*Job*, c. XXXVI, v. 22 et 25). Il avait dit ailleurs : *Interrogez qui vous voudrez parmi les étrangers, vous verrez qu'il sait que les méchants sont réservés à un cruel avenir, et marchent continuellement à leur perte* (c. XXI, v. 29). Le psalmiste compare la *loi* du Seigneur à la lumière du soleil, de laquelle aucun homme n'est entièrement privé (*Ps.* XVIII, v. 7 et 8). Saint Paul dit que, *quand les nations qui n'ont point de loi* (positive ou écrite), *font naturellement ce que la loi commande, elles sont à elles-mêmes leur propre loi ; elles montrent que les préceptes de la loi sont gravés dans leur cœur, et que leur conscience leur en rend témoignage* (Rom., c. II, v. 14). Rien de plus formel que ce passage (1).

Mais, pour intimer la *loi naturelle* à tous les hommes, Dieu n'a pas attendu qu'ils parvinssent à la connaître par leurs propres réflexions ; il l'a enseignée de vive voix, et par une révélation expresse, à nos premiers parents. Nous lisons dans l'*Ecclésiast.*, c. XVII, v. 5, que non-seulement Dieu leur a donné l'esprit, l'intelligence, le sentiment, pour connaître le bien et le mal, mais qu'il y a ajouté des instructions ; qu'il les a rendus dépositaires de la *loi* de vie ; qu'il a fait avec eux une alliance éternelle ; qu'il leur a montré les arrêts de sa justice ; qu'ils ont eu l'honneur d'entendre sa voix ; qu'il leur a dit, gardez-vous de toute iniquité, et a donné à chacun d'eux des préceptes à l'égard du prochain, v. 9 et suiv. En effet, nous voyons dans l'histoire même de la création que Dieu a commandé expressément aux premiers hommes la fidélité mutuelle des époux, le respect envers les pères, l'amitié entre les frères ; qu'il a défendu le meurtre, etc. ; c'étaient là autant de devoirs de la *loi naturelle*. Il leur a enseigné la manière de l'adorer, puisqu'il a sanctifié le septième jour, et que les enfants d'Adam lui ont offert des sacrifices.

Ainsi, quand on dit que, depuis la création jusqu'à Moïse, les hommes ont vécu sous la *loi de nature*, cela ne signifie pas qu'ils n'ont reçu de Dieu aucune *loi* positive ou révélée ; l'histoire sainte nous apprend le contraire : la sanctification du septième jour, la défense de manger du fruit de l'arbre de vie, la défense de manger du sang, étaient des *lois* positives. *Voy.* RÉVÉLATION PRIMITIVE.

Pour nous convaincre que Dieu a daigné instruire les premiers hommes par des leçons positives, il suffit de comparer la morale suivie par les patriarches à celle qu'ont enseignée, dans la suite des siècles, les philosophes les plus célèbres. Les premiers, nés dans l'enfance du monde, avant que l'on eût fait des études et des réflexions sur les devoirs de la *loi naturelle*, auraient dû avoir une morale plus imparfaite que celle des philosophes qui ont pu profiter de l'expérience des siècles précédents, qui ont fait une étude particulière de la morale et de la législation. C'est néanmoins tout le contraire. Dans le seul livre de Job, on peut puiser des maximes de morale plus claires et plus saines que dans les écrits de Socrate et de Platon. Les patriarches ont donc eu de meilleures leçons de morale que les philosophes, savoir : les instructions de Dieu même. Aussi la connaissance des préceptes de la *loi naturelle* ne s'est bien conservée que dans les familles et les peuplades qui ont fidèlement gardé le souvenir de la révélation primitive : partout ailleurs, les législateurs, les philosophes, les nations entières ont méconnu plusieurs vérités de morale qui nous paraissent de la dernière évidence ; elles ont établi des lois et des usages injustes, cruels, absurdes. Les Chaldéens, les Égyptiens, les Grecs, les Romains, qui ont passé pour les peuples les plus éclairés et les plus sages, ont été plongés dans le même aveuglement. Les Chinois et les Indiens, qui ont cultivé, dit-on, la morale, depuis quatre mille ans, ne l'ont pas rendue plus parfaite qu'elle était parmi eux il y a vingt siècles. Aujourd'hui encore, dès que les philosophes modernes ferment les yeux à la lumière de la révélation, ils enseignent une morale aussi fausse et aussi corrompue que celle des païens. *Voy. Nouv. Démonst. Evang.*, par Leland, tom. III, c. I, etc.

Lorsqu'ils disent que la *loi naturelle* est celle que l'homme peut connaître par les seules lumières de la raison et par la voie de la conscience, ils jouent sur des équivoques, et ils s'accordent bien mal avec les faits. Il faudrait dire, du moins, *par les lumières d'une raison éclairée et cultivée, et par la voie d'une conscience droite*. Car enfin, lorsque la raison est obscurcie par les passions, par des erreurs reçues dès l'enfance, par la stupidité, par des usages et des coutumes absurdes, par des lois vicieuses, à quoi se réduisent alors ses lumières, et quel peut être le *dictamen* de la conscience ? Comment n'ont-elles pas dit à tous les peuples et à leurs législateurs, qu'il ne faut adorer qu'un seul Dieu ; que l'idolâtrie est un crime ; que l'usage d'exposer ou de tuer les enfants outrage la nature ; que le droit de vie et de mort sur les esclaves est barbare. On dira, sans doute, que sur tous ces points les hommes n'ont consulté ni la raison ni la conscience ; nous en convien-

---

(1) Nous n'adoptons pas complètement les notes des diverses éditions de Besançon sur ce passage. Nous avons suffisamment indiqué notre pensée sur la promulgation de la loi naturelle dans notre Dict. de Théol. mor.

drons sans peine : mais il en résultera toujours que, pour savoir en quoi les hommes ont écouté ou n'ont pas écouté la raison, nous n'avons point d'autre guide certain que la révélation. Que l'on demande à quel peuple on voudra, quelles sont les lois et les mœurs les plus sages et les plus raisonnables, il jugera toujours que ce sont les siennes; c'est la réflexion d'Hérodote, et l'on ne peut pas en douter.

La *loi naturelle* est gravée dans le cœur de tous les hommes, nous le reconnaissons après saint Paul; mais il faut en lire les caractères, et cela n'est pas toujours aisé : les passions, les préjugés de naissance, les habitudes invétérées, troublent la vue, et alors on ne voit plus rien : l'exemple de toutes les nations en est une preuve palpable. La *loi naturelle* est évidente dans les premiers principes; mais il est facile de se tromper dans les conséquences, cela est arrivé aux hommes les plus clairvoyants d'ailleurs. Un moyen de connaître ce que cette *loi* ordonne ou défend, est, sans doute, d'examiner ce qui est conforme ou contraire au bien général de la société; mais où est le peuple, où est le sage qui ait su connaître ce bien général, qui ne l'ait pas souvent confondu avec un intérêt momentané et mal entendu? Si nous en croyons nos politiques modernes, ce bien général est encore très-peu connu : et de là viennent, selon eux, la législation imparfaite, la politique aveugle, la mauvaise conduite de toutes les nations. L'intérêt général, ou bien commun, a certainement varié dans les divers états du genre humain; il n'était pas absolument le même dans l'état de société domestique que dans l'état de société civile et nationale. Lorsque les peuples, encore peu policés, se croyaient toujours en état de guerre l'un contre l'autre, ils ne faisaient aucune attention au bien général de l'humanité; conséquemment le droit des gens était très-mal connu : il ne l'a été mieux que depuis que l'Evangile est venu apprendre aux hommes qu'ils sont tous frères, et les a réunis dans une société religieuse universelle. Dieu, dont la sagesse ne se dément jamais, a révélé successivement aux hommes ce que la *loi naturelle* exigeait d'eux dans ces états divers. Il a toléré chez les patriarches des usages qui ne pouvaient produire du mal dans l'état de société domestique, mais qui devaient devenir pernicieux dans l'état de société civile; telle était la polygamie : il n'a pas condamné l'esclavage, parce qu'il était inévitable. *Voy.* POLYGAMIE, ESCLAVAGE. Pour disculper les patriarches sur ces deux chefs, plusieurs auteurs ont pensé que Dieu les avait dispensés de la *loi naturelle;* il nous paraît que cette *loi* n'admet point de dispense, et qu'il n'en est pas besoin lorsque la *loi* n'oblige pas.

On ne peut donc pas raisonner plus mal que le font les déistes, lorsqu'ils soutiennent que la *loi naturelle* suffit à l'homme pour régler ses actions; qu'il n'a besoin que de consulter sa raison et sa conscience, pour savoir ce qu'il doit faire ou éviter. Cela pourrait être vrai, si la raison de tous les hommes était toujours éclairée, et leur conscience toujours droite; mais le contraire n'est que trop prouvé par une expérience générale et constante. Quand un homme, né avec un esprit très-pénétrant, avec un cœur sensible et généreux, avec des talents cultivés par une excellente éducation, serait capable de discerner sûrement ce qui est conforme ou contraire à la *loi naturelle*, il n'en serait pas ainsi de l'homme sauvage, à peu près stupide ou dépravé par de mauvaises leçons et de mauvais exemples. Un homme aura-t-il jamais plus d'esprit, de sagacité, de droiture, que Platon, Socrate, Aristote et Cicéron? Tous se sont trompés sur des devoirs naturels, parce que les mœurs publiques avaient corrompu la morale.

Si l'on dit, comme quelques déistes, que quand l'homme est incapable de connaître par lui-même ses devoirs naturels, il est dispensé de les remplir, il faudra soutenir aussi qu'il n'est pas obligé de prêter l'oreille aux leçons de l'éducation, aux conseils des sages, à la voix des lois humaines. Puisque, selon les déistes, il est en droit de se refuser aux lumières de la révélation et aux instructions positives de Dieu, à plus forte raison est-il bien fondé à résister à celles des hommes. De ces réflexions il résulte que la *loi naturelle* n'est pas ainsi nommée, parce qu'elle peut être parfaitement connue de tous les hommes, par les seules lumières naturelles de la raison, mais parce qu'elle est fondée sur la constitution de la nature humaine, telle que Dieu l'a faite. Lorsque l'homme, instruit par la révélation, connaît sa propre nature et les relations que Dieu lui a données avec ses semblables, il en déduira très-bien ses devoirs par des raisonnements évidents; mais s'il méconnaît sa propre nature et son auteur, comme ont fait tous les païens, il raisonnera fort mal sur les obligations que la nature lui impose.

Aujourd'hui, avec le secours des lumières que l'Evangile a répandues dans le monde sur les vérités de la morale, nos philosophes sont en état de distinguer ce que les anciens ont écrit de bien ou de mal touchant les devoirs de la *loi naturelle;* fiers de leur capacité, ils en font honneur à la nature; ils décident que tout homme peut en faire autant; que la révélation n'est pas nécessaire. Ils n'ont qu'à jeter un coup d'œil sur la morale qui règne chez les nations qui ne connaissent pas l'Evangile, ils verront de quoi la nature est capable, et à quoi ont servi vingt siècles de dissertations sur la *loi naturelle*. Il ne s'ensuit pas de là que les infidèles soient absolument excusables, ni qu'ils l'aient été autrefois, lorsqu'ils ont méconnu et violé la *loi naturelle*. Saint Paul a décidé que du moins les philosophes ont été inexcusables (*Rom.* c. I, v. 20). De savoir jusqu'à quel point la stupidité, l'ignorance, le défaut d'éducation, le vice des mœurs publiques, ont pu excuser le commun des païens, c'est une question que Dieu seul peut résoudre, et sur laquelle nous n'avons pas besoin d'être fort instruits : il nous suffit de savoir que Dieu, souverainement juste, ne commande l'impossible à personne, et ne demande compte à chacun que de ce qu'il lui a donné ; que celui qui a reçu davantage sera jugé plus sévèrement que celui qui a moins reçu (*Luc.* c. XII, v. 48).

Nous ne voyons pas pourquoi il est nécessaire de supposer dans tous les hommes un si haut degré de capacité naturelle pour connaître et remplir leurs devoirs, pendant que nous ignorons quels sont les secours surnaturels que Dieu daigne y ajouter. Si, en reconnaissant toute la faiblesse des lumières de la raison, l'on voulait fournir une excuse aux crimes des infidèles, on se trompe. L'Ecriture sainte nous assure que Dieu n'abandonne aucune de ses créatures ; que ses miséricordes éclatent sur tous ses ouvrages; que le Verbe divin est la lumière qui éclaire tout homme venant en ce monde, etc. Les Pères de l'Eglise, et en particulier saint Augustin, entendent ce passage de la lumière de la grâce ; ils appliquent à Jésus-Christ ce qui est dit du soleil, que personne n'est privé de sa chaleur : ils enseignent que les actions vertueuses, faites par les païens, étaient un effet de la grâce de Dieu. *Voy.* GRACE, § 3. Qu'importe à la théologie que tout infidèle soit coupable pour avoir résisté aux lumières de la raison, ou à la lumière surnaturelle de la grâce ? Ne voir ici que la nature, c'est donner dans l'erreur des déistes. *Voy.* RELIGION NATURELLE.

Si l'on demande en quoi consistent les devoirs prescrits par la *loi naturelle* à l'égard de Dieu, de nos semblables et de nous-mêmes, on en trouvera l'abrégé dans le *Décalogue. Voy.* ce mot.

LOI DIVINE POSITIVE. On entend sous ce nom une loi que Dieu a intimée aux hommes par des signes extérieurs, et par un acte libre de sa volonté. Souvent par des lois *positives*, Dieu a commandé ou défendu ce qui l'était déjà par la *loi* naturelle, comme lorsqu'il imposa aux Juifs le Décalogue avec tout l'appareil de la majesté divine : souvent aussi il a, par ces sortes de *lois*, imposé aux hommes des devoirs qui ne leur étaient pas prescrits par la *loi* naturelle ; ainsi il voulut qu'Abraham reçût la circoncision : il ordonna aux Juifs d'offrir au Seigneur les prémices des fruits de la terre, etc. Une *loi divine positive* ne peut donc être connue que par la révélation, ou plutôt cette *loi* même est une révélation de la volonté de Dieu. Dans l'article précédent, nous avons fait voir que Dieu a imposé aux hommes des *lois positives* dès le commencement du monde ; il en porta de nouvelles pour les Juifs par le ministère de Moïse ; enfin, il en a fait publier de plus parfaites pour tous les hommes par Jésus-Christ : ce sont là les trois époques de la révélation.

Il est évident que, par la *loi* naturelle, nous sommes obligés d'obéir à Dieu, lorsqu'il commande, quelle que soit la manière dont il lui plaît de nous faire connaître ses volontés ; dès qu'il a porté des *lois positives*, c'est pour nous un devoir naturel de nous y soumettre et de les accomplir ; ce n'est point à nous de lui demander raison de ce qu'il juge à propos d'ordonner et de défendre.

Telle est cependant la prétention des déistes : ils soutiennent que Dieu ne peut imposer à l'homme des *lois positives*; que ces *lois* seraient inutiles, injustes, pernicieuses, contraires à la *loi* naturelle ; que, quand il serait vrai que Dieu en a porté, l'homme est toujours en droit de ne pas s'en informer. Si leurs arguments étaient solides, ils prouveraient, à plus forte raison, que toute *loi* humaine quelconque est inutile, injuste, pernicieuse, contraire à la liberté naturelle de l'homme : car enfin, si les hommes peuvent avoir droit de nous imposer des *lois positives*, nous voudrions savoir pourquoi Dieu n'a pas le même privilége. — 1° Ils disent que Dieu, souverainement bon, ne peut donner aux hommes que des *lois* qui contribuent au bien de tous ; or, tels sont, selon eux, les seuls principes de la *loi* naturelle ; ceux mêmes qui les violent, désirent qu'ils soient observés par les autres hommes : il n'en est pas ainsi des préceptes positifs. Qu'importe au bien général du genre humain, que le dimanche soit fêté plutôt que le sabbat ? Il ne servirait à rien de dire que les préceptes positifs contribuent à la gloire de Dieu ; sa principale gloire est de faire du bien aux hommes. La fausseté de ce principe des déistes saute aux yeux. De même que Dieu peut accorder à un seul homme un bienfait naturel ou surnaturel qu'il n'accorde pas aux autres, il peut aussi lui imposer un précepte positif qui ne fera ni bien ni mal aux autres, et qui ne leur sera pas connu. Ainsi, Dieu ordonna au patriarche Abraham de quitter son pays, de recevoir la circoncision, d'offrir son fils en holocauste, etc. Ces préceptes étaient un bienfait pour Abraham, puisque c'était pour lui l'occasion de mériter une grande récompense, et que Dieu lui donna les grâces dont il avait besoin pour les accomplir. C'est une absurdité de soutenir que ces préceptes étaient inutiles ou injustes, parce qu'ils ne procuraient aucun bien aux Chaldéens, aux Egyptiens, aux Chananéens. Ce que Dieu peut faire à un seul homme, il peut le faire à un peuple entier, pour la même raison ; ainsi, pour que les *lois positives*, imposées à la seule nation juive, aient été utiles et justes, il n'est pas nécessaire que Dieu en ait fait autant aux Chinois et aux Indiens ; il suffit que cette faveur, accordée au peuple juif, n'ait porté aucun préjudice aux autres nations, n'ait diminué en rien la mesure des bienfaits naturels ou surnaturels que Dieu voulait leur accorder. Dieu n'est pas plus obligé de faire à tous les mêmes grâces surnaturelles, que de départir à tous les mêmes dons naturels. Il est encore faux que les préceptes positifs ne tournent pas au bien de tous ; ils contribuent à faire mieux observer la *loi* naturelle, et ceux qui les accomplissent donnent à leurs semblables un grand exemple de vertu. La défense positive de manger du sang tendait à inspirer de l'horreur pour le meurtre ; le sabbat était destiné à procurer du repos aux esclaves et aux animaux ; c'était une leçon d'humanité, etc. Nous ne prendrons pas pour juges de l'importance des *lois positives* les déistes qui les violent ; mais leur conduite même prouve contre eux. Quoiqu'ils ne veuillent se soumettre à aucune des *lois positives* de la religion, ils ne sont cependant pas fâchés que leurs femmes, leurs enfants, leurs domestiques y soient fidèles ; ils savent bien que la désobéissance aux *lois positives* n'a jamais contribué à rendre un homme plus exact observateur de la *loi* naturelle, mais au contraire. Sans recourir à la gloire de Dieu, l'utilité des préceptes positifs est assez prouvée par l'intérêt de la société. —

2° Les déistes objectent que ceux à qui Dieu imposerait des *lois positives* seraient de pire condition que ceux qui connaissent les seules *lois* naturelles ; après avoir observé celles-ci, ils pourraient encore être damnés pour avoir violé celles-là. Dieu n'a pas besoin de mettre notre obéissance à l'épreuve, et il n'y a point de meilleure épreuve que la *loi* naturelle ; gêner notre liberté sans raison, ce serait nous tenter et nous porter au mal.

Nouveau tissu d'absurdités. Dieu n'a pas plus besoin de nous éprouver par la *loi* naturelle que par des *lois positives*, puisqu'il sait ce que nous ferons dans toutes les circonstances possibles ; mais nous avons besoin nous-mêmes d'être mis à cette double épreuve, afin de réprimer nos passions par l'obéissance, de nous juger par le témoignage de notre conscience, de nous élever à des actes héroïques de vertu que la *loi* naturelle n'exige point, mais dont la pratique nous est très-avantageuse, et dont l'exemple est très-utile à la société.

Il faut avoir le cœur dépravé pour envisager les *lois* de Dieu comme un joug qui nous est désavantageux : il s'ensuit de ce faux préjugé que celui qui connaît tous les devoirs naturels est de pire condition que celui qui les ignore par stupidité ; que toute *loi* qui gêne notre liberté est une tentation qui nous porte au mal ; comme si la liberté de mal faire était un privilége fort précieux. Le plus grand bonheur pour l'homme est d'avoir une parfaite connaissance de tout ce que Dieu exige de lui, des vertus qu'il peut pratiquer, des vices qu'il doit éviter ; d'avoir des motifs et des secours puissants pour faire le bien ; de trouver de fortes barrières contre l'abus de sa liberté. Tel est le sort du chrétien en comparaison de celui d'un païen ou d'un sauvage. Les déistes semblent craindre que l'homme ne soit trop instruit et trop vertueux, ou que Dieu ne soit pas assez puissant pour le récompenser du bien qu'il lui ordonne de faire ; mais ceux qui ont tant de peur de pratiquer des œuvres de surérogation, sont très-sujets à manquer aux plus nécessaires.—3° Ils disent que Dieu ne peut pas commander pour toujours des rites, des usages, des pratiques qui peuvent devenir nuisibles avec le temps ; or, telles sont, continuent-ils, toutes les choses ordonnées par des *lois positives*. Vu la variété des climats, des mœurs, des événements, rien ne peut être constamment utile que les devoirs prescrits par la *loi* naturelle. C'est donc toujours la raison qui doit nous servir de règle pour savoir ce qu'il faut faire ou éviter. Un précepte positif peut avoir été abrogé ou changé ; ce n'est point à nous de le savoir. Les *lois* imposées aux Juifs sont conçues en termes aussi absolus que celles de l'Evangile ; cependant elles ont été abrogées ; celles du christianisme peuvent donc l'être à leur tour. Pour donner quelque apparence de solidité à cette objection, il aurait fallu citer au moins un rite, une pratique, un acte de vertu commandé par l'Evangile, qui puisse devenir nuisible avec le temps ou dans certains climats ; aucun déiste n'a pu le faire. Il en résulte seulement que, dans certains cas, il y a des *lois positives* qui sont susceptibles de dispense, et nous en convenons ; hors de ces cas, l'on est obligé d'y obéir jusqu'à ce que l'on soit sûr que Dieu a trouvé bon de les abroger, et c'est ce qu'il ne fera jamais.

Il est faux que les *lois* mosaïques aient été conçues en termes aussi généraux et aussi absolus que celles de l'Evangile ; les premières n'étaient imposées qu'à la nation juive, étaient relatives au climat et à l'intérêt exclusif de cette nation ; les secondes sont prescrites à toutes les nations, pour tous les lieux, et jusqu'à la consommation des siècles. En faisant profession de consulter toujours la raison pour voir ce qui est utile ou nuisible, les déistes ont donné atteinte à plusieurs articles essentiels de la *loi* naturelle. Ils ont jugé que la polygamie, le divorce, la prostitution, l'exposition et le meurtre des enfants n'étaient pas des usages absolument mauvais ; que l'on pourrait encore les permettre aujourd'hui : ils ont soutenu que la morale des philosophes, qui approuvaient tous ces désordres, était meilleure que celle de l'Evangile. En prétendant toujours suivre le même guide, tous les peuples jugent que leurs *lois* et leurs coutumes sont très-raisonnables, quoique la plupart soient réellement absurdes et injustes : où est donc l'infaillibilité de la raison, pour juger de ce que Dieu a dû commander, défendre ou permettre ? L'exemple des quakers, qui prennent à la lettre plusieurs préceptes de l'Evangile susceptibles d'explication, ne prouve pas qu'il faut s'en tenir au *dictamen* de la raison pour prendre le vrai sens des *lois positives*, puisque ces sectaires font profession de la consulter ; il est beaucoup plus sûr de s'en rapporter au jugement de l'Eglise, à laquelle Jésus-Christ a promis son assistance pour enseigner fidèlement sa doctrine. — 4° Toutes les nations, poursuivent les déistes, se flattent d'avoir reçu de Dieu des *lois positives* ; elles ne sont cependant pas moins vicieuses les unes que les autres. Occupées d'observances superflues, elles sont moins attachées aux devoirs essentiels de la morale ; plus elles sont corrompues, plus elles mettent leur confiance dans les pratiques extérieures pour calmer leurs remords. Tel qui vole sans scrupule ne voudrait manquer ni à l'abstinence, ni à la célébration d'une fête. On se flatte d'expier tous les crimes par le zèle pour l'orthodoxie. Païens, juifs, mahométans, chrétiens, tous sont coupables de ce défaut; mais il domine surtout dans l'Eglise romaine: partout où il y a plus de superstition, il y a moins de religion et de vertu. Si cette satire est vraie, les sectes qui ont fait profession de renoncer aux superstitions de l'Eglise romaine, sont devenues beaucoup plus vertueuses; cependant leurs écrivains se plaignent de la corruption qui y règne. Les sauvages, qui n'ont jamais ouï parler de *lois positives*, doivent observer la *loi naturelle* beaucoup mieux que nous; on sait ce qui en est. Les déistes surtout, guéris de toute superstition, doivent être les plus religieux de tous les hommes; affranchis du joug des *lois positives*, ils ne doivent être occupés que des devoirs de la *loi naturelle*. Mais cette *loi* défend de calomnier, et l'objection des déistes est une calomnie. Où règnent, parmi les chrétiens, la corruption et les désordres que l'on nous reproche? Dans les grandes villes, à Rome, à Londres, à Paris; mais de tout temps ces capitales ont été le cloaque des vices de l'humanité : ce n'est pas par là qu'il faut juger des mœurs d'une nation. D'ailleurs, malgré l'énorme corruption qui y règne, les préceptes de l'Evangile y inspirent encore, à un très-grand nombre de personnes, des vertus dont on ne trouve point d'exemples chez les païens ni chez les mahométans, et dont les déistes ne seront jamais capables.

Quand un homme coupable de vol violerait encore toutes les *lois* religieuses, en serait-il mieux disposé à se repentir et à réparer son injustice? Tant qu'il lui reste de la religion, il n'est pas vrai qu'il vole *sans scrupule*, puisque l'on suppose qu'il a des remords et qu'il cherche à les calmer par des pratiques de piété: or, les remords peuvent le conduire à résipiscence, et les pratiques de religion, loin de les calmer, doivent plutôt les augmenter. Il y a donc lieu d'espérer sa conversion plutôt que celle d'un homme qui ajoute l'irréligion aux autres crimes dont il est coupable, afin d'étouffer ainsi les remords. Les observances religieuses ne sont donc pas *superflues*, puisqu'elles sont commandées par des *lois positives*, et qu'elles peuvent servir directement ou indirectement à rendre un homme plus fidèle aux devoirs de la *loi naturelle*. Lorsque les athées et les déistes se vantent d'être plus vertueux que les autres hommes, ils sont aussi hypocrites que les superstitieux; ceux-ci voudraient cacher leurs injustices sous le voile de la piété; ceux-là s'efforcent de pallier leur impiété sous un masque de zèle pour la *loi naturelle;* nous ne sommes pas plus dupes des uns que des autres.

Par une expérience aussi ancienne que le monde, il est prouvé que les peuples qui ont reçu de Dieu des *lois positives*, ont mieux connu et mieux observé la *loi naturelle* que les autres ; tels ont été les patriarches et les Juifs à l'égard des nations idolâtres, et tels sont encore les chrétiens en comparaison des peuples infidèles. Quoi qu'en disent les incrédules, les *lois civiles*, la police, les mœurs sont meilleures chez nous que chez tous les peuples qui ne sont pas chrétiens. C'est donc une absurdité de soutenir que les *lois divines positives* ne servent à rien, et ne contribuent en rien au bien de l'humanité. Si un philosophe faisait sérieusement, contre les *lois civiles*, les mêmes arguments que les déistes font contre les *lois divines positives* ; s'il disait que les *lois civiles* de telle nation sont injustes, parce qu'elles ne peuvent pas tourner à l'avantage des autres nations, ni contribuer à l'observation du droit des gens ; s'il soutenait que tout peuple soumis à des *lois civiles* est de pire condition que les sauvages, parce que sa liberté est plus gênée ; s'il prétendait que ces *lois* sont inutiles, puisqu'il faut souvent les abroger et les changer, et que ce qui était utile dans un temps devient nuisible dans un autre ; s'il voulait persuader que ces *lois* sont pernicieuses, parce que le peuple, plus occupé des devoirs civils que des devoirs naturels, croit avoir rempli toute justice lorsqu'il a satisfait aux premiers, etc., on ne daignerait pas lui répondre.

En un mot, Dieu a donné des *lois positives* aux patriarches, aux juifs, aux chrétiens ; ce fait est invinciblement prouvé: donc elles ne sont ni inutiles, ni injustes, ni pernicieuses : à un fait incontestable, il est absurde d'opposer des raisonnements spéculatifs. Ce n'est point là le seul article sur lequel nos philosophes modernes ont mal raisonné au sujet des *lois divines positives*. Ils disent que les *lois humaines* statuent sur le bien, et les *lois divines* sur le meilleur ; cela n'est pas exactement vrai : la *loi positive*, par laquelle Dieu a défendu le meurtre, a pour objet le *bien*, et non le *mieux* ; il en est de même de toutes les *lois* du Décalogue. Il n'est donc pas vrai non plus que ce qui doit être réglé par les *lois humaines* peut rarement l'être par les *lois de la religion ;* Dieu, pour de bonnes raisons, avait ordonné aux Juifs, par principe de religion, ce qui semblait devoir être plutôt réglé par des *lois humaines* ou *civiles*. Enfin, il n'est pas absolument vrai que les *lois de la religion* aient plus pour objet la bonté de chaque particulier que celle de la société ; tout particulier, fidèle aux *lois de la religion*, en est mieux disposé à être bon citoyen ; l'homme, au contraire, qui méprise les *lois religieuses*, ne sera pas pour cela plus soumis aux *lois civiles :* tous ceux qui dissertent contre les premières ne manquent presque jamais d'invectiver contre les secondes.

Quand on dit qu'il ne faut pas opposer les *lois religieuses* à la *loi naturelle*, ce principe est équivoque et captieux. Si l'on entend que Dieu ne peut pas défendre, par une *loi religieuse*, ce qu'il a *commandé* par la *loi naturelle*, ou au contraire, cela est vrai. Si l'on veut dire qu'il ne peut pas défendre par l'une ce qui était *permis* ou n'était pas défendu par l'autre, cela est faux. Il n'était pas défendu à l'homme, par la *loi naturelle*, de manger du sang; mais Dieu l'avait défendu à Noé par une *loi positive*, etc.

LOI ANCIENNE OU MOSAÏQUE. C'est le recueil des lois que Dieu donna aux Hébreux par le ministère de Moïse, après qu'il les eut tirés de l'Egypte, et pendant les quarante ans qu'ils passèrent dans le désert; selon le texte hébreu, ce fut après l'an du monde 2513. Ce code de *lois* en renferme de plusieurs espèces ; on y distingue les *lois morales* ou *naturelles*, dont l'abrégé est nommé le *Décalogue ;* les *lois cérémonielles*, qui réglaient le culte que les Juifs devaient observer ; les *lois judiciaires*, c'est-à-dire *civiles* et *politiques*, par lesquelles Dieu pourvoyait aux intérêts temporels de la nation juive. Ces dernières ne sont point proprement l'objet de la théologie ; mais nous sommes obligés de les défendre contre plusieurs reproches injustes que les incrédules ont faits contre ces lois. Dans l'article JUDAÏSME, § 2, nous avons montré que les *lois morales* de Moïse étaient très-bonnes et irrépréhensibles à tous égards, et nous justifierons de même les *lois cérémonielles* dans un article séparé ; il s'agit ici d'envisager la totalité de cette législation.

Nous examinerons, 1° pourquoi Moïse avait réuni, et, pour ainsi dire, confondu les différentes espèces de *lois;* 2° quelle sanction il leur avait donnée ; 3° par quel motif les Juifs devaient les observer ; 4° l'effet qui en résulte ; 5° en quel sens saint Paul oppose la *loi* à l'Evangile, et semble déprimer la première ; 6° quelle différence il y a entre ces deux *lois ;* 7° en quel sens et jusqu'à quel point la *loi ancienne* était figurative ; 8° si elle a dû toujours durer, comme les Juifs le prétendent. Il n'est presque aucune de ces questions qui n'ait donné lieu à des erreurs ; nous ne pouvons les traiter que fort en abrégé (1).

(1) Mais auparavant nous devons examiner si Moïse a emprunté sa législation à un peuple étranger, et s'il pouvait tirer de son propre fonds un code de lois aussi parfait.

1° Pour peu que l'on compare la législation de Moïse avec celle des nations anciennes, il est facile d'apercevoir qu'elles sont loin d'être semblables et identiques. Le parallèle ne tarde pas à montrer entre elles une différence telle que l'on est bientôt convaincu que le chef des Hébreux n'a pas puisé ses lois dans les codes étrangers. Comparons d'abord les lois religieuses de Moïse avec celles des nations même les plus célèbres.

Moïse reconnaît un Dieu unique, source nécessaire de tous les êtres, esprit pur, immense, infini. Il a créé l'univers par sa puissance, il le gouverne par sa sagesse et il en règle tous les événements par sa providence, et comme il est le principe de tout, c'est aussi à lui qu'il faut tout rapporter. Un culte pompeux est établi en son honneur ; un tabernacle magnifique est érigé ; des autels sont dressés ; des prêtres consacrés ; de nombreux sacrifices sont prescrits. Mais toute cette pompe, tout cet éclat, ne sont rien à ses yeux, si les sentiments du cœur n'en forment la partie

I. Quelques censeurs de Moïse trouvent fort mauvais que ce législateur n'ait pas mis plus d'ordre dans ses *lois*, qu'il les ait mêlées ensemble et avec les faits qu'il rapporte. Cette critique est-elle sensée ?

Nous pourrions remarquer d'abord que les anciens écrivains n'ont jamais observé la méthode dont nous sommes aujourd'hui si jaloux ; mais il y a des réflexions plus importantes à faire. Dans les livres de Moïse, c'est la liaison intime des *lois* avec les faits qui donne à ces derniers un degré de certitude qui ne se trouve point dans les autres histoires, et qui démontre la sagesse et la nécessité de ces *lois*. Une preuve qu'il n'agissait point par son propre génie, mais par ordre du ciel et par zèle pour le bien de son peuple, c'est qu'il n'a point formé de plan comme fait un auteur qui est maître de sa matière ; il a écrit les faits à mesure qu'ils se sont passés, les *lois* à mesure qu'elles se sont trouvées nécessaires, et que les faits y ont donné occasion. Tout se tient et forme une chaîne indissoluble. Les Juifs ne pouvaient lire leurs *lois* sans apprendre leur histoire, et ils ne pouvaient se rappeler celle-ci sans concevoir du respect pour leurs *lois ;* aucune ne venait de la volonté arbitraire du législateur; toutes avaient été amenées par les circonstances. Les deux premières qui leur furent imposées furent la cérémonie de la pâque et l'oblation des premiers-nés ; ils étaient encore en Egypte, et ces deux rites devaient servir d'attestation de la mort miraculeuse des premiers-nés des Egyptiens et de la délivrance des Israélites (*Exode*, c. XII et XIII.) La *loi du sabbat* leur fut intimée à l'occasion du miracle de la manne (XVI, 23), pour leur rappeler que le monde avait été créé par le Seigneur ; la publication du Décalogue ne se fit que quelque temps après, c. XX.

Jusqu'alors les Hébreux avaient connu les *lois morales*, tant par les lumières de la raison que par la tradition de leurs pères, qui remontait jusqu'à la création ; mais après les mauvais exemples que ce peuple avait eus en

principale. Dieu demande avant tout aux Israélites la crainte et l'amour, la reconnaissance de ses bienfaits, un aveu de leur dépendance absolue. Toutes les purifications extérieures rappellent la sainteté qu'il exige ; la miséricorde est une hostie qui lui est plus agréable que le sacrifice. Tel est le code religieux que Moïse, au nom de Dieu, imposa au peuple dont il était le guide. Que voyons-nous dans les législations religieuses des autres peuples ? Ignorance de la nature et des perfections de l'Être suprême, culte indigne de la Divinité. « Les nations les plus éclairées et les plus sages, dit Bossuet, les Chaldéens, les Phéniciens, les Egyptiens, les Grecs et les Romains, étaient dans la plus affreuse ignorance et le plus complet aveuglement sur la religion. » Qui oserait raconter les cérémonies des dieux immortels et leurs mystères impurs ? Leurs amours, leur cruauté, leur jalousie et tous les autres excès étaient le sujet de leurs fêtes, de leurs sacrifices, des hymnes, des tableaux qu'on leur consacrait. Le crime était adoré et reconnu propre au culte des dieux. Nous allons essayer d'apprécier dans quelques-uns de ses traits la différence qui existe entre les lois civiles de Moïse et celles des autres peuples.

Egypte, après la captivité à laquelle il avait été réduit, il était très-nécessaire de lui intimer les *lois morales* d'une manière positive, avec tout l'appareil de la majesté divine, de les faire mettre par écrit, et d'y ajouter la sanction des peines et des récompenses.

La plupart des législations anciennes abandonnaient les enfants aux caprices de leurs parents. Le père était maître d'en disposer à son gré : a leur naissance, il était libre de les élever ou de les exposer. Dans le cours de leur vie, il pouvait impunément les châtier, les maltraiter, les vendre, les tuer même. Moïse restreint ce pouvoir illimité, que, chez les nations païennes, les pères avaient sur leurs enfants. Il ne leur accorde pas sur eux un droit absolu de vie et de mort. Tout ce qu'il permet aux parents, lors même qu'ils ont le plus juste sujet de se plaindre, c'est de s'adresser aux juges pour les faire punir. Il songea aussi à assurer la vie de ceux qui n'avaient pas encore reçu le jour. La Grèce n'était pas aussi humaine. Deux de ses législateurs philosophes, craignant une trop grande population, conseillaient de faire périr les enfants dès le sein de leur mère. La législation de Moïse est toute paternelle pour les esclaves. Elle leur assure des jours de repos et de délassement; elle condamne à mort ceux qui leur ôteraient la vie. Chez les autres peuples, on regardait les esclaves comme les bêtes de somme, et les maîtres avaient sur eux droit de vie et de mort.

La modération envers les ennemis était encore un caractère des lois de Moïse. Qu'on en lise les dispositions et on verra qu'elles tendent à prévenir la guerre ou à la rendre moins terrible et moins atroce, lorsqu'elle était nécessaire. Ainsi elle défendait les dégâts et les ravages; les arbres même devaient être respectés. Dans aucun cas on ne devait tuer les femmes et les enfants. Chez les autres nations, point de grâce aux vaincus : biens, liberté, vie, tout devenait la proie du vainqueur. Saccager, égorger tout, n'épargner ni le sexe ni l'âge, était une chose naturelle. C'est le sort qu'éprouvèrent Tyr et Sidon. Tous les étrangers étaient ennemis pour les nations infidèles ; Moïse ordonne de les traiter avec bienfaisance et générosité.

D'après ce court exposé, on voit que la législation de Moïse diffère essentiellement de celles des plus anciennes nations dont l'histoire nous ait conservé le souvenir. On voit que les mœurs, les coutumes, les usages, la religion de ces peuples, sont contraires aux prescriptions du chef des Hébreux. Il est donc indubitable que celui-ci ne leur a pas emprunté sa législation. Moïse, il est vrai, fut instruit chez les Egyptiens ; mais les Egyptiens étaient-ils assez avancés en jurisprudence dans ces temps reculés pour lui donner tant de lumières ! Hérodote alla s'instruire en Egypte. En rapporta-t-il de si grandes richesses en fait de religion et de morale ? Quoique les prêtres lui eussent ouvert les trésors de leur science, il n'en rapporta que des fables.

Après avoir vengé Moïse du reproche de plagiat, montrons que :

2° Le législateur des Hébreux, livré à lui-même, ne pouvait créer un code de lois aussi parfait. Qu'on examine les diverses parties de la législation mosaïque, on voit que toutes accusent une intelligence supérieure à celle de l'homme. Le culte et les hommages dus au Créateur sont tracés avec assurance et sans aucun mélange d'impiété ou de superstition. Dans les institutions figuratives le présent est lié à l'avenir. Quelques prescriptions rituelles paraissent, au premier coup-d'œil, minutieuses et inutiles ; mais examinées plus attentivement et par rapport aux circonstances des temps et des lieux, et au caractère des Israélites, on voit qu'elles concourent toutes à faire accomplir à ce peuple ses glorieuses destinées.

Un ensemble de règlements et d'ordonnances civiles brille par la sagesse, l'équité et la justice. Elles assurent par les moyens les plus efficaces la vie de tout individu libre ou esclave, pauvre ou riche, contre la violence et l'oppression ; elles protégent les étrangers, donnent appui aux faibles, secours aux malheureux, inspirent partout les plus tendres sentiments d'amour et d'humanité. La possession tranquille des propriétés, la jouissance paisible des avantages légitimement acquis, ont aussi des garanties suffisantes. Rien n'est oublié, rien n'est omis. On trouve dans le code de Moïse, et des lois d'hygiène propres à conserver la santé des Hébreux, et des règlements sur l'agriculture, source de richesses et d'abondance, et des ordonnances qui tendent à accroître la population; en un mot, tous les moyens de rendre une nation heureuse et florissante. Moïse les indique et les prescrit. Son code ne laisse rien à désirer ; il est même si complet, qu'on ne sait ce qu'on pourrait y ajouter pour le perfectionner. Est-il possible qu'un code aussi parfait soit la création d'un homme livré à lui-même ? La faiblesse de l'intelligence des plus grands génies s'est toujours décelée par quelque endroit ; leurs œuvres portent le cachet de l'imperfection. Nous pouvons donc affirmer sans aucun doute que la législation des Hébreux, considérée comme le résultat des méditations et comme le fruit des labeurs de leur chef, serait une dérogation aux lois qui régissent l'humanité.

3° L'immutabilité de la législation de Moïse pendant quinze siècles prouve qu'il était inspiré.

En jetant un coup d'œil sur les législations des divers peuples, on voit que quelques années suffisent pour y apporter de notables changements. Des circonstances imprévues surviennent et réclament des modifications. Des dispositions établies comme avantageuses, nécessaires, deviennent inutiles, dégénèrent même en abus. On les supprime pour leur en substituer d'autres qui souvent n'ont pas plus de durée. Tel fut le sort des lois de Dracon, de Lycurgue, de Solon. Et sans remonter à ces âges reculés, en France le code civil n'a-t-il pas subi d'importantes modifications ? et cependant il a été composé par un grand nombre de savants, à l'aide des lumières des nations anciennes et modernes ! Chaque année on en retranche ou on y ajoute quelques articles. Que la législation de Moïse ait subsisté pendant quinze siècles dans toute son intégrité, telle qu'elle est sortie des mains de son auteur, c'est un fait en dehors de ce qui arrive chez tous les peuples. Si le temps, qui met tout à l'épreuve, n'y a fait découvrir aucun vice, n'y a apporté aucun changement, malgré l'inconstance et l'indocilité du peuple hébreu, c'est une preuve d'une perfection surhumaine.

4° « La nature de la sanction de la loi de Moïse conduit aussi à la même conclusion. » Dans plusieurs chapitres du Deutéronome, Moïse annonce aux Israélites le bonheur, la paix, l'abondance, la prospérité en récompense de l'observation fidèle de la loi. Il prédit en même temps les malheurs, les calamités, les fléaux en punition de sa violation. Jamais un homme sage, s'il n'eût été inspiré du ciel, n'eût donné à ses lois une telle sanction, puisque les éléments, la guerre, la peste, ne sont pas à sa disposition. Et, chose étonnante ! Les peines et les récompenses annoncées par Moïse arrivent comme il l'avait prédit ! Qu'on parcoure l'histoire du peuple de Dieu, et on verra qu'il fut tour à tour glorieux et humilié, libre sous le ciel de sa patrie, et captif sur des rives étrangères, selon qu'il était fidèle à la loi, ou qu'un esprit d'erreur l'emportait dans les voies trompeuses. Oubliait-il son Dieu et ses glorieuses destinées ? Aussitôt l'invisible vertu qui émanait du Saint des saints, pour conserver la nation et la rendre prospère, semblait se retirer et ne laisser à sa place qu'une puissance destructive. Mais lorsque touché de repentir il gémissait sur ses égarements, cherchait à rentrer

penses. La plupart des *lois civiles*, qui vinrent à la suite, n'étaient qu'une extension et une application des *lois* du Décalogue; et le très-grand nombre des *lois cérémonielles* ne furent portées qu'après l'adoration du veau d'or. Ici rien ne se fait au hasard, et n'est écrit sans raison.

II. Mais Moïse, disent les incrédules, n'a donné à ses *lois* point d'autre sanction que celle des peines et des récompenses temporelles; il ne parle point de celles de l'autre vie; ou il ne les connaissait pas, ou il a eu tort de n'en pas faire mention. Il y a longtemps que cette objection a été faite par les marcionites et par les manichéens; mais quinze cents ans d'antiquité ne l'ont pas rendue plus juste.

Dans les articles AME, IMMORTALITÉ, ENFER, nous avons prouvé que les patriarches, Moïse et les Israélites, ont connu et ont cru les récompenses et les peines de l'autre vie; mais il n'était ni nécessaire, ni convenable, que ce législateur en parlât dans ses *lois*. Puisqu'il avait réuni ensemble les *lois morales*, les *lois cérémonielles*, les *lois civiles* et *politiques*, il ne devait pas donner à ce recueil de *lois* la sanction des récompenses et des peines de la vie future; il aurait donné lieu aux Juifs de conclure qu'ils pouvaient mériter une récompense éternelle, en faisant des ablutions, en discernant les viandes, etc., tout comme en pratiquant les vertus morales. Malgré la sage précaution de Moïse, malgré les leçons des prophètes, les pharisiens et leurs disciples sont tombés dans cette erreur; les rabbins la soutiennent encore aujourd'hui; ils prétendent que la *loi cérémonielle* donnait aux Juifs plus de sainteté et de mérite, et les rendait plus agréables à Dieu que la *loi morale*. *Voy.* la *Conférence du juif Orobio avec Limborch.*

Nous convenons que l'alliance par laquelle Dieu avait promis à la nation juive la possession de la Palestine et une prospérité constante, sous condition que ce peuple observerait fidèlement ses *lois*, ne regardait que ce monde; mais, sous cet aspect, elle concernait le corps de la nation, et non les particuliers; elle ne dérogeait point à l'alliance primitive que Dieu a contractée dès le commencement du monde avec toute créature raisonnable, à laquelle il a donné des *lois*, une conscience, une âme immortelle; alliance par laquelle il promet à la vertu une récompense, non dans cette vie, mais dans l'autre; alliance suffisamment attestée par la promesse faite à Adam d'un Rédempteur qui ne devait venir que quatre mille ans après; par la mort d'Abel, privé en ce monde de la récompense de sa vertu; par l'enlèvement d'ÉNOS, dont la piété avait plu à Dieu, etc. De même que les nouvelles *lois positives*, imposées aux Hébreux, ne dérogeaient

dans les voies saintes que son législateur lui avait tracées, des jours plus sereins commençaient à luire, et Dieu, le reprenant sous sa protection, lui accordait ses grâces et ses faveurs. Qui pourrait après cela méconnaître la main de Dieu dans la législation de Moïse?

point à la *loi morale* portée dès la création, ainsi les nouvelles promesses qui leur étaient faites ne donnaient aucune atteinte à la première promesse faite au genre humain. Voilà ce que n'ont pas voulu voir les premiers hérétiques qui ont calomnié la *loi ancienne*; les sociniens, qui ont dit que le judaïsme n'était pas une religion, mais une constitution politique; les incrédules, qui ne savent que répéter les vieilles erreurs, et quelques théologiens, qui n'y ont pas regardé de plus près.

III. De là même on voit aisément par quels motifs un juif devait observer la *loi*, principalement la *loi morale*. Il le devait par respect pour le souverain Législateur, qui est Dieu, par l'espoir de mériter la récompense éternelle des justes, comme avaient fait les patriarches, par la confiance d'avoir part à la prospérité temporelle que Dieu avait promise à la nation entière. Mais puisque cette promesse regardait le corps de la nation plutôt que les particuliers, un juif, exact observateur de la *loi*, ne pouvait pas se flatter de jouir du bonheur temporel, s'il arrivait au gros de la nation d'encourir la colère divine pour avoir violé la *loi*. Dans une punition générale, les justes étaient enveloppés avec les coupables, et alors il ne restait aux premiers que l'espoir de la récompense éternelle réservée à la vertu. Tel a été le sort de Tobie, de Jérémie, de Daniel, de la plupart des prophètes, de Moïse lui-même, dont la vie fut remplie d'amertume par les infidélités de son peuple. Les afflictions auxquelles ils furent exposés ne leur firent pas abandonner la *loi de Dieu*.

Il n'est donc pas vrai, comme le pensent les détracteurs de la *loi*, que Dieu, en la donnant aux Juifs, n'ait voulu leur inspirer qu'un intérêt sordide, une crainte servile, et les ait dispensés de l'aimer. Si plusieurs ont eu ce mauvais caractère, il ne venait ni de la *loi*, ni du législateur. Le commandement d'aimer Dieu ne pouvait être plus formel (*Deut.* VI, 5) : *Vous aimerez le Seigneur votre Dieu de tout votre cœur, de toute votre âme et de toutes vos forces; les préceptes que je vous impose seront dans votre cœur*, etc. (Chap. X, v. 12) : « *Que vous demande le Seigneur votre Dieu, sinon que vous le craigniez, que vous lui obéissiez, que vous l'aimiez et que vous le serviez de tout votre cœur*? Il est bon de se souvenir que, dans le style de l'Écriture, *craindre* signifie *respecter*. (*Ibid.*, v. 21, et XI, 1) : *Voyez ce que le Seigneur a fait pour vous....! Aimez-le donc, et observez constamment ses lois, ses cérémonies, les règles de justice qu'il vous prescrit, et les préceptes qu'il vous impose.* C'est la reconnaissance, l'amour, le respect, la confiance, la soumission, et non l'intérêt ou la crainte servile, que Moïse veut inspirer à son peuple. Devait-il pour cela les exempter de crainte? Il aurait bien mal connu les hommes, et son peuple en particulier. Toute législation doit être menaçante, et toutes le sont, parce qu'en général les hommes sont plus sensibles aux menaces qu'aux promesses, et qu'il est plus aisé aux chefs des nations de punir que de récompenser. Les rêveurs en politique blâment ce ton général des *lois* ; qu'ils refondent l'humanité, avant de proposer une autre manière de la gouverner.

A l'article JUDAÏSME, § 4, nous avons prouvé par l'Ecriture, par les Pères, surtout par saint Augustin, par les notions évidentes de la justice divine, que Dieu donnait aux Juifs des grâces pour accomplir sa *loi*. En observant même la *loi cérémonielle*, un juif pratiquait l'obéissance ; il faisait donc un acte de vertu. Cet acte, fait par un motif louable et avec le secours de la grâce, pouvait donc être méritoire ; lorsqu'il était fait par crainte ou par intérêt temporel, il ne méritait rien pour le salut ; ce n'était plus alors un effet de la grâce. Nous avons encore remarqué que ces grâces accordées aux Juifs n'étaient point attachées à la lettre de la *loi*, puisqu'elles n'étaient pas formellement promises par la *loi* ; mais elles venaient de la promesse d'un Rédempteur faite à notre premier père, et renouvelée à Abraham. C'était donc un effet des mérites futurs de Jésus-Christ, qui est l'Agneau immolé depuis le commencement du monde (*Apoc.* XV, 8), mais qui n'a eu besoin de s'immoler qu'une seule fois pour effacer le péché (*Hebr.* IX, 26). On verra ci-après que cette doctrine n'est contraire ni à celle de saint Paul ni à celle de saint Augustin.

IV. Mais pour justifier leurs préventions, les incrédules veulent que l'on juge de la *loi mosaïque* par les effets qui en ont résulté, soit à l'égard du corps de la nation juive, soit à l'égard des particuliers ; nous y consentons encore.

A l'article JUIFS, § 2 et suiv., nous avons examiné quels ont été les mœurs, le degré de prospérité de ce peuple, le rang qu'il a tenu dans le monde, l'opinion qu'en ont eue les autres nations. Nous avons fait voir qu'il a toujours été heureux ou malheureux, selon qu'il a été plus ou moins fidèle à ses *lois* ; que, tout considéré, son sort a été meilleur que celui des autres peuples ; qu'en général ces derniers, faute de connaître les Juifs, en ont aussi mal jugé que les incrédules modernes. La meilleure manière de juger du sort des Juifs et de la sagesse de leurs *lois*, est sans doute de remonter au dessein qu'avait la Providence divine en formant cette législation : or, ce dessein nous est révélé non-seulement par l'Ecriture sainte, mais par la chaîne des événements.

A l'époque de la mission de Moïse, tous les peuples connus, Assyriens, Chaldéens, Chananéens ou Phéniciens, Egyptiens, étaient déjà tombés dans le polythéisme et dans l'idolâtrie ; leurs mœurs étaient aussi corrompues que leur croyance, leur gouvernement sans règle, leur politique absurde et meurtrière ; tous ne pensaient qu'à s'entre-détruire. Dieu pouvait-il leur donner une leçon plus propre à les corriger, que de placer au milieu d'eux une nation mieux policée, plus paisible, et moins mal gouvernée? Les Hébreux ont été la première république qui ait existé dans le monde ; chez eux, ce n'est pas l'homme qui devait régner, c'est la *loi*.

Si les peuples voisins avaient été moins dépravés, tous auraient adopté le fond de cette législation ; ils auraient renoncé au brigandage et à l'ambition des conquêtes ; ils auraient cultivé en paix la portion de terre qu'ils possédaient ; il y aurait eu moins de crimes commis et de sang répandu. Mais non ; le bien-être des Juifs excita leur haine et leur jalousie ; tous se sont relayés successivement pour tourmenter les Juifs, sans vouloir profiter en rien de leur exemple. Aujourd'hui peut-être il en serait encore de même, parce que les nations ne sont devenues guère plus sages qu'elles n'étaient autrefois. Cependant, malgré leur fureur destructive, le peuple juif, avec sa religion et ses *lois*, a subsisté pendant quinze cents ans : quelle autre législation a eu une plus longue durée? Ce peuple a ainsi continué de rendre témoignage au gouvernement de la Providence, à la certitude de ses promesses, à la sagesse de ses desseins, surtout à la venue future d'un Rédempteur. L'intention de Dieu n'avait donc pas été de créer une nation célèbre par ses conquêtes, redoutable par ses forces, fameuse par ses connaissances, par ses arts, par son commerce. Celse, Julien et leurs copistes, qui ont toujours argumenté sur cette folle supposition, se sont égarés dès le premier pas. La prospérité des Romains, dont ils étaient enivrés, ne s'est formée qu'aux dépens de tous les autres peuples, et par le ravage de l'univers entier. Dieu n'avait pas destiné les Juifs à être le fléau des nations, mais à leur servir d'exemple si elles voulaient être sages, ou de condamnation, si elles le refusaient. Pendant que les *lois* de celles-ci ont varié sans cesse, celles de Moïse n'ont souffert aucun changement ; elles sont encore telles que le législateur les a données ; faites d'un seul coup, dans la durée de quarante ans, elles ont été observées sans altération, jusqu'au moment que la Providence avait marqué pour les faire cesser. Aucun autre peuple n'a été aussi opiniâtrement attaché à ses *lois* que les Juifs ; après plus de trois mille ans, s'ils étaient les maîtres, ils les feraient revivre dans toute leur étendue, sans en vouloir rien retrancher. Si elles étaient aussi mauvaises que le prétendent nos politiques incrédules, auraient-elles produit un attachement aussi singulier?

Depuis peu il a paru un ouvrage intitulé : *Moïse considéré comme législateur et comme moraliste*. On s'attendait à y trouver l'apologie des *lois mosaïques* contre la censure téméraire des philosophes incrédules ; mais à peine y a-t-il quelques réflexions qui tendent à faire sentir la sagesse et l'utilité de ces *lois*, eu égard au temps, au climat, au peuple pour lequel elles ont été faites, et aux mœurs générales qui régnaient pour lors. Elles sont présentées, non dans leur pureté originale, et telles qu'elles sont dans le texte de Moïse, mais avec toutes les rêveries et les puérilités dont les Juifs modernes les ont surchargées. Les citations du Talmud ou de la Mischne, les commentaires des rabbins anciens et modernes, les dissertations des critiques hébraïsants, vont de pair, dans cette compilation, avec le texte de l'Ecriture sainte, comme si tous ces monuments avaient la même autorité. Probablement l'auteur a voulu travailler pour les Juifs, et non pour les chrétiens. Heureusement nous avons été mieux instruits par le judicieux auteur des *Lettres de quelques Juifs*, etc., qui a fait le parallèle des *lois de Moïse* avec celles des plus célèbres législateurs profanes, et qui a démontré la supériorité des premières, t. III, 4ᵉ partie.

V. Cependant saint Paul semble s'être appliqué à déprimer la *loi mosaïque;* il dit que cette *loi* n'a rien amené à la perfection; que si la première alliance avait été sans défaut, il n'aurait pas été nécessaire d'en faire une nouvelle, comme Dieu l'a promis par ses prophètes; que cette loi n'était bonne que pour des esclaves; que si elle pouvait rendre l'homme juste, Jésus-Christ serait mort en vain; que la *loi* est survenue afin de faire abonder le péché, etc.

Mais il dit aussi que la *loi* est sainte, que le commandement est saint, juste et bon (*Rom.* vii, 12); que ce ne sont pas ceux qui écoutent la *loi*, mais ceux qui l'accomplissent qui sont justes devant Dieu (ii, 13); qu'en établissant la foi, il ne détruit pas la *loi*, mais qu'il la confirme (iii, 31). Il cite les paroles de Moïse, qui dit que celui qui accomplira la *loi* y trouvera la vie (x, 5). Comment tout cela peut-il s'accorder? Il est évident que dans ces derniers passages, le mot *loi* n'est pas pris dans le même sens; autrement saint Paul se contredirait. Dans les premiers, lorsqu'il parle au désavantage de la *loi*, il entend la *loi cérémonielle, civile et politique*; dans les seconds, il est question de la *loi morale*. Sans cette distinction, il serait impossible de rien entendre à la doctrine de saint Paul; mais il est aisé d'en démontrer la justesse. En effet, saint Paul attaque l'erreur des judaïsants, qui soutenaient que pour être sauvé il ne suffisait pas de croire en Jésus-Christ, et d'observer les *lois morales* renouvelées dans l'Evangile, mais qu'il fallait encore pratiquer la circoncision et les autres observances légales; erreur condamnée par les apôtres dans le concile de Jérusalem (*Act.* xv). Ainsi, par la *loi*, les Juifs entendaient principalement la *loi cérémonielle*. Conséquemment, dans l'*Epître aux Romains*, saint Paul combat le préjugé des juifs, qui se flattaient d'avoir mérité la grâce de l'Evangile et le salut, parce qu'ils avaient observé la *loi mosaïque*. Dans l'*Épître aux Galates*, l'Apôtre reproche à ces nouveaux convertis de s'être laissé séduire par de faux docteurs, qui leur avaient persuadé que la circoncision et les observances légales étaient nécessaires pour être sauvé. Dans la *lettre aux Hébreux*, il combat de nouveau la trop haute idée que les Juifs avaient conçue de la sainteté et de l'excellence de leurs cérémonies. Or, en prenant dans ce sens la *loi* pour le cérémonial mosaïque, tout ce que dit saint Paul de son insuffisance, de son inutilité, de ses défauts, est exactement vrai.

Le sens de saint Paul est encore prouvé par les expressions dont il se sert. Il dit que nous ne sommes plus sous la *loi*, mais sous la grâce (*Rom.* vi, 14 et 15): or, nous sommes certainement encore sous la *loi morale*, puisque Jésus-Christ, loin de l'abroger, l'a confirmée dans son sermon sur la montagne et ailleurs. Partout il semble opposer la *loi* à la foi: or, la foi n'est point opposée à la *loi morale;* un des principaux devoirs imposés par celle-ci est de croire à la parole de Dieu, à ses promesses, à ses menaces. Il dit, la *loi est survenue* (*Rom.* v, 20); peut-on parler ainsi de la *loi morale*, imposée à l'homme dès le commencement du monde? La *loi*, même *cérémonielle*, n'est pas survenue *pour faire abonder le péché*, comme certains commentateurs veulent traduire; mais *de manière* que le péché est devenu plus abondant: cette *loi* a été l'occasion et non la cause du péché; ainsi saint Paul s'explique lui-même (*Rom.* vii, 8 et 11). Saint Augustin a poussé fort loin cette dispute contre les Pélagiens. Pélage avait dit: *La loi conduisait au royaume éternel comme l'Evangile*, ou aussi bien que l'*Evangile* (*L. de Gestis Pelag.*, c. xi, n° 23). Cette fausse maxime renfermait trois erreurs: 1° elle donnait lieu de penser que, par la *loi*, Pélage entendait, comme les Juifs, la *loi cérémonielle;* 2° elle égalait la *loi* à l'Evangile, au lieu que saint Paul la met fort au-dessous; 3° Pélage entendait la *loi* sans la grâce, puisqu'il n'admettait point la nécessité de la grâce pour les bonnes œuvres. Saint Augustin, pour réfuter ces erreurs, lui opposa tout ce que saint Paul a dit au désavantage de la *loi*.

A la vérité, il paraît que saint Augustin a constamment entendu le passage de saint Paul, *lex subintravit ut abundaret delictum*, dans ce sens que Dieu avait donné aux Juifs la multitude de leurs *lois*, afin que fatigués de ce joug, et humiliés par le nombre de leurs chutes, ils sentissent le besoin qu'ils avaient de la grâce, et la demandassent à Dieu; mais outre que ce sens n'a été donné aux paroles de l'apôtre par aucun des pères qui ont précédé saint Augustin, le saint docteur n'a jamais admis que Dieu ait tendu exprès un piège aux juifs pour les faire pécher, il a lui-même reconnu que le texte de saint Paul peut avoir le sens que nous y avons donné ci-dessus, *L.* 1, *ad Simplic.*, q. 1, n° 17; *Contra adv. legis et prophet.*, l. ii, c. 11, n° 36. Il ne s'ensuit donc, ni de la doctrine de saint Paul, ni de celle de saint Augustin, que la *loi mosaïque*, à la prendre dans sa totalité, ait été mauvaise, défectueuse, indigne de Dieu, incapable de rendre juste un juif qui l'observait avec intention d'obéir à Dieu, et avec le secours de la grâce.

VI. Quelle est donc la différence qu'il y a entre la *loi mosaïque* et l'Evangile? Les théologiens la réduisent à plusieurs chefs, d'après ce qu'en dit saint Paul. Saint Jean l'indique en deux mots, en disant: « La loi a été donnée par Moïse, la grâce et la vérité sont venues par Jésus-Christ (*Joan.* i, 17).

1° Dans la *loi de Moïse*, les grands mystères

de notre religion, la sainte Trinité, l'incarnation, la rédemption du monde par Jésus-Christ, etc., ne sont révélés que d'une manière assez obscure, au lieu qu'ils le sont beaucoup plus clairement dans l'Evangile. Dans celui-ci, les promesses d'une récompense éternelle pour la vertu, les menaces d'un châtiment éternel pour le crime, sont beaucoup plus formelles que dans l'ancienne *loi* : Jésus-Christ, dit saint Paul, a mis en lumière la vie et l'immortalité par l'Evangile (*II Tim.* I, 10). Les *lois morales* y sont mieux développées ; il n'y est plus question de la multitude des cérémonies et d'usages onéreux auxquels les Juifs étaient assujettis dans presque toutes leurs actions. — 2° La *loi* montrait aux Juifs ce qu'ils devaient faire ou éviter ; mais Dieu n'y avait pas ajouté une promesse formelle de leur accorder la grâce pour toutes leurs actions ; cette grâce leur était donnée en considération des mérites futurs du Rédempteur, mais avec moins d'abondance que Jésus-Christ ne l'a répandue lui-même. En disant : *Celui qui croira et sera baptisé sera sauvé* (*Marc.* XVI, 16), il a attaché au baptême un titre pour obtenir toutes les grâces dont nous avons besoin ; il les répand en effet dans nos cœurs par ce sacrement et par tous les autres qu'il a institués. C'est pour cela que, selon saint Paul, la *loi* ne rendait pas l'homme juste, au lieu que la justice nous est donnée par la foi et par les sacrements. — 3° Le principal motif qui engageait un juif à observer la *loi* était la crainte des peines temporelles et des malédictions dont Dieu menaça't les infracteurs ; un grand nombre de lois portaient la peine de mort. Au contraire, le motif dominant qui excite un chrétien à la vertu est la connaissance de la bonté de Dieu, le souvenir de ses bienfaits, la certitude d'en obtenir encore de plus grands, par conséquent l'amour ; de là saint Paul dit que l'*ancienne loi* était gravée sur la pierre, au lieu que la *nouvelle* est gravée dans nos cœurs par le Saint-Esprit ; il dit que la première était faite pour des esclaves, la seconde pour des enfants qui envisagent Dieu, non comme un maître redoutable, mais comme un père tendre et miséricordieux. Aussi la *loi ancienne* est appelée par les apôtres mêmes un joug insupportable (*Act.* XV, 10) ; au lieu que Jésus-Christ appelle ses lois un joug rempli de douceur et un fardeau léger (*Matth.* XI, 30). — 4° La *loi mosaïque* était pour les Juifs seuls ; elle était relative au climat et à l'état d'une nation séparée de toutes les autres ; elle ne pouvait durer qu'autant que les Juifs demeureraient en possession de la Palestine, et y formeraient un corps de république. L'Evangile est pour tous les temps et pour toutes les nations ; il est destiné à réunir tous les hommes en société religieuse, universelle. C'est pour cela même que Jésus-Christ n'a point établi de *lois civiles* ni *politiques* ; son Evangile s'accorde avec toute loi raisonnable et conforme au bien commun. On ajoute enfin que la *loi ancienne* n'était que la figure de ce que Dieu devait faire, accorder et prescrire sous la *loi nouvelle* ; ce caractère sera expliqué dans le paragraphe suivant.

Nous ne réfuterons point ici une prétendue différence que Luther et Calvin ont imaginée entre la *loi mosaïque* et l'Evangile ; ils ont dit que, selon saint Paul, la première était la *loi des œuvres*, qui attachait le salut aux bonnes œuvres, qui inspirait à un juif la confiance à ses œuvres : au lieu que l'Evangile ne commande que la foi, n'attache le salut qu'à la foi, ne nous parle d'autre justice que de celle de la foi ; d'où il s'ensuit que les bonnes œuvres sont plutôt un obstacle qu'un moyen de salut pour un chrétien. Cette erreur, justement proscrite par le concile de Trente, est une conséquence de la doctrine des prétendus réformateurs sur la justice imputative : nous en avons déjà remarqué la fausseté aux mots IMPUTATION, JUSTIFICATION, LIBERTÉ CHRÉTIENNE, nous en parlerons encore dans les articles LOI NOUVELLE et BONNES ŒUVRES. Il suffit de remarquer que les novateurs ont malicieusement abusé des expressions de saint Paul ; par les *œuvres*, cet à être entend évidemment les cérémonies et les usages civils de la *loi ancienne*, dont les Juifs soutenaient la nécessité pour le salut. Jamais saint Paul n'a pensé à nier la nécessité et l'utilité des œuvres de la *loi morale*, telles que sont l'amour de Dieu et du prochain, les actes de charité, de justice, de tempérance, d'obéissance, de reconnaissance, etc. Il dit au contraire, à cet égard, que ce ne sont pas les auditeurs de la *loi* qui seront justifiés, mais les observateurs. (II, 13.)

VII. Une autre question est de savoir en quel sens et jusqu'à quel point la *loi ancienne* était figurative, et si c'était là son principal mérite.

Dans les articles ECRITURE SAINTE, § 3, FIGURISME, FIGURISTE, nous avons remarqué l'abus du système de quelques théologiens, qui prétendent que tout était figuratif dans l'*ancienne loi* ; qui, pour expliquer ce qu'ils n'entendent pas, et justifier ce dont ils ne voient pas l'utilité, ont recours à des allégories ; nous avons vu que les fondements de ce système ne sont pas solides, et que les conséquences en sont dangereuses. D'autre part, les incrédules s'en sont prévalus pour tourner en ridicule les explications mystiques de l'Ecriture sainte, données par les apôtres, par les évangélistes, par les Pères de l'Eglise, par les docteurs juifs. N'y a-t-il donc pas un milieu à garder entre ces deux excès ? — 1° L'on ne peut pas nier qu'il n'y ait des figures dans l'*ancienne loi* ; saint Paul le dit expressément, et il savait que c'était la croyance de la synagogue ; lui-même en remarque et en explique plusieurs ; d'autres sont citées dans l'Evangile, et Jésus-Christ s'en est fait l'application. Il est certain d'ailleurs que le style figuré et allégorique a été familier à tous les sages de l'antiquité : cette manière d'instruire servait à exciter la curiosité et l'attention des auditeurs, et à rendre les vérités plus sensibles ; Jésus-Christ s'en est servi par cette raison. Il n'est donc pas étonnant que Dieu l'ait employée par l'organe de Moïse et des prophètes. Ces sortes de leçons n'avaient rien d'indécent ni de captieux; ce qui nous paraît obscur ne l'était pas dans ces temps-là, et ce qui n'était pas suffisamment entendu pour le moment, devenait intelligible par la suite. — 2° Les figures remarquées dans l'*ancienne loi* par les écrivains du Nouveau Testament sont incontestables, puisque ces auteurs sacrés étaient revêtus d'une mission divine pour expliquer les saintes Ecritures ; celles qui ont été unanimement aperçues par les Pères de l'Eglise font partie de la tradition et doivent être respectées à ce titre ; toutes les autres n'ont que le degré d'autorité que mérite un auteur particulier. Souvent ce sont des conjectures arbitraires, opposées les unes aux autres, toujours assez inutiles, et qui exposent quelquefois nos livres saints à la dérision des incrédules. — 3° Il est évident que les *lois morales* de l'Ancien Testament n'avaient rien de figuratif. Jésus-Christ les a expliquées, les a rendues plus parfaites, les a confirmées de nouveau par son autorité divine, a rendu l'observation plus sûre par les conseils de perfection. Quant aux *lois civiles et politiques*, elles étaient relatives au caractère des Juifs, à leur besoin, à leur situation ; l'utilité de ces *lois* est donc incontestable, indépendamment de toute signification mystique.

Restent donc les *lois cérémonielles* qui regardent le culte divin ; c'est principalement dans celles-ci que saint Paul fait remarquer des figures : mais les cérémonies légales n'avaient-elles point d'autre utilité ? Saint Paul ne l'a pas dit. Il affirme seulement que c'étaient des éléments vides et sans force, incapables de donner la grâce, ni la justice, ni la rémission des péchés : tout cela est vrai; mais il ne l'est pas moins qu'elles avaient un autre but. Les unes étaient des monuments des prodiges que Dieu avait opérés en faveur de son peuple, comme la pâque et l'oblation des premiers-nés ; les autres, une reconnaissance du souverain domaine de Dieu et de sa providence bienfaisante, comme les offrandes et les sacrifices. Par les sacrifices pour le péché, l'homme se reconnaissait coupable ; par les abstinences, il réprimait la gourmandise ; l'usage de ne point ramasser les glanures pendant la moisson, mettait un frein à l'avarice ; les purifications et les précautions de propreté inspiraient le respect pour le culte du Seigneur, etc. Ces cérémonies étaient donc des actes de vertu, lorsqu'elles étaient observées par un motif d'obéissance et avec une intention pure ; elles ne donnaient pas la grâce, mais elles excitaient l'homme à la demander : saint Paul n'a pas enseigné le contraire. Il n'est donc pas besoin de recourir au sens figuratif, pour justifier la *loi cérémonielle*. Ajoutons que si cette *loi* n'avait point eu d'autre utilité que de figurer des événements futurs, le législateur aurait été très-répréhensible de ne pas expliquer aux Juifs ce sens figuratif, sans lequel la *loi* ne leur servait de rien : or, nous ne trouvons dans l'Ancien Testament aucune de ces explications. Il serait ridicule de dire que Dieu a donné aux Juifs des *lois* inutiles pour eux, dont le sens ne devait être connu que quinze cents ans après, par ceux qui ne seraient plus obligés à ces *lois*. Saint Paul parlant de la *loi* du Deutéronome, *Vous ne lierez point le mufle du bœuf qui foule le grain*, dit : « Dieu prend-il donc soin des bœufs ? n'est-ce pas plutôt pour nous que ces paroles ont été dites (*I Cor.* iv, 9). » Assurément, Dieu n'avait pas porté cette *loi* pour l'utilité des bœufs, mais pour réprimer l'avarice des Juifs; aucun d'eux ne pouvait deviner que par là Dieu voulait pourvoir d'avance à la subsistance des ministres de l'Evangile. L'argument de saint Paul se réduit à dire : Si Dieu n'a pas voulu que l'on refusât la nourriture à un animal qui travaille, à plus forte raison ne veut-il pas qu'elle soit refusée à ceux qui annoncent l'Evangile. Il est encore plus évident que le sens figuratif ne peut pas servir à justifier une action criminelle ou répréhensible en elle-même : Saint Paul n'en a jamais fait cet usage. Saint Augustin soutient que ce serait un abus. *L. II, contra Faustum*, c. 42. *Voy.* FIGURISME. S'il lui est arrivé d'y tomber, il ne faut pas l'imiter en cela.

On ne doit pas pousser le sens des expressions de saint Paul plus loin que ne l'exige le dessein de cet apôtre : il voulait détruire la folle confiance que les Juifs mettaient dans leurs observances légales, et leur prouver qu'elles n'étaient plus nécessaires au salut depuis la venue du Messie ; conséquemment, il leur en montre le vide et l'inefficacité, en comparaison des grâces attachées à l'Evangile et à la foi en Jésus-Christ. L'inutilité des premières était donc comparative et non absolue, autrement saint Paul se serait contredit ; il reconnaît que c'était un très-grand avantage pour les Juifs d'avoir entendu les paroles de Dieu. Or, c'est principalement par leurs *lois* que Dieu leur avait parlé (*Rom.* III, 2). Dieu est trop sage pour avoir imposé aux Juifs des *lois* inutiles pour eux. Lorsque Moïse fait l'éloge de ces *lois*, il n'en excepte aucune (*Deut.* IV, 6, etc.).

VIII. Une dernière question est d'examiner si la *loi de Moïse* a dû toujours durer. Les Juifs le prétendent, et les incrédules ont trouvé bon de faire valoir les arguments des Juifs pour combattre la divinité du christianisme. On comprend d'abord que cette dispute ne peut pas regarder la *loi morale;* celle-ci a été portée pour tous les hommes, depuis le commencement du monde, et Jésus-Christ l'a confirmée pour jusqu'à la fin des siècles : il s'agit donc principalement de la *loi cérémonielle*. Comme cette question demande quelques observations préliminaires, nous en ferons le sujet de l'article suivant.

LOI CÉRÉMONIELLE. C'est le recueil des *lois* par lesquelles Moïse avait prescrit aux Juifs la manière dont ils devaient honorer Dieu, les rites qu'il fallait observer, les pratiques dont ils devaient s'abstenir ; c'était, à proprement parler, le rituel de la religion mosaïque. Il est renfermé principalement dans le Lévitique.

Nous ne connaissons aucune partie de l'*ancienne loi*, qui ait donné lieu à des erreurs plus opposées. Les incrédules anciens et modernes ont soutenu que le culte prescrit aux Juifs était non-seulement grossier et dégoûtant, mais absurde, indécent, superstitieux, indigne de la majesté divine. Quelques auteurs, qui ont réfuté ce reproche, l'ont cependant autorisé à quelques égards, en disant qu'une partie des rites judaïques était empruntée des païens; d'autres ont assez mal justifié ces rites, en soutenant qu'ils étaient figuratifs. Les Juifs, au contraire, entêtés de leur cérémonial à l'excès, y ont attaché une idée de sainteté et d'excellence qu'il n'avait pas; ils ont prétendu que Dieu l'avait établi pour toujours, que le Messie devait être envoyé, non pour abolir la *loi cérémonielle*, mais pour la confirmer et y soumettre toutes les nations: un des principaux griefs qui les indispose contre le christianisme, est l'abolition de cette *loi*. Les incrédules, attentifs à saisir toutes les occasions de combattre notre religion, n'ont pas manqué de soutenir que la prétention des Juifs est mieux fondée que la nôtre sur le texte des livres saints; que Jésus-Christ et ses apôtres n'avaient aucune intention d'abolir les rites mosaïques, mais que saint Paul en forma le projet pour justifier sa désertion du judaïsme, et gagner plus aisément les païens; que c'est lui qui est l'auteur du christianisme tel que nous le professons.

Pour terminer cette dispute, nous avons à prouver, 1° que le culte établi par Moïse était fondé sur des raisons solides; 2° qu'il n'était ni indigne de Dieu, ni superstitieux, ni emprunté des païens; 3° que l'entêtement des Juifs pour leurs cérémonies, loin d'être appuyé sur le texte des livres saints, y est directement contraire; 4° que Dieu ne les avait point établies pour durer toujours; 5° que l'intention de Jésus-Christ et des apôtres ne fut jamais de les conserver. Nous abrégerons cette discussion le plus qu'il nous sera possible.

I. Aux mots Culte et Cérémonie, nous avons prouvé la nécessité des rites extérieurs, pour entretenir la religion parmi les hommes, et en faire un lien de société; nous avons fait voir que Dieu en a prescrit aux hommes depuis le commencement du monde; qu'un très-grand nombre de rites commandés aux Juifs, comme les offrandes, les sacrifices, les repas communs, les fêtes, les ablutions, les libations, les purifications, les abstinences, les consécrations, etc., avaient déjà été observés par les patriarches; qu'ainsi ces rites n'étaient pas nouveaux pour les Juifs. *Voy.* Liturgie, Offrande, etc.

Nous ne pouvons témoigner à Dieu nos sentiments de respect, de reconnaissance, de soumission, etc., par d'autres signes que par ceux dont nous nous servons pour les faire connaître aux hommes: il est donc évident que, dans tous les temps, les rites doivent être analogues au ton des mœurs; conséquemment, dans les premiers âges du monde, lorsque les mœurs étaient encore informes

et grossières, les cérémonies religieuses ont dû s'en ressentir; ce qui nous paraît aujourd'hui rebutant et indécent, ne l'était pas pour lors. Nous avons autant de tort de le condamner, que de blâmer les usages des nations moins policées que nous, telles que sont les Arabes, les Tartares et d'autres peuples nomades, chez lesquels on retrouve encore les mœurs des patriarches. Prouvera-t-on jamais que, pour donner aux anciens peuples une religion convenable, Dieu a dû rendre leurs mœurs et leurs usages semblables aux nôtres? Notre dégoût pour les rites anciens n'est qu'un témoignage de notre ignorance. Les voyageurs qui ont comparé les différentes nations de la terre, et qui ont eu le bon esprit de se conformer aux mœurs des pays dans lesquels ils se trouvaient, n'ont pas conservé la même prévention pour les usages de leur patrie, que ceux qui n'en sont jamais sortis; ils ont jugé que chez nous, comme ailleurs, l'habitude, en fait de coutume, l'emporte souvent sur la raison. Si l'on interrogeait, dit Hérodote, les différents peuples de la terre, et qu'on leur demandât quelles sont les *lois*, les mœurs, les coutumes les meilleures, chacun ne manquerait pas de répondre que ce sont les siennes.

Nous avons encore fait voir qu'en général les cérémonies sont très-bonnes et très-utiles, lorsqu'elles sont tout à la fois une profession de foi des dogmes qu'il faut croire, une leçon des vertus que l'on doit pratiquer, et un lien de société qui réunit les hommes: toute la question est donc de savoir si le cérémonial judaïque renfermait ces trois avantages. Quant au premier, il est évident, par l'histoire sainte, qu'au siècle de Moïse, toutes les nations dont il était environné étaient tombées dans le polythéisme, dans l'idolâtrie et dans tous les désordres qui en sont inséparables. Il était donc de son devoir d'inculquer profondément à son peuple le dogme capital d'un seul Dieu, créateur, gouverneur de l'univers, souverain de tous les peuples, arbitre de tous les événements; de multiplier les rites qui attestaient cette grande vérité; de défendre tous ceux qui pouvaient y donner atteinte; de mettre ainsi un mur de séparation entre les Hébreux et les idolâtres. Or, un très-grand nombre des rites qu'il prescrit, tendaient évidemment à ce dessein. Si plusieurs nous paraissent minutieux, c'est que nous ignorons jusqu'à quel point les idolâtres poussaient la superstition dans les choses même qui avaient le moins de rapport à la religion; mais on peut s'en former une idée en lisant le poëme d'Hésiode, intitulé: *Les travaux et les jours*. Il fallait donc prescrire aux Israélites, dans le plus grand détail, ce qu'ils devaient faire ou éviter: ils n'étaient pas assez instruits pour le discerner eux-mêmes.

Déjà, dans l'article précédent, nous avons fait voir que la plupart des rites mosaïques n'étaient pas moins destinés à inspirer aux Juifs les vertus religieuses et sociales, la soumission et la reconnaissance envers Dieu, la charité et l'humanité envers leurs frères, la tempérance, le désintéressement, la modération dans les désirs. En offrant à Dieu la dîme et les prémices, un juif devait se souvenir que tout vient de Dieu; qu'il faut lui rendre hommage et actions de grâces pour tout; que l'homme n'a droit d'user des dons du Créateur qu'autant qu'il est fidèle aux devoirs de religion : il payait aux prêtres, aux lévites et aux pauvres le tribut de sa reconnaissance. La défense d'acheter les fonds à perpétuité lui faisait entendre qu'il ne devait point s'attacher aux biens de ce monde; qu'ils ne faisaient que passer entre ses mains; qu'il devait se borner à faire valoir par son travail les fonds desquels Dieu était le vrai propriétaire. Le repos de la terre à chaque septième année, l'obligation d'en abandonner les fruits aux pauvres, aux étrangers, aux veuves, aux orphelins, la dîme établie tous les trois ans à leur profit, lui apprenaient à les aimer comme ses frères, à les respecter comme tenant la place de Dieu et comme revêtus de ses droits. A la vue de la récolte abondante qui arrivait à la sixième année, pour le dédommager du repos de l'année suivante, il devait prendre une entière confiance à la Providence, et adorer la fidélité avec laquelle Dieu remplit ses promesses. Aucun Hébreu ne devait demeurer esclave à perpétuité, parce que tous appartenaient à Dieu, qui les avait affranchis de la servitude de l'Egypte pour en faire son peuple et, pour ainsi dire, sa famille particulière. Les attentions même de propreté, les purifications, les abstinences accoutumaient les Juifs à une décence de mœurs qui ne se trouve point chez les peuples barbares, et qui contribue à réprimer les excès violents des passions. Peut-on nier que toutes ces *lois*, soit *cérémonielles*, soit *politiques*, n'aient contribué à rendre les juifs sociables, à entretenir parmi eux l'union, la paix, l'humanité, la douceur des mœurs? Les attentions de propreté et la salubrité du régime étaient très-nécessaires dans un climat aussi chaud que la Palestine, et dans un voisinage aussi dangereux que celui de l'Egypte. Depuis que ces *lois*, qui paraissent minutieuses, ont été négligées par les mahométans, l'Egypte et l'Asie sont devenues le foyer de la peste; et plus d'une fois ce fléau, propagé de proche en proche, a ravagé l'Europe entière. Il a fallu des siècles pour extirper, en Occident, la lèpre apportée de l'Asie par les armées des croisés. Les précautions que Moïse avait prises ne furent pas infructueuses, puisque Tacite a remarqué qu'en général les Juifs étaient sains et vigoureux : *Corpora hominum salubria atque ferentia laborum*. Ceux qui prétendent que parmi ces pratiques il y en a plusieurs qui sont puériles, superflues, indignes de l'attention d'un sage législateur, en jugent aussi mal que les mauvais physiciens, qui, faute de connaître la nature, décident qu'il y a une infinité de choses inutiles ou défectueuses parmi les ouvrages du Créateur.

II. Dès que les *lois cérémonielles* étaient toutes fondées sur des raisons solides, pourquoi auraient-elles été indignes de Dieu? Est-il donc indigne de la sagesse et de la bonté divine de policer, par la religion, une nation qui ne l'est pas encore; de montrer qu'il est le père et le protecteur de la société civile; de donner aux peuples encore barbares le modèle d'une bonne législation? Celle des Juifs aurait contribué au bonheur de tous, s'ils avaient voulu profiter de cette leçon (1).

Un culte n'est point indigne de la majesté divine, lorsqu'il lui est rendu par obéissance et avec une intention pure. Il est sans doute fort indifférent à Dieu qu'on lui offre la chair des animaux, les fruits de la terre, ou le pain et le vin travaillés par les hommes; que l'on se découvre la tête ou les pieds pour lui témoigner du respect : mais Dieu a pu prescrire l'un plutôt que l'autre, selon les temps

(1) Un but sublime occupe toute la pensée de Moïse. Il veut que les descendants d'Abraham ne prostituent jamais leurs adorations à des dieux subalternes. Il veut que dans le sein de cette vaste famille on retrouve, après de longs siècles, sans mélange et sans corruption, les plus précieuses maximes et pour la religion et pour la société. Et parce que les fêtes païennes, pleines de pompe et de spectacle, pouvaient donner aux Hébreux du dégoût et du mépris pour un culte plus simple et moins brillant, il voulut aussi donner des rites à sa religion et en revêtir de cérémonies les plus augustes mystères. Il établit donc des solennités et en fixa le retour, il commanda des sacrifices et en ordonna les détails; il prescrivit des jeûnes, et à certains jours la cessation des œuvres serviles. Il fit les règlements les plus minutieux. La plupart nous apparaissent sous l'inspiration du motif qui les a dictés; quelques-uns nous étonnent par leur peu d'importance, frappent par leur singularité ou choquent par leur indélicatesse; et cependant, en somme, ils sont une œuvre admirable et de l'amour le plus éclairé, et de la politique la plus adroite. Cette législation ne pourrait être dépréciée que par l'homme ignorant et irréfléchi, qui, ne s'entendant pas à la valeur des temps, mesure le passé aux exigences du présent, flétrit sottement ce qu'il ne retrouve pas dans sa vie privée, ou ce qui ne lui retrace pas ses habitudes; blessé de quelques apparentes imperfections, il en rend responsable le législateur, plutôt que le peuple intraitable auquel sont destinées ces lois. Si on prenait de tels principes pour règle de jugement, il n'y aurait pas une seule législation qui pût en supporter l'épreuve. Qu'on tienne compte à Moïse des hommes, des temps, des pays, et sa législation sera l'œuvre d'un sage. S'il charge son code de pratiques, s'il multiplie les observances, s'il leur imprime un caractère qui nous étonne, s'il assure l'exécution de ses mesures par la terreur des châtiments, c'est parce qu'il faut séparer son peuple des autres peuples, placer des limites infranchissables, réprimer la trop facile inclination des siens, en gênant et en bornant leurs relations; c'est pour en faire un peuple digne de Jéhovah, son roi et son Dieu. Dès lors, tout acte idolâtrique n'était plus seulement une impiété, c'était une révolte contre le souverain, un crime de lèse-majesté que toutes les législations punissent de la peine des parricides, et que la justice divine a aussi pu ne pas ménager sans crainte de nuire à sa bonté. La preuve enfin que la législation de Moïse était ce qu'elle devait être, c'est qu'elle a résisté à l'épreuve des temps. Trente-trois siècles de durée, soit pendant l'existence du peuple Juif en corps de nation, soit depuis sa dispersion, témoignent encore de la bonté de ces institutions, et redisent suffisamment si l'auteur a bien fait d'en prescrire la rigoureuse exécution.

et selon les mœurs d'une nation; et lorsqu'il a ordonné un rite quelconque, ce n'est point à nous de le blâmer, parce qu'il ne s'accorde pas avec nos usages et nos préjugés : alors c'est un abus de terme de le nommer *superstitieux*, puisque ce mot signifie ce que l'homme ajoute de son chef et par caprice à ce qui est commandé. *Voy.* SUPERSTITION.

Mais, dira-t-on, Jésus-Christ, parlant du nouveau culte qu'il voulait établir au lieu du culte mosaïque, dit : *Le temps est venu auquel les vrais adorateurs adoreront le Père en esprit et en vérité (Joan.*, IV, 23). Donc il suppose que les Juifs n'adoraient point ainsi, que le culte était défectueux et purement matériel.

Nous convenons qu'un grand nombre de Juifs tombaient dans ce défaut; Jésus-Christ le leur a souvent reproché; il a répété la plainte que Dieu faisait déjà par Isaïe : *Ce peuple m'honore des lèvres, mais son cœur est bien éloigné de moi (Matth.* xv, 8). Mais c'était leur faute, et non celle de la *loi*, qui leur ordonnait d'aimer Dieu et de le servir de tout leur cœur (*Deut.* VI, 5; X, 12, etc.). Adorer Dieu *en esprit et en vérité*, ce n'est pas l'adorer sans cérémonie : puisque Jésus-Christ lui-même a observé le cérémonial judaïque, il a établi par lui-même le baptême et l'eucharistie; il a fait établir par ses apôtres les autres sacrements; il leur a donné le Saint-Esprit, en soufflant sur eux; il a béni des enfants par l'imposition des mains, guéri des malades par sa salive et en prononçant des paroles : sont-ce là des superstitions? Adorer en esprit et en vérité, c'est avoir dans l'esprit le sens des cérémonies, et dans le cœur les affections qu'elles doivent inspirer : voilà ce que la plupart des Juifs ne faisaient pas.

Est-on mieux fondé à dire qu'une partie des rites judaïques était empruntée des païens? Spencer, qui l'a ainsi soutenu, *de Legib. Hebr. ritualib.*, 2ᵉ part., lib. III, 1ʳᵉ dissert., n'est pas d'accord avec lui-même, puisqu'il reconnaît que la plupart de ces rites étaient destinés à condamner ceux des païens et à en détourner les Juifs. Dieu avait défendu à ces derniers d'imiter les Egyptiens et les Chananéens (*Levit.* xviii, 2; *Deut.* xii, 30). Aman disait au roi Assuérus que la religion juive était contraire aux autres (*Esther.* III, 8). Diodore de Sicile, Manéthon, Strabon, Tacite, Celse, en parlent de même. Conserver une partie des rites des idolâtres eût été un très-mauvais moyen de détourner les Juifs de l'idolâtrie; c'aurait été plutôt un piège propre à les y faire tomber. Les preuves que Spencer allègue pour faire voir que plusieurs cérémonies juives étaient en usage chez les païens, sont très-faibles et tirées d'écrivains trop modernes; elles donnent plutôt sujet de penser que les nations voisines des Juifs avaient malicieusement copié plusieurs de leurs cérémonies, afin de débaucher les Juifs et de les attirer à l'idolâtrie. Sans recourir à cette supposition, l'on sait qu'une bonne partie des rites mosaïques avait été pratiquée par les patriarches, et employée au culte du vrai Dieu, avant que les païens en eussent abusé pour honorer des dieux imaginaires : Moïse, en les ramenant à leur destination primitive, ne faisait que revendiquer un bien qui appartenait à la vraie religion. Aussi, le sentiment de Spencer a été réfuté par le Père Alexandre. *Hist. ecclés.*, tom. I, p. 404 et suiv. La plupart des rites que l'on prend pour des imitations ont été évidemment suggérés à tous les peuples par la nature même des choses, par le besoin, par la réflexion, sans qu'il ait été nécessaire de les emprunter d'ailleurs. Ainsi, Spencer convient que les offrandes, les sacrifices, les repas communs, les fêtes, les purifications, les abstinences, les temples, les symboles de la présence divine, ont été communs à tous les peuples. Sont-ce les Egyptiens ou les Chananéens qui les ont portés aux Indiens, aux Lapons, aux Américains, aux insulaires de la mer du Sud? Il a suffi à tous ces peuples d'avoir la plus légère teinture de bon sens, pour comprendre l'énergie et la nécessité de tous ces rites. Mais Spencer observe très-bien que Moïse en avait soigneusement écarté toutes les superstitions par lesquelles les idolâtres les avaient altérés. Il donne pour exemple des rites imités par Moïse, les prophéties et les oracles, le tabernacle et les chérubins, les cornes des autels, la robe de lin des prêtres, la consécration de la chevelure des nazaréens, les eaux de jalousie, la cérémonie du bouc émissaire; cette imitation est-elle prouvée? Avant que les nations païennes eussent de prétendus prophètes et des oracles, Dieu avait parlé aux patriarches, leur avait fait des prédictions et des promesses : il avait instruit Moïse lui-même; le législateur n'avait donc pas besoin de rien imiter, ni de rien inventer. Au mot ORACLE, en recherchant l'origine de ceux des païens, nous verrons qu'ils n'avaient rien de commun avec l'oracle des Hébreux.

Il est naturel qu'avant d'avoir des maisons, les peuples nomades aient habité sous des tentes, et qu'avant de bâtir des temples, ils aient eu pour leurs assemblées religieuses des tabernacles portatifs. Or, les Hébreux furent errants dans le désert pendant quarante ans. Cette circonstance suffisait donc pour sentir le besoin d'un tabernacle, dans lequel le peuple pût s'assembler et où les prêtres pussent faire leurs fonctions. Il en était de même d'un coffre ou d'une arche destinée à renfermer les symboles de la présence divine. Des voyageurs disent avoir trouvé une espèce d'arche d'alliance dans une des îles de la mer du Sud; les insulaires l'appelaient *la maison de Dieu*; il n'y a pas d'apparence que cette idée leur soit venue des Egyptiens. Mais, au lieu que chez les idolâtres ces sortes de coffres renfermaient des puérilités ou des obscénités, Moïse ne mit dans l'arche d'alliance que les tables de la loi. Spencer n'a pas prouvé qu'il y eût des chérubins en Egypte ni ailleurs, et il est forcé de convenir que l'on ne sait pas trop quelle forme avaient ces images ou statues. On voit, à la vérité, des cornes aux autels des

Grecs et des Romains; mais est-il sûr que les Égyptiens avaient des autels semblables ? Ce n'est pas assez de dire que les Grecs avaient tout emprunté des Égyptiens; cela est faux : rien ne ressemble moins à la sculpture égyptienne que celle des Grecs.

Pourquoi chercher du mystère dans la robe de lin des prêtres? Le lin était commun en Égypte, et il n'était pas rare dans la Palestine; il se blanchit mieux et plus aisément que la laine; il est moins chaud, et par conséquent plus propre aux pays méridionaux. Les riches et les grands le préféraient à la laine; de là, les robes de lin étaient les habits de cérémonies : elles convenaient donc aux prêtres. Dieu avait réglé et ordonné tout ce que faisait Moïse; mais il n'avait commandé que ce qui convenait le mieux au temps, au lieu, aux circonstances, aux idées généralement reçues. Chez les Grecs, les longs cheveux embarrassaient les jeunes gens dans la lutte, à la chasse, dans l'action de nager; conséquemment ils les coupaient et les consacraient aux dieux qui présidaient à ces divers exercices; cela était naturel, mais n'avait rien de commun avec le nazaréat des Hébreux, ni avec les mœurs des Égyptiens. Spencer n'a pas prouvé que les eaux de jalousie, ni la cérémonie des deux boucs, fussent en usage chez aucun peuple; il a remarqué, au contraire, que le sacrifice d'un de ces animaux semblait insulter aux Égyptiens qui adoraient les boucs à Mendès, et que l'oblation de tous les deux, faite à Dieu, condamnait la doctrine des deux principes, fort commune dans l'Orient. Julien, de son côté, avait rêvé que cette cérémonie expiatoire des Juifs était relative au culte des dieux *averrunci* : l'une de ces imaginations n'est pas mieux fondée que l'autre. D'autres, plus téméraires, ont dit que le sacrifice de la vache rousse venait des Égyptiens; mais les auteurs anciens, mieux instruits, comme Hérodote, l. II, c. 41; Porphyre, *de Abstin.*, sect. 1, l. x, cap. 27, nous apprennent que les Égyptiens honoraient les vaches comme consacrées à Isis; et Manéthon reproche aux Juifs de contredire les Égyptiens dans le choix des victimes. *Voy.* VACHE ROUSSE.

Nous sommes obligés de réfuter toutes les vaines conjectures, parce que les incrédules les ont adoptées. Comme il a plu aux protestants de dire que les cérémonies de l'Église romaine étaient des restes de paganisme, il n'en a rien coûté pour en dire autant des cérémonies juives; mais en accusant Moïse d'avoir tout copié, ils ne sont eux-mêmes que les copistes des manichéens et des autres anciens hérétiques. *Voy.* TEMPLE, SACRIFICE, etc.

III. Il n'est pas moins important de détruire le préjugé des Juifs et la trop haute idée qu'ils ont conçue de leur *loi cérémonielle*. Ils prétendent que ce culte extérieur donnait une vraie sainteté à ceux qui le pratiquaient, qu'il était plus méritoire, plus parfait, plus agréable à Dieu que le culte intérieur : il n'est pas vrai, disent-ils, que ce culte fût figuratif, comme les chrétiens l'ont imaginé; il était établi pour lui-même et à cause de sa propre excellence : ainsi, il n'y a aucune raison de croire que Dieu ait voulu l'abolir pour lui en subsister un autre.

Mais en cela les Juifs contredisent le texte sacré, et s'aveuglent eux-mêmes. — 1° Ils abusent du terme de *sainteté* qui est très-équivoque en hébreu; en général, il signifie la destination d'une chose ou d'une personne au culte du Seigneur : mais souvent il n'exprime que l'exemption d'une tache ou d'une souillure corporelle. Il est dit d'une femme qui avait conçu par un crime, qu'elle fut *sanctifiée de son impureté*, c'est-à-dire qu'elle cessa d'avoir la maladie de son sexe (*II Reg.* c. XI, v. 4). L'eau de jalousie, sur laquelle le prêtre avait prononcé des malédictions, est appelée *une eau sainte* (*Num.* c. v, v. 17). Il est dit que la partie de la victime réservée pour le prêtre est *sanctifiée au prêtre* (c. VI, v. 20). Enfin, tout le peuple juif est appelé *la multitude des saints* (chap. XVI, v. 3). *Voy.* SAINT, SAINTETÉ. Dieu répète souvent aux Juifs : *Soyez saints, parce que je suis saint*; mais la sainteté de Dieu et celle des Juifs ne sont pas la même chose. La sainteté de Dieu consiste en ce qu'il ne voulait souffrir dans son culte ni le crime, ni l'hypocrisie, ni la négligence, ni l'indécence; celle d'un juif consistait à éviter tous ces défauts. S'ensuit-il de là qu'il était aussi saint, aussi estimable, aussi agréable à Dieu, en faisant des cérémonies, qu'en pratiquant les vertus morales, la justice, la charité, le désintéressement, la chasteté, etc.? — 2° Dieu a témoigné hautement le contraire; il déclare aux Juifs, par Isaïe, que leurs sacrifices, leur encens, leurs fêtes, leurs assemblées religieuses lui déplaisent, parce qu'ils sont eux-mêmes vicieux. *Purifiez-vous*, leur dit-il; *ôtez de mes yeux les pensées criminelles, cessez de faire le mal, apprenez à faire le bien, pratiquez la justice, soulagez le malheureux opprimé, soutenez le droit du pupille, prenez la défense de la veuve : alors venez disputer contre moi, dit le Seigneur; quand vos péchés seraient rouges comme de l'écarlate, vous deviendrez aussi blancs que la neige* (Isaïe, c. I, v. 16; c. LXVI, v. 2). La même morale est répétée par Jérémie (c. VII, v. 21; par Ézéchiel, c. XX, v. 5; par Michée, c. VI, v. 6). Ézéchiel, parlant des *lois cérémonielles*, les nomme *des préceptes qui ne sont pas bons, des lois qui ne peuvent donner la vie* (c. XX, v. 25). Dieu a souvent dispensé ses serviteurs d'exécuter des *lois cérémonielles*, jamais il n'a dispensé personne d'observer les *lois morales*; il est donc absolument faux que les premières soient meilleures et plus importantes que les secondes. C'est une absurdité, disent les Juifs, de penser qu'un homme quelconque peut être plus saint et plus agréable à Dieu que Moïse, Samuel, David et les autres personnages desquels Dieu a déclaré la sainteté. Soit. Par la même raison, il est absurde de soutenir que Moïse, Samuel et David ont été plus saints qu'Hénoch, Noé, Job et d'autres dont Dieu a déclaré la sainteté : ceux-ci n'étaient cependant ni circoncis, ni sanctifiés par la *loi cérémonielle* des Juifs qui n'existait pas encore. La vraie sainteté consiste sans doute à exécuter tout ce que Dieu prescrit, soit par la *loi naturelle*, soit par des *lois positives*; et à le faire de la manière et par les motifs qu'il commande; mais on ne prouvera jamais que tout ce qu'il ordonne par une *loi positive* est meilleur et plus parfait que ce qu'il commande par la *loi naturelle*.

— 3° De savoir si la *loi cérémonielle* était ou n'était pas figurative, c'est une question qui ne peut pas être décidée par la lettre même de la *loi*. Il n'était pas convenable qu'en donnant des *lois* aux Hébreux, Dieu leur révélât qu'elles figuraient d'autres *lois* plus parfaites, qui seraient établies dans la suite; cette prédiction aurait diminué le respect et l'attachement que ce peuple devait avoir pour ses *lois*, et n'aurait été d'aucune utilité d'ailleurs. Mais le Messie était annoncé comme législateur; c'était donc à lui de révéler aux Juifs ce que leurs pères avaient ignoré, de leur développer le vrai sens de la *loi* et des prophètes. Or, Jésus-Christ, seul vrai Messie, a déclaré par ses apôtres que la *loi cérémonielle* était en plusieurs choses une figure de la *loi nouvelle*; et tel a été le sentiment des anciens docteurs juifs. *Voy.* Galatin, l. x, et l. xi, c. 1. Par la nature même de la *loi cérémonielle*, il est évident que son utilité était relative et non absolue : elle convenait au temps, au lieu, à la situation, au caractère particulier des Juifs; mais elle ne peut convenir ni à tous les siècles, ni à tous les peuples, ni à tous les climats. Elle n'était point figurative en toutes choses, et son principal mérite n'était pas de représenter des événements futurs; mais on ne peut pas y méconnaître les figures que saint Paul y a montrées, et que les Pères de l'Eglise y ont unanimement aperçues. *Voy.* l'article précédent, § 7.

Le préjugé des Juifs, en faveur de leurs cérémonies, est venu en grande partie de la haine et du mépris qu'ils avaient conçus contre les autres nations, lorsque Jésus-Christ parut. Comme ils avaient été tourmentés successivement par les Egyptiens, par les Assyriens, par les Perses, par les Grecs et par les Romains, ils contractèrent une antipathie violente contre les gentils en général. Ils se persuadèrent que Dieu, uniquement attentif à leur nation, abandonnait toutes les autres, n'en prenait pas plus de soin que des brutes; quelques-uns de leurs rabbins l'ont dit en propres termes. Ils conclurent qu'aucun homme ne pouvait prétendre aux bienfaits de Dieu, à moins qu'il ne se fît juif, qu'il ne reçût la circoncision, et ne se soumît à toutes les *lois* juives. Cette préoccupation les aveugla sur le sens des prophéties, leur fit méconnaître Jésus-Christ, les indisposa contre l'Evangile, parce que les gentils étaient admis à la foi aussi bien que les Juifs.

IV. La question cependant est toujours de savoir, si, en donnant aux Juifs la *loi cérémonielle*, le dessein de Dieu était qu'elle durât toujours, qu'elle ne fût jamais abrogée ni changée : lui seul a pu nous instruire de sa volonté; nous ne pouvons la connaître que par la révélation.

Or, en premier lieu, dans le *Deutéronome*, c. xviii, v. 15, Dieu promet aux Juifs un prophète semblable à Moïse, et leur ordonne de l'écouter : un prophète ne peut pas ressembler à Moïse, s'il n'est pas législateur comme lui. Aussi, en parlant du Messie, Isaïe dit que les îles ou les peuples maritimes *attendront sa loi* ( c. xlii, v. 4 ). Les docteurs juifs anciens et modernes en conviennent. *Voy.* Galatin, l. x, chap. 1 ; *Munimen fidei*, 1<sup>re</sup> partie, c. xx, etc. Comment donc peut-on prétendre que le Messie n'établira pas une *loi* nouvelle ? — En second lieu, Dieu dit aux Juifs par Jérémie : *Je ferai avec la maison d'Israël et de Juda une nouvelle alliance différente de celle que j'ai faite avec leurs pères, lorsque je les ai tirés de l'Egypte, par laquelle j'ai été leur maître, mais qu'ils ont rompue. Voici l'alliance que je ferai avec elles : Je mettrai ma loi dans leur âme, et je l'écrirai dans leur cœur : je serai leur Dieu, et elles seront mon peuple. Un particulier n'enseignera plus son voisin, en lui disant, connaissez le Seigneur; tous me connaîtront, depuis le plus petit jusqu'au plus grand; je pardonnerai leurs péchés et les laisserai dans l'oubli* (Jerem. c. xxxi, v. 31). Ces différences entre l'une et l'autre alliance sont palpables. En vertu de la première, Dieu était le maître et le souverain temporel des Juifs; par la seconde, il sera leur Dieu. Celle-là était écrite sur des tables de pierre et dans les livres de Moïse; celle-ci sera gravée dans le cœur des hommes. L'ancienne faisait connaître Dieu aux seuls Juifs, la nouvelle le fera connaître à tous les hommes. L'une ne donnait point la rémission des péchés, elle les punissait sévèrement; l'autre les effacera de manière que Dieu ne s'en souviendra plus. Saint Paul a relevé avec raison ces divers caractères (*Hebr.* c. viii, v. 8, etc.). Les rabbins prétendent que cette promesse regarde le rétablissement de la république juive après la captivité de Babylone; mais alors rien n'est arrivé de ce que Dieu promet par cette prophétie; aussi les anciens docteurs juifs convenaient qu'elle regarde le règne du Messie : elle s'est accomplie en effet à l'avénement de Jésus-Christ. En troisième lieu, Dieu a fait prédire par ses prophètes un nouveau sacerdoce, un nouveau sacrifice, un nouveau culte. Selon le psaume cix, le sacerdoce du Messie doit être éternel, non selon l'ordre d'Aaron, mais selon l'ordre de Melchisédech. Ce sacerdoce ne sera plus attaché à la naissance; Isaïe dit que Dieu prendra des prêtres et des lévites *parmi les nations* ( c. lxvi, v. 21 ). Ils n'exerceront plus leurs fonctions, comme les anciens, dans le temple de Jérusalem, mais *en tout lieu* selon la prédiction de Malachie ( c. i, v. 10). Daniel déclare qu'après la mort du Messie, les victimes, les sacrifices, le temple, seront détruits pour toujours ( c. ix, v. 27 ). — En quatrième lieu la *loi cérémonielle* était évidemment destinée à séparer les Juifs des autres nations; c'est pour cela même qu'elle était imposée aux seuls Juifs : « *Vous serez*, leur avait dit le Seigneur, *ma possession séparée de tous les autres peuples* ( *Exod*. c. xix, v. 5 ). Or, Dieu a déclaré qu'à la venue du Messie toutes les nations seraient appelées à le connaître, à l'adorer, à observer sa *loi* ; les Juifs en conviennent. Il est donc impossible qu'à cette époque Dieu ait voulu conserver une *loi* destinée à séparer les Juifs des autres nations.

Il n'est pas moins absurde de vouloir assujettir tous les peuples à la *loi cérémonielle* de Moïse. Celle-ci, comme nous l'avons déjà remarqué, n'avait qu'une utilité relative au temps, au climat, à la situation particulière des Juifs. Le culte mosaïque fut attaché exclusivement au tabernacle, et ensuite au temple de Jérusalem ; il était défendu de faire des offrandes et des sacrifices ailleurs. La *loi* réglait le droit civil et politique des Juifs aussi bien que le culte religieux. Or, il est impossible que ce qui convenait à un peuple renfermé dans la Palestine, convienne aux habitants de toutes les contrées de l'univers ; que toutes les nations du monde aient le même droit civil et politique, les mêmes mœurs et les mêmes usages. Il est impossible que les habitants de la Chine, du Congo, de l'Amérique, des îles du Sud, soient obligés de venir à Jérusalem offrir des sacrifices, célébrer des fêtes, observer des cérémonies. Il est déjà difficile de montrer l'utilité de la *loi cérémonielle* pour les Juifs ; comment en prouverait-on l'utilité pour le monde entier ?

Enfin le meilleur interprète des prédictions et des desseins de Dieu est l'événement. Depuis dix-sept cents ans, Dieu a banni les Juifs de la terre promise ; il a permis que le temple fût détruit ; et aucune puissance humaine n'a pu le reconstruire ; il a rendu impossible le rétablissement de la république juive. Sa constitution dépendait essentiellement des généalogies ; or, celles des Juifs sont tellement confondues, leur sang est tellement mêlé, qu'aucun juif ne peut montrer de quelle tribu il est ; aucun ne peut prouver qu'il descend de Lévi, et qu'il a droit au sacerdoce ; le Messie même, que les Juifs attendent, ne pourrait faire voir qu'il est né du sang de David. Dieu avait promis de combler la nation juive de prospérités tant qu'elle serait fidèle à sa *loi ;* telle est la sanction qu'il lui avait donnée : or, depuis dix-sept siècles, Dieu n'exécute plus cette promesse ; les Juifs en conviennent et en gémissent ; donc Dieu ne leur impose plus la *loi* qu'il avait donnée à leurs pères. Ils ont beau dire que, selon les livres saints, Dieu a établi la *loi à perpétuité, pour toujours*, pour jamais, pour toute la suite des générations, pour tant que la nation juive subsistera ; qu'il leur a défendu d'y rien ajouter ni d'en rien retrancher : dans le style des écrivains sacrés, tous ces termes ne signifient souvent qu'une durée indéterminée. Ainsi la mère de Samuel le consacra au service du temple *pour jamais*, c'est-à-dire pour toute sa vie (*I Reg*. c. i, v. 22 ) L'esclave auquel on avait percé l'oreille devait demeurer en servitude *à perpétuité*, c'est-à-dire jusqu'au jubilé ( *Deut*. c. xv, v. 17 ). Dieu avait promis à David que sa postérité durerait *éternellement* ( *Ps*. lxxxviii, v. 37 ) ; elle est cependant éteinte depuis dix-sept siècles. Moïse, en disant aux Juifs qu'ils doivent observer leur *loi dans la terre que Dieu leur donnera* ( *Deut*. c. xii, v. 1 ), fait assez entendre qu'ils ne pourront plus l'observer lorsqu'ils n'y seront plus. Mais, il n'était pas à propos de révéler plus clairement aux Juifs que les *lois cérémonielles* devaient cesser un jour et faire place à un culte plus parfait ; ils y auraient été moins attachés, et ils n'étaient déjà que trop enclins à les violer, pour se livrer aux susperstitions de leurs voisins.

V. Est-il vrai que Jésus-Christ n'avait pas dessein d'abolir la *loi cérémonielle*, qu'il ne l'avait pas témoigné à ses apôtres, que saint Paul est le seul auteur de ce changement ? Quelques juifs lui ont fait ce reproche, et les incrédules l'ont répété avec affectation ; c'est de Jésus-Christ même que nous devons apprendre ce qu'il a voulu faire.

Il dit : *La loi et les prophètes ont duré jusqu'à Jean-Baptiste, dès ce moment le royaume de Dieu est annoncé, et tous lui font violence ; mais le ciel et la terre passeront plutôt qu'il ne tombera un seul point de la loi* (*Luc*. xvi, 16). Que signifie le *royaume de Dieu*, qui succède à la *loi* et aux prophètes, sinon le règne du Messie, et en quel sens est-il roi, s'il n'est pas législateur ? Il dit qu'il est venu, non pour détruire la *loi* et les prophètes, mais pour les accomplir ( *Matth*. v, 17 ). Il parlait de la *loi morale*, et il en développait le vrai sens ; il accomplissait en effet tout ce qui était dit de lui dans la *loi* et dans les prophètes ; puisqu'il est annoncé dans la *loi* comme *semblable à Moïse*, et dans les prophètes, comme *donnant sa loi aux nations*. Dans ce sens, il n'a donc pas fait *tomber un seul point de la loi*. Mais, quand il est question des *lois cérémonielles*, du sabbat, des ablutions, des abstinences, etc., il reproche aux pharisiens d'y attacher plus d'importance qu'à la *loi morale ;* il déclare qu'il est maître de dispenser du sabbat (*Matth*. xii, 8) etc., C'est ce qui indisposa le plus contre lui les chefs de la nation juive.

Comment les apôtres, instruits par ce divin Maître, auraient-ils pu penser à conserver les cérémonies judaïques ? Ils les observaient comme Jésus-Christ les avait observées lui-même, pour ne pas troubler l'ordre public ; mais, dans le concile de Jérusalem, ils décidèrent d'une voix unanime que les gentils convertis n'y étaient point obligés (*Act*. xv, 10 et 28). Ils ne firent pas un décret positif pour abroger la *loi cérémonielle*, parce que la république juive subsistait encore ; et que cette *loi* tenait à l'ordre public, parce que les chefs de la nation n'étaient pas encore dépouillés de leur autorité à cet égard, parce que les apôtres savaient que Dieu rendrait bientôt la pratique de cette *loi* impossible, par la destruction de Jérusalem que Jésus-Christ avait prédite, par la ruine du temple, par la dispersion des Juifs, par la dévastation de la Judée. Sur ce point, il n'y eut aucune dispute entre saint Paul et les autres apôtres. *Voy.* SAINT PAUL. C'est donc très-mal à propos que les incrédules, après avoir déprimé tant qu'ils ont pu les *lois cérémonielles*, se sont réunis aux Juifs pour soutenir que Jésus-Christ n'avait jamais pensé à les détruire; il en a prédit assez clairement la destruction, en annonçant celle de Jérusalem et du temple; les apôtres n'ont fait que suivre ses instructions, lorsqu'ils ont déclaré que l'observation de ces *lois* était devenue très-inutile au salut. L'obstination des Juifs à en soutenir la perpétuité, lors même qu'ils ne peuvent plus les observer, ne prouve que leur aveuglement et leur opiniâtreté. *Voy.* JUDAÏSANTS, JUDAÏSME.

LOIS JUDICIAIRES, CIVILES ET POLITIQUES DES JUIFS. Cet article tient plus à la jurisprudence qu'à la théologie; mais la témérité avec laquelle les incrédules ont attaqué toutes les lois de Moïse sans les connaître et sans être en état d'en juger, nous force de faire une ou deux réflexions à ce sujet. Leur intention a été de rendre suspecte la mission du législateur; il est de notre devoir d'en prendre la défense.

Nous n'entreprendrons pas de justifier en détail les *lois civiles des Juifs*, il faudrait un volume entier. D'ailleurs cette apologie a été faite de nos jours d'une manière capable de satisfaire tous les esprits non prévenus, et de fermer la bouche aux censeurs imprudents. *Voy. Lettres de quelques Juifs*, etc., 5ᵉ édit., 4ᵉ part., tom. III, lettr. 2 et suiv. En comparant les *lois civiles* de Moïse avec celles des autres peuples, l'auteur de cet ouvrage montre la sagesse et la supériorité des premières; il répond aux objections par lesquelles on a voulu les attaquer. Tout homme raisonnable, qui voudra suivre cette comparaison, sera étonné de ce que trois mille trois cents ans avant nous, un seul homme a pu enfanter d'un seul coup une législation aussi complète, aussi bien adaptée au temps, au lieu, aux circonstances, au génie du peuple auquel elle était destinée. Chez les autres nations, la législation n'a été formée que par pièces; on a fait de nouvelles *lois* à mesure que l'on en a senti le besoin; sans cesse il a fallu y toucher, les modifier, les corriger, les changer. Celles de Moïse n'ont reçu aucune altération pendant quinze cents ans; il était sévèrement défendu d'y rien ajouter ni d'en rien retrancher. Elles n'ont cessé d'avoir lieu que quand le peuple pour lequel elles étaient faites a été dispersé dans le monde entier. Ce phénomène suffit pour démontrer que le législateur était non-seulement l'homme le plus sage et le plus éclairé de son siècle, mais qu'il était inspiré de Dieu. Vingt fois les Juifs ont voulu secouer le joug de leurs *lois*, autant de fois les malheurs qu'ils ont essuyés les ont forcés de revenir à l'obéissance, et Moïse le leur avait prédit, *Deut.*, c. XXVIII et suiv. Les rois d'Israël ont pu réussir à faire enfreindre les *lois religieuses*, en plongeant dix tribus dans l'idolâtrie; mais ils n'ont pas osé toucher au droit civil établi par Moïse, ni forger d'autres *lois*. Vainement ceux d'Assyrie ont transplanté la nation presque entière à cent lieues de sa patrie, et l'ont retenue captive pendant soixante-dix ans; les Perses n'ont paru renverser la monarchie assyrienne que pour rendre aux Juifs la liberté de retourner chez eux, de faire revivre leur religion et leurs *lois*. Les Antiochus ont inutilement employé toute leur puissance pour les anéantir; ils y ont échoué : cet édifice, construit par la main de Dieu, n'a été renversé qu'au moment que Dieu avait marqué pour sa ruine, et qu'il avait prédit par ses prophètes.

Ici l'incrédulité a beau s'armer de pyrrhonisme, de sarcasmes, d'un mépris affecté, ressource ordinaire de l'ignorance, elle ne détruira jamais l'impression que fait sur tout homme sensé ce phénomène unique, auquel on ne voit rien de semblable dans l'univers entier.

\* LOIS POLITIQUES DES JUIFS. — Les lois politiques des Juifs méritent une attention spéciale; nous proposons deux questions sur ce point.

1° Quelle était la forme de la constitution politique établie par Moïse?

Moïse avait divisé la nation des Hébreux en deux ordres, le lévitique et le populaire. La noblesse n'y faisait pas un rang à part; les armes mêmes ne devaient pas faire une profession distinguée. — L'ordre populaire fut divisé en douze tribus, à qui la terre de Chanaan fut distribuée. Elles formèrent douze provinces dans la Palestine, qui prirent leur nom chacune du patriarche dont la postérité l'occupait. Chaque tribu eut un conseil particulier; et chaque ville trouva, dans ses anciens, ses magistrats et ses juges. C'était à eux qu'appartenait la décision des affaires; ils décidaient d'après la loi qui avait prévu les cas de quelque conséquence. — L'ordre lévitique était consacré au ministère des autels. Toutefois les lévites n'étaient pas tellement attachés aux devoirs de leur état qu'ils n'entrassent dans tous les emplois de la société et dans les différents ministères de la république, dont ils faisaient la plus noble partie. Les lévites avaient à leur tête un chef souverain; seul il portait le titre de grand prêtre, de grand sacrificateur, de pontife. On devait rapporter à son tribunal toutes les affaires ecclésiastiques, les contestations sur les cultes, les doutes ou les embarras sur la pratique de la loi, et il jugeait en dernier ressort. Bien plus, la décision des plus grandes affaires de l'Etat lui appartenait en quelque sorte; car les affaires civiles, les guerres, les traités de paix, dépendaient de la religion par la nature de la législation mosaïque. On voit que l'autorité du pontife était immense.

Telle était l'organisation particulière des différents corps de l'Etat. Ils étaient unis entre eux par un conseil général; il était composé des princes des tribus et des anciens chefs de familles. Le droit de le convoquer appartenait au chef de la république, ou à son défaut, au grand sacrificateur. Il déclarait la guerre, faisait la paix, formait les alliances, choisissait les généraux, et quelquefois même élisait les rois; il recevait le serment du monarque, et lui jurait fidélité au nom du peuple. Ses décisions étaient ordinairement soumises à l'approbation du peuple. Sous Josué, il fut obligé de se justifier en présence de la multitude. Le gouvernement des Hébreux est peut-être l'unique dans son espèce. Israël choisit Dieu pour son roi; la nation tout entière, hommes, femmes, enfants, lui prêta serment. Dieu se réserva le pouvoir législatif. Il pourvut à l'exécution de ses lois par les deux grands mobiles qui font marcher le genre humain, la crainte et l'espérance, les châtiments et les récompenses.

Il n'était pas essentiel à la constitution de l'État, hors des cas extraordinaires, qu'elle eût un chef politique, qui, au-dessous de Dieu, eût une autorité générale sur toute la nation. Il arriva cependant assez rarement qu'elle en fut totalement privée ; et même avant l'établissement des rois on vit presque toujours parmi les Hébreux un conducteur qui, sous le nom de juge, avait la plus grande part aux affaires pour le conseil et pour l'exécution ; mais ce titre de juge, qui exigeait de grands soins, n'entraînait après soi, ni privilége, ni succession. Le juge recevait son pouvoir ou du choix de Dieu dans quelques circonstances qui le rendaient nécessaire, ou du corps des tribus qui lui confiaient leur autorité sans s'en dessaisir. Ainsi le peuple, sous la royauté divine, demeurait en possession de la liberté. Une des grandes fautes de cette nation inconsidérée, que Dieu voulait conduire immédiatement par lui-même, fut de forcer le Seigneur, après bien des années, à lui donner un roi. En accédant aux désirs de son peuple, Dieu n'abdiqua pas pour cela la royauté spéciale qu'il s'était réservée ; il marqua son autorité spéciale, pendant toute la royauté, par l'action qu'il exerça sur les affaires, soit en suscitant des prophètes qui manifestaient ses volontés aux rois et aux peuples, soit en infligeant des châtiments rigoureux à la nation choisie lorsqu'elle était infidèle.

2° Quelle fin Dieu se proposait-il en donnant à son peuple un gouvernement théocratique ?

Dans le système de gouvernement que nous venons d'étudier, il y a un point bien digne de fixer notre attention, c'est la théocratie. Quel fut le but de son institution ? Celui-là même qui engagea le Seigneur à se choisir un peuple. L'oubli des vérités éternelles avait forcé le Seigneur à séparer une nation des autres nations pour confier à sa garde un dépôt précieux. Il rendit Israël le dépositaire de sa doctrine ; il lui ordonna de garder la connaissance du libérateur promis ; il voulut qu'il fût en spectacle à l'univers, publiant ses espérances et se faisant gloire de son attente. Bientôt la barrière devint impuissante. L'idolâtrie rompit ses digues ; Israël chancela dans sa foi. Le penchant le plus violent l'entraîna pendant plusieurs siècles à imiter les nations idolâtres. Pour détruire ce penchant, le Roi céleste fut obligé d'employer les punitions les plus rigoureuses et contre les rois et contre les peuples. Si Dieu eût remis plein pouvoir entre les mains d'un roi, qu'il se fût réservé une action sur son peuple, semblable à celle qu'il exerça sur les nations infidèles, croit-on qu'Israël eût accompli sa mission providentielle ? Croit-on qu'il eût protesté sans cesse contre l'universelle dépravation ? Croit-on qu'il fût demeuré un flambeau éclatant parmi les ténèbres épaisses où la vérité était éteinte sur les points les plus essentiels ? Non : jamais Israël n'eût exécuté les desseins du Seigneur, si Dieu ne se fût réservé une action spéciale sur sa conduite. Il n'y a pas une page du Vieux Testament qui n'en fournisse la preuve.

Loi orale, *loi traditionnelle des Juifs*. Si l'on en croit leurs docteurs, lorsque Dieu donna sa *loi* à Moïse sur le mont Sinaï, il ne lui enseigna pas seulement la substance des préceptes, mais il lui en donna l'explication ; il lui commanda de mettre ces préceptes par écrit, et d'en donner de vive voix l'explication à son frère Aaron et aux anciens du peuple ; ceux-ci l'ont transmise de même à leurs successeurs. Ainsi, disent-ils, la *loi orale* a passé de bouche en bouche depuis Moïse jusqu'à rabbi Juda Haccadosch, ou le *Saint*, chef de l'école de Tibériade, qui vivait sous l'empereur Adrien, et qui la mit par écrit vers l'an 150 de l'ère chrétienne. Cet ouvrage est ce qu'ils nomment le *Mischna*, et il y a un ample commentaire qu'ils appellent la *Gémare*; l'un et l'autre réunis sont un recueil énorme appelé le *Talmud*. Voy. ces mots.

Les Juifs ont dressé fort sérieusement la liste de tous les personnages qui, de siècle en siècle, ont transmis la *loi orale*, depuis Moïse jusqu'à rabbi Juda ; on peut la voir dans *Prideaux*, t. I, l. v, p. 220 ; c'est une pure imagination. Ils ont moins de respect pour la *loi écrite* que pour cette prétendue *loi orale*; ils disent que celle-ci supplée tout ce qui manque à la première, et enlève toutes les difficultés, qu'elle vient de Dieu aussi certainement que la *loi écrite*. Dans la réalité, c'est un fatras de puérilités, de fables et d'inepties ; la secte de juifs, que l'on nomme *caraïtes*, rejette ces prétendues traditions, et n'en fait aucun cas. Ainsi, pendant que les docteurs juifs insistent sur la défense que Dieu avait faite de rien ajouter à sa *loi* et d'en rien retrancher (*Deut.* xii, 42); pendant qu'ils soutiennent que le Messie ne peut pas avoir l'autorité d'y déroger, ils l'ont eux-mêmes surchargée et défigurée par leurs traditions ; Jésus-Christ le leur a reproché plus d'une fois (*Matth.* xv, 3, etc.).

D'abord il n'est fait aucune mention de cette prétendue *loi orale* dans les livres saints ; toutes les fois qu'il y est parlé de la *loi de Dieu*, cela s'entend évidemment de la *loi écrite*. Dans les cas de doute et d'incertitude, Moïse lui-même était obligé de consulter le Seigneur ; cela n'aurait pas été nécessaire, si Dieu lui avait donné une explication aussi détaillée de la *loi* que celle du Talmud, qui remplit douze volumes *in-folio*. Outre l'impossibilité de retenir par mémoire cette énorme compilation, comment se persuader que les docteurs juifs, qui, sous le roi Josias, avaient tellement laissé oublier la *loi* au peuple, qu'il fut tout étonné d'entendre lire l'exemplaire qui fut retrouvé dans le temple, aient fidèlement conservé le souvenir des traditions du Talmud (*IV Reg.* xxii, 10 ; *II Paral.* xxxiv, 14) ? Dieu, sans doute, n'aurait pas attendu seize siècles pour les faire écrire, s'il avait voulu qu'elles fussent observées aussi exactement que la *loi écrite*.

Les auteurs protestants, qui ont réfuté les visions des Juifs touchant la *loi orale*, n'ont pas manqué d'y comparer les traditions de l'Église romaine ; de dire qu'à l'exemple des Juifs les catholiques ont réduit toute la religion chrétienne à la tradition, et se servent des mêmes raisons que les Juifs pour en prouver la nécessité. Il aurait fallu, pour justifier ce parallèle, citer au moins un exemple d'une tradition catholique évidemment contraire à la *loi de Dieu*, ou aussi ridicule en elle-même que sont la plupart de celles des Juifs. Limborch, en réfutant Orobio, lui reproche qu'en Espagne les Juifs croient, en vertu de leur tradition, qu'il leur est permis de feindre qu'ils sont chrétiens, de l'attester par serment, de violer tous les préceptes de leur *loi*, dont l'observation les ferait reconnaître pour Juifs. *Amica collatio*, p. 306. Les catholiques ont-ils quelque tradition qui autorise un crime semblable?

Les traditions des Juifs ne paraissent dans aucun des livres qui ont été écrits pendant seize cent quarante ans, depuis Moïse jusqu'au rabbin Juda ; les traditions citées par les catholiques sont couchées dans les écrits des Pères qui ont succédé immédiatement aux apôtres, et dans les livres de ceux qui sont venus après. Il est incertain si le dernier des apôtres était mort lorsque l'épître de saint Barnabé et les deux lettres de saint Clément ont été écrites. Celles de saint Ignace et de saint Polycarpe sont venues immédiatement après. Ce sont les écrivains du IV° siècle qui nous ont conservé les extraits et les fragments des ouvrages des trois premiers, qui ont péri dans la suite. Les rites et les usages de ces temps-là sont consignés dans les canons des apôtres, et dans ceux des conciles tenus depuis lors. Il n'y a donc point ici de vide comme chez les Juifs; tout a été écrit, sinon par les apôtres, du moins par leurs disciples ou par les successeurs de ces derniers. Les traditions qu'ils nous ont laissées ne sont pas en assez grand nombre pour surcharger la mémoire ; en quoi ressemblent-elles à celles des Juifs? Les protestants eux-mêmes ont beau fronder les traditions, ils ont été forcés d'y recourir dans toutes leurs disputes contre les sociniens et contre les anabaptistes. Ils baptisent les enfants, ils observent le dimanche, ils célèbrent la Pâque, ils font le signe de la croix ; les anglicans ont conservé le carême comme une tradition apostolique, ils respectent les canons des apôtres. Peuvent-ils montrer dans l'Ecriture sainte les *lois* qui ordonnent ces usages ? Les sociniens leur ont souvent fait cette question, et les Juifs peuvent les renouveler. Prideaux, bon anglican, ne l'ignorait pas, non plus que Limborch ; le reproche qu'ils font aux catholiques retombe sur eux-mêmes. *Voy.* TRADITION.

LOI CHRÉTIENNE, LOI DE GRACE, LOI NOUVELLE. C'est ainsi que l'on désigne les *lois* que Dieu a données aux hommes par Jésus-Christ, et qui sont renfermées dans l'Evangile.

Nous avons à examiner si l'Evangile est véritablement une *loi*, si nous devons et si nous pouvons l'observer, si cette *loi* divine a contribué en quelque chose à perfectionner les *lois* humaines. Devrions-nous être obligés d'entrer dans cette discussion ? Nous ne savons pas si les calvinistes sont encore aujourd'hui dans l'opinion de Calvin, qui a refusé à Jésus-Christ la qualité de législateur, et qui a soutenu que ce divin Maître n'a point imposé aux hommes des *lois nouvelles*. *Antid. Synod. Trident.*, can. 20 et 21. Son dessein était-il de justifier l'entêtement des Juifs ? Nous avons prouvé contre eux que le Messie était annoncé sous l'auguste qualité de législateur. Jésus-Christ lui-même a dit à ses apôtres : *Je vous donne un commandement nouveau, qui est de vous aimer les uns les autres comme je vous ai aimés* (Joan. cap. XIII, 34). Le commandement d'aimer le prochain est aussi ancien que le monde ; mais il n'était formellement ordonné à personne de donner sa vie pour le salut de ses semblables, comme Jésus-Christ l'a fait, et comme tout chrétien est obligé de le faire lorsque cela est nécessaire. Il leur dit : *Vous serez mes amis, si vous faites ce que je vous commande* (xv, 14). Lorsqu'il a ordonné à tous les fidèles de recevoir le baptême et l'eucharistie, n'a-t-il pas fait deux *lois nouvelles*, selon la croyance même des protestants? Lorsque les apôtres ont décidé, dans le concile de Jérusalem, que les gentils n'étaient point tenus à observer le cérémonial judaïque, ils ont porté par là même une *loi* qui défendait d'y assujettir les fidèles ; saint Paul le suppose ainsi dans son épître aux Galates, et il nomme l'Evangile la *loi de Jésus-Christ* (Galat. VI, 2 ; *I Cor.*, IX, 21, etc.).

Mais ce pas les calvinistes n'ont pas encore renoncé tous à une autre erreur soutenue par les chefs de la réforme, et dont la précédente n'est qu'une conséquence. Ils prétendent que l'homme est *justifié* ou rendu juste par la foi, et non par son obéissance à la *loi de Dieu*; qu'il est impossible à l'homme d'accomplir parfaitement cette *loi*; que toutes ses œuvres, loin d'être méritoires, sont de vrais péchés ; mais que Dieu ne les impute point à ceux qui ont la foi. Ils disent que, selon saint Paul, la *loi n'est pas imposée au juste*; qu'ainsi, à proprement parler, le chrétien n'est pas plus obligé aux *lois du Décalogue* qu'à toutes les autres *lois de Moïse*; et c'est en cela qu'ils font consister la *liberté chrétienne*. Sous ce titre, et au mot JUSTIFICATION, nous avons déjà réfuté cette erreur.

N'est-ce pas une impiété de soutenir que Dieu nous impose des *lois*, et nous commande des choses qu'il ne nous est pas possible d'observer? Moïse rejetait déjà cette folle pensée, en disant aux Juifs : *La loi que je vous impose aujourd'hui n'est ni au-dessus de vous, ni loin de vous,... mais près de vous, dans votre bouche et dans votre cœur, afin que vous l'accomplissiez* (Deut. XXX, 11). Certainement Dieu n'impose pas aux chrétiens un joug plus insupportable qu'aux Juifs ; Jésus-Christ nous assure que son joug est doux et son fardeau léger (*Matth.* XI, 30). Mais cette douceur ne consiste pas en ce qu'il nous affranchit de toute *loi*. A la vérité, il nous est impossible de le porter par nos forces naturelles, comme le voulaient les pélagiens ; mais il nous est possible de le faire avec le secours de la grâce ; or, à l'article GRACE, § 3, nous avons prouvé que Dieu l'accorde par les mérites de Jésus-Christ, afin de nous faire accomplir ce qu'il nous commande. Ce divin Maître dit : *Celui qui m'aime gardera mes commandements* (Joan. XIV, 21 et 23). Saint Paul dit dans le même sens : « Celui qui aime le prochain, a rempli la *loi* (Rom. XIII, 8). Cela est vrai, répondent les protestants, mais nous ne pouvons aimer Dieu autant que nous le devons. Nouvelle absurdité de supposer que Dieu nous oblige à l'aimer plus que nous ne pouvons, et qu'il ne nous donne pas la grâce, afin que nous puissions l'aimer autant que nous le devons. Saint Paul enseigne le contraire, en disant : « Je puis tout en celui qui me fortifie (*Philipp.* IV, 13). « Dieu, fidèle à ses promesses, ne permettra pas que vous soyez tentés au-dessus de vos forces » (*I Cor.* x, 13).

Que Jésus-Christ n'ait abrogé aucun des préceptes du Décalogue, que les chrétiens soient obligés de l'observer, aussi bien que les Juifs, sous peine de damnation, c'est une vérité si clairement établie dans l'Evangile, que l'on ne peut trop s'étonner de la témérité de ceux qui la contestent. Dans son sermon sur la montagne, le Sauveur rappelle ces préceptes, les explique, les confirme, y ajoute des conseils de perfection; il déclare qu'il n'est pas venu détruire la *loi* ni les prophètes, mais les accomplir : que celui qui en violera un seul commandement, et l'enseignera ainsi aux hommes, sera le dernier dans le royaume des cieux; que, pour entrer dans ce royaume, ce n'est pas assez de lui dire, Seigneur, Seigneur, mais qu'il faut accomplir la volonté de son Père; que celui qui écoute ses paroles et ne les exécute point, est un insensé dont la perte est assurée, etc. (*Matth.* c. v, vi, vii,). Quand on lui demande ce qu'il faut faire pour avoir la vie éternelle, il répond : *Gardez mes commandements :* cette réponse serait absurde, s'il était impossible de les garder. En annonçant ce qu'il fera au jugement dernier, il dit qu'il appellera au bonheur éternel ceux qui auront pratiqué des œuvres de charité, et qu'il enverra au feu éternel ceux qui auront négligé d'en faire (*Matth.* c. xxv, v. 34). Lorsque ses disciples, étonnés de la sévérité de sa morale, disent : *Qui donc pourra être sauvé?* il répond que cela est impossible aux hommes, mais que tout est possible avec Dieu (c. xix, v. 26). Ainsi il enseigne tout à la fois la nécessité d'observer la *loi divine* et la possibilité de le faire avec la grâce de Dieu.

Il n'est donc pas vrai que les œuvres ainsi faites soient des péchés; Jésus-Christ au contraire les nomme *justice*, et leur promet *récompense* dans le ciel. Saint Paul (c. vi, v. 1) les compare au travail du laboureur, qui est récompensé ou payé par une abondante moisson (*II Cor.* c. ix, v. 6; *Galat.* c. vi, v. 7, etc.).

A la vérité, cet apôtre dit que *la loi n'est pas imposée au juste* (*I Tim.* c. i, v. 7); mais de quelle loi parle-t-il? De la *loi ancienne*, de la *loi* qui menaçait et punissait, par des peines afflictives, les hommes injustes, rebelles, impies, etc. (*Ibid.*). C'est celle-là que saint Paul entend ordinairement, lorsqu'il dit simplement la *loi*. Or, cette *loi pénale* était abrogée par l'Evangile. Mais il n'en était pas de même de la *loi morale*; saint Paul, parlant de cette dernière, dit : « Détruisons-nous donc la *loi* par la foi?

Non, nous l'établissons au contraire (*Rom.* c. iii, v. 31).

En effet, qu'entend saint Paul par *la foi?* Il entend non-seulement la docilité à la parole de Dieu, mais la confiance en ses promesses et l'obéissance à ses ordres; c'est ainsi qu'il caractérise la foi d'Abraham et des patriarches; c'est en cela qu'il la propose pour modèle aux fidèles (*Hebr.* c. xi et xii). La foi prise dans ce sens, loin d'emporter exemption de la *loi divine*, renferme au contraire la fidélité à l'exécuter : en quel sens celui qui a cette foi peut-il être affranchi de la *loi?* Saint Paul, loin de concevoir la foi justifiante à la manière des protestants, réfute complétement leurs erreurs. *Voy.* OEuvres. Le concile de Trente les a donc justement proscrites, en frappant d'anathème ceux qui disent qu'il est impossible à l'homme justifié et secouru par la grâce d'observer les commandements de Dieu; ceux qui enseignent que l'Evangile ne commande que la foi; que le reste est indifférent; que le Décalogue ne concerne en rien les chrétiens; que Jésus-Christ a été donné aux hommes comme un rédempteur auquel ils doivent se confier, et non comme un législateur auquel ils doivent obéir; que, par le baptême, un chrétien contracte la seule obligation de croire, et non celle d'observer toute la *loi* de Jésus-Christ, etc., sess. 6, *de Justif.*, can. 18, 19, 21; sess. 7, *de Bapt.*, can. 7.

On ne doit pas être surpris de ce qu'à l'exemple des protestants plusieurs incrédules ont soutenu que la *loi évangélique* est, dans une infinité de choses, d'une sévérité outrée, et au-dessus des forces de l'humanité; qu'elle ne convient qu'à des moines ou à quelques misanthropes ennemis d'eux-mêmes et de la société. Une preuve démonstrative du contraire, c'est qu'un grand nombre de saints de tous les états, de tous les âges et de tous les sexes, en ont parfaitement accompli tous les préceptes, et que, malgré la corruption du siècle, plusieurs chrétiens fervents les observent encore, sans être pour cela ennemis d'eux-mêmes ni de la société. *Voy.* Morale chrétienne.

A l'article Loi mosaïque, § 6, nous avons montré la différence qu'il y a entre cette *loi* ancienne et la *loi nouvelle*, la supériorité et l'excellence de celle-ci, soit par rapport au culte qu'elle nous ordonne de rendre à Dieu, soit relativement aux devoirs qu'elle nous prescrit envers le prochain, soit à l'égard des vertus que nous devons pratiquer pour notre propre perfection et notre bonheur.

En comparant les *lois* de l'Evangile à celles de Moïse et à celles qui avaient été données aux patriarches dans le premier âge du monde, on voit que celles-ci étaient adaptées au besoin et à l'état des familles encore nomades et isolées ; que celles de Moïse étaient destinées à réunir les Hébreux en société nationale et civile; au lieu que Jésus-Christ a donné les siennes pour les peuples déjà civilisés et capables de former entre eux une société religieuse universelle.

De là même il s'ensuit que Jésus-Christ n'a point dû ajouter de *lois* civiles ni politiques aux *lois* morales et religieuses qu'il a établies, parce que celles-ci s'accordent très-bien avec toute législation raisonnable et conforme au bien de l'humanité. Mais en ordonnant à tous les hommes d'obéir aux souverains et à leurs *lois*, il a enseigné des maximes capables de corriger et de perfectionner les *lois* civiles de tous les peuples. Les législateurs indiens sur les bords du Gange, Zoroastre chez les Perses, Mahomet chez les Arabes, ont fait des *lois* civiles aussi bien que des institutions religieuses; quand les unes et les autres seraient convenables au sol et au climat pour lequel elles ont été faites, ce qui n'est point, elles seraient sujettes aux plus grands inconvénients, si on les transplantait ailleurs. Jésus-Christ, plus sage, et qui voulait que son Évangile fit le bonheur de toutes les nations, n'a posé que les grands principes de morale qui ont rendu meilleures les *lois* de toutes celles qui ont embrassé le christianisme.

Ce fait, vainement contesté par les incrédules, est aisé à prouver par la réforme que fit le premier empereur chrétien dans les *lois* romaines qui sont devenues celles de l'Europe entière. Nous puiserons nos preuves dans le Code théodosien, et dans les auteurs païens cités par Tillemont. — 1° Loin d'imiter le despotisme de ses prédécesseurs, Constantin mit des bornes à son autorité; il ordonna que les anciennes *lois* prévaudraient sur tous les rescrits de l'empereur, de quelque manière qu'ils eussent été obtenus; que les juges se conformeraient au texte des *lois*, et que les rescrits n'auraient aucune force contre la sentence des juges. Il ôta aux esclaves et aux fermiers du prince la liberté de décliner la juridiction des juges ordinaires. Il donna aux gouverneurs des provinces le pouvoir de punir les nobles et les officiers coupables d'usurpation ou d'autres crimes, sans que ceux-ci pussent demander leur renvoi par-devant le préfet de Rome, ou par-devant l'empereur. Les abus contraires avaient prévalu sous les règnes précédents. *Cod. Theod.*, l. I, tit. 2, n. 1; l. II, tit. 1, n. 1; l. IV, tit. 6, n. 1; l. IX, tit. 1, n. 1. — 2° Il adoucit le sort des esclaves et favorisa les affranchissements. En 314, il donna un édit qui rendait la liberté à tous les citoyens que Maxence avait injustement condamnés à l'esclavage. En 316, il permit aux maîtres d'affranchir leurs esclaves dans l'église, ou par-devant l'évêque, et aux clercs d'affranchir les leurs par testament; quelques philosophes modernes ont osé blâmer cette sage conduite. Il soumit à la peine des homicides tout maître qui serait convaincu d'avoir tué volontairement son esclave. *Cod. Theod.*, l. IX, tit. 12, n. 1 et 2; Tillem., *Vie de Const.*, art 36, 40, 46. — 3° Il modéra les supplices, il abolit celui de la croix et de la fraction des jambes; il fit envoyer aux mines ceux qui étaient condamnés à se battre comme gladiateurs; il défendit de les marquer au visage et au front; et ne voulut pas que personne fût condamné à mort sans preuves suffisantes. En différentes circonstances, il fit grâce aux criminels, excepté aux homicides, aux empoisonneurs et aux adultères. *Cod. Theod.*, l. IX, tit. 38 et 56; l. XV, tit. 12, etc. — 4° Il réprima les concussions des magistrats et des officiers publics, qui se faisaient payer pour leurs fonctions, et qui vexaient les plaideurs par le délai de la justice. Il permit à tous ses sujets d'accuser les gouverneurs et les officiers des provinces, pourvu que les plaintes fussent appuyées de preuves. Il mit les pupilles et les mineurs à couvert des vexations de leurs tuteurs et curateurs; il ne voulut pas que l'on forçât les pupilles, les veuves, les malades, les impotents, à plaider hors de leur province: L. I, tit. 6, n. 1: tit. 9, n. 2; l. VI, tit. 4, num. 1. — 5° L'an 331, il fit pour toujours la remise du quart des impôts, et fit faire de nouveaux arpentages des terres, afin de rendre plus juste la répartition des charges. Il supprima toute violence dans l'exaction des deniers publics; il défendit de mettre en prison ou à la torture les débiteurs du fisc, de saisir pour ce sujet les esclaves ou les animaux servant à l'agriculture, de retenir les prisonniers dans des lieux infects et malsains. L. XVI, tit. 2, n. 3 et 6; Tillem., art. 38, 40 et 43. — 6° En ôtant aux hommes mariés la liberté d'avoir des concubines, il pourvut au sort des enfants naturels, et il est le premier empereur qui se soit occupé de ce soin. Il ordonna que les enfants des pauvres fussent nourris aux dépens du public, afin d'ôter aux pères la tentation de les tuer, de les vendre ou les exposer, comme c'était l'usage. Il statua des peines contre l'usure excessive, contre le rapt, contre la magie noire et malfaisante, contre la consultation des auspices. En défendant les sacrifices des païens, il ne voulut pas que l'on usât de violence contre eux. *Cod. Theod.*, l. IV, tit. 6, num. 1; l. IX, tit. 16; Tillem., art. 38, 42, 44, 53, Libanius, *Orat. 14*. — Déjà, l'an 312, après sa victoire, il avait fait grâce à ceux qui avaient suivi le parti de Maxence, et il avait élevé aux dignités ceux qui avaient du mérite. Liban., *Orat.* 12. A la guerre, il épargna le sang des ennemis, et ordonna de pardonner aux vaincus; il promit une somme d'argent pour chaque homme qui lui serait amené vivant. Il cassa les soldats prétoriens qui avaient trempé plus d'une fois leurs mains dans le sang des empereurs, et avaient mis l'empire à l'encan. Aurel. Victor, pag. 526; Zozyme, l. II, p. 677. Il créa deux maîtres de la milice, et réduisit les préfets du prétoire au rang de simples magistrats; depuis cette réforme, les empereurs n'ont plus été massacrés par les soldats. Pour repeupler les frontières de l'empire, il donna retraite à trois cent mille Sarmates chassés de leur pays par d'autres barbares, et leur fit distribuer des terres.

Lorsque les calomniateurs du christianisme viennent nous demander si, depuis l'établissement de cette religion, les hommes ont été meilleurs ou plus heureux, les souverains moins avares et moins sanguinaires, les crimes plus rares, les supplices moins cruels, les *lois* plus sages, nous sommes en droit de les renvoyer au Code théodosien, qui a réglé pendant plusieurs années la jurisprudence de l'Europe, et qui est le canevas de celui de Justinien. C'est depuis Constantin seulement que les *lois* romaines ont eu une forme fixe et constante, et ce prince est d'autant plus louable, que c'est lui-même qui écrivait et rédigeait ses *lois*. Tel est néanmoins le personnage contre lequel les incrédules ont exhalé leur bile, parce qu'il a embrassé le christianisme. Nous avons répondu à leurs invectives au mot Constantin.

Ce détail abrégé suffit pour montrer les effets que l'Evangile a opérés sur la législation des peuples qui l'ont embrassé, et l'on sait que les barbares du Nord n'ont commencé à connaître des *lois* que quand ils sont devenus chrétiens. *Voy.* Christianisme.

Lois ecclésiastiques. On entend sous ce nom les règlements sur les mœurs et sur la discipline de l'Eglise, qui ont été faits, soit par les conciles généraux ou particuliers, soit par les souverains pontifes : comme la loi d'observer le carême, celle de sanctifier les fêtes, de communier à Pâques, etc.

Toute société quelconque a besoin de *lois*, et ne peut subsister sans cela. Indépendamment des *lois* qu'elle a reçues dans son institution, les révolutions du temps et des mœurs, les abus qui peuvent naître, obligent souvent ceux qui la gouvernent de faire de nouveaux règlements : ces *lois* seraient inutiles, si l'on n'était pas tenu de les observer. Puisqu'il en faut dans toute association, à plus forte raison dans une société aussi étendue que l'Eglise, qui embrasse toutes les nations et tous les siècles. Le pouvoir de faire des *lois* emporte nécessairement celui d'établir des peines ; or, la peine la plus simple dont une société puisse faire usage pour réprimer ses membres réfractaires est de les priver des avantages qu'elle procure à ses enfants dociles, de rejeter même les premiers hors de son sein, lorsqu'ils y troublent l'ordre et la police qui doivent y régner. Souvent l'Eglise s'est trouvée dans cette triste nécessité ; pour prévenir un plus grand mal, elle a été forcée d'excommunier ceux qui ne voulaient pas se soumettre à ses lois. Alors, comme tous les rebelles, ils lui ont contesté son autorité législative ; ainsi, dans les derniers siècles, les vaudois, les wiclefites, les hussites, les disciples de Luther et de Calvin, ont soutenu que l'Eglise n'a pas le pouvoir de faire des *lois* générales, ni de lier la conscience des fidèles ; ils ont dit que chaque église particulière était en droit d'établir pour elle la discipline qui lui paraîtrait la meilleure, et de se gouverner par ses propres *lois*. Les incrédules, attentifs à recueillir toutes les erreurs, n'ont pas manqué d'adopter celle-ci ; quelques jurisconsultes, séduits par les sophismes des hérétiques, ont regardé l'autorité législative de l'Eglise comme un monstre en fait de politique, et comme un attentat contre le droit des souverains.

Aucun homme instruit ne peut être dupe du zèle de ces derniers ; l'expérience prouve qu'il n'est pas sincère. Tous ceux qui se sont montrés les plus ardents à mettre l'Eglise dans la dépendance entière et absolue des souverains, n'ont jamais manqué d'employer les mêmes principes et les mêmes arguments pour réduire ensuite les rois sous la dépendance des peuples. C'est ce qu'ont fait les calvinistes, c'est ce que veulent les incrédules, c'est où tendaient les jurisconsultes dont nous parlons : nous le ferons voir par la discussion de leur doctrine. Mais nous devons alléguer auparavant les preuves directes du pouvoir législatif que Jésus-Christ a donné à son Eglise, et que l'on ne peut lui contester sans être hérétique. — 1° Jésus-Christ dit à ses apôtres (*Matth.*, xix, 28) : *Au temps de la régénération ou du renouvellement de toutes choses, lorsque le Fils de l'homme sera placé sur le trône de sa majesté, vous serez assis vous-mêmes sur douze siéges pour juger les douze tribus d'Israël.* Il se représente comme le chef souverain de son Eglise, et les apôtres comme ses magistrats. L'on sait que, dans le style des Livres saints, le nom de *juge* est ordinairement synonyme de celui de *législateur*, et que les *lois* de Dieu sont appelées ses *jugements*. *Voy.* Régénération. Il ajoute : *Comme mon Père m'a envoyé, je vous envoie* (*Joan.* xx, 21). *Celui qui vous écoute, m'écoute moi-même, et celui qui vous méprise, me méprise* (*Luc.* x, 16). *Si quelqu'un n'écoute pas l'Eglise, regardez-le comme un païen et un publicain. Je vous assure que tout ce que vous lierez ou délierez sur la terre sera lié ou délié dans le ciel* (*Matth.* xviii, 17). La seule question est de savoir si l'autorité dont Jésus-Christ a revêtu ses apôtres a passé à leurs successeurs ; or, nous prouverons que ceux-ci l'ont reçue par l'ordination : sans cela l'Eglise n'aurait pas pu se perpétuer ; saint Mathias, élu par le collège apostolique, n'était pas moins apôtre que ceux auxquels Jésus-Christ lui-même avait parlé. Il n'est pas nécessaire de rapporter les subterfuges par lesquels les hétérodoxes ont cherché à pervertir le sens de ces passages ; Bellarmin et d'autres les ont réfutés, tom. I, *Controv.* 2, liv. iv, c. 16. — 2° Nous ne pouvons avoir de meilleurs interprètes des paroles de Jésus-Christ que les apôtres mêmes : or, ils se sont attribué le pouvoir de porter des *lois*, et ils en ont fait en effet. Assemblés en concile à Jérusalem, ils disent aux fidèles : *Il a semblé bon au Saint-Esprit et à nous de ne point vous imposer d'autre charge que de vous abstenir des chairs immolées aux idoles, du sang, des viandes suffoquées et de la fornication ; vous ferez bien de vous en garder* (*Act.* xv, 28). Cette *loi* d'abstinence en renfermait une autre, qui était la défense d'assujettir les fidèles aux autres observances légales. Conséquemment saint Paul et Silas parcoururent les Eglises de Syrie et de Cilicie pour les confirmer dans la foi, en leur ordonnant d'observer les commandements des apôtres et des anciens, ou des prêtres (*Ibid.*, 41, et XVI, 4). Saint Paul avertit les évêques que le Saint-Esprit les a établis pour gouverner l'Eglise de Dieu (xx, 28). En quoi consisterait leur gouvernement, si les fidèles n'étaient pas obligés de leur obéir? Aussi dit-il à ces derniers : *« Obéissez à vos préposés, et soyez-leur soumis* (*Heb.* XIII, 17). Il écrit aux Corinthiens : *Je vous loue de ce que vous gardez mes commandements tels que je vous les ai donnés* (*I Cor.* XI, 2); aux Thessaloniciens : *Vous savez quels préceptes je vous ai donnés par l'autorité de Jésus-Christ..... Celui qui les méprise, ne méprise pas un homme, mais Dieu; qui nous a donné son Saint-Esprit* (*I Thess.* IV, 2 et 8). *Si quelqu'un n'obéit point à ce que nous vous écrivons, remarquez-le, et ne faites point société avec lui* (*II Thess.* III, 14). Il défend d'ordonner pour évêque ou pour diacre un bigame, de choisir une veuve qui ait moins de soixante ans, et veut qu'elle n'ait eu qu'un mari (*I Tim.* III, 2, 9, 12). Cette discipline fut observée dans l'Eglise primitive; aucune société particulière ne s'avisa d'établir d'autres *lois*. Le même apôtre ordonne à un évêque de réprimander les désobéissants; il lui défend de fréquenter un hérétique, lorsqu'il a été repris une ou deux fois (*Tit.* I, 10; III, 10). Saint Jean renouvelle la même défense (*II Joan.* 10); et cette *loi* subsiste encore. — 3° Pendant les trois premiers siècles, et avant la conversion des empereurs, il s'était tenu plus de vingt conciles, tant en Orient qu'en Italie, dans les Gaules et en Espagne, et la plupart avaient fait des *lois* de discipline. Ce sont ces *lois* qui ont été recueillies sous le nom de *Canons des apôtres*. Le concile de Nicée, tenu l'an 825, s'y conforma, et plusieurs sont encore en usage. Il y a de ces canons qui regardent non-seulement l'administration des sacrements, les devoirs des évêques, les mœurs des ecclésiastiques, l'observation du carême, la célébration de la Pâque; mais encore l'administration des biens ecclésiastiques, la validité des mariages, les causes d'excommunication, etc.; objets qui intéressent l'ordre civil. L'Eglise n'en a dispensé personne, sous prétexte que ces décrets n'étaient pas revêtus de l'autorité des souverains; elle a même exigé l'observation de plusieurs, sous peine d'anathème. Elle a donc cru constamment, depuis les apôtres, que ses *lois* obligeaient les fidèles indépendamment de l'autorité civile. Si c'était une erreur, elle serait aussi ancienne que l'Eglise. — 4° Plusieurs de ces *lois* de discipline ont une liaison essentielle avec le dogme : il s'agissait de fixer la croyance des fidèles sur les effets des sacrements, sur l'indissolubilité du mariage, sur la sainteté de l'abstinence, sur le caractère et les pouvoirs des ministres de l'Eglise, dogmes attaqués encore aujourd'hui par les hérétiques. Or, l'Eglise ne peut avoir le pouvoir de décider du dogme sans avoir aussi le droit de prescrire les usages propres à l'inculquer, et les précautions nécessaires pour en prévenir l'altération. Jamais une secte de novateurs ne s'est élevée contre la discipline établie, sans donner atteinte à quelque article de doctrine, sans attaquer du moins l'autorité de l'Eglise, que nous avons prouvé être de foi divine. — 5° Il n'est aucune de ces sectes qui ne se soit attribué à elle-même le droit qu'elle refusait à l'Eglise catholique; ainsi l'on a vu les protestants, soulevés contre les *lois ecclésiastiques*, en établir de nouvelles chez eux, faire dans leurs synodes des décrets touchant la forme du culte, la manière de prêcher, l'état et la condition de leurs ministres, etc., enjoindre à leurs partisans de s'y conformer, sous peine d'excommunication. Ils ont eu grand soin de faire confirmer ce privilège par les édits de tolérance, et ont toujours soutenu qu'une société chrétienne ne pouvait s'en passer. Ils ont cru que ces décrets obligeaient les membres de leur communion, non en vertu de l'autorité du souverain, mais par la nature même de toute société religieuse, et ils se sont attachés à le prouver par les mêmes passages de l'Ecriture dont nous nous servons pour établir l'autorité de l'Eglise catholique. Y eut-il jamais contradiction plus palpable? Beausobre convient qu'il n'y a qu'un esprit de révolte et de schisme qui puisse soulever les chrétiens contre des ordonnances ecclésiastiques qui n'ont rien de mauvais; mais en même temps il attribue à un esprit de domination et d'intolérance dans les chefs de l'Eglise, les *lois* rigoureuses qu'ils ont faites sur des choses indifférentes. Telle est, dit-il, celle du concile de Gangres, qui anathématise ceux qui, par dévotion et par mortification, jeûnent le dimanche. Il demande qui a donné à des évêques le pouvoir de faire de semblables *lois*? *Histoire du Manich.*, l. IX, c. 6, § 3.

Nous lui répondons que c'est le Saint-Esprit, ainsi l'ont déclaré les apôtres au concile de Jérusalem : la *loi* qu'ils y ont imposée aux fidèles de s'abstenir du sang et des chairs suffoquées était-elle beaucoup moins importante que la défense du concile de Gangres de jeûner le dimanche? C'est aux pasteurs, et non aux simples fidèles, de juger si une chose est indifférente ou essentielle. Si une fois l'on admet les argumentations contre l'importance des *lois*, bientôt il n'y aura plus de *loi*. — 6° Constantin ne fut point un prince peu jaloux de son autorité, ni incapable d'en connaître l'étendue et les bornes : on peut en juger par ses *lois*. Lorsqu'il embrassa le christianisme, il ne put ignorer le nombre des conciles qui avaient été tenus dans l'empire, ni les décrets qui y avaient été faits, ni le pouvoir que s'attribuaient les évêques. Présent au concile de Nicée, il ne leur contesta pas plus le droit de fixer la célébration de la Pâque, que le pouvoir de décider le dogme attaqué par Arius. Il ne réclama contre aucun des décrets de discipline portés dans les autres conciles tenus sous son règne; au contraire, il ne crut pouvoir faire un usage plus utile de l'autorité souveraine, que de les soutenir et de les faire observer. Nous savons bien que les incrédules ne lui pardonnent pas cette conduite ; mais tout homme sage peut juger si l'on doit s'en rapporter à eux plutôt qu'à lui. Julien lui-même, quelque emporté qu'il fût contre le christianisme, qu'il avait abjuré, ne s'avisa jamais de regarder les *lois ecclésiastiques* comme des attentats contre l'autorité impériale ; celles qui avaient été faites touchant les mœurs des ecclésiastiques lui paraissaient si sages, qu'il aurait voulu introduire la même discipline parmi les prêtres païens : il le témoigne dans ses lettres. Lorsque les princes idolâtres se sont convertis, ils ont fait profession d'embrasser tous les dogmes enseignés par l'Eglise ; or un de ces dogmes est de croire que Jésus-Christ a donné à l'Eglise le droit, l'autorité et le pouvoir de faire des *lois* auxquelles tout fidèle est obligé d'obéir. Nous ne lisons pas que Clovis, en se faisant chrétien, ait rayé cet article dans sa profession de foi. Il est singulier qu'après plus de douze siècles, des publicistes, instruits à l'école des hérétiques, viennent apprendre à nos rois, élevés dans le sein de l'Eglise, qu'ils ne peuvent obéir à leur mère sans renoncer aux droits de la souveraineté ; que le pouvoir de régler la discipline ecclésiastique leur appartient aussi essentiellement que celui de fixer la jurisprudence civile, et qu'ils veuillent introduire le système anglican dans l'Eglise catholique. L'examen des principes sur lesquels est fondé ce système achèvera d'en démontrer l'absurdité. Ses partisans disent que Jésus-Christ est le *seul chef* de l'Eglise ; que les pasteurs ne sont que les membres et les mandataires du corps des fidèles ; que les pouvoirs de Jésus-Christ ont été donnés au corps de l'Eglise, et non à ses ministres ; loin, disent-ils, d'accorder à ceux-ci aucune autorité, Jésus-Christ leur a interdit toute voie d'autorité, puisqu'il leur a dit : *Les princes des nations dominent sur elles; il n'en sera pas de même parmi vous; quiconque voudra être le premier entre vous doit être le serviteur de tous* (Matth. xx, 25).

Voilà précisément la doctrine qui a été condamnée dans Wiclef et dans Jean Hus, par le concile de Constance ; dans Luther et dans Calvin, par le concile de Trente. Si ceux qui la renouvellent ignorent ce fait, ils sont bien mal instruits ; s'ils le savent, ils sont hérétiques. Ce n'est point au corps des fidèles, mais à ses apôtres, que Jésus-Christ a dit : *Paissez mes agneaux, paissez mes brebis ; vous serez assis sur douze siéges*, etc. Il est absurde de confondre les pasteurs avec le troupeau, de prétendre que celui-ci doit se paître lui-même, que c'est à lui d'instituer et de gouverner ses pasteurs. Ceux-ci, selon saint Paul, sont établis pour gouverner l'Eglise, non par les fidèles, mais *par le Saint-Esprit*; les pouvoirs de Jésus-Christ leur sont donnés par la mission et par l'ordination, et non par commission des fidèles. C'est une autre hérésie d'affirmer que Jésus-Christ *est seul chef de l'Eglise*. Il est sans doute le seul chef souverain duquel émanent tous les pouvoirs ; mais il a établi à sa place un chef visible, en disant à saint Pierre : *Sur cette pierre je bâtirai mon Eglise*, etc. Voy. PAPE.

Jésus-Christ a interdit à ses apôtres la domination despotique et absolue, telle que l'exerçaient alors tous les souverains des nations ; mais on voit, par les passages que nous avons cités, qu'il leur a certainement donné une autorité pastorale et paternelle sur les fidèles. Il ne faut pas confondre l'excès et l'abus de l'autorité avec l'autorité même. Un autre principe de nos adversaires est que l'autorité des ministres de l'Eglise est purement spirituelle ; ils en concluent qu'elle peut influer sur les âmes, et non sur les corps, que les pasteurs peuvent nous commander des actes intérieurs, et non régler notre conduite extérieure. Ce n'est qu'une équivoque et un abus du mot *spirituel*. Cette autorité a sans doute pour objet direct et principal le salut de nos âmes ; mais il ne s'ensuit pas de là qu'elle ne puisse nous commander ni nous interdire des actions extérieures, puisque celles-ci peuvent contribuer ou nuire au salut. Lorsque les apôtres ordonnèrent l'abstinence des viandes immolées, des chairs suffoquées, du sang et de la fornication, il était question d'actions extérieures et très-sensibles ; le carême et le dimanche, qui sont de leur institution, tiennent de très-près à l'ordre civil. L'autorité ecclésiastique a donc aussi pour objet cet ordre extérieur de la société, puisqu'elle règle les mœurs. Les souverains qui connaissent leurs véritables intérêts n'ont garde d'en prendre de l'ombrage ; ils sentent que l'Eglise leur rend en cela un service essentiel.

On nous objecte, en troisième lieu, que le royaume de Jésus-Christ *n'est pas de ce monde*. Autre sophisme : Jésus-Christ, à la vérité, n'a pas reçu des puissances de la terre sa royauté, et elle n'a pas pour objet principal la félicité de ce monde ; mais elle s'exerce en ce monde, puisque par ses *lois* Jésus-Christ règne sur son Eglise et sur les souverains même qui l'adorent. Cette royauté produit de très-bons effets dans ce monde, puisqu'il n'est point de nations mieux policées que les nations chrétiennes. Une quatrième maxime de certains politiques modernes est que l'Eglise est dans l'Etat, et non l'Etat dans l'Eglise ; que celle-ci est étrangère à l'Etat et au gouvernement ; que ses ministres n'ont été reçus que sous condition qu'ils se borneraient aux fonctions purement spirituelles ; qu'aucun souverain, en professant le christianisme, n'a prétendu renoncer à aucune portion de son autorité.

Mais nous ne concevons pas en quel sens l'Eglise, la religion, Dieu et ses *lois*, sont étrangers chez une nation chrétienne ; sans les *lois* de Dieu, enseignées par son Eglise, les *lois* civiles seraient réduites à leur seule force coactive ; le souverain ne pourrait se faire obéir que par la crainte des supplices, au lieu que l'Eglise apprend aux sujets à obéir par *motif de conscience*, et parce que

Dieu l'ordonne. Un des principaux devoirs des pasteurs est d'enseigner cette morale, et d'en donner l'exemple. Comment ce service qu'ils rendent au gouvernement peut-il lui être étranger? A entendre raisonner quelques publicistes, il semble que les rois aient fait une grâce à Jésus-Christ en recevant son Évangile et ses *lois*; nous soutenons que c'est lui qui leur a fait une grande grâce en les recevant dans son Eglise, puisque, indépendamment de leur salut, ils y trouvent un moyen de rendre leur autorité sacrée et leurs *lois* inviolables. Constantin, Clovis, Ethelbert et les autres l'ont très-bien compris : en courbant leur tête sous le joug de Jésus-Christ, ils n'ont pas stipulé le degré d'autorité qu'ils prétendaient accorder à ses ministres; Jésus-Christ l'a fixé lui-même. Ils se sont donc soumis aux lois de l'Eglise sans restriction et sans réserve; mais autrement ils n'auraient pas été chrétiens, et l'on aurait été en droit de leur refuser le baptême. La première chose que promettent nos rois à leur sacre est de maintenir de tout leur pouvoir la religion catholique; un dogme essentiel de cette religion est que l'Eglise a le pouvoir de faire des *lois*, qui obligent en conscience tous ses membres sans exception. Loin de renoncer par ce serment à aucune portion de leur autorité légitime, ils la rendent plus sacrée, et ils donnent à leurs *lois* une force supérieure à toute puissance humaine. Ils n'ont prétendu acquérir aucune autorité sur le dogme, sur la morale, sur les rites, sur les *lois* de l'Eglise, parce que Dieu ne la leur a pas donnée.

Enfin un nouveau principe imaginé par nos adversaires est qu'à la vérité le ministère des pasteurs ne dépend que de Dieu; mais que *la publicité* de ce ministère dépend absolument du souverain, que cette publicité a été accordée aux ministres de l'Eglise sous condition d'être absolument soumis aux volontés du gouvernement.

Nous répondons qu'il est absurde de distinguer la prédication de l'Evangile, l'administration des sacrements, le culte de Dieu, les fonctions des ministres de l'Eglise, d'avec leur *publicité*. Lorsque Jésus-Christ a dit à ses apôtres : *Prêchez l'Evangile à toute créature; ce que je vous dis à l'oreille, publiez-le sur les toits; vous serez mes témoins jusqu'aux extrémités de la terre*, etc., il ne leur a point ordonné d'attendre la permission des souverains; il leur a prédit, au contraire, que toutes les puissances de la terre s'élèveraient contre eux, mais qu'ils en triompheraient; c'est ce qui est arrivé.

Ou le christianisme est une religion divine, ou c'est une religion fausse; si elle est divine, aucune puissance humaine ne peut en empêcher la publication et la publicité sans résister à Dieu; si elle est fausse, aucune permission des souverains n'en peut rendre la prédication légitime. Un souverain qui croit qu'elle est divine, et n'en permet pas la publicité, est un impie et un ennemi de Jésus-Christ. Les ministres de l'Eglise ont reçu de Dieu, et non des souverains, leur mission et le droit de prêcher; Jésus-Christ leur a ordonné de le faire, malgré toutes les défenses, et au péril de leur vie : c'est ainsi que le christianisme s'est établi. Lorsqu'on a défendu aux apôtres de prêcher à Jérusalem, ils ont répondu : *Jugez vous-mêmes s'il ne faut pas obéir à Dieu plutôt qu'aux hommes* (*Act.* c. IV, v. 19 ; c. v, c. 29). Les ministres de l'Eglise doivent, sans doute, de la reconnaissance aux souverains qui les protégent; mais ce n'est pas à ce titre qu'ils doivent leur obéir dans l'ordre civil; ils y sont obligés par la *loi* naturelle et par la *loi* divine positive, qui ordonne à tout homme d'être soumis aux puissances supérieures (*Rom.*, c. XIII, v. 1), pourvu toutefois que ce ne soit point contre un ordre positif de Dieu. Or les ministres de l'Eglise ont reçu de Dieu un ordre positif de prêcher l'Evangile. Jésus-Christ lui-même a mis cette restriction à l'obéissance, en disant : *Rendez à César ce qui est à César, et à Dieu ce qui appartient à Dieu*. Telle est la règle prescrite à tous les hommes sans exception.

Il n'est donc pas vrai qu'en s'attribuant une mission divine, les pasteurs de l'Eglise se rendent indépendants des souverains. Ils en dépendent dans l'ordre civil comme tous les autres sujets; ils doivent être soumis à toute *loi* civile qui n'est point contraire à la *loi* de Dieu; ils doivent enseigner aux autres cette soumission et en donner l'exemple; mais leur ministère concernant le dogme, la morale, la discipline qui règle les mœurs, n'est point du ressort de la *loi* civile. Il ne s'ensuit point de là qu'il y a un empire dans l'empire, *imperium in imperio*, ou deux autorités contraires et qui se croisent, puisque ces deux autorités ont deux objets tout différents. Elles ne se trouveront jamais en opposition, lorsqu'on s'en tiendra à la règle que Jésus-Christ a prescrite. Les anciennes contestations entre le sacerdoce et l'empire n'auraient pas eu lieu, si les deux partis l'avaient mieux observée, et avaient mieux connu leurs droits respectifs; mais ces contestations mêmes ont servi à les éclaircir; il n'y a plus aujourd'hui là-dessus de doute ni d'incertitude; et il est à présumer que nos adversaires, avec tous leurs sophismes, ne viendront plus à bout d'obscurcir la question. L'Eglise a donné une preuve éclatante de son juste respect envers les souverains, à la suite du concile de Trente. Plusieurs décrets de cette assemblée, touchant la discipline, n'ont pas été d'abord reçus en France, parce qu'il y avait une jurisprudence contraire établie, et que ces décrets ne regardaient pas directement les mœurs; ainsi cette opposition n'a causé aucun scandale. L'Eglise a espéré que le temps et les circonstances amèneraient les choses au point où elle les désirait; elle ne s'est pas trompée, puisque la plupart de ces décrets sont aujourd'hui exécutés en France en vertu des ordonnances de nos rois.

Que veulent donc les ennemis de l'Eglise? Non-seulement les erreurs dans lesquelles ils tombent sont sensibles mais ils se rendent ridicules par leurs contradictions. D'un côté, ils déclament contre le despotisme des princes ; de l'autre, ils leur attribuent un pouvoir despotique sur le spirituel aussi bien que sur le temporel. Montesquieu l'a remarqué à l'égard des Anglais : ils font bien, dit-il, d'être très-jaloux de leur liberté ; s'ils venaient à la perdre, ce serait le peuple le plus esclave de la terre ; il serait sous le joug d'un despote spirituel et temporel.

Mais nous avons déjà remarqué le vrai but de cette doctrine ; nos politiques antichrétiens ne veulent mettre l'Eglise dans la dépendance absolue des princes, que pour réduire les princes eux-mêmes sous le joug de leurs sujets. De même qu'ils disent que les pasteurs ne sont que les mandataires des fidèles, qu'ils ont reçu du corps de l'Eglise et non de Dieu tous leurs pouvoirs, que leurs *lois* ne peuvent obliger qu'autant que les fidèles veulent bien s'y soumettre ; ils enseignent aussi que les rois ne sont que les mandataires du peuple, que c'est de lui qu'ils tiennent leur autorité, que la souveraineté appartient essentiellement au peuple, et qu'il ne peut pas s'en dessaisir ; qu'il est en droit de la revendiquer et d'en dépouiller ses mandataires lorsqu'ils gouvernent mal. Tel a été le progrès de la doctrine des calvinistes : M. Bossuet l'a observé, *Histoire des Var.*, tom. IV, pag. 311 ; Bayle lui-même le leur a reproché, *Avis aux réfugiés*, 2ᵉ point. Les princes n'ont donc garde de se laisser prendre à ce piége ; l'expérience leur a fait voir qu'il n'y a rien à gagner pour eux. *Voy.* AUTORITÉ ECCLÉSIASTIQUE, HIÉRARCHIE, DEUX PUISSANCES, etc. (1).

LOIS CIVILES. Ce sont les *lois* établies par les souverains, pour maintenir l'ordre, la police, la tranquillité dans leurs États, et pour fixer les droits respectifs de leurs sujets. Un théologien ne serait pas obligé d'en parler, s'il n'y avait pas eu des hérétiques qui ont enseigné à ce sujet. Les vaudois et les anabaptistes ont prétendu que toute *loi humaine* est contraire à la liberté chrétienne ; qu'un fidèle n'est pas obligé en conscience d'y obéir, et ils se sont fondés sur quelques passages de l'Ecriture sainte mal entendus. Luther avait donné lieu à cette erreur, par son livre *De la liberté chrétienne ;* M. Bossuet l'a réfutée, *Défense des Variations*, premier discours, § 52 ; Calvin l'a soutenue dans son *Institution chrétienne*, lib. IV, c. 10, § 5, quoiqu'il s'élève d'ailleurs

(1) Nous avons traité dans notre Dict. de Théol. mor. cette importante question : En qui réside le pouvoir législatif de l'Eglise ? Nous la résumons en deux mots. Il est de fait que le pouvoir législatif réside dans les évêques et principalement dans le pape. Il est de foi que le peuple chrétien n'a aucune part au pouvoir législatif de l'Eglise. Il approche de la foi que les prêtres n'ont aucune part à ce pouvoir. Le pape comme souverain de l'Eglise a le droit de porter des lois qui obligent tous les chrétiens. L'évêque peut porter des lois pour son diocèse ; son pouvoir est soumis à l'autorité souveraine du pape, qui peut modifier ses lois, en dispenser et même les rapporter. *Voy.* Dict. de Théol. mor., art. Loi.

contre les anabaptistes. Le même principe, sur lequel ces sectaires ont prétendu qu'un chrétien n'est pas obligé en conscience de se soumettre aux *lois* de l'Eglise, devait nécessairement les conduire à enseigner qu'il n'est pas obligé non plus d'obéir aux *lois civiles*. Le contraire est cependant formellement enseigné par saint Paul (*Rom.* c. XIII, v. 1) : *Que toute personne*, dit-il, *soit soumise aux puissances supérieures : toute puissance vient de Dieu, c'est lui qui les a établies ; ainsi celui qui leur résiste, résiste à l'ordre de Dieu, et s'attire la condamnation. Le prince est le ministre de Dieu pour procurer le bien ; si vous faites le mal, il ne porte pas le glaive inutilement, mais pour punir les malfaiteurs. Ainsi, soyez soumis non-seulement par la crainte du châtiment, mais par motif de conscience..... Rendez donc à chacun ce qui lui est dû, les tributs, les impôts, les respects, les honneurs à qui ils appartiennent.* Saint Pierre fait aux fidèles la même leçon (*I Petri*, c. II, v. 13). L'apôtre, comme on le voit, n'exclut aucune des *lois civiles* ; il y comprend même les *lois fiscales*. Il n'accorde à personne le droit d'examiner si les *lois* sont justes ou injustes, avant de s'y soumettre. Quelle *loi* serait juste, si l'on consultait les séditieux et les malfaiteurs ?

Jésus-Christ avait déjà décidé la question ; lorsque les Juifs lui demandèrent s'il était permis de payer le tribut à César, il leur dit : *Rendez à César ce qui est à César, et à Dieu ce qui appartient à Dieu* (*Matth.* c. XXII, v. 21) ; et il en donna lui-même l'exemple, en faisant payer le cens pour lui et pour saint Pierre (c. XVII, v. 20). Aussi Tertullien atteste la fidélité des chrétiens à satisfaire à toutes les charges publiques, pendant que les païens n'omettaient aucune fraude pour s'en exempter. *Apolog.*, c. 42.

Pour réunir les Hébreux en corps de nation, Dieu lui-même avait daigné faire la fonction de législateur ; il avait porté des *lois judiciaires*, *civiles*, et *politiques*, aussi bien que des *lois morales* et *religieuses :* par là il avait témoigné qu'il est le fondateur de la société civile, comme il l'est de la société naturelle et domestique. Il est donc vrai, comme l'enseigne saint Paul, que toute puissance légitime vient de Dieu ; de lui émane l'autorité des Pères, celle des magistrats, celle des princes et des rois, tout comme celle des pasteurs. Par ces liens divers, Dieu a voulu réprimer les passions des hommes, cimenter parmi eux l'ordre, la sûreté et la paix. Les hérétiques et les incrédules, qui ont cherché ailleurs l'origine des *lois* et des fondements de la société, sont non-seulement des imprudents et des aveugles qui ont bâti sur le sable, mais de mauvais citoyens, puisqu'ils affaiblissent et brisent, autant qu'ils le peuvent, les liens de société.

Dieu avait prononcé la peine de mort contre quiconque résisterait à la sentence du juge ou du souverain magistrat de la nation juive (*Deut.* c. XXVII, v. 12) ; il avait défendu d'en médire et de l'outrager de paroles

(*Exod.* c. xxii, v. 28). Ces *lois* n'étaient point des ordonnances arbitraires; l'obligation d'y obéir ne venait pas seulement de ce que le gouvernement des Juifs était théocratique; elle dérivait de la *loi naturelle*. En effet, un des premiers principes de justice est que tout homme qui jouit des avantages de la société, doit aussi en supporter les charges : or, c'est sous la protection des *lois civiles* qu'un citoyen jouit en sûreté de ses biens, de ses droits, de son état, de sa vie même; rien de tout cela ne serait assuré dans l'anarchie; on le voit dans les dissensions civiles. Il est donc juste qu'il supporte aussi la gêne, les inconvénients, les privations que lui imposent ces mêmes *lois*. C'est une absurdité de prétendre concilier la liberté de chaque particulier avec la sûreté générale. Si chacun avait le droit de décider de la justice ou de l'injustice des *lois*, les gens de bien seraient de pire condition que les malfaiteurs; les hommes sages et pacifiques seraient à la merci des insensés. Tel qui disserte et déclame contre l'injustice d'une loi quelconque, juge qu'elle est sage, dès qu'elle tourne à son avantage; si les circonstances venaient à changer, il serait casuiste d'autant plus sévère à l'égard de son prochain, qu'il est plus relâché pour lui-même.

Nous n'avons donc pas besoin d'examiner s'il y a des *lois* purement pénales, dont l'infraction est censée innocente, pourvu que l'on puisse se soustraire à la peine. S'il y en avait, ce serait sans doute les *lois fiscales*, et nous voyons que Jésus-Christ et saint Paul ordonnent d'y satisfaire : celui qui les viole est toujours coupable. L'exemple qu'il donne est un piège pour les autres, et ordinairement il n'échappe à la peine que par une suite de fraudes contraires à la droiture que Dieu prescrit à tous les hommes. S'il n'y avait pas une *loi divine, naturelle* et *positive*, qui ordonne au citoyen d'être soumis aux *lois civiles*, parce que le bien de la société l'exige ainsi, toute *loi civile* serait purement pénale et réduite à la seule force coactive : mais Dieu, fondateur de la société, veut que ses membres en observent les *lois*. Par ce motif, un chrétien se soumet sans murmure, souffre patiemment le préjudice momentané qu'il peut ressentir d'une *loi* quelconque, en considération des avantages durables que la société lui procure.

Les anciens philosophes pensaient donc très-sensément, lorsqu'ils rapportaient à la Divinité l'origine de toutes les *lois*, et en regardaient les infracteurs comme des impies. Les modernes, bien moins sages, déclament à l'envi contre notre législation. Si on les en croit, c'est un amas confus de *lois disparates* et *absurdes*; un mélange bizarre des *lois romaines* et des institutions barbares, des *lois* qui n'ont point été faites pour nous, qui n'ont aucune analogie avec notre caractère national, etc. (1).

(1) Les lois de Minos, de Zaleucus, celles des douze Tables, reposent entièrement sur la crainte des dieux. Cicéron, dans son traité des lois, pose la providence comme la base de toute législation. Numa

Quoique cette discussion ne nous regarde point, on nous permettra d'observer, 1° qu'une législation en vertu de laquelle notre monarchie subsiste depuis treize siècles, sans avoir essuyé aucune révolution générale, ne peut pas être aussi mauvaise qu'on le prétend : cela n'est arrivé à aucune autre nation de l'univers. Si nos *lois* étaient contraires au génie national, elles n'auraient pas duré aussi longtemps chez un peuple auquel on a toujours reproché beaucoup d'inconstance et de légèreté. 2° Lorsque nos rois ont réuni plusieurs de nos provinces à la couronne, le premier article de la capitulation a toujours été que les habitants conserveraient leurs *lois* et leurs coutumes particulières. C'est donc sur la parole de nos rois, qui doit toujours être sacrée, qu'est fondée la diversité des *lois*, des coutumes, des poids, des mesures, de la monnaie de compte, etc. 3° Est-ce dans un siècle corrompu et très-peu sage que se trouveront les hommes les plus propres à refondre la législation et à faire un nouveau code ? Des philosophes chargés de ce soin commenceraient par disputer selon leur coutume; au bout de dix ans, ils ne seraient peut-être pas d'accord sur une seule *loi*. Les grands magistrats, les jurisconsultes consommés, sont timides; ils voient de loin les inconvénients d'une *loi* nouvelle, ils ne la proposent qu'en tremblant; les ignorants, qui ne prévoient rien, se croient capables de tout réformer. Au reste, nous ne prétendons blâmer que les déclamations indécentes contre les *lois*; il peut y avoir, sans doute, dans les nôtres des défauts à réparer : c'est le sort de tous les ouvrages des hommes, et nous avons cet inconvénient de commun avec tous les autres peuples. Le moyen d'obtenir une réforme sage est de l'attendre avec respect des puissances qui gouvernent.

Concluons que quand un peuple est fidèle à observer ses anciennes *lois*, il n'a pas besoin et il n'est pas tenté d'en faire de nouvelles; que quand il est indisposé contre elles, c'est une marque qu'il n'est pas capable d'observer ni de souffrir aucune *loi* : il peut dire de lui-même ce que Tite-Live disait des Romains : Nous sommes parvenus à une période où nous ne pouvons plus supporter ni nos vices, ni les remèdes nécessaires pour les guérir.

LOLLARDS, nom d'une secte qui s'éleva en Allemagne au commencement du xiv° siècle; elle eut, dit-on, pour auteur un

avait fait de Rome la ville sacrée, pour en faire la ville éternelle. Otez la religion à la masse des hommes, par quoi la remplacerez-vous ? Si on n'est pas préoccupé du bien, on le sera du mal : l'esprit et le cœur ne peuvent demeurer vides. Quand il n'y aura plus de religion, il n'y aura plus ni patrie, ni société pour les hommes, qui, en recouvrant leur indépendance, n'auront que la force pour en abuser. C'est surtout dans les États libres que la religion est nécessaire. C'est là, dit Polybe, que, pour n'être pas obligé de donner un pouvoir dangereux à quelques hommes, la plus forte crainte doit être celle des dieux. (Portalis, Discours sur l'organisation des cultes.)

nommé *Lollard-Walter*, ou *Gauthier-Lollard*, qui commença de dogmatiser en 1315. Il emprunta des albigeois la plus grande partie de ses erreurs; il enseigna que les démons avaient été chassés du ciel injustement, qu'ils y seraient un jour rétablis, au lieu que saint Michel et les autres anges coupables de cette injustice seraient éternellement damnés, aussi bien que tous ceux qui n'embrasseraient pas la doctrine qu'il prêchait. Il se fit un grand nombre de disciples en Autriche, en Bohême et ailleurs. Ces sectaires rejetaient les cérémonies de l'Eglise, l'invocation des saints, l'eucharistie et le sacrifice de la messe, l'extrême-onction et les satisfactions pour le péché, disant que celle de Jésus-Christ suffisait; ils soutenaient que le baptême ne produit aucun effet; que la pénitence est inutile; que le mariage n'est qu'une prostitution jurée. *Lollard* fut brûlé vif à Cologne, l'an 1322; on dit qu'il alla au bûcher sans frayeur et sans repentir.

En Angleterre, les sectateurs de Wiclef furent nommés *lollards*, parce que ces deux sectes se réunirent à cause de la conformité de leurs sentiments; les uns et les autres furent condamnés par Thomas Arundel, archevêque de Cantorbéry, dans le concile de Londres, en 1396, et dans celui d'Oxford; en 1408. On a observé, avec raison, que les wicléfites d'Angleterre disposèrent les esprits au schisme de Henri VIII, et que les *lollards* de Bohême préparèrent les voies aux erreurs de Jean Hus.

C'est ainsi que la plupart des écrivains ont envisagé les *lollards:* mais Mosheim, *Hist. eccl.*, xiv° siècle, ii° part., c. 2, § 36, prétend qu'ils se sont trompés. Il dit que ce nom signifie *gens qui chantent à voix basse;* que dans l'origine il fut donné aux *cellites* de Flandre, confrérie d'hommes pieux, qui pendant la peste noire, au commencement du xiv° siècle, se dévouèrent à soigner les malades et à enterrer les morts, et qui les portaient à la sépulture en chantant des hymnes à voix basse et sur un ton lugubre. *Voy.* Cellites. Il ajoute qu'il s'en trouva parmi eux qui, sous un extérieur modeste et dévot, avaient des mœurs très-corrompues; désordre qui rendit bientôt odieux le nom de *lollard*. On le confondit avec celui de *beggards*, gens qui affectaient de prier beaucoup, et l'on désigna sous ces deux noms les hypocrites qui, sous un masque de piété, cachaient un libertinage réel. Ainsi, dit-il, le nom de *lollard* n'était point celui d'une secte particulière; mais on le donna indistinctement à toutes les sectes et à toutes les personnes que l'on crut appliquées à cacher leur impiété envers Dieu et l'Eglise sous les dehors de la piété et de la religion. C'est pour cela qu'on le donna presque à toutes les sectes hétérodoxes du xiv° et du xv° siècle. *Voy.* Beggards.

* LONGANIMITÉ. C'est le nom qu'on donne à la miséricorde de Dieu, qui attend le pécheur à repentir. *Voy.* Miséricorde, Conversion.

* LONGÉVITÉ. L'Ecriture nous assure que les patriarches vivaient très-longtemps. Les incrédules ont contesté la vérité de ce récit. Il se trouve confirmé par tous les historiens anciens. Bérose, Manéthon, Hiram, Estians, Hécatée, Bellanicus, Hésiode, donnent une très-longue vie aux premiers hommes. Servius, dans ses commentaires sur Virgile, dit que les Arcadiens vivaient jusqu'à trois cents ans. Homère, Hésiode, Platon, Lucain, Sénèque, parlent aussi de la longue vie des géants.

LOT, neveu d'Abraham. Les incrédules de notre siècle, marchant sur les traces des marcionites, des manichéens, et d'autres hérétiques, ont fait plusieurs objections sur la conduite de ce patriarche, et sur ce qui en est dit dans l'histoire sainte (*Gen.* c. xix). Ils ont dit, 1° que l'excès de la brutalité des sodomites n'est pas croyable. Mais si l'on veut comparer ce trait d'histoire avec ce que plusieurs voyageurs ont écrit touchant les mœurs de quelques nations idolâtres des Indes et des autres parties du monde, on verra qu'en fait de corruption rien n'est incroyable; et plût à Dieu qu'il n'y eût jamais eu rien de semblable chez les nations où l'on professe le christianisme! — 2° Ils soutiennent que *Lot* fut criminel lui-même d'offrir à ces brutaux ses deux filles pour assouvir leur passion. Nous convenons qu'il ne peut être excusé que par la crainte et le trouble dont il fut saisi, et qui lui ôtèrent la réflexion. — 3° Que le changement de la femme de *Lot* en statue de sel est un phénomène impossible. Mais le texte signifie simplement qu'*elle fut statue*, c'est-à-dire rendue immobile *par le sel*, et non changée réellement en sel. Or, qu'un air infecté de vapeurs de nitre, de soufre, de bitume, de vitriol, puisse tuer une femme et la rendre immobile comme une statue, ce n'est ni un prodige inouï, ni un phénomène impossible. Quant à ce qui a été dit par quelques historiens, que cette statue subsistait encore plusieurs siècles après l'événement, etc., nous ne sommes pas obligés de le croire. — 4° L'on ne conçoit pas, disent-ils, que *Lot*, plongé dans l'ivresse, ait commis deux incestes successifs avec ses deux filles, *sans le sentir*, comme il est dit dans le texte. Mais le texte signifie seulement qu'il ne s'en souvint point à son réveil et lorsque l'ivresse fut dissipée. — 5° Ils jugent que Moïse ou un autre historien juif a forcé cette narration, pour rendre infâme l'origine des Moabites et des Ammonites, et pour fournir à sa nation un prétexte de maltraiter et de dépouiller ces deux peuples. La vérité est que les Juifs n'ont dépouillé ni l'un ni l'autre, et n'ont pas envahi un seul pouce de leur terrain. Jephté le soutient ainsi aux Ammonites (*Judic.* c. xi, v. 15); et il cite pour preuve les faits rapportés dans le livre des Nombres (c. xxii), faits que les Ammonites ne pouvaient ignorer. Les guerres survenues dans la suite entre les Juifs et ces deux peuples furent toujours causées par des hostilités commencées par l'un des deux : on le voit par la suite de l'histoire. — 6° Ils ont souvent répété que ces traits de l'histoire sainte sont de très-mauvais exemples. Cela serait vrai, si l'histoire les approuvait; mais on n'y voit aucun signe d'approbation. Il s'ensuit seulement que Moïse et les autres auteurs sacrés ont écrit avec toute la sincérité et l'impartialité possibles; qu'ils n'ont dissimulé aucun des crimes commis par les patriarches et par leurs descendants; qu'ils n'ont pas cherché à nourrir l'orgueil des Juifs, ni à leur inspirer des prétentions injustes. Par le tableau qu'ils tracent des anciennes mœurs, ils nous font comprendre que, dans tous les temps, les bienfaits que Dieu a daigné accorder aux hommes ont été très-gratuits; que s'il avait traité la race humaine comme elle le méritait, il n'aurait pas cessé un moment de tonner et de frapper. Comme cette vérité est très-importante, il a été nécessaire de l'inculquer dans tous les temps; il n'est pas inutile de la répéter encore aujourd'hui. *Voy.* la *Dissertation de D. Calmet sur la ruine de Sodome*, Bible d'Avignon, t. I, p. 593.

Barbeyrac, dans son *Traité de la morale des Pères*, c. 3, § 7, a censuré saint Irénée et les autres Pères de l'Eglise, qui n'ont pas voulu condamner rigoureusement la conduite de *Lot*, et qui ont cherché à atténuer le crime qu'il a commis avec ses filles. Saint Irénée pose pour maxime que, quand l'Ecriture rapporte une action sans la blâmer, nous ne devons pas la condamner, quelque criminelle qu'elle nous paraisse, mais y chercher un type ou une figure. Barbeyrac dit à ce sujet que, quand nous y trouverions un type, cela ne peut pas effacer le crime; que l'excuse dont se servent les Pères donne lieu à des conséquences très-pernicieuses aux mœurs.

Nous convenons qu'un type n'efface pas un crime; mais les Pères ont-ils pensé le contraire, et n'ont-ils pas donné d'autre excuse? Saint Irénée dit que *Lot* accomplit ce type, ou fit l'action dont nous avons parlé, non de propos délibéré, ni par une affection criminelle, mais sans en avoir la pensée ni le sentiment. *Adv. Hær.*, l. IV, c. 31 (*olim* 50 et 51). C'est donc principalement par le défaut de connaissance et de liberté dans l'ivresse, et non à cause du type de cette action, que saint Irénée excuse *Lot*. Origène, saint Jean Chrysostome, Théodoret, saint Ambroise, saint Augustin, ont fait de même; et ils ont cru que *Lot* avait été enivré par surprise, et non par sensualité. Nous ne voyons pas quelle conséquence il en peut résulter contre la pureté des mœurs. Grabe, plus judicieux que Barbeyrac, dit qu'il y a de la témérité à porter un jugement sur tout cela. *Voy.* les *Notes de Feuardent et de Grabe, sur saint Irénée*.

LUC (saint), l'un des quatre évangélistes, auteur de l'Evangile qui porte son nom (1), et des *Actes des Apôtres*. Il était Syrien de nation, natif d'Antioche, et médecin de profession; il fut compagnon des voyages et des travaux de saint Paul, jusqu'à la mort de cet apôtre; mais depuis ce moment, on ne sait plus rien de certain sur les lieux dans lesquels *saint Luc* prêcha l'Evangile, ni sur le genre de sa mort.

Selon l'opinion la plus commune, il écrivit son Evangile l'an 53 de Jésus-Christ, et les *Actes des Apôtres* dix ans après; il cite l'Ecriture sainte, selon la version des Septante, et non selon le texte hébreu; d'où l'on conclut qu'il était juif helléniste, et que l'hébreu n'était point sa langue maternelle. Il parle un grec plus pur que les autres évangélistes, mais on y remarque encore plusieurs expressions propres aux juifs hellénistes, et d'autres qui tiennent de la langue syriaque, usitée à Antioche. Ce qu'il dit au commencement de son Evangile donne lieu à quelques discussions. « Comme plusieurs, dit-il, ont entrepris de faire l'histoire des choses qui sont arrivées parmi nous, de la manière que les ont rapportées ceux qui en ont été témoins dès le commencement, et qui étaient chargés de nous les annoncer, j'ai trouvé bon, mon cher Théophile, de vous les écrire par ordre, après m'en être soigneusement informé dès l'origine, afin que vous sachiez la vérité de ce que vous avez appris. »

Il n'est pas fort nécessaire de savoir si ce *Théophile*, auquel *saint Luc* adresse aussi les *Actes des apôtres*, était un personnage particulier, ou si c'est le nom appellatif de tout homme *qui aime Dieu*. Il dit qu'il s'est informé soigneusement de tout; de là on conclut qu'il n'était point du nombre des soixante-douze disciples qui suivaient Jésus-Christ, mais qu'il avait été converti au christianisme par la prédication des apôtres. Cependant ces mots, *des choses qui sont arrivées parmi nous*, semblent insinuer qu'il avait été témoin d'une bonne partie des actions du Sauveur. *Saint Luc* ajoute qu'il a remonté à *l'origine*; en effet, il prend les faits de plus haut que les autres évangélistes, puisqu'il rapporte la naissance de saint Jean-Baptiste, l'annonciation faite à la sainte Vierge, et plusieurs événements de l'enfance du Sauveur, dont les autres n'ont point parlé. Ce qu'il dit de ceux qui avaient *entrepris d'écrire* la même histoire a fait croire à saint Jérôme que *saint Luc* voulait désigner par là les Evangiles faux et apocryphes, et qu'il avait pris la plume pour les réfuter. Mais le texte ne donne aucun lieu à cette conjecture, puisqu'il ajoute que ces écrivains avaient fait l'histoire *selon le rapport des témoins*. *Saint Luc* peut donc avoir eu en vue les Evangiles de saint Matthieu et de saint Marc, qui existaient déjà, quoique peut-être il ne les eût pas lus. Il a pu se proposer de suivre leur exemple, et non de les réfuter, puisqu'il ne les contredit en rien, ou de faire une narration plus détaillée que la leur sans pour cela blâmer la leur. C'est mal à propos que les incrédules ont voulu tirer avantage de la conjecture de saint Jérôme, pour conclure que les Evangiles apocryphes existaient déjà du temps de *saint Luc*, et qu'ils sont plus anciens que nos vrais Evangiles. Le premier auteur qui ait parlé des Evangiles apocryphes est saint Irénée, qui n'a écrit que plus d'un siècle après *saint Luc*. D'autres n'ont pas

---

(1) L'Evangile de saint Luc est proto-canonique, à l'exception de l'histoire de la sueur de sang qui est deutero-canonique.

mieux rencontré, quand ils ont conclu que cet Evangéliste n'était pas content des Evangiles de saint Matthieu et de saint Marc, puisque le sien n'est pas opposé aux leurs et ne les contredit en rien.

Quelques anciens, comme Tertullien et l'auteur de la *Synopse* attribuée à saint Athanase, pensent que l'Evangile de *saint Luc* était proprement l'Evangile de saint Paul; que cet apôtre l'avait dicté à *saint Luc;* que quand il dit, *mon Evangile*, il entend l'Evangile de *saint Luc*. Mais saint Irénée, l. III, c. 1, dit simplement que *saint Luc* mit par écrit ce que saint Paul prêchait aux nations; et saint Grégoire de Nazianze, que cet évangéliste écrivit aidé du secours de saint Paul. Il est vrai que saint Paul cite ordinairement l'Evangile de la manière la plus conforme au texte de *saint Luc ;* on peut en voir des exemples (*I Cor.* c. XI, v. 23 et 24 ; c. XV, v. 5, etc.). Mais *saint Luc* ne dit nulle part qu'il ait été aidé par saint Paul : cette conjecture n'est fondée que sur la liaison qui a régné constamment entre l'évangéliste et l'apôtre.

Les marcionites ne recevaient que le seul Evangile de *saint Luc*, encore en retranchaient-ils plusieurs choses, en particulier les deux premiers chapitres, comme l'ont remarqué Tertullien, *L.* v, *contra Marcion.*, et saint Epiphane, *Hær.*, 42. *Voy.* Tillemont, t. II, p. 130, etc.

LUCIANISTES, nom de secte tiré de *Lucianus* ou *Lucanus*, hérétique du II° siècle. Il fut disciple de Marcion, duquel il suivit les erreurs, et y en ajouta de nouvelles. Saint Epiphane dit que *Lucianus* abandonna Marcion, en enseignant aux hommes à ne point se marier, de peur d'enrichir le Créateur. Cependant, comme l'a remarqué le père Le Quien, c'était là une erreur de Marcion et des autres gnostiques. Il niait l'immortalité de l'âme, qu'il croyait matérielle.

Les ariens furent aussi appelés *lucianistes*, et l'origine de ce nom est assez douteuse. Il paraît que ces hérétiques, en se nommant *lucianistes*, avaient envie de persuader que saint Lucien, prêtre d'Antioche, qui avait beaucoup travaillé sur l'Ecriture sainte, et qui souffrit le martyre l'an 312, était dans le même sentiment qu'eux, et peut-être le persuadèrent-ils à quelques saints évêques de ce temps-là. Mais, ou il faut distinguer ce saint martyr d'avec un autre *Lucien*, disciple de Paul de Samosate, qui vivait dans le même temps, ou il faut supposer que saint Lucien d'Antioche, après avoir été séduit d'abord par Paul de Samosate, reconnut son erreur, et revint à la doctrine catholique touchant la divinité du Verbe, puisqu'il est certain qu'il mourut dans le sein et dans la communion de l'Eglise. On peut en voir les preuves. *Vies des Pères et des Martyrs*, t. I, p. 124.

LUCIFÉRIENS. Ce nom fut donné à ceux qui adhérèrent au schisme de Lucifer, évêque de Cagliari en Sardaigne ; schisme qui arrive au IV° siècle de l'Eglise.

Voici quelle en fut l'occasion. Après la mort de l'empereur Constance, fauteur des ariens, Julien, son successeur, rendit aux évêques exilés la liberté de retourner dans leurs siéges. Saint Athanase et saint Eusèbe de Verceil, dans le dessein de rétablir la paix, assemblèrent, en 362, un concile à Alexandrie, où il fut résolu de recevoir à la communion les évêques qui, dans celui de Rimini, avaient par faiblesse trahi la vérité catholique, mais qui reconnaissaient leur faute. Cette assemblée députa Eusèbe pour aller calmer les divisions qui régnaient dans l'Eglise d'Antioche, où les uns étaient attachés à leur évêque Eustathe, qui avait été chassé de son siége à cause de son attachement à la foi catholique; les autres à Mélèce, qui, après avoir été dans le parti des semi-ariens, était revenu à cette même foi. Lucifer, au lieu d'aller avec Eusèbe au concile d'Alexandrie, était allé directement à Antioche, et avait ordonné pour évêque Paulin, dont il espérait que les vertus réuniraient les deux partis. Ce choix déplut à la plupart des évêques d'Orient, et augmenta le trouble, puisqu'au lieu de deux évêques et de deux partis, il s'en trouva trois. Lucifer, offensé de ce qu'Eusèbe et les autres n'approuvaient pas ce qu'il avait fait, se sépara de leur communion, ne voulut avoir aucune société avec les évêques reçus à la pénitence, ni avec ceux qui leur avaient fait grâce. Cependant les marques de repentir que les premiers avaient données les rendaient dignes de l'indulgence de leurs collègues. Ainsi ce prélat, recommandable d'ailleurs par ses talents, par ses vertus, par son attachement à la foi catholique, par ses travaux, troubla l'Eglise par un rigorisme outré, et persévéra dans le schisme jusqu'à la mort. On ne lui a reproché aucune erreur sur le dogme ; mais ses adhérents furent moins réservés; l'un d'entre eux, nommé Hilaire, diacre de Rome, soutenant que les ariens, ainsi que les autres hérétiques et les schismatiques, devaient être rebaptisés lorsqu'ils rentraient dans le sein de l'Eglise catholique. Saint Jérôme le réfuta solidement dans son *Dialogue contre les luciférens* ; il soutint que les Pères de Rimini n'avaient péché que par surprise ; que leur cœur n'avait point été complice de leur faiblesse, puisque, s'ils n'avaient pas professé assez exactement le dogme catholique, ils n'avaient pas non plus énoncé l'erreur; il le prouva par les actes mêmes du concile.

Les *luciférens* étaient répandus, mais en petit nombre, dans la Sardaigne et en Espagne. Dans une requête qu'ils présenté ent aux empereurs Théodose, Valentinien et Arcade, ils firent profession de ne vouloir communiquer ni avec ceux qui avaient consenti à l'hérésie, ni avec ceux qui leur accordaient la paix ; ils soutenaient que le pape Damase, saint Hilaire de Poitiers, saint Athanase et les autres confesseurs, en recevant à la pénitence les ariens, avaient trahi la vérité. *V.* Pétau, t. II, l. IV, c. 4, § 10 et 11; Tillemont, t. VII, p. 514.

LUMIÈRE. Dans l'Ecriture sainte, ce mot est souvent employé dans sa signification propre, mais il a aussi très-fréquemment un sens figuré (*Job.* c. XXXI, v. 26) ; la *lumière* est prise pour le soleil ; dans saint Marc (c. xiv, v. 54), elle signifie du feu. Ainsi, lorsqu'il est dit (*Genes.* c. i, v. 3), que Dieu créa la *lumière*, cela signifie évidemment qu'il créa un corps igné et lumineux. Le grec φῶς, et le français *feu* sont la même racine. Chez tous les peuples, la *lumière* est la même chose que la vie ; voir la *lumière*, jouir de la *lumière*, c'est naître et vivre (*Job.* c. iii, v. 16) ; marcher à la *lumière* des vivants, signifie jouir de la vie et de la santé, De même, dans toutes les langues, la *lumière* exprime la publicité. Jésus-Christ dit à ses apôtres (*Matth.*, c. x, v. 27) : *Ce que je vous dis dans les ténèbres ou en secret, dites-le à la lumière, ou au grand jour.*

Dans le sens figuré, la *lumière* exprime ce qu'il y a de plus parfait. Lorsque saint Jean dit que Dieu est *lumière*, et qu'il n'y a point en lui de ténèbres (*I Joan.* c. v, v. 5), il entend que Dieu est la souveraine perfection, et qu'il n'y a point en lui de défaut. A peu près dans le même sens, saint Jacques (c. i, v. 17) appelle Dieu le père des *lumières*, dans lequel il n'y a point d'inconstance, ni aucune ombre de changement. Le Fils de Dieu, selon saint Paul (*Hebr.* c. i, v. 3), est la splendeur de la *lumière*, ou de la gloire du Père, c'est-à-dire qu'il lui est égal en perfection. Lorsque le concile de Nicée l'a nommé *Dieu de Dieu, lumière de lumière*, il a donné à entendre que le Père éternel a engendré son Fils égal à lui-même, sans rien perdre de son être ni de ses perfections, comme un flambeau en allume un autre sans rien perdre de sa *lumière*, et que l'un est parfaitement égal à l'autre. De même (*Sap.*, c. vii, v. 26), il est dit que la sagesse est la splendeur de la *lumière* éternelle, le miroir sans tache de la majesté de Dieu, et l'image de sa bonté.

La *lumière de Dieu* exprime souvent en général les bienfaits de Dieu, les effets de son affection pour nous (*Ps.* xxxv, v. 10), le psalmiste dit à Dieu : « Dans votre *lumière* nous verrons la *lumière* ; » c'est-à-dire lorsque vous nous rendrez votre affection, nous vivrons et nous jouirons de vos bienfaits. (*Psalm.* lxvi, v. 2) : « Que Dieu nous montre la *lumière* de son visage, » ou qu'il nous montre un visage serein, signe de bienveillance et de bonté. Conséquemment, la *lumière* désigne souvent la prospérité et la joie (*Ps.* xcvi, v. 11) : « La *lumière* s'est levée pour le juste, et la joie pour ceux qui ont le cœur droit. » Mais la *lumière de Dieu* désigne aussi la grâce, parce qu'elle éclaire nos esprits, et allume dans nos cœurs l'amour de la vertu. (*Ps.* lxxxix, v. 17), David dit à Dieu : « Faites briller, Seigneur, votre *lumière* sur nous, et dirigez toutes nos œuvres. » Jésus-Christ est appelé la vraie *lumière* qui éclaire tout homme qui vient en ce monde (*Joan.* c. i, v. 9) ; et il dit lui-même : *Je suis la lumière du monde* (c. viii, v. 12 ; c. ix, v. 5), parce qu'il est l'auteur et le distributeur de la grâce. Par la même raison, la parole de Dieu, la loi de Dieu, est appelée une *lumière* qui nous éclaire, parce qu'elle nous fait connaître nos devoirs. Jésus-Christ dit à ses apôtres : *Vous êtes la* lumière *du monde* (*Matth.* c. v, v. 14), parce qu'ils devaient éclairer les hommes par la prédication de l'Evangile et par l'exemple de leurs vertus. Ainsi, Jésus-Christ appelle les bons exemples une *lumière* : *Que votre* lumière *brille devant les hommes, afin qu'ils voient vos bonnes œuvres* (*Ibid.* 16). Les fidèles sont appelés *enfants de lumière* ; les bonnes œuvres, *des armes de lumière*, etc. Enfin, le bonheur éternel est désigné sous le nom de *lumière éternelle* (*Apoc.*, c. xxii, v. 5, etc.).

L'ombre, les ténèbres, la nuit, sont l'opposé de la *lumière*, et ont à peu près autant de significations contraires. *Voy.* Ténèbres, etc.

La manière dont Moïse raconte la création de la *lumière* est remarquable par l'énergie et le sublime de son expression. Dieu dit : *Que la* lumière *soit*, et la *lumière* fut. Le rhéteur Longin, quoique païen, était frappé de la noblesse avec laquelle Moïse exprime le pouvoir créateur de Dieu, qui opère par le seul vouloir. Celse, moins sensé, disait que cette manière de parler semblait supposer dans Dieu un désir impuissant ou un besoin : remarque absurde, puisque c'est un commandement qui est immédiatement suivi de son effet. Les manichéens, de leur côté, trouvaient mauvais que Moïse eût rapporté la création de la *lumière*, avant celle du soleil ; qu'il eût supposé un jour, un soir et un matin, avant qu'il y eût un soleil. Les incrédules modernes, dont toute la science consiste à copier les anciens, ont répété qu'il n'y a rien de sublime dans la narration de Moïse, qu'il y a même du désordre et de la confusion ; qu'il a suivi l'opinion populaire, selon laquelle la *lumière* ne vient pas du soleil, et qu'il suppose que c'est un corps fluide distingué de cet astre. Rien n'est moins judicieux que cette censure. Un peu de bon sens suffit pour sentir que Moïse ne pouvait pas mieux exprimer qu'il l'a fait la *création* proprement dite, et l'on défie tous les philosophes de mieux rendre cette idée. Pour qu'il y eût un jour, un soir et un matin, il suffisait qu'il y eût un feu, un corps lumineux quelconque qui tournât autour de la terre, ou autour duquel la terre tournât. Or Moïse nous apprend que Dieu créa ce corps, duquel probablement le soleil et les étoiles furent formés trois jours après. Il n'y a donc point ici de confusion.

Croire que la *lumière* est un fluide très-distingué du soleil, ce n'est pas une opinion populaire, mais un système philosophique soutenu par plusieurs anciens, renouvelé par Descartes, suivi encore par un bon nombre d'habiles physiciens. Quand on frappe deux cailloux l'un contre l'autre, dans l'obscurité, les étincelles de *lumière* qui en sortent ne viennent certainement pas du soleil. Mais Moïse ne dit rien qui favorise ni qui détruise cette opinion, puisqu'il parle simplement d'un feu ou d'un corps lumineux, dont l'effet fut un soir et un matin, par conséquent un jour. *Voy.* Jour.

Au iv<sup>e</sup> siècle, il y eut une grande dispute pour savoir si la *lumière* que certains moines visionnaires croyaient voir à leur nombril, était la même que celle dont Jésus-Christ fut environné sur le Thabor; si cette lumière était créée ou incréée. Cette question très-absurde donna lieu à une autre qui était de savoir si les opérations extérieures de Dieu étaient distinguées ou non de son essence ; si elles étaient créées ou incréées. La chose parut assez grave aux Grecs pour assembler quatre conciles, dans trois desquels ils condamnèrent ceux qui soutenaient que les opérations extérieures de Dieu étaient créées et distinguées de son essence. Nous en avons parlé au mot Hésichastes.

LUMINAIRE. *Voy.* Cierge.

LUTHÉRANISME, sentiments de Luther et de ses sectateurs touchant la religion.

De toutes les hérésies qui ont affligé l'Eglise depuis sa naissance, il n'en est aucune qui ait fait des progrès plus rapides, et qui ait produit d'aussi tristes effets. Celle-ci eut pour auteur Martin Luther, né à Eisleben, ville du comté de Mansfeld en Thuringe, l'an 1483. Après ses études, il entra dans l'ordre des Augustins ; en 1508, il alla à Wirtemberg, et y enseigna la philosophie dans l'université qui y avait été établie quelque temps auparavant. En 1512, il prit le bonnet de docteur; en 1516, il commença à s'élever contre la théologie scolastique, et la combattit dans des thèses. En 1517, Léon X ayant fait prêcher des indulgences pour ceux qui contribueraient aux dépenses de l'édifice de Saint-Pierre de Rome, en donna la commission aux dominicains. On prétend qu'ils s'en acquittèrent de la manière la plus odieuse ; que la plupart de leurs quêteurs menaient une vie scandaleuse, et faisaient un indigne trafic des indulgences ; que des moines, dans leurs sermons, avançaient des erreurs, des absurdités, et même des impiétés, pour faire valoir les indulgences. Il peut y avoir de l'exagération dans ce reproche ; il vient de la part des protestants. Luther, homme violent et emporté, d'ailleurs fort vain et plein de lui-même, trouva bon de prêcher contre eux, et il le fit avec plus de chaleur que n'en inspire le vrai zèle : c'est ce qui a donné des soupçons contre la pureté de ses motifs. Des prédicateurs, il passa aux indulgences mêmes, et il déclama également contre les uns et les autres. Il avança d'abord des propositions ambiguës ; engagé ensuite dans la dispute, il les soutint dans un sens erroné, et il alla si loin, qu'il fut excommunié par le pape l'an 1520. Avant cette condamnation, il avait appelé au pape, et s'était soumis à son jugement ; mais quand il se vit flétri et ses opinions proscrites, il ne garda plus de mesures. Il fut si flatté de se trouver chef de parti, que ni l'excommunication de Rome, ni la condamnation de plusieurs universités célèbres, en particulier de la faculté de théologie de Paris, ne firent aucune impression sur lui. Ainsi il forma une secte que l'on a nommée le *luthéranisme*, et dont les partisans sont appelés *luthériens*.

Pour s'en former une idée juste, il faut voir comment Luther fut entraîné d'une erreur à une autre par les conséquences, avec quelle rapidité sa doctrine se répandit, quelles furent les causes qui y contribuèrent, quels sont les effets qui en ont résulté. Dans l'article suivant, nous verrons le nombre des sectes qui sont nées de celle de Luther.

I. Lorsque ce novateur déclama contre l'abus des indulgences, il ne prévoyait pas à quels excès il serait conduit par la fougue de son caractère ; s'il l'avait pressenti, il est à présumer qu'il aurait reculé à la vue du chaos d'erreurs dans lesquelles il allait se plonger : rien n'est plus propre que sa conduite à effrayer ceux qui seraient tentés d'innover en fait de religion. Comme nous réfutons ses opinions dans les divers articles de ce *Dictionnaire* qui y ont rapport, nous nous contenterons d'y renvoyer le lecteur.

Pour savoir si l'usage des indulgences était légitime en lui-même, il fallait examiner si l'Eglise a le pouvoir d'absoudre le pécheur de la peine éternelle qu'il a méritée ; si, après la rémission de cette peine, il est encore obligé de satisfaire à la justice divine par une peine temporelle ; si l'Eglise peut l'en dispenser, du moins en partie, en lui appliquant par l'indulgence les mérites surabondants de Jésus-Christ et des saints. Luther ne nia pas d'abord l'efficacité de l'absolution, mais il n'a la nécessité de la satisfaction ; il dit qu'à la vérité l'Eglise avait pu imposer, par les canons pénitentiaux, des peines médicinales, ou de bonnes œuvres, capables de préserver le pécheur de la rechute ; que ces peines étaient une précaution contre les péchés futurs, mais non un remède pour les péchés passés ; que toute l'indulgence de l'Eglise consistait à dispenser le pécheur de la rigueur de cette ancienne discipline purement ecclésiastique et non à le décharger devant Dieu d'aucune obligation. *Voy.* Indulgence, Satisfaction.

— Poussé sur cet article, il prétendit que l'Eglise n'avait pas même le pouvoir de remettre les péchés par l'absolution, mais seulement de déclarer que le péché était remis. *Voy.* Absolution.

Par quel moyen le péché est-il donc remis, si l'absolution n'a pas cette vertu ? Par la foi, répondit Luther, non par cette foi générale par laquelle nous croyons tout ce que Dieu a révélé, mais par une foi spéciale par laquelle nous croyons fermement que Jésus-Christ est mort pour nous, et que les mérites de sa mort nous sont appliqués ou imputés. C'est à cette prétendue foi que Luther applique ce qu'a dit saint Paul, que nous sommes justifiés par la foi, et que le juste vit de la foi, etc. ; mais il est évident que saint Paul n'a jamais entendu la foi de la manière dont il a plu à Luther de l'expliquer. *Voy.* Foi, § 5 ; Justification, Imputation. Tel est néanmoins le fondement de tout le système de cet hérésiarque, comme on va le voir.

Si c'est par la foi seulement que les péchés nous sont remis, ce n'est donc pas par la contrition. Aussi Luther décida que la contrition, loin de rendre l'homme moins pécheur, le rend plus hypocrite et plus coupable. *Voy.* Contrition. Il fut néanmoins d'avis de conserver la confession, à cause des salutaires effets qu'elle peut produire : c'est un des articles de la confession d'Augsbourg ; mais, dans la suite, les luthériens l'ont supprimée. En effet, qui pourrait se résoudre à une pratique aussi humiliante et aussi pénible, dès qu'il serait persuadé qu'elle ne contribue en rien à la rémission du péché, et que, sans elle, les péchés nous sont remis par la foi ? *Voy.* Confession. — Conséquemment tout ce que nous nommons *œuvres satisfactoires*, le jeûne, la pénitence, la continence, les macérations, l'aumône, etc., sont très-superflus ; Luther n'hésita point de l'affirmer et de condamner ainsi les saints de tous les siècles, saint Paul et tous les apôtres. Les vœux monastiques, par lesquels on s'oblige à toutes ces pratiques sont, selon lui, un abus. Il donna l'exemple d'en secouer le joug, en épousant une religieuse, et il déclama contre le célibat des prêtres.

On doit faire, sans doute, des œuvres de charité et de religion, des aumônes, des prières, puisque Jésus-Christ les commande ; mais, selon Luther, elles ne contribuent ni à effacer les péchés, ni à nous rendre agréables à Dieu, ni à nous mériter une récompense ; et l'on ne sait pas trop pourquoi Dieu nous les commande. Luther soutint même absolument que nous ne pouvons rien mériter, que tous nos mérites consistent en ce que ceux de Jésus-Christ nous sont imputés par la foi. Il poussa l'entêtement jusqu'à enseigner, d'un côté, que l'homme pèche dans toutes ses œuvres, et de l'autre, que l'homme, justifié par la foi, ne peut commettre des péchés, parce que Dieu ne les lui impute point. M. Bossuet fait sentir toute l'absurdité de cette contradiction, *Hist. des Variat.*, l. I, n. 9 et suiv. *Voy.* Œuvres, Mérites, Vœux, etc.

Mais si l'homme pèche nécessairement dans toutes ses œuvres, en quoi consiste donc le libre arbitre ? Luther prétendit que le libre arbitre est nul ; que Dieu fait tout dans l'homme, le péché aussi bien que la vertu ; que le libre arbitre, tel que les théologiens l'admettent, est incompatible avec la corruption de l'homme et avec la certitude de la prescience divine. Cette doctrine scandaleuse fut adoucie dans la confession d'Augsbourg, et aucun luthérien n'oserait aujourd'hui la soutenir dans les termes révoltants dont se servait Luther.

Dès que les péchés ne nous sont point remis par les sacrements, mais par la foi, il s'ensuit que toute l'efficacité des sacrements consiste en ce que ce sont des signes capables d'exciter la foi : telle est l'opinion de Luther. Comme il jugea que les deux seules cérémonies capables de produire cet effet sont le baptême et l'eucharistie ou la cène, il ne retint que ces deux sacrements ; la confession d'Augsbourg y ajouta la pénitence : mais il ne paraît pas que les luthériens soient demeurés fermes dans ce dernier article de leur confession.

Du principe de Luther touchant les sacrements, les anabaptistes et les sociniens ont conclu que les enfants étant incapables d'avoir la foi, il ne faut pas les baptiser après leur naissance, mais qu'il faut attendre qu'ils soient parvenus à l'âge de raison. *Voy.* Sacrement, etc.

Il y avait dans la doctrine de ce novateur une difficulté par rapport à l'eucharistie. Si les paroles sacramentelles prononcées par les prêtres ne produisent rien, quel peut être l'effet de la consécration ? Ici Luther, peu d'accord avec lui-même, a soutenu constamment qu'en vertu des paroles de la consécration, Jésus-Christ est réellement présent dans l'eucharistie, mais que la substance du pain et du vin y demeure ; il rejeta donc la transsubstantiation. Mais Carlostadt, son collègue dans l'université, soutint contre lui que la substance du corps de Jésus-Christ ne pouvait pas subsister avec celle du pain et du vin ; que s'il fallait admettre la présence réelle, il fallait admettre aussi la transsubstantiation comme les catholiques. Carlostadt eut des sectateurs, qui furent nommés *sacramentaires* ; leur sentiment sur l'eucharistie a été suivi par Zwingle et par Calvin. Luther ne recula point ; il persista jusqu'à la mort à enseigner le dogme de la présence réelle ; mais il le fit plutôt par esprit de contradiction contre les sacramentaires que par respect pour les paroles de Jésus-Christ, ou par habitude de raisonner conséquemment, et l'on ne sait pas trop ce qu'il entendait par cette *présence réelle*. Après lui, lorsqu'il fallut expliquer comment le corps de Jésus-Christ peut être dans une hostie avec le pain, quelques luthériens dirent que c'était par *impanation*, d'autres par *ubiquité*, d'autres par *concomitance*, ou par une *union sacramentelle*. *Voy.* Impanation, Transsubstantiation, Ubiquité.

Si Jésus-Christ est réellement présent dans l'eucharistie, il doit y être adoré. Luther hésita sur ce point ; il avait d'abord conservé l'élévation de l'hostie à la messe, en dépit de Carlostadt qui la désapprouvait ; ensuite il la supprima, afin que Jésus-Christ, présent sur l'autel, y fût adoré : conséquemment il défendit de garder du pain consacré, et il exigea la communion sous les deux espèces. — Pourquoi Jésus-Christ, présent sur l'autel, ne pourrait-il pas être offert en sacrifice à son Père ? Luther y aurait peut-être consenti ; mais comme les mérites de Jésus-Christ pourraient aussi nous être appliqués par le sacrifice, cet hérésiarque, qui ne voulait point admettre d'autre application de ces mérites que par la foi, nia que la messe fût un sacrifice. Il n'avait blâmé d'abord que les messes privées ; mais bientôt après il retrancha l'oblation, l'élévation et l'adoration de l'eucharistie. *Voy.* Sacrifice, Messe, Élévation, Communion, etc.

De tout temps cependant ce sacrifice a été offert pour les vivants et pour les morts ; mais selon la doctrine de Luther, le péché, une fois remis par la foi, n'a plus besoin d'être existé ni en ce monde ni en l'autre : il n'y a donc point de purgatoire; la prière pour les morts est superflue. Dans toutes les liturgies chrétiennes on a fait mémoire des saints; mais l'invocation des saints, selon Luther, leur suppose des mérites indépendants de ceux de Jésus-Christ. En vertu de cette fausse conséquence qu'il prêtait malicieusement aux théologiens, il rejeta l'invocation et l'intercession des saints. *Voy.* Morts, Purgatoire, Saints, etc.

Puisque, selon lui, les sacrements et toutes les cérémonies n'ont point d'autre effet que d'exciter la foi, l'ordination des prêtres ne peut leur donner aucun caractère, aucun pouvoir surnaturel; il n'y a point de vrai sacerdoce ni d'hiérarchie ; c'est aussi le sentiment de Luther. Dès qu'il ôtait au mariage la dignité de sacrement, on ne doit pas être surpris de ce qu'il a donné atteinte à l'indissolubilité de ce lien, de ce qu'il a permis la polygamie au landgrave de Hesse, et de ce qu'il a été très-relâché sur l'adultère; on le lui a reproché plus d'une fois. *Voy.* Ordination, Hiérarchie, Mariage, etc.

Furieux d'avoir été condamné et excommunié par le pape, il décida que le pape était l'antechrist ; il nia que l'Eglise eût le pouvoir de porter des censures et de condamner des erreurs ; il soutint que la seule règle de foi des fidèles est l'Ecriture sainte. Mais, par une contradiction révoltante, lui-même condamnait les sacramentaires et les anabaptistes, s'attribuait parmi ses sectateurs toute l'autorité d'un souverain pontife, ne voulait pas que l'on fît usage d'une autre version de l'Ecriture sainte que de la sienne, excommuniait et aurait voulu exterminer tous ceux qui ne pensaient pas comme lui. Il avait rejeté du canon des Ecritures l'épître de saint Jacques, parce qu'elle enseigne trop clairement la nécessité des bonnes œuvres; mais les luthériens ont adouci sur ce point la doctrine de leur patriarche, et ont remis cette épître dans le canon, de même que l'Apocalypse, qui n'est pas reçue par les calvinistes. *Voy.* Clergé, Pape, etc.

Le même principe sur lequel il rejetait toutes les lois et les institutions de l'Eglise, comme autant d'inventions humaines, le conduisit à soutenir qu'en vertu de la liberté des enfants de Dieu, acquise par le baptême, un chrétien n'était assujetti à aucune loi humaine. Aussi, lorsqu'il eut fait paraître son livre *De la Liberté chrétienne*, les paysans d'une partie de l'Allemagne se révoltèrent contre les seigneurs, l'an 1525, prirent les armes, et se livrèrent aux plus grands excès. *Voy.* Liberté chrétienne.

Il est donc évident que le *luthéranisme* ne s'est formé que peu à peu, et par pièces; ç'a été l'ouvrage des circonstances, du hasard, de l'intérêt du moment, mais surtout des passions, plutôt que de la force du génie de son auteur. La multitude des disputes qu'il a causées, des erreurs et des désordres auxquels il a donné lieu, des sectes qui en sont sorties du vivant même de Luther, ont dû convaincre ce novateur de l'énormité du crime qu'il avait commis, en levant le premier l'étendard de la révolte. Il a vécu dans le trouble, dans la crainte, dans les fureurs de la haine; à moins qu'il n'ait été frappé d'un aveuglement stupide, il n'a pas pu mourir sans remords. — Vainement ses sectateurs font de lui les éloges les plus outrés, et le peignent comme un apôtre suscité de Dieu pour réformer l'Eglise. Ce n'était dans le fond qu'un moine brutal et grossier, qui n'avait d'autre mérite que d'avoir passé sa vie à disputer dans une université. Ses panégyristes mêmes sont forcés de convenir que, quand il rompit avec l'Eglise romaine, en 1520, il n'avait point encore formé de système théologique, et qu'il ne savait encore ce qu'il devait enseigner ou rejeter dans la croyance catholique. Ce n'est point en tâtonnant ainsi, que les apôtres ont dressé le symbole de la foi chrétienne. Les calvinistes et les anglicans ne conviennent point du mérite éminent que les luthériens attribuent à leur fondateur. *Voy.* les *Notes du traduct. de l'hist. ecclés. de Mosheim*, tom. IV, p. 50, 61, etc.

(1) Voici le jugement que l'auteur des *Discussions amicales* porte des principaux réformateurs. D'abord Luther témoigne qu'étant catholique « il avait passé sa vie en austérités, en veilles, en jeûnes, en oraisons, avec pauvreté, chasteté et obéissance. » Une fois réformé, c'est un autre homme ; il dit « que comme il ne dépend pas de lui de n'être point homme, il ne dépend pas non plus de lui d'être sans femme, et qu'il ne peut pas plus s'en passer que de subvenir aux nécessités naturelles les plus viles. » (Tom. V, in cap. 1 ad Galat., v. 4, et *Serm. de Matrim*, fol. 119.)

« Je ne m'esmerveille plus, ô Luther, lui écrivait Henri VIII, comment tu n'es honteux à bon escient, et comme tu oses lever les yeux et devant Dieu et devant les hommes, puisque tu as été si léger et si volage de l'être laissé transporter par l'instigation du diable à tes folles concupiscences. Toi, frère de l'ordre de Saint-Augustin, as le premier abusé d'une nonain sacrée, lequel péché eût été, le temps passé, si rigoureusement puni, qu'elle eût été enterrée vive, et toi brûlé jusqu'à rendre l'âme. Mais tant s'en faut que tu ayes corrigé ta faute, qu'encore, chose exécrable ! tu l'as publiquement prise pour femme, ayant contracté avec elle des noces incestueuses et abusé de la pauvre et misérable p...., au grand scandale du monde, reproche et vitupère de ta nation, mépris du saint mariage, très-grand déshonneur et injure des vœux faits à Dieu. Finalement, qui est encore plus détestable, au lieu que le déplaisir et honte de ton incestueux mariage te dût abattre et accabler, ô misérable ! tu en fais gloire; au lieu de requérir pardon de ton malheureux forfait, tu provoques tous les religieux débauchés, par tes lettres, par tes écrits, d'en faire le même. » (Dans Florim. p. 299.)

« Dieu, pour châtier l'orgueil et la superbe de Luther, qui se découvre dans tous ses écrits, dit-un des premiers sacramentaires, retira son esprit de lui, l'abandonnant à l'esprit d'erreur et de mensonge, lequel possédera toujours ceux qui ont suivi ses opinions, jusqu'à ce qu'ils s'en retirent. » (Conrad. Reis, *sur la cène du Seigneur*, B. 2.) « Luther nous traite de secte exécrable et damnée ; mais qu'il prenne garde qu'il ne se déclare lui-même pour archi-hérétique, par cela même qu'il ne veut et ne peut s'associer avec ceux qui confessent le Christ. Mais que cet homme se laisse étrangement emporter par ses dé-

II. Mais ce fougueux réformateur fut ébloui par un succès auquel il ne s'était pas attendu. Les premiers qui embrassèrent le luthéranisme furent ceux de Mansfeld et de Saxe ; il fut prêché à Kraichsaw, en 1521 ; à Goslar, à Rostoch, à Riga en Livonie, à mons ! que son langage est sale, et que ses paroles sont pleines des diables d'enfer ! Il dit que le diable habite maintenant, et pour toujours dans le corps des zwingliens, que les blasphèmes s'exhalent de leur sein ensatanisé, sursatanisé et persatanisé ; que leur langue n'est qu'une langue mensongère, remuée au gré de Satan, infusée, perfusée et transfusée dans son venin infernal. Vit-on jamais de tels discours sortis d'un démon en fureur ? Il a écrit tous ses livres par l'impulsion et sous la dictée du démon, avec lequel il eut affaire, et qui, dans la lutte, paraît l'avoir terrassé par des arguments victorieux. » (L'église de Zurich, contre la Conf. de Luther, p. 61.)

« Voyez-vous, s'écriait Zwingle, comme Satan s'efforce d'entrer en possession de cet homme ? » (Rép. à la Conf. de Luther.) « Il n'est point rare, disait-il encore, de voir Luther se contredire d'une page à l'autre...; et, à le voir au milieu des siens, vous le croiriez obsédé d'une phalange de démons. » (Ibid.) Indigné de l'accueil que Luther avait fait à sa version des Ecritures, il tempête à son tour contre celle de Luther, l'appelant « un imposteur qui change et rechange la sainte parole. »

« Véritablement Luther est fort vicieux, disait Calvin ; plût à Dieu qu'il eût soin de réfréner davantage l'intempérance qui bouillonne en lui de tout coté ! plût à Dieu qu'il eût songé davantage à reconnaître ses vices ! » ( Schlussemberg, Théol. Calv., liv. II, fol. 126.) « Calvin disait encore que Luther n'avait rien fait qui vaille.....; qu'il ne faut point s'amuser à suivre ses traces, être papiste à demi; qu'il vaut mieux bâtir une église tout à neuf... Quelquefois, il est vrai, Calvin donnait des louanges à Luther, jusqu'à l'appeler le restaurateur du christianisme. » (Florim.)

« Ceux, disent les disciples de Calvin, qui mettent Luther au rang des prophètes, et constituent ses livres pour règle de l'Eglise, ont très-mal mérité de l'Eglise de Christ, et exposent soi et leurs églises à la risée et coupé-gorge de leurs adversaires. » (In. Admon. de lib. Concord., c. 6.)

« Ton école, répondait Calvin au luthérien Wesphal, n'est qu'une puante étable à pourceaux...... m'entends-tu, chien ? m'entends-tu, frénétique ! m'entends-tu, grosse bête ? »

Carlostadt, retiré à Orlamunde avec sa femme, s'y était tellement fait goûter des habitants, qu'ils faillirent lapider Luther, accouru pour le gourmander sur ses mauvaises opinions touchant l'eucharistie ; Luther nous l'apprend dans sa lettre à ceux de Strasbourg : « Ces chrétiens me chargèrent à coups de pierres, me donnant telle bénédiction : Va-t'en à tous les mille diables ! te puisses-tu rompre le col avant d'être de retour chez toi ! »

Mélanchton. Voici le jugement qu'en ont porté ceux de sa communion. Les luthériens déclarent en plein synode « qu'il avait si souvent changé d'opinion sur la primauté du pape, sur la justification par la foi seule, sur la cène, sur le libre arbitre, que toutes ses incertitudes avoient fait chanceler les faibles dans ces questions fondamentales, empêché un grand nombre d'embrasser la confession d'Augsbourg ; qu'en changeant et rechangeant ses écrits, il n'avait donné que trop de sujet aux pontificaux de relever ses variations, et aux fidèles de ne savoir plus à quoi s'en tenir par la véritable doctrine. » Ils ajoutent « que son fameux ouvrage sur les Lieux théologiques pourrait plus convenablement s'appeler Traité sur les jeux théologiques. » ( Coll. q. Attenb., fol. 502, 503, an. 1568.) Schlussemberg va même jusqu'à déclarer « que, frappé d'en-haut par un esprit d'aveuglement et de vertige, Mélanchton ne fit plus ensuite que tomber d'erreur en erreur, et finit par ne plus savoir ce qu'il fallait croire lui-même. » Il dit encore « que manifestement Mélanchton avait contredit la vérité divine, à sa propre honte, et à l'ignominie perpétuelle de son nom. » (Lut. 2, p. 91, etc.) En effet, peut-on imaginer quelque chose de plus contraire à la foi, au christianisme, que cette proposition de Mélanchton : Les articles d  foi d ivent être s uvent changés et être calqués sur les temps et les circonstances. (Enir. philos. du baron de Starck, ministre protestant, etc.)

Œcolampade. Les luthériens ont écrit, dans l'Apologie de leur cène, qu'Œcolampade, fauteur de l'opinion sacramentaire, parlant un jour au landgrave, lui dit : « J'aimerais mieux qu'on m'eût coupé la main, que non pas qu'elle eût rien écrit contre l'opinion de Luther en ce qui regarde la cène. » Ces paroles, rapportées à Luther par un homme qui les avait entendues, parurent adoucir un instant la haine du patriarche de la réforme ; il s'écria en apprenant sa mort : « Ah ! misérable et infortuné Œcolampade, tu as été le prophète de ton malheur, quand tu appelas Dieu à prendre vengeance de toi si tu enseignais une mauvaise doctrine. Dieu te pardonne, si tu es en tel état qu'il le puisse pardonner. » (Voy. Florim., p. 175.) Pendant que les habitants de Bâle plaçaient dans leur cathédrale cette épitaphe sur son tombeau : « Jean Œcolampade, théologien........., premier auteur de la doctrine évangélique dans cette ville, et véritable évêque de ce temple, » Luther écrivait, de son côté, que « le diable, duquel Œcolampade se servoit, l'étrangla de nuit dans son lit. — C'est ce bon maître, dit-il encore, qui lui avait appris qu'en l'Ecriture il y avait des contradictions. Voyez à quoi Satan réduit les hommes savants. » (De Missa privat .)

Carlostadt. En voici le portrait tracé par le modéré Mélanchton : « C'était, dit-il, un homme brutal, sans esprit, sans science et sans aucune lumière du sens commun ; qui, bien loin d'avoir quelque marque de l'esprit de Dieu, n'a jamais su ni pratiqué aucun des devoirs de la civilité humaine. Il paraissait en lui des marques évidentes d'impiété ; toute sa doctrine était ou juda que ou séditieuse. Il condamnait toutes les lois faites par les païens ; il voulait que l'on jugeât selon la loi de Moïse, parce qu'il ne connaissait point la nature de la liberté chrétienne; il embrassa la doctrine fanatique des anabaptistes, aussitôt que Nicolas Stork commença de la répandre. Une partie de l'Allemagne peut rendre témoignage que je ne dis rien en cela que de véritable. » (Florim.) Il fut le premier prêtre de la réforme qui se maria. Dans la messe de nouvelle fabrique qui fut composée pour son mariage, ses fanatiques partisans allèrent jusqu'au point de qualifier de bienheureux cet homme qui portait des marques évidentes d'impiété. L'oraison de cette messe était ainsi conçue : Deus, qui p st. tam longam et im iam sacerdotum inorum cœcitatem, beatum Adrœam Carlostadinum ea gratia donare dignatus es, ut primus, nulla habita r. t one papistici juris, uxorem duc re ausus fuerit; da, quæsumus, ut omnes sacerdotes, recepta sana mente, ejus vestigia sequentes, ejectis concubinis aut eisdem in ductis, ad legitimi consortium thori convertantur ; Per Dominum nostrum, etc. (Citée dans Florim.)

« On ne peut nier, nous disent les luthériens, que Carlostadt n'ait été étranglé du diable, vu tant de témoins qui le rapportent, tant d'auteurs qui l'ont mis par écrit, et les lettres mêmes des pasteurs de Bâle. » ( Hist. de Cœn. August., fol. 41.) Il laissa un fils, Hans Carlostadt, qui, détaché des erreurs de son père, se rangea à l'Eglise catholique.

Tels furent les apôtres de la prétendue réforme : or, que pouvait-on attendre de pareils hommes ? Que

Reutlinge et à Halle en Souabe, à Augsbourg, à Hambourg, en 1522; en Prusse et dans la Poméranie, en 1523; à Embech, dans le duché de Lunebourg, à Nuremberg, en 1525; dans la Hesse, en 1526; à Altenbourg, à Brunswick et à Strasbourg, en 1528; à Gottingue, à Lemgou, à Lunebourg, en 1530; à Munster et à Paderborn en Westphalie, en 1532; à Etlingue et à Ulm, en 1533; dans le duché de Gubenhaguen, à Hanovre et en Poméranie, en 1534; dans le duché de Wirtemberg, en 1535; à Cotbus, dans la Basse-Lusace, en 1537; dans le comté de la Lippe, en 1538; dans l'électorat de Brandebourg, à Brême, à Hall en Saxe, à Leipsick en Misnie, et à Quedlimbourg, en 1539; à Embden dans la Frise orientale, à Hailbron, à Halberstat, à Magdebourg, en 1540; au Palatinat dans le duché de Neubourg, à Ragensbourg, et à Wismar, en 1541; à Buxtende, à Hildesheim et à Osnabruck, en 1543; dans le Bas-Palatinat, en 1546; dans le Mecklembourg, en 1552; dans le marquisat de Dourlach et de Hochberg, en 1556; dans le comté de Benteheim, en 1564;

à Haguenau et au bas marquisat de Bade, en 1568, et dans le duché de Magdebourg, en 1570.

Vers l'an 1525, deux disciples de Luther portèrent en Suède les premières semences de ses opinions. Gustave Vasa, qui venait d'y être placé sur le trône, jugea qu'une révolution dans la religion abaisserait la puissance du clergé et affermirait la sienne; il favorisa le *luthéranisme*, l'embrassa lui-même, le rendit bientôt dominant dans ses Etats, et s'empara des biens ecclésiastiques. Christiern III, roi de Danemark, entra dans les mêmes vues, par les mêmes motifs; aidé par les conseils et par les armes de Gustave, il se rendit maître absolu en 1536, et fit recevoir dans son royaume la confession d'Augsbourg pour règle de foi. — Mosheim avait fait son possible pour pallier dans son histoire ecclésiastique les violences dont Christiern usa pour écraser le clergé; mais son traducteur est convenu que ce roi, en détruisant le corps épiscopal avec une espèce de fureur, détruisit l'équilibre du gouvernement. — Cette hérésie n'avait encore

pouvait-on espérer de leurs prédications? Quels en furent les résultats? Eux-mêmes vont nous l'apprendre. « Le monde, dit Luther, empire tous les jours, et devient plus méchant. Les hommes sont aujourd'hui plus acharnés à la vengeance, plus avares, dénués de toute miséricorde, moins modestes et plus incorrigibles; enfin plus mauvais qu'en la papauté. » ( Luther, *in Postilla, sa., I. Dom. Advent.*)

« Une chose aussi étonnante que scandaleuse, est de voir que depuis que la pure doctrine de l'Evangile vient d'être remise en lumière, le monde s'en aille journellement en mal en pis. » (Luther, *in Serm. conv v. Germain.*, fol. 55.)

Luther avait coutume de dire « qu'après la révélation de son Evangile, la vertu avait été éteinte, la justice opprimée, la tempérance garrottée, la vérité déchirée par les chiens, la foi devenue chancelante, la dévotion perdue. »

« Les nobles et les paysans en sont venus à se vanter sans façon, qu'ils n'ont que faire d'être prêchés; qu'ils aiment mieux qu'on les débarrasse tout-à-fait de la parole de Dieu, et qu'ils ne donneraient pas une obole de tous nos sermons ensemble. Eh! comment leur en faire un crime, dès qu'ils ne tiennent nul compte de la vie future? Ils vivent comme ils croient; ils sont et restent des pourceaux, croient en pourceaux et meurent en vrais pourceaux. » (Le même, *sur la I<sup>re</sup> Ep. aux Corinthiens*, chap. 15.)

C'était alors un proverbe en Allemagne, pour annoncer qu'on allait passer joyeusement la journée en débauche : *Hodie lutheranice vivemus*; nous nous en donnerons aujourd'hui à la luthérienne.

« Que si les souverains évangélisants n'interposent leur autorité pour apaiser toutes ces contestations, nul doute que les églises de Christ ne soient bientôt infectées d'hérésies qui les entraîneront ensuite à leur ruine... Par tant de paradoxes, les fondements de notre religion sont ébranlés, les principaux articles mis en doute, les hérésies entrent en foule dans les églises de Christ, et le chemin s'ouvre à l'athéisme. » (Sturm., *Ratio ineundæ concord.*, p. 2, an. 1579.)

« Nous en sommes venus à un tel degré de barbarie, dit Mélanchton, que plusieurs sont persuadés que s'ils jeûnaient un seul jour, on les trouverait morts la nuit suivante. » ( *Sur le chap. 6 de saint Matthieu.*)

« L'Elbe, écrivait-il confidemment à un ami, l'Elbe avec tous ses flots n'a pu me fournir assez d'eau pour pleurer les malheurs de la réforme divisée. »

« Vous voyez les emportements de la multitude et ses aveugles désirs, » écrivait-il encore à son ami Camérarius.

« L'autorité des ministres est entièrement abolie, dit Capiton à son ami Farell; tout se perd, tout va en ruine, il n'y a parmi nous aucune église, pas même une seule où il y ait de la discipline... Le peuple nous dit hardiment : Vous voulez faire les tyrans de l'Eglise qui est libre, vous voulez établir une nouvelle papauté. » — « Dieu me fait connaître ce que c'est qu'être pasteur, et le tort que nous avons fait à l'Eglise par le jugement précipité et la véhémence inconsidérée qui nous a fait rejeter le pape. Car le peuple, accoutumé et comme nourri à la licence, a rejeté tout-à-fait le frein...; il nous crie : Je sais assez l'Evangile; qu'ai-je besoin de votre secours pour trouver Jésus-Christ? Allez prêcher ceux qui veulent vous entendre. » Bucer, collègue de Capiton à Strasbourg, faisait les mêmes aveux en 1549, et ajoutait qu'on n'avait rien tant recherché, en embrassant la réforme, *que le plaisir d'y vivre à sa fantaisie*. Mycon, successeur d'Œcolampade dans le ministère de Bale, fait entendre les mêmes plaintes. « Les laïques, dit-il, s'attribuent tout, et le magistrat s'est fait pape. » (*Inter. Ep. Calv.*)

Il en était de même parmi les calvinistes. Calvin, après avoir déclamé contre l'athéisme qui régnait surtout dans les palais des princes, dans les tribunaux et les premiers rangs de sa communion : « Il est encore, ajoute-t-il, une plaie plus déplorable. Les pasteurs, oui, les pasteurs eux-mêmes, qui montent en chaire... sont aujourd'hui les plus honteux exemples de la perversité et des autres vices. De là vient que leurs sermons n'obtiennent ni plus de crédit ni plus d'autorité que les fables débitées sur la scène par un histrion. Et ces messieurs pourtant osent bien encore se plaindre qu'on les méprise et les montre au doigt pour les tourner en ridicule! Quant à moi, je m'étonne de la patience du peuple; je m'étonne que les femmes et les enfants ne les couvrent pas de boue et d'ordure. » ( *Liv. sur les Scandales*, p. 128.)

Il n'y a nullement à s'étonner, dit Smidelin, qu'en Pologne, en Transylvanie, en Hongrie et autres lieux, plusieurs passent à l'arianisme, quelques-uns à Mahomet : la doctrine de Calvin mène à ces impiétés. (*Préface cont. l'Apol. de Danœus*) — Voyez la *Discussion amicale*, etc., t. I.

en Pologne que des sectateurs cachés sous le règne de Sigismond I", mort en 1548; mais son fils Sigismond-Auguste, connu par sa faiblesse pour les femmes, laissa pleine liberté aux seigneurs polonais. Bientôt on vit dans ce royaume des luthériens, des hussites, des sacramentaires calvinistes, des anabaptistes, des unitaires ou sociniens, et des grecs schismatiques.

Le *luthéranisme* a aussi pénétré en Hongrie et en Transylvanie, à la faveur des troubles qui ont agité ces deux royaumes : mais il y est moins puissant depuis que l'un et l'autre sont entrés sous la domination de la maison d'Autriche. En France, les émissaires de Luther firent d'abord quelques prosélytes, mais ils furent réprimés; ceux de Calvin eurent plus de succès, et vinrent à bout de bouleverser le royaume. Il en fut de même en Angleterre : Luther ni ses disciples n'eurent aucune part au schisme de Henri VIII; ce prince, encore catholique, avait fait un livre contre Luther; il persista jusqu'à la mort dans sa haine contre le *luthéranisme*; la forme qu'il donna à la religion anglicane ne fut pas plus approuvée par les protestants que par les catholiques. Sous Édouard VI, ce furent Pierre Martyr et Bernardin Ochin qui furent appelés pour faire la réformation; l'un et l'autre étaient dans les opinions de Calvin.

III. On est moins étonné des progrès rapides du *luthéranisme*, lorsqu'on en examine les causes. En 1521, Charles-Quint, dans la diète de Worms, avait mis Luther au ban de l'empire, et avait ordonné de poursuivre ses adhérents; mais Frédéric, duc de Saxe, qui avait goûté les opinions de Luther, le prit sous sa protection, et ce décret n'eut aucun effet. De retour à Wittemberg, Luther attira dans son université dans laquelle il avait déjà enseigné plusieurs de ses erreurs ; il fit abolir les messes privées, prit le titre d'ecclésiaste de Wittemberg, s'attribua une autorité plus absolue que celle du pape, et vanta ses succès comme une preuve incontestable de sa mission. En 1523, il quitta entièrement l'habit religieux. Lorsque le nonce du pape se plaignit à la diète de Nuremberg de l'impunité dont jouissait ce novateur aussi bien que ses partisans, les princes laïques répondirent par un long mémoire qu'ils intitulèrent : *Centum gravamina*, dans lequel ils se plaignaient des vexations, des extorsions et des entreprises ecclésiastiques sur la juridiction séculière.

En 1525, Luther séduisit une religieuse nommée Catherine de Bore et l'épousa ensuite publiquement (1). Les deux diètes assemblées à Spire, l'une cette même année, et l'autre en 1529, ne furent pas moins favorables au *luthéranisme*, malgré les instances et les décrets de Charles-Quint. Plusieurs princes qui avaient embrassé les sentiments de Luther protestèrent contre ces décrets; de là le nom de *protestants* qui fut donné aux luthériens. En 1530, à la diète d'Augsbourg, ces mêmes princes présentèrent leur confession de foi, qui, pour cette raison, a été nommée *Confession d'Augsbourg*; ils promettaient de se soumettre à la décision d'un concile tenu par le pape ; mais ils ne tinrent pas parole. *Voy.* Augsbourg. Ils s'assemblèrent ensuite à Smalcalde, et y firent une ligue contre l'empereur. Luther l'approuva, et fut d'avis de faire la guerre au pape et à tous ses adhérents. Les luthériens profitèrent des guerres auxquelles Charles-Quint fut occupé, de ses dissensions avec le pape et avec François I", pour faire de nouveaux progrès. En 1539, le landgrave de Hesse obtint de Luther et des théologiens protestants la permission d'avoir deux femmes à la fois : pour récompense, le landgrave leur avait promis de leur accorder les biens ecclésiastiques.

L'an 1542, le pape Paul III, de concert avec l'empereur et le roi de France, convoqua le concile de Trente pour terminer les contestations de religion qui divisaient l'Empire et les États voisins ; la première session fut tenue au mois de décembre 1545. L'année suivante, Luther mourut à Eisleben sa patrie, après avoir attiré à ses opinions une grande partie de l'Allemagne. A la diète de Ratisbonne, tenue en 1547, Charles-Quint fit composer par plusieurs théologiens un formulaire de religion, pour accorder, s'il était possible, les catholiques et les protestants, en attendant que le concile eût décidé les points contestés ; c'est ce que l'on a nommé l'*Intérim* de Charles-Quint : cet ouvrage ne plut ni à l'un ni à l'autre parti, et fut attaqué par tous les deux. *Voy.* Intérim.

Par le traité de paix conclu à Passaw, entre Charles-Quint et les princes de l'Empire, et par celui d'Augsbourg, fait trois ans après, les protestants obtinrent la tolérance de leur religion, ou la liberté de conscience.

Le concile de Trente, terminé en 1563, ne put réconcilier les luthériens avec l'Église romaine ; les dissensions entre eux, avec les zwingliens ou calvinistes, comme avec les catholiques, ont duré jusqu'en 1648, époque à laquelle le traité de Munster, appelé aussi traité d'Osnabruck ou de Westphalie, garanti par toutes les puissances de l'Europe, a mis les choses dans l'état où elles sont aujourd'hui. On sait d'ailleurs dans quelle situation les esprits se trouvaient au commencement du xvi° siècle. Les différentes sectes qui avaient paru depuis le xi° siècle, comme les henriciens, les albigeois, les vaudois, les lollards, les wiclefites, les hussites, n'avaient pas cessé de déclamer contre les abus ; elles avaient indisposé les peuples contre les pasteurs et contre tout le clergé. On se plaignait du trafic des bénéfices, de la vente des indulgences, de l'abus des excommunica-

---

(1) Cette conduite de Luther, imitée en ceci par tous les réformateurs, faisait dire à Érasme : « C'est donc ainsi qu'ils se crucifient ! La réformation semble n'avoir eu d'autre but que de transformer en épouseurs et épouseuses les moines et les nonnes ; et cette grande tragédie va finir comme les comédies, où tout le monde se marie au dernier acte. » (*Epist.* 7 et 41.)

Dictionn. de Théol. dogmatique. III.

tions, du payement des absolutions, des entreprises sur la juridiction séculière, de la vie scandaleuse de la plupart des ecclésiastiques, des fraudes pieuses commises par les moines : tous ces désordres s'étaient multipliés pendant le grand schisme d'Occident ; mais il s'en fallait beaucoup que le mal fût aussi grand et aussi général que les protestants affectent de le représenter.

Au concile de Constance et à celui de Bâle, on avait demandé en vain la réforme de l'Eglise dans le chef et dans les membres ; on n'avait rien obtenu. Au lieu de détruire et de prévenir les erreurs en instruisant les peuples, le clergé n'avait procédé contre les hérétiques que par des censures, par des sentences de l'inquisition et par des supplices : ce n'était pas là le moyen de calmer les esprits. Tous ceux qui désiraient la réforme étaient persuadés qu'elle ne pouvait se faire que par des moyens violents.

Wiclef et Jean Hus avaient en Allemagne beaucoup de disciples cachés ; on y lisait leurs ouvrages remplis de déclamations contre l'Eglise romaine et d'invectives contre les ecclésiastiques ; Luther s'était nourri de cette lecture ; les hommes les plus lettrés qu'il y eût pour lors étaient précisément ceux qui désiraient le plus un changement dans la religion. A peine Luther eut-il prononcé le nom de réforme et donné le premier signal de la révolte, qu'il se trouva environné de partisans prêts à le soutenir. Ceux même qui désapprouvaient ses emportements, soutinrent que l'on ne pouvait exécuter le décret porté contre lui à la diète de Worms, sans exciter de séditions et sans mettre l'Allemagne en feu. Il ne trouva pas d'abord dans ce pays-là des adversaires assez instruits pour réfuter solidement ses erreurs, et pour distinguer les abus d'avec les dogmes. Plusieurs écrivains prétendent que déjà, en 1516, avant que Luther eût élevé la voix contre l'Eglise, Zwingle, chanoine de Zurich, avait conçu le plan d'une réformation générale ; que loin d'avoir été disciple de Luther, il était plutôt capable d'être son maître. *Hist. eccl. de Mosheim*, notes du traducteur. t, IV, p. 49. La discipline avait sans doute besoin de réforme, et elle a été faite par le concile de Trente ; mais c'était un attentat de vouloir réformer des dogmes révélés de Dieu et professés par l'Eglise chrétienne depuis quinze cents ans.

Il est donc évident que les vraies causes des progrès rapides du *luthéranisme* ont été des passions très-condamnables, la jalousie et la haine que l'on avait conçues contre le clergé, l'ambition d'envahir ses biens et de dominer à sa place, le désir de secouer le joug des pratiques les plus gênantes du catholicisme, l'animosité des princes de l'Empire contre Charles-Quint, l'orgueil et la vanité des littérateurs qui se flattaient d'entendre la théologie mieux que les théologiens, la mauvaise foi avec laquelle les prédicants travestissaient les dogmes catholiques, et les belles promesses qu'ils faisaient d'une entière correction dans les mœurs, qu'ils n'ont pas eu le pouvoir d'opérer. C'est très-mal à propos que Luther donnait ses succès comme une preuve de sa mission pour réformer l'Eglise, et que les protestants veulent faire envisager cette révolution comme un prodige, et son auteur comme un homme extraordinaire ; cette prétendue réforme n'a été ni légitime dans son principe, ni louable dans ses moyens, ni heureuse dans ses effets. *Voy.* MISSION, RÉFORMATION.

IV. Quelles en ont été les suites? A peine Luther en eut-il appelé à l'Ecriture sainte comme à la seule règle de foi, que les anabaptistes lui prouvèrent, la Bible à la main, qu'il ne fallait pas baptiser les enfants, que c'était un crime de prêter serment, d'exercer la magistrature, etc. Ces sectaires, joints aux paysans révoltés, mirent une partie de l'Allemagne à feu et à sang ; ils se prévalaient du livre de Luther sur la *Liberté chrétienne*. Mosheim, pour l'excuser, dit que ces séditieux abusaient de sa doctrine ; mais cette doctrine même n'était autre chose qu'un abus continuel de l'Ecriture sainte et du raisonnement. Il vit naître de ses principes l'erreur des sacramentaires, la guerre qui en fut la suite, et le schisme qui subsiste encore entre les luthériens et les calvinistes. Zwingle, Calvin, Muncer, etc., ne firent que marcher sur ses traces et tournèrent contre lui ses propres armes. Bientôt Servet, Gentilis et les autres chefs des sociniens poussèrent plus loin ses arguments, et attaquèrent les dogmes mêmes qu'il avait respectés ; les déistes n'ont fait que suivre jusqu'au bout les raisonnements des sociniens. De cet esprit de vertige est née l'incrédulité que nous voyons régner aujourd'hui. C'est dans le sein du protestantisme que Bayle et les déistes anglais se sont formés, et ce sont eux qui ont été les maîtres des incrédules français. Cette postérité ne fera jamais honneur au fondateur de la réforme (1).

Les différentes sectes sorties de cette souche ne se sont pas mieux accordées entre elles qu'avec les catholiques ; malgré plusieurs tentatives qu'elles ont faites pour se rapprocher, elles sont aujourd'hui aussi divisées que jamais. Leur tolérance est purement extérieure et toute politique ; la prétendue réforme a été un principe de division auquel rien ne peut remédier. Luther détestait autant les zwingliens que les papistes, et lançait également ses anathèmes contre les uns et les autres. Inutilement le landgrave de Hesse indiqua, l'an 1529, à Marpourg, une

---

(1) Si Bergier avait assisté à la décomposition du protestantisme que nous voyons aujourd'hui, il n'aurait pas manqué de dire avec le protestant du Tremblay : « Les protestants modernes s'éloignent entièrement de tout ce que les chrétiens ont cru depuis le temps des apôtres, et qu'un musulman, qui admettrait les miracles de Jésus-Christ, serait plus près des chrétiens que ne le sont les docteurs du protestantisme moderne. » ( *Etat présent du christianisme*, cité par le baron de Starck, ministre protestant ; *Entretiens philosophiques sur la réunion des différentes communions chrétiennes*.) *Voy.* RÉFORMATEURS, EGLISE ÉVANGÉLIQUE CHRÉTIENNE.

conférence entre Luther, Mélancton, OEcolampade et Zwingle ; ces quatre prétendus apôtres se trouvèrent inspirés si différemment, qu'ils ne purent convenir de rien.

On a trouvé dans les papiers du cardinal de Granvelle, ministre de Charles-Quint, une lettre originale de Luther, qui peint au naturel son caractère et celui des autres prédicants ; elle est adressée à Guillaume Prawest, son ami, ministre dans le Holstein, et a été traduite de l'allemand. « Je sais, mon frère en Christ, lui dit-il, qu'il arrive plusieurs scandales sous prétexte de l'Évangile, et que l'on me les impute tous : mais que ferai-je ? Il n'y a aucun prédicant qui ne se croie cent fois plus savant que moi : ils ne m'écoutent point. J'ai une guerre plus violente avec eux qu'avec le pape, et ils me sont plus opposés. Je ne condamne que les cérémonies qui sont contraires à l'Évangile, je garde toutes les autres dans mon église. J'y conserve les fonts baptismaux, et on y administre le baptême, à la vérité en langue vulgaire, mais avec toutes les cérémonies qui étaient d'usage auparavant. Je souffre qu'il y ait des images dans le temple, quoique des furieux en aient brisé quelques-unes avant mon retour. Je célèbre la messe avec les ornements et les cérémonies accoutumées, si ce n'est que j'y mêle quelques cantiques en langue vulgaire, et que je prononce en allemand les paroles de la consécration. Je ne prétends point détruire la messe latine, et si on ne m'eût fait violence, je n'aurais jamais permis qu'on la célébrât en langage commun. Enfin, je hais souverainement ceux qui condamnent des cérémonies indifférentes, et qui changent la liberté en nécessité. Si vous lisez mes livres, vous verrez que je n'approuve pas les perturbateurs de la paix, qui détruisent des choses que l'on peut laisser sans crime. Je n'ai aucune part à leurs fureurs ni aux troubles qui excitent ; car nous avons, par la grâce de Dieu, une église fort tranquille et fort pacifique, et un temple libre comme auparavant, excepté les troubles que Carlostadt y a excités avant moi. Je vous exhorte tous à vous défier de Melchior, et à faire en sorte que le magistrat ne lui permette point de prêcher, quand même il montrerait des lettres du souverain. Il nous a quittés plein de colère, parce que nous n'avons pas voulu approuver ses rêveries ; il n'est propre ni appelé à enseigner. Dites cela de ma part à tous nos frères, afin qu'ils le fuient et l'obligent à garder le silence. Adieu, priez pour moi, et me recommandez à nos frères. » Signé MARTIN LUTHER, *sabbato post Reminiscere*, 1528.

Cette lettre pourrait donner lieu à un ample commentaire ; mais tout lecteur intelligent le fera de lui-même. C'était de la part de ces sectaires une absurdité révoltante de vouloir que l'église catholique *approuvât leurs rêveries*, pendant qu'eux-mêmes ne voulaient approuver celles de personne, et se croyaient tous infaillibles ; d'exiger que les catholiques les tolérassent, pendant qu'ils ne pouvaient se tolérer les uns les autres, et se traitaient mutuellement de *rêveurs* et de *furieux*.

Si l'on imaginait que la prétendue réforme de Luther a rendu les mœurs meilleures, on se tromperait beaucoup ; à l'article RÉFORMATION, nous prouverons le contraire par les témoignages formels de Luther lui-même, de Calvin, d'Érasme, de Bayle, et d'autres auteurs non suspects. Une preuve que les désordres vrais ou prétendus de l'Église catholique ne furent pas la véritable cause du schisme, c'est que, lorsque les abus eurent été corrigés par le concile de Trente, les protestants ne furent pas pour cela plus disposés à se réunir à l'Église, et que leurs propres déréglements, desquels ils ne pouvaient pas disconvenir, ne leur ont pas fait changer de sentiment. Des faits tout récents démontrent que leur haine et leur entêtement sont toujours les mêmes ; ils ont conservé jusqu'à nos jours les imprécations qu'ils prononçaient tous les dimanches contre le pape et contre les Turcs dans les prières publiques, principalement dans celles que Luther avait composées ; le duc de Saxe-Gotha les a fait enfin supprimer. *Gazette de France du 24 mars 1775*. On voit encore à Genève et à Neuchâtel les inscriptions injurieuses au catholicisme, qui furent faites dans le temps de la prétendue réformation.

Le schisme leur a-t-il procuré la *liberté de conscience* qu'ils demandaient ? les a-t-il affranchis de ce qu'ils appelaient *la tyrannie de l'Église romaine* ? Rien moins. Ils ont vu leurs chefs usurper parmi eux un empire plus despotique que celui des pasteurs catholiques ; leurs synodes ont fait des décrets sur le dogme et la discipline, et ont lancé des excommunications tout comme les conciles de l'Église : parmi eux, les particuliers sont subjugués, par la croyance et par les usages de leur société, aussi absolument que les simples fidèles parmi nous, à moins qu'ils ne veuillent faire bande à part ; en accusant les catholiques de croire à la parole des hommes, ils croient eux-mêmes aveuglément à la parole de leurs ministres. Lorsque nous comparons leur état au nôtre, nous voyons très-bien qu'ils ont perdu la vraie foi et le véritable esprit du christianisme, mais nous cherchons vainement ce qu'ils ont gagné. *Voy.* RÉFORMATEUR.

LUTHÉRIEN. On a donné ce nom à ceux qui ont suivi les sentiments de Luther ; mais, à proprement parler, ils n'ont entre eux presque rien de commun que le nom ; il ne s'est trouvé parmi eux aucun théologien de réputation qui n'ait embrassé des sentiments particuliers, qui n'ait formé des disciples et n'ait eu des adversaires : la plupart des dogmes du luthéranisme ont fourni matière à la dispute. On compte actuellement plus de quarante sectes sorties du luthéranisme ; nous ne citerons que les plus connues, et nous parlerons plus amplement de chacune dans son article particulier. La plupart prennent le nom commun d'*évangéliques*.

On a distingué d'abord les *luthériens* rigides et les *luthériens* mitigés; les premiers eurent pour chef Mathias Francowitz, plus connu sous le nom de Flaccius Illyricus, l'un des centuriateurs de Magdebourg; il ne voulait pas souffrir que l'on changeât rien à la doctrine de Luther. Quelques-uns ont nommé *Flacciens* ses disciples, à cause de leur chef. Les *luthériens* mitigés sont ceux qui ont adouci les sentiments de Luther, et leur ont préféré les opinions plus modérées de Philippe Mélanchton. Suivant l'opinion de ce dernier, Dieu attire à lui et convertit les pécheurs, de manière que l'action toute-puissante de sa grâce est accompagnée de la coopération de la volonté: expression de laquelle Luther et Flaccius son fidèle disciple avaient horreur. L'un et l'autre soutenaient la servitude absolue de la volonté mue par la grâce, et l'impuissance entière de l'homme de faire une bonne action. Quelques auteurs ont pensé qu'aujourd'hui les *luthériens* ne suivent plus ce sentiment de Luther; mais il y a lieu d'en douter, puisque Mosheim taxe de semi-pélagianisme le sentiment de Mélanchton, dont les sectateurs étaient nommés *synergistes* et *philippistes. Hist. ecclés.*, XVI° siècle, sect. 3, II° part., ch. 1, § 30. Mélanchton aurait encore voulu que l'on conservât les cérémonies de l'Eglise romaine, et que l'on ne rompît point avec elle pour des objets de si peu de conséquence; d'autre part, il désirait que l'on eût plus de ménagements pour Calvin et pour ses disciples; de là ses partisans furent appelés luthéro-calvinistes, et crypto-calvinistes, ou calvinistes cachés. Ils furent poursuivis à outrance par les anti-adiaphoristes ou *luthériens* rigides; Auguste, électeur de Saxe, employa la violence et les emprisonnements pour les extirper de ses États.

L'on nomma *luthériens relâchés* ceux qui suivaient l'*intérim* proposé par Charles-Quint, et l'on distingua parmi eux trois partis, celui de Mélanchton, celui de Pacius ou Pfessinger et de l'université de Leipsik, celui des théologiens de Franconie. Ils furent encore nommés *intérimistes* et *adiaphoristes*, ou indifférents. On appela luthéro-zwingliens ceux qui mêlaient ensemble les opinions de Luther et celles de Zwingle; mais comme elles sont inconciliables sur l'article de l'eucharistie, cette secte était une société de *luthériens* et de zwingliens qui se toléraient mutuellement, et qui étaient convenus ensemble de supporter les dogmes les uns des autres. Ils eurent pour chef Martin Bucer, de Schelestadt en Alsace, qui, de dominicain qu'il était, se fit, par une double apostasie, *luthérien*. Dans le fond, il raisonnait plus conséquemment que les autres réformateurs, qui, en refusant à l'Eglise romaine l'autorité de condamner des opinions, se l'attribuaient à eux-mêmes. Aussi ces *luthériens* tolérants nommaient *luthéro-papistes* ceux qui lançaient des excommunications contre les sacramentaires. On doit encore mettre au nombre des sectateurs de Mélanchton les synergistes, qui soutenaient, contre Luther,

que l'homme peut contribuer en quelque chose à sa conversion, qu'il est véritablement actif et non passif sous l'impression de la grâce.

Les osiandriens sont les disciples d'André Osiander, qui prétendait que nous vivons par la vie substantielle de Dieu; que nous aimons par l'amour essentiel qu'il a pour lui-même; que nous sommes justes par sa justice essentielle qui nous est communiquée; que la substance du Verbe incarné est en nous par la foi, par la parole et par les sacrements. Cette doctrine absurde partagea l'université de Kœnigsberg; il y eut des demi-osiandriens et des anti-osiandriens ou des stancariens, parce que Stancar, professeur dans cette même université, attaqua le sentiment d'Osiander; il embrassa lui-même une opinion singulière, en soutenant que Jésus-Christ n'est notre médiateur qu'en tant qu'homme.

Quelques auteurs ont nommé confessionnistes ceux des *luthériens* qui s'en tenaient à la confession d'Augsbourg; mais ils étaient divisés en deux partis, l'un de méricains, l'autre d'opiniâtres et de récalcitrants.

Dans l'académie de Wittemberg, George Major, en 1556, renouvela l'erreur des semi-pélagiens, et trouva des partisans. Huber, en 1592, pour avoir soutenu l'universalité de la rédemption, fut chassé de l'université.

La doctrine de Luther sur l'eucharistie forma encore deux sectes, l'une d'impanateurs, l'autre d'ubiquitaires; parmi les premiers, les uns disaient que Jésus-Christ est *dans* le pain de l'eucharistie, les autres qu'il est *sous* le pain, d'autres qu'il est *avec* le pain, *in*, *sub*, *cum*; ceux qui furent nommés *pâteliers*, dirent qu'il y est comme un lièvre dans un pâté. Toutes ces absurdités eurent des défenseurs. Quelques-uns de leurs plus célèbres écrivains, comme Leibnitz, Pfaff, etc., ne veulent admettre ni l'impanation, ni l'ubiquité, mais la concomitance du corps de Jésus-Christ avec le pain, et seulement dans l'usage, parce que, selon leur opinion, l'essence du sacrement consiste dans l'usage. Calvin prétend aussi que, dans l'usage, le fidèle reçoit le corps de Jésus-Christ, mais seulement par la foi, c'est-à-dire que la foi produit en lui le même effet que produirait le corps de Jésus-Christ s'il le recevait réellement.

Parmi ceux qui se nommaient *luthériens*, il s'est trouvé des anomiens ou antinomiens, des origénistes, des millénaires, des inférains ou infernaux, des davidiques. On y a distingué des bissacramentaux, des trisacramentaux et des quadrisacramentaux, des imposteurs des mains, etc. On sait que les mennonites ou anabaptistes sont sortis de l'école de Luther, et l'on ne peut pas douter que l'esprit de sa secte n'ait contribué à faire éclore celle des libertins, qui se répandirent en Hollande et dans le Brabant, vers l'an 1528, puisqu'ils avaient adopté le principe fondamental des erreurs de Luther.

Quelques-uns, honteux des divisions scandaleuses nées parmi des hommes qui se disaient éclairés du ciel, et faisaient tous profession de s'en tenir à l'Ecriture sainte, firent leurs efforts pour rapprocher et concilier les différents partis; on les nomma syncrétistes, conciliateurs ou pacificateurs. George Calixte fut un des principaux; mais ils ne purent réussir : chaque secte les regarda comme des lâches qui trahissaient la vérité par amour de la paix. D'autres, non moins confus du relâchement des mœurs introduit parmi les *luthériens*, soutinrent qu'il était besoin d'une nouvelle réforme; ils firent profession d'une piété exemplaire, se crurent illuminés, et formèrent des assemblées particulières; on les a nommés piétistes.

Dès que Carlostadt eut donné naissance à l'erreur des sacramentaires, il eut des sectateurs appelés carlostadiens; Zwingle eut les siens, dont les uns furent nommés zwingliens simples, les autres zwingliens significatifs. Calvin, à son tour, dogmatisa de son chef, et fit profession de ne suivre aucun maître. Parmi ces sectaires, on a distingué des tropistes ou tropites, des énergiques, des arrhabonaires, etc. Les disputes sur la prédestination et sur la grâce ont divisé les gomaristes et les arminiens, et la plupart de ces derniers sont devenus pélagiens.

Luther vivait encore lorsque Servet commença d'écrire contre le mystère de la sainte Trinité; celui-ci avait voyagé en Allemagne, et avait vu les progrès du luthéranisme. Blandatra, Gentilis et les deux Socin le suivirent de près; ils furent joints en Pologne par plusieurs anabaptistes. On a reproché à Luther lui-même d'avoir dit, dans un sermon sur le dimanche de la *Trinité*, que ce mot ne se trouve pas dans l'Ecriture sainte, qui est la seule règle de notre foi; que le mot *consubstantiel* a déplu à saint Jérôme, et qu'il a de la peine à le supporter. Dans sa vers on allemande du Nouveau Testament, il a supprimé, comme les sociniens, le célèbre passage de saint Jean : *Il y en a trois qui rendent témoignage dans le ciel*, etc., et quatre ans avant sa mort il avait ôté des litanies la prière : *Sainte Trinité, un seul Dieu, ayez pitié de nous.*

Calvin n'a pas été plus orthodoxe dans les livres même qu'il a faits contre Servet; aussi les sociniens font profession de reconnaître ces hérésiarques pour leurs premiers auteurs. Voy. l'*Hist. du socinianisme*, 1re part., chap. 3. Ce n'est donc pas leur faire tort que de les regarder comme les pères du socinianisme et de ses diverses branches.

Si nous ajoutons à toutes ces sectes la religion anglicane, formée par deux zwingliens ou calvinistes, et toutes celles qui divisent l'Angleterre, on conviendra que jamais hérésiarque n'a pu se flatter d'avoir une postérité aussi nombreuse qu'est celle de Luther; mais il n'a pas eu le talent de faire régner la paix entre les différentes familles dont il est le père.

Pour pallier ce scandale, les protestants nous reprochent les disputes qui règnent entre les théologiens catholiques. Mais peut-on comparer la diversité d'opinions sur des questions qui ne tiennent en rien à la foi, avec les contestations sur les dogmes dont la croyance est nécessaire au salut? Aucun théologien catholique n'a la témérité d'attaquer un point de doctrine sur lequel l'Eglise a prononcé; aucun ne regarde comme excommuniés, et hors de la voie du salut, ceux qui ont des sentiments différents des siens sur des matières problématiques; aucun ne refuse d'être en société religieuse avec eux. Leurs disputes ne causent donc point de schisme, puisque tous ont la même profession de foi, sont soumis d'esprit et de cœur à ce que l'Eglise a décidé. En est-il de même des protestants? Dès qu'un visionnaire croit trouver dans l'Ecriture sainte une opinion quelconque, il a droit de la soutenir et de la prêcher, et aucune puissance humaine n'a celui de lui imposer silence. S'il trouve des prosélytes, ils ont droit de former une société particulière, de suivre telle croyance et d'établir telle discipline qu'il leur plaît. Toutes les fois que les protestants se conduisent autrement, ils contredisent le principe fondamental de la réforme. Comment un système si mal conçu, si inconséquent, si opposé à l'esprit de l'Evangile, a-t-il pu durer pendant si longtemps, être suivi et défendu par des hommes recommandables d'ailleurs par leurs talents et leurs connaissances? Deux causes y contribuent, la haine toujours subsistante contre l'Eglise romaine et un fonds d'indifférence pour les dogmes de foi. Un homme né dans le protestantisme se fait un point d'honneur d'y persévérer; il se persuade que Dieu n'exige pas de lui un examen profond de sa croyance; que ce n'est pas à lui de juger si Luther et Calvin ont eu raison ou tort; que s'il se trompe, son erreur, que la naissance lui a rendue inévitable, ne lui sera point imputée à crime. Les premiers réformateurs posaient pour principe que tout homme doit examiner sa croyance; à présent leurs descendants jugent que cela n'est plus nécessaire, et qu'à défaut d'autres preuves, une prescription de plus de deux siècles doit en tenir lieu. Mais rien ne peut prescrire contre la vérité une fois révélée de Dieu, ni contre la loi qu'il nous impose de l'embrasser.

Le Père Le Brun, *Explication des cérémonies de la Messe*, tome VII, page 4, rapporte la liturgie des *luthériens*, telle qu'elle fut arrangée par Luther lui-même. Il observe que toutes les anciennes liturgies de l'Eglise chrétienne sont uniformes dans le fond et quant aux parties principales; toutes renferment l'oblation ou l'offrande faite à Dieu du pain et du vin, l'invocation du Saint-Esprit par laquelle on prie Dieu de changer ses dons et d'en faire le corps et le sang de Jésus-Christ, l'adoration de ces symboles, ou plutôt de Jésus-Christ présent après la consécration et avant la communion. Jusqu'au XVIe siècle, on ne connaît aucune secte qui, en se séparant de l'Eglise catholique, a t osé toucher à cette forme essentielle de la liturgie; toutes l'ont emportée avec elles et l'ont gardée telle qu'elle était avant leur séparation. Donatistes, ariens, macedoniens, nestoriens, eutychiens ou jacobites, grecs schismatiques, tous ont regardé la liturgie comme ce qu'il y a de plus sacré dans la religion, après l'Evangile. Quelques-uns, comme les nestoriens et les jacobites, y ont glissé quelques mots conformes à leurs erreurs, mais ils n'ont pas osé toucher au fond. A l'article LITURGIE, nous avons fait voir les conséquences qui s'ensuivent de cette conduite contre les protestants.

Luther, plus hardi, commença par décider que les messes privées, dans lesquelles le prêtre seul communie, sont une abomination; dans la nouvelle formule qu'il dressa, il retrancha l'offertoire et l'oblation, parce que cette cérémonie atteste que la messe est un sacrifice; il supprima toutes les paroles du canon qui précèdent celles de la consécration; il conserva d'abord l'élévation de l'hostie et du calice, qui est un signe d'adoration, de peur, disait-il, de scandaliser les faibles; mais dans la suite il la supprima. Il condamna les signes de croix sur l'hostie et sur le calice consacrés, la fraction de l'hostie, le mélange des deux espèces, la communion sous une seule : il décida que le sacrement consiste principalement dans la communion. Il fit ainsi disparaître tous les rites anciens et respectables qui démontraient la fausseté et l'impiété de ses opinions. Il est certain que ce novateur n'avait aucune connaissance des liturgies orientales, non plus que les théologiens de son temps; mais depuis qu'elles ont été mises au jour, et que l'on en a démontré la conformité avec la messe latine, les *luthériens* n'ont pas moins continué à déclamer contre la messe des catholiques, et de la regarder comme une invention nouvelle. On sait qu'au sujet de la messe, Luther prétendit avoir eu une conférence et une dispute avec le diable; le Père Le Brun l'a rapportée dans les propres termes de Luther. Plus d'une fois les *luthériens* se sont récriés contre les conséquences odieuses que les controversistes catholiques en ont tirées contre eux ; les zwingliens et les calvinistes n'en ont pas été moins scandalisés que les catholiques; et quoi que l'on en puisse dire, ce trait ne fera jamais honneur au patriarche de la réforme. Quand il serait vrai que cette conférence a été postérieure aux ouvrages que Luther avait écrits contre la messe, et à l'abolition qu'il avait faite des messes privées, il en résulte toujours, 1° que Luther, de son aveu, avait célébré des messes privées pendant quinze ans, c'est-à-dire jusqu'en 1522, puisqu'il avait été prêtre l'an 1507. Si donc il avait déjà écrit contre la messe en 1520 et en 1521, comme le soutiennent les *luthériens*, il est clair qu'il a célébré pendant deux ans contre sa conscience, et bien persuadé qu'il commettait une abomination. 2° Il est bien étonnant, dans cette supposition, que Luther n'ait pas répondu au démon : "*Ce que tu me dis contre la messe n'est pas nouveau pour moi, puisque je l'ai combattue et abolie depuis longtemps.* 3° Luther se justifie en disant qu'il a célébré *selon la foi et les intentions de l'Eglise*, foi et intentions qui ne peuvent pas être mauvaises : cette même raison ne disculpe-t-elle pas tous les prêtres catholiques, non-seulement à l'égard de la messe, mais à l'égard de toutes leurs autres fonctions ? 4° Quand on supposerait que cette prétendue conférence n'a été qu'un rêve de Luther, il est toujours certain qu'un homme vraiment apostolique n'aurait jamais rêvé de cette manière, ou que, s'il l'avait fait, il n'aurait pas été assez insensé pour le publier.

Voilà des réflexions qui n'auraient pas dû échapper à Bayle, lorsqu'il a rendu compte des réponses que les *luthériens* ont opposées aux reproches des controversistes catholiques. Ceux-ci, faute d'avoir vérifié les dates, ont peut-être poussé trop loin les conséquences qu'ils ont tirées de la narration de Luther; mais il en reste encore d'assez fâcheuses pour rendre inexcusable la prévention des *luthériens*. *Voy.* les *Nouv. de la République des Lettres*, janvier 1687, art. 3; *OEuvres de Bayle*, tom. I, p. 728.

En 1559, Mélanchton et les théologiens de Wittemberg, en 1574, ceux de l'université de Tubinge, firent tous leurs efforts pour engager Jérémie, patriarche grec de Constantinople, à approuver la confession d'Augsbourg; ils ne purent y réussir. Jérémie désapprouva constamment leur opinion sur l'eucharistie, et sur les autres points controversés entre les *luthériens* et l'Eglise romaine. *Voy.* la *Perpétuité de la foi*, tom. I, liv. IV, chap. 4; pag. 358.

LUXE. Il y a eu plusieurs contestations entre les écrivains de notre siècle, pour savoir si le *luxe* est avantageux ou pernicieux à la prospérité des Etats; s'il faut l'encourager ou le réprimer; si, dans une monarchie, les lois somptuaires sont utiles ou dangereuses. Cette question purement politique ne nous regarde point; mais il suffit d'avoir une légère teinture de l'histoire pour savoir que c'est le *luxe* qui a détruit les anciennes monarchies; ainsi ont péri celle des Assyriens, celle des Perses, celle des Romains : en faut-il davantage pour nous convaincre que la même cause produira toujours le même effet? Du moins l'on ne peut pas mettre en question si le *luxe* est conforme ou contraire à l'esprit du christianisme. Une religion qui nous prêche la mortification, l'amour de la croix et des souffrances, le renoncement à nous-mêmes, comme des vertus absolument nécessaires au salut, ne peut pas approuver le *luxe* ou la recherche des superfluités. Jésus-Christ a condamné ce vice par ses leçons et par ses exemples ; il a voulu naître, vivre et mourir dans la pauvreté, par conséquent dans la privation des commodités de la vie; c'est un sujet de consolation pour les pauvres, mais c'est aussi un motif de crainte pour les riches, qui se permettent tout ce qui peut flatter la sensualité. Jésus-Christ leur adresse ces paroles terribles : *Malheur à vous, riches, parce que vous trouvez votre félicité sur la terre* (*Luc.* c. vi, v. 24). La vertu, c'est-à-dire la force de l'âme, peut-elle se trouver dans un homme énervé par le *luxe* et par la mollesse? Les philosophes, même païens, ont jugé ce phénomène impossible.

Les Pères de l'Eglise n'ont rien rabattu de la sévérité des maximes de l'Evangile ; les plus anciens sont ceux dont la morale est la plus austère, et qui condamnent toute espèce de *luxe* avec le plus de rigueur. Aujourd'hui nos philosophes épicuriens leur en font un crime; ils les accusent d'avoir outré la morale et de l'avoir rendue impraticable ; cependant les Pères ont été écoutés et ont fait des disciples, du moins un petit nombre de chrétiens fervents ont suivi leurs leçons ; ils savaient sans doute mieux que les modernes ce qui convenait au siècle dans lequel ils parlaient. On les accuse de n'avoir pas su distinguer le *luxe* d'avec l'usage innocent que l'on peut faire des commodités de la vie, surtout lorsque la coutume y attache une espèce de bienséance par rapport aux personnes d'une certaine condition. Barbeyrac, *Traité de la morale des Pères*, chap. 5, § 14, etc. Mais les censeurs des Pères sont-ils eux-mêmes fort en état de tracer la ligne qui sépare le *luxe* innocent d'avec le *luxe* condamnable? Ce qui était *luxe* dans un temps, n'est plus censé l'être dans un autre. Lorsqu'une nation est dans la prospérité et dans l'abondance, soit par le commerce ou autrement, les commodités de la vie se répandent de proche en proche, et se communiquent des grands aux petits. Parmi nous, les citoyens les moins aisés vivent aujourd'hui, surtout dans les villes, avec plus de commodité que l'on ne faisait il y a un siècle; ce qui était alors regardé comme un *luxe* et une superfluité est censé à présent faire partie du nécessaire honnête. La plupart des choses dont l'habitude nous fait un besoin seraient un *luxe* chez les nations pauvres. Pour savoir si les Pères ont outré les choses, il faut donc comparer leur siècle avec le nôtre, le degré d'abondance qui régnait pour lors avec celui dont nous jouissons aujourd'hui ; qui s'est donné la peine de faire cette comparaison ?

Lorsque chez une nation le *luxe* est poussé à son comble, on ne peut plus supporter la morale chrétienne, on se retranche dans l'épicuréisme spéculatif et pratique, pour justifier l'excès de sensualité auquel on se livre ; mais alors ce sont les mœurs publiques qui pèchent et non l'Evangile. Sans entrer dans aucune discussion, il est aisé de voir que si les grands employaient à soulager les pauvres ce qu'ils consument en folles dépenses, le nombre des malheureux diminuerait de moitié, mais l'habitude du *luxe* étouffe la charité et rend les riches impitoyables. Une fortune qui suffirait pour subvenir à tous les besoins indispensables de la vie, ne suffit plus pour satisfaire les goûts capricieux que le *luxe* inspire ; les besoins facticés croissent avec l'abondance, il ne reste plus de superflu à donner aux pauvres. On ne pense plus à la leçon de saint Paul : *Que votre abondance supplée à l'indigence des autres, afin d'établir l'égalité* (II *Cor.* c. viii, v. 14).

Ceux mêmes qui ont voulu faire l'apologie du *luxe*, sont forcés de convenir qu'il amollit les hommes, énerve les courages, pervertit les idées, éteint les sentiments d'honneur et de probité. Il étouffe les arts utiles pour alimenter les talents frivoles ; il tarit la vraie source des richesses en dépeuplant les campagnes, en ôtant à l'agriculture une infinité de bras. Il met dans les fortunes une inégalité monstrueuse, rend heureux un petit nombre d'hommes aux dépens de vingt millions d'autres. Il rend les mariages trop dispendieux par le faste des femmes, et multiplie les célibataires voluptueux et libertins : double source de dépopulation. En donnant aux richesses un prix qu'elles n'ont point, il ôte toute considération à la probité et à la vertu : il réduit la moitié d'une nation à servir l'autre, et produit à peu près les mêmes désordres que l'esclavage chez les anciens.

Mais c'est surtout aux ecclésiastiques que les canons défendent toute espèce de *luxe*. Comme leur conduite doit être plus modeste, plus exemplaire, plus sainte que celle des laïques, toute superfluité leur est plus sévèrement interdite. Le deuxième concile général de Nicée, tenu l'an 787, can. 16, défend aux évêques et aux clercs les habits somptueux et éclatants, et l'usage des parfums ; cet usage semblait cependant nécessaire lorsque le linge était beaucoup moins commun qu'il ne l'est aujourd'hui. Le concile d'Aix-la-Chapelle, de l'an 816, can. 145, leur défend la magnificence et toute superfluité dans la table et dans la manière de s'habiller. En 1215, celui de Montpellier, can. 1, 2, 3, leur fait la même leçon, leur interdit les habits de couleur et les ornements d'or et d'argent. Le concile général de Latran, tenu la même année, can. 16, est encore plus sévère ; il rappelle les canons du quatrième concile de Carthage, tenu l'an 398, qui veut que la maison, les meubles, la table d'un évêque soient pauvres. Enfin celui de Trente, sess. 22, *de Réform.*, c. 1, recommande instamment l'observation de cette discipline, et renouvelle à ce sujet tous les anciens canons. L'usage, la coutume, le relâchement des mœurs, les prétextes tirés de la naissance et de la dignité, ne prescriront jamais contre des règles aussi respectables. Le concile de Montpellier, que nous venons de citer, observe très-bien que le *luxe* des ecclésiastiques les rend odieux, étouffe dans les laïques le respect, la confiance, fait murmurer les pauvres, et tourne au détriment de la religion. C'est encore aujourd'hui le lieu commun des incrédules, et le sujet le plus fréquent de leurs invectives contre le clergé. Il y aurait donc plus à gagner qu'à perdre pour cet ordre vénérable, si tous ses membres étaient assez courageux pour lutter contre le torrent des mœurs publiques, et se renfermer dans les bornes du plus étroit nécessaire.

Les grands hommes qui ont honoré l'Eglise par leurs talents et par leurs vertus étaient tous pauvres; ceux mêmes qui étaient riches par leur naissance, renonçaient à leur patrimoine en embrassant l'état ecclésiastique, quoique cette obligation ne leur fût imposée par aucune loi. Parmi les évêques du III° siècle, le seul Paul de Samosate se fit remarquer par un *luxe* scandaleux ; mais il fut hérétique, méchant homme, déposé et excommunié pour ses erreurs et pour ses vices. Ammien Marcellin, auteur païen du IV° siècle, atteste que plusieurs évêques des provinces se rendaient recommandables devant Dieu et devant les hommes par leur sobriété et leur austérité, par la simplicité de leurs habits, par un extérieur humble et mortifié. *Hist.*, l. XXVII, pag. 458. *Voy.* Bingham, *Orig. ecclésiast.*, l. VI, c. 2, § 8, tome II, pag. 326.

LUXURE. *Voy.* IMPUDICITÉ.

LYON. Il y a eu deux conciles généraux tenus dans cette ville ; le premier, de l'an 1245, sous le pape Innocent IV qui y présidait, est compté pour le treizième concile général. Il fut convoqué, 1° à cause de l'irruption des Tartares dans l'empire ; 2° pour travailler à la réunion des Grecs à l'Eglise romaine ; 3° pour condamner les hérésies qui se répandaient pour lors ; 4° pour procurer des secours aux fidèles de la terre sainte contre les Sarrasins ; 5° pour examiner les crimes dont l'empereur Frédéric II était accusé. Baudouin, empereur de Constantinople, y assista, et il s'y trouva environ cent quarante évêques.

Nous ne trouvons rien dans les décrets de ce concile qui ait rapport à aucune hérésie en particulier, ni aux moyens d'éteindre le schisme des Grecs ; nous y voyons seulement des taxes imposées sur les bénéfices pour secourir la terre sainte, le projet d'une croisade contre les Sarrasins et contre les Tartares.

La grande affaire était les démêlés entre le saint-siége et l'empereur Frédéric : ce prince était accusé d'hérésie, de sacrilége et de félonie. L'empire étant regardé pour lors comme un fief relevant du saint-siége, la résistance de Frédéric au pape paraissait être la révolte d'un vassal contre son seigneur. Conséquemment Innocent IV prononça contre lui l'excommunication et une sentence de déposition. Les évêques approuvèrent l'excommunication et répétèrent l'anathème ; quant à la déposition, il est seulement dit qu'elle fut portée *en présence du concile* (1). Ce n'est pas ici le lieu de prouver que cette sentence était nulle, et que le pape excédait son pouvoir. *Voy.* SOUVERAIN, TEMPOREL DES ROIS. Aussi cette démarche irrégulière eut-elle les suites les plus fâcheuses ; elle partagea l'Italie en deux factions, celle des guelfes qui tenaient pour le pape, l'autre des gibelins qui étaient du parti de l'empereur, et qui désolèrent l'Italie pendant trois siècles. S'il est étonnant que les évêques n'aient pas réclamé contre cette entreprise du pape, il l'est bien davantage que l'empereur Baudouin, les comtes de Provence et de Toulouse, les ambassadeurs des autres souverains qui étaient présents, ne s'y soient pas opposés. *Voy. l'Histoire de l'Eglise gallicane*, tome XI, l. XXXII, an. 1245.

Le deuxième concile général de Lyon, qui est le quatorzième œcuménique, fut indiqué l'an 1274 par Grégoire X. Il avait aussi pour objet la réunion de l'Eglise grecque, le secours de la terre sainte, et la réforme de la discipline ecclésiastique. Le pape y présida encore en personne, à la tête de plus de cinq cents évêques ; Jacques, roi d'Aragon, s'y trouva, et l'on y vit les ambassadeurs de l'empereur Michel Paléologue, ceux des rois de France, d'Allemagne, d'Angleterre et de Sicile. C'est la plus nombreuse assemblée qui se soit formée dans l'Eglise. Elle eut aussi un succès plus heureux que la précédente, puisque les Grecs, au nom de leur empereur et de trente-huit évêques de leur Eglise, y signèrent avec les Latins la même profession de foi, y reconnurent le souverain pontife comme chef de l'Eglise universelle (1), et y chantèrent le symbole avec l'addition *qui a Patre Filioque procedit*.

---

(1) « Nos itaque super præmissis et compluribus aliis ejus nefandis excessibus, cum fratribus nostris et sacro concilio deliberatione præhabita diligenti, cum Jesu Christi vices licet immerito teneamus in terris, nobisque in beati Petri apostoli persona sit dictum : *Quodcumque ligaveris super terram*, etc. ; memoratum principem, qui se imperio et regnis omnique honore ac dignitate reddidit tam indignum, quique propter suas iniquitates a Deo ne regnet vel imperet est abjectus, suis ligatum peccatis et abjectum, omnique honore et dignitate privatum a Domino ostendimus, denuntiamus, ac nihilominus sententiando privamus ; omnes, qui ei juramento fidelitatis tenentur adstricti, a juramento hujusmodi perpetuo absolventes ; auctoritate apostolica firmiter inhibendo, ne quisquam de cætero sibi tanquam imperatori vel regi pareat vel intendat, et decernendo quoslibet, qui deinceps ei, velut imperatori aut regi, consilium vel auxilium præstiterint seu favorem, ipso facto excommunicationis vinculo subjacere. Illi autem ad quos in eodem imperio imperatoris spectat electio, eligant libere successorem. »—Labb., *Concil. collect.*, tom. XI, part. 1, col. 645.

(1) Les termes de cette réconciliation sont bien remarquables. Ils montrent l'idée qu'on se formait de la primauté du pape, idée bien plus absolue que ce que supposent nos gallicans. L'Eglise ne s'arrêta pas alors à ces prétendus sages tempéraments du gallicanisme. Voici les expressions du concile :

« Sancta romana Ecclesia summum et plenum primatum et principatum super universam Ecclesiam catholicam obtinet, quem ab ipso Domino in beato Petro apostolorum principe sive vertice, cujus romanus pontifex est successor, cum potestatis plenitudine recepisse veraciter et humiliter recognoscit. Et sicut præ cæteris tenetur fidei veritatem defendere, sic et si quæ de fide suborta fuerint quæstiones, suo debent judicio definiri. Ad quam potest gravatus quilibet super negotiis ad ecclesiasticum forum pertinentibus appellare, et in omnibus causis ad examen ecclesiasticum spectantibus, ad ipsius potest judicium recurri : et eidem omnes Ecclesiæ sunt subjectæ, ipsarum prælati obedientiam et reverentiam sibi dant. Ad hanc autem sic potestatis plenitudo

Conséquemment, le premier des décrets de ce concile regarde le dogme de la procession du Saint-Esprit; les autres concernent la discipline. Le vingt-troisième est remarquable, en ce qu'il défend de former de nouveaux ordres religieux et d'en prendre l'habit, et supprime tous les ordres mendiants nés depuis le concile général de Latran, sous Innocent III, en 1215, et non confirmés par le saint-siége.

Cependant la réunion des Grecs à l'Eglise romaine ne fut ni générale de leur part, ni de longue durée, puisqu'il fallut la recommencer à Ferrare en 1438, et à Florence en 1439. Cette dernière même n'a pas été solide, puisque les Grecs persévèrent encore dans leur schisme, et y sont aussi obstinés qu'ils l'étaient pour lors. *Voy.* FLORENCE. *Hist. de l'Eglise gallic.*, tome XII, l. XXXIV, an. 1272 et 1276.

# M

MACARIENS, nom que les donatistes d'Afrique donnaient par haine et par mépris aux catholiques. Voici quelle en fut l'occasion. L'an 348, l'empereur Constant envoya en Afrique deux personnages consulaires, Paul et Macarius ou Macaire, pour veiller à l'ordre public, pour porter des aumônes aux pauvres, pour engager les donatistes, par des voies de douceur, à rentrer dans le sein de l'Eglise. Macaire eut des conférences avec quelques-uns de leurs évêques, et leur témoigna le désir qu'avait l'empereur de les voir réunis aux catholiques. Ces schismatiques, toujours séditieux, répondirent que l'empereur n'avait rien à voir dans les affaires ecclésiastiques : ils soulevèrent le peuple ; on fut obligé de leur opposer des soldats ; dans ce tumulte, il y eut du sang répandu, et Macaire fit punir quelques-uns des donatistes les plus furieux. Ces sectaires s'en prirent aux catholiques, comme si ç'avait été ces derniers qui avaient aigri l'empereur, et avaient été cause de la punition des coupables ; ils ne cessaient de leur reprocher *les temps macariens*, c'est-à-dire les exécutions faites par Macaire, et nommaient les catholiques *macariens*.

Saint Augustin, dans ses ouvrages contre les donatistes, leur représenta qu'ils ne devaient attribuer qu'à eux-mêmes les châtiments et les supplices dont ils se plaignaient ; que quand Macaire aurait poussé la sévérité trop loin, ce qui n'était pas vrai, les catholiques n'en étaient point responsables ; que les prétendues cruautés exercées par cet envoyé de l'empereur, n'approchaient pas de celles qu'avaient commises les circoncellions. Optat de Milève nous apprend, aussi bien que saint Augustin, que cette sévérité de Macaire produisit un bon effet. Un grand nombre de donatistes, confus de leur révolte et craignant le châtiment, renoncèrent à leur schisme, et se réconcilièrent à l'Eglise. *Voy.* DONATISTES. Tillemont, t. VI, p. 109 et 119.

MACARISME. Dans l'office des Grecs, les *macarismes* sont des hymnes ou tropains à l'honneur des saints ou des bienheureux : ce terme vient de μακάριος, *beatus*. On donne le même nom aux psaumes qui commencent par ce mot, et aux neuf versets du cinquième chapitre de saint Matthieu, depuis le troisième jusqu'au onzième, qui renferment les huit béatitudes.

MACÉDONIENS, hérétiques du IVe siècle qui niaient la divinité du Saint-Esprit. Macédonius, auteur de cette hérésie, fut placé sur le siége de Constantinople en 432, par les ariens, dont il suivait les sentiments, et son élection causa une sédition dans laquelle il y eut du sang répandu. Les violences qu'il exerça contre les novatiens et contre les catholiques le rendirent odieux à l'empereur Constance, quoique ce prince fût protecteur déclaré de l'arianisme ; conséquemment Macédonius fut déposé par les ariens mêmes, dans un concile qu'ils tinrent à Constantinople l'an 359. Egalement irrité contre eux et contre les catholiques, il soutint, malgré les premiers, la divinité du Verbe ; et contre les seconds, il soutint que le Saint-Esprit n'est pas une personne divine, mais une créature plus parfaite que les autres. Il tourna contre la divinité du Saint-Esprit la plupart des objections que les ariens avaient faites contre la divinité du Verbe ; son hérésie fut l'ouvrage de l'orgueil, de la vengeance et de l'esprit de contradiction. Il entraîna dans son parti quelques évêques ariens qui avaient été déposés aussi bien que lui ; et ils eurent des sectateurs qui se répandirent dans la Thrace, dans la province de l'Hellespont et dans la Bithynie.

Ces *macédoniens* furent nommés par les Grecs *pneumatomaques*, c'est-à-dire ennemis du Saint-Esprit, et *marathoniens*, à cause de Marathone, évêque de Nicomédie, l'un des plus connus d'entre eux. Ils séduisaient le peuple par un extérieur grave et par des mœurs austères, artifice ordinaire des hérétiques ; ils imitaient la vie des moines, et semaient particulièrement leurs erreurs dans les monastères.

Sous le règne de Julien, ils eurent la li

---

consistit, quod Ecclesias cæteras ad sollicitudinis partem admittit; quarum multas et patriarchales præcipue diversis privilegiis eadem romana Ecclesia honoravit, sua tamen observata prærogativa tum in generalibus conciliis, tum in aliquibus aliis, semper salva. » — Lab., *Concil. collect.*, tom. XI, part. 1, col. 966.

Si l'on considère avec attention la manière dont les Grecs se sont expliqués au second concile de Lyon au sujet de la principauté du pape, on reconnaîtra facilement qu'il est impossible de concilier les *libertés gallicanes* avec la doctrine de ce concile. *Voy.* aussi l'art. FLORENCE.

berté de dogmatiser; sous Jovien, son successeur, qui était attaché à la foi de Nicée, ils demandèrent la possession de plusieurs églises; ils ne purent rien obtenir : sous Valens, ils furent poursuivis par les ariens que cet empereur favorisait; ils se réunirent en apparence aux catholiques, mais cette union simulée de leur part ne dura pas. En 381, ils furent appelés au concile général de Constantinople, que Théodose avait convoqué pour rétablir la paix dans les églises : ils ne voulurent jamais signer le symbole de Nicée, et furent condamnés comme hérétiques : Théodose les bannit de Constantinople et leur défendit de s'assembler. Tillemont pense que Macédonius n'assista point à ce concile. Depuis ce temps, l'histoire ecclésiastique ne fait plus mention des *macédoniens;* saint Athanase et saint Basile écrivirent contre eux.

Le concile de Nicée n'avait pas décidé en termes exprès et formels la divinité du Saint-Esprit, parce que les ariens attaquaient uniquement la divinité du Fils; mais les Pères de Nicée firent assez connaître leur croyance par leur symbole. Lorsqu'ils disent : « Nous croyons en un seul Dieu tout-puissant..... et en Jésus-Christ son Fils unique, Dieu de Dieu, consubstantiel au Père.....; nous croyons aussi au Saint-Esprit, » ils supposent évidemment une égalité parfaite entre les trois Personnes, par conséquent la divinité de toutes les trois. Cela est encore évident par le symbole plus étendu qu'Eusèbe de Césarée adressa à son peuple, et qu'il avait présenté au concile de Nicée; il fonde l'égalité des trois personnes divines sur les paroles de Jésus-Christ qui sont la forme du baptême. Socrate (*Hist. ecclés.*, liv. I, c. 8).

C'est donc sans aucune raison qu'il a plu aux incrédules de dire que le concile général de Constantinople, en déclarant la divinité du Saint-Esprit, avait créé un nouvel article de foi, et l'avait ajouté au symbole de Nicée; ni l'un ni l'autre de ces conciles n'a rien créé, rien inventé de nouveau; il n'a fait qu'attester ce qui avait toujours été cru. Eusèbe lui-même, quoique très-suspect d'arianisme, proteste à ses diocésains que le symbole qu'il leur adresse est la doctrine qu'il leur a toujours enseignée, qu'il a reçue des évêques ses prédécesseurs, qu'il a apprise dans son enfance, et dans laquelle il a été baptisé. Il atteste encore que tel a été le sentiment unanime des Pères de Nicée; qu'il n'y a eu difficulté dans ce concile que sur le terme de *consubstantiel,* duquel on pouvait abuser en le prenant dans un mauvais sens. Une preuve que les évêques *macédoniens* se sentaient déjà condamnés par le concile de Nicée, c'est que jamais ils ne voulurent y souscrire le symbole; et Sabinus, l'un d'entre eux, soutenait que ce symbole avait été composé par des hommes simples et ignorants. Socrate, *Ibid. Notes de Valois et de Bullus sur cet endroit.* Sabinus n'en aurait pas parlé sur ce ton de mépris, s'il avait pu persuader que les Pères de Nicée avaient pensé comme lui.

Au mot SAINT-ESPRIT, nous avons apporté les preuves de la divinité de cette troisième personne de la sainte Trinité. Il est bon de remarquer que l'erreur des *macédoniens* n'était pas la même que celle des sociniens; ceux-ci prétendent, comme les sectateurs de Photin, que le *Saint-Esprit* n'est pas une personne; que ce nom désigne seulement l'opération de Dieu dans nos âmes; les *macédoniens,* au contraire, pensaient que c'est une personne, un être réel et subsistant, un esprit créé semblable aux anges, mais d'une nature très-supérieure à la leur, quoique fort inférieure à Dieu. Nous ne savons pas sur quel fondement Mosheim a confondu l'erreur de Macédonius avec celle de Photin. Sozom., l. IV, c. 27; Tillemont, t. VI, p. 413 et 414.

MACHABÉES. Il y a deux livres sous ce nom dans nos Bibles, qui contiennent l'un et l'autre l'histoire de Judas, surnommé *Machabée,* et de ses frères, les guerres qu'ils soutinrent contre les rois de Syrie, pour la défense de la religion et de la liberté des Juifs.

Selon l'opinion la plus probable, le nom de *Machabée* est venu de ce que Judas avait fait mettre sur ses étendards ces lettres initiales M., C., B., Æ., I., qui désignent en hébreu cette sentence de l'Exode, c. XV, v. 1 : *Qui d'entre les dieux, Seigneur, est semblable à vous?* De là, ce nom a été donné non-seulement à Judas et à sa famille, mais encore à tous ceux qui, dans la persécution suscitée contre les Juifs par les rois de Syrie, souffrirent pour la cause de la religion.

Le premier livre des *Machabées* avait été écrit en hébreu, ou plutôt en syro-chaldaïque, qui était alors la langue vulgaire de la Judée. Saint Jérôme, *in Prologo Galeato*, dit qu'il l'avait vu en hébreu; mais il n'en reste que la version grecque, de laquelle on ne connaît pas l'auteur, et dont Origène, Tertullien et d'autres Pères se sont servis. La version latine est plus ancienne que saint Jérôme, qui ne l'a pas retouchée. Ce livre contient l'histoire de quarante ans, depuis le commencement du règne d'Antiochus Epiphanes jusqu'à la mort du grand prêtre Simon. Soit qu'il ait été écrit par Jean Hircan, fils de Simon, qui fut pendant près de trente ans souverain sacrificateur, ou par un autre écrivain sous sa direction, l'auteur peut avoir été témoin de tout ce qu'il raconte; à la fin de son livre, il cite pour garants les mémoires du pontificat de Jean Hircan.

Le second livre des *Machabées* est un abrégé de l'histoire des persécutions exercées contre les Juifs par Epiphanes et par Eupator, son fils; histoire composée en cinq livres par un nommé Jason, et qui est perdue. Quoique celui-ci raconte les mêmes choses que l'auteur du premier livre, il ne paraît pas qu'ils se soient vus ni copiés l'un l'autre; le second a écrit en grec.

Plusieurs anciens auteurs et le concile de Laodicée, qui ont donné le catalogue des livres saints, n'y ont pas placé les deux livres des *Machabées*; d'autres, en plus grand nombre, les ont regardés comme canoniques. L'épître aux Hébreux, c. xi, v. 35 et suiv., paraît faire allusion au supplice du saint vieillard Eléazar et des sept frères, rapporté, *II Machab*., c. vi et vii. Le 84° ou 85° canon des apôtres, Tertullien, saint Cyprien, Lucifer de Cagliari, saint Hilaire de Poitiers, saint Ambroise, saint Augustin, saint Isidore de Séville, etc., les ont cités comme Ecriture sainte. Origène, après les avoir exclus du canon, les cite ailleurs comme ouvrages inspirés ; saint Jérôme et saint Jean Damascène ont varié de même sur ce sujet. Saint Clément d'Alexandrie, plus ancien que tous ces Pères, *Strom*., l. v, c. 14, p. 705, cite le second livre des *Machabées*, c. i, v. 10. Le troisième concile de Carthage, en 397, et en dernier lieu celui de Trente, les ont placés parmi les livres canoniques. Ces livres sont rejetés par les protestants, parce que le second livre, c. xii, v. 43 et suiv., parle de la prière pour les morts, pratique désapprouvée par les réformateurs. Ils déplaisent aussi aux incrédules, parce qu'ils sont fâchés d'y voir une famille de prêtres féconde en héros, et de ce que la nation juive, qu'ils ont tant déprimée, a défendu sa religion et sa liberté avec un courage dont il y a peu d'exemples. Ils disent que l'Eglise n'a pas droit de placer dans le canon, des livres que plusieurs anciens en ont exclus. Au mot DEUTÉRO-CANONIQUE, nous avons prouvé le contraire, et nous avons fait voir que, sur ce point, les protestants ne sont d'accord ni entre eux, ni avec eux-mêmes. Ils n'ont pas de grandes objections à faire contre le premier livre des *Machabées* ; plusieurs critiques parmi eux ont témoigné en faire beaucoup d'estime : mais ils argumentent surtout contre le second livre ; ils prétendent que les deux lettres des Juifs de Jérusalem à ceux d'Alexandrie, qui se trouvent chap. i et ii, sont supposées : voyons les preuves de cette supposition.

La date de ces lettres paraît fausse, elle ne s'accorde pas avec la chronologie ; la seconde est écrite au nom de *Machabée*, et ce juif était mort depuis trente-six ans. Mais, en premier lieu, le nom de *Machabée* n'est point ajouté à celui de Judas ; ce peut donc être un autre juif de même nom. En second lieu, dans les *Mémoires de l'Académie des Inscriptions*, tome XLIII, in-12, p. 491, il y a une dissertation sur la chronologie de l'histoire des *Machabées*, dans laquelle l'auteur concilie parfaitement toutes les dates qui y sont marquées, soit entre elles, soit avec les monuments de l'histoire profane, et répond solidement à toutes les difficultés. Nous nous contentons d'y renvoyer le lecteur. Dans la première de ces lettres, la fête de la Purification et de la Dédicace du temple est nommée mal à propos *fête des Tabernacles*, c. i, v. 9. Mais ce terme est expliqué ailleurs ; il est dit, c. x, v. 6, que cette fête fut célébrée, *comme celle des Tabernacles*, pendant huit jours. Nous y lisons, c. iv, v. 23, que Ménélaüs, qui obtint la souveraine sacrificature, était frère de Simon le Benjamite ; selon Josèphe, il était frère d'Onias et de Jason, et fils de Simon II, par conséquent de la race d'Aaron et de la tribu de Lévi : nous en convenons : il est clair que, dans le texte, il y a un mot transposé et un autre omis : toute cette difficulté se réduit à une faute de copiste.

Chap. xi, v. 21, il est parlé d'un mois *dioscorus* ou *dioscorinthius*, mois inconnu, disent les critiques, dans le calendrier syro-macédonien. Ils se trompent ; l'auteur de la dissertation dont nous venons de parler, a fait voir que διόσχορος en grec est la même chose que *gemini* en latin ; qu'ainsi le mois *dioscorus* est celui qui commence à l'entrée du soleil dans le signe des gémeaux, le 25 de mai, selon notre manière de compter ; c'est le troisième mois du printemps, dans l'année syro-macédonienne. Quant au mot *dioscorinthius*, ce peut être encore une faute de copiste.

Il y a une difficulté plus grave, sur laquelle plusieurs incrédules ont insisté. Dans le premier livre des *Machabées*, c. vi, il est dit que Antiochus Epiphanes, forcé de lever le siège d'Elymaïde, retourna dans la Babylonie ; qu'étant encore en Perse, il apprit que son armée avait été défaite dans la Judée, qu'il tomba malade de mélancolie, et qu'il y mourut. On croit que ce fut à Tabis, ville de Perse. Dans le second livre, c. i, v. 13, il est dit au contraire qu'il périt dans le temple de Nanée qu'il voulait piller ; or, ce temple était dans la ville même d'Elymaïde. Enfin, c. ix, v. 28 de ce même livre, on lit que Antiochus mourut dans les montagnes, et loin de son pays. Voilà, disent les critiques, une contradiction formelle entre ces deux livres. Nous n'y en apercevons aucune. Il est clair d'abord qu'il n'y en a point entre la manière dont la mort d'Antiochus est rapportée, l. i, c. 6, et celle dont elle est racontée, l. ii, c. 9, puisqu'il est vrai que ce roi, après avoir été repoussé par les habitants d'Elymaïde, que l'on nommait aussi Persépolis, et marchant à grandes journées pour regagner la Babylonie, tomba malade et mourut à Tabis, dans les montagnes de Perse.

Sans nous arrêter à la manière dont on explique ordinairement le chap. i, v. 3 du second livre, il nous paraît qu'il y a une solution fort simple. Ce n'est pas l'auteur de ce livre, mais les Juifs de Jérusalem, qui parlent dans la lettre qu'ils écrivaient à ceux d'Egypte. Cette lettre fut écrite immédiatement après la purification du temple, par conséquent à la première nouvelle que l'on reçut en Judée de la mort d'Antiochus. Or, par cette première nouvelle, les Juifs de Jérusalem ne furent pas informés des vraies circonstances de cette mort ; on publia d'abord qu'il avait été tué dans le temple de Nanée, à Elymaïde ; mais, dans la suite, l'on apprit qu'il était seulement entré dans cette ville, qu'il avait été repoussé par les habitants, et forcé de s'enfuir (*Machab*. l. I, vi, 3 et 4 ; l. II, ix, 2) ; qu'il était tombé malade dans les montagnes, à Tabis ou ailleurs, et qu'il y était mort. L'auteur de ce second livre le savait très-bien, puisqu'il le dit ; mais comme il voulait copier fidèlement la lettre des Juifs, telle qu'elle était, il n'a pas voulu toucher à la manière dont ils racontaient la mort d'Antiochus, en se réservant d'en rapporter plus exactement les circonstances dans la suite de son histoire. Ce n'est donc pas ici une méprise de la part de l'historien, mais un témoignage de sa fidélité.

Il ne faut pas oublier que la persécution exercée contre les Juifs par Antiochus Epiphanes avait été clairement prédite par le prophète Daniel, c. VIII, plus de deux cents ans auparavant. L'événement a répondu si parfaitement à la prédiction, que les incrédules ont été réduits à dire que les prophéties de Daniel ont été écrites après coup, et dans des temps postérieurs au règne d'Antiochus ; mais la date du livre de Daniel est constatée par des preuves que les incrédules ne renverseront jamais. On peut voir dans Prideaux, liv. XI, à la fin, l'exactitude avec laquelle ses prophéties ont été accomplies, et les preuves qu'en ont fournies les auteurs profanes. *Voy.* DANIEL. C'est pour cela même que le plus célèbre de nos professeurs d'incrédulité a rassemblé toutes les objections qu'il a pu imaginer contre l'histoire des *Machabées;* elles ont été solidement réfutées dans un ouvrage récent, intitulé : *l'Authenticité des livres de l'Ancien et du Nouveau Testament démontrée*, etc., Paris, 1782 ; mais cette discussion est trop longue pour que nous puissions y entrer.

On a nommé *troisième livre des Machabées*, une histoire de la persécution suscitée en Egypte contre les Juifs, par Ptolémée Philopator ; et *quatrième livre*, l'histoire que Josèphe a écrite du martyre des sept frères mis à mort par Antiochus Epiphanes, martyre rapporté, *II Machab.*, c. VII. Mais ces deux derniers ouvrages n'ont jamais été mis au nombre des livres saints. Voyez *Bible d'Avignon*, tome XII, p. 489 et 839.

Les protestants, pour justifier leurs révoltes contre les souverains, avaient allégué l'exemple des *Machabées.* Bossuet, 5<sup>e</sup> *Avertissement*, § 24, a fait voir qu'ils ne peuvent pas s'en prévaloir. La révolte des Juifs contre Antiochus était légitime ; il n'était pas leur roi naturel, mais un conquérant oppresseur ; il voulait les exterminer et les chasser de la Judée. Or, la religion juive, par sa constitution même, était attachée à la Terre promise et au temple de Jérusalem ; les Juifs ne pouvaient y renoncer sans crime. Antiochus les forçait, sous peine de la vie, d'abandonner le culte du vrai Dieu, de sacrifier aux idoles, de changer de lois et de mœurs. Ils furent autorisés à la résistance par les miracles que Dieu fit en leur faveur, par les prophéties de Daniel et de Zacharie, qui leur avaient prédit cette persécution, et leur avaient promis le secours de Dieu.

Aucune circonstance semblable n'a rendu légitimes les séditions des protestants : ils n'ont pas pris les armes pour conserver l'ancienne religion de leurs pères, mais pour l'abolir et en établir une nouvelle ; personne n'a voulu les forcer de renoncer au culte du vrai Dieu, ni d'abjurer le christianisme ; ils n'avaient en leur faveur ni prophéties, ni miracles : leur dessein capital était moins d'obtenir l'exercice de leur religion que de se rendre indépendants et d'écraser le catholicisme ; c'est ce qu'ils ont fait partout où ils ont été les plus forts. *Voy.* GUERRES DE RELIGION.

MACHASOR, mot hébreu, qui signifie *cycle.* C'est le nom d'un livre de prières fort en usage chez les Juifs dans leurs grandes fêtes. Il est très-difficile à entendre, parce que ces prières sont en vers et d'un style concis. Buxtorf remarque qu'il y en a eu un grand nombre d'éditions, tant en Italie qu'en Allemagne et en Pologne, et que l'on a corrigé, dans ceux qui sont imprimés à Venise, beaucoup de choses qui sont contre les chrétiens. Les exemplaires manuscrits n'en sont pas communs chez les Juifs, mais il y en a plusieurs dans la bibliothèque de Sorbonne à Paris. Buxtorf, *in Biblioth. Rabbin.*

MACHICOT, officier de l'église de Notre-Dame de Paris, qui est moins que les bénéficiers, et plus que les chantres à gages ; il porte chape aux fêtes semi-doubles, et tient le chœur. Du nom *machicot*, dont l'origine n'est pas trop connue, l'on a fait le verbe *machicoter*, qui signifie orner le chant, en le rendant plus léger et plus composé, en y joignant les notes de l'accord, pour lui donner de l'harmonie. Ce chant, qui est une espèce de faux-bourdon, se nomme autrement *chant sur le livre.*

MACROSTICHE, écrit à longues lignes. C'est ainsi que l'on appela la cinquième formule de foi que composèrent les eusébiens, l'une des factions des ariens, dans un concile qu'ils tinrent à Antioche, l'an 345. Quelques modernes ont dit que cette profession de foi ne renfermait rien de répréhensible ; mais ce n'est pas ainsi qu'en ont jugé saint Athanase et Sozomène. Les eusébiens y reconnaissaient que le Fils de Dieu est semblable au Père en toutes choses, sans parler de substance. Ils condamnaient ceux qui prétendaient que le Fils a été tiré du néant, et les autres impiétés d'Arius, parce que ces paroles, disaient-ils, ne sont pas de l'Ecriture. Ils semblaient reconnaître l'unité de la divinité du Père et du Fils, mais ils supposaient en même temps le Fils inférieur au Père ; c'était une contradiction avec le mot *semblable en toutes choses :* ils disaient positivement que le Fils a été fait, quoique d'une manière différente des autres créatures : en cela ils étaient opposés au symbole de Nicée, qui a dit *engendré et non fait.* Ils envoyèrent ce formulaire en Italie par trois ou quatre évêques ; mais ceux d'Occident ne furent pas dupes de leur verbiage ; ils leur déclarèrent qu'ils s'en tenaient au symbole de Nicée et qu'ils n'en voulaient point d'autre. *Voy.* EUSÉBIENS.

L'embarras des différentes factions qui partageaient l'arianisme, la multitude des confessions de foi qu'ils proposaient, et qui ne pouvaient les satisfaire eux-mêmes, démontrent assez le fonds de mauvaise foi avec lequel ils procédaient, et la sagesse de la conduite des orthodoxes qui ne voulaient pas se départir du symbole de Nicée. Tillemont, *Hist. de l'Arian.*, c. 38, tom. VI, pag. 331.

MADIANITES. Nous lisons dans le livre des *Nombres*, c. 25, que les Israélites, pendant leur séjour dans le désert, se livrèrent à l'impudicité et à l'idolâtrie avec les filles des *Madianites* et des Moabites; que le Seigneur irrité ordonna à Moïse de faire pendre les principaux auteurs de ce désordre; que les juges firent mettre à mort tous les coupables, et qu'il périt à cette occasion vingt-quatre mille hommes. Comme les *Madianites* avaient tendu ce piége aux Israélites, par pure méchanceté et afin de les corrompre, Moïse, pour venger son peuple, ordonna de mettre à feu et à sang le pays de Madian, d'exterminer cette nation, de n'en réserver que les filles vierges. Il raconte lui-même que le butin fait dans cette expédition fut de six cent soixante-quinze mille brebis, soixante-douze mille bœufs, soixante-un mille ânes et trente-deux mille filles vierges: que trente-deux de ces jeunes personnes furent la part du Seigneur (*Num.*, c. 31). A ce sujet, les censeurs de l'histoire sainte accusent Moïse de cruauté envers sa propre nation; de perfidie, d'ingratitude envers les *Madianites*, chez lesquels il avait trouvé un asile dans sa fuite et avait pris une épouse; de barbarie, pour avoir fait égorger tous les mâles et toutes les femmes mariées: ils disent que cette quantité énorme de bétail n'a jamais pu se trouver dans un pays aussi peu étendu qu'était celui de Madian; ils pensent que les trente-deux filles réservées pour la part du Seigneur furent immolées en sacrifice.

Il n'est pas un seul de ces reproches qui ne soit injuste et mal fondé. 1° La loi, qui condamnait à mort tout Israélite coupable d'idolâtrie, était formelle, le peuple s'y était soumis; ce n'est qu'à cette condition que Dieu avait promis de le protéger: déjà ce peuple avait vu l'exemple d'une pareille sévérité, à l'occasion du culte rendu au veau d'or (*Exod.*, c. xxxii, v. 27 et 28); il était donc inexcusable. C'est une fausseté de dire, comme quelques incrédules, que les coupables furent mis à mort, simplement pour avoir pris des femmes *madianites*; ils le furent pour s'être livrés avec elles à l'impudicité et à l'idolâtrie (*Num.* c. xxv, v. 3). Ce crime suffisait pour attirer les châtiments de Dieu sur la nation entière si elle l'avait laissé impuni. 2° Lorsque les *Madianites* exercèrent ce trait de perfidie envers les Israélites, ils n'y avaient été provoqués par aucune injure; ils craignaient à la vérité d'être traités comme les Amorrhéens: ils avaient tort; s'ils avaient envoyé des députés à Moïse, il leur aurait répondu qu'ils n'avaient rien à craindre, qu'Israël ne devait point s'emparer de leur territoire, parce qu'ils descendaient d'Abraham par Céthura. En effet, dans la conquête du pays des Chananéens, les Israélites n'enlevèrent pas un seul pouce de terrain aux *Madianites*, aux Moabites ni aux Ammonites (*Jud.* c. xi, v. 13). Les *Madianites*, chez lesquels Moïse s'était réfugié dans sa fuite d'Egypte, n'étaient point les mêmes que ceux dont il fit dévaster le pays pour les punir. Les premiers habitaient les bords de la mer Rouge, et n'étaient pas éloignés de l'Egypte; les seconds étaient placés à l'orient et au nord de la Palestine, près de la mer Morte et des Moabites, à cinquante lieues au moins des autres *Madianites*. Ce n'était pas la même nation; l'une descendait de Chus, petit-fils de Noé, l'autre d'Abraham: la première adorait le vrai Dieu; cela est prouvé par l'exemple de Jéthro, beau-père de Moïse; la seconde honorait Béelphégor, dieu des Moabites. La cruauté avec laquelle celle-ci fut traitée était la manière ordinaire de faire la guerre chez les anciens peuples. Mais il s'en faut beaucoup que le pays de Madian ait été entièrement dépeuplé et dévasté, puisque deux cents ans après, ces mêmes *Madianites* asservirent les Israélites, et furent vaincus par Gédéon (*Jud.* c. vi). 3° Avant de décider que ce pays ne pouvait pas nourrir la quantité d'hommes et de bétail dont parle Moïse, il faudrait commencer par en fixer les limites; les incrédules les restreignent à leur gré, et il était au moins du double plus étendu qu'ils ne le supposent. On leur a prouvé, par des calculs et par des exemples incontestables, que dans un pays médiocrement fertile et d'une égale étendue, il ne serait pas difficile de trouver le même nombre d'hommes et d'animaux. *Voy.* les *Lettres de quelques Juifs*, etc., tom. II, p. 3 et suiv. Le pays habité aujourd'hui par les Druses, qui est celui des *Madianites*, n'est ni stérile ni désert, selon le récit des voyageurs; il est cultivé et peuplé. *Voy.* le *Voyage autour du monde*, par M. de Pagès, fait depuis 1767 jusqu'en 1776, tom. I, p. 373 et suiv., et 386. — 4° Le texte de Moïse nous apprend assez clairement ce que l'on fit des trente-deux filles réservées pour la part du Seigneur: il est dit que les prémices du butin destinées au Seigneur, soit en hommes, soit en bétail, furent données au grand prêtre Eléazar (*Num.*, c. li, v. 20, 29, 40 et 41). Ces filles furent donc réduites à l'esclavage comme les autres, et destinées au service du tabernacle. Il n'est point ici question de sacrifice ni d'immolation: jamais les Israélites n'ont offert à Dieu des victimes humaines. *Voy.* ce mot.

MAFORTE, espèce de manteau qui était à l'usage des moines d'Egypte; il se mettait sur la tunique, et couvrait le cou et les épaules: il était de toile de lin comme la tunique, et il y avait par dessus une melotte ou peau de mouton.

MAGDELEINE, l'une des saintes femmes qui suivaient Jésus-Christ, qui écoutaient sa doctrine, et qui pourvoyaient à sa subsistance. Plusieurs incrédules modernes se sont appliqués à jeter des soupçons sur l'attachement que cette femme pieuse a montré pour le Sauveur, soit pendant sa vie, soit après sa mort; ils en ont parlé sur le ton le plus indécent. Ils ont confondu *Magdeleine* avec Marie, sœur de Lazare, et avec la pécheresse de Naïm, convertie par Jésus-Christ; c'est une opinion très-douteuse : il y a longtemps que d'habiles critiques ont soutenu que ce sont trois personnes différentes. Voyez *Vies des Pères et des Martyrs*, tom. VI, p. 438; *Bible d'Avignon*, t. XIII, p. 331.

Quand même le fait serait mieux prouvé, il y aurait déjà de la témérité à peindre *Magdeleine* comme une femme perdue de mœurs et de réputation, dont la conversion n'était rien moins que sincère. Il est seulement dit dans l'Evangile que *Magdeleine* avait été délivrée de sept démons (*Luc*. c. VIII, v. 2). Sans examiner si cette expression doit être prise à la lettre, ou si l'on doit l'entendre d'une maladie cruelle, il en résulte que la reconnaissance a suffi pour attacher au Sauveur une personne honnête et bien née.

On connaît d'ailleurs la sévérité des mœurs juives, l'attention avec laquelle les scribes, les pharisiens, les docteurs de la loi examinaient la conduite de Jésus-Christ, toutes ses démarches et toutes ses paroles, pour y trouver un sujet d'accusation; l'assiduité avec laquelle ses disciples l'ont suivi, et ont été témoins de toutes ses actions. Les Juifs auraient-ils souffert qu'il enseignât le peuple, qu'il se donnât pour le Messie, qu'il censurât leur doctrine et leurs vices, s'ils avaient pu lui reprocher des mœurs vicieuses et des fréquentations suspectes? Ils l'ont accusé de séduire le peuple, d'être l'ami des publicains et des pécheurs, de violer le sabbat, de s'attribuer une autorité qui ne lui appartenait pas, de s'entendre avec les démons qu'il chassait des corps; auraient-ils oublié ses liaisons avec des femmes perdues, s'ils avaient eu là-dessus quelque soupçon ? Ce reproche ne se trouve ni dans les évangélistes, ni dans le Talmud, ni dans les écrits des rabbins. Les évangélistes eux-mêmes n'auraient pas été assez imprudents pour faire mention de ces femmes, si leur assiduité à suivre le Sauveur avait donné à ses ennemis quelque avantage contre lui.

C'est surtout pendant la passion et après la mort de Jésus, que *Magdeleine* fit éclater son attachement pour lui; elle se tint constamment au pied de la croix avec saint Jean et avec la Vierge Marie; cette sainte Mère de Dieu n'aurait pas souffert dans sa compagnie une personne dont la conduite pouvait faire tort à la gloire de son Fils. *Magdeleine* fut du nombre des femmes qui vinrent au tombeau de Jésus, pour embaumer son corps et lui rendre les honneurs de la sépulture : les femmes perdues n'ont pas coutume de se charger du soin d'ensevelir les morts. Au moment de la résurrection, lorsque Jésus lui apparaît, et qu'elle veut se prosterner à ses pieds, il lui dit : *Ne me touchez pas; allez dire à mes frères que je vais re-*
*monter vers mon Père* (*Joan*. c. XX, v. 17). Il permet aux autres femmes de lui embrasser les pieds et de l'adorer (*Matth*. c. XXVIII, v. 9). Il n'y a là aucun vestige d'attachement suspect. Il est bien étonnant que les incrédules de notre siècle aient poussé plus loin la prévention et la fureur contre Jésus-Christ, que ne l'ont fait les Juifs. *Voy*. FEMME.

MAGDELONNETTES. Il y a plusieurs sortes de religieuses qui portent le nom de Sainte-Magdeleine, et que le peuple appelle *magdelonnettes*. Telles sont celles de Metz, établies en 1452; celles de Paris, qui furent instituées en 1492; celles de Naples, fondées en 1524, et dotées par la reine Sanche d'Aragon, pour servir de retraite aux pécheresses; celles de Rouen et de Bordeaux, qui prirent naissance à Paris en 1618. Il y a ordinairement trois sortes de personnes et de congrégations dans ces monastères. La première est de celles qui, après un temps d'épreuve suffisante, sont admises à embrasser l'état religieux et à faire des vœux; elles portent le nom de la Magdeleine. La congrégation de Sainte-Marthe, qui est la seconde, est composée de celles qui ne peuvent être admises à faire des vœux. La congrégation de Lazare est de celles qui sont dans ces maisons par force et pour correction.

Les religieuses de la Magdeleine à Rome, dites les *converties*, furent établies par Léon X. Clément VIII assigna, pour celles qui y seraient renfermées, cinquante écus d'aumône par mois; il ordonna que tous les biens des femmes publiques qui mourraient sans tester, appartiendraient à ce monastère, et que le testament de celles qui en feraient serait nul, si elles ne lui laissaient au moins le cinquième de leurs biens. A Paris, les filles de la Magdeleine sont actuellement gouvernées par les religieuses de Notre-Dame-de-Charité, ou filles de Saint-Michel; mais il y a plusieurs autres maisons dans lesquelles on reçoit les filles ou femmes pénitentes, ou dans lesquelles on enferme par autorité celles qui ont mérité ce traitement. Il n'y a qu'une charité très-pure qui puisse inspirer à des filles pieuses le courage de se dévouer à la conversion des personnes de leur sexe qui ont perdu la pudeur. Celles-ci sont ordinairement des âmes si aviliés, si perverses, si intraitables, que l'on peut difficilement espérer un changement sincère et constant de leur part. « Mais la charité est douce, patiente, compatissante.... ; elle souffre tout, espère tout, et ne se rebute jamais » (*I Cor*. c. XIII, v. 4). On doit encore avouer que, parmi les personnes du sexe qui se perdent, il en est un grand nombre qui y ont été réduites par la misère, plutôt que par un goût décidé pour le libertinage.

Il est bon de remarquer que la plupart des établissements charitables dont nous parlons ont été formés dans des siècles où l'on ne se piquait pas de philosophie; mais ils n'ont jamais été plus nécessaires que dans le nôtre, depuis que les prétendus philosophes ont travaillé de leur mieux à augmenter la corruption des mœurs, et ont étouffé dans les femmes les principes de religion, afin de leur ôter plus aisément la pudeur.

MAGES, savants ou sages de l'Orient, qui, avertis par une étoile miraculeuse, vinrent adorer à Bethléem Jésus enfant, quelque temps après sa naissance. On sait que, chez les Orientaux, le nom de *mage* a désigné un savant, un homme appliqué à l'étude de la nature et de la religion, et qui possède des connaissances supérieures. Tout homme qui avait cette réputation jouissait d'une grande considération et avait beaucoup d'autorité parmi ses concitoyens ; il n'est donc pas étonnant que l'on ait pensé que les *mages* qui vinrent adorer Jésus étaient des rois ; alors chez les peuples voisins de la Judée, les rois n'étaient rien moins que des monarques puissants. Il est dit dans l'Evangile que ceux-ci vinrent *de l'Orient*, et l'on a disserté savamment pour découvrir de quelle contrée orientale ils étaient venus. Nous ne voyons aucune nécessité de les faire venir de fort loin ; il est très-probable qu'ils partirent du pays situé à l'orient de la mer Morte, habité autrefois par les Madianites, par les Moabites et par les Ammonites, et dans lequel sont aujourd'hui les Druses. Selon le témoignage des voyageurs, l'on retrouve encore chez ce peuple indépendant la plupart des anciens usages des Juifs. Les *mages* n'eurent donc que trois ou quatre journées de chemin à faire pour arriver à Bethléem.

On ne peut pas douter que, dans cette contrée, si voisine de la Judée, l'on n'eût l'idée de l'avènement prochain du Messie, puisque, selon Tacite et Suétone, c'était une opinion ancienne, constante et répandue dans tout l'Orient, qu'un conquérant ou des conquérants, sortis de la Judée, seraient les maîtres du monde. Il se peut faire même que l'on y eût conservé le souvenir de la prophétie de Balaam, qui annonçait le Messie sous le nom d'une *étoile sortie de Jacob*. L'étoile qui apparut aux *mages* n'était point une étoile ordinaire, mais un astre miraculeux, puisqu'il dirigeait leur marche et s'arrêta sur Bethléem. Jusqu'ici nous n'apercevons pas qu'il y ait lieu à de grandes difficultés. Voyez *Vies des Pères et des Martyrs*, tom. I, pag. 107.

Mais les incrédules ont fait des dissertations pour prouver que l'adoration des *mages*, rapportée par saint Matthieu, ne peut absolument se concilier avec la narration de saint Luc ; selon leur coutume, ils ont conclu victorieusement qu'aucun docteur ne pourra jamais mettre les faits rapportés dans l'Evangile hors d'atteinte, lorsque les difficultés seront proposées dans toute leur force. Ce ton triomphant ne doit pas nous en imposer : la force de nos adversaires n'est rien moins qu'invincible. Il s'agit de comparer le second chapitre de saint Matthieu avec le second de saint Luc ; toute la différence entre ces deux évangélistes consiste en ce que l'un rapporte plusieurs faits de l'enfance du Sauveur, desquels l'autre ne parle pas.

Saint Matthieu rapporte de suite la naissance de Jésus, l'adoration des *mages*, la fuite de la sainte famille en Egypte, le meurtre des innocents, le retour d'Egypte, le séjour de Jésus à Nazareth, la prédication de saint Jean-Baptiste, le baptême de Jésus, sans fixer aucune époque, sans déterminer l'intervalle du temps qui s'est passé entre ces divers événements, sans parler des autres faits arrivés dans ce même temps. Saint Luc raconte la naissance de Jésus, sa circoncision, sa présentation au temple, le séjour de la sainte famille à Nazareth, les trois jours d'absence de Jésus, retrouvé dans le temple à l'âge de douze ans, la prédication de saint Jean-Baptiste, le baptême de Jésus, sans exprimer si tous ces faits se sont suivis immédiatement, ou ont été séparés par quelques délais et par d'autres événements. Saint Marc et saint Jean commencent leur Evangile à la prédication de Jean-Baptiste, et passent sous silence tout ce qui a précédé. De même que saint Matthieu ne dit rien de la circoncision, de la présentation au temple, de l'absence de Jésus ; saint Luc omet à son tour l'adoration des *mages*, le meurtre des innocents, la fuite en Egypte, et le retour.

Mais, disent nos critiques, saint Luc fait profession de tout rapporter ; il dit qu'il s'est informé exactement de tout dès le commencement, et qu'il le rapportera de suite ou par ordre (*Luc.* c. I, v. 3) ; il n'est donc pas probable qu'il ait rien supprimé. Voilà la plus forte difficulté.

Est-elle insoluble ? A la vérité, saint Luc dit qu'il s'est informé de tout, mais il ne dit pas qu'il écrira tout et qu'il ne supprimera rien ; il dit qu'il rapportera les faits *par ordre*, il n'ajoute point qu'il les rapportera *de suite*, sans intervalle, et sans en omettre aucun. Son dessein était de reprendre les choses *dès le commencement* ; en effet, il remonte jusqu'à la naissance de Jean-Baptiste et à l'annonciation faite à Marie ; aucun autre évangéliste n'est remonté si haut ; mais il n'est pas vrai qu'il se pique d'*être minutieux*, comme nos critiques le supposent ; dans le cours de son Evangile, il a omis beaucoup d'autres choses dont les autres évangélistes ont parlé.

Il s'agit à présent de savoir comment il faut arranger les faits, si l'on doit placer la présentation de Jésus au temple et la purification de Marie, avant l'adoration des *Mages* et ce qui s'est ensuivi, ou s'il faut la mettre après le retour d'Egypte. Rien ne nous empêche de soutenir que cette présentation a été différée jusqu'après le retour d'Egypte. Selon la loi, cette cérémonie devait se faire quarante jours après l'enfantement ; mais lorsque les couches avaient été fâcheuses, lorsque la mère ou l'enfant étaient malades, lorsqu'ils étaient fort éloignés de Jérusalem, l'intention de la loi ne fut jamais de mettre leur vie en danger. Le temps avait été prescrit principalement pour les Israélites, campés dans le désert autour du tabernacle (*Levit.* c. XII, v. 6). Dans la Judée, cette loi admettait des dispenses et des délais. Il paraît que Anne, mère de Samuel, crut être dans le cas, puisqu'elle n'alla présenter son fils au Seigneur qu'après qu'il fut sevré (*I. Reg.* c. I, v. 22). Marie, forcée de fuir en Egypte pour sauver les jours de son fils, était en droit d'user du même privilége. On ne sait pas combien de temps dura son absence, mais elle ne fut pas longue, puisque Hérode mourut cinq jours après le meurtre de son fils Antipater, peu de temps après le massacre des innocents (Josèphe, *Antiq.* l. XVII, c. 10).

Saint Luc dit à la vérité : « Après que les jours de la purification de Marie furent accomplis, selon la loi de Moïse, Jésus fut porté au temple pour être présenté au Seigneur (*Luc.* c. II, v. 22). Il faut nécessairement sous-entendre, *lorsqu'il fut possible d'accomplir la loi;* la nature des faits ne permet pas de l'entendre autrement.

Dans cette hypothèse, tout se concilie sans effort. Jésus, à Bethléem, est circoncis huit jours après sa naissance, comme le dit saint Luc; il est adoré par les *mages*, transporté en Egypte; les innocents sont massacrés; Hérode meurt; la sainte famille revient en Judée, comme le rapporte saint Matthieu; Jésus est porté à Jérusalem et présenté au Seigneur; Marie se purifie selon la loi, comme nous l'apprend saint Luc; elle retourne à Nazareth avec Jésus et Joseph, ainsi que le disent les deux évangélistes. Il est exactement vrai que le retour à Nazareth suit immédiatement le retour d'Egypte, comme le veut saint Matthieu, et qu'il se fait après que les parents de Jésus eurent accompli tout ce qui était prescrit par la loi du Seigneur, comme l'a observé saint Luc. Où sont donc les impossibilités et les contradictions entre les deux évangélistes, que les incrédules veulent y trouver? Selon leur préjugé, saint-Luc dit que Joseph, Marie et l'enfant demeurèrent à Bethléem jusqu'à ce que le temps marqué pour la purification de Marie fût accompli Ils se trompent, saint Luc ne le dit point; il n'insinue en aucune manière que le voyage pour présenter Jésus au temple se soit fait de *Bethléem à Jérusalem,* comme le veulent nos censeurs ; leurs objections ne portent que sur cette fausse supposition. Quand on veut mettre deux historiens en opposition, il ne faut rien ajouter au texte ni de l'un ni de l'autre.

Il semble, disent-ils, que saint Matthieu ait ignoré que Nazareth était le séjour ordinaire de Joseph et de Marie. Où sont les preuves de cette ignorance?

D'autres ont argumenté contre le massacre des *innocents. Voy.* ce mot. Quelques interprètes ont cru que Jésus était âgé de deux ans lorsqu'il fut adoré par les *mages :* cette supposition n'était pas nécessaire. *Voy. Bible d'Avignon,* t. XIII, pag. 185.

MAGICIEN, MAGIE. On appelle *magie* l'art d'opérer des choses merveilleuses et qui paraissent surnaturelles, sans l'intervention de Dieu, et *magicien* celui qui exerce cet art. Il en est souvent parlé dans l'Ecriture sainte; la *magie* y est sévèrement défendue; les *magiciens* y sont représentés comme odieux à Dieu et aux hommes : l'Eglise chrétienne a prononcé contre eux des anathèmes, et ils sont punis par les lois civiles. Quelle idée devons-nous en avoir? Qu'y a-t-il de réel ou d'imaginaire, de naturel ou de surnaturel dans leurs opérations? Sont-ce des fourberies humaines, ou des prestiges du démon?

Si nous consultons les écrits des philosophes modernes sur ce sujet, nous y apprendrons peu de chose. Pour s'épargner la peine de discuter la question, ils l'ont supposée décidée selon leurs préjugés; ils n'ont pas distingué suffisamment les différentes espèces de *magie,* comme les charmes, la divination, les enchantements, les évocations, la fascination, les maléfices, les sorts ou sortiléges : toutes ces pratiques sont différentes, et demandent chacune un examen particulier. Si nous leur en demandons l'origine, ils disent que tout cela est venu de l'ignorance; mais l'ignorance n'est qu'un défaut de connaissance : une négation ne produit rien, ne rend raison de rien, et il nous faut des causes positives. Ils prétendent que de nos jours la philosophie, ou la connaissance de la nature, a réduit à rien le pouvoir du démon et celui des *magiciens :* ils se trompent. Si la *magie* est très-rare parmi nous, elle y a été commune autrefois, et on l'exerce encore ailleurs : pourquoi y a-t-on cru? et pourquoi ne devons-nous plus y croire? Voilà ce que des philosophes auraient dû nous apprendre. Ils jugent que ce qui est dit dans l'Ecriture sainte, dans les Pères de l'Eglise, dans les conciles, dans les exorcismes, a contribué à nourrir le préjugé des peuples et la croyance aux opérations du démon : c'est une fausseté que nous avons à détruire.

Aussi nous devons examiner 1° l'origine de la *magie*, et ce qu'en ont pensé les philosophes; 2° ce qui en est dit dans l'Ecriture sainte et dans les Pères de l'Eglise; 3° les raisons pour lesquelles l'Eglise a dû employer les bénédictions et les exorcismes pour dissiper les prestiges des *magiciens;* 4° si l'accusation de *magie*, intentée contre plusieurs sectes hérétiques, a été une pure calomnie.

I. L'origine de cet art funeste est la même que celle du polythéisme: c'en est une conséquence inévitable, plusieurs auteurs l'ont fait voir; Bayle, *Rép. aux quest. d'un prov.* 1re part, c. 36 et 37; Brucker, *Hist. de la Philos.*, tom. I, liv. II, c. 2, § 12; *Hist. de l'Acad. des Inscript.,* t. IV, in-12, p. 34, etc. Chez les Orientaux l'on a nommé *mages* ceux qui paraissaient avoir des connaissances supérieures à celles du vulgaire, et *magie* l'étude de la nature et de la religion; dans quelques cantons de la Suisse, le peuple appelle encore *mages* les médecins empiriques auxquels il attribue des secrets particuliers pour guérir les maladies.

Chez les païens, dont l'imagination était frappée d'une multitude d'esprits, de génies, de démons ou de dieux répandus dans toute la nature, qui en animaient toutes les parties et les gouvernaient, on leur attribuait les phénomènes les plus ordinaires, les biens et les maux, les orages, la stérilité des campagnes, les maladies et les guérisons ; à plus forte raison devait-on les croire auteurs de tout ce qui paraissait extraordinaire, merveilleux et surnaturel : rien ne se faisait sans eux ; la connaissance la plus importante était donc de savoir comment on pouvait obtenir leur bienveillance, les apaiser lorsqu'ils étaient irrités, en obtenir des bienfaits, et les forcer en quelque manière de condescendre aux volontés de leurs adorateurs. *Voy.* Paganisme. Tout homme qui semblait avoir cette connaissance, le talent de faire du mal ou de le guérir, de deviner les choses cachées, de prédire quelque événement, de tromper les yeux par des tours de souplesse, etc., passait pour avoir à ses gages un esprit ou des esprits toujours prêts à exécuter ses volontés. Le nom de *mage* et de *magicien* n'avait donc rien d'odieux dans l'origine : ceux qui se servaient de la *magie* pour faire du bien aux hommes étaient estimés et honorés ; mais ceux qui s'en servaient pour faire du mal étaient avec raison détestés et proscrits. L'art des premiers se nomma simplement *magie;* les pratiques des seconds furent appelées *goëtie, magie noire* et malfaisante.

Telle était l'opinion non-seulement des ignorants, mais des philosophes les plus célèbres ; tous soutenaient que les astres, les éléments, les animaux, étaient mus par des génies ou démons, que ces intelligences prétendues disposaient de tous les événements ; sur ce préjugé était fondé le culte qu'on leur rendait, et ce culte était approuvé par toutes les sectes de la philosophie. C'est là-dessus que le stoïcien Balbus établit le polythéisme et la religion des Romains, dans le IIIᵉ livre de Cicéron, *sur la Nature des dieux;* que Celse, Julien, Porphyre et d'autres reprochent aux chrétiens d'être ingrats et impies, en refusant d'adorer les génies distributeurs des bienfaits de la nature. Celse soutient sérieusement que les animaux sont d'une nature supérieure à celle de l'homme, qu'ils ont un commerce plus immédiat que lui avec la Divinité, et ont des connaissances plus parfaites ; qu'ils sont doués de la raison ; que ce sont eux qui ont enseigné à l'homme la divination, les augures et la *magie*. Orig. *contre Celse,* liv. IV, n. 78 et suiv. Il passait donc pour constant dans le paganisme, qu'un homme pouvait avoir commerce avec les génies ou démons que l'on adorait comme des dieux, obtenir d'eux des connaissances supérieures, opérer, par leur entremise, des choses prodigieuses et surnaturelles. Les philosophes en étaient persuadés comme le peuple ; Bayle, *ibid.,* c. 37 ; les stoïciens en particulier, puisqu'ils avaient confiance à la divination, aux augures, aux songes, aux pronostics, aux prodiges ; Cicéron nous l'apprend, *L.* II, *de Divin.,* n. 149. Lucien, dans son *Philopseudes,* reproche ce ridicule à toutes les sectes de philosophie ; et, encore une fois,

c'était une conséquence inévitable de la théologie païenne. Les épicuriens mêmes n'en étaient pas exempts ; plusieurs ont été accusés de pratiquer la *magie*, et d'être aussi superstitieux que le vulgaire le plus ignorant ; mais on ne sait pas quelle idée ils avaient du pouvoir *magique;* on sait seulement qu'en général ils étaient très-mauvais physiciens. La théurgie des éclectiques ou des platoniciens du IVᵉ siècle était une vraie *magie,* dans le sens même le plus odieux ; ces philosophes se flattaient d'avoir un commerce immédiat avec les esprits, et d'opérer des prodiges par leur entremise. De là Celse et les autres ne manquèrent pas d'attribuer à la *magie,* ou à ce commerce prétendu, les miracles de Moïse, de Jésus-Christ, des apôtres et des premiers chrétiens ; mais c'était une double absurdité de prétendre que les démons, dont les chrétiens détruisaient le culte, étaient cependant en commerce avec eux, et de blâmer dans les chrétiens un art par lequel les philosophes prétendaient se faire honorer ; nos apologistes n'ont pas eu de peine à démontrer le ridicule de cette accusation : l'on ne pouvait pas reprocher aux chrétiens de s'être jamais servis d'un pouvoir surnaturel pour faire du mal à personne.

Voilà donc la première origine des différentes espèces de *magie,* qu'il faut distinguer. On a cru que, par certaines formules d'invocation, *per carmina,* l'on pouvait faire agir les génies, c'est ce que l'on a nommé *charmes;* les attirer par des chants ou par le son des instruments de musique, ce sont les *enchantements;* évoquer les morts et converser avec eux, c'est la *nécromancie;* apprendre l'avenir et connaître les choses cachées, de là les différentes espèces de *divination,* les augures, les aruspices, etc. ; envoyer des maladies, ou causer du dommage à ceux auxquels on voulait nuire, ce sont les *maléfices;* nouer les enfants et les empêcher de croître, la *fascination;* diriger les sorts bons ou mauvais, et les faire tomber sur qui l'on voulait, c'est ce que nous nommons *sortilége* ou *sorcellerie;* inspirer des passions criminelles aux personnes de l'un ou l'autre sexe, ce sont les *philtres,* etc. Tout cela dérive de la même erreur primitive ; mais à chacun de ces articles nous indiquons les autres causes positives qui ont pu y contribuer. L'imposture, sans doute, y a toujours eu beaucoup de part ; tout homme qui se croit plus instruit que les autres veut paraître encore plus habile qu'il n'est, profiter de la crédulité des ignorants, se faire admirer et redouter, c'est la passion des philosophes. Tout distributeur de remèdes a eu grand soin d'y mêler des formules, des cérémonies, des précautions, qui donnaient un air plus merveilleux à l'effet qui s'ensuivait, et plus d'importance à son art ; c'est encore la coutume des charlatans. Pour qu'une plante eût la vertu de guérir, il fallait qu'elle fût cueillie dans certains temps, sous telle constellation ; il fallait prononcer certaines paroles inintelligibles, se tenir dans telle attitude, etc. Ainsi, la médecine devint une *magie* composée de botanique, d'astrologie, de souplesse et de superstition ; Pline, l. xxx, c. 30, c. 1. Puisque la plupart de ces pratiques ne pouvaient avoir aucune influence sur la guérison, il fallait donc que leur effet fût surnaturel. Ainsi l'on raisonnait, et il n'est encore que trop ordinaire aux philosophes d'argumenter de même : lorsqu'ils ne voient pas la cause immédiate d'une erreur, ils l'attribuent à la religion, au lieu qu'il faudrait en accuser une fausse philosophie.

Si nous remontons plus haut, où trouverons-nous le premier principe de la plupart des erreurs ? Dans les passions humaines. D'un côté, la vanité, l'ambition et la fourberie des imposteurs ; de l'autre, la curiosité des hommes, l'avidité de se procurer un bien, l'impatience d'écarter un mal, la jalousie, la vengeance, l'envie de perdre un ennemi, les transports même d'un amour déréglé, ont fait tout le mal ; une âme furieuse a dit : Si je ne puis rien obtenir du ciel, je ferai agir l'enfer :

Flectere si nequeo superos, Acheronta movebo :

or la philosophie n'a pas le pouvoir de guérir les passions.

La vraie religion, loin de contribuer en rien à cette démence, n'a cessé d'en détourner les hommes. Dès le commencement du monde, elle leur a enseigné qu'il n'y a qu'un seul Dieu, que lui seul a créé et gouverne l'univers, distribue les biens et les maux, donne la santé ou la maladie, la vie ou la mort. Elle condamne toutes les passions, commande la soumission à Dieu et la confiance à sa providence, défend de recourir à aucune pratique superstitieuse, nous apprend à regarder le démon comme l'ennemi du genre humain. Parmi les premiers adorateurs du vrai Dieu, nous ne voyons régner aucune superstition ; l'on a cependant osé reprocher aux patriarches la confiance aux *songes*. A cet article, nous verrons ce que l'on doit en penser. Les Juifs ne se sont rendus coupables de *magie* que quand ils ont imité l'idolâtrie de leurs voisins, et ce crime n'est jamais demeuré impuni. Mais il est une troisième cause, de laquelle nos philosophes ne veulent pas convenir ; ce sont les opérations du démon lui-même, qui, pour se faire rendre les honneurs divins, a souvent fait des choses que l'on ne peut attribuer ni à une cause naturelle, ni à la puissance de Dieu ; et Dieu l'a permis, afin de punir les impies qui renonçaient à son culte pour satisfaire leurs passions. Selon nos adversaires, il n'y eut jamais rien de réel en ce genre ; tout ce que les ignorants et les philosophes ont cru voir et ont cru faire de surnaturel, ce que les Pères de l'Eglise ont supposé vrai, ce que les historiens et les voyageurs ont raconté, ce qui paraît constaté par les procédures des tribunaux et par la confession même des *magiciens*, est imaginaire ; ce sont ou des impostures ou des effets purement naturels. Nous soutenons que cela n'est pas possible. Vainement Bayle et d'autres ont fait des dissertations sur le pouvoir de l'imagination, et en ont exagéré les effets : lorsque les maléfices ont opéré sur les animaux, ce n'était certainement pas l'imagination qui agissait.

En général, s'armer de pyrrhonisme et nier tous les faits, accuser d'imbécillité ou de fourberie tous les auteurs anciens et modernes, attribuer tout à des causes naturelles que l'on ne connaît pas et que l'on ne peut pas assigner, c'est une méthode très-peu philosophique ; elle prouve qu'un homme craint les discussions, et ne se sent en état de rendre raison de rien. Bayle lui-même en juge ainsi, *Dict. crit. Majus*, rem. D. Nous n'adoptons point tous les faits rapportés par les auteurs qui ont traité de la *magie* ; un très-grand nombre de ces faits ne sont pas assez constatés : nous savons que, par ignorance, l'on a souvent attribué à l'opération du démon des phénomènes purement naturels, que plusieurs personnes ont été faussement accusées de *magie*, et punies injustement ; mais il ne s'ensuit pas de là qu'il n'y ait jamais eu de *magie* proprement dite. Nous raisonnerions aussi mal, si nous disions : Il y en a certainement eu dans tel cas, donc il y en a eu dans tous les cas. Sur une matière aussi obscure, il y a un milieu à garder entre l'incrédulité absolue et la crédulité aveugle.

II. Trouverons-nous dans l'Ecriture sainte ou dans les Pères de l'Eglise quelque chose qui ait contribué à entretenir parmi les fidèles le préjugé des païens et la confiance à la *magie* ? Dans tout l'Ancien Testament, nous ne voyons aucun exemple d'opération magique dont nous soyons forcés d'attribuer l'effet au démon. Lorsque Moïse fit des miracles en Egypte, il est dit que les *magiciens* de Pharaon *firent de même* par leurs enchantements ; ils imitèrent donc les miracles de Moïse au point d'en imposer aux yeux des spectateurs ; mais y eut-il réellement du surnaturel dans leurs opérations ? Rien ne nous oblige de le supposer ; le récit de l'Ecriture semble prouver le contraire.

En premier lieu, ces *magiciens* usèrent de préparatifs. Ils furent appelés par Pharaon pour changer leurs verges en serpents ; Pharaon lui-même fut averti d'avance du changement des eaux du Nil en sang, et de l'arrivée des grenouilles (*Exod.* vii, 11 et 17 ; viii, 2). Il est dit qu'ils imitèrent Moïse *par des enchantements et des pratiques secrètes*. Ces pratiques pouvaient être des moyens naturels, des tours de main capables d'en imposer aux yeux. — Secondement, la comparaison de leurs prestiges avec les miracles de Moïse confirme cette opinion. Enchanter les serpents par les drogues qui leur ôtent le pouvoir de mordre, les manier ensuite sans aucune crainte, est un secret très-commun, non-seulement en Egypte et dans les Indes, mais dans les cantons de l'Europe où l'on fait commerce de vipères. Avec ce talent et un peu de souplesse, il était aisé aux *magiciens* de faire paraître tout à coup un serpent au lieu d'un bâton. Mais le serpent de Moïse dévora ceux des *magiciens*, ce qui démontre que ce n'était point un serpent enchanté ou affaibli. Donner la couleur de sang à un fleuve tel que le Nil, en corrompre les eaux par un coup de baguette, en présence de Pharaon et de toute sa suite, c'est ce que fit Moïse, et c'est un prodige que l'on ne peut opérer par aucune cause naturelle. Imiter ce changement dans une certaine quantité d'eau, dans un vase ou dans une fosse, ce n'est plus un miracle; nous ne voyons pas que les *magiciens* aient rien fait davantage. Lorsque Moïse, en étendant la main, fit sortir du fleuve une quantité de grenouilles suffisante pour couvrir le sol de l'Egypte, et qu'il les fit mourir ensuite par une prière à Dieu, ce ne fut point une opération naturelle. En faire sortir une petite quantité, non pas en étendant la main, mais par des appâts ou par des fils imperceptibles, c'est ce que peut faire un homme adroit avec un peu de préparation, et c'est où se borna le pouvoir des *magiciens*. Pharaon, convaincu de leur impuissance, ne s'adressa pas à eux, mais à Moïse, pour être délivré des grenouilles. — En troisième lieu, ils furent forcés de s'avouer vaincus; ils ne purent produire des insectes, parce que l'art n'y a plus de prise; ils s'écrièrent : *Le doigt de Dieu est ici*; ils ne purent détruire aucun des miracles de Moïse, faire cesser aucun des fléaux dont il affligea l'Egypte, ni s'en mettre à couvert eux-mêmes. Dira-t-on que Dieu, après avoir permis au démon de lutter contre lui par trois miracles, l'arrêta seulement au quatrième? Mais le Psalmiste, avant de parler des plaies de l'Egypte (*Ps.* cxxxv, 4), dit que Dieu *seul* fait de grands miracles; et (*Ps.* lxxi, 18), que lui seul fait des choses merveilleuses. Quelques interprètes de l'Ecriture sainte ont pensé différemment; mais d'autres ont suivi le sentiment que nous proposons, et il n'y a rien dans le texte qui y soit contraire.

Quand il serait vrai qu'il y a dans l'Ecriture sainte des faits surnaturels que l'on doit attribuer au démon, il s'ensuivrait seulement que Dieu a permis à l'esprit infernal de les opérer, soit pour punir les hommes de leur curiosité superstitieuse, soit pour faire éclater davantage sa puissance, en opposant d'autres prodiges plus nombreux et plus merveilleux; mais, dans tout l'Ancien Testament, nous ne voyons aucun exemple dont nous soyons forcés d'attribuer l'effet au démon. L'apparition de Samuel à Saül, en suite de l'évocation que fit la pythonisse d'Endor (*I Reg.* viii, 12), ne prouve point que cette femme ait eu le pouvoir de faire paraître un mort; c'est Dieu qui, pour punir Saül de sa curiosité criminelle, voulut lui apprendre, par Samuel, sa mort prochaine. La pythonisse elle-même en fut effrayée; elle ne s'attendait point à cet événement. *Voy.* Pythonisse.

Dans le livre de Tobie, c. vi, v. 14, nous lisons que le démon avait tué les sept premiers maris de Sara, fille de Raguel; mais il n'est pas dit qu'aucun *magicien* y ait contribué. Tobie mit en fuite le démon en brûlant le foie d'un poisson, c. viii, v. 2; mais ce fut un miracle opéré par l'ange Raphaël. — Dans le livre de Job, nous voyons que le démon affligea ce saint homme par la perte de ses troupeaux, par la mort de ses enfants, par une maladie cruelle; ce fut par une permission expresse de Dieu, et pour éprouver la vertu de Job, et non par aucune opération humaine. Aucun de ces exemples ne donne lieu de conclure qu'un homme peut avoir le démon à ses ordres, et le faire agir comme il lui plaît.

Dieu avait défendu aux Israélites toute espèce de *magie*, sous peine de mort (*Levit.* xix, 31; xx, 6, 27, etc.). C'est un des crimes que l'Ecriture reproche à Manassès, roi idolâtre et impie (*II Paral.* xxxiii, 6). Cette défense était juste et sage. En effet, la *magie* était une profession de polythéisme, puisqu'elle supposait la confiance aux prétendus génies ou démons moteurs de la nature; c'était la compagne inséparable de l'idolâtrie, et un des crimes que Dieu voulait punir dans les Chananéens. Cet art funeste avait plus souvent pour objet de faire du mal au prochain que de lui faire du bien. Presque toujours il était joint à l'imposture. Les *magiciens* avaient plus d'ambition de se faire craindre que de se faire aimer; ils profitaient de l'ignorance, de la crédulité, des terreurs populaires, pour inspirer aux hommes une fausse confiance; leur profession était donc pernicieuse par elle-même, et détestable à tous égards. Mais la loi qui les condamnait supposait-elle qu'ils avaient en effet un pouvoir surnaturel, et pouvait-elle contribuer à entretenir la fausse opinion que le peuple en avait? Rien moins. Nous ne voyons pas comment les incrédules peuvent en conclure *qu'il n'y a eu parmi les auteurs sacrés que peu ou point de philosophie*. Nous soutenons qu'il y en avait plus que chez les Grecs et chez les Romains. Les lois de ces deux peuples, qui proscrivaient la *magie goëtique*, la *magie noire* et malfaisante, ne statuaient aucune peine contre la *magie* simple, qui avait pour but de faire du bien. Nous avons vu que les philosophes y croyaient comme le peuple; on y avait recours dans les calamités publiques. Bayle a fait voir que la plupart des empereurs romains avaient des *magiciens* à leurs gages, sans en excepter le sage et philosophe Marc-Aurèle. *Rép. aux quest. d'un Prov.*, 1re part., c. 38.

Les auteurs sacrés, mieux instruits, répètent sans cesse que Dieu seul fait des miracles, que lui seul connaît l'avenir et peut le révéler, que de lui seul viennent les biens et les maux, les bienfaits et les fléaux de la nature. Si le démon fait quelque chose, ce n'est jamais par les ordres d'un *magicien*, mais par une permission expresse de Dieu. Ces vérités détruisent par la racine le prétendu pouvoir des *magiciens* de toute espèce. A la vérité, les incrédules font aujourd'hui consister la philosophie à nier l'existence même du démon, et par conséquent toutes ses prétendues opérations; mais nous leur demandons sur quelle preuve positive ils fondent ce dogme important, comment ils démontrent l'impossibilité des événements dont les auteurs sacrés font mention. Voilà sur quoi ils ne nous ont pas encore satisfaits. Un ignorant peut nier les faits avec autant d'opiniâtreté que le plus habile de tous les philosophes.

Le Nouveau Testament fait mention de plusieurs opérations de l'esprit malin, mais auxquelles les *magiciens* n'avaient aucune part; ainsi le démon tenta Jésus-Christ dans le désert, et lui montra dans un moment tous les royaumes de la terre (*Luc.* iv, 5). Jésus-Christ et ses apôtres, en chassant le démon du corps des possédés, ne nous insinuent point qu'aucun *magicien* ait été cause de cette possession. Le Sauveur prédit qu'il viendra de faux prophètes, qui feront de grands prodiges capables de séduire même les élus, *s'il était possible*; il ne décide point si ces prodiges seront réels ou apparents (*Matth.* xxiv, 24; *Marc.* xiii, 22). Les *Actes des apôtres*, c. viii, v. 11, rapportent que Simon le *Magicien* avait séduit les Samaritains, et leur avait tourné l'esprit par son art magique : mais on sait qu'il n'était pas nécessaire alors de mettre le démon en action pour venir à bout de tromper le peuple. Saint Paul (*II Thess.* ii, 9) dit que l'arrivée de l'antechrist sera signalée par les opérations de Satan, par des actes de puissance et *par des prodiges trompeurs*; cette expression semble désigner des prodiges faux et simulés, plutôt que des choses surnaturelles, des actions suggérées par Satan, sans être pour cela des merveilles supérieures aux forces humaines.

Aussi les Pères de l'Eglise ne sont point d'accord dans le sens qu'ils donnent à ces passages. Saint Justin, *Apol.*, n. 26, pense que le démon était l'auteur des prestiges de Simon le *Magicien;* mais saint Irénée décide que les prétendus miracles des hérétiques, sans excepter ceux de Simon, sont tous faux, ne sont que des impostures et des illusions, *Adv. Hær.*, l. ii, c. 31; saint Clément d'Alexandrie, *Cohort. ad Gent.*, p. 52, dit que les *magiciens se vantent* d'être servis par les démons, parce qu'ils les ont assujettis à leurs volontés par leurs charmes, *carminibus;* il ne montre aucune confiance à cette jactance des *magiciens*. Origène *contre Celse*, l. ii, n. 50, pense que les prodiges des *magiciens* d'Egypte étaient de purs prestiges; cependant il est ailleurs d'un autre sentiment. *Homil. 13, in Num.*, n. 4. « Que penserons-nous de la *magie*? dit Tertullien. Ce que tout le monde en pense, que c'est une tromperie, mais dont la nature est connue des chrétiens seuls. » Conséquemment il juge que les *magiciens* de Pharaon ne firent que tromper les yeux des spectateurs, *L. de Anima*, c. 57. Il paraît avoir la même idée des prodiges de l'antechrist. *L.* v, *adv. Marcion.*, c. 17. Saint Jean Chrysostome, en expliquant le passage de saint Paul, doute si ces mêmes prodiges seront vrais ou faux; saint Augustin est dans une égale incertitude, *Lib.* xx, *de Civ. Dei*, c. 19; et les Pères ont eu de bonnes raisons pour ne pas penser comme les incrédules.

En effet, lorsque le christianisme fut prêché, la *magie* était plus commune que jamais parmi les païens; nous le voyons par ce qu'en disent Celse, Julien, les historiens romains, et nos anciens apologistes. Les Pères s'attachèrent avec raison à décrier cet art funeste : sans entrer dans des discussions philosophiques, plusieurs attribuèrent au démon les prétendus miracles dont les païens se vantaient; c'était la voie la plus courte et la plus sage de terminer la contestation. Le pouvoir des démons est attesté par l'Ecriture sainte, quoique leur commerce avec les *magiciens* ne le soit pas. Toutes les sectes des philosophes croyaient fermement l'un et l'autre; les historiens citaient des faits qui paraissaient incontestables, et que l'on ne pouvait attribuer à aucune cause naturelle : si les Pères avaient embrassé le pyrrhonisme des incrédules, ils auraient révolté l'univers entier. Pour détromper efficacement le monde, il fallait non pas des arguments auxquels le peuple ne comprend rien, et auxquels il ne cède jamais, mais des faits: or, les Pères ont opposé aux païens un fait public et incontestable, le pouvoir des exorcismes de l'Eglise, dont les païens eux-mêmes furent souvent témoins oculaires, et qui en a converti un très-grand nombre : donc il n'est pas vrai que le sentiment et la conduite des Pères aient contribué à entretenir le préjugé populaire touchant les opérations du démon et de la *magie*.

III. Il en est de même de la conduite que l'Eglise a tenue dans les siècles suivants, et qu'elle tient encore. Au iv° siècle, les nouveaux platoniciens remplirent le monde des prétendues merveilles de leur théurgie; c'était, comme nous l'avons déjà remarqué, une vraie *magie*, et l'on sait les abominations auxquelles elle donna lieu; nos philosophes modernes n'ont pas osé les nier : plusieurs sectes d'hérétiques faisaient profession de *magie*; il fallut donc augmenter alors la sévérité des lois. Constantin, devenu chrétien, avait rigoureusement proscrit la *magie goétique*, ou toutes les opérations qui tendaient à nuire à quelqu'un; mais il n'avait établi aucune peine contre les pratiques superstitieuses destinées à faire du bien. Après le règne de Julien, qui avait été lui-même infatué de la théurgie, les empereurs furent forcés d'être plus sévères, et de défendre absolument tout ce qui tenait à la *magie*.

L'Eglise fit de même. Le concile de Laodicée, tenu l'an 366; celui d'Agde, en 506; le concile *in Trullo*, l'an 692; un concile de Rome, en 721; les capitulaires de Charlemagne, et plusieurs conciles postérieurs, le Pénitentiel romain, etc., ont frappé d'anathème et ont soumis à une pénitence rigoureuse tous ceux qui auraient recours à la *magie*, de quelque espèce qu'elle fût; il a souvent fallu renouveler ces lois, parce que cette peste publique n'a cessé de renaître de temps en temps. Nous soutenons que toutes ces lois, soit ecclésiastiques, soit civiles, sont justes, et qu'il y aurait de la folie à les blâmer. Bayle a très-bien prouvé que les sorciers, soit réels, soit imaginaires, soit situulés, méritent les peines afflictives qu'on leur fait subir, *Rép. aux quest. d'un Prov.*, 1<sup>re</sup> part., chap. 35. Le raisons qu'il apporte sont les mêmes à l'égard des *magiciens*.

Quand il serait certain que tout commerce, tout pacte avec le démon est imaginaire et impossible, il n'en serait pas moins vrai qu'un *magicien* a le dessein et la volonté d'avoir ce commerce, et qu'il fait tout ce qu'il peut pour y réussir ; y a-t-il une disposition d'âme plus exécrable et une méchanceté plus noire, ou quelque espèce de crime dont un tel homme ne soit pas capable ? Les *magiciens* ne manquent jamais de mêler des profanations à leur pratiques, et leur intention est toujours plutôt de faire du mal que de faire du bien ; l'on n'en connaît aucun qui ait été puni pour avoir voulu secourir les malheureux, ou pour avoir voulu rendre des services essentiels à quelqu'un. Bayle observe très-bien que, quand un prétendu *magicien* ne croirait pas lui-même à la *magie*, c'est assez qu'il ait voulu se donner la réputation de *magicien* pour être punissable, parce que l'opinion seule que l'on a de lui suffit pour opérer les plus tristes effets sur les caractères timides et les imaginations faibles. D'autre part, que le pacte des *magiciens* avec le démon soit possible ou non, les exorcismes n'en sont pas moins bons et utiles ; l'intention de l'Eglise qui les emploie, étant de persuader les peuples que les bénédictions et les prières ont la vertu de détruire toutes les opérations du démon, ce qui, dans toute hypothèse, est vrai. Et cela suffit pour rassurer et tranquilliser les esprits trop timides, pour écarter leurs soupçons, pour les détourner de toute pratique superstitieuse et impie. Dans ses inquiétudes et dans ses peines, le peuple donne sa confiance, non à la philosophie, mais à la religion, et il n'a pas tort. Inutilement lui alléguerait-on des raisonnements pour le détromper de la *magie* ; sur ce point, les philosophes n'ont que des preuves négatives : or ces preuves, dans l'esprit du peuple, ne prévaudront jamais au récit qu'il a entendu faire des opérations des *magiciens*, ni à la multitude des témoignages vrais ou faux que l'on peut lui citer. Le seul moyen de lui faire entendre raison est de lui représenter que toute opération magique est impie, abominable, sévèrement défendue par la loi de Dieu, et punie de mort par les lois civiles ; que tous les *magiciens* de l'univers ne peuvent rien sur un chrétien qui met sa confiance en Dieu et aux prières de l'Eglise. Une preuve que ce ne sont ni ces prières, ni les exorcismes, ni les lois, qui contribuent à entretenir les erreurs du peuple, c'est que chez les protestants qui ont rejeté toutes les pratiques de l'Eglise, en Suisse, en Angleterre, dans les pays du Nord, la divination, la *magie*, les sortilèges sont beaucoup plus communs que chez les catholiques, parce que ces crimes demeurent impunis parmi les protestants.

Dans le temps même que l'Angleterre ne voulait reconnaître de règle et de loi que ce qu'elle appelait *la pure parole de Dieu*, elle se trouvait remplie d'astrologues, de *magiciens*, de sorciers. La liberté de penser, introduite depuis dans ce royaume, n'y a point guéri les meilleurs esprits de cette sotte crédulité. Hobbes, matérialiste décidé, avait peur des esprits : Charles II disait du célèbre Isaac Vossius : *Cet homme croit à tout, excepté à la Bible*. Londres, tom. II, pag. 1 et suivantes.

Lorsque les incrédules prétendent que les progrès de la philosophie, dans notre siècle, ont réduit à rien le pouvoir du démon et celui des *magiciens*, que personne n'y croit plus, ils se vantent mal à propos d'un exploit auquel ils n'ont aucune part, et ils imitent en ce a le caractère jongleur des *magiciens*. Sont-ce des philosophes qui sont allés instruire les habitants des Alpes, du Mont-Jura, des Cévennes et des Pyrénées ? Ce sont les ministres de la religion ; et ceux-ci n'adopteront jamais les principes des philosophes incrédules.

L'unique moyen d'extirper entièrement la *magie*, serait d'étouffer les passions qui l'ont fait naître ; l'incrédulité n'a pas ce pouvoir. Déjà nous avons remarqué que les épicuriens, quoique très-impies, ne furent cependant pas exempts de superstition. Il ne serait pas impossible de citer des athées qui ont cru à la *magie* sans croire en Dieu. Bayle a prouvé que, dans le système d'athéisme de Spinosa, ce rêveur ne pouvait nier ni les miracles, ni la *magie*, ni les démons, ni les enfers. *Dict. crit.* Spinosa. Nous ajoutons que, si les philosophes venaient jamais à bout de la révolution qu'ils se flattent déjà d'avoir opérée, ils rendraient un très-grand service aux théologiens ; ils leur aideraient à inculquer une grande vérité ; savoir, que le pouvoir du démon a été détruit par la croix de Jésus-Christ ; qu'il n'en a plus aucun sur des chrétiens consacrés à Dieu par le baptême, à moins qu'eux-mêmes ne veuillent le lui accorder. *Voy.* sur ce sujet un passage de saint Clément d'Alexandrie, au mot DÉMON.

Quelques incrédules ont comparé les cérémonies et les formules sacramentelles usitées dans l'Eglise catholique à la théurgie et aux pratiques des *magiciens* : ce sont les protestants, et en particulier Beausobre, qui leur ont suggéré cette ineptie ; ils comparent le saint-chrême aux parfums et aux fumigations dont se servaient les Egyptiens pour attirer les démons, ou pour les mettre en fuite. Ils n'ont pas vu qu'ils donnaient lieu aux impies de comparer la forme du baptême aux *charmes* ou aux paroles magiques des imposteurs. Cette absurdité sera réfutée au mot THÉURGIE. *Voy.* CHARME, DIVINATION, ENCHANTEMENT, etc.

IV. Plusieurs sectes d'hérétiques ont été accusées de pratiquer la *magie*, en particulier les basilidiens et d'autres sectes de gnostiques, les manichéens et les priscillianistes leurs descendants ; on supposait que Manès avait appris cet art odieux des mages de

Perse, disciples de Zoroastre. Beausobre, protecteur déclaré de tous les hérétiques, a entrepris de les justifier contre ce reproche des Pères de l'Église ; il soutient que c'est une pure calomnie, qui n'a aucun fondement. *Hist. du Manich.*, l. I, c. 6, § 10 ; l. IV, c. 3, § 19 ; l. IX, c. 13.

En premier lieu, dit-il, le nom de *magie*, dans l'origine, n'a rien d'odieux ; il signifiait l'art d'employer des observations naturelles, des connaissances de physique, de médecine, d'astrologie et de théologie : un *mage* était un *savant*. En second lieu, les païens ont regardé les premiers chrétiens comme autant de *magiciens*, et de tout temps l'on a renouvelé cette accusation, contre les personnages les plus respectables : elle ne mérite donc aucune attention. Quelques sectes d'hérétiques ont peut-être employé des pratiques superstitieuses, comme les amulettes, les talismans, les *abraxas* des basilidiens ; mais si c'est là de la *magie*, il faudra en accuser plusieurs Pères de l'Eglise. Origène, par exemple, liv. I, *contre Celse*, n°ˢ 24 et 25, soutient qu'il y a une vertu surnaturelle attachée à certains noms des anges ou des génies ; que la *magie* n'est point un art vain et chimérique. Synésius, *de Insomn.*, était persuadé que l'on peut avoir un commerce immédiat avec ces êtres invisibles, et opérer des choses merveilleuses par leur entremise. On ne doit appeler *magie* que le commerce avec les mauvais démons ; quant aux esprits bienfaisants, il n'est point défendu par la loi naturelle de s'adresser à eux : cela n'était interdit par la loi de Moïse que parce que c'était une source d'idolâtrie. Or, on ne peut pas prouver que Zoroastre, les basilidiens, les manichéens, ni les priscillianistes, ont jamais invoqué les mauvais démons : c'est donc injustement qu'ils ont été taxés de *magie*.

Cette apologie n'est pas solide : elle porte sur un faux principe. Il est vrai que les anciens ont nommé *magie* toute connaissance supérieure bonne ou mauvaise, ensuite le commerce avec les esprits ou génies bons ou mauvais ; mais si le commerce entretenu avec les mauvais démons, dans l'intention de nuire à quelqu'un, est l'espèce de *magie* la plus abominable, nous soutenons que l'autre espèce n'est pas innocente ; non-seulement elle conduit à l'idolâtrie, comme le dit Beausobre, mais c'est une espèce de profession du polythéisme : nous l'avons fait voir ; donc elle est défendue par la loi naturelle, puisqu'un des premiers préceptes de cette loi est de n'adorer qu'un seul Dieu. Les protestants sont forcés d'en convenir ou de se contredire. Lorsqu'ils argumentent contre l'usage des catholiques d'invoquer les anges et les saints, ils posent pour principe que l'invocation est un culte religieux, et que tout culte rendu à un autre être qu'à Dieu est une profanation et une impiété. Pourquoi, lorsqu'il s'agit de disculper des hérétiques raisonnent-ils sur une supposition contraire ?

Posons donc un principe plus solide et plus vrai : c'est que toute invocation d'esprits ou de génies supposés indépendants de Dieu, et non simples exécuteurs des ordres de Dieu, est un acte de polythéisme, parce que l'on attribue à ces prétendus génies un pouvoir qui n'appartient qu'à Dieu, et qu'on leur accorde une confiance qui n'est dûe qu'à Dieu : donc c'est une impiété défendue par la loi naturelle. Qu'on l'appelle *magie* ou autrement, n'importe à la grièveté du crime. L'invocation des anges et des saints n'est permise et louable que parce qu'on les suppose parfaitement soumis à Dieu, et revêtus du seul pouvoir que Dieu daigne leur accorder ; qu'ainsi nous ne pouvons avoir en eux de la confiance qu'autant que nous en avons en Dieu. Par conséquent le culte que nous leur rendons se rapporte immédiatement à Dieu. La question est de savoir quelle idée les manichéens avaient des esprits ou génies. Ils en admettaient de deux espèces, les uns bons, les autres mauvais ; mais ils ne les regardaient point comme des créatures de Dieu ; ils disaient que les bons sont coéternels à Dieu, et que les mauvais sont sortis du sein de la matière. *Hist. du Manich.*, l. V, c. 6, § 18 ; l. VI, c. 1, § 1. Jamais ils n'ont représenté les bons génies comme de simples ministres des volontés de Dieu, comme nous considérons les anges. Puisqu'ils invoquaient ces génies, et désiraient d'être en commerce avec eux, ils ne pouvaient rapporter à Dieu les respects, la confiance, la reconnaissance qu'ils témoignaient aux génies ; c'était donc une impiété, et nous ne voyons pas pourquoi l'on ne devait pas la taxer de *magie*. Est-il certain, d'ailleurs, qu'aucune de leurs pratiques ne s'adressait aux mauvais démons, du moins pour les apaiser et les empêcher de nuire ? Ils usaient certainement de caractères et de figures magiques. Il est dit du pape Symmaque qu'il fit brûler, devant le portail de la basilique Constantine, leurs livres et leurs simulacres. *Anast. in Symm.* Beausobre, qui semble regretter la perte de ces livres, dit qu'il ne sait pas ce que c'était que ces simulacres, *Ibid.*, II° part. disc. prél., n. 1. Cela n'était pas fort difficile à deviner ; les auteurs ecclésiastiques nous ont assez donné à entendre que c'étaient des figures magiques.

Origène et Synésius ont pensé, comme tous les philosophes de leur temps, qu'il y avait des paroles efficaces, des noms doués d'une certaine vertu, des formules et des pratiques par le moyen desquelles on pouvait entrer en commerce avec les démons ou génies ; que les *magiciens* en possédaient la connaissance ; qu'ainsi leur art n'était pas une pure illusion. Mais ces deux auteurs ont-ils approuvé ce commerce ? ont-ils dit que l'on pouvait en user innocemment ? Ils ont témoigné le contraire. Origène, dans l'ouvrage même cité, l. I, n. 6, a réfuté la calomnie de Celse, qui accusait les chrétiens d'opérer des prodiges par des enchantements et par l'entremise des démons. *Homil. 13, in Num*, n. 5 ; il n'approuve que l'invocation des saints anges ; il dit que ces esprits célestes n'obéiront jamais aux enchantements des *magiciens*, qu'ils ne peuvent faire que du bien, au lieu que les démons ou prétendus génies ne peuvent faire que du mal, etc. Synésius n'en a pas eu meilleure opinion. Quelle superstition peut-on donc leur reprocher? Un superstitieux n'est pas celui qui croit qu'une pratique abusive peut être efficace, mais celui qui en use et y met sa confiance. Nous avons montré ci-dessus que les autres Pères de l'Eglise n'ont pas pensé comme Origène et Synésius.

Dès qu'il était avéré que les premiers chrétiens faisaient des miracles par le nom de Jésus-Christ, par le signe de la croix, par la récitation des Evangiles, Origène *contre Celse, ibid.*, il n'est pas étonnant que les païens les aient accusés de *magie*. Puisque l'on a formé le même reproche contre les manichéens, il faut donc qu'ils aient fait quelques prodiges apparents, ou qu'ils se soient vantés d'en faire, et qu'ils aient promis d'en apprendre le secret; dans ce cas, ils ont mérité le nom de *magiciens*, le blâme des Pères de l'Eglise, et les châtiments décernés contre ce crime par les lois impériales. Pour être censé *magicien*, il n'était pas nécessaire d'avoir conversé réellement avec les démons, ni d'avoir fait des prestiges par leur secours; il suffisait de l'avoir tenté, d'avoir invoqué leur assistance, et d'avoir enseigné aux autres ces pratiques abominables. Saint Paul lui-même a décidé que quiconque prenait part aux sacrifices des païens, participait à la table des démons (*I Cor.* c. x, v. 21). Donc, toute relation avec eux était un culte qu'on leur rendait. Les Pères de l'Eglise n'ont donc pas eu tort de taxer de *magie* les hérétiques coupables de ce crime, et Beausobre les a fort mal justifiés. *Voy.* Sorciers.

MAGISTRAT. Les vaudois et les anabaptistes ont soutenu qu'il n'est pas permis à un chrétien d'exercer la magistrature, parce que cette charge peut le mettre dans la nécessité de condamner quelqu'un à la mort ou à des peines afflictives, ce qui est contraire, disent-ils, à la douceur et à la charité chrétiennes. Plusieurs sociniens ont adopté cette erreur. *Voy. l'Histoire du socianianisme*, 1<sup>re</sup> part., chap. 18. Barbeyrac s'est efforcé de prouver que Tertullien y est tombé. *Traité de la morale des Pères*, chap. 6, § 21 et suiv. Les incrédules, sur la parole des hérétiques, n'ont pas manqué de supposer que c'est là effectivement un point de la morale chrétienne, et ils ont saisi cette occasion de déclamer contre l'Evangile.

Mais comment les hérétiques ont-ils prouvé ce paradoxe? A leur ordinaire, en prenant de travers quelques passages de l'Evangile. Jésus-Christ a dit (*Matth.* c. v, v. 38): *Vous savez qu'il a été dit aux anciens d'exiger œil pour œil et dent pour dent. Pour moi je vous dis de ne point résister au mal ou au méchant; mais si quelqu'un vous frappe sur une joue, tendez-lui l'autre; s'il veut plaider contre vous et vous enlever votre robe, abandonnez-lui encore votre manteau*, etc. De là l'on a conclu que le Sauveur a condamné les *magistrats* juifs, qui, selon la loi du talion, prescrite par Moïse, infligeaient aux criminels des peines afflictives; que, puisqu'il défend à ses disciples de plaider, il défend aussi aux *magistrats* de condamner et de punir.

La conséquence est aussi fausse que le commentaire. Quand ce serait un crime de poursuivre quelqu'un en justice, ce qui n'est point, ce n'en serait pas un pour le juge, de terminer la contestation. Il est évident que Jésus-Christ parle à ses disciples relativement aux circonstances dans lesquelles ils allaient bientôt se trouver, et à la fonction dont ils étaient chargés, qui était de prêcher l'Evangile à des incrédules. Ils ne pouvaient l'établir au milieu des persécutions, à moins de pousser la patience jusqu'à l'héroïsme; il leur aurait été fort inutile de poursuivre la réparation d'une injure au tribunal des *magistrats* juifs ou païens, disposés à leur ôter même la vie. Toute la suite du discours de Jésus-Christ tend au même but et prescrit la même morale. Il ne s'ensuit pas de là que le Sauveur a interdit la juste défense dans toute autre circonstance, ni condamné la fonction des juges. Il a seulement réprouvé la conduite de ceux qui voulaient abuser de la loi prescrite aux *magistrats* touchant la peine du talion, qui concluaient qu'il est permis aux particuliers de l'exercer par eux-mêmes, et de se venger par des représailles.

Nous ne pouvons mieux interpréter les paroles de Jésus-Christ que par la conduite des apôtres. « Nous sommes, dit saint Paul, frappés, maudits, persécutés, regardés comme le rebut du monde, et nous le souffrons; nous bénissons Dieu et nous prions pour nos ennemis (*I Cor.*, c. iv, v. 11). C'est par cette patience même que les apôtres ont converti le monde. Saint Paul propose par exemple cette conduite aux fidèles, parce qu'elle leur était aussi nécessaire qu'aux apôtres. « Je vous en conjure, dit-il, soyez mes imitateurs, comme je le suis de Jésus-Christ (*Ibid.*, v. 16). Ensuite, c. vi, v. 1, il les reprend de ce qu'ils avaient entre eux des contestations, et se poursuivaient par-devant les *magistrats* païens; il les exhorte à terminer leurs différends par arbitres. « C'est déjà une faute de votre part, leur dit-il, d'avoir des procès entre vous. Pourquoi ne pas souffrir plutôt une injure ou une fraude? Mais c'est vous-mêmes qui vous en rendez coupables envers vos frères. » On peut encore prêcher cette morale à tous les plaideurs, sans condamner pour cela les fonctions des *magistrats*.

Loin de donner dans cet excès, l'Apôtre veut qu'on les respecte et qu'on les honore, que l'on envisage l'ordre civil comme une chose que Dieu lui-même a établie (*Rom.* c. xiii, v. 4). Il enseigne que le prince est le ministre de Dieu préposé pour venger le crime et punir ceux qui font le mal. Il en est donc de même des *magistrats*, puisque c'est par eux que le prince exerce son autorité.

Comme Tertullien ne pouvait pas ignorer cette décision de saint Paul, il est naturel de penser qu'il n'a interdit à un chrétien les fonctions de la *magistrature*, que relativement aux circonstances dans lesquelles on se trouvait pour lors ; qu'il n'a envisagé dans les *magistrats* que la nécessité de condamner et de punir des hommes *pour cause de religion. De idolol.*, c. 17, p. 96. C'est le but général de tout son traité *sur l'Idolâtrie*; et si on l'entend autrement, ce qu'il dit de la fonction de condamner et de punir n'y aura plus aucun rapport. Il en est de même de ce qu'il ajoute au sujet des marques de dignité et des ornements attachés aux charges ; ces ornements étaient pour lors une marque de paganisme, puisque, dans ce temps-là, on n'aurait pas souffert dans une charge quelconque un chrétien connu pour tel. Il y a de l'injustice à supposer que Tertullien condamne absolument et en général tout jugement, toute sentence, toute condamnation, toute marque de dignité pendant que tout ce qu'il dit d'ailleurs se rapporte évidemment aux circonstances. Il est fâcheux que M. Nicole n'y ait pas regardé de plus près, et qu'il ait autorisé Barbeyrac à condamner Tertullien, *Essais de morale*, t. II, 1re partie, c. 4. Mais ce n'est pas ici la seule occasion dans laquelle on a censuré mal à propos les Pères de l'Eglise.

Les lois seraient inutiles, s'il n'y avait pas des *magistrats* pour les exécuter ; la société ne subsisterait plus, si les méchants pouvaient la troubler impunément. Comment Jésus-Christ aurait-il voulu la détruire, lui dont la doctrine a éclairé tous les législateurs, a consacré tous les liens de société, a introduit la civilisation chez les barbares, a rendu plus sages et plus heureuses toutes les nations policées ? L'entêtement de quelques hérétiques ne prouve rien ; ils n'ont cherché à rendre les fonctions de la *magistrature* odieuses qu'afin de se soustraire à son autorité, après avoir secoué le joug de celle de l'Eglise. D'autres ont donné dans l'excès opposé, en attribuant aux *magistrats* le droit de prononcer sur les questions de théologie, et de décider quelle religion l'on doit suivre. C'est ce qu'ont fait les protestants, partout où ils ont été les maîtres ; c'est par les arrêts des *magistrats* que le catholicisme a été proscrit, et la prétendue réforme introduite : les écrivains de ce parti ont été forcés d'en convenir. Mais ce n'est pas aux juges séculiers que Jésus-Christ a donné mission pour prêcher son Evangile, pour en expliquer le sens, pour apprendre aux fidèles ce qu'ils doivent croire ; il a prédit au contraire à ses apôtres qu'ils seraient condamnés par les tribunaux, maltraités et persécutés par les *magistrats*, comme il a été lui-même (*Matth.* x, 17, 18, etc.).

Mais telle a été la contradiction et l'artifice des hérétiques de tous les siècles ; lorsqu'ils ont espéré la faveur des *magistrats*, ils leur ont attribué une autorité pleine et entière de décider de la religion ; lorsqu'ils ont vu que cette autorité ne leur était pas favorable, ils ont tâché de l'anéantir et de la saper par le fondement. Ce manége a été renouvelé tant de fois, qu'il ne peut plus en imposer à personne.

Jésus-Christ a placé lui-même la borne qui sépare les deux puissances, en disant : *Rendez à César ce qui est à César, et à Dieu ce qui appartient à Dieu ;* ni l'une ni l'autre ne peuvent rien gagner à la franchir

\* MAGNÉTISME. Dans notre Dictionnaire de Théologie morale, nous avons donné une idée du *magnétisme*, tant sous le rapport doctrinal que sous le rapport pratique. Nous nous contenterons de rapporter ici un fragment d'un rapport de M. L.-F. Guérin, sur un ouvrage de M. l'abbé Loubert, ouvrage qui a jeté du jour sur la question :

« L'homme, dit M. l'abbé Loubert, en dirigeant sur son semblable le fluide électro-nerveux, autrefois appelé esprits animaux, détermine chez celui qui est soumis à cette action une sécrétion plus abondante des esprits animaux, une disposition spéciale du fluide électro-nerveux, auparavant comme à l'état latent, et, par son fluide propre qu'il surajoute, celui qui agit peut exercer une attraction physique comparable à l'action de l'aimant sur le fer doux. Ces premiers phénomènes, abstraction faite des autres, ont fait donner au principe de cette action de l'homme sur son semblable le nom de magnétisme animal, l'homme appartenant, par certain côté, au règne animal. Mais l'homme, cette intelligence unie à des organes, *anima rationalis et caro unus est homo*, formant aussi un règne spécial, à part, ce principe de l'action magnétique, chez l'*homme*, a encore été nommé, d'une manière plus philosophique et plus chrétienne, magnétisme humain, non parce qu'il peut être dirigé que sur l'homme, mais parce qu'il est en l'*homme* et qu'il vient de l'*homme*. »

Après avoir défini le magnétisme, M. Loubert passe à une question dont la solution est purement historique ; c'est-à-dire que l'étude historique, attentive, exacte, impartiale, est loin de nous montrer Mesmer comme un jongleur et un charlatan. Nous passons rapidement sur ces chapitres pour représenter la quintessence d'autres plus importants.

« Si les ennemis du magnétisme affirment que le magnétisme est *essentiellement* mauvais, hostile à la foi et aux mœurs ; qu'il n'y a pas de proportions entre les causes connues et les effets ; de nombreux défenseurs intelligents du magnétisme, *d'après les faits et les théories généralement voués*, assurent que cette science, que cet art, comme toutes les choses humaines, n'est *qu'accidentellement* nuisible, et que, bien comprise, sa doctrine est amie de la foi et de la moralité publique et privée. Ils affirment en outre que l'étude physiologique et psychologique de l'*homme* fournit des données *suffisantes* pour expliquer la causalité des faits *aussi bien* (ou aussi mal) *que nous le faisons dans les autres questions débattues ici-bas*. Les magnétiseurs les plus éclairés, les plus moraux, les plus chrétiens, ne se constituent les défenseurs et les propagateurs que du magnétisme psycho-physiologique naturel, éclairé par un spiritualisme modéré et franchement orthodoxe. En plus grand nombre que les autres magnétiseurs, ce n'est que ce magnétisme naturel qu'ils *conseillent*, qu'ils *approuvent* et qu'ils *tolèrent* tout à fois ; ce n'est que par ce magnétisme qu'ils réclament des franchises et des libertés intelligentes et réglées. Ils *tolèrent* seulement, et à cause du silence de l'Eglise, et à cause de la bonne foi d'un grand nombre de personnes sérieusement chrétiennes, le *genre spécial* de magnétisme dont les *magnétiseurs spiritualistes exagérés* prennent la défense. Mais ils haïssent, ils détestent, ils abhorrent, ils repoussent le magnétisme évidemment magique et diabolique. Ils se réjouissent même, jusqu'à un certain point, que plusieurs ne croient pas à cette puissance magnético-magique et diabolique : l'impiété et l'immoralité des dieux de l'époque actuelle multiplieraient trop les avides et nombreux initiés. Les sages partisans du magnétisme et du somnambulisme ont donc déjà des raisons assez fortes pour se former une conscience pratiquement certaine sur la bonté et la moralité de leur science et de leur art comparés à un autre genre de magnétisme, illusoire, dangereux, ou même positivement mauvais et condamnable. »

Voilà, selon nous, de la franchise : on ne peut poser plus clairement et plus nettement les questions. Mais aux principes réflexes que l'auteur expose et qu'il tire du témoignage des hommes, *attentivement examiné*, viennent encore se joindre pour le plus grand nombre des amis du magnétisme, ces lumières que *l'expérience seule* donne, cette conviction que *l'habitude seule* affermit. Ceux qui les combattent, que peuvent-ils opposer? Rien de tout cela. Ils se livrent à perte de vue et *a priori*, à une *soif maladive de causalité* qui n'est, sur aucune question, satisfaite comme ils le voudraient ici, et qui engendrerait le plus absolu et le plus désespérant scepticisme, si l'on l'appliquait à n'importe quelle science. Ils nous feraient douter que nous puissions mouvoir le bras, parce que nous *ignorons absolument le comment!...* Ils s'obstinent à ne pas vouloir comprendre que, la question étant à la fois physiologique et psychologique, il ne suffit pas d'être théologien pour la saisir sous toutes ses faces, et pour la résoudre définitivement et complétement. Nous pensons que l'estimable auteur a parfaitement raison ici; et nous approuvons complétement ce qu'il ajoute au sujet des antagonistes du magnétisme humain. Ils nous sont, en outre, dit-il, légitimement suspects, parce qu'ils ont toujours dressé des consultations ignorantes des premiers éléments du procès en litige, et qu'aussitôt qu'une réponse leur est arrivée de Rome, sans égard pour l'honneur du saint-siége, sans tenir compte des paroles conditionnelles, *prout exponitur*, ils ont faussé la conscience des fidèles en criant partout et bien haut : Le magnétisme est définitivement et absolument condamné. Mais la réponse du cardinal Castracane à Mgr Gousset est venue faire jaillir la lumière dans les ténèbres aux yeux des plus obstinés. M. l'abbé Loubert n'énonce pas seulement ceci: il le prouve, et voici les points auxquels nous pouvons réduire son argumentation, et qu'il croit pouvoir rappeler avec indépendance et liberté aux pasteurs et aux fidèles :

« 1° Rome ne s'est prononcée que sur des *cas particuliers*, et n'a pas entendu juger le magnétisme en *lui-même*, ni prononcer sur son opposition à la foi et aux mœurs ; 2° Mgr Bouvier, évêque du Mans, dit qu'*il n'oserait pas condamner*, par conséquent qu'on peut *tolérer*; 3° Mgr Gousset, archevêque de Reims, affirme non-seulement qu'*un confesseur peut*, mais qu'*un confesseur doit* tolérer; 4° Mgr Gousset a observé des faits par lui-même; 5° plusieurs archevêques, évêques, supérieurs de communautés, plusieurs prêtres, plusieurs confesseurs, ont *conseillé* ou *approuvé*, ou *toléré* l'usage du magnétisme, et accordé l'absolution à ceux qui s'en occupaient; 6° plusieurs prêtres ou ecclésiastiques s'en sont occupés plus spécialement et plus directement en assistant à des expériences, en en faisant eux-mêmes, ou en consultant des somnambules pour eux ou pour d'autres personnes malades, en se soumettant eux-mêmes à la magnétisation, etc.

De tous ces faits, — et considérant encore, et par-dessus tout, *quoi qu'il en soit au fond du magnétisme*, qu'un confesseur n'a pas le *droit*, dans les matières controversées, d'imposer son opinion particulière à son pénitent ; que son *devoir* est de lui donner l'absolution, alors même que, dans les choses libres et débattues, le pénitent ne veut pas se conformer au jugement de son confesseur et prendre l'opinion qui paraît à ce dernier plus probable et plus sûre ;—M. l'abbé Loubert conclut à *l'obligation* pour le confesseur, et cela *sub gravi*, sous peine de faute grave, de *tolérer* l'usage du magnétisme, et au *dr..it* rigoureux et strict pour le pénitent de réclamer et d'obtenir l'absolution qui lui est due, posées *de part et d'autre* les conditions établies, dans un autre endroit de son ouvrage, pour éviter à tous l'illusion ou la mauvaise volonté.

« Si nous sommes assez heureux, dit M. Loubert, pour concourir, seulement en quelque chose, par ce travail plus imparfait encore que le premier, à obtenir ce que nous demandons en finissant, une *tolérance intelligente et charitable*, nous aurons servi suffisamment la cause de la religion, celle du clergé, des fidèles et de la science. La religion verra s'étendre d'autant plus ses pacifiques conquêtes, qu'elle apparaîtra, comme elle est, seule amie de la *vérité*, de la *science* et de la *liberté véritable*. Le clergé réclamera plus efficacement sa part légitime d'action dans le mouvement providentiel du progrès et des lumières, s'il montre qu'il saisit en maître les harmonies sublimes de la *vérité religieuse* et de la *vérité scientifique*. Les fidèles seront plus sûrement prémunis contre l'erreur, le charlatanisme, l'immoralité et la superstition, s'ils retrouvent les guides éclairés et purs qui les conduisent et les dirigent dans ces voies mystérieuses où ils entrent souvent tête baissée, parce qu'une parole trop humainement légère est sortie de lèvres sacrées et a compromis la dignité de sa puissance tutélaire, la sagesse et la prudence de sa paternelle autorité, en disant : *Tout n'est qu'illusion, jonglerie, séduction dangereuse, superstition coupable, manœuvres illicites et condamnées.* Montrer le mal où il n'est pas, c'est ne pas le faire voir où il est; le montrer partout et toujours, c'est exposer à ne le faire soupçonner nulle part et jamais. *On m'a assuré que tout est faux et criminel dans le magnétisme,* dit le fidèle; *mais j'ai vu de mes yeux et touché de mes mains quelque chose d'innocent et de réel. Là-dessus, comme sur tout le reste, on s'est trompé, on m'a trompé.* Et la conclusion lui est funeste, parce qu'elle est trop absolue, trop générale. Un excès amène un autre excès. L'ennemi de Dieu et des hommes est l'instigateur principal et l'ami de tous les excès. »

Notre auteur ajoute : « La science enfin, si ce travail obtient son modeste but, trouvera des esprits éclairés par la foi, des cœurs vivifiés par la charité, des volontés fortifiées par les vertus chrétiennes ; et les ténèbres épaisses des théories de l'impiété terrestre et grossière se dissiperont à l'instant comme les vapeurs infectes et malsaines des marais fangeux chassées par les rayons bienfaisants de la lumière du ciel. L'empirisme égoïste ou imprudent, la spéculation basse, dévorée de la soif de l'or, fera place à l'observation généreuse et mesurée, plus soucieuse de la dignité de l'homme et du chrétien, de sa santé et de sa vie, que d'un métal qui dégrade, ou d'une philanthropie qui n'est qu'un prétexte pour se passer de Dieu, de son Eglise et des dons de sa grâce. Et la faiblesse des volontés humaines et les chutes et les souillures d'une moralité suspecte, énervée par l'amour-propre et par son isolement de la vertu d'en haut, céderont l'empire à la modestie céleste qui s'effraie de l'apparence du mal, qui l'évite avec sollicitude, qui sait *courageusement fuir* une lutte où vouloir combattre, c'est être déjà vaincu ; qui sait cependant accepter sans hésitation et sans crainte ces dangers où le devoir nous appelle, où la charité nous demande, où la grâce d'état nous attend, où Dieu nous veut, nous assiste et nous fortifie, nous enrichit de la sainteté de ses dons et les couronne en nous.... Mais que nous ayons contribué ou non à quelque chose de tout cela, nous offrirons toujours à Dieu et à son Eglise, à Jésus-Christ et à son vicaire sur la terre, notre intention à bénir, notre œuvre à condamner ou à absoudre, notre soumission à accueillir, à sanctifier. »

***MAGNIFICAT.*** Cantique prononcé par la sainte Vierge, lorsqu'elle visita sa cousine Elisabeth (*Luc.* I, 46). L'usage actuel de l'Eglise est de le chanter ou de le réciter tous les jours à vêpres.

Bingham pense, comme le Père Mabillon, que cet usage n'a commencé dans l'Eglise latine que vers l'an 596, parce que c'est dans ce temps-là que saint Césaire, évêque d'Arles, et Aurélien, son successeur, dressant une règle monastique, prescrivirent aux moines de chanter ce cantique et le *Gloria in excelsis*, dans l'office du matin (*Orig. ecclés.*, l. XIV, c. 2, § 2 et 7). Mais Bingham observe lui-même que l'usage de chanter le *Gloria in excelsis* est beaucoup plus ancien que ces deux évêques, et qu'il remonte aux premiers siècles de l'Eglise. Puisque la règle de saint Césaire et d'Aurélien ne prouve pas que le cantique *Gloria* n'ait pas été déjà chanté avant eux, il en peut être de même du *Magnificat*. Il serait étonnant que ce cantique si sublime et si édifiant, tiré de l'Ecriture sainte, et inspiré par le Saint-Esprit, eût été négligé pendant que l'on chantait le *Gloria in excelsis*, duquel l'auteur est inconnu. *Voy.* DOXOLOGIE.

Nous faisons cette remarque, afin de montrer qu'en fait d'antiquités, soit ecclésiastiques, soit profanes, il y a du danger à s'en tenir aux preuves négatives, à conclure qu'une chose n'a commencé que dans tel temps, parce qu'avant cette époque on n'en voit point de preuves positives. C'est un argument très-faible et trop souvent répété par les critiques protestants. Au sujet du *Magnificat*, il y a du moins une preuve générale ; c'est l'invitation que fait saint Paul aux fidèles de s'exciter mutuellement à la piété par des hymnes et des cantiques spirituels (*Eph.*, V, 1 ; *Col.*, III, 16). Saint Ignace, qui a suivi de près les apôtres, en établit l'usage dans l'Eglise d'Antioche. Socrate, *Hist. eccl.*, l. XI, c. 8. Il est à présumer que l'on chanta par préférence ceux que l'on trouvait dans l'Ecriture sainte, puisque l'on chantait les psaumes ; or le *Magnificat* est de ce nombre ; à tous égards il devait être préféré à ceux de l'Ancien Testament. *Voy.* CANTIQUE.

**MAHOMÉTISME.** Système de religion qui a pour auteur Mahomet, imposteur arabe, né vers l'an 570, mort en 631. Quoique la connaissance des fausses religions fasse partie de l'histoire plutôt que de la théologie, on a droit d'exiger de nous une notion du *mahométisme*. Les incrédules de notre siècle, pour déprimer la vraie religion, se sont attachés à justifier les fausses : plusieurs ont tenté de faire l'apologie de Mahomet et de ses rêveries ; ils ont prétendu que sa religion, tout absurde qu'elle paraît, est néanmoins fondée sur le même genre de preuves que la nôtre ; qu'un mahométan raisonne aussi sensément qu'un chrétien, lorsqu'il croit sa religion divine, et traite d'infidèles ceux qui ne pensent pas comme lui. Quelques-uns ont poussé l'entêtement jusqu'à soutenir que le *mahométisme* est une religion moins impure que le christianisme. Nous sommes donc obligés d'examiner les caractères de mission divine dont Mahomet a pu paraître revêtu, et si la religion qu'il a établie porte quelques marques de vérité. Le livre qui la renferme est nommé *Alcoran*, le livre par excellence ; il est attribué à Mahomet ; c'est la règle de foi de ses sectateurs, et ils en adorent pour ainsi dire toutes les paroles. C'est dans cette source même que nous examinerons les caractères personnels du législateur de l'Arabie, la doctrine qu'il a enseignée, les moyens dont il s'est servi pour l'établir, les effets qu'elle a produits. Nous rougissons d'être réduits à mettre le christianisme en parallèle avec une religion aussi absurde ; mais nous ne devons rien négliger pour mettre dans tout son jour l'aveuglement et la méchanceté des incrédules. Prideaux, dans la Vie de Mahomet ; Maracci, dans sa réfutation de l'Alcoran, et d'autres, ont déjà fait cette comparaison ; mais nous sommes forcés de l'abréger et de perdre ainsi une partie de nos avantages.

Un de nos philosophes, qui a pris le ton de législateur dans les choses qu'il entendait le moins, a décidé que l'on ne doit pas dire l'*Alcoran*, mais le *Coran*; et la plupart de nos littérateurs ont humblement adopté cette correction. Par la même raison il ne nous sera plus permis de dire, *alambic, alcade, alcali, alchimie, algèbre, almanach*, etc. ; tous ces termes, empruntés des Arabes, portent l'article avec eux. Nous ne faisons cette remarque que pour démontrer l'ineptie d'un personnage auquel on prodigue très-mal à propos le titre de *grand homme*.

I. On prétend d'abord que Mahomet était né dans une des plus anciennes tribus arabes, que sa famille y avait tenu de tout temps un rang distingué, qu'elle était chargée de la garde et de l'inspection du temple de la Mecque, édifice également respecté par les chrétiens, par les juifs et par les idolâtres, en mémoire d'Abraham, ou plutôt d'Ismaël, son fils ; que Mahomet avait donc plus qu'un autre le droit de s'ériger en réformateur de la religion des Arabes. Quand tous ces faits seraient vrais, la conséquence serait encore nulle. La réforme de la religion, à plus forte raison l'établissement d'une religion nouvelle, n'est pas un droit de famille ; il faut, pour cela, une mission du ciel : or, Mahomet n'en avait point. Il s'ensuit seulement de sa naissance, que les Arabes étaient disposés à l'écouter plutôt qu'un autre, et qu'il avait plus d'avantage qu'un autre pour leur en imposer. Durant quinze ans, il s'enferma tous les ans pendant un mois dans une caverne du mont Héra, pour disposer ainsi les Arabes à croire à sa mission ; il ne s'annonça d'abord que comme envoyé pour rétablir l'ancienne religion d'Abraham, d'Ismaël, de Jésus et des prophètes. En cela, il trompa déjà ses compatriotes ; la religion qu'il a établie n'est ni celle d'Abraham, ni celle des Juifs, ses descendants, ni celle de Jésus ; elle ne ressemble à aucune des trois. *Mém. des Inscr.*, t. LVIII, in-12, p. 277, 279.

L'ignorance de Mahomet n'est pas un fait

douteux; il se nommait lui-même *le prophète non-lettré*; et quand il ne l'aurait pas avoué, son livre en fait foi. Il est rempli de fables, d'absurdités, de fautes grossières en fait d'histoire, de physique, de géographie et de chronologie. C'est un composé bizarre des rêveries du Talmud, de contes tirés des livres apocryphes qui avaient cours dans l'Orient, et de quelques traditions arabes. Mahomet mit ensemble ce qu'il avait ouï dire à des Juifs, à des hérétiques ariens, nestoriens, eutychiens, et à ses compatriotes. Il savait bien que ceux-ci n'étaient pas assez instruits pour le contredire. Convaincu que leur ignorance lui était absolument nécessaire pour réussir, il défendit à ses sectateurs l'étude des lettres et de la philosophie ; c'est un fait avoué par les musulmans. Brucker, *Hist. philos.*, t. III, p. 15. Cette défense fut exactement exécutée parmi eux pendant plus d'un siècle, *ibid.*, p. 21 ; et c'est en conséquence de cette loi funeste que les califes firent brûler la riche bibliothèque d'Alexandrie et toutes celles qui tombèrent entre leurs mains. Aujourd'hui encore les mahométans détestent l'imprimerie.

Les ennemis du christianisme peuvent-ils le couvrir d'un pareil opprobre ? Vainement ils disent que Jésus-Christ lui-même n'avait fait aucune étude, qu'il a choisi des ignorants pour ses apôtres, que saint Paul a décrédité la philosophie. Jésus-Christ, éclairé d'une lumière divine, savait les lettres sans les avoir apprises (*Joan.* VII, 15). Souvent il a confondu les docteurs Juifs. Il avait promis le Saint-Esprit à ses apôtres, et il le leur a donné en effet ; ils ont prêché l'Evangile dans le siècle le plus éclairé qui fut jamais, sous les yeux des sages d'Athènes et de Rome, et en ont converti plusieurs. Jusqu'à présent les incrédules n'ont pas réussi à montrer des erreurs dans leurs écrits. Saint Paul n'a décrédité que la fausse philosophie qui égarait les hommes, comme elle aveugle encore les incrédules. Partout où le christianisme s'est établi, il a banni la barbarie, et les lettres ne sont encore aujourd'hui cultivées que chez les nations chrétiennes. *Voy.* LETTRES. Voilà des faits aussi incontestables que l'ignorance grossière de Mahomet et de ses sectateurs. La corruption de ses mœurs n'est pas moins prouvée ; jamais homme n'a poussé plus loin la luxure. Il ne se contenta pas d'avoir plusieurs femmes, il s'attribua le privilége d'enlever celles d'autrui ; il abusa de ses esclaves, même d'une petite fille de huit ans. Il poussa l'impudence jusqu'à vouloir justifier ces turpitudes par une permission formelle de Dieu, et forgea dans ce dessein les chapitres 33 et 36 de l'Alcoran. Il ne respecta ni l'âge, ni les degrés de parenté, ni la décence publique. Il prétendit qu'il lui était permis de prendre, sur les dépouilles des ennemis, tout ce qu'il voulait, avant le partage ; d'enlever encore pour sa part le cinquième du tout ; de commettre des meurtres dans la ville de la Mecque ; de juger selon sa volonté ; de recevoir des présents de ses clients, malgré la défense de la loi ; de partager les terres d'autrui, même avant qu'il s'en fût rendu maître ; parce que Dieu lui avait donné, disait-il, la possession de toute la terre. Gagnier, *Vie de Mahomet*, tom. II, pag. 323, 382, 384, etc. Il ajouta encore pour ses sectateurs le privilége de fausser leurs serments, parce qu'il était lui-même coupable de ce crime. Après avoir défendu la fornication dans l'Alcoran, il s'y livra, et forgea le 66ᵉ chapitre, pour persuader que Dieu le lui avait permis par une révélation. *Notes de Maracci sur ce chapitre*. Pour peu que l'on ait lu son histoire, et que l'on ait consulté son livre, on voit que cet homme était naturellement rusé, fourbe, hypocrite, perfide, vindicatif, ambitieux, violent ; qu'un crime ne lui coûtait rien pour satisfaire ses passions. Ses sectateurs mêmes n'osent en disconvenir ; la seule excuse qu'ils donnent est de dire qu'en tout cela Mahomet était inspiré de Dieu, comme si Dieu pouvait inspirer des crimes.

Jésus-Christ a dit hardiment aux Juifs : *Qui de vous me convaincra de péché* (*Joan.*, VIII, 46) ? Jamais en effet ils ne lui ont reproché autre chose que de faire de bonnes œuvres le jour du sabbat, de violer les traditions des pharisiens, de fréquenter les publicains et les pécheurs, de s'attribuer une autorité divine, de se faire suivre par des troupes de peuples ; en quoi tout cela était-il contraire à la loi de Dieu ? Ils l'ont condamné à mort, non pour avoir commis des crimes, mais pour avoir assuré qu'il était le Fils de Dieu : le juge romain lui-même attesta publiquement son innocence. Dans le Talmud et dans les autres livres des Juifs, il n'est accusé de même que de s'être donné faussement pour le Messie. Malgré la malignité avec laquelle les incrédules de tous les siècles ont examiné ses discours et toutes ses actions, ils n'ont jamais rien pu trouver qui fût véritablement digne de censure. Ils ont échoué de même à l'égard des leçons et de la conduite des apôtres ; et quand nous n'aurions point d'autres monuments pour justifier les mœurs des premiers chrétiens, le témoignage que Pline le Jeune en rendit à Trajan suffirait pour fermer la bouche à nos adversaires.

Mais enfin, Mahomet a-t-il eu quelques signes d'une mission divine ? Non-seulement il n'a point fait de miracles, mais il a déclaré formellement qu'il n'était pas venu pour en faire. Lorsque les habitants de la Mecque lui en demandèrent pour preuve de sa mission, il répondit que la foi est un don de Dieu, et que les miracles ne persuadent point par eux-mêmes ; que Moïse et Jésus-Christ avaient fait assez de miracles pour convertir tous les hommes ; que cependant plusieurs n'y avaient pas cru ; que les miracles ne servaient qu'à rendre les incrédules plus coupables ; qu'il n'était point envoyé pour faire des miracles, mais pour annoncer les promesses et les menaces de la justice divine ; que les miracles dépendent de Dieu seul, et qu'il donne à qui lui plaît le pouvoir d'en faire. Il ne pouvait pas avouer plus clairement que Dieu ne lui avait pas donné ce pouvoir. Maracci, *Prodrom.*, II° part., chap. 3. A la vérité, cela n'a pas empêché ses sectateurs de lui en attribuer des milliers ; mais presque tous sont absurdes et indignes de Dieu ; personne n'a osé attester qu'il les avait vus, qu'il en était témoin oculaire ; ces prétendus prodiges n'ont été forgés que longtemps après la mort de Mahomet ; ils ne sont confirmés par aucun monument, ne tiennent à aucune pratique, à aucun dogme, à aucune loi du *mahométisme* ; les premiers propagateurs de cette religion ne les ont point allégués pour engager les peuples à croire la mission de leur législateur : ils ont dit : *Croyez, sinon vous serez exterminés*. Aujourd'hui même, les mahométans un peu instruits désavouent les miracles de Mahomet, *Mém. des Inscrip.*, tom. LVIII, in-12, p. 283 ; ils ne citent en preuve de sa mission que ses succès, qui leur paraissent tenir du prodige : nous verrons ce que l'on doit en penser. Mais le commun du peuple croit fermement tous les prétendus miracles attribués à ce faux prophète.

Pour prouver les miracles de Jésus-Christ, nous n'alléguons pas seulement le témoignage de ses disciples, témoins oculaires des faits, qui disent : « Nous vous annonçons ce que nous avons vu, ce que nous avons examiné, ce que nous avons touché de nos mains (*Joan.* I, 1) ; mais l'aveu forcé des Juifs, des païens, des premiers hérétiques intéressés à les nier, de Celse, qui a vécu peu de temps après, et qui fait profession d'avoir tout examiné. Tous ont attribué ces miracles à la magie : mais aucun n'a osé s'inscrire en faux contre le récit des apôtres. Ces miracles tiennent tellement à notre religion, qu'il n'a pas été possible de l'embrasser sans les croire. Le plus grand de tous, la résurrection de Jésus-Christ, est couché dans le symbole ; il est attesté par un monument érigé par les apôtres mêmes, par la célébration du dimanche. Aucun de ces miracles n'est ridicule ou indigne de Dieu ; ce sont des œuvres de charité, des guérisons subites, des aliments fournis à un peuple entier, des résurrections de morts, le don des langues accordé aux apôtres pour instruire toutes les nations, etc. Les mêmes prodiges ont continué dans l'Église primitive pendant plusieurs siècles. Lorsque ceux de Mahomet seront attestés de même, nous pourrons commencer à les croire.

On ne peut donc en imposer plus grossièrement que l'a fait un incrédule de nos jours, lorsqu'il a dit que les musulmans allèguent des miracles de leur prophète les mêmes preuves que nous donnons des miracles de Jésus-Christ. Ils croient, dit-il, que l'ange Gabriel apportait à Mahomet des feuillets de l'Alcoran écrits en lettres d'or sur du vélin bleu, parce que Abubekre, Ali, Aisha, Omar et Otman, parents et amis de Mahomet, l'ont ainsi certifié à cinquante mille hommes ; parce que cet Alcoran n'a jamais été contredit par un autre Alcoran, et que ce livre n'a jamais été falsifié ; parce que les dogmes et les préceptes qu'il contient sont la perfection de la raison, et parce que Mahomet est venu à bout de soumettre à cette loi la moitié de la terre.

Il est faux d'abord que les Mahométans un peu instruits croient au prétendu miracle de l'ange Gabriel ; il est encore faux que les parents et amis de Mahomet se soient donnés pour témoins du fait et l'aient ainsi attesté à cinquante mille hommes. Puisque *alcoran* signifie *le livre*, il est faux que celui de Mahomet n'ait pas été contredit par d'autres livres ; et de plus il se contredit lui-même. Puisqu'il n'a jamais été falsifié, rien n'est plus authentique que l'aveu fait et répété par Mahomet, qu'il n'était pas envoyé pour faire des miracles : aucune preuve ne peut prévaloir à celle-là. Nous allons voir que les dogmes, la morale, les lois, contenus dans ce livre, ne sont rien moins que raisonnables, et que les succès de son auteur n'ont rien de merveilleux. Toutes les prétendues preuves de ses miracles sont donc nulles et fausses. Nous ne craignons pas que l'on renverse de même celles que nous donnons des miracles de Jésus-Christ.

II. Si nous examinons la doctrine, la morale, les lois de Mahomet, nous n'y verrons aucune marque de divinité.

La profession de foi des mahométans se réduit à treize articles, savoir : l'existence d'un seul Dieu créateur ; la mission de Mahomet et la divinité de l'Alcoran ; la providence de Dieu et la prédestination absolue ; l'interrogation du sépulcre, ou le jugement particulier de l'homme après la mort ; l'anéantissement de toutes choses, même des anges et des hommes, à la fin du monde ; la résurrection future des anges et des hommes ; le jugement universel ; l'intercession de Mahomet dans ce jugement, et le salut exclusif des seuls mahométans ; la compensation des torts et des injures que les hommes se sont faits les uns aux autres ; un purgatoire pour ceux dont les bonnes et les mauvaises actions se trouveront égales dans la balance ; le saut du pont aigu, qui conduit les justes au paradis, et précipite les méchants en enfer ; les délices du paradis, que les mahométans font consister principalement dans les voluptés sensuelles ; enfin, le feu éternel de l'enfer. Reland. *Confession de foi des mahométans.*

Il est évident que Mahomet n'est point créateur de ces dogmes. Il avait reçu des Juifs et des ariens celui de l'unité de Dieu, il l'entend comme eux, il nie que Jésus-Christ soit Fils de Dieu ; selon lui, Dieu ne peut avoir un Fils, puisqu'il n'a point de femme : telle est sa théologie. La prédestination absolue est une erreur des Arabes idolâtres ; Mahomet avait été idolâtre lui-même : ce dogme détruit la liberté de l'homme et fait Dieu auteur du péché. Les idées grossières du pont aigu, de la balance des œuvres, de la compensation des torts, des plaisirs sensuels du paradis, sont des expressions métaphoriques d'anciens écrivains, que Mahomet a prises à la lettre. L'anéantissement des anges et des hommes, et leur résurrection, n'est qu'une rêverie; c'est le dogme de la résurrection future mal entendu et mal rendu par un ignorant. Il ne faut pas croire que ces points de doctrine, bons ou mauvais soient clairement exposés dans l'Alcoran; ils y sont noyés dans un fatras d'erreurs, de fables, de puérilités et d'obscénités, dont la plupart sont tirées du Talmud des Juifs, des évangiles apocryphes et des histoires romanesques, qui, de tout temps, ont été en vogue dans l'Orient; et tout musulman est obligé de croire toutes ces absurdités comme autant de révélations sorties immédiatement de la bouche de Dieu même. Lorsque les incrédules ont voulu faire envisager le *mahométisme* comme une espèce de déisme, ils en ont imposé aux personnes peu instruites; aucun déiste voudrait-il signer la profession de foi d'un mahométan? Il y a de la mauvaise foi à ne présenter que ce qu'il y a de moins révoltant dans cette religion, et de laisser de côté le reste, comme si Mahomet avait dispensé ses sectateurs de le croire. Il commence l'Alcoran par déclarer que ce livre n'admet point de doute, et qu'une punition terrible attend tous ceux qui n'y croient pas

La morale de cet imposteur est encore plus mauvaise que ses dogmes; elle prescrit avec la plus grande sévérité des rites et des actions extérieures, et semble dispenser ses sectateurs de toutes les vertus. Les purifications ou ablutions avant la prière, le pèlerinage de la Mecque, la circoncision, étaient des usages anciens dans l'Arabie; Mahomet les a conservés: il y ajoute l'obligation de prier cinq fois par jour, de faire l'aumône et d'observer le jeûne du ramadan qui est de vingt-neuf jours. Quant aux vertus intérieures, comme l'amour de Dieu et du prochain, la piété, la mortification des sens, l'humilité, la reconnaissance envers Dieu, la confiance en sa bonté, la pénitence, etc., il n'en est pas question dans l'Alcoran; un musulman croit fermement que, sans l'observation scrupuleuse et minutieuse du cérémonial, le cœur le plus pur, la foi la plus sincère, la charité la plus ardente, ne suffiraient pas pour le rendre agréable à Dieu; mais que le pèlerinage de la Mecque, ou l'action de boire de l'eau dans laquelle a trempé la vieille robe du prophète, effacent tous les crimes. *Observation sur la religion et les lois des Turcs*, c. 2.

Loin de faire aucun cas de la chasteté, Mahomet permet tout ce qui lui est le plus opposé, la polygamie, le commerce des maîtres avec leurs esclaves, l'impudicité la plus grossière entre les maris et les femmes, la liberté de faire divorce et de changer de femmes autant de fois que l'on veut. Il n'a pourvu, par aucune loi, au traitement des esclaves, et n'a point condamné la coutume barbare de faire des eunuques. Il permet la vengeance, la peine du talion, l'apostasie forcée, le parjure en fait de religion; il décide que l'idolâtrie est le seul crime qui puisse exclure un musulman du bonheur éternel. Il a fallu que les incrédules abjurassent toute pudeur, pour oser dire que le *mahométisme* est moins impur que le christianisme. Lorsqu'ils ont voulu justifier la polygamie et le divorce, parce que Moïse les a permis, ils devaient se souvenir que ce législateur y avait mis des bornes, et que Mahomet n'y en a mis aucune. La loi juive ne permettait point d'épouser des étrangères; elle n'autorisait le divorce que dans le cas d'infidélité d'une femme; elle n'approuvait pas le commerce des maîtres avec leurs esclaves. Les autres lois juives n'étaient imposées qu'à une seule nation: la folie de Mahomet a été de vouloir que les siennes fussent données à tous les peuples.

Mais que diront nos philosophes tolérants de la loi que ce fanatique impose à ses sectateurs? « Combattez contre les infidèles jusqu'à ce que toute fausse religion soit exterminée; mettez-les à mort, ne les épargnez point; et lorsque vous les aurez affaiblis, à force de carnage, réduisez le reste en esclavage, et écrasez-les par des tributs » (*Alcoran*, c. 8, v. 12 et 39; c. 9, v. 30; c. 47, v. 4). Il n'est point de loi plus sacrée que celle-là aux yeux des musulmans; ils se croient obligés, en conscience, de détester tous ceux qu'ils regardent comme infidèles, les chrétiens, les juifs, les parsis, les Indiens; toutes les injustices, les extorsions, les insultes, les avanies, leur sont permises, leur sont même commandées à cet égard: c'est une des premières leçons qu'on leur donne dans l'enfance; et si l'on n'avait pas la vertu d'apprivoiser ces êtres farouches, il serait impossible à quiconque n'est pas de leur religion de demeurer parmi eux. *Observations sur la religion et les lois des Turcs*, chap. 2, pag. 14 et suivantes. L'on a cependant osé écrire de nos jours et répéter vingt fois, que les Turcs sont moins intolérants que les chrétiens.

Ce serait faire injure à la morale évangélique que de la mettre en parallèle avec un code aussi abominable que celui de Mahomet.

III. Comment donc a-t-il pu réussir? par quels moyens a-t-il gagné des sectateurs? C'est comme si l'on demandait par quels moyens un fanatique rusé, fourbe, violent, armé, a pu subjuguer des hommes ignorants et vicieux.

Il gagna d'abord ses femmes et ses parents par l'ambition, par l'espérance d'acquérir la supériorité sur les autres tribus arabes: reconnaître sa prétendue qualité de prophète, c'était l'accepter pour maître souverain. Forcé de fuir de la Mecque, la cinquante-troisième année de sa vie, Mahomet se réfugia dans la ville de Médine où, après avoir reçu le serment de soixante-quinze des principaux habitants, qui s'engagèrent à le défendre, et qui lui tinrent parole. Depuis ce moment jusqu'à sa mort, il ne cessa d'avoir les armes à la main; ces dix années ne furent qu'une suite de combats contre les Arabes idolâtres et contre les Juifs, ou plutôt ce fut un brigandage continuel, qui ne fit que s'augmenter après sa mort. Ses successeurs devinrent souverains de l'Arabie, sous le nom de *califes*; et l'on sait de quoi les Arabes sont capables, lorsqu'ils sont excités par l'amour du pillage, toujours dominant chez cette nation. *Voy.* la *Vie de Mahomet*, par Maracci, et l'*Histoire universelle des Anglais*, t. XV, in-4.

Leurs victoires cessent de nous étonner, lorsque nous savons en quel état se trouvait alors l'Orient. Les empereurs de Constantinople, très-affaiblis, ne conservaient plus dans les provinces qu'une ombre d'autorité : l'Asie n'était presque peuplée que de la lie des nations; ce n'étaient plus ni des Romains ni des Grecs, mais un mélange de toutes sortes de barbares, Thraces, Illyriens, Isaures, Arméniens, Perses, Scythes, Sarmates, Bulgares, Russes; aucun de ces peuples ne pouvait être fort attaché au gouvernement ni à la religion.

Le christianisme était divisé en plusieurs sectes qui se détestaient. Les ariens, les nestoriens, les eutychiens ou jacobites, tous divisés entre eux, se réunissaient pour désirer la ruine du catholicisme, et les Juifs avaient moins d'aversion pour les mahométans circoncis que pour les chrétiens.

Maîtres de l'Arabie, les califes subjuguèrent l'Egypte par la trahison des cophtes eutychiens, mécontents des empereurs : ces schismatiques espéraient un sort meilleur sous l'empire des mahométans, que sous la domination des Grecs. Mais ils furent étrangement trompés, puisque insensiblement ils ont été opprimés par les Arabes, et réduits presque à rien. Les conquérants de l'Egypte n'eurent besoin que de faire des courses pour assujettir les côtes de l'Afrique; bientôt ils furent appelés en Espagne par les fils d'un roi goth, révoltés contre leur père, et par le comte Julien, mécontent de son roi. Dès ce moment ils infestèrent la Méditerranée par des flottes de corsaires; ils envahirent successivement la Sardaigne, la Corse, la Sicile, la Calabre; et dans la plupart de ces expéditions, ils furent aidés par les Grecs, ennemis jurés des Latins. Dans toutes les capitulations, ils promirent de laisser aux peuples l'exercice libre de la religion chrétienne; mais ils n'ont tenu parole que dans les lieux où les anciens habitants ont conservé assez de force pour les y contraindre. Déjà ceux d'Espagne avaient passé les Pyrénées : ils allaient engloutir la France, si Charles Martel ne les eût arrêtés au commencement du VIIIe siècle; et sans les victoires des princes normands en Italie, au commencement du XIe, ils auraient subjugué l'Europe entière, et l'auraient pour toujours replongée dans la barbarie. Ce sont les croisades des XIIe et XIIIe siècles, et les conquêtes des Portugais dans les Indes, qui, en ôtant à cette puissance formidable la ressource du commerce et des richesses, l'ont enfin réduite au degré de faiblesse où nous la voyons aujourd'hui.

Que des conquérants favorisés par les circonstances, qui présentaient l'Alcoran d'une main et l'épée de l'autre, aient établi le *mahométisme* dans une grande partie du monde, ce n'est pas là un prodige : nous chercherions vainement les contrées dans lesquelles il a été porté par des missionnaires. Ce n'est pas ainsi que le christianisme a fait des progrès. Jésus-Christ et ses apôtres ont converti le monde, non en donnant la mort, mais en la souffrant; non en enlevant des richesses, mais en y renonçant; non par l'épée, mais par la croix. Trois siècles de persécutions, soufferttes avec une patience invincible, ont enfin désarmé les ennemis de l'Evangile; mais les martyrs que les mahométans ont envoyés au supplice n'ont pu adoucir leur férocité; celle des barbares du Nord a cédé peu à peu aux instructions charitables des missionnaires; mais celle des musulmans est encore la même depuis mille ans.

IV. Quand on ne le saurait pas d'ailleurs, il serait aisé de voir les effets terribles que le *mahométisme* a dû produire partout où il s'est établi. C'est ici surtout que les incrédules auraient dû faire le parallèle entre cette religion funeste et le christianisme; mais ils n'ont eu garde de le tenter, leur confusion aurait été trop sensible.

La corruption des deux sexes, l'avilissement et la captivité des femmes, la nécessité de les renfermer et de les faire garder par des eunuques, la multiplication de l'esclavage, une ignorance universelle et incurable, le despotisme des souverains, l'asservissement des peuples, la dépopulation des plus belles contrées de l'univers, la haine mutuelle et l'antipathie des nations, voilà ce que le *mahométisme* a produit constamment, et continue de produire partout où il est dominant. Cette religion seule a fait périr plus d'hommes que toutes les autres ensemble. Ses sectateurs ont le cœur tellement gâté, qu'ils ne croient pas qu'un homme et une femme puissent s'envisager l'un l'autre sans penser au crime, ni se trouver seuls ensemble sans se livrer à l'impudicité. Lorsque le christianisme régnait en Asie, les maris comptaient sur la vertu de leurs femmes; il y régnait à peu près la même liberté que parmi nous, et les mœurs n'étaient pas pour cela plus mauvaises. Ceux qui ont écrit qu'en général les femmes turques, toujours enfermées, ont les mœurs très-pures, ont été mal informés; en lisant les *Observations sur la religion, les lois et le gouvernement des Turcs*, IIe partie, pag. 64, on verra de quoi elles sont capables. Ce n'est donc pas le climat qui les corrompt, c'est la religion. Dans l'Ethiopie chrétienne, les femmes ne sont point renfermées, et on ne les accuse pas de mauvaises mœurs. Il en était de même sur les côtes de l'Afrique, lorsque le christianisme y était établi.

Les mahométans, persuadés de la prédestination absolue et d'un destin rigide, ne prennent aucune précaution pour entretenir la salubrité de l'air et prévenir la contagion : ils se revêtent sans répugnance des habits d'un pestiféré, laissent pourrir les cadavres des animaux dans les rues, etc.

Cette paresse stupide a fait de l'Egypte le foyer continuel de la peste, l'entretient habituellement dans l'Asie, la fait souvent renaître sur les côtes de l'Afrique, et l'a communiquée plus d'une fois à l'Europe entière.

Un des plus fougueux ennemis que le christianisme ait eu dans notre siècle est forcé de convenir que si l'on n'eût arrêté les progrès du fanatisme des musulmans, c'en était fait de la liberté du monde entier. « Sous le joug, dit-il, d'un religion qui consacre la tyrannie en fondant le trône sur l'autel, qui semble imposer silence à l'ambition en permettant la volupté, qui favorise la paresse naturelle en interdisant les opérations de l'esprit, il n'y a point d'espérance pour les grandes révolutions ; l'esclavage est établi pour jamais. » Montesquieu, après avoir fait les mêmes observations, ajoute : « La religion mahométane, qui ne parle que de glaive, agit encore sur les hommes avec cet esprit destructeur qui l'a fondée. » *Esprit des lois*, livre XXIV, chap. 4. Bayle, en faisant valoir les maximes de tolérance que Mahomet avait d'abord établies, passe sous silence la loi de persécuter qu'il imposa ensuite à ses sectateurs ; après avoir parlé des conventions qu'ils ont toujours faites avec les chrétiens, de leur accorder la liberté de religion, il est forcé de convenir qu'ils exercent toujours une persécution sou. de qui est souvent insupportable. *Pensées sur la Comète*, c. 244. L'auteur anglais des *Observations sur la religion et le gouvernement des Turcs* fait le même aveu, et M. Guys, dans son *Voyage littéraire de la Grèce*, le confirme. Ces derniers, témoins oculaires des faits, sont plus croyables que ceux qui n'ont rien vu et qui ne s'étudient qu'à tromper les lecteurs.

Le baron de Tott, dans ses *Mémoires* publiés en 1784, a décrit le désordre qui règne dans les sérails de la Turquie, la corruption énorme des deux sexes, qui est un effet de la polygamie ; le déréglement des mœurs, le mépris des lois, le despotisme du gouvernement, l'abrutissement des hommes, que le *mahométisme* a introduits partout où il domine. Le *ramadan*, qui est le carême des Turcs, n'est pas fort rigoureux, si ce n'est pour le peuple ; chez les gens aisés, c'est la mollesse qui s'endort dans les bras de l'hypocrisie, et ne se réveille que pour se livrer au plaisir de la bonne chère. Un jeune Turc, qui avait assassiné son père, évita le supplice par argent, quoique sa condamnation fût prononcée. Les frères du sultan sont renfermés dans le sérail, et on leur donne des femmes : mais s'ils ont des enfants, on les détruit. Ses filles et ses sœurs sont mariées aux visirs et aux grands de l'empire ; mais si elles mettent au monde un enfant mâle, il doit être étouffé en naissant : c'est la loi la plus publique et la moins enfreinte, etc.

Volney, dans son *Voyage en Syrie et en Egypte*, fait en 1783 et 1785, prouve démonstrativement que le gouvernement despotique des Turcs et tous les fléaux de l'espèce humaine qu'il traîne à sa suite sont un effet naturel et inévitable de la doctrine insensée de l'Alcoran, tom. II, c. 40, pag. 432, etc.

On affecte de nous dire que les mahométans ne disputent point la religion : ils sont trop ignorants pour le faire ; ils croient tout sur la parole de leur prophète. Cependant il y a différentes sectes parmi eux. Outre celles d'Ali et d'Omar, qui rendent les Turcs et les Persans ennemis irréconciliables, le prince Cantémir compte parmi eux douze sectes hérétiques ; d'autres les font monter à soixante-douze ou davantage, et milady Montague, dans ses *Lettres*, atteste leur aversion mutuelle. Les incrédules, qui veulent nous persuader que le *mahométisme* est une religion de déistes, peuvent se convaincre par là des salutaires effets que le déisme produit dans le monde. Si, parmi les mahométans, l'on trouve encore quelques vertus morales, elles viennent de leur tempérament, et non de l'esprit de leur religion : celle-ci ne semble avoir été faite que pour étouffer jusqu'au moindre germe de vertu.

Mais, disent nos adversaires, il n'est pas question de savoir si le christianisme est vrai, et si le *mahométisme* est faux ; si le premier est fondé sur des preuves solides, et le second sur des raisons frivoles ; il s'agit de voir si un mahométan est en état de sentir cette différence, et de comprendre la fausseté des prétendues preuves de sa religion ; si, en raisonnant de même, un Turc n'a pas autant de droit de présumer la vérité de sa croyance, qu'un chrétien en a de soutenir la divinité de la sienne ; si, en un mot, les preuves de l'une ne doivent pas faire autant d'impression sur l'esprit d'un ignorant que les preuves de l'autre. A cela nous répondons que l'ignorance est un vice partout où elle se trouve ; qu'elle doit produire sur tous les hommes le même effet, qui est l'erreur ; que si elle ne le produit pas, c'est par hasard. Un chrétien et un turc, ignorants par leur faute, sont tous deux coupables ; le premier résiste aux leçons de sa religion, qui lui ordonne de s'instruire, et qui lui en donne les moyens ; le second doit se défier de la sienne, dès qu'elle le lui défend : voilà ce que le bon sens dicte à tous les hommes. Il est donc absurde de mettre en question si deux ignorants sont exposés tous deux à se tromper, ou si des preuves fausses peuvent faire autant d'impression sur leur esprit que les preuves vraies : il est clair que le plus stupide des deux sera ordinairement le plus excusable.

Laissons de côté l'ignorance et la stupidité, parlons d'un homme raisonnable qui cherche à s'instruire. Un Turc, depuis son enfance, entend les docteurs musulmans attribuer mille prodiges à Mahomet, vanter surtout le merveilleux de ses succès, dire que chaque verset de l'Alcoran est un miracle, etc. S'il a du bon sens, il doit demander qui a vu les miracles du prophète, examiner par quels moyens il a réussi, enfin lire au moins l'Alcoran. Que doit-il penser, quand il verra que Mahomet lui-même y déclare qu'il n'est pas venu pour faire des miracles, qu'ils seraient inutiles, etc. ; quand il se trouvera une personne ne les a vus, qu'aucun témoin n'a osé dire, *j'y étais présent ;* quand il saura que le *mahométisme* s'est établi par des combats et par des victoires sanglantes ? Si après cet examen, il croit encore aux miracles de Mahomet, son erreur sera-t-elle encore innocente et invincible ? et s'il ne fait pas cet examen très-facile, à qui faut-il s'en prendre ? Ajoutons les absurdités, les crimes, les fables dont ce livre est rempli, et jugeons s'il est possible d'y ajouter foi sans avoir l'esprit aliéné. On dira que ces absurdités qui nous révoltent ne font pas la même impression sur un Turc habitué à les respecter dès l'enfance. Mais ce respect d'affection purement machinal et non raisonné ne peut pas servir d'excuse à la prévention et à l'erreur. Quand on s'obstinerait à soutenir le contraire, il s'ensuivrait seulement que l'ignorance et l'erreur d'un mahométan peuvent être moralement invincibles ; et cela ne prouverait rien. Nous ne prendrons pas la peine de comparer cette disposition d'un Turc avec le résultat de l'examen que peut faire un chrétien des miracles de Jésus-Christ et des autres motifs de crédibilité du christianisme ; nous en avons parlé ailleurs.

Pour avoir une idée juste de Mahomet, de son livre, de sa religion, il ne faut pas s'en fier à la vie de ce personnage faite par le comte de Boulainvilliers ; il avait copié sans discernement les auteurs arabes, et il semble n'avoir écrit que pour insulter au christianisme ; le comte de Bonneval, quoique apostat, avait remarqué dans cet ouvrage plusieurs fautes essentielles. *Voy.* le *Voyage littéraire de la Grèce*, par M. Guys, tom. 1, pag. 478. La préface que Sale a mise à la tête de sa traduction anglaise de l'Alcoran, et que l'on a donnée dans notre langue avec la version française de ce livre, par Durier, ne mérite pas plus de confiance que Boulainvilliers. Cet auteur anglais, qui paraît déiste, a dissimulé les endroits de l'Alcoran qui révoltent davantage ; il a fait un parallèle très-fautif des lois de Mahomet avec celles des Juifs : il a été solidement réfuté par les auteurs de l'*Histoire universelle*, tome XV, in-4°. Celui des *Essais sur l'Histoire générale* et des *Questions sur l'Encyclopédie*, a copié Sale et Boulainvilliers ; mais avec son infidélité ordinaire, il a voulu peindre Mahomet comme un héros, et il a été copié à son tour par le rédacteur de l'article MAHOMÉTISME de l'ancienne *Encyclopédie :* ni l'un ni l'autre ne se sont souciés de garder seulement la vraisemblance. Enfin le savant académicien qui a fait le parallèle entre Zoroastre, Confucius et Mahomet, ne nous paraît pas avoir parlé de ce dernier avec assez de sincérité.

La *Vie de Mahomet*, par Gagnier, et celle qu'a faite Maracci, sont beaucoup plus fidèles ; ce dernier a donné une réfutation complète et très-solide de l'Alcoran : *Alcorani textus universus*, etc., Patavii, 1698, in-fol. Il n'avance rien qu'il ne prouve par les textes formels de ce livre et par le témoignage des auteurs arabes ; il avait étudié leur langue pendant quarante ans. On peut consulter encore avec sûreté les *Mémoires de l'Acad. des Inscript.*, tom. XXXII in-4°, et tom LVIII, in-12, pag. 259 ; les *Observations sur la religion, les lois et le gouvernement des Turcs ;* les *Mém. du baron de Tott sur les Turcs, les Tartares et les Egyptiens* ; le *Voyage de Volney*, etc. Quant aux brochures faites par des incrédules qui professaient le déisme, et qui voulaient montrer que le *mahométisme* a les mêmes preuves que le christianisme, que les défenseurs de l'une et de l'autre de ces religions raisonnent de même, ce sont des productions trop viles pour qu'elles méritent d'être citées. Outre le mauvais ton qui y règne, la mauvaise foi y éclate de toutes parts. On y suppose, 1° que les seules preuves ou les seuls motifs de crédibilité du christianisme, sont les prophéties et les miracles de Jésus-Christ et des apôtres. Nous avons fait voir le contraire à l'article CHRISTIANISME ; nous avons exposé en abrégé les autres preuves, et il y en a plusieurs qui sont à la portée des chrétiens les moins instruits. 2° Les mêmes écrivains supposent qu'un simple fidèle ne peut point avoir d'autres preuves des miracles de Jésus-Christ et des apôtres que la tradition qui en existe parmi les chrétiens, et la présomption qu'ils ont de la bonne foi des témoins qui les ont rapportés ; qu'il est donc précisément dans le même cas qu'un musulman à l'égard des prétendus miracles de Mahomet. Cependant la différence est palpable. Ceux de Mahomet sont absurdes et indignes de Dieu, un peu de bon sens suffit pour le comprendre ; il n'en est pas de même de ceux de Jésus-Christ et des apôtres. Ceux-ci sont tellement incorporés au christianisme, qu'il ne peut pas subsister sans eux, au lieu que le *mahométisme* est absolument indépendant des miracles de Mahomet ; ce n'est point là-dessus que les docteurs musulmans fondent la vérité de leur religion, et ils ne pourraient le faire sans contredire l'Alcoran. Les miracles de Jésus-Christ et des apôtres sont avoués par les ennemis du christianisme, sans en excepter Mahomet lui-même ; non-seulement les siens ne sont pas avoués par les sectateurs des autres religions, mais ils sont désavoués par les mahométans les plus sensés.

Une troisième supposition des déistes est qu'une preuve, pour être solide, doit être également à portée des savants et des ignorants, de ceux qui ont reçu une bonne ou une mauvaise éducation. C'est une absurdité. Il est évident qu'un ignorant ne peut pas avoir autant de preuves de l'existence de Dieu et de la religion naturelle qu'un philosophe ; plusieurs incrédules ont même soutenu qu'un sauvage est incapable d'en avoir aucune. Nous ne sommes pas de leur avis ; mais si un enfant avait été élevé dès le berceau dans les principes de l'athéisme, et infatué de tous les sophismes des athées sommes-nous bien sûrs que les preuves de l'existence de Dieu et de la religion naturelle feraient beaucoup d'impression sur lui? Les déistes n'ont pas vu que leur prétention tombe aussi directement sur la religion naturelle que sur la religion révélée. En quatrième lieu, ils supposent que la conviction que nous avons de la sainteté de notre religion, et des salutaires effets qu'elle opère peut très-bien n'être qu'un enthousiasme et un effet de l'éducation, tout comme la prévention qu'un Turc a conçue en faveur de la sienne. Mais si le sentiment intérieur, le sens commun, le témoignage de la conscience, ne prouvent rien, quel moyen reste-t-il aux hommes pour distinguer la vérité de l'erreur? Voilà le pyrrhonisme établi. Que répondra un déiste aux athées, lorsqu'ils lui soutiendront que sa confiance aux preuves de l'existence de Dieu et de la religion naturelle est un pur enthousiasme et un effet de l'éducation?

Lorsque les écrivains sont assez aveuglés pour ne pas voir ces conséquences, ils ne méritent pas d'être réfutés. Les réflexions que nous avons faites ne sont pas moins solides contre les athées que contre les déistes. *Voy.* RELIGION RÉVÉLÉE.

Quand nos incrédules modernes n'auraient point d'autre turpitude à se reprocher que d'avoir voulu faire l'apologie du *mahométisme*, et d'avoir osé le comparer au christianisme, c'en serait assez pour le couvrir d'opprobre aux yeux de tout homme sensé et instruit.

MAIN. En hébreu, et dans les livres saints, ce mot a autant de significations différentes qu'en français, et la plupart sont métaphoriques.

La *main* signifie quelquefois la griffe des animaux, *I Reg.* c. XVII, v. 37, David dit que Dieu l'a tiré de la *main* d'un lion et d'un ours. Elle désigne le côté; ainsi nous disons, à *main* droite, à *main* gauche. Elle marque l'étendue, parce que nous la désignons en étendant les *mains*. *Psalm.* CIII, v. 25, la mer est appelée *magnum et spatiosum manibus*. Elle indique ce qui tient lieu de *main* et produit le même effet, un gond, une charnière, un soutien. *Ecclésiast.* c. IV, v. 5, il est dit d'un paresseux qu'il *ferme ses mains*, c'est-à-dire qu'il se tient les bras croisés; Elisée versait de l'eau sur les *mains* d'Elie, c'est-à-dire qu'il le servait. Comme les coups de la *main* servent à compter, et que l'on compte sur les doigts, nous lisons que Daniel se trouva dix *mains*, ou dix fois plus sage que les Chaldéens. *Main* signifie en général l'action ou l'ouvrage. *II Reg.* c. XVIII, v. 18, la *main d'Absalon* est l'ouvrage d'Absalon. *Ps.* VII, v. 4, si l'iniquité est *dans mes mains*, c'est-à-dire dans mes actions. *La main du Seigneur* exprime l'ouvrage, l'opération, la protection de Dieu ou sa puissance. *Ps.* XXII, la *main du glaive* est la mort. Ce mot désigne aussi le secours, les conseils, les services, le ministère d'une personne. David dit à une femme: *La main de Joab* est avec vous dans cette affaire, c'est-à-dire, il vous aide de ses conseils. Abner dit à David: *Ma main* sera avec vous, je vous rendrai mes services. Dieu parle par la *main* de Moïse et des prophètes, ou par leur ministère. *I Paral.*, c. VI, v. 13, *la main des cantiques* est la fonction des chantres. Conséquemment remplir *les mains* à quelqu'un, c'est le consacrer ou le destiner à un ministère; pour consacrer un nouveau prêtre, on lui mettait à la *main* les parties de la victime qu'il devait offrir. La *main* exprime aussi la possession; Dieu dit à Salomon: J'ôterai le royaume de la *main* de votre fils, il ne le possédera plus. *Joan.* c. III, v. 35, il est dit que Dieu a mis toutes ces choses dans la *main* de son Fils, c'est-à-dire dans sa puissance et dans sa possession.

Le même terme se met pour toutes les choses qu'expriment les divers gestes de la *main*. Elever ses *mains* au Seigneur, c'est le prier et l'invoquer. *Ps.* LXVII, v. 31, il est dit que l'Ethiopie étendra ses *mains* vers le Seigneur, pour exprimer qu'elle l'invoquera et lui fera des offrandes. Mais *lever la main* vers Dieu, c'est jurer en son nom. Au contraire, *lever la main* contre quelqu'un, c'est lui résister et se révolter: il est dit d'Ismaël que sa *main* sera contre tous, et la *main* de tous contre lui. Appesantir la *main* sur quelqu'un, c'est l'affliger et le punir; la retirer, c'est faire cesser le châtiment; lui tendre la *main*, c'est le secourir; lui fortifier les mains, c'est lui rendre la force et le courage. *Jerem.* c. L, v. 15, il est dit que les nations se *donnent la main*, ou font alliance entre elles. Les Juifs disent qu'ils ont été obligés de *donner la main* aux Egytiens, ou de s'allier avec eux, pour avoir du pain. *Mettre la main* sur sa bouche, *Job.*, c. XL, v. 33, c'est se taire et n'avoir rien à répondre. *Baiser sa main* en regardant le soleil, c'est l'adorer et lui rendre un culte. *Laver ses mains* dans le sang des pécheurs, c'est approuver le châtiment que Dieu leur envoie, *Ps.* LVII, v. 11, etc.

MAINS (Imposition des); *Voy.* IMPOSITION.

MAITRE DES SENTENCES. *Voy.* SCOLASTIQUES.

MAJEURE. On nomme ainsi la troisième thèse que doit soutenir un bachelier en licence dans la faculté de théologie de Paris, parce qu'elle doit renfermer plus de matière, et durer plus longtemps que la *mineure*. Elle doit durer dix heures; elle a pour objet la seconde et la troisième partie de la *Somme de saint Thomas*, et renferme tout ce qui a rapport à l'histoire de la religion, par conséquent la critique sacrée et l'histoire ecclésiastique. *Voy.* DEGRÉ.

MAJORISTES ou MAJORITES, disciples de Georges Major, professeur dans l'académie luthérienne de Wittemberg en 1556. Ce théologien avait abandonné les sentiments de Luther sur le libre arbitre, et suivait ceux de Mélanchton, qui sont plus doux, et il les poussait beaucoup plus loin. Non-seulement il soutenait, comme ce dernier, que l'homme n'est pas purement passif sous l'impulsion de la grâce, mais qu'il prévient même la grâce par des prières et de bons désirs; il renouvelait ainsi l'erreur des semi-pélagiens. Pour qu'un infidèle, disait-il, se convertisse, il faut qu'il écoute la parole de Dieu qu'il la comprenne, qu'il en reconnaisse la vérité; or, tout cela est l'ouvrage de la volonté : alors il demande les lumières du Saint-Esprit, et il les obtient. Mais il est faux que sentir la vérité de la parole de Dieu, et demander les lumières du Saint-Esprit, soit l'ouvrage de la volonté seule ; elle a besoin pour cela d'être prévenue par la grâce. Ainsi l'enseigne l'Ecriture sainte, et l'Eglise l'a ainsi décidé contre les semi-pélagiens qui attribuent à l'homme seul les commencements de la conversion et du salut.

Major soutenait aussi la nécessité des bonnes œuvres pour être sauvé, au lieu que, suivant Luther, les bonnes œuvres sont seulement une preuve et un effet de la conversion, et non un moyen de salut. Plusieurs autres disciples de Luther, non contents d'abandonner de même ses sentiments, se sont jetés, comme Major, dans l'excès opposé, sont devenus pélagiens ou semi-pélagiens ; il en a été de même des sectateurs de Calvin. *Voy.* ARMINIEN.

MAL. Nous avons eu et nous aurons encore plus d'une fois occasion de remarquer que la question de l'origine du *mal* a été, dans tous les temps, l'écueil de la raison humaine. Comment un Dieu créateur tout-puissant, souverainement bon, a-t-il pu produire du *mal* dans le monde ? Telle est la difficulté à laquelle il faut satisfaire. Il n'en est aucune qui ait donné lieu à un plus grand nombre d'erreurs. Elle a contribué beaucoup à faire imaginer plusieurs dieux ou génies artisans et gouverneurs du monde, dont les uns étaient bons et les autres mauvais, et qui avaient mis chacun leur part dans la construction de l'univers. A la naissance de la philosophie chez les Orientaux, les raisonneurs réduisirent ces dieux ou génies à deux, dont l'un avait fait le bien, l'autre le *mal*. Chez les Grecs, les philosophes se partagèrent. Les stoïciens attribuèrent le *mal* à la fatalité, à la nécessité de toutes choses, à l'imperfection essentielle d'une matière éternelle ; Dieu, qu'ils envisageaient comme l'âme du monde, était, selon leurs idées, dans l'impuissance d'y remédier. Platon et ses disciples en rejetèrent la faute sur la maladresse et l'impuissance des dieux inférieurs qui avaient formé et gouverné le monde ; cela ne disculpait pas le Dieu souverain de s'être servi d'ouvriers incapables de mieux faire. Les épicuriens attribuèrent tout au hasard, soutinrent que les dieux, endormis dans un parfait repos, ne se mêlaient point des choses d'ici-bas. De ces différentes opinions sont nées, dans la suite, les diverses hérésies qui ont affligé l'Eglise. La difficulté de la question paraissait augmentée, depuis que la révélation avait fait connaître le *mal* survenu dans le monde par la chute du premier homme. Comment se persuader que Dieu, qui avait laissé tomber la nature humaine, ait eu assez d'affection pour elle pour s'incarner, souffrir et mourir, afin de la relever et de la sauver ? Presque tous attaquèrent la réalité de l'incarnation ; les valentiniens renouvelèrent le polythéisme de Platon, multiplièrent à discrétion les *eons* ou génies gouverneurs du monde. Les marcionites, et ensuite les manichéens, les réduisirent à deux principes, l'un bon et auteur du bien, l'autre méchant par nature et cause du *mal*. Plusieurs renouvelèrent la fatalité des stoïciens, et crurent comme eux la matière éternelle. Pélage, pour ne pas donner dans les excès des manichéens, soutint que les *maux* de ce monde sont la condition naturelle de l'homme, et non la peine du péché originel. Pour répondre aux manichéens, qui objectaient la multitude des crimes dont le monde est rempli, il prétendit qu'il ne tenait qu'à l'homme de les éviter tous, et de faire constamment le bien, sans avoir besoin d'aucun secours surnaturel. Les prédestinatiens et leurs successeurs crurent trancher le nœud de la difficulté, en attribuant tout à la puissance arbitraire de Dieu, sans se mettre en peine de la concilier avec sa bonté. De ce chaos d'erreurs sont sortis, dans ces derniers temps, les divers systèmes d'incrédulité ; et dans le fond, ce ne sont que les vieilles opinions ramenées sur la scène. On a renouvelé de nos jours toutes les objections des épicuriens et toutes celles des manichéens contre la Providence divine, soit dans l'ordre de la nature, soit dans l'ordre de la grâce ; Bayle s'est appliqué à les faire valoir. Les sociniens révoltés contre les blasphèmes des prédestinateurs, sont redevenus pélagiens. Les déistes ont principalement argumenté sur l'épargne avec laquelle Dieu a distribué les dons de la grâce et les lumières de la révélation ; ils n'ont pas vu qu'ils faisaient cause commune avec les athées, qui se plaignent de ce que Dieu n'a pas assez prodigué aux hommes les bienfaits de la nature. Les indifférents, qui sont le très-grand nombre, incapables de débrouiller ce chaos, ont conclu qu'entre le théisme et l'athéisme, entre la religion et l'incrédulité, c'est le goût seul, et non la raison, qui décide.

La question de l'origine du *mal*, si terrible en apparence, est-elle donc réellement insoluble ? Elle ne l'est point quand on prend la précaution d'éclaircir les termes, et que l'on y attache une idée nette et précise. C'est ce que les philosophes n'ont fait ni dans les siècles passés, ni dans le siècle présent ; nous espérons le démontrer : mais il faut voir auparavant de quelle manière la difficulté a été résolue par les anciens justes, qui ont été les premiers philosophes et les premiers théologiens.

A proprement parler, cette question fait tout le sujet du livre de Job ; de l'aveu des savants, ce livre a près de quatre mille ans d'antiquité. L'erreur des amis de Job était de penser qu'un Dieu bon et juste ne peut affliger les hommes, à moins qu'ils ne l'aient mérité par leurs crimes. Job réfute ce faux préjugé ; c'est un juste souffrant qui fait l'apologie de la Providence.—1° Le saint patriarche fait parler Dieu lui-même, pour apprendre aux hommes que sa conduite et ses desseins sont impénétrables, et qu'il n'en doit compté à personne Il leur demande qui lui a servi de conseiller et de guide dans la manière dont il a arrangé l'ouvrage de la création (c. IX, v. 38; c. X, XII, XXVI, XXXIII, etc.). De là nous tirons déjà deux conséquences : la première, que les mêmes raisons qui justifient Dieu sur le degré de bien ou de mal, de perfection ou d'imperfection qu'il a donné aux créatures, le justifient aussi sur la quantité de biens et de maux, de bonheur ou de souffrance qu'il leur distribue ; la seconde, que les notions que nous tirons de la conduite et de la bonté des hommes ne sont pas applicables à la bonté ou à la conduite de Dieu. Nous prouverons la vérité de ces deux réflexions. — 2° Job pose pour principe que l'homme est souillé par le péché dès sa naissance. « Qui peut, dit-il, rendre pur l'homme, formé d'un sang impur, sinon Dieu seul? » Que l'homme n'est jamais exempt de péché aux yeux de Dieu (c. IX, v. 2; c. IV, v. 1). Les afflictions qu'il éprouve peuvent donc toujours être un châtiment, et servir à l'expiation de ses fautes. —3° Il soutient que Dieu dédommage ordinairement en ce monde le juste affligé, et punit l'impie insolent dans la prospérité : cette vérité est confirmée par les bienfaits dont Job lui-même est comblé sur la fin de ses jours (c. XXI, XXIV, XXVII, XLII). — 4° Il compte sur une récompense après la mort. « Quand Dieu m'ôterait la vie, dit-il, j'espérerais encore en lui... Je sais que mon Rédempteur est vivant; qu'au dernier jour je me relèverai de la terre, et que je verrai mon Dieu dans ma chair..... Les leviers de ma bière porteront mon espérance, elle reposera avec moi dans la poussière du tombeau.... Accordez, Seigneur, à l'homme condamné à mourir, quelques moments de repos, jusqu'à celui auquel il attend, comme le mercenaire, le salaire de son travail (c. XIII, XIV, XIX, etc.). »

De ces trois dernières vérités, il s'ensuit qu'il n'y a point de *mal* pur, de *mal* absolu dans le monde, puisqu'il doit en résulter un très-grand bien, savoir l'expiation du péché et un bonheur éternel.

David, après avoir avoué que la prospérité des méchants est un mystère et une tentation continuelle pour les gens de bien, se consolait de même en réfléchissant sur la fin dernière des méchants (*Psal.* LXXII, v. 17). Salomon, dans l'Ecclésiaste, après avoir allégué ce scandale, concluait que Dieu jugera le juste et l'impie (*Eccles.*, IV, VIII, IX). Mais les philosophes ne sont pas satisfaits de ces réponses; c'est à nous de prouver qu'elles sont solides et qu'elles résolvent pleinement la difficulté.

En premier lieu, l'on distingue des *maux* de trois espèces : le *mal* que l'on peut appeler *métaphysique*, ce sont les imperfections des créatures; le *mal physique*, c'est la douleur, tout ce qui afflige les êtres sensibles et les rend malheureux; le *mal moral*, c'est le péché et les peines qu'il traîne à sa suite. Si les imperfections des créatures et leurs péchés ne les faisaient pas souffrir, un philosophe ne les envisagerait pas comme des *maux*. Le mal *physique* ou la douleur est le principal objet des plaintes; Dieu, sans doute, aurait rendu les créatures plus parfaites, s'il avait voulu les rendre plus heureuses. Un auteur anglais a fait voir que les deux dernières espèces de *maux* dérivent de la première, et que, dans le fond, tout se réduit à l'imperfection des créatures. (*Ecrits publiés pour la fond. de Boyle*, tome V, pag. 205, etc.)

—En second lieu, l'on s'obstine à prendre le *bien* et le *mal* dans un sens absolu, au lieu que ce sont des termes purement relatifs, et qui ne sont vrais que par comparaison. Le *bien* paraît un *mal* lorsqu'on le compare à ce qui est *mieux*, parce qu'alors il renferme une privation ; et il paraît un *mieux*, quand on le compare à ce qui est plus *mal*. Ainsi, quand on dit qu'il y a du *mal* dans le monde, cela signifie seulement qu'il n'y a pas autant de *bien* qu'il y pourrait y en avoir. Quand on demande pourquoi il y a du *mal*, c'est comme si l'on demandait pourquoi Dieu n'y a pas mis un plus grand degré de *bien*; et la question ainsi proposée fait déjà tomber par terre la moitié des objections.

—En troisième lieu, l'on compare la bonté de Dieu jointe à un pouvoir infini, avec la bonté de l'homme dont le pouvoir est très-borné ; c'est une comparaison fausse. Un homme n'est pas censé *bon*, à moins qu'il ne fasse tout le bien qu'il peut; il est absurde, au contraire, que Dieu fasse *tout le bien qu'il peut*, puisqu'il ne peut faire à l'infini. L'infini actuel est une contradiction, puisqu'une puissance infinie ne peut jamais être épuisée. Les divers degrés de bien que Dieu peut faire forment une chaîne infinie. Qui fixera le degré auquel la bonté divine doit s'arrêter ? *Voy.* BON, BONTÉ.

Il est bien singulier que ces deux sophismes, entés l'un sur l'autre, aient tourné toutes les têtes philosophiques depuis Job jusqu'à nous. Les Pères de l'Eglise ont mieux raisonné. Tertullien, dans ses livres *contre Marcion et contre Hermogène*; saint Augustin dans ses écrits *contre les manichéens*; Théodoret, dans son *Traité de la Providence*, ont très-bien saisi le point de la question ; ils n'ont pas été dupes d'une double équivoque. Ils ont posé pour principe que le *mal* n'est que la privation d'un plus grand bien, et qu'en raisonnant toujours sur le *mieux*, nous ne trouverons jamais le point auquel il faudra nous fixer. Faisons donc l'application de ce principe aux trois espèces de *maux* que l'on reproche à la Providence.

Tout être créé est nécessairement borné, par conséquent imparfait ; le *mal métaphysique* est donc essentiellement inséparable des ouvrages du Créateur. Quelque parfaite que soit une créature, Dieu peut en augmenter à l'infini les perfections; à cet égard, elle éprouve toujours une privation. Au contraire, quelque imparfaite qu'on la suppose, dès qu'elle existe, elle a reçu quelque degré de bien ou de perfection, quelque qualité qu'il lui est bon d'avoir. Il n'en est donc aucune dont l'existence puisse être envisagée comme absolument mauvaise, comme un *mal* pur et positif; aucune n'est imparfaite que par comparaison avec un autre être plus parfait : la perfection absolue n'est qu'en Dieu. Si une créature quelconque a lieu de se plaindre, parce qu'il en est d'autres auxquelles Dieu a fait plus de bien, elle a lieu aussi de se féliciter et de le remercier, puisqu'il en est d'autres auxquelles il en a fait moins. Où est donc ici le fondement des plaintes et des murmures ? Pour ne parler que de nous, on convient aussi que tout homme est content de soi ; il n'est donc pas aisé de concevoir en quelle sorte il peut être mécontent de Dieu. Prétendre qu'un Dieu bon n'a pas pu donner l'être à des créatures imparfaites, c'est soutenir que, parce qu'il est bon, il n'a pu rien créer du tout. Le parfait absolu est l'infini. Dieu pouvait, sans doute, créer l'espèce humaine plus parfaite qu'elle n'est, puisque, dans le nombre des individus, les uns sont moins imparfaits que les autres ; mais si l'espèce entière n'a aucun sujet de se plaindre de la mesure des dons qu'elle a reçus, comment chaque individu peut-il être mécontent de la portion qui lui est échue ?

Aussi Bayle a été forcé de passer condamnation sur l'article du *mal métaphysique*; il est convenu qu'il n'y aurait rien à objecter contre la bonté de Dieu, si l'imperfection des créatures ne les rendait pas mécontentes et malheureuses. Mais si ce que nous appelons *malheur* ou *souffrance* est une suite inévitable de l'imperfection de l'espèce, comment l'un peut-il fonder un mécontentement plus juste que l'autre ?

Passons donc à la notion du *mal physique*, ou du *malheur*. Nierez-vous, me dira-t-on, qu'un instant de douleur, même le plus légère, soit un *mal* réel, positif et absolu ? Oui, je le nie, parce qu'il est absurde de séparer cet instant d'avec le reste de son existence habituelle qui est un *bien*; cet instant, considéré sur la totalité de la vie, n'est que la privation d'un bien-être continuel ou d'un bonheur habituel plus parfait. Un instant de douleur légère est sans doute préférable à une douleur plus vive et plus longue ; si l'on dit qu'il s'ensuit seulement que l'un est un moindre *mal* que l'autre, j'en conclus de même qu'un bien-être habituel, coupé par un instant de douleur, est un moindre *bien* que s'il était constant, mais que ce n'est point un *mal* positif ni un *malheur* absolu. Dans une question aussi grave, il est bien ridicule d'argumenter sur des mots.

Un écrivain très-sensé et très-instruit vient de soutenir avec raison qu'il n'y a pas un seul des maux de la vie qui ne soit un bien à plusieurs égards ; il n'en est donc aucun qui soit un *mal* pur et absolu. *Étude de la nature*, tom. I, pag. 605. Un autre a très-bien fait voir que les besoins de l'homme sont le principe de ses connaissances, de ses plaisirs, le fondement de la vie sociale et de la civilisation : nulle volupté, dit-il, sans désir, et nul désir sans besoin. Le plus stupide des peuples serait celui dont tous les besoins seraient satisfaits sans aucun travail. Origène faisait déjà ces observations, *contra Celsum*, lib. IV, n. 76, et il les confirmait par un passage du livre de l'*Ecclésiastique*, c. XXXIX, v. 21 et 26.

Soutiendra-t-on qu'un homme qui a vécu quatre-vingts ans, et qui n'a éprouvé dans toute sa vie qu'un instant de douleur légère, a été *malheureux*, qu'il a droit de se plaindre, que ce seul instant forme une objection invincible contre la bonté infinie de Dieu ? Bayle a osé avancer ce paradoxe, et tout incrédule est forcé de l'adopter. Qui de nous, en pareil cas, ne se croirait pas *très-heureux* et obligé de bénir la Providence ? Entre le *bonheur* parfait et absolu qui est l'état des saints dans le ciel, et le *malheur* absolu qui est le supplice des damnés, il y a une échelle immense d'états habituels qui ne sont *bonheur* ou *malheur* que par comparaison, et il n'est aucun de ces degrés dans lequel Dieu ne puisse placer une créature sensible sans déroger à sa bonté infinie. *Voy.* BONHEUR.

Bayle et ses copistes disent qu'un Dieu infiniment bon se devait à lui-même de rendre ses créatures *heureuses*; jusqu'à quel point ? Toute créature est censée *heureuse*, quand on compare son état à un état plus malheureux, et elle est *malheureuse* quand on la compare à un état meilleur. On ne prouvera jamais que l'état habituel des créatures, mélangé de biens et de maux, de plaisirs et de souffrances, plus ou moins, soit un *malheur absolu*, un état pire que le néant, et dans lequel un Dieu bon n'a pas pu placer ses créatures. Saint Augustin a soutenu le contraire contre les manichéens, et on ne peut rien lui opposer de solide. En raisonnant sur le principe opposé, un incrédule s'est trouvé réduit à dire qu'*un ciron qui souffre anéantit la Providence*.

Ici, comme nous l'avons déjà remarqué, la révélation vient au secours de la raison et justifie la Providence ; elle nous fait regarder les maux de ce monde comme le moyen de mériter et d'obtenir un bonheur éternel : ces *maux* ne sont donc qu'un instant en comparaison de l'éternité. Consolation que n'avaient pas les anciens philosophes, que les hérétiques ont oubliée, et que les incrédules ne veulent pas recevoir ; c'est donc leur faute, et non celle de Dieu, si c'est pour eux un malheur de vivre. Une béatitude qui nous serait assurée sans souffrances précédentes et sans mérites, serait, si l'on veut, un plus grand bienfait que celle qu'il faut acheter par la vertu et par les souffrances ; mais s'ensuit-il que Dieu n'est pas bon, parce qu'il ne nous rend pas heureux de la manière dont nous voudrions l'être ? Il n'est pas question de savoir si nous sommes contents ou non de notre sort, mais si nous avons un juste sujet de nous plaindre ; le mécontentement injuste est un trait d'ingratitude, ce n'est donc qu'un crime de plus. Job sur son fumier bénissait Dieu ; Alexandre, maître du monde, n'était pas satisfait. Saint Paul se réjouissait dans les souffrances ; un épicurien blasphème contre la Divinité, parce qu'il ne peut pas goûter assez de plaisirs. Prendrons-nous pour juges de la bonté divine des voluptueux insensés, plutôt que des âmes vertueuses ? C'est ici le cas de dire que c'est le goût qui décide, et non la raison ; mais un philosophe doit prendre la raison pour guide, plutôt qu'un goût dépravé.

Le *mal moral* semble d'abord former une plus grande difficulté. Comment un Dieu bon a-t-il pu donner à l'homme la liberté de pécher, ou le pouvoir de se rendre éternellement malheureux ? Il ne pouvait lui faire un don plus funeste, surtout sachant très-bien que l'homme en abuserait. Mais il n'est pas vrai que la liberté soit seulement le pouvoir de pécher et de se rendre malheureux ; c'est aussi le pouvoir de faire le bien et de s'assurer un bonheur éternel : un de ces deux pouvoirs n'est pas moins essentiel à la liberté que l'autre. Une nature impeccable, une volonté déterminée invinciblement au bien, serait sans doute *meilleure* qu'une liberté telle que la nôtre ; mais il ne s'ensuit pas que celle-ci est un *mal*, un don pernicieux et funeste par lui-même. Entre le *meilleur* et le *mal*, il y a un milieu qui est le *bien* : c'est encore la réponse de saint Augustin. Il s'ensuit seulement que le libre arbitre est une faculté imparfaite. Dieu aide la volonté de l'homme par des grâces plus ou moins puissantes et abondantes, ce sont toujours des bienfaits ; l'abus que l'homme en fait n'en change point la nature ; il ne faut pas confondre le don avec l'abus : celui-ci est libre et volontaire, il vient de l'homme et non de Dieu.

Bayle et les autres incrédules n'ont pu obscurcir ces notions que par des sophismes. Ils disent, 1° que c'est le propre d'un ennemi d'accorder un bienfait dans les circonstances dans lesquelles il prévoit que l'on en abusera ; qu'un père, un ami, un médecin, etc., se gardent bien de mettre entre les mains d'un enfant ou d'un malade, des armes dont ils ont lieu de croire que l'usage lui sera pernicieux. Mais nous avons montré d'avance que toutes ces comparaisons sont fautives. Les hommes ne sont censés nous aimer, être bons à notre égard qu'autant qu'ils nous font tout le bien qu'ils peuvent, et qu'ils prennent toutes les précautions qui dépendent d'eux pour nous préserver du *mal*. Il n'en est pas de même à l'égard de Dieu, dont le pouvoir est infini, et qui doit gouverner les hommes de la manière qui convient à des êtres libres, capables de mériter et de démériter, de correspondre à la grâce ou d'y résister. Nous avons déjà observé que vouloir que Dieu fasse *tout ce qu'il peut*, c'est en exiger l'infini. — 2° Nos adversaires font, à l'égard de la grâce, le même sophisme qu'à l'égard de la liberté ; ils disent qu'une grâce donnée dans un instant où Dieu prévoit que l'homme y résistera, est un don empoisonné plutôt qu'un bienfait, puisqu'elle ne sert qu'à rendre l'homme plus coupable. Ce raisonnement est absolument faux : la prescience de Dieu ne change rien à la nature de la grâce : or, celle-ci donne à l'homme toute la force dont il a besoin pour faire le bien ; elle est donc destinée à rendre l'homme vertueux, et non à le rendre coupable. L'abus que l'homme en fait vient de lui seul et non de la grâce, puisqu'il y résiste. Lorsque Dieu dit aux Juifs : *Vous m'avez fait servir à vos iniquités* (*Isaïe*, c. XLIII, v. 24), il est évident que *servir* ne signifie ni aider, ni contribuer, ni pousser au mal : cela signifie seulement, vous vous êtes servis de mes bienfaits pour faire le *mal*.

Une grâce efficace, une grâce donnée à l'homme dans le moment auquel Dieu prévoit que l'homme y correspondra, est sans doute un plus grand bienfait qu'une grâce inefficace ; mais il n'est pas vrai que celle-ci soit un don pernicieux et funeste par lui-même, puisqu'il ne tient qu'à l'homme d'en suivre le mouvement. — 3° Ils disent qu'en parlant de Dieu, permettre le péché et vouloir positivement le péché, c'est la même chose, puisque rien n'arrive sans une volonté expresse de Dieu ; ils prétendent le prouver par le sentiment des théologiens qui admettent des décrets prédéterminants pour toutes les actions des hommes. — Nous soutenons, au contraire, que *permettre* le péché signifie seulement ne pas l'empêcher, et qu'il n'est pas vrai que Dieu veuille jamais positivement le péché. *Voy.* PERMISSION. Quant aux décrets prédéterminants, c'est une opinion que nous ne sommes pas obligés d'admettre. *Voy.* PRÉDÉTERMINATION. Il est injuste de fonder des objections contre la Providence sur le système arbitraire de quelques théologiens. — 4° Si Dieu, disent les incrédules, voulait sincèrement empêcher le *mal moral*, il donnerait toujours des grâces efficaces qui préviendraient le péché sans détruire la liberté de l'homme. Ces raisonneurs ne font pas attention que, par une suite de grâces toujours efficaces, l'homme serait déterminé d'une manière aussi uniforme qu'il l'est par une nécessité physique, ou par un penchant invincible. Il serait donc gouverné comme s'il n'était pas libre ; ce qui est absurde. Une seconde absurdité est de supposer qu'en vertu de sa bonté Dieu doit accorder des grâces plus puissantes et plus abondantes, à proportion que l'homme est plus méchant et plus disposé à y résister.

Toutes ces objections ne nous paraissent pas assez redoutables pour en conclure que les difficultés tirées de l'existence du *mal moral* sont insolubles. Pour s'en débarrasser, les sociniens ont refusé à Dieu la prescience ; ils ont dit que si Dieu avait prévu le péché d'Adam, il l'aurait prévenu ou empêché. Mais Bayle et d'autres leur ont fait voir que cette fausse supposition ne les tire point d'embarras. En effet, quand Dieu n'aurait pas prévu l'avenir, du moins il connaît le présent ; il voyait, dans le moment auquel Ève était tentée par le serpent, la faiblesse avec laquelle elle lui prêtait l'oreille, l'instant auquel elle se laissait vaincre ; Dieu était témoin de l'invitation qu'elle fit à son mari, de la facilité avec laquelle il reçut de sa main le fruit défendu : selon la supposition des socimens, Dieu devait se montrer, intimider ces faibles époux, arrêter l'effet de la tentation.

Pour que les difficultés soient pleinement résolues, Bayle exige que l'on concilie ensemble un certain nombre de vérités théologiques avec plusieurs maximes de philosophie qu'il y oppose. Les premières sont, 1° que Dieu infiniment parfait ne peut rien perdre de sa gloire ni de sa béatitude ; 2° qu'il a par conséquent créé l'univers très-librement et sans en avoir besoin ; 3° qu'il a donné à nos premiers parents le libre arbitre et les a menacés de la mort s'ils lui désobéissaient ; 4° qu'en punition de leur désobéissance il les a condamnés, eux et leur postérité, à la damnation, aux souffrances de cette vie, à la concupiscence et à la mort ; 5° qu'il n'a délivré de cette proscription qu'un petit nombre d'hommes, et les a prédestinés au bonheur éternel ; 6° qu'il prévoit tous les péchés et peut les empêcher comme bon lui semble ; 7° que souvent il donne des grâces auxquelles il prévoit que l'homme résistera, et ne donne point celles auxquelles il prévoit que l'homme consentirait.

Les maximes philosophiques sont, 1° que la bonté seule a pu déterminer Dieu à créer le monde ? 2° que cette bonté ne serait pas infinie si l'on pouvait en concevoir une plus grande ; 3° que par cette bonté même il a voulu que toutes les créatures intelligentes trouvassent leur bonheur à l'aimer et à lui obéir ; 4° qu'il ne peut donc pas permettre que ses bienfaits tournent à leur malheur ; 5° qu'un être malfaisant est seul capable de faire des dons par lesquels il prévoit que l'homme se perdra ; 6° que permettre le mal que l'on peut empêcher, ce n'est pas se soucier qu'il se commette ou ne se commette pas, ou souhaiter même qu'il se commette ; 7° que quand tout un peuple est coupable de rébellion, ce n'est point user de clémence que de pardonner à la cent millième partie, et de faire mourir tout le reste, sans en excepter même les enfants. Bayle s'efforce de prouver ces trois dernières maximes par les exemples d'un bienfaiteur, d'un roi, d'un ministre d'État, d'un père, d'une mère, d'un médecin, etc. *Rép. aux quest. d'un Prov.*, 1re partie, c. 144 ; *OEuvr.*, t. III, p. 796.

Quoique plusieurs des vérités théologiques supposées par Bayle demandent des explications, surtout la 5° qui regarde la prédestination, nous n'y toucherons pas ; mais nous soutenons que la plupart de ses maximes philosophiques sont captieuses et fausses. La 2° est de ce nombre ; la bonté de Dieu est infinie en elle-même, mais elle ne peut pas l'être dans ses effets, parce que l'infini actuel, hors de Dieu, est une contradiction. Nous ne pouvons estimer la bonté de l'homme que par ses effets, au lieu que la bonté infinie de Dieu se démontre par la notion d'Être nécessaire, existant de soi-même. *Voy.* INFINI. La 4° est encore fausse ; un homme, s'il est bon, doit faire *tout ce qu'il peut* pour empêcher qu'un bienfait tourne au malheur de quelqu'un, même par la faute de celui qui le reçoit ; au contraire, il est absurde que Dieu fasse *tout ce qu'il peut*, puisqu'il peut à l'infini ; une autre absurdité est de vouloir qu'il redouble ses grâces à mesure que l'homme est plus disposé à y résister. La 5°, qui compare Dieu à un être malfaisant, pèche par le même endroit, aussi bien que la 6° et la 7°. Toutes portent sur une comparaison fautive entre la bonté de Dieu et celle des créatures ; Bayle n'en allègue point d'autre preuve. Or, il a reconnu formellement lui-même le faux de toutes ces comparaisons ; il déclare en propres termes « qu'il n'admet point pour règle de la bonté et de la sainteté de Dieu, les idées que nous avons de la bonté et de la sainteté en général ;... de sorte que nos idées naturelles ne peuvent point être la mesure commune de la bonté et de la sainteté divine, et de la bonté et de la sainteté humaine ; que n'y ayant point de proportion entre le fini et l'infini, il ne faut point se permettre de mesurer à la même aune la conduite de Dieu et la conduite des hommes ; et qu'ainsi ce qui serait incompatible avec la bonté et la sainteté de Dieu, quoique nos faibles lumières ne puissent apercevoir cette compatibilité. » Il ajoute avec raison, que cette déclaration est conforme aux principes des théologiens les plus orthodoxes. *Rép. à M. Le Clerc*, § 5, *OEuvr.*, t. III, pag. Pourquoi donc Bayle s'obstine-t-il à ramener cette comparaison pour étayer tous ses arguments ? Ce n'est pas à tort que Leibnitz lui a reproché un anthropomorphisme continuel.

Dès que l'on éclaircit les termes, il est aisé de répondre au raisonnement d'Épicure : ou Dieu peut empêcher le mal et ne le veut pas, ou il le veut et ne le peut pas ; dans le premier cas il n'est pas bon, dans le second il est impuissant. Nous répondons qu'il y a des maux que Dieu ne peut pas, d'autres qu'il ne veut pas empêcher, et qu'il ne s'ensuit rien contre sa puissance infinie ni contre sa bonté, parce que la puissance de Dieu ne consiste point à faire des contradictions, ni sa bonté à faire tout ce qu'il peut. — C'est donc injustement que les sceptiques, ou incrédules, indifférents, prétendent qu'entre les preuves de l'existence de Dieu et d'une providence, et les objections tirées de l'existence du *mal*, c'est le goût seul et non la raison qui décide ; que le choix de la religion ou de l'athéisme dépend uniquement de la manière dont un homme est affecté. 1° Quand cela serait vrai, le goût pour la vertu qui détermine un homme à croire en Dieu est certainement plus louable que le goût pour l'indépendance qui décide un philosophe à l'athéisme ; il en résulte déjà que ce dernier est d'un mauvais cœur. 2° Les preuves positives de l'existence de Dieu et d'une providence sont démonstratives et sans réplique, au lieu que les objections tirées de l'existence du *mal* ne sont fondées que sur des équivoques et de fausses comparaisons. 3° Quand ces objections seraient insolubles, c'est un inconvénient commun à tous les systèmes, soit de religion, soit d'incrédulité ; or il est absurde de rejeter un système prouvé par des démonstrations directes, quoique sujet à des difficultés insolubles, pour en embrasser un qui n'a point de preuve que ces difficultés mêmes, et dans lequel on est forcé de dévorer des absurdités et des contradictions.

A l'article Manichéisme, nous examinerons les différentes réfutations que l'on a faites des sophismes de Bayle. Le Clerc, King, Jacquelot, Laplacette, Leibnitz, le Père Malebranche, Jean Clarke et d'autres ont écrit contre lui; mais les uns se sont fondés sur des systèmes arbitraires et sujets à contestation, les autres ont mêlé à la question principale beaucoup de choses accessoires qui l'ont souvent fait perdre de vue. Quelques-uns ont enseigné des erreurs; aucun ne s'est appliqué à démêler les équivoques sur lesquelles Bayle n'a cessé d'argumenter; c'est ce qui lui a donné plusieurs fois une apparence de supériorité sur ses adversaires. Cependant, après avoir longtemps disputé, il a été forcé de se rétracter dans ses derniers ouvrages. *Voy.* Optimisme.

Nos philosophes n'ont pas seulement pu convenir entre eux sur la quantité de *mal* qu'il y a dans le monde. Bayle et ses copistes ont décidé qu'il y a plus de *mal* que de bien; la plupart des autres ont soutenu qu'il y a plus de bien que de *mal* : quelques-uns ont pensé qu'il y a une égale quantité de l'un et de l'autre. Si on voulait écouter les athées et les épicuriens, *tout est mal* dans l'univers; si nous en croyons les optimistes, au contraire, *tout est bien*. Comment pourraient s'accorder ensemble des disputeurs qui ne sont pas encore convenus de ce qu'ils entendent par *bien* et *mal?* Telle fut déjà l'origine des anciennes disputes entre les stoïciens et les autres philosophes, sur la nature du bien et du *mal.* — Un des principaux sujets de plaintes de nos adversaires est l'inégalité avec laquelle Dieu distribue aux créatures sensibles les biens et les maux; nous y avons répondu dans l'article Inégalité.

Pourquoi les objections tirées de l'existence du mal paraissent-elles difficiles à résoudre? Pour plusieurs raisons : la première, c'est que l'on argumente sur l'*infini*, notion qui induit aisément en erreur, à moins que l'on n'y regarde de près. La seconde, est que ces objections sont proposées dans le langage ordinaire que tout le monde entend ou croit entendre; mais ce langage est un abus continuel des termes, *bien*, *mal*, *bonheur*, *malheur*, *bonté*, *malice;* on les prend dans un sens absolu, au lieu que ce sont des termes de comparaison; pour éclaircir les difficultés, il faut les réduire à toute la précision du langage philosophique, à laquelle peu de personnes sont accoutumées, et de laquelle les incrédules ont grand soin de se dispenser. En troisième lieu, on voudrait pouvoir donner aux objections une réponse directe tirée des notions de la bonté humaine, et c'est justement l'application que l'on fait de ces notions à la bonté divine qui est la source de tous les sophismes.

MALABARES. Chrétiens malabares ou chrétiens de saint Thomas. C'est une peuplade nombreuse de chrétiens, établie dans les Indes à la côte de Malabar, depuis les premiers siècles de l'Eglise, et qui prétendent que le premier fondateur de leurs Eglises a été l'apôtre saint Thomas. *Voy.* Saint Thomas. Ils sont tombés dans le nestorianisme au v° siècle. *Voy.* Nestorianisme, § 4.

MALABARES (rites). On n'entend point sous ce nom les rites des chrétiens de saint Thomas dont nous venons de parler, mais ceux des Indiens gentils ou idolâtres convertis au christianisme. Quelques missionnaires envoyés dans ce pays-là se persuadèrent que, pour amener plus aisément les Indiens gentils à la religion chrétienne, on pouvait tolérer quelques-uns de leurs usages, et leur permettre de les conserver après leur conversion. Cette condescendance consistait à omettre quelques cérémonies du baptême, à différer l'administration de ce sacrement aux enfants, à laisser aux femmes une image qui ressemblait à une idole, à refuser quelques secours spirituels peu importants aux *parias*, nommés aussi *parés* ou *sooders*, qui sont une caste méprisée et abhorrée parmi les Indiens *gentous*. Il s'agissait encore de permettre aux musiciens chrétiens d'exercer leur art dans les fêtes des idolâtres, d'interdire aux femmes les sacrements lorsqu'elles éprouvaient les infirmités de leur sexe. Cette tolérance a été condamnée par le cardinal de Tournon sous Clément XI, par Benoît XIII en 1727, par Clément XII en 1739, par Benoît XIV en 1744. Ce dernier pape a néanmoins permis de destiner des prêtres particuliers pour les *parias* seuls, et d'autres prêtres pour les castes plus nobles qui ne veulent avoir aucune communication avec les *parias*. Il s'ensuit de là que le christianisme, s'il était établi dans les Indes, tirerait de l'opprobre et de la misère au moins la quatrième partie des Indiens écrasés par l'orgueil et par la tyrannie des nobles. *Voy.* Indes, Indiens.

MALACHIE est le dernier des prophètes; il n'a paru qu'après la captivité de Babylone, et dans le temps que Néhémie travaillait à rétablir chez les Juifs la parfaite observation de la loi de Dieu; ces deux personnages leur reprochent les mêmes désordres et la même négligence dans le culte du Seigneur. Aggée et Zacharie avaient vécu lorsque le temple commencé par Zorobabel n'était pas encore achevé; il l'était du temps de Malachie, et les prêtres y avaient recommencé leurs fonctions : selon le sentiment le plus probable, il a prophétisé sous le règne d'Artaxercès à la longue main, environ l'an 428 avant Jésus-Christ, sous le pontificat de Joïadas II. *Voy.* Prideaux, t. I, l. vi. Comme le nom de *Malachie* signifie *envoyé de Dieu*, quelques anciens ont cru que ce prophète n'était pas un homme, mais un ange revêtu d'une forme humaine. Sa prophétie, qui est contenue dans quatre chapitres, renferme des prédictions importantes. C. i, v. 10 : « Vous ne m'êtes plus agréables, dit le Seigneur des armées : je n'accepterai plus d'offrandes de votre main. Depuis le lever du soleil jusqu'à son coucher, mon nom est grand parmi les nations; en tout lieu on m'offre des sacrifices, et l'on me présente une victime pure. C. III, v. 1 : Je vais envoyer mon ange, et il préparera le chemin devant moi, et incontinent le maître souverain que vous cherchez, et l'ange de l'alliance que vous désirez, viendra dans son temple. Il vient déjà, dit le Seigneur des armées. C. IV, v. 2 : Lorsque vous craindrez mon nom, le soleil de justice se lèvera pour vous, il apportera le salut sur ses ailes, etc.; v. 4 : Souvenez-vous de la loi, des ordonnances et des préceptes que j'ai donnés pour tout Israël à Moïse, mon serviteur, sur le mont Horeb. Je vous enverrai le prophète Elie avant que n'arrive le grand et terrible jour du Seigneur; il réconciliera les pères avec les enfants, de peur que je ne vienne frapper la terre d'anathème. »

Les anciens docteurs juifs, et les plus habiles d'entre les modernes, comme Maimonide, Aben-Esra, David Kimchi, reconnaissent que l'*ange de l'alliance*, annoncé par *Malachie*, est le Messie, et les Juifs étaient persuadés qu'il devait venir pendant que le second temple subsisterait. C'est ce qu'avait prédit Aggée, c. II, v. 8 : « Dans peu de temps le désiré des nations viendra, et je remplirai *cette maison* de gloire, dit le Seigneur ; » il parlait du temple que l'on bâtissait pour lors ; c'est donc de ce même temple que parlait aussi *Malachie*, en reprochant aux prêtres juifs les profanations qui s'y commettaient. *Voy.* Galatin, l. III, c. 12; l. IV, c. 10 et 11 ; l. XI, c. 9, etc.

Ainsi les évangélistes n'ont pas eu tort d'appliquer à Jésus-Christ, et aux circonstances dans lesquelles il est venu, la prophétie de *Malachie*. L'ange qui annonça au prêtre Zacharie la naissance de son fils Jean-Baptiste, lui dit : « Il précédera le Seigneur avec l'esprit et avec le pouvoir d'Elie, pour réconcilier les pères avec les enfants (*Luc.* I, 17).» Zacharie lui-même, après la naissance de son fils, se félicite de ce que cet enfant prépare la venue du Seigneur, qui va paraître comme la lumière du soleil, pour éclairer ceux qui sont dans les ténèbres (*Ibid.*, 78). C'est une allusion au *soleil de justice*, annoncé par *Malachie*; elle fut répétée par S.-méon, lorsqu'il tint dans ses bras Jésus enfant (II, 32). Lorsque Jean-Baptiste eut commencé à prêcher, les Juifs lui envoyèrent demander s'il était le prophète Elie (*Joan.* I, 31). Jésus-Christ dit en parlant de lui : *Si vous voulez le recevoir, il est véritablement Elie qui doit venir* (*Matth.* XI, 14). Et lorsque Jean-Baptiste eut été mis à mort, le Sauveur répéta la même chose : *Elie est déjà venu et on ne l'a pas connu ; mais on l'a traité comme on a voulu* (XVII, 14).

En effet, Jésus-Christ a été l'*ange de l'alliance* que les Juifs attendaient, puisqu'il a établi une nouvelle alliance ; il a rempli de gloire le second temple, puisqu'il y a fait plusieurs miracles, et a révélé les desseins de Dieu. Il a institué un nouveau sacrifice qui est offert chez toutes les nations, et leur a enseigné le culte de Dieu qu'elles ne connaissaient pas. Il a fait cesser les offrandes et les sacrifices des Juifs, *le grand et terrible jour du Seigneur* est arrivé pour eux ; lorsque leur république, leur ville, leur temple, ont été détruits par les Romains, alors le Seigneur *a frappé leur terre d'anathème*, puisqu'ils en ont été bannis, et depuis ce temps-là elle est dans un état de dévastation et de ruine. La prophétie de *Malachie* a donc été accomplie dans toutes ses circonstances. Pour en esquiver les conséquences, les Juifs disent que dans cette prophétie il n'est pas question du second temple, mais du troisième qui doit être bâti sous le règne du Messie. Nous avons fait voir que l'espérance d'un troisième temple est une illusion contraire à la lettre même des prophéties. *Voy.* TEMPLE. Ils disent que le Messie n'est pas encore venu, puisque Elie n'a pas encore paru. S'il n'est pas encore venu lui-même, il a paru dans la personne de Jean-Baptiste qui le représentait. De savoir s'il doit revenir à la fin du monde, c'est une autre question. *Voy.* ELIE. Ils soutiennent que le Messie n'a pas dû abolir la loi de Moïse ni les sacrifices, puisque le dernier des prophètes finit ses prédictions en exhortant les Juifs à les observer. Mais il n'a pu leur recommander de les observer que jusqu'à l'arrivée du Messie ; puisque celui-ci est l'ange de l'alliance, le souverain maître que les Juifs attendaient, c'est de lui qu'ils ont dû apprendre si la loi et les sacrifices devaient cesser ou continuer : or il a déclaré formellement qu'ils allaient cesser, et les prophètes l'avaient déjà prédit d'avance. *Voy.* LOI CÉRÉMONIELLE.

MALADE. Les anciens Juifs ont été persuadés que la guérison des maladies était un des principaux signes par lesquels le Messie devait prouver sa mission ; ils se fondaient sur la prophétie d'Isaïe (XXXV, 4) : « Dieu viendra et nous sauvera ; alors la vue sera rendue aux aveugles, l'ouïe aux sourds, la parole aux muets, les boiteux marcheront et sauteront de joie. » Il n'est pas nécessaire d'examiner si c'est là le sens littéral de cette prophétie ; il nous suffit de savoir que telle était l'opinion des Juifs, et qu'ils y persistent encore aujourd'hui. Galatin, l. VIII, c. 5. C'est pour cela même que Jésus-Christ opéra tant de guérisons, et n'en refusa jamais aucune ; saint Pierre le faisait remarquer aux Juifs (*Act.* X, 38), pour leur prouver que Jésus était le messie. Quoique les évangélistes en aient rapporté un très-grand nombre, ils nous font comprendre qu'il en ont passé sous silence encore davantage. Saint Marc dit (VII, 56), que « dans toutes les villes et villages où Jésus allait, on exposait les *malades* dans les rues et dans les places publiques ; qu'on le priait de permettre qu'ils touchassent seulement le bord de ses habits, et que tous ceux qui les touchaient étaient guéris. » Saint Luc s'exprime de même, c. IV, 40.

Au mot GUÉRISON, nous avons fait voir

que toutes celles qu'a opérées notre divin Sauveur étaient véritablement surnaturelles, que l'on ne peut y soupçonner de la fraude ou de la collusion, ni des causes naturelles, ni de la magie. Il y a lieu de penser que les *malades* qui avaient ainsi recouvré la santé crurent en Jésus-Christ et le reconnurent pour le Messie. Parmi les Juifs qui entendirent la première prédication de saint Pierre, il y avait sans doute un grand nombre de ceux qui avaient été ainsi guéris; c'étaient autant de témoins irréprochables de ce que disait cet apôtre; nous ne devons pas être surpris de ce que trois mille se firent baptiser (*Act.* II, 41), et de ce que le discours suivant convertit encore cinq mille hommes; leur foi avait été préparée par les miracles de Jésus-Christ même, desquels ils avaient été ou les objets ou les témoins.

Ce divin Maître avait donné à ses apôtres l'ordre et le pouvoir de guérir les *malades*, par pur motif de charité (*Matth.* x, 8); ils en usèrent à son exemple. Il est dit dans les *Actes*, c. v, v. 15 et 16, que l'on présentait à saint Pierre tous les *malades*, non-seulement de Jérusalem, mais des lieux circonvoisins; que tous s'en retournaient guéris; que l'ombre seule de cet apôtre suffisait pour rendre la santé; c'était sous les yeux des magistrats et des chefs de la synagogue. Mais Jésus-Christ avait aussi recommandé de visiter et de consoler les *malades*: il fait envisager cette œuvre de charité comme un des moyens d'obtenir miséricorde au jugement de Dieu (*Matth.* xxv, 36). Ses apôtres ont répété cette leçon (*I Thess.* xv, 14, etc.): elle fut exactement pratiquée par les premiers fidèles; leur charité envers les *malades* fut poussée jusqu'à l'héroïsme. Pendant une peste qui ravagea l'empire romain l'an 252, et qui dura quinze ans, les chrétiens se dévouèrent à soigner les *malades*, sans en excepter les païens, et à donner la sépulture aux morts. Les prêtres surtout et les diacres se firent remarquer par leur zèle à procurer aux mourants les secours de la religion; plusieurs furent victimes de leur courage et furent honorés comme des martyrs, pendant que les païens abandonnaient même leurs parents *malades*, fuyaient au loin et laissaient les cadavres sans sépulture. Eusèbe, l. VII, c. 22; S. Cyprien, *de Mortalitate*; Ponce, *Vie de S. Cyprien*. L'empereur Julien, ennemi déclaré des chrétiens, était forcé de leur rendre cette justice, et en avait de la jalousie. Ce phénomène s'est renouvelé plus d'une fois dans les diverses contrées où le christianisme s'est établi.

C'est cet esprit de charité, commandé par Jésus-Christ même, qui a fait fonder les hôpitaux dans des temps de calamité, et a inspiré à une multitude de personnes de l'un et de l'autre sexe le courage de se consacrer pour toute leur vie au service des *malades*. Nous avons fait remarquer ailleurs avec quelle témérité les incrédules de notre siècle ont déprimé et censuré ces établissements si honorables à la religion, et dont les sages du paganisme n'ont jamais eu l'idée. Les Romains exposaient leurs esclaves, vieux ou *malades*, dans une île du Tibre, et les y laissaient mourir de faim; chez nous l'on a vu des reines panser de leurs mains les *malades*, et leur rendre les services les plus bas. *Voy.* Hôpitaux, Hospitaliers, Fondation.

MALÉDICTION. *Voy.* Imprécation.

MALÉFICE, pratique superstitieuse employée dans le dessein de nuire aux hommes, aux animaux ou aux fruits de la terre. On a souvent donné le nom de *maléfice* à toute espèce de magie, et celui de *malfaiteur*, *maleficus*, aux magiciens en général; mais, en rigueur, le *maléfice* est l'espèce de magie la plus noire et la plus détestable, puisqu'elle a pour but, non de faire du bien à quelqu'un, mais de lui faire du mal; au crime de recourir au démon elle réunit celui de la haine et de l'injustice envers le prochain. La malice humaine ne peut aller plus loin que de s'adresser aux puissances de l'enfer pour satisfaire une passion effrénée de haine, de jalousie, de vengeance; mais, à la honte de l'humanité, aucun crime n'est incroyable.

Il ne faut pas confondre les *maléfices* avec les poisons. Il est très-possible de causer des maladies et même la mort aux hommes ou aux animaux, par des poisons très-subtils qui agissent sans que l'on s'en aperçoive, et dont l'effet paraît une espèce de magie à ceux qui ont peu de connaissance des causes naturelles. Il est assez probable que plusieurs malfaiteurs, qui ont été punis comme magiciens, étaient seulement des empoisonneurs, qui, pour causer du mal, n'avaient employé que des drogues. Mais il est prouvé aussi par le témoignage d'auteurs instruits et dignes de foi, par les procédures et les arrêts des tribunaux, par la confession même de plusieurs de ces malheureux, qu'ils avaient mis en usage des pratiques impies et diaboliques, qui ne pouvaient produire aucun effet que par l'entremise du démon; par conséquent ils avaient ajouté à la malice des empoisonneurs, la profanation, le sacrilège, et une espèce de culte rendu à l'ennemi du salut. On met à juste titre au rang des *maléfices* les *philtres* que l'un des sexes donne à l'autre pour s'en faire aimer, parce que cela ne se peut pas faire sans déranger les organes, et sans troubler la raison des personnes qui en sont l'objet.

Puisque les lois divines et humaines ont décerné des supplices contre les empoisonneurs et les meurtriers, à plus forte raison doit-on sévir avec la dernière rigueur contre ceux qui vont chercher jusque dans l'enfer les moyens de nuire à leurs semblables. Quand même leur malice ne pourrait produire aucun effet, quand la confiance qu'ils ont au démon serait absolument illusoire, leur crime ne serait pas moins énorme, puisqu'ils ont eu la volonté de nuire par ce moyen détestable.

Lorsque Constantin porta une loi contre les auteurs des *maléfices*, il excepta les pratiques qui avaient pour but de faire du bien, et non de causer du mal, sans examiner si elles étaient superstitieuses ou non, contraires ou conformes à l'esprit de la religion. D'autres empereurs ont condamné dans la suite toutes ces sortes de pratiques sans distinction, parce que c'est une vraie magie; l'on ne peut pas compter assez sur la probité de ceux qui l'exercent pour s'assurer qu'ils s'en serviront toujours dans le dessein de faire du bien, et qu'ils ne les emploieront jamais dans l'intention de faire du mal. De même les lois de l'Eglise ont défendu, sous peine d'anathème, toute pratique superstitieuse, quel qu'en soit l'objet ou l'intention, et cette défense a été renouvelée dans plusieurs conciles. Thiers, *Traité des Superst.*, t. I, l. II, c. 5, p. 148. Comme la magie faisait partie du paganisme, il n'est pas étonnant qu'elle ait encore régné, même après l'établissement du christianisme. Un ancien Pénitentiel enjoint sept ans de pénitence, dont trois au pain et à l'eau, à ceux qui se sont servis d'un *maléfice* dans le dessein de causer la mort à quelqu'un, ou d'exciter des tempêtes. Il ne s'ensuit pas de là que l'on ait cru à l'efficacité de ces pratiques, puisque le pénitentiel romain condamne ceux qui y croient, quoiqu'il statue les mêmes peines. (*Notes du P. Ménard sur le Sacramentaire de S. Grégoire*, p. 244 et 252.) Au IXe siècle, Agobard, archevêque de Lyon, fit un traité *du Tonnerre et de la Grêle*, dans lequel il attaque la crédulité du peuple, qui pense que ce sont les sorciers qui excitent les orages. Déjà l'auteur des *Questions aux orthodoxes*, qui a vécu dans le Ve siècle, avait combattu cette opinion, et avait soutenu qu'elle est contraire à l'Ecriture sainte, *Quæst.* 31.

Un des *maléfices* les plus célèbres dans l'histoire est celui dont voulut se servir Robert, comte d'Artois, pour faire périr le roi Philippe le Bel et la reine son épouse. Il avait fait faire leur image en cire, et il fallait que ces figures fussent baptisées avec toutes les cérémonies de l'Eglise; il était persuadé qu'en piquant au cœur ces figures magiques, il causerait des blessures mortelles à ceux qu'elles représentaient. (*Mémoire de l'Acad. des Inscriptions*, t. XV, in-12, p. 428.) D'autres personnes considérables ont été accusées du même crime.

Malgré les lumières que les philosophes se vantent d'avoir répandues dans notre siècle, la croyance aux *maléfices* est encore assez commune parmi les peuples des campagnes. Ils sont persuadés que ceux qu'ils appellent sorciers peuvent faire tomber la grêle et le tonnerre, donner des maladies aux hommes et aux animaux, faire tarir la source du laitage ou le faire tourner, rendre les personnes mariées incapables d'user du mariage, exciter entre elles une inimitié incurable, etc. Cette fausse croyance donne lieu à plusieurs désordres ; elle fait naître des soupçons, des accusations, des haines injustes; elle autorise les époux futurs à prévenir le mariage, sous prétexte de se mettre à couvert des *maléfices*; pour en empêcher les effets, elle fait recourir à la magie, comme s'il était permis de faire cesser un crime par un autre crime, etc. Il est donc à propos que les pasteurs soient instruits et bien convaincus de l'inefficacité des *maléfices* et des autres pratiques superstieuses, afin qu'ils puissent détromper le peuple et dissiper ses vaines terreurs par les grands principes de la religion.

Les seuls moyens permis de se préserver ou de se délivrer des *maléfices* vrais ou imaginaires, sont les bénédictions, les prières, les exorcismes de l'Eglise, la réception des sacrements, le saint sacrifice de la messe, le jeûne, l'aumône, les bonnes œuvres, le signe de la croix, la confiance au pouvoir de Jésus-Christ et à l'intercession des saints. *Voy.* MAGIE.

* MALGACHES. Peuples de l'île de Madagascar. Ils sont plongés dans les ténèbres du paganisme et offrent des sacrifices humains. Leur histoire religieuse appartient au Dictionnaire des Religions.

MAMBRÉ, est le nom d'une vallée très-fertile et fort agréable dans la Palestine, au voisinage d'Hébron, et environ à trente-un milles de Jérusalem. Ce lieu est célèbre dans l'Ecriture sainte par le séjour que le patriarche Abraham y fit sous des tentes, après s'être séparé de Lot, son neveu, et plus encore par la visite qu'il y reçut de trois anges qui lui annoncèrent la naissance miraculeuse d'Isaac (*Gen.* XVIII).

Le chêne ou le térébinthe, sous lequel ce patriarche reçut les anges, a été en grande vénération chez les anciens Hébreux; saint Jérôme assure que de son temps, c'est-à-dire sous le règne de Constance le Jeune, on y voyait encore cet arbre respectable; et si l'on en croit quelques voyageurs, quoique le térébinthe eût été détruit, il en avait repoussé d'autres de sa souche, que l'on montrait pour marquer l'endroit où il était. Les fables que les rabbins ont forgées sur cet arbre ne valent pas la peine d'être rapportées. Le respect que l'on avait pour ce lieu y attira un si grand concours de peuple, que les Juifs, naturellement portés au commerce, y établirent une foire qui devint fameuse dans la suite. Saint Jérôme, *in Jerem.*, c. 31, et *in Zach.*, c. 10, assure qu'après la guerre qu'Adrien fit aux Juifs, on vendit à la foire de *Mambré* un grand nombre de captifs, qu'ils y furent donnés à très-vil prix; ceux qui ne furent point vendus, furent transportés en Egypte, où ils périrent de faim et de misère. Telle était l'humanité des Romains; jamais les empereurs chrétiens n'ont commis de barbarie semblable. Les Juifs venaient à *Mambré* pour y célébrer la mémoire de leur père Abraham; les chrétiens orientaux, persuadés que celui des trois anges qui avait porté la parole à ce patriarche était le Verbe éternel, y allaient avec le respect religieux qui est dû au divin consommateur de notre foi. Quant aux païens qui croyaient aux apparitions des dieux, et qui rapportaient toutes les histoires à leurs préjugés, ils y élevèrent des autels, y placèrent des idoles et y offrirent des sacrifices.

Sozomène, *Hist. ecclés.*, l. II, c. 4, parlant des fêtes de *Mambré*, dit que ce lieu était dans la plus grande vénération ; que tous ceux qui le fréquentaient auraient craint de s'exposer à la vengeance divine s'ils l'avaient profané, qu'ils n'osaient y commettre aucune impureté, ni avoir de commerce avec les femmes. Au contraire, Eusèbe, l. III, *de Vita Constant.*, c. 52, et Socrate, *Hist.*, l. I, c.18, disent que Eutropia, Syrienne de nation, et mère de l'impératrice Fausta, ayant vu les superstitions et les désordres qui se commettaient à *Mambré*, en écrivit à l'empereur Constantin, son gendre, qui ordonna au comte Acace de faire brûler les idoles, de renverser les autels, et de châtier tous ceux qui dans la suite commettraient quelque impiété sous le térébinthe ; qu'il y fit bâtir une église, et ordonna à l'évêque de Césarée de veiller à ce que toutes choses s'y passassent dans la plus grande décence. C'est mal à propos qu'un critique moderne a cru trouver de la contradiction entre ces trois historiens ; les deux derniers parlent de ce qui se faisait à *Mambré* avant que Constantin n'y eût mis ordre ; Sozomène, plus récent, raconte ce qu'on y voyait depuis que l'empereur y avait fait une réforme ; il dit précisément la même chose que les deux autres ; on peut s'en convaincre en confrontant leur narration.

MAMMILLAIRES, sectes d'anabaptistes formée dans la ville de Harlem, en Hollande, on ne sait pas en quel temps. Elle doit son origine à la liberté que se donna un jeune homme de mettre la main sur le sein d'une fille qu'il voulait épouser. Cette action ayant été déférée au consistoire des anabaptistes, les uns soutinrent que le jeune homme devait être excommunié ; d'autres ne jugèrent pas la faute assez grave pour mériter une excommunication. Cela causa une division entre eux ; les plus sévères donnèrent aux autres le nom odieux de *mamillaires*. Cela ne marque pas qu'il y ait beaucoup d'union, de charité et de bon sens parmi les anabaptistes.

MAMMONA, terme syriaque qui signifie l'argent, la monnaie, les richesses : il est dérivé de *man, mon*, compte ou nombre. Dans saint Matthieu, c. VI, v. 24, Jésus-Christ dit que l'on ne peut servir Dieu et les richesses, *mammonæ*. Dans saint Luc, c. XVI, v. 9, le Sauveur, après avoir cité l'exemple d'un économe infidèle, qui se fit des amis en leur remettant une partie de ce qu'ils devaient à son maître, dit à ses auditeurs : *Faites-vous des amis avec les richesses d'iniquité, de mammona iniquitatis*. De là plusieurs incrédules ont conclu que Jésus-Christ proposait un fort mauvais exemple et donnait une leçon pernicieuse, en conseillant aux Juifs de se faire des amis avec les richesses acquises injustement, comme s'il était permis de faire l'aumône du bien d'autrui.

Mais est-il bien décidé que *mammona iniquitatis* signifie des richesses acquises injustement ? Il désigne évidemment des richesses fausses et trompeuses, de la monnaie de mauvais aloi, puisque Jésus-Christ les oppose aux vraies richesses : *quod verum est quis credet vobis ?* En hébreu, en syriaque et en arabe le même terme signifie *vrai* et *vérité, juste* et *justice*, parce que la justice ne trompe point (*Ps.* LXXXIV, v. 11) : « La miséricorde et la justice, *veritas*, se sont rencontrées, l'équité et la paix se sont embrassées, » etc. Il est d'ailleurs évident que l'on ne doit pas insister sur toutes les circonstances de la parabole dont Jésus-Christ se sert ; l'économe infidèle ne possédait point de richesses, puisqu'il faisait une remise aux débiteurs de son maître, afin qu'ils le reçussent chez eux lorsqu'il serait privé de son administration. Le dessein du Sauveur était d'inspirer aux hommes le détachement des biens de ce monde, à plus forte raison de les détourner de toute injustice, soit dans l'acquisition, soit dans l'usage des richesses.

MANDAITES, ou chrétiens de saint Jean. C'est une secte de païens plutôt que de chrétiens, qui est répandue à Bassora, dans quelques endroits des Indes, dans la Perse et dans l'Arabie, dont l'origine et la croyance ne sont pas trop connues. Quelques écrivains ont pensé que dans l'origine c'étaient des Juifs qui avaient habité le long du Jourdain, pendant que saint Jean y donnait le baptême, qui avaient continué de pratiquer cette cérémonie tous les jours, ce qui les fit nommer *hémérobaptistes* ; et qu'après la conquête de la Palestine par les mahométans, ils s'étaient retirés dans la Chaldée et sur le golfe Persique ; c'est ainsi que d'Herbelot les a représentés dans sa *Bibliothèque orientale* ; mais cette conjecture n'est appuyée d'aucune preuve. Dans la réalité, ces sectaires ne sont ni chrétiens, ni juifs, ni mahométans. Chambers dit que, tous les ans, ils célèbrent une fête de cinq jours, pendant lesquels ils vont recevoir de la main de leurs évêques le baptême de saint Jean ; que leur baptême ordinaire se fait dans les fleuves et les rivières, et seulement le dimanche, que c'est ce qui leur a fait donner le nom de *chrétiens de saint Jean*. Mais on sait que de tout temps les Orientaux ont regardé les ablutions comme une cérémonie religieuse et un symbole de purification, que chez les païens le dimanche était *le jour du soleil*. Jusque-là nous ne voyons chez les *mandaites* aucune marque de christianisme, et c'est abuser du terme que de nommer *évêques* les ministres de leur religion.

Dans les *Mém. de l'Académie des Inscript.*, tome XII, in-4°, p. 16, et t. XVII, in-12, p. 23, M. Fourmont l'aîné dit que cette secte se donne une origine très-ancienne, et la fait remonter jusqu'à Abraham ; que de temps immémorial elle a eu des simulacres, des arbres et des bois sacrés, des temples, des fêtes, une hiérarchie, un culte public, même une idée de la résurrection future. Voilà des signes très-évidents de polythéisme et d'idolâtrie, et non de judaïsme ou de christianisme. Les astrologues, qui dominaient chez les *mandaites*, forgeaient des dogmes, ou les rejetaient, selon leurs calculs astronomiques. Les uns soutenaient que la résurrection devait se faire au bout de neuf mille ans, parce qu'ils fixaient à ce temps la révolution des globes célestes; d'autres ne l'attendaient qu'après trente-six mille quatre cent vingt-six ans. Plusieurs admettaient dans le monde, ou dans les mondes, une espèce d'éternité, pendant laquelle tour à tour ces mondes étaient détruits et refaits. Toutes ces idées étaient communes chez les anciens Chaldéens. On ajoute que les *mandaïtes* font une mention honorable de saint Jean-Baptiste, qu'ils le regardent comme un de leurs prophètes, et prétendent être ses disciples; que leur liturgie et leurs autres livres parlent du baptême et de quelques autres sacrements qui ne se trouvent que chez les chrétiens. Si M. Fourmont avait exécuté la promesse qu'il avait faite de nous donner une notice des livres de cette secte, qui sont à la bibliothèque du roi, et qui sont écrits en vieux chaldéen, nous la connaîtrions mieux. Mais ni cet académicien, ni Fabricius, qui parle des chrétiens de saint Jean, *Salut. lux Evang.*, p. 110 et 119, ne nous apprennent point si ces prétendus chrétiens ont pour principal objet de leur culte les astres; si, par conséquent, ce sont de vrais *sabéens* ou *sabaïtes*, comme on le prétend. Il y a une homélie de saint Grégoire de Nazianze, contre les *sabéens*; l'Alcoran parle aussi de cette secte, et Maimonide en a souvent fait mention; mais sous le nom de *sabéens* ou *zabéens*, ce dernier entend les idolâtres en général: nous ne savons donc pas s'il faut appliquer aux *mandaïtes* en particulier ce que disent ces divers auteurs, puisque le culte des astres a été commun à tous les peuples idolâtres. Le savant Assémani pense, d'après Maracci, que les *mandaïtes* sont de vrais païens, qu'ils ont pris quelques opinions des manichéens, qu'ils n'ont emprunté des chrétiens que le culte de la croix, et que c'est ce qui leur a fait donner le nom de chrétiens. *Biblioth. orient.*, tome IV, p. 609. *Voy.* ASTRES, PAGANISME, SABAÏSME.

MANES, âmes des morts. L'inscription, *diis manibus*, que les païens gravaient indistinctement sur tous les tombeaux, démontre qu'ils plaçaient au rang des *dieux* des morts qui souvent avaient été très-vicieux, et qu'ils rendaient les honneurs divins à des personnages qui avaient plutôt mérité que leur mémoire fût flétrie. A la vérité, les Romains n'accordaient les honneurs de l'apothéose qu'aux empereurs; c'étaient à eux seuls que l'on bâtissait des temples, et que l'on rendait un culte public; mais chaque particulier avait le droit d'honorer de même chez lui tous les morts qui lui avaient été chers : Cicéron, dans son ouvrage intitulé *Consolation*, nous apprend qu'il avait fait bâtir une chapelle aux *mânes* de Tullia, sa fille. Dans le vestibule de toutes les maisons considérables, il y avait une autel consacré aux *dieux lares*, que l'on croyait être les âmes des ancêtres de la famille. Pour excuser cette conduite, quelques-uns de nos philosophes ont dit qu'en donnant aux âmes des morts le nom de *dieux*, les païens entendaient seulement qu'elles étaient dans un état de béatitude; que par la mort du corps elles avaient acquis un pouvoir et des connaissances supérieures à celles des mortels; qu'elles pouvaient, par conséquent, les instruire et les aider; c'est pour cela qu'on leur rendait des honneurs, et qu'on les invoquait à peu près comme nous en agissons à l'égard des saints.

Cette comparaison n'a aucune justesse. 1° Les honneurs que l'on rendait aux empereurs divinisés étaient précisément les mêmes que ceux que l'on accordait aux *grands dieux*, aux dieux du premier rang; les uns et les autres, avaient des temples, des autels, des fêtes, des colléges de prêtres, et l'on ne sait pas jusqu'à quel point les particuliers superstitieux pouvaient impunément porter le culte qu'ils rendaient à leurs ancêtres. On sait qu'aujourd'hui à la Chine le culte religieux est à peu près réduit à ce seul objet. C'était dégrader la Divinité que de confondre ainsi son culte avec celui des hommes ou des *mânes*. — 2° Il était absurde de supposer dans l'état de béatitude des morts qui ne l'avaient pas mérité, et que l'on aurait dû croire plutôt tourmentés dans les enfers par les furies. On ne pouvait donner aux vivants une leçon plus pernicieuse que de leur persuader que la vertu n'était pas nécessaire pour être plus heureux après la mort. Nous ne voyons plus à quoi servait l'enfer décrit par les poëtes, si ce n'est tout au plus à punir les fameux scélérats qui avaient inspiré de l'horreur par leurs crimes — 3° Rien n'était plus inconséquent que les idées des païens touchant l'état des morts et le séjour des âmes. L'inscription, *Sit tibi terra levis*, gravée sur les tombeaux, supposait que l'âme du mort y était renfermée. Pouvait-on attribuer beaucoup de puissance à un mort, quand on craignait qu'il ne fût écrasé sous le poids de la terre qui le couvrait? Le croyait-on fort heureux, quand on pensait qu'il avait besoin de nourriture, qu'il pouvait être attiré par l'odeur des victimes, des mets, des libations qu'on lui offrait? Les poëtes semblent ne placer dans l'élysée que les âmes des héros; pour celles des hommes du commun, soit vertueux, soit vicieux, on ne sait pas trop ce qu'elles devenaient.

On supposait d'abord que les bonnes âmes des ancêtres habitaient avec leur famille et la protégeaient; que celles des méchants, que l'on appelait *larves* ou fantômes, étaient errantes sur la terre, où elles venaient effrayer et inquiéter les vivants. Cette opinion devait donner une bien mauvaise idée de la justice divine. Les cérémonies nocturnes que l'on employait pour les apaiser, les menaces que faisaient des personnes passionnées de venir après leur mort tourmenter leurs ennemis, doivent être pour les païens un sujet continuel de crainte et d'inquiétude ; ils étaient toujours dans la même agitation que les esprits faibles et peureux éprouvent parmi nous. De là il résulte que la croyance de l'immortalité des âmes n'avait presque aucune influence sur les mœurs des païens ; elle ne servait qu'à troubler leur repos. Il était donc fort nécessaire que Dieu nous éclairât sur ce point très-important par les lumières de la révélation ; ce que nous en apprennent les livres saints, est, à tous égards, plus raisonnable, plus consolant, plus propre à nous rendre vertueux que tout ce qu'en ont dit les philosophes : ceux-ci n'en savaient pas plus que le peuple sur l'état des âmes après la mort.

Il n'est pas besoin d'une longue discussion pour montrer que le culte rendu aux saints dans le christianisme n'est sujet à aucun des inconvénients que nous reprochons au culte des *mânes*. Nous ne plaçons au rang des bienheureux que des personnages qui ont édifié le monde par des vertus héroïques, et dont la sainteté a été prouvée par des miracles ; nous ne leur rendons pas le même culte qu'à Dieu, puisque nous ne leur attribuons point d'autre pouvoir que d'intercéder pour nous auprès de lui : ce que la foi nous en apprend ne peut nous causer ni crainte, ni inquiétude, mais plutôt la confiance en Dieu et la tranquillité.

On n'aperçoit chez les patriarches, ni chez les Juifs, aucun des abus que les païens pratiquaient à l'égard des morts : il était sévèrement défendu aux Juifs d'évoquer et d'interroger les morts (*Deut.* c. xviii, v. 11), et de leur faire des offrandes (c. xxvi, v. 14). Celui qui avait touché un cadavre était censé impur. Tobie dit à son fils : « Mangez votre pain avec les pauvres, et couvrez leur nudité de vos vêtements ; placez votre nourriture sur la sépulture du juste, et ne la mangez pas avec les pécheurs (*Tob.*, c. iv, v. 17). » Il n'est pas question là d'une offrande faite au mort, mais d'une aumône faite aux pauvres à l'intention du mort. *Voy.* Morts, Évocation.

Il est toujours utile de comparer les erreurs des nations païennes avec les idées plus justes qu'ont eues les peuples éclairés par la révélation : si les incrédules avaient pris cette peine, ils auraient été moins téméraires. Il y a dans les *Mém. de l'Acad. des Inscript.*, t. I, in-12, p. 33, une bonne dissertation sur les *lémures, mânes*, ou âmes des morts ; on peut consulter encore Windet, *de Vita functorum statu*. *Voy.* Nécromancie.

MANICHÉISME, système de Manès, hérésiarque du iiie siècle, qui admettait deux principes créateurs ou formateu s du monde, l'un bon et auteur du bien, c'est ce que l'on appelle autrement le *dualisme* ou le *dithéisme*. Ce système, tout absurde qu'il est, a duré si longtemps, a pris tant de formes différentes, a trouvé des défenseurs, a été attaqué par des hommes si célèbres, que nous ne pouvons nous dispenser de l'examiner avec soin. Nous considérerons, 1° l'origine du *manichéisme* ; 2° les erreurs qu'il renfer-

mait ; 3° ses progrès et sa durée. 4° Nous prouverons qu'il est absurde à tous égards, et qu'il ne peut résoudre aucune difficulté. 5° Nous verrons comment il a été attaqué dans ces derniers temps. 6° Nous montrerons qu'il a été mieux réfuté par les Pères de l'Eglise que par les philosophes. 7° Nous examinerons l'apologie que Beausobre a voulu en faire.

I. *Origine du manichéisme.* On conçoit d'abord que c'est la difficulté de concilier l'existence du mal avec la bonté du Créateur, qui a conduit les raisonneurs à supposer deux principes éternels, dont l'un a produit le bien, l'autre a fait le mal. Il serait difficile de savoir quel a été le premier auteur de cette doctrine impie, qui a été suivie par la plupart des philosophes orientaux, surtout par ceux de la Perse que l'on a nommés les *mages*. La révélation nous en fait assez sentir l'absurdité, en nous apprenant qu'un seul Dieu tout-puissant a créé toutes choses. Dieu dit souvent aux Juifs : *C'est moi qui donne la vie et la mort, qui frappe et qui guéris.* (*Deuteron.* c. xxxii, v. 39, etc.). Il dit par Isaïe : *C'est moi qui ai créé la lumière et les ténèbres, qui donne la paix et qui fais les maux* (c. xlv, v. 7). Ces paroles sont adressées à Cyrus, près d'un siècle avant sa naissance, comme si Dieu avait voulu le tenir en garde contre les leçons des mages qui furent ses maîtres. Tobie, transporté dans le voisinage de la Perse, disait de même : « C'est vous, Seigneur, qui affligez et qui sauvez, qui conduisez au tombeau et qui en retirez (c. xiii, v. 2). » Mais les philosophes ne pouvaient comprendre comment un Dieu bon a pu faire le mal.

Manès naquit dans la Perse l'an 240. Selon les auteurs ecclésiastiques, il fut acheté, dans son enfance, par une veuve fort riche, qui le fit instruire avec soin ; il tut les livres d'un arabe nommé Scythien, ou d'un disciple de celui-ci nommé Buddas, et y puisa son système. Socrate, *Hist. ecclés.*, l. i, c. 22. Mais selon les historiens orientaux, Manès était mage d'origine, et avait été élevé dans la religion de Zoroastre ; il fut instruit dans toutes les sciences cultivées par les mages ; il possédait la géométrie, l'astronomie, la musique, la médecine, la peinture, et se distingua par ces divers talents. Il embrassa le christianisme dans l'âge mûr, il lut l'Ecriture sainte ; on prétend même qu'il fut élevé au sacerdoce ; il entreprit de réformer tout à la fois la doctrine des mages et celle des chrétiens, ou de concilier ensemble ces deux religions : lorsqu'on s'aperçut qu'il altérait la foi chrétienne, il fut chassé de l'Eglise. *Mém. de l'Acad. des Inscript.*, tome LVI, in-12, pag. 336 et suiv. Mais saint Cyrille de Jérusalem, qui écrivait soixante-dix ans seulement après Manès, ne convient point que cet hérésiarque ait jamais été chrétien. *Catéch.* 6, note 26 de Grancolas. Manès ne fut donc pas créateur du système des deux principes. Si nous en croyons Plutarque, cette doctrine remonte à la plus haute antiquité, et se trouve chez toutes les nations.

Dans son traité d'*Isis* et d'*Osiris*, Plutarque attribue le *dualisme*, non-seulement aux Perses, aux Chaldéens, aux Egyptiens et au commun des Grecs, mais aux philosophes les plus célèbres, tels que Pythagore, Empédocle, Héraclite, Anaxagore, Platon et Aristote. *Voy.* Dieu, Idolatrie.

Spencer, dans sa dissertation *de Hirco emiss.*, c. 19, sect. 1, en parle comme Plutarque. « Les Egyptiens, dit-il, appelaient le dieu bon *Osiris*, et le mauvais dieu *Typhon*. Les Hébreux superstitieux ont donné à ces deux principes les noms de *Gad* et de *Méni*, la bonne et la mauvaise fortune : et les Perses ont appelé le premier *Oromasde*, ou plutôt *Ormuzd*, et le second *Ahriman*. Les Grecs avaient de même leurs bons et leurs mauvais démons ; les Romains leurs *joves* ou *véjoves*, c'est-à-dire des dieux bienfaiteurs et des dieux malfaisants. Les astrologues exprimèrent le même sentiment par des signes ou des constellations, les unes favorables et les autres malignes ; les philosophes par leurs principes contraires, en particulier les pythagoriciens par leur *monade* et leur *diade*, etc. Windet, dans sa dissert. *de Vita functorum statu*, p. 15 et suiv., fait la même remarque, et dit que l'on découvre des vestiges de ce système dans tout l'Orient, jusqu'aux Indes et à la Chine. Beausobre, dans son *Histoire critique de Manichée et du manichéisme*, a cité ces auteurs, et semble être de leur avis,

Il nous paraît que tous ces savants ont abusé de leur érudition. Ils n'ont pas mis assez de différence entre ceux qui ont admis deux principes éternels actifs, et ceux qui ont envisagé la matière éternelle comme un principe passif ; entre ceux qui ont supposé deux principes incréés et indépendants l'un de l'autre, et ceux qui les ont considérés comme des êtres produits et secondaires, subordonnés à une cause première et unique. Or, selon Plutarque lui-même, les Egyptiens admettaient un Dieu suprême et créateur, qu'ils nommaient *Cneph* ou *Cnuphis*, et leur fable sur *Osiris* et *Typhon* n'a pas un sens fort clair. Zoroastre, dont nous avons à présent les ouvrages, enseigne que le bon et le mauvais principe ont été produits par *le temps sans bornes* ou par l'Éternel. (*Zend-Avesta*, t. I, II° part., p. 414 ; t. II, p. 343 et 344.) Dans les *Mém. de l'Acad. des Inscript.*, t. LXXI, in-12, pag. 123, M. Anquetil s'est attaché à faire voir que Zoroastre admettait la création proprement dite.

On ne prouvera jamais que les Hébreux aient pris la bonne et la mauvaise fortune pour deux personnages éternels, indépendants et créateurs ; ce n'est point là non plus l'opinion des astrologues qui ont distingué de bonnes ou de mauvaises influences des étoiles et des planètes. Nous avouons que les païens en général ont honoré des dieux malfaisants ; mais ils croyaient aussi que le même Dieu envoyait tantôt des bienfaits à un peuple pour récompenser sa piété, et tantôt des malheurs, pour se venger d'une offense. Le même Jupiter, auquel on attribuait une victoire gagnée, était aussi armé de la foudre pour faire trembler les hommes. Homère suppose que devant le palais de Jupiter il y a deux tonneaux dans lesquels ce dieu puise alternativement les biens et les maux qu'il verse sur la terre ; voilà son principal emploi. Les Grecs et les Romains pensaient que les divinités infernales ne pouvaient affliger les hommes qu'autant que Jupiter le leur permettait. Ce n'est point là le système des *dualistes*. Voilà pourquoi Fauste le manichéen niait formellement que l'opinion de sa secte, touchant les deux principes, fût venue des païens. S. Aug. *contra Faustum.* l. xx, c. 3. Les incrédules sont-ils bien fondés à soutenir que parmi nous le peuple est *manichéen*, parce qu'il attribue souvent au démon les malheurs qui lui arrivent ?

Quant aux philosophes, tels que Pythagore et Platon, un savant académicien a fait voir qu'ils admettaient en effet deux principes éternels de toutes choses, Dieu et la matière, et qu'ils supposaient dans celle-ci une âme distinguée de Dieu ; mais il observe qu'il y avait plusieurs différences entre leur sytème et celui des mages, et que les académiciens, les épicuriens et d'autres sectes ne suivaient ni Pythagore, ni Platon. *Mém. de l'Acad. des Inscript.*, t. L, in-12, p. 355 et 377. Nous ne voyons pas non plus le dualisme soutenu dans les schasters des Indiens, ni dans le Chou-King des Chinois. Ce n'est donc pas un système aussi répandu que le supposent Beausobre, Windet, Spencer et d'autres critiques.

Il faut avouer qu'avant Manès, Basilide, Valentin, Bardesanes, Marcion et les autres gnostiques du II° siècle l'avaient adopté ; et il est probable que tous l'avaient pris dans la même source, chez les mages de la Perse et chez les autres philosophes orientaux. Mais il paraît qu'ils y avaient changé un point essentiel, et qu'ils n'admettaient pas, comme Zoroastre, que les deux principes eussent été créés par l'Eternel ; ils semblaient les avoir supposés tous deux éternels et incréés. Quoi qu'il en soit, Manès, pour séduire les chrétiens et les amener à ses sentiments, chercha dans l'Ecriture sainte tout ce qui lui parut propre à les confirmer. Il vit que le démon y est appelé la puissance des ténèbres, le prince de ce monde, le père du mensonge, l'auteur du péché et de la mort ; il conclut que c'était là le mauvais principe qu'il cherchait. L'Evangile dit qu'un bon arbre ne peut porter de mauvais fruits, que le démon est toujours menteur comme son père (*Joan.* c. viii, v. 44). Donc, dit Manès, Dieu ne peut être le père ni le créateur du démon. Il crut apercevoir beaucoup d'opposition entre l'Ancien et le Nouveau Testament ; il soutint que ces deux lois ne pouvaient pas être l'ouvrage du même Dieu. Jésus-Christ avait promis à ses apôtres l'Esprit *paraclet*, ou consolateur : c'est moi, dit Manès, qui suis cet envoyé du ciel ; et il commença de prêcher. Un des premiers adversaires qu'il rencontra, fut Archélaüs, évêque de Charcar ou Cascar, dans la Méso potamie. Celui-ci étant entré en conférence avec Manès, vers l'an 277, lui prouva qu'il n'était point l'envoyé de Dieu, qu'il n'avait aucun signe de mission, que sa doctrine était directement contraire à l'Écriture sainte, et absurde en elle-même. Les actes de cette conférence sont encore existants; ils ont été publiés par Zacagni, *Collectan. monum. vet. Eccl., græcæ et latinæ*, in-4°, *Romæ*, 1698. C'est de ces actes que Socrate avait tiré ce qu'il dit de Manès et de ses sentiments. Saint Cyrille de Jérusalem, *Catech.* 6, et saint Épiphane, *Hær.* 26, paraissent aussi les avoir consultés. Beausobre a voulu très-mal à propos révoquer en doute l'authenticité de ce monument, parce qu'il renferme des choses opposées à ses idées; mais si les raisons qu'il y oppose étaient solides, il n'y aurait pas un seul livre ancien duquel on pût contester l'authenticité. Manès confondu fut obligé de s'éloigner et de repasser dans la Perse. Les uns disent que Sapor le fit mourir, d'autres prétendent que ce fut Varane I<sup>er</sup> ou Varane II, successeurs de Sapor. Mais il laissa des disciples qui eurent plus de succès que lui : ils allèrent en Égypte, en Syrie, au fond de la Perse et dans l'Inde, porter la doctrine de leur maître.

II. *Erreurs enseignées par les manichéens.* Les disciples de *Manès* ne s'astreignirent point à suivre sa doctrine en toutes choses; chacun d'eux l'arrangea selon son goût, et de la manière qui lui sembla la plus propre à séduire les ignorants; Théodoret a compté plus de soixante-dix sectes de *manichéens*, qui, réunis dans la croyance des deux principes, ne s'accordaient ni sur la nature de ces deux êtres, ni sur leurs opérations, ni sur les conséquences spéculatives ou morales qu'ils en tiraient. Cette remarque est essentielle. Comme les gnostiques étaient aussi divisés en plusieurs sectes, et que la plupart se réunirent aux manichéens, on ne doit pas être étonné de la multitude des erreurs qu'ils rassemblèrent : dès le III<sup>e</sup> siècle, plusieurs de ces partis furent nommés *brachites*; ce nom peut signifier vil et méprisable.

Par la formule de rétractation que l'on obligeait les manichéens de faire, lorsqu'ils revenaient à l'Église catholique, on voit quelle était leur croyance; Cotelier l'a rapportée, t. I des *Pères apostoliques*, p. 543 et suiv. Ce sont les mêmes erreurs que Manès avait soutenues dans sa conférence avec Archélaüs. Selon leur opinion, les âmes ou les esprits sont une émanation du bon principe qu'ils regardaient comme une lumière incréée; et tous les corps ont été formés par le mauvais principe qu'ils nommaient Satan et la puissance des ténèbres. Ils disaient qu'il y a des portions de lumière renfermées dans tous les corps de la nature, qui leur donnent le mouvement et la vie, qu'ainsi tous les corps sont animés; que ces âmes ne peuvent se réunir au bon principe que quand elles ont été purifiées par différentes transmigrations d'un corps dans un autre : conséquemment ils niaient la résurrection future et les supplices de l'enfer. Ils faisaient contre l'histoire de la création une multitude d'objections que les incrédules répètent encore aujourd'hui, et ils expliquaient la formation d'Adam et d'Ève d'une manière absurde. Comme, selon leur sentiment, les âmes ou les portions de lumière se trouvaient par la génération plus étroitement unies à la matière qu'auparavant, ils condamnaient le mariage, parce qu'il n'aboutit, disaient-ils, qu'à perpétuer la captivité des âmes. Mais on les accusa de se permettre toutes les turpitudes que peut inspirer la passion de la volupté, et que l'on avait déjà reprochées aux gnostiques; c'est l'écueil dans lequel sont tombées toutes les sectes qui ont osé réprouver l'union légitime des deux sexes. Puisqu'ils croyaient les plantes et les arbres animés, c'était un crime, suivant eux, de cueillir un fruit ou de couper un brin d'herbe; mais ils se permettaient de manger ce qui avait été cueilli, coupé ou arraché par d'autres, pourvu qu'ils fissent profession de détester ce crime prétendu. Quelques-uns d'entre eux jugèrent au contraire qu'ils faisaient une bonne œuvre, en délivrant ainsi une âme des liens qui l'attachaient à la matière. Par la même raison, ils auraient dû approuver l'action de tuer les animaux, et même l'homicide; mais quels hérétiques ont jamais raisonné conséquemment?

Il paraît qu'ils regardaient la personne du Verbe divin, ou plutôt l'âme de Jésus-Christ, comme une portion de la lumière divine, semblable en nature aux autres âmes, quoique plus parfaite; ainsi leur doctrine, touchant le mystère de la sainte Trinité, n'était rien moins qu'orthodoxe. Ils soutenaient que le Fils de Dieu ne s'était incarné qu'en apparence; que sa naissance, ses souffrances, sa mort, sa résurrection, son ascension, n'avaient été qu'apparentes : ainsi l'avaient déjà soutenu plusieurs anciens hérétiques. Conséquemment les manichéens ne rendaient aucun culte à la croix ni à la sainte Vierge; ils prétendaient que l'âme de Jésus-Christ s'était réunie au soleil, et que celles des élus s'y réuniraient de même : c'est pour cela qu'ils honoraient le soleil et les astres, non-seulement comme le symbole de la lumière éternelle, et comme le séjour des âmes pures, mais comme la substance de Dieu même. Comme ils prétendaient que les âmes se purifiaient par des transmigrations, l'on ne voit pas quelle vertu ils pouvaient attribuer au baptême ni aux autres sacrements : aussi employaient-ils d'autres cérémonies faites par leurs élus ou leurs prétendus évêques, auxquels ils attribuaient le pouvoir d'effacer tous les péchés; ils furent aussi accusés de pratiquer une espèce d'Eucharistie abominable. Beausobre soutient que c'est une calomnie : mais les preuves qu'il en rapporte ne sont pas fort convaincantes. Il ne réussit pas mieux à les justifier contre l'accusation de magie que l'on a souvent renouvelée. Mosheim soutient que cette pratique détestable était une conséquence inévitable des principes des manichéens.

*Instit. Hist. Christ.*, ıı° part., c. 5, p. 351.

Ils avouaient que Jésus-Christ a donné aux hommes une loi plus parfaite que l'ancienne ; ils s'attachaient même à décrier toutes les lois et les institutions de Moïse, à noircir toutes les actions des personnages de l'Ancien Testament, à trouver des contradictions entre celui-ci et l'Evangile. C'est ce qu'avaient déjà fait avant eux Basilide, Carpocrate, Appellès, Cerdon et Marcion. Saint Augustin, *contra Advers. legis et proph.*, l. ıı, c. 12, n. 39. Les manichéens n'avaient pas plus de respect pour les saints du christianisme, ni pour les images, que pour ceux de l'ancienne loi ; mais ils élevaient jusqu'aux nues et respectaient à l'excès leurs propres docteurs. Ils altéraient à leur gré le texte des évangiles et des épîtres de saint Paul ; ils soutenaient que les passages de ces livres qu'on leur opposait avaient été corrompus ; ils composèrent un nouvel Evangile et d'autres livres, et ils les mirent entre les mains de leurs prosélytes, ou du moins ils adoptèrent des livres apocryphes que d'autres avaient forgés. Toutes ces impiétés auraient révolté les hommes de bon sens, si on les leur avait présentées à découvert ; mais aucune secte d'hérétiques n'a su aussi bien déguiser sa doctrine, et ménager la crédulité de ceux qu'elle voulait séduire, que celle des manichéens. Pour en imposer aux catholiques, ils affectaient de se servir des expressions de l'Ecriture sainte, et des termes usités dans l'Eglise. Ils faisaient semblant d'admettre le baptême, et par là ils entendaient Jésus-Christ qui a dit : *Je suis une source d'eau vive* ; de recevoir l'Eucharistie, et c'étaient les paroles de Jésus-Christ, qui sont le pain de vie ; d'honorer la croix, et c'était encore Jésus-Christ étendant les bras ; d'honorer *la Mère de Dieu*, et ils désignaient ainsi la Jérusalem céleste ; de respecter saint Paul et saint Jean, mais ils donnaient ce nom à deux personnages de leur secte, etc. Ils flattaient leurs disciples, en leur mettant entre les mains les livres saints accommodés à leur doctrine, et en blâmant les pasteurs de l'Eglise catholique, qui en défendaient, disaient-ils, la lecture au peuple. Manès n'était peut-être pas l'auteur de toutes ces fourberies ; mais ses sectateurs en firent souvent usage. Un de leurs docteurs, nommé Aristocrite, enseignait qu'au fond les religions païenne, juive, chrétienne, convenaient dans le principe et dans les dogmes, qu'elles ne différaient que dans les termes et dans quelques cérémonies. Partout, disait-il, on croit un Dieu suprême et des esprits inférieurs ; partout des récompenses et des peines dans une autre vie ; partout on voit des temples, des sacrifices, des sacrements, des prières, des offrandes, etc. ; il n'est question que d'en bien prendre le sens. Cet artifice a été mis en usage par plusieurs autres hérétiques.

Les manichéens, poursuivis et punis dès leur naissance, se crurent la dissimulation, le mensonge, le parjure, les fausses professions de foi permis. Quelques-uns eurent l'audace d'accuser Jésus-Christ de cruauté, parce qu'il a dit : *Si quelqu'un me renie devant les hommes, je le renierai devant mon Père.* Ils soutinrent que ces paroles avaient été fourrées dans l'Evangile. Ajoutons à ces supercheries l'affectation d'une morale austère et d'une vie mortifiée, un extérieur modeste et composé, une adresse singulière à travestir et à décrier la doctrine, la conduite, les mœurs du clergé catholique, l'attention de ménager et de concilier les différentes sectes séparées de l'Eglise ; nous ne serons plus surpris de voir le *manichéisme* faire des progrès rapides. Ce n'est pas la seule fois que ce manége des hérétiques ait réussi. Saint Augustin, malgré la pénétration de son génie, fut pris à ce piége dans sa jeunesse ; mais détrompé par la lecture des livres saints, il attesta qu'il avait embrassé le *manichéisme* sans le connaître parfaitement, moins par conviction que par le plaisir de contredire et d'embarrasser les catholiques, parce que les coriphées de la secte flattaient sa vanité et le comblaient d'éloges lorsqu'il avait paru vaincre dans la dispute. Aussi trouvèrent-ils en lui, après sa conversion, un adversaire redoutable qui ne cessa de les démasquer et de les confondre.

Beausobre a cependant trouvé bon de contester et de pallier la plupart des erreurs attribuées aux manichéens ; il accuse les Pères de l'Eglise de les avoir exagérées par un faux zèle, et pour se ménager le droit de persécuter ces hérétiques. Par la même raison, les Pères ont sans doute aussi calomnié les différentes sectes de gnostiques avec lesquelles les manichéens se sont alliés. Mais à qui devons-nous plutôt nous fier, aux Pères de l'Eglise qui ont conversé avec les manichéens, qui ont lu leurs livres, qui leur ont fait abjurer leurs erreurs, lorsqu'ils se sont convertis ; ou à un protestant qui n'a eu aucun de ces moyens pour les connaître, et qui se trouve intéressé à les justifier pour l'honneur de sa propre secte ?

Comme les protestants ont voulu se donner pour prédécesseurs des sectaires du xıı° et du xııı° siècle, dont plusieurs étaient manichéens, il a bien fallu prendre le parti de ces derniers contre l'Eglise catholique. Ces hérétiques rejetaient les sacrements, le culte de la sainte Vierge, des saints, de la croix, des images, aussi bien que les protestants ; voilà, selon ceux-ci, des témoins de la vérité qui remontent jusqu'au ııı° siècle, et en les réunissant aux gnostiques nous parviendrons au temps des apôtres. Mais les apôtres ont condamné les gnostiques : donc ils ont proscrit d'avance les manichéens et toute leur prospérité jusqu'à la fin des siècles. En rejetant les dogmes et les pratiques dont nous venons de parler, les manichéens ont déclaré la guerre à l'Eglise catholique : donc ces dogmes et ces pratiques étaient établis dans l'Eglise au ııı° siècle ; ce ne sont pas des inventions nouvelles, comme les protestants ont voulu le persuader. Les manichéens ne voulaient honorer ni la sainte Vierge, ni la croix, parce qu'ils niaient la réalité de l'incarnation et de la rédemption ;

rejetant nos sacrements, ils y substituaient d'autres cérémonies. Les protestants voudraient-ils signer la même profession de foi ?

III. *Progrès et durée du manichéisme.* On sait que les Perses étaient ennemis jurés de l'empire romain : le *manichéisme*, né dans la Perse, ne pouvait manquer d'être odieux aux empereurs ; ils le regardèrent comme un rejeton de la religion des mages. Dioclétien ne fit pas plus de grâce aux manichéens qu'aux chrétiens, et les premiers furent traités avec la même sévérité par les empereurs suivants qui avaient embrassé le christianisme. Pendant deux cents ans, depuis 285 jusqu'en 491, ces hérétiques furent bannis de l'empire, dépouillés de leurs biens, condamnés à périr par différents supplices ; les lois portées contre eux sont encore dans le code Théodosien. Ils ne laissèrent pas de se multiplier dans les ténèbres, par les moyens dont nous avons parlé. Sur la fin du IV° siècle, il y avait en Afrique des manichéens qui furent combattus par saint Augustin ; ils pénétrèrent eux-mêmes en Espagne, puisque Priscillien y enseigna leurs erreurs et celles des gnostiques : ses sectateurs furent nommés *priscillianistes*.

En 491, la mère de l'empereur Anastase, qui était manichéenne, fit suspendre dans l'Orient l'effet des lois portées contre eux ; ils jouirent ainsi de la liberté pendant vingt-sept ans ; mais ils en furent privés sous Justin et ses successeurs. Vers le milieu du VII° siècle, une autre manichéenne, nommée Gallinice, fit élever ses deux fils Paul et Jean dans ses erreurs, et les envoya prêcher en Arménie. Paul s'y rendit célèbre par ses succès, et les manichéens y prirent le nom de *pauliciens*. Il eut pour successeur un nommé Silvain, qui entreprit d'ajuster le *manichéisme* avec les expressions de l'Ecriture sainte, et de se servir d'un langage orthodoxe ; par cet artifice, il fit croire à une infinité de personnes que sa doctrine était le christianisme le plus pur. C'est sous cette nouvelle forme qu'elle se produisit dans la suite. Il y eut cependant des schismes parmi les pauliciens ; vers l'an 810, ils étaient partagés sous deux chefs, dont l'un se nommait Sergius, et l'autre Baanès : les sectateurs de celui-ci furent appelés *baanites*. Ils se firent même une guerre sanglante, mais ils furent réunis par un certain Théodote. L'aversion de ces sectaires pour le culte de la croix, des saints et des images, leur concilia l'affection des Sarrasins mahométans, qui faisaient pour lors des irruptions dans l'empire : l'hérésie des iconoclastes ou briseurs d'images, qui se forma sur la fin du VIII° siècle, venait de la doctrine des manichéens et de celle des mahométans.

L'an 841, l'impératrice Théodora, zélée pour le culte des images, ordonna de poursuivre à la rigueur les manichéens : on prétend qu'il en périt plus de cent mille par les supplices ; alors ils se liguèrent avec les Sarrasins, se bâtirent des places fortes, et soutinrent plus d'une fois la guerre contre les empereurs ; mais vers la fin du IX° siècle, ils furent défaits dans une bataille, et entièrement dispersés. Quelques-uns se réfugièrent en Bulgarie, et furent connus sous le nom de *Bulgares* ; d'autres pénétrèrent en Italie, se firent des établissements dans la Lombardie, envoyèrent des prédicateurs en France et ailleurs. L'an 1022, sous le roi Robert, quelques chanoines d'Orléans se laissèrent séduire par la morale austère et la piété apparente des manichéens ; ils furent condamnés au feu. Cette hérésie fit plus de progrès en Provence et en Languedoc, surtout dans le diocèse d'Albi, d'où ses sectateurs furent nommés albigeois. Les conciles que l'on tint contre eux, les efforts que l'on fit pour les convertir, la croisade même que l'on forma pour leur faire la guerre, les supplices auxquels on les condamna, ne purent les anéantir. Au XII° et au XIII° siècle, cette secte se reproduisit sous les noms de *henriciens*, *pétrobrusiens*, *poblicains*, *cathares*, etc. Les semences qu'ils avaient jetées en Allemagne et en Angleterre furent le premier germe des hérésies des hussites et des wicléfistes, qui ont préparé les voies au protestantisme. Dans ces derniers temps, les manichéens avaient abandonné le dogme fondamental de leur secte, l'hypothèse des deux principes ; ils ne parlaient plus du mauvais principe que comme nous parlons du démon, et ils faisaient remarquer l'empire de celui-ci par la multitude des désordres qui régnaient dans le monde. Mais ils avaient conservé leurs autres erreurs sur l'incarnation et sur les sacrements, leur aversion pour le culte des saints, de la croix et des images, leur haine contre les pasteurs de l'Eglise catholique, et le libertinage raffiné dans lequel entraîne ordinairement une fausse spiritualité.

En considérant ces différentes révolutions du *manichéisme*, quelques écrivains se sont imaginé que la persécution constante exercée contre ces sectateurs a été la principale cause de leur propagation ; l'on nous permettra d'en juger autrement. Nous ne disconvenons point que le secret et la nécessité de se cacher ne soient un attrait pour la curiosité et augmentent le désir de connaître une doctrine proscrite ; mais les manichéens employaient assez d'autres ruses pour séduire les simples : nous verrons ci-après que leurs sophismes ne pouvaient manquer d'étourdir tous ceux qui n'avaient aucune notion de philosophie. Ils firent plus de progrès pendant la paix dont ils jouirent sous le règne d'Anastase, que pendant les temps de rigueur ; ils se multiplièrent davantage dans la Perse où ils étaient soufferts, que dans l'empire romain où ils étaient proscrits ; cette secte n'a été éteinte dans l'Orient que par l'esprit intolérant du *mahométisme*. Les empereurs chrétiens furent principalement déterminés à sévir contre eux, par les crimes dont on les accusait ; la morale corrompue qui s'ensuivait de leurs principes, leur aversion pour le mariage et pour l'agriculture, le libertinage secret par lequel ils séduisaient les femmes, leurs parjures, la licence avec laquelle ils calomniaient l'Eglise et ses ministres, etc., sont des excès qui ne peuvent être tolérés par un gouvernement sage. Lorsque l'impératrice Théodora les poursuivit à feu et à sang, ils étaient mêlés avec les ennemis de l'empire et placés sur les frontières ; la politique, plus que la religion, dirigeait sa conduite. En Afrique, où ils étaient faibles et paisibles, saint Augustin ne fut jamais d'avis d'employer contre eux la violence, ni de faire exécuter les lois portées contre leurs prédécesseurs. Quand on condamna aux supplices les priscillianistes d'Espagne, saint Léon ne désapprouva pas cette conduite, parce que leur doctrine et leurs mœurs mettaient le trouble dans la société civile. Si l'on sévit contre les albigeois, c'est qu'ils s'etaient rendus redoutables par leurs excès. *Voy.* ALBIGEOIS, PRISCILLIANISTES. Ainsi, c'est toujours la conduite des hérétiques, encore plus que leur doctrine, qui a décidé de la douceur ou de la rigueur avec laquelle on les a traités.

On dit que si, au lieu de lois pénales, les évêques avaient fait de bonnes réfutations du *manichéisme*, il aurait probablement fait moins de progrès ; on se trompe encore : dans tous les siècles cette erreur a été solidement réfutée par les Pères : nous le verrons dans un moment ; et si l'on excepte les deux ou trois époques dont nous avons parlé, les lois portées contre les manichéens n'ont jamais été exécutées à toute rigueur. *Voy.* Tillemont, t. IV, p. 407 et suiv.

IV. *Le manichéisme est absurde à tous égards; il ne peut résoudre la difficulté tirée de l'origine du mal.* Bayle, qui avait employé toutes les ressources de son esprit à pallier l'absurdité du système des deux principes, a été forcé enfin de convenir que cela n'est pas possible. *Second éclairciss.* à la fin du *Dict. Crit.* § 5. Voici une partie des preuves qui le démontrent, et qui ont été employées par les Pères de l'Eglise.

1° Il est absurde de supposer un être éternel, nécessaire, existant de soi-même, et de ne lui accorder qu'un pouvoir borné ; une nécessité d'être *absolue*, et cependant *bornée*, est une contradiction : rien n'est borné sans cause. Or, un être éternel et nécessaire n'a point de cause. Il est encore plus absurde d'admettre un être éternel et nécessaire essentiellement mauvais ; c'est prétendre que le mal est une substance ou un attribut positif, ce qui est évidemment faux. Une troisième absurdité est de supposer deux êtres éternels et nécessaires, indépendants l'un de l'autre, quant à l'existence, et qui cependant peuvent se gêner l'un l'autre, s'empêcher mutuellement d'agir d'une manière conforme à leur nature, se rendre réciproquement mécontents et malheureux. L'être éternel et nécessaire est donc essentiellement unique, indépendant, doué d'une puissance infinie, par conséquent du pouvoir créateur; alors il n'est pas plus besoin d'admettre deux principes que d'en admettre mille, puisqu'un seul suffit. Une quatrième absurdité est d'imaginer du mal avant la création, lorsqu'il n'y avait encore aucun être auquel le mauvais principe pût nuire. Aussi Archélaüs soutint contre Manès, qu'il est impossible qu'une substance soit essentiellement et absolument mauvaise, puisque le mal n'est rien de positif, mais seulement la privation d'un plus grand bien. *Confér.* n° 16. Tertullien a fait ces mêmes arguments contre Hermogène et contre Marcion, et saint Augustin les a répétés.

2° Manès n'était pas moins ridicule, lorsqu'il concevait le bon principe, comme une *lumière*, et le mauvais sous l'idée des *ténèbres;* la lumière est un corps; les ténèbres n'en sont que la privation. Pouvait-il dire par quelle barrière la région de la lumière avait été de toute éternité séparée de celle des ténèbres ? comment les ténèbres, qui ne sont qu'une privation, avaient pu faire une irruption dans la région de la lumière ? On concevrait plutôt que la lumière, par son mouvement, avait fait une irruption dans la région des ténèbres. *Confér. d'Archélaüs*, n° 21 et suiv. Cet hérésiarque manquait de bon sens, lorsqu'il disait que les âmes ou les esprits sont des portions de lumière ; ce seraient donc des corps. L'esprit est un être simple et indivisible ; il ne peut faire partie d'un autre esprit, ni, par conséquent, en sortir par émanation ; il ne peut commencer d'être que par création. Le bon principe, être simple et nécessaire, a-t-il pu perdre une partie de sa substance, en laissant émaner de lui d'autres esprits ? S'il a le pouvoir créateur, tout autre pouvoir que le sien est inutile et absurde. Les manichéens ne s'entendaient pas eux-mêmes, en soutenant que le mauvais principe a fait les corps. S'il ne les a pas tirés du néant, il faut que la matière dont il les a formés soit éternelle, et voilà un troisième principe éternel. Les corps sont-ils, aussi bien que les âmes, des portions de lumière dérobées au bon principe ? ou sont-ce des portions de ténèbres, qui ne sont qu'une privation ? Rien n'est plus ridicule que de regarder les corps comme essentiellement mauvais. Puisque le corps et l'âme de l'homme sont évidemment faits l'un pour l'autre, ils ne peuvent pas être l'ouvrage de deux principes ennemis l'un de l'autre ; il en est de même de toutes les parties de l'univers ; l'unité de plan et de dessein démontre évidemment l'action d'un seul Créateur intelligent et sage. *Confér. d'Archél.*, n° 20.

3° Dans le système de Manès, les deux principes agissent d'une manière contraire à leur nature; le bon principe est impuissant, timide, injuste, imprudent; le mauvais est plus puissant, plus sage, plus habile. Selon lui, avant la naissance du monde, la région de la lumière, séjour du bon principe, était de toute éternité absolument séparée de la région des ténèbres, habitée par le mauvais; le premier, craignant une irruption de la part de son ennemi, lui abandonna une partie des âmes, afin de sauver le reste. Mais ces âmes étaient une partie de sa substance, et n'avaient commis aucun péché;

c'était donc une injustice de les abandonner pour jamais à la tyrannie du mauvais principe. Y avait-il à craindre que des barrières éternelles pussent être rompues? Ainsi, en refusant de reconnaître un Dieu, unique auteur du bien et du mal, on le suppose mauvais en toutes manières. *Ibid.*, n°ˢ 24, 25, 26. Saint Augustin, *de Morib. Manich.*, c. 12, n° 25, etc.

4° Dans ce même système, toute religion est inutile, est absurde, nous ne pouvons rien espérer de notre piété et de nos vertus, et nous n'avons rien à craindre pour nos crimes. Quoi que nous fassions, le Dieu bon nous sera toujours propice, et le mauvais principe nous sera toujours contraire. Tous deux agissent nécessairement selon l'inclination de leur nature, et de toute l'étendue de leurs forces; tout est donc la suite d'une nécessité fatale et inévitable. Or, dans l'hypothèse de la fatalité, il n'y a plus ni bien, ni mal moral; il n'y a plus que bonheur et malheur; autant vaut supposer que tout est matière. Cette doctrine est destructive de toute loi et de toute société; ce n'est pas sans raison que l'on a regardé les manichéens comme des ennemis dont il fallait purger le monde. S'ils n'ont pas commis tous les crimes dont ils ont été accusés, ils n'ont pas agi conséquemment.

5° Non-seulement il leur était impossible de prouver qu'il y a des substances absolument mauvaises par leur nature, mais ils étaient incapables de faire voir qu'il y a dans l'univers, tel qu'il est, plus de mal que de bien, et qu'à tout prendre, ce monde ne peut pas être l'ouvrage d'un Dieu bon. Puisqu'il s'ensuivait de leur doctrine que le mauvais principe a été plus puissant et plus habile que le bon, pourquoi a-t-il laissé subsister dans ce monde autant de bien qu'il y en a? Il n'est pas moins difficile de concilier le bien qui existe avec la puissance et la malice du mauvais principe, que d'accorder le mal qui règne avec la puissance d'un Dieu bon.

6° Enfin, l'on demandait aux manichéens : Puisque la même âme fait tantôt le mal et tantôt le bien, par lequel des deux principes a-t-elle été créée? Si c'est par le bon, il s'ensuit que le mal peut naître de la source de tout bien; si c'est par le mauvais, le bien peut donc provenir du même principe que le mal : ainsi, la maxime fondamentale du *manichéisme* se trouve absolument fausse et entièrement détruite.

Il n'est donc pas étonnant que, dans la conférence avec Archélaüs, Manès ait été honteusement réduit au silence, et que ses disciples les plus habiles aient toujours été confondus par saint Augustin. C'est très-mal à propos que les censeurs des Pères de l'Église prétendent que l'on ne s'est pas donné la peine de réfuter les manichéens, et que l'on a trouvé qu'il était plus aisé de les punir.

Il est évident que Zoroastre, qui supposait que les deux principes avaient été créés par le temps sans bornes, ne pouvait satisfaire à la difficulté tirée de l'origine du mal. Avant de les créer, l'Éternel devait prévoir le mal qui résulterait de leurs opérations, et il devait s'abstenir plutôt de rien produire, que de permettre l'introduction du mal par la malice du mauvais principe. Bayle ne paraît pas y avoir fait attention. Ce critique n'est pas mieux fondé à dire qu'à la vérité le système de Manès est absurde en lui-même, et qu'il est aisé de le réfuter directement; que néanmoins, dans le détail, il paraît mieux d'accord avec les phénomènes que le système ordinaire, et semble mieux résoudre les objections. Déjà il est démontré qu'il n'en résout aucune, et nous ferons voir que les Pères n'ont pas moins réussi à résoudre la grande difficulté de l'origine du mal, qu'à réfuter directement le *manichéisme*. Mais il est bon de considérer auparavant de quelle manière les philosophes du dernier siècle s'y sont pris pour satisfaire à cette célèbre objection et pour réfuter Bayle.

V. *Manière dont le manichéisme a été combattu dans le dernier siècle.* Bayle était un adversaire assez redoutable, pour éveiller l'attention des meilleurs philosophes. MM. King, Jacquelot, La Placette, Leibnitz, Le Clerc, le P. Malebranche, ont exercé leur plume contre lui. Il n'en est pas deux qui aient posé les mêmes principes, et, comme il arrive assez souvent, les questions accessoires qu'ils ont traitées ont presque toujours fait perdre de vue l'objet principal. Il s'agissait de savoir si le monde, tel qu'il est, peut être l'ouvrage d'un Dieu tout-puissant et infiniment bon; nous sommes obligés d'abréger beaucoup le détail de cette dispute.

King, archevêque de Dublin, dans un traité *de l'Origine du mal*, posa pour principe que Dieu a créé le monde pour exercer sa puissance et pour communiquer sa bonté; mais qu'aucun objet extérieur n'étant bon par rapport à lui, les choses ne sont bonnes que parce que Dieu les a choisies. Il dit que Dieu a voulu exercer sa bonté, mais de la manière la plus conforme au dessein qu'il avait d'exercer aussi sa puissance, et que les maux physiques sont nécessairement attachés aux lois que Dieu a établies pour faire éclater cette puissance même. Il conclut que la bonté de Dieu n'exigeait point qu'il créât un monde exempt de maux physiques, puisque ce monde possible n'aurait pas été meilleur à son égard que le nôtre. Il observe que le mal moral n'est qu'un abus que l'homme fait de sa liberté, et qu'il n'était pas meilleur par rapport à Dieu de prévenir cet abus que de le permettre; qu'en le prévenant il se serait écarté du plan qu'il avait formé de conduire l'homme par le mobile des peines et des récompenses. Au lieu que Bayle et les manichéens affectent d'exagérer la quantité de mal physique et moral répandu sur la terre, King l'exténue autant qu'il peut, et fait à ce sujet plusieurs réflexions très-sensées. Pour les réfuter, Bayle employa les propres principes de son adversaire. Puisque, de l'aveu de King, Dieu a créé le monde, non pour son intérêt ni pour sa gloire, mais pour communiquer sa bonté, il devait préférer l'exercice de sa bonté à celui de sa puissance; et puisque tout est également bon par rapport à lui, il devait choisir par préférence le plan, les lois, les moyens les plus avantageux aux créatures; c'est ce qu'il n'a pas fait. Nous montrerons ci-après le sophisme renfermé dans cette réplique de Bayle. Jacquelot, au contraire, dans un ouvrage intitulé : *Conformité de la foi et de la raison*, posa pour principe que Dieu a créé l'univers pour sa gloire; conséquemment qu'il a créé l'homme libre, afin qu'il fût capable de glorifier Dieu et de le connaître par ses ouvrages; qu'un être intelligent et libre, étant le plus parfait ouvrage de Dieu, il manquerait quelque chose à la perfection de l'univers, si l'homme n'était pas libre et capable de produire le mal moral par l'abus de sa liberté. Il ajouta que la bonté de Dieu ne l'obligeait point à créer l'homme dans l'état des bienheureux, parce que c'est un état de récompense, au lieu que celui des hommes sur la terre est un état d'épreuve.

Bayle répliqua, 1° que Dieu, trouvant en lui-même et dans ses perfections une gloire infinie et un souverain bonheur, ne peut avoir créé le monde pour sa gloire; qu'il l'a créé plutôt par bonté et pour avoir des êtres auxquels il pût faire du bien. 2° Que l'on ne voit pas en quoi le mal physique ni le mal moral contribuent à la perfection de l'univers ni à la gloire de Dieu; que, sans ôter à l'homme sa liberté, Dieu pouvait lui faire éviter le mal moral ou le péché; que, puisque l'état des bienheureux est plus parfait que le nôtre, Dieu pouvait plutôt y placer l'homme que dans l'état d'épreuve. Autre sophisme que nous aurons soin de relever.

La Placette, dans un écrit intitulé, *Réponse à deux objections de M. Bayle*, attaqua le principe de ce critique, et soutint qu'il n'est pas démontré que Dieu ait créé le monde uniquement par bonté et pour rendre ses créatures heureuses; que Dieu peut avoir eu des desseins que nous ignorons. Comme Bayle mourut dans le temps que La Placette faisait imprimer son ouvrage, il n'eut pas le temps de répliquer; il aurait dit, sans doute, que des desseins que nous ignorons ne peuvent pas nous servir à expliquer ce que nous voyons, ni à résoudre une difficulté. Leibnitz, pour attaquer Bayle, embrassa l'optimisme; il prétendit dans ses *Essais de Théodicée*, que Dieu, prêt à créer l'univers, avait choisi le meilleur de tous les plans possibles; que, quoique la permission du mal soit nécessairement entrée dans ce plan, cela n'empêche pas que, tout calculé, ce monde ne soit le meilleur de tous ceux que Dieu pouvait faire. On ne peut pas dire néanmoins que Dieu a voulu positivement le mal moral, ou le péché; il a seulement voulu un monde dans lequel le péché devait entrer, et dans lequel ce mal serait compensé par les biens qui en résulteraient. Nous ignorons ce que Bayle aurait répondu s'il avait encore été vivant; mais il est évident que l'optimisme borne témérairement la puissance de Dieu, en supposant qu'il n'a pas pu faire mieux qu'il n'a fait. Cette opinion donne encore atteinte à la liberté divine, en soutenant que Dieu a choisi nécessairement le plan qu'il a jugé le meilleur : d'où il résulte que tout est nécessairement tel qu'il est. Enfin, puisqu'il est impossible à l'esprit de l'homme de saisir le système physique et moral de l'univers dans sa totalité et dans ses différents rapports, nous sommes incapables de juger si le tout est le mieux possible. Voy. Optimisme.

Le Clerc a eu recours à un autre expédient; comme la plus forte objection de Bayle portait sur la longue durée du mal physique et moral dans ce monde, et sur leur éternité dans l'autre, Le Clerc, pour affaiblir cette difficulté, adopta l'origénisme; il prétendit, dans son *Parrhasiana*, que les peines des damnés finiraient un jour; qu'ainsi les biens et les maux de cette vie n'étaient que des moments destinés à élever enfin l'âme à la perfection et au bonheur éternel. Bayle répondit que, si cette hypothèse diminuait la difficulté tirée de l'existence du mal, elle ne la détruisait pas; qu'il est contraire à la bonté de Dieu de conduire les créatures à la perfection par le péché, et au bonheur par les souffrances, pendant qu'elle pouvait les y faire parvenir autrement : il y a encore du faux dans cette réponse.

Dans le dessein de dissiper entièrement toutes les objections, le P. Malebranche partit du même principe que Jacquelot; il dit que Dieu, étant un Être souverainement parfait, aime l'ordre, qu'il aime les choses à proportion qu'elles sont aimables, qu'il s'aime par conséquent lui-même d'un amour infini; de là ce philosophe conclut que, dans la création du monde, Dieu n'a pu se proposer pour fin principale que sa propre gloire. Il n'y aurait, dit-il, aucune proportion entre un monde fini quelconque et la gloire de Dieu, si, en le créant, Dieu ne s'était proposé l'incarnation du Verbe, qui donne aux hommages des créatures un prix infini. D'ailleurs, Dieu infiniment sage doit agir par des volontés générales, et non par des volontés particulières; or, pour prévenir tous les péchés, il aurait fallu que Dieu interrompît les lois générales et suivît des lois particulières; d'où l'on voit, qu'eu égard aux différentes perfections de Dieu, à sa bonté, à sa sagesse, à sa justice, il a fait à ses créatures tout le bien qu'il pouvait leur faire. Ce système du P. Malebranche fut attaqué par le docteur Arnaud. Sans examiner les raisons qu'il y opposa, il nous paraît dur de ne pouvoir répondre à des objections purement philosophiques et qui viennent naturellement à l'esprit des ignorants, que par la révélation d'un mystère aussi sublime que celui de l'incarnation, et d'être obligés de savoir s'il fallait absolument le péché originel et ses suites, pour que le Verbe divin pût s'incarner. En second lieu, nous ne voyons pas en quel sens Dieu, en faisant des miracles, suit les lois générales.

qu'il a établies, et sur lesquelles est fondé l'ordre physique du monde ; il passe pour constant parmi les théologiens, que tout miracle est une exception ou une dérogation à ces lois. Nous voyons encore moins sur quel sens un plus grand nombre de grâces efficaces accordées aux hommes auraient interrompu le cours des lois générales. Enfin cette hypothèse semble supposer, comme celle de Leibnitz, que Dieu a fait nécessairement tout ce qu'il a fait. Nous l'exposerons et nous la réfuterons avec plus d'étendue au mot OPTIMISME.

N'y a-t-il donc pas une méthode plus simple de résoudre les objections des manichéens? Pour y satisfaire, les Pères de l'Eglise n'ont point eu recours à des systèmes arbitraires ; ils n'ont embrassé ni l'optimisme, ni la fatalité, ni l'hypothèse des lois générales. Bayle, à la vérité, a prétendu que si les Pères avaient eu à disputer contre des philosophes plus habiles que les manichéens, ils auraient eu de la peine à résoudre leurs arguments ; nous soutenons, au contraire, qu'ils ont réfuté d'avance les sophismes de Bayle et des philosophes de toutes les sectes : nous ignorons pourquoi les modernes n'ont pas trouvé bon de s'en tenir aux vérités établies par les Pères.

VI. *Réponses des Pères de l'Eglise aux objections des manichéens.* Il ne faut pas oublier ce que nous avons dit ci-devant, qu'avant Manès le système des deux principes avait été embrassé par la plupart des sectes de gnostiques ; Valentin, Basilides, Bardesanes, Marcion et d'autres, avaient fait les mêmes objections et avaient été réfutés par les Pères. Tertullien, dans ses livres *contre Marcion*, l'auteur des Dialogues contre ce même hérétique, attribués autrefois à Origène ; Archélaüs, dans sa conférence avec Manès ; saint Augustin, dans ses divers ouvrages, etc., ont tous suivi la même méthode ; ils ont posé deux maximes d'une vérité palpable, qui font disparaître les difficultés. Déjà, dans l'article MAL et ailleurs, nous en avons fait voir la solidité : nous sommes forcés de nous répéter en peu de mots.

1° Le mal n'est ni une substance, ni un être positif, mais c'est la privation d'un plus grand bien ; il n'y a dans le monde ni bien ni mal absolu ; ils ne sont tels que par comparaison. Tout bien créé étant essentiellement borné, renferme nécessairement une privation ; il est censé mal en comparaison d'un plus grand bien, et il est mieux en comparaison d'un moindre bien. Puisqu'il n'est aucun être qui ne renferme quelque degré de bien, il n'en est aucun qui soit absolument mauvais. Quand on dit qu'il y a du mal dans le monde, cela signifie seulement qu'il y a moins de bien qu'il ne pourrait y en avoir. Lorsqu'on ajoute qu'un Dieu bon ne peut pas faire le mal, si l'on entend qu'il ne peut pas faire un bien moindre qu'un autre, cela est faux et absurde. Quand on affirme qu'il ne peut faire que du bien, si l'on veut dire qu'il ne peut faire que ce qui est le mieux possible, c'est une autre absurdité. Quelque bien que Dieu fasse, il peut toujours faire mieux, puisque sa puissance est infinie, le *mieux possible* serait l'infini actuel créé, qui renferme contradiction. S. August., l. III *de Lib. arb.,* c. 5, n. 12 et suiv. ; *L. de Morib. Manich.,* c. 4, n. 6 ; *Op. imperf.,* lib v, n. 58 et 60, etc. Ce principe évident est applicable aux trois espèces de maux que distinguent les philosophes. Ils appellent *mal* l'imperfection des créatures ; mais il n'en est aucune qui n'ait quelque degré de perfection ; elle n'est censée imparfaite que quand on la compare à une autre qui est plus parfaite ; ainsi l'homme est imparfait en comparaison des anges, mais il est beaucoup plus parfait que les brutes ; et dans la même espèce les divers individus sont plus ou moins parfaits les uns que les autres. L'imperfection absolue serait le néant, et il n'y a point de perfection absolue que celle de Dieu.

Aussi les philosophes, qui se plaignent du mal qu'il y a dans le monde, entendent principalement par *mal* la douleur ou le mal-être des créatures sensibles. Or, quoiqu'un seul instant de douleur légère nous paraisse un mal positif et absolu, il ne nous ôte cependant pas le sentiment d'un bien-être habituel dont nous avons joui, ou dont nous espérons de jouir ; ce n'est donc pas un mal pur et sans mélange de bien ; c'est même un bien en comparaison d'une douleur plus longue et plus aiguë, et il n'est personne qui ne choisît l'un préférablement à l'autre. Un mal pur pourrait-il être un objet de préférence? Le bien-être ou le bonheur, le mal-être ou le malheur ne sont donc encore que deux termes de comparaison. Un homme qui a vécu quatre-vingts ans, et qui n'a éprouvé dans toute sa vie que quelques instants d'une douleur légère, est très-heureux en comparaison de celui qui a souffert plus longtemps et plus violemment ; il est certainement dans le cas de bénir et de remercier Dieu.

Lorsque Bayle et ses copistes ont osé soutenir qu'un seul instant de douleur légère est un mal pur, positif, absolu, une objection invincible contre la bonté de Dieu, ils se sont joués des termes. Quand ils ajoutent qu'un Dieu bon se doit à lui-même de rendre ses créatures heureuses, nous leur demandons quel degré précis de bonheur il leur doit, et quelle doit en être la durée ; nous les défions de l'assigner. Quelque heureuse que l'on suppose une créature sur la terre, elle pourrait l'être davantage, et elle sera toujours censée malheureuse en comparaison des bienheureux du ciel. Le bonheur de ceux-ci n'est absolu que parce qu'il est éternel ; il pourrait augmenter, puisqu'il y a entre les saints divers degrés de gloire et de bonheur, et la félicité des uns a commencé plus tôt que celle des autres. Enfin, lorsque Bayle soutient qu'un Dieu bon ne peut conduire à ce bonheur éternel par un seul instant de souffrance, il choque directement le bon sens. Si en affirmant que Dieu doit nous rendre heureux, l'on entend qu'il doit nous rendre contents, il ne tient qu'à nous de l'être. Un saint qui souffre se croit heureux, bénit Dieu, et se réjouit de son état; un épicurien se croit malheureux, parce qu'il ne peut pas goûter autant de plaisirs qu'il voudrait : que prouve la fausse idée qu'il se fait du bonheur? Nous n'imitons point l'opiniâtreté des stoïciens, qui ne voulaient pas avouer que la douleur fût un mal, mais nous soutenons que ce n'est point un mal pur et absolu, qui rende l'homme absolument malheureux, qui lui ôte tout sentiment du bien-être, qui prouve de la part de Dieu un défaut de bonté envers ses créatures.

La troisième espèce de mal, qui est le péché, ne vient point de Dieu, mais de l'homme; c'est l'abus libre et volontaire d'une faculté bonne et avantageuse. Ceux qui soutiennent que la liberté est un mal, un don funeste, puisque c'est le pouvoir de se rendre éternellement malheureux, en imposent; c'est aussi le pouvoir de se rendre éternellement heureux par la vertu. Cette faculté serait, sans doute, meilleure et plus avantageuse, si c'était le seul pouvoir de faire le bien; mais le pouvoir de choisir entre le bien et le mal vaut certainement mieux que l'instinct purement animal des brutes; ce n'est donc pas une faculté absolument mauvaise. S. August., *L.* xi *de Genesi ad Lit.*, c. 7, n. 9. Un philosophe qui soutient que Dieu ne peut ni vouloir ni permettre le mal moral ou le péché, doit démontrer qu'un être intelligent, capable de vertu et de vice, est absolument mauvais ou absolument malheureux; comment le prouvera-t-il?

2° Un second principe évident, posé par les Pères de l'Eglise, c'est que la bonté de Dieu étant jointe à une puissance infinie, on ne doit point la comparer à la bonté de l'homme, dont le pouvoir est très-borné. l'homme n'est censé être bon qu'autant qu'il fait tout le bien qu'il peut faire; à l'égard de Dieu cette règle est fausse, puisque Dieu peut faire du bien à l'infini; on ne trouverait donc jamais le degré de bien auquel la bonté divine doit s'arrêter. S. Aug., *L. contra Epist. Fundam.* c. 30, n. 33; c. 37, n. 43; *Epist.* 186, *ad Paulin.* c. 7, n. 22, etc. Bayle lui-même a été forcé de reconnaître l'évidence de cette vérité. Mais que fait-il? Il l'oublie et la méconnaît dans tous ses raisonnements. Il prétend qu'un Dieu infiniment bon ne peut ni affliger ses créatures, ni permettre le péché, parce que si un père, un ami, un roi, etc., faisaient de même, ils ne seraient pas bons. Dès que toutes ses comparaisons sont démontrées fausses, tous ses sophismes ne signifient plus rien. Tel est cependant l'unique fondement sur lequel il a soutenu, contre King, que Dieu, en créant le monde, devait choisir par préférence le plan, les lois, les moyens *les plus avantageux* aux créatures; contre Jacquelot, que l'état des bienheureux étant *plus parfait* que le nôtre, Dieu devait plutôt y placer l'homme que dans l'état d'épreuve; contre Le Clerc, qu'il *était plus digne d'une bonté infinie*, de conduire l'homme au bonheur éternel par les plaisirs que par les souffrances, etc. Pourquoi Dieu devait-il faire tout cela? Parce qu'un homme ne serait pas censé bon, s'il ne le faisait pas lorsqu'il le peut. Ainsi, Bayle argumente constamment sur l'idée du *mieux*, de ce qui est *plus avantageux, plus digne* de la bonté de Dieu, idée qui conduit à l'infini, et il compare toujours cette bonté à celle d'un homme : double sophisme par lequel il éblouit ses lecteurs, et que les incrédules ne cessent de répéter. Mais les Pères, et en particulier saint Augustin, l'ont détruit d'avance par les deux principes qu'ils ont posés, et qui sont d'une évidence palpable; aujourd'hui l'on nous dit que les Pères n'ont pas répondu solidement aux objections des manichéens. Est-on venu à bout de renverser les deux vérités qui ont été la base de leurs réponses?

Saint Augustin n'a pas moins réussi à démasquer les fausses vertus dont les manichéens faisaient parade. Il leur démontre que leur abstinence n'est qu'une gourmandise raffinée, que leur chasteté est très-équivoque, qu'ils se font un scrupule de blesser une plante, pendant qu'ils laisseraient mourir de faim un pauvre catholique ou un malade, plutôt que de cueillir un fruit pour le soulager. Il leur reproche plusieurs vices très-odieux; il devait connaître leurs mœurs, puisqu'il avait été leur disciple pendant neuf ans, et sûrement la perte d'un pareil prosélyte dut leur être très-sensible. Saint Cyrille de Jérusalem les a peints à peu près de même, dans le temps que leur secte ne faisait que commencer, *Catech.* 6; il y avait un assez grand nombre de ces hérétiques dans la Palestine. Plusieurs critiques protestants ont accusé saint Augustin d'avoir soutenu, dans ses ouvrages contre les pélagiens, des sentiments tout contraires à ceux qu'il avait établis contre les manichéens : c'est une calomnie que nous réfutons ailleurs. *Voy.* SAINT AUGUSTIN.

VII. *Examen de l'Histoire critique de Manichée et du manichéisme, publiée par Beausobre.* Si nous entreprenions de relever tous les défauts de cet ouvrage, il en faudrait faire un presque aussi considérable; mais comme ils ont été avoués et remarqués déjà par d'habiles protestants, en particulier par Mosheim et par Brucker, et que nous avons occasion d'en parler dans plusieurs autres articles, nous nous bornerons dans celui-ci à quelques observations générales.

1° Beausobre fait profession de n'ajouter foi à aucun témoignage contraire à l'idée qu'il s'est formée du *manichéisme*. Il récuse celui des Pères de l'Eglise, parce qu'ils ont été trop crédules, que par un faux zèle ils ont exagéré les torts des hérétiques, et qu'ils ont affecté de publier tout ce qui pouvait en rendre la personne odieuse. Il n'a point d'égard aux aveux de quelques-uns des défenseurs du *manichéisme*, parce que c'étaient des ignorants qui ont mal saisi les principes et la doctrine de leur maître. Il fait encore moins de cas de la confession de ceux qui ont abjuré cette erreur pour se réconcilier à l'Eglise; c'étaient des transfuges qui cachaient la secte qu'ils abandonnaient selon la coutume de tous les apostats. Il ne se fie point aux auteurs grecs, parce qu'ils ne savaient pas la langue dans laquelle Manès a écrit, et qu'ils connaissaient mal la philosophie des Orientaux. L'on doit plutôt s'en rapporter aux écrivains perses, chaldéens, syriens, arabes, égyptiens, même aux juifs cabalistes. Cependant, parmi ces auteurs, il n'y en a pas un seul duquel on puisse affirmer, avec certitude, qu'il avait lu les livres originaux de Manès. Aussi Brucker blâme avec raison cette prévention de Beausobre, *Histoire critique de la Philosophie*, tom. III, pag. 489; tom. VI, pag. 550. Mosheim de même, *Instit. Hist. christ.*, IIᵉ part., cap. 5, pag. 331.

2° Ce critique ne veut pas que l'on attribue aux manichéens ni à aucune secte hérétique, par voie de conséquence, les erreurs qu'elle désavoue ou qu'elle n'enseigne pas formellement; mais il se sert de cette même voie de conséquence pour les justifier; ils n'ont pas pu, dit-il, soutenir tel'e autre erreur, puisqu'ils ont soutenu telle autre opinion qui est incompatible avec cette erreur. Au contraire, quand il s'agit des Pères de l'Eglise, il leur attribue toutes les absurdités possibles par voie de conséquence, et-il s'oppose à ce que l'on se serve de ce moyen pour les justifier, parce que selon lui, les Pères n'ont pas été toujours d'accord avec eux-mêmes. Ainsi il accuse ceux même qui ont admis la création d'avoir cru Dieu corporel, comme si ces deux opinions pouvaient compatir ensemble; il soutient que quelques autres n'ont pas cru la présence réelle de Jésus-Christ dans l'Eucharistie, parce qu'ils se sont exprimés d'une manière qui ne paraît pas s'accorder avec cette croyance. A son avis, les Pères et les hérétiques ont été tantôt conséquents et tantôt inconséquents, suivant qu'il lui est utile de le supposer.

3° Par un motif de charité exemplaire, il interprète toujours dans le sens le plus favorable les opinions des sectaires, et lorsqu'il n'est pas possible d'excuser leur doctrine, il veut que l'on attribue du moins leur égarement à une intention louable. Malheureusement cette condescendance n'a plus lieu à l'égard des Pères de l'Eglise; il prend toujours leurs sens le plus odieux ce qu'ils ont dit; il ne se fait pas même scrupule de falsifier un peu leurs passages, et de les traduire à sa manière : il a grand soin de noircir leurs intentions, lorsqu'il ne peut pas censurer leur doctrine. Est-ce à tort que Brucker lui a reproché d'avoir entrepris de justifier tous les hérétiques aux dépens des Pères de l'Eglise ? *Ibid.*

4° Il a cru excuser suffisamment les erreurs des manichéens, lorsqu'il a découvert quelques opinions à peu près semblables dans les écrits des docteurs catholiques, ou chez d'autres sectes hérétiques, ou dans quelque école de philosophie. Il s'étonne de ce que nous réprouvons avec tant de rigueur les opinions des mécréants, pendant que nous excusons les Pères et tous ceux que nous nommons *orthodoxes*. Avec un peu de réflexion, il aurait vu, entre les uns et les autres, une différence qui justifie notre conduite et qui condamne la sienne. Lorsqu'un docteur catholique a eu quelque opinion singulière ou fausse, il ne s'est pas avisé de l'ériger en dogme, de censurer le sentiment des autres, d'opposer le sien à celui de l'Eglise, de se donner pour inspiré ou apôtre destiné à réformer le christianisme. Voilà ce qu'ont fait les hérésiarques et leurs partisans; ils se sont élevés contre la croyance de l'Eglise; ils lui en ont opposé une autre qu'ils soutenaient plus vraie; ils ont regardé comme des incrédules et des réprouvés ceux qui ne voulaient pas l'embrasser; quelques-uns, comme Manès, se sont dits éclairés par le Saint-Esprit, et suscités de Dieu pour réformer la doctrine chrétienne; cette conduite a-t-elle mérité de l'indulgence et des ménagements?

5° Beausobre était-il en état de prouver que les disciples de Manès ont conservé fidèlement sa doctrine dans tous les lieux où ils l'ont portée, en Perse, en Syrie, en Egypte, en Grèce, en Afrique, en Espagne, en Italie; qu'ils n'ont pas usé du privilége commun à tous les sectaires, de changer de sentiment quand il leur plaît ? Il a reconnu lui-même que les manichéens étaient divisés en plusieurs sectes; qu'ils n'avaient pas tous le même sentiment, et que ceux d'Afrique étaient des ignorants, t. II, p. 529, 575, etc. Ce n'est donc pas par la doctrine de pareils disciples que l'on peut juger de celle de Manès, ni au contraire; comment Beausobre a-t-il été certain qu'aucun manichéen n'a enseigné les erreurs que les Pères ont attribuées à cette secte insensée et impie ? Les variations du *manichéisme* ont dû augmenter lorsqu'il a passé successivement aux priscillianistes, aux pauliciens, aux bulgares, aux bogomiles, aux albigeois. Si les écrits de Luther et Calvin étaient perdus, pourrait-on juger de leurs sentiments par ce qui est enseigné aujourd'hui chez les différentes sectes de protestants? Brucker a reproché à Beausobre de n'avoir pas su distinguer les différentes époques de la philosophie orientale, de n'avoir pas eu égard aux révolutions qui y sont survenues; l'on a encore plus de raison de se plaindre de ce qu'il n'a pas daigné distinguer les différentes époques du *manichéisme*. Mais il a voulu tout confondre, afin de donner une plus libre carrière à ses conjectures.

6° La première chose qu'il aurait dû faire était d'examiner si l'hypothèse des deux principes satisfait ou ne satisfait pas à la difficulté de l'origine du mal, si elle met mieux à couvert la bonté de Dieu que la croyance chrétienne, si les Pères ont réfuté solidement cette hypothèse, s'ils ont répondu suffisamment aux objections; l'on aurait vu par là si Manès raisonnait mieux ou plus mal qu'eux. Beausobre n'a fait ni l'un ni l'autre. Il s'est mis dans l'esprit que cet hérésiarque était l'un des plus beaux génies de l'antiquité, et l'un des mieux instruits de la philosophie orientale; le croirons-nous sur sa parole, quand nous voyons que le système de cet imposteur n'est qu'un composé bizarre de pièces rapportées, dont il a pris les unes chez les mages de Perse, les autres chez les gnostiques et les marcionites, les autres chez les chrétiens, dont il a défiguré tous les dogmes, et que ce système ne satisfait en aucune manière à la principale difficulté que l'auteur voulait éviter?

Enfin, quand la méthode de Beausobre serait plus juste et plus sensée, quand il aurait mieux deviné le plan du *manichéisme*, qu'en résulterait-il pour l'apologie de Manès? Rien : plus on lui suppose de lumières, plus on le fait paraître coupable. C'était un imposteur, puisqu'il se donnait pour apôtre de Jésus-Christ, sans avoir aucune preuve de mission; c'était un fanatique, puisqu'il préférait la doctrine des philosophes orientaux à celle de Moïse, dont la mission divine était prouvée, et qu'il se flattait de concilier celle de Jésus-Christ avec les rêveries de Zoroastre. Beausobre avoue ces deux points; mais ce n'est pas tout. Manès était un séditieux, puisqu'il prétendait changer la religion des Perses, et en introduire une nouvelle qu'il avait forgée, sans être revêtu d'une autorité divine; il méritait le supplice que le roi de Perse lui fit subir. C'était un mauvais raisonneur, puisque son hypothèse ne servait à rien pour résoudre la difficulté de l'origine du mal. Enfin, c'était un blasphémateur qui, sous prétexte de justifier la bonté de Dieu, défigurait tous les autres attributs de la Divinité, la puissance, la sagesse, la justice, la véracité de Dieu. Est-ce à tort que les Pères de l'Eglise ont été indignés de ses attentats? Si, en faisant l'histoire du *manichéisme*, Beausobre n'a point eu d'autre dessein que de faire briller ses talents, il a parfaitement réussi; on ne peut pas montrer plus d'esprit, d'érudition, de sagacité, une logique plus subtile et plus insidieuse, plus d'habileté à donner une apparence de vérité aux conjectures les plus hardies, et aux paradoxes les plus singuliers; c'est à juste titre que cet ouvrage lui a procuré beaucoup de réputation, surtout parmi les protestants. Mais il avait d'autres vues. Par intérêt de système, il lui importait de confirmer les protestants dans le mépris qu'ils ont pour les Pères et pour la tradition, et dans leurs préventions contre l'Eglise, parce qu'elle n'a jamais voulu tolérer les hérétiques; nous ne doutons pas qu'à cet égard il n'ait encore eu le plus grand succès. Il a produit un autre effet que l'auteur ne prévoyait peut-être pas; il a fourni aux incrédules une ample matière pour calomnier le christianisme dès sa naissance, pour prouver qu'immédiatement après la mort des apôtres, notre religion n'a eu pour défenseurs que des hommes crédules, mauvais raisonneurs, passionnés et fourbes, peu scrupuleux en fait de fraudes pieuses, auxquels on ne peut donner aucune confiance. Si elle avait Dieu pour auteur, sans doute il ne l'aurait pas mise en de si mauvaises mains. Mosheim n'a pas pu dissimuler cette pernicieuse conséquence qui s'ensuit de la critique trop hardie des protestants. *Inst. Hist. christ.*, c. 5, p. 330. Nous répétons souvent cette remarque, parce qu'elle met au jour la blessure profonde que la prétendue réforme a faite à la religion et qu'elle prouve l'aveuglement dont l'hérésie ne manque jamais de frapper les esprits les plus éclairés d'ailleurs. *Voy.* Pères de l'Eglise, Hérétiques, etc.

MANIFESTAIRES, secte d'anabaptistes qui parurent en Prusse dans le dernier siècle; on les nommait ainsi parce qu'ils croyaient que c'était un crime de nier ou de dissimuler leur doctrine, lorsqu'ils étaient interrogés. Ceux qui pensaient au contraire qu'il leur était permis de la cacher, furent nommés *clanculaires*. *Voy.* Anabaptistes.

MANIPULE. *Voy.* Habits sacerdotaux.

MANNE DU DÉSERT. Lorsque les Israélites, sortis de l'Egypte et arrivés au désert de Sinaï, furent pressés par la faim, ils murmurèrent et se plaignirent de ne pas trouver de quoi manger. Nous lisons dans l'*Exode*, c. XVI, qu'il y eut le matin une abondante rosée autour de leur camp, et que l'on vit la terre couverte de grains menus, semblables à la gelée blanche. Voilà, dit Moïse aux Israélites, le pain ou la nourriture que Dieu vous donne. L'historien sacré ajoute que la *manne* ressemblait à la graine de coriandre blanche, et qu'elle avait le goût de la plus pure farine mêlée avec le miel. Il est dit encore (*Num.* XI, 7), que le peuple, après l'avoir ramassée, la broyait sous la meule, ou la pilait dans un mortier, la faisait cuire dans un pot, et en faisait des gâteaux qui avaient le goût d'un pain pétri à l'huile.

Nous ne croyons pas qu'il soit fort nécessaire de disserter sur l'étymologie du nom hébreu *man*; c'est un monosyllabe, mot primitif, qui, dans les langues anciennes et modernes, signifie ce qu'on mange, la nourriture. A la vérité, Moïse (*Exod.* XVI, 16) semble rapporter ce nom à l'étonnement des Israélites, qui, voyant la *manne* pour la première fois, dirent *man hu*, qu'est-ce que cela? Mais le texte hébreu peut avoir un autre sens. Quelques littérateurs ont voulu persuader que la *manne* n'avait rien de miraculeux, puisqu'il en tombe encore aujourd'hui, soit dans le désert de Sinaï, soit dans d'autres lieux de la Palestine, dans la Perse et dans l'Arabie. C'est, disent-ils, une espèce de miel, et cette nourriture pouvait perdre sa vertu purgative dans les estomacs qui y étaient accoutumés. Il est évident que cette conjecture n'est d'aucun poids. Niébuhr, dans son *Voyage d'Arabie*, dit que l'on recueille à Ispahan, sur un buisson épineux, une espèce de *manne* assez semblable à celle des Israélites, mais elle n'a pas les mêmes propriétés, et ce voyageur n'en a point vu de telle dans le désert de Sinaï. On aurait beau chercher parmi toutes les espèces de *manne* connues, on n'en trouvera aucune qui ressemble à celle que Dieu envoyait à son peuple ; il en résultera toujours que celle-ci était miraculeuse.

En Orient et ailleurs, la *manne* ordinaire ne tombe que dans certaines saisons de l'année ; celle du désert tombait tous les jours, excepté le jour du sabbat, et ce phénomène dura pendant quarante ans, jusqu'à ce que les Israélites fussent en possession de la terre promise. La *manne* ordinaire ne tombe qu'en petite quantité et insensiblement, elle peut se conserver assez longtemps ; c'est un remède plutôt qu'une nourriture : celle du désert venait tout d'un coup, et en assez grande quantité pour nourrir un peuple composé de près de deux millions d'hommes ; non seulement elle se fondait au soleil, mais elle se corrompait dans les vingt-quatre heures. Il était ordonné au peuple de recueillir la *manne* pour la journée seulement ; d'en amasser pour chaque personne une mesure égale, plein un gomor, ou environ trois pintes, d'en recueillir le double la veille du sabbat, parce qu'il n'en tombait point le lendemain, et alors elle ne se corrompait point. Toutes ces circonstances ne pouvaient arriver naturellement. C'est donc avec raison que Moïse fait envisager aux Hébreux cette nourriture comme miraculeuse, leur dit qu'elle avait été inconnue à leurs pères, et que Dieu lui-même daignait la leur préparer (*Deut.* VIII, 3). Aussi Dieu ordonna d'en conserver dans un vase qui fut placé à côté de l'arche dans le tabernacle, afin de perpétuer la mémoire de ce bienfait.

Plusieurs interprètes ont pris à la lettre ce qui est dit de la *manne* dans le *livre de la Sagesse*, qu'elle avait tous les agréments du goût et toute la douceur des nourritures les plus excellentes, qu'elle se proportionnait à l'appétit de ceux qui en mangeaient, et se changeait en ce que chacun souhaitait (*Sap.* XVI, 20). Mais, selon l'explication de Josèphe et d'autres commentateurs, cela signifie seulement que ceux qui en mangeaient la trouvaient si délicieuse, qu'ils ne désiraient rien davantage. Ainsi, lorsque les Israélites en témoignèrent du dégoût (*Num.* XI, 6 ; XXI, 5), ce fut par inconstance, par pur caprice, par un effet de l'esprit séditieux qui leur était naturel.

Pour faire disparaître le miracle de la *manne*, un de nos célèbres incrédules a soupçonné que ce pouvait être du vin de cocotier, parce que dans les Indes il sort des bourgeons de cet arbre une liqueur qui s'épaissit par la cuisson, et se réduit à une espèce de gelée blanche. C'est dommage que cet arbre n'ait jamais crû dans les déserts de l'Arabie, et que le terrain sur lequel les Israélites ont habité pendant quarante ans ait toujours été absolument stérile, comme il l'est encore aujourd'hui ; il aurait fallu des forêts entières de cocotiers pour nourrir pendant si longtemps environ deux millions d'hommes ; et il est permis de douter si la gelée dont on nous parle est un aliment fort substantiel. On peut faire des conjectures et des suppositions tant que l'on voudra ; on ne nous fera jamais concevoir qu'un peuple immense ait pu vivre et se multiplier dans un désert pendant quarante ans autrement que par un miracle. Il ne nous paraît pas fort nécessaire de rassembler ici les fables et les rêveries que les rabbins ont forgées au sujet de la *manne*. *Voy.* la *Bible d'Avignon*, t. II, p. 74 (1).

(1) « La manne dont Dieu, dit Bullet, nourrit son peuple pendant quarante ans dans le désert, tombait la nuit ; elle était semblable à la graine de coriandre (*Exod.*, c. XVI), ou à ces grains de gelée blanche que l'on voit sur la terre pendant l'hiver ( *Num.* c. XI, v. 24) ; on en faisait des gâteaux qui avaient le goût d'un pain pétri avec de l'huile et du miel (*Sap.*, c. XVI). On offrait au Seigneur de ces gâteaux pétris à l'huile, ou frits dans l'huile, ou frottés d'huile, ce qui marque que c'est tout ce que les Israélites avaient de plus exquis. Encore aujourd'hui les Arabes, voisins de la Palestine, n'ont point de plus grand régal que du pain pétri avec de l'huile (*Voy. de Monconis*, tom. I, p. 206). Les gâteaux formés de manne, outre le goût d'huile, avaient encore celui de miel ; ce qui en faisait l'aliment le plus délicieux que les Hébreux connussent. Ainsi Dieu n'avait pas donné à son peuple une nourriture commune et grossière, mais une nourriture délicate, une nourriture dont ce peuple n'usait que dans ses festins, une nourriture qui était semblable à celle des princes et des grands ; car les termes hébreux, *Lechem Abirim*, du psaume LXXVII, que la Vulgate a rendus par le pain des anges, peuvent être aussi traduits le pain des princes, des grands ; et Symmaque l'a ainsi rendu en deux endroits. Le Seigneur ne se contenta pas d'accorder un si grand bienfait à tous les Israélites ; il voulut encore donner des marques particulières de bienveillance à ceux qui, parmi eux, méritaient singulièrement le nom de ses enfants par leur constante soumission à ses ordres. La manne prit pour eux tous les goûts qu'ils souhaitaient, et leur tint lieu de tous les aliments.

« Mais comment, dira-t-on, la multitude des Israélites, pour laquelle la manne était un manger délicieux, s'en lassa-t-elle, et désira-t-elle si ardemment les oignons d'Égypte ? Pourquoi ? parce que les hommes se dégoûtent bientôt des mets les plus exquis, dès qu'ils en font un usage journalier et continuel. Ne voit-on pas souvent des personnes, lassées de la meilleure chère, se régaler avec un morceau de viande commune. Si le dégoût des meilleurs mets est naturel dès qu'on en fait un usage continu, celui des Hébreux, qui ne vivaient que de manne et qui n'y trouvaient jamais que le même goût, est donc excusable ? Point du tout ; parce qu'il dépendait d'eux de participer au prodige qui diversifiait le goût de la manne pour un petit nombre de leurs frères, en imitant leur parfaite docilité.

« Mais peut-on souhaiter avec tant d'empressement des oignons ? cette plante ne paraît guère propre à faire naître de si ardents désirs. Nous répondons qu'il ne faut pas juger des oignons d'Égypte par les nôtres. La bonté de cette plante est proportionnée à la chaleur du climat sous lequel elle croît. M. Spon ( *Voyage de Grèce*, t. I ) dit qu'il a mangé en Grèce des oignons si excellents, qu'ils ne cédaient en rien aux meilleurs fruits de France. (*Observations* liv. III. c. 33. ) Belon écrit que les grands seigneurs turcs sont tellement accoutumés à manger des oignons crus, qu'ils ne font point de repas qu'ils n'y en mangent. Mais ceux d'Égypte sont bien supérieurs en bonté à ceux dont parlent ces deux voyageurs. Écoutons M. Maillet, qui a été dix ans consul au Caire. Voici ses paroles : « Que vous dirai-je de ces fameux oignons, autrefois si chers aux Égyptiens ( *Description d'Égypte*, t. II, p. 105 ), et que les Israélites re-

**MANSIONNAIRE**, officier ecclésiastique connu dans les premiers siècles, sur les fonctions duquel les critiques sont partagés. Les Grecs le nommaient παραμονάριος, et on le trouve sous ce nom, distingué des économes et des défenseurs, dans le deuxième concile de Chalcédoine. Denis le Petit, dans sa version des canons de ce concile, rend ce mot par celui de *mansionarius;* saint Grégoire en parle sous ce même nom dans ses *Dialogues*, l. I, c. 5 ; l. III, c. 14. Quelques-uns pensent que l'office de *mansionnaire* était le même que celui de portier, parce que' saint Grégoire appelle *Abundius* le *mansionnaire*, le gardien de l'église, *custodem ecclesiæ*. Dans un autre endroit, le même pape remarque que la fonction du *mansionnaire* était d'avoir soin du luminaire, et d'allumer les lampes et les cierges, ce qui reviendrait à peu près à l'office des acolytes. M. Fleury, *Mœurs des chrétiens*, n° 37, pense que ces officiers étaient chargés d'orner l'église aux jours solennels, soit avec des tapisseries de soie ou d'autres étoffes précieuses, soit avec des feuillages et des fleurs, et d'avoir soin que le lieu saint fût toujours dans un état de propreté et de décence capable d'inspirer le respect et la piété. Justel et Béveridge prétendent que ces *mansionnaires* étaient des laïques et des fermiers qui faisaient valoir les biens de l'Eglise ; c'est aussi le sentiment de Cujas, de Godefroi, de Suicer et de Vossius. Cette idée répond assez à l'étymologie du nom, mais elle s'accorde mal avec ce que dit saint Grégoire. Il se pourrait faire aussi que les fonctions des *mansionnaires* n'aient pas été les mêmes dans l'Eglise latine que dans l'Eglise grecque. Bingham, *Orig. ecclés.*, t. II, l. III, c. 13, § 1.

Quoi qu'il en soit, nous ne devons pas omettre la réflexion que fait à ce sujet M. Fleury, que toutes les fonctions qui s'exerçaient dans les églises paraissaient si respectables, que l'on ne permettait pas à des laïques de les faire ; l'on aima mieux établir exprès de nouveaux ordres de clercs, pour en décharger les diacres. On regardait donc les églises d'un tout autre œil que les hérétiques ne regardent leurs temples ou leurs prêches : ceux-ci ne sont que la demeure des hommes ; les églises ont toujours été le temple de Dieu, où il daigne habiter en personne.

**MANTELLATES**, religieuses hospitalières de l'ordre des servites, instituées par saint Philippe Béniti, vers l'an 1286 ; sainte Julienne Falconiéri en fut la première religieuse, et ses filles furent nommées *mantellates*, à cause des manches courtes qu'elles portent pour servir plus aisément les malades, et exercer d'autres œuvres de charité. Cet institut s'est étendu en Italie, où il est né, et dans l'Autriche. *Voy.* SERVITES.

**MAOSIM** ou **MOASIM**, terme hébreu ou chaldéen, qui se trouve dans le livre de Daniel (XI, 38 et 39). Le prophète, parlant d'un roi, dit « qu'il honorera dans sa place le dieu *Maosim*, dieu que ses pères n'ont pas connu ; qu'il lui offrira de l'or, de l'argent, des pierreries, des choses précieuses ; il bâtira des lieux forts pour *Maosim*, auprès du lieu étranger qu'il a reconnu. »

Les interprètes conviennent que le roi dont parle Daniel est Antiochus Épiphanes ; il est désigné dans cette prophétie par des traits si évidents, que l'on ne peut le méconnaître. Daniel prédit les persécutions que ce roi de Syrie exerça contre les Juifs, et les efforts qu'il fit pour abolir dans la Judée le culte du vrai Dieu ; Diodore de Sicile et d'autres historiens profanes en ont fait mention. Cette prophétie a paru si claire à Porphyre et à d'autres incrédules, qu'ils ont décidé qu'elle a été faite après coup, et qu'elle n'a été écrite qu'après le règne d'Antiochus. Nous avons fait voir le contraire à l'article DANIEL. D'autres, qu'elle est très-obscure, qu'elle ressemble parfaitement aux oracles des fausses religions ; ils ont tourné en ridicule les commentateurs qui ont entrepris de l'expliquer. Ainsi s'accordent entre eux nos savants incrédules.

Mais quel est ce dieu *Maosim* qu'Antiochus devait honorer ? Tous les interprètes conviennent que, selon le sens littéral du terme, c'est le *dieu des forces*. De là quelques-uns ont pensé que c'était Mars, dieu de la guerre ; d'autres ont entendu par là Jupiter Olympien ; mais ces deux dieux n'avaient pas été inconnus aux aïeux d'Antiochus. Plusieurs ont dit que c'était le vrai Dieu, auquel Antiochus fut forcé de rendre hommage avant de mourir ; mais ce roi n'a pas fait des offrandes au vrai Dieu, il ne lui a pas fait bâtir des forteresses. D'autres ont jugé avec plus de vraisemblance, que le *dieu des forces* est la ville de Rome, ou la puissance romaine, érigée en divinité par les Romains, et dont le nom en grec signifie *force*. Cette divinité avait été inconnue aux ancêtres d'Antiochus, et lorsque ce roi fut obligé de plier sous la puissance romaine, on ne peut pas dou-

---

grettaient si fort dans le désert, lorsque, sous la conduite de Moïse, ils eurent passé la mer Rouge ? Ils n'ont encore certainement rien perdu aujourd'hui de leur bonté, et ils sont plus doux qu'en aucun autre lieu du monde. On en a quelquefois cent livres pour dix sous, on les vend tout cuits au Caire ; il y en a en si grande abondance, que toutes les rues en sont remplies. »

« Les oignons de la Thessalie (*Voyages de Brown dans la Thessalie*, p. 96) sont plus gros que deux ou trois des nôtres, ils ont un bien meilleur goût, et l'odeur n'en est point du tout désagréable. Quoique je n'aimasse point les oignons auparavant, cependant je trouvais ceux-là très-bons, et je sentis fort bien qu'ils fortifiaient tout à fait mon estomac. On en sert à la collation, et on ne fait point de difficulté d'en manger avec du pain, et même un assez grand nombre. Je demandai à un *chiaoux* qui était avec moi, et qui avait presque été dans tous les pays des Turcs, s'il avait jamais mangé d'aussi bons oignons que ceux de Thessalie ; mais il me répondit que ceux d'Egypte étaient encore meilleurs. Ce qui me fit entendre pour la première fois l'expression de la *sainte Ecriture*, et ce qui m'empêcha de m'étonner davantage pourquoi les Israélites désiraient si passionnément de manger des oignons de ce pays. » — *Réponses critiques*, par M. Bullet, t. II, édit. in-8°, an. 1819.

ter qu'il n'ait honoré les aigles romaines, les enseignes que les Romains portaient à la tête de leurs armées, avec ces mots : S. P. Q. R. *Senatus populusque romanus.* Qu'Antiochus leur ait fait des offrandes et de riches présents, pour faire sa cour aux Romains ; qu'il ait fait bâtir des forteresses où ces enseignes furent placées et honorées avec la divinité de Rome, il n'y a rien là d'étonnant, ni d'incroyable, ni de fort obscur. Quelques interprètes ont appliqué cette prophétie à l'Antechrist ; mais il paraît que ce n'est pas là le sens littéral. Plusieurs protestants ont trouvé bon d'en faire l'application au pape, qu'ils peignaient comme l'Antechrist, et d'entendre par le culte du dieu *Maosim*, le culte de l'eucharistie ou celui des saints, qui ont, disent-ils, été établis par les papes. M. Bossuet a eu la patience de réfuter ces absurdités, que Jurieu soutenait sérieusement, et dont les protestants sensés rougissent aujourd'hui. *Hist. des Variat.*, l. XIII, § 15 et suiv. La démence de quelques fanatiques n'est pas un argument suffisant pour prouver que les prophéties sont obscures, et que l'on peut y trouver tout ce qu'on veut.

Les rabbins, malgré leur affectation de subtiliser sur tout, n'ont jamais douté que la prophétie de Daniel ne désignât Antiochus. Quand elle aurait été obscure en elle-même, elle a été assez expliquée par l'événement. En général, les prophéties n'étaient pas obscures pour ceux auxquels elles étaient adressées, qui parlaient la même langue que les prophètes, qui étaient imbus des mêmes idées. Quand après deux mille ans elles seraient devenues plus obscures pour nous, il ne s'ensuivrait rien contre l'inspiration des prophètes.

**MARAN-ATHA**, paroles syriaques, qui signifient *le Seigneur vient*, ou *le Seigneur est venu*, ou *le Seigneur viendra*. Saint Paul, *I Cor.* c. XVII, v. 22, dit : « Si quelqu'un n'aime point le Seigneur Jésus, qu'il soit anathème, » et il ajoute : *Maran-atha*, le Seigneur vient, ou, etc. Plusieurs commentateurs prétendent que c'était une formule d'anathème ou d'excommunication chez les Juifs, qu'elle est équivalente à *Scham-atha*, ou *Schem-atha*, le nom du Seigneur vient, et que saint Paul répète en syriaque ce qu'il venait de dire en grec. On a fait là-dessus de longues dissertations.

Bingham, *Orig. ecclés.*, t. VII, l. XVI, c. 11, § 16 et 17, doute que cette formule ait jamais été en usage dans l'Eglise chrétienne, et que l'on ait jamais excommunié un coupable pour toujours, et sans lui laisser aucun espoir de réconciliation. Il ne croit pas même que jamais l'Eglise ait demandé à Dieu la mort ou la perte de ses plus cruels persécuteurs. Saint Jean Chrysostome, *Homil.* 76, *in Epist. ad. Cor.*, soutient que les cas de sévir à l'excès contre les hérétiques, contre les persécuteurs et les autres ennemis de l'Eglise, sont très rares, parce que Dieu ne l'abandonnera jamais entièrement à leur séduction ni à leurs fureurs. Il ne nous paraît pas nécessaire d'entrer dans cette discussion, parce que le texte de saint Paul peut très-bien avoir un autre sens. Voici comme l'entendent plusieurs interprètes : « Si quelqu'un n'aime pas le Seigneur Jésus, c'est-à-dire si quelqu'un témoigne de l'aversion contre lui et prononce contre lui des malédictions, comme font les juifs incrédules, qu'il soit anathème lui-même ; le Seigneur vient, ou le Seigneur viendra tirer vengeance de cette impiété. » Ceci est donc une menace, et non une imprécation. *Voy.* la *Synopse des Crit. sur ce passage*

Lorsque l'Eglise chrétienne prie contre ses persécuteurs et ses ennemis, elle ne demande pas à Dieu de les perdre pour toujours ou de les damner, mais de les convertir, ou par des châtiments exemplaires, ou par d'autres grâces efficaces. *Voy.* IMPRÉCATION. Mais elle a reçu de Dieu le pouvoir de les excommunier, ou de les rejeter entièrement de la société des fidèles jusqu'à ce qu'ils soient rentrés en eux-mêmes, qu'ils aient fait une pénitence proportionnée à la grièveté de leur crime, et qu'ils aient réparé le scandale qu'ils ont donné. *Voy.* EXCOMMUNICATION.

**MARC** (saint), disciple de saint Pierre, et l'un des quatre évangélistes. On croit communément que ce saint était né dans la Cyrénaïque, et qu'il était Juif d'extraction ; et l'on en juge ainsi, parce que son style est rempli d'hébraïsmes. Il n'est pas certain qu'il ait été disciple immédiat de Jésus-Christ ; on trouve plus probable qu'il fut converti à la foi par saint Pierre après l'ascension du Sauveur.

Eusèbe, *Hist. ecclés.*, liv. II, c. 16, rapporte, d'après Papias et saint Clément d'Alexandrie, que *saint Marc* composa son Evangile à la prière des fidèles de Rome, qui souhaitèrent d'avoir par écrit ce que saint Pierre leur avait prêché, et il paraît que ce fut avant l'an 49 de Jésus-Christ. Quoiqu'il ait écrit à Rome, on ne peut pas prouver qu'il l'ait composé en latin, comme quelques-uns l'ont pensé ; les Romains parlaient presque aussi communément le grec que leur propre langue. Comme il y a beaucoup de conformité entre l'Evangile de *saint Marc* et celui de saint Matthieu, plusieurs autres ont jugé que le premier n'avait fait qu'abréger le second ; il y a cependant assez de différence entre l'un et l'autre, pour que l'on puisse douter si *saint Marc* avait vu l'Evangile de saint Matthieu lorsqu'il a composé le sien. Quoi qu'il en soit, on n'a jamais contesté dans l'Eglise l'authenticité de celui de *saint Marc* (1). L'opinion constante des Pères a été que cet évangéliste alla prêcher dans sa patrie et en Egypte, entre l'an 49 de Jésus-Christ et l'an 60, et qu'il établit l'Eglise d'Alexandrie ; cette église l'a toujours regardé comme son fondateur. On prétend même qu'il y souffrit le martyre l'an 68 ; que l'an 310 l'on bâtit une église sur son tombeau, et que ses reliques y étaient encore au VIII° siècle. Depuis ce temps-là, l'opinion

(1) Le dernier chapitre de l'Evangile selon saint Marc est du nombre des parties deutéro-canoniques de l'Ecriture. *Voy.* DEUTÉRO-CANONIQUE.

s'est établie que les Vénitiens les avaient transportées dans leurs îles, et l'on se flatte encore de les posséder à Venise.

On y garde aussi, dans le trésor de *saint Marc*, un ancien manuscrit de l'Evangile de ce saint, que l'on croit être l'original écrit de sa propre main; il est, non sur du papier d'Egypte, comme les Pères Mabillon et Montfaucon l'ont pensé, mais sur du papier fait de coton; c'est ce que nous apprend Scipion Maffei, qui l'a examiné depuis, et qui était très-capable d'en juger. Montfaucon a prouvé qu'il était en latin, et non en grec; d'autres disent qu'il est tellement endommagé de vétusté, et par l'humidité du souterrain où il est enfermé, que l'on ne peut plus en déchiffrer une seule lettre. Ce manuscrit fut envoyé d'Aquilée à Venise, dans le xv° siècle. En 1355, l'empereur Charles IV en avait obtenu quelques feuilles, qu'il envoya à Prague, où on les garde précieusement. Ces feuilles, jointes à celles qui sont à Venise, contiennent tout l'Evangile de *saint Marc*, elles sont aussi en latin. *Voy.* la *Préface de D. Calmet sur l'Evangile de saint Marc.*

En parlant des *liturgies*, nous avons observé que celle qui porte le nom de *saint Marc*, et qui est encore à l'usage des cophtes, est l'ancienne liturgie de l'Eglise d'Alexandrie, fondée par *saint Marc*. On ne doit donc pas en contester l'authenticité, sous prétexte qu'elle n'a pas été écrite ni composée par cet évangéliste même.

MARC (chanoines de saint). C'est une congrégation de chanoines réguliers, qui a été florissante en Italie pendant près de quatre cents ans. Elle fut fondée à Mantoue, sur la fin du xii° siècle, par un prêtre nommé Albert Spinola. La règle qu'il lui donna fut successivement approuvée et corrigée par différents papes. Vers l'an 1450, ces chanoines ne suivirent plus que la règle de saint Augustin. Cette congrégation, après avoir été composée de dix-huit à vingt maisons d'hommes, et de quelques maisons de filles, dans la Lombardie et dans l'Etat de Venise, déchut peu à peu. En 1584, elle était réduite à deux maisons, dans lesquelles la régularité n'était plus observée. Alors, du consentement du pape Grégoire XIII, le couvent de *saint Marc* de Mantoue, qui était le chef d'ordre, fut donné aux camaldules par Guillaume, duc de Mantoue, et la congrégation des chanoines finit ainsi.

MARCELLIENS, hérétiques du iv° siècle, attachés à la doctrine de Marcel, évêque d'Ancyre, que l'on accusait de faire revivre les erreurs de Sabellius, c'est-à-dire de ne pas distinguer assez les trois personnes de la sainte Trinité, et de les regarder seulement comme trois dénominations d'une seule et même personne divine. Il n'est aucun personnage de l'antiquité sur la doctrine duquel les avis aient été plus partagés que sur celle de cet évêque. Comme il avait assisté au premier concile de Nicée, qu'il avait souscrit à la condamnation d'Arius, qu'il avait même écrit un livre contre les défenseurs de cet hérétique, ils n'oublièrent rien pour défigurer les sentiments de Marcel, et pour noircir sa réputation. Ils le condamnèrent dans plusieurs de leurs assemblées, le déposèrent, le firent chasser de son siége, et mirent un des leurs à sa place. Eusèbe de Césarée, dans les cinq livres qu'il écrivit contre cet évêque, montre beaucoup de passion et de malignité; et c'est dans cet ouvrage même qu'il laisse voir à découvert l'arianisme qu'il avait dans le cœur.

Vainement Marcel se justifia dans un concile de Rome, sous les yeux du pape Jules, l'an 341, et dans le concile de Sardique, l'an 347; on prétendit que, depuis cette époque, il avait mieux ménagé ses expressions, et moins découvert ses vrais sentiments. Parmi les plus grands personnages du iv° et du v° siècle, les uns furent pour lui, les autres contre lui. Saint Athanase même, auquel il avait été fort attaché, et qui, pendant longtemps, avait vécu en communion avec lui, parut s'en retirer dans la suite et s'être laissé persuader par les accusateurs de Marcel. Tout ce que l'on peut dire, c'est que, dans la fermentation qui régnait alors entre tous les esprits, et vu l'obscurité des mystères sur lesquels on contestait, il était très-difficile à un théologien de s'exprimer d'une manière assez correcte pour ne pas donner prise aux accusations de l'un ou de l'autre parti. S'il ne fut pas prouvé très-clairement que le langage de Marcel était hérétique, on fut du moins convaincu que ses disciples et ses partisans n'étaient pas orthodoxes. Photin, qui renouvela réellement l'erreur de Sabellius, avait été diacre de Marcel et avait étudié sous lui : l'égarement du disciple ne pouvait manquer d'être attribué au maître. Il est donc très-difficile aujourd'hui de prononcer sur la cause de ce dernier. Tillemont, après avoir rapporté et pesé les témoignages, n'a pas osé porter un jugement, t. VI, page 503 et suiv. *Voy.* PHOTINIENS.

MARCIONITES, nom de l'une des plus anciennes et des plus pernicieuses sectes qui soient nées dans l'Eglise au ii° siècle. Du temps de saint Épiphane, au commencement du v°, elle était répandue dans l'Italie, l'Egypte, la Palestine, la Syrie, l'Arabie, la Perse et ailleurs; mais alors elle était réunie à la secte des manichéens par la conformité des sentiments.

Marcion, auteur de cette secte, était de la province du Pont, fils d'un saint évêque, et dès sa jeunesse il fit profession de la vie solitaire et ascétique; mais, ayant débauché une vierge, il fut excommunié par son propre père, qui ne voulut jamais le rétablir dans la communion de l'Eglise, quoiqu'il se fût soumis à la pénitence. C'est pourquoi, ayant quitté son pays, il s'en alla à Rome, où il ne fut pas mieux accueilli par le clergé. Irrité de la rigueur avec laquelle on le traitait, il embrassa les erreurs de Cerdon, y en ajouta d'autres, et les répandit partout où il trouva des auditeurs dociles : on croit que ce fut au commencement du pontificat de Pie I$^{er}$, vers la 5° année d'Antonin le Pieux, la 144° ou 145° de Jésus-Christ. Entêté, comme son maître, de la philosophie de Pythagore, de Platon, des stoïciens et des orientaux, Marcion crut comme lui résoudre la question de l'origine du mal, en admettant deux principes de toutes choses, dont l'un, bon par nature, avait produit le bien, l'autre, essentiellement mauvais, avait produit le mal.

La principale difficulté qui avait exercé les philosophes, était de savoir comment un esprit, tel que l'âme humaine, se trouvait renfermé dans un corps, et assujetti ainsi à l'ignorance, à la faiblesse, à la douleur; comment et pourquoi le Créateur des esprits les avait ainsi dégradés. La révélation, qui nous apprend la chute du premier homme, ne paraissait pas résoudre assez la difficulté, puisque le premier homme lui-même était composé d'une âme spirituelle et d'un corps terrestre; d'ailleurs, il semblait qu'un Dieu tout-puissant et bon aurait dû empêcher la chute de l'homme. Les raisonneurs crurent mieux rencontrer, en supposant que l'homme était l'ouvrage de deux principes opposés, l'un père des esprits, l'autre créateur ou formateur des corps. Celui-ci, disaient-ils, méchant et jaloux du bonheur des esprits, a trouvé le moyen de les emprisonner dans des corps : et pour les retenir sous son empire, il leur a donné la loi ancienne, qui les attachait à la terre par des récompenses et des châtiments temporels. Mais le Dieu bon, principe des esprits, a revêtu l'un d'entre eux, qui est Jésus-Christ, des apparences de l'humanité, et l'a envoyé sur la terre pour abolir la loi et les prophètes, pour apprendre aux hommes que leur âme vient du ciel, et qu'elle ne peut recouvrer le bonheur qu'en se réunissant à Dieu ; que le moyen d'y parvenir est de s'abstenir de tous les plaisirs qui ne sont pas spirituels. Nous montrerons ci-après les absurdités de ce système.

Conséquemment Marcion condamnait le mariage, faisait de la continence et de la virginité un devoir rigoureux, quoiqu'il y eût manqué lui-même. Il n'administrait le baptême qu'à ceux qui gardaient la continence; mais il soutenait que, pour se purifier de plus en plus, on pouvait le recevoir jusqu'à trois fois. On ne l'a cependant pas accusé d'en altérer la forme, ni de le rendre invalide. Il regardait comme une nécessité humiliante le besoin de prendre pour nourriture des corps produits par le mauvais principe; il soutenait que la chair de l'homme, ouvrage de cette intelligence malfaisante, ne devait pas ressusciter; que Jésus-Christ n'avait eu de cette chair que les apparences; que sa naissance, ses souffrances, sa mort, sa résurrection, n'avaient été qu'apparentes. Selon le témoignage de saint Irénée, il ajoutait que Jésus-Christ, descendu des enfers, en avait tiré les âmes de Caïn, des sodomites et de tous les pécheurs, parce qu'elles étaient venues au-devant de lui, et que sur la terre elles n'avaient pas obéi aux lois du mauvais principe créateur ; mais qu'il avait laissé dans les enfers Abel, Noé, Abraham et les anciens justes, parce qu'ils avaient fait le contraire. Il prétendait qu'un jour le Créateur, Dieu des Juifs, enverrait sur la terre un autre Christ ou Messie pour les rétablir, selon les prédictions des prophètes. Plusieurs *marcionites*, pour témoigner le mépris qu'ils faisaient de la chair, couraient au martyre, et recherchaient la mort; on n'en connaît cependant que trois qui l'aient réellement soufferte avec les martyrs catholiques. Ils jeûnaient le samedi, en haine du Créateur, qui a commandé le sabbat aux Juifs. Plusieurs, à ce que dit Tertullien, s'appliquaient à l'astrologie judiciaire; quelques-uns eurent recours à la magie et au démon, pour arrêter les effets du zèle avec lequel Théodoret travaillait à la conversion de ceux qui étaient dans son diocèse.

Le seul ouvrage qui ait été attribué à Marcion est un traité qu'il avait intitulé, *Antithèses* ou *Oppositions;* il s'y était appliqué à faire voir l'opposition qui se trouve entre l'ancienne loi et l'Evangile, entre la sévérité des lois de Moïse et la douceur de celles de Jésus-Christ ; il soutenait que la plupart des premières étaient injustes, cruelles et absurdes. Il en concluait que le Créateur du monde, qui parle dans l'Ancien Testament, ne peut pas être le même Dieu qui a envoyé Jésus-Christ ; conséquemment il ne regardait point les livres de l'Ancien Testament comme inspirés de Dieu. De nos quatre Evangiles, il ne recevait que celui de saint Luc, encore en retranchait-il les deux premiers chapitres qui regardent la naissance de Jésus-Christ ; il n'admettait que dix des épîtres de saint Paul, et il en ôtait tout ce qui ne s'accordait point avec ses opinions.

Plusieurs Pères du IIe et du IIIe siècle ont écrit contre Marcion ; saint Justin, saint Irénée, un auteur nommé Modeste, saint Théophile d'Antioche, saint Denis de Corinthe, etc. ; mais un grand nombre de ces ouvrages sont perdus. Les plus complets qui nous restent sont les cinq livres de Tertullien *contre Marcion*, avec ses traités *de Carne Christi* et *de Resurrectione carnis;* les dialogues *de recta in Deum fide*, attribués autrefois à Origène, mais qui sont d'un auteur nommé Adamantius, qui a vécu après le concile de Nicée. Origène lui-même, dans plusieurs de ses ouvrages, a relevé les erreurs de Marcion, mais en passant, et sans attaquer de front le système de cet hérétique.

Bayle, dans l'article *marcionites* de son *Dictionnaire*, prétend que les Pères n'ont pas répondu solidement aux difficultés de Marcion, et il cite pour preuve les réponses données par Adamantius et par saint Basile à une des principales objections des *marcionites*. Nous les examinerons ci-après ; mais il ne parle pas des livres de Tertullien, et il est forcé d'ailleurs de convenir qu'en général le système de Marcion était mal conçu et mal arrangé. Dans l'article MANICHÉISME, nous avons fait voir que les Pères ont réfuté solidement les objections des manichéens, qui étaient les mêmes que celles des *marcionites;* mais il est bon de voir d'abord de quelle manière le système de ces derniers est combattu par Tertullien.

Dans son premier livre *contre Marcion*, ce Père démontre qu'un premier principe éternel et incréé est souverainement parfait, par conséquent unique; que la souveraine perfection découle évidemment de l'existence nécessaire; qu'il n'y a pas plus de raison d'admettre deux premiers principes que d'en admettre mille. Il fait voir que le Dieu supposé *bon* par Marcion ne l'est pas en effet, puisqu'il ne s'est pas fait connaître avant Jésus-Christ; qu'il n'a rien créé de ce que nous voyons; que, selon le système de Marcion, ce Dieu a très-mal pourvu au salut des hommes; qu'il a laissé captiver les esprits, dont il était le père, sous le joug du mauvais principe, et a laissé celui-ci faire le mal, sans s'y opposer; qu'il est donc impuissant ou stupide. Bayle lui-même a fait cette dernière réflexion contre le principe prétendu *bon* des manichéens. Dans le second livre, Tertullien prouve que Dieu, tel que les livres de l'Ancien Testament nous le représentent, est véritablement et souverainement bon; que sa bonté est démontrée par ses ouvrages, par sa providence, par ses lois, par son indulgence et sa miséricorde envers les pécheurs, même par les corrections paternelles dont il use à leur égard, et par la sagesse des lois de Moïse, que Marcion censure mal à propos. Il est donc faux que l'Ancien Testament ne soit pas l'ouvrage d'un Dieu bon, et que celui-ci ne soit pas le Créateur. Dans le troisième, Tertullien fait voir que Jésus-Christ s'est constamment donné comme envoyé par le Créateur, et non par un autre; qu'il a été ainsi annoncé par les prophètes; que sa chair, ses souffrances, sa mort, ont été réelles et non apparentes. Il prouve la même chose dans le quatrième, en montrant que Jésus-Christ a exécuté ponctuellement tout ce que le Créateur avait promis par les prophètes. Il met au grand jour la témérité de Marcion, qui rejette l'Ancien Testament, duquel Jésus-Christ s'est servi pour prouver sa mission et sa doctrine, et qui retranche du Nouveau tout ce qui lui déplaît. Dans le cinquième, il continue de prouver, par les épîtres de saint Paul, que Jésus-Christ est véritablement le Fils et l'envoyé du Créateur, seul Dieu de l'univers. Dans son traité *de Carne Christi*, il avait déjà prouvé la réalité et la possibilité de la chair de Jésus-Christ; et dans celui *de Resurrectione carnis*, il fait voir que la résurrection future des corps est un dogme essentiel de la foi chrétienne; d'où il résulte encore que la chair ou les corps sont l'ouvrage du Dieu bon, et non du mauvais principe.

Mais pourquoi ce Dieu bon a-t-il laissé pécher l'homme? Telle est la grande objection des *marcionites*. Il l'a permis, répond Tertullien, parce qu'il avait créé l'homme libre; or, il était bon à l'homme d'user de sa liberté. C'est par là même qu'il est fait à l'image de Dieu, qu'il est capable de mérite et de récompense. Adamantius, dans les *Dialogues contre Marcion*, répond de même que Dieu a laissé à l'homme l'usage de sa liberté, parce qu'il n'est pas de la nature de l'homme d'être immuable comme Dieu. Saint Basile dit que Dieu en a usé ainsi, parce qu'il n'a pas voulu que nous l'aimassions par force, mais de notre plein gré. Les Pères des siècles suivants ont dit que Dieu a permis le péché d'Adam, parce qu'il se proposait d'en réparer avantageusement les suites par la rédemption de Jésus-Christ. *Voy.* Péché originel, Rédemption.

Voilà les réponses que Bayle trouve insuffisantes et peu solides. Dieu, dit-il, pouvait empêcher l'homme de pécher, sans nuire à sa liberté, puisqu'il fait persévérer les justes sur la terre par des grâces efficaces, et que les saints dans le ciel sont incapables de pécher. Il ne s'ensuit point de là que les justes et les bienheureux cessent d'être libres, sont immuables comme Dieu, aiment Dieu par force, etc. Si les *marcionites* avaient ainsi répliqué aux Pères de l'Eglise, nous pensons que ceux-ci n'auraient pas été fort embarrassés à les réfuter. Ils auraient dit, sans doute, 1° qu'il est absurde de prétendre que, par bonté, Dieu doit donner à tous les hommes, non-seulement des grâces suffisantes, mais des grâces efficaces. Il s'ensuivrait que plus l'homme est disposé à être ingrat, rebelle, infidèle à la grâce, plus Dieu est obligé d'augmenter celle-ci; comme si la malice de l'homme était un titre pour obtenir de plus grands bienfaits. Dire que Dieu le doit, *parce qu'il le peut*, c'est supposer qu'il doit épuiser, en faveur de l'homme, sa puissance infinie. Autre absurdité. — 2° Les Pères auraient fait voir qu'en raisonnant sur ce principe, le bonheur même des bienheureux ne suffit pas pour acquitter la bonté de Dieu. Ce bonheur n'est infini que dans sa durée; mais il pourrait augmenter, puisqu'il y a entre les saints divers degrés de gloire et de bonheur, et que la félicité des uns a commencé plus tôt que celle des autres.

Bayle et les autres apologistes des *marcionites* raisonnent donc sur un principe évidemment faux, en supposant que la bonté de Dieu, jointe à une puissance infinie, doit toujours faire le plus grand bien, et qu'un bien moindre qu'un autre est un mal. L'absurdité de cet entêtement n'a pas échappé aux Pères de l'Eglise, puisqu'ils ont posé le principe directement contraire. *Voy.* Manichéisme, § 6. Les autres maximes sur lesquelles Bayle se fonde, savoir, que Dieu ne peut ni faire ni permettre le mal, qu'à son égard, permettre et vouloir, c'est la même chose, etc., ne sont pas moins fausses; elles sont réfutées ailleurs. *Voy.* Bon, Mal, Permission, etc.

Marcion eut plusieurs disciples qui se firent chefs de secte à leur tour, en particulier Appellès et Lucien. *Voy.* Appellites et Lucianistes. Pourquoi n'auraient-ils pas eu comme lui le privilége de former un système à leur gré? Quelques-uns admirent trois principes au lieu de deux; l'un bon, l'autre juste, le troisième méchant. *Voy.* les *Dialogues d'Adamantius*, sect. 1, note c, p. 804. On ne peut pas citer une seule hérésie qui n'ait eu différentes branches, et dont les sectateurs ne se soient bientôt divisés ; celle des *marcionites* se fondit dans la secte des manichéens. *Voy.* Tillemont, t. II, p. 266 et suiv.

Mosheim, *Hist. christ.*, sæc. II, § 63, est convenu que Beausobre, en parlant des *marcionites*, dans son *Histoire du manichéisme*, a trop suivi son penchant à excuser et à justifier tous les hérétiques. Malheureusement nous nous trouvons souvent dans le cas de lui reprocher le même défaut, et il en a encore donné quelques preuves dans l'exposé qu'il fait de la conduite et de la doctrine de *Marcion*. Il fait ce qu'il peut pour mettre de la suite et de l'ensemble entre les dogmes enseignés par cet hérésiarque ; mais ses efforts sont assez superflus, puisqu'il est incontestable que tous les anciens sectaires ont été très-mauvais raisonneurs. De simples probabilités ne suffisent pas pour nous autoriser à contredire les Pères de l'Eglise, qui ont lu les ouvrages de ces hérétiques, qui souvent les ont entendus eux-mêmes, et ont disputé contre eux. Il serait donc inutile d'entrer dans la discussion des divers articles sur lesquels Beausobre ni Mosheim ne veulent pas ajouter foi, à ce que disent les Pères de l'Eglise touchant les *marcionites*.

MARCOSIENS, secte d'hérétiques du IIᵉ siècle, dont le chef fut un nommé Marc, disciple de Valentin, et de laquelle saint Irénée a parlé fort au long. *Lib.* I *adv. Hær.*, c. 13 et suiv.

Ce Marc entreprit de réformer le système de son maître, et y ajouta de nouvelles rêveries ; il les fonda sur les principes de la cabale et sur les prétendues propriétés des lettres et des nombres. Valentin avait supposé un grand nombre d'esprits ou de génies qu'il nommait *éons*, et auxquels il attribuait la formation et le gouvernement du monde ; selon lui, ces éons étaient les uns mâles, les autres femelles ; et les uns étaient nés du mariage des autres. Marc, au contraire, persuadé que le premier principe n'était ni mâle ni femelle, jugea qu'il avait produit seul les éons *par sa parole*, c'est-à-dire par la vertu naturelle des mots qu'il avait prononcés. Comme le premier mot de la Bible en grec est ἐν ἀρχῇ, *in principio*, Marc conclut gravement que ce mot était le premier principe de toutes choses, et comme les vingt-quatre lettres de l'alphabet étaient aussi les signes des nombres, il bâtit sur la combinaison des lettres de chaque mot et des nombres qu'elles désignaient, le système de ses éons et de leurs opérations. Selon saint Irénée, il les supposa au nombre de trente ; selon d'autres, il les réduisit à vingt-quatre, à cause des vingt-quatre lettres de l'alphabet. Il se fondait sur ce que Jésus-Christ a dit dans l'Apocalypse : *Je suis l'alpha et l'oméga, le principe et la fin*, et sur quelques autres passages dont il abusait de même. Il conclut enfin que par la vertu des mots combinés d'une certaine manière, on pouvait diriger les opérations des éons ou des esprits, participer à leur pouvoir et opérer des prodiges par ce moyen.

Rien n'était plus absurde que de supposer qu'en créant le monde, Dieu avait parlé grec, et que l'alphabet de cette langue avait plus de vertu que celui de toute autre langue quelconque. Mais les pythagoriciens avaient déjà fondé des rêveries sur les propriétés des nombres, et l'on était encore entêté de cette philosophie au IIᵉ siècle. Ce n'est pas sans raison que les anciens Pères ont remarqué que les hérésies sont sorties des différentes écoles de philosophie ; mais l'absurdité de celle des *marcosiens* ne fait pas beaucoup d'honneur à la mère qui lui a donné la naissance.

Par le moyen d'un prestige, Marc eut le talent de persuader qu'il était réellement doué d'un pouvoir surnaturel, et qu'il pouvait le communiquer à qui il voulait. Il trouva le secret de changer en sang, aux yeux des spectateurs, le vin qui sert à la consécration de l'eucharistie. Il prenait un grand vase et un petit, il mettait dans le dernier le vin destiné au sacrifice, et faisait une prière ; un moment après, la liqueur paraissait bouillir dans le grand vase, et l'on y voyait du sang au lieu de vin. Ce vase était probablement la machine hydraulique que les physiciens nomment *la fontaine de Cana*, dans laquelle il semble que l'eau se change en vin ; ou par une préparation chimique, Marc donnait au vin la couleur de sang. En faisant opérer par quelques femmes ce prétendu prodige, il leur persuada qu'il leur communiquait le don de faire des miracles et de prophétiser, et par des potions capables de leur troubler les sens, il les disposait à satisfaire ses désirs déréglés. Ainsi, par l'enthousiasme joint au libertinage, il parvint à en séduire un grand nombre et à former une secte. Saint Irénée se plaint de ce que cette peste s'était répandue dans les Gaules, principalement sur les bords du Rhône : mais quelques femmes sensées et vertueuses, que Marc et ses associés n'avaient pu séduire, dévoilèrent la turpitude de ces imposteurs ; d'autres qui avaient été séduites, mais qui revinrent à résipiscence, confirmèrent la même chose, et firent détester leurs corrupteurs.

Les *marcosiens* avaient plusieurs livres apocryphes et remplis de leurs rêveries, qu'ils donnaient à leurs prosélytes pour des livres divins. Suivant le témoignage de saint Irénée, l. I, c. 21, ils avouaient que le baptême de Jésus-Christ remet les péchés ; mais ils en donnaient un autre avec de l'eau mêlée d'huile et de baume, pour initier leurs prosélytes, et appelaient cette cérémonie *la rédemption*. Quelques-uns cependant la regardaient comme inutile, et faisaient consister la rédemption dans la connaissance de leur doctrine. Au reste, ces hérétiques n'avaient rien de fixe dans leur croyance ; il était permis à chacun d'y ajouter ou d'en retrancher ce qu'il jugeait à propos ; leur secte n'était, à proprement parler, qu'une société de libertinage. Il s'en détacha une partie, qui forma celle des *archontiques*. *Voy.* Tillemont, t. II, p. 291.

Il est bon d'observer que si, au IIᵉ siècle, la croyance de l'Eglise chrétienne n'avait pas été que, par la consécration de l'eucharistie, le pain et le vin sont changés au corps et au sang de Jésus-Christ, l'hérésiarque Marc ne se serait pas avisé de vouloir rendre ce changement sensible par un miracle apparent; et si l'on n'avait pas cru que le sacerdoce donnait aux prêtres des pouvoirs surnaturels, cet imposteur n'aurait pas eu recours à un prestige, pour persuader qu'il avait la plénitude du sacerdoce. C'est pour cela même qu'il est utile à un théologien de connaître les divers égarements des hérétiques anciens et modernes, quelque absurdes qu'ils soient: la vérité ne brille jamais mieux que par son opposition à l'erreur. Mosheim, aussi attaché à justifier tous les hérétiques qu'à déprimer les Pères de l'Eglise, conjecture qu'il n'y avait peut-être ni magie, ni fraude dans les procédés des *marcosiens*; qu'ils ont été calomniés, ou par quelques femmes qui voulaient quitter cette secte pour se réconcilier à l'Eglise, ou par quelques spectateurs ignorants de leur liturgie, qui auront pris pour magie des usages fort simples, desquels ils ne concevaient pas la raison. Il ne peut pas se persuader que ces hérétiques aient été assez insensés et assez corrompus pour se livrer à toutes les folies et à tous les désordres qu'on leur prête. *Hist. christ.*, sæc. II, § 59, note. Mais sur de simples présomptions destituées de preuves, est-il permis de suspecter le témoignage des Pères, témoins oculaires ou contemporains des choses qu'ils rapportent, qui ont pu interroger plusieurs *marcosiens* détrompés et convertis? Quand ces hérétiques seraient aussi innocents qu'il le présume, la conséquence que nous tirons de leur manière de consacrer l'eucharistie n'en serait pas moins solide, et Mosheim n'y répond rien.

MARIAGE (1). Il n'est pas fort important de savoir si ce terme vient du latin *maritus*, ou de *matris munus*; quelle qu'en soit l'étymologie, il signifie la société constante d'un homme avec une femme pour avoir des enfants. Cette société peut être envisagée comme contrat naturel, comme contrat civil et comme sacrement de la loi nouvelle; nous soutenons que, sous ces trois rapports, il a toujours été et toujours dû être sanctifié par la religion. Nous sommes donc obligés de l'envisager sous ces divers aspects, mais principalement sous le troisième.

En premier lieu, le *mariage*, comme contrat naturel, est de l'institution même du Créateur; la manière dont l'Ecriture sainte en parle, nous en montre clairement la nature et les obligations. *Gen.*, c. II, v. 18, Dieu dit: *Il n'est pas bon que l'homme soit seul: faisons-lui un aide semblable à lui.* Dieu endort Adam, tire une de ses côtes, en fait une femme, et la lui présente. *Voilà, dit Adam, la chair de ma chair et les os de mes os... Ainsi, l'homme quittera son père et sa mère, pour s'attacher à son épouse, et ils seront deux dans une seule chair.* C. 1, v. 28, Dieu les bénit et leur dit: *Croissez et multipliez-vous; remplissez la terre d'habitants; soumettez-la à votre empire; faites servir à votre usage les animaux et les plantes.*

Dans ces paroles, nous voyons, 1° que le *mariage* est la société de deux personnes et non de plusieurs; d'un seul homme et d'une seule femme; par là Dieu exclut d'avance la polygamie. 2° C'est une société libre et volontaire, puisque c'est l'union des esprits et des cœurs, aussi bien que des personnes. 3° Société indissoluble; l'un des conjoints ne peut pas plus se séparer de l'autre, que se séparer d'avec soi-même; le divorce est donc contraire à la nature du *mariage*. 4° L'effet de cette société est de donner aux époux un droit mutuel sur leurs personnes, et un droit égal à celui que l'homme a sur sa pro-

---

(1) Canons de doctrine sur le sacrement de mariage :

Si quelqu'un dit que le mariage n'est pas véritablement et proprement un des sept sacrements de la loi évangélique institué par Notre-Seigneur Jésus-Christ, mais qu'il a été inventé par les hommes dans l'Eglise, et qu'il ne confère point la grâce, qu'il soit anathème. C. de Trente, 24° sess. C. 1. — Si quelqu'un dit qu'il est permis aux chrétiens d'avoir plusieurs femmes, et que cela n'est défendu par aucune loi divine, qu'il soit anathème. C. 2. — Si quelqu'un dit qu'il n'y a que les seuls degrés de parenté et d'alliance qui sont marqués dans le Lévitique, qui puissent empêcher de contracter mariage, ou qui puissent le rompre quand il est contracté, et que l'Eglise ne peut pas donner dispense en quelques-uns de ces degrés, ou établir un plus grand nombre de degrés qui empêchent et rompent le mariage, qu'il soit anathème. C. 3. — Si quelqu'un dit que l'Eglise n'a pu établir certains empêchements qui rompent le mariage, ou qu'elle a erré en les établissant, qu'il soit anathème. C. 4. — Si quelqu'un dit que le lien du mariage ne peut être rompu pour cause d'hérésie, de cohabitation fâcheuse, ou absence affectée de l'une des parties; qu'il soit anathème. C. 5. — Si quelqu'un dit que le mariage fait et non consommé n'est pas rompu par la profession solennelle de religion, faite par l'une des parties, qu'il soit anathème. C. 6. — Si quelqu'un dit que l'Eglise est dans l'erreur, quand elle enseigne, comme elle a toujours enseigné, suivant la doctrine de l'Evangile et des apôtres, que le lien du mariage ne peut être dissous par le péché d'adultère de l'une des parties, et que ni l'un ni l'autre, non pas même la partie innocente, qui n'a pas donné sujet à l'adultère, ne peut contracter d'autre mariage pendant que l'autre partie est vivante; mais que le mari qui, ayant quitté sa femme adultère, en épouse une autre, commet lui-même un adultère, ainsi que la femme qui ayant quitté son mari adultère, en épouserait un autre: qu'il soit anathème. C. 7. — Si quelqu'un dit que l'Eglise est dans l'erreur quand elle déclare que, pour plusieurs causes, il se peut faire séparation, quant à la couche et à la cohabitation entre le mari et sa femme pour un temps déterminé, qu'il soit anathème. C. 8. — Si quelqu'un dit que les ecclésiastiques, qui sont dans les ordres sacrés, ou les réguliers qui ont fait profession solennelle de chasteté, peuvent contracter mariage, et que l'ayant contracté, il est bon et valide, nonobstant la loi ecclésiastique ou le vœu qu'ils ont fait; que de soutenir le contraire, ce n'est autre chose que de condamner le mariage, et que tous ceux qui ne se sentent pas avoir le don de chasteté, encore qu'ils l'aient voué, peuvent contracter mariage : qu'il soit anathème, puisque Dieu ne refuse point ce don à ceux qui le lui demandent comme il faut, et qu'il ne permet pas que nous soyons tentés au-dessus de nos forces. C. 9. — Si quelqu'un dit que l'état du mapre chair. 5° Le but de cette union est de mettre des enfants au monde et de peupler la terre; les époux sont donc obligés de nourrir leurs enfants; il ne leur est pas permis d'en négliger la conservation. 6° C'est au *mariage* ainsi formé que Dieu donne sa bénédiction, qu'il a taché la prospérité des familles et le bien général de la société humaine. Nous verrons, dans la suite, jusqu'à quel point Dieu a pu s'écarter de ce plan, lorsque les hommes ont passé de l'état de société purement domestique à l'état de société civile.

Remarquons d'abord que, par cette institution sainte, Dieu a réparé l'inégalité qu'il a mise dans la constitution des deux sexes. Le commerce conjugal ne laisse à l'homme aucune incommodité; la femme seule demeure chargée des suites, des langueurs de la grossesse, des douleurs de l'enfantement, de la peine de nourrir son fruit. Si elle demeurait seule chargée de l'éducation des enfants, la nature aurait été injuste à son égard. Mais l'homme s'assujettirait-il à remplir les devoirs de père, s'il n'y était engagé par un contrat formel, sacré, indissoluble? Nous le voyons par la conduite des hommes dissolus, qui séduisent les femmes par le seul désir de satisfaire une passion brutale. Il faut donc que le *mariage* rétablisse une espèce d'égalité entre les deux sexes. Pour voir ce qui est conforme ou contraire à la nature de ce contrat important, il faut faire attention, non à l'intérêt seul des époux, mais à celui des enfants et à celui de la société. Si l'on perd de vue une seule de ces considérations, l'on ne manquera pas de faire des spéculations fausses; c'est ce qui est arrivé à la plupart des philosophes, soit anciens, soit modernes, qui n'ont pas connu ou qui n'ont pas voulu connaître la véritable institution du *mariage*.

Les patriarches, mieux instruits, ont aussi mieux raisonné. Comme sous l'état de nature ils étaient non-seulement les chefs naturels de leur famille, mais les ministres ordinaires de la religion, ils disposaient seuls du *mariage* de leurs enfants, sans oublier toutefois que Dieu en était le souverain arbitre. Abraham, envoyant son serviteur chercher une épouse à son fils Isaac (*Gen.* c. XXIV, v. 7), dit : « Le Seigneur enverra son ange devant vous, et vous fera trouver dans ma famille une épouse pour mon fils. » Ce serviteur dit, en voyant Rébecca : Voilà l'épouse que Dieu a préparée au fils de mon maître. » Batuel et Laban disent de même : « C'est Dieu qui a conduit cette affaire. » Nous ne devons donc pas être surpris des bénédictions que Dieu a répandues sur les *mariages* des patriarches.

Mais dans les peuplades qui oublièrent les leçons données à nos premiers parents, et négligèrent le culte du vrai Dieu, le *mariage* devint bientôt un libertinage. Selon l'Ecriture sainte, les enfants des grands et des puissants de la terre ne consultèrent que le goût et la passion dans le choix de leurs épouses; de là naquit une race corrompue qui attira par ses crimes le déluge universel (*Genes.* VI, 2). Nous voyons des rois enlever des étrangères par violence, pour les mettre au nombre de leurs femmes (c. XII, v. 15; c. XX, v. 2), et y joindre encore des esclaves (v. 17). Chez toutes les nations idolâtres, l'adultère, la polygamie, le divorce, le meurtre des enfants, la cruauté de les exposer, la révolte de ceux-ci contre leurs pères, ont déshonoré la sainteté du *mariage*, en ont fait une source de désordres et de malheurs; l'auteur du livre de *la Sagesse* l'a remarqué (*Sap.* XIV, 24 et 26). La même chose arrivera toutes les fois que l'on perdra de vue, dans ce contrat, les desseins de Dieu et les leçons de la religion. Les païens, à la vérité, avaient conservé un souvenir confus de l'institution divine du *mariage*, puisqu'ils avaient créé des divinités particulières pour y présider; mais l'idée qu'ils avaient de ces divinités mêmes atteste la dépravation de l'esprit et du cœur des païens. Selon la mythologie, le dieu *Hymen* ou *Hyménée* était fils de Bacchus et de Vénus. Ils avaient forgé d'autres personnages subalternes, auxquels ils attribuaient des fonctions infâmes. Saint Augustin leur a vivement reproché cet aveuglement dans ses livres de la *Cité de Dieu*. Nous ne voyons

riage doit être préféré à celui de la virginité ou du célibat, et que ce n'est pas quelque chose de meilleur et de plus heureux de demeurer dans la virginité ou dans le célibat, que de se marier, qu'il soit anathème. C. 10. — Si quelqu'un dit que la défense de la solennité des noces, en certains temps de l'année, est une superstition tyrannique, qui tient de celle des païens, ou si quelqu'un condamne les bénédictions et les autres cérémonies que l'Eglise y pratique, qu'il soit anathème. C. 11. — Si quelqu'un dit que les causes qui concernent le mariage n'appartiennent point aux juges ecclésiastiques, qu'il soit anathème. C. 12. — Si quelqu'un est assez téméraire pour oser sciemment contracter mariage aux degrés défendus, il sera séparé sans espoir d'obtenir dispense, cela aura lieu aussi à plus forte raison à l'égard de celui qui aura eu la hardiesse, non-seulement de contracter mariage, mais aussi de le consommer; que s'il le fait sans le savoir, mais qu'il ait négligé d'observer les cérémonies solennelles et requises à contracter mariage, il sera soumis aux mêmes peines; que si ayant observé toutes les cérémonies requises on vient à découvrir quelque empêchement secret dont il soit probable qu'il n'ait rien su, alors on pourra lui accorder dispense plus aisément et gratuitement. Pour les mariages qui sont encore à contracter, on ne la donnera que rarement et pour cause légitime. C. de Trente, 24° sess.; du sacr. du mar., c. 5. — Le saint concile ordonne qu'avant de célébrer un mariage, le curé de ceux qui doivent le contracter annonce, pendant trois jours de fêtes consécutives, au milieu de la messe, leurs noms et qualités, et après ces publications, s'il ne se trouve aucun empêchement, le mariage se fera en face de l'Eglise. C. de Trente, sess. 24°, du sacr. de mar., c. 1. — Si quelques-uns s'avisent de vouloir être mariés sans la présence de leur propre curé, ou d'un prêtre commis de sa part, ou de celle de l'ordinaire, ou sans avoir en outre deux ou trois témoins, le saint concile leur signifie qu'ils n'avanceront rien par là, et il déclare dès à présent nuls et invalides les mariages contractés de cette sorte. Le saint concile exhorte aussi les futurs époux à ne point loger dans la même maison avant que d'avoir reçu la bénédiction nuptiale. *Ibid.*, c. 1.

pas que les philosophes aient jamais censuré ce désordre ; ils étaient aussi aveugles et aussi corrompus que le peuple.

En second lieu, comme contrat civil, le *mariage* est soumis à l'inspection et à la vigilance des chefs de la société. Les lois qui règlent les droits des époux, des pères et des enfants, des successions, etc., ont toujours été regardées comme une partie essentielle de la législation. Mais toute loi civile, contraire à l'un des trois intérêts auxquels le *mariage* a rapport, serait nulle et abusive. Rien ne peut prescrire contre les droits de la nature, tels que Dieu les a établis. En donnant des lois aux Israélites, Dieu n'oublia pas de faire régler par Moïse les droits respectifs des époux, des pères et des enfants. Il ne défendit ni le divorce ni la polygamie, parce que les circonstances ne permettaient pas encore de retrancher ces deux abus ; mais il en prévint les suites pernicieuses par des lois qui bornaient le pouvoir des pères polygames. Il rendit le patrimoine des familles inaliénable ; il régla les droits des aînés et des femmes. Celles-ci, chez les Juifs, n'étaient ni esclaves, ni enfermées, comme chez les autres nations ; les héritières ne pouvaient prendre des maris que dans leur tribu. Moïse fixa les degrés de parenté qui devaient former empêchement au *mariage*, etc. Ainsi ce contrat se trouva plus gêné qu'il ne l'était sous la loi de nature. Mais les Israélites vraiment religeux n'oublièrent jamais que leurs alliances devaient être sanctifiées par la bénédiction de Dieu. Raguel bénit le *mariage* de Sara sa fille avec Tobie ; il leur dit : « Que le Dieu d'Abraham, d'Isaac et de Jacob vous unisse et soit avec vous ; qu'il accomplisse à votre égard les bénédictions qu'il leur a promises (*Tob.* vii, 15). Il est à présumer que tel était l'usage dans toutes les familles dans lesquelles régnait la crainte de Dieu. L'ange Raphaël avertit Tobie que l'oubli de Dieu, dans cette rencontre, est la cause des désordres et des malheurs qui infestent les *mariages* (vi, 17). Souvent les prophètes ont reproché aux Juifs leurs prévarications à cet égard. On se tromperait donc beaucoup si l'on se persuadait que, chez les Juifs, le *mariage* était considéré comme un contrat purement civil, dans lequel la religion n'entrait pour rien, parce que nous n'y voyons pas intervenir les prêtres ; les pères de famille en tenaient lieu comme ils avaient fait sous la loi de nature. Aujourd'hui de prétendus politiques soutiennent que l'Eglise chrétienne ne devrait avoir aucune inspection sur le *mariage* de ses enfants ; que c'est à la puissance civile seule de défendre ou de permettre ce qu'elle jugera utile au bien public.

« J'ai frémi, dit un protestant très-sensé et un très-bon philosophe, j'ai frémi toutes les fois que j'ai entendu discuter philosophiquement l'article du *mariage*. Que de manières de voir, que de systèmes, que de passions en jeu ! On nous dit que c'est à la législation civile d'y pourvoir ; mais cette législation n'est-elle donc pas entrée dans les mains des hommes, dont les idées, les vues, les principes, changent ou se croisent ? Voyez les accessoires du *mariage* qui sont laissés à la législation civile ; étudiez, chez les différentes nations et dans les différents siècles, les variations, les bizarreries, les abus qui s'y sont introduits ; vous sentirez à quoi tiendrait le repos des familles et celui de la société, si les législateurs humains en étaient les maîtres absolus.

« Il est donc fort heureux que, sur ce point essentiel, nous ayons une loi divine supérieure au pouvoir des hommes. Si elle est bonne, gardons-nous de la mettre en danger, en lui donnant une autre sanction que celle de la religion. Mais il est un nombre de raisonneurs qui prétendent qu'elle est détestable ; soit : il en est pour le moins un aussi grand nombre qui soutiennent qu'elle est très-sage, et auxquels on ne fera pas changer d'avis. Voilà donc la confirmation de ce que j'avance, savoir, que la société se diviserait sur ce point, selon la prépondérance des avis en divers lieux. Cette prépondérance changerait par toutes les causes qui rendent variable la législation civile, et ce grand objet qui exige l'uniformité et la constance pour le repos et le bonheur de la société, serait le sujet perpétuel des disputes les plus vives. La religion a donc rendu le plus grand service au genre humain, en portant sur le *mariage* une loi sous laquelle la bizarrerie des hommes est forcée de plier ; et ce n'est pas là le seul avantage que l'on retire d'un code fondamental de morale, auquel il ne leur est pas permis de toucher. » *Lettres sur l'Histoire de la terre et de l'homme*, tom. I, p. 48.

En troisième lieu, sous la loi évangélique, Jésus-Christ a rétabli le *mariage* dans sa sainteté primitive ; et, pour en rendre le lien plus sacré, il l'a élevé à la dignité de sacrement. C'est sous ce nouveau titre qu'il est principalement considéré par les théologiens. Nous avons donc à examiner, 1° si le *mariage* des chrétiens est véritablement un sacrement, quelle en est la matière, la forme, le ministre, et quelle doit en être la solennité ; 2° quelle puissance a droit d'y mettre des empêchements et d'en dispenser ; 3° si un *mariage* valide est indissoluble dans tous les cas ; 4° si la doctrine et la discipline de l'Eglise catholique, touchant le *mariage*, est capable d'en détourner les fidèles. Il n'est aucune de ces questions qui n'ait donné lieu à des erreurs et à des plaintes, soit de la part des hérétiques, soit de la part des incrédules (1).

I. *Du mariage considéré comme sacrement.* Les protestants ont trouvé bon de retrancher le *mariage* du nombre des *sacrements*, et de soutenir que la croyance de l'Eglise romaine sur ce point n'est point fondée sur l'Ecri-

(1) Dans notre Dict. de Théologie morale, nous avons développé toutes les questions qui concernent le mariage. Chez tous les peuples ce contrat a été revêtu de solennités particulières. Il n'était cependant pas un sacrement chez les Hébreux.

ture sainte; c'est à nous de prouver le contraire.

1° Saint Paul, parlant du *mariage* des chrétiens, le compare à l'union sainte qui est entre Jésus-Christ et son Eglise, et il la propose pour modèle aux personnes mariées. Il conclut, en disant : « Ce sacrement est grand, j'entends en Jésus-Christ et dans son Eglise (*Ephes.* v, 32). Il s'agit de prendre le sens de ces paroles (1). Le terme de *sacrement*, disent les réformateurs, signifie *mystère*, et rien de plus; l'Apôtre entend seulement que l'union de Jésus-Christ avec l'Eglise est un mystère dont le *mariage* chrétien est une faible image; c'est tout ce que l'on en peut conclure.

Mais lorsque les protestants disent que le baptême et la cène sont des *sacrements*, donnent-ils à ce terme un autre sens qu'à celui de *mystère?* Ils entendent comme nous, par ces deux termes, un signe sensible, un rite extérieur et des paroles qui représentent quelque chose que l'on ne voit pas, qui signifient un don de Dieu que l'on n'aperçoit pas. Puisque, de leur aveu, le *mariage* est une image de l'union de Jésus-Christ avec son Eglise, il en résulte que les signes extérieurs d'alliance entre les époux signifient qu'il doit y avoir entre eux une union aussi sainte, aussi étroite, aussi indissoluble qu'entre Jésus-Christ et son Eglise ; union qui ne peut pas être sans une grâce particulière de Dieu. Qu'exigent de plus les protestants pour faire un *sacrement?* A la vérité, si Jésus-Christ, après avoir épousé son Eglise et l'avoir dotée de son sang, l'avait bientôt abandonnée à l'erreur; s'il l'avait laissé corrompre au point qu'elle est devenue la prostituée de Babylone, comme le disent les protestants, cette espèce de divorce serait un bien mauvais exemple donné aux chrétiens qui se marient; heureusement la calomnie

---

(1) Les paroles *Sacramentum hoc magnum est* ne peuvent se rapporter qu'à l'union de l'homme et de la femme. Elles se rapportent évidemment à ce qui les précède immédiatement; car le pronom démonstratif *hoc* marque la chose dont il s'agit précédemment : or, les paroles qui précèdent immédiatement ne peuvent s'entendre que du mariage : *Propter hoc relinquet homo patrem et matrem suam, et adhærebit uxori suæ, et erunt duo in carne una. Sacramentum hoc magnum est in Christo et in Ecclesia.* C'est donc du mariage des fidèles que l'Apôtre dit que c'est un grand sacrement, *sacramentum hoc magnum est*, parce qu'il est un signe visible de cette union sacrée qui est entre Jésus-Christ et son Eglise. Si l'on rapportait le pronom *hoc* à l'union de Jésus-Christ avec son Eglise, voici quel serait le sens de saint Paul : *hoc*, c'est-à-dire Jésus-Christ et l'Eglise, sont un grand sacrement entre Jésus-Christ et l'Eglise ; ce qui renfermerait une absurdité, selon la remarque du second concile de Cologne de l'an 1536. *Quod est autem hoc sacramentum in verbis superioribus relatum, quod magnum est in Christo et Ecclesia? Id esse non potest certe Christus et Ecclesia, nam absurde sequeretur; hoc, id est Christus et Ecclesia, est magnum sacramentum, in Christo et Ecclesia; nemo enim sic loquitur.... Necesse est igitur ut id sacramentum quod dicit esse magnum in Christo et Ecclesia, sit illa conjunctio viri cum muliere.* (Concil. Colon. an. 1536.)

des protestants n'est qu'un blasphème contre la fidélité du Sauveur.

De même que le baptême représente la grâce qui purifie notre âme du péché, et que la cène représente la grâce qui nourrit et fortifie notre âme; ainsi le *mariage* représente la grâce qui unit les esprits et les cœurs des époux. Où est la différence ? De même que Jésus-Christ a dit : *Celui qui croira et sera baptisé, sera sauvé*, et *celui qui mange ce pain, vivra éternellement*, il a dit aussi : *Que l'homme ne sépare point ce que Dieu a uni.* Donc c'est la grâce de Dieu qui unit les époux.

2° C'est la question, disent les protestants, de savoir si la cérémonie du *mariage* donne la grâce. Cette question est encore résolue par saint Paul ; en comparant les personnes mariées à celles qui vivent dans le célibat, il dit que chacun a reçu de Dieu un don particulier (*I Cor.* VII, 7). Quel peut être le don de Dieu à l'égard des personnes mariées, sinon la grâce qui réunit les cœurs ? Ont-elles moins besoin de grâce pour remplir les devoirs de leur état que les célibataires ? L'Apôtre ajoute, v. 14, que les enfants des fidèles mariés sont saints; pourquoi, sinon parce qu'ils sont nés d'une union sainte ? Or, cette union ne peut être sanctifiée que par la grâce de Dieu. D'ailleurs, dès qu'il a plu aux protestants de décider que les sacrements ne produisent point par eux-mêmes la grâce sanctifiante dans l'âme de ceux qui les reçoivent, que tout leur effet consiste à exciter la foi qui seule justifie, nous ne voyons pas pourquoi ils excluent le *mariage* du nombre des sacrements. Cette cérémonie est-elle donc moins propre à exciter la foi dans les fidèles, que celle du baptême ou de la cène ? Les promesses mutuelles que se font les époux d'une fidélité inviolable, la bénédiction de l'Eglise qui consacre ces promesses, doivent leur persuader, sans doute, que Dieu les ratifie, qu'il leur donnera les grâces et la force dont ils auront besoin pour vivre saintement, pour s'aider et se supporter, pour élever chrétiennement leurs enfants, etc.

3° L'Eglise catholique fait profession d'entendre l'Ecriture sainte, non comme il plaît à quelques docteurs, mais comme elle a été constamment entendue depuis les apôtres jusqu'à nous; or, on a toujours donné dans l'Eglise aux passages que nous alléguons le même sens que nous leur donnons.

Saint Clément d'Alexandrie, *Strom.*, l. III, réfute les divers hérétiques qui condamnaient le *mariage* et regardaient comme un crime la procréation des enfants; il leur soutient que le *mariage* est non-seulement innocent et permis, mais saint et destiné à sanctifier les époux, et que les enfants qui en proviennent sont saints, c. 6, p. 532; que c'est Dieu qui unit la femme à son mari, c. 10, pag. 542; et il le prouve par les passages de l'Ecriture que nous avons cités. Tertullien, l. v, *contra Marcion.*, c. 18, emploie les mêmes preuves contre Marcion, et nomme quatre ou cinq fois le *mariage* sacrement L. II, *ad Uxorem*, c. 8, il dit que le *mariage* des chrétiens est conclu par l'Eglise, confirmé par l'oblation, consacré par la bénédiction, publié par les anges, approuvé par le Père céleste. Telle était donc la croyance du II° et du III° siècle de l'Eglise. On peut voir dans Bellarmin, tom. III, *de Matrim.*, et dans d'autres théologiens, les passages de saint Jean Chrysostome, de saint Ambroise, de saint Jérôme, de saint Augustin, de saint Léon, etc., qui nous attestent de même la tradition du IV° et du V° siècle. C'est la réfutation complète des prétendus réformateurs, qui ont osé écrire qu'avant saint Grégoire, qui a vécu sur la fin du VI°, aucun Père de l'Eglise n'avait regardé le *mariage* comme un sacrement. Drouin, *de Re sacram.*, tom. IX, l. X (1).

4° Une nouvelle preuve de l'antiquité de cette doctrine est la croyance des sectes orientales qui sont séparées de l'Eglise romaine depuis le VI° siècle ; elles mettent aussi bien que nous le *mariage* au nombre des sacrements. Elles n'ont certainement pas reçu ce dogme de l'Eglise romaine depuis leur séparation, et ce schisme était consommé avant le pontificat de saint Grégoire. Vainement les protestants ont voulu contester ce fait essentiel ; il est prouvé d'une manière qui ne laisse plus aucun lieu d'en douter. *Perpét. de la foi*, t. V, l. VI, p. 395 et suiv. Les conciles de Florence et de Trente, qui ont décidé que le *mariage* est un sacrement, n'ont donc pas établi une nouvelle doctrine.

5° Bingham et d'autres protestants ont été

---

(1) La preuve tirée des SS. PP. a beaucoup de force. Les diverses éditions de Besançon citent un grand nombre de textes.

« C'est surtout, disent-elles, par la tradition que l'on prouve l'institution du sacrement de mariage. On peut ranger en trois classes les témoins de la tradition sur ce point: La première renferme les passages des Pères qui ont donné au mariage le nom de sacrement.

« Saint Ambroise traite le mariage de *sacrement céleste*. En parlant de celui qui convoite la femme de son prochain, il dit : « Qui sic egerit peccat in Deum cujus legem violat, gratiam solvit ; et ideo, quia in Deum peccat, sacramenti cœlestis amittit consortium. » (Lib. I, *de Adamo*, c. 7.)

« Saint Augustin est celui de tous les Pères qui a donné le plus souvent le nom de *sacrement* au mariage. « Dans l'Eglise, dit ce Père au livre *de Fide et Operibus*, c. 7, ce n'est pas seulement le lien du mariage qui y est recommandable, mais encore le sacrement. » *In Ecclesia, nuptiarum non solum vinculum, sed etiam sacramentum commendatur.* Dans le livre *de Bono conjugali*, c. 4, il distingue le mariage des chrétiens d'avec celui des païens, par la qualité de *sacrament*, qui est infiniment plus recommandable que tous les avantages que les peuples idolâtres recherchaient dans le mariage. « Les nations, dit ce Père, font consister tout le bien du mariage dans la fécondité, dans la chasteté conjugale et dans la foi qui en est comme le lien ; mais les chrétiens le font consister dans la sainteté du sacrement, à raison de laquelle il est défendu à une femme d'épouser un autre mari pendant que le sien vit, quoiqu'il l'ait répudiée. » *Bonum nuptiarum per omnes gentes atque homines in causa generandi est, in fide castitatis ; quod autem ad populum Dei pertinet, etiam in sanctitate sacramenti, per quam nefas est, etiam repudio discedentem, alteri nubere, dum vir ejus vivit.* Dans le même ouvrage, chap. 18 : *In nuptiis plus valet sanctitas sacramenti quam fœcunditas uteri.*

« La seconde classe contient les textes des Pères qui ont enseigné que le mariage des chrétiens est accompagné des cérémonies de la religion comme les autres sacrements, qu'il est béni par le prêtre et consacré par l'oblation du saint sacrifice : ce qui suppose qu'ils ont regardé le mariage comme un sacrement.

« Tertullien voulant faire connaître l'excellence du mariage des fidèles au-dessus de celui des païens, dit dans le second livre *ad Uxorem* : « Qui pourrait expliquer le bonheur du mariage que l'Eglise approuve, que l'oblation du sacrifice confirme, auquel la bénédiction met le sceau, que les anges proclament au ciel, et que le Père éternel ratifie ? » *Unde sufficiamus ad enarrandam felicitatem hujus matrimonii, quod Ecclesia conciliat, confirmat oblatio, obsignat benedictio, angeli renuntiant, Pater rerum habet.* Saint Ambroise dit que les fidèles qui se marient sont obligés de recevoir le voile de la main du prêtre, et une bénédiction qui les sanctifie. « Cum conjugium velamine sacerdotali et benedictione sanctificare oportet. » (Epist. 23, *ad Vigil.*)

Le pape Sirice déclare, dans sa lettre à Himère, évêque de Tarragone, qu'une femme qui viole de quelque manière que ce soit la bénédiction qu'elle a reçue de la main du prêtre, lorsqu'elle a été mariée, commet une espèce de sacrilége. « Hoc ne fiat, omnibus modis inhibemus, quia illa benedictio quam nupturæ sacerdos imponit, apud fideles cujusdam sacrilegii instar est, si ulla transgressione violetur. » Si ce pape avait regardé le mariage comme un pur contrat civil, il n'aurait jamais traité de sacrilége le violement de la foi du mariage.

« Les Pères du quatrième concile de Carthage, tenu au commencement du V° siècle, ordonnèrent, dans le canon 13, que l'époux et l'épouse seront présentés au prêtre par leurs parents ou leurs paranymphes, pour recevoir la bénédiction nuptiale, et qu'ils garderont la nuit suivante la continence, à cause du respect dû à cette bénédiction. Si les Pères de ce concile n'avaient cru qu'il y eût une sainteté particulière attachée au mariage qui se célébrait dans l'Eglise, ils n'auraient pas obligé les mariés à vivre le jour qu'ils ont reçu la bénédiction nuptiale dans une retenue et une pureté si grande ; ils ne l'ont fait que pour marquer le respect qu'ils doivent avoir pour ce sacrement.

« Le pape Nicolas I°, qui fut élevé sur le siége apostolique l'an 856, instruisant les Bulgares de la foi et de la discipline de l'Eglise romaine, dit qu'après les fiançailles le prêtre doit faire venir à l'église les personnes qui se sont promis la foi du mariage, avec les oblations qu'ils doivent offrir au Seigneur par ses mains, et ensuite leur donner la bénédiction et le voile qu'il qualifie de *céleste*, comme il est rapporté par Gratien dans le canon *Nostrates*, c. 35, q. 5.

« La troisième classe comprend les passages où les Pères reconnaissent que le sacrement de mariage a la force de conférer la grâce ; ce qui prouve qu'ils ont pris le mot de *sacrement* dans la signification la plus étroite, et qu'ils ont cru que le mariage est un vrai sacrement de la nouvelle alliance.

« Origène, dans son traité VII *sur saint Matthieu*, enseigna que l'homme et la femme, que Dieu a unis ensemble, ont reçu la grâce, et que c'est de là que saint Paul donne le nom de *grâce* à cette chaste union.

« Saint Athanase, dans le IV° siècle, a enseigné que Dieu avait attaché une grâce particulière au mariage, pour y être communiquée à ceux qui s'y engagent : « Qui dixit uxorem, etsi parem gratiam non

forcés d'avouer que, dès les temps apostoliques, le *mariage* des chrétiens se faisait par-devant les ministres de l'Eglise. Cela est prouvé par la lettre de saint Ignace à saint Polycarpe, où il est dit, n. 5 : « Il convient que les époux se marient selon l'avis de l'évêque, afin que leur *mariage* soit selon le Seigneur, et non un effet des passions. Que tout se fasse pour la gloire de Dieu. » Mais s'il n'avait été besoin que de la présence et des conseils de l'évêque, ils n'auraient pas été moins nécessaires pour les fiançailles, qui sont un engagement au *mariage*; cependant il suffisait que les fiançailles fussent faites en présence de témoins. D'ailleurs Tertullien, qui a vécu dans le siècle suivant, dit que le *mariage* est *consacré par la bénédiction.* Déjà, du temps de saint Ignace, il y avait des hérétiques qui blâmaient le *mariage*, et qui regardaient comme un crime la procréation des enfants; nous le verrons ci-après; l'Eglise ne pouvait mieux condamner leur erreur qu'en bénissant solennellement les époux; cette bénédiction est donc incontestablement des temps apostoliques : jamais l'Eglise ne l'a regardée comme une simple cérémonie qui ne produisait aucun effet.

6° Depuis que les protestants ont retranché le *mariage* du nombre des sacrements, on a vu les suites pernicieuses de leur erreur. Ils ont soutenu, comme les hérétiques orientaux, que le *mariage* est dissoluble pour cause d'adultère. Luther et ses coopérateurs ont poussé la turpitude jusqu'à excuser ce crime, jusqu'à autoriser la polygamie, en permettant au landgrave de Hesse d'avoir deux femmes à la fois. *Hist. des Variat.*, liv. vi, chap. 1 et suiv.; 4° *Avert. aux Protest.*, etc. C'est au contraire la fermeté de l'Eglise romaine à conserver l'ancienne croyance, qui a fait réformer chez les nations catholiques l'imperfection des lois romaines, et qui a fait cesser l'usage scandaleux du divorce. Pour sentir l'importance de ce service rendu à la société, il faut comparer les désordres et les crimes qui naissent du *mariage* chez les nations infidèles, avec la police et le bon ordre qui règnent chez les nations chrétiennes. *Voy.* l'*Esprit des usages et des coutumes des différents peuples*, t. I, l. III, c. 8 et suiv.

On croit communément que Jésus-Christ éleva le *mariage* à la dignité de sacrement, lorsqu'il honora de sa présence les noces de Cana; c'est le sentiment de saint Epiphane, *Hær.* 67 ; de saint Maxime, *Hom.* 1, *in Epiphan.* ; de saint Augustin, *Tract.* 9, *in Joan.*; de saint Cyrille, dans sa *Lettre à Nestorius.* Mais peu importe de savoir en quel temps il l'a fait, dès que nous sommes instruits de cette vérité par les apôtres. Au XII° et au XIII° siècle, saint Thomas, saint Bonaventure et Scot n'ont pas osé définir comme article de foi que le *mariage* est un sacrement ; Durand et quelques autres ont avancé que cela n'était pas de foi ; mais l'Eglise a décidé le contraire au concile de Trente, sess. 24, can. 1. Nous avons vu ci-devant les preuves sur lesquelles elle s'est fondée.

Quand on dit que le *mariage* est un sacrement, cela s'entend seulement du *mariage* célébré selon les lois et les cérémonies de l'Eglise. Lorsque deux personnes infidèles, mariées dans le sein du paganisme ou de l'hérésie, embrassent la religion chrétienne, le *mariage* qu'elles ont contracté est valide ; il subsiste sans être un sacrement. Il ne l'était pas dans le moment de la célébration, et on ne le réhabilite point lorsque les parties abjurent l'infidélité. Quelques théologiens ont même douté si les *mariages* contractés par procureur, quoique valides, étaient des sacrements ; mais leur sentiment n'est pas suivi.

On dispute encore pour savoir quelle est la matière et la forme de ce sacrement. Les uns ont dit que les contractants eux-mêmes sont la matière, et que leur consentement mutuel, exprimé par des paroles ou par des signes, en est la forme. Selon d'autres, le don que se font les contractants d'un droit réciproque sur leurs personnes est la matière, et l'acceptation mutuelle de ce droit est la forme. Suivant ces deux sentiments, les contractants sont les ministres du sacrement ; le prêtre n'est qu'un témoin nécessaire pour la validité du contrat. Un plus grand nombre pensent qu'il doit y avoir une distinction entre le sujet qui reçoit le sacrement et le ministre qui le donne, puisqu'il en est ainsi à l'égard des autres sacrements ; d'où ils concluent que les contractants ne peuvent être tout à la fois les sujets et les ministres du *mariage*. Dans l'opinion contraire, disent-ils, il est difficile de vérifier l'axiome reçu, savoir que les paroles ajoutées au signe sensible font le sacrement : *Accedit verbum ad elementum, et fit sacramentum.* Ils pensent donc que la matière du sacrement de *mariage* est le contrat que font entre eux les époux, et que la bénédiction du prêtre en est la forme ; conséquemment que c'est le prêtre qui en est le ministre,

---

consequatur cum eo qui virginitatem complectitur, consequitur tamen aliquam, quippe quæ ferat fructum centesimum. »

« Saint Chrysostome marque clairement qu'il regardait le mariage comme un sacrement dont on ne doit approcher qu'avec de saintes dispositions, pour en recevoir la grâce dont les mariés ont besoin pour vivre dans une sainte union ; ce qui le fait déclarer avec toute son éloquence, dans l'homélie 56 *sur la Genèse*, contre les pompes profanes des noces, qu'il dit ne pouvoir être en aucune manière excusées dans les chrétiens qui, connaissant la sainteté du mariage, déshonorent leurs noces par des infamies dont les païens auraient eu honte.

« Saint Augustin, dans le livre qu'il a écrit *du Bien du Mariage*, contre l'erreur de Jovinien, semble n'avoir d'autre intention que de faire voir que Dieu a attaché une grâce particulière au mariage des fidèles, qui leur procure plusieurs grands avantages, et il établit l'indissolubilité du mariage, particulièrement sur la qualité du sacrement. Il enseigne la même vérité dans le livre *des Noces et de la Concupiscence*, au chap. 17, où il dit, « que la grâce du mariage fait que les personnes mariées ne cherchent pas tant à mettre des enfants au monde qu'à les voir renaître par le baptême. » *Non ut proles nascatur tantum, verum etiam ut renascatur.*

comme il l'est des autres sacrements. Le concile de Trente, continuent ces théologiens, paraît l'avoir ainsi entendu, lorsqu'il a décidé, sess. 24, *de Réform. matrim.*, c. 1, que le prêtre, après s'être assuré du consentement mutuel des contractants, doit leur dire : *Ego vos in matrimonium conjungo*, etc., paroles qui ne seraient pas exactement vraies, si elles n'opéraient pas ce qu'elles signifient. Les partisans du sentiment contraire sont forcés de tordre le sens de cette formule, pour la concilier avec leur opinion.

Ce sentiment, disent-ils enfin, paraît encore le plus conforme à celui des Pères et des conciles. Tertullien, comme nous l'avons vu, dit que le *mariage* est consacré *par la bénédiction.* Saint Ambroise s'exprime de même, *Epist.* 19, *ad Vigil.*, n. 7. Le concile de Carthage, de l'an 398, exige cette bénédiction ; et suivant le décret de Gratien, elle donne la grâce. *Voy.* Ménard, sur le *Sacram. de saint Grég.*, p. 412. On objecte à ces théologiens que la formule prononcée par le prêtre n'est pas absolument la même partout, que dans les Eglises orientales elle est différente. Mais la formule de l'absolution et celle de l'ordination ne sont pas non plus absolument les mêmes que dans l'Eglise romaine ; il suffit qu'elle soit équivalente pour que le sacrement soit valide.

Le concile de Trente a réglé encore le degré de publicité et de solennité que doit avoir le *mariage*, en exigeant qu'il fût précédé par la publication des bans, célébré par le curé, en présence de deux ou trois témoins, et en déclarant absolument nuls les *mariages* clandestins. Plusieurs souverains avaient fait demander au concile cette réforme par leurs ambassadeurs. Quant aux cérémonies qui doivent accompagner le *mariage*, elles sont prescrites dans les rituels, et il est peu de personnes qui ne les connaissent pour en avoir été témoins. Un contrat qui, pour toute la vie, doit décider du sort des époux, des droits et de l'état des enfants, de la tranquillité des familles, ne peut être trop public ; aucune des précautions que l'on prend pour en constater l'authenticité ne doit paraître indifférente.

II. *Des empêchements du mariage.* Tout contrat, pour être valide, exige certaines conditions, et il y a des personnes qui, par état, sont inhabiles à contracter. Un contrat invalide et nul ne peut être la matière d'un sacrement, puisqu'il n'existe pas. Il peut donc y avoir des empêchements qui rendent le sacrement nul, par la nullité de la matière ou du contrat ; d'autres qui le rendent seulement illégitime sans le rendre nul. Les premiers sont nommés empêchements dirimants, les autres sont seulement prohibitifs.

On compte quinze empêchements dirimants, ou qui rendent le *mariage* nul ; ils sont renfermés dans les vers suivants :

Error, conditio, votum, cognatio, crimen,
Cultus disparitas, vis, ordo, ligamen, honestas

Amens, affinis, si clandestinus et impos,
Si mulier sit rapta, loco nec reddita tuto (1).

1° L'*erreur* a lieu lorsque l'un des contractants croyant épouser telle personne, en a pris une autre qui lui a été subsistuée ; alors, à proprement parler, il n'a pas consenti à ce *mariage.* 2° Si, croyant épouser une personne libre, il avait pris une esclave, ce serait l'empêchement nommé *conditio ;* cette erreur est trop importante pour que l'on puisse présumer dans ce cas le consentement de la personne trompée. 3° *Votum* est le vœu solennel de chasteté ou de religion. 4° *Cognatio* est la parenté ou la consanguinité dans les degrés prohibés. Chez toutes les nations policées, l'on a jugé que le *mariage* était destiné à unir ensemble les différentes familles ; conséquemment qu'il ne fallait pas permettre aux proches parents de s'épouser. 5° *Crimen* est l'adultère, joint à la promesse d'épouser la personne avec laquelle on a péché ; et l'*homicide*, lorsque l'un des deux complices, ou tous les deux, ont attenté à la vie de l'époux ou de l'épouse auxquels ils sont unis. 6° *Cultus disparitas* signifie que le *mariage* d'une personne chrétienne avec un infidèle est nul ; il n'en est pas de même du *mariage* d'une personne catholique avec un hérétique, quoique celui-ci soit encore défendu par les lois de l'Eglise. 7° *Vis* est la violence, ou la crainte qui ôte la liberté : quiconque n'est pas libre n'est point censé consentir ni contracter. 8° *Ordo* est un des ordres sacrés auxquels la continence est attachée, dans les sectes même orientales, où l'on a conservé l'usage d'élever aux ordres sacrés des hommes mariés, il n'y a point d'exemple d'évêque, de prêtres ni de diacres, auxquels on ait permis de se marier après leur ordination. 9° *Ligamen* est un *mariage* précédent et encore subsistant ; c'est l'interdiction de la polygamie. 10° *Honestas*, l'*honnêteté publique*, est une alliance qui se contracte par des fiançailles valides, et par le *mariage* ratifié et non consommé. 11° *Amens* désigne la folie ou l'imbécillité ; il faut y ajouter l'enfance ou l'âge trop peu avancé de l'un des contractants ; la personne qui se trouve dans l'un ou l'autre de ces cas est incapable de disposer d'elle-même. 12° *Affinitas* est la parenté d'alliance dans un des degrés prohibés ; cet empêchement a été établi par la même raison que celui de consanguinité. 13° La *clandestinité* a lieu lorsque le *mariage* n'est pas célébré par-devant le curé et en présence de témoins : nous avons déjà remarqué que cet empêchement a été établi par le concile de Trente, à la réquisition des souverains. 14° *Impos* désigne l'impuissance absolue ou relative de l'un des deux contractants ; elle annule le *mariage*, parce que l'objet direct de ce contrat est la procréation des enfants. 15° Enfin le *rapt* est censé ôter à une fille la liberté de disposer d'elle-même ; on sait que parmi nous ce crime est puni de mort.

La multitude même de ces empêchements

---

(1) Nous avons traité longuement de chacun de ces empêchements dans notre Dict. de Théol. moral.

démontre le soin avec lequel l'Eglise et les souverains ont veillé de concert à prévenir tous les désordres qui pouvaient se glisser dans le *mariage*, en blesser la sainteté et en troubler le bonheur. Ceux qui jugent que l'on a trop gêné la liberté sur ce point, raisonnent fort mal ; on n'a gêné que le libertinage. Les empêchements prohibitifs sont la défense de procéder à la célébration d'un *mariage*, faite par le juge d'Eglise, le vœu simple de chasteté, la défense de l'Eglise qui interdit le *mariage* depuis le premier dimanche de l'Avent jusqu'aux Rois, et depuis le mercredi des Cendres jusqu'à *Quasimodo* ; les fiançailles faites avec une personne, lesquelles empêchent qu'on ne puisse se marier avec une autre, à moins qu'elles n'aient été dûment résolues. Il y en avait autrefois un plus grand nombre, mais ils ont cessé par l'usage, et l'Eglise dispense des autres toutes les fois qu'il y a des raisons pour le faire.

L'Eglise a-t-elle le pouvoir d'établir des empêchements dirimants du *mariage* (1)? Le concile de Trente l'a décidé formellement, sess. 24, can. 4.: *Si quis dixerit Ecclesiam non potuisse constituere impedimenta matrimonium dirimentia vel in iis constituendis errasse ; anathema sit.* Aucun des souverains catholiques n'a réclamé contre cette décision (2). Ils avaient cependant tous les ambassadeurs au concile et des jurisconsultes envoyés de leur part. Il est certain d'ailleurs que, dès son origine et sous les empereurs païens, l'Eglise a déclaré nuls les *mariages* contractés entre les chrétiens et les infidèles. Elle s'est fondée sur les paroles de saint Paul (*I Cor.* c. VII, v. 39, et *II Cor.* c. VI, v. 14) : *Ne vous mariez pas à des infidèles*, etc. Tertullien, saint Cyprien, saint Jérôme, saint Ambroise et d'autres Pères l'ont remarqué ; les empereurs devenus chrétiens confirment cette discipline par leurs lois. Il en fut de même de l'interdiction du *mariage* à ceux qui avaient reçu les ordres sacrés, etc. L'an 366, le concile de Laodicée défendit aux parents chrétiens de donner leurs filles en *mariage*, non-seulement à des juifs et à des païens, mais à des hérétiques ; cette défense fut renouvelée par plusieurs autres conciles, et nous ne voyons pas qu'elle ait été abrogée par les lois des empereurs. Bingham, *Orig. eccl.*, l. XXII, c. 2 (3).

Quelques théologiens ont prétendu que l'Eglise seule jouit de ce droit, à l'exclusion des souverains ; mais leurs preuves ne sont pas solides. Ils ont dit, 1° que le *mariage* étant un sacrement et un contrat qui a des effets spirituels, il ne doit dépendre que de la puissance ecclésiastique. 2° Que comme les lois qui regardent ce sacrement intéres-

---
(1) Voyez notre Dict. de Théol. mor., art. EMPÊCHEMENTS.
(2) Le pouvoir de l'Eglise ne dépend nullement du pouvoir des princes.
(3) Disons la plupart. Nous l'avons montré dans notre Dict. de Théol. morale. Nous y avons aussi exposé la nature du pouvoir des puissances temporelles sur le mariage. *Voy.* EMPÊCHEMENT.

---

sent toutes les nations catholiques, elles ne doivent pas être sujettes à celles d'aucun souverain particulier: 3° Que quand les princes auraient eu autrefois le droit d'établir des empêchements dirimants, ils sont censés y avoir renoncé, puisque l'Eglise s'est maintenue dans la possession de l'exercer seule. 4° Qu'en 1635, Louis XIII s'en rapporta à la décision du clergé, pour décider de la validité du *mariage* de son frère Gaston d'Orléans, contracté contre les lois du royaume.

Mais le très-grand nombre des théologiens se sont réunis aux jurisconsultes, pour soutenir que les souverains ont aussi bien que l'Eglise le droit et le pouvoir d'établir des empêchements dirimants du *mariage*. Ils ont répondu aux raisons de leurs adversaires 1° que le *mariage* n'est pas seulement un sacrement, mais un contrat qui intéresse l'ordre public ; qu'il a non-seulement des effets spirituels, mais des effets civils ; que les princes ont donc un intérêt essentiel, et par conséquent un droit incontestable d'y veiller et de le régler par leurs lois. — 2° Que la matière du sacrement étant non un contrat quelconque, mais un contrat valide, il ne peut point y avoir de sacrement où il n'y a qu'un contrat nul. En statuant sur la validité ou la nullité du contrat, le prince ne touche pas plus au sacrement de *mariage* que ne toucherait à celui de baptême une personne qui corromprait de l'eau dont on aurait pu se servir, si elle eût été dans son état naturel. — 3° Quoique les lois ecclésiastiques regardent toute l'Eglise, elles n'ôtent à aucun souverain l'autorité qu'il a de droit naturel de faire des lois pour le bien temporel de ses sujets, et l'on ne peut pas prouver que les souverains y aient jamais renoncé. Saint Ambroise pria Théodose de défendre, sous peine de nullité, le *mariage* entre cousins germains ; ce prince établit de même l'empêchement d'affinité spirituelle. Quand donc les souverains n'auraient plus exercé ce pouvoir depuis que le christianisme est répandu chez différentes nations, ils n'ont pu se dépouiller du fond même de ce droit, qui est inaliénable. — 4° Louis XIII consulta le clergé comme capable de lui donner des lumières sur la validité ou l'invalidité du *mariage* de son frère, mais non comme arbitre ou juge du droit de la couronne. Tel a été de tout temps le sentiment des écoles de théologie et de droit, comme l'ont prouvé Launoi, dans son l vre *de regia in Matrimonium Potestate* ; Boileau dans son *Traité des empêchements du Mariage*, etc.

On peut ajouter que, selon les historiens du concile de Trente, le canon 4° de la 24° session avait été rédigé de manière qu'il attribuait à l'Eglise *seule* le pouvoir d'établir des empêchements dirimants (1) ; mais un des évêques ayant représenté que cette décision attaquait le droit de tous les princes, le mot *seule* fut retranché. De leur côté, les princes

---
(1) C'est donc un fait acquis que tous les Pères de Trente croyaient que l'Eglise seule a le pouvoir d'apposer des empêchements dirimants au mariage.

demandèrent par leurs ambassadeurs que la clandestinité et le rapt fussent mis au nombre des empêchements dirimants, ce qui fut fait ; et aucun souverain catholique n'a jamais contesté à l'Eglise le pouvoir de dispenser de tous les empêchements qui sont susceptibles de dispense. Par ces faits incontestables, on peut juger de la capacité et de la sagesse d'un critique moderne, qui, en dissertant sur les inconvénients du célibat des prêtres, décide qu'il n'appartient qu'à la puissance séculière d'opposer des empêchements au *mariage*; mais que les ecclésiastiques comptent pour rien le contrat, sous prétexte qu'il en ont fait un sacrement. C'est Jésus-Christ lui-même qui a daigné élever ce contrat à la dignité de sacrement, et les ecclésiastiques ont toujours regardé le contrat comme si essentiel, que, sans un contrat valide, il ne peut point y avoir de sacrement.

Par l'heureux concert qui a régné entre la puissance séculière et l'autorité ecclésiastique, les abus qui s'étaient introduits dans le *mariage* pendant les siècles barbares ont été enfin retranchés. Ceux qui cherchent à mettre aux prises ces deux puissances également nécessaires et respectables, n'ont jamais eu des intentions pures. Ils ont absolument blâmé le recours des princes au siége de Rome dans les causes de *mariage*; ils ont dit que les droits prétendus de ce siége étaient une usurpation des papes, une suite de la souveraineté universelle qu'ils s'étaient attribuée. Ces censeurs auraient été moins téméraires s'ils avaient été mieux instruits. Dans les temps de désordre et d'anarchie qui ont si longtemps affligé l'Europe, des souverains ignorants, voluptueux et déréglés, se jouaient impunément du *mariage*; les divorces étaient très-communs, les grands seigneurs répudiaient leurs femmes et en prenaient d'autres, dès que leur intérêt semblait l'exiger, et les évêques n'avaient plus assez d'autorité pour empêcher ce scandale. C'est donc un bonheur qu'au milieu d'une licence générale on ait consenti à reconnaître dans l'Eglise un tribunal plus éclairé, plus libre, plus imposant que tous ceux qui étaient pour lors. Qu'importe de savoir si le pouvoir exercé par les papes était un apanage essentiel de leur siége, ou une concession libre des évêques, ou un effet de la nécessité des circonstances, ou venait de toutes ces causes réunies, dès qu'il est certain que ce pouvoir a fait beaucoup de bien et a prévenu beaucoup de mal ?

Pour savoir quels sont les empêchements dont les évêques peuvent dispenser, et ceux pour lesquels il faut recourir au saint-siége, et quelles sont les causes légitimes de dispense, comme c'est une affaire de discipline et d'usage, on doit consulter les canonistes.

*De l'indissolubilité du mariage*. Dès que le *mariage* des chrétiens a été validement contracté, est-il absolument indissoluble dans tous les cas ? Jésus-Christ l'a ainsi décidé ( *Matth*. cap. XIX, v. 6 ). *Que l'homme* dit-il, *ne sépare point ce que Dieu a uni.*

Pour lui tendre un piége, les pharisiens étaient venus lui demander s'il était permis à un homme de renvoyer son épouse et de faire divorce avec elle, pour quelque cause que ce fût ; Jésus leur répondit : « *N'avez vous pas lu qu'au commencement le Créateur n'a formé qu'un homme et qu'une femme, et qu'il a dit : L'homme quittera son père et sa mère pour s'attacher à son épouse, et ils seront deux dans une seule chair ? Ce ne sont donc plus deux chairs, mais une seule. Que l'homme ne sépare point ce que Dieu a uni. Pourquoi donc, répliquèrent les pharisiens, Moïse a-t-il commandé de donner aux femmes un billet de divorce et de les renvoyer ? Il l'a fait, répondit Jésus, à cause de la dureté de votre cœur ; mais il n'en était pas ainsi au commencement. Pour moi, je vous dis que quiconque renvoie sa femme, si ce n'est pour cause de fornication, et en épouse une autre, commet un adultère; et quiconque en prend une ainsi renvoyée, commet le même crime.*

Par la restriction que met ici le Sauveur, a-t-il décidé qu'il est permis de faire divorce avec une épouse, du moins *pour cause de fornication* ou d'adultère, et d'en épouser une autre, comme le prétendent les protestants ? Nous soutenons la négative. Voici nos preuves :

1° Il est évident que la réponse de Jésus-Christ est relative à la question des pharisiens : or, les pharisiens argumentaient sur la loi de Moïse ; il était question de savoir si Moïse avait permis de renvoyer une épouse pour quelque cause que ce fût, comme l'entendaient alors les Juifs. Jésus-Christ décide que, selon la lettre même de la loi, il n'était permis de la renvoyer que pour cause de fornication ou d'infidélité, et qu'encore cette permission n'avait été accordée aux Juifs qu'à cause de la dureté de leur cœur. En effet, la loi était formelle (*Deut*. XXIV, 1). *Si quelqu'un*, dit Moïse, *a pris une femme et a vécu avec elle, et qu'elle n'ait pas trouvé grâce à ses yeux, à cause de quelque turpitude, il lui donnera un billet de divorce et la renverra*. Les Juifs, abusant de cette loi, prétendaient qu'il leur était permis de renvoyer une femme, non-seulement pour la cause exprimée dans la loi, mais dès que cette femme leur déplaisait, *pour quelque cause que ce fût*. Malachie, c. II, v. 14, leur reprochait déjà cette prévarication. Jésus-Christ réfute la fausse interprétation des Juifs ; il décide que la permission du divorce n'a lieu que dans le cas de l'infidélité d'une épouse. Il l'avait déjà ainsi expliqué dans son sermon sur la montagne (*Matth*. v, 31), et avait montré le vrai sens de la loi de Moïse. Mais relativement à la loi primitive, portée dès le commencement du monde, c'est autre chose ; Jésus-Christ fait sentir toute l'énergie des paroles du Créateur ; il fait remarquer qu'avant la loi de Moïse, il n'y avait point de permission de faire divorce, et nous n'en voyons en effet aucun exemple; d'où il conclut absolument qu'il ne faut point séparer ce que Dieu a uni.

2° Le vrai sens des paroles du Sauveur se

tire encore du récit de deux autres évangélistes (*Marc*, x, 10, et *Luc*, xvi, 18). Il est dit que ses disciples, étonnés de la sévérité de sa décision, l'interrogèrent de nouveau en particulier sur ce même sujet; qu'alors Jésus-Christ décida sans restriction : *Quiconque renvoie sa femme et en épouse une autre, est adultère; et toute femme qui quitte son mari et en prend un autre, est adultère.* Alors il n'était plus question de la loi de Moïse, mais de la loi naturelle et primitive. Si les disciples ne l'avaient pas ainsi entendu, s'ils avaient pensé que leur maître laissait, comme Moïse, la liberté de faire divorce pour cause d'adultère, nous ne voyons pas d'où auraient pu venir leur étonnement et la conclusion qu'ils tirèrent de là : « S'il en est ainsi, dirent ils, de la condition d'un mari à l'égard de sa femme, il vaut mieux ne pas se marier (*Matth.* xix, 10). »

3° Ce même sens est celui que les plus anciens Pères de l'Eglise ont donné aux paroles de Jésus-Christ; Hermas, dans *le Pasteur*, livre II, mand. 4 ; Tertullien, *de Monogam.*, c. 9 et 10 ; saint Basile, *ad Amphiloch.*, can. 9 et 48; saint Jérôme, sur le chapitre xix de saint Matthieu et ailleurs; saint Augustin, dans ses deux livres *de Adult. conjugiis*, et dans d'autres ouvrages ; le pape Innocent III, dans sa 3° *lettre à Exupère*, c. 6, etc. — Origène, *sur saint Matthieu*, t. 14, n. 23, semble penser de même, mais il excuse les évêques qui, pour éviter de plus grands malheurs, ont quelquefois permis le divorce et un second *mariage*.

Le deuxième concile de Milève, l'an 416, can. 17; celui de Nantes, l'an 660, can. 12; celui de Soissons, l'an 744, can. 9; celui de Paris, l'an 614, can. 46, et plusieurs autres, ont réglé la discipline sur la même explication des paroles de l'Evangile. C'est donc une tradition constante, et c'est avec raison que le concile de Trente, sess. 24, can. 7, a condamné ceux qui la rejettent comme une erreur (1). Ces autorités nous paraissent plus respectables que celles des prétendus réformateurs et de tous les dissertateurs qui les ont copiés.

4° Cette doctrine est exactement conforme à celle de saint Paul. *Rom.*, c. vii, v. 2, l'Apôtre dit qu'une femme demeure sous le joug de la loi tant que son époux est vivant, de manière qu'elle devient adultère si elle vit avec un autre homme ; il n'excepte pas le cas du divorce. *I Cor.*, c. vii, v. 10, il dit, d'après Jésus-Christ, que si une femme quitte son mari, elle doit demeurer dans le célibat ou se réconcilier avec son mari, et que celui-ci ne doit point renvoyer sa femme; v. 49, qu'une femme ne peut se remarier qu'après la mort de son premier mari. Les Pères ont encore remarqué qu'il n'y a point là de restriction. *Ephes.* c. v, v. 23, saint Paul compare le *mariage* des chrétiens à l'union que Jésus-Christ a contractée avec son Eglise, union éternelle et indissoluble s'il en fut jamais (1).

Il faut observer cependant que, comme les lois des empereurs permettaient le divorce pour cause d'adultère, il n'a pas été possible aux pasteurs de l'Eglise de retrancher d'abord cet abus; on a été forcé de le supporter pendant les premiers siècles. On peut citer quelques Pères qui n'ont pas osé le condamner absolument, soit par la crainte de blesser le gouvernement, soit parce que les paroles de Jésus-Christ leur ont paru susceptibles du sens que leur donnent les protestants. C'est pour cela que les Grecs et les Arméniens ont persisté à croire que le *mariage* est dissoluble pour cause d'adultère. Mais le sentiment le plus généralement suivi a toujours été que l'adultère de l'un des conjoints ne dissout point le lien qui les unit; que c'est une cause légitime de séparation, mais non de rupture absolue, ni de permission d'épouser une autre personne. Il ne convenait guère à des hommes qui se donnaient pour *réformateurs*, de donner atteinte à une discipline universelle aussi respectable.

5° On connaît les suites de la licence qu'ils ont introduite. Lorsqu'une femme se trouve malheureuse, le désir d'être répudiée est pour elle une tentation de tomber dans l'adultère. Ce danger est prouvé par une expérience incontestable. Un évêque d'Angleterre a représenté au parlement que la facilité d'obtenir le divorce a multiplié les adultères dans ce royaume, et les principaux pairs sont convenus du fait. Voyez *le Courrier de l'Europe*, 1779, n. 27 et 28. Il en fut de même à Rome; jamais les mœurs des femmes n'y furent plus détestables que quand l'appât du divorce leur eut fourni un motif pour ne plus respecter leurs époux. Tertullien leur reproche qu'elles ne se mariaient plus que par le désir et l'espérance de se faire répudier, *Apol.*, c. 6; il ne faisait que répéter les plaintes de Sénèque, de Juvénal, de Martial, etc.

Dès que l'on admet une cause quelconque capable de dissoudre le *mariage*, la raison se trouvera la même pour vingt autres causes semblables. Un crime déshonorant commis par l'un des époux, la stérilité d'une femme,

---

(1) Voici les expressions des Pères du concile : « Le premier père du genre humain a prononcé, par l'inspiration de l'Esprit saint, que le lien du *mariage* est perpétuel et indissoluble, lorsqu'il a dit : *Cet os est maintenant l'os de mes os*, etc. Le Seigneur a fait connaître la fermeté de ce lien, lorsqu'il a dit : *Que ce que Dieu a uni l'homme ne le sépare point.* » Le cinquième canon porte : « Si quelqu'un dit qu'à cause de l'hérésie ou d'une habitation fâcheuse, ou à cause de l'absence affectée d'un des époux, le lien du *mariage* peut être dissous, qu'il soit anathème. » Et le septième : « Si quelqu'un dit que l'Eglise se trompe lorsqu'elle a enseigné et enseigne, selon la doctrine évangélique et apostolique, qu'à cause de l'adultère de l'un des époux, le lien du *mariage* ne peut pas être dissous, et que ni l'un ni l'autre, même l'époux non coupable qui n'a point donné cause à l'adultère, ne peut, l'autre époux vivant, contracter un autre *mariage*, et que celui-là qui, ayant renvoyé la femme adultère, en épouse une autre, ou que celle qui, ayant renvoyé le mari adultère, en épouse un autre, est adultère; qu'il soit anathème. »

(1) Nous avons observé dans notre Dict. de Théol. morale que le mariage non consommé peut être détruit par la profession religieuse.

une maladie habituelle et censée incurable, l'incompatibilité des caractères, une trop longue absence, paraîtront des causes aussi légitimes que l'infidélité; les argumentations par analogie ne finiront plus. Le seul moyen de réprimer la licence est de fermer toute voie par laquelle elle peut s'introduire. Cette morale ne paraît trop sévère que chez les nations où le déréglement des mœurs a corrompu les *mariages*.

6° Ceux qui ont voulu plaider la cause du divorce n'ont envisagé que la satisfaction momentanée des époux, comme si c'était là le seul but de l'institution du *mariage*; ils n'ont fait aucune attention à l'intérêt permanent des conjoints, ni à celui des enfants, ni à celui de la société. Lorsque le divorce est possible pour quelque cause que ce soit, le *mariage* ne peut pas inspirer plus de confiance, plus de respect mutuel, plus de sécurité, plus d'attachement solide, que le commerce illégitime et passager des deux sexes; il est promptement suivi du dégoût, il ne laisse aucune espérance ni aucune ressource pour la vieillesse ni pour l'état d'infirmité. Quel peut être alors le sort des enfants? Une mère, incertaine si elle demeurera longtemps avec les siens, ne peut avoir pour eux une tendresse telle qu'il la faut pour supporter les peines de leur éducation; eux-mêmes ne savent pas s'ils ne verront pas arriver bientôt une marâtre. Le renvoi de leur mère doit leur faire regarder leur père avec horreur. Alors le *mariage*, loin de réunir les familles, les aigrit et les divise; loin d'épurer les mœurs, il les dégrade; est-ce là l'intérêt de la société? Tous ces inconvénients sont attestés par l'histoire romaine. On se trompe encore quand on imagine que la liberté de faire divorce engagerait les conjoints à se ménager davantage, qu'elle rendrait les *mariages* plus faciles et plus communs. Jamais ils ne furent plus rares à Rome que quand la licence des divorces y fut portée au comble. Telles sont les réflexions d'un philosophe anglais, Hume, *Essais moraux et politiques*, 22. *Voy.* DIVORCE. Nous montrerons ailleurs que les inconvénients de la polygamie sont encore plus terribles. *Voy.* POLYGAMIE. Mais on prétend que la sévérité de la doctrine de l'Eglise sur ce sujet produit aussi des effets fâcheux; c'est ce qui nous reste à examiner.

IV. *Des conséquences ou des effets de la doctrine de l'Eglise touchant le mariage.*

Il n'est pas aisé de concilier ensemble les divers reproches que les protestants et les incrédules ont faits contre la doctrine des Pères, qui est celle de l'Eglise. Ceux qui ont voulu rendre odieux le célibat ecclésiastique et religieux, ont allégué les éloges que les Pères ont faits de l'état du *mariage*; d'autres les ont accusés d'avoir loué à l'excès la virginité, la continence, le célibat; d'avoir peint le *mariage* comme une imperfection et la vie conjugale comme une impureté; tous ont soutenu que la sévérité de la discipline de l'Eglise touchant le *mariage* en détourne les hommes, rend les *mariages* plus rares et nuit à la population. Avant de discuter en détail ces différentes accusations, il est à propos de considérer les désordres qui régnaient dans le monde à la naissance du christianisme, et les divers ennemis contre lesquels les Pères de l'Eglise ont été obligés d'écrire.

Chez les Juifs, la licence du divorce était portée à l'excès; nous avons vu que Jésus-Christ s'éleva contre ce désordre, et plusieurs des leçons de saint Paul paraissent y être relatives. Le déréglement était encore plus grand chez les païens; le *mariage* n'y était plus qu'une espèce de prostitution, et le célibat libertin y était très-commun. Jésus-Christ reprocha à la Samaritaine qu'elle avait eu cinq maris. Juvénal parle d'une femme qui en avait eu huit en cinq ans, et saint Jérôme avait vu enterrer à Rome une femme qui en avait eu vingt-deux. Il était essentiel au christianisme de tonner contre tous ces désordres: mais plusieurs hérétiques, en les proscrivant, tombèrent dans l'excès opposé.

Saint Paul, *I Tim.*, c. IV, v. 3, avertit qu'il viendrait des séducteurs qui défendraient aux fidèles de se marier et d'user des aliments que Dieu a créés; cette prédiction ne tarda pas de s'accomplir. Les disciples de Simon le Magicien, Basilide, Saturnin, Cerdon, Carpocrate, les sectes de gnostiques dont ils furent les auteurs, les encratites, disciples de Tatien, les marcionites, les hiéracites, les manichéens, les adamites, les eustathiens, une secte d'origénistes, les valésiens, etc., condamnèrent le *mariage*. Au contraire, sur la fin du IV° siècle, Jovinien soutint que la virginité n'est pas un état plus parfait que le *mariage*. Ces Pères eurent à réfuter toutes ces erreurs. Aux réprobateurs du *mariage*, ils opposèrent l'exemple de Jésus-Christ, qui honora de sa présence les noces de Cana, et la défense qu'il fait de séparer ce que Dieu a uni (*Matth.* XIX, 6). D'où il résulte que Dieu lui-même est l'auteur de l'union des époux. Aux détracteurs de la virginité ils alléguèrent ce qu'a dit ce divin Sauveur, que tous ne comprennent pas les avantages du célibat, mais seulement ceux auxquels ce don a été accordé, et qu'il y a des hommes qui se sont faits eunuques pour le royaume des cieux (*Matth.* XIX, 11 et 12). Ils firent voir que saint Paul, fidèle à la même doctrine, donne évidemment à la continence et à la virginité la prééminence sur le *mariage*; mais qu'il ne condamne point ce dernier état. Il décide qu'il vaut mieux se marier que de brûler d'un feu impur, que les enfants des fidèles sont saints, qu'une vierge qui se marie ne pèche point (*I Cor.* VII, 9, 14, 18, 36). Il veut que le *mariage* soit honorable, et le lit nuptial sans tache (*Hebr.* XIII, 4).

Quand même, en combattant contre deux partis opposés, les Pères ne se seraient pas toujours exprimés avec la plus exacte précision, quand l'un ou l'autre de ces partis aurait pu abuser de quelques-uns de leurs termes, serait-ce une cause légitime de censurer leur morale? Mais Barbeyrac, qui aéclame contre eux, n'était pas assez judicieux pour faire cette réflexion, et nous n'en avons pas besoin pour montrer que les Pères ne se sont point écartés de la doctrine de Jésus-Christ et de saint Paul. Il est seulement fâcheux que nous soyons forcés de nous arrêter à des objets dont une imagination chaste ne s'occupe jamais.

L'erreur capitale que Barbeyrac reproche aux Pères de l'Eglise, est d'avoir regardé comme illégitime l'usage du *mariage* exercé pour le seul plaisir, pour flatter la chair, et non par le désir d'avoir des enfants ; d'avoir pensé que les plaisirs les plus naturels avaient en eux-mêmes quelque chose de mauvais, et que Dieu ne les permettait aux hommes que par indulgence. De là, dit-il, ont été tirées tant de conséquences absurdes sur le renoncement à soi-même, sur la nécessité des mortifications, sur la sainteté du célibat et de la vie monastique, etc. *Traité de la morale des Pères*, c. 4, § 22 et suiv. Nous soutenons qu'en cela les Pères ont exactement suivi l'esprit de la morale chrétienne, et qu'il n'y a que des épicuriens et des impudiques qui soient capables de les blâmer. Il est bien étonnant qu'un écrivain, qui faisait profession du christianisme, ait osé traiter d'absurde une morale qui a été celle des philosophes païens les plus estimés. Ce n'est pas ici le lieu d'en alléguer les preuves

Saint Justin, dans un fragment de son *livre sur la Résurrection*, n. 3, dit « qu'il y a des hommes qui renoncent à l'usage illégitime du *mariage* par lequel on satisfait le désir de la chair ; que Jésus-Christ est né d'une Vierge afin d'abolir la génération qui se fait par un désir illégitime ; que la chair ne souffre point de mal lorsqu'elle est privée d'un commerce charnel illégitime. » Barbeyrac, c. 2, § 7. Quand cette traduction serait fidèle, pourrait-on en conclure, comme fait Barbeyrac, que saint Justin a regardé tout usage du *mariage* comme illégitime ? Mais la traduction est fausse. Saint Justin dit : « Nous voyons des hommes dont les uns dès le commencement, les autres depuis un temps, observent la chasteté, de manière qu'ils ont rompu un *mariage* contracté illégitimement pour satisfaire une passion, etc. » Il s'ensuit seulement que saint Justin réprouve l'usage du *mariage* exercé uniquement pour satisfaire les passions. Dans sa *première Apologie*, n. 29, il dit que les chrétiens ne se marient que pour avoir des enfants, et que ceux qui s'abstiennent du *mariage* gardent une chasteté perpétuelle ; il ne blâme point les premiers. Il n'est donc pas vrai que Tatien ait emprunté de saint Justin l'erreur par laquelle il a condamné absolument le *mariage*, comme le prétend Barbeyrac.

Saint Irénée, l. IV, c. 15, compare le conseil que saint Paul donne aux personnes mariées de vivre conjugalement, à la permission du divorce accordée aux Juifs dans l'Ancien Testament ; or, le divorce avait quelque chose de vicieux ; donc, conclut Barbeyrac, saint Irénée a pensé aussi que l'usage du *mariage* était vicieux, ch. 3, § 8.

Est-ce donc là le sentiment de saint Irénée, lui qui réfute expressément Saturnin, Basilide, Tatien et Marcien, parce qu'ils condamnaient le *mariage* ? Il s'ensuivrait plutôt qu'il a jugé que le divorce n'avait rien de vicieux, non plus que le *mariage*. Mais il ne s'ensuit ni l'un ni l'autre. Dans l'endroit cité par Barbeyrac, saint Irénée répondait aux marcionites qui soutenaient que l'Ancien Testament et le Nouveau n'étaient pas l'ouvrage du même Dieu, puisque le divorce était permis dans l'un et défendu dans l'autre. Il dit que Dieu a pu permettre aux Juifs certaines choses par indulgence, afin de les retenir dans l'observation du Décalogue, de même qu'il en a aussi permis aux chrétiens par le même motif, afin qu'ils ne tombassent pas dans le désespoir ou dans l'apostasie. La comparaison tombe donc plutôt sur le motif que sur la nature des choses permises. En parlant de l'usage du *mariage*, saint Paul se sert du terme d'*indulgence*, aussi bien que saint Irénée (*I Cor.* VII, 6). S'ensuit-il que l'Apôtre a regardé cet usage comme vicieux ?

Tertullien, l. I, ad *Uxor.*, c. III, dit que, selon l'Apôtre, il vaut mieux se marier que de brûler, parce que brûler est encore quelque chose de pis ; qu'il est beaucoup mieux de ne pas se marier et de ne pas brûler. Il pose pour principe *que ce qui est permis n'est pas bon*. Barbeyrac, c. 6, § 31.

Nous répondons, 1° que Tertullien n'a pas toujours eu une très-grande exactitude dans les expressions ; 2° qu'il est ici question, non des premières noces, mais des secondes ; c'est l'objet des livres de Tertullien à son épouse, et l'on sait que les anciens Pères ont blâmé les secondes noces comme une imperfection. *Voy.* BIGAME. 3° L'objection de Barbeyrac est une pure chicane de grammaire. *Bien, mal, bon, mauvais*, sont des termes de pure comparaison ; il est reçu dans le discours ordinaire de nommer *mal* ce qui est un moindre bien, et *bien* ce qui est un moindre mal. Selon Tertullien, le *mieux* est de ne se pas marier et de ne pas brûler ; c'est la doctrine de saint Paul (*I Cor.* VII.) Le *pire* est de brûler et de ne se pas marier. Entre ces deux degrés il y a un milieu, qui est de se marier afin de ne pas brûler ; ce milieu est un moindre bien que le premier, et peut être appelé un *mal* par comparaison ; mais c'est un bien positif en comparaison du second. Ce qui est simplement permis est donc un *mal*, c'est-à-dire un moindre bien en comparaison de ce qui est commandé ou conseillé ; mais ce n'est pas un *mal* absolu ; Dieu ne peut pas permettre ce qui est absolument *mal*. Où est ici l'erreur, sinon dans l'imagination du censeur des Pères ? Selon lui, saint Ambroise est le plus criminel de tous ; les éloges qu'il fait de la virginité sont outrés, et il fait envisager le *mariage* comme un mal. *Epist.* 81, il dit que ce n'est qu'un remède à la fragilité humaine. Dans son *Exhortation à la Virginité*, il dit que, quoique le mariage soit bon, les personnes mariées ont toujours de quoi rougir. Dans son *Traité de la Virginité*, liv. III, il voudrait engager toutes les filles à ne pas se marier, et à demeurer vierges; il soutient qu'il n'est pas vrai que la multitude des vierges diminue la population. Dans son livre *des Veuves*, il dit que les lois *Julia* et *Papia Poppæa*, qui privaient des successions collatérales les veufs et les célibataires, étaient dignes d'un peuple qui adorait les adultères et les crimes de ses dieux. Barbeyrac, c. 13, § 1 et suiv.

Nous soutenons que saint Ambroise, saint Jérôme et les autres Pères qui ont loué la virginité, n'en ont rien dit de plus que ce qu'en a dit saint Paul, *I Cor.* c. VII; on n'a qu'à comparer leurs expressions à celles de l'Apôtre. Ce ne sont pas les éloges qu'ils en ont faits qui sont outrés, mais ce sont les censures que Barbeyrac et ses pareils ont faites de cette vertu. Il en est de même de ce qu'ils ont dit du *mariage*. Saint Ambroise dit que c'est un remède à la fragilité humaine, mais il ne dit point que ce n'est que cela; saint Paul, de son côté, en permet l'usage *par indulgence*, v. 6. Saint Ambroise dit que les personnes mariées ont toujours de quoi rougir, et saint Paul dit qu'elles souffriront dans leur chair, v. 28. Saint Jean, dans l'*Apocalypse*, va plus loin; il dit d'une multitude de bienheureux : « Voilà ceux qui ne se sont point souillés avec les femmes, car ils sont vierges (*Apoc.* XIV, 4). Il suppose donc que tout commerce quelconque avec les femmes est une souillure. Saint Ambroise voudrait que toutes les filles demeurassent vierges; et saint Paul dit : « Je voudrais que tous fussent comme moi, » VII, 7. Il soutient que la multitude des vierges ne nuit point à la population; nous le soutenons de même, et nous le prouvons au mot CÉLIBAT. Ce Père blâme les lois julienne et papienne; les plus habiles politiques conviennent qu'elles étaient du moins inutiles et n'opéraient aucun bien. Telle est la force des objections et des reproches dont Barbeyrac a trouvé le moyen de composer un volume qui lui a fait une réputation parmi les protestants et parmi les incrédules.

Un autre critique, moins instruit et plus téméraire, a fait mieux : dans un livre composé sur les inconvénients du célibat des prêtres, il soutient que jamais les anciens hérétiques n'ont condamné le *mariage* comme une chose absolument mauvaise; selon lui, ils prétendaient seulement que c'est un état moins parfait que la continence ou le célibat; doctrine à présent soutenue par l'Eglise romaine, mais qui a été, dit-il, réfutée et réprouvée par les Pères de l'Eglise, e. 10, p. 184 et 190. A la vérité, cet auteur se contredit et se réfute lui-même dans ce même chapitre; ils conviennent que les anciens hérétiques avaient forgé un système pour expliquer l'origine du mal; ils supposaient deux principes, l'un bon et créateur du bien, l'autre mauvais et auteur du mal; c'est à ce dernier qu'ils attribuaient la production des corps. Conséquemment ils soutenaient que la procréation des enfants était suggérée par le mauvais principe, et ne servait qu'à étendre son empire; n'était-ce pas là condamner le *mariage* comme une chose absolument mauvaise? C'est aussi l'opinion que leur attribuent saint Irénée, saint Clément d'Alexandrie, Origène, Tertullien, saint Epiphane, saint Augustin, Théodoret, etc., dans les notices qu'ils nous ont données de ces hérésies, et dans les réfutations qu'ils en ont faites.

Manès, dans la conférence qu'il eut avec Archélaüs, évêque de Charcar, l'an 277, soutint que l'homme n'est pas l'ouvrage de Dieu, puisque sa génération vient d'intempérance, de passion et de fornication. *Voy.* les *Actes* de cette conférence, n. 14. Aussi, dans la secte manichéenne, les élus ou les parfaits renonçaient au *mariage*, mais se livraient à l'impudicité; ils permettaient le *mariage* à leurs auditeurs, mais il les exhortaient à empêcher la génération; saint Augustin, *de Hæresib.*, n. 46. Les eustathiens, les euchites, les priscillianistes, les albigeois, les lollards, qui étaient des rejetons des manichéens, enseignaient que le *mariage* n'était qu'une prostitution jurée. Voilà ce que les Pères ont réprouvé et réfuté, et ce que nous rejetons comme eux.

Les canons du concile de Gangres, tenu avant l'an 341, condamnent ceux qui blâment le *mariage* et embrassent la virginité, non pour l'excellence de cette vertu, mais parce qu'ils croient le *mariage* mauvais. « Nous admirons la virginité, disent les Pères de ce concile, et la séparation d'avec le monde, pourvu qu'elles soient jointes à la modestie et à l'humilité; mais nous honorons aussi le *mariage*, et nous souhaitons que l'on pratique tout ce qui est conforme aux divines Ecritures. » Telle a été la doctrine de l'Eglise romaine dans tous les siècles; qu'a-t-elle de commun avec celle des hérétiques anciens ou modernes?

Mais les ennemis de l'Eglise sont si mal instruits, si aveugles, si entêtés, qu'aucune imposture ne leur coûte rien. Du moins, disent-ils, vous ne nierez pas que cette prétendue perfection de morale ne tende à détourner une infinité de personnes du *mariage*, à augmenter le nombre des célibataires, et à diminuer d'autant la population; tel est le cri général des incrédules. Nous nions absolument cette conséquence, et nous en démontrons la fausseté à l'article CÉLIBAT. Ce n'est point la sévérité de la morale chrétienne qui dégoûte du *mariage*, c'est la dépravation des mœurs publiques, fomentée par la morale pestilentielle des incrédules. Déjà parmi les anciens philosophes, ce n'étaient pas les stoïciens qui détournaient les hommes du *mariage*, c'étaient les épicuriens. *Voy.* la *Morale d'Epicure*, p. 272.

Le luxe porté à son comble, qui rend l'entretien d'une famille très-dispendieux, et fait regarder comme partie du nécessaire le superflu le plus insensé; l'ambition des pères qui veulent que leurs enfants soutiennent le rang de leur naissance, et montent encore plus haut; la fureur d'habiter les grandes villes, et le dégoût pour les occupations innocentes et modestes de la campagne; le faste des femmes, leurs prétentions, leur incapacité pour élever des enfants, le ton d'empire qu'elles affectent, la licence de leur conduite, etc., voilà les causes qui empoisonnent les *mariages*, en troublent la paix, donnent lieu aux éclats scandaleux, en dégoûtent ceux qui n'y sont pas encore engagés. Ceux qui déclament le plus haut contre ce désordre en sont les principaux auteurs; s'ils ne l'ont pas fait naître, ils le rendent incurable. Parmi nos philosophes, les uns ont justifié la polygamie, le divorce, le concubinage; les autres réprouvent toute espèce de *mariage*, voudraient que toutes les femmes fussent communes, et que le monde entier fût un lieu de prostitution; ils autorisent les enfants à secouer le joug de l'autorité paternelle. Ils tournent en ridicule la fidélité des époux, la modestie et la réserve qui règnent dans une famille vertueuse, l'éducation sévère de la jeunesse; veulent qu'on lui donne non des talents utiles, mais tous les talents frivoles, etc. Sont-ce là les moyens de multiplier les *mariages*, de les rendre plus purs et plus heureux ? C'est un secret infaillible pour rompre le plus fort des liens de la société, et pour abrutir le genre humain.

MARIAGE (1) (*Droit nat.*, *pub.*, *cit. et ecclés.*). Le *mariage* pouvant être considéré sous plusieurs rapports, semble susceptible de plusieurs définitions; c'est un acte qui, en lui-même et par ses suites, tient au droit naturel, au droit public, au droit civil, et au droit ecclésiastique. La nature y appelle tous les hommes, et elle a formé seule les premières unions conjugales. L'ordre public et les sociétés en général doivent y prendre le plus grand intérêt, puisqu'il est la source licite de la population. Les lois civiles ont nécessairement dû le régler, et pour la forme et pour les effets; enfin la religion, qui est la première bienfaitrice de l'humanité, a cru devoir consacrer et sanctifier un acte dont le principal est de donner et des citoyens à l'État, et des adorateurs au vrai Dieu. Chez les peuples non civilisés et vivant sans lois, le *mariage* ne peut être qu'un contrat naturel; et parmi les nations civilisées, il est un contrat naturel et civil; il n'y a que parmi les chrétiens qu'il est tout à la fois contrat naturel, contrat civil et sacrement. On peut définir le *mariage* comme contrat naturel, l'union volontaire de l'homme et de la femme libres, à l'effet de vivre ensemble, de procréer des enfants et de les élever. On le définit aussi, *contractus quo personæ corporum suorum dominium mutuo tradunt et accipiunt*.

(1) Reproduit d'après l'édition de Liége. — Nous avons traité la question du mariage sous le rapport religieux et civil dans notre Dict. de Théol. morale. L'article que nous citons ici extrait de l'édition de Liége expose l'ancienne jurisprudence sur le mariage, qu'on lira encore avec plaisir.

Justinien a défini le *mariage*, *viri et mulieris conjunctio individuam vitæ consuetudinem continens*. Ce qui semblerait pouvoir s'appliquer au contrat naturel seul. Le catéchisme du concile de Trente paraît avoir compris plus expressément le contrat civil, en ajoutant à la définition de Justinien, *inter legitimas personas*. Ces expressions désignent les personnes capables, selon les lois, de contracter : *Matrimonium est viri mulierisque maritalis conjunctio inter legitimas personas individuam vitæ consuetudinem retinens*. Cependant on pourrait dire que Justinien a entendu le contrat civil, en lui donnant le caractère de perpétuité : *Individuam vitæ consuetudinem continens*; perpétuité qui, selon l'observation de Ferrière, ne peut s'entendre que du dessein des deux époux de vivre ensemble jusqu'à la mort de l'un ou de l'autre; car le divorce était permis chez les Romains. Quoi qu'il en soit de l'exactitude de ces définitions, nos auteurs appellent le *mariage*, un contrat revêtu des formes prescrites par les lois, par lequel un homme et une femme, habiles à faire ensemble ce contrat, s'engagent réciproquement l'un avec l'autre à demeurer toute leur vie ensemble dans l'union qui doit être entre un époux et une épouse.

Le *mariage*, comme sacrement, peut être défini : l'alliance ou l'union légitime, par laquelle un homme et une femme s'engagent à vivre ensemble le reste de leurs jours, comme mari et comme épouse; que Jésus-Christ a institué comme le signe de son union avec l'Église, et à laquelle il a attaché des grâces particulières pour l'avantage de cette société et pour l'éducation des enfants qui en proviennent.

Le contrat naturel est la première base du *mariage* : il ne peut y en avoir de plusieurs espèces, puisque la nature est une. Le *mariage*, comme contrat civil, peut varier, parce que les lois des différents états ne sont pas les mêmes. Un *mariage* peut donc être valable dans un pays et ne l'être pas dans un autre. Comme sacrement, il tient l'être du divin auteur de la religion : les hommes ne peuvent donc y apporter aucun changement essentiel. Le *mariage*, comme contrat naturel, paraît être du ressort de cette philosophie qui s'occupe à connaître les lois que dicte la nature à tous les hommes. Comme sacrement, il semble qu'il n'appartienne qu'aux théologiens d'en traiter; et l'on pourrait dire au premier coup d'œil qu'il ne peut concerner le jurisconsulte que comme contrat civil. Mais ici la nature, la religion et les lois civiles sont tellement inhérentes les unes aux autres, qu'il est impossible que le jurisconsulte les sépare; il doit seulement avoir attention à ne considérer le contrat naturel et le sacrement que sous les rapports qu'ils ont avec le contrat civil.

Lorsque les hommes ont été réunis en société et qu'ils ont mis leur liberté et leur propriété sous la sauvegarde des lois, ils ont dû nécessairement établir des règles pour les *mariages*. Le simple contrat naturel n'a plus alors suffi, et il a été perfectionné et fortifié par le contrat civil. Mais le contrat naturel en a toujours fait la base.

Dans l'ancienne loi, chez les Hébreux, le *mariage* était de commandement. Dieu eut à peine créé l'homme, qu'il jugea qu'il n'était pas à propos qu'il fût seul. Il forma presque aussitôt la femme d'une portion même de l'homme, la lui présenta à l'instant de son réveil, comme pour le frapper plus vivement; il leur ordonna à l'un et à l'autre de s'unir et de perpétuer la merveille qu'il venait d'opérer. Au sentiment attractif qu'il plaça dans leur cœur, il joignit l'ordre de croître et de multiplier, accompagné de celui de ne faire qu'un : *Et erunt duo in carne una*. Telle est l'origine sublime du *mariage* chez les chrétiens, origine où tous les devoirs d'un époux sont tracés en peu de mots.

Les Grecs et les Romains, privés des lumières de la révélation, n'ont pas eu du *mariage* les grandes idées que présente la loi de Moïse; cependant ils ont été assez éclairés pour le regarder comme un acte digne de toute l'attention des législateurs. Mais tous les peuples policés ne l'ont pas envisagé du même œil; ceux qui ont permis la pluralité des femmes légitimes, ont oublié le véritable but de la nature. La pluralité des femmes fut permise chez les Athéniens, les Parthes, les Thraces, les Egyptiens, les Perses. Elle est encore en usage chez quelques peuples païens, et particulièrement chez les Orientaux. Le grand nombre de femmes qu'ils ont diminue la considération que la nature a attachée à l'état d'épouse, et fait qu'ils les regardent plutôt comme des esclaves que comme des compagnes. Les Romains s'étaient garantis de cette erreur : leur droit défend la pluralité des femmes et des maris; cependant Jules-César avait projeté une loi pour permettre la pluralité des femmes. Mais elle ne fut pas publiée : l'objet de cette loi était de multiplier la procréation des enfants. Auguste, son successeur, eut les mêmes vues, mais employa des moyens différents. Il ne crut devoir rien changer à l'ancienne législation sur les *mariages;* il crut qu'il suffisait de publier des lois pour les encourager. On peut voir combien il avait cet objet à cœur par le discours qu'il adressa aux chevaliers romains célibataires. Il publia les lois nommées *Pappia, Poppœa*, du nom des deux consuls de cette année. Constantin et Justinien abrogèrent les lois pappiniennes, et favorisèrent le célibat; la raison de spiritualité qu'ils en apportèrent fut puisée dans le christianisme, qui regarde cet état comme plus parfait que le *mariage*, quoiqu'il ait élevé le *mariage* à la dignité de sacrement. Valentinien Ier voyait les choses bien différemment, mais avec les yeux des passions. Voulant épouser une seconde femme, et garder celle qu'il avait déjà, il fit une loi portant qu'il serait permis à chacun d'avoir deux femmes; mais cette loi ne fut point observée; tant il est vrai que le pouvoir absolu ne suffit pas pour donner des lois, et que

sans la raison et la justice, les législateurs sont souvent impuissants.

Les barbares, qui inondèrent l'empire romain, soutinrent que la pluralité des femmes était contraire à l'essence du *mariage;* et Athalaric, roi des Goths, défendit la polygamie. On trouve dans la législation des Moscovites un canon fait par leur patriarche Jean, qu'ils honorent comme un prophète, par lequel il est ordonné que si un mari quitte sa femme pour en épouser une autre, ou que la femme change de mari, les uns et les autres seraient excommuniés, jusqu'à ce qu'ils reviennent à leur premier engagement.

Les citoyens romains pouvaient contracter deux espèces de *mariages*. On appelait l'un *justæ nuptiæ*, et l'autre *concubinatus*. Celui qu'on appelait *justæ nuptiæ* était le *mariage* légitime qu'un homme contractait, selon les lois, avec une femme, pour l'avoir à titre de légitime épouse, *justa uxor*. Ce *mariage* donnait aux enfants le droit de famille, et au père le droit de puissance paternelle sur eux. L'autre espèce de *mariage*, qu'on appelait *concubinatus*, était aussi un véritable *mariage* permis par les lois : *concubinatus, per leges nomen assumpsit*. Il ne différait du *mariage* appelé *justæ nuptiæ*, que parce que l'homme ne prenait pas la femme avec laquelle il se mariait pour l'avoir à titre de légitime épouse, *justa uxor*, mais il la prenait seulement à titre de concubine; les enfants qui naissaient de ce *mariage* n'avaient pas le droit de famille, et le père n'avait pas sur eux la puissance paternelle; ils n'étaient pas *justi liberi*; ils n'étaient pas néanmoins bâtards, on les appelait *liberi naturales*, bien différents des *nati* et *spurii*, qui étaient les noms de ceux qui étaient nés *ex scorto* et d'unions défendues. Cette espèce de *mariage* fut introduite, pour permettre les unions disproportionnées. Un sénateur pouvait prendre pour concubine une femme affranchie de l'esclavage, que les lois ne lui permettaient pas d'avoir pour légitime épouse. Du reste tout ce qui prohibait un *mariage* légitime prohibait également le concubinage; il n'était pas plus permis d'avoir deux concubines à la fois que deux femmes légitimes. Le concubinage, tant qu'il existait, excluait tout autre *mariage*, comme le *mariage* légitime excluait le concubinage : on ne pouvait avoir ensemble une femme et une concubine.

Il est assez difficile de tracer la ligne qui séparait le *mariage* légitime d'avec le simple concubinage. Les cérémonies extérieures, ou la confection de l'acte qui contenait les conventions matrimoniales, ne pouvaient les différencier, puisqu'un *mariage* pouvait être *justæ nuptiæ* sans acte et sans cérémonie. Ce n'était que l'intention de l'homme de prendre sa femme à titre de légitime épouse, ou de la prendre seulement pour concubine, qui rendait le *mariage* ou légitime, ou concubinage. C'est ainsi que s'exprime la législation romaine : *Concubinatus ex sola animi destinatione æstimari oportet... concubina ab uxore solo delectu separatur.* De là il suit que le concubinage n'était présumé qu'à l'égard des femmes diffamées ou d'un état vil : *In liberæ mulieris consuetudine non concubinatus, sed nuptiæ intelligendæ sunt, si non corpore quæstum fecerit.* Cette distinction du mariage, *justæ nuptiæ* et *concubinatus,* n'avait lieu qu'à l'égard des citoyens romains. Les peuples soumis à la république ou à l'empire n'étaient capables que d'une espèce de mariage, qu'on appelait simplement *matrimonium.* Il ne produisait point sur les enfants la puissance paternelle, telle que l'avaient les citoyens romains, mais seulement telle que la donne aux pères le droit naturel. Mais cette différence s'évanouit, lorsque Antonin Caracalla accorda le nom et les droits de citoyen romain à tous les sujets de l'empire.

Le concubinage tel qu'il existait pendant la république, et sous les premiers empereurs, subsista encore lorsque la religion chrétienne fut devenue la religion dominante ; on en peut juger par le dix-septième canon du premier concile de Tolède, de l'an 400, où il est dit : *Si quis habens uxorem fidelis, concubinam habeat, non communicet ; cæterum qui non habet uxorem, et pro uxore concubinam habet, a communione non repellatur, tantum ut unius mulieris, aut uxoris, aut concubinæ, ut ei placuerit, sit conjunctione contentus.*

La qualité de citoyen romain étant devenue générale, ou ayant totalement disparu, l'usage de contracter le mariage appelé *concubinatus* s'anéantit insensiblement. Il ne s'en est guère conservé de trace que dans l'Allemagne, où la qualité de noble a produit pour les *mariages* les mêmes effets que celle de citoyen romain. Un homme de qualité, qui se marie à une femme de basse condition, la prend pour femme d'un ordre subalterne. Cette femme ne participe pas au rang et aux titres de son mari, et les enfants qui naissent de ce *mariage* ne succèdent ni aux titres ni à l'hérédité de leur père. Ils doivent se contenter, ainsi que leur mère, d'une certaine quantité qui leur a été assignée par le contrat ; c'est ce qu'on appelle *mariage de la main gauche.* Il en est de même des princes qui épousent une personne d'une condition inférieure à la leur ; ils lui donnent la main gauche au lieu de la droite. Leurs enfants sont légitimes et nobles ; mais ils ne succèdent point aux États du père, à moins que l'empire ne les réhabilite ; quelquefois le prince épouse ensuite sa femme de la main droite. Cette espèce de *mariage* n'a pas lieu en France ; nos lois ne permettent pas de se marier autrement que pour avoir une femme à titre de légitime épouse. Le concubinage avec une femme que l'on n'a pas épousée en légitime *mariage* est, parmi nous, une union illicite et prohibée. Cependant nous avons quelques *mariages,* qui, quoique valablement contractés, ne produisent que des effets civils, à peu près semblables au concubinage chez les Romains et aux *mariages* de la main gauche en Allemagne.

Chez les Romains, le *mariage* des esclaves, fait du consentement de leurs maîtres, et pourvu qu'il n'y eût aucun empêchement naturel, s'appelait *contubernium ;* il ne produisait aucun effet civil ; tel est encore aujourd'hui celui des nègres esclaves en Amérique. On donnait la même dénomination au *mariage* que contractait un homme libre avec une esclave, *aut vice versa. Inter servos et liberos matrimonium contrahi non potest, contubernium potest.* Ce *mariage* ne produisait pas plus d'effets civils que ceux des esclaves entre eux.

Après les définitions et les notions historiques préliminaires, venons au *mariage,* tel qu'il existe parmi nous, et qui doit faire l'objet principal de cet article. Le *mariage,* dans le sens où nous le prenons ici, est celui qui est tout à la fois, contrat naturel, contrat civil et sacrement.

Nous examinerons, 1° ce qui doit précéder le *mariage;* 2° quelles sont les personnes qui peuvent le contracter ; 3° comment il se contracte réellement ; 4° quels sont ses effets et ses obligations ; 5° les cassations et la dissolution des *mariages,* et les juges qui en doivent connaître ; 6° les séparations d'habitation ; 7° les seconds *mariages* et l'édit des secondes noces. Nous espérons renfermer sous ces divisions tout ce qui concerne l'importante matière du *mariage.*

§ I. *Ce qui doit précéder le mariage.* Comme contrat naturel, le mariage consiste dans le seul consentement des parties. Ce consentement une fois librement donné et en pleine connaissance de cause, le *mariage* est contracté dans l'ordre de la nature. Heureuses, et mille fois heureuses les sociétés où il n'y aurait pas besoin d'autres formalités ! on n'y suivrait que cet instinct puissant, qui porte l'homme et la femme à se donner l'un à l'autre pour propager l'espèce humaine, et travailler de concert à leur propre bonheur ; une promesse dictée par le cœur, et pour laquelle la bouche ne servirait que d'organe au sentiment, est sans doute le lien le plus fort qui puisse unir deux individus. Pourquoi donc cette promesse ne suffit-elle pas, n'est-elle pas vraiment obligatoire ? Oui sans doute, elle l'est ; gardons-nous de penser autrement. Le serment que se font deux personnes libres, jouissant de toute leur raison et de toutes leurs facultés, de s'unir pour toujours, est le pacte le plus sacré aux yeux de la nature et de l'honnête homme. Nos aïeux, auxquels on prodigue si souvent le nom de barbares, le pensaient ainsi lorsqu'ils établirent le principe qui a eu pendant plusieurs siècles force de loi parmi nous, *aut nubere, aut mori,* principe qui a fait si longtemps la sauvegarde du sexe contre la séduction, principe qui a pu être un rempart contre la dépravation des mœurs ; mais qui, depuis qu'elles ont été corrompues, était devenu une arme meurtrière dans les mains du vice, et qui changeait souvent en séducteur ce sexe que la faiblesse même fait toujours présumer être séduit. D'ailleurs, quelle triste victoire pour une femme abusée et trompée, de ne devoir un époux qu'à la crainte de la mort ! quelle réflexion déchirante de se di e à soi-même, ce n'est que pour éviter l'échafaud qu'il a consenti à partager ma couche !

Quelque obligatoire que soit en lui-même le simple contrat naturel, la sagesse des législateurs a donc dû y ajouter des préliminaires et des formalités extérieures pour le rendre obligatoire dans le for extérieur et aux yeux de la société. Il a fallu prémunir la jeunesse contre une passion souvent aveugle; il a fallu s'assurer de la liberté et de la raison des contractants, et l'on a vu les deux puissances concourir à ce but salutaire; c'est pour cela qu'on a établi les fiançailles, la publication des bans, et qu'on a aboli les promesses *per verba de præsenti*. Les fiançailles et la publication des bans doivent précéder le *mariage*. Ces formalités sont plus ou moins essentielles, selon les circonstances. *Voy.* BANS, FIANÇAILLES. Les conventions matrimoniales rédigées par écrit, qu'on appelle contrat de *mariage*, précèdent aussi ordinairement la célébration du *mariage*: on peut les regarder comme des fiançailles profanes. Ce contrat n'est point de nécessité absolue; il arrive même souvent que les futurs conjoints n'en passent point. Dans ce cas, c'est la loi de leur domicile qui règle les conventions matrimoniales; il ne peut être passé après le *mariage*; il faut nécessairement qu'il le précède, autrement il serait radicalement nul. Il doit être, selon le droit commun, rédigé par-devant notaires. La plupart de nos coutumes l'exigent impérieusement, pour empêcher les antidates et les avantages que les conjoints pourraient se faire pendant le *mariage*. Il est cependant encore quelques pays, même coutumiers, où un contrat de *mariage* sous seing privé est valable; mais il faut qu'il soit signé des conjoints, des parents des deux côtés, et absolument à l'abri de tout soupçon de dol et de fraude.

§ II. *Quelles sont les personnes qui peuvent contracter le mariage?* Toute personne qui n'a en elle aucun empêchement dirimant, ou qui a obtenu une dispense de ceux dont on peut dispenser, est capable de se marier. Nous avons amplement traité cette matière à l'article EMPÊCHEMENT *du mariage*: nous y renvoyons nos lecteurs. Il en est deux que nous avons réservés au présent article, parce que l'ordre des matières l'exigeait : c'est le défaut de consentement de la part de ceux dont dépendent les parties contractantes, et la disparité du culte par rapport aux protestants et aux infidèles. Nous ne connaissons dans notre législation que deux espèces de personnes qui sont sous la puissance d'autrui, les fils de famille, c'est-à-dire ceux qui ont encore leur père ou mère, et les mineurs qui sont sous la conduite de leurs tuteurs ou curateurs.

Suivant les lois romaines, les *mariages* des enfants de famille n'étaient pas valables sans le consentement préalable de celui qui les avait en sa puissance, *in tantum ut jussus parentis præcedere debeat..... Si adversus ea quæ diximus aliqui coierint, nec vir, nec uxor, nec nuptiæ, nec matrimonium, nec dos intelligitur*, instit. *de nupt.* Les grands priviléges accordés par les empereurs aux soldats ne les dispensaient pas de cette règle. *Filius familias miles matrimonium sine patria voluntate non contrahit*. On reconnaît dans ces lois une conséquence nécessaire de la puissance paternelle; elles ont été longtemps en vigueur dans l'empire, même après que la religion chrétienne y a été admise, et alors l'Eglise ne regardait point comme valables les *mariages* contractés contre leur disposition. On en trouve des preuves dans les ouvrages des saints Pères. Cette doctrine paraît s'être conservée jusqu'aux temps d'Isidore Mercator, puisque, dans la décrétale qu'il a faussement attribuée au pape Evariste, et qui est rapportée au décret de Gratien, can. *aliter, caus.* 30, *quæst.* 5, on appelle *adulteria, contubernia, stupra et fornicationes*, les *mariages* faits sans le consentement des pères et mères, *matrimonia facta sine consensu parentum*. Mais les lois romaines sur la puissance paternelle ayant cessé d'être exécutées dans la majeure partie du monde chrétien, on s'accoutuma insensiblement à regarder comme valables les *mariages* des enfants de famille, même mineurs, quoique faits sans le consentement de leurs pères et mères.

Cette opinion paraît avoir été adoptée par le concile de Trente; *tametsi dubitandum non est clandestina matrimonia libero consensu contrahentium facta, rata et vera esse matrimonia quandiu Ecclesia ea irrita non fecit, proinde jure damnandi sunt, ut eos sancta synodus anathemate damnat, qui ea vera et rata esse negant, quique falso affirmant matrimonia a filiis familias sine consensu parentum contracta irrita esse, et parentes ea rata et irrita facere posse; nihilominus sancta Dei Ecclesia, ex justissimis causis, illa semper detestata est atque prohibuit*. Ce décret du concile a beaucoup occupé nos théologiens et nos canonistes. Ils ont cherché à le concilier avec nos lois et nos usages. Ils soutiennent qu'il a seulement entendu condamner le sentiment de quelques protestants, qui prétendaient que par le droit naturel, les parents avaient par eux-mêmes le pouvoir de valider ou d'annuler les *mariages* de leurs enfants, contractés sans leur consentement, sans qu'il fût besoin pour cela d'une loi positive qui les déclarât nuls. Mais le concile n'a pas décidé ni pu décider que, dans le cas d'une loi civile qui exigerait dans les enfants de famille le consentement des parents à peine de nullité, leurs *mariages*, sans ce consentement, ne laisseraient pas d'être valables. En effet, il s'ensuivrait d'une pareille décision que les princes n'auraient pas le droit d'établir des empêchements dirimants : ce qui est faux. *Voy.* EMPÊCHEMENT.

Quel que soit le sens que l'on veuille donner à la décision du concile, il est certain que nous distinguons en France deux espèces d'enfants de famille, les mineurs et les majeurs : nous exigeons, pour les *mariages* des uns et des autres, le consentement des parents; mais le défaut de ce consentement ne produit pas les mêmes effets dans tous lés cas. Quant aux *mariages* des fils de famille mineurs, le défaut de consentement des pères et mères les rend nuls. Nos auteurs cherchent à appuyer cette nullité sur l'esprit et la lettre de nos lois.

On retrouve dans nos anciens Capitulaires des traces de la nécessité du consentement des pères et mères pour le *mariage* de leurs enfants, du moins quant aux filles. Ces lois étaient tombées en désuétude. On en peut juger par le préambule de l'édit de Henri II, du mois de février 1556 : « Comme sur la plainte à nous faite des *mariages*, qui journellement, par une volonté charnelle, indiscrète et désordonnée, se contractaient en notre royaume par les enfants de famille, contre le vouloir et consentement de leurs pères et mères, n'ayant aucunement devant les yeux la crainte de Dieu, l'honneur, révérence et obéissance qu'ils doivent à leurs dits parents..... Nous eussions longtemps conclu et arrêté sur ce faire une bonne loi et ordonnance, par le moyen de laquelle ceux qui, pour la crainte de Dieu, l'honneur et révérence paternelle et maternelle, ne seraient détournés et retirés de mal faire, fussent par la sévérité de la peine temporelle révoqués et arrêtés..... » Le législateur suppose qu'avant lui il n'y avait aucune loi sur cette matière. L'édit continue : « Avons dit et statué..... que les enfants de famille, ayant contracté et qui contracteront ci-après *mariages* clandestins, contre le gré, vouloir et consentement de leurs pères et mères, puissent, pour telle irrévérence, ingratitude, mépris et consentement de leurs dits pères et mères, et chacun d'eux exhérédés ; puissent aussi, lesdits pères et mères, pour les causes que dessus, révoquer toutes les donations qu'ils auraient faites à leurs enfants..... Voulons que lesdits enfants, qui ainsi seront illicitement conjoints, soient déclarés audit cas d'exhérédation, et les déclarons incapables de tous avantages qu'ils pourraient prétendre, par le moyen des conventions apposées ès contrats de *mariage*, ou par le bénéfice des coutumes de notre royaume. »

Cette loi ne prononce point la peine de nullité contre les *mariages* des enfants, même mineurs, contractés sans le consentement des pères et mères. Elle ne les regarde que comme illicites : *qui ainsi seront illicitement conjoints;* elle ne punit les enfants que par la peine de l'exhérédation, qu'elle laisse cependant à la volonté des pères et mères ; elle ne les déclare déchus des conventions matrimoniales ou du bénéfice des coutumes, que dans les cas où l'exhérédation serait prononcée. Les enfants ne peuvent éviter les peines portées par la loi, même en requérant le consentement de leur père : il est nécessaire pour cela qu'ils l'aient obtenu. Il y a cependant une exception bien remarquable. « N'entendons comprendre les *mariages* qui seront contractés par les fils excédant l'âge de trente ans, et les filles ayant vingt-cinq ans passés et accomplis, pourvu qu'ils se soient mis en devoir de requérir l'avis et conseil de leurs dits pères et mères ; ce que voulons être ainsi gardé pour le regard des mères qui se remarient, desquelles suffira requérir leur conseil, et ne seront lesdits enfants, auxdits cas, tenus d'attendre leur consentement. » Le législateur termine sa loi par ordonner que lesdits enfants..... et ceux qui auront traité tels *mariages* avec eux, et donné conseil et aide pour la consommation d'iceux, soient sujets à telles peines qu'elles seront avisées, selon l'exigence des cas, par les juges.

L'article 40 de l'ordonnance de Blois porte : « Enjoignons aux curés de s'enquérir de la qualité de ceux qui voudront se marier; et s'ils sont enfants de famille, ou en puissance d'autrui, nous leur défendons de passer outre à la célébration desdits *mariages*, s'il ne leur apparaît du consentement des pères, mères, tuteurs ou curateurs, sous peine d'être punis comme fauteurs du crime de rapt. » L'article 41 confirme l'édit de 1556; l'édit de Melun confirme l'article 40 de l'ordonnance de Blois.

Louis XIII, par sa déclaration de 1639, fut plus loin que les ordonnances précédentes. Les peines portées par les rois ses prédécesseurs, contre les *mariages* contractés par les enfants de famille sans le consentement de leurs pères et mères, n'ayant pu les arrêter, il a jugé à propos d'en ajouter de nouvelles. En conséquence, l'article 2 de la déclaration s'énonce ainsi : « Le contenu de l'édit de l'an 1556, et aux articles 41..... de l'ordonnance de Blois, sera observé, et y ajoutant, avons déclaré et déclarons les veuves, fils et filles, moindres de vingt-cinq ans, qui auront contracté *mariage* contre la teneur desdites ordonnances, privés et déchus par le seul fait, ensemble les enfants qui en naîtront, et leurs hoirs, indignes et incapables à jamais des successions de leurs pères et mères et aïeux, et de toutes autres directes ou collatérales, comme aussi des droits et avantages qui pourraient leur être acquis par contrats de *mariage* et testaments, ou par les coutumes et lois de notre royaume, même du droit de légitime ; et les dispositions qui seront faites au préjudice de notre ordonnance, soit en faveur des personnes mariées, soit par elles au profit des enfants nés de ces *mariages*, nulles et de nul effet et valeur. Voulons que les choses ainsi données demeurent irrévocablement acquises à notre fisc, sans que nous en puissions disposer qu'en faveur des hôpitaux ou autres œuvres pies, etc. »

Mais quelles que soient les peines portées par ces différentes lois contre les *mariages* faits sans le consentement des pères et mères, elles se bornent à la privation des effets civils. On n'y voit point la peine de nullité textuellement prononcée. Si la lettre de nos ordonnances n'est pas précise à ce sujet, nos auteurs soutiennent qu'il n'en est pas de même de leur esprit, et que, si on les considère attentivement, on découvrira facilement qu'elles réputent nuls et non valablement contractés tous les *mariages* des mineurs, contractés sans le consentement de leurs pères et mères. En effet, il paraît qu'elles regardent comme le fruit de la séduction ces sortes de *mariages*, puisqu'elles veulent (ordonnance de Blois, art. 40) que les curés, qui y prêteront leur ministère, soient punis *comme fauteurs du crime de rapt*. Elles supposent donc que le *mariage* d'un mineur doit passer pour entaché du vice de séduction, par cela seul qu'il est contracté sans le consentement de ses pères et mères. Il n'y a en effet que la séduction, et une séduction très-forte, qui puisse faire oublier à un mineur, la déférence, le respect et l'obéissance qu'il doit aux auteurs de ses jours. Dès que la loi suppose la séduction dans ces sortes de *mariages*, elle les suppose par là même nuls, puisque la séduction est un empêchement dirimant du *mariage*, empêchement qui, en enchaînant la liberté, fait disparaître le consentement nécessaire à tout contrat. Alors la présomption est de celles que l'on appelle en droit *præsumptiones juris*, qui sont équipollentes à une preuve parfaite, et qui dispensent d'en apporter d'autres. La séduction en ce cas n'est considérée que dans la chose même : on n'examine point de la part de qui elle vient, quand même ce serait le mineur qui s'est marié qui se serait séduit lui-même par sa passion, quand même celle qu'il a épousée n'y aurait contribué que par le malheur qu'elle a eu de lui plaire, la séduction ne laisserait pas d'être présumée, et le *mariage*, en conséquence, réputé nul. La nullité du *mariage* des mineurs, opérée par le défaut de consentement de leurs pères et mères, ne provient donc point de la puissance paternelle, telle qu'elle avait été admise chez les Romains. Ce n'est pas l'atteinte portée à cette puissance qui annule le contrat civil. C'est la présomption que l'enfant s'est conduit en aveugle, dès qu'il n'a point marché à la lueur du flambeau que la nature et la loi lui donnent pour se diriger pendant sa minorité. C'est pourquoi l'article 40 de l'ordonnance de Blois veut qu'on punisse, comme fauteurs du crime de rapt, les curés qui béniront les *mariages* des mineurs, sans qu'il leur apparaisse du consentement de leurs pères et mères ; et de là on conclut que ces *mariages* sont nuls, selon l'esprit de la loi.

On tire la même conséquence d'une autre disposition de l'ordonnance de Blois : « Pour obvier aux abus qui adviennent des *mariages* clandestins, avons ordonné que nos sujets ne pourront valablement contracter *mariage*, sans proclamation précédente de bans. » Le principal motif qui a porté le législateur à prescrire la formalité des bans a été d'empêcher les mineurs de se marier à l'insu de leurs pères et mères. Cela est si vrai, que le défaut de publication de bans passe pour être de nulle considération dans les *mariages* des majeurs, et que même à l'égard de ceux des mineurs, il n'est de quelque poids que lorsque les pères et mères se plaignent du *mariage*, et qu'il n'en est d'aucun lorsqu'ils y ont consenti. Cela posé, l'ordonnance de Blois, en déclarant nuls et non valablement contractés les *mariages*, lorsqu'on aurait manqué d'observer une formalité établie, pour empêcher les mineurs de se marier à l'insu et sans le consentement de leurs pères et mères, fait suffisamment connaître que les *mariages* ainsi contractés ne puissent subsister, et qu'ils soient réputés non valablement contractés. Pourrait-on penser sans absurdité que la loi ait voulu avoir plus d'indulgence pour le mal même qu'elle a voulu prévenir, que pour l'inobservation d'une formalité qu'elle n'a établie que pour l'empêcher ? Ce qui ajoute encore à ce raisonnement, c'est la disposition de la même ordonnance de Blois, qui porte que la dispense de quelques-unes des proclamations de bans ne pourra être accordée que du consentement des principaux parents des parties contractantes, et par conséquent de leurs pères et mères. Il en est de même de la déclaration du 26 novembre 1639, qui exige le consentement des pères et mères, tuteurs, curateurs, pour la proclamation des bans des mineurs. Si ces lois requièrent le consentement des pères et mères pour que les bans soient valablement publiés ; si elles le requièrent pour les dispenses des bans, n'est-il pas évident que leur esprit est d'exiger, à plus forte raison, ce consentement, pour que les *mariages* des mineurs soient valablement contractés ? Certainement le *mariage* est un acte bien plus important que les dispenses des bans ou leur publication.

Ce que l'on vient de dire sur la nécessité du consentement des pères et mères, pour la validité des *mariages* des mineurs est tiré du plaidoyer de M. d'Aguesseau, dans la cause de Melchior Fleury, contre la demoiselle de Bezac.

On ne peut douter que la jurisprudence constante de tous les tribunaux du royaume, ne soit de regarder le défaut de consentement des pères et mères comme opérant la nullité du *mariage* des mineurs. Mais en même temps il faut convenir que cette nullité n'est textuellement prononcée par aucune loi : elle n'est que la conséquence de plusieurs dispositions de nos ordonnances. Mais des nullités ne doivent point s'établir par des inductions ; il faut plus que l'esprit des lois, il faut leur volonté clairement manifestée. Il est vrai que la séduction que fait présumer le défaut de consentement des pères et mères est en elle-même un empêchement dirimant. Mais ce n'est encore ici qu'une séduction présumée ; et une présomption, fût-elle même *præsumptio juris*, ne paraît pas suffire pour fonder la nullité d'un acte aussi important que le *mariage*. Ce sont sans doute ces réflexions qui ont fait dire à d'Héricourt qu'il serait à souhaiter que nos rois s'expliquassent d'une manière plus précise sur une matière de cette importance, et qu'ils déclarassent les enfants mineurs inhabiles à contracter *mariage*, sans le consentement de leurs pères, mères, ou tuteurs, ou du moins sans un arrêt, dans les cas où les cours souveraines jugeraient que le refus des pères et mères fût injuste. Cette dernière observation de d'Héricourt présente la question de savoir si un père et une mère ne peuvent pas être quelquefois forcés de donner leur consentement au *mariage* de leurs enfants mineurs. Il s'est trouvé des cas où le refus des pères et mères ayant été reconnu injuste, les cours ont permis aux mineurs de contracter des *mariages* que le reste de leur famille jugeait leur être avantageux. On cite à cette occasion un arrêt du 17 juillet 1722, par lequel un mineur, sur un avis de parents, a été autorisé à contracter un *mariage* avantageux, auquel la mère refusait de consentir. Mais cela souffrirait peut-être plus de difficulté à l'égard d'un père : au reste, ces cas sont rares. On doit présumer de la piété paternelle, que si le père ou la mère refusent leur consentement, ils ont pour cela de bonnes raisons qu'ils ne jugent pas à propos de publier.

En Angleterre, où la liberté de disposer de sa personne et de ses biens est moins limitée que dans le reste de l'Europe, les enfants même mineurs pouvaient se marier sans le consentement des auteurs de leurs jours ; mais les abus multipliés, qui étaient la suite de cette liberté, ont fait naître l'acte du Parlement de 1753.

On suit en Flandre un usage qui paraît tenir un juste milieu entre l'autorité illimitée des pères et la liberté indéfinie des enfants, qui laisse à la sagesse éclairée des uns tout son empire, et prévient les suites fâcheuses des passions aveugles des autres. Si le père refuse injustement son consentement, la loi, qui est le premier père des citoyens, le donne pour lui. Les mineurs peuvent, sous l'autorité du juge, qui ne prononce qu'en connaissance de cause, se marier malgré leurs pères et mères, tuteurs et curateurs ; en ce cas le magistrat nomme un officier pour assister au contrat et en régler les conventions. Cet ancien usage de la Flandre a été confirmé par une déclaration du 8 mars 1704 : « Voulons, dit cette loi, que les sentences et arrêts qui auront été rendus avec les pères et mères, tuteurs et curateurs, soient exécutés, même ceux par lesquels il aura été permis aux mineurs de contracter *mariage*, sans que ce défaut ou refus de consentement des pères et mères, tuteurs ou curateurs, puissent en ce cas être opposés auxdits mineurs. »

Si le père consent au *mariage* de son fils mineur, et que la mère s'y refuse, le *mariage* n'en est pas moins valable : *quia plus honoris tribuitur judicio patris, quam matris*. Si le père est décédé, le consentement de la mère est nécessaire ; mais pour qu'elle conserve son autorité entière, il faut qu'elle ne convole point à de secondes noces, et qu'elle mène une conduite régulière. Un arrêt du 30 août 1760 a prononcé la main levée d'une opposition formée par une mère au *mariage* de son fils, âgé de vingt-trois ans, avec une fille de vingt-huit ; il y avait deux circonstances particulières. Toute la famille du fils agréait le *mariage*, la mère seule s'y opposait. La mère s'était remariée et s'était dérangée de manière qu'on avait été obligé de la faire enfermer.

Les pères et mères décédés sont représentés par les aïeux et aïeules ; mais on ne laisse pas à ces derniers, non plus qu'aux mères seules, une autorité entière lorsqu'il s'agit du *mariage* des mineurs ; leur famille la partage ; c'est ce qui paraît avoir été décidé par un arrêt du 30 mai 1767 : dans cette espèce, la dame Gros-Jean voulait marier la demoiselle Gargam, sa petite-fille, âgée de treize ans quatre mois, avec un sieur Heuvrard, âgé de trente-cinq à quarante ans. L'oncle paternel de la demoiselle, et qui était curateur à son émancipation, s'opposa à ce *mariage* de concert avec la famille ; l'opposition était fondée sur la disproportion d'âge, de naissance et de fortune. M. l'avocat général Barentin conclut à ce qu'il fût tenu chez la dame Gros-Jean une assemblée des parents paternels et maternels, pour, sur leurs avis, être ordonné ce que de raison ; mais quoique l'aïeule déclarât qu'elle ne donnait son consentement que sous la condition que sa petite-fille, à cause de sa grande jeunesse, resterait encore deux ans au couvent après son *mariage*, la cour remit la cause à deux ans, et cependant ordonna que dans huitaine, à compter du jour de la signification de l'arrêt, la dame Gros-Jean et le sieur Gargam conviendraient conjointement d'un couvent, dans lequel serait mise la mineure, duquel couvent elle ne pourrait sortir que du consentement de l'aïeule et de l'oncle curateur.

L'éloignement du lieu où demeure le père et la mère, lorsque ce lieu est connu, ne dispense pas les enfants d'obtenir leur consentement. Celui des plus proches parents assemblés à cet effet ne peut le suppléer. Une fille, dont la mère demeurait à Saint-Domingue, avait été mariée à Orléans sans son consentement. Le prévôt de cette ville avait homologué un avis de parents, qui avaient tous approuvé le *mariage*, et avait en conséquence permis la célébration. Sur l'appel comme d'abus interjeté par la mère, le *mariage* a été déclaré nul et abusif, et il a été fait défense au prévôt d'Orléans d'homologuer pareils avis. — Il n'en serait pas de même si le père était absent depuis longtemps, et qu'on ignorât le lieu de sa demeure ; dans ce cas, après information faite de son absence, l'enfant pourrait être dispensé d'obtenir son consentement qui serait suppléé par celui du tuteur et de la famille. La même dispense a lieu pour le *mariage* des mineurs, dont les pères et mères se seraient retirés dans les pays étrangers, pour cause de religion, *Voy.* la *déclaration du mois d'août* 1686 *et celle du* 24 *mai* 1724.

La perte de l'état civil, soit par la profession religieuse, soit par une condamnation à une peine capitale, dépouille les pères et mères de leurs droits sur leurs enfants, par rapport au *mariage* ; ceux-ci peuvent le contracter sans leur consentement ; c'est une suite de la mort civile qui fait perdre le droit de cité.

Lorsqu'un mineur n'a ni père ni mère, il doit faire intervenir pour son *mariage* le consentement de son tuteur ou curateur à sa personne; car le tuteur aux causes, ou le tuteur onéraire, ne représente point le père et la mère. Les déclarations du 15 décembre 1721, et premier février 1743, ont réglé, par rapport aux mineurs qui ont un tuteur en France et un autre dans les colonies, que c'est le tuteur du lieu où le père du mineur avait son domicile, qui doit donner son consentement par écrit au *mariage* du mineur, sur un avis de parents assemblés devant le juge qui l'a nommé. Pour de grandes considérations, on consulte l'autre tuteur et les parents qui habitent le même lieu que lui. L'opposition faite par un tuteur au *mariage* de son mineur peut être plus facilement levée que celle des pères et mères. Il y a cette différence entre l'une et l'autre, que le défaut de consentement des pères et mères fait toujours supposer une séduction qui rend nul le contrat civil, et que celui des tuteurs et curateurs ne la fait supposer que lorsque le mineur paraît avoir été réellement séduit, et que le *mariage* lui est désavantageux par une frappante inégalité de conditions et de biens.

De tout ce que l'on vient de dire sur la nécessité du consentement des pères et mères, tuteurs et curateurs, au *mariage* des mineurs, on peut en conclure que le défaut de ce consentement opère une nullité, qui n'étant prononcée textuellement par aucune ordonnance, n'est point absolue; qu'elle peut se couvrir, et que toute personne n'est pas recevable à la faire valoir. *Voy.* ci-dessous le § 5.

Les enfants majeurs sont obligés, comme les mineurs, de requérir le consentement de leurs pères et mères; mais il y a cette différence que le *mariage* des majeurs ne peut être attaqué à défaut de ce consentement. La peine infligée à ceux qui se marient sans l'obtenir est d'encourir l'exhérédation des pères et mères, lorsqu'ils jugent à propos d'user de la faculté que la loi leur ordonne dans ce cas. Il faut, pour que les enfants majeurs ne puissent encourir la peine d'exhérédation, qu'ils aient requis le consentement de leurs pères et mères, par des sommations respectueuses, au nombre de deux au moins. Toute majorité n'autorise pas à faire les sommations respectueuses; il faut, selon l'édit de 1556, que les garçons soient majeurs de trente ans, et que les filles aient vingt-cinq ans accomplis. Lorsqu'un garçon est majeur de vingt-cinq ans, mais au-dessous de trente, il ne lui suffit pas, pour se mettre à couvert de l'exhérédation, de faire des sommations respectueuses, il doit obtenir le consentement de ses pères et mères, autrement il est toujours sujet à la peine, parce que la loi n'a excepté que les majeurs de trente ans; mais son *mariage* est inattaquable, et en cela il diffère du mineur de moins de vingt-cinq ans. Dans une cause jugée le 12 février 1718, M. l'avocat général Chauvelin établit qu'un majeur, quoiqu'au-dessous de trente ans, ne pouvait être empêché de se marier sans le consentement de son père; qu'il s'exposait seulement à l'exhérédation.

L'édit du mois de mars 1697 soumet à la formalité des sommations respectueuses les veuves majeures de vingt-cinq ans. En cela il a ajouté à l'édit de 1556 et à la déclaration de 1639; dans la première de ces lois, il n'avait point été question des veuves, et la seconde n'avait parlé que des veuves mineures. Le même édit de 1697 ajoute encore, pour certains cas, aux précédentes lois; il déclare les veuves, les fils et les filles majeurs, même de vingt-cinq et de trente ans, lesquels, demeurant actuellement avec leurs pères et mères, contractent, à leur insu, des *mariages* comme habitants d'une autre paroisse, sous prétexte de quelque logement qu'ils y ont pris peu de temps auparavant leurs *mariages*, privés et déchus par le seul fait, ensemble les enfants qui en naîtront, des successions de leurs dits pères et mères, aïeux et aïeules, et de tous autres avantages qui pourraient leur être acquis en quelque manière que ce puisse être, même du droit de légitime.

Malgré les sommations respectueuses, la peine d'exhérédation pourrait être encourue, si le *mariage* était tout à fait honteux et déshonorant; bien loin, disent nos auteurs, que dans ce cas l'enfant satisfasse en partie au respect qu'il doit à son père, en lui demandant son consentement, la réquisition qu'il lui a faite pour un pareil *mariage* semble encore ajouter à l'outrage qu'il lui fait par ce *mariage*. Un arrêt de règlement du 17 août 1692 a prescrit les formalités des sommations respectueuses. L'enfant doit commencer par présenter au juge royal du domicile de ses père et mère, une requête aux fins qu'il lui soit permis de faire à ses père et mère des sommations respectueuses de donner leur consentement au *mariage* qu'il se propose de contracter avec tel ou telle; en conséquence de la permission que le juge met au bas de la requête, l'enfant doit se transporter chez ses père ou mère, avec deux notaires, ou un notaire et deux témoins, et là les requérir de lui accorder leur consentement, de laquelle réquisition le notaire dresse un acte, que l'on appelle *sommation respectueuse*.

Les bâtards, qui n'ont *neque familiam neque gentem*, ne sont pas dans l'obligation d'obtenir ni même de requérir, pour se marier valablement, le consentement de leur père et mère. On lit au second tome du *Journal des Audiences*, un arrêt du 1er février 1662, par lequel, sur l'appel comme d'abus interjeté par une mère du *mariage* de son fils bâtard, qui, âgé de vingt-trois ans, et revêtu d'une charge de secrétaire du roi, avait épousé la fille d'une vendeuse de vieux chapeaux sous le petit Châtelet, les parties furent mises hors de cour. Lorsque les bâtards sont mineurs, ils ont besoin, pour se marier, du consentement de leur tuteur ou curateur; s'ils n'en ont point, on doit leur en créer un. Plusieurs de nos coutumes ont abrégé à certains égards les minorités; mais les majorités coutumières ne sont d'aucune considération pour les *mariages*. On n'admet dans cette matière que la majorité de droit commun et général, qui est celle de vingt-cinq ans.

Depuis la révocation de l'édit de Nantes, la loi ne reconnaît plus de protestants en France; on n'y reconnaît par conséquent plus pour valables entre les Français que les *mariages* contractés en face de l'Eglise; d'où il suit une incapacité légale pour le *mariage* dans la personne des protestants, qui, ne voulant point et ne le pouvant point en conscience, ne se soumettent pas aux lois reçues dans l'Eglise et dans l'Etat. Cette position fâcheuse met cependant un grand nombre de familles dans un état d'incertitude, par rapport à la légitimité des enfants et à l'ordre des successions. Il y a longtemps que les gémissements de nos frères égarés se font entendre dans des écrits dictés par le tolérantisme, la politique et l'humanité. Nos tribunaux eux-mêmes semblent annoncer la nécessité d'un changement à cet égard dans notre législation, par les espèces de faux-fuyants auxquels ils ont recours, pour éviter l'application des lois subsistantes.

Plus humbles et plus modestes qu'ils ne l'étaient, dans des temps malheureux où l'ambition effrénée de quelques particuliers leur avait mis les armes à la main contre l'autorité légitime, les protestants français se réduisent aujourd'hui à réclamer des modifications, qui, en assurant leur état civil, ne mettraient pas leur religion au niveau de la religion du prince; ils n'aspirent plus à la domination, ni même à l'égalité; ils sollicitent une tolérance plutôt civile que religieuse. Un des articles sur lesquels ils insistent avec le plus de raison est celui de leurs *mariages*; ils proposent qu'il leur soit permis de se marier après trois publications de bans à l'audience de la juridiction prochaine, en présence de témoins et devant le juge de leur domicile. Il faut, disent-ils, ou nous empêcher de nous marier, ou nous forcer au sacrement, ou déclarer nos mariages concubinaires, ou nous permettre de nous marier devant les juges séculiers; le premier de ces partis est un outrage à la nature; le second, une source de sacrilèges; le troisième une insulte aux mœurs et un opprobre à la nation; reste donc le quatrième. Fermez-nous, continuent-ils, l'entrée aux dignités, aux charges, aux honneurs, nous le souffrirons en silence, comme nous le faisons depuis longtemps; l'agriculture et le commerce nous suffisent; mais ne vous opposez plus à ce que nous nous livrions légitimement et licitement à la première, à la plus puissante et à la plus sacrée de toutes les impulsions de la nature. Ne nous condamnez plus à trembler perpétuellement pour le sort des compagnes de nos travaux et de nos peines, pour l'état de nos enfants. Quel inconvénient résulterait-il pour le gouvernement et pour le catholicisme, de voir nos *mariages* scellés du sceau de l'autorité civile et publique? Nous n'en serions pas moins des sujets fidèles, des citoyens paisibles. Nous n'en respecterions pas moins la religion de notre prince et les ministres du culte dominant. Nous en prenons à témoin les Fléchier, les Fénelon, dont nous ne prononçons les noms qu'avec vénération et attendrissement. On ne nous persécute plus ouvertement, on ne répand plus notre sang. Les armes dont le fanatisme aveugle avait armé la main d'une politique ombrageuse ne nous frappent plus. Mais n'est-ce pas oublier tout à la fois et les principes d'une sage administration, et les lois de l'humanité et de la religion même, que de nous condamner ou au célibat, ou au concubinage, ou au parjure? Mânes du grand Henri, protégez-nous! Inspirez pour nous à votre petit-fils ces sentiments paternels qui vous rendirent tous vos sujets également chers! Dites-lui que ceux qui ont le malheur de penser autrement que Rome vous furent toujours fidèles, et qu'ils le seront toujours à votre postérité; que c'est une erreur de fait, de croire qu'il n'y a plus de protestants dans le royaume; qu'il y en a encore au moins deux millions qui ont droit à sa justice, et que sa justice exige qu'il réforme ou modifie des lois qui n'ont pour base qu'une erreur de fait, de laquelle il résulte qu'une foule de citoyens sont sans patrie au milieu de leur patrie même. — Ces réclamations n'ont servi jusqu'à présent qu'à émouvoir les cœurs sensibles, à frapper les esprits justes, et à faire désirer au corps de la nation une réforme dans les lois que l'on doit aux malheurs des circonstances, et auxquelles l'habitude a fait pousser de profondes racines.

Les raisonnements philosophiques et politiques ne sont pas les seuls que l'on ait employés en faveur du *mariage* des protestants; des jurisconsultes ont voulu les défendre par les lois. Ils citent, pour prouver la légalité de ces *mariages*, l'arrêt du conseil d'Etat du 15 septembre 1685, qui porte que le roi « désirant donner moyen à ceux des religionnaires qui voudraient se marier, de pouvoir le faire commodément dans le pays où l'exercice de la R. P. R. se trouve déjà condamné, ordonne que par les mêmes *ministres* qui seraient établis par les intendants pour baptiser ceux de ladite religion, les religionnaires pourraient se marier, pourvu que ce fût en présence du principal officier de la demeure du *ministre*, et que les publications et annonces qui doivent précéder ces *mariages* fussent faites au siège royal le plus prochain du lieu de la demeure des deux religionnaires qui se marieraient, et seulement à l'audience. »

On prétend que cette loi n'a été abolie par aucun édit subséquent, même par celui révocatif de l'édit de Nantes, et que les déclarations de 1698 et de 1724 ne peuvent s'appliquer qu'aux sujets réunis à l'Eglise, et non à ceux qui ont persévéré dans le protestantisme ; c'est ce qu'il n'est pas inutile d'examiner, autant que la nature de cet ouvrage pourra nous le permettre.

L'édit de 1697, loi générale du royaume, dit : « Voulons que les ordonnances des rois nos prédécesseurs, concernant la célébration des *mariages*, et notamment celle qui regarde la nécessité de la présence du propre curé de ceux qui contractent, soient exactement observées ». La révocation de l'édit de Nantes avait précédé de plusieurs années l'édit de 1697 ; il n'y avait plus alors, aux yeux du législateur, que des catholiques dans le royaume. Il n'en distinguait que deux classes, ceux qui ne s'étaient jamais séparés de l'Eglise et ceux qui venaient de s'y réunir. L'édit de 1697 porte également sur tous. S'il pouvait y avoir du doute à ce sujet, la déclaration du 13 septembre 1698 le lèverait absolument : « Enjoignons à nos sujets réunis à l'Eglise d'observer dans les *mariages* qu'ils voudront contracter les solennités prescrites par les saints canons, et notamment par ceux du dernier concile, et par nos ordonnances ; nous réservant de pourvoir sur les contestations qui pourraient être intentées à l'égard des effets civils de ceux qui auraient été contractés par eux depuis le premier novembre 1685, lorsque nous serons plus particulièrement informés de la qualité et des circonstances des faits particuliers. » La déclaration de 1724 est conçue en termes à peu près semblables, et confirme de plus fort l'édit de 1697 : « Voulons que les ordonnances, édits et déclarations sur le fait des *mariages*, notamment ceux de l'année 1697, soient exécutés selon leur forme et teneur, par nos sujets nouvellement réunis à la foi catholique, comme par tous nos autres sujets. »

D'après toutes ces lois, il paraît qu'il n'y a qu'une seule manière, selon laquelle le *mariage* puisse être valablement contracté ; c'est celle prescrite par l'édit de 1697 ; les protestants ne peuvent donc plus se marier selon la forme portée en l'arrêt du conseil du 15 septembre 1685. Les protestants eux-mêmes en ont été si convaincus, qu'ils ont cessé de se présenter devant les juges des lieux de leur domicile, pour y célébrer leurs *mariages*; ils se contentent, pour la plupart, de prendre leurs ministres à témoins de leurs unions, ce qui s'est appelé se marier au désert; et ce *mariage*, d'après nos lois, est radicalement nul. Mais cette nullité, que l'on peut dire n'être que de convention, est un crime aux yeux de la nature et de l'honneur, surtout lorsqu'elle est invoquée par l'homme qui se joue des serments et de la bonne foi d'une femme. C'est alors, selon nos lois, quelque rigoureuses qu'elles soient contre ces sortes d'unions, un quasi-délit qui donne lieu, en faveur de la femme abusée, à des dommages et intérêts, seule et triste compensation que nos tribunaux puissent accorder.

C'est ce qu'a développé avec cette éloquence lumineuse et remplie d'humanité qui le caractérise, M. Servant, dans son plaidoyer, dans la cause d'une femme protestante jugée au parlement de Grenoble en 1767. Jacques Roux et Marie Robequin, tous deux protestants, avaient reçu la bénédiction nuptiale d'un ministre de leur religion. Cette union, dit M. Servant, sacrée dans d'autres temps, mais proscrite dans celui-ci, dura sans altération durant près de quatre années. Un premier enfant en fut le fruit ; mais bientôt la division se fit sentir. Roux s'attacha à sa servante, qui fit contre lui une déclaration de grossesse. La femme Robequin forma alors une demande en séparation. Roux répondit « que la Robequin pouvait se dispenser de chercher des prétextes pour obtenir sa séparation ; qu'il lui a dit, depuis plusieurs années, qu'elle pouvait se marier avec qui bon lui semblerait ; que le contrat passé entre eux le 23 avril 1764, n'ayant pas été suivi de la bénédiction nuptiale, il n'existait point de *mariage*. » Dans le temps que Roux brisait tous ses liens, la Robequin portait dans son sein une preuve bien triste de leur durée. Le 3 mai 1766, elle fut obligée de faire une déclaration de grossesse. Elle forma ensuite une demande de 1,200 livres en dommages et intérêts, outre la restitution de sa dot et le payement des frais de couches. Roux obtint de l'évêque de D e des dispenses pour se marier avec cette même fille qui n'avait pas attendu l'ordre de la religion pour s'abandonner à lui, et offrit ensuite à la Robequin, par excès, disait-il d'équité, 300 livres de dommages et intérêts. La cause se présentant dans cet état, M. Servant n'entreprit point d'établir la légalité du *mariage* de Jean Roux et de Marie Robequin ; mais il démontra que si leur contrat était nul aux yeux de la loi, il ne l'était pas aux yeux de la nature, et que légitime en soi, il suffisait pour faire naître une action en dommages et intérêts contre celui qui le violerait.

Nous regrettons de ne pouvoir mettre sous les yeux de nos lecteurs tout le plaidoyer de M. Servant. Nous nous contenterons de citer un passage de sa péroraison, où l'on retrouve ce tolérantisme juste et humain, que la religion elle-même se fait gloire d'avouer, et auquel la politique ne peut qu'applaudir. « Ecoutons ces hommes (les protestants), c'est le moyen de les gagner : c'est la douceur, c'est la charité, qui, réunissant les cœurs dans la morale, confond bientôt les esprits divisés dans le dogme. Oui, quand on viendra vous dire que les protestants vantent votre jugement et bénissent leurs juges, vous goûterez une joie pure, parce qu'en satisfaisant des hommes égarés dans une religion fausse, vous leur donnez une leçon de la vraie. Oh ! qu'il est doux, qu'il est honorable d'être aimé, d'être béni par les hommes de tous les partis ; et pour cela, je ne sais qu'un seul moyen : il faut être juste envers tous, faire partout respecter la bonne foi : il faut soutenir l'étranger opprimé contre l'oppresseur qui nous appartient ; il faut, en un mot, rendre justice les yeux fermés, et tout au plus les ouvrir après, pour se réjouir si nos amis ont profité de notre équité.

« Tel est notre devoir. De plus grands desseins ne sont pas en notre puissance ; c'est au législateur à les former : c'est aux protestants surtout à mériter l'avenir, en se conformant au présent sans murmurer du passé ; qu'ils cessent de se regarder comme des enfants oubliés et rejetés sans retour du sein de la patrie : ils savent si le prince que nous aimons pourrait regarder le dernier Français avec indifférence ; tous les actes d'obéissance leur sont comptés : qu'ils ne se lassent pas de les multiplier. C'est ainsi qu'il leur convient d'attaquer nos lois ; c'est par leur soumission qu'ils doivent en inculper la sévérité ; c'est par la fidélité qu'ils doivent forcer la défiance, et leur silence parlera mieux en leur faveur que la plainte. D'autres parleront à leur place : ils peuvent s'en fier à des ministres sages ; l'oreille d'un bon roi est un dépôt sacré où nulle idée juste ne s'égare ; et tandis que les citoyens indiscrets murmurent de la lenteur ou de l'oubli du bien, peut-être la sagesse mûrit en secret des fruits que l'impatience aurait fait avorter. La politique a ses saisons comme la nature, et les plus riches moissons restent souvent cachées dans le sein de la terre. Quand l'ordre général est sage, les vœux particuliers ne le sont pas : il faut attendre tout et ne précipiter rien ; il faut donner à nos plaintes les bornes que nous donnons à nos espérances. »

Nous ne pouvions mieux faire connaître que par ce passage d'un plaidoyer d'un magistrat célèbre, l'esprit qui guide nos tribunaux. Ils respectent les lois existantes, en désirant qu'elles soient abolies ou modifiées ; ils font apercevoir aux protestants un avenir plus heureux, et sont justes à leur égard autant que leur permet la loi, dont ils ne sont que les dépositaires. C'est ce qu'éprouva Marie Robequin. Le Parlement de Grenoble lui adjugea les dommages et intérêts qu'elle demandait. Concluons de tout ce que nous venons de dire, que dans l'état actuel de notre législation, les *mariages* des protestants, contractés devant leurs ministres, sont nuls et ne peuvent produire aucuns effets civils. Tout ce qu'on a écrit jusqu'à présent pour établir leur validité prouve peut-être que nos lois à cet égard ont commis une erreur de fait ; mais elles n'en existent pas moins ; et tant qu'elles ne seront pas abolies ou réformées, nos tribunaux ne pourront pas s'empêcher de s'y conformer. Ainsi, lorsque ces *mariages* sont attaqués par d'autres que par les père et mère, ou un des conjoints, on ne les défend point en traitant le fond de la question même. On s'attache uniquement à la fin de non-recevoir prise de la possession d'état. Cette fin de non-recevoir réussit ordinairement contre des collatéraux toujours défavorables.

Le sieur Gravier, né à Bergerac, avait quitté de bonne heure le lieu de sa naissance pour se livrer au commerce. Après avoir été commis chez des négociants à Limoges, il devint leur associé. Dans un des voyages qu'il faisait à raison de son commerce, il prit du goût pour Madeleine Rousseau, fille d'un aubergiste de Jonzac en Saintonge.

Le 15 juin 1753, la mère du sieur Gravier lui envoya une procuration adressée au sieur Magnac, portant pouvoir d'assister, en son nom, au *mariage* de son fils avec la demoiselle Rousseau. Le 18 septembre de la même année, il fut passé devant notaire un contrat qui régla les conventions matrimoniales. En 1754, le sieur Gravier revint à Bergerac et s'y fixa. Il y vécut avec la demoiselle Rousseau comme avec son épouse ; en eut plusieurs enfants, et décéda en 1772, après avoir fait un testament, par lequel il déclare qu'il a été marié avec la demoiselle Rousseau, qu'il en a eu plusieurs enfants, et qu'il institue son héritière générale et universelle. La demoiselle Rousseau, se regardant comme la veuve du sieur Gravier, et comme mère légitime de ses enfants, se mit en devoir d'exécuter le testament de son mari. En qualité de son héritière instituée, elle réclama ses droits dans la succession de son père et en demanda le partage. Les sœurs du sieur Gravier commencèrent par demander à sa veuve qu'elle justifiât la légitimité de son *mariage*. Celle-ci fit signifier un certificat du curé d'Avi en Saintonge, qui attestait qu'il avait célébré le *mariage* en présence de témoins. Mais cet acte ne se trouvait point inscrit sur les registres de la paroisse d'Avi : on n'y connaissait aucun des témoins qui y étaient dits avoir assisté à la célébration du *mariage*. Le curé d'Avi n'était point le propre curé du sieur Gravier. Le défenseur de la veuve excipa cependant du certificat du curé d'Avi ; mais il insista surtout sur la possession d'état de la veuve et des enfants du sieur Gravier. Deux circonstances assez singulières semblaient affaiblir la force de cette possession. Le 21 novembre 1757, le parlement de Bordeaux rendit un arrêt, par lequel, en ordonnant l'exécution des ordonnances du royaume sur le fait des *mariages*, il fit inhibition et défense à tous les sujets du ressort, de se faire marier par autres que les curés des paroisses où ils habitaient : et à tous ceux qui avaient contracté des *mariages* devant d'autres que leurs curés, de se hanter ni fréquenter avant qu'ils les eussent fait réhabiliter ; déclarait les cohabitations faites en vertu de tels prétendus *mariages*, être des concubinages, et les enfants qui en seraient provenus, illégitimes et bâtards, et comme tels incapables de toutes successions tant directes que collatérales. Le procureur du roi de Bergerac, en exécution de cet arrêt envoyé dans toutes les sénéchaussées, dénonça plusieurs particuliers de Bergerac. De ce nombre furent le sieur Gravier et la demoiselle Rousseau. Ils furent décré tés l'un et l'autre d'ajournement personnel. Une sentence du 3 juillet 1758 leur enjoignit de se séparer, et leur défendit de continuer à cohabiter ensemble, à peine d'être poursuivis extraordinairement. L'autre circonstance, non moins importante, est que les trois enfants du sieur Gravier et de la demoiselle Rousseau avaient été baptisés comme enfants naturels, et illégitimes, quoiqu'un d'entre eux eût été tenu sur les fonts de baptême par une des sœurs du sieur Gravier. A ces deux moyens, la veuve Gravier répondait que la sentence de la sénéchaussée de Bergerac n'avait jamais été signifiée, si elle avait existé, et qu'elle n'était point produite. Quant aux extraits de baptême de ses enfants, elle disait qu'il ne dépendait point d'un curé d'ôter ni de donner un état aux enfants qu'il baptisait ; qu'en donnant aux siens les qualifications qu'il leur avait données, il avait franchi les bornes de son ministère; que plusieurs arrêts qu'elle citait avaient, dans des circonstances pareilles, réprimé les curés, et elle demanda que les extraits de baptême de ses enfants fussent réformés. Au surplus, ajoutait-elle, l'injure que le curé de Bergerac nous a faite n'est pas un titre dont on puisse abuser contre nous : nous avons vécu publiquement comme mari et comme femme ; notre cohabitation a été respectée par les deux puissances; nos enfants sont nés sous leurs yeux ; nous avons donc possédé, nous avons donc imprimé à notre possession tous les caractères qu'il fallait qu'elle eût pour former une possession légale. Les actes secrets du curé de Bergerac, qui n'était pas notre juge, n'auraient pas dû la troubler; ils ne l'ont donc pas troublée. Par arrêt rendu sur les conclusions de M. l'avocat général du Paty, le 16 juin 1775, le Parlement de Bordeaux, sans s'arrêter à l'appel comme d'abus, incidemment interjeté par les demoiselles Gravier, du mariage du sieur Gravier, leur frère, les a déboutées de toutes leurs demandes : en conséquence il a maintenu la veuve Gravier dans sa possession, et lui a adjugé toutes ses conclusions, excepté l'impression et l'affiche de l'arrêt.

Si le mariage de deux protestants, contracté devant leurs ministres, est légalement nul, à plus forte raison celui d'un catholique avec une protestante, ainsi contracté, le sera-t-il aussi. C'est la disposition textuelle de l'édit de novembre 1680, enregistré au mois de décembre suivant. Cet édit est exécuté. Nous en avons vu un célèbre exemple dans l'affaire du sieur de Bombelle et de la demoiselle Camp. L'éloquence a en vain plaidé la cause de la demoiselle Camp, elle n'a pu faire plier la loi. Les protestants ne regardent point du même œil ces alliances. Ils pensent qu'un protestant peut licitement épouser une catholique. Le dernier synode calviniste, tenu à la Rochelle, décida que la diversité des religions ne devait point empêcher le mariage, à cause du passage de saint Paul, qu'une femme fidèle sanctifiait un mari idolâtre. Cette décision fut un des motifs dont on se servit pour déterminer la reine de Navarre à consentir au mariage de son fils (Henri IV) avec Marguerite de Valois, sœur de Charles IX, pour la célébration duquel on obtint les dispenses de la Cour de Rome.

Nous n'avons en France aucune loi concernant le mariage des infidèles, c'est-à-dire qui ne seraient pas chrétiens. Nous aurons bientôt occasion de parler du mariage des Juifs et de celui des Français contractés en pays étrangers. Quant aux princes du sang royal, Voy. EMPÊCHEMENT du mariage.

§ III. Comment se contracte le mariage. Le seul consentement des parties, avons-nous dit plusieurs fois, forme le mariage. Ce seul consentement suffit-il pour l'élever parmi les chrétiens à la dignité de sacrement ? Cette question conduit à celle de savoir quel est le ministre de ce sacrement ; question sur laquelle les théologiens sont partagés. On convient que le consentement donné selon les lois est la matière du sacrement. L'acceptation mutuelle des parties, par paroles ou par signes, en est la matière. Quant au ministre, les uns prétendent que ce sont les parties contractantes elles-mêmes qui s'administrent le sacrement ; les autres soutiennent que le prêtre est seul ministre. La première opinion paraît la plus conforme à l'ancienne législation, on peut la suivre sans donner atteinte à la législation actuelle, parce que quand le prêtre ne serait pas le ministre du sacrement, il est, même dans ce système, un témoin tellement nécessaire, que sans sa présence il n'y a point de sacrement.

On peut voir, à l'article EMPÊCHEMENT du mariage, comment les princes ont ordonné l'union du contrat civil et de la bénédiction nuptiale, pour rendre le mariage parfait et lui faire produire tous les effets civils. Nous nous contenterons de dire ici que la bénédiction nuptiale est de la plus haute antiquité dans l'Eglise. On trouve cet usage dans Tertullien, dans saint Isidore de Séville, dans saint Ambroise, dans le concile de Carthage de l'an 398. Le pape Innocent I", dans sa lettre à Victrice, évêque de Rouen, en parle en ces termes : Benedictio quæ per sacerdotem nubentibus imponitur.

Mais nos auteurs les plus instruits assurent en même temps que ce n'était qu'un pieux usage ; ils le prouvent par les lois de Justinien, dont nous avons rendu compte au mot EMPÊCHEMENT. Ils vont même jusqu'à soutenir que cette bénédiction n'était pas nécessaire pour que le contrat civil devînt sacrement, et ils s'autorisent de la réponse du pape Nicolas I", à la consultation des Bulgares dans le IX° siècle. Après avoir décrit les formalités en usage dans l'Eglise romaine pour la célébration des mariages, parmi lesquelles se trouve la bénédiction sacerdotale, le pape ajoute : peccatum autem esse si hæc cuncta in nuptiali fædere non interveniant, non discimus, quemadmodum græcos vos adstruere dicitis, præsertim cum tanta soleat arctare quosdam rerum inopia ut ad hæc præparanda nullum his suffragetur auxilium, ac per hoc *sufficiat secundum leges*, solus eorum consensus *de quorum conjunctionibus agitur*. On voit par là que le pape ne considérait pas le prêtre comme ministre essentiel du sacrement, et la bénédiction nuptiale comme en étant la forme, puisque, selon lui, le seul consentement des parties contractantes suffit, pourvu qu'elles soient, selon les lois, habiles à se marier.

Bientôt un nouvel ordre de choses s'établit en France. Nos rois, à l'exemple des empereurs romains, déclarèrent la bénédiction nuptiale essentielle au *mariage*. C'est ce que l'on voit dans plusieurs Capitulaires de Charlemagne et de ses successeurs. Il paraît que ces lois avaient en vue de remédier aux inconvénients que produisent les *mariages* clandestins, et d'empêcher les parents aux degrés prohibés de les contracter entre eux. *Ne christiani ex propinquitate sui sanguinis connubia ducant, nec sine benedictione sacerdotis, cum virginibus nubere audeant, neque viduas absque suorum sacerdotum consensu et conniventia plebis ducere præsumant* (Capit. 408, lib. VI). On voit combien est ancien l'usage de ne donner la bénédiction nuptiale qu'aux *mariages* de filles, et de se contenter, pour les veuves, de la présence du prêtre. Les seconds *mariages* ne seraient-ils pas élevés à la dignité de sacrement comme les premiers? *Sancitum est ut publicæ nuptiæ ab his qui nubere cupiunt fiant, quia sæpe in nuptiis clam factis gravia peccata...., et hoc ne deinceps fiat, omnibus cavendum est ; sed prius conveniendus est sacerdos in cujus parochia nuptiæ fieri debent, ut in Ecclesia coram populo, et ibi inquirere una cum populo ipse sacerdos debet, si ejus propinqua sit an non..... postquam ista omnia probata fuerint, et nihil impedierit, tunc, si virgo fuerit, cum benedictione sacerdotis, sicut in sacramentario continetur, et cum consilio multorum bonorum hominum publice et non occulte ducenda est uxor* (Capit. 179, lib. VII). On retrouve des dispositions semblables dans d'autres Capitulaires et dans le concile de Trosli, tenu en 909, sous Charles le Simple.

Ces lois tombèrent en désuétude : on ne regarda plus la bénédiction nuptiale et la célébration du *mariage*, en face de l'Église, comme nécessaires absolument pour la validité du sacrement. Il était censé valablement contracté par cela seul que les parties s'étaient réciproquement promis de se prendre pour mari et femme ; c'est ce qu'on appelait *sponsalia de præsenti*. Cet état de choses est prouvé par plusieurs décrétales d'Alexandre III et d'Innocent III.

Ces sortes de *mariages* furent appelés clandestins. Le concile de Latran, sous Innocent III, les défendit. Mais il ne les déclara pas nuls, lorsque les parties étaient d'ailleurs capables de les contracter ; il se contenta d'ordonner qu'on leur imposerait en ce cas une pénitence : *his qui taliter præsumpserint, etiam in gradu concesso, copulari, condigna pœnitentia injungatur*. Ils furent donc supposés valides, quoique déclarés illicites. C'est ce que le concile de Trente a expliqué très-clairement. *Sess.* 24, *cap.* 1, *de Reform.*, rapporté ci-dessus. L'on y voit clairement la distinction entre les *mariages* tout à la fois valides et licites, et ceux qui ne sont que valides. Le concile déclare que jusqu'alors les *mariages* clandestins, c'est-à-dire ceux faits sans la bénédiction et l'intervention sacerdotales ont été illicites, *semper detestata est atque prohibuit* ; mais qu'ils ont été valables comme contrats civils et comme sacrements, *rata et vera esse matrimonia quandiu Ecclesia ea irrita non fecit*. Le *mariage verum* est le contrat civil ; le *mariage ratum* est le sacrement. C'est le sens que donnent les canonistes à ces expressions *verum et ratum*, d'après une décision d'Innocent III. *Etsi matrimonium verum inter infideles existat, non tamen est ratum; inter fideles autem verum et ratum existit*.

Le concile de Trente, en condamnant l'opinion de ceux qui avaient regardé jusqu'alors comme nuls les *mariages* clandestins, rendit hommage aux principes sur lesquels ils se fondaient, en les déclarant lui-même nuls pour l'avenir. Son décret est conçu en ces termes : *Qui aliter quam præsente parocho vel alio sacerdote de ipsius parochi seu ordinarii licentia, et duobus vel tribus testibus matrimonium contrahere attentabunt, eos sancta synodus ad sic contrahendum matrimonium omnino inhabiles reddit, et hujusmodi contractus irritos et nullos esse decernit*. Ce décret est sans doute très-sage ; mais on jugea en France que le concile avait en cela, comme en beaucoup d'autres choses, entrepris sur la puissance temporelle, en ce que son décret portait non-seulement sur le sacrement, mais encore sur le contrat civil. On crut devoir le faire exécuter, non pas comme décision de l'Église, mais comme une loi de l'État.

L'ordonnance de Blois, *article* 40, porte : «Nous avons ordonné que nos sujets ne pourront valablement contracter *mariage* sans proclamations précédentes.... après lesquels bans seront épousés publiquement ; et pour témoigner de la forme, y assisteront quatre témoins dignes de foi, etc.» L'article 44 défend à tous notaires, sous peine de punition corporelle, de recevoir aucunes promesses de *mariage*, par paroles de présent. L'édit du mois d'août 1606 veut que les causes concernant les *mariages* appartiennent à la connaissance des juges d'Église, à la charge qu'ils seront tenus de garder les ordonnances, même celle de Blois en *l'article* 40, et suivant icelles, déclarer les *mariages* qui n'auront été faits et célébrés en l'Église, et avec les formes et solennités requises, nuls et non valablement contractés, comme peine indicte par les conciles. La déclaration de 1639 ordonne l'exécution de l'article 40 de l'ordonnance de Blois, et, en l'interprétant, ajoute qu'à la célébration d'icelui (*mariage*) assisteront quatre témoins avec le curé qui recevra le consentement des parties, et les conjoindra en *mariage*, suivant la forme pratiquée en l'Église : fait défenses à tous prêtres de célébrer aucuns *mariages*, qu'entre leurs paroissiens, sans la permission par écrit du curé ou de l'évêque. Enfin l'édit de 1697, que nous avons déjà tant cité, « veut que les ordonnances des rois nos prédécesseurs, concernant la célébration des *mariages*, et notamment celles qui regardent la nécessité de la présence du propre curé de ceux qui contractent, soient exactement observées. »

D'après ces lois, le curé n'est pas seulement un témoin passif; il doit recevoir le consentement des parties et les conjoindre en *mariage*, suivant la forme pratiquée en l'Eglise; ce sont les propres expressions de la déclaration de 1639 : il ne suffit donc pas aux deux parties de se présenter simplement devant leur curé, et de lui déclarer qu'ils se prennent pour mari et pour femme, il faut encore que le curé reçoive leur consentement; s'il le refuse, il n'y a d'autre voie à prendre que de se pourvoir devant le juge ecclésiastique, c'est-à-dire devant l'official, ou, par appel comme d'abus, devant le Parlement. La présence et le concours du propre curé sont donc devenus nécessaires pour la validité des *mariages* dans tout le monde catholique, soit en vertu du décret du concile de Trente, soit en vertu des lois de l'Etat, comme en France; mais que faut-il entendre par le propre curé des parties contractantes? C'est ce qu'il est important d'examiner avec soin.

Par le propre curé des parties, on entend le curé du lieu où elles font leur résidence ordinaire. Lorsqu'une personne demeure une partie de l'année dans un lieu, et l'autre partie dans un autre, son curé est celui du lieu où elle fait sa principale demeure, où elle fait ses pâques, où elle a coutume de se dire demeurant dans les actes qu'elle passe, où elle est imposée aux charges publiques. Si l'on change le lieu de sa résidence, il faut au moins avoir demeuré six mois dans le lieu de sa nouvelle demeure, lorsque l'on sort d'une paroisse du même diocèse, et un an, lorsque l'on change de diocèse. Cet objet était trop important pour que nos lois le laissassent indécis ou arbitraire : « Défendons, dit l'édit du mois de mars 1697, à tous curés de conjoindre en *mariage*, autres personnes que ceux qui sont leurs vrais paroissiens, demeurant actuellement et publiquement dans leurs paroisses, au moins depuis six mois, à l'égard de ceux qui demeuraient auparavant dans une autre paroisse de la même ville ou du même diocèse, ou depuis un an, pour ceux qui demeuraient dans un autre diocèse.

Le curé des mineurs est celui de la demeure de leurs pères et mères, tuteurs et curateurs, quand même ils auraient un domicile de fait ailleurs, sauf qu'en ce cas leurs bans doivent être aussi publiés en la paroisse du lieu de ce domicile de fait : « Déclarons, dit encore l'édit de 1697, que le domicile des fils et filles de famille, mineurs de vingt-cinq ans, pour la célébration de leur mariage, est celui de leurs pères et mères, ou de leurs tuteurs ou curateurs, après la mort de leurs dits pères et mères, et en cas qu'ils aient un autre domicile de fait, ordonnons que les bans seront publiés dans les paroisses où ils demeurent, et dans celles de leurs pères et mères, tuteurs et curateurs. »

L'évêque, comme premier pasteur du diocèse, est compétent pour la célébration du *mariage* de tous ses diocésains, résidant au moins depuis un an dans son diocèse : il peut permettre que l'on se marie devant tout prêtre qu'il indique et qui se trouve par là son mandataire ou son délégué. Les curés peuvent également déléguer pour cette cérémonie leurs vicaires ou de simples prêtres habitués à leurs paroisses; il n'est pas alors besoin de permission par écrit, la qualité de vicaire ou de prêtre habitué la suppose; si c'est un prêtre étranger qui célèbre le *mariage*, il faut que le curé soit présent ou qu'il donne une permission par écrit.

La présence du propre curé est prescrite par nos ordonnances, à peine de nullité de *mariage* ainsi contracté; c'est ce qui résulte de la lettre et de l'esprit de la déclaration de 1639, et de l'édit de 1697. Cette nullité est absolue, elle frappe sur les *mariages* des majeurs comme sur ceux des mineurs, la loi ne distingue point. Quelque absolue que soit cette nullité, la loi n'ordonne cependant pas que l'on sépare pour toujours ceux au *mariage* desquels on n'aurait d'autre reproche à faire que le défaut de présence du curé. Elle veut qu'à la requête des promoteurs dans certains cas, ou à celle des procureurs du roi, les parties seront contraintes de se retirer par-devant les archevêques ou évêques, pour faire réhabiliter leurs *mariages*, après avoir subi la pénitence qui leur sera imposée. On peut conclure de ces dispositions de la déclaration du 15 juin 1697, que si le législateur regarde comme une nullité dans les *mariages* le défaut de présence du curé, il désire, pour l'avantage des conjoints et pour assurer l'état de leurs enfants, qu'ils réparent cette faute, et il porte même les choses jusqu'à ordonner au ministère public de les y contraindre. Ces considérations ont sans doute été les motifs de quelques arrêts qui ont déclaré des parties non-recevables dans l'appel comme d'abus, interjeté de la célébration de leur *mariage*, sous prétexte qu'il avait été célébré par un prêtre incompétent, lorsque leur appel n'avait été interjeté qu'après un long temps de cohabitation publique et sans que personne se fût jamais plaint de ce *mariage*.

« Il y a quelquefois, dit M. d'Aguesseau, tome V de ses œuvres, des circonstances assez fortes, suivant les règles de la police extérieure, pour fermer la bouche à la mauvaise foi et à l'inconstance de ceux qui réclament, sur ce fondement (du défaut de la présence et du consentement du propre curé) contre un consentement libre et une longue possession; il faut au moins, en ce cas, qu'il paraisse que la justice ne se détermine que par les fins de non-recevoir, et qu'en déclarant les parties non-recevables, elle ajoute toujours que c'est sans préjudice à elles de se retirer par-devant l'évêque pour réhabiliter leur *mariage*, si faire se doit. »

Dans des cas semblables à celui que suppose M. d'Aguesseau, les magistrats n'enfreignent point la loi. Ils déclarent seulement que tel individu qui l'invoque n'est digne d'être sous sa protection, parce qu'il n'est point de loi qui ait été portée dans la vue de favoriser le dol et la mauvaise foi. Quand il s'agit de faire perdre un état à une femme et à des enfants qui en ont joui longtemps publiquement et paisiblement, il vaut mieux supposer que les lois ont été observées dans la célébration du *mariage*, que de croire un homme qui n'est probablement dirigé que par des motifs d'intérêts ou autres encore plus condamnables. Les arrêts qui ont déclaré non-recevables des parties qui réclamaient contre leurs *mariages*, sont donc des arrêts de circonstances, qui n'affaiblissent en rien le principe, que le défaut de présence ou de consentement du propre curé opère une nullité radicale, que rien ne peut couvrir.

De la nécessité de la présence du propre curé il suit que les *mariages*, contractés par des Français en pays étrangers, sont ordinairement nuls. Nous disons *ordinairement*, parce que ces sortes de *mariages* peuvent être valides. On croit communément qu'un Français ne peut pas se marier en pays étranger, et on répète assez souvent que ces sortes de *mariages* sont prohibés par nos ordonnances. L'on cite la déclaration du 16 juin 1685. Cette loi n'a en vue que les protestants qui sortaient du royaume pour se marier. L'époque à laquelle elle a été rendue et son texte le prouvent assez. « Nous défendons, dit le législateur, expressément à tous nos sujets, de quelque qualité et condition qu'ils soient, de consentir et approuver à l'avenir, que leurs enfants ou ceux dont ils seront tuteurs ou curateurs, se marient en pays étranger, soit en signant les contrats qui pourraient être faits pour lesdits *mariages*, soit par actes postérieurs, pour quelque cause et sous quelque prétexte que ce soit, sans notre permission expresse, à peine de galères à perpétuité, à l'égard des hommes, et de bannissement perpétuel pour les femmes, et de confiscation de leurs biens : et où ladite confiscation n'aurait lieu, de 2,000 liv. d'amende contre les pères et mères, tuteurs ou curateurs, qui auraient contrevenu à ces présentes, laquelle dite amende payable par eux sans déport. »

Les peines infligées par le législateur à ceux qui consentiront que des Français, en leur puissance, se marient dans les pays étrangers, font assez connaître combien ces sortes de *mariages* sont contraires à ses vues et à ses intentions. Mais il a plutôt intention d'empêcher que ses sujets ne sortent du royaume pour former des établissements ailleurs, que de prononcer la nullité de leurs *mariages*. C'est ce qu'il annonce clairement dans le préambule de la déclaration, lorsqu'il dit : « Nous avons été informés que plusieurs de nosdits sujets malintentionnés à notre service et à la patrie, ou par d'autres raisons et motifs, procurent le *mariage* de leurs enfants ou de ceux dont ils sont tuteurs ou curateurs hors de notre royaume, pour s'y établir et y faire leur demeure pour toujours, renonçant par ce moyen au droit qu'ils ont par leur naissance d'être nos sujets et de jouir des avantages qu'elle leur donne, etc. » Qu'un Français se marie dans les pays étrangers sans intention d'abandonner sa patrie, qu'il y revienne ensuite avec son épouse, on ne pourra opposer à son *mariage* la déclaration du 16 juin 1685, parce que le législateur n'a certainement point en vue d'annuler de pareils *mariages*, mais seulement d'empêcher qu'on ne favorise ceux des Français qui abdiquent leur patrie.

Une ordonnance du 16 août 1716 exclut de toutes charges et administrations publiques, et des assemblées du corps de la nation dans les échelles du Levant, les négociants français qui y épouseront des filles ou veuves nées sous la domination du Grand-Seigneur; et desdites charges et administrations ceux qui, n'ayant pas l'âge de trente ans, épouseront, sans le consentement de leurs pères et mères, des filles même des Français. Une autre ordonnance du 21 décembre, même année, exclut des droits et privilèges appartenant à la nation française dans les villes et ports d'Italie, d'Espagne et de Portugal, les enfants nés des *mariages* contractés entre les Français naturels ou entre les étrangers naturalisés Français et les filles du pays. Ces deux ordonnances ne prononcent point la nullité des *mariages* dont elles parlent, quoique contractés hors du royaume; elles les privent seulement de quelques-uns des effets civils, parce que l'usage de se marier ainsi en pays étrangers est préjudiciable au bien de l'État, en ce qu'il engage ceux que le commerce attire dans ces pays à s'y établir pour toujours, ce qui prive le royaume de bons sujets et des biens qu'ils en ont emportés.

Si les *mariages* célébrés en pays étrangers sont pour l'ordinaire nuls, ce n'est pas en vertu de quelque loi particulière qui les déclare tels, mais en vertu des lois générales existant dans le royaume, que l'on a cherché à éluder, en se mariant dans un pays où elles n'ont point d'empire. Qu'un mineur, qui veut épouser une fille malgré sa famille qu'il sait s'y opposer, passe à Liége ou à Bruxelles; qu'il s'y fasse suivre par l'objet de son amour; que là il l'épouse en observant les formalités requises dans le lieu de la célébration, ce *mariage* est nul, et par le défaut du consentement de ceux dont dépend le mineur, et par le défaut de présence du propre curé, les lois qui le soumettent à ces deux conditions sont personnelles à tout Français, le suivent partout, et ne peuvent cesser de l'obliger qu'au moment où il cessera d'être Français. Il n'est donc point étonnant que tant de *mariages* célébrés en pays étrangers aient été annulés sur les appels comme d'abus interjetés par les pères et mères, ou autres parties intéressées. Ils étaient tous infectés de quelque vice radical, qui n'avait pu être couvert par la célébration hors du royaume. C'est ce qu'ont jugé les arrêts de 1711, 1763, et autres rapportés par Denisard.

Un Français qui aurait sa résidence dans un pays étranger, pourrait donc s'y marier valablement, pourvu qu'il ne le fasse pas en fraude de nos lois. Pothier assure qu'un Français qui résiderait dans un pays où il n'y a pas d'exercice de la religion catholique, qui contracterait avec une femme catholique, dans la chapelle d'un ambassadeur catholique, et devant l'aumônier de l'ambassadeur, formerait un *mariage* valable, n'y ayant pas, dans ce cas, de fraude, et le *mariage* n'ayant pu être célébré autrement. Ne serait-il pas absurde de soutenir qu'un Français, que son état ou ses affaires retiendraient pendant plusieurs années hors du royaume, serait nécessairement condamné à garder le célibat pendant tout ce temps? Il doit observer les lois de sa patrie autant qu'il est en lui, mais il n'est pas tenu à l'impossible.

Il est des personnes qui, par état ou par profession, n'ont aucun domicile; tels sont les étrangers, les marchands porte-balles, les ouvriers qui parcourent successivement différentes villes sans se fixer dans aucune. On demande quel est le propre curé de ces personnes, et à quel prêtre elles doivent s'adresser pour célébrer leurs *mariages*?

Le concile de Trente, sess. 24, c. 7, *de Reform.*, a prévu cette difficulté. Il a ordonné aux curés, *ne illorum matrimoniis intersint, nisi prius diligentem inquisitionem fecerint, et re ad ordinarium delata, ab eo licentiam id faciendi obtinuerint*. Cette disposition du concile a été adoptée parmi nous par l'usage; car nos lois sont muettes sur ce cas particulier. Il faut donc alors s'adresser à l'évêque du domicile de la partie avec laquelle on contracte, pour lui demander dispense du défaut de domicile; l'évêque ne doit l'accorder qu'en connaissance de cause, et après une information pour s'assurer de la vérité des faits qu'on lui a exposés. La dispense n'est accordée que sous la condition *sine qua non*, que l'évêque n'a point été trompé. On a un exemple d'une pareille dispense accordée au comte des Goutes, par M. le cardinal de Noailles, archevêque de Paris; mais comme elle avait été obtenue sur un faux exposé, le *mariage* n'en fut pas moins déclaré nul, après la mort du comte des Goutes, par arrêt du 31 janvier 1737.

Si les deux parties contractantes sont gyrovagues, c'est-à-dire n'ont ni l'une ni l'autre de domicile, ni résidence, elles doivent se présenter à l'ordinaire du lieu où elles veulent se marier. C'est ce que prescrivent nos Rituels, entre autres celui d'Auch. Par arrêt du 6 juin 1766, il fut dit n'y avoir abus dans le *mariage* du sieur Pitrot, maître des ballets de la Comédie Italienne, avec Louise Regis, comédienne, célébré à Varsovie, par le vicaire général de l'archevêché de Guesne et de Varsovie, dans une église paroissiale, en présence de plusieurs témoins. Cet arrêt prouve deux choses : 1° que le *mariage* n'est pas nul, par cela seul qu'il a été contracté en pays étranger ; 2° que les gyrovagues n'ont d'autre propre curé que l'évêque du diocèse dans lequel ils se trouvent.

Une ordonnance du 23 septembre 1713 défend à tous recteurs, curés, aumôniers et prêtres, de marier les officiers de marine sans la permission du roi, à peine d'être punis comme fauteurs et complices du crime de rapt. Nous ne voyons pas qu'elle ait été enregistrée dans aucun tribunal.

Après avoir établi la nécessité de la présence du propre curé des parties, après avoir fait voir quelles sont les exceptions à cette loi, il nous reste à examiner si, dans le cas où les parties ne seraient pas de la même paroisse, le concours des deux curés est nécessaire, et quelles sont les peines infligées aux curés qui marieraient des personnes qui ne seraient point de leurs paroisses.

La première de ces questions est traitée supérieurement par M. d'Aguesseau, dans un mémoire qui se trouve au tome V de ses Œuvres : il distingue trois cas. Le premier est lorsque les bans ont été publiés dans les paroisses respectives des parties ; il n'y a pas lieu dans ce cas à la question. Le curé qui délivre le certificat de la publication des bans donne par là même son consentement au *mariage*, et y concourt d'une manière suffisante. Le second cas est lorsque les parties obtiennent de l'évêque dispense de trois bans. Alors le *mariage* célébré par le curé d'une des parties est valable. L'évêque est censé l'avoir approuvé par la dispense des bans ; et comme il est le premier pasteur des parties, son consentement équivaut à celui des deux curés. Enfin le troisième cas est celui auquel les bans n'ont été publiés que dans la paroisse de l'une des parties, dont le curé a célébré le *mariage*. Dans ce cas, M. d'Aguesseau soutient le *mariage* nul par le défaut de consentement du curé de l'autre partie. Son principal motif est qu'alors le *mariage* est infecté du vice de la clandestinité. Un *mariage* est clandestin, dit ce célèbre magistrat, 1° par le défaut d'une forme et solennité requise, à peine de nullité ; 2° lorsque l'omission de cette forme peut porter préjudice à des tiers, en leur dérobant la connaissance d'un *mariage* qu'ils peuvent avoir intérêt de connaître et d'empêcher.

M. d'Aguesseau voit le défaut d'une forme et solennité prescrite, à peine de nullité, lorsque le curé d'une des parties ne consent et ne concourt point à leur *mariage*. L'obligation de se marier devant le propre curé ou de son consentement est également imposée à l'une et à l'autre partie, et par le concile et par les ordonnances. Dès lors il ne suffit point que le *mariage* soit célébré par un des deux curés à l'insu de l'autre. Il n'est pas vrai dans ce cas que les conjoints se soient mariés *coram proprio parocho aut de ejus licentia,* puisque le curé d'une d'elles ignore le *mariage.* La loi est donc violée ou, pour mieux dire, une solennité requise à peine de nullité est omise. Il est encore plus évident que ce *mariage* renferme le second caractère de clandestinité, qui consiste dans le préjudice que le défaut de forme fait à des tiers, auxquels il dérobe la connaissance d'un *mariage* dont ils avaient intérêt d'être avertis pour l'empêcher. Supposons qu'un jeune homme, voulant faire un *mariage* peu convenable ou même honteux, ait été marié par le curé de la fille, à l'insu du curé de sa paroisse où il n'a pas fait publier de bans, dans ce cas, le jeune homme a celé son *mariage* à ses parents, en le faisant à l'insu de son curé, et en ne faisant pas publier de bans dans sa paroisse. Les parents n'ont pu veiller sur ce qui se passe dans une autre paroisse que la leur, et n'ont pu par conséquent s'opposer à une union à laquelle ils se seraient opposés s'ils en avaient eu connaissance. Il est impossible de ne pas ici reconnaître le vice de clandestinité auquel le concile de Trente et les ordonnances ont voulu remédier en établissant la nécessité de la présence ou du consentement du propre curé.

On convient assez généralement que, lorsque les parties sont mineures, ou l'une d'elles seulement, le *mariage,* quoique célébré par le curé d'une des parties, est nul lorsqu'il a été fait à l'insu et sans le concours du curé de la partie mineure. Mais il n'en doit pas être de même, selon plusieurs auteurs, lorsque les deux parties sont majeures. Les partisans de cette opinion s'appuient sur un raisonnement qui paraît assez plausible. Lorsque le *mariage*, disent-ils, a été célébré par le curé d'une des parties, le concours et le consentement du curé de l'autre partie consiste dans la publication des bans qu'il a faite et dans le certificat qu'il a donné de cette publication. Or le défaut de publication de bans, suivant la jurisprudence des arrêts, ne fait pas une nullité à l'égard du *mariage* des majeurs. Donc, lorsqu'un *mariage* de majeur a été célébré par le curé d'une des parties, le défaut de concours du curé de l'autre partie ne doit pas opérer une nullité. M. d'Aguesseau combat ce raisonnement, et rejette la distinction entre les *mariages* des majeurs et ceux des mineurs. Il ne faut pas, selon lui, confondre la publication des bans avec le consentement et le concours du curé. L'un n'est qu'un préalable au *mariage*, qui n'est essentiel que pour les mineurs; l'autre est une forme même du *mariage*, sans laquelle il ne peut être valable. C'est pourquoi, lorsque les parties sont de différentes paroisses, le *mariage*, quoique célébré par le curé de l'une des parties, est nul, si le curé de l'autre partie n'y a pas concouru, soit en publiant des bans, soit de toute autre manière, quand même les parties seraient majeures. Le concile et les ordonnances de nos rois qui ont adopté ces dispositions, n'ont fait à cet égard aucune distinction entre les majeurs et les mineurs. L'opinion de M. d'Aguesseau étant d'un grand poids, il est très-prudent, de la part des conjoints, même majeurs, et domiciliés dans deux paroisses différentes, d'obtenir le consentement du curé qui ne célèbre point le *mariage.* Le curé qui célèbre le mariage a un très-grand intérêt de se faire remettre le certificat de l'autre curé, par lequel il atteste avoir publié les bans sans qu'il y ait eu d'oppositions ; car s'il y en avait eu, il serait exposé aux dommages et intérêts que pourraient prétendre ceux qui les auraient formées.

Les lois ecclésiastiques et civiles ne se sont pas contentées de frapper de nullité les *mariages* contractés par-devant d'autres prêtres que les propres curés ; elles ont infligé des peines aux prêtres qui, n'étant pas les curés des parties, leur administreraient la bénédiction nuptiale. Le concile de Trente les punit par la suspense qu'ils encourent, *ipso jure,* et qui doit durer jusqu'à ce qu'ils aient obtenu l'absolution ordinaire du curé qui devait célébrer le *mariage : Quod si quis parochus vel alius sacerdos, sive sæcularis, sive regularis sit, etiamsi id sibi privilegio, vel immemorabili consuetudine licere contendat, alterius parochiæ sponsos sine illorum parochi licentia matrimonio conjungere aut benedicere ausus fuerit, ipso jure tandiu suspensus maneat, quandiu ab ordinario ejus parochi qui matrimonio interesse debebat, seu a quo benedictio suscipienda erat, absolvatur.*

Nos ordonnances ont été plus loin. L'édit du mois de mars 1697 porte : « Voulons que si aucuns desdits curés ou prêtres, tant séculiers que réguliers, célèbrent ci-après, sciemment et avec connaissance de cause, des *mariages* entre des personnes qui ne sont pas effectivement de leurs paroisses, sans en avoir la permission par écrit des curés de ceux qui les contractent, ou de l'archevêque ou évêque diocésain, il soit procédé contre eux extraordinairement ; et qu'outre les peines canoniques que les juges d'Église pourront prononcer contre eux, lesdits curés et autres prêtres, tant séculiers que réguliers, qui auront des bénéfices, soient par nos juges privés pour la première fois de la jouissance de tous les revenus de leurs cures et bénéfices pendant trois ans, à la réserve de ce qui est absolument nécessaire pour leur subsistance, ce qui ne pourra excéder la somme de six cents livres, dans les plus grandes villes, et celle de trois cents partout ailleurs ; et que le surplus soit saisi à la diligence de nos procureurs, et distribué en œuvres pies par l'ordre de l'évêque diocésain. Qu'en cas d'une seconde contravention, ils soient bannis pendant le temps de neuf ans, des lieux que nos juges estimeront à propos.

« Que les prêtres séculiers qui n'auront pas de bénéfices, soient condamnés au bannissement pendant trois ans, et en cas de récidive, pendant neuf ans ; et qu'à l'égard des prêtres réguliers, ils soient renvoyés dans un couvent de leur ordre, que leur supérieur leur assignera hors des provinces marquées par les arrêts de nos cours, ou les seutencés de nos juges, pour y demeurer renfermés pendant le temps qui sera marqué par lesdits jugements, et sans y avoir aucune charge ni fonction, ni voix active et passive, et que lesdits curés ou prêtres puissent, en cas de rapt fait avec violence, être condamnés à plus grandes peines, lorsqu'ils prêteront leur ministère pour célébrer des *mariages* en cet état. »

Pour que les curés ou autres prêtres soient soumis à ces peines, il faut qu'ils aient célébré, *sciemment et avec connaissance de cause*, le *mariage* de ceux qui ne sont pas de leurs paroisses. S'ils ont été surpris, ils sont excusables. Mais pour être censés avoir été surpris et trompés, il faut qu'ils se soient fait certifier la qualité et le domicile des parties par le nombre de témoins prescrit par les ordonnances. Cette observation nous conduit naturellement à l'examen de la nécessité des témoins qui doivent assister à la célébration du *mariage*.

Le concile de Trente exige, pour la validité du *mariage*, la présence de deux ou trois témoins, *duobus vel tribus testibus*. Cette disposition du concile est trop sage pour n'avoir pas été adoptée par nos ordonnances, ainsi que celle qui ordonne que les curés tiendront un registre sur lequel ils inscriront le nom des contractants et des témoins, et le jour et le lieu où le *mariage* aura été célébré : *Habeat parochus librum in quo conjugum et testium nomina, diemque et locum contracti matrimonii describat ; quem diligenter apud se custodiat*.

La déclaration du 26 novembre 1639, art. premier, porte : « Nous voulons..... qu'à la célébration du *mariage* assisteront quatre témoins dignes de foi, outre le curé qui recevra le consentement des parties et les conjoindra en *mariage* suivant la forme pratiquée en l'Eglise.... ordonnons qu'il sera fait un bon et fidèle registre, tant des *mariages* que de la publication des bans, ou des dispenses et des permissions qui auront été accordées. »

L'édit du mois de mars 1697 suppose la nécessité de quatre témoins pour la validité des *mariages*, et inflige des peines à ceux qui, par un faux témoignage, induiraient les curés en erreur : « Enjoignons à tous curés et autres prêtres qui doivent célébrer des *mariages*, de s'informer soigneusement avant de commencer les cérémonies, et en présence de ceux qui y assistent, par le témoignage de quatre témoins dignes de foi, domiciliés, et qui sachent signer leur nom, s'il s'en peut aisément trouver autant dans le lieu où on célébrera le *mariage* ; voulons pareillement que le procès soit fait à tous ceux qui auront supposé être les pères, mères, tuteurs ou curateurs des mineurs, pour l'obtention des permissions de célébrer des *mariages*, des dispenses de bans et des mainlevées des oppositions formées à la célébration desdits *mariages* ; comme aussi aux témoins qui auront certifié des faits faux, à l'égard de l'âge, qualité et demeure de ceux qui contractent, soit par-devant les archevêques et évêques diocésains, soit par-devant lesdits curés et prêtres, lors de la célébration desdits *mariages* ; et que ceux qui seront trouvés coupables desdites suppositions et faux témoignages, soient condamnés, savoir, les hommes, à faire amende honorable et aux galères pour le temps que nos juges estimeront juste, et au bannissement, s'ils ne sont pas capables de subir ladite peine de galères ; et les femmes, à faire pareillement amende honorable, et au bannissement, qui ne pourra être moindre de neuf ans. »

Enfin, la déclaration du 9 avril 1736 est trop claire et trop précise pour qu'il puisse rester aucun doute sur la nécessité de la présence des témoins, leur nombre, leur qualité et la manière dont l'acte de célébration de *mariage* doit être rédigé. « Dans les actes de célébration de *mariage* seront inscrits les noms, surnoms, âge, qualités et demeures des contractants ; et il y sera marqué s'ils sont enfants de famille, en tutelle ou curatelle, ou en la puissance d'autrui ; et les consentements des pères, mères, tuteurs ou curateurs, y seront pareillement énoncés : assisteront auxdits actes *quatre témoins* dignes de foi et sachant signer, s'il peut aisément s'en trouver dans le lieu qui sachent signer : leurs noms, qualités et domiciles seront pareillement mentionnés dans lesdits actes, et lorsqu'ils seront pareillement parents ou alliés des contractants, ils déclareront de quel côté et en quel degré, et l'acte sera signé sur les deux registres, tant par celui qui célébrera le *mariage* que par les contractants, ensemble par lesdits *quatre témoins au moins* ; et à l'égard de ceux desdits contractants ou desdits témoins qui ne pourront ou ne sauront signer, il sera fait mention de la déclaration qu'ils en feront, etc. » Art. 7.

Le concile de Trente n'exige que la présence de deux ou trois témoins ; mais il l'exige à peine de nullité : il ne met point de différence entre la présence du propre curé et celle des témoins ; il met l'une et l'autre sur la même ligne : *Qui aliter quam præsente parocho vel alio sacerdote de ipsius parochi vel ordinarii licentia, et duobus vel tribus testibus, matrimonium contrahere attentabunt, eos sancta synodus ad sic contrahendum omnino inhabiles reddit, et hujusmodi contractus, irritos et nullos esse decernit*. Il ordonne que les curés tiendront un registre des *mariages*, mais il ne déclare pas nuls les *mariages* qui n'y seraient point inscrits.

Quant à nos ordonnances, elles veulent que les témoins soient au nombre de quatre ; mais elles n'ont point prononcé la peine de nullité s'ils étaient en moindre nombre. C'est pourquoi des auteurs, qui paraissent très-versés dans notre jurisprudence, assurent que pour le *mariage* des majeurs, le nombre de deux témoins est absolument suffisant, quoiqu'on en exige quatre dans celui des mineurs ; et que MM. les gens du roi n'ont jamais fait attention que lorsqu'il s'est agi du *mariage* de ces derniers, au moyen d'abus pris de ce que quatre témoins n'y avaient pas assisté.

Denisard remarque que la déclaration de 1736 n'explique point si les témoins doivent être mâles; mais que les jurisconsultes pensent que la loi, en demandant des témoins dignes de foi, sa disposition ne peut s'entendre que de ceux qui, suivant les règles ordinaires, peuvent valablement être témoins dans des actes de cette importance. L'auteur des Conférences de Paris, et Gohard, ne pensent pas de même. Ils disent qu'aucune loi ecclésiastique ou civile n'a dérogé en ce point à l'ancien droit marqué au canon *Videtur*, 35, *quæst.* 6, lequel autorise également dans cette matière le témoignage des frères, sœurs, cousins et cousines, quoiqu'il soit rejeté en beaucoup d'autres; que l'édit de 1697 suppose que les femmes peuvent être témoins, puisqu'il condamne à un bannissement de neuf ans, celles qui déposeront faux, sur l'âge, la qualité et le domicile des conjoints. Dans cette diversité d'opinions, il est plus sûr de ne faire assister aux *mariages* que des témoins mâles; et quoique les ordonnances ne prescrivent rien sur leur âge, on doit les choisir majeurs, et on courrait des risques, si on se contentait de mineurs ou d'impubères; on pourrait dire qu'ils ne sont pas dans le nombre de ceux que la loi appelle *dignes de foi*. Il faut aussi faire grande attention à la rédaction de l'acte de célébration sur les registres de la paroisse, surtout depuis la déclaration de 1736, qui porte, art. 10 : « Voulons qu'en aucun cas lesdits actes de célébration ne puissent être écrits ou signés sur des feuilles volantes; ce qui sera exécuté, à peine d'être procédé extraordinairement contre le curé ou autres prêtres qui auraient fait lesdits actes, lesquels seront condamnés en telle amende ou autre plus grande peine qu'il appartiendra, suivant l'exigence des cas, et à peine contre les contractants, de déchéance de tous les avantages et conventions portés par le contrat de *mariage* ou autres actes, même de privation d'effets civils, s'il y échoit. » Quoique la loi ne prononce point la peine de nullité contre les *mariages* non inscrits sur le registre de la paroisse, celles qu'elle porte sont assez graves pour que les curés et les parties contractantes s'y conforment exactement.

Des différentes lois que nous venons de citer il paraît résulter qu'il ne peut y avoir d'autres preuves pour constater la célébration des *mariages* que les registres des paroisses. Ce principe est vrai dans la thèse générale; et si l'on cite des arrêts qui ont admis à la preuve à défaut d'extrait de *mariage*, ils ont été rendus dans des circonstances particulières, et la plupart avant la déclaration de 1736. Tels sont ceux de 1676 et 1725, qu'on lit dans Denisard et dans le Répertoire de jurisprudence. Quant à celui de 1756, rendu sur les conclusions de M. l'avocat général Séguier, il y avait, entre autres circonstances, la preuve de l'altération des registres de la paroisse, dont on avait enlevé plusieurs feuillets.

D'après l'article 14 du titre 20 de l'ordonnance de 1667, la preuve par témoins ne devrait être admise que lorsque les registres sont perdus, ou qu'il n'y en a jamais eu. « Si les registres sont perdus, ou qu'il n'y en ait jamais eu, la preuve en sera reçue tant par titres que par témoins, et en l'un et l'autre cas, les baptêmes, *mariages* ou sépultures, pourront être justifiés, tant par les registres, ou papiers domestiques des pères et mères décédés, que par témoins. »

Au reste, au milieu de tous les arrêts qui paraissent se contredire, ou du moins prouver que dans cette matière il y a une foule d'exceptions aux principes généraux, nous croyons pouvoir assurer comme une vérité, que lorsqu'il s'agit de l'état des hommes, jamais la preuve par témoins ne doit être admise contre les actes, ou pour suppléer les actes, que quand on rapporte un commencement de preuve par écrit.

Un arrêt du conseil, du 12 juillet 1747, rendu en forme de règlement, a pourvu à l'inconvénient qui résultait de la représentation des registres des paroisses, que les fermiers des domaines exigeaient des curés sous prétexte de connaître plus facilement les droits de centième denier qui sont dus par les héritiers des défunts. Les curés se refusaient à cette représentation, parce qu'elle pouvait préjudicier à l'honneur des familles, qui demande quelquefois que les actes de célébration des *mariages* soient tenus secrets. Pour tout concilier, sa majesté a ordonné, en interprétant l'article 1er de la déclaration de 1736, que le registre des sépultures demeurera dorénavant séparé de celui des *mariages* et baptêmes, et que les fermiers ne pourront prétendre que la communication du premier, qui leur a été effectivement accordée par l'art. 13 de la déclaration du 29 mars 1708.

On vient d'établir que le *mariage* se contracte réellement et valablement parmi nous, par la bénédiction nuptiale donnée par le propre curé, ou de son consentement, en présence de quatre témoins dignes de foi, et qu'il doit être du tout dressé sur le registre de la paroisse un acte signé par le curé, par les conjoints et par les témoins. Voyons à présent quels effets produit un *mariage* ainsi contracté.

§ IV. *Effets et obligations du mariage.* Du *mariage* valablement contracté naissent des obligations réciproques entre le mari et la femme; et ces obligations prennent une nouvelle étendue, si une heureuse fécondité leur donne des enfants.

Le mari doit traiter sa femme maritalement, c'est-à-dire lui fournir tout ce qui est nécessaire pour les besoins de la vie, selon ses facultés et son état. Il doit le lui fournir, soit de son propre bien, soit des fruits de son travail; enfin, il est obligé au devoir conjugal lorsqu'elle le lui demande, et à n'avoir commerce avec aucune autre femme, contre la foi qu'il lui a donnée. La femme peut intenter une action en justice contre son mari, pour le forcer à la recevoir chez lui et à la traiter maritalement. La femme, de son côté, contracte envers son mari l'obligation de le suivre partout où il jugera à propos d'établir sa résidence ou son domicile, pourvu néanmoins que ce ne soit pas hors du royaume, c'est-à-dire pour s'établir en pays étranger. De cette obligation naît, en faveur du mari, une action pour faire condamner en justice sa femme, lorsqu'elle l'a quitté, à retourner avec lui. La femme ne peut rien opposer à cette demande ; elle n'est point écoutée à se plaindre que l'air du lieu que son mari habite est contraire à sa santé, qu'il y règne même des maladies contagieuses. En vain prétendrait-elle qu'elle essuie de mauvais traitements de la part de son mari, cela n'autoriserait point son éloignement de lui, à moins qu'elle n'eût formé sa demande en séparation d'habitation.

La loi naturelle, comme les lois civiles, imposent aux pères et mères l'obligation de nourrir, d'élever, d'entretenir leurs enfants ; c'est une des obligations les plus sacrées du *mariage*, *necare videtur et is qui alimenta denegat*. Cette obligation s'étend jusqu'aux petits-enfants, dans le cas où ils n'auraient ni père ni mère en état de subvenir à leurs besoins. Une autre obligation des pères et des mères est de laisser à leurs enfants une certaine portion de leur succession, qu'on appelle *légitime*, à moins qu'ils ne la leur aient donnée de leur vivant, en avancement d'hoirie, ou que les enfants n'aient mérité d'encourir la peine d'exhérédation. Un des fruits les plus doux du *mariage* est de trouver dans ses enfants les secours dont on peut avoir besoin, et que ces secours soient offerts par la main de l'amour et de la reconnaissance. Si des enfants pouvaient oublier ce premier de tous les devoirs envers leurs pères et mères, la loi les y contraindrait. Le premier qui s'est laissé traduire devant les tribunaux, pour être condamné à fournir des aliments aux auteurs de ses jours, a dû mériter l'exécration du genre humain. N'est-ce pas une espèce de parricide que de refuser de conserver, par ses soins et ses secours, la vie à ceux de qui on la tient ?

L'obligation, de la part des enfants, de nourrir leurs pères et mères, s'étend aux aïeux et aïeules, et autres parents de la ligne directe ascendante, dans le cas où ceux qui occupent la place intermédiaire dans la ligne ne vivent plus ou ne sont pas en état de le faire. Ces liens formés par la nature entre les pères et les enfants subsistent même à l'égard des bâtards.

Les obligations dont nous venons de parler, naissent du *mariage* comme contrat naturel. Voyons ceux qu'il produit comme contrat civil. — 1° Le *mariage* confirme et donne toute sa perfection aux conventions matrimoniales portées dans le contrat qui l'a précédé, ou stipulées par la loi. Ces conventions ne peuvent avoir d'exécution, si elles ne sont suivies du *mariage* ; elles sont toujours sous la condition *si nuptiæ sequentur*. — 2° Il produit la puissance paternelle sur les enfants qui en naissent. Cette puissance parmi nous est bien différente de celle des Romains. Elle est commune au père et à la mère, sauf que le père l'exerce seul tant qu'il vit. — 3° Par le *mariage*, la femme acquiert le nom de son mari. Elle ne fait plus avec lui qu'un tout, auquel il donne sa dénomination, *et erunt duo in carne una*. Outre le nom du mari, elle participe à tous ses titres, à son rang, à ses honneurs et à ses préséances. Elle en conserve même, après la dissolution du *mariage*, la noblesse et les titres, tant qu'elle demeure en viduité. Mais comme le *mariage* élève une femme au rang de son mari, lorsqu'avant de s'unir à lui elle en occupe un inférieur dans la société, de même elle en déchoit si elle épouse quelqu'un qui ne soit pas son égal ; une femme noble, qui épouse un homme de condition roturière, perd sa noblesse pendant que le *mariage* dure. Mais après la dissolution, elle la reprend : on suppose qu'elle n'a été qu'éclipsée par l'interposition de la personne de son mari. Par une suite de ce même principe, de cette union intime que produit le *mariage* entre les deux conjoints, du moment de la bénédiction nuptiale, la femme n'a plus d'autre domicile que celui de son mari ; elle devient dès lors soumise à toutes les lois du lieu de ce domicile. — 4° Un des effets civils les plus importants du *mariage* est de donner aux enfants les droits de famille et de parenté civile. C'est par là que se forment, au milieu des sociétés générales, des sociétés particulières connues sous le nom de familles, qui sont régies par des lois qui donnent des droits actifs et passifs dans les successions des différents membres qui les composent. — 5° Parmi les principaux effets civils du *mariage*, on doit compter celui qu'il a de légitimer les enfants nés d'un commerce que les parties ont eu ensemble avant de se marier.

Il n'y a qu'un *mariage* valable qui puisse produire des effets civils ; mais tout *mariage* valable ne les produit pas également. Les *mariages* secrets, les *mariages in extremis*, et ceux contractés par des personnes qui ont perdu la vie civile, ne produisent point d'effets civils. Les *mariages* secrets sont ceux qui, quoique contractés par des personnes habiles à se marier, et avec toutes les formalités prescrites par les lois de l'Église et de l'État, n'ont cependant point été connus du public, parce que les deux conjoints n'ont point vécu publiquement comme mari et femme. Ces *mariages* ne sont point, à proprement parler, clandestins ; la clandestinité ne peut s'appliquer qu'à ceux qui sont contractés sans la présence ou la permission du propre curé, sans l'assistance des témoins en nombre requis, et autres formalités nécessaires. Ainsi on ne peut pas les arguer de nullité, à raison de la clandestinité. Mais comme ils en approchent beaucoup, le législateur, qui n'a pas cru devoir les déclarer nuls, a cru devoir les punir, en les privant des effets civils les plus importants.

L'article 5 de la déclaration de 1639, porte : « Désirant pourvoir à l'abus qui commence à s'introduire dans notre royaume, par ceux qui tiennent leurs *mariages* secrets et cachés pendant leur vie, contre le respect qui est dû à un si grand sacrement, nous ordonnons que les majeurs contractent leurs *mariages* publiquement et en face de l'Eglise, avec les solennités prescrites par les ordonnances de Blois, et déclarons les enfants qui naîtront de ces *mariages*, que les parties ont tenus jusqu'ici ou tiendront à l'avenir cachés pendant leur vie, qui ressentent plutôt la honte d'un concubinage, que la dignité d'un *mariage*, incapables de toutes successions, aussi bien que leur postérité. »

La loi refuse aux *mariages* secrets l'effet précieux de la parenté civile. Les enfants qui en naissent sont incapables de *toutes successions*, ce qui comprend non-seulement les directes, mais encore les collatérales. Ainsi jugé par arrêt du 24 juillet 1704. Cette incapacité s'étend jusqu'à leur postérité. La loi le veut, *aussi bien que leur postérité*. D'ailleurs, comment transmettre des droits qu'on n'a pas soi-même ?

Quoique la loi ne prononce aucune peine contre les femmes dont les *mariages* sont demeurés secrets, la honte du concubinage qu'elle semble attacher à ces sortes de *mariages* a rendus si défavorables, que l'on prive les veuves des avantages que leurs contrats de *mariage* leur avaient accordés. Par un arrêt du 26 mai 1705, rapporté par Augeard, Marie Souvelle, ouvrière du Palais, veuve du sieur Sonnet, trésorier des Suisses, fut déclarée privée des effets civils de son *mariage*, qui avait été tenu secret pendant tout le temps qu'il avait duré, et en conséquence déchue de son douaire et autres conventions matrimoniales. Les héritiers du mari furent seulement condamnés à lui restituer la somme que son mari avait reconnu avoir reçue d'elle en dot.

C'est à ceux qui prétendent que le *mariage* a été secret, à le prouver. Cette preuve peut se faire par la réunion de plusieurs circonstances. Par exemple, que la femme n'a pas pris le nom de son mari pendant tout le temps que le *mariage* a duré, qu'elle a pris dans les actes qu'elle a passés depuis son *mariage*, la qualité de fille ou de veuve d'un précédent mari ; lorsqu'une servante qui a épousé son maître, ou un domestique qui a épousé sa maîtresse, continuent de paraître dans la maison dans leur état de domesticité, etc. Ces preuves ne pourraient point être détruites ni par l'acte de célébration de *mariage*, ni par l'attestation de publication des bans, parce que l'un et l'autre sont très-compatibles avec le secret du *mariage*, surtout dans les grandes villes.

Les *mariages in extremis* sont dans le cas de ceux qui ont été tenus secrets pendant leur durée. L'article 6 de la déclaration de 1639 les assimile en tout : « Nous voulons que la même peine ait lieu contre les enfants qui sont nés de femmes que les pères ont entretenues, et qu'ils épousent lorsqu'ils sont à l'extrémité de la vie. » L'édit du mois de mars 1697 a confirmé et étendu cette disposition : « Voulons que l'article 6 de l'ordonnance de 1639, au sujet des *mariages*, ait lieu, tant à l'égard des femmes qu'à celui des hommes ; et que les enfants qui sont nés de leurs débauches avant lesdits *mariages*, ou qui pourront naître après lesdits *mariages* contractés en cet état, soient, aussi bien que leur postérité, incapables de toutes successions. »

Pour que le *mariage* soit dans le cas de la loi, il faut deux choses : 1° qu'il ait été précédé d'un commerce illicite entre les deux conjoints ; 2° que la maladie dont un conjoint est attaqué, lorsqu'il contracte, ait trait à la mort. Un homme avait reçu un coup de pied ; la blessure paraissait si dangereuse, que six jours après il reçut l'extrême-onction. Le même jour il se maria et survécut cinquante-quatre jours depuis son *mariage*. Par arrêt du 28 février 1667, le *mariage* fut déclaré avoir été contracté *in extremis*. Par deux autres arrêts aussi rapportés au tome III du *Journal des Audiences*, des 22 décembre 1672 et 3 juillet 1674, des *mariages* furent réputés faits *in extremis*, quoique dans l'espèce du premier, l'homme eût survécu soixante-cinq jours, et dans l'espèce du second, quarante-deux jours. Il en serait autrement si la maladie d'un des deux conjoints n'avait pas un trait prochain à la mort, comme une hydropisie ou une pulmonie qui ne seraient pas dans leur dernier période.

Un *mariage* contracté dans l'état de grossesse n'est pas censé contracté *in extremis*, quoique la femme décède peu de jours après la célébration, par l'accident d'une fausse couche, ou autre de pareille nature. Il en est de même de la mort subite arrivée à une des parties le jour même ou le lendemain du *mariage*. Si la personne qui se marie, étant malade, avoir fait tout ce qui était en son pouvoir lorsqu'elle était en pleine santé pour y parvenir, et qu'elle en ait été empêchée par des difficultés et des oppositions qu'elle n'ait pu surmonter plus tôt, le *mariage* n'est pas privé des effets civils. On n'est plus dans le cas de la loi ; on ne peut pas dire que celui des conjoints qui est décédé, ait attendu les derniers instants de sa vie pour le contracter ; ainsi jugé par arrêt du Parlement de Rouen, du 29 juillet 1717.

Enfin, la troisième espèce de *mariage*, qui, quoique valable en lui-même et comme sacrement, est néanmoins privé des effets civils, est celui que contracte une personne morte civilement, par une condamnation à une peine capitale. C'est la disposition de l'article 6 de la déclaration de 1639, qui, après avoir parlé des *mariages in extremis*, continue en ces termes : « Comme aussi (les mêmes peines) contre les enfants procréés par ceux qui se marient après avoir été condamnés à mort, même par les sentences de nos juges rendues par défaut, si avant leur décès, ils n'ont été remis au même état, suivant les lois prescrites par nos ordonnances. »

La déclaration ne parle ici que des condamnés à mort. Elle ne comprend point par conséquent ceux qui ont perdu la vie civile par un autre genre de condamnation, comme es galères perpétuelles. Il paraît cependant que la même raison devrait empêcher pour les uns et pour les autres effets civils du *mariage*. Dès qu'on est mort civilement, de quelque manière que ce soit, on est censé retranché de la société, on n'y existe plus quant à ce qui est de l'ordre civil ; c'est une conséquence, que l'on ne puisse être alors capable d'un *mariage* civil. Est-il permis de mettre le raisonnement à la place de la loi ? Et lorsqu'elle ne prive des effets civils que les *mariages* des condamnés à mort, doit-on l'étendre à ceux contractés par des condamnés à d'autres peines qui emportent la mort civile ? Nous aurions de la peine à le croire.

Pothier assure que la privation des effets civils n'a lieu pour les *mariages* des condamnés à mort par contumace, que lorsqu'ils sont décédés cinq ans après la publication de leurs jugements. Ces termes de la loi, « si, avant leur décès, ils n'ont été remis dans leur premier état, suivant les lois prescrites par nos ordonnances, » ne l'arrêtent point. Sa raison est que, d'après l'ordonnance de 1670, lorsqu'on meurt dans les cinq ans accordés pour purger la contumace, on meurt *integri status*, et que par conséquent on n'est point dans le cas de la déclaration, puisqu'on n'est pas obligé de se faire rétablir dans un état qu'on n'a jamais perdu.

Mais quel est l'état des enfants provenus des trois espèces de *mariages* dont nous venons de parler ? Doivent-ils être regardés comme illégitimes ? Non. Ils ne jouissent pas, à la vérité, de tous les droits que les effets civils du *mariage* donnent aux enfants, tels que les droits de famille, de succession, de douaire, de légitime, etc; mais ils ne sont pas bâtards : ils sont nés d'un *mariage* valable, d'un *mariage* qui a reçu le caractère de sacrement, et qui, par conséquent, a eu pour base un contrat civil dont les effets ont été seulement restreints par les lois du prince.

Nous avons établi ci-dessus en principe qu'il n'y avait qu'un *mariage* valable qui pût produire les effets civils. Ce principe reçoit une exception bien honorable pour l'humanité. Elle est puisée dans la bonne foi des parties.

Lorsque la nullité du *mariage* ne provient que d'un empêchement dirimant, et que d'ailleurs les parties ont observé, en se mariant, toutes les solennités prescrites par les lois de l'Eglise de l'Etat, l'ignorance où elles étaient l'une et l'autre de cet empêchement dirimant les met à l'abri du reproche d'avoir vécu dans une union illicite et criminelle. Ni la religion ni la société n'ont à se plaindre. Il serait injuste de les punir ; il ne le serait pas moins de punir leurs enfants. Elles doivent se séparer lorsqu'elles ont connaissance de l'empêchement qui s'opposait à leur union. Voilà tout ce qu'on en peut exiger ; mais il est nécessaire que leur ignorance ait été accompagnée de la bonne foi, c'est-à-dire qu'ils aient été fondés à croire que rien ne s'opposait à leur *mariage*.

Une femme reçoit la nouvelle de la mort de son mari ; elle reçoit en même temps son extrait mortuaire en bonne forme, ou tout autre acte équivalent. Elle contracte un second *mariage* ; des enfants en proviennent. Le mari reparaît. Dans ce cas, il est évident que le second *mariage* est nul. La femme doit quitter le second mari et retourner avec le premier. Mais quoique ce second *mariage* soit nul, la bonne foi des parties qui l'ont contracté lui donne, par rapport aux enfants qui en sont nés, tous les droits de famille et tous les autres droits qu'ont les enfants procréés en légitime *mariage*. Ils viendront aux successions de leur père et mère, et même concurremment à celle de leur mère, avec les enfants qu'elle a eus de son premier *mariage*. Par la même raison, la femme ne sera point privée ni de son douaire, ni des autres avantages stipulés par son contrat de *mariage* avec le second mari.

Il n'est pas nécessaire, pour qu'un *mariage* nul, comme nous le supposons, produise les effets civils, que les deux parties soient dans la bonne foi, il suffit qu'une des deux y soit. Un homme marié se fait passer pour garçon ou pour veuf ; il produit des preuves de son état ; il trompe une femme qui le croit libre. Un religieux, un clerc dans les ordres sacrés, dérobent à tous les yeux l'engagement qui les lie. Ils contractent *mariage*. Dans tous ces cas et autres semblables, la bonne foi de la femme ne permet pas qu'on la mette dans la classe des concubines, ni ses enfants dans celle des bâtards ; elle jouira de tous les droits d'une épouse légitime, et ses enfants de tous les avantages et de toutes les prérogatives de la légitimité. Un chevalier de Malte avait celé sa qualité de profès, et s'était marié. L'enfant né de ce *mariage* fut, en conséquence de la bonne foi de la mère, déclaré avoir les droits d'enfant légitime, et de porter le nom et les armes de son père. Arrêt du 4 février 1689. Un récollet profès, dont on ignorait l'état, avait ainsi trompé une femme. Après son décès, on opposa à la femme la nullité de son *mariage*. Un arrêt du 22 janvier 1693 lui adjugea toutes les conventions matrimoniales et la moitié de la communauté qui était opulente. Ces mêmes principes ont lieu à l'égard de certains *mariages*, qui quoique valables en eux-mêmes, sont cependant privés des effets civils. Une femme épouse un homme condamné à mort, sans avoir pu avoir connaissance du jugement qui l'a condamné. Sa bonne foi, dans ce cas, donne au *mariage* les effets civils, à l'effet que les enfants qui en sont nés puissent succéder à leur mère et à leurs parents maternels ; mais ils ne peuvent rien réclamer des biens de leur père acquis au fisc par une suite de sa condamnation. Ils n'ont point non plus le droit de famille dans celle de leur père, qui était incapable de les leur communiquer, les ayant lui-même perdus avant leur naissance.

Le sieur Thibaut de la Boissière avait eu plusieurs enfants de Marie de la Tour, femme Maillard. Maillard, depuis longtemps absent, passa pour mort sur la foi d'un certificat délivré par un capitaine. Le sieur de la Boissière épousa alors Marie de la Tour. Maillard s'étant représenté après quarante ans d'absence, un arrêt du 15 mars 1674 annula le *mariage* du sieur de la Boissière, et déclara bâtards les enfants qu'il avait eus de Marie de la Tour avant le *mariage*. D'après cet arrêt, on peut poser en principe qu'un *mariage* nul, quoique contracté de bonne foi, ne légitime pas les enfants nés d'un commerce illicite dont il avait été précédé.

§ V. *De la cassation et de la dissolution du mariage, et des juges qui en peuvent connaître.* A considérer le *mariage* dans son institution, telle que l'Ecriture sainte nous la présente, il est indissoluble de sa nature : *Homo relinquet patrem suum et matrem suam et adhærebit uxori suæ, et erunt duo in carne una.* Si les Juifs ont pu rompre ce lien par le divorce, c'est une condescendance qu'a eue pour eux leur législateur ; condescendance fondée sur leur caractère plutôt que sur la loi naturelle et la loi divine : *Quod Deus conjunxit, homo non separet... quoniam Moyses ad duritiam cordis vestri permisit vobis dimittere uxores vestras : ab initio autem non fuit sic.* La loi de Jésus-Christ a rendu au *mariage* sa première indissolubilité, et nous le regardons comme un lien que la mort seule d'un des conjoints peut rompre.

Il n'en était pas de même chez les Romains, même après qu'ils eurent embrassé le christianisme. On trouve dans les Pandectes une décision du jurisconsulte Paul, qui met le divorce au nombre des manières dont se dissout le *mariage* ; *dirimitur matrimonium divortio, morte, captivitate, vel alia contingente servitute utrius eorum.* Justinien ne crut pas devoir abolir entièrement le divorce ; il se contenta d'en restreindre la liberté. Cette permission ou cette tolérance des lois civiles n'influa en rien sur l'esprit de l'Eglise ; elle regarda toujours le divorce comme prohibé par l'Evangile, et comme incapable de rompre le lien du *mariage*. Elle retrancha toujours de sa communion les conjoints qui, après s'être séparés, convolaient à de secondes noces ; elle les traita en adultères, en les assujettissant à la peine que les canons prononcent contre ceux qui se rendent coupables de ce crime. Parmi nous, les lois de l'Etat ont adopté les lois de l'Eglise ; le divorce n'est point admis pour quelque cause que ce soit. Nous y avons substitué la séparation d'habitation, *quoad thorum*, qui laisse toujours subsister le lien et autorise seulement les conjoints à ne plus vivre ensemble. *Voy.* DIVORCE.

Dans les gouvernements protestants, le divorce est encore admis pour certaines raisons. L'auteur de la Vie de Jean Sobieski assure qu'il est aussi en usage en Pologne.

L'indissolubilité du *mariage* reçoit cependant une exception parmi les catholiques. La profession religieuse l'emporte sur le *mariage* dans deux cas.

Le premier, lorsque les deux époux consentent volontairement et librement à entrer dans un ordre religieux admis dans l'Etat, et à y faire des vœux. Mais il est nécessaire que l'un et l'autre contractent ce nouvel engagement ; car si l'un des deux seulement le contractait, le lien du *mariage* subsisterait toujours ; il ne suffit pas, pour le rompre, du consentement de l'autre époux. *Quia*, dit le pape saint Grégoire, *postquam copulatione conjugii viri atque mulieris unum corpus efficitur, non potest ex parte converti, et ex parte in sæculo remanere.* Il en est de même à cet égard de la promotion aux ordres sacrés. On ne doit pas ordonner un homme marié si sa femme ne fait pareillement vœu de continence. C'est la décision d'Alexandre III, *cap.* 5, *ext. de Convers. conjug.* : *Nullus conjugatorum est ad sacros ordines promovendus, nisi ab uxore continentiam profitente, fuerit absolutus.*

Les lois de l'Eglise, à ce sujet, ont prévalu sur celles de Justinien qui, par sa novelle 21, *cap.* 5, avait permis le divorce à celui des deux conjoints qui voulait embrasser la profession religieuse. Il pensait que, dans ce cas, ce n'était pas l'homme, mais Dieu lui-même qui rompait le *mariage*, en inspirant à un des conjoints le dessein d'embrasser un état plus parfait, et de se consacrer entièrement à lui. L'Eglise en a jugé autrement, en exigeant non-seulement le consentement des deux parties, mais même que tous les deux embrassent à la fois un état qui leur fasse à l'un et à l'autre une loi de la continence. Il est cependant une circonstance qui permet à un mari d'embrasser la profession religieuse ou de se faire promouvoir aux ordres sacrés sans le consentement de sa femme ; c'est lorsque la femme a été convaincue d'adultère et condamnée en conséquence à la réclusion par un jugement qui ne serait pas par défaut, et qui aurait force de chose jugée. La femme, dit-on, ayant perdu le droit de demander le devoir conjugal et de demeurer avec son mari, son consentement cesse d'être nécessaire ; mais la femme n'a pas pour cela le droit de se remarier pendant la vie de son mari. Une femme ayant eu querelle avec son mari, l'avait quitté et avait épousé un autre homme. Le mari s'était fait ordonner prêtre, et s'était ensuite fait moine de Cîteaux. Innocent III décide que cette femme doit quitter son prétendu second mari avec lequel elle vivait en adultère, et qu'elle ne doit pas être reçue à redemander le devoir.

Le second cas où l'indissolubilité du *mariage* reçoit une exception, c'est lorsqu'il n'a point été consommé. Alors un des deux conjoints peut embrasser la vie religieuse sans le consentement de l'autre, qui devient par-là même libre. Tel est le droit des Décrétales, confirmé par le concile de Trente : *Si quis dixerit matrimonium ratum non consummatum, per solemnem religionis professionem alterius conjugum, non posse di-*

*rimi, anathema sit.* Cette prérogative des vœux solennellement émis dans un ordre approuvé de dissoudre le *mariage non consummatum*, n'a pas été accordée à la promotion aux ordres sacrés. Si un homme marié, quoique n'ayant pas consommé son *mariage*, recevait la prêtrise ou tout autre ordre sacré, il devrait être déclaré suspens de ses ordres et condamné à retourner avec sa femme. Là raison qu'en apporte Jean XXII, c'est que ni la loi divine ni la loi ecclésiastique n'ont donné à la promotion aux ordres sacrés l'effet de pouvoir dissoudre le *mariage* même non consommé : *cum nec jure divino nec per sacros canones reperiatur hoc statutum. Extravag.*, cap. unic., *de Voto et vot. redempt.*

Deux textes de l'Évangile ont fait naître la question de savoir si l'adultère de la femme dissout le *mariage*. Les Pharisiens ayant demandé à Jésus-Christ, *si licet homini dimittere uxorem suam quacunque ex causa*, le divin Législateur répond que le *mariage*, par son institution, est indissoluble, et qu'il n'est pas permis à l'homme de séparer ce que Dieu a uni. Il résout l'objection prise de ce que Moïse avait permis le divorce : *Quoniam vobis Moïses ad duritiam cordis vestri permisit... dico autem vobis quia quicunque dimiserit uxorem suam, nisi ob fornicationem et aliam duxerit, mœchatur : et qui dimissam duxerit mœchatur*, S. Matth., chap. XIX. Dans le chapitre V du même Évangile on lit : *Dictum est, quicunque dimiserit uxorem suam, det ei libellum repudii : ego autem dico vobis, quia omnis qui dimiserit uxorem suam, excepta fornicationis causa, facit eam mœchari ; et qui dimissam duxerit, adulterat.* Par ces deux exceptions qu'on lit dans les deux textes, *nisi ob fornicationem, excepta fornicationis causa*, Jésus-Christ entend-il permettre à l'homme de faire un véritable divorce, qui rompe, en cas d'adultère de la part de la femme, le lien du *mariage*, ou lui permet-il seulement de se séparer d'habitation d'avec sa femme, sans qu'il soit coupable devant Dieu de l'adultère que la femme, ainsi renvoyée, pourrait commettre en épousant un autre homme ? En deux mots, Jésus-Christ autorise-t-il, dans le cas de l'adultère de la part de la femme, un véritable divorce ou une simple séparation *a thoro* ?

La question a souffert difficulté dans les premiers siècles du christianisme. Le concile d'Arles, de l'an 314, quoique composé de six cents évêques, n'osa la décider ; il se contenta de conseiller simplement au mari de ne pas se marier du vivant de sa femme adultère, *placuit ut, in quantum potest, consilium eis detur, ne viventibus uxoribus, licet adulteris, alias accipiant.* Tertullien, saint Épiphane, Astérius, évêque d'Amasée, ont pris les deux textes de l'Évangile cités, dans le sens que l'adultère de la femme dissout le *mariage : Existimate et omnino vobis persuadete matrimonia morte tantum et adulterio dirimi.* Saint Augustin a embrassé l'opinion contraire. Il avoue cependant que de son temps les avis étaient partagés, et que l'Écriture sainte était fort obscure sur cette question.

L'Église grecque a suivi le premier sentiment, et y a persévéré jusqu'à présent. L'Église latine a adopté le second, comme on peut le voir dans les Capitulaires de Charlemagne et dans les conciles du IXe siècle. Le droit canonique moderne, c'est-à-dire le décret et les décrétales tiennent également la doctrine de l'indissolubilité du *mariage*, même pour cause d'adultère de la femme. Ils ont établi la distinction de la séparation, *quoad thorum et quoad vinculum. Quamvis ex causa fornicationis liceat thori separationem facere, non tamen aliud matrimonium contrahere fas est, cum matrimonii vinculum legitime contracti sit perpetuum*, dit le concile de Florence, tenu sous Eugène IV.

La question ayant été de nouveau proposée au concile de Trente, il laissa à chaque Église la liberté de suivre son ancienne discipline ; et se contenta de frapper d'anathème ceux qui taxeraient d'erreur la discipline de l'Église latine sur ce point ; et il n'est pas douteux parmi nous, que lorsqu'un homme s'est fait séparer de sa femme, après l'avoir convaincue d'adultère, le lien du *mariage* est censé subsister et forme un empêchement dirimant qui rend nul le *mariage* qu'il contracterait avec une autre du vivant de celle qu'il a répudiée. On s'est élevé depuis quelque temps contre cette doctrine. Il a paru plusieurs écrits, dans lesquels on a fait valoir les sentiments des anciens Pères de l'Église et des raisons politiques, pour faire admettre l'adultère de la part de la femme, comme une cause opérant la dissolution du *mariage* : mais voy. DIVORCE. M. Linguet, dans sa consultation pour un charpentier de Landau, dont la femme s'était retirée en pays étranger, avec un sergent d'un régiment suisse qu'elle y avait épousé, a cru ne pouvoir, dans l'état actuel de notre législation, donner d'autre conseil à son client que de s'adresser au pape et au roi, à l'effet d'obtenir des deux puissances une dispense en vertu de laquelle il pourrait se remarier. S'il est un cas où une pareille dispense puisse s'accorder, c'est dans celui du charpentier de Landau, qui, dans toute la force de l'âge et du tempérament, se trouve forcé de garder le célibat par la fuite de sa femme, qui va contracter de nouveaux liens dans un pays étranger.

On a poussé si loin parmi nous la doctrine de l'indissolubilité du *mariage*, que le Parlement de Paris a jugé qu'un Juif converti à la religion chrétienne ne pourrait se remarier, quoique sa femme juive eût refusé de le suivre depuis sa conversion, eût accepté le libelle du divorce permis par la loi de Moïse, et qu'une sentence de l'Officialité de Strasbourg l'eût, conformément à l'usage pratiqué dans la province, déclaré libre de se pourvoir par *mariage* en face de l'Église, avec une femme de la religion qu'il venait d'embrasser. Cet arrêt, du 2 janvier 1758, rendu contre Boraich Lévi, et que l'on trouve dans tous nos livres, est contraire à l'opinion des premiers théologiens, des plus célèbres canonistes, de Benoît IV, d'une foule d'auteurs du premier mérite; aux Rituels de plusieurs diocèses, au Catéchisme de Montpellier, etc. Il est en outre contraire à la jurisprudence du conseil souverain d'Alsace, et à l'usage constamment observé jusqu'alors dans les diocèses où il y a des Juifs, tels que Strasbourg, Metz, Toul et Verdun. Mais la cour n'a vu, dans toutes les autorités et dans cet usage, qu'une erreur qui ne pouvait anéantir ce principe que le *mariage*, même comme contrat naturel, est indissoluble; et qu'en promettant à un infidèle converti de se remarier du vivant de sa femme, si elle ne voulait pas le suivre à raison de la disparité des cultes, c'était abuser d'une fausse interprétation donnée par les théologiens scolastiques à ce passage de saint Paul, *si discesserit, discedat, non enim subjectus est frater aut soror in hujusmodi*, qui ne doit être entendu que de la séparation *quoad thorum*, et non pas *quoad vinculum*.

Le *mariage* étant de sa nature indissoluble, lorsqu'il a été légitimement contracté, aucune puissance humaine ne peut le casser. Il ne faut donc pas croire que lorsqu'un *mariage* est cassé, ce soit une dissolution proprement dite. Il faut entendre par cassation le jugement par lequel le juge déclare que le *mariage* n'a pas été valablement contracté et qu'il est nul. Casser un *mariage* n'est donc autre chose que déclarer qu'il n'a jamais existé.

Les demandes en cassation de *mariage* peuvent être intentées par l'une des parties qui l'ont contracté, par les pères et mères, tuteurs ou curateurs, par les parents collatéraux, et quelquefois par la partie publique. Pour qu'un des conjoints puisse attaquer son *mariage*, il est nécessaire que le moyen qu'il emploie opère une nullité absolue, comme un empêchement dirimant de droit naturel ou de droit divin, ou l'omission d'une solennité essentielle. Il devrait être déclaré non-recevable, si la nullité n'était que respective, et surtout si elle provenait de son fait. Il arrive même qu'en accueillant la demande d'une des parties, on la condamne en des dommages et intérêts envers l'autre. Un arrêt de 1721, en déclarant, sur la demande du sieur de la Noue, son *mariage* abusif, le condamna en 50,000 liv. de dommages et intérêts envers la femme qu'il avait épousée.

Il est difficile de donner des principes qui puissent s'appliquer à toutes les espèces qui peuvent se présenter. C'est aux magistrats à concilier dans leur sagesse tout ce qui est dû à la dignité du sacrement, à l'honnêteté publique, à la bonne foi et à la possession d'état. Un conjoint qui, pour rompre des liens qu'il a volontairement contractés, veut lui-même révéler sa propre turpitude, est bien défavorable. Il ne doit y avoir que le grand principe de l'intérêt et de l'ordre public qui puisse le faire écouter. Mais si c'est la partie lésée qui se plaint; si une femme vient à découvrir qu'elle a été trompée; que celui qu'elle croit son époux n'a jamais pu l'être; qu'après son décès, son *mariage* sera attaqué, et qu'il est tellement nul, qu'elle sera reléguée dans la classe des concubines, et ses enfans dans celle des bâtards, ne doit-elle pas, du moment que ses yeux sont ouverts à une triste lumière, et que sa bonne foi cesse, prendre tous les moyens possibles pour éviter les malheurs dont elle est menacée? Elle doit tenter de faire réhabiliter son *mariage*; mais si la chose n'est pas possible, il ne lui reste d'autre voie que celle de recourir aux tribunaux, et de prévenir elle-même, en faisant déclarer son *mariage* nul, un arrêt qui la flétrirait après le décès de celui qui la trompée. Autant cette femme est malheureuse, autant la justice doit s'empresser à lui procurer des compensations.

Si l'empêchement dirimant, qui rend le *mariage* nul en lui-même, est un de ces défauts qui ne peut être connu que des conjoints, il n'y a que la partie lésée qui ait droit de s'en plaindre. Ainsi, le mari impuissant est non-recevable à demander que son *mariage* soit déclaré nul. Ne doit-il pas s'estimer heureux que sa femme qui lui est attachée se contente du nom stérile d'épouse, et porte la délicatesse jusqu'à ne pas vouloir lever le voile qui cache à tous les yeux les secrets de la couche nuptiale: la justice le repousse avec indignation: *Nemo audiri debet propriam allegans turpitudinem!*

Les père et mère d'un mineur qui s'est marié sans leur consentement sont parties capables pour poursuivre la nullité de son *mariage*. Mais eux seuls ont droit de se plaindre de l'atteinte portée à leur autorité; si par la suite ils approuvent ce *mariage* ou le reconnaissent, ils sont par-là même non-recevables à l'attaquer. Leur silence pendant leur vie, ou pendant celle de leur enfant, est une approbation tacite qui couvre la nullité. Leurs droits à cet égard sont des droits purement personnels, qui s'éteignent avec eux et ne peuvent se transmettre. Jamais des collatéraux ne sont admis à exciper du défaut de consentement des pères et mères. C'est la jurisprudence constante de tous nos tribunaux, et c'est ce qui prouve combien nous avons été fondés à dire ci-dessus que cette nullité n'est point radicale et absolue, même pour le *mariage* des mineurs. Nous ajouterons, pour confirmer ce principe, que si un père et une mère gardent le silence pendant la minorité de leur fils, et que lui-même persévère, après sa majorité, à regarder son *mariage* comme valable, la séduction, qui est la principale base de la nécessité du consentement des père et mère, disparaît. On ne la présume plus, parce qu'on ne peut pas présumer que si elle eût existé, les père et mère eussent gardé le silence pendant la minorité de leur fils, et que lui-même, parvenu à sa majorité, n'eût pas réclamé. Il ne reste plus aux père et mère que la faculté de le déshériter, si d'ailleurs ils n'ont pas reconnu ou approuvé le *mariage*. Les tuteurs sont aussi parties capables pour attaquer les *ma-*

*riages* de leurs mineurs. Mais comme leur autorité n'est, pour ainsi dire, que l'ombre de celle des pères et mères, leur réclamation n'est point écoutée, à moins qu'ils ne prouvent que le mineur a été séduit.

Quant aux collatéraux, la loi ne les admet point à contester le *mariage* pendant la vie des deux époux ; ce n'est qu'au décès de l'un ou de l'autre qu'ils peuvent avoir intérêt à le faire annuler. Leurs droits, s'ils en ont, ne sont ouverts qu'à ce moment. L'action qu'ils intentent même à cette époque est toujours défavorable. Il faut que la nullité qu'ils opposent à ce *mariage* attaqué soit absolue et radicale. « Si l'on excepte, dit M. d'Aguesseau, certains défauts essentiels qui forment des nullités que le temps ne peut jamais couvrir, certaines circonstances, où la considération du bien public semble se joindre aux collatéraux, pour s'élever contre un *mariage* odieux, il est difficile qu'ils puissent détruire les fins de non-recevoir qu'on leur oppose : le silence des pères et des mères et des contractants mêmes, l'union de leur *mariage*, la possession paisible de leur état, etc. »

La reconnaissance des collatéraux pendant la vie des deux époux ne forme point une fin de non-recevoir qui puisse couvrir des nullités absolues, parce qu'en général l'approbation donnée à un acte ne rend non-recevable à l'attaquer que lorsqu'elle est donnée dans un temps où le droit de l'attaquer était ouvert. Plusieurs arrêts ont confirmé ce principe. Nous nous contenterons de citer celui du 1ᵉʳ février 1735, rendu sur les conclusions de M. Bochard de Sarron. Le *mariage* du sieur de la Vaquerie de Bachivillier avec Philippine Belabre fût déclaré abusif. Le moyen que le frère du sieur Bachivillier opposait à ce *mariage* était puisé dans le défaut de concours des deux curés. Philippine Belabre se défendait par des fins de non-recevoir. Elle disait que le frère du sieur Bachivillier l'avait reconnue comme sa belle-sœur légitime dans différentes lettres qu'il lui avait écrites, et qu'un collatéral était non-recevable à attaquer, par la voie de l'appel comme d'abus, le *mariage* d'un parent sur lequel il n'avait aucune autorité. Le frère répondait que le moyen d'abus résultant du défaut de concours des deux curés était absolu et pouvait se proposer par des collatéraux. Quant à la prétendue reconnaissance du *mariage*, il disait qu'elle n'était d'aucun poids quand elle était émanée de celui qui n'avait pas droit de s'en plaindre pendant la vie des conjoints. Sur les moyens respectifs, intervint l'arrêt ci-dessus daté. Il y avait cette circonstance particulière que Philippine Belabre, quoique veuve depuis trois mois, avait pris la qualité de fille majeure, et dans son contrat de *mariage* et dans ses dispenses de publication de bans accordées par M. l'archevêque de Rouen.

Si la reconnaissance des collatéra x est postérieure au décès de leur parent, ils ne peuvent plus attaquer son *mariage* : ils y sont absolument non-recevables. Ces principes furent établis par M. l'avocat général Le Nain, dans une cause jugée en 1707. Ils ont été confirmés par un arrêt du 26 janvier 1756, rendu sur les conclusions de M. l'avocat général Séguier. Isaac-Jean Picot, originaire d'Abbeville, mais domicilié à Dunkerque, avait épousé, en 1747, une Anglaise dans l'île de Guernesey. Il n'était sûrement pas marié devant son propre curé ; d'ailleurs le *mariage* avait été célébré en pays étranger. Après le décès de Picot, son frère attaqua son *mariage*. Sa veuve, qui depuis s'était remariée, n'opposa à son beau-frère que sa reconnaissance postérieure au décès de Picot : et cette fin de non-recevoir fut accueillie.

Dans ces sortes d'affaires, c'est surtout aux circonstances qu'il faut s'attacher. Elles varient à l'infini, et font souvent plier la loi. En voici un exemple récent. Louis Esparcieux, après avoir fait profession dans l'ordre des Capucins, quitta son monastère et se réfugia à Genève. Il y vécut pendant six ans dans la religion prétendue réformée, et épousa ensuite Marguerite Philibert, dont il eut une fille nommée Lucrèce Esparcieux. Après la mort de Louis Esparcieux, arrivée en 1735, la veuve vint s'établir à Lyon, et abjura la religion protestante. Lucrèce Esparcieux, sa fille, épousa Gabriel Bouchard. Louis Esparcieux, avant sa profession dans l'ordre des Capucins, avait fait, en 1725, une donation de tous ses biens. Sa fille attaqua cette donation ; et pour faire tomber la fin de non-recevoir prise de l'émission des vœux de son père, elle en interjeta appel comme d'abus. D'un autre côté, les représentants du donataire interjetèrent aussi appel comme d'abus du *mariage* de Louis Esparcieux. Arrêt du 31 décembre 1779, qui déclare Lucrèce Esparcieux non-recevable dans l'appel comme d'abus par elle interjeté de la profession de son père dans l'ordre des Capucins ; déclare pareillement les représentants du donataire non recevables dans l'appel comme d'abus interjeté du *mariage* de Louis Esparcieux avec Marguerite Philibert. « Néanmoins, autorise la dite Lucrèce Esparcieux, femme Bouchard, à répéter, à titre d'aliments, le tiers des biens appartenant ou devant appartenir à son père au moment de la donation, déduction faite sur ce tiers de 100 livres de provision accordée à la femme Bouchard, tous dépens compensés. » Si la cour se fût attachée à la rigueur des principes, elle eût autrement jugé. Mais le temps, la possession d'état, la bonne foi de la femme, une nombreuse famille dont il était dur d'entacher l'origine, parurent des fins de non-recevoir qui devaient écarter des collatéraux. On appliqua à l'espèce cette loi d'un des empereurs romains : *Movemur et temporis diuturnitate et numero liberorum vestrorum*.

Les curés sont non-recevables à attaquer les *mariages* de leurs paroissiens, sous prétexte qu'ils n'y ont point assisté ou consenti. C'est ce qui a été jugé par un arrêt du 29 décembre 1693, qui déclara le curé de Rether non-recevable dans l'appel comme d'abus, qu'il avait interjeté du *mariage* de ses paroissiens célébré à Paris sans sa permission, et renvoya les parties contractantes par-devant le diocésain pour recevoir pénitence, et procéder à la célébration de leur *mariage*, si faire se doit.

Si deux personnes vivaient publiquement comme mari et femme, et qu'il fût de notoriété qu'ils ne seraient pas mariés, il n'est pas douteux que les officiers chargés du ministère public auraient action pour faire réprimer un pareil scandale ; mais ils ne doivent point non plus s'ériger en inquisiteurs, et chercher à découvrir des défauts secrets pour attaquer des *mariages* dont personne ne se plaint. La déclaration du 15 juin 1697 leur trace, ainsi qu'aux promoteurs des officialités, la marche qu'ils ont à suivre. Le législateur n'y a en vue que d'empêcher les *mariages* clandestins, c'est-à-dire ceux qui n'auront point été célébrés par le propre curé des parties. Il veut que les juges, même tout les poursuites que le ministère public pourrait faire d'office, pendant la première année desdits prétendus *mariages*, obligent ceux qui prétendent avoir contracté des *mariages* de cette nature, de se retirer par-devant leur archevêque ou évêque, pour les réhabiliter suivant les formes prescrites par les ordonnances, et après avoir accompli la pénitence qui leur sera par eux imposée.

Ainsi, les procureurs du roi dans les sièges royaux, et à plus forte raison les procureurs généraux dans les cours souveraines, ont action, pendant la première année du *mariage*, contre ceux qui ne l'ont pas célébré devant leur propre curé ou sans dispenses, pour les faire contraindre à se retirer devant l'évêque pour le réhabiliter. Les promoteurs des officialités ont le même droit dans certains cas ; ils peuvent faire assigner les parties devant l'évêque pour la réhabilitation de leur *mariage*. Mais pour cela il faut la réunion des trois circonstances : 1° qu'il s'agisse d'un *mariage* célébré par un prêtre étranger sans la permission de l'évêque ou du curé ; 2° que le *mariage* ne soit attaqué ni par le procureur du roi, ni par aucune partie civile ; 3° que l'on soit encore dans l'année de la célébration du prétendu *mariage*. Ces trois conditions sont exigées par la déclaration du 15 juin 1697, qui est le fondement de la compétence des promoteurs en cette matière.

L'édit du mois de décembre 1606, art. 12, attribue aux juges d'Eglise la connaissance des causes qui concernent les *mariages*, à la charge par eux de se conformer aux ordonnances du royaume ; ce qui a été confirmé par l'art. 34 de celui de 1695. « La connaissance, dit ce dernier édit, des causes qui concernent les sacrements, appartiendra aux juges d'Eglise. Enjoignons à nos officiers, même à nos cours de Parlement, de leur en laisser, même leur en renvoyer la connaissance, sans prendre aucune juridiction ni connaissance des affaires de cette nature, si ce n'est qu'il y eût appel comme d'abus, de quelque ordonnance, jugement ou procédure faite par le juge d'Eglise, qu'il s'agisse d'une succession ou autres effets civils, à l'occasion desquels on traiterait de l'état des personnes décédées ou de celui de leurs enfants. » Les limites de la juridiction ecclésiastique sont tracées par cet article. Les officiaux doivent connaître de tout ce qui concerne la validité ou l'invalidité du *mariage*. Mais s'il s'agit d'une succession, des effets civils, de l'état des personnes décédées ou de celui de leurs enfants, les juges d'Eglise cessent d'être compétents. Ils ne le sont pas non plus lorsque la question roule sur un fait ou sur l'existence même du *mariage*. Après cela, il est facile de fixer les cas où l'on peut se pourvoir devant les tribunaux ecclésiastiques.

Lorsque c'est l'une des parties qui ont contracté le *mariage*, qui veut en poursuivre contre l'autre la cessation, la voie ordinaire est de la faire assigner devant l'official, pour en voir prononcer la nullité. La voie extraordinaire est l'appel comme d'abus. C'est aussi la voie que l'on suit le plus souvent pour faire réformer les jugements des officiaux, lorsqu'ils contreviennent aux canons ou aux ordonnances du royaume. On pourrait cependant se pourvoir par l'appel simple devant l'official métropolitain. Si c'est un père, une mère ou un tuteur, qui attaque le *mariage* à raison du défaut de son consentement, il doit se pourvoir par l'appel comme d'abus. Il ne s'agit alors que d'une infraction aux lois civiles, puisque ce sont ces lois qui, parmi nous, ont établi la nécessité de ce consentement pour la validité du *mariage* des mineurs. Lorsque ce sont les parents de l'une des parties qui attaquent après sa mort son *mariage*, pour priver la femme de son douaire, l'exclure du partage de la communauté, ou les enfants de la succession, la question ne peut pas être portée devant les juges d'Eglise. Il ne s'agit pas du lien du *mariage*, puisque l'une des parties est décédée. Il n'y a plus que des intérêts temporels, des effets civils à régler. Les tribunaux séculiers sont seuls compétents pour en connaître. C'est la disposition textuelle de l'article 34 de l'édit de 1695, ci-dessus rapporté. C'est pourquoi, dans ce cas, on se pourvoit toujours par l'appel comme d'abus.

Pour compléter la matière de cet article, il nous resterait à traiter les séparations d'habitation, les seconds *mariages* et l'édit des secondes noces, qui ont un rapport immédiat au *mariage*. Nous les avons indiqués dans notre division. Mais la nature de cet ouvrage ne nous permet pas de nous en occuper ici. (M. l'abbé BERTOLIO, avocat au Parlement.) (Extrait du *Dictionnaire de Jurisprudence*.)

MARIE, mère de Jésus-Christ. Les catholiques la nomment communément la *sainte Vierge*, la *mère de Dieu*.

Il était prédit par la prophétie de Jacob, Gen., c. XLIX ; v. 18, que le Messie naîtrait du sang de Juda ; et par celle d'Isaïe, c, VII, v. 14, qu'il naîtrait d'une vierge ; les Juifs en ont toujours été persuadés, et ils le croient encore aujourd'hui : leur croyance commune était aussi qu'il serait de la race de David,

*Matth.*, c. xxii, v. 42, selon une autre prédiction d'Isaïe, c. xi, v. 1. Conséquemment saint Matthieu et saint Luc ont fait la généalogie de Jésus-Christ, afin de montrer qu'il réunissait dans sa personne ces divers caractères. Il faut donc que *Marie*, sa mère, ait été de la tribu de Juda et de la race de David aussi bien que Joseph, son époux. Certains critiques ont prétendu que cela ne pouvait pas être, puisque, selon l'Evangile, *Marie* était cousine d'Elisabeth, femme du prêtre Zacharie : or les prêtres, disent-ils, devaient prendre des femmes dans leur propre tribu ; c'était une loi générale pour tous les Israélites ; *Marie* était donc plutôt de la tribu de Lévi que de celle de Juda. Ainsi raisonnent les manichéens. Saint Augustin, livre xxiii, *contra Faust.*, chap. 3 et 4.

Mais s'il en était ainsi, et si la loi ne souffrait point d'exception, *Marie* n'aurait pas pu épouser Joseph, qui était certainement de la tribu de Juda et de la race de David ; il faut donc ou que Zacharie, ou que Joseph ait été dispensé de la loi. Elle avait été établie afin que les filles héritières ne portassent point les biens de leur tribu dans une autre; elle n'avait donc pas lieu lorsqu'une fille n'était pas héritière de sa famille, et il n'y a point de preuve qu'Elisabeth ait été héritière de la sienne. D'ailleurs, après le retour de la captivité, les prêtres qui ne trouvaient pas d'épouses dans leur propre tribu, furent obligés d'en prendre dans celle de Juda, qui était la plus nombreuse, et qui composait alors le gros de la nation. Le prêtre Zacharie avait donc pu épouser Elisabeth, quoiqu'elle fût de la tribu de Juda.

Les protestants, qui ne peuvent pas souffrir le culte que nous rendons à la Vierge *Marie*, ont fait tous leurs efforts pour obscurcir et déprimer les prodiges de grâce que Dieu a opérés dans cette sainte créature ; nous avons donc à justifier contre eux, non-seulement les vérités que l'Eglise catholique a décidées sur ce sujet, mais encore les opinions théologiques universellement établies; les unes et les autres sont fondées sur le respect que nous avons pour Jésus-Christ, et sur l'idée que l'Ecriture sainte nous donne de la grâce de la rédemption.

I. La croyance commune des catholiques est que *Marie* a été exempte de tout péché. Au mot CONCEPTION IMMACULÉE, nous avons fait voir que, quoique l'Eglise n'ait pas formellement décidé que *Marie* a été exempte du péché originel, c'est cependant une croyance fondée sur les preuves les plus solides, même sur l'Ecriture sainte et sur une tradition constante. Il n'y a donc aucun sujet de blâmer la loi qui défend à tout théologien catholique d'attaquer ce point de doctrine, et de le révoquer en doute. Quant à l'exemption de tout péché actuel, même véniel, ce privilége que nous attribuons à *Marie* est établi sur les preuves les plus solides. Les paroles de l'ange, *je vous salue, Marie, pleine de grâce, le Seigneur est avec vous*, ne sont susceptibles d'aucune limitation, non plus que celles des Pères de l'Eglise, qui disent que la sainte Vierge a été toujours pure et exempte de tout péché. Saint Augustin, *L. de Nat. et Grat.*, c. 36, n. 42, déclare que, par respect pour le Seigneur, lorsqu'il s'agit de péché, il ne veut pas que l'on fasse aucune mention de la sainte Vierge *Marie*. « Nous savons, dit-il, qu'elle a reçu plus de grâces pour vaincre le péché de toute manière, parce qu'elle a eu le bonheur de concevoir et d'enfanter celui qui n'a jamais eu aucun péché. « Aussi le concile de Trente, sess. 6, *de Justif.*, can. 23, déclare que personne ne peut, pendant toute sa vie, éviter tout péché, même véniel, sans un privilége particulier reçu de Dieu, *tel que l'Eglise le croit à l'égard de la sainte Vierge.*

Vainement des critiques protestants ont objecté que plusieurs auteurs chrétiens n'ont point attribué ce privilége à *Marie*, et qu'ils l'ont crue coupable de quelques fautes légères. S'il y a eu quelques écrivains respectables qui aient été de ce sentiment, ils raisonnaient sur des passages de l'Ecriture sainte, desquels ils ne prenaient pas le véritable sens, et qui ont été mieux expliqués par d'autres. Ce serait, par exemple, sans aucun fondement que l'on soupçonnerait la sainte Vierge coupable d'un moment d'incrédulité, lorsqu'elle fut étonnée de ce que l'ange Gabriel lui annonçait sa maternité divine ; il était naturel de demander, *comment cela pourra-t-il se faire, dès que je ne connais point d'homme ?* Aussi, lorsque l'ange lui dit que ce serait par l'opération du Saint-Esprit, elle ne douta point, et elle se soumit à l'ordre du ciel.

Il y aurait encore moins de raison de prétendre qu'aux noces de Cana elle ressentit un mouvement de vanité, lorsqu'elle espéra que son Fils ferait un miracle en faveur des époux, ou lorsqu'elle vint le voir environné du peuple qui l'écoutait (*Matth.*, xii, 46). Un sentiment de charité pour des gens qui sont dans la peine, et un sentiment de tendresse maternelle, ne sont pas des péchés. De quel front a-t-on pu écrire que *Marie*, au pied de la croix, à la vue des souffrances et des ignominies de son Fils, fut tentée de douter de sa divinité ? L'Evangile ne nous donne lieu que d'admirer son courage. Les incrédules ont ajouté à tous ces reproches ridicules et dénués de tout fondement, une calomnie contre Jésus-Christ même ; ils ont dit que dans les occasions dont nous venons de parler, le Sauveur traita durement sa sainte mère. Au mot FEMME, nous avons fait voir le contraire.

II. La virginité de *Marie* a été perpétuelle et inviolable; c'est une vérité que l'Eglise a décidée, dès les premiers siècles, contre les ébionites et contre d'autres hérétiques. Avant d'en déduire les raisons, il est désagréable pour nous d'avoir à réfuter une calomnie grossière et impie, forgée par pure malignité, et que les incrédules ont empruntée des Juifs; ils ont dit que Jésus-Christ était né d'un adultère. Celse met ce reproche dans la bouche d'un Juif ; il est répété dans le Talmud et dans les Vies de Jésus-Christ composées par les rabbins modernes.

Nous y opposons, 1° la sévérité avec laquelle les filles nubiles étaient gardées chez les Juifs, la rigueur avec laquelle étaient punies celles qui tombaient en faute après leurs fiançailles, à plus forte raison les femmes adultères; la loi ordonnait de les lapider et de noter d'infamie le fruit de leur crime. S'il y avait eu lieu au moindre soupçon contre la conduite de *Marie*, les Juifs, devenus jaloux de Jésus, n'auraient pas souffert qu'il échappât, non plus que sa mère, à la peine infligée par la loi. Les parents de Joseph, qui furent d'abord incrédules à la mission de Jésus, n'auraient pas supporté dans le silence l'opprobre dont ce crime les aurait couverts. Jésus lui-même, chargé d'ignominie, n'aurait trouvé ni disciples ni sectateurs ; il n'aurait pas seulement osé enseigner en public, encore moins s'appliquer les prophéties, en présence de témoins qui lui auraient reproché sa naissance. Parmi les Juifs persuadés que le Messie devait naître d'une vierge, il n'y en aurait pas eu un seul qui eût voulu reconnaître pour Messie un enfant adultérin.

2° Les évangélistes, qui ont rapporté dans le plus grand détail les reproches des ennemis du Sauveur, n'ont fait aucune mention de celui-ci ; au contraire, les Juifs reprochaient à Jésus d'être fils d'un artisan nommé Joseph; ils le regardaient donc comme enfant légitime. Il est dit dans le Talmud que Jésus était né du sang de David; ce n'était donc pas le fruit d'un adultère.

3° Du temps même des apôtres, Cérinthe, Carpocrate, une partie des ébionites, soutenaient que Jésus était fils de Joseph, et non conçu par miracle; Orig. *contre Celse*, l. II, note, p. 385; Eusèbe, l. III, c. 17; Théodoret, *Hæret. fab.*, l. II, c. 1. Ce soupçon n'avait rien d'injurieux. Marcion et les gnostiques prétendaient qu'il était indigne du Fils de Dieu d'être né d'une femme; ils auraient rendu leur sentiment bien plus probable, s'ils avaient pu supposer que Jésus-Christ était né d'un adultère; mais la notoriété publique ne le permettait pas. Il est donc faux que saint Luc ait été réduit à forger le miracle d'une conception opérée par le Saint-Esprit, pour pallier l'opprobre de la naissance de Jésus; saint Matthieu affirme ce miracle aussi bien que saint Luc, et s'il y avait eu pour lors quelque doute sur la légitimité de cette naissance, la supposition d'un miracle aurait été plus propre à le confirmer qu'à le dissiper. Mais il n'y avait aucun soupçon sur ce sujet; la notoriété publique du mariage de Joseph et de *Marie*, et de leur cohabitation constante, écartait toutes les idées odieuses dont la malignité des incrédules aime à se repaître.

4° Saint Matthieu et saint Luc confirment le miracle qu'ils rapportent par d'autres faits, par deux apparitions d'anges faites à Joseph, par l'adoration des pasteurs et celle des mages, par les prédictions d'Elisabeth, de Zacharie, d'Anne et de Siméon, etc. Ce sont là des événements publics que les évangélistes n'ont pas pu inventer impunément.

5° Quiconque admet un Dieu et une providence, ne se persuadera jamais que Dieu ait choisi un enfant adultérin pour en faire le législateur du genre humain, et le fondateur de la plus sainte religion qui fût jamais; qu'il ait consacré en quelque façon l'adultère par l'auguste destinée de Jésus-Christ, par les prophéties qui l'ont annoncé, par les heureux effets que sa doctrine a produits dans l'univers entier, par les adorations d'une infinité de peuples; un athée seul peut supposer cette absurdité. C'est la réflexion qu'Origène oppose à Celse. En second lieu, Cérinthe, Carpocrate et les ébionites, qui attaquaient la virginité de *Marie*, en supposant que Jésus-Christ était né de Joseph, contredisaient l'Evangile. Saint Matthieu, c. I, v. 18 et 20, dit formellement que *Marie* était enceinte par l'opération du Saint-Esprit; que l'enfant qu'elle portait avait été formé par le Saint-Esprit. Il allègue, pour confirmer ce fait, la prophétie d'Isaïe, c. IV, v. 14 : « Une Vierge concevra et enfantera un Fils qui sera nommé *Emmanuel*, Dieu avec nous. » Il ajoute que Joseph n'eut aucun commerce avec son épouse jusqu'à la naissance de Jésus, v. 25. Saint Luc, c. I, v. 34, rapporte la réponse que l'ange du Seigneur fit à *Marie*, lorsqu'elle lui demanda comment elle pourrait être mère, puisqu'elle n'avait commerce avec aucun homme : *Le Saint-Esprit surviendra en vous, la puissance du Très-Haut vous protégera, et pour cela même le Saint qui naîtra de vous sera nommé le Fils de Dieu*. On ne peut pas enseigner plus clairement que Jésus-Christ a été conçu sans donner aucune atteinte à la virginité de sa sainte mère.

Mais la bizarrerie des hérétiques est inconcevable. La plupart des anciens soutenaient que le Fils de Dieu n'avait pas pu revêtir de notre chair, parce que la chair est essentiellement mauvaise. Suivant leur opinion, il n'avait pris que les apparences de la chair; il était né, mort et ressuscité seulement en apparence. Ceux-là, s'ils raisonnaient conséquemment, ne devaient pas hésiter d'admettre la virginité de *Marie*: aussi était-ce le sentiment d'une partie des ébionites. Les autres niaient cette virginité, ils prétendaient que Jésus-Christ était né du commerce conjugal de Joseph avec son épouse; ils lui contestaient la divinité, et disaient qu'il n'était Fils de Dieu que par adoption. *Voy*. ÉBIONITES. Aujourd'hui les sociniens reconnaissent que Jésus-Christ a été formé dans le sein de *Marie*, par l'opération du Saint-Esprit, sans blesser la virginité de sa mère : c'est pour cela, disent-ils, qu'il a été nommé Fils de Dieu : ainsi l'ange Gabriel le déclare à *Marie*, *Luc.*, c. I, v. 34. Donc il n'est Fils de Dieu que dans un sens métaphorique; il n'est pas Dieu dans le sens rigoureux. Ainsi se combattent les sectaires qui se donnent la liberté d'interpréter, comme il leur plaît, les paroles de l'Ecriture sainte.

D'autres, non moins téméraires, comme Eunomius, Pelvidius, Jovinien, Bonose et leurs sectateurs, prétendirent qu'après la naissance du Sauveur, Joseph et *Marie* avaient eu d'autres enfants; qu'ainsi la mère de Dieu n'était pas toujours demeurée vierge; ils furent condamnés et réfutés par les Pères de l'Eglise, au grand regret des protestants, ennemis des vœux de virginité. Ils n'alléguaient que des preuves très-frivoles; ils disaient : Nous lisons dans saint Matthieu, c. I, v. 8 et 25, que *Marie*, épouse de Joseph, se trouva enceinte *avant* qu'ils eussent commerce ensemble; que Joseph n'eut point de commerce avec son épouse *jusqu'à* ce qu'elle mit au monde son *premier-né*. Cela suppose qu'ils eurent commerce ensemble dans la suite, et que Jésus eut des frères : aussi est-il parlé de *ses frères* dans l'Evangile.

Les Pères de l'Eglise ont répondu que le seul dessein de saint Mathieu a été de faire voir que Jésus-Christ n'était point né du sang de Joseph, mais conçu par l'opération du Saint-Esprit. Il le prouve, en rapportant ce qui a précédé la naissance de Jésus, mais sans faire mention de ce qui est arrivé après. Le nom de *premier-né* se donnait aussi bien à un fils unique qu'à celui qui avait des frères. Chez les Juifs, le nom de *frères* désignait souvent les cousins germains et les autres parents. D'ailleurs Joseph paraît avoir été trop âgé pour avoir des enfants. Si Jésus avait eu des frères, il n'aurait pas eu besoin, sur la croix, de recommander sa mère à saint Jean, et il ne lui aurait pas dit à elle-même : *Voilà votre fils*. Petau, *de Incarn.*, l. XIV, c. 3.

Plusieurs de nos saints docteurs ont été persuadés qu'avant d'épouser Joseph, *Marie* avait promis à Dieu une virginité perpétuelle. En effet, la maternité que l'ange lui annonçait n'aurait pas pu l'étonner, si elle s'était proposé de vivre conjugalement avec son époux. Calvin, Bèze, les centuriateurs de Magdebourg, ennemis de tous les vœux, ont tourné en ridicule cette pensée des Pères. Cependant Philon nous apprend que, chez les Juifs, il y avait des esséniens des deux sexes, qui faisaient profession de continence perpétuelle; le vœu de *Marie* n'avait donc rien de contraire aux mœurs des Juifs.

III. *Marie est mère de Dieu* dans toute la propriété du terme. Ainsi l'a décidé, contre les nestoriens, le concile général d'Ephèse, l'an 431. En effet, *Marie* est certainement mère de Jésus-Christ. Or, Jésus-Christ est Dieu; donc elle est mère de Dieu. L'argument est démonstratif.

Nous avons déjà remarqué que les gnostiques, les docètes, les marcionites, les manichéens, etc., enseignaient que le Fils de Dieu ne s'était incarné et n'avait pris un corps qu'en apparence : ils ne pouvaient donc pas appeler *Marie mère de Dieu* dans le sens propre. Les ariens, qui niaient la divinité de Jésus-Christ, étaient dans le même cas.

L'Eglise, en condamnant toutes ces sectes, avait assuré à *Marie* l'auguste titre que nous lui donnons encore aujourd'hui.

Cependant, vers l'an 430, un prêtre de Constantinople, nommé Anastase, s'avisa de blâmer ce titre dans ses sermons, et Nestorius, patriarche de cette ville, prit la défense de ce prédicateur. Mais, pour soutenir que *Marie*, mère de Jésus-Christ, n'est pas mère de Dieu, il faut nécessairement enseigner qu'en Jésus-Christ Dieu et l'homme ne sont pas une seule personne, mais deux; qu'entre l'une et l'autre il n'y a pas une union substantielle, mais seulement une union morale, c'est-à-dire un concert parfait de volontés, d'affections et d'opérations. C'est aussi ce qu'enseigna Nestorius. *Voy.* NESTORIANISME, § 2. Il se montrait mal instruit, en disant que le nom Θεοτόκος, mère *de Dieu*, n'avait pas été donné à *Marie* par les anciens; il lui est donné dans la conférence entre Archélaüs, évêque de Charcar, et l'hérésiarque Manès, l'an 277, plus de cent cinquante ans avant Nestorius. Julien, mort en 363, réprouvait cette expression. Saint Cyrille, *contre Julien*, l. VIII, pag. 276. Elle était donc en usage pour lors. Mal à propos certains critiques ont avancé que saint Léon, mort l'an 461, en est le premier auteur.

D'ailleurs, qu'importe le mot lorsque nous trouvons la chose? Au IIe siècle, saint Irénée appelait Jésus-Christ, *Emmanuel, qui est né d'une Vierge, le Verbe existant de Marie : Qui ex Virgine Emmanuel, Verbum existens ex Maria ;* il le nomme *Fils de Dieu et Fils de l'homme*, c'est-à-dire d'une créature humaine ; il dit que *Marie a porté Dieu* dans son sein; donc elle en est la mère. *Adv. hær.*, lib. III, c. 20, n. 3, c. 21, n. 10. Saint Ignace, disciple des apôtres, s'exprime de même, *ad Ephes.*, n. 7 et 18. Dans le fond, c'est la même expression que celle de saint Paul, qui dit que Dieu a envoyé son Fils *fait d'une femme*. Galat., c. IV, v. 4.

*Mère de Dieu*, disent les apologistes de Nestorius, semble signifier que *Marie* a enfanté la divinité. Fausse réflexion. Ce terme n'exprime pas plus l'erreur que ceux dont saint Irénée, saint Ignace et saint Paul se sont servis. Jésus-Christ est Dieu et homme ; donc *Marie* est aussi réellement mère de Dieu que mère d'un homme; elle a enfanté l'humanité de Jésus-Christ, parce que l'homme n'a pas toujours été, mais elle n'a pas enfanté la divinité, parce que celle-ci est éternelle. Dans saint Luc, c. I, v. 13, disent-ils encore, Elisabeth nomme sa cousine *la mère de mon Seigneur*, et non *la mère de mon Dieu*. Mais les Juifs ne donnaient qu'à Dieu seul le titre de *mon Seigneur*. Elisabeth ajoute : *Tout ce qui vous a été dit par le Seigneur s'accomplira* . Ici *le Seigneur* est certainement Dieu. Ils disent que les anciens nommaient *Marie*, Θεοτόκος, et non μήτηρ τοῦ Θεοῦ. Soit. Ils la nommaient aussi Χριστοτόκος et non μήτηρ τοῦ Χριστοῦ. Les Latins disaient *Deipara* plutôt que *mater Dei*, et il ne s'ensuit rien. Au reste, il n'est pas étonnant que les sociniens, ennemis de la divinité de Jésus-Christ, et ceux des protestants qui penchent au socinianisme, rejettent le titre de *mère de Dieu*; tous l'ont en aversion, parce que c'est le fondement du culte que l'Église catholique rend à la sainte Vierge.

IV. C'est une pieuse croyance que *Marie* est ressuscitée après sa mort, et qu'elle a été transportée au ciel en corps et en âme. Au mot Assomption, nous avons fait voir l'origine de cette persuasion et la manière dont elle s'est établie. Dans la *Bible d'Avignon*, t. XV, pag. 59, il y a une dissertation de dom Calmet sur le trépas de la sainte Vierge, où il rapporte ce qu'en ont dit les anciens et les modernes; mais le simple extrait que nous en pourrions faire nous mènerait trop loin.

V. *De la dévotion envers la sainte Vierge.* Le culte que nous rendons à *Marie* est fondé sur les mêmes raisons et les mêmes motifs que celui que nous adressons aux autres saints, avec cette différence que le premier est plus profond et plus solennel. En effet, si tous les saints peuvent intercéder pour nous, et si Dieu daigne écouter leurs prières, à plus forte raison la sainte Vierge, plus favorisée de Dieu, plus riche en mérites, et élevée à un plus haut degré de gloire que tous les autres saints, a un pouvoir d'intercession, et est digne de nos hommages, de notre dévotion et de notre confiance.

Cette croyance n'est pas nouvelle dans l'Église, quoi qu'en disent les protestants et les incrédules. Quand elle ne daterait que du IV° siècle, comme ils le prétendent, c'en serait assez pour nous. Les Pères de ce siècle, qui ont célébré à l'envi les vertus, les mérites, le pouvoir de la sainte Vierge, n'ont rien inventé de nouveau; ils ont fait profession de suivre ce qui était cru, enseigné, établi et pratiqué pendant les trois siècles précédents. On peut voir ce qu'ils ont dit de la mère de Dieu, dans Pétau, *de Incarn.*, l. XIV, c. 8 et 9.

Il y a dans saint Irénée, liv. III, chap. 22, n. 4, un passage qui est célèbre. « De même, dit ce Père, qu'Ève, épouse d'Adam, mais encore vierge, est devenue par sa désobéissance la cause de sa propre mort et de celle de tout le genre humain, ainsi *Marie*, fiancée à un époux, et cependant vierge, a été, par son obéissance, la cause de son salut et de celui de tout le genre humain. » Et l. v, c. 19 : « Si la première a été désobéissante à Dieu, la seconde a consenti à obéir, afin que *Marie*, vierge, devînt l'*avocate* d'Ève, encore vierge, et afin que le genre humain, assujetti à la mort par une vierge, fût délivré par une vierge, etc. » Saint Augustin a cité ces dernières paroles, pour prouver aux pélagiens le péché originel. A son exemple, plusieurs autres Pères, comme saint Basile, saint Épiphane, saint Ephrem, etc., ont fait le même parallèle entre Ève et *Marie*. Cette doctrine d'un Père du II° siècle, suivie par les autres, a souvent incommodé les protestants; ils l'ont expliquée selon leurs préjugés:

Daillé, *Adv. cultum relig. Latinor.*, liv. I c. 8, dit que le terme d'*avocate*, dans saint Irénée, ne peut signifier ni qu'Ève a invoqué la sainte Vierge quatre mille ans avant sa naissance, ni que *Marie* a secouru Ève, morte depuis quarante siècles : *Avocate*, dit-il, signifie *consolatrice*, dans Tertullien et dans d'autres Pères; ainsi, saint Irénée a seulement voulu dire que *Marie*, en réparant le mal que la première avait fait, lui a fourni un sujet de consolation. Tous les protestants ont adopté cette réponse; ils la suivent par tradition.

Mais pourquoi chercher ailleurs que dans saint Irénée lui-même le sens du terme dont il se sert? Partout ailleurs, ce Père entend par *avocate* une personne qui accorde à une autre du secours, de la protection, de l'assistance. *Voy.* l. III, c. 18, n. 7; c. 23, n. 8; l. IV, c. 34, n. 4. Nous ne voyons pas pourquoi il a été plus difficile à *Marie* de secourir, de protéger, d'assister Ève après quatre mille ans, que de lui donner un sujet de consolation; et, puisque cette consolation est pour tous les hommes, elle doit leur inspirer du respect et de la reconnaissance pour la sainte créature qui la leur a procurée.

Daillé prétend qu'il ne faut pas entendre ces paroles à la rigueur, puisque c'est Jésus-Christ seul qui est l'auteur de la rédemption. Il l'est, sans doute; cependant Dieu a voulu faire intervenir dans ce mystère le consentement libre de *Marie*; elle y a donc contribué par ce consentement, par sa foi, par son obéissance, comme le dit saint Irénée. Elle a donc été en cela l'*avocate*, la protectrice, la bienfaitrice, non-seulement d'Ève, mais du genre humain. Lorsque les Pères du IV° siècle et des suivants ont dit que *Marie* est la mère, la réparatrice, la médiatrice des hommes, ils n'ont fait que développer la pensée de saint Irénée. Jésus-Christ est seul médiateur par ses propres mérites; *Marie* et les saints sont médiateurs par leurs prières et par leur intercession. *Voy.* MÉDIATEUR.

Grabe, moins emporté que Daillé, dit que, quand on avouerait que *Marie* intercède et prie pour le salut de tous les hommes en général, ce que les plus modérés d'entre les protestants ne refusent pas d'admettre, il est cependant impossible qu'elle entende les prières de tant de milliers de personnes.

Croirons-nous donc que Dieu n'est pas assez puissant pour faire connaître à la sainte Vierge et aux saints les prières qu'on leur adresse, ou qu'il leur dérobe cette connaissance, de peur de les trop occuper? Si les plus modérés d'entre les protestants admettent que les bienheureux peuvent intercéder pour nous, ils donnent gain de cause aux catholiques. *Voy. la Préface de dom Massuet sur saint Irénée*, 2° dissert., art. 6.

Mais, pour les satisfaire, il faut leur prouver le culte, l'intercession et l'invocation de *Marie* et des saints par l'Écriture : nous le ferons au mot Saints. Ici nous nous bornerons à observer que Marie, dans son cantique, *Luc.*, c. I, v. 48, dit : « Toutes les générations me nommeront bienheureuse, parce que le Tout-Puissant a opéré en moi de grandes choses. » Voilà du moins un culte de louanges. Jésus-Christ dit, *Luc.*, c. XVI, v. 9 : « *Faites-vous des amis avec les richesses trompeuses et périssables, afin que, quand vous viendrez à manquer, ils vous reçoivent dans le séjour éternel.* » Que signifie cette leçon, si ceux qui sont dans le séjour éternel ne peuvent contribuer en rien au salut de ceux qui les ont assistés sur la terre? Or, ils ne peuvent y contribuer que par leurs prières et par leur *intercession*. S'ils peuvent intercéder pour nous, il est très-permis de les invoquer, *Voy.* Saints.

Nous ne connaissons point de meilleur interprète de l'Ecriture sainte que la pratique de l'Eglise; or, indépendamment du témoignage des Pères, dans toutes les anciennes liturgies du monde chrétien, il est fait mention ou mémoire de la sainte Vierge et des saints. Ce fait n'est plus douteux, depuis que ces liturgies ont été rassemblées, comparées et publiées; la plupart datent des premiers siècles, quoiqu'elles n'aient été mises par écrit qu'au IV° siècle. Les sectes orientales, quoique séparées de l'Eglise romaine depuis douze cents ans, ont conservé comme elle le culte et l'invocation de la sainte Vierge et des saints. On en voit les preuves dans la *Perpétuité de la foi*, tom V, p. 489, etc.

*Cette dévotion est une source d'abus.* Tel est le cri général des protestants. Bayle, à son ordinaire, a jeté un ridicule impie sur le culte rendu à la sainte Vierge; il le compare à celui que les païens rendaient à Junon, et soutient qu'il est plus excessif. *Dict. crit. Junon*, M. Il dit que ce culte n'a commencé dans l'Eglise que trois ou quatre cents ans après l'ascension de Jésus-Christ ; qu'il est né du penchant naturel à tous les hommes à imaginer la cour céleste semblable à celle des rois de la terre, dans laquelle les femmes ont ordinairement beaucoup de pouvoir; de l'intérêt sordide des prêtres et des moines, qui ont vu que ce culte était très-lucratif; des faux miracles que l'on a forgés, etc. Il pense que la dispute entre saint Cyrille et Nestorius, et la condamnation de ce dernier, contribuèrent, du moins par accident, à augmenter le culte de la sainte Vierge. Mais, par une contradiction qui lui est familière, il juge que tout ce que l'on a dit de plus outré touchant *Marie* coule naturellement du titre de *mère de Dieu*; que quand même on se serait borné à la seule qualité de *mère de Jésus-Christ*, comme le voulait Nestorius, on en aurait infailliblement tiré les mêmes conséquences. *Nestorius*, M. N. Il prétend qu'en 1695 la Sorbonne condamna trop mollement les erreurs et les visions contenues dans le livre de Marie d'Agréda; les rumeurs que cette censure excita parmi les dévots de la sainte Vierge démontrent, selon lui, que les erreurs et les abus de l'Eglise romaine sont incurables. *Agréda*, B. D. C. (1).

A ces vaines clameurs, nous répondons d'abord, en général, que s'il faut retrancher toutes les choses dont on peut abuser, il faut détruire toute religion ; une des objections les plus communes des athées est de soutenir qu'il est impossible que l'on n'abuse pas de la religion, et Bayle lui-même était dans cette opinion.

Qu'y a-t-il de commun entre le culte que nous rendons à la sainte Vierge et celui d'une divinité du paganisme? Les païens supposaient Junon égale, en nature et en pouvoir, aux autres dieux; ils lui attribuaient des passions et des vices, la jalousie, la haine, les caprices, la vengeance, la fureur : ils l'honoraient par des pratiques absurdes et licencieuses. Nous faisons profession de croire, au contraire, que *Marie* est une pure créature, qu'elle n'a auprès de Dieu qu'un pouvoir d'intercession ; nous l'honorons à cause de ses vertus et des grâces que Dieu lui a faites; nous demandons à quels crimes ce culte peut donner lieu. Si de faux dévots ont forgé des fables, des miracles, des erreurs, ç'a été dans les bas siècles ; l'Eglise les a toujours réprouvés; elle ne néglige rien pour en désabuser les fidèles.

(1) Nous avons vu de nos jours, les partisans de l'Œuvre de la Miséricorde tomber dans une erreur plus grossière.

Ils enseignent que la sainte Vierge est *émanée* de la nature divine. — Voici comment Michel Vintras raconte ce que lui a dit sur ce sujet l'archange saint Michel (*Livre d'or*, p. 62) :

« Il m'a dit que la très-sainte Vierge était divine, parce qu'elle était formée de *l'émanation de la divinité*, et que cette émanation surpassait tout ce qui devait être créé dans le ciel. Que son esprit était tiré de l'Esprit de la très-sainte Trinité; qu'il était composé de l'émanation de la puissance du Père, de l'amour du Fils, et de la sagesse du Saint-Esprit ; qu'alors donc elle était divine, puisque la puissance du Père est divine, que l'amour du Fils est divin, et que la sagesse du Saint-Esprit est divine. Ce fut là ce qui fit que le plus grand des archanges devint jaloux et voulut se révolter contre son créateur, parce qu'il ne pouvait souffrir la *Sagesse* en qui se complaisait l'Eternel, et qui n'était autre que cet esprit qui devait un jour prendre un corps, et qu'il entendait appeler la *Fille du Ciel*. Alors il séduisit ses frères en leur disant qu'ils étaient autant que cet esprit qui captivait tout l'amour de la Trinité. »

Il est vrai que Vintras s'aperçut depuis que saint Michel s'était exprimé un peu trop hardiment, et qu'il tâche d'expliquer l'*émanation* de la sainte Vierge dans le sens d'une création proprement dite. Mais les paroles citées n'en contiennent pas moins une hérésie et une impiété, comme le montre la définition suivante de saint Léon, que nous choisissons entre un grand nombre d'autres qu'on pourrait rapporter :

« Quinto capitulo refertur quod animam hominis divinæ asserant esse substantiæ, quam impietatem ex philosophorum quorumdam et manichæorum opinione manantem, catholica fides damnat : sciens nullam tam sublimem esse facturam, cui Deus ipse natura sit. Quod enim de ipso est idem est quod ipse. Nec id aliud est quam Filius et Spiritus sanctus. Præter hanc autem summæ Trinitatis unam deitatem, nihil omnium creaturarum est quod non in exordio sui ex nihilo creatum sit. » (Labbe, tome IV, page 659.)

Puisque, suivant l'aveu de Bayle, le respect, la confiance, la dévotion envers la sainte Vierge, coulent naturellement du titre de *mère de Dieu*, et de *mère de Jésus-Christ*, comment s'est-il pu faire que les chrétiens demeurassent trois ou quatre cents ans avant d'en tirer une conséquence aussi claire, et avant de suivre le penchant naturel à tous les hommes? En 431, le concile général d'Ephèse se tint dans une église dédiée à la sainte Vierge, il n'est pas dit que cette dédicace fût récente. Selon une tradition, c'était dans cette ville que la sainte mère de Dieu avait vécu avec saint Jean, et qu'elle avait fini sa vie mortelle; il n'en fallait pas davantage pour y rendre son culte plus éclatant qu'ailleurs. Lorsque le concile eut confirmé l'auguste qualité qui lui était donnée par les fidèles, et eut condamné Nestorius, le peuple fit éclater sa joie, et combla les évêques de bénédictions; il était donc accoutumé à cette croyance; sa dévotion était établie, et pour lors elle ne pouvait procurer aucun profit aux prêtres ni aux moines; selon l'opinion de nos adversaires mêmes, les dévotions lucratives ne se sont établies que dans les bas siècles. — Quand cette dévotion aurait augmenté depuis le concile d'Ephèse, il ne s'ensuivrait rien. Lorsqu'une pratique a été blâmée par des hérétiques, et approuvée par l'Eglise, malgré leur censure, il est naturel qu'elle devienne plus commune et plus solennelle, parce qu'alors elle est regardée comme une profession de foi contre l'hérésie.

Les rumeurs de quelques dévots ignorants, contre la censure du livre de Marie d'Agréda, prouvent encore moins; elles étaient dictées par un esprit de parti, puisque la lecture de ce livre avait déjà été défendue à Rome. Mais, depuis cette époque, personne en France ne s'est avisé de renouveler les visions et les erreurs de Marie d'Agréda; la censure produisit donc son effet, et il n'est pas vrai que l'entêtement des dévots ait été incurable. Les docteurs de la faculté de Paris, dans leur censure, suivirent à la lettre les règles prescrites par Gerson, chancelier de l'Eglise de Paris, il y a trois cents ans, touchant le culte de la sainte Vierge. Petau, *de Incarn.*, l. XIV, c. 8, n. 9 et 10.

Il y aura des vices, dit un ancien, tant qu'il y aura des hommes; il en est de même des erreurs et des abus; mais aucun ne s'établira jamais pour longtemps dans l'Eglise catholique, parce qu'elle est attentive à les condamner tous. Dans les sectes séparées d'elle, les erreurs et les abus sont incurables; puisque personne n'a droit d'y apporter du remède.

A la place des prétendues superstitions de l'Eglise romaine, on a vu naître chez les protestants les impiétés des sociniens, des anabaptistes, des libertins ou anomiens, des quakers, le déisme, le spinosisme, l'athéisme, etc.

MARIES (trois). L'on entend sous ce nom trois personnes dont il est parlé dans l'Evangile; savoir : Marie-Magdeleine, Marie, sœur de Lazare, et la pécheresse de Naïm, qui répandit du parfum sur les pieds de Jésus-Christ chez Simon le pharisien. La question est de savoir si ce sont trois personnes différentes, ou si c'est la même qui est désignée sous divers caractères. Dom Calmet, dans une *Dissertation sur ce sujet*, *Bible d'Avignon*, t. XIII, p. 331, après avoir exposé les divers sentiments et les preuves sur lesquelles les Pères, les commentateurs et les critiques se sont fondés, conclut par juger que la question est à peu près interminable; il penche néanmoins pour le sentiment de ceux qui distinguent les *trois Maries*; et quand on s'en tient au texte de l'Evangile, c'est l'opinion qui paraît la plus probable. *Voy.* la *Dissertation sur la Madeleine*, par Anquetin, curé de Lyon, in-12, 1699.

* MARISTES. La plupart des anciennes congrégations ont succombé sous les coups de la Révolution. Le catholicisme, puisant sa force dans l'association, a vu renaître avec joie les congrégations religieuses. Les Maristes tiennent un rang très-distingué parmi les congrégations de France. Ils se livrent à l'instruction primaire, surtout dans les diocèses de Lyon et de Belley. Ils sont aussi chargés des missions de l'Océanie occidentale. Ils se sont associé des religieuses connues sous le nom de sœurs Maristes, qui donnent l'instruction aux jeunes filles.

MARONITES, chrétiens du rite syrien, qui sont soumis à l'Eglise romaine, et dont la principale demeure est au mont Liban et dans les autres montagnes de Syrie. Leur nom sert à les distinguer des Syriens Jacobites et schismatiques.

On ne convient pas de leur origine. Si l'on s'en rapportait à eux, ils croient que leur christianisme date des temps apostoliques, et qu'ils y ont toujours persévéré sans interruption; qu'ils ont tiré leur nom du célèbre anachorète saint Maron, qui vivait à la fin du IV° siècle, dont Théodoret a écrit la vie, et dont le monastère fut bâti au commencement du V° siècle, dans le diocèse d'Apamée, près du fleuve Oronte. Le savant *maronite* Fauste Nairon, professeur de langue syriaque dans le collège de la Sapience à Rome, entreprit de le montrer dans une dissertation imprimée en 1679, et dans un autre ouvrage intitulé *Euoplia fidei catholicæ*, publié aussi à Rome en 1694. Mais Assémani, autre *maronite* non moins savant, prétend qu'il n'y a point de vestiges du nom de *maronite* avant le XII° siècle; qu'il tire son origine de Jean Maron, patriarche syrien, et du monastère de Saint-Maron, situé près d'Apamée. *Biblioth. orient.*, tom. I, pag. 507.

En effet, il est prouvé qu'au IV° siècle, et même dans le milieu du V°, les Libaniotes ou habitants du mont Liban, étaient encore idolâtres, et qu'ils furent convertis au christianisme par les exhortations de saint Siméon Stylite, mort l'an 459. Jusque vers la fin du VII° siècle, on ne voit pas qu'ils aient eu aucune relation avec le monastère de Saint-Maron, qui était assez éloigné d'eux. A cette époque, l'armée de l'empereur de Constantinople étant entrée en Syrie, détruisit ce monastère; l'un des moines, nommé Jean Maron, écrivit un livre intitulé *Libellus fidei ad Libaniotas*, dans lequel il combattit les erreurs des Nestoriens et des Eutychiens, dont ces peuples étaient alors infectés. Comme il était évêque, il instruisit et gouverna les Libaniotes jusqu'à sa mort, arrivée l'an 707; il paraît que c'est depuis ce temps-là qu'ils ont été appelés *maronites*. Il se peut faire cependant que, dans l'origine, ce terme syriaque ait signifié *montagnards*, puisqu'il y a un mont *Maurus* qui fait partie de la chaîne du Liban. Volney, dans son *Voyage en Syrie et en Egypte*, fait l'histoire des *maronites*, avec quelques circonstances différentes; mais il s'accorde pour le fond avec ce que nous venons de dire, t. II, c. 24, § 2.

Il est encore prouvé qu'au milieu du VIII° siècle les *maronites* du mont Liban étaient engagés dans l'erreur des monothélites; mais, l'an 1182, ils firent abjuration de cette hérésie entre les mains d'Aiméric, patriarche d'Antioche. Depuis ce temps-là, plusieurs adhérèrent au schisme des Grecs; mais enfin au XVI° siècle, sous Grégoire XIII et Clément VIII, ils se réunirent à l'Eglise romaine, et ils persévèrent dans leur soumission au saint-siège. Quoique plusieurs de leurs anciens livres aient été corrompus par les Syriens jacobites, ils en ont cependant conservé plusieurs qui sont absolument exempts d'erreur. Ils se servent des mêmes liturgies que les Jacobites, parce qu'elles n'ont pas été altérées. Le Brun, *Explic. des cérém. de la messe*, t. IV, p. 625 et suiv. Leur profession de foi se trouve dans le III° tome de la *Perpétuité de la foi*, l. VIII, c. 16. Leur patriarche prend le nom de patriarche d'Antioche; il réside à *Canobin* ou *Canubin*, nom tiré du grec *cænobium*, monastère. Celui-ci est au mont Liban, à dix lieues de la ville de Tripoli de Syrie. L'élection de ce patriarche se fait par le clergé et par le peuple, selon l'ancienne discipline de l'Eglise. Il a sous lui quelques évêques, qui résident à Damas, à Alep, à Tripoli, dans l'île de Chypre, et dans quelques autres lieux où il y a des *maronites*.

Les ecclésiastiques qui ne sont pas évêques peuvent tous se marier avant leur ordination; mais si leur femme vient à mourir, ils ne peuvent se remarier sans être dégradés. Leurs moines sont pauvres, retirés dans le coin des montagnes; ils travaillent de leurs mains, cultivent la terre, et ne mangent jamais de chair : on dit qu'ils ne font point de vœux, mais cela ne s'accorde pas avec l'ancienne discipline des moines orientaux; ils suivent la règle de saint Antoine. Les prêtres *maronites* ne disent pas la messe en particulier, excepté dans certains cas; ils la disent tous ensemble, et réunis autour de l'autel; ils assistent le célébrant, qui leur donne la communion. Leur liturgie est en Syriaque; mais ils lisent l'épître et l'évangile à haute voix en langue arabe. Les laïques observent le carême, et les jours de jeûne ils ne commencent à manger que deux ou trois heures avant le coucher du soleil. Ils ont plusieurs autres coutumes, sur lesquelles on peut consulter la relation du père Dandini, jésuite, qui fut envoyé chez eux par Clément VIII, pour s'informer de leur véritable croyance. Cette relation, écrite en italien, a été traduite en français par R. Simon, avec des notes critiques, dans lesquelles il relève plusieurs fautes du jésuite; mais l'abbé Renaudot nous avertit que ni l'un ni l'autre de ces guides n'est infaillible.

Les *maronites* ont à Rome un collége ou séminaire, fondé pour eux par Grégoire XIII, et qui a produit de savants hommes. De cette école sont sortis Abraham Echellensis et MM. Assémani, dont les recherches et les travaux ont jeté un grand jour sur la littérature orientale, surtout par l'immense recueil d'auteurs syriens, que l'un des deux derniers a fait connaître dans sa *Bibliothèque orientale*, en 4 vol. in-folio, imprimée à Rome en 1719.

Un voyageur français, qui a vu les montagnes de Syrie, il y a dix ans, dit que les *maronites* n'ont pour tout objet d'étude que l'Ecriture sainte et leur catéchisme, mais qu'ils sont de bonne foi, de bonnes mœurs, très-soumis à l'Eglise romaine; qu'ils sont laborieux; que leur industrie et celle des Druses ont fertilisé le sol des montagnes de Syrie, et en ont fait un jardin très-agréable. Il ajoute que la religion catholique a fait beaucoup de progrès dans la Syrie, à Damas et dans le sud-ouest des montagnes, où les hérétiques et les schismatiques faisaient autrefois le plus grand nombre. Les missions se font dans ce pays-là par les capucins, par les cordeliers observantins du couvent de Jérusalem, par les carmes déchaussés de Tripoli et du Mont-Carmel. Ce même voyageur rend justice à leur zèle, à leurs travaux et à leurs succès. *Voyage de M. Pagès*, t. I, p. 352, etc. Volney qui a demeuré pendant huit mois chez les *maronites*, en 1784, rend le même témoignage touchant leur religion et leurs mœurs. *Voyage en Syrie et en Egypte*, t. II, p. 8 et suiv. A ce sujet il fait remarquer la différence que produit la religion dans les mœurs, dans la condition, dans la destinée des peuples, en comparant l'état des *maronites* avec celui des Turcs. *Ibid.*, c. 40, p. 432. Puisque les *maronites*, malgré les erreurs dans lesquelles ils sont tombés en différents temps, ont conservé les mêmes liturgies et les mêmes livres qu'ils avaient avant le schisme des Jacobites, arrivé au V° siècle, et qu'ils s'en servent encore, c'est un monument incontestable de la croyance qui était suivie pour lors dans l'Eglise orientale. Or, ces livres contiennent les mêmes dogmes et les mêmes pratiques que suit l'Eglise romaine, et que les hérétiques osent lui reprocher aujourd'hui comme des nouveautés introduites en Occident par les papes. (*Voy.* SYRIENS.)

\* MARTINISTES. On a donné ce nom aux croyants à Martin, le prétendu prophète, qui fit des révélations à Louis XVIII.

MARTYR. Ce nom signifie *témoin*; il désigne un homme qui a souffert des supplices, et même la mort, pour rendre témoignage de la vérité de la religion qu'il professe. On le donne par excellence à ceux qui ont sacrifié leur vie pour attester la vérité des faits sur lesquels le christianisme est fondé.

En chargeant les apôtres de prêcher l'Evangile, Jésus-Christ leur dit : *Vous serez mes témoins à Jérusalem, dans toute la Judée et la Samarie, jusqu'aux extrémités de la terre* (Act. I, 8). Déjà il leur avait dit : *L'on vous tourmentera et on vous ôtera la vie, et vous serez odieux à toutes les nations, à cause de mon nom* (Matth. XXIV, 9) ; *ne craignez point ceux qui peuvent tuer le corps, et ne peuvent pas tuer l'âme...... Si quelqu'un me confesse devant les hommes, je le confesserai devant mon Père qui est au ciel ; mais si quelqu'un me renie devant les hommes, je le renierai devant mon Père* (X, 28 et 32). De là Tertullien conclut que la foi chrétienne est un engagement au martyre, *fidem martyrii debitricem*. On sait avec quelle profusion le sang des chrétiens a été répandu par les païens pendant près de trois cents ans.

Comme le témoignage des *Martyrs* est une preuve invincible de la vérité des faits sur lesquels notre religion est fondée, ses ennemis ont fait tous leurs efforts pour l'affaiblir. Ils ont soutenu, 1° que le nombre des *martyrs* a été beaucoup moindre que ne le supposent les écrivains ecclésiastiques et les compilateurs de martyrologes ; 2° qu'il n'est pas vrai que l'on ait fait souffrir aux *martyrs* les tourments horribles qui sont rapportés dans leurs actes ; 3° que la plupart ont été mis à mort, non pour leur religion, mais pour les crimes dont ils étaient coupables, parce qu'ils étaient turbulents, séditieux, animés d'un faux zèle, et perturbateurs du repos public ; 4° que leur courage n'a rien eu de surnaturel, que c'était un effet du fanatisme des chrétiens et de leur opiniâtreté ; 5° que ce courage ne prouve rien, puisque les religions les plus fausses ont eu leurs *martyrs* ; 6° que le culte rendu aux *martyrs* et à leurs reliques est superstitieux, et qu'il a été la source des plus grands abus. Pour réfuter toutes les erreurs des hérétiques et des incrédules, nous préférerons le témoignage des auteurs païens à celui des écrivains ecclésiastiques, et nous ferons voir que ces derniers n'ont rien dit qui ne soit confirmé par l'aveu de leurs ennemis.

1. *Du nombre des martyrs.* On en compte dix-neuf mille sept cents qui souffrirent à Lyon avec saint Irénée, sous l'empire de Sévère ; six mille six cent soixante-six soldats de la légion thébéenne massacrés par les ordres de Maximien ; Sozomène dit que, dans la Perse, il en périt deux cent mille sous Sapor II, dont seize mille étaient connus : le carnage continua sous Isdegerde ou Jezdedgerd et sous Behram ses successeurs. Le P. Papebrock, dans les *Acta sanctorum*, compte seize mille *martyrs* abyssins, et une multitude dans les autres pays du monde. Dodwel, dans une dissertation jointe aux ouvrages de saint Cyprien, dans l'édition d'Angleterre, a entrepris de prouver que tout cela sont des exagérations ; que le nombre des *martyrs* mis à mort dans l'étendue de l'empire romain a été beaucoup moindre qu'on ne pense. Bayle et les autres incrédules n'ont pas manqué d'applaudir à son travail, et de confirmer son opinion par leur suffrage. La plus forte de ces preuves est un passage d'Origène, l. III, *contre Celse*, n. 8, où il dit « que l'on peut aisément compter ceux qui sont morts pour la religion chrétienne, parce qu'il en est mort un petit nombre, et par intervalles, *Dieu ne voulant pas que cette race d'hommes fût entièrement détruite*. » Dodwel parcourt ensuite les différentes persécutions qu'essuya l'Eglise chrétienne sous Néron, sous Domitien et sous les empereurs suivants. Il dit que la plupart de ces orages ne tombèrent que dans certains endroits, qu'il y eut de longs intervalles de tranquillité, que plusieurs empereurs furent d'un caractère très-doux, plus portés à favoriser le christianisme qu'à le persécuter. Il cherche à atténuer les expressions des auteurs chrétiens ou païens qui ont parlé de la multitude des massacres commis dans les différentes époques. Dom Ruinart, dans la préface qu'il a mise à la tête de sa collection des *Actes authentiques des martyrs*, a réfuté Dodwel, et nous ne connaissons personne qui ait osé attaquer les preuves qu'il lui oppose : sans nous assujettir à les copier, nous ferons quelques réflexions.

Il serait d'abord à souhaiter que nos adversaires eussent pris plus de soin de s'accorder avec eux-mêmes. Ils prétendent que, dans les premiers siècles, la plupart des chrétiens couraient au martyre ; que c'était un fanatisme épidémique inspiré par les Pères de l'Eglise ; que les chrétiens étaient séditieux et turbulents, allaient insulter les magistrats, troubler les cérémonies païennes, provoquer la cruauté des bourreaux ; ils ont étalé les raisons ou plutôt les prétextes sur lesquels on les poursuivait à mort ; ils ont ainsi fait l'apologie de la cruauté des persécuteurs : ensuite ils viennent gravement nous dire que cependant l'on n'a supplicié qu'un petit nombre de chrétiens. Dans ce cas, les empereurs, les gouverneurs de province, les magistrats, étaient des insensés, qui se laissaient insulter, souffraient que l'ordre public fût impunément troublé, ne tenaient aucun compte des cris tumultueux du peuple, qui demandait que les chrétiens athées, impies, scélérats, fussent exterminés. Voilà un phénomène bien singulier. L'on sait aussi à quoi s'en tenir sur la douceur, la police, le bon ordre qui régnaient chez les Romains ; s'il y eut jamais des monstres de cruauté, ce furent Néron, Domitien, Caligula, Maximien, Maximin, Licinius, etc. Les empereurs même, dont on nous vante la clémence, laissèrent la plus grande liberté aux gouverneurs de province ; et ceux-ci, pour se rendre agréables au peuple, lui permirent d'assouvir sa fureur contre les chrétiens. Nous voyons, par la lettre de Pline à Trajan, qu'il n'y avait aucune règle établie pour les jugements, aucune borne fixée pour les supplices qu'on leur faisait subir. Il ne sert donc à rien de compter le nombre des persécutions ordonnées par des édits, puisque, dans les intervalles, il y eut encore un grand nombre de chrétiens mis à mort. On abuse évidemment du passage d'Origène, et l'on affecte d'en supprimer les dernières paroles qui en déterminent le sens; elles prouvent que le nombre des *martyrs* fut peu considérable, en comparaison des chrétiens qui furent conservés, *Dieu ne voulant pas que cette race d'hommes fût entièrement détruite;* il ne s'ensuit pas que ce nombre ne fût très-grand en lui-même. D'ailleurs, Origène écrivait avant l'an 250, plusieurs années avant la persécution de Dèce : or, ce fut pendant les soixante années suivantes que le carnage fut le plus général. Origène, qui vivait dans la Palestine, ne pouvait pas connaître le nombre des *martyrs* qui avaient souffert dans l'Occident. Il prévoyait lui-même que la tranquillité dont jouissaient alors les chrétiens ne durerait pas. *Ibid.*; l. III, n. 14. Mais il faut des preuves positives, et nous en avons de plus solides que les conjectures de Dodwel.

Pour le 1er siècle, le martyre de saint Pierre, de saint Paul, celui des deux saints Jacques, de saint Etienne et de saint Siméon, sont prouvés, ou par les Actes des apôtres, ou par les écrits des plus anciens Pères. Saint Clément de Rome, après avoir parlé de la mort de saint Pierre et de saint Paul, dit : « Ces hommes divins ont été suivis par *une grande multitude* d'élus, qui ont souffert les outrages et les tourments pour nous donner l'exemple. » *Epist.* 1, n, 6. Saint Polycarpe, dans sa *Lettre aux Philippiens,* leur propose de même l'exemple des bienheureux Ignace, Zozime et Rufe, même de saint Paul et des autres apôtres, qui sont tous dans le Seigneur, avec lequel ils ont souffert, *cum quo et passi sunt.* Saint Clément d'Alexandrie, *Strom.*, l. IV, c. 5, dit que les apôtres sont morts comme Jésus-Christ, pour les Eglises qu'ils avaient fondées. Ceux qui ont écrit que le martyre de la plupart des apôtres n'est pas certain, étaient fort mal instruits. Tacite, *Annal.*, l. XV, c. 44, nous apprend « que Néron fit mourir par des supplices recherchés, des hommes détestés pour leurs crimes, et que le vulgaire nommait *chrétiens.* Leur superstition, dit-il, déjà réprimée auparavant, pullulait de nouveau. L'on punit d'abord ceux qui s'avouaient chrétiens, et par leur confession l'on en découvrit une grande multitude, *multitudo ingens,* qui furent moins convaincus d'avoir mis le feu à Rome, que d'être haïs du genre humain. » Nous aurons encore plus d'une fois occasion de citer ce passage. Pour en éluder la force, Dodwel dit que cette persécution n'eut pas lieu hors de Rome. Comment donc Tacite savait-il que les chrétiens étaient *détestés du genre humain,* si on ne les poursuivait qu'à Rome? Ce n'est pas là que tous les apôtres et les autres disciples du Sauveur ont été mis à mort. Selon Tacite, cette superstition avait été déjà réprimée auparavant; il parle évidemment de l'édit par lequel Claude, prédécesseur de Néron, avait banni de Rome les juifs, qui, au rapport de Suétone, y faisaient du bruit à l'instigation du Christ, *impulsore Christo*. On ne peut méconnaître, sous ce nom, les chrétiens qui pour lors étaient confondus avec les juifs *Sueton. in Claud.*, Act. cap. XVIII, v. 2.

Dans le IIe siècle, Pline écrit à Trajan que si l'on continue à punir les chrétiens, une infinité de personnes de tout âge, de tout sexe, de toute condition, se trouveront en danger, puisqu'on lui en a déféré un très-grand nombre, et que cette superstition est répandue dans les villes et dans les campagnes. Trajan lui répond qu'il ne faut pas rechercher les chrétiens, mais que, s'ils sont accusés et convaincus, il faut les punir. Plin., l. x, *Epist.* 97 et 98. Ce prince si débonnaire n'est point effrayé de la multitude de ceux qui périront, et nous pouvons juger si l'on cessa de déférer au tribunal de Pline des hommes *détestés du genre humain;* il atteste cependant qu'il ne les a trouvés coupables d'aucun crime. Les fidèles de Smyrne s'excitent au martyre, à l'exemple de leur évêque saint Polycarpe ; lui-même leur avait fait cette leçon : elle n'aurait pas été nécessaire, s'il n'y avait eu qu'un petit nombre de chrétiens mis à mort, et s'il n'y avait pas eu du danger pour tous. *Lettre de l'Eglise de Smyrne,* n. 17 et 18. — La *Chronique des Samaritains* porte qu'Adrien, successeur de Trajan, fit mourir en Égypte un grand nombre de chrétiens. Celse, qui écrivait sous Marc-Aurèle, nous apprend que la persécution durait encore sous ce règne. Orig., *contre Celse,* l. VIII, c. 39, 43, 48, etc. Un chronologiste juif le confirme et parle de même du règne de Commode. Si les supplices n'avaient pas continué sous les Antonins, saint Justin et Athénagore auraient-ils osé se plaindre à eux de ce qu'ils n'usaient pas envers les chrétiens de la justice qu'ils exerçaient envers tous les hommes? Dodwel prétend qu'Athénagore ne parle point de morts ni de supplices, mais seulement de vexations, d'exils, de peines pécuniaires. Il n'a pas daigné lire le texte. « Nous vous supplions, dit Athénagore, de ne pas souffrir que des imposteurs *nous ôtent la vie*. Après nous avoir dépouillés de nos biens, auxquels nous renonçons volontiers, ils en veulent encore à nos corps et à notre vie, etc. » *Legatio pro christianis.*, n. 1. Que prouvent la philosophie de ces princes, leurs vertus et leur douceur prétendue?

Le IIIe siècle offre des scènes plus sanglantes. Sans parler du caractère farouche et sanguinaire de Septime-Sévère, de Caracalla, d'Héliogabale et de Maximin, ceux qui furent moins cruels ne laissèrent pas de sévir contre les chrétiens. Lampride rapporte qu'Alexandre-Sévère voulut bâtir un temple à Jésus-Christ; mais on l'en détourna, en lui représentant que s'il le faisait, tout le monde embrasserait le christianisme, et que tous les autres temples seraient déserts : conséquemment Spartien écrit que cet empereur défendit à ses sujets d'embrasser le judaïsme ni le christianisme. On sait de quels troubles son règne fut suivi, et de quelle manière Maximin, son successeur et son ennemi, traita les chrétiens; c'est alors qu'Origène écrivit son *Exhortation au martyre*, afin d'encourager les fidèles. Lui-même fut tourmenté pendant la persécution de Dèce; et sa mort, arrivée trois ou quatre ans après, fut une suite de ce qu'il avait souffert dans sa prison.

On dira, sans doute, que l'histoire de cette persécution, tracée par Eusèbe, *Hist. ecclésiast.*, l. vi, c. 39 et suiv., exagère les faits; mais il cite les témoins oculaires de ce qu'il rapporte. Une grande partie des chrétiens d'Egypte s'enfuit en Arabie, d'autres se sauvèrent dans les déserts, et y périrent de misère; outre ceux qui furent condamnés à mort par les juges, un grand nombre furent mis en pièces par les païens furieux, etc. On peut juger par là de ce qui arriva dans les autres provinces de l'empire. Les édits de Dèce ne furent point révoqués sous les empereurs suivants. Sur la fin de ce siècle, et au commencement du iv°, la persécution déclarée par Dioclétien dura dix ans sans relâche, et fut plus meurtrière que toutes les autres. Ce prince avait eu peine à s'y résoudre; il disait qu'il était dangereux de troubler l'univers et de répandre inutilement du sang; que les chrétiens mouraient avec joie. Il céda néanmoins aux désirs de Maximien, son collègue, et publia trois édits consécutifs : le premier ordonnait de détruire toutes les églises, de rechercher et de brûler les livres des chrétiens; de les priver eux-mêmes de toute dignité, de réduire en esclavage les fidèles du commun; le second voulait que tous les ecclésiastiques fussent mis en prison, et forcés *de toutes manières* à sacrifier; le troisième ordonnait que tout chrétien qui refuserait de sacrifier fût tourmenté par les plus cruels supplices. Eusèbe et Lactance font mention d'une ville de Phrygie toute chrétienne, qui fut mise à feu et à sang, et dont on fit périr tous les habitants. Ces deux empereurs furent si convaincus de l'excès du carnage que, dans des inscriptions et sur des médailles, ils se vantèrent d'avoir exterminé le christianisme, *nomine christianorum deleto; superstitione Christi ubique deleta*. Est-ce à tort que les auteurs ecclésiastiques ont appelé le règne de Dioclétien l'*ère des martyrs*? Mais ces princes s'applaudissaient vainement de leur victoire. Maximien-Galère et Maximien-Hercule, héritiers de leur fureur contre le christianisme, après avoir d'abord renouvelé les édits et fait continuer les meurtres, furent forcés de les faire cesser, parce que, disent-ils, un grand nombre de chrétiens persistent dans leurs sentiments, et qu'il n'y a aucun moyen de vaincre leur obstination. Lucius Cecil., *de Morte persec.*, n. 34; Eusèbe, l. ix, c. 1. Enfin, l'an 311, Constantin et Licinius confirmèrent la tolérance du christianisme par un édit. On veut nous persuader que Julien, content de vexer les chrétiens, n'en fit mourir aucun; mais on affecte d'oublier qu'il laissa un libre cours à la haine et à la fureur des païens. Ceux-ci, pour se venger de ce que, sous les règnes de Constantin et de Constance, plusieurs de leurs temples avaient été détruits, poussèrent la rage jusqu'à manger les entrailles de plusieurs chrétiens. Ceux de Gaza, après avoir ouvert le ventre à des prêtres et à des vierges, mêlèrent de l'orge à leurs entrailles, et les firent manger par des pourceaux. Julien, loin de s'opposer à ces traits de barbarie, punit les gouverneurs qui s'y étaient opposés. *Mémoires de l'Académie des Inscript.*, tom. LXX, in-12, p. 266 et suiv. Ce fut vers la fin du iv° siècle et au commencement du v°, que Sapor, Jezdedgerd et Behram, rois de Perse, résolurent d'exterminer de leurs Etats les chrétiens, et les firent périr par milliers.

Nous voudrions savoir quelles preuves positives et quels monuments l'on peut opposer à ceux que nous venons d'alléguer, quelles raisons l'on a de récuser les actes et les tombeaux des *martyrs*, et le témoignage des écrivains ecclésiastiques, dont plusieurs étaient contemporains et bien instruits des faits qu'ils rapportent. Mosheim, très-instruit de ces preuves, convient que le nombre des *martyrs* a été beaucoup plus considérable que Dodwel ne le suppose; mais il pense qu'il y en a eu cependant beaucoup moins que ne le disent les martyrologes. *Hist. Christ.*, sec. i, § 33. La question est de savoir combien il en faut retrancher. C'est par les preuves que nous venons d'alléguer qu'il faut en juger.

II. *De la cruauté des supplices que l'on a fait souffrir aux martyrs*. On peut déjà s'en faire une idée, en considérant le caractère sanguinaire qu'avaient contracté les Romains, accoutumés à repaître leurs yeux du meurtre des gladiateurs, à voir combattre les hommes contre les bêtes, à regarder voluptueusement un blessé qui mourait de bonne grâce, à faire périr des troupes de prisonniers pour honorer le triomphe de leurs guerriers, à exterminer des familles entières pour assouvir leur vengeance; étaient-ils encore accessibles à la pitié? Ils ne faisaient pas plus de cas de la vie de leurs esclaves que de celle d'un animal; leurs femmes même étaient devenues aussi féroces qu'eux : Juvénal le leur reproche et nous apprend que leur barbarie égalait leur lubricité. — Tacite, dans le passage que nous avons déjà cité, dit que sous Néron les chrétiens furent tourmentés par des supplices très-recherchés, *exquisitissimis pœnis*; il en fait le tableau. « L'on se fit, dit-il, un jeu de leur mort: les uns, couverts de peaux de bêtes, furent dévorés par les chiens; les autres, attachés à des pieux, furent brûlés pour servir de flambeaux pendant la nuit. Néron prêta ses jardins pour ce spectacle; il y parut lui-même en habit de cocher, et monté sur un char, comme aux jeux du cirque. » Juvénal y fait allusion, *Sat.* i, v. 55. Sénèque enchérit encore; il parle du fer, du feu, des chaînes, des bêtes féroces, d'hommes éventrés, de prisons, de croix, de chevalets, de corps percés de pieux, de membres disloqués, de tuniques imbibées de poix, et de *tout ce que la barbarie humaine a pu inventer*, Épist. 14. Pline ne nous apprend point par quels supplices il faisait périr les chrétiens qui refusaient d'apostasier ; mais il dit qu'il a envoyé à la mort tous ceux qui ont persévéré dans le refus d'adorer les dieux, et qu'il a fait tourmenter deux femmes que l'on disait être deux diaconesses, pour savoir ce qui se passait dans les assemblées des chrétiens, l. x, Épist. 97. — Celse reproche aux chrétiens que quand ils sont pris ils sont condamnés au supplice, mis en croix, et qu'avant de les faire mourir on leur fait souffrir *tous les genres de tourments*. Orig. contre Celse, liv. VIII, n. 39, 43, 48, etc. Libanius dit que, quand Julien parvint à l'empire, « ceux qui suivaient une religion corrompue craignaient beaucoup ; ils s'attendaient qu'on leur arracherait les yeux, qu'on leur couperait la tête, que l'on verrait couler des fleuves de leur sang ; ils croyaient que ce nouveau maître inventerait de nouveaux tourments plus cruels que d'être mutilé, broyé, noyé, enterré tout vif : *car les empereurs précédents avaient employé contre eux ces sortes de supplices....* Julien, convaincu, dit-il, que le christianisme prenait des accroissements par le carnage de ses sectateurs, ne voulut pas employer contre eux des châtiments qu'il ne pouvait approuver. » *Parentali in Julian.*, n. 58. Ce même fait est confirmé par la teneur des édits portés contre les chrétiens ; on laissait le genre de leur supplice à la discrétion des gouverneurs de province et des magistrats ; ceux-ci en décidaient selon le degré de leur haine et de leur cruauté personnelle, et selon le plus ou le moins de fureur que le peuple faisait paraître contre les *martyrs*.

Nos adversaires peuvent dire tant qu'il leur plaira que saint Laurent rôti sur un gril, saint Romain à qui l'on arracha la langue, sainte Félicité et sainte Perpétue, exposées aux bêtes dans le cirque, d'autres auxquels on déchira les entrailles avec des peignes de fer, etc., sont des fables de la *Légende dorée*. Les auteurs païens que nous venons de citer n'étaient intéressés ni à vanter la constance des *martyrs*, ni à exagérer la cruauté des persécuteurs. Saint Clément, Tertullien, saint Cyprien, Eusèbe, les autres historiens et les rédacteurs des *Actes des martyrs* n'ont rien dit de plus que les ennemis déclarés du christianisme ; et c'en est assez déjà pour nous convaincre qu'ils n'ont pas eu tort d'attribuer le courage des *martyrs* à un secours surnaturel et souvent miraculeux. Comme il est prouvé par l'histoire que les rois de Perse étaient encore plus cruels que les empereurs romains, on ne doit pas être surpris des tourments horribles rapportés dans les *Actes des martyrs de la Perse*; ils ont été renouvelés dans le dernier siècle à l'égard des *martyrs* du Japon.

Si l'on veut consulter l'*Esprit des usages des différents peuples*, l. xv, on verra que la cruauté des supplices a été à peu près la même dans tous les siècles et chez les différentes nations, et qu'il ne faut pas juger des mœurs du monde entier par les nôtres.

III. *Quelle est la vraie raison pour laquelle les martyrs ont été mis à mort?* Il est étonnant que les incrédules modernes soient plus injustes envers les *martyrs* que ne l'ont été les persécuteurs ; ceux-ci n'ont accusé les premiers chrétiens d'aucun autre crime que d'impiété et de superstition, de ne vouloir point adorer les dieux, sacrifier aux idoles, d'être opiniâtrément attachés à la nouvelle religion qu'ils avaient embrassée. Aujourd'hui on ose écrire que les chrétiens étaient des hommes turbulents et séditieux, qui troublaient la tranquillité publique, qui allaient insulter les païens dans leurs temples et les magistrats sur leur tribunal, qui provoquaient de propos délibéré la haine des persécuteurs et la fureur des bourreaux. Malheureusement les protestants sont les premiers auteurs de cette calomnie ; pour excuser les séditions et les violences par lesquelles ils se sont signalés dès leur naissance, ils ont trouvé bon d'attribuer la même conduite aux premiers chrétiens. Basnage, *Hist. de l'Église*, lib. xix, chap. 8, § 5.

Si cela était vrai, Jésus-Christ aurait eu tort d'annoncer à ses disciples qu'ils seraient poursuivis et mis à mort *pour son nom*; *à cause de lui*, qu'ils souffriraient persécution *pour la justice*, et non pour des crimes ; il les aurait prévenus, sans doute, contre les accès d'un faux zèle et leur aurait défendu d'exciter contre eux la haine publique ; mais il leur dit qu'il les envoie *comme des brebis au milieu des loups*. « On nous persécute, dit saint Paul, et nous le souffrons ; l'on nous maudit, et nous bénissons Dieu ; on blasphème contre nous, et nous prions ; jusqu'à présent on nous regarde comme le rebut de ce monde (*I Cor.* iv, 12). Il dit que tous ceux qui veulent vivre pieusement et selon Jésus-Christ souffriront persécution (*II Tim.* iii, 12, etc.). Si les premiers fidèles n'avaient pas suivi cette leçon et ces exemples, il faudrait que nos apologistes, saint Justin, Athénagore, Minutius Félix, saint Clément d'Alexandrie, Tertullien, Origène, saint Cyrille, etc., eussent été de vrais impudents ; ils reprochent aux païens de sévir contre des innocents, de mettre à mort des citoyens paisibles, soumis aux lois, ennemis du tumulte et des séditions, qui jamais n'ont trempé dans aucune des conjurations qui étaient pour lors si fréquentes, auxquels on ne reproche point d'autre crime que de refuser leur encens à de fausses divinités. C'est aux empereurs, aux gouverneurs de province, aux magistrats, qu'ils osent faire ces représentations. Enfin, il serait bien étonnant que les rédacteurs des *Actes des martyrs*, qui sans doute étaient possédés du même fanatisme que les *martyrs* eux-mêmes, n'eussent laissé échapper dans leurs relations aucun trait de haine, de colère, d'insolence, de ressentiment contre les juges ni contre les bourreaux, n'eussent mis dans la bouche des *martyrs* que des paroles de douceur et de patience. Mais c'est au témoignage même des anciens accusateurs que nous appelons de la calomnie des modernes.

Tacite dit à la vérité, que les chrétiens étaient détestés à cause de leurs crimes, qu'ils furent convaincus d'être haïs du genre humain; qu'ils étaient coupables et avaient mérité un châtiment exemplaire ; mais il n'articule aucun autre crime qu'une superstition pernicieuse, *exitiabilis superstitio*. Suétone, dans la *Vie de Néron*, dit de même que l'on punit par des supplices les chrétiens, secte d'une superstition perverse et malfaisante, *superstitionis pravæ atque maleficæ*. C'est ainsi que les païens taxaient l'impiété des chrétiens envers les dieux, parce qu'ils les regardaient comme la cause des fléaux de l'empire et des malheurs publics. Domitien condamna plusieurs personnes considérables à l'exil, pour avoir changé de religion, et non pour aucun autre crime. Xiphilin, *Vie de Domitien*. Pline est encore un témoin mieux instruit. Il avoue à Trajan qu'il ne sait pas ce que l'on punit dans les chrétiens, si c'est le nom seul ou les crimes attachés à ce nom ; qu'il a cependant envoyé au supplice ceux qui ont persévéré à se dire chrétiens, persuadé que, quelle que fût leur conduite, leur obstination devait être punie. Il ajoute qu'après en avoir interrogé plusieurs qui avaient renoncé à cette religion, il n'avait pu en tirer d'autre aveu, sinon qu'ils s'assemblaient à certain jour, avant l'aurore, pour honorer Jésus-Christ comme un Dieu; qu'ils s'engageaient par serment, non à commettre quelque crime, mais à les éviter tous ; qu'ensuite ils prenaient ensemble une nourriture commune et innocente. Pline dit enfin qu'après avoir fait tourmenter deux diaconesses, pour tirer d'elles la vérité, il n'a pu découvrir autre chose qu'une superstition perverse et excessive, *superstitionem pravam, immodicam*. Trajan approuve cette conduite, et décide qu'il ne faut pas rechercher les chrétiens, mais que s'ils sont accusés et convaincus, il faut les punir. Ainsi les chrétiens, justifiés même par des apostats, ne laissèrent pas d'être mis à mort. Adrien et Antonin, plus équitables, défendirent dans leurs rescrits de punir les chrétiens, à moins qu'ils ne fussent coupables de quelque crime. Saint Justin, *Apol.* 1, num. 69 et 70, prouve que jusqu'alors ils avaient été punis sans aucun crime : mais nous avons vu que ces ordres furent fort mal exécutés. Celse, qui écrivit immédiatement après, reproche aux chrétiens les supplices qu'on leur faisait souffrir ; mais il ne leur attribue point d'autres forfaits que de s'assembler malgré la défense des magistrats, de détester les simulacres, de blasphémer contre les dieux.

Sous le règne de Marc-Aurèle, le jurisconsulte Ulpien rassembla dans ses livres, touchant les devoirs des proconsuls, tous les édits des empereurs précédents portés contre les chrétiens, afin de faire voir par quels supplices il fallait les punir ; cela n'aurait pas été nécessaire, s'ils avaient été coupables de crimes dont la peine était déjà fixée par les lois. Lactance, *Divin. instit.*, lib. v, c. 11. Dans les édits que Dioclétien et Maximien portèrent contre eux, et dont les historiens ecclésiastiques ont conservé la teneur, ils n'accusèrent les chrétiens que d'avoir renoncé au culte des dieux; lorsque Maximien-Galère et Maximien-Hercule donnèrent d'autres édits pour faire cesser la persécution, ils ne firent mention d'aucun délit pour lesquels les chrétiens eussent besoin de grâce. Eusèbe, *Hist.*, l. ix, c. 7 et 9. Lactance, *de Morte persec.*, n. 34. Julien, dans son ouvrage contre le christianisme, ne reproche aux chrétiens ni sédition, ni révolte, ni aucune infraction de l'ordre public ; au contraire, dans une de ses lettres, il avoue que cette religion s'est établie par la pratique, du moins apparente, de toutes les vertus, *Lettre* 49, *à Arsace*. Lorsque Basnage a osé écrire que la plupart des *martyrs* qui souffrirent dans la persécution de Julien l'Apostat étaient des mutins et des séditieux qui abattaient les temples des idoles, il a montré plus de passion contre les anciens chrétiens que Julien lui-même. Libanius, dans la harangue funèbre de cet empereur, convient des tourments horribles qu'on leur faisait souffrir ; il ne cherche point à excuser cette cruauté par les crimes dont on les avait convaincus. Lucien, en les tournant en ridicule, remarque en eux des vertus et non des crimes. Lorsque les païens forcenés criaient dans l'amphithéâtre, *tolle impios*, ils ne peignaient pas les chrétiens comme des malfaiteurs, mais comme des ennemis des dieux, dont il fallait purger la terre.

Pour énerver la preuve que nous tirons de la constance des *martyrs*, nos adversaires disent que la barbarie avec laquelle on les traitait les rendit intéressants, excita la pitié, fit naturellement des prosélytes ; ensuite ils ne veulent convenir ni de cette barbarie, ni de l'innocence des chrétiens. Ils reprochent au christianisme d'inspirer aux peuples l'obéissance passive, et de favoriser les tyrans ; d'autre part, ils prétendent que les premiers chrétiens avaient puisé dans leur religion l'esprit de désobéissance et de révolte. Pendant trois siècles de persécutions, à peine peuvent-ils citer dans l'histoire deux ou trois exemples d'un faux zèle, et ils supposent que c'est ce faux zèle qui a été la cause des persécutions. Mais la passion les aveugle, ils ne raisonnent pas. Saint Justin, saint Irénée, Origène, Tertullien, saint Cyprien, Eusèbe, saint Épiphane, disent que l'on n'a pas persécuté les anciens hérétiques, qu'il n'y a point eu de *martyrs* parmi eux ; plusieurs soutiennent que c'était une folie de s'exposer ou de se livrer au *martyre*; nous voudrions savoir d'où est venue cette distinction, et si la vie des hérétiques était plus innocente que celle des catholiques. Les *martyrs* suppliciés dans la Perse n'étaient pas plus criminels que ceux qui ont été mis à mort dans l'empire romain. A la vérité, les juifs et les mages persuadèrent aux rois de Perse que les chrétiens étaient moins affectionnés à leur gouvernement qu'à celui des Romains ; ils leur firent envisager le christianisme comme une religion romaine, et ce fut pour eux un motif de haïr les chrétiens ; mais on ne put jamais citer aucune preuve d'infidélité de la part de ceux-ci. Il leur fut ordonné, sous peine de la vie, d'adorer le feu et l'eau, le soleil et la lune, en témoignage de ce qu'ils renonçaient au christianisme ; tous ceux qui refusèrent furent mis à mort ; il fut permis aux gouverneurs de province de les tourmenter comme ils jugeraient à propos, *Mém. de l'Acad. des inscriptions*, t. LXIX, in-12, p. 295 et suiv. Hyde et quelques autres protestants, par zèle pour la religion des Perses, ont osé accuser d'opiniâtreté ces *martyrs* ; on dit qu'ils avaient tort de refuser ce que l'on exigeait d'eux, puisque le culte rendu par les Perses aux créatures n'était qu'un culte relatif et subordonné à celui du Dieu suprême. Mais enfin, puisque les Perses regardaient ce culte comme une renonciation formelle au christianisme, les chrétiens pouvaient-ils s'y soumettre sans apostasier ?

On a déclamé violemment contre le faux zèle d'un évêque de Suze, ou plutôt évêque des Huzites, nommé *Abdas* ou *Abdaa*, qui brûla un temple du feu, refusa de le rebâtir, et fut cause d'une sanglante persécution. Mais ce fait arriva sous Jezdedgerd, et quatre-vingts ans auparavant Sapor II avait fait périr des milliers de chrétiens. D'ailleurs, le faux zèle d'un seul évêque était-il un juste sujet d'exterminer tous les chrétiens ? Assémani nous apprend, d'après les auteurs syriens, que ce temple du feu ne fut pas brûlé par *Abdas*, mais par un des prêtres de son clergé ; ainsi ce fait a été mal rapporté par les auteurs grecs. Puisque cet évêque n'était pas personnellement coupable, il n'avait pas tort de refuser de rétablir le temple détruit. *Biblioth. orient.*, t. III, p. 371. Le même auteur nous assure que la persécution causée par cet événement sous Jezdedgerd ne fut pas longue, mais bientôt assoupie. Il n'est donc pas vrai que le fait d'Abdas ait fait périr des milliers de chrétiens. *Ibid.*, t. I, p. 183.

Bayle, *Comment. philos.*, préface, OEuvr. tome II, pag. 364, prétend que sous Néron plusieurs *martyrs*, vaincus par les tourments, s'avouèrent coupables de l'incendie de Rome, et en accusèrent faussement d'autres complices ; que cependant ils sont dans le martyrologe. Il tord le sens du passage de Tacite, que nous avons cité plus haut, *Annal.*, l. xv, n. 34. « Néron, dit cet historien, passa pour être le véritable auteur de l'incendie de Rome ; afin d'étouffer ce bruit, il substitua des coupables, et il punit par des supplices très-recherchés ceux que le peuple nommait *chrétiens*, gens détestés pour leurs crimes. L'auteur de ce nom est *Christ*, qui, sous le règne de Tibère, avait été livré au supplice par Ponce-Pilate. Cette superstition, déjà réprimée auparavant, pullulait de nouveau, non-seulement dans la Judée où elle avait pris naissance, mais à Rome, où tous les crimes et toutes les infamies de l'univers se rassemblent et sont accueillis. On punit donc d'abord *ceux qui avouaient*, ensuite une multitude infinie que l'on découvrit par la confession des premiers, mais qui furent moins convaincus du crime de l'incendie que d'être haïs du genre humain, etc. » Cela signifie-t-il que *ceux qui avouaient* se déclarèrent coupables de l'incendie ? Ils avouèrent qu'ils étaient chrétiens, et ils découvrirent une multitude infinie d'autres chrétiens ; tel est évidemment le sens. Mais Bayle a trouvé bon de peindre ces *martyrs* comme des calomniateurs, et de les placer dans le *martyrologe*, pendant que l'on ne sait pas seulement leurs noms. Barbeyrac, aussi peu judicieux, dit que l'on a érigé en saints de faux *martyrs*, des suicides qui se sont livrés eux-mêmes à la mort ; des femmes qui se sont jetées dans la mer, dans les fleuves ou dans les flammes, pour conserver leur chasteté. Il s'élève contre les Pères de l'Eglise qui ont loué leur courage, qui ont exhorté les chrétiens au *martyre*, contre tous ceux qui l'ont désiré et recherché ; il soutient qu'il n'est pas permis de désirer le *martyre pour lui-même*; que Jésus-Christ, loin de donner cette leçon à ses disciples, leur a dit : *Lorsque vous serez persécutés dans une ville, fuyez dans une autre. Traité de la morale des Pères*, c. VIII, § 34 ; c. xv, § 11. Mais désirer le *martyre* pour ressembler à Jésus-Christ, pour lui témoigner notre amour, pour mériter la récompense qu'il a daigné y attacher, pour l'avantage qui doit en revenir à l'Eglise, etc., est-ce désirer le *martyre pour lui-même*, pour le plaisir de souffrir ou de se délivrer de la vie ? Voilà le sophisme sur lequel Daillé, Barbeyrac et d'autres protestants argumentent contre les Pères de l'Eglise. Pour prouver que le désir dont nous parlons est non-seulement permis, mais très-louable, nous ne citerons point les exemples qu'en fournit l'histoire ecclésiastique, puisque c'est contre ces exemples mêmes que nos adversaires se récrient ; nous alléguerons l'Ecriture à laquelle ils en appellent.

Jésus-Christ dit (*Luc.* XII, 50) : *Je dois être baptisé d'un baptême de sang, et combien me sens-je pressé jusqu'à ce qu'il s'accomplisse !* Lorsque saint Pierre lui dit à ce sujet : *A Dieu ne plaise, Seigneur, il n'en sera rien*, Jésus le reprend et le regarde comme un ennemi (*Matth.* xvi, 22). Il alla à Jérusalem, sachant très-bien l'heure et le moment auxquels il serait saisi par les Juifs, condamné et mis à mort. Les incrédules l'accusent aussi d'avoir provoqué, par un zèle imprudent, la haine et la fureur des Juifs. Barbeyrac dit que cet exemple ne fait pas règle, parce que Jésus-Christ, par sa mort, devait racheter le genre humain. Mais les Pères disent aussi que quand un *martyr* souffre, ce n'est pas pour lui seul, mais pour toute l'Eglise de Dieu, à laquelle il donne un grand exemple de vertu ; et saint Jean dit que nous devons mourir pour nos frères, comme Jésus-Christ est mort pour nous. On sait l'impression que faisait sur les païens la constance des *martyrs*.

Ce divin Sauveur dit à tous ses disciples (*Matth.* v. 10) : *Heureux ceux qui souffrent persécution pour la justice, parce que le royaume des cieux est à eux. Vous serez heureux lorsque vous souffrirez persécution pour moi. Réjouissez-vous, votre récompense sera grande dans le ciel.* Saint Pierre dit de même aux fidèles : « Si vous souffrez en faisant le bien, c'est une grâce que Dieu vous fait ; c'est pour cela que vous êtes appelés, et Jésus-Christ vous en a donné l'exemple.... Vous êtes heureux, si vous souffrez quelque chose pour la justice (*I Petr.* II, 20; III, 14). N'est-il donc pas permis de désirer et de rechercher ce dont nous devons nous réjouir, ce qui nous rend heureux, ce qui est notre vocation ? Saint Paul dit de lui-même (*Philipp.* I, 22) : « J'ignore ce que je dois choisir ; je suis embarrassé entre deux partis : je désire de mourir et d'être avec Jésus-Christ, et ce serait le meilleur pour moi ; mais je vois qu'il est nécessaire pour vous que je vive encore. » Saint Paul aurait-il hésité, si le désir de mourir pour Jésus-Christ était un crime ? Un prophète lui prédit qu'il sera enchaîné à Jérusalem et livré aux païens ; les fidèles veulent le détourner d'y aller : « Pourquoi m'affligez-vous, dit-il, par vos larmes ? Je suis prêt, non-seulement à être enchaîné, mais encore à mourir pour Jésus-Christ (*Act.* XXI, 11), et il part ; il ne regardait donc pas le commandement de fuir la persécution comme un précepte général et rigoureux.

Pendant les persécutions, les pasteurs de l'Eglise se sont quelquefois dérobés à l'orage pour un temps, afin de consoler et de soutenir leur troupeau ; ainsi en ont agi saint Denis d'Alexandrie, saint Grégoire Thaumaturge et saint Cyprien ; on ne les en a pas blâmés : mais lorsqu'ils ont cru que cela n'était pas nécessaire, ou que la mort du pasteur procurerait le repos à ses ouailles, ils ont refusé de fuir, et se sont montrés hardiment. Nous convenons que Tertullien a porté trop loin le rigorisme, en voulant prouver qu'il n'est jamais permis aux ministres de l'Eglise de fuir pendant la persécution, ni de s'en racheter par argent, *de Fuga in persecut.* Mais il ne s'ensuit pas de là que ce soit un devoir de fuir toujours et d'éviter toujours le *martyre*, autant qu'on le peut.

Que des protestants, qui ne font aucun cas de la chasteté, blâment des vierges qui ont mieux aimé périr que de perdre la leur, cela ne nous étonne pas ; mais les *martyrs* ne pensaient pas ainsi. On a beau dire qu'une violence soufferte malgré soi ne peut pas souiller l'âme, sait-on jusqu'à quel point les personnes vertueuses dont nous parlons auraient été tentées de consentir à la brutalité dont on les menaçait ? Vainement on allègue la loi naturelle qui nous oblige à conserver notre vie ; n'est-ce donc pas aussi une loi naturelle de la perdre plutôt que de manquer de fidélité à Dieu et de consentir au péché ? Où Jésus-Christ a-t-il violé la loi naturelle en nous ordonnant de souffrir la mort pour lui ? Il n'est donc pas nécessaire ne recourir ici à une inspiration particulière, ni de faire sortir Dieu d'une machine, comme nos adversaires nous en accusent ; l'Evangile est formel, et nous nous en tenons là. *Voy.* SUICIDE. Nous ne devons pas oublier que les protestants ont fait contre les *martyrs* du Japon les mêmes reproches que font les incrédules contre les premiers *martyrs* du christianisme ; ils sont les principaux auteurs des calomnies auxquelles nous sommes forcés de répondre.

IV. *La constance des martyrs et les conversions qu'elle a opérées sont un phénomène surnaturel.* Dodwel, non content d'avoir réduit presque à rien le nombre des *martyrs*, a fait encore une autre dissertation pour prouver que leur constance dans les tourments n'a rien eu de surnaturel. Il prétend que la vie austère que menaient les premiers chrétiens les rendait naturellement capables de supporter les plus cruelles tortures; qu'ils y étaient engagés par les honneurs que l'on rendait aux *martyrs*, et par l'ignominie dont étaient couverts ceux qui succombaient à la violence des tourments, par l'opinion dans laquelle on était que tous les péchés étaient effacés par le *martyre*, que ceux qui l'enduraient allaient incontinent jouir de la béatitude, et tiendraient la première place dans le royaume temporel de mille ans que Jésus-Christ devait bientôt établir sur la terre. Les incrédules ont enchéri sur les idées de Dodwel ; ils ont comparé le courage des *martyrs* à celui des stoïciens, des Indiens, qui se précipitent sous le char de leurs idoles, des femmes qui se brûlent sur le corps de leur mari, des sauvages qui insultent aux bourreaux qui les tourmentent, des huguenots et des donatistes qui ont souffert constamment la mort. Suivant leur opinion, la patience des *martyrs* était un effet du fanatisme qui leur était inspiré par leurs pasteurs ; ils n'ont pas rougi de comparer les apôtres et leurs imitateurs aux malfaiteurs qui s'exposent de sang-froid aux supplices dont ils sont menacés, et les subissent enfin de bonne grâce, parce qu'ils ne peuvent plus reculer. Quant aux conversions opérées par l'exemple des *martyrs*, ils disent que c'est l'effet naturel des persécutions ; que le même phénomène est arrivé lorsque l'on condamnait au supplice les prédicants huguenots et leurs prosélytes.

On a droit d'exiger de nous la réfutation de toutes ces impostures. Nous soutenons d'abord que le courage des *martyrs* a été surnaturel. Voici nos preuves : 1° Jésus-Christ avait promis de donner à ses disciples, dans cette circonstance, des grâces et un secours divin ; *Je vous donnerai une sagesse à laquelle vos ennemis ne pourront résister..... Par la patience, vous posséderez vos âmes en paix.* (*Luc.* XXI, 15 et 19). *Vous souffrirez en ce* monde; mais, ayez confiance, j'ai vaincu le monde (Joan. XVI, 33). Saint Paul dit aux Philippiens, c. I, v. 28 : « Ne craignez point vos ennemis, il vous est donné de Dieu, non-seulement de croire en Jésus-Christ, mais encore de souffrir pour lui. » 2° Les fidèles comptaient sur cette grâce, et non sur leurs propres forces; ils se préparaient au combat par la prière, par le jeûne, par la pénitence ; les Pères de l'Eglise les y exhortaient. L'exemple de plusieurs, qui avaient succombé à la violence des tourments, inspirait aux autres l'humilité, la crainte, la défiance d'eux-mêmes. 3° Cette grâce a été accordée à des chrétiens de tous les âges et de toutes les conditions, de l'un et de l'autre sexe : de tendres enfants, des vieillards caducs, des vierges délicates, ont souffert sans se plaindre, sans gémir, sans insulter aux persécuteurs ; ont vaincu, par leur patience modeste et tranquille, la cruauté des bourreaux. 4° Souvent des miracles éclatants ont prouvé que la constance des *martyrs* venait du ciel, ont forcé les païens à y reconnaître la main de Dieu ; nos apologistes l'ont fait remarquer et ont cité des témoins oculaires. C'est ce qui a inspiré aux chrétiens tant de vénération pour les *martyrs* et un si grand respect pour leurs reliques. 5° C'est une absurdité de soutenir que le courage qui vient d'un motif surnaturel, tel que le désir d'obtenir la rémission des péchés et de jouir de la béatitude éternelle, est cependant naturel. Ce désir est-il puisé dans la nature? l'aperçoit-on dans un grand nombre de personnes ? 6° Nous voudrions savoir ce que nos adversaires entendent par *enthousiasme* et *fanatisme du martyre*. Ces termes ne peuvent signifier qu'une persuasion dénuée de preuves, un zèle inspiré par quelque passion ; les *martyrs* n'étaient point dans ce cas. Leur persuasion était fondée sur tous les motifs de crédibilité, qui prouvent la divinité du christianisme, sur des faits dont ils avaient été témoins oculaires, ou desquels ils ne pouvaient douter. Ce n'était point un préjugé de naissance, puisqu'ils s'étaient convertis du paganisme au christianisme. Voyons-nous dans leur conduite quelque signe de passion, de vanité, d'ambition, d'orgueil, de haine, de vengeance, etc.? Celse, qui sans doute avait été témoin de la constance de plusieurs *martyrs*, n'osait les blâmer. Origène *contre Celse*, l. I, n. 8, n. 66. Aujourd'hui on ose les accuser de *fanatisme*, sans savoir ce que l'on entend par là.

Un fanatisme, ou un accès de démence ne peut pas durer pendant plusieurs siècles, être le même dans la Syrie et dans la Perse, en Egypte et dans la Grèce, en Italie, en Espagne et dans les Gaules. Les païens mêmes admiraient la constance des *martyrs* ; il est fâcheux que des hommes qui devraient être chrétiens, la regardent comme une folie. Les donatistes, qui se donnaient la mort afin d'obtenir les honneurs du *martyre*; les huguenots, suppliciés pour les séditions qu'ils avaient excitées; les Indiens qui se font écraser, et leurs femmes qui se brûlent, sont des fanatiques, sans doute, parce qu'ils n'ont eu et n'ont aucune preuve des opinions particulières pour lesquelles ils se livrent à la mort ; plusieurs sont enivrés d'opium ou d'autres boissons qui leur ôtent la réflexion. La constance des stoïciens était un effet de leur vanité, et l'insensibilité des sauvages vient de la fureur que le désir de la vengeance leur inspire. Peut-on reprocher aux *martyrs* aucun de ces vices ? Les malfaiteurs ne sont pas les maîtres d'échapper au supplice ; les premiers chrétiens pouvaient s'y soustraire en reniant leur foi.

Ce ne sont pas seulement les Pères de l'Eglise qui nous apprennent que la constance surnaturelle des *martyrs* a souvent converti les païens ; Libanius convient que le christianisme avait fait des progrès par le carnage de ses sectateurs ; c'est ce qui empêcha Julien de renouveler les édits sanglants portés contre eux dans les siècles précédents. Lorsque nos adversaires disent que c'est l'effet naturel des persécutions, que la cruauté exercée envers les chrétiens excita la pitié et les rend intéressants, que la même chose est arrivée à l'égard des huguenots, ils se jouent de la crédulité de leurs lecteurs. En effet, les cris tumultueux du peuple assemblé dans l'amphithéâtre, qui demandait que l'on exterminât les chrétiens, *tolle impios, christianos ad leonem*, ne venaient certainement pas d'une pitié bien tendre. Quand on attribuait tous les malheurs de l'empire à la haine et à la colère des dieux avaient conçues contre les chrétiens, cette idée n'était guère propre à les rendre intéressants. Les philosophes qui se joignirent aux persécuteurs, pour couvrir d'opprobre les sectateurs du christianisme, n'avaient pas intention, sans doute, de prévenir les esprits en leur faveur. Voilà ce qui s'est fait pendant trois cents ans.

Ceux qui ont embrassé le protestantisme, au XVI° siècle, ne l'ont pas fait par admiration de la constance de ses prétendus *martyrs*; ils avaient d'autres motifs. Ils étaient séduits d'avance par les discours calomnieux et séditieux des prédicants ; les uns étaient attirés par l'espérance du pillage, les autres par l'envie de se venger de quelques catholiques, ceux-ci par le plaisir d'humilier et de maltraiter le clergé, ceux-là par le désir d'avoir des protecteurs puissants, tous par l'esprit d'indépendance. Aucun de ces motifs n'a pu engager des païens à se faire chrétiens. « La constance que vous nous reprochez, dit Tertullien, est une leçon ; en la voyant, qui n'est pas tenté d'en rechercher la cause ? Quiconque examine notre religion, l'embrasse. Alors il désire de souffrir, afin d'acheter, par l'effusion de son sang, la grâce de Dieu, de laquelle il s'était rendu indigne, et d'obtenir ainsi le pardon de ses crimes. » *Apol.*, c. 50. Les exemples cités par nos adversaires sont donc aussi faux que leurs conjectures, et leurs reproches sont absurdes. Est-il vrai, enfin, que les Pères de l'Eglise aient souffle le fanatisme du *martyre*, et qu'ils aient ainsi travaillé à dépeupler le monde? Pour savoir s'ils ont péché en quelque chose, il faut examiner les différentes circonstances dans lesquelles ils se sont trouvés.

Au IIe et au IIIe siècle, plusieurs sectes d'hérétiques condamnèrent le *martyre*, enseignèrent qu'il était permis de renier la foi, que c'était une folie de mourir pour confesser Jésus-Christ. Tels furent les basilidiens, les valentiniens, les gnostiques, les helcésaïtes, les manichéens et tous ceux qui soutenaient que Jésus-Christ lui-même n'avait souffert qu'en apparence. D'autres donnèrent dans l'excès opposé, crurent qu'il était beau de rechercher le *martyre* par vanité; on en accuse les montanistes et quelques marcionites : les donatistes, schismatiques furieux, se faisaient donner la mort ou se précipitaient eux-mêmes, afin d'obtenir les honneurs du *martyre*. Les Pères écrivirent contre ces divers ennemis; les premiers furent réfutés par saint Clément d'Alexandrie, *Strom.*, l. IV, c. 4 et suiv. par Origène, dans son *Exhortation au martyre*; par Tertullien, dans l'ouvrage intitulé *Scorpiaces*, etc. Mais en combattant contre une erreur, ils n'ont pas favorisé l'autre. Saint Clément d'Alexandrie, dans ce même chapitre, dit que ceux qui cherchent la mort de propos délibéré ne sont chrétiens que de nom, qu'ils ne connaissent pas le vrai Dieu, qu'ils désirent la destruction de leur corps en haine du Créateur. Il désigne évidemment les marcionites, et, dans le chapitre 10, il dit que ces gens-là sont homicides d'eux-mêmes; que s'ils provoquent la colère des juges, ils ressemblent à ceux qui veulent irriter une bête féroce, etc. Origène adresse son exhortation principalement aux ministres de l'Eglise, et c'est aussi pour eux que Tertullien écrivit son livre *de la Fuite pendant les persécutions*. Origène, dans tout son livre, n'emploie que des preuves et des motifs tirés de l'Ecriture sainte; il ne parle point du culte ni des honneurs que l'on rendait aux *martyrs* dans ce monde, mais seulement de la gloire dont ils jouissent dans le ciel.

Dans la lettre de l'Eglise de Smyrne, touchant le *martyre* de saint Polycarpe, n. 4, on désapprouve ceux qui vont se dénoncer eux-mêmes, parce que l'Evangile ne l'ordonne point ainsi. Le concile d'Elvire, tenu l'an 300, can. 60, décide que, si quelqu'un brise les idoles et se fait tuer, il ne doit point être mis au nombre des *martyrs*. Saint Augustin soutint de même, contre les donatistes, que leurs circoncellions, qui se faisaient tuer, n'étaient point de vrais *martyrs*, mais des forcenés; que c'était la cause et non la peine qui fait le vrai *martyr*. D'autre part, le concile de Gangres, tenu entre l'an 325 et l'an 341, can. 20, dit anathème à ceux qui condamnent les assemblées que l'on tient au tombeau des *martyrs*, et les services que l'on y célèbre, et qui ont leur mémoire en horreur. C'étaient, sans doute, des manichéens. Les Pères et les conciles ont donc tenu un sage milieu entre l'impiété de ceux qui blâmaient le *martyre* et la témérité de ceux qui le recherchaient sans nécessité. Si Barbeyrac, ses maîtres et les incrédules, ses copistes, avaient daigné faire ces réflexions, ils n'auraient pas accusé les Pères d'avoir soufflé le fanatisme du *martyre*, ni les chrétiens d'y avoir couru les yeux fermés. Si une ou deux fois dans trois cents ans, ils sont allés en foule se présenter aux juges, il est évident que leur dessein n'était pas de courir à la mort, mais de démontrer aux magistrats l'inutilité de leur cruauté, et de les engager à se désister de la persécution. C'est ce que Tertullien représentait à Scapula, gouverneur de Carthage. Il ne faut pas confondre les chrétiens en général, avec des hérétiques ennemis du christianisme; les reproches des païens ne prouvent pas plus que les calomnies des incrédules modernes.

Mosheim, *Institut. Hist. christ.*, sæct. 1, Ire part., chap. 5, § 17, exagère les priviléges et les honneurs que l'on rendait aux *martyrs* et aux confesseurs, soit pendant leur vie, soit après leur mort; il en résulta, dit-il, de grands abus. Il ne cite en preuve que les plaintes de saint Cyprien à ce sujet. Mais, quand il y aurait eu des abus dans l'Eglise d'Afrique, cela ne prouve pas qu'il y en avait de même partout ailleurs; l'usage des protestants est de voir de l'abus dans tout ce qui leur déplaît. Dans un autre ouvrage, il accuse les *martyrs* d'avoir pensé qu'ils expiaient leurs péchés par leur propre sang, et non par celui de Jésus-Christ, et il dit que c'était la croyance commune, *Hist. christ.*, sæc. I, § 32; il cite pour preuve Clément d'Alexandrie, *Strom.*, l. IV, p. 596. A la vérité ce Père dit que la résolution de confesser Jésus-Christ, en bravant la mort, détruit tous les vices nés des passions du corps; mais il pense si peu que cela se fait sans égard au sang de Jésus-Christ, qu'il rapporte, page suivante, ces paroles du Sauveur : *Satan a désiré de vous cribler, mais j'ai prié pour vous.* Luc., cap. XXII, v. 31.

V. *Le témoignage des martyrs est une preuve solide de la divinité du christianisme.* Cela se comprend, dès que l'on conçoit la signification du terme de *martyr* ou de *témoin*, et la nature des preuves que doit avoir une religion révélée. Dans tous les tribunaux de l'univers, la preuve par témoins est admise, lorsqu'il s'agit de constater des faits, parce que les faits ne peuvent pas être prouvés autrement que par des témoignages; elle n'a plus lieu lorsqu'il est question d'un droit ou du sens d'une loi, parce qu'alors c'est une affaire d'opinion et de raisonnement. Or, que Dieu ait révélé tels ou tels dogmes, c'est un fait et non une question spéculative qui puisse se décider par des convenances et par des conjectures. Pour prouver que le christianisme est une religion révélée de Dieu, il fallait démontrer que Jésus-Christ, son fondateur, était revêtu d'une mission divine, qu'il avait prêché dans la Judée, qu'il avait fait des miracles et des prophéties; qu'il était mort, ressuscité et monté au ciel; qu'il avait tenu telle conduite sur la terre, qu'il avait envoyé le Saint-Esprit à ses apôtres, qu'il avait enseigné telle doctrine. Voilà les faits que Jésus-Christ avait chargé ses apôtres d'attester, en leur disant : Vous me servirez de témoins, *eritis mihi testes* (*Act.* I, 8). C'est ce que faisaient les apôtres, en disant aux fidèles : « Nous vous annonçons ce que nous avons vu de nos yeux, ce que nous avons entendu, ce que nous avons considéré attentivement, ce que nos mains ont touché, concernant le Verbe de vie qui s'est montré parmi nous (*I Joan.* I, 1). Ce témoignage était-il récusable, surtout lorsque les apôtres eurent donné leur vie pour en confirmer la vérité ?

Les fidèles convertis par les apôtres n'avaient pas vu Jésus-Christ, mais ils avaient vu les apôtres faire eux-mêmes des miracles pour confirmer leur prédication, et montrer en eux les mêmes signes de mission divine dont leur maître avait été revêtu. Ces fidèles pouvaient donc aussi attester ces faits; en mourant pour sceller la vérité de leur témoignage, ils étaient bien sûrs de n'être pas trompés. Ceux qui sont venus dans la suite n'avaient peut-être vu ni miracles ni *martyrs*; mais ils en voyaient les monuments, et ces monuments dureront autant que l'Eglise : en souffrant le *martyre*, ils sont morts pour une religion qu'ils savaient être prouvée par les faits incontestables dont nous avons parlé, et que les témoins oculaires avaient signés de leur sang; qu'ils voyaient revêtue d'ailleurs de tous les caractères de divinité que l'on peut exiger. Que manque-t-il à leur témoignage pour être digne de foi ?

Malgré les fausses subtilités des incrédules, il est démontré que les faits évangéliques sont aussi certains par rapport à nous, qu'ils l'étaient pour les apôtres qui les avaient vus. *Voy.* CERTITUDE. MORALE. Un *martyr*, qui mourrait aujourd'hui pour attester ces faits, serait donc aussi assuré de n'être pas trompé que l'étaient les apôtres ; son témoignage serait donc aussi fort, en faveur de ces faits, que celui des apôtres. Tel est l'effet de la certitude morale continuée pendant dix-sept siècles; telle est la chaîne de tradition qui rend à la vérité des faits évangéliques un témoignage immortel, et qui en portera la conviction jusqu'aux dernières générations de l'univers. « Le vrai *martyr*, dit un déiste, est celui qui meurt pour un culte dont la vérité lui est démontrée. » Or, il n'est point de démonstration plus convaincante et plus infaillible que celle des faits.

A présent nous demandons dans quelle religion de l'univers on peut citer des *martyrs*, c'est-à-dire des hommes capables de rendre un témoignage semblable à celui que nous venons d'exposer. On nous allègue des protestants, des albigeois, des montanistes, des mahométans, des athées même, qui ont mieux aimé mourir que de démordre de leurs opinions. Qu'avaient-ils vu et entendu ? que pouvaient-ils attester ? Les huguenots avaient vu Luther, Calvin ou leurs disciples se révolter contre l'Eglise, gagner des prosélytes, faire avec eux bande à part, remplir l'Europe de tumulte et de séditions ; ils les avaient entendus déclamer contre les pasteurs catholiques, les accuser d'avoir changé la doctrine de Jésus-Christ, perverti le sens des Ecritures, introduit des erreurs et des abus. Ils les avaient crus sur leur parole, et avaient embrassé les mêmes opinions : mais avaient-ils vu les prédicants faire des miracles et des prophéties, découvrir les plus secrètes pensées des cœurs, montrer dans leur conduite des signes de mission divine? Voilà de quoi il s'agit. Les huguenots d'ailleurs n'ont pas subi des supplices pour attester la vérité de leur doctrine, mais parce qu'ils étaient coupables de révolte, de sédition, de brigandage, souvent de meurtres et d'incendies. Il en est à peu près de même des autres hérétiques, des mahométans et des athées ; la plupart auraient évité le supplice s'ils l'avaient pu. Ils sont morts, si l'on veut, pour témoigner qu'ils croyaient fermement la doctrine qu'on leur avait enseignée, ou qu'ils prêchaient eux-mêmes; mais pouvaient-ils dire comme les apôtres : « Nous ne pouvons nous dispenser de publier ce que nous avons vu et entendu ? » *Act*, c. IV, v. 20. La religion catholique est la seule dans laquelle il puisse y avoir de vrais *martyrs*, de vrais témoins, parce que c'est la seule qui se fonde sur la certitude morale et infaillible de la tradition, soit pour les faits, soit pour les dogmes. Lorsque les incrédules viennent nous étourdir par le nombre, la constance, l'opiniâtreté des prétendus *martyrs* des fausses religions, ils démontrent qu'ils n'entendent pas seulement l'état de la question.

VI. *Le culte religieux rendu aux martyrs est légitime, louable et bien fondé; ce n'est ni une superstition, ni un abus.* La certitude du bonheur éternel des *martyrs* est fondée sur la promesse formelle de Jésus-Christ : *Celui*, dit-il, *qui perdra la vie pour moi et pour l'Evangile, la sauvera* (*Marc.* VIII, 35; *Matth.* V, 8; X, 39; XVI, 25, etc.). *Quiconque aura renoncé à tout pour mon nom et pour le royaume de Dieu, recevra beaucoup plus en ce monde, et la vie éternelle en l'autre* (*Luc.* XVIII, 29; *Matth.* XIX, 27). *Je donnerai à celui qui aura vaincu la puissance sur toutes les nations....... Je le ferai asseoir à côté de moi sur mon trône, comme je suis assis sur celui de mon Père* (*Apoc.* II, 26; III, 21, etc.). Dans le tableau de la gloire éternelle, que saint Jean l'Evangéliste a tracé sur le plan des assemblées chrétiennes, il représente les *martyrs* placés sous l'autel, c. VI, v. 9. De là l'usage qui s'établit parmi les premiers fidèles de placer les reliques des *martyrs* au milieu des assemblées chrétiennes, et de célébrer les saints mystères sur leur tombeau; nous le voyons par les actes du martyre de saint Ignace et de saint Polycarpe. *Voy.* RELIQUES.

Si, comme le soutiennent les protestants, les *martyrs* n'ont, auprès de Dieu, aucun pouvoir d'intercession; si c'est un abus de les invoquer et d'honorer les restes de leurs corps, nous demandons en quoi consiste *le centuple en ce monde*, que Jésus-Christ leur a promis, *la puissance* qu'il leur a donnée *sur toutes les nations*, et *le trône* sur lequel il les a placés dans le ciel. Pour se débarrasser de cette preuve, les calvinistes ont jugé que le plus court était de rejeter l'Apocalypse. Ils ne répondent rien aux promesses de Jésus-Christ, et ils nous disent gravement que le culte des *martyrs* n'est fondé sur aucun passage de l'Ecriture sainte; que c'est un usage emprunté des païens, qui honoraient ainsi leurs braves et leurs héros. Avons-nous aussi emprunté d'eux l'usage de donner une sépulture honorable aux citoyens qui ont utilement servi leur patrie? Lorsqu'ils ont exercé leur fureur contre les reliques des *martyrs* et des autres saints, ils ont travaillé à détruire des monuments que les premiers fidèles regardaient comme une des plus fortes preuves de la divinité du christianisme. Ils ont imité la conduite des païens, qui anéantissaient, autant qu'ils pouvaient, les restes des corps des *martyrs*, afin que les chrétiens ne pussent les recueillir et les honorer. Mais il était de leur intérêt de supprimer ce témoignage trop éloquent; l'usage établi depuis le commencement, de ne regarder comme vrais *martyrs* que ceux qui étaient morts dans l'unité de l'Eglise, était une condamnation trop claire du schisme des protestants. Julien, qui déclamait comme eux contre le culte rendu aux *martyrs*, était plus à portée qu'eux d'en connaître l'origine et l'antiquité; il pense qu'avant la mort de saint Jean l'Evangéliste, les tombeaux de saint Pierre et de saint Paul étaient déjà honorés en secret, et que ce sont les apôtres qui ont appris aux chrétiens à veiller aux tombeaux des *martyrs*. Saint Cyrille, *contre Julien*, l. x, p. 327, 334. Et comme il était constant que Dieu confirmait ce culte par les miracles qui s'opéraient au tombeau des *martyrs*, Porphyre les attribuait aux prestiges du démon; saint Jérôme, *contre Vigilance*, p. 286. Beausobre soutient que c'étaient des impostures et des fourberies. Les protestants, qui ont prétendu que ce culte n'a commencé que sur la fin du iii° ou au commencement du iv° siècle, étaient très-mal instruits; il est aussi ancien que l'Eglise : on n'a fait alors que suivre ce qui avait été établi auparavant, et du temps même des apôtres; nous le verrons dans un moment. Mosheim semble convenir que le culte des *martyrs* a commencé dès le i" siècle. *Hist. christ.*, sæc. i, § 32, note.

Un des principaux reproches que l'on fait aux chrétiens du iv° siècle, c'est d'avoir transporté les reliques des *martyrs* hors de leurs tombeaux, de les avoir partagées pour en donner à plusieurs églises. Il faudrait donc aussi blâmer les fidèles du ii° siècle, qui transportèrent à Antioche les restes des os de saint Ignace qui n'avaient pas été consumés par le feu, et ceux de Smyrne, qui recueillirent de même les os de saint Polycarpe. Mais, disent nos censeurs, il en est résulté des abus dans la suite; on a forgé de fausses reliques et de faux miracles, on a rendu aux *martyrs* le même culte qu'à Jésus-Christ. C'est une des plaintes de Beausobre; il n'a rien omis pour rendre odieux le culte que nous rendons aux *martyrs*; il en a recherché l'origine; il l'a comparé avec celui que les païens adressaient aux dieux et aux mânes des héros; il en a exagéré les abus, *Hist. du manich.*, l. ix, c. 3, § 5 et suiv. Ces trois articles méritent quelques moments d'examen. Suivant son opinion, le culte religieux des *martyrs* s'est établi d'abord par le soin qu'avaient les premiers chrétiens d'ensevelir les morts; ils jugeaient les *martyrs* encore plus dignes d'une sépulture honorable que les autres morts; cependant on ne les enterrait pas dans les églises; ensuite par la coutume de faire l'éloge des justes défunts, et de célébrer leur mémoire, surtout au jour anniversaire de leur décès; double usage, dit-il, qui était imité des Juifs. Cependant les anniversaires des *martyrs* ne commencèrent que vers l'an 170. On célébrait le service divin auprès de leur tombeau, mais on ne les priait pas; l'on se bornait à louer et à remercier Dieu des grâces qu'il leur avait accordées. En parlant de l'empressement qu'eurent les chrétiens de transporter à Antioche les os de saint Ignace, l'an 107, il pense que ce zèle était nouveau. On remarque, dit-il, dans les chrétiens une affection pour le corps des *martyrs*, qui paraît trop humaine; on serait bien aise de les voir un peu plus philosophes sur l'article de la sépulture; mais c'est une petite faiblesse qu'il faut excuser. Comme l'ancienne Eglise n'avait point d'autels, on ne commença d'en placer sur les tombeaux des *martyrs* qu'au iv° siècle, lorsque la paix eut été donnée à l'Eglise ; et les translations de reliques n'eurent lieu que sur la fin de ce même siècle. Bientôt les honneurs accordés aux *martyrs* et à leurs cendres devinrent excessifs; on publia une multitude de miracles opérés par ces reliques, etc. Heureusement pour nous toute cette savante théorie se trouve réfutée par les monuments, et c'est de l'érudition prodiguée à pure perte. Quand le livre de l'Apocalypse n'aurait pas été écrit par saint Jean, l'on n'a du moins jamais osé nier qu'il n'ait été fait sur la fin du i" siècle, ou tout au commencement du ii°. Nous y trouvons le plan des assemblées chrétiennes, tracé sous l'image de la gloire éternelle; et c. vi, v. 9, il est dit : « Je vis sous l'autel les âmes de ceux qui ont été mis à mort pour la parole de Dieu, et pour le *témoignage* qu'ils rendaient. » On n'a pas oublié que *martyr* et *témoin*, c'est la même chose. Voilà donc, dès les temps apostoliques, les *martyrs* placés sous l'autel, dans les églises ou dans les assemblées des chrétiens; l'on n'a donc pas attendu jusqu'au iv° siècle pour introduire cet usage. N'est-ce pas déjà un signe assez clair d'un culte religieux? L'empereur Julien avait-il tort de penser que déjà, du temps de saint Jean l'Evangéliste, les tombeaux de saint Pierre et de saint Paul avaient été honorés? L'an 107, les actes du martyre de saint Ignace nous apprennent qu'il avait désiré que tout son corps fût consumé, de peur que les fidèles ne fussent inquiétés pour avoir recueilli ses reliques ; il savait donc que c'était l'usage des premiers chrétiens. Les écrivains de ces actes ajoutent : « Il ne restait que les plus dures de ces saintes reliques qui ont été recueillies dans un linge, et transportées à Antioche comme un trésor inestimable, et laissées à la sainte Eglise par respect pour ce *martyr*... Après avoir longtemps prié le Seigneur, et nous être endormis, les uns de nous ont vu le bienheureux Ignace qui se présentait à nous, et nous embrassait ; les autres l'ont vu qui priait avec nous, ou pour nous, ἐπευχόμενον ἡμῖν..... Nous vous avons marqué le jour et le temps, afin que, rassemblés dans le temps de son martyre, nous attestions notre communion avec ce généreux athlète de Jésus-Christ. » Ainsi, sept ans après la mort de saint Jean, la coutume était établie de recueillir les reliques des *martyrs*, de les garder comme un trésor, de les placer dans le lieu où les fidèles s'assemblaient, de célébrer comme une fête l'anniversaire de ces généreux athlètes, et tout cela était fondé sur la persuasion où l'on était qu'ils priaient pour nous ou avec nous, et sur le désir que l'on avait d'être en communion avec eux. Voilà, aux yeux des protestants, de terribles superstitions, pratiquées par les disciples immédiats des apôtres : il faut que ces envoyés de Jésus-Christ aient bien mal instruit leurs prosélytes. Mais ce sont de petites faiblesses que nos censeurs veulent bien excuser par grâce; en fermant les yeux sur les expressions de ces premiers chrétiens, en reculant la date de leurs usages jusqu'au IV° siècle, le scandale sera réparé. Les protestants, devenus philosophes sur l'article de la sépulture, ont trouvé bon de brûler et de profaner ce qu'avaient recueilli précieusement les premiers chrétiens. Mais puisque ceux-ci n'étaient pas philosophes, il se peut faire que les protestants philosophes du XVI° siècle n'aient plus été chrétiens.

Au milieu du II° siècle, l'an 169, l'Eglise de Smyrne dit, dans les actes du martyre de saint Polycarpe, n. 17 : « L'ennemi du salut s'efforça de nous empêcher d'en emporter les reliques, quoique plusieurs désirassent de le faire, et de communiquer avec ce saint corps..... Il fit suggérer au proconsul par les juifs, de défendre que ce corps ne nous fût livré pour l'ensevelir, *de peur*, disaient-ils, *qu'ils ne quittent le crucifié pour adorer celui-ci*...... Ces gens-là ne savaient pas qu'il nous est impossible d'abandonner jamais Jésus-Christ, qui a souffert pour notre salut, et d'en honorer aucun autre. En effet, nous l'adorons comme Fils de Dieu, et nous aimons avec raison les *martyrs*, comme disciples et imitateurs du Seigneur, à cause de leur attachement pour leur roi et leur maître, et plaise à Dieu que nous soyons leurs consorts et leurs condisciples.....

Après que le corps du saint *martyr* a été brûlé, nous avons recueilli ses os, plus précieux que l'or et les pierreries, et nous les avons placés où il convenait. Dans ce lieu même, lorsque nous pourrons nous y assembler, Dieu nous fera la grâce d'y célébrer avec joie et consolation le jour de son martyre, afin de renouveler la mémoire de ceux qui ont combattu, d'instruire et d'exciter ceux qui viendront après nous. » Il est aisé de voir la conformité parfaite de ces actes avec ceux du martyre de saint Ignace ; il n'est donc pas vrai que les anniversaires des *martyrs* et l'usage de placer leurs reliques dans des lieux d'assemblées des fidèles, datent seulement de l'an 169, époque de la mort de saint Polycarpe. Il est absurde d'observer que l'on n'enterrait pas les *martyrs* dans les églises, lorsqu'il n'y avoit point encore d'édifices nommés *églises*; on les enterrait, ou on les plaçait dans un lieu convenable, pour y tenir les églises ou les assemblées; ainsi les tombeaux des *martyrs* sont devenus des églises, depuis le commencement du II° siècle au plus tard. Il est faux que l'ancienne Eglise n'ait point eu d'autels, puisqu'il en est parlé dans saint Paul et dans l'Apocalypse. *Voy.* AUTEL. Il n'est que des translations des reliques n'aient commencé qu'à la fin du IV° siècle, puisque les reliques de saint Ignace furent transportées à Antioche. Si l'on ne priait pas les *martyrs*, nous demandons en quoi consiste la communication que l'on désirait d'avoir avec eux par le moyen de leur corps ou de leurs reliques. *Voy.* SAINT, § 2 et 3.

Mais les protestants triomphent parce que, les Smyrniens disent, *nous adorons Jésus-Christ et nous aimons les martyrs ;* or, les aimer, ce n'est pas leur rendre un culte religieux ; les fidèles déclarent même qu'ils ne peuvent rendre de culte à aucun autre qu'à Jésus-Christ. *Voy.* COMMÉMORATION. Nous convenons qu'ils ne pouvaient rendre à aucun autre le même culte qu'à Jésus-Christ ; que ce soit là le vrai sens, on le verra dans un moment. Mais pour savoir si l'amour pour les *martyrs*, exprimé et témoigné par les usages dont nous venons de parler, n'était pas *un culte* et *un culte religieux*, il faut d'abord examiner les principes que Beausobre a posés à ce sujet. Il appelle *culte civil* celui qui s'observe entre des hommes égaux par nature, mais parmi lesquels le mérite et l'autorité mettent de la différence, l. IX, c. 5, § 6. Donc lorsque, malgré l'égalité de la nature, Dieu a mis entre eux de l'inégalité par les dons de la grâce; qu'il a daigné accorder aux uns une dignité, une autorité, un pouvoir surnaturel que n'ont pas les autres, les honneurs rendus à ces personnages privilégiés ne sont plus un *culte civil*, puisqu'ils ont pour motif des qualités et des avantages que la nature ni la société civile ne peuvent accorder. Donc c'est le motif seul qui décide et qui fait juger si un culte, un honneur quelconque, est *civil* ou *religieux*. Beausobre embrouille la question, lorsqu'il définit le *culte reli-*

*gieux*, celui qui fait partie de l'honneur que les hommes rendent au souverain Etre; cette définition est fausse. Prier, fléchir les genoux, se prosterner, sont des actes qui font partie de l'honneur dû à Dieu ; sont-ils pour cela un *culte religieux*, lorsqu'on les emploie à l'égard des princes et des grands? Beausobre convient que non. Donc les différentes espèces de culte ne sont point caractérisées par les personnes auxquelles on les rend, mais par le motif qui les fait rendre.

Nous n'avons pas d'autres signes extérieurs pour honorer Dieu que pour honorer les hommes, pour rendre le culte religieux que pour témoigner le culte civil, pour exprimer le culte divin et suprême que pour caractériser le culte inférieur et subordonné, pour désigner un culte absolu que pour indiquer un culte relatif; donc c'est le motif qui en fait toute la différence. Si l'honneur rendu a pour motif un mérite, une autorité, un pouvoir, une prééminence relative à la société et à l'ordre civil, c'est un culte civil; si c'est un pouvoir, une dignité, un mérite, relatifs à l'ordre de la grâce et du salut éternel, motif que la religion seule nous fait connaître et nous inspire, c'est un culte religieux. Toute autre notion serait trompeuse et fausse. Donc il est faux que les mêmes cérémonies qui s'observent innocemment dans le culte civil à l'honneur d'une créature, ne soient plus permises dans le culte religieux, dès qu'elles ont pour objet la même créature, comme le prétend Beausobre. *Voy.* Culte. L'évidence de ces principes démontre le ridicule du parallèle qu'il a voulu faire entre les honneurs que les catholiques rendent aux *martyrs*, à leurs reliques, à leurs images, et ceux que les païens rendaient aux dieux et à leurs idoles; les uns et les autres, dit-il, ont employé précisément les mêmes pratiques, les prières, les vœux, les offrandes, les statues portées en pompe, les fleurs semées sur les tombeaux, les cierges allumés et les lampes, les prosternements, les baisers respectueux, les fêtes accompagnées de festins, les veilles, etc. Il le prouve par un détail fort long. Mais à quoi sert tout cet étalage d'érudition? Il fallait examiner si les catholiques ont sur les *martyrs* la même opinion, les mêmes idées, les mêmes sentiments que les païens avaient de leurs dieux; si les premiers attribuent aux *martyrs* la même nature, les mêmes qualités, le même pouvoir, que les seconds supposaient à leurs divinités; c'était là toute la question.

Or, la différence est sensible à tout homme qui n'est point aveuglé par l'entêtement de système. Les païens ont regardé leurs dieux comme autant d'êtres suprêmes, au-dessus desquels ils ne connaissaient rien, comme tous égaux en nature, tous revêtus d'un pouvoir indépendant quoique borné, qui n'avaient point de compte à rendre de l'usage qu'ils en faisaient; nous le prouverons en son lieu. *Voy.* Paganisme, § 3. Les catholiques, au contraire, regardent les *martyrs*

et les autres saints comme de pures créatures qui ont reçu de Dieu, leur Créateur, tout ce qu'elles ont et tout ce qu'elles sont, tant dans l'ordre de la nature que dans l'ordre de la grâce; qui ne peuvent rien faire ni rien donner par elles-mêmes, mais seulement obtenir de Dieu des grâces par leurs prières, non en vertu de leurs mérites, mais en vertu des mérites de Jésus-Christ. *Voy.* Intercession. Donc il est impossible que le culte catholique et le culte païen soient de même nature et de même espèce. Beausobre lui-même a posé pour principe que le culte extérieur n'est rien autre chose que l'expression des sentiments d'estime, de vénération, de confiance, de crainte, d'amour, que l'on a pour un être que l'on en croit digne ; que ces sentiments ont leur cause dans l'opinion que l'on a des perfections et du pouvoir de cet être, et qu'ils doivent y être proportionnés, lib. ix, c. 4, § 7. Sur ce principe, il a décidé que le culte rendu au soleil par les manichéens, par les Perses, par les sabaïtes, par les esséniens, n'était point un culte suprême, ni une adoration, ni une idolâtrie. *Ibid.*, c. 1, § 2. Ce n'est point ici le lieu d'examiner si cette décision est vraie ou fausse; mais il s'ensuit toujours du principe posé que ce n'est point par les signes extérieurs qu'il faut juger de la nature du culte, que c'est par les sentiments intérieurs et par les motifs de ceux qui le rendent ; sentiments toujours proportionnés à l'opinion qu'ils ont du personnage ou de l'objet auquel ils le rendent. Donc, puisqu'il est démontré que les catholiques n'ont point, à l'égard des *martyrs*, la même opinion que les païens avaient de leurs dieux, il est absurde de conclure par la ressemblance des pratiques extérieures, que les uns et les autres ont pratiqué le même culte. Déjà Théodoret, au v<sup>e</sup> siècle de l'Eglise, en a fait voir la différence, *Therapeut.*, serm. 8. Une autre absurdité est de partir du même principe pour absoudre les manichéens, et pour condamner les catholiques. *Voy.* Paganisme, § 8. Une inconséquence aussi palpable est évidemment affectée et malicieuse.

Quant à la ressemblance prétendue entre le culte rendu aux *martyrs* par les chrétiens, et celui que les païens rendaient à leurs héros, nous répondons que ce dernier était abusif, 1° parce que les païens honoraient dans ces personnages des vices éclatants, plutôt que des vertus ; jamais ils n'ont élevé des autels à un homme qui s'était seulement distingué par des vertus morales; 2° parce que les païens attribuaient aux âmes des héros le même pouvoir indépendant et absolu qui ne convient qu'à la Divinité. Ni l'un ni l'autre de ces défauts n'a jamais eu lieu dans les honneurs accordés chez les chrétiens aux *martyrs* et aux autres saints.

Il ne nous reste plus qu'à examiner les abus vrais ou faux qui ont résulté du culte rendu aux *martyrs*, à leurs reliques et à leurs images. Déjà nous avons été obligés de remarquer vingt fois qu'il n'est rien de si saint, de si auguste, de si sacré, de quoi l'on ne puisse abuser; que c'est une injustice de confondre l'abus avec la chose, surtout lorsqu'il est possible de prévenir et de retrancher les abus, sans toucher au fond de la chose. N'a-t-on pas abusé du principe même que les protestants regardent comme l'axiome le plus sacré, savoir, qu'il faut prendre l'Ecriture sainte pour la seule règle de la foi et des mœurs? Mais voyons les abus.

On a supposé dans les reliques, dit Beausobre, une vertu miraculeuse et sanctifiante. Cela est vrai : si c'est une erreur, elle est fondée sur l'Ecriture sainte; celle-ci nous atteste que les os du prophète Elisée, l'ombre de saint Pierre, les suaires et les tabliers de saint Paul, avaient une vertu miraculeuse (*IV Reg.* xiii, 21; *Act.* v, 15; xix, 2). Jésus-Christ dit que le temple sanctifie l'or, et que l'autel sanctifie l'offrande (*Matth.* xxiii, 17 et 19). Les reliques d'un saint sont-elles moins susceptibles d'une vertu sanctifiante qu'un temple et un autel? Les protestants eux-mêmes attribuent cette vertu à l'eau du baptême, au pain et au vin qu'ils reçoivent dans la cène; où est le mal? Les reliques honorées avec réflexion nous suggèrent des pensées très-salutaires, confirment notre foi, excitent notre courage, raniment notre espérance, nous font admirer Dieu dans ses saints, etc. N'est-ce pas là un moyen de sanctification? Les témoins du martyre de saint Ignace et de saint Polycarpe le concevaient ainsi; c'est pour cela qu'ils désirent communiquer avec ces *saints corps*, avec ces *saintes reliques*. Mais l'on a supposé de fausses reliques, de fausses révélations, de faux miracles; et à qui les protestants osent-ils attribuer ces faussetés? Aux Pères les plus respectables du iv° et du v° siècle : à saint Basile, à saint Jean Chrysostome, à saint Ambroise, à saint Jérôme, à saint Augustin, etc. Est-il donc permis de calomnier sans preuve? Dans les bas siècles, les erreurs en ce genre ont été plus fréquentes qu'auparavant; mais l'ignorance crédule n'est pas un crime; dès que les pasteurs de l'Eglise ont soupçonné de la fausseté ou de l'abus, ils ont proscrit l'un et l'autre. L'on a forgé aussi de fausses prophéties, de faux évangiles, de fausses histoires; faut-il tout brûler, comme les protestants ont fait à l'égard des reliques? Nous convenons que les fêtes des *martyrs* ont été souvent une occasion de débauche, puisque les conciles ont fait des décrets pour y mettre ordre. Mais en retranchant les fêtes, les protestants ont du moins conservé les dimanches, et souvent ils se sont plaints de ce que ces saints jours sont profanés parmi eux; il ne s'ensuit pas qu'il faut encore abolir les dimanches. Nous avons assez réfuté les autres clameurs de nos adversaires; il est faux que l'on ait érigé les *martyrs* en divinités, qu'on leur ait rendu le même culte qu'à Jésus-Christ, que l'on ait mis plus de confiance en eux qu'en Dieu et en Jésus-Christ, etc. Ces impostures ne peuvent servir qu'à tromper les ignorants. L'ère des *martyrs* est une époque que les Egyptiens et les Abyssins ont suivie et suivent encore, que les mahométans même ont souvent marquée depuis qu'ils sont maîtres de l'Egypte. On la prend du commencement de la persécution déclarée par Dioclétien, l'an de Jésus-Christ 202 ou 203. On la nomme aussi *l'ère de Dioclétien*.

MARTYRE, supplice enduré par un chrétien, dans l'unité de l'Eglise, pour confesser la foi de Jésus-Christ. On a distingué ordinairement les martyrs d'avec les confesseurs; par ces derniers, l'on entendait ceux qui avaient été tourmentés pour la foi, mais qui avaient survécu aux souffrances; et l'on nommait proprement *martyrs* ceux qui avaient perdu la vie par les supplices.—Voici quelles étaient communément les circonstances du *martyre*, selon M. Fleury.

La persécution commençait d'ordinaire par un édit qui défendait les assemblées des chrétiens, et condamnait à des peines tous ceux qui refuseraient de sacrifier aux idoles. Il était permis de fuir la persécution, ou de s'en racheter par argent, pourvu que l'on ne dissimulât point sa foi; et l'on blâmait la témérité de ceux qui s'exposaient de propos délibéré au *martyre*, qui cherchaient à irriter les païens, à exciter la persécution, comme nous l'avons observé dans l'article précédent. La maxime générale du christianisme était de ne point tenter Dieu, d'attendre patiemment que l'on fût découvert et interrogé juridiquement pour rendre compte de sa foi. Ce n'est point ainsi qu'en ont agi les hérétiques, lorsqu'ils ont voulu faire bande à part; leur grande ambition a toujours été de braver publiquement les lois, et de résister à l'autorité. — Lorsque les chrétiens étaient pris, on les conduisait au magistrat, qui les interrogeait juridiquement. S'ils niaient qu'ils fussent chrétiens, on les renvoyait ordinairement, parce que l'on savait que ceux qui l'étaient véritablement ne le niaient jamais, ou que dès lors ils cessaient de l'être. Quelquefois, pour se mieux assurer de la vérité, on les obligeait à faire quelque acte d'idolâtrie, comme à présenter de l'encens aux idoles, à jurer par les dieux ou par le génie des empereurs, à blasphémer contre Jésus-Christ, etc. S'ils s'avouaient chrétiens, on s'efforçait de vaincre leur constance, d'abord par la persuasion et par des promesses, ensuite par des menaces et par l'appareil du supplice, enfin par les tourments.

Les supplices ordinaires étaient d'étendre le patient sur un chevalet, par des cordes attachées aux pieds et aux mains, et tirées avec des poulies; de le pendre par les mains avec des poids attachés aux pieds; de le battre de verges, ou de le frapper avec de gros bâtons ou des fouets armés de pointes nommées *scorpions*, ou des lanières de cuir cru ou garnies de balles de plomb. On a vu un grand nombre de *martyrs* mourir ainsi sous les coups. A d'autres, après les avoir étendus, on brûlait les côtés; et on les déchirait avec des peignes de fer, de manière que souvent on leur découvrait les côtes jusqu'aux entrailles, et le feu, pénétrant dans le corps, étouffait les patients. Pour rendre les plaies plus sensibles, on les frottait quelquefois de sel et de vinaigre, et on les rouvrait lorsqu'elles commençaient à se fermer. Le plus ou le moins de rigueur et de durée de ces tortures dépendait du caractère plus ou moins cruel des magistrats, du plus ou du moins de prévention et de haine qu'ils avaient contre les chrétiens. — Pendant ces tourments on interrogeait toujours. Tout ce qui se disait par le juge ou par le patient était écrit mot pour mot par des greffiers. Ces procès-verbaux étaient par conséquent plus détaillés que les interrogatoires qui se font aujourd'hui dans les procès criminels. Comme les anciens avaient l'art d'écrire ces notes abrégées, ils écrivaient aussi vite que l'on parlait, et rendaient les propres termes des personnages, au lieu que nos procès-verbaux sont en tierce personne, et sont rédigés suivant le style du greffier. Ceux d'autrefois, plus exacts, furent recueillis par des chrétiens : c'est ce que nous appelons les *Actes authentiques des martyrs*, et ces actes se lisaient dans les assemblées chrétiennes, aussi bien que l'Ecriture sainte. — Dans ces interrogatoires, on pressait souvent les chrétiens de dénoncer ceux qui étaient de la même religion, surtout les évêques, les prêtres, les diacres, et de livrer les saintes Ecritures. Pendant la persécution de Dioclétien, les païens s'attachèrent principalement à détruire les livres des chrétiens, persuadés que c'était le moyen le plus sûr d'abolir cette religion. Mais sur toutes ces recherches les chrétiens gardaient un secret aussi profond que sur les mystères. Ils ne nommaient personne ; ils disaient que Dieu les avait instruits et qu'ils portaient les saintes Ecritures gravées dans leurs cœurs. On nomma *traditeurs* ou traîtres ceux qui furent assez lâches pour livrer les livres saints, ou pour découvrir leurs frères ou leurs pasteurs. — Après l'interrogatoire, ceux qui persistaient dans la confession du christianisme étaient envoyés au supplice; mais plus souvent on les remettait en prison, pour les éprouver plus longtemps et pour les tourmenter plusieurs fois. Les prisons étaient déjà une espèce de tourment; on renfermait les *martyrs* dans les cachots les plus obscurs et les plus infects; on leur mettait les fers aux pieds, aux mains et au cou ; de grandes pièces de bois aux jambes, des entraves pour les tenir élevées ou écartées, pendant que le patient était sur son dos. Quelquefois on semait le cachot de têts de pots de terre ou de verre cassé, et on les y étendait tout nus, et déchirés de coups; souvent on laissait corrompre leurs plaies, on les laissait mourir de faim et de soif; d'autres fois on les nourrissait et on les pansait avec soin, afin de les tourmenter de nouveau. Ordinairement on défendait de les laisser parler à personne, parce qu'on savait qu'en cet état ils convertissaient beaucoup d'infidèles, quelquefois jusqu'aux geôliers et aux soldats qui les gardaient. D'autres fois on donnait ordre de faire entrer ceux que l'on croyait capables d'ébranler leur constance, un père, une mère, une épouse, des enfants, dont les larmes et les discours tendres étaient une tentation souvent plus dangereuse que les tourments. Mais ordinairement les diacres et les fidèles visitaient les *martyrs* pour les soulager et les consoler. — Les exécutions se faisaient communément hors des villes; et la plupart des *martyrs*, après avoir surmonté les tourments, ou par miracle, ou par leurs propres forces, ont fini par avoir la tête coupée. On trouve néanmoins dans l'histoire ecclésiastique divers genres de mort, par lesquels les païens en ont fait périr plusieurs, comme de les exposer aux bêtes dans l'amphithéâtre, de les lapider, de les brûler vifs, de les précipiter du haut des montagnes, de les noyer avec une pierre au cou, de les faire traîner par des chevaux ou des taureaux indomptés, de les écorcher vifs, etc. Les fidèles ne craignaient point de s'approcher d'eux dans les tourments, de les accompagner au supplice, de recueillir leur sang avec des linges ou des éponges, de conserver leurs corps ou leurs cendres ; ils n'épargnaient rien pour racheter ces restes des mains des bourreaux, au risque de subir eux-mêmes le *martyre*. Quant à ces chrétiens souffrants, s'ils ouvraient la bouche, ce n'était que pour louer Dieu, implorer son secours, édifier leurs frères, demander la conversion des infidèles.

Voilà les hommes que les incrédules ne rougissent pas de peindre comme des entêtés, des fanatiques, des séditieux justement punis, des malfaiteurs odieux : où sont donc les crimes de ces héros qui ne savaient que souffrir, mourir, et bénir leurs persécuteurs? Fleury, *Mœurs des chrétiens*, II° part. n. 19 et suiv.

MARTYROLOGE, liste ou catalogue des martyrs. Ces sortes de recueils ne contiennent ordinairement que le nom, le lieu, le jour, le genre du martyre de chaque saint. Comme il y en a pour chaque jour de l'année, l'usage est établi dans l'Eglise romaine de lire tous les jours, à prime, la liste des martyrs honorés ce jour-là. Baronius donne au pape saint Clément la gloire d'avoir introduit l'usage de recueillir les actes des martyrs, et ce pontife a vécu immédiatement après les apôtres.

Le *martyrologe* d'Eusèbe de Césarée, fait au IV° siècle, a été l'un des plus célèbres de l'ancienne Eglise : il fut traduit en latin par saint Jérôme : mais il n'en reste que le catalogue des martyrs qui souffrirent dans la Palestine pendant les huit dernières années de la persécution de Dioclétien, et qui se trouve à la fin du huitième livre de l'Histoire ecclésiastique. Dans ce temps-là il n'était pas possible à un particulier d'avoir connaissance de tous les martyrs qui avaient souffert dans les différentes parties du monde

— Celui que l'on attribue à Bède, dans le VIII° siècle, est suspect en quelques endroits, parce que l'on y trouve le nom de quelques saints qui ont vécu après lui ; mais ce pouvait être des additions qui y ont été faites dans la suite.

Le IX° siècle fut fécond en *martyrologes*. On y vit paraître celui de Florus, sous-diacre de l'église de Lyon, qui ne fit cependant que remplir les vides du *martyrologe* de Bède ; celui de Wandelbert, moine du diocèse de Trèves ; celui d'Usuard, moine français, qui le composa par ordre de Charles le Chauve : c'est celui dont l'Eglise romaine se sert ordinairement ; celui de Raban-Maur, qui est un supplément à celui de Bède et de Florus, et qui fut composé vers l'an 845. Le *martyrologe* d'Adon, moine de Ferrières en Gâtinais, ensuite de Prum, dans le diocèse de Trèves, et enfin archevêque de Sienne, est une suite du *martyrologe* romain d'Usuard : en voici l'origine, selon le Père du Sollier, l'un des Bollandistes. Le *Martyrologe* de saint Jérôme est le fond du grand romain ; de celui-là on a fait le petit romain, imprimé par Rosweide, jésuite, mort à Anvers en 1629 ; de ce petit romain, avec celui de Bède, augmenté par Florus, Adon a fait le sien, en ajoutant à ceux-là ce qui y manquait. Il le compila à son retour de Rome, en 858. Le *martyrologe* de Névelon, moine de Corbie, écrit vers l'an 1089, n'est proprement qu'un abrégé d'Adon, avec les additions de quelques saints. Le père Kircher parle d'un *martyrologe* des cophtes, gardé dans le collège des maronites, à Rome. On en a encore d'autres, tels que celui de Notker, surnommé le Bègue, moine de l'abbaye de Saint-Gall en Suisse, fait sur celui d'Adon, et publié en 894 ; celui d'Augustin Bellin de Padoue ; celui de François Maruli, dit *Maurolicus* ; celui de Vander Meulen, nommé *Molanus*, qui rétablit le texte d'Usuard, avec de savantes remarques. Galerini, protonotaire apostolique, en dédia un à Grégoire XIII, mais qui ne fut point approuvé. Celui que Baronius donna ensuite, accompagné de notes, fut mieux reçu et approuvé par Sixte V : c'est le *martyrologe* moderne de l'Eglise romaine. L'abbé Chastelain, connu par son érudition, donna, en 1709, un texte de ce *martyrologe* traduit en français, avec des notes, et il avait entrepris un commentaire plus étendu sur tout ce livre, dont il a paru un volume, qui renferme les deux premiers mois.

Il y a eu plusieurs causes de la différence qui se trouve entre les *martyrologes* et des faits apocryphes ou incertains qui s'y sont glissés. 1° La malignité des hérétiques, et le zèle peu éclairé de quelques chrétiens, qui ont supposé des actes ou les ont interpolés. 2° La perte des actes véritables, arrivée pendant la persécution de Dioclétien ou pendant l'invasion des barbares, actes auxquels on a voulu suppléer sans avoir de bons mémoires. 3° La crédulité des légendaires, qui ont tout adopté sans choix, ou qui ont fait des actes selon leur goût. 4° La dévotion mal entendue des peuples, qui s'est empressée d'accréditer les traditions fausses ou incertaines. 5° La timidité des écrivains plus sensés, qui n'ont pas osé attaquer de front les préjugés populaires. Il est vrai cependant que depuis la renaissance des lettres et de la critique, les bollandistes, MM. de Launoi, de Tillemont, Baillet et d'autres, ont purgé les Vies des saints de tous les faits apocryphes, qui, loin de contribuer à l'édification des fidèles, ne servaient qu'à exciter la censure des hérétiques et des incrédules. Dom Thierry Ruinart a donné, en 1689, un recueil de *Actes sincères des martyrs*, avec une savante préface. Outre que la plupart sont tirés de monuments authentiques, les caractères de simplicité, d'antiquité et de vérité que l'on y aperçoit, démontrent que ces actes n'ont pas été composés dans le dessein d'exagérer les faits, et d'exciter l'admiration des lecteurs. Cependant le père Honoré de Sainte-Marie, carme déchaussé, dans ses *Réflexions sur l'usage et les règles de la critique*, t. I, dissert. 4, prétend que, selon les règles établies par dom Ruinart, il y a dans cette collection quelques actes qui n'auraient pas dû y être admis, et que l'on en a exclu d'autres qui méritaient d'y entrer.

Les protestants ont aussi leurs *martyrologes*. Il y en a en anglais, qui ont été composés par J. Fox, par Bray et par Clarke ; mais peut-on donner le nom de *martyrs* à quelques fanatiques qui, sous la reine Marie, furent punis pour leurs emportements ? Les calvinistes de France ont aussi dressé la liste de leurs prétendus martyrs, et l'ont enflée tant qu'ils ont pu ; il est cependant certain que la cause de leur supplice ne fut pas leur religion, mais que ce furent les excès, les violences, les séditions dont ils s'étaient rendus coupables.

On appelle aussi *martyrologe* le registre d'une sacristie, dans lequel sont contenus les noms des martyrs et des autres saints dont on fait l'office ou la mémoire chaque jour, tant dans la ville et dans le diocèse, que dans l'Eglise universelle. Il ne faut pas le confondre avec le *nécrologe*, qui contient la liste des fondations, des obits, des prières et des messes que l'on doit dire chaque jour.

**MASBOTHÉENS** ou **MASBUTHÉENS**, nom de secte. Eusèbe, d'après Hégésippe, *Hist. ecclésiast.*, l. IV, c. 22, parle de deux sectes de *masbothéens*; les uns étaient connus parmi les Juifs du temps de Jésus-Christ ; les autres parurent au I$^{er}$ ou au II° siècle de l'Eglise. Il rapporte leur nom à un certain *Masbothée*, qui était leur chef ; mais il est plus probable que c'est un mot chaldéen ou syriaque, qui vient de *scabat*, repos ou reposer, et qu'il désigne des observateurs scrupuleux du sabbat. Ainsi il paraît que les premiers étaient des juifs superstitieux, qui prétendaient que le jour du sabbat l'on devait s'abstenir non-seulement des œuvres serviles, mais encore des actions les plus ordinaires de la vie, et qui passaient ce jour dans une oisiveté absolue. Les seconds étaient probablement des juifs mal convertis au christianisme, qui pensaient, comme les ébionites, que sous l'Evangile il fallait continuer à observer les rites judaïques, qu'il fallait chômer, non le dimanche, mais le sabbat, comme les Juifs. *Voy.* Sabbataires et les *Notes de Valois sur l'Hist. ecclésiast. d'Eusèbe.*

MASCARADE. Un ancien usage des païens était de se masquer le premier jour de janvier, de prendre la figure de certains animaux, comme de vache, de cerf, etc., de courir ainsi les rues, de faire des avanies et des indécences. Un concile d'Auxerre, tenu l'an 585, défend aux chrétiens d'imiter cette coutume; et un ancien pénitentiel romain impose trois ans de pénitence à ceux qui auraient donné ce scandale. *Voy.* les *Notes du Père Ménard sur le Sacramentaire de saint Grégoire,* p. 252.

Déjà la loi de Moïse défendait aux femmes de s'habiller en hommes, et aux hommes de prendre des habits de femmes, parce que c'est une abomination devant Dieu (*Deut.* xxii, 5). Les commentateurs observent que chez les païens, les prêtres de Vénus, dans certaines cérémonies, s'habillaient en femmes, et que, pour sacrifier à Mars, les femmes se revêtaient des habits et des armes d'un homme; c'était donc une des superstitions de l'idolâtrie que la loi interdisait aux Juifs. D'ailleurs, les auteurs même profanes remarquent que ces sortes de *mascarades* avaient toujours pour but le libertinage le plus grossier, et ne manquaient jamais d'y conduire. On sait assez que chez nous, comme ailleurs, ceux qui se déguisent pour se trouver dans des assemblées nocturnes, ne le font que pour jouir, sous le masque, d'une liberté qu'ils n'oseraient pas prendre à visage découvert. Ce n'est donc pas sans raison que les théologiens moralistes font un cas de conscience de ce pernicieux usage.

MASORE, MASORÈTES. De l'hébreu *masar*, donner, livrer, les rabbins ont fait *masorah*, tradition, et ils nomment ainsi le travail entrepris par les docteurs juifs, pour servir, disent-ils, de *haie* à la loi, c'est-à-dire pour prévenir tous les changements qui pourraient être faits dans le texte hébreu de l'Ecriture sainte, et pour le conserver dans une intégrité parfaite; et l'on appelle *masorètes* ou *massorettes* ceux qui ont contribué à ce travail. Ce dessein était louable, sans doute, mais le succès y a mal répondu; l'industrie minutieuse de ces grammairiens s'est bornée à compter les phrases, les mots et les lettres de chaque livre de l'Ancien Testament, à marquer le verset, le mot et la lettre qui font précisément le milieu de chaque livre, à dire combien de fois tel mot hébreu se trouve dans le texte sacré, etc. On leur attribue encore le mérite d'avoir inventé les signes qui tiennent lieu de points, de virgules, d'accents, et les points-voyelles qui déterminent la prononciation de chaque mot.

Il ne faut pas confondre la *masore* avec la *cabale;* la première est la manière dont il faut lire le texte sacré; la seconde est la méthode qu'il faut suivre pour en prendre le sens; les juifs prétendent tenir l'une et l'autre de la même source, et font remonter cette double tradition jusqu'à Moïse; mais l'une de ces prétentions n'est pas mieux fondée que l'autre. Parmi les hébraïsants, et surtout parmi les protestants qui ont jugé que la tradition des juifs est plus respectable, et mérite plus de croyance que celle de l'Eglise chrétienne, plusieurs ont fait remonter l'origine de la *masore* jusqu'à Esdras et à la grande synagogue qu'il établit, ou du moins jusqu'au temps auquel la langue hébraïque cessa d'être vulgaire parmi les Juifs. D'autres l'attribuent aux rabbins qui enseignaient dans la fameuse école de Tibériade, au v° et au vi° siècle; quelques-uns ont prétendu que ce travail est encore plus moderne.

Dans les *Mémoires de l'Académie des Inscriptions,* tome XX, in-12, p. 222, il y a une dissertation dans laquelle M. Fourmont l'aîné prouve, par un manuscrit de la bibliothèque du roi, que la *masore,* et surtout la ponctuation du texte hébreu qui en fait la partie principale, a été faite, non à Tibériade, mais à *Néhardea,* dans la Chaldée, au milieu du iii° siècle, entre les années de Jésus-Christ 244 et 260; et il témoigne faire la plus grande estime de ce travail. Cette dissertation est de l'année 1734. Mais il faut que ce savant académicien ait changé d'avis, puisqu'en 1740 il a voulu prouver que les Septante n'ont pu faire leur traduction telle qu'elle est, que sur un texte hébreu ponctué; selon ce système, il faudrait faire remonter l'origine de la *masore* jusqu'à l'an 290 avant Jésus-Christ, par conséquent à plus de cinq cents ans avant le milieu du iii° siècle. *Histoire de l'Acad. des Inscriptions,* t. VII, in-12, p. 300. La diversité des opinions, touchant cette question sur laquelle on a beaucoup écrit, a déterminé la plupart des critiques à penser que la *masore* n'est l'ouvrage ni d'un seul grammairien, ni d'une même école, ni d'un même siècle; que ceux de la Chaldée et ceux de Tibériade y ont contribué; que d'autres rabbins y ont travaillé après eux à diverses reprises, jusqu'aux xi° et xii° siècles, temps auquel on y mit la dernière main : et, dans ce sens, la *masore* porte à juste titre le nom de *tradition,* puisque c'est un ouvrage qui a passé successivement par plusieurs mains. De savoir quelle estime l'on doit faire de cet ouvrage, et quel degré de confiance on peut y donner, c'est une autre question sur laquelle les avis sont également partagés, mais qui nous paraît indépendante de la précédente. Puisque la signification d'une infinité de mots hébreux dépend de la manière dont ils sont ponctués et prononcés, en quelque temps que la ponctuation en ait été faite, il sera toujours permis de douter si ceux qui en sont les auteurs avaient conservé par une tradition certaine la vraie prononciation de ces termes, par conséquent le vrai sens, déterminé par les points voyelles qu'ils y ont mis. Ce doute nous paraît fondé sur des faits et sur des raisons auxquelles nous ne voyons pas que les critiques se soient donné la peine de satisfaire. 1° Il y a un grand nombre de termes auxquels les Septante n'ont pas donné le même sens que les paraphrastes chaldéens ; que les uns et les autres se soient servis d'exemplaires hébreux ponctués ou sans points, cela nous est égal ; il en résulte toujours que les premiers ne prononçaient pas comme les seconds tous les termes dont le sens varie selon la prononciation, et que sur ce chef la tradition juive n'était rien moins que constante et certaine. 2° Lorsque Origène a fait les *Hexaples*, et qu'il a écrit le texte hébreu en caractères grecs, il n'en a pas toujours fixé la prononciation d'une manière conforme à la ponctuation des *masorètes*; il est aisé de s'en convaincre par la confrontation. Cependant Origène travaillait aux *Hexaples* dans le même temps auquel on suppose que les rabbins étaient occupés de la ponctuation. Que celle-ci ait été faite à Tibériade ou dans la Chaldée, cela est encore indifférent, il s'ensuivra toujours que les rabbins de la Palestine, desquels Origène avait appris à lire l'hébreu, ne le prononçaient pas exactement comme ceux de la Chaldée. 3° Il nous paraît impossible que, depuis le moment auquel l'hébreu a cessé d'être langue vulgaire, la prononciation du texte ait pu être toujours la même dans la Chaldée, dans la Palestine et en Egypte. Aucun peuple de l'univers n'a conservé exactement la prononciation de sa langue dans les migrations qu'il a faites, et après avoir essuyé différentes révolutions. Les Italiens, les Espagnols, les Français, ne prononcent point de même les termes latins qu'ils ont retenu chacun dans sa langue ; ils prononcent même différemment le latin écrit dans les livres, quoique cette langue ait ses voyelles invariables, et qu'elle soit aussi sacrée pour nous que l'hébreu l'était pour les Juifs ; admettrons-nous un miracle pour croire que la même chose n'est pas arrivée chez eux ? De là il nous paraît naturel de conclure que la confrontation des anciennes versions chaldaïques, grecques, syriaques, arabes, latines, est beaucoup plus utile pour l'intelligence du texte hébreu, que la ponctuation des *masorètes*.

MASSALIENS ou MESSALIENS, nom d'anciens sectaires, tiré d'un mot hébreu qui signifie *prière*, parce qu'ils croient que l'on doit prier continuellement, et que la prière peut tenir lieu de tout autre moyen de salut. Ils furent nommés par les Grecs, *euchites*, pour la même raison.

Saint Epiphane distingue deux sortes de *massaliens*; les plus anciens n'étaient, selon lui, ni chrétiens, ni juifs, ni samaritains ; c'étaient des païens qui, admettant plusieurs dieux, n'en adoraient cependant qu'un seul qu'ils nommaient le *Tout-Puissant*, ou le Très-Haut. Tillemont pense, avec assez de raison, que c'étaient les mêmes que les *hypsistaires* ou *hypsistariens*. Ces *massaliens*, dit saint Epiphane, ont fait bâtir en plusieurs lieux des oratoires éclairés de flambeaux et de lampes, assez semblables à nos églises, dans lesquels ils s'assemblent pour prier et pour chanter des hymnes à l'honneur de Dieu. Scaliger a cru que c'étaient des juifs esséniens, mais saint Epiphane les distingue formellement d'avec toutes les sectes de juifs. Il parle des autres *massaliens* comme d'une secte qui ne faisait que de naître, et il écrivait sur la fin du IV° siècle. Ceux-ci faisaient profession d'être chrétiens ; ils prétendaient que la prière était l'unique moyen de salut, et suffisait pour être sauvé; plusieurs moines, ennemis du travail, et obstinés à vivre dans l'oisiveté, embrassèrent cette erreur, et y en ajoutèrent plusieurs autres. Ils disaient que chaque homme tirait de ses parents, et apportait en lui, en naissant, un démon qui possédait son âme, et le portait toujours au mal; que le baptême ne pouvait chasser entièrement ce démon ; qu'ainsi ce sacrement était assez inutile; que la prière seule avait la vertu de mettre en fuite pour toujours l'esprit malin; qu'alors le Saint-Esprit descendait dans l'âme, et y donnait des marques sensibles de sa présence, par des illuminations, par le don de prophétie, par le privilége de voir distinctement la Divinité et les plus secrètes pensées des cœurs, etc. Ils ajoutaient que, dans cet heureux état, l'homme était affranchi de tous les mouvements des passions et de toute inclination au mal, qu'il n'avait plus besoin de jeûnes, de mortifications, de travail, de bonnes œuvres ; qu'il était semblable à Dieu, et absolument impeccable. On ne doit pas être surpris de ce que ces illuminés donnèrent dans les derniers excès de l'impiété, de la démence et du libertinage. Souvent, dans les accès de leur enthousiasme, ils se mettaient à danser, à sauter, à faire des contorsions, et disaient qu'ils sautaient sur le diable; on les nomma enthousiastes, choreutes ou danseurs, adelphiens, eustathiens, du nom de quelques-uns de leurs chefs, psaliens, ou chanteurs de psaumes, euphémites, etc. Ils furent condamnés dans plusieurs conciles particuliers et par le concile général d'Ephèse, tenu en 431, et les empereurs portèrent des lois contre eux. Les évêques défendirent de recevoir ces hérétiques à la communion de l'Eglise, parce qu'ils ne faisaient aucun scrupule de se parjurer, de renoncer à leurs erreurs, d'y retomber et d'abuser de l'indulgence de l'Eglise (1).

On vit renaître au X° siècle une autre secte d'*euchites* ou *massaliens*, qui était un rejeton des manichéens; ils admettaient deux dieux nés d'un premier être; le plus jeune gouvernait le ciel; l'aîné présidait à la terre; ils nommaient celui-ci *Satan*, et supposaient que ces deux frères se faisaient une guerre continuelle, mais qu'un jour ils devaient se réconcilier (2). Enfin il parut encore au XII° siècle des *euchites* ou *massaliens*, que l'on prétend avoir été la tige des bogomiles ; il ne

(1) *Voy.* Tillemont, tom. VIII, pag. 527.
(2) Le Clerc, Biblioth. univ.; tom. XV, pag. 119.

serait pas aisé de montrer ce que ces divers sectaires ont eu de commun, et ce qu'ils avaient de particulier. Mosheim conjecture que les Grecs donnaient le nom général de *massaliens* à tous ceux qui rejetaient les cérémonies inutiles, les superstitions populaires, et qui regardaient la vraie piété comme l'essence du christianisme. C'est vouloir justifier, sur de simples conjectures, des enthousiastes que les historiens du temps ont représentés comme des insensés, dont la plupart avaient de très-mauvaises mœurs. Mais dès que des visionnaires ont déclamé contre les abus, les superstitions, les vices du clergé, c'en est assez pour qu'ils soient regardés par les protestants comme des zélateurs de la pureté du christianisme.

MASSILIENS ou MARSEILLOIS. On a nommé ainsi les semi-pélagiens, parce qu'il y en avait un grand nombre à Marseille et dans les environs. *Voy.* SEMI-PÉLAGIENS.

MATERIALISME, MATERIALISTES, nom de secte et de système. Les anciens Pères nommaient *matérialistes* tous ceux qui soutenaient que rien ne se fait de rien, que la création proprement dite est impossible, qu'il y a une matière éternelle sur laquelle Dieu a travaillé pour former l'univers ; c'était le sentiment de tous les anciens philosophes; on n'en connaît aucun qui ait admis clairement et distinctement la création de la matière. Tertullien a solidement réfuté l'erreur de ces *matérialistes*, dans son *Traité contre Hermogène*. Il fait voir que, si la matière est un être éternel et nécessaire, elle ne peut avoir aucune imperfection, ni être sujette à aucun changement; que Dieu même n'a pu en changer la disposition, qu'il n'a pu avoir aucun pouvoir sur un être qui lui est coéternel. C'est l'argument que Clarke a fait valoir et a développé de nos jours plus au long. Tertullien conclut que la matière a commencé d'être ; or, elle n'a pu commencer que par création. Saint Justin, dans son *Exhortation aux Gentils*, n. 23 ; Origène, dans son *Commentaire sur la Genèse*, et sur saint Jean, t. I, n. 18, prouvent de même que, si la matière était éternelle, Dieu n'aurait eu aucun pouvoir sur elle. Hermogène, pour ne pas rendre Dieu responsable du mal qu'il y a dans le monde, l'attribuait, comme la plupart des autres philosophes, à l'imperfection essentielle de la matière. Tertullien soutient que, dans ce cas, Dieu a dû s'abstenir de créer le monde, dès qu'il ne pouvait pas remédier aux défauts de la matière ; qu'ainsi Dieu ne se trouve point disculpé, qu'il est absurde d'attribuer à une matière éternelle le mal et non le bien qui est dans l'univers. Il fait voir que Hermogène se contredit en supposant la matière tantôt bonne et tantôt mauvaise, en la faisant infinie, et cependant soumise à Dieu. La matière, dit Tertullien, est renfermée dans l'espace ; donc elle est bornée, donc c'est Dieu qui lui a donné des bornes. Nous ne croyons pas que les métaphysiciens modernes aient de meilleures preuves pour combattre l'éternité de la matière, et il est toujours à propos de faire voir que les Pères de l'Eglise n'étaient pas aussi mauvais raisonneurs que certains critiques le prétendent. *Voy.* HERMOGÉNIENS.

On appelle aujourd'hui *matérialistes* ceux qui n'admettent point d'autre substance que la matière ; qui soutiennent que les esprits ou les substances spirituelles sont des chimères ; que dans l'homme le corps seul est le principe de toutes ses opérations; qui, par conséquent, n'admettent point de Dieu, ou qui l'envisagent comme une âme universelle répandue dans tous les corps, de laquelle proviennent leurs mouvements et leurs divers changements. Comme l'un et l'autre de ces systèmes supposent toujours la matière éternelle et incréée, ils sont déjà réfutés par les arguments que les Pères ont employés contre les anciens *matérialistes*. Nous devons laisser aux philosophes le soin de démontrer que la matière est essentiellement incapable d'une action spirituelle, telle que la pensée ; celle-ci est une opération simple et indivisible ; elle ne peut avoir pour sujet ni pour principe une substance divisible telle que la matière. Quand même on admettrait un atome indivisible de matière, on ne pourrait lui attribuer aucune autre qualité essentielle que l'inertie ou l'incapacité de produire aucune action. D'ailleurs les *matérialistes* supposent que la matière ne devient capable de penser que par l'organisation ; or, celle-ci exige la réunion et l'arrangement de plusieurs parties de matière.

Plusieurs critiques modernes ont prétendu que les anciens Pères de l'Eglise n'ont pas cru que l'âme humaine, ni les anges, fussent des substances purement immatérielles, qu'ils les ont seulement conçus comme des corps subtils et très-déliés ; qu'ainsi l'on doit mettre ces Pères au nombre des *matérialistes*. On fait ce reproche en particulier à saint Irénée, à Origène, à Tertullien, à saint Hilaire et à saint Ambroise. Déjà nous avons réfuté cette accusation à l'article IMMATÉRIALISME, et nous justifions encore la doctrine des Pères, en parlant de chacun sous son nom particulier. Il est fâcheux que des écrivains catholiques, savants d'ailleurs, aient adopté trop légèrement cet injuste soupçon. Nous ne devons pas omettre de remarquer que les *matérialistes* n'ont aucune preuve directe de leur système; ils ne font qu'objecter des difficultés contre l'hypothèse de la spiritualité. On ne conçoit pas, disent-ils, la nature d'un être spirituel, ni ses opérations, ni comment il peut être renfermé dans un corps, et lui imprimer le mouvement. Mais conçoit-on mieux une matière éternelle, nécessaire, incréée, et cependant bornée, et dont les attributs ne sont ni éternels, ni nécessaires, puisqu'ils changent ? Conçoit-on un être purement passif, indifférent au mouvement et au repos, et qui est cependant principe du mouvement ; un être composé et divisible, et qui est cependant le sujet de modifications indivisibles, etc. ? Ce ne sont pas là seulement des mystères inconcevables, mais des contradictions formelles. Il nous paraît qu'il est moins

DICTIONN. DE THÉOL. DOGMATIQUE. III.

absurde d'admettre des mystères imcompréhensibles que des contradictions grossières, et qu'il y a de la démence à vouloir étouffer le sentiment intérieur qui nous assure que nous sommes autre chose que de la matière. Quant au système des philosophes qui ont envisagé Dieu comme l'âme du monde, *voy.* AME DU MONDE.

MATHURINS. *Voy.* TRINITAIRES.

MATIÈRE SACRAMENTELLE. Dans tous les sacrements, les théologiens distinguent *la matière* d'avec *la forme*. Par la première, ils entendent le signe, le rite sensible ou l'action qui constitue le sacrement; par la seconde, les paroles qui expriment l'intention qu'a le ministre en faisant cette action, et l'effet du sacrement. Ainsi dans le baptême, la *matière* du sacrement est l'ablution, ou l'action de verser de l'eau sur le baptisé; la forme sont les paroles : *Je te baptise, au nom du Père*, etc. Si la cérémonie de verser de l'eau sur un enfant n'était accompagnée d'aucune parole, ce serait une action purement indifférente, qui pourrait avoir pour objet de laver cet enfant ou de le rafraîchir; mais en y ajoutant les paroles *sacramentelles*, celles-ci déterminent l'action à une fin spirituelle, et font comprendre que ce n'est plus une action profane : c'est donc ce qui donne à l'action la *forme* ou la nature de sacrement. Pour la confirmation, la *matière* est l'imposition des mains de l'évêque, et l'onction faite avec le saint-chrême; pour l'eucharistie, c'est le pain et le vin. La pénitence a pour *matière* les actes du pénitent, c'est-à-dire la contrition, la confession et la satisfaction. Le nom même d'*extrême-onction* exprime quelle est la *matière* de ce sacrement. Pour celui de l'ordre, c'est l'imposition des mains, et la cérémonie de mettre à la main de l'ordonné les instruments du service divin, et des fonctions auxquelles cet homme est destiné. Dans le mariage, la *matière* du sacrement est le contrat que les époux font entre eux; la *forme* est la bénédiction nuptiale donnée par le prêtre, du moins selon le sentiment le plus commun. Pour plus grande précision, les théologiens distinguent encore la *matière* éloignée d'avec la *matière* prochaine. Par la première, ils entendent la chose sensible qui est appliquée, par exemple, l'eau dans le baptême; par la seconde, ils entendent l'action de l'appliquer, ou l'ablution, etc.

On demande si, lorsque l'Eglise ou les souverains ont établi des empêchements dirimants pour le mariage, ils ont changé la *matière* de ce sacrement. Il suffit de donner un peu d'attention, pour comprendre qu'ils n'ont pas plus touché au sacrement que celui qui corromprait l'eau de laquelle on est prêt à se servir pour baptiser. Par cette action malicieuse, il arriverait que ce qui était eau naturelle, et par conséquent *matière* propre au baptême, ne l'est plus et ne peut plus y servir. De même l'Eglise, en décidant qu'un contrat clandestin est invalide et nul, a fait que ce qui était contrat valide et légitime, par conséquent *matière* suffisante pour le mariage, ne l'est plus, ne sert plus à rien, puisque pour ce sacrement il faut, non un contrat tel quel, mais un contrat valide et légitime, de même que pour le baptême il faut, non de l'eau telle que l'on voudra, mais de l'eau naturelle et non corrompue. Pourquoi, dira-t-on peut-être, toutes ces distinctions subtiles et cette précision scrupuleuse? Parce qu'il en est besoin, lorsqu'il s'agit d'examiner les divers défauts ou manquements qui peuvent rendre le sacrement nul, de décider si une chose tient à l'essence du sacrement, ou seulement au cérémonial accidentel, de répondre aux sophismes par lesquels les hérétiques se sont crus en droit de changer à leur gré les rites et les paroles dont l'Eglise se sert pour administrer les sacrements. *Voy.* FORME.

MATINES. *Voy.* HEURES CANONIALES.

MATTHIAS (saint), apôtre. On ne peut guère douter que ce saint n'ait été un des soixante et douze disciples de Jésus-Christ, qui écoutèrent assidûment sa doctrine et furent témoins de toutes ses actions; c'est le sentiment des Pères de l'Eglise, et il est fondé sur le récit des Actes des Apôtres, c. I, v. 21.

Après l'ascension du Sauveur, *saint Matthias* fut élu par le collége apostolique (*voy.* JURIDICTION) pour remplir la place de Judas. Nous ne savons rien de certain sur ses actions, ni sur les travaux de son apostolat. Les Grecs croient, sur une tradition, qu'il prêcha la foi dans la Cappadoce et sur les côtes de la mer Caspienne, et qu'il fut martyrisé dans la Colchide. Les hérétiques ont supposé sous son nom un Evangile et de prétendues traditions, mais le tout a été condamné comme apocryphe par le pape Innocent I$^{er}$. Comme les protestants se persuadent que le premier gouvernement de l'Eglise a été démocratique, et que tout s'y faisait à la pluralité des suffrages, Mosheim a imaginé que l'élection de *saint Matthias* fut ainsi faite; que, dans le v. 26 du premier chapitre des Actes, au lieu de ces mots, *on jeta le sort sur eux*, ou, *on les tira au sort*, il y a dans le grec, *ils reçut les suffrages*. Mais outre que le grec ϰλῆρος n'a jamais signifié *suffrage*, ce sens serait contraire au v. 24, où les apôtres disent en priant Dieu : *Seigneur, montrez-vous quel est celui des deux que vous avez choisi*. On sait que, suivant l'opinion commune des Juifs, le sort était un des moyens de connaître la volonté de Dieu. « On jette les sorts, dit Salomon, mais c'est le Seigneur qui les arrange (*Prov.* XVI, 33). » On ne pensait pas de même des élections faites à la pluralité des suffrages. Mosheim, *Hist. Christ.*, sæc. I, § 14.

MATTHIEU (saint), apôtre et évangéliste, était Galiléen de naissance, juif de religion, et publicain de profession. Les autres évangélistes l'appellent simplement *Levi*, qui était son nom hébreu; pour lui, il se nomme toujours *Matthieu*, qui paraît être un nom grec, mais qui peut être aussi dérivé de l'hébreu; et il ajoute ןוטוֹפερσο sa prossio de publicain, à laquelle il renonça pour suivre Jésus-Christ; trait d'humilité de sa part, puisque la qualité de publicain était méprisée et détestée parmi les Juifs, quoiqu'elle fût honorable chez les Romains.

Cet apôtre écrivit son Evangile dans la Judée, avant de partir pour aller prêcher la doctrine de Jésus-Christ; on croit qu'il la porta chez les Parthes, d'autres disent dans l'*Ethiopie*; mais on sait que chez les anciens ce nom ne désigne pas toujours l'Abyssinie, ou l'Ethiopie proprement dite. On ajoute qu'il l'écrivit vers l'an 41 de l'ère vulgaire, huit ans après la résurrection de Jésus-Christ, comme le marquent tous les anciens manuscrits grecs. Saint Irénée est le seul qui ait cru que cet Evangile ne fut composé que pendant la prédication de saint Pierre et de saint Paul à Rome, ce qui revient à l'an 61 de l'ère commune; ce sentiment n'est pas probable, puisqu'il passe pour constant que saint *Matthieu* a écrit plusieurs années avant saint Marc. Papias, Origène, saint Irénée, Eusèbe, saint Jérôme, saint Epiphane, Théodoret, et tous les anciens Pères, assurent positivement que l'Evangile de saint *Matthieu* fût originairement écrit en hébreu moderne, ou en syro-chaldaïque, qui était la langue vulgaire des Juifs du temps de Jésus-Christ. Ce texte hébreu ne subsiste plus; ceux que Sébastien Munster, du Tillet et d'autres ont fait imprimer, sont modernes et traduits en hébreu sur le latin ou sur le grec. La version grecque qui passe aujourd'hui pour l'original a été faite dès les temps apostoliques; quant à la traduction latine, on convient qu'elle a été faite sur le grec, et qu'elle n'est guère moins ancienne; mais les auteurs de l'une et de l'autre sont inconnus.

Quelques modernes, comme Erasme, Calvin, Ligfoot, Le Clerc et d'autres protestants, soutiennent que saint *Matthieu* écrivit en grec, et que ce qu'on dit de son prétendu original hébreu est faux. Mais les raisons qu'ils allèguent ne sont rien moins que solides, et il n'est pas difficile de les réfuter. 1° Les anciens, qui témoignent que saint *Matthieu* avait écrit en hébreu, le disent pour avoir vu et lu son Evangile écrit en cette langue. Si leur témoignage n'est pas parfaitement uniforme, c'est qu'il y avait deux Evangiles hébreux attribués à saint *Matthieu*, l'un pur et entier, duquel ils ont parlé avec estime, l'autre altéré par les ébionites, et qui n'avait plus aucune autorité, comme nous le dirons ci-après. 2° L'on convient que la langue grecque était assez communément parlée dans la Palestine, mais il n'est pas moins vrai que le commum des Juifs y parlait l'hébreu mêlé de chaldaïque et de syriaque. Saint Paul, arrêté dans le temple de Jérusalem, harangua le peuple en hébreu (*Act.* XXI, 4). La paraphrase d'Onkélos, composée vers le temps de Jésus-Christ, et celle de Jonathan, faite peu de temps après, sont dans cette même langue. Saint *Matthieu* a donc pu écrire pour ceux d'entre les juifs convertis qui n'avaient pas l'usage du grec. 3° Il y a dans son Evangile des noms hébreux expliqués en grec; mais cela ne prouve rien, sinon que le traducteur était grec et l'original hébreu. 4° De dix passages de l'Ancien Testament cités par saint *Matthieu*, il y en a sept qui sont plus approchants du texte hébreu que de la version des Septante; et si les trois autres sont plus conformes au grec, c'est que le grec lui-même, dans ces passages, est exactement conforme au texte hébreu. 5° Quoique l'original hébreu de saint *Matthieu* soit actuellement perdu, il ne s'ensuit pas qu'il n'a jamais existé; la raison pour laquelle les églises le négligèrent peu à peu, c'est que les ébionistes en avaient corrompu plusieurs exemplaires; de là le grec, auquel ils n'avaient pas touché, fut regardé comme seul authentique. 6° Quoique les autres apôtres aient écrit en grec aux Juifs de la Palestine, et à ceux qui étaient dispersés dans l'Orient, il s'ensuit seulement que saint *Matthieu* aurait absolument pu faire de même, mais il ne s'ensuit point qu'il ne leur ait pas écrit en hébreu. A quoi sert d'opposer des raisonnements et des conjectures au témoignage formel des anciens, en particulier d'Origène et de saint Jérôme, qui entendaient l'hébreu, et qui étaient capables d'en juger?

On ne peut pas douter qu'il n'y ait eu dès le premier siècle un Evangile écrit en hébreu, qui a été nommé dans la suite l'Evangile des ébionites, des Nazaréens, selon les Hébreux, et qui a encore eu d'autres noms. Or, il n'y a aucune preuve que cet Evangile ait été pour l'origine différent de celui de saint *Matthieu*; mais comme il avait été interpolé et altéré par les ébionites, les chrétiens orthodoxes ne voulurent plus s'en servir. Les Nazaréens en avaient communiqué un exemplaire à saint Jérôme, qui prit la peine de le traduire; il ne l'aurait pas fait, s'il y avait eu une opposition formelle ou des différences considérables entre cet Evangile et celui de saint *Matthieu*. Le dessein principal de cet évangéliste était de montrer aux Juifs que Jésus-Christ est le Messie promis à leurs pères; conséquemment il prouve, par la généalogie de Jésus, qu'il est descendu de David et d'Abraham; que, par ses miracles, par sa naissance d'une vierge, par ses souffrances, il a vérifié en lui les prophéties, et qu'il a été revêtu de tous les caractères sous lesquels les prophètes avaient désigné le Messie. Mais les incrédules accusent saint *Matthieu* d'avoir appliqué faussement à Jésus-Christ plusieurs prophéties qui ne le regardaient point. Avant de les examiner en détail, nous devons observer qu'il n'est pas nécessaire qu'une prophétie ait désigné directement et uniquement le Messie, pour que les évangélistes aient eu droit de lui en faire l'application. C'était chez les Juifs un usage établi d'appliquer au Messie, dans un sens figuré et allégorique, plusieurs prédictions, qui, dans le sens littéral, désignaient d'autres personnages. Saint *Matthieu*, qui écrivait principalement pour les Juifs, était donc en droit de suivre la tradition établie parmi eux, et de donner aux prophéties le même sens qu'y donnaient leurs docteurs; c'était un argument personnel auquel ils ne pouvaient rien opposer. Voy. ALLÉGORIE, SENS MYSTIQUE, TYPE, etc. Mais nous soutenons que la plupart des prophéties que les évangélistes ont entendues de Jésus-Christ le regardaient littéralement, directement et uniquement, et nous allons le prouver à l'égard de saint Matthieu en particulier.

Au mot BETHLÉEM, nous avons fait voir que la prédiction du prophète Michée, c. v, v. 2; au mot EMMANUEL, que celle d'Isaïe, c. VII, v. 17, désignent le Messie dans le sens propre et littéral. Au mot NAZARÉEN, nous prouverons que ce terme, dans quelque sens qu'on le prenne, lui convient parfaitement, et qu'il lui est attribué par les prophètes. Saint Matthieu n'a donc pas eu tort de prétendre que ces trois prophéties regardaient Jésus-Christ. En parlant du retour de la sainte famille d'Egypte dans la Judée, c. II, v. 15, il dit que cela se fit pour accomplir ce qui a été dit par un prophète, J'ai appelé mon Fils de l'Egypte. Ces paroles du prophète Osée, c. XI, v. 1, regardent directement la sortie des Israélites de l'Egypte. Aussi saint Matthieu ne dit point qu'elles aient été accomplies dans cette seule circonstance. Galatin, l. VIII, c. 4, fait voir que les anciens Juifs ont appliqué, comme saint Matthieu, cette prédiction au Messie; c'est donc sur leur tradition que l'évangéliste s'est fondé. Ibid., v. 18, il entend du massacre des innocents ce qu'on lit dans Jérémie, c. XXXI, v. 15 : « On a entendu de loin une voix de douleur dans Rama ; ce sont les cris et les gémissements de Rachel qui pleure ses enfants, etc. » Or, ce prophète parle des gémissements de la Judée au sujet de ses habitants conduits en captivité. Mais cela n'empêche point que cet événement n'ait pu être regardé comme une figure de ce qui arriva au massacre des innocents : en donnant ce second sens aux paroles du prophète, saint Matthieu n'exclut pas le premier.

Quant à la prédiction d'Isaïe, c. IX, v. 1, qui annonce une grande lumière aux peuples de la terre de Zabulon et de Nephtali, pays qui, dans la suite, fut nommé la Galilée des nations, nous soutenons qu'on ne peut l'entendre que de la prédication du Messie dans cette partie de la Judée, et que saint Matthieu a eu raison de l'expliquer ainsi, c. IV, v. 15. Voyez la Synopse des Critiques sur Isaïe. Il en est de même du chap. 53, v. 4, de ce prophète, où il dit du Messie, et non d'un autre : « Il a véritablement supporté nos maladies, et a pris sur lui nos douleurs.» Au mot PASSION, nous prouverons que tout ce chapitre ne peut être adapté qu'à lui. Il est vrai que saint Matthieu, c. VIII, v. 17, l'applique non aux souffrances du Sauveur, mais aux guérisons miraculeuses qu'il opérait; cette différence n'est pas assez considérable pour lui en faire un crime. Chap. XXVII, v. 9, le Messie est certainement désigné par ces paroles de Zacharie, c. XI, v. 12 : « Ils ont donné pour ma récompense trente pièces d'argent, etc. » Il est évident, par toute la suite de ce chapitre, que c'est moins une histoire qu'une vision prophétique de ce qui devait arriver à Jésus-Christ. Voyez la Synopse des critiques sur Zacharie. A la vérité, au lieu de ce prophète, saint Matthieu nomme Jérémie, mais c'est une faute du traducteur grec, et non de saint Matthieu; aussi ne se trouve-t-elle point dans la version syriaque de cet Evangile.

David a-t-il pu dire de lui-même, Ps. XXI, v. 19 : « Ils se sont partagé mes vêtements, et ont jeté le sort sur ma robe ? » Puisque cette circonstance singulière est arrivée à Jésus-Christ pendant sa passion, c'est une preuve évidente que les paroles du psalmiste étaient une prédiction. On remarque que depuis le c. IV, v. 22, de saint Matthieu, jusqu'au c. XIV, v. 13, cet évangéliste n'a pas suivi dans la narration des faits le même ordre que les autres, mais il ne contredit aucun des faits dont les autres font mention. L'on a forgé sous son nom quelques livres apocryphes, comme le livre de l'Enfance de Jésus-Christ, condamné par le pape Gélase, et une liturgie éthiopienne. Nous avons vu que l'Evangile selon les Hébreux était seulement interpolé par les ébionites.

MAXIME (saint), abbé et confesseur, mort l'an 662, fut un des plus zélés défenseurs de la foi catholique contre les monothélites ; il fut persécuté pour elle, et mourut en exil à l'âge de quatre-vingt-deux ans. Ses ouvrages ont été recueillis par le Père Combefis, et imprimés à Paris en 1675, en deux vol. in-fol.; mais il en reste quelques autres qui ne sont pas renfermés dans cette édition. Il ne faut pas le confondre avec saint Maxime, évêque de Turin, qui vivait au v<sup>e</sup> siècle, et dont il reste plusieurs homélies, publiées par le Père Mabillon et par Muratori.

MAXIMIANISTES. On nomme ainsi une partie des donatistes qui se séparèrent des autres l'an 393. Ils condamnèrent, à Carthage, Primien, l'un de leurs évêques, et mirent Maximien à sa place; mais celui-ci ne fut pas reconnu par le parti des donatistes. Saint Augustin a parlé plus d'une fois de ce schisme; il fait remarquer que tous ces sectaires se poursuivaient les uns les autres avec plus de violence que les catholiques n'en exercèrent jamais contre eux. Ils se réconcilièrent cependant, et se pardonnèrent mutuellement les mêmes griefs pour lesquels ils s'obstinaient à demeurer séparés des catholiques. Voy. S. August., L. de Gestis cum emerito donatista, n. 9; Tillemont, t. XIII, art. 77, p. 192.

MÉCHANCETÉ, MÉCHANT. La révélation nous enseigne que l'homme, déchu de la justice originelle par le péché d'Adam, vient au monde avec une concupiscence effrénée, avec des passions violentes, rebelles à la raison, et difficiles à dompter; qu'il a, par conséquent, plus d'inclination au mal qu'au bien, plus de penchant à être méchant qu'à être bon. Les pensées et les sentiments du cœur de l'homme, dit l'Ecriture sainte, sont *tournés au mal dès sa jeunesse (Gen. VIII, 21).* Cette triste vérité n'est que trop confirmée par l'expérience, puisque l'on voit tous les signes des passions, de la jalousie, de l'impatience, de l'obstination, de la colère et de la haine dans les enfants du plus bas âge. Les pélagiens, qui contestaient sur ce point, combattaient tout à la fois la parole de Dieu et le sentiment intérieur. Les philosophes incrédules, non moins opiniâtres, se sont partagés sur cette question; les uns ont soutenu que la compassion naturelle à l'homme, la promptitude avec laquelle il accourt aux cris d'une personne qui souffre, la multitude des établissements fondés parmi nous pour soulager les malheureux, démontrent que l'homme est né bon. D'autres ont prétendu que de sa nature il n'est ni bon ni *méchant*, mais prêt à devenir l'un ou l'autre, selon qu'il sera bien ou mal élevé et gouverné. Plusieurs ont dit que le naturel de l'homme est irréformable, que le caractère de chaque individu ne change jamais. A quelle opinion se ranger après toutes ces spéculations?

Pour juger du fond de la nature humaine, il est d'abord évident qu'il ne faut pas la considérer chez les nations chrétiennes et policées, où l'homme, imbu dès l'enfance de leçons, d'exemples, de préceptes, d'habitudes qui tendent à réprimer les passions et à les subjuguer, est redevable de ses vertus aux secours extérieurs qu'il a reçus, sans compter les grâces intérieures que Dieu lui a faites. A moins que tous les membres d'une pareille société ne soient nés incorrigibles, il est impossible que le très-grand nombre ne contractent plus ou moins un penchant au bien, qu'ils n'avaient pas en naissant. Les actes de charité et des autres vertus pratiquées parmi nous ne prouvent donc pas notre bonté naturelle, mais plutôt une bonté acquise, puisqu'on ne voit pas la même chose chez les nations infidèles. D'autre part, un sauvage abandonné dès l'enfance, élevé parmi les animaux dans les forêts, leur ressemble plus qu'à un homme; chez lui, les passions sont indomptables, et le moindre objet suffit pour les exalter. Uniquement affecté du présent comme les enfants, il passe rapidement d'un excès à un autre : on ne peut donc avoir en lui aucune confiance. La crainte que lui donne son inexpérience suffit pour lui faire envisager comme un ennemi tout homme qu'il n'a pas encore vu. Il est difficile de reconnaître dans un être ainsi constitué, un caractère naturellement bon. Nous avouons volontiers que la vie sauvage est contraire à la nature humaine, puisque Dieu a créé l'homme pour vivre en société; mais il ne s'ensuit pas de là que les vices d'un sauvage ne viennent pas du fond même de sa nature. *Voy.* LANGAGE. Attribuer ceux qui règnent parmi nous à l'imperfection de nos lois civiles, politiques et religieuses, aux défauts essentiels de l'éducation et du gouvernement, c'est une autre prétention chimérique. Ces institutions, prises dans leur totalité, ont-elles jamais été meilleures chez une autre nation qu'elles ne sont chez nous? Nos philosophes réformateurs, en voulant tout changer, prétendent donc parvenir à une perfection à laquelle, depuis six mille ans, le genre humain n'a encore pu atteindre! Quand on considère la manière dont ils raisonnent, on se trouve très-bien fondé à douter du prodige qu'ils se flattent de pouvoir opérer. S'il était vrai que toutes nos institutions sont encore très-imparfaites, il faudrait déjà conclure que les hommes, qui depuis six mille ans travaillent à se perfectionner, sont très-maladroits, puisqu'ils ont si mal réussi; que, s'ils ne sont pas naturellement *méchants*, ils sont du moins fort stupides : et il ne serait pas aisé de concevoir comment des êtres intelligents, qui d'eux-mêmes sont portés à faire le bien, ont tant de peine à le connaître.

On s'écrie que les vices de ceux qui gouvernent sont la cause de tous les maux de l'humanité; supposons-le pour un moment. Comme ces maux ont toujours été à peu près les mêmes, il en résulte que tous ceux qui, depuis le commencement du monde, ont gouverné les peuples, ont été vicieux. C'est un assez bon argument pour conclure que si nos philosophes censeurs, réformateurs, restaurateurs, gouvernaient, ils seraient aussi vicieux, et peut-être plus que tous ceux qui gouvernent ou qui ont gouverné. Or, nous demandons en quel sens un être qui ne manque jamais d'abuser de l'autorité dès qu'il la possède, et d'être vicieux dès qu'il gouverne, est cependant naturellement bon.

Puisque la révélation, une expérience de soixante siècles, le sentiment intérieur et les aveux de nos adversaires, concourent à prouver que l'homme est naturellement plus porté au mal qu'au bien, il nous paraît que nous sommes bien fondés à le croire, et que l'on n'a pas eu tort de partir de ce principe pour prouver aux pélagiens la nécessité de la grâce divine pour faire toute bonne œuvre utile au salut, et surtout pour persévérer dans le bien jusqu'à la fin. Nous sommes donc encore en droit de l'opposer aux sociniens, lorsqu'ils prétendent que l'on n'a pas solidement établi contre les pélagiens la dégradation de la nature humaine par le péché d'Adam, la nécessité du baptême, de la grâce, de la rédemption, etc. Ici la question philosophique se trouve essentiellement liée à la théologie.

\* **MÉCHITARISTES.** L'Arménien catholique Méchitar (le consolateur) fonda, en 1701, une société à Constantinople pour travailler à la conversion des Arméniens non unis. Cette société fut contrainte de se retirer à Venise en 1715. Elle dirigea de là les Arméniens unis de la Russie, de la Pologne, de la Transylvanie, et eut constamment des missionnaires à Constantinople et dans les cités voisines, pour travailler à la conversion des Arméniens schismatiques. La congrégation transporta son principal établissement à Vienne, en 1810, lorsque Napoléon s'empara de Venise. Les méchitaristes continuent toujours leur glorieuse mission.

**MÉDIATEUR.** C'est celui qui s'entremet entre deux contractants pour porter les paroles de l'un à l'autre, et les faire agréer, ou entre deux personnes ennemies pour les réconcilier. *Voy.* Réparateur.

Dans les alliances que font les hommes où le saint nom de Dieu intervient, Dieu est le témoin et le *médiateur* des promesses et des engagements réciproques; lorsque les Israélites promettent à Jephté de l'établir juge des tribus, s'il veut se mettre à leur tête pour combattre les Ammonites, ils lui disent : « Dieu, qui nous entend, est le *médiateur* et le témoin que nous accomplirons nos promesses (*Judic.* xi, 10). » Lorsque Dieu voulut donner sa loi aux Hébreux, et conclure avec eux une alliance à Sinaï, il prit Moïse pour *médiateur;* il le chargea de porter ses paroles aux Hébreux, et de lui rapporter les leurs : « J'ai servi, leur dit Moïse, d'envoyé et de *médiateur* entre le Seigneur et vous, pour vous apporter ses paroles » (*Deut.* v, 5). »

Dans la nouvelle alliance que Dieu a faite avec les hommes, Jésus-Christ a été le *médiateur* et le réconciliateur entre Dieu et les hommes; il a été non-seulement le répondant de part et d'autre, mais encore le prêtre et la victime du sacrifice par lequel cette alliance a été consommée : « Il n'y a, dit saint Paul, qu'un seul *médiateur* entre Dieu et les hommes, savoir Jésus-Christ homme, qui s'est livré pour la rédemption de tous (*I Tim.* ii, 5). » L'Apôtre, dans son épître aux Hébreux, relève admirablement cette fonction de *médiateur* que Jésus-Christ a exercée, et fait voir combien elle a été supérieure à celle de Moïse. Il observe, 1° que Jésus-Christ est Fils de Dieu, au lieu que Moïse n'était que son serviteur. 2° Les prêtres de l'ancienne loi n'étaient que pour un temps, ils se succédaient; le sacerdoce de Jésus-Christ est éternel, et ne finira jamais. 3° C'étaient des pécheurs qui intercédaient pour d'autres pécheurs; Jésus-Christ est la sainteté même, il n'a pas besoin d'offrir des sacrifices pour lui-même. 4° Les sacrifices et les cérémonies de l'ancienne loi ne pouvaient purifier que le corps, celui de Jésus-Christ a effacé les péchés et purifié les âmes. 5° Les biens temporels promis par l'ancienne loi n'étaient que la figure des biens éternels dont la loi nouvelle nous assure la possession. Saint Paul conclut que les transgresseurs de celle-ci seront punis bien plus rigoureusement que les violateurs de l'ancienne.

De ce que saint Paul a dit qu'il n'y a qu'un seul et unique *médiateur de rédemption*, qui est Jésus-Christ, s'ensuit-il que les hommes ne puissent intercéder auprès de Dieu les uns pour les autres? L'apôtre lui-même se recommande souvent aux prières des fidèles, et les assure qu'il prie pour eux; saint Jacques les exhorte à prier les uns pour les autres, c. v, v. 16. Saint Paul, après avoir dit que Dieu s'est réconcilié le monde par Jésus-Christ, ajoute : « Dieu nous a confié un ministère de réconciliation (*II Cor.* v, 18). » Personne n'oserait soutenir que cette réconciliation, confiée aux apôtres, déroge à la qualité de réconciliateur, qui appartient éminemment à Jésus-Christ; comment donc peut-on prétendre que les titres d'intercesseurs, d'avocats, de *médiateurs*, que nous donnons aux anges, aux saints vivants et morts, dérogent à la dignité et aux mérites de ce divin Sauveur ? Jésus-Christ est seul et unique *médiateur* de rédemption, et par ses propres mérites, comme l'entend saint Paul; mais tous ceux qui prient et intercèdent, demandent grâce et miséricorde pour nous, sont aussi nos *médiateurs*, non par leurs propres mérites, mais par ceux de Jésus-Christ; par conséquent dans un sens moins sublime que Jésus-Christ ne l'est lui-même.

Les anciens Pères ont été persuadés que c'était le Fils de Dieu lui-même qui avait donné aux Hébreux la loi ancienne sur le mont Sinaï, il était donc le vrai et principal *médiateur* entre Dieu et les Israélites; cependant nous ne sommes pas étonnés de voir ce titre de *médiateur* accordé à Moïse par saint Paul lui-même (*Gal.* iii, 19). Les protestants ont donc très-mauvaise grâce de se récrier sur ce que l'Eglise catholique donne aux anges et aux saints ce même titre de *médiateurs*, et de soutenir que c'est une injure faite à Jésus-Christ, seul *médiateur* entre Dieu et les hommes. *Voy.* Intercession.

MÉDISANCE, discours désavantageux au prochain, par lequel on fait remarquer en lui des défauts qui n'étaient pas connus. L'Ecriture sainte, soit de l'Ancien, soit du Nouveau Testament, condamne sans restriction toute espèce de *médisance*, peint les détracteurs comme des hommes odieux. Le psalmiste fait profession de les détester, *Ps.* c, v. 5. Salomon conseille à tout le monde de s'en écarter, *Prov.* c. iv, v. 24. Le détracteur, dit-il, est un homme abominable; il ne faut pas en approcher, c. xxiv, v. 9 et 21. L'Ecclésiaste le compare à un serpent qui mord dans le silence, c. x, v. 11. Saint Paul reproche ce vice aux anciens philosophes, et l'attribue à leur orgueil. *Rom.* c. i, v. 30. Il cherche aussi à en corriger les Corinthiens, *II Cor.* c. xii, v. 20. Saint Pierre exhorte les fidèles à s'en abstenir, *I Petr.* c. ii, v. 1. Saint Jacques leur fait la même leçon : « Ne faites point de *médisance* les uns contre les autres; celui qui médit de son frère, et s'en rend juge, se met à la place de la loi; il usurpe les droits de Dieu, souverain juge et législateur, qui seul peut nous perdre ou nous sauver (*Jac.* iv, 11). » Cette témérité vient toujours d'un très-mauvais principe; elle part ou d'un fonds de malignité naturelle, ou d'une passion secrète d'orgueil, de haine, d'intérêt, de jalousie, ou d'une légèreté impardonnable. Les prétextes par lesquels on cherche à la justifier n'effaceront jamais l'injustice qui y est attachée, ne prescriront jamais contre la loi naturelle, qui nous défend de faire à autrui ce que nous ne voulons pas qu'on nous fasse. Nos jugements sont si fautifs, nos préventions sont souvent si injustes, nos affections si bizarres et si inconstantes, que nous devons toujours craindre de nous tromper en jugeant des actions et des défauts du prochain ; toujours indulgents pour nous-mêmes, jaloux à l'excès de notre réputation, prêts à détester pour toujours quiconque aurait parlé contre nous, nous devrions être plus circonspects et plus charitables à l'égard des autres. Toute *médisance* qui porte préjudice au prochain entraîne la nécessité d'une réparation ; il n'est pas plus permis de lui nuire par des discours que par des actions. De là *médisance* à la calomnie la distance n'est pas longue, et le pas est glissant : mais lorsque, par l'un ou l'autre de ces crimes, l'on a ôté à quelqu'un sa réputation, son crédit, sa fortune, comment faire pour les réparer ? *Voy.* CALOMNIE.

MEDITATION. *Voy.* ORAISON MENTALE.

MEDRASCHIM, terme hébreu ou rabbinique, qui signifie *allégories*; c'est le nom que les Juifs donnent aux commentaires allégoriques sur l'Ecriture sainte, et en particulier sur le Pentateuque. Comme presque tous les anciens commentateurs de leurs docteurs sont allégoriques, ils les désignent tous sous ce même nom.

MÉGILLOTH, mot hébreu, qui signifie *rouleaux*; les Juifs appellent ainsi l'Ecclésiaste, le Cantique, les Lamentations de Jérémie, Ruth et Esther : on ne sait pas trop pourquoi ils donnent plutôt ce nom à ces cinq livres de l'Ecriture sainte qu'à tous les autres.

MÉLANCOLIE RELIGIEUSE, tristesse née d'une fausse idée que l'on se fait de la religion, quand on se persuade qu'elle proscrit généralement tous les plaisirs, même les plus innocents; qu'elle ne commande aux hommes que la contrition du cœur, le jeûne, les larmes, la crainte, les gémissements. Cette tristesse est tout ensemble une maladie du corps et de l'esprit; souvent elle vient du dérangement de la machine, d'un cerveau faible et du défaut d'instruction; les livres qui ne représentent Dieu que comme un juge terrible et inexorable, qui prêchent le rigorisme des opinions et une morale outrée, sont très-propres à la faire naître ou à la rendre incurable, à remplir les esprits de craintes chimériques et de scrupules mal fondés, à détruire la confiance, la force et le courage dans les âmes les plus portées à la vertu. Lorsque quelques-unes sont malheureusement prévenues de ces erreurs, elles sont dignes de compassion; l'on ne peut prendre trop de soins pour les guérir d'une prévention qui est également contraire à la vérité, à la raison, à la nature de l'homme, à la bonté infinie de Dieu et à l'esprit du christianisme.

Les grandes vérités de notre foi sont plus propres à nous consoler qu'à nous effrayer ; la doctrine de Jésus-Christ porterait bien mal à propos le nom d'*Evangile* ou de bonne nouvelle, si elle était destinée à nous attrister. Que Dieu ait aimé le monde jusqu'à donner son Fils unique pour victime de la rédemption (*Joan.* III, 16) ; que ce divin Sauveur ait voulu être semblable à nous, et éprouver nos misères, afin d'être miséricordieux (*Hebr.* II, 17); qu'il ait donné en effet son sang et sa vie pour réconcilier le monde à son Père (*II Cor.* v, 19); que la paix ait été ainsi conclue entre le ciel et la terre (*Coloss.* I, 20), etc., sont-ce là des dogmes capables de nous affliger ? « Je vous annonce un grand sujet de joie, disait l'ange aux pasteurs de Bethléem ; il vous est né un Sauveur (*Luc.* II, 10). » Cette joie, sans doute, était pour tous les hommes et pour tous les siècles. Jésus-Christ veut que, dans les afflictions même et dans les persécutions, ses disciples se réjouissent, parce que leur récompense sera grande dans le ciel (*Matth.* v, 11 et 12). Il distingue leur joie d'avec celle du monde ; mais il soutient qu'elle est plus vraie et plus solide : *Je vous reverrai*, dit-il ; *votre cœur sera pénétré de joie, et personne ne pourra la troubler* (*Joan.* XVI, 20 et 22).

Le royaume de Dieu, selon saint Paul, ne consiste point dans les plaisirs sensuels, mais dans la justice, dans la paix et la joie du Saint-Esprit (*Rom.* XIV, 17). « Que le Dieu de toute consolation, dit-il aux Romains, vous remplisse de joie et de paix dans l'exercice de votre foi, afin que vous soyez pleins d'espérance et de force dans le Saint-Esprit (c. XV, v. 13). » Il dit aux Philippiens : « Réjouissez-vous dans le Seigneur ; je vous le répète, réjouissez-vous; que votre modestie soit connue de tous les hommes; le Seigneur est près de vous, ne soyez en peine de rien (*Philipp.* IV, 4). » Il veut que la joie des fidèles dans le culte du Seigneur éclate par des hymnes et par des cantiques (*Éphés.* v, 19 ; *Coloss.* III, 16). On a beau chercher à obscurcir le sens de ces passages par d'autres qui semblent dire le contraire; lorsqu'on examine ceux-ci de près, on voit évidemment que ceux qui en sont affectés les prennent de travers. Mais de même qu'un seul hypocondre suffit dans une société pour en troubler toute la joie, ainsi un écrivain mélancolique ne manque presque jamais de communiquer sa maladie à ses lecteurs. Ces gens-là ressemblent aux espions que Moïse envoya pour découvrir la terre promise, et qui par leurs faux rapports en dégoûtèrent les Israélites. Ceux, au contraire, qui nous font voir la joie, la paix, la tranquillité, le bonheur, attachés à la vertu, ressemblent aux envoyés plus fidèles, qui rapportèrent de la Palestine des fruits délicieux, afin d'inspirer au peuple le désir de posséder cette heureuse contrée.

Lorsque dans une communauté religieuse de l'un ou de l'autre sexe on voit régner une joie innocente, une gaîté modeste, un air de contentement et de sérénité, on peut juger hardiment que la régularité, la ferveur, la piété, y sont bien établies ; si l'on y trouve de la tristesse, un air sombre, chagrin, mécontent, c'est un signe non équivoque du contraire; le joug de la règle y paraît trop pesant, on le porte malgré soi.

MÉLANCHTONIENS ou LUTHÉRIENS MITIGÉS. *Voy.* LUTHÉRIENS.

MELCHISÉDÉCIENS, nom de plusieurs sectes qui ont paru en différents temps. Les premiers furent une branche de théodotiens, et furent connus au iii° siècle; aux erreurs des deux Théodotes, ils ajoutèrent leurs propres imaginations, et soutinrent que Melchisédech n'était pas un homme, mais la grande vertu de Dieu ; qu'il était supérieur à Jésus-Christ, puisqu'il était médiateur entre Dieu et les anges, comme Jésus-Christ l'est entre Dieu et les hommes. *Voy.* THÉODOTIENS. Sur la fin de ce même siècle, cette hérésie fut renouvelée en Egypte par un nommé *Hiérax*, qui prétendit que Melchisédech était le Saint-Esprit. *Voy.* HIÉRACITES. Quelques anciens ont accusé Origène de cette erreur; mais il faut que ce reproche ait été bien mal fondé, puisque ni M. Huet, ni les éditeurs des œuvres d'*Origène*, n'en font aucune mention. *Voy. Huetii Origen.*, lib. ii, quæst. 2. Les écrivains ecclésiastiques parlent d'une autre secte de *melchisédéciens* plus modernes, qui paraissent avoir été une branche des manichéens. Ils n'étaient, à proprement parler, ni juifs, ni chrétiens, ni païens; mais ils avaient pour Melchisédech la plus grande vénération. On les nommait *attingani*, gens qui n'osent toucher personne, de peur de se souiller. Quand on leur présentait quelque chose, ils ne le recevaient point, à moins qu'on ne le mît à terre, et ils faisaient de même quand ils voulaient donner quelque chose aux autres. Ces visionnaires se trouvaient dans le voisinage de la Phrygie. Enfin, on peut mettre au rang des *melchisédéciens* ceux qui ont soutenu que Melchisédech était le Fils de Dieu, qui avait apparu sous une forme humaine à Abraham, sentiment qui a eu de temps en temps quelques défenseurs, entre autres Pierre Cunéus, dans sa *République des Hébreux*, ouvrage savant d'ailleurs. Il a été réfuté par Christophe Schlégel et par d'autres, qui ont prouvé que Melchisédech était un pur homme, l'un des rois de la Palestine, adorateur et prêtre du vrai Dieu. On demandera, sans doute, comment des hommes raisonnables ont pu se mettre dans l'esprit de pareilles chimères. C'est un des exemples de l'abus énorme que l'on peut faire de l'Ecriture sainte, quand on ne veut suivre aucune règle, ni se soumettre à aucune autorité,

Saint Paul, dans l'*Epître aux Hébreux*, c. vii, pour montrer la supériorité du sacerdoce de Jésus-Christ sur celui d'Aaron et de ses descendants, lui applique ces paroles du psaume 109 : « Vous êtes prêtre pour l'éternité, selon l'ordre de Melchisédech ; » et fait voir que le sacerdoce de celui-ci ne ressemblait point à celui des prêtres juifs. En effet, il fallait que ces derniers fussent de la famille d'Aaron, et nés d'une mère israélite ; Melchisédech, au contraire, était *sans père, sans mère, et sans généalogie;* l'Ecriture ne dit point qu'il eut pour père un prêtre; elle ne parle ni de sa mère, ni de ses descendants; sa dignité n'était donc attachée ni à la famille ni à la naissance. Saint Paul ajoute qu'*il n'a eu ni commencement de jours, ni fin de vie*, c'est-à-dire que l'Ecriture garde le silence sur sa naissance, sur sa mort, sur sa succession, au lieu que les prêtres juifs ne servaient au temple et à l'autel que depuis l'âge de trente ans jusqu'à soixante, et ne commençaient à exercer leur ministère qu'après la mort de leurs prédécesseurs. Leur sacerdoce était donc très-borné, au lieu que l'Ecriture ne met point de bornes à celui de Melchisédech; c'est ce qu'entend saint Paul, lorsqu'il dit que ce roi *demeure prêtre pour toujours à un sacerdoce perpétuel;* d'où il conclut que le caractère de Melchisédech était plus propre que celui des prêtres juifs à figurer le sacerdoce éternel de Jésus-Christ; et c'est dans ce sens qu'il dit que ce personnage *a été rendu semblable au Fils de Dieu.*

Cependant, continue l'apôtre, Melchisédech était plus grand qu'Abraham, à plus forte raison que Lévi et que Aaron ses descendants, puisqu'il a béni Abraham, et a reçu de lui la dîme de ses dépouilles; donc le sacerdoce de Jésus-Christ, formé sur le modèle de celui de Melchisédech, est plus excellent que celui d'Aaron et de ceux qui lui ont succédé. Tel est le raisonnement de saint Paul. Mais en prenant à la lettre et dans le sens le plus grossier tout ce qu'il dit de Melchisédech, des cerveaux mal organisés ont fondé là-dessus les rêveries dont nous avons parlé.

**MELCHITES.** Ce nom, dérivé du syriaque *malck* ou *melck*, roi, empereur, signifie *royalistes* ou *impériaux*, ceux qui sont du parti ou de la croyance de l'empereur. C'est le nom que les eutychiens, condamnés par le concile de Chalcédoine, donnèrent aux orthodoxes qui se soumirent aux décisions de ce concile, et à l'édit de l'empereur Marcien qui en ordonnait l'exécution ; pour la même raison, ceux-ci furent aussi nommés *chalcédoniens* par les schismatiques. Le nom de *melchites*, parmi les Orientaux, désigne donc en général tous les chrétiens qui ne sont ni jacobites, ni nestoriens. Il convient non-seulement aux Grecs catholiques réunis à l'Eglise romaine, et aux Syriens maronites, soumis de même au saint-siége, mais encore aux Grecs schismatiques des patriarcats d'Antioche, de Jérusalem et d'Alexandrie, qui n'ont embrassé ni les erreurs d'Eutychès, ni celles de Nestorius. Les patriarches grecs de ces trois siéges ont été obligés en plusieurs choses de recevoir la loi du patriarche de Constantinople, de se conformer aux rites de ce dernier siége, de se borner aux deux liturgies de saint Basile et de saint Jean Chrysostome, desquelles se sert l'Eglise de Constantinople. Le patriarche *melchite* d'Alexandrie réside au Grand-Caire, et il a dans son ressort les églises grecques de l'Afrique et de l'Arabie; au lieu que le patriarche cophte ou jacobite demeure ordinairement dans le monastère de Saint-Macaire, qui est dans la Thébaïde. Celui d'Antioche a juridiction sur les Eglises de Syrie, de Mésopotamie et de Caramanie. Depuis que la ville d'Antioche a été ruinée par les tremblements de terre, il a transféré son siége à Damas où il réside, et où l'on dit qu'il y a sept à huit mille chrétiens du rite grec; on en suppose le double dans la ville d'Alep, mais il en reste peu dans les autres villes ; les schismes des Syriens jacobites, des Nestoriens et des arméniens, ont réduit ce patriarcat à un très-petit nombre d'évêchés. Le patriarche de Jérusalem gouverne les Eglises grecques de la Palestine et des confins de l'Arabie ; son district est un démembrement de celui d'Antioche, fait par le concile de Chalcédoine : de lui dépend le célèbre monastère du mont Sinaï, dont l'abbé a le titre d'archevêque.

Quoique dans tous ces pays l'on n'entende plus le grec, on y suit cependant toujours la liturgie grecque de Constantinople ; ce n'est que depuis quelque temps que la difficulté de trouver des prêtres et des diacres qui sussent lire le grec a obligé les *melchites* de célébrer la messe en arabe. Lebrun, *Explication des cérémonies de la messe*, t. IV, p. 448.

MELECIENS, partisans de Mélèce, évêque de Lycopolis en Egypte, déposé dans un synode par Pierre d'Alexandrie son métropolitain, vers l'an 306, pour avoir sacrifié aux idoles pendant la persécution de Dioclétien. Cet évêque, obstiné à conserver son siége, trouva des adhérents, et forma un schisme qui dura pendant près de cent cinquante ans. Comme Mélèce et ceux de son parti n'étaient accusés d'aucune erreur contre la foi, les évêques assemblés au concile de Nicée, l'an 325, les invitèrent à rentrer dans la communion de l'Eglise, et consentirent à les y recevoir. Plusieurs, et Mélèce lui-même, donnèrent des marques de soumission à saint Alexandre, pour lors patriarche d'Alexandrie ; mais il paraît que cette réconciliation ne fut pas sincère de leur part : on prétend que Mélèce retourna bientôt à son caractère brouillon, et mourut dans son schisme. Lorsque saint Athanase fut placé sur le siége d'Alexandrie, les méléciens, jusqu'alors ennemis déclarés des ariens, se joignirent à eux pour persécuter et calomnier ce zélé défenseur de la foi de Nicée. Honteux ensuite des excès auxquels ils s'étaient portés, ils cherchèrent à se réunir à lui ; Arsène, leur chef, lui écrivit une lettre de soumission, l'an 333, et lui demeura constamment attaché. Mais il paraît qu'une partie des *méléciens* persévérèrent dans leur confédération avec les ariens, puisque du temps de Théodoret, leur schisme subsistait encore, du moins parmi quelques moines ; ce Père les accuse de plusieurs usages superstitieux et ridicules.

Il ne faut pas confondre le schismatique dont nous venons de parler, avec saint Mélèce, évêque de Sébaste et ensuite d'Antioche, vertueux prélat, exilé trois fois par la cabale des ariens, à cause de son attachement à la doctrine catholique. Ce fut à son occasion, mais non par sa faute, qu'il se fit un schisme dans l'Eglise d'Antioche. Une partie de son troupeau se révolta contre lui, sous prétexte que les ariens avaient eu part à son ordination. Lucifer de Cagliari, envoyé pour calmer les esprits, les aigrit davantage, en ordonnant Paulin pour prendre la place de saint Mélèce. *Voy.* LUCIFÉRIENS. En parlant de ces deux derniers personnages, saint Jérôme écrivait au pape Damase : *Je ne prends le parti ni de Paulin ni de Mélèce*. Tillemont, t. V, p. 453 ; t. VI, p. 233 et 262 ; t. VIII, p. 14 et 29.

MELOTE, peau de mouton ou de brebis avec sa toison, nom dérivé de μῆλον, *brebis* ou *bétail*. Les premiers anachorètes se couvraient les épaules d'une *mélote*, et vivaient ainsi dans les déserts. Partout où la Vulgate parle du manteau d'Elie, les Septante disent la *mélote* d'Elie ; saint Paul, parlant des anciens justes, dit qu'ils marchaient dans les déserts couverts de *mélotes* et de peaux de chèvres (*Hébr.* XI, 37) ; c'était l'habit des pauvres. M. Fleury, dans son *Hist. ecclés.*, dit que les disciples de saint Pacôme portaient une ceinture, et sur la tunique une peau de chèvre blanche, qui couvrait leurs épaules, qu'ils gardaient l'un et l'autre à table et sur leur grabat ; mais que quand ils se présentaient à la communion, ils ôtaient la *mélote* et la ceinture, et ne gardaient que la tunique. C'est que la ceinture était uniquement destinée à relever la tunique quand on voulait marcher ou travailler, et la *mélote* à se garantir de la pluie ; cet équipage ne convenait plus, lorsqu'on voulait se mettre dans une situation plus respectueuse ; cette attention des solitaires prouve leurs sentiments à l'égard de l'eucharistie.

MEMBRES CORPORELS ATTRIBUÉS A DIEU. *Voy.* ANTHROPOLOGIE.

MEMBRES DE L'EGLISE. *Voy.* EGLISE, § 3.

MENACES. Selon la remarque de plusieurs Pères de l'Eglise, les *menaces* que Dieu fait aux pécheurs sont un effet de sa bonté ; s'il avait dessein de les punir, il ne chercherait pas à les effrayer, il les laisserait dans une entière sécurité. La justice de Dieu exige, sans doute, qu'il accomplisse toutes ses promesses, à moins que les hommes ne s'en rendent indignes par leur désobéissance, mais elle n'exige point qu'il exécute de même toutes ses menaces ; il peut pardonner et faire miséricorde à qui il lui plaît, sans déroger à aucune de ses perfections. Nous voyons dans l'Ecriture sainte que Dieu s'est souvent laissé toucher en faveur des pécheurs par les prières des justes. Combien de fois l'intercession de Moïse n'a-t-elle pas détourné les coups dont Dieu voulait frapper les Israélites ? C'est la remarque de saint Jérôme, *Dial.* 1, *contra Pelag.*, c. 9 ; *in Isaiam*, c. ult. ; *in Epist. ad Ephes.*, c. 2 ; de saint Augustin, *L. de Gestis Pelagii*, c. 3, n° 9 et 11 ; *contra Julian.*, l. III, c. 18, n° 35 ; *contra duas Epist. Pelag.*, l. IV, c. 6, n° 16 ; de saint Fulgence, *L.* I, *ad Monim.*, c. 7, etc. *Voy.* MISÉRICORDE.

Il ne s'ensuit pas de là que nous sommes en droit de ne pas craindre l'effet des *menaces* de Dieu, puisque souvent il les exécute d'une manière terrible, témoins les hommes antédiluviens, les Sodomites, les Egyptiens, les Israélites idolâtres et rebelles, etc. Mais il n'a point accompli celles qu'il avait faites à David, au roi Achab, aux Ninivites, etc., parce qu'ils en ont été touchés et ont fait pénitence. Dans ces occasions, l'Ecriture dit que Dieu s'est repenti du mal qu'il voulait faire aux pécheurs (*Ps.* cv, 45 ; *Jerem.* 26, 19, etc.) ; parce que sa conduite ressemble à celle d'un homme qui se repent d'avoir menacé. Dieu lui-même déclare ailleurs qu'il est incapable de se repentir et de changer de volonté. *Voy.* ANTHROPOPATHIE.

MÉNANDRIENS, nom d'une des plus anciennes sectes de gnostiques. Ménandre, leur chef, était disciple de Simon le Magicien ; né comme lui dans la Samarie, il fit aussi bien que lui profession de magie, et suivit les mêmes sentiments. Simon se faisait nommer *la grande vertu ;* Ménandre publia que cette grande vertu était inconnue à tous les hommes ; que pour lui il était envoyé sur la terre par les puissances invisibles pour opérer le salut des hommes. Ainsi Ménandre et Simon son maître doivent être mis au nombre des faux messies, qui parurent immédiatement après l'ascension de Jésus-Christ, plutôt qu'au rang des hérétiques. L'un et l'autre enseignaient que Dieu ou la suprême intelligence, qu'ils nommaient *Ennoïa*, avait donné l'être à un grand nombre de génies qui avaient formé le monde et la race des hommes ; c'était le système des platoniciens. Valentin, qui parut après Ménandre, fit la généalogie de ces génies, qu'il nomma des *éons. Voy.* VALENTINIENS. Il paraît que ces imposteurs supposaient que, dans le nombre des génies, les uns étaient bons et bienfaisants, et les autres mauvais, et que ces derniers avaient plus de part que les premiers au gouvernement du monde, puisque Ménandre se prétendait envoyé par les génies bienfaisants, pour apprendre aux hommes les moyens de se délivrer des maux auxquels l'homme avait été assujetti par les mauvais génies. Ces moyens, selon lui, étaient d'abord une espèce de baptême qu'il conférait à ses disciples, en son propre nom, et qu'il appelait une vraie résurrection, par le moyen duquel il leur promettait l'immortalité et une jeunesse perpétuelle ; mais, comme l'observe le savant éditeur de saint Irénée, sous le nom de résurrection Ménandre entendait la connaissance de la vérité, et l'avantage d'être sorti des ténèbres de l'erreur. Il n'est guère possible qu'il ait persuadé à ses partisans qu'ils seraient immortels et délivrés des maux de cette vie, dès qu'ils auraient reçu son baptême. Il est donc probable que, par l'*immortalité*, Ménandre promettait à ses disciples qu'après leur mort, leur corps, dégagé de toutes ses parties grossières, reprendrait une vie nouvelle, plus heureuse que celle dont il jouit ici-bas. Quelque violent que soit le désir dont les hommes sont possédés de vivre toujours, il ne paraît pas possible de persuader à ceux qui sont dans leur bon sens qu'ils peuvent jouir de ce privilége. Le premier *ménandrien* que l'on aurait vu mourir aurait détrompé les autres. On connaît l'entêtement des Chinois à chercher le breuvage d'immortalité, mais aucun n'a encore osé se vanter de l'avoir trouvé ; et quand un Chinois serait assez insensé pour l'affirmer, il n'est pas vraisemblable qu'aucun voulût l'en croire sur sa parole. L'autre moyen de triompher des génies créateurs et malfaisants était la pratique de la théurgie et de la magie, secret auquel les philosophes platoniciens du IVe siècle, nommés *éclectiques*, eurent aussi recours dans le même dessein. *Voy. la première dissertation de dom Massuet sur saint Irénée*, art. 3, § 2 ; Mosheim, *Instit. Historiæ christianæ*, sæc. I, part. II, cap. 5, § 15.

Ménandre eut des disciples à Antioche, et il en avait encore du temps de saint Justin ; mais il y a beaucoup d'apparence qu'ils se confondirent bientôt avec les autres sectes de gnostiques. Quelque absurde qu'ait été sa doctrine, on peut en tirer des conséquences importantes. 1° Dans le temps que Jésus-Christ a paru sur la terre, on attendait dans l'Orient un Messie, un Rédempteur, un Libérateur du genre humain, puisque plusieurs imposteurs profitèrent de cette opinion pour s'annoncer comme envoyés du ciel, et trouvèrent des partisans. 2° Les prétendus envoyés, qui ne voulaient tenir leur mission ni de Jésus-Christ ni des apôtres, ne se sont cependant pas inscrits en faux contre les miracles publiés à la prédication de l'Evangile ; les anciens Pères ne les en accusent point, ils leur reprochent seulement d'avoir voulu contrefaire les miracles de Jésus-Christ et des apôtres par le moyen de la magie. Simon et Ménandre étaient cependant très à portée de savoir si les faits publiés par les évangélistes étaient vrais ou faux, puisqu'ils étaient nés dans la Samarie et dans le voisinage de Jérusalem. 3° Nous ne voyons pas non plus que ces premiers ennemis des apôtres aient forgé de faux évangiles ; cette audace ne commença que dans le second siècle, longtemps après la mort des apôtres. Tant que ces témoins oculaires vécurent, personne n'osa contester l'authenticité ni la vérité de la narration des évangélistes. Les hérétiques se bornèrent d'abord à l'altérer dans quelques passages qui les incommodaient ; bientôt, devenus plus hardis, ils osèrent composer des histoires et des expositions de leur croyance, qu'ils nommèrent des évangiles. 4° Ces anciens chefs de parti étaient des philosophes, puisqu'ils cherchaient, par le moyen du système de Platon, à résoudre la difficulté tirée de l'origine du mal. Il n'est donc pas vrai, comme le prétendent les incrédules, que la prédication de l'Evangile n'ait fait impression que sur les ignorants et sur le bas peuple. Ceux qui ont cru et se sont faits chrétiens avaient à choisir entre la doctrine des apôtres et celle des imposteurs qui s'attribuaient une mission semblable. Il n'est pas vrai non plus que le christianisme ait fait ses premiers progrès dans les ténèbres, et sans que l'on ait pris la peine d'examiner les faits sur lesquels il se fondait, puisqu'il y a eu de vives disputes entre les disciples des apôtres et ceux des faux docteurs ; et puisque la doctrine apostolique a triomphé de ces premières sectes, c'est évidemment parce que l'on a été convaincu de la mission des premiers et de l'imposture des seconds. *Voy.* Simoniens.

**MENDIANTS**, nom de religieux qui, pour pratiquer la pauvreté évangélique, vivent d'aumônes et vont quêter leur subsistance. Les quatre ordres *mendiants* les plus anciens sont les carmes, les jacobins ou dominicains, les cordeliers et les augustins ; les plus modernes sont les capucins, les récollets, les minimes, et d'autres, dont on peut voir l'institut et le régime dans l'*Histoire des Ordres monastiques*, par le père Hélyot. Nous parlons des principaux sous leurs noms particuliers.

L'inutilité et l'abus des ordres *mendiants* sont un des lieux communs sur lesquels nos philosophes politiques se sont exercés avec le plus de zèle. Suivant leur avis, ces religieux sont non-seulement des hommes fort inutiles, mais une charge très-onéreuse pour les peuples. Les priviléges qu'ils ont obtenus des souverains pontifes ont contribué à énerver la discipline ecclésiastique ; les quêtes sont pour eux une occasion prochaine de déréglement, de bassesse, de fraudes pieuses, etc. Toutes ces plaintes ont été copiées d'après les protestants. On voudra bien nous permettre quelques observations sur ce sujet.

1° C'est dans le XIIᵉ siècle que les ordres *mendiants* ont commencé. Dans ce temps-là, l'Europe était infectée de différentes sectes d'hérétiques qui, par les dehors de la pauvreté, de la mortification, de l'humilité, du détachement de toutes choses, séduisaient les peuples et introduisaient leurs erreurs. Tels étaient les cathares, les vaudois ou pauvres de Lyon, les poplicains, les frérots, etc. Plusieurs saints personnages, qui voulaient préserver de ce piége les fidèles, sentirent la nécessité d'opposer des vertus réelles à l'hypocrisie des sectaires, et de faire par religion ce que ces derniers faisaient par le désir de tromper les ignorants. Tout prédicateur qui ne paraissait pas aussi mortifié que les hérétiques n'aurait pas été écouté ; il fallut donc des hommes qui joignissent à un véritable zèle la pauvreté que Jésus-Christ avait commandée à ses apôtres (*Matth.* x, 9 ; *Luc.* xiv, 33, etc.). Plusieurs s'y engagèrent par vœu, et trouvèrent des imitateurs. Mosheim, quoique protestant, très-prévenu contre les moines et surtout contre les *mendiants*, convient cependant de leur origine, *Hist ecclésiast.*, sæc. xiii, iiᵉ part., c. 2, § 21. Ce dessein était certainement très-louable, on doit en savoir gré à ceux qui ont eu le courage de l'exécuter ; et quand le succès n'aurait pas répondu parfaitement aux vues des instituteurs et des papes qui les ont approuvés, on n'aurait pas droit de les en rendre responsables ni de les blâmer. Les critiques qui ont dit que l'institution des ordres *mendiants* était l'ouvrage de l'ignorance des siècles barbares, d'une piété mal entendue, d'une fausse idée de la perfection, etc., ont très-mal rencontré ; c'était un effet de la nécessité des circonstances et de la disposition des peuples. Ceux qui ont écrit que c'était un projet de politique de la part des papes ; que ceux-ci voulaient avoir dans les *mendiants* une espèce de milice toujours prête à exécuter leurs ordres et à seconder leurs vues ambitieuses, ont été encore moins heureux dans leur conjecture. Quelle ressource les papes pouvaient-ils espérer de trouver, pour étendre leur puissance, dans l'humilité timide de saint François, ou de ceux qui ont réformé des ordres religieux ? S'ils avaient fondé là-dessus leurs vues ambitieuses, ils auraient été cruellement trompés, et l'esprit prophétique qu'on leur prête aurait bien mal vu l'avenir ; cela sera prouvé dans un moment.

2° Loin d'avoir eu l'intention de se rendre inutiles au monde, les fondateurs des ordres *mendiants* ont eu celle de se consacrer à l'instruction des fidèles et à la conversion de ceux qui étaient tombés dans l'erreur ; ils y ont travaillé aussi bien que leurs disciples, avec le zèle le plus sincère, et avec beaucoup de fruit. Alors le clergé séculier était fort dégradé ; il fallut remplir le vide de ses travaux par ceux des religieux *mendiants* ; de là vint le crédit et la considération qu'ils acquirent. Mosheim en convient encore. Aujourd'hui même, depuis que le clergé est rétabli, il y a encore une infinité de paroisses pauvres et d'une desserte difficile, dans lesquelles on a besoin du secours des religieux. Il n'est d'ailleurs aucun des ordres *mendiants* dans lequel il n'y ait eu des savants qui ont honoré l'Eglise par leurs travaux littéraires autant que par leurs vertus.

3° Les papes, en approuvant ces ordres, ne les ont point soustraits d'abord à la juridiction des évêques ; les exemptions ne sont venues qu'après, et ç'a été encore l'effet des circonstances et de la dégradation dans laquelle le clergé séculier était tombé. Nous convenons que les religieux en abusèrent quelquefois ; que leurs disputes, leurs prétentions, leur révolte contre les évêques, leur ambition dans les universités, ont été un des désordres qui ont donné le plus d'occupation et d'inquiétude aux papes ; Mosheim, sæc. xiv, iiᵉ part., c. 2, § 17 ; sæc. xv, iiᵉ part., c. 2, § 20. Mais il n'est pas vrai que les papes les aient ordinairement soutenus, plusieurs ont donné des bulles pour les réprimer. Depuis que le concile de Trente a remis les choses dans l'ordre, que les anciens abus ne subsistent plus et ne sont plus à craindre, il est de mauvaise grâce d'en rappeler le souvenir, et de rendre les religieux d'aujourd'hui responsables des fautes commises il y a deux cents ans.

4° Nous voyons dans la règle de saint Augustin, et dans celle de saint François, que suivent la plupart des religieux pauvres, que le dessein des instituteurs était d'en placer dans les couvents, dans les campagnes, plutôt que dans les villes, afin que les religieux fussent appliqués à instruire et à consoler la partie du peuple qui en a le plus besoin, et partageassent leur temps entre la prière, l'instruction et le travail des mains. Si leur intention n'a pas été mieux suivie, à qui en est la faute? Aux laïques principalement. Ceux-ci, plus occupés de leur commodité que du besoin des peuples, ont multiplié les couvents dans les villes, parce qu'ils voulaient des églises plus à leur portée que les paroisses, des ouvriers plus souples et plus complaisants que les pasteurs, des chapelles, des sépultures, des fondations pour eux seuls, une piété qui satisfît tout à la fois leur mollesse et leur vanité. Mosheim, sæc. XIII, II° part., chap. 2, § 26. Il était bien difficile que les religieux ne s'y prêtassent pas par intérêt. A qui doit-on s'en prendre des abus qui en ont résulté ? Ceux qui ont été la principale cause du mal ont-ils droit de s'en plaindre ? On a tendu des piéges au désintéressement des religieux, et l'on s'étonne de ce qu'ils y sont tombés.

5° Il est faux que la mendicité soit la source du relâchement des religieux, puisqu'un désordre égal s'est glissé dans les maisons des moines rentés, dont la richesse est aujourd'hui un sujet de jalousie et de cupidité. On ne pardonne pas plus l'opulence aux uns que la pauvreté aux autres; on n'approuve pas plus la vie solitaire, mortifiée, laborieuse, édifiante des religieux de la Trappe et de Sept-Fonds, qui ne sont à charge à personne, que l'oisiveté, la dissipation et le relâchement des religieux *mendiants*. Si les séculiers n'avaient pas eu de tout temps l'empressement de s'introduire chez les religieux, de se mêler de leurs affaires, de juger de leur régime, le mal serait moins grand. Mais un moine dyscole, dégoûté de son état, révolté contre ses supérieurs, ne manque jamais de trouver des soutiens, des protecteurs. Les pères de famille, embarrassés de leurs enfants, ont souvent fait entrer dans le cloître ceux qui étaient le moins propres à prendre l'esprit et à remplir les devoirs de cet état ; ceux-ci ont été forcés de se donner à Dieu, parce qu'ils étaient le rebut du monde. Ainsi l'on déclame contre l'état religieux, parce que les séculiers sont toujours prêts à le pervertir. La vertu la plus courageuse peut-elle tenir contre l'air empesté d'irréligion et de corruption qui règne aujourd'hui dans le monde? Il faut que ce poison soit bien subtil, puisqu'il a pénétré dans les asiles même qui étaient destinés à en préserver les hommes.

Nous avons infecté de nos vices l'état religieux, tout saint qu'il était par lui-même ; donc il faut le détruire. Tel est le cri qui retentit à présent dans une grande partie de l'Europe, et tel est le triomphe préparé au vice sur la vertu. Celle-ci, honteuse et proscrite, ne saura plus où se cacher. Heureusement il est encore des déserts ; lorsque les moines auront le courage de s'y retirer comme leurs prédécesseurs, alors leurs ennemis confondus seront forcés de leur rendre hommage. Un protestant plus judicieux que les autres, qui a beaucoup réfléchi sur la nature et sur l'utilité de la société, après avoir reconnu l'utilité des communautés religieuses dans lesquelles on travaille, n'a pas excepté celles des *mendiants*. « Dans cette classe d'hommes, dit-il, il y en a, sans doute, que l'on peut regarder comme des paresseux, et que l'on nomme ordinairement *fainéants*, pour exciter contre eux la haine publique. Mais que de fainéants pareils ne renferme pas le monde ! Fainéants dorés, armés, portant les couleurs de celui-ci ou de celui-là, ou des haillons, ou le pistolet, pour le présenter à la gorge des passants. Il y a des paresseux parmi les hommes ; il faut y pourvoir de quelque manière, et celle-là est une des plus douces. Ce n'est point encourager la paresse, c'est l'empêcher d'être nuisible au monde, et il me semble que l'on n'y pense pas assez, non plus qu'à ceux que l'état de la société rend oisifs. » *Lettres sur l'Hist. de la terre et de l'homme*, t. IV, page 78. D'ailleurs c'est une erreur de croire que, dans les maisons de religieux *mendiants*, personne ne travaille que les frères lais et les domestiques. Une communauté ne peut subsister sans un travail intérieur et des occupations continuelles; et les couvents dont nous parlons ne sont pas assez riches pour payer des mercenaires. Ils ont ordinairement un vaste enclos, dont la culture est très-soignée, et il n'est point de religieux robuste qui n'y travaille de temps en temps, qui ne s'occupe de quelque travail manuel et des soins domestiques ; c'est un des préceptes de leur règle.

Lorsqu'on aura trouvé le moyen de rendre utiles tant d'honnêtes fainéants qui vivent dans le monde, et qui l'infectent par leurs vices ; lorsqu'on aura supprimé tant de professions dont la subsistance n'est fondée que sur la corruption des mœurs ; lorsqu'on aura persuadé aux nobles que le travail n'est point un apanage de la roture, ni un reste d'esclavage, qu'il ne dégrade point la noblesse, et qu'il y a plus d'honneur à travailler qu'à mendier, il sera permis de penser à la suppression des ordres *mendiants*. Mais tant que l'on verra des armées de nobles fainéants assiéger les cours et les palais des grands, y exercer une mendicité plus honteuse que celle des moines, puisqu'elle vient ordinairement d'une mauvaise conduite et d'un faste insensé, il sera difficile de prouver que la mendicité religieuse est un opprobre.

Ceux qui mènent une vie oisive dans le cloître ne seraient pas plus laborieux s'ils étaient au milieu de la société ; ils y augmenteraient la corruption, de laquelle l'état religieux les met à couvert, du moins jusqu'à un certain point. Il ne faut cependant pas oublier que saint Augustin, dans son livre *de Opere monachorum*, prend la défense des moines qui vivaient du travail de leurs mains, contre ceux qui prétendaient qu'il était mieux de vivre des oblations ou des aumônes des fidèles. *Voy.* Moine.

MÉNÉE, MÉNOLOGE ou MÉNOLOGUE. Ce sont des livres à l'usage des Grecs ; leur nom vient de μῆν, *le mois*. Les *ménées* contiennent l'office de l'année, divisée par mois, avec le nom et la légende des saints dont on doit faire ou l'office ou la mémoire ; c'est la partie de nos bréviaires que nous nommons *le propre des saints*.

Le *ménologe* est le calendrier ou le martyrologe des Grecs ; c'est le recueil des vies des saints, distribuées pour chaque jour des mois de l'année ; les Grecs en ont de plusieurs sortes, et qui ont été faits par différents auteurs. Depuis leur schisme, ils y ont inséré les noms et les vies de plusieurs hérétiques qu'ils honorent comme des saints. Les écrivains hagiographes citent souvent les *ménées* et le *ménologe* des Grecs, mais on convient que ces deux ouvrages ont été faits sans aucune critique, et sont remplis de fables. Baillet, *Disc. sur les Vies des Saints.*

**MENNONITES.** *Voy.* ANABAPTISTES.

**MENSONGE**, discours tenu à quelqu'un dans l'intention de le tromper. L'Ecriture sainte condamne toute espèce de mensonge ; l'auteur de l'Ecclésiastique, c. VII,-v. 14, défend d'en proférer aucun, de quelque espèce qu'il soit ; le juste, selon le psalmiste, est celui qui dit la vérité telle qu'elle est dans son cœur, et dont la langue ne trompe jamais. *Ps.* XIV, v. 3. Jésus-Christ, dans l'Evangile, dit que le *mensonge* est l'ouvrage du démon ; que cet esprit de ténèbres est menteur dès l'origine, et père du *mensonge*. *Joan.*, c. VIII, v. 44. Saint Paul exhorte les fidèles à éviter tout *mensonge*, à dire la vérité sans aucun déguisement. *Éphes.*, c. IV, v. 25. Saint Jacques leur fait la même leçon. *Jac.*, c. III, v. 14. Saint Paul va plus loin, il décide qu'il n'est pas permis de mentir pour procurer la gloire de Dieu, ni de faire du mal pour qu'il en arrive du bien. *Rom.* c. III, v. 7 et 8.

Quelques incrédules ont osé accuser Jésus-Christ d'avoir fait un *mensonge*. A la veille de la fête des Tabernacles, les parents de Jésus l'exhortèrent à s'y montrer et à se faire connaître. *Allez-y vous-mêmes*, répondit le Sauveur ; *pour moi, je n'y vais point, parce que mon temps n'est pas encore venu*. Il demeura donc encore quelques jours dans la Galilée, ensuite il alla à la fête en secret, et sans être accompagné (*Joan.* VII, 3). Jésus, comme on le voit, ne répondit pas : *Je n'irai point*, mais *je n'y vais point, parce que mon temps n'est pas encore arrivé* ; nous ne sommes pas encore au moment auquel je veux y aller. Il n'y a là ni équivoque, ni restriction mentale, ni ombre de fausseté. Il n'y en a pas davantage dans la conduite de Jésus-Christ à l'égard des deux disciples qui allaient à Emmaüs, le lendemain de sa résurrection ; il est dit que sur le soir, le Sauveur, après avoir marché avec eux, *fit semblant* de vouloir aller plus loin (*Luc.* XXIV, 18). Il voulait les engager à le presser de demeurer avec eux, comme ils firent en effet ; ce n'est point là un *mensonge*, mais un procédé très-innocent.

On ne prouvera jamais que Dieu ait approuvé aucun des *mensonges* dont il est fait mention dans l'histoire sainte ; il ne les a pas toujours punis en privant de ses bienfaits les coupables ; mais où est-il décidé que Dieu doit aussitôt punir toutes les fautes des hommes, et qu'en les pardonnant il les autorise et les approuve ? Il faut faire attention que comme l'on peut mentir par un simple geste, un geste suffit pour dissiper toute l'équivoque ou la duplicité qui paraît dans les paroles ; qu'ainsi l'on doit être réservé à soutenir que tel personnage a commis un *mensonge* dans telle circonstance.

Saint Augustin a fait en deux livres un traité exprès sur le *mensonge*, dans lequel il le condamne sans exception, et décide qu'il n'est jamais permis de mentir, pour quelque raison que ce soit ; que si le *mensonge* officieux est une moindre faute que le *mensonge* pernicieux, il n'est cependant ni louable, ni absolument innocent. Après avoir prouvé par les passages de l'Ecriture que nous avons cités, le saint docteur observe que, sous prétexte de rendre service au prochain, l'on se permet aisément toute espèce de *mensonge* ; que quiconque prétend qu'il lui est permis de mentir pour l'utilité d'autrui se persuade aussi fort aisément qu'il peut le faire légitimement pour son propre intérêt. A la vérité, dit-il, il paraît dur de décider qu'on ne doit pas mentir, même pour sauver la vie à un innocent ; mais si l'on soutient le contraire, il faudra dire aussi qu'il est permis, par le même motif, de commettre un autre crime, un parjure, un blasphème, un homicide, etc. En ce genre, les fausses inductions et les argumentations par analogie iraient à l'infini. De là il conclut que l'on ne doit mentir ni pour l'intérêt de la religion, dont la première base doit être la vérité, ni sous prétexte de procurer la gloire de Dieu, de détourner un pécheur du crime, de sauver une âme, etc., puisque aucun autre péché n'est justifié ni permis par ces mêmes motifs. Ajoutons qu'en suivant le sentiment contraire, nous serions tentés de douter de la véracité même de Dieu, de croire que quand il nous parle, il nous trompe peut-être pour notre bien ; nous sentons cependant que ce soupçon serait un blasphème. *Voy.* VÉRACITÉ DE DIEU.

Dans son second livre, saint Augustin réfute les priscillianistes, qui alléguaient les *mensonges* rapportés dans l'Ancien Testament, pour prouver qu'il leur était permis d'employer ce moyen, et même le parjure, pour dissimuler leur croyance. Il observe très-bien, ch. X, n. 22, et ch. XIV, n. 19, que tout ce qu'ont fait les saints et les justes n'est pas un exemple à suivre ; qu'ainsi rien ne nous oblige de justifier toutes les actions des patriarches. Il soutient cependant que Abraham et Isaac n'ont pas menti en disant que leurs femmes étaient *leurs sœurs*, c'est-à-dire leurs parentes, puisque cela était vrai. Barbeyrac, plus sévère, prétend que c'était un vrai *mensonge*, parce que l'intention d'Abraham était de tromper les Egyptiens, en priant Sara de dire qu'elle était sa sœur. La question est de savoir si taire la vérité dans une circonstance où rien ne nous oblige à la dire, lorsque d'ailleurs on ne dit rien de faux, c'est encore commettre un *mensonge*. Voilà ce que Barbeyrac, Bayle et les autres censeurs des Pères ne prouveront jamais.

Voyez *Traité de la Morale des Pères*, c. xiv, § 7. Saint Augustin cherche à excuser le *mensonge* par lequel Jacob trompa son père Isaac en lui disant qu'il était Esaü son aîné; il dit que cette action était un type ou une figure des événements qui devaient arriver dans la suite ; mais cette raison ne suffit pas pour la justifier ; il vaut mieux s'en tenir à la maxime posée par ce saint docteur, que toutes les actions des anciens justes ne sont pas des exemples à suivre. *Voy.* JACOB. Il dit que Dieu a récompensé dans les sages-femmes d'Egypte et dans Raab, non le *mensonge* qu'elles avaient commis, mais la charité qui en était la cause ; il pense même que ces femmes auraient été récompensées par le bonheur éternel, si elles avaient mieux aimé souffrir la mort que de mentir. *De Mend.*, l. II, c. 15, n. 32 ; c. 17, n. 34. Mais il nous paraît que les sages-femmes d'Egypte ne mentirent point en disant au roi que les femmes des Hébreux s'accouchaient elles-mêmes ; celles-ci, averties de l'ordre donné de faire périr leurs enfants mâles, évitèrent, sans doute, de faire venir des sages-femmes égyptiennes.

Nos philosophes moralistes n'ont pas manqué de trouver trop sévère la doctrine de saint Augustin sur le *mensonge*, qui est celle du commun des Pères et des théologiens. Ils ont décidé que mentir pour sauver la vie à des innocents, ou pour détourner un homme de commettre un crime, est une action très-louable, et qui ne peut être condamnée qu'au tribunal des insensés. C'est l'opinion de Barbeyrac, censeur déclaré de la *Morale des Pères*, c. 14, § 7. Mais ces grands critiques ont-ils répondu aux raisons par lesquelles saint Augustin a prouvé ce qu'il enseigne ? Ils n'ont pas seulement daigné en faire mention; elles demeurent donc dans leur entier. Par une contradicton grossière, quelques-uns ont blâmé Origène, Cassien, et un petit nombre d'autres, qui semblent ne pas condamner absolument le *mensonge* officieux ; et en censurant ceux qui réprouvent absolument toute espèce de *mensonge* et de fausseté, ils se sont obstinés à prétendre que les Pères en général se sont permis des fraudes pieuses ou des *mensonges* par motif de religion. De deux choses l'une, ou il ne fallait pas soutenir l'innocence du *mensonge* officieux, ou il ne fallait pas accuser les Pères d'en avoir commis ; c'est cependant ce qu'a fait Le Clerc à l'égard de saint Augustin en particulier. *Voy.* ses *Notes sur les Ouvrages de ce Père*, tom. V, in Serm. 322 ; tom. VI, in *Lib. de Mend.*; tom. VII, in *L.* XXII, *de Civit. Dei*, cap. VIII, § 1. Toutes ces inconséquences démontrent qu'en se bornant aux lumières de la raison, il n'est pas aisé d'établir sur le *mensonge* une règle générale et infaillible ; qu'ainsi la loi naturelle n'est pas aussi claire que le prétendent les déistes, même sur nos devoirs les plus communs, et qu'il est beaucoup plus sûr de nous fier aux leçons de la révélation.

MER. Le psalmiste dit à Dieu : « Les flots de la mer s'élèvent plus haut que les montagnes, et semblent prêts à fondre sur les rivages, mais ils tremblent au son de votre voix, ils reculent à la vue des bornes que vous leur avez marquées ; jamais ils n'oseront les franchir, ni couvrir la face de la terre (*Ps.* CIII, 6). Dans le livre de *Job*, c. XXXVIII, v. 8, le Seigneur dit : *Qui a renfermé la mer dans ses bornes ? C'est moi qui lui ai mis des barrières et qui la tiens captive; je lui ai dit : Tu viendras jusque-là, et ici se brisera l'orgueil de tes flots.* Dans *Jérémie*, c. v, v. 22 : *J'ai donné pour bornes à la mer un peu de sable, et je lui ai intimé l'ordre de ne jamais les passer : ses flots ont beau s'enfler et menacer, ils ne pourront pas les franchir.* Il n'est point de phénomène plus capable de nous donner une grande idée de la puissance de Dieu qui oppose à la *mer* agitée un grain de sable, et la force, par cette faible barrière, à rentrer dans son lit.

Mais la *mer* a-t-elle un mouvement lent et progressif, qui lui fait continuellement abandonner des plages pour s'emparer d'autres terrains qui étaient à sec, de manière que la constitution intérieure et extérieure du globe ait déjà changé par ces révolutions ? Quoique cette discussion tienne particulièrement à la physique et à l'histoire naturelle, elle n'est cependant pas étrangère à la théologie, puisque plusieurs philosophes de nos jours ont prétendu qu'il y a sur ce point des observations certaines qui, si elles étaient vraies, ne pourraient s'allier avec le récit de Moïse. La *mer*, disent nos dissertateurs, perd continuellement du terrain dans les différentes parties du monde, et probablement elle regagne, dans certaines contrées, ce qu'elle laisse à sec en d'autres. On se convainc tous les jours que le fond de la *mer* Baltique diminue ; on voit encore les vestiges d'un canal par lequel cette *mer* communiquait à la *mer* Glaciale, mais qui s'est comblé par la succession des temps. La nature du sol qui sépare le golfe Persique d'avec la *mer* Caspienne fait juger que ces deux *mers* formaient autrefois un même bassin. Il y a aussi beaucoup d'apparence que la *mer* Rouge communiquait autrefois à la Méditerranée, dont elle est actuellement séparée par l'isthme de Suez. Ces changements arrivés sur le globe sont plus anciens que nos connaissances historiques. La *mer* s'est retirée et a laissé à découvert beaucoup de terrain sur les côtes de l'Egypte, de l'Italie, de la Provence ; les lagunes de Venise seraient bientôt remplies, si on n'avait soin de les curer souvent. Il paraît que l'Amérique était encore couverte des eaux, il n'y a pas un grand nombre de siècles, et qu'elle n'est pas habitée depuis fort longtemps. Enfin, la multitude des corps marins dont notre hémisphère est rempli, prouve invinciblement qu'il a été autrefois couvert des eaux de l'Océan. La *mer* a certainement, selon ces mêmes philosophes, un mouvement d'orient en occident, qui lui est imprimé par celui qui fait tourner la terre d'occident en orient ; ce mouvement est plus violent sous l'équateur, où le globe, plus élevé, roule un cercle plus grand et une zone plus agitée ; il est évident que ce mouvement des eaux doit insensiblement déplacer la *mer* dans la succession des siècles. Malheureusement toutes ces observations, qui ne sont que des conjectures, sont démontrées fausses par M. de Luc, dans ses *Lettres sur l'Histoire de la terre et de l'homme*, imprimées en 1779, en 5 vol. in-8°. Il fait voir que, si elles étaient vraies, il en résulterait seulement que la quantité des eaux de la *mer* diminue, comme Telliamed le soutient et comme M. de Buffon le suppose dans ses *Époques de la nature* ; mais aucun des faits allégués par nos philosophes ne prouve que la *mer* a changé de lit, ni qu'elle a regagné, dans quelques parties du globe, le terrain qu'elle a perdu dans les autres. Or, M. de Luc réfute également, et avec le même succès, le système de Telliamed, tom. II, lettr. 41 et suiv., et celui de Buffon, dans tout son ouvrage. Quelques-uns des faits cités par le premier prouveraient que la *mer* augmente plutôt qu'elle ne diminue ; mais dans le fond ils ne prouvent rien, et la plupart sont faux.

Pour nous convaincre que la *mer* a réellement changé de lit par un mouvement progressif et insensible, il faudrait montrer par des faits certains que l'Océan s'éloigne constamment des côtes occidentales de l'Angleterre, de la France, de l'Espagne, de l'Afrique, des Indes et de l'Amérique ; qu'au contraire il mine et envahit peu à peu les côtes orientales de la Tartarie, de la Chine, des Indes, de l'Afrique, de l'Amérique : il faudrait prouver que les effets de ce déplacement sont encore plus visibles sous l'équateur que vers les pôles. Une cause universelle, qui agit uniformément sur tout le globe, doit produire le même effet dans toutes ses parties. Voilà ce qu'on ne fait pas. On nous cite des atterrissements qui se font à l'embouchure des grands fleuves, du Nil, du Pô, du Rhône, sur la Méditerranée plutôt que sur l'Océan, sur des côtes exposées aux quatre points cardinaux du monde, sous l'équateur comme ailleurs. Où sont donc les conquêtes de l'Océan dans ces divers parages ? Les ports de Cadix et de Brest, situés à l'occident, n'ont pas diminué de profondeur depuis deux mille ans. Si quelques ports moins profonds ont été comblés, ç'a été par les sables que charrient les rivières, et non par la retraite de l'Océan. Au lieu de se retirer des côtes de France, il les mine le long de la Manche, et pousse les sables vers l'Angleterre, et sans cesse il menace d'engloutir la Hollande. Cela ne s'accorde pas avec la théorie de nos adversaires.

M. de Luc observe que, si la *mer* avait changé de lit, il aurait fallu que l'axe de la terre changeât : or, toutes les observations astronomiques prouvent qu'il est dans la même position depuis plus de vingt siècles. Tome II, *Lettre* 35, p. 162 et suiv. Ce savant physicien admet, à la vérité, un mouvement de la *mer* d'orient en occident, causé par le mouvement de la lune, et par celui de la chaleur du soleil ; mais il soutient que ce mouvement ne se fait sentir que dans la pleine mer, et qu'il est insensible en approchant des côtes. Il doit donc produire beaucoup moins d'effet sur les continents que celui des marées. Or, dans les marées même les plus hautes, la *mer* ne fait que déposer sur les côtes basses une légère quantité de vase ou de gravier ; elle ne produit aucun effet sur les rochers escarpés qui bordent ses rivages. Si donc les marées sont incapables de changer le lit de la *mer*, à plus forte raison son prétendu mouvement d'orient en occident est-il nul pour produire un pareil effet.

Il est d'ailleurs très-permis de douter de ce mouvement ; plusieurs raisons semblent en en démontrer l'impossibilité. 1° L'atmosphère qui environne la terre a son mouvement comme elle d'occident en orient, et suit la même direction ; cela est démontré par la chute perpendiculaire d'un corps grave qui tomberait de l'atmosphère. Or, de deux fluides dont le globe est environné, savoir, l'eau et l'air, il est impossible que le fluide inférieur soit emporté par un mouvement contraire à celui des deux couches entre lesquelles il est renfermé. Jamais on n'assignera une cause générale capable d'imprimer à la *mer* un mouvement contraire à celui de la terre et à celui de l'atmosphère. Si la différence de densité et de pesanteur entre la terre et l'eau suffisait pour donner à la *mer* un mouvement opposé à celui de la terre, elle suffirait, à plus forte raison, pour imprimer la même direction au mouvement de l'atmosphère, qui est plus légère et moins dense que l'eau. — 2° Lorsque l'on donne un mouvement violent de rotation à un globe solide légèrement plongé dans l'eau, les parties de l'eau qu'il entraîne sont emportées dans la même direction que le globe, et non dans un sens opposé. En vertu de la force centrifuge, les gouttes d'eau s'échappent par la tangente, mais toujours dans la direction que leur imprime le mouvement du globe, et non autrement. Donc, si l'eau qui couvre la terre n'était pas comprimée et retenue par l'atmosphère, elle s'échapperait par la tangente, mais d'occident en orient, selon la direction du mouvement de la terre, et non dans le sens opposé. — 3° Si l'on met une liqueur quelconque dans un globe de verre creux, et que l'on donne à celui-ci un mouvement circulaire violent, en vertu de la force centrifuge, la liqueur suit encore le mouvement du globe. Or le mouvement de la terre et de l'atmosphère est d'une vitesse inconcevable ; dans ce mouvement, l'eau ne s'écarte point du centre de gravité, parce que le mouvement se fait sur le centre ; mais elle s'en écarterait, si elle avait un mouvement opposé : donc le prétendu mouvement de la *mer* d'orient en occident est contraire à la force centripète aussi bien qu'à la force centrifuge, donc il répugne à toutes les lois générales du mouvement. — 4° D'autres philosophes conjecturent que la *mer* a un mouvement violent du sud au nord, parce que tous les grands caps s'avancent vers le sud, et que la plupart des grands golfes sont tournés vers le nord. Voilà donc le mouve ment de la *mer* d'orient en occident, croisé par un mouvement du sud au nord. Cela nous paraît prouver que cet élément se meut vers tous les points de la circonférence du globe ; c'est l'effet naturel du flux et du reflux ; mais nous avons vu que ce mouvement n'a jamais tendu à déplacer la *mer*.

Si le mouvement des eaux du sud au nord était réel, le golfe Persique, loin de s'éloigner de la *mer* Caspienne, aurait continué de s'en approcher ; la *mer* Rouge ferait des efforts continuels pour se joindre à la Méditerranée, et, au contraire, elle en est aujourd'hui à une plus grande distance qu'autrefois. Voyez *Descript. de l'Arabie*, par Niébuhr, p. 348 et 353. La profondeur de la *mer* Baltique, au lieu de diminuer, devrait augmenter. Nos philosophes ont une sagacité singulière pour forger des conjectures toujours contredites par les phénomènes. L'histoire sainte nous donne lieu de croire qu'immédiatement après le déluge le golfe Persique et la *mer* Caspienne, la *mer* Rouge et la Méditerranée, étaient séparés comme ils le sont aujourd'hui ; leur prétendue jonction dans des temps plus reculés choque toute vraisemblance. Les montagnes placées entre les deux premières n'ont jamais pu être naturellement couvertes par les eaux de la *mer*. S'il avait été possible de percer l'isthme de Suez, pour joindre les deux secondes, cet ouvrage, tenté plusieurs fois, aurait été exécuté ; mais par la retraite des eaux du golfe de Suez vers le sud, il est devenu plus difficile qu'il ne l'était dans les siècles passés. Le seul fait qui puisse prouver que la *mer* a couvert autrefois notre hémisphère, ce sont les corps marins qui se trouvent dans le sein de la terre et quelquefois à sa surface, soit dans les vallons, soit dans les montagnes. Mais M. de Luc prouve, par la position, par la variété, par les mélanges de ces corps avec des productions terrestres, que leur dépôt ne s'est pas fait par un changement lent et progressif du lit de la *mer*, mais une révolution subite et violente, telle que l'Ecriture sainte la peint dans l'histoire du déluge universel. T. V; *Lettre* 120, p. 103 ; *Lettre* 136, p. 389, etc. *Voy.* DÉLUGE, MONDE.

MER D'AIRAIN, grande cuve que Salomon fit faire dans le temple de Jérusalem, pour servir aux prêtres à se purifier avant et après les sacrifices. Ce vase était de forme ronde ; il avait cinq coudées de profondeur, dix de diamètre d'un bord à l'autre, et trente de circonférence. Le bord était orné d'un cordon embelli de pommes, de boulettes et de têtes de bœufs en demi-relief. Il était porté sur un pied semblable à une grosse colonne creuse, appuyée sur douze bœufs disposés en quatre groupes, trois à trois, et qui laissaient quatre passages pour tirer l'eau par des robinets attachés au pied du vase. *III Reg.* c. VII, v. 23 ; *II Paral.*, c. IV, v. 2.

MER MORTE, ou LAC ASPHALTITE. Nous lisons dans l'histoire sainte que, pour punir les crimes des habitants de Sodome et des villes voisines, Dieu y fit pleuvoir du soufre enflammé, que la terre vomit du bitume, et augmenta l'incendie, qu'elle s'affaissa, que les eaux du Jourdain y formèrent un lac dont les eaux, imprégnées de soufre, de bitume et d'un sel amer, étouffent les plantes sur ses bords ( *Gen.* XIX ). C'est aux géographes de décrire ce lac tel qu'il est aujourd'hui. [ *Voy.* le Dictionnaire de la Bible de Dom Calmet, édition Migne. ].

Les anciens qui en ont parlé, Diodore de Sicile, Strabon, Tacite, Pline, Solin, rapportent la tradition qui a toujours subsisté, que ce lac fut autrefois formé par un embrasement qui détruisit plusieurs villes. L'asphalte qui y surnage, le bitume et le soufre qui se trouvent sur ses bords, la couleur de cendre et la stérilité du sol qui l'environne, l'amertume et la pesanteur de ses eaux, les vapeurs qui s'en élèvent, déposent encore du fait aux yeux des naturalistes. Le récit des voyageurs modernes s'accorde avec celui des anciens ; la narration de Moïse est donc d'une vérité incontestable. Quelques incrédules cependant l'ont attaquée. La *mer Morte*, disent-ils, a toujours existé, les eaux du Jourdain qui s'y déchargent, et qui n'ont point d'autre issue, ont dû y former un lac dans tous les temps. Celui qui existe aujourd'hui n'est donc point un effet de l'embrasement de Sodome. Mais les eaux du Rhin dans la Hollande, celles du Chrysorrhoas près de Damas, celles de l'Euphrate dans la Mésopotamie, etc., disparaissent sans former aucun lac. Celles du Jourdain pouvaient donc se dissiper de même, se perdre dans les sables, entrer dans les conduits souterrains, et tomber dans la Méditerranée, ou se disperser dans les coupures faites pour arroser les terres. l'Ecriture nous indique cette dernière façon, en disant qu'avant la ruine de Sodome et de Gomorrhe, toute la plaine qui bordait le Jourdain était *arrosée par des canaux*, comme un jardin délicieux ( *Gen.* XIII, 10 ).

Supposons d'ailleurs que le lac Asphaltite, auquel on donne aujourd'hui vingt-quatre lieues de longueur, n'en ait eu que douze ou quinze lorsque Sodome subsistait, et n'ait occupé que la partie septentrionale du terrain qu'il remplit actuellement ; n'était-ce pas assez de cinq ou six lieues en carré, pour placer la belle et fertile vallée que l'on nommait *la Vallée des bois*, et pour y bâtir cinq ou six villes ou gros bourgs ? Tout ce terrain, affaissé par l'embrasement, a presque doublé l'étendue de la *mer Morte*, du nord au midi. Alors il est exactement vrai, selon le texte de Moïse, que ce qui était autrefois la Vallée des bois est aujourd'hui la mer salée ( *Gen.* XIV, 3). Cette supposition, contre laquelle on ne peut rien objecter de solide, lève toute difficulté ; elle est d'autant plus probable, que Sodome et les autres villes détruites étaient précisément situées dans la partie méridionale du terrain que couvre aujourd'hui la *mer Morte* ; *Hist. de l'Acad. des Inscript.*, tom. XVI, in-12, p. 232; *Dissert. sur la ruine de Sodome*, *Bible d'Avignon*, tom. I, p. 293.

Le savant Michaëlis, dans les *Mémoires de la société de Gottingue*, de l'an 1760, a donné une dissertation sur l'origine et la nature de la *mer Morte*, dans laquelle il prouve, 1° que l'étendue de ce lac est encore incertaine, parce qu'elle n'a pas encore été mesurée par des opérations de géométrie, mais seulement estimée au coup d'œil ; 2° que la salure en est extrême, ce qui est cause que tous les corps vivants y surnagent ; 3° que c'est un sel usuel, duquel les habitants de la Palestine se sont toujours servis, et non un sel mêlé de bitume, comme quelques modernes l'ont prétendu ; 4° qu'il n'y a aucun poisson ni aucun coquillage dans cette *mer* ; 5° qu'elle n'a point d'issue, mais que ses eaux se dissipent par l'évaporation ; 6° que le naphte et le bitume abondent sur ses bords ; 7° que la Pentapole était véritablement placée dans le lieu à présent occupé par la *mer Morte* ; 8° qu'avant la ruine de Sodome, il y avait déjà une couche de bitume détrempée d'eau, sous une couche de terre végétale sur laquelle plusieurs villes étaient bâties ; que la couche de bitume ayant été embrasée, la couche supérieure a dû s'affaisser et former un lac ; 9° qu'avant l'embrasement, l'eau du Jourdain était divisée en une infinité de canaux qui arrosaient les terres ; que c'est ce qui leur donnait une fécondité incroyable ; 10° que l'embrasement fut produit par le feu du ciel. Il suffit de lire cet ouvrage pour sentir la différence qu'il y a entre les réflexions d'un homme sensé et instruit, et les rêves d'un ignorant incrédule.

MER ROUGE. Rien n'est plus célèbre dans les livres saints que le passage des Hébreux au travers des eaux de la *mer Rouge*, lorsqu'ils sortirent de l'Egypte ; mais aucun miracle n'a été plus contesté. Il s'agit cependant de savoir comment et par quelle route les Hébreux, au nombre de deux millions d'hommes, avec leurs meubles et leurs troupeaux, ont pu sortir de l'Egypte, et gagner le désert dans lequel ils ont vécu pendant 40 ans. Pour faire ce trajet, ils avaient à droite une chaîne de montagnes, à gauche, du côté du nord, les Philistins et les Amalécites, derrière eux les Egyptiens qui les poursuivaient, devant eux la *mer Rouge*. Comment se sont-ils tirés de là ?

L'histoire sainte dit que Dieu commanda à Moïse d'élever sa baguette sur les eaux et de les diviser ; qu'il fit souffler un vent chaud pendant la nuit pour dessécher le fond de la *mer* ; qu'il plaça entre le camp des Hébreux et celui des Egyptiens une nuée obscure du côté de ceux-ci, et lumineuse du côté des Israélites. A cette lueur, ces derniers passèrent au milieu des eaux, qui s'élevaient comme un mur à leur droite et à leur gauche. Au point du jour, Pharaon qui les poursuivait, s'engagea dans ce passage avec son armée ; Moïse, étendant la main, fit retourner les flots dans leur lit ordinaire ; les Egyptiens y furent submergés, sans qu'il en échappât un seul (*Exod.*, cap. XIV). Dans le cantique chanté par les Israélites en action de grâces, ils s'écrient : « Le souffle de votre colère, Seigneur, a rassemblé et fait monter les eaux ; les flots ont perdu leur fluidité, les abîmes d'eau se sont amoncelés au milieu de la *mer*, » c. XV, v. 8 ; David, *Ps.* LXXVI et LXXVII ; *Isaïe*, c. LXIII, v. 12 ; *Habacuc*, c. III, v. 8 ; l'auteur du *Livre de la Sagesse*, c. XIX, v. 7, s'expriment de même sur ce grand événement. Les incrédules n'ont rien négligé pour en faire disparaître le surnaturel. Ils commencent par supposer que les Israélites passèrent à l'extrémité du bras de la *mer Rouge* qui aboutit à Suez, qui, selon l'estimation des voyageurs, pouvait avoir pour lors une demi-lieue de large. Dans cet endroit, disent-ils, le flux et le reflux sont très-sensibles ; dans le temps du reflux, les eaux laissent à sec au moins une demi-lieue de terrain à l'extrémité du golfe : Moïse, qui connaissait les lieux, sut profiter habilement du moment du reflux pour faire passer les Hébreux ; Pharaon, s'étant imprudemment engagé dans le même passage quelques heures après, et au moment du flux, perdit la tête avec tout son monde et fut submergé. Ils citent l'historien Josèphe, qui compare ce passage des Israélites à celui des soldats d'Alexandre dans la mer de Pamphilie, et qui n'ose affirmer qu'il y eût du surnaturel. Ils ajoutent qu'un miracle, tel que les livres de Moïse le rapportent, aurait dû devenir célèbre chez toutes les nations voisines ; qu'aucune cependant ne paraît en avoir eu connaissance, puisqu'aucune n'en a parlé. Toland décide que ce fut un stratagème de Moïse.

Mais en supposant même que les Israélites ont passé la *mer* dans le lieu indiqué par nos adversaires, il est évident que cela n'a pu se faire de la manière dont ils le prétendent. — 1° Il est absurde d'imaginer que les Egyptiens ne connaissaient pas aussi bien que Moïse le flux et le reflux du golfe de Suez ; que dans toute l'armée de Pharaon il n'y avait personne d'assez instruit de ce phénomène journalier pour en avertir les autres. Il n'est pas moins ridicule de penser que parmi deux millions d'Israélites, dont la plupart avaient demeuré dans la terre de Gessen, peu éloignée de Suez, aucun n'avait connaissance du flux et du reflux de la *mer* ; que Moïse a pu fasciner les yeux de toute cette multitude, au point de lui persuader qu'en traversant le golfe, elle avait à droite et à gauche les flots élevés comme un mur. Quelques moments auparavant, tout ce peuple s'était révolté contre Moïse, en voyant arriver l'armée des Egyptiens : « N'y avait-il donc pas de tombeaux en Egypte pour nous enterrer, disaient-ils, au lieu de venir nous faire périr dans un désert (*Exod.* XIV, 11) ? » Et l'on veut que bientôt après Moïse leur ait fait croire tout ce qu'il lui a plu d'imaginer. — 2° Lorsque le flux arrive, il ne vient point brusquement, il avance pendant six heures, et se retire dans un espace de temps égal. Quand ceux des Egyptiens qui étaient à la droite de leur armée, du côté du midi, auraient pu être surpris par les flots, ceux qui occupaient la gauche du côté du nord, devaient nécessairement échapper au naufrage. Les bords du golfe de ce côté-là ne sont point escarpés ; les chevaux des Egyptiens étaient-ils assez lents à la course pour ne pouvoir pas fuir plus promptement que les eaux n'arrivaient? Il n'est pas possible que la tête ait tourné assez fort aux Egyptiens pour ne plus distinguer le côté par lequel il fallait se sauver. — 3° Il n'est pas vrai que le reflux, même dans les plus basses marées, laisse une demi-lieue de terrain à sec au fond du golfe de Suez ; selon le rapport des voyageurs, il en découvre tout au plus une largeur de trois cents pas. Mettons-en le double, si l'on veut ; tout cet espace ne demeure découvert que pendant un quart d'heure, après lequel le reflux commence, et les eaux reviennent insensiblement pendant six heures. Il est donc impossible qu'une multitude de deux millions d'hommes, avec leurs troupeaux et leur bagage, ait pu passer dans un espace aussi étroit et en si peu de temps. Niébuhr, voyageur instruit, qui y a passé en 1762, atteste l'impossibilité de ce passage. « Aucune caravane, dit-il, n'y passe pour aller du Caire au mont Sinaï, ce qui abrégerait cependant beaucoup le chemin ; l'on tourne à cinq ou six milles plus au nord, et du temps de Moïse le circuit devait être encore plus long, puisque le golfe s'avançait davantage de ce côté-là, et devait être plus profond. En retournant du mont Sinaï à Suez, j'ai traversé ce golfe sur mon chameau pendant la plus basse marée, près des ruines de *Colsum*, un peu au nord de Suez, et les Arabes qui marchaient à mes côtés avaient de l'eau jusqu'aux genoux ; le banc de sable sur lequel nous étions ne paraissait pas fort large. Si donc une caravane voulait passer à Colsum, elle ne le pourrait qu'avec bien de l'incommodité, et sûrement pas à pied sec, à plus forte raison une armée. » *Descript. de l'Arabie*, pag. 353-355. — 4° Ceux qui disent que, pour écarter davantage les flots du fond du golfe, et découvrir un plus large espace de terrain, Dieu fit souffler un vent du nord, contredisent la narration de Moïse ; il dit expressément que Dieu fit souffler un vent d'*orient* violent, *Kadim* ou *Kédem*, qui divisa les eaux (*Exod.* xiv, 21) ; vent très-sec, puisqu'il venait du désert d'Arabie. D'ailleurs ce vent du nord serait arrivé bien à propos pour les Israélites, et aurait cessé bien malheureusement pour les Egyptiens. S'il faut admettre ici du surnaturel, nous ne voyons pas quelle nécessité il y a de le mettre au rabais, comme si un miracle coûtait à Dieu plus qu'un autre.

Quand donc il serait vrai que les Israélites ont passé le bras de la *mer Rouge* près de Suez, nous serions encore forcés de le regarder comme miraculeux. Mais le prodige est bien plus sensible, s'ils l'ont passé vis-à-vis de la vallée de *Bédéa*, environ douze lieues plus au midi, comme le soutient le père Sicard, a suivi très-exactement leur marche, telle qu'elle est marquée dans l'Ecriture, et qui l'a vérifiée par l'inspection des lieux ; dans cet endroit, la mer a, selon Niébuhr, au moins trois lieues de large : le père Sicard lui en suppose cinq ou six. Alors les Israélites n'ont pu passer sans avoir les eaux élevées comme un mur à leur droite et à leur gauche, ainsi que le disent les livres saints, par conséquent sans un miracle incontestable.

Quoi qu'en disent nos adversaires, Josèphe reconnaît formellement le miraculeux de cet événement, *Antiq.*, l. II, c. 7. La liberté qu'il laisse aux païens d'en croire ce qu'ils voudront, ne prouve donc rien ; il a vécu quinze cents ans après l'événement, et il ne paraît pas avoir vu les lieux. Il n'y aucune ressemblance entre le passage des Israélites au travers de la *mer Rouge*, et celui des soldats d'Alexandre sur le bord de la *mer* de Pamphilie. Ammien dit qu'ils profitèrent d'un moment auquel le vent du nord écartait les flots du rivage, et Strabon ajoute que ces soldats avaient encore de l'eau jusqu'à la ceinture. D'ailleurs le premier de ces historiens observe qu'Alexandre ne fit passer ainsi qu'une partie de son armée, et il ne dit pas quel fut le nombre des soldats qui tentèrent ce passage. *De expedit. Alex.*, lib. I. Ces mêmes critiques en imposent encore, lorsqu'ils disent que le passage miraculeux des Israélites et la défaite des Egyptiens n'ont pas été connus des nations voisines, et qu'aucun auteur profane n'en a parlé. Non-seulement les Ammonites en étaient très-instruits (*Judith*, v. 12), mais Diodore de Sicile, liv. III, ch. 3, rapporte que, selon la tradition des Ichtyophages, qui habitaient le bord occidental de la *mer Rouge*, cette *mer* s'était ouverte autrefois par un reflux violent, que tout son fond avait paru à sec ; mais qu'ensuite il était survenu un flux impétueux qui avait réuni les eaux. Justin, l. XXXVI, dit, d'après Trogue-Pompée, que les Egyptiens qui poursuivaient Moïse furent contraints par les tempêtes de retourner chez eux. Artapan, cité par Eusèbe, *Præpar. evang.*, lib. IX, c. 72, observe que les prêtres de Memphis ne convenaient pas du passage miraculeux de Moïse, mais que ceux d'Héliopolis avouaient qu'il s'était miraculeusement ouvert un passage au travers des flots. Le savant auteur de l'*Histoire véritable des temps fabuleux*, tom. III, pag. 202 et suiv., fait voir que plusieurs traits de l'histoire d'Egypte, tels qu'ils sont rapportés par les auteurs profanes, ne sont rien autre chose que les événements de l'histoire de Moïse et des Hébreux, déguisés et travestis, et qu'en particulier on y reconnaît très-évidemment le passage de la *mer Rouge*. Voy. la *Dissert.* sur ce sujet, Bible d'Avignon, t. II, p. 46.

On peut faire à ce sujet une observation qui prouve l'exactitude et la justesse de la narration de Moïse. En parlant de l'armée de Pharaon qui poursuivit les Israélites, il ne fait mention que de chars et de cavalerie, *Exod.*, c. XIV et XV. En effet, les historiens et les voyageurs ont remarqué que les rois d'Egypte n'eurent jamais d'autres troupes que de la cavalerie ; aujourd'hui encore la seule milice de l'Egypte sont les mameloucks, qui sont tous cavaliers. *Voyage en Syrie et en Egypte*, par Volney, tome II, IIᵉ part., c. 11.

MERCI. Les pères *de la Merci* ou de la rédemption des captifs sont un ordre religieux qui prit naissance à Barcelone en 1223, à l'imitation de l'ordre des trinitaires, fondé en France par saint Jean de Matha. Ce n'était au commencement qu'une congrégation de gentilshommes, qui, excités par le zèle et la charité de saint Pierre Nolasque, gentilhomme français, consacrèrent une partie de leurs biens à la rédemption des chrétiens réduits à l'esclavage chez les infidèles. On sait avec quelle inhumanité ces malheureux étaient traités par les Maures mahométans, qui dominaient alors en Espagne ; leur sort était encore plus cruel sur les côtes de Barbarie.

Le nombre des chevaliers ou confrères dévoués à cette bonne œuvre augmenta bientôt ; on les appela *les confrères de la congrégation de Notre-Dame de miséricorde*. Aux trois vœux ordinaires de religion, ils joignirent celui d'employer leurs biens, leur liberté et leur vie au rachat des captifs. Rien, sans doute, n'est plus héroïque ni plus sublime que ce vœu ; il fait également honneur à la religion et à l'humanité. Les succès rapides de cet ordre naissant engagèrent Grégoire IX à l'approuver, et il le mit sous la règle de saint Augustin, l'an 1235. Clément V ordonna, en 1308, que cet ordre fût régi par un religieux prêtre. Ce changement causa la séparation des clercs et des laïques ; les chevaliers furent incorporés à d'autres ordres militaires, et la congrégation *de la Merci* ne fut plus composée que d'ecclésiastiques ; c'est sous cette dernière forme qu'elle subsiste encore.

Outre les provinces dans lesquelles cet ordre est divisé tant en Espagne qu'en Amérique, il y en a une dans les parties méridionales de la France. Le père Jean-Baptiste Gonzalès du Saint-Sacrement, mort en 1618, y introduisit une réforme qui fut approuvée par Clément VIII ; ceux qui la suivent vont pieds nus, pratiquent exactement la retraite, le recueillement, la pauvreté, l'abstinence. Ils ont deux provinces en Espagne, une en Sicile et une en France.

Les ennemis de l'état monastique diront sans doute : Pourquoi ne pas laisser la congrégation *de la Merci* telle qu'elle était d'abord, sur le pied d'une confrérie de laïques ? Parce qu'une simple confrérie n'aurait pas été de longue durée. Pour lui donner de la stabilité, pour établir une correspondance entre les différentes parties de cette congrégation, il fallait des vœux, une règle, un régime monastique ; l'expérience prouve que tout établissement d'une autre espèce ne subsiste pas longtemps. *Voy.* RÉDEMPTION, TRINITAIRES.

MERCREDI DES CENDRES. *Voy.* CENDRES.

MÈRE DE DIEU, qualité que l'Eglise catholique donne à la sainte Vierge Marie. L'usage de la qualifier ainsi est venu des Grecs, qui l'appelaient Θεοτόκος, nom que les Latins ont rendu par *Deipara* et *Dei genitrix*. Le concile d'Ephèse, en 431, confirma cette dénomination ; et le concile de Constantinople, en 553, ordonna qu'à l'avenir on nommerait toujours ainsi la sainte Vierge. Ces deux décrets furent portés pour terminer une longue dispute, et pour étouffer une erreur. Lorsque Nestorius était patriarche de Constantinople, un de ses prêtres nommé Anastase s'avisa de soutenir, dans un sermon, que l'on ne devait point appeler la sainte Vierge *mère de Dieu*, mais *mère du Christ* ; ces paroles ayant soulevé tous les esprits et causé du scandale, le patriarche prit très-mal à propos le parti du prédicateur, appuya sa doctrine, et se fit condamner lui-même.

En effet, pour refuser à Marie le titre de *mère de Dieu*, il faut ou soutenir, comme les gnostiques, que le Fils de Dieu n'a pas pris une chair réelle dans le sein de Marie, et qu'il est né seulement en apparence ; ou enseigner, comme les ariens, que Jésus-Christ n'est pas Dieu, ou prétendre qu'il y a en lui deux personnes : savoir, la personne divine et la personne humaine ; qu'ainsi la divinité et l'humanité ne sont pas unies en lui substantiellement, mais moralement ; que c'est une union d'adoption, de volonté, d'action, de cohabitation, et non une incarnation : c'est ce que Nestorius fut obligé de dire pour se défendre, et ce qui fut légitimement condamné. Ainsi, le nom de *mère de Dieu* est non-seulement une conséquence évidente du dogme de l'incarnation, mais il ne fait que rendre exactement les expressions de l'Ecriture sainte. Saint Jean dit *que le Verbe s'est fait chair* ; or, il a pris cette chair dans le sein de Marie ; donc, ou le Verbe n'est pas Dieu, ou Dieu n'est pas né de Marie selon la chair. Saint Paul nous l'apprend, lorsqu'il dit que le Fils de Dieu est né, selon la chair, du sang de David (*Rom.* I, 3) ; qu'il est né d'une femme (*Galat.* IV, 4).

Les Pères des trois premiers siècles, saint Ignace, saint Irénée, Tertullien, etc., se sont servis de ces passages pour prouver aux anciens hérétiques la réalité de la chair de Jésus-Christ ; ceux du quatrième les ont employés pour établir sa divinité contre les ariens. Le concile de Nicée a décidé que le Fils unique de Dieu, vrai Dieu de vrai Dieu, consubstantiel à son Père, s'est incarné par l'opération du Saint-Esprit, est né de la vierge Marie, et s'est fait homme. Ou il faut renoncer à cette profession de foi, ou il faut donner à Marie le titre de *mère de Dieu*. Saint Ignace, disciple immédiat des apôtres, dit en propres termes que Notre-Seigneur Jésus-Christ est Dieu existant dans l'homme, *né de Dieu et de Marie*. Epist. ad Ephes., n. 7. Ce passage est cité et adopté par Théodoret, qui n'était rien moins qu'ennemi de Nestorius. *Voy.* Pétau, *de Incarn.*, l. v, c. 17. Il ne s'ensuit point de là que Marie a engendré la Divinité, ni que Marie est *mère* de la nature divine, comme le concluaient les nestoriens : une nature éternelle ne peut-être engendrée d'une créature. Aussi les Pères ne disent pas simplement que Marie est *mère* du Verbe, mais *mère du Verbe incarné*. c'est à nous d'imiter exactement leur langage. Si l'on peut abuser du titre de *mère de Dieu*, Nestorius abusait bien plus malicieusement du nom *de mère du Christ*, puisqu'il s'en servait pour saper le mystère de l'incarnation.

Mais ce titre auguste a déplu aux protestants, parce qu'il autorise trop évidemment les autres qualités que l'Eglise catholique attribue à la sainte Vierge, et le culte singulier qu'elle lui rend; mais on sait aussi que, par leur prévention, ils n'ont que trop favorisé les ennemis de la divinité de Jésus-Christ. Vainement ils disent que les Pères grecs ont nommé Marie Θεοτόκος, et non μήτηρ τοῦ Θεοῦ ; il s'ensuit seulement qu'ils ont mieux aimé employer un seul mot que trois pour exprimer la même chose. Par la même raison ils ont dit Χριστοτόκος, et non, μήτηρ τοῦ Χριστοῦ; et il ne s'ensuit rien.

Il n'est pas vrai que saint Léon soit le premier des Pères latins qui ait nommé Marie *mère de Dieu*. Cassien et Vincent de Lérins, *Commonit.*, c. 12 et 15; ont soutenu cette qualité contre Nestorius. Les plus anciens, tels que Tertullien, saint Cyprien, saint Hilaire, saint Jérôme, saint Ambroise, saint Augustin, etc., disent que Dieu est né d'une vierge, est né d'une femme; qu'une vierge a conçu Dieu, l'a porté dans son sein, l'a enfanté, etc. *Voy.* Pétau, *ib.*, l. v, c. 14, n. 9 et suivants. Chez les Pères grecs, le nom Θεοτόκος se trouve déjà dans la conférence d'Archélaüs, évêque de Charcar en Mésopotamie, avec l'hérésiarque Manès, l'an 277, plus de cent cinquante ans avant la naissance du nestorianisme. Alexandre, patriarche d'Alexandrie, s'en est servi dans sa lettre synodique à celui de Constantinople, écrite avant l'an 325. Théodoret, *Hist. ecclés.*, l. I, c. 4, p. 20. C'était une courte profession de foi de la divinité de Jésus-Christ. Origène, saint Denis d'Alexandrie, saint Athanase, saint Basile, saint Proclus, Eusèbe et d'autres que cite saint Cyrille, l'ont employé avant le concile d'Ephèse. Jean d'Antioche, dans sa *lettre à Nestorius*, lui représenta que ce terme avait été employé par plusieurs Pères, et qu'aucun ne l'avait jamais rejeté. Julien reprochait aux chrétiens cette expression, dans son ouvrage contre le christianisme. Pétau, *ibid.*, c. 15, n. 9 et suiv. *Voy.* NESTORIANISME.

MÉRITE, en théologie, signifie la bonté morale et surnaturelle de nos actions, et le droit qu'elles nous donnent à une récompense de la part de Dieu.

Il est clair d'abord que nous ne pouvons avoir aucun *droit* à l'égard de Dieu qu'autant qu'il a bien voulu nous l'accorder par une promesse qu'il nous a faite ; mais comme il est de la *justice* de Dieu d'accomplir exactement ses promesses, on peut, sans abuser du terme, nommer *droit* l'espérance bien fondée dans laquelle nous sommes d'obtenir ce que Dieu nous a promis, si nous remplissons les conditions qu'il nous a prescrites. *Droit* et *justice* sont évidemment corrélatifs : la promesse que Dieu fait à l'homme est une espèce de contrat qu'il daigne former avec lui.

Les théologiens distinguent le *mérite* de condignité, *meritum de condigno*, et le *mérite* de congruité ou de convenance, *meritum de congruo*; ils disent ordinairement que le premier a lieu, lorsqu'il y a une juste proportion entre la valeur de l'action et la récompense qui y est attachée; que quand cette proportion ne se trouve pas, l'action ne peut avoir qu'un *mérite* de congruité. Mais comme saint Paul nous avertit que les souffrances de ce monde, par conséquent les bonnes œuvres, n'ont aucune proportion ou condignité avec la gloire éternelle qui nous est réservée, *Rom.*, c. VIII, v. 18, il paraît plus simple de dire que le *mérite* de condignité est fondé sur une promesse formelle de Dieu, au lieu que le *mérite* de congruité n'est appuyé que sur la confiance à la bonté divine. Dans le premier cas, la récompense est un acte de justice; dans le second, c'est une pure grâce et un trait de miséricorde : aussi les théologiens conviennent qu'il n'y a ici qu'un *mérite* improprement dit. Par ce moyen, le passage de saint Paul ne forme plus une difficulté ; il est exactement vrai que nos bonnes œuvres et nos souffrances n'ont par elles-mêmes et par leur valeur intrinsèque aucune condignité, aucune proportion avec le bonheur éternel, mais seulement en vertu de la promesse de Dieu et des *mérites* de Jésus-Christ. Il y a dans l'Ecriture sainte des preuves et des exemples de ces deux espèces de *mérite*. La récompense des justes et la punition des pécheurs y sont également appelées un *salaire*. Saint Paul dit qu'à celui qui travaille la récompense n'est pas accordée comme une grâce, mais comme une dette (*Rom.* IV, 4). « J'ai achevé ma course, dit-il ailleurs ; j'ai gardé ma foi ou ma fidélité ; la couronne de justice m'est réservée, le Seigneur, juste juge, me la rendra un jour (*II Tim.* IV, 7). » Si la récompense est un acte de justice, l'homme l'a donc méritée : il est digne de la recevoir. En effet, Jésus-Christ parle de ceux qui seront jugés dignes du siècle futur et de la résurrection des morts (*Luc.* XX, 35). Il dit de ceux qui ne sont pas souillés : *Ils marcheront avec moi en habits blancs, parce qu'ils en sont dignes* (*Apoc.* III, 4). Voilà un *mérite* de condignité. Mais, encore une fois, ce *mérite* ou cette dignité viennent plutôt de la promesse de Dieu et de sa grâce, que de la valeur essentielle des actions de l'homme.

Les livres saints nous en montrent d'une autre espèce. Daniel, c. XXIV, v. 4, dit à Nabuchodonosor : « Rachetez vos péchés par vos aumônes; » il lui fait envisager le pardon de ses péchés comme la récompense de ses bonnes œuvres. Ce roi reconnaît qu'il a été frappé de Dieu et humilié en punition de son orgueil, et qu'il a été rétabli sur son trône, parce qu'il a béni et loué Dieu. *Ibid.*, v. 31. Ce n'était certainement pas là une récompense due par justice. Nous lisons que Dieu fit prospérer les sages-femmes d'Egypte parce qu'elles avaient craint Dieu (*Exod.* I, 20). Dans le *livre de Ruth*, c. I, v. 8, Noémi prie Dieu de rendre à ses deux belles-filles le bien qu'elle en avait reçu. Selon saint Jacques, la courtisane Rahab fut justifiée par ses œuvres (*Jac.* II, 25). Un ange dit au centurion Corneille : « Vos prières et vos aumônes sont montées vers Dieu, et il s'en souvient. » Conséquemment saint Pierre est envoyé à cet homme pour lui faire connaître Jésus-Christ (*Act.* I, 4). Les actions de tous ces personnages ne pouvaient avoir aucune proportion avec les bienfaits de Dieu, et Dieu ne leur avait rien promis ; mais il était de sa bonté de ne pas les laisser sans récompense : elles avaient donc un *mérite* de convenance ou de congruité. C'est ainsi que Dieu le représente lui-même (*Isaïe*, I, 16) ; il promet aux Juifs que s'ils se purifient de leurs iniquités, s'ils cessent d'y retomber, s'ils servent la justice et la charité, il pardonnera, oubliera et effacera tous leurs péchés passés. A ces conditions il consent que les Juifs viennent exiger l'effet de cette promesse, et, pour ainsi dire, le prendre lui-même à partie : *Venite, et arguite me, dicit Dominus.* Dieu regarde donc ses promesses comme un titre et un droit pour ses créatures, et leur exécution comme un acte de justice de sa part. Voilà tout ce que l'on entend sous le nom de mérite.

Pour le *mérite* de condignité, les théologiens exigent plusieurs conditions ; il faut, 1° que l'homme soit juste ou en état de grâce sanctifiante ; 2° qu'il soit *voyageur*, c'est-à-dire encore vivant sur la terre : ainsi le *mérite* n'a plus lieu après la mort ; 3° que son action soit libre, exempte de toute nécessité, même simple et relative ; 4° qu'elle soit moralement bonne et vertueuse ; 5° qu'elle soit rapportée à Dieu et à une fin surnaturelle, et faite avec le secours de la grâce actuelle ; 6° qu'il y ait de la part de Dieu une promesse formelle de récompenser cette action. La 2°, la 3°, la 4° et la 5° de ces conditions sont suffisantes pour le mérite *de congruo*.

De là ils concluent que l'homme ne peut mériter en aucune manière la première grâce actuelle ; autrement elle serait la récompense d'actions faites sans son secours, d'actions purement naturelles : cela est impossible, et l'Eglise l'a ainsi décidé contre les pélagiens et les semi-pélagiens. Il ne peut pas mériter non plus *de condigno* la première grâce habituelle ou sanctifiante, puisque celle-ci est absolument nécessaire pour le *mérite* de condignité ; il peut cependant le mériter *de congruo*, aussi bien que le don de la foi, par le moyen des bonnes œuvres faites avec le secours de la grâce actuelle. L'Eglise a condamné ceux qui ont enseigné que la foi est la première grâce. Saint Augustin, dans son livre *du Don de la persévérance*, a encore prouvé, contre les semi-pélagiens, que l'homme ne peut mériter ce don *de condigno*, parce que Dieu ne l'a pas promis aux justes ; mais, selon ce saint docteur, l'homme peut l'obtenir par de ferventes prières et par une humble confiance en la bonté de Dieu, par conséquent le mériter *de congruo*. Selon le cours ordinaire de la providence, il n'est pas à craindre que Dieu abandonne à la dernière heure une âme qui l'a fidèlement servi pendant toute sa vie.

Nous avons prouvé, par l'Ecriture sainte, que l'homme juste peut mériter *de condigno* et par justice la vie éternelle, parce qu'il peut remplir à cet égard toutes les conditions qu'exige le *mérite* de condignité ; par la même raison il peut mériter de même l'augmentation de la grâce sanctifiante et un accroissement de gloire dans le ciel. C'est encore le sentiment de saint Augustin ; et telle est, sous ce rapport, la doctrine du concile de Trente, sess. 6, *de Justif.* Il n'est aucune question sur laquelle les protestants aient calomnié plus grossièrement l'Eglise catholique ; ils lui ont reproché d'enseigner que l'homme peut mériter la rémission de ses péchés et la justification par ses œuvres, par ses propres forces, et indépendamment des *mérites* de Jésus-Christ ; de contredire saint Paul, en admettant, sous le nom de *condignité*, une proportion entre nos œuvres et la récompense que Dieu nous promet ; de supposer que les bonnes œuvres des justes n'ont pas besoin d'une acceptation gratuite de Dieu pour mériter le bonheur éternel, qu'elles opèrent par elles-mêmes la rémission des péchés, *ex opere operato.* Ils ont cité Isaïe, c. LXIV, v. 6, qui dit que toutes nos justices sont semblables à un linge souillé ; et Jésus-Christ, qui nous avertit que quand nous avons fait tout ce qu'il commande, nous ne sommes encore que des serviteurs inutiles (*Luc.* XVII, 10). Quelques-uns ont soutenu que, dans toutes ses œuvres, le juste pèche au moins véniellement, puisqu'il n'accomplit jamais la loi aussi parfaitement qu'il le doit ; d'autres ont poussé l'entêtement jusqu'à dire que, dans toutes ses actions, il pèche mortellement.

Quiconque prendra la peine de lire le concile de Trente, y verra une doctrine diamétralement opposée à celle que les protestants nous imputent. Il déclare que personne n'est justifié que ceux auxquels le *mérite* de la passion de Jésus-Christ est communiqué, sess. 6, *de Justif.*, c. 3 ; que personne ne peut se disposer à la justification qu'autant qu'il est prévenu et secouru par la grâce de Dieu, c. 5 et 6. Il enseigne que l'homme est justifié par la foi, l'espérance et la charité, et qu'il reçoit ces dons par Jésus-Christ, c. 7 ; qu'ainsi il est justifié gratuitement, puisque rien de ce qui précède la justification, soit la foi, soit les œuvres, ne peut mériter la justification, qui est une pure grâce, c. 8, etc. Le concile appuie toutes ces vérités sur des passages exprès de l'Ecriture sainte. Conséquemment il dit anathème à quiconque soutient que l'homme peut être justifié par les œuvres qui viennent de ses propres forces, ou de la doctrine qu'il a reçue, sans la grâce divine qui nous est donnée par Jésus-Christ. *Can.* 1. Il condamne ceux qui disent que la grâce divine est donnée par Jésus-Christ, seulement afin que l'homme puisse plus facilement mener une vie sainte et mériter la vie éternelle, comme s'il le pouvait faire absolument, quoique plus difficilement, par son libre arbitre et sans la grâce. *Can.* 2. Ces deux points de la foi avaient déjà été décidés contre les pélagiens. Enfin, le concile censure ceux qui prétendent que l'homme justifié peut persévérer toute sa vie dans la justice sans un secours spécial de Dieu, *Can.* 22. Nous demandons en quoi cette doctrine peut déroger aux *mérites*, aux satisfactions, à la médiation de Jésus-Christ. Ce concile ne parle ni de *mérite de condignité*, ni de justification *ex opere operato*; aucun théologien même ne s'est servi de cette dernière expression, en parlant des bonnes œuvres. Pour rendre la première odieuse, les protestants y attachent un faux sens; ils entendent par là un *mérite rigoureux*, fondé sur la valeur intrinsèque des actions : nous convenons qu'un tel *mérite* ne convient qu'à Jésus-Christ seul; puisqu'il était Dieu, toutes ses actions étaient d'un prix, d'une valeur, d'un *mérite* infinis. Il a donc mérité, en rigueur de justice, non-seulement la gloire dont jouit son humanité sainte, mais le salut de tous les hommes, et toutes les grâces dont ils ont besoin; au lieu que les bonnes œuvres des justes ne tirent leur valeur que de ces grâces mêmes, et n'ont qu'un *mérite* emprunté de ce divin Sauveur.

Si c'est le terme de *mérite* qui choque les protestants, lorsqu'il est appliqué aux hommes, on les prie de faire attention qu'il est dit dans l'Ecriture sainte (*Eccli.* xv, 15) que tout acte de miséricorde mettra chacun à sa place, selon le *mérite* de ses œuvres. Saint Paul fait allusion à ce passage (*Rom.* II, 6), lorsqu'il dit que Dieu rendra à chacun selon ses œuvres. Les protestants ne nient point que le péché ne *mérite* châtiment : or le châtiment du péché et la récompense de la vertu sont également appelés par saint Paul un salaire, *merces*; donc le mot de *mérite* convient également à l'un et à l'autre. Que prouve le passage d'Isaïe cité par les protestants? Que les actes mêmes de religion et de piété du commun des Juifs étaient infectés par des motifs criminels; ce prophète le leur reproche, c. I, v. 58, etc. Il n'en est pas de même des bonnes œuvres des justes inspirées par la grâce.

Quoique nous soyons des serviteurs très-inutiles à Dieu, il a cependant daigné nous promettre une récompense, non parce qu'il a besoin de nos services, mais parce qu'il nous a créés pour nous faire du bien, et parce que Jésus-Christ a mérité cette récompense pour nous. De même, quoique nous soyons incapables d'accomplir parfaitement la loi, et d'aimer Dieu autant qu'il mérite d'être aimé, cependant sa grâce nous rend capables de le faire autant qu'il le faut pour être éternellement récompensés : Dieu, qui est la justice et la bonté même, n'exige pas de nous un degré de perfection supérieur aux forces qu'il nous donne par sa grâce.

Ne sont-ce pas les protestants eux-mêmes qui se couvrent du ridicule dont ils ont voulu charger les catholiques? Le principe fondamental de leur doctrine sur la justification, est que la justice personnelle de Jésus-Christ nous est imputée par la foi, c'est-à-dire par la ferme persuasion dans laquelle nous sommes que nos péchés nous sont pardonnés par ses mérits, tellement qu'il suffit d'avoir cette persuasion ferme pour être justifié en effet. Or, nous demandons pourquoi cet acte de foi est d'une plus grande valeur, a plus d'efficacité et de proportion avec la rémission des péchés, que les autres actions de l'homme que nous nommons *des bonnes œuvres*. Nous demandons, si cette foi opère la rémission des péchés *ex opere operato*, pourquoi dans cet acte l'homme ne pèche ni mortellement ni véniellement, pendant qu'il pèche, selon les protestants, dans toutes ses autres actions. S'ils disent que Dieu l'a voulu ainsi et l'a promis, cela nous suffit; il est bien plus sûr qu'il a promis de récompenser toutes les bonnes œuvres, qu'il ne l'est qu'il a promis d'agréer la foi des protestants : il n'est pas question de cette prétendue foi dans l'Ecriture sainte, et dans le fond ce n'est qu'une vision. Est-ce parce que Dieu inspire cet acte de foi? Mais il inspire aussi toutes les bonnes œuvres; selon saint Paul, c'est lui qui opère en nous le vouloir et l'action (*Philipp.* II, 13). Est-ce parce que cet acte de foi est très difficile et humilie profondément l'homme? Nous n'en voyons ni la difficulté, ni l'humilité. Il est beaucoup plus aisé de se mettre cette chimère dans l'esprit, que de faire une aumône, de pratiquer une mortification, de pardonner une injure, de confesser ses péchés, etc. Il y a certainement une humilité plus sincère à reconnaître la nécessité d'accomplir toute la loi, à confesser que nous ne pouvons rien sans une grâce de Jésus-Christ qui nous prévient, nous excite au bien, et le fait avec nous. Voilà ce que les protestants n'ont jamais enseigné bien clairement. Ils n'ont fait, contre les bonnes œuvres, aucune objection qui ne puisse être rétorquée contre leur prétendue foi justifiante. *Voy.* JUSTIFICATION, IMPUTATION, ŒUVRES, etc.

MESSE (1), prières et cérémonies qui se font dans l'Eglise catholique, pour la consécration de l'eucharistie. On a aussi nommé ces prières, *la liturgie*, ou le service, parce que c'est la partie la plus auguste du

---

(1) *Voy.* le Dict. de Théol. mor. pour les questions qui n'auraient pas été suffisamment traitées par Bergier.

service divin ; *synaxe* et *collecte*, c'est-à-dire *assemblée, office solennel, sacrifice, oblations, divins mystères*, etc. ; mais depuis le IVe siècle le nom de *messe* a été le plus usité dans l'Eglise latine (1).

Quelques auteurs ont voulu tirer ce nom de l'hébreu *missah*, offrande volontaire ; il est plus probable qu'il vient du latin *missio*, renvoi, parce qu'après les prières et les instructions qui précédent l'oblation des dons sacrés, on renvoyait les catéchumènes et les pénitents : les fidèles seuls, que l'on supposait dignes de participer au saint sacrifice, avaient droit d'être témoins de la célébration. C'est l'étymologie que saint Augustin, saint Avit de Vienne et saint Isidore de Séville ont donnée de ce terme. Par analogie, l'on a souvent donné le nom de *messe* à tous les offices du jour et de la nuit.

Bingham, entêté de ses préjugés anglicans, a voulu prouver, par cette observation, que la *messe* n'a jamais été le nom spécialement attaché à la consécration de l'eucharistie, et n'a jamais signifié un sacrifice expiatoire pour les vivants et pour les morts, comme on l'entend aujourd'hui (*Orig. ecclés.*, l. XIII, c. 1, § 4). Mais il fournit lui-même de quoi le réfuter. Il convient que le mot de *messe* vient du latin *missio*, renvoi :

(1) Canons de doctrine sur le sacrifice de la messe. Si quelqu'un dit qu'à la messe on n'offre pas à Dieu un véritable et propre sacrifice, ou qu'être offert n'est autre chose que Jésus-Christ nous être donné à manger, qu'il soit anathème. C. de Trente, c. 1. — Si quelqu'un dit que par ces paroles : *Faites ceci en mémoire de moi*, Jésus-Christ n'a pas établi les apôtres prêtres, ou n'a pas ordonné qu'eux ou les autres prêtres offrissent son corps et son sang, qu'il soit anathème, C. 2. — Si quelqu'un dit que le sacrifice de la messe est seulement un sacrifice de louange et d'action de grâces ou une simple mémoire du sacrifice qui a été accompli à la croix, et qu'il n'est pas propitiatoire, ou qu'il n'est profitable qu'à celui qui le reçoit, et qu'il ne doit pas être offert pour les vivants et pour les morts, pour les péchés, les peines, les satisfactions, et pour toutes les autres nécessités, qu'il soit anathème. C. 3. — Si quelqu'un dit que, par le sacrifice de la messe, on commet un blasphème contre le très-saint sacrifice de Jésus-Christ, consommé en la croix, ou qu'on y déroge, qu'il soit anathème. C. 4. — Si quelqu'un dit que c'est une imposture de célébrer des messes en l'honneur des saints et pour obtenir leur entremise auprès de Dieu, comme c'est l'intention de l'Eglise, qu'il soit anathème. C. 5. — Si quelqu'un dit que le canon de la messe contient des erreurs, et que pour cela il en faut supprimer l'usage, qu'il soit anathème. C. 6. — Si quelqu'un dit que les cérémonies, les ornements et les signes extérieurs dont use l'Eglise dans la célébration de la messe, sont plutôt des choses qui portent à l'impiété que des devoirs de piété, de dévotion, qu'il soit anathème. C. 7. — Si quelqu'un dit que les messes auxquelles le seul prêtre communie sacramentellement sont illicites, et que pour cela il en faut faire cesser l'usage, qu'il soit anathème. C. 8. — Si quelqu'un dit que l'usage de l'Eglise romaine, de prononcer à basse voix une partie du canon et les paroles de la consécration, doit être condamné ; ou que la messe ne doit être célébrée qu'en langue vulgaire, ou qu'on ne doit pas mêler d'eau avec le vin qui doit être offert dans le calice, parce que c'est contre l'institution de Jésus-Christ, qu'il soit anathème. C. 9.

or, dans quelle partie de l'office renvoyait-on quelques-uns des assistants ? Il l'a reconnu ; c'est immédiatement avant l'oblation et la consécration de l'eucharistie : voilà pourquoi ce qui précédait était appelé la *messe* des catéchumènes ; parce qu'alors on les renvoyait : le reste était appelé la *messe* des fidèles. Donc, dans l'origine, la *messe* ou le renvoi n'a eu lieu qu'à l'égard de la consécration de l'eucharistie ; donc c'est relativement à cette consécration que le nom de *messe* a été introduit : conséquemment il n'a été donné que par analogie et abusivement aux autres parties de l'office divin. Or, il est prouvé, par les plus anciennes liturgies, que dès l'origine cette consécration a été précédée et accompagnée de l'oblation, et a été regardée comme un vrai sacrifice. *Voy.* EUCHARISTIE, § 5. Ainsi, selon la croyance de l'Eglise catholique, la *messe* est le sacrifice de la loi nouvelle, par lequel l'Eglise offre à Dieu, par les mains des prêtres, le corps et le sang de Jésus-Christ, sous les espèces du pain et du vin. Cette doctrine, comme on le voit évidemment, suppose la présence réelle de Jésus-Christ dans l'eucharistie, et la transsubstantiation, ou le changement de la substance du pain et du vin en celle du corps et du sang de Jésus-Christ. Au mot EUCHARISTIE, nous avons démontré la liaison intime de ces trois dogmes.

Les sacramentaires n'admettent aucun des trois, et les luthériens nient la transsubstantiation ; conséquemment tous ont condamné et retranché la *messe*. Ils ont enseigné que ce prétendu sacrifice faisait injure et dérogeait à la dignité et au mérite de celui que Jésus-Christ a offert sur la croix ; qu'il n'est ni propitiatoire, ni impétratoire ; qu'il ne doit être offert ni pour la rémission des péchés, ni pour les vivants, ni pour les morts, ni à l'honneur des saints ; qu'il n'y a point d'autre manière d'offrir Jésus-Christ à son Père, que de le recevoir dans l'Eucharistie, et que cette action ne peut profiter qu'à celui qui communie ; que dans la loi nouvelle le seul sacrifice agréable à Dieu, ce sont les prières, les louanges, les actions de grâces. Ils en ont conclu que le canon de la *messe* est rempli d'erreurs, que toutes les cérémonies dont l'Eglise se sert dans cette action sont superstitieuses et impies, que l'usage de célébrer dans une langue que le peuple n'entend pas, et de réciter le canon à voix basse, sont des abus, etc. Le concile de Trente a condamné tous ces articles de la doctrine des protestants par autant de décrets directement contraires : il les a fondés sur les passages de l'Ecriture, dont les hétérodoxes ont perverti le sens, et sur la pratique constante de toutes les Eglises chrétiennes, depuis les apôtres jusqu'à nous. *Sess.* 22. Les prétendus réformateurs n'en vinrent pas tout à coup à cet excès de fureur contre la *messe*. Luther ne condamna d'abord que les *messes* privées ; il retrancha ensuite l'oblation et la prière pour les morts ; enfin il supprima l'élévation et l'adoration de l'eucharistie. Il en fut de même en Angleterre :

la liturgie n'y a été mise dans l'état où elle est aujourd'hui, qu'après plusieurs changements consécutifs. On peut voir dans le P. Lebrun, *Explic. des cérémonies de la Messe*, tom. VII, p. 1 et suivantes (1), les différentes liturgies des sectes protestantes, et les comparer avec celles des autres communions chrétiennes. Si les fondateurs de la réforme avaient mieux connu les anciennes liturgies, il est à présumer qu'ils n'auraient pas vomi tant d'invectives contre la *messe* romaine. On a eu beau représenter à leurs disciples que l'Eglise, en offrant à Dieu le corps et le sang de Jésus-Christ, présent sur l'autel, ne prétend pas offrir un sacrifice différent de celui de la croix ; que c'est Jésus-Christ lui-même qui s'offre par les mains des prêtres ; qu'il est donc le prêtre ou le pontife principal et la victime, comme il l'a été sur la croix. Puisque ce divin Sauveur, selon l'expression de saint Paul, est prêtre pour l'éternité, et toujours vivant afin d'intercéder pour nous (*Hebr.* VII, 24 et 25), pourquoi n'exercerait-il pas encore son sacerdoce sur la terre, lorsqu'il y est présent, de même qu'il l'exerce dans le ciel ? Les protestants ne veulent pas entendre ce langage, qui, depuis les apôtres, est celui de toute l'Eglise.

Pour justifier leur prévention contre la *messe*, plusieurs ont avancé que, selon l'opinion des catholiques, Jésus-Christ, sur la croix, a satisfait à la justice divine pour le péché originel seulement, et qu'il a institué la *messe* pour effacer les péchés actuels que les hommes commettent tous les jours ; que la *messe* justifie les hommes *ex opere operato*; et mérite la rémission de la coulpe et de la peine aux pécheurs qui n'y mettent point d'obstacle. Il est évident que ce sont là deux fausses imputations. Jamais aucun catholique n'a douté que Jésus-Christ mourant n'eût satisfait pour tous les péchés sans exception ; l'Ecriture l'enseigne ainsi, et nous le répétons dans la *messe*, en disant : « Agneau de Dieu, qui effacez les péchés du monde, ayez pitié de nous. » Mais nous croyons que, par le sacrifice de la *messe*, les mérites de la mort de Jésus-Christ nous sont appliqués, de même que les protestants croient qu'ils se les appliquent par la foi. Lorsque l'Eglise enseigne que la *messe* est un sacrifice propitiatoire, elle entend que Jésus-Christ présent sur l'autel, en état de victime, demande grâce pour les pécheurs, comme il l'a fait sur la croix ; qu'il apaise la justice de son Père, et détourne les châtiments que nos péchés ont mérités. Au mot EUCHARISTIE, § 5, nous avons prouvé par l'Ecriture sainte et par la tradition, que c'est un vrai sacrifice, duquel Jésus-Christ est le prêtre principal. C'est donc lui-même qui s'offre à son Père par les mains des prêtres de la loi nouvelle. Le motif de cette offrande est le même qu'il avait en s'offrant sur la croix ; donc il s'offre afin d'obtenir miséricorde pour tous les hommes, pour effacer les péchés des vivants et des morts. Mais ce dogme tient encore à un au-

(1) Voir ci-dessus, col. 512, note.

tre que les protestants ne veulent pas admettre : savoir, qu'après la rémission de la coulpe du péché et de la peine éternelle, le pécheur est encore obligé de satisfaire à la justice divine par des peines temporelles ou en ce monde ou en l'autre. *Voy.* RÉMISSION, SATISFACTION.

C'est sur ce même fondement que l'Eglise s'appuie, lorsqu'elle offre le sacrifice de la *messe* pour les morts, et qu'elle en fait mention dans toutes les *messes*. Comme elle croit que les fidèles qui sortent de ce monde sans avoir suffisamment expié leurs péchés, sont obligés de souffrir une peine temporelle, elle demande à Dieu pour eux, et par Jésus-Christ, la rémission de cette peine. *Voy.* MORTS, PURGATOIRE. Par la même raison, la *messe* est un sacrifice eucharistique, un sacrifice d'actions de grâce. Pouvons-nous mieux témoigner à Dieu notre reconnaissance, qu'en lui offrant le plus précieux des dons qu'il nous a faits, son Fils unique qu'il a daigné nous accorder, et qui s'est livré lui-même pour victime de notre rédemption ? Nous lui disons alors comme Salomon : « Nous vous rendons, Seigneur, ce que vous nous avez donné (*I Paral.* XXIX, 14). » Nous avons donc tout lieu d'espérer que Dieu, touché de cette oblation, nous accordera de nouvelles grâces ; conséquemment nous regardons la *messe* comme un sacrifice impétratoire qui remplace éminemment les anciennes hosties pacifiques. Et de toutes ces vérités nous concluons que le sacrifice de la *messe* supplée avec un avantage infini à tous ceux qui ont été offerts à Dieu dans tous les siècles. On ne peut pas nier du moins que cette doctrine ne soit la plus propre à exciter la piété, la reconnaissance et l'amour envers Jésus-Christ, la confiance en Dieu, etc. En supprimant la *messe*, il semble que les protestants avaient conjuré d'étouffer dans les cœurs tout sentiment de religion. Ils reprochent aux catholiques les *messes* dites à l'honneur des saints, comme si elles dérogeaient à l'honneur suprême qui est dû à Dieu et à Jésus-Christ. Cette plainte n'est fondée que sur une équivoque. Quelle est l'intention de l'Eglise dans ces *messes* ? De remercier Dieu des grâces dont il a comblé les saints, surtout du bonheur éternel dont il les a mis en possession, et d'obtenir leur intercession auprès de lui. *Concil. Trident.*, sess. 22, can. 5. En quel sens des *messes* et des prières, dont le seul objet est de reconnaître Dieu comme la source de tous les biens, comme l'arbitre souverain du bonheur éternel, comme la bonté même qui daigne se laisser fléchir par les prières de ses serviteurs, peuvent-elles faire injure à Dieu ? Jamais l'Eglise n'a offert le sacrifice qu'à lui seul ; c'est donc à lui seul qu'elle rapporte la gloire de tout ce qu'elle demande et de tout ce qu'elle obtient, et elle ne demande rien sans ajouter : *Par Jésus-Christ N.-S.*

Mosheim dit, *Hist. ecclésiast.*, sæc. IV, II° part., c. 4, § 8, que l'usage qui s'introduisit au 4° siècle, de *donner la cène* sur le tombeau des martyrs et aux obsèques des morts, fit naître dans la suite les *messes* des saints et les *messes* des morts ; et il recule l'origine des *messes* des saints au viiiᵉ siècle. *Ibid.*, sæc. viii, iiᵉ part., c. 4, § 2. Il faut convenir qu'un intervalle de quatre cents ans est un peu long, et que voilà une cause bien éloignée de son effet ; mais Mosheim ne s'est pas souvenu qu'au iiᵉ siècle les fidèles de Smyrne se proposaient déjà de tenir leurs assemblées au tombeau de saint Polycarpe, *Epist. Eccles. Smyrn.*, n. 18 ; et qu'au premier l'Apocalypse, c. vi, v. 9, nous représente les martyrs placés *sous l'autel.* Voy. Martyrs, § 6. Dans toutes les liturgies, il est fait mémoire des saints, et l'Eglise y demande à Dieu leur intercession auprès de lui. Voilà des monuments bien antérieurs au viiiᵉ siècle. Où ce savant luthérien a-t-il vu que *l'on donnait la cène?* Il a lu dans les Pères que l'on offrait le *sacrifice de notre salut*, la *victime de notre rédemption*, le *sacrifice de Jésus-Christ*, etc., mais il n'est question là ni de *cène* ni de souper. Il est bien absurde de prêter aux chrétiens du ivᵉ siècle un langage forgé dans le xviᵉ, pour défigurer la doctrine de l'eucharistie. Un reproche plus grave, ce sont les *messes privées*, les *messes* dans lesquelles le prêtre communie seul, et célèbre sans assistants et sans solennité. Bingham soutient que c'est une invention moderne imaginée par les moines, une superstition dangereuse et absurde ; il allègue les canons de plusieurs conciles, qui défendent au prêtre de célébrer lorsqu'il n'y a personne pour lui répondre. *Orig. ecclés.*, l. xv, c. 4, § 4. Cependant l'on a fait voir aux protestants que du temps de saint Ambroise, de saint Augustin, de Théodoret, par conséquent au ivᵉ siècle, les *messes privées* étaient déjà en usage, et que ces Pères ne les ont point blâmées. Lebrun, t. I, p. 6. Comme la consécration de l'eucharistie ne s'est jamais faite autrement qu'à la *messe*, il n'était pas toujours possible de célébrer une *messe* solennelle pour donner l'eucharistie aux malades, aux confesseurs emprisonnés, aux solitaires retirés dans les déserts, etc. Pendant les persécutions, l'on a été souvent obligé de célébrer la nuit dans des lieux retirés, dans les catacombes, dans les prisons, et, au défaut d'autel, de consacrer l'eucharistie sur la poitrine des martyrs. C'est donc une erreur de croire que, dans les premiers siècles, la *messe* n'a été dite que par des évêques, au milieu d'une assemblée de prêtres et d'assistants disposés à communier. Les conciles qui ont défendu aux prêtres de célébrer lorsqu'il n'y a personne pour répondre, sont encore observés aujourd'hui ; un prêtre ne célèbre jamais sans avoir quelqu'un pour lui répondre. Vainement Bingham insiste sur ce que le célébrant parle toujours au pluriel, et dit : *Prions, rendons grâces, nous vous offrons, Seigneur,* etc. Il s'ensuit seulement que le prêtre parle au nom de l'Eglise, et non en son propre nom. Faut-il qu'un prêtre s'abstienne de réciter l'oraison dominicale en son particulier, parce qu'il dit à Dieu : *Notre Père, donnez-nous notre pain quotidien, délivrez-nous du mal ?*

Quelques faux zélés ont dit qu'il serait peut-être bon de supprimer les *messes* fréquentes, parce que si elles étaient plus rares, toujours célébrées avec la même pompe que dans les premiers siècles, le peuple en serait plus frappé et y assisterait avec plus de respect ; que les prêtres eux-mêmes célébreraient avec plus de dévotion. Mais le concile de Trente, après avoir examiné la question, n'a condamné ni les *messes* privées ni les *messes* fréquentes. En voici les raisons : 1° dans les villes épiscopales, le peuple, à la vérité, assiste volontiers à la *messe* célébrée par l'évêque les jours de fêtes solennelles, et il est affecté de cet appareil de religion ; mais cette dévotion momentanée ne fait pas sur lui beaucoup d'effet ; 2° dans les églises de la campagne, cette pompe n'est pas possible ; si le peuple n'était pas obligé d'assister à la *messe* les jours de dimanches et de fêtes, il les passerait souvent sans aucune pratique de piété. Dans les monastères assujettis à la clôture, la *messe* entendue tous les jours contribue beaucoup à y maintenir la piété ; 3° dans les villes et dans les campagnes, une infinité de saintes âmes désirent d'assister tous les jours à la *messe*, n'y manquent jamais, et le font toujours avec le même respect : l'on doit avoir plus d'égard pour elles que pour les chrétiens indévots. 4° A moins qu'un prêtre n'ait perdu tout sentiment de religion, il est impossible qu'il ne soit pas contenu dans ses devoirs par l'habitude de célébrer souvent. 5° Les abus viennent encore plus souvent de l'indévotion, de la mollesse, de la vanité des laïques, que de la faute des prêtres. Il en est donc des *messes* fréquentes comme de la communion fréquente. Tout considéré, il en résulte un véritable bien ; et en changeant la discipline établie, il en résulterait d'autres abus plus grands que ceux qu'on voudrait réformer. Il serait à souhaiter, sans doute, comme l'observe le concile de Trente, que tous les fidèles qui assistent au saint sacrifice de la *messe* eussent toujours la conscience assez pure pour y communier ; mais parce que la piété et la ferveur des chrétiens sont refroidies, il ne s'ensuit pas que les prêtres doivent s'abstenir de célébrer. La *messe* est non-seulement la prière de l'Eglise, mais le sacrifice offert au nom de tout le corps des fidèles ; il est institué non-seulement pour la communion, mais pour rendre à Dieu le culte suprême, pour le remercier de ses bienfaits, pour en obtenir de nouveaux, surtout la rémission des péchés ; et lorsque les fidèles négligent d'y assister et d'y prendre part, il n'est pas moins nécessaire de l'offrir pour eux. Les protestants, sans doute, ne soutiendront pas que la mort de Jésus-Christ sur la croix ne fut pas un véritable sacrifice, parce qu'alors la victime ne fut pas mangée par les assistants.

Ce qui égare nos adversaires, c'est qu'ils commencent par se faire une fausse idée de l'eucharistie ; ils ne la regardent ni comme un sacrifice, ni comme une prière, mais seulement comme un souper, comme un repas commun ; et parce que saint Paul l'a nommée une fois *la cène du Seigneur*, ils s'obstinent à ne pas l'appeler autrement, et ils en concluent que, quand il n'y a point d'assemblée ni de repas commun, la cérémonie est nulle et abusive. Par la même raison ils devraient conclure que c'est encore un abus, lorsqu'elle n'est pas précédée par une agape ou par un repas de charité, comme du temps de saint Paul (*I Cor.* xi, 21). Mais les chrétiens du ii°, du iii° et du iv° siècle, qui l'ont nommée *eucharistie, oblation, sacrifice, liturgie*, avaient-ils donc perdu déjà la véritable idée qu'en avaient donnée les apôtres ? Il n'est pas étonnant qu'avec ce préjugé les protestants aient cru voir un grand nombre d'erreurs dans le canon de la *messe*, et l'aient rejeté comme une formule superstitieuse, parce qu'ils y ont trouvé la condamnation de toutes leurs opinions touchant l'eucharistie.

Cependant Bingham, bon anglican, mais moins opiniâtre que les luthériens et les calvinistes, a trouvé bon de rapporter le canon de la *messe* ou de la liturgie grecque, tel qu'il se trouve dans les *Constitutions apostoliques*, liv. viii, c. 12, et que l'on croit avoir été écrit sur la fin du iv° siècle. Or, il y a vu les noms d'offrande et de sacrifice, les paroles de la consécration, l'invocation par laquelle le célébrant demande que le Saint-Esprit rende présents le corps et le sang de Jésus-Christ, l'oblation qui en est faite à Dieu pour l'Eglise entière, pour les saints de tous les siècles, la prière pour les morts, la profession de foi du fidèle prêt à communier, qui est un acte d'adoration adressé à Jésus-Christ. *Orig. ecclés.*, liv. xv, c. 3, § 1. Le canon de la *messe* romaine ne renferme rien de plus. De quel droit les anglicans et les autres protestants ont-ils retranché de leur liturgie toutes ces preuves de l'ancienne croyance ? Ils ont déclamé contre l'usage de réciter le canon à voix basse, et de ne permettre que les assistants ne peuvent l'entendre. Mais, dans une dissertation sur ce sujet, le Père Lebrun a fait voir que cet usage n'est pas particulier à l'Eglise romaine, qu'il a lieu chez les sectes orientales séparées d'elle depuis douze cents ans, et que c'est l'ancienne pratique de l'Eglise universelle ; il a répondu à toutes les plaintes que l'on a faites à cet égard. *Explication sur les cérémonies de la messe*, t. VIII, pag. 1. *Voy.* SECRÈTE. Il en est de même de l'usage de célébrer dans une langue qui n'est pas entendue du peuple. Le Père Lebrun a prouvé dans une autre dissertation, t. VII, p. 201, que l'Eglise n'a jamais prétendu qu'il fallût célébrer la liturgie dans une langue inconnue au peuple ; mais qu'elle a soutenu en même temps qu'il n'est pas nécessaire de célébrer en langue vulgaire ; que de même qu'elle n'a donné l'exclusion à aucune langue, elle n'a pas voulu s'assujettir non plus à toutes les variations du langage. Ainsi, dès les temps apostoliques, on a célébré en grec, en latin, en syriaque et en cophte ; au iv° siècle, on l'a fait aussi en éthiopien et en arménien, et les liturgies furent écrites au v° dans toutes ces langues. Au ix° et au x°, la liturgie fut écrite et célébrée en esclavon, en illyrien et en russe, parce que toutes les langues dont nous venons de parler étaient fort étendues ; mais à mesure qu'elles ont changé et ont cessé d'être vulgaires, l'Eglise n'a point permis de retoucher la liturgie ; elle est demeurée telle qu'elle était. Ainsi les anciennes Eglises séparées de l'Eglise romaine sont précisément dans le même cas qu'elle ; les Orientaux n'entendent pas plus la langue de leur liturgie, que les peuples de l'Europe n'entendent le latin. *Voy.* LANGUE VULGAIRE.

Les auteurs liturgiques distinguent dans la *messe* différentes parties, 1° la préparation ou les prières qui se font avant l'oblation, et c'est ce que l'on nommait autrefois la *messe des catéchumènes* ; 2° l'oblation ou l'offrande qui s'étend depuis l'offertoire jusqu'au *Sanctus* ; 3° le canon ou la règle de la consécration ; 4° la fraction de l'hostie et la communion ; 5° l'action de grâce ou post-communion. Nous parlons de chacune de ces parties sous son nom propre, et l'on en trouve l'explication dans le Père Lebrun ; mais nous sommes obligés de dire deux mots touchant la fraction de l'hostie.

Il est dit dans les évangélistes que Jésus-Christ, instituant l'eucharistie, prit du pain, le bénit, le rompit et le distribua à ses disciples en leur disant : *Prenez et mangez, ceci est mon corps*, etc. Conséquemment dans toutes les liturgies il est prescrit de rompre le pain eucharistique pour imiter l'action de Jésus-Christ, pour représenter son corps brisé en quelque manière, et froissé par sa passion et par le supplice de la croix. De là, chez les Pères de l'Eglise, *rompre le pain eucharistique* signifie le consacrer et le distribuer aux fidèles. Sur ces paroles de saint Paul (*I Cor.* x, 16) : *Le pain que nous rompons n'est-il pas la participation du corps du Seigneur*, saint Jean Chrysostome dit, *Homil.* 24, n. 2 : « C'est ce que nous voyons dans l'eucharistie. Il a été dit de Jésus-Christ sur la croix, *vous ne briserez point ses os* ; mais ce qu'il n'a pas souffert sur la croix, il le souffre pour vous lorsqu'il est offert ; il consent à être brisé pour se donner à tous. » Saint Paul (*Ibid.*, xi, 24), rapportant les paroles de Jésus-Christ, dit suivant le texte grec : *Ceci est mon corps brisé pour vous.* Le Sauveur présentait donc son propre corps dans un état de fraction, de souffrance, de mort et de sacrifice. Saint Luc et saint Paul ajoutent : *Ceci, ou ce calice, est une nouvelle alliance dans mon sang ;* le sang de Jésus-Christ, renfermé dans la coupe, représentait celui des victimes immolées pour cimenter l'alliance conclue entre Dieu et son peuple (*Hebr.* vi, 18, etc.) Saint Grégoire de Nazianze écrit à un prêtre, *Epist.* 240 : « Priez pour moi, lorsque par votre parole vous faites descendre le Verbe de Dieu, lorsque par une fraction non sanglante vous divisez le corps et le sang du Seigneur, et que votre voix tient lieu de glaive. » Un savant anglais, qui a cité ces passages, ne s'est pas embarrassé de savoir s'ils contiennent une doctrine différente de celle de l'Eglise anglicane, qui n'admet point la présence réelle de Jésus-Christ dans l'eucharistie; mais il reproché à l'Eglise romaine de n'avoir conservé que l'ombre du rite ancien, puisque chez nous l'hostie n'est plus rompue pour être distribuée aux fidèles, mais seulement pour en mettre une parcelle dans le calice. Bingham, *Orig. ecclés.*, liv. xv, c. 3, § 35.

Mais les anglicans, non plus que les autres protestants, n'imitent pas plus scrupuleusement que nous l'action de Jésus-Christ; suivant les évangélistes, le Sauveur rompit le pain avant de prononcer les paroles de la consécration : les Grecs divisent l'hostie en quatre parties, les mozarabes la partageaient en neuf morceaux; dans quelques sectes orientales, on consacre le pain déjà partagé en plusieurs parties. Ce rite n'a donc jamais été uniforme dans les différentes Eglises chrétiennes, parce qu'on ne l'a jamais regardé comme la partie essentielle ou intégrante de la consécration ni de la communion. Il nous objecte encore que, suivant la croyance de l'Église romaine, ce n'est point le corps de Jésus-Christ qui est brisé ou rompu, mais seulement les espèces ou apparences du pain. Nous en convenons, et il en est de même à l'égard de la division qui semble faite entre le corps et le sang de Jésus-Christ, parce que ce divin Sauveur ressuscité ne peut plus souffrir réellement, ni éprouver la séparation réelle de son corps d'avec son sang. Ainsi, lorsque saint Jean Chrysostome dit que Jésus-Christ souffre et consent à être brisé dans l'eucharistie, il entend évidemment que cela se fait d'une manière sacramentelle et mystique, et non autrement. Mais s'il entendait que l'eucharistie elle-même n'est que la figure du corps et du sang de Jésus-Christ, son discours d'un bout à l'autre, ne serait qu'un abus continuel des termes. Quoiqu'il soit impossible que Jésus-Christ souffre et meure à présent, il ne l'est pas qu'il mette son corps dans un état dans lequel il paraisse souffrant ou mort.

On donne à la *messe* différents noms, selon le rite, la langue, l'intention, le degré de solennité avec lesquels on la célèbre. Ainsi, l'on distingue la *messe grecque* et la *messe latine, romaine* ou *grégorienne*; les *messes ambrosienne, gallicane, gothique, mozarabique*, etc. Nous en avons donné la notion au mot LITURGIE. On appelle *messe du jour*, celle qui est propre au temps où l'on est et à la fête que l'on célèbre, et *messe votive*, celle d'un saint ou d'un mystère dont on ne fait ni l'office ni la fête, comme la *messe* du Saint-Esprit, de la sainte Vierge, etc. Nous avons déjà parlé de la *messe des présanctifiés* et des *messes* pour les morts. On appelle *messe solennelle, messe haute* ou *grand'messe*, celle qui se dit avec un diacre et un sous-diacre, et qui se chante par des choristes; *messe basse* ou *petite messe*, celle qui est dite par un prêtre seul, et sans aucun chant. On nommait autrefois *messe du scrutin* celle qui se disait pour les catéchumènes, le mercredi et le samedi de la quatrième semaine du carême, lorsqu'on examinait s'ils étaient suffisamment disposés à recevoir le baptême : et *messe du jugement*, celle qui se disait pour un accusé qui voulait se justifier par les preuves établies.

Il faut avouer que, dans les siècles d'ignorance, il s'est glissé de grands abus dans la célébration de la sainte *messe*; Thiers en a parlé dans son *Traité des superstitions*, t. II, liv. IV. Heureusement ils ont été retranchés, et il n'en ont lieu depuis que le concile de Trente a ordonné aux évêques d'y tenir la main et d'y veiller de près. Ainsi, l'on a défendu la *messe sèche*, ou la *messe* dans laquelle il ne se faisait point de consécration ; le cardinal Bona, dans son traité *de Rebus liturgicis*, liv. I, c. 15, en parle assez au long; il l'appelle *messe nautique*, parce qu'on la disait dans les vaisseaux, où l'on n'aurait pas pu consacrer le sang de Jésus-Christ sans s'exposer à le répandre, à cause de l'agitation du vaisseau. Il dit, sur la foi de Guillaume de Nangis, que saint Louis, dans son voyage d'outre-mer, en faisait dire ainsi dans le vaisseau qu'il montait. Il cite encore Génébrard, qui dit avoir assisté à Turin, en 1587, à une pareille *messe* célébrée sur la fin du jour, aux obsèques d'une personne noble. Durand, qui en fait aussi mention, dit que l'on n'y disait point le canon ni les prières relatives à la consécration. Une fausse dévotion avait persuadé aux ignorants que les prières de la *messe* avaient plus de mérite et de crédit auprès de Dieu que les autres offices de l'Église : on ne peut excuser cette erreur que par la simplicité de ceux qui y sont tombés. Pierre le Chantre, qui vivait en 1200, s'éleva avec raison contre cet abus, qui a été aussi condamné par un concile de Paris de l'an 1212, par plusieurs savants évêques des Pays-Bas, par un synode de Bordeaux du 15 avril 1603, etc. Le concile de Trente ordonne aux évêques de veiller, avec le plus grand soin, à ce que le saint sacrifice de la *messe* soit célébré dans toutes les églises avec la sainteté, la piété et la décence convenables, et à ce que toute profanation soit bannie de cet auguste mystère. Depuis cette époque, plusieurs conciles provinciaux, surtout en France, ont fait les règlements les plus sages pour déraciner et prévenir tous les abus que l'ignorance, la négligence et l'avarice avaient introduits. Mais cela n'est pas aisé ; la vanité, la mollesse, l'indévotion, l'indépendance, lutteront toujours contre le zèle des pasteurs ; les grands du monde veulent un culte aisé, commode, domestique, qui leur coûte peu ; et les simples particuliers veulent les imiter. La *messe*, devenue un usage journalier, a cessé d'inspirer autant de respect qu'elle en mérite ; les prêtres et les assistants se sont, pour ainsi dire, familiarisés avec cet auguste mystère.

D'autre part, les protestants ont-ils beaucoup gagné à le supprimer ? La piété est très-rare parmi eux, parce qu'elle n'a plus d'aliment : ils sont très-peu attachés à leur religion, ils n'y tiennent que par intérêt politique et par haine pour l'Eglise romaine ; pourvu qu'ils en demeurent séparés, peu leur importe ce qu'ils doivent croire et pratiquer. *Voy.* Protestants, Réformation.

MESSIE, terme emprunté de l'hébreu *Messiah*, oint ou sacré ; les Grecs l'ont rendu par Χριστός, qui signifie la même chose, d'où nous avons retenu le nom de *Christ*. Les Hébreux le donnaient aux prêtres, aux prophètes et aux rois : on en trouvera l'étymologie au mot Onction. Il est dit qu'Aaron et ses fils furent oints ou sacrés pour exercer le sacerdoce (*Num.* i, v. 3), et ses descendants sont appelés les oints ou les *messies* prêtres (*II Machab.* i, v. 10). Elie reçoit de Dieu l'ordre de donner à Elisée l'onction ou le ministère de prophète (*III Reg.* xix, v. 16). Les rois sont souvent nommés les christs du Seigneur, ou les *messies* de Dieu. Ce titre se trouve même donné à des rois idolâtres, à celui de Syrie (*III Reg.* xix, v. 15); à Cyrus (*Is.* xlv, v. 1); et à tout le peuple de Dieu (*Ps.* civ, v. 15). *Ne touchez pas mes* messies, *c'est-à-dire le peuple qui m'est spécialement consacré ; et ne faites point de mal à mes prophètes*, à ceux qui sont chargés de faire connaître mon nom à toutes les nations. Mais le nom de *Messie* a été spécialement employé par les prophètes, pour désigner l'Envoyé de Dieu par excellence, le Sauveur et le Libérateur du genre humain (*Dan.* ix, *Ps.* ii, v. 2. etc.). Anne, mère de Samuel (*I Reg.* ii, v. 10), conclut son cantique par ces paroles remarquables : « Le Seigneur jugera les extrémités de la terre ; il donnera l'empire à son Roi, et relèvera la force de son *Messie*. » Cela ne peut être appliqué aux rois des Hébreux, puisqu'alors ils n'en avaient point. Aussi, dans le Nouveau Testament, le nom de Christ ou de *Messie* n'est plus donné qu'au Sauveur du monde. « Vous savez, dit saint Pierre au centurion Corneille, de quelle manière Dieu a *oint* Jésus de Nazareth par le Saint-Esprit, et par la puissance qu'il lui a donnée (*Act.* xv, 37). Jésus-Christ lui-même déclare à la Samaritaine qu'il est le *Messie* attendu par les Samaritains, aussi bien que par les Juifs (*Joan.* iv, 25). La grande question qui est entre ces derniers et les chrétiens, consiste à savoir si le *Messie* est venu, si c'est Jésus-Christ ou un autre. Pour y satisfaire, nous avons à prouver contre les Juifs, 1° que le *Messie* est arrivé, et qu'ils ont tort de soutenir le contraire ; 2° que toutes les prophéties qui le concernent ont été accomplies dans la personne de Jésus-Christ ; 3° que quand il y aurait du doute sur le sens des prophéties, sa qualité de *Messie* serait assez prouvée par ses miracles et par les autres caractères dont il a été revêtu ; 4° que les Juifs ne peuvent faire, contre ces vérités, aucune objection solide : ainsi, c'est sans aucun succès que les incrédules répètent aujourd'hui les mêmes arguments contre la mission divine de Jésus-Christ.

I. *Le Messie est arrivé*. Nous le prouvons en rassemblant les prophéties qui, selon l'aveu des Juifs mêmes, désignent le temps de son arrivée ; mais nous ne ferons que les indiquer sommairement, en renvoyant aux articles particuliers sous lesquels nous en parlons plus au long. — 1° Selon la prophétie de Jacob (*Gen.* xlix, v. 8 et suiv.), le *Messie* doit venir lorsque le sceptre ne sera plus dans la tribu de Juda, puisque le sceptre n'est promis à cette tribu que jusqu'à l'arrivée du *Messie*. Or, depuis dix-sept cents ans, la postérité de Juda n'a, dans aucun lieu du monde, aucune espèce d'autorité ; donc le *Messie* n'est plus à venir. Les Juifs d'aujourd'hui sont en grande partie de la tribu de Juda ; mais dans aucune contrée de l'univers ils n'ont la liberté de suivre leurs lois civiles ni religieuses, ni de se gouverner eux-mêmes. *Voy.* Juda. — 2° Suivant la prophétie de Daniel, c. ii, v. 44, et c. vii, v. 14 et suiv., le règne du *Messie* doit se former après la destruction de la troisième monarchie dont il parle, et qui est évidemment celle des Grecs, et pendant la durée de la quatrième qui est celle des Romains. Or, la monarchie des Grecs est détruite depuis plus de dix-sept siècles, et celle des Romains ne subsiste plus. *Voy.* Monarchie. Selon le même prophète, c. ix, v. 25, le *Messie* a dû venir soixante et dix semaines d'années, ou quatre cent quatre-vingt-dix ans après la reconstruction de la ville de Jérusalem : or, cette ville a été certainement rebâtie soixante-treize ans après le premier retour de la captivité de Babylone, et sous le règne d'Artaxerxès à la longue main. Que les Juifs arrangent comme ils voudront le calcul des soixante-dix semaines, elles sont certainement écoulées depuis plus de dix-sept cents ans. *Voy.* Semaine. Dans ce même chapitre, v. 27, il est dit qu'après la mort du *Messie* les offrandes et les sacrifices cesseront ; or, les Juifs ne peuvent plus en faire depuis la même époque. — 3° Les prophètes Aggée, c. ii, v. 7, et Malachie, c. iii, v. 1, ont prédit que le *Messie* viendrait dans le temple que l'on rebâtissait pour lors ; ce temple fut détruit de fond en comble par les Romains, il n'en reste plus aucun vestige ; et lorsque les Juifs entreprirent de le rebâtir sous le règne de Julien, ils en furent empêchés par les globes de feu qui sortirent des fondements, et rendirent le lieu inaccessible. Le *Messie* était donc arrivé avant toutes ces révolutions. *Voy.* Aggée, Malachie, Temple. — 4° Les Juifs ont toujours cru, et ils croient encore, sur la foi des prophéties, que le *Messie* doit naître du sang de David et de Juda. Or, depuis la dispersion des Juifs, arrivée sous les Romains, leurs généalogies sont tellement confondues, qu'il est impossible à aucun Juif de prouver qu'il est de la tribu de Juda plutôt que de celle de Benjamin ou de Lévi ; à plus forte raison, qu'il est de la race de David. Celle-ci est tellement anéantie, que l'on n'en connaît plus aucun rejeton. La perte que les Juifs ont faite de leurs généalogies, qu'ils ont conservées avec tant de soin pendant quinze cents ans, aurait dû les convaincre que le temps de l'arrivée du *Messie* est passé depuis longtemps. *Voy.* GÉNÉALOGIE. — 5° Quelques années avant la destruction de Jérusalem et la dispersion des Juifs, il était constant, non-seulement dans la Judée, mais dans tout l'Orient, que l'arrivée du *Messie* était prochaine. « Le *Messie* vient, dit la Samaritaine (*Joan.* IV, v. 25), et il nous enseignera toutes choses. » Les Juifs doutèrent si saint Jean-Baptiste n'était pas le *Messie* (*Luc.* IV, v. 15). Josèphe, *Hist. de la guerre des Juifs*, l. XVI, c. 31, parle d'un passage de l'Écriture qui portait que l'on verrait *en ce temps-là* un homme de leur contrée commander à toute la terre, et il en fait l'application à Vespasien; c'est évidemment le passage de Daniel, c. VII, v. 14. « Il s'était répandu dans tout l'Orient, dit Suétone dans la Vie de Vespasien, une opinion ancienne et constante qu'*en ce temps-là*, par un arrêt du destin, des conquérants sortis de la Judée seraient les maîtres du monde. Plusieurs, dit Tacite, étaient persuadés qu'il était écrit dans les anciens livres des prêtres, qu'*en ce temps-là*, l'Orient reprendrait la supériorité, et que des hommes sortis de la Judée seraient les maîtres du monde. » Donc l'on était bien convaincu que le temps fixé par les prophètes pour l'arrivée du *Messie*, était accompli. Or, l'expédition de Tite et de Vespasien dans la Judée s'est faite trente-sept ans après la mort de Jésus-Christ. Dans ce temps-là, même il parut dans la Judée plusieurs imposteurs qui se donnèrent pour *messies*, qui séduisirent un grand nombre de Juifs, et qui furent exterminés par les Romains. Josèphe en parle, et Jésus-Christ en avait prévenu ses disciples (*Matth.* XXIV, v. 24). C'est donc un aveuglement inexcusable de la part des Juifs d'attendre encore un *Messie* qui a dû paraître dix-sept siècles avant nous. — 6° Il y a chez les Juifs une ancienne tradition rapportée dans le Talmud, *Tract. Sanhedr.*, c. 11, qui porte que le monde doit durer six mille ans, savoir : deux mille avant la loi, deux mille sous la loi, et deux mille sous le *Messie*. Quoique cette tradition soit fausse, elle prouve contre les Juifs qui la reçoivent, que le *Messie* a dû naître l'an 4000 du monde, comme cela est arrivé. C'est donc contre le sentiment de leurs anciens docteurs que les Juifs s'obstinent à soutenir que le *Messie* est encore à venir. Quand on les presse sur ce point, ils disent qu'à la vérité les prophètes l'avaient ainsi prédit, mais que l'avénement du *Messie* a été retardé à cause de leurs péchés. Mais ce subterfuge contredit une maxime reçue parmi eux : savoir, que quand Dieu menace de punir il ne le fait pas toujours, parce que le repentir des pécheurs arrête souvent son bras ; mais que quand il promet des bienfaits, il ne manque jamais d'accomplir ses promesses. Prideaux, *Hist. des Juifs*, l. XVII, t. II, p. 252. Nous examinerons cette maxime dans la suite. Selon la supposition des Juifs, Dieu peut différer l'avénement du *Messie* jusqu'à la fin du monde. Ils ont si bien senti leur tort, que leurs docteurs ont prononcé une malédiction contre ceux qui supputeront le temps de l'arrivée du *Messie*. Gémare, *Tit. Sanhedr.*, c. 11.

II. *C'est en Jésus-Christ et non dans aucun autre, que les prophéties qui concernent le Messie ont été accomplies*. Outre les prédictions des prophètes que nous venons de citer, et par lesquelles le temps auquel le *Messie* a dû venir est clairement marqué, il en est d'autres qui lui attribuent certains caractères qui ne peuvent convenir qu'à lui; si nous pouvons faire voir que ces caractères ont été rassemblés dans Jésus-Christ, il en résultera que c'est lui qui a été le vrai *Messie*, et que les Juifs sont coupables de ne pas le reconnaître pour tel. En premier lieu, un des principaux priviléges que les prophètes ont attribué au *Messie*, est qu'il devait naître d'une vierge ; les anciens docteurs juifs l'ont expressément avoué; ils l'ont conclu de la prophétie d'Isaïe, c. VII, v. 14, où il est dit : « Une vierge concevra et enfantera un Fils qui sera nommé *Emmanuel*, Dieu avec nous, » et de quelques autres prophéties qu'ils ont expliquées dans un sens mystique pour les faire cadrer avec celle-là. *Voy.* Galatin, l. VII, c. 14 et 15. Ainsi les rabbins, qui soutiennent que cette prédiction ne regarde pas le *Messie*, mais le fils d'Isaïe, s'écartent non-seulement du vrai sens de la prophétie, mais encore du sentiment de leurs anciens maîtres; nous les avons réfutés au mot EMMANUEL. Or, Jésus-Christ est né d'une vierge ; les apôtres et les évangélistes l'ont ainsi publié, et aucun de ceux qui se sont donnés pour *Messie* n'a osé s'attribuer le même privilége. Si c'était une imposture, Dieu n'aurait pas pu permettre qu'elle fût confirmée par les miracles, par les vertus, par la sainteté de la doctrine de Jésus-Christ, et par la révolution qu'elle a causée dans le monde. Les calomnies par lesquelles les Juifs et les incrédules ont cherché à rendre suspecte la naissance de ce divin Sauveur, sont assez réfutées par leur absurdité même. Nous convenons que cette naissance miraculeuse n'était pas un signe extérieur et sensible par lequel le *Messie* pût être reconnu, puisqu'elle ne pouvait être prouvée que par la suite des événements; mais c'était une circonstance nécessaire, puisqu'elle était prédite. Les Juifs ne peuvent pas en raisonner autrement par rapport au *Messie* qu'ils attendent. Le même prophète le nomme *Emmanuel*, Dieu avec nous, le Dieu fort, le Père du siècle futur, c. IX, v. 6. Or Jésus-Christ s'est donné constamment la qualité de *Fils de Dieu*, égal à son Père. Les Juifs qui le lui ont reproché comme un blasphème, et qui l'ont condamné à mort pour ce sujet, ceux d'aujourd'hui qui concluent de là qu'il n'est pas le *Messie*, puisqu'il a usurpé la divinité, sont contredits par les plus célèbres de leurs docteurs qui ont enseigné que le *Messie* serait *Dieu* dans toute la signification du nom *Jéhovah*. *Voy.* Galatin, l. III, c. 9 et suiv.

En second lieu, suivant les prophéties, le *Messie* doit être législateur, établir une loi nouvelle (*Deut.* xviii, v. 15). Moïse promet aux Juifs un prophète semblable à lui ; pour lui ressembler, il faut être législateur comme lui. Isaïe parlant du *Messie*, c. xlii, v. 4, dit que les îles, ou les pays les plus éloignés, attendront sa loi. La prophétie de Jacob annonce la même chose, lorsqu'elle dit que le *Messie* rassemblera les peuples, ou que les peuples lui seront soumis (*Gen.* xl, v. 10). Jérémie le confirme (c. xxiii, v. 5), lorsqu'il promet un roi descendant de David, qui fera régner sur la terre l'équité et la justice. Les Juifs ne peuvent contester à Jésus-Christ l'avantage d'avoir établi une loi nouvelle, sous laquelle il a rangé une grande partie des peuples du monde. Le même prophète, c. xxxi, v. 31, prédit que Dieu fera avec les Juifs une nouvelle alliance différente de celle qu'il a faite avec leurs pères après leur sortie de l'Egypte ; qu'il écrira sa loi dans leur esprit et dans leur cœur; qu'il se fera connaître à tous, et qu'il pardonnera leurs péchés. Leurs anciens docteurs ont entendu cette prédiction de l'alliance que Dieu voulait faire avec son peuple sous le règne du *Messie;* c'est pour cela que Malachie, c. iii, v. 1, le nomme l'*Ange de l'alliance*. Jésus-Christ a rempli toute l'énergie de ce nom et de cette promesse, puisqu'il a fait connaître Dieu et sa loi aux nations plongées dans l'infidélité, qu'il a pardonné les péchés, et a donné à ses envoyés le pouvoir de les remettre. Suivant le *psaume* cix, v. 4, il devait être prêtre selon l'ordre de Melchisédech ; et suivant *Malachie*, c. i, v. 11, et c. iii, v. 3, Dieu a déclaré qu'il établirait de nouveaux sacrifices et un nouveau sacerdoce. Jésus-Christ a vérifié toutes ces prédictions ; non-seulement il s'est offert lui-même en sacrifice sur la croix, mais il a ordonné à ses disciples de renouveler sur les autels ce sacrifice, sous les symboles du pain et du vin, conformément à celui qui fut offert par Melchisédech. Par un trait singulier d'aveuglement, les Juifs ne veulent pas reconnaître Jésus-Christ pour *Messie*, parce qu'il a établi une nouvelle loi au lieu de confirmer l'ancienne, parce qu'il n'a pas obligé ses disciples à observer les cérémonies et les sacrifices ordonnés par Moïse, parce qu'il n'a pas fondé dans la Judée un royaume temporel ; c'est comme s'ils lui faisaient un crime d'avoir accompli trop exactement les anciens oracles. *Voy.* Lois cérémonielles.

En troisième lieu, il était prédit que le *Messie* serait rejeté par son peuple, serait mis à mort et ressusciterait. En comparant le liii<sup>e</sup> chapitre d'Isaïe avec l'histoire que les évangélistes ont faite des opprobres, des souffrances, de la mort et de la résurrection de Jésus-Christ, il semble que le prophète ait fait la narration d'un événement passé, plutôt que la prédiction de ce qui devait arriver sept cents ans après lui. *Voy.* Passion de Jésus-Christ. Les Juifs, embarrassés par cette prophétie, n'ont pas pu s'accorder sur les moyens d'en détourner le sens. Les uns ont dit qu'elle ne regarde pas le *Messie*, que c'est un tableau des souffrances actuelles de la nation juive ; mais il est évident que le texte parle d'un personnage particulier et non d'un peuple entier. Les autres ont imaginé qu'il doit y avoir deux *Messies*, l'un pauvre, humilié et souffrant ; l'autre, fils de David, glorieux, conquérant, libérateur de sa nation ; ils ont ajouté que Jésus pouvait être le premier, mais qu'il n'est sûrement pas le second. C'est reconnaître assez clairement que leur prétendu *Messie*, glorieux et conquérant, n'est qu'une chimère contraire aux prédictions des prophètes. Galatin, l. viii, ch. ix et suiv., a fait voir que la paraphrase chaldaïque de Jonathan et l'explication des anciens docteurs juifs sont parfaitement conformes à la manière dont nous entendons le chapitre liii d'Isaïe et les autres prédictions qui annoncent les souffrances du *Messie*. Dieu a-t-il pu permettre que Jésus-Christ réunît dans sa personne cette multitude de caractères frappants, singuliers, décisifs, qui devaient rendre le *Messie* reconnaissable, s'il n'était pas réellement le personnage désigné par les prophètes ? Il aurait tendu aux hommes un piège inévitable d'erreurs. Lorsque les Juifs disent que si Jésus avait été le *Messie*, il n'aurait pas été possible à leurs pères de le méconnaître, de le rejeter et de le crucifier, ils argumentent contre leurs propres oracles qui ont prédit cet aveuglement étonnant de la nation juive, et ils nous montrent eux-mêmes une incrédulité aussi surprenante que celle de leurs pères.

Mais ce n'est pas assez, disent-ils, que Jésus ait accompli un certain nombre de prophéties ; il devait les accomplir toutes sans exception ; or, il y en a un grand nombre qu'il n'a pas vérifiées.

1° Il est dit dans Isaïe, c. ii, v. 2, que dans les derniers jours, ou à la fin des temps, la montagne de la maison du Seigneur sera élevée sur toutes les autres, que toutes les nations s'y assembleront, qu'elles changeront leurs armes guerrières en instruments de labourage, qu'il n'y aura plus de guerres, mais une paix perpétuelle. Rien de tout cela n'est encore arrivé.

*Réponse.* Il faudrait savoir d'abord ce que les Juifs entendent par *les derniers jours ;* si c'est la fin du monde, comment s'accompliront les événements annoncés par cette prophétie ? Il est clair que cette expression ne désigne aucune époque précise, mais en général le temps que Dieu a marqué pour exécuter ses desseins. Or, à la venue de Jésus-Christ, cette prophétie a été suffisamment accomplie : la montagne du Seigneur, Jérusalem et son temple, sont devenus plus célèbres que jamais chez toutes les nations ; c'est là que le Saint-Esprit est descendu sur les apôtres, et que s'est formée l'Eglise de Jésus-Christ ; c'est là que la parole du Seigneur et la loi nouvelle sont parties, selon l'expression du prophète ; c'est là que le *Messie* a commencé à rassembler toutes les nations et a formé un nouveau peuple. Non-seulement il régnait pour lors une paix profonde dans l'empire romain, mais l'Evangile a fait cesser la division et l'inimitié qui régnait entre les juifs et les païens, entre les divers peuples qui l'ont embrassé. Si cette paix n'a pas été plus prompte et plus étendue, c'est, en grande partie, la faute des juifs incrédules. Il y a de l'entêtement à prendre à la rigueur tous les termes des prophéties, et à vouloir que des expressions métaphoriques soient vérifiées à la lettre. Ce n'est donc pas la peine de réfuter les juifs, lorsqu'ils objectent que, selon Isaïe, c. XI, v. 6, sous le règne du *Messie*, le loup vivra avec l'agneau, et le léopard avec le chevreau, que le veau, le lion et la brebis paîtront ensemble, etc. En lisant attentivement ce chapitre, on voit qu'il signifie seulement que la doctrine et les lois du *Messie* rendront les hommes plus paisibles et plus sociables qu'ils n'étaient auparavant.

2° Dieu, dans le *Deutéronome*, c. XXX, v. 3, a promis de rassembler les Juifs dans leur terre natale, quand même il les aurait dispersés aux extrémités du monde. Or, cela ne s'est pas fait après la captivité de Babylone; il n'en revint que la tribu de Juda, et une partie de celle de Benjamin et de celle de Lévi; donc il faut que cela s'exécute sous le règne du *Messie*, quand il viendra : il doit racheter, sauver et rassembler les Juifs, les faire jouir d'une prospérité et d'un bonheur constant (*Isaï.* XXXV, 4, etc.). Non-seulement Jésus n'a pas rempli ces grandes promesses; mais on suppose que, loin de sauver les Juifs, il les a réprouvés, et leur a préféré les païens pour en composer son Eglise.

*Réponse.* Les promesses du *Deutéronome* sont évidemment limitées et conditionnelles ; Dieu promet de rassembler les Juifs, lorsque, repentants de tout leur cœur, ils retourneront à lui et obéiront à ses ordres ; le texte est formel. Si la plus grande partie des Juifs transportés à Babylone n'ont été ni repentants ni obéissants, s'ils ont préféré la terre étrangère dans laquelle ils s'étaient établis, à celle dans laquelle ils étaient nés, peut-on reprocher à Dieu de n'avoir pas exécuté ses promesses ? L'édit de Cyrus, qui mit fin à la captivité de Babylone, laissait à tous les Juifs, sans exception, la liberté de retourner dans la Judée (*Esdras*, I, 3). Il est dit que tous ceux à qui Dieu inspira de la bonne volonté en profitèrent (*Ibid.*, 5) : conséquemment Esdras ajoute que *tout Israël*, de retour de la captivité, habita dans les villes qui lui appartenaient (II, 70). Que fallait-il de plus pour accomplir les promesses de Dieu ? Il n'est donc pas vrai que la dispersion et l'exil, dans lequel sont aujourd'hui les Juifs, soient une suite et une continuation de la captivité de Babylone, comme les rabbins le soutiennent. Par la même raison le *Messie* a sauvé et rassemblé les Juifs autant qu'il le devait, puisqu'il leur a offert le salut et leur en a fourni les moyens ; il est absurde de prétendre que Dieu doit sauver ceux qui ne le veulent pas et qui résistent opiniâtrément aux bienfaits qu'il leur offre; qu'aujourd'hui le *Messie* doit convertir, malgré eux, les Juifs obstinés et rebelles.

3° Suivant les prophéties, disent-ils, le *Messie* doit être un fils de David, qui régnera éternellement dans la Judée (*Ezech.* XXXVII, 24 et suiv.); Gog et Magog, deux nations puissantes, doivent être vaincues et détruites par les Juifs, c. XXXVIII et XXXIX. Le troisième temple doit être rebâti : Ezéchiel en donne le plan et les dimensions, c. XL et suiv. Le *Messie* doit avoir une postérité nombreuse, et régner sur toute la terre (*Isaï.* LIII, 10, etc.). Rien de tout cela ne peut être appliqué à Jésus.

*Réponse.* Ce n'est pas assez de citer des prophéties et de leur donner un sens arbitraire, il faut encore les concilier, ou du moins ne pas les mettre en contradiction. Nous demandons comment un règne temporel peut être éternel sur la terre, et si les Juifs, devenus sujets de leur prétendu *Messie*, ne seront plus exposés à la mort ; comment les guerres, les victoires, le carnage des peuples, peuvent s'accorder avec le caractère pacifique que les prophètes attribuent au *Messie*, et avec cette paix profonde qui, selon les Juifs mêmes, doit régner sur toute la terre ; comment un règne glorieux et heureux peut être compatible avec les opprobres, les souffrances, la mort que le *Messie* doit subir, etc. ? Mais les Juifs n'y regardent pas de si près. Ce n'est point à nous de décider quels sont les peuples nommés Gog et Magog ; les Juifs prétendent que ce sont les Turcs et les chrétiens, et ils se félicitent d'avance du plaisir de les exterminer sous leur *Messie* futur ; les interprètes sont très-peu d'accord sur ce sujet. Ce qu'il y a de certain, c'est qu'Ezéchiel, qui prophétisait pendant la captivité de Babylone, parle évidemment des événements qui devaient la suivre de près, et auxquels les Juifs de son temps devaient avoir part. Il n'est point question dans ce prophète ni ailleurs d'un troisième temple, mais du second qui fut bâti sous Zorobabel ; il est évident que ce qu'il dit des dimensions du temple est allégorique; c'est une absurdité de la part des Juifs d'imaginer qu'Ezéchiel, Aggée et Zacharie n'ont rien dit du temple qui allait être bâti, et qu'ils ont parlé d'un troisième, qui, après deux mille ans, n'est pas encore commencé. Si les dimensions et le plan qu'Ezéchiel a tracés n'ont pas été exactement suivis, il faut s'en prendre aux Juifs auxquels le prophète Aggée a vivement reproché leur négligence et leur peu de courage, c. I, v. 2. Ils n'ont pas mieux exécuté ce que le prophète leur prescrit sur le partage de la terre sainte, sur la portion qu'ils doivent réserver pour les étrangers, etc. ; ils trouvent commode de réserver pour le règne du *Messie* tout ce que leurs pères ont négligé de faire conformément aux exhortations des prophètes, et ils prennent ces exhortations pour des prédictions qui ne sont pas encore accomplies. La postérité du *Messie*, ce sont les peuples qu'il a instruits, corrigés, rendus plus sociables, et dont il a composé son Eglise ; il ne lui convenait pas d'avoir une autre famille. Il est étonnant que les Juifs, après avoir prétendu que le LIII° chapitre d'Isaïe ne doit pas s'entendre du *Messie*, se servent de ce même chapitre pour prouver qu'il a dû avoir une longue postérité ; on ne peut pas lui appliquer les derniers versets sans lui appliquer aussi les premiers, et pour lors il faut nécessairement admettre les opprobres, les souffrances, la mort et la résurrection du *Messie ;* événements qui ne s'accordent guère avec l'idée que les Juifs se forment de son règne. Telles sont cependant les absurdités et les contradictions que plusieurs incrédules modernes n'ont pas dédaigné de copier, pour attaquer l'une des preuves du christianisme.

III. Nous croyons fermement que la preuve tirée des prophéties est évidente pour tout homme raisonnable ; elle devrait l'être surtout pour les Juifs dépositaires de ces prophéties. Voilà pourquoi les apôtres, lorsqu'ils prêchent Jésus-Christ aux Juifs, commencent par prouver qu'en lui ont été accomplies toutes les prophéties. Cependant, comme la force de cette preuve dépend de la comparaison qu'il faut faire des différentes prédictions des prophètes, cette discussion n'était pas à la portée des ignorants ; elle ne pouvait faire impression que sur les Juifs instruits, et qui étaient d'assez bonne foi pour s'en tenir à la tradition de leurs anciens docteurs. Le joug de la domination romaine, que les Juifs ne portaient qu'avec la plus grande répugnance, avait tourné les esprits vers les prophéties qui semblaient leur promettre un libérateur temporel ; et le sadducéisme qu'avaient embrassé plusieurs membres de la synagogue, les rendait peu sensibles aux bienfaits spirituels que le *Messie* était venu répandre sur les hommes. Des esprits ainsi disposés n'étaient pas fort propres à saisir le vrai sens des prophéties ; et comme les calamités de la nation juive augmentèrent encore dans la suite, il n'est pas étonnant que le sens le plus grossier soit devenu une tradition chez les Juifs modernes. D'autre part, les païens qui ne connaissaient pas les livres, la croyance ni les espérances des Juifs, avaient besoin d'une preuve plus à leur portée que les prophéties. Les miracles de Jésus-Christ et des apôtres devaient donc faire, sur les uns et sur les autres, une impression plus vive et plus efficace. Les Juifs n'ont jamais osé nier absolument les miracles de Jésus-Christ ; les uns ont dit qu'il les avait opérés par le secours de la magie, les autres, par la prononciation du nom ineffable de Dieu ; quelques-uns ont soutenu que Dieu pouvait donner à un imposteur ou à un faux prophète le pouvoir de faire des miracles. Mais le caractère de magicien est incompatible avec la sainteté de la doctrine du Sauveur ; il a déclaré, qu'au lieu d'avoir de la collusion avec le démon, il était venu pour le vaincre et le dépouiller ( *Luc.* xi, 15 ). C'est blasphémer contre Dieu et sa providence, de supposer qu'il peut donner à un imposteur le pouvoir de faire des miracles, ou en prononçant son nom ou autrement. Les magiciens et les imposteurs ont-ils jamais opéré des guérisons et des miracles pour instruire, pour corriger, pour sanctifier les hommes ?

Lorsque Dieu envoya Moïse pour annoncer aux Juifs ses volontés et ses lois, il lui donna pour lettres de créance le pouvoir d'opérer des miracles, et Moïse n'eut point d'autres preuves à donner de sa mission. Les Juifs conviendront-ils que Moïse, quoique doué d'un pouvoir surnaturel, pouvait cependant être un imposteur ? Quelle preuve peuvent-ils apporter de la réalité et de la divinité des miracles de Moïse, que nous ne puissions appliquer à ceux de Jésus-Christ ? Il y a plus : les anciens docteurs juifs sont convenus que le *Messie* doit faire des miracles semblables à ceux de Moïse. De quoi serviraient-ils, si cette preuve n'était d'aucune force pour constater son caractère et sa mission ? Quelques-uns même ont avoué, dans le Talmud qu'il s'était fait des miracles au nom de Jésus-Christ par ses disciples. Galatin, l. viii, ch. 5 et 7. Dieu a-t-il pu permettre qu'il so fît des miracles au nom d'un faux *Messie ?*

Un second caractère, que les Juifs ne peuvent contester à Jésus-Christ, est la sainteté de sa doctrine et la pureté de ses mœurs ; double avantage qu'aucun imposteur n'a jamais réuni dans sa personne. On a souvent défié les Juifs de montrer dans l'Evangile une seule maxime capable de porter les hommes au crime ou d'affaiblir en eux l'amour de la vertu, et dans la conduite du Sauveur une action justement condamnable. Les seuls reproches que les Juifs lui aient faits, ont été de ce qu'il s'attribuait la qualité de Fils de Dieu et les honneurs de la Divinité, de ce qu'il violait le sabbat et d'autres lois cérémonielles, de ce qu'il attaquait les traditions et la morale des pharisiens. Or, nous avons fait voir que dans tout cela il remplissait, selon les prophètes, les fonctions essentielles de *Messie*, de législateur, de maître, de réformateur de son peuple ; qu'il était véritablement *Emmanuel*, Dieu avec nous ; que c'était à lui de montrer aux docteurs juifs le vrai sens des Ecritures et de la loi de Dieu, qu'ils entendaient fort mal. En faisant voir que le culte le plus agréable à Dieu consistait dans les vertus intérieures et non dans les cérémonies, il ne faisait que répéter les leçons des prophètes ; on ne peut entendre, sans étonnement, les rabbins modernes soutenir que le culte extérieur est plus parfait et d'un plus grand mérite que le culte intérieur.

Un troisième signe auquel les Juifs auraient dû reconnaître dans Jésus-Christ le *Messie* promis à leurs pères, est la conversion des païens opérée par sa doctrine. Ils ne peuvent nier que ce prodige n'ait dû arriver à l'avénement du *Messie ;* les prophètes l'ont annoncé trop clairement ( *Isai.* ii, 3 et 18 ; xix, 21 ; xlix, 6 ; *Zach.* ii, 11, etc.). C'était une tradition constante chez les Juifs, Galatin, l. ix, c. 12 et suiv., et ils ont été témoins de l'événement. Quand même ils ne l'auraient pas prédit, la preuve ne serait pas moins invincible. Dieu a-t-il pu se servir d'un imposteur, d'un faux *Messie*, pour opérer cette grande révolution, pour amener les nations idolâtres à la connaissance de son nom ? Malgré l'entêtement des Juifs, ils sont forcés d'avouer que les chrétiens adorent, aussi bien qu'eux, le vrai Dieu, le Créateur du ciel et de la terre, le Dieu d'Abraham, d'Isaac et de Jacob; qu'ils ont les mêmes articles de foi, les mêmes règles essentielles de morale, les mêmes espérances. Sont-ce des missionnaires juifs qui ont converti le monde? C'est l'ouvrage des apôtres de Jésus-Christ. Si les Juifs sont toujours le peuple chéri du Seigneur, comment a-t-il permis que des hommes qui, selon l'opinion des Juifs, sont des déserteurs du judaïsme et des apostats, fussent les auteurs d'une si heureuse révolution et servissent à éclairer toutes les nations?

Un quatrième trait de la Providence qui démontre la mission divine de Jésus-Christ et sa qualité de *Messie*, est l'abandon dans lequel les Juifs sont laissés depuis qu'ils ont rejeté et mis à mort ce divin Sauveur. Ils savent que telle a été l'époque à laquelle ils sont tombés dans l'état de dispersion, d'exil, d'esclavage et d'opprobre dans lequel ils gémissent, et duquel ils n'ont pas pu se relever depuis dix-sept cents ans. A l'article JUIF, § 6, nous avons fait voir que cette chute énorme est évidemment la punition du déicide qu'ils ont commis dans la personne de Jésus-Christ. Ce divin Maître le leur avait prédit plus d'une fois; mais, loin d'être touchés de ses menaces, ils en devinrent plus furieux contre lui. Ce n'est pas la première fois que cela leur était arrivé. Fiers des promesses que Dieu avait faites à leurs pères, ils crurent pouvoir braver impunément les menaces des prophètes. C'est à ce sujet que Jérémie leur adressa, de la part de Dieu, ces paroles terribles, c. XVIII, v. 6 : « Ne suis-je donc pas autant le maître de votre sort, qu'un potier est libre de disposer de l'argile qu'il tient entre ses mains? Toutes les fois que j'aurai menacé de punir une nation, si elle fait pénitence, je m'abstiendrai de lui faire le mal que j'avais résolu; mais aussi toutes les fois que je lui aurai promis des bienfaits et des prospérités, si elle fait le mal devant moi, et ne m'écoute pas, je la priverai des faveurs que je lui destinais. Voyez, continue le prophète, s'il y a sous le ciel une nation qui ait fait autant de mal que vous! Aussi Dieu a résolu de ne pas vous épargner. » Les Juifs furieux veulent se défaire de Jérémie; le prophète indigné s'adresse à Dieu, et le conjure de déployer toute la rigueur de sa justice contre ce peuple rebelle, *ibid.*, v. 20 et suiv. On sait quelles furent les suites de cette prière. Voilà précisément ce que les Juifs ont fait de nouveau à l'égard de Jésus-Christ. Irrités par ses leçons, par les reproches qu'il leur faisait de corrompre le sens des Écritures, par la destruction dont il les menaçait, non-seulement ils résolurent sa mort, comme celle de Jérémie, mais ils exécutèrent cet abominable dessein, et jamais ils ne se sont repentis de leur forfait; il n'est donc pas étonnant que Dieu en tire une vengeance plus terrible que de tous leurs autres crimes. Ils ne peuvent rentrer en grâce avec Dieu qu'en adorant le *Messie* qu'ils ont crucifié.

IV. *Objections des Juifs, adoptées et appuyées par les incrédules.* S'il fallait rapporter et réfuter toutes ces objections en particulier, nous serions obligés de faire un gros volume; mais déjà nous en avons résolu et prévenu plusieurs, soit dans cet article, soit dans ceux auxquels nous avons renvoyé; nous nous bornerons ici aux plus générales.

1° Nos adversaires disent que quand même les Juifs se seraient trompés sur le vrai sens des prophéties, ils seraient cependant excusables; que la plupart de ces prédictions semblent annoncer plutôt un règne temporel du *Messie*, et une délivrance temporelle des Juifs, qu'un règne mystique et des bienfaits spirituels; que, pour saisir les vrais caractères de ce personnage et la vérité de ses leçons, il fallait connaître des mystères dont les Juifs ne pouvaient puiser aucune notion dans leurs livres.

*Réponse.* Nous remarquerons d'abord que cette excuse prétendue attaque directement la sagesse et la sainteté divine, puisqu'elle suppose que Dieu n'avait pas rendu les prophéties assez claires pour prévenir l'erreur involontaire des Juifs. Ils ne pouvaient s'en prévaloir eux-mêmes sans se contredire, puisqu'ils soutiennent que leurs prophéties sont assez claires pour qu'ils aient été autorisés à rejeter les explications que Jésus-Christ leur donnait, à le punir comme un séducteur et un faux prophète, et à refuser toute autre preuve de sa mission et de son caractère. Nous convenons que ces prophéties n'étaient pas fort claires en elles-mêmes, surtout pour les ignorants; mais à qui appartenait-il de les expliquer? Etait-ce aux docteurs de la synagogue, toujours prévenus, aveuglés par la vanité nationale, comme ils le sont encore aujourd'hui, et toujours prêts à s'emporter, comme leurs pères, contre tout prophète qui ne leur annonçait pas des prospérités et des bienfaits de Dieu? N'était-ce pas plutôt au *Messie*, dès qu'il avait commencé par prouver sa qualité de prophète et d'envoyé de Dieu, par les miracles qu'il opérait? Toute la question se réduit à savoir si ce sont les prophéties qui doivent servir à juger les miracles de Jésus-Christ, comme les Juifs le prétendent, ou si ce sont les miracles qui devaient démontrer d'abord qu'il était le *Messie*, par conséquent l'interprète-né des prophéties. Or, nous soutenons qu'il fallait commencer par croire aux miracles, comme Jésus-Christ l'exigeait, et non autrement. En effet, nous défions nos adversaires d'alléguer une seule prophétie en vertu de laquelle les Juifs aient pu juger d'abord, avec une entière certitude, que tel homme était le *Messie*, et par laquelle on puisse le prouver encore aujourd'hui, s'il venait à paraître comme les Juifs l'attendent. Selon les prophètes, il doit être fils de David; mais David a eu une nombreuse postérité; il s'agit de savoir quel est celui de ses descendants qui est le *Messie*, et aujourd'hui il serait impossible de dresser et de prouver sa généalogie. Selon les Juifs, il doit être roi dans la Judée; pour être roi, il faut des sujets; il n'en aura point, à moins que les Juifs ne commencent par se soumettre à lui sans motif, sans preuve, et avec une confiance aveugle. S'il faut le connaître par ses victoires, il ne les remportera pas sans soldats ; il y aura bien du sang répandu et des innocents immolés, avant que l'on sache s'il faut lui résister ou lui obéir. Le *Messie* doit être né d'une vierge ; comment le saura-t-on, à moins qu'un ange envoyé du ciel, des prophètes inspirés, tels que Zacharie, Anne, Siméon, Jean-Baptiste, ou une voix céleste, ne lui rendent témoignage, comme cela s'est fait pour Jésus-Christ ? Ce sont là des miracles. Il doit être rejeté, souffrir et triompher ensuite ; mais les souffrances qu'on lui fera subir seront un crime affreux, si sa mission est prouvée d'ailleurs ; elles seraient une punition juste, s'il usurpait la qualité de *Messie* sans titre et sans preuve. C'est donc par la nécessité de la chose même que Jésus-Christ a fait des miracles avant de se donner pour *Messie*, et qu'il a ainsi démontré qu'il avait droit de s'appliquer les prophéties, et d'en montrer le vrai sens. Lorsque quelques théologiens modernes ont avancé que les miracles de Jésus-Christ seraient une preuve caduque s'ils n'avaient pas été prédits, on les a censurés avec raison ; et lorsque les Juifs disent que ces mêmes miracles ne pouvaient être authentiques, à moins qu'ils ne fussent admis comme tels par la synagogue, ils ont oublié que les anciens prophètes, loin d'avoir eu l'attache des chefs de la nation juive, en ont été rejetés et poursuivis à mort : Jésus-Christ le leur a reproché plus d'une fois (*Matth.* XXIII, 31 ; *Luc.*, XI, 48, etc.).

2° Ce n'est pas assez, disent-ils, que le *Messie* fasse des miracles ; il faut qu'il fasse ceux que les prophètes ont prédits. Mais nous avons déjà fait voir que les prétendus miracles dont les Juifs ont l'esprit frappé, et qu'ils s'obstinent à voir dans les prophètes, sont inutiles, absurdes et indignes de Dieu. Que les montagnes soient aplanies, les vallées comblées, les fleuves desséchés pour la commodité des Juifs, qu'il sorte des torrents du désert, que les bêtes féroces soient apprivoisées et ne dévorent plus les autres animaux, etc. ; en quoi tous ces miracles peuvent-ils contribuer à la gloire de Dieu et à la sanctification des âmes ? Ceux de Jésus-Christ étaient plus sages ; les guérisons qu'il opérait en soulageant les corps disposaient les esprits à croire en lui, et donnaient des leçons de charité.

3° Ces miracles, disent encore les Juifs modernes, ne peuvent plus être aussi certains pour nous qu'ils l'étaient pour ceux qui en furent témoins ; si Jésus avait fait tous ceux qu'on lui attribue, personne n'aurait pu refuser de croire en lui.

*Réponse.* En me servant des principes des Juifs, je pourrais leur dire : Parce que les miracles de Moïse ne sont plus aussi certains pour nous qu'ils l'étaient pour ceux qui en furent témoins sommes-nous dispensés de croire la mission divine de ce législateur ? Dirons-nous que s'il les avait véritablement opérés, sans doute les Égyptiens auraient été plus dociles, et les Juifs ne se seraient pas révoltés si souvent contre lui dans le désert ? C'est ainsi que les Juifs attaquent leur propre religion en voulant ruiner la nôtre. Il est faux que les miracles de Jésus-Christ soient moins certains pour nous que pour ceux qui en furent les témoins ; la certitude morale, poussée au plus haut degré de notoriété, n'est pas moins invincible que la certitude physique ; elle ne donne pas plus de lieu à un doute raisonnable. D'ailleurs la conversion du monde, opérée par les miracles de Jésus-Christ et des apôtres, leur donne un degré d'authenticité et de certitude que ne pouvaient pas encore avoir ceux qui les ont vus. L'incrédulité d'une grande partie des Juifs, malgré ces miracles, n'y donne pas plus d'atteinte que les révoltes de leurs pères n'en donnent à ceux de Moïse ; ce peuple a été rebelle, indocile, intraitable dans tous les siècles ; on peut encore aujourd'hui lui faire les mêmes reproches que Moïse lui adressait et lui renouveler la réprimande de saint Étienne (*Act.* VII, 51) : « Vous résistez toujours au Saint-Esprit, comme ont fait vos pères. »

4° Le juif Orobio, dans sa *Conférence avec Limborch*, soutient que la foi au *Messie* n'est pas un point nécessaire au salut, puisqu'il n'en est pas fait mention dans la loi de Moïse. On ne peut donc pas supposer, dit-il, que la dispersion et les calamités actuelles des Juifs sont un châtiment de leur incrédulité au *Messie* ; c'est vouloir pénétrer dans les desseins de Dieu, lors même qu'il n'a pas voulu nous les révéler.

*Réponse.* Moïse dit formellement dans la loi : « Le Seigneur vous suscitera un prophète semblable à moi, vous l'écouterez ; et Dieu ajoute : *Si quelqu'un n'écoute pas le prophète, j'en serai le vengeur* (*Deut.* XVIII, 15, 19) ». Nathanaël, l'un des docteurs de la loi, frappé des miracles de Jésus-Christ, reconnut en lui le prophète dont parle Moïse dans la loi (*Joan.* I, 45, 49). Quand ce passage ne regarderait pas le *Messie* en particulier, mais tout prophète envoyé de la part de Dieu, comme le prétendent les Juifs, serait-ce pas assez pour conclure que c'est Dieu qui les punit de leur incrédulité à l'égard de Jésus, et qu'il continuera de les punir tant qu'ils persévéreront dans leur obstination ? Nous avons vu de quelle manière ils l'ont été pour avoir résisté à Jérémie ; soutiendront-ils que Jésus-Christ n'a pas prouvé sa qualité de prophète d'une manière plus éclatante que Jérémie ?

Les Juifs peuvent apprendre de Josèphe que Jean-Baptiste était un prophète, et qu'il était regardé comme tel dans toute la Judée (*Antiq. Jud.*, l. XVIII, c. 7). Or il a déclaré que Jésus était le *Messie*, le juge des bons et des méchants, prêt à récompenser les uns et à punir les autres (*Matth.* III, 12). Jésus a donc usé de son droit en punissant les Juifs incrédules. Mais c'était à lui d'annoncer aux Juifs leur destinée : il la leur a clairement prédite ; il leur a déclaré que le sang de tous les justes et des prophètes, versé depuis le commencement du monde jusqu'à lui, retomberait sur eux, que leur terre demeurerait déserte, que leur temple serait détruit, qu'il leur arriverait une calamité telle qu'il n'y en a point eu depuis le commencement du monde, parce qu'ils n'ont pas voulu profiter de ses avis charitables (*Matth.* XXIII, 35 et suiv.; XXIV, 2, 21, etc.). L'accomplissement exact de cette prophétie suffit pour démontrer qu'il est le *Messie.* L'entêtement des Juifs est de vouloir que Moïse et les anciens prophètes leur aient prédit tout ce qui devait leur arriver jusqu'à la fin du monde; il n'en est rien : les prophètes ont prédit ce qui devait arriver à leur nation, jusqu'à la venue du *Messie*, et ils l'ont annoncé lui-même comme le législateur, le docteur et le maître que les Juifs doivent écouter; toute autre prédiction aurait été inutile et prématurée. Ç'a donc été à lui de prédire ce qui arriverait dans la suite des siècles, et il l'a fait tant par lui que par ses apôtres. Nous ne cherchons point à pénétrer les desseins cachés de Dieu, quand nous nous en rapportons à ce qu'il a dit par la bouche du *Messie.*

5° L'on ne se persuadera jamais, disent les Juifs, que le *Messie* ait été spécialement promis pour la nation juive, et que les fruits de son avénement aient été transportés aux gentils ; c'est supposer que Dieu a trompé les Juifs, et qu'il a exécuté ses promesses tout autrement qu'il ne leur avait fait entendre.

*Réponse.* Ce n'est pas Dieu qui trompe les Juifs, ce sont eux qui s'aveuglent eux-mêmes, et qui contredisent leurs propres Ecritures. Dieu avait dit à Abraham : *Toutes les nations de la terre seront bénies en vous* (*Gen.* XII, 3; XVIII 16; XXII, 18). Cette même promesse est répétée à Isaac, c. XXVI, v. 4, et à Jacob, c. XXVIII, v. 14. De quel droit les Juifs prétendent-ils réserver à eux seuls ces bénédictions promises à toutes les nations ? A la vérité, Dieu dit à ces trois patriarches : Toutes les nations de la terre seront bénies en vous et *dans votre race,* ibid. La question est de savoir si le mot *race* doit s'entendre de toute la postérité, ou d'un descendant particulier de ces patriarches. Or, il est absurde de l'entendre de toute leur postérité ; il faudrait y comprendre les Madianites nés d'Abraham et de Céthura, et les Iduméens descendus de Jacob par Esaü : voilà ce que les Juifs n'admettront jamais. Ont-ils été eux-mêmes une nation assez fidèle à Dieu, pour qu'ils se flattent d'être le canal des bénédictions promises à tous les peuples de la terre. Jacob nous fait entendre le contraire; il dit que ce sera l'*envoyé de Dieu* ou le *Messie*, qui rassemblera les nations sous ses lois (*Gen.* LIX, 10). Isaïe dit qu'il rendra la justice aux nations, que les peuples des îles attendront sa loi, qu'il fera alliance avec les peuples, qu'il sera la lumière des nations, qu'il sera l'auteur de leur salut jusqu'aux extrémités de la terre (*Isai.* XLII, 1 et 6; XLIX, 6, etc.). Voilà donc la *race*, ou le descendant des patriarches, qui répandra sur toutes les nations de la terre les bénédictions promises. A quel titre les Juifs en ont-ils conçu de la jalousie, et en tirent-ils un prétexte pour méconnaître le *Messie?* Moïse, près de mourir, le leur avait prédit : *Ils ont provoqué ma colère*, dit le Seigneur, *en adoptant de faux dieux, et moi j'exciterai leur jalousie, en adoptant un peuple étranger et une nation insensée* (*Deut.* XXXII, 21). Rien n'est donc arrivé que ce que Dieu avait annoncé; Jésus-Christ, les apôtres, les évangélistes, n'ont fait que suivre les Ecritures à la lettre, lorsqu'ils ont déclaré que les bénédictions qui devaient être répandues par le *Messie* seraient départies aux nations plus abondamment qu'aux Juifs, parce que ceux-ci s'en rendaient indignes. Ils s'obstinent à supposer que les promesses de Dieu sont absolues, n'exigent de la part des hommes aucune correspondance libre et volontaire. Dieu a déclaré le contraire par Jérémie, c. XVIII, v. 9; et par Ezéchiel, c. XXXIII, v. 13; et cela est prouvé par vingt exemples. Dieu avait promis que les Juifs du royaume d'Israël reviendraient de Babylone, aussi bien que ceux du royaume de Juda (*Osée*, XI, etc.); cependant les premiers n'en revinrent point, parce qu'ils ne le voulurent pas. Les Juifs mêmes conviennent de cette grande vérité, puisqu'ils disent que Dieu a retardé la venue du *Messie* à cause de leurs péchés. Si Dieu peut, avec justice, retarder l'effet de ses promesses à l'égard de ceux qui lui sont infidèles, il peut, par la même raison, les en priver et les transporter à d'autres.

6° Dieu, disent-ils, n'avait pas seulement promis de répandre sur nos pères les bénédictions du *Messie,* s'ils étaient fidèles ; mais il avait promis de les rendre fidèles ; il leur avait dit : *Je vous donnerai un nouvel esprit et un nouveau cœur ; je mettrai mon esprit au milieu de vous ; je vous ferai marcher selon mes commandements, observer mes ordonnances et exécuter ma loi* (*Ezech.*, XXXVI, 26; XI, 19; *Jérem.*, XXXI, 33, etc.). Si Dieu n'a pas accompli cette promesse après la captivité de Babylone, il le fera donc sous le règne futur du *Messie.*

*Réponse.* Le comble de l'aveuglement des Juifs est de s'en prendre à Dieu de leur infidélité volontaire, et de se flatter que, sous le règne de leur prétendu *Messie,* Dieu les convertira par miracle, sans qu'ils puissent résister à l'opération toute-puissante de sa grâce : et malheureusement d'autres raisonneurs n'ont pas moins abusé de ce passage que les Juifs : l'événement aurait dû détromper les uns et les autres. Il est de la nature de l'homme d'être libre, et s'il ne l'était pas, il ne saurait pas capable de mériter ni de démériter ; la vertu et le vice seraient pour l'homme un bonheur ou un malheur, et non un sujet de récompense ou de châtiment. Il est donc aussi de la nature de la grâce de laisser à l'homme la liberté de résister, parce que Dieu ne peut pas, sans se contredire, conduire l'homme d'une manière contraire à la nature qu'il lui a donnée. Lorsque Dieu promet à l'homme de le rendre fidèle, cela signifie donc seulement qu'il lui donnera tous les secours dont il a besoin pour l'être en effet, s'il n'y résiste pas, comme il est toujours libre de le faire. Tout autre sens serait absurde, puisqu'il autoriserait l'homme à rejeter sur Dieu la perversité de son propre cœur.

La question est donc de savoir, si, lorsque Dieu a envoyé le *Messie*, il a donné aux Juifs tous les secours et les grâces nécessaires pour croire en lui. Or, il l'a fait, puisqu'un assez grand nombre ont cru en Jésus-Christ ; ce divin Maître a dit aux autres : *Si vous étiez aveugles, vous n'auriez point de péché* (Joan. IX, 41). Ils étaient donc suffisamment éclairés par la grâce ; et saint Étienne leur a reproché qu'ils résistaient au Saint-Esprit, comme avaient fait leurs pères (Act. VI, 51). *Voy.* GRACE, LIBERTÉ.

MÉTAMORPHISTES, ou TRANSFORMATEURS, secte d'hérétiques du XII° siècle, qui prétendaient que le corps de Jésus-Christ, au moment de son ascension, avait été changé ou transformé en Dieu. On dit que quelques luthériens ubiquitaires ont renouvelé cette erreur.

MÉTANGISMONITES, hérétiques dont parle saint Augustin, *Hær.* 57. Leur nom est formé de μετά, *dans*, et ἀγγεῖον, *vase*, *vaisseau* ; ils disaient que le Verbe est dans son Père comme un vaisseau dans un autre. Cette secte a pu être une branche des ariens.

MÉTANOEA, terme grec qui signifie résipiscence ou pénitence ; et c'est ainsi que les Grecs nomment le quatrième des sept sacrements. Mais ils ont principalement donné ce nom à une cérémonie ou pratique de pénitence qui consiste à se pencher fort bas, et à mettre une main contre terre avant de se relever. Les confesseurs leur en prescrivent ordinairement un certain nombre, en leur donnant l'absolution. Quoique les Grecs regardent ces grandes inclinations du corps comme une pratique fort agréable à Dieu, ils condamnent les génuflexions, et prétendent qu'on ne doit adorer Dieu que debout. Ils ne font pas attention que les gestes du corps sont par eux-mêmes très-indifférents, et qu'ils n'ont point d'autre signification que celle qui leur est attachée par l'usage. Dans l'Occident, se découvrir la tête est une marque de respect ; dans l'Orient, c'en est une de se déchausser, et d'avoir les pieds nus. Lorsque Moïse voulut s'approcher du buisson ardent, Dieu lui cria : *Déchausse-toi, la terre que tu foules aux pieds est une terre sainte* (Exod. III, 5). Il exigea de lui la marque de respect qui était en usage pour lors. Il est évident que se mettre à genoux ou se prosterner est un signe d'humiliation, par conséquent d'adoration ; lorsque Moïse annonça aux Israélites ce que Dieu lui avait ordonné, ils se prosternèrent pour adorer Dieu (Ib. IV, 31).

MÉTAPHYSIQUE. Quoique cet article nous soit étranger, nous sommes obligés de répondre à un reproche que l'on a souvent fait aux théologiens, d'en faire voir l'inconséquence et l'absurdité. On demande pourquoi mêler des discussions *métaphysiques* à la théologie, qui doit être uniquement fondée sur la révélation ? Parce que, dès l'origine du christianisme, les philosophes, auteurs des hérésies, se sont servis de la *métaphysique* pour attaquer les dogmes révélés, et parce que les incrédules, leurs successeurs, font encore aujourd'hui de même. Les Pères de l'Eglise et les théologiens ont donc été forcés de faire voir que la *métaphysique* de ces philosophes était fausse, de se servir de toute la précision du langage d'une saine *métaphysique*, pour exposer et développer les dogmes de la foi, et pour les mettre à couvert des sophismes que l'on y opposait. Cet abus prétendu que l'on attribue très-mal à propos aux scolastiques, vient dans le fond des artifices et de l'opiniâtreté des ennemis de la révélation. Pourquoi les incrédules modernes se sont-ils appliqués à déprimer la *métaphysique?* Parce qu'elle fournit des arguments invincibles contre eux. Eux-mêmes ne peuvent attaquer ni établir aucun système que par des arguments *métaphysiques.* Pour combattre l'existence de Dieu, es athées soutiennent que les attributs qu'on lui prête sont incompatibles ; d'autre côté, il s'agit de savoir si la matière qu'ils mettent à la place de Dieu est susceptible des attributs qu'ils lui supposent, si elle est capable de penser dans l'homme, d'être le principe de ses mouvements et de ses actions, etc. Voilà des discussions très-*métaphysiques*. Les déistes ne peuvent prouver l'existence et l'unité de Dieu que par les notions de cause première, d'être nécessaire, d'ordre, d'intelligence, de nécessité, de hasard, de cause finale, etc. La grande question de l'origine du mal ne peut être éclaircie qu'en donnant une idée nette de ce que l'on nomme *bien* et *mal*, qu'en montrant la différence essentielle qu'il y a entre la *bonté* jointe à une puissance infinie, et la *bonté* jointe à une puissance bornée. Ce n'est certainement pas la physique qui débrouillera toutes ces questions. Nous est-il défendu de nous servir, pour repousser nos ennemis, des mêmes armes dont ils se servent pour nous attaquer, d'opposer une *métaphysique* exacte et solide à des notions fausses et trompeuses ? Les hérétiques anciens et modernes, ariens, protestants, sociniens et autres, ne sont pas de meilleure foi. D'un côté, ils voudraient que les dogmes de la foi fussent énoncés dans le langage simple et populaire, comme ils l'ont été par les écrivains de l'Ancien et du Nouveau Testament ; de l'autre, ils s'efforcent de prouver que ce langage ne s'accorde pas avec la vraie *métaphysique*, et qu'il n'e t pas possible de le prendre à la lettre. Ils ont attaqué le dogme du péché originel par de prétendus principes de justice et d'équité ; le mystère de l'Incarnation, par de fausses notions de ce que nous appelons *nature* et *personne ;* celui de l'eucharistie, par une explication captieuse des mots *substance, accidents, étendue, matière, corps,* etc. Où en seraient les théologiens catholiques, s'ils n'étaient pas meilleurs *métaphysiciens* que leurs adversaires ?

Il en est de même de la dialectique ; si un théologien n'était pas aguerri à toutes les ruses des sophistes, il ne serait pas en état de les réfuter avec tout l'avantage que peut avoir une logique ferme et toujours d'accord avec elle-même, sur une dialectique fausse et qui ne cherche qu'à faire illusion. Ce n'est donc ni par goût, ni par habitude, ni par un reste d'attachement à l'ancien usage, que les théologiens cultivent ces deux sciences; elles leur seront absolument nécessaires tant que la religion aura des ennemis, et il est prédit qu'elle en aura jusqu'à la fin des siècles (1).

(1) « La métaphysique, dit M. Laurentie, qui n'est point éclairée par la foi, n'est qu'une science vaine et ténébreuse. L'intelligence de l'homme se perd dans ses secrets, et aucun moyen ne lui reste de se reconnaître parmi ces obscurités si profondes. Pour l'arrêter, il suffirait de lui proposer cette question : *Y a-t-il quelque chose?* Sa raison orgueilleuse aurait beau s'agiter, s'épuiser et s'irriter, toujours elle viendrait expirer sur cette question insoluble pour le philosophe qui ne s'en rapporte qu'à lui seul. « La question pourquoi il existe quelque chose, dit un philosophe, est la plus embarrassante que la philosophie puisse se proposer, et il n'y a que la révélation qui y réponde. » (*Pensées sur l'interprétation de la nature*, n. 58, pag. 92.) Et toutes les questions que peut se proposer encore la philosophie, après celle-ci, offrent les mêmes difficultés. La philosophie, en effet, ne donne la raison d'aucune chose, et il faut toujours qu'elle monte jusqu'à Dieu pour y trouver le secret des êtres.

« La métaphysique, comme la logique, a ses axiomes pour appuyer la suite de ses raisonnements; si elle veut montrer les causes des êtres, elle pose en principe, dans les écoles, ces propositions : *Ab actu ad posse valet consecutio, sed non vice versa. Possibili posito, in actu ni il sequitur absurdi*, etc. Mais quelle que soit la vérité de ces axiomes, quelle que soit même la vérité des conséquences qu'on en déduit, on voit bien que leur certitude philosophique ne repose pas en eux-mêmes, et qu'elle suppose toujours antérieurement une raison de les adopter comme vrais, et par conséquent des vérités philosophiques qui leur soient antécédentes. Que servirait de dire, en effet, *ab actu ad posse valet consecutio*, si déjà on n'admettait un être agissant? On suppose donc l'être pour le prouver. Chose absurde en philosophie, même lorsqu'elle se rencontre dans des axiomes dont nul ne conteste la vérité.

« D'ailleurs, quelle conséquence philosophique y a-t-il à tirer de ces axiomes, pour établir la vérité des êtres? Voici un philosophe ingénieux, et c'est un athlète armé contre l'athéisme (Berkeley), qui fait des livres pour montrer non qu'il n'y a pas de corps, ainsi qu'on le répète dans toutes les philosophies, mais que la philosophie ne saurait donner aucune preuve tirée uniquement d'elle-même, qu'il y ait des corps; chose tout à fait différente. Fénelon l'avait déjà dit : « Rien n'est plus facile que d'embarrasser un homme de bon sens sur la vérité de son propre corps, quoiqu'il lui soit impossible d'en douter sérieusement. » (*Lettres sur la Religion.*) Quelle ressource en effet trouve-t-on contre une telle difficulté, dans les axiomes de la métaphysique? Toutes les subtilités du monde ne créeront pas, avec ces axiomes, un syllogisme où l'existence des corps, que l'on veut prouver, ne soit d'abord présupposée. Or, cette impuissance de prouver l'existence des corps par de purs arguments métaphysiques, n'est pas, comme on l'imagine dans les écoles, une chose indifférente pour l'athéisme. Quoi ! l'athée, cet esprit superbe qui se confie si témérairement à sa raison, ne peut point prouver son être par la raison ! quoi ! son corps, cette matière à laquelle il borne son être, lui est un mystère inexplicable ! Oserait-il, après cela, ouvrir encore la bouche? Que dira-t-il? il ne peut rien démontrer par sa raison : une seule parole l'arrête dans ses systèmes ; et le plus faible de ses adversaires le réduit à l'impuissance de rien établir, pas même son existence, par la philosophie ! Comment ne voit-on pas bien cette misère désespérante de l'athée? et comment, pour le confondre et l'accabler, pense-t-on encore à se mettre dans la position philosophique où il est lui-même, lorsqu'il est si facile de l'abattre, en le laissant seul et désarmé dans ce triste et abject isolement où il réduit lui-même sa raison?

« La même impuissance du philosophe se fait sentir sur toutes les questions de métaphysique générale ; et cette impuissance, il faut en convenir, est une grande leçon donnée à la raison humaine. La philosophie traite de l'*essence des êtres*, elle examine péniblement ce qui constitue leur nature, et si cette nature leur est tellement propre qu'elle ne puisse pas être altérée sans que les êtres perdent leur essence. Elle examine encore les propriétés absolues et les propriétés relatives des êtres ; elle examine leur possibilité, leur vérité, leur identité ; elle distingue l'être créé et l'être incréé, le fini et l'infini, l'effet et la cause. Mais en toutes ces questions, qui met fin aux incertitudes et aux obscurités de la raison? La raison ne sait pas d'elle-même ce que c'est que l'être, comment donc en comprend-elle l'essence et la vérité? elle ne peut pas même démontrer par des arguments purement philosophiques l'identité de l'être. L'homme n'a en soi aucun motif philosophique d'affirmer qu'il est le même être aujourd'hui qu'hier, demain qu'aujourd'hui. Sait-il mieux par la raison ce que c'est que l'être créé et l'être incréé? comprend-il un être qui n'est que possible, c'est-à-dire un être qui n'est pas? Comprend-il la cause de l'être, et en comprend-il l'effet? et lorsqu'il établit ces axiomes métaphysiques : *La cause est avant l'effet, nul effet sans cause*, est-il sûr de distinguer l'une et l'autre, et de savoir toujours philosophiquement qu'est-ce qui est cause, qu'est-ce qui est effet? Sait-il enfin ce que c'est que le fini et l'infini? La raison a-t-elle percé d'elle-même tout ce mystère? a-t-elle un moyen logique de le mettre à la portée de toutes les intelligences capables de raisonnement? Quiconque a conservé au milieu des recherches vagues et profondes de la métaphysique un peu de ce calme qui empêche l'homme de s'étourdir et de s'aveugler, avouera et publiera que tout cela est mystérieux ; que toutes ces questions étonnent et confondent la raison, et que d'elle-même elle est impuissante pour les résoudre.

« Quoi! n'y a-t-il donc rien de certain sur l'être? Qui l'osera dire? Il n'y a rien de certain philosophiquement sur l'être pour l'athée, ou simplement pour le philosophe qui veut expliquer l'être par sa propre raison. Mais, dans nos doctrines philosophiques, l'homme n'est jamais réduit à la triste condition de vouloir trouver en soi la raison de toutes choses. Notre philosophe est un homme social, il trouve sa certitude autour de lui ; la raison universelle des hommes éclaire la sienne et la fortifie. C'est d'abord

MÉTEMPSYCOSE, MÉTEMPSYCOSISTES. *Voy.* TRANSMIGRATION DES AMES.

MÉTHODISTES. C'est le nom que les protestants ont donné aux controversistes français, parce que ceux-ci ont suivi différentes méthodes pour attaquer le protestantisme. Voici l'idée qu'en a donnée Mosheim, savant luthérien, dans son *Hist. eccl.*, sæc. XVII, sect. 2, part. 2, c. 1, § 15. On peut, dit-il, réduire ces *méthodistes* à deux classes. Ceux de la première imposaient aux protestants, dans la dispute, des lois injustes et déraisonnables. De ce nombre a été l'ex-jésuite François Véron, curé de Charenton, qui exigeait de ses adversaires qu'ils prouvassent tous les articles de leur croyance par des passages clairs et formels de l'Ecriture sainte, et qui leur interdisait mal à propos

à l'aide de cette raison, à laquelle il participe par des croyances communes, qu'il renverse et humilie la raison particulière du philosophe téméraire qui croit pouvoir rompre la société des intelligences, pour se livrer à son propre esprit. La logique a montré comment cette lutte devenait toujours un triomphe pour la vérité; mais c'est peu encore. Cette manière de considérer l'homme par rapport à la société, lui crée des avantages de raisonnement contre lesquels tous les sophismes métaphysiques viennent se briser.

« En effet, qu'est-ce qui manque à la raison particulière de l'homme pour appuyer ses recherches philosophiques ? Un premier motif de certitude sur lequel repose toute la suite des raisonnements. Or, quel est ce premier motif de certitude qui manque à la raison qui veut tout démontrer? Évidemment c'est Dieu lui-même. Tant que Dieu n'est pas mis en tête des vérités métaphysiques, il n'y a rien qui puisse être démontré philosophiquement ; l'homme tourne perpétuellement dans un cercle vicieux, sans jamais atteindre une première vérité à laquelle reste fixée la chaîne de toutes les autres vérités. Ainsi il démontre la certitude par la certitude, et l'être par la certitude de l'être, sans jamais venir à bout de montrer pourquoi il est certain que cette certitude est réelle, pourquoi même il croit qu'il est certain de quelque chose. Le philosophe qui n'est point athée fait bien tous ses efforts pour faire arriver Dieu, mais toujours par la simple raison, à la tête des démonstrations métaphysiques ; car il sent qu'une fois cette première vérité posée, la certitude de toutes les autres se déroule d'elle-même. Mais l'erreur, l'irrémédiable erreur du philosophe, c'est de vouloir encore démontrer d'abord cette première vérité par sa raison; et ainsi il retombe dans ses éternelles pétitions de principes, ainsi il met une première vérité, qui est sa raison, avant la première vérité, qui est Dieu ; ainsi il reste toujours dans l'impuissance invincible de rien démontrer philosophiquement ; et telle est la conséquence rigoureuse de toute philosophie qui enseigne à l'homme à chercher en lui la raison de toutes choses, et la raison même de sa certitude.

« Voyez combien est différente la condition du philosophe qui ne se sépare point de la société qui lui transmet ses notions. Pour lui, Dieu se montre de toutes parts, non pas comme une vérité philosophique démontrée premièrement par la raison, mais comme un être qui remplit le monde, comme une vérité universelle, comme une lumière qui s'est manifestée à toute intelligence venant au monde, et dont nul ne peut s'empêcher de voir l'éblouissante clarté. Or, l'homme social qui commence par croire, et non point par raisonner, ayant une fois reçu par la foi cette première vérité de l'être de Dieu, y trouve naturellement le moyen d'éclairer toutes les questions de la métaphysique ; sa raison n'a plus de mystère à redouter, tout se découvre, et la certitude philosophique commence à ce point fixe, que l'homme trouve hors de sa raison. Chose merveilleuse ! la raison commence par s'abaisser, mais c'est pour s'élever ensuite ; elle n'est elle-même la raison que parce qu'elle se soumet; dès qu'elle est rebelle, elle devient incertaine, elle s'égare dans ses recherches, elle abandonne les notions communes aux autres intelligences, c'est-à-dire elle rompt leur société, et elle expire dans ses doutes et dans sa solitude.

« Nous disons que Dieu étant une fois mis en tête des vérités, tout l'être s'explique. Alors la raison, pour la première fois, peut savoir ce que c'est qu'être et n'être pas ; ce que c'est que cause et effet, infini et fini, puissance et action de l'être ; alors, pour la première fois, les axiomes de la métaphysique reçoivent une certitude philosophique, et leurs conséquences se montrent avec une vérité de logique qu'aucune raison ne peut plus renverser. Le philosophe dit peut-être : Vous supposez Dieu ; donc toute la suite de vos raisonnements tombe avec cette supposition. Nous supposons Dieu, comme nous supposons le soleil. Est-ce là une supposition ? Dieu est le soleil des intelligences ; le philosophe dit-il que l'homme qui jouit de la lumière céleste aurait besoin d'une raison philosophique pour affirmer qu'il en jouit en effet ? Le monde voit le soleil se lever chaque matin à l'aurore, et se coucher le soir pour faire place aux nuits. Faut-il au monde des démonstrations pour s'assurer de cette marche toujours nouvelle et toujours la même ? Le monde voit aussi de toutes parts la lumière d'une intelligence suprême qui éclaire tous les êtres pensants. Le monde pourrait-il ne pas voir cette clarté resplendissante ? Et quand il fermerait les yeux de sa raison, ne saurait-il pas encore malgré lui que toutes les raisons en sont éblouies ? Or, que l'on ne considère d'abord, si l'on veut, l'existence de ce soleil intellectuel que comme un fait universel que des démonstrations logiques peuvent ensuite fortifier dans la pensée de l'homme, toujours est-il manifeste que Dieu, connu à l'homme par cette première et solennelle proclamation de toutes les intelligences, et placé ainsi à la tête de toutes les vérités philosophiques, est le premier point fixe auquel reste attachée la chaîne de ces vérités.

« Voici donc comment la philosophie chrétienne, c'est-à-dire la vraie philosophie, développe hardiment son système métaphysique, à l'aide de ce premier principe, sans craindre d'être jamais arrêtée dans sa marche, et d'être jetée dans les incertitudes de la philosophie qui cherche en soi un premier principe semblable à un fondement semblable de certitude. Dieu, d'abord, lui est révélé tout entier; et voici comment elle le voit apparaître avec sa lumière dans le monde intellectuel.

« De toute éternité Dieu est, Dieu est parfait, Dieu est heureux, Dieu est un. L'impie demande :
« Pourquoi Dieu est-il ? Je lui réponds : Pourquoi « ne serait-il pas ? est-ce à cause qu'il est par-
« fait ? et la perfection est-elle un obstacle à l'être ?
« Erreur insensée ! au contraire, la perfection est la
« raison d'être. Pourquoi l'imparfait serait-il, et le
« parfait ne serait-il pas ? c'est-à-dire pourquoi ce
« qui tient plus du néant serait-il, et que ce qui
« n'en tient rien ou tout ne serait-il pas? Qu'appelle-
« t-on parfait ? Un être à qui rien ne manque. Qu'ap-
« pelle-t-on imparfait ? Un être à qui quelque chose
« manque. Pourquoi l'être à qui rien ne manque ne
« serait-il pas, plutôt que l'être à qui quelque chose
« manque ? D'où vient que quelque chose est, et
« qu'il ne se peut pas faire que le rien soit, si ce
« n'est parce que l'être vaut mieux que le rien, et
« que le rien ne peut pas prévaloir sur l'être, ni
« empêcher l'être d'être? Mais, par la même raison,
« l'imparfait ne peut valoir mieux que le parfait, ni
« être plutôt que lui, ni l'empêcher d'être. Qui peut
« donc empêcher que Dieu ne soit ? et pourquoi le
« néant de Dieu, que l'impie veut imaginer dans son
« cœur insensé (Ps. 13, v. 1), pourquoi, dis-je, ce
« néant de Dieu l'emporterait-il sur l'être de Dieu ?
« vaut-il mieux que Dieu ne soit pas que d'être ?...
« (Bossuet, I<sup>re</sup> Élévation sur les mystères.) On dit :
« Le parfait n'est pas ; le parfait n'est qu'une idée de
« notre esprit, qui va s'élevant de l'imparfait qu'on
« voit de ses yeux jusqu'à une perfection qui n'a de
« réalité que dans la pensée. C'est le raisonnement
« que l'impie voudrait faire dans son cœur insensé,
« qui ne songe pas que le parfait est le premier, et

tout raisonnement, toute conséquence, toute espèce d'argumentation. Il a été suivi par Berthole Nihusius, transfuge du protestantisme ; par les frères Wallembourg, et par d'autres, qui ont trouvé qu'il était plus aisé de défendre ce qu'ils possédaient que de démontrer la justice de leur possession. Ils laissaient à leurs adversaires toute la charge de prouver, afin de se réserver seulement le soin de répondre et de repousser les preuves. Le cardinal de Richelieu, et d'autres, voulaient qu'on laissât de côté les plaintes et les reproches des protestants, qu'on se réduisît toute la dispute à la question de l'Eglise, que l'on se contentât de prouver son autorité divine par des raisons évidentes et sans réplique. Ceux de la seconde classe ont pensé que, pour abréger la contestation, il fallait opposer aux protestants des raisons générales que l'on nomme *préjugés*, et que cela suffisait pour détruire toutes leurs prétentions. C'est la méthode qu'a suivie Nicole, dans ses *Préjugés légitimes contre les calvinistes*. Après lui, plusieurs ont été d'avis qu'un seul de ces arguments, bien poussé et développé, était assez fort pour démontrer l'abus et la nullité de la réforme. Les uns lui ont opposé le droit de prescription ; les autres, les vices et le défaut de mission des réformateurs ; quelques-uns se sont bornés à prouver que cet ouvrage était un vrai *schisme*, par conséquent le plus grand de tous les crimes. Celui qui s'est le plus distingué dans la foule des controversistes, par son esprit et par son éloquence, est Bossuet ; il a entrepris de prouver que la société formée par Luther est une Eglise fausse, en mettant au jour l'inconstance des opinions de ses docteurs, et la multitude des variations survenues dans sa doctrine ; de démontrer, au contraire, l'autorité et la divinité de l'Eglise romaine, par sa constance à enseigner les mêmes dogmes dans tous les temps. Ce procédé, dit Mosheim, est fortement étonnant de la part d'un savant, surtout d'un Français, qui n'a pas pu ignorer que, selon les écrivains de sa nation, les papes ont toujours très-bien su s'accommoder aux temps et aux circonstances, et que Rome moderne ne ressemble pas plus à l'ancienne que le plomb ne ressemble à l'or.

Tous ces travaux des défenseurs de l'Eglise romaine, continue le savant luthérien, ont donné plus d'embarras aux protestants qu'ils n'ont procuré d'avantage aux catholiques. A la vérité, plusieurs princes et quelques hommes instruits se sont laissé ébranler, et sont rentrés dans l'Eglise que leurs pères avaient quittée ; mais leur exemple n'a entraîné aucun peuple ni aucune province. Ensuite, après avoir fait l'énumération des plus illustres convertis, soit parmi les princes, soit parmi les savants, il dit que si l'on excepte ceux qui ont été poussés à ce changement par des revers domestiques, par l'ambition d'augmenter leur dignité et leur fortune, par légèreté ou par faiblesse d'esprit, ou par d'autres causes aussi peu louables, le nombre se trouvera réduit à si peu de chose, qu'il n'y aura pas lieu d'être jaloux des acquisitions faites par les catholiques.

Nous ne pouvons nous dispenser de faire quelques réflexions sur ce tableau. 1° Dès que les protestants ont posé pour principe et pour fondement de leur réforme, que l'Ecriture sainte est la seule règle de foi, que c'est par elle seule qu'il faut décider toutes les questions et terminer toutes les disputes, où est l'injustice, de la part des théologiens catholiques, de les prendre au mot, et d'exiger qu'ils prouvent tous les articles de leur doctrine par des passages clairs et formels de l'Ecriture ? Prétendent-ils enseigner sans règle, et dogmatiser sans principes ? Ils ont eux-mêmes imposé cette loi aux catholiques, et ceux-ci l'ont subie ; ensuite les protestants la trouvent trop dure, et voudraient s'en exempter. Ce sont eux qui sont venus attaquer l'Eglise catholique, et lui disputer une possession de quinze siècles ; c'est donc à eux de prouver par l'Ecriture que cette possession est illégitime. — 2° Il n'est pas vrai qu'aucun de nos controversistes ait interdit aux protestants tout raisonnement et toute conséquence ; mais on a exigé que les conséquences fussent tirées directement de passages de l'Ecriture clairs et formels. Il ne l'est pas non plus que nos controversistes se soient bornés à répondre aux preuves des protestants. On n'a qu'à ouvrir la *Profession de foi catholique* de Véron, l'on verra qu'il prouve chacun de nos dogmes de foi par des textes formels de l'Ecriture sainte. Les frères de Wallembourg ont fait de même ; mais ils sont allés plus loin. Ils ont fait voir que la mé-

« en soi, et dans nos idées ; et que l'imparfait en
« toutes façons n'est qu'une dégradation. Dis-moi,
« mon âme, comment entends-tu le néant, sinon
« par l'être ? comment entends-tu la privation, si ce
« n'est par la forme dont elle prive. Comment l'im-
« perfection, si ce n'est par la perfection dont elle
« déchoit ? Mon âme, n'entends-tu pas que tu as une
« raison, mais imparfaite, puisqu'elle ignore, qu'elle
« doute, qu'elle erre et qu'elle se trompe ? Mais com-
« ment entends-tu l'erreur, si ce n'est comme pri-
« vation de la vérité ; et comment le doute ou l'ob-
« scurité, si ce n'est comme privation de l'intelligen-
« ce et de la lumière ; ou comment enfin l'ignorance,
« si ce n'est comme privation du savoir parfait ?
« comment dans la volonté, le déréglement et le
« vice, si ce n'est comme privation de la règle, de la
« droiture et de la vertu ? Il y a donc primitivement
« une intelligence, une science certaine, une vérité,
« une inflexibilité dans le bien, une règle, un ordre,
« avant qu'il y ait une déchéance de toutes ces cho-
« ses ; en un mot, il y a une perfection avant qu'il y
« ait un défaut ; avant tout déréglement, il faut
« qu'il y ait une chose qui est elle-même sa règle,
« et qui, ne pouvant se quitter soi-même, ne peut
« non plus ni faillir ni défaillir. Voilà donc un être
« parfait ; voilà Dieu, nature parfaite et heureuse.
« Le reste est incompréhensible, et nous ne pou-
« vons même pas comprendre jusqu'où il est parfait
« et heureux, pas même jusqu'à quel point il est in-
« compréhensible. » (Bossuet, II⁰ *Elév.*) — Extrait
de l'*Introduction à la philosophie*, etc., par M. Laurentie, II⁰ part., ch. 8.

thode de l'Eglise catholique est la même dont elle s'est servie dans tous les siècles, et qui a été employée par les Pères de l'Eglise pour prouver les dogmes de foi et réfuter toutes les erreurs; que celle des protestants est fautive, et justifie toutes les hérésies sans exception; que leur distinction entre les articles fondamentaux et les non fondamentaux, est nulle et abusive; qu'ils ont falsifié l'Ecriture sainte, soit dans leurs explications arbitraires, soit dans leurs versions : et il le prouve en comparant leurs différentes traductions de la Bible; que non contents de cette témérité, ils rejettent encore tout livre de l'Ecriture sainte qui leur déplaît. Ces mêmes controversistes prouvent que c'est par témoins ou par la tradition que le sens de l'Ecriture sainte doit être fixé, et que les articles de foi doivent être décidés, et qu'ils ne peuvent l'être autrement. C'est après tous ces préliminaires qu'ils opposent aux protestants la voie de prescription, et des préjugés très-légitimes; savoir, le défaut de mission dans les réformateurs, le schisme dont ils se sont rendus coupables, la nouveauté de leur doctrine, etc. Ils ont donc prouvé d'une manière invincible, non-seulement la possession de l'Eglise catholique, mais la justice et la légitimité de cette possession. — 3° Puisque les protestants ont allégué, pour motif de leur schisme, que l'Eglise romaine n'était plus la véritable Eglise de Jésus-Christ, le cardinal de Richelieu n'a pas eu tort de prétendre qu'en prouvant le contraire on sapait la réforme par le fondement. Sur ce point, comme sur tous les autres, nos adversaires se sont très-mal défendus; ils ont varié dans leur système, ils ont admis tantôt une Eglise invisible, tantôt une Eglise composée de toutes les sectes chrétiennes, quoiqu'elles s'excommunient réciproquement, et ne veuillent avoir ensemble aucune société. Bossuet a démontré l'absurdité de l'un et de l'autre de ces systèmes, et les protestants n'ont rien répliqué. — 4° L'on sait de quelle manière ils ont répondu à l'*Histoire des Variations*; forcés d'avouer le fait, ils ont dit que l'Eglise catholique avait varié dans sa croyance aussi bien qu'eux, et avant eux. Mais ont-ils apporté de ces prétendues variations des preuves aussi positives et aussi incontestables que celles que Bossuet avait alléguées contre eux? Leurs plus célèbres controversistes n'ont pu fournir que des preuves négatives; ils ont dit : Nous ne voyons pas, dans les trois premiers siècles, des monuments de tels et de tels dogmes que l'Eglise romaine professe aujourd'hui : donc on ne les croyait pas alors; donc elle a varié dans sa foi. On leur a fait voir la nullité de ce raisonnement, parce que l'Eglise du IV° siècle a fait profession de ne croire que ce qui était déjà cru et professé au troisième, et enseigné depuis les apôtres; donc les monuments du IV° siècle prouvent que tel dogme était déjà cru et enseigné auparavant.

Quant à ce que Mosheim dit des théologiens français, il veut donner le change et faire illusion. Jamais ces théologiens n'ont enseigné que les papes s'étaient accommodés aux temps et aux circonstances, quant à la profession du *dogme*; qu'ils ont varié dans le dogme; que l'Eglise de Rome n'a plus la même croyance que dans les premiers siècles. Ils ont dit que les papes ont profité des circonstances pour étendre leur juridiction, pour borner celle des évêques, pour disposer des bénéfices, etc.; qu'ils ont ainsi changé l'ancienne discipline; mais la discipline et le dogme ne sont pas la même chose. Bossuet a démontré que les protestants ont varié dans leurs *articles de foi*; Mosheim parle de variations dans la discipline; est-ce là raisonner de bonne foi? D'ailleurs les théologiens français sont persuadés que le pape ne peut pas décider seul un article de foi, que sa décision n'est irréformable que quand elle est confirmée par l'acquiescement de toute l'Eglise; comment donc pourraient-ils accuser les papes d'avoir changé la foi de l'Eglise? Le procédé de Mosheim n'est pas plus honnête à l'égard des princes et des savants, qui, détrompés des erreurs du protestantisme par les ouvrages des controversistes catholiques, sont rentrés dans l'Eglise romaine. Lorsque ces controversistes ont accusé les réformateurs d'avoir fait schisme par libertinage, par esprit d'indépendance, par ambition d'être chefs de sectes, etc., les protestants ont crié à la calomnie; ils ont demandé de quel droit on voulait sonder le fond des cœurs, prêter des intentions criminelles à des hommes qui pouvaient avoir eu des motifs louables; et ils commettent cette injustice à l'égard de ceux qui ont renoncé au schisme et aux erreurs de leurs pères. Ces convertis ont-ils eu une conduite aussi répréhensible que les réformateurs? Qu'aurait dit Mosheim, si on lui avait soutenu en face qu'il voulait vivre et mourir luthérien, parce qu'il occupait la première place dans une université, et jouissait d'une bonne abbaye?—Que le commun des luthériens, malgré l'exemple de plusieurs princes et d'un nombre de savants convertis, aient persévéré dans les erreurs dont ils ont été imbus dès l'enfance, cela n'est pas étonnant; ils ne sont pas instruits et ne veulent pas l'être; ils ne lisent point les ouvrages des théologiens catholiques, et les ministres le leur défendent. Mais la conversion de ceux qui ont été instruits, qui ont lu le pour et le contre, nous paraît un préjugé favorable à l'Eglise catholique, et désavantageux aux protestants.

MÉTHODISTES, est aussi le nom d'une secte récemment formée en Angleterre, et qui ressemble beaucoup à celle des hernhutes ou frères moraves. Son auteur est un M. Withefield; elle se propose pour objet la réforme des mœurs et le rétablissement du dogme de la grâce, défiguré par l'arminianisme, qui est devenu commun parmi les théologiens anglicans. Ces *méthodistes* enseignent que la foi seule suffit pour la justification de l'homme et pour le salut éternel, et ils s'attachent à inspirer beaucoup de crainte de l'enfer; ils ont adopté la liturgie anglicane, et ont établi parmi eux la communauté de biens qui régnait dans l'Eglise de Jérusalem à la naissance du christianisme. On assure qu'ils ont les mœurs très-pures; mais comme cette secte ne doit sa naissance qu'à l'enthousiasme de son chef, il est à craindre que sa ferveur ne se soutienne pas longtemps, Londres, t. II, p. 208. [Le méthodisme a fait de très-grands progrès en Amérique; il a formé un grand nombre de sectes qui sont trop peu importantes pour nous en occuper ici.]

MÉTRÈTE, sorte de mesure chez les Grecs : ce nom est dérivé de μετρεῖν, *mesurer*. On le trouve deux fois dans l'Ancien Testament; savoir, *I Paral.* c. II, v. 10, et c. IV, v. 5. Dans l'un et l'autre endroit, l'hébreu porte *bathe*. Celle-ci était une grande mesure creuse, qui contenait trente pintes, mesure de Paris, à peu de chose près, et la *métrète* des Grecs était à peu près égale.

Il est dit dans saint Jean, c. II, v. 6, qu'aux noces de Cana, Jésus-Christ fit emplir d'eau six grands vases de pierre qui contenaient chacun deux ou trois *métrètes*, et qu'il changea cette eau en vin. Selon l'évaluation ordinaire, chacun de ces vases pouvait contenir environ quatre-vingts pintes; ainsi le miracle fut opéré sur quatre cent quatre-vingts pintes d'eau. Par cette quantité de vin, Jésus-Christ voulut dédommager les époux de Cana d'une partie de la dépense qu'ils avaient faite pour leurs noces. *Voy.* CANA.

MÉTROCOMIE. Ce terme, souvent employé par les historiens ecclésiastiques, signifie un bourg principal, et qui en a d'autres sous sa juridiction : il vient du grec μήτηρ, *mère*, et κωμή, *bourg, village*. Ce que les métropoles étaient à l'égard des villes, les *métrocomies* l'étaient à l'égard des villages de la campagne. C'était le siége de la résidence d'un chorévêque ou d'un doyen rural. *Voy.* CHORÉVÊQUE.

* MÉTROPOLE. Siége du métropolitain ou de l'archevêque. La dignité d'archevêque et de métropolitain n'est que de droit ecclésiastique. L'Eglise, dépositaire de la juridiction spirituelle, a pu déléguer à un évêque une certaine juridiction sur les diocèses voisins afin de maintenir l'ordre et la discipline. Nous avons déterminé la nature et l'étendue des pouvoirs juridictionnels des métropolitains dans notre Dict. de Théol. mor., art. ARCHEVÊQUE. La Constituante de 1789 s'arrogea le droit d'établir des métropoles. C'est à l'Eglise seule qu'appartient ce pouvoir, comme nous l'avons démontré aux mots DIOCÈSE, CONSTITUTIONNELLE (Eglise).

MEURTRE. *Voy.* HOMICIDE.

MEZUZOTH, terme hébreu qui signifie les deux poteaux ou les jambages d'une porte. Dans le *Deutéronome*, c. VI, v. 6-9, et c. XI, v. 13-20, il est ordonné aux Juifs d'avoir toujours sous les yeux les paroles de la loi, de les graver dans leur cœur, de les porter sur leurs mains et sur leur front, et de les placer sur les jambages de leurs portes.

Pour exécuter ces paroles à la lettre, les Juifs prennent un morceau de parchemin préparé exprès, sur lequel ils écrivent, d'une encre particulière et en caractères carrés, ces deux passages du Deutéronome. Ils roulent ce parchemin, et l'enferment dans un roseau ou dans un autre tuyau, de peur, disent-ils, que les paroles de la loi ne soient profanées. Sur les bouts du tuyau ils écrivent le mot *Saddai*, qui est un des noms de Dieu. Ils placent ces *mezuzoth* aux portes des maisons, des chambres et des lieux fréquentés; toutes les fois qu'ils entrent ou qu'ils sortent, ils touchent cet endroit du bout du doigt, et baisent ensuite leur doigt par respect. — Il serait mieux, sans doute, de prendre l'esprit de la loi, que de se borner ainsi à l'observation superstitieuse de la lettre; mais tel est le génie grossier et minutieux des Juifs modernes.

MICHÉE, est le septième des petits prophètes; il est surnommé *Marathite*, parce qu'il était de Marath ou Marathie, bourg de Judée, et pour le distinguer d'un autre prophète de même nom, qui parut sous le règne d'Achab. Celui dont nous parlons prophétisa pendant près de cinquante ans, sous les règnes de Joathan, d'Achaz et d'Ezéchias, et fut contemporain d'Isaïe. On ne sait rien autre chose ni de sa vie, ni de sa mort. — Sa prophétie ne contient que sept chapitres; elle est écrite en style figuré et sublime, mais facile à entendre; il prédit la ruine et la captivité des dix tribus du royaume d'Israël sous les Assyriens; et celle des deux tribus du royaume de Juda sous les Chaldéens, en punition de leurs crimes, ensuite leur délivrance sous Cyrus. A ces prédictions, il en ajoute une très-claire touchant la naissance du Messie, son règne, et l'établissement de son Eglise. Voici ses paroles, c. v, v. 2 : « Et vous, Bethléem, autrefois Ephrata, vous êtes peu considérable parmi les villes de Juda; mais c'est de vous que sortira celui qui doit régner sur Israël; sa naissance est dès le commencement, dès l'éternité... Il demeurera ferme, il paîtra son troupeau dans la force du Seigneur, avec toute la grandeur et au nom du Seigneur son Dieu; il sera loué et admiré jusqu'aux extrémités du monde. C'est lui qui sera notre paix. »

Le paraphraste chaldéen et les anciens docteurs juifs ont entendu cette prédiction de la naissance du Messie; c'était la croyance commune des Juifs quand Jésus-Christ vint au monde. Lorsque Hérode demanda aux scribes et aux docteurs de la loi où devait naître le Messie, ils répondirent à *Bethléem*, et citèrent la prophétie de Michée (*Matth.* II, v. 5); et les plus savants rabbins en sont encore persuadés. — Quelques-uns, suivis par Grotius, ont dit que cette prophétie pouvait désigner Zorobabel, qui fut le chef des Juifs au retour de la captivité. Mais ce chef n'était point né à Bethléem, il était né à Babylone, son nom même le témoigne; il n'a point régné sur les Juifs et sur Israël, son autorité était très-bornée. En quel sens pourrait-on dire que sa naissance est de toute éternité, qu'il a été la paix de sa nation, qu'il a été admiré aux extrémités de la terre, etc.? Aucun des traits marqués par le prophète ne peut lui convenir. Voy. la *Synopse des critiques* sur ce passage.

MICHEL, en hébreu, *mi-cha-el, qui est semblable à Dieu*. Ce nom est donné à plusieurs hommes dans l'Ancien Testament; mais dans le prophète Daniel, c. x, v. 13 et 21; c. xii, v. 1, il désigne l'ange tutélaire de la nation juive; dans l'épître de saint Jude, v. 9, il est appelé *archange*, ou chef des anges: et dans l'Apocalypse, c. xii, v. 7, il est dit: *Michel et ses anges*. De là l'on conclut que *Michel* est le chef de la hiérarchie céleste; et c'est sous cette qualité que l'Église lui rend un culte particulier. Voy. ANGE.

MIEL. Dans le Lévitique, c. ii, v. 11, il est défendu aux Hébreux d'offrir du *miel* dans les sacrifices. Chez les païens, le *miel* était offert à Bacchus; on en garnissait la plupart des victimes; on faisait des libations de vin, de lait et de *miel* à l'honneur des morts et des dieux infernaux; on croyait que les douceurs étaient agréables aux dieux. Moïse voulut retrancher toutes ces superstitions.

Dans plusieurs endroits de l'Écriture, le *miel* désigne en général ce qu'il y a de meilleur et de plus exquis parmi les productions de la nature. Pour exprimer la fertilité de la Palestine, il est dit souvent que c'est une terre dans laquelle coulent le lait et le *miel*; on sait, en effet, que la Palestine avait d'excellents pâturages, et que les Juifs y nourrissaient de nombreux troupeaux: or, parmi les peuples pasteurs, le lait pur, ou avec différentes préparations, fait la principale nourriture. On sait encore que, dans cette même contrée, les abeilles se logent souvent dans le creux des rochers; que pendant les grandes chaleurs, leur *miel*, devenu très-liquide, coule et se répand par les fentes de la pierre; ainsi se vérifie à la lettre l'expression des livres saints, et c'est l'explication de ce que dit Moïse (*Deut.* xxxii, 13), que Dieu a voulu placer Israël dans une terre dans laquelle *il sucerait le miel de la pierre*. Souvent encore le beurre et le *miel* sont joints ensemble, pour exprimer ce qu'il y a de plus gras et de plus doux; mais dans Isaïe, c. vii, v. 15, où il est dit que l'enfant qui naîtra d'une vierge, et qui sera nommé Emmanuel, mangera du beurre et du *miel*, afin qu'il sache choisir le bien et rejeter le mal, il paraît que c'est une expression figurée, pour signifier que cet enfant recevra une excellente éducation.

MILITANTE (Église). En prenant le terme d'*Église* dans sa signification la plus étendue, on distingue l'Église militante, qui est la société des fidèles sur la terre; l'Église souffrante, et ce sont les âmes des fidèles qui sont en purgatoire; l'Église triomphante, qui s'entend des saints heureux dans le ciel. La première est appelée *militante*, parce que la vie du chrétien sur la terre est regardée comme une milice, comme un combat qu'il doit livrer au monde, au démon et à ses propres passions. Voy. ÉGLISE.

MILLÉNAIRES. Au ii$^e$ et au iii$^e$ siècle de l'Église, on a nommé ainsi ceux qui croyaient qu'à la fin du monde Jésus-Christ reviendrait sur la terre, et y établirait un royaume temporel pendant mille ans, dans lequel les fidèles jouiraient d'une félicité temporelle, en attendant le jugement dernier, et un bonheur encore plus parfait dans le ciel; les Grecs les ont appelés *chiliastes*, terme synonyme à *millénaires*. Cette opinion était fondée sur le ch. xx de l'Apocalypse, où il est dit que les martyrs régneront avec Jésus-Christ pendant mille ans; mais il est aisé de voir que cette espèce de prophétie, qui est très-obscure en elle-même, ne doit pas être prise à la lettre. Papias, évêque d'Hiéraple, et disciple de saint Jean l'Évangéliste, passe pour avoir été l'auteur de cette opinion; mais Mosheim a prouvé qu'elle vient originairement des Juifs. Elle fut suivie par plusieurs Pères de l'Église, tels que saint Justin, saint Irénée, Népos, Victorin, Lactance, Tertullien, Sulpice Sévère, Q. Julius Hilarion, Commodianus, et d'autres moins connus.

Il est essentiel de remarquer qu'il y a eu des *millénaires* de deux espèces. Les uns, comme Cérinthe et ses disciples, enseignaient que, sous le règne de Jésus-Christ sur la terre, les justes jouiraient d'une félicité corporelle qui consisterait principalement dans les plaisirs des sens; jamais les Pères n'ont embrassé ce sentiment grossier; au contraire, ils l'ont regardé comme une erreur. C'est par cette raison même que plusieurs ont hésité pour savoir s'ils devaient mettre l'Apocalypse au nombre des livres canoniques; ils craignaient que Cérinthe n'en fût le véritable auteur, et ne l'eût supposé sous le nom de saint Jean, pour accréditer son erreur. Les autres croyaient que, sous le règne de mille ans, les saints jouiraient d'une félicité plutôt spirituelle que corporelle, et ils en excluaient les voluptés des sens. Mais il faut encore remarquer, 1° que la plupart ne regardaient point cette opinion comme un dogme de foi; saint Justin qui la suivait dit formellement qu'il y avait plusieurs chrétiens pieux et *d'une foi pure*, qui étaient du sentiment contraire, *Dial. cum Tryph.*, n° 80. Si, dans la suite du dialogue, il ajoute que tous les chrétiens qui pensent juste sont de même avis, il parle de la résurrection future, et non du règne de mille ans, comme l'ont très-bien remarqué les éditeurs de saint Justin. Barbeyrac et ceux qu'il cite ont donc tort de dire que ces Pères soutenaient le règne de mille ans comme une vérité apostolique, *Traité de la morale des Pères*, c. 2, p. 4, n. 2. — 2° La principale raison pour laquelle les Pères croyaient ce règne, est qu'il leur paraissait lié avec le dogme de la résurrection générale; les hérétiques, qui rejetaient l'un, niaient aussi l'autre. Cela est clair par le passage cité de saint Justin, et par ce que dit saint Irénée, *Adv. Hær.*, liv. v, c. xxxi, n. 1. Ainsi, lorsqu'il traite d'hérétiques ceux qui ne sont pas de son avis, quoiqu'ils passent, dit-il, pour avoir une foi pure et orthodoxe, cette censure ne tombe pas tant sur ceux qui niaient le règne de mille ans, que sur ceux qui rejetaient la résurrection future, comme les valentiniens, les marcionites et les autres gnostiques.—3° Il s'en faut beaucoup que ce sentiment ait été unanime parmi les Pères. Origène, Denis d'Alexandrie, son disciple; Caïus, prêtre de Rome; saint Jérôme et d'autres ont écrit contre le prétendu règne de mille ans, et l'ont rejeté comme une fable. Il n'est donc pas vrai que cette opinion ait été établie sur la tradition la plus respectable; les Pères ne font point tradition lorsqu'ils disputent sur une question quelconque. Les protestants ont mal choisi cet exemple pour déprimer l'autorité des Pères et de la tradition, et les incrédules qui ont copié les protestants ont montré bien peu de discernement. Mosheim a fait voir qu'il y avait parmi les Pères au moins quatre opinions différentes touchant ce prétendu règne de mille ans, *Hist. christ.*, sæc. III, § 38, note. Quelques auteurs ont parlé d'une autre espèce de *millénaires*, qui avaient imaginé que de mille ans en mille ans il y avait pour des damnés une cessation des peines de l'enfer; cette rêverie était encore fondée sur l'Apocalypse.

MINÉENS. C'est le nom que saint Jérôme, dans sa lettre 89, donne aux nazaréens, qu'il suppose être une secte de juifs. *Voy.* NAZARÉENS. Aujourd'hui les rabbins appellent *minnim* ou *minéens*, les hérésies et les hérétiques, ceux qui ont une religion différente de la leur; ce terme hébreu nous paraît synonyme du mot SECTE, SÉPARATION, SCHISME.

* MINÉRALOGIE. Rien ne paraît plus étranger à la science théologique que la minéralogie; elle sert cependant à confirmer nos livres saints, à constater la véracité de la cosmogonie mosaïque et l'existence du déluge. Nous avons développé les preuves que nous fournit la minéralogie aux mots COSMOGONIE, DÉLUGE. Nous nous contentons d'y renvoyer.

MINEURE. Seconde thèse de théologie que doit soutenir un bachelier en licence, sur la troisième partie de la *Somme de saint Thomas*, qui traite des sacrements : cette thèse dure six heures. *Voy.* DEGRÉ.

MINEURS (ordres). On distingue quatre ordres *mineurs*, qui sont ceux d'*acolyte*, de *lecteur*, d'*exorciste* et de *portier*. Voyez-les chacun sous leur nom. Ils sont appelés *mineurs*, parce que leurs fonctions ne sont pas aussi importantes que celle des ordres majeurs. Plusieurs théologiens pensent que le sous-diaconat et les quatre ordres *mineurs* sont des sacrements; et comme l'on convient qu'aucun ordre ne peut être reçu deux fois, ils concluent que tout ordre, soit majeur, soit *mineur*, imprime un caractère ineffaçable. Les Grecs et les autres chrétiens orientaux séparés de l'Eglise catholique regardent comme des ordres le sous-diaconat, l'office de lecteur et celui des chantres; ils n'admettent point d'autres ordres *mineurs*. Cette différence de sentiments est cause que la plupart des théologiens estiment que ces ordres ne sont pas des sacrements. *Perpét. de la foi*, t. V, l. v, c. 6. *Voy.* ORDRE.

MINEURS (frères), religieux de l'ordre de saint François. C'est le nom que les cordeliers ont pris dans leur origine, par humilité; ils se sont appelés *fratres minores*, moindres frères, et quelquefois *minoritæ*. *Voy.* FRANCISCAIN, CORDELIER.

MINEURS (clercs). C'est une congrégation de clercs réguliers qui doit son établissement à Jean Augustin Adorne, gentilhomme génois; il l'institua l'an 1588 à Naples, avec Augustin et François Caraccioli : en 1605 le pape Paul V approuva leurs constitutions. Leur général réside à Rome, dans la maison de Saint-Laurent, et ils ont un collége dans la même ville, à Sainte-Agnès de la place Navone. Leur destination, comme celle des autres clercs réguliers, est de remplir exactement tous les devoirs de l'état ecclésiastique. *Voy.* CLERC RÉGULIER.

MINGRÉLIENS, peuples de l'Asie qui habitent l'ancienne Colchide, ou les pays situés entre la mer Noire et la mer Caspienne; nous n'avons à parler que de leur religion.

Elle est à peu près la même que celle des Grecs; mais c'est un christianisme très-corrompu. Quelques historiens ecclésiastiques ont dit que le roi, la reine et les grands de la Colchide, en Ibérie, avaient été convertis à la foi chrétienne par une fille esclave, sous le règne de Constantin. Socrate, liv. I, c. 20; Sozomène, l. II, c. 7. D'autres prétendent que ces peuples doivent la connaissance du christianisme à un nommé Cyrille, que les Esclavons nomment en leur langue *Chiusi*, qui vivait vers l'an 806. Peut-être la religion s'était-elle éteinte dans ce pays-là pendant le temps qui s'est écoulé depuis le v° siècle jusqu'au IX°. Les *Mingréliens* montrent sur le bord de la mer, près du fleuve Corax, une grande église, dans laquelle ils assurent que saint André a prêché; mais ce fait est très-apocryphe. Le primat ou principal évêque de la Mingrélie y va une fois dans sa vie pour y consacrer l'huile sainte ou le chrême, que les Grecs appellent *myron*. Autrefois ces peuples reconnaissaient le patriarche d'Antioche; aujourd'hui ils sont soumis à celui de Constantinople. Ils ont néanmoins deux primats de leur nation, qu'ils nomment *catholicos*, l'un pour la Géorgie, l'autre pour la Mingrélie. Il y avait autrefois douze évêchés; il n'en reste que six, parce que les six autres ont été changés en abbayes. Ce que disent quelques voyageurs des richesses du primat et des évêques *mingréliens*, de la magnificence de leur habillement, des extorsions qu'ils font, et des sommes qu'ils exigent pour la messe, pour la confession, pour l'ordination, etc., ne s'accorde guère avec ce que d'autres relations nous apprennent de la pauvreté de ce peuple en général ; il doit y avoir exagération de part ou d'autre. Il est plus aisé de croire ce que l'on nous raconte touchant l'ignorance et la corruption du clergé en général et des particuliers de cette nation. L'on d t que les évêques, quoique fort déréglés dans leurs mœurs, se croient néanmoins très-réguliers, parce qu'ils ne mangent point de viande, et qu'ils jeûnent exactement pendant le carême, qu'ils disent la messe selon le rite grec, mais avec peu de cérémonies et beaucoup d'irrévérence ; que les prêtres peuvent se marier, non-seulement avant leur ordination, mais après, passer même à de secondes noces, avec une dispense ; que les évêques vont à la chasse et à la guerre avec leur souverain, etc.

Aussitôt qu'un enfant est venu au monde, un prêtre lui fait une onction du chrême en forme de croix sur le front, et diffère le baptême jusqu'à l'âge d'environ deux ans ; alors on baptise l'enfant en le plongeant dans l'eau chaude ; on lui fait des onctions presque sur toutes les parties du corps, on lui donne à manger du pain bénit et du vin à boire. Ces prêtres n'observent pas exactement la forme du baptême ; et au lieu d'eau, ils se sont quelquefois servis de vin pour baptiser les enfants des personnes considérables. Lorsqu'un malade les appelle, ils ne lui parlent point de confession, mais ils cherchent dans un livre la cause de sa maladie, et l'attribuent à la colère de quelqu'une de leurs images qu'il faut apaiser par des offrandes. Il y a en Mingrélie des religieux de l'ordre de saint Basile, que l'on appelle *berres* ; ils sont habillés comme les moines grecs, et observent la même façon de vivre. Un abus très-condamnable est que les pères et mères sont les maîtres d'engager à cet état leurs enfants dès l'âge le plus tendre, et avant qu'ils soient en état de faire un choix. Il y a aussi des religieuses de cet ordre qui observent les mêmes jeûnes et la même abstinence que les moines, et qui portent un voile noir ; mais elles ne gardent point a clôture et ne font point de vœux ; elles peuvent renoncer à cet état quand il leur p ait. Les églises cathédrales sont propres, ornées d'images peintes, et non en relief, enrichies, dit-on, d'or et de pierreries ; mais les églises paroissiales sont très-négligées. On ajoute que les *Mingréliens* ont beaucoup de reliques précieuses qui leur furent apportées par les Grecs, lorsque Constantinople fut prise par les Turcs, entre autres un morceau de la vraie croix long de huit pouces ; mais la bonne foi des Grecs, en fait de reliques, a été de tout temps sujette à caution.

C'est plus qu'il n'en faut pour juger que les *Mingréliens* sont un peuple ignorant, superstitieux, corrompu, dont toute la religion consiste en pratiques extérieures souvent abusives. Ils ont quatre carêmes, l'un de quarante jours avant Pâques, l'autre de quarante-huit jours avant Noël, le troisième d'un mois avant la fête de saint Pierre, le quatrième de quinze jours à l'honneur de la sainte Vierge. Leur grand saint est saint Georges, qui est aussi le patron particulier des Géorgiens, des Moscovites et des Grecs. Ils rendent aux images un culte qu'il est difficile de ne pas taxer d'idolâtrie ; ils leur offrent des cornes de cerf, des défenses de sanglier, des ailes de faisa s et des armes, afin d'avoir un heureux succès à la chasse et à la guerre. On prétend qu'ils font, comme les juifs, des sacrifices sanglants, qu'ils immolent des victimes, et les mangent ensemble ; qu'ils égorgent des animaux sur la sépulture de leurs parents ; qu'ils y versent du vin et de l'huile, comme faisaient les païens. Ils s'abstiennent de viande le lundi, par respect pour la lune, et le vendredi est pour eux un jour de fête. Ils sont très-grands voleurs ; le larcin ne passe pas chez eux pour un crime, mais pour un tour d'adresse qui ne déshonore point ; celui qui en est convaincu, en est quitte pour une légère amende.

Les théatins d'Italie ont établi, en 1627, une mission en *Mingrélie*, de même que les capucins en Géorgie, et les Dominicains en Circassie ; mais le peu de succès de ces missions les a fait souvent négliger et même ab n donner entièrement. On conçoit que des peuples, qui ont ajouté aux préjugés et à l'antipathie des Grecs les erreurs les plus grossières en fait de religion, ne sont pas fort disposés à écouter des missionnaires latins. D. Joseph Zampi, théatin, *Relation de Mingrélie ;* Cerry, *Etat présent de l'Eglise romaine ;* Chardin, *Voyage de Perse*, etc.

MINIMES. Ordre religieux fondé dans la Calabre par saint François de Paule, l'an 1436, confirmé par Sixte IV en 1474, et par Jules II en 1507. Ou donne à Paris le nom de *bonshommes* aux religieux de cet institut, parce que les rois Louis XI et Charles VIII les nommaient ordinairement ainsi, ou plutôt parce qu'ils furent d'abord établis dans le bois de Vincennes, dans le monastère des religieux e Grandmont, que l'on appelait les *bonshommes*. En Espagne, le peuple les appelait *les pères de la Victoire*, à cause d'une victoire que Ferdinand V remporta sur les Maures, et qui lui avait été prédite par saint François de Paule. Ce saint par humilité fit prendre à ses religieux le nom de *minimes*, c'est-à-dire *les plus petits*, comme pour les rabaisser au-dessous des franciscains, qui se nommaient *frères mineurs*. Outre les trois vœux monastiques, les *minimes* en font un quatrième, d'observer un carême perpétuel ; c'est-à-dire s'abstenir de tous les mets dont on ne permettait pas autrefois l'usage en carême. L'esprit de leur institut est la retraite, la mortification et le recueillement. Cet ordre a donné aux lettres quelques hommes illustres, entre autres le père Mersenne, contemporain et ami de Descartes

\* MINISTÈRE. Cette expression désigne le corps des pasteurs chargé de gouverner l'Eglise. Le corps des premiers pasteurs se compose du pape et des évêques, qui doivent être unis et ne former qu'un seul ministère. Toutes les questions qui concernent le ministère ecclésiastique ont été traitées aux mots. Apostolicité, Pape, Évêque, Juridiction, etc

**MINISTRE** signifie serviteur. Saint Paul nomme les apôtres *ministres* de Jésus-Christ, et dispensateurs des mystères de Dieu (*I Cor.* iv, 1). Lorsqu'un ecclésiastique se dit *ministre de l'Eglise*, il se reconnaît serviteur de la société des fidèles; et s'il ne leur rendait aucun service, il manquerait essentiellement au devoir de son état. Il n'est pas nécessaire, sans doute, que tous remplissent les fonctions de pasteurs; mais il est du devoir de tous de contribuer en quelque chose au culte de Dieu et au salut des fidèles, au moins par la prière et par le bon exemple. Selon la règle tracée par Jésus-Christ, l'homme le plus grand dans l'Eglise est celui qui rend le plus de services. *Que celui*, dit-il, *qui veut être le premier soit le serviteur de tous... Le Fils de l'homme n'est pas venu pour être servi, mais pour servir les autres* (*Marc.* ix, 34; x, 45). Par la même raison, celui qui n'en rend aucun est le dernier de tous et le plus méprisable. Saint Paul nous fait remarquer qu'il y a des devoirs et des fonctions de plus d'une espèce : s'instruire soi-même pour se rendre capable d'instruire les autres, contribuer à la pompe et à la majesté du service divin, enseigner, catéchiser, prêcher, exhorter, assister les pauvres, consoler ceux qui souffrent, soulager les pasteurs d'une partie de leur fardeau : tout cela, dit l'Apôtre, sont des dons de Dieu; chacun doit en user selon la mesure de la grâce et du talent qu'il a reçus (*Rom.* xii, 6). Qu'aurait-il dit de ceux qui jugent ces fonctions indignes d'eux, qui croient avoir acquis, par une dignité ou par un bénéfice, le privilége d'être oisifs, qui préfèrent l'honneur d'être serviteurs d'un prince ou d'un grand, à celui de servir l'Eglise?

A la naissance de la prétendue réforme, les prédicants prirent le titre de *ministres du saint Evangile* : le nom seul de *ministres* leur est resté; et comme ils rendent moins de services aux fidèles que les pasteurs catholiques, il est naturel qu'ils soient aussi moins respectés. Cet exemple nous convainc que les peuples ne sont point dupes des apparences; qu'ils estiment les hommes à proportion de l'utilité qu'ils en retirent; que le faste et l'orgueil ne leur en imposent point. [Au mot Institution canonique, nous faisons connaître de qui les ministres de Jésus-Christ doivent recevoir leur juridiction, leur mission. Nous avons traité dans notre Dict. de Théol. mor., de l'obéissance due aux ministres de Jésus-Christ. Nous nous contentons d'y renvoyer, au mot Obéissance.]

**MINISTRE DES SACREMENTS.** En parlant de chacun des sacrements en particulier, nous avons soin de dire qui en est le *ministre*, ou qui a le pouvoir de l'administrer. Tout homme raisonnable qui sait ce que c'est que le baptême, peut le donner validement. Dieu a voulu que cela fût ainsi, à cause de la nécessité de ce sacrement : mais les protestants ont tort de prétendre qu'il en est de même de tous les autres; que, pour en être le *ministre*, il n'est pas nécessaire d'être revêtu d'aucun caractère : l'Evangile nous enseigne clairement le contraire. C'est à ses disciples, et non à d'autres, que Jésus-Christ a dit, en instituant l'eucharistie : *Faites ceci en mémoire de moi; les péchés seront remis à ceux auxquels vous les remettrez*, etc. Les fidèles baptisés recevaient le Saint-Esprit par l'imposition des mains des apôtres, mais ils ne le donnaient pas. Saint Paul ne parlait pas du commun des chrétiens, mais des apôtres, lorsqu'il disait : « Que l'homme nous regarde comme les *ministres* de Jésus-Christ, et les dispensateurs des *mystères* ou des *sacrements* de Dieu (*I Cor.* iv, 15). » C'est à Tite et à Timothée, et non aux simples fidèles, qu'il donnait la commission d'imposer les mains à ceux qu'il fallait destiner au sacerdoce. Saint Jacques veut que l'on s'adresse aux prêtres de l'Eglise, et non aux laïques, pour recevoir l'onction en cas de maladie. Le concile de Trente n'a donc pas eu tort, sess. 7, can. 10, de condamner les protestants, qui soutiennent que tous les chrétiens ont le pouvoir de prêcher la parole de Dieu et d'administrer les sacrements. Eux-mêmes n'accordent pas à chaque particulier le droit de faire ce que font leurs *ministres* ou leurs pasteurs; mais les réformateurs trouvèrent bon d'enseigner d'abord le contraire, soit pour flatter leurs prosélytes, soit pour persuader qu'ils n'avaient pas besoin de mission. Le même concile, *ibid.*, can. 11, a décidé que, pour la validité d'un sacrement, il faut que le *ministre* ait au moins l'intention de faire, par cette action, ce que fait l'Eglise. Dès lors les protestants n'ont pas cessé de nous reprocher que nous faisons dépendre le salut des âmes de l'intention intérieure d'un prêtre, chose de laquelle on ne peut jamais avoir aucune certitude.

Mais si les protestants attribuent quelque vertu au baptême donné à un enfant, peuvent-ils croire que ce sacrement serait valide et produirait son effet, quand même il serait administré par un impie qui n'aurait point d'autre dessein que de se jouer de cette cérémonie, de tromper les assistants, ou de causer la mort de l'enfant par un poison mêlé avec l'eau? Des étrangers, qui n'entendent pas la langue dont un *ministre* se sert, ne peuvent pas être sûrs qu'il n'a pas changé les paroles du baptême, et que leur enfant est validement baptisé. Eux-mêmes peuvent en imposer, et dire que leur enfant a été baptisé, pendant qu'il n'en est rien. Quelques anglicans n'ont eu la bonne foi d'avouer qu'ils tombent dans le même inconvénient que nous, en exigeant qu'un *ministre des sacrements* ait été validement ordonné. Soutiendra-t-on que, si l'eucharistie était consacrée avec le fruit de l'*arbre à pain*, et avec une liqueur qui ressemblerait à du vin, mais qui n'en serait pas, le sacrement n'en serait pas moins valide? Voilà des supercheries qui peuvent tromper les hommes les plus attentifs. Il ne s'ensuit pas de là que nous mettons le salut des âmes à la discrétion des prêtres : nous croyons, tout comme les protestants, que le désir du baptême en tient lieu, lorsqu'il n'est pas possible de le recevoir en effet; à plus forte raison, le désir des autres sacrements peut-il y suppléer; et nous obtenir la grâce divine, lorsqu'on ne peut pas faire autrement. *Voy.* SACREMENTS.

MINUTIUS FÉLIX, orateur ou avocat romain, né en Afrique, vivait au commencement du III° siècle; il a écrit, vers l'an 211, un dialogue intitulé *Octavius*, dans lequel il prouve l'absurdité du paganisme, la sagesse et la vérité du christianisme. Cet ouvrage, qui est très-court, a été singulièrement estimé dans tous les temps, soit à cause de la beauté du style, soit à cause des faits et des réflexions qu'il renferme. Il y en a eu plusieurs bonnes éditions en Angleterre, en Hollande et en France : au mot PAGANISME, § 10, nous donnerons un court extrait de cet ouvrage. Barbeyrac, qui ne voulait pas qu'aucun auteur ecclésiastique pût échapper à sa censure, a fait plusieurs reproches à celui-ci. Il tourne en ridicule ce qui a été dit par cette écrivain et par d'autres Pères, touchant la figure de la croix; nous les avons justifiés. *Voy.* CROIX. Il dit que *Minutius Félix* condamne absolument les secondes noces, et les regarde comme un adultère. Cela est vrai à l'égard des secondes noces et des suivantes, qui se faisaient après les divorces; nous soutenons qu'en cela les Pères avaient raison, et qu'ils n'ont rien dit de trop, eu égard à la licence qui régnait alors chez les païens. *Voy.* BIGAME. Le sens de notre auteur est évident par le passage que Barbeyrac a cité lui-même, *Octav.*, c. XXIV. « Il y a, dit *Minutius*, des sacrifices réservés aux femmes qui n'ont eu qu'un mari; et il y en a d'autres pour celles qui en ont eu plusieurs : on cherche scrupuleusement celle qui peut compter un plus grand nombre d'adultères. » Nous ne pensons pas qu'il soit ici question de celle qui avait enterré un plus grand nombre de maris, mais de celle qui avait fait un plus grand nombre de divorces. Il trouve mauvais que *Minutius Félix* et d'autres anciens aient réprouvé dans un chrétien l'usage de se couronner de fleurs; usage, selon lui, très-indifférent ; il l'est, sans doute, si on le considère absolument en lui-même; mais il ne l'était pas, suivant les mœurs des païens. Si l'on veut se donner la peine de lire le livre de Tertullien *de Corona*, l'on verra qu'aucune des causes pour lesquelles les païens se couronnaient, n'était absolument innocente; que toutes tenaient plus ou moins à l'idolâtrie ou au libertinage. *Voy.* COURONNE.

La censure de Barbeyrac est fausse et injuste à tous égards.

MIRACLE. Dans le sens exact et philosophique, un *miracle* est un événement contraire aux lois de la nature, et qui ne peut être l'effet d'une cause naturelle. Toutes les définitions que l'on a données des *miracles* reviennent à celle-là, quoique les philosophes et les théologiens aient varié dans les termes dont ils se sont servis (1). Jamais on n'a tant écrit sur cette importante matière

(1) Il est peu de questions sur lesquelles on se soit plus exercé que sur le miracle. Voici un aperçu nouveau de M. J.-B. J. que nous mettons sous les yeux du lecteur :

Les miracles peuvent être considérés philosophiquement ou théologiquement, c'est-à-dire sous le point de vue de la raison naturelle, ou sous celui de la raison éclairée par la révélation. Dans le premier cas, ils peuvent servir aux infidèles et aux incrédules comme motifs de crédibilité d'une révélation surnaturelle ; dans le second, ils sont propres soit à confirmer le croyant dans sa foi, soit à attester la sainteté de quelques membres de la véritable Eglise. Depuis le XVIII° siècle, époque où la philosophie s'est séparée de la théologie, il est devenu nécessaire, pour conduire rationnellement à la révélation tout esprit qui raisonne en dehors des idées révélées reçues communément, de traiter la question des miracles à l'aide des seules lumières de la raison, c'est-à-dire uniquement au moyen de l'observation et de l'induction.

On définit ordinairement le miracle *ce qui se fait en dehors de l'ordre de toute la nature créée* (S. Thomas, 1 p., q. 110, art. 4); ou, *un fait sensible, surprenant, contraire à l'ordre ordinaire de la Providence et aux lois de la nature* (P. Perrone, *De vera relig.*, c. III, art. 1); ou, un événement contraire aux lois de la nature, et qui ne peut être l'effet d'une cause naturelle (Bergier, art. *Miracle*); ou, un fait extraordinaire résultant de l'harmonie inconnue, quoique naturelle, des lois générales (Houteville, *La relig. prouvée par les faits*, t. II, l. I, c. 6); ou, un phénomène du système extraordinaire des lois de la nature (Bonnet, *Recherches sur le christ.*, c. 5); ou, un fait sensible et extraordinaire, contraire à l'ordre ordinaire de la Providence parmi les hommes (Bailly, tract. *De vera relig.*, c. v, art. 1, § 1).

Tous ces auteurs et un grand nombre d'autres encore né fondent la notion, la possibilité et la force probante des miracles que sur la création de la matière et de ses lois, opérée par un être d'une puissance et d'une sagesse infinies, vérités que l'homme ne peut découvrir au moyen de l'observation et de l'induction, et qu'il ne connait par conséquent que par la révélation. Si nous voulions examiner au point de vue théologique les diverses définitions qui ont été données du miracle, il ne nous serait point difficile de montrer qu'aucune d'elles ou ne peut s'appliquer à certains miracles, ou n'exclut certains phénomènes qui ne sont point des miracles. Mais recherchons la valeur philosophique des prétendues lois de la nature, et voyons s'il est vrai de dire que tout miracle soit une dérogation à ces lois.

Les théologiens entendent communément par lois de la nature, les divers modes d'action du grand Architecte de l'univers, ou l'accomplissement de ses volontés générales dans les êtres visibles. D'abord, on sait que les lois proprement dites ne sont que l'expression, la simple manifestation et non l'accomplissement des volontés d'un législateur, et qu'elles ne sont imposées qu'à des êtres intelligents et libres. Il y a donc abus de terme à appeler lois les phénomènes naturels, et il ne peut y avoir que confusion de langage à affirmer de ceux-ci ce qui n'est applicable qu'à celles-là. En effet, quand on dit qu'il y a dérogation aux lois de la nature, qu'il y a suspension de ces lois, on prononce au moins un non-sens ; car si l'on substitue la définition à l'objet défini, ce qu'en bonne logique on doit pouvoir toujours faire, on sera contraint d'affirmer qu'un fait miraculeux *suspend l'accomplissement d'une des volontés générales du Créateur*. Ainsi, quand Jésus-Christ desséchait subitement le figuier stérile, toute la végétation aurait été suspen

que dans notre siècle; elle serait assez éclaircie, s'il n'y avait pas toujours des raisonneurs intéressés par système à l'embrouiller. On peut la réduire à quatre question : 1° Un *miracle* est-il possible? 2° Si Dieu en faisait un, pourrait-on le discerner due, comme étant l'*accomplissement d'une des volontés générales du Créateur;* quand il ressuscita Lazare, tous les morts seraient sortis du tombeau, etc. Si l'on veut dire tout simplement que dans le cas d'un miracle un phénomène est produit dans des circonstances où il n'existe pas ordinairement, bien qu'il s'harmonise avec des phénomènes naturels du même ordre, il n'y a là ni suspension, ni dérogation, rien qui, considéré sans aucun égard aux circonstances, soit contraire à ce que l'on observe communément. Le miracle ne consiste donc que dans le choix des circonstances, et jamais l'harmonie de la nature ne saurait être troublée sous un architecte souverainement sage qui veut dans des cas particuliers se faire reconnaître pour l'auteur de l'univers. Si Dieu agissait contrairement à ses volontés générales, comme par exemple, s'il produisait des corps organisés sans vaisseaux, sans fibres ou sans cellules, s'il agissait sur les sens de l'homme soit pour les réparer, soit pour les blesser, sans en modifier les organes : en un mot, s'il voulait la fin sans les moyens, il ne se ferait point reconnaître pour l'auteur de la nature connue, mais il exposerait les hommes à le regarder comme un perturbateur de l'harmonie de ce monde. Ainsi, des phénomènes qui, considérés en eux-mêmes, paraîtraient tout à fait différents de ceux que l'on observe ordinairement, ou produits par des causes d'une nature contraire, ne seraient propres qu'à détruire l'unité de Dieu dans l'esprit des hommes, et à y substituer l'idée de deux principes indépendants et rivaux. Aussi Dieu, dans la patration des miracles, s'est tellement rapproché, quant aux circonstances, de l'ordre des phénomènes naturels, et a ainsi tellement respecté la liberté humaine, qu'il y a toujours, comme saint Augustin le dit quelque part, assez d'obscurité pour ceux qui résistent à la grâce de la foi, et assez de clarté pour ceux qui y coopèrent.

Après avoir fait l'appréciation des prétendues lois de la nature au point de vue théologique, nous allons les examiner au point de vue purement philosophique. « A proprement parler, dit le P. Perrone (Præl. theol. t. I, c. 50), Dieu ne régit ni les genres ni les espèces, qui ne sont que des idées abstraites, mais seulement les individus, qui seuls ont de la réalité; il ne les régit point par des lois universelles, lesquelles n'existent que dans notre esprit, et que nous imaginons en voyant que Dieu gouverne d'une manière uniforme les individus de la même classe, mais il régit chaque individu en vertu d'une volonté spéciale. D'où il résulte que quand Dieu veut, par exemple, que telle planète s'arrête, il ne déroge à aucune loi qu'il ait établie, mais il décide selon son bon plaisir que cette planète tourne autour du soleil pour tant de temps, qu'après elle s'arrête, qu'elle se meuve de nouveau. Il est clair que l'on ne conçoit en cela, et qu'il n'y a en effet, aucune dérogation à une loi universelle; or, on doit en dire autant par rapport à tout autre phénomène extraordinaire. On peut donc dire qu'en réalité il n'y a aucune loi universelle de la nature, aucune qui ait pour objet les genres et les espèces, et que les seuls individus sont régis. Il ne peut y avoir ni dérogation proprement dite, ni exception, mais tout se fait par un acte très-simple de la volonté divine, en vertu duquel tel individu de la nature dans certaines circonstances reçoit telles ou telles modifications. » On conçoit, d'après cet exposé rationnel du théologien romain, que les lois dites de la nature ne sont autre chose que les phénomènes naturels généralisés, et par conséquent n'ont qu'une réalité subjective. Les astronomes, les physiciens, les chimistes, les physiologistes ne créent leurs lois, comme les naturalistes les caractères de leurs genres et de leurs espèces, qu'après l'observation d'un certain nombre de faits individuels, qui, considérés sous les mêmes points de vue, offrent une ressemblance parfaite. Parmi les phénomènes naturels, il en est qui sont produits par une force positive et qui, par conséquent, font naître l'idée de causalité; il en est d'autres, au contraire, qui sont des phénomènes de pure passivité, lesquels n'induisent aucunement à l'action d'un être actif sur un être passif : nous nommerons les uns phénomènes de causalité, et les autres, qui ne sont que divers effets de l'équilibre, phénomènes de passivité. Les hommes de la science, faisant abstraction de toute idée de causalité, ont soumis à des lois toutes sortes de phénomènes : ils ont dit les lois de la pesanteur ou de l'équilibre, de l'électricité, du magnétisme, etc., aussi bien que les lois du mouvement, de la végétation, de l'assimilation, des sécrétions, etc.

Cependant, il y a pour le philosophe une différence énorme entre un phénomène de causalité et un phénomène de pure passivité : il reconnaît dans l'un un principe actif, que l'observation et l'induction ne sauraient lui faire trouver dans l'autre. S'il considère les êtres organisés comme tels, ou les corps inorganiques comme faisant partie de notre système planétaire, il ne tarde pas à y découvrir l'action d'un être immatériel sur la matière brute, action dont il lui est facile d'apprécier soit l'exercice dans des circonstances extraordinaires et en dehors des lois de l'analogie, soit la cessation anormale, auxquels cas il peut y avoir miracle, comme nous le verrons bientôt. Si, au contraire, l'observateur fixe son attention sur les corps inorganiques qu'il rencontre à la surface de la terre, ou même sur les corps organisés envisagés comme masses et sans aucun égard à l'organisation, il n'y voit que ce qui est distinct des propriétés connues de la matière brute. Il ne faut cependant pas conclure de là que de tels corps ne puissent jamais engendrer l'idée de causalité. Les phénomènes de passivité auxquels ils donnent lieu ordinairement peuvent être remplacés par des phénomènes de causalité qui aient pour causes des agents invisibles, produisant des effets analogues à ceux que des agents visibles offrent sans cesse à nos regards. Il est clair que dans ces cas il peut y avoir miracle tout aussi bien que dans les cas extraordinaires des phénomènes de causalité. Dans les miracles de cette catégorie, l'agent invisible ne change pas plus les propriétés des corps que ne le font les causes visibles d'effets analogues : il vainc des résistances, il établit des équilibres par des moyens inconnus aux hommes, et voilà tout. Si donc le philosophe admettait les lois des physiciens, il ne devrait pas affirmer pour cela ni que tout miracle est une dérogation à quelqu'une de ces lois, ni qu'il résulte d'une loi inconnue. Que l'on regarde, par exemple, la pesanteur comme une loi générale de la matière, et que l'on suppose comme faits bien constatés par l'histoire, soit que le fer d'une hache s'est transporté du fond du lit d'un fleuve à la surface de l'eau, soit qu'un homme a marché sur ce liquide sans y être englouti, soit que la mer ou un fleuve a comme suspendu ses vagues pour livrer passage à une armée, soit que des hommes ont été élevés de terre et transportés sans moyens visibles, etc., devra-t-on conclure qu'il y ait eu dérogation à la loi générale de la pesanteur en faveur soit de ce fer, soit de ces eaux, soit de ces hommes? On n'est pas plus autorisé à le faire en de tels cas, que dans ceux si nombreux où des agents naturels soulèvent, par leurs moyens ordinaires, des corps d'une pesanteur spécifique plus grande que celle des milieux dans lesquels ils opèrent. La résistance est vaincue par une puissance invisible ou surd'avec un fait naturel, et le prouver? 3° Les *miracles* peuvent-ils servir à confirmer une doctrine et une religion? 4° Dieu en a-t-il fait véritablement pour servir de témoignage à la révélation? On comprend que nous sommes forcés d'abréger toutes ces questions.

I. *Un miracle est-il possible?* Personne ne

humaine dans les cas extraordinaires, comme elle l'est par une puissance visible dans les cas ordinaires : néanmoins, il y a miracle quand l'agent est invisible, ou mieux surhumain, il y a effet purement naturel quand il est visible, ou de l'ordre ordinaire.

Qu'on ne m'objecte pas avec l'abbé Houteville ou Charles Bonnet qu'un miracle résulte d'une loi inconnue de la nature, ou qu'il est l'effet d'une série particulière et extraordinaire de causes. D'abord ces deux hypothèses, qui au fond se confondent, comme l'a judicieusement fait remarquer le P. Perrone (Op. cit. t. I, c. XLVIII), sont tout à fait gratuites, surtout si l'on raisonne, comme nous le faisons ici, d'après les seules lumières de la raison. Ensuite, une loi inconnue ou une cause extraordinaire appartenant à une série inconnue est un non-sens. Comment concevoir l'idée d'une loi ou d'une série inconnue de causes d'après quelques faits isolés, entre lesquels l'analogie n'établit aucune liaison? Enfin, pour ne parler ici que de la pesanteur, rien n'autorise, dans les faits extraordinaires mentionnés ci-dessus, la supposition soit d'une loi inconnue, soit d'une cause extraordinaire en vertu de laquelle un morceau de fer, certaines eaux, certains hommes, etc., auraient cessé d'être attirés vers leur centre de gravité, pour quelques instants seulement, sans prendre invariablement une direction contraire. Si, par exemple, les eaux et les hommes dont il s'agit ont été réduits tout à coup à une pesanteur spécifique moindre que celle de l'air, pourquoi leur ascension dans ce milieu n'aurait-elle pas été instantanée, continue et dans une direction rigoureusement verticale? On voit qu'il faudrait recourir aux causes occultes des anciens et à d'autres bizarreries du même genre pour soutenir les hypothèses de Houteville et de Bonnet. D'ailleurs, tout s'oppose à ce que les corps puissent être dépouillés d'une propriété sans laquelle il serait impossible de les observer à la surface de la terre. Est-il possible, en bonne philosophie, de supposer des agents destructeurs dans un ordre de phénomènes où l'observation ne peut induire à aucun auteur? N'est-il pas, au contraire, éminemment rationnel et rigoureusement conforme à l'analogie, dans les cas de miracles de l'espèce qui nous occupe, d'admettre que la résistance est vaincue par une puissance surhumaine? Nous pourrions opposer des arguments tout aussi solides à de nombreux adversaires de tous les systèmes, pour annuler la valeur philosophique de beaucoup d'autres lois dites de la nature. Quelquefois les théologiens ont voulu quitter les hauteurs de l'abstraction, où ils se plaisent tant, pour descendre dans le monde des réalités : alors ils ont créé, pour avoir le plaisir d'y déroger, des lois de la nature en opposition avec toute observation sévère. Il serait trop long de les suivre dans tous leurs détours: qu'il nous suffise, pour neutraliser toutes leurs théories, de donner une bonne définition philosophique des miracles, et de raisonner ensuite sur des réalités pour en faire l'application.

Le philosophe anglais Locke définit le miracle « un fait sensible, qui surpasse la portée du spectateur, qui le croit contraire au cours de la nature, et le juge divin. » On a fait observer plus d'une fois, et avec raison, que cette définition ne peut caractériser un miracle, lequel n'aurait pas sa garantie en lui-même, mais serait subordonné à l'appréciation des témoins. Cette appréciation, du reste, même faite par des spectateurs ignorants, a son utilité quand il s'agit de faits éclatants et à la portée de tout le monde, mais elle n'est nullement nécessaire pour la constatation d'un fait surhumain. Souvent un fait qui sort de l'ordre ordinaire reçoit les interprétations les plus opposées de la part de ceux mêmes qui en ont été les témoins, c'est à la critique à en faire elle-même une saine appréciation.

Selon Clarke, autre philosophe anglais, un miracle est « un fait contraire au cours de la nature, produit par l'intervention de quelque intelligence supérieure à l'homme. » Le principal défaut que Bailly trouve dans cette définition, c'est qu'elle suppose qu'un miracle doit être un effet contraire à ceux qui sont produits dans tout l'univers, ce que l'on n'est jamais en droit d'affirmer; tandis qu'il suffit, pour qu'un fait soit réputé miraculeux, « qu'il soit contraire à l'ordre ordinaire de la Providence parmi les hommes. » Cette observation est d'autant mieux fondée, que l'homme ne juge d'un miracle que par comparaison, et qu'il ne peut comparer que des faits qu'il lui est possible d'observer. D'ailleurs, il n'a besoin pour sa gouverne de reconnaître d'autre autorité que celle qui exerce son empire sur le monde dont il fait partie : c'est uniquement à cette autorité qu'il est porté à se soumettre, parce que d'elle seule il croit dépendre. Cependant, nous ne pouvons admettre avec Bailly et beaucoup d'autres théologiens qu'un fait miraculeux, pour être réputé tel, doive être *contraire* au cours ordinaire de la nature observable : il suffit qu'il soit *différent*, même seulement quant à certaines circonstances, des faits naturels. C'est sans doute cette considération qui a porté le savant pape Benoît XIV à distinguer trois sortes de miracles, qu'il dit être ou *supra*, ou *præter*, ou *contra naturam* (*De beatif. et canonis. sanctorum*, lib. IV, p. I, c. 1 seqq.). Mais, tout en reconnaissant le mérite de cette distinction, qui peut jeter quelque lumière sur la théorie si difficile des miracles, nous ne pouvons accorder, pour les raisons exposées plus haut, et surtout pour des raisons d'analogie, qu'un fait miraculeux puisse jamais être *substantiellement* contraire aux faits naturels. Quant à la cause du miracle, assignée par Clarke, nous n'avons aucun motif de la contester, quoique Bailly et d'autres théologiens soutiennent contre le philosophe anglais qu'on ne peut attribuer de miracles proprement dits aux anges soit bons, soit mauvais. Comme nous raisonnons d'après les seules lumières naturelles, nous ne pouvons parler d'anges, soit bons, soit mauvais, bien qu'il soit impossible de contester l'action d'esprits ou de forces subalternes dans le gouvernement du monde. Il est vrai qu'une foule de phénomènes observés nous induisent à reconnaître qu'il y a unité de plan et d'ordonnance dans le système planétaire dont nous faisons partie, et que, par conséquent, il est régi par une force intelligente supérieure à l'homme. Mais rien absolument ne nous prouve que cette force agisse seule et par elle-même, sans avoir sous sa direction des forces subalternes qui puissent produire des phénomènes de causalité tant extraordinaires qu'ordinaires. Toutefois, comme nous sommes portés à croire, que les phénomènes de causalité ne peuvent être modifiés que par l'agent qui peut les produire, nous devrons logiquement attribuer à l'ordonnateur suprême de ce monde tous les faits extraordinaires qui manifesteront la puissance dont l'action s'exerce communément.

On peut essayer de définir le miracle soit *a priori*, soit *a posteriori*. On le définirait *a posteriori*, si, après avoir considéré les divers faits que les théologiens catholiques regardent comme miraculeux, on les caractérisait par ce qu'ils ont de commun. Selon cette méthode, on pourrait dire qu'un miracle quelconque est un fait extraordinaire dans sa nature, ou dans sa

peut en douter, dès qu'il admet que c'est Dieu qui a créé le monde, et qu'il l'a fait avec une pleine liberté, en vertu d'une puissance infinie. En effet, dans cette hypothèse, qui est la seule vraie, c'est Dieu qui règle l'ordre et la marche de l'univers, tels

cause, ou dans ses circonstances. Parmi les faits miraculeux, les uns, et c'est le plus grand nombre, sont constatables immédiatement et par eux-mêmes ; d'autres ne le sont que par l'appréciation de leurs effets, tels sont les cas de la connaissance intuitive des actes et des pensées d'autrui, ceux des conversions inespérées, du don des langues, etc. ; il en est aussi qui ne peuvent se prouver que par d'autres miracles, comme les divers cas d'inspiration et certaines prophéties, ou par l'accomplissement d'événements naturellement imprévisibles, comme la plupart des prophéties ; enfin, quelques-uns ne s'établissent que par le raisonnement basé sur des prémisses révélées, tels sont ceux de l'assistance de l'Église par le Saint-Esprit, de la transsubstantiation, des effets des sacrements. On conçoit facilement que raisonnant dans cette matière, d'après les seules lumières naturelles, nous ne pouvons adopter une définition *a posteriori* des miracles.

Pour procéder *a priori*, il faut partir de l'utilité des miracles. Nous supposons d'abord qu'un homme qui cherche la vérité en matière de religion ait reconnu, au moyen de l'observation et de l'induction, l'existence d'une puissance intelligente qui régit le monde dont nous faisons partie. Nous supposons ensuite qu'ayant déposé tout préjugé d'éducation, il se soit assuré de l'insuffisance de la raison pour connaître ce qu'il lui importe le plus de savoir, et principalement ce qu'il a à faire pour être agréable au puissant ordonnateur dont il croit dépendre. Il voudrait connaître ses volontés, mais il ne peut les deviner ; il interroge les anciens, ainsi que ceux qui s'occupent à honorer un être supérieur, et dans quelque pays qu'il fasse son enquête, on l'assure que la Divinité s'est autrefois manifestée aux hommes pour leur intimer ses volontés. Il conçoit alors que si une telle manifestation a eu lieu, elle a dû être accompagnée de signes qui attestassent le pouvoir de son auteur sur le monde observable, et en particulier sur l'homme. Le penseur a donc le plus grand intérêt à rechercher quelle est celle des révélations réputées divines par diverses sociétés religieuses, en faveur de laquelle il y a eu des signes extraordinaires bien constatés. Mais on conçoit qu'il est de la plus haute importance d'examiner au préalable quels devront être les caractères de ces signes ou miracles, pour que l'on reconnaisse facilement qu'ils ont pour auteur l'ordonnateur suprême de ce monde. Nous distinguons des faits de deux ordres : ceux de l'ordre physique, qui s'accomplissent dans les êtres matériels, et ceux de l'ordre psychologique, qui ont pour sujet l'âme humaine considérée comme douée d'intellection et de volition. Tant que les faits soit physiques soit psychologiques ne sortent pas de l'ordre ordinaire de la providence, selon lequel tout se fait par degrés, et par des moyens proportionnés aux fins, ils sont considérés comme purement naturels. Mais s'il arrivait que certains faits sortissent de l'ordre ordinaire, soit parce qu'ils excéderaient le pouvoir naturel des agents visibles, soit parce qu'ils n'offriraient dans leurs circonstances aucune analogie avec ce qui arrive communément, d'après l'expérience universelle, ils devraient être réputés miraculeux. Un miracle est donc un fait soit physique, soit psychologique, qui excède la puissance des agents visibles, et qu'aucune analogie ne peut faire prévoir. Telle est la définition philosophique du miracle. Mais cette définition n'est pas pratique pour le commun des hommes : 1° parce que la plupart ne sauraient discerner un fait extraordinaire d'un fait naturel de l'ordre psychologique, surtout si l'on a égard aux faits de magnétisme humain réputés naturels ; 2° parce qu'il n'est pas toujours facile d'apprécier les limites de la puissance des agents visibles ; 3° parce qu'il l'est encore moins d'apprécier convenablement l'analogie dans l'ordre physique ; 4° surtout, parce que des faits physiques quelconques, même des plus extraordinaires, ayant pour causes des agents invisibles, ne sont pas de nature à intéresser ceux qui en ont connaissance au point de les porter à embrasser des pratiques, toujours plus ou moins pénibles, qui peuvent en être la conséquence. Aussi, comme nous voulons considérer le miracle uniquement sous le point de vue de son utilité générale, d'abord sans avoir aucun égard aux faits psychologiques, nous ne fixerons notre attention que sur les faits de l'ordre physique. Les faits ou phénomènes physiques sont de deux sortes : ceux de causalité et ceux de passivité. Les phénomènes de causalité manifestent dans un être passif l'action d'un être intelligent et libre. La rotation des planètes autour du soleil, les divers mouvements vitaux que l'on observe dans les végétaux et les animaux, sont des phénomènes de causalité, aussi bien que les mouvements de l'homme et ses actions sur les êtres qui l'environnent. Les phénomènes de causalité que nous pouvons observer sont donc de deux sortes : les uns sont renfermés dans les limites du pouvoir naturel de l'homme, les autres excèdent sa puissance. Nous avons vu que les phénomènes de passivité peuvent être remplacés par des phénomènes de causalité qui aient pour causes des agents invisibles : dans ce cas, ce sont des phénomènes de causalité extraordinaires. Les phénomènes ordinaires de causalité qui excèdent la puissance naturelle de l'homme et ont pour causes des agents invisibles, peuvent aussi être mêlés de phénomènes extraordinaires du même genre. D'où il résulte qu'il peut y avoir des phénomènes extraordinaires de causalité de deux classes : ceux de *simple causalité*, qui se passeraient à la surface de la terre dans des corps inorganiques, ou dans des corps organisés considérés en tant que masses ; et ceux que je propose d'appeler de *double causalité*, qui seraient observés soit dans des êtres déjà organisés, soit dans des êtres inorganiques devenus organisés en dehors de la voie de génération d'un parent semblable, soit dans des êtres inorganiques offrant déjà l'idée de causalité. Ainsi, avouons-nous qu'il peut y avoir des miracles physiques de deux classes ; mais dans la pratique, nous ne pouvons considérer comme tels les phénomènes extraordinaires de *simple causalité* : soit parce qu'il n'est pas toujours facile, ainsi que nous l'avons déjà dit, d'apprécier les limites de la puissance humaine, soit parce que des phénomènes de cette classe peuvent avoir pour causes des agents invisibles d'un pouvoir inappréciable, agissant sur les masses des êtres comme lui-même, sans avoir sous leur dépendance, soit le règne organique, soit surtout le règne de spontanéité. Or, l'homme ne peut être porté à adopter soit des croyances soit des pratiques, en faveur desquelles seraient opérés des miracles qui ne lui sembleraient pas avoir pour causes un agent dont il croit dépendre. Nous ne pouvons donc tenir compte, dans notre définition pratique du miracle, que des phénomènes extraordinaires de *double causalité*, qui seuls manifestent indubitablement à l'homme la puissance de l'ordonnateur suprême du monde dont il fait partie. Mais il importe avant tout de tracer les caractères dont doivent être revêtus les phénomènes extraordinaires de cette classe, pour avoir force probante. Comme ces phénomènes, dans l'hypothèse d'une révélation, sont des signes d'une volonté spéciale de leur auteur, 1° ils ne doivent offrir, dans les circonstances de leur production, aucune analogie avec les phénomènes ordinaires de causalité. Il suffit,

qu'ils sont; c'est lui qui a établi la liaison que nous apercevons entre les causes physiques et leurs effets, liaison de laquelle nous ne pouvons point donner d'autre raison que la volonté de Dieu; c'est lui qui a donné aux divers agents tel degré de force et d'ac-

Il suffit, pour en juger prudemment, de s'en rapporter à l'expérience universelle, et il n'est point nécessaire de connaître tous les phénomènes physiques, passés, présents et à venir. Les phénomènes de *double causalité* seront toujours d'une appréciation facile pour le vulgaire, qui n'aura jamais rien observé d'analogue dans les cas ordinaires, et qui ne manquera pas de les attribuer à une volonté spéciale de la Divinité. Si les savants, soit contemporains, soit des âges postérieurs, veulent examiner les faits miraculeux de cette classe, ils doivent en faire l'appréciation d'après les connaissances de leur époque, et suivant ce principe d'analogie : la même cause naturelle, agissant dans les mêmes circonstances naturelles, produit les mêmes effets naturels. Lorsqu'ils ont des doutes, il est de leur plus grand intérêt de les lever au plus tôt, en reproduisant les causes naturelles auxquelles ils attribuent tels ou tels faits extraordinaires. Ils jugeront ainsi sainement de la nature du miracle (a). On reconnaît, par exemple, que certains effets bien constatés du magnétisme humain sont naturels et dépendent de la constitution particulière de tels ou tels individus, en réitérant les expériences dont résultent ces faits. Il en est de même de beaucoup d'autres phénomènes physiques dont on ignore les causes. On s'assurera, au contraire, que les faits de résurrection, de guérison, etc., rapportés dans la Bible, supposé qu'ils soient bien constatés, sont surnaturels, en répétant dans des circonstances analogues les paroles et les actions qui en ont été les causes occasionnelles, avec lesquelles ils n'ont aucune proportion. Nous avons dit que les phénomènes miraculeux ne doivent offrir, *dans les circonstances de leur production*, aucune analogie avec les phénomènes ordinaires de causalité : cela suffit pour qu'ils signalent d'une manière certaine l'intervention extraordinaire de la Divinité. On sait, par exemple, que tous les êtres organisés naissent invariablement d'un parent semblable, se développent par degrés dans un temps plus ou moins long, conservent toujours certaines lésions organiques, ne sont affranchis de quelques autres qu'insensiblement et par des moyens proportionnés aux effets, enfin ne renaissent pas de leurs propres débris après leur mort, comme la mythologie l'affirme du phénix. Si donc des êtres organisés étaient produits tout d'un coup et à l'état d'adulte, en dehors des circonstances ordinaires de la reproduction, s'ils étaient guéris d'infirmités réputées incurables, ou délivrés instantanément de maladies quelconques sans l'emploi d'aucun moyen curatif; enfin, si après avoir été privés de la vie, ils redevenaient vivants avec les mêmes tissus, sans avoir été décomposés en leurs principes élémentaires, et sans avoir été assimilés peu à peu, et ensuite reproduits par des parents semblables, il serait certain d'après toutes les données de l'analogie, qu'il y aurait intervention extraordinaire du grand arbitre de l'organisation, qui aurait adopté pour quelques cas particuliers des modes de procéder qu'il n'emploie pas ordinairement. — 2° Il résulte de l'exposé de ce premier caractère des phénomènes de *double causalité*, que non-seulement il suffit, pour qu'ils aient force probante, qu'ils soient produits dans des circonstances différentes de celles au milieu desquelles se passent les phénomènes ordinaires de causalité; mais que pour être attribués à l'ordonnateur du monde dont nous faisons partie, ils doivent accuser la même puissance que ces phénomènes ordinaires, c'est-à-dire, leur être *substantiellement* identiques. En un mot, dans les faits miraculeux les seuls moyens providentiels seront changés, mais la substance des faits devra être invariable dans un même ordre. Autrement, comme nous l'avons dit ci-dessus ( en prouvant contre les théologiens qu'un miracle ne peut être contraire aux prétendues lois de la nature), ces signes extraordinaires ne manifesteraient pas la puissance du dominateur de ce monde; ils induiraient, au contraire, à l'existence d'un agent perturbateur de l'ordre établi, contre lequel il faudrait se mettre en garde. C'est sans doute pour n'avoir pas su apprécier l'unité d'action dans la substance, soit de divers phénomènes ordinaires, soit de ces phénomènes comparés aux extraordinaires, que beaucoup de philosophes ont admis l'existence et le culte de plusieurs principes indépendants. — 3° Un troisième caractère qui doit distinguer les phénomènes de *double causalité*, considérés *comme signes d'une volonté spéciale de leur auteur*, c'est qu'ils soient opérés, en réalité ou en apparence, ou au moins annoncés par un thaumaturge, en faveur d'une doctrine qui ait trait à la religion. On conçoit d'abord la nécessité d'un envoyé extraordinaire dans l'hypothèse d'une révélation, pour qu'elle puisse être suffisamment notifiée : les faits ne parlent pas d'eux-mêmes, et le vulgaire surtout a besoin qu'un simple mortel, dépositaire de l'autorité divine, les lui fasse remarquer et lui rende praticables les injonctions qui lui sont faites. Ensuite, si ces phénomènes n'étaient point annoncés comme venant à l'appui d'une doctrine importante, manifestée à l'humanité, la plupart des hommes n'y donneraient pas plus d'attention qu'ils n'en apportent de nos jours aux diverses récréations physiques et chimiques. De plus, s'ils n'étaient représentés comme l'indice de la puissance d'un suprême ordonnateur qui peut punir ou récompenser les infracteurs ou les observateurs de ses volontés, on ne se mettrait guère en peine ni des croyances ni des pratiques enjointes, pour peu qu'elles gênassent la liberté, ni les signes que produirait la Divinité en témoignage d'un vouloir spécial, seraient d'une stérilité complète. S'il arrivait que des phénomènes miraculeux, opérés en faveur d'une doctrine, fussent contre-balancés par d'autres faits à l'appui d'une doctrine contraire ou simplement contradictoire, il importerait beaucoup de bien examiner d'abord si les phénomènes sont de *double causalité* de part et d'autre, afin de pouvoir se déterminer pour l'être qui domine l'organisation. Si les uns et les autres étaient de *double causalité*, ou ils manifesteraient une puissance inégale, et alors nous aurions intérêt à nous porter pour l'être le plus puissant, ou ils seraient l'indice de pouvoirs égaux, ce qui n'est guère présumable, et en pareil cas nous n'aurions d'autre ressource que de prier l'être dont nous dépendons de nous manifester plus clairement ses volontés (a).

Il suit

(a) S'ils veulent recourir à ces causes occultes, on méconnaître l'intervention extraordinaire de la Divinité, en invoquant soit les mauvais génies, soit l'expérience des générations futures dans les phénomènes physiques, ils s'aveuglent volontairement et deviennent d'une condition pire que le vulgaire; on aurait raison de dire. Rien n'est mathématique en matière de religion; mais tout est assez clair pour quiconque fait un usage légitime de sa raison, et ne résiste pas à la grâce.

(a) Notre doctrine philosophique sur les miracles est conforme dans le fond aux assertions des théologiens relatives à la pratique. Comme ils partent des idées révélées pour établir leur théorie, ils disent qu'il est de la souveraine sagesse et de la providence de Dieu d'appuyer la vérité de sa révélation sur des miracles dont les gens les plus simples puissent faire l'appréciation. Selon Serces, on ne rencontrerait jamais la moindre difficulté, puisque Dieu seul serait invariablement l'auteur des miracles; selon saint Thomas, les miracles proprement dits ne sauraient être attribués à aucun autre agent. Si Suarez, Benoît XIV et d'autres pensent qu'on doit regarder comme

tivité qu'il lui a plu : tout ce qui arrive est un effet de cette volonté suprême, et les choses seraient autrement, s'il l'avait voulu (1).

Cet ordre qu'il a établi est connu aux hommes par l'expérience, c'est-à-dire par le témoignage constant et uniforme de leurs sens; témoignage qui est le même depuis six mille ans. Les détails de cet ordre sont ce que nous nommons *les lois de la nature*, parce que c'est l'exécution de la volonté du souverain arbitre de toutes choses. Ainsi il est constant, par l'expérience, que quand un homme est mort, c'est pour toujours; telle est donc la loi de la nature; s'il arrive qu'un homme ressuscite, c'est un *miracle*, puisque c'est un événement contraire au cours ordinaire de la nature, une dérogation à la loi générale que Dieu a établie, un effet supérieur aux forces naturelles de l'homme. De même il est constant, par l'expérience, que le feu appliqué au bois le consume; ainsi, lorsque Moïse vit un buisson embrasé qui ne se consumait point, il eut raison de penser que c'était un *miracle*, et non l'effet d'une cause naturelle. Mais Dieu, en réglant de toute éternité qu'un homme mort le serait pour toujours, que le bois serait consumé par le feu, ne s'est pas ôté à lui-même le pouvoir de déroger à ces deux lois, de rendre la vie à un homme mort, de conserver un buisson au milieu d'un feu, lors-

Il suit des caractères ci-dessus exposés, que les miracles considérés sous le point de vue pratique doivent être ainsi définis : Des phénomènes extraordinaires de *double causalité*, dont les circonstances et la substance manifestent l'intervention de la Divinité à l'appui d'une doctrine révélée. On peut les définir plus simplement en faveur du vulgaire : Des signes manifestes de volontés spéciales intimées à l'homme par l'ordonnateur suprême de ce monde.

(1) Dieu peut-il faire des miracles, c'est-à-dire peut-il déroger aux lois qu'il a établies ? Cette question, sérieusement traitée, répond J.-J. Rousseau, serait impie si elle n'était absurde; ce serait faire trop d'honneur à celui qui la résoudrait négativement, que de le punir ; il suffirait de l'enfermer. Mais aussi quel homme a jamais nié que Dieu pût faire des miracles? Il fallait être Hébreu pour demander si Dieu pouvait dresser des tables dans le désert. (*Lettres de la Montagne*.)

de véritables miracles des effets surprenants qui surpassent la puissance naturelle des causes visibles et corporelles, ils lèvent les difficultés qui surgissent de leur opinion, par l'examen de la doctrine, des fins, etc., de l'agent au point de vue catholique. Il en est même, tels que le P. Perrone, l'auteur de la Théologie de Montpellier et d'autres, qui accordent que les mauvais anges peuvent faire des miracles, même en confirmation de l'erreur; mais ils prétendent faire disparaître les obstacles, en soutenant que Dieu, en vertu de sa souveraine véracité, fournira toujours le moyen de discerner la vérité : qu'il limitera le pouvoir des démons, que dans le cas d'un conflit de miracles il opérera les plus éclatants, soit par lui-même, soit par les bons anges, qu'il prémunira les hommes contre l'erreur par des révélations spéciales, comme il l'a fait en prédisant les miracles de l'Antechrist, etc. Qui ne voit pas toutes ces assertions sont parallèles à nos indications scienti o-pratiques? Enfin, les plus sensés d'entre eux font jouer un grand rôle à la grâce pour écarter les obstacles de la réception de la révélation : nous voulons nous, que la plus grave difficulté que l'on puisse rencontrer ne soit vaincue que par la prière, ce qui revient au même.

qu'il le jugerait à propos, afin de réveiller l'attention des hommes, de les instruire, de leur intimer des préceptes positifs. S'il l'a fait à certaines époques, il est clair que cette exception à la loi générale avait été prévue et résolue de Dieu de toute éternité, aussi bien que la loi; qu'ainsi la loi et l'exception, pour tel cas, sont l'une et l'autre l'effet de la sagesse et de la volonté éternelle de Dieu, puisque, avant de créer le monde, Dieu savait ce qu'il voulait faire et ce qu'il ferait dans toute la durée des siècles.

Lorsque, pour prouver l'impossibilité des *miracles*, les déistes disent que Dieu ne peut pas changer de volonté, défaire ce qu'il a fait, déranger l'ordre qu'il a établi; que cette conduite est contraire à la sagesse divine, etc., ou ils n'entendent pas les termes, ou ils en abusent. C'est très-librement, et sans aucune nécessité, que Dieu a établi tel ordre dans la nature; il pouvait le régler autrement. Il ne tenait qu'à lui de décider que du corps d'un homme mort et mis en terre il renaîtrait un homme, comme d'un gland semé il renaît un chêne; la résurrection n'est donc pas un phénomène supérieur à la puissance divine. Quand il ressuscite un homme, il ne change point de volonté, puisqu'il avait de toute éternité résolu de le ressusciter, et de déroger ainsi à la loi générale. Cette exception ne détruit point la loi, puisque celle-ci continue à s'exécuter, comme auparavant, à l'égard de tous les autres hommes. Une résurrection ne porte donc aucune atteinte à l'ordre établi, ni à la sagesse éternelle dont cet ordre est l'ouvrage. De même que l'ordre civil et l'intérêt de la société exigent que le législateur déroge quelquefois à une loi, et y fasse une exception dans un cas particulier, le bien général des créatures exige aussi quelquefois que Dieu déroge à quelqu'une des lois physiques, en faveur de l'ordre moral, pour instruire et corriger les hommes, pour leur intimer des lois positives, etc.

Cela n'est pas nécessaire, disent les déistes : Dieu n'est-il donc pas assez puissant pour nous faire connaître, sans *miracle*, ce qu'il exige de nous? Prouvera-t-on qu'il lui est plus aisé de ressusciter un mort, que de nous éclairer?

Nous répondons que rien n'est impossible ni difficile à une puissance infinie; qu'il est donc absurde d'argumenter sur ce qui est plus facile ou difficile à Dieu. Mais nous supplions nos adversaires de nous dire de quel moyen Dieu doit se servir pour nous imposer une loi positive; de quelle manière Dieu a dû s'y prendre pour donner une religion vraie à Adam et aux patriarches, aux juifs, aux païens, pour tirer de l'idolâtrie toutes les nations qui y étaient plongées. Lorsqu'ils l'auront assigné, nous nous chargeons de leur prouver que ce moyen quelconque sera un *miracle*. En effet, l'ordre de la nature que Dieu a établi n'est point d'instruire immédiatement par lui-même chaque homme en particulier, mais de l'instruire par l'organe des autres hommes, par des faits, par l'expérience, par la réflexion. Ainsi, en voulant que Dieu instruise chaque individu par une révélation ou une inspiration particulière, ils exigent réellement un *miracle* pour chacun, mais *miracle* très-suspect, qui favoriserait l'illusion et le fanatisme, ou qui ressemblerait à l'instinct général auquel nous ne sommes pas les maîtres de résister. Aussi tous ceux qui ont nié la possibilité des *miracles*, ont été forcés de soutenir l'impossibilité d'une révélation. Les athées et les matérialistes, qui disent que l'ordre de la nature et ses lois sont immuables, puisque c'est une suite de la nécessité éternelle et absolue de toutes choses, ne sont pas plus raisonnables. Outre qu'il est absurde d'admettre un *ordre* sans une intelligence qui ordonne, des *lois* sans législateur, et une *nécessité* dont on ne peut donner aucune raison, il l'est encore de borner, sans aucune cause, la puissance de la nature. Lorsque Spinosa a dit que, s'il pouvait croire la résurrection de Lazare, il renoncerait à son système, Bayle lui a fait voir qu'il déraisonnait: puisque, selon Spinosa, la puissance de la nature est infinie, de quel droit pouvait-il regarder comme impossible aucun des événements merveilleux rapportés dans l'Ecriture sainte? *Dict. Crit.*, *Spinosa*, R. Un matérialiste plus moderne a senti cette inconséquence; mais il ne l'a évitée que par une inconséquence. Il dit que nous ne savons pas si la nature n'est point occupée à produire des êtres nouveaux, si elle ne rassemble pas des éléments propres à faire éclore des générations toutes nouvelles, et qui n'auront rien de commun avec celles qui existent à présent. *Syst. de la Nat.*, 1ʳᵉ part. c. 16, p. 86. Ainsi, selon ce philosophe, *tout est nécessaire*, et tout peut changer. Par la même raison, nous ne savons pas si, du temps de Moïse, la nature n'a pas fait éclore toutes les plaies de l'Egypte, la séparation des flots de la mer Rouge, la manne du désert, etc., et si, du temps de Jésus-Christ, elle n'a pas opéré toutes les guérisons, les résurrections et les autres prodiges dont nous soutenons qu'il est l'auteur. Il y a plus de bon sens et de liaison dans les idées des nations les plus stupides. Les peuples mêmes qui ont cru que plusieurs dieux ou génies avaient concouru à la formation du monde, ont pensé aussi que ces mêmes intelligences le gouvernaient; ils ont conclu qu'elles pouvaient en changer l'ordre et la marche quand elles le jugeaient à propos, par conséquent opérer des *miracles* à leur gré; et c'est pour cela même qu'ils leur ont adressé leurs vœux et rendu leurs hommages.

Ceux qui disent que les *miracles* sont peut-être l'effet d'une *loi inconnue* de la nature, nous paraissent aussi abuser des termes. En quel sens peut-on supposer qu'une exception particulière à la loi générale est une loi? A la vérité, la loi et l'exception sont également un effet de la volonté du souverain législateur, comme nous l'avons déjà remarqué; mais cette volonté n'est censée *loi*, et ne peut être nommée telle, qu'autant qu'elle est générale et connue par une expérience constante. Donner à l'exception le nom de *loi inconnue*, c'est évidemment confondre toutes les notions. Saint Augustin a dit que les *miracles* ne se font pas *contre la nature*, mais contre la connaissance ou contre l'expérience que nous avons de la nature, puisque la nature des choses n'est autre que la volonté de Dieu, l. vi *de Genesi ad litt.*, c. 13; lib. xxi *de Civit. Dei*, c. 8. Cela se conçoit. Mais pour que nous puissions nous entendre et ne pas nous contredire, il faut distinguer la volonté générale de Dieu d'avec une volonté particulière; la première peut être appelée *loi de la nature* et *cours de la nature*, puisqu'elle s'exécute ordinairement et constamment; la seconde, qui est une exception, ne peut être nommée *loi* que dans un sens très-impropre et abusif: or, l'abus des termes ne contribue jamais à éclaircir une question. Selon Clarke, la seule différence qu'il y a entre un événement naturel, et un fait miraculeux, c'est que le premier arrive ordinairement et fréquemment, au lieu que l'autre se voit très-rarement. Si les hommes, dit-il, sortaient ordinairement du tombeau, comme le blé sort de la semence, cela nous paraîtrait naturel; et au contraire la manière dont ils sont engendrés aujourd'hui serait regardée comme miraculeuse. Cette observation est juste à l'égard des choses que Dieu fait immédiatement par lui-même, sans le concours des hommes. Leibnitz, de son côté, soutenait que la rareté ne suffit pas pour caractériser un *miracle*, qu'il faut encore que ce soit une chose qui surpasse les forces des créatures; et cela est encore vrai, quand il s'agit des choses que Dieu opère par le ministère des créatures. Si ces deux philosophes avaient fait cette distinction, ils auraient été d'accord. *Recueil des pièces de Clarke, de Leibnitz*, etc., p. 105 et 201. De là on doit conclure que, quoique la transsubstantiation se fasse tous les jours et toutes les fois qu'un prêtre dit la messe, c'est cependant un *miracle*, parce que c'est un effet infiniment supérieur aux forces naturelles des hommes dont Dieu se sert pour l'opérer. Au contraire, les saints mouvements que Dieu produit en nous par sa grâce, quoique surnaturels, ne sont pas des *miracles*, parce que Dieu les produit en nous sans nous, immédiatement par lui-même et très-fréquemment. *Voy.* NATUREL.

Comme nous ignorons quelles sont les facultés et le degré de force que Dieu a donnés aux anges bons ou mauvais, nous ne pouvons ni les mettre au nombre des agents naturels, ni décider si tout ce qu'ils font est naturel ou miraculeux. Nous voyons seulement dans l'histoire sainte que, quand Dieu s'est servi de leur ministère, c'était, ou pour annoncer aux hommes des événements que ceux-ci n'auraient pas pu connaître, ou pour faire des choses que les hommes ne pouvaient pas faire. Leur mission et leurs actions étaient donc miraculeuses, puisqu'il n'est pas dans l'ordre commun et journalier de la Providence d'en agir ainsi à l'égard du genre humain. Quant aux opérations des esprits de ténèbres, nous pouvons encore moins en raisonner, parce que l'Ecriture en parle moins que des bons anges. Nous y voyons seulement que les mauvais esprits ne peuvent rien faire sans une permission particulière de Dieu. *Voy.* DÉMON.

II. *Peut-on discerner certainement un miracle d'avec un fait naturel et le prouver?* Il est assez étonnant que nous soyons obligés de discuter scrupuleusement deux questions aussi aisées à résoudre ; mais il n'est aucun sujet sur lequel les incrédules aient poussé plus loin l'entêtement et les contradictions. Pour distinguer sûrement, disent-ils, un *miracle* d'avec un fait naturel, il faudrait connaître toutes les lois de la nature, et savoir jusqu'où s'étendent ses forces : or, nous ne savons ni l'un ni l'autre ; donc nous ne pouvons jamais décider si tel événement est l'effet d'une loi de la nature, ou si c'est une exception. Nous répondons que, par une expérience de six mille ans, la nature nous est assez connue pour savoir certainement qu'un mort ne peut ressusciter en vertu d'aucune loi de la nature : qu'ainsi toute résurrection est une exception ou un miracle. Il en est de même des autres faits que l'histoire sainte nous donne pour des événements miraculeux. Par une inconséquence grossière, les incrédules soutiennent, d'un côté, que Dieu ne peut pas déroger à une loi de la nature ; de l'autre ils supposent que Dieu a établi des lois opposées : l'une, par laquelle il a décidé qu'un mort l'est pour toujours ; l'autre, par laquelle il a réglé qu'un mort peut, sans *miracle*, être rendu à la vie.

Les athées, il est vrai, ne peuvent mettre aucune borne aux forces de la nature ; ils sont obligés de les supposer infinies, puisqu'ils ne peuvent assigner aucune cause qui les ait limitées. Pour nous, qui admettons un Créateur intelligent et sage, une Providence attentive et bienfaisante, nous sommes très-assurés que les forces de la nature sont bornées, et que ses lois sont constantes, parce que Dieu les a établies pour le bien des créatures sensibles et intelligentes. Il est d'ailleurs évident que l'ordre moral porte sur la constance de l'ordre physique : si les lois de la nature pouvaient changer, nous ne serions plus assurés de rien, il n'y aurait plus de certitude dans la règle de nos devoirs. Nous sommes donc absolument certains que Dieu n'a point établi des lois physiques opposées l'une à l'autre, qu'il ne changera point l'ordre de la nature tel qu'il nous est connu, que les *miracles* ne deviendront jamais des effets naturels. Conséquemment nous sommes assurés que Dieu ne donnera jamais à aucun agent naturel le pouvoir de troubler et de changer l'ordre physique du monde et le cours ordinaire de la nature, que les esprits bons ou mauvais n'ont point ce pouvoir, encore moins les magiciens et les imposteurs, et nous prouverons que cela n'est jamais arrivé.

Entre les différents événements rapportés par l'histoire sainte, il en est dont le surnaturel saute aux yeux de tout homme de bon sens, et sur lesquels il n'est besoin ni de dissertation ni d'examen. Qu'un malade guérisse par des remèdes, lentement, en reprenant des forces peu à peu, c'est la marche de la nature ; qu'il guérisse subitement à la parole d'un homme, sans conserver aucun reste ni aucun ressentiment de la maladie, c'est évidemment un *miracle*. Qu'un thaumaturge, par sa parole ou par un simple attouchement, rende la vie aux morts, la vue aux aveugles-nés, l'ouïe aux sourds, la voix aux muets, la force et le mouvement aux paralytiques ; marche sur les eaux, calme les tempêtes sans laisser aucune marque d'agitation sur les flots, rassasie cinq mille hommes avec cinq pains, etc., ce ne sont certainement pas là des œuvres naturelles ; pour en décider, il n'est pas nécessaire d'être médecin, philosophe ou naturaliste, il suffit d'avoir la plus légère dose de bon sens. Lorsque les circonstances peuvent laisser quelque doute sur le naturel d'un fait, c'est le cas de suspendre notre jugement, et de ne pas affirmer témérairement un *miracle*.

Mais voici un argument auquel les incrédules ne répondront jamais. S'il est impossible de discerner certainement un *miracle* d'avec un fait naturel, pourquoi rejetez-vous les événements de l'histoire sainte, qui vous paraissent miraculeux, pendant que vous admettez sans difficulté ceux dans lesquels il n'y a rien que de naturel ? Vous ne voulez pas croire les premiers, parce que ce sont des *miracles*, et vous soutenez en même temps que si ces faits sont arrivés, on n'a pas pu savoir certainement que c'étaient des *miracles* : peut-on se contredire d'une façon plus grossière ? Il s'agit de savoir, en second lieu, si un *miracle* peut être constaté, si l'on peut en prouver la réalité. Ici nouvelle contradiction de la part des déistes ; c'en est une, en effet, d'avouer, d'une part, que Dieu peut faire des *miracles*, et de soutenir, de l'autre, que Dieu n'est pas assez puissant pour les rendre tellement sensibles et reconnaissables, que personne ne puisse en douter raisonnablement : dans ce cas, à quoi serviraient les *miracles* ? Toute la question se réduit à savoir si un *miracle* est ou n'est pas un fait sensible, si le surnaturel du fait empêche que la substance du fait ne puisse tomber sous les sens ; il y aurait de la folie à le soutenir. Déjà, dans les articles FAIT et CERTITUDE, nous avons démontré qu'un *miracle* est susceptible des mêmes preuves qu'un fait naturel quelconque ; qu'il peut être métaphysiquement certain pour celui qui l'a éprouvé en lui-même ; physiquement certain pour celui qui en a été témoin oculaire ; qu'il peut donc être moralement certain pour les autres par le témoignage irrécusable de ceux qui l'ont vu et de celui qui l'a éprouvé. Nous ne répéterons point les raisons que nous en avons données ; mais il nous reste des objections à résoudre.

La plus éblouissante, au premier coup d'œil, est celle que D. Hume a traitée fort nu long dans son *dixième Essai sur l'entendement humain*, où il s'est proposé de prouver qu'aucun témoignage ne peut constater l'existence d'un *miracle*. Un *miracle*, dit-il, est un effet ou un phénomène contraire aux lois de la nature ; or, comme une expérience constante et invariable nous convainc de la certitude de ces lois, la preuve contre le *miracle*, tirée de la nature même du fait, est aussi entière qu'aucun argument que l'expérience puisse fournir. Elle ne peut donc être détruite par aucun témoignage, quel qu'il puisse être. En effet, la foi que nous ajoutons à la déposition des témoins oculaires est aussi fondée sur l'expérience, c'est-à-dire sur la connaissance que nous avons que ce témoignage est ordinairement conforme à la vérité. Si donc ce témoignage tombe sur un fait miraculeux, il se trouve deux expériences opposées, dont l'une détruit l'autre, ou du moins dont la plus forte doit prévaloir à la plus faible. Or, comme il est beaucoup plus probable que des témoins se trompent ou veulent tromper, qu'il n'est que le cours de la nature est interrompu, l'on doit plutôt s'en tenir à la première supposition qu'à la seconde. De là D. Hume conclut qu'un *miracle*, quelque attesté qu'il soit, ne mérite aucune croyance. Pour peu que l'on y fasse attention, l'on verra que ce sophisme ne porte que sur une équivoque et sur l'abus du terme d'*expérience*. En effet, en quoi consiste l'expérience ou la connaissance que nous avons de la constance du cours de la nature ? En ce que nous ne l'avons jamais vu changer, si nous n'avons jamais été témoins d'aucun *miracle;* mais s'ensuit-il que ce changement est impossible, parce que nous ne l'avons jamais vu ? Ce n'est donc ici qu'une expérience négative, si l'on peut ainsi parler, un simple défaut de connaissance, une pure ignorance. D. Hume l'a reconnu lui-même dans son *quatrième Essai*, où il avoue que nous ne pouvons prouver, *a priori*, l'immutabilité du cours de la nature. N'est-il pas absurde de vouloir qu'un simple défaut de connaissance de notre part l'emporte sur la connaissance positive et sur l'attestation formelle des témoins qui ont vu un *miracle?* Si l'argument de D. Hume était solide, il prouverait que, quand nous voyons pour la première fois un fait étonnant, nous devons récuser le témoignage de nos yeux, parce qu'alors il se trouve contraire à notre prétendue expérience passée, que nous devons même nous défier du sentiment intérieur, lorsque nous éprouvons en nous-mêmes un symptôme que nous n'avions jamais senti. Ce sophisme attaque donc de front la certitude physique et la certitude métaphysique, aussi bien que la certitude morale. *Voy.* EXPÉRIENCE. En second lieu, est-il vrai que nous nous fions au témoignage humain seulement, parce que nous avons reconnu par expérience que ce témoignage est ordinairement conforme à la vérité ? Il n'en est rien ; nous nous y fions par un instinct naturel qui nous fait sentir que sans cette confiance, la société humaine serait impossible. Nous nous y fions dans l'enfance avec plus de sécurité que dans l'âge mûr ; et plus nous devenons vieux et expérimentés, plus nous devenons défiants. Mais cette défiance, poussée à l'excès, serait aussi déraisonnable que celle des incrédules. Lorsqu'un fait sensible et palpable, naturel ou miraculeux, est attesté par un grand nombre de témoins qui n'ont pu avoir un intérêt commun d'en imposer, qui n'ont pas pu même user ensemble de collusion, qui paraissaient d'ailleurs sensés et vertueux, il est impossible que leur témoignage soit faux ; nous y déférons alors avec une entière certitude, en vertu de la connaissance intime que nous avons de la nature humaine. Ce n'est ici ni une simple présomption, ni une expérience purement négative, ou une ignorance, mais une connaissance positive et réfléchie. Dans ce cas, il est absurde de dire qu'il est plus probable que les témoins se sont trompés ou ont voulu tromper, qu'il ne l'est que le cours de la nature est interrompu ; pour que l'un ou l'autre de ces inconvénients eût lieu, il faudrait que le cours de la nature humaine fût changé.

Nous avons donc alors un témoignage tel que David Hume l'exige, *un témoignage de telle nature, que sa fausseté serait plus miraculeuse que le fait qu'il doit établir*. Dieu peut avoir de sages raisons d'interrompre pour un moment l'ordre physique et le cours de la nature, mais il ne peut en avoir aucune de renverser l'ordre moral et la constitution de la nature humaine : le premier de ces *miracles* n'a rien d'impossible ; le second serait absurde et indigne de Dieu. David Hume ne raisonne pas mieux lorsqu'il prétend que, quand il s'agit d'un *miracle* qui tient à la religion, tous les témoignages humains sont nuls, parce que l'amour du merveilleux et le fanatisme religieux suffisent pour tourner toutes les têtes, et pervertir tous les principes. Si ces deux maladies étaient aussi communes et aussi violentes que le prétendent les déistes, on verrait éclore tous les jours de nouveaux *miracles*, et le monde en serait rempli. L'amour du merveilleux peut entraîner les hommes, lorsqu'il n'y a rien à risquer pour eux, lorsqu'un fait n'est contraire ni à leurs préjugés ni à leurs intérêts ; mais lorsque des faits merveilleux doivent les obliger à changer de religion, d'opinions et de mœurs, mettre en danger leur fortune et leur vie, nous ne voyons pas qu'ils soient fort empressés de les admettre : alors le zèle de religion, loin de les disposer à croire les faits, les rend défiants et incrédules. Telles étaient les dispositions des Juifs et des païens à l'égard des *miracles* de Jésus-Christ et des apôtres : ils en ont cependant rendu témoignage, puisqu'un grand nombre se sont convertis, et que les autres n'ont pas osé les nier. *Voy.* JÉSUS-CHRIST, APÔTRES, etc.

Peut-on se contredire plus grossièrement que le font les incrédules ? Suivant eux, nous devons nous fier à nos sens, plutôt qu'à toute espèce de témoignage, lorsqu'ils nous attestent que l'eucharistie n'est que du pain et du vin, puisque par nos sens nous y en apercevons toutes les qualités sensibles, et nous ne devrions plus nous y fier, si Dieu changeait visiblement ce pain et ce vin en une autre espèce de corps, quand même nous y apercevrions toutes les qualités sensibles d'un nouveau corps. Le témoignage de nos sens nous donne une entière certitude, lorsqu'il est négatif et qu'il ne nous atteste aucun *miracle*; mais il ne prouve rien, lorsqu'il est positif, et qu'il nous atteste un *miracle* évident et sensible. Un logicien sensé pose le principe directement contraire. l'*Essai* de David Hume, *sur les miracles*, a été réfuté par Campbell, auteur anglais, *Dissertation sur les miracles*, etc., Paris, 1767. D'autres déistes ont dit que les preuves morales, suffisantes pour constater les faits qui sont dans l'ordre des possibilités morales, ne suffisent plus pour constater les faits d'un autre ordre, et purement surnaturels; que des témoignages assez forts pour nous faire croire une chose probable n'ont plus assez de force pour nous persuader une chose improbable, telle que la résurrection d'un mort. Mais nous ne sommes pas assez habiles pour concevoir pourquoi un *miracle* n'est pas dans l'ordre des possibilités morales, dès que c'est Dieu qui l'opère : y a-t-il quelque fait supérieur à la puissance divine? Nous voudrions savoir encore ce que l'on entend par chose *improbable*. Est-ce une chose qui ne peut pas être prouvée? Tout ce qui est possible peut exister, tout ce qui existe peut être prouvé, dès qu'il tombe sous les sens; la mort d'un homme et sa vie sont de ce genre : jamais on n'a imaginé qu'il fût impossible de vérifier si un homme est mort ou vivant. *Improbable* signifie-t-il *impossible*? Alors il faut commencer par prouver qu'un *miracle* est absolument impossible? jusqu'à présent les incrédules n'en sont pas venus à bout.

L'auteur des *Questions sur l'Encyclopédie* a fait briller toute la sagacité de son jugement sur celle-ci, ou plutôt il a mis dans le plus grand jour les travers et l'opiniâtreté des incrédules. « Pour croire un *miracle*, dit-il, ce n'est pas assez de l'avoir vu, car on peut se tromper. Bien des gens se sont crus faussement sujets de *miracles*; ils ont été tantôt malades et tantôt guéris par un pouvoir surnaturel; ils ont été changés en loups; ils ont traversé les airs sur un manche à balai; ils ont été incubes et succubes. Il faut que le *miracle* ait été bien vu par un grand nombre de gens très-sensés, se portant bien, et n'ayant nul intérêt à la chose. Il faut surtout qu'il ait été solennellement attesté par eux. Car si l'on a besoin de formalités authentiques pour les actes les plus simples, à plus forte raison pour constater des choses naturellement impossibles, et dont le destin de la terre doit dépendre. Quand un *miracle* authentique est fait, il ne prouve encore rien; car l'Écriture dit en vingt endroits que les imposteurs peuvent faire des *miracles*. On exige donc que la doctrine soit appuyée par des *miracles*, et les *miracles* par la doctrine. Ce n'est point encore assez. Comme un fripon peut prêcher une très-bonne doctrine, et faire des *miracles* comme les sorciers de Pharaon, il faut que ces *miracles* soient annoncés par des prophéties; pour être sûr de la vérité de ces prophéties, il faut les avoir entendu annoncer clairement, et les avoir vu s'accomplir réellement; il faut posséder parfaitement la langue dans laquelle elles ont été conservées. Il ne suffit pas même que vous soyez témoin de leur accomplissement miraculeux, car vous pouvez être trompé par les apparences. Il est nécessaire que le *miracle* et la prophétie soient juridiquement constatés par les premiers de la nation, et encore se trouvera-t-il des douteurs : car il se peut que la nation soit intéressée à supposer une prophétie et un *miracle*; et dès que l'intérêt s'en mêle, ne comptez sur rien. Si un *miracle* prédit n'est pas aussi public, aussi avéré qu'une éclipse annoncée dans l'almanach, soyez sûr que ce *miracle* n'est qu'un tour de gibecière ou un conte de vieille. On souhaiterait, pour qu'un *miracle* fût bien constaté, qu'il fût fait en présence de l'académie des sciences de Paris, ou de la société royale de Londres; et de la faculté de médecine, assistée d'un détachement du régiment des gardes, pour contenir la foule du peuple. »

*Réponse*. Pourquoi n'y pas appeler encore tous les incrédules, déistes, athées, matérialistes, pyrrhoniens et autres? Eux seuls sont les sages par excellence. Mais si ce n'est pas assez d'avoir vu un *miracle* pour le croire et pour en être sûr, de quoi servira la présence des académiciens, des médecins et de tout leur cortège? Si personne n'est assuré de se bien porter, d'être dans son bon sens, de voir réellement ce qu'il voit, ni de sentir véritablement ce qu'il éprouve, nous ne croyons pas que ces savants soient plus privilégiés que les autres hommes. Le seul doute bien fondé qu'il y ait ici, est de savoir si un philosophe qui raisonne ainsi a la tête bien saine. Prescrire des règles de certitude, et prétendre ensuite qu'en les réunissant toutes on n'aura encore rien de certain, est un pyrrhonisme insensé.

1° En quel lieu du monde, si ce n'est aux petites maisons, a-t-on vu des gens qui se croyaient sourds, muets, aveugles ou paralytiques, pendant qu'ils se portaient bien, ou qui se croyaient parfaitement guéris de ces infirmités, lorsqu'ils les avaient encore? Plusieurs, guéris par des remèdes, ont peut-être cru faussement leur guérison miraculeuse : dans ce cas, il est bon de consulter des médecins pour savoir ce qui en est; mais que leur témoignage soit nécessaire pour juger si ces infirmités ont cessé ou durent encore, c'est une absurdité. De prétendus sorciers, après s'être frottés de drogues, ont pu rêver qu'ils allaient au sabbat sur un manche à balai; d'autres, dans le délire d'une imagination déréglée, ont pu rêver qu'ils étaient incubes ou succubes; mais les témoins des *miracles* de Jésus-Christ ne s'étaient frottés d'aucune composition, pour rêver qu'ils voyaient ce qu'ils ne voyaient pas : ce n'est point dans les songes de la nuit, mais au grand jour et en public, qu'ils les ont vus.

2° Nous admettons volontiers que les témoins d'un *miracle* doivent être en grand nombre, très-sensés, se portant bien, et sans aucun intérêt à la chose ; il nous paraissent encore plus croyables, lorsqu'ils étaient intéressés à la révoquer en doute. Or, les Juifs contemporains de Moïse étaient intéressés à ne pas croire légèrement des *miracles* qui mettaient leur sort à la discrétion de ce législateur, qui les assujettissaient à une loi très-dure et à des mœurs nouvelles, qui les rendaient odieux aux Egyptiens et aux Chananéens. Les apôtres étaient très-intéressés à ne pas croire sans examen les *miracles* de Jésus-Christ, qui déplaisaient aux Juifs, et à ne pas se charger témérairement d'une mission qui les exposait à la persécution des juifs et des païens. Ceux-ci, élevés dans des préjugés très-opposés au christianisme, avaient le plus vif intérêt à se défier des *miracles* de Jésus-Christ et des apôtres, qui devaient les engager à un changement de religion très-difficile et très-dangereux. Quant aux formalités juridiques et aux procès-verbaux solennellement dressés, nous soutenons qu'ils ne furent jamais nécessaires pour constater des faits publics, dont toute une ville ou toute une contrée ont été témoins. Avant l'invention de ces formalités était-on moins certain qu'aujourd'hui de ces sortes de faits? Lorsque des *miracles* ont causé une grande révolution dans le monde, leur effet est une preuve plus forte que toutes les informations et les procédures possibles. Le philosophe que nous réfutons suppose encore faussement que la certitude de tous les faits doit être plus grande, à proportion de leur importance, puisque les faits desquels dépendent notre vie, notre conservation, notre fortune, nos droits civils, sont ordinairement ceux dont nous avons le moins de certitude. Parce qu'un *miracle* peut intéresser toute une nation, s'ensuit-il qu'il faut que chaque particulier en soit témoin oculaire ?

3° Il est faux que, selon l'Ecriture sainte, les imposteurs et les magiciens puissent faire de vrais *miracles;* elle nous assure au contraire que *Dieu seul* peut en faire, et nous le prouverons dans le paragraphe suivant. Lorsqu'il s'agit de prouver la mission d'un homme, il n'est pas encore question de doctrine : c'est une absurdité de prétendre que les Juifs, opprimés en Egypte, devaient exiger la profession de foi de Moïse et le code de sa morale, avant de croire à sa mission; que les Juifs et les païens étaient des hommes fort capables de juger de la doctrine de Jésus-Christ, pendant que les incrédules ne les croient pas seulement capables d'attester ses *miracles*. Est-il donc plus difficile de s'assurer d'un fait sensible, que de prononcer sur la bonté d'un catéchisme ?

4° Des *miracles* annoncés par des prophéties en sont d'autant plus authentiques et plus frappants; mais cela n'est pas absolument nécessaire. Une prophétie est elle-même un fait miraculeux; il faudrait donc la vérifier par une autre prophétie, et ainsi à l'infini. Un fait surnaturel, sensible et palpable, doit être vérifié comme tout autre fait; si nous sortons de là, nous ne trouverons plus que des règles absurdes.

5° C'en est une de soutenir qu'il faut avoir entendu clairement la prophétie, et l'avoir vue s'accomplir réellement. Selon cette décision, Dieu ne pourrait pas prédire les *miracles* qui ne doivent être opérés que dans plusieurs siècles, puisque l'on veut que les mêmes hommes entendent prononcer les paroles du prophète, et en voient l'accomplissement. Au contraire, plus les événements sont éloignés, plus il est évident, lorsqu'ils arrivent, qu'ils n'ont pas pu être prévus par une lumière naturelle. Une prophétie, écrite depuis plusieurs siècles, n'est ni moins certaine, ni moins claire, ni moins frappante, que si elle avait été faite depuis peu; elle l'est même davantage. Notre critique est-il persuadé que les savants du XVIII° siècle n'entendent pas l'hébreu, et ne peuvent prendre le sens des prophéties? Mais les versions chaldaïque et grecque ont été écrites avant que les faits arrivassent, avant la naissance de Jésus-Christ ; elles sont conformes aux versions syriaque, arabe, latine, qui ont été faites après, et la plupart sont l'ouvrage des Juifs. C'est là que nous prenons le sens du texte. Il a donc été entendu de même dans tous les siècles ; ces prophéties n'étaient donc pas inintelligibles, ni même fort obscures.

6° Elles ont été, comme on le voit, authentiquement certifiées par les docteurs et les chefs de la nation juive, soit quant à la lettre, soit quant au sens, dans les paraphrases chaldaïques et dans la version des Septante ; mais il n'est pas nécessaire que les chefs de la nation en aient certifié de même l'accomplissement dans le temps : ils ont pu avoir intérêt à contester les *miracles* de Jésus-Christ, à détourner le sens des prophéties, à s'aveugler sur leur accomplissement, comme ils le font encore aujourd'hui, puisqu'ils reconnaissent eux-mêmes que cet aveuglement était prédit. Cependant il n'a pas été général, puisque les docteurs juifs, tels que Nicodème, Gamaliel, saint Paul, et un grand nombre de prêtres, ont cru en Jésus-Christ ; les autres même n'ont pas osé contester ses *miracles*. En admettant pour un moment toutes les règles prescrites par notre critique, un ignorant serait en droit de rejeter le témoignage de tous les philosophes, lorsqu'ils lui attestent des faits étonnants qu'il ne conçoit pas, et qui doivent lui paraître surnaturels. Mais en retranchant ce qu'il y a d'absurde dans ces règles, nous sommes en état de prouver que les *miracles* qui confirment la révélation ont été bien vus par des hommes sensés qui n'y avaient aucun intérêt, qui les ont attestés à la face des nations entières, en présence des chefs qui n'ont rien eu à y opposer; que ces *miracles* ont été faits pour appuyer une doctrine très-pure et très-digne de Dieu; qu'ils ont été annoncés par des prophéties très-authentiques et très-claires, constamment entendues dans le sens que nous leur donnons, et que ce sont ces *miracles* qui ont converti les juifs et les païens. Que faut-il de plus?

Pour affaiblir ces preuves, le même auteur a prétendu que les mahométans en avaient de semblables pour établir la réalité des *miracles* de Mahomet : nous avons réfuté cette comparaison fausse à l'article Mahométisme. D'autres ont dit, avant lui, que l'on pourrait encore prouver de même la vérité des *miracles* du paganisme; mais aucun d'eux n'a pu alléguer ces preuves prétendues. Plusieurs ont objecté la multitude de *miracles* rapportés dans les *légendes*; à cet article, nous avons fait voir que la plupart de ces prodiges sont absolument dénués de preuves. Quelques-uns enfin ont objecté les raisons par lesquelles on a voulu étayer les prétendus *miracles* du diacre Pâris; nous ne croyons pas qu'il soit nécessaire d'en démontrer la fausseté.

III. *Les miracles peuvent-ils servir à confirmer une doctrine, et à prouver la divinité d'une religion?* L'on n'en avait pas douté avant qu'il y eût des déistes; et il a fallu, de leur part, un travers singulier d'esprit pour soutenir le contraire. [*Voy.* Duvoisin, *Démonstrations évangéliques*, publiées par M. l'abbé Migne : Notions sur les miracles, tom. XIII, col. 763.]

En effet, puisque c'est Dieu, qui, par sa toute-puissance, a réglé le cours de la nature, a établi l'ordre physique du monde tel qu'il est, lui seul a le pouvoir de le suspendre, d'y déroger, même pour un instant, d'arrêter l'effet de la moindre des lois dont il est l'auteur. Il n'a certainement donné à aucune créature la puissance de déranger son ouvrage, de troubler la tranquillité des hommes pour l'utilité desquels Dieu a fait les choses telles qu'elles sont. Vu la confiance que les hommes ont eue de tout temps à la constance de la marche de l'univers, et l'étonnement que leur ont toujours causé les *miracles* vrais ou apparents, leur sort, pour ce monde et pour l'autre, serait à la discrétion des mauvais esprits ou des imposteurs auxquels Dieu aurait donné le pouvoir d'opérer des prodiges supérieurs aux forces de la nature; sa sagesse et sa bonté s'y opposent. Aussi s'en est-il expliqué lui-même très-clairement; après avoir fait souvenir les Hébreux des prodiges qu'il a opérés en leur faveur, il leur dit : *Voyez par là que je suis le seul Dieu, et qu'il n'y en a point d'autre que moi* (Deut. xxxii, 39). Le psalmiste répète souvent que Dieu seul fait des *miracles* (*Psalm.* lxxi, 18 ; cxxxv, 4, etc). Ezéchias, en lui demandant une délivrance miraculeuse, lui dit : « Sauvez-nous, Seigneur, afin que tous les peuples de la terre connaissent que vous êtes le seul souverain Maître de l'univers (*Isaï.* xxxvii, 20). » Lorsque Moïse lui demande comment il pourra convaincre les Hébreux de sa mission, Dieu lui donne le pouvoir d'opérer des *miracles*, et lui dit : *Va, je serai dans ta bouche, et je t'enseignerai ce qu'il faudra dire* (*Exod.* iv, 1, 12). Moïse obéit, et c'est à la vue de ces *miracles* que les Israélites croient à sa mission, et que le roi d'Egypte est forcé enfin de se rendre. Dieu donnait-il à son envoyé de fausses lettres de créance, des signes équivoques, et qui pouvaient être contrefaits par des imposteurs ? Il dit qu'il exercera ses jugements sur l'Egypte, afin que les Egyptiens sachent qu'il est le Seigneur (*Exod.* vii, 5). Comment auraient-ils pu le savoir, si des magiciens avaient pu faire les mêmes *miracles* que Moïse? C'est aussi à la vue du premier des *miracles* de Jésus-Christ que ses disciples crurent en lui (*Joan.* ii, 11). Lorsque Jean-Baptiste lui envoya deux de ses disciples pour lui demander : « Etes-vous celui qui doit venir, ou faut-il en attendre un autre ? » Jésus opéra plusieurs guérisons miraculeuses en leur présence, et répondit : *Allez dire à Jean ce que vous avez vu* (*Luc.* vii, 19). Souvent il a dit aux Juifs : *Les œuvres que je fais au nom de mon Père rendent témoignage de moi. Si vous ne voulez pas me croire, croyez à mes œuvres* (*Joan.* x, 25, 38); et en parlant des incrédules, il dit : *Si je n'avais pas fait parmi eux des œuvres qu'aucun autre n'a faites, ils ne seraient pas coupables* (xv, 24). Au moment de quitter ses apôtres, il leur donne le pouvoir d'opérer des *miracles* pour prouver leur mission (*Marc.* xvi, 15 et suiv.). Devait-on s'arrêter à cette preuve, si des magiciens, des imposteurs, des faux prophètes, étaient capables d'en faire.

Saint Pierre déclare que Jésus-Christ est le Fils de Dieu, qu'il est ressuscité, qu'il faut croire en lui pour être sauvé, que lui et ses collègues en sont des témoins fidèles; et il le prouve par le *miracle* qu'il venait d'opérer, en guérissant un homme impotent depuis sa naissance (*Act.* iii, 13 et suiv.). Saint Paul dit qu'il a fondé sa prédication, non sur les raisonnements de la sagesse humaine, mais sur les dons du Saint-Esprit et sur une puissance surnaturelle (*I Cor.* ii, 4); que les signes de son apostolat ont été les prodiges et les *miracles* qu'il a opérés (*II Cor.* xii, 12). Il était donc bien sûr que ces signes ne pouvaient être imités par de faux apôtres. Les incrédules ont donc tort d'avancer que quand même les *miracles* prouveraient qu'un homme est envoyé de Dieu, ils ne prouveraient pas que cet homme est infaillible ni impeccable. Dès que Dieu a envoyé un homme pour annoncer de sa part une doctrine, et porter les lois, et qu'il lui a donné pour lettres de créance le pouvoir de faire des *miracles*, nous soutenons que la justice, la sagesse, la bonté divine, sont intéressées à ne pas permettre que cet homme se trompe ou veuille tromper les autres, en leur enseignant une doctrine fausse, ou en leur prescrivant de mauvaises lois. Autrement Dieu tendrait aux nations un piège d'erreur inévitable, et les mettrait dans la nécessité de se livrer à un imposteur. En quel sens pourrait-il dire qu'il est la vérité même, fidèle, ennemi de l'iniquité, juste et droit (*Deut* xxxii, 4); qu'il est incapable de mentir et de tromper comme les hommes (*Num.* xxiii, 19); qu'il est vrai dans toutes ses paroles, et saint dans toutes ses œuvres (*Ps.* cxliv, 13, etc.)?

Non-seulement Dieu avait promis à son peuple de lui envoyer des prophètes, mais il avait dit : *Si quelqu'un n'écoute pas un prophète qui parlera en mon nom, j'en serai le vengeur; mais si un prophète parle faussement de moi, ou au nom des dieux étrangers, il sera mis à mort* (*Deut.* xviii, 19). Continuellement il reproche aux Juifs qu'ils n'écoutent pas ses prophètes, et il menace de les punir. Cette incrédulité, cependant, aurait été très-juste de la part des Juifs, s'il avait été possible qu'un prophète fît des *miracles* pour prouver une mission fausse. Dieu a-t-il pu menacer de les punir d'une juste défiance, et pour avoir suivi les règles de la prudence humaine ? Mais, répliquent les déistes, il y a dans l'Ecriture sainte d'autres passages qui semblent opposés à ceux-là et qui enseignent le contraire. Il est dit que les magiciens de Pharaon imitèrent les *miracles* de Moïse, *fecerunt similiter* (*Exod.*, vii, 11, 22, etc.). Moïse défend aux Juifs d'écouter un faux prophète, quand même il ferait des *miracles* (*Deut.* xiii, 1). Dieu permet à l'esprit de mensonge de se placer dans la bouche des prophètes (*III Reg.* xxii, 22). Il lui permet d'affliger Job par des fléaux qui sont de vrais *miracles* (*Job*, i, 12). Il dit : *Lorsqu'un prophète se trompera et parlera faussement; c'est moi qui l'ai trompé; je mettrai la main sur lui, et je l'exterminerai* (*Ezech.* xiv, 9). Jésus-Christ prédit qu'il viendra de faux christs et de faux prophètes, qui feront de grands prodiges et des *miracles* capables de tromper même les élus (*Matth.* xxiv, 24). Saint Paul prédit la même chose de l'Antechrist (*II Thess.* ii, 9). Il défend d'écouter même un ange du ciel qui annoncerait un autre Evangile que le sien (*Galat.* i, 8). Les prodiges et les *miracles* ne prouvent donc rien; c'est plutôt un piége d'erreur qu'un signe de vérité. Qu'importe qu'un *miracle* soit vrai ou faux, réel ou apparent, si ceux qui en sont témoins sont dans l'impossibilité de distinguer l'un de l'autre ?

*Réponse.* Nous soutenons qu'aucun de ces passages ne prouve le contraire de ceux que nous avons cités. 1° A l'article MAGIE, § 2, nous avons fait voir que les magiciens d'Egypte ne firent que des tours de souplesse; qu'ils n'imitèrent que très-imparfaitement les *miracles* de Moïse, qu'il était très-aisé de distinguer, dans cette occasion, l'opération divine d'avec les prestiges de l'art; ainsi, lorsque l'histoire sainte dit *qu'ils firent de même*, cela ne signifie pas une imitation parfaite et à laquelle on pût être innocemment trompé. — 2° Moïse n'a jamais supposé qu'un faux prophète pût faire des *miracles*; il dit : « S'il s'élève au milieu de vous un prophète ou un homme qui dise qu'il a eu un songe, et qui prédise un signe ou un phénomène; si ce qu'il a prédit arrive, et qu'il vous dise. Allons adorer les dieux étrangers, vous n'écouterez point ce prophète ou ce rêveur, parce que c'est le Seigneur votre Dieu qui vous éprouve, afin que l'on voie si vous l'aimez ou non de tout votre cœur et de toute votre âme. Ce prophète ou ce conteur de songes sera mis à mort. » Annoncer un phénomène naturel qui arrive, ce n'est pas faire un *miracle*. Moïse prévient ici les Israélites contre la stupidité des idolâtres, qui adoraient les astres, et qui prenaient les phénomènes du ciel pour des signes de la faveur ou de la colère de ces prétendues divinités (*Deut.* iv, 19). — 3° Il est évident que ce qui est dit des faux prophètes (*III Reg.* xxii, 22), est une expression figurée très-commune en hébreu; *l'esprit menteur* n'est point un personnage ou un démon, mais l'esprit menteur du prophète lui-même. Lorsque l'auteur sacré ajoute que c'est Dieu qui a mis cet esprit dans la bouche des prophètes d'Achab, cela signifie seulement que Dieu a permis qu'ils se trompassent et voulussent tromper, et qu'il ne les a pas empêchés. C'est un hébraïsme qui a été remarqué par tous les commentateurs, Glassius, *Philolog. sacra*, col. 814, 871, etc. Nous avons donné des exemples de cette manière de parler en français à l'article HÉBRAÏSME, n. 11. *Voy.* PERMISSION. — 4° Le sens est le même dans Ezéchiel, c. xiv, v. 9, où il est dit que Dieu *a trompé* un faux prophète, et qu'il le punira: pourrait-il justement punir un homme qui aurait trompé lui-même ? C. xiii, v. 3, on lit : « Malheur aux prophètes insensés qui suivent *leur propre esprit*, et ne voient rien. » Leur propre esprit n'est donc pas celui de Dieu. — 5° Les fléaux dont Job fut affligé furent des *miracles*, sans doute ; mais rien ne nous force de les attribuer à l'opération immédiate du démon, plutôt qu'à celle de Dieu, ni de prendre à la lettre ce qui est dit de Satan : le sentiment des Pères de l'Eglise et des commentateurs n'est pas uniforme sur ce point. *Voy.* la *Synopse des critiques* (*Job*, i, 6). Quand on le prendrait à la lettre, il s'ensuivrait toujours que le démon ne peut pas faire une chose contraire au cours ordinaire de la nature sans une permission expresse de Dieu; et il n'y avait aucun danger que les hommes fussent trompés à cette occasion. Job lui-même dit que c'est Dieu qui lui a ôté ses biens, v. 21; ce n'était donc pas le démon. — 6° Jésus-Christ ne dit point que les christs feront des *miracles*, mais qu'ils donneront ou qu'ils montreront des signes et de grands prodiges. Il est en effet qu'avant la ruine de Jérusalem il arriva des phénomènes singuliers dans le ciel et sur la terre, Josèphe les rapporte : ceux qui se donnaient faussement pour le Messie purent abuser de ces prodiges, et les *donner* comme autant de signes de leur mission : ce sens est confirmé par l'histoire. *Voy.* la *Synopse* (*Matth.* xxiv, 24). En second lieu, Jésus-Christ ne dit point absolument que les élus ou les fidèles y seront trompés, mais qu'ils le seront, *si cela peut se faire*, après.

avoir été prévenus et avertis, comme il les prévient en effet. Voilà pourquoi il ajoute : *Je vous ai prédit ce qui doit arriver.* Après un pareil avertissement, personne ne pouvait plus y être trompé que ceux qui voulaient l'être. On doit entendre de même ce que saint Paul dit de l'antechrist (*II Thess.* II, 3); si cependant il est question là de ce personnage, et non de quelqu'un des faux messies qui parurent en ce temps-là, ou de l'imposteur Alexandre, qui fit grand bruit au II$^e$ siècle, ou enfin de quelqu'un des hérésiarques qui se vantèrent de faire des *miracles;* la plupart des commentateurs conviennent que cet endroit de saint Paul n'est pas facile à expliquer. *Voy.* ANTECHRIST. —

7° Il serait absurde de supposer qu'un ange du ciel peut venir prêcher un faux Evangile; ce que saint Paul écrit aux Galates signifie donc seulement : « Si un faux apôtre vient vous prêcher un autre Evangile que celui que je vous ai annoncé, quand même il paraîtrait être un ange du ciel, dites-lui anathème. » Il n'est point question là de l'apparition miraculeuse d'un ange.

A la vérité, plusieurs Pères de l'Eglise semblent avoir été persuadés que la plupart des *miracles* vantés par les païens avaient été opérés par le démon; mais d'autres, dont le sentiment n'est pas moins respectable, ont pensé que ce n'étaient que des prestiges et des tours de souplesse. *Voy.* MAGIE, § 2. Quand on pourrait prouver le contraire, il ne s'ensuivrait encore rien contre la vérité que nous défendons ici, savoir, qu'un homme qui se donne pour envoyé de Dieu, et qui fait des *miracles* pour confirmer sa doctrine, doit et peut être cru sans aucun danger d'erreur; les *miracles* du paganisme n'avaient pas été faits pour confirmer une doctrine.

Nous avons fait voir non-seulement que Moïse, Jésus-Christ et les apôtres ont fait des *miracles*, mais qu'ils les ont opérés directement pour prouver leur mission et la doctrine qu'ils annonçaient; d'où nous concluons que c'est Dieu lui-même qui a autorisé cette mission et cette doctrine. Quand Dieu aurait permis que les démons fissent des *miracles* pour contenter la curiosité, ou pour satisfaire les autres passions de leurs adorateurs, il ne s'ensuivrait pas encore que ces prodiges ont été opérés directement pour confirmer la religion des païens; le paganisme était établi longtemps avant que ces imposteurs entreprissent de faire des *miracles* pour nourrir la superstition des païens. *Voy.* POLYTHÉISME, IDOLATRIE.

On ne prouvera jamais que Dieu ait été obligé d'ôter du monde tous les pièges et tous les moyens de séduction auxquels les hommes se sont volontairement livrés; mais il ne pouvait, sans déroger à sa sainteté, donner à des imposteurs et à des fanatiques le pouvoir d'interrompre le cours de la nature, pour établir une nouvelle religion fausse à la place du paganisme.

Il n'est pas croyable, disent encore les déistes, que Dieu ait fait des *miracles* pour une nation plutôt que pour une autre; pour les Juifs, et non pour les Egyptiens ou les Assyriens, pour les sujets de l'empire romain, et non pour les Indiens ou pour les Chinois. Il peut, sans *miracle*, éclairer et convertir tous les peuples, et leur intimer telle doctrine ou telles lois qu'il juge à propos.

*Réponse.* Cette objection renferme presque autant d'absurdités qu'il y a de mots. 1° Il est absolument faux que Dieu ne puisse accorder à une nation, à une famille, ou à un homme, un bienfait, soit dans l'ordre naturel, soit dans l'ordre surnaturel, sans l'accorder de même à tous les peuples ou à tous les hommes. Nous avons démontré le contraire au mot INÉGALITÉ. — 2° Les déistes supposent toujours que Dieu a fait des *miracles* pour les Juifs seuls, pendant que l'Ecriture sainte enseigne formellement le contraire. En parlant des plaies de l'Egypte, Dieu dit qu'il exercera ses jugements sur ce royaume, afin que les Egyptiens sachent qu'il est le Seigneur (*Exod.* VII, 5). Moïse avertit les Israélites que Dieu les rendra plus illustres que les autres nations qu'il a faites pour sa louange, et pour sa gloire (*Deut.* XXVI, 19). L'auteur du livre de la Sagesse nous fait remarquer que Dieu, qui aurait pu exterminer d'un seul coup les Egyptiens et les Chananéens, les a punis lentement et par divers fléaux, afin de leur laisser le temps de faire pénitence et de désarmer sa colère; il conclut par ces paroles : « Vous épargnez tous les pécheurs, Seigneur, parce que tous sont à vous, et que vous aimez leurs âmes (*Sap.* XI et XII). » Dieu dit aux Juifs qu'il a exécuté ce qu'il avait promis de faire en leur faveur, non à cause de leurs mérites, mais afin que son nom ne fût pas blasphémé chez les nations (*Ezech.* XX, 9, 14, 22). Le Psalmiste demande la continuation des bienfaits de Dieu sur son peuple, et ajoute : « Non pas pour nous, Seigneur; mais rendez gloire à votre nom par votre miséricorde et par votre fidélité à remplir vos promesses, afin que les nations ne disent pas, Où est leur Dieu (*Ps.* CXIII) ? Le Seigneur dit qu'il délivrera son peuple de la captivité à la face des Babyloniens et des Chaldéens, pour sa propre gloire, et afin qu'il ne soit pas blasphémé (*Isai.* XLVIII, 11). Il déclare qu'il punira les Sidoniens par le même motif, et afin qu'ils sachent qu'il est le Seigneur (*Ezech.* XXVIII, 22). Tous ces passages et beaucoup d'autres démontrent que Dieu n'a point perdu de vue le salut des peuples infidèles, et qu'il a fait des grâces à tous. *Voy.* INFIDÈLES. — 3° Conclure de là que Dieu a donc dû susciter chez tous les peuples du monde un Moïse, leur donner une révélation, une législation, une religion comme aux Juifs, et par les mêmes moyens, c'est un trait de folie. Savons-nous ce que Dieu a fait pour chaque peuple en particulier, et jusqu'à quel point tous ont résisté aux leçons qu'il leur a faites, et aux secours qu'il leur a donnés ? Il est encore plus absurde de prétendre que Jésus-Christ devait donc naître, faire des *miracles*, mourir et ressus citer dans les quatre parties du monde, aussi bien que dans la Judée ; qu'il devait même le faire dans chaque ville de l'univers, tout comme à Jérusalem. Ce qu'il a fait dans cette contrée devait servir à la conversion de l'univers entier, et il a envoyé ses apôtres prêcher à toutes les nations. Il ne sert à rien de dire que des *miracles*, qui étaient une preuve frappante pour les témoins oculaires, ne le sont plus pour les peuples éloignés, à plus forte raison pour nous, qui vivons dix-sept siècles après les faits. Un fait qui a existé une fois ne cessera jamais d'avoir existé, et dès qu'il est prouvé une fois, il l'est pour tous les siècles et pour tous les hommes qui auront du bon sens. — 4° Il est faux que Dieu puisse convertir tous les peuples sans *miracles*; et déjà nous avons défié les incrédules d'assigner aucun moyen qui ne soit pas miraculeux. Changer tout à coup les idées, les préjugés, les habitudes, la croyance et les mœurs de toutes les nations, sans aucun signe extérieur et frappant qui les touche et leur inspire des réflexions nouvelles, est-ce un phénomène conforme au cours ordinaire de la nature ? On dit que Dieu peut donner à tous les hommes une grâce intérieure et efficace qui les convertisse tous. Mais cette grâce universelle et uniforme qui agirait de même sur tous et produirait le même effet, serait non-seulement un *miracle* inouï, mais un *miracle* absurde ; il conduirait les hommes comme ils sont conduits par l'instinct ; il détruirait leur liberté ; l'effet qui s'ensuivrait ressemblerait à un enthousiasme universel, dont on ne verrait ni la cause, ni les motifs. Est-ce ainsi que Dieu doit gouverner le genre humain ? Les déistes rejettent les *miracles* sages pour recourir à des *miracles* insensés, qui seraient indignes de la sagesse divine.

Mais on demande, que prouvent les *miracles* ? Ils démontrent d'abord une Providence, non-seulement générale, mais particulière ; et de ce dogme une fois prouvé s'ensuivent toutes les autres vérités que l'on nomme la religion naturelle. Comme les hommes distraits par d'autres objets réfléchissent fort peu sur les merveilles journalières de la nature, il est quelquefois nécessaire que Dieu réveille leur attention et les étonne par des événements contraires au cours ordinaire de la nature ; c'est la réflexion de saint Augustin, *Tract.* 8, *in Joan.*, n. 1, et *Tract.* 24, n. 1 ; *de Civit. Dei*, l. x, c. 12. D'ailleurs l'ordre commun de la nature, loin d'éclairer les hommes, avait été l'occasion de leur erreur ; ils en avaient regardé les divers phénomènes comme l'ouvrage d'autant de dieux différents : il était donc nécessaire de les détromper par des *miracles* faits au nom d'un seul Dieu, créateur et souverain maître de la nature. L'exemple de Pharaon et des Egyptiens, de Rahab, de Nabuchodonosor, d'Achior, chef des Ammonites, de Naaman, etc., prouve l'efficacité de ce moyen. Quoi qu'en disent les déistes, il est plus efficace que la contemplation de la nature.

En second lieu, les *miracles* prouvent la révélation, la vérité de la doctrine que prêchent ceux qui opèrent des *miracles* pour cette fin, comme nous l'avons fait voir. Si les *miracles* ne prouvaient rien, les incrédules ne feraient pas tant d'efforts pour en faire douter.

IV. *Y a-t-il eu effectivement des miracles ?* Si cela est indubitable, toutes les autres questions sont résolues ; il s'ensuit que les *miracles* ne sont ni impossibles, ni indignes de Dieu, ni inutiles ; qu'ils prouvent quelque chose, et qu'ils peuvent être prouvés ; or, à moins d'être athée, matérialiste ou pyrrhonien, on est forcé d'en admettre. Les athées mêmes conviennent que la création est le plus grand des *miracles* ; et que quiconque admet celui-là ne peut raisonnablement nier la possibilité des autres : à moins de soutenir l'éternité de la race des hommes, on est obligé d'avouer que le premier individu n'a pu commencer d'exister que par *miracle*. Le déluge universel est attesté par l'inspection du globe entier, c'est incontestablement un autre *miracle* ; toutes les hypothèses forgées par les philosophes pour en combattre la réalité, ou pour l'expliquer naturellement, sont aussi frivoles les unes que les autres.

Aux articles JÉSUS-CHRIST, APÔTRES, MOÏSE, nous prouvons la vérité des miracles qu'ils ont opérés (1).

On connaît l'argument qu'a fait saint Augustin pour prouver que, de quelque manière que l'on s'y prenne il faut nécessairement admettre des *miracles* dans l'établissement du christianisme. Ou les apôtres, dit-il, ont fait des *miracles* pour persuader aux juifs et aux païens les mystères et les événements surnaturels qu'ils prêchaient, ou les peuples ont cru, sans voir aucun *miracle*, les choses du monde qui devaient leur paraître les plus incroyables ; dans ce cas, leur foi même est le plus grand des *miracles* (*De Civit. Dei*, l. xxii, c. 5). Mais ce qu'on n'a pas assez remarqué, c'est que ce raisonnement est également applicable à l'établissement du judaïsme, et à celui de la religion des patriarches. Comment, au milieu des erreurs dont toutes les nations étaient prévenues, un homme tel que Moïse aurait-il pu, sans *miracles*, persuader l'unité de Dieu, sa providence universelle, etc., à un peuple aussi grossier, aussi intraitable, aussi porté à l'idolâtrie que les Juifs, et leur faire recevoir des lois onéreuses qui devaient les rendre odieux à toutes les autres nations ? Vu le penchant universel de tous les peuples vers le polythéisme et l'idolâtrie, dans des siècles où il n'était pas encore question de philosophie, comment trouve-t-on une suite de familles patriarcales qui ont constamment fait profession d'adorer un seul Dieu, et qui lui ont rendu un culte pur, si Dieu lui-même

(1) On peut voir dans les *Démonstrations évangéliques*, tom. XIII, col. 765, le travail de Duvoisin sur les miracles de Jésus-Christ, travail trop étendu pour que nous le reproduisions ici.

ne les a pas miraculeusement instruites et préservées de l'erreur ? Voilà deux grands phénomènes que l'on n'expliquera jamais par des moyens naturels, mais que l'Ecriture sainte nous fait concevoir très-clairement, par le moyen d'une révélation surnaturelle donnée de Dieu depuis le commencement du monde.

Le don des *miracles* ne s'est pas terminé à la mission et à la prédication des apôtres ; saint Paul atteste ou du moins suppose qu'il était commun parmi les fidèles (*I Cor.* xii, xiii, xiv) ; et les Pères de l'Eglise sont témoins qu'il a continué dans les siècles suivants. Saint Justin, *Apol.* 2, n. 6 ; *Dial. cum Tryph.*, n. 82, atteste que les démons sont chassés au nom de Jésus-Christ, et que l'esprit prophétique a passé des juifs aux chrétiens. Saint Irénée ajoute que plusieurs guérissent les maladies par l'imposition des mains, et que quelques-uns ont ressuscité des morts. *Adv. Hær.*, l. ii, c. 56 et 57. Tertullien prend à témoin les païens du pouvoir qu'ont les chrétiens de chasser les démons, *Apol.*, c. 23, ad *Scapulam*, c. 2. Origène atteste qu'il a vu plusieurs malades guéris par l'invocation du nom de Jésus-Christ, et par le signe de la croix, *Contra Cels.*, l. iii, n. 24, etc.; Eusèbe, *Démonst. évang.*, l. iii, p. 109 et 132 ; Lactance, *Divin. Instit.*, l. iv, c. 27 ; Saint Grégoire de Nazianze et Théodoret rendent le même témoignage. Saint Grégoire de Néocésarée fut nommé *Thaumaturge* à cause du grand nombre de ses *miracles*. Saint Ambroise rapporte, comme témoin oculaire, les *miracles* opérés au tombeau des saints martyrs Gervais et Protais ; et saint Augustin ceux qui se faisaient de son temps par les reliques de saint Etienne, l. xxii *de Civit. Dei*, c. 8, etc. La réalité de ces *miracles* est encore prouvée par l'accusation de magie si souvent répétée par les païens contre les fidèles, et par l'affectation des philosophes du iv⁰ siècle, de vouloir opérer des *miracles* par la théurgie, afin de pouvoir les opposer à ceux des chrétiens.

Les protestants n'ont pas été peu embarrassés à cette occasion ; ils ont senti qu'il n'était pas possible de récuser toutes ces preuves, sans donner atteinte à la solidité des témoignages qui constatent les *miracles* de Jésus-Christ et des apôtres ; que, d'autre part, on ne peut guère ajouter foi aux *miracles* opérés dans les trois ou quatre premiers siècles de l'Eglise, sans donner aussi croyance à des écrivains respectables qui attestent des *miracles* opérés dans l'Eglise romaine pendant les siècles postérieurs. Middleton, auteur anglais, prit, en 1749, le parti de soutenir que, depuis le temps des apôtres, il ne s'était plus fait de *miracles* dans l'Eglise ; il donna pour raison, 1° que les Pères, qui ont prétendu qu'il s'en faisait de leur temps, étaient des hommes crédules et sans critique ; ajoutons qu'en général ils ont été accusés de fraudes pieuses et de mauvaise foi par la plupart des critiques protestants ; 2° parce que, s'il fallait croire ces prétendus *miracles* cités par les Pères il faudrait admettre aussi ceux desquels les catholiques veulent se prévaloir pour étayer leurs opinions. Ce livre fit grand bruit, et fut réfuté par plusieurs protestants.

Mosheim, *Hist. christ.*, sæc. ii, § 20, *note*, accuse Middleton d'avoir voulu, par cette tournure, faire révoquer en doute les *miracles* de Jésus-Christ et des apôtres. Il lui représente qu'il n'est pas besoin d'une grande critique pour être en état de juger si un *miracle* dont on est témoin est vrai ou faux ; qu'une accusation générale de crédulité ou d'incapacité, faite contre les Pères, est téméraire et ne prouve rien. Il n'a pas compris que l'on peut répondre la même chose au reproche de mauvaise foi qu'il a souvent répété lui-même contre les Pères en général. Il ne répond rien non plus au parallèle que l'on peut faire entre les preuves qui attestent les *miracles* des trois ou quatre premiers siècles, et celles que nous donnons des *miracles* opérés dans les siècles postérieurs. L'objection de Middleton méritait cependant d'être résolue. Quelques autres protestants ont répondu qu'il a pu se faire des *miracles* dans l'Eglise romaine, pour confirmer les vérités générales du christianisme, sans qu'il s'ensuive rien en faveur des dogmes particuliers à cette Eglise Mais les *miracles* opérés par la sainte eucharistie, par l'invocation des saints, par l'attouchement de leurs reliques, confirment certainement la croyance des catholiques à l'égard de ces divers objets. Dieu n'a pas pu les confirmer, par des *miracles*, dans une foi et une confiance fondées sur des erreurs ; et il faut faire attention que plusieurs *miracles* opérés de cette manière, sont attestés par les auteurs même du iii⁰ ou iv⁰ siècle, dont les protestants n'ont pas osé rejeter absolument le témoignage. D'autre part, les incrédules opposent à nos preuves la réponse que Minutius Félix faisait aux païens, lorsqu'ils vantaient les prétendus *miracles* de leurs dieux : « Si tout cela était arrivé autrefois, leur disait-il, il arriverait encore aujourd'hui ; mais ces prodiges n'ont jamais été faits, parce qu'ils ne peuvent pas se faire. »

Nous soutenons que cette maxime n'est pas applicable aux *miracles* qui prouvent la vraie religion. Les *miracles* du paganisme n'ont pas pu se faire, 1° parce que la plupart étaient des crimes ; on supposait que plusieurs personnes avaient été punies, métamorphosées en animaux ou en arbres, pour des actions très-innocentes, ou parce qu'elles n'avaient pas voulu se prêter aux passions brutales des dieux ; 2° parce que ces prétendus *miracles* n'avaient pas pour but de porter les hommes à la vertu, mais de les confirmer dans la pratique d'une religion évidemment fausse, absurde, et injurieuse à la Divinité, ou de satisfaire les passions injustes des nations ou des particuliers ; 3° parmi ces prodiges il y en avait très-peu qui pussent être envisagés comme des bienfaits ; c'étaient plutôt des effets de la colère des dieux que de leur bienveillance. Tous supposaient que le gouvernement de ce monde était livré au caprice d'une multitude de génies bizarres, vicieux et malfaisants, très-mal d'accord entre eux, etc. Peut-on faire aucun de ces reproches contre les *miracles* que nous alléguons en faveur de la vraie religion? Minutius Félix avait raison de dire que si les dieux avaient fait autrefois tant de prodiges, et s'ils étaient aussi puissants que le prétendaient les païens, ils auraient dû surtout faire éclater ce pouvoir à la naissance du christianisme, et multiplier les *miracles*, pour prévenir la chute de leur culte que cette religion détruisait peu à peu; c'est ce que l'on n'a pas vu. Mais aujourd'hui les incrédules auraient très-mauvaise grâce d'exiger qu'il se fît de nouveaux *miracles* pour confirmer le christianisme, dès qu'il est suffisamment prouvé par la multitude de ceux qui ont été faits depuis le commencement du monde jusqu'à nous. On peut même dire des incrédules modernes ce qui a été dit des anciens: *Quant ils verraient ressusciter des morts, ils ne croiraient pas* (*Luc.* XVI, 31). Plusieurs l'ont formellement déclaré.

Ils ont donc le plus grand tort d'objecter que si Moïse avait fait autant de *miracles* qu'on le dit, les Égyptiens ne se seraient pas obstinés à poursuivre les Hébreux, et que ceux-ci ne se seraient pas si souvent révoltés contre lui; que si Jésus-Christ et les apôtres avaient opéré des *miracles* si fréquents et si éclatants, il ne serait pas resté un seul incrédule parmi les juifs ni parmi les païens. L'opiniâtreté des incrédules d'aujourd'hui ne nous fait que trop sentir de quoi ceux d'autrefois ont été capables. Un *miracle*, quelque éclatant qu'il soit, ne convertit point les hommes sans une grâce intérieure qui les rende dociles, et il n'est aucune grâce à laquelle des cœurs endurcis ne puissent résister. Lorsqu'un *miracle* opère un grand nombre de conversions, ce changement des esprits et des cœurs doit nous surprendre autant que le surnaturel du *miracle* et de l'interruption du cours de la nature. *Voy.* la *Dissertation sur les miracles, Bible d'Avignon*, t. II, p. 25.

MIRAMIONES, congrégation de filles vertueuses qui, sans faire des vœux, se consacrent à l'instruction des jeunes personnes de leur sexe et au soin des malades. Elles furent fondées à Paris en 1665, par madame de Miramion, veuve pieuse et charitable, sous le titre de communauté de Sainte-Geneviève.

MISÉRICORDE DE DIEU. C'est le plus consolant des attributs divins, le seul qui fonde notre espérance, et c'est aussi celui dont les livres saints nous donnent la plus haute idée. Dieu fait principalement consister sa gloire à pardonner aux pécheurs. Il dit qu'il fait justice jusqu'à la troisième et la quatrième génération, et *miséricorde* jusqu'à la millième, ou plutôt sans bornes et sans mesure, *in millia* (*Exod.* XX, 6). Selon l'expression du psalmiste, Dieu a pitié de nous comme un père a pitié de ses enfants, parce qu'il connaît la matière fragile dont il nous a formés (*Ps.* CII, 13). Comme si la tendresse d'un père n'était pas encore assez touchante, Dieu compare la sienne à celle d'une mère; il dit de la nation juive: *Jérusalem pense que le Seigneur l'a oubliée et l'a délaissée; une mère peut-elle donc oublier son enfant, et manquer de pitié pour le fruit de ses entrailles? Quand elle en serait capable, je ne vous oublierai point* (*Isai.* XLIX, 14). Dans le psaume CXXXV, tous les versets ont pour refrain que *la miséricorde de Dieu est éternelle*. Nous en voyons la preuve dans la conduite que Dieu a tenue envers les hommes depuis la création.

Jésus-Christ, parfaite image de Dieu son Père, a été la *miséricorde* personnifiée et revêtue de notre nature; il n'a dédaigné, rebuté, humilié aucun pécheur; il n'a fait que pardonner. La brebis perdue, l'enfant prodigue, la pécheresse de Naïm, Zachée, la femme adultère, saint Pierre, le bon larron, la prière qu'il a faite sur la croix pour ceux qui l'avaient crucifié; quelles leçons! Par ces traits, Jésus-Christ a prouvé sa divinité aussi efficacement que par ses miracles: c'est ainsi, dit saint Paul, que la bonté et la douceur de Dieu notre Sauveur s'est fait connaître (*Tit.* III, 4). Un homme n'aurait pas poussé la *miséricorde* jusque-là. Les Pères de l'Église ont épuisé leur éloquence à relever tous ces traits. Pélage eut la témérité de soutenir qu'au jugement de Dieu aucun pécheur ne recevra *miséricorde*, que tous seront condamnés au feu éternel. « Qui peut souffrir, lui répondit saint Jérôme, que vous borniez la *miséricorde* de Dieu, et que vous dictiez la sentence du juge avant le jour du jugement? Dieu ne pourra-t-il, sans votre aveu, pardonner aux pécheurs s'il le juge à propos? » *Dialog.* 1, *contra Pelag.*, c. 9. « Que Pélage, dit saint Augustin, nomme comme il voudra celui qui pense qu'au jour du jugement aucun pécheur ne recevra *miséricorde*; mais qu'il sache que l'Église n'adopte point cette erreur; car quiconque ne fait pas *miséricorde* sera jugé sans *miséricorde*. » *L. de Gestis Pelagii*, c. 3, n. 9 et 11. « Dieu est bon, dit ce même Père, Dieu est juste; parce qu'il est juste, il ne peut damner une âme sans qu'elle l'ait mérité; parce qu'il est bon, il peut la sauver sans mérites, et en cela il ne fait tort à personne. » *Contra Julian.*, lib. III, c. 18, n. 35; *contra duas Epist. Pelag.*, l. IV, c. 6, n. 16. « Lorsque Dieu fait *miséricorde*, dit saint Jean Chrysostome, il accorde le salut sans discussion, il fait trêve de justice, et ne demande compte de rien. » *Hom. in Ps.* LX, v. 1. C'est le langage uniforme des Pères de tous les siècles, langage qui suppose cependant que les pécheurs reviendront sincèrement à Dieu pendant qu'ils sont encore sur la terre, parce qu'il n'y a pas de salut à espérer pour ceux qui meurent dans leur péché.

\* MISÉRICORDE (Œuvre de la). Il y a quelques années, il s'est formé une secte entièrement nouvelle, qui prétend non-seulement renouveler le christianisme, mais le monde tout entier. Le monde éprouve aujourd'hui un grand besoin d'amour. C'est aussi l'amour qu'il faut établir sur la terre, il faut faire régner le Saint-Esprit. Jusqu'alors nous avons vu le règne de la loi, celui de Jésus-Christ, celui du Saint-Esprit arrive. De même que dans l'Ancien Testament, les prophètes se succédaient pour annoncer la venue du Messie, les prophètes se succèdent, depuis plus de cent ans pour annoncer la venue de l'Esprit. Le grand prophète Pierre-Michel Vintras annonce que l'heure approche. « C'est au mois d'août 1839 que le Verbe faisait entendre ces paroles ; c'est alors aussi que l'archange saint Michel faisait les premières ouvertures à son ouvrier de Tilly, Eugène Vintras, connu sous les prénoms de Pierre-Michel par lesquels le nommait l'envoyé céleste. Le ciel ménagea une circonstance qui mit cet homme de Dieu en présence avec le porte-voix qu'il allait remplacer, pour établir la succession de la mission prophétique. Voici donc le dernier chaînon de cette prophétie ; mais celui-ci doit être, plus que les précédents, le Christ représentatif et son image plus ressemblante ; non qu'il ait été dans son passé plus parfait que les précédents ; héraut plus rapproché des temps de la miséricorde, il confesse qu'il en avait plus besoin ; mais il sera, par les communications pleines, vastes, lumineuses, la représentation du Christ enseignant ; par les persécutions qu'il éprouve de la part des Pilates gouvernants et des pharisiens nouveaux, la représentation du Christ persécuté : ses persécutions auront des caractères analogues et seront puisées dans le même esprit qui a poussé les pharisiens d'autrefois ; et par ces trois épreuves du corps, de l'âme et de l'esprit, qui seront connues en même temps, la représentation du Christ dans la grotte des Oliviers. Voici donc un temps qui s'ouvre, une ère qui est à son aurore et qui s'appellera l'ère ou le règne du Saint-Esprit. Il est manifeste que nul n'échappera au cataclysme s'il n'appartient à l'œuvre de miséricorde formellement ou en esprit. »

La nouvelle secte professe un grand nombre d'erreurs et de doctrines étranges. L'homme est un composé de corps, d'esprit et d'âme. Jésus-Christ n'a pris qu'une portion de notre humanité. — Le péché originel est une faute personnelle. — La sainte Vierge émane de la nature divine. — Le Saint-Esprit doit se manifester. — Nous réfutons chacune de ces erreurs aux articles qui les concernent.

La nouvelle secte a été condamnée par un bref de Grégoire XVI. L'abbé Charvon prétend que ce bref a été surpris. Nous n'avons connu aucun hérétique qui n'ait tenu ce langage. Quoiqu'il en soit, nous pensons rendre service au clergé en terminant par la traduction du bref de Grégoire XVI à Mgr l'évêque de Bayeux. On ne saurait trop mettre à la portée de tous ces pièces précieuses qu'on se procure difficilement et qui sont bien plus efficaces que les raisonnements pour préserver et désabuser les esprits que l'erreur commencerait à entraîner.

« Vénérable frère, salut et bénédiction apostolique. Depuis que vous nous avez donné avis de la nouvelle association d'hommes impies qui s'est formée dans votre diocèse, et transmis quelques-uns de leurs imprimés et de leurs manuscrits, nous avons désiré vivement vous écrire cette lettre. Mais les graves préoccupations et les affaires qui nous affligent sans cesse ne nous ont pas permis de nous mettre tout de suite à lire et à peser ces écrits comme nous le souhaitions pour reconnaître l'esprit de cette malheureuse association. Notre douleur a été grande quand nous avons vu par ces écrits pestilentiels que les hommes pervers de cette société, sous le masque de la piété et à l'aide d'un raisonnement captieux, s'efforcent d'introduire des sectes de perdition au milieu du troupeau de Jésus-Christ. Par une audace aussi téméraire que sacrilège, ils se transforment en apôtres, et s'arrogent une nouvelle mission divine, annonçant une prétendue œuvre de la miséricorde, et prétendant qu'ils vont par ce moyen redonner en quelque sorte la vie à l'Église. Ils osent répandre dans le public des révélations sur les anges et les autres habitants du ciel, des communications de Jésus-Christ lui-même, des visions et des miracles. Ils se sont formé un apostolat composé de laïques. Ils affirment qu'il va s'établir dans l'Église un troisième règne, qu'ils ne craignent pas de nommer le règne du Saint-Esprit, afin que les vérités déposées dans l'Évangile, et que l'Église, d'après leurs blasphèmes, n'aurait pas assez expliquées, soient mises dans tout leur jour, que de nouveaux dogmes soient manifestés, et que l'Église elle-même sorte enfin de son état de dépravation. Ces impiétés et ces extravagances sont parfaitement en harmonie avec l'esprit de cet homme pervers, qui se dit faussement duc de Normandie et qui, sortant par l'apostasie du sein de l'Église catholique, ne faisant aucun cas de l'autorité du Saint-Siège et s'égarant misérablement par ses actions et ses paroles, professe en diverses manières les erreurs, les sentiments et les projets de l'association malheureuse dont nous parlons ; et s'efforce par ces machinations ténébreuses d'égarer et de perdre le troupeau de Jésus-Christ. Au reste, les livres et les écrits des apôtres de cette œuvre nous étaient déjà presque tous connus ; car ils nous étaient parvenus depuis longtemps. Notre douleur est grande, vénérable frère, en voyant le but de cette association diabolique. Par leurs tentatives audacieuses et condamnables contre la véritable Église de Jésus-Christ, par leurs assauts contre la chaire de saint Pierre et par leur mépris de son autorité, leur dessein est certainement de lacérer, de tuer et de perdre les brebis du Seigneur.

« C'est pourquoi, vénérable frère, ce que vous avez cru devoir faire contre cette association, nous l'approuvons entièrement et nous donnons à votre vigilance et à votre sollicitude les louanges qu'elles méritent. Accomplissant votre saint ministère avec une parfaite fidélité, vous n'avez pas plutôt appris la diffusion de la secte détestable dans votre diocèse, que vous l'avez hautement réprouvée. Vous avez employé vos soins à préserver votre troupeau de ces pâturages empoisonnés, et vous avez en particulier, par vos lettres et vos avis, excité le zèle de votre clergé, afin d'arrêter l'impiété, les fourberies et les tentatives de ces hommes égarés. Ce sont là les loups et les sangliers de la forêt prêts à mettre en pièces les brebis du Seigneur et à ravager sa vigne. Ils méritent certainement les réprimandes, les censures et les peines ecclésiastiques. Continuez, vénérable frère, avec votre zèle, votre prudence et votre vertu bien connue, à combattre les combats du Seigneur. Ne négligez rien pour que les fidèles qui vous sont confiés s'affermissent dans la foi de l'Église catholique, et qu'ils évitent et repoussent avec toute les erreurs, les fables et les extravagances de cette association impie. Quant à nous, nous ne cesserons de répandre nos prières devant Dieu, afin que, dans cette chose qui est la sienne, il daigne diriger et seconder d'en haut vos pensées et vos efforts. Nous vous renvoyons les écrits que vous nous avez transmis au sujet de ces hommes fallacieux, et en témoignage de notre bienveillance toute particulière pour vous, nous vous accordons et à tout votre troupeau, vénérable frère, la bénédiction apostolique.

« Rome, 8 novembre 1843. »

MISNA ou MISCANA. *Voy.* TALMUD.

MISSEL, livre qui contient les messes propres aux différents jours et fêtes de l'année. Le *Missel* romain a d'abord été dressé ou recueilli par le pape Gélase, mort l'an 496; mais il ne faut pas croire qu'il ait composé toutes les prières qu'il y a rassemblées, elles sont plus anciennes que lui. Saint Célestin, qui a précédé Gélase de plus de soixante ans, dit dans sa lettre aux évêques des Gaules, c. 11, que les prières sacerdotales viennent des apôtres par tradition, et sont les mêmes dans tout le monde chrétien. Gélase ne fit donc que de mettre en ordre les messes que l'on était déjà dans l'usage de dire, et sans doute il en ajouta de nouvelles pour les saints dont le culte avait été récemment établi; c'est ce que l'on appelle le *Sacramentaire* de Gélase. Saint Grégoire le Grand, mort l'an 604, fit de même; il retoucha le missel ou sacramentaire de Gélase; il en retrancha quelques prières, et y ajouta peu de chose; il corrigea les fautes qui avaient pu s'y glisser, et rédigea le tout en un seul volume, que l'on a nommé le *Sacramentaire grégorien*, qui subsiste encore aujourd'hui. *Voy.* LITURGIE, SACRAMENTAIRE.

Depuis le renouvellement des lettres, plusieurs évêques ont fait dresser des *missels* propres pour leurs diocèses, et quelques ordres religieux en ont de particuliers pour les saints canonisés dans les derniers siècles. Ces *missels* sont faits avec plus de soin et d'intelligence que les anciens; mais on n'y a pas touché au canon de la messe, il est encore le même que du temps de saint Grégoire et de Gélase; ces deux papes même n'en sont pas les premiers auteurs; il date certainement des temps apostoliques, et il est le même dans toute l'Eglise latine. Si les prétendus réformateurs avaient été mieux instruits, ils n'auraient pas affecté tant de mépris pour cette ancienne règle, qui est, après l'Ecriture sainte, ce que nous avons de plus respectable. *Voy.* CANON.

**MISSION.** En parlant des personnes de la Sainte-Trinité, *mission* signifie l'envoi de l'une des personnes par une autre, pour opérer parmi les hommes un effet temporel. Cette *mission* a nécessairement deux rapports, l'un à la personne qui envoie, l'autre à l'effet qui doit être opéré. Conséquemment, dans les personnes divines, la *mission* est éternelle quant à l'origine: ainsi le Verbe divin avait été destiné de toute éternité à être envoyé pour racheter le genre humain; cette *mission*, ou l'exécution de ce décret, n'a eu lieu que dans le temps marqué par la sagesse divine, ou *dans la plénitude des temps*, comme s'explique saint Paul (*Gal.* IV, 4). La *mission*, prise activement, est propre à la personne qui envoie; si on la prend passivement, elle est propre à la personne qui est envoyée. Comme Dieu le Père est sans principe, il ne peut pas être envoyé par l'une des autres personnes; mais comme il est le principe du Fils, il envoie le Fils. Le Père et le Fils, en tant que principe du Saint-Esprit, envoient le Saint-Esprit; mais le Saint-Esprit n'étant point le principe d'une autre personne, ne donne point de *mission*. Ce qu'on lit dans Isaïe, c. LXI, v. 1, *l'Esprit de Dieu m'a envoyé*, etc., doit s'entendre de Jésus-Christ, en tant qu'homme, et non en tant que personne divine, puisqu'à cet égard il ne procède en aucune manière du Saint-Esprit. Les théologiens distinguent deux sortes de *missions* passives dans les personnes divines: l'une visible, telle qu'a été celle de Jésus-Christ dans l'incarnation, et celle du Saint-Esprit lorsqu'il descendit sur les apôtres en forme de langues de feu; l'autre invisible, de laquelle il est dit que *Dieu a envoyé l'esprit de son Fils dans nos cœurs*, etc.

Toutes ces distinctions et ces précisions sont nécessaires pour rendre le langage théologique exact et orthodoxe, pour prévenir les erreurs et les sophismes des hérétiques. Vainement les sociniens voudraient se prévaloir du terme de *mission*, pour conclure que le Fils et le Saint-Esprit ne sont que les envoyés du Père; que le Père a donc sur eux une supériorité ou une autorité; qu'ils ne sont par conséquent ni co-éternels, ni consubstantiels au Père. En fait de mystères révélés, les arguments philosophiques ne prouvent rien; il faut s'en tenir scrupuleusement au langage de l'Ecriture sainte et de la tradition. *Voy.* TRINITÉ.

MISSION, en parlant des hommes, signifie un pouvoir et une commission spéciale que quelques-uns ont reçue de Dieu pour instruire leurs semblables, pour leur annoncer la parole et les lois de Dieu. *Voy*, JURIDICTION, APOSTOLICITÉ.

Lorsque Dieu a voulu révéler aux hommes des vérités qu'ils ne savaient pas, leur prescrire de nouveaux moyens de salut, leur imposer de nouveaux devoirs, il a donné une *mission* extraordinaire à certains hommes pour exécuter ses desseins. Ainsi il a envoyé Moïse pour intimer sa loi aux Israélites, les prophètes pour annoncer ses bienfaits ou ses châtiments, Jésus-Christ pour fonder la loi nouvelle, les apôtres pour la prêcher. Sans cette *mission* bien prouvée personne n'aurait été obligé de les croire ni d'écouter leurs leçons. Pour prémunir son peuple contre les faux prophètes, Dieu déclare qu'il ne leur a point donné de *mission* (*Ezech.* XIII, 6); mais il menace de ses vengeances quiconque n'écoutera pas un prophète qu'il a envoyé (*Deut.* XVIII, 19). Jésus-Christ lui-même fonde son autorité d'enseigner sur la *mission* qu'il a reçue de son Père (*Joan.* III, 34; v, 23, 24). Il dit à ses apôtres: *Comme mon Père m'a envoyé, je vous envoie* (xx, 21). Il menace de la colère de Dieu les villes et les peuples qui ne voudront pas recevoir ses envoyés (*Matth.* x, 14). Saint Paul juge cette *mission* si nécessaire, qu'il demande: « Comment prêcheront-ils, s'ils n'ont pas de *mission* (*Rom.* x, 15)? » Pour soutenir la dignité de son apostolat ou de sa *mission*, il déclare qu'il ne l'a pas reçue des hommes, mais de Jésus-Christ lui-même (*Gal.* I, 1).

Les signes que Dieu a donnés à ses envoyés pour prouver leur *mission* sont certains et indubitables. Ce sont des connaissances supérieures à celles des autres hommes, des vertus capables d'inspirer le respect et la confiance, le don de prédire l'avenir, mais surtout le pouvoir de faire des miracles. Telles ont été les lettres de créance de Moïse, des prophètes, de Jésus-Christ, des apôtres : tout homme qui se prétend revêtu d'une *mission* extraordinaire doit la prouver de même, sans quoi l'on a le droit de le regarder comme un imposteur. Mais les incrédules ont donné une décision fausse et absurde lorsqu'ils ont dit que « quand on annonce au peuple un dogme qui contredit la religion dominante, ou quelque fait contraire à la tranquillité publique, *justifiât-on sa mission par des miracles*, le gouvernement a droit de sévir, et le peuple de crier *Crucifige*..» C'est supposer que le gouvernement et le peuple ont droit de punir un homme qui est évidemment envoyé de Dieu ; que Dieu n'a plus aucun droit d'envoyer des prédicateurs pour détromper un peuple qui a une religion fausse, dès que cette religion est devenue dominante et autorisée par les lois ; que les païens incrédules ont eu raison de persévérer dans l'idolâtrie, de rejeter l'Evangile, et de mettre à mort les apôtres qui ont voulu les instruire.

On dit : « Quel danger n'y aurait-il pas à abandonner les esprits aux séditions d'un imposteur ou aux rêveries d'un visionnaire? » Mais un homme peut-il être un imposteur ou un visionnaire, lorsqu'il prouve *par des miracles* qu'il est envoyé de Dieu ? Dieu donne-t-il à un imposteur ou à un visionnaire le pouvoir d'opérer des miracles ?

Il est faux que le sang de Jésus-Christ ait crié vengeance contre les Juifs, précisément « parce qu'en le répandant ils fermaient l'oreille à la voix de Moïse et des prophètes qui le déclaraient le Messie. » Ils ont été coupables principalement parce que Jésus-Christ leur prouvait par ses miracles qu'il avait droit de s'appliquer les prophéties, d'en montrer le vrai sens, de réfuter le sens faux que les docteurs juifs s'obstinaient à y donner. C'est principalement à ses miracles que Jésus-Christ en appelait pour démontrer qu'il était le Messie. *Voy.* Miracles, § 3. Ce qui suit est encore plus faux. « Un ange vînt-il à descendre du ciel, appuyât-il ses raisonnements par des miracles, s'il prêche contre la loi de Jésus-Christ, Paul veut qu'on lui dise anathème. » Jamais saint Paul n'a supposé qu'un ange pouvait descendre du ciel pour prêcher un faux Evangile, et faire des miracles pour le confirmer. *Voy.* Miracles, § 3. Enfin, la conclusion est absurde. « Ce n'est donc pas par des miracles qu'il faut juger de la *mission* d'un homme, mais c'est par la conformité de sa doctrine avec celle du peuple auquel il se dit envoyé, *surtout lorsque la doctrine de ce peuple est démontrée vraie*. » Et lorsque la doctrine de ce peuple est démontrée fausse, telles qu'étaient la doctrine des païens, les traditions et la morale des docteurs juifs du temps de Jésus-Christ, par où jugerons-nous de la *mission* du prédicateur qui vient pour en détromper les peuples ?

Il est étonnant que l'auteur des paradoxes que nous réfutons n'ait pas vu qu'il prononçait un arrêt de mort contre lui-même et contre tous les incrédules ; il s'ensuit évidemment de sa décision que quand une troupe de prétendus philosophes sont venus enseigner parmi nous le déisme, l'athéisme, le matérialisme, le pyrrhonisme, autant de systèmes qui contredisent la religion dominante, et qui sont très-propres à troubler la tranquillité publique, le gouvernement a eu droit de sévir, et le peuple de crier *Crucifige*. Il est donc fort heureux pour tous ces prédicants que le gouvernement et le peuple ne les aient pas jugés selon leur propre doctrine.

Mais ils ont poussé plus loin leurs prétentions. Si Dieu, disent-ils, a voulu nous révéler quelques vérités, pourquoi ne pas nous les enseigner immédiatement ? Pourquoi les confier à d'autres hommes dont les lumières et la probité doivent nous être suspectes ? Pourquoi des *missions* ? Est-il croyable que Dieu ait voulu nous instruire par Moïse et par Jésus-Christ, dont l'un a vécu 3000, et l'autre 1700 ans avant nous ? Combien de générations, combien de dangers d'erreur entre eux et nous ?

*Réponse.* Nous félicitons nos adversaires de ce qu'ils sont des personnages assez importants pour que Dieu ait dû leur adresser la révélation par préférence ; mais comme chaque génération d'hommes qui ont vécu depuis Adam a pu prétendre au même privilége, il aurait fallu que, depuis la création jusqu'à nous, Dieu recommençât au moins cent vingt fois, selon le calcul le plus modéré. Nous soutenons qu'il n'a pas dû le faire, 1° parce que la religion étant le principal lien de la société, il a fallu qu'elle se transmît des pères aux enfants, comme les autres institutions sociales ; 2° parce que la révélation étant un fait éclatant, prouvé par d'autres faits, la certitude n'en diminue point par le laps des siècles (*voy.* Certitude); 3° parce que Dieu a veillé à la conservation de ce dépôt, puisqu'il nous est parvenu. Une preuve de cette vérité, c'est que la religion d'Adam a subsisté jusqu'à Moïse, celle de Moïse jusqu'à Jésus-Christ, et celle de Jésus-Christ jusqu'à nous, malgré tous les efforts que l'incrédulité a faits dans tous les temps pour la détruire ; il en sera de même jusqu'à la fin des siècles ; 4° parce que, suivant le principe de nos adversaires, Dieu aurait dû renouveler la révélation non-seulement dans tous les âges, mais dans tous les lieux du monde. Quand il l'aurait donnée à Paris, les Chinois et les Américains se croiraient-ils obligés de venir l'y chercher ? *Voy.* Révélation.

Il faut distinguer la *mission* extraordinaire de laquelle nous venons de parler, d'avec la *mission* ordinaire. Comme Jésus-Christ n'a pas fondé son Eglise pour un temps seulement, mais pour toujours, il fallait que la *mission* qu'il donnait aux apôtres pût se transmettre à d'autres. En effet, ces premiers envoyés de Jésus-Christ se sont donné des coopérateurs et des successeurs. Ils élisent saint Matthias pour remplacer l'apostolat de Juda (*Act.* I, 26). Saint Paul avertit les anciens de l'Eglise d'Ephèse que le Saint-Esprit les a établis évêques ou surveillants, pour gouverner l'Eglise de Dieu (*Act.* xx, 28). Il dit que Apollo est ministre de Jésus-Christ aussi bien que lui (*I Cor.* iii, 5); que Timothée travaille à l'œuvre de Dieu comme lui (xvi, 10); que Jésus-Christ a prêché aux Corinthiens par lui, par Timothée et par Silvain (*II Cor.* i, 19). Il nomme Epaphrodite son frère, son coopérateur, son collègue, et l'apôtre des Philippiens (*Philipp.* ii, 25). Il donne les mêmes titres à Tychique, à Onésime, à Jésus, surnommé le Juste, à Epaphras, à Archippe (*Coloss.* iv). Il charge Timothée et Tite d'enseigner, de veiller sur les mœurs des fidèles, d'établir des ministres inférieurs; il leur parle de la grâce qu'ils ont reçue par l'imposition des mains, etc. Saint Clément, disciple des apôtres, dit que Jésus-Christ a reçu sa *mission* de Dieu, et que les apôtres l'ont reçue de Jésus-Christ; qu'après avoir reçu le Saint-Esprit et avoir prêché l'Evangile, ils ont établi évêques et diacres les plus éprouvés d'entre les fidèles, et qu'ils leur ont donné la même charge qu'ils avaient reçue de Dieu; qu'ils ont établi une règle de succession pour l'avenir, afin qu'après la mort des premiers leur charge et leur ministère fussent donnés à d'autres hommes également éprouvés, *Epist.* 1, n. 42, 43, 44.

Voilà donc, depuis la naissance de l'Eglise, un ministère perpétuel, une succession de ministres, une continuation de *mission*, qui se transmet et se communique par l'ordination. Dès que cette *mission* ordinaire est la même que celle des apôtres, et vient du Saint-Esprit aussi bien que la leur, elle n'a plus besoin d'être prouvée par des dons miraculeux, mais par la publicité de la succession et de l'ordination; elle est divine et surnaturelle pour toute la suite des siècles, comme elle l'a été dans son origine. C'est une ineptie de la part des incrédules de dire aux pasteurs de l'Eglise que, s'ils sont les envoyés de Dieu, ils doivent prouver, comme les apôtres, leur *mission* par des miracles. Jésus-Christ et les apôtres, par leurs miracles, ont prouvé leur propre *mission* et celle de leurs successeurs jusqu'à la fin des temps; puisque Jésus-Christ a promis aux apôtres d'être avec eux jusqu'à la consommation des siècles (*Matth.* xxviii, 20), il est avec leurs successeurs comme il était avec eux; jamais il n'a eu dessein de laisser ses ouailles sans guide et sans pasteurs. Si la chaîne de leur succession se trouvait tout à coup interrompue, il faudrait une nouvelle *mission* extraordinaire, prouvée par des miracles comme la première.

Nos adversaires disent que la *mission* et l'assistance de Jésus-Christ étaient nécessaires aux apôtres, parce qu'ils devaient faire des miracles, mais que cela n'est plus nécessaire aujourd'hui. Fausse interprétation. Jésus-Christ promet aux apôtres son assistance pour prêcher, pour enseigner, pour baptiser; le texte est formel; il leur promet l'esprit consolateur qui leur enseignera toute vérité, etc. Donc, ce n'était pas uniquement pour faire des miracles. Les miracles mêmes n'étaient nécessaires que pour prouver la *mission* : donc c'est pour celle-ci que Jésus-Christ leur a promis son assistance. Lorsque des novateurs se sont séparés de l'Eglise, ont embrassé une doctrine contraire à la sienne, ont formé une société à part, ils ont senti le défaut de cette *mission*; c'est le cas dans lequel se sont trouvés les protestants. Dans cet embarras, les uns ont dit qu'il n'était pas besoin de *mission* extraordinaire, ou que les fidèles avaient pu la donner; les autres, que la *mission* extraordinaire des chefs de la réforme était assez prouvée par leur courage et par leur succès; quelques-uns ont dit que plusieurs de leurs pasteurs avaient conservé la *mission* ordinaire qu'ils avaient reçue dans l'Eglise romaine. C'est à nous de réfuter ces trois systèmes.

Nous soutenons donc, 1° qu'une *mission* extraordinaire était absolument nécessaire aux prétendus réformateurs de l'Eglise. Pour le prouver, nous pourrions nous borner à représenter le tableau qu'ils ont tracé de l'Eglise romaine au xvi° siècle. Selon eux, ce n'était plus l'Eglise de Jésus-Christ, mais la synagogue de Satan, la prostituée de Babylone, la demeure de l'antechrist; les évêques et les prêtres n'étaient plus des pasteurs, mais des loups dévorants, des imposteurs, des impies, etc. La religion qu'ils enseignaient n'était plus qu'un amas d'erreurs, de blasphèmes, de superstitions, d'idolâtrie, cent fois pire que le mahométisme et le paganisme; il était impossible d'y faire son salut. Suivant cette peinture, il y avait plus de différence entre cette religion et le christianisme établi par Jésus-Christ, qu'il n'y en avait entre celui-ci et le judaïsme, à plus forte raison qu'entre le judaïsme et la religion des patriarches. Cependant, lorsque Dieu a voulu substituer le judaïsme à cette religion primitive, il a donné une *mission* extraordinaire à Moïse; et ce législateur lui-même sentit le besoin qu'il avait d'un pouvoir surnaturel pour persuader aux Israélites qu'il était envoyé vers eux *par le Dieu de leurs pères*, Exod., c. iv. Lorsque Dieu a voulu faire succéder la loi nouvelle à la loi ancienne, il a envoyé son propre Fils; il a rendu sa *mission* et celle des apôtres encore plus éclatante que celle de Moïse. Donc, il a dû faire de même en faveur des réformateurs, s'il a voulu remplacer la religion fausse et corrompue de l'Eglise romaine par la religion sainte et divine des protestants. Diront-ils qu'il n'y a pas autant de différence entre leur parfait christianisme et l'idolâtrie du papisme, qu'entre les religions dont nous venons de parler? Ils ont dit qu'il y en avait davantage. Vainement ils répondront qu'il ne s'agissait pas de fonder ni de créer l'Eglise, mais de la réformer. Il est évident que, selon leurs idées, l'Eglise de Jésus-Christ n'existait plus; il s'agissait donc de la créer de nouveau, et non de la réformer. Vainement encore ils répondront qu'il ne faut pas prendre à la lettre le tableau hideux que les prédicants ont tracé de l'Église romaine, et les expressions que le fanatisme leur a dictées ; ce tableau est encore le même pour le fond dans l'*Histoire ecclésiastique* de Mosheim, imprimée en 1755.

En second lieu, les protestants soutiennent qu'il faut une *mission* extraordinaire pour aller prêcher la religion chrétienne aux infidèles, et en général pour attaquer toute religion autorisée par des souverains et par les lois d'une nation ; nous le verrons dans l'article suivant : c'est pour cela même qu'ils désapprouvent les *missions* des catholiques dans les pays infidèles, chez les hérétiques et les schismatiques. Or, les prédicants de la réforme ont attaqué et voulu détruire le catholicisme, qui était en Europe la religion dominante, autorisée par les lois et protégée par les souverains : donc il leur fallait une *mission* extraordinaire bien prouvée, sans quoi l'on a été en droit de les traiter comme des séditieux. Les fidèles, c'est-à-dire leurs prosélytes, ont-ils pu la leur donner ? Il est absurde d'abord de supposer que Luther a reçu sa *mission* des luthériens avant qu'il y en eût et avant qu'il eût prêché. Il en est de même des autres prédicants. Ce n'est pas des fidèles, mais de Jésus-Christ, que les apôtres ont reçu leur *mission*, et ils ont prouvé que cette *mission* était divine, par les miracles qu'ils ont opérés : nous l'avons fait voir au mot MIRACLES, § 4. Les fidèles peuvent-ils donner des pouvoirs surnaturels qu'ils n'ont pas, le pouvoir de remettre les péchés, de conférer la grâce par les sacrements, de consacrer le corps et le sang de Jésus-Christ ? Non, sans doute : aussi les protestants ont-ils été forcés, par nécessité de système, de nier tous ces pouvoirs, de soutenir que les sacrements ne donnent point de grâces et n'impriment aucun caractère, que l'eucharistie n'est que le signe du corps et du sang de Jésus-Christ, et n'opère que par la foi, etc. Tout cela se suit ; mais ce n'est point là ce qu'ont enseigné Jésus-Christ et les apôtres. Enfin, Luther lui-même soutenait la nécessité d'une *mission* extraordinaire pour prêcher une nouvelle doctrine. Lorsque Muncer avec ses anabaptistes voulut s'ériger en pasteur, Luther prétendit qu'on ne devait pas l'admettre à prouver la vérité de sa doctrine par les Écritures, mais qu'il fallait lui demander qui lui avait donné la charge d'enseigner. « S'il répond que c'est Dieu, poursuivait Luther, qu'il le prouve par un miracle manifeste ; car c'est par de tels signes que Dieu se déclare, quand il veut changer quelque chose dans la forme ordinaire de la *mission*. » *Hist. des Variat.*, l. I, n. 28. Calvin, de son côté, ne souffrit jamais qu'un prédicant quelconque enseignât à Genève une autre doctrine que la sienne.

2° Les succès et le courage des prétendus réformateurs ne prouvent pas plus leur *mission* extraordinaire que les succès de Manès et d'Arius ne prouvent la leur. Le manichéisme a duré pendant près de mille ans, et a failli de subjuguer la plus grande partie de l'empire romain ; il a été un temps où l'arianisme paraissait prêt à écraser la foi catholique, et cette hérésie a pris une nouvelle naissance parmi les protestants. Ce n'est pas par ses succès que saint Paul prouvait la divinité de son apostolat, mais par les miracles qu'il avait opérés ; nous l'avons remarqué au mot MIRACLE, § 3. L'apostolat de Luther ne commença pas par de grands succès, mais par des protestations feintes de soumission à l'Église romaine ; il n'avait donc encore alors point de preuves de sa prétendue *mission*. Les protestants veulent la prouver comme les juifs démontrent celle de leur Messie futur : il la rendra évidente, disent-ils, en accomplissant toutes les prophéties ; mais avant que toutes ne soient accomplies, à quels signes pourra-t-on le reconnaître ?

3° Il est ridicule de prétendre que les chefs de la réforme, dont plusieurs étaient prêtres, et quelques-uns docteurs, étaient revêtus de la *mission* ordinaire qu'ils avaient reçue des pasteurs de l'Église romaine. Selon leur prétention, ces pasteurs avaient perdu par leurs erreurs toute leur *mission* et leur caractère ; pouvaient-ils encore les donner ? Les novateurs disaient que cette *mission* était *le caractère de la bête*, dont il est parlé dans l'Apocalypse, et qu'il fallait commencer par s'en dépouiller. L'Église, d'ailleurs, pouvait-elle donner *mission* de prêcher contre elle, et de répandre une doctrine à laquelle elle disait anathème ? Toute hérésie, toute révolte contre l'Église, anéantit la *mission* ; c'est la doctrine des apôtres ; saint Jean dit des premiers hérétiques : « Ce sont des antéchrists ; ils sont sortis d'avec nous, mais ils n'étaient pas des nôtres ; s'ils en avaient été, ils seraient demeurés avec nous (*I Joan.* II, 19). » Les prêtres et les évêques qui embrassèrent le luthéranisme ne fondaient plus leur qualité de pasteurs sur leur ancienne *mission*, mais sur la vérité de leur nouvelle doctrine. Si les pasteurs de l'Église catholique conservaient encore leur *mission* et leur caractère, c'était un crime de se révolter contre eux.

De quelque manière que l'on envisage les prétendus réformateurs, il est évident qu'ils ont été de faux apôtres, des docteurs sans *mission*, des pasteurs sans caractère ; que l'édifice qu'ils ont construit est sans fondement, et que la foi de leurs sectateurs a été un enthousiasme qui n'était fondé sur rien. Aujourd'hui elle ne subsiste que par l'habitude, par un intérêt purement politique, par la honte de se rétracter, après avoir si longtemps déclamé.

MISSIONS ÉTRANGÈRES. On appelle ainsi les établissements formés dans les pays infidèles pour amener les peuples à la connaissance du christianisme.

La commission que Jésus-Christ a donnée à ses apôtres, d'instruire et de baptiser les nations, s'étend à tous les siècles ; aussi le zèle apostolique n'a jamais cessé dans l'Église catholique, et il y durera tant qu'il y aura sur la terre des infidèles et des mécréants à convertir, puisque Jésus-Christ a promis d'être avec ses envoyés jusqu'à la consommation des siècles. Dans les temps même les moins éclairés, le zèle pour la conversion des infidèles a produit d'heureux effets, et il s'est réveillé à la renaissance des lettres.

Au v° siècle, lorsque les Barbares du Nord se répandirent dans toute l'Europe, le clergé sentit la nécessité de travailler à les instruire, afin de les guérir de leur férocité, et à force de persévérance il en vint à bout. Sur la fin du vi° siècle, saint Grégoire le Grand envoya des missionnaires en Angleterre pour amener à la foi chrétienne les Saxons et les autres barbares qui s'étaient emparés de ce pays-là. *Voy.* ANGLETERRE. Au viii°, une grande partie de l'Allemagne apprit à connaître l'Evangile. *Voy.* ALLEMAGNE. Au ix°, les *missions* furent poussées jusqu'en Suède et en Danemark, et s'étendirent sur les deux bords du Danube. Au x°, le christianisme s'établit dans la Pologne, la Russie et la Norwége (*voy.* NORD), pendant que des missionnaires nestoriens le portaient en Tartarie et jusqu'à la Chine ; et ces divers travaux ont été continués pendant les siècles suivants. Au commencement du xvi°, l'Amérique fut découverte, et bientôt une troupe de missionnaires accourut pour réparer les ravages que l'ambition et la soif de l'or causaient dans le nouveau monde. Le passage aux Indes par le cap de Bonne-Espérance, découvert en même temps par les Portugais, donna plus de facilité de pénétrer dans les parties les plus orientales de l'Asie, et dans les plus méridionales de l'Afrique ; peu à peu l'on a fait des *missions* dans les Indes, au Tonquin, à la Chine, au Japon ; il n'est presque plus aucune partie du monde dans laquelle des missionnaires n'aient pénétré ; plusieurs ont été plus loin que les navigateurs et les voyageurs les plus intrépides.

Il y a un siècle que l'on fit à Rome l'*Etat présent de l'Eglise romaine dans toutes les parties du monde* ; c'était un détail des différentes *missions* établies dans les différentes contrées de l'univers, écrit pour l'usage du pape Innocent XI. Ce livre est curieux et assez rare ; comme l'état des *missions* a beaucoup changé dans l'espace d'un siècle, il serait à souhaiter que l'on en fit un nouveau : nous sommes persuadés que, pendant cet intervalle, les *missions*, loin de déchoir, ont pris un nouvel accroissement, et qu'elles ont gagné d'un côté ce qu'elles ont perdu de l'autre. Entre les divers établissements qui ont été faits pour cet objet, il en est deux qui méritent principalement notre attention. Le premier est la congrégation et le collége ou le séminaire de la Propagande, *de Propaganda fide*, fondé à Rome par le pape Grégoire XV, en 1622, continué par Urbain VIII, et enrichi par les bienfaits des papes et des cardinaux, et d'autres personnes pieuses. Cette congrégation est composée de treize cardinaux, chargés de veiller aux divers besoins des *missions* et aux moyens de les faire prospérer. Le collége est destiné à entretenir et à instruire un nombre de sujets de différentes nations, pour les mettre en état de travailler aux *missions* dans leur pays. Il y a une riche imprimerie, pourvue de caractères de quarante-huit langues différentes ; une ample bibliothèque, fournie de tous les livres nécessaires aux missionnaires ; des archives dans lesquelles sont rassemblés toutes les lettres et les mémoires qui viennent des *missions* ou qui les concernent. *Etat présent de l'Eglise romaine*, etc., p. 288. *Fabricii, salutaris lux Evangelii*, etc., c. 33 et 34. Le second est le séminaire des *missions étrangères*, établi à Paris en 1663, par le Père Bernard de Sainte-Thérèse, carme déchaussé et évêque de Babylone, et fondé par les libéralités de plusieurs personnes zélées pour la propagation de la foi. Ce séminaire, destiné à procurer des ouvriers apostoliques et à fournir à leurs besoins, est dans une étroite relation avec celui de la Propagande : il envoie des missionnaires principalement dans les royaumes de Siam, du Tonquin et de la Cochinchine. On compte quatre-vingts séminaires moins considérables, mais fondés pour le même objet, dans les différents royaumes de l'Europe. *Fabric., ibid.*, c. 34.

En 1707, Clément XI ordonna aux supérieurs des principaux ordres religieux de destiner un certain nombre de leurs sujets à se rendre capables d'aller au besoin travailler aux *missions* dans les différentes parties du monde. Plusieurs l'ont fait avec un zèle très-louable et avec beaucoup de succès, en particulier les carmes déchaux et les capucins. La société des jésuites avait été spécialement établie pour cet objet. Ce zèle, quoique très-conforme à l'ordre donné par Jésus-Christ et à l'esprit apostolique, n'a pas trouvé grâce aux yeux des protestants. Incapables de l'imiter, ils ont pris le parti de le rendre odieux ou du moins suspect ; ils en ont empoisonné les motifs, les procédés et les effets ; les incrédules, toujours instruits à cette école, ont encore enchéri sur leurs reproches. Ils ont dit que la plupart des missionnaires sont des moines dégoûtés du cloître, qui vont chercher la liberté et l'indépendance dans des pays éloignés, ou des hommes d'un caractère inquiet, mécontents de leur sort en Europe, se flattent d'acquérir plus de considération dans les climats lointains. En faisant semblant de louer les papes de la constance de leur zèle, ils ont fait entendre que ces pontifes ont toujours eu pour objet d'étendre leur domination spirituelle et temporelle, plutôt que de gagner des âmes à Dieu ; que les missionnaires eux-mêmes ne paraissent pas avoir eu un autre motif ; que c'est ce qui les a rendus justement suspects à la plupart des gouvernements. Ils ont ajouté que ces émissaires des papes, loin de prêcher le pur et parfait christianisme, n'ont enseigné que les erreurs, les superstitions, les pratiques minutieuses de l'Eglise romaine, qu'ils n'ont corrigé leurs prosélytes d'aucun vice, et ne leur ont inspiré aucune vertu réelle ; qu'à proprement parler, leur prétendue conversion n'a consisté qu'à quitter une idolâtrie pour en reprendre une autre ; que les convertisseurs, non contents d'employer l'instruction et la persuasion, comme les apôtres, ont eu recours aux impostures, aux faux miracles, aux fraudes pieuses de toutes espèces, souvent aux armes, à la violence, aux supplices ; que l'on a vu naître entre eux des disputes et des divisions qui ont scandalisé l'Europe entière, et ont indisposé les infidèles contre le christianisme. Ces censeurs ont conclu qu'il n'est pas étonnant que la plupart de ces *missions* aient produit fort peu de fruit, et n'aient souvent abouti qu'à exciter du trouble et des séditions. Enfin, ils ont soutenu et décidé qu'il n'est pas permis d'aller prêcher le christianisme aux infidèles, contre le gré ou sans l'aveu des souverains, d'attaquer une religion dominante et confirmée par les lois d'une nation, à moins que l'on ne soit revêtu, comme les apôtres, d'une *mission* extraordinaire et du don des miracles. Ainsi ont parlé des missionnaires catholiques des différents siècles, Mosheim, dans son *Histoire ecclésiastique*; Fabricius, dans son ouvrage intitulé : *Salutaris lux Evangelii toto orbi exoriens*, chap. XXXII et suiv., où il cite plusieurs auteurs qui ont été de même avis.

Mais rien n'est plus singulier que la manière dont ces savants écrivains ont pris la peine de se réfuter eux-mêmes. Comme les catholiques avaient souvent reproché aux protestants leur peu de zèle à étendre la religion chrétienne dans les pays où ils s'étaient rendus les maîtres, nos deux critiques font un étalage pompeux des tentatives et des efforts que les Anglais, les Hollandais, les Suédois, les Danois, ont faits pour propager le christianisme dans les Indes et dans tous les lieux où ils ont des établissements de commerce. Là-dessus nous prenons la liberté de leur demander, 1° s'il est plus juste et plus conforme à l'esprit du christianisme d'aller avec des armées et du canon former des établissements de commerce dans les pays infidèles, malgré les souverains, que d'y envoyer des missionnaires désarmés pour catéchiser leurs sujets; 2° si le pur christianisme que les convertisseurs protestants ont prêché a produit de plus grands effets que la doctrine catholique; si leur zèle a été plus pur, et si leur vie a été beaucoup plus apostolique que celle des missionnaires de l'Eglise romaine; 3° s'ils ont commencé par mettre l'Ecriture sainte à la main de leurs prosélytes, ou s'ils se sont bornés à les instruire de vive voix, comme font nos missionnaires; si la foi de ces néophytes protestants a été formée selon les principes et la méthode que les protestants soutiennent être la seule légitime. Il est évident, et ces critiques l'ont bien senti, que la méthode qu'ils prescrivent est aussi impraticable à l'égard des infidèles qu'à l'égard des enfants; que les premiers qui ne savent pas lire, et qui n'entendent que leur langue maternelle, seront incapables toute leur vie de lire l'Ecriture sainte, soit dans le texte, soit dans les versions; qu'ils sont donc forcés de s'en tenir à la parole de celui qui les instruit, et qu'il n'est pas fort aisé de deviner sur quel motif leur foi peut être fondée. Conséquemment nous demandons encore, si cette foi peut suffire pour le salut d'un Indien ou d'un Iroquois, pourquoi une foi semblable ne suffit pas pour le salut d'un simple fidèle de l'Eglise romaine. D'où nous concluons que c'est cette contradiction même entre le principe fondamental du protestantisme et la méthode dont il faut se servir pour convertir les infidèles, qui a dégoûté les protestants des *missions*, et les a engagés à calomnier les missionnaires catholiques. On sait en effet que leurs pompeuses *missions*, entreprises uniquement par politique et par ostentation, n'ont pas eu jusqu'ici de brillants succès; que presque toutes sont tombées ou très-négligées; que souvent ils ont fait des plaintes du peu de zèle et de l'indolence de leurs ministres, et que plusieurs d'entre eux, tels que Salmon, Gordon, les auteurs de la *Bibliothèque anglaise*, etc., sont convenus de cette tache de leur religion. Mais ce n'est pas assez de les réfuter par leur propre fait, il faut encore répondre à tous leurs reproches.

1° Les ecclésiastiques du séminaire des *missions étrangères*, et ceux de la Propagande, les théatins, les prêtres de la *mission*, nommés lazaristes, etc., ne sont pas des moines dégoûtés du cloître, et l'on ne pouvait pas regarder comme tels les jésuites. Quand on considère les travaux auxquels ces missionnaires se livrent, les dangers qu'ils courent, la mort à laquelle ils sont souvent exposés, on sent qu'aucune passion humaine, aucun motif temporel, ne sont capables d'inspirer autant de courage, que le zèle seul et la charité chrétienne les animent. Lorsque nous disons aux protestants que les prédicants de la réforme étaient poussés par le dégoût du cloître, par l'amour de l'indépendance, par l'ambition de devenir chefs de parti, ils nous accusent d'injustice et de témérité; ont-ils autant de raisons de suspecter le zèle des missionnaires que nous en avons de nous défier de celui des prétendus réformateurs? Luther, en se révoltant contre l'Eglise, devint pape de Wittemberg et d'une partie de l'Allemagne. Calvin se fit souverain pontife et législateur de Genève. Nous ne connaissons aucun missionnaire qui ait pu se flatter de faire une aussi belle fortune aux Indes ou en Amérique.

2° Peut-on se persuader que les papes se soient jamais proposé d'asservir l'univers entier à leur domination temporelle, et qu'ils forment encore aujourd'hui le projet de se faire un empire aux extrémités de l'Asie ou de l'Afrique? Ils ont sans doute des héritiers auxquels ils désirent de transmettre leur couronne. Cette idée est si folle, que l'on ne conçoit pas comment on peut la prêter à un homme sensé. Nous voudrions savoir encore par quelle récompense ils ont payé le zèle des missionnaires qui se sont exposés autrefois pour eux à la barbarie des peuples du Nord, et quel salaire ils font espérer à ceux qui vont aujourd'hui braver la mort chez les Sauvages, à la Chine, ou sur les côtes de l'Afrique. Les missionnaires ont certainement prêché partout et dans tous les temps la juridiction spirituelle du pape sur toute l'Eglise, parce que c'est un dogme de la foi catholique; mais quand on veut nous persuader qu'un empereur de la Chine a banni les missionnaires de ses Etats, parce qu'il avait peur de devenir vassal ou tributaire du pape, en vérité cette ineptie est trop ridicule. Quelque vicieux qu'aient pu être certains papes, nous présumons qu'ils croyaient en Dieu et en Jésus-Christ; ils ont donc dû croire qu'il était de leur devoir d'étendre la foi chrétienne autant qu'ils le pouvaient; pourquoi leur supposer un autre motif? Enfin, quand leur zèle n'aurait pas été assez pur, l'Europe entière ne leur est pas moins redevable de la tranquillité qu'ils lui ont procurée, soit par la conversion des Barbares du Nord, soit par l'affaiblissement des mahométans, qui a été l'effet des croisades. Cet avantage nous paraît assez grand pour ne pas les calomnier mal à propos.

3° Nous convenons que les missionnaires ont prêché, soit dans le nord, soit dans les autres parties du monde, la foi catholique, la religion romaine, et non le protestantisme. Ils ne pouvaient pas l'enseigner avant qu'il fût éclos du cerveau de Luther et de Calvin; ceux qui sont venus après n'ont pas été tentés d'aller au bout du monde pour y enseigner des hérésies. Avant de savoir s'ils ont eu tort, il faudrait que le procès fût décidé entre les protestants et nous. Que diraient-ils, si nous nous plaignions de ce que leurs ministres prêchent dans les Indes le luthéranisme ou le calvinisme, et non la doctrine catholique? Le reproche d'idolâtrie, fait à l'Eglise romaine, est une absurdité surannée qui ne devrait plus se trouver dans les écrits des protestants sensés; mais comme elle fait toujours illusion aux ignorants, ils la répéteront tant qu'ils trouveront des dupes assez stupides pour y croire. Voy. PAGANISME, § 11. Mosheim, si obstiné à censurer les missions des catholiques dans tous les siècles, n'a pas fait les mêmes reproches à celles des nestoriens dans la Tartarie et dans les Indes, ni à celles des Grecs chez les Bulgares et chez les Russes. Cependant les nestoriens et les Grecs ont enseigné à leurs prosélytes les mêmes superstitions et la même idolâtrie que les missionnaires de l'Eglise romaine, le culte des saints et des images, l'adoration de l'eucharistie, les sept sacrements, etc.; les Russes en font encore profession. Nous ne voyons pas que les Tartares et les Russes aient été des chrétiens plus parfaits que les Allemands et les Danois, convertis par des catholiques. Mais comme les nestoriens et les Grecs n'enseignaient pas la suprématie du pape, ils ont par cette discrétion mérité d'être absous par les protestants de toutes les erreurs et de tous les défauts de leurs *missions*. A la vérité, les nestoriens inspiraient à leurs prosélytes la soumission à leur patriarche, et les Grecs soumettaient les Russes à celui de Constantinople; n'importe, il est indifférent aux protestants que les chrétiens soient subordonnés à un chef quelconque, pourvu que ce ne soit pas au pontife romain: telle est leur judicieuse impartialité.

4° Nous sommes très-persuadés que les Barbares du Nord n'ont pas été des saints immédiatement après leur conversion, et qu'il a fallu au moins une ou deux générations pour leur donner de meilleures mœurs; mais enfin ils ont renoncé au brigandage; depuis qu'ils ont été chrétiens, les contrées méridionales de l'Europe n'ont plus été dévastées par leurs incursions. De savoir si les Normands ont été convertis par l'appât de posséder la Normandie, et les Francs par l'espoir de faire plus de conquêtes, sous la protection du Dieu des Romains que sous celle de leurs anciens dieux, Mosheim le prétend, c'est une question que nous n'entreprendrons pas de décider; nous n'avons pas comme lui le sublime talent de lire dans les cœurs. Mais du moins les enfants de ces conquérants farouches sont devenus plus traitables, et ont appris à mieux connaître le Dieu des chrétiens. Faut-il renoncer à la conversion des Barbares, parce que l'on ne peut pas tout à coup en faire des saints? Nous conviendrons encore volontiers que parmi un très-grand nombre de missionnaires il y en avait plusieurs qui n'étaient pas de grands docteurs: qu'au milieu des ténèbres répandues pour lors sur l'Europe entière, quelques-uns se sont persuadé qu'il était permis d'employer des fraudes pieuses pour intimider des barbares incapables de céder à la raison. Sans vouloir excuser cette conduite, toujours condamnée par les évêques dans les conciles, nous disons qu'il y a de l'injustice de l'attribuer à tous, et de prétendre que c'était l'esprit dominant de ces temps-là. Puisque nous avouons qu'il y avait pour lors de grands vices, les protestants devraient convenir aussi qu'il y avait de grandes vertus, puisque l'un de ces faits n'est pas moins prouvé que l'autre. Il y avait même de vraies et de solides lumières. Si l'on en doute, on n'a qu'à lire la lettre que Daniel, évêque de Winchester, écrivit, en 724, à saint Boniface, apôtre de l'Allemagne. Nous défions les protestants les plus habiles d'imaginer une meilleure manière de convaincre des idolâtres de la fausseté et du ridicule de leurs superstitions. *Hist. de l'Eglise gallicane*, tom. IV, l. XI, an. 725.

5° Quand ils disent que l'on a souvent employé les armes et la violence pour convertir les Barbares, ils veulent parler sans doute des expéditions de Charlemagne contre les Saxons, et des exploits des chevaliers de l'ordre teutonique dans la Prusse. Nous examinerons ces faits à l'article NORD. Quant aux séditions et aux troubles dont d'autres accusent les missionnaires, *voy.* **Chine, Japon.**

6° Nous avouons enfin que les contestations qui ont régné entre les missionnaires, dans le dernier siècle, touchant les rites chinois et malabares, n'étaient ni édifiantes, ni propres à procurer le succès des *missions :* mais le fond du procès n'était pas fort clair, puisqu'il a fallu quarante ans pour le terminer ; « enfin, les décrets des souverains pontifes l'ont fait cesser, » et à Dieu ne plaise que nous voulions justifier ceux qu'ils ont condamnés. Mais il y a eu des disputes même entre les premiers prédicateurs de l'Evangile. Saint Paul s'en plaignait et en gémissait ; il n'en faisait pas un sujet de triomphe, comme font les protestants. Il y a eu des disputes bien plus vives entre les fondateurs de la prétendue réforme, et après deux siècles de durée, ces débats ne sont pas encore terminés. Est-ce aux protestants, divisés en vingt sectes différentes, qu'il convient de reprocher des disputes aux missionnaires ?

7° En disant qu'il faut une vocation extraordinaire et surnaturelle pour travailler à la conversion des infidèles, sous une domination étrangère, les protestants témoignent assez clairement que l'ordre et la promesse de Jésus-Christ : *Allez dans le monde entier, prêchez l'Evangile à toute créature, enseignez et baptisez toutes les nations,.... je suis avec vous jusqu'à la consommation des siècles* (*Matth.* xxviii, 19 ; *Marc.* xvi, 15), ne les regardent pas, et nous en sommes persuadés comme eux. Mais l'Eglise catholique est depuis dix-sept siècles en possession de s'approprier cette *mission* et ces promesses ; elle n'a plus besoin de miracles pour prouver son droit. Loin d'ordonner à ses apôtres d'attendre le consentement des souverains pour prêcher, Jésus-Christ commence par déclarer que *toute puissance lui a été donnée dans le ciel et sur la terre.* Déjà il avait averti ses apôtres que partout ils seraient haïs, maltraités, poursuivis à mort pour son nom ; il avait ajouté qu'il ne faut pas craindre ceux qui peuvent tuer le corps, mais seulement celui qui peut perdre le corps et l'âme, et il leur avait promis son assistance (*Matth.* x, 16 et suiv.). Encore une fois ce commandement et ces promesses sont sans restriction ; leur effet doit durer jusqu'à la consommation des siècles. Nous avons demandé plus d'une fois aux protestants quelles lettres d'attache Luther, Calvin et les autres prédicants avaient reçues des souverains pour prêcher leur doctrine, ou par quels miracles ils ont prouvé leur vocation extraordinaire et surnaturelle ; nous attendons vainement la réponse. Il est fort singulier qu'il faille le don des miracles ou le consentement des souverains pour aller porter la vérité chez les infidèles, et qu'il n'ait fallu ni l'un ni l'autre pour répandre l'hérésie dans toute l'Europe. Mais la vocation des réformateurs était la même que celle des anciens hérétiques ; leur dessein et leur ambition, disait Tertullien, n'est pas de convertir les païens, mais de pervertir les catholiques. *De Præscript.*, c. 42.

8° Il n'est pas fort difficile de voir pourquoi les *missions* des derniers siècles n'ont pas produit autant de fruit qu'elles semblaient en promettre. Les Européens se sont rendus odieux dans les trois autres parties du monde par leur ambition, leur rapacité, leur orgueil, leur libertinage, leur cruauté ; tous conviennent que dès que l'on a une fois franchi l'Océan, on ne connaît plus d'autre religion que le commerce, ni d'autre Dieu que l'argent. Sur ce point, les nations protestantes sont tout aussi coupables que les nations catholiques. Quelle confiance peuvent donner les infidèles à des missionnaires arrivés d'un pays qui ne leur semble avoir produit que des monstres ? Les missionnaires, asservis aux intérêts de la nation qui les protége, se sont trouvés souvent impliqués, sans le vouloir, dans les contestations et les mauvais procédés de leurs compatriotes. Voilà ce qui a fait le mal, et il durera tant que les *missions* seront dépendantes des peuples de l'Europe, uniquement occupés des intérêts de leur commerce.

Les apôtres, dégagés de ces entraves, n'étaient obligés de ménager ni de favoriser personne ; ils instruisaient des nationaux, et leur donnaient ensuite le soin d'enseigner et de convertir leurs compatriotes. On a senti enfin la nécessité de les imiter, d'élever des Chinois et des Indiens pour en faire des missionnaires. C'est le seul moyen de réussir ; mais il ne convient pas à ceux qui ont fait la plus grande partie du mal de triompher aujourd'hui des pernicieux effets qu'il a produits. Il est cependant faux que les *missions* en général aient été aussi infructueuses que le prétendent les protestants ; *l'Etat de l'Eglise romaine dans toutes les parties du monde*, qu'eux-mêmes ont eu soin de publier, est une preuve authentique du contraire.

M. de Pagès, dans ses *Voyages autour du monde*, terminés en 1776, atteste, comme témoin oculaire, le succès des missionnaires franciscains en Amérique, la douceur et la pureté des mœurs qu'ils y font régner. Il dit que la religion catholique a fait beaucoup de progrès dans la Syrie, à Damas et dans le sud-ouest des montagnes, où les hérétiques et les schismatiques faisaient autrefois le plus grand nombre ; qu'elle s'est aussi étendue en Egypte parmi les cophtes. « J'ai vu par moi-même, dit-il, les peines et les travaux des missionnaires, en Turquie, en Perse, dans les Indes, pays qui fourmillent de chrétiens peu instruits. Les *missions* ont fait des progrès admirables dans les royaumes de Pégu, Siam, Camboye, Cochinchine, et même à la Chine, par le moyen des sujets chinois que l'on instruit en Italie.... L'Espagne seule a fait plus de chrétiens en Amérique et en Asie, qu'elle ne possède de sujets en Europe. » M. Anquetil, dans son *Voyage des Indes*, compte deux cent mille chrétiens à la seule côte de Malabar, dont les trois quarts sont catholiques.

De tous les missionnaires, ceux que l'on a le plus maltraités sont les jésuites; et les incrédules n'ont pas manqué de recueillir et de commenter tous les reproches qu'on leur a faits. Il n'est point d'impostures, de fables, de calomnies, que l'on n'ait vomies contre leurs *missions* du Paraguay et de la Chine ; on n'a pas même épargné saint François-Xavier. On a dit qu'il était d'avis que l'on ne parviendrait jamais à établir solidement le christianisme chez les infidèles, à moins que les auditeurs ne fussent toujours à la portée du mousquet. L'on a cité pour garant de cette anecdote le P. Navarrette, qui était, dit-on, son confrère. L'auteur qui a recueilli cette fable ignorait que Navarrette était jacobin et non jésuite, ennemi déclaré des jésuites et non leur confrère ; que le second volume de son ouvrage sur la Chine fut supprimé par l'inquisition d'Espagne, et que l'on n'a pas osé publier le troisième. Il résulte de là que ce religieux n'avait pas écrit par un zèle fort pur. Ce qu'il dit de saint François-Xavier, si cependant il l'a dit, est prouvé faux par les lettres et par la conduite de ce saint missionnaire. Baldéus, auteur protestant, a rendu une pleine justice au zèle, aux travaux, aux vertus de ce même saint. *Apol. pour les cathol.*, tom. II, c. xiv, p. 268.

Lorsque l'auteur de l'*Histoire des établissements des Européens dans les Indes* a fait l'apologie des *missions* des jésuites au Paraguay, au Brésil, à la Californie, les philosophes ses confrères ont dit que c'était un reste de prévention et d'attachement pour la société de laquelle il avait été membre. Mais Montesquieu, Buffon, Muratori, Haller, Frézier, officier du génie ; un autre militaire qui a pris le nom de philosophe *Ladouceur*, etc., n'ont jamais été jésuites ; ils ont cependant fait l'éloge des *missions* du Paraguay, et les deux derniers y avaient été ; ils en parlaient comme témoins oculaires. M. Robertson, dans son *Histoire de l'Amérique;* M. de Pagès, dans ses *Voyages autour du monde*, publiés récemment, tiennent le même langage.

Un trait de la fourberie des incrédules a été de nous peindre l'état des peuples de l'Inde, de la Chine, et même des Sauvages, non-seulement comme très-supportable, mais comme heureux et meilleur que celui des nations chrétiennes, afin de persuader que le zèle des missionnaires, loin d'avoir pour objet le bonheur de ces peuples, ne tendait dans le fond qu'à les asservir et à les rendre malheureux. Mais depuis que l'on a comparé ensemble les relations des divers voyageurs, que l'on a vu par les livres originaux des Chinois, des Indiens, des Guèbres ou Parsis, la croyance, les mœurs, les lois, le gouvernement de ces peuples divers, on a mis au grand jour l'ignorance, la prévention, la mauvaise foi de nos philosophes incrédules, on a mieux compris l'énormité du crime des protestants, qui, non contents de négliger les *missions*, auxquelles ils sentent bien qu'ils ne sont pas propres, ont encore cherché à les décrier et à les rendre odieuses. Cette considération n'a pas empêché un voyageur très-moderne d'adopter sur ce point les idées et le langage philosophiques. Suivant son avis, on peut douter si les missionnaires sont animés par le désir de rendre éternellement heureuses les nations idolâtres, ou par le besoin inquiet de se transporter dans les pays inconnus pour y annoncer des vérités effrayantes. Ceux de la Chine, dit-il, n'ont pas été entièrement désintéressés ; pour compensation des fatigues, et pour dédommagement des persécutions auxquelles ils s'exposaient, ils ont envisagé la gloire d'envoyer à leurs compatriotes des relations étonnantes, et des peintures d'un peuple digne d'admiration. L'on sait d'ailleurs que cette classe d'Européens borne ses connaissances aux vaines subtilités de la scolastique, et à des éléments de morale subordonnés aux lois de l'Evangile et aux vérités révélées. *Voyages de M. Sonnerat*, publiés en 1784.

Sans examiner si des motifs aussi frivoles peuvent servir de compensation et de salaire aux missionnaires, nous demandons à cet écrivain scrutateur des cœurs si notre religion est la seule qui enseigne des vérités effrayantes ; si les Chinois, les Indiens, les Parsis, les mahométans, ne croient pas aussi bien que nous une vie à venir et un enfer pour les méchants. Quel peut donc être pour les missionnaires l'avantage de leur annoncer l'enfer, cru par les chrétiens, au lieu de celui que croient les infidèles ? nous ne le concevons pas. Si ces missionnaires eux-mêmes croient une vie à venir, ils peuvent donc avoir pour motif de leurs voyages et de leurs travaux l'espérance de mériter le bonheur éternel pour eux-mêmes, et de mettre en état leurs prosélytes de l'obtenir. Mais ceux qui ne croient rien s'imaginent que tout le monde leur ressemble, et que les missionnaires prêchent des vérités effrayantes sans y croire. Si tous les missionnaires de la Chine avaient fait et publié des relations, l'on pourrait penser que tous ont eu l'ambition d'étonner leurs compatriotes ; mais les trois quarts des missionnaires n'en ont point fait, et n'ont eu part à aucune ; on ne se souvient pas seulement de leurs noms en Europe ; où est donc la gloire qu'ils ont envisagée pour récompense ? On nous regarderait comme des insensés, si nous disions que les négociants, les navigateurs, M. Sonnerat lui-même, ne sont allés aux Indes et à la Chine que pour avoir le plaisir de nous étonner par leurs relations, ou de contredire ceux qui avaient écrit avant eux. Est-il vrai que les missionnaires n'aient montré dans leurs relations point d'autres connaissances que celle de la scolastique, et de la morale de l'Evangile ? Ce sont eux qui les premiers nous ont fait connaître les pays qu'ils ont parcourus, et les nations qu'ils ont instruites. Notre voyageur, qui a bien senti que ce reproche qu'il fait aux missionnaires en général ne pouvait regarder les jésuites, a trouvé bon de leur attribuer des motifs odieux ; c'est une calomnie, et rien de plus.

Au mot TARTARES, nous parlerons en particulier des *missions* faites en Tartarie.

Le rédacteur de l'art. *Californie*, du *Dictionnaire de Jurisprud.*, s'y est pris d'une autre manière. Après avoir copié le tableau des missions de ce pays-là, tracé dans l'*Hist. philos. des établiss. des Européens dans les deux Indes*, il convient que l'esprit de domination et de commerce a porté que la corruption, le carnage, la servitude dans toutes les contrées de l'Amérique ; que c'est à la religion seule de rapprocher et de civiliser les Sauvages. Il avoue que la philosophie n'a jamais donné ce zèle ardent et patient, cette abnégation de soi-même, qu'inspire la charité chrétienne, et qu'exige cependant la fondation d'une société parmi les Sauvages. Il demande par quels motifs le philosophe saurait les engager à renoncer au repos de leur vie vagabonde, pour se courber sous le joug des travaux civils. Nous saurions gré à l'auteur de ces réflexions, s'il n'avait pas cherché à les empoisonner ; mais il doute de la vérité des faits, parce qu'ils ne sont constatés par le témoignage d'aucun philosophe impartial ; nous avons fait voir le contraire. Il doute si l'indépendance de l'état de la nature, si l'ignorance de tous nos besoins factices, ne valent pas mieux que la sûreté trop souvent incertaine que peuvent procurer nos lois, que l'abondance et les commodités de nos arts et de nos sociétés, qui immolent à l'aisance ou plutôt à la satiété du petit nombre la substance et le nécessaire physique de la multitude. Il doute enfin si les institutions des bons missionnaires étaient aussi propres à conserver et à faire prospérer les nouvelles sociétés, qu'elles paraissent avoir été suffisantes pour en jeter les premiers fondements ; si la tyrannie du despotisme et les fureurs de la superstition n'eussent pas bientôt succédé à l'enthousiasme éclairé de la bienfaisance et de la religion.

Permis à un philosophe sans religion de douter de l'évidence même, mais il ne doit pas déraisonner. 1° Il est faux que la vie vagabonde des Sauvages soit un état de repos ; souvent pour se procurer la subsistance, ils sont obligés de faire des chasses de deux cents lieues, et s'ils se donnent du repos, c'est en faisant travailler les femmes à leur place ; celles-ci ne sont-elles donc pas des créatures humaines ? 2° Il l'est que l'état sauvage soit l'*état de nature* ; la nature n'a pas fait l'homme pour vivre comme les brutes ; la différence de leurs facultés le démontre. 3° Il n'est pas vrai que la *société immole* à l'aisance du petit nombre le nécessaire physique de la multitude. Ce qui arrive par l'inhumanité de quelques individus ne vient pas plus de l'état de société, que les guerres, les massacres, les cruautés des Sauvages ne viennent des sentiments naturels d'humanité, et que les déraisonnements des philosophes ne viennent de la raison. 4° C'est une absurdité de supposer que des institutions suffisantes pour réunir les hommes en société, pour leur inspirer des sentiments mutuels d'affection, de charité, de concorde, ne suffisent plus pour les maintenir dans cet état. Quand il serait décidé que leur bonheur ne peut pas durer toujours, ne serait-ce pas encore un mérite de le procurer du moins à trois ou quatre générations d'hommes ? 5° Il est bien indécent que les philosophes, qui se reconnaissent incapables de fonder une société, s'attachent à déprimer les travaux de ceux qui en viennent à bout. C'est le procès des frelons contre les abeilles. *Voy* SAUVAGES, SOCIÉTÉ.

\* MISSIONS PROTESTANTES. Les observations qu'on va lire sont littéralement traduites du *Courrier de Boston* (30 mai 1839), journal protestant, qui les a extraites d'un ouvrage récemment publié aux Etats-Unis par un missionnaire protestant, le révérend M. Malcolm, témoin oculaire lui-même des faits qu'il rapporte avec une admirable franchise.

« Nous extrairons du voyage du révérend M. Malcolm quelques passages qui prouveront le peu de succès des missionnaires protestants, américains et autres, au sud-est de l'Asie : surtout si l'on compare le faible résultat de leurs travaux aux énormes dépenses qu'ils ont occasionnées. Ce défaut de succès a été si bien senti par les amis des missions, que, selon M. Malcolm, la seule question est aujourd'hui de savoir si les plans et les méthodes jusqu'à présent adoptés doivent subir quelque modification, ou si l'œuvre des missions doit être entièrement abandonnée. Sur le premier point, M. Malcolm est d'avis que le système des écoles, sur lequel on avait principalement compté, est resté sans résultat et ne saurait être poursuivi. A l'appui de cette opinion, il cite des faits qui nous mettront à même de juger non-seulement de l'inutilité des immenses déboursés qu'exige le soutien des missions, mais encore des succès incomparablement plus grands (*incomparably greater success*) qui ont accompagné les travaux des missionnaires catholiques et même le prosélytisme des musulmans. Nous laissons parler le révérend M. Malcolm.

« Plus de 250,000 écoliers reçoivent aujourd'hui l'instruction dans les écoles des missionnaires, et le nombre de ceux qui y ont été reçus jusqu'ici et qui ont vécu sous l'influence des ministres, peut se monter à un million. Feu M. Reichardt, de Calcutta, qui fût employé pendant longtemps au service de ces écoles, assurait que, parmi tant de milliers de jeunes gens, cinq ou six seulement s'étaient faits chrétiens. A Vepery, faubourg de Madras, où, pendant un siècle, une entreprise de ce genre a été puissamment soutenue par la *Société des connaissances chrétiennes*, les résultats ne sont guère plus encourageants, non plus qu'à Tranquebar, où les missionnaires danois ont des écoles depuis cent trente ans. Dans tout Madras, où les écoles sont fréquentées par plusieurs milliers d'indigènes, on n'en compte pas plus d'une demi-douzaine qui aient embrassé le christianisme. Au collège anglo-chinois, élevé à grands frais à Malacca, il y a plus de vingt ans, on compte une vingtaine de conversions. L'école établie à Calcutta par l'*Association générale écossaise*, et qui, depuis six ans, réunit environ quatre cents écoliers, compte cinq ou six néophytes ; celle qui a été fondée il y a seize ans à Chittagong, et qui réunit plus de deux cents élèves, n'a vu jusqu'ici que deux de ses écoliers amenés à la connaissance de la vérité. A Arracan, les écoles n'ont pas encore produit une seule conversion. Dans tout l'empire des Birmans, je n'ai pas ouï parler d'un seul chrétien sorti des écoles. Dans les lieux où les écoles prospèrent le plus, un nombre considérable d'élèves ont, à la vérité, abandonné l'idolâtrie, mais sans embrasser le christianisme, et sont à présent des infidèles entêtés (*concei led infidels*), pires dans leurs conduite que les païens; plusieurs, grâce à l'éducation qu'ils ont reçue, ont obtenu des fonctions et une influence dont ils se servent contre la religion même » (a).

Il paraît que les distributions de livres n'ont pas été plus heureuses que les fondations d'écoles ; voici comment M. Malcolm s'en exprime :

« On n'a pas imprimé moins de sept traductions différentes des saintes Ecritures en langue malaise ; et il paraît, en outre, par un rapport du docteur Milne, que, dès l'année 1820, on avait déjà composé quarante-deux autres ouvrages chrétiens dans la même langue : ils avaient été distribués par milliers parmi les Malais : mais je n'ai pas entendu parler d'un seul Malais converti dans toute la presqu'île. Pour ce qui concerne la distribution de la Bible et des traités religieux, on doit considérer combien petit est le nombre de ceux qui ont été convertis par cette voie, en comparaison des sommes prodigieuses dépensées pour cette fin. En effet, l'avidité avec laquelle nos livres de religion sont reçus par les païens et les mahométans ne doit pas s'attribuer au désir de connaître la vérité; le papier, les caractères imprimés, la forme et la couleur des livres sont pour eux un objet de curiosité aussi grand que le serait pour nous un manuscrit sur des feuilles de palmier. Un missionnaire païen, en Europe, qui distribuerait gratuitement, dans les rues de nos cités, des manuscrits de ce genre, trouverait plus d'amateurs qu'il n'en pourrait contenter, et verrait chaque jour la foule se presser autour de lui jusqu'à ce que la curiosité s'éteignit dans l'abondance. C'est ainsi que, dans l'Arracan, quelques milliers de traités religieux et des portions de la Bible ayant été distribués parmi les habitants, ceux-ci finirent par les détruire, sans qu'un désir sérieux de connaître la vérité se fût manifesté au milieu de cette innombrable multitude. Les Birmans surtout sont attirés chez les missionnaires par les plus frivoles motifs; la plupart, sous prétexte de nous demander des livres, venaient plutôt pour voir des étrangers et pour admirer le costume de nos femmes. Ils regardaient toutefois avec étonnement les livres que nous leur donnions, et en essayant d'examiner la reliure, ils les déchiraient sous nos yeux. Ce sont là des faits dignes de l'attention des amis des missions en Europe ; il est désirable qu'ils ne se laissent pas induire en erreur par les rapports superficiels des missionnaires. Moi-même, en remontant l'Irraouaddi jusqu'à la ville d'Ava, capitale des Birmans, je distribuai des traités religieux dans quatre-vingt-deux villes et villages, et j'en fournis à six cent cinquante-sept bateaux, dont plusieurs contenaient de quinze à trente passagers, outre ceux que je faisais souvent passer aux personnes qui se trouvaient sur le rivage. En général ces livres étaient reçus avec avidité, et la plupart de ceux qui en avaient un en demandaient un autre : un grand nombre se jetaient dans l'eau et nageaient à la suite du bateau ; et souvent, lorsque nous étions amarrés au rivage, nous étions entourés d'une si grande multitude de solliciteurs, que nous pouvions à peine manger et dormir. Mais toutes ces démonstrations étaient loin de prouver dans ce peuple le désir de s'initier à la foi chrétienne, nos livres n'étaient pour eux qu'un objet rare. A Sincapour, où l'on a fait d'incroyables efforts pour la distribution des livres et pour l'établissement des écoles, pas une seule conversion n'est venue récompenser tant de travaux et de dépenses. Cependant il n'est aucun point, dans tout l'Orient, où les livres religieux aient été répandus avec une aussi grande profusion ; on en a donné des milliers et des dizaines de mille; on en a abondamment pourvu, non-seulement les habitants malais, mais encore ceux de Java, de Sumatra, les Chinois, les musulmans, les Arabes, les Télingas, etc., etc. Depuis longtemps on voit les distributeurs allant de maison en maison, et débitant leur marchandise de tous côtés ; d'autre part les efforts pour établir des écoles n'ont pas manqué : tout est resté infructueux. Ce qui rend fort difficile, pour ne pas dire impossible, une traduction de nos livres de religion, intelligible pour les Malais, c'est la structure de cette langue : le malais, il est vrai, s'apprend sans peine : il n'a pas de sons difficiles à prononcer pour un Européen, la construction est extrêmement simple, et ses mots sont en petit nombre ; la même expression désigne le nombre, le genre, les modes et le temps ; on se sert du même mot pour le substantif, l'adjectif, le verbe et l'adverbe ; les temps mêmes des verbes varient rarement, en sorte qu'on a bientôt appris ce qui est indispensable pour la conversation ordinaire. Mais elle est si pauvre en termes abstraits, qu'en parlant ou en écrivant sur des questions religieuses, on ne peut éviter des expressions nouvelles, qu'une longue habitude peut seule faire comprendre à l'interlocuteur. Dans la traduction des livres de religion, il a fallu emprunter de nouveaux mots à l'anglais, au grec, au portugais et surtout à l'arabe. Walter Hamilton rapporte, dans son journal (*East-India-Gazetteer*), que, sur cent mots d'un livre de prières traduit en malais, on avait trouvé trente termes polynésiens, seize sanscrits et sept arabes : ce qui ne laissait qu'environ une moitié de mots proprement malais. C'est encore bien pis pour les Chinois : leur écriture n'étant pas alphabétique, mais chaque expression de la langue savante se représentant par un caractère particulier, il arrive de là qu'il n'y a pas de caractères pour un grand nombre de mots de nos langues d'Occident. Il serait donc impossible de traduire les Écritures saintes *par écrit* dans la langue du peuple, quoiqu'on pût peut-être les faire comprendre par une explication orale ; d'ailleurs la différence des dialectes fait que le langage écrit ne peut être compris par la plupart de ceux qui savent lire, et qui ne forment pas la quarantième partie de la population. On demandera peut-être pourquoi l'on ne traduirait pas les Écritures dans les différents dialectes parlés? La raison en est simple : c'est qu'il n'y a pas de caractères spéciaux pour la plupart de ces dialectes; et quelque étrange que cette assertion puisse paraître, il y a une multitude de mots dans le langage ordinaire qu'on ne peut exprimer par écrit. Il est pénible de voir que, malgré l'inefficacité et l'inutilité de ces traductions, la seule version de la Bible en chinois ait coûté plus de cent mille dollars (environ cinq cent vingt mille francs). Cependant, malgré ces difficultés, il y a quelque chose d'inexplicable dans la stérilité des missions protestantes; car les missionnaires catholiques, avec de très-faibles ressources, ont obtenu beaucoup plus de succès; ils ont fait un grand nombre de prosélytes; leur culte est devenu populaire, et partout il excite l'attention publique. Ne pourrait-il pas se faire que la surabondance des moyens possédés par les missionnaires protestants, leur richesse même et leur grandeur apparente, fussent quelques-uns des principaux obstacles? Ils ne sont pas placés au niveau des peuples auxquels ils s'adressent; il ne peut jamais exister assez de familiarité entre eux et la foule pour attirer la confiance, la sympathie nécessaire pour faire une forte impression sur les esprits. A Sincapour, par exemple, où, comme on l'a dit plus haut, on a fait des efforts extraordinaires, on n'a pu jusqu'à présent convertir un seul Malais à la religion protestante; tandis que les missionnaires catholiques y ont deux églises, ont opéré nombre de conversions parmi les Malais, les Chinois et autres, et réu-

---

(a) La loyauté qui doit présider aux discussions religieuses nous fait un devoir de reconnaître que les missionnaires protestants, plus heureux dans l'Inde méridionale, y ont réuni quelques centaines de prosélytes. Sur ce nombre il faut compter plusieurs familles catholiques depuis longtemps délaissées par les prêtres portugais et trop faibles pour se soutenir d'elles-mêmes. Le reste se compose de parias au service des fonctionnaires anglais, et de malheureux qui reçoivent le pain des prédicants à condition de le venir chercher au temple.

nissent tous les dimanches à leurs églises un concours considérable d'hommes de toutes les religions. Quelles peuvent être les raisons de cette différence dans les travaux des uns et des autres? Voici celles qui se présentent à mon esprit (dit toujours M. Malcolm) : les missionnaires papistes dans l'Inde sont, en général, gens de bonnes mœurs; ils vivent d'une manière beaucoup plus humble, ils se mêlent plus volontiers avec le peuple; leurs honoraires, autant que j'ai pu l'apprendre, ne sont que de cent piastres par an, et, n'étant pas mariés, ils savent vivre de peu. »

« M. Malcolm (ajoute le rédacteur du Journal) aurait pu ajouter que les missionnaires catholiques ne laissent après eux ni veuves, ni orphelins, pour absorber les contributions données expressément pour le soutien des missionnaires actuels travaillant à la conversion des paysans. Saint Paul, écrivant aux premiers chrétiens, qui se trouvaient dans une position à peu près semblable à celle de nos missionnaires vivant au milieu des peuples d'Orient, leur disait : — Je désire vous voir dégagés de sollicitudes ; celui qui n'est point marié s'occupe du soin des choses du Seigneur, et de ce qu'il doit faire pour plaire à Dieu ; mais l'homme marié s'occupe des choses du monde et de ce qu'il doit faire pour plaire à sa femme : il est partagé (I Corinth., vii). Les missionnaires protestants ne pourraient-ils pas se soumettre à la vie de privation, d'abnégation et de mortification qu'embrassent avec tant de joie les missionnaires catholiques? »

MITRE, ornement de tête que portent les évêques, lorsqu'ils officient pontificalement. M. Languet, dans sa *Réfutation de D. Claude de Vert*, convient qu'il est assez difficile de découvrir en quel temps cette espèce de bonnet a reçu la forme qu'on lui donne aujourd'hui; il pense, avec beaucoup de vraisemblance, que cet ornement a succédé aux couronnes que portaient autrefois les évêques et les prêtres dans leurs fonctions. Il est parlé de ces couronnes dans l'Apocalypse, c. iv, v. 4; dans Eusèbe, *Hist. Ecclés.*, x, c. iv, et dans plusieurs autres auteurs plus récents. *Véritable esprit de l'Eglise dans l'usage de ses cérémonies*, § 35, p. 284.

Comme le sacerdoce est comparé à la royauté dans l'Ecriture sainte, il n'est pas étonnant que, dans les fonctions les plus augustes du culte divin, les prêtres aient porté un des principaux ornements des rois. Le souverain pontife des Juifs avait sur sa tête une tiare, en hébreu *mitsnephet*, qui signifie une ceinture de tête ; et les prêtres portaient aussi bien que lui une mitre *migbahat*, qui signifie un bonnet élevé en pointe, autour duquel étaient des couronnes ( *Exod.* xxix, 6 et 9; xxxix, 26 ). La tiare était aussi l'ornement des rois ( *Isaï.* lxii, 3 ); et il paraît que la *mitre* devint dans la suite une coiffure des femmes. Judith, c. x, v. 3, mit une *mitre* sur sa tête pour aller se présenter à Holopherne. Un voyageur moderne nous apprend que les femmes druses, des montagnes de Syrie, portent encore aujourd'hui une coiffure en cône d'argent, qu'elles nomment *tantoura*, et qui est probablement la *mitre* de Judith. Les dames françaises qui suivirent les croisés, prirent sans doute du goût pour cette coiffure, puisqu'elle était en usage en France au xv⁰ siècle. — Dans un ancien pontifical de Cambrai, qui fait le détail de tous les ornements pontificaux, il n'est point fait mention de la *mitre*, non plus que dans d'autres manuscrits : Amalaire, Raban-Maur, Alcuin, ni les autres anciens auteurs qui ont traité des rites ecclésiastiques, ne parlent point de cet ornement. C'est peut-être ce qui a fait dire à Onuphre, dans son *Explication des termes obscurs* qui est la fin des Vies des papes, que l'usage des *mitres*, dans l'Eglise romaine, ne remontait pas au delà de six cents ans. C'est aussi le sentiment du père Ménard, dans ses *Notes sur le Sacramentaire de saint Grégoire*. Mais le père Martenne, dans son *Traité des anciens rites de l'Eglise*, dit qu'il est constant que la *mitre* a été à l'usage des évêques de Jérusalem, successeurs de saint Jacques ; on le voit par une lettre de Théodose, patriarche de Jérusalem, à saint Ignace, patriarche de Constantinople, qui fut produite dans le viii⁰ concile général. Il est encore certain, ajoute le même auteur, que l'usage des *mitres* a eu lieu dans les Eglises d'Occident, longtemps avant l'an 1000; il est aisé de le prouver par une ancienne figure de saint Pierre, qui est au devant de la porte du monastère de Corbie, et qui a plus de mille ans, et par les anciens portraits des papes que les bollandistes ont rapportés. Théodulphe, évêque d'Orléans, fait aussi mention de la *mitre* dans une de ses poésies, où il dit en parlant d'un évêque : *Illius ergo caput resplendens mitra tegebat*. Ainsi, continue le père Martenne, pour concilier les divers sentiments sur cette matière, il faut dire que l'usage des *mitres* a toujours été dans l'Eglise, mais qu'autrefois tous les évêques ne la portaient pas, s'ils n'avaient un privilége particulier du pape à cet égard. Dans quelques cathédrales, on voit sur des tombes des évêques représentés avec la crosse, sans *mitre*. D. Mabillon et d'autres prouvent la même chose pour l'Eglise d'Occident et pour les évêques d'Orient, excepté les patriarches. Le Père Goar et le cardinal Bona en disent autant à l'égard des Grecs modernes.

Dans la suite, en Occident, l'usage de la *mitre* est non-seulement devenu commun à tous les évêques, mais il a été accordé aux abbés. Le pape Alexandre II l'accorda à l'abbé de Cantorbéry et à d'autres ; Urbain II, à ceux du Mont-Cassin et de Cluny. Les chanoines de l'Eglise de Besançon portent le rochet comme les évêques, et la *mitre* lorsqu'ils officient. Le célébrant, le diacre et le sous-diacre portent aussi la *mitre* dans les églises de Lyon et de Mâcon ; il en est de même du prieur et du chantre de Notre-Dame de Loches, etc. La forme de cet ornement n'a pas toujours été la même; les *mitres* que l'on voit sur un tombeau d'évêques, à saint Remi de Reims, ressemblent plus à une coiffe qu'à un bonnet. La couronne du roi Dagobert sert de *mitre* aux abbés de Munster. *Voy.* Habits sacrés.

MITTENTES. *Voy.* Lapses.

MOABITES. De l'inceste de Lot avec sa fille aînée naquit un fils nommé *Moab*; les *Moabites*, ses descendants, étaient placés à l'orient de la Palestine. Quoique descendus de la famille d'Abraham, aussi bien que les Israélites, ils furent toujours leurs ennemis. Cependant Moïse défendit à son peuple de s'emparer du pays des *Moabites*, parce que Dieu leur avait donné les terres dont ils étaient en possession (*Deut.* II, 9). Trois cents ans après cette défense, Jephté protestait encore que les Israélites n'avaient envahi aucune partie du terrain des *Moabites* (*Judic.* XI, 15). Moïse ne pouvait donc avoir aucun motif de forger une fable, pour noter d'infamie l'origine de ce peuple, comme quelques incrédules l'en ont accusé : celle des Israélites était marquée de la même tache par l'inceste de Juda avec sa bru. — Dans la suite les *Moabites* furent vaincus et assujettis par David ; il les rendit tributaires, mais il ne les dépouilla pas de leurs possessions (*II Reg.* VIII, 2). Il dit, *Ps.* LIX, v. 10, *Moab olla spei meæ* ; et *Ps.* CVII, v. 10, *Moab, lebes spei meæ* ; il fallait traduire, *secundum spem meam :* « Moab, selon mon espérance, n'est qu'un vase fragile, que je briserai aisément. » Il y a dans l'hébreu : *Moab olla lotionis meæ*. « Moab est un vase aussi fragile que celui dans lequel je me lave. » Jérémie, c. XLVIII, v. 42, avait prédit la destruction des *Moabites* ; il paraît q'en effet ils furent exterminés par les Assyriens, aussi bien que les Ammonites : il n'en est plus parlé depuis la captivité de Babylone.

MOEURS. Un des paradoxes que les incrédules ont soutenu de nos jours avec le plus d'opiniâtreté, est que la religion ne contribue en rien à la pureté des *mœurs*, que les opinions des hommes n'influent en aucune manière sur leur conduite. Dans ce cas, nous ne voyons pas par quel motif les philosophes peuvent être poussés à enseigner avec tant de zèle ce qu'ils appellent *la vérité*. Si les opinions et les dogmes ne servent à rien pour régler la conduite, que leur importe de savoir si les hommes sont croyants ou incrédules, chrétiens ou athées ? Il est aussi absurde de prêcher l'impiété que d'enseigner la religion. Pour sentir la fausseté de leur maxime, il suffit de comparer les *mœurs* qu'ont eues, dans les divers âges du monde, les adorateurs du vrai Dieu, avec celles des nations livrées au polythéisme et à l'idolâtrie. Le livre de la Genèse et celui de Job sont les seuls qui puissent nous donner quelque lumière sur ce point d'histoire ancienne. Il y a certainement bien de la différence entre les *mœurs* des patriarches et celles que l'Ecriture sainte nous montre chez les Egyptiens et chez les Chananéens. Abraham se rendit vénérable parmi eux, non-seulement par ses richesses et sa prospérité, mais encore par la douceur et la régularité de ses *mœurs*, par sa justice, son désintéressement, son humanité envers les étrangers, par sa fidélité à tenir sa parole, par son respect et sa soumission envers la Divinité. Nous voyons plus de vertu dans sa famille que dans celle de Laban, qui commençait à être infectée du polythéisme. L'histoire y remarque aussi des crimes, mais ils n'y furent pas fréquents ; si les enfants de Jacob paraissaient avoir été, pour la plupart, d'un assez mauvais caractère, c'est qu'ils étaient nés et avaient été élevés d'abord dans la famille de Laban. Les exemples de dépravation qu'ils virent ensuite en Egypte n'étaient pas fort propres à les rendre fidèles aux anciennes vertus de leurs pères.

Job fait l'énumération de plusieurs crimes communs chez les Iduméens parmi lesquels il vivait, et qui adoraient le soleil et la lune ; il se félicite d'avoir su s'en préserver, c. XXXI. Les histoires des Chinois, des Indiens, des Grecs et des Romains, s'accordent à nous peindre toutes les premières peuplades comme des hordes de sauvages plongées dans l'ignorance et dans la barbarie, et qu'il a fallu civiliser peu à peu ; l'on sait quelles sont les *mœurs* des hommes dans cet état déplorable. Jamais les familles patriarcales n'y ont été réduites ; Dieu y avait pourvu, en accordant plusieurs siècles de vie aux chefs de ces familles : ils avaient, par ce moyen, l'avantage de pouvoir instruire et morigéner leurs descendants jusqu'à la douzième ou à la quinzième génération. L'on nous objectera peut-être que, selon nous, toutes les anciennes peuplades connaissaient cependant le vrai Dieu et l'adoraient, puisque le polythéisme n'est pas la religion primitive. Elles le connaissaient sans doute ; mais nous n'en voyons aucune qui l'ait adoré seul, comme faisaient les patriarches. *Voy.* Dieu, § 5.

La révélation donnée aux Hébreux par le ministère de Moïse présente une seconde époque sous laquelle nous trouvons le même phénomène à l'égard des *mœurs*. Le tableau que l'abbé Fleury a tracé de celles des Israélites est très-différent de ce qui se passait chez les nations idolâtres, et de la peinture que Moïse lui-même a faite de la corruption des Chananéens. On ne peut cependant pas accuser ce législateur d'avoir exagéré leurs crimes, pour fournir à sa nation un prétexte de les exterminer : ce soupçon, hasardé par les incrédules, est démontré faux. En effet, Moïse avertit son peuple qu'il tombera dans les mêmes désordres, toutes les fois qu'il voudra lier société avec ces nations ; et la suite des événements n'a que trop confirmé sa prédiction. Lorsque ce malheur est arrivé, les prophètes n'ont jamais manqué de reprocher aux Israélites que leurs déréglements étaient l'effet des exemples que leur avaient donnés leurs voisins, et de la fureur qu'ils avaient de les imiter. Ainsi, les déclamations mêmes que les incrédules ont faites sur les vices énormes des Juifs sont une preuve de la dépravation des idolâtres, puisque les Juifs ne les ont contractés que par imitation, et que tous ces désordres leur étaient sévèrement défendus par leurs lois. L'auteur du livre de la Sagesse observe, avec raison, que l'idolâtrie était la source et l'assemblage de tous les crimes (*Sap.* XIV, 23). Ceux qui voudraient en douter peuvent s'en convaincre en lisant ce que les auteurs profanes ont dit des *mœurs* des différentes nations connues à l'époque de la naissance du christianisme.

Les apologistes de notre religion n'ont pas manqué de rassembler ces preuves, pour démontrer le besoin qu'il y avait d'une réforme dans les *mœurs* de tous les peuples, lorsque Jésus-Christ est venu sur la terre. Les poëtes, les historiens, les philosophes, ont tous contribué sans le vouloir à charger les traits du tableau. C'est surtout à cette troisième époque de la révélation que l'influence de la religion sur les *mœurs* a été rendue palpable par la révolution que le christianisme a produite dans les lois, les coutumes, les habitudes des divers peuples du monde. S'il n'avait pas fallu refondre, en quelque manière, l'humanité pour établir l'Evangile, ses premiers prédicateurs n'auraient pas éprouvé tant de résistance. Nous ne renverrons les incrédules ni au témoignage des Pères de l'Eglise, ni aux réflexions de Bossuet dans son *Discours sur l'histoire universelle*, ni au livre de l'abbé Fleury sur les *Mœurs des chrétiens*; tous ces titres leur sont suspects. Mais récuseront-ils la déposition des ennemis même de notre religion, de Pline le Jeune, de Celse, de l'empereur Antonin, de Julien, de Lucien, etc., et le témoignage qu'ils ont été forcés de rendre de la pureté des *mœurs* et de l'innocence de la conduite de ceux qui l'avaient embrassée?

Pline, dans sa célèbre lettre à Trajan, l. 10, lettre 97, atteste que, soit par la confession des chrétiens qu'il a fait mettre à la torture, soit par l'aveu de ceux qui ont apostasié, il n'a rien découvert, sinon que les chrétiens s'assemblaient en secret pour honorer Christ comme un Dieu; qu'ils s'obligeaient par serment, non à commettre des crimes, mais à s'abstenir du vol, du brigandage, de l'adultère, de manquer à leur parole, de nier un dépôt; qu'ils prenaient ensemble un repas innocent, et qu'ils avaient cessé leurs assemblées depuis qu'elles étaient défendues par un édit. Celse avoue qu'il y avait parmi les chrétiens des hommes modérés, tempérants, sages, intelligents; il ne leur reproche point d'autre crime que le refus d'adorer les dieux, de s'assembler malgré les lois, de chercher à persuader leur doctrine aux jeunes gens sans expérience et aux ignorants.

L'empereur Antonin, dans son rescrit aux Etats de l'Asie, reproche aux païens, obstinés à persécuter les chrétiens, que ces hommes dont ils demandent la mort sont plus vertueux qu'eux; il rend justice à l'innocence, au caractère paisible, au courage des chrétiens; il défend de les mettre à mort pour cause de religion. Saint Justin, *Apol.* 1, n. 69, 70; Eusèbe, *Hist. ecclés.*, l. IV, c. XIII. Parmi les divers édits qui furent portés contre eux par les empereurs suivants, y en a-t-il un seul qui les accuse de quelque crime? On n'a pu encore en citer. Il y a plus: Julien est forcé de faire leur éloge dans plusieurs de ses lettres. Il reproche aux païens d'être moins charitables et moins vertueux que les Galiléens. Il dit que leur impiété s'est accréditée dans le monde par l'hospitalité, par le soin d'enterrer les morts, par

une vie réglée, par l'apparence de toutes les vertus. « Il est honteux, dit-il, que les impies Galiléens, outre leurs pauvres, nourrissent encore les nôtres, que nous laissons manquer de tout. » Il aurait voulu introduire parmi les prêtres païens la même discipline et la même régularité de conduite qui régnait parmi les prêtres du christianisme. *Lett.* 32, d'*Arsace*, etc. Lucien, dans son *Histoire de la mort de Pérégrin*, rend justice à la charité, à la fraternité, au courage, à l'innocence des *mœurs* des chrétiens. » Ils rejettent constamment, dit-il, les dieux des Grecs; ils n'adorent que le sophiste qui a été crucifié; ils règlent leurs *mœurs* et leur conduite sur ses lois; ils méprisent les biens de la terre, et les mettent en commun. »

Parmi les fragments qui nous restent des écrits de Porphyre, d'Hiéroclès, de Jamblique et des autres philosophes ennemis du christianisme, et dans tout ce qu'en ont dit les Pères de l'Eglise, nous ne trouvons rien qui nous apprenne que ces philosophes aient blâmé les *mœurs* des chrétiens; ils ne leur reprochent que leur aversion pour le culte des dieux du paganisme.

Y avait-il donc quelque autre attrait que celui de la vertu qui pût engager un païen à embrasser le christianisme? Si l'on veut comparer le génie, la croyance, les pratiques du paganisme, avec l'Evangile, on sentira que, pour changer de religion, il fallait qu'il se fît le plus grand changement dans l'esprit et dans le cœur d'un converti. Quels funestes effets ne devait pas produire sur les *mœurs* une religion qui enseignait aux païens que le monde était gouverné par une multitude de génies vicieux, bizarres, capricieux, très-peu d'accord entre eux, souvent ennemis déclarés, qui ne tenaient aux hommes aucun compte des vertus morales, mais seulement de l'encens et des victimes qu'on leur offrait? Aussi le culte qu'on leur rendait était-il purement extérieur et mercenaire. On demandait aux dieux la santé, les richesses, la prospérité, l'exemption de tout malheur, souvent le moyen de satisfaire une passion criminelle. Les philosophes avaient décidé que la sagesse et la vertu ne sont point un don de la Divinité, mais un avantage que l'homme peut se donner à lui-même. Les vœux injustes, l'impudicité, la divination, les augures, la magie, l'effusion du sang humain, faisaient partie de la religion. Celle-ci, loin de régler les *mœurs*, était au contraire l'ouvrage de la dépravation des *mœurs*. *Voy.* PAGANISME, § 6.

L'Evangile apprit aux hommes qu'un seul Dieu, infiniment saint, juste et sage, gouverne seul le monde, et qu'il l'a créé par sa parole; qu'il est incapable de laisser le crime impuni et la vertu sans récompense; qu'il sonde les esprits et les cœurs; qu'il voit non-seulement toutes nos actions, mais nos pensées et nos désirs; que son culte ne consiste point en vaines cérémonies, mais dans les sentiments de respect, de reconnaissance, d'amour, de confiance, de soumission à ses lois, de résignation à ses ordres; qu'il veut que nous l'aimions sur toutes choses, et le prochain comme nous-mêmes. Il enseigne que la charité est la plus sublime de toutes les vertus; qu'un verre d'eau donné au nom de Jésus-Christ ne demeurera pas sans récompense ; qu'il faut bénir la Providence dans les afflictions, parce qu'elles expient le péché, répriment les passions, purifient la vertu, nous rendent sensibles aux souffrances de nos semblables ; que, pour être agréable à Dieu, il faut être non-seulement exempt de crime, mais orné de toutes les vertus, et que c'est Dieu qui nous rend vertueux par sa grâce. Dès ce moment l'on cessa de regarder les pauvres comme les objets de la colère divine, et l'on comprit que c'était un devoir de les assister. Il n'y eut plus de distinction entre un Grec et un barbare, entre un Romain et un étranger, entre un juif et un gentil. Tous rassemblés aux pieds d'un même autel, admis à la même table, honorés du même titre d'enfants de Dieu, sentirent qu'ils étaient frères. Alors commença d'éclore l'héroïsme de la charité ; dans les calamités publiques on vit les chrétiens se dévouer à soulager les malades, les lépreux, les pestiférés, sans distinction entre les fidèles et les infidèles; on en vit qui vendirent leur propre liberté pour racheter celle d'autrui. Saint Clément, *Ep.* 1, n. 7.

Sous le paganisme, la condition des esclaves était à peu près la même que celle des bêtes de somme; quand ils furent baptisés, on se souvint que c'étaient des hommes, et qu'il y avait de l'inhumanité à les traiter comme des brutes; qu'ils n'étaient pas faits pour repaître du spectacle de leur mort les yeux d'un peuple rassemblé dans l'amphithéâtre, ni pour périr par la faim, lorsqu'ils étaient vieux ou malades. La polygamie et le divorce furent proscrits ou réprimés; on mit des bornes à la puissance paternelle, le sort des enfants devint certain; il ne fut plus permis de les tuer, de les vendre, de les exposer, de destiner les uns à l'esclavage et les autres à la prostitution.

Le despotisme des empereurs avait été porté aux derniers excès ; Constantin ne fut pas plutôt chrétien, qu'il le borna par des lois : les guerres civiles, presque inévitables à chaque mutation de règne, n'eurent plus lieu; les empereurs ne furent plus massacrés, ni les provinces livrées au pillage des armées. « Nous devons au christianisme, dit Montesquieu, dans le gouvernement un certain droit politique; dans la guerre, un certain droit des gens, que la nature humaine ne saurait assez reconnaitre. » *Esprit des lois*, l. xxiv, c. iii. Ajoutons que nous lui devons, dans la société civile, une douceur de commerce, une confiance mutuelle, une décence et une liberté qui ne se trouvent nulle part ailleurs, et dont nous ne sentons le prix que quand nous avons comparé nos *mœurs* avec celles des nations infidèles. Cette révolution ne s'est pas faite chez une ou deux nations, mais dans tous les climats, dans la Grèce et en Italie, sur les côtes et dans l'intérieur de l'Afrique, en Égypte et en Arabie, chez les Perses et chez les Scythes, dans les Gaules et en Germanie; partout où le christianisme s'est établi, tôt ou tard il a produit les mêmes effets. On dira, sans doute, que ce phénomène n'a été que passager, qu'insensiblement les nations chrétiennes sont retombées à peu près dans le même état où elles étaient sous le paganisme. C'est de quoi nous ne conviendrons jamais, quoi qu'en disent quelques moralistes atrabilaires, qui ne se sont pas donné la peine d'examiner de près les *mœurs* des païens anciens ou modernes.

Nous convenons que l'inondation des Barbares, au v° siècle et dans les suivants, fit une révolution fâcheuse dans la religion et dans les *mœurs*. Mais enfin, le christianisme apprivoisa peu à peu ces conquérants farouches ; et lorsque cet orage, qui a duré pendant plusieurs siècles, a été passé, cette même religion a réparé insensiblement les ravages qu'il avait causés. Les Scythes ou Tartares, répandus en Orient, embrassèrent le mahométisme ; ils ont conservé leur ignorance et leur férocité. Les Francs, les Bourguignons, les Goths, les Normands, les Lombards n'avaient pas, dans l'origine, de meilleures *mœurs* que les Barbares; ils en ont changé en devenant chrétiens.

Comme on ne peut juger du bien et du mal que par comparaison, il faut commencer par faire le parallèle de nos *mœurs* avec celles de toutes les nations qui sont encore plongées dans l'infidélité, et il suffit de lire, pour cela, l'*Esprit des usages et des coutumes des différents peuples*. Lorsqu'un philosophe en sera instruit, nous le prierons de nous dire chez laquelle de toutes les nations il aimerait mieux vivre, qu'au milieu du christianisme. Plusieurs de celles qui sont aujourd'hui à demi barbares étaient autrefois chrétiennes ; en perdant leur religion, elles sont retombées dans l'ignorance et la corruption que la lumière de l'Évangile avait autrefois dissipées. Malgré ce fait incontestable, on vient nous dire gravement que la religion n'influe en rien sur les *mœurs* ni sur le sort des peuples, non plus que sur celui des particuliers; quelques incrédules ont poussé la démence jusqu'à soutenir que le christianisme a plutôt perverti que réformé les *mœurs*. Lorsqu'on nous oppose l'exemple de quelques philosophes sans religion, qui ont cependant toutes les vertus morales, on ne fait qu'un sophisme puéril. Ces incrédules ont été élevés dès l'enfance, instruits et formés dans une société qui croit en Dieu ; ils sont obligés de suivre le ton des *mœurs* publiques : la morale dont ils font parade, et dont il se croient les auteurs, est, dans la vérité, l'ouvrage de la religion. L'auraient-ils reçue, s'ils étaient nés chez une nation qui n'eût ni Dieu, ni culte public, ni morale populaire? Toute nation qui se trouverait dans ce cas serait sauvage, barbare, sans lois, sans principe et sans *mœurs* : on dit qu'il y en a une de cette espèce dans les Indes; mais l'on ajoute que ce sont des brutes plutôt que des hommes. On ne raisonne pas mieux quand on insiste sur la multitude des chrétiens dont la conduite est diamétralement opposée à la morale de l'Evangile; il s'ensuit seulement que la violence des passions empêche la religion d'influer sur les *mœurs* des particuliers aussi constamment qu'elle devrait le faire. Comme il n'est aucun homme qui soit dominé par toutes les passions, il n'en est aucun sur lequel la religion n'ait quelque empire; il la suit même sans s'en apercevoir, lorsqu'il n'est pas entraîné par la fougue d'une passion. Il n'y a donc jamais aucun lieu de conclure que la religion n'influe en rien sur les *mœurs* générales d'une nation ; il est au contraire démontré par le fait, qu'il n'y a sous le ciel aucun peuple dont les *mœurs* générales soient meilleures, et même aussi bonnes, que celles des nations chrétiennes.

Pour savoir ce qu'il en est, il ne faut pas consulter des philosophes qui ont rêvé dans leur cabinet, et qui, par nécessité de système, sont intéressés à nier les faits les plus incontestables ; il faut lire les relations des voyageurs qui ont fait le tour du monde, qui ont fréquenté et observé un grand nombre de nations. Tous ont éprouvé la différence énorme qu'il y a entre les *mœurs* des unes et des autres, et ils en rendent témoignage. Chez un peuple infidèle, un étranger est toujours dans la défiance, en danger pour son équipage et pour sa vie, livré à la merci d'un guide ou d'un homme puissant; s'il arrive parmi des chrétiens, fût-ce au bout du monde, il retrouve la sécurité, la société, la liberté; il croit être de retour dans sa patrie. *Voy.* CHRISTIANISME, MORALE (1).

MOINE, MONASTÈRE, ÉTAT MONASTIQUE. Ces trois articles se tiennent de trop près pour pouvoir être séparés. Le nom de *moine,* tiré du grec μονὸς, *seul*, *solitaire,* a désigné, dans son origine, des hommes qui se confinaient dans les déserts, et qui vivaient éloignés de tout commerce avec le monde, pour s'occuper uniquement de leur salut. Dans l'Eglise catholique, on appelle *moines* ou *religieux* ceux qui se sont engagés par vœu à vivre suivant une certaine règle, et à pratiquer la perfection de l'Evangile.

Il y a eu de très-bonne heure des chrétiens, qui, à l'imitation de saint Jean-Baptiste et des prophètes, se sont retirés dans la solitude pour vaquer à la prière, au jeûne et aux autres exercices de la pénitence; on les appela *ascètes*, c'est-à-dire hommes qui s'exercent à des œuvres pénibles. Jésus-Christ semble avoir donné lieu à ce genre de vie par les quarante jours qu'il passa dans le désert, et par l'habitude qu'il avait de s'y retirer pour prier avec plus de recueillement : il a loué la vie solitaire de saint Jean Baptiste (*Matth.* xi, 7), et saint Paul a fait l'éloge des prophètes qui vivaient dans les déserts (*Hebr.* xii). Cela nous paraît déjà suffire pour fixer le jugement que nous devons porter de l'*état monastique*. Nous commencerons d'abord par en faire l'histoire ; nous répondrons ensuite aux reproches que les ennemis de cet état ont coutume de faire. — L'origine de l'état religieux paraît fort simple, quand on ne veut pas s'aveugler. Pendant les persécutions que les chrétiens essuyèrent durant les trois premiers siècles, plusieurs de ceux de l'Egypte et de la province du Pont se retirèrent dans les lieux inhabités, pour se soustraire aux recherches et aux tourments. Ils contractèrent le goût de la solitude, et ils y demeurèrent ou ils y retournèrent dans la suite. Saint Paul, premier ermite, se retira dans la Thébaïde, vers l'an 259, pour fuir la persécution de Dèce, et vécut dans une caverne jusqu'à l'âge de cent quatorze ans, en se nourrissant des fruits d'un palmier qui en couvrait l'entrée. Saint Antoine, Egyptien comme lui, embrassa le même genre de vie, et fut suivi par d'autres; tous vivaient dans des cellules séparées, à quelque distance les unes des autres. Mais, dans le siècle suivant, saint Pacôme les rassembla en différents *monastères*, et en communautés composées de trente ou quarante *moines*, et leur prescrivit une règle commune. De là est venue la distinction entre les *cénobites* ou *moines*, qui vivaient en communauté, et les ermites ou *anachorètes*, qui vivaient seuls. Tous les *monastères* reconnaissaient pour supérieur un même *abbé*, et se rassemblaient avec lui pour célébrer la Pâque : on prétend que les *moines* des différentes parties de l'Egypte faisaient un nombre de cinquante mille au moins; il peut y avoir de l'exagération. Si l'on est en peine de savoir comment pouvait vivre une si grande multitude d'hommes qui ne possédaient et ne cultivaient rien, il faut se souvenir que, dans ce climat, la nature se contente de peu; que le peuple y vit de plantes et de légumes qui y croissent en abondance, et que le régime le plus sobre, dans un pays aussi excessivement chaud, est le plus utile à la santé. Les solitaires vivaient de dattes et de quelques racines ; les cénobites travaillaient les feuilles du palmier, en faisaient des nattes et d'autres ouvrages, dont la vente leur procurait les aliments les plus nécessaires à la vie. Il ne faut pas croire que la Thébaïde et les autres déserts habités par les *moines* fussent absolument stériles et incapables de culture. Plusieurs protestants ont rêvé profondément pour deviner d'où est venu aux Egyptiens le goût pour la vie monastique ; ils disent que ç'a été l'effet naturel de la chaleur du climat, qui rend l'homme paresseux et sombre, qui le porte à la solitude, à la vie austère, à la contemplation; que cette inclination était augmentée chez les Egyptiens par les maximes de la philosophie orientale, qui enseignait qu'il faut que l'âme se détache du corps et de tous les appétits sensuels pour s'approcher de la Divinité. Mosheim, *Hist. christ.*, sæc. ii, § 35, n. 3, p. 317; sæc. iii, § 28, p. 669.

---

(1) Dans notre Dictionnaire de Théol. mor., nous avons montré l'heureuse influence du christianisme sur les mœurs publiques et sur la famille. Nous nous contentons d'y renvoyer.

C'est dommage que cette vision sublime ne s'accorde pas avec les faits. 1° Le climat de l'Egypte n'a certainement pas changé depuis le ii° siècle de l'Eglise; il est aujourd'hui tout aussi chaud qu'il était pour lors; pourquoi donc les solitudes de la Thébaïde ne sont-elles plus peuplées de *moines* et d'anachorètes? — 2° Le climat de la Perse, de l'Asie Mineure, de la Grèce, de l'Italie, des Gaules, de l'Angleterre, de la Russie, ne ressemble guère à celui de l'Egypte; à peine cependant le christianisme a-t-il été établi dans ces différentes contrées, que le monachisme s'y est introduit. On sait la quantité de *moines* qu'il y avait en Angleterre avant la prétendue réforme; ce climat est bien différent de celui de l'Egypte, et l'on ne se souvient pas d'avoir jamais vu les Anglais fort entichés de la philosophie orientale. — 3° Dès que l'Evangile a fait l'éloge de la vie que menaient les *moines*, pourquoi croirons-nous que les Egyptiens ont été moins touchés des leçons de Jésus-Christ que de celles des philosophes orientaux? Or, dans les articles Abstinence, Anachorète, Célibat, Jeune, Mortification, etc., on verra que Jésus-Christ et les apôtres ont formellement approuvé ces pratiques, en ont donné l'exemple, et ont loué ceux qui s'y sont consacrés. Saint Antoine abandonna son patrimoine, et se retira dans le désert, non pour avoir étudié la philosophie orientale, mais pour avoir entendu lire ces paroles de l'Evangile : « Si vous voulez être parfait, allez vendre ce que vous possédez, donnez-le aux pauvres, et vous aurez un trésor dans le ciel (*Matth.* xix, 21). » — 4° Mosheim, *ibid.*, note 1, convient que, dès l'origine du christianisme, il y eut des *ascètes*, c'est-à-dire des chrétiens de l'un et de l'autre sexe, qui, au milieu de la société, menaient à peu près la même vie que les *moines*. Bingham, autre protestant, l'a prouvé, *Orig. ecclés.*, tom. III, l. vii, c. i. Avant qu'il y eût des *moines*, il y avait déjà des communautés de vierges qui vivaient dans le célibat, dans la retraite, dans la pratique d'une vie pénitente et mortifiée; il n'y a pas d'apparence qu'elles en aient pris le goût dans la philosophie orientale. Mais ce n'est pas ici le seul cas dans lequel les protestants ont fermé les yeux aux leçons de l'Evangile, pour se livrer aux conjectures d'une fausse érudition.

Les occupations habituelles des *moines* étaient la psalmodie, la lecture, la prière, le travail des mains et les pratiques de pénitence. Les solitaires mêmes se visitaient et s'édifiaient par des conversations pieuses : quand on dit qu'ils passaient leur vie dans une contemplation continuelle, il ne faut pas prendre ces paroles à la lettre. Des hommes jetés par un naufrage dans des îles désertes ont trouvé le moyen d'y vivre et de s'y occuper: pourquoi n'en aurait-il pas été de même des anachorètes? Nous ne voyons pas en quel sens Mosheim et d'autres ont osé dire que la vie de saint Paul, premier ermite, avait été celle d'une brute plutôt que celle d'un homme. Cette censure amère serait plus applicable aux honnêtes fainéants dont les villes sont remplies, et qui sont également à charge à eux-mêmes et aux autres. *Voy.* Anachorète.

Dès l'an 303, saint Hilarion, disciple de saint Antoine, établit dans la Palestine des monastères semblables à ceux d'Egypte. Bientôt la vie monastique s'introduisit dans la Syrie, l'Arménie, le Pont, la Cappadoce, et dans toutes les parties de l'Orient. Saint Basile, qui avait appris à la connaître en Egypte, et qui en faisait grand cas, dressa une règle pour les *moines*; elle fut trouvée si sage et si parfaite, que tous l'adoptèrent, et elle est encore suivie aujourd'hui par les *moines* de l'Orient. Le savant Asséméni nous apprend que les premiers *moines* qui s'établirent dans la Mésopotamie et dans la Perse furent autant d'apôtres ou de missionnaires, et que la plupart devinrent évêques. *Biblioth. orientale*, tome IV, c. ii, § 4. L'an 340, saint Athanase apporta en Italie la *Vie de saint Antoine* qu'il avait composée, et inspira aux Occidentaux le désir de l'imiter. On ne sait pas précisément en quel lieu de l'Italie furent bâtis les premiers monastères.

Le christianisme, dit Mosheim, n'aurait jamais connu la vie dure, triste et austère des *moines*, si les esprits n'avaient pas été séduits par la maxime pompeuse des anciens philosophes, qu'il fallait tourmenter le corps pour que l'âme eût plus de communication avec Dieu. Malheureusement cette maxime est confirmée par l'Evangile. Jésus-Christ a dit : *Si quelqu'un veut me suivre, qu'il renonce à lui-même, et porte sa croix tous les jours de sa vie (Matth.* xvi, 24). Saint Paul dit que ceux qui sont à Jésus-Christ crucifient leur chair avec tous ses vices et ses convoitises (*Gal.* v, 24), et il se donne lui-même pour exemple (*I Cor.* ix, 27). Si la vie austère et mortifiée était contraire à l'esprit du christianisme, comme le prétendent les protestants, il serait impossible que les Pères du iv° siècle, qui n'étaient ni des ignorants, ni des esprits faibles, eussent donné généralement dans la même erreur. On ne peut pas dire que ç'a été un vice du climat, puisque l'on a pensé de même dans tous les climats; ni que l'on craignait la fin du monde, les Pères n'y pensaient pas; ni que l'on consultait l'ancienne philosophie, contre laquelle les Pères s'élevaient de toutes leurs forces. Mais on sentait que, pour convertir les païens, il fallait une vie apostolique, et cette vie ne fut jamais l'épicuréisme des protestants et des incrédules. Loin d'apercevoir ici de la misanthropie, nous y voyons un zèle ardent pour le bonheur et le salut des hommes. *Voy.* Ascètes. Sur la fin de ce siècle, la vie monastique fut introduite dans les Gaules; saint Martin, mort l'an 400, en est regardé comme le premier auteur, et il en fit profession lui-même. A cette même époque, saint Honorat fonda le célèbre monastère de Lérins sur le modèle de ceux de l'Orient. Ce fut seulement au commencement du vi° siècle, que saint Benoît fit sa règle pour les *moines* qu'il avait rassemblés au Mont-Cassin, règle qui fut bientôt suivie par tous les *moines* de l'Occident. Mais la différence du climat ne permettait pas qu'ils suivissent un régime aussi austère que les Orientaux ; c'est pour cela que la règle de saint Benoît est beaucoup plus douce que celle de saint Basile. Sulpice-Sévère, dans son premier *Dialogue sur la vie de saint Martin*, le fait remarquer à ceux qui étaient scandalisés de cet adoucissement, et qui auraient voulu que les *moines* gaulois pratiquassent les mêmes austérités que ceux de la Thébaïde ; on prétend que saint Jérôme était de ce nombre, parce qu'il n'avait pas éprouvé la nécessité d'un régime plus doux dans les pays septentrionaux. Mais Mosheim a très-grand tort d'en conclure que l'on vit dans les Gaules, non la réalité de la vie monastique, mais seulement le nom et les apparences. Un peu plus, un peu moins d'austérité, ne change pas l'essentiel de la vie monastique, qui consiste dans le renoncement au monde et dans la pratique des conseils évangéliques.

Il ne raconte pas mieux, lorsqu'à cette occasion il distingue les *cénobites* d'avec les *ermites* et les *sarabaïtes*. Il nous paraît que tous les *moines* gaulois furent d'abord *cénobites*, et que les *ermites* ou anachorètes ne sont venus qu'après. Il n'est pas vrai que les ermites aient été la plupart des fanatiques et des insensés ; Mosheim cite à faux Sulpice-Sévère, qui ne l'a jamais dit, et il n'est aucun fait connu qui le prouve. Quant aux *sarabaïtes*, que saint Benoît nomme *girovagues* ou *vagabonds*, nous convenons que c'étaient de faux *moines* et des hommes très-vicieux, dégoûtés de la discipline monastique ; mais ils n'ont jamais été connus, surtout en Occident. C'est justement ce désordre qui fit sentir en Orient la nécessité d'attacher les *moines* à leur état par des vœux, précaution de laquelle on a fait très-injustement un crime à saint Basile. L'universalité et la perpétuité de cet usage démontrent qu'il l'a fallu pour prévenir les scandales. C'est par la même raison que l'on soumit les *moines* à des épreuves. Pallade, dans son *Histoire Lausiaque*, écrite l'an 420, c. xxxviii, dit expressément que celui qui entre dans le monastère, et qui ne peut pas en soutenir les exercices pendant trois ans, ne doit point être admis ; mais que si, durant ce temps, il s'acquitte des œuvres les plus difficiles, on doit lui ouvrir la carrière. Voilà l'origine bien marquée du noviciat qui est en usage aujourd'hui, mais qui est restreint à un temps plus court. Au reste, il n'y avait point de discipline uniforme sur l'âge nécessaire pour la validité des vœux.

Au v° siècle, saint Augustin, dans son livre *de Opere monachor.*, prit la défense de ceux qui vivaient du travail de leurs mains, contre ceux qui soutenaient qu'il était mieux de vivre des oblations et des aumônes des fidèles. Comme les parents mettaient souvent leurs enfants en bas âge dans un monastère pour les y faire élever dans la piété, le second concile de Tolède de l'an 447, défendit, can. 1, de leur faire faire profession avant l'âge de dix-huit ans, et sans leur consentement, dont l'évêque devait s'assurer. Le quatrième, tenu l'an 589, changea cette disposition, *can.* 49, et voulut que, de gré ou de force, ils demeurassent perpétuellement attachés au monastère. On ignore les raisons de ce nouveau décret, mais il ne fut jamais approuvé par l'Eglise. Bingham, *Origines ecclésiastiques*, l. vii, c. iii, § 5. Il nous paraît qu'il y a une contradiction choquante dans la manière dont Mosheim parle des *moines* du v° siècle. Il dit que l'on était si persuadé de leur sainteté, que l'on prenait souvent parmi eux les prêtres et les évêques, et que l'on multipliait les monastères à l'infini ; ensuite il ajoute que leurs vices étaient passés en proverbe. S'ils avaient été communément vicieux, l'on ne serait pas allé chercher dans des monastères de prêtres ni des évêques, dans un temps où le peuple était maître des élections. Quand on lui demande pourquoi l'on compte dans le clergé de ce temps-là un si grand nombre de saints, il répond que cela est venu de l'ignorance de ce siècle. Mais il oublie que ce siècle a été le plus brillant de l'Eglise latine, que c'est celui au commencement duquel saint Jérôme et saint Augustin ont encore vécu. Il a cité lui-même, parmi les écrivains de ce temps-là, saint Léon, Paul Orose, saint Maxime de Turin, saint Eucher de Lyon, saint Paulin de Nole, saint Pierre Chrysologue, Salvien, saint Prosper, Marius Mercator, Vincent de Lérins, Sidoine Apollinaire, Vigile de Tapse, Arnobe le jeune, sans parler de plusieurs autres moins connus. Il ne traite Cassien d'ignorant et de superstitieux que parce qu'il a écrit pour les *moines*. Il pouvait ajouter Sulpice-Sévère, saint Hilaire d'Arles, le pape Gélase, etc. A la vérité l'inondation des Barbares arriva au commencement de ce même siècle ; mais il ne détruisirent pas tout à coup les études et les sciences. L'Eglise grecque ne fut pas moins féconde en écrivains savants et estimables.

Même passion et même inconséquence de la part de Mosheim, dans son *Histoire du vi° siècle*. Il décide en général que l'état monastique était rempli de *fanatiques et de scélérats* ; selon lui, le nombre des premiers était le plus grand en Orient, c'étaient les seconds qui abondaient en Occident. Que dire d'un écrivain aussi fougueux ? Nous convenons que les *moines* d'Orient excitèrent beaucoup de troubles dans l'Eglise, les uns par leur attachement à Nestorius, les autres par leur opiniâtreté à soutenir Eutychès ; mais les crimes de l'hérésie ne sont pas ceux de la vie monastique. Dans ce siècle, cette profession s'établit et se répandit promptement en Angleterre par la mission de saint Augustin et de ses compagnons ; une preuve que les *moines* anglais n'étaient alors ni des scélérats, ni des fanatiques, c'est qu'ils ont été les principaux apôtres des peuples du Nord. A l'article Missions étrangères, nous avons vu l'acharnement avec lequel Mosheim et ses parciis ont décrié leurs travaux, et l'injustice de la censure qu'ils en ont faite. La règle de saint Benoît n'était certainement pas propre à inspirer le crime et le fanatisme. Il est bien absurde de supposer que des hommes foncièrement vicieux se sont néanmoins dévoués au salut de leurs frères.

La vraie cause de la prospérité, du crédit, des richesses que les *moines* acquirent au vi° et au vii° siècle, n'est pas, comme l'imagine Mosheim, la protection décidée des souverains pontifes. Cette protection même, et ce qui s'ensuit, sont venus de plus haut, du besoin que l'on avait des *moines* et des services qu'ils ont rendus pour lors. Le clergé séculier tomba, lorsque les Barbares eurent pillé les églises et répandu la désolation partout. Pour se mettre à couvert de leurs violences, il fallut se retirer dans les lieux les plus écartés, et c'est ce qui fit bâtir une multitude de monastères sur les montagnes, dans les forêts ou dans les vallons reculés. Les peuples privés de pasteurs ne purent recevoir de secours spirituels et temporels que des *moines*; est-il donc étonnant que ceux-ci soient devenus riches et importants? S'ils avaient été vicieux, les Barbares ne les auraient pas respectés; or, il est constant que ce respect a souvent été une barrière pour arrêter les effets de leur férocité. Mosheim est forcé de convenir qu'au vii° et viii° siècle les *moines* ont soutenu les débris des lettres et des sciences, ont rassemblé et copié les livres, ont eu les seules bibliothèques qui restassent pour lors. Les monastères devinrent le dépôt des actes publics, des ordonnances des rois, des décrets des parlements, des traités entre les princes, des chartres de fondation, de tous les monuments de l'histoire. Il observe que les familles les plus distinguées se croyaient heureuses de pouvoir placer leurs enfants dans le cloître. Si les *moines* avaient été aussi déréglés qu'il le prétend, est-il probable que l'on aurait eu pour eux autant de considération et de confiance, et qu'eux-mêmes auraient travaillé avec autant d'application à se rendre utiles? Aujourd'hui pour récompense, on les accuse d'avoir falsifié les livres, les titres, les monuments. Il dit que les *moines* en imposaient au peuple par une fausse apparence de piété; mais s'ils sauvaient du moins les apparences, leur vie n'était donc pas scandaleuse. Le peuple n'a jamais été aussi aveugle ni aussi imbécile qu'on le prétend; il a eu toujours les yeux très-ouverts sur la conduite des ecclésiastiques et des *moines*, parce qu'il sait que ces deux classes d'hommes ne sont établies que pour son utilité, et qu'ils lui doivent l'exemple de toutes les vertus. Un seul qui scandalise fait plus de bruit que cent qui édifient. Il remarque encore que, dans ces temps-là, il y eut de grandes contestations entre les évêques et les *moines* touchant leurs droits et leurs possessions respectives; que ces derniers recoururent aux papes, qui les prirent sous leur juridiction immédiate; que de là sont nées les exemptions: ce fut un abus, sans doute; mais il fut l'ouvrage des circonstances, et non de l'ambition des papes, comme on affecte de le supposer. *Voy.* EXEMPTION.

Puisqu'il y eut des disputes, des intérêts opposés, et sûrement des torts de part et d'autre, ce n'est donc pas sur quelques traits d'humeur et de satire lancés contre les *moines* par des écrivains qui avaient à se plaindre d'eux, que l'on doit juger de leurs vertus et de leurs vices. De même que l'on ne doit pas ajouter beaucoup de foi à ce que les *moines* ont écrit contre le clergé séculier dans ces moments de fermentation, il est de la prudence de se défier aussi des plaintes de leurs adversaires. Mais Mosheim ne peut souffrir dans les *moines* ni les vertus, ni les vices, ni la vie solitaire, ni l'esprit social. « Dans l'Orient, dit-il, au viii° siècle, ceux qui menaient la vie la plus austère dans les déserts de l'Egypte, de la Syrie et de la Mésopotamie, étaient plongés dans une ignorance profonde, dans un fanatisme insensé, dans une superstition grossière. » L'accusation est grave, mais elle est sans preuve: on sait d'ailleurs ce qu'entendent les protestants par *fanatisme* et *superstition*; ce sont toutes les pratiques de piété usitées dans l'Eglise catholique et les austérités que l'Evangile approuve. « Ceux, poursuit-il, qui s'étaient rapprochés des villes, troublaient la société, et ils eurent souvent besoin d'être réprimés par les édits sévères de Constantin Copronyme et des autres empereurs. » Il n'a eu garde d'ajouter que ces empereurs étaient iconoclastes ou briseurs d'images, et que les *moines* soutenaient de toutes leurs forces la doctrine catholique touchant le culte des images. Il n'a pas dit que Constantin Copronyme fut un monstre de cruauté, qui fit tourmenter, mutiler, périr dans les supplices un grand nombre d'évêques, de prêtres et de *moines*, parce qu'ils ne voulaient pas imiter son impiété. *Voy.* ICONOCLASTES. Est-il permis de travestir ainsi l'histoire ecclésiastique, pour favoriser les opinions des protestants?- Il assure que dans l'Occident les *moines* ne suivaient plus aucune règle, qu'ils étaient livrés à l'oisiveté, à la crapule, à la volupté et aux autres vices, et il le prouve par la multitude des capitulaires de Charlemagne qui tendaient à les réformer. Il y eut sans doute alors plusieurs monastères peu réglés; mais si l'on veut consulter le viii° siècle des *Annales des bénédictins*, et les *Actes des saints* de cet ordre, par dom Mabillon, on verra que le mal n'était pas aussi grand ni aussi général que Mosheim voudrait le persuader. Ce qui se passait dans les Etats de Charlemagne ne prouve rien contre les *moines* d'Angleterre, d'Espagne et d'Italie.

Pour réformer le clergé séculier, on jugea qu'il fallait assujettir les prêtres qui desservaient les cathédrales à la vie commune; saint Chrodegand, évêque de Metz, écrivit pour eux une règle à peu près semblable à celle des monastères; telle est l'origine des chanoines. Ce fait n'est pas propre à prouver que la vie monastique était pour lors un cloaque de vices et de déréglements. On sait d'ailleurs que la plupart des auteurs de ce siècle dont il nous reste des écrits, ont été des abbés ou des *moines*. Il en est de même du ix*. Mosheim a remarqué que dans ces deux siècles un grand nombre de seigneurs, de princes, de souverains, renoncèrent à leur fortune et à leur dignité, et se confinèrent dans les cloîtres pour servir Dieu. On vit les empereurs et les rois choisir des *moines* pour en faire leurs ministres, leurs envoyés dans les cours, leurs hommes de confiance. Cet historien n'en soutient pas moins qu'en général les *moines* étaient déréglés, puisque Louis le Débonnaire se servit de saint Benoît d'Aniane pour les réformer, pour rétablir la discipline monastique, pour réunir les monastères sous la même règle et sous le même régime. Si cela prouve que tous n'étaient pas des saints, cela démontre aussi que, de tous les états de la société, celui-ci était encore le moins mauvais et dans lequel il y avait le moins de vices, et que jamais on ne lui a pardonné aucun désordre. On ne peut pas disconvenir que le relâchement de l'état monastique pendant ces deux siècles ne soit venu des désordres du gouvernement féodal. La licence avec laquelle les seigneurs pillaient les monastères, s'en appropriaient les revenus, sous prétexte de protection ou autrement, réduisit les abbés à se défendre par la force; ils armèrent leurs vassaux, se mirent à leur tête et se rendirent redoutables. Ils furent admis aux parlements avec les évêques, et commencèrent à faire comparaison avec eux; ils prirent parti dans les guerres civiles comme les autres seigneurs. Les Normands qui couraient la France achevèrent de tout ruiner. Les *moines* qui pouvaient échapper à leurs ravages quittaient l'habit, revenaient chez leurs parents, prenaient les armes, ou faisaient quelque trafic pour vivre. Il n'est pas surprenant que les monastères qui restaient sur pied fussent souvent occupés par des *moines* ignorants qui savaient à peine lire leur règle, gouvernés par des supérieurs étrangers ou intrus. Mais ce n'est pas sur ces temps d'anarchie et de calamité qu'il faut juger des *moines* de l'univers entier.

Dans le x* siècle, saint Odon, abbé de Cluny, fit dans son ordre une réforme qui fut presque généralement adoptée, mais qui, suivant Mosheim, consistait principalement en pratiques minutieuses et incommodes. Il nomme ainsi l'abstinence et le jeûne, la clôture plus sévère, l'assiduité au chœur, la privation des commodités superflues, etc. Mais ce sont ces prétendues minuties qui entretiennent la fidélité à la règle, nourrissent la piété et soutiennent la vertu. Si les *moines* avaient été pour lors sans lois, sans mœurs, sans religion, et habitués à des vices grossiers, auraient-ils été aussi aisés à réformer? un seul homme en serait-il venu à bout? On n'a rien reproché aux Orientaux dans ce siècle, ni dans le précédent, ni dans le xi*, parce qu'ils ne furent pas tourmentés comme les Européens.

A cette nouvelle époque, nous trouvons encore dans Mosheim une contradiction palpable. Il dit que tous les écrivains de ce temps-là parlent de l'ignorance, des fourberies, des contestations, des déréglements, des crimes et de l'impiété des *moines*; que cependant ils étaient considérés, honorés et enrichis, parce que les séculiers, qui étaient encore plus vicieux et plus ignorants qu'eux, se flattaient d'expier tous leurs crimes par les prières des *moines* achetées à prix d'argent; que cependant ceux de Cluny étaient les plus estimés et les plus respectés, parce qu'ils semblaient être les plus réguliers et les plus vertueux. De ce tableau, évidemment trop chargé, il résulte déjà que les laïques de ce siècle n'étaient ni assez stupides pour ne pas distinguer parmi les *moines* ceux qui paraissaient les plus réguliers, ni assez corrompus pour ne pas les estimer plus que les autres. Cela posé, on ne persuadera jamais que les séculiers aient pu avoir aucune confiance aux prières d'une classe d'hommes que les écrivains de notre temps peignent comme des scélérats et des impies. Aussi cette prétendue scélératesse n'est-elle prouvée par le témoignage d'aucun écrivain contemporain. On pourra peut-être citer dans l'histoire quelques faits particuliers très-odieux, mais c'est une injustice et une inconséquence de conclure du particulier au général. Il en résulte, en second lieu, que les désordres, vrais ou faux, reprochés aux *moines*, n'étaient point le vice de leur état, mais le vice du siècle; que, vu l'excès de la corruption qui régnait universellement pour lors, il était à peu près impossible qu'elle ne pénétrât pas dans les cloîtres; et l'on pourrait porter à peu près le même jugement de notre propre siècle. Quand l'impiété, l'irréligion et la morale pestilentielle des philosophes incrédules viendraient à se glisser jusque dans les monastères, il ne s'ensuivrait rien contre la sainteté de l'état monastique.

C'est dans le xi* siècle que saint Romuald fonda en Italie l'ordre des camaldules, saint Jean Gualbert celui de Vallombreuse; que l'abbé Guillaume forma en Allemagne la congrégation d'Hirsauge, et que saint Robert, abbé de Molesme, fit éclore en France l'ordre de Cîteaux; ils firent revivre toute la sévérité de la règle de saint Benoît. Voilà donc toujours des *moines* qui consentent à rentrer dans la régularité, et qui trouvent dans leur règle primitive le moyen de se réformer. C'est cependant contre la règle même que les protestants et les incrédules déclament; mais lorsqu'ils auront poussé l'erreur, l'impiété, l'irréligion, jusqu'au comble, qui les réformera? Sur la fin de ce même siècle commença l'ordre des chartreux; Mosheim convient qu'il n'en est aucun qui ait conservé plus constamment la ferveur de sa première institution: depuis sept siècles entiers il n'a pas eu besoin de réforme.

On sait l'éclat que saint Bernard, par ses talents et par ses vertus, donna pendant le xii* siècle, à l'ordre de Cîteaux, et l'abbé Suger à celui de saint Benoît. Ces deux grands hommes ont cependant trouvé des censeurs : le mérite éminent en aura toujours. Mosheim parle désavantageusement du premier, et ne dit rien du second. Il insiste sur les contestations et l'inimitié que la diversité des intérêts fit bientôt naître entre ces deux ordres religieux, et les disputes qui survinrent entre les *moines* et les chanoines réguliers. On ne voit point que ces dissensions aient altéré la pureté des mœurs dans ces différents corps. Les autres ordres qui furent institués dans ce même siècle, celui de Fontevrault, celui des prémontrés et celui des Carmes, sont une preuve que l'on continuait à estimer l'état monastique. Le nombre de ces ordres augmenta beaucoup dans le xiii*; notre historien est forcé d'avouer qu'il y eut parmi les *moines* de vrais savants ; que les dominicains espagnols étudièrent la langue et la littérature arabe pour pouvoir travailler à la conversion des Juifs et des Sarrasins, ou des Maures mahométans ; c'est alors que l'on vit naître les ordres mendiants. Mosheim convient que leur institution fut l'effet de la nécessité dans laquelle se trouvait l'Eglise. Le clergé séculier négligeait ses fonctions, laissait manquer les peuples de secours spirituels, et les anciens *moines* s'étaient beaucoup relâchés. Les hérétiques, divisés en plusieurs sectes, se réunissaient à soutenir que les ministres de l'Eglise devaient ressembler aux apôtres, et pratiquer la pauvreté volontaire ; les docteurs de ces sectes en faisaient profession, ne cessaient de déclamer contre les richesses et les mœurs relâchées du clergé et des *moines*, et les peuples se laissaient séduire par ces invectives. A la pauvreté fastueuse et insolente des sectaires, il fallut opposer l'exemple d'une pauvreté humble et modeste, jointe à une vie austère et mortifiée. C'est ce qui fit propager en peu de temps les ordres des dominicains, des franciscains, des carmes et des augustins. Notre historien avoue qu'ils rendirent d'abord de très-grands services, que leur zèle et la pureté de leurs mœurs inspirèrent aux peuples le respect et la confiance ; mais il observe qu'il en résulta de très-grands abus. Les mendiants, singulièrement protégés par les papes et par les souverains, se mêlèrent de toutes les affaires, se chargèrent de toutes les fonctions, débauchèrent les peuples à leurs pasteurs, empiétèrent sur les droits des évêques, portèrent le trouble dans les universités dans lesquelles ils occupaient des chaires, séduisirent les ignorants par de fausses révélations et de faux miracles, fatiguèrent même les souverains pontifes par leurs dissensions et leurs erreurs. Ainsi le mal ne manque presque jamais de naître du bien ; c'est l'histoire de tous les siècles et la destinée de la nature humaine : mais faut-il nous abstenir de faire du bien, de peur que dans la suite il n'en arrive du mal ? Si les laïques avaient été moins imprudents, les *moines* mendiants n'auraient pas eu l'occasion d'oublier si aisément leurs devoirs et leur destination. Nous continuons d'en conclure que les peuples n'ont jamais estimé les ministres de la religion qu'à proportion des services qu'ils en ont tirés. Les dissensions et les disputes entre les religieux mendiants et les autres corps ecclésiastiques ont duré pendant tout le xiv* siècle. Les premiers ont été accusés d'énerver la discipline ecclésiastique, de pervertir l'esprit du christianisme, d'amuser les peuples par des dévotions minutieuses, et souvent superstitieuses, etc. De nos jours, les mêmes reproches ont été renouvelés contre les jésuites, auxquels on n'a cependant pu imputer l'ignorance, ni la corruption des mœurs. Quelques docteurs d'un caractère trop ardent exagérèrent ces abus, reprochèrent aux souverains pontifes de les fomenter, allèrent jusqu'à blâmer absolument les pratiques desquelles ils voyaient naître de mauvais effets ; tels furent Jean Wiclef en Angleterre, et Jean Hus dans le siècle suivant. De ce foyer sont sorties les étincelles qui ont embrasé le xvi* siècle, et qui ont fait éclore le schisme des protestants. Mosheim dit que l'on a tenté vainement de corriger les *moines* pendant près de trois siècles ; que rien n'a pu dompter le caractère insolent, hargneux, ambitieux, opiniâtre, superstitieux des mendiants, non plus que la fainéantise, l'ignorance et le libertinage des autres. Il est fâcheux que Luther, premier fondateur de la réforme, ait été élevé dans une pareille école et en ait contracté tous les vices.

Bingham, quoique prévenu contre l'Eglise romaine, a parlé des *moines* avec plus de modération ; il ne s'est pas emporté contre eux ; il semble même approuver l'état monastique tel qu'il était dans son origine. Il ne blâme chez les religieux que la cessation du travail des mains, les vœux, l'élévation des moines à la cléricature, et les exemptions qu'ils ont obtenues. On voit évidemment que Mosheim ne les a noircis, dans tous les siècles, qu'afin de persuader qu'au xvi*, ils avaient absolument changé le fond même du christianisme, et qu'il était indispensablement nécessaire de le réformer, ou plutôt de le créer de nouveau. Mais des invectives dictées par le besoin de système ne peuvent pas faire beaucoup d'impression sur des hommes instruits.

Malgré toute la bile qu'il a vomie contre eux, il demeure certain, 1° que l'état monastique est venu non-seulement des persécutions du christianisme, et du malheureux état des peuples sous le gouvernement romain, toujours dur et tumultueux, mais du désir de trouver le vrai bonheur, que Jésus-Christ fait consister dans la pauvreté volontaire, dans les larmes de la pénitence, dans le désir ardent de la justice et de la perfection, dans la persévérance à porter la croix ; que cet état n'inspire point le vice, mais la vertu, et qu'il en a donné de grands modèles dans tous les temps. Depuis que les religieux de la Trappe et de Sept-Fonts retracent parmi nous la vie des cénobites de la Thébaïde, a-t-on eu lieu de suspecter leurs mœurs et de douter de la sincérité de leurs vœux ? Leur exemple a fait une infinité de conversions, et il en fera toujours ; l'admiration qu'il cause n'est point un étonnement stupide et mal fondé, comme le prétendent les incrédules, mais un juste tribut que l'humanité doit à la *vertu* qui, selon l'énergie du terme, est la *force de l'âme*. — 2° Il est incontestable que les changements survenus dans la discipline de l'état monastique, comme les vœux, la stabilité, l'usage d'élever les *moines* à la cléricature, les exemptions, les congrégations, les réformes, ont été faits par nécessité et pour un plus grand bien; vouloir que les religieux eussent persévéré dans le même régime pendant dix-sept siècles, dans les divers climats, et malgré toutes les révolutions survenues dans le monde, c'est méconnaître la nature de l'homme. Faut-il renoncer à la vertu parce qu'elle ne peut jamais être assez constante, ni assez parfaite? Quand on a eu le malheur de s'en écarter, il faut y revenir et tenter de nouveaux efforts. Lorsque les *moines* se sont relâchés, il n'a jamais été impossible de les reformer; il n'a fallu pour cela qu'un homme sage et courageux. — 3° L'on ne peut pas nier que dans tous les temps ils n'aient rendu de grands services, surtout pour les missions. En Orient, saint Siméon Stylite, que l'on a voulu faire passer pour un insensé, a cependant converti au christianisme les Libaniotes encore idolâtres, et une partie de l'Arabie; Mosheim en convient. L'Occident est redevable aux *moines* de la conversion des peuples du Nord, de leur civilisation et de la tranquillité de l'Europe depuis cet événement. Ils ont contribué plus que personne à diminuer la férocité des Barbares, à sauver les débris des sciences et des arts, à réparer les ruines de nos malheureuses contrées; ils ont défriché les forêts, et ont rassemblé autour d'eux les peuples désolés. Pendant huit ou dix siècles, la plupart des grands évêques ont été tirés du cloître. Aujourd'hui encore une partie des ordres religieux envoie des missionnaires dans les trois parties du monde qui en ont le plus besoin. Ils font cultiver ce que leurs prédécesseurs ont défriché; plusieurs dans les différents ordres s'appliquent aux sciences avec succès; ils rassemblent et débrouillent tous les monuments de l'antiquité, ils nourrissent des pauvres, ils exercent l'hospitalité; les monastères sont un refuge pour les familles surchargées d'enfants, et ceux qui s'y retirent rendent quelquefois plus de services à leurs parents que s'ils étaient restés dans le monde. Un grand nombre aident le clergé séculier dans ses fonctions. Il est bien absurde de fouiller dans tous les coins de l'histoire, pour y découvrir les vices des *moines*, sans jamais dire un mot de leurs vertus ni de leurs services, ou de ne faire mention de leurs travaux que pour les déprimer et en empoisonner le motif. D'un côté, l'on ne cesse d'insister sur leur oisiveté, et de l'autre on les représente toujours agissant dans la société, et occupés à y faire du mal. Il serait à souhaiter, sans doute, que dans tous les temps les religieux eussent été tous humbles, modestes, désintéressés, attachés à leur règle, renfermés chez eux, moins attentifs à se prévaloir de leurs services et de la confiance des peuples. Mais l'humanité est-elle capable de cette perfection évangélique? Pour se rendre utiles, il a fallu fréquenter les laïques, et leur vertu n'y a jamais rien gagné; souvent, au lieu de réformer les mœurs publiques ils ont contracté une partie de la contagion : c'est le danger auquel sont exposés tous ceux qui travaillent au salut des âmes. — 4° Mosheim et ses pareils en imposent, lorsqu'ils représentent l'état monastique comme absolument dépravé au XVI° siècle. Il pouvait être fort déchu en Allemagne, et dans les pays du Nord, parce que la crapule est un vice inhérent au climat; mais encore une fois, les protestants devraient se souvenir que le plus grand nombre des apôtres de la réforme ont été des *moines* échappés du cloître, et qui en ont conservé tous les vices, au lieu d'en pratiquer les vertus.

Dans les décrets de réforme faits par le concile de Trente, nous ne voyons rien qui prouve que l'état monastique avait besoin d'être absolument changé; ces décrets ont plutôt pour objet de maintenir la discipline telle qu'elle était, que d'en introduire une meilleure. Les anciennes lois étaient bonnes, il n'était question que de les faire exécuter. Mosheim blesse encore davantage la vérité, lorsqu'il dit que, même après le concile de Trente, la fainéantise, la crapule, l'ignorance, la friponnerie, l'impudicité, les disputes, n'ont pas été bannies des cloîtres, mais que l'on a eu seulement plus soin de les cacher, afin de donner à entendre qu'elles n'y règnent plus aujourd'hui. N'y en a-t-il plus chez les protestants? Nous devons savoir mieux qu'eux quelles sont les mœurs du cloître, puisque nous les voyons de plus près qu'eux.

Le plus célèbre des philosophes incrédules, dans un moment de flegme, a reconnu l'absurdité des satires qu'il a lancées contre l'état religieux, et que tant d'autres écrivains ont copiées. « Ce fut longtemps, dit-il, une consolation pour le genre humain qu'il y eût des asiles ouverts à tous ceux qui voulaient fuir les oppressions du gouvernement goth et vandale. Presque tout ce qui n'était pas seigneur de château était esclave; on échappait, dans la douceur des cloîtres, à la tyrannie et à la guerre... Le peu de connaissances qui restait chez les barbares fut perpétué dans les cloîtres. Les bénédictins transcrivirent quelques livres; peu à peu il sortit des monastères des inventions utiles; d'ailleurs, ces religieux cultivaient la terre, chantaient les louanges de Dieu, vivaient sobrement, étaient hospitaliers, et leurs exemples pouvaient servir à mitiger la férocité de ces temps de barbarie. On se plaignit que bientôt après les richesses corrompirent ce que la vertu avait institué.... On ne peut nier qu'il n'y ait eu dans le cloître de grandes vertus. Il n'est guère encore de monastères qui ne renferment des âmes admirables qui font honneur à la nature humaine. Trop d'écrivains se sont plus à rechercher les désordres et les vices dont furent souillés quelquefois ces asiles de la piété. Il est certain que la vie séculière a toujours été plus vicieuse, que les grands crimes n'ont pas été commis dans les monastères, mais ils ont été plus remarqués par leur contraste avec la règle; nul état n'a toujours été pur. Il faut n'envisager ici que le bien général de la société; le petit nombre de cloîtres fit d'abord beaucoup de bien, le trop grand nombre peut les avilir..... »

Il dit que « Les chartreux, malgré leurs richesses, sont consacrés sans relâchement au jeûne, au silence, à la prière, à la solitude : tranquilles sur la terre au milieu de tant d'agitations dont le bruit vient à peine jusqu'à eux, et ne connaissant les souverains que par les prières où leurs noms sont insérés. »

En parlant de ceux qui ont trop déclamé contre les religieux en général, « Il fallait avouer, dit-il, que les bénédictins ont donné beaucoup de bons ouvrages, que les jésuites ont rendu de grands services aux belles-lettres ; il fallait bénir les frères de la charité et ceux de la rédemption des captifs. Le premier devoir est d'être juste... Il faut convenir, malgré tout ce que l'on a dit contre leurs abus, qu'il y a toujours eu parmi eux des hommes éminents en science et en vertu, que s'ils ont fait de grands maux ils ont rendu de grands services, et qu'en général on doit les plaindre encore plus que les condamner..... Les instituts consacrés au soulagement des pauvres et au service des malades ont été les moins brillants, et ne sont pas les moins respectables. Peut-être n'est-il rien de plus grand sur la terre que le sacrifice que fait un sexe délicat, de la beauté, de la jeunesse, souvent de la haute naissance, pour soulager dans les hôpitaux ce ramas de toutes les misères humaines, dont la vue est si humiliante pour l'orgueil, et si révoltante pour notre délicatesse. Les peuples séparés de la communion romaine n'ont imité qu'imparfaitement une charité si généreuse..... Il est une autre congrégation plus héroïque : car ce nom convient aux trinitaires de la rédemption des captifs ; ces religieux se consacrent depuis cinq siècles à briser les chaînes des chrétiens chez les Maures. Ils emploient à payer les rançons des esclaves leurs revenus et les aumônes qu'ils recueillent, et qu'ils portent eux-mêmes en Afrique. On ne peut se plaindre de tels instituts. » *Essais sur l'Hist. gén.*, t. IV, c. 135; *Quest. sur l'Encyc., Apocalypse, Biens d'Eglise*, etc.

On sait que les prêtres de la mission de saint Lazare, les capucins et d'autres religieux prennent aussi part à cette bonne œuvre, si digne de la charité chrétienne. Il y a eu au XIIe siècle un institut de *religieux pontifes* qui s'étaient dévoués à la construction des ponts et à la réparation des grands chemins. Nous ne devons pas passer sous silence ceux qui se consacrent à l'instruction des enfants pauvres, et qui tiennent les écoles de charité. *Voy.* Hospitaliers, Rédemption, Ecoles, etc. Il est étonnant que les protestants, lorsqu'ils parlent des *moines*, soient moins équitables que les philosophes incrédules ; mais ils ont bien d'autres torts à se reprocher. Nous parlerons ci-après des richesses des *moines*.

Monastique (État) ou religieux. On sait ce que c'est, par l'histoire que nous venons d'en faire. Pour en juger avec plus d'équité que les esprits superficiels ou prévenus, il est à propos de consulter le huitième *Discours* de l'abbé Fleury sur l'*Histoire ecclésiastique;* l'ouvrage intitulé *de l'Etat religieux*, Paris, 1784 ; le *Mémoire d'un savant avocat sur l'état des Ordres religieux en France*, qui a paru en 1787; les *Vues d'un solitaire patriote*, etc. Nous avons déjà vu que les jugements qu'en portent les hérétiques et les incrédules sont contradictoires. Suivant ces derniers, le christianisme est un vrai *monachisme;* les vertus qu'il recommande, les pratiques qu'il prescrit, le renoncement au monde qu'il conseille, ne conviennent qu'à des *moines*; c'est déjà nous dire assez clairement que la profession religieuse n'est autre chose que la pratique exacte de l'Evangile. D'autre part les protestants soutiennent que la vie *monastique* est directement contraire; que l'esprit de notre religion tend à nous réunir en société, nous porte à nous secourir les uns les autres, nous attache à tous les devoirs de la vie civile, au lieu que l'esprit du cloître nous rend isolés, indolents, insensibles aux besoins et aux maux de nos semblables. En attendant qu'ils se soient accordés, nous soutenons que l'état religieux est très-conforme à l'esprit du christianisme, qu'il n'est point pernicieux, mais plutôt utile à la société.

Saint Jean nous avertit qu'il n'y a rien autre chose dans le monde, que convoitise de la chair, concupiscence des yeux, et orgueil de la vie (*I Joan.* II, 16). Ce tableau n'était que trop vrai dans le temps auquel cet apôtre parlait, et il ne l'est pas moins aujourd'hui. Voilà le monde auquel Jésus-Christ nous ordonne de renoncer, duquel il dit à ses disciples : *Vous n'êtes pas de ce monde, je vous ai tirés du monde*, etc.; et il était venu pour le réformer. Les moines ont-ils tort de s'en séparer ? Ils ont renoncé aux convoitises de la chair par le vœu de chasteté et par la pratique de la mortification ; à la concupiscence des yeux, ou au désir des richesses, par le vœu de pauvreté ; à l'orgueil de la vie, par le vœu d'obéissance et par l'exactitude à suivre une règle. En quel sens cela est-il contraire à l'Evangile ? D'autre côté, il n'est pas vrai que par ce renoncement les *moines* se rendent inutiles au monde et au secours de leurs semblables; il y a plusieurs manières de contribuer au bien commun, et il est permis de choisir. Jamais il ne sera inutile de prier assidûment pour nos frères, de leur donner l'exemple des vertus chrétiennes, de leur prouver que l'on peut trouver le bonheur, non en contentant les passions, mais en les réprimant. C'est la destination des *moines*. Toutes les fois qu'ils ont pu se rendre utiles à la société d'une autre manière, ils ne l'ont pas refusé. Déjà nous avons exposé plusieurs de leurs services, mais nous n'en avons pas fait une énumération complète. Il y a des espèces de travaux qui ne peuvent être exécutés que par des sociétés ou de grandes communautés, pour lesquels il faut des ouvriers qui agissent de concert et qui se succèdent, comme les missions, les collèges, les grandes collections littéraires, etc. Une preuve que cela ne peut pas se faire autrement, c'est que jamais de simples laïques ne l'ont entrepris, et jamais les récompenses que les hommes peuvent donner ne feront exécuter ce qu'inspire la religion à des prêtres ou à des *moines* pauvres, détachés de ce monde, pieux et charitables. Un protestant plus sensé et plus judicieux que les autres, en est convenu dans un ouvrage très-récent. *Voy.* COMMUNAUTÉ.

Même contradiction de la part de nos censeurs au sujet de la conduite des *moines*. Lorsqu'ils sont demeurés dans la solitude, on leur a reproché de mener la vie des ours ; lorsque des révolutions fâcheuses les ont forcés de se rapprocher des villes, on a imaginé que c'était par ambition : tant qu'ils se sont bornés au travail des mains et à la prière, on a insisté sur leur ignorance ; dès qu'ils se sont livrés à l'étude, on les a blâmés d'avoir renoncé à leur première profession, et l'on a prétendu qu'ils avaient retardé le progrès des sciences. Nos profonds raisonneurs ne pardonnent pas plus la vie austère et mortifiée dans laquelle les *moines* orientaux persévèrent depuis seize siècles, que le relâchement qui s'est introduit peu à peu dans les ordres religieux de l'Occident. S'ils sont pauvres, ils sont à charge au peuple ; s'ils sont riches, on opine à les dépouiller ; s'ils sont pieux et retirés, c'est superstition et fanatisme ; s'ils paraissent dans le monde, on dit que c'est pour s'y dissiper. Comment contenter des esprits bizarres, qui ne peuvent souffrir dans les *moines* ni le repos, ni le travail, ni la solitude, ni l'esprit de société, ni les richesses, ni la pauvreté ?

Un écrivain récent, qui a publié ses voyages, a trouvé bon de se donner carrière sur ce sujet. « Dans toutes les religions, dit-il, l'on a vu des enthousiastes s'isoler dans les déserts, passer leur vie dans les mortifications et les prières ; mais cette pieuse effervescence ne fut pas de longue durée. Les descendants de ces pieux anachorètes se rapprochèrent bientôt des villes, et paraissant ne s'occuper que de Dieu, leurs regards se portèrent avidement sur la terre ; ils voulurent être honorés, puissants et riches, quoiqu'ils affectassent le mépris des grandeurs, le désintéressement et l'humilité la plus profonde. S'ils recueillaient de brillants héritages, ce n'était que pour empêcher qu'ils ne tombassent dans des mains profanes, ou pour faciliter aux hommes le moyen de gagner le ciel par l'exercice de la charité. S'ils bâtissaient des palais superbes, ce n'était pas pour se loger d'une manière agréable, mais pour laisser un monument de la piété généreuse de leurs bienfaiteurs. Et comment ne pas les croire ? Ils avaient l'extérieur si pénitent, leur mépris pour les jouissances passagères de ce monde paraissait être de si bonne foi, qu'on les voyait se livrer à toutes les douceurs de la vie, sans se douter qu'ils en eussent l'idée : tels ont été les ministres de toutes les religions. »

Cette tirade satirique, assez déplacée dans une histoire de voyage, n'est fondée que sur une ignorance affectée des faits que nous avons établis ; mais l'auteur l'a jugée nécessaire pour donner plus de mérite à sa relation, en la conformant au goût de ce siècle. — 1° Ce qu'il dit ne peut tomber que sur les ordres *religieux* de l'Occident, puisqu'il est incontestable que, depuis seize cents ans, les *moines* orientaux mènent une vie aussi austère, aussi retirée et aussi pauvre que dans leur origine. A peine peut-on citer dans tout l'Orient et dans l'Egypte quelques monastères riches ou bien bâtis. Ce ne peut donc pas être l'appât d'une vie commode qui engage les Grecs, les Cophtes, les Syriens, les Arméniens ni les nestoriens, à embrasser la vie *monastique*. Les voyageurs nous attestent qu'ils ont retrouvé parmi ces *moines* la discipline primitive établie par les fondateurs. Il n'est pas moins certain que ce furent les massacres commis par les Barbares dans les déserts de la Thébaïde, qui forcèrent les *moines* à se réfugier dans les villes. On ne peut pas nier que quand les évêques ont choisi des *moines* pour collègues, et que les peuples ont désiré de les avoir pour pasteurs, ils n'y aient été engagés par le mérite personnel et par les vertus de ceux sur lesquels on jetait les yeux. Cet usage persévère encore dans tout l'Orient, et lorsqu'un *moine* est élevé à l'épiscopat, à peine change-t-il quelque chose dans sa façon de vivre. Voilà déjà une grande partie du monde chrétien, dans laquelle la censure de notre voyageur philosophe se trouve absolument fausse. — 2° De même que dans l'Egypte la vie *monastique* a commencé à l'occasion des persécutions, de sorte les ravages causés par les Barbares qui l'ont fait naître, et qui ont multiplié les monastères dans l'Occident. Les *moines* ne se sont rapprochés des villes que quand le clergé séculier fut presque anéanti, et quand les peuples eurent besoin d'eux pour recevoir les secours spirituels. Plusieurs monastères bâtis d'abord dans les lieux écartés, sont devenus des villes, parce que les peuples s'y réfugièrent dans les temps malheureux. Comment se sont-ils enrichis ? Par la quantité des terres incultes qu'ils ont défrichées, par la multitude des colons qu'ils ont rassemblés, par les restitutions des grands qui avaient pillé les biens ecclésiastiques, par la dîme qui leur a été accordée lorsqu'ils servaient de curés ou de vicaires, par les dons volontaires des riches, lorsque les monastères étaient les seuls hôpitaux et les seules ressources contre la misère publique. Il n'a donc pas été nécessaire que les *moines* employassent l'hypocrisie, les fraudes pieuses ni la superstition, pour amasser des richesses ; on leur donnait sans qu'ils demandassent, parce que la charité n'avait pour lors point d'autre moyen de s'exercer, et que les *moines* étaient les seuls ministres de charité. Quand on veut blâmer ce qui s'est fait dans les différents siècles, il faut commencer par en étudier l'histoire, et voir quelles ont été les vraies causes des événements. —3° Ces richesses ne pouvaient pas manquer d'introduire le relâchement dans les monastères ; mais d'autres causes y ont contribué : les pillages fréquents qu'ils ont essuyés ont eu des suites plus fâcheuses pour les mœurs que la possession paisible de leurs biens. Toutes les fois que ce malheur est arrivé, le peuple a cessé d'avoir les *religieux* en même respect et la même confiance ; ce n'est pas dans les temps de relâchement qu'il a été tenté de leur faire des dons ; jamais il n'a eu pour eux d'estime qu'à proportion de l'utilité qu'il en retirait, et de la régularité qu'il voyait régner parmi eux. Il suffit de considérer sa conduite actuelle pour en être convaincu. —4° Le trait lancé par l'auteur contre les ministres de toutes les religions mérite à peine d'être relevé. C'est une absurdité de vouloir nous donner des *moines* du christianisme la même idée que des bonzes de la Chine, des faquirs de l'Inde, des talapoins siamois et des derviches mahométans. A-t-on vu, parmi ceux-ci, les mêmes vertus par lesquelles un grand nombre de *moines* se sont distingués ; et ont-ils jamais rendu à la société les mêmes services ? Dans un moment, nous répondrons au reproche d'inutilité que l'on a fait à l'*état monastique*.

Mais les protestants sont allés plus loin ; ils soutiennent que cet *état* est par lui-même contraire à l'esprit du christianisme. 1° Jésus-Christ, disent-ils, commande principalement à ses disciples l'union et la charité ; les *moines*, au contraire, veulent s'isoler et ne vivent que pour eux ; ils fuient le monde, sous prétexte d'en éviter la corruption, et saint Paul nous enseigne que ce n'est point là un motif légitime de s'en séparer (*I Cor.* v, 10). L'Évangile ne commande point les mortifications, Jésus-Christ n'en a pas donné l'exemple ; elles peuvent nuire à la santé et abréger la vie, c'est une espèce de suicide lent et cruel. Lorsque saint Basile a recommandé aux *moines* un extérieur triste, négligé, dégoûtant, il a oublié que Jésus-Christ a défendu à ceux qui jeûnent de paraître tristes comme des hypocrites (*Matth.* vi, 16). Saint Paul décide que celui qui ne veut pas travailler ne doit pas manger (*II Thess.* iii, 10) ; et la vie *monastique* est une profession publique d'oisiveté. La méthode ordinaire des protestants est de chercher dans l'Écriture sainte ce qui paraît favorable à leurs opinions, et de passer sous silence tout ce qui les condamne. Jésus-Christ répète souvent à ses disciples qu'ils ne sont pas de ce monde, que le monde les haïra, qu'il les a tirés du monde (*Joan.* xv, 19 ; xvii, 14, etc.). Saint Pierre lui dit : « Nous avons tout quitté pour vous suivre (*Matth.* xix, 17). » Saint Jean dit à tous les fidèles : « N'aimez point le monde, ni ce qu'il renferme : celui qui l'aime n'aime pas Dieu, etc. (*I. Joan.* ii, 15, etc.). » Dans le passage que l'on nous objecte, saint Paul dit que s'il fallait se séparer de tous les hommes vicieux, il faudrait sortir de ce monde ; cela n'est ni possible ni permis à ceux qui tiennent à la société par des fonctions, des devoirs, des ministères publics ou particuliers qu'ils doivent remplir : mais s'ensuit-il que ceux qui en sont exempts n'ont pas droit de profiter de leur liberté, lorsqu'ils sentent qu'il y a pour eux du danger à demeurer dans le monde ? D'ailleurs, nous ne voyons pas en quel sens un homme qui se destine à vivre en communauté avec plusieurs autres, et à leur rendre tous les services qu'exige ce genre de vie, veut être isolé et ne vivre que pour lui. Une des meilleures manières d'exercer la charité envers nos semblables est de leur donner bon exemple, de leur montrer ce que c'est que la *vertu*, c'est-à-dire la force de l'âme, jusqu'où elle peut aller et de quoi l'homme est capable lorsqu'il veut se faire violence. Or, c'est la leçon que les *moines* fidèles à leurs engagements ont donnée dans tous les temps. Ils ne se sont pas bornés à prier pour les autres, mais ils ont consenti à quitter la solitude, et à leur rendre service toutes les fois qu'il a été nécessaire. Saint Antoine en sortit deux fois pendant sa vie ; la première, pendant la persécution de Maximin, pour assister les fidèles exposés aux tourments ; la seconde, pendant les troubles de l'hérésie d'Arius, pour rendre un témoignage public de sa foi. Où est donc ici le défaut de charité chrétienne ?

Les protestants nous en imposent, lorsqu'ils disent que Jésus-Christ n'a donné ni leçons, ni exemples de mortifications. Nous avons déjà remarqué qu'il a loué la vie solitaire, pénitente, austère de saint Jean-Baptiste ; il dit de lui-même qu'il n'avait pas où reposer sa tête (*Luc.* ix, 58). Il ne tenait qu'à lui de vivre plus commodément, puisqu'il disposait souverainement de toute la nature. Saint Paul a loué de même la vie solitaire et mortifiée des prophètes (*Hebr.* xi, 37 et 38) ; il dit : « Je châtie mon corps et le réduis en servitude, etc. (*I Cor.* ix, 27). Nous portons toujours sur notre corps la mortification de Jésus-Christ, afin que sa vie paraisse en nous (*II Cor.* iv, 10). » Selon le témoignage de Tertullien, les premiers chrétiens vivaient de même. *Voy.* Mortification. L'exemple des anciens *moines* n'est pas propre à nous persuader que la vie austère est contraire à la santé, et abrège nos jours. Saint Paul, premier ermite, après avoir passé quatre-vingt-dix ans dans l'exercice de la pénitence, mourut à l'âge de cent quatorze ans; et saint Antoine parvint à l'âge de cent six. Il y a plus vieillards à la Trappe et à Sept-Fonts que dans aucun autre état de la vie à proportion. Lorsque saint Basile a voulu que les *moines* eussent un extérieur mortifié et pénitent, il n'a pas entendu qu'ils l'affecteraient par vanité, comme les hypocrites dont parle Jésus-Christ; un motif vicieux suffit pour rendre criminelles les actions les plus louables. Quant à l'oisiveté prétendue des *moines*, nous répondons qu'il y a des travaux de plusieurs espèces. Prier, lire, méditer, chanter les louanges de Dieu, rendre des services à ses frères, vaquer aux différents offices d'une maison, c'est être occupé; et ce genre de vie est plus laborieux que celui de la plupart des censeurs qui le blâment. *Voy.* Oisif, Oisiveté. — 2° Cependant l'on s'obstine à dire que les *moines* sont inutiles au monde. Nous avons observé, au contraire, que la plupart des ordres religieux ont été institués par des motifs d'utilité publique, et que dans les différents siècles ils ont rendu en effet les services que l'on en attendait. Les religieux hospitaliers, ceux qui se destinent aux missions, les bénédictins, célèbres par leurs recherches savantes, les religieux de la rédemption des captifs, ceux qui se chargent de l'enseignement, ceux qui prêtent leurs secours aux pasteurs dans les provinces où le clergé est peu nombreux, sont non-seulement très-utiles, mais nécessaires, et il en est peu qui ne soient employés à quelques-unes de ces fonctions. Les hôpitaux, les maisons de correction, les asiles destinés aux vieillards ou aux orphelins, les colléges et les séminaires, ne peuvent être constamment et utilement desservis que par des hommes qui vivent en communauté, et animés par les motifs de charité et de religion. Que ces maisons soient séculières ou régulières, que les membres qui les composent demeurent libres d'en sortir, ou soient liés par des vœux, qu'importe au public, pourvu qu'ils remplissent fidèlement leurs devoirs? Toujours faut-il que leur état soit stable; il y aurait de la cruauté à renvoyer, dans l'âge avancé et dans l'état d'infirmité, des sujets qui ont employé leur jeunesse et leurs forces au service de la société. N'envisageons, si l'on veut, que l'intérêt politique. Chez les nations corrompues par le luxe, il est très-utile de faire subsister un grand nombre d'hommes avec le moins de dépenses qu'il est possible; or, il en coûte beaucoup moins pour entretenir vingt hommes ensemble, que si on les séparait en trois ou quatre ménages. Il faut qu'il y ait au moins quelques états dans lesquels on puisse retrancher les superfluités du luxe, vivre avec frugalité et avec une sage économie. Il y a des personnes disgraciées par la nature, maltraitées par la fortune, flétries par des malheurs, qui traîneraient une vie misérable au milieu de la société; il est bon qu'elles aient une retraite où elles puissent passer leurs jours dans le repos et dans l'obscurité. N'est-il pas de l'humanité de laisser à tout particulier la liberté d'embrasser le genre de vie qui lui plaît davantage, qui s'accorde le mieux avec son goût et avec son intérêt présent, lorsque la société n'en souffre pas? Mais l'humanité, disent nos philosophes font parade n'est pas leur vertu favorite; s'ils étaient les maîtres, ils asserviraient impérieusement à leurs idées le monde entier. — 3° Il est impossible, disent ces censeurs rigides, que le relâchement ne s'introduise bientôt dans les ordres religieux; sans cesse il faut de nouvelles réformes, et en fin de cause elles n'aboutissent à rien; de tout temps les *moines* ont été le scandale de l'Eglise. On peut persuader ce fait aux ignorants, mais non à ceux qui savent l'histoire: nous soutenons au contraire que dans tous les siècles il y a eu des religieux très-édifiants, et que dans les temps même les plus décriés ils ont encore fait plus de bien que de mal. Depuis quinze cents ans, l'on n'a remarqué presque aucun relâchement chez les *moines* orientaux; ils sont encore tels qu'ils ont été institués, et toujours également attachés à la règle de saint Basile ou à celle de saint Antoine. Depuis sept siècles, les chartreux n'ont pas eu besoin de réforme. La plupart de celles qui ont été faites dans les autres ordres ont eu un seul homme pour auteur; où est donc l'impossibilité de corriger ceux qui en ont besoin? Nous n'avons vu aucun ordre religieux se révolter contre les nouveaux règlements qu'on leur a faits; ceux mêmes que l'on a supprimés ont obéi sans résistance; nous cherchons vainement parmi eux l'esprit inquiet, brouillon, séditieux, dont on les accuse. Lorsque les protestants ont voulu les détruire, il a fallu commencer par les calomnier, et l'on poussa la tyrannie jusqu'à leur faire signer les accusations atroces que l'on forgeait contre eux. *Voy.* la *Conversion de l'Angleterre, comparée avec sa prétendue réformation*, troisième entretien, c. 5. Si aujourd'hui il y a beaucoup de relâchement parmi les religieux, ils ont cela de commun avec tous les autres états de la société. En peut-on citer un seul dans lequel la décence, la régularité des mœurs, les vertus soient les mêmes qu'elles étaient dans le siècle passé? Lorsque la corruption est générale, tous les états s'en ressentent, mais ce n'est pas aux principaux auteurs du mal qu'il convient de le déplorer et de l'exagérer. — 4° L'on ne cesse de répéter que les ordres mendiants sont une charge onéreuse au public, et que les autres sont trop riches; que les premiers emploient la séduction, les fausses dévotions, les fraudes pieuses, pour extorquer des aumônes; que les uns et les autres contribuent à la dépopulation du royaume. Mais nous avons de la peine à concevoir en quel sens les mendiants sont à charge à ceux qui ne leur donnent rien, et nous ne connaissons encore aucune taxe qui ait été faite pour forcer le peuple à les nourrir. Au mot Mendiant, nous avons fait remarquer qu'il y a dans toute l'Europe une autre espèce de mendicité beaucoup plus odieuse que la leur, et contre laquelle personne ne dit rien. Quant aux dévotions vraies ou fausses, il n'appartient pas d'en juger à ceux qui n'ont plus de religion, et qui pensent que tout acte de piété est une superstition. Il s'est glissé des abus dans plusieurs maisons religieuses, nous en convenons ; mais l'Eglise a toujours cherché et cherchera toujours à les réprimer.

A l'article CÉLIBAT, nous avons démontré par des faits, par des comparaisons, par des calculs incontestables, qu'il est faux que le célibat ecclésiastique et religieux soit une cause de dépopulation. Leibnitz, philosophe protestant et bon politique, n'a blâmé ni l'institut, ni la multitude des ordres religieux ; il voudrait seulement que la plupart fussent occupés à l'étude de l'histoire naturelle ; c'est alors, dit-il, que le genre humain ferait les plus grands progrès dans cette science. *Esprit de Leibnitz*, t. II, pag. 33. Nous savons très-bien qu'aux yeux des dissertateurs politiques le grand crime des *moines* rentés est dans les richesses qu'ils possèdent ; il nous reste à examiner ce grief.

MONASTÈRE, maison dans laquelle des religieux ou religieuses vivent en commun et observent la même règle. Au mot COMMUNAUTÉ nous avons fait remarquer les avantages de la vie commune, soit relativement à l'intérêt politique, soit par rapport aux mœurs ; nous nous sommes principalement servis des réflexions d'un philosophe protestant ; elles sont confirmées par l'expérience.

Dans l'Occident, après l'inondation des barbares, les *monastères* ont contribué plus que tout autre moyen à la conservation de la religion et des lettres. On y suivait toujours la même tradition, soit pour la doctrine, soit pour la célébration de l'office divin, soit pour la pratique des vertus chrétiennes ; l'exemple des anciens servait de règle aux plus jeunes. Dès qu'il y eut des *monastères*, on comprit qu'il était utile d'y faire élever les enfants, pour les former de bonne heure à la piété et à la vertu ; plusieurs de nos rois n'ont point eu d'autre éducation. Une des principales occupations des moines fut de copier les anciens livres et d'en multiplier les exemplaires ; sans ce travail une quantité de ceux que nous possédons aujourd'hui seraient absolument perdus. Pendant longtemps il n'y eut point d'autres écoles pour cultiver les sciences, que celles des *monastères* et des églises cathédrales, presque point d'autres écrivains que des moines ; la plupart des évêques avaient fait profession de la vie monastique ou avaient été élevés dans les *monastères*. Comme ces maisons avaient été les seuls asiles respectés par les barbares, elles furent aussi la seule ressource des peuples sous le gouvernement féodal ; lorsque le clergé séculier eut été dépouillé et anéanti, ce qui restait des biens ecclésiastiques tomba naturellement dans les mains des moines, qui étaient devenus à peu près les seuls pasteurs. Il ne faut pas perdre de vue ces réflexions, si l'on veut découvrir la vraie source de la richesse des *monastères*.

Aujourd'hui l'on dit que, depuis la renaissance des lettres et le rétablissement de l'ordre public, les services des moines ont cessé d'être nécessaires ; qu'ainsi leurs richesses sont déplacées et inutiles, qu'il faut donc faire rentrer dans le commerce des biens qui n'en sont sortis que par le malheur des temps. Est-il convenable que des hommes qui ont fait vœu de pauvreté soient plus superbement logés que les laïques les plus opulents ? La magnificence de leurs édifices semble être une insulte faite à la misère publique. Les premiers moines ont habité des cavernes ou des chaumières ; leurs successeurs ont-ils droit de se bâtir des palais ? Dans un dictionnaire géographique, composé selon l'esprit de notre siècle, on ne manque jamais, en parlant d'une ville ou d'un bourg dans lequel il y a un *monastère*, de faire contraster la somptuosité de ce bâtiment et l'opulence qui y règne, avec l'indigence et la misère des laboureurs ; d'insinuer que, s'il y a beaucoup de pauvres dans la contrée, c'est parce que les moines se sont tout approprié. Il semble que ce voisinage fatal ait rendu tous les bras perclus et suffise pour tarir la fertilité des campagnes. On confirme ces profondes réflexions en comparant la richesse et la prospérité des pays dans lesquels les *monastères* ont été supprimés, tels que l'Angleterre, une partie de l'Allemagne, la Hollande et les autres Etats du Nord, avec la pauvreté, l'inertie et la dépopulation de ceux où il y a des moines, tels que la France, l'Espagne et l'Italie ; d'où l'on conclut qu'une des plus belles opérations politiques de notre siècle serait la destruction des *monastères*. Ceux qui voudront comparer ces dissertations savantes avec le *Traité du fisc commun* que fit Luther en 1526, pour prouver la nécessité de piller les biens ecclésiastiques, y trouveront un peu plus de décence et beaucoup plus d'esprit, mais ils y verront le même caractère.

Examinons donc de sang-froid si la richesse des *monastères* est, dans l'origine, aussi odieuse qu'on le prétend ; si l'usage en est contraire au bien public ; si, en dépouillant les possesseurs, on produirait les heureux effets que l'on nous promet.

1° Nous avons déjà indiqué sommairement les divers moyens par lesquels les moines ont acquis les biens qu'ils possèdent. Ils ont défriché, soit par eux-mêmes, soit par leurs colons, une grande quantité de terres incultes. Parmi les Seigneurs qui avaient usurpé les biens ecclésiastiques, à la décadence de la maison de Charlemagne, plusieurs, touchés de remords, restituèrent aux *monastères* ce qu'ils avaient enlevé au clergé séculier, parce que les moines avaient succédé à ses fonctions lorsqu'il fut anéanti. Fleury, *Disc. 2. sur l'Hist. ecclés.* ; Mézerai, *Etat de l'Eglise de France au* xi$^e$ *siècle* ; *Esprit des Lois*, l. xxxi, c. xi. Par la même raison, la dîme leur fut accordée lorsqu'ils remplissaient les devoirs de pasteurs ; et ils ont conservé dans un grand nombre de paroisses le titre de *curés primitifs.* D'autres seigneurs leur vendirent une partie de leurs terres, lorsqu'ils partirent pour les croisades. Dans des siècles où il n'y avait point d'hôpitaux ni de maisons de charité que les *monastères,* les particuliers qui n'avaient point d'héritiers y laissaient leurs biens ; ils aimaient mieux les destiner ainsi au soulagement des pauvres que de les laisser tomber, par déshérence, entre les mains des seigneurs desquels ils avaient souvent eu lieu de se plaindre. Enfin, nos rois, convaincus que les *monastères* étaient une ressource assurée pour les besoins de leurs sujets, en fondèrent plusieurs, et les dotèrent. La sagesse de leurs vues est encore attestée par la multitude de villages et de bourgs qui se sont formés sous les murs des *monastères,* et qui en portent le nom. Par là il est démontré que ces établissements ont contribué à peupler les campagnes, auparavant désertes ; aujourd'hui on soutient que c'est une cause de dépopulation. L'on imagine que ces fondations n'ont eu pour principe qu'une piété ignorante et superstitieuse, une dévotion mal entendue, un aveuglement stupide ; mais cette ignorance prétendue n'est-elle pas plutôt le vice des censeurs téméraires ? Dans les siècles dont nous parlons, il n'y avait point de philosophes, mais du bons sens. Il était impossible que des biens administrés avec une sage économie ne s'augmentassent pas de jour en jour ; quelle cause aurait pu les diminuer ? Aucune fortune ne se détruit, à moins que la mauvaise conduite du possesseur n'y influe de près ou de loin. Or, y a-t-il des titres de possession plus légitimes que la culture, le salaire des services rendus au public, les dons accordés par des motifs de bien général, et une sage administration ? Si l'on doutait de celle-ci, il en existe des monuments authentiques. « C'est par là, dit un écrivain très-instruit, que le fameux Suger parvint à doubler les revenus de l'abbaye de Saint-Denis. Les mémoires de cet abbé sur son administration, son testament qui en présente le résultat et une espèce de bilan, la proclamation qu'il avait publiée en 1145, sont dans la *Collection des Historiens de France,* par Duchesne. Ces pièces peuvent former un objet d'étude très-utile pour ceux qui ont des colonies à établir ou à diriger. » *Londres,* tome III, page 150. Au mot COMMUNAUTÉ, nous avons vu que ces réflexions sont adoptées par M. de Luc, bon physicien et sage observateur. Elles sont confirmées par le suffrage d'un militaire voyageur, qui n'avait plus ce qu'on appelle les préjugés du catholicisme, que M. de Luc. « Les bénédictins, dit-il, sont les premiers cénobites qui ont adouci les mœurs sauvages de ces conquérants barbares qui ont envahi les débris de l'empire romain en Europe ; ils sont les premiers qui ont défriché les terres incultes, marécageuses et couvertes de forêts, de la Germanie et des Gaules. Leurs couvents ont été l'asile des déplorables restes des sciences jadis cultivées par les Grecs et par les Romains ; ils ne doivent leurs richesses et leur bien-être qu'à leurs bras et à la générosité des souverains ; il est bien juste d'en laisser jouir leurs successeurs, sans envie, d'autant plus que ce sont les religieux du monde les plus généreux et les moins intéressés. » *De l'Amérique et des Américains,* par le philosophe Ladouceur. Berlin, 1771.

Il n'est donc pas ici question d'argumenter sur le haut domaine des souverains, ni sur le droit qu'ils ont toujours de reprendre ce qu'ils ont donné, sous prétexte d'en faire une destination plus utile. A ce titre, il n'y aurait pas dans le royaume une seule famille noble qui ne pût être légitimement dépouillée d'une bonne partie de sa fortune. Jamais on n'a tant insisté qu'aujourd'hui sur le droit sacré de la propriété ; les moines sont-ils les seuls à l'égard desquels ce droit n'est plus inviolable ? C'est ici le cas d'appliquer la maxime : *Summum jus summa injuria.*

2° Nous ne voyons pas que l'usage que font les religieux de leurs revenus soit plus préjudiciable au bien public, que celui qu'en font les séculiers. Plusieurs de leurs accusateurs sont convenus qu'ils ne les dépensent pas pour eux-mêmes, que la plupart mènent une vie frugale, modeste, mortifiée ; que deviennent donc leurs revenus ? On ne les accuse point de les enfouir ni de les transporter dans les pays étrangers. Nous présumons que leurs fermiers, leurs domestiques, les ouvriers qu'ils emploient, les hôtes qu'ils reçoivent, les pauvres, les malades, les hôpitaux, qui les avoisinent, en absorbent du moins une partie. Ils contribuent à proportion de leur revenu aux subsides et aux dons que le clergé fait au roi ; ils exercent généreusement l'hospitalité, et ceux qui possèdent des bénéfices en titre soulagent leurs familles. — Nous avouerons, si l'on veut, qu'ils n'imitent pas en toutes choses les séculiers opulents : ils ne prodiguent pas l'argent pour entretenir de somptueux équipages, pour nourrir une légion de fainéants, pour payer largement des danseurs, des musiciens, des acteurs dramatiques, etc. Mais ils ne ruinent ni le boulanger, ni le boucher, ni le marchand, ni le tailleur ; ils font beaucoup travailler et paient leurs ouvriers. Plusieurs de nos philosophes enseignent que c'est la seule manière louable de faire l'aumône ; par quelle fatalité les moines sont-ils répréhensibles d'en agir ainsi, et de donner encore aux pauvres qui ne peuvent pas travailler ? — Du moins les revenus d'un *monastère* sont dépensés sur le lieu même qui les produit ; s'ils étaient entre les mains d'un seigneur ou d'un financier, ils seraient mangés à Paris : où serait l'avantage pour le peuple des campagnes ? Il est de toute notoriété que le très-grand nombre des abbayes et même des prieurés sont possédés en commende par des ecclésiastiques qui vivent au milieu de la société, qui en suivent le ton et les usages; qu'une bonne partie des revenus est employée à la subsistance ou au bien être des familles nobles; nous ne voyons pas non plus en quoi cet usage nuit à l'intérêt public. Ce sont nos rois qui ont doté les abbayes, et ce sont eux qui les donnent. — Il est probable que si ceux qui sont jaloux des biens monastiques pouvaient s'en approprier une partie, ils se réconcilieraient avec les fondateurs; ils seraient plus indulgents que Mosheim, qui, pourvu de deux bonnes abbayes, n'a pas cessé de noircir les moines dans toute son *Histoire ecclésiastique*. — On nous fait remarquer le nombre des pauvres qui se trouvent autour des *monastères*; mais il y en a davantage, à proportion, à Paris et à Versailles; il est naturel qu'ils se rassemblent dans les lieux où ils espèrent trouver de l'assistance; ce fait, par lequel on veut nous faire douter de la charité des moines, est précisément ce qui la prouve. — La comparaison que l'on fait entre les pays dans lesquels on a détruit les *monastères*, et ceux dans lesquels ils subsistent encore, est-elle vraie? Il est certain d'abord que les contrées de l'Allemagne où il n'y a plus de moines, ne sont ni plus peuplées, ni plus riches, ni mieux cultivées que celles qui ont conservé la religion catholique et les couvents; nous avons vu que M. de Luc approuve les luthériens qui ne les ont pas détruits. Les cantons catholiques de la Suisse, qui sont dans le même cas, ne cèdent en rien, pour la fertilité ni pour la population, aux cantons protestants. Voilà des faits positifs. On ose écrire et répéter cent fois que la France est inculte et dépeuplée; c'est une fausseté. Les étrangers qui viennent en France sont étonnés et souvent jaloux de la prospérité de nos provinces; et des philosophes français, ingrats et traîtres envers leur patrie, ne rougissent pas de la calomnier aux yeux des autres nations. Il faudrait les forcer d'aller vivre dans les pays qu'ils préconisent. — Que prouve l'inertie des Italiens et des Espagnols? Que l'homme ne travaille qu'autant qu'il y est forcé par le besoin; que quand une terre naturellement fertile lui fournit une subsistance aisée, il n'est pas tenté de se fatiguer pour s'en procurer une meilleure. C'est pour cela que les peuples du Midi sont moins laborieux que ceux du Nord, et qu'un homme devenu riche, ordinairement ne travaille plus. En dépit de toutes les spéculations philosophiques, il en sera de même jusqu'à la fin du monde. L'on sait d'ailleurs que la partie de l'Italie qui est la plus inculte est opprimée sous la tyrannie du gouvernement féodal. — Un écrivain, qui a beaucoup vu et beaucoup réfléchi, a prouvé qu'il n'est pas vrai que l'Espagne et le Portugal aient été ruinés par le *monachisme*; qu'ils l'ont été par le nombre des nobles devenu excessif dans ces deux royaumes. *Etudes de la nature*, t. I, p. 464.

3° L'on nous vante les heureux effets qu'a produits en Angleterre la destruction des *monastères*, et l'on en conclut qu'elle ne serait pas moins salutaire en France. Nouveau sujet de réflexion. Nous ne parlerons point des atrocités qui furent commises à cette occasion; ce fut l'ouvrage du fanatisme anti-religieux et de la rapacité des courtisans: il n'est ici question que des effets politiques.

Henri VIII, gorgé de richesses ecclésiastiques, ne s'en trouva que plus pauvre; deux ans après ces rapines, il fut obligé de faire banqueroute; les complices de ce brigandage en absorbèrent la meilleure partie pour leur salaire. Son fils Edouard VI, sous le règne duquel on acheva de tout piller, n'en profita en aucune manière: non-seulement il fut accablé de dettes, mais les revenus de la couronne diminuèrent considérablement. Sous Elisabeth, on fut obligé de passer jusqu'à onze bills pour subvenir aux besoins des pauvres, et depuis ce temps-là il y a une taxe annuelle en Angleterre pour cet objet. Cela n'était point lorsque les *monastères* subsistaient. On dit que ces asiles entretenaient la fainéantise; nous ne voyons pas pourquoi des aumônes volontaires produisaient plutôt cet effet que des aumônes forcées, ou une taxe annuelle. Aujourd'hui les Anglais les plus sensés conviennent que leur pays n'a rien gagné à la destruction des *monastères*, et que la France y gagnerait encore moins. *Conversion de l'Angleterre, comparée à sa prétendue réformation*, entret. 3, c. 5 et 7; Hume, *Histoire de la maison de Tudor*, t. II, p. 339; Londres, t. II, p. 149; *Annales littéraires et politiques*, t. I, p. 56, etc.

« Si l'on veut, dit l'auteur des *Annales politiques*, un exemple plus récent, on le trouvera dans la catastrophe des jésuites. Quels cris n'a-t-on pas jetés contre leurs richesses? Quelles masses d'or ne devait-on pas trouver dans leurs dépouilles? Il semblait qu'il n'y eût pas en Europe des trésors assez vastes pour déposer le butin qu'on leur arrachait. Qu'a-t-il produit cependant? Les créanciers, auteurs ou prétextes de leur désastre, ne sont pas payés; il est probable qu'ils ne le seront jamais. » Ce qui en reste dans les provinces suffit à peine pour nourrir les hommes par lesquels on a été forcé de les remplacer.

Lorsque des spéculateurs avides dissertent sur l'usage d'une proie qui les tente, et dont ils espèrent d'enlever une partie, rien de si beau que leurs plans; l'opération qu'ils proposent doit ramener l'âge d'or. Lorsque l'exécution s'ensuit et que les parts sont faites, chacun garde la sienne, et les projets d'utilité publique s'en vont en fumée. — On jugera sans doute que cette discussion politique est fort étrangère à la théologie; mais enfin, l'état, les vœux, la profession monastique, tiennent essentiellement à la religion catholique qui les approuve, et qui a condamné sur ce sujet l'entêtement des protestants; nous sommes obligés de défendre sa discipline contre les divers ennemis qui l'attaquent, et de répondre à leurs arguments, de quelque nature qu'ils soient (1)

MOISE, législateur des Juifs, a écrit sa propre histoire avec celle de son peuple. La principale question qui doit occuper les théologiens est de savoir si cet homme célèbre a été véritablement envoyé de Dieu, et s'il a prouvé sa mission par des signes incontestables; de là dépendent la vérité et la divinité de la religion juive. Or, nous soutenons que Moïse l'a prouvée en effet par ses miracles, par ses prophéties, par la sagesse de sa doctrine, de ses lois et de sa conduite; les incrédules ne lui rendent justice sur aucun de ces chefs; mais nous verrons que leurs soupçons, leurs conjectures, leurs reproches, sont très-mal fondés.

(1) Dans le *Dictionnaire de Théologie morale*, nous avons fait ressortir tous les avantages que les institutions religieuses employées au service des malheureux apportent à l'humanité. Le lecteur verra peut-être avec plaisir la comparaison donnée par M. Guizot entre les institutions religieuses des moines de l'Orient et celles de l'Occident.

« En Orient, les monastères ont eu surtout pour but l'isolement et la contemplation : les hommes qui se retiraient dans la Thébaïde voulaient échapper au plaisir, aux tentations, à la corruption de la vie civile; ils voulaient se livrer seuls, hors de tout commerce social, aux élans de leur imagination et aux rigueurs de leur conscience. Ce ne fut que plus tard qu'ils se rapprochèrent dans les lieux où ils s'étaient d'abord dispersés, et d'anachorètes ou solitaires devinrent cénobites, κοινόβιοι, vivant en commun.

« En Occident, et malgré l'imitation de l'Orient, les monastères ont eu une autre origine : ils ont commencé par la vie commune, par le besoin non de s'isoler, mais de se réunir. La société civile était en proie à toutes sortes de désordres : nationale, provinciale ou municipale, elle se dissolvait de toutes parts; tout centre, tout asile manquaient aux hommes qui voulaient discuter, s'exercer, vivre ensemble. Ils en trouvèrent un dans les monastères; la vie monastique n'eut ainsi en naissant ni le caractère contemplatif, ni le caractère solitaire : elle fut au contraire très-sociale et très-active; elle alluma un foyer de développement intellectuel; elle servit d'instrument à la fermentation et à la propagation des idées. Les monastères du midi de la Gaule sont des écoles philosophiques du christianisme : c'est là qu'on médite, qu'on discute, qu'on enseigne; c'est de là que partent les idées nouvelles, les hardiesses de l'esprit, les hérésies. Ce fut dans les abbayes de Saint-Victor et de Lérins que toutes les grandes questions sur le libre arbitre, la prédestination, la grâce, le péché originel, furent le plus vivement agitées, et que les opinions pélagiennes trouvèrent, pendant cinquante ans, le plus d'aliment et d'appui (a). »

(a) *Histoire de la civilisation en France*, tome I.

— Plusieurs ont poussé la prévention et le goût des paradoxes jusqu'à contester l'existence de *Moïse*, et à soutenir sérieusement que c'est un personnage fabuleux. Nous opposons à ces écrivains téméraires et très-mal instruits, en premier lieu, les livres que *Moïse* a écrits, et qui ne peuvent pas avoir été faits par un autre. *Voy.* PENTATEUQUE. En second lieu, le témoignage des auteurs juifs qui ont écrit après lui : tous en parlent comme du législateur de leur nation; la loi juive est constamment nommée *la loi de Moïse*; sa généalogie est rapportée non-seulement dans les livres de l'Exode, du Lévitique et des Nombres, mais encore dans ceux des Paralipomènes et d'Esdras. En troisième lieu, le sentiment et la croyance des historiens profanes, égyptiens, phéniciens, assyriens, grecs et romains. Ils sont cités par Josèphe dans ses livres *contre Appion*, par Tatien dans son *Discours contre les Grecs*, par Origène dans son ouvrage *contre Celse*, par Eusèbe dans sa *Préparation évangélique*, par saint Cyrille *contre Julien*. Comment, malgré tous ces monuments, a-t-on osé répéter vingt fois de nos jours que *Moïse* a été inconnu à toutes les nations?

Si un philosophe s'avisait de contester aux Chinois l'existence de Confucius, aux Indiens, celle de Beuss-Muni, de Goutan et des autres brames qui ont rédigé leurs livres et leurs lois; aux Perses, l'existence de Zoroastre; aux musulmans, celle de Mahomet, il serait regardé comme un insensé. De tous ces personnages, cependant, il n'en est aucun dont l'existence soit constatée par des preuves plus fortes et plus multipliées que celle de *Moïse*. — Le seul raisonnement que l'on ait opposé à ces preuves ne porte que sur une pure conjecture. M. Huet s'était persuadé que les fables des païens n'étaient rien autre chose que l'Histoire sainte altérée et corrompue, que les personnages de la mythologie étaient *Moïse* lui-même. Il prétendait retrouver les actions et les caractères de ce législateur, non-seulement dans Osiris, Bacchus, Sérapis, etc., dieux égyptiens, mais encore dans Apollon, Pan, Esculape, Prométhée, etc., dieux ou héros des Grecs et des Latins. De là l'auteur de la *Philosophie de l'Histoire* est parti pour argumenter contre l'existence de *Moïse*. Nous retrouverons, dit-il, tous ces caractères dans le Bacchus des Arabes; or, celui-ci est un personnage imaginaire : donc il en est de même du premier. Ce raisonnement lui a paru si victorieux, qu'il l'a répété dans vingt brochures. — C'est comme s'il avait dit : L'histoire juive est le fond ou le canevas sur lequel les païens ont brodé leur mythologie : or, celle-ci n'a aucune réalité; donc il en est de même de l'histoire. Mais une broderie faite d'imagination détruit-elle le fond sur lequel elle est appliquée? La question est de savoir si c'est l'historien juif qui a copié les fables des païens, ou si ce sont ces derniers qui ont travesti l'histoire de *Moïse*. Il fallait donc commencer par prouver que celle-ci est moins ancienne que les fables du paganisme. L'auteur de l'objection n'a pas seulement osé l'entreprendre, et aucun incrédule n'est en état de citer un seul livre profane dont l'antiquité remonte aussi haut que l'histoire juive. Si les conjectures de M. Huet étaient vraies, elles confirmeraient plutôt qu'elles ne détruiraient l'existence de *Moïse*. Mais les conjectures, quelque ingénieuses qu'elles soient, ne prouvent rien. Ajoutons que, pour faire cadrer l'histoire du législateur des Juifs avec le prétendu Bacchus des Arabes, notre philosophe attribue à ce dernier des aventures auxquelles les Arabes n'ont jamais pensé. — Un autre monument que ce critique oppose à l'existence de *Moïse* est une histoire romanesque de ce personnage, composée par les rabbins modernes, remplie de fables et de puérilités, mais qu'il soutient être fort ancienne. La vérité est qu'elle ne remonte pas plus haut que le xii<sup>e</sup> ou le xiii<sup>e</sup> siècle, qu'elle n'a aucune marque d'une plus haute antiquité, mais plutôt tous les caractères possibles d'une composition très-récente; qu'aucun ancien auteur ne l'a connue, et qu'elle ne valait pas la peine d'être tirée de la poussière. S'il nous arrivait d'employer des titres aussi évidemment faux, les incrédules nous accableraient de reproches. Venons aux preuves de la mission de *Moïse*.

I. Que ce législateur ait fait des miracles, c'est un fait prouvé, en premier lieu, par l'attestation des témoins oculaires. Josué, successeur de *Moïse*, prend à témoin les chefs de la nation juive des prodiges que Dieu a opérés en leur faveur et sous leurs yeux, soit en Egypte, soit dans le désert, et leur fait jurer d'être fidèles au Seigneur (*Josué*, xxiv). Ces mêmes miracles sont rappelés dans le livre des Juges, c. ii, v. 7 et 12; c. vi, v. 9; dans les psaumes de David, 77, 104, 105, 106, 134, etc.; et ces psaumes étaient chantés habituellement dans le temple : on en retrouve le récit abrégé dans le livre de Judith, c. v. Voilà donc une croyance et une tradition constante de ces miracles établies dans toute la nation, dès le temps auquel les miracles ont été faits. De quel front les incrédules viennent-ils nous dire que l'opinion n'en est fondée que sur le témoignage de *Moïse* lui-même (1)?

En second lieu, les auteurs profanes en ont été instruits. Josèphe soutient, *contre Appion*, que selon l'opinion des Egyptiens mêmes, *Moïse* était un homme admirable,

(1) Duvoisin a parfaitement développé cette thèse : il montre que, soit qu'on considère le caractère de l'historien, soit qu'on étudie le caractère du peuple d'Israël, on est forcé de convenir qu'il mérite pleine et entière confiance. Nous regrettons vivement de ne pouvoir le suivre dans les développements qu'il donne à cet important sujet : nous sommes forcés de renvoyer nos lecteurs aux *Démonstrations évangéliques*, publiées par M. l'abbé Migne, tom. XIII, col. 763, où se trouve l'ouvrage de Duvoisin, *Autorité des livres de M ïse*, ch. 9.

et qui avait quelque chose de divin, l. i, c. 10. C'est ainsi qu'en parle Diodore de Sicile dans un fragment rapporté par saint Cyrille, *contre Julien*, l. i, p. 15. Il cite d'autres auteurs qui en ont parlé de même, Polémon, Ptolomée de Mendès, Hellanicus, Philocorus et Castor. Numénius, philosophe pythagoricien, dit que Jannès et Mambrès, magiciens célèbres, furent choisis par les Egyptiens pour s'opposer à *Musée*, chef des Juifs, dont les prières étaient très-puissantes auprès de Dieu, et pour faire cesser les fléaux dont il affligeait l'Egypte. Orig. *contre Celse*, liv. iv, c. 51; Eusèbe, *Prép. évang.*, l. ix, c. 8. D'autres ont jugé que *Moïse* était un magicien plus habile que les autres; telle était l'opinion de Lysimaque et d'Apollonius-Molon, de Trogue-Pompée, de Pline l'Ancien, et de Celse; Josèphe *contre Appion*, l. ii, c. 6; Justin, l. xxxvi; Pline, *Hist. nat.*, l. xxx, c. 1; Orig. *contre Celse*, l. i, c. 26. L'auteur de l'*Histoire véritable des temps fabuleux* a fait voir que les actions et les miracles de *Moïse* sont encore reconnaissables dans l'histoire des Egyptiens, quoique les faits y soient déguisés et travestis, tome III, p. 64 et suiv. Mais les incrédules, auxquels les monuments de l'histoire sont absolument inconnus, ont soutenu que les Egyptiens n'avaient jamais entendu parler de ces miracles, et qu'il n'est pas possible qu'ils en soient jamais convenus.

En troisième lieu, *Moïse* lui-même a établi chez les Juifs des monuments incontestables de ses miracles. L'offrande des premiers-nés attestait la mort des enfants des Egyptiens, et la délivrance miraculeuse de ceux des Israélites. La Pâque avait pour objet de perpétuer le souvenir de la sortie d'Egypte et du passage de la mer Rouge. La fête de la Pentecôte était un mémorial de la publication de la loi au milieu des feux de Sinaï. Le vase de manne conservé dans le tabernacle et dans le temple était un témoignage subsistant de la manière miraculeuse dont les Hébreux avaient été nourris dans le désert pendant quarante ans. La verge d'Aaron, le serpent d'airain, les encensoirs de Coré et de ses partisans, cloués à l'autel des parfums, rappelaient d'autres prodiges. La fertilité de la terre, malgré le repos de la septième année, était un miracle permanent; et ce repos est attesté par Tacite, *Hist.*, l. v, c. 4. Toutes les cérémonies juives étaient commémoratives; cet historien s'en est très-bien aperçu, quoiqu'il en ait mal pris le sens. Connaît-on un autre législateur que *Moïse*, qui se soit avisé de faire célébrer des fêtes et des cérémonies par un peuple entier, en mémoire de faits de la fausseté desquels ce peuple était convaincu par ses propres yeux? *Voyez* FÊTES, CÉRÉMONIES. — Mais la plus forte preuve des miracles de *Moïse*, ce sont les effets qu'ils ont produits, et la chaîne des événements qui s'en sont suivis. Si ce chef de la nation juive n'a fait aucun miracle, il faut nous apprendre pourquoi les Egyptiens ont

donné la liberté à ce peuple entier, réduit à l'esclavage ; par quel chemin il a passé pour gagner le désert, comment il y a subsisté pendant quarante ans, pourquoi ce peuple s'est soumis à *Moïse*, a subi ses lois quoique très-onéreuses, y est revenu tant de fois après en avoir secoué le joug. Car enfin, la demeure des Hébreux en Egypte, leur séjour dans le désert, leur arrivée dans la Palestine, leur attachement à leurs lois, sont des faits attestés par toute l'antiquité. Tacite le reconnaît ; il faut en donner au moins des raisons plausibles et moins absurdes que celles qu'a copiées cet historien.
— Un peuple composé de deux millions d'hommes, et assez puissant pour conquérir la Palestine, peuple mutin, séditieux, intraitable, comme ses historiens en conviennent, a-t-il été subjugué, nourri, réprimé, civilisé, souvent châtié par un seul homme, sans miracle ? Nos censeurs disent qu'il a soumis les Hébreux par des actes de cruauté ; mais des actes de cruauté ne donnent pas des aliments à deux millions d'hommes. Pourquoi, au premier acte, la nation entière, toujours rassemblée, n'a-t-elle pas massacré son tyran ?

Aux preuves positives que nous donnons, nos adversaires n'opposent toujours que des conjectures ; ils objectent que si Moïse avait fait des miracles sous les yeux des Israélites, ils ne se seraient pas révoltés si souvent contre lui, et ne seraient pas tombés si aisément dans l'idolâtrie. Nous répondons avec plus de fondement, que si Moïse n'avait pas fait des miracles, ces Israélites si mutins ne seraient pas rentrés dans l'obéissance après leurs révoltes, et n'auraient pas repris le joug de leurs lois, après l'avoir si souvent secoué. Qu'un peuple rassemblé se soulève, qu'un peuple grossier ait du goût pour l'idolâtrie, ce n'est pas un prodige ; mais qu'après s'être mutiné, débauché, corrompu, il revienne demander grâce, pleurer sa faute, se soumettre de nouveau à un chef désarmé, cela n'est pas naturel. Dans ces moments de vertige et d'égarement des Israélites, jamais Moïse n'a reculé d'un pas, et n'a diminué un seul point de la sévérité de ses lois ; les séditieux n'ont jamais rien gagné, ils ont toujours été punis par la mort des auteurs de la révolte, ou par des châtiments surnaturels. Ce sont donc ici de nouveaux miracles, et non une preuve contre les miracles.

Tant de miracles sont impossibles, disent les incrédules ; était-il donc plus aisé à Dieu de bouleverser continuellement la nature que de convertir les Hébreux ? A l'article Miracle, § 3, nous avons déjà démontré l'absurdité de ce raisonnement. Il s'agissait de convaincre une nation entière que Moïse était l'envoyé de Dieu, que c'était Dieu lui-même qui parlait par sa bouche, et qui dictait des lois par cet organe. Mettre cette persuasion dans l'esprit de tous les Hébreux, sans aucun motif extérieur de conviction, par un enthousiasme subit et non raisonné, n'aurait-ce pas été un miracle ? mais miracle absurde, indigne de la sagesse divine. Il n'aurait pu servir à inspirer aux Hébreux ni la reconnaissance envers Dieu, ni la crainte de sa justice, deux grands mobiles de toutes les actions humaines ; il aurait été encore plus inutile pour l'instruction des autres peuples, puisqu'il n'aurait pas été sensible. Les hommes sont faits pour être conduits par des motifs, et non par des impulsions machinales ; par des raisonnements, et non par un enthousiasme aveugle ; par des signes palpables, plutôt que par des révolutions intérieures dont on ne peut pas connaître la cause. L'erreur des incrédules est de penser que Dieu a fait tant de miracles pour les Israélites *seuls;* or le contraire est répété vingt fois dans les livres saints ; Dieu déclare qu'il a opéré ces prodiges pour ne pas donner lieu aux autres nations de blasphémer son saint nom, et pour leur apprendre qu'il est le Seigneur (*Exod.* xxxii, 12 ; *Deut.* ix, 28 ; xxix, 24 ; xxxii, 27 ; *III Reg.* ix, 8 ; *Ps.* cxiii, 9 et 10 ; *Ezech.* xx, 9, 14, 22, etc.). Nous aurons beau répéter cent fois cette réponse qui est sans réplique, ils n'en seront pas moins obstinés toujours à renouveler la même objection ; leur opiniâtreté n'est pas un prodige ; mais s'ils devenaient tout à coup raisonnables et dociles, ce serait un prodige de la grâce.

II. Moïse a fait des prophéties. Il annonce aux Hébreux que dans la suite des temps ils voudront avoir un roi (*Deut.* xvii, 14). Cette prédiction n'a été accomplie que quatre cents ans après. Il était cependant naturel de penser que le gouvernement républicain, tel que Moïse l'établissait, paraîtrait toujours plus doux aux Israélites que le gouvernement absolu des rois, et qu'ils le préféreraient à tout autre. Il leur promet un prophète semblable à lui, c. x, v. 15 : or, le Messie a été le seul prophète semblable à Moïse, par sa qualité de législateur, par le don continuel des miracles, et parce qu'il a été le libérateur de son peuple ; il n'est venu au monde qu'environ quinze cents ans après. Moïse assure les Israélites que s'ils sont fidèles à leur loi, Dieu fera pour eux des miracles semblables à ceux qu'il a faits en Egypte. Cela s'est vérifié par les exploits de Josué, de Samson, de Gédéon, d'Ezéchias, etc. Il les avertit au contraire que, s'ils sont rebelles, tous les fléaux tomberont sur eux, qu'ils seront réduits à l'esclavage, transportés hors de leur patrie, dispersés par toute la terre ; la captivité de Babylone et l'état actuel des Juifs sont l'exécution de cette menace. Il prédit sa mort à point nommé, sans ressentir encore aucune des infirmités de la vieillesse, c. xxxi, v. 48, et c. xxxiv. Ces prophéties ne sont point couchées dans les livres de Moïse comme de simples conjectures politiques, ou comme des conséquences tirées du caractère national des Hébreux, mais comme des événements certains et indubitables ; on voit par le ch. xxviii du Deutéronome, et par les suivants, que ce législateur avait sous les yeux très-distinctement toute la destinée future de sa nation, et qu'aucune des circonstances ne lui était cachée. La date de ces prophéties est certaine, puisque Moïse lui-même les a écrites; l'histoire nous en montre l'accomplissement, et il dépendait de Dieu seul : il ne peut être arrivé par hasard, et il ne pouvait être prévu par les lumières naturelles, puisque la destinée de ce peuple ne ressemble à celle d'aucun autre. Aujourd'hui encore les Juifs reconnaissent que Moïse leur a prédit avec la plus grande exactitude tout ce qui leur est arrivé. Cependant les incrédules prétendent qu'il a trompé ce peuple par de fausses promesses; jamais, disent-ils, les Juifs n'ont été plus fidèlement attachés à leur loi que pendant les cinq siècles qui ont suivi la captivité de Babylone, et jamais ils n'ont été plus malheureux.

Si l'on veut lire attentivement l'historien Josèphe et les livres des Machabées, on verra que cette prétendue fidélité des Juifs à leur loi est bien mal prouvée. A la vérité, il n'y eut point d'apostasie générale de la nation; mais, indépendamment de la multitude des Juifs qui s'étaient expatriés pour faire fortune, ceux mêmes qui restèrent dans la Judée étaient très-corrompus. Ils demeurèrent, si l'on veut, fidèles à leur cérémonial, mais ils devinrent très-peu scrupuleux sur l'observation des lois plus essentielles. Ils se perdirent par le commerce avec les païens, et rien n'était plus pervers que les chefs de la nation, lorsque Jésus-Christ vint au monde. D'ailleurs la loi juive allait cesser, et Dieu en avertissait la nation, en cessant de la protéger comme autrefois.

III. La doctrine de Moïse vient évidemment de Dieu (1). Au milieu des nations déjà livrées au polythéisme et à l'idolâtrie, et avant qu'il y eût des philosophes occupés à raisonner sur l'origine du monde, Moïse enseigne clairement et distinctement la création, dogme essentiel, sans lequel on ne peut démontrer la spiritualité, l'éternité, l'unité parfaite de Dieu; et il en montre un monument dans l'observation du sabbat, dont il renouvelle la loi. *Voy.* CRÉATION. Il enseigne la providence de Dieu, non-seulement dans l'ordre physique de l'univers, mais dans l'ordre moral; providence non-seulement générale, qui embrasse tous les peuples, mais particulière, et qui s'occupe de chaque individu. Il peint Dieu comme seul gouverneur du monde, et seul arbitre souverain de tous les événements, comme législateur qui punit le vice et récompense la vertu. *Voy.* PROVIDENCE. Il montre l'espérance de la vie future dont les patriarches ont été animés; les termes dont il se sert pour exprimer la mort font envisager une société subsistante au delà du tombeau. Pour donner à entendre qu'un méchant sera mis à mort, il dit qu'il sera *exterminé de son peuple*; et pour désigner la mort d'un juste, il dit qu'il a été *réuni à son peuple*. *Voy.* IMMORTALITÉ. Il fait sentir l'absurdité du polythéisme, et fait tous ses efforts pour détourner les Hébreux de l'idolâtrie; parce que cette erreur capitale a été la source de toutes les autres erreurs et de tous les crimes dans lesquels les nations aveugles se sont plongées. *Voy.* IDOLATRIE.

La morale naturelle n'est rien moins qu'évidente dans tous les points, nous en sommes convaincus par les égarements dans lesquels sont tombés les philosophes les plus habiles; Moïse en donne un code abrégé dans le Décalogue, et développe le sens de chaque précepte par la multitude de ces lois. On a beau examiner ce code original et unique dans l'univers : s'il prête à la censure des raisonneurs superficiels, il n'a jamais inspiré que de l'admiration aux vrais savants. *Voy.* MORALE.

Où Moïse avait-il puisé des connaissances si supérieures à son siècle, et à celles de tous les anciens sages? Chez les Egyptiens, disent hardiment les incrédules; nous lisons dans ces livres mêmes qu'il fut instruit de toute la sagesse, c'est-à-dire de toutes les connaissances des Egyptiens (*Act.* VII, 22). Mais les Egyptiens eux-mêmes en savaient-ils assez, surtout dans les temps dont nous parlons, pour donner tant de lumière à Moïse? Lorsque Hérodote alla s'instruire en Egypte plus de mille ans après Moïse, en revint-il chargé de grandes richesses en fait de philosophie et de morale? Il n'en rapporta presque que des fables. Ordinairement les connaissances s'étendent chez une nation par la suite des temps; il faudrait qu'elles eussent diminué en Egypte. La manière dont Moïse lui-même peint les Egyptiens ne nous donne pas une haute idée de leur capacité. Aussi ne donne-t-il pas sa doctrine comme le résultat de ses réflexions ni des leçons qu'il a reçues en Egypte; il la présente comme une tradition reçue de Dieu dans l'origine, transmise jusqu'à lui par les patriarches, et renouvelée par la bouche de Dieu même. Les sages d'Egypte cachaient leur doctrine, ne la transmettaient que sous le voile des hiéroglyphes : Moïse divulgue la sienne, il la rend populaire, il veut que tout particulier en soit instruit. Voilà une conduite bien différente, et un disciple qui ne ressemble guère à ses maîtres. Mais combien de reproches n'ont pas faits les incrédules contre cette doctrine même? Si nous voulons les en croire, Moïse a fait adorer aux Hébreux un Dieu corporel, un Dieu local et particulier, semblable aux génies tutélaires des autres nations, qui ne prend soin que d'une seule, et oublie toutes les autres; un Dieu avide d'offrandes et d'encens; un Dieu colère, jaloux, injuste, cruel, etc., que l'on devait craindre, mais qu'il était impossible d'aimer. Ainsi, après avoir soutenu que Moïse n'a été que l'écolier des Egyptiens, on suppose qu'il a été cent fois plus insensé qu'eux, et qu'il a professé des erreurs plus grossières que les leurs. Pour réfuter en détail tous les blasphèmes que l'on prête à Moïse, il faudrait une longue discussion. Nous nous bornerons à observer que Tacite, tout païen qu'il était, et fort prévenu contre

---

(1) Ses miracles et ses prophéties en sont une preuve incontestable.

les Juifs, a été plus judicieux et plus équitable que nos philosophes. « Les Égyptiens, dit-il, honorent la plupart des animaux et des figures composées de différentes espèces; les Juifs conçoivent un seul Dieu par la pensée, Dieu souverain, Dieu éternel, immuable, et qui ne peut pas cesser d'être. » *Hist.*, l. v, n° 5. Sont-ce là les génies tutélaires des autres nations?

Un Dieu créateur ne peut être ni corporel, ni local, ni borné à une seule contrée, ni capable de négliger une seule de ses créatures; il n'a besoin ni d'encens ni d'offrandes; s'il était colère et cruel, il pourrait, d'un seul acte de sa volonté, faire rentrer tous les pécheurs dans le néant, d'où il les a tirés. Moïse n'a pas été assez stupide pour ne pas le sentir, et les Juifs n'ont pas été assez grossiers pour ne pas le concevoir. Ainsi, les calomnies des incrédules sont suffisamment réfutées par le premier article de foi que Moïse enseigne aux Juifs. Quant aux expressions des livres saints sur lesquelles les censeurs veulent se fonder, nous en montrons le sens ailleurs. *Voy.* Dieu, et les autres articles auxquels nous avons renvoyé ci-dessus.

IV. Ils n'ont pas jugé plus sensément des lois de Moïse que de sa doctrine. Pour en comprendre la sagesse, il faut commencer par se mettre dans les circonstances dans lesquelles il se trouvait; connaître les idées, les mœurs, la situation des nations dont il était environné; distinguer ce qui est bon et utile en soi-même, d'avec ce qui est relatif au climat, aux préjugés, aux habitudes que les Hébreux avaient pu prendre en Egypte; comparer ensuite ce corps de législation avec tout ce qu'ont produit dans ce genre les philosophes les plus vantés. Où sont les incrédules qui ont pris toutes ces précautions? Il en est très-peu qui aient la capacité nécessaire; et quand ils l'auraient, leur intention n'est pas de rendre hommage à la vérité, mais d'éblouir les lecteurs, et d'imposer aux ignorants par la hardiesse de leurs décisions. Ils ont donc tout blâmé au hasard. Mais les habiles jurisconsultes, les bons politiques, n'ont pas pensé de même; quelques-uns ont pris la peine de faire un parallèle des lois juives avec les lois grecques et romaines, et les premières n'ont rien perdu à cette comparaison. D'autres écrivains les ont justifiées en détail contre les reproches téméraires des incrédules. Voyez *Lettres de quelques Juifs*, etc.

La législation des autres peuples a été faite de pièces rapportées; c'est un ouvrage qui, toujours plus-imparfait dans son origine, a été continué, augmenté, perfectionné de siècle en siècle, selon les événements et les révolutions qui sont arrivés. Le code de Moïse a été fait d'un seul coup, et pendant quinze cents ans il n'a pas été nécessaire d'y toucher; ses lois n'ont cessé d'être en vigueur que lorsque la pratique en est devenue impossible par la ruine et la dispersion totale de la nation juive; et si cela dépendait d'elle, elle y reviendrait encore; nulle part sous le ciel on n'a vu le même phénomène. Moïse a mêlé ensemble les lois religieuses, soit morales, soit cérémonielles; les lois civiles et les lois politiques: on le blâme de ne les avoir pas distinguées, et d'y avoir mis ainsi de la confusion; d'avoir voulu que les Juifs observassent les unes et les autres par le même motif, par le désir d'être saints et de plaire à Dieu. Par cette conduite, dit-on, il a donné lieu aux Juifs de se persuader qu'il y avait autant de mérite à pratiquer une ablution qu'à faire une aumône. Ce fut l'erreur des pharisiens, que Jésus-Christ a si souvent combattue, et dans laquelle les Juifs sont encore aujourd'hui : elle est évidemment venue de la lettre même de la loi. Nous soutenons que dans tout cela le législateur n'est point répréhensible; ses livres sont en forme de journal; il y a couché les lois à mesure que Dieu le lui ordonnait et que l'occasion s'en présentait. Cette méthode mettait les Juifs dans la nécessité d'apprendre en même temps leur religion et leur histoire, leur droit civil et leur constitution politique; il nous paraît que c'était un bien, et non un mal.

Il est faux que Moïse n'ait pas distingué les lois morales d'avec les lois cérémonielles: les premières sont dans le Décalogue, qui fut dicté par la bouche de Dieu même, avec un appareil majestueux et terrible; les secondes ne furent écrites que dans la suite et selon l'occasion. Quant au motif, un peuple aussi grossier que les Juifs n'était pas capable d'être conduit par un autre mobile que par celui de la religion; Moïse n'a donc pas eu tort de s'y attacher, et de donner à toutes ses lois la même sanction, savoir, la volonté de Dieu, l'amour et la crainte de Dieu. De là il s'ensuit seulement que tout juif, en observant une loi quelconque, obéissait à Dieu, et non que tous ces actes d'obéissance avaient un mérite égal. Si dans la suite les Juifs en ont tiré une fausse conséquence, ce n'est pas faute d'avoir été avertis; Samuel, David, Salomon, Isaïe et tous les prophètes leur ont répété sans cesse que Dieu voulait la pureté du cœur plutôt que celle du corps, la miséricorde et non le sacrifice; la justice, la charité l'indulgence envers le prochain, et non des cérémonies. Mais il y aurait eu de l'imprudence à prêcher d'abord cette morale à un peuple qui n'était pas encore policé, ni accoutumé à subir le joug d'aucune loi écrite. Il fallait commencer par lui apprendre à obéir, sauf à lui faire distinguer dans la suite le bien d'avec le mieux, *Voy.* Sainteté. Les censeurs de Moïse affectent d'oublier que tous les législateurs ont fait comme lui; ils ont fait envisager les lois, non comme la volonté des hommes, mais comme celle de Dieu: c'est ainsi que Zaleucus en parlait dans le prologue de ses lois, Cicéron dans son traité *de Legibus*, Platon, etc. Tous ont compris que sans cela les lois n'auraient aucune force, qu'aucun homme n'a par lui-même le droit ni l'autorité de commander à ses semblables. *Voy.* Autorité politique, Loi.

On dit que les lois mosaïques sont trop

sévères et trop dures; elles punissent de mort un violateur du sabbat aussi bien qu'un homicide; elles ont rendu les Juifs intolérants, ennemis des étrangers et odieux à toutes les nations. Le gouvernement théocratique établi par Moïse n'est, dans le fond, que le gouvernement des prêtres, qui est le pire de tous. Voilà encore, de la part des incrédules, un trait d'ignorance affectée qui ne leur fait pas honneur. Tout le monde sait que, dans l'origine, les premières lois de tous les peuples ont été trop sévères, parce que des hommes qui ne sont pas encore accoutumés à subir ce joug ne peuvent être contenus que par la crainte. On a dit que les lois données aux Athéniens par Dracon étaient écrites en caractères de sang; celles de Lycurgue n'étaient guère plus douces, non plus que celles des douze Tables, adoptées par les Romains; le code des Indiens fait frémir; mais il est faux que celles de Moïse aient été aussi dures: on défie les incrédules de citer une seule législation qui n'ait pas statué des supplices plus cruels que ceux qui étaient en usage chez les Juifs. Quand on connaît l'importance de la loi du sabbat, l'on n'est pas étonné de voir un violateur public de cette loi condamné à mort. *Voy.* SABBAT.

Il faut se souvenir encore qu'au siècle de Moïse toutes les nations se regardaient comme toujours en état de guerre; ce qui est dit des rois de la Pentapole du temps d'Abraham, des usurpations que les Chananéens avaient faites les uns sur les autres, du brigandage qui subsistait encore au temps de David; la manière dont les philosophes grecs parlent des peuples qu'ils nomment *barbares*, etc., en sont des preuves incontestables. Moïse, loin d'autoriser ce préjugé meurtrier, travaille à le détruire; il ordonne aux Hébreux de bien traiter les étrangers, parce qu'ils ont été eux-mêmes étrangers en Égypte; il leur défend de toucher aux possessions des Iduméens, des Moabites ni des Ammonites, leurs voisins, et de conserver du ressentiment contre les Égyptiens. Sous le règne de Salomon, il y avait dans la Judée cent cinquante-trois mille étrangers ou prosélytes (*II Paral.* II, 17). Où sont donc les marques d'aversion contre eux? A la vérité les lois juives défendaient de tolérer dans la Judée l'exercice de l'idolâtrie, ce crime devait être puni de mort; mais elles ne commandaient pas de tuer les idolâtres de profession, quand ils s'abstenaient de leurs superstitions. L'on n'a jamais vu les Juifs prendre les armes pour aller exterminer l'idolâtrie hors du territoire que Dieu leur avait assigné, comme l'ont fait plus d'une fois les Assyriens et les Perses. Avant de déclamer contre le gouvernement théocratique, il faudrait commencer par le définir, et nous apprendre ce que c'est. Souvent les Israélites n'ont eu aucun chef; *alors*, disent les historiens, *chacun faisait ce qui lui semblait bon;* le gouvernement était pour lors purement démocratique, et c'est le premier exemple qui en ait existé dans l'univers. Lorsqu'il y avait un juge ou un roi, ce n'est pas lui qui devait régner, c'est la loi; il n'était pas plus permis aux prêtres qu'aux rois de la changer, d'y ajouter ni d'en retrancher. Pendant quatre cents ans, aucun prêtre n'a été juge ou souverain magistrat de la nation; Héli est le premier; Samuel n'était pas prêtre, mais prophète; et l'on sait si la nation gagna beaucoup à demander et à obtenir un roi. Fut-elle jamais mieux gouvernée que sous les Asmonéens, qui étaient prêtres et rois? Diodore de Sicile et d'autres anciens ont jugé beaucoup plus sensément du gouvernement des Juifs que les philosophes modernes. Ces derniers ont tourné en ridicule les lois cérémonielles; mais ils ont montré aussi peu de bon sens sur ce point que sur tous les autres. *Voy.* LOI CÉRÉMONIELLE.

V. De la conduite de Moïse. Si ce législateur avait été un homme ordinaire, nous convenons que sa conduite serait incompréhensible, et s'il avait été un imposteur, il faudrait encore conclure que c'était un insensé: mais ce qu'il a fait prouve qu'il n'était ni l'un ni l'autre. Convaincu, par ses propres miracles, qu'il était envoyé de Dieu, assuré d'un secours divin par la bouche de Dieu même, a-t-il dû se conduire avec les timides précautions que la prudence humaine exige, ou a-t-il dû former un plan de conduite différent de celui que Dieu avait arrêté d'avance? S'il a délivré son peuple de la servitude d'Égypte, s'il l'a fait subsister dans le désert pendant quarante ans, s'il l'a mis en état de se rendre maître de la Palestine, il a rempli l'objet de sa mission: il est ridicule de disputer sur les moyens: puisque ces trois choses ne pouvaient être exécutées par des voies naturelles et ordinaires, il faut que Moïse ait agi par des lumières et par des forces surnaturelles, puisque enfin il est incontestable qu'il en est venu à bout. Toute la question se réduit à savoir s'il a réussi par des injustices, par des crimes, par la violation des lois de l'humanité; les incrédules le prétendent; sont-ils bien fondés? Moïse, dit l'un d'entre eux, commence sa carrière par l'assassinat d'un Égyptien; forcé de s'enfuir, il épouse une femme idolâtre et la renvoie ensuite. Il revient en Égypte soulever les Israélites contre leur souverain; il punit les Égyptiens de la faute de leur roi; il engage ses Hébreux à voler leurs anciens maîtres. Arrivé dans le désert, il établit son autorité despotique par le massacre de ceux qui lui résistent: il place le sacerdoce dans sa tribu et le pontificat dans sa famille; il punit le peuple de la faute de son frère Aaron, qui avait consenti à l'adoration du veau d'or; il laisse périr dans le désert une génération tout entière, et en mourant il autorise les Juifs à dépouiller et à exterminer les Chananéens. Tant de crimes n'ont pu être commandés par la Divinité; c'est un blasphème de les lui attribuer.

Il est difficile de répondre en peu de mots à cette multitude d'accusations; nous ferons cependant notre possible pour abréger. 1° Un assassinat est un meurtre commis de propos délibéré. Peut-on prouver qu'en voulant défendre un Hébreu contre la violence d'un Egyptien, Moïse avait dessein de tuer ce dernier ; que ce meurtre n'est pas arrivé contre son intention, et en voulant seulement résister aux efforts d'un furieux ? Voilà ce qu'il faudrait démontrer, et c'est ce que l'on ne fera jamais. 2° Il est faux que Séphora, femme de Moïse, ait été idolâtre ; on voit au contraire que Jéthro, père de cette femme, adorait le vrai Dieu. Moïse ne la quitta que pour aller remplir sa commission en Egypte ; et lorsque Jéthro la lui ramena dans le désert avec ses enfants, il n'y eut aucune marque d'inimitié de part ni d'autre. 3° Le roi d'Egypte n'était point le souverain légitime des Israélites ; lui-même ne les regardait point comme ses sujets, mais comme des étrangers qui devaient un jour sortir de ses Etats. La servitude à laquelle il les avait réduits, l'ordre qu'il avait donné de noyer leurs enfants mâles, les travaux dont il les accablait, étaient, pour les Israélites, des sujets très-légitimes de quitter ce royaume ; et cette retraite ne peut, en aucun sens, être regardée comme une révolte. 4° Les vexations exercées contre eux n'étaient pas le crime particulier du roi d'Egypte, mais celui de tous ses sujets ; tous résistèrent aux miracles que Moïse fit en leur présence : tous méritaient donc d'être punis. Ce que les Israélites emportèrent à titre d'emprunt n'était qu'une juste compensation de leurs travaux, pour lesquels ils n'avaient reçu aucun salaire. *Voy.* Juifs. 5° Moïse ne commit jamais de massacre pour établir son autorité, mais pour punir l'idolâtrie et les autres désordres auxquels les Hébreux s'étaient livrés. Il le devait, pour venger la loi formelle que Dieu avait portée, et de l'exécution de laquelle dépendait la prospérité de la nation entière. 6° Aux mots Aaron et Lévites, nous faisons voir que ce sacerdoce n'était pas un très-grand avantage pour la tribu de Lévi, et que le peuple fut puni, non pour la faute d'Aaron, mais pour la sienne. Si Moïse avait été conduit par l'ambition, il aurait fait passer le pontificat à ses propres enfants, et non à ceux de son frère. D'ailleurs le choix que Dieu faisait de cette tribu et de cette famille fut confirmé par des miracles. 7° Les quarante ans de séjour dans le désert furent la punition des murmures injustes auxquels les Israélites s'étaient livrés ; mais ceux de cette génération qui entrèrent dans la terre promise étaient âgés de vingt ans lorsqu'ils étaient sortis de l'Egypte ; ils avaient donc été témoins oculaires de tout ce qui s'y était passé, et ils s'en souvenaient très-bien.

Il est fort singulier que l'on veuille rendre Moïse responsable des fléaux surnaturels et miraculeux qui sont tombés sur les Israélites, et qu'ils avaient mérités, pendant que l'histoire nous atteste qu'il ne manquait jamais d'intercéder auprès de Dieu pour les coupables. Y a-t-il une seule occasion dans laquelle on puisse faire voir que ce législateur a sévi contre des innocents, ou qu'il a demandé vengeance à Dieu ? Si tout ce peuple avait été moins rebelle et moins prompt à se mutiner, on dirait qu'il a usé de collusion avec Moïse pour rendre croyables tous les miracles rapportés dans son histoire. Mais, encore une fois, si la conduite de Moïse était injuste, tyrannique, odieuse, comment n'a-t-il pas été massacré par une nation composée de deux millions d'hommes ? Comment les Juifs ont-ils laissé subsister dans son histoire tous les reproches qu'il leur fait ? Comment les prêtres n'ont-ils pas au moins effacé tout ce qui est désavantageux à leur tribu ? Voilà des questions auxquelles les incrédules n'ont jamais tenté de satisfaire. Quant à la conquête de la Palestine, nous prouvons à l'article Chananéens qu'elle était très-légitime.

Après avoir bien examiné les miracles, les prophéties, la doctrine, les lois, la conduite de Moïse, qu'exigera-t-on de plus pour être convaincu qu'il était l'envoyé de Dieu, et que les Hébreux n'ont pas pu douter de sa mission ? Citera-t-on dans le monde un imposteur qui ait su réunir tant de caractères de divinité, un législateur qui ait poussé aussi loin le courage, la patience, la prévoyance, le zèle pour les intérêts de sa nation ? Il n'est pas possible de lire les derniers chapitres du Deutéronome sans être saisi d'admiration ; et quand on ne voudrait pas convenir qu'il a été le ministre de la Divinité, on serait encore forcé de reconnaître que c'était un grand homme. Aussi le peuple pleura sa mort pendant trente jours, et se soumit sans résistance à Josué, qu'il avait désigné son successeur.

MOISSON. Moïse avait ordonné aux Hébreux, lorsqu'ils moissonneraient un champ, de ne pas couper exactement tous les épis, mais d'en laisser une petite partie pour les pauvres et les étrangers, et de leur permettre de glaner (*Levit.* xxiii, 22) ; c'était une loi d'humanité. Nous en voyons l'exécution dans le livre de Ruth, c. ii, v. 7 et suiv., où Booz invite cette femme moabite à glaner dans son champ, et lui fait encore une aumône.

La *moisson* de l'orge ne devait se faire qu'après la fête de Pâques, pendant laquelle on offrait au Seigneur la première javelle ; ni celle du froment qu'après la fête de la Pentecôte, pendant laquelle on devait offrir le premier pain de blé nouveau (*Levit.* xxiii, 10 et 17). *Voy.* Prémices. Dans la suite, les Juifs ajoutèrent beaucoup de cérémonies à ce qui était ordonné par la loi pour l'ouverture des *moissons*. Reland, *Antiq. sacræ vet. Hebræorum*, p. 234, 237.

MOLINISME, système de théologie sur la grâce et sur la prédestination, imaginé par Louis Molina, jésuite espagnol, professeur de théologie dans l'université d'Evora en Portugal. Le livre où il explique ce système, intitulé : *Liberi arbitrii cum gratiæ donis*, etc., *Concordia*, parut à Lisbonne en 1588 ; il fut vivement attaqué par les dominicains, qui le déférèrent à l'inquisition, en accusant son auteur de renouveler les erreurs des pélagiens et des semi-pélagiens. La cause ayant été portée à Rome, et discutée dans les fameuses assemblées qu'on nomme les congrégations *de Auxiliis*, depuis l'an 1587 jusqu'en 1607, demeura indécise. Le pape Paul V, qui tenait alors le siége de Rome, ne voulut rien prononcer; il défendit seulement aux deux partis de se noter mutuellement par des qualifications odieuses. Depuis cette espèce de trêve, le *molinisme* a été enseigné dans les écoles comme une opinion libre; mais il a eu des adversaires implacables dans les augustiniens vrais ou faux, et dans les thomistes. Ceux-ci d'une part, et les jésuites de l'autre, ont publié chacun des histoires ou des actes de ces congrégations conformes à leur intérêt et à leurs prétentions respectives : devinera qui pourra, dit Mosheim, de quel côté il y a le plus de vérité et de modération.

Quoi qu'il en soit, voici le plan du système de Molina, et l'ordre que cet auteur imagine entre les décrets de Dieu. 1° Dieu, par la science de simple intelligence, voit tout ce qui est possible, et par conséquent des ordres infinis de choses possibles. 2° Par la science moyenne, Dieu voit certainement ce que, dans chacun de ces ordres, chaque volonté créée, en usant de sa liberté, fera, si Dieu lui donne telle ou telle grâce. *Voy.* SCIENCE DE DIEU. 3° Il veut d'une volonté antécédente et sincère sauver tous les hommes, sous condition qu'ils voudront eux-mêmes se sauver, c'est-à-dire qu'ils correspondront aux grâces qu'il leur donnera. *Voy.* CONDITIONNELLE. 4° Il donne à tous les secours nécessaires et suffisants pour opérer leur salut, quoiqu'il en accorde aux uns plus qu'aux autres, selon son bon plaisir. 5° La grâce accordée aux anges et à l'homme dans l'état d'innocence n'a point été efficace par elle-même, mais *versatile;* dans une partie des anges, elle est devenue efficace par l'événement ou par le bon usage qu'ils en ont fait; dans l'homme, elle a été inefficace, parce qu'il y a résisté. 6° Il en est de même dans l'état de nature tombée, nuls décrets absolus de Dieu, efficaces par eux-mêmes et antécédents à la prévision du consentement libre de la volonté humaine; par conséquent nulle prédestination à la gloire éternelle avant la prévision des mérites de l'homme; nulle réprobation qui ne suppose la prescience des péchés qu'il commettra. 7° La volonté que Dieu a de sauver tous les hommes, quoique souillés du péché originel, est vraie, sincère et active; c'est elle qui a destiné Jésus-Christ à être le Sauveur du genre humain; c'est en vertu de cette volonté et des mérites de Jésus-Christ, que Dieu accorde à tous plus ou moins de grâces suffisantes pour faire leur salut. 8° Dieu, par la science moyenne, voit avec une certitude entière ce que fera l'homme placé dans telle ou telle circonstance, et secouru par telle ou telle grâce, par conséquent qui sont ceux qui en useront bien ou mal. Quand il veut absolument et efficacement convertir une âme ou la faire persévérer dans le bien, il forme le décret de lui accorder les grâces auxquelles il prévoit qu'elle consentira, et avec lesquelles elle persévérera. 9° Par la science de vision, qui suppose ce décret, il voit qui sont ceux qui feront le bien et persévéreront jusqu'à la fin, qui sont ceux qui pécheront ou ne persévéreront pas. En conséquence de cette prévision de leur conduite absolument future, il prédestine les premiers à la gloire éternelle, et réprouve les autres. La base de ce système est que la grâce suffisante et la grâce efficace ne sont point distinguées par leur nature, mais que la même grâce est tantôt efficace et tantôt inefficace, selon que la volonté y coopère ou y résiste. Ainsi, l'efficacité de la grâce vient du consentement de la volonté de l'homme, non, dit Molina, que ce consentement donne quelque force à la grâce, ou la rende efficace *in actu primo*, mais parce que ce consentement est la condition nécessaire pour que la grâce soit efficace *in actu secundo*, ou lorsqu'on la considère comme jointe à son effet; à peu près comme les sacrements, qui sont par eux-mêmes productifs de la grâce, et qui dépendent néanmoins des dispositions de ceux qui les reçoivent pour la produire en effet. C'est ce qu'enseigne formellement ce théologien dans son livre *de la Concorde*, disput. 1. q. 39, 40 et suiv.

Selon les molinistes, la différence entre la grâce efficace *in actu primo*, et la grâce inefficace, consiste en ce que la première est donnée dans une circonstance dans laquelle Dieu prévoit que l'homme en suivra le mouvement, au lieu que la seconde est donnée dans une circonstance où Dieu prévoit que l'homme y résistera; d'où il s'ensuit, disent-ils, que la grâce efficace est déjà, *in actu primo*, un plus grand bienfait de Dieu que la grâce inefficace, puisqu'il dépend absolument de Dieu de donner l'une ou l'autre. Ainsi ce n'est point l'homme *qui se discerne lui-même*, mais Dieu, comme le veut saint Paul. Molina et ses défenseurs ont vanté beaucoup ce système, en ce qu'il dénoue une partie des difficultés que les Pères, et surtout saint Augustin, ont trouvées à concilier le libre arbitre avec la grâce. Mais leurs adversaires tirent de ces motifs mêmes une raison pour le rejeter, puisque, selon les Pères, l'action de la grâce sur la volonté humaine est un mystère. Cependant il nous paraît que le mystère subsiste toujours, en ce que l'action de la grâce ne peut être comparée, sans inconvénient, ni à l'action d'une cause physique, ni à l'action d'une cause morale. *Voy.* GRACE, § 5.

La plupart des partisans de la grâce efficace par elle-même ont soutenu que le *molinisme* renouvelait le semi-pélagianisme; mais le Père Alexandre, quoique dominicain et thomiste, dans son *Hist. ecclés. du* v<sup>e</sup> *siècle*, c. III, art. 3, § 13, répond à ses accusateurs que le système de Molina n'ayant pas été condamné par l'Eglise, et étant toléré comme les autres opinions de l'école, c'est blesser la vérité, la charité et la justice, de le comparer aux erreurs, soit des pélagiens, soit des semi-pélagiens. Bossuet, dans son premier et dans son second *Avertissement aux protestants*, montre solidement, et par un parallèle exact du *molinisme* avec le semi-pélagianisme, que l'Eglise romaine, en tolérant le système de Molina, ne tolère point les erreurs des semi-pélagiens, comme le ministre Jurieu avait osé le lui reprocher. Il est fâcheux que, malgré ces apologies et malgré la défense de Paul V, la même accusation renaisse toujours. Molina enseigne formellement que, sans le secours de la grâce, l'homme ne peut faire aucune action surnaturelle, et utile au salut ; *Concorde*, 1<sup>re</sup> question, disput. 5 et suiv. Vérité diamétralement opposée à la maxime fondamentale du pélagianisme. Il soutient que la grâce est toujours prévenante, qu'elle est opérante ou coopérante lorsqu'elle est efficace; qu'ainsi elle est cause efficiente des actes surnaturels, aussi bien que la volonté de l'homme; disp. 39 et suiv. Autre vérité anti-pélagienne. Il dit et répète que la prévision du consentement futur de la volonté à la grâce n'est point la cause ni le motif qui détermine Dieu à donner la grâce ; que Dieu donne une grâce efficace ou inefficace uniquement parce qu'il lui plait ; qu'ainsi, à tous égards, la grâce est purement gratuite ; il se défend contre ceux qui l'accusaient d'enseigner le contraire, *Troisième question des causes de la prédestination*, disp. 1, quest. 23, p. 370, 373, 380, de l'édition d'Anvers, en 1595. C'est saper le semi-pélagianisme par la racine. Le premier devoir d'un théologien est d'être juste. En second lieu, nous nous croyons obligés de justifier de toute erreur le système de Molina, sans vouloir pour cela ni le prouver ni l'adopter. Des théologiens célèbres, en admettant le fond de ce système, en ont adouci quelques articles et prévenu les conséquences ; c'est ce qu'on appelle le *congruisme mitigé*, et il y a déjà de l'injustice à le confondre avec le *molinisme*. Mais il est encore plus douloureux de voir des théologiens taxer de pélagianisme et de semi-pélagianisme tous ceux qui ne pensent pas comme eux, lorsque l'Eglise n'a pas prononcé et que les souverains pontifes ont défendu de donner de pareilles qualifications. Ce procédé n'est pas propre à prévenir les esprits judicieux en faveur de l'opinion qu'ont embrassée et que soutiennent ces censeurs téméraires (1). *Voy.* Congruisme.

MOLINOSISME, doctrine de Molinos, prêtre espagnol, sur la vie mystique ; condamnée à Rome, en 1687, par Innocent XI. Ce pontife, dans sa bulle, censure soixante-huit propositions tirées des écrits de Molinos, qui enseignent le quiétisme le plus outré et poussé jusqu'aux dernières conséquences. Le principe fondamental de cette doctrine est que la perfection chrétienne consiste dans la tranquillité de l'âme, dans le renoncement à toutes les choses extérieures et temporelles, dans un amour pur de Dieu, exempt de toute vue d'intérêt et de récompense. Ainsi une âme qui aspire au souverain bien doit renoncer non-seulement à tous les plaisirs des sens, mais encore à tous les objets corporels et sensibles, imposer silence à tous les mouvements de son esprit et de sa volonté, pour se concentrer et s'absorber en Dieu. Ces maximes, sublimes en apparence, et capables de séduire les imaginations vives, peuvent conduire à des conséquences affreuses. Molinos et quelques-uns de ses disciples ont été accusés d'enseigner, tant dans la théorie que dans la pratique, que l'on peut s'abandonner sans péché à des déréglements infâmes, pourvu que la partie supérieure de l'âme demeure unie à Dieu. Les propositions 23, 41 et suivantes de Molinos, renferment évidemment cette erreur abominable. Toutes les autres tendent à décréditer les pratiques les plus saintes de la religion, sous prétexte qu'une âme n'en a plus besoin lorsqu'elle est parfaitement unie à Dieu. Mosheim assure que, dans le dessein de perdre ce prêtre, on lui attribua des conséquences auxquelles il n'avait jamais pensé. Il est certain que Molinos avait à Rome des amis puissants et respectables, très à portée de le défendre s'il avait été possible. Sans les faits odieux dont il fut convaincu, lorsqu'il eut donné une rétractation formelle, il n'est pas probable qu'on l'aurait laissé en prison jusqu'à sa mort, qui n'arriva qu'en 1696.

Mosheim suppose que les adversaires de Molinos furent principalement indignés de ce qu'il soutenait, comme les protestants, l'inutilité des pratiques extérieures et des cérémonies de religion. Voilà comme les hommes à système trouvent partout de quoi nourrir leur prévention. Selon l'avis des protestants, tout hérétique qui a favorisé en quelque chose leur opinion, quelque erreur qu'il ait enseignée d'ailleurs, méritait d'être absous. La bulle de condamnation de Molinos censure non-seulement les propositions qui sentaient le protestantisme, mais celles qui renfermaient le fond du quiétisme, et toutes les conséquences qui s'ensuivaient. Mosheim lui-même n'a pas osé les justifier, *Hist. ecclésiast. du* XVII<sup>e</sup> *siècle*, sect. 2, 1<sup>re</sup> part., cap. 1, § 49. Il faut se souvenir que les quiétistes, qui firent du bruit en France peu de temps après, ne donnaient point dans les erreurs grossières de Molinos ; ils faisaient, au contraire, profession de les détester. *Voy.* Quiétisme.

MOLOCH, dieu des Ammonites ; ce nom, dans les langues orientales, signifie *roi* ou *souverain*. Dans le *Lévitique*, c. XVIII, v. 21 ; c. XX, v. 2, et ailleurs, Dieu défend aux Israélites, sous peine de mort, de consacrer leurs enfants à *Moloch*. Malgré cette loi, les prophètes Amos, c. V, v. 6 ; Jérémie, c. XIX, v. 5 et 6 ; Sophonie, c. I, v. 1, et saint Etienne, *Act.*, c. VII, v. 43, reprochent aux Juifs d'avoir adoré cette fausse divinité, et semblent désigner le même Dieu sous les noms de *Moloch*, de *Baal* et de *Melchom*. La

---

(1) Comme nous l'avons observé au mot Grâce, Mgr Gousset préfère l'opinion de Molina à celle des thomistes. Il pense qu'avec elle on résout plus facilement toutes les difficultés. *Voy.* Grâce.

coutume des idolâtres était de faire passer les enfants par le feu à l'honneur de ce faux dieu, et il paraît que souvent l'on poussait la barbarie jusqu'à les brûler en holocauste, comme faisaient les Carthaginois et d'autres à l'honneur de Saturne. D. Calmet prouve très-bien que *Moloch* était le soleil, adoré par les différents peuples de l'Orient sous plusieurs noms divers. *Bible d'Avignon*, t. II, p. 355 et suiv. Mais ce que l'on dit de la figure de ce Dieu et de la manière dont on lui consacrait les enfants n'est pas également certain. *Mémoires de l'Acad. des Inscriptions*, t. LXXI, in-12, p. 179 et suiv.

\* MOMIERS. Genève, la forteresse de Calvin, a vu la doctrine du maître entièrement abandonnée. Dès 1817, on n'y enseignait plus la divinité de Jésus-Christ. Quelques hommes, nourris des doctrines de Calvin, crièrent au scandale et prétendirent qu'il n'était pas permis de rejeter un seul article du symbole du maître. Ils étaient stationnaires ; on les appela *momiers*. Leur nombre fut bientôt très-considérable ; mais les pasteurs progressistes en appelèrent au principe de la réforme, au libre examen. Un catholique anonyme se mêla de la discussion dans la *Défense de la vénérable Compagnie des pasteurs de Genève*.

« Le droit d'examen, y dit-on, est le fondement de la religion protestante et tout ce qu'elle contient d'invariable. Tant que ce droit est reconnu, exercé sans entrave, elle subsiste elle-même sans altération : ce droit aboli, elle n'est plus. Mais combien ne serait-il pas absurde d'ordonner à chacun d'examiner pour former sa foi, et de lui contester ensuite la liberté d'admettre le résultat, quel qu'il soit, de cet examen ? Conçoit-on, je le demande, de plus manifeste contradiction ? Nos pasteurs ont donc pu légitimement rejeter telle ou telle croyance conservée par les premiers réformateurs. Et que signifie même ce mot de *réforme*, entendu dans son vrai sens, sinon un perfectionnement progressif et continuel ? Prétendre l'arrêter à un point fixe, c'est tomber dans la rêverie des symboles immuables, qui conduisent tout droit au papisme par la nécessité d'une autorité infaillible qui les détermine. Souvenons-nous-en bien : la plus légère restriction à la liberté de croyance, au droit d'affirmer et de nier, en matière de religion, est mortelle au protestantisme. Nous ne pouvons condamner personne sans nous condamner nous-mêmes, et notre tolérance n'a d'autres limites que celles des opinions humaines. On ne peut donc, sous ce rapport, que louer la sagesse de la vénérable Compagnie. Provoquée par des hommes qui, en l'accusant d'erreur, sapaient la base de la réforme, elle s'est peu inquiétée des opinions qu'elle sait être essentiellement libres ; mais elle a défendu le principe même de cette liberté, en repoussant de son sein les sectaires qui le violaient. Permis à vous, leur a-t-elle dit, de croire ou de nier personnellement tout ce qu'il vous plaira, pourvu que vous laissiez chacun user tranquillement du même droit, pourvu que vous ne prétendiez pas donner aux autres vos croyances pour règle ; car c'est là ce que nous ne souffrirons jamais. Qui ne reconnaît dans ce langage et dans cette conduite le plus pur esprit du protestantisme ?...

« Nos pasteurs, en n'admettant pas la divinité du Christ, en le regardant comme une pure créature, ne réclament d'autre autorité que celle qui peut naturellement appartenir à tous les hommes, sans aucune mission ni extraordinaire, ni divine ; et en cela ils sont conséquents. On peut les croire, on peut ne pas les croire : c'est un droit de chacun, le droit consacré par la réforme, qui demeure ainsi inébranlable sur sa base. Les catholiques sont également conséquents dans leur système ; car ils prouvent fort bien que parmi eux le ministère s'est perpétué sans lacune depuis les apôtres, à qui le Christ a dit : *Je vous envoie*. Donc, si le Christ est Dieu, les apôtres et leurs successeurs envoyés par eux sont manifestement les seuls ministres légitimes, les ministres de Dieu ; on doit les considérer comme Dieu même et les croire sans examen, car qui aurait la prétention d'examiner après Dieu ? Il n'est donc point de folie égale à celle des adversaires de la vénérable compagnie ; des momiers, *puisqu'il faut les appeler par leur nom*. Ils veulent être reconnus pour ministres de Dieu, sans prouver leur mission divine ; ils veulent, en cette qualité, qu'on croie ce qu'ils croient, et ils ne veulent pas être infaillibles ; ils veulent que tous les esprits adoptent leurs opinions, se soumettent à leurs enseignements et conservent le droit d'examen : ce qui suppose, d'une part, qu'ils peuvent se tromper, et, de l'autre, qu'il est impossible qu'ils se trompent ; ils veulent, en un mot, être protestants et renverser le protestantisme, en niant, soit le principe qui en est la base, soit les conséquences rigoureuses qui en découlent immédiatement. » C'était faire une critique habile du principe et des prétentions de la réforme.

MONARCHIE. Dans l'article DANIEL on trouvera l'explication de la prédiction de ce prophète touchant les quatre *monarchies* qui devaient se succéder avant l'arrivée du Messie. En Angleterre, sous le règne de Cromwel, on appela *hommes de la cinquième monarchie* une secte de fanatiques qui croyaient que Jésus-Christ allait descendre sur la terre pour y fonder un nouveau royaume, et qui, dans cette persuasion, avaient dessein de bouleverser le gouvernement et d'établir une anarchie absolue. Mosheim, *Hist. ecclés.* du XVIIe *siècle*, sect. 2, IIe part., c. 2, § 22. C'est un des exemples du fanatisme que produisait en Angleterre la lecture de l'Écriture sainte, commandée à tout le monde, et la licence accordée à tous de l'entendre et de l'expliquer selon leurs idées particulières. *Voy.* ÉCRITURE SAINTE.

MONASTÈRE. *Voy.* MOINES, § 3.

MONASTÉRIENS. *Voy.* ANABAPTISTES.

MONASTIQUE (état). *Voy.* MOINES, § 2

MONDAIN. Dans les écrits des moralistes et des auteurs ascétiques, ce terme signifie une personne livrée avec excès aux plaisirs et aux amusements du monde, et asservie à tous les usages de la société, bons ou mauvais ; et ils appellent *affections mondaines* les inclinations qui nous portent à violer la loi de Dieu. Saint Pierre exhorte les fidèles à fuir la convoitise corrompue qui règne dans le monde (*II Petr.* I, 4). « N'aimez pas le monde, leur dit saint Jean, ni tout ce qu'il renferme ; celui qui l'aime n'est pas aimé de Dieu. Dans le monde tout est concupiscence de la chair, convoitise des yeux, et orgueil de la vie ; tout cela ne vient pas de Dieu. Le monde passe avec toutes ses convoitises, mais celui qui fait la volonté de Dieu demeure éternellement. (*I Joan.* II, 15.) » Le but de ces leçons n'est point de nous détacher des affections louables, des devoirs, ni des usages innocents de la vie sociale, mais de nous préserver de l'excès avec lequel plusieurs personnes s'y livrent, et de l'oubli dans lequel elles vivent à l'égard de leur salut.

**MONDE** (Physique du). C'est la manière dont le *monde* est construit et a commencé d'être. L'Ecriture sainte nous apprend que Dieu a créé et arrangé le *monde* tel qu'il est, qu'il l'a fait dans six jours, quoiqu'il eût pu le faire dans un seul instant et par un seul acte de sa volonté (1).

Cette narration, qui suffit pour nous inspirer le respect, la soumission, la reconnaissance envers le Créateur, n'a pas satisfait la curiosité des philosophes ; ils ont voulu deviner la manière dont Dieu s'y est pris, et la matière qu'il a mise en usage ; ils ont forgé des systèmes à l'envi, et ne se sont accordés sur aucun. Descartes avait bâti l'univers avec de la poussière et des tourbillons ; Burnet, plus modeste, se contenta de donner la théorie complète de la formation de la terre ; Woodward, mécontent de cette hypothèse, prétendit que le globe avait été mis en dissolution et réduit en pâte par le déluge universel ; Wisthon imagina que la terre avait été d'abord une comète brûlante, qui fut ensuite inondée et couverte d'eau par la rencontre d'une autre comète. Buffon, après avoir réfuté toutes ces visions, et s'être moqué des physiciens, qui font promener les comètes à leur gré, a eu recours à un expédient semblable pour construire à son tour la terre et les planètes.

Il suppose qu'environ soixante-quinze mille ans avant nous, une comète est tombée obliquement sur le soleil, a détaché la six cent cinquantième partie de cet astre, et l'a poussée à trente millions de lieues de distance ; que cette matière brûlante et liquide, séparée en différentes masses roulantes sur elles-mêmes, a formé les divers globes que nous appelons la terre et les planètes. Il a fallu, selon Buffon, deux mille neuf cent trente-six ans pour que cette matière vitreuse, brûlante et liquide, acquît de la consistance, fut consolidée jusqu'à son centre, formât un globe aplati vers les pôles, et plus élevé sous son équateur. C'est ce que notre grand naturaliste appelle *la première époque de la nature*. — La seconde a duré trente-cinq mille ans, et c'est le temps qu'il a fallu pour que le globe perdît assez de sa chaleur pour y laisser tomber les vapeurs et les eaux dont il était environné. Mais, par le refroidissement, il s'est formé à sa surface des cavités et des boursoufflures, des inégalités prodigieuses ; c'est ce qui a produit les bassins des mers et les hautes montagnes dont la terre est hérissée. Excepté leur sommet, la terre se trouva pour lors entièrement couverte d'eau. — Pendant une troisième époque, d'environ quinze à vingt mille ans, les eaux qui couvraient la terre, et qui étaient dans un mouvement continuel, ont formé dans leur sein d'autres chaînes de montagnes postérieures à celles

(1) Nous avons résolu un grand nombre de difficultés concernant le monde aux mots CRÉATION Cosmogonie.

de la première formation, et ont déposé dans leurs différentes couches l'énorme quantité de coquillages et de corps marins que l'on y trouve. — A la quatrième époque les eaux ont commencé à se retirer, et alors les feux souterrains et les volcans ont joint leur action à celle des eaux pour bouleverser la surface du globe ; le mouvement des eaux d'orient en occident a rongé toutes les côtes orientales de l'Océan, et comme les pôles ont été découverts et refroidis plus tôt que le terrain placé sous l'équateur, c'est dans le Nord que les animaux terrestres ont commencé à naître et à se multiplier. — Le commencement de la cinquième époque date au moins de quinze mille ans avant nous, pendant lesquels les animaux, nés d'abord sous les pôles, se sont avancés peu à peu dans les zones tempérées, et ensuite dans la zone torride, à mesure que la terre se refroidissait sous l'équateur ; et c'est là que se sont fixées les espèces de grands animaux qui ont besoin de beaucoup de chaleur. — La sixième époque est arrivée lorsque s'est faite la séparation de notre continent d'avec celui de l'Amérique, et que se sont formées les grandes îles que nous connaissons. Buffon place cette révolution à environ dix mille ans avant notre siècle.

Un système aussi vaste et aussi hardi, exposé avec tout l'avantage d'une imagination brillante et d'un style enchanteur, ne pouvait manquer de séduire d'abord les esprits superficiels. Aussi l'a-t-on vanté comme une hypothèse qui explique tous les phénomènes et satisfait à toutes les difficultés. Mais ce prestige n'a pas été de longue durée. Parmi plusieurs physiciens qui ont attaqué avec succès le système de Buffon, les auteurs d'un grand ouvrage, intitulé *la Physique du monde*, ont réfuté cette même hypothèse dans toute son étendue ; ils en ont détruit les principes et les conséquences. Ils ont prouvé : 1° Que, selon les lois de la physique les plus incontestables, une comète n'a pas pu tomber sur le soleil, en détacher la six cent cinquantième partie, la pousser à une aussi énorme distance, en former divers globes placés comme ils le sont ; que la force d'attraction, dont Buffon fait usage pour donner de la solidité à une matière fluide, est une force supposée gratuitement ; qu'elle est inconcevable et insuffisante. — 2° Qu'il n'est pas vrai que la matière primitive de notre globe soit du verre ; que plusieurs des substances dont il est composé ne sont point vitrifiables ; que, pour devenir une boule aplatie sous les pôles et gonflée sous l'équateur, il n'a pas été nécessaire que cette matière fût liquide ou en fusion, mais seulement flexible, comme elle l'est en effet. — 3° Que le simple refroidissement d'une matière vitreuse n'a pas pu y produire les inégalités dont la surface du globe est hérissée ; que les vapeurs, ni les eaux de l'atmosphère, n'ont pu tomber sur la terre avec assez de violence pour y produire les effets supposés par Buffon ; que les progrès du refroidissement de la terre, tels qu'il le conçoit, portent sur un faux calcul. — 4° Ajoutons que la différence admise par Buffon entre les montagnes primitives et les montagnes secondaires n'est pas juste ; il suppose que les premières sont toutes de matière vitreuse, et se sont formées par les crevasses qui se sont faites sur le globe, lorsqu'il a passé d'une extrême chaleur à l'état de refroidissement : or, cela n'est pas ainsi, et le contraire est prouvé par des observations certaines. Il n'est pas vrai que toutes ces montagnes primitives soient composées de matières vitrescibles, et que les montagnes secondaires soient de matière calcaire ; que les unes soient construites de blocs de pierres jetées au hasard, les autres posées par couches horizontales ; les unes absolument privées de corps marins, les autres remplies de coquillages, etc. Cette construction n'est point du tout uniforme. — 5° Le mouvement général des eaux d'orient en occident est faussement supposé, et il est contraire à toutes les lois connues du mouvement. Les physiciens dont nous parlons ont observé que sur ce point Buffon se contredit ; tantôt il dit que les côtes orientales de l'Océan sont les plus escarpées, et tantôt que ce sont les côtes occidentales ; sa théorie sur le mouvement des eaux est absolument contraire à toutes les observations. *Voy.* MER. — 6° Ils ont fait voir que la naissance spontanée des animaux terrestres, des éléphants, des rhinocéros, des hippopotames, sous la zone glaciale, n'est qu'un rêve d'imagination. « Le système des molécules organiques vivantes et des moules intérieurs, créé par Buffon, n'a plus de partisans ni d'adversaires : son sort est irrévocablement décidé. Les coups que lui ont portés les Haller, les Bonnet, et tant d'autres physiciens, ont fixé l'opinion de tous les esprits. On ne croit pas plus aujourd'hui aux générations spontanées qu'aux vampires et à la production des abeilles dans le corps d'un taureau. » C'est ainsi qu'en pense M. de Marivetz. Point de génération sans germe : or, où étaient les germes de l'espèce humaine et des animaux dans une masse de verre brûlant, et qui a demeuré dans cet état pendant soixante-quinze mille ans, selon le calcul de Buffon ? Les molécules organiques vivantes et les moules intérieurs pouvaient-ils mieux y subsister que des germes ? — 7° Conçoit-on que les poissons et les coquillages aient pu naître et se multiplier à l'infini dans le sein de la mer plusieurs milliers d'années avant que la terre fût assez refroidie pour que les animaux de la zone torride pussent vivre près du pôle ? Car enfin Buffon ne place la naissance des animaux terrestres qu'à la quatrième époque, et il a fallu que les coquillages fussent déjà formés à la troisième, pour être déposés dans le sein des montagnes où ils se trouvent aujourd'hui. Alors les eaux de la mer devaient encore être au degré de chaleur de l'eau bouillante : ce degré n'était pas fort propre à favoriser la naissance des coquillages et des poissons.

Le froid leur convient beaucoup mieux, puisque c'est dans la mer Glaciale que se trouvent les plus grands. — 8° M. de Marivetz observe que Buffon ne donne aucune cause satisfaisante de la séparation des deux continents, ni de la naissance des grandes îles ; que la marche qu'il fait suivre aux animaux est mal conçue et contraire à la vérité. Il conclut que ce grand naturaliste, entraîné par la chaleur de son imagination, n'a consulté ni les lois de la physique, ni l'expérience, ni la marche de la nature.

Toutes ces preuves de la fausseté du système de Buffon sont confirmées par les savantes observations de M. de Luc sur la structure du globe, et en particulier sur la construction des grandes chaînes de montagnes de l'Europe, telles que les Alpes, les Pyrénées, l'Apennin, et celles qui s'étendent depuis les Alpes jusqu'à la mer Baltique. On voit, par ses *Lettres sur l'Histoire de la terre et de l'homme*, combien les réflexions d'un physicien qui a beaucoup vu et qui a tout examiné avec attention, sont supérieures aux conjectures d'un philosophe qui médite dans son cabinet. M. de Luc n'admet aucune des suppositions de Buffon ; savoir, que le soleil est une masse de matière fondue et ardente, que les planètes en ont été tirées par le choc d'une comète, que la terre a été d'abord un globe de verre fondu ; il attaque même directement cette dernière hypothèse. De ce que tout est vitrescible dans notre globe, et peut être réduit en verre par l'action du feu, il ne s'ensuit pas que tout ait été vitrifié en effet, puisqu'il n'y existe point de verre que celui qui a été fait artificiellement ; on n'y trouve aucune matière qui soit absolument vitreuse, ou qui soit réellement du verre ; il y en a même plusieurs qui ne peuvent être réduites en verre que par leur mélange avec d'autres corps. Il prouve que la chaleur de notre globe augmente plutôt qu'elle ne diminue. Il fait voir par la manière dont sont construites les hautes Alpes, montagnes primordiales s'il en fut jamais, qu'il est faux que le globe ait jamais éprouvé une vitrification universelle. L'on trouve dans leur sein différentes espèces de pierres ; des matières calcaires, aussi bien que des matières vitrescibles ; il en est de même dans les autres chaînes de montagnes. Il y en a dont le noyau est de matière vitrescible, recouverte par des matières calcaires ; d'autres sont construites d'une matière tout opposée. Il est faux qu'en général il ne se trouve point de coquillages ni de corps marins dans les montagnes formées de matières vitrescibles ; il est seulement vrai qu'ils y sont beaucoup plus rares que dans les montagnes construites de matières calcaires. *Voy.* MONTAGNES. Il soutient qu'aucun fait ne prouve que la quantité des eaux diminue, ni que la mer ait jamais changé de lit par une progression insensible. Si elle en avait changé, il aurait fallu que l'axe de la terre changeât, et cela n'est point arrivé. Il est faux que la mer mine les côtes orientales des deux *mondes.* L'on peut expliquer par l'histoire du déluge universel la plupart des phénomènes sur lesquels nos physiciens se fondent, beaucoup plus aisément que par les suppositions arbitraires auxquelles ils ont recours. *Voy.* MER.

De toutes ces observations M. de Luc conclut que la Genèse est la véritable histoire du *monde;* que plus on examine la structure de notre globe, mieux on sent que Moïse avait été instruit par révélation. Le dessein de cet historien n'était certainement pas de nous enseigner la physique, mais de nous transmettre les leçons que Dieu luimême avait données à nos premiers parents ; jusqu'à présent néanmoins les philosophes ne sont pas venus à bout de détruire aucune des vérités qu'il a écrites. Les livres saints nous disent que Dieu a livré le *monde* aux disputes des raisonneurs ; mais ils nous apprennent aussi quel sera le succès de toutes leurs spéculations. « Depuis le commencement du *monde* jusqu'à la fin, l'homme ne trouvera pas ce que Dieu a fait, à moins que Dieu lui-même n'ait trouvé bon de le lui révéler (*Eccl.* III, 11). » L'histoire de la création nous représente Dieu comme un Père qui, en fabriquant le *monde*, n'est occupé que du bien de ses enfants, qui ne fait parade ni de son industrie, ni de sa puissance, qui ne pense qu'à les rendre heureux et vertueux. Parmi les philosophes, les uns veulent se passer de Dieu et prouver que le *monde* a pu se former tout seul ; les autres, plus sensés, nous font admirer sa sagesse et sa puissance, mais ils oublient de nous faire aimer sa bonté. Ils veulent que Dieu ait agi par les moyens les plus simples et les plus courts, comme s'il y avait des moyens longs ou compliqués à l'égard d'un ouvrier qui opère par le seul vouloir ; le degré de leur intelligence est la mesure de celle qu'ils prêtent à Dieu. Il nous paraît mieux de nous en tenir à ce qu'il a daigné nous révéler.

Pendant que d'habiles physiciens admirent la sagesse de la narration de Moïse, quelques incrédules demi-savants prétendent qu'elle est absurde, et s'efforcent de jeter du ridicule sur toutes ses expressions. Celse, Julien, les manichéens, ont été leurs prédécesseurs ; Origène, saint Cyrille, saint Augustin dans ses *Livres sur la Genèse*, ont répondu à leurs objections. Nous n'en copierons que quelques-unes ; on en trouvera d'autres aux mots CATARACTE, CIEL, JOUR, etc.

1re *Objection.* Le premier verset de la Genèse porte : *Du commencement les Dieux fit le ciel et la terre;* voilà une matière préexistante et plusieurs dieux clairement désignés. C'est une imitation de la cosmogonie des Phéniciens.

*Réponse.* L'hébreu porte, *bereschit*, au commencement ; et c'est ainsi que l'ont entendu les paraphrastes chaldéens et les Septante. La préposition *be* signifie *dans*, et non *de*; *reschit* n'a jamais désigné la matière. *Elohim,* nom de Dieu, quoique pluriel, est joint à un verbe singulier, il ne désigne donc pas plusieurs dieux ; il est construit de même dans tout ce chapitre et ailleurs. D'autres termes hébreux, malgré la terminaison du pluriel, n'expriment qu'un seul objet : *chaim*, la vie; *maim*, l'eau ; *phanim*, la face; *schammaim*, le ciel; *adonim*, seigneur; *bahalim*, un faux dieu. Souvent les Hébreux disent, *Jéhovah elohim*, le Dieu qui est : titre incommunicable, consacré à exprimer le vrai Dieu. Le pluriel se met pour augmenter la signification, et alors il équivaut au superlatif; *Elohim* est le *Très-Haut ;* les poëtes latins font souvent de même. Moïse fait ainsi parler Dieu : *Sachez que je suis le seul Dieu, et qu'il n'y en a point d'autre que moi* (*Deut.* XXXII, 39). Et Isaïe : *J'ai fait seul l'immensité des cieux, et par moi seul j'ai formé l'étendue de la terre* (XLV, 24). Les Phéniciens n'ont jamais fait une profession de foi semblable. Dans leur cosmogonie, rapportée par Sanchoniaton, il n'est question ni d'un Dieu, ni de plusieurs dieux pour faire le *monde*. Eusèbe a remarqué que c'est une profession d'athéisme ; mais on prétend que le traducteur grec l'a mal rendu.

2e *Objection.* Dire que Dieu a fait le ciel et la terre, est une expression ridicule. La terre n'est qu'un point en comparaison du ciel ; c'est comme si l'on disait que Dieu a créé les montagnes et un grain de sable. Mais cette idée si ancienne et si fausse, que Dieu a créé le ciel pour la terre, a toujours prévalu chez les peuples ignorants, tels qu'étaient les Juifs.

*Réponse.* L'expression de Moïse prévaut encore et prévaudra toujours, même chez les savants, en dépit de l'esprit chicaneur des incrédules. Selon l'énergie de l'hébreu, au commencement Dieu créa *schammaim*, ce qui est le plus élevé au-dessus de nous, et *erts*, ce qui est sous nos pieds : où est le ridicule, sinon dans la censure d'un critique qui n'entend pas seulement la signification des termes? Il ne sert de rien à l'homme de connaître l'immensité du ciel et le système du *monde ;* mais il lui est très-utile de savoir qu'en le créant, Dieu a pourvu au bien-être des habitants de la terre : cette réflexion nous rend reconnaissants et religieux.

3e *Objection.* La terre, selon Moïse, était *tohu bohu ;* ce terme signifie *chaos, désordre,* ou la matière informe : sans doute Moïse a cru la matière éternelle, comme les Phéniciens et toute l'antiquité.

*Réponse.* Il est absurde de supposer que Moïse, après avoir dit que Dieu a créé le ciel et la terre, prend celle-ci pour la matière éternelle, et se contredit en deux lignes. *Tohu bohu* est, à la vérité, synonyme du chaos des Grecs ; mais *chaos* signifie vide ou profondeur, et non désordre ou matière informe ; c'est mal à propos qu'Ovide l'a rendu par *rudis indigestaque moles*. Moïse donne à entendre que la terre, environnée des eaux, ne présentait dans toute sa surface qu'un abîme profond couvert de ténèbres. Il est faux que toute l'antiquité ait cru la matière éternelle; ç'a été le sentiment des philosophes, et non celui du commun des hommes. Moïse est plus ancien que les écrivains de Phénicie; il n'a rien emprunté d'eux. Il est clair que les trois premiers versets de la Genèse expriment distinctement la création des quatre éléments.

4ᵉ *Objection.* Ces mots : *Dieu dit que la lumière soit, et la lumière fut*, ne sont point un trait d'éloquence sublime, quoi qu'en ait pensé le rhéteur Longin; mais le passage du psaume CXLVIII, *Il a dit, et tout a été fait*, est vraiment sublime, parce qu'il fait une grande image qui frappe l'esprit et l'enlève.

*Réponse.* Celse, de son côté, jugeait que ces mots, *Sit lux*, exprimaient un désir; il semble, dit-il, que Dieu demande la lumière à un autre. Voilà comme les censeurs de Moïse ont raisonné de tout temps. Mais nous en appelons au jugement de tout lecteur sensé; peut-on mieux faire entendre que Dieu opère par le seul vouloir, ni exprimer avec plus d'énergie le pouvoir créateur? Le Clerc est le premier qui ait su mauvais gré au rhéteur Longin de l'avoir compris; et en cela il ne s'est pas fait beaucoup d'honneur. Nous demandons au philosophe qui l'a copié si, lorsque le psalmiste a rendu la même pensée, il a supposé la matière éternelle. *Voy.* CRÉATION.

5ᵉ *Objection.* Une opinion fort ancienne est que la lumière ne vient pas du soleil, que c'est un fluide distingué de cet astre, et qui en reçoit seulement l'impulsion; Moïse s'est conformé à cette erreur populaire, puisqu'il place la création de la lumière quatre jours avant celle du soleil. On ne peut pas concevoir qu'il y ait eu un soir et un matin avant qu'il y eût eu un soleil.

*Réponse.* S'il y a ici une erreur, elle n'est certainement pas populaire; c'est une vieille opinion philosophique soutenue par Empédocle, renouvelée par Descartes, et encore suivie par d'habiles physiciens; mais le peuple n'y a jamais pensé. Puisque l'hébreu *our* signifie le feu aussi bien que la lumière, pour qu'il y ait eu un matin et un soir, il suffit que Dieu ait créé d'abord un feu ou un corps lumineux quelconque, qui ait fait sa révolution autour de la terre, ou autour duquel la terre ait tourné.

6ᵉ *Objection.* Selon Moïse, Dieu fit deux grands luminaires, l'un pour présider au jour, l'autre pour présider à la nuit, et les étoiles. Il ne savait pas que la lune n'éclaire que par une lumière empruntée ou réfléchie; il parle des étoiles comme d'une bagatelle, quoiqu'elles soient autant de soleils dont chacun a des *mondes* roulants autour de lui.

*Réponse.* Sans doute l'auteur a vu ces *mondes*, et il y a voyagé; bientôt il nous apprendra ce qui s'y passe. Ce n'est pas Moïse, c'est Lucrèce qui a douté, après son maître Épicure, si la lune a une lumière propre, ou seulement une lumière réfléchie. Pour Moïse, il a eu de bonnes raisons de parler sans emphase des étoiles et des autres astres; on sait qu'une admiration stupide de l'éclat et de la marche de ces globes lumineux a été l'origine du polythéisme et de l'idolâtrie chez toutes les nations. Plus sensé que les philosophes, Moïse ne fait envisager les astres que comme des flambeaux destinés par le Créateur à l'usage de l'homme; il le répète ailleurs, afin d'ôter aux Israélites la tentation d'adorer ces corps inanimés (*Deut.*, IV, 19).

7ᵉ *Objection.* Les Hébreux, comme toutes les autres nations, croyaient la terre fixe et immobile, plus longue d'orient en occident que du midi au nord; dans cette opinion, il était impossible qu'il y eût des antipodes; aussi plusieurs Pères de l'Église les ont niés.

*Réponse.* Cependant les écrivains hébreux désignent souvent la terre par le mot *thebel*, le globe; on peut le prouver par vingt passages : ils ne la croyaient donc pas plus longue que large. Dans le livre de Job, c. XXVI, v. 7, il est dit que Dieu a suspendu la terre *sur le rien*, ou sur le vide. Selon le psaume XVIII, v. 7, le soleil part d'un point du ciel, et fait son circuit d'un bout à l'autre. Comme cette révolution se fait en ligne spirale, Job la compare aux replis tortueux d'un serpent, c. XXVI, v. 11. Peu importait aux Hébreux de savoir si c'est la terre ou le soleil qui tourne. Quant à ce que les Pères de l'Église ont pensé des *antipodes*, *voy.* ce mot.

Nous n'avons pas le courage de copier les puérilités que le même philosophe a objectées contre la création de *l'homme*; on en trouvera quelque chose à cet article. Mais il faut répondre à un grief plus sérieux. Vingt auteurs ont écrit que Galilée fut persécuté et puni par l'inquisition à cause de ses découvertes astronomiques, et pour avoir expliqué le vrai système du *monde*; on se sert de ce trait d'histoire pour rendre odieux le tribunal de l'inquisition, pour faire voir dans quelle ignorance l'Italie était encore plongée pendant le siècle passé. Heureusement nous savons à présent ce qu'il en est. Dans le *Mercure de France du 17 juillet 1784*, n° 29, il y a une dissertation dans laquelle l'auteur prouve, par les lettres de Galilée lui-même, par celles de Guichardin et du marquis Nicolini, ambassadeurs de Florence, amis et disciples de Galilée, qu'il ne fut point persécuté comme bon astronome, mais comme mauvais théologien, pour s'être obstiné à vouloir montrer que le système de Copernic était d'accord avec l'Écriture sainte. Ses découvertes, dit l'auteur, lui firent, à la vérité, des ennemis; mais c'est sa fureur d'argumenter sur la Bible qui lui donna des juges, et sa pétulance des chagrins.

Dans son premier voyage à Rome, en 1611, Galilée fut admiré et comblé d'honneurs par les cardinaux et par les seigneurs auxquels il fit part de ses découvertes, et par le pape lui-même. Il y retourna en 1615. Sa présence déconcerta les accusations formées contre lui par les jacobins, entêtés de la philosophie d'Aristote, et inquisiteurs. Le cardinal *del Monte*, et plusieurs membres du saint-office, lui tracèrent le cercle de prudence dans lequel il devait se renfermer, pour éviter toutes les disputes; mais son ardeur et sa vanité l'emportèrent. Il exigea, dit Guichardin, que le pape et l'inquisition déclarassent que le système de Copernic est fondé sur la Bible; il écrivit mémoires sur mémoires. Paul V, fatigué par ses instances, arrêta que cette controverse serait jugée dans une congrégation. Rappelé à Florence au mois de juin 1616, Galilée dit lui-même dans ses lettres : « La congrégation a seulement décidé que l'opinion du mouvement de la terre ne s'accorde pas avec la Bible....; je ne suis point intéressé personnellement dans l'arrêt. » Avant son départ, il avait eu une audience très-amicale du pape; le cardinal Bellarmin lui fit seulement défense, au nom du saint-siége, de reparler davantage de l'accord prétendu entre la Bible et Copernic, sans lui interdire aucune hypothèse astronomique. Quinze ans après, en 1632, sous le pontificat d'Urbain VIII, Galilée imprima ses dialogues *delle massime Systeme del Mundo*, et il fit reparaître ses mémoires écrits en 1616, où il s'efforçait d'ériger en question de dogme la rotation du globe sur son axe. On dit que les jésuites aigrirent le pape contre lui. « Il faut traiter cette affaire doucement, écrivait le marquis Nicolini, dans ses dépêches du 5 septembre 1632; si le pape se pique, tout est perdu; il ne faut ni disputer, ni menacer, ni braver. » C'est ce que Galilée n'avait cessé de faire. Cité à Rome, il y arriva le 3 février 1633. Il ne fut point logé à l'inquisition, mais au palais de Toscane. Un mois après, il fut mis, non dans les prisons de l'inquisition, mais dans l'appartement du fiscal, avec pleine liberté de communiquer au dehors. Dans ses défenses, il ne fut point question du fond de son système, mais de sa prétendue conciliation avec la Bible; après la sentence rendue et la rétractation exigée, Galilée fut le maître de retourner à Florence. C'est encore lui qui en rend témoignage; il écrivit au Père Recencri, son disciple : « Le pape me croyait digne de son estime.... Je fus logé dans le délicieux palais de la Trinité-du-Mont.... Quand j'arrivai au saint-office, deux jacobins m'intimèrent très-honnêtement de faire mon apologie.... J'ai été obligé de rétracter mon opinion en bon catholique. » Mais son opinion sur le sens de l'Ecriture sainte était fort étrangère à l'hypothèse de la rotation de la terre. « Pour me punir, ajoute Galilée, on m'a défendu les dialogues, et congédié après cinq mois de séjour à Rome.... Aujourd'hui je suis à ma campagne d'Arcêtre, où je respire un air pur auprès de ma chère patrie. » Cependant l'on s'obstine encore à écrire que Galilée fut persécuté pour ses découvertes, emprisonné à l'inquisition, forcé d'abjurer le système de Copernic, et condamné à une prison perpétuelle; Mosheim et son traducteur l'ont ainsi affirmé, et on le répétera tant qu'il y aura des hommes prévenus contre l'Eglise romaine.

MONDE (Antiquité du). De tout temps les philosophes ont disputé sur ce sujet; plusieurs des anciens croyaient le *monde* éternel, parce qu'ils ne voulaient point admettre la création; les épicuriens soutenaient que le *monde* n'était pas fort vieux, et qu'il s'était formé de lui-même par le concours fortuit des atomes. La même diversité d'opinions subsiste encore parmi les modernes; mais la plupart s'accordent à prétendre que le *monde* est beaucoup plus ancien que l'histoire sainte ne le suppose. Selon le texte hébreu, il ne s'est écoulé qu'environ six mille ans depuis la création jusqu'à nous; et l'an du monde 1656, le globe a été submergé par un déluge universel qui en a changé la face. La version des Septante donne au *monde* dix-huit cent soixante ans de durée de plus que le texte hébreu; le Pentateuque samaritain ne s'accorde avec aucun des deux. Suivant l'hébreu, le déluge est arrivé deux mille trois cent quarante-huit ans avant Jésus-Christ; selon les Septante, trois mille six cent dix-sept : voilà près de treize cents ans de différence. Pour découvrir l'origine de cette variété de calcul, les critiques ont suivi différentes opinions; les uns ont pensé que les Juifs ont abrégé, de propos délibéré, le calcul du texte hébreu, sans que l'on puisse en deviner la raison; les autres, que les Septante ont allongé le leur, pour se conformer à la chronologie des Egyptiens. Chacune de ces deux hypothèses a eu des partisans; ni l'une ni l'autre n'est exempte de difficultés. Plusieurs savants se sont attachés au Pentateuque samaritain, et sont tombés dans d'autres inconvénients.

Le savant auteur de l'*Histoire de l'Astronomie ancienne* a prouvé, qu'eu égard aux différentes méthodes selon lesquelles les divers peuples ont calculé le temps, toutes leurs chronologies s'accordent, et ne diffèrent que de quelques années sur les deux époques les plus mémorables, savoir, la création et le déluge universel; que toutes se réunissent encore à supposer la même durée depuis le commencement du *monde* jusqu'à l'ère chrétienne, en suivant le calcul des Septante. « Chez tous les anciens peuples, dit-il, du moins chez tous ceux qui ont été jaloux de conserver les traditions, l'on retrouve l'intervalle de la création au déluge exprimé d'une manière assez exacte et assez uniforme; la durée du *monde* jusqu'à notre ère s'y trouve également à peu près la même. » *Hist. de l'Astron. ancienne*, liv. I, § 6; *Eclairciss.* liv. I, § 11 et suiv. C'est plus qu'il n'en faut pour nous tranquilliser; nous n'avons pas besoin d'examiner les différentes hypothèses imaginées par les savants pour parvenir à une conciliation parfaite, ni de rechercher les causes de la variété qui se trouve entre l'hébreu, le samaritain et le grec des Septante, ni de réfuter les prétentions de quelques nations qui se donnent une antiquité prodigieuse. L'auteur de l'*Antiquité dévoilée par les usages* soutient que l'entêtement des Chaldéens, des Chinois, des Egyptiens, sur ce point, n'est fondé que sur des périodes astronomiques, arrangées après coup par les philosophes de ces nations, t. II, l. iv, c. 2, p. 309. Nous sommes encore moins tentés de répondre aux sophismes par lesquels un célèbre incrédule a voulu prouver que le *monde* est coéternel à Dieu.

Aujourd'hui l'on a principalement recours à des observations de physique et d'histoire naturelle, pour démontrer *l'antiquité du monde;* nous avons vu que Buffon, dans ses *Époques de la nature,* suppose que le *monde* a commencé à se peupler d'animaux et d'hommes, quinze mille ans avant nous; mais il convient lui-même que ce n'est là qu'*un aperçu*, c'est-à-dire une conjecture sans fondement. On y oppose des observations positives qui méritent plus d'attention. M. de Luc, qui a beaucoup examiné les montagnes, a remarqué que, par les éboulements, elles s'arrondissent peu à peu; que par la pluie et par les mousses il s'y forme une couche de terre végétale; qu'ainsi elles arriveront insensiblement à un point où elles ne pourront plus changer de forme. Il en est de même de plusieurs plaines autrefois incultes, et qui sont aujourd'hui cultivées, parce qu'il s'y est formé de la terre végétale. Mais le peu d'épaisseur de cette couche, soit dans les plaines, soit sur les montagnes, démontre qu'elle n'est pas fort ancienne; si elle l'était, la culture y aurait commencé plus tôt, et la population serait plus avancée. Il s'est convaincu que les glaces augmentent dans les Alpes, et s'y étendent de jour en jour; si les glaciers étaient fort anciens, ils ne formeraient plus qu'une glace continue. Après avoir attentivement considéré le sol de la Hollande, et les divers cantons dans lesquels on a fait des conquêtes sur les eaux, il a toujours retrouvé les mêmes preuves de la nouveauté de nos continents, et du petit nombre de siècles qu'il a fallu pour les amener au point où ils sont aujourd'hui. D'où il conclut que les conséquences qui se tirent de l'état actuel du globe sont beaucoup plus sûres que les chronologies fabuleuses des anciens peuples, et toutes ces conséquences concourent à prouver que nos continents ne sont pas aussi anciens que Buffon et d'autres physiciens les supposent. Mais, de leur côté, ils allèguent aussi des observations; il est à propos de voir si elles prouvent ce qu'ils prétendent.

1° La mer a certainement un mouvement d'orient en occident, qui lui est imprimé par celui qui pousse la terre en sens contraire : or, ce mouvement seul doit insensiblement déplacer la mer dans la succession des siècles. On s'aperçoit que le fond de la mer Baltique diminue; on voit encore un canal par lequel elle communiquait autrefois à la mer Glaciale, mais qui s'est comblé par la succession des temps. La nature du sol qui sépare le golfe Persique d'avec la mer Caspienne fait juger que ces deux mers formaient autrefois un même bassin. Il y a aussi beaucoup d'apparence que la mer Rouge communiquait à la Méditerranée, dont elle est actuellement séparée par l'isthme de Suez. Ces changements arrivés sur le globe sont plus anciens que nos connaissances historiques. Il paraît que l'Amérique était encore couverte des eaux il n'y a pas un grand nombre de siècles, et qu'elle n'est pas habitée depuis fort longtemps. Enfin, la multitude des corps marins dont notre hémisphère est rempli prouve invinciblement qu'il a été autrefois sous les eaux de l'Océan. Combien n'a-t-il pas fallu de milliers de siècles pour mettre la terre dans l'état où elle est aujourd'hui?

*Réponse.* A l'article Mer, nous avons fait voir que son mouvement prétendu d'orient en occident est absolument faux; qu'il est impossible et contraire à toutes les lois du mouvement. De tous les phénomènes que l'on nous cite, il n'y en a pas un seul qui puisse servir à le prouver. Pour séparer la mer Baltique de la mer Glaciale, il a fallu que la première se retirât du côté du midi; il en a été de même du golfe Persique à l'égard de la mer Caspienne, et de la mer Rouge à l'égard de la Méditerranée. L'on prétend qu'en effet la mer Rouge a reculé du côté du midi, et qu'elle s'étendait autrefois davantage du côté du nord; conséquemment il serait plus difficile aujourd'hui que jamais de percer l'isthme de Suez pour joindre ces deux mers. *Voy.* le *Voyage de Niébuhr en Arabie.* Que peut-il s'ensuivre de là en faveur d'un mouvement habituel des eaux d'orient en occident? De quoi a pu servir ce mouvement pour découvrir le sol de l'Amérique? Ce mouvement tendrait à l'engloutir de nouveau du côté oriental, et non à prolonger ses côtes. On ne peut pas prouver que l'Amérique a gagné plus de terrain du côté de l'occident que du côté qui nous est opposé. Quant aux corps marins que l'on trouve dans les entrailles de la terre, et jusque dans le sein des montagnes de l'un et de l'autre hémisphère, il est évident qu'ils n'ont pas pu y être déposés pendant un séjour tranquille et habituel de la mer sur le sol que nous habitons; il a fallu pour cela un bouleversement de toute la superficie, et nous n'en connaissons point d'autre que celui qui est arrivé par le déluge universel. *Voy.* Déluge. Quand nous supposerions faussement, comme quelques physiciens, que la quantité des eaux diminue, quand nous admettrions pour un moment le prétendu mouvement de la mer d'orient en occident, il ne s'ensuivrait encore rien en faveur de *l'antiquité du monde.* Il faudrait savoir quelle était la quantité précise des eaux au moment de la création, afin de pouvoir calculer le temps qu'il a fallu pour les réduire à l'état où elles sont aujourd'hui. Dans la seconde hypothèse, il faudrait savoir s'il n'est point arrivé de révolution brusque sur le globe, qui ait changé le lit de la mer, et qui ait mis à sec le terrain qui est actuellement habité. Il est bien absurde de fonder des calculs sur des suppositions que l'on ne peut pas prouver, et qui sont détruites d'ailleurs par l'examen des phénomènes que nous avons sous les yeux, ou qui sont attestés par l'histoire.

2° *Observation.* L'on voit par toute la terre des marques certaines d'anciens volcans ; il y en a plusieurs bouches dans les montagnes d'Auvergne ; on en trouve des vestiges en Angleterre et le long des bords du Rhin. Le marbre noir d'Egypte n'est autre chose que de la lave ; il faut donc qu'il y ait eu un volcan près de Thèbes ; mais il était si ancien que la mémoire ne s'en est pas conservée. Le lit de la mer Morte a été creusé par un volcan ; le terrain des environs en fait foi. Selon le témoignage de Tournefort, le mont Ararat a autrefois jeté des flammes. A présent nous ne voyons des volcans que dans les îles et sur les bords de la mer ; il est donc probable que l'eau de la mer et l'huile qu'elle charrie sont un ingrédient nécessaire pour allumer les volcans ; conséquemment il faut que la mer ait autrefois baigné tous les terrains dont nous venons de parler, mais qui en sont aujourd'hui assez éloignés. L'Etna brûle depuis un temps prodigieux ; il faut deux mille ans pour amasser sur la lave qu'il jette une légère couche de terre : or, près de cette montagne l'on a percé au travers de sept laves placées les unes sur les autres, et dont la plupart sont couvertes d'un lit épais de très-bon terreau ; il a donc fallu quatorze mille ans pour former ces sept couches. Le Vésuve porte des marques d'une très-haute antiquité, puisque le pavé d'Herculanum est fait de lave ; le Vésuve avait donc déjà fait des éruptions avant que cette ville fût bâtie : or, elle l'a été au moins mille trois cent trente ans avant notre ère.

*Réponse.* En supposant que l'eau de la mer est nécessaire pour allumer les volcans, il s'ensuivra seulement que ceux qui sont aujourd'hui dans l'intérieur des terres n'ont brûlé qu'immédiatement après avoir été détrempés par les eaux du déluge ; et l'on n'en peut rien conclure en faveur de l'*antiquité du monde.* Ces volcans seront un monument de plus pour prouver l'inondation générale du globe. L'existence d'un ancien volcan dans l'Egypte est attestée par la fable de Typhon, fable analogue à celle qu'Hésiode et Homère ont forgé sur le mont Etna. Le nombre des couches de lave ne prouve point l'antiquité de celui-ci. Herculanum subsistait-il il y a treize mille sept cents ans ? Aujourd'hui il est à cent douze pieds sous terre ; pour arriver à cette profondeur, il faut traverser six couches de lave séparées comme celles de l'Etna par des couches de terre végétale. Il est clair que cette terre est de la cendre vomie par le volcan, et qu'il a pu s'en former plusieurs couches dans une même éruption. Qu'importe qu'Herculanum ait été bâti mille trois cent trente ans avant notre ère, dès qu'il s'était écoulé deux mille trois cent quarante-huit ans depuis le déluge jusqu'à la même époque ? A la fondation de cette ville, il y avait plus de mille ans que le déluge était passé. De même, quand la table isiaque et la statue de Memnon seraient de lave, ces ouvrages n'ont pu être faits que sous des rois de Thèbes déjà puissants, par conséquent depuis l'an 2500 du monde ; jusqu'alors l'Egypte avait été partagée en petites souverainetés, *Chronologie égypt.*, tom. II, table, pag. 167 ; et il s'était écoulé plus de huit cents ans depuis le déluge.

L'auteur de l'*Introduction à l'histoire naturelle de l'Espagne*, après avoir bien examiné les pétrifications et les vestiges des volcans, reconnaît qu'en cinq ou six mille ans il y a plus de temps qu'il n'en faut pour produire tous les phénomènes dont nous avons connaissance : or, selon le calcul le plus court, il s'est passé, depuis le déluge jusqu'à nous, quatre mille cent trente-deux ans, et, selon les Septante, cinq mille quatre cent un. L'auteur des *Recherches sur les Américains* convient que l'on ne connaît aucun monument d'industrie humaine antérieur au déluge ; on ne découvrira pas plus de phénomènes naturels capables d'en détruire la réalité ou l'époque.

3° *Observation.* En Angleterre et en Hollande, il y a des forêts enterrées à une profondeur considérable. Les mines de charbon d'Angleterre, du Bourbonnais, et autres, paraissent venir de forêts embrasées par des volcans. Les corps marins que l'on déterre dans les mines et dans les carrières n'ont point leurs semblables dans les mers qui nous avoisinent, mais seulement à deux ou trois mille lieues de nos côtes. Les bancs immenses de coquillages qui sont en Touraine et ailleurs, ne peuvent y avoir été déposés que pendant un séjour très-long de la mer. Toutes ces révolutions n'ont pu se faire pendant le court espace de temps que l'on suppose écoulé depuis le déluge jusqu'à nous.

*Réponse.* Voici ce que dit, au sujet des forêts enterrées, l'auteur des *Recherches sur les Américains :* « Pourquoi veut-on attribuer aux vicissitudes générales de notre globe ce que des accidents particuliers ont pu produire ? C'est l'inondation de la Chersonèse Cimbrique, arrivée, selon le calcul de Picard, l'an 340 de notre ère vulgaire, qui a noyé et enterré les forêts de la Frise. Les arbres fossiles qu'on exploite en Angleterre, dans la province de Lancastre, ont aussi passé longtemps pour des monuments diluviens ; mais on a reconnu que la racine de ces arbres avait été coupée à coups de hache, ce qui, joint aux médailles de Jules-César que l'on y a trouvées à la profondeur de dix-huit pieds, suffit pour déterminer à peu près la date de leur dégradation. » Tome II, lettre 3, page 330. Il est faux que les mines de charbon de terre soient des forêts consumées par le feu. Buffon nous apprend que ce charbon, la houille, le jais, sont des matières qui appartiennent à l'argile. *Hist. nat.*, tom. I, in-12, p. 403. M de Luc pense que la tourbe est l'origine des houilles ou charbons de terre, et il confirme cette conjecture par des observations, tom V, lettre 126, p. 223. Les volcans n'y ont point de part. Puisque plusieurs coquillages et autres corps marins, que l'on trouve dans la terre ou dans la pierre, n'ont leurs semblables que dans des mers très-éloignées de nous, il est évident qu'ils n'ont point été déposés sur le sol que nous habitons par un séjour habituel de la mer, mais par une inondation subite, accompagnée d'un bouleversement dans la surface du globe, telle qu'elle est arrivée pendant le déluge. Et l'on ne peut pas estimer la plus ou moins grande quantité de ces coquillages qui a pu être déposée sur certaines plages. *Voy.* Déluge.

Le *monde*, disait Newton, a été formé d'un seul jet. Nous cherchons une jeunesse à ce qui a toujours été vieux, une vieillesse à ce qui a toujours été jeune, des germes aux espèces, des naissances aux générations, des époques à la nature; mais quand la sphère où nous vivons sortit de la main divine de son auteur, tous les temps, tous les âges, toutes les proportions s'y manifestèrent à la fois. Pour que l'Etna pût vomir ses feux, il fallut à la construction de ses fourneaux des laves qui n'avaient jamais coulé. Pour que l'Amazone pût rouler ses eaux à travers l'Amérique, les Andes du Pérou durent se couvrir de neige, que les vents d'Orient n'y avaient point encore accumulée. Au sein des forêts nouvelles naquirent des arbres antiques, afin que les insectes et les oiseaux pussent trouver des aliments sous leurs vieilles écorces. Des cadavres furent créés pour les animaux carnassiers. Il dut naître dans tous les règnes des êtres jeunes, vieux, vivants, mourants et morts. Toutes les parties de cette immense fabrique parurent à la fois, et si elle eut un échafaud, il a disparu pour nous. *Études de la Nature*, tome I, etc.

Monde (Fin du). Si nous voulions en croire la religion, l'opinion de la *fin du monde* prochaine a été la cause de la plupart des révolutions qui sont arrivées dans les différents siècles. Les païens mêmes, philosophes et autres, étaient persuadés qu'un jour le *monde* devait périr par un embrasement général; mais ils ont arbitrairement fixé l'époque à laquelle cette catastrophe devait arriver. Les Juifs, comme les autres peuples, croyaient que le *monde*, après avoir été autrefois détruit par l'eau, devait l'être par le feu; ils fondaient cette opinion sur quelques prophéties dont le sens n'est pas fort clair. Le jubilé qu'ils célébraient tous les cinquante ans, pendant lequel les héritages aliénés devaient retourner à leurs anciens possesseurs, et les esclaves étaient mis en liberté, semble avoir eu pour motif la persuasion dans laquelle étaient les Juifs que le *monde* devait finir au bout de cinquante ans. Cette attente, continuent les incrédules, était répandue d'un bout de l'univers à l'autre; lorsque Jésus-Christ parut sur la terre, il en profita pour publier qu'il était le Messie promis, et le préjugé général contribua beaucoup à le faire reconnaître pour envoyé de Dieu, pour juge des vivants et des morts. Lui-même annonça que la *fin du monde* et le jugement dernier étaient prochains, et il donna l'ordre à ses apôtres de répandre cette terrible prédiction. Ils n'y ont pas manqué;

leurs écrits sont remplis de menaces de la fin prochaine du *monde*, de la consommation du siècle, de l'arrivée du grand jour du Seigneur. C'est ce qui causa la conversion de la plupart de ceux qui embrassèrent le christianisme, et leur inspira le désir du martyre. Bientôt ce préjugé donna lieu à celui des millénaires, ou à l'espérance d'un règne temporel de Jésus-Christ sur la terre, qui devait bientôt commencer. Toutes ces idées sombres inspirèrent aux chrétiens le détachement du *monde*, un goût décidé pour la vie solitaire et monastique, pour les mortifications, pour la virginité, pour le célibat. On vit renaître la même démence dans la suite, surtout pendant les malheurs du $ix^e$ siècle et des suivants; les moines surent en profiter pour s'enrichir. Ainsi, dans tous les temps, des terreurs paniques ont été le principal ou plutôt l'unique fondement de la religion. Tel est le résultat des profondes réflexions des incrédules. Pour les réfuter en détail, il faudrait une assez longue discussion; mais quelques remarques suffiront pour en démontrer la fausseté. 1° La philosophie païenne, surtout celle des épicuriens, était beaucoup plus capable que la religion d'inspirer des doutes sur la durée du *monde*, et de répandre de vaines terreurs. « Peut-être, dit Lucrèce, des tremblements de terre causeront dans peu de temps un bouleversement affreux sur tout le globe; peut-être tout s'abimera-t-il bientôt avec un fracas épouvantable, » l. v, v. 98. En effet, quelle certitude peut-on avoir de ce qui doit arriver, si ce n'est pas un Dieu bon et sage qui a créé le *monde*, qui le gouverne, qui a établi les lois physiques sur lesquelles est fondé l'ordre de la nature? L'éruption d'un volcan, un tremblement de terre, une inondation subite, un météore quelconque, doivent faire craindre la destruction du globe entier. Un athée moderne nous avertit que nous ne savons pas si la nature ne rassemble pas actuellement dans son laboratoire immense les éléments propres à faire éclore des générations nouvelles, et à former un autre univers. Il est singulier que les incrédules mettent sur le compte de la religion des terreurs absurdes que peut faire naître leur fausse philosophie. Dans le système du paganisme, qui supposait toute la nature animée par des génies, tout phénomène extraordinaire arrivé dans le ciel ou sur la terre était un effet de leur courroux; savait-on jusqu'où ces êtres capricieux et malfaisants étaient capables de pousser leur malignité? Quelques auteurs ont pensé que les différentes opinions touchant la durée du *monde* n'étaient fondées que sur des périodes astronomiques et sur des calculs arbitraires; mais peu nous importe de savoir quelle en était la vraie cause.

2° La religion révélée de Dieu, loin de nourrir ces vaines frayeurs, n'a travaillé qu'à rassurer les hommes. Non-seulement elle nous enseigne que l'univers a été créé par un Dieu sage et attentif à le gouverner, qui a dirigé toutes choses au bien de ses créatures, qui ne dérangera point l'ordre qu'il a établi, puisqu'il a jugé que *tout est bien*; mais elle nous montre qu'il n'a jamais détruit les hommes sans les en avertir d'avance. Dieu fit prédire le déluge universel six vingts ans avant qu'il arrivât ; il avertit Abraham de la destruction prochaine de Sodome ; il menaça les Egyptiens avant de les châtier ; les Chananéens, tout impies qu'ils étaient, virent arriver de loin l'orage prêt à fondre sur eux, etc. ; l'auteur du livre de la Sagesse nous le fait remarquer, c. xi et xii. Après le déluge, Dieu dit à Noé : *Je ne maudirai plus la terre à cause des hommes, et je ne détruirai plus toute âme vivante comme j'ai fait ; tant que la terre durera, les semailles et la moisson, l'été et l'hiver, le jour et la nuit se succéderont sans interruption* (Genes. viii, 21). « Ne craignez point les signes du ciel, comme font les autres nations, » dit Jérémie aux Juifs, c. x, v. 2. Peut-on citer un seul endroit de l'Ancien Testament dans lequel il soit question de la *fin du monde* ?

3° Les Juifs étaient donc préservés du préjugé des autres nations sur leur religion même. Leur jubilé n'avait pas plus de rapport à la *fin du monde* que la prescription de trente ans n'y en a parmi nous. Ils attendaient le Messie, non comme un juge redoutable et destructeur du *monde*, mais comme un libérateur, un sauveur, un bienfaiteur ; les prophètes l'avaient ainsi annoncé : sa venue était pour les Juifs un objet d'espérance et de consolation, plutôt que de trouble et de frayeur. A sa naissance un ange dit aux bergers : « Je vous annonce un grand sujet de joie pour toute la nation ; il vous est né à Bethléem un Sauveur, qui est le Christ, fils de David. » Zacharie, Siméon, la prophétesse Anne, le publient ainsi. Jean-Baptiste, en l'annonçant, dit qu'il vient le van à la main séparer le bon grain d'avec la paille ; mais cette séparation n'était pas celle du jugement dernier, puisqu'il dit que Jésus est l'agneau de Dieu, qui ôte le péché du *monde* (Matth. iii, 12 ; Joan. i, 29).

4° Jésus lui-même appelle sa doctrine *Evangile* ou bonne nouvelle ; il commence sa prédication par des bienfaits, par des miracles, par la guérison des maladies. Il dit que Dieu a envoyé son Fils, non pour juger le monde, mais pour le sauver (Joan. iii, 17). Il prêche le *royaume des cieux*, et il ordonne à ses apôtres de faire de même ; mais ce royaume est évidemment le règne du Fils de Dieu sur son Eglise, il n'a rien de commun avec la *fin du monde*. Quelque temps avant sa passion, ses disciples lui font remarquer la structure du temple de Jérusalem (Matth. xxiv ; Marc. xiii ; Luc. xxi) ; il leur dit que cet édifice sera détruit, et qu'il n'en restera pas pierre sur pierre. Les disciples étonnés lui demandent quand ce sera, quels seront les signes de son avénement et de la consommation du siècle. *Il y aura pour lors*, dit-il, *des guerres et des séditions, des tremblements de terre, des pestes et des famines ; vous serez vous-mêmes persécutés et mis à mort ; Jérusalem sera environnée d'une armée ; le temple sera profané ; il paraîtra de faux prophètes ; il y aura des signes dans le ciel ; le soleil et la lune seront obscurcis, et les étoiles tomberont du ciel : alors on verra venir le Fils de l'homme sur les nuées du ciel, avec une grande puissance et une grande majesté ; ses anges rassembleront les élus d'un bout du monde à l'autre*, etc. Il annonce tout cela comme des événements dont ses apôtres seront les témoins, et il ajoute : *Je vous assure que cette génération ne passera point, jusqu'à ce que toutes ces choses s'accomplissent.* Est-il question là de la *fin du monde* ? Les sentiments sont partagés sur ce point. Plusieurs interprètes pensent que Jésus-Christ prédit uniquement la ruine de la religion, de la république et de la nation juive, et que toutes les circonstances se vérifièrent lorsque les Romains prirent et rasèrent Jérusalem, et dispersèrent la nation ; qu'il y a cependant quelques expressions qu'il ne faut pas prendre à la lettre, telle que la chute des étoiles, etc. ; que Jésus-Christ a employé le même style et les mêmes images dont les prophètes se sont servis pour prédire d'autres événements moins considérables. Conséquemment ces commentateurs disent que ces paroles de Jésus-Christ, *Cette génération ne passera point*, etc., signifient : les Juifs qui vivent à présent ne seront pas tous morts lorsque ces choses arriveront. En effet, Jérusalem fut prise et ruinée moins de quarante ans après. Selon ce sentiment, il n'est point question là de la *fin du monde*. Les autres sont d'avis que Jésus-Christ a joint les signes qui devaient précéder la dévastation de la Judée avec ceux qui arriveront à la *fin du monde* et avant le jugement dernier ; que quand il dit : *Cette génération ne passera point*, etc., il entend que la nation juive ne sera pas jusqu'alors entièrement détruite, mais qu'elle subsistera jusqu'à la *fin du monde*. On ne peut pas nier que le terme de *génération* ne soit pris plusieurs fois en ce sens dans l'Evangile. Or, selon cette opinion même, il n'est pas vrai que Jésus-Christ ait prédit la *fin du monde* comme prochaine.

5° Il n'est pas mieux prouvé que les apôtres en aient parlé. Saint Paul dit (Rom. xiii, 11) ; « Notre salut est plus proche que quand nous avons cru. » Il dit (I Cor. i, v. 7), que les fidèles attendent l'apparition de Jésus-Christ et le jour de son avénement. Saint Pierre ajoute (I Petr. iv, v. 7) que cet avénement approche, et que ce jour viendra comme un voleur. Saint Jacques, c. v, v. 8 et 9, nous avertit qu'il est tout près, et que le juge est à la porte. Saint Jean (Apoc. iii, v. 11, et c. xxii, v. 12), lui fait dire : « Je viens promptement rendre à chacun selon ses œuvres. » Tout cela est exactement vrai à l'égard de la proximité de la mort et du jugement particulier ; et non à l'égard de la *fin du monde* ou du jugement dernier. Saint Paul dit encore (I Cor. x, v. 11) : « Nous qui sommes parvenus à la fin des siècles. » (Hebr., c. ix, v. 26 : « Jésus-Christ s'est donné pour victime à la consommation des siècles; » mais nous avons vu que, dans la question que les apôtres firent à Jésus-Christ, *la consommation du siècle* signifiait la fin du judaïsme. Saint Paul nomme *princes de ce siècle* les chefs de la nation juive (*I Cor.* II, v. 6 et 8). On sait d'ailleurs que le mot *siècle* exprime simplement une révolution.

L'on doit donc entendre de même ce que dit saint Pierre (*I Petr.* IV, v. 7), que la fin de toutes choses approche; et saint Jean, *Ep. I*, c. II, v. 18, que nous sommes à la dernière heure, que l'Antechrist vient, et qu'il y en a déjà eu plusieurs; il entendait par là les faux prophètes, qui, selon la prédiction de Jésus-Christ, devaient paraître avant la destruction de Jérusalem. Celle-ci était prochaine lorsque les apôtres écrivaient; il n'est pas étonnant qu'ils en aient prévenu les fidèles. Dans les prophètes, *les derniers jours* signifient un temps fort éloigné, et saint Paul appelle l'époque de l'incarnation *la plénitude des temps*. Il y a plus : saint Paul, parlant de la résurrection générale dans sa première lettre aux Thessaloniciens, c. IV, v. 14, avait dit : « Nous qui vivons, sommes réservés pour l'avénement du Seigneur…; les morts qui sont en Jésus-Christ ressusciteront les premiers. Ensuite, nous qui vivons et qui sommes réservés, serons enlevés avec eux dans les airs pour aller au devant de Jésus-Christ, et ainsi nous serons toujours avec le Seigneur. Consolez-vous mutuellement par ces paroles;» c. V, v. 1: « Il n'est pas nécessaire de vous en marquer le temps; vous savez que le jour du Seigneur viendra comme un voleur pendant la nuit. » Ces paroles, au lieu de consoler les Thessaloniciens, les avaient effrayés : saint Paul leur écrivit sa seconde lettre pour les rassurer : « Nous vous prions, dit-il, c. II, de ne pas vous laisser troubler ni effrayer, ou par de prétendues inspirations, ou par des discours, ou par une de nos lettres, comme si le jour du Seigneur était prochain. Que personne ne vous trompe en aucune manière, parce qu'il faut qu'il y ait d'abord une séparation, que l'homme de péché, le fils de perdition, soit connu, etc. Je vous ai dit tout cela lorsque j'étais avec vous. » Les Thessaloniciens avaient donc tort de croire que le jour du Seigneur était prochain.

Chez les prophètes, *le jour du Seigneur* est un événement que Dieu seul peut opérer, et surtout un châtiment éclatant (*Isai.* II, v. 11; c. XIII, v. 6 et 9, etc.). *Voy.* Jour. Ainsi, lorsque saint Pierre dit, *Ep. II*, c. III, v. 12 : « Hâtons-nous pour l'arrivée du jour du Seigneur, par lequel les cieux seront dissous par le feu, etc.; nous attendons de nouveaux cieux et une nouvelle terre dans laquelle la justice habite; » il n'est pas sûr que cela doive s'entendre de la *fin du monde* et de la vie future. Dans *Isaïe*, c. XIII, v. 10, Dieu menace d'obscurcir le soleil, la lune et les étoiles, de troubler le ciel, de déplacer la terre; et il s'agit seulement de la prise de Babylone. Ezéchiel, c. XXXII, v. 7, exprime de même la dévastation de l'Egypte; et Joël, cap. II et III, la désolation de la Judée. Dans les *Actes des apôtres*, c. II, v. 16, saint Pierre applique cette prophétie de Joël à la descente du Saint-Esprit. Dieu promet de créer de nouveaux cieux et une nouvelle terre, pour exprimer le rétablissement futur des Juifs (*Isai.*, LXV, v. 17; c. LXVI, v. 22). Les apôtres répétaient toutes ces expressions, parce que les Juifs y étaient accoutumés; c'est encore aujourd'hui le style des Orientaux.

6° L'on assure très-mal à propos qu'à la naissance du christianisme l'opinion de la fin prochaine du *monde* était générale, que ce fut la cause des conversions, de l'empressement des chrétiens pour le martyre, de la naissance du monachisme, du goût pour la virginité et le célibat. Si cela était vrai, il serait fort étonnant que les Pères n'en eussent rien dit, et que les philosophes ne l'eussent point reproché aux chrétiens. Origène, dans son *Exhortation au martyre*; Tertullien, dans ses livres *contre les gnostiques*, qui blâmaient le martyre; dans ses *Traités sur la fuite pendant les persécutions, sur la Chasteté, sur la Monogamie, sur le Jeûne*, etc., n'allèguent point la proximité de la *fin du monde*; c'aurait été cependant un motif de plus. Saint Basile et saint Jean Chrysostome, dans leurs écrits sur la vie monastique, gardent le même silence.

On est fâché de voir un homme aussi judicieux que Mosheim confirmer le préjugé des incrédules. Il dit qu'il n'est pas probable que les apôtres, persuadés de la fin prochaine du *monde* et d'un nouvel avénement de Jésus-Christ, aient pensé à surcharger la religion de cérémonies. *Institut. Hist. christ.*, II° part., c. 4, § 4. Réflexion pitoyable Il répète ailleurs, qu'au II° siècle la plupart des chrétiens croyaient, comme les montanistes, que le *monde* allait bientôt finir. *Hist. Christ., sæc.* II, § 67, p. 423.

Celse reproche aux chrétiens de croire l'embrasement futur du *monde* et la résurrection des corps; mais il ne les accuse point de croire que ces événements sont prochains, Origène, *contre Celse*, l. IV, n. 11; l. V, n. 14. Minutius Félix soutient la vérité de ces deux dogmes contre les païens, *Octav.*, n. 34 : mais il ne fixe point le temps auquel cela doit arriver. « Nous prions, dit Tertullien, pour les empereurs, pour l'empire, pour la prospérité des Romains, parce que nous savons que la dissolution affreuse dont l'univers est menacé est retardée par la durée de l'empire romain Ainsi nous demandons à Dieu de différer ce que nous n'avons pas envie d'éprouver. » *Apol.*, c. XXXII. Il ne changea d'avis que quand il fut devenu montaniste. Les millénaires ne fixaient point la date du règne temporel de Jésus-Christ qu'ils espéraient. Le sentiment commun des Pères était que le *monde* devait durer six mille ans, par analogie aux six jours de la création; c'était une tradition juive. *Voyez* les *Notes sur Lactance, Instit.*, l. VII, c. 14.

A la vérité, toutes les fois que les peuples ont éprouvé de grandes calamités, ils ont imaginé qu'elles annonçaient la *fin du monde*;

c'est pour cela que cette opinion s'établit en Europe au x° siècle. Un certain ermite, nommé Bernard de Thuringe, publia que la *fin du monde* allait arriver; il se fondait sur une prétendue révélation qu'il avait eue, sur le passage de l'Apocalypse, c. xx, v. 2, où il est dit que le démon sera délié après mille ans, et sur ce qu'en l'an 960 la fête de l'Annonciation était tombée le jour du vendredi saint. Une éclipse de soleil, qui arriva cette même année, acheva de renverser toutes les têtes. Les théologiens furent obligés d'écrire pour dissiper cette vaine terreur. Mais les ravages causés en France par les Normands, en Espagne et en Italie par les Sarrasins, en Allemagne par d'autres barbares, eurent plus de part au préjugé populaire que les visions de l'ermite Bernard. La frayeur était passée lorsqu'on commença à rebâtir les églises et à rétablir le culte divin; l'on fit alors de grandes fondations; mais la plupart, dit M. Fleury, n'étaient que la restitution des dîmes et des autres biens d'Église usurpés pendant les troubles précédents. *Mœurs des chrétiens*, n° 62. Il ne faut donc pas accuser les moines d'avoir profité de l'étourdissement des esprits pour s'enrichir, ce soupçon injurieux n'est fondé sur aucun fait positif. De ces réflexions il résulte que le système des incrédules, touchant l'influence de la peur sur les événements arrivés depuis dix-sept cents ans dans l'Eglise, est un rêve aussi frivole que la crainte de voir le *monde* finir dans peu de temps.

Aujourd'hui il se trouve encore des théologiens entêtés d'un figurisme outré, qui, en comparant l'Apocalypse avec les deux épîtres aux Thessaloniciens, et avec la prophétie de Malachie, font une histoire de la *fin du monde*, de l'Antechrist, de la venue d'Elie, aussi claire que s'ils y avaient assisté. Nous les félicitons de leur pénétration ; mais on a déjà débité tant de rêveries sur ce sujet, qu'il serait bon de s'en abstenir désormais, et de renoncer à connaître ce qu'il n'a pas plu à Dieu de nous révéler. *Voy.* ANTECHRIST. *Dissert. sur les signes de la ruine de Jérusalem et sur la fin du monde, Bible d'Avig.*, t. XIII, pag. 403 ; tom. XVI, pag. 416.

**MONOPHYSITES.** *Voy.* EUTYCHIENS et JACOBITES.

**MONOTHÉLITES**, secte d'hérétiques, qui était un rejeton des eutychiens. Eutychès avait enseigné que, par l'incarnation du Fils de Dieu, la nature humaine avait été tellement absorbée par la divinité en Jésus-Christ, qu'il n'en résultait qu'une seule nature : erreur condamnée par le concile général de Chalcédoine. Les *monothélites* soutenaient qu'à la vérité deux natures subsistaient encore, et que l'humanité n'était point confondue en Jésus-Christ avec la divinité, mais que la volonté humaine était si parfaitement assujettie et gouvernée par la volonté divine, qu'il ne lui restait plus d'activité ni d'action propre ; qu'ainsi il n'y avait en Jésus-Christ qu'une seule volonté et une seule opération. De là vint leur nom, dérivé de μόνος, *seul*, et de θέλειν, *vouloir*. Ce fut l'empereur Héraclius qui, en 630, donna lieu à cette nouvelle hérésie. Dans le dessein de ramener à l'Eglise catholique les eutychiens ou monophysites, il imagina qu'il fallait prendre un milieu entre leur doctrine, qui consistait à n'admettre en Jésus-Christ qu'une seule nature, et le sentiment des catholiques, qui soutenaient que Jésus-Christ, Dieu et homme, a deux natures et deux volontés ; que l'on pouvait les réconcilier, en disant qu'il y a, à la vérité, en Jésus-Christ deux natures, mais une seule volonté, savoir la volonté divine. Cet expédient lui fut suggéré par Athanase, principal évêque des arméniens monophysites ; par Paul, l'un de leurs docteurs, et par Sergius, patriarche de Constantinople, ami de leur secte. En conséquence, Héraclius publia, l'an 630, un édit pour faire recevoir cette doctrine. Le mauvais succès de sa politique prouva qu'en matière de foi il n'y a point de tempérament à prendre, ni de milieu entre la vérité révélée de Dieu et l'hérésie.

Athanase, patriarche d'Antioche, et Cyrus, patriarche d'Alexandrie, adoptèrent sans résistance l'édit d'Héraclius ; le second assembla, l'an 633, un concile dans lequel il le fit recevoir. Mais Sophronius, qui, avant d'être placé sur le siége de Jérusalem, avait assisté à ce concile, et s'était opposé à l'acceptation de l'édit, tint, de son côté, un autre concile, l'an 634, dans lequel il fit condamner comme hérétique le dogme d'une seule volonté en Jésus-Christ. Il en écrivit au pape Honorius. Malheureusement ce pontife avait été prévenu et séduit par une lettre artificieuse de Sergius de Constantinople, dans laquelle celui-ci, sans nier distinctement les deux volontés en Jésus-Christ, semblait soutenir seulement qu'elles étaient *une*, c'est-à-dire parfaitement d'accord et jamais opposées ; d'où résultait l'unité d'opération. Honorius trompé approuva cette doctrine par sa réponse : on ne voit pas néanmoins qu'il ait écrit à Sophronius de Jérusalem pour condamner sa conduite. Comme la fermeté de ce dernier à condamner le *monothélisme* était applaudie par tous les catholiques, l'empereur Héraclius, pour faire cesser les disputes, publia, l'an 639, un autre édit, appelé *ecthesis*, ou exposition de la foi, que Sergius avait composé, par lequel il défendait d'agiter la question de savoir s'il y a une ou deux volontés en Jésus-Christ, mais qui enseignait cependant qu'il n'y en a qu'une, savoir, la volonté du Verbe divin. Cette loi fut reçue par plusieurs évêques d'Orient, et en particulier par Pyrrhus de Constantinople, qui venait de succéder à Sergius. Mais l'année suivante, le pape Jean IV, successeur d'Honorius, assembla un concile à Rome, qui rejeta l'*ecthèse* et condamna les *monothélites*. Héraclius, informé de cette condamnation, s'excusa auprès du pape, et rejeta la faute sur Sergius. La division continua donc comme auparavant.

L'an 648, l'empereur Constant, conseillé par Paul de Constantinople, *monothélite* comme ses prédécesseurs, donna un troisième édit, nommé *type* ou formulaire, par lequel il supprimait l'*ecthèse*, défendait d'agiter désormais la question, et ordonnait le silence. Mais les hérétiques, en demandant le silence, ne le gardent jamais; la vérité d'ailleurs doit être prêchée, et non étouffée par la dissimulation. En 649, le pape saint Martin I<sup>er</sup> tint à Rome un concile de cent cinq évêques, qui condamna l'*ecthèse*, le *type* et le *monothélisme*. « Nous ne pouvons, disent les Pères de ce concile, abjurer tout à la fois l'erreur et la vérité. » L'empereur, indigné de cet affront, s'en prit au pape, et fit attenter plusieurs fois à sa vie. Trompé dans ses projets, il le fit saisir par des soldats, conduire dans l'île de Naxos, retenir prisonnier pendant un an; ensuite il le fit transporter à Constantinople, où le pape reçut de nouveaux outrages; enfin, reléguer dans la Chersonèse Taurique, aujourd'hui la Crimée, où ce saint pape mourut de misère et de souffrances, l'an 655. Cela ne servit qu'à rendre les *monothélites* plus odieux.

Enfin, l'empereur Constantin Pogonat, fils de Constant, par l'avis du pape Agathon, fit assembler à Constantinople, l'an 680, le sixième concile œcuménique, dans lequel Sergius, Pyrrhus et les autres chefs du *monothélisme*, même le pape Honorius, furent nommément condamnés, et cette hérésie proscrite. L'empereur confirma la sentence du concile par ses lois. Dans cette assemblée la cause des *monothélites* fut défendue par Macaire d'Antioche avec toute la subtilité et l'érudition possible, mais avec fort peu de bonne foi; et il n'est pas aisé de concevoir ce que voulaient ces hérétiques, ni de savoir s'ils s'entendaient eux-mêmes. Ils faisaient profession de rejeter l'erreur des eutychiens ou *monophysites*, d'admettre en Jésus-Christ la nature divine et la nature humaine sans mélange et sans confusion, quoique substantiellement unies en une seule personne. Ils avouaient que ces deux natures étaient entières et complètes l'une et l'autre, revêtues chacune de tous ses attributs et de toutes ses facultés essentielles, par conséquent d'une volonté propre à chacune, ou de la faculté de vouloir, et que cette faculté n'était point inactive ou absolument passive. Ils n'en soutenaient pas moins l'unité de volonté et d'opération dans Jésus-Christ. Cette contradiction même démontre que tous ne pensaient pas de même et ne s'entendaient pas entre eux. Quelques-uns, peut-être, par *unité de volonté*, n'entendaient rien autre chose qu'un accord parfait entre la volonté humaine et la volonté divine: ce n'était pas là une erreur; mais ils auraient dû s'expliquer clairement. D'autres paraissent avoir pensé que, par l'union substantielle des deux natures, les volontés étaient tellement réduites en une seule, que l'on ne pouvait plus y supposer qu'une distinction métaphysique ou intellectuelle. Mais la plupart disaient qu'en Jésus-Christ la volonté humaine n'était que l'organe ou l'instrument par lequel la volonté divine agissait; alors la première était absolument passive et sans action; car enfin c'est l'ouvrier qui agit, et non l'instrument dont il se sert. Dans cette hypothèse, la *volonté humaine* n'était qu'un vain nom sans aucune réalité.

Les *monothélites* s'étaient donc flattés mal à propos de pouvoir réunir dans leur système les nestoriens, les eutychiens et les catholiques; quiconque savait raisonner ne pouvait goûter leur opinion, encore moins la concilier avec l'Écriture sainte, qui nous apprend que Jésus-Christ est vrai Dieu et vrai homme, qui nous montre en lui toutes les qualités humaines comme celles de la Divinité. Aussi, après une ample discussion de leur sentiment dans le sixième concile général, ils furent condamnés de toutes les voix; le seul Macaire d'Antioche s'y opposa.

Ce concile, après avoir déclaré qu'il reçoit les définitions des cinq premiers conciles généraux, décide qu'il y a dans Jésus-Christ deux volontés et deux opérations; qu'elles sont réunies dans une seule personne, sans division, sans mélange et sans changement; qu'elles ne sont point contraires, mais que la volonté humaine se conforme entièrement à la volonté divine, et lui est parfaitement soumise. Il défend d'enseigner le contraire, sous peine de déposition pour les ecclésiastiques, et d'excommunication pour les laïques. Trente ans après, l'empereur Philippicus-Bardane prit de nouveau la défense des *monothélites*; mais il ne régna que deux ans. Sous Léon l'Isaurien, l'hérésie des iconoclastes fit oublier celle des *monothélites*; ceux qui subsistaient encore se réunirent aux eutychiens. On prétend néanmoins que les maronites du mont Liban ont persévéré dans le *monothélisme* jusqu'au xi<sup>e</sup> siècle. Ce qui s'est passé à l'occasion de cette hérésie a fourni aux protestants plusieurs remarques dignes d'attention. Le traducteur de Mosheim dit, 1° que quand Héraclius publia son premier édit, le pontife romain fut oublié, parce qu'on crut que l'on pouvait se passer de son consentement dans une affaire qui ne regardait que les Églises de l'Orient; 2° Il traite Sophronius, patriarche de Jérusalem, de moine séditieux, qui excita un affreux tumulte à l'occasion du concile d'Alexandrie, de l'an 633; 3° il dit que le pape Honorius, écrivant à Sergius, soutint, comme son opinion, qu'il n'y avait qu'une seule volonté et une seule opération dans Jésus-Christ; 4° que saint Martin I<sup>er</sup>, en condamnant dans le concile de Rome l'ecthèse d'Héraclius et le type de Constant, usa d'un procédé hautain et impudent; 5° que les partisans du concile de Chalcédoine tendirent un piége aux monophysites, en proposant leur doctrine d'une manière susceptible d'une double explication; qu'ils montrèrent peu de respect pour la vérité, et causèrent les plus fâcheuses divisions dans l'Église et dans l'État. *Siècle* vii<sup>e</sup>, ii<sup>e</sup> part. c. 5, § 4 et suiv. Mosheim, dans son histoire latine, est beaucoup moins emporté que son traducducteur.

Sur la première remarque, nous demandons comment une nouvelle hérésie naissante pouvait ne regarder que les Eglises d'Orient, et si une erreur dans la foi n'intéresse pas l'Eglise universelle. Lorsque le pape Jean IV condamna, dans le concile de Rome, l'ecthèse d'Héraclius, cet empereur ne le trouva pas mauvais, puisqu'il s'excusa et rejeta la faute sur Sergius. Ce patriarche, ni celui d'Alexandrie, ne crurent pas que l'on pût se passer du consentement du pape dans cette affaire, puisqu'ils lui en écrivirent, afin d'avoir son approbation, aussi bien que celui de Jérusalem, qui lui envoya des députés. Sur la seconde, le moine Sophrone était déjà évêque de Damas, lorsqu'il assista au concile d'Alexandrie ; il se jeta vainement aux pieds du patriarche Cyrus, pour le supplier de ne pas trahir la foi catholique, sous prétexte d'y ramener les hérétiques. Placé sur le siége de Jérusalem, pouvait-il se dispenser de défendre cette même foi, et de montrer les dangers de la fausse politique des *monothélites* ? Il ne fut que trop justifié par l'événement, et sa conduite fut pleinement approuvée dans le sixième concile général. Il est singulier que nos censeurs blâment également le procédé peu sincère des *monothélites*, et la franchise de Sophrone, ceux qui voulaient que l'on gardât le silence, et ceux qui ne le voulaient pas. Sur la troisième, nous n'avons garde de justifier le pape Honorius ; mais nous ne voyons pas qu'il ait soutenu, comme son opinion, *une seule volonté* en Jésus-Christ. Nos censeurs citent Bossuet, *Défense de la Déclaration du clergé de France*, IIᵉ part., l. XII, c. 21. Or, voici les paroles d'Honorius rapportées par Bossuet, c. 22 : « Quant au dogme de l'Eglise, que nous devons tenir et prêcher, il ne faut parler ni d'une, ni de deux opérations, à cause du peu d'intelligence des peuples, et afin d'éviter l'embarras de plusieurs questions interminables ; mais nous devons enseigner que l'une et l'autre nature (en Jésus-Christ) opère dans un accord parfait avec l'autre ; que la nature divine fait ce qui est divin, et la nature humaine ce qui appartient à l'humanité. » Et il ajoute « que ces deux natures unies sans confusion, sans division et sans changement, ont chacune leur opération propre. » Bossuet n'a cité aucun passage d'Honorius dans lequel il soit fait mention d'*une seule volonté*. A la vérité, Honorius n'est pas d'accord avec lui-même, en disant que les deux natures en Jésus-Christ ont chacune leur opération propre, et que cependant il ne faut point parler de deux opérations ; mais il ne s'ensuit pas de là qu'il n'ait admis qu'une seule volonté en Jésus-Christ ; il ne paraît pas même que Sergius, dans sa lettre à Honorius, ait osé proposer cette erreur.

Pourquoi donc, répliquera-t-on, le sixième concile a-t-il condamné les lettres d'Honorius comme contraires aux dogmes des apôtres, des conciles et des Pères, et comme conformes aux fausses doctrines des hérétiques ? Pourquoi a-t-il décidé que ce pape avait suivi en toutes choses le sentiment de Sergius, et avait confirmé des dogmes impies ? ce sont ses termes. Parce qu'il est en effet contraire aux dogmes des apôtres, des conciles et des Pères, de ne pas professer la foi telle qu'elle est, et parce que Honorius ayant tenu dans ses lettres le même langage que Sergius, le concile a dû juger qu'il n'y pensait de même, quoique peut-être il n'en fût rien (1). Les accusateurs d'Honorius ont donc tort de conclure ou que Honorius a été véritablement hérétique, ou que les conciles ne sont pas infaillibles ; les conciles jugent des écrits, et non des pensées intérieures des écrivains. *Voy.* Honorius.

Sur la quatrième remarque, nous soutenons qu'il y eut du zèle, du courage, de la fermeté, dans la conduite du pape saint Martin, mais qu'il n'y eut ni hauteur ni impudence. Il s'abstint, par respect, de nommer les deux empereurs dont il condamnait les écrits ; cette condamnation fut souscrite par près de deux cents évêques, et ce jugement fut confirmé par le sixième concile général. C'est avec raison que l'Eglise honore ce saint pape comme un martyr ; les cruautés que l'empereur Constant exerça contre lui ont flétri pour jamais la mémoire de ce prince. Dans la cinquième remarque, Mosheim et son traducteur s'expriment très-mal, en disant que les partisans du concile de Chalcédoine tendirent un piége aux monophysites. Ce piége fut tendu, non par les catholiques, sincèrement attachés à ce concile, mais par les *monothélites*; il fut imaginé par Athanase, évêque des monophysites ; par Paul, docteur célèbre parmi eux ; par Sergius de Constantinople, leur ami, et fut suggéré à l'empereur Héraclius. Ce sont donc ces personnages, et non les catholiques, qui causèrent les divisions et les disputes qui s'ensuivirent, et ces sophistes n'étaient rien moins que partisans du concile de Chalcédoine. La définition de ce concile ne donnait lieu à aucune fausse explication, quand on voulait être de bonne foi. Il avait décidé qu'il y a dans Jésus-Christ deux natures, sans être changées, confondues ni divisées : or, une nature humaine, qui n'est pas changée, a certainement une volonté propre. Il fallait être d'aussi mauvaise foi que les *monothélites*, pour entendre qu'il y avait deux natures, mais une seule volonté. On voit par cet exemple de quelle manière les protestants travestissent l'histoire ecclésiastique.

**MONTANISTES**, anciens hérétiques, ainsi appelés du nom de leur chef. Vers le milieu du IIᵉ siècle, Montan, eunuque, né en Phrygie, sujet à des convulsions et à des attaques d'épilepsie, prétendit que dans ses accès il recevait l'Esprit de Dieu ou l'inspiration divine ; se donna pour prophète envoyé de Dieu pour donner un nouveau degré de perfection à la religion et à la morale chrétienne. Dieu, disait Montan, n'a pas révélé

(1) Il est évident qu'il n'est question ici que d'un fait personnel, et non d'un fait dogmatique sur lequel un concile général ne peut se tromper. *Voy.* Dogmatiques (faits).

d'abord aux hommes toutes les vérités ; il a proportionné ses leçons au degré de leur capacité. Celles qu'il avait données aux patriarches n'étaient pas aussi amples que celles qu'il donna dans la suite aux Juifs, et celles-ci sont moins étendues que celles qu'il a données à tous les hommes par Jésus-Christ et par ses apôtres. Ce divin Maître a souvent dit à ses disciples qu'il avait encore beaucoup de choses à leur enseigner, mais qu'ils n'étaient pas encore en état de les entendre. Il leur avait promis de leur envoyer le Saint-Esprit, et ils le reçurent en effet le jour de la Pentecôte ; mais il a aussi promis un Paraclet, un Consolateur, qui doit enseigner aux hommes toute vérité ; c'est moi qui suis ce Paraclet, et qui dois enseigner aux chrétiens ce qu'ils ne savent pas encore. Environ cent ans après Montan, Manès annonça aussi qu'il était le Paraclet promis par Jésus-Christ ; et au septième siècle, Mahomet tout ignorant qu'il était, se servit du même artifice pour persuader qu'il était envoyé de Dieu pour établir une nouvelle religion. Mais ces trois imposteurs sont réfutés par les passages même de l'Evangile dont ils abusaient. C'est aux apôtres personnellement que Jésus-Christ avait promis d'envoyer le Paraclet, l'Esprit de vérité, qui demeurerait avec eux pour toujours, qui devait leur enseigner toutes choses (*Joan.* IV, 16 et 26 ; XV, 26). *Si je ne vous quitte point*, leur dit-il, *le Paraclet ne viendra pas sur vous; mais si je m'en vais, je vous l'enverrai..... Lorsque cet Esprit de vérité sera venu, il vous enseignera toute vérité* (XVI, 7 et 13). Il était donc absurde d'imaginer un Paraclet différent du Saint-Esprit envoyé aux apôtres, et de prétendre que Dieu voulait encore révéler aux hommes d'autres vérités que celles qui avaient été enseignées par les apôtres.

Montan et ses premiers disciples ne changèrent rien à la foi renfermée dans le symbole ; mais ils prétendirent que leur morale était beaucoup plus parfaite que celle des apôtres ; elle était en effet plus austère : 1° ils refusaient pour toujours la pénitence et la communion à tous les pécheurs qui étaient tombés dans de grands crimes, et soutenaient que les prêtres ni les évêques n'avaient pas le pouvoir de les absoudre ; 3° ils imposaient à leurs sectateurs de nouveaux jeûnes et des abstinences extraordinaires, trois carêmes et deux semaines de *xérophagie*, pendant lesquelles ils s'abstenaient, non-seulement de viande, mais encore de tout ce qui a du jus ; ils ne vivaient que d'aliments secs : 3° ils condamnaient les secondes noces comme des adultères ; la parure des femmes comme une pompe diabolique ; la philosophie, les belles-lettres et les arts, comme des occupations indignes d'un chrétien ; 4° ils prétendaient qu'il n'était pas permis de fuir pour éviter la persécution, ni de s'en racheter en donnant de l'argent. Par cette affectation de morale austère, Montan séduisit plusieurs personnes considérables par leur rang et par leur naissance, en particulier deux dames nommées Priscilla et Maximilla ; elles adoptèrent les visions de ce fanatique, prophétisèrent comme lui et l'imitèrent dans ses prétendues extases. Mais la fausseté des prédictions de ces illuminés contribua bientôt à les décréditer ; on les accusa aussi d'hypocrisie, d'affecter une morale austère pour mieux cacher le déréglement de leurs mœurs. On les regarda comme de vrais possédés ; ils furent condamnés et excommuniés par le concile d'Hiéraple, avec Théodose le Corroyeur. Chassés de l'Eglise, ils formèrent une secte, se firent une discipline et une hiérarchie ; leur chef-lieu était la ville de Pépuze en Phrygie, ce qui leur fit donner les noms de Pépuziens, de Phrygiens et de Cataphryges. Ils se répandirent en effet dans le reste de la Phrygie, dans la Galatie et dans la Lydie ; ils pervertirent entièrement l'Eglise de Thyatire ; la religion catholique en fut bannie pendant près de cent douze ans. Ils s'établirent à Constantinople, et se glissèrent à Rome ; on prétend qu'ils en imposèrent au pape Eleuthère, ou à Victor son successeur ; que, trompé par la peinture qu'ils lui firent de leurs Eglises de Phrygie, le pape leur donna des lettres de communion ; mais qu'ayant été promptement détrompé, il les révoqua. Au reste, ce fait n'a pour garant que Tertullien, qui avait intérêt à le croire. *L. contra Prax.*, c. 1.

En effet, quelques-uns pénétrèrent en Afrique : Tertullien, homme d'un caractère dur et austère, se laissa séduire par la sévérité de leur morale ; il poussa la faiblesse jusqu'à regarder Montan comme le Paraclet, Priscilla et Maximilla comme des prophétesses, et ajouta foi à leurs visions. C'est dans ce préjugé qu'il composa la plupart de ses traités de morale, dans lesquels il pousse la sévérité à l'excès, ses livres *du Jeûne, de la Chasteté, de la Monogamie, de la Fuite dans les persécutions*, etc. Il donne aux catholiques le nom de *psychiques*, ou d'*animaux*, parce qu'ils ne voulaient pas pousser le rigorisme aussi loin que les *montanistes ;* triste exemple des égarements dans lesquels peut tomber un grand génie. On croit cependant qu'à la fin il se sépara de ces sectaires ; mais on ne voit pas qu'il ait condamné leurs erreurs. Elles furent réfutées par divers auteurs sur la fin du II° siècle : par Miltiade, savant apologiste de la religion chrétienne ; par Astérius-Urbanus, prêtre catholique ; par Apollinaire, évêque d'Hiéraple. Eusèbe, *Hist. ecclés.*, l. v, c. 16 et suiv. Ces écrivains reprochent à Montan et à ses prophétesses les accès de fureur et de démence dans lesquels ces visionnaires prétendaient prophétiser, indécence dans laquelle les vrais prophètes ne sont jamais tombés ; la fausseté de leurs prophéties démontrée par l'événement ; l'emportement avec lequel ils déclamaient contre les pasteurs de l'Eglise qui les avaient excommuniés ; l'opposition qui se trouvait entre leur morale et leurs mœurs ; leur mollesse.

leur mondanité, les artifices dont ils se servaient pour extorquer de l'argent de leurs prosélytes, etc. Ces sectaires se vantaient d'avoir des martyrs de leur croyance ; Astérius-Urbanus leur soutint qu'ils n'en avaient jamais eu ; que, parmi ceux qu'ils citaient, les uns avaient donné de l'argent pour sortir de prison, les autres avaient été condamnés pour des crimes.

En 1751, un protestant a publié un mémoire dans lequel il a voulu prouver que les *montanistes* avaient été condamnés comme hérétiques, assez mal à propos. Mosheim soutient que cette condamnation est juste et légitime, 1° parce que c'était une erreur très-répréhensible de prétendre enseigner une morale plus parfaite que celle de Jésus-Christ ; 2° c'en était une autre de vouloir persuader que Dieu même parlait par la bouche de Montan ; 3° parce que ce sont plutôt les *montanistes* qui se sont séparés de l'Eglise, que ce n'est l'Eglise qui les a rejetés de son sein ; c'était de leur part un orgueil insupportable de prétendre former une société plus parfaite que l'Eglise de Jésus-Christ, et d'appeler *psychiques*, ou *animaux*, les membres de cette sainte société. Il est étonnant qu'en condamnant ainsi les *montanistes*, Mosheim n'ait pas vu qu'il faisait le procès à sa propre secte. Pour les disculper un peu, il dit qu'au 11° siècle il y avait parmi les chrétiens deux sectes de moralistes ; les uns, modérés, ne blâmaient point ceux qui menaient une vie commune et ordinaire ; les autres voulaient que l'on observât quelque chose de plus que ce que les apôtres avaient ordonné ; et en cela, dit-il, ils ne différaient pas beaucoup des *montanistes*. C'est une fausseté. Plusieurs, à la vérité, conseillaient, exhortaient, recommandaient la pratique des conseils évangéliques, mais ils n'en faisaient une loi à personne ; en quoi ils pensaient très-différemment des *montanistes*. Mosheim observe encore que ces derniers rendaient les chrétiens, en général odieux aux païens, parce qu'ils prophétisaient la ruine prochaine de l'empire romain ; mais il a tort d'ajouter que c'était l'opinion commune des chrétiens du II° siècle. *Hist. christ.*, sæc. II, § 66 et 67. *Voy.* Fin du monde.

Il se forma différentes branches de *montanistes*. Saint Epiphane et saint Augustin parlent des *artotyrites*, ainsi nommé de ἄρτος, *pain*, et de τυρὸς ; *fromage*, parce que, pour consacrer l'eucharistie, ils se servaient de pain et de fromage, ou peut-être de pain pétri avec du fromage, alléguant pour raison que les premiers hommes offraient à Dieu non-seulement les fruits de la terre, mais encore les prémices du fruit de leurs troupeaux. Ils admettaient les femmes à la prêtrise et à l'épiscopat, leur permettaient de parler et de faire les prophétesses dans leurs assemblées. Saint Epiphane les nomme encore *priscilliens*, *pépuziens* et *quintilliens*. D'autres étaient nommés *ascites*, du mot ἀσκὸς, *outre*, *sac de peau*, parce que leurs assemblées étaient des espèces de bacchanales ; ils dansaient autour d'une peau enflée en forme d'outre, en disant qu'ils étaient les vases remplis du vin nouveau dont parle Jésus-Christ (*Matth.* IX, 17). Il n'y a aucune raison de les distinguer de ceux que l'on appelait *ascodrutes*, *ascodrupites*, ou *tascodrugites*. Ceux-ci, dit-on, rejetaient l'usage des sacrements, même du baptême ; ils disaient que des grâces incorporelles ne peuvent être communiquées par des choses corporelles, ni les mystères divins par des éléments visibles. Ils faisaient consister la rédemption parfaite, ou la sanctification dans la connaissance, c'est-à-dire dans l'intelligence des mystères tels qu'ils les entendaient. Ils avaient adopté une partie des rêveries des valentiniens et des marcosiens. Il paraît que les *tascodrugites* étaient encore les mêmes que les *passalorynchites* ou *pettalorynchites*, ainsi nommés de πάσσαλος, ou πάτταλος, *pieu*, et de ῥίν, *nez*, parce qu'en priant ils mettaient leur doigt dans leur nez, comme un pieu, pour se fermer la bouche, s'imposer silence et montrer plus de recueillement. Saint Jérôme dit que, de son temps, il y en avait encore dans la Galatie. Ce fait est prouvé par les lois que les empereurs portèrent contre ces hérétiques au commencement du V° siècle. *Cod. Théod.*, c. 6. Il n'est point d'absurdité que l'on n'ait dû attendre d'une secte qui n'avait d'autre fondement que le délire de l'imagination, ni d'autre règle que le fanatisme. Il est étonnant que l'excès du ridicule ne l'ait pas anéantie plus promptement. Tillemont, *Mém.*, t. II, p. 418.

MORALE (1), règle des mœurs ou des actions humaines. L'homme, être intelligent et libre, capable d'agir pour une fin, n'est pas fait pour se conduire par l'instinct ou par l'impulsion du tempérament, comme les brutes qui n'ont ni intelligence ni liberté ; il doit donc avoir une *morale*, une règle de conduite. La grande question entre les philosophes incrédules et les théologiens, est de savoir s'il peut y avoir une *morale* solide et capable de diriger l'homme, indépendamment de la religion ou de la croyance d'un Dieu législateur, vengeur du crime et rémunérateur de la vertu. Nous soutenons qu'il n'y en a point, et qu'il ne peut pas y en avoir ; malgré tous les efforts qu'ont faits les incrédules modernes pour en établir une, ils n'y ont pas réussi, et, pour les réfuter complètement, nous pourrions nous contenter de leur opposer les aveux qu'ils ont été forcés de faire.

1° Prendrons-nous pour règle de *morale* la raison ? Elle est à peu près nulle sans l'éducation ; il est aisé d'estimer de quel degré de raison serait susceptible un sauvage abandonné dès sa naissance, qui aurait vécu dans les forêts parmi les animaux ; il leur ressemblerait plus qu'à une créature humaine. Qu'est-ce, d'ailleurs, l'éducation ? Ce sont les leçons et les exem-

(1) *Voy.*, pour avoir de plus amples développements, notre Dict. de Théol. mor., surtout l'introduction.

ples de nos semblables ; s'ils sont bons, justes et sages, ils perfectionnent la raison ; s'ils ne le sont pas, ils la dépravent. Où s'est-il trouvé un homme qui ait eu une intelligence assez étendue et une âme assez ferme pour se défaire de tous les préjugés de l'enfance, pour oublier toutes les instructions qu'il avait reçues, pour heurter de front toutes les opinions de ceux avec lesquels il était forcé de vivre? Nos philosophes ont voulu faire parade de ce courage ; mais voyez si c'est la raison qui les a conduits plutôt que la vanité, et si leur conduite est fort différente de celle des autres hommes. Ils ont dit eux-mêmes que rien n'est plus rare que la raison chez les hommes, que le très-grand nombre sont des cerveaux mal organisés, incapables de penser, de réfléchir, d'agir conséquemment : que tous sont conduits par l'habitude, par les préjugés, par l'exemple de leurs semblables, et non par la raison. La question est donc de savoir comment, pour former un bon système de *morale*, on donnera au genre humain un degré de raison dont il ne s'est pas encore trouvé susceptible depuis la création. La raison est offusquée et contredite par les passions. La première chose à faire est de prouver à un homme sans religion qu'il est obligé d'obéir à l'un plutôt qu'aux autres ; qu'en suivant la raison il trouvera le bonheur, qu'en se laissant dominer par une passion il court à sa perte. Jusqu'à présent nous ne voyons pas que cela soit fort aisé. A force de raisonner, les sceptiques, les cyniques, les cyrénaïques et d'autres grands philosophes prouvaient doctement que rien n'est en soi bien ou mal, juste ou injuste, vice ou vertu ; que cela dépend absolument de l'opinion des hommes, à laquelle un sage ne doit jamais se conformer ; d'où il s'ensuivait clairement que toute morale est absurde. Sans avoir besoin de l'avis des philosophes, il ne s'est jamais trouvé d'homme passionné qui n'ait allégué des raisons pour justifier sa conduite, et qui n'ait prétendu qu'en faisant ce qui lui plaisait le plus, il a écouté la voix de la nature. De là les académiciens concluaient que la raison est plutôt pernicieuse qu'utile aux hommes, puisqu'elle ne leur sert qu'à commettre des crimes et à trouver des prétextes pour les justifier. Cicer., *de Nat. Deor.*, l. III, n. 65 et suiv. Ceux d'aujourd'hui ont enseigné que les passions sont innocentes, et la raison coupable ; que les passions seules sont coupables de nous porter aux grandes actions, par conséquent aux grandes vertus ; que le sang-froid de la raison ne peut servir qu'à faire des hommes médiocres, etc. Nous voilà bien disposés à nous fier beaucoup à la raison en fait de *morale*.

2° Nous trouverons peut-être une meilleure ressource dans le sentiment moral, dans cette espèce d'instinct qui nous fait admirer et estimer la vertu, et détester le crime. Mais sans contester la réalité de ce sentiment, n'avons-nous pas les mêmes reproches à lui faire que la raison? Il est à peu près nul sans l'éducation ; il est peu développé dans la plupart des hommes, il diminue peu à peu, et s'éteint presque entièrement par l'habitude du crime. Nos philosophes nous disent qu'il y a des hommes si pervers par nature, qu'ils ne peuvent être heureux que par des actions qui les conduisent au gibet ; il faut donc que le sentiment moral soit anéanti chez eux, et que la voix de leur conscience ne se fasse plus entendre. Ont-ils encore des remords après le crime? Nous n'en savons rien : quelques matérialistes nous assurent que les scélérats consommés n'ont plus de remords. Quand ils en auraient, cela ne suffirait pas pour fonder la *morale ;* celle-ci doit servir, non-seulement à nous faire repentir d'un crime commis, mais à nous empêcher de le commettre. Un goût décidé pour la vertu ne s'acquiert que par l'habitude de la pratiquer ; et pour l'aimer sincèrement il faut déjà être vertueux : par quel ressort sera mû celui qui ne l'est pas encore?

3° Par les lois, disent nos profonds raisonneurs, par la crainte des supplices, et par l'espoir des récompenses que la société peut établir : l'homme en général craint plus le gibet que les dieux. Mais combien de lois absurdes, injustes, pernicieuses, chez la plupart des peuples ! Les lois sont impuissantes sans les mœurs ; plus elles sont multipliées chez une nation, plus elles y supposent de corruption. Les esprits rusés savent les éluder, et les hommes puissants peuvent impunément les braver ; il en a été de même dans tous les temps et chez toutes les nations. Une action peut être blâmable, sans mériter pour cela des peines afflictives. Où est le législateur assez sage pour prévoir toutes les fautes dans lesquelles la fragilité humaine peut tomber, pour statuer le degré de punition qui doit y être attaché, pour deviner tous les motifs qui peuvent rendre un délit plus ou moins digne de châtiment? L'homme est-il donc fait pour être uniquement gouverné, comme les brutes, par la verge et le bâton? Aucune société n'est assez puissante pour récompenser tous les actes de vertu qui peuvent être faits par ses membres ; plus les récompenses sont communes, plus elles perdent de leur prix. L'intérêt dégrade la vertu, et l'hypocrisie peut la contrefaire ; souvent l'on a récompensé des actions que l'on aurait punies, si l'on en avait connu les motifs. Les hommes ont la vue trop faible pour démêler ce qui est véritablement digne de louange ou de blâme ; ils sont trop sujets aux préventions et à l'erreur. Si les distributeurs des récompenses sont vicieux et corrompus, quel fond pourra-t-on faire sur leur jugement? Ce n'est qu'en appelant au tribunal de la justice divine que la vertu peut se consoler d'être oubliée, méconnue et souvent persécutée en ce monde.

4° Dire que la crainte du blâme et le désir d'être estimés de nos semblables suffisent pour nous détourner du crime et nous porter à la vertu, c'est retomber dans les mêmes inconvénients. Non-seulement chez les nations barbares on loue et on estime des actions contraires à la loi naturelle, et l'on méprise la plupart des vertus civiles, mais ce désordre se trouve chez les peuples les plus policés. La justice d'Aristide fut punie par l'ostracisme, et la franchise de Socrate par la ciguë ; les Romains ne faisaient cas que de la férocité guerrière; personne n'était blâmé pour avoir ôté la vie à un esclave. Parmi nous le meurtre est commandé par le point d'honneur, et quiconque le refuse est censé un lâche; aucune dette n'est sacrée, à l'exception de celle du jeu, etc. Nous ne finirions pas s'il nous fallait faire l'énumération de tous les vices qui ne déshonorent point, et de toutes les vertus dont on ne sait gré à personne. L'opinion des hommes a-t-elle donc le pouvoir de changer la nature des choses, et la *morale* doit-elle être aussi variable que les modes? Je fais plus de cas, dit Cicéron, du témoignage de ma conscience que de celui de tous les hommes. Un sage, plus ancien et plus respectable que lui, pensait encore mieux ; il disait : « Mon témoin est dans le ciel; lui seul est l'arbitre de mes actions (*Job*, XVI, 20). Si la gloire et l'intérêt sont les seuls ressorts qui nous déterminent, pourquoi donc ceux qui agissent par ces motifs font-ils ce qu'ils peuvent pour les cacher ?

5° Enfin, lorsque Jésus-Christ vint sur la terre, il y avait cinq cents ans que les philosophes fondaient la *morale* sur ces mêmes motifs, que leurs successeurs regardent comme seuls solides et suffisants. On sait les prodiges qu'avait opérés cette *morale* philosophique, et en quel état les mœurs étaient pour lors. C'est en comparant ses effets avec ceux que produisit la *morale* divine de Jésus-Christ, que nos apologistes ont fermé la bouche aux philosophes détracteurs du christianisme. La religion seule peut rectifier tous ces motifs proposés par la philosophie, et leur donner un poids qu'ils n'ont pas par eux-mêmes. C'est la raison, j'entends la raison cultivée et droite, qui nous démontre que l'homme n'est point l'ouvrage du hasard, mais d'un Dieu intelligent, sage et bon, qui a créé nos facultés telles qu'elles sont. C'est donc lui qui nous a donné, non-seulement l'instinct comme aux brutes, mais la faculté de réfléchir et de raisonner. Puisque c'est par là qu'il nous a distingués des animaux, c'est donc par là qu'il veut nous conduire ; nous ne pouvons résister aux lumières de la raison sans résister à la volonté du Créateur. Si elle se trouve très-bornée dans la plupart des hommes, si elle est dépravée dans les autres par les leçons de l'enfance, Dieu, qui est la justice même, ne punit point en eux l'ignorance invincible ni l'erreur involontaire; il n'exige d'eux que la docilité à recevoir de meilleures leçons, lorsqu'il daignera les leur procurer. Si c'est l'homme lui-même qui pervertit sa raison par l'habitude du crime, il n'est plus excusable. Il en est de même du sentiment moral, du témoignage que la conscience nous rend de nos propres actions, des remords causés par le crime, de la pitié qui nous fait compatir aux maux d'autrui, de l'admiration que nous inspire une belle action, etc. C'est Dieu qui nous a donné cette espèce d'instinct; sans cela, il ne prouverait rien; nous en serions quittes pour l'étouffer : dès qu'il est le signe de la volonté de notre souverain maître, il nous impose un devoir, une obligation *morale;* y résister, c'est se rendre coupable. Dieu déclare que les méchants ne viendront jamais à bout de se délivrer des remords : *Quand ils iraient se cacher au fond de la mer, j'enverrai le serpent les déchirer par ses morsures*. Amos, c. IX, v. 3. « Qui a trouvé la paix en résistant à Dieu ? » *Job*, c. IX, v. 4. Aucun homme n'a eu de remords d'avoir fait une bonne action, aucun ne s'est cru louable pour avoir satisfait une passion. Les passions tendent à la destruction de l'homme, et non à sa conservation ; un naturaliste l'a démontré. *De l'homme*, par Marat, tom. II, l. III, p. 47. Il est donc faux que les passions soient la voix de la nature. D'ailleurs, que nous importe la nature, si ce n'est pas Dieu qui en est l'auteur?

Dieu, sans doute, a destiné l'homme à vivre en société, puisqu'il lui en a donné l'inclination, et qu'en vivant isolé il ne peut ni jouir des bienfaits de la nature, ni perfectionner ses facultés : or, la société ne peut subsister sans lois. Mais s'il n'y avait pas une loi naturelle qui ordonne à l'homme d'obéir aux lois civiles, celles-ci ne seraient plus que la volonté des plus forts exercée contre les faibles; elles ne nous imposeraient pas plus d'obligation *morale* que la violence d'un ennemi plus fort que nous. Si elles sont évidemment injustes, la loi naturelle les annule; un citoyen vertueux doit subir la mort plutôt que de commettre un crime ordonné par les lois. Lorsque des particuliers sans titre et sans mission s'avisent de déclamer contre les lois de la société et s'érigent en réformateurs de la législation, ce sont des séditieux qu'il faut punir : quel crime est commandé par nos lois? Les récompenses que la société peut accorder ne sont pas assez grandes pour payer la vertu dans toute sa valeur ; il lui en faut de plus durables, et qui la rendent heureuse pour toujours. Dès qu'elle est sûre de les obtenir d'un Dieu juste, peu lui importe que les hommes la méconnaissent, la méprisent ou la punissent : leurs erreurs et leurs injustices lui donnent un nouveau droit aux biens de l'éternité.

Mais il n'est pas vrai que la religion défende à l'homme vertueux d'être sensible au point d'honneur, à la louange et au blâme, aux peines et aux récompenses temporelles, à la satisfaction d'avoir fait son devoir. Elle lui ordonne, au contraire, de se faire une bonne réputation, de la préférer à tous les biens de ce monde; elle avertit les méchants que leur nom sera effacé de la mémoire des nommes, ou déteste par la postérité (*Prov.* xxii, 1; *Eccl.* xxxix, 13; xli, 15; xliv, 1, etc.). La religion lui défend seulement d'envisager ces avantages comme sa récompense principale, d'y attacher trop de prix, de se dégoûter de la vertu lorsqu'ils viennent à lui manquer, de commettre un crime pour les obtenir. Jésus-Christ lui-même nous ordonne de faire luire la lumière aux yeux des hommes, afin qu'ils voient nos bonnes œuvres, et glorifient le Père céleste (*Matth.* v, 16). Saint Pierre nous fait la même leçon (*I Petr.*, ii, 12 et 15, etc.). Elle ne contredit point ce qui est dit ailleurs, qu'il faut être humble et modeste, cacher nos bonnes œuvres, rechercher les humiliations, et nous en réjouir, parce qu'ils y a des circonstances dans lesquelles il faut le faire. *Voy.* Humilité.

La *morale*, disent nos adversaires, doit être fondée sur la nature même de l'homme, et non sur la volonté de Dieu; la première nous est connue, la seconde est un mystère : comment connaître la volonté d'un Être incompréhensible, duquel nous ne pouvons pas seulement concilier les attributs? En voulant lier la *morale* à la religion, l'on est venu à bout de les dénaturer l'une et l'autre ; la première s'est trouvée assujettie à toutes les rêveries des imposteurs. Quelques-uns de nos philosophes ont poussé la démence jusqu'à dire que l'on ne peut désormais jeter les fondements d'une *morale* saine que sur la destruction de la plupart des religions. Nous convenons que la *morale* doit être fondée sur la nature de l'homme, mais telle que Dieu l'a faite, et non telle que les incrédules la conçoivent. Si les hommes sont de même nature que les brutes, ont la même origine et la même destinée, on peut fonder sur cette nature la *morale* des brutes, et rien de plus. C'est de la constitution même de notre nature, telle que nous la sentons, que nous concluons évidemment quelle est la volonté de Dieu, et quelles sont les lois qu'il nous impose. Quand Dieu serait encore cent fois plus incompréhensible, toujours est-il démontré que c'est un Être sage, et incapable de se contredire; il ne nous a donc pas donné la raison, le sentiment moral, la conscience, pour que nous n'en fissions aucun usage. S'il nous a donné des passions qui tendent à nous conserver lorsqu'elles sont modérées, il n'approuve pas pour cela leur excès, qui tend à nous détruire et à troubler l'ordre de la société. Il est donc absurde de prétendre que la volonté de Dieu nous est plus inconnue que la constitution même de l'humanité. La vraie religion n'est pas plus responsable des rêveries des imposteurs en fait de *morale* qu'en fait de dogme ; mais il n'est point d'imposteur plus odieux que ceux qui nous parlent de *morale*, lorsqu'ils en détruisent jusqu'aux fondements, et qui nous vantent leur système sans avoir posé la première pierre de l'édifice. Ils ne sont pas encore convenus entre eux de savoir si l'homme est esprit ou matière, et ils prétendent assujettir tous les peuples à une *morale* qui ne sera bonne que pour les brutes et pour les matérialistes. Qu'ils commencent donc par convertir tout le genre humain au matérialisme. Lorsqu'ils disent qu'en voulant lier la *morale* à la religion l'on a dénaturé l'une et l'autre, ils se montrent très-mal instruits ; c'est au contraire en voulant les séparer que les anciens philosophes ont perverti l'une et l'autre. Il est constant que de tous les moralistes de l'antiquité, les meilleurs ont été les pythagoriciens : or, ils fondaient la *morale* et les lois sur la volonté de Dieu. Toutes les sectes qui ont fait profession de mépriser la religion se sont déshonorées par une *morale* détestable; il en est de même de nos philosophes modernes.

Une autre question est de savoir si l'homme est capable, par la seule lumière naturelle, de se faire un code de *morale* pure, complète, irrépréhensible, ou s'il lui a fallu pour cela les lumières de la révélation. La meilleure manière de la résoudre est de consulter l'événement, de voir si, depuis la création jusqu'à nous, il s'est trouvé dans le monde une nation qui ait eu ce code essentiel, sans avoir été éclairée par aucune révélation ; nous la cherchons inutilement, et les incrédules ne peuvent en citer aucune. La preuve de la nécessité d'un secours surnaturel à cet égard est confirmée par la comparaison que l'on peut faire entre la *morale* révélée aux patriarches, aux juifs, aux chrétiens, et la *morale* enseignée par les philosophes. Pour les deux premières, *voy.* Religion primitive, Judaïsme, Loi ancienne ; nous allons parler des deux dernières.

Morale chrétienne ou évangélique. Dans les articles Christianisme et Jésus-Christ, nous n'avons pu parler qu'en passant de la *morale chrétienne ;* nous sommes donc obligés d'y revenir, et de répondre, du moins sommairement, aux reproches que les incrédules lui ont faits.

Jésus-Christ a réduit toute la *morale* à deux maximes : à aimer Dieu sur toutes choses et le prochain comme nous-mêmes; règle lumineuse, de laquelle s'ensuivent tous les devoirs de l'homme. *Voy.* Amour. Mais ce divin législateur ne s'est pas borné là ; par les détails dans lesquels il est entré, il n'est aucune vertu qu'il n'ait recommandée, aucun vice qu'il n'ait proscrit, aucune passion de laquelle il n'ait montré les suites funestes, aucun état dont il n'ait tracé les devoirs. Pour porter le remède contre les vices à la racine du mal, il défend même les pensées criminelles et les désirs déréglés. Ses apôtres ont répété dans leurs écrits les leçons qu'ils avaient reçues de lui ; il les ont adaptées aux circonstances et aux besoins particuliers de ceux auxquels ils écrivaient. Quelques moralistes incrédules ont prétendu qu'il était mieux de réduire toute la *morale* aux devoirs de *justice* ; et par là ils entendaient seulement ce qui est dû au prochain : mais l'homme ne doit-il donc rien à Dieu ? Jésus-Christ, plus sage, désigne toutes les bonnes œuvres sous le nom général de *jus-*

*tice* : dans le Nouveau Testament, comme dans l'Ancien, un *juste* est un homme qui remplit tous ses devoirs à l'égard de Dieu, du prochain et de soi-même. *Voy.* JUSTE. Mais le fera-t-il jamais, s'il n'aime Dieu sur toutes choses et le prochain comme soi-même? Le motif qui engage le plus puissamment à observer la loi est l'amour que l'on a pour le législateur.

Jésus-Christ a fondé la *morale* sur sa vraie base, sur la volonté de Dieu, souverain législateur; sur la certitude des récompenses et des peines de l'autre vie; il nomme ses commandements *la volonté de son Père*; il le représente comme le juge suprême, qui condamne les méchants au feu éternel, et donne aux justes la vie éternelle (*Matth.* xxv, 34 et suiv.). Mais ce divin Maître n'a oublié aucun des motifs naturels et louables qui peuvent exciter l'homme à la vertu; il promet aux observateurs de ses lois la paix de l'âme, le repos de la conscience, l'empire sur tous les cœurs, l'estime et le respect de leurs semblables, les bienfaits même temporels de la Providence. *Chargez-vous de mon joug; apprenez de moi que je suis doux et humble de cœur, et vous trouverez le repos de vos âmes; mon joug est doux et mon fardeau léger* (*Matth.* xx, 29). *Heureux les hommes doux, ils posséderont la terre... Que les hommes voient vos bonnes œuvres, ils glorifieront le Père céleste* (v, 4 et 16). *Ne vous mettez point en peine de l'avenir, votre Père céleste sait ce dont vous avez besoin* (VI, 32, etc.). Ceux qui ont le courage de faire ce qu'il a dit, attestent qu'il ne les a pas trompés. A de sublimes leçons Jésus-Christ a joint la force de l'exemple, et en cela il l'emporte sur tous les autres docteurs de *morale*; il n'a rien commandé qu'il n'ait pratiqué lui-même; il s'est donné pour modèle, et il ne pouvait en donner un plus parfait : *Si vous faites ce que je vous commande, vous serez constamment aimés de moi, comme je suis aimé de mon Père, parce que j'exécute ses commandements* (*Joan.* xv, 10). Il n'est pas étonnant que, par cette manière d'enseigner, il ait changé la face de l'univers, et qu'il ait élevé l'homme à des vertus dont il n'y avait pas encore eu d'exemple. On dit que cette *morale* n'est pas prouvée, n'est point réduite en méthode, ni fondée sur des raisonnements; comme s'il y avait une meilleure preuve que l'exemple, et comme si Dieu devait argumenter avec les hommes. « Nos maximes, dit Lactance, sont claires et courtes; il ne convenait point que Dieu, parlant aux hommes, confirmât sa parole par des raisonnements, comme si l'on pouvait douter de ce qu'il dit. Mais il s'est exprimé comme il appartient au souverain arbitre de toutes choses, auquel il ne convient pas d'argumenter, mais de dire la vérité. »

Lorsque les incrédules étaient déistes, ils ont fait l'éloge de la *morale chrétienne*; ils ont reconnu la sagesse et la sainteté de son auteur; ils ont avoué qu'à cet égard le christianisme l'emporte sur toutes les autres religions; ils ont ajouté même qu'il ne fallait pas d'autres preuves de sa divinité. Mais ce trait d'équité de leur part n'a pas été de longue durée. Ceux qui sont devenus matérialistes se sont repentis de leurs aveux. Ils ont embrassé la *morale* d'Epicure, et ils ont déclamé contre celle de l'Evangile; celle-ci a-t-elle donc changé comme l'opinion des incrédules? Ils soutiennent que les *conseils* évangéliques sont impraticables, que l'*abnégation* et la *haine* de soi-même sont impossibles, que Jésus-Christ interdit aux hommes la juste *défense*, la possession des *richesses*, la prévoyance de l'avenir; qu'en approuvant la *pauvreté* volontaire, le *célibat*, l'*intolérance*, l'usage du *glaive*, le *zèle* de religion, il a fait une plaie sanglante à l'humanité. Sous ces divers articles, nous réfutons leurs reproches. Quelques-uns ont dit que cette *morale* n'est pas entendue le même partout, qu'elle ne s'étend point à tous les grands rapports des hommes en société.

Il est souvent arrivé, sans doute, que des hommes aveuglés par des passions injustes, par l'intérêt particulier ou national, par des préjugés de système, ont mal entendu et mal appliqué certains préceptes de l'Evangile. Il y a eu des casuistes qui, par défaut de justesse d'esprit, ou par singularité de caractère, ont porté les maximes de *morale* à un excès de sévérité, d'autres qui sont tombés dans un relâchement répréhensible. Mais dans l'Eglise catholique il y a un remède efficace contre les erreurs, soit en fait de *morale*, soit en matière de dogme; l'Eglise a droit de proscrire également les unes et les autres; on ne prouvera jamais qu'elle en ait professé ou approuvé aucune, ni qu'elle ait varié dans ses décisions à cet égard. Nos philosophes, toujours éclairés par les plus pures lumières de la raison, sont-ils mieux d'accord dans leurs leçons de *morale* que les théologiens? Peut-on enseigner des maximes plus scandaleuses que celles qui se trouvent dans la plupart de leurs écrits? Dans un moment, nous verrons qu'en matière de *morale* l'unanimité générale des sentiments est absolument impossible. Nous ne voyons point quels sont les grands rapports des hommes en société auxquels la *morale chrétienne* ne s'étend point. Il n'est aucun état, aucune condition, aucun rang dans la vie civile dont les devoirs ne découlent de ces maximes générales : « Aimez le prochain comme vous-même, sans excepter les ennemis; faites aux autres ce que vous voulez qu'ils vous fassent; traitez-les comme vous voulez qu'ils vous traitent. » S'il y a un rapport très-général, c'est celui d'homme à homme; or, le christianisme nous enseigne que tous les hommes sont créatures d'un seul et même Dieu, nés du même sang, tous formés à son image, rachetés par la même victime, destinés à posséder le même héritage éternel. Sur ces notions sont fondés le droit naturel et le droit des gens, droits qui ne peuvent être anéantis par aucune loi civile ou nationale, mais très-mal connus hors du christianisme; par là sont consacrés tous les devoirs généraux de l'humanité. Mais on entend quelquefois de bons chrétiens se plaindre de ce que le code de la *morale évangélique* n'est pas encore assez complet et assez détaillé pour nous montrer, dans tous les cas, ce qui est commandé ou défendu, permis ou toléré, péché grief ou faute légère. Nous sommes très-persuadés, disent-ils, que l'Eglise a reçu de Dieu l'autorité de décider la *morale* aussi bien que le dogme; mais par quel organe fait-elle entendre sa voix? Parmi les décrets des conciles touchant les mœurs et la discipline, les uns défendent ce que les autres semblent permettre; plusieurs n'ont pas été reçus dans certaines contrées, d'autres sont tombés en désuétude, et ont cessé d'être observés. Les Pères de l'Eglise ne sont pas unanimes sur tous les points de *morale*, et quelques-unes de leurs décisions ne semblent pas justes. Les théologiens disputent sur la *morale* aussi bien que sur le dogme, rarement ils sont d'accord sur un cas un peu compliqué. Parmi les casuistes et les confesseurs, les uns sont rigides, les autres relâchés. Les prédicateurs ne traitent que les sujets qui prêtent à l'imagination, et négligent tous les autres. Enfin, parmi les personnes les plus régulières, les unes se permettent ce que d'autres regardent comme défendu. Comment éclaircir nos doutes et calmer nos scrupules?

Nous répondons à ces âmes vertueuses qu'une règle de *morale*, telle qu'elles la désirent, est absolument impossible. Dans l'état de société civile, il y a une inégalité prodigieuse entre les conditions ; ce qui est luxe, superfluité, excès dans les unes, ne l'est pas dans les autres ; ce qui serait dangereux dans la jeunesse, peut ne plus l'être dans l'âge mûr ; les divers degrés de connaissance ou de stupidité, de force ou de faiblesse, de tentations ou de secours, mettent une grande différence dans l'étendue des devoirs et dans la grièveté des fautes. Comment donner à tous une règle uniforme, prescrire à tous la même mesure de vertu et de perfection? Les lumières de la raison sont trop bornées pour fixer avec la dernière précision les devoirs de la loi naturelle ; les connaissances acquises par la révélation ne nous mettent pas en état de voir avec plus de justesse les obligations imposées par les lois positives. Dans les premiers âges du monde, Dieu avait permis ou toléré les usages qu'il a positivement défendus dans la suite, et il avait défendu des choses dangereuses pour lors, mais qui, dans les sociétés policées, sont devenues indifférentes. Les lois qu'il avait données aux Juifs étaient bonnes et utiles, relativement à l'état dans lequel ils se trouvaient ; Jésus-Christ les a supprimées avec raison, parce qu'elles ne convenaient plus. Dans le christianisme même il y a des lois dont la pratique est plus difficile dans certains climats que dans les autres, telle que la loi du jeûne ; il n'est donc pas possible de les observer partout avec la même rigueur.

Jésus-Christ, les apôtres, les pasteurs de l'Eglise, ont ordonné ou défendu, conseillé ou permis ce qui convenait au temps, au ton des mœurs, au degré de civilisation des peuples auxquels ils parlaient ; mais tout cela change et changera jusqu'à la fin des siècles. Saint Paul ne veut pas que les femmes se frisent et portent des habits précieux ; mais il ne parlait ni à des princesses, ni aux dames de la cour des empereurs. Il leur ordonne de se voiler dans l'Eglise ; cela convenait en Asie, où le voile des femmes a toujours fait partie de la décence. Ce qui était luxe dans un temps ne l'est plus dans un autre ; l'usage des superfluités augmente à proportion de la richesse et de la prospérité d'une nation. Plusieurs commodités desquelles nous ne pouvons aujourd'hui nous passer, auraient été regardées comme un excès de mollesse chez les Orientaux, et même chez nos pères, dont les mœurs étaient plus pures que les nôtres. C'est pour cela même qu'il faut dans l'Eglise une autorité toujours subsistante pour établir la discipline convenable aux temps et aux lieux, pour prévenir et réprimer les erreurs en fait de *morale*, aussi bien que les hérésies. Mais de même qu'en décidant le dogme, l'Eglise n'éclaircit point toutes les questions qui peuvent être agitées parmi les théologiens ; ainsi, en prononçant sur un point de *morale*, elle ne dissipera jamais tous les doutes que l'on peut former sur l'étendue ou sur les bornes des obligations de chaque particulier. La justesse des décisions des casuistes dépend du degré de pénétration, de droiture d'esprit, d'expérience dont ils sont doués ; mais il leur est impossible de prévoir, dans leur cabinet, toutes les circonstances par lesquelles un cas peut être varié ; leur avis ne peut pas être plus infaillible que celui des jurisconsultes touchant une question de droit, et que celui des médecins consultés sur une maladie. Il ne faut point conclure de là, comme on l'a fait souvent, qu'il n'y a donc rien de certain en fait de *morale*, que tout est relatif ou arbitraire, vice ou vertu, selon l'opinion des hommes. Les principes généraux sont certains et universellement reconnus ; mais l'application de ces principes aux faits particuliers est quelquefois difficile, parce que les circonstances peuvent varier à l'infini. Il ne peut jamais être permis de tromper, de se parjurer, de blasphémer, de se venger, de nuire au prochain ; le meurtre, le vol, l'adultère, la perfidie, etc., seront toujours des crimes ; la douceur, la sincérité, la reconnaissance, la patience, l'indulgence pour les défauts d'autrui ; la chasteté, la piété, etc., toujours des vertus. Mais de savoir jusqu'à quel degré telle vertu doit être poussée dans telle occasion, jusqu'à quel point telle faute est grève ou légère, punissable ou excusable, voilà ce qu'il sera toujours très-difficile de décider.

Il y a encore une vérité incontestable, c'est qu'avant la naissance du christianisme il n'y a eu dans aucun lieu du monde une *morale* aussi pure, aussi fixe, aussi populaire que celle de l'Evangile, et qu'encore aujourd'hui elle ne se trouve point ailleurs que chez les nations chrétiennes. On dira que, malgré la perfection de cette *morale*, les mœurs de plusieurs de ces nations ne se trouvent guère meilleures qu'elles n'étaient chez les païens ; qu'elle n'est donc ni fort efficace, ni fort capable de réprimer les passions. Nous nions d'abord cette égalité prétendue de corruption chez les chrétiens et chez les infidèles. Elle est excessive dans les grandes villes, parce que les hommes vicieux s'y rassemblent pour y jouir d'une plus grande liberté ; mais elle ne règne point parmi le peuple des campagnes. Dans le centre même de la corruption, il y a toujours un très-grand nombre d'âmes vertueuses qui se conforment aux lois de l'Evangile ; l'incrédulité domine chez les autres à proportion du degré de libertinage ; c'est en grande partie l'ouvrage des philosophes, et ce n'est pas à eux qu'il convient de le faire remarquer. Il n'est pas étonnant que ceux qui ne croient plus à la religion n'obéissent plus à ses lois. Mais si, au lieu de la *morale chrétienne*, celle des philosophes venait à s'introduire, le déréglement des mœurs deviendrait bientôt général et incurable : on le verra dans l'article suivant. Barbeyrac a fait un *Traité de la morale des Pères de l'Eglise*, dans lequel il s'est efforcé de prouver que ces saints docteurs ont été, en général, de très-mauvais moralistes. Nous répondrons à ses reproches au mot Pères de l'Eglise.

Morale des Philosophes. Afin de nous dégoûter de la *morale* chrétienne, les incrédules modernes soutiennent que celle des sages du paganisme valait beaucoup mieux, et pour le prouver démonstrativement, l'on fait aujourd'hui un recueil pompeux des anciens moralistes. Sans doute on se propose de le mettre désormais entre les mains de la jeunesse, pour lui tenir lieu du catéchisme et de l'Evangile. A la vérité, on ne nous donne la *morale* païenne que par extrait, et l'on a soin d'en retrancher ce qui pourrait scandaliser les faibles : cette précaution est sage. Mais pour juger du mérite des anciens moralistes avec pleine connaissance de cause, il faut les examiner à charge et à décharge, tant en général qu'en particulier.

Jean Leland, dans sa *Nouvelle démonstration évangélique*, IIᵉ part., chap. 7 et suiv., tom. III, a très-bien fait voir les défauts de la *morale des philosophes anciens*. Lactance avait traité le même sujet dans ses *Institutions divines*. Il nous suffira d'extraire leurs réflexions. — 1° Nous avons vu ci-devant que si l'on ne fonde point la *morale* sur la volonté de Dieu, législateur, rémunérateur et vengeur, elle ne porte plus sur rien ; ce n'est plus qu'une belle spéculation sans autorité, une loi, si l'on veut, mais qui n'a point de sanction, et qui ne peut imposer à l'homme une obligation proprement dite. Or, à l'exception de quelques pythagoriciens, aucun des anciens philosophes n'a donné cette base à la *morale* ; la plupart même ont enseigné qu'après cette vie la vertu n'a aucune récompense à espérer, ni le vice aucun supplice à craindre. — 2° Les philosophes n'avaient par eux-mêmes aucune autorité qui pût donner du poids à leurs leçons ; quand ils auraient parlé comme des oracles, on n'était pas obligé de les croire. Leurs raisonnements n'étaient pas à la portée du commun des hommes ; les principes d'une secte étaient réfutés par une autre ; ils n'étaient d'accord sur rien ; jamais ils ne sont venus à bout d'engager aucune nation ni aucune société, pas seulement une seule famille, à vivre selon leurs maximes. — 3° Ils détruisaient, par leur exemple, tout le bien qu'aurait pu produire leur doctrine. Cicéron, Lucien, Quintilien, Lactance, reprochent à ceux de leur temps que, sous le beau nom de philosophes, ils cachaient les vices les plus honteux ; que, loin de soutenir leur caractère par la sagesse et par la vertu, ils l'avilissaient par le déréglement de leurs mœurs. Ils devaient donc être méprisés, et ils le furent. — 4° Les pyrrhoniens, les sceptiques, les cyrénaïques, les académiciens rigides, soutenaient l'indifférence de toutes choses, l'incertitude de la *morale* aussi bien que celle des autres sciences. Epicure plaçait le souverain bien dans la volupté, confondait le juste avec l'utile, ne prescrivait d'autre règle que la décence et les lois civiles. Les cyniques méprisaient la décence même, et érigeaient l'impudence en vertu. — 5° Presque toutes les sectes recommandaient l'obéissance aux lois, elles n'osaient pas faire autrement ; mais Cicéron et d'autres reconnaissaient que les lois ne suffisent point pour porter les hommes aux bonnes actions, et pour les détourner des mauvaises ; qu'il s'en faut beaucoup que les lois et les institutions des peuples ne commandent rien que de juste. Cicer., *de Legib.*, l. 1, c. 4 et 15. Les stoïciens passaient pour les meilleurs moralistes ; mais combien d'erreurs, d'absurdités, de contradictions dans leurs écrits ! Cicéron et Plutarque les leur reprochent à tout moment ; on n'oserait rapporter les infamies que ce dernier met sur leur compte. Les plus célèbres d'entre eux ont admiré Diogène, et ont approuvé l'impudence des cyniques ; leur piété était l'idolâtrie et la superstition la plus grossière ; ils ajoutaient foi aux songes, aux présages, aux augures, aux talismans et à la magie. D'un côté, ils disaient que l'on doit honorer les dieux ; de l'autre, qu'il ne faut pas les craindre, qu'ils ne font jamais de mal, que le sage est égal aux dieux, qu'il est même plus grand que Jupiter, puisque celui-ci est impeccable par nature, au lieu que le sage l'est par choix et par vertu : ce sont donc les dieux qui devaient encenser un sage.

L'apathie ou l'insensibilité qu'ils conseillaient, n'étaient qu'une inhumanité réfléchie et réduite en principes ; ils ne voulaient pas que le sage s'affligeât de la mort de ses proches, de ses amis, de ses enfants, qu'il fût sensible aux malheurs publics, même à la ruine du monde entier ; ils condamnaient la clémence et la pitié comme des faiblesses ; ils toléraient l'impudicité et s'y livraient ;

l'intempérance, et plusieurs en faisaient gloire ; le mensonge, et ils n'en avaient aucun scrupule ; plusieurs conseillaient le suicide, et vantaient le courage de ceux qui y avaient recours pour terminer leurs peines. Leur dogme absurde de la fatalité anéantissait toute *morale*; ils étaient forcés d'avouer que leurs maximes étaient impraticables, et leur prétendue sagesse une chimère. Ils n'avaient donc point d'autre but que d'en imposer au vulgaire; Aulu-Gelle, parlant d'eux, dit : Cette secte de fripons, qui prennent le nom de stoïciens, *Noct. Attic.*, l. 1, c. 2.

Platon, Socrate, Aristote, Cicéron, Plutarque, ont écrit de fort belles choses en fait de *morale*; mais il n'est aucun de ces philosophes auquel on ne puisse reprocher des erreurs grossières. Platon méconnaît le droit des gens; ils prétend que tout est permis contre les barbares ; il semble quelquefois condamner l'impudicité contre nature, d'autres fois il l'approuve ; il dispense les femmes de toute pudeur ; il veut qu'elles soient communes, et que leur complaisance criminelle serve de récompense à la vertu ; il ne réprouve l'inceste qu'entre les pères ou mères et leurs enfants. Il établit que les femmes à quarante ans et les hommes à quarante-cinq, n'auront plus aucune règle à suivre dans leurs appétits brutaux, et que s'il naît des enfants de ce honteux commerce, ils seront mis à mort, etc. Platon cependant faisait profession de suivre les leçons de Socrate, *De Repub.*, l. v. — Aristote approuve la vengeance, et regarde la douceur comme une faiblesse ; il dit que, parmi les hommes, les uns sont nés pour la liberté, les autres pour l'esclavage; il n'a pas eu le courage de condamner les déréglements qui régnaient de son temps chez les Grecs, nous ne voyons pas qu'il se soit élevé contre la *morale* de Platon. — Cicéron parle de la vengeance comme Aristote ; il excuse le commerce d'un homme marié avec une courtisane. Après avoir épuisé toutes les ressources de son génie pour prouver qu'il y a un droit naturel, des actions justes par elles-mêmes et indépendamment de l'institution des hommes, il reconnaît que ses principes ne sont pas assez solides pour tenir contre les objections des sceptiques ; il leur demande grâce; il dit qu'il ne se sent pas assez de force pour les repousser, qu'il désire seulement de les apaiser, *l.* 1, *de Legib.* — Quand Plutarque n'aurait à se reprocher que d'avoir approuvé la licence que Lycurgue avait établie à Sparte et l'inhumanité des Spartiates, c'en serait assez pour le condamner.

Epictète, Marc-Antonin, Simplicius, ont corrigé en plusieurs choses la *morale* des stoïciens; mais il est plus que probable que ces philosophes, qui ont vécu après la naissance du christianisme, ont profité des maximes enseignées par les chrétiens; de savants critiques sont dans cette opinion. Quant à nos philosophes modernes, qui ont trouvé bon de renoncer à la *morale chrétienne*, s'il nous fallait rapporter toutes les maximes scandaleuses qu'ils ont enseignées, nous ne finirions jamais. Déjà nous avons remarqué que, quand ils professaient le déisme, ils rendaient justice à la *morale évangélique ;* mais depuis que le matérialisme est devenu parmi eux le système dominant, il n'est aucune erreur des anciens qu'ils n'aient répétée et qu'ils n'aient poussée plus loin. Quelques-uns en ont été honteux ; ils ont avoué que La Métrie a raisonné sur la *morale* en vrai frénétique, et il a eu des imitateurs. La seule différence qu'il y ait entre cet athée et les autres, c'est qu'il a été plus sincère qu'eux, et a raisonné plus conséquemment. Si personne n'avait approuvé ses principes, les aurait-on publiés ? Dès que l'on admet la fatalité, comme les matérialistes, l'homme est-il autre chose qu'une machine ? et de quelle *morale* un automate peut-il être susceptible ? Dans ce système, aucune action n'est imputable, aucune ne peut être juste ni injuste, moralement bonne ou mauvaise ; aucune ne peut mériter ni récompense ni châtiment. Aussi un des confrères de nos philosophes, moins hypocrite que les autres, a dit qu'ils ne parlent de *morale* que pour séduire les femmes, et pour jeter de la poussière aux yeux des ignorants. On peut leur appliquer, à juste titre, ce que Aulu-Gelle a dit des stoïciens.

MORAVES (frères). *Voy.* Hernhutes.

MORT, séparation de l'âme d'avec le corps. La révélation nous enseigne que le premier homme avait été créé immortel ; que la *mort* est la peine du péché (*Sap.* 11, 24 ; *Rom.*, v, 12, etc.). Lorsque Dieu défendit à notre premier père de manger d'un certain fruit, il lui dit : *Au jour que tu en mangeras, tu mourras* (*Gen.* 11, 17) ; c'est-à-dire tu deviendras sujet à la *mort* ; cela ne signifiait pas qu'il devait mourir à l'heure même, puisque Adam a vécu neuf cent trente ans. L'Eglise a condamné les pélagiens, qui prétendaient que quand même Adam n'aurait pas péché, il serait *mort* par la condition de sa nature.

Quelques incrédules, qui ne voulaient pas convenir du péché originel et de ses effets, ont dit que les paroles de Dieu étaient moins une menace qu'un avis salutaire de ne pas toucher à un fruit capable de donner la *mort*. Cette conjecture est réfutée par la sentence que Dieu prononça contre Adam après sa désobéissance : *« Parce que tu as mangé du fruit que je t'avais défendu,.... tu mangeras ton pain à la sueur de ton front, jusqu'à ce que tu retournes dans la terre de laquelle tu as été tiré, et puisque tu es poussière tu y rentreras* (*Gen.* 111, 17).

Mais ce qui doit nous consoler, c'est que la *mort*, qui est la peine du péché, en est aussi l'expiation ; tel est le sentiment unanime des Pères de l'Eglise, et c'est par là qu'ils ont répondu aux marcionites, aux manichéens, aux philosophes païens et aux pélagiens, qui prétendaient que la sentence prononcée contre Adam et sa postérité était trop sévère et contraire à la justice. Les Pères soutiennent que la condamnation de l'homme à la *mort* est moins un trait de colère et de vengeance de la part de Dieu, qu'un effet de sa miséricorde. « Dieu a eu pitié de l'homme, dit saint Irénée ; il l'a éloigné du paradis et de l'arbre de vie, non par jalousie, comme quelques-uns le disent, mais par pitié, afin qu'il ne fût pas toujours pécheur, et que son péché ne fût ni éternel, ni incurable... Il l'a condamné à mourir pour mettre fin au péché, afin que, par la dissolution de la chair, l'homme mourût au péché, pour commencer de vivre à Dieu. » *Adv. hær.*, l. III, c. 37. Saint Théophile d'Antioche, saint Méthode de Tyr, saint Hilaire de Poitiers, saint Cyrille de Jérusalem, saint Basile, saint Éphrem, saint Épiphane, saint Ambroise, saint Cyrille d'Alexandrie, saint Jean Chrysostome, etc., enseignent la même doctrine. Ils ont été suivis par saint Augustin : ce Père l'a soutenu ainsi, non-seulement contre les manichéens, mais contre les pélagiens. « Dieu, dit-il, a donné à l'homme un moyen de récupérer le salut, par la mortalité de sa chair, » *l.* III, *de Lib. arb.*, c. 10, n° 29 et 30. « Qu'après le péché, le corps de l'homme soit devenu faible et sujet à la *mort*, c'est un juste châtiment, mais qui démontre, de la part du Seigneur, plus de clémence que de sévérité. » *L. de vera Relig.*, cap. XV, n° 29. « Par la miséricorde de Dieu, la peine du péché tourne à l'avantage de l'homme. » *L.* IV, *contra duas Epist. Pelag.*, cap. 4, n° 6. « Ce que nous souffrons est un remède et non une vengeance, une correction et non une damnation, » *Enthyr. ad Laur.*, c. 27, n° 8 ; *l.* II, *de Pecc. meritis et remis.*, c. 33, n° 53. « Jésus-Christ, sans avoir le péché, en a porté la peine, afin de nous ôter le péché et la peine, non celle qu'il faut souffrir en ce monde, mais celle que nous devions subir pendant l'éternité. » *Oper. imperf.*, l. VI, n° 36. Ainsi, le chrétien qui, près de mourir, fait de nécessité vertu, subit avec résignation l'arrêt de *mort* porté contre l'homme pécheur, met sa confiance aux mérites et aux satisfactions de Jésus-Christ, est assuré de recevoir miséricorde : d'où saint Ambroise conclut que quiconque croit en Jésus-Christ ne doit pas craindre de périr, *de Pœnit.*, l. I, c. 11 ; *in Ps.* CXVIII, v. 175. Ce qui doit s'entendre d'une foi accompagnée de bonnes œuvres, et non pas d'une foi morte, qui servirait à la condamnation de celui qui croit.

Saint Paul dit que « Jésus-Christ est *mort* pour détruire celui qui avait l'empire de la *mort*, c'est-à-dire le démon, et pour délivrer ceux qui pendant toute leur vie étaient retenus en esclavage par la crainte de la mort (*Heb.* II, 14). C'est le motif de consolation qu'il propose aux fidèles. « Nous ne voulons pas, dit-il, vous laisser ignorer le sort de ceux qui sont *morts*, afin que vous ne soyez pas affligés, comme ceux qui n'ont point d'espérance ; car si nous croyons que Jésus-Christ est *mort* et ressuscité, ainsi Dieu lui réunira ceux qui se sont endormis en lui du sommeil de la mort (*Thess.* IV, 12). Il n'est pas étonnant qu'avec cette ferme croyance les premiers fidèles n'aient plus redouté la *mort*, aient même désiré le martyre. Les païens les regardaient comme des insensés, livrés au désespoir ; mais ils ne connaissaient ni le principe ni les motifs de ce courage. Aujourd'hui encore il n'est plus rare de voir des chrétiens vertueux, qui, après avoir craint la *mort* à l'excès, lorsqu'ils étaient en santé, l'envisagent de sang-froid, la désirent même pendant leur dernière maladie, parce qu'alors leur foi se réveille et leur espérance s'affermit par la proximité de la récompense.

Nous concevons que la seule pensée de la *mort* doit faire frémir un méchant, surtout un incrédule ; et cette frayeur doit augmenter à la dernière heure, à moins qu'il ne soit plongé dans une insensibilité stupide. Aussi plusieurs ont blâmé les secours que l'Église s'efforce de donner aux mourants ; c'est, selon leur avis, un trait de cruauté, qui ne sert qu'à augmenter l'horreur naturelle que nous avons du trépas. Mais comment peuvent juger des dispositions du chrétien mourant, ceux qui n'en ont jamais vu mourir aucun, qui fuient ce spectacle capable de les faire trembler, et qui laisseraient périr sans secours les personnes les plus chères, sous le spécieux prétexte d'être trop attendris ? Une âme bien persuadée de la certitude d'une vie à venir, de la fidélité de Dieu dans ses promesses, de l'efficacité de la rédemption, et qui a souvent médité sur la *mort*, afin de se détacher de la vie, qui sent la multitude des grâces qu'elle a reçues et qu'elle reçoit encore, qui connaît le prix des souffrances et le mérite du dernier sacrifice, qui a sous les yeux l'exemple d'un Dieu mourant pour elle, ne peut rien craindre ni rien regretter. Elle met sa confiance aux prières de l'Église, elle les désire et les demande, elle y trouve sa consolation ; elle est bien éloignée d'accuser de cruauté ceux qui les lui procurent. D'autres incrédules ont dit que le pardon accordé trop aisément aux pécheurs mourants, les espérances dont on les flatte, les consolations qu'on leur procure, sont une injustice et un abus ; que cela sert à endurcir les autres dans le crime ; qu'il est absurde de penser qu'un homme coupable de rapines et de vexations de toute espèce en sera quitte pour se repentir à la *mort*. Aussi l'Église n'a jamais enseigné que le repentir suffit alors à un homme injuste, à moins qu'il ne répare ses torts et ne restitue autant qu'il le peut. Y a-t-il un vrai repentir, lorsque l'on persévère dans l'injustice que l'on peut réparer ? Il n'est aucun ministre de la pénitence assez ignorant ni assez pervers pour dispenser quelqu'un d'une restitution ou d'une réparation qui est due par justice. Si le coupable l'exécute, à quel titre lui refuserait-on le pardon ? Lors même que la réparation est impossible, nous demandons lequel est le plus utile au bien général de la société, ou qu'un criminel meure dans le désespoir et convaincu qu'il est damné sans ressource, ou qu'on lui fasse espérer le pardon, s'il est véritablement repentant. Un incrédule qui décide que l'on ne doit alors user d'aucune indulgence, prononce lui-même son arrêt de réprobation : « Quiconque ne fait pas miséricorde, dit saint Jacques, sera jugé sans miséricorde » (*Jac.* II, 13).

Des calomnies qui se contredisent n'ont pas besoin de réfutation. D'un côté, l'on accuse les prêtres d'accabler un mourant par leurs discours durs et inhumains ; de l'autre, on leur reproche trop d'indulgence pour les pécheurs, et d'être des consolateurs perfides. On a poussé la malignité jusqu'à dire que les mourants coupables d'injustice, de vols, de concussions, en sont quittes pour quelques largesses faites au sacerdoce. Si cela était, les prêtres devraient regorger de richesses. Toute la vengeance que les prêtres doivent tirer de ces impostures grossières, est de prier Dieu qu'il fasse miséricorde aux incrédules, du moins à la *mort*.

* MORT DE JÉSUS-CHRIST. Les incrédules ont attaqué la vérité de la mort de Jésus-Christ. « Saint Paul, dit Mgr Wiseman, regarde ce fait comme un des principaux fondements de notre foi, sans lequel sa prédication serait vaine ; et vous pouvez naturellement concevoir que les ennemis du christianisme, dans les temps anciens et modernes, n'ont rien négligé pour ébranler cette pierre angulaire de notre croyance. Chaque contradiction apparente dans le récit des apôtres a été saisie avec empressement pour attaquer cette vérité ; mais la voie la plus directe que l'on ait employée dans les premiers siècles et de nos jours a été d'essayer d'élever des doutes sur la réalité de la mort de notre Sauveur. L'insistance avec laquelle saint Jean paraît s'arrêter sur les derniers événements de la vie de Jésus-Christ, et les affirmations énergiques par lesquelles il déclare avoir été témoin lui-même qu'on lui a percé le côté (a), paraissent clairement indiquer que déjà de son temps cet événement solennel et important avait été mis en question. Je ne m'arrêterai pas un seul instant aux grossiers et révoltants blasphèmes de quelques écrivains du dernier siècle, qui ont poussé l'impiété et l'oubli de tout sentiment, jusqu'à accuser notre divin Rédempteur d'avoir fait le mort sur la croix (b). Une impiété aussi monstrueuse porte sa réfutation dans son absurdité. Mais les incrédules modernes, qui n'osent s'aventurer à nier les vertus et la sainteté du Christ, tandis qu'ils réduisent ses miracles à des événements purement naturels, ont choisi une manière plus artificieuse d'expliquer sa résurrection ; ils ont imaginé que, d'après les principes de la médecine, il ne peut être mort sur la croix, mais doit en avoir été descendu dans un état de syncope ou d'asphyxie. Paulus, Damm et d'autres adoptent cette opinion, et cherchent à l'étayer par beaucoup d'arguments captieux. Il est certain, disent-ils, selon le témoignage de Josèphe et d'autres auteurs anciens, que des personnes crucifiées vivaient sur la croix pendant trois ou même neuf jours ; c'est ainsi que les deux larrons dont il est parlé dans la Passion, n'étaient pas encore morts le soir, et Pilate ne voulait pas croire que notre Sauveur eût expiré sitôt, sans le témoignage précis du centurion (c). Mais d'un autre côté il est très-probable que la fatigue, les angoisses de l'âme et la perte du sang auront produit l'épuisement, la syncope ou l'évanouissement : dans cet état notre divin Maître est mis à la disposition de ses fidèles amis qui pansent ses plaies avec des aromates, et le laissent reposer tranquillement dans une chambre sépulcrale bien retirée. Là il se réveille bientôt de son évanouissement, et va trouver ses amis. Quant à la vigilance de ses ardents ennemis, on dit qu'il y a d'autres exemples où elle a été éludée ; comme lorsque saint Paul fut laissé pour mort après avoir été lapidé à Lystres, ou quand saint Sébastien fut guéri par les chrétiens après avoir été percé de traits. Le coup de lance qui a percé le côté de notre Sauveur est mis de côté, en disant que le verbe employé en grec signifie plutôt piquer ou blesser superficiellement que percer le corps. Ainsi, d'après eux, dans l'histoire de la Passion, il n'y a rien qui prouve la mort.

Si les théologiens avaient été abandonnés à eux-mêmes pour répondre à ce raisonnement spécieux et superficiel, nul doute que leur science n'eût été complétement suffisante pour une pareille tâche. Ils auraient indiqué assez d'erreurs dans l'exposition et assez de témérité dans les assertions de leurs adversaires pour les réfuter et les confondre de la manière la plus satisfaisante. Mais il était bien plus à propos que la science même qui avait été enrôlée pour combattre la religion, se chargeât d'achever la réfutation des objections que l'on prétend tirer de ses propres principes.

Plusieurs auteurs éminents s'étaient occupés de la physiologie de la Passion de notre Sauveur, si je puis m'exprimer ainsi, avant que cette méthode d'attaque eût été employée : tels sont Scheuchzer, Méad, Bartholinus, Vogler, Triller, Richter et Eschenbach. Mais une investigation plus approfondie et plus scientifique a été faite depuis par les deux Gruner, père et fils, dont le dernier écrivit d'abord sous la direction et par le conseil du premier. Ces différents auteurs ont recueilli tout ce que les analogies médicales pouvaient fournir pour établir le caractère des souffrances de notre Sauveur et la réalité de sa mort. Ils ont montré que les tortures du crucifiement étaient en elles-mêmes épouvantables, non-seulement à cause des blessures extérieures et de la posture douloureuse du corps, ou même de la gangrène qui doit être résultée de l'exposition au soleil et à la chaleur, mais encore par les effets de cette position, sur la circulation et les autres fonctions ordinaires de la vie. La pression sur l'artère principale ou l'aorte, doit, suivant Richter, avoir empêché le libre cours du sang ; et en la mettant hors d'état de recevoir tout ce qui était fourni par le ventricule gauche du cœur, doit avoir empêché le sang de revenir des poumons. Par ces circonstances, il doit s'être produit dans le ventricule droit une congestion et un effort *plus intolérable qu'aucun supplice et que la mort même*. Puis il ajoute : *Les pulmonaires et les autres veines et artères autour du cœur et de la poitrine, par l'abondance du sang qui y affluait et s'y accumulait, doivent avoir ajouté d'horribles souffrances corporelles à l'angoisse de l'âme produite par l'accablant fardeau de nos péchés* (a). Mais ces souffrances générales doivent avoir produit une impression relative sur différents individus ; et, comme Charles Gruner l'observe fort bien, leur effet sur deux brigands endurcis et robustes, fraîchement sortis de prison, doit naturellement avoir été tout autre que sur notre Sauveur, dont les formes et le tempérament étaient tout opposés ; il avait d'ailleurs précédemment souffert toute une nuit de tortures et de fatigues sans relâche ; il avait lutté avec une agonie intérieure, au point que l'un des phénomènes les plus rares avait été produit, une sueur de sang ; et il doit avoir senti au plus haut degré d'intensité les tortures morales qu'ajoutaient à son supplice sa honte, son ignominie et la détresse de sa sainte Mère et d'un petit nombre d'amis fidè-

---

(a) Saint Jean, XIX, 34, 35. — Voir une lettre de l'évêque de Salisbury au rév. T. Benyon.
(b) Voir pour la réfutation de cette impiété, Süskind *Magazin für christliches Dogmatik*, 9 Heft., S. 158.
(c) Voir Just. Lips., *De Cruce*, lib. II, c. 13 ; Joseph. *Cont. Apion.*, 1031.

(a) Georgii G. Richteri *Dissertationes quatuor medicæ*, Gœtting., 1775, p. 57.

les (*a*). A ces réflexions il aurait pu en ajouter bien d'autres. N'est-il pas évident, en effet, que notre Sauveur était bien plus affaibli que d'autres personnes en pareille circonstance, puisqu'il ne fut pas assez fort pour porter sa croix, comme les criminels que l'on conduisait au supplice étaient toujours capables de le faire? Et si nos adversaires supposent que notre Sauveur tomba seulement dans une syncope par épuisement, il est clair qu'ils n'ont pas le droit de le juger d'après les autres cas, puisque dans ces cas mêmes cela n'arrivait point. Le jeune Gruner examine en détail toutes les plus petites circonstances de la Passion, comme objets de médecine légale, et s'occupe particulièrement de la blessure produite par la lance du soldat. Il montre que très-probablement la blessure fut faite au côté gauche et de bas en haut transversalement ; et il prouve qu'un pareil coup porté par le bras robuste d'un soldat romain, avec une lance courte, car la croix n'était pas très-élevée au-dessus de terre, doit, dans toute hypothèse, avoir occasionné une blessure mortelle. Jusqu'à ce moment, il suppose que notre Sauveur avait encore conservé un souffle de vie ; parce qu'autrement le sang n'aurait pas coulé, et parce que le grand cri qu'il poussa est un symptôme d'une syncope produite par une trop grande congestion du sang dans le cœur. Mais cette blessure, que, d'après l'écoulement du sang et de l'eau, il suppose avoir été dans la cavité de la poitrine, a dû être, selon lui, nécessairement mortelle (*b*). Son père Christian Gruner suit les mêmes traces, et réfute pas à pas les objections d'un adversaire anonyme. Il fait voir que les mots employés par saint Jean pour exprimer la blessure occasionnée par le coup de lance sont souvent employés pour indiquer une blessure mortelle (*c*), et qu'en supposant même que la mort du Christ avait été seulement apparente dans les premiers moments, l'atteinte d'une blessure, même légère, aurait été mortelle ; parce que dans la syncope ou l'évanouissement résultant de la perte du sang, toute saignée donnerait la mort ; enfin il prouve que les épices et les aromates employés à l'embaumement, ou la

---

(*a*) Caroli Frid. Gruneri *Commentatio antiquaria medica de Jesu Christi morte vera, non simulata.* Halæ, 1805, pp. 30-36.
(*b*) Pag. 37. — Tirinus et d'autres commentateurs, ainsi que plusieurs médecins, tels que Gruner, Bartholinus, Triller et Eschenbach, supposent que l'eau était la lymphe contenue dans le péricarde. Vogler, *Physiologia historiæ Passionis*, Helmst., 1693, p. 44, suppose que c'était le sérum séparé du sang. Mais la manière dont saint Jean mentionne cet écoulement mystérieux, et aussi d'après le sentiment de toute l'antiquité, nous devons y reconnaître quelque chose de plus qu'un fait purement physique. Richter observe que l'abondance de sang et d'eau qui jaillit de la plaie, *non, ut in mortuis fieri solet, lentum et grumosum, sed calentem adhuc et flexilem, tanquam ex ca'entissimo misericordiæ fonte*, doit être regardée comme surnaturelle et profondément symbolique, p. 52.
(*c*) *Vindiciæ mortis Jesu Christi veræ*. Ibid., p. 77, seqq. — Une considération qui m'a faite aucun de ces auteurs me semble décider le point de la profondeur de la blessure, et mettre hors de doute qu'elle ne fut pas superficielle, mais qu'elle s'étendit jusque dans la cavité thoracique.
Notre Sauveur distingue les blessures de ses mains de celle de son côté, lorsqu'il invite Thomas à mesurer les premières avec son doigt, et la seconde en y plaçant la main. *Dicit Thomæ : Infer digitum tuum huc, et vide manus meas, et affer manum tuam, et mitte in latus meum* (*Jean*, xx, v. 27). Cette blessure doit donc avoir été de la largeur de deux ou trois doigts à l'extérieur. Or, pour qu'une lance à pointe ordinaire et passablement aiguë laisse une cicatrice ou incision sur la chair d'une telle largeur, elle doit avoir pénétré de quatre ou cinq pouces au moins dans le corps ; circonstance tout à fait incompatible avec une blessure superficielle ou qui n'eût atteint que la chair. Ce raisonnement s'adresse donc à ceux qui admettent en entier l'histoire de la Passion, et les apparitions subséquentes de notre Sauveur, mais qui nient la réalité de sa mort : tels sont les adversaires de Gruner.

---

chambre fermée du tombeau, loin d'être propres à faire revenir une personne évanouie, auraient été l'instrument le plus sûr pour rendre réelle une mort apparente, puisqu'ils auraient produit la suffocation. Nous pouvons ajouter l'observation d'Eschenbach, qu'il n'y a point d'exemple attesté d'une syncope durant plus d'un jour, tandis qu'ici elle aurait dû en durer trois ; et enfin, que cette même période n'aurait pas été suffisante pour rendre la force et la santé à un corps qui aurait souffert les déchirantes tortures du crucifiement et l'action affaiblissante d'une syncope par perte de sang. *Voy.* RÉDEMPTION, SALUT.

MORT (le). *Lévit.*, c. XIX, v. 28, et *Deut.*, c. XIV, v. 1, Moïse défend aux Hébreux de se raser le front et les sourcils, et de se faire des incisions pour un *mort*, ou pour le *mort*. *Deut.*, c. XVIII, v. 11, il leur défend d'interroger les morts. Cap. XXVI, v. 14, lorsqu'un Israélite offrait à Dieu les prémices des fruits de la terre, il était obligé de protester qu'il n'en avait pas mangé dans le deuil, rien employé à un usage impur, et qu'il n'en avait rien donné pour un *mort* ou pour le *mort*. Pour expliquer ces différentes lois, les commentateurs ont fait voir que c'était en usage chez les païens de s'égratigner, de se déchirer la peau, de se faire des incisions avec des instruments tranchants dans les funérailles, et qu'en répandant ainsi de leur sang, ils croyaient apaiser les divinités infernales en faveur des âmes des morts ; que, dans le même dessein, ils se coupaient ou s'arrachaient les cheveux, les sourcils ou la barbe, et les plaçaient sur le *mort*, comme une offrande à ces mêmes divinités. Spencer, *de Legib. Hebræor. ritual.*, l. II, c. 18 et 19. Rien n'est plus connu que la coutume usitée dans le paganisme d'interroger les morts, d'évoquer leurs mânes ou leurs âmes, pour apprendre d'elles l'avenir ou les choses cachées. Malgré la défense formelle qu'en fait Moïse, Saül fit évoquer par une pythonisse l'âme de Samuel, et Dieu permit qu'elle apparût pour annoncer à ce roi sa mort prochaine (*I Reg.* XXVIII, 11). Il est encore parlé de cette superstition dans Isaïe (VIII, 19, et LXV, 4). Enfin il est prouvé que les païens offraient leurs prémices non-seulement aux dieux, mais encore aux héros, ou aux mânes de leurs anciens guerriers. Il est évident que toutes ces superstitions étaient fondées sur la croyance de l'immortalité des âmes, et il n'en faudrait pas davantage pour prouver que ce dogme fut toujours la foi de toutes les nations. Le penchant décidé des Juifs à imiter ces pratiques, démontre qu'ils étaient dans la même persuasion que les peuples dont ils étaient environnés. Pour les détourner de tout usage superstitieux, Moïse ne leur dit point que les morts ne sont plus, qu'il n'en reste rien, que l'âme meurt avec le corps ; mais il leur dit que toutes ces coutumes sont des abominations aux yeux de Dieu, qu'il les punira s'ils y tombent, qu'ils sont le peuple du Seigneur, uniquement consacré à son culte, etc. Par là nous concevons encore pourquoi Moïse avait réglé que tout homme qui avait touché un cadavre, même pour lui donner la sépulture serait censé impur, serait obligé de laver ses habits et de se purifier (*Num.* xix, 11 et 16). C'était évidemment pour écarter les Israélites de toute occasion d'avoir commerce avec les morts. Dans le style de Moïse, *être souillé par une âme*, c'est être souillé par l'attouchement d'un cadavre. Cette loi, loin d'être superstitieuse, avait pour but de retrancher les superstitions païennnes à l'égard des morts.

Morts (état des). *Voy.* Ame, Enfer, Immortalité, Manes, etc.

Morts (prières pour les). L'Eglise catholique a décidé dans le concile de Trente, sess. 6, can. 30, qu'un pécheur pardonné et absous de la peine éternelle, est encore obligé de satisfaire à la justice divine, par des peines temporelles, en cette vie ou en l'autre. *Voy.* Satisfaction. Conséquemment le même concile enseigne, sess. 25, qu'il y a un purgatoire après cette vie; que les âmes qui y souffrent peuvent être soulagées par les suffrages, c'est-à-dire par les prières et par les bonnes œuvres des vivants, principalement par le saint sacrifice de la messe. Déjà il avait déclaré, sess. 22, c. 2, et can. 3, que ce sacrifice est propitiatoire pour les vivants et pour les *morts*. Tous ces dogmes sont étroitement liés les uns aux autres. Au mot Purgatoire, nous apporterons les preuves sur lesquelles cette croyance est fondée; nous avons à justifier ici l'antiquité et la sainteté de l'usage rejeté par les protestants de prier pour les *morts*.

On ne peut pas douter qu'il n'ait déjà régné chez les Juifs. Tobie dit à son fils, c. iv, v. 17 : « Mettez votre pain et votre vin sur la sépulture du juste, et ne le mangez pas avec les pécheurs. » Puisqu'il était défendu par la loi de faire des offrandes aux morts, on ne peut pas juger que Tobie ordonne à son fils de pratiquer cette superstition des païens; il faut donc supposer que la nourriture placée sur la sépulture d'un mort était une aumône faite à son intention, ou qu'elle avait pour but d'engager les pauvres à prier pour lui.

Nous le voyons encore plus expressément dans le II<sup>e</sup> *livre des Machab.*, c. xii, 43, où il est dit que Judas ayant fait une quête, envoya une somme d'argent à Jérusalem, afin que l'on offrit un sacrifice pour les péchés de ceux qui étaient *morts* dans le combat. L'historien conclut que « c'est donc une sainte et salutaire pensée de prier pour les *morts*, afin qu'ils soient délivrés de leurs péchés. »

Quand les protestants seraient bien fondés à ne pas regarder ce livre comme canonique, c'est du moins une histoire digne de foi, et un témoignage de ce qui se faisait pour lors chez les Juifs. Cet usage s'est perpétué chez eux, et il en est fait mention dans la *Mischna*, au chapitre *Sanhédrin*; nous ne voyons pas qu'il ait été réprouvé par Jésus-Christ ni par les apôtres.

Daillé, dans son traité *de Pœnis et Satisfac. humanis*, a disserté fort au long pour esquiver les conséquences de ces deux passages. Il dit, l. v, c. 1, que dans le premier, Tobie recommande à son fils de fournir la nourriture à la veuve et aux enfants d'un juste, plutôt que de la manger avec les pécheurs. Mais il est absurde de prétendre que la sépulture, le tombeau, le monument d'un juste, signifient sa veuve et ses enfants : il n'y a dans toute l'Ecriture sainte aucun exemple d'une métaphore aussi outrée. Il dit que le second regarde non les peines de l'autre vie, mais la résurrection future; que, suivant l'auteur du *livre des Machabées*, Judas voulait que l'on priât pour les *morts*, afin d'obtenir de Dieu pour eux une meilleure part dans la résurrection, et non la délivrance d'aucune peine. Mais il a fermé les yeux sur la fin du passage qui porte qu'il faut *prier pour les morts, afin qu'ils soient délivrés de leurs péchés*. Or, être délivré des péchés, ou être délivré de la peine que l'on a encourue par les péchés, est certainement la même chose.

Saint Paul parlant contre ceux qui niaient la résurrection des *morts*, dit (*I Cor.* xv, 29) : Que feront ceux qui sont baptisés pour les *morts*, si les *morts* ne ressuscitent point ? A quoi bon recevoir le baptême pour eux ? » Pour esquiver les conséquences de ce passage, les protestants soutiennent qu'il est fort obscur, que les Pères et les commentateurs ne s'accordent point dans le sens qu'ils y donnent. Mais cette réponse n'est pas aisée à concilier avec l'opinion générale des protestants, qui prétendent que l'Ecriture sainte est claire, surtout en fait de dogmes, et qu'il suffit de la lire pour savoir ce que l'on doit croire. Ici elle ne nous paraît pas d'une obscurité impénétrable. On sait que chez les Juifs le baptême était un symbole et une pratique de purification : *être baptisé pour les morts*, signifie donc *se purifier pour les morts*. Soit que l'on entende par là se purifier *à la place* d'un mort, et afin que cette purification lui serve, soit que l'on entende se purifier pour le soulagement d'une âme que l'on suppose coupable, le sens est toujours le même; il s'ensuit toujours que, selon la croyance de ceux qui en agissaient ainsi, leurs bonnes œuvres pouvaient être de quelque utilité aux *morts*; et saint Paul ne blâme ni cette opinion ni cette pratique.

Il ne sert à rien d'objecter que, du temps de saint Paul, il y avait déjà des hérétiques qui prétendaient que l'on pouvait recevoir le baptême à la place d'un mort qui avait eu le malheur de ne pas le recevoir. Outre que ce fait est fort douteux, l'Apôtre aurait-il voulu se servir d'un faux préjugé et d'une erreur, pour fonder le dogme de la résurrection future ? *Voy.* la *Dissertation sur le baptême pour les morts*, Bible d'Avignon, tome XV, page 478. Nous donnons la même réponse à ceux qui prétendent que la prière pour les *morts* est un usage emprunté des païens. Les Juifs, ennemis déclarés des païens, surtout depuis la captivité de Babylone, n'en avaient certainement rien emprunté, et saint Paul n'aurait pas voulu argumenter sur une pratique du paganisme. S'il y avait encore du doute sur le sens des paroles de l'Apôtre, la tradition et l'usage de l'ancienne Eglise achèveraient de le dissiper ; or nous voyons cet usage établi dès la fin du IIᵉ siècle. Dans les actes de sainte Perpétue, qui souffrit le martyre l'an 103, cette sainte prie pour l'âme de son frère Dinocrate, et Dieu lui fait connaître que sa prière est exaucée. Saint Clément d'Alexandrie, qui a écrit dans le même temps, dit qu'un gnostique ou un parfait chrétien a pitié de ceux qui, châtiés après leur mort, avouent leurs fautes malgré eux par les supplices qu'ils endurent, *Prom.*, l. VII, c. 12, p. 879, édit. de Potter. Tertullien, *L. de Corona*, c. 3, parlant des traditions apostoliques, dit que l'on offre des sacrifices pour les *morts* et aux fêtes des martyrs. Il dit ailleurs, *L. de Monog.*, c. 10, « qu'une veuve prie pour l'âme de son mari défunt, et offre des sacrifices le jour anniversaire de sa mort. » Saint Cyprien a parlé de même.

Il serait inutile de citer les Pères du IVᵉ siècle, puisque les protestants conviennent qu'alors la prière pour les *morts* était généralement établie, mais ce n'était pas un usage récent, puisque, selon saint Jean Chrysostome, *Hom.* 3, *in epist. ad Philip.*, il avait été ordonné par les apôtres de prier pour les fidèles défunts, dans les redoutables mystères. Aussi trouve-t-on cette prière dans les plus anciennes liturgies ; et au mot LITURGIE nous avons fait voir que, quoiqu'elles n'aient été écrites qu'au IVᵉ siècle, elles datent du temps des apôtres. Saint Cyrille de Jérusalem, en expliquant cet usage aux fidèles, dit : « Nous prions pour nos pères et pour les évêques, et en général pour tous ceux d'entre nous qui sont sortis de cette vie, dans la ferme espérance qu'ils reçoivent un très-grand soulagement des prières que l'on offre pour eux dans le saint et redoutable sacrifice. » *Cat. mystag.* 5. Beausobre, dans son *Hist. du manichéisme*, l. IX, c. 3, a osé dire que saint Cyrille avait changé la liturgie sur ce point ; on lui a fait trop d'honneur quand on a pris la peine de le réfuter. Saint Cyrille avait donc parcouru toutes les Eglises du monde, pour rendre leur liturgie conforme à celle qu'il avait fabriquée pour l'Eglise de Jérusalem ? Pouvait-il seulement connaître celles qui étaient en usage dans les Eglises de l'Italie, de l'Espagne et des Gaules ? On y trouve cependant la prière pour les *morts*, comme dans celle de Jérusalem, attribuée à saint Jacques. *Voy.* le Père Lebrun, *Explic. des cérémonies de la messe*, t. II, p. 516, et tome V, p. 300, et la *Perpét. de la foi*, tom. V, l. VIII, c. 5. Bingham soupçonne que la cinquième catéchèse de saint Cyrille a été interpolée ; où en sont les preuves ? Dans ce même siècle, Aérius, qui avait embrassé l'erreur des Ariens, s'avisa de blâmer la prière pour les *morts*, et séduisit quelques disciples : il fut condamné comme hérétique, au grand scandale des protestants. *Voy.* AÉRIENS. Mais les protestants ne sont pas mieux d'accord entre eux sur ce point-que sur les autres. Les luthériens et les calvinistes rejettent également le dogme du purgatoire et la prière pour les *morts* ; les anglicans, qui n'admettent pas le purgatoire, ont cependant conservé l'usage de prier pour les *morts* ; leur office des funérailles est à peu près le même que celui de l'Eglise romaine ; ils n'en ont retranché que la profession de foi du purgatoire.

Pour justifier la pratique de l'Eglise anglicane, Bingham a rapporté fort exactement les preuves de l'antiquité de cet usage ; il fait voir que dans les premiers siècles on célébrait ordinairement la messe aux obsèques des défunts, on demandait à Dieu de leur pardonner les péchés et de les placer dans la gloire, *Orig. ecclés.*, t. X, l. XXIII, c. 3, § 12 et 13. Mais il soutient que ces prières n'avaient aucun rapport au purgatoire, 1° parce que l'on priait pour tous les *morts* sans distinction, pour ceux de la félicité desquels on ne doutait pas, pour les saints, même pour la sainte Vierge : c'étaient par conséquent des actions de grâces, ou pour obtenir aux saints une augmentation de gloire. 2° L'on priait Dieu de ne pas juger les âmes à la rigueur, et on lui demandait pour les fidèles la parfaite béatitude de l'âme et du corps. 3° C'était une profession de foi touchant l'immortalité des âmes et la résurrection future des corps. Il prétend même que cette pratique était fondée sur plusieurs erreurs. On croyait, dit-il, que les morts ne devaient jouir de la vue de Dieu qu'après la résurrection générale. Ceux qui admettaient le règne temporel de Jésus-Christ sur la terre pendant mille ans, pensaient que, parmi les infidèles, les uns en jouiraient plus tôt, les autres plus tard. On était persuadé que tous les hommes sans exception devaient passer dans l'autre vie par un feu expiatoire, qui ne ferait point de mal aux saints et qui purifierait les pécheurs. Enfin, l'on imaginait que, par des prières, on pouvait soulager même les damnés. *Orig. ecclés.*, t. VI, l. XV, c. 3, § 16 et 17. Daillé avait soutenu la même chose, *de Pœnis et Satisfact. humanis*, l. V et suiv.

Nous avons peine à comprendre comment un auteur aussi instruit a pu déraisonner ainsi. 1° Si la prière pour les *morts* était fondée sur quelqu'une de ces erreurs, c'était donc un abus et une absurdité : pourquoi l'Eglise anglicane l'a-t-elle conservée ? 2° Parmi tous les anciens monuments que Bingham a cités, il n'y en a pas un seul qui ait le moindre trait aux erreurs dont il fait mention, et on pouvait le défier d'en alléguer aucun. 3° Si l'on avait été persuadé que les justes ne devaient jouir de la vue de Dieu qu'après la résurrection générale, il y aurait eu de la folie à prier Dieu de prévenir ce moment : pouvait-on se flatter de l'engager à révoquer un décret porté à l'égard de tous les hommes ? 4° Nous avouons que plusieurs anciens ont parlé d'un feu expiatoire, destiné à purifier toutes les âmes qui en ont besoin ; mais il faut s'aveugler pour ne pas voir que c'est justement le purgatoire que nous admettons. 5° A la réserve des origénistes, qui n'ont jamais été en grand nombre, personne n'a pensé que l'on pouvait soulager les damnés ; cette erreur ne se trouve que dans quelques missels des bas siècles. La prière pour les *morts* a été en usage avant qu'Origène vînt au monde. 6° Les anciens fondent l'usage de prier pour les *morts*, non sur les imaginations de Bingham, mais sur les textes de l'Ecriture que nous avons cités, sur ce que dit Jésus-Christ, dans saint Matthieu, c. XII, v. 32, que le blasphème contre le Saint-Esprit ne sera remis ni dans ce monde ni dans l'autre : de là les Pères ont conclu qu'il y a des péchés qui peuvent être remis dans l'autre vie ; enfin sur ce que dit saint Paul, que l'ouvrage de tous sera éprouvé par le feu, etc. (*I Cor.* III, 13). *Voy.* PURGATOIRE. Quant au sens que Bingham veut donner aux prières de l'Eglise, il est clair dans les passages des Pères et dans les liturgies. Nous convenons que c'est une profession de foi de l'immortalité des âmes et de la résurrection des corps ; mais il y a quelque chose de plus. Saint Cyrille de Jérusalem distingue expressément la prière qui regarde les saints, d'avec celle qu'on fait pour les *morts* : « Nous faisons mention, dit-il, de ceux qui sont *morts* avant nous ; en premier lieu, des patriarches, des prophètes, des apôtres, des martyrs, *afin que, par leurs prières et leurs supplications, Dieu reçoive les nôtres* ; ensuite, pour nos saints Pères et nos évêques défunts ; enfin, pour tous ceux d'entre les fidèles qui sont *morts*, persuadés que ces prières offertes pour eux, lorsque ce saint et redoutable mystère est placé sur l'autel, *sont un très-grand soulagement pour leurs âmes.* » Les prières *pour les saints* n'étaient donc pas les mêmes que les prières *pour les âmes* du commun des fidèles ; par les premières, on demandait l'intercession des saints, par les secondes, le soulagement des âmes. Mais Bingham, qui ne voulait ni l'un ni l'autre, non plus que la notion de sacrifice, a cru en être quitte en disant que probablement le passage de saint Cyrille a été interpolé. Une preuve qu'il ne l'est pas, c'est que ce qu'il dit se trouve encore dans la liturgie de saint Jacques, qui était celle de Jérusalem, et dans toutes les autres liturgies, soit orientales, soit occidentales.

Il n'est point question dans ce passage de demander à Dieu pour les saints une augmentation de gloire, mais leur intercession pour nous ; ni de demander pour les fidèles la parfaite béatitude de l'âme et du corps, mais le soulagement de leur âme. On voit la même distinction dans la liturgie tirée des *Constitutions apostoliques*, l. VIII, c. 13, que Bingham a citée ; elle porte : « Souvenons-nous des saints martyrs, afin que nous soyons rendus dignes de participer à leurs combats. Prions pour ceux qui sont *morts* dans la foi. » Vainement Bingham affecte de confondre ces deux espèces de prières, afin d'en obscurcir le sens ; il n'a réussi qu'à montrer sa prévention.

Le luthérien Mosheim, encore plus entêté, place au IV° siècle la naissance de l'usage de prier pour les *morts* ; il attribue à la philosophie platonique *les notions absurdes* d'un certain feu destiné à purifier les âmes après la mort. *Hist. eccl. du* IV° *siècle,* II° part. c. 3, § 1. Il dit que dans le V°, la doctrine des païens touchant la purification des âmes après leur séparation des corps fut plus amplement expliquée, V° *siècle*, II° part., c. 3, § 2 ; qu'au X° elle acquit plus de force que jamais, et que le clergé, intéressé à la soutenir, l'appuya par des fables, X° *siècle*, II° part., c. 3, § 1. L'opinion commune des protestants est que cette doctrine n'a été forgée que par la cupidité des prêtres. — Mais est-il bien certain que les anciens platoniciens ont admis un feu expiatoire ou purgatoire des âmes après la mort ? Quand cela serait, le passage de saint Paul (*I Cor.* III, 13), où il est dit que l'ouvrage de chacun sera éprouvé par le feu, était plus propre à faire naître la croyance du purgatoire que les rêveries des platoniciens ; et c'est sur ce passage même que les Pères fondent leur doctrine. Puisqu'il est prouvé que l'usage de prier pour les *morts* date des temps apostoliques, peut-on faire voir que dans l'origine les prêtres en ont tiré quelque profit ? S'il en est survenu des abus au X° siècle et dans les suivants, il fallait les retrancher, et laisser subsister une pratique aussi ancienne que le christianisme, et qui avait déjà eu lieu chez les Juifs. — Selon la remarque d'un académicien, « quand on est persuadé que l'âme survit à la destruction du corps, quelque opinion que l'on ait sur l'état où elle se trouve après la mort, rien n'est si naturel que de faire des vœux et des prières pour tâcher de procurer quelque félicité aux âmes de nos parents et de nos amis ; ainsi l'on ne doit pas être étonné que cette pratique se trouve répandue sur toute la terre.... Bien loin donc que les chrétiens aient emprunté cet usage des païens, il y a beaucoup plus d'apparence que les païens eux-mêmes l'avaient puisé dans la tradition primitive, et que c'est une notion imprimée par le doigt de Dieu dans le cœur de tous les hommes.... Ce qu'il y a de certain, c'est que ceux qui, par leurs principes, paraissent le plus prévenus contre cet usage, conviennent souvent de bonne foi que, dans les occasions intéressantes, ils ne peuvent s'empêcher de former des vœux secrets que la nature leur arrache, pour leurs parents et leurs amis. » *Hist. de l'Académie des Inscriptions*, t. II, in-12, p. 119.

Il est fort dangereux que la charité, qui est l'âme du christianisme, ne diminue parmi les vivants, lorsqu'elle n'a plus lieu à l'égard des *morts*. L'usage de prier pour eux nous rappelle un tendre souvenir de nos parents et de nos bienfaiteurs, nous inspire du respect pour leurs dernières volontés ; il contribue à l'union des familles, il en rassemble les membres dispersés, les ramène sur le tombeau de leur père, leur remet en mémoire des faits et des leçons qui intéressent leur bonheur. Cet effet n'est plus guère sensible dans les villes, où les sentiments d'humanité s'éteignent avec ceux de la religion ; mais il subsiste parmi le peuple des campagnes, et il est bon de l'y conserver.

En détruisant cet usage, les protestants ont résisté au penchant de la nature, à l'esprit du christianisme, à la tradition la plus ancienne et la plus respectable.

MORTS. Fête des *morts* ou des trépassés : jour de prières solennelles qui se font le 2 novembre pour les âmes du purgatoire en général. Amalaire, diacre de Metz, dans son ouvrage des *Offices ecclésiastiques*, qu'il dédia à Louis le Débonnaire, l'an 827, a placé l'office des *morts*; mais il y a bien de l'apparence qu'au ix<sup>e</sup> siècle cet office ne se disait encore que pour les particuliers. C'est saint Odilon, abbé de Cluny, qui, l'an 998, institua dans tous les monastères de sa congrégation la fête de la Commémoration de tous les fidèles défunts, et l'office pour tous en général. Cette dévotion, approuvée par les papes, se répandit bientôt dans tout l'Occident. On joignit aux prières d'autres bonnes œuvres, surtout des aumônes; et dans quelques diocèses il y a encore des paroisses où les laboureurs font ce jour-là quelque travail gratuit pour les pauvres, et offrent à l'église du blé, qui, selon saint Paul (*I Cor.* xv, 37), est le symbole de la résurrection future. Pour tourner cette fête en ridicule, Mosheim dit qu'elle fut instituée en vertu des exhortations d'un ermite de Sicile, qui prétendait avoir appris par révélation que les prières des moines de Cluny avaient une efficacité particulière pour délivrer les âmes du purgatoire. Il remarque que le pape Benoît XIV a eu assez d'esprit pour garder le silence sur l'origine superstitieuse de cette *fête déshonorante*, dans son Traité *de Festis*. Un célèbre incrédule n'a pas manqué de répéter l'anecdote de l'ermite sicilien; il ajoute que ce fut le pape Jean XVI qui institua la fête des *morts* vers le milieu du xvi<sup>e</sup> siècle. La vérité est que Jean XVI est un antipape qui mourut en 996, deux ans avant l'institution de la fête des *morts*; c'est une bévue grossière de l'avoir placée au xvi<sup>e</sup> siècle. Il n'est pas surprenant que Benoît XIV ait méprisé une fable de laquelle on ne cite point d'autre preuve que *la Fleur des saints*, recueil rempli de contes semblables; mais les protestants ni les incrédules ne sont pas scrupuleux sur le choix des monuments, ils séduisent les ignorants, et c'est tout ce qu'ils prétendent. Nous voudrions savoir en quoi les prières faites pour les *morts* en général sont *déshonorantes* ; n'est-ce pas plutôt la critique de nos adversaires?

MORTIFICATION. Sous ce nom l'on entend tout ce qui peut réprimer, non-seulement les appétits déréglés du corps, la mollesse, la sensualité, la gourmandise, la volupté, mais encore les vices de l'esprit, comme la curiosité, la vanité, la jalousie, l'impatience, etc. Pour savoir si la *mortification* est une vertu nécessaire, il suffit de consulter les leçons de Jésus-Christ et des apôtres. Le Sauveur a dit : *Heureux ceux qui pleurent, parce qu'ils seront consolés* (*Matth.* v, 5). Il a loué la vie austère, pénitente et *mortifiée* de saint Jean-Baptiste (xi, 8). Il a dit lui-même qu'il n'avait pas où reposer sa tête (viii, 20). Il a prédit que ses disciples jeûneraient, lorsqu'ils seraient privés de sa présence (ix, 15). Il conclut : *Si quelqu'un veut venir après moi, qu'il renonce à lui-même, qu'il porte sa croix et me suive* (xvi, 24, etc.). » Saint Paul a répété la même morale dans ses lettres. « Si vous vivez selon la chair, vous mourrez ; mais si vous *mortifiez* par l'esprit les désirs de la chair, vous vivrez (*Rom.* viii, 13). Je châtie mon corps et je le réduis en servitude, de peur qu'après avoir prêché aux autres, je ne sois moi-même réprouvé (*I Cor.* ix, 27). Nous portons toujours sur notre corps la *mortification* de Jésus-Christ, afin que sa vie paraisse en nous (*II Cor.* iv, 10). Montrons nous de dignes serviteurs de Dieu, par la patience, par les souffrances, par le travail, par les veilles, par les jeûnes, par la chasteté, etc. (vi, 4). Ceux qui sont à Jésus-Christ crucifient leur chair avec ses vices et ses convoitises (*Galat.* v, 24). Mortifiez donc vos membres et les vices qui règnent dans le monde, la fornication, l'impureté, la convoitise, l'avarice, etc. (*Colos.* iii, 5). » Il a loué la vie pauvre, austère et pénitente des prophètes (*Hebr.* xi, 37 et 38). Les premiers chrétiens suivirent cette morale à la lettre. « Pour nous, dit Tertullien, desséchés par le jeûne, exténués par toute espèce de continence, éloignés de toutes les commodités de la vie, couverts d'un sac et couchés sur la cendre, nous faisons violence au ciel par nos désirs, nous fléchissons Dieu ; et lorsque nous en avons obtenu miséricorde, vous remerciez Jupiter et vous oubliez Dieu. » *Apologétique*, ch. 40, à la fin.

Après des leçons et des exemples aussi clairs, nous ne comprenons pas comment les protestants osent blâmer les *mortifications*, tourner en ridicule les austérités des anciens solitaires, des vierges chrétiennes, des ermites et des moines de tous les siècles. Ils disent que Jésus-Christ n'a point commandé toutes ces pratiques, qu'il a même blâmé l'hypocrisie de ceux qui affectaient un air pénitent, que les austérités ne sont pas une preuve infaillible de vertu, que sous un extérieur mortifié l'on peut nourrir encore des passions très-vives, et qu'il n'est pas difficile d'en citer des exemples.

Mais si les paroles de Jésus-Christ, que nous avons citées, ne sont pas des préceptes formels, ce sont du moins des conseils; ceux qui tâchent de les réduire en pratique sont-ils blâmables? Affecter un air pénitent par hypocrisie, pour être loué et admiré des hommes, est-ce la même chose que pratiquer les austérités de bonne foi, dans la solitude et loin des regards du public, pour réprimer et vaincre les passions? ou soutiendra-t-on que, dans la multitude de ceux qui ont suivi ce genre de vie, il n'y en a pas eu un seul qui ait été sincère? Quoique les *mortifications* ne soient pas un moyen toujours infaillible de vaincre toutes les passions, l'on ne peut pas nier du moins qu'elles n'y contribuent ; ceux qui par là n'ont pas pu réussir à les étouffer entièrement, en seraient encore moins venus à bout par un genre de vie contraire. Il est très-probab'e que si les apôtres et leurs disciples avaient vécu comme ceux qu'ils voulaient convertir, ils n'auraient pas fait un grand nombre de prosélytes. Déjà l'on est forcé d'avouer qu'en général tous les hommes sont portés à estimer les *mortifications* et à les regarder comme une vertu; quand ce serait un préjugé mal fondé, il faudrait encore convenir que ceux qui sont chargés de donner des leçons aux autres sont louables de se conformer à cette opinion générale ou, si l'on veut, à ce faible de l'humanité, et il y aurait encore de l'injustice à les blâmer.

Les incrédules n'ont pas manqué d'enchérir sur les satires des protestants. On a cru dans tout les temps, disent-ils, que Dieu prenait plaisir à la peine et aux tourments de ses créatures; que le meilleur moyen de lui plaire était de se traiter durement; que moins l'homme épargnait son corps, plus Dieu avait pitié de son âme. De cette folle idée sont venues les cruautés que de pieux forcenés ont exercées contre eux-mêmes, et les suicides lents dont ils se sont rendus coupables, comme si la Divinité n'avait mis au monde des créatures sensibles que pour leur laisser le soin de se détruire. Conséquemment plusieurs de nos épicuriens modernes ont décidé gravement que mortifier les sens, c'est être impie; que, vu l'impuissance de réprimer la plus violente des passions, la luxure, ce serait peut-être un trait de sagesse de la changer en culte, etc. Nous rougirions de pousser plus loin l'extrait de leur morale scandaleuse. Mais lorsque Pythagore et Platon prêchaient l'abstinence et la nécessité de dompter les appétits du corps, ils ne fondaient pas leurs leçons sur le plaisir que Dieu prend aux tourments de ses créatures; ils argumentaient sur la nature même de l'homme : ils disaient que l'homme étant composé d'un corps et d'une âme, il est indigne de lui de se laisser dominer par les penchants du corps, comme les brutes, au lieu d'assujettir le corps aux lois de l'esprit. Brucker, *Hist. de la philos.*, tom. I, p. 1066, etc. Porphyre, qui, dans son *Traité de l'abstinence*, suivait les principes de Pythagore et de Platon, enseigne que le seul moyen de parvenir à la fin à laquelle nous sommes destinés, est de nous occuper de Dieu, de nous détacher du corps et des plaisirs des sens, liv. I, n. 57. Si nous l'en croyons, Epicure et plusieurs de ses disciples ne vivaient que de pain d'orge et de fruits, n. 48. Ce n'était pas pour plaire à la Divinité, puisqu'ils ne croyaient pas à la Providence. Jamblique, Julien, Proclus, Hiéroclès et d'autres ont professé les mêmes maximes. On dit qu'ils étalaient cette morale austère par rivalité envers les docteurs du christianisme: cela peut être; mais enfin ils copiaient Platon et Pythagore, qui ont vécu longtemps avant la naissance du christianisme, et auxquels on ne peut pas prêter le même motif. Ces philosophes, disent nos adversaires, étaient des rêveurs, des enthousiastes, des insensés; soit. Il s'ensuit toujours que l'estime générale que l'on a eue dans tous les temps pour les *mortifications* était fondée sur les notions de la philosophie.

Il n'est pas vrai que les austérités modérées nuisent à la santé. Il y a plus de vieillards à proportion dans les monastères de la Trappe et de Sept-Fonts que parmi les gens du monde. Le jeûne et les macérations n'ont pas tué autant d'hommes que la gourmandise et la volupté. Ce ne sont pas les épicuriens sensuels qui remplissent le mieux les devoirs de la société; ils ne pensent qu'à eux, et ne font cas des hommes qu'autant qu'ils servent à leurs plaisirs. Porphyre a raison de soutenir que, si nous étions plus sobres et plus mortifiés, nous serions moins avides, moins injustes, moins ambitieux, moins mécontents de notre sort, et moins sujets aux maladies. Le luxe ne serait pas si excessif, les riches feraient un meilleur usage de leur fortune, ils seraient plus compatissants et plus sensibles aux besoins de leurs semblables. Ce sont les désirs inquiets, les besoins factices, les habitudes tyranniques qui tourmentent les hommes; en y résistant, ils seraient plus vertueux et plus heureux. Pour jeter du ridicule sur les *mortifications* des solitaires et des moines, on les a comparées aux pénitences fastueuses des faquirs mahométans, indiens et chinois, dont plusieurs exercent sur leurs corps des cruautés qui font frémir. Mais la conduite de ces derniers fait connaître les motifs qui les animent; ils ont grand soin de se produire en public et d'exposer au grand jour le supplice auquel ils se sont condamnés; l'ambition d'être admirés et respectés, ou d'obtenir des aumônes, un orgueil insensé, un fanatisme barbare, les soutiennent et leur font braver la douleur; quelques stoïciens firent autrefois de même. Les pénitents du christianisme ont des motifs différents : l'humilité, le sentiment de leur faiblesse, le désir d'expier leurs fautes et de réprimer les passions; ils cherchent la retraite, le silence, l'obscurité, selon le conseil du Sauveur (*Matth.* VI, 1), et ils ne poussent point la rigueur de leurs macérations au même excès que les fanatiques des fausses religions. Il n'y a donc aucune ressemblance entre les uns et les autres.

Ces réflexions devraient suffire pour fermer la bouche aux protestants; mais rien ne peut vaincre leur entêtement : ils attribuent au vice du climat tout ce qui leur déplaît dans le christianisme. Le goût pour la solitude, disent-ils, pour la méditation et la prière, pour la continence, les *mortifications*, les pénitences volontaires, est un effet de la mélancolie qu'inspire le climat de l'Egypte, de la Palestine, de la Syrie et des contrées voisines. Des philosophes atrabilaires, tels que Pythagore, Platon, Zénon, et surtout les Orientaux, ont accrédité ces pratiques; mais ils ne les ont fondées que sur des dogmes erronés. Les premiers chrétiens s'y laissèrent surprendre; ils enchérirent sur la morale de Jésus-Christ, ils se flattèrent de construire une religion plus saine et plus parfaite que la sienne; ils n'ont fait que défigurer ses leçons. Vingt auteurs protestants ont fait tous leurs efforts pour donner à ce rêve un air de probabilité; un court examen suffira pour dissiper le prestige. — 1° Il est fort singulier que pendant cinq ou six cents ans, depuis Pythagore jusqu'à Jésus-Christ, le vice du climat n'ait rien opéré sur les païens, dont les mœurs ont toujours été aussi licencieuses en Orient qu'en Occident, et en Egypte qu'ailleurs; que depuis plus de mille ans il n'ait pas pu vaincre la mollesse et la lubricité des musulmans, pendant qu'il a produit en moins d'un siècle un si prodigieux effet sur les chrétiens. Voilà un phénomène inconcevable. — 2° Pythagore, premier philosophe partisan des *mortifications*, était né dans la Grèce; il voyagea dans l'Orient, mais il passa la plus grande partie de sa vie en Italie; appellerons-nous mélancolique ou misanthrope un homme qui ne s'est occupé qu'à faire du bien à ses semblables, à civiliser les peuples, à policer les villes, à leur donner des lois et des mœurs? En dépit d'un climat très-différent de celui de l'Égypte, il fit goûter ses maximes, il trouva des disciples et des imitateurs; on a dit de lui : *Esurire docet, et discipulos invenit*. — 3° Si c'est une vapeur maligne du climat qui a donné aux chrétiens du goût pour les *mortifications* religieuses, il faut que son influence ait régné sur toute la terre, à la Chine et aux Indes, dans le fond du Nord, dès que le christianisme y a pénétré, et dans toutes les écoles de philosophie de la Grèce. A la réserve des épicuriens et des cyrénaïques, tous les sages ont déclaré la guerre à la volupté : tous ont non-seulement conseillé à leurs disciples la frugalité et la tempérance, mais ils leur ont appris à se passer de la plupart des choses que les hommes corrompus par le luxe regardent comme une partie du nécessaire, et en cela ils croyaient travailler à leur bonheur. — 4° Longtemps avant la naissance de la philosophie, Dieu avait fait connaître aux patriarches la nécessité des *mortifications*. Ils ne pouvaient pas ignorer la chute de leur premier père : et ils durent en conclure que l'affluence de tous les biens est peu propre à rendre l'homme fidèle à Dieu. Ils savaient qu'en punition de cette faute, l'homme était condamné à arroser de ses sueurs une terre couverte de ronces et d'épines, et que la pénitence d'Adam avait duré neuf cents ans : terrible exemple. On voyait les personnages les plus agréables à Dieu, tels qu'Abraham, Jacob, Joseph, Moïse, Job, etc., mener une vie souffrante, mortifiée, et leur vertu souvent exposée à des adversités. « Je fais pénitence sur la cendre et la poussière, » disait le saint homme Job, à l'innocence duquel Dieu lui-même avait daigné rendre témoignage, ch. xx, v. 3; ch. xlii, v. 6, etc. Un prophète nous apprend que l'abondance de tous les biens, l'orgueil, l'oisiveté, et ce que le monde appelle *une vie heureuse*, furent la cause des crimes et de la ruine de Sodome (*Ezech.* xvi, 49). Les systèmes insensés des philosophes orientaux n'ont commencé à éclore que plusieurs siècles après. — 5° On pourrait croire que les premiers chrétiens ont mal pris le sens des paroles de Jésus-Christ, si ce divin Maître ne les avait pas confirmées par ses exemples; mais il a voulu naître dans une famille pauvre et dans une étable; il s'est fait connaître d'abord à de pauvres bergers; il a passé sa jeunesse dans la maison d'un artisan; tous ses parents étaient de simples habitants de Nazareth; il a dit lui-même qu'il n'avait pas où reposer sa tête (*Matth.* viii, 20; *Luc.* ix, 58). Il a choisi pour ses apôtres de pauvres pêcheurs, accoutumés à une vie dure et laborieuse, et il a voulu qu'ils abandonnassent tout pour le suivre; c'est aux pauvres qu'il a commencé d'abord à prêcher l'Evangile (*Matth.* xi, 5; *Luc.* iv, 18; *Jac.* ii, 5). C'était volontairement sans doute qu'il a souffert les *mortifications* de la pauvreté (*II Cor.* viii, 9). En méditant sur ces circonstances, a-t-on pu s'empêcher de prendre à la lettre ces maximes : *Heureux les pauvres, ceux qui souffrent et qui pleurent; malheur à vous, riches, qui avez votre consolation, qui êtes rassasiés, qui êtes dans la joie*, etc., et de croire qu'il y a du mérite à imiter la vie de ce divin Maître? — 6° Les philosophes orientaux et les hérétiques, qui soutenaient que la chair est une production du mauvais principe et une substance mauvaise par elle-même, n'en ont jamais parlé d'une manière plus désavantageuse que saint Paul. Outre les passages de ses lettres que nous avons cités, il dit (*Rom.* vii, 18) : « Je sais qu'il n'y a rien de bon en moi, c'est-à-dire dans ma chair. V. 20 et 23, il l'appelle *une chair de péché*, une loi qui le captive sous le joug du péché. C. viii, v. 8. Ceux qui sont dans la chair ne peuvent plaire à Dieu. V. 13. Si vous vivez selon la chair, vous mourrez ; mais si vous mortifiez par l'esprit les affections de la chair, vous vivrez. C. xiii, v. 14. Ne contentez point les désirs de votre chair (*Ephes.* ii, 3). Le propre du paganisme était de satisfaire les désirs et les volontés de la chair. (*Galat.* v, 16) : Marchez selon l'esprit, et vous n'accomplirez point les désirs de la chair, etc. » Voilà, au jugement de nos adversaires, saint Paul devenu disciple des philosophes orientaux ; c'est lui qui a infecté les premiers chrétiens du fanatisme atrabilaire par lequel ils se sont armés contre eux-mêmes, c'est lui qui a cru cruellement tourmentés; c'est lui qui a cru forger une religion plus parfaite que celle de Jésus-Christ, et qui l'a fait embrasser aux autres, etc., etc. Ainsi l'ont rêvé les protestants, et les incrédules l'ont répété.

Ils ont beau dire que les *mortifications* extérieures ne contribuent en rien à dompter les passions, ni à nous rendre la vertu plus facile; c'est une fausseté contredite par l'exemple de tous les saints. Puisque la vertu est la force de l'âme, elle ne s'acquiert point en accordant à la nature tout ce qu'elle demande, mais en lui refusant tout ce dont elle peut se passer. Moins nous avons de besoins à satisfaire, moins il nous reste de désirs inquiets et dangereux. Une vie dure n'étouffera pas absolument toutes les passions; mais l'habitude de dompter celles du corps nous fait réprimer plus aisément celles de l'esprit. Quand les protestants soutiennent que le goût pour les austérités religieuses a été chez les premiers chrétiens un vice du climat, nous sommes en droit de leur répondre que l'aversion pour toute espèce de *mortification* est venue, chez les réformateurs, de la voracité, de la gloutonnerie, de l'intempérance naturelle aux peuples septentrionaux. *Voy.* ANACHORÈTES, PAUVRETÉ, etc.

MOSCOVITES. *Voy.* RUSSES.

MOYSE. *Voy.* MOÏSE.

MOZARABES, MUZARABES ou MOSTARABES. On nomme ainsi les chrétiens d'Espagne, qui, après la conquête de ce royaume par les Maures, au commencement du viii° siècle, conservèrent l'exercice de leur religion sous la domination des vainqueurs; ce nom signifie *mêlés aux Arabes*. Les Visigoths qui étaient ariens, et qui s'étaient emparés de l'Espagne au v° siècle, abjurèrent leur hérésie, et se réunirent à l'Église dans le troisième concile de Tolède, l'an 589. Alors le christianisme fut professé en Espagne dans toute sa pureté, et il était encore tel six vingts ans après, lorsque les Maures détruisirent la monarchie des Visigoths. Les chrétiens, devenus sujets des Maures, conservèrent leur foi et l'exercice de leur religion, soit dans les montagnes de Castille et de Léon, où plusieurs se réfugièrent, soit dans quelques villes où ils obtinrent ce privilége par capitulation. De là on a nommé *mozarabique* le rite qu'ils continuèrent à suivre, et *messe mozarabique* la liturgie qu'ils célébraient; l'un et l'autre ont duré en Espagne jusque sur la fin du xi° siècle, temps auquel le pape Grégoire VII engagea les Espagnols à prendre la liturgie romaine. Pour tirer de l'oubli cet ancien rite et le remettre en usage, le cardinal Ximénès fonda, dans la cathédrale de Tolède, une chapelle dans laquelle l'office et la messe *mozarabique* sont célébrés; il fit imprimer le Missel l'an 1500, et le Bréviaire en 1502; ce sont deux petits *in-folio*. Comme il n'en fit tirer qu'un petit nombre d'exemplaires, ces deux volumes étaient devenus très-rares et d'un prix excessif; mais ils ont été réimprimés à Rome en 1755, par les soins du P. Leslée, jésuite, avec des notes et une ample préface. Cet éditeur s'attacha à prouver que la liturgie *mozarabique* est des temps apostoliques, qu'elle a été établie en Espagne par ceux mêmes qui y ont porté la foi chrétienne; qu'ainsi saint Isidore de Séville et saint Léandre, son frère, qui ont vécu au commencement du viii° siècle, n'en sont pas les auteurs, qu'ils n'ont fait que la rendre plus correcte, et y ajouter quelques nouveaux offices. Il fait voir que cette liturgie a été constamment en usage dans les églises d'Espagne depuis le temps des apôtres, non-seulement jusqu'à la fin du règne des Visigoths et au commencement du viii° siècle,

mais jusqu'à l'an 1080; que les papes Alexandre II, Grégoire VII et Urbain II, ne sont venus à bout, qu'après trente ans de résistance de la part des Espagnols, de leur faire adopter le rite romain.

Le Père Lebrun, qui a fait aussi l'*Histoire du rite mozarabique*, t. III, p. 272, observe que, dans le missel du cardinal Ximénès, ce rite n'est pas absolument tel qu'il était au vii° siècle; mais que, pour en remplir les vides, ce cardinal y fit insérer plusieurs rubriques et plusieurs prières tirées du missel de Tolède, qui n'était pas le pur romain, mais qui était conforme en plusieurs choses au missel gallican; il distingue ces additions d'avec le vrai *mozarabe*, et compara celui-ci avec le gallican. Le Père Leslée, qui a fait la même comparaison, pense que le premier est le plus ancien : le Père Mabillon, qui a donné la liturgie gallicane, soutient le contraire, et il paraît que c'est aussi le sentiment du Père Lebrun. Quelques protestants ont avancé au hasard que la croyance des chrétiens *mozarabes* était la même que la leur, mais qu'elle s'altéra insensiblement par le commerce qu'ils eurent avec Rome. La liturgie *mozarabique* dépose du contraire; il n'est pas un seul des dogmes catholiques contestés par les protestants qui n'y soit clairement professé. La doctrine en est exactement conforme aux ouvrages de saint Isidore de Séville, aux canons des conciles d'Espagne tenus sous la domination des Maures, et à la liturgie gallicane, dont l'authenticité est incontestable. *Voy.* ESPAGNE, GALLICAN, LITURGIE.

MURMURE. Ce mot, dans l'Écriture sainte, ne signifie pas seulement une simple plainte, mais un esprit de désobéissance et de révolte, accompagné de paroles injurieuses à la Providence; c'est dans ce sens que saint Paul (*I Cor.* x, 10) condamne les *murmures* dont les Israélites se rendirent souvent coupables. Ils murmurèrent contre Moïse et Aaron dans la terre de Gessen, lorsque le roi d'Égypte aggrava leurs travaux (*Exod.* v, 21); sur les bords de la mer Rouge, lorsqu'ils se virent poursuivis par les Égyptiens (xiv, 11); à Mara, à cause de l'amertume des eaux (xv, 24); à Sin, parce qu'ils manquaient de nourriture (xvi, 2); à Raphidim, parce qu'il n'y avait pas d'eau (xvii, 2); à Pharan, lorsqu'ils se dégoûtèrent de la manne (*Num.* xi, 1); après le retour des envoyés dans la terre promise (xiv, 1, etc.). Ces *murmures* séditieux, de la part d'un peuple qui avait fait tant d'épreuves des attentions et des bienfaits surnaturels de la Providence, étaient très-dignes de châtiment; aussi Dieu ne les laissa-t-il pas impunis. Quelques incrédules ont voulu en tirer avantage. Si Moïse, disent-ils, avait donné autant de preuves qu'on le suppose d'une mission divine, il n'est pas possible que les Israélites se fussent si souvent révoltés contre lui. Mais la même histoire qui raconte leurs révoltes nous apprend aussi qu'ils furent toujours punis, et souvent d'une manière surnaturelle, par une contagion, par le feu du ciel, par des serpents, par des gouffres subitement ouverts sous leurs pieds; qu'ils furent toujours forcés de revenir à l'obéissance et de demander pardon de leur faute; et c'était toujours Moïse qui intercédait pour eux auprès de Dieu. Ce sont donc là plutôt des preuves de sa mission divine, que des objections que l'on puisse y opposer.

MUSACH. Ce terme hébreu a été conservé dans la Vulgate (*IV Reg.* XVI, 18), *Musach Sabbathi*; et la signification en est fort incertaine. Le paraphraste chaldéen a mis *exemplar sabtha*, qui est encore plus obscur; les Septante ont entendu la base ou le fondement d'un siége ou d'une chaire; le syriaque et l'arabe ont traduit, *la maison du Sabbat*. Parmi les commentateurs, les uns disent que c'était un endroit du temple où l'on s'asseyait les jours de sabbat; d'autres, que c'était un pupitre; quelques-uns, que c'était une armoire; plusieurs enfin, que c'était un parvis ou un port que couvert, qui communiquait du palais des rois au temple, et que le roi Achaz fit fermer. Il importe fort peu de savoir lesquels ont le mieux rencontré.

MUSIQUE. *Voy.* CHANT ECCLÉSIASTIQUE.

* MUTILÉS DE RUSSIE. Notre-Seigneur a posé une grande maxime : *Si votre œil vous scandalise, arrachez-le et jetez-le loin de vous.* On a vu, dès les premiers siècles de l'Église, des chrétiens prendre cette maxime à la lettre et se faire eunuques pour échapper aux attaques incessantes de la chair. Les conciles condamnèrent cette pratique. On l'a vue se renouveler en Russie. Catherine II réprima ce fanatisme en livrant à l'ignominie ceux qui étaient assez malheureux pour employer ce remède extrême. Vers 1818, Alexandre, voyant la secte se multiplier, ordonna que tous les mutilés seraient transportés en Sibérie. On assure qu'il y a encore aujourd'hui des exemples de ce fanatisme cruel.

MYRON. *Voy.* CHRÊME.

MYSTÈRE, chose cachée, vérité incompréhensible. Que ce terme vienne du grec μύω, *je ferme*, ou de μύεω, *j'instruis*, ou de l'hébreu *mustar*, caché, ce n'est pas une question fort importante. Jésus-Christ nomme sa doctrine les *mystères du royaume des cieux* (*Matth.* XIII, 11), et saint Paul appelle les vérités chrétiennes qu'il faut enseigner le *mystère de la foi* (*I Tim.* III, 9). — Une maxime adoptée par les incrédules est qu'il est impossible de croire ce que l'on ne peut comprendre; qu'ainsi Dieu ne peut pas révéler des *mystères*; que toute doctrine mystérieuse doit être censée fausse et ne peut produire que du mal. Nous avons à prouver contre eux qu'il n'est aucune source de nos connaissances qui ne nous apprenne des mystères ou des vérités incompréhensibles; qu'il y en a non-seulement dans toutes les religions, mais qu'ils sont inévitables dans tous les systèmes d'incrédulité; que la différence entre les *mystères* du christianisme et ceux des fausses religions est que les premiers sont le fondement de la morale la plus pure, au lieu que les seconds ne peuvent aboutir qu'à corrompre les mœurs.

I. La raison ou la faculté de raisonner nous démontre, par des principes évidents, qu'il y a une première cause de toutes choses, un Être éternel, tout-puissant, créateur, indépendant, libre, et cependant immuable. Mais nos lumières sont trop bornées pour pouvoir concilier ensemble la liberté et l'immutabilité. Aucun des anciens philosophes n'a pu concevoir la création; tous ont admis l'éternité de la matière. L'Être éternel est nécessairement infini; or l'infini est incompréhensible, tous ses attributs sont des *mystères*. Par le sentiment intérieur qui nous entraîne aussi nécessairement que l'évidence, nous sommes convaincus que nous avons une âme, qu'elle est le principe de nos actions et de nos mouvements; et il nous est impossible de concevoir comment un esprit agit sur un corps : c'est ce qui a fait naître le système des causes occasionnelles. Nous sommes certains, par le témoignage de nos sens, que le mouvement se communique et passe d'un corps à un autre; aucun philosophe cependant n'a pu encore expliquer comment ni pourquoi un choc produit un mouvement. Les phénomènes du magnétisme et de l'électricité, la génération régulière des êtres vivants, sont des *mystères* de la nature que la philosophie n'éclaircira jamais. Sur le témoignage de tous les hommes, un aveugle-né ne peut se dispenser de croire qu'il y a des couleurs, des tableaux, des perspectives, des miroirs; s'il en doutait, il serait insensé : mais il lui est aussi impossible de concevoir tous ces phénomènes que de comprendre les *mystères* de la sainte Trinité et de l'Incarnation. Il en est de même d'un sourd à l'égard des propriétés des sons. C'est Dieu, sans doute, qui nous parle et nous instruit par notre raison, par le sentiment intérieur, par le témoignage de nos sens, par la voix unanime des autres hommes; puisque par ces divers moyens il nous révèle des *mystères*, nous demandons pourquoi il ne peut pas nous en enseigner d'autres par une révélation surnaturelle; pourquoi nous ne sommes pas obligés de croire ceux-ci, pendant que nous sommes forcés d'admettre ceux-là. Aucun incrédule n'a encore pris la peine de nous en donner une raison. Ils disent qu'il est impossible de croire ce qui répugne à la raison, ce qui renferme contradiction, et ils prétendent que tels sont les *mystères* du christianisme. Nous soutenons qu'ils ne sont pas plus contradictoires que les *mystères* naturels dont nous venons de parler. Selon les anciens philosophes, il y a contradiction que de rien il se fasse quelque chose : selon les modernes, il est impossible qu'un nouvel acte ne produise aucun changement dans l'être qui l'opère. Les sceptiques ont prétendu que le mouvement des corps renfermait contradiction, et les matérialistes disent encore qu'il est contradictoire qu'un esprit remue un corps. Un aveugle-né doit juger qu'il est absurde qu'une superficie plate produise une sensation de profondeur. Tous ces raisonneurs sont-ils bien fondés ? Pourquoi les incrédules trouvent-ils des contradictions dans nos *mystères* ? Parce qu'ils les comparent à des objets auxquels ces dogmes ne doivent pas être comparés. Si l'on se forme de la nature et de la personne divine la même idée que nous avons de la nature et de la personne humaine, on trouvera de la contradiction à dire que trois personnes divines ne sont pas trois Dieux, de même que trois personnes humaines sont trois hommes; et l'on conclura encore que deux natures en Jésus-Christ sont deux personnes. Mais la comparaison entre une nature infinie et une nature bornée est évidemment fausse. Lorsque nous comparons la manière d'être du corps de Jésus-Christ dans l'eucharistie, à la manière dont les autres corps existent, il nous paraît que ce corps ne peut pas se trouver dans plusieurs lieux au même moment, ni être sous les qualités sensibles du pain, sans que la substance du pain y soit aussi. Mais nous ignorons en quoi consiste la substance des corps séparés de leurs qualités sensibles, et nous avons tort de comparer le corps sacramentel de Jésus-Christ aux autres corps. De même, lorsqu'un athée compare la liberté de Dieu à celle de l'homme, il lui semble contradictoire que Dieu soit libre et immuable. Parce qu'un matérialiste compare la manière d'être et d'agir des esprits avec la manière d'être et d'agir des corps, il trouve qu'il y a contradiction à penser que l'âme est tout entière dans la tête et dans les pieds, et qu'elle agit également partout où elle est. Parce qu'un aveugle-né compare la sensation de la vue à celle du tact, il doit apercevoir des contradictions dans tous les phénomènes de la vision, tels qu'on les lui expose. Mais des comparaisons fausses ne sont pas des démonstrations. Encore une fois nous défions tous les incrédules d'assigner une différence essentielle entre les *mystères* de la religion et ceux de la nature. Tout ce qui est incomparable est nécessairement incompréhensible, parce que nous ne pouvons rien concevoir que par analogie. Comme les attributs de Dieu ne peuvent être comparés à ceux des créatures avec une justesse parfaite, il est impossible de croire un Dieu sans admettre des *mystères*. En général tout est *mystère* pour les ignorants; si c'était un trait de sagesse de rejeter tout ce qu'on ne conçoit pas, personne n'aurait autant de droit qu'eux d'être incrédule. Locke pose pour maxime que nous ne pouvons donner notre acquiescement à une proposition quelconque, à moins que nous n'en comprenions les termes et la manière dont ils sont affirmés ou niés l'un de l'autre; d'où il conclut que, quand on nous propose un *mystère* à croire, c'est comme si l'on nous parlait dans une langue inconnue, en indien ou en chinois. Mais est-il vrai que quand on expose à un aveugle-né les phénomènes de la vision, c'est comme si on lui parlait indien ou chinois? Lorsque Locke lui-même admet la divisibilité de la matière à l'infini, en a-t-il une idée fort claire? Par sa propre expérience, il devait sentir que, pour admettre ou rejeter une proposition, il suffit d'avoir des termes dont elle est composée, une notion du moins obscure et incomplète, car analogie avec d'autres idées. Nous ne voyons pas toujours la liaison ou l'opposition de deux idées en elles-mêmes, mais dans un autre moyen; savoir, dans le témoignage d'autrui : ainsi, quand on dit à un aveugle que nous voyons aussi promptement une étoile que le faîte d'une maison, il ne conçoit point la possibilité du fait en lui-même, mais seulement dans le témoignage de ceux qui ont des yeux. Par conséquent, lorsque Dieu nous révèle qu'il est *un en trois personnes*, nous ne voyons pas la liaison de ces deux idées en elles-mêmes, mais seulement dans le témoignage de Dieu. Si on nous le disait en chinois ou en indien, nous n'y entendrions que des sons, sans pouvoir y attacher aucune idée.

Il n'est donc pas vrai, comme le prétend un autre déiste, que la profession de foi d'un *mystère* soit un jargon de mots sans idées, et que nous mentions en disant notre catéchisme; un aveugle ne ment point quand il admet les phénomènes de la vision sur le témoignage uniforme de tous les hommes. Du moins, répliquent les déistes, si les *mystères* de Dieu sont inconnus en eux-mêmes, ils ne le sont plus lorsque Dieu nous les a révélés; car enfin *révéler* signifie dévoiler, montrer, dissiper l'obscurité d'une chose quelconque; si la révélation ne produit pas cet effet, de quoi sert-elle? Elle sert à nous persuader qu'une chose est, sans nous apprendre comment et pourquoi elle est; c'est ainsi que nous révélons aux aveugles les phénomènes de la lumière, desquels ils ne se douteraient pas, et que nous ne parviendrons jamais à leur faire comprendre.

II. Les incrédules pourraient paraître excusables, s'ils avaient enfin trouvé un système exempt de *mystères*, mais il n'est pas une seule de leurs hypothèses dans laquelle on ne soit forcé d'admettre des *mystères* plus révoltants que ceux du christianisme, et plusieurs ont eu la bonne foi d'en convenir. Lorsqu'un matérialiste a fait tous ses efforts pour expliquer par un mécanisme les différentes opérations de notre âme, il se trouve réduit à confesser que cela est inconcevable, que l'on ne peut pas y réussir, qu'il en est de même de la plupart des autres phénomènes de la nature; ainsi il ne fait que substituer aux *mystères* de l'âme les *mystères* de la matière; il résiste en même temps au sentiment intérieur et aux plus pures lumières du sens commun. Pour éviter d'admettre la création, un athée est forcé de recourir au progrès des causes à l'infini, c'est-à-dire à une suite infinie d'effets sans première cause; à soutenir que le mouvement est l'essence de la matière, sans pouvoir dire en quoi consiste cette essence; à supposer la nécessité de toutes choses, à prétendre que des actions qui ne sont pas libres sont cependant dignes de châtiment ou de récompense, etc. Y eut-il jamais des *mystères* plus absurdes?

Les déistes ne réussissent pas mieux à les éviter. Si le Dieu qu'ils admettent n'a point de providence, de quoi sert-il? S'il en a une, sa conduite est impénétrable. Ou il a été libre dans la distribution des biens et des maux, où il ne l'a pas été ; dans le premier cas, il faut faire un acte de foi sur les raisons qui ont réglé cette distribution; dans le second, nous ne lui devons ni culte ni reconnaissance. Comment a-t-il permis tant d'erreurs et tant de crimes ? Comment s'est-il servi d'hommes imposteurs ou insensés pour établir la plus sainte religion qui fut jamais ? etc. Aussi les athées reprochent aux déistes qu'ils raisonnent moins conséquemment que les croyants; que, dès qu'ils admettent un Dieu et une providence, il est absurde de ne pas acquiescer à tous les *mystères* du christianisme. Selon les sceptiques et les pyrrhoniens, tout est *mystère*, tout est impénétrable, et c'est pour cela qu'il ne faut admettre aucun système ; mais Bayle leur représente que bon gré mal gré « l'on est forcé de convenir que nous avons été précédés d'une éternité : si elle est successive, elle est combattue par des objections insurmontables; si elle n'est qu'un instant, les difficultés qu'elle entraîne sont encore plus insolubles. Il y a donc des dogmes que les pyrrhoniens mêmes doivent admettre, quoiqu'ils ne puissent résoudre les objections qui les combattent. » *Réponse au Prov.*, c. XCVI. Or, quand on ne serait obligé d'admettre qu'un seul *mystère*, dès lors il est faux de soutenir qu'un homme raisonnable ne doit jamais croire ce qu'il ne peut pas comprendre.

III. L'on nous objecte que les fausses religions sont remplies de *mystères :* nous en convenons. Les Chinois en ont sur Foé et Poussa, les Japonais sur Xaca et Amida, les Siamois sur Sommonacodom, les Indiens sur Brama et Rudra, les Parsis sur Ormuzd et Ahriman, les mahométans sur les miracles de Mahomet ; la mythologie des païens était un chaos de *mystères*, puisque, selon les philosophes, elle était allégorique. Qu'importe ? Sur tous ces prétendus *mystères* peut on fonder une morale aussi pure, aussi sainte, aussi digne de l'homme, que sur les *mystères* du christianisme ? Ceux des autres religions sont non-seulement absurdes, mais scandaleux : ils corrompent les mœurs, et on le voit par la conduite des peuples qui les professent. La foi aux *mystères* enseignés par Jésus-Christ a changé en mieux les mœurs des nations qui l'ont embrassée ; elle a fait pratiquer des vertus inconnues jusqu'alors. Telle est la différence sur laquelle nos anciens apologistes ont toujours insisté, et à laquelle leurs adversaires n'ont eu rien à répliquer ; le fait est incontestable. Dieu a révélé des *mystères* dans tous les temps. Il avait enseigné aux patriarches, la création, la chute de l'homme, la venue future d'un rédempteur, la vie à venir ; aux Juifs, le choix qu'il avait fait de la postérité d'Abraham, la conduite de sa providence envers les autres peuples, la vocation future des nations à la connaissance du vrai Dieu. Il n'est pas étonnant qu'il en ait révélé encore de nouveaux par Jésus-Christ, lorsque le genre humain s'est trouvé en état de les recevoir. Mais ce que les incrédules ne voient point, c'est que Dieu s'est servi de cette révélation même pour conserver et pour perpétuer la croyance des vérités démontrables ; aucun peuple n'a connu et retenu ces dernières, dès qu'il a fermé les yeux à la lumière surnaturelle. Où les trouve-t-on dans leur entier, que parmi les descendants des patriarches ? Faute d'admettre la création, les philosophes mêmes n'ont jamais pu réussir à démontrer solidement l'unité, la spiritualité, la simplicité parfaite de Dieu ; ils ont approuvé le polythéisme et l'idolâtrie, ils sont devenus absolument aveugles en fait de religion. Lorsque Jésus-Christ parut sur la terre, la philosophie, par ses disputes, avait ébranlé toutes les vérités ; elle n'avait respecté ni le dogme ni la morale, elle n'avait épargné que les erreurs. Il fallait des *mystères* pour lui imposer silence, et la forcer de plier sous le joug de la foi.

Si l'on retranche du symbole chrétien le *mystère* de la sainte Trinité, tout l'édifice de notre religion s'écroule ; la divinité de Jésus-Christ ne peut plus se soutenir ; les effusions de l'amour divin à notre égard se réduisent à rien. Ce *mystère* ne nous est point proposé comme un dogme de foi purement spéculatif, mais comme un objet d'admiration, d'amour, de reconnaissance. Dieu, éternellement heureux en lui-même, a créé le monde par son Verbe éternel ; c'est par lui qu'il le conserve et le gouverne. Ce Verbe divin, consubstantiel au Père, a daigné se faire homme, se revêtir de notre chair et de nos faiblesses, habiter parmi nous, pour nous servir de maître et de modèle ; il s'est livré à la mort pour nous ; il se donne encore à nous sous la forme d'un aliment, afin de nous unir plus étroitement à lui. L'Esprit divin, amour essentiel du Père et du Fils, après avoir parlé aux hommes par les prophètes, a été envoyé pour nous éclairer et nous instruire ; communiqué par les sacrements, il opère en nous par sa grâce, et préside à l'enseignement de l'Église. Ces idées sont non-seulement grandes et sublimes, mais affectueuses et consolantes ; elles élèvent l'âme et l'attendrissent. Dieu, tout grand qu'il est, s'est occupé de nous de toute éternité ; tout son être, pour ainsi dire, s'est approprié à nous. L'homme, quoique faible et pécheur, est toujours cher à Dieu ; par les excès de sa bonté pour nous, nous pouvons juger de la grandeur du bonheur qu'il nous destine. Il n'est pas étonnant que cette doctrine ait fait des saints.—Que l'on ne vienne plus nous demander à quoi servent les *mystères* ; ils n'ont pas été imaginés exprès pour nous embarrasser par leur obscurité ; ils sont inévitables. Dès que Dieu a daigné se faire connaître aux hommes, il ne pouvait leur révéler son essence, ses desseins, le plan de sa providence, sans leur apprendre des choses incompréhensibles, par conséquent des *mystères*. Nous sommes bien fondés à dire : De quoi servirait la religion, sans ces augustes objets de croyance ? Bientôt elle serait réduite au même point où elle fut autrefois entre les mains des philosophes ; c'est par les *mystères* que Dieu l'a mise à couvert de leurs attentats.

Ces dogmes obscurs, disent-ils, n'ont causé que des disputes ; les hommes ont fait consister toute la religion dans la foi et dans un zèle ardent pour l'orthodoxie ; ils se sont persuadé que tout leur était permis contre les hérétiques et les mécréants. Déclamations absurdes. N'a-t-on pas disputé avant le christianisme ? Les Egyptiens se battaient pour leurs animaux sacrés ; les Perses brûlèrent les temples des Grecs par zèle pour le culte du feu ; on a vu plus d'une fois les Tartares en campagne pour venger une insulte faite à leur idole ; les Mexicains faisaient la guerre pour avoir des victimes humaines à immoler dans leurs temples. S'il y a une vérité souvent répétée dans l'Evangile, c'est que la vraie piété consiste dans les bonnes œuvres, et que la foi ne sert de rien sans la pratique des vertus. En reprochant aux chrétiens un faux zèle, les incrédules en affectent un qui est encore plus faux ; ils ne prêchent la morale que pour détruire le dogme, pendant qu'il est prouvé que l'un ne peut subsister sans l'autre ; ils veulent avoir le privilège de ne rien croire, pour obtenir la liberté de ne pratiquer aucune vertu et de se permettre tous les vices. *Voy.* DOGME.

Les principaux *mystères* ou articles de foi du christianisme sont renfermés dans le symbole des apôtres, dans celui du concile de Nicée répété par le concile de Trente, et dans celui qui est communément attribué à saint Athanase ; tout chrétien est obligé de s'en instruire et de les croire pour être sauvé. Nous appelons encore *mystères* les principaux événements de la vie de Jésus-Christ, que l'Eglise célèbre par des fêtes, comme son incarnation, sa nativité, sa passion, sa résurrection, etc., et ces fêtes sont un monument de la réalité des faits dont elles rappellent le souvenir. *Voy.* FÊTES.— Il est bon de remarquer que les Grecs nomment *mystère* ce que nous appelons *sacrement*, et c'est dans ce sens que saint Paul a employé le mot de *mystère*, en parlant de l'union des époux (*Ephes.* v, 32). *Voy.* MARIAGE. Ces deux termes sont parfaitement synonymes, quoique les protestants aient souvent affecté de les distinguer ; l'un et l'autre sont également propres à désigner une cérémonie ou un signe sensible, qui opère un effet caché et invisible dans l'âme de ceux auxquels il est appliqué. Les Syriens et les Ethiopiens ont aussi un terme équivalent pour exprimer les sept sacrements.

Dans l'Ecriture sainte, *mystère* signifie quelquefois une chose que l'homme ne peut pas découvrir par ses propres lumières, mais qu'il conçoit lorsque Dieu daigne la lui révéler ; ainsi Daniel, c. II, v. 28 et 29, dit que Dieu révèle les *mystères*, c'est-à-dire les événements cachés dans l'avenir. Saint Paul (*Ephes.* III, 4), parlant du *mystère de Jésus-Christ*, ajoute : « Ce *mystère* est que les gentils sont héritiers et sont un même corps avec les Juifs, et ont part avec eux aux promesses de Dieu en Jésus-Christ par l'Evangile. » Jusqu'alors les Juifs ne l'avaient pas compris. Mais jusqu'à quel point les nations mêmes qui ne connaissent pas l'Evangile ont-elles part à la grâce de la rédemption ? C'est un autre *mystère* que Dieu ne nous a pas révélé ; saint Paul lui-même ajoute que les richesses de Jésus-Christ sont incompréhensibles (*Ibid.*, 8). Dieu est infiniment bon, cependant il y a du mal dans le monde ; Dieu veut sincèrement le salut de tous les hommes, il y a néanmoins des difficultés à vaincre dans l'ouvrage du salut ; Jésus-Christ est le Sauveur de tous, et il y a beaucoup d'hommes perdus : voilà encore des *mystères*, mais que l'on parvient à éclaircir jusqu'à un certain point, quand on n'affecte pas d'abuser des termes. *Voy.* MAL, SALUT, SAUVEUR, etc. Dans le langage ordinaire des théologiens, un *mystère* est un dogme que Dieu nous a révélé, de la vérité duquel nous sommes par conséquent très-certains, mais que nous ne pouvons pas comprendre ; et c'est dans ce dernier sens que les *mystères* sont le principal objet de notre foi. Saint Paul nous l'enseigne, en disant que la foi est le fondement des choses que l'on espère, et la conviction de ce qui ne paraît point (*Hebr.* XI, 1). Dès les premiers siècles du christianisme, l'on a nommé *saints mystères* le baptême, l'eucharistie et les autres sacrements, parce que ces cérémonies ont un sens caché et produisent un effet que l'on ne voit pas. Les protestants, qui ne veulent pas avouer cet effet surnaturel, ont forgé une autre origine à ce nom de *mystères* ; nous réfuterons leur sentiment dans l'article suivant.

MYSTÈRES DU PAGANISME. On appelait ainsi certaines cérémonies qui se pratiquaient secrètement dans plusieurs temples des païens ; ceux qui y étaient admis se nommaient les *initiés*, et on leur faisait promettre par serment qu'ils n'en révéleraient jamais le secret. On n'a pu savoir avec une entière certitude en quoi consistaient ces cérémonies, qu'après la naissance du christianisme ; plusieurs de ceux qui avaient été initiés se convertirent, et ils comprirent que le serment que l'on avait exigé d'eux était absurde. Les plus fameux de ces *mystères* étaient ceux d'Eleusis, près d'Athènes, qui se célébraient à l'honneur de Cérès ; il y en avait ailleurs de consacrés à Bacchus : à Rome, les *mystères* de la bonne déesse étaient réservés aux femmes ; il était défendu aux hommes d'y entrer, sous peine de mort. On prétend que cette bonne déesse était la mère de Bacchus. Plusieurs anciens ont fait beaucoup de cas des *mystères*. Si nous en croyons Cicéron et d'autres, les leçons que l'on y donnait ont tiré les hommes de la vie errante et sauvage, leur ont enseigné la morale et la vertu, les ont accoutumés à une vie régulière et différente de celle des animaux. Cicer., *de Legib.*, l. I. Plusieurs savants modernes en ont parlé de même, en particulier Warburthon. L'on peut consulter la cinquième dissertation tirée de ses ouvrages, et les suivantes.

Autant nos philosophes modernes ont

montré de mépris pour les *mystères* du christianisme, autant ils ont affecté d'estime pour ceux du paganisme. « Dans le chaos des superstitions populaires, dit l'un d'entre eux, il y eut une institution salutaire qui empêcha une partie du genre humain de tomber dans l'abrutissement ; ce sont les *mystères* : tous les auteurs grecs et latins, qui en ont parlé, conviennent que l'unité de Dieu, l'immortalité de l'âme, les peines et les récompenses après la mort, étaient annoncées dans cette cérémonie sacrée. On y donnait des leçons de morale ; ceux qui avaient commis des crimes les confessaient et les expiaient. On jeûnait, on se purifiait, on donnait l'aumône. Toutes les cérémonies étaient tenues secrètes sous la religion du serment, pour les rendre plus vénérables. L'appareil extérieur dont les *mystères* étaient revêtus, les préparations et les épreuves dont ils étaient précédés, servaient à en rendre les leçons plus frappantes, et à les graver plus profondément dans la mémoire. Si dans la suite des siècles ils furent altérés et corrompus, leur institution primitive n'était ni moins utile ni moins louable. »

A toutes ces belles choses il ne manque que la vérité (1). M. Leland, dans sa *Nouvelle Démonstration évangélique*, t. II, chap. 1, après avoir examiné tout ce que Warburthon et d'autres ont dit à la louange des *mystères* du paganisme, soutient qu'il est faux que l'on y ait enseigné l'unité de Dieu, que l'on ait détourné les initiés du polythéisme, que l'on y ait donné de bonnes leçons de morale, et que cette cérémonie ait pu contribuer en aucune manière à épurer les mœurs ; et il le prouve ainsi : 1° S'il était vrai que l'on y eût enseigné des vérités si utiles, ç'aurait été encore une absurdité et une injustice de les cacher sous le secret inviolable que l'on exigeait des initiés ; pourquoi cacher au commun des hommes des connaissances dont tous avaient également besoin? Cette conduite ne servirait qu'à démontrer qu'il était alors impossible de détromper le peuple des erreurs et des superstitions dans lesquelles il était plongé; que, pour opérer ce prodige, il a fallu la force divine de la doctrine de Jésus-Christ. Comment excuser l'inconséquence de la conduite des magistrats, des prêtres, des philosophes, qui, d'un côté, protégeaient les *mystères*, de l'autre soutenaient l'idolâtrie de tout leur pouvoir ? — 2° Qui ont été les plus ardents défenseurs des *mystères*? Les philosophes du IV° siècle, Apulée, Jamblique, Hiéroclès, Proclus, etc. Ils voulaient s'en servir pour soutenir l'idolâtrie chancelante, pour affaiblir l'impression que faisait sur les esprits la morale pure et sublime de l'Evangile : non-seulement leur témoignage est donc fort suspect, mais, au rapport de saint Augustin, Porphyre, moins entêté qu'eux, convenait qu'il n'avait trouvé dans les *mystères*

(1) Il y a eu un certain nombre de vérités premières reconnues par les païens, mais elles étaient obscurcies par l'erreur. Voy. ORIGINEL (péché), RÉVÉLATION.

aucun moyen efficace pour purifier l'âme, *de Civit. Dei*, l. x, c. 32. Celse, plus ancien, dit à la vérité que l'immortalité de l'âme était enseignée dans les *mystères* ; mais elle était enseignée partout, même dans les fables touchant les enfers. Celse n'ajoute point que l'on y professait aussi l'unité de Dieu, l'absurdité de l'idolâtrie, et que l'on y donnait des leçons de morale. Orig. *contre Celse*, l. VIII, n. 48 et 49. Longtemps avant lui, Socrate témoigna qu'il faisait fort peu de cas des *mystères*, puisqu'il refusa constamment de s'y faire initier ; aurait-il agi ainsi, si ç'avait été une leçon de morale ? — 3° Malgré le secret si étroitement commandé dans les *mystères*, ils ont été dévoilés. Warburthon prouve, d'une manière très-vraisemblable, que la descente d'Enée aux enfers, peinte par Virgile dans le sixième livre de l'Enéide, n'est autre chose que l'initiation de son héros aux *mystères* d'Eleusis et un tableau de ce que l'on faisait voir aux initiés. Or, qu'y trouvons-nous ? Une peinture des enfers, le dogme de la transmigration des âmes, et la doctrine des stoïciens sur l'âme du monde. Cette doctrine, loin d'établir l'unité de Dieu, confirme au contraire le polythéisme et l'idolâtrie. C'est sur ce fondement que le stoïcien Balbus les soutient dans le second livre de Cicéron sur la *Nature des dieux* ; il donne ainsi au paganisme une base philosophique. Etait-ce là le moyen d'en détourner les initiés ? — 4° Les *mystères* ont été encore mieux connus par la description qu'en ont faite les Pères de l'Eglise. Saint Clément d'Alexandrie, *Cohort. ad Gentes*, c. 2, p. 11 et suiv., Saint Justin, Tatien, Athénagore, Arnobe, n'y ont vu qu'un assemblage d'absurdités, d'obscénités et d'impiétés. S'il y avait eu des leçons capables de prouver l'unité de Dieu et d'inspirer l'amour de la vertu, ces saints docteurs, qui ont recherché avec tant de soin dans les auteurs païens tout ce qui pouvait servir à détromper le peuple, auraient tiré sans doute avantage des *mystères* pour attaquer l'erreur générale ; au contraire, ils ont assuré tous que cette cérémonie ne pouvait servir qu'à la confirmer.

Un auteur moderne nous apprend que les *mystères* étaient devenus une branche de finances pour la république d'Athènes, et qu'il en coûtait fort cher pour être initié, *Recherches philos. sur les Egyptiens et sur les Chinois*, t. II, sect. 7, p. 152 ; *Recherches philos. sur les Grecs*, III° part., sect. 8, § 5 ; il ajoute que quiconque voulait payer les mystagogues et les hiérophantes y était admis sans autre épreuve ; il cite Apulée, *Métam.*, l. XI. Cette nouvelle circonstance n'est pas propre à inspirer beaucoup de respect pour la cérémonie. — On dira sans doute que dans les derniers siècles les *mystères* du paganisme avaient dégénéré ; mais si, dans leur origine, ils avaient été aussi innocents et aussi utiles qu'on le prétend, il serait impossible qu'on les eût portés dans la suite au point de corruption où ils étaient lorsque les Pères de l'Eglise les ont mis au grand jour. Plus vainement encore on prétendra que ces Pères en ont exagéré l'indécence en haine du paganisme. Auraient-ils osé s'exposer à être convaincus de faux par les initiés ? Plusieurs auteurs profanes en ont parlé à peu près comme eux ; et aucun de ceux qui ont écrit contre le christianisme n'a osé les contredire. C'est donc très-mal à propos que nos philosophes incrédules nous ont vanté les excellentes leçons que l'on donnait aux hommes dans les *mystères*, et ont forgé à ce sujet des fables pour en imposer aux ignorants. Plusieurs critiques protestants cités par Mosheim, *Hist. christ*, sæc. II, § 36, p. 319, et *Hist. ecclésiast.*, *deuxième siècle*, II° part.; ch. 4, § 5, ont eu une imagination encore plus bizarre, en supposant que les chrétiens du II° siècle ont imité les *mystères* du paganisme. Le profond respect, disent-ils, que l'on avait pour ces *mystères*, la sainteté extraordinaire qu'on leur attribuait, furent pour les chrétiens un motif de donner un air mystérieux à leur religion, pour qu'elle ne cédât point en dignité à celle des païens. Pour cet effet, ils donnèrent le nom de *mystères* aux institutions de l'Evangile, particulièrement à l'Eucharistie. Ils employèrent, dans cette cérémonie et dans celle du baptême, plusieurs termes et plusieurs rites usités dans les *mystères* des païens. De là est encore venu le mot de symbole. Cet abus commença dans l'Orient, surtout en Egypte ; Clément d'Alexandrie fut un de ceux qui y contribuèrent le plus, et les chrétiens de l'occident l'adoptèrent, lorsqu'Adrien eut introduit les *mystères* dans cette partie de l'empire ; de là vint qu'une très-grande partie du service de l'Église fut très-peu différente de celui du paganisme.

Il n'y a que le désespoir systématique qui ait pu suggérer aux protestants cette calomnie. 1° C'est une impiété de supposer qu'au II° siècle, immédiatement après la mort du dernier des apôtres, lorsque le christianisme n'était pas encore bien établi, Jésus-Christ, contre la foi de ses promesses, a délaissé son Eglise au point de la laisser tomber dans les superstitions du paganisme, pour y persévérer pendant quinze siècles consécutifs. Alors ce divin Sauveur conservait encore dans son Eglise le don des miracles, et l'on veut nous persuader qu'il n'a pas daigné veiller sur la pureté du culte, non plus que sur l'intégrité de la foi. Il a donc fait des miracles pour établir, chez des nations qui étaient encore ou juives ou païennes, un christianisme déjà corrompu. Comment des écrivains, qui d'ailleurs paraissent judicieux, ont-ils pu enfanter une idée aussi anti-chrétienne, et livrer ainsi la religion de Jésus-Christ à la dérision des incrédules ?— 2° C'est une absurdité de penser que les mêmes pasteurs de l'Eglise, qui tournaient en ridicule, dans leurs écrits, les *mystères* des païens, qui en dévoilaient le secret, qui en faisaient sentir l'indécence et la turpitude, les ont cependant pris pour modèles, les ont imités en plusieurs choses, et ont cru que cette initiation donnerait plus de relief au christianisme. Nous verrons dans un moment comment Clément d'Alexandrie en a parlé. 3° L'hypothèse des protestants modernes est directement contraire à celle que soutenaient les premiers prédicants de la réforme ; ceux-ci prétendaient que les pratiques qui leur déplaisaient dans le culte des catholiques étaient de nouvelles inventions, des abus qui s'y étaient glissés pendant les siècles d'ignorance : voici leurs successeurs qui en ont découvert l'origine au II° siècle. Qu'ils remontent seulement à cinquante ans plus haut, ils la trouveront chez les apôtres. D'un côté les anglicans sont persuadés que le culte des chrétiens a été pur au moins pendant les quatre premiers siècles, et ils croient l'avoir rétabli chez eux dans le même état : de l'autre, les luthériens et les calvinistes veulent que le culte ait déjà été corrompu au II° siècle, mélangé de judaïsme et de paganisme. Pour des hommes qui se croient tous fort éclairés, ils s'accordent bien mal. — 4° Le nom de *mystères*, que les Pères du II° siècle ont donné à l'eucharistie et aux autres sacrements, est fondé sur une raison beaucoup plus simple, mais les protestants ne veulent pas la voir ; c'est que les Pères ont entendu par là que ces cérémonies extérieures ont un sens caché, et opèrent un effet invisible dans l'âme de ceux qui y participent. Ainsi, le baptême ou l'action de verser de l'eau sur un enfant efface dans son âme la tache du péché originel, lui donne la grâce de l'adoption divine, lui imprime un caractère ineffaçable. L'Eucharistie ou l'action de prononcer des paroles sur du pain et du vin, et de les distribuer aux assistants, opère le changement substantiel de ces aliments, et en fait le corps et le sang de Jésus-Christ, etc. Il en est de même des autres sacrements, et tel est le sens dans lequel saint Paul, parlant du mariage, a dit que c'est un grand *mystère* en Jésus-Christ et dans l'Eglise (*Éphes.* v, 32). — 5° Nous convenons que, dans les premiers siècles, ces cérémonies ont été tenues secrètes, qu'on les a dérobées soigneusement aux yeux des païens, qu'elles ont encore *mystérieuses* à cet égard : on ne les découvrait pas même aux catéchumènes ; mais c'est par une raison toute différente de celle que les protestants ont rêvée. On ne voulait pas exposer ces cérémonies saintes à la dérision et à la profanation des païens. Lorsque Dioclétien eut ordonné de rechercher et de brûler les saintes Ecritures et les livres des chrétiens, on les cacha soigneusement. Si les païens avaient trouvé dans les églises ou dans les lieux d'assemblée des chrétiens, quelques objets de culte ou quelques indices de cérémonies, ils en auraient fait le même usage que des livres. Puisque l'on était obligé de se cacher pour pratiquer ce culte, il ne pouvait manquer de paraître mystérieux. Une preuve que telle est la raison de la conduite des pasteurs, c'est qu'ils ne refusèrent pas d'exposer aux empereurs et aux magistrats le culte des chrétiens, lorsque cela fut nécessaire pour en démontrer l'innocence et la sainteté. Ainsi les diaconesses, que Pline fit tourmenter pour savoir ce qui se passait dans les assemblées chrétiennes, le lui dirent avec sincérité, et saint Justin fit de même dans ses apologies du christianisme adressées aux empereurs. Une seconde preuve, c'est qu'au iv° siècle, lorsque les persécutions furent passées et le paganisme à peu près détruit, l'on mit par écrit les liturgies, qui jusqu'alors n'avaient été conservées que par une tradition secrète. Voyez *Traité hist. et dogm. sur les paroles ou les formes des sacrements*, par le Père Merlin, jésuite, Paris, 1745. — 6° Les protestants ont encore plus mauvaise grâce d'ajouter que les chrétiens du ii° siècle étaient des juifs et des païens, accoutumés dès l'enfance à des cérémonies superstitieuses et inutiles; qu'il leur était difficile de se défaire des préjugés qu'ils avaient contractés par l'éducation et par une longue habitude; qu'il aurait fallu un miracle continuel pour empêcher qu'il ne s'introduisît des pratiques superstitieuses dans la religion chrétienne. S'il a fallu un miracle, nous soutenons qu'il a été opéré, et ce n'était après tout qu'une suite du miracle de la conversion des juifs et des païens. Les apôtres avaient prémuni les fidèles contre les rites judaïques au concile de Jérusalem (*Act.* xiv, 28); et saint Paul, contre les superstitions païennes (*Coloss.* ii, 18), et ailleurs. Les Pères du i° et du ii° siècle ont écrit contre l'entêtement des ébionites, toujours attachés aux lois juives, et contre l'impiété des gnostiques, qui voulaient introduire les erreurs des païens. Contre ces preuves positives, les vaines conjectures des protestants n'ont pas la moindre vraisemblance. — 7° Pour prouver qu'au ii° siècle les chrétiens d'Egypte ont commis la faute dont on les accuse, il faut expliquer par quelle voie la même contagion a pénétré dans la Syrie, dans l'Asie Mineure, dans la Grèce, dans l'Illyrie, à Rome et dans les autres contrées où les apôtres avaient fondé des Eglises avant ce temps-là; il faut désigner le missionnaire égyptien qui est venu infecter d'un vernis de paganisme les autres sociétés chrétiennes, et le patriarche d'Alexandrie sous lequel est arrivée cette révolution. Il faut dire comment elle s'est faite sans réclamation dans une Eglise si sujette aux disputes, aux dissensions, aux schismes en fait de doctrine. Puisque l'on ne nous allègue aucun fait positif ni aucune preuve, nous sommes en droit de supposer que les fidèles, instruits par saint Pierre, par saint Paul et par d'autres apôtres, ont été assez attachés à leurs leçons pour ne pas adopter sans examen une fantaisie bizarre des docteurs égyptiens. — 8° Saint Clément d'Alexandrie, loin d'y avoir aucune part, est celui de tous les Pères qui a dévoilé le plus exactement les indécences, les turpitudes, les absurdités des *mystères* du paganisme. Dans son *Exhortation aux Gentils*, il parcourt ces *mystères* les uns après les autres; il démontre que dans tous l'infamie et la démence étaient

égales, que les symboles dont on y faisait usage n'étaient que des puérilités ou des obscénités. Telles étaient, dans les *mystères* de Cérès, des corbeilles, du blé d'Inde, des pelotons, des gâteaux, etc., et des paroles qui n'avaient aucun sens. Le moyen de rendre méprisables les rites du christianisme aurait donc été d'y introduire quelque chose de semblable aux *mystères* des païens.

C'est cependant, disent nos adversaires, ce qu'a fait Clément d'Alexandrie; dans le même ouvrage, c. 12, il dit à un païen : « Venez, je vous montrerai les *mystères* du Verbe, et je vous les exposerai sous la figure des vôtres. C'est ici qu'il y a une montagne agréable à Dieu, couverte d'un ombrage céleste. Les bacchantes sont des vierges pures, qui y célèbrent les orgies du Verbe divin, qui y chantent des hymnes au roi de l'univers, qui y dansent avec les justes, et y font leurs courses sacrées..... O les saints *mystères*! J'y vois Dieu et le ciel, je suis saint par cette initiation, le Seigneur en est le hiérophante : voilà mes *mystères* et mes bacchanales. »

Mais, pour argumenter sur cette allégorie, il faudrait faire voir, 1° que d'autres auteurs chrétiens s'en sont servis et l'ont répétée. Encore une fois, dans l'Ecriture sainte, *mystère* signifie une chose, une parole ou une action qui a un sens caché; chez les écrivains ecclésiastiques, *symbole* a souvent le même sens. Lorsque Jésus-Christ toucha de sa salive la langue d'un sourd et muet, qu'il mit de la boue sur les yeux de l'aveugle-né, qu'il souffla sur ses apôtres pour leur donner le Saint-Esprit, qu'il le fit descendre sur eux en forme de langues de feu, peut-on nier que tout cela n'ait été symbolique et mystérieux? Nous soutenons qu'il en est de même du baptême, de l'eucharistie et de nos autres sacrements, puisqu'ils désignent et produisent un effet que l'on ne voit pas. 2° Il faudrait montrer dans notre culte les montagnes, les ombrages, les courses, les danses des bacchanales, ou quelques-uns des symboles usités dans les *mystères* de Cérès. 3° Il faudrait prouver qu'il y avait, dans ces *mystères* profanes, des rites semblables à ceux du baptême ou de nos autres sacrements; nous en défions nos adversaires. Le signe de la croix, symbole si commun et si respectable chez les chrétiens, aurait fait horreur aux païens.

C'est donc une obstination malicieuse de la part des protestants, de nous reprocher sans cesse que notre culte est un reste de paganisme; c'en est plutôt un chez eux de dire qu'avant le baptême les catéchumènes étaient exercés, *ou plutôt tourmentés* par la rigueur et la multitude des épreuves que l'on exigeait d'eux, comme de ceux qui voulaient être initiés aux *mystères* : cela marque le peu de cas qu'ils font du baptême. Où sont les épreuves que l'on faisait subir à ceux qui se faisaient initier pour de l'argent? Si les protestants attribuaient véritablement au baptême et à l'eucharistie des effets spirituels, ils seraient forcés, comme nous, de les appeler des *symboles*, des *mystères* ou d s *sacrements*. Le style différent que la plupart ont adopté nous donne lieu de douter de leur foi.

\* MYSTICISME. Le mysticisme est une des parties les plus importantes de la théologie. Nous en avons donné une notion suffisante dans notre Dictionnaire de Théologie morale, t. II (*Hist ire de la Théologie*). Nous nous contentons d'y renvoyer.

MYSTIQUE. Sens mystique de l'Ecriture sainte. *Voy.* Allégorie, Figurisme, etc.
Mystique (théologie). *Voy.* Théologie.

\* MYTHE. Nous laissons aux philologues à discourir sur le sens étymologique de cette expression. La signification attribuée aujourd'hui à ce mot est un discours qui allégorise un fait, une doctrine, ou qui enveloppe le fait de circonstances fabuleuses. Donnons un exemple de chacune de ces espèces de mythe. S'il y a quelque chose de certain au monde, c'est l'existence du mal moral. Pour le rendre sensible aux yeux du peuple, Moïse aura raconté la tentation d'Eve, la chute d'Adam, etc. Mais ces faits n'ont jamais existé, ils ont été inventés pour communiquer une doctrine. Ici, il n'y a rien de réel; il y a, au contraire, des faits réels et positifs, que l'historien a environnés de circonstances fabuleuses, afin de les rendre plus respectables aux yeux de la multitude. Moïse saisit, le moment du reflux pour côtoyer l'extrémité de la mer Rouge. Le flux contraignant les Egyptiens à prendre un long détour, ils abandonnent la poursuite des Israélites. Le chef des Hébreux célèbre avec magnificence la délivrance de son peuple, et le fait naturel et ordinaire prend les proportions d'un prodige. Voilà deux sortes de mythes. On voit donc que le mythe est une vérité doctrinale ou un fait enveloppé de circonstances fabuleuses. Il est évident qu'on ne peut dédaire aucun fait, aucune doctrine d'un ouvrage mythique qu'autant qu'on aura un moyen certain de distinguer le vrai du faux. Mais où trouver ce moyen? Dans les règles ordinaires du langage? mais ces règles ne sont pas celles du mythe. Dans l'intention de l'auteur? mais comment la connaître s'il ne l'a pas exprimée lui-même? En appellera-t-on au bon sens? mais telle circonstance qui paraît à l'un dans l'ordre des convenances historiques, paraît à l'autre une création imaginaire. Tel fait est vrai selon celui-ci, c'est une allégorie selon celui-là. L'un d'eux se trompe. Lequel? Il est impossible de l'affirmer; car l'auteur ayant enveloppé sa pensée sous des faits inventés, sous des circonstances fabuleuses, et n'ayant donné aucune regle pour discerner ce qui est vrai de ses créations imaginaires, il s'ensuit qu'un livre mythique ne peut par lui-même établir ni un fait ni une doctrine. Aussi les inductions que nous tirons de la mythologie païenne ne sont déduites d'aucun auteur mythique, mais de ce qu'une même vérité se trouve dans la mythologie de tous les peuples; d'où nous concluons que telle doctrine ou tel fait doit avoir un fondement réel. Il y a à peine quelques propositions générales déduites ainsi de la mythologie ou de la croyance générale des peuples. Il faut donc conclure que la mythologie considérée en elle-même ne peut rien fonder.

Les *exégètes allemands* et surtout Strauss ont prétendu que nos livres saints sont purement mythiques. C'est par là même détruire toute la religion chrétienne; cela est évident d'après la nature du mythe. Nous avons combattu leurs systèmes aux mots Exégèse, Herméneutique sacrée, Pentateuque, Strauss. Pour ne pas rentrer dans une discussion épuisée, nous finissons cet article par deux citations, l'une de John, concernant l'Ancien Testament, et l'autre de M. Cauvigny sur le mythisme en général et concernant le Nouveau Testament.

« 1° La raison principale sur laquelle se fondent les partisans de l'interprétation mythique de l'Ancien Testament se trouve déjà dans les idées de Varron. Il dit en effet que les âges du monde peuvent se diviser en temps obscurs, ensuite temps mythiques et temps historiques. Chez tous les peuples, l'histoire est d'abord obscure et incertaine, ensuite mythique ou allégorique, et enfin positivement historique. Et pourquoi, s'est-on demandé, si ce fait existe partout, n'aurait-il pas existé chez les Hébreux? Les témoins qui puissent le mieux nous fixer sur la légitimité de l'interprétation mythique de la Bible sont sans doute les premiers chrétiens, qui eux-mêmes commencèrent par être païens, et parmi lesquels se trouvèrent des hommes savants et des philosophes Or, ils ne purent ignorer le principe de Varron. Ils connaissaient la mythologie des Egyptiens, des Grecs, des Romains, des Persans, mieux sans doute que nous ne la connaissons aujourd'hui. Dès leur jeunesse, les nouveaux convertis avaient pu se familiariser avec ces produits de l'imagination religieuse; ils les avaient longtemps honorés; ils avaient pu étudier et pu découvrir toutes les subtilités d'interprétation à l'aide desquelles on avait cherché à soutenir le crédit de ces monuments. Ensuite, lorsque les nouveaux convertis commencèrent à lire la Bible, n'est-il pas probable qu'ils auraient aussitôt reconnu et démêlé les mythes, s'il en avait existé? Cependant, ils ne virent dans la Bible qu'une histoire pure et simple. Il faut donc, selon l'opinion compétente de ces juges antiques, qu'il y ait une grande différence entre le monde mythique des peuples païens et le genre de la Bible. — 2° Il a pu arriver, il est vrai, que ces premiers chrétiens, peu versés dans la haute critique, peu capables aussi de l'appliquer, et d'un autre côté accoutumés aux mythes païens, fussent peu frappés des mythes de la Bible. Mais n'est-il pas constant que, plus on est familiarisé avec une chose, et plus vite on la reconnaît, même dans les circonstances dissemblables pour la forme? Si donc les histoires hébraïques sont des mythes, comment les premiers chrétiens n'ont-ils pu les découvrir, et, s'ils ne l'ont pu, n'est-ce pas une preuve que ces mythes étaient tellement imperceptibles que ce n'a été qu'après dix-huit siècles qu'on a pu les signaler? — 3° Si l'on veut appliquer à la Bible le principe de Varron, on n'y trouve pas ces temps obscurs et incertains qui durent précéder l'apparition des mythes : les annales hébraïques ne les supposent jamais. Ainsi, les annales des Hébreux diffèrent essentiellement de celles de tous les autres peuples, sous le rapport de l'origine des choses. D'un autre côté, les plus anciennes légendes des autres nations débutent par le polythéisme : non-seulement elles parlent d'alliances entre les dieux et les mortels, mais elles nous racontent les dépravations et les adultères célestes; elles décrivent des guerres entre les dieux; elles divinisent le soleil, la lune, les étoiles, admettent une foule de demi-dieux, des génies, des démons, et accordent l'apothéose à tout inventeur d'un art utile. Si elles nous montrent une chronologie, elle est ou presque nulle, ou bien gigantesque; leur géographie ne nous offre qu'un champ peuplé de chimères; elles nous présentent toutes choses comme ayant subi les plus étranges transformations, et elles s'abandonnent ainsi sans frein et sans mesure à tous les élans de l'imagination la plus extravagante : il en est tout autrement dans les récits bibliques. La Bible commence, au contraire, par déclarer qu'il est un Dieu créateur dont la puissance est irrésistible : Il veut, et à l'instant toutes choses sont. Nous le trouvons, dans le monument divin, ni l'idée de ce chaos chimérique des autres peuples, ni une matière rebelle, ni un Ahriman, génie du mal. Ici le soleil, la lune, les étoiles, loin d'être des dieux, sont simplement à l'usage de l'homme, lui prodiguent la clarté et lui servent de mesure du temps. Toutes les grandes inventions sont faites par des hommes qui restent toujours hommes. La chronologie procède par séries naturelles, et la géographie ne s'élance pas ridiculement au delà des bornes de la terre. On ne voit ni transformation, ni métamorphose, rien enfin de ce qui, dans les livres des plus anciens peuples profanes, nous montre si clairement la trace de l'imagination et du mythe. Or, cette connaissance du Créateur, sans mélange de superstition, chose la plus remarquable dans des documents aussi antiques, ne peut venir que d'une révélation divine. En effet, cette assertion de tant de livres modernes : que la connaissance du vrai Dieu finit par sortir du milieu même du polythéisme, est contredite par toute l'histoire profane et sacrée. Les philosophes eux-mêmes avancèrent si peu la connaissance du Dieu unique, que, lorsque les disciples de Jésus-Christ annoncèrent le vrai Dieu, ils soutinrent contre eux le polythéisme. Mais, quelle que soit l'origine de cette idée de Dieu dans la Bible, il est certain qu'elle s'y trouve si sublime, si pure, que les idées des philosophes grecs les plus éclairés, qui admettaient une nature générale, une âme du monde, lui sont bien inférieures. Il est vrai que cette connaissance de Dieu n'est pas parfaite, puisqu'elle soit exacte; mais cette circonstance même prouve qu'elle fut admirablement adaptée à l'état de l'homme dans un temps aussi reculé; cette imperfection et le langage figuré, mais si clair et si simple de la Bible, démontrent que ni Moïse, ni personne depuis lui, n'a inventé ce livre pour lui attribuer ensuite une antiquité qu'il n'aurait pas eue réellement. Cette connaissance si remarquable de Dieu a dû être conservée dans sa pureté depuis la plus haute antiquité, ou plutôt chez quelques familles depuis l'origine des choses, et l'auteur du premier livre de la Bible a eu pour dessein, en l'écrivant, d'opposer quelque chose de certain et de fondamental aux fictions et aux conceptions des autres peuples des temps moins anciens. Quelle nation, en effet, a conservé un seul rayon de la grande vérité que proclame le premier livre de la Genèse ?

« Chez presque tous les peuples, la mythologie s'est développée dans la nuit des temps, lorsque l'imagination ne redoutait pas les faits, et elle s'est éteinte dès que l'histoire a commencé. Les anciens monuments des Hébreux, au contraire, sont moins remplis de choses prodigieuses dans les temps antiques que dans les temps modernes. Si l'écrivain qui recueillit la tradition des faits avait eu pour but de nous donner un amas de légendes douteuses, de fictions, de *mythes*, il les aurait placés surtout dans les temps antiques : il ne se serait pas exposé à être contredit, en les plaçant à une époque plus moderne où l'histoire positive aurait mille moyens de les combattre et de les détruire. Ainsi l'absence de prodiges dans les premiers récits de son histoire et le peu de détails qu'elle présente n'ont pu venir que du soin scrupuleux qu'il mit à rejeter tout ce qui lui parut douteux, exagéré, extravagant et indigne d'être relaté : il a peu raconté, parce qu'il ne croyait que tout à fait véritable se bornait à ce qu'il raconte. Rien de plus imposant à signaler dans la Bible que le peu de prodiges très-antiques, et l'abondance des prodiges plus modernes; c'est le contraire qui arrive chez les autres peuples. Dans la Bible, il existe même des périodes où l'on ne trouve aucun miracle, et d'autres où ils éclatent à chaque pas. Or, ces périodes plus particulièrement miraculeuses, le siècle d'Abraham, de Moïse, des rois idolâtres, de Jésus, des apôtres, sont toujours celles où il était nécessaire qu'un tel spectacle d'intervention divine confirmât la propagation de l'idée religieuse nouvelle. Les miracles de l'Écriture ont donc constamment un but grand et louable, l'amélioration du genre humain, et ne dérogent nullement à la majesté de Dieu. Qu'on les compare avec les *mythes* et les légendes des autres peuples, et on ne confondra certainement pas des choses aussi distinctes. Mais comment peut-on concevoir que ces documents de l'histoire primitive aient pu se conserver sans altération jusqu'au temps où ils furent rassemblés par Moïse? N'ont-ils pu être grossis des additions de l'imagination poétique? Cela n'est-il pas arrivé pour les traditions des autres peuples? La réponse consiste à dire qu'il est très-vraisemblable que les traditions bibliques, qui ont fait exception quant à leur supériorité évidente sur les autres, ont aussi fait exception quant à leur mode de transmission. Leur petite étendue rendait précisément leur conservation plus facile et plus concevable : elles furent sans doute écrites à une époque où les traditions des autres peuples n'avaient pas encore été rédigées. Leur forme écrite, leur langage simple, leurs notions précises et élémentaires, tout cela en elles est si frappant que, si l'historien qui les rassembla eût essayé de les interpoler, il se fût indubitablement trahi de deux manières; par ses idées plus modernes et par son langage plus profond et plus recherché. »

« Il est impossible à quiconque suit la marche des idées, dit M. Cauvigny, de ne pas reconnaître dans la marche du rationalisme moderne, surtout en Allemagne, une tactique diamétralement opposée à celle du siècle dernier. Le voltairianisme, alors, empruntait ses arguments à Celse, à Porphyre, à l'empereur Julien; l'allure de l'impiété était toute païenne. Son grand élément de succès c'était, tout en reconnaissant l'authenticité des livres saints, de vilipender leurs auteurs, de les faire poser sous une forme grotesque, et, afin d'attirer les rieurs de son côté, de leur prodiguer maintes plaisanteries bouffonnes. La partie miraculeuse de ces livres ne révélait à ses yeux que la fraude des uns et l'aveuglement des autres; ce n'étaient partout qu'imputations d'artifice et de dol, d'imposture et de charlatanisme. Qui n'a pas entendu parler de la *su, erstition christicole des douze faquins q i volète t, par des tours de pas e-passe, la croyance du genr· humain* ? Or, ce cynisme effronté, cette impiété brutale, qui marchent tête levée, sans circonlocution, sans déguisement, tout cela n'est plus de ton ni de mode ; tout cela ne peut plus avoir cours dans notre siècle. Il faut, surtout pour la nébuleuse Allemagne, des systèmes philosophiques aux formes plus polies et plus gracieuses, plus en harmonie avec son caractère, des systèmes appuyés sur l'imagination, sur la poésie, sur la spiritualité. L'incrédulité du XVIII siècle n'est pas faite pour elle et ne va pas naturellement à son génie. Toutefois, si le rationalisme moderne n'a pas suivi, notamment au delà du Rhin, dans la critique de nos livres saints, la route qui lui avait été tracée, ce n'est pas qu'il se soit rapproché de nos croyances, et, comme certains esprits ont pu le croire d'abord, lorsque la philosophie de Kant et de Goëthe remplaça dans le monde celle de Voltaire, qu'il ait relevé les ruines amoncelées par l'impiété. Loin de là, sa critique souvent est plus meurtrière et plus hardie. Les exégètes d'outre-Rhin ne manquent pas de dire à qui veut les entendre : « Je suis chrétien. » Mais, de bonne foi, qui sera dupe de l'embûche? Qui se laissera prendre à cette réconciliation hypocrite, plâtrée? Comment ne pas s'apercevoir de, primeabord que, si le rationalisme accepte nos croyances, c'est pour les encadrer dans ses mille erreurs, les soumettre à un travail d'assimilation, les absorber dans son sein, les convertir en sa propre substance ? A voir l'audace avec laquelle il envahit notre foi, n'est-il pas évident qu'il la regarde comme une portion légitime de son héritage ? Il est vrai, il ne s'acharne plus à la combattre, à la nier; il fait pis : il la traite comme une province conquise, avec une affectation insultante de débonnaireté et de clémence, il la protège même, mais c'est afin de s'emparer de nos dogmes pour les transformer en théorèmes. Or, cette réconciliation hypocrite n'est-elle pas celle de Néron quand il disait : « J'embrasse mon rival, mais c'est pour l'étouffer. » Quoi qu, dise la philosophie, quoi qu'elle fasse, sa tendance est donc toujours la même. La vérité est qu'elle se borne à changer les armes émoussées du siècle dernier, afin de porter la lutte sur un autre terrain, et, si elle semble marcher par des voies différentes, c'est toujours pour aller se réunir à lui sur les ruines de la même croyance. Grâce à Dieu, nous voyons très-bien où tendent les belles paroles des éclectiques et des panthéistes ; des incrédules eux-mêmes nous en avertissent : — « Le Christ, a dit M. Ed. Quinet, le Christ, sur le calvaire de la théologie moderne, endure aujourd'hui une passion plus cruelle que la passion du Golgotha. Ni les Pharisiens, ni les Scribes de Jérusalem, ne lui ont présenté une boisson plus amère que celle que lui servent abondamment les docteurs de nos jours. Chacun l'attire à soi par la violence ; chacun veut le receler dans son système comme dans un sépulcre blanchi (a) »..... — « La métaphysique de Hegel, de plus en plus maîtresse du siècle, est celle qui s'est le plus vantée de cette conformité absolue de doctrine avec la religion positive. A la croire, elle n'était rien que le catéchisme transfiguré, l'identité même de la science et de la révélation, ou plutôt la Bible de l'absolu. Comme elle se donnait pour le dernier mot de la raison, il était naturel qu'elle regardât le christianisme comme la dernière expression de la foi. Après des explications si franches, si claires, si satisfaisantes, qu'a-t-on trouvé en allant au fond de cette orthodoxie? Une tradition sans évangile, un dogme sans immortalité, un christianisme sans Christ. En effet, nos livres saints sont le fondement de nos croyances, la pierre placée à l'angle de l'édifice pour en assurer la solidité ; si vous réussissez à l'ébranler, l'édifice devra nécessairement s'écrouler. Or, n'est-ce pas vers ce but que tendent tous les efforts de l'Allemagne rationaliste? Que sont devenues nos saintes Ecritures pour les exégètes ? Une suite d'allégories morales, de fragments ou de rapsodies de l'éternelle épopée, des symboles, des fictions sans corps, une série incohérente de poëmes libres et de mythes. Examinons la nature de cette théorie et ses preuves.

« Remarquons d'abord qu'elle a pris naissance au sein des écoles panthéistiques, et que son point de départ ne rien moins que rationnel. Comment, en effet, procèdent les symbolistes? Un beau jour, ils se sont avisés de transformer en fait une de ces mille hypothèses qui naissent dans leur cerveau comme les champignons après un orage, et, qui plus est, de nous les donner sérieusement comme une loi de l'esprit humain. A les entendre, le premier développement de l'intelligence dans sa simplicité, dans son énergie native, est essentiellement mythique. Allez au fond de toutes les religions, de toutes les histoires les plus anciennes, les mythes vous apparaîtront comme formant leur base, leur essence. Or, ces mythes, ce ne sont pas des fables, des fictions sans objet ou sans corps, des impostures préméditées, mais bien la reproduction d'un fait ou d'une pensée que le génie, le langage symbolique, l'imagination de l'antiquité, ont dû nécessairement teindre de leurs couleurs. Ils pénétrèrent dans le domaine de l'histoire et de la philosophie ; de là des mythes historiques et philosophiques. Les premiers sont des récits d'événements réels, propres à faire connaître la tendance de l'opinion antique, à rapprocher, à confondre le divin avec l'humain, le naturel avec le surnaturel ; les seconds sont la traduction toujours altérée d'une pensée, d'une spéculation, d'une idée contemporaines qui leur avaient servi de thème primitif. Au reste, quoi qu'il en soit de cette altération des faits historiques, elle n'est pas le produit d'un système pr. conçu, mais l'œuvre du temps ; elle n'a pas sa source dans des fictions préméditées, mais elle s'est glissée furtivement dans la tradition ; et quand le mythe s'est emparé de celle-ci pour la fixer, pour lui donner un corps, il l'a reproduite fidèlement. Quant à l'origine des mythes philosophiques, rien de plus simple. Comme les idées et les expressions abstraites faisaient défaut aux anciens sages, comme d'un autre côté ils tenaient à être compris de la foule accessible uniquement aux idées sensibles, ils s'imaginèrent d'avoir recours à une représentation figurative qui rendît leurs expressions plus claires, et servît comme d'enveloppe à leurs conceptions. Tel est, autant qu'on peut le préciser, la théorie générale des mythes ; théorie qui, dit-on, doit nous donner la clef des événements que l'histoire a consignés dans ses annales. Les partisans de ce système, pour expliquer la présence des mythes au fond des religions et des histoires anciennes, ont recours à un développement spontané de l'esprit humain. Voulez-vous savoir comment ils prétendent donner à cette supposition la certitude d'un théorème de géométrie ? Représentez-vous les premiers hommes jetés sur la terre, on ne sait trop pourquoi, ni comment, placés seuls en présence du monde matériel, sans aucune idée, sans aucune connaissance inhérente à leur nature, mais en possession de facultés plus ou moins vastes, qui devront nécessairement se développer sous l'influence des causes extérieures. Combien de temps passeront-ils ainsi sans arriver à la conscience de leur personnalité ? C'est là un des *desiderata* du système ; ou, si la solution du problème est trouvée, on a jugé à propos de la garder pour les initiés. Toujours est-il que, tout à coup, par une illumination soudaine, l'intelligence humaine s'éveilla, avec les puissances qui lui étaient propres, la vie intellectuelle et morale ! L'homme, qui jusqu'alors n'avait prêté aucune attention au spectacle que l'univers déroulait à ses regards, commença à se connaître et à se distinguer de ce qui n'était pas lui ; le moi se fit jour à travers le non-moi. Ce n'est pas tout : en entrant ainsi en possession de la vie, il saisit, sans aucun concours de sa volonté, sans aucun mélange de réflexion, les grands éléments qui la constituent, l'idée de l'infini, du fini et de leurs rapports ; il atteignit immédiatement, spontanément, à toutes les grandes vérités, à toutes les vérités essentielles (a). » La raison de son être, sa fin, ses destinées, lui apparurent clairement dans cette aperception primitive, et toutes ces perceptions se manifestèrent dans un langage harmonieux et pur, miroir vivant de son âme. Or, cette *action spontanée de la raison dans sa plus grande énergie, c'est l'inspiration*, et le premier produit de l'inspiration, de la spontanéité, c'est la religion (b). Elle débute par des hymnes et des cantiques ; la poésie est son langage, et le mythe, la forme nécessaire sous laquelle les hommes privilégiés qui possèdent cette faculté à sa plus haute puissance, transmettent à la foule *les vérités révélées par l'inspiration*. Il nous semble que jamais système ne réunit plus d'impossibilités, ne fut jamais en opposition plus flagrante avec les faits, la logique et la tradition. Qu'est-ce, en effet, que la prétendue spontanéité qui lui sert de base ? Un rêve, une hypothèse gratuite, une protestation mensongère contre les enseignements de l'histoire, une folle tentative pour substituer je ne sais quelle chimère à l'acte divin, à l'opération surnaturelle, à la révélation extérieure qui éclaira le berceau de l'humanité. Les symbolistes ont beau faire, ils ne parviendront jamais à étouffer la vérité sous l'amas de leurs hypothèses ; nous arriverons toujours, en suivant le fil des traditions antiques, à un âge où l'homme, au sortir des mains du Créateur, en reçoit immédiatement toutes les lumières et toutes les vérités, à un âge où Dieu, pour nous servir des expressions des

(a) M. Eg. Quinet, art. sur Strauss, Revue des deux mondes, 1er déc. 1838, p. 626.

(a) Voyez M. Cousin, Cours d'histoire d la philosophie, p. 43.
(b) M. Cousin, uoi-sup.

livres saints, *abaissant les hauteurs des cieux, descendant* sur la terre pour faire lui-même l'éducation de sa créature. Mais, indépendamment des traditions qui placent l'Eden au début de l'histoire, et qui conservent le souvenir de l'antique déchéance, la raison suffit pour démontrer l'absurdité de cette théorie. N'a-t-on pas, en effet, prouvé jusqu'à satiété que, si l'homme avait été abandonné dans l'état où nous le représentons à son origine, jamais il n'en serait sorti? N'est-il pas évident, pour quiconque sait comprendre le langage d'une saine métaphysique, que l'esprit humain est dans l'impossibilité absolue d'inventer la pensée, de créer les idées et la parole, d'enfanter la société, la religion; qu'il lui faut une excitation extérieure pour naître à la vie intellectuelle comme à la vie physique. Dès lors, si Dieu a créé l'homme avec les idées et la parole, s'il a fécondé sa pensée, s'il lui a révélé une religion, une fois en possession de ces éléments intégrants de la vie spirituelle, n'a-t-il pas dû se développer naturellement? A quoi bon recourir alors à la spontanéité de l'esprit humain? « Les idées, les expressions, dit M. Maret, voilà les vraies conditions de ses manifestations. Comment la forme mythique pourrait-elle être impliquée dans ces conditions nécessaires? N'est-elle pas une complication absolument inutile? Qu'on prouve cette nécessité : nous ne sachions pas qu'on l'ait fait encore (*a*).

« On est forcé de convenir que la création des mythes est une opération très-compliquée; aussi accorde-t-on aux premiers humains des facultés extraordinaires, et qui n'ont pas d'analogue dans l'état actuel de la civilisation. En effet, quelle puissance ne faut-il pas supposer dans les inventeurs des mythes pour pouvoir mettre en harmonie, pour assortir les idées et les symboles, et les faire adopter aux autres! On rentre ainsi dans le surnaturel et le miraculeux, auquel on veut échapper par la théorie des mythes. Qu'on ne croie pas se tirer d'embarras en disant que les mythes ne sont pas la création d'un seul homme, mais d'un peuple, d'une société, d'un siècle. Cette réponse ne fait que reculer la difficulté et rend tout à fait inexplicable l'unité qu'on remarque et qu'on admire dans ces récits. Et la bonne foi des inventeurs, que vous en semble? Conçoit-on qu'un homme sain d'esprit puisse s'abuser au point de prendre pour des réalités les rêves de son imagination?... Telles sont cependant les bases sur lesquelles s'appuie la théorie des mythes. Quand, pour nier l'ordre surnaturel et divin, on est réduit à ces misérables assertions, on ne réussit qu'à jeter sur son entreprise le discrédit et le ridicule et à affermir les vérités que l'on voulait ébranler. Au reste, c'est justice : il ne faut pas que l'homme puisse s'attaquer impunément à l'œuvre de Dieu. »

# N

**NAAMAN.** *Voy.* Élisée.
**NABUCHODONOSOR.** *Voy.* Daniel.
**NAHUM** est le septième des douze petits prophètes; il prédit la ruine de Ninive, et il la peint sous les images les plus vives; il renouvelle contre cette ville les menaces que Jonas avait faites longtemps auparavant. Cette prophétie ne contient que trois chapitres, et on ne sait pas certainement en quel temps elle a été faite; on conjecture que ce fut sous le règne de Manassès.
**NAISSANCE DE JÉSUS-CHRIST.** *Voy.* Marie.
**NATHAN**, prophète qui vivait sous le règne de David. Lorsque ce roi se fut rendu coupable d'adultère et d'homicide, *Nathan* vint le trouver de la part de Dieu, et sous la parabole d'un homme qui avait enlevé la brebis d'un pauvre, il réduisit David à confesser son péché et à se condamner lui-même (*II Reg.* XII). Les Pères de l'Eglise ont proposé ce prophète comme un modèle de la fermeté avec laquelle les ministres du Seigneur doivent annoncer la vérité aux rois, et les avertir de leurs fautes, en conservant cependant le respect et les égards dus à leur dignité. Quelques incrédules ont blâmé la facilité avec laquelle il accorde le pardon de deux très-grands crimes, mais ils ont eu tort de dire que David en fut quitte pour les avouer : *Nathan* lui annonça les malheurs qui allaient fondre sur lui et sur sa famille, en punition du scandale qu'il avait donné : et ces menaces furent exécutées à la lettre. *Voy.* David.

**NATHINÉENS**, nom dérivé de l'hébreu *nathan*, donner. Les *nathinéens* étaient des hommes donnés ou voués au service du tabernacle, et ensuite du temple chez les Juifs, pour en remplir les emplois les plus pénibles et les plus bas, comme de porter le bois et l'eau nécessaires pour les sacrifices. Les Gabaonites furent d'abord destinés à ces fonctions (*Josue*, IX, 27). Dans la suite, on y assujettit ceux des Chananéens qui se rendirent, et auxquels on conserva la vie. On lit dans le livre d'Esdras, c. VIII, que les *nathinéens* étaient des esclaves voués par David et par les princes pour le service du temple; et il est dit ailleurs qu'ils avaient été donnés par Salomon. En effet, on voit (*III Reg.* IX, 21) que ce prince avait assujetti les restes des Chananéens, et les avait contraints à différentes servitudes. Il y a toute apparence qu'il en donna un nombre aux prêtres et aux lévites, pour les servir dans le temple. Les *nathinéens* furent emmenés en captivité par les Assyriens avec la tribu de Juda, et il y en avait un grand nombre vers les portes Caspiennes. Esdras en ramena quelques-uns en Judée au retour de la captivité, et les plaça dans les villes qui leur furent assignées; il y en eut aussi à Jérusalem qui occupèrent le quartier d'Ophel. Le nombre de ceux qui revinrent avec Esdras, et ensuite avec Néhémie, ne se montait à guère plus de six cents. Comme ils ne suffisaient pas pour le service du temple, on institua dans la suite une fête nommée *Xylophorie*, dans laquelle le peuple portait en solennité du bois au temple, pour l'entretien du feu sur l'autel des holocaustes. Il est parlé de cette institution (*II Esdr.* X, 34). *Voyez* Reland, *Antiquit. sacræ veter. Hebræor.*, IV part., c. 9, § 7.

**NATIONS.** *Voy.* Gentils.
**NATIVITÉ**, *natalis dies* ou *natalitium*,

---

(*a*) Voyez M. de Bonald, *Recherches philosophiques.* — M. l'abbé Maret, *Essai sur le panthéisme*, chap. 6.

Dictionn. de Théol. dogmatique. III.

expressions qui sont principalement d'usage en style de calendrier ecclésiastique, pour désigner la fête d'un saint. Ainsi l'on dit la *nativité* de la sainte Vierge, la *nativité* de saint Jean-Baptiste, et c'est alors le jour de leur naissance. Quand on dit simplement la *Nativité*, on entend le jour de la naissance de Notre-Seigneur, ou la fête de Noël. *Voy.* NOEL. Mais dans les martyrologes et les missels, *natalis* signifie beaucoup plus souvent le jour du martyre ou de la mort d'un saint, parce qu'en mourant, les saints ont commencé une vie immortelle et sont entrés en possession du bonheur éternel (Bingham, tom. IX, pag. 133). Par analogie, cette expression a été transportée à d'autres fêtes : ainsi l'on a nommé *natale episcopatus*, le jour anniversaire de la consécration d'un évêque, *idem*, t. II, pag. 188; *natalis calicis*, le jeudi-saint, fête de l'institution de l'eucharistie; *natalis cathedræ*, la fête de la chaire de saint Pierre ; *natalitium ecclesiæ*, la fête de la dédicace d'une église.

NATIVITÉ DE LA SAINTE VIERGE, fête que l'Eglise romaine célèbre tous les ans, pour honorer la naissance de la Vierge Marie, mère de Dieu, le 8 septembre. Il y a plus de mille ans que cette fête est instituée ; il est parlé dans l'ordre romain des homélies et de la litanie que l'on y devait lire, suivant ce qui avait été réglé par le pape Serge, l'an 688. Dans le *Sacramentaire* de saint Grégoire, publié par dom Ménard, on trouve des collectes, une procession et une préface propres pour ce jour-là, de même que dans l'ancien *Sacramentaire romain*, publié par le cardinal Thomasi, et qui, au jugement des savants, est le même dont saint Léon et quelques-uns de ses prédécesseurs se sont servis. Les Grecs, les cophtes et les autres chrétiens de l'Orient célèbrent cette fête aussi bien que l'Eglise romaine ; son institution a donc précédé leur schisme, qui subsiste depuis plus de douze cents ans. Le Père Thomassin et quelques autres, qui ont cru qu'elle était plus récente, disent que ce qui s'en trouve dans les anciens monuments que nous venons de citer peut être une addition faite dans les siècles postérieurs; mais, outre qu'il n'y a point de preuve positive de cette addition, la pratique des chrétiens orientaux témoigne le contraire; ils n'ont pas emprunté une fête de l'Eglise romaine, depuis qu'ils en sont séparés. Voyez *Vies des Pères et des martyrs*, t. VIII, p. 389. On dit que les chrétiens orientaux n'ont commencé à la célébrer que dans le XII° siècle : où sont les preuves de cette date ? Les critiques trop hardis exigent qu'on leur prouve toutes les époques ; eux-mêmes se croient dispensés de prouver.

NATURE, NATUREL. Il n'est peut-être aucun terme dont l'abus soit plus fréquent parmi les philosophes, et même parmi les théologiens; il est cependant nécessaire d'en avoir une idée juste, pour entendre les différentes significations du mot *surnaturel*. Les athées, qui n'admettent point d'autre substance dans l'univers que la matière, entendent par la *nature* la matière même avec toutes ses propriétés connues ou inconnues ; c'est la matière aveugle et privée de connaissance qui opère tout, sans l'intervention d'aucun autre agent. Lorsqu'ils nous parlent des *lois de la nature*, ils se jouent du terme de *loi*, puisqu'ils entendent par là une nécessité immuable, de laquelle ils ne peuvent donner aucune raison. La matière ne peut donner des lois ni en recevoir, sinon d'une intelligence qui l'a créée et qui la gouverne. Dans l'hypothèse de l'athéisme, rien ne peut être contraire aux prétendues lois de la *nature*; rien n'est positivement ni bien ni mal, puisque rien ne peut être autrement qu'il est. L'homme lui-même n'est qu'un composé de matière, comme une brute; les sentiments, les inclinations, la voix de la *nature*, sont les sentiments et les penchants de chaque individu; ceux d'un scélérat sont aussi conformes à sa *nature* que ceux d'un homme vertueux sont analogues à la sienne.

Dans la croyance d'un Dieu, la *nature* est le monde tel que Dieu l'a créé, et les lois de la *nature* sont la volonté de ce souverain maître ; c'est lui qui a donné le mouvement à tous les corps, et qui a établi les lois de leur mouvement, desquelles ils ne peuvent s'écarter. Pour qu'il arrive quelque chose contre ses lois, il faut que ce soit lui-même qui l'opère, et alors cet événement est surnaturel ou miraculeux, c'est-à-dire contraire à la marche ordinaire que Dieu fait suivre à tel ou tel corps. *Voy.* MIRACLE. Selon ce même système, le seul vrai et le seul intelligible, la *nature* de l'homme est l'homme tel que Dieu l'a fait : or, il l'a composé d'une âme et d'un corps ; il l'a créé intelligent et libre. Entre les divers mouvements de son corps, les uns dépendent de sa volonté, tel que l'usage de ses mains et de ses pieds, les autres n'en dépendent point, comme le battement du cœur, la circulation du sang, etc. Ces mouvements suivent ou les lois générales que Dieu a établies pour tous les corps, ou des lois particulières qu'il a faites pour les corps vivants et organisés. Lorsque la machine vient à se détraquer, ce qui arrive n'est plus *naturel*, selon l'expression ordinaire des physiciens, c'est-à-dire n'est plus conforme à la marche ordinaire des corps vivants ; mais ce n'est pas un événement surnaturel, puisque, selon le cours de la *nature*, il peut arriver des accidents à tous les corps organisés, qui dérangent leurs fonctions. Dieu a donné à l'homme un certain degré de force ou d'empire sur son propre corps et sur les autres. Ce degré est plus ou moins grand dans les divers individus; mais il ne passe jamais une certaine mesure : s'il arrivait à un homme d'aller beaucoup au delà, cette force serait regardée comme surnaturelle et miraculeuse. Quant à l'âme de l'homme, Dieu lui a prescrit des lois d'une autre espèce, que l'on appelle lois morales et *lois naturelles*, parce qu'elles sont conformes à la *nature* d'un esprit intelligent et libre, destiné à mériter un bonheur éternel par la vertu, mais qui peut encourir un malheur éternel par le crime. De même il a donné à cette âme un certain degré de force, soit pour penser, pour réfléchir, pour acquérir de nouvelles connaissances ; soit pour modérer les appétits du corps, pour réprimer les inclinations vicieuses que nous nommons les passions, pour pratiquer des actes de vertu. Cette double force est plus ou moins grande, selon la constitution des divers individus : la première se nomme *lumière naturelle*, la seconde *force naturelle*. Dieu peut ajouter à l'une et à l'autre le secours de la grâce, qui éclaire l'esprit et excite la volonté de l'homme ; alors cette lumière et cette force sont *surnaturelles* ; mais elles ne sont pas miraculeuses, parce qu'il est du cours ordinaire de la Providence d'accorder ce secours plus ou moins à l'homme qui en a besoin, dont la lumière et les forces ont été affaiblies par le péché. Conséquemment l'on appelle *actions surnaturelles*, ou *vertus surnaturelles*, les actions louables que l'homme fait par le secours de la grâce. Ce n'est pas ici le lieu d'examiner si, par les seules forces *naturelles*, l'homme peut faire des actions moralement bonnes, qui ne sont ni des péchés, ni méritoires de la récompense éternelle. *Voy.* GRACE, § 1.

Comme les lumières *naturelles* de l'homme sont très-bornées, Dieu a daigné l'instruire dès le commencement du monde, et lui a fait connaître par une révélation surnaturelle les lois morales et les devoirs qu'il lui imposait ; il lui a donné une religion. Ce fait sera prouvé au mot RÉVÉLATION. Ainsi les déistes abusent des termes, lorsqu'ils disent que la loi *naturelle* est celle que l'homme peut connaître par les seules lumières de sa raison ; que la religion *naturelle* est le culte que la raison laissée à elle-même peut découvrir qu'il faut rendre à Dieu. Le degré de raison et de lumière naturelle n'est pas le même dans tous les hommes, il est presque nul dans un sauvage. (*Voy.* LANGAGE) ; comment donc estimer ce que la raison humaine, prise en général et dans un sens abstrait, peut ou ne peut pas faire ? D'ailleurs, la raison n'est jamais laissée à elle-même : ou les hommes ont été instruits par une tradition venue de la révélation primitive, ou leur raison a été pervertie dès le berceau par une mauvaise éducation. *Voy.* RELIGION NATURELLE. Dans un autre sens, on a nommé *naturel* ce que Dieu devait donner à l'homme en le créant, et *surnaturel* ce qu'il ne devait pas, ce qu'il lui a donné, non par justice, mais par bonté pure. Conséquemment on a demandé si les dons que Dieu a daigné départir au premier homme étaient *naturels* ou surnaturels, dus par justice ou purement gratuits. Cette question sera résolue dans l'article suivant. Dans l'état actuel des choses, il y a une inégalité prodigieuse entre les divers individus de la *nature* humaine. Lorsque Dieu donne à un homme, en le mettant au monde, des organes mieux conformés, un esprit plus pénétrant et plus juste, des passions plus calmes, une plus belle âme qu'à un autre, ces dons sont certainement très-gratuits ; cependant nous disons encore que ce sont des dons *naturels*. Si Dieu procure encore à cet heureux mortel une excellente éducation, de bons exemples, tous les moyens possibles de contracter l'habitude de la vertu, ces nouvelles faveurs sont-elles encore *naturelles* ou surnaturelles, dues par justice ou purement gratuites ? Il n'est pas fort aisé de tracer la ligne qui sépare les dons de la *nature* d'avec ceux de la grâce.

Il est facile de concevoir que le secours de la grâce est *surnaturel* dans un double sens ; 1° parce qu'il nous donne des lumières et une force que nous n'aurions pas sans lui ; 2° parce que Dieu ne nous le doit pas, et que nous ne pouvons le mériter en rigueur de justice, par nos désirs, par nos prières, par nos bonnes œuvres *naturelles*. Mais il n'est pas moins certain que Dieu nous l'a promis, et que Jésus-Christ l'a mérité pour nous. Hors de là, nous ne nous entendons plus lorsque nous disputons sur ce qui est *naturel* ou surnaturel. Saint Paul dit (*I Cor.* II, 14) : « La *nature* ne nous dit-elle pas que si un homme porte des cheveux longs, c'est une ignominie pour lui ? » Par là *nature*, saint Paul entend l'usage ordinaire. *Rom.*, c. II, v. 14, il dit : « Lorsque les gentils, qui n'ont point de loi (écrite), font *naturellement* ce que la loi commande, ils sont à eux-mêmes leur propre loi, et ils lisent les préceptes de la loi au fond de leur cœur. » Par le mot *naturellement*, l'Apôtre ne prétend point que les gentils pouvaient observer les préceptes de la loi *naturelle* par les seules forces de leur libre arbitre, mais par ces forces aidées de la grâce, comme l'a très-bien observé saint Augustin contre les pélagiens. Ici la *nature* exclut seulement la révélation. Mais quand il dit (*Ephes.* XI, 3) *Eramus natura filii iræ*, il entend la naissance ; de même que (*Gal.* II, 15), *nos natura Judæi*, signifie nous Juifs de naissance. Dans le discours ordinaire, la *nature* et la *personne* sont la même chose ; on ne distingue point entre une *nature* humaine et une personne humaine ; mais la révélation du mystère de la sainte Trinité et de celui de l'incarnation a forcé les théologiens à distinguer la *nature* d'avec la personne. En Dieu la *nature* est une, les personnes sont trois ; en Jésus-Christ Dieu et homme, il n'y a point de personne humaine ; la *nature* humaine est unie substantiellement à la personne divine. Chez les anciens auteurs latins, *natura* signifie quelquefois l'existence : ainsi, dans Cicéron, *natura deorum* est l'existence des dieux.

NATURE DIVINE. *Voy.* DIEU.
NATURE HUMAINE. *Voy.* HOMME.
NATURE (état de), ou de pure *nature*. Pour savoir ce que c'est, il faut se souvenir que le premier homme avait été créé dans l'état d'innocence, non-seulement exempt de péché, mais orné de la grâce sanctifiante et destiné à un bonheur éternel ; il n'était su-

jet ni aux mouvements de la concupiscence, ni à la douleur, ni à la mort. On demande si Dieu n'aurait pas pu le créer autrement, sujet aux mouvements de la concupiscence, à la douleur et à la mort, quoique exempt de péché, et destiné à un bonheur éternel plus ou moins parfait. C'est ce que l'on appelle *état de pure nature*, par opposition à l'état d'innocence et de grâce.

Quelques théologiens se sont trouvés obligés par engagement de système à soutenir que cela n'était pas possible; ils ont dit que la grâce sanctifiante ou la justice originelle, et les autres dons desquels elle était accompagnée, n'étaient point des grâces proprement dites ou des faveurs surnaturelles que Dieu eût accordées à l'homme, mais que c'était la condition naturelle de l'homme innocent ou exempt de péché; qu'ainsi Dieu n'aurait pas pu le créer autrement. C'est la doctrine qu'a soutenue Baïus, dans son traité *de Prima hominis justitia*, lib. I, chap. 4 et suiv.; et malgré la condamnation qu'elle a essuyée, elle a trouvé des partisans. Nous ne savons pas si ces théologiens se sont bien entendus eux-mêmes; mais leur système est certainement faux, contraire au souverain domaine de Dieu et à sa bonté, sujet à plusieurs conséquences erronées. — 1° Il y a bien de la témérité à vouloir prescrire à Dieu le degré précis de perfection et de bien-être qu'il était obligé par justice d'accorder à une créature à laquelle il ne devait pas seulement l'existence. C'est adopter l'opinion des manichéens, qui soutenaient que l'homme tel qu'il est ne peut pas être l'ouvrage d'un Dieu juste et bon; qu'il a sûrement été créé par un Dieu méchant. C'est encore de ce principe que partent les athées pour blasphémer contre la Providence et nier l'existence de Dieu. — 2° Pour réfuter les manichéens, saint Augustin a posé le principe contraire, savoir, que Dieu étant tout-puissant, il a pu augmenter à l'infini les dons, les perfections, les degrés de bonheur qu'il accordait aux anges et à l'homme en les créant; il aurait pu en donner davantage à notre premier père, il pouvait aussi lui en accorder moins, puisqu'il ne lui devait rien, et qu'il est souverainement libre et indépendant. Dans une gradation infinie d'états plus ou moins heureux et parfaits, tous possibles, aucun n'est un bien ni un mal absolu, mais seulement par comparaison; il n'en est par conséquent aucun qui soit absolument digne ou indigne d'une bonté infinie, et auquel Dieu ait été obligé par justice de s'arrêter. De là saint Augustin a très-bien conclu que, quand l'ignorance et la difficulté de faire le bien, avec lesquelles nous naissons, seraient *l'état naturel* de l'homme, il n'y aurait pas lieu d'accuser, mais plutôt de louer Dieu. *L.* III, *de lib. Arb.*, c. 5, n. 12 et 13; *de Genesi ad litt.*, l. XI, c. 7, n. 9; *Epist.* 186 *ad Paulin.*, c. 7, n. 22; *de Dono persev.*, c. 11, n. 26; *L.* I, *Retract.*, cap. 9, n. 6; *Op. imper. contra Jul.*, l. V, num. 53 et 60. Il faut dire la même chose des souffrances et de la mort auxquelles nous sommes assujettis. 3° Ceux qui ont prétendu que saint Augustin n'a ainsi parlé que par complaisance pour les manichéens, se sont trompés, ou ils ont voulu en imposer, puisque le saint docteur a répété la même chose non-seulement dans ses écrits contre les manichéens, mais encore dans quatre ou cinq de ses ouvrages contre les pélagiens, et même dans le dernier de tous. Bien plus, sans le principe lumineux qu'il a posé, il lui aurait été impossible de réfuter les pélagiens, qui soutenaient que la permission du péché originel et sa punition étaient deux suppositions contraires à la justice de Dieu, et nous serions encore hors d'état de satisfaire aux objections des athées. Près d'un siècle avant saint Augustin, saint Athanase avait enseigné que, « par la transgression du commandement de Dieu, nos premiers parents furent réduits à la condition de *leur propre nature*; de manière que, comme ils avaient été tirés du néant, ils furent condamnés avec justice à éprouver dans la suite la corruption de leur être....; car enfin l'homme est mortel *de sa nature*, puisqu'il a été fait de rien. » *De Incarn. Verbi Dei*, n. 4; *Op.*, t. I, p. 50. — 4° S'il était vrai que Dieu, sans déroger à sa justice et sa bonté, n'a pas pu créer le premier homme dans un état moins heureux et moins parfait, il serait aussi vrai que Dieu, sans cesser d'être juste et bon, n'a pas pu permettre que l'homme déchût de son état par le péché, et qu'il entraînât par sa dégradation celle du genre humain tout entier. Car enfin Dieu pouvait lui accorder l'impeccabilité aussi aisément que l'innocence, puisqu'il l'accorde aux saints dans le ciel; alors l'état de l'homme aurait été infiniment meilleur et plus parfait qu'il n'était, par conséquent plus analogue à la bonté infinie de Dieu. Puisque Dieu n'était pas obligé de lui accorder ce don, pourquoi était-il obligé de lui départir tous ceux dont il l'avait enrichi? Jamais l'on ne pourra le montrer. — 5° Eve, sans doute, a été créée dans la même innocence qu'Adam; peut-on prouver qu'à l'égard de tous les dons du corps et de l'âme, elle était égale à son époux? S'il y avait entre eux de l'inégalité, il n'est donc pas vrai que tous ces dons, et le degré dans lequel l'homme les possédait, étaient l'apanage nécessaire et inséparable de l'innocence originelle. Suivant la narration de l'Ecriture sainte, Eve fut tentée, parce qu'elle vit que le fruit défendu était beau à la vue et devait être agréable au goût (*Gen.* III, 6). Cette faiblesse ressemble beaucoup à un degré de concupiscence. Mais qu'on la nomme comme on voudra, c'était certainement une imperfection, et si notre première mère avait eu plus de force d'âme, cela eût été très-avantageux pour elle et pour nous. — 6° Par ces diverses observations l'on démêle aisément l'équivoque d'un principe posé par saint Augustin, et duquel on a trop abusé: savoir, que, sous un Dieu juste, personne ne peut être *malheureux* s'il ne l'a pas mérité. Il ne peut être *absolument malheureux*, sans doute ; mais l'état dans lequel nous naissons est-il *absolument malheureux?* Il ne l'est que par comparaison à un état plus heureux ; et par la même raison, c'est un état heureux en comparaison d'un autre qui le serait moins. Prendre les termes de *bonheur* et de *malheur*, qui sont purement relatifs, pour des termes absolus, c'était le sophisme des manichéens : c'est encore celui des athées et de tous ceux qui raisonnent sur l'origine du mal. On y tombe encore, quand on dit que Dieu se devait à lui-même de rendre *heureuse* une créature faite à son image. Jusqu'à quel point devait-il la rendre *heureuse?* Voilà la question, et jamais nous n'aurons un principe évident pour la résoudre. Mais il y en a un duquel il ne faut jamais s'écarter, c'est celui qu'a posé saint Augustin, et qui est dicté par la droite raison : savoir, que comme il n'est point en ce monde de bonheur ni de malheur absolu, mais seulement par comparaison, Dieu a pu, sans déroger à aucune de ses perfections, créer l'homme innocent dans un état plus heureux et plus parfait que celui d'Adam ; que, par la même raison, il a pu aussi le créer dans un état moins heureux et moins parfait : il est donc absolument faux que les dons qu'il avait accordés à notre premier père, soit à l'égard du corps, soit à l'égard de l'âme, aient été un apanage nécessaire et inséparable de son innocence et de sa création.

Niez-vous, nous dira-t-on peut-être, que les défauts et les souffrances actuelles de l'homme ne prouvent le péché originel et la dégradation de la nature humaine? Les païens mêmes l'ont senti, et saint Augustin l'a remarqué. Nous répondons qu'ils en ont fait une simple conjecture, mais qu'ils étaient incapables de le prouver, et que nous ne le savons nous-mêmes que par la révélation. Si saint Augustin avait regardé leur raisonnement comme une démonstration, il aurait renversé le principe qu'il avait posé contre les manichéens, et qui est de la plus grande évidence ; mais il ne l'a pas fait, puisqu'il l'a répété constamment jusque dans son dernier ouvrage.

Dès qu'il est prouvé par la révélation que nous naissons souillés du péché et condamnés à expier par des souffrances, peu importe à notre félicité temporelle de savoir jusqu'à quel point nous aurions été heureux, si Adam avait persévéré dans l'innocence ; mais il importe infiniment à notre salut de reconnaître ce que Dieu a fait pour réparer la nature humaine, afin d'être reconnaissants envers la miséricorde divine et envers la charité de notre Rédempteur. Notre consolation est de savoir que par sa mort il a détruit l'empire du démon, qu'il nous a réconciliés avec Dieu, et qu'il nous a ouvert de nouveau la porte du ciel. *Voy.* RÉDEMPTION.

**NAZARÉAT, NAZARÉEN.** Ces deux mots sont dérivés de l'hébreu *nazar*, distinguer, séparer, imposer des abstinences ; les *nazaréens* étaient des hommes qui s'abstenaient par vœu de plusieurs choses permises : le *nazaréat* était le temps de leur abstinence : c'était une espèce de purification ou de consécration ; il en est parlé dans le *livre des Nombres*, c. vi. On y voit que le *nazaréat* consistait en trois choses principales : 1° à s'abstenir de vin et de toute boisson capable d'enivrer ; 2° à ne point se raser la tête et à laisser croître les cheveux ; 3° à éviter de toucher les morts et de s'en approcher.

Il y avait chez les Juifs deux espèces de *nazaréat* ; l'un perpétuel et qui durait toute la vie, l'autre passager qui ne durait que pendant un certain temps. Il avait été prédit de Samson (*Judic.* xiii, 5 et 7), qu'il serait *nazaréen de Dieu* depuis son enfance ; Anne, mère de Samuel, promit (*I Reg.* i, 11), de le consacrer au Seigneur pour toute sa vie, et de ne point lui faire raser la tête. L'ange qui annonça à Zacharie la naissance de saint Jean-Baptiste, lui dit que cet enfant ne ferait usage d'aucune boisson capable d'enivrer, et qu'il serait rempli du Saint-Esprit dès le sein de sa mère (*Luc.* i, 15). Ce sont là autant d'exemples de *nazaréat* perpétuel. Les rabbins pensent que le *nazaréat* passager ne durait que trente jours ; mais ils l'ont ainsi décidé sur des idées cabalistiques qui ne prouvent rien ; il est plus probable que cette durée dépendait de la volonté de celui qui s'y était engagé par un vœu, et que ce vœu pouvait être plus ou moins long. Le chapitre vi du *livre des Nombres* prescrit ce que le *nazaréen* devait faire à la fin de son vœu ; il devait se présenter au prêtre, offrir à Dieu des victimes pour trois sacrifices, du pain, des gâteaux et du vin pour les libations ; ensuite on lui rasait la tête, et on brûlait ses cheveux au feu de l'autel ; dès ce moment, son vœu était censé accompli, il était dispensé des abstinences auxquelles il s'était obligé. Ceux qui faisaient le vœu du *nazaréat* hors de la Palestine, et qui ne pouvaient se présenter au temple à la fin de leur vœu, se faisaient raser la tête où ils se trouvaient, et remettaient à un autre temps l'accomplissement des autres cérémonies ; ainsi en usa saint Paul à Cenchrée, à la fin de son vœu (*Act.* xvi, 18). Les rabbins ont imaginé qu'une personne pouvait avoir part au mérite du *nazaréat*, en contribuant aux frais des sacrifices du *nazaréen*, lorsqu'elle ne pouvait faire davantage ; cette opinion n'est fondée sur aucune preuve.

Spencer, dans son *Traité des lois cérémonielles des Hébreux*, ii° part., dissert. c. 6, observe que la coutume de nourrir la chevelure des jeunes gens à l'honneur de quelque divinité, et de la lui consacrer ensuite, était commune aux Egyptiens, aux Syriens, aux Grecs, etc. ; et il suppose très-mal à propos que Moïse ne fit que purifier cette cérémonie, en l'imitant et la destinant à honorer le vrai Dieu. Il dit qu'il n'est pas probable que ces nations l'aient empruntée des Juifs ; mais il est encore moins probable que Moïse l'ait empruntée d'eux, et il est fort incertain si cet usage était déjà pratiqué de son temps par les idolâtres. Si Spencer et d'autres y avaient mieux réfléchi, ils auraient vu qu'il n'y a point ici d'emprunt, que la coutume des païens n'avait rien de commun avec le *nazaréat* des Hébreux. Les jeunes Grecs nourrissaient leur chevelure jusqu'à l'âge de puberté : alors les cheveux les auraient embarrassés dans la lutte, dans l'action de nager et dans d'autres exercices; ils les consacraient donc à Hercule, qui présidait à la lutte, ou aux nymphes des eaux, protectrices des nageurs; ils les suspendaient dans les temples et les conservaient dans des boîtes; ils ne les brûlaient pas. Leur motif était donc tout différent de celui des Juifs. Sous un climat aussi chaud que la Palestine, la chevelure était incommode; c'était une mortification de la garder, aussi bien que de s'abstenir du vin, etc.

Nous lisons dans saint Matthieu, c. II, v. 23, que Jésus enfant demeurait à *Nazareth*, et qu'il accomplissait ainsi ce qui est dit par les prophètes, *Il sera nommé Nazaréen*. Ce nom, disent les rabbins et les incrédules leurs copistes, ne se trouve dans aucun prophète en parlant du Messie; saint Matthieu a donc cité faux dans cet endroit. Ils se trompent. Soit que l'on rapporte ce nom à *netser*, rejeton, ou à *natzar*, conserver, garder, ou à *nazir*, homme constitué en dignité, etc. cela est égal. Isaïe, c. XI, v. 1, parlant du Messie, le nomme un rejeton, *netser*, qui sortira de Jessé. C. XLII, v. 6, Dieu dit au Messie : Je vous ai *gardé* pour donner une alliance à mon peuple et la lumière aux nations. L'hébreu emploie le prétérit ou le futur *natzar*. C. LII, v. 13, il dit que le Messie sera élevé, exalté, constitué en dignité. La version syriaque a rapporté ce nom à *netser*, rejeton : elle fait ainsi allusion au premier de ces passages d'Isaïe; le nom de la ville de *Nazareth* y est écrit de même ; cette allusion était donc très-sensible dans le texte hébreu de saint Matthieu, et il est incertain si la version syriaque n'a pas été faite sur le texte même, plutôt que sur le grec. Ainsi saint Jérôme, dans son *Prologue sur la Genèse*, n'a pas hésité de rapporter le *Nazaræus* de saint Matthieu au texte d'Isaïe, c. XI, v. 1.

NAZARÉENS, hérétiques qui ont paru dans le IIe siècle de l'Eglise. Voici l'origine de cette secte. On sait par les *Actes des apôtres*, c. XV, que parmi les docteurs juifs qui avaient embrassé le christianisme, quelques-uns se persuadèrent que, pour obtenir le salut, ce n'était pas assez de croire en Jésus-Christ et de pratiquer sa doctrine, qu'il fallait encore observer la loi de Moïse ; conséquemment ils voulaient que les gentils même convertis fussent assujettis à recevoir la circoncision et à garder la loi cérémonielle. Les apôtres assemblés à Jérusalem décidèrent le contraire; ils écrivirent aux fidèles convertis de la gentilité qu'il leur suffisait de s'abstenir du sang, des chairs suffoquées et de la *fornication*; quelques auteurs ont cru que sous ce nom les apôtres entendaient tout acte d'idolâtrie. Mais ils ne décidèrent point que les Juifs de naissance devenus chrétiens devaient cesser d'observer la loi de Moïse; nous voyons au contraire (*Act*. XXI, 20 et suiv.) que les apôtres et saint Paul lui-même continuèrent à garder les cérémonies juives, non comme nécessaires au salut, mais comme utiles à la police de l'Eglise juive. Ces cérémonies ne cessèrent qu'à la destruction de Jérusalem et du temple, l'an 70. Il paraît que, même après cette destruction, les Juifs chrétiens, qui s'étaient retirés à Pella et dans les environs, ne quittèrent point leur ancienne manière de vivre et qu'on ne leur en fit pas un crime.

Vers l'an 137, l'empereur Adrien, irrité par une nouvelle révolte des Juifs, acheva de les exterminer, et prononça contre eux une proscription générale; alors les chrétiens juifs d'origine sentirent la nécessité de s'abstenir de toute marque de judaïsme. Quelques-uns, plus entêtés que les autres, s'obstinèrent à garder leurs cérémonies, et firent bande à part; on leur donna le nom de *nazaréens*, soit que ce nom eût été déjà donné aux juifs chrétiens en général, comme nous le voyons (*Act*. XXIV, 5), soit que ce fût pour lors un terme nouveau, destiné à désigner les schismatiques, et qui venait de l'hébreu, *nazar*, séparer. Bientôt ils se divisèrent en deux sectes, dont l'une garda le nom de *nazaréens*, les autres furent nommés *ébionites*. Quelques auteurs ont cru cependant que la secte des ébionites est plus ancienne que cette date, qu'elle fut formée d'abord par des juifs réfractaires à la décision du concile de Jérusalem, qu'elle eut pour chef un nommé Ebion, vers l'an 75. *Voy*. EBIONITES. Quoi qu'il en soit, les *nazaréens* en étaient distingués par leurs opinions. Ils joignaient, comme les ébionites, la foi de Jésus-Christ avec l'obéissance aux lois de Moïse, le baptême avec la circoncision ; mais ils n'obligeaient point les gentils qui embrassaient le christianisme à observer les rites du judaïsme, au lieu que les ébionites voulaient les y assujettir. Ceux-ci soutenaient que Jésus-Christ était seulement un homme né de Joseph et de Marie : les *nazaréens* le reconnaissaient pour le Fils de Dieu, né d'une Vierge, et ils rejetaient toutes les additions que les pharisiens et les docteurs de la loi avaient faites aux institutions de Moïse. Il est cependant incertain s'ils admettaient la divinité de Jésus-Christ dans un sens rigoureux, puisque l'on dit qu'ils croyaient que Jésus-Christ était uni en *quelque sorte* à la nature divine. *Voyez* Le Quien, dans ses *Notes et ses Dissert. sur saint Jean Damascène*, dissert. 7. Ils ne se servaient pas du même Evangile que les ébionites. Nous ne voyons pas pourquoi Mosheim, qui fait cette observation dans son *Histoire ecclésiastique*, blâme saint Epiphane d'avoir mis les *nazaréens* au rang des hérétiques. S'ils n'admettaient qu'une union morale entre la nature humaine de Jésus-Christ et la nature divine ; si, malgré la décision du concile de Jérusalem, ils regardaient encore les cérémonies judaïques comme nécessaires ou comme utiles au salut, ils n'étaient certainement pas orthodoxes.

Saint Epiphane dit que, comme les *nazaréens* avaient l'usage de l'hébreu, ils lisaient dans cette langue les livres de l'Ancien Testament. Ils avaient aussi l'Evangile hébreu de saint Matthieu, tel qu'il l'avait écrit; les *nazaréens* de Bérée le communiquèrent à saint Jérôme, qui prit la peine de le copier et de le traduire. Ce saint docteur ne les accuse point de l'avoir altéré ni d'y avoir mis aucune erreur. Il en a seulement cité quelques passages qui ne se trouvent dans aucun de nos Evangiles, mais qui ne sont pas fort importants. Nous ne savons pas sur quoi fondé Cassaubon a dit que cet Evangile était rempli de fables, qu'il avait été altéré et corrompu par les *nazaréens* et par les ébionites. Ces derniers ont pu corrompre celui dont ils se servaient, sans que l'on puisse attribuer la même témérité aux *nazaréens*. Si saint Jérôme y avait trouvé des fables, des erreurs, des altérations considérables, il n'aurait pas pris la peine de le traduire. Il est vrai que cet Evangile était appelé indifféremment l'Evangile des *nazaréens*, et l'Evangile selon les Hébreux; mais il n'est pas sûr que ce soit le même que l'Evangile des douze apôtres. Voyez *Fabricii codex apocryph. Nov. Testament.*, n. 35. Le traducteur de Mosheim assure mal à propos que saint Paul a cité cet Evangile. Cet apôtre dit (*Gal.* I, 6) : « Je m'étonne de ce que vous quittez sitôt celui qui vous a appelés à la grâce de Jésus-Christ pour embrasser un autre Evangile. » Mais il est clair que par *Evangile*, saint Paul entend la doctrine, et non un livre : il en est de même, v, 7 et 11.

Ce qu'il y a de certain, c'est qu'aucun auteur ancien n'a reproché aux *nazaréens* d'avoir contredit dans leur Evangile aucun des faits rapportés par saint Matthieu et par les autres évangélistes; voilà l'essentiel. Puisque c'étaient des Juifs convertis et placés sur les lieux, ils ont été à portée de vérifier les faits avant d'y ajouter foi; ils ne les ont pas crus légèrement, puisqu'ils poussaient à l'excès leur attachement au judaïsme. A l'occasion de cette secte, Toland et d'autres incrédules ont forgé une hypothèse absurde. Ils ont dit que les *nazaréens* étaient dans le fond les vrais disciples de Jésus-Christ et des apôtres, puisque l'intention de ce divin Maître et de ses envoyés était de conserver la loi de Moïse; mais que saint Paul, pour justifier sa désertion du judaïsme, avait formé le dessein de l'abolir, et en était venu à bout malgré les autres apôtres; que le christianisme actuel était l'ouvrage de saint Paul, et non la vraie religion de Jésus-Christ. Toland a voulu prouver cette imagination ridicule par un ouvrage intitulé *Nazarenus*. Il a été réfuté par plusieurs auteurs anglais, mais surtout par Mosheim, sous ce titre : *Vindiciæ antiquæ Christianør. disciplinæ adv. J. Tolandi Nazarenum*, in-8° *Hamburgi*, 1722. Il y fait voir que Toland n'a pas apporté une seule preuve positive de toutes ses imaginations; il soutient que la secte hérétique des *Nazaréens* n'a pas paru avant le IV° siècle. D'autres incrédules prétendent au contraire que le parti de saint Paul a eu le dessous, que les judaïsants ont prévalu, que ce sont eux qui ont introduit dans l'Eglise chrétienne l'esprit judaïque, la hiérarchie, les dons du Saint-Esprit, les explications allégoriques de l'Ecriture sainte, etc. Cette contradiction entre les idées de nos adversaires suffit déjà pour les réfuter tous. A l'article Loi CÉRÉMONIELLE, nous avons prouvé que l'intention de Jésus-Christ ni de ses apôtres ne fut jamais d'en conserver l'observation; ils n'auraient pu le faire sans contredire les prédictions des prophètes, et sans méconnaître la nature même de cette loi. Il n'est pas moins faux que saint Paul ait été d'un avis différent de celui de ses collègues sur l'inutilité des cérémonies légales par rapport au salut; le contraire est prouvé par la décision unanime du concile de Jérusalem, par les lettres de saint Pierre et de saint Jean, par celles de saint Barnabé, de saint Clément et de saint Ignace, par la conduite qu'ils ont suivie dans les églises qu'ils ont fondées, etc. Cette imagination des rabbins, qui était déjà venue dans l'esprit des manichéens, de Porphyre et de Julien, ne valait pas la peine d'être renouvelée de nos jours. *Voy.* SAINT PAUL, § 2. D'autre part, comment a-t-on pu conserver dans l'Eglise chrétienne l'esprit du judaïsme, pendant que les *nazaréens* et les ébionites ont été condamnés comme hérétiques, à cause de leur obstination à judaïser? On voit, par cet exemple et par beaucoup d'autres, que les ennemis du christianisme, anciens ou modernes, ne sont pas heureux en conjectures.

* NÉCESSARIENS. Priestley a voulu introduire une doctrine prétendue nouvelle, qui n'est que l'expression d'un grossier matérialisme. L'homme est tout matière. Il a sans doute la faculté de penser et de vouloir; mais sa volonté étant l'œuvre de la matière est nécessitée comme elle. De même que la gravité nécessite la chute d'une pierre jetée en l'air, de même le motif, qui n'est que la matière mise en mouvement, nécessite la volonté, à moins qu'il ne rencontre un obstacle. Ce système n'a pas besoin de discussion particulière, il est détruit par notre article NÉCESSITÉ (doctrine de la).

NAZIANZE. *Voy.* SAINT GRÉGOIRE.

NÉCESSITANT, terme dogmatique dont on se sert en parlant des causes de nos actions; ainsi l'on dit *motif nécessitant*, *grâce nécessitante*, pour exprimer une grâce ou un motif auxquels nous ne pouvons pas résister, et qui entraînent nécessairement le consentement de la volonté. A la réserve des protestants et des jansénistes, il n'est personne qui soutienne que la grâce est *nécessitante*, et que la volonté humaine ne peut résister à son impulsion; mais il est plusieurs théologiens qui, en rejetant le terme, semblent cependant admettre la chose, par la manière dont ils expliquent l'efficacité de la grâce. A l'article GRACE, § 4, nous avons prouvé par l'Ecriture sainte que souvent l'homme résiste à la grâce, et nous n'en sommes que trop convaincus par notre propre expérience. Nous sentons que quand nous faisons le mal avec remords; et en nous condamnant nous-mêmes, nous résistons à un mouvement intérieur qui nous en détourne; ce mouvement vient certainement de Dieu, et c'est une grâce à laquelle nous résistons. L'Eglise a justement condamné cette proposition de l'évêque d'Ypres : *On ne résiste jamais à la grâce intérieure dans l'état de nature tombée.* Voy. l'article suivant.

NÉCESSITÉ. C'est aux métaphysiciens de distinguer les divers sens de ce terme; mais il importe aux théologiens de remarquer l'abus que les matérialistes en ont fait pour fonder une morale dans leur système. Ils disent que le devoir ou l'obligation de faire telle action et d'en éviter telle autre, consiste dans la *nécessité* d'agir ainsi ou d'être blâmé par notre propre conscience et par nos semblables, de recevoir tel ou tel préjudice de notre conduite. *Voy.* LIBERTÉ. Indépendamment des autres absurdités de ce système, que nous avons remarquées au mot DEVOIR, il est évident qu'il détruit la notion de la *vertu.* Ce terme signifie la *force de l'âme.* Est-il besoin de force pour céder à la *nécessité*? C'est pour y résister qu'il faut une âme forte. Un scélérat consommé étouffe ses remords, méprise le jugement de ses semblables, brave les dangers dans lesquels le jette un crime : ce n'est point là la force de l'âme qui constitue la vertu ; c'est plutôt la faiblesse d'une âme dépravée, qui cède à la violence d'une passion déréglée et à l'habitude de commettre le crime. La vraie force ou la vertu consiste à vaincre notre sensibilité physique, nos besoins, notre intérêt momentané, nos passions, lorsqu'il y a une loi qui nous l'ordonne. Les matérialistes ne font donc qu'un sophisme, lorsqu'ils disent qu'un homme qui se détruit afin de ne plus souffrir, ne pèche point, parce qu'il cède à la *nécessité* physique de fuir la douleur. Mais s'il y a une loi qui lui impose l'obligation de souffrir plutôt que de se détruire, que prouve la prétendue *nécessité physique* de fuir la douleur? Il faut donc commencer par démontrer qu'alors la *nécessité* est invincible, et que l'homme n'est plus libre.

Par le sentiment intérieur, nous distinguons très-bien ce que nous faisons librement, et par choix, d'avec ce que nous faisons par *nécessité*; nous ne confondons point, par exemple, le désir indélibéré de manger causé par une faim canine, avec le désir réfléchi de manger dans un moment où il nous est possible de nous en abstenir. Nous sentons qu'il y a *nécessité* dans le premier cas et *liberté* dans le second ; le choix a eu lieu dans celui-ci, et non dans le premier. Sous l'empire de la *nécessité* nous sommes moins actifs que pasifs ; il nous est impossible alors d'avoir du remords et de nous croire coupables pour y avoir succombé. Lorsque l'évêque d'Ypres a soutenu que, *dans l'état de nature tombée, pour mériter ou démériter il n'est pas besoin d'être exempt de* nécessité, *mais seulement de coaction ou de violence,* il avait entrepris d'étouffer en nous le sentiment intérieur, plus fort que tous les arguments. Par une autre équivoque, on a confondu la *nécessité* qui ne vient pas de nous, avec celle que nous nous imposons à nous-mêmes, et l'on a étayé cette confusion sur un principe posé par saint Augustin, qu'il y a *nécessité* d'agir selon ce qui nous plaît le plus : *quod magis nos delectat, secundum id operemur necesse est.* S'il est question là d'un plaisir délibéré et réfléchi, le principe est vrai ; mais alors la nécessité de céder à ce plaisir vient de nous et de notre choix ; c'est l'exercice même de notre liberté, comment pourrait-il y nuire? S'il s'agit d'un plaisir indélibéré, le principe est faux. Lorsque nous résistons à une passion violente par réflexion et par vertu, nous ne faisons certainement pas ce qui nous plaît le plus, puisque nous nous faisons violence : il est absurde de nommer *plaisir* la résistance au plaisir : la distinction entre le plaisir spirituel et le plaisir charnel n'est dans le fond qu'une puérilité. *Voy.* DÉLECTATION. Voilà cependant sur quoi l'on a fondé le pompeux système de la délectation victorieuse, dans laquelle l'évêque d'Ypres et ses adhérents font consister l'efficacité de la grâce, et qu'ils soutiennent être le sentiment de saint Augustin. Mais dans le célèbre passage du *vingt-sixième Traité sur saint Jean,* n. 4, où saint Augustin dit : *Trahit sua quemque voluptas*; il ajoute : *non necessitas, sed voluptas*; *non obligatio, sed delectatio.* Donc il ne suppose point que la délectation victorieuse impose une *nécessité*, donc le système des jansénistes est formellement contraire à celui de saint Augustin. Ceux qui l'ont suivi se sont-ils flattés de changer le langage humain et les notions du sens commun, afin d'autoriser tous les sophismes des fatalistes?

Les théologiens distinguent encore deux autres espèces de *nécessités,* savoir la *nécessité de moyen,* et la *nécessité de précepte.* Le baptême, disent-ils, est nécessaire de *nécessité de moyen,* ou de *nécessité absolue,* parce que c'est le seul moyen que Jésus-Christ a institué pour obtenir le salut ; tellement que quiconque n'est pas baptisé, soit par sa faute ou autrement, ne peut être sauvé. L'eucharistie est seulement nécessaire de *nécessité de précepte ;* si un homme refusait volontairement de la recevoir, il mériterait la damnation ; mais s'il en était privé sans qu'il y eût de sa faute, il ne serait pas coupable. *Voy.* BAPTÊME, § 6.

\* NÉCESSITÉ (doctrine de la) ou FATALISME. On nomme ainsi la doctrine qui nie la liberté, surtout celle de l'homme ; qui enseigne que tout arrive nécessairement. Toute monstrueuse qu'est cette doctrine, elle a eu et elle a encore beaucoup de partisans. Le docte Pétau range parmi les fatalistes Démocrite, Épicure, les stoïciens, les platoniciens, les manichéens, etc. (Petav., Dogm. théolog., l. III *de Opific.,* decr. 101). Ajoutez-y Spinosa, Hobbes, Hume, Frédéric, Voltaire, etc., et les panthéistes de nos jours. Dans l'article LIBERTÉ DE DIEU, nous avons résolu les difficultés spéciales à cette liberté. Ici nous avons donc à exposer et à réfuter les arguments qu'on oppose à la liberté en général et particulièrement à la liberté humaine. Ces arguments sont métaphysiques, psychologiques, physiologiques, théologiques et historiques.

I. Arguments métaphysiques. — Toute cause, dit Hume, est nécessaire, puisqu'elle est liée nécessairement à son effet (*Essai*, 8). S'Gravesande développe ainsi cet argument : A la cause proprement dite nous rapportons tout ce qui est nécessaire pour produire l'effet; c'est pourquoi aussi elle le produit nécessairement. En effet, si elle ne le produisait pas, il y manquerait quelque chose pour que l'effet fût produit ; or nous appelons cause l'assemblage de toutes les choses nécessaires pour produire l'effet. Il est clair qu'il ne saurait y avoir d'effet sans le concours des choses nécessaires pour le produire; rien au monde n'étant capable de démontrer plus clairement que l'effet même, que toutes ces choses se trouvent réunies ensemble. Ainsi tout effet a une cause dont il dépend nécessairement; mais cette nécessité est différente suivant la différence du sujet. Cette démonstration, qui est claire, prouve qu'il ne saurait y avoir de cause indifférente, c'est-à-dire qui puisse produire ou ne pas produire l'effet, car produire ou ne pas produire sont des choses totalement différentes, et il faut qu'il y ait une cause qui fasse qu'une de ces choses ait lieu plutôt que l'autre (*Introd. à la philos.*, n° 88-92). Il y a une liaison nécessaire entre l'effet et sa cause, en ce sens que tout effet présuppose nécessairement une cause ; nous en convenons tous. Mais la cause est-elle liée nécessairement à son effet, de manière à ne pouvoir subsister sans lui ? Distinguons : si vous appelez cause la force en tant qu'agissant ou produisant actuellement, la cause ne peut exister que l'action ou l'effet n'ait lieu. Ici nous sommes encore d'accord. Mais la force n'est-elle capable de produire qu'autant qu'elle produit actuellement, et ne produit-elle qu'autant qu'elle y est nécessitée ? Voilà la question ; et cette question n'est point résolue par ce principe métaphysique : tout ce qui arrive présuppose nécessairement une cause. Ce principe établit qu'un effet ne peut avoir lieu sans une force suffisante pour le produire ; mais il se tait sur la question de savoir si la force agit nécessairement ou librement. Nous ne pouvons nous faire une idée nette de la force et surtout de la manière d'agir qu'en nous interrogeant nous-mêmes. Toutes les forces du dehors se conçoivent naturellement à l'instar de la force qui est en nous ou plutôt qui est nous : c'est pourquoi dans la passion, les sauvages, les enfants, attribuent l'activité intelligente à tous les êtres de la nature. Or, comment agit notre force? Le sens intime nous avertit et même nous oblige du moins pratiquement de croire que nous agissons librement, pouvant ne pas agir, et que lorsque nous sommes nécessités, nous subissons l'action au lieu de la produire, nous sommes mus au lieu de nous mouvoir. Mais, ajoute-t-on, si la force agit d'une certaine manière, il y a une cause qui fait qu'elle agit ainsi et non autrement, puisque rien n'arrive sans raison suffisante. Il y a toujours une cause qui fait qu'on agit ainsi et non autrement : je veux bien le supposer, à condition qu'on entende par cause non-seulement le principe efficient, mais encore les motifs rationnels et moraux de l'action. Une cause agit d'une certaine façon, soit parce qu'elle y est déterminée invinciblement par sa nature, soit parce qu'elle y est contrainte par une force extérieure, soit parce qu'elle le veut. Pourquoi veut-elle agir ainsi? C'est parce qu'elle est plus inclinée à le vouloir, ou parce qu'elle juge meilleur de vouloir : car généralement nous agissons selon l'inclination ou selon la raison prévalante. Mais dans l'un et dans l'autre cas nous sentons que nous agissons librement, sans nécessité. Quand donc la volonté ne prendrait jamais un parti quelconque sans avoir un motif rationnel prépondérant, ou une inclination plus grande pour ce parti que pour l'opposé, il ne s'ensuivrait pas qu'elle agisse nécessairement. Au reste, il n'est point démontré que la force intelligente, obligée d'opter en divers partis égaux pour elle, n'ayant aucun motif de préférer l'un à l'autre, prenne cependant l'un et laisse l'autre. Ainsi un homme affamé, à qui l'on présenterait deux mets qu'il aimerait également, qui fussent pour lui également agréables et également faciles à prendre, se laisserait-il mourir de faim, ne toucherait-il à aucun des deux mets, parce qu'il n'aurait aucune raison de préférer l'un à l'autre? Donc il n'est pas démontré qu'une cause ne puisse agir sans avoir une raison pourquoi elle agit ainsi plutôt qu'autrement ; et cela fût-il démontré, il ne s'ensuivrait pas que la cause agisse nécessairement.

II. Arguments psychologiques. — L'homme ne peut s'empêcher de vouloir ce qu'il juge meilleur, et il ne peut s'empêcher de juger meilleur ce qui lui paraît tel : donc il n'a la liberté ni de jugement ni de volonté. Nous nions, jusqu'à preuve du contraire, que l'homme ne veuille que ce qu'il juge meilleur de vouloir. Une multitude d'hommes respectables assurent avoir cédé à la passion, alors même qu'ils jugeaient meilleur de n'y aider pas; et il serait difficile de prouver que tous se sont trompés ou sont des imposteurs. Je vois le meilleur, dit la fameuse Médée (*ap. Senecam*), je l'approuve, et je suis le pire ; et certes il est peu d'hommes, si même il en est un seul, qui n'ait fait sur lui-même cette fatale expérience. Mais supposons que toute résolution ait été précédée de ce jugement : Ceci est le meilleur ; il ne deviendrait pas nécessaire pour cela, car dans le temps même que nous nous déterminons pour le meilleur, nous sentons que c'est librement. D'ailleurs, le jugement dépend de la volonté dans beaucoup de cas : car, n'ayant presque jamais une évidence complète et irrésistible, nous pouvons suspendre l'assentiment de notre esprit, détourner notre attention des raisons qui font paraître un parti meilleur et considérer les raisons qui nous le feront paraître moins bon. Donc nous sommes souvent libres de porter sur un même parti des jugements différents, et par conséquent de le vouloir et de ne le vouloir pas. Eh bien, répliquerez-vous, l'âme se détermine toujours selon son inclination prévalante, laquelle résulte de toutes les perceptions de l'entendement et de toutes les impulsions de la volonté. Je réponds que, cela fût-il vrai, la liberté subsisterait encore, puisque le sens intime, seul juge de cette inclination, prononce qu'elle n'est pas toujours nécessitante. Mais il est faux que nous agissions toujours selon l'inclination prévalante ; car il est de fait que souvent l'homme a besoin de lutter contre lui-même et de faire des efforts pour prendre certaines résolutions : or, pour aller dans le sens de l'inclination ou impulsion la plus forte, loin qu'on soit obligé de lutter, de faire des efforts, il suffit de n'opposer point de résistance. N'est-il pas de fait que l'homme suit quelquefois la raison, bien qu'elle ne le pousse pas dans son sens aussi fortement que la passion le fait dans le sien. Donc l'homme ne va pas toujours dans le sens de l'inclination prévalante. Cependant il la suit ordinairement, quand de puissants motifs ne s'y opposent pas. Nous convenons même que l'homme prend toujours le parti vers lequel la raison et l'inclination prévalante s'accordent à le pousser ; mais la liberté subsiste encore dans ce dernier cas, la conscience l'atteste, et nous avons montré, à l'art. LIBERTÉ *de l'homme*, que la certitude d'un événement n'emporte pas sa nécessité. Ainsi de ce que placés dans certaines circonstances les hommes agissent presque toujours d'une même toujours d'une certaine façon, vous ne pouvez conclure qu'ils agissent nécessairement ; et puisque les motifs sans nécessiter l'action peuvent la rendre certaine ou du moins probable, les fatalistes ont tort de prétendre que si l'homme était libre, les conseils et les remontrances et les récompenses ne seraient d'aucune utilité.

III. Arguments physiologiques contre la liberté. — Ils ont peu de valeur. Dans certains états du corps, dans le sommeil, dans l'idiotisme, dans la fièvre cérébrale, etc., l'homme n'est pas maître de ses actes ; mais conclure qu'il n'en est pas maître dans la veille, dans la santé, ce serait extravaguer. Comme toutes les autres facultés de l'homme, la liberté a ses limites, ses défaillances : c'est pourquoi elle peut être suspendue par une passion subite, s'évanouir dans l'aliénation mentale. La phrénologie, qui suppose les différents ordres d'idées et de penchants liés nécessairement aux diverses parties de l'encéphale, peut se concilier avec le libre arbitre : l'homme est impuissant à exercer sa liberté sans un certain organe, je le veux ; en conclurez-vous que doué de cet organe il ne pourra pas davantage faire acte de liberté? Je vais plus loin. En vain les matérialistes démontreraient que l'âme n'est point distincte du corps, le système de la fatalité ne serait pas encore établi ; car si la matière peut penser, pourquoi ne pourrait-elle pas agir librement? et le sens intime serait toujours là pour attester que le moi, qu'il soit matériel ou non, agit effectivement sans aucune nécessité.

IV. Arguments théologiques. — Ils se tirent de la conservation des créatures par Dieu, de la prescience divine et du concours de Dieu à toutes nos actions. En voici le résumé. La créature existe dans tous les instants de la durée comme dans le premier instant par l'action créatrice de Dieu. Or, dans le premier instant elle ne peut agir librement, donc ni dans les subséquents. Dieu ne peut conserver notre âme sans ses manières d'être ; mais conserver, c'est continuer de créer : donc Dieu continue de créer non-seulement la substance de l'âme, mais encore toutes ses manières d'être, et par conséquent ses volitions qui, produites uniquement par Dieu, ne sont pas l'œuvre de la liberté humaine. Il est impossible que ce que Dieu prévoit n'arrive point ; or Dieu prévoit toutes nos volitions : il est donc impossible qu'elles n'aient pas lieu, et conséquemment elles sont nécessaires (Bayle et Collins). Dieu est la source de toute réalité, donc des réalités morales comme des substantielles.

« N'importe, dit Bossuet, que notre choix soit une action véritable que nous faisons : car par là-même elle doit encore venir immédiatement de Dieu, qui, étant, comme premier être, cause immédiate de tout être, comme premier agissant doit être cause de toute action, tellement qu'il fait en nous l'agir même comme il y fait le pouvoir d'agir (Boss., *Tr. du libr. Arbit.*) » Si Dieu fait tout, comme il fait toujours bien, il ne saurait y avoir de mal moral, j'en conviens. « Mais, dit Voltaire (*Comment. sur Malebranche*), cette existence d'un principe dont tout émane est démontrée, je suis fâché des conséquences. » Réponse. Si, ce qui n'est pas prouvé, si la créature ne peut agir librement au premier instant de son existence, c'est que peut-être elle a besoin pour agir librement d'une succession d'actes et d'instants ; c'est que peut-être elle ne saurait tout à la fois et en même temps commencer à exister, penser à divers partis, et faire sciemment un choix. Donc, encore qu'elle ne puisse pas exercer sa liberté dans le premier instant de son existence, il ne s'ensuit pas qu'elle ne la puisse faire dans les instants subséquents. Dieu, dit-on, conserve et partout continue de créer non-seulement les substances, mais encore toutes leurs manières d'être. Nous pouvons nier que la conservation soit une création continue ; car maintenir ce qui est, et faire exister ce qui n'était pas, car conserver et créer ne sont pas évidemment une même chose. Mais admettons que l'acte créateur autant que persévérant fasse persévérer les créatures dans l'existence. Dieu ne crée point, et par conséquent ne continue pas de créer les substances avec toutes leurs modifications ; car l'âme sent que c'est elle-même, et non Dieu, qui produit certains actes. Mais une volition en tant qu'action doit venir du premier agent, et en tant qu'être doit venir du premier être? Sans doute tout doit venir de Dieu, mais non pas immédiatement, car si Dieu fait tout immédiatement, à quoi servent les créatures? Si l'on dépouille les créatures de toute activité propre, s'il faut les concevoir dans la plus étroite dépendance de Dieu, elles doivent alors être regardées comme de simples modes de la substance divine ; et l'on arrive au panthéisme. Or, quoi qu'en dise Voltaire, le panthéisme, le fatalisme, et autre doctrine qui aboutit à diviniser la cruauté comme la bienfaisance, le vice comme la vertu, et qui répugne au sens commun de l'humanité, doit être incontinent rejeté malgré les apparences de vérité que présentent ses principes pris dans une métaphysique abstraite. Vous limitez la puissance divine en la supposant incapable de créer des êtres qui agissent par eux-mêmes, librement. La gloire des créatures est de donner l'existence à des réalités modules, comme Dieu la donne à des réalités substantielles, et cette gloire rejaillit sur le Créateur, qui a produit des êtres actifs, images de lui-même. La plupart des théologiens veulent que Dieu soit cause immédiatement avec notre âme de toutes nos actions libres ; mais ce n'est qu'une opinion que nous pouvons rejeter avec Durand, que nous devons même rejeter si elle nous paraît incompatible avec la liberté humaine. Dans l'ordre même surnaturel, nous pouvons admettre que Dieu ne concourt à nos actes libres que par des grâces de force, d'intelligence et de sentiment, qu'en nous fortifiant, nous éclairant, nous inclinant à agir sans nous y nécessiter. Si la raison ne saisit pas la conciliation de la liberté humaine avec la grâce efficace des thomistes, on peut avec les molinistes admettre des grâces qui deviennent efficaces seulement par le libre consentement de la volonté, des grâces qui sont suivies de l'effet, encore qu'elles ne le rendent pas certain. Toutefois, comme nous l'avons déjà remarqué, un effet peut être certain sans être nécessaire ; et par là on conçoit que les événements prévus de Dieu, bien qu'ils soient certains, ne sont pas nécessaires pour cela. Dieu connaît par une seule intuition le passé, le présent et l'avenir. Et comme cette intuition ne fait ni le passé, ni le présent, elle ne fait pas non plus l'avenir, qui sera ce qu'il serait dans l'hypothèse que Dieu ne le connaît pas. Les perfections de Dieu et la révélation établissent la prescience divine ; d'ailleurs la liberté humaine est un fait tout à la fois rationnel et révélé. Nous devons donc admettre la prescience divine et la liberté humaine, encore que nous ne puissions pas les concilier parfaitement entre elles, pas plus que nous ne pouvons concilier parfaitement l'existence du fini avec celle de l'infini.

V. Arguments historiques. — On objecte que la liberté humaine est loin d'être évidente, puisqu'elle a contre elle toute l'antiquité, qui admettait le destin, et que de nos jours des nations entières de mahométans, par exemple, professent le fatalisme. Nous répondons que les mahométans, tout en professant la doctrine de la fatalité, ne l'appliquent pas tous à tout ; que chez eux, comme parmi les chrétiens, il y a des sectes qui ôtent entièrement la liberté à l'homme, d'autres qui la lui accordent avec dépendance de Dieu, d'autres qui la poussent jusqu'à rendre l'homme absolument indépendant. (*Voy.* les livres sacrés de l'Orient, par G. Pauthier. Paris 1840.) Quant à l'antiquité, elle n'a pas professé universellement le fatalisme absolu. Les platoniciens soustrayaient les volontés humaines à la domination du destin. (*Voy.* Alcinoüs.) Les épicuriens, d'après l'exposition que Lucrèce a faite de leur système, reconnaissent formellement le libre arbitre. Aristote, dans ses ouvrages de morale, décrit très-bien la liberté qui rend l'homme responsable de ses actes. Les stoïciens eux-mêmes, tout grands partisans qu'ils étaient du destin, affranchissaient pour la plupart de toute nécessité les actions volontaires. Ainsi Chrysippe (apud Cicero., *de Fato*) dit bien que les actions volontaires, comme tout ce qui arrive, ont des causes antécédentes, mais il soutenait que les causes antécédentes de nos assentiments ne les déterminaient pas nécessairement. Les stoïciens Sénèque, Epictète, Marc-Aurèle, ont si fort exalté la liberté humaine, qu'ils l'ont crue indépendante de tout, capable à elle seule de rendre l'homme heureux malgré tous les événements possibles. Nous ne devons pas nous étonner de ce que les stoïciens aient admis le destin et le libre arbitre; car le destin n'est pour eux que la providence, l'ordre établi par Dieu. *Ille ipse omnium conditor et rector scripsit quidem fata, sed sequitur.* (Seneca, *de Provid.*, c. 5). C'est là la doctrine commune des philosophes à partir de Thalès et de Pythagore. (Voy. Guingnené, analysé du mémoire de M. Deimon, sur le destin, dans la collect. des auteurs latins, Cicér. t. IV. Paris, 1841.) Les poëtes eux-mêmes entendent souvent par destin les décrets de la Divinité. Ces expressions *fata*, si fréquentes dans Virgile, se retrouvent chez les poëtes grecs. « Mortels, dit Eschyle, (trag. des Euménides), entendez les lois éternelles dictées par les Parques, et que nous imposent les dieux ; θεσμὸν τὸν μοιρόκραντον ἐκ Θεῶν δοθέντα. » Les mortels, dit Jupiter dans Homère (Odys. c. 1), nous accusent d'être les auteurs de leurs maux ; mais ce n'est pas à cause du destin, c'est à cause de leurs propres crimes qu'ils souffrent. Vous voyez ici le destin confondu avec l'action divine, et déclaré n'être point la cause des crimes des hommes. Au reste, nous ne prétendons pas que les poëtes et même les philosophes n'aient quelquefois professé sur le destin des doctrines qui entraînent le fatalisme absolu. Nous maintenons seulement que l'antiquité païenne a généralement cru à la liberté de l'homme.

**NECHILOTH.** Le psaume 5 a pour titre en hébreu *El hannéchiloth*, et ce terme ne se trouve nulle part ailleurs ; il n'est donc pas étonnant que la signification en soit fort douteuse. La Vulgate et les Septante ont traduit *pour l'héritière*, et cela ne nous apprend rien ; le chaldéen a mis *pour surchanter*; d'autres disent que c'était *pour chanter à deux chœurs, pour la troupe des chantres, pour les instruments à vent*, etc. Tout cela n'est que conjectures : heureusement la chose n'est pas fort importante. Le sens du mot *néginoth*, qui se trouve à la tête de plusieurs autres psaumes, n'est pas mieux connu. *Voy.* la *Synopse des critiques*.

**NÉCROLOGE**, terme grec, formé de νεκρός, *mort*, et de λόγος, *discours* ou *liste*; c'est le catalogue des morts. Dès les premiers siècles du christianisme, les fidèles de chaque église eurent soin de marquer exactement le jour de la mort de leurs évêques, afin d'en faire mémoire dans la liturgie, et de prier pour eux ; mais on n'y inscrivait pas ceux qui étaient morts dans le schisme ou dans l'hérésie. Il y a encore de ces *nécrologes* dans les monastères et dans les chapitres des chanoines. Tous les jours, à l'heure de prime, la coutume est de lire au chœur les noms des chanoines morts ce jour-là, qui ont fait quelque donation ou fondation, et l'on prie pour eux comme bienfaiteurs de l'Eglise. C'est un usage pieux et louable ; il est bon que les hommes consacrés au service du Seigneur se rappellent le souvenir de la mort, et la mémoire de leurs anciens confrères ; ceux qui oublient les morts n'ont guère plus d'amitié pour les vivants. On a aussi nommé *Nécrologe* ce que nous appelons aujourd'hui *Martyrologe*, c'est-à-dire le catalogue des hommes morts en odeur de sainteté, quoique tous n'aient pas été martyrs. Ceux que nous nommons en général *confesseurs* n'ont pas attesté par leur mort la vérité de la doctrine de Jésus-Christ ; mais ils ont témoigné par leur vie qu'il n'est pas impossible de pratiquer sa morale et de vivre chrétiennement : l'un de ces témoignages n'est pas moins nécessaire à la religion que l'autre.

**NÉCROMANCIE**, art d'interroger les morts pour apprendre d'eux l'avenir ; cela se faisait par une cérémonie que l'on nommait *évocation des mânes*. Nous laissons aux écrivains de l'histoire ancienne le soin de décrire cette superstition ; nous nous bornons à en rechercher l'origine, à en montrer les pernicieuses conséquences, et la sagesse des lois qui ont proscrit ce genre de divination.

Chez les anciens, les funérailles étaient accompagnées d'un repas commun, où tous les parents du mort rassemblés s'entretenaient de ses bonnes qualités et de ses vertus, témoignaient leurs regrets par leurs soupirs et par leurs larmes. Il n'est pas étonnant qu'avec une imagination frappée de cet objet quelques-uns des assistants aient rêvé que le mort leur apparaissait, s'entretenait avec eux, leur apprenait des choses qu'ils désiraient de savoir, et que ces rêves aient été pris pour une réalité. On en a conclu que les morts pouvaient revenir et s'entretenir avec les vivants, que l'on pouvait les y engager, en répétant les mêmes choses que l'on avait faites à leurs funérailles, ou des cérémonies analogues. Quelques imposteurs se sont vantés ensuite que, par des paroles magiques, par des formules d'évocation, ils pouvaient forcer les âmes des morts à revenir sur la terre, à s'y montrer, à répondre aux questions qu'ils leur faisaient : les hommes croient aisément ce qu'ils désirent. Il ne fut pas difficile aux nécromanciens, par une lanterne magique ou autrement, de faire paraître dans les ténèbres une figure quelconque, que l'on prit pour le mort auquel on voulait parler. Nous n'entrerons pas ici dans la question de savoir s'il n'y eut jamais que de l'illusion et de l'artifice dans cette magie, si quelquefois le démon s'en est mêlé pour séduire ses adorateurs, ou si Dieu, pour punir une curiosité criminelle, a permis qu'un mort revînt véritablement annoncer les arrêts de la justice divine à ceux qui avaient voulu le consulter ; nous en dirons quelque chose au mot PYTHONISSE. Quelques auteurs ont écrit que, suivant la croyance des païens, ce n'était ni le corps ni l'âme du mort qui apparaissait, mais son *ombre*, c'est-à-dire une substance mitoyenne entre l'un et l'autre ; mais ils ne donnent pour preuve que des conjectures ; et certainement le commun des païens ne faisait pas une distinction si subtile.

Par la loi de Moïse, il était sévèrement défendu aux Juifs d'interroger les morts (*Deut.* xviii, 11) ; de faire des offrandes aux morts (xxvi, 14) ; de se couper les cheveux ou la barbe, et de se faire des incisions en signe de deuil (*Levit.* xix, 27 et 28). Isaïe condamne ceux qui demandent aux morts ce qui intéresse les vivants (viii, 19), et ceux qui dorment sur les tombeaux pour avoir des rêves (lxv, 4). On sait jusqu'à quel excès les païens poussaient la superstition envers les morts, et les cruautés qu'un deuil insensé leur faisait souvent commettre. Voilà pourquoi, chez les Juifs, celui qui avait touché un mort était censé impur. A la vérité, les usages absurdes des païens à l'égard des morts étaient une preuve sensible de leur croyance touchant l'immortalité de l'âme, et le penchant des Juifs à les imiter démontre qu'ils étaient dans la même persuasion ; mais pour professer cette importante vérité, il n'était pas nécessaire de copier les coutumes insensées et impies des païens, il suffisait de conserver l'usage simple et innocent des patriarches, qui donnaient aux morts une sépulture honorable, et qui respectaient les tombeaux, sans tomber dans aucun excès. Les rois d'Israël et de Juda qui tombèrent dans l'idolâtrie, ne manquèrent pas de protéger toutes les espèces de magie et de divination, par conséquent la *nécromancie ;* mais les rois pieux eurent soin de proscrire ces désordres et de punir ceux qui en faisaient profession. Saül en avait ainsi agi au commencement de son règne ; mais après avoir violé la loi de Dieu en plusieurs autres choses, il y fut encore infidèle en voulant consulter l'âme de Samuel (*I Reg.* xxviii, 8). *Voy.* Pythonisse. Josias, en montant sur le trône, commença par exterminer les magiciens et les devins qui s'étaient multipliés sous le règne de l'impie Manassès (*IV Reg.* xxi, 6 ; xxiii, 24). Il est évident que la *nécromancie* était une des espèces de goétie ou de magie noire et diabolique. C'était une révolte contre la sagesse divine de vouloir savoir des choses qu'il a plu à Dieu de nous cacher, et de vouloir ramener dans ce monde des âmes que sa justice en a fait sortir. Pour en venir à bout, les païens n'invoquaient pas les dieux du ciel, mais les divinités de l'enfer. La cérémonie de l'évocation des mânes, telle que Lucain l'a décrite dans sa *Pharsale,* liv. vi, v. 668, est un mélange d'impiété, de démence, d'atrocité, qui fait horreur. La furie que le poëte fait parler, obtenir des divinités infernales le retour d'une âme dans un corps, se vante d'avoir commis des crimes dont l'esprit humain n'a point d'idée. Comme les cérémonies des nécromanciens se faisaient ordinairement la nuit, dans des antres profonds et dans des lieux retirés, on comprend à combien d'illusions et de crimes elles pouvaient donner lieu. L'auteur du livre de la *Sagesse,* après avoir fait remarquer les abus des sacrifices nocturnes, conclut que l'idolâtrie a été la source et le comble de tous les maux, c. xiv, v. 23 et 27. Constantin devenu chrétien avait encore permis aux païens de consulter les augures, pourvu que ce fût au grand jour, et qu'il ne fût question ni des affaires de l'empire ni de la vie de l'empereur ; mais il ne toléra pas la magie noire ni la *nécromancie ;* lorsqu'il mit en liberté les prisonniers à la fête de Pâques, il excepta nommément les nécromanciens, *in mortuos veneficus,* Cod. Theod., l. ix, tit. 38, leg. 3. Constance, son fils, les condamna à mort ; *ibid.*, leg. 5. Ammien Marcellin, Mamertin et Libanius, païens entêtés, furent assez aveugles pour blâmer cette sévérité. L'empereur Julien reprochait malicieusement aux chrétiens une espèce de *nécromancie ;* il supposait que les veilles au tombeau des martyrs avaient pour but d'interroger les morts ou d'avoir des rêves. Saint Cyrille, *contre Jul.*, l. x, p. 339. Il savait bien le contraire, puisque lui-même, avant son apostasie, avait pratiqué ce culte.

Les lois de l'Église ne furent pas moins sévères que celles des empereurs contre la magie et contre toute espèce de divination : le concile de Laodicée et le quatrième de Carthage défendirent ces crimes, sous peine d'excommunication : l'on n'admettait au baptême les païens qui en étaient coupables, que sous la promesse d'y renoncer pour toujours. « Depuis l'Évangile, dit Tertullien, vous ne trouverez plus nulle part d'astrologues, d'enchanteurs, de devins, de magiciens, qui n'aient été punis. » *De idol.*, c. ix. *Voy.* Bingham, *Orig. ecclés.*, l. xvi, c. 5 § 4.

Après l'irruption des barbares dans l'Occident, l'on y vit renaître une partie des superstitions du paganisme ; mais les évêques, soit dans les conciles, soit dans leurs instructions, ne cessèrent de les défendre et d'en détourner les fidèles : Thiers, *Traité des superstitions*, liv. i, c. 3 et suiv. Comme la religion nous enseigne que les âmes des morts peuvent être détenues dans le purgatoire, le peuple s'imagine aisément que ces âmes souffrantes peuvent revenir au monde demander des prières, etc. Mais l'Église n'a jamais autorisé cette vaine opinion, et aucune des histoires publiées à ce sujet par des auteurs crédules n'est digne de foi. Jésus-Christ, dans ce qu'il dit du mauvais riche (*Luc.* xvi, 30 et 31 ), semble décider que Dieu ne permet à aucun mort de venir parler aux vivants.

NEF DES EGLISES. *Voy.* Choeur.

NÉGINOTH. *Voy.* Néchiloth.

NÈGRES. Ces peuples donnent lieu à deux questions qui tiennent à la théologie ; il s'agit de savoir, 1° si les *nègres* sont d'une origine différente de celle des blancs ; 2° si la traite des *nègres*, et l'esclavage dans lequel on les retient pour le service des colonies de l'Amérique est légitime.

1. L'Écriture sainte nous apprend que tous les hommes sont nés d'un seul couple, que tous ont par conséquent la même origine : d'où il s'ensuit que la différence de couleur qui se trouve dans les divers habitants du monde, vient du climat qu'ils habitent et de leur manière de vivre. Cela paraît prouvé par la dégradation insensible de couleur que l'on remarque en eux, à proportion qu'ils sont plus ou moins éloignés ou rapprochés de la zone torride. En général les peuples de nos provinces méridionales sont plus basanés

que nous, mais ils le sont beaucoup moins que les habitants des côtes de Barbarie, et ceux-ci sont moins noirs que ceux de l'intérieur de l'Afrique. Cette variation est à peu près la même dans les deux hémisphères. On n'en est pas étonné, quand on remarque la différence de teint qui règne entre les habitants d'un même climat ou d'un même village, dont les uns vivent plus renfermés, les autres sont plus exposés par leur travail aux ardeurs du soleil ; entre le teint d'une même personne pendant l'hiver et pendant l'été. On prétend même qu'il est prouvé par expérience que les blancs transplantés en Afrique, sans avoir mêlé leur sang avec les nègres, ont contracté insensiblement la même couleur et les mêmes traits du visage ; que les *nègres*, au contraire, transportés dans les pays septentrionaux, se sont blanchis par degrés sans avoir croisé leur race avec les blancs. C'est l'opinion des plus habiles naturalistes, en particulier de Buffon, de MM. Paw, Scherer, etc. D'autres philosophes beaucoup moins instruits, mais qui se sont fait un point capital de contredire l'Ecriture sainte, soutiennent que ces expériences sont fausses ; que les blancs ne peuvent jamais devenir parfaitement noirs, que les *nègres* conservent de race en race leur couleur et leurs traits, dans quelque climat qu'ils soient transplantés. Ils ont prétendu prouver l'impossibilité de ces transmutations parfaites, par l'examen du tissu de la peau des *nègres*. Selon quelques-uns, la cause de la noirceur de ceux-ci est une espèce de réseau, semblable à une gaze noire, qui est placé entre la peau et la chair ; ils ont appelé ce tissu *une membrane muqueuse*. D'autres ont dit que c'est une *substance gélatineuse*, qui est répandue entre l'épiderme et la peau ; que cette substance est noirâtre dans les *nègres*, brune dans les peuples basanés, et blanche dans les Européens. Mais puisque la membrane, le réseau, la substance qui sépare l'épiderme d'avec la chair se trouvent dans tous les hommes, il s'agit de savoir pourquoi elle est blanche dans les uns, noire dans les autres, et de prouver que, sans croiser les races, ces substances ne peuvent changer de couleur ; voilà ce que nos savants dissertateurs n'ont pas fait. Puisqu'elles ne sont que brunes dans les peuples basanés, leur couleur peut donc se dégrader : donc elles peuvent passer du blanc au noir ou au contraire. Les uns citent des expériences, les autres les nient ; auxquels devons-nous croire ? En attendant que tous se soient accordés, il nous est permis de penser que tous les hommes, blancs ou noirs, rouges ou jaunes, sont enfants d'Adam, comme l'enseigne l'Ecriture sainte. Quelques écrivains ont imaginé que les *nègres* sont la postérité de Caïn, que leur noirceur est l'effet de la malédiction que Dieu prononça contre ce meurtrier ; qu'il faut ainsi entendre le passage de la Genèse ( IV, 15 ), où il est dit que Dieu *mit un signe sur Caïn*, afin qu'il ne fût pas tué par le premier qui le rencontrerait. De là un de nos philosophes incrédules a pris occasion de déclamer contre les théologiens. Avec un peu de présence d'esprit, il aurait vu que la théologie, loin d'approuver cette vaine conjecture, doit la rejeter. Nous apprenons par l'histoire sainte que le genre humain tout entier fut renouvelé, après le déluge, par la famille de Noé : or, aucun des fils de Noé n'était descendu de Caïn et ne s'était allié avec sa race. Pour supposer que cette race maudite subsistait encore après le déluge, il faut commencer par prétendre que le déluge n'a pas été universel, et contredire ainsi l'histoire sainte. Il y aurait donc moins d'inconvénient à dire que la noirceur des *nègres* vient de la malédiction prononcée par Noé contre Cham son fils, dont la postérité a peuplé l'Afrique ( *Gen.* x, 13 ). Mais, selon l'Ecriture, la malédiction de Noé ne tomba pas sur Cham, mais sur Chanaan, fils de Cham ( IX. 13 ) ; or, l'Afrique n'a pas été peuplée par la race de Chanaan, mais par celle de Phut. L'une de ces imaginations ne serait donc pas mieux fondée que l'autre (1).

II. La traite des *nègres* et leur esclavage sont-ils légitimes ? Cette question a été discutée dans une dissertation imprimée en 1764. L'auteur soutient que l'esclavage en lui-même n'est contraire ni à la loi de nature, puisque Noé condamna Chanaan à être esclave de ses frères, qu'Abraham et Jacob ont eu des esclaves ; ni à la loi divine écrite, puisque Moïse, en faisant des lois en faveur des esclaves, ne condamne point l'esclavage ; ni à la loi évangélique, puisque celle-ci n'a donné aucune atteinte au droit public établi chez toutes les nations. En effet, saint Pierre et saint Paul ordonnent aux esclaves d'obéir à leurs maîtres, et aux maîtres de traiter leurs esclaves avec douceur. Le concile de Gangres a frappé d'anathème ceux qui, sous prétexte de religion, enseignaient aux esclaves à quitter leurs maîtres, à mépriser leur autorité. Plusieurs autres décrets des conciles supposent qu'il est permis d'avoir des esclaves et d'en acheter et de les vendre. Au XIIIe siècle, l'esclavage a été supprimé, non par les lois ecclésiastiques, mais par les lois civiles. Il ajoute qu'en transportant des *nègres* en Amérique, on ne rend pas leur sort plus mauvais, puisqu'ils ne seraient pas moins esclaves dans leur pays, et qu'ils y seraient encore plus maltraités ; au lieu que dans les colonies ils sont protégés par des lois faites en leur faveur ; ils y trouvent d'ailleurs la facilité d'être instruits de la religion chrétienne et de faire leur salut. L'auteur distingue quatre sortes d'esclaves : 1° ceux qui ont été condamnés pour des crimes à perdre leur liberté ; 2° ceux qui ont été

---

(1) Au mot HUMAINE (unité de l'espèce), nous avons montré que la race nègre n'est pas une preuve incontestable que le genre humain ne descend pas d'un même père. Nous devons insister ici. Mgr Wiseman a donné sur ce point une démonstration complète, dans son discours sur l'*Histoire naturelle de la race humaine*, inséré dans les *Démonstrations évangéliques*, édit. Migne, tom. XV, col. 420. Nous y renvoyons le lecteur.

pris à la guerre; 3° ceux qui sont nés tels; 4° ceux qui sont vendus par leurs pères et mères ou qui se vendent eux-mêmes. Il ne voit dans ces différentes sources d'esclavage aucune raison qui rende illégitime la traite des *nègres*. Il convient des abus qui naissent très-souvent de l'esclavage, mais il observe que l'abus d'une chose innocente en elle-même ne prouve pas qu'elle soit contraire au droit naturel; on peut réprimer l'abus et laisser subsister l'usage légitime.

Le philosophe qui a fait un traité *de la Félicité publique*, ne condamne pas non plus absolument l'esclavage des *nègres*, mais il ne l'approuve pas positivement. « Quoiqu'on ne puisse assez gémir, dit-il, de ce que l'avarice a conservé parmi les peuples de l'Occident ce que la barbarie et l'ignorance ont établi et maintenu dans l'Orient, nous observerons pourtant, 1° que l'esclavage n'est plus connu chez les chrétiens, si ce n'est dans les colonies; 2° que les esclaves sont tous tirés d'une nation très-sauvage et très-brute, qui vient elle-même les offrir à nos négociants; 3° que si la raison et la philosophie s'écrient qu'il fallait traiter le *nègre* comme l'Européen, il est cependant vrai que la grande dissemblance de ces malheureux avec nous rappelle moins les sentiments d'humanité, et sert à entretenir le préjugé barbare qui les tient dans l'oppression; 4° que si ces esclaves ont été traités avec une cruauté très-condamnable, l'expérience a souvent prouvé que jamais la douceur et les bienfaits n'ont pu ôter à cette nation son caractère lâche, ingrat et cruel. Il y a même tout lieu de croire que, si les esclaves des colonies avaient été des Européens, ils seraient déjà rentrés dans leur droit de citoyens, comme les serfs de notre gouvernement féodal ont peu à peu recouvré la liberté civile. Enfin le nombre des esclaves est bien moins considérable de nos jours, puisque sur cent millions de chrétiens qui existent à présent, on ne compte assurément pas un million d'esclaves, au lieu que pour un million de Grecs, il y avait plus de trois millions de ces infortunés. » On voit aisément qu'aucune de ces raisons n'est sans réplique, elles tendent plutôt à excuser l'esclavage des *nègres* qu'à le justifier; après mûre réflexion, nous ne pouvons nous résoudre à les approuver, et il nous paraît que l'on peut y en opposer de plus solides.

Au mot ESCLAVE, nous avons fait voir, 1° que sous la loi de nature et dans l'état de société purement domestique, l'esclavage était inévitable, et qu'il n'entraînait point alors les mêmes inconvénients que dans l'état de société civile; l'exemple des patriarches ne prouve donc rien dans la question présente. 2° Nous avons observé qu'il n'était pas possible à Moïse de le supprimer entièrement; que les lois qu'il fit en faveur des esclaves étaient plus douces et plus humaines que celles de toutes les autres nations; l'on ne peut donc encore tirer avantage de la loi de Moïse. 3° Jésus-Christ et les apôtres auraient commis une très-grande imprudence en réprouvant absolument l'esclavage, puisqu'il était autorisé par le droit public de toutes les nations; mais les leçons de charité universelle, de douceur et de fraternité qu'ils ont données à tous les hommes, ont contribué pour le moins aussi efficacement à l'adoucissement et à la suppression de l'esclavage, qu'auraient pu faire des lois prohibitives. C'est l'irruption des barbares qui a retardé cette heureuse révolution; tant que le même droit public a subsisté, les conciles n'ont pu faire que ce qu'ils ont fait. Mais à présent ce droit abusif ne subsiste plus; l'esclavage a été supprimé en Europe par tous les souverains : la question est de savoir si, après la réforme de cet abus en Europe, il a été fort louable d'aller le rétablir en Amérique; si on peut encore l'envisager des mêmes yeux qu'au x°. et au xii° siècle; si l'état des *nègres* dans les colonies n'est pas cent fois plus malheureux que n'était celui des serfs sous le gouvernement féodal.

Le principe posé par l'auteur de la dissertation, savoir, que depuis le péché originel l'homme n'est plus libre de droit naturel; nous semble très-ridicule. Nous savons très-bien que c'est en punition du péché d'Adam que l'homme est sujet à être tyrannisé, tourmenté et tué par son semblable; mais enfin les Européens naissent coupables du péché originel aussi bien que les *nègres* : il faut donc que les premiers commencent par prouver que Dieu leur a donné l'honorable commission de faire expier ce péché aux habitants de la Guinée, et qu'ils sont à cet égard les exécuteurs de la justice divine. Lorsque les *nègres*, révoltés de l'esclavage, usent de perfidie et de cruauté envers leurs maîtres, ils leur font aussi porter à leur tour la peine du péché de notre premier père. Avant que la fureur du commerce maritime et l'avide jalousie n'eussent fasciné les esprits et perverti tous les principes, on n'aurait pas osé mettre en question s'il était permis d'acheter et de vendre des hommes pour en faire des esclaves. C'est encore une mauvaise excuse de dire que les *nègres* esclaves chez eux seraient plus maltraités qu'ils ne le sont dans nos colonies. Il ne nous est pas permis de leur faire du mal, de peur que leurs compatriotes ne leur en fassent encore davantage. Nous persuadera-t-on que c'est par un motif de compassion et d'humanité que les négociants européens font la traite des *nègres*? Il y a un fait qui passe pour certain, c'est qu'avant l'établissement de ce commerce, les nations africaines se faisaient la guerre beaucoup plus rarement qu'aujourd'hui; que le motif le plus ordinaire de leurs guerres actuelles est le désir de faire des prisonniers pour les vendre aux Européens. C'est donc à ces derniers que ces nations malheureuses et stupides sont redevables des fléaux qui les accablent et des crimes qui se commettent chez elles. Avant de savoir si nous avons droit de les acheter, il faut examiner si quelqu'un a le droit naturel de les vendre. Il n'est pas question de nous fonder sur le droit injuste et tyrannique qui est établi parmi ces peuples, mais sur les notions du droit naturel, tel que la religion nous le fait connaître. S'il n'y avait point d'acheteurs, il ne pourrait point y avoir de vendeurs, et ce négoce infâme tomberait de lui-même. Nous espérons que l'on n'entreprendra pas l'apologie des négociants turcs, qui vont acheter des filles en Circassie pour en peupler les sérails de Turquie. On dit qu'il n'est pas possible de cultiver des colonies à sucre autrement que par des *nègres*. Nous pourrions répondre d'abord que, dans ce cas, il vaudrait mieux renoncer aux colonies qu'aux sentiments d'humanité ; que la justice, la charité universelle et la douceur sont plus nécessaires à toutes les nations que le sucre et le café. Mais tout le monde ne convient pas de l'impossibilité prétendue de se passer du travail des *nègres*, plusieurs témoins dignes de foi assurent que si les colons étaient moins avides, moins durs, moins aveuglés par un intérêt sordide, il serait très-possible de remplacer avantageusement les *nègres* par de meilleurs instruments de culture et par le service des animaux. Lorsque les Grecs et les Romains faisaient exécuter par leurs esclaves ce que font chez nous les chevaux et les bœufs, ils imaginaient que l'on ne pouvait pas faire autrement. L'on ajoute que les *nègres* sont naturellement ingrats, cruels, perfides, insensibles aux bons traitements, incapables d'être conduits autrement que par des coups. Si cela était vrai, ce serait un sujet de honte pour la nature humaine, qu'il fût plus difficile d'apprivoiser les *nègres* que les animaux ; dans ce cas, il fallait laisser cette race abominable sur le malheureux sol où elle est née, et ne pas infecter de ses vices les autres parties du monde.

Mais n'y a-t-il pas ici une dose de l'orgueil des Grecs et des Romains ? Ils déprimaient les autres peuples, ils les nommaient *barbares*, pour avoir le droit de les tyranniser. Nous avons interrogé sur ce point des voyageurs, des missionnaires, des possesseurs de colonies ; tous ont dit qu'en général les maîtres qui traitent leurs esclaves avec douceur, avec humanité, qui les nourrissent suffisamment, et ne les surchargent point de travail, ne s'en trouvent que mieux. Il est donc fâcheux que les Européens, qui ont chez eux tant de douceur, d'humanité et de philosophie, semblent être devenus brutaux et barbares, dès qu'ils ont passé la ligne ou franchi l'Océan. Puisque l'on convient que l'esclavage entraîne nécessairement des abus, qu'il est très-difficile à un maître d'être juste, chaste, humain envers ses esclaves, il y a bien de la témérité de la part de tout particulier qui s'expose à cette tentation, et qui, pour augmenter sa fortune, n'hésite point de risquer la perte de ses vertus.

Quant au zèle prétendu pour la conversion des *nègres*, il y a plusieurs faits capables de le rendre fort suspect. Quelques voyageurs ont écrit que certaines nations européennes, qui ont des établissements sur les côtes de l'Afrique, traversent tant qu'elles le peuvent les travaux et les succès des missionnaires, de peur que si les *nègres* devenaient chrétiens, ils ne voulussent plus vendre d'esclaves. Il y en a qui disent que certaines autres nations établies en Amérique ne se soucient plus de faire instruire et baptiser leurs *nègres*, parce qu'elles se font scrupule d'avoir pour esclaves *leurs frères en Christ*. Voilà du zèle qui ne ressemble guère à celui des apôtres. Nous savons que des chrétiens faits esclaves par des infidèles ont réussi autrefois à convertir leurs maîtres, et même des peuples entiers ; mais nous ne voyons point d'exemples de chrétiens qui aient réduit des infidèles en servitude, afin de les convertir. Ce n'est pas assez qu'un dessein soit louable, il faut encore que les moyens soient légitimes. Il y a des missions de capucins et d'autres religieux dans la Guinée, dans les royaumes d'Oviero, de Bénin, d'Angola, de Congo, Loango et du Monomotapa. Voilà le véritable zèle ; mais il n'en est pas ainsi des marchands d'esclaves. Si les premiers ne font pas beaucoup de fruit, c'est que ces malheureux peuples doivent être prévenus contre la religion des Européens, par la conduite odieuse de ceux qui la professent. On se souvient des préjugés terribles qu'inspira aux Américains contre le christianisme la barbarie des Espagnols. Les dissertations qui ont pour objet de justifier la traite des *nègres* ressemblent un peu trop aux diatribes par lesquelles le docteur Sépulvéda voulait prouver que les Espagnols avaient le droit de réduire les Américains en servitude, pour les faire travailler aux mines, et de les traiter comme des animaux ; il fut condamné par l'université de Salamanque, et il méritait de l'être. Nous ne faisons guère plus de cas des déclamations de nos philosophes, depuis qu'il est constant que quelques-uns, qui affectaient le plus de zèle pour l'humanité, faisaient valoir leur argent en le plaçant dans le commerce des *nègres*. Par ces observations, nous ne croyons point manquer de respect envers le gouvernement qui tolère ce commerce ; réfuter de mauvaises raisons, ce n'est point entreprendre de décider absolument une question : lorsqu'on en apportera de meilleures, nous nous y rendrons volontiers. Les gouvernements les plus équitables, les plus sages, sont souvent forcés de tolérer des abus, lorsqu'ils sont universellement établis, comme l'usure, la prostitution, les pilleries des traitants, l'insolence des nobles, etc. Comment lutter contre le torrent des mœurs, lorsqu'il entraîne généralement tous les états de la société ? On ne peut pas oublier qu'il fallut surprendre la religion de Louis XIII pour le faire consentir à l'esclavage des *nègres*, et lui persuader que c'était le seul moyen de les rendre chrétiens. On s'était déjà servi d'un pareil artifice pour séduire les deux souverains de Castille, Ferdinand et Isabelle, et pour arracher d'eux des édits peu favorables aux Américains. *Voy.* AMÉRICAINS.

NÉHÉMIE, est l'un des chefs ou gouverneurs de la nation juive, qui ont contribué à la rétablir dans la terre sainte après la captivité de Babylone. On ne doit pas dire qu'il fut le successeur d'Esdras, puisque ces deux chefs ont gouverné ensemble pendant plusieurs années : il paraît qu'Esdras, en qualité de prêtre, était principalement occupé de la religion et de la loi de Dieu, et que *Néhémie* était chargé de la police et du gouvernement civil. Le premier objet de la commission qu'il avait obtenue du roi de Perse, avait été de faire rétablir les murs de la ville de Jérusalem, et il en vint à bout ; malgré les obstacles que lui suscitèrent les ennemis des Juifs. Cet événement est remarquable dans l'histoire juive, puisque c'est à l'époque à laquelle on devait commencer à compter les soixante et dix semaines d'années, ou les 490 ans qui devaient encore s'écouler jusqu'à l'arrivée du Messie, selon la prophétie de Daniel. C'est aussi à peu près à la même date que se consomma le schisme qui régnait entre les Juifs et les Samaritains, et que la haine entre ces deux peuples devint irréconciliable. C'est enfin à ce même temps que Prideaux rapporte l'établissement des synagogues chez les Juifs. *Histoire des Juifs*, l. vi, tome I, p. 229.

*Néhémie* est sans contestation l'auteur du livre qui porte son nom, et que l'on appelle plus communément le *second livre d'Esdras;* mais la plupart des critiques pensent que le xii° chapitre de ce livre, depuis le v. 1 jusqu'au v. 26, est d'une main plus récente : ce n'est qu'une liste de prêtres et de lévites qui avaient servi dans le temple depuis le retour de la captivité, et qui est poussée plus loin que le temps de *Néhémie*. Elle interrompt le cours de son histoire, mais elle ne forme aucun préjugé contre la vérité des faits ni contre l'authenticité du livre. Les protestants se persuadent qu'à cette époque, ou immédiatement après, le canon ou catalogue des livres de l'Ancien Testament fut clos et arrêté pour toujours ; et ils en concluent que ceux qui ont été écrits depuis ce temps-là, tels que les livres de la Sagesse, de l'Ecclésiastique et les deux des Machabées, ne doivent pas y être placés. Ce n'est qu'une conjecture formée par nécessité de système, et qui n'est fondée sur aucune preuve positive. On ne voit pas pourquoi les chefs de la nation postérieurs à Esdras et à *Néhémie* n'ont pas eu autant d'autorité qu'eux, ni pourquoi les écrivains plus récents ont été privés du secours de l'inspiration. Ce n'est pas sur le simple témoignage des Juifs que nous recevons comme divins des livres de l'Ancien Testament, mais sur celui de l'Eglise chrétienne, instruite par Jésus-Christ et par les apôtres. Voyez *Bible d'Avignon*, t. V, p. 786.

NÉOMÉNIE, fête de la nouvelle lune. Ces fêtes ont été célébrées par toutes les nations. Moïse nous en montre l'origine dans l'histoire de la création, lorsqu'il dit que Dieu a fait le soleil et la lune pour être les signes des temps, des jours et des années (*Gen.* i, 14). Dans le premier âge du monde, lorsque les hommes ne savaient pas encore tirer le même secours que nous des lumières artificielles, il leur était naturel de voir avec joie la lune reparaître au commencement de la nuit, et c'est de ce moment que l'on comptait un nouveau mois. Rien n'é ait donc plus innocent dans l'origine que la fête de la *néoménie*. Voy. l'*Histoire religieuse du Calendrier*, c. 10, p. 281.

Lorsque les peuples se furent avisés de diviniser les astres, les fêtes de la nouvelle lune devinrent un acte d'idolâtrie et une source de superstitions. Moïse ne défendit point cette fête aux Juifs, elle était plus ancienne qu'eux ; il leur prescrivit au contraire les offrandes et les sacrifices qu'ils devaient faire (*Num.* xxviii, 11) : mais il défendit sévèrement toute espèce de culte rendu aux astres (*Deut.* iv, 19). Dans le psaume lxxxi v. 4, il est dit : « Sonnez de la trompette à la *néoménie*. » C'était pour annoncer le nouveau mois et les fêtes qu'il y aurait à célébrer pendant sa durée ; on annonçait encore plus solennellement le premier jour de l'année. Ce n'était point là une imitation des fêtes païennes, comme le prétend Spencer, mais un usage très-raisonnable plus ancien que le paganisme. A la vérité les Juifs imitèrent souvent dans cette occasion les superstitions des païens ; alors Dieu leur déclara qu'il détestait ces solennités et que ce culte lui était insupportable (*Isa.* i, 13 et 14). Les chrétiens mêmes, dans plusieurs contrées, eurent d'abord de la peine à renoncer aux folles réjouissances auxquelles les païens se livraient le premier jour de la lune ; il fallut les défendre dans plusieurs conciles. Quand on connaît les mœurs des peuples de la campagne et la facilité avec laquelle la jeunesse se livre à tout ce qui excite la joie, on n'est pas surpris des obstacles que les pasteurs ont eus à vaincre dans tous les temps pour déraciner tous les désordres. *Voy.* TROMPETTES.

NÉOPHYTE, terme grec qui signifie *nouvelle plante;* on nommait ainsi les nouveaux chrétiens convertis depuis peu à la foi, parce que le baptême qu'ils recevaient était regardé comme une nouvelle naissance. Saint Paul ne veut pas qu'on élève les *néophytes* aux ordres sacrés, de peur que l'orgueil n'ébranle leur vertu encore mal affermie (*I Tim.* iii, 6). Il y a néanmoins dans l'histoire ecclésiastique quelques exemples du contraire, comme la promotion de saint Ambroise à l'épiscopat ; mais ils sont rares. On appelle encore aujourd'hui *néophytes* les prosélytes que font les missionnaires chez les infidèles. Les *néophytes* du Japon, sur la fin du xvi° et au commencement du xvii° siècle, ont montré dans les persécutions et les tourments un courage et une fermeté de foi dignes des premiers siècles de l'Eglise : il en a été de même de plusieurs Chinois nouvellement convertis. On a enfin nommé autrefois *néophytes* les clercs ordonnés depuis peu, et les novices dans les monastères.

NERGAL, ou NERGEL, nom d'une idole

des Assyriens. Il est dit (*IV Reg.* xvii), que le roi d'Assyrie, après avoir transporté dans ses Etats les sujets du royaume d'Israël, envoya, pour repeupler la Samarie, des Babyloniens, des Cuthéens, des peuples d'Avah, d'Emath et de Sapharvaïm; que ces étrangers joignirent au culte du Seigneur le culte des idoles, auquel ils étaient accoutumés; que les Babyloniens firent *Socoth-Benoth*, les Cuthéens *Nergel*, les Emathéens *Asima*, les Hévéens *Nébahaz* et *Tharthac;* que ceux de Sepharvaïm brûlaient leurs enfants à l'honneur d'*Adramélech* et *Anamélech* leurs dieux. Il n'est pas aisé d'assigner précisément les diverses contrées de l'Assyrie desquelles ces différents peuples furent tirés, et il est encore plus difficile d'expliquer les noms de leurs dieux. Selden, dans son traité *de Diis Syriis*, pense que *Socoth-Benoth* signifie des *tentes pour les filles;* c'était un lieu de prostitution. *Nergal* ou *Nergel* est la *fontaine du feu;* c'était un pyrée dans lequel les Perses rendaient un culte au feu, comme font encore aujourd'hui les parsis. On ne doit pas écouter les rabbins, qui prétendent que *Asima*, *Nébahaz* et *Tharthac* sont trois idoles, dont la première avait la tête d'un bouc, la seconde la tête d'un chien, la troisième la tête d'un âne; il est plus probable que ce sont trois noms assyriens, qui désignent le soleil, aussi bien que *Anamélech* et *Adramélech;* ces deux derniers signifient *le grand roi*, le souverain de la nature. On ne sait pas si ces nouveaux habitants de la Samarie ont persévéré pendant longtemps dans le culte des faux dieux. Deux cents ans après leur arrivée, lorsque les Juifs furent de retour de leur captivité, Esdras et Néhémie, quoique ennemis des Samaritains, ne leur reprochent point l'idolâtrie; le temple, que ces derniers bâtirent à cette époque sur le mont Garizim, paraît avoir été élevé à l'honneur du vrai Dieu, et à l'imitation de celui de Jérusalem. Jésus-Christ dit à la Samaritaine (*Joan.* iv, 22): *Vous adorez ce que vous ne connaissez pas;* mais cela ne prouve point que les Samaritains aient adoré de faux dieux. *Voy.* SAMARITAINS.

**NESTORIANISME, NESTORIENS.** Ce qui regarde cette hérésie est sujet à plusieurs discussions. Il faut, 1° la considérer dans son origine et telle que Nestorius l'a enseignée; 2° voir si c'est une hérésie réelle ou seulement apparente; 3° l'examiner sous la nouvelle forme qu'elle prit dans la Perse et dans la Mésopotamie au v° siècle; 4° la suivre aux Indes sur la côte de Malabar, où elle a été retrouvée au xvi°.

Nestorius, auteur de l'hérésie qui porte son nom, était né dans la Syrie, et avait embrassé l'état monastique; il fut placé sur le siége de Constantinople l'an 428. Il avait de l'esprit, de l'éloquence, un extérieur modeste et mortifié, mais beaucoup d'orgueil, un zèle très-peu charitable, et presque point d'érudition. Il commença par faire chasser de Constantinople les ariens et les macédoniens, fit abattre leurs églises, et obtint de l'empereur Théodose le Jeune des édits rigoureux pour les exterminer. Instruit par les écrits de Théodore de Mopsueste, il y avait puisé une doctrine erronée sur le mystère de l'incarnation. Un de ses prêtres, nommé Anastase, avait prêché que l'on ne devait pas appeler la sainte Vierge *mère de Dieu*, mais seulement *mère du Christ*, parce que Dieu ne peut pas naître d'une créature humaine. Cette doctrine souleva le peuple. Nestorius, loin d'apaiser le scandale, l'augmenta en soutenant la même erreur; il enseigna qu'il y avait en Jésus-Christ deux personnes, Dieu et l'homme; que l'homme était né de Marie, et non Dieu; d'où il s'ensuivait qu'entre Dieu et l'homme il n'y avait pas une union substantielle, mais seulement une union d'affections, de volontés et d'opérations. Cette nouveauté échauffa et divisa les esprits non-seulement à Constantinople, mais parmi les moines d'Egypte auxquels les écrits de Nestorius furent communiqués. Saint Cyrille, patriarche d'Alexandrie, consulté sur cette question, répondit qu'il aurait été beaucoup mieux de s'abstenir de l'agiter; mais que Nestorius lui paraissait être dans l'erreur. Celui-ci, informé de cette décision, s'emporta contre saint Cyrille, lui fit répondre avec hauteur, et lui reprocha d'exciter des troubles. Le patriarche d'Alexandrie répliqua que les troubles venaient de Nestorius lui-même, qu'il ne tenait qu'à lui de les apaiser, en s'expliquant d'une manière plus orthodoxe, et en tenant le même langage que les catholiques. Tous deux en écrivirent au pape saint Célestin, pour savoir ce qu'il en pensait; ce pontife assembla, au mois d'août de l'an 430, un concile à Rome, qui approuva la doctrine de saint Cyrille, et condamna celle de Nestorius. Au mois de novembre suivant, saint Cyrille en assembla un autre en Egypte, où la décision de Rome fut approuvée; il dressa une profession de foi et douze anathèmes contre les divers articles de la doctrine de Nestorius; celui-ci n'y répondit que par douze anathèmes opposés. Cette contestation ayant été communiquée à Jean, patriarche d'Antioche, et à Acace, évêque de Bérée, ils jugèrent Nestorius condamnable, mais il leur parut que saint Cyrille avait relevé trop durement quelques expressions susceptibles d'un sens orthodoxe, et ils l'exhortèrent à étouffer cette dispute par son silence. Comme elle continuait de part et d'autre avec beaucoup de chaleur, l'empereur, pour la terminer, indiqua un concile général à Ephèse pour le 7 juin de l'an 431. Nestorius et les évêques d'Asie y arrivèrent les premiers; saint Cyrille s'y rendit avec cinquante évêques d'Afrique, et Juvénal, patriarche de Jérusalem, avec ceux de sa province. Pour Jean d'Antioche, qui était accompagné de quarante évêques, il ne se pressa pas d'arriver; il manda cependant à ceux qui étaient déjà réunis à Ephèse, que ni lui ni ses collègues ne trouveraient pas mauvais que le concile fût commencé sans eux. La première séance fut tenue le 22 juin; saint Cyrille y présida, comme chargé de cette commission par le pape Célestin. Nestorius, cité par le concile, refusa de comparaître avant que Jean d'Antioche et ses collègues fussent arrivés; mais l'absence de quarante évêques devait-elle en retenir deux cents dans l'inaction? Le concile, *après avoir examiné les écrits de Nestorius*, le condamna et le déposa, et approuva ceux que saint Cyrille avait faits contre lui. Jean d'Antioche n'arriva que sept jours après. Sans attendre qu'on lui rendît compte de ce qu'avait fait le concile, sans vouloir même en écouter les députés, il tint dans son auberge une assemblée de quarante-trois évêques, dans laquelle il déposa et excommunia saint Cyrille. Qui lui avait donné cette autorité? Les députés du pape, qui arrivèrent quelques jours après, tinrent une conduite tout opposée; ils se joignirent à saint Cyrille et au concile, ils souscrivirent à la condamnation de Nestorius et à la sentence de déposition que le concile prononça contre Jean d'Antioche et contre ses adhérents. Ainsi la décision du concile d'Ephèse, loin de terminer la dispute, la rendit plus confuse et plus animée; les deux partis se regardèrent mutuellement comme excommuniés; ils écrivirent à l'empereur chacun de leur côté, et trouvèrent l'un et l'autre des partisans à la cour. Théodose trompé voulait d'abord que Nestorius et saint Cyrille demeurassent déposés tous les deux; mais, mieux informé, il exila Nestorius et renvoya le patriarche d'Alexandrie dans son siége. Trois ans après, Jean d'Antioche reconnut son tort, se réconcilia avec saint Cyrille, engagea la plupart des évêques de sa faction à faire de même; et comme Nestorius, retiré dans un monastère près d'Antioche, dogmatisait et cabalait toujours, Jean demanda qu'il fût éloigné. L'empereur le relégua d'abord à Pétra dans l'Arabie, ensuite au désert d'Oasis en Egypte, où il mourut misérable, sans avoir voulu abjurer son erreur. Il faut remarquer que jamais Jean d'Antioche ni les évêques de son parti n'ont déclaré que la doctrine de Nestorius était orthodoxe; mais il leur paraissait que celle de saint Cyrille, dans les anathèmes qu'il avait prononcés contre Nestorius au concile d'Alexandrie, en 430, ne l'était pas non plus. Lorsque saint Cyrille les eut expliqués, et eut satisfait ses accusateurs, ils reconnurent son orthodoxie. Pourquoi Nestorius ne fit-il pas de même, lorsque Jean d'Antioche l'y exhortait? Un grand nombre de partisans de cet hérétique ne furent pas plus dociles que lui; proscrits par l'empereur, ils se retirèrent dans la Mésopotamie et dans la Perse, où ils fondèrent des églises schismatiques. Avant de considérer le *nestorianisme* dans ce nouvel état, il faut examiner si la doctrine de Nestorius était véritablement hérétique, ou s'il ne fut condamné que par un malentendu.

II. *Le nestorianisme est véritablement une hérésie.* Les protestants, défenseurs-nés de toutes les erreurs et de tous les hérétiques, ont fait ce qu'ils ont pu pour justifier Nestorius. Ils ont dit que cet homme péchait plutôt dans les expressions que dans le fond des sentiments; qu'il ne rejetait le titre de *mère de Dieu* qu'à cause de l'abus que l'on en pouvait faire; que cette hérésie prétendue n'aurait pas fait tant de bruit sans le caractère ardent, brouillon, ambitieux et arrogant de saint Cyrille; que ce patriarche d'Alexandrie se conduisit par orgueil et par jalousie contre Nestorius et contre Jean d'Antioche, plutôt que par zèle pour la foi ; que sa doctrine était encore moins orthodoxe que celle de son adversaire. Ils ont soutenu que le concile d'Ephèse avait agi dans cette affaire contre toutes les règles de la justice, et avait condamné Nestorius sans vouloir l'entendre. Luther, premier auteur de cette accusation, a entraîné à sa suite la foule des protestants, Bayle, Basnage, Saurin, Le Clerc, La Croze, etc. Mosheim plus modéré avait également blâmé Nestorius et saint Cyrille; son traducteur l'a trouvé très-mauvais; il excuse Nestorius et rejette toute la faute sur le patriarche d'Alexandrie. A l'article SAINT CYRILLE, nous avons justifié ce Père, et nous avons fait voir qu'il a eu de justes motifs de faire ce qu'il a fait. Pour rendre sa conduite odieuse, ses accusateurs passent sous silence plusieurs faits essentiels. Ils ne parlent ni des raisons qu'eut saint Cyrille d'entrer dans cette dispute, ni des lettres très-modérées qu'il écrivit à Nestorius, ni des réponses injurieuses de celui-ci, ni de sa condamnation prononcée à Rome sur ses propres écrits, ni de l'invitation que lui fit Jean d'Antioche son ami de s'expliquer avant le concile d'Ephèse, ni de la commission que saint Cyrille avait reçue du pape de présider à ce concile, ni de la paix qui se conclut trois ans après entre ce Père et les Orientaux qui abandonnèrent Nestorius. Mosheim méprise l'*Histoire du Nestorianisme*, donnée par le Père Doucin; mais cet historien a pris toutes ses preuves dans Tillemont, qui cite tous les faits et les pièces originales. *Mém.*, t. XIV, p. 307 et suiv. Au mot EPHÈSE, nous avons prouvé que le concile, qui y fut tenu en 431, a procédé selon toutes les lois ecclésiastiques; que Nestorius refusa opiniâtrément d'y comparaître, et résista aux invitations de ses amis; que sa doctrine était très-connue des évêques, par ses propres écrits, par ses sermons, par les discours même qu'il avait tenus à Ephèse, en conversant avec eux; que l'absence affectée de Jean d'Antioche et de ses collègues ne forme aucun préjugé contre la décision, puisqu'aucun d'eux n'a jamais osé soutenir que la doctrine de Nestorius était orthodoxe. Enfin, au mot MÈRE DE DIEU, nous avons montré que ce titre donné à Marie est très-conforme à l'Ecriture sainte, que c'est le langage des anciens Pères, qu'il ne peut donner lieu à aucun abus, à moins qu'il ne soit mal interprété par malice.

Il nous reste à prouver que l'opinion de Nestorius était une hérésie formelle et très-pernicieuse, contraire à l'Ecriture sainte et au dogme de la divinité de Jésus-Christ. Saint Jean dit (I, 1 et 14), que Dieu le Verbe s'est fait chair. L'ange dit à Marie (*Luc.* III, 15) : *Le Saint qui naîtra de vous sera appelé, ou sera le Fils de Dieu.* Selon saint Paul, le Fils de Dieu a été fait ou est né du sang de David selon la chair (*Rom.* i, 3). Dieu a envoyé son Fils fait d'une femme (*Galat.* iv, 4). Saint Ignace, disciple des apôtres, dit dans sa lettre aux Ephésiens, n. 7, que Notre-Seigneur Jésus-Christ est Dieu existant dans l'homme, qu'il est de Marie et de Dieu; n. 18, que Jésus-Christ notre Dieu a été porté dans le sein de Marie. Suivant ce langage apostolique, ou il faut confesser que la personne divine, Dieu le Verbe, Dieu le Fils, est né de Marie et que Marie est sa mère, ou il faut admettre en Jésus-Christ deux personnes, la personne divine et la personne humaine, dont la seconde est née de Marie, et non la première. Alors en Jésus-Christ la divinité et l'humanité ne subsistent plus dans l'unité de personne, l'union qui est entre elle n'est plus *hypostatique* ou substantielle. Il ne peut y avoir entre les deux personnes qu'une union spirituelle, une *inhabitation*, un concert de volontés, d'affections et d'opérations, comme il y en avait une entre le Saint-Esprit et Marie, lorsqu'il descendit en elle. Dans cette hypothèse, on ne peut pas dire avec plus de vérité que Jésus-Christ est Dieu, qu'on ne peut le dire de sa sainte mère. Jésus-Christ n'est plus ni un homme-Dieu ni un Dieu-homme, mais seulement un homme uni à Dieu. Il n'y a pas plus d'incarnation dans Jésus-Christ que dans la sainte Vierge. Nestorius, quoique mauvais théologien, le comprit, lorsque le prêtre Anastase eut dit en chaire : « Que personne n'appelle Marie *mère de Dieu*; Marie est une créature humaine : Dieu ne peut naître d'une femme. » Nestorius ne désavoua pas plus la seconde proposition que la première; il soutint également l'une et l'autre dans ses écrits. Il ajouta : *Je n'appellerai jamais* Dieu *un enfant de deux ou trois mois.* Evagre, *Hist ecclés.*, l. 1, c. 2. On prétend qu'il répéta ces mêmes paroles à Ephèse dans une conférence qu'il eut avec quelques évêques. Socrate, liv. vii, c. 34. Conséquemment il fut obligé d'admettre deux Christs, l'un Fils de Dieu, l'autre Fils de Marie. *Vincent. Lirin. Commonit.*, c. 17.

Marius Mercator a conservé plusieurs des sermons de Nestorius. Dans le second qu'il fit pour soutenir son erreur, il prétendait qu'on ne doit pas dire que Dieu le Verbe soit né de la Vierge ni qu'il soit mort, mais seulement qu'il était uni à celui qui est né et qui est mort. Tillemont, *ibidem.*, pag. 316, 317. Dans un autre, il soutenait que le Verbe n'était pas né de Marie, mais qu'il habitait et était uni inséparablement au fils de Marie, pag. 318. Il parlait de même dans son septième sermon qu'il envoya par bravade à saint Cyrille, page 338. Dans ceux qu'il adressait au pape Célestin, il disait qu'il admettrait le terme de *mère de Dieu*, pourvu qu'on ne crût pas que le Verbe est né de la Vierge, parce que, dit-il, personne n'engendre celui qui était avant lui. Dans une lettre au même pape, il se plaignait de ceux qui attribuaient au Verbe incarné les faiblesses de la nature humaine. Dans le premier des anathèmes qu'il opposa à ceux de saint Cyrille, il anathématise ceux qui diront que Emmanuel est le Verbe de Dieu, et que la sainte Vierge est mère du Verbe. Dans le cinquième, ceux qui diront que le Verbe, après avoir pris l'homme, est un seul Fils de Dieu par nature. Dans le septième, il soutient que l'homme né de la Vierge n'est point le Fils unique du Père, mais qu'il reçoit seulement ce nom par participation, à cause de son union avec le Fils unique. Dans le dixième, il soutient que ce n'est point le Verbe éternel qui est notre pontife, et qui s'est offert pour nous, p. 343, 344, 369, etc. Or cette union qu'il admettait entre le Verbe et le Fils de Marie était seulement une union d'habitation, de puissance, de majesté, etc.; jamais il n'a voulu admettre une union hypostatique ou substantielle. Selon lui, on ne peut pas dire que Dieu a envoyé le Verbe, p. 367, 368. Voilà ce qui scandalisa les fidèles de Constantinople, ce qui fut condamné à Rome, ce qui fut réfuté par saint Cyrille, par Marius Mercator et par d'autres, même par Théodoret, ce qui fut anathématisé par le concile d'Ephèse, et ensuite par celui de Chalcédoine; jamais Nestorius n'en a voulu rétracter un seul mot. Nous demandons à ses apologistes s'il y a une seule de ses propositions qui ne soit pas formellement contraire à l'Ecriture sainte, et qui soit susceptible d'un sens catholique.

Quand nous n'aurions pas les écrits originaux de Nestorius, pourrait-on nous persuader que les papes saint Célestin et saint Léon, les conciles de Rome, d'Ephèse et de Chalcédoine, les amis mêmes de Nestorius, comme Jean d'Antioche, Théodoret, Ibas, évêque d'Edesse, etc., qui, après avoir présumé d'abord sa catholicité, l'ont enfin abandonné à son opiniâtreté, n'ont rien compris à sa doctrine, ou l'ont mal interprétée, aussi bien que saint Cyrille? Nous verrons ci-après que la doctrine professée aujourd'hui par les *nestoriens* est encore la même que celle qu'enseignait le patriarche de Constantinople; ces sectaires ont toujours révéré Nestorius, Théodore de Mopsueste et Diodore de Tarse, comme leurs trois principaux maîtres. Les apologistes de Nestorius disent que l'on peut abuser du titre de *mère de Dieu;* que Nestorius le rejetait uniquement parce qu'il lui paraissait favoriser l'hérésie d'Apollinaire. Mais l'on peut abuser également des passages de l'Ecriture sainte que nous avons cités; c'est de ces passages mêmes qu'Apollinaire abusait pour appuyer son erreur. Il soutenait que le Verbe divin avait pris un corps humain et une âme, mais privée d'entendement humain, et que la présence du Verbe y suppléait; quelques-uns de ses disciples enseignaient que le Verbe divin avait pris un corps humain sans âme, parce que saint Jean a dit que le Verbe *s'est fait chair*, et saint Paul, que le Fils de Dieu a été fait du sang de David *selon la chair*, sans faire mention d'une âme humaine. Il n'y a aucune preuve que les apollinaristes se soient jamais servis du titre de *mère de Dieu* pour étayer leur opinion. Par là on voit évidemment l'ignorance ou la mauvaise foi de Nestorius, qui traitait ses adversaires d'ariens et d'apollinaristes; c'est lui-même qui tombait dans l'arianisme, puisqu'il s'ensuivait de sa doctrine que Jésus-Christ n'est pas réellement et substantiellement Dieu, qu'en lui l'humanité n'est point substantiellement unie à la Divinité, mais moralement. La vraie raison de l'entêtement de cet hérésiarque est qu'il était imbu des erreurs de Théodore de Mopsueste et de Diodore de Tarse. Aussi s'emportait-il contre ceux qui attribuaient au Verbe incarné les faiblesses de la nature humaine, et à Jésus-Christ homme les apanages de la Divinité. Tillemont, *ibid.*, p. 343, 344. S'il avait raison, les apôtres n'ont eu tort de dire que le Fils de Dieu est né d'une femme, qu'il est né du sang de David, que le sang du Fils de Dieu nous purifie de nos péchés (*I Joan.* I, 7); que le Verbe s'est fait chair, etc. Voilà les faiblesses de l'humanité attribuées au Fils de Dieu, au Verbe incarné. Jean d'Antioche, ami de Nestorius, était très-bien fondé à lui représenter qu'il avait tort de rejeter le titre de *mère de Dieu*, dont les Pères s'étaient servis, qui exprimait la foi de l'Eglise, et que personne n'avait encore blâmé; que s'il rejetait le sens attaché à ce terme, il était dans une grande erreur, et s'exposait à ruiner entièrement le mystère de l'incarnation. Tillemont, *ib.*, p. 354, 355. Mais Nestorius ne voulait recevoir des conseils de personne. Une chose remarquable est que nous voyons les protestants plus ou moins portés à justifier Nestorius, à proportion de leur inclination au socinianisme. Plusieurs théologiens anglicans conviennent sans difficulté que Nestorius fut légitimement condamné; Mosheim, qui n'était que luthérien, blâme également Nestorius et saint Cyrille; son traducteur, qui est pour le moins calviniste, absout le premier, condamne absolument le second, et lui attribue tout le mal qui est arrivé. C'est la manière de penser des sociniens. Richard Simon avait accusé saint Jean Chrysostome d'avoir parlé de Jésus-Christ comme Nestorius. M. Bossuet dans sa *Défense de la tradition et des Pères*; l. IV, c. 3, a justifié saint Jean Chrysostome : il a fait voir que, selon Nestorius et selon Théodore de Mopsueste son maître, Jésus-Christ n'était Dieu que par adoption et par représentation.

III. *Etat du nestorianisme après le concile d'Ephèse*. Le savant Assémani en a fait exactement l'histoire, *Biblioth. orient.*, tome IV, c. 4 et suiv. Nous avons déjà remarqué qu'après la condamnation de Nestorius dans ce concile, sa doctrine trouva des défenseurs opiniâtres, surtout dans le diocèse de Constantinople et dans les environs de la Mésopotamie. Proscrits par les empereurs, ils se retirèrent sous la domination des rois de Perse, et ils en furent protégés en qualité de transfuges mécontents de leur souverain. Un certain Barsumas, évêque de Nisibe, parvint, par son crédit à la cour de Perse, à établir le *nestorianisme* dans les différentes parties de ce royaume. Les *nestoriens*, pour répandre leurs opinions, firent traduire en syriaque, en persan et en arménien, les ouvrages de Théodore de Mopsuesta; ils fondèrent un grand nombre d'églises; ils eurent une école célèbre à Edesse et ensuite à Nisibe, ils tinrent plusieurs conciles à Séleucie et à Ctésiphonte; ils érigèrent un patriarche sous le nom de *catholique*; sa résidence fut d'abord à Séleucie, et ensuite à Mozul. Ces sectaires se firent nommer *chrétiens orientaux*, soit parce que plusieurs de leurs évêques étaient venus du patriarcat d'Antioche, que l'on appelait le *diocèse d'Orient*, soit parce qu'ils voulaient persuader que leur doctrine était l'ancien christianisme des Orientaux, soit enfin parce qu'ils se sont étendus plus loin vers l'Orient qu'aucune autre secte chrétienne; mais dans la suite ils ont été plus connus sous le nom de *chaldéens*, et souvent ils ont rejeté celui de *nestoriens*. Lorsque les mahométans subjuguèrent la Perse au VII° siècle, ils souffrirent plus volontiers les *nestoriens* que les catholiques, et leur accordèrent plus de liberté d'exercer leur religion. Il y a des preuves positives que, vers l'an 535, ils avaient déjà porté leur doctrine aux Indes sur la côte de Malabar. Cosme Indicopleustes, qui était *nestorien*, dans sa topographie chrétienne, décrivit l'état où étaient les membres de cette secte soumis au catholique ou patriarche de la Perse. Au VII° siècle, ils envoyèrent des missionnaires à la Chine, qui y firent des progrès, et l'on prétend que le christianisme qu'ils y établirent y a subsisté jusqu'au XIII°. Ils ont encore eu des églises à Samarcande et dans d'autres parties de la Tartarie. Nous verrons ailleurs en quel temps le *nestorianisme* a été banni de ces contrées; mais depuis longtemps il a commencé à déchoir; l'ignorance et la misère de ses pasteurs l'ont réduit presque à rien. *Voy.* TARTARES.

La principale question agitée entre les protestants et nous est de savoir quelle a été et quelle est encore la croyance de ces *nestoriens* ou *chaldéens*, séparés de l'Eglise catholique depuis plus de douze cents ans. « Il est constant, dit l'abbé Renaudot, que les *nestoriens* d'aujourd'hui sont encore dans le même sentiment que Nestorius touchant l'incarnation. Ils soutiennent que, dans Jésus-Christ, Dieu et l'homme ne sont pas la même personne, que l'un est Fils de Dieu, l'autre Fils de Marie : qu'ainsi Marie ne doit pas être appelée *mère de Dieu*, mais *mère du Christ*; que le Verbe de Dieu est descendu en Jésus-Christ au moment de son baptême. Ainsi, selon eux, l'union de la divinité et de l'humanité en Jésus-Christ n'est point substantielle : c'est seulement une union de volontés, d'opérations, de bienveillance, de communication, de puissance, etc. Ils disent formellement qu'il y a en Jésus-Christ deux personnes et deux natures unies par l'opération et par la volonté. Cela est prouvé non-seulement par les ouvrages de plusieurs de leurs théologiens, et par leurs livres liturgiques, mais par les écrits des jacobites et des melchites qui ont combattu les *nestoriens* et qui leur attribuent communément cette doctrine. C'est pour cela même que les *nestoriens* ont été soufferts dans la Perse par les mahométans plus aisément que les autres chrétiens, parce que la manière dont les premiers s'expriment au sujet de Jésus-Christ est conforme à ce que Mahomet en a dit dans l'Alcoran, et que même plusieurs *nestoriens* ont cité les paroles de ce faux prophète, pour plaire aux mahométans. « *Perpét. de la foi*, t. IV, l. I, c. 5. Nous verrons ci-après que ce tableau est confirmé par Assémani, *Biblioth. orient.*, t. III et IV. Malgré ces preuves, Mosheim a tâché de les disculper. Dans son *Hist. ecclés. du v° siècle*, II° part., c. 5, § 12, il dit que dans plusieurs conciles de Séleucie les *nestoriens* ont décidé « qu'il y avait dans le Sauveur du monde deux *hypostases* (ou personnes), dont l'une était divine, l'autre humaine, savoir l'homme Jésus : que ces deux n'avaient qu'un seul aspect, πρόσωπον; que l'union entre le Fils de Dieu et le Fils de l'homme n'était pas une union de nature ou de personne, mais seulement de volonté et d'affection ; qu'il faut par conséquent distinguer soigneusement *Christ* de *Dieu* qui habitait en lui comme dans son temple, et appeler Marie *mère de Christ* et non *mère de Dieu*. » Cela est clair, et c'est précisément la doctrine que nous avons vue soutenue par Nestorius lui-même. Il n'est pas vrai, quoi qu'en dise Mosheim, qu'en cela les *nestoriens* ont changé le sentiment de leur chef. Mais, dans son *Hist. du xvi° siècle*, sect. 3, 1re partie, ch. 2, § 15, il cherche à les excuser. « Il est vrai, dit-il, que les *chaldéens* attribuent deux natures, et même deux personnes à Jésus-Christ ; mais ils corrigent ce que cette expression a de dur, en ajoutant que ces natures et ces personnes sont tellement unies, qu'elles n'ont qu'un seul aspect (*barsopa*). » Or ce mot signifie la même chose que le grec πρόσωπον, et le latin *persona*; d'où l'on voit que par deux *personnes* ils entendent seulement deux *natures*.

Sans recourir au témoignage des auteurs syriens, anciens ou modernes, et aux preuves produites par l'abbé Renaudot, il est évident que Mosheim s'est aveuglé lui-même ou qu'il a voulu en imposer. 1° Cette explication ne peut s'accorder avec les décisions des conciles de Séleucie qu'il a citées lui-même. 2° Il résulterait de ce palliatif, que, selon les *nestoriens*, il y a en Jésus-Christ deux natures et deux personnes; cette absurdité est trop forte. 3° Nous convenons que le grec πρόσωπον et le latin *persona*, dans leur signification primitive, ne signifient point *personne* dans le sens théologique, mais *personnage*, caractère, aspect, apparence extérieure ; que les *nestoriens* prennent *barsopa* dans ce dernier sens. Ainsi leur sentiment est qu'il y a dans Jésus-Christ deux *natures* et deux *personnes*, ou deux natures subsistant chacune en elle-même, et par elle-même, savoir, Dieu et l'homme, mais qu'elles sont tellement unies qu'il n'en résulte qu'un seul *personnage*, un seul et unique caractère, une seule apparence personnelle de Jésus-Christ, parce qu'en lui les volontés, les sentiments, les affections, les opérations de la divinité et de l'humanité sont toujours parfaitement d'accord. Or ce sens, qui est celui de Nestorius, est hérétique. Le dogme catholique est qu'il y a dans Jésus-Christ deux *natures*, la divinité et l'humanité, mais une seule *personne*; que l'humanité en lui ne subsiste point par elle-même, mais par la personne du Verbe auquel elle est substantiellement unie, de manière que Jésus-Christ n'est point une personne humaine, mais une personne divine. Autrement Jésus-Christ ne pourrait être appelé *Dieu-homme* ni *homme-Dieu*, il ne serait pas vrai de dire que le Verbe s'est fait chair, que le Fils de Dieu est né d'une femme, qu'il est mort, qu'il nous a rachetés par son sang, etc. Quelque subtilité qu'on emploie, l'on ne parviendra jamais à concilier l'opinion des *nestoriens*, ni leur langage avec celui de l'Ecriture sainte. Mosheim ajoute, *qu'à l'honneur immortel des nestoriens*, ils sont les seuls chrétiens d'Orient qui aient évité cette multitude d'opinions et de pratiques superstitieuses qui ont infecté l'Eglise grecque et latine.

Cependant ils sont accusés, 1° d'enseigner, comme les Grecs schismatiques, que le Saint-Esprit procède du Père et non du Fils ; 2° de croire que les âmes sont créées avant les corps, et de nier le péché originel, comme Théodore de Mopsueste ; 3° de prétendre que la récompense des saints dans le ciel et la punition des méchants dans l'enfer sont différées jusqu'au jour du jugement ; que jusqu'alors les âmes des uns et des autres sont dans un état de sensibilité ; 4° de penser, comme les origénistes, que les tourments des damnés finiront un jour. Il serait à souhaiter, pour *l'honneur immortel des nestoriens*, que Mosheim les eût justifiés sur quelqu'un de ces articles. Il aurait voulu, comme les autres protestants, nous persuader que les *nestoriens* n'ont jamais eu la même croyance que l'Eglise romaine touchant les sept sacrements, la présence réelle de Jésus-Christ dans l'eucharistie, la transsubstantiation, le culte des saints, la prière pour les morts, etc.; mais l'abbé Renaudot, dans le tom. IV de la *Perpétuité de la foi*; Assémani, dans sa *Biblioth. orient.*, tom. III, II° part.; le Père Lebrun, dans son *Explication des cérémonies de la messe*, t. VI, prouvent le contraire par des titres incontestables, auxquels les protestants n'ont rien à opposer.

En se séparant de l'Eglise catholique, les *nestoriens* emportèrent avec eux la liturgie de l'Eglise de Constantinople, traduite en syriaque, et ils ont continué de s'en servir. A présent ils en ont trois ; la première, qu'ils appellent *la liturgie des apôtres*, paraît être plus ancienne que l'hérésie de Nestorius;

la seconde est celle de Théodore de Mopsueste ; la troisième, celle de Nestorius. Cette dernière est la seule dans laquelle ils ont glissé leur erreur touchant l'Incarnation ; les deux autres sont orthodoxes. On y trouve, comme dans toutes les autres liturgies orientales, l'expression de la présence réelle et de la transsubstantiation, l'adoration de l'eucharistie, la commémoration de la sainte Vierge et des saints, la prière pour les morts. Les *nestoriens* ont toujours célébré en langue syriaque et non en langue vulgaire, dans tous les pays où ils ont eu des églises, et ils ont toujours admis le même nombre de livres de l'Ecriture sainte que les catholiques. D'où l'on conclut qu'au v° siècle, lorsque les *nestoriens* ont commencé à faire bande à part, toute l'Eglise chrétienne croyait et professait les mêmes dogmes que les protestants reprochent à l'Eglise romaine comme une doctrine nouvelle et inconnue à toute l'antiquité. *Voy.* LITURGIE. On a tenté plus d'une fois de faire renoncer les *nestoriens* à leur schisme. L'an 1304, Jaballaha, patriarche des *nestoriens*, envoya sa profession de foi orthodoxe au pape Benoît XI. Au xvi° siècle, sous les papes Jules III et Pie IV, le patriarche *nestorien* Jean Sulaka fit de même ; son successeur, nommé Abdissi, Abdjésu ou Ebedjésu, vint à Rome deux fois, y fit son abjuration, envoya sa profession de foi au concile de Trente, reçut du souverain pontife le *pallium*, et, de retour en Syrie, travailla avec succès à la conversion des schismatiques. Il était savant dans les langues orientales, et il a composé plusieurs ouvrages. Un autre envoya encore sa profession de foi à Paul V ; mais on prétend que ses députés ne furent pas sincères dans l'exposition de leur croyance ; ils pallièrent leurs erreurs afin de se rapprocher des catholiques, et rendirent mal le sens des expressions de leurs docteurs. Ainsi en a jugé l'abbé Renaudot, *Perpét. de la foi*, tom. IV, l. I, c. 5.

Suivant la gazette de France, du 5 juin 1771, art. *Rome*, les dominicains, missionnaires en Asie, ont ramené à l'unité de l'Eglise le patriarche schismatique des *nestoriens* résidant à Mozul, et cinq autres évêques de la même province. Sur la fin du siècle passé, il y avait encore quarante mille *nestoriens* dans la Mésopotamie : *Etat de l'Eglise rom.*, par le prélat Cerri, p. 155. Ces conversions ne pouvaient manquer de déplaire aux protestants. Mosheim dit que les missionnaires vont semer exprès le schisme et la discorde parmi les sectes orientales, afin de pouvoir débaucher l'un des deux partis. Selon lui, le prédécesseur d'Ebedjésu n'eut recours à Rome que pour obtenir l'avantage sur son compétiteur, qui lui disputait le patriarcat. Mais on sait qu'il n'est pas besoin de l'influence des missionnaires pour faire naître de nouvelles divisions parmi les schismatiques, puisqu'il n'y a aucune secte qui n'en ait vu éclore plusieurs dans son sein. Ebedjésu n'a donné aucun motif de douter de la sincérité de son catholicisme, et plusieurs de ses successeurs ont imité sa conduite. Cependant Mosheim soutient en général que ces prétendues conversions sont intéressées et simulées, qu'elles n'ont d'autre motif que la pauvreté et l'espérance d'obtenir de l'argent de Rome pour se racheter des vexations des mahométans ; que si les libéralités du pape viennent à cesser, le catholicisme de ces nouveaux prosélytes s'évanouit. Nous ne doutons pas que plusieurs évêques *nestoriens* n'aient donné lieu à ce reproche, mais il n'est pas de l'intérêt des protestants d'insister sur la mauvaise foi de gens qu'ils auraient désiré d'avoir pour frères, et dont ils ont défiguré la doctrine pour la concilier avec la leur. L'inconstance et la dissimulation de quelques prosélytes ne forment aucun préjugé contre la pureté du zèle des missionnaires et des souverains pontifes. Les apôtres mêmes ont trouvé des hypocrites parmi ceux qu'ils avaient convertis. Un trait plus odieux de la part de Mosheim est de dire que la cour de Rome et les missionnaires sont de bonne composition sur le christianisme de ces peuples ; que pourvu qu'ils reconnaissent à l'extérieur la juridiction du pontife romain, on leur laisse la liberté de conserver leurs erreurs, et de pratiquer leurs rites, quoique très-opposés à ceux de l'Eglise romaine. Pure calomnie. N'a-t-on pas vu les souverains pontifes condamner hautement les rites malabares, indiens et chinois, qu'ils ont jugés superstitieux ou pernicieux, et défendre rigoureusement aux missionnaires de les tolérer ? Les missionnaires français, espagnols, allemands et portugais, ne sont pas soudoyés par le pape, et ils n'ont aucun intérêt à se rendre coupables d'une prévarication. Quant aux rites innocents, et dont l'origine est très-ancienne, pourquoi ne les conserverait-on pas, quoique différents de ceux de l'Eglise romaine ?

Ici l'entêtement des protestants brille dans tout son jour ; ils ont censuré avec aigreur le zèle des missionnaires portugais qui voulurent tout réformer chez les *nestoriens* du Malabar, et substituer les rites de l'Eglise latine aux anciens rites des églises syriennes ; à présent ils blâment les missionnaires de la Mésopotamie qui, mieux instruits que les Portugais, jugent qu'il ne faut réformer chez les *nestoriens* que ce qui est évidemment mauvais. Ils ont paru applaudir au zèle des *nestoriens* qui portèrent l'Evangile et fondèrent des églises dans la Tartarie et à la Chine, et ils ont cherché à rendre suspects les missionnaires catholiques qui ont entrepris les mêmes travaux. Cependant ces apôtres *nestoriens*, pendant sept cents ans de missions dans la Tartarie, ont négligé un soin que les protestants jugent indispensable ; ils n'ont pas traduit en tartare l'Ecriture sainte, pas même le Nouveau Testament ; il a fallu que ce fût un religieux franciscain qui en prît la peine au xiv° siècle. *Voy.* TARTARES. Ces censeurs opiniâtres ne se lasseront-ils jamais de se contredire et de fournir des armes aux incrédules, en exhalant leur bile contre l'Eglise romaine ? Ils n'ont pas été plus équitables en parlant des *nestoriens* du Malabar qu'en peignant ceux de la Perse et de la Mésopotamie.

IV. *État du nestorianisme sur la côte de Malabar.* Vers l'an 1500, lorsque les Portugais, après avoir doublé le cap de Bonne-Espérance, pénétrèrent dans les Indes, ils furent fort étonnés d'y trouver de nombreuses peuplades de chrétiens : ceux-ci ne le furent pas moins de voir arriver des étrangers qui étaient de leur religion. Ces peuples, qui se nommaient *chrétiens de saint Thomas,* étaient pour lors répandus dans quatorze cents bourgs ou bourgades ; ils avaient pour unique pasteur un évêque ou archevêque qui leur était envoyé par le patriarche *nestorien* de Babylone ou plutôt de Mozul. Ils recherchèrent l'appui des Portugais, pour se défendre des vexations de quelques princes païens qui les opprimaient, et ils mandèrent à leur patriarche l'arrivée de ces étrangers comme un événement fort extraordinaire. Ils étaient persuadés que leur christianisme subsistait depuis le 1ᵉʳ siècle de l'Eglise, que leurs ancêtres avaient été convertis à la foi par l'apôtre saint Thomas, que c'est de lui qu'ils avaient tiré leur nom. A l'article SAINT THOMAS, nous ferons voir que cette tradition n'est pas aussi mal fondée que certains critiques l'ont prétendu, et que les autres origines auxquelles on a voulu rapporter le nom de *chrétiens de saint Thomas* sont beaucoup moins probables. Quoi qu'il en soit, ces chrétiens malabares étaient *nestoriens,* et il y a lieu de croire qu'ils avaient été engagés dans cette hérésie sur la fin du vᵉ siècle. Les Portugais, qui avaient amené avec eux plusieurs missionnaires, conçurent le dessein de les réunir à l'Eglise catholique, de laquelle ils étaient séparés depuis mille ans. Cet ouvrage fut commencé par D. Jean d'Albuquerque, premier archevêque de Goa, et continué, en 1599, par D. Alexis de Ménézez son successeur. Secondé par les jésuites, il tint un concile dans le village de Diamper ou Odiamper, dans lequel il fit un grand nombre de canons et d'ordonnances pour corriger les erreurs de ces chrétiens schismatiques, pour réformer leur liturgie et leurs usages, pour les rendre conformes à la doctrine et à la discipline de l'Eglise catholique.

L'histoire de cette mission a été écrite en portugais par Antoine Govea, religieux augustin, traduite en français et imprimée à Bruxelles en 1609, sous le titre d'*Histoire orientale des grands progrès de l'Eglise catholique, en la réduction des anciens chrétiens dits de saint Thomas.* Govea leur reproche un grand nombre d'erreurs. 1° Ils sont, dit-il, opiniâtrement attachés à l'hérésie de Nestorius touchant l'Incarnation ; ils n'ont point d'autre image que la croix, et encore ne l'honorent-ils pas fort religieusement. 2° Ils assurent que les âmes des saints ne verront Dieu qu'après le jour du jugement. 3° Ils n'admettent que trois sacrements, savoir, le baptême, l'ordre et l'eucharistie, et dans plusieurs de leurs églises ils administrent le baptême d'une manière qui le rend invalide ; aussi l'archevêque Ménézez les rebaptisa-t-il en secret pour la plupart. 4° Ils ne se servent point d'huile sainte pour le baptême, mais d'huile de noix d'Inde, sans aucune bénédiction. 5° Ils ne connaissent pas même les noms de confirmation ni d'extrême-onction ; ils ne pratiquent point la confession auriculaire ; leurs livres d'offices fourmillent d'erreurs. 6° Pour la consécration, ils se servent de petits gâteaux faits à l'huile et au sel, et, au lieu de vin, ils emploient de l'eau, dans laquelle ils ont fait tremper des raisins secs. Ils disent la messe rarement, et ne se croient point obligés d'y assister les jours de dimanches. 7° Ils ne gardent point l'âge requis pour les ordres, souvent ils font des prêtres à l'âge de 15 ou de 20 ans ; ceux-ci se marient même avec des veuves, et jusqu'à deux ou trois fois : ils n'observent point l'usage de réciter le bréviaire en particulier, ils se contentent de le dire à haute voix dans l'église. 8° Ils ont un très-grand respect pour le patriarche *catholique nestorien* de Babylone ; ils ne veulent point que l'on nomme le pape dans leur liturgie. Souvent ils n'ont ni curé ni vicaire, et c'est alors le plus ancien laïque qui préside à l'assemblée, etc. On a pu présumer que cette liste d'erreurs était trop chargée, que Govea prit pour des défauts et des abus tout ce qu'il n'était pas accoutumé à voir. Depuis que les théologiens catholiques ont appris à mieux connaître les différentes sectes de chrétiens orientaux, surtout les Syriens, soit nestoriens, soit jacobites, soit melchites, soit maronites, que l'on a comparé leurs liturgies et leurs rites, que l'on a consulté leurs livres de religion, l'on a reconnu que les Portugais condamnèrent dans les nestoriens du Malabar plusieurs choses innocentes, plusieurs rites que l'Eglise romaine n'a jamais réprouvés dans les autres sectes ; que, s'ils n'avaient pas eu l'entêtement de vouloir tout réformer, ils auraient réussi plus aisément à réconcilier ces schismatiques à l'Eglise. Quant aux erreurs sur le dogme, Assémani, loin de contredire Govea, en attribue encore d'autres aux *nestoriens* de la Perse, *Biblioth. orient.*, tom. III, p. 695. Ils omettent, dit-il, dans la liturgie, les paroles de la consécration ; ils offrent un gâteau à la sainte Vierge, et croient qu'il devient son corps ; ils regardent le signe de la croix comme un sacrement. Quelques-uns ont enseigné que les peines de l'enfer auraient un terme ; ils placent les âmes des saints dans le paradis terrestre, et ils disent que les âmes ne sentent rien, séparées des corps. L'an 596, un de leurs synodes a défini qu'Adam n'a pas été créé immortel, et que son péché n'a point passé à ses descendants, etc.

La Croze, zélé protestant, a fait exprès son *Histoire du Christianisme des Indes,* pour rendre odieuse la conduite de l'archevêque de Goa et des missionnaires portugais ; il tire avantage des reproches quelquefois mal fondés de Govea ; il soutient que les chrétiens de saint Thomas avaient précisément la même croyance que les protestants, qu'ils n'admettaient comme eux que deux sacrements, savoir le baptême et la cène, qu'ils niaient formellement la présence réelle et la transsubstantiation, qu'ils avaient en horreur le culte des saints et des images, qu'ils ignoraient la doctrine du purgatoire, qu'ils rejetaient les prétendues traditions et les abus que l'Eglise romaine a introduits dans les derniers siècles, etc. Assémani, *Biblioth. orient.*, t. IV, c. 7, § 13, a pleinement réfuté le livre de La Croze; il le convainc de douze ou treize erreurs capitales. Pour éclairer les faits, et savoir à quoi s'en tenir, il a fallu consulter des titres plus authentiques que les relations des Portugais, savoir, la liturgie et les autres livres des *nestoriens*, soit du Malabar, soit de la Perse, d'où ils tiraient leurs évêques. C'est ce qu'ont fait l'abbé Renaudot, Assémani et le Père Le Brun, et ils ont démontré que La Croze en avait grossièrement imposé. On trouve dans le VI° tome du Père Lebrun la liturgie des *nestoriens* malabares, telle qu'elle était avant les corrections qu'y fit faire l'archevêque de Goa; cet écrivain l'a confrontée avec les autres liturgies *nestoriennes* que l'abbé Renaudot avait fait imprimer, et qui ont été fournies par les *nestoriens* de la Perse. Il en résulte que les uns et les autres ont toujours cru et croient encore la présence réelle de Jésus-Christ dans l'eucharistie et la transsubstantiation; que du moins plusieurs admettent sept sacrements comme l'Eglise romaine; que dans leur messe ils font mémoire des saints, prient pour les morts, etc. Les lecteurs peu instruits, qui se sont laissé séduire par le ton de confiance avec lequel La Croze a parlé, doivent revenir de leur erreur.

Quand nous serions forcés de nous en rapporter à Govea, il serait encore évident que la croyance des *nestoriens* malabares était très-opposée à celle des protestants. Ceux-ci croient-ils, comme les Malabares, qu'il y a deux Personnes en Jésus-Christ, et que les saints ne verront Dieu qu'après le jour du jugement? Les Malabares ont toujours regardé l'ordre comme un sacrement; et quoiqu'ils n'attendissent pas l'âge prescrit par les canons, Govea ne les accuse point d'avoir donné les ordres d'une manière invalide. Il ne dit pas en quoi consistait l'invalidité de leur baptême; on n'a jamais douté de la validité de celui qui est administré par les *nestoriens* persans ou syriens. Leur foi touchant l'eucharistie est constatée par leur liturgie; Govea ne leur fait aucun reproche sur ce point. S'ils mêlaient de l'huile et du sel dans le pain destiné à la consécration, ils en donnaient des raisons mystiques, et cet abus ne rendait pas le sacrement nul. Quoique le suc des raisins trempés dans l'eau fût une matière très-douteuse, ils ne refusèrent point de se servir du vin que les Portugais leur fournirent. Ils ne disaient la messe que le dimanche, et ils ne se croyaient pas rigoureusement obligés d'y assister; ils la regardaient néanmoins comme un vrai sacrifice; ils n'en avaient pas horreur comme les protestants. Ils négligeaient beaucoup la confession; cependant ils croyaient l'efficacité de l'absolution des prêtres, par conséquent le sacrement de pénitence. Ce n'est pas là du calvinisme. Ils ne rendaient pas à la sainte Vierge, aux saints, à la croix, un culte aussi éclatant et aussi assidu que les catholiques; mais ils ne condamnaient pas ce culte comme superstitieux. Ils n'avaient pas d'images dans leurs églises, parce qu'ils étaient environnés de païens idolâtres et de pagodes; s'ensuit-il qu'ils regardaient l'honneur rendu aux images comme une idolâtrie? Le concile de Trente, en enseignant que l'usage des images est louable, n'a pas décidé qu'il était absolument nécessaire. Ces chrétiens étaient soumis au patriarche *nestorien* de Mozul, et non au pape, qu'ils ne connaissaient pas; donc ils admettaient un chef spirituel et une hiérarchie; ils ne soutenaient pas, comme les protestants, que toute autorité ecclésiastique est une tyrannie. Ils ont toujours célébré l'office divin en syriaque, langue étrangère pour eux; jamais ils n'ont célébré en langue vulgaire. Ils observaient religieusement l'abstinence et le jeûne du carême; leurs évêques n'étaient pas mariés; ils ont toujours estimé et respecté la profession religieuse: où est donc leur protestantisme?

Si les Portugais étaient demeurés en possession du Malabar, il est très-probable que toute cette chrétienté serait aujourd'hui catholique; mais depuis que les Hollandais s'en sont emparés, ils ont favorisé les schismatiques, et n'ont pris aucun intérêt au succès des missions. M. Anquetil, qui a parcouru cette contrée en 1758, a trouvé les Eglises du Malabar divisées en trois portions, l'une de catholiques du rite latin, l'autre de catholiques du rite syriaque, la troisième de Syriens schismatiques. Celle-ci n'est pas la plus nombreuse; de deux cent mille chrétiens, il n'y a que cinquante mille schismatiques. Le Père Lebrun et La Croze n'avaient donné l'histoire de ces Eglises que jusqu'en 1663, époque de la conquête de Cochin par les Hollandais; M. Anquetil, dans son discours préliminaire du *Zend-Avesta*, p. 179, l'a continuée jusqu'en 1758. Il nous apprend qu'en 1685 les Malabares schismatiques avaient reçu de Syrie, sous le bon plaisir des Hollandais, deux archevêques consécutifs, un évêque et un moine, qui tous étaient Syriens jacobites, et que ceux-ci avaient semé leur erreur parmi ces chrétiens ignorants, de sorte que ces malheureux, après avoir été *nestoriens* pendant plus de mille ans, sont devenus, sans le savoir, jacobites ou eutychiens, malgré l'opposition essentielle qu'il y a entre ces deux hérésies. La Croze, qui ne l'ignorait pas, n'a témoigné y faire aucune attention. En 1758 ils avaient pour archevêque un caloyer ou moine syrien fort ignorant, et un chorévêque de même religion un peu mieux instruit. Ce dernier fit voir à M. Anquetil les liturgies syriaques, et lui laissa copier les paroles de la consécration; il lui donna ensuite sa profession de foi jacobite dans la même langue. *Zend-Avesta*, tom. I, p. 165.

Par la suite des faits que nous venons d'exposer, l'on voit que les protestants ont manqué de sincérité dans tout ce qu'ils ont écrit touchant le *nestorianisme*, ils l'ont déguisé et très-mal justifié, soit dans sa naissance, soit dans les progrès qu'il a faits après le concile d'Ephèse, soit dans son dernier état chez les Malabares ou chrétiens de saint Thomas; ils couronnent leur infidélité par des calomnies contre les missionnaires de l'Eglise romaine. « De quelque manière que Jésus-Christ soit annoncé, disait saint Paul, soit par un vrai zèle, soit par jalousie, soit par un autre motif, je m'en réjouis et m'en réjouirai toujours (*Philipp*. I, 18 et 19). » Ce n'est plus là l'esprit qui anime les protestants; ils ne veulent pas prêcher Jésus-Christ aux infidèles, et ils sont fâchés de ce que les catholiques font des conversions. *Voy.* MISSIONS.

NEUVAINE, prières continuées pendant neuf jours en l'honneur de quelque saint, pour obtenir de Dieu quelque grâce par son intercession. Comme les incrédules instruits par les protestants se font une étude de tourner en ridicule toutes les pratiques de piété usitées dans l'Eglise romaine, un bel esprit ne peut pas manquer de regarder une *neuvaine* comme une superstition, de la mettre au rang des pratiques que l'on nomme *vaines observances et culte superflu*. Pourquoi des prières répétées pendant neuf jours ni plus ni moins? Seraient-elles moins efficaces, si elles étaient faites seulement pendant huit jours ou prolongées jusqu'à dix? etc. En quelque nombre que l'on puisse faire des prières, la même question reviendra et ne prouvera jamais rien. L'allusion à un nombre quelconque n'est superstitieuse que quand elle a quelque chose de ridicule, et n'a aucun rapport au culte de Dieu ni aux vérités que nous devons professer; elle est louable, au contraire, lorsqu'elle sert à inculquer un fait ou un dogme qu'il est essentiel de ne pas oublier. Ainsi chez les patriarches et chez les Juifs le nombre septénaire était sacré, parce qu'il faisait allusion aux six jours de la création, et au septième qui était le jour du repos; c'était par conséquent une profession continuelle du dogme de la création, dogme fondamental et de la plus grande importance. *Voy.* SEPT. Le cinquième jour de la fête des Expiations, les Juifs devaient offrir en sacrifice des veaux, au nombre de neuf; nous ne croyons pas que ce nombre eût rien de superstitieux, quoique nous n'en sachions pas la raison (*Num.* XXIX, 26). Dans l'Eglise chrétienne, le nombre de trois est devenu sacré, parce qu'il est relatif aux Personnes de la sainte Trinité. Comme ce mystère fut attaqué par plusieurs sectes d'hérétiques, l'Eglise affecta d'en multiplier l'expression dans son culte extérieur; de là la triple immersion dans le baptême, le *Trisagion* ou *trois fois saint* chanté dans la liturgie, les signes de croix répétés trois fois par le prêtre pendant la messe, etc. Par la même raison le nombre de neuf, ou trois fois trois, est devenu significatif; ainsi l'on dit neuf fois *Kyrie eleison*, trois fois à l'honneur de chaque Personne divine, pour marquer leur égalité parfaite. Nous pensons qu'une *neuvaine* a le même sens et fait la même allusion; que non-seulement elle est très-innocente, mais très-utile. Si par ignorance une personne pieuse s'imaginait qu'à cause de cette allusion le nombre de neuf a une vertu particulière, qu'ainsi une *neuvaine* doit avoir plus d'efficacité qu'une *dizaine*, il faudrait pardonner sa simplicité, et l'instruire de la véritable raison de la dévotion qu'elle pratique. *Voy.* OBSERVANCE VAINE.

NICÉE, ville de Bithynie, dans laquelle ont été tenus deux conciles généraux. Le premier y fut assemblé l'an 325, sous le règne et par les ordres de Constantin, pour terminer la contestation qu'Arius, prêtre d'Alexandrie, avait élevée au sujet de la divinité du Verbe; il fut composé de 318 évêques, convoqués des différentes parties de l'empire romain: il s'y trouva même un évêque de Perse et un de la Scythie.

Arius, qui avait enseigné que le Fils de Dieu était une créature d'une nature ou d'une essence inférieure à celle du Père, y fut condamné; le concile décida que Dieu le Fils est *consubstantiel* au Père; la profession de foi qui y fut dressée, et que l'on nomme le *Symbole de Nicée*, fait encore aujourd'hui partie de la liturgie de l'Eglise. Dix-sept évêques, qui étaient dans le même sentiment qu'Arius, refusèrent d'abord de souscrire à sa condamnation et à la décision du concile; douze d'entre eux se soumirent quelques jours après, et enfin il n'en resta que deux qui furent exilés par l'empereur avec Arius. Mais dans la suite cet hérésiarque trouva un grand nombre de partisans, et l'Eglise fut troublée pendant longtemps par les disputes, les séditions, les violences auxquelles ils eurent recours pour faire prévaloir leur erreur. *Voy.* ARIANISME. Ce même concile régla que la pâque serait célébrée dans toute l'Eglise le dimanche qui suivrait immédiatement le 14° jour de la lune de mars, comme cela se faisait déjà dans tout l'Occident; il travailla à éteindre le schisme des méléciens et celui des novatiens. *Voy.* ces deux mots. Il dressa enfin des canons de discipline au nombre de vingt, qui ont été unanimement reçus et observés.

Les Orientaux des différentes sectes en reçoivent un plus grand nombre, connus sous le nom de *Canons arabiques du concile de Nicée*; mais les différentes collections qu'ils en ont faites ne sont pas uniformes; les unes en contiennent plus, les autres moins, et il y en a plusieurs qui sont évidemment tirés des conciles postérieurs à celui de Nicée. Renaudot, *Histoire des patriarches d'Alexandrie*, pag. 71. Jusqu'au XVI° siècle, ce concile avait été regardé comme l'assemblée la plus respectable qui eût été tenue dans l'Eglise; par l'histoire que Tillemont en a faite, *Mémoire*, tom. VI, pag. 634, on voit que la plupart des évêques dont il fut composé étaient des hommes vénérables, non-seulement par leur capacité et par leurs vertus, mais encore par la gloire qu'avaient eue plusieurs de confesser Jésus-Christ pendant les persécutions, et par les marques qu'ils en portaient sur leur corps. Mais depuis que les sociniens ont trouvé bon de renouveler l'arianisme, ils ont eu intérêt de rendre suspecte la décision de ce concile ; ils l'ont représenté comme une assemblée d'évêques dont la plupart étaient, comme leurs prédécesseurs, imbus de la philosophie de Platon, qui ne l'emportèrent sur Arius que parce qu'ils se trouvèrent plus forts que lui dans la dispute et qui eurent la témérité de forger des termes et des expressions qui ne se trouvent point dans l'Ecriture sainte. Les protestants, dont les chefs Luther et Calvin n'ont été rien moins qu'orthodoxes sur la Trinité, qui se trouvaient intéressés d'ailleurs à diminuer l'autorité des conciles généraux, ont à peu près parlé sur le même ton. Les incrédules, copistes des uns et des autres, ont jugé qu'avant le concile de *Nicée* la divinité du Verbe n'était point un article de foi, que ce dogme a été inventé pour l'honneur et pour l'intérêt du clergé, et qu'il n'a prévalu dans l'Eglise que par l'autorité de Constantin. *Histoire du Socin.*, I$^{re}$ part., c. 3.

Cependant, selon le récit des auteurs contemporains d'Eusèbe, très-favorable d'ailleurs au sentiment d'Arius, de Socrate, de Sozomène, de Théodoret, c'est Arius, et non les évêques, qui argumentait sur des notions philosophiques : lorsqu'il débita ses blasphèmes en plein concile, les évêques se bouchèrent les oreilles par indignation, pour ne pas les entendre ; ils se bornèrent à lui opposer l'Ecriture sainte, la tradition, la croyance universelle de l'Eglise. Au mot DIVINITÉ DE JÉSUS-CHRIST, nous avons fait voir que ce dogme est appuyé sur des passages très-clairs et très-formels de l'Ecriture sainte, sur le langage constant et uniforme des Pères des trois premiers siècles, sur la liturgie et les prières de l'Eglise, sur la constitution entière du christianisme ; que, si ce dogme fondamental était faux, toute notre religion serait absurde. Cela est démontré par la chaîne des erreurs que les sociniens ont été forcés d'enseigner : dès qu'ils ont cessé de croire la divinité de Jésus-Christ, leur croyance est devenue le pur déisme. Nous ne savons pas sur quoi fondé Mosheim a dit qu'avant l'hérésie d'Arius et le concile de *Nicée*, la doctrine touchant les trois Personnes de la sainte Trinité n'avait pas encore été fixée, que l'on n'avait rien prescrit à la foi des chrétiens sur cet article, que les docteurs chrétiens avaient des sentiments différents sur ce sujet, sans que personne s'en scandalisât. *Hist. ecclés. du* IV$^e$ *siècle*, II$^e$ part., c. 5, § 9. Depuis les apôtres, la doctrine catholique touchant la sainte Trinité était fixée par la forme du baptême, par le culte suprême rendu aux trois Personnes divines, par les anathèmes prononcés contre divers hérétiques. Cérinthe, Carpocrate, les Ebionites, Théodote le Corroyeur, Artémas et Artémon, Praxéas, les Noétiens, Bérylle de Bostres, Sabellius, Paul de Samosate, avaient nié, les uns la divinité de Jésus-Christ, les autres la distinction des trois Personnes divines ; tous avaient été condamnés. Saint Denis d'Alexandrie et le concile qu'il fit tenir contre Sabellius l'an 261, celui de Rome, sous le pape Sixte II, en 257, ceux d'Antioche tenus contre Paul de Samosate en 264 et 269, avaient établi la même doctrine que le concile de *Nicée* : celui-ci se fit une loi de n'y rien changer : tel est le bouclier que saint Athanase et les autres docteurs catholiques n'ont pas cessé d'opposer aux ariens. Le point d'honneur, l'intérêt, l'esprit de dispute et de contradiction, n'ont donc pu avoir aucune part à la décision. *Voy.* SYMBOLE. Une preuve que c'était l'ancienne foi de l'Eglise, c'est qu'elle fut reçue sans contestation dans toute l'étendue de l'empire romain, dans les synodes que les évêques tinrent à ce sujet, même dans les Indes et chez les barbares où il y avait des chrétiens. Ainsi l'attestait saint Athanase, à la tête d'un concile de quatre vingt-dix évêques de l'Egypte et de la Libye, l'an 369. *Epistolæ episcoporum Ægypti, etc., ad Afros, Opp.* tom. I, part. II, p. 891 et 892. Déjà, l'an 363, il avait écrit à l'empereur Jovien : « Sachez, religieux empereur, que cette foi a été prêchée de tout temps, qu'elle a été professée par les Pères de *Nicée*, et qu'elle est confirmée par le suffrage de toutes les Eglises du monde chrétien ; nous en avons les lettres. » *Ibid.*, page 781. Ce Père, qui, dans ses divers exils, avait parcouru presque tout l'empire, pouvait mieux le savoir que des écrivains du XIII$^e$ siècle. Eusèbe même de Césarée, malgré son penchant décidé à favoriser Arius, protestait à ses diocésains, en leur envoyant la décision de *Nicée*, que ç'avait toujours été sa croyance, et qu'il l'avait reçue telle des évêques ses prédécesseurs. Dans saint Athanase, t. I, pag. 236, et dans Socrate, *Hist. ecclés.*, l. I, c. 8. L'autorité de Constantin n'influa pour rien dans la décision du concile de *Nicée* ; il laissa aux évêques pleine liberté de discuter la question et de la décider comme ils jugeraient à propos ; la crainte de déplaire à cet empereur n'imposa point aux partisans d'Arius, puisque plusieurs refusèrent de signer sa condamnation. Dans la suite, les empereurs Constance et Valens, séduits par les ariens, usèrent de violence pour faire réformer la décision du concile de *Nicée* ; mais les empereurs catholiques n'en ont employé aucune pour faire prévaloir cette doctrine.

Mosheim, parlant des canons de discipline établis par ce concile, dit que les Pères de *Nicée* étaient presque résolus d'imposer au clergé le joug d'un célibat perpétuel, mais qu'ils en furent détournés par Paphnuce, l'un des évêques de la Thébaïde ; son traducteur nomme cette loi du célibat, *une loi contre nature*, IV$^e$ siècle, II$^e$ part. cap. 5, § 12. Les protestants ont fait grand bruit à l'égard de ce fait ; mais il est ici fort mal présenté. Selon Socrate, l. i, c. 11, et Sozomène, l. i, c. 23, les Pères de *Nicée* voulaient ordonner aux évêques, aux prêtres et aux diacres, qui avaient été mariés avant leur ordination, de se séparer de leurs femmes ; Paphnuce, quoique célibataire lui-même, représenta que cette loi serait trop dure et serait sujette à des inconvénients, qu'il suffisait de s'en tenir à la tradition de l'Eglise, selon laquelle ceux qui avaient été promus aux ordres sacrés avant d'être mariés devaient renoncer au mariage. En effet, le 1ᵉʳ canon du concile de Néocésarée, tenu l'an 314 ou 315, ordonnait de déposer un prêtre qui se serait marié après son ordination ; le 27ᵉ canon des apôtres ne permettait qu'aux lecteurs et aux chantres de prendre des épouses : telle était l'*ancienne tradition de l'Eglise*. Mais les protestants, qui ont jugé que c'était *une loi contre nature*, ont trouvé bon de supposer que le concile de *Nicée* avait laissé à tous les clercs sans distinction la liberté de se marier. *Voy.* CÉLIBAT. Le deuxième concile de *Nicée*, qui est le septième général, fut tenu l'an 787 contre les iconoclastes ; il s'y trouva 377 évêques d'Orient avec les légats du pape Adrien. On sait que les empereurs Léon d'Isaurien, Constantin-Copronyme et Léon IV s'étaient déclarés contre le culte rendu aux images, les avaient fait briser, et avaient sévi avec la dernière rigueur contre ceux qui demeuraient attachés à ce culte. Constantin-Copronyme avait assemblé, l'an 754, un concile à Constantinople, dans lequel il avait fait condamner le culte et l'usage des images, et il avait appuyé cette décision par ses lois. Sous le règne de l'impératrice Irène, veuve de Léon IV, qui gouvernait l'empire au nom de son fils Constantin-Porphyrogénète, encore mineur, le concile de *Nicée* fut tenu pour réformer les décrets de celui de Constantinople, et pour rétablir le culte des images. La plupart des évêques qui avaient assisté et souscrit à ces décrets se rétractèrent à *Nicée*.

Il y fut décidé que l'on doit rendre aux images de Jésus-Christ, de sa sainte mère, des anges et des saints, le salut et l'adoration d'honneur, mais non la véritable *latrie*, qui ne convient qu'à la nature divine ; parce que l'honneur rendu à l'image s'adresse à l'original, et que celui qui adore l'image adore le sujet qu'elle représente ; que telle est la doctrine des saints Pères et la tradition de l'Eglise catholique répandue partout. Dans les lettres que le concile écrivit à l'empereur, à l'impératrice et au clergé de Constantinople, il expliqua le mot d'*adoration*, et fit voir que, dans le langage de l'Ecriture sainte, *adorer* et *saluer* sont deux termes synonymes. Cette décision, envoyée par le pape Adrien à Charlemagne et aux évêques des Gaules, essuya beaucoup de difficultés et de contradictions ; nous en avons exposé les suites à l'article IMAGE. On conçoit que les protestants, ennemis jurés du culte des images, n'ont pas manqué de déclamer contre le concile de *Nicée* ;

ils ont tâché de répandre sur ses décrets tout l'odieux des crimes dont l'impératrice Irène s'était rendue coupable. On abrogea, disent-ils, dans cette assemblée, les lois impériales au sujet de la nouvelle idolâtrie ; on annula les décrets du concile de Constantinople : on rétablit le culte des images et de la croix, et l'on décerna des châtiments sévères contre ceux qui soutiendraient que Dieu était le seul objet d'une adoration religieuse. On ne peut rien imaginer de plus ridicule et de plus trivial que les arguments sur lesquels les évêques qui composaient ce concile fondèrent leur décret. Cependant les Romains les tinrent pour sacrés, et les Grecs regardèrent comme des parricides et des traîtres ceux qui refusèrent de s'y soumettre. Mosheim, *Hist. ecclés.*, *huitième siècle*, IIᵉ part. c. 3, § 13. Au mot IMAGE, nous avons fait voir que le culte qu'on leur rend dans l'Eglise catholique n'est ni un usage nouveau ni une *idolâtrie* ; aussi cette qualification n'est point de Mosheim, mais de son traducteur. Nous avons montré que, dans toutes les langues, le terme *adorer* est équivoque, qu'il signifie également le culte rendu à Dieu et l'honneur rendu aux créatures, qu'il est employé de même par les auteurs sacrés et par les écrivains ecclésiastiques ; il est donc ridicule de vouloir confondre l'honneur rendu aux images et le culte rendu à Dieu, parce qu'ils sont exprimés par le même terme. Une objection fondée sur une pure équivoque n'est qu'une puérilité.

L'assemblée des évêques à Constantinople, l'an 754, ne mérite point le nom de *concile* ; le chef de l'Eglise n'y eut aucune part ; au contraire il la rejeta comme une assemblée schismatique ; ce fut un acte de despotisme de la part de Constantin-Copronyme ; tout s'y conclut par sa seule autorité : les évêques, subjugués par la crainte, n'osèrent lui résister : aussi demandèrent-ils pardon de leur faute au concile de *Nicée*. Il n'est pas vrai, quoi qu'en dise Mosheim, que les Grecs regardent ce conciliabule de Constantinople comme le septième œcuménique, préférablement à celui de *Nicée* ; les Grecs, quoique schismatiques, ne sont point dans les sentiments des iconoclastes ni dans ceux des protestants. Il est encore vrai qu'on ait décerné des châtiments sévères contre ceux qui soutiendraient que Dieu est le seul objet d'une adoration religieuse. Le concile de *Nicée* distingue expressément l'adoration religieuse proprement dite, ou la véritable *latrie*, qui n'est due qu'à Dieu seul, d'avec le simple honneur, nommé improprement *adoration*, que l'on rend aux images, culte purement relatif, et qui se rapporte à l'objet qu'elles représentent. *Voy.* ADORATION, CULTE Les raisons sur lesquelles les Pères de *Nicée* fondèrent leurs décisions ne sont ni ridicules ni triviales ; ils s'appuyèrent principalement sur la tradition constante et universelle de l'Eglise ; on lut en plein concile les passages des docteurs anciens, et l'on y réfuta en détail les fausses raisons qui avaient été alléguées dans l'assemblée de Constantinople. Ce sont les mêmes dont les protestants se servent encore aujourd'hui.

Il est faux que l'on ait traité comme des parricides et des traîtres ceux qui refusèrent d'obéir à la décision de *Nicée*, ni que l'on ait sévi contre eux; nous ne voyons dans l'histoire aucun supplice infligé à ce sujet; le concile ne décerna point d'autre peine que celle de la déposition contre les évêques et contre les clercs, et celle de l'excommunication contre les laïques : au lieu que les empereurs Léon l'Isaurien, Constantin-Copronyme et Léon IV avaient répandu des torrents de sang pour abolir le culte des images, et avaient exercé des cruautés inouïes contre ceux qui ne voulaient pas imiter leur impiété. Mosheim lui-même en est convenu, et il n'a pas osé condamner avec autant de hauteur que le fait son traducteur, la conduite des papes qui s'opposèrent de toutes leurs forces à la fureur frénétique de ces trois empereurs. Jamais les catholiques n'ont employé contre les mécréants les mêmes cruautés que les hérétiques, lorsqu'ils se sont trouvés les maîtres, ont exercées contre les orthodoxes.

NICHE. On nomme ainsi, dans l'Eglise romaine, un petit trône orné de dorures ou d'étoffe précieuse, surmonté d'un dôme ou d'un dais, et sur lequel on place le saint Sacrement, un crucifix, ou une image de la sainte Vierge ou d'un saint. Il y a bien de l'indécence, pour ne rien dire de plus, à comparer l'usage de porter en procession ces objets de notre dévotion, avec la coutume des idolâtres anciens ou modernes, qui portaient aussi en procession dans des *niches* ou sur des brancards les statues de leurs dieux ou les symboles de leur culte. C'est cependant ce que l'on a fait dans plusieurs dictionnaires. A-t-on voulu insinuer par là que le culte que nous rendons à la sainte eucharistie ou aux saints est de même espèce, et non moins absurde que celui que les païens rendaient à leurs idoles. Vingt fois nous avons réfuté ce parallèle injurieux, toujours répété par les protestants et par les incrédules. Les prétendus dieux du paganisme étaient des êtres imaginaires, la plupart de leurs simulacres étaient des objets scandaleux, et les pratiques de leur culte étaient ou des puérilités ou des infamies. Jésus-Christ Dieu et homme, réellement présent dans l'eucharistie, mérite certainement nos adorations, et les images des saints sont respectables à plus juste titre que celles des grands hommes, puisqu'elles nous représentent des modèles de vertu, et dans les honneurs que nous leur rendons il n'y a rien de ridicule, de scandaleux, ni d'indécent. *Voy.* Culte, Idolatrie, Image, Saint, etc.

NICODÈME, docteur juif, qui vint pendant la nuit trouver Jésus-Christ pour s'instruire. « Maître, lui dit-il, nous voyons que Dieu vous a envoyé pour enseigner; un homme ne pourrait pas faire les miracles que vous faites, si Dieu n'était pas avec lui (*Joan.* III, 1). » Le témoignage rendu au Sauveur par un des principaux docteurs de la synagogue a déplu aux incrédules, ils ont cherché à l'affaiblir. Ils ont dit que le discours adressé par Jésus-Christ à *Nicodème* est inintelligible, qu'il ne lui déclare pas nettement sa divinité, qu'il semble que Jésus n'ait parlé à ses auditeurs que pour leur tendre un piège et les induire en erreur. Cependant ce discours nous paraît très-intelligible et très-sage. Jésus avertit d'abord ce docteur que personne ne peut entrer dans le royaume de Dieu s'il ne reçoit une nouvelle naissance par l'eau et par le Saint-Esprit; c'était une invitation faite à *Nicodème* de recevoir le baptême. Jésus compare cette nouvelle naissance aux effets du vent, dont on entend le bruit sans savoir d'où il vient; ainsi, dit le Sauveur, on voit dans le baptisé un changement dont la cause est invisible, changement qui consiste à vivre selon l'esprit et non selon la chair. Il ajoute que le témoignage qu'il rend de cette vérité est digne de foi, puisqu'il est descendu du ciel pour venir l'annoncer aux hommes; mais, quoique descendu du ciel, il dit qu'il *est dans le ciel,* v. 13, et nous demandons aux sociniens comment le Fils de l'homme descendu du ciel pouvait encore être dans le ciel, s'il n'était pas Dieu et homme. *Dieu,* continue le Sauveur, *a tellement aimé le monde, qu'il lui a donné son Fils unique, afin que quiconque croit en lui ne périsse point, mais obtienne la vie éternelle. Il n'a point envoyé son Fils pour juger le monde, mais pour le sauver.* Jésus-Christ pouvait-il révéler plus clairement sa divinité à *Nicodème* qu'en lui déclarant qu'il était aussi réellement Fils de Dieu que Fils de l'homme? S'il n'avait pas été Dieu, pouvait-il sauver le monde? Il est certain d'ailleurs que les docteurs juifs prenaient le mot *Fils de Dieu* dans toute la rigueur, et qu'ils étaient convaincus par les prophéties que le Messie devait être Dieu lui-même. *Voy.* Divinité de Jésus-Christ.

Il y a eu un Evangile apocryphe sous le nom de *Nicodème;* c'était une histoire de la passion et de la résurrection de Jésus-Christ; mais il n'a commencé à paraître qu'au IV° siècle; il est dit à la fin qu'il a été trouvé par l'empereur Théodose : avant ce temps-là on n'en avait pas entendu parler, aussi n'en a-t-on fait aucun cas. C'était évidemment une narration tirée des quatre évangélistes par un auteur ignorant, qui y avait ajouté des circonstances imaginaires. *Fabricii Codex apocryphus. N. T.* p. 214. Il n'est pas certain que ce faux Evangile soit la même chose que les Actes de Pilate dont les anciens ont parlé. *Voy.* Pilate.

NICOLAITES. C'est le nom de l'une des plus anciennes sectes d'hérétiques. Saint Jean en a parlé dans l'*Apocalypse,* c. II, v. 6 et 15, sans nous apprendre quelles étaient leurs erreurs. Selon saint Irénée, *adv. Hæres.,* lib. I, c. 26, ils tiraient leur origine de Nicolas, l'un des sept diacres de l'Eglise de Jérusalem qui avaient été établis par les apôtres (*Act.* vii, 5) : mais les anciens ne conviennent point de la faute par laquelle il avait donné naissance à une hérésie. Les uns disent que, comme il avait épousé une très-belle femme, il n'eut pas le courage d'en demeurer séparé, qu'il retourna avec elle après avoir promis de vivre dans la continence, et qu'il chercha à pallier sa faute par des maximes scandaleuses. D'autres prétendent que, comme il était accusé de jalousie et d'un attachement excessif à cette femme, pour dissiper ce soupçon, il la conduisit aux apôtres et offrit de la céder à quiconque voudrait l'épouser; ainsi le raconte saint Clément d'Alexandrie, *Strom.*, l. III, c. 4, p. 522 et 523 : il ajoute que Nicolas était très-chaste et que ses filles vécurent dans la continence, mais que des hommes corrompus abusèrent d'une de ses maximes, savoir qu'*il faut exercer la chair*, par laquelle il entendait qu'il faut la mortifier et la dompter. Plusieurs enfin ont pensé que ni l'un ni l'autre de ces faits ne sont probables, mais qu'une secte de gnostiques débauchés affecta d'attribuer ses propres erreurs à ce disciple des apôtres, pour se donner une origine respectable. Quoi qu'il en soit, saint Irénée nous apprend que les *nicolaïtes* étaient une secte de gnostiques qui enseignaient les mêmes erreurs que les cérinthiens, et que saint Jean a réfutés les uns et les autres par le commencement de son Évangile, adv. *Hær.*, l. III, c. 11. Or, une des principales erreurs de Cérinthe était de soutenir que le Créateur du monde n'était pas le Dieu suprême, mais un esprit d'une nature et d'une puissance inférieures; que le Christ n'était point le fils du Créateur, mais un esprit d'un ordre plus élevé qui était descendu dans Jésus, fils du Créateur, et qui s'en était séparé pendant la passion de Jésus. *Voy.* Cérinthiens. Saint Irénée s'accorde avec les autres Pères de l'Église en attribuant aux *nicolaïtes* les maximes et la conduite des gnostiques débauchés. *Voy.* les *Dissert. de D. Massuet sur saint Irénée*, pag. 66 et 67. Coccéius, Hoffman, Vitringa et d'autres critiques protestants ont imaginé que le nom des *nicolaïtes* a été forgé pour désigner une secte qui n'a jamais existé; que dans l'Apocalypse ce nom désigne en général des hommes adonnés à la débauche et à la volupté; que saint Irénée, saint Clément d'Alexandrie et les autres anciens Pères ont été trompés par de fausses relations. Mosheim, dans ses *Dissert. sur l'Hist. ecclés.*, tom. I, p. 325, a réfuté ces critiques téméraires; il a fait voir qu'il n'y a aucune raison solide de suspecter le témoignage des anciens Pères, que toutes les objections que l'on a faites contre l'existence de la secte des *nicolaïtes* sont frivoles. Il blâme en général ceux qui affectent d'accuser les Pères de crédulité, d'imprudence, d'ignorance, de défaut de sincérité; il craint que ce mépris déclaré à l'égard des personnages les plus respectables ne donne lieu aux incrédules de regarder comme fabuleuse toute l'histoire des premiers siècles du christianisme.

Nous voyons aujourd'hui que cette crainte est très-bien fondée, et il serait à souhaiter que Mosheim lui-même se fût toujours souvenu de cette réflexion en écrivant sur l'histoire ecclésiastique. *Voy.* Pères.

Vers l'an 852, sous Louis le Débonnaire, et dans le XI<sup>e</sup> siècle, sous le pape Urbain II, l'on nomma *nicolaïtes* les prêtres, diacres et sous-diacres, qui prétendaient qu'il leur était permis de se marier, et qui vivaient d'une manière scandaleuse; ils furent condamnés au concile de Plaisance, l'an 1095. De Marca, t. X *Concil.*, p. 195.

NOACHIDES. *Voy.* Noé.

NOCES, festin que l'on fait à la célébration d'un mariage. Jésus-Christ daigna honorer de sa présence les *noces* de Cana, pour témoigner qu'il ne désapprouvait point la joie innocente à laquelle on se livre dans cette occasion; il y fit le premier de ses miracles, et y changea l'eau en vin. *Voy.* Cana. A son exemple, les conciles et les Pères de l'Église n'ont point blâmé la pompe et la gaieté modestes que les fidèles faisaient paraître dans leurs *noces;* mais ils ont toujours ordonné d'en bannir toute espèce d'excès, et tout ce qui ressentait encore les mœurs païennes. « Il ne convient point, dit le concile de Laodicée, aux chrétiens qui assistent aux *noces*, de se livrer à des danses bruyantes et lascives, mais d'y prendre un repas modeste et convenable à leur profession. » Saint Jean Chrysostome a déclamé plus d'une fois contre les désordres auxquels plusieurs chrétiens se livraient dans cette circonstance. Bingham, *Orig. ecclés.*, l. XXII, c. 4, § 8. Plusieurs conciles ont défendu aux ecclésiastiques d'assister aux festins des *noces;* d'autres leur ont seulement ordonné de se retirer avant la fin du repas, lorsque la joie devient trop bruyante. Dans les paroisses de la campagne, plusieurs pasteurs ont coutume d'assister aux *noces*, lorsqu'ils y sont invités, parce qu'ils sont sûrs que leur présence contiendra les conviés, et fera éviter toute espèce d'indécence. Ceux qui ont des paroissiens moins dociles et moins respectueux, s'en absentent, afin de ne pas paraître approuver ce qui peut y arriver de contraire au bon ordre. Les uns et les autres sont louables dans leurs motifs et dans leur conduite, selon les circonstances.

Noces (secondes). *Voy.* Bigames.

NOCTURNE. *Voy.* Heures canoniales.

NOÉ, patriarche célèbre dans le premier âge du monde, à cause du déluge universel dont il fut sauvé avec sa famille, et parce qu'il a été la seconde tige de tout le genre humain. *Voy.* Déluge. Ses premiers descendants ont été appelés *noachides*.

Les incrédules, qui se sont fait un mérite de trouver quelque chose à reprendre dans l'Écriture sainte, ont proposé plusieurs objections contre l'histoire de ce patriarche.

1° Dans la Genèse, c. VIII, v. 20, il est dit que *Noé* sortit de l'arche, offrit un sacrifice au Seigneur, et que Dieu le reçut *en bonne odeur*. Par cette expression, disent nos censeurs, il paraît que Moïse a été dans la même opinion que les païens, qui pensaient que leurs dieux se nourrissaient de la fumée des victimes brûlées à leur honneur, et que cette odeur leur était agréable. Ç'a été aussi le sentiment des anciens Pères; ils ont cru que les dieux des païens étaient des démons avides de cette fumée; opinion contraire à la spiritualité de Dieu et des anges, injurieuse à la majesté divine, et qui règne encore chez les idolâtres modernes. C'est par le même préjugé que l'on a brûlé de l'encens et des parfums à l'honneur de la Divinité. Mais une métaphore commune à toutes les langues ne peut pas fonder une objection fort solide; il ne faut pas prêter aux auteurs sacrés les erreurs des païens, lorsqu'ils ont professé formellement les vérités contraires à ces erreurs ; or, Moïse et les prophètes ont enseigné clairement que Dieu est un pur Esprit, qu'il est présent partout, qu'il n'a besoin ni d'offrande ni de victimes, que le seul culte qui lui soit agréable, ce sont les sentiments du cœur (*Gen.* vi, 3; *Num.* xvi, 22; *Ps.* xv, 2; xlix, 12; *Isai.* i, 11; *Jerem.* vii, 22, etc.). Le passage que l'on nous objecte, signifie seulement que Dieu agréa les sentiments de reconnaissance et de respect que *Noé* lui témoigna par son sacrifice. *Voy.* Sacrifice. Ceci n'a donc rien de commun avec les folles imaginations des païens; lorsque les Pères ont argumenté contre eux, ils ont pu raisonner d'une manière conforme aux préjugés du paganisme, sans les adopter. L'opinion touchant le goût des démons pour les sacrifices était suivie par les philosophes; Lucien, Plutarque, Porphyre, l'ont enseignée, nous ne voyons pas pourquoi les Pères auraient dû la combattre. *Voy.* Démon.

2° *Gen.*, c. ix, v. 10, Dieu dit à *Noé: Je vais faire alliance avec vous, avec votre postérité et avec tous les animaux.* De là un philosophe moderne a conclu que l'Ecriture attribue de la raison aux bêtes, puisque Dieu fait alliance avec elles; il se récrie contre le ridicule de ce trait. Quelles en ont été, dit-il, les conditions ? Que tous les animaux se dévoreraient les uns les autres, qu'ils se nourriraient de notre sang et nous du leur; qu'après les avoir mangés nous nous exterminerions avec rage. S'il y avait eu un tel pacte, il aurait été fait avec le diable. Pour sentir l'absurdité de cette tirade, il suffit de lire le texte : *Je vais faire avec vous une alliance en vertu de laquelle je ne détruirai plus les créatures vivantes par les eaux du déluge.* Ici le mot *alliance* signifie simplement *promesse;* Dieu, pour gage de la sienne, fait paraître l'arc-en-ciel. Nouveau sujet de censure. « Remarquez, dit le philosophe, que l'auteur de l'histoire ne dit pas *j'ai mis,* mais *je mettrai;* cela suppose que, selon son opinion, l'arc-en-ciel n'avait pas toujours existé, et que c'était un phénomène surnaturel. Il est étrange de choisir le signe de la pluie pour assurer que l'on ne sera pas noyé. » Etrange ou non, la promesse se vérifie depuis quatre mille ans.

Moïse dit formellement, *j'ai mis mon arc dans les nuées;* le texte est ainsi rendu par le samaritain, par les versions syriaque et arabe: les Septante portent : *je mets mon arc dans les nuées :* ainsi la critique du philosophe est fausse à tous égards. Pourquoi un phénomène naturel n'aurait-il pas pu servir à rassurer les hommes?

3° Dans le même chap., v. 19, il est dit que toute la terre fut repeuplée par les trois enfants de *Noé.* Cela est impossible, disent nos philosophes modernes; deux ou trois cents ans après le déluge, il y avait en Egypte une si grande quantité de peuple, que vingt mille villes n'étaient pas capables de le contenir. Il y en avait sans doute autant à proportion dans les autres contrées ; comment trois mariages ont-ils pu produire cette population prodigieuse? Nous répondrons à cette question, lorsque l'on aura prouvé cette prétendue population de l'Egypte. Ce royaume ne contient pas aujourd'hui mille villes, et l'on veut qu'il y en ait eu vingt mille deux ou trois siècles après le déluge. L'air de l'Egypte fut toujours très-mal sain à cause des inondations du Nil et des chaleurs excessives; il l'était encore davantage avant que l'on eût fait des travaux immenses pour creuser des canaux et le lac Mœris, pour faciliter l'écoulement des eaux, pour élever les villes au-dessus du niveau des inondations ; les hommes y ont toujours vécu moins longtemps qu'ailleurs. L'Egypte ne fut jamais excessivement peuplée que dans les fables. Les incrédules ont eu beau faire, ils n'ont encore pu citer aucun monument de population ni d'industrie humaine antérieure au déluge. Vainement ils ont eu recours aux histoires et aux chronologies des Chinois, des Indiens, des Egyptiens, des Chaldéens, des Phéniciens ; il est démontré aujourd'hui qu'en faisant attention aux différentes manières de calculer les temps dont ces peuples se sont servis, toutes se concilient, datent à peu près de la même époque, et ne peuvent remonter plus haut que le déluge. *Voy.* Monde (Antiquité du).

4° Ils ont dit que l'histoire de *Noé* endormi et découvert dans sa tente, la malédiction prononcée contre Chanaan pour le punir de la faute de Cham son père, est une fable forgée par Moïse, pour autoriser les Juifs à dépouiller les Chananéens, et à s'emparer de leur pays; que cette punition des enfants pour les crimes de leur père est contraire à toutes les lois de la justice; que la postérité de Cham n'a pas été moins nombreuse que celle de ses frères, puisqu'elle a peuplé toute l'Afrique. Mais ces savants critiques n'ont pas vu que Moïse attribue aux descendants de Japhet les mêmes droits sur les Chananéens qu'à la postérité de Sem, puisque *Noé* assujettit Chanaan à tous les deux (*Gen.* ix, 25) ; les Juifs descendus de Sem ne pouvaient donc en tirer aucun avantage. Moïse les avertit que Dieu a promis à leurs Pères de leur donner la Palestine, et de punir les Chananéens, non du crime de Cham, mais de leurs propres crimes (*Levit.* xviii, 25 ; *Deut.* ix, 4, etc.). Il leur défend de retourner en Egypte, et de conserver de la haine contre les Egyptiens, quoique ceux-ci fussent descendants de Cham (*Deut.* xvii, 16; xxiii, 7). Au reste, la malédiction de *Noé* est une prédiction, et rien de plus. *Voy.* Imprécation. La postérité nombreuse de Cham ne prouve rien contre cette prédiction, puisqu'elle ne tombait pas sur lui, mais sur Chanaan son fils; Dieu avait béni Cham au sortir de l'arche (*Gen.* ix, 1). Si l'on veut se donner la peine de lire la *Synopse des critiques* sur le chapitre x, ou la *Bible de Chais,* on verra que la prophétie de *Noé* a été exactement accomplie dans tous ses points.

Mais pourquoi ce patriarche dit-il : *Béni soit le Seigneur Dieu de Sem;* n'était-il pas aussi le Dieu de Cham et de Japhet ? Il l'était, sans doute, mais *Noé* prévoyait que la connaissance et le culte du vrai Dieu s'éteindraient dans la postérité de ces deux derniers, au lieu qu'ils se conserveraient dans une branche considérable des descendants de Sem, dans Abraham et dans sa postérité ; cette bénédiction est relative à celle que Dieu donna à ce dernier, environ quatre cents ans après (*Gen.* xii, 3, etc.). Les rabbins prétendent que Dieu donna à *Noé* et à ses enfants des préceptes généraux qui sont un précis de la loi de nature, et qui obligent tous les hommes ; qu'il leur défendit l'idolâtrie, le blasphème, le meurtre, l'adultère, le vol, l'injustice, la coutume barbare de manger une partie de la chair d'un animal encore vivant. Mais cette tradition rabbinique n'a aucun fondement, l'Ecriture sainte n'en parle point. Dieu avait suffisamment enseigné aux hommes la loi de nature, même avant le déluge ; *Noé* en avait instruit ses enfants par ses leçons et par son exemple ; la rigueur avec laquelle Dieu venait d'en punir la violation était pour eux un nouveau motif de l'observer.

NOEL, fête de la naissance de Notre-Seigneur Jésus-Christ, qui se célèbre le 25 décembre. On ne peut pas douter que cette fête ne soit de la plus haute antiquité, surtout dans les Eglises d'Occident. Quelques auteurs ont dit qu'elle avait été instituée par le pape Télesphore, mort l'an 138 ; qu'au iv° siècle le pape Jules Ier, à la prière de saint Cyrille de Jérusalem, fit faire des recherches exactes sur le jour de la Nativité du Sauveur, et que l'on trouva qu'elle était arrivée le 25 de décembre; mais ces deux faits ne sont pas assez prouvés. Saint Jean Chrysostome, dans une homélie sur la naissance de Jésus-Christ, dit que cette fête a été célébrée *dès le commencement,* depuis la Thrace jusqu'à Cadix, par conséquent dans tout l'Occident, et il n'y a aucune preuve que dans cette partie du monde le jour en ait jamais été changé.

Il n'y a eu de variation que dans les Eglises orientales. Quelques-unes la célébrèrent d'abord au mois de mai ou au mois d'avril, d'autres au mois de janvier, et la confondirent avec l'Epiphanie ; insensiblement elles reconnurent que l'usage des Occidentaux était le meilleur, elles s'y conformèrent. En effet, selon la remarque de saint Jean Chrysostome, puisque Jésus-Christ est né au commencement du dénombrement que fit faire l'empereur Auguste, on ne pouvait savoir ailleurs mieux qu'à Rome la date précise de sa naissance, puisque c'était là qu'étaient conservées les anciennes archives de l'empire. Saint Grégoire de Nazianze, mort l'an 398, *Serm.* 58 et 59, distingue très-clairement la fête de la Nativité de Jésus-Christ, qu'il nomme *Théophanie,* d'avec l'Epiphanie, jour auquel il fut adoré par les mages et reçut le baptême. *Voy.* Epiphanie. Bingham, *Orig. ecclés.,* l. xx, chap. 4, § 4 ; Thomassin, *Traité des fêtes,* liv. ii, chap. 6 ; Benoît XIV, *de Festis Christi,* c. 17, n. 45, etc. L'usage de célébrer trois messes dans cette solennité, l'une à minuit, l'autre au point du jour, la troisième le matin, est ancien, et il avait autrefois lieu dans quelques autres fêtes principales. Saint Grégoire le Grand en parle, *Hom.* 8 *in Evang.,* et Benoît XIV a prouvé par d'anciens monuments, qu'il remonte plus haut que le vi° siècle. Dans les bas siècles, la coutume s'introduisit en Occident de représenter le mystère du jour par des personnages ; mais insensiblement il se glissa des abus et des indécences dans ces représentations, et l'on reconnut bientôt qu'elles ne convenaient pas à la gravité de l'office divin ; on les a retranchées dans toutes les églises. On a seulement conservé dans quelques-unes ce que l'on nomme *l'office des Pasteurs ;* c'est un répons entre les enfants de chœur et le clergé, qui se chante pendant les *laudes* avant le cantique *Benedictus,* et l'on se contente de jouer sur l'orgue l'air des cantiques en langue vulgaire, nommés *noëls,* qui se chantaient autrefois par le peuple. On ne peut guère douter que ce nom de *Noël,* donné à la fête, ne soit un abrégé d'*Emmanuel. Voyez* ce mot.

NOÉTIENS, hérétiques, disciples de Noët, né à Smyrne, et qui se mit à dogmatiser au commencement du iii° siècle. Il enseigna que Dieu le Père s'était uni à Jésus-Christ homme, était né, avait souffert, et était mort avec lui ; il prétendait, par conséquent, que la même Personne divine était appelée tantôt le Père et tantôt le Fils, selon le besoin et les circonstances : c'est ce qui fit donner à ses partisans le nom de *patripassiens,* parce qu'ils croyaient que Dieu le Père avait souffert. Ce même nom fut aussi donné aux sectateurs de Sabellius, mais dans un sens un peu différent. *Voy.* Patripassiens. Il ne paraît pas que l'hérésie des *noétiens* ait fait de grands progrès ; elle fut solidement réfutée par saint Hippolyte de Porto, qui vivait dans ce temps-là. Beausobre, dans son *Histoire du Manichéisme,* t. I, p. 535, a prétendu que saint Hippolyte et saint Epiphane ont mal entendu et mal rendu les opinions de Noët, qu'ils lui ont attribué par voie de conséquence une erreur qu'il n'enseignait pas. Mais Mosheim, *Hist. christ.,* sæc. iii, § 32, p. 686, a fait voir que ces deux Pères de l'Eglise n'ont pas eu tort ; que Noët détruisait par son système la distinction des Personnes de la sainte Trinité, et qu'il prétendait que l'on ne pouvait pas admettre trois Personnes sans admettre trois Dieux.

Le traducteur de *l'Histoire ecclésiastique* de Mosheim, toujours plus outré que son auteur, dit que ces controverses au sujet de la sainte Trinité qui avaient commencé dans le 1ᵉʳ siècle, lorsque la philosophie grecque s'introduisit dans l'Eglise, produisirent différentes méthodes d'expliquer une doctrine qui n'est susceptible d'aucune explication. *Hist. ecclés. du* iiiᵉ *siècle,* iiᵉ *partie,* c. 5, § 12. Cette manière de parler ne nous paraît ni juste ni convenable. 1° Elle donne à entendre ou que les pasteurs de l'Eglise ont eu tort de convertir des philosophes, ou que ceux-ci en se faisant chrétiens ont dû renoncer à toute notion de philosophie ; 2° que ce sont les Pères qui ont cherché de propos délibéré des explications de nos mystères, et qu'ils n'ont pas été forcés par les hérétiques à consacrer un langage fixe et invariable pour exprimer ces dogmes. Double supposition fausse. En effet, parmi les philosophes devenus chrétiens, il y en a eu de deux espèces. Les uns, sincèrement convertis, ont subordonné les notions et les systèmes de philosophie aux dogmes révélés et aux expressions de l'Ecriture sainte ; ils ont rectifié leurs opinions philosophiques par la parole de Dieu. En quoi sont-ils blâmables d'avoir introduit la philosophie grecque dans l'Eglise ? Les autres, convertis seulement à l'extérieur, ont voulu plier les dogmes du christianisme sous le joug des idées philosophiques, les expliquer à leur manière, et ont ainsi enfanté les hérésies. Il a donc fallu que les premiers, pour défendre les vérités chrétiennes, se servissent des mêmes armes dont on se servait pour les attaquer, opposassent des explications vraies et orthodoxes aux explications fausses et erronées des hérétiques ; leur attribuerons-nous le mal qu'ont fait ces derniers ? Telle est l'injustice des protestants et des incrédules ; mais leur entêtement est trop absurde pour qu'on puisse le leur pardonner. *Voy.* Philosophie.

NOHESTAN, est le nom qu'Ezéchias, roi de Juda, donna au serpent d'airain que Moïse avait fait élever dans le désert ( *Num.*, xxi, 8 ). Ce serpent s'était conservé parmi les Israélites jusqu'au règne de ce pieux roi, par conséquent pendant plus de sept cents ans. Comme le peuple superstitieux s'était avisé de lui rendre un culte, Ezéchias le fit briser et lui donna le nom de *Nohestan*, parce qu'en hébreu *fahas* ou *nahasch* signifie de l'airain et un serpent ; et *tan*, un monstre , un grand animal ( *IV Reg.* xxxviii, 4 ). Ainsi le prétendu serpent d'airain que l'on montre à Milan dans le trésor de l'église de Saint-Ambroise ne peut pas être celui que Moïse avait fait faire.

NOM. Ce mot a plusieurs sens différents dans l'Ecriture sainte. Il est dit ( *Levit.* xxiv, 11), qu'un homme avait blasphémé le *nom*, c'est-à-dire le *nom* de Dieu. Or, le *nom* de Dieu se prend pour Dieu lui-même ; ainsi louer, invoquer, célébrer le *nom* de Dieu, c'est louer Dieu. Croire au *nom* du Fils unique de Dieu ( *Joan.* iii, 18 ), c'est croire en Jésus-Christ. Dieu défend de prendre son *nom* en vain, ou de jurer faussement. Il se plaint de ce que la nation juive a souillé et profané ce saint nom, *fornicata est in nomine meo* (*Ezech.* xvi, 15 ), parce qu'elle l'a donné à de faux dieux. Parler au *nom* de Dieu ( *Deut.* xviii, 19 ), c'est parler de la part de Dieu et par son ordre exprès. Dieu dit à Moïse ( *Exod.* xxiii, 19 ), je ferai éclater mon *nom* devant vous, c'est-à-dire ma puissance, ma majesté. Il dit d'un ange envoyé de sa part, *Mon nom est en lui*, c'est-à-dire il est revêtu de mon pouvoir et de mon autorité. Nous lisons que Dieu a donné à son Fils un *nom* supérieur à tout autre *nom* ( *Philipp.* ii, 9 ), ou une puissance et une dignité supérieures à celles de toutes les créatures. Il n'y a point d'autre *nom* sous le ciel par lequel nous puissions être sauvés ( *Act.* iv, 12 ) ; c'est-à-dire qu'il n'y a point d'autre Sauveur que lui. Marcher au *nom* de Dieu ( *Mich.* iv, 5 ), c'est compter sur le secours et la protection de Dieu. Le *nom* est quelquefois pris pour la personne ; dans ce sens, il est dit (*Apoc.* iii, 4 ) : Vous avez peu de *noms* à Sardes qui n'aient pas souillé leurs vêtements. Il signifie la réputation (*Cant.* i, 2 ) : votre *nom* est comme un parfum répandu. Dieu dit à David, je vous ai fait un grand *nom* ; je vous ai donné beaucoup de célébrité. Imposer le *nom* à quelqu'un, est une marque de l'autorité que l'on a sur lui ; le connaître par son *nom*, c'est vivre en société familière avec lui ; susciter le *nom* d'un mort, c'est lui donner une postérité qui fasse revivre son *nom* : Dieu menace, au contraire, d'effacer le *nom* des méchants pour toujours, ou d'abolir à jamais leur mémoire.

Quelques hébraïsants prétendent que le *nom* de Dieu ajouté à un autre désigne simplement le superlatif ; qu'ainsi les auteurs sacrés disent des *montagnes de Dieu* pour dire des montagnes fort hautes, des *cèdres de Dieu* pour des cèdres fort élevés, un *sommeil de Dieu* pour un sommeil profond, une *frayeur de Dieu* pour une extrême frayeur, des *combats de Dieu* pour de forts et violents combats, etc. D'autres pensent que ces manières de parler ont une énergie différente du superlatif, et qu'elles expriment l'action immédiate de Dieu ; que les montagnes et les arbres de Dieu sont les montagnes que Dieu a formées et les arbres qu'il a fait croître sans le secours des hommes ; que le sommeil et la frayeur de Dieu expriment un sommeil et une frayeur surnaturelles ; que les combats de Dieu sont ceux dans lesquels on a reçu un secours extraordinaire de Dieu, etc. Nemrod est appelé grand et fort chasseur devant le Seigneur (*Gen.* x, 9), parce que sa force paraissait surnaturelle. Dans Isaïe, c. xxviii, v. 2, le roi d'Assyrie est nommé fort et robuste au Seigneur, ou plutôt par le Seigneur, parce que Dieu voulait se servir de sa puissance pour châtier les Israélites. Cette habitude des Hébreux d'attribuer à Dieu tous les événements, démontre leur foi et leur attention continuelle à la providence.

Il y a une dissertation de Buxtorf sur les divers *noms* donnés à Dieu dans l'Ecriture sainte, et qui est placée à la tête du *Dictionnaire hébraïque* de Robertson; il y est parlé principalement du *nom Jéhovah*. *Voyez* cet article. Quant aux conséquences que les rabbins tirent de ces *noms* par le moyen de la *cabale*, ce sont des rêveries puériles et absurdes. Il suffit de remarquer, 1° que dans le style de l'Ecriture sainte, *être appelé de tel nom*, signifie être véritablement ce qui est exprimé par ce *nom*, et en remplir toute l'énergie par ses actions. Lorsque Isaïe dit, en parlant du Messie, c. VII, v. 14, il sera nommé *Emmanuel*; c. IX, v. 6, il sera appelé l'admirable, le Dieu fort, etc.; c'est comme s'il y avait, il sera véritablement Dieu avec nous, admirable, Dieu fort, etc. Jerem., c. XXIII, v. 6: « Voici le *nom* qui lui sera donné, le Seigneur est notre justice; » c'est-à-dire il sera le Seigneur et il nous rendra justes. *Matth.*, c. I, v. 21: « Vous le nommerez *Jésus*, parce qu'il sauvera son peuple. »—2° Le *nom Elohim*, quoique pluriel, donné à Dieu, n'exprime point la pluralité, mais le superlatif; il signifie le *Très-Haut*; c'est pour cela qu'il est toujours joint à un verbe ou participe singulier. Ainsi, dans le v. 1 de la Genèse, « Au commencement, Dieu (Elohim) créa le ciel et la terre, » il n'est point question de plusieurs dieux, comme ont voulu le persuader quelques incrédules, puisque le verbe *créa* est au singulier. Souvent il est joint au nom *Jéhovah*, nom de Dieu propre et incommunicable, *Jéhovah Elohim*; alors il paraît signifier ou *Jéhovah, le Très-Haut*, ou le seul des dieux qui existe véritablement. *Voy.* JÉHOVAH.

NOM DE JÉSUS. « Jésus-Christ s'est humilié, dit saint Paul, et s'est rendu obéissant jusqu'à mourir sur une croix; c'est pour cela que Dieu l'a exalté et lui a donné un nom supérieur à tout autre nom, afin qu'au *nom de Jésus* tout genou fléchisse dans le ciel, sur la terre et dans les enfers (*Philipp.* II, 8). » Autrefois nos pères, fidèles à la leçon de saint Paul, ne prononçaient jamais le saint *nom de Jésus*, sans donner une marque de respect; il est fâcheux que cette louable coutume se soit perdue parmi nous. Saint Jean Chrysostome se plaignait déjà de ce que le nom de Dieu était prononcé par les chrétiens avec moins de respect que par les Juifs; on pourrait dire aujourd'hui que nous le prononçons avec moins de piété que les païens.

C'est au *nom de Jésus-Christ* que les apôtres opéraient des miracles; c'est à lui qu'ils rapportaient toute la gloire de leurs succès (*Act.* III, IV et VIII, etc.): preuve évidente que ce n'étaient ni des imposteurs qui agissaient pour leur propre intérêt, ni des hommes crédules abusés par de fausses promesses. Dans plusieurs diocèses on célèbre, le 14 janvier, une fête où un office particulier à l'honneur du saint *nom de Jésus*, parce que le premier jour de ce mois est entièrement consacré au mystère de la circoncision.

NOM DE MARIE, fête ou office qui se célèbre surtout dans les églises d'Allemagne, le dimanche dans l'octave de la Nativité de la sainte Vierge, en mémoire de la délivrance de la ville de Vienne, assiégée par les Turcs en 1683. Ce monument de piété et de reconnaissance fut institué par le pape Innocent XI; mais on ne l'a pas adopté en France, à cause de l'opposition des intérêts politiques qui se trouvaient alors entre la France et l'empire.

NOM DE BAPTÊME. L'usage observé parmi les chrétiens de prendre au baptême le nom d'un saint qu'on choisit pour patron, est très-ancien. Non-seulement il en est parlé dans le Sacramentaire de saint Grégoire et dans l'Ordre romain, mais saint Jean Chrysostome reprend les chrétiens de son temps, qui, au lieu de donner à un enfant le nom d'un saint, *comme faisaient les anciens*, usaient d'une pratique superstitieuse dans le choix de ce nom. *Hom.* 13, *in Ep. ad Cor*.

Thiers, dans son *Traité des superstitions*, t. II, l. I, c. X, expose en détail toutes celles que l'on peut commettre à ce sujet; il cite les décrets des conciles qui les ont défendues, et montre l'absurdité de tous ces abus. Il relève avec raison le ridicule des protestants, qui affectent de prendre au baptême le nom d'un personnage de l'Ancien Testament, plutôt que le nom d'un apôtre ou d'un martyr. La sainteté de ces derniers est-elle plus douteuse que celle des patriarches, ou sont-ils moins dignes de nous servir de modèle? Si le choix du nom d'un saint est une espèce de culte que nous lui rendons, est-il moins permis d'honorer les saints de la loi nouvelle que ceux de l'ancienne loi.

NOMBRES. Le *livre des Nombres* est le quatrième du Pentateuque ou des cinq livres écrits par Moïse. Il renferme l'histoire de 38 à 39 ans que les Israélites passèrent dans le désert; ce qui avait précédé est rapporté dans l'Exode, et ce qui suivit jusqu'à l'entrée de ce peuple dans la Palestine, se trouve dans le Deutéronome. Il est écrit en forme de journal; il n'a pu l'être que par un auteur témoin oculaire des marches, des campements, des actions que les Hébreux firent dans cet intervalle. On l'a nommé le *livre des Nombres*, parce que les trois premiers chapitres contiennent les dénombrements des différentes tribus de ce peuple, mais les chapitres suivants renferment aussi un grand nombre de lois que Moïse établit pour lors, et la narration des guerres que les Israélites eurent à soutenir contre les rois des Amorrhéens et des Madianites. Vainement quelques incrédules ont voulu contester l'authenticité de ce livre, et soutenir qu'il a été écrit dans les siècles postérieurs à Moïse; outre la forme de journal qui dépose en sa faveur, et le témoignage constant des Juifs, Jésus-Christ, les apôtres, saint Pierre, saint Jude et saint Jean dans son Apocalypse, citent plusieurs traits d'histoire tirés du *livre des Nombres*, et il n'est presque aucun des écrivains de l'Ancien Testament qui n'en ait allégué quelques traits, ou qui n'y fasse allusion. Le premier livre des Machabées raconte ce qui est dit du zèle de Phinées et de sa récompense ; celui de l'Ecclésiastique en fait aussi mention, de même que de la révolte de Coré et de ses suites ; les prophètes Michée et Néhémie parlent de la députation du roi de Moab à Balaam, et de la réponse de celui-ci. Le quatrième livre des Rois et celui de Judith renouvellent le souvenir des serpents qui firent périr un grand nombre d'Israélites, et du serpent d'airain élevé à ce sujet. Osée remet devant les yeux de ce peuple les artifices dont usèrent les femmes madianites pour entraîner ses pères dans le culte de Béelphégor ; David, *Ps.* cv, joint cet événement à la révolte de Dathan et d'Abiron, et aux murmures des Israélites. C'est dans le *livre des Nombres* qu'est portée la loi touchant les mariages, qui est appelée loi de Moïse dans celui de Tobie. Jephté dans le xi° chap. de celui des Juges, réfute la demande injuste des Ammonites, en leur alléguant les faits rapportés dans les chap. xx, xxi et xxii des *Nombres;* Josué en rappelle aussi la mémoire. Enfin Moïse résume dans le Deutéronome ce qu'il avait dit dans les *Nombres*, touchant les divers campements des Hébreux, l'envoi des espions dans la terre promise, la défaite des rois des Amorrhéens, la révolte de Coré et de ses partisans, et la conduite de Balaam. Il n'est pas possible d'établir l'authenticité d'aucun livre par une tradition mieux suivie et plus constante. Nous ne nous arrêterons point à discuter les objections frivoles que Spinosa et ses copistes ont faites contre ce livre ; nous aurons occasion d'en réfuter plusieurs dans divers articles particuliers, et M. l'abbé Clémence l'a fait très-solidement dans l'ouvrage intitulé : *l'Authenticité des livres, tant du Nouveau que de l'Ancien Testament, Paris*, 1782 ; il a mis dans le plus grand jour l'ignorance et l'inep-

tie du critique incrédule auquel il répond.

NON-CONFORMISTES. C'est le nom général que l'on donne en Angleterre aux différentes sectes qui ne suivent point la même doctrine et n'observent point la même discipline que l'Eglise anglicane ; tels sont les presbytériens ou puritains qui sont calvinistes rigides, les mennonites ou anabaptistes, les quakers, les hernhutes, etc. *Voy.* ces mots.

NONE. *Voy.* HEURES CANONIALES.

NONNES. *Voy.* RELIGIEUSES.

NORD. Il a fallu neuf siècles de travaux pour amener au christianisme les peuples du *Nord*. Les Bourguignons et les Francs l'embrassèrent au v° siècle, après avoir passé le Rhin ; l'on commença au vi° d'envoyer des missionnaires en Angleterre et en d'autres contrées ; l'ouvrage n'a été achevé qu'au xiv° par la conversion des peuples de la Prusse orientale et de la Lithuanie.

Au mot MISSIONS ÉTRANGÈRES, nous avons déjà remarqué la malignité avec laquelle les protestants ont affecté de noircir les motifs et la conduite des missionnaires en général, et l'attention qu'ont eue les incrédules de copier ces mêmes calomnies ; mais il est bon de voir en détail ce qu'a dit Mosheim des missions du *Nord* dans les différents siècles ; il n'a fait que rendre fidèlement l'opinion qu'en ont conçue tous les protestants. Il est convenu qu'au iii° siècle, la conversion des Goths et la fondation des principales Eglises de la Gaule et de la Germanie furent l'ouvrage des vertus et des bons exemples que donnèrent les missionnaires qui y furent envoyés ; mais il prétend qu'au v° les Bourguignons et les Francs se firent chrétiens, par l'ambition d'avoir pour protecteur de leurs armes le Dieu des Romains, parce qu'ils le supposèrent plus puissant que les leurs, et que l'on employa de faux miracles pour le leur persuader. Dans un moment nous verrons ce que l'on doit entendre par les *faux miracles* dont parle Mosheim ; mais il aurait dû prouver que les catéchismes des Bourguignons et des Francs ne leur proposèrent point d'autres motifs de conversion que la puissance du Dieu des chrétiens sur le sort des armes. Le v° siècle ne fut point dans les Gaules un temps d'ignorance et de ténèbres ; on y vit paraître avec éclat Sulpice-Sévère, Cassien, Vincent de Lérins, saint Hilaire d'Arles, Claudien-Mamert, Salvien, saint Avit, Sidoine-Apollinaire, etc. Le motif que Mosheim a prêté aux barbares qui embrassèrent pour lors le christianisme, n'est fondé que sur le témoignage de Socrate, historien grec très-mal instruit de ce qui s'est passé dans l'occident. *Voy.* son *histoire ecclésiastique*, l. vii, c. xxx, et la *note de Pagi*. Il juge qu'au vi° siècle les Anglo-Saxons, les Pictes, les Ecossais, les Thuringiens, les Bavarois, les Bohémiens, y furent engagés par l'exemple et par l'autorité de leurs rois ou de leurs chefs ; qu'à proprement parler, ils ne firent que changer une idolâtrie en une autre, en substituant à l'adoration de leurs idoles le culte des saints, des reliques, des images ; que les missionnaires ne se firent aucun scrupule

---

* NOMINAUX. On appelait ainsi ceux qui expliquaient principalement les choses par la propriété des termes, et soutenaient que les mots et non les choses étaient l'objet de la dialectique. Le combat entre les réalistes et les nominaux fut extrêmement vif ; on l'a souvent regardé comme ridicule. Il se renouvelle cependant à tous les âges. On lui donne aujourd'hui le nom de forme, d'absolu, etc. Guillaume Ouam, surnommé le *docteur invincible*, fut le chef des nominaux. Il attaqua indirectement le droit de propriété, en prétendant que Jésus-Christ et les apôtres n'ont rien possédé en propre, pas même les vêtements de les couvraient ; il en concluait que les cordeliers ne devaient pas avoir la propriété des choses fongibles qui servaient à les nourrir, telles que le pain, le vin, l'eau, etc. Une bulle de Nicolas III avait arrêté que les cordeliers n'auraient que l'usufruit des biens qui leur seraient donnés. De faux logiciens en concluèrent que Jésus-Christ et les apôtres avaient condamné par leur exemple le droit de propriété. Jean XXII rapporta la bulle de Nicolas III, qui commençait à causer du désordre dans l'Eglise par la fausse application qu'on en faisait. *Voy. Dict. de Théol. mor.*, t. II, *Histoire de la Théologie.*

de leur donner des phénomènes naturels pour des miracles. Voilà donc en quoi consistent les *faux miracles* dont Mosheim a déjà parlé ; c'étaient des phénomènes ou des événements naturels, mais qui parurent merveilleux et ménagés exprès par la Providence en faveur du christianisme. Les missionnaires, qui n'étaient rien moins que d'habiles physiciens, purent y être trompés fort aisément, et les barbares, tous très-ignorants, en furent frappés. S'il y eut de l'erreur, elle ne fut pas malicieuse, ni une fraude pieuse des missionnaires. Sur quoi fondé Mosheim soupçonne-t-il que la sainte ampoule apportée du ciel au baptême de Clovis fut une fraude pieuse imaginée par saint Remi ? Les missionnaires ne sont pas répréhensibles non plus de s'être attachés à instruire les rois, et ceux-ci sont louables d'avoir engagé leurs sujets à professer une religion qui n'est pas moins utile à ceux qui obéissent qu'à ceux qui commandent. Les apôtres n'ont pas négligé ce moyen d'établir l'Evangile ; saint Paul prêcha devant Agrippa ; il convertit le proconsul de Chypre, Sergius-Paulus ; et Abgare, roi d'Edesse, fut amené à la foi par un disciple de Jésus-Christ. Luther et ses collègues n'ont su que trop bien se prévaloir de ce moyen, ils n'auraient pas réussi autrement ; s'il n'est pas légitime, Mosheim doit abjurer le luthéranisme. Luther n'a-t-il pas répété cent fois que ses succès étaient un miracle ? Quel crime ont commis les missionnaires du *Nord*, qui n'ait pas été imité par les réformateurs ? Quant au reproche d'idolâtrie que Mosheim fait aux catholiques, c'est une absurdité que nous avons réfutée ailleurs. *Voy.* CULTE, IDOLÂTRIE, MARTYR, PAGANISME, SAINTS, etc. Il n'a pas meilleure opinion de la conversion des Bataves, des Frisons, des Flamands, des Francs orientaux, des Westphaliens, qui se fit au VII° siècle. Les uns, dit-il, furent gagnés par les insinuations et les artifices des femmes, les autres furent subjugués par la crainte des lois pénales. Les moines anglais, irlandais et autres, qui firent ces missions, furent moins animés par le désir de gagner des âmes à Dieu, que par l'ambition de devenir évêques ou archevêques, et de dominer sur les peuples qu'ils avaient subjugués. Avant de parler de l'apostolat des femmes, Mosheim aurait dû se souvenir de ce qu'ont fait pour la réforme Jeanne d'Albret en France, et Elisabeth en Angleterre ; leur zèle n'était certainement ni aussi pur ni aussi charitable que celui des princesses du VII° siècle ; et personne n'ignore jusqu'à quel point les lois pénales ont influé dans l'établissement du nouvel Evangile. Le titre d'ecclésiaste de Wirtemberg que s'arrogea Luther, le rôle de législateur spirituel et temporel que Calvin remplit à Genève, les places de surintendants des Eglises, de chefs des universités, etc., que possédèrent les autres prédicants, valaient mieux que l'épiscopat au VII° siècle, chez des barbares récemment convertis. Les missionnaires devenus évêques étaient continuellement en danger d'être massacrés, et plusieurs le furent. Saint Colomban, l'un des principaux apôtres de l'Allemagne, n'a jamais été évêque ; il se contenta d'être moine, et la plupart des autres ne s'élevèrent pas plus haut. Si Mosheim avait pris la peine de lire *la Conversion de l'Angleterre comparée à sa prétendue Réformation*, il aurait vu la différence qu'il y a entre les missionnaires du VII° siècle et les prédicateurs de la réforme.

D'ailleurs saint Pierre plaça son siége épiscopal à Antioche, et ensuite à Rome, saint Jacques à Jérusalem, saint Marc à Alexandrie, saint Jean à Ephèse ; les accuserons-nous d'ambition, parce qu'ils ont été évêques ? Que l'on nous montre en quoi l'autorité des évêques missionnaires a été plus fastueuse ou plus absolue que celle des apôtres et de leurs disciples. Le VIII° siècle fut témoin des travaux de saint Boniface dans la Thuringe, la Frise et la Hesse. Ce saint archevêque fut mis à mort par les Frisons, avec cinquante de ses compagnons. D'autres prêchèrent dans la Bavière, la Saxe, la Suisse et l'Alsace. Mosheim dit que saint Boniface aurait justement mérité le titre d'*Apôtre de l'Allemagne*, s'il n'avait pas eu plus à cœur la puissance et la dignité du pontife romain que la gloire de Jésus-Christ et de la religion ; qu'il employa la ruse et la force pour subjuguer les peuples ; qu'il a montré dans ses lettres beaucoup d'orgueil, d'entêtement pour les droits du sacerdoce, et d'ignorance du vrai christianisme. Si, par *vrai christianisme*, Mosheim entend celui de Luther ou de Calvin, nous convenons que saint Boniface et ses compagnons ne le connaissaient pas ; il n'est né que huit cents ans après eux. C'est donc par son respect, par son obéissance, par son dévouement au pontife romain, que l'apôtre de l'Allemagne a prouvé son orgueil. Nous avouons que les réformateurs ont montré le leur bien différemment. Mais nous voudrions savoir par quelle récompense le pape a payé les travaux et le martyre des missionnaires ; par quelle magie il a ensorcelé des moines, au point de leur faire braver la mort et les supplices pour satisfaire son ambition ; ou par quel vertige ces malheureuses victimes ont mieux aimé mourir pour le pape que pour Jésus-Christ. Nous verrons ci-après que les incrédules ont copié mot à mot cette calomnie de Mosheim, et l'ont appliquée aux apôtres. *Voy.* ALLEMAGNE.

La conversion des Saxons, pendant ce même siècle, a donné lieu à une censure beaucoup plus amère. Sur la parole de Mosheim et des autres protestants, nos philosophes ont écrit que Charlemagne fit la guerre aux Saxons, pour les forcer à embrasser le christianisme ; qu'il leur envoya des missionnaires soutenus par une armée ; qu'il planta là croix sur des monceaux de morts, etc. Cette accusation est devenue un acte de foi parmi nos dissertateurs modernes. Le simple exposé des faits en démontrera la fausseté. Avant Charlemagne, les Saxons n'avaient pas cessé de faire des irruptions dans les Gaules, de mettre ses provinces à feu et à sang; ils continuèrent sous son règne. Battus trois fois, ils espérèrent d'apaiser leur vainqueur en promettant de se faire chrétiens. On leur envoya des missionnaires et non des soldats. Après ce traité conclu, ils reprirent encore les armes cinq fois, furent toujours battus et forcés à demander la paix. L'on comprend combien il y eut de sang répandu dans huit guerres consécutives, pendant un espace de trente-trois ans; mais fut-il versé pour soutenir les missionnaires? Ordinairement ils étaient les premières victimes de la fureur des Saxons. *Histoire universelle par les Anglais*, tome XXX, édition in-4°, livre XXIII, sect. 3. Le sujet de ces guerres fut constamment le même : savoir, les incursions, le brigandage, la perfidie de ces peuples, la violation continuelle de leurs promesses. Ce fut après trois récidives de leur part, que les grands du royaume, dans une assemblée de mai, prirent cette résolution terrible, contre laquelle on a tant déclamé : « Que le roi attaquerait en personne les Saxons perfides et infracteurs des traités; que par une guerre continuelle on les exterminerait, ou qu'il les forcerait de se soumettre à la religion chrétienne. » Pour rendre ce décret odieux, on commence par supposer que Charlemagne était l'agresseur; que, par l'ambition d'étendre son empire ou par un zèle de religion mal entendu, il avait attaqué le premier les Saxons qui ne voulaient qu'être libres, indépendants et paisibles chez eux. C'est une imposture grossière. Lorsque les Germains et les Francs passèrent le Rhin pour envahir les Gaules, les empereurs romains étaient-ils allés les inquiéter dans leurs forêts? Quand les Normands vinrent ravager nos côtes, nos rois avaient-ils envoyé des flottes en Norwége pour attenter à leur liberté? Les Saxons avaient été battus et rendus tributaires par Charles-Martel en 725, par Pepin en 743, 745, 747 et 750. Ce n'était donc pas Charlemagne qui était l'agresseur, lorsqu'ils se révoltèrent l'an 769, au commencement de son règne. *Hist. univ.*, ibid., sect. 1 et 2.

Après l'infraction des trois traités faits avec ce prince, les Saxons méritaient certainement d'être poursuivis à outrance. Charlemagne, après l'assemblée de 775, leur laissa le choix ou d'être exterminés, ou de changer de mœurs et de se faisant chrétiens; ils avaient offert eux-mêmes ce dernier parti. Y avait-il de l'injustice ou de la cruauté à les forcer d'exécuter leur promesse, afin de changer des tigres en hommes? Si les Saxons se firent encore battre cinq fois, ce fut leur faute; il est absurde de dire que le sang fut répandu pour assurer le succès des missionnaires; il est évident que l'intérêt politique l'emportait sur le zèle de la religion. Enfin, l'événement prouva que cet intérêt n'était pas mal entendu, puisque les Saxons, une fois domptés et convertis, se civilisèrent, demeurèrent en paix et y laissèrent leurs voisins.

Au IX° siècle, sous le règne de Louis le Débonnaire, les Cimbres, les Danois, les Suédois, furent instruits dans la foi chrétienne par saint Ausberg et saint Ansgaire, sans armes, sans violence, sans lois pénales. Notre historien a été forcé de rendre justice aux vertus de ces deux moines, surtout du dernier; il a bien voulu lui accorder le titre de *saint*, quoiqu'il ait été fait évêque de Hambourg et de Brême. Les Bulgares, les Bohémiens, les Moraves, les Esclavons de la Dalmatie, les Russes de l'Ukraine, furent amenés au christianisme par des Grecs. Mosheim ne les a point blâmés; il dit seulement que ces missionnaires donnèrent à leurs prosélytes une religion et une piété bien différentes de celles que les apôtres avaient établies; mais il avoue que ces hommes, quoique vertueux et pieux, furent obligés d'user de quelque indulgence à l'égard des barbares, encore très-grossiers et très-féroces. Pourquoi cette excuse n'a-t-elle pas eu lieu en faveur des missionnaires latins aussi bien que des Grecs? C'est que ceux-ci n'étaient pas des émissaires du pape; par là ils ont mérité d'être absous par les protestants des imperfections de leurs missions.

Au X° siècle, Rollon ou Robert, chef des Normands, peuple sans religion, qui avait désolé la France pendant un siècle, reçut le baptême et engagea ses soldats à suivre son exemple; ils y consentirent, dit Mosheim, par l'appât des avantages qu'ils y trouvaient. Cela peut être; mais quel que fût le motif de leur conversion, il mit fin à leur brigandage. Selon lui, Micislas, roi de Pologne, employa les lois pénales, les menaces, la violence, pour achever la conversion de ses sujets; Etienne, roi des Hongrois et des Transylvains, en usa de même, aussi bien que Hérald, roi de Danemark. Ces faits sont très-mal prouvés. Notre historien ajoute que Wlodomir, duc des Russes, en agit avec plus de douceur. Ici perce encore la partialité. Comme les Russes ont été agrégés à l'Eglise grecque qui a secoué le joug des papes, et que les autres peuples se sont soumis à l'Eglise romaine, il a fallu qu'un protestant protégeât les premiers au désavantage des seconds. Voilà toute la différence.

Pendant le XI° siècle, les habitants de la Prusse massacrèrent plusieurs fois leurs missionnaires; ils n'ont été domptés qu'au XIII° siècle par les chevaliers de l'ordre teutonique. Au XII°, Waldemar, roi de Danemark, obligea les Slaves, les Suèves, les Vandales à se faire chrétiens; Eric, roi de Suède, y força les Finlandais; les chevaliers de l'Epée y contraignirent les Livoniens. Soit : Mosheim reconnaît que les Poméraniens furent convertis par les soins d'Otton, évêque de Bamberg, et les Slaves, par la persévérance de Vicelin, évêque d'Altembourg. Voilà du moins deux évêques auxquels il ne reproche aucune violence. Il y a donc une différence à faire entre les missions entreprises par pur zèle, et celles qui sont commandées par la politique et par la raison d'Etat.

Nous ne doutons point que des militaires, tels que les chevaliers de l'Epée et ceux de l'ordre teutonique, n'aient agi envers des Barbares qu'il fallait civiliser avec toute la hauteur et la dureté de leur profession, et avec toute la rudesse de leurs mœurs septentrionales; mais ce vice ne retombe ni sur les évêques, ni sur les missionnaires, ni sur la religion. Dès que l'intérêt politique s'y mêle, les rois et leurs ministres ne se croient plus obligés de consulter l'esprit du christianisme, tout cède à la raison d'Etat; les lois et les peines paraissent une voie plus courte et plus efficace que la persuasion. Lorsque le gros des nations du *Nord* eut embrassé le christianisme, on regarda les peuplades qui résistaient encore comme un reste de rebelles qu'il fallait subjuguer par la force. Nous ne faisons point l'apologie de cette conduite; mais ce n'est point à un protestant qu'il convient de la blâmer. Encore une fois, il devait se souvenir que la réforme ne s'est pas établie par d'autres moyens, et que sans cela elle ne serait pas venue à bout de bannir le catholicisme de la plupart des royaumes du *Nord*.

Ce simple exposé des faits suffit déjà pour confondre Mosheim et ses copistes; mais il y a des réflexions générales à faire sur son procédé et sur les conséquences qui en résultent. — 1° Cet écrivain, quoique très-éclairé d'ailleurs, n'a pas vu qu'il fournissait aux incrédules des armes pour attaquer les apôtres, qu'il donnait lieu à un parallèle injurieux entre leur conduite et celle des missionnaires qu'il a noircis. Aussi n'a-t-il pas fait à ceux-ci un seul reproche qui n'ait été appliqué par les déistes à saint Paul et à ses collègues. Ils ont dit que cet apôtre avait embrassé le christianisme, afin de devenir chef de parti; que le seul mobile de son zèle était l'ambition de dominer sur ses prosélytes; que l'on voit dans ses lettres plusieurs traits d'orgueil, de hauteur, de jalousie, d'entêtement pour les priviléges de l'apostolat et du sacerdoce; qu'il a commis une fraude pieuse ou un mensonge, en disant qu'il était pharisien; que ses miracles étaient faux, etc. Pour le prouver, on a fait un livre exprès intitulé: *Examen critique de la vie et des ouvrages de saint Paul;* il semble calqué sur les idées et sur le style de Mosheim. A l'art. SAINT PAUL, nous réfuterons cet ouvrage impie; mais il ne convenait guère à un protestant qui faisait profession du christianisme d'en fournir le canevas. — 2° Il ne s'est pas aperçu qu'il suggérait encore aux incrédules, contre la religion chrétienne, un argument auquel il n'aurait pas pu répondre. En effet, si cette religion est divine, si Jésus-Christ est Dieu, s'il a promis d'assister son Eglise jusqu'à la fin des siècles, comment a-t-il pu, pour propager son Evangile, se servir d'hommes aussi répréhensibles que Mosheim a peint les missionnaires; et d'un moyen aussi odieux que l'ambition des papes? C'était fournir aux Barbares un nouveau motif d'incrédulité, en ne leur donnant pour catéchistes que des hommes qui n'avaient aucune marque d'un véritable apostolat, des moines: ignorants, superstitieux, fourbes, plus occupés de la dignité du pontife romain que de la gloire de Jésus-Christ et du salut des âmes. Etait-ce donc là un plan digne de la sagesse éternelle? Mais les protestants ont beau déclamer contre des papes; c'est à l'ambition prétendue de ces derniers que le *Nord* est redevable de son christianisme, de sa civilisation, de ses lumières, et l'Europe de son repos et de son bonheur. Si les nations du *Nord* n'avaient pas été chrétiennes, les émissaires de Luther n'auraient pas pu les rendre protestantes, aucun d'eux n'est allé prêcher les infidèles : ils se sont contentés de débaucher à l'Eglise les enfants qu'elle avait engendrés en Jésus-Christ. — 3° En voulant faire le procès aux missionnaires, il a couvert d'ignominie les docteurs de la prétendue réforme. Ceux-ci ont-ils montré un zèle plus pur, plus désintéressé, plus charitable, plus patient que les apôtres du *Nord?* Ils ne prêchaient pas par attachement au pape, mais par une haine furieuse contre lui : ils n'ont point acquis de richesses au clergé, mais ils se sont emparés de celles qu'il possédait, et se sont mis dans sa place : ils n'ont point établi de superstition, mais ils ont étouffé toute piété; ils ont enseigné sans doute la doctrine la plus pure, mais bientôt elle a fait éclore le socinianisme, le déisme et vingt sectes différentes. Encore faibles, ils ont prêché la tolérance et ont blâmé les moyens violents; mais devenus redoutables, ils ont eu recours aux princes, aux lois pénales, souvent à la sédition et aux armes, pour asservir les catholiques, pour les chasser ou les faire apostasier. Leurs propres auteurs conviennent que partout où leur religion est dominante, elle l'est devenue par l'influence de l'autorité séculière. — 4° Lorsque Mosheim a parlé des missions que les nestoriens ont faites pendant le VIII°, le X° et le XI° siècle dans la partie orientale de la Perse et aux Indes, dans la Tartarie et à la Chine, des missions des Grecs sur les deux bords du Danube, des missions plus récentes des Russes dans la Sibérie, il n'en a pas dit autant de mal que de celles des Latins dans le *Nord*. Pourquoi cette affectation? Les prédicateurs russes, grecs et nestoriens n'étaient certainement pas des apôtres plus saints que les missionnaires de l'Eglise romaine; de l'aveu même de Mosheim, leur christianisme n'était pas plus parfait, ni leurs succès plus merveilleux. Nous ne lisons pas qu'aucun d'eux ait souffert le martyre, pendant que des centaines de prédicateurs catholiques ont été massacrés par les Barbares. Le sort de ces ouvriers évangéliques n'a cependant pas refroidi la charité de leurs successeurs, puisqu'elle a continué pendant huit ou neuf cents ans. Ces moines, pour lesquels Mosheim affecte tant de mépris, et qu'il a noircis dans tous les siècles de son *Histoire*, ont marché courageusement sur les traces du sang de leurs frères, et ont bravé le même danger. Il n'est pas fort louable de déprimer leur zèle apostolique, en lui prêtant des motifs humains et absurdes. — 5° Il y a de la folie à vouloir nous persuader que la doctrine prêchée aux infidèles par des missionnaires grecs, n'était pas la même que celle qu'enseignaient les prédicateurs latins. Il est constant qu'avant le ix° siècle il n'y a eu aucune dispute ni aucune division entre les deux Eglises touchant le dogme ni le culte extérieur; que dans les divers conciles généraux, tenus pendant sept cents ans, les Grecs et les Latins signaient les mêmes professions de foi, et ne se reprochaient mutuellement aucune erreur. Les protestants les plus entêtés disent que les prétendus abus, dont ils nous font des crimes, se sont introduits dans l'Orient et dans l'Occident pendant le iv° siècle. Dieu cependant n'a pas cessé de bénir et de faire prospérer les missions depuis ce temps-là; il y a eu un plus grand nombre de peuples convertis au christianisme depuis le iv° siècle qu'il n'y en avait eu auparavant. Dieu a donc rendu son Eglise plus féconde depuis qu'elle est tombée dans l'erreur, que quand sa foi était plus pure. Voilà le mystère d'iniquité que nos adversaires ont osé mettre sur le compte de la Providence. — 6° Quand on a fait ces réflexions, l'on est tenté de regarder comme une dérision les éloges que Mosheim a faits des missions luthériennes que les Danois ont établies en 1706, chez les Indiens du Malabar. C'est un peu tard, après deux cents ans écoulés depuis la naissance du luthéranisme : n'importe. Selon notre historien, c'est la plus sainte et la plus parfaite de toutes les missions. Les catéchistes que l'on y envoie ne font pas, dit-il, autant de prosélytes que les prêtres papistes; mais ils les rendent meilleurs chrétiens et plus ressemblants aux vrais disciples de Jésus-Christ. Cependant on sait quelles ont été les raisons de cet établissement; l'intérêt du commerce, la rivalité à l'égard des autres nations européennes, la honte de paraître indifférent sur le salut des Indiens, un peu d'envie de jouter contre l'Eglise romaine. Des motifs aussi profanes ne sont guère propres à opérer des prodiges; en effet, les voyageurs, témoins oculaires, nous ont appris ce qui en est, et plusieurs ont regardé ces missions comme une pure momerie. Ce n'est pas à tort que nous reprochons continuellement aux protestants qu'ils sont les premiers auteurs du déisme, de l'incrédulité, de l'indifférence de religion qui règnent aujourd'hui dans l'Europe entière; pourvu qu'ils puissent satisfaire leur haine contre l'Eglise romaine, ils s'embarrassent fort peu de ce que leurs calomnies retombent sur le christianisme en général. Nos philosophes incrédules n'ont fait que les copier. Mais puisque le protestantisme ne s'est maintenu que par une animosité opiniâtre contre le catholicisme, ses sectateurs doivent craindre d'en avoir creusé le tombeau en inspirant l'indifférence pour toute religion. *Voy.* MISSIONS.

\* NOTES DE L'ÉGLISE. Parmi toutes les sociétés qui divisent le christianisme, il n'en est aucune qui ne prétende au privilége d'être seule dépositaire de la véritable doctrine du Christ. Elles s'anathématisent toutes, elles prétendent posséder exclusivement la vérité chrétienne. Cependant Jésus-Christ ne peut être divisé, la vérité et le mensonge ne peuvent s'allier. L'affirmation et la négation ne peuvent s'unir sur un même point. Pour décider en faveur de qui existe la vérité, il faut nécessairement que la société chrétienne, véritable dépositaire de la doctrine du Christ, ait des caractères qui la distinguent; car le Sauveur du monde ayant voulu que tous les hommes entrent dans son bercail, a dû donner des marques auxquelles on puisse le reconnaître. Ces marques ou caractères sont ce que nous appelons NOTES DE L'ÉGLISE. Les théologiens distinguent deux espèces de notes, les unes sont *positives* et les autres *négatives*. Les notes positives sont celles qui appartiennent exclusivement à l'Eglise, en sorte que, dans toute société chrétienne où l'on rencontre une seule note positive, on peut dire là est la véritable Eglise. Les notes négatives sont des caractères essentiels à l'Eglise, mais qui ne lui appartiennent pas exclusivement; de leur absence on peut certainement conclure qu'une société chrétienne n'est point la véritable Eglise; mais de leur présence on ne peut affirmer qu'elle soit la véritable Eglise. Les notes de l'Eglise doivent avoir certaines qualités : 1° Elles doivent être plus faciles à reconnaître que l'Eglise. Il est en effet du caractère essentiel de tout signe distinctif qu'il soit plus connu que l'objet qu'il doit désigner. 2° Elles doivent être à la portée de tous les hommes, puisqu'ils doivent tous entrer dans le sein de l'Eglise. 3° Réunies, il doit être évident qu'elles n'appartiennent qu'à une seule société. Les protestants admettaient deux notes de l'Eglise : la prédication de la doctrine de Jésus-Christ et l'administration légitime des sacrements. Ils les ont réunies en une seule : la véritable doctrine de Jésus-Christ connue par l'examen privé. Cette note est évidemment un cercle vicieux, car je ne cherche la véritable Eglise qu'afin d'avoir la véritable doctrine. Où est, d'après les protestants, la véritable doctrine connue par l'examen privé? Dans la Bible? Mais toutes les sociétés chrétiennes ont la Bible; sont-elles toutes la véritable Eglise? C'est une absurdité. C'est donc ailleurs qu'il faut chercher les notes de la véritable Eglise. Nous reconnaissons, nous catholiques, quatre notes positives : l'*unité*, la *sainteté*, la *catholicité* et l'*apostolicité*; et deux négatives, la *perpétuité* et la *visibilité*. Chacune de ces notes ayant un article particulier, nous nous contentons d'y renvoyer. *Voy.* ÉGLISE, § 2.

\* NOTES DE PROPOSITIONS. *Voy.* CENSURES DES ÉCRITS et QUALIFICATION de propositions

NOTIONS EN DIEU. Les théologiens, en traitant du mystère de la sainte Trinité, nomment *notions* les qualités qui conviennent à chacune des Personnes divines en particulier, et qui servent à les distinguer. Ainsi la *paternité* et l'*innascibilité* sont les *notions* distinctes de la première Personne, la *filiation* est le caractère distinctif de la seconde, la *procession* ou *spiration passive* convient exclusivement à la troisième. *Voy.* TRINITÉ. Comme ce mystère est incompréhensible, et qu'il a été souvent attaqué par les hérétiques, les théologiens ont été forcés de consacrer des termes particuliers, non pour l'expliquer, puisqu'il est inexplicable, mais pour énoncer, sans danger d'erreur, ce que l'on en doit croire.

NOTRE-DAME, titre d'honneur que les catholiques donnent à la sainte Vierge ;

ainsi nous disons, *l'église de Notre-Dame*, *les fêtes de Notre-Dame*, etc. Les protestants, qui rejettent le culte de la sainte Vierge, font croire aux ignorants que nous l'appelons *Notre-Dame* dans le même sens que nous appelons Jésus-Christ *Notre-Seigneur*; qu'ainsi nous rendons à l'un et à l'autre un culte égal. Mais une équivoque ne devrait jamais causer de disputes. Jésus-Christ est notre souverain Seigneur, parce qu'il est Dieu; nous appelons sa sainte Mère *Notre-Dame*, pour lui témoigner un plus profond respect qu'à toute autre créature, et une entière confiance en son intercession. Si quelques dévots peu instruits se sont quelquefois exprimés sur ce sujet d'une manière qui n'est pas assez correcte, il ne faut pas en faire un crime à l'Eglise romaine, qui n'approuve aucun excès. Nous accusera-t-on d'idolâtrie lorsque nous donnons aux grands de la terre le titre de *monseigneur*?

NOUVEAU. Ce mot a plusieurs sens dans l'Ecriture sainte. Il signifie: 1° ce qui est extraordinaire (*Judic.* v, 8). Le Seigneur a choisi une *nouvelle manière* de faire la guerre et de vaincre nos ennemis, en inspirant à une femme le courage d'un homme. 2° Ce qui est enseigné avec plus de soin qu'autrefois. Jésus-Christ appelle le précepte de la charité *un commandement nouveau* (*Joan.*, XIII, 34), quoiqu'il fût déjà imposé dans l'ancienne loi, parce qu'il l'a mieux développé, qu'il en a donné de nouveaux motifs, et en a montré dans lui-même un exemple parfait. 3° Ce qui est beau et sublime; dans ce sens, David a dit plusieurs fois : Je vous chanterai, Seigneur, *un cantique nouveau*. Dans le style de saint Paul, *le nouvel homme* est le chrétien purifié de ses anciens vices par le baptême. Jésus-Christ dit (*Luc.* v, 37) qu'il ne faut pas mettre du *vin nouveau* dans de vieilles outres, pour faire entendre qu'il ne devait pas imposer à ses disciples, encore faibles, des devoirs trop parfaits. 4° Dans la 2ᵉ lettre de saint Pierre, c. III, v. 13, et dans l'Apocalypse, c. XXI, v. 1 et 2, un *nouveau ciel*, une *nouvelle terre*, la *nouvelle Jérusalem*, signifient le séjour des bienheureux; mais dans Isaïe, c. LXVI, v. 22, les mêmes expressions paraissent désigner le règne du Messie. Lorsque le Sauveur promet à ses apôtres de boire avec eux un *vin nouveau* dans le royaume de son Père (*Matth.*, XIV, 25), cela pouvait signifier qu'il boirait encore et mangerait de nouveau avec eux, après sa résurrection. 5° *Joan.*, c. XIX, v. 41, il est dit que Joseph d'Arimathie déposa le corps de Jésus-Christ dans un *sépulcre nouveau*, dans lequel aucun mort n'avait encore été déposé. 6° *Exod.*, c. XXIII, v. 15, le mois des *nouveaux fruits* était le mois de Nisan, pendant lequel la moisson commençait en Egypte et dans la Palestine.

NOVATEUR. On nomme ainsi celui qui enseigne une nouvelle doctrine en matière de foi. L'Eglise chrétienne a toujours fait profession de ne point suivre d'autre doctrine que celle qui lui a été enseignée par Jésus-Christ et par les apôtres; conséquemment elle a condamné comme hérétiques ceux qui ont entrepris de la corriger et de la changer. Elle leur a dit, par la bouche de Tertullien, *Præscript.*, c. XXXVII : « Je suis plus ancienne que vous et en possession de la vérité avant vous; je la tiens de ceux mêmes qui étaient chargés de l'annoncer; je suis l'héritière des apôtres, je garde ce qu'ils m'ont laissé par testament, ce qu'ils ont confié à ma foi, ce qu'ils m'ont fait jurer de conserver. Pour vous, ils vous ont déshérités et rejetés, comme des étrangers et des ennemis. » Elle a retenu pour base de son enseignement la maxime établie par ce même Père, « que ce qui a été enseigné d'abord est la vérité et vient de Dieu; que ce qui a été inventé dans la suite est étranger et faux. » *Ibid.*, c. XXXI.

L'usage de l'Eglise, dit Vincent de Lérins, *Commonit.*, § 6, a toujours été que plus l'on était religieux, plus l'on avait horreur des nouveautés. Pour réfuter l'erreur des rebaptisants au III° siècle, le pape Etienne n'opposa que cette règle : *N'innovons rien, gardons la tradition*. L'esprit, l'éloquence, les raisons plausibles, les citations de l'Ecriture sainte, le nombre des partisans de la nouvelle opinion, la sainteté même de plusieurs, ne purent prescrire contre le sentiment et la pratique de l'antiquité. — § 21. « Gardez le dépôt, dit saint Paul à Timothée (*I Tim.* VI); évitez toute nouveauté profane et les disputes qu'excite une fausse science. » S'il faut éviter la nouveauté, il faut donc s'attacher à l'antiquité, puisque la première est profane, la seconde est sacrée. — § 22. Expliquez plus clairement, à la bonne heure, ce que l'on croyait autrefois d'une manière plus obscure, mais n'enseignez que ce que vous avez appris, et si vos termes sont nouveaux, que la chose ne le soit pas. — § 23. N'est-il donc pas permis de faire des progrès dans la science de la religion? Assurément, mais sans altérer le dogme ni la manière de l'entendre. Il faut que la croyance des esprits imite la marche des corps; ils croissent, s'étendent, se développent par la suite des années, mais ils demeurent toujours les mêmes. Qu'il en soit ainsi de la doctrine chrétienne, qu'elle s'affermisse par le laps des années, qu'elle s'étende et s'éclaircisse par les travaux des savants, qu'elle devienne plus vénérable avec l'âge; mais que le fond demeure entier et inaltérable. L'Eglise de Jésus-Christ, dépositaire attentive et fidèle des dogmes qu'elle a reçus, n'y change rien, n'en retranche rien, n'y ajoute rien. Son attention se borne à rendre plus exact et plus clair ce qui n'était encore proposé qu'imparfaitement, plus ferme et plus constant ce qui était suffisamment expliqué, plus inviolable ce qui était déjà décidé. Qu'a-t-elle voulu en effet par les décrets de ses conciles? Mettre plus de clarté dans la croyance, plus d'exactitude dans l'enseignement, plus de netteté et de précision dans la profession de foi. Lorsque les hérétiques ont enseigné des nouveautés, elle n'a fait par ces mêmes décrets que transmettre par écrit à la postérité ce qu'elle avait reçu des anciens par tradition, exprimer en peu de mots un sens souvent fort étendu, fixer ce sens par un nouveau terme pour le rendre plus aisé à saisir. — § 24. S'il était permis d'adopter de nouvelles doctrines, que s'ensuivrait-il ? Que les fidèles de tous les siècles précédents, les saints, les vierges, le clergé, des milliers de confesseurs, des armées de martyrs, les peuples entiers, l'univers chrétien, attaché à Jésus-Christ par la foi catholique, ont été dans l'ignorance et dans l'erreur, ont blasphémé sans savoir ce qu'ils disaient ou ce qu'ils croyaient. Toute hérésie a paru sous un certain nom, dans tel endroit, dans un temps connu ; tout hérésiarque a commencé par se séparer de la croyance ancienne et universelle de l'Eglise catholique. Ainsi en ont agi Pélage, Arius, Sabellius, Priscillien, etc. ; tous se sont fait gloire de créer des nouveautés, de mépriser l'antiquité, de mettre au jour ce que l'on ignorait avant eux. La règle des catholiques, au contraire, est de garder le dépôt des saints Pères, de rejeter toute nouveauté profane, de dire avec l'apôtre : « Si quelqu'un enseigne autre chose que ce que nous avons reçu, qu'il soit anathème. » — § 26. Mais lorsque les hérétiques allèguent en leur faveur l'autorité de l'Ecriture sainte, que feront les enfants de l'Eglise ? Ils se souviendront de la règle ancienne qui a toujours été observée, qu'il faut expliquer l'Ecriture selon la tradition de l'Eglise universelle, et préférer dans cette explication même l'antiquité à la nouveauté, l'universalité au petit nombre, le sentiment des docteurs catholiques les plus célèbres aux opinions téméraires de quelques nouveaux dissertateurs.

On voit que Vincent de Lérins n'a fait que développer, dans son *Commonitoire*, ce que Tertullien avait déjà enseigné dans les *Prescriptions contre les hérétiques*, deux cents ans auparavant. A la vérité, les *novateurs* des derniers siècles ont accusé l'Eglise elle-même d'avoir innové, d'avoir altéré la doctrine enseignée par les apôtres. Ce reproche était aisé à former, mais il fallait, pour en démontrer la fausseté, confronter la tradition de quinze siècles entiers ; le procès ne pouvait pas être sitôt instruit ; les hérétiques ont profité de l'intervalle pour séduire les ignorants. Est-il possible que l'Eglise catholique, répandue dans toutes les parties du monde, dont tous les pasteurs jurent et protestent qu'il ne leur est pas permis de rien changer à la doctrine qu'ils ont reçue, conspire néanmoins à faire ce changement ; que les fidèles de toutes les nations, bien persuadés que cet attentat est un crime, aient consenti néanmoins à y participer, en suivant une doctrine nouvelle imaginée par leurs pasteurs ? que les sociétés même séparées de l'Eglise romaine depuis plus de mille ans, aient été saisies du même esprit de vertige ? Si ce paradoxe avait été compris d'abord, il aurait révolté tout le monde par son absurdité. A force de l'entendre répéter, on a commencé par le croire, en attendant l'examen des monuments qui démontraient le contraire. Enfin, il a été fait dans la *Perpétuité de la foi ;* mais l'hérésie était trop bien enracinée pour céder à l'évidence des faits et des monuments. Aujourd'hui encore les protestants soutiennent que tous les dogmes catholiques qu'ils rejettent sont une nouvelle invention des derniers siècles. *Voy.* Dépôt, Perpétuité de la Foi, Prescription.

NOVATIENS, hérétiques du III$^e$ siècle, qui eurent pour chefs *Novatien*, prêtre de Rome, et *Novat*, prêtre de Carthage. Le premier, homme éloquent et entêté de la philosophie stoïcienne, se sépara de la communion du pape saint Corneille, sous prétexte que ce pontife admettait trop aisément à la pénitence et à la communion ceux qui étaient tombés par faiblesse dans l'apostasie pendant la persécution de Dèce. Mais le vrai motif de son schisme était la jalousie de ce que saint Corneille lui avait été préféré pour remplir le siège de Rome. Il abusa du passage dans lequel saint Paul dit (*Heb.* VI, 4) : « Il est impossible à ceux qui sont tombés, après avoir été une fois éclairés, et après avoir goûté les dons célestes, de se renouveler par la pénitence. » Conséquemment il soutint que l'on devait refuser l'absolution, non-seulement à ceux qui avaient apostasié, mais encore à ceux qui, après leur baptême, étaient tombés dans quelque péché grave, tel que le meurtre et l'adultère. Comme l'erreur va toujours en croissant, les *novatiens* prétendirent bientôt que l'Eglise n'avait pas le pouvoir de remettre les grands crimes par l'absolution. Cette rigidité convenait d'autant moins à Novatien, qu'on l'accusait lui-même de s'être caché dans sa maison pendant la persécution, et d'avoir refusé ses secours à ceux qui souffraient pour Jésus-Christ. On lui reprochait encore d'avoir été ordonné prêtre malgré l'irrégularité qu'il avait encourue, en recevant le baptême au lit pendant une maladie, et pour avoir négligé ensuite de recevoir la confirmation. Mosheim fait inutilement tous ses efforts pour pallier les torts de Novatien, et en faire tomber une partie sur saint Corneille, *Hist. christ.*, saec. III, § 15, notes. Il dit que ce pape ne reprochait à son antagoniste que des vices de caractère et des intentions intérieures qui sont connues de Dieu seul ; que Novatien protestait contre l'injustice de ces reproches. Mais ce schismatique avait dévoilé les vices de son caractère et ses motifs intérieurs par ses discours et par sa conduite ; saint Corneille était parfaitement informé des uns et des autres ; les protestations de Novatien étaient démenties par ses procédés. Il est singulier que les protestants excusent toujours les intentions de tous les ennemis de l'Eglise, et ne rendent jamais justice aux intentions de ses pasteurs.

Novat, de son côté, prêtre vicieux, s'était révolté contre saint Cyprien, son évêque ; il l'avait accusé d'être trop rigoureux à l'égard des *lapses* qui demandaient d'être réconciliés à l'Eglise ; il avait appuyé le schisme du diacre Félicissime contre ce saint évêque; menacé de l'excommunication, il s'enfuit à Rome; il se joignit à la faction de Novatien, et il donna dans l'excès opposé à ce qu'il avait soutenu en Afrique. Mosheim a encore trouvé bon d'excuser ce prêtre, et de rejeter une partie du blâme sur saint Cyprien, *ibid.*, § 14. On ne peut pas approuver, dit-il, tout ce qu'ont fait ceux qui résistaient à cet évêque; mais il est incontestable qu'ils combattaient pour les droits du clergé et du peuple, contre un évêque qui s'arrogeait une autorité souveraine. Mais nous avons fait voir ailleurs que ces prétendus droits du clergé et du peuple contre les évêques, sont chimériques, et n'ont jamais existé que dans l'imagination des protestants. *Voy.* ÉVÊQUE, HIÉRARCHIE. Ces deux schismatiques trouvèrent des partisans. Novatien engagea par argent trois évêques d'Italie à lui donner l'ordre de l'épiscopat; il devint ainsi le premier évêque de sa secte, et il eut des successeurs. Saint Corneille assembla un concile de soixante évêques à Rome, l'an 251, dans lequel Novatien fut excommunié; les évêques qui l'avaient ordonné furent déposés, et l'on y confirma les anciens canons, qui voulaient que l'on reçût à la pénitence publique ceux qui étaient tombés, lorsqu'ils témoignaient du repentir de leur crime, et que l'on réduisit au rang des laïques les évêques et les prêtres coupables d'apostasie. Cette discipline était d'autant plus sage, qu'il y avait beaucoup de différence à mettre entre ceux qui étaient tombés par faiblesse et par la violence des tourments, et ceux qui avaient apostasié sans être tourmentés; entre ceux qui avaient fait des actes positifs d'idolâtrie, et ceux qui avaient seulement paru en faire, etc. *Voy.* LAPSES. Il était donc juste de ne pas les traiter tous avec la même rigueur, et d'accorder plus d'indulgence à ceux qui étaient les moins coupables, Saint Cyprien, *Epist. ad Antonianum.*

A la vérité, l'on trouve dans quelques conciles de ces temps-là, en particulier dans celui d'Elvire, tenu en Espagne au commencement du iv° siècle, des canons qui paraissent aussi rigoureux que la pratique des *novatiens;* mais on voit évidemment qu'ils ne sont point fondés sur la même erreur; ils ont été faits dans des temps et des circonstances où les évêques ont jugé qu'il fallait une discipline sévère pour intimider les pécheurs, et où l'on devait se défier des marques de pénitence que donnaient la plupart. Quelques auteurs ont soupçonné mal à propos que ces évêques étaient entichés des opinions des *novatiens.*

Mosheim, pour excuser ces derniers, dit que l'on ne peut pas leur reprocher d'avoir corrompu par leurs opinions les doctrines du christianisme, que leur doctrine ne différait en rien de celles des autres chrétiens; *Hist. eccl., troisième siècle,* ii° part., c. v, § 17 et 18, *Hist. christ.,* sæc. 3, § 15, notes. Il pèche en cela par intérêt de système. Une doctrine du christianisme est que l'Eglise a reçu de Jésus-Christ le pouvoir de remettre tous les péchés; or il est certain que Novatien, ou du moins ses adhérents, ont contesté ce pouvoir, et l'ont nié aussi bien que les protestants. Béveridge et Bingham, tous deux anglicans, conviennent de ce fait, et le dernier l'a prouvé. *Orig. ecclés.*, l. xviii, c. iv, § 5. Selon le témoignage de Socrate, l. vii, c. xxv, Asclépiade, évêque novatien, disait à un patriarche de Constantinople : « Nous refusons la communion aux grands pécheurs, laissant à *Dieu seul* le pouvoir de eur pardonner. » Tillemont prouve la même chose par les témoignages de saint Pacien, de saint Augustin et de l'auteur des *Questions sur l'Anc. et le Nouv. Testam. Mém.,* t. III, p. 472. Saint Cyprien le fait assez entendre, *Epist.* 52 *ad Antonianum.* « Nous n'anticipons point, dit-il, sur le jugement de Dieu, qui ratifiera ce que nous avons fait, s'il trouve que la pénitence soit juste et entière. Si nous sommes trompés par de fausses apparences, il corrigera la sentence que nous avons prononcée.... Puisque nous voyons que personne ne doit être empêché de faire pénitence, et que par la miséricorde de Dieu la paix *peut être accordée* par ses prêtres, il faut avoir égard aux gémissements des pénitents, et ne pas leur en refuser le fruit. » Il n'est donc pas question de savoir seulement si l'Eglise devait accorder l'absolution aux pécheurs, mais si elle le pouvait, et si la sentence d'absolution accordée par les prêtres n'était pas une anticipation sur le jugement de Dieu, comme les *novatiens* le prétendaient. Il est fâcheux pour les protestants de voir une de leurs erreurs condamnée au iii° siècle dans les *novatiens;* mais le fait est incontestable. Ces hérétiques ne laissaient point d'exhorter les pécheurs à la pénitence, parce que l'Ecriture sainte l'ordonne; mais saint Cyprien remarque avec raison que c'était une dérision de vouloir engager les pécheurs à se repentir et à gémir, sans leur faire espérer le pardon, du moins à l'article de la mort; que c'était un vrai moyen de les désespérer, de les faire retourner au paganisme ou se jeter parmi les hérétiques. Dans la suite, les *novatiens* ajoutèrent de nouvelles erreurs à celle de leur chef; ils condamnèrent les secondes noces et rebaptisèrent les pécheurs; ils soutinrent que l'Eglise s'était corrompue et perdue par une molle indulgence, etc. Ils se donnèrent le nom de *cathares,* qui signifie *purs,* de même que l'on appelle en Angleterre *puritains* les calvinistes *rigides.*

Quoiqu'il y eût peu de concert dans la doctrine et dans la discipline parmi les *novatiens,* cette secte n'a pas laissé de s'étendre et de subsister en Orient jusqu'au vii° siècle, et en Occident jusqu'au viii°; au concile général de Nicée, en 325, l'on fit des règlements sur la manière de les recevoir dans l'Eglise, lorsqu'ils demanderaient à y rentrer. Un de leurs évêques nommé Acésius y argumenta avec beaucoup de chaleur, pour prouver que l'on ne devait pas admettre les grands pécheurs à la communion de l'Eglise; Constantin, qui était présent, lui répondit par dérision : *Acésius, dressez une échelle, et montez au ciel tout seul.*

NOVICE, NOVICIAT. On appelle *novice* une personne de l'un ou de l'autre sexe qui aspire à faire profession de l'état religieux, qui en a pris l'habit, qui s'exerce à en remplir les devoirs. Dans tous les temps, l'Eglise a pris des précautions pour empêcher que personne n'entrât dans l'état religieux sans une vocation libre et solide, sans bien connaître les obligations de cet état, et sans y être exercé suffisamment. Le concile de Trente, sess. 25, c. 16 et suiv., a renouvelé sur ce sujet les anciens canons, et a chargé les évêques de veiller de près à leur observation : mais cette matière appartient au droit canonique. Les hérétiques, les incrédules, les gens du monde, qui s'imaginent que presque toutes les vocations sont forcées, ignorent les épreuves que l'on fait subir aux *novices*, les soins que prennent les supérieurs ecclésiastiques pour empêcher que l'erreur, la séduction, la violence, n'aient aucune part à la profession religieuse. On peut assurer en général que s'il y a dans ce genre quelques victimes de l'ambition, de la cruauté et de l'irréligion de leurs parents, les *novices* y ont consenti, qu'ils ont surpris la vigilance et l'attention scrupuleuse des évêques et de leurs préposés. *Voy.* PROFESSION RELIGIEUSE.

NTOUPI. *Voy.* BROUCOLACAS.

NU-PIEDS SPIRITUELS, anabaptistes qui s'élevèrent en Moravie dans le XVI° siècle, et qui se vantaient d'imiter la vie des apôtres, vivant à la campagne, marchant pieds nus, et témoignant beaucoup d'aversion pour les armes, pour les lettres et pour l'estime des peuples. Pratéole, *Hist. nudip. et spirit.*; Florimond de Raimond, l. II, c. XVII. num. 9. *Voy.* ANABAPTISTES.

NUÉE. Dans l'Ecriture sainte, les *nuées* ou le ciel nébuleux désignent souvent un temps d'affliction et de calamité; cette métaphore est aussi employée fréquemment par les auteurs profanes; il serait inutile d'en citer des exemples. Une *nuée* signifie quelquefois une armée ennemie qui couvrira la terre, comme les nuages couvrent le ciel, et le dérobent à nos yeux (*Jerem.* IV, 13; *Ezech.* XXX, 18; XXXVIII, 9). Les *nuées*, par leur légèreté, sont le symbole de la vanité et de l'inconstance des choses de ce monde; il est dit (*II Petr.* II, 17) que les faux docteurs sont des *nuées* poussées par un vent impétueux; et dans *l'épître de saint Jude*, v. 12, que ce sont des *nuées* sans pluie. Elles représentent encore l'arrivée brusque et imprévue d'un événement quelconque. *Isaï.*, c. XIX, v. 1, dit que Dieu entrera en Egypte, porté sur une *nuée* légère. *Daniel*, c. VII, v. 13, vit arriver sur les *nuées* du ciel un personnage semblable au Fils de l'homme, qui fut porté devant le trône de l'Eternel, et auquel fut accordé l'empire sur l'univers entier; c'était évidemment le Messie. Jésus-Christ (*Matth.* XXIV, 30) dit que l'on verra venir le Fils de l'homme sur les *nuées* du ciel, avec beaucoup de puissance et de majesté; et (XXVI, 64) il dit à ses juges : *Vous verrez venir sur les nuées du ciel le Fils de l'homme assis à la droite de la puissance de Dieu.* Il annonçait ainsi la promptitude et la puissance avec laquelle il viendrait punir la nation juive. Plusieurs interprètes entendent dans le même sens ces paroles du psaume XVII, 10 : « Il est monté sur les chérubins, il a volé sur les ailes des vents, » parce qu'elles sont parallèles à celles du *Ps.* CIII, v. 3 : « Vous êtes monté sur les *nuées*, vous marchez sur les ailes des vents. » Saint Paul (*I Cor.* X, 1) dit : « Nos pères ont été tous sous la *nuée*, et ont passé la mer ; et ils ont été tous baptisés par Moïse dans la *nuée* et dans la mer. » Cela ne signifie point que le passage des Israélites au travers de la mer Rouge, et sous la *nuée*, ait été un vrai baptême, mais que ç'a été la figure de ce que doit faire un chrétien. De même qu'après ce passage les Hébreux ont commencé une nouvelle manière de vivre dans le désert sous les ordres de Dieu, ainsi le chrétien une fois baptisé doit mener une vie nouvelle sous la loi de Jésus-Christ. *Voy.* la *Synopse des critiques sur ce passage.*

NUÉE (colonne de). Il est dit dans l'histoire sainte, qu'à la sortie de l'Egypte, Dieu fit marcher à la tête des Israélites une *colonne de nuée*, qui était obscure pendant le jour et lumineuse pendant la nuit ; qu'elle leur servit de guide pour passer la mer Rouge et pour marcher dans le désert ; qu'elle s'arrêtait lorsqu'il fallait camper, qu'elle se mettait en mouvement lorsqu'il fallait partir, qu'elle couvrait le tabernacle, etc. Toland a fait une dissertation, qu'il a intitulée *Hodegos*, le Guide, pour faire voir que ce phénomène n'avait rien de miraculeux ; selon lui, la prétendue *colonne de nuée* n'était qu'un pot à feu porté au bout d'une perche, qui donnait de la fumée pendant le jour, et une lueur pendant la nuit ; c'est un expédient dont plusieurs généraux se sont servis pour diriger la marche d'une armée, et l'on s'en sert encore aujourd'hui pour voyager dans les déserts de l'Arabie. Les réflexions par lesquelles l'auteur a étayé cette imagination sont curieuses. Il commence par observer qu'en général le style des livres saints est emphatique et hyperbolique ; tout ce qui est beau ou surprenant dans son genre est attribué à Dieu ; une armée nombreuse est une *armée de Dieu*, des montagnes fort hautes sont des *montagnes de Dieu*, etc. *Voy.* NOM DE DIEU.

Dans les pays peuplés, habités, dont l'aspect est varié, la marche des armées est dirigée par des objets visibles, par les montagnes, les rivières, les forêts, les villes et les châteaux ; dans de vastes campagnes et dans des déserts, il faut des signaux, surtout pendant la nuit : le signal le plus naturel et le plus commode est le feu. Comme la flamme et la fumée montent en haut, ou leur a donné le nom de *colonne*; ainsi s'expriment, non-seulement les auteurs sacrés, mais les historiens profanes. En sortant de l'Egypte, les Israélites marchaient en ordre de bataille (*Num.* XXXIII, 1), et le désert commençait à Etham, dans l'Egypte même (*Exod.* XIII, 18). Ils avaient donc besoin d'un signal pour diriger leur route ; Moïse fit porter devant la première ligne de l'armée du feu au bout d'une perche, et il multiplia ces signaux selon le besoin. Quand le tabernacle fut fait, le signal fut placé au haut de cette tente, où Dieu était censé présent par ses symboles et par ses ministres. Cet usage était connu des Perses ; Alexandre s'en servit, suivant Quinte-Curce, liv. v, chap. II. Saint Clément d'Alexandrie, *Strom.*, l. I, c. XXIV, édit. de Potter, p. 417 et 418, rapporte que Trasybule usa de ce stratagème pour conduire une troupe d'Athéniens pendant la nuit, et que l'on voyait encore à Munichia un *autel du phosphore* pour monument de cette marche. Il alléguait ce fait pour rendre croyable aux Grecs ce que dit l'Ecriture de la colonne qui conduisait les Israélites ; il ne la regardait donc pas comme un miracle.

L'Ecriture dit que cette colonne, placée entre le camp des Egyptiens et celui des Israélites, était obscure d'un côté et lumineuse de l'autre ; mais c'était un stratagème semblable à celui dont il est parlé dans la *Cyropédie* de Xénophon, liv. III. Puisque les Egyptiens ne furent point étonnés de cette *nuée*, ils ne la regardèrent pas comme un phénomène miraculeux. Lorsque l'Ecriture dit que le Seigneur marchait devant les Israélites (*Exod.* XIII, 20), cela signifie qu'il marchait par ses ministres. Les ordres de Moïse, d'Aaron, de Josué et des autres chefs sont toujours attribués à Dieu, monarque suprême des Israélites. Il est dit (*Num.* x, 13) que les Israélites partirent suivant le commandement du Seigneur, déclaré par Moïse ; cela montre assez que Moïse disposait de la *nuée*. Enfin, l'ange du Seigneur, dont il est ici parlé, était Hobab, beau-frère de Moïse, qui était né et qui avait vécu dans le désert, qui, par conséquent, en connaissait toutes les routes. Dans le livre des Juges, c. II, v. 1, l'ange du Seigneur dont il est fait mention était un prophète.

Aucun écrivain judicieux n'a fait le moindre cas de cette imagination de Toland ; les commentateurs anglais, dans la *Bible de Chais* (*Exod.* XIII, 21), n'ont pas seulement daigné la réfuter ; mais nos incrédules français en ont fait un trophée dans plusieurs de leurs ouvrages ; nous ne pouvons nous dispenser d'y opposer quelques observations. — 1° Il est impossible que les Israélites aient été assez stupides pour regarder comme un miracle un brasier qui fumait pendant le jour et qui éclairait pendant la nuit ; il l'est qu'un feu porté dans un brasier ou élevé au bout d'une perche ait pu être aperçu par tout un peuple composé de plus de deux millions d'hommes ; il l'est enfin que la fumée d'un brasier ait pu former une *nuée* capable de couvrir dans sa marche une aussi grande multitude d'hommes ; or, Moïse atteste que la *nuée* du Seigneur couvrait les Israélites pendant le jour, lorsqu'ils marchaient (*Num.* x, 34 ; XIV, 14). Voilà une circonstance qu'il ne fallait pas oublier. Il n'est pas moins impossible que Moïse ait été assez insensé pour vouloir en imposer sur ce sujet à une nation entière pendant quarante ans consécutifs ; c'est un fait que l'on pouvait vérifier à toutes les heures du jour et de la nuit ; et l'histoire nous apprend que la *colonne de nuée* pendant le jour, et de feu pendant la nuit, n'a jamais manqué (*Exod.* XIII, 22). Moïse, à la quarantième année, prenait encore les Israélites à témoin de ce prodige toujours subsistant (*Deut.* I, 33 ; XXXI, 15). Autre circonstance qu'il ne fallait pas omettre. — 2° Aucun des faits ni des réflexions allégués par Toland ne peut diminuer le poids de ces deux circonstances essentielles. Quand il serait vrai que les Israélites attribuaient à Dieu les phénomènes les plus naturels, cela ne suffirait pas pour justifier les expressions de Moïse ; non-seulement il appelle *nuée de Dieu* la colonne dont nous parlons, mais il dit que c'était Dieu lui-même qui marchait à la tête des Israélites, qui leur montrait le chemin par la *colonne*, qui les guidait pendant le jour et pendant la nuit, qui les couvrait par la *nuée* dans leur marche, etc. (*Exod.* XIII, 21 ; *Num.* XIV, 14, etc.). L'imposteur le plus hardi n'aurait pas osé parler ainsi, s'il n'avait été question que d'un pot à feu planté au bout d'une perche. — 3° Toland suppose faussement que le désert dans lequel les Israélites ont séjourné était une vaste campagne dénuée de tout objet visible ; il y avait des montagnes et des rochers, quelques arbres et des pâturages ; l'histoire de Moïse en parle et les voyageurs en déposent. Il était donc impossible que la fumée ou la flamme d'un brasier pût être aperçue par plus de deux millions d'hommes, soit lorsqu'ils étaient en marche, soit lorsqu'ils étaient campés. Les armées dont parlent les historiens profanes n'étaient que des poignées d'hommes en comparaison de la multitude des Israélites, dont six cent mille étaient en état de porter les armes. — 4° Il n'est pas vrai que Moïse ait multiplié les signaux selon le besoin ; il parle constamment d'une seule colonne qui était de *nuée*, et non de fumée, pendant le jour, et qui ressemblait à un feu pendant la nuit. Il est encore faux que Dieu ne fût censé présent dans le tabernacle que par ses symboles et par ses ministres. Il est dit formellement que Dieu était présent dans la *colonne de nuée*, qu'il y parlait, qu'il y faisait éclater sa gloire, qu'alors Aaron et Moïse se prosternaient (*Exod.* XL, 32 ; *Num.* IX, 15 ; XI, 25 ; c. XVI, 19 et 22, etc.). Se seraient-ils prosternés devant un brasier ? L'histoire dit que cela se faisait à la vue de tout Israël. — 5° Notre dissertateur en impose au sujet de saint Clément d'Alexandrie. Ce Père regardait certainement la *colonne de nuée* comme un miracle, puisqu'il dit : « Que les Grecs regardent donc comme croyable ce que racontent nos livres ; savoir, que Dieu tout-puissant a pu faire qu'une colonne de feu précédât les Hébreux pendant la nuit, et guidât leur chemin. » S'il a comparé ce prodige à l'action de Trasybule, c'était pour montrer que Dieu a fait par sa puissance ce que la sagesse avait dicté à un habile général. — 6° Xénophon, dans sa *Cyropédie*, l. III, p. 55, rapporte que Cyrus et Cyaxare, faisant la guerre aux Assyriens, n'allumaient point de feu dans leur camp pendant la nuit, mais au-devant de leur camp, afin que si quelque troupe venait les attaquer, ils l'aperçussent sans en être vus; que souvent ils en allumaient derrière leur camp, d'où il arrivait que les coureurs des ennemis qui venaient à la découverte, donnaient dans leurs gardes avancées, lorsqu'ils se croyaient encore fort éloignés de leur armée. Il est dit au contraire (*Exod.* XIV, 19) : « Que la *nuée*, quittant la tête du camp des Israélites, se plaça derrière, entre le camp des Egyptiens et celui d'Israël; qu'elle était ténébreuse d'un côté et lumineuse de l'autre, de manière que les deux armées ne purent s'approcher pendant tout le temps de la nuit. » En quoi ces deux faits se ressemblent-ils ? Par quel artifice les chefs des Israélites purent-ils rendre ténébreuse du côté des Egyptiens une *nuée* qui était lumineuse de leur côté ?

Il n'est pas fort étonnant que les Egyptiens n'aient pas pris pour un miracle une *nuée* ténébreuse pendant la nuit; ils ne voyaient pas qu'elle était lumineuse du côté des Israélites. — 7° Nous lisons (*Num.* IX, 23) que les Israélites campaient ou décampaient à l'ordre du Seigneur; qu'ils étaient en sentinelle suivant le commandement de Dieu, donné par Moïse (x, 11); que la *nuée* s'éleva de dessus le tabernacle, que les Israélites partirent, que les premiers décampèrent suivant l'ordre du Seigneur, donné par Moïse. Quel avait été l'ordre du Seigneur ? D'observer attentivement si la *nuée* s'arrêtait ou marchait, afin de savoir s'il fallait camper ou décamper. Comment cela prouve-t-il que Moïse disposait de la *nuée* et la dirigeait ? — 8° Il n'est pas prouvé que l'ange du Seigneur, dont il est parlé (*Jud.* II, 1), fût un prophète; il n'y a rien dans le texte qui autorise cette conjecture.

Ainsi, en défigurant le texte, en supprimant les faits et les circonstances essentielles, en citant à faux les auteurs sacrés et profanes, en multipliant les suppositions à leur gré; les incrédules se flattent de faire disparaître les miracles de l'histoire sainte. On demande : si c'était la colonne de *nuée* qui guidait les Israélites, pourquoi donc Moïse engagea-t-il Hobab, son beau-frère, à demeurer avec eux, afin qu'il leur servît de guide dans le désert? Parce que Hobab, qui connaissait le désert, savait où l'on pouvait trouver des sources d'eau bonnes ou mauvaises, des arbres, des pâturages, des peuplades amies ou ennemies ? Voilà ce que la colonne de *nuée* n'indiquait pas.

NUIT. Les anciens Hébreux partageaient la *nuit* en quatre parties qu'ils appelaient *veilles*, dont chacune durait trois heures; la première commençait au soleil couché et s'étendait jusqu'à neuf heures du soir; la seconde jusqu'à minuit; la troisième jusqu'à trois heures; la quatrième finissait au lever du soleil. Ces quatre parties de la *nuit* sont quelquefois appelées dans l'Ecriture, le *soir*, le *milieu de la nuit*, le *chant du coq*, et le *matin*. La *nuit* se prend figurément : 1° pour les temps d'affliction et d'adversité (*Ps.* XV, 3) : « Vous avez mis mon cœur à l'épreuve, et vous m'avez visité pendant la *nuit*. » 2° Pour le temps de la mort. Jésus-Christ, parlant de lui-même (*Joan.* IX, 4), dit : *La nuit vient, pendant laquelle personne ne peut rien faire*. 3° Les enfants de la *nuit* sont les gentils, parce qu'ils marchent dans les ténèbres de l'ignorance; les enfants du jour ou de la lumière sont les chrétiens, parce qu'ils sont éclairés par l'Evangile : « Nous ne sommes point, dit saint Paul, les enfants de la *nuit* (*I Thess.* v, 5). » Il y a encore des provinces où le peuple, pour exprimer le peu de mérite d'un homme, dit de lui : *C'est la nuit*.

Jésus-Christ avait dit (*Matth.* XII, 40) : *De même que Jonas a été trois jours et trois* nuits *dans le ventre d'un poisson, ainsi le Fils de l'homme sera trois jours et trois* nuits *dans le sein de la terre*. Cela ne s'est pas vérifié, disent les incrédules, puisque, selon les évangélistes, Jésus-Christ n'a demeuré dans le tombeau que depuis le vendredi soir jusqu'au dimanche matin. L'on répond à cette objection que, dans la manière ordinaire de parler des Hébreux, *trois jours et trois nuits* ne sont pas toujours trois espaces complets de vingt-quatre heures chacun, mais un espace qui comprend une partie du premier jour, et une partie du troisième; ainsi, dans le *livre d'Esther*, c. IV, v. 16, il est dit que les Juifs jeûnèrent *trois jours et trois nuits*; cependant ils ne jeûnèrent que pendant deux *nuits* et un jour complet, puisqu'il est dit, c. v, v. 1, que Esther alla chez le roi le troisième jour. *Voy.* la *Synopse sur saint Matthieu*, c. XII, v. 40. Dans les manières populaires de parler, il ne faut pas chercher une exacte précision.

Les Juifs comprirent très-bien le sens des paroles du Sauveur; ils dirent à Pilate, c. XXVII, v. 63 : « Nous nous souvenons que cet imposteur a dit pendant sa vie : *Je ressusciterai après trois jours*. Ordonnez donc que son tombeau soit gardé *jusqu'au troisième jour*, etc. » En effet, Jésus-Christ avait dit plusieurs fois qu'il ressusciterait *le troisième jour*. Si donc il avait tardé plus longtemps, les Juifs auraient été en droit de faire retirer, le dimanche soir, les soldats qui gardaient le tombeau, et de prétendre que Jésus avait manqué de parole. Cependant était-il nécessaire que les gardes fussent témoins de la résurrection pour rendre inexcusable l'incrédulité des Juifs? Les paroles de Jésus-Christ n'ont donc pas paru équivoques aux Juifs, et elles ont été vérifiées de la manière qu'il le fallait pour les convaincre.

NUPTIAL, BÉNÉDICTION NUPTIALE. *Voy.* MARIAGE.

NYCTAGES, ou NYCTAZONTES, mot grec dérivé de νύξ, *nuit*. On nomma ainsi ceux qui déclamaient contre la coutume qu'avaient les premiers chrétiens de veiller la nuit pour chanter les louanges de Dieu, parce que, disaient ces censeurs, la nuit est faite pour le repos des hommes. Raison trop pitoyable pour mériter d'être réfutée.

NYSSE. *Voy.* SAINT GRÉGOIRE DE NYSSE.

# O

O (LES) de Noël. *Voy.* ANNONCIATION.

OB. *Voy.* PYTHON.

OBÉISSANCE. *Il est plus nécessaire d'obéir à Dieu qu'aux hommes.* C'est ce que répondirent les apôtres, lorsque le conseil des Juifs leur défendit de prêcher (*Act.* v, 29). Ils ne faisaient que suivre la leçon que Jésus-Christ leur avait donnée, en disant : *Ne craignez pas ceux qui tuent le corps, mais qui ne peuvent tuer l'âme* (*Matth.* x, 28; *Luc.* XII, 4, etc.). Les incrédules se sont récriés à l'envi contre cette maxime; elle n'est propre, disent-ils, qu'à renverser l'ordre public et à troubler la société. Armé de ce bouclier, tout fanatique se croit inspiré de Dieu, et en droit de braver l'autorité légitime. *Obéir à Dieu*, ce n'est jamais, dans le fond, qu'obéir aux prêtres, qui se donnent pour les organes et les interprètes de la volonté de Dieu; toutes les sectes ont justifié, par ce faux principe, leur résistance aux lois civiles.

Quelques réflexions fort simples démontreront la sagesse et la justice de la conduite des apôtres, et l'injustice de l'abus que l'on peut en faire pour violer les lois de la société. — 1° La maxime dont les incrédules se scandalisent a été adoptée par les philosophes les plus célèbres : Socrate, Platon, Epictète, l'ont enseignée. *Voy.* le *Phédon* de Platon, et la *Vie d'Epictète*, p. 58. Celse, quoiqu'il blâme les chrétiens de résister aux lois qui autorisaient l'idolâtrie, juge cependant que l'on ne doit pas trahir la vérité par la crainte des tourments. Orig. *contre Celse*, l. I, n. 8. « Si l'on commandait, dit-il, à un adorateur de Dieu de dire une impiété ou de faire une mauvaise action, il ne doit jamais obéir; il doit plutôt souffrir les tourments et la mort. » *Ibid.*, l. VIII, n. 66. Il n'est donc pas vrai que toute résistance aux lois soit un crime. — 2° En refusant d'obéir au conseil des Juifs, les apôtres ne suivaient pas l'avis des prêtres, puisque ce conseil était principalement composé de prêtres. — 3° Les apôtres prouvaient leur mission divine par celle de Jésus-Christ, par sa résurrection, par la descente du Saint-Esprit, par les miracles qu'ils opéraient : connaît-on des imposteurs ou des fanatiques qui aient donné de semblables preuves de leur inspiration prétendue? Lorsqu'une religion fausse est établie chez une nation par les lois, ou il faut soutenir que Dieu ne peut envoyer personne pour en détromper les hommes, ou il faut convenir que ses envoyés ont droit de résister à l'autorité publique. Les Juifs eux-mêmes le comprirent. « Prenez garde, leur dit Gamaliel, à ce que vous allez faire....; si l'entreprise de ces gens-là vient des hommes, elle se détruira d'elle-même; si elle vient de Dieu, vous ne pourrez pas l'empêcher, et il se trouvera que vous résistez à Dieu (*Act.* v, 35, 38). » L'auteur des *Pensées philosophiques* a donc eu très-grand tort de dire, n. 42 : « Lorsqu'on annonce au peuple un dogme qui contredit la religion dominante, ou quelque fait contraire à la tranquillité publique, justifiât-on sa mission par des miracles, le gouvernement a droit de sévir, et le peuple de crier *crucifige*. Quel danger n'y aurait-il pas à abandonner les esprits aux séductions d'un imposteur, ou aux rêveries d'un visionnaire? » Comme si les imposteurs et les visionnaires pouvaient faire des miracles en preuve de leur mission. Où sont ceux qui en ont fait? Ainsi, lorsque des sectaires auxquels les lois défendent l'exercice de leur religion se croient en droit de braver les lois, et donnent pour toute réponse qu'il vaut mieux obéir à Dieu qu'aux hommes, il faut qu'ils commencent par prouver que Dieu leur ordonne cette résistance, de même que les apôtres ont prouvé que Dieu leur avait commandé de prêcher, malgré toutes les puissances de la terre. On a demandé aux premiers prédicants du protestantisme des signes de leur mission divine, ils n'ont point pu en donner; on les demande avec autant de raison à leurs successeurs et à tous ceux qui s'obstinent à les écouter. Les premiers chrétiens, quoique bien convaincus de la divinité de leur religion, n'ont point entrepris d'en obtenir par violence l'exercice public. Qui a donné aux protestants un droit mieux fondé? — 4° Les incrédules eux-mêmes violent sans scrupule les lois qui défendent de parler, d'écrire, d'invectiver contre la religion de l'Etat; ils n'allèguent point un ordre de Dieu, auquel ils ne croient pas; mais ils soutiennent, aussi bien que les sectaires, qu'ils y sont autorisés par le droit naturel. Mais les envoyés de Dieu, les apôtres, les pasteurs de l'Eglise, n'ont-ils pas aussi le droit naturel de prêcher leur croyance, quand même ils n'en auraient pas un droit divin bien prouvé? C'est ainsi que les hérétiques et les incrédules, en voulant se soutenir les uns les autres, se percent de leurs propres traits. *Voy.* MISSION.

OBÉISSANCE (Vœu d'). *Voy.* VŒU.

OBJECTION. Plusieurs chrétiens dont la foi est sincère, sont surpris de la multitude d'objections que l'on fait contre la religion, de la quantité énorme de livres qui ont été faits de nos jours pour l'attaquer; quelques réflexions suffiront pour les instruire. — Il n'y avait pas longtemps que le dernier des apôtres était mort, lorsque les pilosophes païens commencèrent à écrire contre le christianisme, et employèrent toutes les ressources de l'art sophistique auquel ils étaient exercés. Ils furent secondés par les différentes sectes d'hérétiques formées à leur école, et cette autre espèce d'ennemis s'est renouvelée dans tous les siècles. Les incrédules de nos jours n'ont donc pas eu besoin d'être créateurs; des sources abondantes d'arguments leur étaient ouvertes de toutes parts : ils y ont puisé à discrétion. Pour combattre les vérités de la religion, ils ont ramené sur la scène les objections des épicuriens, des pyrrhoniens, des cyniques, des académiciens rigides et des cyrénaïques ; c'est une doctrine renouvelée des Grecs. Mais ils ont passé sous silence les raisons par lesquelles Platon, Socrate, Cicéron, Plutarque et d'autres ont réfuté toutes ces visions. Contre l'Ancien Testament, et contre la religion des Juifs, ils ont rajeuni les difficultés et les calomnies des manichéens, des marcionites, de Celse, de Julien, de Porphyre et des autres philosophes; et ils ont laissé de côté les réponses que Origène, Tertullien, saint Cyrille, saint Augustin et d'autres Pères y ont données. Pour attaquer directement le christianisme, nos adversaires ont encore été mieux servis; ils ont copié les livres des Juifs anciens et modernes, et ceux des mahométans; ils ont répété les reproches de tous les hérétiques, particulièrement des protestants et des sociniens, anglais, français, allemands et autres. Il ne leur a donc pas été difficile de multiplier les volumes à peu de frais. Toutes les sciences ont été mises à contribution pour servir le dessein des incrédules; l'histoire, la chronologie, la géographie, la physique, l'astronomie, l'histoire naturelle, la connaissance des langues, les découvertes de toute espèce, les relations des voyageurs, etc. Lorsqu'ils ont cru découvrir une *objection* qui n'ayait pas encore été faite, un système que l'on n'avait pas encore proposé, une conjecture singulière et inouïe, ils l'ont présentée comme une victoire complète remportée sur la religion.

Si l'on veut y réfléchir, il n'est aucune vérité contre laquelle on ne puisse faire des sophismes, aucun fait auquel on n'oppose des probabilités, aucune loi dont un disputeur entêté ne conteste la justice, aucune institution qui n'entraîne quelques inconvénients. La religion est incommode, elle gêne les passions; voilà son grand crime : si la foi était sans conséquence pour la conduite, tout incrédule deviendrait croyant. Lorsqu'une armée d'écrivains a conjuré contre elle, on voit bientôt éclore une bibliothèque d'impiétés, de blasphèmes et d'absurdités. Tous se répètent, se copient, ressassent la même difficulté en vingt façons. Si l'on a le courage de les lire, on est bientôt fatigué de ce fratras de répétitions. Des hommes, qui voudraient sincèrement instruire, rapporteraient le pour et le contre, mettraient les preuves à côté des *objections*; c'est ce qu'ont fait dans tous les siècles les défenseurs du christianisme ; mais ce ne fut jamais la méthode des incrédules, ils se bornent à compiler les *objections*; ils laissent aux théologiens le soin de chercher les réponses et les preuves. Pour être solidement instruit, est-il nécessaire d'avoir lu les arguments des incrédules ? Pas plus que de connaître les sophismes des pyrrhoniens pour savoir si nous devons ajouter foi aux lumières de notre raison et au témoignage de nos sens. Les *objections* ne peuvent produire que des doutes; il faut des preuves positives pour opérer la conviction. Or, les *objections* des incrédules n'ont pas renversé une seule des preuves du christianisme; celles-ci subsistent dans leur entier : il s'en faut donc beaucoup que le triomphe de l'incrédulité ne soit assuré. Le règne bruyant de l'ancienne philosophie ne fut pas de longue durée : celui de la philosophie moderne sera encore plus court, parce que ses sectateurs actuels ont encore moins de bon sens que ceux d'autrefois.

OBLAT, enfant consacré à Dieu par ses parents dans une maison religieuse. Cet usage n'a commencé que dans les bas siècles, probablement au commencement du xi°. L'estime singulière que l'on avait conçue pour l'état religieux, la difficulté de goûter le repos ailleurs et d'élever chrétiennement les enfants dans le monde, engagèrent les parents à mettre les leurs dans les monastères, afin qu'ils y fussent instruits et dressés de bonne heure à la piété; plusieurs crurent leur donner la plus grande marque de tendresse, en les y vouant pour toujours. Un *oblat* était censé engagé par sa propre volonté autant que par la dévotion de ses parents : on le regardait comme apostat s'il quittait. On se fondait sur l'exemple de Samuel, qui fut voué à Dieu par sa mère dès sa naissance, et sur l'exemple des *nathinéens*; mais ces personnages n'étaient engagés par vœu ni au célibat ni aux autres observances monastiques. *Voy.* NATHINÉENS. On nommait aussi *oblat* ou *donné*, et *oblate*, celui ou celle qui vouait sa personne et ses biens à quelque couvent, sous condition d'être nourri et entretenu par les moines. Quelques-uns donnaient leurs biens aux monastères, sous condition qu'ils continueraient d'en jouir pendant leur vie, moyennant une légère redevance, et les biens ainsi donnés se nommaient *oblata*. L'on fut obligé de prendre cette précaution dans les temps de trouble, de désordre et de rapines. C'était la ressource des faibles dans les gouvernements orageux de l'Italie ; les Normands, quoique puissants, l'employèrent comme une sauve-garde contre la rapacité des empereurs. Il ne faut donc pas s'étonner de la richesse de certains monastères.

Tous ces usages ont été supprimés avec raison dans des temps plus heureux, et lorsque les motifs de les tolérer ne subsistaient plus. Le concile de Trente, en décidant que la profession religieuse faite avant l'âge de seize ans complets, et sans avoir fait le noviciat d'un an, serait absolument nulle et n'imposerait aucune obligation quelconque, a supprimé pour toujours l'abus des *oblats* ; l'examen, qui se fait par les évêques des jeunes personnes qui se destinent à la profession religieuse, prévient le danger d'une fausse vocation que pourrait leur inspirer l'éducation qu'elles ont reçue dans un couvent. Les souverains ont empêché par des lois les monastères d'acquérir de nouveaux biens par des dons ou autrement. Il ne reste donc plus aucun motif de plainte à ce sujet, et l'on n'en ferait plus, si l'on voulait se rappeler les différentes circonstances dans lesquelles l'Europe s'est trouvée pendant les siècles qui nous ont précédés. Un *oblat* était encore un moine lai que le roi plaçait dans les abbayes ou prieurés riches, pour y être nourri, logé, vêtu et même pensionné ; c'était une manière de donner les *invalides* à un soldat vieux ou blessé ; il sonnait les cloches, balayait l'église, et rendait d'autres légers services. Ainsi les richesses des monastères ont toujours été une ressource pour le gouvernement. Tout laïque qui obtenait de la cour une pension sur un bénéfice, était aussi nommé *oblat*.

\* OBLATS DE MARIE IMMACULÉE. C'est une société de missionnaires établie à Aix en 1815, et approuvée par lettres apostoliques, le 17 février 1828. Ces oblats remplissent les fonctions de missionnaires, non-seulement en France et en Corse, mais encore en Angleterre, au Canada et aux États-Unis.

OBLATÆ, oublies ou hosties dont on se sert pour consacrer l'eucharistie, et pour donner la communion aux fidèles. Ce nom est venu de ce qu'autrefois le pain destiné à la consécration était offert par le peuple. *Voy.* HOSTIE.

OBLATES, congrégation de religieuses ou plutôt de filles et de femmes pieuses, fondée à Rome, en 1425, par sainte Françoise. Le pape Eugène IV en approuva les constitutions l'an 1437. Ce sont des filles ou des veuves qui renoncent au monde pour servir Dieu ; elles ne font point de vœux, mais seulement une promesse d'obéir à la supérieure, et au lieu de *profession* elles nomment leur engagement *oblation*. Elles ont des pensions, héritent de leurs parents, et peuvent sortir avec la permission de la supérieure. Il y a dans le couvent qu'elles ont à Rome plusieurs dames de la première qualité ; elles suivent la règle de saint Benoît. On les nomme aussi *collatines*, probablement à cause du quartier dans lequel leur monastère est situé. Cet institut ressemble assez à celui des chanoinesses de France. *Vie des Pères et des Martyrs*, tom. II, p. 638.

OBLATION. Ce terme est quelquefois synonyme de celui d'*offrandes*; il signifie ce que l'on offre à Dieu et l'action même de l'offrir; mais, en fait de cérémonies, il désigne particulièrement l'action du prêtre, qui, avant de consacrer le pain et le vin, les offre à Dieu, afin qu'ils deviennent, par la consécration, le corps et le sang de Jésus-Christ : c'est une partie essentielle du sacrifice de la messe, et dans plusieurs anciennes liturgies, la messe entière est appelée *oblation*, ἀναφορά. Aussi est-ce par cette action que commence ce que l'on a nommé autrefois *la messe des fidèles* ; tout ce qui précède était appelé, au IV° siècle, *la messe des catéchumènes*, parce qu'immédiatement avant *l'oblation* l'on renvoyait les catéchumènes et ceux qui étaient en pénitence publique ; on ne permettait d'assister à *l'oblation*, à la consécration et à la communion, qu'aux fidèles qui étaient en état de participer à la sainte eucharistie. Comme les protestants ne veulent reconnaître, dans ce mystère, ni la présence réelle de Jésus-Christ ni le caractère de sacrifice, ils ont été obligés de supprimer *l'oblation* ; cette action annonce trop clairement les deux dogmes qu'ils affectent de méconnaître. Pourquoi, en effet, témoigner tant de respect pour le pain et le vin destinés à être consacrés, s'ils doivent être de simples figures ou symboles du corps et du sang de Jésus-Christ, et pourquoi les offrir à Dieu ? Mais cette *oblation* se trouve dans toutes les anciennes liturgies, en quelque langue qu'elles aient été écrites ; elle est aussi ancienne que la consécration même. On peut voir dans le P. Lebrun le sens de toutes les paroles que le prêtre prononce, et de toutes les cérémonies qu'il fait à cette occasion, et jusqu'aux plus légères variétés qui se trouvent entre les sacramentaires ou missels des différents siècles. *Explic. des cérém. de la Messe*, t. II, III° part., art. 2 et 6. Quelques protestants ont demandé comment le prêtre peut appeler le pain qu'il offre à Dieu une *hostie* ou victime *sans tache*, et le calice dans lequel il n'y a encore que du vin, *le calice du salut* ? C'est que le prêtre fait moins attention à ce que le pain et le vin sont pour lors, qu'à ce qu'ils doivent devenir par la consécration ; il les envisage d'avance comme le corps et le sang de Jésus-Christ, seule victime sans tache, immolée pour le salut du monde ; sans cela personne n'aurait jamais imaginé que du pain et du vin peuvent être *un sacrifice*, et qu'il faut les offrir à Dieu *pour notre salut*. Aussi le prêtre ajoute : « Venez, Sanctificateur tout-puissant, Dieu éternel, et bénissez ce sacrifice préparé pour la gloire de votre saint nom. » Cette invocation serait encore déplacée, si l'on ne croyait offrir à Dieu que de simples symboles du corps et du sang de Jésus-Christ. *Voy.* INVOCATION.

Thiers, dans son *Traité des Superstitions*, tom. II, c. x, § 10, dit, après le cardinal Bellarmin, que ces prières de *l'oblation* n'ont guère plus de cinq cents ans d'antiquité ; mais le P. Lebrun observe qu'elles se trouvent dans le missel gallican et dans le missel mozarabique, qui datent au moins de douze siècles avant nous ; et dans les liturgies orientales, il y a des prières relatives à celles-ci, et qui expriment la même chose ; on doit donc les regarder comme essentielles. Thiers fait encore mention de quelques abus dans lesquels certains prêtres sont tombés en faisant cette cérémonie. Quant aux *obla-*

*tions* qui se faisaient autrefois par les fidèles dans cette partie de la messe, *voy.* Offrande.

**OBLIGATION MORALE.** *Voy.* Devoir.

**OBSCÉNITÉ**, parole ou action capable de blesser la pudeur. Un des plus sanglants reproches que l'on ait à faire aux écrivains de notre siècle, même à plusieurs de nos philosophes, c'est d'avoir souillé leurs plumes par des *obscénités*, soit en vers, soit en prose. Non-seulement ils ont cherché à justifier par des sophismes la plus brutale de toutes les passions, mais ils ont travaillé à la faire entrer dans tous les cœurs par tous les moyens possibles. Les livres, les tableaux, les gravures, les statues, les spectacles licencieux, tout est exposé au grand jour dans les rues et dans les places publiques. La pudeur est obligée de fuir, pour n'avoir pas continuellement à rougir des objets dont ses regards sont frappés. Celui qui aurait trouvé le funeste secret d'empoisonner l'air que nous respirons, et qui mettrait cet art en usage pour prouver son habileté en fait de chimie, mériterait certainement des peines afflictives; ceux qui emploient leurs talents à corrompre les mœurs sont-ils moins coupables? Leur nom devrait être noté d'infamie et dévoué à l'exécration de la postérité.

*Malheur*, dit Jésus-Christ, *à celui qui scandalise; il vaudrait mieux pour lui être précipité au fond de la mer, qu'être chargé et responsable de la perte de ses frères* (*Matth.* xviii, 7). C'est faire le mal pour le mal; s'il pouvait y avoir un crime irrémissible, ce serait certainement celui-là. Saint Paul dit aux fidèles : « Qu'aucune *obscénité*, aucune parole indécente ne sorte de votre bouche, cela ne convient point à des saints (*Ephes.* v, 3). Les apologistes du christianisme ont donné pour preuve de la sainteté et de la divinité de notre religion le changement qu'elle opéra dans les mœurs, la chasteté, la modestie, la retenue dans les paroles et dans les actions qu'elle a fait régner parmi ceux qui l'ont embrassée. L'Église conforma sa discipline aux lois de l'Évangile. Au IV° siècle, un évêque, convaincu d'avoir écrit des livres licencieux dans sa jeunesse, et qui ne voulait pas les supprimer, fut déposé. Il était sévèrement défendu, surtout aux clercs, de lire ces sortes d'ouvrages. Saint Jérôme s'est exprimé sur ce sujet avec la véhémence ordinaire de son style, *Epist.* 141, *ad Damasum*. Une des raisons pour lesquelles la lecture des livres des païens fut interdite aux fidèles, c'était les *obscénités* dont la plupart étaient remplis. Cependant plusieurs auteurs païens, même les poètes, ont blâmé la licence qui régnait de leur temps dans les discours et dans les écrits; et en cela ils ont rendu hommage à la sainteté des lois du christianisme. Presque de nos jours, un écrivain qui s'est rendu également célèbre par son scepticisme en fait de religion et par le style cynique de ses écrits, n'a pas pu s'empêcher de blâmer ce second défaut dans un poëte italien; il convient que cet auteur s'est mal défendu, lorsqu'on lui a reproché sa turpitude. Bayle, *Dict. crit.*, *Guarin*, C. D. Lui-même n'a pas mieux réussi à faire son apologie dans un éclaircissement placé à la fin de son *Dictionnaire critique*. Brucker proteste qu'après avoir lu sans préjugé cette prétendue justification, elle lui a paru pitoyable, *Hist. philos.*, t. IV, p. 601. Il est bon de faire voir que cette censure n'est pas trop sévère, parce que d'autres écrivains obscènes ont allégué les mêmes excuses avec aussi peu de justesse et de succès.

Bayle dit, 1° qu'il faut s'en rapporter sur ce point au témoignage des femmes; comme si on avait besoin de leur avis pour décider un point de morale. Quand la plupart auraient eu l'esprit et le cœur gâtés par la lecture du *Dictionnaire critique*, auraient-elles voulu l'avouer? Pour mieux faire, Bayle aurait dû encore en appeler au témoignage des libertins. — 2° Il soutient que les *obscénités* grossières sont moins capables de blesser la pudeur que quand elles sont enveloppées sous des expressions chastes en apparence. Quand cela serait vrai, il s'ensuivrait seulement que les unes sont moins criminelles que les autres, et non qu'elles sont innocentes. Dans le fait cet auteur est coupable de ce double crime, puisque son livre est rempli soit d'*obscénités* grossières, soit d'*obscénités* déguisées. — 3° Il prétend que ces sortes d'ordures sont moins choquantes dans un livre que dans la conversation. Il n'est pas question de savoir si elles sont moins choquantes, mais si elles sont moins capables de salir l'imagination et d'exciter des passions impures. Or, nous soutenons qu'elles le sont davantage, parce qu'une lecture se fait sans témoins, et que l'on y réfléchit avec plus de liberté que dans la conversation. Il demeure toujours pour certain, que, dans l'un et l'autre cas, elles sont très-condamnables. — 4° Il dit que la plupart de ceux qui ont lu son livre en avaient déjà lu d'autres qui étaient bien plus capables de les pervertir, qu'ils n'ont rien appris de nouveau dans le sien. Cela est-il certain à l'égard de tous? Quand il le serait, lorsqu'un homme a déjà pris une dose de poison, il n'est pas permis de lui en donner davantage et d'augmenter l'effet que le premier a dû produire. N'y eût-il qu'une seule personne pervertie par la lecture de Bayle, n'en serait-ce pas assez pour le rendre inexcusable? — 5° Il allègue pour raison qu'il ne lui était pas possible d'éviter ce défaut dans son dictionnaire. Cela est très-faux; si l'on en retranchait tous les endroits scandaleux, l'ouvrage n'en serait que meilleur. Mais, loin de chercher à les éviter, on voit que l'auteur affecte de les accumuler; il semble n'avoir fouillé dans l'antiquité que pour y recueillir toutes les anecdotes impures. — 6° Il s'autorise de l'exemple de plusieurs auteurs estimables, qui ont bravé en ce genre la censure du public. Est-ce donc par là qu'ils ont mérité de l'estime? Un désordre, quelque multiplié qu'il soit, n'en est pas pour cela moins odieux; et parce qu'il a régné plus ou moins dans tous les siècles, on n'est pas en droit pour cela de le perpétuer. Le grand nombre de ceux qui y tombent est justement ce qui fait l'opprobre de la littérature; le mauvais exemple ne prescrira jamais contre les droits de la raison, du bon sens et de la vertu. — 7° Il a poussé plus loin la témérité, en voulant justifier sa conduite par celle des auteurs sacrés qui nomment toutes choses par leur nom sans aucun détour, par celle des Pères de l'Eglise, qui ont raconté naïvement toutes les turpitudes des païens, par celle des casuistes, qui entrent dans des détails très-scandaleux touchant les péchés contraires au sixième commandement du Décalogue.

On lui avait répondu, 1° que les casuistes sont forcés d'entrer dans ces détails, et qu'il ne leur est pas possible de les envelopper sous des expressions chastes; 2° qu'ils n'écrivent point en français, ni pour toutes sortes de lecteurs; 3° qu'ils ont travaillé dans un siècle moins licencieux que le nôtre; 4° qu'ils n'ont pas eu envie de pervertir leurs lecteurs, mais au contraire de faire connaître les circonstances aggravantes et l'énormité des fautes qui pouvaient être commises contre le sixième précepte du Décalogue. Bayle a répliqué qu'il avait été forcé aussi de rassembler le bon et le mauvais dans dans un dictionnaire historique; nous lui avons déjà fait voir que cela est faux. Il dit que des *obscénités*, en latin, ne font pas moins d'impression qu'en français. Soit pour un moment; du moins elles ne sont lues dans les casuistes que par un petit nombre d'hommes qui, par leur âge, par leur profession, par la nécessité où ils se trouvent, par le motif qu'ils se proposent, par les précautions qu'ils prennent, sont à couvert de danger; les lecteurs de son livre sont-ils dans le même cas? Il ajoute qu'il n'est pas vrai que notre siècle soit plus corrompu que les précédents. Sans disputer sur le plus ou le moins, ne l'est-il pas assez pour faire un très-mauvais usage des compilations de Bayle? Qu'il nous dise de quelle utilité peuvent être, pour qui que ce soit, les *obscénités* qu'il a rassemblées. Ce n'est donc pas sans raison que Brucker a jugé toutes ses excuses très-mauvaises. Mais il est essentiel de montrer que Bayle a eu encore plus de tort d'alléguer l'exemple des auteurs sacrés et des Pères de l'Eglise, et que les incrédules qui ont copié ce reproche sont très-mal fondés.

Il faut se souvenir d'abord que le style des livres hébreux n'est pas le nôtre, parce les mœurs du monde ancien ne ressemblaient pas à celles du monde moderne. « Quand un peuple est sauvage, dit un savant magistrat, il est simple et ses expressions le sont aussi; comme elles ne le choquent pas, il n'a pas besoin d'en chercher de plus détournées, signes assez certains que l'imagination a corrompu la langue. Le peuple hébreu était à demi sauvage, le livre de ses lois traite sans détour des choses naturelles que nos langues ont soin de voiler. C'est une marque que ces façons de parler n'ont rien de licencieux; car on n'aurait pas écrit un livre de lois d'une manière contraire aux mœurs. » *Traité de la formation mécanique des langues*, tom. II, n. 189. « Un peuple de bonnes mœurs, dit un déiste célèbre, a des termes propres pour toutes choses, et ces termes sont toujours honnêtes, parce qu'ils sont toujours employés innocemment. Il est impossible d'imaginer un langage plus modeste que celui de la Bible, précisément parce que tout y est dit avec naïveté. D'où vient notre délicatesse en fait de langage? demande un autre philosophe. C'est que plus les mœurs sont dépravées, plus les expressions sont mesurées. On croit regagner en langage ce qu'on a perdu en vertu. La pudeur s'est enfuie des cœurs et s'est réfugiée sur les lèvres. » En effet, les enfants, les personnes simples et innocentes, parlent de tout sans rougir; elles n'y voient aucune conséquence. C'est le désir coupable de faire entendre des *obscénités*, qui engage les impudiques à se servir d'expressions détournées, afin de révolter moins; grâce à leur adresse, il n'est presque plus de mots chastes dans notre langue. Une preuve de la vérité de ces réflexions, c'est que, dans la suite des siècles, lorsque les mœurs des Juifs furent corrompues par leur commerce avec les nations étrangères, ils défendirent la lecture de certains livres de l'Ecriture sainte avant l'âge de trente ans, et l'on ne retrouve plus dans le Nouveau Testament les mêmes façons de parler que dans l'Ancien. L'usage établi dans l'Orient de renfermer les femmes et de converser rarement avec elles a dû introduire dans le langage des hommes plus de liberté et de naïveté que parmi nous. Rien de si indécent, selon nos mœurs, que le chapitre des lois des *gentous* indiens, concernant l'adultère; on ne peut pas présumer qu'il soit aussi scandaleux selon les mœurs des Indes.

Mais que font nos philosophes incrédules? Ils affectent de retracer aux yeux d'un peuple licencieux des tableaux qui n'étaient supportables qu'à l'innocente simplicité des premiers âges. Il traduisent dans toute leur énergie des passages qu'un lecteur chaste se fait un devoir d'omettre en lisant les livres saints; ils bravent les précautions que prend l'Eglise pour ne les mettre qu'entre les mains de gens incapables d'en abuser. Ensuite ils s'autorisent de cette malignité, ou pour déclamer contre nos livres saints, ou pour écrire des *obscénités* de leur chef. — Les mêmes raisons, qui justifient les auteurs sacrés, servent aussi à faire l'apologie des Pères de l'Eglise. 1° Les mœurs de l'Asie et de l'Afrique n'étaient pas les mêmes que les nôtres, ni le langage de ces temps-là aussi châtié que le nôtre. En général, le caractère de ces peuples nous paraît dur et grossier; ils ne ménageaient les termes dans aucun genre; la politesse dont nous faisons profession leur était inconnue; on ne la trouve pas même aujourd'hui chez les Orientaux, encore moins sur les côtes de l'Afrique. 2° Les Pères parlaient ou aux païens ou aux chrétiens; il aurait été ridicule de craindre de scandaliser les premiers, en nommant par leur nom des désordres communs et publics parmi eux, ou de révolter les seconds, en leur rappelant des crimes dont ils avaient été témoins. Saint Paul en a fait l'énumération dans son Epître aux Romains. 3° Les Pères n'en font mention que dans le style le plus capable d'en faire sentir toute la turpitude et d'en inspirer de l'horreur; au lieu que Bayle et ses imitateurs en rappellent la mémoire d'un ton jovial et railleur, sans aucune marque d'improbation, et uniquement pour amuser les lecteurs corrompus.

Barbeyrac, dans son *Traité de la morale des Pères*, reproche à saint Clément d'Alexandrie d'être entré dans un trop grand détail des péchés dans son *Pédagogue*, et à saint Jérôme de n'avoir pas assez ménagé la pudeur dans les reproches qu'il fait à Jovinien. Le Clerc juge que saint Augustin a commis la même faute en écrivant contre les pélagiens son traité *de Nuptiis et Concupiscentia*. Mais, indépendamment des raisons que nous avons alléguées, ces vieillards vénérables, dont l'austérité des mœurs est prouvée d'ailleurs, étaient certainement plus en état que les écrivains du XVIIᵉ ou XVIIIᵉ siècle, de voir ce qui pouvait ou ne pouvait pas scandaliser les chrétiens de leur temps.—Telle a toujours été et telle sera toujours l'équité des protestants. Lorsque les Pères ont parlé des actions impures, pour en faire rougir les païens ou les hérétiques, et pour en inspirer de l'horreur aux fidèles, ç'a été un crime aux yeux de ces moralistes rigides; lorsque leurs controversistes ont forgé des ordures abominables pour couvrir d'opprobres l'Eglise romaine, ils ont bien fait ; c'était par zèle pour servir la bonne cause, il ne faut pas les blâmer : Bayle, lui-même, a cité leur exemple pour se justifier. *Voy.* IMPUDICITÉ.

**OBSÈQUES.** *Voy.* FUNÉRAILLES, Prières pour les MORTS.

**OBSERVANCES LÉGALES.** *Voy.* LOI CÉRÉMONIELLE.

**OBSERVANCE RELIGIEUSE ou ECCLÉSIASTIQUE.** On nomme ainsi les usages qui ont été ou commandés par quelque loi positive de l'Eglise, ou établis par une tradition dont on ne connaît pas l'origine. Les protestants font profession de les rejeter ; ils exigent que toute pratique religieuse soit fondée sur l'Ecriture sainte. Quelques-uns de leurs écrivains ont voulu s'autoriser d'un passage de Tertullien, *l. de Oratione*, c. 12. Ce Père, disent-ils, parlant des *observances*, dit « qu'il faut rejeter celles qui sont vaines en elles-mêmes, celles qui ne sont appuyées d'aucun précepte du Seigneur ou de ses apôtres, celles qui ne sont pas l'ouvrage de la religion, mais de la superstition, celles qui ne sont fondées sur aucune raison solide, enfin celles qui ont de la conformité avec les cérémonies païennes. » Mais ce passage est très-mal rendu. En répétant le mot *celles*, qui n'est pas dans le texte, on fait dire à Tertullien le contraire de ce qu'il pensait et de ce qu'il enseigne ailleurs. Il semble que, selon lui, pour rejeter une pratique, c'est assez qu'elle ne soit pas commandée par Jésus-Christ ou par les apôtres, ou qu'elle ait quelque ressemblance avec les coutumes des païens. Ce n'est point là ce que veut Tertullien ; il dit que l'on doit rejeter les *observances* qui sont vaines en elles-mêmes, c'est-à-dire qui ne peuvent produire aucun bon effet, qui ne sont appuyées d'aucun précepte du Seigneur ou des apôtres, qui ne sont pas l'ouvrage de la raison, mais de la superstition, et qui ne sont fondées sur aucune raison solide. Il donne pour exemple l'entêtement de ceux qui faisaient scrupule de prier avec un manteau sur les épaules. Nous convenons que cette vaine *observance* réunissait tous les caractères de réprobation desquels Tertullien a parlé, et qu'elle était condamnable.

S'ensuit-il de là que nous devons nous abstenir de faire le signe de la croix ou de jeûner le carême, parce que Jésus-Christ ni les apôtres n'en ont pas fait un précepte formel ? que c'est un crime de nous mettre à genoux pour prier, ou de faire à Dieu des offrandes, parce que les païens faisaient de même ? Tertullien s'est expliqué plus clairement dans son traité de *Corona*, c. 3 : « Il y a, dit-il, des *observances* que nous gardons sans y être autorisés par un texte de l'Ecriture, mais fondées sur la tradition et sur la coutume. Avant d'entrer dans les fonts du baptême, nous protestons à l'évêque que nous renonçons au démon, à ses pompes et à ses anges. Nous sommes plongés trois fois, et nous disons quelque chose de plus que le Seigneur n'a ordonné dans l'Evangile. Nous goûtons ensuite d'un mélange de lait et de miel, et depuis ce jour nous nous abstenons du bain pendant toute la semaine. Nous recevons le sacrement de l'eucharistie que le Seigneur a commandé à tous, soit à l'heure de nos repas, soit dans nos assemblées avant le jour, mais non d'une autre main que de celle de nos proposés. Tous les ans nous faisons des oblations pour les défunts le jour de leur mort. Nous nous abstenons de jeûner et de prier à genoux le dimanche; nous faisons de même depuis Pâques jusqu'à la Pentecôte. Nous évitons de laisser tomber à terre quelque partie de notre pain ou de notre boisson. Avant d'aller et de venir, d'entrer ou de sortir, de nous chausser, de nous baigner, de nous mettre à table ou au lit, de nous asseoir, ou d'allumer de la lumière, dans toutes nos actions, en un mot, nous faisons sur notre front le signe de la croix. Si, pour toutes ces *observances* et autres semblables, vous demandez un précepte de l'Ecriture, vous n'en trouverez point ; la tradition les a établies, la coutume les a confirmées, et la foi les garde. » Lorsqu'on objecte aux protestants ce passage de Tertullien, ils disent que ce Père était montaniste. Dans la vérité, il ne l'était pas plus en écrivant son livre *de Corona*, qu'en composant son traité *de Oratione*. Quand il l'aurait été cent fois davantage, en est-il moins croyable lorsqu'il atteste ce qui se faisait de son temps, et qu'il donne la raison pour laquelle on le faisait? Cela n'a aucun rapport aux erreurs de Montan. S'il nous arrivait de récuser le témoignage d'un auteur, précisément parce qu'il était hérétique, les protestants crieraient à la prévention, à l'entêtement, au fanatisme.

Il y a sans doute de *vaines observances* que l'on doit mettre au nombre des superstitions; mais l'Eglise, loin de les autoriser, les condamne. Les théologiens entendent par *vaine observance* l'emploi d'un moyen quelconque pour produire un effet avec lequel ce moyen n'a aucune proportion ni aucune relation naturelle, et qui ne peut avoir aucune efficacité par l'institution de Dieu ni de l'Eglise. D'où l'on conclut que s'il produisait réellement quelque effet, ce ne pourrait être que par l'entremise du démon. Tels sont les prétendus préservatifs contre quelques maladies, soit des hommes, soit des animaux, qui par eux-mêmes ne peuvent avoir aucune vertu : tels sont les secrets imaginaires que l'on a nommés *art notoire*, *art de saint Paul*, *art des esprits*, etc. *Voy.* ART. L'on met au même rang l'observation des temps, des jours, des mois, des années, la distinction des jours heureux ou malheureux, les horoscopes, etc. Thiers en a parlé fort au long dans son *Traité des Superstitions*, t. IV; il en détaille les différentes espèces, il cite les passages de l'Ecriture sainte, des Pères de l'Eglise, des conciles, des statuts synodaux et des théologiens qui les ont réprouvent. Vainement les protestants ont voulu faire envisager toutes ces absurdités comme un vice inhérent à la religion catholique; ils ne sont pas parvenus à en guérir leurs sectateurs; il faudrait pour cela extirper entièrement l'ignorance des peuples, la faiblesse d'esprit, la crédulité, les terreurs paniques, l'attachement aveugle à la vie, à la santé, aux biens de ce monde. Ces maladies sont aussi anciennes et aussi répandues que l'humanité : elles dureront probablement plus ou moins, autant que la race des hommes, et l'on ne prend nulle part plus de soin pour en guérir les peuples que dans l'Eglise catholique. *Voy.* SUPERSTITIONS.

OBSERVANCE se dit des statuts et des usages particuliers de quelques communautés ou congrégations religieuses. Chez les carmes, l'on distingue ceux de l'ancienne *observance* d'avec ceux qui ont embrassé la réforme faite par sainte Thérèse, et que l'on nomme *carmes déchaussés*. Parmi les bernardins, les religieux de *l'étroite observance* sont ceux qui ont repris toute la rigueur de la règle de saint Bernard, tels sont ceux de la Trappe et de Sept-Fonts. Les cordeliers sont divisés en *observantins* et en *conventuels*. Peu de temps après la mort de saint François, plusieurs de ces religieux avaient mitigé leur règle, avaient obtenu de leurs généraux et des papes la permission de posséder des rentes et des fonds, d'être chaussés, etc. D'autres plus fervents persévérèrent dans l'observation de l'institut de leur fondateur, et prirent le nom d'*observantins*, pour se distinguer des premiers, que l'on appela *conventuels*. Dans la suite il y eut encore des relâchements et des réformes parmi les *observantins* mêmes; on y distingua la petite et la grande ou l'étroite *observance*. Saint Pierre d'Alcantara fonda cette dernière l'an 1555, en Espagne; ce sont les franciscains déchaussés. La même raison avait déjà donné lieu aux réformes des capucins, des récollets et des tiercelins ou picpus. Il est bon d'observer que la coutume d'aller pieds nus est plus supportable en Espagne et en Italie que dans les pays septentrionaux ; les ordres religieux, en se répandant au loin, ont été forcés d'accorder quelque chose à la température du climat.

OBSERVER. Dans l'Ecriture sainte, ce terme signifie quelquefois prendre des précautions. Job, c. XXIV, v. 15, dit que l'adultère *observe* de ne marcher que dans les ténèbres, afin de ne pas être reconnu. *Observer la bouche* de quelqu'un, signifie épier ses paroles, afin de le surprendre ; mais (*Eccles.* VIII, 2) *observer* la bouche du roi, c'est exécuter ses ordres. Il signifie encore examiner à la rigueur ; David dit à Dieu (*Ps.* CXXIX, 3) : « Seigneur, si vous *observez* nos iniquités, qui pourra soutenir la rigueur de votre jugement? » *I Reg.*, c. II, v. 22, il est parlé des femmes qui *observaient* ou qui veillaient à la porte du tabernacle. Saint Paul dit aux Galates qui judaïsaient, c. IV, v. 10 : « Vous *observez* les jours, les mois, les temps, les années. » Plusieurs interprètes croient qu'il leur reprochait d'*observer* les néoménies, les fêtes, les jeûnes du calendrier des Juifs; mais quelques Pères de l'Eglise ont pensé qu'il les reprenait de distinguer les jours heureux ou malheureux, comme les païens ; peut-être les Galates étaient-ils coupables de l'un et de l'autre de ces abus. *Luc.*, c. XVII, v. 20, Jésus-Christ dit aux pharisiens que le royaume de Dieu ou le règne du Messie ne viendra point avec un éclat extérieur qui le fasse remarquer, *cum observatione*.

OBSESSION. Il y a une distinction à faire entre l'*obsession* du démon et la *possession*. Un homme est possédé, lorsque le démon est entré dans son corps, qu'il l'agite et le tourmente, soit continuellement, soit par intervalles. il est seulement obsédé, lorsque le démon, sans entrer dans son corps, le poursuit au dehors, le fatigue et le fait agir. L'Ecriture sainte fournit des exemples de l'un et de l'autre de ces deux états fâcheux. Il est dit au I$^{er}$ livre des Rois, c. XVI, v. 22, que l'esprit de Dieu s'était retiré de Saül, et que de temps en temps ce roi était agité par un mauvais esprit, par l'ordre de Dieu; dans le livre de Tobie, c. III, v. 8, que Sara, fille de Raguel, avait eu sept maris, et qu'un démon, nommé Asmodée, les avait tués lorsqu'ils avaient voulu s'approcher d'elle. Elle était donc obsédée par un démon, mais qui n'exerçait sa malice que contre ses maris. Les exemples de possession sont fréquents dans le Nouveau Testament. On regarde avec raison ces deux accidents comme des fléaux surnaturels que

Dieu permet, soit pour punir ceux qui, par le crime, ont déjà livré leur âme au démon, soit pour exercer la patience des gens de bien. L'Ecriture sainte représente la fille de Raguel comme une personne vertueuse et irréprochable, qui était pénétrée de douleur du funeste sort de ses maris. Les symptômes d'une *obsession* réelle sont à peu près les mêmes que ceux de la possession; l'on doit prendre les mêmes précautions et suivre les mêmes règles pour juger de l'une et de l'autre ; l'Eglise prescrit les mêmes remèdes pour l'un et pour l'autre, la prière, les bonnes œuvres, les exorcismes, sans interdire les moyens naturels de rétablir la santé du corps, que la médecine peut fournir. Plusieurs critiques, sans être incrédules, ont prétendu que les *obsessions* et les *possessions* étaient des maladies purement naturelles, auxquelles le démon n'a aucune part; que c'étaient seulement des attaques de mélancolie, d'épilepsie, de catalepsie ou de manie; que l'on peut expliquer ce qui en est dit dans l'Ecriture sainte, sans recourir à l'intervention du démon : nous prouverons le contraire au mot POSSESSION

OCCASION. *Voy.* CAUSE.

OCCURRENCE. En style de bréviaire et de rubriques, on dit que deux offices sont en *occurrence* lorsqu'ils se rencontrent le même jour; ainsi lorsque la fête d'un saint tombe le dimanche, l'office du saint est en *occurrence* avec celui du dimanche, et les rubriques enseignent auquel des deux il faut donner la préférence. *Voy.* CONCURRENCE.

OCTAPLES. L'ouvrage d'Origène, ainsi nommé, était une espèce de Bible polyglotte, rangée en huit colonnes. Elle contenait 1° le texte hébreu écrit en caractères hébraïques; 2° le même texte en caractères grecs; 3° la version grecque d'Aquila ; 4° celle de Symmaque; 5° celle des Septante ; 6° celle de Théodotion; 7° celle que l'on appelait la *cinquième grecque;* 8° celle que l'on nommait la *sixième.* Ce savant Père de l'Eglise avait très-bien compris qu'une des meilleures manières de prendre le sens du texte sacré, était de comparer ensemble les différentes versions. *Voy.* HEXAPLES.

OCTATEUQUE. De même que les cinq livres de Moïse sont nommés le *Pentateuque*, en y ajoutant les trois livres suivants, qui sont Josué, les Juges et Ruth, on a nommé ce recueil, l'*Octateuque*, mot grec formé de ὀκτώ, *huit*, et τεῦχος, *livre*. Procope de Gaze a fait dix livres de commentaires sur l'*Octateuque.*

OCTAVE, espace de huit jours destiné à la célébration d'une fête, pendant lequel on répète tous les jours une partie de l'office de la fête, comme les hymnes, les antiennes, les versets, avec une ou plusieurs leçons relatives au sujet. Le huitième jour, que l'on nomme proprement l'*octave*, l'office est plus solennel que celui des jours précédents. Ordinairement les fêtes les plus solennelles, comme Noël, Pâques, la Pentecôte, la Fête-Dieu, la fête du patron, sont accompagnées d'une *octave*. On appelle encore *octave* la station d'un prédicateur qui prêche plusieurs sermons pendant l'*octave* de la Fête-Dieu. Cette coutume a été établie en France depuis l'hérésie des protestants, afin d'instruire particulièrement les peuples sur le sacrement de l'eucharistie et de les affermir dans la foi de ce mystère. Ainsi l'on dit que tel prédicateur a prêché l'*octave* dans telle église. Dans quelques diocèses il y a des paroisses où l'on fait une *octave* des morts. Le titre du psaume VI, qui est le premier des psaumes pénitentiaux, du psaume XII, etc., porte : *pro octava* ou *ad octavam;* les commentateurs sont partagés sur le sens de ce mot; les uns croient qu'il désigne un psaume destiné à être accompagné par le son d'un instrument à huit cordes; d'autres, qu'il devait être chanté pendant huit jours; d'autres disent que cela désignait le ton le plus élevé que nous nommons l'*octave;* quelques-uns enfin entendent la huitième bande de musiciens. Aucune de ces conjectures n'est certaine.

ODEUR. Ce terme, dans l'Ecriture, signifie non-seulement les parfums, comme dans Amos, c. v, v. 21 : « Je n'accepterai plus l'*odeur* de vos assemblées, » c'est-à-dire l'encens que vous m'offrez; mais il se prend souvent dans un sens figuré, comme en français, pour ce qui nous plaît ou nous déplaît. *Gen.*, c. VIII, v. 21, il est dit que Dieu reçut en bonne *odeur* le sacrifice de Noé, c'est-à-dire qu'il l'approuva, et que ce témoignage de reconnaissance lui fut agréable. *Ephes.*, c. v, v. 2, saint Paul dit que Jésus-Christ s'est livré et s'est offert à Dieu pour nous, comme une hostie en victime de bonne *odeur;* parce que Dieu, touché par ce sacrifice, a pardonné aux hommes. *Odeur* signifie encore la bonne réputation et les heureux effets qu'elle produit. « Pour nous, dit ce même apôtre (*II Cor.* II, 14), Dieu répand partout l'*odeur* de sa connaissance ou les bons effets de sa doctrine, parce que nous sommes devant lui la bonne *odeur* de Jésus-Christ, pour ceux qui sont sauvés et pour ceux qui périssent ; pour les uns c'est une *odeur* mortelle, pour les autres une odeur qui leur donne la vie. » Ce terme se prend aussi en mauvaise part. *Gen.* XXXIV, 30, Jacob dit à ses enfants : « Vous m'avez mis en mauvaise *odeur* chez les Chananéens, » vous m'avez rendu odieux à ces peuples. *Exod.*, c. v, v. 21, les Israélites disent à Moïse et à son frère : « Vous nous avez mis en mauvaise *odeur* auprès de Pharaon et de ses ministres. » *Dan.*, c. III, v. 94, il est dit des trois enfants dans la fournaise, que l'*odeur* du feu ne passa point en eux, c'est-à-dire qu'ils ne ressentirent aucun mal ni aucun des effets du feu.

ODILON (saint), cinquième abbé de Cluny, mort l'an 1049, à l'âge de 87 ans, s'est rendu célèbre dans son siècle par ses talents, par ses vertus et par l'institution qu'il a faite de la commémoration générale des trépassés, qui a été adoptée par toute l'Eglise. On a de lui des sermons, des lettres et des poésies, qui se trouvent dans la *Bibliothèque des Pères*, et dans celle de Cluny, imprimée par les soins de Duchesne.

**ODIN**, la grande divinité des peuples du Nord. Il est important de connaître la mythologie des peuples scandinaves pour comprendre comment toutes les traditions tendent vers le même but, la connaissance des vérités primitivement révélées et crues par le genre humain. Nous engageons vivement nos lecteurs à lire dans les *Démonstrations* évangéliques, publiées par M. l'abbé Migne, tom. XIII, col. 1160, le chapitre de la *Scandinavie* dans l'ouvrage du savant Schmitt, intitulé : la *Rédemption* annoncée par les traditions. Ils y trouveront les aperçus les plus intéressants sur le culte rendu à cette grande divinité, et sur les dogmes divers qui constituaient la mythologie des peuples du Nord.

**ODON** (saint), second abbé de Cluny, mort l'an 948, a laissé un abrégé des morales de saint Grégoire, trois livres sur le sacerdoce, des sermons et des hymnes à l'honneur de saint Martin ; ces ouvrages sont dans la *Bibliothèque de Cluny*. Ces deux écrivains ne méritent point le mépris que Mosheim a témoigné pour leurs ouvrages.

**OECONOMIE**, terme qui, formé du grec οἰκονομία, signifie à la lettre, gouvernement d'une maison ou d'une famille. Saint Paul (*Ephes.* I, 10 ; III, 2, etc.) s'en est servi pour désigner le gouvernement que Dieu a daigné exercer sur son peuple ou sur son Eglise ; conséquemment les écrivains ecclésiastiques et les théologiens distinguent deux *économies*, l'ancienne qui est la loi de Moïse, et la nouvelle qui est l'Evangile. Une des dispositions de celle-ci, selon l'Apôtre, est que les gentils sont devenus cohéritiers des promesses de Dieu en Jésus-Christ, et membres d'une même famille avec les Juifs ; mystère que Dieu n'avait pas fait connaître, du moins clairement, dans les siècles précédents (*Ephes.* III, 5 ; *Coloss.* I, 26).

Plusieurs critiques, protestants ou incrédules, ont fait grand bruit de ce que saint Jérôme, en disputant contre ses adversaires, a fait profession de parler *par économie,* c'est-à-dire de ne pas toujours écrire ce qu'il pensait, mais ce qui lui paraissait le plus propre à réfuter les raisonnements qu'on lui opposait, ou à les esquiver. Il s'est autorisé de l'exemple non-seulement des Pères plus anciens que lui, mais des auteurs sacrés, de Jésus-Christ même et des apôtres, en particulier de saint Paul. Barbeyrac dit que saint Jérôme s'est vanté ouvertement de soutenir le pour et le contre, selon les gens avec lesquels il avait affaire, et d'employer indifféremment les raisons bonnes ou mauvaises, selon qu'il en avait besoin pour se tirer d'affaire dans la dispute. Mais il prétend que les auteurs sacrés n'ont rien fait de semblable. « Ils ont quelquefois employé, dit-il, de ces arguments personnels que l'on appelle *ad hominem*, et ils l'ont pu faire sans préjudice, ni des véritables raisons sur lesquelles ils insistaient principalement, ni de leur propre sincérité... Lorsque l'on a prouvé d'ailleurs par de bons arguments la vérité d'une opinion importante, il est très-permis, et c'est une prudence charitable, si l'on voit que ceux avec qui l'on a affaire sont prévenus de certaines opinions peu solides, mais innocentes dans le fond, de s'en servir pour leur dessiller les yeux et pour les disposer à être frappés des autres raisons qu'on leur oppose..... Lorsque Jésus-Christ vint au monde, les Juifs croyaient voir des prédictions du Messie dans plusieurs endroits de l'Ancien Testament, qui nous paraissent avoir un tout autre sens ; il y avait parmi eux des explications allégoriques généralement reçues ; la version des Septante donnait à plusieurs passages un sens différent de celui qu'ils ont dans l'original. Comme il n'y avait rien dans tout cela qui tendît à établir des erreurs, les apôtres ne firent pas difficulté de s'en servir pour ménager la faiblesse de leurs auditeurs ; mais ce n'était ni par un esprit de dispute, ni pour vaincre à quelque prix que ce fût, ni pour éviter ou tendre des piéges, qu'ils y ont eu recours, » au lieu que, selon Barbeyrac, saint Jérôme est tombé dans ces défauts. On comprend aisément que les incrédules n'ont pas manqué de se prévaloir de cette apologie ; ils ont soutenu que Jésus-Christ et les apôtres sont coupables de toutes les fautes que Barbeyrac reproche à saint Jérôme et aux autres Pères ; que tous, sans exception, ne se sont fait aucun scrupule de dire des injures à leurs adversaires, de leur tendre des piéges, d'employer des raisons bonnes ou mauvaises, de citer les prophéties dans un sens faux, d'autoriser, par leur exemple, les fausses explications de l'Ecriture sainte, en un mot de parler contre leur pensée, et de mentir pour une bonne fin ; et, pour le prouver, ils ont cité les exemples mêmes indiqués par Barbeyrac. C'est ainsi que les protestants, pour satisfaire leur haine contre les Pères de l'Eglise, n'ont jamais hésité de compromettre la sincérité et la bonne foi des auteurs sacrés. Dans les art. SAINT JÉRÔME, SAINT PAUL, PROPHÉTIES, etc., nous avons soin de réfuter les accusations des uns et des autres.

On dit qu'il ne serait pas permis en justice de faire ce qu'ont fait les écrivains sacrés et les Pères de l'Eglise, ni de parler comme eux. Cela est faux ; il est très-permis à un accusé confronté à un témoin, de se servir des faits vrais ou faux allégués par ce témoin, pour le confondre et le rendre son témoignage nul ; il n'est pas moins permis à un avocat d'employer les raisons et les arguments faux mis en avant par son adversaire, pour le réfuter.

Les protestants ont d'autant plus mauvaise grâce de condamner cette méthode, que leurs fondateurs et les controversistes n'ont jamais manqué de s'en servir dans toutes leurs disputes contre les théologiens catholiques. On les a convaincus plus d'une fois d'une infidélité et d'une mauvaise foi dont les Pères de l'Eglise ne se sont jamais rendus coupables ; et les incrédules ont tous porté ce vice à un excès dont on n'avait point encore vu d'exemple. *Voy.* PÈRES DE L'EGLISE.

**OECUMÉNIQUE** signifie *général* ou *universel*, du grec οἰκουμένη *la terre habitée ou habitable*, par conséquent toute la terre. Ainsi l'on appelle *concile œcuménique* celui auquel tous les évêques de l'Eglise catholique ont assisté ou du moins ont été appelés. *Voy.* Concile. Quelquefois les Africains ont donné ce nom à des conciles qui étaient seulement composés des évêques de toute l'Afrique. Plusieurs patriarches de Constantinople se sont attribué le titre et la qualité de *patriarches œcuméniques* ; voici à quelle occasion. Lorsque Constantin eut transporté le siége impérial à Byzance, qu'il nomma *Constantinople*, il décida que cette ville jouirait de tous les honneurs, droits et priviléges qui avaient été accordés autrefois à l'ancienne capitale de l'empire. Conséquemment les évêques de Constantinople se persuadèrent qu'ils devaient avoir sur tout l'Orient la même juridiction que les pontifes romains exerçaient sur l'Occident. L'an 381, le premier concile tenu dans cette ville, qui est le second concile général, décida par son troisième canon que l'évêque de Constantinople aurait les prérogatives d'honneur après celui de Rome, parce que c'était la nouvelle Rome ; ainsi cet évêque se trouva placé au-dessus des patriarches d'Alexandrie et d'Antioche, qui réclamèrent vainement, aussi bien que les papes, contre ce changement de discipline.

Au concile de Chalcédoine, en 451, les prêtres et les diacres de l'Eglise d'Alexandrie présentèrent au pape saint Léon, qui présidait à ce concile par ses légats, une requête conçue en ces termes : *Au très-saint et très-heureux patriarche œcuménique de la grande Rome, Léon.* De là les évêques de Constantinople prirent aussi le titre de *patriarche œcuménique*, sous prétexte qu'on l'avait donné à saint Léon, quoique ce saint pape ne se le soit jamais attribué. L'an 518, l'évêque de Constantinople Jean III, et Epiphane, l'an 536, portèrent ce même titre ; mais Jean VI, surnommé le *Jeûneur*, le prit avec encore plus d'éclat dans un concile de tout l'Orient, qu'il avait convoqué l'an 587, sans la participation du pape Pélage II. Ce pontife et saint Grégoire le Grand, son successeur, condamnèrent en vain toutes ces démarches ; les successeurs de Jean le Jeûneur ont toujours conservé ce titre, et l'on en vit encore un le prendre au concile de Bâle, en 1431. Non-seulement cette qualité doit son origine à l'orgueil et à l'ambition des personnages dont nous venons de parler, mais elle est équivoque. En effet, sous le nom de *patriarche œcuménique*, l'on peut entendre ou celui dont la juridiction s'étend universellement sur toute l'Eglise, ou celui qui se regarde comme seul évêque souverain, et qui n'envisage les autres que comme ses vicaires ou substituts, ou enfin celui dont l'autorité s'étend sur une grande partie du monde en prenant le mot grec οἰκουμένη non pour le monde entier, mais pour une vaste étendue de pays, comme a fait saint Luc, c. II, v. 1. Le premier de ces trois sens, qui est le plus naturel, est celui qu'adopta le concile de Chalcédoine, lorsqu'il trouva bon que ce titre fût donné à saint Léon. Les patriarches de Constantinople le prenaient sans doute dans le troisième sens, pour s'attribuer la juridiction sur tout l'Orient, de même que le premier docteur de leur Eglise se nommait *docteur œcuménique*. Mais ils avaient encore tort, si par là ils prétendaient exclure les papes de toute juridiction sur les Eglises orientales, comme ils l'ont fait dans la suite. Le second sens est évidemment absurde ; c'est néanmoins celui que saint Grégoire le Grand paraît avoir attribué aux patriarches de Constantinople, puisqu'il dit que le titre de *patriarche œcuménique* est un blasphème contre l'Evangile et contre les conciles ; que celui qui le prend se prétend seul évêque, et prive tous les autres de leur dignité, qui est d'institution divine.

Aujourd'hui tous les patriarches grecs prennent le titre d'*œcuménique*, de même que les patriarches jacobites, nestoriens et arméniens se nomment *le catholique*, qui signifie de même *universel*; mais cette universalité ne comprend que l'étendue de leur secte. Du Cânge, *Glossar. Latin.* Les protestants, qui rapportent avec complaisance cette prétention des patriarches de Constantinople, parce qu'elle a mortifié les papes, sont cependant forcés d'en avouer les funestes suites. C'est ce qui fit naître entre ces patriarches et ceux d'Alexandrie la haine et la jalousie qui éclatèrent au v°. siècle, après le concile de Chalcédoine, par le schisme de Dioscore et des eutychiens. C'est ce qui jeta les premières semences du schisme entre l'Eglise grecque et l'Eglise latine, commencé par Photius au IXᵉ siècle, et consommé par Michel Cérularius dans le XIᵉ. Dès ce moment les Grecs, privés du secours des Latins, n'ont pu se défendre contre les Turcs qui les oppriment. Mosheim, *Hist. ecclés. du* vᵉ *siècle*, IIᵉ part., c. II, § 1 ; IXᵉ *siècle*, IIᵉ part., c. III, § 26, etc. Mais les Grecs, malgré leur animosité contre l'Eglise romaine, ont senti comme elle la nécessité d'un chef ; ils ont attribué au patriarche de Constantinople une autorité plus absolue sur les Eglises orientales, que celles qu'exerçaient autrefois les papes ; ils ont ainsi condamné et condamnent encore par leur conduite l'anarchie introduite par les protestants.

OECUMÉNIUS, auteur grec, qui paraît avoir vécu dans le xᵉ siècle, a écrit des commentaires sur les Actes des apôtres, sur les Epîtres de saint Paul, et sur celle de saint Jacques. Ils ont été imprimés à Paris, en grec et en latin, l'an 1631, en deux vol. in-fol. Cet auteur n'a fait qu'abréger saint Jean Chrysostome.

OEIL. Comme les passions de l'homme se peignent principalement dans ses yeux, le mot *œil* est souvent employé dans l'Ecriture pour signifier les affections bonnes ou mauvaises. Il a le même usage dans notre langue ; aussi disons-nous que *l'œil* est le miroir de l'âme.

Ainsi, *l'œil bon*, *l'œil simple*, *l'œil attentif*, désignent la bienveillance, le dessein d'accorder des bienfaits ; souvent il est dit que Dieu voit, considère, visite ceux auxquels il veut faire du bien. Au contraire, *l'œil mauvais*, ou *l'œil méchant*, exprime la haine, la colère, la jalousie ou l'avarice. *Eccl.*, c. iv, v. 14, le Sage dit que *l'œil* mauvais ne voit que du mal; il parle d'un avare qui se tourmente par la prévoyance de maux imaginaires. *Matth.*, c. xx, v. 15, le père de famille dit à ses ouvriers jaloux et mécontents : Me regardez-vous de *mauvais œil*, parce que je suis bon? On peut fixer le regard sur quelqu'un ou par affection ou par colère; nous lisons (*Ps.* xxxiii, 16) que les yeux du Seigneur sont arrêtés sur les justes, et que ses oreilles sont attentives à leurs prières; mais que ses regards sont fixés sur les pécheurs pour effacer leur mémoire. Il dit dans Ezéchiel, c. v, v. 11, etc. : Mon *œil* ne pardonnera pas, c'est-à-dire ma justice ne vous épargnera point. Il n'est pas nécessaire d'avertir que les *yeux* attribués à Dieu ne sont autre chose que sa providence. *Genes.*, c. xlvi, v. 4, Dieu dit à Jacob : *Joseph mettra sa main sur vos yeux, il vous fermera les yeux à votre mort*; c'était chez les anciens le dernier devoir de tendresse filiale.

Job, c. xxix, v. 15, dit : J'ai été *l'œil* de l'aveugle et le pied du boiteux, c'est-à-dire j'ai servi de guide à l'un et de soutien à l'autre. Servir à *l'œil* (*Coloss.* iii, 22), c'est ne servir un maître avec soin que quand il nous regarde. Voulez-vous nous arracher les *yeux? Num.*, c. xvi, v. 14, signifie, nous prenez-vous pour des aveugles? *OEil pour œil et dent pour dent* désignent la peine du talion.

OEUVRES (bonnes). On entend sous ce nom tous les actes, soit intérieurs, soit extérieurs, des vertus chrétiennes, comme de religion, de reconnaissance, d'obéissance envers Dieu, de justice et de charité à l'égard du prochain, de pénitence, de mortification, de patience, etc. Jésus-Christ lui-même a nommé ses miracles *des bonnes œuvres*, parce que c'étaient des actes de charité et de commisération envers les malheureux. Il y a eu entre les protestants et les catholiques une dispute très-vive au sujet des *bonnes œuvres*; il s'agissait de savoir si elles sont nécessaires au salut, et en quel sens, quelle en est l'utilité, comment on doit les envisager, soit lorsqu'elles sont faites dans l'état du péché, soit lorsqu'on les fait après la justification, et en état de grâce. Jamais les ennemis de l'Église catholique n'ont montré plus de prévention et d'entêtement que dans cette contestation. Déjà au iv° siècle, les aétiens et les eunomiens avaient enseigné que les *bonnes œuvres* ne sont pas nécessaires au salut, que la foi seule est suffisante; les flagellants renouvelèrent cette erreur au xiii° siècle, et les beggards ou béguins au xiv°; sur le commencement du xv°, Jean Hus prétendit que les *bonnes œuvres* sont indifférentes, que le salut et la damnation dépendent uniquement de la prédestination de Dieu et de la réprobation.

Luther, vers l'an 1520, soutint que les *œuvres* des hommes, quelque saintes qu'elles paraissent, sont des péchés mortels; il adoucit ensuite cette proposition, en disant que toutes les *œuvres* des justes seraient des péchés mortels, s'ils ne craignaient pas qu'elles n'en fussent, parce qu'alors ils ne pourraient pas éviter la présomption. Sous prétexte d'établir la liberté chrétienne, il affranchit les hommes des préceptes du Décalogue; les anabaptistes et les antinomiens suivirent cette doctrine. Comme elle était scandaleuse, Mélanchton la réforma dans la confession d'Augsbourg, en 1530; il y déclara, c. 20, que les pécheurs réconciliés doivent obéissance à la loi de Dieu, que celle que lui rendent les saints est agréable à Dieu, non parce qu'elle est parfaite, mais à cause de Jésus-Christ, et parce que ce sont des hommes réconciliés avec Dieu; que cette obéissance est une vraie justice et mérite récompense : mais il ne dit point quelle récompense. On trouve la même chose dans la confession de Strasbourg, ou des quatre villes, qui fut aussi présentée à la diète d'Augsbourg. Probablement Luther lui-même changea d'avis, puisque l'an 1535 il approuva la confession de foi des Bohémiens, où il est dit, art. 7, qu'il faut faire les *bonnes œuvres* que Dieu commande, non pour obtenir par ce moyen la justification, le salut ou la rémission des péchés, mais pour prouver sa foi, pour se procurer avec plus d'abondance l'entrée dans le royaume éternel, et une plus grande récompense, puisque Dieu l'a promise : que les *bonnes œuvres* faites dans la foi sont agréables à Dieu, et auront leur récompense en ce monde et en l'autre. *Recueil des Confess. de foi des Eglises réformées*, ii° part., p. 209. Nous ne savons pas quelle différence mettaient les Bohémiens entre le salut et l'entrée dans le royaume éternel, ni pourquoi ils évitaient le terme de *mérite*, pendant qu'ils en admettaient le sens. La confession saxonique envoyée au concile de Trente en 1551, après la mort de Luther, s'exprime comme la confession d'Augsbourg; elle réprouve seulement ceux qui disent que notre obéissance plaît à Dieu *par sa propre valeur*, a un mérite de condignité, est devant Dieu une justice qui mérite la vie éternelle. C'est ici une fausse interprétation du *mérite de condignité*, et un sens erroné auquel les théologiens catholiques n'ont jamais pensé.

Mais, en 1557, à l'assemblée de Worms, les luthériens changèrent encore leur foi; leurs docteurs condamnèrent la proposition de Mélanchton, qui disait que les *bonnes œuvres* sont nécessaires au salut. Dans la confession de foi que les calvinistes de France présentèrent à Charles IX, en 1551, ils dirent, art. 20 : « Nous croyons que par la foi seule nous participons à la justice de Jésus-Christ; art. 21, que cette foi est une grâce et un don gratuit de Dieu; art. 22, quoique Dieu nous régénère et nous forme à une vie sainte, afin de nous sauver pleinement, cependant nous professons que Dieu n'a point égard aux *bonnes œuvres* que nous faisons par le secours de son esprit, pour nous justifier et nous faire mériter d'être mis au nombre des enfants de Dieu. » De cette doctrine il s'ensuit, 1° qu'il est inutile aux pécheurs de faire de *bonnes œuvres*, puisque

Dieu n'y a point égard; 2° que Dieu nous excite par son esprit à en faire, sans vouloir nous en tenir aucun compte. Si cela est, en quel sens nous les fait-il faire, afin de nous sauver pleinement ? 3° Que les *bonnes œuvres* faites après la régénération ne sont pas plus méritoires que celles que l'on fait dans l'état de péché. Ce sont là autant d'erreurs palpables. Celle des anglicans, dressée au synode de Londres en 1562, n'est pas plus raisonnable; elle porte, art. 12 : « Quoique les *bonnes œuvres*, qui sont les fruits de la foi et qui suivent la justification, ne puissent expier nos péchés et soutenir la rigueur du jugement de Dieu, elles sont cependant agréables à Dieu, et acceptées en Jésus-Christ; et elles naissent nécessairement d'une foi vive et vraie; art. 13, quant aux *bonnes œuvres* qui se font avant d'avoir reçu la grâce de Jésus-Christ, et l'inspiration du Saint-Esprit, elles ne sont point agréables à Dieu, puisqu'elles ne viennent point de la foi en Jésus-Christ, et elles ne méritent point la grâce *par congruité*, comme le disent plusieurs : au contraire, comme elles ne sont point faites de la manière que Dieu le veut et le commande, nous ne doutons point que ce ne soient des péchés; art. 14, on ne peut, sans arrogance et sans impiété, admettre les *œuvres* de surérogation; par là, les hommes prétendent non-seulement rendre à Dieu ce qu'ils lui doivent, mais faire plus qu'ils ne doivent; au lieu que Jésus-Christ dit : *Lorsque vous aurez fait tout ce qui vous est commandé, dites : Nous sommes des serviteurs inutiles*. Il est clair que les anglicans donnent malicieusement un sens faux et absurde à ce que l'on appelle *œuvres de surérogation*. Les luthériens avaient déjà fait de même dans la confession de foi que le duc de Wirtemberg envoya au concile de Trente en 1552.

Enfin, au synode de Dordrecht, tenu en 1618 et 1619, il fut décidé par les calvinistes, art. 24, que « les *œuvres* louables dont la foi est la racine, sont bonnes devant Dieu et lui sont agréables, parce que tout est sanctifié par sa grâce; cependant elles n'entrent point en compte pour notre justification. C'est par la foi en Jésus-Christ que nous sommes justifiés même avant d'avoir fait de *bonnes œuvres*, puisque les fruits ne peuvent être bons avant que l'arbre ne soit bon lui-même. Nous faisons donc de *bonnes œuvres*, non pour mériter quelque chose par là; car que méritons-nous ? Au contraire, nous devenons plus redevables à Dieu pour les *bonnes œuvres* que nous faisons, puisque c'est lui qui nous fait vouloir et accomplir..... Nous ne nions pas néanmoins que Dieu ne les récompense, mais nous disons que c'est par grâce qu'il veut bien couronner ses dons..... En effet nous ne pouvons faire aucune *œuvre* qui ne soit souillée par le vice de la chair, et qui, par conséquent, ne soit digne de châtiment; et quand nous en pourrions faire une, le souvenir d'un seul péché suffirait pour la faire rejeter de Dieu. » Sans compter les autres erreurs de cette doctrine, elle renferme évidemment trois blasphèmes : le premier, que Dieu commande à ceux qui ne sont pas encore justifiés des *œuvres* qui sont des péchés; le second, qu'il récompense des *œuvres* qui sont cependant dignes de châtiment; le troisième, que Dieu se souvient encore de nos péchés après nous les avoir pardonnés : l'Ecriture sainte dit formellement le contraire.

Après avoir comparé toutes ces professions de foi, il n'est pas aisé de savoir quelle est la doctrine des protestants touchant les *bonnes œuvres*; eux-mêmes ne l'ont jamais su; leur unique dessein était de contredire la foi catholique, sans se mettre en peine des conséquences. Les équivoques sous lesquelles ils ont enveloppé leurs erreurs, les changements qu'ils y ont faits, les contradictions dans lesquelles ils sont tombés, sont capables de dérouter le plus habile théologien. Pour excuser Luther, son maître, Mosheim dit que les docteurs catholiques confondaient la loi avec l'Evangile, et représentaient le bonheur éternel comme la récompense de l'*obéissance légale*. *Hist. ecclés.*, XVI° siècle, sect. 3, II° part., c. 1, § 29. Si par la *loi* Mosheim entend, comme saint Paul, la *loi cérémonielle*, il est très-faux qu'aucun docteur catholique ait jamais confondu cette loi avec l'Evangile, ou ait enseigné que le bonheur éternel est la récompense de l'obéissance à cette loi. S'il entend la *loi morale* contenue dans le Décalogue, nous soutenons que Jésus-Christ l'a renouvelée dans l'Evangile, qu'elle en fait une partie essentielle, et que le bonheur éternel est la récompense de l'obéissance à cette loi, et nous le prouvons par l'Evangile même (*Matth.* v, 16 et 17; x, 42; xvi, 27; xxv, 34, etc.). Le dessein malicieux de Mosheim était de faire confondre l'*obéissance légale* avec les *observances légales*. C'est ainsi que les sectaires en imposent aux ignorants. Heureusement le concile de Trente s'est expliqué sur ce point de la manière la plus nette et la plus précise; il a répandu la lumière sur ce que les hérétiques avaient affecté d'embrouiller, et il n'a pas établi une seule proposition qu'il n'ait fondée sur des passages formels de l'Ecriture sainte, sess. 6, de *Justif*.

Il a décidé, 1° que les pécheurs se disposent à la justification, lorsque, excités et aidés par la grâce divine, ils croient à la parole de Dieu et à ses promesses, ils craignent ses jugements, espèrent en sa miséricorde par les mérites de Jésus-Christ, commencent à l'aimer comme source de toute justice, détestent leurs péchés, se proposent de mener une vie nouvelle et de garder les commandements de Dieu, c. 6. Il ne dit point que ces actes de foi, d'espérance, de crainte, de contrition, ces bons désirs et ces bonnes résolutions méritent la justification; il dit positivement le contraire, c. 8. Conséquemment il prononce anathème, can. 7, contre ceux qui enseignent que toutes les *bonnes œuvres* faites avant la justification sont des péchés et méritent la haine de Dieu. Des sentiments et des actions que Dieu lui-même inspire par sa grâce, peuvent-ils être des péchés ? L'Ecriture sainte en parle tout autrement. Dieu, après avoir reproché aux Juifs leurs crimes, leur dit par la bouche d'Isaïe, c. 1, v. 16 : « Cessez de faire le mal, apprenez à faire le bien, exercez la justice, soulagez les opprimés, défendez la veuve et le pupille, venez ensuite et recourez à moi. Quand vos péchés seraient rouges comme l'écarlate, ils deviendront blancs comme la neige. » Dieu sans doute ne leur commandait pas des péchés. Dieu eut égard aux humiliations, au jeûne, aux mortifications d'Achab (*III Reg.* xxi, 27); aux prières et au repentir de Manassès (*II Paral.* iii, 12); à la pénitence des Ninivites (*Jon.* iii, 10); et Jésus-Christ a cité cette pénitence (*Luc.* xi, 32). Daniel dit à Nabuchodonosor : « Rachetez vos péchés par des aumônes, peut-être Dieu aura pitié de vous (*Dan.* v, 23). » Il est donc faux que Dieu ne tienne aucun compte aux pécheurs de leurs *bonnes œuvres*, et que ce soient de nouveaux péchés. Il faut avoir perdu le sens, pour soutenir qu'un homme qui n'est pas encore justifié, pèche en détestant ses péchés et en demandant pardon à Dieu.

2° Le concile de Trente enseigne, *ib.*, c. 8, que les dispositions dont nous venons de parler sont nécessaires pour la justification, mais qu'aucun ne peut la mériter. Ainsi il est toujours vrai de dire que nous sommes justifiés gratuitement, comme saint Paul le déclare (*Rom.* iii, 24). Cet apôtre ajoute que nous sommes justifiés par la foi, parce que la foi est la racine et le fondement de toute justification. Mais ce même concile condamne ceux qui prétendent que nous sommes justifiés par la foi seule, can. 9, parce que saint Paul ne le dit point. Au contraire, nous lisons dans l'Epître de saint Jacques, c. ii, v. 24 : « Vous voyez que l'homme est justifié par les *œuvres*, et non par la foi seulement. » A l'article Foi, § 5, nous avons fait voir ce que saint Paul entend par la foi justifiante, comment son texte se concilie avec celui de saint Jacques, et nous avons montré l'abus que les protestants ont fait des paroles de saint Paul. Cependant les théologiens disent que les bons sentiments et les *bonnes œuvres*, qui précèdent la justification, ont un *mérite de congruité* ou de convenance; contredisent-ils en cela la décision du concile de Trente ? Nullement; ils entendent seulement, comme ce concile, que ce sont des dispositions nécessaires à la justification, que Dieu y a égard par miséricorde, qu'elles sont utiles pour fléchir sa justice, qu'il pardonne plus aisément à un pécheur qui fait de *bonnes œuvres* qu'à celui qui n'en fait point, puisque lui-même les commande et les inspire par sa grâce. Ce n'est donc ici qu'un mérite improprement dit, et les protestants ont tort de chicaner sur ce terme. *Voy.* Mérite.

3° Ce même concile déclare, c. 8 et 16, que les *bonnes œuvres* faites dans l'état de grâce ou par un homme déjà justifié, conservent et augmentent en lui la justice ou la grâce sanctifiante, et méritent la vie éternelle; et il le prouve par plusieurs passages de l'Ecriture sainte. De là il conclut qu'il faut proposer aux justes ce bonheur, comme une grâce qui nous est miséricordieusement promise par les mérites de Jésus-Christ, et en même temps comme une récompense, un salaire, une couronne de justice, ainsi que s'exprime saint Paul. Conséquemment, *can.* 25 et 30, il condamne ceux qui enseignent que le juste, dans toutes ses *œuvres*, pèche au moins véniellement, et que c'est un péché de faire de *bonnes œuvres* en vue de la récompense éternelle. Le concile n'emploie point le terme de *mérite de condignité*; mais, au mot Mérite, nous avons fait voir que cette expression des théologiens n'a rien de répréhensible. Lorsque le synode de Dordrecht a soutenu que nous ne pouvons faire aucune *bonne œuvre* qui ne soit souillée par le vice de la chair, et qui ne soit digne de châtiment, il contredit saint Paul qui déclare qu'il ne reste plus aucun sujet de condamnation dans ceux qui sont en Jésus-Christ, et qui ne vivent plus selon la chair (*Rom.* viii, 1). Quand ce synode a ajouté que le souvenir d'un seul péché suffirait pour faire rejeter de Dieu nos *bonnes œuvres*, il a fermé les yeux à la promesse que Dieu a faite par Ezéchiel, c. xviii, v. 21 : « Si l'impie fait pénitence de tous ses péchés, et garde mes commandements, je ne me souviendrai d'aucune de ses iniquités, etc. » De quel front les protestants, qui ne cessent d'en appeler à l'Ecriture sainte, osent-ils la contredire aussi formellement?

4° Enfin, le concile de Trente a répondu à toutes leurs plaintes et à tous leurs reproches. Il n'est pas vrai que la doctrine catholique déroge à la gloire de Dieu ni aux mérites de Jésus-Christ, puisque tout ce qu'il y a de bien en nous, soit avant, soit après la justification, vient de la grâce de Dieu, et que toute grâce nous est accordée par les mérites du Sauveur; d'où il résulte que tout mérite de l'homme est un don de Dieu, qu'en récompensant nos mérites Dieu ne fait que couronner ses propres dons. Il n'est pas vrai non plus que nous mettions notre propre justice à la place de celle de Dieu, puisque c'est Dieu lui-même qui nous donne la justice et qui allume la charité dans nos cœurs par son Saint-Esprit. Il ne l'est pas enfin que l'homme puisse se glorifier en lui-même, s'enorgueillir de ses *bonnes œuvres* ou présumer de ses propres mérites, puisque non-seulement il n'a rien qu'il n'ait reçu, mais qu'il peut déchoir à tout moment de l'état de grâce par sa propre faiblesse.

Si c'est le mot de *mérite* qui choque les protestants, ils ont encore tort; nous avons fait voir qu'il est tiré de l'Ecriture sainte. *Voy.* Mérite. Quant aux *œuvres* que nous nommons *de surérogation*, il est faux que nous prétendions par là rendre à Dieu plus que nous ne lui devons, puisque nous lui devons tout; nous entendons seulement, par ce terme, des *œuvres* qui ne sont pas commandées en rigueur. Lorsque Jésus-Christ dit à un jeune homme : *Si vous voulez être parfait, allez vendre tout ce que vous possédez, donnez-le aux pauvres et venez me suivre* (*Matth.* xix, 21), lui faisait-il un commandement rigoureux, sous peine de damnation? Il lui proposait une *œuvre* de perfection, qui lui aurait valu une plus grande récompense. Il en est de même de ceux qui ont renoncé au mariage pour le royaume des cieux (*Matth.* xxix, 12). Nous savons très-bien que plus nous avons fait de *bonnes œuvres*, plus nous sommes redevables à Dieu, qui nous les a fait vouloir et accomplir : mais il ne s'ensuit pas de là que toutes ces *œuvres* nous sont commandées, et que nous péchons si nous ne les faisons pas. Il serait singulier que nous fussions coupables en les omettant, et que nous le fussions encore en les faisant, comme le veut le synode de Dordrecht. Il suffit de comparer la doctrine des protestants avec celle de l'Église catholique, pour voir laquelle des deux est la plus propre à exciter en nous l'amour de Dieu, la reconnaissance, la confiance et le zèle des *bonnes œuvres*. L'expérience peut encore en décider; il se fait certainement plus de *bonnes œuvres* de toute espèce parmi les catholiques que chez les protestants.

Depuis le concile de Trente, quelques théologiens ont soutenu que toutes les *bonnes œuvres* faites par des infidèles ou par des hommes qui n'ont pas la foi en Jésus-Christ, sont des péchés; ils ont même poussé l'entêtement jusqu'à enseigner, comme les protestants, que toutes celles qui sont faites en état de péché mortel sont de nouveaux péchés; ces deux erreurs sont évidemment contraires aux passages de l'Ecriture que nous avons cités, et aux décisions de ce concile. *Voy.* INFIDÈLES, PÉCHÉ, etc. Mais n'y a-t-il pas contradiction entre les deux leçons que Jésus-Christ nous donne touchant les *bonnes œuvres*? *Matth.*, c. v, v. 16, il dit : *Que votre lumière luise aux yeux des hommes, afin qu'ils voient vos* bonnes œuvres *et glorifient votre Père céleste*. Et c. vi, v. 1, il dit : *Gardez-vous de faire vos* bonnes œuvres *devant les hommes, afin d'en être vus; autrement vous n'aurez pas de récompense à espérer de votre Père céleste*. Si l'on veut y faire attention, Jésus-Christ ne condamne que le second de ces motifs; autre chose est de faire de *bonnes œuvres* devant les hommes, afin qu'ils en soient édifiés et glorifient Dieu; autre chose de les faire devant eux, afin d'en être vu, estimé et honoré; le premier de ces motifs est louable, le second est vicieux : c'est un trait d'orgueil et d'ostentation, souvent d'hypocrisie. De nos jours, la philosophie publie et vante les *bonnes œuvres*, les fait annoncer dans les nouvelles publiques; la charité chrétienne cache souvent les siennes, ne veut avoir que Dieu pour témoin. Sur cette seule différence on peut juger laquelle des deux en fait le plus et en fera le plus longtemps.

* ŒUVRE DES SIX JOURS. Nous croyons devoir rapporter ici l'œuvre des six jours de la création telle que Moïse nous l'a transmise.

1. Au commencement de tous les temps, Dieu qui de toute éternité avait résolu de faire de rien les choses qu'il a faites, créa le ciel et la terre. — 2. La terre, en sortant du néant, était informe et toute nue, sans arbres, sans fruits et sans aucuns ornements; les ténèbres couvraient la face de l'abîme d'eau, où la terre était comme absorbée, et l'esprit de Dieu était porté sur les eaux, les disposant à produire les créatures qu'il en voulait former. — 3. Or Dieu, voulant tirer cette matière informe des ténèbres où elle était ensevelie, dit : *Que la lumière soit faite*. Et à l'instant la lumière fut faite. — 4. Dieu vit ensuite que la lumière était bonne et conforme à ses desseins; ainsi il l'approuva; et il sépara la lumière d'avec les ténèbres, ordonnant qu'elles se succédassent l'une à l'autre. — 5. Il donna à la lumière le nom de *jour*, et aux ténèbres le nom de *nuit*, et du soir et du matin se fit le premier jour. — 6. Dieu dit aussi : *Que le firmament so t fait au milieu des eaux, et qu'il sépare les eaux de la terre d'avec les eaux du ciel.* — 7. Et Dieu fit le firmament, et il sépara les eaux qui étaient sous le firmament de celles qui étaient au-dessus du firmament. Et cela se fit ainsi. — 8. Et Dieu donna au firmament le nom de *ciel*, et du soir et du matin se fit le second jour. — 9. Dieu dit encore : *Que les eaux qui sont restées sous le ciel, et qui couvrent la face de la terre se rassemblent en un seul lieu, et que l'élément aride paraisse*. Et cela se fit ainsi. — 10. Dieu donna à l'élément aride le nom de *terre*, et il appela *mers* toutes ces eaux rassemblées. Et il vit que cela était bon et conforme à ses desseins. — 11. Dieu dit encore : *Que la terre produise de l'herbe verte qui porte de la graine, et des arbres fruitiers qui portent du fruit, chacun selon son espèce, et qui renferment leur seme ce en eux-mêmes, chacun selon son espèce*. Et Dieu vit que cela était bon et conforme à ses desseins. — 13. Et du soir et du matin se fit le troisième jour. — 14. Dieu dit aussi : *Que des corps de lumière soient faits dans le firmament du ciel, afin que, par l'inégalité de leur éclat, ils séparent le jour et la nuit; et que, par leurs mouvements réglés, ils servent de signes pour marquer les temps et les saisons, les jours et les années.* — 15. *Qu'ils luisent dans le firmament du ciel, et qu'ils éclairent la terre*. Et cela fut fait ainsi. — 16. Dieu fit donc deux grands corps lumineux, l'un plus grand, pour présider au jour, et l'autre moindre, pour présider à la nuit. Il fit aussi les étoiles. — 17. Et il les mit dans le firmament du ciel, où il les créa, pour luire sur la terre. — 18. Or, Dieu fit ces corps de lumière pour présider au jour et à la nuit, et pour séparer la lumière d'avec les ténèbres, et Dieu vit que cela était bon et conforme à ses desseins. — 19. Et du soir et du matin se fit le quatrième jour. — 20. Dieu dit encore : *Que les eaux produisent des animaux vivants, qui nagent dans l'eau, et des oiseaux qui volent sur la terre, sous le firmament du ciel.* — 21. Dieu créa donc les grands poissons et tous les animaux qui ont vie et mouvement dans les eaux, que les eaux produisirent par son ordre, chacun selon son espèce; et il créa aussi tous les oiseaux que les eaux produisirent de même, chacun selon son espèce. Et il vit que cela était bon et conforme à ses desseins. — 22. Et il les bénit, en disant : *Croissez et multipliez-vous, et remplissez les eaux de la mer, et que les oiseaux se multiplient ainsi sur la terre.* — 23. Et du soir et du matin se fit le cinquième jour. — 24. Dieu dit aussi : *Que la terre produise des animaux vivants, chacun selon son espèce, les animaux domestiques, les reptiles et les bêtes sauvages de la terre, selon leurs différentes espèces.* Et cela se fit ainsi. — 25. Dieu fit donc les bêtes sauvages de la terre selon leurs espèces, les animaux domestiques et tous les reptiles chacun selon son espèce. Et Dieu vit que cela était bon et conforme à ses desseins. — 26. Il dit ensuite : *Faisons l'homme à notre image et à notre ressemblance; donnons-lui un esprit intelligent, immortel, capable de connaître et d'aimer; et qu'il commande aux poissons de la mer, aux oiseaux du ciel, aux bêtes, à toute la terre et à tous les reptiles qui se remuent sur la terre.* — 27. Dieu créa donc l'homme à son image; il le créa à l'image de Dieu, l'ayant rendu capable de béatitude, de con-

naissance et d'amour; et il les créa mâle et femelle (comme on le dira dans la suite).—28. Et Dieu, après les avoir créés, les bénit, et il leur dit : *Croissez et multipliez-vous; remplissez la terre, et vous l'assujettissez, et dominez sur les poissons de la mer, sur les oiseaux du ciel et sur tous les animaux qui se meuvent sur la terre.* — 29. Dieu leur dit encore : *Je vous ai donné toutes les herbes qui portent leur graine sur la terre, et tous les arbres qui renferment en eux-mêmes les semences, chacun selon son espèce, afin qu'ils vous servent de nourriture.*—30. Et à tous les animaux de la terre, à tous les oiseaux du ciel et à tout ce qui se meut sur la terre et qui est vivant et animé, afin qu'ils aient de quoi se nourrir. Et cela se fit ainsi. — 31. Dieu vit toutes les choses qu'il avait faites, et il les approuva, parce qu'elles étaient très-bonnes, étant conformes aux desseins de sa sagesse et de sa bonté. Et du soir et du matin se fit le sixième jour.

« Ce récit de la création, dit Bossuet, nous découvre ce grand secret de la philosophie qu'en Dieu seul résident la fécondité et la puissance absolue. Heureux, sage, tout-puissant, seul suffisant à lui-même, il agit sans nécessité, comme il agit sans besoin. Jamais contraint ni embarrassé par sa matière, dont il fait ce qu'il veut, parce qu'il lui a donné par sa seule volonté le fond de son être. Par ce droit souverain, il la tourne, il la façonne, il la meut sans peine ; tout dépend immédiatement de Dieu ; et si, selon l'ordre établi dans la nature, une chose dépend de l'autre, par exemple, la naissance et l'accroissement des plantes, de la chaleur du soleil, c'est à cause que ce même Dieu, qui a fait toutes les parties de l'univers, a voulu les lier les unes aux autres, et faire éclater sa sagesse par ce merveilleux enchaînement (a). »

OFFENSE. Les philosophes incrédules, qui ont écrit qu'un être aussi vil que l'homme ne peut offenser Dieu, ont joué sur une équivoque. L'homme, sans doute, ne peut troubler la souveraine félicité de Dieu, ni lui causer aucune émotion capable d'altérer son immutabilité ; mais il peut faire ce que Dieu défend, braver ses menaces, mériter punition ; c'est ce que l'Ecriture sainte appelle *offenser Dieu*, déplaire à Dieu, provoquer sa colère, être son ennemi, etc. Nous ne pouvons exprimer la conduite de Dieu à l'égard des créatures, que par les mêmes termes qui peignent la conduite des hommes. *Voy.* ANTHROPOPATHIE. Lorsque Dieu a donné l'être à des créatures intelligentes et raisonnables, ce n'est pas qu'il en eût besoin ou qu'il en pût tirer quelque avantage, mais parce qu'il voulait leur faire du bien, et il n'en est aucune à laquelle il n'en ait fait. Il a voulu attacher leur bonheur à la vertu et non au crime, à l'obéissance et non à la révolte ; peut-on se plaindre de cette sage conduite ? Les incrédules voudraient qu'il nous eût accordé le bonheur absolument, sans aucune condition, sans rien exiger de nous ; Dieu n'a pas trouvé bon de les satisfaire, il nous a imposé des lois. S'il nous avait prescrit ce que nous devons faire, sans nous proposer des peines et des récompenses, il nous aurait donné des leçons et des conseils, mais ce ne seraient pas des lois. S'il nous avait ôté le pouvoir d'y résister, il aurait anéanti la vertu et son mérite, puisque la vertu consiste à soumettre

*(a)* Ce récit a donné lieu à des objections que nous avons résolues aux mots CRÉATION, COSMOGONIE, JOURS DE LA CRÉATION.

nos penchants à la loi. Lorsque nous préférons de leur obéir plutôt qu'à la loi, nous donnons droit au législateur de nous punir ; c'est dans ce sens que nous l'*offensons*.

Le terme *offenser*, qui signifie à la lettre se trouver à la rencontre de quelqu'un, être en butte contre lui, ou lui barrer le chemin, est déjà métaphorique à l'égard d'un législateur humain, à plus forte raison l'est-il à l'égard de Dieu.

OFFERTE, OFFERTOIRE. L'*offerte*, l'offrande ou l'oblation, est l'action que fait le prêtre à l'autel, lorsqu'il offre à Dieu le pain et le vin qui doivent être consacrés. *Voy.* OFFRANDE. On appelle offerte, en Espagne, la promesse de faire une bonne œuvre pendant un certain temps, afin d'obtenir de Dieu quelque bienfait spirituel ou temporel ; elle est différente du vœu, en ce qu'elle n'est point censée obliger sous peine de péché. L'*offertoire* est une espèce d'antienne récitée par le prêtre, chantée par le chœur, ou jouée sur l'orgue dans le temps que l'on prépare le pain et le vin pour les offrir à Dieu, et que le peuple va à l'offrande. Le P. Lebrun, dans son *Explic. des cérém. de la messe*, t. II, p. 280, a remarqué les divers changements qui ont été faits dans cette partie de la messe dans les différents siècles et dans les différentes églises. On a encore nommé *offertoire* la nappe de toile dans laquelle les diacres recevaient les offrandes des fidèles. *Voy.* OFFRANDE.

OFFICE DIVIN. *Officium* signifie à la lettre ce que l'on doit faire, et l'on a donné ce nom aux prières publiques de l'Eglise, que les fidèles ont faites en commun dans tous les temps pour rendre à Dieu le tribut de louanges, d'actions de grâces et de saints désirs qui lui est dû. L'*Office divin* a été aussi nommé *liturgie. Voy.* ce mot. On ne peut pas douter que cet usage ne soit aussi ancien que le christianisme ; saint Paul recommande aux fidèles de s'exciter de et s'édifier les uns les autres par des psaumes, des hymnes et des cantiques spirituels, et de les chanter de tout leur cœur à l'honneur de Dieu (*Ephes.* v, 19 ; *Coloss.* III, 16). Il est dit qu'après la dernière cène Jésus-Christ lui-même dit un hymne avec ses apôtres (*Matth.* XXVI, 30). Nous lisons dans les *Actes des apôtres*, c. VI, v. 4, qu'ils se déchargèrent sur les diacres du soin des pauvres et de la distribution des aumônes, afin de vaquer plus librement à la prière et à la prédication ; il est très-probable qu'ils entendaient la prière publique, la liturgie, et ce que nous appelons l'*office divin*. Dans l'*Apocalypse*, c. v, v. 9, où nous voyons le plan de la liturgie apostolique, les vieillards ou les prêtres chantent un cantique à la louange de Jésus-Christ.

Pline le Jeune, après s'être informé de ce qui se passait dans les assemblées des chrétiens, dit qu'ils y adressaient des louanges à Jésus-Christ comme à un Dieu ; Eusèbe, *Hist. ecclés.*, l. v, c. 28, cite les cantiques composés dès le commencement par les fidèles, et dans lesquels la divinité était attribuée au Sauveur. Dans le concile d'Antioche, tenu l'an 252, l'on voit déjà le chant des psaumes introduit dans l'Eglise. L'institution de cet usage est attribuée à saint Ignace, disciple des apôtres; Socrate, *Hist. ecclés.*, liv. VI, ch. 8, saint Justin, Tertullien, saint Clément d'Alexandrie, Origène, saint Basile, saint Epiphane, Théodoret et d'autres Pères ont parlé de l'*office* ou de la prière publique de l'Eglise. *Bingham*, l. XIII, c. 5. Aussi saint Augustin assure que le chant de l'*office divin* n'a été établi par aucune loi ecclésiastique, mais par l'exemple de Jésus-Christ et des apôtres. Saint Jérôme, saint Ambroise, le pape Gélase, saint Grégoire, y ont ajouté quelques parties, ont composé des hymnes, des antiennes, des prières nouvelles sur le modèle des anciennes; ils y ont mis de l'ordre et de l'arrangement, mais ils ne sont pas les premiers auteurs de l'*office divin*, le fond existait avant eux; cet *office* fut une des principales occupations des premiers moines, aussi bien que des clercs.

Plusieurs conciles tenus dans les Gaules, celui d'Agde, le deuxième de Tours, le second d'Orléans, règlent l'ordre et les heures de l'*office*, et décernent des peines contre les ecclésiastiques qui manqueront d'y assister ou de le réciter; les conciles d'Espagne ont fait de même. La distribution de l'*office* en différentes heures du jour ou de la nuit a été partout à peu près la même; elle subsiste encore chez les différentes sectes de chrétiens orientaux, séparées de l'Eglise romaine depuis le V° et le VI° siècle. Cassien, qui vivait au V°, a fait un traité du chant et des prières nocturnes, et de la manière d'y satisfaire; après avoir exposé la pratique des moines d'Egypte, il dit que dans les monastères des Gaules on partageait l'*office* en quatre heures; savoir, prime, tierce, sexte, et none, et que la nuit qui précède le dimanche on chantait des psaumes et des leçons. Déjà, dans les *Constitutions apostoliques*, il était ordonné aux fidèles de prier le matin, à l'heure de tierce, de sexte, de none, et au chant du coq. Saint Benoît, qui composa sa règle au VI° siècle, entre dans le détail des psaumes, des leçons, des oraisons qui doivent composer chaque partie de l'*office*; il est à présumer qu'il suivit l'ordre établi pour lors dans l'Eglise romaine.

La manière de faire l'*office* varie selon le degré de solennité de la fête, du mystère ou du saint que l'on célèbre; ainsi l'on distingue des *offices* solennels majeurs, solennels mineurs, doubles, semi-doubles, simples, etc. Quand on canonise un saint, on lui assigne un *office* propre, ou tiré du commun des martyrs, des pontifes, des docteurs, etc., selon l'état dans lequel il a vécu, ou selon le genre de sa mort. Lorsque l'Eglise a institué de nouvelles fêtes des mystères, on a composé un *office* propre pour les célébrer. Dans tout l'ordre de Saint-Bernard, le petit *office* de la sainte Vierge se dit tous les jours. Au quatrième concile de Clermont, tenu l'an 1095, le pape Urbain II obligea tous les ecclésiastiques à le réciter, afin d'obtenir de Dieu l'heureux succès de la croisade qui fut résolue dans ce concile; mais le pape Pie V, par une constitution, en a dispensé tous ceux qui n'y sont pas astreints par les règles particulières de leurs chapitres ou de leurs monastères; il y oblige seulement, pour toute charge, les clercs qui ont des pensions sur des bénéfices. Les chartreux disent l'*office* des morts tous les jours, à l'exception des fêtes. Comme les clercs sont obligés par état de prier non-seulement pour eux-mêmes, mais pour les peuples, l'Eglise ne leur accorde les revenus d'un bénéfice que sous condition qu'ils s'acquitteront de ce devoir; s'ils ne le remplissent pas, les canons ordonnent qu'ils soient privés de ce revenu, et déclarent qu'il ne leur appartient pas. L'Eglise impose aussi à tous les clercs qui sont dans les ordres sacrés, l'obligation de réciter l'*office divin* ou le bréviaire, tous les jours; ils ne peuvent l'omettre, en tout ou en partie notable, sans pécher grièvement, à moins qu'ils n'aient une raison solide de s'en dispenser, telle que le cas de maladie ou d'impossibilité.

Dans l'*office* public, dit M. Fleury, chacun doit se conformer à l'usage de l'Eglise dans laquelle il chante; ceux qui le récitent en particulier ne sont pas obligés si étroitement à observer les heures et les postures que l'on garde au chœur; il suffit, à la rigueur, de réciter l'*office* entier dans les vingt-quatre heures. Il vaut mieux cependant anticiper les prières que de les retarder; sur ce fondement, il est permis de dire dès le matin toutes les petites heures, les vêpres d'abord après midi, et, dès les quatre heures du soir, matines pour le lendemain. Chacun doit réciter le bréviaire du diocèse dans lequel il est domicilié, à moins qu'il n'aime mieux dire le bréviaire romain, duquel il est permis de se servir dans toute l'Eglise latine. *Instit. au droit ecclés.*, t. I, II° part., c. 2, p. 276; Thomassin, *Discipl. ecclésiastique*, I<sup>re</sup> part., l. I, c. 34 et suiv. *Voy.* BRÉVIAIRE, CHANT, HEURES CANONIALES, etc.

Ç'a été, de la part des protestants, une témérité très-condamnable de retrancher l'*office divin*, consacré par la pratique des apôtres et par l'usage de tous les siècles; ils n'en ont pas même laissé subsister le nom; ils lui ont substitué celui de *prêche*, comme si tout le culte divin consistait dans la prédication. Ils n'ont conservé que l'usage des psaumes dans une version très-grossière, et avec un chant fort insipide. En faisant profession de se conformer en toutes choses à l'Ecriture sainte, ils en ont très-mal suivi les leçons, puisque l'Ecriture nous parle non-seulement de psaumes, mais d'hymnes et de cantiques spirituels. Il y a dans l'Ecriture d'autres prières que les psaumes; les cantiques de Moïse, d'Isaïe et des autres prophètes, d'Anne, mère de Samuel, de Tobie, de Zacharie, de la sainte Vierge, de Siméon, etc., sont-ils donc moins respectables et moins édifiants que les psaumes de David? Mais les prétendus réformateurs, qui se croyaient très-savants, étaient fort mal instruits; ils ont fait la réforme selon la méthode des ignorants, qui est de tout sabrer, et leurs prosélytes aveugles ont suivi comme un troupeau sans prévoir les conséquences. En voulant détruire ce qu'ils appelaient des superstitions, ils ont anéanti la piété.

Leur entêtement a été le même, lorsqu'ils se sont obstinés à vouloir faire le service divin en langue vulgaire; ils n'en ont pas prévu les inconvénients. *Voy.* LANGUE VULGAIRE.

OFFICE (saint). *Voy.* INQUISITION.

OFFICIANT est la même chose que célébrant; c'est le prêtre qui dit la messe principale dans une église, qui commence l'office du chœur, qui dit les oraisons, etc. Dans les églises cathédrales il y a des jours solennels et marqués, auxquels l'évêque lui-même doit officier à l'autel et au chœur.

OFFRANDE. Ce mot, tiré du latin *offerenda*, désigne l'action d'offrir à Dieu une chose que l'on destine à son culte, et la chose même que l'on offre; il en de même du terme d'*oblation*.—L'usage d'offrir à Dieu des dons est aussi ancien que la religion; l'on a compris d'abord que c'était un témoignage de respect pour le souverain domaine de Dieu, de reconnaissance pour ses bienfaits, et un moyen d'en obtenir de nouveaux. Soit que ces dons aient été consumés par un sacrifice, employés à la subsistance des ministres du Seigneur, ou destinés au soulagement des pauvres, c'est à Dieu lui-même que l'on a eu intention de les offrir. Nous voyons les enfants d'Adam présenter à Dieu, l'un des fruits de la terre, l'autre les prémices de ses troupeaux (*Gen.* IV, 3). Il est dit que Melchisédech, roi de Salem et prêtre du Dieu Très-Haut, offrit à Abraham du pain et du vin, et bénit ce patriarche, et que Abraham lui donna la dîme des dépouilles qu'il avait enlevées à ses ennemis (XIV, 18). Jacob promet que si le Seigneur le protège, il lui offrira la dîme de tous ses biens (XXVIII, 22). Tout sacrifice était une *offrande*, mais toute *offrande* n'était pas un sacrifice. — La principale *oblation* que les hommes ont faite à Dieu est celle de leur nourriture, parce que c'était pour eux le plus précieux de tous les biens. Avant le déluge ils ne vivaient que des fruits de la terre et du lait des troupeaux, ce fut aussi leur *offrande* ordinaire; après le déluge, Noé offre à Dieu des animaux purs en sacrifice, et Dieu lui permet, et à ses enfants, de manger la chair des animaux (*Gen.* VIII, 20; IX, 3). De même, lorsque la bouillie de riz était l'unique aliment des Romains, Numa ordonna que l'on honorât les dieux en leur offrant du riz ou de la bouillie de riz. Suivant Pline, jamais dans la suite les Romains ne goûtèrent aux fruits nouveaux, sans en avoir offert aux dieux les prémices; mais l'usage de leur offrir de la bouillie ou des tartes de riz, *adorea dona, adorea liba*, subsistait au temps d'Horace, quoique l'on immolât pour lors des animaux dans les temples.

Il n'est donc pas nécessaire de recourir à de vaines imaginations, comme font les incrédules, pour trouver l'origine de l'oblation des animaux et des sacrifices sanglants; ils ont été offerts à Dieu, parce que c'était la nourriture des hommes. Que les païens, dont les idées étaient perverties, et qui avaient attribué à leurs dieux les besoins et les vices de l'humanité, aient rêvé que la fumée des victimes leur était agréable, cela n'est pas étonnant; les patriarches, instruits par les leçons de Dieu même, ne sont jamais tombés dans cette erreur; lorsqu'ils vouaient à Dieu la dîme de leurs biens, ils n'étaient pas assez stupides pour croire que Dieu en avait besoin ou pouvait en faire usage, mais ils comprenaient que les offrir à Dieu, c'était lui en faire hommage. Un pauvre comblé de bienfaits par un homme puissant, peut, sans indécence et sans lui déplaire, lui offrir des choses de peu de valeur dont ce bienfaiteur n'a pas besoin, et qui lui seront inutiles; c'est toujours un témoignage de respect, d'affection et de reconnaissance, auquel personne ne peut être insensible: c'est l'intention, et non l'utilité qui donne le prix à ces sortes de présents. David le concevait ainsi, lorsqu'il disait au Seigneur : « Vous êtes mon Dieu, vous n'avez pas besoin de mes biens (*Ps.* XV, 2). » Et Salomon : « Nous vous rendons, Seigneur, ce que nous avons reçu de vos mains (*I Paralip.* XXIX, 14). » D'autres censeurs des pratiques de religion n'ont pas mieux rencontré, lorsqu'ils ont dit que l'usage de faire à Dieu des *offrandes* est venu de l'avarice des prêtres qui en profitaient. Il n'y avait point de prêtres, lorsque Caïn, Abel et Noé offrirent des sacrifices à Dieu; et quand il y en eut, ils ne profitaient ni de ce qui était consumé par un holocauste, ni de ce qui était donné aux pauvres. Dieu lui-même les avait exigés, afin d'inspirer aux hommes le respect, la reconnaissance, la soumission à son égard, le détachement des biens de ce monde, la charité envers les malheureux. Les mauvais cœurs, qui ne veulent rien donner à Dieu, ne sont pas ordinairement compatissants à l'égard de leurs semblables.

Lorsque la loi fut donnée aux Juifs, Moïse entra dans le plus grand détail des *offrandes* qu'ils devaient faire, des précautions et des cérémonies qu'ils y devaient observer. Dieu leur dit par la bouche de ce législateur : *Vous ne paraîtrez pas devant moi les mains vides* (*Exod.* XXIII, 15). Il n'est aucune espèce de comestibles dont les Juifs ne fussent obligés d'offrir à Dieu les prémices, la dîme, ou une portion; toutes les fois qu'ils venaient dans le temple, aucun acte public de religion qui ne dût être accompagné d'une *offrande*, et ils devaient choisir pour cela ce qu'il y avait de meilleur,

Dieu n'avait point voulu donner aux prêtres de portion dans la terre promise, afin qu'ils subsistassent des oblations du peuple. Lorsque, par avarice ou par irréligion, les Juifs négligeaient de faire ces *offrandes* telles qu'elles leur étaient prescrites, Dieu les en reprenait et les menaçait par ses prophètes (*Malach.* I, 8, etc.). De là les incrédules ont pris occasion de dire que la loi juive peignait Dieu comme un monarque intéressé, avide de dons et de présents, d'encens et de victimes; que le culte qu'il exigeait était fort dispendieux, et qu'il semble n'avoir été établi que pour l'avantage des prêtres; que par la quantité des tributs que ceux-ci étaient en droit d'exiger, ils étaient les tyrans de la nation.

Mais avant de hasarder ces reproches, il aurait fallu faire quelques réflexions 1° Dieu lui-même a déclaré aux Juifs qu'il n'avait pas besoin de leurs *offrandes*, qu'il ne les exigeait que comme des témoignages de piété, de reconnaissance et d'affection; qu'il les dédaignait et les rejetait lorsque ces dons ne partaient pas du cœur (*Ps.* XLIX, 8; L, 18; *Isaï.* I, 11; *Jerém.* VI, 20; *Amos*, V, 21, etc.). 2° Il avait promis de récompenser abondamment leur libéralité par la fertilité de la terre, par la fécondité de leurs troupeaux, par la prospérité de la nation; cette promesse était confirmée par le prodige continuel de la fertilité de la sixième année, afin que la terre se reposât pendant la septième; et les Juifs ont été forcés de reconnaître que tous leurs désastres avaient été la juste punition de leur négligence à observer leur loi. Avaient-ils sujet de regretter ce qu'ils donnaient à Dieu? 3° Les lois qui concernaient les *offrandes* étaient pour l'avantage des pauvres autant que pour celui des prêtres; ceux-ci étaient obligés de donner aux pauvres tout ce qui ne leur était pas absolument nécessaire, et de payer eux-mêmes aux pauvres la dîme de tout ce qu'ils avaient. Reland, *Antiq. sacr.*, III° part., c. 9, § 7. Une preuve que leur sort n'était pas fort heureux, c'est qu'il leur est arrivé plus d'une fois d'être réduits à la dernière indigence par la négligence des Juifs; Josèphe, *Antiq.*, lib. XX, c. 8. Cela devait arriver toutes les fois que le peuple se livrait à l'idolâtrie. Enfin ils étaient sévèrement punis lorsqu'ils abusaient de leurs droits, ou qu'ils négligeaient leurs fonctions; témoin le châtiment des enfants d'Héli et les menaces que Dieu fait aux prêtres par Ezéchiel et par Malachie. La loi avait donc sagement pourvu à tous les inconvénients.

Quoique Jésus-Christ ait commandé moins de cérémonies que d'actes intérieurs de vertu, il n'a pas supprimé les *offrandes*; il a prescrit, au contraire, la manière de les faire : *Si en apportant*, dit-il, *votre offrande à l'autel, vous vous souvenez que votre frère a quelque sujet de mécontentement contre vous, allez d'abord vous réconcilier avec lui, et venez ensuite faire votre don à Dieu* (*Matth.* v, 23). Saint Paul, quoique occupé des travaux de l'apostolat, portait à Jérusalem les aumônes qu'il avait recueillies, et y faisait des *offrandes* (*Act.* XXIV, 14). Il décide qu'à l'exemple des prêtres de l'ancienne loi, qui vivaient de l'autel, ceux qui annoncent l'Evangile ont droit de vivre de l'Evangile (*I Cor.* IX, 14). C'est ainsi, en effet, que vécurent d'abord les ministres de l'Eglise. Aucun fidèle ne participait au saint sacrifice sans faire une *offrande*, et le produit en fut bientôt abondant; on le partageait en trois portions, l'une pour l'entretien du culte divin, l'autre pour la subsistance des ministres de l'Eglise, la troisième pour le soulagement des pauvres. On offrait à l'autel le pain et le vin qui devaient servir au sacrifice; les autres *offrandes* étaient déposées dans un lieu destiné à cet usage, ou dans la maison épiscopale, pour être employées au besoin. Mais on refusait les dons des excommuniés, des hérétiques, des pécheurs publics et scandaleux, de ceux qui conservaient une inimitié irréconciliable, de ceux qui étaient réduits à la pénitence publique, etc. On ne recevait pas même les *offrandes* que leurs parents ou leurs amis auraient voulu faire pour eux après leur mort. Bingham, *Orig. ecclés.*, l. xv, c. 2, § 1 et suiv.

Ammien-Marcellin reproche au pape et autres ministres de l'Eglise romaine de recevoir de riches *oblations* des dames romaines; mais cet auteur païen ignorait le saint usage auquel ces dons étaient destinés; ils étaient employés à nourrir et à soulager les pauvres, les veuves, les orphelins, les prisonniers, à racheter les esclaves, etc. C'est ce que représenta le diacre saint Laurent au préfet de Rome, lorsque celui-ci voulut le forcer à lui livrer les trésors de l'Eglise dont il était dépositaire. Dans un temps où les évêques et les autres membres du clergé étaient tous les jours exposés au martyre, ils n'étaient pas tentés d'amasser pour eux des richesses. Dans la suite des temps, les différentes révolutions survenues dans l'empire romain ont fait comprendre que la subsistance des ministres de l'Eglise serait trop précaire, si elle n'était fondée que sur les oblations journalières des fidèles; c'est ce qui a fait donner des fonds aux églises, et a donné lieu à l'institution des bénéfices. *Voyez* ce mot. Comme les biens de l'Eglise ont été souvent usurpés, on a encore été obligé dans les derniers siècles de recourir aux *offrandes* et aux droits casuels; quoique ce soit dans l'origine des dons volontaires, il y a cependant encore des diocèses où elles sont censées une dette envers les pasteurs; mais elles sont très-peu considérables. On verra dans le *Dictionnaire de droit canonique* quelle est sur ce sujet la discipline actuelle.

Dans quelques paroisses, le jour des Trépassés, les fidèles sont dans l'usage de porter du blé à l'*offrande*, et de faire de même aux obsèques des morts; c'est un symbole de notre croyance à la résurrection future, tiré de saint Paul (*I Cor.* xv, 36). Il n'y a donc en cela rien de ridicule ni de superstitieux. L'*offrande* du pain bénit, qui se fait le dimanche dans les paroisses, est un faible

reste de l'ancien usage. *Voy.* PAIX BÉNIT.
Comme les protestants ont supprimé l'oblation qui a toujours précédé la consécration de l'eucharistie et qui fait partie essentielle du sacrifice, il n'est pas étonnant qu'ils aient aussi retranché toutes les espèces d'*offrandes*. Mais sous quel prétexte ont-ils réprouvé cet acte de religion? Nous l'ignorons. Il leur a paru, sans doute, un reste de judaïsme ou de paganisme, parce que les Juifs et les païens ont fait des *offrandes*; mais nous avons vu que Jésus-Christ ni les apôtres n'ont point blâmé les *offrandes* des Juifs; ils les ont approuvées, au contraire, lorsqu'elles se faisaient avec un cœur sincèrement religieux. S'il fallait éviter tout ce qu'ont pratiqué les païens, il faudrait supprimer toute espèce de culte, puisqu'il n'est aucune action religieuse que les païens n'aient profanée. Si c'est parce qu'il s'y est glissé des abus, même dans le christianisme, il fallait proscrire les abus comme ont fait plusieurs conciles, et laisser subsister la chose. *Voy.* OBLATION. — Thiers, dans son *Traité des Superstitions*, t. II, l. II, c. x, § 9, parle en effet de plusieurs abus dans lesquels les peuples sont tombés à l'égard des *offrandes* que l'on faisait à la messe, et il rapporte les canons des conciles par lesquels ces superstitions ont été défendues.

OINGTS. Si nous en croyons la *Chronique de Genébrard*, ce nom fut donné, dans le XVIᵉ siècle, à quelques hérétiques anglais, qui disaient que le seul péché que l'on pouvait commettre était de ne pas embrasser leur doctrine; mais il ne dit pas en quoi elle consistait.

OINT. *Voy.* ONCTION.

OISIF, OISIVETÉ. Ce vice est défendu aussi sévèrement par la morale chrétienne que par la loi naturelle. Une des erreurs dont Jésus-Christ a repris le plus souvent les pharisiens était leur entêtement sur le repos du sabbat; il leur a constamment soutenu que les œuvres de charité étaient plus agréables à Dieu que l'inertie absolue dans laquelle ils faisaient consister la sanctification du sabbat. Saint Paul exhorte les fidèles à se procurer par le travail, non-seulement de quoi pourvoir à leurs besoins, mais encore de quoi soulager les pauvres (*Ephes.* IV, 28). Il se donne lui-même pour exemple, et pousse la sévérité jusqu'à dire que celui qui ne veut pas travailler ne mérite pas d'avoir à manger (II *Thess.* III, 8). La charité, qui est le caractère distinctif du christianisme, ne fût jamais une vertu oisive. Cette morale fut exactement suivie. Plusieurs chrétiens, dit M. Fleury, travaillaient de leurs mains simplement pour éviter l'*oisiveté*. Il leur était fort recommandé d'éviter ce vice, et ceux qui en sont inséparables, comme l'inquiétude, la curiosité, la médisance, les visites inutiles, les promenades, l'examen de la conduite d'autrui. On exhortait chacun à s'occuper de quelque travail utile, principalement des œuvres de charité envers les malades, envers les pauvres et envers tous ceux qui avaient besoin de secours.

C'est donc très-injustement que les païens reprochèrent quelquefois aux chrétiens d'être des hommes inutiles, parce qu'ils ne recherchaient pas les professions inutiles ou qui dissipent trop ou qui peuvent être dangereuses, comme le commerce tel qu'il se faisait pour lors, la poursuite des affaires, les charges publiques; mais ils n'y renonçaient point lorsqu'ils s'y trouvaient engagés. Aussi nos apologistes réfutèrent avec force la calomnie des païens. « Nous ne comprenons pas, leur dit Tertullien, en quel sens vous nous appelez hommes inutiles. Nous ne sommes ni des solitaires ni des sauvages, tels que les brachmanes des Indes; nous vivons avec vous et comme vous. Nous fréquentons le barreau, la place publique, les bains, les boutiques, les marchés, les lieux où se traitent les affaires; nous soutenons comme vous les travaux de la navigation, de la milice, de l'agriculture, du commerce; nous exerçons vos arts et vos métiers; nous n'évitons que vos assemblées superstitieuses. » *Apolog.*, c. 42; Orig. *contra Celsum*, l. VIII, etc. Les censeurs modernes du christianisme ne sont pas mieux fondés à dire qu'il a consacré l'*oisiveté*, en approuvant l'état monastique. L'Eglise, loin de tomber dans ce défaut, ordonna d'abord aux clercs d'apprendre un métier pour subsister honnêtement, *can.* 51 et 52 du quatrième concile de Carthage. Le travail des mains fut sévèrement commandé aux moines, et la règle de saint Benoît le leur ordonne encore. Cassien et d'autres auteurs attestent que les solitaires de la Thébaïde étaient très-laborieux, qu'ils se procuraient par leur travail, non-seulement de quoi subsister, mais encore de quoi faire l'aumône; il en fut de même des moines d'Angleterre. Bingham, *Origine ecclésiastique*, liv. VII, c. 3, § 10. On n'accusera pas aujourd'hui les ermites de Sénart et du Mont-Valérien, ni les religieux de la Trappe, d'être oisifs; ils ont exactement repris la vie des premiers moines, et les religieux orientaux l'ont conservée. Mais, après l'inondation des barbares en Europe, l'Eglise fut obligée de changer sa discipline; ces hommes farouches ne faisaient cas que de la profession des armes; toute espèce de travail était déshonorante à leurs yeux; c'était une marque d'esclavage et de roture; ne rien faire était un titre de noblesse. On fut obligé d'élever les moines au sacerdoce après la ruine du clergé séculier; pour l'honneur de ce caractère, il fallut les dispenser du travail des mains, leur recommander seulement la prière, la lecture, l'étude et le chant des psaumes. *Fragment d'un concile d'Aix-la-Chapelle*, dans la *Collection des Hist. de France*, t. VI, p. 445. Aujourd'hui les protestants et les incrédules qu'ils ont endoctrinés en font un crime à l'Eglise; c'est à la nécessité et aux malheurs de l'Europe qu'il faut s'en prendre; le préjugé des barbares y subsiste encore avec d'autres vices; quand les ermites dont nous avons parlé seraient tous des saints, on n'en ferait pas pour cela plus d'estime. *Voy.* MOINE.

**OLIVETAINS**, congrégation de religieux et de religieuses assez répandue en Italie ; ils suivent la règle de saint Benoît et sont habillés de blanc. Leur instituteur fut saint Bernard-Ptolémée, né à Sienne en 1272. Leurs constitutions ont été approuvées par les papes Grégoire IX, Jean XXII et Clément VI.

**OMBRE.** Dans les pays chauds, tels que la Palestine, *l'ombre* des arbres est un avantage précieux ; le premier soin des patriarches, lorsqu'ils se proposaient de séjourner dans une campagne, était d'y planter des arbres pour y jouir de leur ombrage. Manger son pain à *l'ombre* de son figuier (*III Reg.* IV, 25) est une expression qui désigne l'état de tranquillité et de félicité parfaite. *Ombre*, dans les livres saints, signifie souvent protection ; le Psalmiste dit à Dieu (*Ps.* XVI, 8) : « Protégez-moi à *l'ombre* de vos ailes, comme une poule couvre ses petits. » L'ange dit à Marie (*Luc.* I, 35) : La puissance du Très-Haut vous couvrira de son *ombre*, » vous protégera et vous mettra à couvert de tout danger. Mais *les ombres de la mort* signifient, ou l'état des morts, que l'on supposait privés de la lumière, ou une calamité qui nous met en danger de périr ; et au sens figuré, l'ignorance et les ténèbres de l'idolâtrie. Il est dit dans les Actes des apôtres, c. V, v. 15, que *l'ombre* seule du corps de saint Pierre guérissait les malades. Saint Paul (*Hebr.* X, 1) dit que la loi de Moïse ne présentait que *l'ombre* des biens futurs, c'est-à-dire une figure imparfaite des grâces que nous avons reçues par Jésus-Christ. Les païens nommaient *ombres* les âmes des morts ; ils supposaient que c'étaient des figures légères, telles que celles qu'un peintre trace avec le crayon sur le papier.

**OMISSION.** Ne pas faire ce que la loi de Dieu nous commande est un péché *d'omission*. Comme la morale évangélique nous ordonne beaucoup de bonnes œuvres et des actes de toutes les vertus, la plus grande partie des fautes du chrétien sont des péchés *d'omission*. Mais comme l'inadvertance et la faiblesse peuvent y avoir beaucoup de part, ordinairement ces fautes ne sont pas aussi grièves que les péchés de *commission*, qui consistent à faire ce que la loi de Dieu nous défend.

**OMPHALOPHYSIQUES.** Quelques écrivains ont dit que ce nom avait été donné aux bogomiles ou pauliciens de la Bulgarie, mais il est plus probable que l'on a voulu désigner par là les hésichastes du XI° et du XIV° siècle. C'étaient des moines fanatiques qui croyaient voir la lumière du Thabor à leur nombril. *Voy.* HÉSICHASTES.

**ONCTION.** Dans les contrées orientales où les huiles odoriférantes et les aromates sont communs, l'on a toujours fait grand usage des essences et des parfums ; l'on ne manquait jamais d'en répandre sur les personnes auxquelles on voulait témoigner du respect. De là *l'onction* faite avec une huile parfumée fut censée un signe de consécration : l'on s'en servit pour consacrer les prêtres, les prophètes, les rois, les lieux et les instruments destinés au culte du Seigneur. Dans les livres saints, le terme *d'onction* est synonyme de celui de *consécration ; l'oint du Seigneur* est un homme auquel Dieu a conféré une dignité particulière, et qu'il a destiné à un ministère respectable. C'est la signification du mot hébreu *Messiah*, que les Grecs ont rendu par *christos*, qui a la même signification. *Voy.* PARFUM, CHRIST.

Jacob allant en Mésopotamie oignit d'huile la pierre sur laquelle il avait reposé sa tête, et où Dieu lui avait fait voir une vision (*Gen.* XXVIII, 18 et 23). Il la destina ainsi à être un autel, et il la nomma *Béthel*, la maison ou le séjour de Dieu. Aaron et ses fils reçurent *l'onction* du sacerdoce ; toute sa race fut ainsi consacrée et dévouée au culte du Seigneur (*Exod.* XXIX, 7). Cette cérémonie est décrite, *Lévit.* VIII. Moïse fit aussi une *onction* sur les autels et sur les instruments du tabernacle. Il est encore parlé dans l'Ecriture de *l'onction* des prophètes, mais il n'est pas certain qu'ils aient été réellement consacrés par une effusion d'huile. Dieu dit à Elie (*III Reg.* XIX, 17) : « Vous oindrez Elisée pour être prophète à votre place, » et dans l'exécution il est seulement dit que Elie mit son manteau sur les épaules d'Elisée. Ainsi le mot *d'onction* ne signifie peut-être ici que la destination au ministère de prophète. Mais il est distinctement fait mention de *l'onction* des rois ; Samuel sacra Saül en répandant de l'huile sur sa tête (*I Reg.* XI, 1). Il fit la même cérémonie à David (XVI, 13). Salomon fut oint par le grand prêtre Sadoc et par le prophète Nathan (*III Reg.* I, 38). Lorsqu'il est dit (*II Reg.* II, 4) que la tribu de Juda oignit David pour son roi, cela signifie seulement qu'elle le choisit et le reconnut pour tel. L'Ecclésiastique, parlant à Elie, lui dit, c. XLIII, v. 8 : « Vous qui donnez aux rois *l'onction* de la pénitence, » c'est-à-dire vous qui leur inspirez l'esprit et le sentiment de la pénitence.

On ne doit pas être surpris de voir le nom *d'oint*, de messie ou de christ, donné à un roi païen, tel que Cyrus (*Isai.* XLV, 1). Ici *l'onction* ne désigne ni une cérémonie ni une grâce surnaturelle, mais une simple destination à jouer un rôle éclatant et célèbre dans le monde ; Dieu lui-même s'en explique, et fait entendre que *l'onction* ou la qualité de *christ*, à l'égard de Cyrus, consistait à être un grand conquérant, et le libérateur des Juifs. Dans le Nouveau Testament, *onction* signifie un don de Dieu, une grâce particulière, qui nous élève à une éminente dignité, et nous impose de grands devoirs. Saint Paul dit (*II Cor.* I, 21) : « Dieu nous a oints, nous a marqués de son sceau, et a mis dans nos cœurs le gage de son esprit. » Et saint Jean (*I Joan.* II, 20 et 27) : « Vous avez reçu *l'onction* de la sainteté, et vous connaissez toutes choses....., *l'onction* que vous avez reçue de Dieu demeure en vous, et vous n'avez pas besoin que l'on vous enseigne. » L'Eglise chrétienne a sagement retenu l'usage des *onctions* dans ses cérémonies; c'est un symbole très-énergique pour ceux qui connaissent les anciennes mœurs de l'Orient. Dans l'administration du baptême, on fait une *onction* sur le front, sur la poitrine et sur les épaules du baptisé, pour signifier qu'il est désormais consacré au Seigneur et élevé à la dignité d'enfant de Dieu. Dans la confirmation l'on en fait une sur le front, afin d'avertir le chrétien qu'il ne doit pas rougir de la profession du christianisme, mais se rendre respectable par la sainteté de ses mœurs. Dans l'ordination, l'évêque consacre par une *onction* le pouce et l'index de ceux qui sont promus au sacerdoce, pour les faire souvenir de la pureté avec laquelle ils doivent approcher des autels du Seigneur. En consacrant une église, l'évêque fait des *onctions* sur les murs de l'édifice, et sur la table des autels qui doivent servir à la célébration du saint sacrifice.

On convient que le sacre des rois n'est pas une cérémonie aussi ancienne que le christianisme, puisqu'avant Constantin on ne connaît ni roi ni empereur qui ait embrassé notre religion. Onuphre dit qu'avant Justin II, aucun empereur romain n'a été oint ou sacré; d'autres font remonter cette cérémonie jusqu'à Théodose le Jeune. Les empereurs d'Allemagne ont emprunté cette cérémonie de ceux de l'Orient, et, selon quelques auteurs, Pepin est le premier des rois de France qui ait reçu l'*onction*. L'on convient encore que la cérémonie du sacre n'est pas ce qui donne aux rois leur autorité, ni ce qui impose aux sujets l'obligation de leur obéir; mais elle sert à rendre leur personne plus respectable, et les fait souvenir eux-mêmes qu'ils tiennent de Dieu leur autorité. Les protestants ont retranché les *onctions* du baptême et toutes celles des autres sacrements, sous prétexte que c'est une cérémonie judaïque, qu'il n'en est parlé ni dans le Nouveau Testament, ni dans les auteurs des trois premiers siècles de l'Eglise. Par la même raison il faudrait aussi s'abstenir de baptiser, parce que le baptême ou les ablutions étaient en usage chez les Juifs. Saint Jacques a parlé de l'*onction* des malades (*Jac.* v, 14); les protestants n'ont pas laissé de la supprimer. Quand il serait vrai que saint Cyrille de Jérusalem est le premier qui ait parlé des *onctions* du baptême, et qu'avant Tertullien personne n'a fait mention de celle de la confirmation, que s'ensuivrait-il? Tertullien est du III° siècle, et il dit que cette *onction* était une ancienne discipline, *de Bapt.*, c. 7. Aucun des Pères n'a donné un rituel complet de tout ce qui se faisait dans l'Eglise primitive, et au IV° siècle on a fait profession de suivre la pratique des siècles précédents. Les sectes, qui se sont séparées de l'Eglise catholique au V° et au VI°, n'ont pas été aussi hardies que les protestants, elles ont conservé l'usage des *onctions*. L'utilité des huiles et des essences dans certaines maladies les a fait aussi envisager comme un symbole de guérison; il est dit (*Marc.* VI, 13) que les apôtres oignaient d'huile les malades et les guérissaient; ce n'était pas par la vertu naturelle de cette *onction*, mais par le pouvoir de faire des miracles que Jésus-Christ leur avait donné. Saint Jacques exhorte les fidèles malades à se faire oindre de même par les prêtres avec des prières; il dit que ces prières faites avec foi guériront le malade, et que s'il a des péchés, ils lui seront remis (*Jac.* v, 14). Nous ne savons pas si cette pratique était en usage chez les Juifs, mais nous voyons dans l'Ecriture que l'*onction* signifie quelquefois l'action de consoler un affligé et de soulager ses peines (*Ps.* XXII, 5; *Isai.* I, 6, etc.). Enfin l'usage des anciens était de se parfumer pour les grandes cérémonies; ainsi David, après avoir passé plusieurs jours dans le jeûne et la pénitence, prit le bain et se parfuma pour aller au temple du Seigneur (*II Reg.* XII, 20): Judith fit de même pour paraître devant Holopherne (X, 3). On usait encore des parfums pour les festins: c'était faire honneur aux convives que de répandre sur leur tête des essences odoriférantes (*Matth.* XXVI, 7; *Ps.* CIII, 15, etc.). Ces essences sont appelées dans l'Ecriture l'*huile* ou le parfum *de la joie*, et cette expression prise au figuré signifie l'abondance de tous les dons (*Ps.* XLIV, 8; *Isai.* LXI, 3).

Lorsqu'il est parlé dans l'Ecriture de l'*onction* que Jésus-Christ a reçue de Dieu, ce terme réunit toutes les significations précédentes; il exprime le caractère de roi, de prêtre, de prophète, la plénitude des dons du Saint-Esprit, la destination au plus auguste de tous les ministères (*Act.* IV, 27; X, 38). Saint Paul (*Hebr.* I, 8) lui applique ces paroles du ps. XLIV, v. 8: « Votre trône, ô Dieu éternel, et le sceptre de votre royauté est celui de la justice;... c'est pour cela que votre Dieu vous a oint du parfum de la joie, par préférence à ceux qui y participent avec vous. » Cela ne signifie pas seulement que Jésus-Christ a reçu les dons du Saint-Esprit avec plus d'abondance que les autres hommes, mais qu'il possède tous les attributs de la Divinité auxquels les hommes ne peuvent avoir part que dans un sens très-impropre. L'Apôtre dit à la vérité (*Hebr.* III, 14) que nous sommes devenus participants de Jésus-Christ, et saint Pierre, que nous participerons un jour à la nature divine (*II Petr.* I, 4); mais il n'y a point de comparaison à faire entre cette participation par grâce et celle qui convient au Fils de Dieu par sa nature. C'est vainement que les sociniens ont voulu argumenter sur ces passages pour écarter la preuve qui en résulte pour la divinité de Jésus-Christ. *Voy.* FILS DE DIEU.

ONDOYER un enfant, c'est le baptiser sans observer les cérémonies de l'Eglise. Lorsqu'un enfant nouveau-né paraît être en danger de mort, et qu'il n'est pas possible de le porter à l'église pour lui faire donner le baptême, on prend la précaution de l'*ondoyer*; mais pour que le baptême ainsi administré soit valide, il faut que la matière et la forme soient exactement gardées. *Voy.* BAPTÊME. On trouve dans les rituels le détail des cas dans lesquels on peut baptiser ainsi les enfants qui ne sont pas encore entièrement nés ou sortis du sein de leur mère. Hors le cas de nécessité, on ne doit pas *ondoyer*, sans une permission expresse de l'évêque. L'usage était établi en France d'*ondoyer* les princes à leur naissance, et de ne suppléer les cérémonies que plusieurs années après ; le roi Louis XVI, par un motif de piété, a fait baptiser ses enfants avec toutes les cérémonies, immédiatement après leur naissance. Il y eut autrefois du doute pour savoir si les adultes, qui avaient été baptisés au lit pendant une maladie, et que l'on appelait les *cliniques*, avaient reçu toute la grâce du sacrement ; saint Cyprien soutint l'affirmative. *Voy.* CLINIQUES.

ONEIROCRITIE, art d'interpréter les songes. *Voy.* SONGE.

ONONYCHITE. Ce terme signifie à la lettre, *qui a les pieds d'un âne;* il est formé du grec ὄνος, *âne;* et d'ὄνυξ, *ongle, sabot.* C'était le nom injurieux que les païens donnèrent dans le III° siècle au Dieu des chrétiens. Tertullien dit qu'ils le représentèrent avec des oreilles et un pied d'âne, tenant un livre, et couvert d'une robe de docteur. *Apolog.*, c. 16. Il ajoute qu'un juif apostat avait imaginé cette figure, l. I *ad Nat.*, c. 14. Mais quelques critiques prétendent qu'il faut lire dans le texte *onokoitis*, engendré d'un âne. Tertullien se moque, avec raison, de cette calomnie absurde, et il expose la croyance des chrétiens touchant la Divinité. Qu'est-ce qui avait pu donner lieu à cette imagination bizarre? Les païens, dit-on, savaient que les chrétiens reconnaissaient le même Dieu que les Juifs ; or ils accusaient aussi les Juifs d'adorer la tête d'un âne. Dans ce cas le juif apostat voulait tourner en ridicule le Dieu de sa propre nation aussi bien que celui des chrétiens. Il y a dans l'*Histoire de l'Académie des Inscriptions*, tome XIV, in-12, un mémoire où l'on rapporte les différentes fables que les auteurs païens ont forgées sur le compte des Juifs, et il en résulte que les historiens, soit grecs, soit romains, étaient très-mal instruits de l'histoire, des mœurs et de la croyance des Juifs. Appion, grammairien d'Alexandrie, prétendait que quand Antiochus-Epiphane pilla le temple de Jérusalem, il y trouva une tête d'âne qui était d'or et d'un assez grand prix, et qui était adorée par les Juifs. Josèphe l'historien, qui rapporte cette calomnie, la réfute en faisant voir que les Juifs n'ont jamais adoré aucun animal, comme faisaient les Egyptiens, l. II *contra Appion.*, cap. 3. Diodore de Sicile, dans des fragments tirés de son XXXIV° livre, raconte qu'Antiochus étant entré dans le temple y trouva une statue de pierre qui représentait un homme avec une grande barbe, et monté sur un âne, et qu'il jugea que cette figure était celle de Moïse ; mais cela ne suffisait pas pour fonder la calomnie forgée par Appion ; l'on sait d'ailleurs que les Juifs ne souffraient aucune statue dans leur temple ; et Tacite convient que quand Pompée y entra, il n'y trouva rien. Le même Tacite, *Hist.*, l. v, n. 3 et 4, rapporte, d'après d'autres écrivains, que Moïse et son peuple ayant été chassés de l'Egypte, parce qu'ils étaient infectés de la lèpre, se retirèrent dans le désert d'Arabie, où ils étaient près de mourir de soif, lorsqu'ils virent une troupe d'ânes sauvages qui allaient vers un rocher couvert d'arbres ; que Moïse les ayant suivis, trouva une abondante source d'eau ; qu'en reconnaissance de ce service, les Juifs consacrèrent dans leur sanctuaire une figure de cet animal. Plutarque, dans ses propos de table, a copié cette fable.

Mais Tacite lui-même n'y ajoutait pas foi, « Les Egyptiens, dit-il, n. 5, adorent plusieurs animaux et des figures composées de différentes espèces ; les Juifs admettent un seul Dieu que l'on ne peut saisir que par la pensée ; Etre souverain qui existe de toute éternité, Etre immortel et immuable. Ils regardent comme des profanes ceux qui représentent les dieux sous une forme humaine ; ils ne souffrent point de simulacre dans leurs villes, encore moins dans leur temple; ils ne rendent cet honneur ni aux rois ni aux Césars. »

Plusieurs savants modernes ont recherché l'origine de la calomnie d'Appion, et ont formé différentes conjectures sur ce sujet. Celle qui paraît la plus probable est celle de Lefèvre. Il observe que le temple bâti en Egypte par Onias, sacrificateur juif schismatique, était appelé Ὀνίου ἱερόν, et souvent Ὀνιεῖον *temple d'Onias* ; les Alexandrins, ennemis des Juifs, l'appelèrent malicieusement ὄνου ἱερόν, *le temple de l'âne.* Saint Epiphane parlant des gnostiques judaïsants, dit qu'ils représentaient leur dieu Sabaoth sous la figure d'un âne ; mais ce fait ne paraît pas suffisamment prouvé. *Hist. de l'Acad. des Inscript.*, t. I, in-12, p. 181 ; *Mém.*, tom. II. p. 489.

OPERANTE (grâce). *Voy.* GRACE.

OPÉRATION. Les théologiens expriment également par ce terme les actions de Dieu et celles de l'homme ; ils distinguent, en parlant des premières, les *opérations* miraculeuses d'avec celles de la grâce, qui sont communes et journalières ; à l'égard de l'homme on distingue les *opérations* de l'âme d'avec les mouvements du corps, les *opérations* surnaturelles d'avec les actions naturelles, etc. En Jésus-Christ, Dieu et homme, l'Eglise catholique enseigne qu'il y a deux *opérations*, l'une divine, l'autre humaine, et non une seule *opération théandrique*, comme le prétendaient les monothélites et les monophysites. *Voy.* THÉANDRIQUE.

OPHITES, secte d'hérétiques du II° siècle, qui était une branche des gnostiques ; leur nom vient d'ὄφις, *serpent*, et ils furent appelés *serpentins*, parce qu'ils rendaient un culte superstitieux à cet animal. Mosheim prétend que cette secte était plus ancienne que la religion chrétienne ; que, dans l'origine, c'était un mélange de philosophie égyptienne et de judaïsme ; une partie de ses membres embrassèrent l'Evangile, les autres persistèrent dans leurs anciennes opinions; de là vint que l'on distingua les *ophites* chrétiens d'avec ceux qui ne l'étaient pas; c'était aussi le sentiment de Philastro Quoi qu'il en soit, les premiers ne se convertirent pas fort sincèrement; ils conservèrent les mêmes erreurs que les gnostiques égyptiens touchant l'éternité de la matière, la création du monde contre la volonté de Dieu, la multitude des éons ou génies qui gouvernaient le monde, la tyrannie du *démiurge* ou créateur; selon eux, le Christ, uni à l'homme Jésus, était venu pour détruire l'empire de cet usurpateur. Ils ajoutaient que le serpent qui séduisit Eve était ou le Christ lui-même, ou la Sagesse éternelle cachée sous la figure de cet animal; qu'en donnant à nos premiers parents la connaissance du bien et du mal, il avait rendu le plus grand service au genre humain; conséquemment qu'il fallait l'honorer sous la figure qu'il avait prise pour instruire les hommes. Ils convenaient que Jésus était né de la Vierge Marie par l'opération de Dieu; qu'il avait été le plus juste, le plus sage, le plus saint de tous les hommes; mais ils soutenaient que Jésus n'était pas la même personne que le Christ; que celui-ci était descendu du ciel dans Jésus, et l'avait quitté lorsque Jésus fut crucifié; qu'il lui avait cependant envoyé une vertu par laquelle Jésus était ressuscité avec un corps spirituel. Ainsi ces hérétiques convenaient dans le fond des principaux faits publiés par les apôtres. Leurs chefs ou prêtres en imposaient aux ignorants par une espèce de prodige. Lorsqu'ils célébraient leurs mystères, un serpent qu'ils avaient apprivoisé sortait de son trou à un certain cri qu'ils faisaient, et y rentrait après s'être roulé sur les choses qu'ils offraient en sacrifice; ces imposteurs en concluaient que le Christ avait sanctifié ces dons par sa présence, et ils les distribuaient ensuite aux assistants comme une eucharistie capable de les sanctifier eux-mêmes. Théodoret pense que ces *ophites* étaient les mêmes que les séthiens, qui disaient que Seth, fils d'Adam, était une certaine vertu divine; il paraît du moins que la doctrine de ces deux sectes était à peu près la même. Mais comment conserver l'unité de croyance parmi des fanatiques? Les *ophites* antichrétiens avaient la même opinion que les précédents au sujet du serpent, mais ils ne pouvaient souffrir le nom même de Jésus-Christ; ils le maudissaient, parce qu'il est écrit qu'il a été envoyé dans le monde pour écraser la tête du serpent; conséquemment ils ne recevaient personne dans leur société, sans lui faire renier et maudire Jésus-Christ. Aussi Origène ne veut point les reconnaître pour chrétiens, et ce qu'il a cité de leurs livres dans son ouvrage *contre Celse* est inintelligible et absurde. Il ajoute que leur secte était très-peu nombreuse et presque entièrement éteinte. C'était malicieusement que Celse attribuait aux chrétiens les rêveries des *ophites*. Tillemont, t. II, p. 288.

OPINION. Il faut distinguer soigneusement dans les écrits des théologiens, même dans ceux des Pères de l'Eglise, le dogme d'avec les *opinions*. Tout ce qui tient au dogme est sacré, on ne doit jamais y donner atteinte; les *opinions* ou systèmes sont libres; il est permis de les soutenir, lorsque l'Eglise ne les a pas expressément condamnés; aucun système ne mérite la préférence sur l'*opinion* contraire, qu'autant qu'il paraît s'accorder mieux avec les vérités formellement décidées. Faute d'avoir égard à cette distinction, il est arrivé de grands inconvénients. Les ennemis de l'Eglise catholique lui ont fait un crime de toutes les *opinions* ridicules qu'ils ont pu déterrer dans les théologiens les plus obscurs et qui n'ont tiré à aucune conséquence; comme si l'Eglise était obligée d'avoir toujours la foudre à la main, et de fouiller dans tous les coins du monde pour y découvrir ce qui peut être sujet à la censure; et les incrédules suivent ce bel exemple pour tourner la théologie en ridicule. D'autre part, plusieurs théologiens mettent plus de zèle et de chaleur à soutenir les *opinions* de leur école et les systèmes particuliers qu'ils ont embrassés, qu'à défendre le dogme contre les assauts des hérétiques et des incrédules. On a poussé l'entêtement jusqu'à vouloir persuader que quand les conciles et les souverains pontifes ont donné de grands éloges à la doctrine d'un Père de l'Eglise, ils ont consacré par là toutes les opinions que ce personnage respectable a suivies, auxquelles dans le fond il n'attachait pas beaucoup d'importance, et qu'il aurait abandonnées sans difficulté, s'il avait eu à combattre d'autres adversaires. Ainsi, d'un côté, les hérétiques censurent avec aigreur dans les Pères toutes les opinions problématiques; d'autre part, des esprits ardents et prévenus veulent que tout y soit sacré : comment contenter à la fois les uns et les autres? Il serait bon de ne jamais oublier la maxime déjà ancienne : *Dans les choses nécessaires, unité; dans les questions douteuses, liberté; en toutes choses, charité.*

OPINIONISTES. On nomma ainsi certains hérétiques qui parurent au XV° siècle, du temps du pape Paul II, parce qu'étant infatués de plusieurs opinions ridicules, ils les soutenaient avec opiniâtreté. Leur principale erreur consistait à se vanter d'une pauvreté affectée, et à enseigner qu'il n'y avait point de véritable vicaire de Jésus-Christ sur la terre que celui qui pratiquait cette vertu. Il paraît que cette secte était un rejeton de celle des vaudois. Sponde, *ad ann.* 1467, n. 12.

OPTIMISME, système dans lequel on soutient non-seulement que tout est bien dans le monde, mais que tout est le mieux possible, *optimum*; que Dieu avec toute sa puissance n'a pu faire mieux que ce qu'il a fait, que chaque créature ne peut être ni plus parfaite ni plus heureuse qu'elle est, eu égard à l'ordre général de l'univers. Cette hypothèse a été imaginée pour résoudre la grande question de l'origine du mal, et pour répondre aux objections que Bayle avait faites sur ce sujet. Elle a été soutenue avec beaucoup d'esprit par plusieurs auteurs anglais, par Jacquelot, par Malebranche, par Leibnitz; comme ces deux derniers paraissent l'avoir mieux développée que les autres, c'est à eux que nous devons principalement nous attacher.

Malebranche l'a établie dans ses *Entretiens sur la Métaphysique*, et dans son *Traité de la Nature et de la Grâce*. Il pose pour principe que Dieu ne peut agir par un autre motif que pour sa gloire; d'où il conclut que Dieu, en créant le monde, a choisi le plan et l'ordre des choses, qui, tout considéré, étaient le plus capables de manifester ses perfections. Malebranche fonde son principe sur le passage des Proverbes, c. XVI, v. 4, où il est dit que Dieu a tout fait pour lui-même : *Universa propter semetipsum operatus est Dominus, impium quoque ad diem malum.* En rapprochant ces paroles de celles de saint Paul (*Coloss.* I, 16) : « Toutes choses ont été créées en Jésus-Christ et par Jésus-Christ dans le ciel et sur la terre, et tout subsiste par lui, » Malebranche en conclut que Dieu, en créant le monde, a eu pour objet non-seulement l'ordre physique et la beauté de son ouvrage, dans lequel il a fait éclater ses perfections, mais l'ordre moral et surnaturel duquel Jésus-Christ est, pour ainsi dire, l'âme et le principe, et qui développe à nos yeux les attributs divins beaucoup mieux que l'ordre physique de l'univers ; ainsi pour comprendre l'excellence de l'ouvrage de Dieu, il ne faut pas séparer ces deux rapports l'un de l'autre. « On ne comprendra jamais, dit-il, que Dieu agisse uniquement pour ses créatures, ou par un mouvement de pure bonté, dont le motif ne trouve point sa raison dans les attributs divins. Dieu peut ne point agir; mais s'il agit, il ne le peut qu'il ne se règle sur lui-même, sur la loi qu'il trouve dans sa substance. Il peut aimer les hommes, mais il ne le peut qu'à cause du rapport qu'ils ont avec lui. Il trouve dans la beauté que renferme l'archétype de son ouvrage un motif de l'exécuter ; mais c'est que cette beauté lui fait honneur, parce qu'elle exprime des qualités dont il se glorifie de ce qu'il est bien aise de posséder. Ainsi l'amour que Dieu nous porte n'est point intéressé dans ce sens qu'il ait quelque besoin de nous, mais il l'est en ce sens qu'il ne nous aime que par l'amour qu'il se porte à lui-même et à ses divines perfections que nous exprimons par notre nature, et que nous adorons par Jésus-Christ. » 9ᵉ *Entr.*, n. 8. « Plus un ouvrage est parfait, mieux il exprime les perfections de l'ouvrier, et il lui fait d'autant plus d'honneur, que les perfections qu'il exprime plaisent davantage à celui qui les possède; ainsi Dieu veut faire son ouvrage le plus parfait qui se puisse.. Mais aussi Dieu veut que sa conduite aussi bien que son ouvrage portent le caractère de ses attributs. Non content que l'univers l'honore par son excellence et sa beauté, il veut que ses voies le glorifient par leur simplicité, leur fécondité, leur universalité, leur uniformité, par tous les caractères qui expriment des qualités qu'il se glorifie de posséder... Ce que Dieu veut, c'est d'agir toujours le plus divinement qu'il se puisse, ou d'agir exactement selon ce qu'il est et selon tout ce qu'il est. Dieu a vu de toute éternité tous les ouvrages possibles et toutes les voies possibles de produire chacun d'eux ; et comme il n'agit que pour sa gloire et selon ce qu'il est, il s'est déterminé à vouloir l'ouvrage qui pouvait être produit et conservé par les voies qui, jointes à cet ouvrage, devaient l'honorer davantage que tout autre ouvrage produit par toute autre voie. » *Ibid.*, n. 10. « Si un monde plus parfait que le nôtre ne pouvait être créé et conservé que par des voies réciproquement moins parfaites... Dieu est trop sage, il aime trop sa gloire, il agit trop exactement selon ce qu'il est, pour pouvoir le préférer à l'univers qu'il a créé.... Quoique Dieu puisse ne pas agir ou ne rien faire, parce qu'il se suffit à lui-même, il ne peut choisir et prendre le pire; il ne peut agir inutilement; sa sagesse lui défend de prendre de tous les desseins possibles celui qui n'est pas le plus sage ; l'amour qu'il se porte à lui-même ne lui permet pas de choisir celui qui ne l'honore pas le plus.... Si les défauts de l'univers que nous habitons en diminuent le rapport avec les perfections divines, la simplicité, la fécondité, la sagesse des voies ou des lois que Dieu suit, l'augmentent avec avantage. Un monde plus parfait, mais produit par des voies moins fécondes et moins simples, ne porterait pas tant que le nôtre le caractère des attributs divins. Voilà pourquoi le monde est rempli d'impies, de monstres, de désordres de toutes façons. Dieu pourrait convertir tous les hommes, empêcher tous les désordres ; mais il ne doit pas pour cela troubler la simplicité et l'uniformité de sa conduite; car il doit s'honorer par la sagesse de ses voies aussi bien que par la perfection de ses créatures. » *Ibid.*, n. 11.

« La prédestination des hommes se doit nécessairement trouver dans le même principe. Je croyais que Dieu avait choisi de toute éternité tels et tels, précisément parce qu'il le voulait ainsi, sans raison de son choix, ni de sa part ni de la nôtre, et qu'ensuite il avait consulté sa sagesse sur les moyens de les sanctifier et de les conduire sûrement au ciel. Mais je comprends que je me trompais. Dieu ne forme point aveuglément ses desseins, sans les comparer avec les moyens. Il est sage dans la formation de ses décrets aussi bien que dans l'exécution; il y a en lui des raisons de la prédestination des élus. C'est que l'Église future, formée par les voies que Dieu y emploie, lui fait plus d'honneur que toute autre Église formée par toute autre voie... Dieu ne nous a prédestinés, ni nous ni notre divin chef, à cause de nos mérites naturels, mais à cause des raisons que sa loi inviolable, l'ordre immuable, le rapport nécessaire des perfections qu'il possède, lui fournit. Il a voulu unir son Verbe à telle nature et prédestiner en son Fils tels et tels, parce que sa sagesse lui a marqué d'en user ainsi envers eux pour sa propre gloire. » *Ibid.*, n. 12. Suivant l'opinion de Malebranche, il en est de même de la distribution des grâces ; Dieu ne les donne qu'en conséquence de certaines lois générales. Cette distribution est donc raisonnable et digne de la sagesse de Dieu, quoiqu'elle ne soit fondée ni sur la différence des natures ni sur l'inégalité des mérites. *Ibid.*

On ne peut pas nier que ce système ne soit beau, digne d'un profond métaphysicien, séduisant au premier coup d'œil ; Bayle lui-même en a porté ce jugement. Mais est-il solide, ou n'est-ce qu'un rêve sublime ? Voilà la question. Non-seulement Bayle, mais le docteur Arnaud l'a vivement attaqué. Sans examiner ce qu'ils ont dit, il nous paraît que l'opinion de Malebranche n'est fondée que sur de fausses notions des attributs divins, sur l'abus de plusieurs termes, sur des suppositions qu'il est impossible de prouver ; qu'elle est contraire à l'Ecriture sainte et sujette à de dangereuses conséquences. — 1° Le passage du livre des Proverbes ne doit point être cité en preuve, parce qu'il est susceptible d'un autre sens que celui qui lui est donné dans la Vulgate. Celui-ci coupe la phrase, ne laisse aucune liaison entre ce qui précède et ce qui suit. Aussi les Septante, le paraphraste chaldéen, la version syriaque et l'arabe ont traduit autrement, et les commentateurs conviennent que le terme hébreu est obscur. Il peut signifier également *propter semetipsum* et *propter idipsum ;* la suite du discours semble exiger que l'on traduise ainsi, c. XVI, v. 3 et 4 : « Tournez vers le Seigneur vos desseins ou vos entreprises, et elles auront un heureux succès ; il a tout fait pour cette fin, *propter idipsum,* et il réserve des malheurs à l'impie ; ou plutôt, mais l'impie va de lui-même au malheur. » Entendre comme certains traducteurs, que Dieu a tout fait pour sa gloire, et qu'il a fait l'impie, afin d'être glorifié par les malheurs qu'il lui réserve, c'est avoir de Dieu une idée fausse et contraire à celle que nous en donne l'Ecriture sainte. Dieu n'a jamais fait consister sa gloire dans le malheur de ses créatures. — 2° L'on ne peut pas comprendre, dit Malebranche, que Dieu agisse uniquement pour ses créatures ou par un mouvement de pure bonté. Dieu, à la vérité, n'agit point sans motif ; mais la bonté n'est-elle pas à elle-même son motif ? suivant une maxime très-commune, la bonté aime à se répandre, *bonum est sui diffusivum ;* telle est son essence. Il ne sert à rien d'ajouter que le motif de Dieu doit avoir sa raison dans les attributs divins ; la bonté, en tant qu'elle a rapport aux créatures, n'est-elle donc pas un attribut essentiel de la Divinité ; attribut si connu, je dirais presque si palbable, que les ignorants appellent l'Etre suprême, *le bon Dieu,* et que dans plusieurs langues *Dieu* et *bon* s'expriment de même ? Dieu, continue Malebranche, ne peut aimer les hommes qu'à cause du rapport qu'ils ont avec lui ; soit, mais ce rapport consiste en ce qu'ils sont ses créatures ; il n'est point de rapport plus étroit. « Vous aimez, Seigneur, tout ce qui est, vous ne haïssez rien de ce que vous avez fait.... ; vous épargnez les hommes, parce qu'ils sont à vous et que vous aimez les âmes (*Sap.* XI, 24). » — 3° De tous les attributs divins, la bonté est celui sur lequel les livres saints insistent le plus : « Louez le Seigneur, parce qu'il est bon, parce que sa miséricorde est éternelle. » Voilà le refrain de la plupart des psaumes. C'est à ce motif que le psalmiste attribue tous les ouvrages de la création et tous les prodiges de la puissance divine. Il dit à Dieu : « Vous avez tout fait avec sagesse ; » mais il ajoute incontinent : « La terre est couverte de vos richesses (*Psal.* CIII, 24). » Un autre écrivain sacré, parlant de la sagesse divine, dit que c'est l'image ou l'expression de sa bonté : *Imago bonitatis illius* (*Sap.* VII, 26). Ces saints auteurs nous font admirer la sagesse de Dieu, surtout par ses bienfaits. — 4° Saint Augustin, duquel ce philosophe fait souvent profession de suivre la doctrine, nous donne une idée bien différente de la Providence divine : « L'essence de Dieu, dit-il, est d'être bon et la bonté immuable. » *De Perf. justitiæ hominis,* n. 32. « Vous voulez, Seigneur, que je vous serve et vous honore, afin de me rendre heureux, vous qui m'avez donné l'être, pour me faire du bien. C'est par la plénitude de votre bonté que subsistent toutes les créatures ; vous les avez tirées du néant, afin de faire un bien qui ne vous sert à rien, qui ne peut être égal à vous, mais que vous seul pouviez faire. De quoi, en effet, vous servent le ciel, la terre, etc. ? *Confess.,* l. XIII, c. 1 et 2. Nous avions besoin de savoir trois choses touchant la création ; l'Ecriture nous les apprend. Qui a tout fait ? C'est Dieu. Comment l'a-t-il fait ? Par sa parole. Pourquoi l'a-t-il fait ? Parce que cela était bon. Il ne peut y avoir une meilleure raison à donner, que de dire qu'un Dieu bon devait faire de bonnes choses... Par là nous comprenons que Dieu ne les a faites par aucune nécessité, par aucun intérêt, par aucun besoin, mais par pure bonté. » Saint Augustin loue Platon et Origène d'avoir eu cette idée de Dieu. *De Civit. Dei,* l. XI, c. 21, 23 et 24. — 5° Le système de Malebranche ôte à Dieu l'un des plus beaux apanages de la Divinité, la liberté souveraine, l'indépendance absolue. Selon lui, la loi que Dieu trouve dans sa substance, l'ordre immuable, le rapport nécessaire des perfections qu'il possède, enfin l'amour qu'il se porte à lui-même, ne lui permettent pas de choisir le dessein qui ne l'honore pas le plus. *Neuvième entretien,* n. 8, 10, 12. Dieu choisit donc et agit par nécessité de nature ; en ce cas, où est sa liberté ? Malebranche

---

(1) Ce jugement est un peu sévère sur le Père Malebranche. *Voy.* LIBERTÉ DE DIEU.

prétend sans doute que cette nécessité même est une perfection divine ; mais cette idée répugne au bon sens. Aussi ne la prouve-t-il que par une supposition fausse et par un pur verbiage. « Nous jugeons, dit-il, de Dieu par nous-mêmes ; nous aimons l'indépendance ; c'est pour nous une espèce de servitude de nous soumettre à la raison, une espèce d'impuissance de ne pouvoir faire ce qu'elle défend ; ainsi nous craignons de rendre Dieu impuissant à force de le faire sage. Mais Dieu lui-même est sa sagesse, la raison souveraine lui est coéternelle et consubstantielle ; il l'aime nécessairement, et quoiqu'il soit obligé de la suivre, il demeure indépendant. » *Neuvième entretien*, n. 13. Indépendant de tout empêchement extérieur, à la bonne heure ; mais soumis à une nécessité de nature équivalente au destin ou à la fatalité, ce n'est là qu'une équivoque. En premier lieu, à l'égard d'un Etre infiniment puissant, tel que Dieu, il est absurde de supposer qu'il n'y ait qu'un seul dessein, un seul plan, une seule manière d'agir qui soit sage. C'est prétendre que dans les ouvrages de Dieu, au dehors, il y a un *optimum*, un dernier terme de sagesse et de puissance, au delà duquel Dieu ne peut rien faire ni rien choisir de mieux ; le choix peut-il encore avoir lieu lorsqu'il n'y a qu'un seul parti possible à prendre ? Nous démontrerons la fausseté de cette imagination, en réfutant Leibnitz. En second lieu, il est faux que nous empruntions de nous-mêmes la notion de l'indépendance de Dieu ; nous la tirons évidemment de l'idée d'Etre nécessaire, existant de soi-même, qui se suffit à lui-même, qui est également heureux et parfait, soit qu'il agisse, soit qu'il n'agisse pas au dehors ; et nous défions les partisans de Malebranche de prouver démonstrativement aucun des attributs de Dieu d'une autre manière. Supposer que Dieu agit par sagesse, par raison et par choix lorsqu'il agit par nécessité de nature, c'est se contredire évidemment. — 6° Ce même système met sans raison des bornes à la puissance divine. Il y a pour le moins de la témérité à juger que si Dieu a pu faire un monde plus beau et meilleur que celui-ci, et dans lequel les créatures auraient été plus parfaites et plus heureuses, du moins il n'aurait pas pu le faire ni le gouverner par des lois aussi simples, aussi fécondes, aussi générales que celles par lesquelles il a formé et conservé le monde actuel. Nous voudrions savoir en quel sens des lois peuvent être plus ou moins simples aux yeux de Dieu, qui voit tout d'un seul regard, et qui opère tout par le seul vouloir. Que les voies les plus simples plaisent aux hommes dont l'esprit est très-borné, qui ne font rien sans effort et sans se fatiguer, cela se conçoit ; mais à l'égard de Dieu, y a-t-il rien de plus simple que le vouloir ? — 7° Après avoir ôté à Dieu sa toute-puissance et la liberté d'en user comme il lui plaît, notre philosophe donne encore atteinte à la liberté des actions humaines, en supposant que l'ordre moral de l'univers est enchaîné à l'ordre physique, ou du moins que le premier est une suite infaillible du second. « Dieu, dit-il, avant de donner à la matière la première impression de mouvement qui a formé l'univers, en a connu clairement toutes les suites, non-seulement toutes les combinaisons physiques, mais toutes les combinaisons du physique avec le moral, et toutes les combinaisons du naturel avec le surnaturel... Il a prévu que dans telle circonstance l'homme pécherait, et que son péché se communiquerait à toute sa postérité, en conséquence des lois de l'union de l'âme et du corps. » *Dixième entret.*, n. 17 ; *Onzième entret.*, n. 10.

Il nous paraît qu'il suffit d'entendre les termes pour comprendre qu'il ne peut y avoir aucune liaison, aucune ressemblance, aucune combinaison entre l'ordre physique dont les lois s'exécutent nécessairement et l'ordre moral dont les lois laissent à l'homme un plein pouvoir d'y résister. Cette combinaison prétendue autorise les matérialistes à soutenir que toutes les actions de l'homme, aussi bien que tous les phénomènes de la nature sont un pur mécanisme et une suite nécessaire des lois générales du mouvement de la matière. Dieu, sans doute, a prévu infailliblement les uns et les autres, mais cette prévision ne suppose ni n'établit aucune connexion ni aucune ressemblance entre les uns et les autres ; autrement c'en est fait de la liberté, et l'ordre moral n'est plus qu'un ordre physique. *Voy.* LIBERTÉ. Une correspondance entre l'ordre naturel et l'ordre surnaturel nous paraît encore plus mal imaginée ; le second est absolument indépendant du premier ; c'est l'idée qu'emporte le terme de *surnaturel*. Sans toucher à l'ordre physique du monde, Dieu a été le maître d'établir, pour les créatures intelligentes et libres, tel ordre surnaturel qu'il lui a plu. Nous n'avouerons pas non plus que le péché d'Adam se communique à ses descendants en vertu des lois de l'union de l'âme avec le corps. Saint Augustin, fort embarrassé à comprendre comment se fait cette communication, n'a osé embrasser aucun système, *contra Jul.*, l. v, c. 4, n. 17 ; l. vi, c. 5, n. 11 ; *Epist.* 166, *ad Hieron.*, c. 3, n. 6 ; c. 6, n. 16. Il est convenu qu'il ne lui était pas possible de concilier la punition terrible du péché originel avec la justice de Dieu ; il a défié les pélagiens d'en venir à bout, même dans leur système, *Serm.* 294, n. 6 et 7 ; l. iii *contra Jul.*, c. 12, n. 25. Le parti le plus sage est sans doute d'imiter sa modestie, de nous écrier comme lui, *o altitudo !* C'est la seule gloire que nous puissions rendre à Dieu. Que la concupiscence se communique des pères aux enfants, en vertu des lois de l'union de l'âme et du corps, on peut le supposer ; mais la concupiscence est-elle un péché formel et punissable ? Il s'en faut beaucoup que cette question soit décidée.

Leibnitz a embrassé le même système que Malebranche, et a raisonné sur le même principe; comme il n'y a presque rien ajouté, nous nous étendrons moins sur son opinion que sur la précédente. « La suprême sagesse, dit-il, *Essais de Théodicée*, n. 8, jointe à une bonté infinie, n'a pu manquer de choisir *le meilleur*. Car, comme un moindre mal est une espèce de bien, de même un moindre bien est une espèce de mal, s'il fait obstacle à un bien plus grand ; et il y aurait quelque chose à corriger dans les actions de Dieu, s'il y avait moyen de mieux faire..... Si donc il n'y avait pas parmi tous les mondes possibles, un meilleur *optimum*, Dieu n'en aurait produit aucun... n. 10. Il est vrai que l'on peut imaginer des mondes possibles sans péché et sans malheur, mais ces mêmes mondes seraient d'ailleurs fort inférieurs en bien au nôtre. Je ne saurais le faire voir en détail, car puis-je connaître et puis-je représenter des infinis, et les comparer ensemble. Mais on en doit juger *ab effectu*, puisque Dieu a choisi le monde tel qu'il est. Nous savons d'ailleurs que souvent un mal cause un bien auquel on ne serait point arrivé sans ce mal; souvent même deux maux font un grand bien. » Nous remarquons d'abord avec plaisir la sagacité et la pénétration de Leibnitz. Il a très-bien vu que *bien* et *mal* sont des termes purement relatifs; qu'à proprement parler il n'y a dans le monde aucun mal absolu; ainsi, quand on dit qu'il y a du mal, cela signifie seulement qu'il y a moins de bien qu'il ne pourrait y en avoir. Un mal duquel il résulte un plus grand bien ne peut être censé un mal pur, un mal absolu. Il a compris, en second lieu, que toute créature étant essentiellement bornée est nécessairement imparfaite, et que c'est dans cette imperfection même qu'il faut chercher l'origine du mal, n. 20. Enfin il a remarqué que toutes les objections de Bayle portent sur une comparaison fautive entre la bonté de Dieu et la bonté humaine ; conséquemment il lui a reproché un anthropomorphisme continuel, n. 125, 134, etc. Il est étonnant qu'un aussi grand génie n'ait pas tiré de ces notions si claires les conséquences qui s'ensuivent, et qui renversent son principe.

En effet, 1° il ne fallait pas oublier que la puissance de Dieu est infinie, aussi bien que sa sagesse et sa bonté; qu'ainsi quelque bien que Dieu fasse, il peut toujours faire mieux. Il est donc faux que dans les ouvrages de Dieu il puisse y avoir jamais un *optimum* au delà duquel Dieu soit dans l'impuissance de rien faire de mieux. Cet *optimum* serait nécessairement borné, puisqu'il serait créé; or, il répugne à la puissance infinie de Dieu d'être épuisée par un effet borné; cet *optimum* renferme donc contradiction. Poser pour principe que la suprême sagesse, jointe à une bonté infinie, n'a pu manquer de *choisir le meilleur*, ce n'est plus s'entendre soi-même. Un choix suppose au moins deux objets entre lesquels Dieu a eu l'option; s'il n'y en a qu'un, ce n'est plus un choix, Dieu a été dans la nécessité de le prendre. *Seconde contradiction*. Nous avons remarqué que Malebranche a donné dans le même écueil, lorsqu'il a dit que Dieu ne peut choisir et prendre *le pire*. *Neuvième entret.*, n. 10. Par *le pire* il faut nécessairement entendre ce qui est *moins bien* ; or puisque la chaîne des *bien* et des *mieux* que Dieu peut faire s'étend à l'infini, il n'y a point de dernier terme qui soit *le mieux possible* ; il faut donc nécessairement que Dieu choisisse ce qui est *moins bien* que ce qu'il peut faire, autrement il ne pourrait rien choisir du tout. Malebranche est retombé dans la même erreur, en disant que Dieu agit toujours *selon tout ce qu'il est*. Il devait sentir que cela est impossible, puisque Dieu est infini; sa puissance, sa sagesse, sa bonté, n'ont point de bornes, et il leur en suppose, puisque *tout* est ce après quoi il n'y a plus rien. Voilà comme les plus beaux génies se laissent égarer par des termes dont ils ne prennent pas la peine d'examiner la signification. Cela nous console des méprises dans lesquelles nous pouvons être tombés. Il est inutile de répéter que ces deux philosophes mettent très-mal à propos des bornes à la puissance, à la liberté, à l'indépendance de Dieu, cela nous paraît démontré. On dirait que l'un et l'autre ont jugé des attributs de Dieu sur le modèle de ceux d'un homme, et qu'ils ont été anthropomorphites sans s'en apercevoir. — 2° Nous ne concevons pas dans quel sens Leibnitz a pu dire qu'un monde sans malheur et sans péché serait fort inférieur en bien au nôtre; dans ce cas le monde futur serait moins bien que celui-ci, puisqu'il n'y aurait ni malheur ni péché. Ce philosophe a remarqué lui-même qu'il y a des maux de trois espèces : le mal métaphysique, qui est l'imperfection des créatures; le mal physique, ce sont les souffrances; le mal moral ou le péché. Dans un monde exempt de péché et de malheur, il y aurait certainement plus de contentement et plus de vertu que dans le nôtre, par conséquent les créatures y seraient moins imparfaites; donc il y aurait plus de bien que dans le nôtre. Aussi Leibnitz est convenu qu'il ne pouvait pas faire voir le contraire en détail ; cela n'est pas étonnant, puisque ce serait une troisième contradiction : mais quand il ajoute qu'il faut en juger *ab effectu*, parce que Dieu a choisi le monde tel qu'il est, il suppose ce qui est en question, savoir que Dieu choisit toujours *le meilleur;* or nous avons démontré que ce meilleur prétendu est impossible. — 3° Pour entendre ce qu'il dit, qu'il ne peut représenter ni comparer ensemble les divers mondes possibles, parce que ce serait comparer des infinis, il faut savoir qu'il regarde l'univers actuel comme un infini. Il pense que cet univers renferme une infinité de mondes, que les astres sont autant de soleils qui éclairent d'autres mondes peuplés d'habitants, soit semblables à nous, soit fort différents de nous, qu'ainsi notre globe n'est qu'un atome dans cette immensité de l'univers; et c'est l'univers ainsi considéré qu'il croit *le meilleur possible*, *optimum*. Mais il oublie que cet univers, quelque immense qu'on le suppose, est un monde créé, et que de son propre aveu toute créature est essentiellement limitée et bornée; donc, encore une fois, un *optimum* créé serait un infini créé qui implique contradiction. En second l'eu, qu'importe à notre bonheur ou à notre bien-être cette infinité de mondes imaginaires dont les habitants pourraient être meilleurs et plus heureux que nous? Notre première pensée est de demander pourquoi Dieu les aurait mieux traités que nous; cela ne sert qu'à prolonger la difficulté. — 4° Suivant l'opinion de Leibnitz, il est faux que sur notre globe la somme des maux surpasse celle des biens, et nous sommes de son avis. « C'est le défaut d'attention, dit-il, qui diminue nos biens, et il faut que cette attention nous soit donnée par un mélange de maux. Si nous étions ordinairement malades, et rarement en bonne santé, nous sentirions beaucoup mieux ce grand bien, et nous serions moins affectés de nos maux; mais ne vaut-il pas mieux que la santé soit ordinaire et la maladie rare?... Sans l'espérance de la vie future, il y aurait peu de personnes qui ne fussent contentes à l'article de la mort de reprendre la vie, à condition de repasser par la même vicissitude de bien et de maux. » N. 13. Cette réflexion sage est confirmée par l'exemple des païens qui n'espéraient rien de mieux après la mort que de mener, dans les Champs-Elysées, à peu près le même train de vie qu'ils avaient mené dans ce monde, et qui ne se croyaient pas pour cela plus malheureux. Nous avons observé ailleurs que, suivant une maxime commune, *chacun est content de soi;* comment donc peut-il être mécontent de Dieu? Leibnitz n'a pas tort de blâmer les hypocondres qui ne peignent la vie humaine qu'en noir, n. 15. Bayle lui-même n'a pas pu s'empêcher de faire cette observation, et Horace l'a chantée dans ses vers. — 5° Leibnitz semble penser, comme Malebranche, que l'ordre de la grâce est, pour ainsi dire, enté sur l'ordre de la nature, ou, comme il s'exprime, que l'un est parallèle à l'autre. Cette spéculation est fort belle, mais nous avons fait voir qu'elle ne peut être admise. Ainsi nous ne suivrons pas ce philosophe dans ce qu'il dit de la prédestination, du nombre des élus, du sort des enfants morts sans baptême, etc. Il n'est pas convenable d'entrer dans des questions théologiques fort obscures, pour en éclaircir une qui peut se résoudre par les seules lumières de la raison, quoique la révélation y ait répandu un nouveau jour. Ce que nous avons dit nous paraît suffire pour démontrer que *l'optimisme,* dans son nom même, porte sa condamnation; il suppose dans les ouvrages du Créateur un *optimum* qui serait l'infini actuel, l'infini créé, terme au delà duquel la puissance divine, tout infinie qu'elle est, ne pouvait rien faire de mieux; contradiction palpable s'il en fut jamais. — 6° Rien de moins solide que le principe sur lequel Leibnitz se fonde; savoir, que Dieu ne peut rien faire sans une raison suffisante. Dieu sans doute ne peut rien faire sans motif et sans raison, puisqu'il est intelligent et libre; mais, il n'est pas obligé de nous découvrir ses raisons ni ses motifs, et nous nous flatterions en vain de les pénétrer dans tous ses ouvrages. Parce qu'un motif que nous croyons apercevoir ne nous paraît pas suffisant pour avoir déterminé l'opération de Dieu, il ne s'ensuit point qu'il n'a pas suffi à Dieu, et qu'il n'en a pas eu d'autre que nous ne voyons pas.

Sur ce sujet, comme sur presque tous les autres, nos philosophes donnent dans les excès opposés; les uns nous blâment de rechercher dans la nature les causes finales ou les raisons pour lesquelles une chose a été faite; ils nous accusent de prêter à Dieu des intentions qu'il n'a jamais eues, etc. Les autres croient connaître tous les motifs que Dieu peut avoir eus; ils décident que Dieu n'a pu pas faire telle chose, parce qu'ils n'en voient pas la raison suffisante. Entre ces deux excès il y a un milieu, qui est de n'affirmer des causes et des raisons que quand elles sont évidentes, de garder un respectueux silence sur celles que nous ne voyons pas, et de ne jamais argumenter sur notre ignorance.

*OPUS OPERATUM. Voy.* SACREMENT.

ORACLES, réponse de la Divinité aux interrogations qu'on lui fait. Nous savons par l'histoire sainte que Dieu a daigné souvent converser avec les patriarches et leur révéler ce qu'ils avaient besoin de savoir; ainsi nous voyons Abraham, Isaac, Rébecca son épouse, Jacob et d'autres saints personnages consulter le Seigneur et en recevoir des réponses. A leur tour, les polythéistes se sont flattés de pouvoir aussi consulter leurs dieux et en recevoir des réponses. Avant d'examiner ces prétendus *oracles,* il convient de parler de ceux qui ont été rendus aux Hébreux.

On en distingue de quatre espèces. 1° L'inspiration intérieure, par laquelle un homme se sentait porté tout à coup à faire une action extraordinaire et contraire à l'ordre commun; ainsi Phinées, petit-fils d'Aaron, fut, par un transport surnaturel, excité à punir de mort un Israélite qui péchait publiquement avec une Madianite; il est dit que ce zèle venait de Dieu, et le Seigneur le récompensa (*Num.* xv, 11). Mais les critiques, qui ont imaginé que ce cas était commun chez les Juifs, et que cette conduite s'appelait *le jugement de zèle,* en ont imposé. Nous lisons (*I Reg.* x, 10), que l'esprit de Dieu tomba sur Saül, et qu'il prophétisa dans une assemblée de prophètes. 2° Une voix du ciel que l'on entendait distinctement, et qui venait ou immédiatement de Dieu ou d'un ange envoyé de sa part. Dieu parla aux Hébreux sur le mont Sinaï; il parlait à Moïse face à face, et souvent dans la nuée lumineuse qui couvrait le tabernacle. Une voix du ciel fut entendue au baptême de Jésus-Christ, à sa transfiguration, à la conversion de saint Paul, etc. 3° Le don de prophétie, sous lequel on comprend les visions et les songes prophétiques et le don de les interpréter ; les exemples en sont fréquents dans l'Ecriture sainte. 4° Les *oracles* rendus par le grand prêtre, lorsqu'il avait consulté le Seigneur pour les intérêts de sa nation ou de quelques particuliers.

Nous avons commencé par observer que les *oracles* sont plus anciens que la loi de Moïse ; Dieu avait parlé immédiatement à Adam, à Noé et à leurs enfants, au patriarche Abraham, à Isaac, à Rébecca son épouse, à Jacob son fils ; il leur avait envoyé des visions et des songes qui leur apprenaient l'avenir ; il avait donné à Joseph le talent de les interpréter ; enfin, il fit entendre sa voix à Moïse dans un buisson ardent. Aucune de ces révélations ou visions prophétiques n'a eu pour objet de satisfaire la curiosité ni les passions de ceux qui les ont eues ; souvent elles annonçaient des desseins de Dieu qui ne devaient s'accomplir que plusieurs siècles après, mais auxquels les événements ont exactement répondu ; il s'agissait du sort de la postérité des patriarches qui devaient former des nations entières ; ces prédictions étaient nécessaires pour soutenir la foi des adorateurs du vrai Dieu, pour les confirmer dans son culte, et les préserver de l'aveuglement dans lequel leurs voisins commençaient à se plonger. Dieu multipliait ainsi les preuves démonstratives de sa providence, à mesure que le polythéisme faisait des progrès sur la terre. Des *oracles* dispensés avec tant de sagesse, portent avec eux l'empreinte de la Divinité. Quelques écrivains ont pensé que les faux *oracles* des païens n'étaient qu'une imitation de ceux que Dieu avait daigné accorder aux Hébreux ; Spencer au contraire soutient, *Dissert.* 6, sect. 3, que les *oracles* des païens sont les plus anciens ; que Dieu n'en accordait aux Hébreux que pour prévenir le désir qu'ils auraient eu de recourir à ceux des païens, à cause de l'habitude qu'ils en avaient contractée en Egypte ; mais il a très-mal prouvé son opinion. Il n'a pu citer en faveur de l'antiquité des *oracles* du paganisme que le témoignage d'Hérodote ; et cet historien n'a vécu que mille ans après Moïse. Celui-ci, mieux instruit qu'Hérodote, n'a rien dit des *oracles* de l'Egypte, et l'on ne prouvera jamais qu'il y en ait eu au temps de la servitude des Israélites. Moïse suppose à la vérité, dans ses lois, qu'il y avait chez les Chananéens des devins, des astrologues, de prétendus prophètes, puisqu'il défend aux Israélites de les consulter ; mais il atteste en même temps que Dieu avait rendu de vrais *oracles* aux patriarches dans les premiers âges du monde. Il rapporte (*Gen.* xxv, 22), que Rébecca, grosse de deux enfants, *alla consulter le Seigneur* ; qu'il lui répondit et lui annonça la destinée de ces deux jumeaux ; il y avait donc dès lors des lieux où l'on pouvait consulter Dieu et des moyens pour en obtenir des réponses : c'était 130 ans avant l'entrée des Israélites en Egypte (xLvII, 9).

Il est certain que les hommes, naturellement curieux, ignorants, craintifs, impatients dans leurs peines et leurs besoins, empressés de s'en délivrer, n'ont pas eu besoin de modèles pour se faire des *oracles*, ni des imposteurs pour être trompés ; le hasard a suffi. Une voix entendue de loin dans un lieu désert, un bruit qui semble articulé, l'écho qui retentit dans les rochers, dans les cavernes, dans les forêts, les divers aspects des astres, le cri, les attitudes, les mouvements inquiets des animaux, ont été pris par les peuples imbéciles pour des signes de la volonté du ciel, pour des pronostics de l'avenir, pour des *oracles*. Les Hébreux, non contents des moyens par lesquels Dieu daignait les instruire, allaient encore consulter les dieux des païens, interrogeaient les morts, etc. Saül, inquiet sur son sort futur et sur celui de son armée, fâché de ce que Dieu ne lui répondait en aucune manière, alla consulter la magicienne d'Endor (*I Reg.* xxvIII, 6).

La question est de savoir si les *oracles* des Hébreux étaient aussi vains et illusoires que ceux des païens, si c'était une source continuelle d'erreurs, si c'était un artifice inventé par les prêtres pour en imposer au peuple, et pour dominer avec plus d'empire. C'est l'opinion qu'en ont les incrédules ; ont-ils raison ? 1° Nous convenons que les inspirations intérieures étaient sujettes à l'illusion ; un homme passionné se croit facilement inspiré ; mais les exemples de cette espèce d'*oracles* sont très-rares dans l'histoire sainte. Quand il est dit d'un personnage que *l'esprit de Dieu tomba sur lui*, cela ne signifie pas toujours qu'il fut divinement inspiré, cela ne désigne souvent qu'un transport subit et violent de colère ou de courage. Les prêtres ne pouvaient avoir aucune part à cette inspiration bonne ou mauvaise. 2° Lorsqu'une voix se faisait entendre du ciel, l'illusion ne pouvait y avoir lieu ; par quel prestige Moïse aurait-il pu faire retentir au sommet du mont Sinaï le bruit du tonnerre, le son des trompettes, une voix éclatante qui fut distinctement entendue par environ deux millions d'hommes ? Pouvait-il par quelque artifice y faire briller les éclairs et la flamme d'une fournaise, couvrir la montagne entière d'une épaisse nuée (*Exod.* xIx, 16 ; xx, 18) ? Le peuple, à la vérité, ne fut pas témoin de tous les entretiens de Moïse avec Dieu, mais il voyait distinctement briller sur le tabernacle la nuée dans laquelle Dieu daignait descendre et parler à Moïse (*Num.* xII, 5 ; xIv, 10, etc.). Aaron et Marie sa sœur disaient : Le Seigneur nous a parlé aussi bien qu'à Moïse (xII, 2). — 3° Lorsqu'un prophète annonçait des événements que la prudence humaine ne pouvait pas prévoir, surtout des choses qui ne pouvaient se faire que par l'opération surnaturelle de Dieu, et qu'on les voyait arriver à point nommé, ce don de prophétie ne pouvait pas être suspect. Il est dit (*Num.* xI, 26), que Dieu prit une partie de l'esprit qui était dans Moïse, et en fit part à soixante et douze des anciens d'Israël, qu'ils prophétisèrent, et que Moïse n'en fut point jaloux : « Plût à

Dieu, dit-il, qu'il donnât son esprit à tout le peuple, et que tous fussent prophètes ! » v. 29. Ce n'étaient ni des prêtres ni des lévites. La plupart des prophètes juifs n'étaient pas de race sacerdotale, et souvent ils ont fait aux prêtres de vifs reproches. *Voy.* Prophète. — 4° La quatrième espèce d'*oracles*, qui étaient les réponses du grand prêtre, a beaucoup exercé les savants; ils ont disserté à l'envi pour découvrir de quelle manière il consultait le Seigneur et en recevait les réponses. Ils ont été arrêtés d'abord par la description que Moïse a faite d'un des ornements du grand prêtre, sous lequel ils ont supposé qu'il ne pouvait ni recevoir ni rendre des *oracles*.

*Exod:*, c. xxviii, après avoir prescrit la matière et la forme de l'éphod, *voyez* ce mot, Dieu dit à Moïse, v. 15 : *Vous ferez aussi un* chôschen misphat, *du même tissu que l'éphod, et double, de forme carrée, de la longueur et de la largeur d'une palme; vous y attacherez en quatre rangs douze pierres précieuses enchâssées dans de l'or, sur chacune desquelles sera gravé le nom de l'une des tribus d'Israël*, v. 19; *Aaron portera sur sa poitrine, dans le* choschen misphat, *le nom des douze enfants d'Israël, lorsqu'il entrera dans le sanctuaire, pour en faire toujours souvenir le Seigneur;* v. 30; *vous mettrez dans le* choschen misphat, urim et thummim, *qui seront sur la poitrine d'Aaron, quand il se présentera devant le Seigneur, et il portera ainsi sur son cœur le jugement des enfants d'Israël devant le Seigneur.* Dans le Lévitique, c. viii, v. 8, il est dit que Moïse revêtit Aaron de ses habits sacerdotaux; qu'il lui attacha le *choschen* dans lequel étaient *urim et thummim*. Il s'agit de prendre le vrai sens de ces mots hébreux.

La Vulgate a traduit *choschen misphat* par le *rationel du jugement* : d'autres disent le *pectoral du jugement*. *Pectoral* convient très-bien à cet ornement, mais il faudrait savoir si le terme hébreu a quelque rapport à la poitrine. *Saphat, sophet, sephat,* suivant la diversité de la ponctuation, signifie également juge, jugement, judicature, fonction et dignité de juge. *Urim et thummim* sont rendus dans la Vulgate par *doctrine et vérité*, dans d'autres versions par *lumière et perfection*. Peut-être faut-il chercher un sens plus simple. S'il nous était permis de hasarder notre avis après celui de tant d'habiles hébraïsants, nous dirions que *choschen* signifie symbole, marque, signe distinctif d'une dignité ; que *choschen misphat* exprime *symbole de la qualité de juge*. *Urim et thummim* sont à la lettre et selon la tournure hébraïque, *des brillants parfaits*, des pierres précieuses et brillantes, travaillées, enchâssées et arrangées en perfection. Nous traduirions donc ainsi, sans aucun mystère, le texte sacré : « Vous ferez aussi *l'ornement du juge* du même tissu que l'éphod, de telle manière, etc. Aaron portera sur sa poitrine, dans le *signe distinctif du juge*, le nom des douze enfants d'Israël... Vous mettrez dans cet ornement *des brillants de la plus grande perfection*, qui seront sur la poitrine d'Aaron... et il portera ainsi toujours sur son cœur le *symbole de juge* des enfants d'Israël devant le Seigneur. » Cette version est simple, elle ne laisse aucun embarras. On ne sera pas étonné, sans doute, de voir chez les Hébreux le premier magistrat caractérisé par un pectoral chargé de pierreries, pendant qu'il l'est chez nous par un mortier, qui est la figure d'un ancien bonnet.

Mais à quelles conjectures ne se sont pas livrés les plus fameux critiques ? Spencer, Prideaux, les auteurs de la *Synopse*, Le Clerc, les commentateurs de la *Bible de Chais*, etc., ont enchéri les uns sur les autres; subjugués par les visions des rabbins ils se sont copiés, et ont cherché des difficultés où il n'y en a point. — 1° Ils ont supposé que le grand prêtre ne pouvait consulter le Seigneur sans avoir son pectoral, et l'Ecriture n'en dit rien. Dans les livres de Josué et des Juges, où nous lisons que le Seigneur fut souvent consulté, il n'est parlé ni du pectoral ni d'*urim et thummim*, il n'en est plus question hors de l'Exode et du Lévitique. Le grand prêtre devait être revêtu de ses habits sacerdotaux, pour se présenter devant le Seigneur *dans le sanctuaire*, et non ailleurs ; or Dieu fut souvent consulté hors de là ( *I Reg.* xxiii, 9, et xxx, 7 ). David, voulant interroger le Seigneur, dit seulement au prêtre Abiathar, *appliquez l'éphod ;* et cela peut signifier également, mettez-le sur vous ou sur moi; il y avait des éphods à Silo, très-différents de celui du grand prêtre. — 2° Plusieurs ont imaginé que *urim et thummim* étaient des choses distinguées du pectoral, peut-être une inscription brodée ou attachée à cet ornement ; que c'est par là que le grand prêtre interrogeait le Seigneur, et que Dieu répondait. D'autres ont dit que le grand prêtre se tenait debout devant le voile du sanctuaire, derrière lequel était l'arche d'alliance, et qu'il en sortait une voix articulée qui répondait. C'est dommage que toutes ces belles choses ne soient fondées sur rien, et que l'Ecriture n'en dise pas un mot. Il est seulement dit ( *Josue,* ix, 14 ), que les anciens d'Israël n'interrogèrent point *la bouche* du Seigneur avant de traiter avec les Gabaonites; mais on sait que *la bouche* ou *la parole* du Seigneur ne signifie souvent que l'inspiration reçue de Dieu par un prophète, rien décider sur la manière dont il l'a reçue. — 3° Spencer, dans une longue dissertation sur ce sujet, a poussé le ridicule jusqu'à prétendre que *urim et thummim* étaient deux petites idoles ou statues renfermées dans la doublure du pectoral, et qui répondaient au grand prêtre lorsqu'il les interrogeait. Il a oublié sans doute que Dieu avait sévèrement défendu toute espèce d'idoles ou de statues. Dieu a-t-il fait un miracle contre sa loi pour en animer et en faire parler deux, et autoriser ainsi l'idolâtrie parmi son peuple ? Nous passons sous silence l'absurdité qu'il y aurait eu à nommer *urim et thummim* deux petites idoles. S'il nous fallait relever toutes les inepties qui ont été écrites à ce sujet, nous ne finirions jamais. Cet exemple suffit pour nous convaincre que les critiques protestants, qui se croient beaucoup plus habiles que les Pères de l'Eglise dans l'intelligence de l'Ecriture sainte, ne sont pas eux-mêmes des *oracles* infaillibles, et qu'il y a souvent moins de justesse que de témérité dans leurs conjectures.

Nous avons beau chercher de quelle manière les prêtres juifs pouvaient abuser des oracles pour subjuguer le peuple et pour le tromper, l'histoire n'en fournit aucun exemple, quoiqu'elle fasse assez souvent mention des désordres dans lesquels ils sont tombés; aucun d'eux n'a été mis au rang des faux prophètes. Les incrédules, qui les accusent par pure malignité, ignorent une multitude de faits qui pourraient servir à les détromper. Souvent l'on ne s'est pas adressé au grand prêtre dans les occasions même où il s'agissait des plus sérieux intérêts de la nation, comme de faire la paix ou la guerre, de poser les armes ou de combattre; et nous ne voyons rien qui témoigne que les particuliers étaient dans l'usage de prendre l'avis des prêtres dans leurs propres affaires. Josué, qui n'était pas prêtre, mais chef du peuple, consultait lui-même le Seigneur devant l'arche du tabernacle (*Jos.* VII, 6); mais il négligea cette précaution dans l'affaire des Gabaonites (c. IX, v. 14); cependant Dieu lui parlait immédiatement comme à Moïse (XX, 1). Nous lisons (*Jud.* III, 10); qu'Othoniel, neveu de Caleb, avait l'esprit de Dieu. Un ange vint de la part du Seigneur reprocher aux Israélites leurs prévarications (II, 1). Un autre fut encore envoyé à ce peuple et à Gédéon, et communiqua son esprit à ce guerrier (VI, 11, 22, 34). La même faveur fut accordée à Jephté (XI, 29); à Manué, père de Samson (XIII, 3). Le grand prêtre Phinées ne fut consulté qu'avant le deuxième combat contre les Benjamites (XX, 28). Dans ces différentes circonstances nous ne voyons pas que les prêtres aient eu beaucoup de crédit ni d'influence dans les affaires publiques; ils en eurent encore moins sous les rois. David consulta plusieurs fois le Seigneur, mais il n'est plus parlé de ces consultations dans la suite de l'histoire; lorsque Dieu daigna révéler ses desseins à Salomon, il ne se servit point du ministère des prêtres. Alors Dieu envoya une suite de prophètes, comme il l'avait promis (*Deut.* XVIII, 15). Nous n'avons donc pas à redouter la comparaison que l'on peut faire entre les *oracles* des Hébreux et ceux des païens, ni que l'on parvienne à prouver que les premiers, aussi bien que les autres, étaient des illusions, des impostures et un artifice des prêtres. Puisque Dieu prodiguait les miracles en faveur de son peuple, il n'est pas étonnant qu'il lui ait aussi accordé des *oracles*. Ceux-ci n'avaient rien d'indécent, on ne les consultait point sur des questions ridicules ni sur des desseins criminels; ils n'ont trompé personne, ils n'étaient ni captieux ni ambigus, on ne les achetait point par des présents, ils étaient rendus sans aucune marque de fanatisme ni de trouble d'esprit; il n'en est presque aucun de ceux que l'on a vantés chez les païens dans lequel on ne découvre tous les défauts contraires. Cependant plusieurs anciens philosophes ont eu confiance aux *oracles* qui étaient consultés de leur temps; Socrate en particulier trouvait bon qu'on les consultât en matière de religion. Plat., *de Legib.*, l. v. *Voy.* DEVIN.

On nous dira, sans doute, qu'en soutenant la divinité des *oracles* de la nation juive, nous travaillons à entretenir la crédulité des esprits faibles, et la vaine confiance qu'ils ont eue aux pronostics. Cela n'est pas plus vrai qu'il ne l'est qu'en défendant la réalité des miracles de l'Ancien Testament, nous autorisons la croyance des faux prodiges dont on amusait le peuple chez les païens. La manière dont Dieu conduisait son ancien peuple était évidemment surnaturelle et miraculeuse; elle était nécessaire dans ces temps-là, eu égard à l'enfance du genre humain; elle n'a pas été inutile, puisqu'elle a conservé sur la terre la connaissance et le culte du vrai Dieu. Depuis qu'il a daigné nous instruire par Jésus-Christ, et conduire par l'Evangile la raison humaine à sa perfection, nous n'avons plus besoin des leçons élémentaires ni des soutiens de l'enfance (*Gal.* IV, 3). Le seul *oracle* que nous avons à consulter est l'Eglise; notre divin Maître l'a chargée de nous enseigner. Or, l'Eglise a sagement proscrit tous les moyens superstitieux par lesquels la curiosité humaine voudrait savoir ce que Dieu n'a pas voulu nous découvrir. C'était le faible ou plutôt le crime des païens; de là le grand nombre d'*oracles* dont l'histoire fait mention. Le plus célèbre chez les Grecs était celui de Delphes; on venait des pays les plus éloignés pour le consulter; les plus grands philosophes, tels que Socrate et Platon, paraissent y avoir eu confiance; dans la suite les éclectiques ou nouveaux platoniciens en firent un trophée contre le christianisme; les réponses des *oracles* étaient une des principales preuves qu'ils alléguaient en faveur du paganisme. Personne n'est tenté aujourd'hui de croire qu'il y avait quelque chose de divin dans ces *oracles* si vantés; mais la question est de savoir si c'étaient des prestiges du démon ou seulement une fourberie des prêtres et des autres ministres de la religion païenne. Cette question a été traitée savamment sur la fin du siècle passé et dans le nôtre. Van-Dale, médecin fameux en Hollande, mort en 1708, avait fait une dissertation pour soutenir que les *oracles* des païens étaient une pure fourberie; elle fut abrégée et traduite en français par Fontenelle, qui la rendit beaucoup plus séduisante qu'elle n'était; tout le monde connaît son *Histoire des oracles*. Le Père Baltus, jésuite, en fit la réfutation; il est à présumer que ses raisons parurent solides : aucun savant de réputation ne lui a répliqué.

Mosheim, dans ses *Notes sur Cudworth*, t. II, c. 5, § 89, après avoir comparé les raisons pour et contre, juge que ni l'un ni l'autre de ces deux sentiments n'est invinciblement prouvé. A la vérité, les défenseurs de Van-Dale ne manquent pas de raisons plausibles ; ils ont observé, 1° que la plupart des *oracles* étaient conçus en termes ambigus, et ne pouvaient pas manquer de se trouver vrais dans un sens ou dans un autre ; 2° qu'ils ne prédisaient pas des événements fort éloignés, et sur lesquels il fût impossible de former des conjectures ; 3° que souvent ils se sont trouvés faux. Après avoir dévoilé toutes les supercheries dont on a pu se servir pour tromper ceux qui consultaient les *oracles*, ils ont conclu que ce qui est arrivé cent fois a pu arriver de même dans tous les cas. Ils disent que jusqu'à présent l'on n'a pas encore pu citer un seul exemple bien constaté d'un *oracle* exactement accompli, et dont l'événement n'ait pas pu être naturellement prévu. A tous ceux que l'on a recueillis dans les relations anciennes ou modernes, ils ont répondu ou que le fait n'est pas suffisamment prouvé, ou qu'il y a exagération dans les circonstances, ou que la vérification s'est faite par hasard. Quand on leur objecte le sentiment des Pères de l'Eglise qui ont attribué les *oracles* au démon, ils répondent que ces écrivains respectables ont été souvent trop crédules, qu'il leur a paru plus court d'attribuer à l'esprit infernal toutes les merveilles citées par les païens, que d'entrer dans la discussion de tous les faits, de toutes les circonstances, de tous les témoignages. Mais, d'autre part, ils ne prouveront jamais que le démon ne peut connaître aucun événement futur ni le découvrir aux hommes ; que sur ce point ces connaissances sont aussi bornées que les nôtres. Ils ne peuvent pas démontrer qu'il est plus indigne de Dieu de permettre que les hommes soient trompés par les prestiges du démon, que de souffrir qu'ils le soient par des imposteurs rusés et adroits. Or, tant que l'impossibilité de l'intervention du démon ne sera pas prouvée, la multitude des supercheries faites par des imposteurs ne prouvera pas que jamais le démon n'en a fait aucune. Il est donc impossible de réfuter démonstrativement l'opinion de ceux qui soutiennent que cet esprit de ténèbres y est souvent intervenu. L'Ecriture sainte nous apprend que Dieu a quelquefois permis à l'esprit de mensonge de se loger dans la bouche des faux prophètes, pour tromper des rois méchants et impies ( *III Reg.* xxii, 22 ). A plus forte raison Dieu peut lui permettre de dire quelquefois la vérité, pour tromper d'une autre manière.

Une autre question est de savoir si Dieu, sans blesser aucune de ses perfections, peut révéler lui-même l'avenir à des païens, à des infidèles, et les mettre ainsi en état de le faire connaître aux autres. Pour prouver qu'il le peut et qu'il l'a fait, il ne servirait à rien de citer les exemples de Balaam, de Caïphe, des prophètes avares dont parle Michée, c. iii, v. 11 ; ceux que Jésus-Christ menace de réprouver au jugement dernier, etc. Ces personnages n'étaient pas des païens, ils connaissaient le vrai Dieu. Mais dans le livre de Daniel, c. ii, v. 1, etc., nous voyons le Seigneur envoyer à Nabuchodonosor, prince infidèle et idolâtre, des songes prophétiques, et lui révéler un avenir très-éloigné. On ne peut cependant en rien conclure, en faveur des prétendus *oracles* des sibylles, d'Orphée, etc., puisqu'il est prouvé que ce sont des écrits supposés. *Voy.* SIBYLLES. Il serait encore plus ridicule d'attribuer à l'opération de Dieu les *oracles* du paganisme. Les motifs pour lesquels on les demandait, la manière souvent indécente dont ils étaient rendus, les profanations dont ils étaient accompagnés, la confirmation de l'idolâtrie qui en était le résultat, sont des raisons plus que suffisantes pour démontrer que l'opération divine n'y est jamais intervenue pour rien. Pour peu que les païens eussent voulu y regarder de près, ils en auraient facilement connu l'illusion ; mais l'obstination des philosophes païens à les faire valoir dut nécessairement augmenter l'aveuglement des peuples. Mosheim lui-même a fait toutes ces réflexions, et elles nous paraissent solides.

ORAISON, prière. Dans l'office divin, l'on distingue les *oraisons* d'avec les autres parties, d'avec les psaumes, les hymnes, les leçons, etc. Ce sont des prières ou des demandes adressées directement à Dieu, par lesquelles l'Eglise le supplie de nous accorder les biens spirituels et temporels dont nous avons besoin. Elle les conclut toujours ainsi *par Jésus-Christ Notre-Seigneur*, etc., afin de nous faire souvenir que toutes les grâces nous sont accordées par les mérites de ce divin Sauveur. *Voy.* PRIÈRE.

ORAISON DOMINICALE, ou prière du Seigneur. C'est la prière que Jésus-Christ a enseignée de sa propre bouche à ses disciples *(Matth.* vi. 9 ; *Luc.*, xi, 2) ; on la nomme vulgairement le *Pater*. Depuis le commencement de l'Eglise chrétienne, cette prière a toujours fait partie essentielle du culte public, elle se trouve dans toutes les liturgies ; on la récitait comme aujourd'hui, non-seulement dans la consécration de l'eucharistie, mais encore dans l'administration du baptême ; c'était pour les nouveaux baptisés un privilège de pouvoir la dire dans l'assemblée des fidèles, et d'appeler Dieu *notre père ;* on ne l'enseignait point aux catéchumènes avant qu'ils n'eussent reçu le baptême. Les *Constitutions apostoliques*, un concile de Gironne, le quatrième concile de Tolède, ordonnent de la réciter dans l'office divin au moins trois fois par jour. Bingham, *Orig. eccl.*, l. xiii, c. 7, § 4 et 5. Les Pères de l'Eglise les plus anciens, Origène, Tertullien, saint Cyprien, dans leurs *Traités de la Prière*, ont fait les plus grands éloges de celle-ci ; ils l'ont regardée comme un abrégé de la morale chrétienne, comme le fondement et le modèle de toutes nos prières ; ils se sont donné la peine d'en expliquer toutes les demandes l'une après l'autre. Plusieurs auteurs modernes ont fait de même, comme Bourdaloue, dans le *Recueil de ses Pensées*; le Père Lebrun, dans son *Explication des cérémonies de la Messe*, t. II, p. 534, etc. D'autre côté, les incrédules ont fait leurs efforts pour y trouver quelque chose à reprendre. Les uns ont dit que Jésus-Christ n'en est pas le premier auteur, qu'avant lui cette formule était déjà en usage chez les Juifs ; mais ils n'ont pu donner aucune preuve positive de ce fait, c'est une allégation hasardée de leur part. Il serait singulier que l'on eût ignoré cette anecdote pendant les trois premiers siècles, et que l'on se fût obstiné à attribuer à Jésus-Christ l'institution d'une formule qui était d'un usage journalier chez les Juifs.

Quelques autres ont soutenu qu'en disant à Dieu, *ne nous induisez point en tentation*, nous faisons injure à sa bonté souveraine, qu'il semble que Dieu soit capable de nous porter au mal et d'être la cause du péché. Mais ces censeurs téméraires donnent un faux sens au terme de *tentation*. Dans l'Ecriture sainte, *tenter* signifie seulement éprouver, mettre à l'épreuve l'obéissance, la fidélité, la vertu de quelqu'un : or, on peut l'éprouver autrement qu'en le portant au mal ; savoir, en lui commandant quelque chose de fort difficile, ou en lui envoyant des afflictions : c'est en ce sens que *Dieu tenta Abraham* ( *Gen.* XXII, 1 ); que l'aveuglement de Tobie et les malheurs de Job sont appelés une *tentation* ( *Tob.* II, 12 ). Lorsqu'il est dit ( *Deut.* VI, 16 ) : « Vous ne tenterez point le Seigneur votre Dieu, » cela ne signifie pas, vous ne porterez pas Dieu au mal, mais vous ne mettrez point sa puissance et sa bonté à l'épreuve, en attendant de lui un miracle sans nécessité. La demande de l'*oraison dominicale* signifie donc : ne nous mettez point à des épreuves au-dessus de nos forces, mais donnez-nous les secours nécessaires pour les supporter. *Voy.* TENTATION. Dans la plupart des exemplaires grecs de saint Matthieu, l'*oraison dominicale* finit par ces mots : « Parce que c'est à vous qu'appartiennent la royauté, la puissance et la gloire pour tous les siècles, *amen;* » mais ils manquent dans plusieurs manuscrits très-corrects, aussi bien que dans saint Luc et dans la Vulgate. Les protestants font un reproche à l'Eglise catholique de ne pas les ajouter au *Pater*, comme s'il était incontestable que ces paroles en font partie. S'ils y avaient vu quelque chose de contraire à leurs opinions, ils n'auraient pas manqué de les supprimer. Un anglais, nommé Chamberlayne, a fait imprimer, en 1715, à Amsterdam, l'*oraison dominicale*, en cent cinquante-deux langues; un auteur allemand y en a encore ajouté quarante-huit, principalement des peuples de l'Amérique; ainsi cette prière se trouve aujourd'hui traduite en deux cents langues.

ORAISON MENTALE, prière qui se fait intérieurement sans proférer des paroles. On l'appelle aussi *méditation* et *comtemplation*, ou simplement *oraison;* faire l'*oraison* s'entend de l'*oraison mentale*. Elle consiste à se frapper d'abord l'esprit de la présence de Dieu, à méditer une vérité du christianisme, à nous en faire à nous-mêmes l'application, à en tirer les conséquences et les résolutions propres à corriger nos défauts, et à nous rendre plus fidèles à nos devoirs, soit envers Dieu, soit envers le prochain. Sur ce simple exposé, il est déjà clair que cet exercice est l'âme du christianisme, c'est l'adoration en esprit et en vérité que Jésus-Christ a enseignée à ses disciples; il est dit que lui-même passait les nuits à prier Dieu (*Luc.* VI, 12); ce n'était sûrement pas à réciter des prières vocales. « Je prierai en esprit, dit saint Paul, et dans l'intérieur de mon âme, (*I Cor.* XIV, 15). ». Le prophète Isaïe disait déjà, c. XXVI, 9 : « Mon âme élève ses désirs vers vous pendant la nuit, et dès le matin mon esprit et mon cœur se tournent vers vous. » C'est ainsi que les saints ont passé une partie de leur vie.

Comme le plus grand nombre de nos fautes vient de la dissipation et de l'oubli des grandes vérités de la foi, nous serions sûrement plus vertueux, si nous étions plus occupés. « Nous avons péché, dit Jérémie, nous avons abandonné le Seigneur; la justice et la vertu se sont enfuies du milieu de nous, parce que la vérité a été mise en oubli, » c. LIX, V. 12. La science du salut est si importante et si étendue ! est-ce trop d'y donner chaque jour quelques moments? Nous ne devons donc pas être étonnés de ce que les Pères de l'Eglise ont fait des traités de la prière, l'ont recommandée comme un exercice essentiel au christianisme, de ce que les auteurs ascétiques de tous les siècles ont fait tant d'éloges de la méditation, de ce que les personnages les plus éminents en vertu l'ont regardée comme la plus douce et la plus consolante de toutes leurs occupations; une âme sincèrement pénétrée de l'amour de Dieu peut-elle trouver de l'ennui à s'entretenir avec lui. L'*oraison* est spécialement recommandée aux ecclésiastiques, et, sans ce secours, il est fort à craindre que toutes leurs fonctions ne soient mal remplies; elle est rigoureusement ordonnée aux religieux et aux religieuses par leur règle, et dans toutes les communautés régulières de l'un et de l'autre sexe, elle est faite en commun, au moins une fois par jour. On a multiplié les méthodes et les recueils de méditations, pour en rendre la pratique aisée et agréable.

Mais les ennemis de la piété ne pouvaient manquer de tourner cet exercice en ridicule, de vouloir même persuader qu'il est dangereux. Ce n'est, dit-on, que depuis cinq cents ans que l'on a fait consister la dévotion à demeurer à genoux pendant des heures entières, et les bras croisés ; cette piété oisive a plu surtout aux femmes, naturellement paresseuses et d'une imagination vive; de là vient que tant de saintes des derniers siècles ont passé la meilleure partie de leur vie en contemplation, sans faire aucune bonne œuvre. Si cela est, ce n'est donc que depuis environ cinq cents ans que les femmes sont devenues paresseuses et d'une imagination vive ; ce phénomène serait singulier. Malheureusement l'on a aussi accusé de ces défauts les solitaires de la Thébaïde, de la Palestine et de l'Asie mineure, parce qu'ils méditaient aussi bien que les femmes; il faut donc que l'habitude de la contemplation soit plus ancienne qu'on ne le prétend. L'on peut s'en convaincre en lisant les *Conférences de Cassien*, qui a vécu au commencement du v° siècle, mais surtout la neuvième. Saint Benoît, qui recommandait à ses religieux la lecture de ces conférences, forma sa règle sur ce modèle. Si l'on veut lire les traités d'Origène, de Tertullien, de saint Cyprien, sur la prière, qui sont du III° siècle, on verra qu'ils tendent à inspirer le goût de l'*oraison mentale*, encore plus que de la prière vocale. Les auteurs ascétiques des bas siècles n'ont rien dit de plus fort que ces anciens Pères. Il est faux que les saintes religieuses, dont on blâme la contemplation, aient passé leur vie sans faire de bonnes œuvres ; elles ont rempli exactement tous les devoirs de leur état, et ont été des modèles de toutes les vertus, de la charité, de la douceur, de la patience, de l'indulgence pour les défauts d'autrui, de la mortification, de la pauvreté évangélique, de la chasteté, de l'obéissance, de l'humilité; cela se peut-il faire sans bonnes œuvres ? On dit que la vie contemplative conduit à l'erreur et au fanatisme ; témoins les faux gnostiques anciens et modernes, les beggards, les béguins, et dans le dernier siècle les sectateurs de Molinos et les quiétistes. A cela nous répondons que s'il y a eu des fanatiques parmi les contemplatifs, cela est venu de la mauvaise organisation de leur cerveau, et non de l'habitude de l'*oraison mentale;* il y en a eu un plus grand nombre parmi ceux qui ne l'ont jamais faite. Ce n'est pas cet exercice qui a inspiré aux incrédules leur fanatisme antichrétien et la haine qu'ils ont jurée à toute religion. L'on a reproché un grain de folie à plusieurs philosophes anciens et modernes; faut-il en conclure que les méditations philosophiques sont dangereuses par elles-mêmes, et qu'il faut s'en abstenir? Nous sommes obligés de répéter, pour la centième fois, qu'il n'est rien de si saint ni de si utile dont on ne puisse abuser; qu'il faut blâmer l'abus et respecter la chose. *Voy.* Intérieur, Théologie mystique.

ORALE (loi). *Voy.* Loi.

ORARIUM. *Voy.* Étole.

ORATOIRE, lieu destiné à la prière ; il y en a dans les campagnes et dans les maisons des particuliers. Un *oratoire* est différent d'une chapelle, en ce qu'il y a dans celle-ci un autel, et que l'on y peut dire la messe, au lieu que dans un *oratoire* il n'y en a point. L'on a donné ce nom d'abord aux chapelles jointes aux monastères, dans lesquelles les moines faisaient leurs prières et leurs exercices de piété avant qu'ils eussent des églises ; ensuite à celles que des particuliers avaient chez eux pour leur commodité, ou qui étaient bâties à la campagne, et qui n'avaient point droit de paroisse. Dans le VI° et le VII° siècle, on appelait *oratoires* les chapelles placées dans les cimetières ou ailleurs, qui n'avaient ni baptistère, ni office public, ni *prêtre-cardinal* ou titulaire ; l'évêque y envoyait un prêtre quand il jugeait à propos d'y faire célébrer la messe. D'autres avaient un chapelain ou prêtre titulaire, lorsque le fondateur l'avait désiré, ou que le concours des fidèles le demandait. Dans la suite, plusieurs de ces *oratoires* ou chapelles, situées dans des hameaux, sont devenues des églises paroissiales ou succursales, lorsque le nombre des habitants a augmenté. Il y avait aussi dans ce temps-là, comme à présent, des *oratoires* chez les ermites et dans les maisons des particuliers. Les rois et les princes n'ont jamais manqué d'en avoir, et le titre de *maître de l'oratoire* était une charge occupée par un prêtre; sa principale fonction était de réciter l'office divin avec le prince : aujourd'hui c'est un titre sans fonctions. Le conciliabule de Constantinople, tenu en 861 par Photius, défend de célébrer la liturgie et de baptiser dans les *oratoires* domestiques ; mais ce point de discipline est établi par des canons plus respectables que ceux de Photius. On trouve encore, dans la plupart des provinces, des *oratoires* placés sur les grands chemins, et quelquefois au sommet des montagnes, afin que les voyageurs fatigués puissent s'y reposer, et y faire leurs prières. *Voy.* Chapelle.

Oratoires des Hébreux. Les anciens Hébreux, qui demeuraient trop loin du tabernacle ou du temple, et qui ne pouvaient pas s'y rendre en tout temps, bâtirent des cours sur le modèle de la cour des holocaustes, pour y offrir à Dieu leurs hommages ; elles furent nommées en grec προσευχὰ, *prière* ou *oratoire*.

*I Machab.*, c. III, v. 46, il est dit que, pendant que la ville de Jérusalem était déserte, les Juifs s'assemblèrent à Maspha, parce qu'il y avait là autrefois, un lieu de prière dans Israël. En effet, c'est à Maspha que Jephté parla aux députés de Galaad *devant le Seigneur* (*Judith*, II, 11); c'est là que les tribus s'assemblèrent *devant le Seigneur*, pour résoudre la guerre contre les Benjamites (xx, 1; xxi, 5), On s'y assembla encore sous Samuel (*I Reg.* VII, 5), et pour l'élection de Saül (x, 17). Par là même on voit que ces *oratoires* n'étaient pas fort multipliés. Saint Luc, c. VI, 12, dit que Jésus monta seul sur une montagne pour prier, et qu'il passa la nuit à prier Dieu; quelques critiques traduisent, *il passa la nuit dans l'oratoire de Dieu*. *Act.*, c. XVI, v. 3, il dit : « Le jour du sabbat nous sortîmes de la ville, et nous allâmes vers la rivière, où il semblait que se faisait la prière, v. 16. » Προσευχὰ, disent-ils, signifie dans ces passages l'*oratoire*, et non la prière. Cela peut être. Philon parle des *oratoires* d'Alexandrie, et dit qu'ils étaient accompagnés d'un bois sacré. Saint Épiphane nous apprend que les oratoires des Juifs étaient des cours sans couvertures, semblables aux enclos que les Latins nommaient *forum*, et que le Samaritains en avaient un près de Sichem. Mais quand Juvénal dit, *Sat.* III, v. 13, que l'ancien temple et le bois sacré de la nymphe Égérie étaient loués à des Juifs, il n'ajoute point qu'ils en avaient fait un *oratoire*, cela n'est pas même probable; et ce que le poète nomme *proseucha*, v. 296, n'est pas un *oratoire*.

Dans toutes ces citations nous ne voyons rien d'assez positif pour en conclure, comme certains critiques, que les *oratoires* des Juifs étaient différents des synagogues, puisque Josèphe et Philon semblent les confondre. Il s'ensuit encore moins qu'ils étaient ordinairement placés sur des montagnes et accompagnés d'un bois sacré, que c'était la même chose que les *hauts-lieux*; ceux-ci sont condamnés constamment dans l'Ecriture sainte. Il n'y a aucune apparence que le sanctuaire du Seigneur, dont il est parlé dans le livre de Josué, c. XXIV, v. 26, ait été un de ces *oratoires*; c'était plutôt le tabernacle. Toutes ces conjectures de Prideaux nous paraissent très-hasardées. *Histoire des Juifs*, l. VI, c. 4.

ORATOIRE, congrégation de prêtres séculiers établie en France, l'an 1611, par le cardinal de Bérulle, pour instruire les clercs et les écoliers. Il la forma sur le modèle de celle de Rome, que saint Philippe de Néri avait établie en 1554, sous le titre de *l'oratoire de Sainte-Marie en la Vallicelle*; le cardinal de Bérulle nomma la sienne *l'oratoire de Jésus*, et il fut aidé par les conseils de saint François de Sales et du vénérable César de Bus. Au mois de décembre 1611, il obtint de Louis XIII des lettres patentes qui furent enregistrées au parlement l'année suivante, avec cette clause : « A la charge de rapporter dans trois mois le consentement de l'évêque, auquel ils demeureront soumis. » En 1613, Paul V approuva et confirma cet institut; dès ce moment la congrégation de *l'oratoire* se répandit et fut établie dans plusieurs villes du royaume.

On ne peut pas en faire un éloge plus flatteur que celui qu'en a fait le célèbre Bossuet, en parlant des vertus de M. Bourgoin, second supérieur général, en 1662. « Le cardinal de Bérulle forma une compagnie à laquelle il n'a point voulu donner d'autre esprit que l'esprit même de l'Eglise, d'autres règles que les canons, ni d'autres supérieurs que les évêques, d'autres liens que la charité, ni d'autres vœux solennels que ceux du baptême et du sacerdoce; compagnie où une sainte liberté fait le saint engagement, où l'on obéit sans dépendre, où l'on gouverne sans commander, où toute l'autorité est dans la douceur, et où le respect s'entretient sans le secours de la crainte; compagnie où la charité, qui bannit la crainte, opère un si grand miracle, et où, sans autre joug qu'elle-même, elle sait non-seulement captiver, mais encore anéantir la volonté propre; compagnie où, pour former de vrais prêtres, on les mène à la source de la vérité, où ils ont toujours en main les livres saints, pour en rechercher sans relâche la lettre par l'esprit, l'esprit par l'oraison, la profondeur par la retraite, l'estime par la pratique, la fin par la charité, à laquelle tout se termine, et qui est l'unique trésor de Jésus-Christ. » D'autres personnages très-respectables en ont parlé de même. On peut dire, à la louange de cette congrégation, qu'elle est à peu près aussi pauvre aujourd'hui que dans le temps de son établissement, qu'elle n'a presque fait aucune acquisition, et qu'elle a toujours donné l'exemple d'un noble désintéressement. Elle a aussi donné à l'Eglise et aux lettres des hommes distingués, de grands prédicateurs, de savants théologiens, des écrivains très-habiles dans la critique sacrée et dans les antiquités ecclésiastiques, et de bons littérateurs. Il en est sorti d'excellents ouvrages. La plupart des membres qui l'ont quittée, après y avoir été instruits, ont conservé de l'estime et de l'attachement pour elle, et ont fait honneur à la république des lettres. Elle gouverne aujourd'hui environ soixante collèges et cinq ou six séminaires. Les protestants mêmes n'ont pu refuser de rendre, à quelques égards, justice à cette congrégation; Mosheim en parle avec estime, et nomme plusieurs des savants qu'elle a produits; mais il donne à entendre qu'elle fut formée par esprit de rivalité contre celle des jésuites, et que l'antipathie entre ces deux sociétés célèbres a toujours été sensible. Malheureusement l'éloge qu'il fait de Quesnel et de son livre, et les torrents de bile qu'il vomit contre les jésuites, contribuent beaucoup à décréditer son jugement; la passion y perce de toutes parts. *Hist. ecclés.*, XVII<sup>e</sup> siècle, sect. 2, 1<sup>re</sup> part., c. 1, § 28 et 32.

ORBIBARIENS, secte d'hérétiques qui firent du bruit vers l'an 1198. C'étaient des vagabonds auxquels, selon les apparences, on donna le nom d'*orbibariens*, tiré du mot latin *orbis*, parce qu'ils couraient le monde sans avoir aucune demeure fixe. Ils paraissent être sortis des vaudois. Ils niaient la sainte Trinité, la résurrection future, le jugement dernier, les sacrements; ils croyaient que Jésus-Christ n'était qu'un simple homme, et qu'il n'avait pas souffert : ils furent condamnés par Innocent III. Comme ils étaient fort ignorants, on ne voit pas qu'ils aient subsisté longtemps. D'Argentré, *Coll. Jud.*, tom. I; Sponde, *ad ann.* 1192.

ORDALIE ou ORDÉAL. *Voy.* EPREUVES SUPERSTITIEUSES.

ORDINAL. Les Anglais nomment ainsi un livre qui contient la manière de donner les ordres et de célébrer le service divin. Il fut composé après la prétendue réformation de l'Angleterre, sous le règne d'Edouard VI, successeur immédiat d'Henri VIII; on le substitua au pontifical et au rituel romain. Il fut, dit-on, revu par le clergé en 1552, et le parlement y donna la sanction de son autorité, pour qu'il servît de règle dans tout le royaume. Le Père Lequien, le père Hardouin, Fernell, et les autres théologiens catholiques qui ont attaqué la validité des ordinations anglicanes, ont écrit que l'*ordinal* anglican était l'ouvrage de la puissance séculière. Le Père Le Courrayer, qui a soutenu la validité de ces mêmes ordinations, s'est attaché à prouver que ce livre fut l'ouvrage du clergé, que le roi et le parlement n'y eurent point d'autre part que de l'autoriser pour qu'il eût force de loi ; mais ces preuves n'ont pas demeuré sans réplique. On sait de qui était composé pour lors le clergé d'Angleterre : d'hommes qui, en embrassant l'hérésie, avaient perdu tout pouvoir et toute juridiction ecclésiastique, dont la plupart pensaient que l'ordre n'est pas un sacrement, et qu'eux-mêmes n'avaient aucune puissance spirituelle que celle qu'ils tenaient du roi. La question est de savoir si la formule qu'ils ont établie, quelle qu'elle soit, peut avoir aucune force de conférer des pouvoirs spirituels en vertu de l'autorité séculière. Les théologiens catholiques soutiennent que non, que cette formule d'ailleurs est insuffisante : le Père Le Courrayer n'a pas prouvé le contraire. *Voy.* ANGLICAN.

ORDINAND, homme qui doit recevoir les ordres. On voit, par les divers monuments de l'antiquité, avec quel soin l'Eglise voulait que les *ordinands* fussent examinés. Dès le III° siècle, Tertullien et saint Cyprien ; dans les suivants, saint Basile, saint Léon et d'autres Pères, en rendent témoignage, et cela est prouvé par les canons de plusieurs conciles. Cette discipline parut si sage à l'empereur Alexandre Sévère, qu'il voulut qu'elle fût observée à l'égard des gouverneurs des provinces. Lampride, *in Vita Alex. Sev.* L'examen concernait non-seulement la foi et la doctrine, mais encore les mœurs et la condition des *ordinands*. On excluait des ordres tous ceux qui étaient suspects d'hérésie, ceux qui avaient été soumis à la pénitence publique, ceux qui étaient tombés dans les persécutions, qui étaient coupables de quelque grand crime, comme d'homicide, d'adultère, d'usure, de sédition, de s'être mutilés eux-mêmes, s'ils les avaient commis depuis leur baptême ; ceux qui avaient été baptisés par les hérétiques, ou qui souffraient que quelqu'un de leur famille persévérât dans le paganisme ou dans l'hérésie ; et l'on prenait les plus grandes précautions pour écarter jusqu'au plus léger soupçon de simonie. Quant à la condition, l'on n'admettait point aux ordres les militaires, les esclaves, ni même les affranchis, sans la permission de leurs maîtres, ceux qui étaient engagés dans une société d'art ou de métier, ceux qui étaient chargés des deniers publics, et qui devaient en rendre compte, ceux que nous appelons *hommes d'affaires*, les bigames, les acteurs de théâtre. Bingham, *Orig. ecclés.*, l. IV, c. 3 et 4. Quiconque est instruit de cette discipline ne peut pas concevoir comment, dans nos derniers siècles, une foule d'écrivains ont voulu nous peindre les pasteurs de l'Eglise des quatre ou cinq premiers siècles comme des hommes sans mérite, ou comme des personnages d'une vertu très-suspecte. Nous sommes très-persuadés que ces saintes règles n'étaient pas observées fort scrupuleusement chez les hérétiques ; que, dans les temps de trouble, on s'en est relâché, quelquefois par nécessité et par impossibilité de faire autrement ; de là cette multitude d'évêques ariens qui étaient si peu dignes de leur caractère. Mais enfin ces règles ont toujours subsisté, les conciles ont veillé à leur observation, et souvent ont dégradé ceux qui ne les avaient pas respectées.

ORDINATION, cérémonie par laquelle on donne les ordres. Dans l'Eglise romaine elle consiste dans l'imposition des mains de l'évêque sur la tête des ordinands, avec une formule ou une prière, et dans l'action de leur mettre à la main les instruments du culte divin, relatifs aux fonctions de l'ordre qu'ils reçoivent. L'imposition des mains n'a cependant lieu qu'à l'égard des trois ordres majeurs ; savoir, l'épiscopat, la prêtrise et le diaconat. La principale question, qui se présente sur ce sujet, est de savoir si l'*ordination* est ou n'est pas un sacrement ; les protestants la regardent comme une simple cérémonie ; les catholiques soutiennent que c'est un sacrement, et ils le prouvent.

1° Les protestants même ne peuvent refuser de reconnaître pour sacrement une cérémonie qui donne le Saint-Esprit, la grâce sanctifiante et des pouvoirs surnaturels ; or, tel est l'effet de l'*ordination*. *Joan.*, c. XX, v. 21, nous lisons que Jésus-Christ, après sa résurrection, dit à ses apôtres : *Comme mon Père m'a envoyé, je vous envoie ;* qu'ensuite il souffla sur eux et leur dit : *Recevez le Saint-Esprit ; les péchés sont remis à ceux auxquels vous les remettrez, et sont retenus à ceux auxquels vous les retiendrez.* Personne, sans doute, ne niera que l'effet n'ait exactement répondu aux paroles. Les apôtres reçurent donc une mission semblable à celle de Jésus-Christ, le Saint-Esprit et le pouvoir de le communiquer, avec celui de remettre les péchés. En effet, il est dit (*Act.* VI, 6) que, pour établir sept diacres, les apôtres leur imposèrent les mains, avec des prières ; c. VIII, v. 17, que les apôtres, en imposant les mains sur les fidèles baptisés, leur donnaient le Saint-Esprit ; c. XIII, v. 2, que, pendant qu'ils jeûnaient et célébraient la liturgie, le Saint-Esprit dit : Séparez-moi Paul et Barnabé pour l'ouvrage auquel je les destine ; qu'en conséquence ils continuèrent de jeûner et de prier ; qu'ils leur imposèrent les mains et les envoyèrent ; que ces deux hommes furent envoyés par le Saint-Esprit. Saint Paul écrit à son disciple Timothée, c. IV, v. 14 : « Ne négligez point la grâce qui est en vous, qui vous a été donnée par l'esprit prophétique avec l'imposition des mains des prêtres ; c. V, 22, n'imposez trop tôt les mains à personne, et ne participez pas aux péchés d'autrui ; *II Tim.*, c. I, v. 6, je vous avertis de ressusciter la grâce de Dieu qui est en vous par l'imposition de mes mains ; car Dieu ne nous a pas donné un esprit de crainte, mais de force, de charité et de sobriété. » Il dit aux pasteurs de l'Eglise d'Ephèse que le Saint-Esprit les a établis évêques ou surveillants pour gouverner l'Eglise de Dieu (*Act.* xx, 28).

Nous ne nous arrêterons point à réfuter les différentes tournures dont les protestants se sont servis pour esquiver les conséquences de ces passages. En les rapprochant et en les comparant, ils nous paraissent prouver que les apôtres, en imposant les mains aux ordinands, ont cru leur donner la même mission et les mêmes pouvoirs qu'ils avaient reçus eux-mêmes de Jésus-Christ; qu'ils ont cru leur communiquer le Saint-Esprit et la grâce nécessaire pour remplir fidèlement les fonctions de leur ministère; qu'ils ont voulu que ces évêques fissent de même à l'égard des nouveaux pasteurs qui devaient leur succéder dans le gouvernement de l'Eglise de Dieu. Cela posé, nous demandons s'il manque quelque chose à l'*ordination* pour être un vrai sacrement.

2° Nous n'avons point, comme les protestants, le privilége d'entendre l'Ecriture sainte comme il nous plaît; nous en puisons le sens dans la tradition laissée par les apôtres à leurs disciples, et transmise par ceux-ci à leurs successeurs. Or, dans les lettres de saint Clément et de saint Ignace, instruits par les apôtres mêmes, dans les canons des apôtres qui nous ont conservé la discipline des trois premiers siècles, la hiérarchie des évêques, des prêtres et des diacres, est représentée comme une institution divine, formée sur le modèle de l'ancien sacerdoce; saint Clément, *Epist. I ad Cor.*, n. 42. Il est dit qu'ils transmettent leur ministère et des fonctions à leurs successeurs, n. 44; qu'eux seuls doivent présider au culte divin, et que les fidèles doivent leur être soumis; que l'évêque tient la place de Jésus-Christ, et les prêtres celle des apôtres, saint Ignace, *Epist. ad Magnes.*, n. 6; qu'ils sont ordonnés par l'imposition des mains, *can. apost. I*; qu'ils offrent à l'autel le sacrifice que Dieu a établi, *can. II*; qu'ils forment un ordre sacré, *can. VI*; que les évêques assemblés doivent décider les contestations ecclésiastiques, *can. XXX*. Voilà certainement une mission, des pouvoirs, un caractère et des fonctions qui n'appartiennent point aux simples fidèles. Saint Irénée, saint Clément d'Alexandrie, Tertullien, Origène, saint Cyprien, nous attestent que cette discipline était observée au iii° siècle; elle était donc la même en Asie, en Afrique, en Italie et dans les Gaules; qui l'y avait introduite? Nous ne faisons presque ici que copier les réflexions de deux théologiens anglicans, de Béveridge dans ses *Notes sur les Canons des apôtres*, et de Bingham dans ses *Origines ecclésiastiques*, l. iii et iv. Nous ignorons pourquoi ces deux savants, qui ont prouvé comme nous que l'institution des évêques, des prêtres et des diacres, et les degrés de leur hiérarchie sont de droit divin, n'ont pas pris la peine d'examiner si leur *ordination* est ou n'est pas un sacrement; comment ils n'ont pas vu que c'est une conséquence nécessaire des passages et des monuments que nous venons de citer. Encore une fois, si une cérémonie qui donne à celui qui la reçoit une mission, un caractère, une grâce et des pouvoirs surnaturels, n'est pas un sacrement, nous ne savons plus ce que l'on doit entendre sous ce nom.

3° Le concile de Trente n'a donc fait que confirmer la doctrine et l'usage reçus des apôtres, lorsqu'il a décidé que l'*ordination* est un vrai sacrement, qui donne le Saint-Esprit, qui imprime un caractère sacré, qui communique le pouvoir d'offrir le saint sacrifice, et de remettre les péchés, etc., *sess.* 23, *can. I* et suiv. Il appuie cette doctrine sur les passages de l'Ecriture sainte que nous avons allégués, c. 1 *et seq.* Lorsque les apôtres et leurs disciples se sont donné des successeurs par l'*ordination*, ils leur en ont transmis, sans doute, la même idée et la même notion qu'ils en avaient eux-mêmes. Or, les pasteurs de l'Eglise, dans tous les siècles, se sont crus revêtus de la même mission, du même caractère, de la même grâce et du même ministère que les apôtres. La doctrine catholique a donc autant de témoins qu'il y a eu d'hommes ordonnés depuis les apôtres jusqu'à nous. Après quinze siècles il était un peu tard pour venir en enseigner une autre. Nous demandons aux protestants, qui n'ont point d'*ordination* et qui soutiennent qu'il n'en faut point, qui leur a donné le Saint-Esprit pour mieux entendre l'Ecriture sainte que les disciples des apôtres, que les pasteurs de l'Eglise catholique leurs successeurs, que ceux mêmes des Eglises schismatiques séparées d'elle depuis douze cents ans?

4° En effet, les sectes des chrétiens orientaux, les nestoriens, les jacobites, les Grecs, les Arméniens, donnent les ordres comme les Latins, par l'imposition des mains accompagnée de prières; ils sont persuadés que cette cérémonie vient de tradition apostolique, qu'elle confère une grâce particulière à ceux qui sont ordonnés, pour les rendre capables de remplir saintement les fonctions du ministère dont ils sont chargés; qu'elle met entre eux et les autres chrétiens une distinction fixe et constante, par conséquent qu'elle leur imprime un caractère; que celui qui a reçu un ordre inférieur, comme le sous-diaconat ou le diaconat, n'a pas pour cela le pouvoir d'exercer les fonctions de prêtre ou d'évêque, mais qu'il lui faut une nouvelle *ordination*. Ils sont donc très-persuadés que les ordres sont un sacrement, et ce n'est pas l'Eglise latine qui leur a donné cette croyance, puisqu'ils ont continué à la détester depuis leur schisme. Ainsi c'est contre toute vérité que les prétendus réformateurs ont soutenu que la distinction des ordres et la qualité de sacrement, qui leur est attribuée par les Latins, est une invention des papes, inconnue à l'ancienne Eglise. Ces mêmes Orientaux regardent le sacerdoce comme un degré de dignité et d'autorité dans l'Eglise, qui ne peut être donné que par l'imposition des mains des évêques, successeurs des apôtres ; et ils ne reconnaissent pour évêques que ceux qui ont reçu l'*ordination* épiscopale par les mains d'autres évêques, et qui, par cette succession constante, remontent jusqu'à Jésus-Christ. Jamais ils n'ont cru, comme les protestants, qu'une assemblée de laïques pût faire des prêtres ; jamais ils n'ont reconnu pour pasteurs légitimes que ceux auxquels l'évêque avait imposé les mains avec les prières et les cérémonies ordinaires. *Perpét. de la foi,* t. V, l. v, c. 6 et 8.

Fondés sur toutes ces preuves, les théologiens catholiques définissent l'*ordination* : un sacrement de la loi nouvelle, qui donne le pouvoir de faire les fonctions ecclésiastiques, et la grâce pour les exercer saintement. Ils ne sont pas d'accord à déterminer quelles sont la matière et la forme essentielles de ce sacrement ; tous conviennent que l'imposition des mains est absolument nécessaire, aussi bien que la prière ; mais la formule de cette prière n'est fixée ni par l'Ecriture sainte ni par aucun monument des premiers siècles ; elle n'est pas littéralement la même dans l'Eglise latine et chez les Orientaux ; mais le sens n'est pas différent. La grande question est de savoir si la *porrection* des instruments, usitée chez les Latins, est aussi essentielle que l'imposition des mains. La première n'a pas lieu dans les Eglises orientales, et cependant leurs *ordinations* sont regardées comme valides. De même qu'un prêtre latin a toujours été reçu comme tel dans l'Eglise grecque, ainsi un prêtre grec, syrien, égyptien, arménien, éthiopien, passe dans l'Eglise romaine pour validement ordonné ; mais un prêtre anglican, un ministre luthérien ou calviniste, ne sont envisagés chez les Orientaux, non plus que chez nous, que comme de simples laïques sans *ordination*. Habert, dans son *Pontifical*, le Père Morin et le Père Goar, dans leurs *Traités de l'Ordination*, exposent la discipline des Grecs sur ce point ; celle des autres Orientaux y est conforme. *Perpét. de la foi, ibid.,* c. 7 et 10. Parmi les reproches que les Grecs ont faits aux Latins, nous ne voyons pas qu'ils les aient blâmés d'avoir ajouté à l'imposition des mains la porrection des instruments, avec une formule qui y est relative. Ce symbole est en effet très-énergique et très-convenable, il est imité d'après la consécration des prêtres de l'ancienne loi (*Exod.* XXIX, 24 et 34 ; *Num.* III, 3, etc.) ; il sert à distinguer l'*ordination* et les fonctions des divers ministres de l'Eglise. Ç'a été un trait de bizarrerie et de témérité de la part des anglicans, qui ont conservé l'*ordination*, de retrancher la *porrection* des instruments, et d'imiter le rite des Orientaux plutôt que celui de l'Eglise romaine, puisque l'on ne peut pas décider avec une entière certitude que cette *porrection* n'est pas nécessaire. *Voy.* PRÊTRISE.

L'*ordination* des évêques se nomme communément *sacre* ou *consécration*. Leur principal privilége est de pouvoir seuls ordonner les ministres inférieurs de l'Eglise ; ce pouvoir leur a toujours été réservé ; on le voit par les *Canons des apôtres*. Selon l'ancienne discipline de l'Eglise, on ne connaissait point les *ordinations* vagues ; tout clerc était obligé de s'attacher à une église, de s'y destiner à une fonction, pour laquelle il devait être ordonné. Dans le XIIe siècle on se relâcha de cet usage, et il en est résulté plusieurs inconvénients ; le concile de Trente a travaillé à le rétablir, en défendant d'ordonner un clerc qui ne serait pas pourvu d'un titre ou d'un bénéfice capable de le faire subsister. Mais la nécessité de fournir des vicaires et des desservants dans les paroisses et les églises succursales de la campagne, oblige les évêques à ordonner des prêtres sur un simple titre patrimonial.

Le pape Alexandre II a condamné les *ordinations* que l'on appelle *per saltum*, c'est-à-dire qu'il a défendu d'élever aux ordres majeurs un clerc qui n'aurait pas reçu l s ordres mineurs, et plus encore de conférer un des ordres majeurs à celui qui n'aurait pas reçu l'ordre qui doit précéder, comme d'ordonner prêtre un homme qui n'est pas diacre. Quoique plusieurs théologiens aient soutenu que ces sortes d'*ordinations* seraient valides sans être légitimes, leur sentiment n'est pas suivi ; et si l'on peut en citer des exemples, c'étaient des abus. Tout le monde sait que les femmes sont incapables de recevoir aucun ordre ecclésiastique, et que pour être ordonné validement, un homme doit être baptisé et consentir librement à son *ordination*.

ORDINATIONS ANGLICANES. *Voy.* ANGLICAN.

ORDRE, caractère, pouvoir, ministère ecclésiastique, conféré à un homme par l'ordination (1). Le concile de Trente, sess.

(1) Canons de doctrine.
Si quelqu'un dit que dans le Nouveau Testament il n'y a point de sacerdoce visible et extérieur, ou qu'il n'y a pas une certaine puissance de consacrer et d'offrir le vrai corps et le vrai sang de Notre-Seigneur et de remettre et retenir les péchés, mais que tout se réduit à la commission et au simple ministère de prêcher, ou bien que ceux qui ne prêchent pas ne sont aucunement prêtres, qu'il soit anathème. Conc. de Trente, 23e sess., du sacr. de l'ordre, c. 1. — Si quelqu'un dit qu'outre le sacerdoce il n'y a point dans l'Eglise d'autres ordres majeurs et mineurs, par lesquels, comme par certains degrés, on monte au sacerdoce, qu'il soit anathème. C. 2. — Si quelqu'un dit que l'ordre ou la sacrée ordination n'est pas véritablement et proprement un sacrement institué par Notre-Seigneur Jésus-Christ, ou que c'est une invention humaine, imaginée par des gens ignorants des choses ecclésiastiques, ou bien que ce n'est qu'une certaine forme et manière de choisir des ministres de la parole de Dieu et des sacrements, qu'il soit anathème. C. 3. — Si quelqu'un dit que le Saint-Esprit n'est pas donné pour l'ordination sacrée, et qu'ainsi c'est vainement que les évêques disent: *Recevez le Saint-Esprit*, ou que, par là même ordination, il ne s'imprime point de caractère, ou bien que celui qui une fois a été prêtre peut de nouveau devenir laïque, qu'il soit anathème. C. 4. — Si

23, après avoir décidé que l'ordination est un sacrement qui donne le Saint-Esprit, et imprime un caractère ineffaçable, distingue sept *ordres* outre l'épiscopat; savoir, trois *ordres* sacrés, ou majeurs, qui sont la prêtrise, le diaconat et le sous-diaconat, et quatre *ordres mineurs*, qui sont ceux d'acolyte, d'exorciste, de lecteur et de portier. La distinction de ces divers degrés, et le plus ou moins de proximité qu'ils ont au sacerdoce, sont la raison pour laquelle on les a nommés *ordres*. Le concile décide encore qu'il y a de droit divin dans l'Eglise une hiérarchie composée des évêques, des prêtres et des ministres ou des diacres. *Voy.* Hiérarchie, et les noms de chaque *ordre* en particulier. Il décide enfin que les évêques sont, de droit divin, supérieurs aux simples prêtres. *Voy.* Épiscopat, Evêques.

Plusieurs théologiens ont disputé pour savoir si le sous-diaconat et les *ordres mineurs* sont des sacrements, le concile de Trente ne le décide pas formellement; mais en prononçant que l'*ordre* ou l'ordination est un sacrement, et en donnant le nom d'*ordre* aux divers degrés de ministre qui approchent plus ou moins du sacerdoce, il semble décider que tout ce qui est *ordre* est sacrement. Il fait remarquer que tous ces degrés tirent leur dignité et leur importance de la relation qu'ils ont de près ou de loin avec l'auguste sacrifice des autels, et avec le pouvoir de remettre les péchés. Aussi le sentiment presque général parmi les théologiens est que non-seulement le sous-diaconat, mais encore les quatre *ordres mineurs* sont des sacrements; tous conviennent qu'un clerc ne peut et ne doit pas recevoir deux fois le même *ordre*; d'où l'on conclut que chacun de ces degrés imprime un caractère ineffaçable. Les Grecs et les autres sectes de chrétiens orientaux regardent comme des *ordres* le sous-diaconat, l'office de lecteur et celui de chantre; ils ne connaissent pas d'autres *ordres mineurs*. *Perpét. de la foi*, t. V, l. v, c. 6.

Mosheim, qui semble n'avoir entrepris son

quelqu'un dit que l'onction sacrée dont use l'Eglise dans la sainte ordination non-seulement n'est pas requise, mais qu'elle doit être rejetée, et qu'elle est pernicieuse, aussi bien que les autres cérémonies de l'ordre, qu'il soit anathème. C. 5.—Si quelqu'un dit que, dans l'Eglise catholique, il n'y a point d'hiérarchie établie par l'ordre de Dieu, laquelle est composée d'évêques, de prêtres et de ministres, qu'il soit anathème. C. 6. — Si quelqu'un dit que les évêques ne sont pas supérieurs aux prêtres, ou qu'ils n'ont pas la puissance de conférer la confirmation et les ordres, ou que celle qu'ils ont leur est commune avec les prêtres, ou que les ordres qu'ils confèrent sans le consentement ou l'intervention du peuple ou de la puissance séculière sont nuls, ou que ceux qui ne sont pas ordonnés ni commis bien et légitimement par la puissance ecclésiastique et canonique, mais qui viennent d'ailleurs, sont pourtant de légitimes ministres de la parole de Dieu, qu'il soit anathème. C. 7. — Si quelqu'un dit que les évêques qui sont choisis par l'autorité du pape ne sont pas vrais et légitimes évêques, mais que c'est une invention humaine, qu'il soit anathème. C. 8.

histoire ecclésiastique que pour censurer la conduite de l'Eglise catholique, attribue à des motifs peu louables l'institution des *ordres mineurs*. « Au iiie siècle, dit-il, les évêques s'attribuèrent beaucoup plus d'autorité qu'ils n'en avaient eu auparavant; ils diminuèrent insensiblement les droits, non-seulement des simples fidèles, mais des prêtres. Un des principaux auteurs de cette nouvelle discipline fut l'évêque Cyprien, homme le plus entêté qui fut jamais des prérogatives de l'épiscopat. Cette innovation ne manqua pas d'introduire des vices parmi les ministres de l'Eglise, le luxe, la mollesse, l'arrogance, la fureur de disputer. Plusieurs évêques, surtout ceux qui occupaient les plus grands siéges et les plus riches, s'arrogèrent les droits et les ornements des souverains, un trône, des officiers, des habits pompeux, pour en imposer au peuple. Les prêtres imitèrent l'exemple des évêques, négligèrent leurs devoirs pour se livrer à la mollesse; les diacres, attentifs à profiter de l'occasion, s'emparèrent des droits et des fonctions du sacerdoce. Telle est, selon moi, continue Mosheim, l'origine *des ordres mineurs*, des sous-diacres, des acolytes, etc. L'Eglise aurait pu s'en passer, s'il y avait eu plus de piété et de religion parmi ses pasteurs. Dès que les évêques et les prêtres se furent dispensés des fonctions qui leur paraissaient trop basses, les diacres firent de même, et voulurent avoir des inférieurs. »

Ainsi la malignité des hérétiques trouve des sujets de scandale dans les choses les plus innocentes et même les plus louables; nous soutenons que l'institution des *ordres mineurs* a eu des motifs diamétralement opposés à ceux que Mosheim a forgés. — 1° Lorsque les fidèles étaient encore peu nombreux, un seul homme zélé et laborieux pouvait suffire à toutes les fonctions du sacerdoce. Ainsi dans les campagnes un seul curé dessert une paroisse entière, lorsqu'elle n'est pas fort étendue, sans être aidé par des clercs; mais si son troupeau est nombreux et distribué dans plusieurs hameaux, il est obligé de s'associer au moins un vicaire. De même dans les premiers siècles, à mesure que la multitude des chrétiens augmenta, et lorsqu'une église renfermait plusieurs milliers de fidèles, un seul évêque ne pouvait plus suffire à remplir tous les devoirs et toutes les fonctions. Selon l'opinion commune, pendant les quinze premières années, les douze apôtres et plusieurs disciples demeurèrent rassemblés à Jérusalem; tous, sans doute, concouraient pour lors aux fonctions du sacerdoce; lorsqu'ils se trouvèrent surchargés, ils s'associèrent sept diacres (*Act.* vi, 2). Accuserons-nous les apôtres d'en avoir agi ainsi par orgueil et par mollesse, parce qu'ils dédaignaient des fonctions qui leur parurent trop basses, par l'ambition d'avoir des inférieurs, parce qu'ils manquaient de piété et de vraie religion? Mosheim n'a pas vu qu'en calomniant les évêques du iiie siècle, il donnait lieu aux incrédules de former la même accusation contre les apôtres. — 2° La haute idée que l'on avait conçue du saint sacrifice et de tout ce qui y a du rapport fit comprendre que l'aspect d'un grand nombre de ministres rassemblés autour de l'autel, occupés à remplir différentes fonctions, rendait la cérémonie plus auguste, inspirait plus de piété et de respect aux fidèles. Les apôtres avaient fait de même, puisque le tableau de la liturgie apostolique, tracé dans l'Apocalypse, nous représente le pontife qui préside assis sur un trône, revêtu d'habits majestueux, environné de vingt-quatre vieillards ou prêtres, et des anges qui concourent à la pompe de la cérémonie. Les apôtres, sans doute, n'avaient pas dessein d'en imposer au peuple, mais de lui imprimer le respect et la piété.

Si au III° siècle l'on avait eu, touchant l'eucharistie, le même sentiment que les protestants, l'on n'aurait pas eu besoin de tout cet appareil. Lorsqu'il n'est question que de préparer du pain et du vin sur une table, de couper ce pain en morceaux, de réciter les paroles de l'institution et d'inviter les assistants à en prendre, à quoi serviraient les ministres de différents *ordres?* Mais l'on n'a jamais ainsi célébré la liturgie dans l'Eglise de Dieu. Comme l'on a toujours cru que Jésus-Christ est véritablement présent sur les autels, on a conclu qu'il devait y recevoir nos adorations, et que l'on ne pouvait lui rendre un culte trop pompeux. Dès qu'il a plu aux protestants de retrancher ce culte, il a fallu par intérêt de système l'attribuer à des motifs odieux. En reprochant aux catholiques d'imiter les fonctions du sacerdoce judaïque, ils ont jugé qu'il était mieux de mettre leurs assemblées au ton de celles des Juifs modernes dans les synagogues. — 3° Si les fonctions d'un pasteur catholique n'étaient pas plus étendues que celles d'un ministre luthérien ou calviniste, un clergé nombreux serait très-superflu. Il ne faut pas une multitude d'hommes pour prêcher, pour présider à la cène et à la prière publique. Mais lorsqu'à l'instruction il faut joindre l'administration des sacrements, le soin des pauvres, la visite des malades, la vigilance sur les établissements de charité, sur la décence du culte, sur l'ornement des églises, etc., c'est autre chose. Les ministres protestants n'ont presque rien à faire, les pasteurs catholiques sont souvent surchargés; plus les évêques du III° siècle étaient laborieux et zélés, plus ils avaient besoin de ministres inférieurs. Ils ont donc eu des motifs tout différents de ceux que Mosheim leur a prêtés, et il n'est pas vrai que l'institution des *ordres mineurs* ait donné lieu aux inconvénients que ce protestant leur reproche. D'ailleurs les évêques des premiers siècles comprirent d'abord la nécessité de former de jeunes clercs, de les accoutumer de bonne heure aux fonctions du service divin, de faire dans la maison épiscopale ce que l'on fait aujourd'hui dans les séminaires. Telle est la véritable origine de l'institution des *ordres mineurs;* on en a senti l'utilité, puisque cet usage s'est conservé jusqu'à nous. Les curés des grandes paroisses de Paris ont un état aussi considérable que quelques évêques, leur clergé est aussi nombreux, et l'office de leur église est aussi pompeux que celui de plusieurs cathédrales. Quand les protestants et les incrédules se réuniraient pour soutenir que ces pasteurs se conduisent par mollesse, par vanité, par l'envie de s'arroger les droits et les fonctions de l'épiscopat, s'ensuivrait-il que cela est vrai. — 4° Un nouveau trait de maladresse de la part de Mosheim a été d'attribuer de l'ambition, du faste, de l'arrogance et de la mollesse à saint Cyprien, évêque le plus laborieux, le plus zélé, le plus charitable, le plus exact observateur de la pauvreté qui fut jamais. Il était, dit son accusateur, entêté des prérogatives de l'épiscopat, c'est-à-dire qu'il était exact à faire observer dans son clergé la discipline ecclésiastique, l'ordre et la subordination nécessaires pour entretenir la décence et la paix. Cette subordination était commandée par les Epîtres de saint Paul, par celles de saint Ignace, par les canons des apôtres, plus anciens que saint Cyprien. D'ailleurs cet évêque de Carthage avait-il quelque autorité dans l'Eglise grecque, pour y faire regarder comme *ordres mineurs* l'office des sous-diacres, des lecteurs et des chantres? Il n'avait pas plus d'influence dans l'Eglise latine, puisqu'à la réserve des évêques d'Afrique, aucun autre ne voulut adopter la discipline que saint Cyprien voulait établir, de faire rebaptiser ceux qui avaient été baptisés par des hérétiques. Les protestants ont grand soin de faire remarquer la résistance que fit cet évêque aux remontrances des papes, et le peu de déférence qu'il avait à leur autorité; et en même temps ils s'efforcent de le décréditer en le peignant comme un homme entêté à l'excès des prérogatives de l'épiscopat. — 5° Avant d'attribuer tant de vices aux évêques du III° siècle, il aurait été à propos de prévoir les conséquences. Si ce que Mosheim en a dit est vrai, il s'ensuit que depuis cette époque, et avant même que le christianisme fût solidement établi, Jésus-Christ, loin de tenir à son Eglise les promesses qu'il lui avait faites, l'a livrée à la discrétion de pasteurs corrompus par le luxe et par la mollesse, orgueilleux, ambitieux, disputeurs, entêtés, plus occupés de leurs prérogatives que du salut des âmes, qui n'avaient ni piété ni vraie religion. Selon saint Paul, Dieu a donné des pasteurs pour l'édification du corps de Jésus-Christ (*Ephes.* IV, 12); selon Mosheim, il ne les a donnés que pour la destruction de ce même corps, et ils y ont constamment travaillé dans tous les siècles.

Le seul évêque du III° siècle qui ait ressemblé au tableau tracé par ce protestant, est Paul de Samosate, hérétique scandaleux, condamné et déposé pour ses erreurs et ses mœurs déréglées; a-t-il été ainsi traité parce qu'il ressemblait à tous ses collègues. Voilà comme se laissent aveugler par leurs préjugés des théologiens protestants qui semblent d'ailleurs être judicieux et instruits.

ORDRE MILITAIRE. Comme ce qui regarde les *ordres militaires* tient pour le moins autant à l'histoire civile et politique des peuples de l'Europe qu'à l'histoire ecclésiastique, nous ne parlerons des principaux de ces *ordres* que pour exposer les motifs de leur institution, et pour répondre à quelques reproches qui ont été faits à ce sujet par des censeurs très-imprudents. Il n'est plus nécessaire de réfuter les auteurs qui ont voulu attribuer à Constantin l'institution des *ordres militaires*, et en particulier de celui de Saint-George, ni ceux qui ont fait remonter au VIII° siècle l'établissement de celui de Saint-André en Ecosse; tout le monde est aujourd'hui convaincu que la chevalerie n'a commencé que pendant les croisades, et date seulement de la fin du XI° siècle.

L'ordre de Saint-Jean de Jérusalem, nommé aujourd'hui l'*ordre de Malte*, qui est le plus ancien de tous, est né dans la Palestine. Il fut composé d'abord de religieux hospitaliers. Quelques marchands d'Amalphi, ville du royaume de Naples, obtinrent du calife des Sarrasins la permission d'établir à Jérusalem un hôpital pour les pèlerins indigents ou malades. Les religieux qui le desservaient furent nommés *hospitaliers de Saint-Jean de Jérusalem*, parce que leur église était dédiée à saint Jean-Baptiste. L'an 1099, lorsque cette ville eut été prise par les croisés, l'hôpital de Saint-Jean fut enrichi par les princes, qui en firent la capitale de leur royaume. Sous Baudouin II, l'an 1104, Raymond Dupuy, administrateur de l'hôpital, offrit de faire avec ses frères et à ses propres dépens la guerre aux mahométans. Cette offre fut acceptée et approuvée par le pape. Aux trois vœux solennels de religion, les hospitaliers en ajoutèrent un quatrième, par lequel ils s'engageaient à défendre des insultes des Sarrasins les pèlerins qui allaient visiter les lieux saints. Ainsi cet *ordre*, hospitalier dans son origine, devint militaire. Ce n'est point à nous de rapporter les exploits des chevaliers ni les révolutions que cet *ordre* célèbre a essuyées; on peut s'en instruire dans l'histoire qu'en a faite l'abbé de Vertot. Sur ce modèle fut institué dans la même ville, l'an 1118, l'*ordre des Templiers*, ainsi nommés parce que la maison habitée par les chevaliers était sur l'emplacement du temple de Jérusalem. Les fondateurs furent Hugues des Payens, Geoffroi de Saint-Aldemar ou de Saint-Omer, et sept autres personnes. Cet *ordre* fut confirmé l'an 1128 dans le concile de Troyes, et assujetti à une règle que saint Bernard dressa pour les chevaliers. Leur destination était de veiller à la sûreté des chemins, et de protéger les pèlerins. On sait que cet *ordre* fut supprimé dans le concile général de Vienne l'an 1311. L'histoire en a été écrite par Dupuy, et réimprimée à Bruxelles en 1751.

L'*ordre du Saint-Sépulcre* fut établi l'an 1120, pour garder le saint sépulcre et le préserver de la profanation des infidèles. Celui des chevaliers teutoniques, ou de Notre-Dame des Allemands, fut encore érigé dans la Palestine, l'an 1190, pendant le siége d'Acca ou de Saint-Jean d'Acre, autrefois Ptolémaïde. Des marchands de Brême et de Lubeck se vouèrent au service des malades et établirent un hôpital. Les princes allemands qui se trouvaient à ce siége résolurent d'instituer parmi la noblesse de leur nation une confraternité destinée à cette bonne œuvre. Elle fut approuvée par le pape Célestin III, l'an 1192. Les chevaliers faisaient vœu de défendre la religion chrétienne et la terre sainte, et de pourvoir au besoin des pauvres. Lorsqu'ils furent retournés dans leur pays, Conrad, duc de Mazovie et de Cajavie, implora leur secours pour se défendre contre les irruptions des Prussiens idolâtres qui désolaient ses Etats; il leur céda deux provinces et toutes les terres qu'ils pourraient conquérir sur ces barbares. Dans l'espace de cinquante ans, ils conquirent en effet la Prusse, la Lithuanie, la Poméranie, etc. Plusieurs savants du Nord ont fait l'histoire de cet *ordre*, dont le grand-maître, Albert de Brandebourg, embrassa le luthéranisme avec la plupart des chevaliers, l'an 1523. Les *ordres militaires*, institués en Espagne et en Portugal, ont eu pour objet de défendre ce royaume contre les Maures ou Barbaresques. Ceux qui ont été établis dans les autres Etats d'Europe sont de simples marques d'honneur par lesquelles les souverains récompensent les sujets qui leur ont rendu des services distingués, soit dans le militaire, soit ailleurs. Par ce simple exposé, il est évident que les *ordres militaires* ont pris naissance dans un temps où l'Europe n'avait que deux espèces d'habitants; savoir, les nobles toujours armés, et les colons toujours esclaves, et où les premiers cherchaient à concilier la dévotion avec le métier des armes. L'objet de leur établissement était louable, et tous ont rendu d'abord de grands services; plusieurs ont ensuite dégénéré, c'est le sort de toutes les institutions humaines.

Fabricius et d'autres protestants n'ont approuvé ni les croisades ni les services rendus par les *ordres militaires*; ils ont dit que les seuls moyens légitimes de propager le christianisme sont ceux dont les apôtres se sont servis; savoir, l'instruction, les exemples de vertu et la patience. Ils ont gémi de ce que la foi chrétienne a été prêchée dans le Nord l'épée à la main par les chevaliers teutoniques. Ces violences, disent-ils, étaient plus propres à irriter les barbares qu'à les convertir, elles déshonorent notre religion, et sont directement contraires à l'esprit de charité que Jésus-Christ a voulu inspirer à tous les hommes. Les incrédules n'ont pas manqué d'enchérir sur ces déclamations: sont-elles aussi bien fondées qu'elles le paraissent d'abord? — 1° L'on confond deux choses très-différentes, l'objet, l'intention, la conduite des chevaliers et celle des missionnaires. On suppose que les croisades et les exploits militaires des chevaliers avaient pour premier objet la conversion des infidèles : c'est une fausseté. Leur destination était de défendre les chrétiens contre les attaques, les insultes et la violence des infidèles, soit musulmans, soit idolâtres ; de prévenir leurs irruptions, de réprimer leur brigandage. Où est le crime? La religion chrétienne, aussi bien que la loi naturelle, défend la violence de particulier à particulier, parce qu'ils sont protégés par les lois ; mais elles ne défendent point aux nations d'opposer la force à la force, la guerre à la guerre, les représailles aux hostilités, parce qu'il n'y a point d'autre moyen praticable pour se mettre en sûreté. Que les guerriers soient chevaliers ou soldats, volontaires ou enrôlés, religieux ou séculiers, cela est égal ; la question se réduit à savoir si le christianisme réprouve l'usage des armes dans tous les cas, et si tout exploit militaire est condamné par l'Evangile. Jamais les chevaliers ne se sont érigés en prédicateurs, et jamais les missionnaires n'ont été armés ; les barbares étaient des animaux farouches ; il fallait commencer par en faire des hommes en les domptant par la force, avant de penser à en faire des chrétiens : le premier de ces exploits était l'affaire des chevaliers, le reste était réservé aux missionnaires. Lorsque les guerriers avaient fait leur métier, ils protégeaient les missionnaires, pour que ceux-ci pussent faire paisiblement le leur. Encore une fois, nous ne voyons pas où est le crime, quand les chevaliers, contents d'avoir forcé les barbares au repos, n'auraient pas pensé à leur donner une religion pour les apprivoiser, on ne pourrait pas encore les juger coupables ; s'ils ont poussé le zèle de religion plus loin, nous prions nos adversaires de nous dire en quoi ce second motif a pu rendre le premier illégitime. On dit que ce moyen était plus propre à révolter les barbares qu'à les convertir ; mais le contraire est prouvé par l'événement, puisqu'enfin ils se sont convertis, et que tout le Nord est devenu chrétien. Ils ont massacré cent missionnaires, et ceux-ci se sont laissé égorger comme les apôtres. — 2° Jésus-Christ, loin de permettre à ses apôtres d'user de violence pour convertir, leur a ordonné au contraire de la souffrir : mais les apôtres n'ont pas eu d'abord à instruire des barbares arrivés à main armée dans l'empire romain et occupés à le ravager ; ils prêchaient l'Evangile dans un pays où il y avait des lois, de la police, un souverain et un gouvernement bon ou mauvais. Mais s'ils avaient été placés sur une frontière infestée par des hordes d'Arabes idolâtres, par des armées de Perses, adorateurs du feu, par des bandes de Scythes farouches, est-il bien certain qu'ils auraient ordonné aux fidèles de se laisser massacrer sans résistance? Nous sommes persuadés qu'ils les auraient encouragés à se défendre ; et si les Romains victorieux avaient réussi à dompter tous ces barbares par les armes, les apôtres auraient marché sans hésiter sur la trace des armées, et seraient allés planter la croix à la place des aigles romaines. Autre chose était de souffrir patiemment la persécution des magistrats, des officiers du prince et du souverain lui-même, et autre chose de se laisser tuer par des barbares étrangers, exerçant le brigandage contre le droit des gens. On répliquera que les mahométans étaient en possession de la Palestine lorsque les croisés sont allés les attaquer chez eux. Mais les empereurs grecs n'avaient pas cédé la Palestine aux mahométans par des traités solennels, et depuis longtemps ils imploraient le secours des princes chrétiens. Les mahométans menaçaient d'envahir l'Europe entière ; ils avaient déjà conquis la Corse, la Sicile et une partie de la Calabre ; fallait-il attendre qu'ils revinssent pour les repousser? L'événement a prouvé que le seul moyen de les affaiblir était d'aller les attaquer chez eux. Il en était de même des Maures à l'égard de l'Espagne, et des barbares du Nord relativement aux divers Etats de l'Allemagne. — 3° Si les chrétiens du XII° et du XIII° siècle avaient péché dans la manière de maintenir leur religion, et dans les moyens qu'ils ont employés pour la défendre, ce ne serait pas aux protestants qu'il conviendrait de les condamner. Ils ont toujours soutenu qu'il leur était permis de prendre les armes contre le souverain, pour obtenir la liberté de conscience, et pour la conserver lorsqu'elle leur avait été accordée, et ils se sont conduits partout selon cette maxime. Nous voudrions savoir par quelle loi il est plus permis de faire la guerre au gouvernement sous lequel on est né, qu'à des barbares qui en veulent non seulement à notre religion, mais à nos biens, à notre liberté et à notre vie. Les incrédules n'ont pas meilleure grâce à répéter les reproches des protestants, puisqu'ils soutiennent comme eux que la tolérance illimitée est de droit naturel, que tout homme est autorisé par la loi naturelle à croire et à professer telle religion qu'il lui plaît, et à défendre cette précieuse liberté par toute voie quelconque. Nous demandons pourquoi les chrétiens croisés n'ont pas dû jouir de cette liberté dans la Palestine, aussi bien qu'en France, et pourquoi les Allemands convertis au christianisme ont dû souffrir que les Prussiens idolâtres vinssent renverser leurs autels? *Voy.* CROISADES, MISSIONS.

ORDRES MONASTIQUES OU RELIGIEUX, congrégation ou société de religieux soumis à un seul chef, qui observent la même règle et portent le même habit. On peut réduire les *ordres religieux* à cinq classes ; savoir, moines, chanoines réguliers, chevaliers, clercs réguliers et mendiants : nous avons parlé de chacun sous leur titre particulier. Au mot MOINE, nous avons exposé l'origine de l'état religieux, et nous en avons suivi les progrès dans les différents siècles ; nous avons fait voir que cet état n'a rien que de louable ; que, dans tous les temps, il a rendu de grands services à la religion. Au mot MONASTÈRE, nous avons prouvé que les biens possédés par les religieux leur appartiennent légitimement, et qu'il n'est pas vrai que cette possession nuise au bien public. Enfin, au mot **Mendiant**, nous avons justifié la mendicité des religieux pauvres. Dans ces divers articles, nous avons répondu aux accusations que les hérétiques, les incrédules et les faux politiques ont formées contre l'état religieux. Il nous reste peu de chose à dire pour achever d'en faire l'apologie ; elle nous a paru bien faite dans la brochure intitulée : *de l'Etat religieux*, qui vient d'être publiée.

On demande pourquoi cette multitude d'*ordres religieux*? à quoi bon cette variété d'habits et de régimes? Le concile de Latran, tenu l'an 1215, avait défendu d'établir de nouveaux *ordres ;* un concile de Lyon, tenu soixante ans après, avait renouvelé cette défense : pourquoi a-t-elle été mal observée ? Nous devons satisfaire à toutes ces questions, pour les avantages et les inconvénients de la discipline actuelle. Nous pourrions nous borner à répondre que la multitude et la variété des *ordres religieux* a eu pour but de contenter tous les goûts, et de satisfaire toutes les inclinations. Tel qui veut embrasser la vie des chartreux ne voudrait pas entrer chez les bénédictins ou chez les chanoines réguliers : celui qui se sent porté à faire profession dans un *ordre* mendiant, ne voudrait pas vivre chez les moines rentés, etc. Il est étonnant que nos philosophes, si zélés partisans de la liberté, qui regardent les vœux monastiques comme un esclavage insupportable, ne veuillent pas seulement accorder à ceux qui aspirent à l'état religieux, la liberté de choisir entre les divers régimes auxquels il faut s'engager par les vœux : nous ne comprenons rien à cette contradiction. Mais il y a des raisons plus solides. La variété des *ordres religieux* est venue des divers besoins de l'Eglise, dans les différents siècles et dans les divers climats, et de la différence des bonnes œuvres auxquelles ils se destinaient. Les fondateurs des *ordres* ont vu et senti ces besoins chacun à leur manière ; ils ne se sont pas concertés, puisque les uns ont vécu en Orient, les autres en Occident ; les uns au IV° ou au VI° siècle, les autres au XII° ou au XIII°. Ceux qui ont institué un *ordre religieux* en Angleterre ont consulté l'utilité, le goût, les mœurs de leur pays, sans s'informer de ce qui pouvait mieux convenir en Italie ; les fondateurs espagnols ne se sont pas crus obligés de savoir si leur institut serait goûté en Allemagne, etc.

Lorsque saint Benoît dressa sa règle, il avait sous les yeux celle des moines de la Thébaïde ; mais il comprit que l'austérité de celle-ci n'était pas supportable dans nos climats : il fut forcé de la mitiger pour ses religieux. Ceux qui ont formé des instituts dans les pays du Nord auraient été des imprudents s'ils avaient imposé à leurs prosélytes la multitude et la rigueur des jeûnes observés par les caloyers grecs et syriens. Il a donc fallu avoir égard au temps, aux lieux, au ton des mœurs, aux circonstances sous lesquelles on se trouvait. La même raison a déterminé les papes, lorsqu'ils ont approuvé et confirmé les différents *ordres religieux* récemment établis ; ils n'ont consulté que les besoins et l'utilité de l'Eglise, relativement au temps et aux lieux pour lesquels les fondateurs avaient travaillé. S'ils avaient eu l'esprit prophétique, ils auraient prévu les inconvénients qui naîtraient lorsque les circonstances auraient changé, lorsqu'un institut formé en Italie serait transporté en France ou en Allemagne, se trouverait en concurrence avec un autre, ne pourrait plus rendre les mêmes services, etc. Mais ceux qui sont si prompts à blâmer les papes, sont-ils eux-mêmes divinement inspirés pour prévenir les inconvénients qui résulteraient de la suppression de l'état religieux, de l'uniformité qu'ils voudraient y introduire, de l'enlèvement des biens monastiques, etc. Lorsque les *ordres religieux* ont été transplantés d'un pays dans un autre, ils y ont été appelés et établis par les souverains, par les grands, par les officiers municipaux, par les peuples, à cause des services particuliers qu'ils rendaient, et dont on sentait l'utilité pour lors. Ce n'est ni par une fausse dévotion ni par caprice que l'on a voulu en avoir de plusieurs espèces dans une même ville ; c'est par besoin, ou, si l'on veut, pour la commodité du public. De tout temps les hommes de tous les états ont cherché leur commodité pour satisfaire aux devoirs et aux pratiques de religion. Si ce défaut a été poussé à de trop grands excès, ce n'est ni à l'Eglise, ni aux papes, ni aux évêques qu'il faut s'en prendre ; on aurait trouvé fort mauvais qu'ils se refusassent aux désirs des peuples, et ce serait porter un peu trop loin la sévérité que de soutenir que les religieux eux-mêmes ont dû résister aux facilités qu'on leur donnait d'étendre leurs intérêts. Nous n'avons garde de douter de la sagesse et de la solidité des raisons pour lesquelles les conciles de Latran et de Lyon avaient défendu, en 1215 et en 1275, d'établir de nouveaux *ordres religieux ;* mais ceux qui blâment les papes d'avoir promptement violé cette défense, en approuvant les *ordres* de saint François et de saint Dominique, ne consultent ni les dates ni les circonstances. Saint François avait commencé à rassembler des disciples dès l'an 1209, et avait obtenu la même année l'approbation verbale du pape Innocent III. Ce pontife ne la renouvela, l'an 1210, qu'après avoir écouté, pour et contre, l'avis des cardinaux. L'institut des franciscains ou religieuses de sainte Claire commença l'an 1212. La défense faite sous le même pontife à Latran, l'an 1215, ne pouvait donc plus regarder les franciscains ; et l'on prétend que saint François lui-même s'adressa à ce concile, et en obtint l'approbation verbale. Honoré III, successeur d'Innocent, par sa bulle de l'an 1223, ne fit que confirmer ce qui était déjà fait.

Saint Dominique accompagna l'évêque de Toulouse au concile de Latran, et y fut présent ; il y allait précisément pour demander à Innocent III la confirmation de son institut. La promesse que lui en fit ce pontife ne fut pas donnée à l'insu ni contre le gré du concile. D'ailleurs, saint Dominique portait déjà l'habit des chanoines réguliers de saint Augustin, et il prit la règle de ce saint docteur pour ses religieux. Honoré III ne pouvait donc lui refuser la bulle confirmative de son institut, qu'il lui accorda le 16 décembre 1216. Les différentes branches de franciscains qui se sont formées n'étaient point de nouveaux *ordres*, mais des réformes d'un *ordre* déjà é'abli. Quant à la variété des habits, nous en avons rendu raison au mot HABIT MONASTIQUE. De la variété et de la multitude des *ordres monastiques* il est résulté, dit-on, de grands inconvénients; ils ont eu des intérêts, des desseins, des sentiments différents ; de là sont nées les jalousies, les disputes, les dissensions, qui ont troublé et scandalisé l'Eglise. S'il n'y avait eu dans l'Occident qu'un seul et même *ordre religieux*, comme il n'y en a que deux en Orient, cela ne serait pas arrivé. Mais on ne fait pas attention qu'un seul *ordre* ne pouvait pas suffire à tous les besoins ni fournir des sujets pour remplir toutes les espèces de devoirs de la charité. Enseigner les lettres et les sciences dans les collèges, soigner les malades dans les hôpitaux, travailler à la rédemption des captifs, faire des missions chez les infidèles et dans les campagnes, remplir les fonctions du ministère ecclésiastique dans les villes, catéchiser les enfants du peuple, etc., ne sont pas de bonnes œuvres assez compatibles pour qu'un même *ordre religieux* puisse s'en charger. Les deux *ordres* de saint Antoine et de saint Basile ont suffi pour les Orientaux, parce qu'ils ne se sont consacrés qu'au travail des mains, à la prière et à la pénitence ; en Occident, les fondateurs, sans négliger ces trois objets, se sont encore proposé l'utilité du prochain, et on ne peut que leur applaudir. C'est cependant contre les hommes respectables que les incrédules, copistes des protestants, ont évaporé leur bile. Ils disent que le vœu d'obéissance, imposé aux religieux, fait assez connaître quel a été le motif des fondateurs d'*ordres*; chacun d'eux a voulu se former un empire, devenir une espèce de souverain, commander despotiquement à ses semblables ; mais il en est résulté un désordre dans la société civile. Dans tous les temps un moine se crut plus obligé d'obéir à ses supérieurs spirituels et au pape, qu'au souverain, aux lois, aux magistrats de son pays. Dans tous les siècles des moines fougueux, excités par leurs chefs, sont devenus de vrais incendiaires dans les pays chrétiens.

Avec un peu plus de sang-froid, les ennemis de l'état religieux auraient vu que leurs calomnies seraient réfutées par des faits incontestables. Plusieurs saints sont devenus fondateurs d'*ordres* sans l'avoir prévu ; ils s'étaient retirés dans la solitude, sans vouloir y entraîner personne ; la bonne odeur de leurs vertus leur a procuré des disciples qui sont allés les chercher dans leur retraite, et se mettre sous leur conduite. C'est ce qui est arrivé à saint Benoît, à saint Bruno, etc. D'autres ont refusé d'être supérieurs généraux de leur *ordre*, ou se sont démis de cette charge le plus tôt qu'ils ont pu, et se sont réduits à la qualité de simples religieux. D'autres enfin ne sont devenus chefs d'*ordres* que pour la réforme la plus sévère qu'ils y ont établie, et en donnant les premiers l'exemple de l'obéissance. Où sont dans tous ces cas les marques d'ambition ? Sans l'obéissance aucun *ordre* ne pourrait subsister. Aucun de ces fondateurs n'a établi pour maxime que l'obéissance aux supérieurs spirituels et au pape dispensait les religieux d'être soumis au souverain, aux lois, aux magistrats. Aucun ne s'est cru en droit de fonder un monastère sans la permission et l'agrément du souverain et des magistrats. Souvent ce sont les souverains eux-mêmes qui ont invité les fondateurs ou les chefs d'*ordres* à venir s'établir dans leurs états, et ont doté ces établissements. Les religieux ont donc été attachés au souverain par reconnaissance aussi bien que par la qualité de sujets. Les rois ont toujours été les maîtres d'admettre ou non sur leurs terres tous les *ordres* religieux quelconques ; nous cherchons vainement les raisons et les prétextes sur lesquels un religieux pourrait refuser l'obéissance aux lois et aux souverains. Nos spéculateurs politiques n'ont pas mieux rencontré en imaginant que les papes n'ont approuvé et confirmé les *ordres religieux*, qu'afin d'avoir à leur disposition une milice toujours prête à épouser les intérêts du siége de Rome, au préjudice des évêques et des souverains. Ce ne sont point les papes qui ont suscité les fondateurs, ni qui ont fait éclore de nouveaux *ordres*, puisqu'ils n'ont fait que les confirmer ; souvent ils en ont refusé l'approbation pendant plusieurs années. Ils n'en ont confirmé aucun contre le gré des souverains ; souvent, au contraire, ce sont les souverains qui ont fait solliciter les bulles à Rome. Mais nous ne finirions jamais, s'il nous fallait réfuter toutes les fables, les visions, les calomnies absurdes, par lesquelles les hérétiques et les incrédules ont cherché à noircir l'état religieux.

ORÉBITES. *Voy.* HUSSITES.

OREILLE. Ce mot dans l'Ecriture sainte est souvent pris dans un sens métaphorique, surtout lorsqu'il est attribué à Dieu. David, dans plusieurs psaumes, conjure le Seigneur de prêter une *oreille* attentive aux prières qu'il lui adresse, c'est-à-dire qu'il le supplie de l'exaucer. *Sap.*, c. I, v. 10, il est dit que l'*oreille* jalouse de Dieu entend les murmures secrets des impies, et cela signifie qu'ils lui sont connus. *Ps.* x, v. 17, l'*oreille* du Seigneur entend les désirs du cœur des pauvres. En parlant des hommes, découvrir l'*oreille* à quelqu'un, *revelare aurem*, c'est lui apprendre une chose qu'il ignore (*I Reg.* xx, 13) ; lui faire dresser l'*oreille*, c'est le rendre attentif et docile (*Isai.* L, 4 et 5) ; lui percer l'*oreille*, c'est lui inspirer une obéissance entière (*Ps.* xxxix, 7). Ce dernier sens fait allusion à l'usage établi chez les Hébreux de percer l'*oreille* à l'esclave qui consentait à ne jamais quitter son maître, et qui renonçait au privilége de recouvrer sa liberté pendant l'année jubilaire ou sabbatique (*Deut.* xv, 17). Jésus-Christ dit souvent dans l'Evangile que celui qui a des *oreilles* pour entendre, écoute : l'*oreille* désigne ici l'intelligence. Le seigneur dit à Isaïe, c. vi, 10 : *Aggravez ou appesantissez les oreilles de ce peuple*, c'est-à-dire laissez-le faire la sourde *oreille* et s'endurcir contre vos discours. Ce prophète n'avait certainement pas le pouvoir de rendre sourds ses auditeurs. Saint Paul, *II Tim.*, c. iv, v. 3, appelle *démangeaison des oreilles* l'empressement d'apprendre quelque chose de nouveau.

\* ORGANIQUES (Articles). Nous avons donné une appréciation complète des articles organiques dans notre Dict. de Théologie morale. Nous nous contentons ici d'engager nos lecteurs à consulter le Dictionnaire de M. l'abbé Prompsault sur la jurisprudence civile et religieuse, publié en trois volumes par M. l'abbé Migne.

ORGUEIL. Sans toucher à ce que les philosophes moralistes peuvent dire pour démontrer l'injustice et les funestes effets de l'*orgueil*, nous nous contentons d'observer que c'est un des vices le plus souvent condamnés dans l'Ecriture sainte. Tobie disait à son fils, c. iv, v. 14 : « Ne laissez jamais régner l'*orgueil* dans vos sentiments ni dans vos discours ; ce vice est la source de toute perdition. » Suivant la maxime de Salomon (*Prov.* xi, 2), « l'*orgueil* est toujours suivi de l'opprobre, et l'humilité est la compagne inséparable de la sagesse. » L'Ecclésiastique nous avertit que l'*orgueil* est odieux à Dieu et aux hommes, que c'est la source de tous les crimes, même de l'apostasie ; que celui qui en est coupable sera maudit et périra ; que c'est le vice pour lequel Dieu frappe et détruit les nations et les particuliers (x, 7, 14, etc.). Les prophètes ont souvent fait aux Juifs la même leçon ; ils leur ont déclaré que c'était principalement pour leur *orgueil* que Dieu les punissait.

Jésus-Christ a souvent reproché ce vice aux pharisiens et aux docteurs de la loi ; par la parabole des talents, il nous apprend que nous ne devons point tirer vanité de nos talents naturels, parce que ce sont des dons de Dieu purement gratuits, de l'usage desquels nous serons obligés de lui rendre compte, et il dit que l'on demandera beaucoup à celui auquel on a beaucoup donné. Il nous défend de nous enorgueillir de nos vertus et de nos bonnes œuvres, parce que ce sont encore des grâces que Dieu nous a faites, et que nous n'aurons aucune récompense à espérer de lui si nous voulons en recevoir la gloire en ce monde. Par la parabole du pharisien et du publicain, il nous montre l'*orgueil* réprouvé de Dieu et l'humilité récompensée ; il fait profession de chercher en toutes choses la gloire de son Père, et non la sienne. Saint Paul a répété fidèlement les instructions de ce divin Maître ; en parlant de toute espèce de grâce, il demande : « Qu'avez-vous que vous n'ayez reçu (*I Cor.* iv, 7). » Il exhorte les fidèles à se regarder mutuellement comme inférieurs les uns aux autres en grâce et en vertu ; et il leur propose pour modèle l'humilité de Jésus-Christ (*Philip.* ii, 3). C'est par *orgueil* que les Juifs furent indociles à la doctrine du Sauveur ; ils ne purent se résoudre à recevoir pour maître un homme qui n'avait pas été instruit à leur école, qui leur reprochait leur vanité, qui affectait d'enseigner par préférence les pauvres et les ignorants. Le même vice les rendit encore rebelles à la prédication des apôtres ; ils ne pouvaient souffrir que le don de la foi et la grâce du salut fussent accordés aux païens aussi bien qu'à eux ; ils se croyaient les seuls objets des promesses et des bienfaits de Dieu, et cet *orgueil* insensé persévère encore parmi eux.

Par *orgueil*, les philosophes païens, convaincus de l'absurdité de leur doctrine, ne voulurent pas y renoncer entièrement et se soumettre à la simplicité de la foi prêchée par les docteurs chrétiens ; ils voulurent concilier les dogmes révélés avec leurs systèmes, et ils enfantèrent ainsi les premières hérésies. La même passion a dominé les hérésiarques de tous les siècles ; la plupart auraient reconnu leurs erreurs, seraient revenus à résipiscence, si la fausse honte de se dédire et de se rétracter ne les avait pas rendus opiniâtres. Cette même maladie règne encore parmi les incrédules de notre siècle ; il leur paraît indigne d'eux de penser et de croire comme le peuple ; ils se jugent faits pour être les maîtres, les docteurs, les oracles des nations ; et ces hommes si fiers, si hautains, si remplis de mépris pour les autres, ne sont dans le fond que les esclaves d'un sot *orgueil*.

ORIENT. Les Hébreux désignaient l'*orient* par *kedem*, qui signifie *le levant*, parce que c'est de ce côté que le soleil s'avance ; les Grecs et les Latins l'ont nommé par la même raison *le côté de la lumière*. Dans les livres saints, l'*orient* se prend souvent pour les pays qui sont à l'*orient* de la Judée, comme l'Arabie, la Perse, la Chaldée ; dans ce sens, il est dit que les mages vinrent de l'*orient* pour adorer le Sauveur ; quelquefois pour l'*orient* de Jérusalem ; ainsi était située la montagne des Oliviers (*Zach.* xiv, 4) ; d'autrefois pour le côté oriental du tabernacle ou du temple (*Levit.* xvi, 14). Mais il désigne absolument le côté du lever du soleil, *Matth.* xxiv, 27, où il est dit que la foudre part de l'*orient* à l'occident. Lorsque Isaïe dit, c. xli, v. 2, que Dieu a fait sortir le Juste de l'*orient*, cela signifie en général un pays éloigné, parce que les Juifs avaient peu de connaissance des peuples occidentaux, desquels ils étaient séparés par la Méditerranée. C'est pour la même raison qu'ils nommaient l'occident, ou l'Europe, *les îles*, parce qu'ils ne connaissaient guère de ce côté-là que les habitants des îles de Chypre, de Candie et les autres de l'Archipel. Le prêtre Zacharie, parlant du Messie, dit que Dieu nous a visités *de l'orient du ciel* (*Luc.* I, 78) ; parce qu'il compare le Messie au soleil. Ce passage fait évidemment allusion à ce qui est dit dans le prophète Zacharie, c. III, v. 8 : « Je ferai venir mon serviteur *l'Orient.* » Et c. VI, v 12 : « Voici un homme dont le nom est *l'Orient*, il naîtra de lui-même, et il bâtira un temple au Seigneur. » Ceux qui cherchent à détourner le sens des prophéties, disent qu'il est question là de Zorobabel, parce qu'il était venu de Babylone : mais il est dit que cet homme sera prêtre et roi ; cela ne peut convenir ni à Zorobabel ni au grand prêtre Jésus, fils de Josédech. Aussi le paraphraste chaldéen et les anciens docteurs juifs ont appliqué constamment cette prédiction au Messie. L'usage des premiers chrétiens était de se tourner du côté de *l'orient* pour prier Dieu, et l'on était persuadé que cette pratique venait des apôtres. En bâtissant les anciennes basiliques, on eut l'attention de placer le portail à l'occident, et le chœur avec l'autel à *l'orient ;* ainsi sont encore tournées la plupart des anciennes églises. Les Pères donnent différentes raisons mystiques de cet usage. *Notes de Ménard sur le Sacram. de saint Grégoire,* p. 69.

ORIENTAUX (chrétiens). L'on comprend sous ce nom, 1° les Grecs schismatiques ; 2° les jacobites syriens, égyptiens ou cophtes, et les Ethiopiens ; 3° les nestoriens de la Perse et des Indes ; 4° les Arméniens ; tous ou presque tous sont séparés de l'Eglise catholique depuis douze cents ans. Nous avons parlé de chacune de ces sectes sous leur nom particulier. On a montré dans le livre de la *Perpétuité de la foi*, par des témoignages incontestables, et surtout par la liturgie de ces différentes sectes, qu'elles ont la même croyance que l'Eglise romaine sur tous les dogmes que les protestants ont rejetés et contestés, tels que la présence réelle de Jésus-Christ dans l'eucharistie, la transsubstantiation, le sacrifice de la messe, l'adoration du sacrement, le culte et l'invocation des saints, le nombre des sacrements, etc. Vainement les protestants ont voulu argumenter contre ces preuves, ils ne sont pas venus à bout de les anéantir ; aucune de ces anciennes sectes n'a voulu fraterniser avec eux ni souscrire à leur confession de foi ; ils sont regardés comme hérétiques chez les *Orientaux* aussi bien que chez nous. De là même il résulte évidemment que les dogmes, les rites, les usages réprouvés par les protestants, sont plus anciens dans l'Eglise chrétienne que le V° siècle ; que ce ne sont point des erreurs et des abus introduits dans les temps d'ignorance et de barbarie, des superstitions inventées par les moines ou par les papes, comme les prétendus réformateurs ont osé le soutenir. Les *Orientaux* n'ont certainement emprunté de l'Eglise romaine aucun dogme ni aucun usage, depuis leur schisme avec elle, puisqu'ils ont toujours fait profession de la détester. Si ces mêmes dogmes et ces usages avaient été absolument inconnus pendant les trois premiers siècles, et imaginés seulement au IV°, les docteurs schismatiques, charmés d'avoir des griefs contre les catholiques, n'auraient pas manqué de réprouver toutes ces inventions récentes, et de dire comme les protestants, qu'il fallait s'en tenir à ce que Jésus-Christ et les apôtres avaient établi. Cependant, au V° siècle, il devait être plus aisé qu'au XVI° de savoir ce qui venait ou ne venait pas des apôtres. Il semble que Dieu ait conservé, chez ces sectes anciennes, la même doctrine et la même discipline pendant douze cents ans, afin qu'elles servissent de témoins en faveur de l'Eglise catholique contre les accusations des protestants. Avant la naissance de ceux-ci, les théologiens catholiques connaissaient très-peu les opinions, les usages, les mœurs des *Orientaux* ; l'on s'en rapportait à ce qu'en avaient dit des voyageurs ou des missionnaires assez mal instruits. Mais comme les protestants ont voulu persuader que ces anciens sectaires pensaient comme eux, et ont fait des tentatives pour leur faire signer des confessions de foi captieuses, les controversistes catholiques n'ont rien négligé pour connaître avec une entière certitude la doctrine et la foi des *Orientaux.* L'on a recherché et l'on a publié non-seulement les professions de foi solennelles qu'ils ont données, mais les livres de leurs principaux docteurs, et surtout leurs livres liturgiques ; et l'on a déposé à la bibliothèque du roi les monuments authentiques de leur croyance. Il ne reste plus aucun doute sur cet important sujet de controverse, et les protestants ne peuvent rien opposer de solide aux conséquences qui en résultent contre eux. Ils disent : Malgré la profession que font les sectes orientales de ne point toucher à la doctrine des apôtres, elles s'en sont néanmoins écartées touchant l'Incarnation et d'autres dogmes ; donc la même profession que fait l'Eglise romaine ne prouve pas qu'elle n'a point innové.

*Réponse.* L'écart des sectes orientales a été sensible, il a fait grand bruit, il a causé un schisme ; c'est une partie qui s'est séparée du corps, une branche qui s'est détachée du tronc ; mais avant le XVI° siècle, quel bruit, quel schisme ont causé les prétendues innovations de l'Eglise romaine ? de quel corps s'est-elle détachée ? C'est ce qu'il faut nous apprendre. Ils disent, en second lieu, que depuis le schisme des *Orientaux*, le préjugé tiré du consentement des Eglises apostoliques ne subsiste plus.

C'est une fausseté. Tertullien a très-bien remarqué que toutes les Eglises nées de celles qui ont été fondées par les apôtres, et qui sont en communion de foi avec elles, sont apostoliques comme elles ; tel est le cas de toutes les Eglises catholiques de l'Occident à l'égard de l'Eglise romaine. Les protestants ont si bien senti la force de l'argument que fournit contre eux la croyance des *Orientaux*, qu'ils ont fait tous leurs efforts pour les unir à eux. Toutes ces sectes pensent avec nous et contre les protestants qu'il y a une Eglise visible et enseignante que tout fidèle doit écouter, quoiqu'elles n'accordent point ce titre à l'Eglise romaine. Cette discussion théologique a produit d'ailleurs un grand bien; depuis que les sectes orientales sont mieux connues, l'on a travaillé avec plus de zèle à les réconcilier à l'Eglise catholique. Par les soins des papes, par la protection des souverains de l'Europe, par les succès des missionnaires, il s'est fait des conversions et des réunions, non-seulement parmi les peuples, mais parmi les évêques schismatiques; le nombre des divers sectaires diminue tous les jours, et, à la réserve des Grecs, les autres sectes orientales semblent toucher de près à leur extinction.

Il ne faut pas trop se fier à ce qu'a dit Richard Simon, dans son ouvrage intitulé: *Histoire critique de la croyance et des coutumes des nations du Levant*. Dans la *Perpétuité de la foi*, t. V, l. IX, c. 9, l'abbé Renaudot a fait voir que Simon n'était pas assez instruit; qu'il n'avait pas consulté les livres des nations dont il parle, et qu'il s'est livré trop souvent à de vaines conjectures. Comme il a fait imprimer son livre en Hollande, il a fréquemment adopté ou favorisé les projets des protestants; et c'est pour cela même qu'ils l'ont tant loué. C'est lui qui, l'un des premiers, s'est avisé de dire que les sentiments des jacobites et des nestoriens ne sont des hérésies que de nom; La Croze et d'autres protestants l'ont répété; nous avons prouvé le contraire. *Voy.* JACOBITES, NESTORIENS, etc.

ORIENTAUX (philosophes). *Voy.* GNOSTIQUES.

ORIGÈNE, célèbre docteur de l'Eglise, né l'an 185, mort l'an 253. Il fut disciple de Clément d'Alexandrie; il enseigna comme lui dans l'école chrétienne de cette ville, et fut surnommé *Adamantius*, infatigable, à cause de son assiduité au travail, de la multitude de ses écrits et de son courage dans les épreuves auxquelles il fut exposé. Il souffrit pendant la persécution de Dèce, et il ne tint pas à lui de remporter la couronne du martyre, à l'exemple de saint Léonide son père. Il fut élevé au sacerdoce par les évêques de la Palestine, et il donna pendant toute sa vie des exemples héroïques de vertu. Il convertit à la foi chrétienne une tribu d'Arabes, fit rentrer dans le sein de l'Eglise plusieurs hérétiques, étouffa plusieurs erreurs naissantes, et il laissa un grand nombre de disciples qui ont fait honneur à l'Eglise. La meilleure édition de ses ouvrages a été donnée par les Pères de la Rue, oncle et neveu, bénédictins, en quatre volumes *in-folio*, dont le dernier a été publié en 1759. Le premier tome renferme quelques lettres d'*Origène*, ses livres des *Principes*, un *Traité de la Prière*, une *Exhortation au Martyre*, et les huit livres *contre Celse*. Les trois suivants contiennent les commentaires de ce Père sur les différents livres de l'Écriture sainte; mais il en avait fait un plus grand nombre et d'autres écrits qui ne sont pas venus jusqu'à nous. On a placé dans le quatrième tome l'ouvrage de M. Huet, intitulé *Origeniana*, dans lequel ce savant évêque discute les opinions d'*Origène* avec beaucoup d'exactitude. Le traité intitulé *Origenis philocalia*, qui se trouve après les livres *contre Celse* dans l'édition de Spencer, in-4°, n'est point d'*Origène* lui-même; c'est un recueil d'endroits choisis de ses ouvrages, fait par saint Basile et par saint Grégoire de Nazianze. Quant au travail qu'il avait fait sur le texte et sur les versions de l'Ecriture sainte, *voy.* HEXAPLES et OCTAPLES.

Il n'est aucun Père de l'Eglise qui ait joui d'une plus grande réputation, qui ait été exposé à de plus cruelles épreuves, et sur lequel on ait porté des jugements plus opposés. « Sa vie, dit Tillemont, son esprit, sa science, l'ont fait d'abord admirer de tout le monde; il a été encore plus fameux par la persécution qui s'est ensuite élevée contre lui, ou par sa faute, ou par malheur, ou par la jalousie que l'on avait conçue de sa réputation. Il s'est vu chassé de son pays, déposé du sacerdoce, excommunié même par son évêque et par d'autres, en même temps que de grands saints soutenaient sa cause, et que Dieu semblait se déclarer pour lui, en faisant entrer par lui dans la vérité et dans le sein de son Eglise des hommes qu'elle regarde comme ses plus grands ornements. Après sa mort il a eu le même sort que pendant sa vie. Les saints mêmes se sont trouvés opposés les uns aux autres sur son sujet. Des martyrs ont fait son apologie, et des martyrs ont fait des écrits pour le condamner. Les uns l'ont regardé comme le plus grand maître qu'ait eu l'Eglise après les apôtres, les autres l'ont détesté comme le père des hérésies qui sont nées après lui. Ce dernier parti s'est enfin rendu si fort dans l'Orient, par l'autorité d'un empereur qui voulait être le maître et l'arbitre des affaires de l'Eglise, qu'*Origène* a été frappé d'anathème, soit par le cinquième concile œcuménique, soit par un autre tenu vers le même temps, et qui a été suivi en ce point par tous les Grecs. » *Mém.*, tom. III, pag. 464.

Aujourd'hui encore les jugements des modernes touchant la doctrine de ce Père ne sont pas plus uniformes que ceux des anciens. Les protestants, toujours intéressés à déprimer les Pères, ne lui ont fait aucune grâce. Bayle, Le Clerc, Beausobre, Mosheim, Brucker, Barbeyrac et d'autres, l'ont censuré avec un excès d'amertume; ces grands prédicateurs de la tolérance, qui excusent tous les hérétiques, s'arment de la foudre pour accuser les Pères de l'Eglise. Parmi les critiques catholiques, les uns ont été beaucoup plus modérés et plus indulgents que les autres; les savants éditeurs d'*Origène* l'ont souvent justifié contre la censure trop sévère de M. Huet. Ce qui fait le plus d'honneur à *Origène*, c'est la modération avec laquelle il a répondu à ses ennemis. Rufin et saint Jérôme rapportent des fragments d'une lettre qu'il écrivit après avoir été excommunié par l'évêque d'Alexandrie. Il cite les paroles de saint Jude; il dit que saint Michel ne voulut prononcer aucune malédiction contre le diable, que de le menacer du jugement de Dieu; ensuite il déclare qu'il veut user de modération dans ses paroles aussi bien que dans son manger. « Je me contente, dit-il, de laisser mes ennemis et mes calomniateurs au jugement de Dieu; je me crois plus obligé d'avoir pitié d'eux que de les haïr, et j'aime mieux prier Dieu qu'il leur fasse miséricorde que de leur souhaiter aucun mal, puisque nous sommes nés pour prononcer des bénédictions et non des malédictions. » Il se plaint ensuite de ce que l'on a corrompu ses écrits, et qu'on lui en suppose d'autres dont il n'est pas l'auteur. Il désavoue enfin l'erreur qu'on lui attribue, de croire le salut futur des démons. Tillemont, *ibid.* Ce n'est pas là le ton d'un hérétique obstiné. Tous ces censeurs, sans exception, sont forcés de rendre justice à la beauté de son génie et à l'étendue de ses connaissances; mais comment concilier avec la pénétration de son esprit la grossièreté des erreurs, soit philosophiques, soit théologiques, dont on l'accuse? Voilà d'abord ce qu'il n'est pas aisé de concevoir. Dans les canons grecs du cinquième concile, il est condamné pour avoir enseigné, 1° que dans la Trinité, le Père est plus grand que le Fils, et le Fils plus grand que le Saint-Esprit. Sur ce point, Bullus, Bossuet, Huet lui-même et les éditeurs d'*Origène*, l'ont justifié. Saint Athanase, saint Basile, saint Grégoire de Nazianze, avaient déjà pris sa défense; pouvait-il avoir des apologistes plus respectables? *Voy.* Orig., *de Principiis*, l. IV, n° 28. 2° Que les âmes humaines ont été créées avant les corps, et qu'elles y ont été renfermées en punition des péchés qu'elles avaient commis dans un état antérieur. M. Huet fait voir qu'*Origène* n'a proposé cette opposition qu'en doutant, et sans l'approuver, *de Principiis*, l. II, c. 8, n° 4 et 5. 3° Que l'âme de Jésus-Christ avait été unie au Verbe avant l'incarnation. M. Huet fait encore voir qu'*Origène* ne l'a point soutenu dogmatiquement et positivement. 4° Que les astres sont animés, ou sont la demeure d'une âme intelligente et raisonnable. C'était l'opinion de la plupart des anciens philosophes; mais M. Huet cite plusieurs passages qui prouvent qu'*Origène* en doutait. 5° Qu'après la résurrection, tous les corps auraient une figure sphérique. Les éditeurs d'*Origène* conviennent que telle a été son opinion, mais elle ne tire à aucune conséquence. 6° Que les tourments des damnés finiraient un jour, et que Jésus-Christ, qui a été crucifié pour sauver les hommes, le serait une seconde fois pour sauver les démons. L'on ne peut pas nier qu'*Origène* n'ait cru que le supplice des damnés finirait un jour, et que *peut-être* les démons se convertiraient; mais loin d'avoir pensé que Jésus-Christ serait crucifié une seconde fois, il argumente sur le prix infini de la mort du Sauveur, sur ce qu'il est dit que cette mort a été le *jugement du monde*, etc. Ajoutons que quand il aurait effectivement enseigné toutes ces erreurs, il les a pour ainsi dire rétractées d'avance par la profession de foi qu'il a mise dans la préface de ses livres *des Principes*, dans laquelle il distingue les dogmes révélés dans l'Ecriture sainte d'avec les opinions sur lesquelles il est permis à un théologien de rechercher et de proposer ce qui lui paraît le plus probable; il déclare formellement que *l'on ne doit regarder comme vérités que ce qui ne s'écarte point de la tradition ecclésiastique et apostolique*. Si les partisans d'*Origène* avaient été aussi dociles et aussi soumis à l'Eglise que lui, ils ne se seraient pas avisés d'ériger en dogmes des opinions qu'il n'a proposées qu'en doutant, et ils n'auraient pas attiré sur lui une condamnation qui a flétri sa mémoire.

Brucker, mécontent de la manière dont M. Huet a justifié ou excusé la plupart des opinions d'*Origène*, attribue à ce Père d'autres erreurs beaucoup plus grossières et plus pernicieuses, comme d'avoir enseigné, non la création proprement dite; mais l'émanation de la matière hors du sein de Dieu, et d'avoir borné la toute-puissance divine; d'avoir cru que Dieu, les anges et les âmes humaines ne peuvent subsister sans être revêtus d'un corps subtil; d'avoir admis en Dieu, non trois Personnes, mais trois substances, etc. Brucker prétend que le savant Huet n'a pas saisi les vrais sentiments d'*Origène*, parce qu'il n'a pas connu le système de philosophie que l'école d'Alexandrie avait adopté, et qui était un mélange de philosophie orientale et de platonisme. Selon lui, en rapprochant les différentes opinions d'*Origène*, on voit qu'elles se tiennent et dérivent toutes de l'hypothèse des émanations, qui en est la clef. *Hist. christ. philos.*, t. III, l. III, c. 3, § 16, p. 443. Il n'a fait que copier Mosheim, *Hist. christ.*, sæc. 5, § 27, p. 612 et suiv. Bel exemple des travers de l'esprit systématique! Où est la preuve de ce fait essentiel? *Origène*, disent ces censeurs, a certainement suivi le système des émanations, puisque c'était celui des philosophes d'Alexandrie, dont il avait été disciple. Et comment s'avons-nous que c'était là leur système? C'est que Plotin, Porphyre, Jamblique, etc., philosophes païens et instruits à la même école, le soutenaient. Mais parce que des raisonneurs païens rejetaient le dogme de la création clairement enseigné dans l'Ecriture sainte, s'ensuit-il que des docteurs chrétiens, tels que Pantænus, Clément d'Alexandrie et *Origène*, le rejetaient aussi? Il s'ensuit le contraire, et leurs ouvrages en font foi.

En effet, 1° *Origène*, dans son traité *des Principes*, liv. II, c. 1, n° 4, professe formellement le dogme de la création, et il le prouve par un raisonnement sans réplique. « Je ne conçois pas, dit-il, comment de si grands hommes ont pu admettre une matière incréée qui n'a pas été faite par Dieu, créateur de toutes choses, et dont la nature et la capacité sont un effet du hasard. Ils accusent d'impiété ceux qui nient que Dieu ait fait le monde et qu'il le gouverne, et ils commettent le même crime en disant que la matière est incréée et coéternelle à Dieu..... Comment ce qui s'est trouvé par hasard a-t-il pu suffire à Dieu pour faire un si grand ouvrage, pour y exercer sa puissance et sa sagesse par la construction et l'arrangement du monde? Cela me paraît très-absurde et digne de gens qui ne conçoivent ni l'intelligence ni la puissance d'une nature incréée... Si Dieu avait fait la matière, serait-elle autre qu'elle n'est, et plus propre à ses desseins?» *Origène* a très-bien compris, 1° que ce qui n'existe point par la volonté d'un être intelligent est l'effet du hasard ou d'une nécessité aveugle; 2° que c'est Dieu qui par sa puissance et par son intelligence, ou par une volonté libre, a réglé la quantité, l'étendue, la capacité, les propriétés de la matière. Tout cela est-il compatible avec le système des émanations? Ce Père prouve le dogme de la création par les passages de l'Ecriture sainte dont nous nous servons encore. Il cite les paroles du second livre des Machabées, c. XXVII, v. 28, où il est dit que Dieu a tout fait de rien, ou de ce qui n'était pas. Il cite le livre du *Pasteur, Mand. I*, qui répète la même chose. Ensuite ces mots du psaume CXLVIII, v. 5: *Il a dit et tout a été fait; il a commandé et tout a été créé.* «Par les premiers mots de ce texte, dit *Origène*, le Psalmiste paraît avoir entendu la substance de ce qui est; par les suivants, les qualités avec lesquelles la substance a été formée.» Il ne s'exprime pas d'une manière moins décisive, dans son *Commentaire sur le premier verset de la Genèse* et ailleurs; enfin il admet expressément la création de l'esprit, *L.* II *de Princip.*, c. 9, n° 2. Mosheim ni Brucker ne sont pas pardonnables d'avoir dissimulé ce fait, et d'avoir toujours argumenté sur la supposition contraire. Or, le dogme de la création une fois admis, le système des émanations et toutes les conséquences que nos deux critiques ont voulu en tirer tombent par terre. Dès que Dieu opère par le seul vouloir, il s'ensuit que sa puissance est infinie, que la création a été un acte très-libre de sa volonté, que la matière n'existait pas auparavant, que Dieu lui a donné telles bornes et telles formes qu'il a voulu, etc. *Voy.* CRÉATION. Si l'on nous répond qu'*Origène* n'a pas compris toutes ces conséquences, que souvent il n'est pas d'accord avec lui-même, et qu'il contredit sa propre doctrine; donc ses censeurs ont tort de vouloir faire de ses opinions un tout lié, suivi, conséquent dans toutes ses parties, un système complet de philosophie puisé dans les leçons d'Ammonius et de l'école d'Alexandrie. Le fait certain est qu'*Origène*, en parlant de la naissance de la matière, ne s'est servi ni du terme d'*émanation* ni d'aucun autre équivalent. Nous ne concevons pas comment le savant Huet a pu attribuer à *Origène* le système des émanations, *Origenian.*, lib. II. q. 12, n° 4; comment il a pu l'accuser d'avoir borné la puissance de Dieu, *ibid.*, c. 2, q. 1, n° 1, ni comment les éditeurs de ce Père, qui l'ont justifié sur tant d'autres articles, ne l'ont pas défendu sur celui-là. On comprend encore moins comment Brucker a pu pousser l'entêtement systématique jusqu'à prétendre que le système des émanations est la base de toute la philosophie d'*O-*

*rigène*, *Hist. crit. philos.*, t. V, p. 443, et que, dans son style, toutes choses ont été créées par émanation, t. VI, pag. 646. Nous soutenons que, dans le style de ce Père, *création* et *émanation* sont deux idées contradictoires.

2° Au mot ESPRIT, nous avons fait voir qu'*Origène* a reconnu et prouvé la parfaite spiritualité de Dieu; donc il est impossible qu'il ait supposé que la matière est sortie du sein de Dieu par émanation, ni que Dieu ne peut être sans un corps; Dieu avait-il un corps avant d'avoir créé la matière?

3° Loin d'épouser les sentiments d'aucun de ses maîtres, ce Père conseillait à ses propres disciples de s'abstenir de ce défaut, de ne s'attacher à aucune secte ni à aucune école, mais de choisir dans les écrits des divers philosophes ce qui paraîtrait le plus vrai ou le plus probable; en un mot, de suivre la méthode des éclectiques. C'est la leçon qu'il avait donnée à saint Grégoire Thaumaturge et à son frère Athénodore, *Grat. paneg. in Origen.*, n. 13; mais dans les matières théologiques il leur avait recommandé de ne se fier qu'à la parole de Dieu, aux prophètes ou aux hommes inspirés de Dieu, *ibid.*, n. 14. Saint Grégoire atteste qu'*Origène* ne manqua jamais de confirmer ses préceptes par son exemple, n. 11, et l'on veut nous persuader que, contre la règle qu'il prescrivait, il suivit constamment la doctrine d'Ammonius son maître, et de l'école d'Alexandrie.

4° Dans les articles ÉMANATION, PLATONISME, THÉOLOGIE MYSTIQUE, nous réfutons le prétendu mélange fait dans cette école de la philosophie des Orientaux avec celle de Platon; cette hypothèse n'est ni prouvée ni probable; ceux qui l'ont imaginée n'ont pas pu nous dire en quel temps, par qui, ni de quelle manière la doctrine des Orientaux a pénétré en Egypte. Les gnostiques qui la suivaient ne prétendaient point l'avoir reçue des Egyptiens, mais de Zoroastre et des autres philosophes persans ou indiens; Brucker en est convenu; or, dans les livres de Zoroastre que nous avons à présent, on ne trouve ni le système des émanations ni les conséquences absurdes que les philosophes d'Alexandrie en avaient déduites. Plotin, après avoir étudié pendant plus de dix ans la philosophie, sous Ammonius, entreprit le voyage de l'Orient pour aller apprendre celle des Orientaux; donc elle n'était pas enseignée en Egypte. Ce fut l'an 243, et alors *Origène* n'était plus à Alexandrie, il en était sorti l'an 242.

Après avoir renversé le fondement sur lequel Mosheim et Brucker ont appuyé leurs accusations contre ce Père, et les plans qu'ils ont dressés de sa doctrine, il serait inutile de les réfuter en détail; nous l'avons fait dans plusieurs articles de notre ouvrage. C'est surtout à l'égard de ce grand homme que nos deux critiques ont abusé de la méthode d'attribuer à un auteur, par voie de conséquence, des erreurs qu'il n'a jamais enseignées expressément, qu'il a peut-être même désavouées, méthode qu'ils ont blâmée avec aigreur, lorsque les Pères de l'Eglise s'en sont servis avec plus de raison à l'égard des hérétiques. Pour calomnier plus commodément, ils ont dit qu'*Origène* avait une double doctrine ou d ux systèmes de philosophie différents, l'un pour le vulgaire, l'autre pour les lecteurs intelligents et instruits. Nous pourrons ajouter foi à cette accusation, lorsque ces grands critiques nous auront montré distinctement les articles qui appartiennent à chacun de ces systèmes en particulier. Ils se sont déjà réfutés eux-mêmes, en rassemblant tout ce que ce Père a dit, pour en former un corps de doctrine complet, suivi, raisonné et constant. Nous ne pardonnons pas non plus à Mosheim d'avoir écrit qu'*Origène* accordait à la philosophie ou à la raison *l'empire sur toute la religion*. *Hist. chris.*, sæc. III, § 31. Le contraire est déjà prouvé par sa profession de foi, que nous avons citée, mais encore mieux par sa lettre à saint Grégoire Thaumaturge, *Op.*, tom I, p. 30. Il dit, n. 1, que la philosophie n'est qu'un prélude et un secours pour parvenir à la doctrine chrétienne, qui est la fin de toutes les études. Il ajoute, n. 2, que très-peu de ceux qui se sont appliqués à la philosophie en ont tiré une véritable utilité, que la plupart ne s'en sont servis que pour enfanter des hérésies. Il conclut, n. 3, que pour bien entendre l'Ecriture sainte, il faut que Jésus-Christ nous en ouvre la porte, qu'ainsi le secours le plus efficace est la prière. Nous voyons avec plaisir Mosheim rendre justice aux vertus morales et chrétiennes d'*Origène*, et avouer que personne ne les a pratiquées avec plus d'héroïsme ; quant à sa doctrine, ce critique a poussé à l'excès la préoccupation et l'inconséquence. D'un côté il fait le plus grand éloge de ses talents ; mais il ne veut pas reconnaître en lui un génie original et profond, qui tirait ses idées de lui-même : il n'a fait, dit-il, que copier et suivre les opinions philosophiques de ses maîtres ; de l'autre il lui attribue deux ou trois systèmes profondément raisonnés, dans lesquels brille la plus fine logique, et que lui seul a pu être capable de créer ; trouve-t-on la même supériorité de génie dans les autres disciples d'Ammonius ? *Hist. christ.*, sæc. 3, § 27, pag. 603 et suiv. Il dit qu'*Origène* n'est pas constant dans ses opinions, qu'il en change, qu'il embrasse le pour et le contre suivant le besoin ; cependant il lui prête un plan de doctrine lié, suivi, uniforme, fondé sur des principes desquels il prétend que ce Père ne s'est jamais écarté. Il blâme les origénistes qui voulurent ériger en autant de dogmes les doutes, les questions, les conjectures modestes et timides de leur maître, et il imite leur injustice et leur témérité. Après avoir loué le travail immense que cet homme infatigable entreprit pour comparer le texte hébreu avec les versions dans ses *Hexaples*, il dit que ce travail ne peut avoir que très-peu d'utilité ; qu'*Origène* lui-même n'en fit aucun usage dans ses *Commentaires sur l'Ecriture sainte*, parce qu'il ne s'attachait pas au sens littéral, mais au sens mystique, et que, par ses exemples aussi bien que par ses préceptes, il engageait les autres à faire de même. Mais, comme il paraît que les *Hexaples* et les *Octaples* d'*Origène* ont été les derniers de ses travaux, il n'est pas étonnant qu'il ne s'en soit pas servi dans ses *Commentaires* qui avaient été faits longtemps auparavant ; d'ailleurs ni ses préceptes ni ses exemples n'ont détourné le prêtre Hésychius, le martyr Lucien et saint Jérôme, d'étudier le texte hébreu et d'en donner des versions. Son ouvrage aurait donc été utile à tous les siècles, s'il n'avait pas péri dans le sac de la ville de Césarée par les Sarrasins, l'an 653 ; ç'a été le germe et le modèle des Bibles polyglottes. *Voy.* HEXAPLES.

Pour juger de la capacité d'*Origène*, il faut savoir que cet infatigable écrivain avait fait sur l'Ecriture sainte trois sortes d'ouvrages, des commentaires, des scholies et des homélies. Les commentaires et les scholies étaient pour les savants ; il s'y attachait principalement au sens littéral, il y faisait usage non-seulement des différentes versions grecques de la Bible, mais aussi du texte hébreu. Dans les homélies, qui étaient pour le peuple, il suivait la version des Septante, et se bornait ordinairement au sens allégorique, duquel il tirait des leçons pour les mœurs. *Voy.* la *Note de Valois sur l'Hist. ecclés. d'Eusèbe*, liv. VI, c. 37, où cela est prouvé par les témoignages de Sédulius, de Rufin et de saint Jérôme. Mais les critiques n'ont pas été assez équitables pour avoir égard à ces divers genres de travail. Il est évident qu'*Origène*, sortant, pour ainsi dire, des écoles de philosophie, vers l'an 230, fit ses livres *des Principes*, non pour dogmatiser, mais pour essayer jusqu'à quel point l'on pouvait concilier les opinions des philosophes avec l'Ecriture sainte. Celle-ci est toujours la base de ses spéculations ; souvent, à la vérité, il ne prend pas le vrai sens des passages, mais aussi il ne parle qu'avec le doute le plus timide ; il fait de même dans sa *Préface sur la Genèse* et ailleurs. Etonné de l'abus que l'on faisait de ses ouvrages, il écrivit sur la fin de sa vie au pape saint Fabien pour lui témoigner son repentir. Saint Jérôme, *Epist.* 41, *ad Pammach.*, Opp. t. IV, col. 347. Ainsi lorsqu'il a été condamné par le cinquième concile général, cette censure est moins tombée sur lui que sur les disputeurs entêtés, qui voulaient faire de ses doutes autant d'articles de croyance ; il n'en était pas moins mort dans la paix et la communion de l'Eglise deux cents ans auparavant. Mais on lui a fait un crime de ce mélange de la philosophie avec la théologie, l'on en a exagéré les conséquences fâcheuses. Comme cette prétendue faute lui est commune avec les autres Pères de l'Eglise, nous aurons soin de la justifier aux mots PÈRES, PHILOSOPHIE, PLATONISME. On n'a pas relevé avec moins d'affectation celle qu'il commit réellement en se mutilant lui-même, soit pour éviter tout danger d'impudicité, soit pour prévenir tout soupçon désavantageux à l'égard des personnes du sexe qu'il instruisait. Il a eu la bonne foi de condamner lui-même sa conduite, *hom. 15 in Matt.*, n. 1 et suiv. Mosheim convient que l'on a eu tort de l'en blâmer avec tant d'aigreur. Cette action fut défendue dans la suite par les lois ecclésiastiques. Les critiques protestants lui ont encore reproché son goût excessif pour les allégories, la sévérité de sa morale touchant la chasteté conjugale, les austérités, les secondes noces, la virginité, etc. *Voy.* Allégorie, Bigame, Chasteté, Mortification, Testament, etc. Les anciens ennemis de ce Père poussèrent l'entêtement jusqu'à l'accuser d'avoir approuvé la magie illicite, et de n'y avoir trouvé aucun mal. Beausobre, *Hist. de Manich.*, t. II, l. ix, c. 13, p. 801, a réfuté cette accusation. Mais il a commis une injustice manifeste envers ce Père, en affirmant qu'il a enseigné l'opinion de la transmigration des âmes; nous ferons voir le contraire au mot Trasmigration. Le vrai malheur d'*Origène* est d'avoir eu des disciples obstinés à soutenir tout ce qu'il avait dit bien ou mal, et à l'entendre dans un sens qui n'avait jamais été le sien. La même chose est arrivée à saint Augustin. Enfin, quelques auteurs ont écrit qu'*Origène* avait succombé pendant la persécution de Dèce, et avait jeté de l'encens dans le foyer d'un autel pour se soustraire à un traitement abominable dont on le menaçait; et des personnages respectables ont ajouté foi à ce récit. Mais il n'est pas croyable qu'un homme aussi courageux qu'*Origène* ait ainsi contredit les leçons qu'il avait données à tant de martyrs, et que de tant d'ennemis qui l'ont noirci après sa mort, aucun n'ait fait mention de cette odieuse accusation : tant il est vrai qu'une grande réputation est souvent un très-grand malheur !

ORIGÉNISTES. On a ainsi nommé ceux qui s'autorisaient des écrits d'Origène pour soutenir que Jésus-Christ n'est Fils de Dieu que par adoption, que les âmes humaines ont existé avant d'être unies à des corps, que les tourments des damnés ne seront point éternels, que les démons mêmes seront un jour délivrés des tourments de l'enfer. Quelques moines de l'Égypte et de la Palestine donnèrent dans ces erreurs, les soutinrent avec opiniâtreté, et causèrent de grands troubles dans l'Église; c'est ce qui attira sur eux la censure du cinquième concile général, tenu à Constantinople l'an 553, dans laquelle Origène lui-même s'est trouvé enveloppé. Les *origénistes* étaient pour lors divisés en deux sectes, qui ne suivaient ni l'une ni l'autre toutes les opinions fausses qui se trouvent dans les livres d'Origène. Ceux qui soutenaient que Jésus-Christ n'est Fils de Dieu que par adoption, prétendaient aussi qu'au jour de la résurrection générale les apôtres seraient rendus égaux à Jésus-Christ; pour cette raison ils furent nommés *isochristes*. Ceux qui enseignaient que les âmes humaines avaient existé avant d'être unies à des corps, furent aussi appelés *protoctistes*, nom qui désignait leur erreur. On ne sait pas pourquoi ces derniers furent appelés *tétradites* ou entêtés du nombre de quatre. Il ne faut pas confondre cet *origénisme* avec les erreurs d'une autre secte dont les partisans furent aussi nommés *origénistes* ou *origéniens*, parce qu'ils avaient eu pour chef un certain Origène, personnage très-peu connu. Ils condamnaient le mariage, et soutenaient que l'on pouvait innocemment se livrer aux impudicités les plus grossières. Saint Épiphane et saint Augustin, qui ont parlé de cet origénisme impur, conviennent que le célèbre Origène n'y a donné aucun lieu; ses écrits ne respirent que l'amour de la chasteté.

ORIGINEL (péché). L'on entend sous ce terme le péché avec lequel nous naissons tous, et qui tire son origine du péché de notre premier père Adam. *Voy.* Adam (1).

(1) Canons de doctrine sur le péché originel.

Si quelqu'un ne reconnaît pas qu'Adam, le premier homme, ayant transgressé le commandement de Dieu dans le paradis, est déchu de l'état de sainteté et de justice dans lequel il avait été établi, et par ce péché de désobéissance et cette prévarication a encouru la colère de Dieu, et, en conséquence, la mort dont Dieu l'avait auparavant menacé, et, avec la mort, la captivité sous la puissance du diable qui depuis a eu l'empire de la mort, et que par cette offense et cette prévarication, Adam, selon le corps et selon l'âme, a été changé en un pire état, qu'il soit anathème. Conc. de Trente, 5ᵉ sess., du péché originel.—Si quelqu'un soutient que la prévarication d'Adam n'a été préjudiciable qu'à lui seul et non pas aussi à sa postérité, et que ce n'a été que pour lui, et non pas aussi pour nous, qu'il a perdu la justice et la sainteté qu'il avait reçue et dont il est déchu, ou qu'étant souillé personnellement par le péché de désobéissance il n'a communiqué et transmis à tout le genre humain que la mort et les peines du corps et non pas le péché qui est la mort de l'âme, qu'il soit anathème ; puisque c'est contredire à l'Apôtre qui dit que le péché est entré dans le monde par un seul homme et qu'ainsi la mort est passée dans tous les hommes, tous ayant péché dans un seul (*Rom.* 1, 12). — Si quelqu'un soutient que le péché d'Adam, qui est dans sa source, s'étant transmis à tous par la génération et non par imitation, et devient propre à un chacun, peut être effacé par la force de la nature humaine, ou par un autre remède que par les mérites de Jésus-Christ, qui nous a réconciliés par son sang, s'étant fait notre justice, notre sanctification et notre rédemption ; ou quiconque nie que le même mérite de Jésus-Christ soit appliqué tant aux adultes qu'aux enfants par le sacrement de baptême conféré selon la force et l'usage de l'Église, qu'il soit anathème, parce qu'il n'y a point d'autre nom sous le ciel qui ait été donné aux hommes par lequel nous devions être sauvés ; ce qui a donné lieu à cette parole : Voilà l'Agneau de Dieu ; voilà celui qui ôte les péchés du monde. Vous tous qui avez été baptisés, vous avez été revêtus de Jésus-Christ (*Act.* iv ; *Joan.* i, 9; *Gal.* iii, 27). — Si quelqu'un nie que les enfants nouvellement sortis du sein de leur mère, même ceux qui sont nés de parents baptisés, aient besoin d'être aussi baptisés ; et si quelqu'un, reconnaissant que véritablement ils sont baptisés pour la rémission des péchés, soutient pourtant qu'ils ne tirent rien du péché originel d'Adam qui ait besoin d'être expié par l'eau de la régénération pour obtenir la vie éternelle, d'où il s'ensuivrait que la forme du baptême, pour la rémission des péchés serait fausse et non véritable, qu'il soit anathème ; car la parole de l'Apôtre, qui dit que le péché est entré dans le monde par un seul homme et la

La première chose nécessaire à un théologien est de savoir précisément quelle est la doctrine et la foi catholique sur ce point; le concile de Trente l'a clairement exposée, *sess.* 5. Il décide, *Can.* 1, qu'Adam par son péché a perdu la sainteté et la justice, a encouru la colère de Dieu, la mort, la captivité sous l'empire du démon; *Can.* 2, qu'il a transmis à tous ses descendants non-seulement la mort et les souffrances du corps, mais le péché qui est la mort de l'âme; *Can.* 3, que ce péché propre et personnel à tous ne peut être ôté que par les mérites de Jésus-Christ; *Can.* 6, que la tache de ce péché est pleinement effacée par le baptême. De là les théologiens concluent que les effets et la peine du *péché originel* sont, 1° la privation de la grâce sanctifiante et du droit au bonheur éternel, double avantage dont Adam jouissait dans l'état d'innocence; 2° le déréglement de la concupiscence ou l'inclination au mal; 3° l'assujettissement aux souffrances et à la mort; trois blessures desquelles Adam était exempt avant son péché. D'où s'ensuit la nécessité absolue du baptême pour y remédier. *Voy.* BAPTÊME. Le dogme catholique ne s'étend pas plus loin. Holden,

mort par le péché, et qu'ainsi la mort est passée dans tous les hommes, tous ayant péché dans un seul, ne peut être entendue d'une autre parole que l'a toujours entendu l'Eglise catholique répandue partout. C'est pour cela et conformément à cette règle de foi selon la tradition des apôtres que même les enfants qui n'ont pu encore commettre aucun péché personnel sont pourtant véritablement baptisés pour la rémission des péchés, afin que ce qu'ils ont contracté par la génération, soit lavé en eux pour la rémission: car quiconque ne renaît de l'eau et du Saint-Esprit, ne peut entrer au royaume de Dieu (*Joan.* I, 5). — Si quelqu'un nie que, par la grâce de Jésus-Christ, qui est conférée par le baptême, l'offense du péché originel soit remise, ou soutient que tout ce qu'il y a proprement et véritablement de péché n'est pas ôté, mais qu'il est seulement comme rasé ou qu'il n'est pas imputé, qu'il soit anathème : car Dieu ne hait rien dans ceux qui sont régénérés. Il n'y a point de condamnation pour ceux qui sont véritablement ensevelis dans la mort avec Jésus-Christ par le baptême, qui ne marchent point selon la chair, mais qui, dépouillant le vieil homme et se revêtant du nouveau qui est créé selon Dieu, sont devenus innocents, purs, sans péché, agréables à Dieu et cohéritiers de Jésus-Christ, en sorte qu'il ne leur reste rien du tout qui leur fasse obstacle pour entrer dans le ciel. Le saint concile confesse néanmoins et reconnaît que la concupiscence ou l'inclination au péché reste pourtant dans les personnes baptisées; car elle a été laissée pour le combat et l'exercice, et elle ne peut nuire à ceux qui ne donnent pas leur consentement, mais qui résistent avec courage par la grâce de Jésus-Christ. Au contraire, la couronne est préparée à ceux qui auront bien combattu. Le saint concile déclare aussi que cette concupiscence, que l'Apôtre appelle quelquefois péché, n'a jamais été prise ni entendue par l'Eglise catholique comme un véritable péché qui reste, à proprement parler, dans les personnes baptisées, mais elle n'a été appelée du nom de péché, que parce qu'elle est un effet du péché et qu'elle porte au péché.

L'intention du concile n'est point de comprendre, dans ce décret, qui regarde le péché originel, la bienheureuse et immaculée Vierge Marie, mère de Dieu. *Conc. de Trente, ibid*

*De Resol. fidei*, l. II, c. 5. Plusieurs hérétiques l'ont combattu et rejeté; les cathares ou montanistes, vers l'an 256, enseignèrent qu'il n'y avait point de *péché originel*, et que le baptême n'est pas nécessaire. Environ l'an 412, Pélage soutint que le péché d'Adam lui a été purement personnel, et n'a point pas é à sa postérité, qu'ainsi les enfants naissent exempts de péché et dans une parfaite innocence; que la mort à laquelle nous sommes sujets n'est point la peine du péché, mais la condition naturelle de l'homme; qu'Adam serait mort quand même il n'aurait pas péché; enfin que la nature humaine est encore aussi saine, aussi forte, aussi capable de faire le bien, qu'elle l'était dans l'homme tel qu'il est sorti des mains de Dieu. Pélage trouva un adversaire redoutable dans saint Augustin : il fut condamné dans plusieurs conciles d'Afrique, par les papes Innocent I*er* et Zozime, et enfin par le concile général d'Ephèse.

En 596 un synode des nestoriens, en 640 les Arméniens, en 796 les Albanais, renouvelèrent l'erreur de Pélage, et c'est encore aujourd'hui le sentiment de la plupart des sociniens. Calvin a prétendu que les enfants des fidèles baptisés naissent dans un état de sainteté, qu'ainsi le baptême ne leur est pas donné pour effacer en eux aucun péché. Le Clerc et les ministres La Place et Le Cène ont nié formellement le *péché originel*. Au contraire, Flaccius, luthérien rigide, soutenait que le *péché originel* est la substance même de l'homme. Mosheim, *Hist. ecclés.*, XVI*e* siècle, sect. 3, II*e* part., c. 1, § 33. On conçoit bien que ce dogme ne pouvait pas manquer de déplaire aux incrédules de notre siècle; ils ont répété contre cet article de foi la plupart des objections des hérétiques anciens et modernes. Mais cette triste vérité est clairement enseignée dans l'Ecriture sainte. Job, c. XIV, v. 4, dit à Dieu : « Qui peut rendre pur l'homme né d'un sang impur, sinon vous seul? » Le Psalmiste, *Ps.*, L, v. 7 : « J'ai été conçu dans l'iniquité, et formé en péché dans le sein de ma mère. » Saint Paul, *Rom.*, c. V, v. 12 : « De même que par un homme le péché est entré dans le monde et la mort par le péché, ainsi la mort a passé dans tous les hommes, *en ce que* tous ont péché..... Et de même que la condamnation est pour tous par le péché d'un seul, ainsi la justification et la vie sont pour tous, par la justice d'un seul, qui est Jésus-Christ. » *II Cor.*, c. V, v. 14 : « Si un seul est mort pour tous, donc tous sont morts : or Jésus-Christ est mort pour tous. » *I Cor.*, c. XV, v. 21. « La mort est venue par un homme, et la résurrection vient par un autre homme: de même que tous meurent en Adam, ainsi tous seront vivifiés en Jésus-Christ. »

Nous ne savons pas ce que répondaient les pélagiens aux passages de Job et du Psalmiste; mais à celui de l'*Epître aux Romains*, ils répliquaient que, selon l'Apôtre, le péché et la mort sont entrés dans le monde par Adam, parce que tous les hommes ont imité le péché d'Adam, et sont morts comme lui; que, dans ce sens, la condamnation est tombée sur tous par son péché, et tous sont morts en Adam. *Comment. de Pélage sur l'Epît. aux Rom.* L'absurdité de cette explication saute aux yeux. 1° Comment Adam a-t-il pu être imité par les pécheurs qui ne l'ont pas connu et qui n'ont jamais ouï parler de lui ? En quoi son péché a-t-il pu influer sur les leurs ? 2° Peut-on dire, dans ce sens, que la condamnation est pour tous *par son péché*, et que tous *meurent en lui ?* 3° Il s'ensuit que la justice de Jésus-Christ n'influe sur la nôtre que par l'exemple; qu'il est mort pour nous seulement dans le sens qu'il nous a montré le modèle d'une mort sainte et courageuse. C'est ainsi que l'entend Pélage dans son *Comment. sur la I" Epît. aux Cor.*, c. xv, v. 22. Et telle est encore la manière impie et absurde dont les sociniens expliquent la rédemption. Toute l'Eglise chrétienne en fut scandalisée au v° siècle, et il ne fut pas difficile à saint Augustin de foudroyer cette doctrine. Le saint docteur la réfuta victorieusement par l'Ecriture sainte et par la tradition; il apporta en preuve du dogme catholique des passages des Pères qui, dans les siècles précédents, avaient professé clairement la croyance du péché originel, la dégradation de la nature humaine par le péché, la nécessité de la rédemption et du baptême pour l'effacer, et toutes les conséquences que Pélage affectait de nier. Toutes ces vérités se tiennent, l'on ne peut en attaquer une sans donner atteinte aux autres. Il insista principalement sur ces paroles de saint Paul : *Si un seul est mort pour tous , donc tous sont morts ; or Jésus-Christ est mort pour tous.* Il fit voir que l'Apôtre prouve l'universalité de la mort spirituelle et temporelle de tous les hommes par l'universalité de la mort de Jésus-Christ et de la rédemption pour tous sans exception. *Voy.* RÉDEMPTEUR, SAUVEUR. Il opposa même aux pélagiens la tradition générale de tous les peuples (1), et le sentiment intérieur de tous les hommes qui réfléchissent sur eux-mêmes, comme font les philosophes. En effet, tous les hommes naissent avec des inclinations dépravées, portés au vice beaucoup plus qu'à la vertu : leur vie sur la terre est un état de misère, de punition et d'expiation. Il est donc évident que l'homme n'est point tel qu'il devrait être, ni tel qu'il est sorti des mains du Créateur. Les philosophes l'ont senti, et, pour expliquer cette énigme, plusieurs ont imaginé que les âmes humaines avaient péché avant d'être unies aux corps; les marcionites, les manichéens, et d'autres hérétiques, révoltés de l'excès des misères de cette vie, avaient conclu que la nature humaine n'est pas l'ouvrage d'un Dieu bon, mais d'un être malicieux et malfaisant. La dispute entre les catholiques et les pélagiens fut longue et opiniâtre. La question touchant le *péché originel* en fit naître plusieurs autres sur la nature et les forces du libre arbitre, sur la nécessité de la grâce, sur la prédestination, etc. On peut voir la suite et l'enchaînement de toute cette contestation dans la septième dissertation du Père Garnier sur Marius Mercator, *Apend. august.*, p. 281. Il serait trop long de rapporter et de réfuter toutes les objections des pélagiens; les Pères de l'Eglise y ont suffisamment répondu; nous nous bornerons à résoudre celles qui ont été renouvelées de nos jours par les incrédules.

Ils disent en premier lieu que le dogme du *péché originel* ne peut pas se concilier avec la justice de Dieu, encore moins avec sa bonté; on ne concevra jamais que Dieu ait voulu confier à nos premiers parents le sort éternel de leur postérité, surtout en prévoyant que l'un et l'autre violeraient la loi qui leur serait imposée, et rendraient malheureux le genre humain tout entier; l'on comprend encore moins que Dieu puisse punir par un supplice éternel un péché qui ne nous est ni libre ni volontaire. Cela se conçoit très-bien quand on veut faire attention à la constitution de la nature humaine. Comme les enfants ne peuvent pourvoir à leur sort par eux-mêmes, il est naturel que leur destinée dépende de leurs pères et mères. Un père inhumain peut laisser périr ses enfants; par une mauvaise conduite il peut les réduire à la pauvreté; par un crime il peut les déshonorer et les couvrir d'opprobre pour jamais : soutiendra-t-on que par justice et par bonté Dieu devait constituer autrement la nature humaine ? Le plan de la Providence est encore plus aisé à comprendre, quand on se souvient que Dieu, en prévoyant le péché d'Adam et ses suites funestes, résolut de les réparer abondamment par la rédemption de Jésus-Christ. Il ne faut jamais séparer ces deux dogmes : l'un est intimement lié à l'autre. *Voy.* RÉDEMPTION. Rien ne nous oblige de croire que Dieu punit par le supplice éternel de l'enfer le *péché originel*; il est très-permis de penser que ceux qui meurent coupables de ce seul péché sont seulement exclus de la béatitude surnaturelle et surabondante qui nous a été méritée par Jésus-Christ. On ne prouvera jamais que Dieu a dû par justice destiner la nature humaine à un degré de félicité aussi parfait et aussi sublime : la justice même des hommes peut, sans blesser aucune loi, priver les enfants d'un père coupable des avantages de pure grâce qui lui avaient été accordés (1). Quant aux souffrances de cette vie, nous avons fait voir à l'article MAL, qu'il est faux que notre état sur la terre soit absolument malheureux, et que Dieu par justice ait dû nous accorder ici-bas un plus haut degré de

---

(1) Le dogme de la chute originelle et de la dégradation du genre humain, fondé, comme tous les dogmes catholiques, sur la tradition primitive devenue commune à tous les peuples du monde, a été magnifiquement traité par M. l'abbé de Lamennais, dans son *Essai sur l'indifférence*. Nous regrettons de ne pouvoir citer ici le chap. 28 du troisième volume de cet ouvrage, auquel nous sommes forcé de renvoyer nos lecteurs.

(1) *Voy.* le Dict. de Théol. mor., art. PÉCHÉ ORIGINEL.

bonheur. *Voy.* ETAT DE NATURE, SURNATUREL.

En second lieu, les pélagiens disaient aussi bien que les incrédules : Si tous les enfants naissent objets de la colère divine, si avant de penser ils sont déjà coupables, c'est donc un crime affreux de les mettre au monde; le mariage est le plus horrible des forfaits, c'est l'ouvrage du diable ou du mauvais principe, comme le soutenaient les manichéens. On leur répond que Dieu lui-même a institué et béni le mariage, et qu'il n'en a point interdit l'usage à l'homme après son péché; cet usage est donc innocent et légitime. Les enfants naissent coupables, non en vertu de l'action qui les a mis au monde, mais en vertu de la sentence prononcée contre Adam : un enfant né en légitime mariage n'est pas moins taché du péché originel qu'un enfant adultérin conçu par un crime. Lorsqu'un homme était condamné pour crime à l'esclavage, cette tache passait à ses enfants, non par l'action de les mettre au monde, mais par la force de l'arrêt qui l'avait condamné. Du moins, répliquent nos adversaires, le baptême efface le *péché originel ;* un enfant baptisé ne devrait donc plus être sujet à la concupiscence ni aux souffrances. Cela serait vrai, si le baptême, en effaçant la tache du péché, en détruisait aussi tous les effets; mais en nous rendant la grâce sanctifiante et le droit à la béatitude éternelle, il nous laisse le penchant au mal et la nécessité de souffrir et de mourir, parce que l'un et l'autre rendent la vertu plus méritoire et digne d'une plus grande récompense.

En troisième lieu les incrédules ont accusé Origène et saint Clément d'Alexandrie d'avoir nié le *péché originel.* Si cela était, il serait fort étonnant que les pélagiens, qui avaient cherché si attentivement dans les Pères ce qui pouvait les favoriser, n'eussent pas cité deux des plus célèbres. La vérité est que ni l'un ni l'autre n'ont pensé comme les pélagiens. Saint Clément d'Alexandrie, *Strom.,* l. III, c. XVI, disputait contre Tatien et d'autres hérétiques qui condamnaient le mariage, et soutenaient que la procréation des enfants est un crime. Il cite ce passage de *Job,* c. XIV, 4 et 5, selon la version des Septante : *Personne n'est exempt de souillure, quand même il n'aurait vécu qu'un seul jour;* et il ajoute : « Qu'ils nous disent où a péché un enfant qui vient de naitre, ou comment est tombé sous la malédiction d'Adam celui qui n'a encore fait aucune action. Il ne leur reste, selon moi, qu'à soutenir conséquemment que la génération est mauvaise, non-seulement quant au corps, mais quant à l'âme. Lorsque David a dit : *J'ai été conçu en péché et formé en iniquité dans le sein de ma mère,* il parle d'Eve selon le style des prophètes; celle-ci est la mère des vivants : mais si lui-même a été conçu en péché, il n'est pas pour cela un pécheur ni un péché. » En effet les deux passages cités par saint Clément signifient de deux choses l'une, ou qu'un enfant est souillé du péché parce que sa procréation est un crime, ou qu'il l'est parce qu'il descend d'Adam et d'Eve coupables. Saint Clément rejette le premier sens, adopté par les hérétiques ; il s'en tient au second ; il professe donc le *péché originel.* Origène, son disciple, est encore plus positif. « On baptise les enfants, dit-il, pour leur remettre les péchés? En quel temps les ont-ils commis ? Ou quelle raison peut-il y avoir de baptiser les enfants, sinon le sens de ce passage : *Personne n'est exempt de souillure, quand même il n'aurait vécu qu'un seul jour?* Parce que le baptême efface les souillures de la naissance, c'est pour cela que l'on baptise les petits enfants. » Il cite ailleurs les paroles de David, et en tire les mêmes conséquences, *Hom.* 14, *in Luc.;* *Tract.* 9, *in Matth.; Homil.* 8, *in Levit.,* etc. Sur le quatrième livre *cont e Celse,* n° 40, les éditeurs ont ajouté les passages de saint Justin et de saint Irénée, plus anciens qu'Origène et que saint Clément d'Alexandrie. Par là on voit avec quelle témérité nos critiques incrédules ont osé avancer que le *péché originel* n'était pas connu avant saint Augustin, et que l'on ne baptisait pas les petits enfants pendant les deux derniers siècles de l'Eglise. Ils objectent enfin, d'après les pélagiens, qu'il y aurait de la cruauté de la part de Dieu de punir par des peines aussi terribles une faute aussi légère que celle d'Adam.

Sans recourir aux raisons par lesquelles saint Augustin a fait voir la grièveté de la faute d'Adam, nous nous contentons de répondre que ce n'est ni aux incrédules ni à nous de juger jusqu'à quel point elle a été grièvè ou légère, punissable ou pardonnable; que le moyen le plus sage d'estimer l'énormité de la faute est de considérer la sévérité du châtiment, puisque nous n'avons que très-peu de connaissance de la manière dont elle a été commise. Saint Augustin lui-même est convenu qu'il n'était pas assez habile pour concilier la damnation des enfants morts sans baptême avec la justice divine, *Serm.* 294, *de Bapt. parvul.,* n. 7. Si l'on nous demande en quoi consiste formellement la tache du *péché originel,* comment et par quelle voie elle se communique à notre âme, nous répondrons humblement que nous n'en savons rien, parce que, comme le dit saint Augustin, L. *de Morib. Eccles.,* c. XXII, il est aussi difficile d'en connaître la nature qu'il est certain qu'il existe : *Hoc peccato nihil est ad prædicandum notius, nihil ad intelligendum secretius.* Il nous paraît bien plus important de représenter et de répéter que cette plaie de la nature humaine a été guérie par Jésus-Christ; que, comme dit saint Paul, « Où le péché avait abondé, la grâce a été surabondante; que si tous les hommes ont été condamnés à la mort pour le péché d'un seul, le don de Dieu s'est répandu beaucoup plus abondamment par la grâce de Jésus-Christ; que, comme c'e t par le péché d'un seul que tous les hommes sont tombés dans la condamnation, ainsi c'est par la justice d'un seul que tous les hommes reçoivent la justification et la vie (*Rom.* V, 15, etc.). »

Lorsque les incrédules viennent nous fatiguer par des objections, nous pouvons nous borner à leur répondre avec saint Augustin : « Quoique je ne puisse pas réfuter tous leurs arguments, je vois cependant qu'il faut s'en tenir à ce que l'Ecriture nous enseigne clairement : savoir, qu'aucun homme ne peut parvenir à la vie et au salut éternel, sans être associé avec Jésus-Christ, et que Dieu ne peut condamner injustement personne ou le priver injustement de la vie et du salut. » *L.* III, *de Pecc. meritis et remiss.*, c. IV, n. 7. Le Clerc, dont le socinianisme perce au travers de tous ses déguisements, s'est élevé avec aigreur contre saint Augustin, non-seulement dans ses remarques sur les ouvrages de ce saint docteur, mais encore dans son *Hist. ecclés.*, an. 180, § 30-33, et ailleurs. Il l'accuse d'avoir forgé le dogme du *péché originel* et d'avoir forcé le sens de tous les passages de l'Ecriture et des anciens Pères, qu'il a cités contre les pélagiens. Selon lui, les premiers docteurs de l'Église n'ont pas été assez maladroits en écrivant contre les gnostiques, les valentiniens et les marcionites, pour enseigner un dogme qui aurait fait triompher ces hérétiques. Soutenir, dit-il, que les méchants sont damnés, parce qu'ils n'ont pas pu vaincre la corruption de la nature, et parce qu'ils n'ont pas reçu de Dieu les secours nécessaires pour en venir à bout ; qu'au contraire, les bons sont sauvés, parce que Dieu les a excités en bien par des grâces irrésistibles ; que des enfants innocents naissent sous un ordre de Providence qui leur rend le péché et la damnation inévitables, n'aurait-ce pas été donner aux gnostiques le droit de conclure que le genre humain avait été créé par un être aveugle et méchant ? Mais ce critique travestit la doctrine de saint Augustin et de l'Église catholique à la manière de Luther et de Calvin. Dans quels ouvrages saint Augustin a-t-il enseigné les blasphèmes qu'il lui prête ? Le saint docteur a constamment soutenu que, malgré la corruption de la nature, l'homme a conservé son libre arbitre, et qu'il en jouit encore ; que Dieu ne refuse à aucun pécheur, pas même au plus endurci, les grâces nécessaires pour vaincre ses passions et pour se sauver ; que la grâce donnée aux justes n'est point irrésistible, que souvent même ils y résistent. Enfin, ce Père n'a pas voulu décider positivement quel est le sort éternel des enfants morts sans baptême. Nous avons prouvé tous ces faits dans divers articles de ce dictionnaire. *Voy.* BAPTÊME, § 6 ; GRACE, § 3 et 4 ; RÉDEMPTION, etc. En reprochant à saint Augustin de tordre le sens des passages dont il se sert, Le Clerc lui-même emploie tous les détours de l'art sophistique pour pervertir le sens des textes les plus clairs de l'Ecriture et des Pères, en particulier de saint Irénée, *Hist ecclé.*, *ibid.* Il ne serait pas difficile de lui faire voir que le dogme du *péché originel* a été de tout temps et depuis les apôtres la doctrine constante de l'Église, et qu'il ne favorise en aucune manière le système impie des gnostiques ; et saint Augustin lui-même a répondu plus d'une fois à cette objection des pélagiens.

Si l'on veut connaître les opinions des juifs et des mahométans sur ce point de doctrine, on peut consulter la *Dissertation de dom Calmet*, *Bible d'Avignon*, t. XV, p. 331 (1).

ORNEMENTS DES ÉGLISES. *Voy.* EGLISES.

ORNEMENTS PONTIFICAUX ET SACERDOTAUX. *Voy.* HABITS.

ORPHELIN. Déjà dans l'ancienne loi Dieu s'était déclaré le protecteur et le père des *orphelins* ; il était ordonné aux Juifs de ne point les abandonner, de pourvoir à leur subsistance, de leur laisser une partie des fruits de la terre, de les admettre au repas des fêtes et des sacrifices (*Deut.* XXIV, 17 et suiv. ; XVI, 11, etc.). Les prophètes ont souvent répété aux Juifs cette leçon, et les ont repris de leur négligence à l'exécuter. Le trésor des aumônes gardées dans le temple était principalement destiné à leur entretien (*II Machab.* III, 10). L'apôtre saint Jacques dit aux fidèles que l'acte de religion le meilleur et le plus agréable à Dieu est de consoler les veuves et les *orphelins* dans leurs peines (*Jac.* I, 27) ; à plus forte raison de soigner et d'élever ces enfants malheureux. C'est cet esprit de charité, principal caractère du christianisme, qui a fait établir une multitude d'asiles pour les recevoir, et qui donne à tant de vierges chrétiennes le courage de leur servir de mères, et de leur accorder les mêmes soins que la tendresse maternelle pourrait inspirer. Dans la seule ville de Paris il y a trois ou quatre établissements de charité pour élever les *orphelins* et les enfants abandonnés ; la Pitié, les Cent-Filles, les Orphelines, etc. Les philosophes politiques auraient beau faire des dissertations pour prouver que l'humanité et le zèle du bien public exigent cette attention, ils auraient beau même proposer des salaires et des récompenses, si la religion n'en promettait pas de plus solides. Jésus-Christ a dit : « Je tiendrai pour fait à moi-même ce que l'on aura fait pour le moindre de mes frères (*Matth.* XXV, 40). » Ces courtes paroles ont fait pratiquer plus de bonnes œuvres que toutes les richesses d'une nation ne pourraient en payer. Quand notre religion n'aurait point d'autre titre de recommandation que le soin avec lequel elle veille

(1) Les partisans de l'*Œuvre de la Miséricorde* ont aussi attaqué le péché originel. Dans leur système, la croyance catholique sur le péché originel se trouve entièrement renversée. Dans la pensée des nouveaux prédicants, ce péché ne serait autre que la faute *personnelle* et de libre arbitre de l'esprit déchu, qui est en nous, et pour l'expiation de laquelle il aurait été uni à notre corps et à notre âme. Or, il est de foi que ce n'est point par une faute personnelle que nous avons contracté la tache d'origine, mais par la prévarication d'Adam. « C'est un enseignement constant de la foi catholique, dit saint Léon, que les âmes des hommes n'ont pas existé avant d'être unies à leurs corps... Et parce que tout le genre humain a été vicié par la prévarication du premier homme (*ex primi hominis prævaricationem*), nul ne peut être délivré que par le sacrement de baptême. »

à la conservation des hommes, c'en serait assez pour la faire chérir et respecter. *Voy.* ENFANTS TROUVÉS.

ORTHODOXE, ORTHODOXIE. Ces deux termes sont formés du grec ὀρθὸς, *droit*, et δοξά, *opinion* ou *jugement*. On appelle auteur *orthodoxe* celui qui n'enseigne rien que de conforme à la doctrine de l'Eglise, et l'*orthodoxie* est la conformité d'une opinion avec cette règle de la foi ; c'est le contraire de l'*hétérodoxie* ou de l'hérésie. Ceux qui ne veulent point avoir d'autre règle de croyance que leur propre jugement, tournent en ridicule tant qu'ils peuvent le zèle pour l'*orthodoxie*. Chez la plupart des hommes, disent-ils, ce zèle ardent tient lieu de toutes les vertus ; on pense même qu'il peut innocenter les crimes, et il n'en est aucun que l'on ne se permette contre ceux que l'on nomme *hérétiques* ou *incrédules*. Si cela était vrai, nous ne voyons pas comment il pourrait y avoir encore au monde des hérétiques et des incrédules ; dès qu'ils se montreraient, ils seraient sûrs d'être exterminés, et ceux qui prendraient la peine de s'en défaire seraient assurés d'une approbation générale. La sécurité avec laquelle la religion s'est trouvée attaquée dans tous les temps nous paraît démontrer que le zèle de l'*orthodoxie* ne fut jamais aussi violent ni aussi meurtrier que les esprits forts voudraient le persuader. Il y a même de bonnes raisons de douter si eux-mêmes, devenus une fois les maîtres, ne seraient pas plus injustes, plus ardents, plus cruels que ceux auxquels ils attribuent tous ces vices. Nous voyons d'abord qu'aucun *hétérodoxe* ne fut fort scrupuleux sur le choix des moyens propres à répandre sa doctrine, à se faire des partisans, à discréditer et à ruiner le parti de ses adversaires. Nous jugeons, en second lieu, par la véhémence de leur style, par la chaleur de leurs déclamations, par la noirceur de leurs calomnies, que leur caractère n'est pas fort doux. Enfin, la licence des mœurs de la plupart nous donne lieu de penser qu'ils n'ont pas beaucoup d'horreur pour toute espèce de crime qui pourrait leur être utile, dès qu'ils seraient en état de le commettre impunément. Dès qu'il est incontestable que la religion défend et proscrit toute mauvaise action quelconque, il n'y a qu'un cerveau dérangé qui puisse se persuader qu'il lui est permis d'en commettre une par zèle pour la pureté de la foi. Ainsi, nous ne comprenons pas que l'hérésie, l'incrédulité ni l'athéisme, puissent être de meilleurs préservatifs contre le dérangement du cerveau que la docilité des croyants. *Voy.* ZÈLE DE RELIGION.

OS. Il était défendu aux Juifs de briser les *os* de l'agneau pascal après l'avoir mangé (*Exod.* XII, 46). On ne voit pas d'abord quelle pouvait être la raison de cette défense ; mais saint Jean l'Evangéliste, en racontant la mort de Jésus-Christ, fait remarquer qu'on ne lui rompit point les *os*, comme l'on avait fait aux deux larrons crucifiés avec lui, et il rapporte à ce sujet la défense de l'*Exode* : *Vous n'en briserez point les os* ; afin de nous faire comprendre que le sacrifice de l'agneau pascal était une figure de celui de Jésus-Christ, immolé pour la rédemption du monde. Les Hébreux disaient : *Vous êtes ma chair et mes os*, pour dire, Nous sommes de même sang, nous sommes proches parents ; cette expression semblait faire allusion à ce que dit Adam, lorsqu'il vit l'épouse qui avait été tirée de sa propre substance : *Voilà la chair de ma chair et les os de mes os* (*Gen.* II, 23). — Les *os* signifient quelquefois la force du corps. Ainsi, le Psalmiste dit : *Mes os sont affaissés, disloqués, brisés*, pour exprimer la perte entière de ses forces ; souvent aussi ils signifient l'intérieur de l'homme et toute sa substance : lorsque Job et David disent, *Mes os sont troublés, effrayés, humiliés*, c'est comme s'ils disaient, Le trouble, la frayeur, l'humiliation, m'ont saisi tout entier, ont pénétré jusqu'à la moelle de mes *os*. Pour exprimer la difficulté de se défaire des mauvaises habitudes de la jeunesse, Job dit, ch. XX, v. 11, en parlant d'un pécheur obstiné : *Les vices de sa jeunesse demeureront encore dans ses os, et dormiront avec lui dans la poussière du tombeau*.

Dieu avait ordonné de briser et de réduire en poudre les *os* des idolâtres et des impies, afin qu'il ne restât rien d'eux après leur mort ; ainsi *briser les os des pécheurs* signifie souvent effacer leur mémoire. Il est dit, au contraire, que Dieu conservera, engraissera, fera germer *les os des justes*, c'est-à-dire qu'il conservera leur mémoire et la rendra respectable. C'est une allusion à l'usage des patriarches de garder par respect les *os* de leurs pères, afin de s'en rappeler le souvenir. Joseph mourant en Egypte ordonna à ses enfants et à ses proches de conserver ses *os* et de les transporter avec eux lorsqu'ils partiraient de l'Egypte pour se rendre dans la Palestine (*Gen.* L, 15) ; et Moïse eut grand soin de faire exécuter cette dernière volonté (*Exod.* XIII, 19). Saint Paul fait remarquer la foi de Joseph, qui attestait ainsi à ses descendants que Dieu accomplirait certainement les promesses qu'il avait faites à Abraham (*Hébr.* XI, 22).

OSCULUM. *Voy.* BAISER DE PAIX.

OSÉE est le premier des douze petits prophètes ; il a été contemporain d'Amos et d'Isaïe ; il commença à prophétiser vers l'an 800 avant l'ère chrétienne, et continua pendant plus de soixante-dix ans sous les règnes d'Osias, de Joathan, d'Achaz et d'Ezéchias, rois de Juda. Le style de ce prophète est vif et sentencieux : il peint avec énergie l'idolâtrie et les autres crimes des Juifs des deux royaumes de Juda et d'Israël ou de Samarie ; il annonce le châtiment que Dieu veut en tirer, mais il promet la délivrance de ces deux peuples et le retour des bontés du Seigneur à leur égard. Plusieurs incrédules ont fait des reproches contre ce prophète et contre ses prédictions. Ils ont dit d'abord qu'*Osée* était né chez les Samaritains, par conséquent schismatique et idolâtre, à moins que Dieu ne l'eût préservé de ce crime par miracle. Mais, outre que le lieu de la naissance de ce prophète n'est pas connu, il est évident par sa prophétie qu'il n'avait aucune part à l'idolâtrie ni au schisme de Samarie, puisqu'il l'appelle *Bethaven*, maison d'iniquité, qu'il lui reproche ses infidélités et lui annonce le châtiment terrible que Dieu veut en tirer. Selon nos critiques, dans le ch. I, v. 2 et 3, Dieu commande à *Osée* de prendre une prostituée, d'en avoir des enfants, par conséquent, de vivre avec elle dans le crime. Mais ils traduisent infidèlement le texte; il porte : « Prenez *pour épouse* une prostituée ou plutôt une femme idolâtre de Samarie. La Vulgate ajoute, *faites-vous* des enfants, et l'Hébreu dit simplement *et des enfants de fornication*, ou nés d'un mauvais commerce. Il est évident, 1° que l'idolâtrie des Samaritains est appelée *fornication* ou prostitution, non-seulement par *Osée*, mais par d'autres prophètes; la *terre des fornications* est une terre idolâtre ; par conséquent *une femme et des enfants de fornication* sont une Samaritaine et ses enfants. 2° Quand il s'agirait d'une prostituée, ce n'est pas un crime de l'épouser, c'est au contraire la retirer du désordre, et les enfants qui en naîtront ne peuvent être appelés *enfants de fornication* que par rapport à la vie précédente de leur mère. Les obscénités grossières que le plus célèbre de nos incrédules a vomies à cette occasion ne prouvent que la corruption dégoûtante de ses mœurs.

Dans le ch. III, v. 1, Dieu ordonne encore à *Osée* de témoigner de l'affection à une femme adultère, mais il ne lui commande ni de l'épouser, ni d'avoir commerce avec elle ; au contraire, le prophète dit à cette femme: « Vous m'attendrez longtemps, vous n'aurez commerce avec aucun homme, et je vous attendrai moi-même, parce que les Israélites seront longtemps sans rois, sans chefs, sans sacrifices, etc., et ensuite ils reviendront au Seigneur : » il n'est donc encore ici question d'aucun crime ni d'aucune indécence. Chapitre XIV, v. 1, *Osée* lance, dit-on, des malédictions furieuses contre les Samaritains : « Périsse Samarie, parce qu'elle a irrité son Dieu! que ses habitants meurent par le glaive, que ses enfants soient écrasés, que ses femmes enceintes soient éventrées! » De là on a conclu doctement que les prophètes juifs étaient des fanatiques furieux qui se croyaient tout permis contre les schismatiques et les hérétiques. Ne sont-ce pas plutôt leurs calomniateurs qui méritent ces titres ? Ici, ce n'est pas le prophète qui parle, c'est Dieu qui annonce ce qu'il veut et ce qu'il fera, c. XIII, v. 4 : *Je suis le Seigneur ton Dieu*, etc. ; » c. XIV, v. 9 : *C'est moi qui exaucerai Éphraim ; je le ferai croître comme un sapin vert*, etc. *Osée* a-t-il pu ainsi parler de son chef? D'ailleurs, au mot IMPRÉCATION, nous avons fait voir que les malédictions qui se trouvent dans les prophéties et dans les psaumes sont des prédictions et rien de plus.

**OSIANDRIENS**, secte de luthériens, formée par André Osiander, disciple, collègue et ensuite rival de Luther. Pour avoir le plaisir de dogmatiser en chef, il soutint, contre son maître, que nous ne sommes point justifiés par l'imputation de la justice de Jésus-Christ, mais que nous le sommes formellement par la justice essentielle de Dieu. Pour le prouver, il répétait à tout moment ces paroles d'Isaïe et de Jérémie : *Le Seigneur est notre justice*. Mais quand ils disent que Dieu est notre bras, notre force, notre salut, s'ensuit-il qu'il l'est formellement et substantiellement ? Cette absurdité, imaginée par Osiander, ne laissa pas de partager l'université de Kœnigsberg, et de se répandre dans toute la Prusse. Ce prédicant, d'ailleurs, n'était pas très-réglé dans ses mœurs, non plus que ses collègues. *Voy.* LUTHÉRIENS.

\* **OSIRIS.** Il n'est pas une divinité du paganisme au fond de laquelle on ne retrouve quelque idée de la révélation primitive. « Le dogme de la Trinité, dit Schmitt, celui de l'Unité, sont la base et la pierre fondamentale des mystères. A cette idée première se rattache immédiatement la croyance en un dieu révélé et réconciliateur, qui en est l'objet essentiel. Cette croyance donna lieu aussi à l'espèce de représentation dramatique, si intimement liée au culte, que l'on offrait annuellement au peuple. Voici en quoi consistait ce spectacle : « Le dieu révélé (Osiris, honoré sous l'emblème du soleil) naît sous la forme d'un enfant ; une étoile annonce sa naissance. Le dieu grandit, se trouve obligé de prendre la fuite, poursuivi par des animaux féroces ; succombant enfin à la persécution, il meurt. Alors commence un deuil solennel ; le dieu du soleil, naguère privé de la vie, ressuscite, et l'on célèbre sa résurrection. » Suivant d'autres témoignages (Plut., *de Iside et Osiride*), les Égyptiens avaient la mer en horreur ; ils l'appelaient Typhon, et racontaient que Typhon (qui était leur mauvais principe, de même qu'Ahriman était celui des Perses) avait poursuivi son frère Osiris; qu'il l'avait enfermé dans un coffre, le 17 du mois Athyx, qui est le deuxième après l'équinoxe d'automne. Il ne suffit point à Typhon d'avoir, à l'aide de soixante et douze conspirateurs, ainsi enfermé son frère Osiris, de l'avoir tué et jeté ensuite dans la mer avec le coffre : la sage Isis, instruite du sort de son époux, ayant trouvé son cadavre que les eaux avaient ramené sur le rivage, conservait le triste débris, quand Typhon le découvrit et le coupa en morceaux. La déesse parvint, néanmoins, à rassembler les membres épars d'Osiris et à les réunir dans une tombe. Chose miraculeuse! ses membres une fois déposés dans le tombeau, Osiris, à ce que l'on prétend, recouvra la vie. Le sens de cette histoire s'expliquait dans les mystères. Comme le dieu qui avait daigné habiter parmi les hommes était honoré sous l'emblème du soleil, son culte devint celui de cet astre, et les circonstances de son histoire furent mises en rapport avec le cours du soleil. C'est ainsi que les honneurs, d'abord rendus à la Divinité, dégénérèrent en une simple adoration de la lumière, et que l'allégorie primitive se matérialisa, pour ainsi dire. L'idolâtrie de l'Égypte résulte de la prépondérance qu'usurpèrent les noms et les emblèmes sur les idées religieuses. Au commencement l'idée était traduite par un symbole ; puis on lui attribua un nom, on la personnifia, et ainsi se constitua le culte des idoles. Notre intérêt doit naturellement se concentrer sur le nom d'Osiris. C'est ce dieu bienfaisant que nous trouvons chez tous les peuples, qui habite au milieu des hommes, et qui les rend heureux. L'Égypte, comme toutes les autres contrées, l'honora sous l'image du soleil. Il subit une persécution, de cruelles souffrances et enfin la mort. Vénéré dans les mystères égyptiens, comme un mot emblématique et expressif, le nom d'Osiris atteste à nos yeux l'existence de la tradition relative à la future rédemption du monde. Aucun homme raisonnable ne se refusera à cette conséquence, en voyant la même idée, sauf la diversité des termes, se reproduire fidèlement chez tous les peuples.

PACIAIRES. *Voy.* Trève de Dieu.

PACIEN (saint), évêque de Barcelone, mort sur la fin du IV° siècle et mis au rang des Pères de l'Eglise. Il a laissé quelques ouvrages qui se trouvent dans la *Bibliothèque des Pères* et dans le *Recueil des Conciles d'Espagne* ; le principal est une réfutation des donatistes et des novatiens.

PACIFIQUE (hostie). *Voy.* Hostie.

Pacifiques, ou Pacificateurs. On nomma ainsi, 1° au VI° siècle, ceux qui suivaient l'*Hénotique* de l'empereur Zénon, et qui, sous prétexte de réconcilier les catholiques avec les eutychiens, s'écartaient des décisions du concile de Chalcédoine ; comme s'il était permis de changer quelque chose à la foi de l'Eglise par complaisance pour les hérétiques. *Voy.* Hénotique — 2° Au XII° siècle, ceux qui formèrent entre eux une association religieuse et guerrière, pour purger nos provinces méridionales d'une multitude de bandits, qui, sous le nom de brabançons et de cotereaux, y exerçaient des violences inouïes, pillaient le sacré et le profane, mettaient les villes et les villages à feu et à sang. C'était un reste de troupes anglaises que les fils du roi d'Angleterre avaient accoutumées au pillage. L'association dont nous parlons se forma vers l'an 1183, au Puy en Velai, et les historiens du temps en citent des prodiges de valeur, *Hist. de l'Egl. gallic.*, tom. X, l. XXVIII, an 1183.—3° On donna encore, dans le XVI° siècle, le même nom à certains anabaptistes qui parcouraient les bourgs et les villages, en disant qu'ils annonçaient la paix, et qui par cet artifice séduisaient les peuples. En général les hérétiques ne veulent la paix qu'à condition que l'on suivra leur doctrine et que l'on adoptera toutes leurs idées. — 4° L'on a pu enfin désigner ainsi les théologiens syncrétistes ou conciliateurs, qui ont cherché un milieu pour accorder soit les catholiques avec les protestants, soit les différentes sectes de ces derniers entre elles, et qui tous ont fort mal réussi. *Voy.* Syncrétistes.

PACTE, convention expresse ou tacite faite avec le démon, dans l'espérance d'obtenir par son entremise des choses qui passent les forces de la nature. Un *pacte* peut donc être exprès et formel, ou tacite et équivalent. Il est censé exprès et formel, 1° lorsque par soi-même l'on invoque expressément le démon, et que l'on demande son secours, soit que l'on voie réellement cet esprit de ténèbres, soit que l'on croie le voir ; 2° quand on l'invoque par le ministère de ceux qu'on croit être en relation et en commerce avec lui. Le *pacte* est seulement tacite ou équivalent lorsque l'on se borne à faire une chose de laquelle on espère un effet qu'elle ne peut produire naturellement ni surnaturellement et par l'opération de Dieu, parce qu'alors on ne peut espérer cet effet que par l'intervention du démon. Ceux, par exemple, qui prétendent guérir des maladies par des paroles, doivent comprendre que les paroles n'ont pas naturellement cette vertu. Dieu n'y a pas attaché non plus cette efficacité ; si donc elles produisaient cet effet, ce ne pourrait être que par l'opération de l'esprit infernal. De là les théologiens conclurent que non-seulement toute espèce de magie, mais encore toute espèce de superstition renferme un *pacte*, au moins tacite ou équivalent, avec le démon, puisqu'aucune pratique superstitieuse ne peut rien produire, à moins qu'il ne s'en mêle. C'est le sentiment de saint Augustin, de saint Thomas et de tous ceux qui ont traité cette matière. Il n'est pas nécessaire de prouver que tout *pacte* avec l'esprit impur est un crime abominable ; puisque l'invoquer expressément ou équivalemment, c'est lui rendre un culte, c'est donc un acte d'idolâtrie ; attendre de lui ce que l'on sait bien que Dieu ne veut pas nous accorder, c'est en quelque manière le mettre à la place de Dieu, et lui donner plus de confiance qu'à Dieu. La loi divine le défend expressément : Jésus-Christ a mis en fuite l'esprit tentateur, en lui répétant ces paroles de la loi : *Tu adoreras le Seigneur ton Dieu et tu le serviras seul* (*Matth.* IV, 10) ; il est venu sur la terre pour détruire les œuvres du démon (*I Joan.* III, 8). L'Eglise, dans tous les temps, a condamné toutes les pratiques superstitieuses ou magiques, et a dit anathème à ceux qui y avaient recours. C'est un reste de paganisme d'autant plus difficile à déraciner, que la curiosité, l'intérêt aveugle, l'envie de se délivrer promptement d'un mal ou d'obtenir un bien, sont des passions à peu près incurables. La seule raison, qui peut dominer jusqu'à un certain point le crime des superstitions, est l'ignorance ou plutôt la stupidité de ceux qui les pratiquent. Thiers, *Traité des Superst.*, t. I, l. I, c. 1 et 10.

Nos philosophes, toujours très-confiants en leur propres lumières, ont décidé que tout *pacte* et tout commerce avec le démon sont purement imaginaires ; que si quelques insensés ont cru traiter réellement avec lui, ce n'a pu être qu'en rêvant ; que tous ceux qui se sont vantés d'opérer des prodiges par son entremise sont des imposteurs, et que tous ceux qui y ajoutent foi sont des imbéciles. Ils prétendent que les lois de l'Eglise et les décisions des théologiens ne peuvent aboutir qu'à entretenir sur ce point la crédulité et les erreurs populaires. — 1° Quand il serait vrai que tout ce que l'on a cru et publié dans tous les siècles touchant les opérations du démon sont des fables, les insensés dont nous parlons ne seraient pas moins coupables, puisqu'ils ont eu réellement la volonté et l'intention d'avoir directement ou indirectement commerce avec l'esprit impur. Les lois et les censures de l'Eglise seraient donc toujours justes ; elles sont absolument nécessaires pour préserver les peuples de toute confiance aux pratiques superstitieuses, puisqu'enfin le peuple est incapable de se détromper de ses erreurs par des spéculations philosophiques ; et quand il serait en état d'y comprendr quelque chose, les philosophes ne se donneraient pas la peine de l'instruire. — 2° Ces savants dissertateurs sont-ils en état de démontrer par des preuves positives la fausseté de tout ce qui a été dit sur ce point par les écrivains sacrés, par les anciens philosophes, par les Pères de l'Eglise, par les voyageurs qui se donnent pour témoins oculaires de ce qu'ils rapportent ? Il est aisé de dire, *Cela n'est pas vrai, cela est impossible* ; mais où est la démonstration ? Des témoignages positifs sont une preuve, l'ignorance incrédule n'en est pas une. — 3° Ce ne sont point les lois de l'Eglise ni les opinions des théologiens qui ont persuadé aux Caraïbes de l'Amérique, aux Indiens, aux nègres de Guinée, ni aux Lapons, qu'ils sont en commerce avec des esprits, ni qui leur ont appris à pratiquer la magie ; cet art infernal est plus ancien que le christianisme, et notre religion l'a extirpé, ou du moins l'a rendu très-rare partout où elle s'est établie. *Voy.* DÉMON, MAGIE, etc.

PACTE SOCIAL. *Voy.* SOCIÉTÉ.

PÆDOBAPTISME. *Voy.* BAPTÊME DES ENFANTS.

PAGANISME, païens. Le *paganisme* est le polythéisme joint à l'idolâtrie, c'est-à-dire la croyance de plusieurs dieux et le culte qu'on leur rend dans les idoles ou simulacres qui les représentent. On croit que ce nom est venu de ce qu'après l'établissement du christianisme, les habitants de la campagne que nous nommons les *paysans, pagani,* furent les derniers qui demeurèrent attachés au culte des faux dieux, et qui continuèrent à le pratiquer, pendant que les habitants des villes et tous les hommes instruits s'étaient faits chrétiens. De là il est arrivé que *polythéisme, idolâtrie, paganisme,* sont devenus des termes synonymes. Depuis qu'il a plu aux incrédules de justifier ou d'excuser toutes les fausses religions pour calomnier la vraie, de pallier les absurdités et les crimes du *paganisme,* afin de les faire retomber sur les adorateurs d'un seul Dieu, il est devenu nécessaire de connaître à fond le système des païens, son origine, ses progrès, les effets qu'il a produits, les conséquences qui s'en sont ensuivies ; sans cela l'on ne comprendrait pas assez l'importance du service que les leçons de Jésus-Christ ont rendu au genre humain, et l'on ne serait pas en état de réfuter l'odieux parallèle que les hérétiques ont osé faire entre le culte pratiqué dans l'Eglise catholique et celui des *païens.* Nous croyons avoir déjà suffisamment éclairci ce sujet au mot IDOLATRIE ; mais nous n'avons pas encore discuté les divers systèmes que nos adversaires ont imaginés pour en imposer aux ignorants. Ils ont mêlé d'ailleurs à cette matière certaines questions incidentes, touchant lesquelles il est bon de savoir ce qu'il y a de vrai ou de faux.

Nous avons donc à examiner, 1° si les dieux des *païens* ont été des hommes, et si l'idolâtrie a commencé dans le monde par le culte des morts ; 2° si le polythéisme a été la première religion du genre humain ; 3° si les polythéistes ont admis un Dieu suprême auquel ait pu se rapporter le culte rendu aux dieux populaires ; 4° si l'on peut en quelque manière excuser l'idolâtrie ; 5° si les lois portées par Moïse contre ce crime étaient trop sévères ; 6° si parmi les Pères de l'Eglise il y en a quelques-uns qui l'aient excusé, et d'autres qui l'aient condamné avec trop de rigueur ; 7° de quelle manière les *païens* ont défendu leur religion lorsqu'elle a été attaquée par les docteurs chrétiens ; 8° si les protestants sont venus à bout de prouver que le culte rendu aux saints et à leurs images par les catholiques est une idolâtrie. On doit prévoir que dans toutes ces discussions nous serons souvent obligés de répéter en gros les principes et les faits que nous avons posés ailleurs.

§ I. *Les dieux du paganisme ont-ils été des hommes ?* Au mot IDOLATRIE, nous avons prouvé par l'Ecriture sainte, par le sentiment des philosophes les plus célèbres, par le récit des poètes, que ces dieux prétendus étaient des esprits, des génies, des intelligences que les *païens* supposaient logés dans toutes les parties de la nature, et auxquelles ils en attribuaient tous les phénomènes ; que c'étaient par conséquent des êtres imaginaires qui n'ont jamais existé. Ce sentiment, quelque certain qu'il nous ait paru, a été attaqué par de savants écrivains ; ils ont pensé que le polythéisme a commencé par honorer les âmes des morts, qu'ainsi les dieux des *païens* ont été des hommes qui ont vécu dans les premiers âges du monde. Quoique nous fassions beaucoup de cas de leur érudition, ils ne nous paraissent avoir fondé leurs différentes hypothèses que sur des vraisemblances, et non sur aucune preuve positive ; aucun n'a directement attaqué celles que nous avons données de notre opinion, c'est assez déjà pour nous y confirmer. Mais nous en avons encore plusieurs à proposer. — 1° L'on ne peut pas douter que le polythéisme et l'idolâtrie ne soient nés chez des nations plongées dans l'état de barbarie, puisque l'on n'en a presque trouvé aucune dans cet état qui ne fût polythéiste et idolâtre. Pour l'être, il n'est pas nécessaire d'avoir des statues ou des images travaillées, il suffit d'adorer un objet matériel quelconque, en le supposant animé par un génie intelligent et puissant, duquel dépend notre destinée. Lorsque les Grecs adoraient Vénus sous la forme d'une borne ou d'une pyramide blanche, ils n'étaient pas moins idolâtres que quand ils offrirent leur encens à la Vénus de Praxitèle. Mais dans l'état sauvage, lorsque les familles sont encore éparses, isolées, tout occupées de leur subsistance animale, il ne peut y avoir parmi elles aucun personnage assez important ni assez grand pour s'attirer l'attention de ses semblables. On ne peut en citer aucun exemple chez les peuples anciens ni chez les sauvages modernes. Tous connaissent cependant des esprits, des génies, des manitous, des fétiches, qu'ils redoutent et qu'ils révèrent, et ces esprits ne sont point les âmes des morts. — 2° Suivant l'histoire sainte, les Chaldéens ont été les plus anciens polythéistes, et, selon le témoignage de tous les auteurs profanes, ils adoraient les astres. S'ils avaient aussi rendu un culte aux âmes des morts, il serait fort singulier qu'ils n'eussent divinisé aucun des anciens patriarches, qui étaient leurs aïeux, et desquels ils ne pouvaient avoir perdu la mémoire. Noé et Sem, qui étaient la tige de leur nation, ne méritaient-ils pas plutôt des autels qu'un prétendu roi Bélus qu'on leur donne pour premier roi, et dont l'existence n'est rien moins que certaine? Il en est de même des Egyptiens; ils reconnaissaient Ménès pour leur premier roi, et il est très-probable que Ménès était Noé; mais ce n'était pas leur premier dieu. Suivant tous les auteurs égyptiens, le règne des rois avait été précédé chez eux par le règne des dieux, et ceux-ci, tels qu'Osiris, Sérapis, Isis, Anubis, etc., n'étaient certainement pas des hommes, quoique plusieurs écrivains se soient obstinés à les regarder comme tels. — 3° Chez les Grecs et chez les Romains, le culte des grands dieux, des dieux anciens, fut toujours distingué d'avec celui des héros ou des grands hommes; nous le voyons par la théogonie d'Hésiode, qui est le plus ancien des mythologues. Or, si les grands dieux, tels que Jupiter, Mars, Vénus, etc., avaient été des hommes, cette distinction ne serait fondée sur rien. La plus ancienne apothéose dont les Romains eussent connaissance était celle de Romulus. De même, chez les Chinois, le culte des ancêtres est très-différent de celui que l'on rend aux esprits moteurs de la nature, au ciel, à la terre, aux fleuves, etc. Cela est certain par le Chou-King et par les leçons de Confucius. Cette considération seule aurait dû détromper les partisans du système que nous attaquons. — 4° L'on ne peut pas prouver que les anciens païens se soient avisés de placer les morts dans le soleil, dans la lune, dans les autres astres, ni dans les éléments, et on ne voit aucun vestige de cette opinion chez les polythéistes modernes. Les philosophes, qui ont cru comme le peuple que les astres étaient animés, n'ont pas imaginé que c'étaient des âmes humaines qui s'y étaient allées loger, et qui faisaient mouvoir ces grands corps : un tel pouvoir est trop supérieur aux forces de l'humanité. Platon, dit à la vérité, qu'après la mort d'un homme son âme va se réunir à l'astre qui lui convient; mais il enseigne dans le même ouvrage que les astres, en corps et en âme, ont existé longtemps avant que la race des hommes fût formée. Suivant l'opinion populaire, les âmes des morts étoient dans les enfers ou dans les champs élysées; on ne les croyait point dispersées dans les différentes parties de la nature. On ne peut pas prouver non plus que les Egyptiens ont supposé, dans les animaux qu'ils adoraient, des âmes qui avaient été autrefois dans un corps humain; mais ils y ont certainement supposé des esprits, des génies, des dieux plus intelligents et plus puissants que les hommes. Le philosophe Celse soutient très-sérieusement cette opinion dans *Origène*, l. IV, n. 88.—5° Dans une question d'histoire et de critique, nous sommes en droit de citer le sentiment des différentes sectes de gnostiques qui ont paru dans le second siècle de l'Eglise, et qui avaient puisé leur doctrine chez les philosophes, soit grecs, soit orientaux : aucun de ces sectaires n'a enseigné que les dieux des païens étaient des hommes déifiés après leur mort; tous ont pensé que c'étaient des génies ou des esprits inférieurs à Dieu, et qui avaient eu l'ambition de se faire adorer par les hommes. *Voy.* GNOSTIQUES, VALENTINIENS, etc.

Nous cherchons vainement dans les divers monuments de la croyance des païens des arguments qui prouvent que les dieux anciens, les dieux principaux et en plus grand nombre ont été des hommes déifiés; nous n'y trouvons que le contraire. Cependant les plus habiles critiques protestants ont embrassé ce système; nous verrons ci-après par quel motif. Beausobre, *Hist. du Manich.*, t. II, l. IX, c. IV, § 2 et suiv., prétend que les dieux des païens *n'ont été que des hommes;* que cela est démontré par plusieurs de leurs cérémonies. Mais, dans cet endroit même, il est forcé de se rétracter et de distinguer deux espèces d'idolâtrie, savoir, l'adoration des intelligences ou des esprits que l'on supposait dans les astres et dans toute la nature, et ensuite l'adoration des âmes des grands hommes. Voilà donc deux dieux de deux espèces; la question est de savoir à laquelle des deux l'on a commencé d'abord de rendre un culte : or nous avons fait voir qu'elle est décidée par les auteurs sacrés, par les philosophes, par les poètes, par les usages et par les opinions de tous les peuples idolâtres. La prétendue démonstration que Beausobre veut tirer des cérémonies païennes est absolument nulle; quand il y en aurait plusieurs qui semblent avoir été instituées pour honorer des hommes, il ne s'ensuivrait rien, puisque les païens en général attribuaient à leurs dieux les actions, les inclinations, les faiblesses, les vices et les accidents de l'humanité. Dans son système, toute la mythologie est un chaos inintelligible, au lieu qu'elle s'explique très-aisément dans le système opposé. Il assure que la plus grossière de toutes les idolâtries a été le culte rendu aux âmes des héros; il se contredit encore en disant, *ibid.*, c. II, § 9 : « Le culte rendu aux anges ou aux éons est plus raisonnable que celui que les païens rendaient à la pierre; car les anges pensent et agissent, au lieu que la pierre n'a ni pensée ni action. » Or, en supposant immortelles les âmes des grands hommes, elles étaient aussi capables de penser et d'agir que les anges et les éons. Il est d'ailleurs évident que la plus grossière de toutes les idolâtries a été le culte rendu aux animaux et à leurs figures; cela est prouvé par les reproches que Moïse fait aux Israélites au sujet du culte du veau d'or, par les paroles du livre de la Sagesse, c. XIII, v. 10 et 14, et par celles de saint Paul (*Rom.* I, 23). Beausobre cite le prophète Baruch, c. VI. 28, pour prouver que les démons étaient la même chose que les âmes des morts. La vérité est que ce prophète n'en dit pas un mot ; il dit seulement, v. 21, que les Babyloniens crient et hurlent contre leurs dieux, comme on fait dans le repas d'un mort; mais cela ne signifie pas que ces dieux étaient des morts. On sait qu'après le repas des funérailles les païens faisaient à grands cris leurs derniers adieux aux morts. Le seul passage de l'Ecriture sainte que nos adversaires ont pu citer en faveur de leur opinion, est le reproche que David fait aux Iraélites (*Ps.* CV, 23), d'avoir été initiés aux mystères de Béelphégor et d'avoir mangé des sacrifices des morts. Il ne s'ensuit pas de là que ce dieu des Moabites était un homme mort. Ce même critique ajoute que les païens n'ont fait des statues que quand ils ont commencé d'adorer des morts. Etait-il en état de prouver que les *théraphim* de Laban étaient des figures de morts? Lui-même pense que c'étaient des figures d'anges (*Ibid.* II, 14). C'est en défendant aux Israélites d'adorer le soleil, la lune et les astres, que Moïse leur défend aussi de faire aucune figure d'homme, de femme ou d'animaux (*Deuter.* IV, 16 et suiv.). Or des figures d'animaux n'étaient pas faites pour représenter des hommes morts. Le système de Beausobre n'est donc fondé sur aucune preuve solide.

Brucker, dans son *Histoire critique de la Philosophie*, l. II, c. II, § 19, soutient aussi que la première origine du polythéisme a été le culte des morts; mais que les philosophes orientaux corrigèrent ce préjugé dans la suite. Ils supposèrent, dit-il, un Dieu suprême, père et gouverneur de l'univers, dont l'essence, comme une grande âme, pénétrait toute la nature, était la source des esprits qui en gouvernaient chaque partie. Ils crurent que ces esprits étaient sortis de l'essence divine par émanation, ou qu'ils en étaient seulement une modification. Telle a été, selon lui, l'opinion non-seulement des Chaldéens et des Egyptiens, mais de tout l'ancien *paganisme*. De là il conclut que les Chaldéens adoraient le Dieu suprême sous le nom de Baal ou de Jupiter Bélus, parce que leurs philosophes leur apprirent à rapporter au Dieu suprême ce qu'ils disaient de leur roi Bélus, qui avait été le premier objet de leur culte. Rien de plus fabuleux que cette hypothèse.—
1° Brucker n'a pu donner aucune preuve positive de ce qu'il avance ni des opinions qu'il prête aux Chaldéens et aux Egyptiens; nous ne sommes pas obligés de le croire sur sa parole. — 2° Les plus anciens monuments que nous ayons de la religion des Chaldéens sont nos livres sacrés. Nous y lisons (*Genes.* XXXI, 19) que Laban avait des idoles, et i. les appelle ses dieux, v. 30; c. XXXV, v. 1, que Jacob, de retour de la Mésopotamie, et prêt à offrir un sacrifice à Dieu, ordonna à ses gens de se défaire des dieux étrangers, qu'ils les lui donnèrent, et qu'il les enfouit sous un arbre. Il est dit dans *Josué*, c. XXIV, v. 2, et dans le livre de Judith, c. V, v. 8, que les ancêtres d'Abraham, dans la Mésopotamie, avaient adoré plusieurs dieux et des dieux étrangers; *IV Reg.* c. XVII, v. 29 et suiv., que les Babyloniens et les autres peuples, qui furent envoyés par le roi des Assyriens pour habiter la Samarie, y joignirent le culte de leurs dieux au culte du Seigneur; c. XIX, v. 36, et *Isai.*, c. XXXVII, v. 38, que Sennachérib, roi des Assyriens, adorait son dieu *Nesroch* ou *Nisroch*, dans son temple, lorsqu'il fut tué par ses deux fils. Jérémie annonce aux Israélites conduits en captivité à Babylone qu'ils y verront adorer des dieux d'or, d'argent et de pierre, *Baruch*, c. VI, v. 3. Daniel nous apprend que Nabuchodonosor, roi de Babylone, fit faire une grande statue d'or et la fit adorer par tous ses sujets; c. V, v. 4, que Balthasar, son fils, fit faire un grand festin pour toute sa cour, que les convives y célébraient leurs dieux d'or, d'argent, de bronze, etc. Il n'est parlé de l'idole de Bel ou de Bélus que dans le chapitre XIV, v. 2. Peut-on prouver que ce Bélus était un ancien roi d'Assyrie, et que son culte était plus ancien que celui de toutes les idoles dont l'Ecriture sainte fait mention ? — 3° Brucker ne nous dit point qui sont les philosophes chaldéens qui ont corrigé l'erreur de leur nation et qui lui ont appris à rendre son culte au Dieu suprême, sous le nom de Bélus; nous ne connaissons aucun philosophe dans aucun lieu du monde qui ait travaillé à instruire les peuples, ni qui leur ait fait connaître le Dieu suprême. Tous ont caché leur doctrine au peuple, lorsqu'elle était contraire à ses préjugés, ou ils se sont appliqués à réduire en système toutes les erreurs populaires. Nous l'avons fait voir au mot IDOLATRIE et ailleurs. — 4° S'il y a eu une réforme religieuse chez les Chaldéens et chez les peuples voisins, ce ne peut être que celle de Zoroastre; or ce législateur vivait sur la fin de la captivité de Babylone, et son système n'est point celui que Brucker a trouvé bon de prêter aux Chaldéens. *Voy.* PARSIS.

Mosheim, qui était dans la même opinion que Beausobre et Brucker, a blâmé les critiques anciens et modernes qui ont cru retrouver les mêmes personnes dans les dieux des Syriens, des Egyptiens, des Grecs, des Romains, des Gaulois et des Américains. Il aurait eu raison de les censurer, s'il était prouvé que ces dieux divers ont été des hommes; le même personnage ne peut avoir vécu dans tant de lieux différents. Mais si ces dieux sont le soleil, la lune, la terre, l'eau, le feu, les nuées, le tonnerre, etc., que l'on croyait animés, certainement ces objets sont les mêmes partout, et ils ont dû faire sur tous les peuples à peu près la même impression. Le Clerc n'a pas mieux conçu que les autres protestants les véritables objets du polythéisme et de l'idolâtrie ; il l'expose fort mal dans son *Hist. ecclés.*, *Prolég.*, sect. 2, c. 1, § 2 et suiv. Il n'apporte aucune raison nouvelle pour prouver que les dieux des païens ont été des hommes. D'autres écrivains ont imaginé que les divinités de la mythologie étaient les attributs de Dieu personnifiés : que Jupiter était sa puissance, Junon sa justice, Minerve sa sagesse, etc., qu'ainsi Dieu lui-même était adoré sous ces noms différents. Ils ont pensé, sans doute, que le polythéisme est né chez des peuples philosophes, exercés dans les sciences et capables d'imaginer de pareilles allégories. Mais nous avons observé que les hommes les plus ignorants et les plus grossiers sont précisément ceux qui sont les plus enclins à multiplier, pour ainsi dire, la Divinité, à placer partout des génies, des esprits, des êtres supérieurs à l'humanité, dont il est important de gagner la bienveillance et de prévenir la colère. Chez tous les peuples, les fables et les pratiques de l'idolâtrie font plutôt allusion aux phénomènes de la nature qu'aux attributs de Dieu. Comment reconnaître ces attributs dans les personnages que l'on supposait présider aux inclinations, aux vices, aux crimes des hommes, à l'impudicité, à la vengeance, à l'ivrognerie, au larcin, etc. ?

On nous objecte que plusieurs Pères de l'Eglise ont soutenu aux païens que leurs dieux avaient été des hommes ; mais les plus anciens, tels que Justin, Tatien, saint Théophile d'Antioche, Clément d'Alexandrie, le poëte Prudence, etc., dont plusieurs étaient nés dans le *paganisme*, et qui l'avaient examiné de plus près, ont été convaincus que ces dieux prétendus étaient des génies ou démons qui étaient supposés animer les différentes parties de la nature. Les Pères postérieurs, qui semblent avoir pensé différemment, n'ont fait que suivre l'opinion qui régnait de leur temps chez les païens mêmes ; elle semblait être confirmée par les fables qui attribuaient aux dieux les actions, les passions, les vices de l'humanité. C'était donc un argument personnel dont les Pères ont eu droit de se servir, sans remonter à la première origine du polythéisme et de l'idolâtrie. Mais le très-grand nombre de ces saints docteurs ont pensé aussi, et non sans raison, que les démons, ou les anges rebelles, attentifs à profiter des erreurs et des passions des hommes, sont souvent intervenus dans le culte que les païens rendaient à des génies purement imaginaires ; qu'ils se sont ainsi approprié ce culte, et qu'ils l'ont souvent confirmé par des prestiges. Il est en effet difficile de comprendre que les hommes aient pu regarder comme un culte religieux des crimes tels que l'impudicité, la prostitution, les sacrifices de victimes humaines, etc., si ces abominations ne leur avaient pas été suggérées par des esprits malicieux, ennemis de Dieu et de ses créatures. Il n'a pas été nécessaire, pour cela, que les démons allassent se loger dans les astres, dans les éléments, dans tous les corps dans lesquels les païens supposaient des esprits ; il leur a suffi de tromper les idolâtres par des prestiges et par des suggestions infernales, pour devenir tout à la fois les auteurs et les objets de l'idolâtrie (1).

§ II. *Le polythéisme et l'idolâtrie ont-ils été la première religion du genre humain ?* Plusieurs de nos philosophes modernes l'ont assuré sans preuve et sur de simples con-

---

(1) Il serait extrêmement intéressant de suivre la marche progressive de l'idolâtrie ; mais les monuments historiques qui nous restent, écrits pour la plupart sous le règne de cette monstrueuse erreur, nous offrent à peine de faibles lueurs. Une multitude de systèmes ont été inventés sur ce sujet. Le célèbre Huet, dans sa *Démonst aion évangélique*, suit l'histoire des principaux dieux du paganisme et montre les rapports qui existent entre eux et les grands personnages des premiers temps du peuple juif. La route était ouverte : l'abbé Guérin-Durocher y entra à pleine voile : tout ce qu'il y avait de vague sous la plume du savant évêque disparaît ; il précise tous les faits et montre une telle analogie entre les dieux du paganisme et Abraham, Moïse, etc., qu'on ne peut s'empêcher de s'écrier : *Ce sont les mêmes personnages*. L'abbé Ranier, dans son ouvrage intitulé : *La Mythologie et les fables expliquées par l'histoire*, soutient que les dieux du paganisme sont quelques personnages importants, dont les actions ont été embellies dans la suite. Pluche, dans son *Histoire du ciel*, se persuade que le peuple ignorant, voyant des figures placées sur des tombeaux, leur offrit ses adorations et son culte. Bergier, dans son ouvrage sur l'*Origine des dieux du paganisme*, prend pour des allégories la plupart des fables et se persuade que le peuple, non content d'adorer Dieu en lui-même, voulut encore l'honorer dans les phénomènes de la nature. L'ignorance transporta aux créatures le culte, pur dans son origine. Ces systèmes sont loin de s'élever à la hauteur d'une véritable démonstration. Ils ont tous un côté sérieux et vrai. Il est constant qu'un grand nombre de peuples ont adoré les phénomènes de la nature. Il est aussi certain que beaucoup d'hommes ont été déifiés. « Nous en appelons à votre conscience, disait Tertullien, nous ne voulons point d'autre juge ; qu'elle nous condamne, si elle ose nier que tous vos dieux aient été des hommes. Si vous pouviez le nier, vos anciens monuments vous convaincraient de faux ; ils rendent encore témoignage à la vérité. On sait les villes où vos dieux sont nés, les villes où ils ont vécu et où ils se sont rendus fameux par leurs exploits ; la mémoire de leurs actions n'est point perdue, et on montre les lieux où reposent leurs cendres (*a*). » Il faut convenir aussi que tout n'étant pas fable dans la vie des dieux du paganisme, les faits ont seulement été défigurés. « Dans tous les temps, dit un philosophe païen, les traditions des anciens événements ont été défigurées par les fables que l'on a ajoutées à ce qu'il y avait de vrai. Ceux qui, dans la suite, ont entendu avec plaisir ces récits mêlés de vrai et de faux, se sont plu à y joindre encore de nouvelles fictions, de sorte qu'à la fin la vérité a disparu, détruite par le mensonge (*b*). »

(*a*) Tertul. *Apolog.*, cap. x.
(*b*) Pausanias, in Arcad.

jectures; ils ont seulement fait voir que si Dieu avait dans l'origine abandonné tous les peuples à leur ignorance et à leur stupidité naturelle, ils auraient été certainement polythéistes et idolâtres, et que telle est la pente naturelle de l'esprit humain, comme nous l'avons observé au mot IDOLATRIE, § 1 et 2. Mais l'Ecriture sainte nous apprend que dès la création Dieu a prévenu ce malheur, qu'il a instruit lui-même nos premiers parents et leur postérité, et que si les hommes avaient tous été fidèles à conserver le souvenir de ses leçons primitives, aucun ne serait tombé dans l'erreur. Une preuve positive de la vérité de cette tradition, c'est qu'après la naissance même du polythéisme et de l'idolâtrie, presque tous les peuples ont encore conservé une notion vague et faible d'un seul Dieu, auteur et souverain maître de la nature. Ainsi, du temps d'Abraham, de Jacob et de Joseph, nous voyons encore le vrai Dieu connu, respecté et craint par les Chaldéens, par les Chananéens et par les Egyptiens (*Gen.* XII, XIII, XIV, etc.). L'histoire de Job et de ses amis, celle des sages-femmes d'Egypte, de Jéthro, beau-père de Moïse, de Balaam, de Rahab de Jéricho, etc., nous montrent encore la même notion subsistante dans les temps postérieurs ; malheureusement elle n'influait en rien sur le culte, sur la morale ni sur la conduite du gros des nations qui s'étaient plongées dans l'idolâtrie. Nous pourrions prouver le même fait par le témoignage des auteurs profanes les plus anciens et les mieux instruits ; mais plusieurs savants l'ont fait avant nous : Huet, *Quæstiones alnctan...*; de Burigny, *Théologie des païens ;* Cudworth, *Syst. intellect. ;* Batteux, *Hist. des causes premières ;* Bullet, *Démonst. de l'existence de Dieu ; Mém. de l'Académ. des Inscrip.*, t. LXII, in-12, pag. 337, etc. Nous avons rassemblé un grand nombre de ces témoignages dans le *Traité historique et dogmatique de la vraie religion*, t. I, pag. 166 et suiv., IIe édit. Cette idée d'un Dieu suprême n'était certainement pas venue à l'esprit des peuples par le raisonnement, puisqu'en fait de religion ils ne raisonnaient pas ; c'était donc un reste de l'ancienne tradition.

Lorsque les dissertateurs incrédules ont dit que tous les peuples ont été d'abord polythéistes ; qu'ensuite, à force de méditer sur le premier principe des choses, quelques philosophes ont imaginé qu'il n'y a qu'une seule cause première, et qu'ils l'ont ainsi enseigné, ils ont très-mal conçu la marche de l'esprit humain. Aussi, lorsqu'il leur a fallu expliquer par quelle progression d'idées les peuples ont passé du polythéisme au dogme de l'unité de Dieu, les sublimes spéculateurs n'ont proposé que des conjectures dénuées de toute vraisemblance.

En effet, si les peuples, accoutumés d'abord à encenser plusieurs dieux et à leur attribuer le gouvernement du monde, étaient enfin parvenus à reconnaître un seul Dieu suprême, ils lui auraient attribué sans doute une providence, du moins une inspection et une attention sur le gouvernement des dieux inférieurs, le pouvoir et la volonté d'en réprimer et d'en corriger les désordres. Or, quel est le peuple, quel est le philosophe qui a eu cette idée d'un Dieu suprême ? Ceux qui ont admis une première cause, un formateur du monde, ont supposé tous qu'il en abandonnait l'administration tout entière aux génies ou esprits secondaires ; d'où ils ont conclu que le culte devait être adressé à ceux-ci, et non au Dieu suprême ; tel a été le cri général de la philosophie jusqu'à la naissance du christianisme. Celse est le premier qui ait semblé avouer que le culte des génies ne devait pas exclure celui du Dieu suprême ; mais ce point important de doctrine n'a jamais été connu du commun des païens. A quoi servaient les spéculations des philosophes, lorsque le peuple n'y avait aucune part, et qu'elles ne pouvaient influer en rien dans sa croyance ni dans sa conduite ? On conçoit très-bien, au contraire, que des hommes instruits, dans l'enfance, de l'existence d'un seul Dieu, de sa providence générale, du culte qu'il fallait lui rendre, ont cependant imaginé des génies, des esprits, des âmes, dans tous les corps où ils voyaient du mouvement ; l'étonnement, la peur, l'ignorance de la vraie cause des phénomènes, ont suffi pour leur donner cette idée. Ce premier pas une fois fait, le reste est venu de suite. Si ce sont des génies qui mettent tous les corps en mouvement, ce sont eux aussi qui produisent immédiatement tout le bien ou le mal qui nous en arrive : en les supposant à peu près semblables à nous, ils doivent être flattés de nos hommages, de nos prières, de nos offrandes ; donc il faut leur en adresser. Voilà le polythéisme établi conjointement avec la croyance de l'existence d'un seul Dieu ou d'un seul Etre suprême. Si l'on se persuade une fois que ce n'est pas lui, mais des génies particuliers qui distribuent les biens et les maux, tout le culte sera bientôt réservé à ces derniers ; le vrai Dieu sera oublié, méconnu, relégué, pour ainsi dire, avec les dieux oisifs d'Epicure ; dès qu'il ne pense plus à nous, à quel titre serions-nous obligés de nous occuper de lui ? Encore une fois, l'Etre suprême conçu sans providence immédiate n'est plus un *Dieu*, mais un fantôme inutile, étranger à l'humanité. On aura beau lui attribuer des perfections absolues, l'éternité, l'immensité, la toute-puissance, une intelligence et une sagesse infinies, etc., s'il n'y a pas en lui bonté, miséricorde, justice, attention et libéralité à l'égard de ses créatures, nous n'aurons pour lui ni le respect, ni la reconnaissance, ni la crainte, ni l'amour dans lesquels consiste le vrai culte ; nous chercherons ailleurs le maître ou les maîtres que nous devons adorer. Or, ce n'est pas la philosophie qui a fait connaître aux hommes les perfections divines relatives et adorables qui les intéressent, elle ne s'en occupa jamais ; c'est la révélation seule, et sans cette lumière surnaturelle nous les ignorerions encore ; mais ce sont celles dont l'Ecriture sainte nous parle le plus souvent.

De tout cela il s'ensuit, 1° que Dieu, en ordonnant aux hommes de sanctifier le septième jour de la semaine en mémoire de la création, avait pris le moyen le plus propre à conserver parmi eux la notion d'un Dieu créateur, conservateur et gouverneur de l'univers, duquel viennent immédiatement tous les biens et les maux de ce monde, qui, par conséquent, doit être seul adoré. L'exactitude des patriarches à observer ce culte exclusif a maintenu parmi eux la vraie foi ; la négligence de leurs descendants à remplir ce devoir les a fait tomber insensiblement dans l'erreur ; leur faute a donc été volontaire et inexcusable. — 2° Dès ce moment le spectacle de la nature n'a plus suffi pour élever les hommes à la connaissance d'un seul Dieu : il est, au contraire, devenu un piége d'erreur, auquel les philosophes même ont été pris ; savants ou ignorants, tous ont cru les corps animés par des esprits plus puissants que l'homme, desquels dépendait son sort sur la terre, auxquels, par conséquent, il devait adresser son culte, et la philosophie n'est venue à bout d'en détromper aucun. Plusieurs se sont plongés dans l'athéisme, plutôt que d'en revenir à la doctrine et à la croyance primitive. — 3° Les déistes ont donc très-grand tort de vanter les forces de la raison et de la lumière naturelle, pour connaître Dieu et savoir le culte qu'il faut lui rendre ; il faut en juger par l'événement, et non par des conjectures arbitraires. L'exemple de toutes les nations anciennes et modernes démontre que l'homme passe fort aisément de la vérité à l'erreur, mais que sans un secours surnaturel il ne lui est jamais arrivé de revenir de l'erreur à la vérité.

§ III. *Le culte des polythéistes a-t-il pu se rapporter à un Dieu suprême ?* Parmi le grand nombre des savants qui se sont appliqués à prouver qu'au milieu même des ténèbres de l'idolâtrie, il s'est toujours conservé du moins une faible notion d'un seul Etre suprême, tous n'ont pas agi par des motifs également louables. Les uns ont voulu prouver, contre les athées, que le polythéisme n'a pas été la croyance constante et uniforme de tout le genre humain. Les déistes ont saisi avec avidité cette occasion de conclure qu'avant le christianisme tous les peuples n'étaient pas plongés dans un aveuglement aussi profond que le supposent les théologiens, et que ceux-ci sont partis d'un faux principe pour démontrer la prétendue nécessité de la révélation. Plusieurs protestants en ont profité à leur tour, afin de persuader que le culte rendu par les païens à des dieux subalternes était relatif et se rapportait au vrai Dieu, tout comme celui que les catholiques rendent aux anges et aux saints ; que, si le premier était une idolâtrie criminelle, le second ne l'est pas moins. Beausobre, le plus téméraire de tous, dans son *Hist. du Manich.*, l. IX, c. IV, § 4, pose pour principe que jamais les païens n'ont confondu leurs dieux avec le Dieu suprême ; que jamais ils ne leur ont attribué l'indépendance ni la souveraineté. Ils ont bien su, dit-il, que ces dieux n'étaient ou que des intelligences nées du Dieu suprême, et qui en dépendaient comme ses ministres, ou que des hommes illustres par leurs vertus et par leurs services. Si donc par le *polythéisme* l'on entend la croyance de plusieurs dieux souverains et indépendants, il n'y eut jamais de polythéisme dans l'univers. Il conclut que le culte rendu par les païens aux dieux vulgaires se rapportait au Dieu suprême ; qu'ainsi ce culte n'était pas défendu par la loi naturelle, mais seulement par la loi divine positive, que les païens ne connaissent pas. Voilà un chaos d'erreurs et d'impostures que nous avons à réfuter.

Remarquons d'abord que la question n'est pas de savoir si les païens, ignorants ou philosophes, ont admis un premier Etre formateur du monde, que l'on peut appeler le *Dieu suprême* ; mais s'ils lui ont attribué une providence, une attention, une action, une inspection sur ce qui arrive dans le monde, et principalement sur le genre humain. Dussions-nous le répéter dix fois, un premier Etre sans providence n'est ni Dieu, ni maître, ni souverain ; on ne lui doit ni culte, ni respect, ni attention quelconque. Or, nous défions Beausobre et les critiques les plus habiles, de prouver que les païens, soit ignorants, soit philosophes, ont admis un Etre suprême occupé du gouvernement de ce monde, dont les dieux populaires ne sont que les ministres, et auquel ils sont comptables de leur administration. Non-seulement il n'y a aucun vestige de cette croyance dans les anciens monuments, mais il y a des preuves positives du contraire (1). — 1° Mosheim, plus sincère que Beausobre, convient dans ses *Notes sur Cudworth*, c. IV, § 15 et 17, qu'aucun des témoignages allégués par ce savant anglais ne prouve la croyance dont nous parlons. Bayle est de même avis, *Continuation des pensées div.*, § 26, 66 et suiv. ; *Rép. aux quest. d'un Prov.*, c. CVII et CX, etc. Le docteur Leland, *Nouv. démonst. évang.*, 1re part., c. XIV, fait voir qu'aucun des philosophes anciens n'a professé clairement et constamment le dogme d'un Dieu suprême, père et *gouverneur* de l'univers ; que si quelquefois ils ont semblé l'admettre, d'autres fois ils ont partagé le gouvernement du monde entre plusieurs dieux *indépendants*. Saint Augustin, liv. XX *contra Faust.*, c. XIX, avait dit que les païens n'ont jamais perdu la croyance d'un seul Dieu, mais dans la suite il a observé que Platon est le seul qui ait enseigné que tous les dieux ont été faits par un seul, *De Civit. Dei*, l. VI, c. 1 ; que les autres philosophes ne savaient qu'en penser, l. IX, c. XVII. Nous avons vu ailleurs, en rapportant le système de Platon, que selon lui, l'Etre suprême a seulement fait les dieux visibles, les astres, le globe de la terre, les éléments ; que les dieux visibles

(1) Cette affirmation est peut-être un peu absolue. Nous croyons qu'on pourrait trouver dans les anciens monuments quelques vestiges de la foi en un Etre suprême, modérateur du monde. *Voy.* DIEU.

ont engendré dans la suite les dieux invisibles, les dieux populaires, et que ce sont ces derniers qui ont formé les hommes et les animaux. — 2° Loin d'attribuer à l'Etre suprême une providence à l'égard des hommes, Platon suppose qu'il n'a pas seulement daigné les former. Aussi, lorsqu'il veut prouver la providence, dans son dixième livre *des Lois*, ce n'est point à l'Etre suprême qu'il l'attribue, mais *aux dieux* en général; ce sont ces derniers, et non l'Etre suprême, qu'il invoque dans ce livre et dans le *Timée*, afin de pouvoir parler sagement de la naissance du monde et de l'existence des dieux; il n'ose dans l'un ni dans l'autre de ces ouvrages réfuter les fables de la mythologie, il les laisse telles qu'elles sont. Cicéron, dans ses livres *de la Nature des dieux*, a rapporté et comparé les sentiments de tous les philosophes: nous n'y voyons aucun vestige de la prétendue croyance d'un Dieu suprême, gouverneur de l'univers, et arbitre du sort des hommes. Il serait singulier qu'en faisant l'énumération de toutes les opinions philosophiques, Cicéron eût passé sous silence la seule qui soit vraie et raisonnable, et qui, selon nos adversaires, était la croyance commune des païens. Nous y apprenons seulement que, suivant l'avis des stoïciens, l'Etre suprême était l'âme du monde. Or cette âme n'avait pas plus d'empire sur les phénomènes de la nature, que notre âme n'en a sur l'économie animale de notre corps, sur la circulation du sang, sur le cours des esprits animaux, sur les mouvements convulsifs, ou sur les douleurs qui nous arrivent. A plus forte raison l'âme du monde n'avait-elle rien à voir aux actions des hommes, aux biens ou aux maux qu'ils éprouvent; tout cela se faisait selon les lois irréformables du destin, ou par une nécessité fatale. — 3° Puisque d'ailleurs le peuple n'entendait rien aux spéculations des philosophes, nous voudrions savoir dans quelles leçons le commun des païens avait puisé la connaissance d'un Dieu suprême, servi et obéi par les dieux inférieurs: serait-ce chez les poëtes et chez les mythologues? Suivant leur doctrine, les premiers dieux étaient nés du chaos et du vide, les plus anciens donnèrent la naissance aux autres; celui qui se trouva le plus fort devint le maître des autres, leur distribua leurs emplois, et se réserva le tonnerre pour les faire trembler. Mais de quel droit aurait-il empêché les autres de commettre des injustices et des crimes? Suivant les fables, aucun Dieu n'en commit jamais autant que lui. Il est à présumer que si le commun des païens avait eu quelque notion d'un Dieu suprême, duquel ces derniers dépendaient, on lui aurait souvent fait des plaintes de la mauvaise conduite de ses ministres. Il est donc incontestable, quoi qu'en dise Beausobre, que le polythéisme était la croyance de plusieurs dieux souverains et indépendants, puisque chacun d'eux l'était dans son département. Neptune n'attendait point les ordres de Jupiter pour soulever ou pour calmer les flots de la mer, non plus que Pluton pour exercer son empire dans les enfers; Mars ni Vénus ne demandaient à personne la permission d'inspirer aux hommes, l'un la fureur guerrière, l'autre le penchant à la volupté; personne ne s'informait si Jupiter lui-même avait lancé la foudre sur les bons ou sur les méchants. — 4° Ce critique nous citera peut-être le sentiment de Celse et des nouveaux platoniciens; mais qui ne sait pas que ces imposteurs avaient changé en plusieurs choses la doctrine des anciens philosophes, et qu'ils l'avaient rapprochée de celle du christianisme, pour parer aux arguments des docteurs chrétiens? Mosheim l'a fait voir dans une *Dissertation sur la Création*, § 29 et suiv. Beausobre n'a pas ignoré que Porphyre, plus sincère et meilleur logicien que les autres, enseigne qu'il faut sacrifier aux dieux, mais qu'on ne doit rien présenter au Dieu suprême, qu'il est inutile de s'adresser à lui, *même intérieurement. De Abstin.*, l. II, n. 34. Il a cité ce passage, mais il l'a falsifié, *Hist. du Manich.*, l. IX, c. v, § 3. Enfin il s'est réfuté lui-même, *ibid.*, § 8, en avouant que le *paganisme* du peuple ne doit point être comparé à celui des philosophes; que c'étaient deux religions bien différentes. Ainsi, quand il serait vrai que les philosophes ont admis un Dieu suprême, que les dieux inférieurs n'étaient que ses ministres, que le culte rendu à ceux-ci pouvait se rapporter à lui, cela ne conclurait encore rien à l'égard du commun des païens. Non-seulement ceux-ci n'avaient aucune connaissance du prétendu Dieu suprême des philosophes, mais Platon, dans le *Timée*, avoue qu'il est très-difficile de le découvrir, et impossible de le faire connaître au peuple. En effet, les païens le connaissaient si peu, que, quand les chrétiens vinrent l'annoncer au monde, ils furent regardés comme des athées, parce qu'ils ne voulaient pas adorer les dieux populaires. — 5° Il est étonnant que nos critiques modernes veuillent nous donner du *paganisme* une idée plus avantageuse que les philosophes mêmes. Porphyre, *ibid.*, n. 35, avoue « que plusieurs de ceux qui s'appliquent à la philosophie cherchent plus à se conformer aux préjugés qu'à honorer Dieu; qu'ils ne songent qu'aux statues, et ne se proposent point d'apprendre des sages quel est le véritable culte; » n. 38, il distingue de bons démons, qui ont pour principe l'âme de l'univers, et qui ne font que du bien aux hommes, et de mauvais génies qui ne font que du mal; n. 40, ceux-ci, selon lui, sont la cause des fléaux de la nature, des erreurs et des passions des hommes; ils ne cherchent qu'à tromper et à séduire, à donner aux hommes de fausses idées de la Divinité et du culte qui lui est dû; ils inspirent, dit-il, ces opinions non-seulement au peuple, mais aussi à plusieurs philosophes, etc. Aujourd'hui on veut nous persuader que non-seulement les philosophes, mais le commun des païens avaient des idées très-justes de la Divinité, qu'ils connaissaient un Dieu suprême, et que le culte rendu aux démons ou génies, bons ou mauvais, se rapportait à lui. — 6° Beausobre déraisonne en soutenant que ce culte n'était pas défendu par la loi naturelle, mais seulement par la loi divine positive ; ce qu'il dit pour justifier les martyrs de la Perse, qui souffrirent la mort plutôt que d'adorer le soleil, n'est qu'un tissu d'inepties. Il est certainement défendu par la loi naturelle d'adorer plusieurs dieux, de rendre le culte suprême à d'autres êtres qu'au vrai Dieu ; surtout de le rendre à des êtres fantastiques et imaginaires, auxquels on attribue d'ailleurs tous les vices et tous les crimes de l'humanité ; or tels étaient les prétendus dieux des païens. Tout le monde convient qu'à la réserve de la sanctification du sabbat, tous les préceptes du Décalogue ne sont autre chose que la loi naturelle écrite ; or le premier précepte que nous y voyons est, *Vous n'aurez point d'autre Dieu que moi*. De là même il s'ensuit qu'il est défendu par la loi naturelle de faire aucune action qui puisse paraître un renoncement au culte du vrai Dieu. Ainsi le vieillard Eléazar obéit à la loi naturelle lorsqu'il aima mieux mourir que de manger de la chair de pourceau, parce que, dans la circonstance où il se trouvait, cette action aurait été prise pour une profession de *paganisme*. Les chrétiens, qui refusaient de jurer par le génie de César, agissaient par le même principe, les païens en auraient conclu qu'ils renonçaient au christianisme. Les martyrs de la Perse avaient donc raison de ne vouloir pas adorer le soleil, puisque les Perses l'exigeaient comme un acte d'apostasie. Saint Siméon de Séleucie ne voulut pas même se prosterner devant le roi de Perse, comme il avait coutume de faire, parce qu'alors on voulait le forcer à renier le vrai Dieu, Sozom., *Hist. ecclés.*, l. II, c. IX. C'est ce qui devrait empêcher les Hollandais de fouler aux pieds l'image du crucifix en entrant au Japon, parce que cette action est regardée par les Japonais comme une abnégation de la religion chrétienne. Voilà ce que le bon sens dicte à tout homme capable de réflexion ; mais Beausobre a été aveuglé par ses préjugés, au point de ne pas voir qu'il a fourni des armes aux déistes pour se défendre contre les preuves de la nécessité d'une révélation.

Un philosophe moderne, mieux instruit que Beausobre, a donné du *paganisme* une idée très-juste. Les païens, dit-il, avaient des cérémonies dans leur culte, mais ils ne connaissaient point d'articles de foi (1), ni de théologie dogmatique ; ils ne savaient pas seulement si leurs dieux étaient de vrais personnages, ou des symboles des puissan-

tions et leurs sacrifices à une foule de divinités bizarres, et même à des créatures inanimées, ont cependant toujours professé le dogme de l'unité de Dieu. « Avant de montrer, dit-il, comment le genre humain tomba dans l'idolâtrie, nous ferons observer qu'elle n'est pas la négation d'un dogme, mais la violation d'un précepte et du premier de tous, de celui qui ordonne d'adorer Dieu et de n'adorer que lui seul.... On honora le Créateur dans ses œuvres les plus éclatantes, devenues autant de symboles de la Divinité... L'idolâtrie ne fut jamais que le culte des esprits bons et mauvais et le culte des hommes distingués par des qualités éclatantes ou vénérés pour leurs bienfaits, c'est-à-dire, au fond, le culte des anges et celui des saints... L'idolâtrie n'était point, à proprement parler, une religion, mais seulement un culte superstitieux. » M. de Lamennais n'est pas l'inventeur de ce système ; d'autres l'ont soutenu avant lui, et surtout Cudworth, dans son ouvrage intitulé : *Système intellectuel du monde contre les athées* ; Beausobre, dans son Histoire du Manichéisme... Au reste, quel qu'en soit l'auteur, on ne réussira jamais à le concilier avec l'enseignement des livres saints et le témoignage de l'histoire. Non, l'idolâtrie des anciens peuples ne fut pas seulement un crime ; elle était encore une erreur ; les idoles devant lesquelles ces peuples se prosternaient n'étaient pas seulement dans leur pensée des symboles de la Divinité ; ils leur attribuaient au moins une vertu divine, ils leur rendaient un culte absolu. Pourquoi, en effet, Moïse rappelait-il si fréquemment au peuple juif l'unité de Dieu, sinon pour le préserver de l'erreur dans laquelle étaient plongées toutes les nations voisines? L'auteur inspiré du Livre de la Sagesse n'accusait-il pas d'erreur les peuples infidèles, lorsqu'il disait : *Que les hommes sont faibles et av ugles ! ils ignorent Dieu ; ils ne le voient pas dans les merveilles qui s'opèrent devant eux ; ils s'imaginent follement que le feu, l'air, le soleil, la lune, tous les astres, sont des dieux qui gouvernent le monde !* Ce roi de Babylone qui, dans son ignorante simplicité, croyait que la statue de Bel dévorait pendant la nuit les aliments qu'on plaçait le soir devant elle, ne voyait-il donc pas dans cette statue qu'un symbole matériel de la Divinité? Enfin saint Paul ne supposait-il pas que l'idolâtrie était une erreur, quand il écrivait aux Galates : *Vous ne connaissiez pas Dieu, et ceux auxquels vous rendiez vos hommages n'avaient pas la nature divine* ; ou bien lorsque, rencontrant dans Athènes un temple sur le frontispice duquel on avait gravé ces mots : *Au Dieu inconnu*, il disait aux habitants de cette ville : *Nous ne devons pas croire que la nature divine soit semblable à l'or, à l'argent, à ces pierres façonnées et sculptées par l'art et l'industrie des hommes ?* Ces reproches de l'Apôtre eussent-ils été fondés, si la foi des vérités primitives s'était conservée chez tous les peuples par une tradition perpétuelle, universelle et infaillible ? Nous avouerons sans peine que la croyance d'un Dieu suprême s'est toujours conservée au milieu des ténèbres de l'idolâtrie, ou du moins que cette croyance n'a jamais été entièrement effacée ; nous avouerons encore, si l'on veut, que quelques-uns des dieux du paganisme ont pu n'être d'abord que différentes dénominations données à la Divinité pour exprimer ses attributs ou ses opérations. Mais lorsqu'une fois l'idolâtrie se fut répandue dans le monde, ces dénominations diverses furent transformées en autant de divinités particulières, et déjà le Dieu suprême, désigné dans le principe par ces différents noms, n'était plus le Dieu véritable. Ce Jupiter, dont les poëtes racontaient l'origine, la vie, les désordres et les aventures scandaleuses, était-il le Dieu infini, créateur du monde? On n'hésitait pas

---

(1) M. de Lamennais avait émis en principe *que les anciens peuples ne furent pas polythéistes ; que leur idolâtrie était un crime et non une erreur, la violation d'un précepte et non la négation d'un dogme*. Les Conférences de Bayeux lui répondent :

« M. de Lamennais a compris qu'il serait contraint d'abandonner ses opinions et ses raisonnements sur le principe de certitude, s'il avouait que le polythéisme a régné dans le monde pendant plus de deux mille ans, et que toutes les nations, à l'exception d'une seule, ont été entachées de cette erreur. Il a mieux aimé, malgré l'évidence des faits, soutenir que les anciens peuples, tout en offrant leurs adora-

ces naturelles, comme du soleil, des planètes, des éléments. Leurs mystères n'étaient point des dogmes, mais des pratiques secrètes, souvent ridicules et absurdes; il fallait les cacher pour les garantir du mépris. Les païens avaient leurs superstitions, ils se vantaient de miracles, tout était plein chez eux d'oracles, d'augures, de présages, de divination; les prêtres inventaient des marques de la colère ou de la bonté des dieux, dont ils prétendaient être les interprètes. Cela tendait à gouverner les esprits par la crainte et par l'espérance des événements humains; mais le grand avenir d'une autre vie n'était guère envisagé; on ne se mettait point en peine de donner aux hommes de véritables sentiments de Dieu et de l'âme. *Esprit de Leibnitz*, t. I, p. 405. Ce tableau du *paganisme* n'est pas différent, dans le fond, de celui qu'en a tracé Varron, le plus savant des Romains, dans saint Aug., l. vi *de Civit. Dei*, c. v. Il distingue trois espèces de théologie païenne ou de croyance touchant la Divinité : celle des poëtes, contenue dans les fables, celle que les philosophes enseignaient dans leurs écoles, celle que l'on suivait dans la pratique et dans la société civile. Il convient que la première, qui attribuait aux dieux des faiblesses et des crimes était absurde et injurieuse à la Divinité; il dit que

cependant à lui attribuer la nature divine; on l'appelait le père, le monarque, la puissance éternelle des hommes et des dieux. « En lui attribuant, dit le docteur Leland, les titres de la Divinité et le gouvernement du monde, les poëtes montrent qu'ils avaient quelque notion d'un Dieu suprême et de ses attributs; ils montrent aussi qu'ils confondaient ce Dieu, le seul vrai Dieu, avec le chef des vaines idoles, et qu'ils transportaient à celui-ci, par un abus criminel, les honneurs, le caractère et le culte qui appartenaient en propre au Dieu suprême. » On dira peut-être que les philosophes avaient de Dieu des idées plus justes, et qu'ils se moquaient en secret de la sotte crédulité et des superstitions du peuple. Nous répondrons : 1° qu'on ne peut juger des opinions dominantes par les idées de quelques individus et même de quelques écoles; 2° que les philosophes, loin de proclamer l'unité de Dieu, parlèrent presque toujours le langage du polythéisme et employèrent toute leur influence à maintenir l'idolâtrie et le culte des dieux; 3° que la plupart d'entre eux n'admettaient pas d'autre Dieu que le monde, que leur croyance n'était en réalité qu'une sorte de panthéisme. Cicéron, qui a rassemblé dans ses livres *De natura deorum* les opinions diverses des philosophes anciens, impute cette erreur à Platon et au chef de l'école stoïcienne. Pline commence son histoire naturelle par ces mots : *Mundum et hoc quod nomine alio Cœlum appellare libuit, cujus circu flexu reguntur omnia, numen es e credi par est, æternum, immensum, neque ge itum, neque interiturum.* Les premiers apologistes de la religion chrétienne devaient connaître mieux que nous les erreurs de la philosophie païenne, qui avait été l'objet de leurs premières études; l'un d'eux déplorait avec amertume l'aveuglement dans lequel il était plongé avant qu'il eût embrassé la foi de l'Évangile : *Vener bor (ò cæcitas!) nu;er simulacra, et, ta quam ine set vis præsens, adula'ar, beneficia p scebum; et eo;ips s d.vos q vos esse mihi persuaseram, aff ciebam co itumcl.is gravibus, cum eos esse c, edebam ligna, lapides, et ne ossa, aut in hu'usmodi rer m habia e materia.* »

la seco de, qui consistait à rechercher s'il y a des dieux ou s'il n'y en a point, s'ils sont éternels ou nés dans le temps, de quelle nature et de quelle espèce ils sont, etc., serait intolérable en public, qu'elle doit être renfermée dans l'enceinte des écoles; que la troisième se borne au cérémonial religieux. Saint Augustin n'a pas de peine à faire voir que celle-ci n'est point différente de la théologie fabuleuse; que les fêtes, les spectacles, les cérémonies du *paganisme* étaient exactement conformes à ce que l'on disait des dieux dans les fables, mais il n'est pas moins évident que la religion ou la croyance populaire n'avait aucun rapport aux questions agitées parmi les philosophes, et que nos critiques modernes ont très-grand tort de vouloir lier l'une avec les autres.

§ IV. *Peut-on excuser le paganisme en quelque manière ?* De tous ceux qui ont entrepris d'en faire l'apologie, personne n'y a travaillé avec plus de zèle et de sagacité que le lord Herbert de Cherbury, célèbre déiste anglais, dans son livre *de Religione gentilium*. Selon lui, toute religion véritable doit professer les cinq dogmes suivants : 1° qu'il y a un Dieu suprême; 2° qu'il doit être le principal objet de notre culte; 3° que ce culte consiste principalement dans la piété intérieure et dans la vertu; 4° que nous devons nous repentir de nos péchés, et que Dieu nous pardonnera; 5° qu'il y a des récompenses pour les bons et des supplices pour les méchants. Or ces cinq vérités, dit-il, ont été professées dans le *paganisme*. Voici comme il le prouve.

Il faut savoir d'abord que chez les païens le mot *Dieu* signifiait seulement un être d'une nature supérieure à la nôtre, plus intelligent et plus puissant que nous. Selon le sentiment commun, le Dieu suprême, renfermé en lui-même et tout occupé de son bonheur, avait laissé le soin de gouverner l'univers à des esprits inférieurs, qui étaient les ministres et les lieutenants de sa providence; ainsi le culte qui leur était rendu était relatif, il ne dérogeait point à celui qui était adressé au Créateur. Les païens ont donc adoré les astres et les éléments, parce qu'ils les croyaient animés et gouvernés par des esprits, et qu'ils les envisageaient comme une production de la Divinité. Le ciel était nommé *Jupiter*; l'air, *Junon*; le feu, *Vulcain* et *Vesta*; l'eau, *Neptune*; la terre, *Cybèle*, *Rhéa*, *Cérès*, *Pluton*; le soleil, *Apollon*; la lune, *Diane*; les autres planètes, *Vénus*, *Mars*, *Mercure*, *Saturne*. Les autres personnages désignaient ou des dons de la Divinité, ou quelques-uns des caractères empreints sur ses ouvrages. Le titre *Optimus Maximus*, constamment donné au Dieu suprême, attestait sa providence; c'est à lui qu'était dû le culte intérieur, la reconnaissance, la confiance, l'amour, la soumission; le culte extérieur, l'encens, les sacrifices étaient pour les dieux inférieurs. Les honneurs divins accordés aux héros bienfaiteurs de l'humanité attestaient la croyance de l'immortalité de l'âme et des récompenses promis s à la vertu; on les appelait *dieux*, c'est-à-dire saints et bienheureux. Ce que l'on disait des enfers était un témoignage des peines destinées aux méchants. En divinisant les vertus, comme la piété, la concorde, la paix, la pudeur, la bonne foi, l'espérance, la droite raison, sous le nom de *mens*, etc., on apprenait aux hommes que c'étaient des dons du ciel, et les seuls moyens de parvenir au bonheur. Les expiations faisaient souvenir les pécheurs qu'ils devaient se repentir et changer de vie, pour se réconcilier avec la Divinité. Si dans la suite des temps il s'est glissé des erreurs et des abus dans toutes ces pratiques, ç'a été la faute des prêtres, qui les introduisirent par intérêt et pour rendre leur ministère nécessaire. Suivant ce système, avidement embrassé par les déistes, il n'y eut jamais de polythéistes dans le monde, puisque tous reconnaissaient un Dieu suprême; ni d'idolâtres, puisque le culte rendu aux statues s'adressait aux dieux ou aux génies qu'elles représentaient : les premiers principes de la morale ont été connus et professés partout, principalement dans les écoles de philosophie. De là les déistes ont conclu que les Pères de l'Eglise ont mal représenté le *paganisme*, qu'ils n'ont pas su en prendre l'esprit, ou qu'ils l'ont défiguré exprès afin de le rendre odieux, que dans le fond ce n'était autre chose que la religion naturelle, quoiqu'elle ne fût pas sans abus.

Mais cette pompeuse apologie du *paganisme* a été complétement réfutée par le docteur Leland, dans sa *nouvelle Démonstration évangélique*; il n'en est pas un seul article auquel il n'ait opposé des faits et des monuments; nous nous bornerons à en extraire quelques réflexions. — 1° Elle nous paraît renfermer des contradictions. Suivant l'observation de Cherbury, à laquelle nous acquiesçons, les païens, sous le nom de *Dieu*, entendaient seulement un être plus puissant et plus intelligent que nous : qui donc leur avait donné l'idée d'un Etre suprême, souverain maître de l'univers ? Certainement l'idée rétrécie qu'ils s'étaient faite de la Divinité n'était pas propre à les élever à la notion sublime d'un premier Etre éternel, existant de soi-même, tout-puissant, père de l'univers, etc. Nous voudrions savoir où les païens avaient pu la puiser. En second lieu, l'on nous dit que cet Etre suprême, renfermé en lui-même et tout occupé de son bonheur, avait laissé à des dieux inférieurs le soin de gouverner l'univers, et cependant on lui attribue une providence; qu'est-ce donc que la *providence*, sinon le soin de gouverner l'univers ? Dès que le Dieu suprême ne s'en mêlait pas de peur de troubler son bonheur, les dieux inférieurs n'étaient plus de simples ministres, de purs lieutenants; ils étaient souverains absolus, selon toute la force du terme. Dans ce cas, nous demandions à quel titre on devait un culte intérieur à un être qui n'en exigeait point, de la reconnaissance ou de la confiance à un monarque qui ne donnait rien et ne disposait de rien, de la soumission à un fantôme qui ne commandait rien, etc. ? Il est donc faux que le culte rendu aux dieux inférieurs, seuls gouverneurs du monde, dût se rapporter à lui en aucune manière. — 2° Il est encore faux que le titre *optimus maximus* ait désigné le Dieu suprême ni attesté sa providence. On a trouvé dans les Alpes l'inscription, *Deo Penino optimo maximo;* elle ne signifiait certainement pas que ce Dieu était l'Etre suprême ni qu'il gouvernait l'univers entier; quand elle aurait exprimé quelque chose de plus, lorsqu'elle était appliquée à Jupiter, jamais elle n'a donné à entendre qu'il était l'Etre éternel, existant de soi-même, formateur et souverain maître de toutes choses; ce n'était la croyance ni du peuple ni des philosophes. — 3° Tout le monde convient que les païens n'ont jamais attribué au Dieu suprême *une providence dans l'ordre moral*, la qualité de législateur, de juge, de rémunérateur de la vertu, de vengeur du crime, d'inspecteur de toutes les actions et des pensées des hommes. Celse, dans Origène, liv. IV, n. 99, soutient qu'à la vérité Dieu prend soin de tout, ou de la machine générale du monde, mais qu'il ne se fâche pas plus contre les hommes que contre les singes et contre les mouches, et qu'il ne leur fait point de menaces. Le païen Cécilius, dans Minutius Félix, n. 5, prétend que la nature suit sa marche éternelle, sans qu'un Dieu s'en mêle; que les biens et les maux tombent au hasard sur les bons et sur les méchants; que, si le monde était gouverné par une sage Providence, les choses, sans doute, iraient tout autrement. N. 10, il tourne en ridicule le Dieu des chrétiens, Dieu curieux, inquiet, jaloux, imprudent, qui se trouve partout, fait tout, voit tout, même les plus secrètes pensées des hommes, qui se mêle de tout, même de leurs crimes, comme si son attention pouvait suffire au gouvernement général du monde et aux soins minutieux de chaque particulier. Tacite, *Annal.*, l. VI, c. 22, observe que le dogme de la providence des dieux est un problème parmi les philosophes, et lui-même ne sait qu'en penser en considérant les désordres de son siècle. Dans le troisième livre de Cicéron, *sur la Nature des dieux*, l'académicien Cotta combat de même la providence par la multitude des désordres de ce monde. Nous savons très-bien que le peuple attribuait une espèce de providence aux dieux qu'il adorait; mais qu'il l'ait supposée dans un Etre suprême ou supérieur aux dieux qu'il nommait des *dieux*, nous chercherions vainement par quel moyen ce dogme aurait pu se graver dans l'esprit du commun des païens. — 4° Quelques philosophes ont dit, à la vérité, que le culte religieux consiste principalement dans la piété intérieure et dans la vertu, mais aucun n'a enseigné que ce culte était réservé pour le Dieu suprême, pendant que les cérémonies étaient le partage des dieux inférieurs. Dès que les païens avaient satisfait au cérémonial, ils croyaient avoir accompli toute justice, et ces pratiques étaient des absurdités ou des crimes. Dé quel prix pouvaient être la piété et la vertu aux yeux des dieux, dont la plupart étaient censés vicieux et auteurs des passions des hommes? Jamais les païens n'ont demandé aux dieux, dans leurs prières, la sagesse, la justice, la tempérance, la chasteté; Cicéron, Sénèque, Horace et d'autres jugeaient que c'était à l'homme seul de se les procurer; comment les dieux auraient-ils donné ce qu'ils n'avaient pas? On se bornait à leur demander la santé, les richesses, la prospérité, souvent l'accomplissement des désirs les plus déraisonnables. Lactance n'avait pas tort de soutenir que leur religion, loin de les porter à la vertu, ne servait qu'à les exciter au crime. *Divin. Instit.*, l. v, c. 20, etc. — 5° Ce serait donc une illusion de croire qu'en divinisant quelques vertus, comme la paix, la bonne foi, la piété filiale, on ait voulu apprendre aux hommes que c'étaient des dons du ciel et des moyens de parvenir au bonheur. D'ailleurs, à quoi servait de leur ériger des autels, pendant qu'il y avait des temples consacrés à un Jupiter débauché, à un Mars vindicatif, à une Vénus impudique, etc.? Cicéron, l. ii, *de Nat. deor.*, n. 61, dit que les noms de Cupidon et de Vénus ont été divinisés, quoiqu'ils signifient des passions vicieuses et contraires à la nature bien réglée, parce que ces passions agitent violemment notre âme, et parce qu'il faut un pouvoir divin pour les vaincre. Ainsi les païens cherchaient à excuser leurs vices, en les attribuant au pouvoir de certaines divinités. Comment expliquer d'une manière honnête le culte qu'on leur rendait? comment le rapporter au vrai Dieu? — 6° L'apothéose des héros attestait sans doute la croyance de l'immortalité de l'âme; c'aurait été un encouragement à la vertu, si l'on n'avait accordé cet honneur qu'à des personnages respectables par leurs mœurs et par leurs services. Mais Hercule, Thésée, Romulus, etc., avaient été plus célèbres par leurs vices que par leurs vertus. Les païens ne plaçaient dans le Tartare ou dans l'enfer, que les âmes des scélérats qui s'étaient rendus odieux par d'énormes forfaits; l'Élysée renfermait plusieurs personnages qui auraient été punis chez une nation policée, et le bonheur dont ils y jouissaient n'était pas assez parfait pour exciter puissamment les hommes à la vertu. — 7° On nous trompe en disant que le repentir et le changement de vie faisaient partie essentielle des expiations et de la pénitence des païens; jamais ils n'ont été instruits de cette importante vérité, et ceux même qui la leur prêtent ne l'ont apprise que dans le christianisme. Lorsque la cérémonie de l'expiation était exactement accomplie, tout était bien; un guerrier qui, au retour du combat, expiait ses homicides en lavant ses mains dans une eau vive, n'avait certainement pas beaucoup de regret d'avoir tué un grand nombre d'ennemis. On expiait une rencontre sinistre, un mauvais présage, un songe fâcheux, plus souvent que des crimes volontaires. — 8° Enfin Cherbury, après avoir

DICTIONN. DE THÉOL. DOGMATIQUE. III.

fait tous ses efforts pour justifier le *paganisme*, est forcé de se rétracter. Dans le dernier chapitre de son livre, il convient que l'opinion des païens touchant la providence dégradait la Divinité, que le culte des dieux inférieurs lui était injurieux, que le peuple ne comprenait peut-être pas trop bien comment ce culte pouvait être relatif et remonter au Dieu suprême, et que l'on ne peut pas absoudre d'idolâtrie. Il avoue que les fables avaient absolument étouffé la religion, que l'abus était irréformable, que c'est ce qui a fait le triomphe du christianisme.

Il n'est donc pas vrai que les apologistes de notre religion et les Pères de l'Église aient mal représenté le *paganisme*; ils l'ont peint tel qu'ils le voyaient pratiquer et tel qu'il était expliqué par ses propres défenseurs. Celse, Julien, Porphyre, Cécilius dans Minutius-Félix, Hiéroclès, Maxime de Madaure, etc., n'ont reproché aux Pères aucune infidélité, aucune accusation fausse, ils ont été de meilleure foi que les déistes; et dans le § 7 nous ferons voir que les Pères ont exactement réfuté toutes les raisons dont se servaient les païens pour pallier la turpitude et l'absurdité de leur religion. Beausobre, plus obstiné que Cherbury, soutient que les païens n'adoraient pas leurs dieux, ne leur rendaient pas le culte suprême. L'adoration, dit-il, consiste, 1° dans les idées que l'on a de l'excellence et des perfections d'un être; 2° dans les sentiments qui naissent de ces idées et qui doivent y être proportionnés; 3° dans les actions extérieures qui sont les témoignages des sentiments de l'âme. Cela étant, la première idolâtrie consiste à transférer à quelque créature ce qui soit le pouvoir, l'excellence et les perfections divines, et à croire que cette créature les possède en propre et par elle-même. Or, il n'y a jamais eu, que je sache, de telle idolâtrie dans le monde. *Hist. du Manich.*, l. IX, c. 4, § 7. Nous soutenons, au contraire, que telle a été l'idolâtrie de tous les polythéistes du monde; tous ont attribué à leurs dieux les perfections divines, non telles que la révélation nous les montre dans le Créateur, mais telles que la raison humaine les concevait pour lors; savoir, la connaissance de ce que l'on faisait pour leur plaire ou pour les outrager, la science de l'avenir, le pouvoir absolu de faire du bien ou du mal aux nations et aux particuliers, d'agiter les corps et les âmes, d'inspirer des passions aux hommes, d'opérer des prodiges supérieurs aux forces humaines, de disposer des bienfaits ou des fléaux de la nature. On ne prouvera jamais que les païens ont eu la notion de quelque être supérieur en perfections aux dieux qu'ils adoraient, ni d'un culte plus parfait que celui qu'ils leur rendaient. Ces dieux, selon la croyance des païens, étaient donc autant d'êtres suprêmes, puisque l'on n'en connaissait aucun qui fût au-dessus d'eux; le culte qu'on leur rendait était l'adoration suprême, puisque l'on n'imaginait aucune manière plus énergique de leur témoigner du respect, de la confiance et de la soumission. Mais Beausobre avait ses raisons pour prêter aux païens l'idée d'un Être suprême, tel que la révélation nous l'a fait connaître. Nous verrons dans la suite l'usage qu'il en a voulu faire.

§ V. *Les lois que Moïse avait portées contre l'idolâtrie étaient-elles injustes ou trop sévères?* Ce législateur dit aux Juifs : « Si votre frère, votre fils et votre fille, votre époux ou votre ami vous dit en secret, *Allons adorer les dieux étrangers*, ne l'écoutez point, n'en ayez point de pitié, ne le cachez point; vous le mettrez à mort, vous jetterez contre lui la première pierre, et le peuple le lapidera... Si vous apprenez que, dans une de vos villes, il est dit que quelques hommes pervers ont séduit leurs concitoyens, et leur ont dit, *Allons servir des dieux étrangers*, vous vous informerez exactement du fait, et s'il se trouve vrai, vous détruirez cette ville et ses habitants par le fer et par le feu, et vous en ferez un monceau de ruines (*Deut.* xiii, 6 et suiv.). »

Voilà, disent les incrédules, deux lois abominables. Il est aisé à un fanatique de se persuader que sa femme ou son fils veulent le faire apostasier, et s'il les tue sur ce prétexte, il se croira un saint. D'autre part, c'est le comble de la barbarie de détruire une ville entière, parce que quelques citoyens ont embrassé un culte différent du culte public. Fausse explication et fausses conséquences. Il n'est pas vrai que la première de ces lois autorise un particulier à tuer lui-même sa femme ou son fils, sans forme de procès. Il lui est ordonné de ne pas cacher leur crime, mais de le dénoncer à l'assemblée du peuple; puisque le peuple devait lapider le coupable, c'était donc au peuple de le juger et de le condamner, et ce n'est qu'après la condamnation que le dénonciateur devait jeter contre lui la première pierre. Ainsi le prétendu *jugement de zèle*, par lequel on suppose que tout Israélite avait droit de tuer, sans forme de procès, quiconque idolâtrait ou voulait porter les autres à l'idolâtrie, est une vision des rabbins, adoptée sans examen par que'ques critiques imprudents. *Voy. la Bible* de Chais sur cet endroit. Dans la seconde loi, il n'est pas seulement question de quelques citoyens qui ont pratiqué l'idolâtrie, mais d'hommes pervers qui y ont entraîné tous les habitants d'une ville, qui *ont séduit leur concitoyens*. La loi suppose donc que tous ont eu part au crime, du moins par leur silence et leur tolérance; par conséquent, qu'ils n'ont point exécuté la loi précédente, qui ordonne de mettre à mort tout citoyen qui parlera d'adorer des dieux étrangers. Si cette rigueur paraît d'abord excessive, il faut se souvenir que, dans la république juive, l'idolâtrie était non-seulement un crime de religion, mais un crime d'État. Dieu avait attaché la conservation et la prospérité de cette nation au culte de lui seul; toutes les fois qu'elle s'en écarta, elle en fut rigoureusement punie. Tout homme qui portait ses concitoyens à l'idolâtrie était aussi coupable que s'il avait amené la peste parmi eux; suivant la maxime *salus populi suprema lex esto*, il devait être exterminé. Aujourd'hui encore, chez les nations les mieux policées, tout ce que l'on appelle *crime d'État* est privilégié; pour le punir, on n'observe ni toutes les formalités ni toutes les précautions que l'on a coutume de garder pour les cas ordinaires : on suppose que l'intérêt de l'État, *salus populi*, doit prévaloir à tout autre intérêt. Depuis l'établissement du christianisme, tout acte d'idolâtrie de la part d'un chrétien, toute pratique qui avait un rapport direct ou indirect au *paganisme*, fut regardée comme un signe d'apostasie, et punie comme telle par les lois ecclésiastiques. *Voy.* LAPSES.

§ VI. *Y a-t-il des Pères de l'Église qui aient justifié ou qui aient trop condamné l'idolâtrie?* Des protestants, qui se sont rendus célèbres par leurs calomnies contre les Pères de l'Église, accusent Clément d'Alexandrie et saint Justin d'avoir imprudemment justifié le culte des païens; Barbeyrac, *Traité de la Morale des Pères*, c. 5, § 59; Beausobre, *Rem. sur les Actes des Apôtres*, chap. xvii, 23 et 30. Jurieu a fait le même reproche à Origène, à Tertullien et à saint Augustin, *Hist. crit. des dogmes et des pratiques de l'Église*, iv° part., pag. 711. Voici le passage de Clément, dont ils abusent : « Quoique Dieu connût, par sa prescience, que les gentils ne croiraient point, cependant, afin qu'ils pussent acquérir la perfection qui leur convenait, il leur a donné la philosophie, même avant la foi; il leur a donné aussi le soleil et la lune *pour les rendre religieux*. Dieu a fait les astres pour les gentils, dit la loi, de peur que, *s'ils étaient entièrement athées*, ils ne fussent perdus sans ressource. Mais eux, ne faisant pas même attention à ce précepte, se sont attachés à adorer des images taillées, de sorte qu'à moins qu'ils ne se soient repentis, ils sont condamnés, les uns, parce que, pouvant croire en Dieu, ils ne l'ont pas voulu; les autres, parce que, quoiqu'ils le voulussent, ils n'ont pas fait tous leurs efforts pour devenir fidèles. Bien plus, ceux-là même qui ne se sont pas élevés du culte des astres à leur Créateur, *seront aussi condamnés*; car c'était là un chemin que Dieu avait ouvert aux gentils, afin que, par le culte des astres, ils s'élevassent à Dieu. Pour ceux qui n'ont pas voulu s'en tenir aux astres, *lesquels leur avaient été donnés*, mais se sont abaissés jusqu'aux pierres et aux bois, ils sont, dit l'Écriture, réputés comme la poussière de la terre. » *Strom.*, l. vi, c. 14., p. 795. Tout ce qui résulte de ce passage, c'est que, suivant l'opinion de Clément, Dieu voulait se servir de l'aveuglement des païens qui adoraient le soleil et la lune, pour les élever à la connaissance du Créateur. Mais dans l'*Exhortation aux gentils*, page 22, ce Père fait un crime aux païens d'avoir érigé les astres en divinités. Sa pensée, dans le fond, revient à celle du Sage, qui, pour excuser en quelque manière les adorateurs des astres, dit : « Ils sont les moins coupables; ils s'égarent peut-être en cherchant Dieu et en désirant de le trouver; ils le cherchent dans ses ouvrages, desquels ils admirent la perfection; ils ne sont cependant pas pardonnables. » *Sap.* c. XIII, v. 6.

Afin de travestir le sens de Clément, au lieu de ces mots *pour les rendre religieux*, Barbeyrac traduit *pour leur rendre* (aux astres) *un culte religieux*. Au lieu de dire *s'ils étaient entièrement athées*, il met *s'ils étaient entièrement sans divinités*, afin de faire entendre que Dieu avait donné aux païens les astres *pour divinités*. Le précepte dont parle Clément était le précepte *d'être religieux*; Barbeyrac prétend que c'était le précepte d'adorer le soleil et la lune; conséquemment, à ces paroles *lesquels leur avaient été donnés*, il ajoute de son chef *pour les adorer*. Ainsi il suppose que ce Père a condamné les gentils pour avoir fait une chose que Dieu voulait qu'ils fissent, c'est-à-dire pour avoir adoré les astres. Avec cette méthode l'on peut faire dire aux Pères tout ce que l'on veut, mais est-elle une preuve de la bonne foi de ceux qui s'en servent? Le reproche que ce critique fait à saint Justin n'est pas plus équitable. Ce Père, *Dial. cum Thryph.*, n. 55, fait dire au juif Tryphon, que, selon l'Ecriture (*Deut.* IV, 19), Dieu a donné aux gentils le soleil et la lune, *pour les adorer comme des dieux*; parce que saint Justin ne réfute pas expressément cette fausse interprétation de l'Ecriture, Barbeyrac conclut que ce saint docteur l'adopte, ce qui est faux, puisque, dans ces deux apologies en parlant aux païens, il réprouve formellement leur culte comme une absurdité et une profanation. A la vérité, dans ce même dialogue, n. 121, il dit que Dieu avait donné d'abord le soleil *pour l'adorer*, comme il est écrit; mais il entend *pour adorer Dieu* et non le soleil, puisqu'il n'est écrit nulle part d'adorer cet astre; qu'au contraire cela est défendu (*Deut.* IV, 19); au lieu qu'il est écrit (*Ps.* XVIII, 6), que Dieu a établi sa demeure dans le soleil; il est donc permis de l'y adorer, Origène, *in Joan.*, t. II, n. 3; Tertullien et saint Augustin ont pensé et parlé de même.

Beausobre, dans l'endroit cité, a poussé la témérité plus loin; il dit « que les anciens chrétiens ont avoué que les Grecs servaient le même Dieu que les juifs et les chrétiens, savoir, le Dieu suprême, le Créateur du monde. » Ces anciens chrétiens se réduisent cependant à Clément d'Alexandrie, *Strom.*, liv. VI, c. 5, pag. 750 et suiv., et il ne fonde son opinion que sur deux ouvrages apocryphes, *la Prédication de saint Pierre* et un écrit inconnu de saint Paul. Il ne dit pas même formellement ce que Beausobre lui prête; il dit que le seul et unique Dieu a été connu des Grecs, *mais à la manière païenne*; que par la philosophie le Dieu tout-puissant a été *glorifié* par les Grecs. En effet, il est incontestable que Platon, dans ce qu'il a dit de la formation du monde par un Dieu suprême, a témoigné le connaître, mais *à la manière païenne*, sans en avoir une véritable idée; qu'il l'a *glorifié* en quelque façon, mais sans l'adorer ni le servir pour cela. C'est le reproche que saint Paul fait aux philosophes en général (*Rom.* I, 21), en disant qu'ils ont connu Dieu, mais qu'ils ne l'ont pas glorifié comme Dieu et ne lui ont pas rendu grâces. Beausobre a cependant voulu rendre saint Paul lui-même garant de l'opinion de Clément d'Alexandrie. « L'apôtre, dit-il, par ces paroles des *Act.*, c. XVII, v. 30, *Dieu méprisant ces temps d'ignorance*, etc., peut bien avoir voulu dire, Dieu a *excusé* les cultes que les gentils ont rendus à des idoles pendant le temps de leur ignorance; que, ne leur ayant donné aucune loi, il veut bien leur pardonner. » Il est évident que ce n'est point là le sens de saint Paul, puisqu'il ajoute que Dieu ordonne à tous de faire pénitence, parce qu'il les jugera tous avec équité; et cela ne s'accordait pas avec la condamnation rigoureuse que cet apôtre a faite du culte des païens (*Rom.* I, 21; *Ephes.*, II, 12, etc.). Au jugement de Barbeyrac, Tertullien est tombé dans un excès contraire; il condamne comme des pratiques idolâtres des actions indifférent s et innocentes en elles-mêmes; comme de faire sentinelle à la porte d'un temple, de donner le nom de dieu à Esculape ou à un autre, allumer des flambeaux un jour de réjouissance publique, se couronner de fleurs, etc. *Traité de la Morale des Pères*, c. VI, § 10 et suivants. Mais si les païens eux-mêmes regardaient toutes ces pratiques comme une profession de *paganisme*, et si les chrétiens les envisageaient comme un signe d'apostasie, un fidèle pouvait-il se les permettre sans scandale? Saint Paul dit : « Si ce que je mange scandalisait mon frère, de ma vie je ne mangerais aucune viande (*I Cor.* VIII, 13). Les apôtres défendirent aux premiers fidèles de manger du sang et des viandes suffoquées (*Act.* XV, 29) : c'était cependant une chose innocente en elle-même. Il est à présumer que Tertullien savait mieux que nous ce qui pouvait être de son temps un sujet de scandale. Aujourd'hui les protestants soutiennent que l'usage des images est mauvais en lui-même, puisque l'on s'en est abstenu dans les premiers siècles de l'Eglise; mais si l'on s'en est abstenu seulement à cause des circonstances, comme des autres choses dont nous venons de parler, il ne s'ensuit pas que cet usage est mauvais en lui-même.

§ VII. *Comment les écrivains du paganisme ont-ils justifié leur religion?* Moins mal que les incrédules d'aujourd'hui. Ils ne parlent ni de Dieu suprême ni de culte relatif; ils représentent l'idolâtrie telle qu'elle était. L'apologie la plus complète qui en ait été faite est dans Minutius-Félix, n. 5 et suiv. Celse et Julien n'ont pas su défendre leur cause d'une manière aussi séduisante; Cécilius, qui en prend la défense, commence par attaquer le christianisme. Nous ne sommes, dit-il, capables de connaître ni ce qui est au-dessus de nous, ni ce qui est au-dessous; il y a de la témérité à l'entreprendre, ce serait bien assez si nous pouvions nous connaître nous-mêmes. Que le monde se soit formé par hasard ou par une nécessité absolue, qu'est-il besoin d'un Dieu, quel rapport cela peut-il avoir avec la religion? Toutes choses naissent et se détruisent par la réunion et la séparation des éléments : la nature suit sa marche éternelle sans qu'un Dieu s'en mêle, les biens et les maux tombent au hasard sur les bons et sur les méchants, les hommes religieux sont souvent plus maltraités par la fortune que les impies ; si le monde était gouverné par une sage Providence, les choses sans doute iraient tout autrement. Puisqu'il n'y a que doute et incertitude sur ce point, pouvons-nous mieux faire que de nous en tenir à ce que nos ancêtres ont établi, de garder la religion telle qu'ils nous l'ont transmise, d'adorer les dieux qu'ils nous ont fait connaître, et qui, à la naissance du monde, ont sans doute instruit et gouverné les hommes ? — N. 6. Aussi chaque nation a-t-elle ses dieux particuliers ; les Romains, en les adoptant tous et en joignant la religion à la valeur militaire, sont devenus maîtres du monde ; ils ont été sensiblement protégés par tous ces dieux auxquels ils avaient préparé des autels. — N. 7. Rome est remplie de monuments des faveurs miraculeuses qu'elle a reçues du ciel en récompense de sa piété. Jamais, dans une calamité, elle n'a invoqué les dieux en vain, et plus d'une fois elle a été secourue par des inspirations et des révélations surnaturelles. — N. 8. Malgré l'obscurité répandue sur l'origine des choses et sur la nature des dieux, l'opinion qu'en ont les différentes nations est néanmoins constante et la même partout. C'est donc une témérité et une impiété de vouloir détruire une religion si ancienne, si utile, si auguste ; plusieurs athées célèbres l'avaient entreprise, ils ont porté la peine de leur crime et leur mémoire est en exécration. Souffrirons-nous qu'une troupe d'hommes vils et ignorants déclament contre les dieux, forment dans les ténèbres une faction impie, s'engagent les uns aux autres, non par des serments sacrés, mais par des crimes, conjurent de détruire la religion de nos pères? Pour cacher leurs forfaits, ces malheureux ne s'assemblent que la nuit, ne parlent qu'en secret, ne s'adressent qu'aux femmes et aux imbéciles, fient nos temples, méprisent nos dieux, tournent en ridicule nos cérémonies, regardent nos prêtres avec dédain ; ils préfèrent leur nudité et leur misère aux honneurs, aux charges et aux fonctions civiles ; ils bravent les tourments présents par une vaine terreur des supplices à venir ; ils endurent ici-bas la mort, de peur de mourir dans une autre vie, et se consolent de tous les maux par de frivoles espérances. — N. 9. Après avoir détaillé les crimes horribles dont on accusait les chrétiens, il leur reproche d'adorer un homme puni du dernier supplice, et d'honorer la croix, digne objet de culte, dit-il, pour des gens qui l'ont méritée. Il faut bien que leur religion soit honteuse ou criminelle, puisqu'ils la cachent. Pourquoi n'avoir ni temples, ni autels, ni simulacres ; pourquoi ne s'assembler et ne parler que dans l'obscurité, si ce n'est parce que leur culte est digne ou de mépris ou de châtiment? Quel peut être ce Dieu isolé, mystérieux, abandonné, qu'ils honorent, qui n'est connu d'aucune nation libre, pas même des superstitieux romains ? Les Juifs, nation vile et méprisable, n'ont aussi qu'un seul Dieu ; mais ils l'honorent publiquement par des temples, des autels, des sacrifices, des cérémonies ; et la faiblesse de ce Dieu est assez prouvée par l'esclavage auquel les Romains l'ont réduit avec toute sa nation. — N. 10. Et quelles absurdités les chrétiens n'ont-ils pas forgées sur la Divinité ? Ils prétendent que leur Dieu, curieux, inquiet, jaloux, imprudent, se trouve partout, sait tout, voit tout, même les plus secrètes pensées des hommes, se mêle de tout même de leurs crimes ; comme si son attention pouvait suffire et au gouvernement général du monde et aux soins minutieux de chaque particulier. — N. 11. Ils poussent la frénésie jusqu'à menacer l'univers entier d'un incendie général, comme si l'ordre éternel et divin de la nature pouvait être changé, et à se flatter de survivre eux-mêmes à cette ruine universelle, en ressuscitant après leur mort. Ils en parlent avec autant d'assurance que si cela était déjà fait ; abusés par cette illusion, ils se promettent une vie éternellement heureuse et menacent les autres d'un supplice éternel. Qu'ils soient injustes, je l'ai déjà fait voir ; mais, quand ils seraient justes, cela serait égal, puisque, selon leur opinion, tout suit d'une espèce de fatalité. Si d'autres attribuent tout au destin, eux attribuent tout à Dieu ; ils en font donc un maître injuste qui veut non des adorateurs par leur propre choix, mais des élus ; qui punit dans les hommes le sort et non la volonté. Je vous demande, continue Cécilius, si les prétendus ressuscités seront sans corps ; mais sans le corps il n'y a ni âme, ni intelligence, ni vie ; seront-ils avec leur propre corps qui est réduit en poudre depuis plusieurs siècles ? S'ils ont un autre corps, ce ne seront plus les mêmes hommes, mais de nouveaux individus. Il serait bon du moins que quelqu'un fût revenu de l'autre monde, pour nous convaincre par expérience ; mais vous avez maladroitement copié les fables des poëtes, pour les mettre sur le compte de votre Dieu. — N. 12. Jugez plutôt de votre sort futur par votre condition présente. Vous êtes pour la plupart pauvres, nus, méprisés, abandonnés ; votre Dieu le souffre ; vous êtes poursuivis, condamnés, livrés au supplice, attachés aux croix que vous adorez ; quoi, ce Dieu qui doit vous ressusciter ne peut vous conserver la vie ? Sans lui les Romains règnent, triomphent, dominent sur l'univers et sur vous, pendant que vous renoncez aux commodités de la vie et à tout plaisir même permis. Objets de pitié aux yeux des dieux et des hommes, reconnaissez votre erreur ; vous ne ressusciterez pas mieux que vous ne vivez à présent ; si donc il vous reste un peu de bon sens, cessez de raisonner sur le ciel et sur la destinée du monde ; regardez seulement à vos pieds, c'est assez pour des ignorants tels que vous. — N. 13. Si cependant vous avez la fureur de philosopher, imitez Socrate ; lorsqu'on l'interrogeait sur des choses du ciel, il disait : *Ce qui est au-dessus de nous n'a point de rapport à nous.* La secte des académiciens se tenait dans un doute modeste sur toutes les questions ; Simonide n'osa jamais répondre, quand on lui demanda ce qu'il pensait des dieux. Il faut donc laisser les choses douteuses telles qu'elles sont, ne prendre aucun parti, de peur de tomber dans la superstition ou de détruire toute religion. Par ce simple extrait qui est fort au-dessous de l'original, on peut voir s'il est vrai qu'à la naissance du christianisme la religion païenne était absolument décréditée, que l'on en était dégoûté, qu'il n'y avait rien de plus aisé que de la détruire, comme la plupart des incrédules ont osé le soutenir. Octavius, pour réfuter cette apologie, représente à son adversaire, n. 16, que l'ignorance et la pauvreté des chrétiens ne font rien à la question ; puisqu'il s'agit uniquement de savoir s'ils ont la vérité pour eux ; plusieurs philosophes ont été dans le même cas avant de se faire une réputation. Les riches, occupés de leur fortune, ne pensent guère aux choses du ciel ; souvent Dieu leur a donné moins d'esprit qu'aux pauvres. Lorsque les ignorants exposent la vérité sans le fard de l'éloquence, si elle triomphe, c'est uniquement par sa propre force. — N. 17. Je consens, dit-il, que nous nous bornions à chercher ce que c'est que l'homme, d'où il vient et pourquoi il est ; peut-on le connaître sans savoir d'où vient l'univers, par qui et comment il a été formé ? Puisque l'homme, très-différent des animaux, porte sa tête vers le ciel, pendant que la leur est courbée vers la terre, il faut être privé d'esprit, de bon sens et des yeux, pour chercher dans la poussière du globe le principe de la raison, de la pensée, de la parole, par lesquelles nous connaissons, nous sentons et nous imitons la Divinité. Voilà ce que font ceux qui prétendent que le monde s'est fait par le concours fortuit des atomes. Ici notre auteur trace en raccourci le tableau de la nature, il fait remarquer l'ordre et la beauté de l'univers, le rapport de toutes ses parties, la régularité de ses mouvements, ensuite la structure admirable du corps humain. Partout il montre, n. 18, les soins d'une Providence attentive et bienfaisante. Cette vérité une fois démontrée, il n'est plus question que de savoir si le monde est gouverné par un seul Dieu ou par plusieurs. Un grand empire ne peut avoir qu'un seul maître. Rome elle-même n'a pu en supporter deux. Admettons-nous dans le ciel une division qui détruit tout sur la terre ? Dieu, Père de toutes choses, n'a ni commencement ni fin, l'éternité est son partage ; il a donné l'être à tout ce qui est ; il est donc seul.

Avant que le monde fût, il était son monde à lui-même. Invisible, inaccessible à nos sens, immense, infini, lui seul se connaît tel qu'il est ; notre esprit trop borné ne peut en avoir une idée digne de lui, aucun nom ne peut exprimer son essence. Le peuple même, en levant les mains au ciel, atteste par ses exclamation l'unité de Dieu. — N. 19. Les poëtes et les philosophes l'ont souvent reconnu ; Octavius cite leurs paroles ; tous, sous le nom de *Dieu*, ont entendu l'esprit, la raison, l'intelligence qui gouverne le monde ; leur langage est le même que celui du christianisme. — N. 20. Puisqu'une seule volonté, une seule providence régit l'univers, nous ne devons ajouter aucune foi aux fables par lesquelles nos aïeux imbéciles se sont laissé tromper ; faudra-t-il croire tout ce qu'ils ont cru, la chimère, les centaures, les métamorphoses, etc. ? Octavius démontre l'absurdité, l'indécence, l'impiété des fables du *paganisme*, la manière dont l'idolâtrie s'est introduite par le culte des morts ; il rapporte le sentiment des auteurs qui ont soutenu que les dieux des païens étaient originairement des hommes. Il fait voir l'excès et le ridicule de la superstition des Romains qui ont soutenu toutes les rêveries des Grecs et des Égyptiens, la puérilité de leurs cérémonies, les folies et les crimes par lesquels leur culte était souillé.

N. 25. Quand on dit, continue Octavius, que cette superstition a été la source de la prospérité des Romains, l'on oublie que leur république a été fondée par des crimes, leur domination étendue par des perfidies et par des rapines, leur empire enrichi par les dépouilles des dieux, des temples et des prêtres des autres nations. Chacun de leurs triomphes était une impiété, ils y étalaient les images des dieux vaincus ; ils ont donc été, non pas religieux, mais impunément sacrilèges ; ils n'ont adoré des dieux étrangers qu'après les avoir insultés. Ces dieux, trop faibles pour protéger leurs premiers adorateurs, ne sont-ils devenus puissants et bienfaisants qu'à Rome ? Religion bien respectable, sans doute, que celle qui a commencé par honorer la déesse des cloaques, par élever des temples à la peur, à la pâleur et à la fièvre, et par diviniser des prostituées ! Sont-ce ces dieux tutélaires qui ont vaincu le Mars des Thraces et le Jupiter des Crétois, la Junon d'Argos ou de Samos, la Diane taurique et les monstres des Égyptiens ? N'est-ce pas dans leurs temples même et par leurs prêtres que se préparent et se commettent les plus grands crimes, l'impudicité, la prostitution, l'adultère ? Avant les Romains l'on a vu les Assyriens, les Mèdes, les Perses, les Grecs, les Égyptiens, faire des conquêtes sans avoir des collèges de pontifes, des augures, des vestales et des poulets sacrés dont l'appétit devait décider du sort de la république. — N. 25. Venons à ces auspices et à ces présages tant respectés à Rome, dont l'observation a été si salutaire, et le mépris si fatal. Sans doute Claudius, Flaminius et Junius ont perdu leur armée, parce qu'ils n'avaient pas attendu que les poulets sacrés se fussent égayés au soleil; Mais Régulus avait consulté les augures, et il fut pris; Mancinus avait gardé le cérémonial, et il fut mis sous le joug; les poulets avaient mangé en faveur de Paulus, et il fut défait à Cannes avec toutes les forces de Rome. Les auspices et les augures avaient défendu à César de conduire sa flotte en Afrique avant l'hiver, il n'en tint aucun compte; sa navigation et son expédition n'en furent que plus heureuses. On sait le cas que faisait Démosthène des oracles de la pythie, etc.—N. 27. Vos dieux sont des démons; ainsi en ont jugé les mages, les philosophes et Platon lui-même. Leurs oracles sont faux, leurs dons empoisonnés, leurs secours meurtriers; ils font du mal en paraissant faire du bien. Nous leur faisons avouer ce qu'ils sont, lorsque, par des exorcismes et des prières, nous les chassons des corps dont ils s'étaient emparés. Adjurés au nom du seul vrai Dieu, ils frémissent et sont forcés de quitter la place. — N. 28. Sentez l'injustice de vos préventions contre nous, par le repentir que nous avons d'avoir autrefois pensé et agi comme vous. On nous avait persuadé que les chrétiens adoraient des monstres ou des objets obscènes, que dans leurs assemblées ils égorgeaient un enfant, le mangeaient, et commettaient des immundicités horribles; nous ne faisions pas réflexion que ces calomnies n'ont jamais été prouvées, qu'aucun chrétien ne les a jamais avouées au milieu des tortures, quoique sûr d'obtenir sa grâce par cet aveu. Nous tourmentions comme vous ceux qui étaient accusés, non pour leur faire confesser leurs crimes, mais pour leur faire renier leur religion. Si la violence des tourments en faisait succomber quelqu'un, dès ce moment nous prenions sa défense, comme si l'apostasie avait expié tous ses forfaits. Voilà ce que vous faites encore. Si vous agissiez par raison et non par la suggestion d'un mauvais esprit, vous ne mettriez pas les chrétiens à la torture pour leur faire abjurer leur religion, mais pour leur faire convenir des actions infâmes et cruelles que vous leur reprochez. N. 29. Ce n'est pas nous qui commettons ces abominations; c'est vous-mêmes; elles sont consacrées chez vous par vos fables, par vos cérémonies, par vos mœurs. Octavius le prouve en détail. —N. 32. Vous croyez, continue-t-il, que c'est afin de cacher notre culte que nous n'avons ni temples, ni autels, ni simulacres; mais la plus belle image de Dieu est l'homme, son temple est le monde entier, son sanctuaire est une âme innocente. La meilleure victime est un cœur pur, la prière la plus agréable à Dieu est une œuvre de justice ou de charité. Voilà nos cérémonies. Parmi nous, l'homme le plus juste est censé le plus religieux. Dieu, quoique invisible, nous est présent par ses ouvrages, par sa providence, par ses bienfaits. Vous pensez qu'il ne peut tout voir ni tout savoir: erreur. Présent partout, créateur et conservateur de tout, comment peut-il ignorer quelque chose? Il a tout créé par une parole, il gouverne tout par un seul acte de volonté.—N. 33. Vous dites que les Juifs n'ont rien gagné à l'adorer, vous vous trompez encore: lisez leurs livres, ceux de Flavius-Josèphe ou d'Antonius Julianus, vous verrez que les Juifs ont été favorisés de Dieu et comblés de ses bienfaits, tant qu'ils ont été fidèles à sa loi. Ils n'ont donc pas été faits captifs avec leur Dieu, comme vous l'avancez par un blasphème: c'est leur Dieu au contraire qui vous les a livrés, parce qu'ils lui étaient rebelles. — N. 34. Douter de la ruine et de l'embrasement futur du monde, est un préjugé populaire; tous les sages conviennent que tout ce qui a commencé doit finir; c'est le sentiment des stoïciens, des épicuriens et de Platon. Pythagore a cru une espèce de résurrection. Les philosophes pensent donc comme nous; mais ce n'est pas à leur parole que nous ajoutons foi. Le bon sens seul nous fait comprendre que Dieu, qui a tout fait, peut tout détruire; que, puisqu'il a formé l'homme, il peut à plus forte raison lui donner une nouvelle forme. Rien ne périt entièrement, tout se renouvelle dans la nature. — N. 35. Nous ne sommes pas les seuls non plus qui croyons les enfers et un feu vengeur qui punit les méchants, vos poëtes en ont souvent tracé le tableau. Qui ne sent pas la justice et la nécessité des peines et des récompenses de l'autre vie? Octavius prouve cette justice par la comparaison des mœurs des païens avec celles des chrétiens. — N. 36. Que personne, dit-il, ne se tranquillise en mettant ses crimes sur le compte du destin, la fortune ne peut détruire la liberté de l'homme; il est jugé, non sur son sort, mais sur ses actions; il n'y a point d'autre destinée que celle que Dieu a faite; et comme il prévoit tout, il la règle selon les mérites de chacun. Loin de rougir de notre pauvreté, nous en faisons gloire; nos vraies richesses sont nos vertus. Dieu sait pourvoir aux besoins de toutes ses créatures, et récompenser leurs souffrances; par là il les éprouve sans les abandonner. — N. 37. Y a-t-il aux yeux de Dieu un plus grand spectacle qu'un chrétien aux prises avec la douleur et invincible dans les tourments? Il triomphe de ses persécuteurs et de ses bourreaux, il ne cède qu'à Dieu; vos héros s'élèvent jusqu'aux nues la constance de Mutius-Scævol, d'Aquilius, de Régulus; parmi nous les femmes et les enfants en font autant. Juges aveugles, vous n'estimez que la félicité de ce monde; mais sans la connaissance de Dieu y a-t-il une félicité solide, dès qu'il faut mourir? Ici Octavius décrit les fêtes insensées et les plaisirs licencieux des païens. Il fait voir combien les chrétiens sont sages d'y renoncer. Il tourne en ridicule le scepticisme orgueilleux et affecté des philosophes; pour nous, dit-il, nous montrons la sagesse, non par notre habit, mais par nos sentiments; la vraie grandeur, non par nos paroles, mais par nos actions.

Qu'y a-t-il donc à désirer encore, dès que Dieu a daigné enfin se faire connaître dans notre siècle? Jouissons avec gratitude de ce bien précieux; réprimons la superstition, bannissons l'impiété et retenons la vraie religion. C'est ainsi que Octavius conclut son discours. L'extrait que nous en donnons paraîtra peut-être un peu long; mais il est bon de montrer en quoi consistait la dispute entre nos apologistes et les défenseurs du *paganisme*; les premiers raisonnent certainement mieux que leurs adversaires, et ils n'ont laissé aucune objection sans y donner une réponse solide. Si l'on veut consulter les autres écrivains du *paganisme* qui ont défendu leur religion contre les épicuriens, on verra qu'ils ont raisonné tout comme ceux qui argumentèrent dans la suite contre les chrétiens. Le pontife Cotta, que Cicéron fait parler dans son III° livre *sur la Nature des dieux*, soutient qu'en fait de religion l'on ne doit pas consulter les philosophes, mais s'en tenir à la tradition des anciens et à ce que les lois ont établi. Pour prouver l'existence des dieux, il apporte les mêmes preuves que Octavius allègue dans Minutius-Félix pour prouver qu'il y a un Dieu. Mais quant à l'obligation et à la manière d'adorer plusieurs dieux, il ne peut en donner d'autres raisons que celle du païen Cécilius, et que nous avons vues; Platon, dans *le Timée*, déclare que, quoique la croyance vulgaire touchant les dieux ne soit fondée sur aucune raison certaine ni probable, il faut néanmoins s'en tenir au témoignage des anciens qui se sont dits enfants des dieux, et qui devaient connaître leurs parents. Faible preuve; mais on sentait la nécessité absolue d'une religion pour maintenir l'ordre dans la société, et l'on ne voyait rien de mieux que ce qui était établi par les lois et par la coutume; on concluait qu'il ne fallait pas y toucher et qu'il fallait proscrire toute religion nouvelle.

§ VIII. *Les protestants sont-ils venus à bout de prouver que le culte rendu par les catholiques aux saints, à leurs images et à leurs reliques est une idolâtrie?* Nous avons déjà démontré ailleurs que ce crime est imaginaire; qu'il est même impossible, à moins qu'un catholique ne fasse violence à sa profession de foi et au cri de sa conscience; mais les protestants ne démordent pas. Il y a cependant contre eux un argument auquel ils ne répondront jamais. Idolâtrer, c'est rendre à la créature les honneurs divins, ou qui ne sont dus qu'à Dieu; or, non-seulement les honneurs que nous rendons aux saints ne sont pas dus à Dieu; mais ce serait une insulte et une impiété, s'ils lui étaient adressés. En effet, le principal honneur que nous faisons aux saints est de les invoquer, et cette invocation consiste, suivant le concile de Trente, sess. 25, c. 2, *à prier les saints d'intercéder pour nous, afin d'obtenir les grâces de Dieu par Jésus-Christ*. Il y aurait de la folie à s'adresser ainsi à Dieu; la créature seule peut prier et demander des grâces, et les obtenir par un autre, c'est-à-dire par Jésus-Christ; nous attribuons donc aux saints le seul pouvoir qui convienne essentiellement aux créatures. *Hist. des Variat.*, tom. V, p. 531. — 2° Nous accusera-t-on de prêter aux saints des attributs divins, et de les défigurer encore comme les païens, en les supposant joints aux passions et aux vues de l'humanité? 3° Nous n'avons jamais cru comme eux que les personnes divines, les anges, les saints, sont présents dans leurs images; nous n'accordons à celles-ci point d'autre vertu que celle d'exciter l'attention, de fixer l'imagination, d'instruire les ignorants par les yeux. On les bénit et on les consacre comme les vases du saint sacrifice et les autres instruments du culte divin. Nous les respectons et nous témoignons ce respect par des signes extérieurs, parce que toute représentation d'un personnage ou d'un objet respectable doit être respectée à cause de lui. Ce culte, ce respect, sont religieux, puisqu'ils partent d'un motif de religion, et qu'ils ont pour objet d'honorer dans les saints, non les dons de la nature, mais les mérites de la grâce. Cependant, par une affectation malicieuse, les mêmes censeurs qui soutiennent que le culte des païens n'était pas une idolâtrie, parce qu'il se rapportait au dieu représenté, et non à sa représentation, nous accusent de borner nos respects à une image, sans penser à l'objet qu'elle représente: ils nous font la grâce de nous supposer plus stupides que les païens. — 4° Il n'est jamais arrivé aux catholiques d'honorer des images indécentes ou scandaleuses, ni de mêler dans le culte des saints des pratiques absurdes ou criminelles; ou du moins si ce désordre a eu quelquefois lieu parmi le peuple grossier dans les temps d'ignorance, il a toujours été blâmé et censuré par les pasteurs de l'Église. *Voy.* IMAGE.

Mais aucune raison ne touche nos adversaires, et pour satisfaire leur haine, les contradictions ne leur coûtent rien. Comme les Pères de l'Église ont accusé les manichéens de rendre un culte idolâtre au soleil et à la lune, Beausobre n'a rien omis pour justifier ces hérétiques, et pour prouver que ce culte n'était pas une idolâtrie. Il convient que les manichéens regardaient les astres comme des êtres animés, comme des âmes pures et bien heureuses, comme le siège et le séjour de la sagesse et de la vertu du Sauveur; conséquemment, dit-il, les manichéens ne les ont point honorés comme des dieux souverains, mais comme des ministres de la divinité, comme les instruments vivants de ses bienfaits. Il conclut qu'on ne doit point les taxer d'idolâtrie, 1° parce que plusieurs Pères de l'Église ont pensé de même; 2° parce que les manichéens n'ont point offert de sacrifice à ces deux astres; 3° ils ne les ont point invoqués; 4° ils ne les ont point *adorés*. En effet, continue Beausobre, l'adoration intérieure n'est autre chose que l'estime infinie que l'on a pour un être auquel on attribue les souveraines perfections, auquel on se soumet et se dévoue entièrement, auquel on donne toute sa admiration, sa confiance, sa vénération, sa reconnaissance, son obéissance. L'adoration extérieure consiste dans les actes religieux destinés à exprimer les sentiments intérieurs de l'âme, comme les prosternements, les génuflexions, l'encens, les sacrifices, les prières, les actions de grâces. L'Ecriture, dit-il, a défendu de rendre à tout autre qu'à Dieu seul l'une et l'autre de ces adorations; aussi les manichéens n'ont rendu ni l'une ni l'autre au soleil ni à la lune. Il excuse par la même raison les Persans, les sabaïtes et les esséniens, qui ont été aussi accusés d'adorer ces deux astres. *Hist. du manich.*, liv. IX, c. 1, § 11 et suiv., et c. 4, § 7.

En admettant pour un moment les principes posés par Beausobre, nous lui demandons si les catholiques regardent les saints comme des dieux souverains, s'ils leur attribuent les souveraines perfections, s'ils leur accordent toute leur admiration, toute leur confiance, etc.; s'ils leur offrent des sacrifices, si par conséquent les signes extérieurs de respect qu'ils leur adressent peuvent être appelés une *adoration*. Puisqu'il disculpe tous ceux qui ont honoré les astres, à quel titre ose-t-il nous taxer d'idolâtrie? Nous avons prouvé ailleurs qu'il est faux que l'Ecriture ait défendu d'honorer par des signes extérieurs, de prier, d'invoquer d'autres êtres que Dieu seul, surtout lorsque l'estime, la confiance, le respect qu'on leur témoigne sont subordonnés à ceux que nous devons à Dieu. *Voy.* ANGES, SAINTS, IDOLATRIE. Beausobre lui-même avoue que ces sentiments ont leur cause dans l'opinion que l'on a des perfections et du pouvoir de l'être auquel on s'adresse, *ibid.*, c. 4, § 7; donc, dès que l'on reconnaît que cet être est inférieur, dépendant, soumis absolument à Dieu, en un mot, pure créature et rien de plus, il est impossible que le culte qui lui est rendu soit censé culte divin, culte suprême et injurieux à Dieu. Donc, quand il serait vrai que Dieu avait défendu aux Juifs toute espèce de culte rendu à d'autres qu'à lui, nous serions bien fondés à croire que cette défense était uniquement fait vu aux circonstances et au danger particulier dans lequel se trouvaient les Juifs; que les protestants ont tort de la prendre pour une loi absolue et générale pour tous les temps, puisque Beausobre pense que le culte en question n'est point défendu par la loi naturelle, en quoi il se trompe absolument, même suivant ses propres principes. « L'expérience fait voir, dit-il, que ces divinités subalternes, qui ne sont que les ministres du Dieu suprême, deviennent les objets de la dévotion de l'homme, parce qu'il les regarde comme les auteurs immédiats de sa félicité. Il perd de vue la cause première, que dans un trop grand éloignement, et il s'arrête à la cause seconde. Quand cela n'arriverait pas, il est bien difficile de faire un juste partage des sentiments de l'âme. On invente bien des termes pour distinguer le culte souverain d'avec le culte subalterne; mais ces distinctions subtiles et métaphysiques ne sont bonnes que pour l'esprit, le cœur n'en fait aucun usage, etc. Aussi l'Ecriture a-t-elle interdit tout culte religieux des créatures. » *Ibid.*

Déjà nous avons réfuté toute cette fausse théorie. 1° Si elle était vraie, Beausobre aurait eu tort de dire que les sentiments du cœur *ont pour cause l'opinion que l'on a* dans l'esprit des perfections et du pouvoir de l'être que l'on honore: ici le cœur irait bien plus loin que l'esprit. 2° Si le danger de confondre l'un et l'autre culte dans la pratique est réelle, les manichéens, les Persans, les sabaïtes, les esséniens, en ont-ils été plus à couvert que les catholiques? Comment Beausobre sait-il que les premiers n'y ont pas succombé? 3° Dans ce cas il est faux que le culte subalterne ne soit pas défendu par la loi naturelle; cette loi défend certainement non-seulement l'idolâtrie distincte et formelle, mais toute pratique capable de nous y faire tomber. L'inconséquence et la partialité percent de toutes parts au travers du verbiage et des dissertations de ce critique. Posons donc pour principe que le culte, soit intérieur, soit extérieur, est toujours proportionné à l'idée que l'on a des perfections et du pouvoir de l'être auquel on l'adresse. Si on croit cet être indépendant et puissant par lui-même, ce culte est nécessairement divin et suprême, et c'est le seul qu'on doit nommer *adoration*. S'il est adressé à un autre qu'au seul vrai Dieu, c'est *polythéisme* et *idolâtrie*, crime contraire à la loi naturelle et à la droite raison. Lorsqu'on ne prétend honorer qu'une créature dépendante, soumise au vrai Dieu, qui tient tout de lui, qui ne peut rien que par lui, quels que soient les signes extérieurs par lesquels on le témoigne, ce n'est plus ni *culte suprême*, ni *adoration*, ni par conséquent *idolâtrie*; le donner pour tel, c'est abuser malicieusement des termes pour tromper les ignorants. *Voy.* CULTE.

PAIN. Ce mot, dans l'Ecriture sainte, signifie souvent toute autre espèce d'aliment comme *l'eau* désigne toute sorte de boisson. Isa. c. III, v. 1, dit que Dieu ôtera aux Juifs toute la force du *pain* et de l'eau, c'est-à-dire qu'il les punira par la disette d'aliments. On retrouve la même expression, c. X - XIII, v. 6. En français nous nous en servons dans le même sens: donner du pain à quelqu'un, c'est lui fournir les moyens de subsister. Ainsi lorsqu'il est dit que Abraham, en renvoyant Agar et Ismaël, leur donna du *pain* et un vase d'eau (*Gen.* XXI, 14), cela peut très-bien signifier qu'il pourvut à leur subsistance; sans cela on ne peut pas concevoir comment ils auraient vécu dans un désert. De même dans l'Evangile Jésus-Christ dit (*Joan.* VI, 48): *Je suis le* PAIN *de vie*; v. 52, *le* PAIN *que je donnerai pour la vie du monde sera ma propre chair*. PAIN signifie nourriture. Lorsque nous demandons à Dieu *notre pain quotidien*, nous entendons tout ce qui est nécessaire à la vie. Dans les parties de l'Orient où le bois est très-rare, le peuple est souvent obligé de faire sécher au soleil la fiente des animaux, de la brûler pour cuire ses aliments, et de faire cuire le *pain* sous cette cendre. Dieu, pour faire comprendre aux Juifs qu'ils seront réduits à cette triste extrémité, ordonne au prophète Ézéchiel de cuire ainsi son *pain*, et de le manger en présence du peuple, c. iv, v. 13. Un de nos philosophes incrédules, aussi ordurier que malicieux, a osé soutenir que Dieu avait ordonné à Ézéchiel de manger son pain couvert de fiente d'animaux. Telle est la sagesse et la décence de nos professeurs d'incrédulité.

PAINS (multiplication des). Nous lisons (*Matth.* xiv, 17) que Jésus Christ rassasia dans le désert cinq mille hommes avec cinq *pains* et deux poissons, et que l'on recueillit douze corbeilles des restes : ces *pains* n'étaient pas gros, puisqu'ils étaient portés par un enfant (*Joan.* vi, 9). Dans un autre endroit, il est dit (*Matth.* xv, 34) qu'il répéta le même miracle, en nourrissant avec sept *pains* et quelques poissons quatre mille hommes, sans compter les femmes et les enfants, et que l'on remplit des restes sept paniers. Ce prodige fit tant d'impression sur cette multitude d'hommes, qu'ils s'écrièrent que Jésus était véritablement le Messie, et qu'ils fussent près de le proclamer roi (*Joan.* vi, 14 et 15). Pour diminuer l'éclat de ce prodige, les incrédules ont dit que c'était le même événement répété deux fois ; mais la narration des évangélistes atteste le contraire, puisque les circonstances sont différentes. Ils ont ajouté que sans doute Jésus avait envoyé ses disciples à la quête dans les environs, qu'ils étaient revenus avec des vivres, que Jésus les fit distribuer, et qu'il n'y a rien là de miraculeux. Mais quand vingt disciples seraient revenus chargés de vivres, auraient-ils pu en rapporter assez pour rassasier quatre ou cinq mille hommes, sans compter les femmes et les enfants ? L'Évangile prévient encore ce soupçon, en disant que les disciples de Jésus lui représentèrent qu'il était impossible de trouver assez de vivres pour rassasier toute cette multitude, dont une grande partie n'avait pas mangé depuis trois jours. Enfin, dans l'impossibilité de contester ces deux miracles, nos sages critiques ont dit qu'il eût été mieux d'empêcher ce grand nombre d'hommes d'avoir faim, ou de les convertir tous sans miracle. Ils n'ont pas vu qu'en disputant contre deux miracles, ils y en substituaient deux autres ; mais le premier n'aurait pas été au si éclatant ni aussi sensible que la *multiplication des pains*, et le second aurait été absurde. Dieu ne convertit point les hommes sans raison et par un enthousiasme subit, mais par des réflexions, par des motifs, par des preuves sensibles et palpables.

PAIN AZYME OU PAIN A CHANTER. *Voy.* AZYME.

PAIN BÉNIT, *pain* que l'on bénit tous les dimanches à la messe paroissiale, et qui se distribue ensuite aux fidèles ; les Grecs le nomment *eulogie*, bénédiction ou chose bénite. Dans les premiers siècles de l'Église tous ceux qui assistaient à la célébration du saint sacrifice participaient à la communion ; mais lorsque la pureté des mœurs et la piété eurent diminué parmi les chrétiens, on restreignit la communion sacramentelle à ceux qui s'y étaient préparés, et pour conserver la mémoire de l'ancienne communion qui était pour tous, on se contenta de distribuer à tous les assistants un *pain* ordinaire bénit par une prière. L'objet de cette cérémonie est donc le même que celui de la communion, qui est de nous rappeler que nous sommes tous enfants d'un même père et membres d'une même famille, assis à la même table, nourris par les bienfaits d'une même Providence, appelés à posséder un même héritage, frères par conséquent, et obligés à nous aimer les uns les autres. Cette leçon ne fut jamais plus nécessaire que dans un temps où le luxe a mis une énorme disproportion entre les hommes. « Nous sommes tous, dit saint Paul, un même *pain* et un même corps, nous qui participons à la même nourriture (*I Cor.* x, 17). Pour exprimer cette union, nous voyons qu'au ive siècle les chrétiens s'envoyaient mutuellement des *eulogies* ou du *pain bénit*; saint Grégoire de Nazianze, saint Augustin, saint Paulin et plusieurs conciles en ont parlé. Les évêques s'envoyaient même quelquefois l'eucharistie en signe d'union et de fraternité, et la nommaient *eulogie*; mais le concile de Laodicée, tenu vers le milieu au ive siècle, défendit cet usage et ordonna d'envoyer seulement du *pain bénit*. Lorsque les Grecs ont coupé un morceau de *pain* pour le consacrer, ils divisent le reste de ce *pain* en petits morceaux, le distribuent à ceux qui n'ont pas communié et en envoient aux absents ; c'est ce qu'ils appellent *eulogie*; cet usage est très-ancien parmi eux. On a aussi nommé *pain bénit* ou *eulogie* les gâteaux ou les autres espèces de mets que l'on faisait bénir à l'Église. Non-seulement les évêques et les prêtres, mais encore les ermites faisaient cette bénédiction. Enfin, l'on a donné le même nom à tous les présents que l'on se faisait en signe d'amitié.

L'usage du *pain bénit* aux messes paroissiales fut expressément recommandé au ixe siècle dans l'Église latine, par le pape Léon IV, par un concile de Nantes et par plusieurs évêques, et ils ordonnent aux fidèles de le recevoir avec le plus grand respect. Lebrun, *Explic. des cérém. de la messe*, t. II, p. 288.

Dans les paroisses de la campagne, l'offrande du *pain bénit* se fait sans appareil et sans dépense superflue ; c'est ordinairement une mère de famille qui fait cette offrande, et souvent elle communie, afin de joindre ensemble le symbole et la réalité. Dans les villes, où le luxe et l'orgueil ont tout perverti, le *pain bénit* entraîne quelquefois une dépense considérable pour ceux qui l'offrent, parce que l'appareil de la cérémonie est ordinairement proportionné à leur condition et à leur fortune ; chacun se pique d'enchérir sur ses égaux. Quelques-uns de nos censeurs modernes sont partis de là pour déclamer contre cet usage ; ils en ont calculé la dépense pour tout le royaume, et il ne leur en a rien coûté pour enfler ce résultat ;

ils ont conclu qu'il vaudrait mieux employer à soulager les pauvres cette dépense superflue, et qui, selon leur opinion, ne sert à rien. Nous n'avons garde d'approuver aucune espèce de luxe, surtout dans les pratiques de religion; nous convenons qu'il serait à souhaiter qu'on l'évitât dans une cérémonie qui est destinée à nous faire souvenir que tous les fidèles sont nos frères, par conséquent nos égaux devant Dieu; que quand l'offrande du *pain bénit* est accompagnée d'un cortège fastueux, il en résulte souvent de l'indécence. Mais ce n'est pas à l'Eglise qu'il faut s'en prendre, p isqu'elle a défendu plusieurs fois, dans ses conciles, toute espèce d'éclat et de bruit capables de troubler l'office divin et de détourner l'attention des fidèles. *Voy.* Thiers, *Traité des Superstit.*, t. II, l. iv, c. 10.

Ainsi nous supplions les censeurs de tous les usages religieux de faire à ce sujet quelques réflexions : 1° En blâmant l'abus d'un usage quelconque, il ne faut pas confondre l'un avec l'autre, ni conclure à tout supprimer; c'est la manie des ignorants, parce qu'il est beaucoup plus aisé de retrancher que de réformer. Que l'on bannisse le luxe et la dépense superflue du *pain bénit*, c l i sera très-bien; mais il faut laisser subsister cette offrande, parce qu'elle nous donne une leçon très-bonne et très-nécessaire. En général c'est une mauvaise méthode que de calculer combien coûte une instruction ou un acte de vertu. 2° Ce ne sont point les pasteurs de l'Eglise qui ont suggéré, commandé ou conseillé ce luxe, c'est la vanité des particuliers qui l'a introduit, comme elle a fait dans les pompes funèbres, dont le but est de nous montrer la vanité des choses de ce monde, et de nous humilier : il y a de l'injustice à mettre cet abus sur le compte des pasteurs. 3° Le motif de faire l'aumône est très-louable, mais c'est un masque dont l'irréligion se sert souvent pour se déguiser; ceux qui ne donnent rien à Dieu ne sont pas ordinairement mieux disposés à donner aux hommes. 4° En blâmant le luxe religieux, il ne faut pas oublier de censurer avec encore plus de force le luxe voluptueux, qui est cent fois plus criminel et plus meurtrier pour les pauvres. Quand on dépense beaucoup pour les spectacles, pour le jeu, pour les modes, pour alimenter les talents frivoles, etc., comment trouverait-on de quoi soulager les malheureux? 5° Puisque l'économie est le motif qui fait déclamer nos adversaires, ils doivent faire attention que les dépenses du culte religieux ne sont pas perdues pour l'Etat, plusieurs personnes en profitent; c'est une consommation qui est aussi utile politiquement que toutes les autres.

PAIN CONJURÉ. *Voy.* ÉPREUVES SUPERSTITIEUSES.

PAINS DE PROPOSITION OU D'OFFRANDE. Ce sont les *pains* que l'on offrait à Dieu tous les samedis dans le tabernacle, et ensuite dans le temple de Jérusalem. Il devait y en avoir douze, selon le nombre des tribus au nom desquelles ils étaient offerts; on les posait sur une table couverte de lames d'or et revêtue de divers ornements, uniquement destinée à cet usage, et placée vis-à-vis l'arche d'alliance qui était censée être le trône de Dieu. C'étaient des pains sans levain; on devait les renouveler chaque jour de sabbat, et il n'était permis qu'aux prêtres d'en manger (*Exod.* xxv, 23, 30, etc.). Cependant Jésus-Christ (*Matth.* xii, 14) fait remarquer que David et ses gens en mangèrent dans un cas de nécessité, et que ce ne fut pas un crime de leur part (*I Reg.* xxi, 6). Quelques interprètes disent que ces pains sont appelés en hébreu *les pains des faces*, et c'est ainsi que Aquila et Onkélos ont traduit; ils auraient mieux rendu la force de l'hébreu en traduisant par *les pains des présents; face* et *présence* sont la même chose; nous nommons une offrande *un présent*, parce qu'*offrir* et *présenter* sont synonymes. La Vulgate en traduisant *panes propositionis*, n'a rien dit de plus que *panes oblationis*. Cette offrande était un aveu solennel que faisaient les Israélites d'être redevables à Dieu de leur nourriture, de leur subsistance, dont le pain est le symbole et la partie principale. Il n'est pas nécessaire de supposer, comme font plusieurs commentateurs, que Dieu, voulant être censé monarque des Israélites, exigeait que son temple fût meublé comme un palais, qu'il y eût to jours une table servie, etc. Il était juste que les Israélites lui présentassent un tribut de reconnaissance, et cela suffit. La coutume subsiste encore, dans quelques paroisses de la campagne, d'offrir de petits pains le dimanche qui suit l'enterrement d'un mort; chaque proche parent porte le sien; cet usage semble faire allusion à la leçon que Tobie donnait à son fils, c. iv, v. 18 : « Placez votre *pain* et votre vin sur la sépulture du juste. » C'était donc une aumône faite à l'intention du défunt. *Voy.* OFFRANDE.

PAIX. Ce terme, dans l'Ecriture sainte, a un sens très-étendu; il signifie non-seulement le repos, la tranquillité, la concorde, mais toute espèce de prospérité et de bonheur. La manière ordinaire de saluer chez les Hébreux était de dire : *La paix soit avec vous;* Jésus-Christ saluait ainsi ses disciples, et les apôtres se servent encore de cette formule dans leurs lettres. David, pour exprimer la félicité d'un bon gouvernement, dit que la justice et la *paix* se sont embrassées (*Ps.* LXXXIV, 11). Mourir en *paix*, être enseveli en *paix*, c'est mourir avec la tranquillité d'une bonne conscience et avec la consolation que donne l'espérance d'un bonheur éternel. C'est dans ce dernier sens qu'il est employé le plus souvent dans le Nouveau Testament. Le Messie avait été annoncé sous le nom de *Prince de la paix;* son Evangile est appelé l'*Evangile de la paix*, non-seulement parce qu'il apprend aux hommes à vivre en *paix* les uns avec les autres, en exerçant mutuellement la justice et la charité, mais parce qu'il nous enseigne le moyen de conserver la tranquillité de notre âme par le calme de nos passions Saint Paul dit que Jésus-Christ, en mourant pour les hommes, a *pacifié* par le sang de sa croix tout ce qui est dans le ciel et sur la terre (*Coloss.* I, 10), parce qu'il a mérité et obtenu le pardon de nos péchés, et nous a réconciliés avec la justice divine. Il faut donc se défier de tout système qui suppose que, malgré la rédemption, la guerre règne toujours entre le ciel et la terre.

PAIX OU BAISER DE PAIX. Saint Pierre et saint Paul finissent leurs lettres en disant aux fidèles : « Saluez-vous les uns les autres par un saint baiser. » Dès l'origine de l'Église la coutume s'introduisit parmi les chrétiens, dans leurs assemblées, de se donner le *baiser de paix*, symbole de concorde et de charité mutuelle. Saint Justin, dans sa *deuxième Apologie*, n. 65; Tertullien, *de Orat.*, c. 14; saint Cyrille de Jérusalem, *Catech. myst.* 5, et les Pères des siècles suivants en parlent; il en est fait mention dans le concile de Laodicée, dans les *Constitutions apostoliques*, et dans toutes les anciennes liturgies. Les païens prirent de là un prétexte pour calomnier les chrétiens, et leur firent un crime de cette marque d'amitié fraternelle.

Jésus-Christ avait dit : *Si votre frère a quelque chose contre vous, laissez là votre oblation devant l'autel, et allez auparavant vous réconcilier avec votre frère* (*Matth.*, v, 24). Les fidèles conclurent avec raison qu'une disposition nécessaire pour participer aux saints mystères était d'avoir la paix entre eux, de renoncer à tout sentiment de haine et de jalousie, de se témoigner mutuellement une sincère amitié, puisque la communion même est un symbole d'union et de bienveillance. Conséquemment dans l'Église d'Orient, le *baiser de paix* se donnait avant l'oblation et après avoir congédié les catéchumènes ; ce usage fut même suivi dans les Gaules et en Espagne ; mais dans l'Église de Rome, il paraît que la coutume a été constante de faire cette cérémonie immédiatement avant la communion. Le pape Innocent Ier fit comprendre à un évêque d'Espagne que cet usage était le plus convenable, et il s'est établi dans toute l'Église latine, à mesure que la liturgie romaine y a été adoptée. La manière de donner la *paix* n'a point varié non plus dans l'Église de Rome; le célébrant baise l'autel et embrasse le diacre en lui disant : *Pax tibi, frater, et Ecclesiæ sanctæ Dei*; le diacre fait de même au sous-diacre, et lui dit : *Pax tecum;* celui-ci donne la *paix* au reste du clergé. Depuis le XIIe siècle jusqu'au XVIe, il était d'usage dans plusieurs églises de France que le célébrant brisât l'hostie avant d'embrasser le diacre; depuis ce temps-là il a paru plus convenable d'en revenir à l'ancienne coutume de baiser l'autel qui est le siège du corps de Jésus-Christ. Ce n'est aussi qu'à la fin du XVe siècle que l'on a substitué un instrument de *paix*, la patène, une image ou une relique qui est baisée d'abord par le prêtre, ensuite par ses assistants et par le clergé; on ne la présente point aux laïques, si ce n'est aux personnes d'une haute dignité, de peur de donner lieu à quelques contestations sur la préséance, comme cela est arrivé plus d'une fois. Avant de donner la *paix*, le prêtre adresse à Dieu une prière, par laquelle il le supplie de maintenir l'union entre les membres de son Église, et d'y réunir ceux qui ont eu le malheur de s'en séparer. La manière ordinaire dont Jésus-Christ saluait ses disciples était de leur dire : *La paix soit avec vous : Pax vobis;* c'était la formule usitée parmi les Hébreux : or nous voyons par plusieurs passages de l'Ancien Testament, que la *paix* signifiait non-seulement l'union et la concorde, mais la prospérité et le bonheur. Pour saluer quelqu'un, les Grecs lui disaient : Χαῖρε, soyez gai et content; les Latins : *Salve, vale, ave*, portez-vous bien. Le mot *adieu*, que le christianisme a introduit parmi nous, signifie, Soyez avec Dieu ; mais ordinairement on le prononce sans savoir ce qu'il exprime, ou sans y faire attention.

PAJONISTES, sectateurs de Claude Pajon, ministre calviniste d'Orléans, mort en 1685; il avait professé la théologie à Saumur. Quoiqu'il protestât qu'il était soumis aux décisions du synode de Dordrecht, il penchait cependant beaucoup du côté des arminiens, et on l'accuse de s'être approché des opinions des pélagiens. Il enseignait que le péché originel avait beaucoup plus influé sur l'entendement de l'homme que sur la volonté, qu'il restait à celle-ci suffisamment de force pour embrasser la vérité dès qu'elle lui était connue, et se porter au bien sans qu'il fût besoin d'une opération immédiate du Saint-Esprit. Telle est, du moins, la doctrine que ses adversaires lui ont attribuée, mais qu'il savait envelopper sous des expressions captieuses. Cette doctrine fut encore soutenue et répandue après sa mort par Isaac Papin, son neveu, et violemment attaquée par Jurieu, qui parvint à la faire condamner dans le synode wallon, en 1687, et à la Haye en 1688. Mosheim convient qu'il est difficile de découvrir, dans toute cette dispute, quels étaient les vrais sentiments de Pajon, et que son adversaire y mit beaucoup d'animosité. Papin, dégoûté du calvinisme par les contradictions qu'il y remarquait et par les vexations qu'il y éprouvait, rentra dans le sein de l'Église catholique, et écrivit avec succès contre les protestants. Son traité sur leur prétendue tolérance est très-connu.

PALAMITES. *Voy.* HÉSICHASTES.
PALESTINE. *Voy.* TERRE PROMISE.
PALINGÉNÉSIE, renaissance. Ce mot est devenu célèbre parmi les philosophes modernes, depuis la publication de l'ouvrage de M. Bonnet, intitulé *Palingénésie philosophique*. Cet auteur, savant physicien, bon observateur, et qui fait profession de respecter beaucoup la religion, pense que Dieu a créé l'univers de manière que tous les êtres peuvent recevoir une nouvelle nais-

sance dans un état futur, et s'y perfectionner assez pour que ceux qui nous paraissent les plus imparfaits, y reçoivent un accroissement de faculté qui les égale à ceux d'une espèce supérieure; qu'ainsi une pierre peut y devenir un végétal, une plante être changée en animal, celui-ci être transformé en homme, et l'homme parvenir à une perfection fort supérieure à celle qu'il possède aujourd'hui. Au reste, l'auteur de ce système ne le propose que comme une conjecture probable.

Pour l'établir, il suppose, 1° que tout corps organisé, soit végétal, soit animal, vient d'un germe préexistant; que ce germe est un tout déjà organisé, qu'il est indestructible et impérissable, à moins que Dieu ne l'anéantisse; que tous les germes ont été produits au commencement du monde par le Créateur. — 2° En conséquence de l'analogie qu'il y a entre la structure, les facultés, les opérations des animaux et celles de l'homme, il lui paraît probable que les premiers ont, aussi bien que l'homme, une âme immatérielle et immortelle. Comme il y a beaucoup d'analogie entre la fabrique, l'organisation, la vie des plantes et celle de certains animaux, il conclut qu'il en faut raisonner de même. Si on lui demande ce que deviennent ces âmes après la mort des animaux et après la destruction des plantes, il semble penser qu'elles demeurent unies aux germes qui ne périssent point. — 3° Il trouve encore probable qu'avant la création rapportée par Moïse, l'univers existait déjà, que cette prétendue création n'a été qu'une grande révolution ou un grand changement que notre globe subissait pour lors, puisqu'il est prédit dans le Nouveau Testament, qu'il y doit arriver encore une entière destruction par le feu (*II Petr.* III, 10). Il prétend prouver cette conjecture par la manière dont Moïse raconte la création; cet historien suppose qu'elle a été successive, au lieu que, suivant les lois de la physique, les mouvements des globes célestes tiennent tellement les uns aux autres, qu'il faut que le tout ait été formé et arrangé d'un seul jet et au même instant. — 4° Il conclut que l'univers n'a pas été fait principalement pour l'homme, puisque la terre n'est qu'un atome de matière en comparaison des autres globes qui roulent dans l'immensité de l'espace, et qui sont autant d'autres mondes; que d'ailleurs l'homme connaît très-peu de chose dans cette énorme machine; il pense donc qu'elle a été faite pour exciter l'admiration, et procurer le bonheur des intelligences qui la connaissent infiniment mieux que nous, et à la perfection desquelles l'homme parviendra peut-être dans l'état futur. Conséquemment l'auteur fait au hasard plusieurs conjectures sur ce que feront les animaux dans ce nouvel état. — 5° Il fonde cet amas de suppositions sur le principe de Leibnitz, que Dieu ne fait rien sans une raison suffisante; que sa volonté seule n'est point cette raison, et qu'il lui faut un motif; que cette volonté divine tend essentiellement au bien *et au plus grand bien;* qu'ainsi l'univers est la somme de toutes les perfections réunies et le représentatif de la perfection souveraine. Nous ne savons pas si nous avons bien saisi l'ensemble d'un système aussi compliqué, et dont les parties sont éparses dans deux volumes; mais plus nous l'examinons, plus il nous paraît que l'auteur, quoique bon logicien, n'a pas raisonné conséquemment, et qu'il est peu d'accord avec lui-même.

En premier lieu, il semble n'avoir pas compris que son système fondamental est l'*optimisme;* or à cet article nous avons fait voir que l'on ne peut pas supposer dans les ouvrages du Créateur un *optimum:* un degré de perfection au delà duquel Dieu ne peut rien faire de mieux; il s'ensuivrait que la puissance de Dieu n'est pas infinie, qu'il n'est ni libre ni indépendant, qu'il agit hors de lui-même par nécessité de nature, et qu'il produit nécessairement dans ses ouvrages l'infini actuel; autant de suppositions fausses et absurdes. L'auteur de la *Palingénésie* aurait dû le comprendre mieux qu'un autre, puisqu'il enseigne que chaque espèce de créatures est susceptible de devenir plus parfaite dans un état futur. Si elle peut recevoir plus de perfection, Dieu peut donc la lui donner, et il peut en accorder à l'infini, puisque sa puissance n'a point de bornes. S'il daignait rendre chaque espèce de créatures plus parfaite, cela ne contribuerait-il rien à la perfection du tout ou de l'univers? Il est donc faux que l'univers actuel soit un *optimum,* au delà duquel Dieu ne peut rien faire de mieux. Nous avons encore prouvé que le prétendu principe de *la raison suffisante* n'est qu'une équivoque, puisque l'on confond ce qui suffit réellement à Dieu avec ce qui nous paraît lui suffire: comme si la borne de nos connaissances était le terme de la puissance et de la sagesse de Dieu.

En second lieu, personne n'a mieux démontré que notre auteur l'imperfection de nos connaissances naturelles, combien peu de choses nous savons touchant la nature, les facultés, les relations des différents êtres, à plus forte raison touchant l'ordre et le mécanisme général de l'univers. « Il serait, dit-il, de la plus grande absurdité, qu'un être aussi borné et aussi chétif que moi osât se prononcer sur ce que la puissance absolue peut ou ne peut pas. » Et par une contradiction choquante, personne n'a poussé plus loin que lui la licence des conjectures sur ce que Dieu peut ou ne peut pas faire.

En troisième lieu, il ne veut pas qu'en fait de systèmes philosophiques, l'on mêle la religion avec ce qui n'est pas elle; que l'on tire des objections ni des preuves de la révélation. Cependant il en fait usage lui-même, pour nous faire souvenir que notre monde doit éprouver une révolution et un changement total par le feu; il prétend expliquer Moïse. S'il n'avait pas été instruit par la révélation, aurait-il acquis par la philosophie une croyance aussi ferme de la création et des conséquences qui s'ensuivent, pendant qu'aucun des anciens philosophes n'a voulu l'admettre ? Il dit que ce qui est vrai en philosophie est nécessairement vrai en théologie; donc, au contraire, ce qui est évidemment faux en théologie ne peut être ni vrai ni probable en bonne philosophie. Or nous soutenons que, par son système, il donne atteinte à plusieurs vérités révélées, qu'il ne rend point le sens des paroles qu'il cite de saint Pierre, et qu'il s'expose à de funestes conséquences. — 1° Moïse dit qu'au commencement Dieu créa le ciel et la terre, le soleil, la lune et les étoiles; donc Dieu donna l'existence non-seulement à notre globe, mais à tous ceux qui roulent dans l'étendue des cieux ; donc il ne leur donna pas seulement un nouvel état, mais un commencement d'existence absolue. L'entendre autrement, c'est vouloir nous enlever une des leçons les plus essentielles de la révélation, qui nous ont appris que le monde n'est pas éternel. *Voy.* CRÉATION. Ce qu'ajoute l'auteur sur la haute antiquité de la terre prouvée par sa constitution intérieure, par son refroidissement, par les corps étrangers qu'elle renferme, etc., a été réfuté par des physiciens très-habiles. *Voy.* GENÈSE.— 2° Pour créer l'homme, Dieu dit : *Faisons-le à notre image et ressemblance.* Cela signifie-t-il que l'homme existait déjà auparavant dans l'état d'animalité, et que Dieu, en le perfectionnant, l'a élevé à l'état d'intelligence? Si l'animal peut devenir un homme dans un état prétendu futur, il y a lieu de douter si nous n'avons pas été des animaux dans un état antérieur du monde; doute injurieux à Dieu et à la nature humaine. L'Ecriture sainte, loin d'enseigner nulle part que les brutes ont comme nous une âme immatérielle, semble plutôt insinuer qu'il n'y a rien en elles que de la matière. Nos philosophes incrédules ont blâmé Moïse d'avoir dit que le sang tient lieu d'âme aux animaux (*Levit.* XVII, 14); mais ce passage paraît avoir un autre sens. *Voy.* AME. Quand il serait prouvé que leur âme est un esprit, il ne s'ensuivrait encore rien. De même que Dieu a pu créer des matières hétérogènes ou de différente nature, il a pu créer aussi des esprits de différente espèce, dont l'un ne peut jamais devenir l'autre, dont les uns sont destinés à l'immortalité, les autres seulement à une existence passagère. Prétendre que, s'il a créé des âmes pour les brutes, il ne peut pas les anéantir, parce qu'il n'y a point de raison suffisante, c'est répéter toujours le même sophisme. Supposer que nous ne sommes différents des brutes que par l'organisation, c'est donner gain de cause aux matérialistes. — 3° Il sied mal à un philosophe qui fait profession de respecter la révélation, et qui en a donné de bonnes preuves, de soutenir que l'histoire de la création ne peut pas être vraie dans le sens littéral. Quoique Newton ait dit que les mouvements des globes célestes sont tellement engrenés et dépendants les uns des autres, qu'il faut que le tout ait été fait et arrangé d'un seul jet, que prouve ce jugement? Que ce grand physicien ne comprenait pas comment Dieu a pu faire et arranger le tout successivement. Mais Dieu, doué du pouvoir créateur, n'est-il pas assez puissant pour faire ce qu'un philosophe ne comprend pas? A la vérité, le dessein de Moïse n'était pas de nous enseigner l'astronomie; mais il ne suit pas de là que les astronomes ont droit de forger, sur de simples conjectures, un système contraire à ce qu'il dit. D'autres philosophes, pour la commodité de leurs hypothèses, ont supposé que les jours de la création ne sont pas seulement un espace de vingt-quatre heures, mais des intervalles de temps indéterminés et peut-être fort longs : ainsi nos savants dans leurs disputes se jouent de l'Ecriture sainte. — 4° Le texte de saint Pierre (*Epist. II*, III, 12) porte : « Nous attendons l'arrivée du jour du Seigneur dans lequel les cieux seront détruits par les flammes, et les éléments dissous par l'ardeur du feu; mais nous attendons aussi, *suivant ses promesses*, de nouveaux cieux et une nouvelle terre, *dans lesquels habite la justice.* » Ce n'est certainement pas là une *palingénésie* ou un renouvellement de notre globe, mais une entière destruction du monde. Les nouveaux cieux et la nouvelle terre sont le séjour du bonheur éternel, et une seconde vie temporelle, ils existent déjà, puisque l'apôtre dit que la *justice y habite*, et non qu'elle y habitera. D'ailleurs *les promesses de Dieu* n'ont jamais eu pour objet une nouvelle vie sur la terre, comme l'avaient imaginé les millénaires, mais une vie éternelle dans le ciel. On dira que notre auteur a voulu copier la mythologie des Indiens, touchant les quatre périodes ou les quatre âges du monde que les brames ont rêvés. La foi chrétienne nous enseigne qu'après la mort les justes et les méchants iront *incontinent*, les uns jouir du bonheur du ciel, les autres souffrir les peines de l'enfer; ainsi l'Eglise l'a décidé contre les Grecs et les Arméniens : ni les hommes ni les animaux ne sont donc point réservés à un nouveau période de vie terrestre, pour s'y perfectionner et y changer de nature. Ce système de la *palingénésie* ressemble un peu trop à celui de la métempsycose ou de la transmigration des âmes, que soutenaient les anciens philosophes, et que nous réfuterons en son lieu. — 5° Nous avons encore à reprocher à notre philosophe d'avoir dit que l'univers n'a pas été fait principalement pour l'homme, mais pour des intelligences d'un ordre très-supérieur. L'Ecriture sainte nous paraît enseigner le contraire. Le Psalmiste, parlant de l'homme, dit au Seigneur (*Psal.* VIII, 6) : « Vous l'avez fait très-peu inférieur aux anges; vous l'avez environné de gloire et d'honneur; vous l'avez établi sur les ouvrages de vos mains, vous avez mis le *tout* sous ses pieds, » ou en son pouvoir. Saint Paul enchérit encore en citant ces mêmes paroles (*Hebr.* I, 14). « Les anges, dit-il, ne sont-ils pas tous des esprits administrateurs, envoyés pour servir ceux qui auront le salut pour héritage? » c. II, v. 5. Dieu n'a point soumis aux anges le monde futur dont nous parlons, au lieu qu'un auteur sacré dit de l'homme : *Vous l'avez fait très-peu inférieur aux anges*, etc. A la vérité, saint Paul applique ces paroles à Jésus-Christ; mais il ajoute, v. 11 : « Celui qui sanctifie et ceux qui sont sanctifiés sont de même nature; c'est pour cela qu'il ne rougit point de les appeler ses frères..... Or, il n'a point pris la nature des anges, mais celle des descendants d'Abraham. » Qu'aurait pensé l'apôtre d'un système, qui, loin de nous rapprocher des anges, les suppose placés à une distance infinie au-dessus de l'homme, et qui entreprend d'assimiler à celui-ci les animaux et les plantes? — 6° Il ne sert à rien d'exténuer à l'excès nos connaissances touchant la fabrique et la marche physique du monde, dès que nous en avons assez pour admirer, remercier et bénir le Créateur. Des lumières plus étendues n'ont abouti souvent qu'à rendre les philosophes orgueilleux, ingrats et incrédules. Un écrivain sacré a tenu un langage tout différent de celui de notre auteur. « Dieu, dit-il, a donné à nos premiers parents l'intelligence de l'esprit et la sensibilité du cœur; il leur a montré les biens et les maux; il a eu l'œil sur eux; il leur a fait voir la grandeur et la beauté de ses ouvrages, afin qu'ils bénissent son saint nom, qu'ils le glorifiassent de ses merveilles, et qu'ils fussent attentifs à les publier; il a daigné les enseigner, et leur a donné une loi vivante; il a fait avec eux une alliance éternelle; il leur a fait connaître sa justice et ses jugements, etc. (*Eccli.*, XVII, 6). » Ce sage auteur ne fait pas consister la science de l'homme à concevoir le mécanisme du monde physique, mais à respecter l'ordre du monde moral, ordre tout autrement important que le premier.

Fonder un système sur la multitude des mondes répandus dans l'immensité de l'espace, c'est bâtir en l'air et toujours échouer par conséquent. D'un côté, nous ne savons rien ou presque rien sur la construction de l'univers; de l'autre, nous savons que les globes célestes sont autant de mondes peuplés d'habitants meilleurs que nous sans doute; du moins nous ne risquons rien de le supposer, en attendant qu'il nous en vienne des nouvelles. De tout cela nous concluons que l'hypothèse de a *Palingénésie* ne peut servir qu'à diminuer notre reconnaissance envers Dieu, à nous faire douter de sa providence particulière à l'égard de l'homme, et à favoriser les rêves des incrédules.

PALLE. Ce mot, dit P. Lebrun, vient de *pallium*, manteau, couverture. On prétend que dans l'origine c'était une pièce de toile ou d'étoffe de soie, assez grande pour couvrir l'autel entier, et on l'en couvrait en effet lorsque le prêtre y avait placé le calice et ce qui était nécessaire au sacrifice. Dans le *Sacramentaire* de saint Grégoire, le corporal et la *palle* sont appelés *pallæ corporales*, pour les distinguer des nappes d'autel, qui sont simplement nommées *pallæ*; dans la suite on a donné le nom de *corporal* au linge qui est dessous le calice, et celui qui est dessus a retenu le nom de *palle* : en l'accourcissant pour la commodité, on y a mis un carton, afin de le tenir plus ferme. *Explic. des cérémonies de la Messe*, t. II, pag. 25.

PALLIUM, ornement pontifical propre aux évêques et qui désigne ordinairement la qualité d'archevêque. Il est formé de deux bandelettes d'étoffe blanche, large de deux doigts, qui pendent sur la poitrine et derrière les épaules, et qui sont marquées de croix. Cette étoffe est tissue de la laine de deux agneaux blancs qui sont bénits à Rome, dans l'église de Saint-Agnès, le jour de la fête de cette sainte. Ces agneaux sont gardés ensuite dans quelque communauté de religieuses, jusqu'à ce que le temps de les tondre soit arrivé. Les *pallium* faits de leur laine sont déposés sur le tombeau de saint Pierre, et y restent pendant toute la nuit qui précède la fête de cet apôtre; ils sont bénits le lendemain sur l'autel de cette église, et envoyés aux métropolitains ou aux évêques qui ont droit de le porter. *Vies des Pères et des Martyrs*, t. V, p. 201. Ce qui regarde ce droit et les privilèges attachés au *pallium*, appartient à la jurisprudence canonique. M. Languet a réfuté dom de Vert qui avait imaginé que le *pallium* était dans son origine le parement ou la bordure de la chasuble des prêtres, et qu'il en a été détaché depuis deux ou trois cents ans seulement, pour être un ornement particulier. M. Languet prouve que c'était déjà un ornement épiscopal du temps de saint Isidore de Damiette, mort au milieu du Ve siècle, puisque ce saint en a parlé et en a donné les significations mystiques. Il fut accordé par le pape Symmaque à saint Césaire d'Arles, mort au milieu du VIe siècle. *Du véritable esprit de l'Église*, etc., p. 283.

PALMES. *Voy.* RAMEAUX.

PANACRANTE. *Voy.* CONCEPTION IMMACULÉE.

PANAGIE, cérémonie que font les moines grecs dans leur réfectoire. Lorsqu'ils vont se mettre à table, celui qui sert coupe un pain en quatre parties; d'une de ces portions, il coupe encore un morceau en forme de coin, depuis le centre jusqu'à la circonférence, et le remet à sa place. Quand on se lève de table, le servant découvre ce pain, le présente à l'abbé et ensuite aux autres moines qui en prennent chacun un petit morceau, boivent un coup de vin, rendent grâces et se retirent. On prétend que cette cérémonie se pratiquait aussi à la table de l'empereur de Constantinople; Codin, Ducange et Léon Allatius en parlent. Si elle n'est accompagnée d'aucune parole, il est difficile d'en deviner l'origine. Il nous paraît cependant qu'elle peut faire allusion à ce qui est dit dans saint Paul (*I Cor.* XI, 5), que ce fut à la fin du repas que Jésus bénit la coupe de l'eucharistie, et en fit boire à ses disciples. Ce dernier coup de vin que boivent les moines grecs avant de rendre grâces, rappelle la coupe de bénédiction de laquelle les Hébreux buvaient à la fin du repas. Parmi le peuple des campagnes qui garde beaucoup de restes des anciennes mœurs, il est assez ordinaire que le dernier coup de vin soit bu à la ronde et à la santé de l'hôte qui a régalé : c'est une manière de lui rendre grâces. Le terme de *panagie*, qui signifie *toute sainte*, semble indiquer une action religieuse par laquelle on veut rendre grâces à Dieu. *Voy.* COUPE.

PANARÈTE, mot grec qui signifie *toute vertu*. C'est le nom que les Grecs donnent à trois livres de l'Écriture sainte que l'on appelle *Sapientiaux*, qui sont les proverbes de Salomon, l'Ecclésiaste et la Sagesse. Les Grecs donnent à entendre par là que ces livres enseignent toutes les vertus.

PANOPLIE, armure complète. On a ainsi nommé un ouvrage du moine Euthimius Zigabène, qui est l'exposition de toutes les hérésies avec leur réfutation; il le composa par l'ordre de l'empereur Alexis Comnène, vers l'an 1115. Cet ouvrage a été traduit en latin et inséré dans la grande *Bibliothèque des Pères*.

* PANTHÉISME, doctrine qui enseigne qu'il n'y a qu'une seule substance qui se modifie elle-même. Comme nous ne traçons pas l'histoire de la philosophie, nous n'avons point à décrire les phases qu'a subies cette monstrueuse erreur depuis les temps de Xénophane, de Parménide et de Zénon (a) jusqu'à nos jours. Qu'il nous suffise de faire observer que cette doctrine, considérée sous toutes les formes possibles, n'a jamais été et n'a pu être qu'une abstraction dépourvue de tout fondement, et contraire à l'expérience de tous les siècles, ainsi qu'à toutes les données de la science. Il y a deux systèmes principaux de panthéisme : le premier est celui des anciens qui expliquaient la formation des corps par le mouvement des atomes; le second est des philosophes modernes, dont nous allons exposer les idées.

1° Depuis que notre planète est habitable, et elle n'a jamais pu être observée qu'elle ne fût telle, elle a toujours été constituée dans sa partie solide de corps plus ou moins distincts, et non d'atomes sans cohésion et homogènes, comme le prétendaient les anciens panthéistes; autrement, elle serait encore à l'état de chaos, et ne contiendrait pas des êtres doués de propriétés si diverses, et qui sont nécessaires les uns aux autres pour l'entretien de la vie. De même, si tous les astres de notre système planétaire n'avaient été primitivement que des éléments isolés et errants, ils ne se seraient jamais formés en masses compactes, ni distribués en divers centres d'action. Les anciens panthéistes matérialistes ne sont donc arrivés à la conception de leur système atomistique, qu'en faisant abstraction, soit de la nature intime de tous les corps, soit de la cohésion, soit des affinités électives, soit de la gravitation universelle, soit surtout de l'inertie de la matière et de l'action indispensable d'une puissance intelligente pour l'organisation et le maintien de l'ordre dans l'univers. En un mot, dans la théorie des atomes primitifs, on ne tient aucun compte ni des phénomènes naturels, qui seuls sont du domaine de l'observation, ni de leurs causes, qui induisent à la connaissance d'un suprême ordonnateur : on part d'une hypothèse qui n'a de fondement que dans l'imagination, et qui n'est que le résultat d'une abstraction rien ne peut légitimer.

— 2° Il y a eu, à diverses époques et dans différents pays, des sectes de panthéistes qui ne niaient pas précisément l'existence de Dieu, mais qui prétendaient que tout était Dieu, comme l'indique le nom qu'on leur a donné, et qu'il n'y avait dans toute l'étendue de l'univers qu'une seule substance. Les panthéistes de notre époque confondent tout dans ce qu'ils nomment l'*infini*, l'*absolu* (*voy.* ces mots), et proclament que *tout est dans tout*. Les uns et les autres, sans pousser l'abstraction aussi loin que les partisans des atomes primitifs, s'élèvent par les seuls efforts de l'imagination jusqu'à la conception d'une *substance unique*. On sait que les opérations de l'esprit qui ne sont pas fondées sur des données positives de la science, ne peuvent conduire qu'à des résultats chimériques : examinons donc quel peut être le fondement scientifique de l'abstraction panthéistique moderne. L'observation directe ne peut porter que sur des *individus* ; quand on les a convenablement étudiés, on fait abstraction de leur individualité et des particularités qui leur sont exclusivement propres, pour ne considérer que les qualités qui leur sont communes avec d'autres. On forme ainsi des groupes d'autant plus généraux que l'on y envisage moins de qualités, et c'est en ce sens que l'on dit en histoire naturelle comme en logique que *le genre a moins de compréhension que l'espèce*, *mais plus d'extension*, qu'il en est de même de l'ordre par rapport au genre, de la classe par rapport à l'ordre, etc. : en un mot, que *la compréhension est toujours en raison inverse de l'extension*. Cela veut dire que, plus on s'élève dans l'échelle de l'abstraction par la généralisation, plus aussi on s'éloigne de la réalité. En sorte que, si d'abstraction en abstraction on parvient, avec le panthéiste, jusqu'à la conception pure de la *substance*, on n'a plus rien de réel, parce qu'on n'a plus rien d'observable. On sort du domaine de la science, parce qu'on abandonne la région des faits. Sans doute, il est impossible d'établir une théorie scientifique quelconque sans le secours de la généralisation, et par conséquent sans l'abstraction, qui en est l'instrument ; mais, quand on ne sortirait même pas de l'ordre des choses observables, comme font les panthéistes, on ne doit pas oublier qu'à chaque opération généralisatrice de l'esprit, on anéantit une réalité en franchissant un abîme. Qui ne comprend que l'animal, le végétal, considérés en général, n'existent pas plus que la *substance unique* des panthéistes? Les réalistes du moyen âge sont donc tombés dans une erreur analogue à celle que nous combattons. En effet, ce qu'il y a surtout d'inconséquent, d'erroné dans le système panthéistique, c'est qu'on se précipite tout d'un coup du point culminant du monde idéal dans le monde réel : de l'unité de substance, qui ne peut être que le résultat de l'abstraction poussée à son maximum, on prétend conclure la transformation de tous les individus les uns en les autres ; on veut voir *tout dans tout*.

— Il est clair, d'après les développements qui précèdent, que le panthéisme n'a aucun fondement scientifique, et que le défaut capital de ce système consiste dans la réalisation de l'abstraction, et dans l'anéantissement par l'abstraction de tout ce qui tombe sous l'observation. Nous pourrions en rester là, et tenir ce système pour renversé par la destruction de sa base. Mais pour mieux dévoiler son opposition formelle avec les faits les mieux constatés de la science, et les graves inconséquences dans lesquelles il se précipite, nous allons exposer les caractères profonds qui distinguent les grands groupes d'êtres que nous pouvons observer sur la planète que nous habitons, et cela d'après les plus grands naturalistes. Le système panthéistique, considéré dans ses conséquences, tend directement à la destruction de la personnalité, soit divine, soit humaine, et à l'anéantissement de l'individualité des êtres physiques. Nous vengerons plus tard la personnalité divine au mot TRINITÉ; nous avons déjà (au mot AME) défendu la

---

(a) Ces trois philosophes, que l'on peut regarder comme les pères du panthéisme, vivaient vers le milieu du VIᵉ siècle avant notre ère; Leucippe et Démocrite, qui donnèrent une nouvelle forme à cette erreur, ne vécurent que dans le Vᵉ siècle avant notre ère ; et Épicure, qui la modifia à son tour, ne parut que vers 330, du temps d'Alexandre le Grand.

cause de la personnalité humaine contre les pantheistes spiritualistes ; nous avons donc à démontrer ici que l'individualité des êtres physiques, contre les panthéistes matérialistes.

Le célèbre Linné, dès le commencement de sa *Philosophia botanica*, distingue trois sortes d'êtres, que l'on distribuait autrefois en trois règnes : ce sont les minéraux, les végétaux et les animaux. « Les minéraux croissent, dit-il, les végétaux croissent et vivent, les animaux croissent, vivent et sentent. » Nous pourrions ajouter un quatrième règne pour l'homme, qui croît, vit, sent et pense librement. Mais déjà depuis longtemps les naturalistes, pour établir une division plus scientifique, ont réduit à deux les règnes de la nature : le règne inorganique, qui comprend toutes les substances dépourvues d'organisation ou considérées en dehors de l'influence vitale ; et le règne organique que constituent ces innombrables petits tous qui sont doués d'une puissance d'absorption et d'assimilation, et que l'on nomme les végétaux et les animaux. Nous ferons un troisième règne des êtres actifs dont nous avons constaté l'existence dans le paragraphe précédent, et nous proposons de l'appeler règne de spontanéité. Les quatre grands groupes qui composent ces trois règnes sont essentiellement distincts les uns des autres, et même ils sont séparés par une distance infranchissable. Les minéraux croissent ou forment des agrégats par simple juxtaposition de parties, en vertu de la force de cohésion, si les éléments sont homogènes, et par l'effet de l'affinité élective, si des éléments hétérogènes sont en présence. Leur existence ne dépend en aucune façon du concours d'êtres soit semblables, soit différents. Ces corps n'ont pas de part es plus importantes les unes que les autres : ils peuvent être désagrégés, altérés sur tous les points indistinctement, sans qu'il s'ensuive aucun changement dans les parties sur lesquelles on n'a pas agi ; les éléments offrent partout les mêmes arrangements dans des corps identiques considérés dans les mêmes circonstances ; la forme générale et les dimensions sont indéterminées ; enfin, le mode d'existence est à peu près constant dans les mêmes circonstances : les êtres inorganiques se suffisent à eux-mêmes, et ils persistent dans le même état, soit d'isolement, soit de combinaison, à moins qu'une force étrangère n'agisse sur eux. Réduits à leur état normal, ils sont indestructibles.

On voit déjà, et l'on comprendra encore mieux bientôt, par quel abîme les corps inorganiques sont séparés des organiques. Mais combien ne diffèrent-ils pas aussi de nature entre eux, si on les considère dans leurs éléments chimiques ? On reconnaît aujourd'hui cinquante-cinq éléments, qui sont comme les germes de toutes les substances minérales, et qui peuvent être isolés les uns des autres par l'analyse chimique, à quelque état de combinaison qu'ils se rencontrent dans la nature. Les corps simples, qui résultent de leur agrégation, sont caractérisés par des propriétés toujours très-distinctes, et souvent antagonistes. On sait que les alchimistes, malgré leurs innombrables mélanges, n'ont jamais pu transformer une seule substance en une autre : les hommes de la science ont, dès l'enfance même de la chimie, laissé aux panthéistes le soin de chercher la *pierre philosophale*. Les éléments chimiques sont donc inaltérables, indestructibles, et constituent, dans l'état actuel de la science, de véritables *individus*. Il y a plus : comme les corps simples ne se combinent entre eux que dans des proportions toujours bien définies, ils donnent naissance à des substances minérales qui ne sont autre chose que des agrégats d'individus, ayant constamment dans les mêmes circonstances des formes et des propriétés identiques. Si la plupart des minéraux n'offrent pas la même régularité dans leurs formes respectives, et ne se trouvent pas à l'état cristallisé, c'est parce qu'ils ont dû se trouver dans des circonstances physiques perturbatrices, qui ont neutralisé les lois rigoureuses de la cristallisation : quand on vient à les placer dans des circonstances favorables, ils ne tardent pas à prendre leur forme caractéristique. Il est donc évident qu'il n'y a jamais confusion substantielle dans le règne minéral, mais qu'il y a partout *individualité* distincte. Il n'y a pas même de gradation dans ce règne, où l'on n'a encore pu reconnaître de série, ni établir d'espèces proprement dites. Le principe proclamé par Linné, que la nature procède toujours par degrés et d'une manière continue, n'est applicable qu'aux corps organisés ; « mais, loin qu'il puisse s'étendre aux corps bruts, dit le savant M. Margerin (*Cours sur la géologie*, 4e leçon), c'est le principe contraire qui les gouverne. Là, tout est fixe, déterminé, arrêté. Deux substances de même ordre se combinent en proportions définies, constantes pour un même mixte ; et tout mixte de la même nature, soumis à l'analyse, reproduit invariablement les proportions. » Ce point capital, indiqué par les travaux de Wenzel et de Richter, repris et débattu par Proust et Berthollet, a été mis hors de doute par les nombreux travaux des chimistes modernes. « On découvre aussi dans le corps le plus abject, la même harmonie qui règne dans les cieux (*ibid.*). »

En minéralogie, l'unité des substances est caractérisée, 1° par la nature des éléments susceptibles de se combiner ; 2° par les propriétés dans lesquelles ils peuvent se combiner ; 3° par l'ordre dans lequel ils sont combinés. Chaque substance est invariable, quoique se présentant sous divers aspects. « A travers ces diverses formes, dit M. Margerin (*loc. cit.*), l'unité de substance se fait connaître à ceci, qu'il est impossible, au moyen d'un régime chimique convenable, de passer d'une forme à l'autre sans altérer dans le sujet les trois caractères énoncés plus haut. Tout revient donc à la détermination de ces caractères. La nature et le nombre des éléments sont fournis par les procédés ordinaires de l'analyse chimique. Quant à la manière dont ces éléments sont combinés entre eux, on parvient à la connaître par la loi des substitutions. » La substance minérale proprement dite persévère indéfiniment dans le même état, et l'action mécanique ne peut rien sur sa nature : fût-elle réduite en poudre impalpable, chaque grain renferme le minéral tout entier. Le véritable *individu* dans le règne minéral est donc la molécule cristalline. L'action des causes physiques et chimiques peut transformer un minéral en un autre sans que la substance change de nature, c'est dans le cas du polymorphisme, constaté dans ces derniers temps ; mais toujours l'*individu* conserve son identité substantielle.

Exposons maintenant les caractères si tranchés des corps organiques. Ils sont tous doués de vie, c'est-à-dire d'une force qui combat l'action destructive des causes physiques et chimiques. Ils croissent par intussusception au moyen de l'absorption et de l'assimilation, et par conséquent ils ne peuvent se passer des êtres qui les environnent. Ils se les approprient au moyen d'instruments dont ils sont pourvus, et que l'on nomme organes. Ils ont des parties privilégiées dont l'altération exerce une influence universelle, et même entraîne la perte de la vie, c'est-à-dire la destruction de l'être en tant qu'organisé ; les arrangements des éléments constituants sont différents pour les diverses parties d'un même corps ; les formes sont invariables et les dimensions limitées dans chaque espèce ; enfin, dans tous les êtres du double groupe organique, il y a naissance d'un parent semblable, accroissement, reproduction et mort. Que l'on voie si le panthéiste peut nier tous les faits et sans un autre tout de science d'observation, trancher l'abîme qui sépare les êtres organisés des corps bruts, pour confondre les uns et les autres dans son désespérant chaos !

Le panthéisme est donc bien contraire à toutes les données de l'observation ; il n'est pas moins opposé à la raison.

« En effet, disent les Conférences de Bayeux, 1° il est évidemment faux dans son principe. Si nous recherchons ce qu'il peut y avoir de commun dans les divers systèmes de panthéisme, nous reconnaîtrons que, sous un langage différent, ils partent tous du même principe. Ce principe fondamental, c'est l'identité de la substance. Il n'existe qu'une seule substance, dont le monde et l'homme ne sont que les attributs. « Qu'avec Hégel on l'appelle l'*idée* ou l'*être* ; qu'avec Schelling on lui donne le nom d'*absolu* ; qu'on la présente avec Fichte comme le *moi*, avec Spinosa comme l'*infini*, on affirme toujours le même principe, et les différences ne sont que nominales. L'étude des néoplatoniciens, des Grecs et des Orientaux, nous mène au même résultat ; nous retrouvons partout une seule substance (a). Or, le sentiment et la raison repoussent et condamnent ce principe. « Je sens, dit Bergier (*Voy.* SPINOSISME) que je suis moi et non un autre, une substance séparée de toute autre, un individu réel et non une modification ; que mes pensées, mes volontés, mes sensations, mes affections sont à moi et non à un autre, et que celles d'un autre ne sont pas les miennes. Qu'un autre soit un être, une substance, une nature aussi bien que moi, cette ressemblance n'est qu'une idée abstraite, une manière de nous considérer l'un et l'autre, mais qui n'établit point l'identité ou une unité réelle entre nous. » Que les panthéistes interrogent tous les hommes, ils retrouveront en eux ce sentiment indestructible de la distinction des êtres. On dira que ce n'est qu'une illusion, on alléguera les progrès de la science humaine ; on ne détruira jamais l'empire de ces croyances.

« 2° Le panthéisme, considéré en lui-même, répugne manifestement à la raison. Qu'est-ce, en effet, qu'un dieu composé de tous les êtres qui existent dans le monde, et qui ne sont peut-être eux-mêmes que de simples phénomènes et des apparences trompeuses? Conçoit-on une substance unique, immuable et réunissant en elle des attributs contradictoires, l'étendue et la pensée? Qu'est-ce qu'une existence vague et indéterminée dont on ne peut rien affirmer, qui n'est ni être ni mode, et qui cependant constitue le monde spirituel et le monde matériel? Un homme peut-il croire de bonne foi qu'il est l'être universel, infini, nécessaire, et dont tous les autres ne sont que les développements et les modifications? Cet homme, qui ne respecte ni les devoirs de la religion ni les lois sacrées de la nature, qui professe ouvertement l'impiété et même l'athéisme, est-il dieu aussi ou un attribut, une modification de Dieu? En vérité, peut-on se persuader que des philosophes refusent de courber leur intelligence sous l'autorité de la foi, qu'ils rejettent et combattent les mystères du christianisme, pour adopter de pareilles rêveries?

« 3° Le panthéisme n'est pas moins funeste dans ses conséquences qu'il est absurde en lui-même et dans son principe. S'il n'existe qu'une seule substance, si tout est identique, si l'homme est dieu, il n'y a plus entre eux de rapports d'autorité et de dépendance ; la religion, qui n'est fondée que sur ces rapports, devient une chimère ; il n'y a donc plus pour l'homme ni lois obligatoires ni morale, ni vice ni vertu, ni bien ni mal. D'ailleurs, qu'est-ce que Dieu dans le système des philosophes panthéistes? Une abstraction métaphysique, une simple idée de l'infini, de l'absolu, une existence vague et indéterminée qui ne se connaît que par la raison humaine, le plus parfait de ses développements. Mais refuser à Dieu l'intelligence, la liberté, et même la personnalité et l'individualité, n'est-ce pas l'anéantir? Le panthéisme n'est donc en réalité qu'un système a-

(a) Essai sur le panthéisme, p. 175.

DICTIONN. DE THÉOL. DOGMATIQUE. III.

théisme caché sous le voile d'un langage étrangement obscur et d'une terminologie barbare. Qu'est-ce enfin que cette raison humaine qu'on nous présente comme la manifestation et le dernier développement de l'Être infini? La raison humaine existe-t-elle? Ouvrez les livres des philosophes allemands, et ils vous apprendront que le monde n'est qu'une apparence, une illusion vaine, une forme sans réalité objective ; qu'il n'y a nulle individualité, nul acte personnel ; qu'il n'y a plus ni cause ni effet. Le *moi* être, l'idée abstraite de Dieu, voilà tout. Mais pourquoi attribuerions-nous plus de réalité à cette idée qu'aux autres? Le scepticisme universel est donc le résultat inévitable et la conséquence nécessaire de toutes ces théories insensées. « Le panthéisme est donc en contradiction palpable avec la raison et la logique dont il renverse tous les principes, avec la personnalité humaine qu'il ne peut faire disparaître ni expliquer, avec la réalité du monde sensible qu'il nie, sans nous faire comprendre comment ce phénomène existe, et comment il nous donne le sentiment de la réalité. Il est encore en contradiction avec la nation de l'Être absolu ; car, comme il lui refuse la personnalité et qu'il n'affirme rien de lui, il remplace l'Être par l'existence et s'évapore dans l'abstraction (a). *Voy.* SPINOSISME.

**PAPAS**, père. C'est le nom que les Grecs schismatiques donnent à leurs prêtres, même à leurs évêques et à leur patriarche. Le Père Goar met une distinction entre παπας, et πάπας ; il dit que le premier désigne un pontife principal ; que le second se donne aux prêtres et même aux clercs inférieurs. Les Grecs nomment *protopapas* le premier d'entre les prêtres. Dans l'Église de Messine, en Sicile, il y a encore une dignité de *protopapas*, que les Grecs y introduisirent lorsque cette île était sous la domination des empereurs d'Orient. Le prélat de l'église de Corfou prend aussi le même titre. Scaliger remarque à ce sujet que les Éthiopiens appellent les prêtres *papasath*, et les évêques *episcopasath* : mais ces deux termes ne sont pas de la langue éthiopienne. Scaliger n'a pas fait réflexion que les Éthiopiens ou Abyssins n'ont qu'un seul évêque qu'ils nomment *Abuna*, qui signifie *notre Père*. Acosta rapporte que les Indiens du Pérou nommaient aussi leur prêtre *papas*. Enfin l'usage est établi parmi nous de donner le nom d'abbé à tous les ecclésiastiques. Du Cange, *Glossar. latinit.* Ce concert de toutes les nations à envisager de même les ministres des autels, doit apprendre à ceux-ci le devoir que leur état leur impose, de prendre pour tous les fidèles une tendresse paternelle et de se consacrer tout entiers à leur service. C'est donc une très-bonne leçon, de laquelle il sera à souhaiter que la signification ne s'oubliât jamais. *Voy.* ABBÉ.

**PAPAUTÉ**, PAPE. Nous avons vu dans l'article précédent que le nom de *pape* signifie *père* ; on l'a donné autrefois non-seulement aux évêques, mais aux simples prêtres : depuis longtemps il est réservé en Occident aux évêques de Rome, successeurs de saint Pierre : il désigne le souverain pontife de l'Église chrétienne : et le titre de *Vicaire de Jésus-Christ sur la terre*, qui lui est attribué,

(a) Essai sur le panthéisme, p. 199

est fondé sur l'Ecriture sainte; nous le verrons ci-après (1).

On peut considérer le *pape* sous quatre différents rapports : comme pasteur de l'Eglise universelle, comme patriarche de l'Occident, comme évêque particulier du siége de Rome, et comme prince temporel. Les dernières de ces qualités appartiennent plutôt à la jurisprudence et à l'histoire qu'à la théologie ; nous nous arrêtons uniquement à la première.

La croyance catholique est que saint Pierre a été non-seulement le chef du collége apostolique, mais le pasteur de l'Eglise universelle ; que le pontife romain est le successeur de ce prince des apôtres, qu'il a comme lui autorité et juridiction sur toute l'Eglise, que tous les fidèles sans exception lui doivent respect et obéissance. Telle est la définition du concile de Florence, à laquelle celui de Trente s'est conformé, lorsqu'il a dit que le souverain pontife est le vicaire de Dieu sur la terre, et qu'il a la puissance suprême sur toute l'Eglise. Sess. 6, *de Réform.*, c. 1 ; sess. 15, *de Pœnit.*, c. 7. Comme cette doctrine est la base de la catholicité et de l'unité de l'Eglise, les théologiens de toutes les sectes hétérodoxes ont commencé par la déguiser, afin de la rendre odieuse. Ils ont dit que nous faisons du *pape*, non-seulement un souverain spirituel et temporel du monde entier, mais une espèce de Dieu sur la terre ; que nous lui attribuons un pouvoir despotique, arbitraire et tyrannique, l'autorité de faire de nouveaux articles de foi, d'instituer de nouveaux sacremens, d'abroger les canons et les lois ecclésiastiques, de changer absolument la doctrine chrétienne, le droit d'absoudre les sujets du serment de fidélité envers les rois et les magistrats, sous prétexte que ceux-ci sont impies ou hérétiques, et de disposer ainsi des couronnes et des royaumes, etc. Il est évident que ce sont là autant de calomnies, puisque ces droits prétendus seraient directement contraires aux devoirs de père spirituel et de pasteur des fidèles ; loin de maintenir l'ordre dans l'Eglise, ils y mettraient la confusion. Il est absurde de confondre une puissance suprême avec une puissance absolue, illimitée, et qui n'est sujette à aucune loi ; celle du souverain pontife est limitée par les preuves mêmes qui l'établissent, par les canons, par la tradition de l'Eglise (2). L'essentiel est de la prouver d'abord ; nous verrons ensuite si nos adversaires sont venus à bout d'en détruire les fondements et d'en démontrer l'illusion. Cette question a été épuisée de part et d'autre, et nous sommes forcés de l'abréger.

Pour y mettre un peu d'ordre, nous examinerons 1° les preuves de la primauté et de l'autorité accordée à saint Pierre par Jésus-Christ ; 2° si la qualité de pasteur de l'Eglise universelle a dû passer et a passé en effet aux successeurs de cet apôtre ; 3° quels sont les droits, les devoirs, les fonctions de cette dignité ; 4° comment l'autorité pontificale s'est établie par le fait et a reçu des accroissements ; 5° si elle a fait autant de mal que ses ennemis le prétendent.

I. Dans l'Evangile de saint Mathieu, c. XVI, v. 18, saint Pierre ayant confessé la divinité de Jésus-Christ, ce divin maître lui répond : *Je vous dis que vous êtes Pierre, et que sur cette pierre je bâtirai mon Eglise, et les portes de l'enfer ne prévaudront point contre elle. Je vous donnerai les clefs du royaume des cieux ; tout ce que vous lierez ou délierez sur la terre sera lié ou délié dans le ciel.* Dans le style de l'Ecriture sainte, *les portes de l'enfer* sont les puissances infernales, et *les clefs* sont le symbole de l'autorité et du gouvernement ; nous le voyons dans Isaïe, c. XXII, v. 22 ; *Apoc.*, c. III, v. 7, etc. Le pouvoir de lier et de délier est le caractère de la magistrature, l'un et l'autre sont donnés à saint Pierre, pour assurer la solidité et la perpétuité de l'Eglise. Cela nous paraît clair. Dans un autre endroit ( *Luc.* XXII, 29 ), le Sauveur dit à ses apôtres : *Je vous laisse* (par testament) *un royaume tel que mon Père me l'a laissé.. pour que vous soyez assis sur douze siéges, et que vous jugiez les douze tribus d'Israël.* Ensuite il dit à saint Pierre : *Simon, Satan a désiré de vous cribler* ( tous ) *comme le froment : mais j'ai prié pour vous* ( seul ), *pour que votre foi ne manque point ; ainsi un jour tourné vers vos frères, confirmez ou affermissez-les.* Il est encore ici question de la fermeté de la foi et d'un privilége personnel à saint Pierre.

Jésus-Christ étant ressuscité, après avoir exigé trois fois de cet apôtre la protestation de son amour, lui dit : *Paissez mes agneaux, paissez mes brebis* ( *Joan.* XXI, 16 et 17 ). On sait que notre divin Maître avait désigné son Eglise sous la figure d'un bercail dont il voulait être lui-même le pasteur, c. X, v. 16. Voilà donc saint Pierre revêtu de la fonction même que Jésus-Christ s'était réservée, et chargé du troupeau tout entier. Aussi saint Mathieu, faisant l'énumération des apôtres, c. X, v. 2, dit que le premier est Simon surnommé Pierre ; cette primauté est suffisamment expliquée par les passages que nous venons d'alléguer. *Voy.* INFAILLIBILITÉ DU PAPE et JURIDICTION.

Conséquemment après l'ascension du Sauveur, saint Pierre, à la tête du collége apostolique, prend la parole, et fait élire un apôtre à la place de Judas ( *Act.* I, 15 ). Après la descente du Saint-Esprit, il prêche le premier et annonce aux Juifs la résurrection de Jésus-Christ, c. II, v. 14 et 37 ; c. III, v. 12. C'est lui qui rend raison au conseil des Juifs de la conduite des apôtres, c. IV, v. 8. C'est lui qui punit Ananie et Saphire de leur mensonge, c. V, v. 3 ; qui confond Simon le magicien, c. VIII, v. 19 ; qui parcourt les églises naissantes, c. IX, v. 32 ; qui reçoit l'ordre d'aller

---

(1) *Voy.* la Liste chronologique des papes, qui se trouve dans le Dictionnaire liturgique de l'abbé Pascal, et dans celui de l'abbé Prompsault sur la jurisprudence civile et ecclésiastique, publiés par M. l'abbé Migne.

(2) *Voy.* Déclaration du clergé de France de 1682.

baptiser Corneille, c. x, v. 19; qui dans le concile de Jérusalem porte la parole et dit son avis le premier, c. xv, v. 7, etc. Si saint Luc avait été compagnon de saint Pierre, aussi assidu qu'il l'était de saint Paul, nous serions plus instruits des traits qui caractérisaient l'autorité du chef des apôtres. Saint Paul d'abord s'adressa à lui en arrivant à Jérusalem, lorsqu'il eut été élevé à l'apostolat (*Galat.* 1, 18). (1)

Nous ne nous arrêterons pas longtemps à réfuter les explications arbitraires par lesquelles les protestants ont cherché à éluder les conséquences des passages de l'Ecriture sainte que nous avons allégués. Ils disent que saint Pierre a été le fondement de l'Eglise, parce qu'il a prêché le premier l'Evangile et a fait les premières conversions ; il ouvrit ainsi aux Juifs et aux gentils le royaume des cieux. *Lier* et *délier*, c'est déclarer ce qui est permis ou défendu ; saint Pierre exerça ce pouvoir au concile de Jérusalem. Ces fausses explications sont contraires à l'Ecriture sainte. Saint Pierre prêcha le premier, mais il ne prêcha pas seul ; il est dit des apôtres le jour de la Pentecôte : « Nous les avons entendus annoncer dans nos langues les merveilles de Dieu (*Act.* II, 11 ). » Dans Isaïe, *les clefs*, la puissance d'ouvrir et de fermer, signifient l'autorité du gouvernement, c. XXII, v. 22; et dans l'Apocalypse, c. III, v. 7, ces termes expriment la souveraine puissance de Jésus-Christ. Nous défions les protestants de citer un seul passage de l'Ecriture dans lequel *lier* et *délier* aient la signification qu'ils y donnent. D'ailleurs Jésus-Christ a voulu donner à saint Pierre un privilége propre et personnel ; ceux qu'allèguent les protestants lui ont été communs avec les autres apôtres. Mais la règle des catholiques est de n'entendre l'Ecriture sainte que comme elle a été entendue par ceux qui ont été instruits, ou immédiatement ou de très-près, par les apôtres ; nous nous en rapportons à la tradition, à l'usage, à la croyance ancienne et constante de l'Eglise : sans cela il n'est aucun passage si clair, que l'art des sophistes ne puisse le tordre à son gré.

A la fin du 1ᵉʳ siècle ou au commencement du IIᵉ, nous voyons saint Clément, *pape*, successeur de saint Pierre, écrire deux lettres aux Corinthiens, qui l'avaient consulté, *Epist.* 1, n. 1 ; il les exhorte à la paix et à la soumission envers leur évêque, et il leur parle au nom de l'Eglise romaine. Nous ne savons pas pourquoi les Corinthiens s'adressaient plutôt à Rome qu'à quelqu'une des Eglises d'Asie, immédiatement fondées par les apôtres, si la première n'avait aucune prééminence ni aucune supériorité sur les autres. Vers l'an 170, Hégésippe, converti du judaïsme à la foi chrétienne, vint s'instruire à Rome; il dit que, dans toutes les villes où il a passé, il a interrogé les évêques, et qu'il a trouvé que, dans toutes les Eglises, la croyance est telle que la loi, les prophètes et le Seigneur l'ont enseignée. Il dressa le catalogue des évêques de Rome depuis saint Pierre jusqu'au *pape* Eleuthère ; Eusèbe, *Hist. eccl.*, l. IV, c. 22, note de Péarson. Pourquoi dresser cette succession, plutôt que celle des évêques d'une autre ville, si elle ne prouvait rien? Quelques années auparavant, saint Justin, philosophe converti dans la Palestine et instruit dans l'école d'Alexandrie, qui était pour lors la plus célèbre, était aussi venu à Rome; il y enseigna, y présenta ses deux apologies aux empereurs, et y souffrit le martyre. On envisageait déjà Rome comme le centre du christianisme, quoiqu'il fût né dans la Judée. Sur la fin de ce même siècle, saint Irénée fit comme Hégésippe, il montre la succession des *papes*

---

(1) « Pierre, dit Bossuet, paraît le premier en toutes manières : le premier à confesser la foi, le premier dans l'obligation d'exercer l'amour, le premier de tous les apôtres qui vit le Sauveur ressuscité des morts, comme il en avait été le premier témoin devant tout le peuple; le premier quand il fallut remplir le nombre des apôtres, le premier qui confirma la foi par un miracle, le premier à convertir les Juifs, le premier à recevoir les gentils, le premier partout. Mais je ne puis tout dire ; tout concourt à établir sa primauté ; oui, tout, jusqu'à ses fautes..... La puissance donnée à plusieurs porte sa restriction dans son partage, au lieu que la puissance donnée à un seul, et *sur tous*, et *sans exception*, emporte la plénitude... Tous reçoivent la même puissance, mais non en même degré ni avec la même étendue. Jésus-Christ commence par le premier, et dans ce premier il développe le tout,..... afin que nous apprenions, que l'autorité ecclésiastique, premièrement établie en la personne d'un seul, ne s'est répandue qu'à condition d'être toujours ramenée au principe de son unité, et que tous ceux qui auront à l'exercer, se doivent tenir inséparablement unis à la même chaire. »

« C'est cette chaire tant célébrée par les Pères, où ils ont exalté comme à l'envi *la principauté de la chaire apostolique, la principauté principale, la source de l'unité, et dans la place de Pierre, l'éminent degré de la chaire sacerdotale* ; l'*Eglise-mère*, qui tient en sa main la conduite de toutes les autres Eglises ; le *chef de l'épicopat*, d'où le rayon du gouvernement ; *la chaire principale, la chaire unique, en laquelle seule tous gardent l'unité*. Vous entendez dans ces mots saint Optat, saint Augustin, saint Cyprien, saint Irénée, saint Prosper, saint Avite, Théodoret, le concile de Chalcédoine et les autres ; l'Afrique, les Gaules, la Grèce, l'Asie, l'Orient et l'Occident unis ensemble... Puisque c'était le conseil de Dieu de permettre qu'il s'élevât des schismes et des hérésies, il n'y avait point de constitution, ni plus ferme pour se soutenir, ni plus forte pour les abattre. Par cette constitution tout est fort dans l'Eglise, parce que tout y est divin et que tout y est uni ; et comme chaque partie est divine, le lien aussi est divin, et l'assemblage est tel que chaque partie agit avec la force du tout...... C'est pourquoi nos prédécesseurs ont dit... *qu'ils agissaient au nom de saint Pierre, par l'autorité donnée à tous les évêques en la personne de saint Pierre, comme vicaires de saint Pierre*, et ils l'ont dit lors même qu'ils agissaient par leur autorité ordinaire et subordonnée : parce que tout a été mis premièrement dans saint Pierre, et que la correspondance est telle dans tout le corps de l'Eglise, que ce que fait chaque évêque, selon la règle et dans l'esprit de l'unité catholique, toute l'Eglise, tout l'épiscopat, et le chef de l'épiscopat, le fait avec lui. » — *Sermon sur l'unité de l'Eglise.*

depuis saint Pierre jusqu'à Eleuthère ; il dit que saint Clément, par sa lettre aux Corinthiens, rétablit leur foi, et leur exposa la tradition qu'il avait reçue des apôtres; que, par cette succession et cette tradition, l'on confond les hérétiques. « Car il faut, dit-il, que toute Eglise, c'est-à-dire les fidèles, qui sont de toutes parts, viennent ( ou s'accordent ) à cette Eglise, à cause de sa primauté principale, dans laquelle les fidèles qui sont de toutes parts, ont toujours conservé la tradition qui vient des apôtres » *Adv. Hær.*, l. iii, c. 3, n. 2 et 3 (1). Grabe, qui sentait la force de ce passage, a fait ce qu'il a pu pour l'énerver. Il convient que saint Irénée confond les hérétiques, non-seulement par l'Ecriture sainte, mais encore par la tradition des églises et en particulier de l'Eglise romaine ; que Tertullien, saint Cyprien, Optat, saint Épiphane, saint Augustin, etc., ont fait de même ; mais à présent, dit il, cet argument ne vaut plus rien, depuis que les *papes* ont ajouté à la tradition qu'ils avaient reçue des apôtres d'autres articles, les uns douteux, les autres faux, dont ils exigent la profession. Comment ce critique n'a-t-il pas senti le ridicule de cette exception ? Quoi, Tertullien, saint Cyprien, saint Augustin et les autres Pères qui de siècle en siècle ont cité cette même tradition, n'ont pas été assez instruits pour voir si les *papes* avaient ou n'avaient pas ajouté quelque chose à la tradition primitive et apostolique ? Pendant que toutes les Eglises faisaient profession de croire qu'il n'était pas permis de rien ajouter ni de rien changer à cette tradition vénérable, elles ont souffert que les *papes* l'altérassent à leur gré, y ajoutassent de nouveaux articles, et elles les ont reçus sans réclamation ? Depuis longtemps nous supplions les protestants de marquer distinctement ces articles nouveaux qui ont été inventés depuis le vᵉ siècle, et qui ne sont pas crus dans les Eglises qui ont secoué le joug de l'autorité du *pape* à cette époque. Si l'argument tiré de la tradition ne vaut rien en lui-même, il ne valait pas mieux du temps de saint Irénée qu'aujourd'hui. *Voy.* Tradition.

Grabe ne s'est pas borné là : il soutient que l'opinion de saint Irénée n'est point que les fidèles qui sont de toutes parts, doivent *s'accorder* à l'Eglise romaine, mais que tous sont obligés de s'y *rassembler*, pour venir solliciter leurs affaires à la cour des empereurs, et en particulier pour y défendre la cause des chrétiens ; telle est, dit-il, la force du mot *convenire*. La *primauté principale* de cette

(1) Le texte semble avoir plus d'énergie : « Maximæ et antiquissimæ et omnibus cognitæ, a gloriosissimis duobus apostolis Petro et Paulo fundatæ et institutæ Ecclesiæ, eam quam habet ab apostolis traditionem et annuntiatam omnibus fidem, per successiones episcoporum pervenientem usque ad nos indicantes, confundimus eos qui, quoquomodo... præter quam quod oportet colligunt. Ad hanc enim Ecclesiam, propter POTENTIOREM PRINCIPALITATEM, necesse est omnem convenire Ecclesiam, hoc est omnes qui undique sunt fideles ; in qua ab his qui sunt undique conservata est ea quæ est ab apostolis traditio. » (S. Iræneus, *Contra hæres.*, lib. iii, cap. 3.)

Eglise ne consistait donc pas dans aucune autorité ou juridiction sur les autres; mais dans le relief que lui donnait la multitude des habitants de la capitale, le siège de l'empire, l'affluence des étrangers. Saint Grégoire de Nazianze, dans le concile général de Constantinople, a dit de même de cette nouvelle Rome, que c'était comme l'arsenal général de la foi, où toutes les nations venaient la puiser. *Orat.* 32. Saint Irénée était si peu d'avis que les autres Eglises fussent obligées de *s'accorder* avec l'Eglise romaine, qu'il soutint contre le *pape* Victor le droit qu'avaient les Eglises d'Asie de célébrer la pâque le quatorzième jour de la lune, selon leur ancienne tradition, et qu'il reprit ce *pape* de ce qu'il menaçait de les excommunier. Les théologiens anglicans ont applaudi à ces réflexions. Grabe avait sans doute oublié que du temps de saint Irénée les empereurs étaient païens et avaient proscrit le christianisme, que les *papes* étaient continuellement exposés au martyre, que plusieurs l'endurèrent effectivement dans ce siècle et dans le suivant, et que les chrétiens étaient obligés de se cacher à Rome avec plus de soin qu'ailleurs. Quel relief pouvaient donc donner à l'Eglise de Rome la cour des empereurs, l'affluence des étrangers, la nécessité d'y venir solliciter des affaires, etc. ? Saint Irénée ne fonde point là-dessus la *primauté principale* de l'Eglise romaine, mais sur ce qu'elle était la plus grande, la plus ancienne, la plus célèbre de toutes, qu'elle avait été fondée par les glorieux apôtres saint Pierre et saint Paul, et qu'elle avait toujours conservé leur tradition. *Ibid.*

Nous convenons que, quand Constantinople fut devenue la capitale de l'empire d'Orient, l'Eglise de cette ville devint en quelque manière l'émule et la rivale de celle de Rome ; mais peut-elle enlever à celle-ci l'avantage de son antiquité, de son apostolicité, et d'avoir pour évêque les successeurs de saint Pierre ? Ce qu'en dit saint Grégoire de Nazianze ne prouve donc rien contre le sentiment de saint Irénée, et ne peut servir à énerver ses paroles. Lorsque saint Irénée reprit le *pape* Victor, il s'agissait non d'un point de foi, mais de discipline ; ce *pape* avait raison pour le fond, puisque ce qu'il voulait fut décidé cent cinquante ans après dans le concile de Nicée ; mais ce n'était pas un motif suffisant pour excommunier les Eglises d'Asie. Saint Irénée ne lui contesta pas son autorité, et blâma seulement l'usage que ce pontife en voulait faire. Nous ne voyons pas quel avantage les ennemis du saint-siège peuvent tirer de ce fait : un abus d'autorité ne le détruit pas.

Origène, *Homil. 4 in Exod.*, n. 4, nomme saint Pierre le fondement de l'édifice et la pierre solide sur laquelle Jésus-Christ a bâti son Eglise. Il le répète, *in Epist. ad Rom.*, lib. v, à la fin ; et il dit que l'autorité souveraine de paître les brebis a été donnée à cet homme. Tertullien, de *Præscript.*, c. 22, le nomme aussi *la pierre de l'Eglise*, qui a reçu les clefs du royaume des cieux, etc. :

c. 82, il oppose aux hérétiques la succession des évêques et la tradition des Eglises apostoliques, en particulier de celle de Rome: c. 37, il soutient que, sans recourir à l'Ecriture sainte, on réfute solidement les hétérodoxes par la tradition (1).

Saint Cyprien, dans sa lettre 55 au pape saint Corneille, dit que saint Pierre, sur lequel Jésus-Christ a bâti son Eglise, parle pour tous et répond par la voix de l'Eglise, *Seigneur, à qui irons-nous?* etc. Parlant de quelques schismatiques : « Après qu'ils se sont, dit-il, donné un évêque, ils osent passer la mer, porter les lettres des schismatiques et des profanes à la chaire de Pierre et à l'Eglise principale, de laquelle est émanée l'unité du sacerdoce, sans penser qu'ils s'adressent à ces mêmes Romains dont saint Paul a loué la foi, et auprès desquels la perfidie ne peut avoir accès (2). Dans son livre de l'*Unité de l'Eglise catholique*, il dit que les schismes et les hérésies se forment, lorsqu'on ne recourt point à la source de la vérité, que l'on ne reconnaît point de chef, que l'on ne garde plus la doctrine de Jésus-Christ. « La preuve de la foi, continue saint Cyprien, est facile et abrégée ; le Seigneur dit à saint Pierre, *je vous dis que vous êtes Pierre*, etc. ; il bâtit son Eglise sur cet apôtre seul, et lui ordonne de paître ses brebis. Quoique après sa résurrection il ait donné à tous ses apôtres un égal pouvoir de remettre les péchés..., cependant, pour montrer la vérité, il a établi par son autorité une seule chaire et une même source d'unité qui part d'un seul. Les autres apôtres étaient ce qu'était saint Pierre, ils avaient un même degré d'honneur et de pouvoir, mais le principe est dans l'unité. La primauté est donnée à Pierre, afin que l'on voie que la chaire est une, aussi bien que l'Eglise de Jésus-Christ. Tous sont pasteurs, mais on voit un seul troupeau, que tous les apôtres paissent d'un consentement unanime... Comment peut-on croire dans l'Eglise celui qui abandonne la chaire de Pierre sur laquelle l'Eglise est fondée (3) ?

(1) « Voici un édit, et même un édit péremptoire, parti du souverain pontife, de l'évêque des évêques. » *Audio edictum et quidem peremptorium : pontifex scilicet maximus, episcopus episcoporum dicit*, etc. ( *De Pudicitia*, cap. 1.) « Le Seigneur, dit-il, a donné les clefs à Pierre, et *par lui* à son Eglise. » *Memento claves Dominum Petro, et per eum Ecclesiæ reliquisse.* (Scorpiac.)

(2) « Romam cum mendaciorum suorum merce « navigaverunt: quasi veritas post eos navigare non « posset, quæ mendaces linguas rei certæ probatione « convinceret..... Navigare audent ad Petri cathedram, atque ad Ecclesiam principalem, unde unitas sacerdotalis exorta est, a schismaticis et profanis litteras ferre ; nec cogitant eos esse Romanos quorum fides apostolo prædicante laudata est, ad quos perfidia habere non potest accessum. » (Idem *Epist. ad Cornelium.*)

(3) Nous pourrions ajouter ici une foule de preuves à l'appui de cette croyance. Les bornes de ce Dictionnaire ne nous le permettent pas. Nos lecteurs, familiarisés avec les savantes publications de M. l'abbé Migne, pourront facilement les trouver dans les divers dictionnaires dont se compose son Encyclopédie théologique.

Cependant les protestants et leurs copistes triomphent, parce que saint Cyprien dit que les autres apôtres avaient un même degré d'honneur et de pouvoir que saint Pierre. Loin, disent-ils, de reconnaître dans le *pape* aucune juridiction sur les autres évêques, saint Cyprien, à la tête des évêques d'Afrique, soutint contre le *pape* Etienne la nullité du baptême des hérétiques, et persista dans son opinion. Supposerons-nous donc que saint Cyprien s'est contredit en quatre lignes et a détruit lui-même toute la force de son argument contre les schismatiques ? Si saint Pierre et ses successeurs n'ont eu et n'ont aucune autorité ni aucune juridiction hors de leur diocèse, en quoi leur chaire peut-elle être une source d'unité, un signe de vérité dans la doctrine, un lien d'union du sacerdoce ? en quel sens l'Eglise universelle est-elle bâtie sur cette chaire ? Voilà ce qu'on ne nous apprend pas. Tous les apôtres avaient reçu de Jésus-Christ les mêmes pouvoirs d'ordre et de remettre les péchés, la même mission de prêcher l'Evangile, de fonder des Eglises par toute la terre et de les gouverner ; en cela tous étaient parfaitement égaux ; s'ensuit-il de là que chacune des chaires épiscopales qu'ils fondaient devait être le centre de l'unité comme celle de saint Pierre ? Jamais saint Cyprien ne l'a pensé. Il faut donc que ce saint docteur ait regardé le privilège accordé par Jésus-Christ à saint Pierre comme quelque chose de plus qu'un simple titre d'honneur. Lorsqu'il soutint la nécessité de réitérer le baptême donné par les hérétiques, il regardait cette pratique comme un point de discipline plutôt que comme une question de foi ; mais il était dans l'erreur, puisque l'Eglise n'a pas suivi son avis : il devait reconnaître son propre principe dans la leçon que lui faisait le *pape*, en lui disant, *n'innovons rien, suivons la tradition*, non la tradition de l'Eglise d'Afrique seule, mais la tradition de l'Eglise universelle. Ce n'est pas la seule fois qu'un grand génie a contredit ses principes par sa conduite, sans s'en apercevoir et sans penser pour cela que ses principes étaient faux. Dans les premiers siècles aucun des hérétiques condamnés par les *papes*, aucun des évêques mécontents de leurs décisions, ne s'est avisé d'en parler avec le mépris affecté par les protestants ; aucun n'a dit que le pouvoir des *papes* est nul, que leur autorité est une usurpation, qu'ils n'ont aucune juridiction sur le reste de l'Eglise, etc. Ce langage insensé ne s'est fait entendre qu'au XIVe siècle et au XVe siècles. Cette discussion nous paraît suffisante pour montrer de quelle manière l'on a entendu, pendant les trois premiers siècles de l'Eglise, les passages de l'Ecriture sainte qui regardent saint Pierre, et l'idée que l'on a eue de l'autorité de ses successeurs. Il

logique. Nous les engageons à consulter principalement le Cours complet de Théologie, où la question du pouvoir des souverains pontifes a été envisagée sous toutes ses faces.

n'est aucun des Pères du iv° qui les ait entendus autrement. On peut citer saint Basile, saint Jean Chrysostome, saint Ambroise, saint Jérôme, etc., et parcourir la liste que Feuardent et d'autres en ont faite. Au v° saint Augustin en a parlé avec encore plus d'énergie que les Pères précédents ; dans ses traités contre les donatistes, il n'a presque fait qu'étendre et développer les principes posés par saint Cyprien : il a soutenu contre les pélagiens, que dès que leur condamnation prononcée par les conciles d'Afrique avait été confirmée par les *papes*, la cause était finie, et la sentence sans appel. Les protestants, bien convaincus de ces faits, n'en ont cependant pas été ébranlés ; ils ont dit que les éloges prodigués au siége de Rome par les Pères, et la déférence que l'on a eue pour les *papes* dans plusieurs occasions, ont été l'effet d'un intérêt momentané : on croyait avoir besoin d'eux, parce qu'en se mêlant adroitement de toutes les affaires, ils avaient trouvé le moyen de se rendre importants. Mais les Orientaux, toujours très-jaloux, auraient-ils souffert que les *papes* entrassent dans toutes les affaires de l'Eglise, et se rendissent importants, s'ils n'avaient eu aucun titre pour le faire, et si l'on avait cru leur juridiction bornée à leur diocèse, ou du moins au patriarcat d'Occident ? Les protestants ont affecté de nous peindre les évêques d'Orient comme des ambitieux qui n'avaient dans toute leur conduite d'autre motif que d'étendre leur autorité, leurs priviléges, leur juridiction ; comment ces évêques ont-ils trouvé bon que les *papes*, relégués au delà des mers, eussent aucun crédit dans les affaires de l'Orient ? Il serait inutile de citer les monuments des siècles postérieurs au v°, en faveur de l'autorité des *papes*, puisque ceux qui la détestent le plus, conviennent que depuis le iv° elle est allée toujours en augmentant. La question se réduit donc toujours au droit, et le droit nous paraît solidement établi par l'Ecriture sainte et par la tradition universelle de l'Eglise.

II. Contestera-t-on aux *papes* la qualité de successeurs certains et légitimes de saint Pierre, comme ont fait les protestants ? C'est ici un fait constant par l'histoire, s'il en fut jamais.

Au mot SAINT-PIERRE, nous prouverons que cet apôtre est venu à Rome, qu'il y a établi son siége et qu'il y a souffert le martyre. Quel ait été son successeur immédiat, tous les anciens ont reconnu que saint Clément a occupé sa place ; la succession des *papes* n'a été contestée que dans les derniers siècles, par les hérétiques qui avaient intérêt de la méconnaître. Si, sur un fait aussi aisé à constater, la croyance de l'antiquité et de la tradition ne prouve rien, sur quoi les protestants peuvent-ils fonder l'opinion qu'ils ont de l'authenticité des livres saints ? Il n'a certainement pas été aussi difficile de juger quel était le successeur de saint Pierre dans le siége de Rome, que de savoir quel livre de l'Ecriture était authentique ou apocryphe. Il n'est aujourd'hui dans toute l'Eglise aucun siége épiscopal, dont la succession soit plus certaine, et mieux connue que celle du siége de Rome. Il y a eu des schismes, des antipapes, des pontifes qui n'étaient pas universellement reconnus ; mais ces schismes ont cessé, et l'on a toujours fini par rendre obéissance à un successeur légitime. N'est-ce pas un trait marqué de providence, que, pendant que les autres Eglises apostoliques ont été détruites, ou sont tombées dans l'hérésie, celle de Rome subsiste depuis dix-sept siècles et conserve la succession de ses évêques, malgré les révolutions qui ont changé la face de l'Europe entière ?

Il ne reste donc plus qu'à examiner si la primauté et la juridiction sur toute l'Eglise, accordées par Jésus-Christ à saint Pierre, ont passé à ses successeurs. Cette question nous paraît encore résolue par l'Ecriture sainte et par la tradition. Selon l'Evangile, Jésus-Christ a fait de cet apôtre la pierre fondamentale de l'Eglise, afin que les portes de l'enfer ne prévalussent jamais contre elle ; il a prié pour la foi de saint Pierre, afin que cet apôtre fût capable d'affermir celle de ses frères ; tout cela ne devait-il avoir lieu que pendant la vie de cet apôtre, malgré la promesse que Jésus-Christ a faite à son Eglise d'être avec elle jusqu'à la consommation des siècles ? Suivant le sentiment des Pères, Jésus-Christ a suivi ce plan divin, afin d'établir l'unité de la foi, de l'enseignement, de la tradition, de manière que les hérétiques fussent réfutés et confondus par cette tradition même. Ce plan est donc pour tous les siècles. Saint Pierre n'était plus depuis longtemps, lorsque les Pères ont ainsi raisonné ; au v° siècle, les évêques assemblés à Chalcédoine disent encore que Pierre a parlé par Léon son successeur.

Si les paroles de Jésus-Christ adressées à saint Pierre doivent s'entendre aussi de ses successeurs, elles prouvent, disent les protestants, l'infaillibilité des *papes*, privilége qui n'est cependant pas reconnu par tous les catholiques : or ce qui prouve trop ne prouve rien.

*Réponse*. C'est une impiété de supposer que Jésus-Chris a parlé pour ne rien prouver. En vertu des promesses faites à saint Pierre, ses successeurs sont infaillibles tant qu'ils sont unis à l'Eglise et d'accord avec elle ; leurs décisions une fois admises par l'Eglise sont irréformables, parce que c'est alors le jugement de l'Eglise universelle. Voilà ce qu'aucun catholique n'a jamais nié. Le privilége accordé à saint Pierre et à ses successeurs était, non pour leur avantage, mais pour rendre indéfectible la foi de l'Eglise ; donc il ne faut pas le pousser plus loin que ne l'exige cette indéfectibilité. *Voy.* INFAILLIBILITÉ DU PAPE. Or elle exige ce que nous venons de dire, et rien de plus. Aujourd'hui des écrivains fort mal instruits, et que l'ignorance rend même plus hardis, osent affirmer que le pouvoir des *papes* est l'effet d'un aveugle préjugé ou d'une ancienne usurpation; que les pontifes de Rome n'en ont fait aucun usage pendant les trois premiers siècles; que, ni les catholiques, ni les hérétiques ne se sont adressés au saint-siége pour terminer leurs contestations.

Est-ce ainsi qu'en parle l'histoire ecclésiastique ? Avant la fin du 1ᵉʳ siècle, les Corinthiens s'adressèrent à l'Eglise de Rome, pour faire cesser un schisme qui les divisait; le *pape* saint Clément leur en écrivit, et cent ans après ils lisaient encore cette lettre avec autant de respect que les écrits des apôtres, *Eusèbe*, lib. iv, c. 23. L'an 145, un concile de Rome condamna Théodote le Corroyeur, et cette condamnation fut suivie dans tout l'Orient. L'an 197, P. lycrate, évêque d'Ephèse, ayant fait décider dans un concile qu'on célébrerait la pâque le 14ᵉ de la lune de mars, le fit savoir au *pape* Victor; celui-ci en fut irrité, et fit condamner dans un concile de Rome la pratique des Orientaux. Pourquoi écrire une lettre synodale au *pape*, si celui-ci n'avait rien à voir dans les affaires de l'Orient? Les observations astronomiques, pour fixer le jour de la lune, se faisaient dans l'école d'Alexandrie; l'évêque de cette ville en donnait avis au *pape*, et c'est celui-ci qui le faisait savoir au reste de l'Eglise. Les ennemis du saint-siége disent que le crédit des *papes* vint de leurs richesses; or, depuis le temps des apôtres, les *papes* envoyaient des aumônes aux fidèles persécutés dans la Grèce, dans la Syrie et dans l'Arabie : c'est un évêque de Corinthe et un évêque d'Alexandrie qui leur rendent ce témoignage. *Eusèbe*, l. iv, c. 23 ; l. vii, c. 5.

Au commencement du iiiᵉ siècle, on vit éclore en Afrique la dispute touchant la validité du baptême donné par les hérétiques; saint Cyprien et plusieurs conciles d'Afrique le déclarèrent nul; l'Eglise romaine décida le contraire, et cette décision fut suivie partout; si nous en croyons saint Jérôme, les Africains eux-mêmes se rétractèrent l'an 262, quatre ans après la mort de saint Cyprien. L'an 237, le *pape* Fabien condamna Origène dans un concile de Rome; c'était néanmoins dans la Palestine que l'origénisme faisait le plus de bruit. L'an 242 ou 245, Privat, hérétique africain, fut excommunié par ce même *pape*. Sous le pontificat de Corneille, en 252, un concile de Rome confirma les décrets d'un concile de Carthage, touchant la pénitence des lapses. Vers l'an 257, Denis d'Alexandrie consulta successivement les *papes* Etienne et Sixte, touchant la validité du baptême donné par les hérétiques; environ l'an 263, ce même évêque, accusé de sabellianisme, fut absous dans un concile de Rome. L'an 268, le deuxième concile d'Antioche condamna et déposa Paul de Samosate et en rendit compte au *pape* Denis; l'empereur Aurélien ordonna que la maison de Paul fût donnée à celui auquel l'évêque de Rome et ceux de l'Italie l'adjugeraient. *Analyse des conciles*, t. l, p. 169.

La prééminence des *papes* a été reconnue dans ce même siècle par de respectables personnages qui en étaient mécontents. Tertullien, fâché de ce que le pontife de Rome ne voulait pas approuver la sévérité outrée des montanistes, dit *L. de Pudicit.*, c. 1 : « J'apprends que le *souverain pontife* ou *l'évêque des évêques* a porté un édit, » etc. Quand Tertullien aurait ainsi parlé par dérision, il n'est pas probable qu'il eût donné ce titre au pape, si ce n'avait pas été l'usage. Saint Cyprien, fâché à son tour de ce que le pape Etienne condamnait la coutume des Africains de rebaptiser les hérétiques, dit, dans la préface du concile de Carthage : Aucun de nous ne s'établit *évêque des évêques*, etc. On pourrait trouver dans l'histoire ecclésiastique du iiiᵉ siècle, plusieurs autres traits d'autorité de la part des *papes*, dans les Eglises de l'Asie et de l'Afrique. Lorsque nous les citons aux protestants, ils répondent froidement que ce fut un effet de l'ambition qu'avaient les *papes* de se mêler de toutes les affaires. Mais s'ils étaient persuadés que c'était leur devoir, l'empressement de le remplir était-il un crime ? Lors même qu'ils ne cherchaient pas à s'en mêler, l'on avait recours à eux; nous venons d'en citer des exemples : on sentait donc la nécessité d'un tribunal toujours subsistant pour décider les contestations, parce que l'on ne pouvait pas assembler tous les jours les conciles ; et c'est ce qui prouve que la prétendue ambition des *papes* est venue de la nécessité des circonstances et des besoins de l'Eglise. *Voy.* Succession.

III. En quoi consistent les droits, les devoirs, les fonctions attachés à la dignité de souverain pontife (1) ? On ne peut mieux en juger que par le sens et l'énergie des paroles de Jésus-Christ; ce divin Maître a établi saint Pierre pasteur de tout son troupeau; ses fonctions et celles de ses successeurs sont donc les mêmes à l'égard de toute l'Eglise, que celles de chaque évêque à l'égard de son diocèse. Or, les fonctions des pasteurs sont connues ; saint Paul les a exposées amplement dans ses lettres à Tite et à Timothée.

C'est, en premier lieu, d'enseigner les fidèles, de leur intimer non-seulement les dogmes de foi, mais la morale, par conséquent de juger de la doctrine de tous ceux qui enseignent, de l'approuver ou de la condamner, lorsqu'il est nécessaire. Tout évêque a ce droit dans son diocèse, c'est une de ses principales obligations ; elle est la même pour le pasteur de l'Eglise universelle. Nous

(1) Les principaux droits du pape sont, 1° d'être le centre de l'unité (*Voy.* ce mot); 2° de posséder la primauté d'honneur et de juridiction sur toute l'Eglise (*Voy.* ci-dessus et Juridiction) ; 3° d'être juge de la foi (*Voy.* Infaillibilité du pape); 4° d'avoir le pouvoir de porter des lois obligatoires pour toute l'Eglise (*Voy.* Loi); 5° de présider les conciles généraux (*Voy.* Concile); 6° le gouvernement du pape est réellement monarchique (*Voy.* Gouvernement de l'Eglise).

avons fait voir que les *papes* en ont usé dès le 1ᵉʳ siècle et dans les suivants.

Les protestants disent que par là nous attribuons au *pape* et aux évêques le droit de dominer sur la foi des fidèles, que nous les rendons arbitres de la doctrine de Jésus-Christ, et maîtres de la changer à leur gré. Ils devraient commencer par faire ce reproche à saint Paul, qui dit à Timothée : « *Enseignez et commandez* ces choses ; prêchez la parole de Dieu ; insistez à temps et à contre-temps; reprenez, priez, réprimandez avec patience et avec assiduité à l'enseignement (*I Tim.* IV, 11 ; *II Tim.* IV, 2). » Les pasteurs subissent les premiers le joug qu'ils imposent aux fidèles, puisqu'ils reconnaissent qu'il ne leur est pas permis d'enseigner autre chose que ce qu'ils ont reçu. Celui qui défend les lois contre les attaques des séditieux, prétend-il par là disposer des lois? D'autres ont dit qu'en attribuant au souverain pontife l'autorité d'enseigner toute l'Eglise, on dépouille les évêques de leur droit ; c'est comme si l'on prétendait qu'un évêque, qui prêche dans une paroisse, dépouille le curé de ses droits.

Un second devoir du pasteur principal est de propager l'Evangile et d'amener à la foi les infidèles. Tel est l'ordre que Jésus-Christ a donné : *Enseignez toutes les nations, prêchez l'Evangile à toute créature* (*Matth.* XXVIII, 19 ; *Marc.* XVI, 15). A l'article MISSION, nous avons fait voir que, depuis la naissance de l'Eglise jusqu'à nous, les souverains pontifes n'ont pas cessé d'y travailler, et que leur zèle n'a pas été infructueux. Une suite naturelle de ce devoir est de fonder de nouvelles Eglises et d'y envoyer des pasteurs. Les schismatiques mêmes l'ont compris ; depuis que les nestoriens, les eutychiens, les Grecs se sont séparés de l'Eglise romaine, leurs patriarches ont travaillé à étendre chacun leur secte avec le christianisme ; les protestants ont eu la discrétion de ne pas les blâmer, pendant qu'ils attribuaient les missions ordonnées par les *papes* à une ambition démesurée d'étendre leur domination. C'est encore par une suite du droit d'enseigner et de veiller à la sûreté de l'enseignement général, que les *papes* ont présidé aux conciles généraux, les ont ordinairement convoqués, ont confirmé les uns et rejeté les autres, ou en tout ou en partie. Mais on affecte de nous répéter que ce droit prétendu est une usurpation, que les premiers conciles généraux n'ont été ni convoqués ni présidés par les *papes*. Cela n'est pas étonnant. Dans les premiers siècles, les évêques, tous pauvres, étaient hors d'état de voyager à leurs frais pour assister aux conciles ; ils y étaient conduits par les voitures publiques, aux frais de l'empereur ; un concile ne pouvait donc être assemblé que par ses ordres. Constantin assista en personne au premier concile de Nicée, mais sans vouloir dominer sur les décisions ; il y reçut avec raison tous les honneurs. Les légats du *pape* Sylvestre y furent reçus avec la distinction due au chef de l'Eglise, et il conste par les actes du concile de Chalcédoine que la primauté de l'Eglise romaine y fut reconnue. Eusèbe, *de Vita Constant.*, l. III, c. 7, dans les notes. Le second fût tenu à Constantinople, par conséquent sous les yeux de l'empereur ; il ne fut composé que des Orientaux, et il n'a été regardé comme œcuménique que par le consentement du *pape* et des Occidentaux ; le second canon de ce concile n'assigna le rang au siége de Constantinople qu'après celui de Rome. Au troisième concile général assemblé à Ephèse, saint Cyrille d'Alexandrie présida comme député par le *pape* pour cette fonction, et les protestants lui en ont fait un crime. Celui de Chalcédoine fut assemblé par les sollicitations de saint Léon, et ses légats y présidèrent ; on sait que ce grand *pape*, en approuvant ce concile, déclara qu'il n'approuverait jamais le vingt-huitième canon, qui accordait à l'évêque de Constantinople une juridiction égale à celle du pontife de Rome, parce que ce canon était contraire au concile de Nicée, qui avait reconnu la primauté de l'Eglise romaine. Pendant plus d'un siècle, les Occidentaux refusèrent de reconnaître pour légitime le cinquième tenu à Constantinople ; et ils ne s'y résolurent enfin que parce qu'il avait été approuvé par le *pape* Vigile. Au sixième, assemblé au même lieu, les légats du *pape* Agathon prirent séance immédiatement après l'empereur et parlèrent les premiers, et c'est la lettre du *pape* qui détermina principalement la décision de ce concile. Les protestants n'ignorent point la part qu'eut le *pape* Adrien à la convocation du septième tenu à Nicée ; ils détestent ce concile, parce que le culte des images, aboli par les iconoclastes, y fut rétabli. Il en fut de même du huitième, assemblé à Constantinople contre Photius. Tous les conciles généraux postérieurs ont été tenus en Occident, et plusieurs ont été assemblés à Rome. Un fait certain, c'est qu'aucun concile n'a été regardé comme œcuménique, à moins qu'il n'ait été ou présidé, ou approuvé et confirmé par les *papes*; aucun n'a produit un effet salutaire dans l'Eglise qu'autant qu'il y a eu du concert entre le souverain pontife et les évêques. Aucun patriarche n'a joui comme les *papes* du privilége de s'y faire représenter par des légats. A partir du premier concile général jusqu'à nous, il n'y en a pas un seul dans lequel nous ne trouvions des marques de la primauté et de la juridiction universelle du saint-siège.

Enfin, un devoir essentiel du pasteur est de gouverner l'Eglise ; saint Paul avertit les évêques que le Saint-Esprit les a établis surveillants pour exercer cette importante fonction, et il répète cette leçon à Timothée, en lui disant : *Veillez à toutes choses.* Conséquemment, à cause de la difficulté d'assembler des conciles, qui s'est augmentée à mesure que la religion s'est étendue, et que la chrétienté s'est trouvée partagée en un grand nombre de souverainetés, les *papes* se sont trouvés obligés de faire tout ce qui aurait pu être fait dans un concile général pour le bien de l'Eglise, de donner des décisions sur le dogme, sur la morale, sur la décence du culte, de dispenser des canons lorsque le cas a paru l'exiger, de diminuer par des indulgences les rigueurs de la pénitence, d'employer les censures contre les pécheurs rebelles aux lois de l'Eglise. Cela était surtout nécessaire dans les temps de trouble, d'anarchie, de désordre, lorsque les évêques étaient trop faibles et trop peu respectés pour pouvoir en imposer à des hommes puissants et qui ne connaissaient aucune loi. Les détracteurs du saint-siége ont trouvé bon de supposer et de répéter cent fois que les *papes* en ont agi ainsi par ambition, par la fureur de dominer, par l'envie d'attribuer à eux seuls toute l'autorité, et d'asservir l'univers entier à leurs lois. Une preuve évidente du contraire, c'est qu'ils n'ont ordinairement donné des décisions que quand on les a consultés, et n'ont dicté des lois que quand on a été forcé par la nécessité de recourir à eux. On a dit que cette conduite des *papes* avait énervé la discipline ; on se trompe, c'est l'ignorance et la corruption des mœurs qui ont causé ce funeste effet, et si les *papes* n'y avaient pas tenu la main, toutes les lois auraient été violées encore plus scandaleusement. Demander une dispense pour ne pas observer telle loi, c'est du moins lui rendre un hommage ; la violer sans dispense et dans l'espérance de l'impunité, est un mal encore plus grand.

On a reproché aux *papes* d'avoir abusé des censures et de les avoir prodiguées par des intérêts purement temporels, c'était un abus en effet (1) ; mais quand on considère à quelle espèce d'hommes les *papes* avaient affaire, on est plus tenté de les excuser que de déclamer contre eux. Prétendons-nous donc que l'autorité pontificale n'a point de bornes ? A Dieu ne plaise. Il en est de cette puissance comme de l'autorité paternelle. Celle-ci doit être plus ou moins grande selon l'âge, la capacité, le caractère des enfants, et selon que l'exigent le ton des mœurs publiques et le bien commun de la société. De même celle du pasteur de l'Eglise a dû varier selon les circonstances et selon les révolutions arrivées dans les différents siècles (2). Lorsque le troupeau était encore peu nombreux, que les chrétiens étaient dans toute la ferveur d'une foi naissante et dans l'attente continuelle du martyre, qu'avaient à faire les souverains pontifes et les évêques que de prêcher d'exemple ? A mesure que le nombre des fidèles augmenta et que les églises se multiplièrent, la vigilance du pasteur dut être plus active ; il

(1) Nous avons dit dans le Dict. de Théol. mor. que l'Eglise, et conséquemment les dépositaires de son autorité, peuvent porter des censures pour des intérêts temporels.

(2) Les droits attachés à la primauté par Notre-Seigneur Jésus-Christ, sont les mêmes dans tous les temps. Le droit public a pu ajouter au pouvoir des papes relativement au temporel, mais il n'a rien ajouté à son pouvoir essentiel.

survint des abus, des disputes, des schismes, des hérésies ; les novateurs trouvèrent souvent de l'appui à la cour des empereurs ; plusieurs de ces princes voulurent décider des questions de foi sans y rien entendre, d'autres crurent être au-dessus de toutes les lois : les *papes* furent donc souvent obligés de résister ouvertement aux uns, de ménager les autres par la crainte de les irriter davantage et de causer de plus grands maux. Le caractère inquiet, ardent, tracassier des Grecs, donna continuellement de l'inquiétude et du désagrément aux *papes* ; les plus doux et les plus vertueux de ceux-ci furent ordinairement les plus tourmentés. Si ceux qui blâment leur conduite s'étaient trouvés à leur place, ils auraient été bien embarrassés.

L'autorité pontificale fut poussée à son comble lorsque l'Europe, dévastée par les barbares, fut divisée en plusieurs lambeaux de souveraineté, tomba dans l'ignorance et dans l'anarchie du gouvernement féodal, perdit ses mœurs, ses lois, sa police, n'eut pour maîtres que des guerriers farouches et vicieux, qui ne connaissaient point d'autre droit que celui du plus fort. De quoi auraient servi les prières, des exhortations, des avis paternels, pour émouvoir de pareils hommes ? Il fallut des menaces et des censures, il fallut opposer la force à la force, et souvent armer les uns pour dompter les autres. Si l'on veut juger de ces temps-là par les nôtres, si l'on se persuade que la même manière de gouverner convenait autant alors qu'aujourd'hui, l'on se trompe, et toutes les déclamations fondées sur ce principe portent à faux. Le pouvoir des *papes* est devenu beaucoup plus borné à mesure que les choses ont changé, que l'ordre s'est rétabli dans le clergé et dans la société civile. Ils comprennent eux-mêmes que plus nous nous rapprochons des mœurs douces et policés qui régnaient dans l'empire romain à la naissance du christianisme, plus il leur convient de revenir eux-mêmes à la charité tendre et paternelle qui fit adorer les premiers successeurs de saint Pierre. Et quel juste sujet de reproche ont-ils donné, même à leurs ennemis, depuis plus d'un siècle ? Mosheim, quoique protestant, a la bonne foi de convenir que l'autorité des *papes* est aujourd'hui très-bornée.

IV. C'est néanmoins des anciens troubles que les protestants et les incrédules sont partis pour faire envisager l'autorité des papes comme un monstre d'iniquité et comme un despotisme anti-chrétien ; il est bon de voir la manière dont ils en ont décrit la naissance, les progrès, les conséquences.

Le tableau qu'en a tracé Mosheim, *Hist. ecclés.*, III° siècle, II° part., c. 2, est vraiment curieux. 1° Il commence par poser pour principe, que, dans l'origine, l'autorité d'un évêque se réduisait à peu près à rien ; qu'il ne pouvait rien décider, ni rien régler dans son Eglise, sans avoir recueilli les voix du *presbytère*, c'est-à-dire des anciens de l'assemblée. Nous avons prouvé le contraire aux mots Évêque, Hiérarchie, etc. — 2° Il convient que, dans chaque province, le métropolitain avait un rang et une certaine supériorité sur les autres évêques ; mais elle se bornait à convoquer les conciles provinciaux et à y tenir la première place, à être consulté par les suffragants dans les affaires difficiles et importantes. Il convient encore que les évêques de Rome, d'Antioche et d'Alexandrie, en qualité de chefs des Eglises primitives et apostoliques, avaient une espèce de prééminence sur les autres. Mais il soutient que c'était seulement une prééminence d'ordre et d'association, et non de puissance et d'autorité. Il prétend le prouver par la conduite de saint Cyprien, qui traita, dit-il, non-seulement avec une noble indignation, mais encore avec un souverain mépris, le jugement du *pape* Etienne, et la conduite arrogante de ce prélat hautain, et qui soutint avec chaleur l'égalité qu'il y avait en fait de dignité et d'autorité entre tous les évêques. Nous avons vu ci-dessus, par les propres paroles de saint Cyprien, par sa conduite, par les suites, si tout cela est vrai. Mosheim a imaginé que ce saint martyr était protestant; il lui prête les sentiments et le langage de Luther. C'est un trait de mauvaise foi de comparer l'autorité du *pape* sur toute l'Eglise à celle d'un métropolitain dans sa province. Celle-ci n'était pas d'institution divine, il n'en est pas question dans l'Ecriture sainte. Jamais les patriarches d'Antioche ni d'Alexandrie n'ont fait aucun acte de juridiction à l'égard des *papes* et de l'Eglise romaine; or, nous avons fait voir que, dès le II° siècle, les *papes* en ont exercé plusieurs dans ces deux patriarcats. — 3° Mosheim prétend que dès le III° siècle le gouvernement de l'Eglise changea, que les évêques foulèrent aux pieds les droits du peuple et ceux des prêtres, et s'attribuèrent toute l'autorité; que, pour pallier cette usurpation, ils publièrent une doctrine obscure et inintelligible sur la nature de l'Eglise. L'un des principaux auteurs de ce changement, dit-il, fut Cyprien, homme très-entêté des prérogatives de l'épiscopat. De là naquirent les plus grands maux ; une bonne partie des évêques donnèrent dans le luxe, dans le faste et la mollesse, furent vains, arrogants, ambitieux, inquiets, remuants, et adonnés à quantité d'autres vices. Déjà nous avons observé que les prétendus droits du peuple et des prêtres pour le gouvernement de l'Eglise, en concurrence avec les évêques, sont absolument nuls et faussement imaginés, et les anglicans le soutiennent comme nous; la doctrine de saint Cyprien, touchant l'unité de l'Eglise, n'est ni obscure, ni inintelligible, ni forgée au III° siècle; elle est fondée sur les paroles de Jésus-Christ et sur les leçons de saint Paul. Mais admirons l'équité de Mosheim. Lorsque saint Cyprien tenait tête au pape touchant la nullité du baptême donné par les hérétiques, c'était une noble indignation, un mépris très-bien fondé, quoiqu'il eût tort sur le fond de la question; lorsqu'il soutenait l'unité de l'Eglise et les prérogatives de l'épiscopat, quoique cette doctrine fût vraie, c'était orgueil, ambition, entêtement de sa part. Il était donc louable quand il se trompait, et blâmable quand il avait raison. Voilà comme jugent les hommes conduits par le préjugé et par la passion. — 4° Selon l'avis de ce critique, *Hist. ecclésiast.*, IV° siècle, II° part., c. 2, § 5, la supériorité du pontife romain sur les autres évêques vint principalement de la magnificence et de la splendeur de l'Eglise à laquelle il présidait, de la grandeur de son revenu, de l'étendue de ses possessions, du nombre de ses ministres et de la manière somptueuse dont il vivait. De là les schismes qui se formèrent quand il s'agissait d'élire un *pape*. Cependant les *papes* étaient toujours soumis à l'autorité et aux lois de l'empereur, et il s'en faut beaucoup qu'ils eussent encore acquis le degré de puissance qu'ils s'arrogèrent dans la suite. Mais pourquoi chercher des causes imaginaires de l'autorité des *papes*, lorsqu'il y en a de réelles? Nous les avons indiquées : l'institution de Jésus-Christ, la nécessité de maintenir l'unité et la catholicité de l'Eglise, les besoins multipliés d'une société aussi immense et qui devait lier ensemble toutes les nations; comment eût-elle pu subsister avec l'anarchie? Une secte peu étendue peut se soutenir pendant un certain temps avec un gouvernement démocratique; encore voyons-nous ce qu'il a produit chez les protestants : une très-grande société ne le peut pas; il faut absolument un centre d'unité. Au défaut de liaison religieuse, les protestants, pour se maintenir, ont eu recours à des associations politiques, à des ligues offensives et défensives entre les souverains de leur communion, afin de pouvoir recourir aux armes en cas de besoin. Cet expédient est-il plus chrétien que l'autorité paternelle d'un pasteur universel?

Nous avons fait voir que dès le II° siècle, dans un temps où les *papes* n'étaient ni riches, ni puissants, ni protégés par les empereurs, mais continuellement exposés à périr sur un échafaud, leur autorité était déjà reconnue et constatée par des actes authentiques de juridiction ; nous n'avons donc pas besoin des causes forgées par Mosheim. L'Eglise de Rome devint riche au IV° siècle ; mais les dépenses qu'elle était obligée de faire pour l'utilité de la religion étaient proportionnées à ses richesses. Les *papes*, témoins des maux de l'Italie et de la misère qu'avaient causée les guerres civiles entre les prétendants à l'empire, le mauvais gouvernement des empereurs, les persécutions et d'autres causes, ne négligeaient rien, n'épargnaient rien pour y pourvoir. Croit-on que des bienfaiteurs aveugles et insensés auraient enrichi l'Eglise, si ses richesses n'avaient servi qu'à entretenir le faste et les vices de ses pasteurs ?

« Qu'on lise, dit M. Fleury, ce qu'ont fait les *papes* depuis saint Grégoire jusqu'au temps de Charlemagne; soit pour réparer les ruines de Rome et y rétablir non-seulement les églises et les hôpitaux, mais les rues et les aqueducs, soit pour garantir l'Italie de la fureur des Lombards et de l'avarice des Grecs ; on verra s'ils ont fait un mauvais emploi des biens de l'Église. »

5° Au v° siècle, Mosheim a découvert d'autres raisons de l'accroissement de l'autorité des *papes;* ce sont d'un côté les jalousies et les démêlés qui survinrent entre l s patriarches d'Alexandrie et d'Antioche, et celui de Constantinople ; les deux premiers eurent recours au *pape* pour arrêter l'ambition et les entreprises du dernier ; de l'autre, c'est le désordre et la confusion que mit dans l'Europe entière l'inondation des barbares. Pour cette fois nous sommes d'accord avec Mosheim ; mais qu'en conclurons-nous ? Donc l'autorité des *papes* était nécessaire, puisque sans cela les maux de l'Eglise auraient été plus grands : donc Jésus-Christ, qui les prévoyait, a sagement établi cette autorité, et sa parole s'est accomplie ; les portes de l'enfer n'ont point prévalu contre l'Egl se, elle a subsisté et subsiste encore, malgré les orages qui se sont élevés contre elle et qui étaient les plus capables de la détruire de fond en comble.

Ceux qui ont imaginé que l'autorité des *papes* était fondée sur de fausses décrétales n'ont pas été fort habil s. Cette autorité était établie par l'usage, lorsque les fausses décrétales parurent. Le faussaire qui les forgea ne fit qu'ériger en lois anciennes la discipline et la jurisprudence qu'il voyait régner de son temps ; il n'avait été ni excité ni soudoyé par les *papes*. Grotius convient que ceux-ci, loin de soutenir et de favoriser les faussaires, les ont toujours condamnés et réprimés, et qu'ils n'ont pas cessé d'encourager les travaux des habiles critiques. *L. de Antichristo*. Mais les *papes* ont toujours agi par ambition.... Il est bien singulier que parmi deux cent cinquante pontifes qui ont été assis sur le siège de Rome, il ne s'en soit trouvé aucun capable d'agir par religion, même en faisant du bien : l'absurdité de cette calomnie suffit pour la réfuter. N'importe, supposons-la vraie. Nous sommes encore forcés de bénir une ambition qui a produit de si heureux effets. C'est donc ce vice, inhérent à la *papauté*, qui a conservé en Europe un rayon de lumière au milieu des ténèbres de l'ignorance ; qui, par des missions continuelles, a rendu chrétiens les peuples du Nord, et nous a délivrés de leur brigandage ; qui a sauvé l'Italie du joug des mahométans ; qui a souvent épouvanté des princes vicieux, féroces, dévastateurs, incapables d'agir par un autre motif que par la crainte ; qui a procuré la tenue des conciles ; qui a travaillé sans relâche à conserver la foi, les mœurs et la discipline. Heureuse ambition ! que ne pouvons-nous l'inspirer à tous les souverains ? Les moyens dont elle s'est servie n'ont pas toujours été sages : je le crois. Dans des siècles où la corruption des mœurs et l'esprit de vertige étaient universellement répandus, il serait difficile que tous les *papes* s'en fussent préservés. Mais, s'il y a eu parmi eux plusieurs hommes vicieux, il y a eu un beaucoup plus grand nombre de pontifes vertueux, et que l'on peut hardiment nommer de grands hommes, qui ont réuni tout à la fois les lumières, les talents, les vertus civiles et religieuses. Il est absurde de nommer toujours les uns, sans jamais parler des autres ; d'exagérer le mal qu'ont fait les premiers, sans tenir aucun compte du bien qu'ont procuré les seconds. C'est l'injustice que nous reprochons à Mosheim et à ses pareils. Nous ne le suivrons point dans le tableau hideux qu'il a tracé des *papes* de tous les siècles ; il n'a pas épargné davantage les autres pasteurs de l'Eglise, ni le clergé en général. Nous ne pouvons nous dispenser de répéter ici un reproche que nous lui avons déjà fait ailleurs. Comment n'a-t-il pas vu que le contre-coup de ses fureurs retombe sur Jésus-Christ même ? Quoi, ce divin Sauveur n'a formé au prix de son sang *une Eglise pure, sainte, sans tache et sans ride*, que pour la livrer; cent ans après, à la merci des pasteurs mercenaires, ambitieux, insensés, sans vertu et sans religion ! Selon saint Paul, il lui a donné des pasteurs et des docteurs pour perfectionner les saints, pour édifier par leur ministère son corps mystique, *Ephes.*, c. IV, v. 11, et ils n'ont travaillé pendant quinze cents ans qu'à le détruire ! Après avoir promis d'être avec son Eglise tous les jours jusqu'à la consommation des siècles, il a dormi pendant tout ce temps-là, et ne s'est éveillé que quand Luther et Calvin ont fait briller aux yeux de l'Europe étonnée *l'éclatante lumière de la bienheureuse réformation!* Merveilleux système, en vérité, très-capable de rendre le christianisme respectable aux yeux des incrédules. Mais qu'importe aux protestants que le christianisme soit anéanti, pourvu que le *papisme* soit confondu ! Ils se félicitent de ce que les sectes de chrétiens orientaux ne reconnaissent point, non plus qu'eux, la primauté de l'Eglise romaine, ni la juridiction du *pape* sur l'Eglise universelle, et de ce qu'ils regardent cette autorité du même œil que les protestants, c'est-à-dire comme une usurpation et une tyrannie. Quand cela serait vrai, l'opinion de ces sectes hérétiques ne serait pas un fort argument à nous opposer ; mais il ne faut pas être dupes d'un malentendu.

Aucun docteur des chrétiens orientaux n'a jamais nié que le siège de Rome ne soit la chaire de saint Pierre, et que le souverain pontife ne soit le successeur légitime de cet apôtre ; aucun n'est disconvenu que les *papes* n'aient exercé une juridiction sur les Eglises d'Orient pendant les premiers siècles ; aucun n'a rêvé comme les protestants que le *pape* est l'antechrist. Mais les uns disent que les évêques de Rome ont perdu leur privilège depuis qu'ils ont adopté, touchant la procession du Saint-Esprit, une doctrine contraire à celle des premiers conciles œcuméniques, et ont ajouté au symbole le mot *Filioque*. D'autres ont prétendu que l'autorité du siége de Rome a passé à celui de Constantinople, lorsque l'empire a été transféré dans cette dernière ville, et que, depuis ce moment, le patriarche grec a été bien fondé à prendre le titre de *patriarche œcuménique*. En effet, depuis cette époque ou à peu près, cet évêque a exercé sur les Eglises grecques une autorité pour le moins aussi étendue et aussi absolue que celle des *papes* sur les Eglises d'Occident; il a fait adopter, dans presque tout l'Orient, la liturgie de Constantinople ; il a dispensé des canons, il a institué et transféré des évêques, etc. Le patriarche d'Alexandrie, depuis le vi<sup>e</sup> siècle, n'a pas eu moins d'empire sur les cophtes et sur les Ethiopiens, et le catholique des nestoriens a fait de même dans les Eglises nestoriennes de la Perse, de la Tartarie et des Indes. Tous ces chrétiens orientaux ont donc été persuadés qu'il faut dans l'Eglise un chef visible qui ait autorité sur tous les membres ; ils n'ont pas même trouvé mauvais que le *pape* exerçât sur l'Occident la même autorité que les patriarches d'Orient ont conservée sur les Eglises de leur communion. Ils font profession de suivre les anciens canons, qui ont établi entre les évêques une hiérarchie et différents degrés de juridiction; ils ont condamné la doctrine des protestants sur ce sujet, dès qu'ils en ont eu connaissance. De quoi a donc servi aux protestants l'empressement qu'ils ont eu de traduire et de publier les traités des Grecs schismatiques contre l'autorité et la primauté du *pape*? Adoptent-ils les sentiments des Grecs sur la procession du Saint-Esprit, sur l'addition *Filioque* faite au symbole et la discipline des Eglises d'Orient? Pendant qu'ils refusaient au pontife de Rome toute espèce de marque de respect, ils ne rougissaient pas d'accorder au *patriarche* de Constantinople le titre de *patriarche œcuménique*, de le nommer *très grande sainteté*, de rechercher sa communion, parce qu'ils espéraient de lui l'approbation de leur doctrine. Mais cette bassesse n'a tourné qu'à leur confusion; loin d'obtenir ce qu'ils demandaient, ils ont été condamnés par les Grecs sur tous les articles de leur profession de foi, dans plusieurs conciles tenus à ce sujet en Orient. *Perpét. de la foi*, t. V, Préface.

V. Mais est-il vrai que les *papes* aient été aussi vicieux, aussi méchants, et qu'ils aient fait autant de mal qu'on le dit ? S'il nous fallait réfuter tous les reproches absurdes qu'on leur a faits, nous ne finirions jamais ; nous nous bornerons aux principaux, et à ceux que l'on a répétés le plus souvent ; sur plusieurs nos adversaires eux-mêmes fourniront la réponse : mais, avant d'entrer dans le détail, il y a quelques réflexions générales à faire. — 1° Le nombre des *papes* vicieux n'est pas aussi grand qu'on le croit. Davisson, protestant fougueux, qui a fait des pontifes romains le tableau le plus infidèle et le plus scandaleux qui fut jamais, n'a pu en accuser nommément que vingt-huit ; encore n'a-t-il noirci les sept derniers que parce qu'ils ont été ennemis des protestants, et qu'ils ont approuvé les rigueurs que l'on a exercées contre eux. Il en reste donc deux cent vingt-deux contre lesquels Davisson n'a trouvé aucun reproche à faire. Y a-t-il un procédé plus détestable que de fouiller dans une histoire de dix-sept siècles, pour en tirer tous les crimes, vrais ou faux, dont on a chargé les *papes*, d'en faire le tissu en les exagérant tant que l'on peut sans dire un seul mot des vertus, des bonnes œuvres, des services rendus à l'humanité, desquels la chrétienté leur est incontestablement redevable, et de nommer cette chronique scandaleuse *Tableau fidèle des papes*? Quoi, le mal seul doit entrer dans un tableau, le bien ne doit jamais s'y montrer ? Voilà comme les hérétiques et les incrédules ont toujours écrit l'histoire. Celle qu'ils ont faite des *papes*, en 5 vol. in-4°, et imprimée en Hollande en 1732, n'a eu pour but que de rassembler tous les reproches, les calomnies et les sophismes que les protestants ont vomis contre les pontifes romains depuis deux cents ans. La charité, le courage héroïque, la vie humble et pauvre des *papes* des trois premiers siècles, sont des faits certains ; les monuments de l'histoire en déposent. Les lumières, les talents, la vigilance laborieuse de ceux du iv<sup>e</sup> et du v<sup>e</sup> sont incontestables ; leurs ouvrages subsistent encore. Les travaux et les efforts constants de ceux du vi<sup>e</sup> et du vii<sup>e</sup> pour diminuer et pour réparer les ravages de la barbarie, pour sauver les débris des sciences, des arts, des lois, des mœurs, ne peuvent être révoqués en doute ; les contemporains en rendent témoignage. Ce que les *papes* ont fait dans le viii<sup>e</sup> et le ix<sup>e</sup>, pour humaniser par la religion les peuples du Nord, est si connu, que les protestants n'ont pu y répandre un vernis odieux qu'en empoisonnant les motifs, les intentions, les moyens qui ont été employés. Il ne fallait pas oublier non plus ce que les *papes* ont fait au ix<sup>e</sup> pour arrêter les ravages des mahométans. C'est donc dans la lie des siècles postérieurs qu'il a fallu fouiller pour trouver des personnages et des faits que l'on pût noircir à discrétion ; c'est là que les ennemis des *papes* ont sucé les torrents de bile qu'ils ont vomis, et dont nos incrédules modernes se sont abreuvés de nouveau. Dans quel temps y a-t-il eu de mauvais *papes*? Ç'a été lorsque l'Italie était déchirée par de petits tyrans, qui disposaient du siége de Rome à leur gré, y plaçaient leurs enfants ou leurs créatures, et en chassaient les possesseurs légitimes. Il n'est pas étonnant que les *papes* aient mis en usage toutes sortes de moyens pour se mettre à couvert de pareils attentats. — 2° Il s'en faut beaucoup que la plupart des faits condamnables reprochés aux *papes* soient prouvés ; une grande partie sont rapportés par des hérétiques, par des schismatiques, par des gens de parti qui ont vécu dans des temps de trouble, par des écrivains sans critique qui ramassaient les bruits populaires, sans s'embarrasser de savoir s'ils étaient vrais ou faux. Pendant le grand schisme d'Occident, les partisans des *papes* français n'épargnèrent point les *papes* italiens qu'ils nommaient *antipapes* ; ceux-ci à leur tour usèrent de représailles contre les *papes* d'Avignon. La même chose était arrivée dans les siècles précédents toutes les fois qu'il y avait eu des schismes et divers prétendants à la *papauté*, et parmi les écrivains, dont les uns étaient *guelphes*, et les autres *gibelins*. — 3° Leibnitz, protestant mieux instruit et plus modéré que les autres, est convenu que le corps de l'Eglise étant un, il y a de droit divin, dans ce corps, un souverain magistrat spirituel ; que la vigilance des *papes* pour l'observation des canons et le maintien de la discipline a produit souvent de très-bons effets, a réprimé beaucoup de désordres ; que dans les temps d'ignorance et d'anarchie les lumières de leur consistoire ont été une ressource, et que c'est de là qu'est venue leur plus grande autorité. *Esprit de Leibnitz*, t. II, p. 3, 6, etc. — 4° Quand tous les crimes reprochés aux papes seraient vrais et incontestables, cela ne détruirait ni leur caractère, ni leur mission, ni leur qualité de pasteurs, ni leur autorité. Ç'a été une erreur absurde de la part des vaudois, des hussites, des protestants, de soutenir que par une conduite déréglée les ministres de l'Eglise perdent les pouvoirs qu'ils ont reçus de Jésus-Christ. Lorsqu'on a objecté aux protestants les vices des prétendus réformateurs, ils ont usé de récrimination, en insistant sur ceux des *papes* ; mais ceux-ci avaient une mission ordinaire qu'ils avaient reçue par l'ordination, et qui ne se perd point par des péchés, quelque énormes qu'ils soient ; les prédicants n'en avaient point : il fallait donc qu'ils prouvassent une mission extraordinaire par des miracles, par des vertus héroïques, par la sainteté de leur doctrine, etc., comme ont fait les apôtres ; les chefs de la réforme n'avaient rien de tout cela. Nous n'avons donc pas un très-grand intérêt à faire l'apologie des *papes* ; mais le premier devoir d'un théologien est d'être juste, et de chercher la vérité de bonne foi (1). Venons au détail.

Le premier reproche que l'on fait aux pontifes de Rome est de s'être rendus indépendants de la domination des empereurs de Constantinople, et de s'être formé peu à peu une souveraineté. Rappelons l'idée de quelques faits, nous verrons ensuite si la conduite des *papes* a été un attentat contre l'autorité légitime. Il est constant que depuis la destruction de l'empire d'Occident, au v° siècle, ceux d'Orient n'eurent en deçà de la mer qu'une autorité très-précaire, et ne s'occupèrent de l'Italie que pour en tirer de l'argent. Les Lombards qui, l'an 568, s'étaient rendus maîtres d'une partie de l'Italie, et possédaient l'exarchat de Ravenne, ne cessaient de menacer Rome. Vainement le pape et les Romains demandèrent du secours à la cour de Constantinople ; ils n'obtinrent rien, et furent réduits à se défendre eux-mêmes. Déjà sous les césars, les *papes*, comme les autres évêques, avaient eu le titre de *défenseurs* des villes ; c'était une espèce de magistrature, et plus le siège de l'empire était éloigné, plus elle était importante. Depuis les services qu'avaient rendus aux Romains le *pape* Innocent Ier en écartant Alaric, et saint Léon en adoucissant Attila et en modérant un peu les fureurs de Genséric, les *papes* furent regardés comme les génies tutélaires de Rome, et comme la seule ressource contre les barbares. Ils y jouissaient donc déjà d'une autorité à peu près absolue ; les Romains, satisfaits de ce gouvernement paternel, redoutaient celui des Lombards, dont la plupart étaient ariens. Le *pape* Etienne, trop faible pour résister à ce peuple puissant, implora le secours de Pepin, qui s'était rendu maître de la France ; Pepin passa les Alpes, défit Astolphe roi des Lombards, l'an 774, et l'obligea de céder au pape l'exarchat de Ravenne. Nous demandons quelle infidélité ce *pape* a commise envers l'empereur d'Orient ; celui-ci ne voulant plus être le protecteur de Rome, le *pape* en chercha un autre ; ce n'est pas cette ville qui s'est soustraite à la domination des empereurs, ce sont eux qui l'ont abandonnée à son malheureux sort. Didier, successeur d'Astolphe, reprit l'exarchat de Ravenne, et saccagea les environs de Rome ; Charlemagne vola au secours du *pape* Adrien, vain-

---

(1) « Rome chrétienne, dit M. de Châteaubriand, a été pour le monde moderne ce que Rome païenne fut pour le monde antique, le lien universel ; cette capitale des nations remplit toutes les conditions de sa destinée, et semble véritablement une vie éternelle. Il viendra peut-être un temps où l'on trouvera que c'était pourtant une grande idée, une magnifique institution que celle du trône pontifical. Le Père spirituel, placé au milieu des peuples, unissait ensemble les diverses parties de la chrétienté. Quel beau rôle que celui d'un pape vraiment animé de l'esprit apostolique ! Pasteur général du troupeau, il peut, ou contenir les fidèles dans le devoir, ou les défendre de l'oppression. Ses Etats, assez grands pour lui donner l'indépendance, trop petits pour qu'on ait rien à craindre de ses efforts, ne lui laissent que la puissance de l'opinion : puissance admirable, quand elle n'embrasse dans son empire que des œuvres de paix, de bienfaisance et de charité !

« Le mal passager que quelques mauvais papes ont fait a disparu avec eux ; mais nous ressentons encore tous les jours l'influence des biens immenses et inestimables que le monde entier doit à la cour de Rome. Cette cour s'est presque toujours montrée supérieure à son siècle. Elle avait des idées de législation, de droit public ; elle connaissait les beaux arts, les sciences, la politesse, lorsque tout était plongé dans les ténèbres des institutions gothiques ; elle ne se réservait pas exclusivement la lumière, elle la répandait sur tous ; elle faisait tomber les barrières que les préjugés élèvent entre les nations ; elle cherchait à adoucir nos mœurs, à nous tirer de notre ignorance, à nous arracher à nos coutumes grossières ou féroces. Les papes, parmi nos ancêtres, furent des missionnaires des arts, envoyés à des barbares, des législateurs chez des sauvages. » — Le règne seul

quit Didier, le fit prisonnier, et détruisit ainsi le royaume des Lombards. Couronné empereur l'an 800 à Rome, il fit le *pape* son premier magistrat. A la décadence de la maison de Charlemagne, le *pape* imita les grands vassaux et les seigneurs d'Italie ; il se rendit indépendant.

Les empereurs allemands, malgré le titre de *rois des Romains*, ne furent jamais paisiblement maîtres de Rome ; la plupart se firent détester par leur cruauté : c'est ce qui fit naître les deux célèbres factions des *guelphes* et des *gibelins*, dont les premiers tenaient pour les *papes*, les seconds pour les empereurs. Qu'après plusieurs siècles d'anarchie, de guerres et de dissensions, ceux-ci soient enfin demeurés les maîtres, ce n'est pas une merveille ni un grand crime ; ils ont toujours prétendu posséder leurs Etats en vertu de donations qui leur avaient été faites. La plupart des autres souverains d'Italie n'avaient pas des titres plus authentiques ni plus respectables. Il est à présumer que les Romains ne se sont pas mal trouvés de leur gouvernement, puisqu'ils n'ont pas cherché à se donner d'autres maîtres. Depuis le saccagement de Rome par les troupes de Charles-Quint, ils sont le seul peuple qui ait toujours joui des douceurs de la paix. Ce n'est point un mal, pour la religion, que le *pape* soit souverain temporel. Il ne serait pas convenable que le père commun des fidèles fût sujet ou vassal d'aucun prince particulier : obligé de les respecter et de les ménager également tous, il ne doit dépendre d'aucun. Les empereurs d'Allemagne s'arrogèrent le droit de faire et de défaire les *papes* à leur gré ; jamais le siége pontifical ne fut plus mal rempli.

Mais les *papes* sont tombés dans un excès bien plus révoltant : ils se sont arrogé le droit de donner les couronnes et de les ôter, de déclarer certains princes incapables de régner, de les excommunier, de délier les sujets du serment de fidélité ; ils ont voulu disposer du temporel des souverains, etc. Plusieurs, à la vérité, ont eu cette prétention ; mais dans quelles circonstances ? Dans un temps d'anarchie et de brigandage mutuel entre les souverains, où, à force d'usurpations et de querelles, il n'y en avait presque pas un seul dont les droits ne fussent contestés ou contestables. Mais quel est le prince que les *papes* ont véritablement dépouillé de ses Etats, et quel est celui auquel ils ont donné une couronne et des terres qu'il ne possédait pas déjà ? Lorsque le *pape* Etienne couronna Pepin et ses deux fils, ce prince avait été déclaré roi et sacré comme tel dans une assemblée des états généraux

de Charlemagne, dit Voltaire, eut une lueur de politesse qui fut probablement le fruit du voyage de Rome.

« C'est donc une chose assez généralement reconnue, que l'Europe doit au saint-siége sa civilisation, une partie de ses meilleures lois, et presque toutes ses sciences et ses arts. » *Génie du Christianisme*, IV° part. liv. VI, c. VI.)

de la nation, tenue à Soissons deux ans auparavant : il ne lui donna donc rien. La cérémonie ne servit en effet qu'à tranquilliser les peuples et à prévenir de nouveaux troubles. Lorsque Grégoire VII entreprit de détrôner l'empereur Henri IV, il savait que la moitié de l'Allemagne était opposée à ce prince et qu'il était détesté en Italie. Henri avait fait élire un autre *pape*, et parvint en effet à chasser Grégoire de son siége : excès et démence de part et d'autre. Les esprits n'étaient pas mieux disposés en faveur de Frédéric II, lorsqu'il fut excommunié par Grégoire IX et par Innocent IV. C'était certainement un très-grand abus d'employer les peines canoniques pour soutenir des intérêts purement temporels ; mais depuis le commencement du x° siècle jusqu'au xiv°, l'Europe entière sembla possédée d'un esprit de vertige ; il est bien absurde, au xviii°, de reprocher aux *papes* les fautes commises par leurs prédécesseurs il y a sept cents ans.

On dit qu'Alexandre VI donna aux rois d'Espagne et de Portugal l'Amérique, qui ne lui appartenait pas. La vérité est qu'il ne leur a pas donné un seul pouce de terrain. Ces deux rois s'étaient mis en possession de l'Amérique sans consulter Rome ; prêts à se brouiller pour leurs conquêtes respectives, ils prirent le *pape* pour arbitre. C'est en cette qualité, et non en vertu du pouvoir pontifical, qu'il traça la célèbre ligne de démarcation qui fixait les limites de leurs possessions. Cet arbitrage prévint une guerre prête à éclore, et le *pape* exhorta les deux rois à travailler à la conversion des Américains.

Une troisième accusation formée contre les *papes* est d'avoir vendu les grâces de l'Eglise, les bénéfices, les dispenses, les indulgences. Il est vrai que plusieurs ont été coupables de cette simonie ; mais c'étaient principalement des *papes* réduits à subsister d'aumônes en France, pendant le grand schisme d'Occident. C'était le cas de dire que la nécessité fait commettre des turpitudes. On avance néanmoins une calomnie quand on assure que les *papes* ont accordé pour de l'argent l'absolution des crimes commis *et à commettre* : jamais le scandale n'est allé jusque-là.

Enfin l'on reproche aux *papes* d'avoir décidé que tout est permis contre les hérétiques, la perfidie, le mensonge, la violence, les assassinats, les supplices, ou du moins d'avoir autorisé cette doctrine abominable par leur conduite : calomnie encore plus atroce que la précédente. A ce sujet, nous copierons les réflexions d'un écrivain récent qui n'était ni théologien ni soudoyé par la cour de Rome, et qui faisait profession de ne ménager personne. Ce n'est pas le saint-siége, dit-il, qui a allumé dans les Pays-Bas, et ensuite en France, les guerres théologiques qui ont causé tant de malheurs : les *papes* n'ont parlé que quand on les a consultés. Ce n'est pas la cour de Rome qui condamna au feu Jean Hus et Jérôme de Prague : un empereur dressa le bûcher ; des prélats allemands, français, espagnols, l'allumèrent ; Rome, alors dans . humiliation, n'y eut point de part. Il n'y avait point de légats à la tête des soldats qui dévastèrent les vallées de Cabrières et de Mérindol : les inquisiteurs qui parurent dans la croisade contre les albigeois avaient été demandés et appelés par Simon de Montfort et par d'autres séculiers. Les crimes de Jules II et de son prédécesseur n'ont pas eu la religion pour objet ni pour motif, ni même pour prétexte : ce sont des moines, et non pas Rome, qui ont attenté aux jours de nos rois. Le saint-office même ne doit aux *papes* ni son origine ni son extension : des mains séculières en ont préparé le code, et les princes l'ont introduit de leur plein gré dans leurs Etats. Ferdinand et Isabelle mendièrent ce tribunal pour l'Espagne ; le despotisme hypocrite de Philippe II perfectionna ce que le despotisme perfide de son grand-père avait établi. Les premières lois contre les hérétiques ont été purement civiles ; c'est l'autorité laïque qui a donné l'exemple d'infliger la peine de mort aux sectes turbulentes. Depuis le massacre des donatistes jusqu'à celui des albigeois, l'Eglise n'employa d'autres armes que l'excommunication contre ses enfants rebelles. Quand le concile de Toulouse eut ordonné de procéder contre le crime d'hérésie, les peines ne furent encore que des exils et des amendes. C'est l'empereur Frédéric II, cet antagoniste violent du saint-siége, qui prononça contre les hérétiques la peine du feu s'ils étaient opiniâtres, et d'une prison perpétuelle s'ils reconnaissaient leur tort. Jamais l'inquisition romaine n'a ressemblé à celle d'Espagne ; jamais Rome n'a vu d'*auto-da-fé*. *Annales polit.*, t. I, n. 6, p. 344 et suiv. Il n'est pas plus vrai que jamais les *papes*, ni aucun concile, ni aucun théologien de marque, aient décidé ou enseigné qu'il est permis de violer la foi jurée aux hérétiques. *Voy.* Constance (concile de), Hussites.

Cela n'a pas empêché un incrédule forcéné d'écrire, de nos jours, « que l'Eglise romaine avait détruit autant qu'il est possible les principes de justice que la nature a mis dans tous les hommes. Ce seul dogme, dit-il, qu'au *pape* appartient la souveraineté de tous les empires, renversait les fondements de toute société, de toute vertu politique ; il avait été longtemps établi, ainsi que l'affreuse opinion qu'il est permis, qu'il est même ordonné de haïr et de persécuter ceux dont les opinions sur la religion ne sont pas conformes à celles de l'Eglise romaine. Les indulgences pour tous les crimes, *même pour les crimes à venir;* la dispense de tenir sa parole aux ennemis du pontife, fussent-ils de sa religion ; cet article de croyance où l'on enseigne que les mérites du juste peuvent être appliqués au méchant ; la perversité de l'inquisition ; les exemples de tous les vices dans la personne des pontifes et de leurs favoris, toutes ces horreurs devaient faire de l'Europe un repaire de tigres et de serpents, plutôt qu'une contrée habitée et civilisée par des hommes. » Cette tirade fougueuse paraît démontrer que les incrédules ne se font aucun scrupule d'employer l'imposture, le mensonge, la calomnie noire et malicieuse, pour décrier les *papes* et l'Eglise romaine ; qu'ils mettent ainsi en usage la perfidie et la démence de laquelle ils osent accuser les autres. Il n'y a pas un seul article, dans cette déclamation, qui ne soit une fausseté ; nous l'avons fait voir suffisamment. *Voy.* Hérétique, Indulgence, Inquisition, etc. (1).

(1) Nous allons compléter cet article par quelques considérations de M. de Ravignan.

« À l'égard de Pierre, des choses bien dignes de remarque nous sont racontées par l'Evangile. Jésus-Christ, en le voyant pour la première fois, lui dit : « *Tu es Simon, fils de Jonas, tu t'appelleras Céphas,* » Joan., c. I. v. 42, mot hébreu et syriaque qui signifie proprement *pierre, petra*. Quand Pierre a solennellement confessé le Christ, Fils du Dieu vivant, Jésus reprend : *Tu es bien heureux, Simon, fils de Jonas...; tu es Pierre, et sur cette pierre je bâtirai mon Eglise, et les portes de l'enfer ne pr vaudront point cont e elle. Je te donnerai les clefs du royaume des cieux : tout ce que tu auras lié sur la terre sera lié dans le ciel ; tout ce que tu auras délié sur la terre sera délié dans le ciel* (Matth. xvi, 17). Peu de temps avant sa passion, Jésus dit encore à Pierre : *J'ai prié pour toi, afin que ta foi ne vienne pas à défaillir.... A ton tour tu devras confirmer et affermir tes frères* ( Luc, xxii, 32). Après sa résurrection enfin, il ajoute : *Paissez mes agneaux, paissez mes brebis* (Joan. , xxi, 15. 19). De plus, différentes prérogatives sont réservées à Pierre dans les Ecritures. Il est toujours nommé le premier ; il est souvent désigné clairement comme le chef, le prince des apôtres ; il est nommé seul quand les autres sont omis, pour les représenter ou pour les instruire. Dans les réunions, il se lève et parle le premier, au nom de tous, il prêche l'Evangile. Saint Paul vient le voir à Jérusalem, comme son supérieur, parce que, comme le disent Œcuménius, saint Jean Chrysostome, saint Ambroise, saint Augustin, il était l'oracle et le premier des apôtres : *Qua os erat apostolorum et princeps*. Une condition toute différente de celle des autres apôtres fut donc faite à Pierre par le Sauveur. Car enfin toutes ces graves paroles, toutes ces prérogatives accumulées doivent avoir un sens. Elles prouvent évidemment que Pierre a été constitué le fondement, le souverain et universel pasteur de l'Eglise. Agneaux et brebis, c'est-à-dire fidèles et évêques, comme le comprirent Origène, saint Ambroise, saint Léon, saint Eucher et les autres, tout est soumis à l'autorité de Pierre, tout est commis à ses soins. On lui donne les clefs comme au maître de la maison, comme au souverain de la cité. Pierre fut donc réellement établi centre unique et souverain d'unité. Jésus un jour monte sur une barque, s'y assied, et de là adresse au peuple ses paisibles et divins enseignements : c'était la barque de Pierre ; touchante et sainte image, touchante et divine leçon ! « C'était l'Eglise, barque impérissable, de Pierre, où Jésus-Christ règne et enseigne toujours avec les successeurs du pêcheur. Le maître semble bien sommeiller quelquefois, même durant la tempête ; mais, aux cris, il s'élève et commande aux vents et à la mer qui se taisent.

« L'institution divine de saint Pierre, comme centre d'unité chrétienne et catholique, est encore certaine comme histoire, indépendamment des Ecritures. C'est d'abord la voix antique de l'Orient. Origène, au second siècle, appelait Pierre *le grand fondement, la pierre inébranlable de l'Eglise*. Saint Athanase, écrivait à saint Félix, pape : *Sur vous, comme sur leurs fondements, sont établies et affermies les colonnes de l'Eglise*. Saint Jean Chrysostome, commentant la magnifique promesse du Sauveur,

**PAPESSE JEANNE.** Quelques auteurs du xi° siècle et des suivants ont écrit qu'entre le *pape* Léon IV, qui mourut l'an 855, et Benoît III, qui mourut en 858, une femme avait trouvé le moyen de se faire élire *pape*, et avait tenu le siége de Rome pendant deux

disait que *que l'univers entier fut confié à Pierre; qu'il fut fait le pasteur et le chef de toute l'Eglise.* Les voix de l'Occident sont unanimes pour proclamer la même vérité. Tertullien demande si quelque chose fut caché à Pierre, *fondement de l'Eglise à bâtir.* Saint Cyprien, qui sembla un instant, abusé qu'il était, discuter non, pas l'autorité, mais l'avis du pontife romain, est un des plus ardents défenseurs des droits divins du saint-siége. Dans son livre admirable de l'*Unité de l'Eglise*, Pierre est le *chef, la source, la racine de toute l'Eglise.* Il écrivait à Jubaien : *L'Eglise qui est une, a été, par la voix du Seigneur, fondée sur un seul, qui en a reçu les clefs.* Lisez saint Jérôme, saint Augustin, saint Ambroise, tous les Pères, c'est toujours même foi, même unanimité. Un seul entre les douze est choisi, dit saint Jérôme, afin que le chef étant constitué, toute occasion de schisme soit ôtée. *Pierre,* ajoute saint Ambroise, *comme un roc immobile, porte et soutient la masse et l'ensemble de l'édifice chrétien.* Saint Augustin affirme que Pierre se distingue par la primauté reçue au-dessus des autres, par la principauté de son apostolat supérieur à tout épiscopat. C'est assez. J'omets une foule de témoignages ; j'omets cette éloquente protestation de la ville éternelle, les mille voix de ses monuments, de ses splendeurs séculaires qui célèbrent si éloquemment la suprématie de Pierre.

« Et au xix° siècle, il est des hommes qui ne craignent pas d'écrire, il en est d'autres qui croient avec un imperturbable sang-froid que Charlemagne ou Grégoire VII inventèrent la prérogative de Pierre, la suprématie du souverain pontife, centre spirituel d'unité. Vraiment on s'étonne, dirai-je, de tant d'ignorance, car il y en a beaucoup, ou de tant d'aveuglement. On conçoit bien mieux que, du fond des cœurs catholiques et des convictions du génie chrétien, s'élève comme un accent d'enthousiasme et d'amour pour exalter la gloire et le bonheur d'être unis à la chaire de Pierre ; et qui de vous ne se rappelle les paroles si belles de deux grands cœurs, de deux grands génies aussi, de Fénelon et de Bossuet ? Ils protestaient tenir à cette Eglise romaine du fond de leurs entrailles. Voudriez-vous savoir pourquoi, à leur exemple, nous tenons ainsi étroitement embrassé cette pierre auguste, ce vénéré fondement de l'unité ? C'est que nous comprenons la pensée de celui qui fut l'auteur et le consommateur de notre foi, c'est que nous croyons à sa divine parole. »

Dans la deuxième partie, l'orateur prouve, par l'histoire de la papauté même, qu'elle a toujours joui de cette suprématie, que quelques personnes croient ne lui avoir appartenu qu'au jour où elle a eu un royaume, une couronne ; au jour où elle a apparu au monde entourée d'un pouvoir extérieur. Voici le rapide aperçu des preuves de l'orateur. « Pierre avait donc reçu de la bouche même du Sauveur la primauté : il l'exerça, elle fut reconnue. Pierre mourut sous Néron, crucifié comme son maître. L'un de ses disciples et successeurs immédiats, saint Clément, a laissé des lettres authentiques, et nous rapporte un fait important. Les Corinthiens, au mépris de tous les droits, avaient déposé leurs évêques et les prêtres. Saint Clément ordonna, sous peine de l'anathème ou de la damnation éternelle, qu'ils fussent réintégrés et reconnus immédiatement. C'était au 1ᵉʳ siècle. Pourquoi recourir de Corinthe à l'autorité de l'évêque de Rome ? Saint Jean vivait encore, on ne s'adressa pas à lui. Comment se fait-il que le pontife romain prononce la sentence en juge souverain, établi au-dessus des évêques ? Il n'y en a qu'une explication possible, la suprématie spirituelle de la papauté, comme elle s'exerce encore au milieu de nous. La question de la Pâque agitait beaucoup l'Eglise.

L'Eglise de Rome prononce entre l'Orient et l'Occident, et sanctionne sa décision par les peines spirituelles qu'un pouvoir souverain et universel avait le droit de porter. Saint Irénée, qui touchait de la main pour ainsi dire aux temps et aux enseignements de l'apôtre saint Jean, reconnaît et vénère l'autorité des pontifes romains. Il en a conservé l'ordre et la série jusqu'à son âge. « Il proclame hautement qu'il est nécessaire que toutes les Eglises soient en communion, en rapport avec l'Eglise romaine, à cause de son autorité supérieure; qu'il faut que tous les lieux du monde lui soient unis, *parce que cette Eglise est chargée de conserver pour tout l'univers la tradition qui vient des apôtres.* » Quel moyen ici de supposer la fraude ou l'erreur ? Saint Irénée n'a-t-il pas su ce qu'il disait ?

« Tertullien écrit : « J'entends qu'un décret solennel et péremptoire a été porté ; le pontife souverain, c'est-à-dire l'évêque des évêques, a ordonné. » Avec ces précieux documents des deux premiers siècles comment rêver une institution politique récente ? Comment douter de la perpétuité divine et assurée du souverain pontificat dans les évêques de Rome, successeurs de saint Pierre ? Une institution de cette nature, une autorité si extraordinaire ne s'improvise pas, et surtout ne s'impose pas en un instant à tout l'univers. Si la main, si la loi divine n'étaient pas manifestes, aucune force humaine ne pourrait lier les divers ordres de l'Eglise, et tous les rangs des fidèles, et toutes les consciences, à un semblable principe d'unité et d'obéissance.

« Au III° siècle, saint Cyprien, résumant la tradition dans son admirable livre de l'*Unité*, enseigne « que la divine lumière qui pénètre l'Eglise et embrase de ses rayons le monde entier, vient d'un point unique, l'Eglise de Rome, le pontife romain, dont il dit ailleurs, qu'il est le chef du sacerdoce catholique. Parcourez tous les monuments subséquents du v° au xv° siècle : dans les Pères, dans les conciles, dans l'histoire tout entière de l'Eglise, ce qui domine, c'est l'existence et la vie de l'unité, en son centre unique et divin, le pontife de Rome. Saint Jérôme, du fond de sa solitude, s'écriait en s'adressant au pape Damase : « Quant à moi, je suis avant tout uni à votre siége, qui est la chaire de Pierre. Quiconque ne recueille pas avec vous, dissipe et n'appartient pas à Jésus-Christ. » Saint Athanase, saint Jean Chrysostome, saint Basile, saint Grégoire de Nazianze, saint Augustin, élèvent tous la voix pour saluer de leurs hommages de foi et de fidèle dépendance la primauté, l'autorité souveraine du pontife de Rome. Rome a parlé, disait saint Augustin la cause est finie. Où est Pierre, là est l'Eglise......... *Ubi Petrus, ibi Ecclesia.* Tous les conciles œcuméniques sans exception sont confirmés par l'autorité première du successeur de Pierre. C'était la sanction nécessaire. Les canons et les conciles que Rome n'approuve pas, l'Eglise universelle les rejette. Elle est grande, elle est imposante cette voix des conciles généraux. Dix-huit fois seulement elle a retenti dans l'univers, et toujours pour vénérer Pierre et Jésus-Christ, dans les successeurs de Pierre. Les hérésies furent toujours déférées au jugement de l'évêque de Rome. Toujours sa sentence fut suivie et adoptée par les conciles, et il devait en être ainsi. Même, sans la confirmation des conciles généraux, le jugement de la chaire de saint Pierre était pour tout catholique la règle de la foi.

« Toutefois, j'ai besoin de le dire : du sein de la réforme et de nos jours, des voix généreuses se sont élevées pour venger la papauté de tant d'injustes outrages et pour rendre hommage à ses bienfaits et à ses gloires. Honneur à cette courageuse franchise !

ans cinq mois quatre jours, sous le nom de Jean VIII. Marianus Scotus, moine irlandais, qui écrivit à Mayence une chronique en 1083, plus de deux cents ans après l'époque du fait, est le premier qui ait raconté cette fable. Elle fut ensuite copiée par Sigebert de Gemblours, qui écrivait l'an 1112, par Martinus Polonus en 1277, et par d'autres qui la surchargèrent de circonstances ridicules. Ils dirent que depuis ce temps-là, avant d'introniser un *pape*, on prenait la précaution de le faire asseoir sur une chaise percée ou stercoraire, pour vérifier son sexe, etc. Les centuriateurs de Magdebourg et d'autres écrivains protestants firent d'abord grand bruit de cette histoire absurde, et donnèrent le fait pour incontestable; depuis ce temps-là plusieurs savants, non-seulement parmi les catholiques, mais parmi les protestants, comme Blondel, Casaubon, Bayle, etc., en ont démontré l'absurdité. On y oppose, 1° que dans les manuscrits les plus anciens et les plus exacts, soit de Marianus Scotus, soit de Martinus Polonus, soit de Sigebert de Gemblours, cette fable ne se trouve point, qu'ainsi c'est une addition faite par quelque copiste postérieur. 2° Que les historiens contemporains, tels que Anastase le Bibliothécaire, témoin oculaire de l'élection de Léon IV et de Benoît III, l'auteur des *Annales* de saint Bertin et de saint Loup de Ferrières, Odon, Alginon, Hincmar de Reims, etc., n'ont pas dit un seul mot de la prétendue *papesse Jeanne*; tous disent et supposent que Benoît III succéda immédiatement et sans interruption à Léon IV. Deux Grecs schismatiques du même siècle, savoir Photius, *L. de Process. Spir. Sanct.*, et Métrophane de Smyrne, *L. de Div. Spir. Sancti*, disent expressément la même chose. Il en est de même de Lambert de Schafnabourg, de Rhéginon, d'Herman de Raccourci, d'Othon de Frisingue, de Zonaras, de Cédrenus, de Jean Curopalate, qui tous ont écrit avant Marianus Scotus. 3° Que l'histoire de la *papesse Jeanne* est chargée de circonstances évidemment fausses, savoir : qu'elle avait étudié à Athènes, où l'on sait qu'il n'y avait plus d'études ni d'école au ix° siècle; qu'elle était accouchée en allant en procession de Saint-Pierre au palais de Latran : qu'elle

Qu'elle soit bénie et reçoive la récompense seule digne d'elle, une adhésion entière à l'unité ! Le temps des déclamations est passé. Pour juger l'Eglise romaine et la chaire pontificale, il faut en revenir aux faits premiers, à l'institution première. Pierre fut-il établi le chef, le fondement, le pasteur souverain de l'Eglise ? Pierre a-t-il eu des successeurs ? Voilà tout. Si telle fut l'institution primitive et divine, quoi qu'on en puisse penser et dire, ni les fautes si exagérées des uns, ni les attaques trop certaines et trop amères des autres, ni les théories les plus spécieuses et les plus chères ne sauraient changer ce fait, ne sauraient séparer ce que Dieu a uni, ni détruire ce qu'il institua. Il reste alors à s'humilier sous la main puissante et miséricordieuse du Dieu trois fois bon, pour reconnaître, aimer son autorité paternelle dans l'unité même romaine, et pour s'embrasser, enfants de la même famille, dans l'amour d'une indissoluble fraternité, *in am re fraternitatis.*

DICTIONN. DE THÉOL. DOGMATIQUE. III.

avait été mise à mort en punition de son crime, et enterrée au lieu même de son accouchement, etc.; pendant qu'il n'y a jamais eu aucun vestige de tombeau dans cet endroit. Une femme grosse et près de son terme ne se serait pas exposée en public dans cette circonstance. Marianus Scotus ne rapporte point ces derniers faits. Ainsi il est évident que la fable s'est augmentée sous la main des différents copistes. 4° L'on montra, dans un garde-meuble de Saint-Jean de Latran, une chaise de porphyre artistement travaillée, dont la structure remonte évidemment aux siècles du paganisme, pendant lesquels la sculpture était la plus parfaite. Cette chaise servait probablement à prendre le bain, ou à quelque cérémonie superstitieuse; la forme de cette chaise, dont on ignorait l'usage, a pu donner lieu à la fable imaginée du temps de Marianus Scotus.

Plusieurs auteurs protestants, fâchés de ne pouvoir plus objecter cette histoire absurde aux catholiques, n'y ont renoncé qu'à regret : ils ont conclu que, malgré les preuves de ceux qui nient absolument le fait, il demeurait pour le moins douteux. Mosheim dit qu'après avoir examiné la chose sans partialité, il lui parait que cette histoire doit son origine à quelque événement extraordinaire qui arriva pour lors à Rome. Il n'est pas croyable, dit-il, qu'une foule d'historiens aient cru et rapporté ce fait de la même manière, pendant cinq siècles consécutifs, s'il était absolument destitué de tout fondement; mais on ignore encore ce qui a donné lieu à cette histoire, et il y a lieu de croire qu'on l'ignorera toujours. ix° *siècle*, ii° *part.*, c. ii, § 4. A cela nous répondons que s'il était arrivé dans ce temps-là quelque événement extraordinaire à Rome, les témoins oculaires et les auteurs contemporains, en auraient certainement parlé. Est-ce donc là la seule fable qui ait été forgée dans le xi° siècle, sans aucun fondement ? On sait que la méthode des chroniqueurs des bas siècles est de rapporter tout ce qu'ils ont lu ou entendu dire, sans critique et sans choix. Dès qu'un auteur quelconque a parlé d'un fait, c'en a été assez pour qu'il fût copié et amplifié par ceux qui ont écrit après lui, sans qu'aucun ait été curieux de remonter à la source. Mais tel est le faible des protestants : lorsqu'il est question d'un fait favorable à l'Eglise romaine, les preuves les plus démonstratives suffisent à peine pour les persuader; s'agit-il d'un événement injurieux au catholicisme, les plus faibles probabilités les déterminent à y ajouter foi; et lors même qu'ils n'oseraient plus l'affirmer, ils veulent avoir au moins la consolation d'en douter. C'est la maladie de tous les incrédules. Leibnitz, qui n'aimait pas les fables, avait fait une dissertation pour achever de détruire celle de la *papesse Jeanne*; mais elle n'a pas encore été publiée. *Esprit de Leibnitz*, t. II, p. 30.

PAQUE, fête des Juifs. Le mot hébreu *phasé*, et le syriaque *pasca*, signifient *passage* : ainsi, la *pâque* fut instituée en mé-

40

moire du passage de l'ange exterminateur, qui tua dans une nuit tous les premiers-nés des Egyptiens et épargna ceux des Hébreux, miracle qui fut suivi du passage de la mer Rouge. *C'est la pâque*, dit Moïse dans l'Exode, *c'est-à-dire le passage du Seigneur*, c. xii, v. 11.

Voici de quelle manière il fut ordonné aux Hébreux de la célébrer en Egypte pour la première fois. Le dixième jour du premier mois du printemps, nommé *Nisan*, chaque famille choisit un agneau mâle et sans défaut, et le garda jusqu'au quatorzième du même mois; ce jour, sur le soir, l'agneau fut égorgé, et après le coucher du soleil on le fit rôtir pour le manger la nuit suivante, avec des pains sans levain et des laitues amères. Comme les Hébreux devaient partir de l'Egypte immédiatement après ce repas, ils n'eurent pas le temps de faire lever de la pâte. Ce pain sans levain et insipide est appelé dans l'Ecriture sainte *un pain d'affliction*, parce qu'il était destiné à faire souvenir les Hébreux des peines qu'ils avaient souffertes en Egypte; et c'est pour la même raison qu'ils devaient y joindre des laitues amères.

Il leur fut encore ordonné de manger cet agneau tout entier dans une même maison, sans en rien transporter dehors; d'avoir les reins ceints, des souliers aux pieds et un bâton à la main, par conséquent l'équipage et la posture de voyageurs prêts à partir. Mais Moïse leur recommanda surtout de teindre du sang de l'agneau le linteau et les deux jambages de la porte de chaque maison, afin que l'ange exterminateur, voyant ce sang, passât outre et épargnât les enfants des Hébreux, pendant qu'il mettrait à mort ceux des Egyptiens. Enfin, les Hébreux reçurent l'ordre de renouveler chaque année cette même cérémonie, afin de perpétuer parmi eux le souvenir de leur délivrance miraculeuse de l'Egypte et du passage de la mer Rouge; ils devaient s'abstenir de manger du pain levé pendant toute l'octave de cette fête, et ne briser aucun des os de l'agneau; l'obligation de la célébrer était si sévère, que quiconque aurait négligé de le faire devait être condamné à mort (*Num*. ix, 13). C'était une des grandes solennités des Juifs; et pour participer au festin de l'agneau, il fallait absolument être circoncis. Cette fête se nommait aussi la *fête des Azymes*. Dans la suite les Juifs ajoutèrent plusieurs observances minutieuses à celles qui étaient formellement ordonnées par la loi. Reland, *Antiq. sacr. vet. Heb.*, pag. 220.

Les Hébreux mangèrent pour la seconde fois la *pâque* dans le désert de Sinaï, l'année d'après leur sortie de l'Egypte (*Num*. ix, 5); et Josué la leur fit célébrer en sortant du désert pour entrer dans la terre promise (*Josue*, v, 10). Ainsi cette cérémonie fut observée d'année à autre par les témoins oculaires des événements qu'elle attestait, par les aînés des familles qui avaient été préservés eux-mêmes des coups de l'ange exterminateur. Il leur était ordonné d'instruire soigneusement leurs enfants des raisons et du sens de cette fête religieuse (*Exod*. xii, 36). Elle ne ressemble donc en rien aux fêtes que les païens célébraient en mémoire d'événements fabuleux : celles-ci n'avaient pas été instituées à la date même de ces événements, mais plusieurs siècles après; elles n'étaient point observées par des témoins oculaires des faits; elles attestaient donc seulement une croyance publique, mais cette croyance n'était fondée sur aucun témoignage authentique; au lieu que celle des Juifs venait de l'attestation de témoins oculaires. L'affectation des incrédules de méconnaître cette différence n'est pas un trait de bonne foi. C'est avec raison que les auteurs sacrés nous ont montré dans l'agneau immolé pour la *pâque*, dont le sang avait préservé les enfants des Hébreux des coups de l'ange exterminateur, une figure de Jésus-Christ. Il est en effet la victime immolée sur la croix, qui par son sang a sauvé le genre humain des coups de la justice divine, et l'a délivré d'une servitude beaucoup plus cruelle que celle des Hébreux en Egypte. Aussi est-il appelé dans l'Evangile l'Agneau de Dieu, qui efface les péchés du monde. Saint Paul dit qu'il a été immolé pour être notre *pâque* (*I Cor*. v, 7). Un évangéliste nous fait remarquer que l'on ne brisa point les jambes à Jésus crucifié, parce qu'il était écrit de l'agneau pascal, *vous ne briserez point ses os* (*Joan*. xix, 36). Il est bien singulier que le Sauveur ait été mis à mort le même jour précisément que les Israélites étaient sortis de l'Egypte, et que du haut de sa croix il ait vu les préparatifs qui se faisaient à Jérusalem pour le grand jour du sabbat, et pour les sacrifices dont il remplissait lui-même la signification. Selon une vieille tradition juive, c'était à ce même jour que Dieu avait fait alliance avec Abraham, et lui avait annoncé la naissance d'Isaac. *Reland, ibid.*, p. 236.

Les évangélistes nous apprennent que Jésus-Christ a célébré, plus d'une fois pendant sa vie, cette fête, pour laquelle les Juifs se rendaient de toutes parts à Jérusalem, et qu'il fit encore la *pâque* avec ses disciples la veille de sa mort; mais à cette cérémonie il en substitua une plus auguste, celle de l'eucharistie, qui est le sacrifice de son corps et de son sang. A la vérité, si l'eucharistie n'était qu'une simple figure, elle serait moins expressive et moins parfaite que celle de l'agneau pascal; mais dès que c'est réellement le corps et le sang de Jésus-Christ, il est clair que c'est la réalité qui succède à la figure, et que Jésus-Christ a dit avec vérité du calice qu'il présentait à ses disciples : *Ceci est le sang d'une nouvelle alliance*. Mais on a disputé pour savoir si Jésus-Christ mangea réellement l'agneau pascal avec ses disciples, la veille de sa mort. La principale raison de ceux qui en ont douté est qu'il est dit (*Joan*. xviii, 28), que lorsque Jésus-Christ fut présenté à Pilate, les Juifs ne voulurent point entrer dans le prétoire, de peur de se souiller, *parce qu'ils voulaient manger la pâque.* Ce n'est donc que ce jour-là que l'on devait manger l'agneau pascal ; il n'est pas probable que Jésus-Christ l'ait mangé la veille, et vingt-quatre heures avant le moment fixé. Tel est le sentiment que dom Calmet a soutenu dans une dissertation sur ce sujet ; mais on lui a fait voir que cette opinion est contraire à plusieurs textes formels des évangélistes. *Bible d'Avignon,* tom. XIII, p. 430.

Le père Hardouin a pensé que l'usage des Galiléens était de faire la *pâque* un jour plus tôt que les autres Juifs, et que Jésus-Christ né en Galilée, aussi bien que ses apôtres, l'avaient faite selon la coutume de leurs compatriotes ; mais cette conjecture ne paraît pas suffisamment prouvée. D'autres ont été persuadés que Jésus-Christ avait mangé l'agneau pascal en même temps que le commun des Juifs, mais que les prêtres de Jérusalem retardèrent leur *pâque* de vingt-quatre heures cette année-là, soit parce que le lendemain était le grand jour du sabbat, et qu'ils voulurent faire la cérémonie en le commençant, soit pour quelque autre raison que nous ignorons. Pour expliquer le texte de saint Jean, il n'est pas nécessaire de recourir à ces divers expédients. Dom Calmet lui-même a reconnu que le mot *pâque* se prend en plusieurs sens différents dans l'Ecriture sainte ; il signifie, 1° le passage de l'ange exterminateur, c'est le sens le plus littéral ; 2° l'agneau que l'on immolait ; 3° les autres victimes et les sacrifices que l'on offrait le lendemain ; 4° les azymes ou pains sans levain que l'on mangeait pendant les sept jours de la fête ; 5° la veille et les sept jours de cette même fête ; ajoutons, 6° le grand sabbat qui tombait l'un de ces sept jours (*Joan.* XIX, 31). Ainsi *Parasceve Paschæ,* ibid., v. 14, ne signifie pas la préparation du repas de l'agneau, mais la préparation au sabbat qui tombait dans l'octave. Par conséquent lorsqu'il est dit, c. XVIII, v. 28, que les Juifs craignirent de se souiller, parce qu'ils voulaient manger la *pâque,* cela peut très-bien s'entendre dans le troisième sens, des victimes qui devaient être offertes en sacrifice ce jour-là. Quant à ce que dit dom Calmet, qu'il n'est pas croyable que les Juifs eussent fait saisir Jésus-Christ, l'eussent condamné et crucifié le vendredi, si ce jour eût été un jour de fête et le premier de la solennité des Azymes, il ne fait pas attention que le repos n'était pas commandé aux Juifs deux jours de suite, et que le lendemain était le jour du sabbat ; le repos de la fête ne devait donc commencer cette année-là que le vendredi soir, au coucher du soleil. On sait d'ailleurs que quand il s'agissait de satisfaire une passion violente, les Juifs n'étaient pas fort scrupuleux. L'on a encore trouvé de la difficulté à savoir combien de fois Jésus-Christ a célébré la *pâque* depuis le commencement de sa prédication jusqu'à sa mort ; les uns ont dit qu'il avait fait trois *pâques,* d'autres en ont compté quatre, d'autres cinq ; ce qu'il y a de certain, c'est que l'Evangile ne fait mention que de trois ; c'est aussi le sentiment le plus suivi par les anciens, et auquel il est à propos de s'en tenir.

PAQUES, fête qui se célèbre dans l'Eglise chrétienne, en mémoire de la résurrection de Jésus-Christ. On lui a donné ce nom, parce qu'il est arrivé plusieurs fois, dans les premiers temps de l'Eglise, qu'on la faisait en même temps que les Juifs célébraient leur pâque. Les plus anciens monuments nous attestent que cette solennité est de même date que la naissance du christianisme, qu'elle a été établie du temps des apôtres, témoins oculaires de la résurrection du Sauveur, et qui, placés sur le lieu même où ce grand miracle était arrivé, ont eu toutes les facilités possibles de se convaincre du fait ; ils n'ont donc pu consentir à solenniser cette fête, que parce qu'ils étaient invinciblement persuadés de l'événement important qu'elle attestait. On doit donc en raisonner comme de la *pâque* juive à l'égard des faits dont celle-ci était un monument. Aussi, dès les premiers siècles, la fête de *Pâques* a été regardée comme la plus grande et la plus auguste fête de notre religion : elle renfermait les huit jours que nous nommons la semaine sainte, et l'octave entière du jour de la Résurrection ; on y administrait solennellement le baptême aux catéchumènes ; les fidèles y participaient aux saints mystères avec plus d'assiduité et de ferveur que dans les autres temps de l'année ; on y faisait d'abondantes aumônes : la coutume s'introduisit d'y affranchir les esclaves ; plusieurs empereurs ordonnèrent de rendre à cette occasion la liberté aux prisonniers détenus pour dettes ou pour des crimes qui n'intéressaient point l'ordre public. Enfin l'on s'y préparait comme l'on fait aujourd'hui par le jeûne solennel de quarante jours, que nous appelons le *carême.* Au II° siècle, il y eut de la variété entre les différentes Eglises, quant à la manière de célébrer cette solennité. Celles de l'Asie mineure la faisaient comme les Juifs, le quatorzième de la lune de mars ; l'Eglise romaine, celles de l'Occident et des autres parties du monde, la remettaient au dimanche suivant : les Asiatiques prétendaient avoir reçu leur usage de saint Jean l'Evangéliste et de saint Philippe ; les Occidentaux et les autres alléguaient pour eux l'autorité de saint Pierre et de saint Paul ; et il paraît que cette diversité dura jusqu'au concile de Nicée, tenu l'an 325. Pour comprendre le véritable objet de la dispute, il faut savoir, 1° que pour imiter l'exemple de Jésus-Christ, les chrétiens de l'Asie Mineure avaient coutume de manger un agneau le soir du 14° jour de la lune de mars, comme font les Juifs, et de nommer comme eux ce repas la *pâque.* On dit que cet usage subsiste encore chez les Arméniens, chez les cophtes et chez d'autres chrétiens orientaux. 2° Dès ce moment plusieurs rompaient le jeûne du carême ; si d'autres l'observaient encore les deux jours suivants, ce repas y avait mis du moins une interruption. 3° L'usage constant était, comme encore aujourd'hui, de célébrer la fête de la Résurrection de Jésus-Christ le troisième jour après le repas de la *pâque*; ainsi lorsque le quatorzième de la lune tombait un autre jour de la semaine que le jeudi, la fête de la Résurrection ne pouvait plus se faire le dimanche ou le premier jour de la semaine, qui est cependant le jour auquel Jésus-Christ est ressuscité. 4° A Rome, dans tout l'Occident et dans toutes les Eglises hors de l'Asie Mineure, les chrétiens retardaient le repas de l'agneau pascal jusqu'à la nuit du samedi, afin de le joindre à la joie du mystère de la résurrection; c'est à quoi fait encore allusion la préface qui se chante dans la bénédiction du cierge pascal, où le célébrant dit : « C'est dans cette nuit qu'est immolé le véritable agneau par le sang duquel sont consacrées les maisons des fidèles. » Conséquemment l'on représentait aux Asiatiques qu'il ne convenait pas aux chrétiens de manger la *pâque* avec les Juifs, de rompre le jeûne du carême avant la fête de la Résurrection, ni célébrer celle-ci un autre jour que le dimanche. Ainsi, quand on dit que les Asiatiques faisaient la *pâque* le 14° de la lune de mars, cela ne signifie point que ce jour-là ils célébraient la fête de la Résurrection, mais qu'ils mangeaient l'agneau pascal. Le P. Daniel, jésuite, a éclairci ce fait en 1724, dans une dissertation sur la discipline des quarto-décimans, recueil de ses ouvrages, tome III. Mosheim l'a prouvé de nouveau en 1753. *Hist. christ.*, sæc. 2, § 71. Quoique cette diversité d'usage n'intéressât point le fond de la religion, il en résultait néanmoins des inconvénients. Lorsque deux Eglises de différent rite étaient voisines, il paraissait ridicule que l'une donnât dans son culte extérieur des signes de joie, pendant que l'autre était encore dans un deuil religieux de la mort du Sauveur, jeûnait et faisait pénitence. Ce pouvait être un sujet de scandale pour les infidèles, et la marque d'une espèce de schisme entre les deux Eglises. On jugeait qu'une fête aussi solennelle devait être uniforme, d'autant plus qu'elle sert à régler le cours de toutes les autres fêtes mobiles. Eusèbe, *de Vita Constant.*, l. III, c. 18.

Vers l'an 152 ou 160, saint Polycarpe, évêque de Smyrne, vint à Rome, et conféra sur ce sujet avec le pape Anicet; le résultat fut que chacun garderait la pratique de son Eglise. Sur la fin de ce siècle, vers l'an 194, la contestation se réveilla. Polycrate, évêque d'Ephèse, ayant mandé au pape Victor qu'il avait résolu dans un concile de continuer, comme auparavant, à célébrer la *pâque* le quatorzième de la lune de mars, ce pape en fut irrité; il assembla un concile de son côté, et *tenta* d'excommunier les Asiatiques. Eusèbe, *Hist. ecclés.*, l. v, c. 23 et 24. *Voy. les Notes de Valois*. Saint Irénée, évêque de Lyon, lui écrivit à ce sujet et blâma cette rigueur; il lui représenta ce qui s'était passé entre les deux saints évêques Anicet et Polycarpe, et il conclut que l'attachement des évêques de l'Asie Mineure à leur ancien usage n'était point un juste sujet de faire schisme avec eux. Il y a contestation entre les savants, pour savoir jusqu'où Victor poussa son zèle dans cette question; les uns, surtout les protestants, disent qu'il excommunia de fait les Asiatiques, mais que cette censure fut méprisée par tous les autres évêques; d'autres disent qu'il se contenta de les menacer, que c'est le sens du mot dont se sert Eusèbe, il *tenta* de les excommunier. Mosheim pense que ce pape retrancha en effet les Asiatiques de sa communion, qu'il *tenta* de les priver par là de la communion des autres évêques, mais que ceux-ci ne voulurent pas l'imiter. Quoi qu'il en soit, les protestants ont saisi cette occasion de déclamer contre ce pontife : il n'avait, disent-ils, aucune juridiction sur les évêques d'Asie; jusqu'alors on avait jugé que la discipline devait être arbitraire; le sujet n'était pas assez grave pour mériter une excommunication : c'est un des premiers exemples de l'autorité que les papes se sont attribuée sur toute l'Eglise; mais le peu d'égard que l'on eut pour la censure de Victor, démontre que l'on fut indigné de cette prétention. *Le Clerc*, *Hist. ecclés.*, an 194 et 196.

Mais avant de condamner ce pape, il aurait du moins fallu convenir des faits que nous apprend Eusèbe, *Hist. ecclés.*, l. v, c. 23, 24, 25. 1° Ce pontife n'agissait point de son propre mouvement; avant qu'il procédât contre les Asiatiques, il y avait eu plusieurs conciles tenus à ce sujet, un dans la Palestine, un dans le Pont, un dans l'Osrhoëne, province de la Mésopotamie, un dans les Gaules, une lettre écrite par l'évêque de Corinthe, et Victor agissait à la tête d'un concile de Rome; tous avaient décidé qu'il ne fallait point faire la *pâque* avec les Juifs; un canon de ces conciles se trouve au nombre des *Canons apostoliques* en ces termes : « Si un évêque, un prêtre ou un diacre célèbre le saint jour de *Pâques* avant l'équinoxe du printemps comme les juifs, qu'il soit déposé. » *Can.* 5, 7 ou 8. Ces conciles ne regardaient donc point alors la question comme indifférente; les choses n'étaient plus au même état que du temps d'Anicet et de Polycarpe; et saint Irénée a pu ignorer ces circonstances quand il écrivit à Victor. 2° Ni Polycrate ni saint Irénée ne reprochent à ce pape de s'attribuer une autorité qui ne lui appartenait pas; le concile des évêques de la Palestine avait ordonné que sa lettre synodale fût envoyée à toutes les Eglises; elle fut donc envoyée à Rome, et elle atteste que celles du patriarcat d'Alexandrie pensaient et agissaient de même au sujet de la *pâque*. 3° Il est évident que la tradition sur laquelle se fondaient Polycrate et ses comprovinciaux était très-apocryphe. Cet évêque n'allègue que l'usage qu'il avait trouvé établi. Saint Jean et saint Philippe, dont il cite l'exemple, pouvaient avoir toléré cette coutume sans l'approuver positivement; toutes les autres Eglises alléguaient une tradition contraire: il est donc faux que jusqu'alors on eût jugé que cette discipline devait être arbitraire, comme le veulent les protestants. 4° Une preuve que Victor n'avait pas tort, c'est que sa manière de penser fut confirmée par le concile général de Nicée.

En effet, l'an 325, ce concile décida que désormais toutes les Églises célébreraient uniformément la fête de *Pâques*, le dimanche après le quatorzième de la lune de mars, et non le même jour que les Juifs. Eusèbe nous a conservé le discours que Constantin fit au concile à ce sujet, *de Vita Const.*, l. III, c. 18; et cet usage est devenu général. Ceux qui ne voulurent pas s'y conformer furent dès lors regardés comme schismatiques et comme révoltés contre l'Église. On les nomma *quartodécimans*, *tétradécatites*, *protopaschites*, *audiens*, etc. Depuis cette époque, il n'y a eu entre les différentes Églises d'autre variation que celle qui a été quelquefois causée par un faux calcul des phases de la lune, et par l'usage d'un cycle fautif. Comme il y avait dans Alexandrie une école célèbre d'astronomie et de mathématiques, le patriarche de cette ville était chargé de notifier d'avance aux autres Églises le jour auquel la fête de *Pâques* devait tomber; il en écrivait au pape qui l'indiquait à toutes les Églises de l'Occident. Aujourd'hui les protestants jugent qu'il n'y a rien de si beau ni de si salutaire au christianisme que l'indépendance; dans les premiers siècles, au contraire, on voulait l'ordre et l'uniformité, même dans la discipline, parce que les variations et les institutions arbitraires ne manquent jamais d'engendrer des erreurs. On sait que dans ces temps-là les fidèles passaient à l'église, et en prières, la plus grande partie de la nuit de *Pâques*; on l'appelait la grande vigile, *pervigilium paschæ*, et on ne se séparait qu'au chant du coq, pour se livrer à une joie innocente. Nous ne traiterons point de superstition la coutume de manger un agneau pascal dans cette solennité; cet usage n'avait rien de commun avec celui des juifs, puisque l'on ne s'y proposait rien autre chose que d'imiter le repas que Jésus-Christ fit avec ses apôtres la veille de sa mort.

Le véritable agneau pascal des chrétiens est Jésus-Christ : « Il a été immolé, dit saint Paul, pour notre *pâque*; mangeons-le, non avec le vieux levain de malice et d'iniquité, mais avec les azymes de la candeur et de la vérité (*I Cor.* v, 7). C'est pour cela même que, dans la suite des siècles, lorsque la piété s'est refroidie parmi les fidèles, l'Église leur a imposé un précepte rigoureux de la communion pascale : *faire ses pâques*, signifie participer à la sainte eucharistie. *Voy.* COMMUNION PASCALE. Bingham, *Origin. ecclésiast.*, l. xx, c. 5.

PARABOLE. Ce terme grec, qui est reçu dans notre langue, signifie communément dans l'Écriture sainte un discours qui présente un sens et qui en a un autre, mais que l'on peut saisir avec un peu d'intelligence et d'attention. Les *paraboles* des livres saints sont donc des instructions indirectes et détournées, des comparaisons, des emblèmes qui cachent une leçon de morale, afin d'exciter la curiosité et l'attention des auditeurs. Cette manière d'enseigner par des discours figurés était fort du goût des Orientaux; leurs philosophes et leurs sages en ont toujours fait grand usage; les prophètes s'en servaient de même pour rendre plus sensibles aux princes et aux peuples les réprimandes, les promesses et les menaces qu'ils leur faisaient de la part de Dieu. Ainsi ils reprochent souvent à la nation juive son infidélité à l'égard de Dieu, sous la *parabole* d'une femme adultère, d'une vigne qui ne rapporte que de mauvais fruits, etc. Ils décrivent les violences des peuples ennemis des Juifs, sous l'image de quelque animal féroce; Nathan reproche à David son adultère sous la *parabole* d'un homme riche qui a enlevé la brebis d'un pauvre, et par cet innocent artifice il réduit ce roi à se condamner lui-même; Ezéchiel représente le rétablissement de la nation juive dans la Palestine, après la captivité, sous l'image des os de plusieurs cadavres dispersés, qui se rapprochent, se revêtent de chair et de peau, et reprennent une nouvelle vie, etc. Jésus-Christ usa fréquemment de ce genre d'instruction, parce que c'est celui qui est le plus proportionné à la capacité du peuple, et le plus propre à exciter son attention. *Voy.* ALLÉGORIE. Le nom de *parabole* désigne quelquefois une simple comparaison: 1° lorsque Jésus-Christ dit : *Comme il arriva du temps de Noé à l'égard du déluge, autant en sera-t-il au jour de la venue du Fils de l'Homme* (*Matth.* xxiv, 37); cela signifie que quand Jésus-Christ viendra pour punir la nation juive, cet événement sera aussi imprévu pour elle que le fut le déluge pour les contemporains de Noé. — 2° Ainsi Balaam, appelé pour maudire les Hébreux et pour leur annoncer des malheurs, prédit, au contraire, leur prospérité sous différentes images qui sont nommées *paraboles* (*Num.* xxiii et xxiv). — 3° Ce terme signifie quelquefois une sentence, une maxime de morale et de conduite; dans ce sens, il est dit (*III Reg.* iv, 32), que Salomon composa trois mille *paraboles*. — 4° Il désigne ce qui est digne de mépris; dans ce sens, Dieu menace son peuple de le rendre la *parabole* ou la *fable* des autres nations; David se plaint d'être devenu la *parabole* ou le sujet du mépris de ses ennemis. Les Juifs, irrités des prédictions d'Ezéchiel, demandent : « Cet homme ne nous débite-t-il pas des *paraboles*? » c. xx, v. 40, c'est-à-dire des fables et des discours frivoles.

Selon la sage observation de saint Clément d'Alexandrie, lorsqu'il est question de *paraboles*, il ne faut pas presser tous les termes, ni exiger que l'allégorie soit toujours soutenue; il faut seulement considérer l'objet principal, le but, l'intention de celui qui parle. Ainsi dans la *parabole* des talents (*Matth.* xxv, 24), le mauvais serviteur dit à son maître : « Je sais que vous êtes un homme dur, qui moissonnez où vous n'avez pas semé, et qui recueillez où vous n'avez rien mis. » Non-seulement ce discours n'est pas décent dans la bouche d'un serviteur à l'égard de son maître, mais il ne peut dans aucun sens être appliqué à Dieu; le but de la *parabole* est donc seulement de peindre, par ces expressions outrées, les mauvaises excuses d'un serviteur paresseux et infidèle. Dans celle du fermier dissipateur (*Luc.* xvi, 8), il est loué pour avoir remis aux débiteurs de son maître une partie de leurs dettes, afin de trouver auprès d'eux une ressource dans ses besoins; cette conduite n'est pas approuvée comme juste, mais comme un trait de prévoyance et de prudence, qui doit nous servir de modèle dans l'usage de nos propres biens. C'est mal à propos que quelques incrédules en ont été scandalisés. Ils le sont encore plus de la manière dont Jésus-Christ a parlé de ses propres *paraboles*; loin de s'en servir, disent-ils, afin d'être mieux entendu, il déclare lui-même qu'il en fait usage, afin que les Juifs ne l'entendent point : cela est formel dans le texte des quatre évangélistes.

Comparons-les et voyons ce qu'ils disent. *Matth.*, c. xiii, v. 10, les disciples de Jésus lui disent : « Pourquoi parlez-vous en *paraboles* à ces gens-là? Jésus ré ond : *Parce qu'il vous est donné de connaître les mystères du royaume des cieux, et cela ne leur est pas donné..... Je leur parlerai en* paraboles, *parce qu'ils regardent et ne voient point; ils écoutent, et ils n'entendent ni ne comprennent.* Ainsi s'accomplit à leur égard cette prophétie d'Isaïe : *Vous écouterez et vous n'entendrez pas, vous regarderez et vous ne verrez pas.* En effet, le cœur de ce peuple est appesanti, ils écoutent malgré eux, et ils ferment les yeux, de peur de voir, d'entendre, de comprendre dans leur cœur, de se convertir, et d'être guéris par mes leçons. » Il est donc clair que c'était la faute des Juifs et non celle du Sauveur, s'ils ne comprenaient pas ses discours. Il leur parlait en *paraboles*, afin de réveiller leur attention et leur curiosité, et afin de les exciter à l'interroger, comme faisaient ses disciples; mais ces endurcis n'en faisaient rien, ils semblaient craindre d'entendre et de voir trop clairement la vérité : de là Jésus-Christ conclut qu'il était donné à ses disciples de connaître les mystères du royaume de Dieu, puisqu'ils cherchaient à s'instruire, et que cela n'était pas donné aux Juifs, puisqu'ils avaient peur d'être instruits. Il faut s'aveugler comme eux, pour ne pas voir ce sens. Même langage dans saint *Marc*, c. iv, v. 11, et *Luc*, c. viii, v. 10, lorsqu'on leur fait dire : « Tout est proposé en *paraboles* à ces gens-là, *afin qu'ils regardent et ne voient pas*, etc. » On fait une fausse traduction; le texte signifie simplement : « Tout leur est dit en *paraboles, de manière* qu'ils regardent et ne voient pas, etc. » Puisqu'enfin, quand on examine en elle-même la *parabole* dont il est question dans cet endroit, qui est celle de la semence, il est évident qu'elle n'est ni obscure, ni captieuse, ni faite exprès pour tromper, et qu'avec une attention médiocre il est aisé d'en prendre le sens ; mais comme c'était un reproche que Jésus-Christ faisait aux Juifs des mauvaises dispositions dans lesquelles ils écoutaient sa parole, ces opiniâtres n'avaient garde de lui en demander une explication plus claire, comme le firent les apôtres. Ce que dit saint Jean, c. xii, v. 37, a le même sens : « Quoique Jésus, dit-il, eût fait de si grands miracles devant eux, ils ne croyaient pas en lui; *de manière que* (et non *afin que*) l'on vit l'accomplissement de ce que dit Isaïe : *Seigneur, qui a cru à ce que nous avons annoncé?* Ils ne pouvaient pas croire, parce que Isaïe a encore dit : *Il a bouché leurs yeux et il a endurci leur cœur de peur qu'ils ne voient, n'entendent, ne se convertissent et ne soient guéris.* Le prophète a ainsi parlé quand il a vu la gloire du Messie et a parlé de lui. »

Il est évident, 1° que les miracles de Jésus-Christ étaient très-capables par eux-mêmes d'éclairer et de toucher les Juifs, et non de les aveugler ou de les endurcir; 2° qu'il serait absurde de dire que les Juifs ne croyaient pas, *afin de* vérifier la prophétie d'Isaïe ; ce ne fut jamais là l'intention des Juifs, et cette prophétie ne pouvait influer en rien sur leur incrédulité; au contraire, s'ils y avaient fait attention, elle aurait dû leur dessiller les yeux. 3° Il est dit qu'*ils ne pouvaient pas croire* dans le même sens que nous disons d'un opiniâtre : *Cet homme ne peut se résoudre à faire telle chose*, et cela signifie seulement qu'il ne le veut pas, qu'il y a beaucoup de répugnance; ainsi l'a entendu saint Augustin en expliquant cet endroit de l'Évangile, *Tract.* 53 *in Joan.*, n. 6. Aux mots Aveuglement et Endurcissement, nous avons fait voir que ces termes signifient seulement que Dieu laisse endurcir ceux qui le veulent, qu'il le permet et ne les empêche point; que, loin d'y contribuer positivement, il leur donne des grâces, mais non des grâces aussi fortes et aussi puissantes qu'il les faudrait pour vaincre leur obstination. Il y aurait de la démence à soutenir que les leçons, les miracles, les vertus, les bienfaits de Jésus-Christ, contribuaient positivement à l'endurcissement des Juifs. Nous avons encore fait voir que les mêmes façons de parler ont lieu dans notre langue, et que cependant personne n'y est trompé.

PARABOLANS ou PARABOLAINS, nom que les auteurs ecclésiastiques donnent à une espèce de clercs qui se dévouaient au service des malades, et surtout des pestiférés. Il est probable que ce nom leur fut donné à cause de la fonction périlleuse qu'ils exerçaient; les Grecs appelaient παραβόλους, et les Latins *parabolos* et *parabolarios*, ceux qui, dans les jeux de l'amphithéâtre, s'exposaient à combattre contre les bêtes féroces. Les païens donnèrent aux chrétiens ce même nom par dérision, soit parce qu'on les condamnait souvent aux bêtes, soit parce qu'ils s'exposaient eux-mêmes à une mort presque certaine en embrassant le christianisme. Il y a beaucoup d'apparence que les *parabolains* furent institués, vers le temps de Constantin, et qu'il y en eut dans toutes les grandes églises d'Orient. Mais ils n'étaient nulle part en aussi grand nombre que dans celle d'Alexandrie où ils formaient un corps de cinq cents hommes; Théodose le Jeune l'augmenta encore et le porta jusqu'à six cents, parce que la peste et les maladies contagieuses étaient plus communes en Égypte que partout ailleurs; cet empereur les soumit à la juridiction du préfet augustal, qui était le premier magistrat de cette grande ville. Cependant ils devaient être choisis par l'évêque et lui obéir en tout ce qui concernait le ministère de charité auquel ils s'étaient dévoués. Comme c'étaient, pour l'ordinaire, des hommes courageux et familiarisés avec l'image de la mort, les empereurs avaient fait des lois extrêmement sévères pour les contenir dans le devoir, pour empêcher qu'ils n'excitassent des séditions et ne prissent part aux émeutes qui étaient fréquentes parmi le peuple d'Alexandrie. On voit par le Code théodosien que leur nombre était fixé, qu'il leur était défendu d'assister aux spectacles et aux assemblées publiques; même au barreau, à moins qu'ils n'y eussent quelque affaire personnelle, ou qu'ils ne fussent procureurs de leur société; encore ne leur était-il pas permis de s'y trouver deux ensemble, beaucoup moins de s'y attrouper. Les princes et les magistrats les regardaient comme une espèce d'hommes formidables, accoutumés à braver la mort et capables des dernières violences, si sortant de leurs fonctions, ils osaient se mêler des affaires du gouvernement. On en avait vu des exemples dans le conciliabule d'Éphèse, en 449, où un moine syrien, nommé *Barsumas*, suivi d'une troupe de *parabolains* armés, avaient commis les derniers excès et obtenu par la terreur tout ce qu'il avait voulu. La crainte de pareils désordres avait donné lieu sans doute à la sévérité des lois dont on vient de parler. Bingham, *Orig. ecclés.*, tom. II, l. III, c. 9.

De tous ces faits il résulte qu'aucune religion n'a inspiré une charité aussi héroïque à ses sectateurs que le chistianisme. Dans une peste qui survint en Afrique au milieu du III⁵ siècle, on vit les chrétiens se consacrer au service des pestiférés, soigner également les chrétiens et les païens, pendant que ceux-ci abandonnaient leurs malades. Sanct. Cyp., *L. de Mortal.* Julien convenait dans une de ses lettres que notre religion devait une partie de ses progrès aux actes de charité exercés envers les pauvres, les malades et même envers les morts. On en a vu les exemples se renouveler par saint Charles pendant la peste de Milan, et par M. de Belzunce pendant celle de Marseille. C'est ce même esprit qui a donné naissance aux ordres religieux hospitaliers des deux sexes. *Voy.* HOSPITALIERS.

PARACLET, nom formé du grec παράκλητος, qui signifie à la lettre un *avocat*, celui qui est appelé par un coupable ou par un client pour lui servir de conseil, d'intercesseur, de consolateur. Jésus-Christ a donné ce nom au Saint-Esprit. *Joan.*, c. XIV, v. 16 et 26, il dit à ses apôtres: *Je prierai mon Père, et il vous donnera un autre* consolateur..... *Le Saint-Esprit* consolateur, *que mon Père vous enverra en mon nom, vous enseignera toutes choses*. Et saint Paul, *Rom.*, c. VIII, v. 26, dit que l'Esprit prie ou intercède pour nous par des gémissements ineffables. Ce même titre est donné à Jésus-Christ lui-même. Saint Jean, *Ép.* 1, cap. II, v. 1, dit: Si quelqu'un pèche, nous avons pour *avocat* auprès du Père, Jésus-Christ juste; il est la victime de propitiation pour nos péchés, non-seulement pour les nôtres, mais pour ceux du monde entier.» Saint Paul dit de même, *Rom.*, c. VIII, v. 34, et *Hébr.*, c. VII, v. 25, que Jésus-Christ est à la droite de Dieu et intercède pour nous.

Les hérétiques, qui ont attaqué le mystère de la sainte Trinité et la coégalité des trois Personnes divines, ont voulu se prévaloir de ces passages; ils ont dit que les titres d'*avocat*, de *médiateur*, d'*intercesseur*, de *suppliant*, donnés dans l'Écriture sainte au Fils et au Saint-Esprit, prouvent évidemment leur inégalité et leur infériorité à l'égard du Père; les sociniens renouvellent encore cette objection. Mais les Pères de l'Église ont répondu aux anciens hérétiques, 1° qu'un personnage constitué en dignité peut très-bien faire les fonctions d'intercesseur et de médiateur pour un coupable auprès de son égal, qu'il le peut même faire près d'un inférieur sans se dégrader; qu'ainsi il n'est pas vrai que cette fonction, par elle-même, soit une preuve d'inégalité; 2° que les titres, les qualités, les fonctions des créatures, ne peuvent être attribués aux Personnes divines que par métaphore; qu'il est ridicule d'exiger que la comparaison soit absolument exacte; qu'ainsi l'on doit entendre les noms d'*avocat*, d'*intercesseur*, etc., donnés au Fils et au Saint-Esprit, avec les mêmes correctifs dont nous usons à l'égard des qualités humaines attribuées à Dieu le Père; 3° qu'en ce qui regarde Jésus-Christ, les actions et les fonctions humaines ne forment aucune difficulté, puisqu'il est Dieu et homme; qu'ainsi il peut faire, en tant qu'homme, ce qu'il ne conviendrait pas de lui attribuer en tant que Dieu. Sans imaginer des prières ni des supplications telles que les font les autres hommes, son humanité sainte toujours présente à Dieu avec ses souffrances et ses mérites, est une prière équivalente, très-énergique, toujours capable d'apaiser la justice divine et d'obtenir toutes les grâces dont les hommes ont besoin. Ces réponses nous paraissent solides et sans réplique. De là même nous concluons que quelques théologiens ont traité Origène avec trop de rigueur, lorsqu'ils lui ont reproché d'avoir dit, *Hom.* 7. *in Levit.*, n. 2, que Jésus-Christ, notre pontife auprès de son Père, est affligé, gémit et pleure de nos péchés, lorsque nous ne faisons pas pénitence. Il dit lui-même, n. 1, qu'il l'entend dans un sens mystique ou figuré. On n'est pas scandalisé de trouver encore aujourd'hui le même langage dans les auteurs ascétiques, parce qu'on sait bien que tout cela ne doit pas être pris à la lettre. *Voy.* MÉDIATEUR. Les protestants ont été un peu embarrassés de concilier avec leurs préjugés ce qu'a dit saint Irénée, *adv. Hæret.*, l. v, c. 19, que la Vierge Marie a été l'*avocate* d'Eve ; expression qui prouve l'intercession de la sainte Vierge et des saints. Les savants éditeurs de ce Père, *Dissert.* 3, art. 6, n. 65 et suiv., ont réfuté solidement les explications forcées que Grabe et d'autres protestants ont voulu donner de ce passage. *Voy.* MARIE, § 5.

PARACLETIQUE, nom que les Grecs donnent à un de leurs livres d'office, et que l'on peut traduire par *invocatoire*, parce que ce livre contient plusieurs prières ou invocations adressées aux saints. Ils s'en servent pendant toute l'année, parce qu'ils ne font presque aucun office qui ne renferme quelque prière tirée de ce livre. *Voy.* Léon Allatius, *Dissert.* 1, *sur les livres ecclésiastiques des Grecs.*

PARADIS. Ce mot vient de l'hébreu ou du chaldéen *pardés* ; les Grecs l'ont rendu par παράδεισος ; il signifie non un jardin de fleurs ou de légumes, mais un verger planté d'arbres fruitiers et autres. Il est probable que les Grecs avaient emprunté ce terme des Perses, puisqu'il se trouve dans Xénophon. Dans le second livre d'*Esdras*, c. II, v. 8, Néhémie prie le roi Artaxerxès de lui donner des lettres adressées à Asaph, gardien du *paradis* du roi, afin qu'il lui fasse donner les bois nécessaires pour les bâtiments qu'il allait entreprendre ; c'était donc un parc rempli d'arbres propres à bâtir. Salomon dit dans l'*Ecclésiaste*, c. II, v. 5, qu'il s'est fait des jardins et des *paradis*, c'est-à-dire des vergers. Dans le *Cantique des cantiques*, c. IV, v. 13, il est dit que les plants de l'épouse sont comme un *paradis* rempli de grenadiers. *Gen.*, c. XIII, v. 10, nous lisons que la vallée des bois, dans laquelle étaient situées les villes de Sodome et de Gomorre, était semblable au *paradis* du Seigneur. Dans les prophètes ce terme signifie toujours un lieu agréable et délicieux. L'on comprend que, dans un climat tel que la Palestine, l'ombre et la fraîcheur des bois étaient un agrément et un avantage très-précieux. Dans le livre de l'*Ecclésiastique*, c. XLIV, v. 16, il est dit que Hénoch fut agréable à Dieu et fut transporté dans le *paradis*. Jésus-Christ, *Luc.*, c. XXIII, v. 43, dit au bon larron : *Aujourd'hui vous serez avec moi dans le* paradis. Et saint Paul, *II Cor.*, c. XII, v. 4, dit qu'il a été transporté lui-même dans le *paradis*. De là quelques incrédules ont conclu que les auteurs sacrés ont conçu le séjour des bienheureux comme les païens, qui nommaient ce séjour les *Champs-élysées*, et qui se figuraient que les âmes des héros y vivaient à l'ombre des bois, comme les vivants faisaient sur la terre. Quand cela serait vrai, il s'ensuivrait seulement que les anciens, qui vivaient sous un ciel plus chaud que le nôtre, et qui ne concevaient point de séjour plus délicieux que des bosquets plantés d'arbres fruitiers, n'avaient point trouvé non plus de terme plus propre que celui de *paradis*, pour exprimer la demeure des bienheureux. Mais ce n'est pas sur la signification littérale d'un terme qu'il faut juger des idées que l'on y attache ; nous nous servons nous-mêmes de ce mot pour exprimer le séjour du bonheur éternel, sans imaginer, comme les païens, que ce bonheur consiste à vivre à l'ombre des arbres et à manger des fruits. De quelques termes que nous puissions nous servir pour le désigner, ils ne nous en donneront jamais une idée exacte, puisque ce bonheur est infiniment au-dessus de toutes nos conceptions et de toutes nos pensées (*Isaï.* LXIV, 4 ; *1 Cor.* II, 9). *Voy.* CIEL.

PARADIS TERRESTRE, jardin ou séjour délicieux dans lequel Dieu avait placé Adam et Eve après leur création. Ils y demeurèrent tant que dura leur innocence ; mais ils en furent chassés dès qu'ils eurent désobéi à Dieu, en mangeant du fruit défendu.

Voici la description qu'en fait Moïse (*Gen.* II, 8) : « Dieu avait planté un jardin en Eden, du côté de l'orient, et il y plaça l'homme qu'il avait formé. Il y avait fait naître tous les arbres les plus agréables à la vue, et dont les fruits sont les meilleurs ; l'arbre de vie était au milieu du jardin, aussi bien que l'arbre de la science du bien et du mal. Un fleuve sortait d'Eden pour arroser le jardin, et de là il se divise en quatre chefs. Le nom du premier est *Phison*, c'est celui qui coule en tournoyant par le pays d'Havilath, où il se trouve de l'or... ; le nom du second est *Géhon*, c'est celui qui coule en tournoyant par le pays de Chus ; le troisième est le *Tigre* (*Hiddékel*), qui coule vers l'Assyrie ; le quatrième est l'*Euphrate*. »

Avec cette topographie, il n'est pas fort aisé de découvrir en quel endroit précisément était situé le *paradis terrestre*. Tous les savants conviennent que dans les langues orientales *Eden* signifie en général un lieu agréable et fertile, un pays abondant et délicieux ; que c'est un nom appellatif qui a été donné à plusieurs contrées de l'Asie. Le Tigre et l'Euphrate sont deux fleuves célèbres et très-connus ; mais il n'est pas aisé de savoir en quel endroit ils se sont autrefois réunis dans un seul lit, et se sont séparés ensuite en quatre chefs ou quatre branches ; cela ne se fait plus aujourd'hui, et le pays dans lequel ils se rapprochent le plus paraît absolument changé.

Il n'est donc pas étonnant qu'il y ait eu une multitude de sentiments divers sur ce sujet. Quelques anciens, comme Philon, Origène, les séleuciens et les hermianions, anciens hérétiques, pensaient que le *paradis terrestre* n'a jamais existé, qu'il faut entendre dans un sens allégorique tout ce qu'on dit l'Ecriture sainte ; d'autres l'ont placé hors du monde et dans un lieu inconnu : mais, dans ces deux suppositions, l'on ne voit pas pourquoi Moïse aurait pris la peine de le décrire et d'y placer des fleuves dont le lit et le nom subsistent encore. Quelques-uns plus sensés jugent qu'il est inutile d'en chercher aujourd'hui la situation précise, parce que la face du sol sur lequel il était a été bouleversésée et changée par le déluge. On sait d'ailleurs que la contrée dans laquelle le Tigre et l'Euphrate se rapprochent est le pays du monde qui, depuis le déluge, et même depuis le siècle de Moïse, a essuyé les plus terribles révolutions.

Quoi qu'il en soit, les systèmes adoptés par les modernes, touchant la situation du *paradis terrestre*, se réduisent à trois principaux. Le premier, qui a eu pour défenseurs Heidegger, Le Clerc, le P. Abram, place le *paradis* dans la Syrie, aux environs de Damas, près des sources du Chrysorrhoas, de l'Oronte et du Jourdain; mais ce pays ne porte point les caractères de celui d'*Eden* assignés par Moïse. On doit dire la même chose de l'opinion du P. Hardouin, qui a pensé que le *paradis terrestre* était dans la Palestine, sur les bords du Jourdain, près du lac de Génésareth. Selon le second système le pays d'*Eden* était dans l'Arménie, entre les sources du Tigre, de l'Euphrate, de l'Araxe et du Phase; c'est le sentiment du géographe Samson, de Reland et de dom Calmet. Mais Moïse ne dit point que le *paradis* était à la source de quatre fleuves; il dit qu'un fleuve sortait du lieu nommé *Eden* pour arroser le *paradis*, qu'ensuite il se divisait en quatre chefs ou quatre branches; dom Calmet est forcé de convenir que cela ne s'accorde point avec la topographie qu'il fait du *paradis*. La troisième opinion, qui paraît la plus probable, suppose que ce lieu délicieux était placé sur les deux rives d'un fleuve formé par la réunion du Tigre et de l'Euphrate, que l'on nomme le *fleuve des Arabes*, et qui se divisait ensuite en quatre branches pour aller se jeter dans le golfe Persique. A la vérité, de ces quatre canaux ou rivières, il n'y en a que deux qui subsistent et qui sont encore aujourd'hui reconnaissables; mais on prouve par le témoignage des anciens que toutes les quatre ont existé autrefois. C'est le sentiment qu'ont suivi les auteurs anglais de l'*Histoire universelle*, tom. II, et les commentateurs de la *Bible de Chais*. M. l'abbé Clémence s'en est servi pour réfuter les inepties rassemblées dans le livre impie intitulé la *Bible enfin expliquée*, et dans les autres ouvrages du même auteur. Il faudrait entrer dans un trop long détail pour rapporter les preuves de ce sentiment, qui a déjà été celui de Bochard, d'Etienne Morin et du savant Huet; ils diffèrent seulement les uns des autres dans l'explication de quelques circonstances de la narration de Moïse. C'en est assez pour répondre à toutes les folles objections des incrédules; ils ne peuvent rien trouver dans la description du *paradis terrestre* qui ne puisse se concilier avec la topographie des lieux, avec les noms des pays dont parle Moïse, avec le témoignage des auteurs profanes. Quant aux objections qu'ils font contre les circonstances de la chute d'Adam, etc., *voy.* ADAM.

Les questions qui embarrassent les commentateurs sont donc assez déplacées. « Où est ce fleuve qui se divise en quatre autres? Comment cela s'accorde-t-il avec l'Assyrie et l'Euphrate? Quels fleuves, quels pays sont désignés sous ces autres noms qui ne subsistent plus, etc.? ». Moïse avait prévenu ces questions, non pour le géographe, mais pour le naturaliste, en nous disant que, par le déluge, Dieu détruisit les hommes *avec la terre*. Ne cherchons donc plus le *jardin d'Eden*; ce séjour de la parfaite innocence est perdu ici-bas physiquement et moralement. De Luc. *Lettre* 147 *sur l'Histoire de la terre*, etc., tom. V, p. 677. Il paraît que c'est la raison pour laquelle les Pères de l'Eglise, qui ont vécu dans la Syrie, sur les bords de l'Euphrate ou dans le voisinage, ne se sont pas donné la peine d'expliquer les circonstances de la narration de Moïse, et de les concilier avec l'aspect que les lieux présentaient de leur temps.

PARADIS CÉLESTE, séjour du bonheur éternel, dans lequel Dieu récompense les justes. Comme on ne connaissait point de lieux plus délicieux sur la terre qu'un jardin jonché de fleurs et de fruits, l'on a nommé *paradis* le lieu dans lequel Dieu rend les saints heureux pour toujours. De même que l'on dispute pour savoir où était situé le *paradis terrestre* duquel Adam fut chassé après son péché, l'on sait encore moins où est le *paradis céleste*, dans lequel nous espérons d'aller. Lorsque Jésus-Christ, sur la croix, dit au bon larron : *Aujourd'hui vous serez avec moi en paradis* (Luc. XXIII, 43), saint Augustin avoue qu'il n'est pas aisé de savoir où était ce lieu délicieux duquel parle le Sauveur : le *paradis*, continue ce Père, est partout où l'on est heureux, *Epist.* 187 *ad Dardan.*, n. 6. On ne conçoit pas mieux quel endroit saint Paul a voulu désigner, lorsqu'il a dit: « Je connais un homme qui a été ravi en esprit jusque dans le *paradis*, où il a entendu des paroles qu'il n'est pas permis à l'homme de publier (II *Cor.* XII, 4).

Jésus-Christ nous a dit, à la vérité, que notre récompense est dans le ciel; mais le ciel n'est point une voûte solide, nous ne le concevons que comme un espace vide et immense dans lequel roulent une infinité de globes, ou lumineux ou opaques. Puisque l'âme de Jésus-Christ jouissait de la gloire céleste sur la terre, ce n'est pas le lieu qui fait le *paradis*; et puisque Dieu est partout, il peut aussi se montrer partout aux âmes saintes, et les rendre heureuses par la vue de sa propre gloire. Il paraît donc que le *paradis* est moins un lieu particulier qu'un changement d'état, et qu'il ne faut point s'arrêter aux illusions de l'imagination qui se figure le séjour des esprits bienheureux comme un lieu habité par les corps. Dans le fond peu nous importe de savoir si c'est un séjour particulier et déterminé par des limites, ou si c'est l'univers entier dans lequel Dieu se découvre aux saints et fait leur bonheur éternel. La foi nous enseigne qu'après la résurrection générale les âmes des bienheureux seront réunies à leurs corps; mais saint Paul nous apprend que les corps ressuscités et glorieux participeront à la nature des esprits (*I Cor.* xv, 44); ils seront par conséquent dans un état duquel nous ne pouvons avoir aucune idée. Ce serait donc une nouvelle témérité de vouloir savoir si les bienheureux, revêtus de leurs corps, exerceront encore les facultés corporelles et les fonctions des sens; Jésus-Christ nous dit qu'après la résurrection ils seront semblables aux anges de Dieu dans le ciel (*Matth.* xxii, 30), ce qui exclut les plaisirs charnels. Saint Paul nous avertit que l'œil n'a point vu, que l'oreille n'a point entendu, et que le cœur de l'homme n'a point éprouvé ce que Dieu réserve à ceux qui l'aiment (*I Cor.* ii, 9). Il faut donc nous résoudre à ignorer ce que Dieu n'a pas voulu nous apprendre; ce qu'en ont dit quelques auteurs plus ingénieux que solidement instruits, ne prouve rien et ne nous apprend rien. L'état des bienheureureux est fait pour être un objet de foi et non de curiosité, pour exciter nos espérances et nos désirs, et non pour nourrir des disputes. Les idées grossières des païens, des Chinois, des Indiens, des mahométans, touchant l'état des justes après la mort, ont donné lieu à des erreurs et à des abus énormes; la religion chrétienne, en les condamnant, a retranché la source du mal, a inspiré à ses sectateurs des vertus dont le monde n'avait jamais eu d'exemple. *Voy.* BONHEUR ÉTERNEL.

PARAGUAY. *Voy.* MISSIONS ÉTRANGÈRES.

PARALIPOMÈNES, terme dérivé du grec, qui signifie *choses omises.* On a donné ce nom à deux livres historiques de l'Ancien Testament, qui sont une espèce de supplément aux quatre livres des Rois, et dans lesquels on trouve plusieurs faits ou plusieurs circonstances que l'on ne lit pas ailleurs. Les anciens Hébreux n'en faisaient qu'un seul livre qu'ils nommaient les *Paroles des jours* ou les *Annales*, parce que cet ouvrage commence ainsi; saint Jérôme l'a nommé *les Chroniques*, parce que c'est une histoire sommaire rangée selon l'ordre chronologique. On ne sait pas certainement qui est l'auteur de ces deux livres; on pense communément qu'ils furent écrits par Esdras, aidé du secours des prophètes Aggée et Zacharie, après la captivité de Babylone; ce sentiment est assez probable, mais il n'est pas sans difficulté. On trouve dans ces deux livres des choses qui n'ont eu lieu que dans les temps postérieurs à Esdras, d'autres qui n'ont pu être dites que par des écrivains antérieurs. Mais les premières ont pu être ajoutées comme supplément dans la suite des temps, de même que Esdras suppléait à ce que d'autres avaient dit avant lui; pour les secondes, il les a copiées dans des mémoires plus anciens que lui, et auxquels il n'a rien voulu changer.

L'auteur des *Paralipomènes* n'est donc ni contemporain des événements ni historien original; il n'a fait que rédiger et abréger les mémoires écrits par des témoins plus anciens que lui, et il cite souvent ces mémoires sous le nom d'*Annales* ou de *journaux de Juda et d'Israël.* Il paraît que son dessein n'a pas été de suppléer à tout ce qui pouvait avoir été omis par les auteurs précédents, et qui aurait pu rendre l'histoire sainte plus claire et plus complète; il semble avoir eu principalement pour but de montrer, par les généalogies, quel devait être le partage des familles revenues de la captivité, afin que chacun rentrât, autant qu'il était possible, dans l'héritage de ses pères. Mais il s'est attaché surtout à tracer la généalogie des prêtres et des lévites, afin qu'ils pussent être rétablis dans leur ancien rang, dans leurs premières fonctions, et dans les possessions de leurs ancêtres conformément aux anciens registres. Ce même auteur ne s'est pas donné la peine de concilier les mémoires qu'il copiait avec certains endroits des autres livres saints qui pouvaient y paraître opposés au premier coup d'œil, parce que, de son temps, l'on connaissait assez les faits et les circonstances, pour que l'on pût aisément voir qu'il n'y avait réellement aucune opposition. Dans la *Bible d'Avignon*, tom. V, pag. 147, il y a une comparaison très-détaillée des textes des *Paralipomènes* parallèles à ceux des autres livres de l'Ecriture sainte, où l'on voit en quoi ils sont conformes, en quoi ils sont quelquefois différents, et comment ils servent à s'éclaircir les uns les autres. Les Juifs n'ont jamais douté de l'authenticité des livres des *Paralipomènes*, et il n'y a aucune raison solide d'en contester la canonicité.

PARANYMPHE. C'était chez les Hébreux un des amis de l'époux, celui qui conduisait l'épouse pendant la cérémonie nuptiale, et qui faisait les honneurs de la noce; il est appelé dans l'Evangile *l'ami de l'époux* (*Joan.* iii, 9). Quelques commentateurs ont cru que celui qui est appelé *architriclinus*, dans l'histoire des noces de Cana, n'était autre que le *Paranymphe;* mais il est plus probable que c'était un voisin ou un parent des époux, qui était chargé de veiller à l'ordre du festin nuptial et de faire les fonctions d'un maître d'hôtel. Saint Gaudence de Bresso assure, sur la tradition des anciens, que cet ordonnateur du festin était ordinairement pris du nombre des prêtres, afin qu'il eût soin qu'il ne se commît rien de contraire aux règles de la religion et de la bienséance. Dans les écoles de théologie de Paris, on donnait autrefois le nom de *Paranymphe* à une cérémonie qui se faisait à la fin de chaque cours de licence. Un orateur, appelé *paranymphe*, choisi parmi les bacheliers, après avoir fait une harangue, apostrophait chacun de ses confrères, quelquefois par des compliments, plus souvent par des épigrammes satiriques, auxquelles ceux-ci répondaient de même. La faculté de théologie a sagement supprimé cet abus, et a réduit les *paranymphes* à de simples harangues.

PARAPHRASES CHALDAIQUES. On a ainsi nommé les versions du texte hébreu de l'Ecriture sainte, faites en langue chaldaïque. Les Juifs les appellent *targum, interprétation* ou *traduction*, et ils ont autant de respect pour ces versions que pour le texte même. En voici l'origine.

Pendant les soixante-dix ans de captivité que les Juifs éprouvèrent à Babylone, les principaux d'entre eux, surtout les prêtres et les lévites, conservèrent la langue hébraïque telle qu'ils la parlaient dans la Judée avant leur transmigration, et ils eurent soin de l'enseigner à leurs enfants. De là le prophète Daniel qui a écrit pendant la captivité, Esdras, Aggée, Zacharie et Malachie, qui ont écrit après le retour, se sont encore servis de l'hébreu pur; il y a seulement dans le livre de Daniel et dans ceux d'Esdras quelques chapitres ou quelques endroits écrits en chaldéen. Mais le commun du peuple, mêlé avec les Chaldéens à Babylone, prit insensiblement leur langage, l'hébreu pur lui devint moins familier qu'il n'était auparavant. Aussi, lorsqu'après le retour de la captivité Esdras lut au peuple assemblé la loi de Moïse, il est dit que les lévites et Esdras lui-même interprétaient au peuple ce qui avait été lu (*Nehem.* VIII, 9 et 10). Dans les siècles suivants, les rois de Syrie eurent souvent des armées dans la Judée, et les Juifs se trouvèrent environnés de Syriens; il est probable qu'il se mêla encore beaucoup de syriaque à leur langue vulgaire; c'est ce qui détermina dans la suite les docteurs juifs à faire les *targums*, à traduire le texte hébreu en chaldéen; mais cet ouvrage ne paraît avoir été exécuté que quatre ou cinq cents ans après Esdras. Ainsi, lorsque ces traductions furent faites, la langue *chaldéenne* était divisée en trois dialectes. Le premier et le plus pur était celui de Babylone; il s'écrivait en caractères carrés, que nous nommons aujourd'hui *caractères hébreux*, et qui furent adoptés par les Juifs, comme plus commodes que les anciennes lettres hébraïques que nous appelons *samaritaines*. Le second dialecte était celui que l'on parlait à Antioche, dans la Comagène et dans la haute Syrie; mais celui-ci doit être plutôt appelé *langue syriaque* que langue chaldaïque; elle s'écrivait et s'écrit encore en caractères très-différents des lettres chaldaïques. Cette langue et ces caractères ont toujours été et sont encore en usage dans les Eglises syriennes, chez les maronites, les jacobites et les nestoriens. *Voy.* SYRIAQUE. Le troisième dialecte était celui que l'on parlait à Jérusalem et dans la Judée : c'était un mélange de chaldéen, de syriaque et d'hébreu; c'est pourquoi on l'a nommé *syro-chaldaïque* et *syro-hébraïque*. Alors le texte hébreu de l'Ecriture sainte était devenu moins intelligible pour le peuple que du temps d'Esdras. Les *targums* ou *paraphrases chaldaïques* n'ont pas été faites en même temps ni par le même auteur; aucun docteur juif n'a entrepris de traduire en chaldéen tout l'Ancien Testament, mais l'un a traduit certains livres, l'autre a travaillé sur d'autres livres, et l'on ne sait pas les noms de tous; on voit seulement que ces traductions ne sont pas de la même main, parce que le langage, le style et la méthode ne sont pas exactement les mêmes.

Ces traductions, ou parties de traductions, sont au nombre de huit; nous ne donnerons qu'une courte notice de chacune. La première et la plus ancienne est celle d'Onkélos, qui a seulement traduit la loi, ou les cinq livres de Moïse; c'est aussi celle qui est en style le plus pur, et qui approche le plus du chaldéen de Daniel et d'Esdras. Ce *targum* d'Onkélos est plutôt une simple version qu'une *paraphrase*; l'auteur suit mot à mot le texte hébreu, et le rend pour l'ordinaire assez exactement. Aussi les Juifs l'ont-ils toujours préféré à tous les autres, et ils en ont fait le plus d'usage dans leurs synagogues.

La seconde est la traduction des prophètes par Jonathan Ben-Uzziel; elle approche assez de celle d'Onkélos pour la pureté du style, mais elle n'est pas aussi littérale; Jonathan prend la liberté de *paraphraser*; d'ajouter au texte tantôt une histoire et tantôt une glose, qui souvent ne sont pas fort justes; ce qu'il a fait sur les derniers prophètes est encore moins clair et plus négligé que ce qu'il a fait sur les premiers, c'est-à-dire sur les livres de Josué, des Juges et des Rois, que les Juifs mettent au rang des livres prophétiques. On convient assez parmi les juifs et parmi les chrétiens que le *targum* d'Onkélos sur la loi, et celui de Jonathan sur les prophètes, sont pour le moins du siècle de Jésus-Christ. Selon la tradition des juifs, Jonathan était disciple d'Hillel : or celui-ci mourut à peu près dans le temps de la naissance de Notre-Seigneur : Onkélos était contemporain de Gamaliel le Vieux, sous lequel saint Paul fit ses études. Ce témoignage est soutenu par la pureté du style des deux ouvrages dont nous parlons, dans lesquels on ne trouve aucun des termes étrangers que les juifs adoptèrent dans la suite. Il est très-probable que Jonathan n'a point traduit la loi, mais seulement les livres suivants, parce que la traduction de la loi par Onkélos lui était connue. La seule objection que l'on puisse faire contre l'antiquité de ces deux *targums* est que Origène, saint Epiphane, saint Jérôme ni aucun des anciens Pères de l'Eglise n'en ont parlé; mais cet argument négatif ne prouve rien; on sait que pour lors les juifs cachaient soigneusement leurs livres; à peine y a-t-il trois cents ans que ces anciennes versions sont connues et publiées parmi les chrétiens. Quelques auteurs ont cru que le paraphraste Onkélos était le même que le juif prosélyte Akila ou Aquila, auteur d'une version grecque de l'Ancien Testament, version que Origène avait mise dans ses *Octaples*; mais Prideaux, dans son *Histoire des Juifs*, l. XVI, tom. II, p. 281, prouve que ce sont deux personnages très-différents, dont le second n'a écrit qu'environ 130 ans après Jésus-Christ. — Le troisième *targum* est aussi une traduction chaldaïque de la loi ou des cinq livres de Moïse, et quelques auteurs l'ont attribué au même Jonathan Ben-Uzziel, dont nous venons de parler. Mais le style de cet ouvrage est très-différent de celui du *targum* sur les prophètes, il est encore plus rempli de gloses et de fables; on y trouve des choses et des noms qui n'étaient pas encore connus du temps de Jonathan ; on n'en avait jamais ouï parler avant qu'il parût imprimé à Venise, il y a environ deux cents ans. — Le quatrième est encore sur la loi, et se nomme le *targum* ou la *paraphrase* de Jérusalem, parce qu'il est écrit dans le dialecte *syro-chaldaïque* qui était en usage à Jérusalem ; on n'en connaît ni la date ni l'auteur. Ce n'est point une traduction suivie, mais une espèce de commentaire sur des passages détachés. Comme l'on y en trouve plusieurs qui sont conformes à ceux du Nouveau Testament, l'on a cru que cet ouvrage devait être fort ancien ; cependant il est encore plus moderne que le précédent, puisque souvent il le copie mot à mot. — Le cinquième est une *paraphrase* sur les cinq petits livres que les Juifs appellent *mégilloth, rouleaux* ou *vo'lumes* ; savoir, Ruth, Esther, l'Ecclésiaste, le Cantique, les Lamentations de Jérémie. — Le sixième est une seconde *paraphrase* sur Esther ; le septième est sur Job, les Psaumes et les Proverbes ; ces trois *targums* sont d'un style plus corrompu, du dialecte de Jérusalem, et l'on ne connaît point les auteurs des deux premiers. Quant au troisième, sur Job, les Psaumes et les Proverbes, on l'attribue à un certain Joseph-le-Borgne, sans que l'on sache qui il était ni en quel temps il a vécu. — Le huitième *targum* est sur les deux livres des Paralipomènes ; il n'avait pas été connu avant l'an 1680, temps auquel Bechius le publia à Augsbourg sur un vieux manuscrit.

Aussi, à la réserve de la *paraphrase* d'Onkélos sur la loi, et celle de Jonathan sur les prophètes, toutes les autres sont évidemment postérieures de beaucoup au siècle de Jésus-Christ. Le style barbare de ces ouvrages et les fables talmudiques dont ils sont remplis prouvent qu'ils n'ont paru qu'après le Talmud de Jérusalem, ou même après le Talmud de Babylone, c'est-à-dire depuis le commencement du IV<sup>e</sup> ou du VI<sup>e</sup> siècle. Cependant ces *targums* ou *paraphrases* en général sont fort utiles. Non-seulement elles servent à expliquer un grand nombre d'expressions hébraïques qui sans cela seraient plus obscures, mais nous y trouvons plusieurs anciens usages des Juifs qui servent à éclaircir les livres saints ; mais le principal avantage que nous en tirons, c'est que la plupart des prophéties qui regardent le Messie sont prises par les auteurs de ces *paraphrases*, dans le même sens que nous leur donnons. Cette autorité fait contre les Juifs une preuve invincible, puisqu'ils attribuent aux *targums* la même autorité qu'au texte hébreu. Les rabbins se sont avisés de faire croire au commun des Juifs que ces ouvrages sont partis de la même source que les livres sacrés ; que quand Dieu donna la loi à Moïse sur le mont Sinaï, il lui donna aussi la *paraphrase* d'Onkélos avec la loi orale ; que quand son Saint-Esprit dicta aux autres écrivains les livres sacrés, il leur donna aussi le *targum* de Jonathan. C'est pour cela même qu'ils ont caché avec tant de soin ces *paraphrases* aux chrétiens, et que l'on est parvenu si tard à en avoir communication. Mais il n'est pas prouvé que du temps de Jésus-Christ il y eût déjà des *paraphrases chaldaïques* ou *syro-chaldaïques*, entre les mains des peuples de la Judée. Les protestants n'ont adopté cette opinion que pour étayer leur prévention sur la prétendue obligation imposée au peuple de lire l'Ecriture sainte et de l'avoir dans une langue qu'il entende. Depuis Esdras jusqu'à Jésus-Christ, il s'est écoulé au moins quatre cents ans, pendant lesquels il n'a pas été question de version des livres saints en langue vulgaire ; le peuple s'en tenait aux instructions et aux explications de vive voix que lui en donnaient les prêtres et les lévites, et il n'y a aucune preuve du contraire.

Selon l'opinion de Prideaux, « Quand on fit lire à Jésus-Christ la seconde leçon dans la synagogue de Nazareth (*Luc.* IV, 16), il y a beaucoup d'apparence que ce fut un *targum* qu'il lut : car le passage d'Isaïe, c. LXI, v. 1, tel qu'il se trouve dans saint Luc n'est exactement ni l'hébreu ni la version des Septante; d'où l'on peut fort bien conclure que cette différence venait de la version *chaldaïque* dont on se servait dans cette synagogue. Et quand sur la croix il prononça le psaume XXI, v. 1, *Eli, Eli, lamma sabacthani; mon Dieu, mon Dieu, pourquoi m'avez-vous délaissé ?* ce n'est pas l'hébreu qu'il prononça, mais le *chaldéen* ; il y a dans l'hébreu, *Eli, Eli, lama azabtani.* » Prideaux et ses copistes pouvaient se dispenser de faire cette observation, puisque plusieurs prophéties citées par saint Matthieu ne se trouvent pas mot pour mot dans le texte hébreu ; il ne s'ensuit pas de là qu'il les a prises dans une *paraphrase chaldaïque*. Jésus-Christ sans doute entendait l'hébreu ; il aurait donc pu citer le texte avec la plus grande exactitude, sans y rien ajouter ; mais cela était-il nécessaire. A supposer même que ce soit saint Luc qui ait fait un léger changement dans les paroles du Sauveur, sans altérer le sens de la prophétie, ce n'est pas un sujet de reproche. Il a pu faire sans crime ce que nous faisons tous les jours ; nous citons l'Ecriture sainte en français, sans nous informer s'il y a des traductions françaises imprimées : quelquefois même nous prenons la liberté de nous écarter de nos versions vulgaires, lorsque nous croyons être bien fondés.

Vainement l'on allègue le commandement fait aux Juifs de méditer continuellement la loi du Seigneur. Au mot VERSION VULGAIRE, nous ferons voir que le peuple a pu exécuter ponctuellement ce précepte, sans savoir lire ni écrire. Prideaux dit qu'il y avait un règlement très-ancien, qui obligeait chaque particulier à avoir chez lui un exemplaire de la loi ; et il cite pour toute preuve de ce fait le témoignage de Maimonide qui a vécu dans le XII<sup>e</sup> siècle. Ainsi les protestants, qui tournent en ridicule les traditions de l'Eglise romaine, nous opposent gravement les traditions des rabbins comme beaucoup plus respectables. La meilleure édition des *tar-*

*gums* ou *paraphrases chaldaïques* est celle que Buxtorf le père a donnée à Bâle en 1620, dans la seconde grande Bible hébraïque; mais on les trouve dans la Polyglotte d'Angleterre, à la réserve du *targum* sur les Paralipomènes, qui n'avait pas encore été publié lorsque Walton a donné cette Polyglotte. Voyez-en les *prolégomènes*, sect. 7, c. 12; Prideaux, *Hist. des Juifs*, l. XVI, t. II, p. 279.

PARASCÈVE, mot grec qui signifie *préparation*. Les juifs nomment ainsi le vendredi de chaque semaine, parce qu'ils sont obligés de préparer ce jour-là leur boire et leur manger pour le lendemain, qui est le jour du sabbat ou du repos. Il ne paraît pas cependant que l'intention de la loi ait été de leur interdire, le jour du sabbat, le travail nécessaire pour pourvoir à la nourriture; mais c'était une des observances superstitieuses que Jésus-Christ leur a reprochées dans l'Évangile (*Matth.* XII, 5, etc.). Il est dit dans saint Jean, c. XIX, v. 14, que le jour auquel Jésus-Christ fut mis en croix était *la parascève de Pâques* ou de la pâque; cela ne signifie pas que l'on préparait alors l'agneau pascal pour le manger, puisqu'il avait été mangé la veille; mais que c'était la préparation au sabbat qui tombait dans la fête de Pâques, et qui était appelé *le grand sabbat*, à cause de la solennité. Dans nos auteurs liturgiques, le vendredi saint est appelé *feria sexta in parascevè*, et c'est la préparation à célébrer, dans la nuit du lendemain, le grand mystère de la résurrection de Jésus-Christ.

PARASCHE. Les juifs nomment ainsi les différentes sections ou leçons dans lesquelles ils ont coupé le texte de l'Écriture sainte pour le lire dans leurs synagogues.

PARATHÈSE, *imposition*. Chez les Grecs, c'est la prière que l'évêque récite sur les catéchumènes, en étendant les mains sur eux pour leur donner la bénédiction, et ils la reçoivent en inclinant la tête. Dans l'Église romaine, le prêtre qui administre le baptême étend la main sur le baptisé, en récitant les exorcismes qui précèdent ce sacrement, et il a la tête couverte; c'est un signe de l'autorité avec laquelle il commande à l'esprit immonde de s'éloigner du baptisé.

PARDON. La raison a persuadé à tous les hommes que Dieu est miséricordieux et porté à la clémence; que quand nous avons eu le malheur de l'offenser, c'est-à-dire d'enfreindre sa loi, nous pouvons obtenir de lui le *pardon* par la pénitence. Sans cette croyance salutaire, un pécheur n'aurait point d'autre parti à prendre qu'un sombre désespoir; vingt crimes de plus ne lui coûteraient rien, dès qu'il pourrait espérer d'échapper à la vengeance des hommes. La révélation a pleinement confirmé cette persuasion générale du genre humain. Dieu, dès le commencement du monde, fit un acte de miséricorde à l'égard du premier pécheur; il ne punit que par une peine temporelle le péché d'Adam, qui méritait une peine éternelle, et il daigna y ajouter la promesse d'un rédempteur. Il remit de même à Caïn, meurtrier de son frère, une partie de la peine qu'il méritait, et il le rassura contre la crainte dont il était saisi, d'être tué par un vengeur. Lors même que Dieu menace les Israélites de punir leurs crimes jusqu'à la troisième et quatrième génération, il promet aussi de faire miséricorde jusqu'à la millième, c'est-à-dire sans bornes et sans mesure (*Exod.* XX, 6). Le Psalmiste nous apprend que Dieu a pitié de nous, comme un père a pitié de ses enfants, parce qu'il connaît le limon fragile dont il nous a formés (*Ps.* CII, v. 13). Cette doctrine est la base du christianisme, puisque c'est là-dessus qu'est fondée la foi de la rédemption. Jésus-Christ ne se contente point de dire : *Soyez miséricordieux comme votre Père céleste; heureux qui les miséricordieux, parce qu'ils recevront miséricorde*; mais il ajoute que « *ceux qui ne pardonnent point à leurs frères ne doivent espérer pour eux-mêmes aucun* pardon ; et il nous a enseigné à dire tous les jours à Dieu : *Notre Père... pardonnez-nous nos offenses, comme nous les pardonnons à ceux qui nous ont offensés*. Lorsque saint Pierre lui demanda : « Seigneur, combien de fois faut-il que je pardonne à mon frère qui m'a offensé : est-ce assez de sept fois? le Sauveur lui répondit : *Je ne vous dis point jusqu'à sept fois, mais jusqu'à soixante et dix fois sept fois*. Par conséquent, sans bornes et sans mesure (*Matth.* XVIII, 21). Il en a donné lui-même l'exemple, puisqu'il n'a refusé le pardon à aucun pécheur. La dernière prière qu'il a faite à son Père sur la croix a été pour lui demander *pardon* pour ceux qui l'avaient crucifié.

On est indigné avec raison lorsqu'on entend les incrédules blâmer la facilité avec laquelle on accorde dans toutes les religions, et particulièrement dans le christianisme, le *pardon* à tous les pécheurs, surtout à l'article de la mort. Sans doute ces censeurs sans pitié se croient eux-mêmes impeccables. Où en seraient-ils, s'il n'y avait lieu d'espérer que Dieu leur pardonnera leurs blasphèmes, et si notre religion ne nous enseignait pas qu'il faut pardonner aux insensés aussi bien qu'aux hommes raisonnables? Entre des êtres aussi faibles et aussi vicieux que le sont les hommes en général, la société ne peut être qu'un commerce continuel de fautes et de *pardons*, et il en est de même de la société religieuse entre Dieu et l'homme. *Voy.* EXPIATION, MISÉRICORDE DE DIEU.

PARDON, chez les juifs, c'est la fête des *Expiations* dont nous avons parlé ailleurs. Ils la célèbrent encore. Léon de Modène observe qu'autrefois, la veille de cette fête, les juifs modernes faisaient une cérémonie très ridicule : ils frappaient trois fois sur la tête d'un coq, en disant à chaque fois *qu'il soit immolé pour moi*, et ils appelaient cette momerie *chappara*, expiation ; mais ils y ont renoncé, parce qu'ils ont compris que c'était une superstition. Nous ne voyons pas dans la loi de Moïse que le coq soit au nombre des animaux qu'il leur était ordonné d'offrir en sacrifice; mais cette victime était commune chez les païens. Le soir ils mangent beaucoup, parce qu'ils observent un jeûne rigoureux le lendemain. Plusieurs se baignent et se font donner les trente-deux coups de fouet prescrits par la loi ; ceux qui retiennent le bien d'autrui font alors des restitutions, quand ils ont de la conscience. Ils demandent *pardon* à ceux qu'ils ont offensés, ils font des aumônes et donnent tous les signes extérieurs de pénitence. Après souper, plusieurs prennent des habits blancs, et sans souliers vont à la synagogue, qui est fort éclairée ce jour-là : ils y font plusieurs prières et plusieurs confessions de leurs fautes. Cet exercice dure au moins trois heures, après quoi ils vont se coucher. Quelques-uns passent la nuit dans la synagogue en priant Dieu et en récitant des psaumes. Le lendemain, dès le point du jour, ils retournent à la synagogue, et y demeurent jusqu'à la nuit, en disant des psaumes, des prières, des confessions, et en demandant *pardon* à Dieu. Lorsque la nuit est venue et que les étoiles paraissent, on sonne du cor pour avertir que le jeûne est fini. Alors ils sortent de la synagogue, se saluent les uns les autres, en se souhaitant une longue vie. Ils bénissent la nouvelle lune, et retournent chez eux prendre leurs repas. Léon de Modène, *Cérém. des Juifs*, III° part., c. 6. Toutes ces démonstrations extérieures ne sont certainement pas un préservatif infaillible contre le péché ; plusieurs hypocrites en abusent sans doute ; d'autres l'ont répétée vingt fois sans restituer le bien d'autrui, et sans en devenir plus scrupuleux sur l'article de la probité. Mais il y aurait de l'entêtement à soutenir qu'elle ne sert à rien du tout, qu'elle n'a jamais contribué à faire réparer ni à prévenir aucun crime : quand elle n'en empêcherait qu'un seul par an, ce serait toujours autant de gagné. Une expérience constante prouve que des pratiques générales et publiques, auxquelles toute une nation ou toute une ville prend part, font plus d'impression que ce que l'on fait en particulier. Les hommes toujours pris par les sens contractent, sans s'en apercevoir, les sentiments et les affections dont ils sont témoins ; tel qui a commencé la cérémonie avec un cœur endurci, se trouve quelquefois ému avant qu'elle finisse, et se convertit entièrement.

PARDON, dans l'Église catholique, est la même chose qu'*indulgence*. *Voy.* ce mot. On appelait aussi autrefois *pardon* la prière que nous nommons l'*Angelus*, parce que les souverains pontifes y ont attaché une indulgence. *Voy.* ANGELUS. Dans les anciens auteurs anglais, *pardon, venia*, signifie l'action de se prosterner pour demander *pardon* à Dieu ; *prostratus in longa venia*, prosterné pendant longtemps par pénitence.

PARÉNÈSE, discours *parénétique*, exhortation à la piété. Tant que la parole aura du pouvoir sur les hommes, il sera utile de leur faire des exhortations et des discours de piété. La plupart d'entre eux pèchent par défaut de réflexion ; ils ont donc besoin d'être rappelés à eux-mêmes et à leurs devoirs par des discours qui les instruisent et les excitent à la vertu. Plusieurs ne savent pas lire ou sont incapables de le faire avec assez d'attention ; un discours sensé, solide, animé, fait sur eux beaucoup plus d'impression qu'une lecture. Le peuple même le plus grossier sent très-bien la différence qu'il y a entre une exhortation bien faite, adaptée à sa capacité et à ses besoins, et un discours vague, qui ne lui apprend rien, ne lui laisse rien dans l'esprit et n'excite aucun sentiment dans son cœur. *Voy.* SERMON.

PARENTS. Dans l'Écriture sainte ce terme se prend non-seulement pour le père, la mère et les aïeux, mais pour tout degré de consanguinité. Les Hébreux confondaient le mot de *frère* avec celui de *parent*. Il est dit de Melchisédech qu'il était sans père, sans mère et sans généalogie, ou sans parents, parce qu'il n'en est pas fait mention dans l'histoire sainte. Chez les anciens, et parmi le peuple qui conserve encore la simplicité des anciennes mœurs, les affections de *parenté* étaient plus vives que parmi nous, et il en résultait un très-grand avantage pour la société. Une famille se soutient par l'attachement et l'intérêt mutuel de ceux qui la composent, par le point d'honneur qui leur fait craindre toute espèce de tache. Si l'un d'entre eux est vicieux, tous se réunissent pour le réprimer. Une fausse philosophie a inspiré un *égoïsme* destructeur. A peine les pères et les enfants, les frères et les sœurs conservent-ils ensemble quelque liaison, et la société se trouve composée de membres très-indifférents les uns aux autres. Lorsque l'Écriture sainte condamne les affections *de la chair et du sang*, elle ne réprouve les attachements de *parenté* que quand ils sont excessifs, et qu'ils peuvent nous faire manquer à ce que nous devons à Dieu et à la société. Jésus-Christ voulut que ses disciples renonçassent à leurs *parents* et à leurs familles, parce qu'il fallait qu'ils se livrassent tout entiers à la prédication de l'Évangile et qu'ils allassent porter la foi à toutes les nations. Les incrédules l'ont accusé faussement d'avoir méconnu lui-même ses *parents* et d'avoir manqué d'affection pour eux. Il était obligé de donner à ses disciples l'exemple d'un détachement parfait ; mais il ne dédaigna pas de mettre au rang de ses apôtres les deux saint Jacques, saint Jude et saint Jean l'Évangéliste, qui étaient ses *parents*. Il y a cependant dans l'Évangile quelques passages dont les incrédules abusent pour étayer leur accusation. Dans saint Marc, c. III, v. 31, il est dit que la mère de Jésus et *ses frères*, c'est-à-dire *ses parents*, vinrent pour lui parler pendant qu'il enseignait le peuple ; que les assistants lui dirent : « Voilà votre mère et vos frères qui sont hors de la maison et qui vous demandent. Jésus répondit : Qui sont ma mère et mes frères ? En montrant ceux qui étaient autour de lui, il dit : Voilà ma mère et mes frères ; celui qui fait la volonté de Dieu est mon frère, ma sœur et ma mère. » Dans ce même chapitre, v. 21, on lit que *ses proches* allèrent pour le prendre ou pour l'enfermer, en disant *il est tombé en démence*. D'ailleurs saint Jean, c. VII, v. 5, nous apprend que ses *parents* ne croyaient pas en lui. De là un incrédule, qui a donné une *histoire critique de Jésus-Christ*, soutient qu'il était en dissension avec sa famille, qu'il la méconnaissait et la méprisait ; que ses *parents*, de leur côté, étaient scandalisés et fâchés de sa conduite ; qu'ils le regardaient comme un insensé qui méritait d'être renfermé. Si cette calomnie avait la moindre lueur de vraisemblance, il serait étonnant que les Juifs, très-instruits des différentes circonstances de la vie du Sauveur, que Celse, Porphyre et Julien, qui avaient lu nos Évangiles avec beaucoup d'attention, n'y eussent pas remarqué ce fait important ; mais c'est un trait de pure malignité de la part des incrédules modernes. Que prouve le premier passage ? Il prouve que Jésus-Christ regardait la fonction d'instruire le peuple comme plus importante que l'obligation de recevoir la visite de ses *parents ;* que cette visite arrivait dans un moment peu favorable ; que Jésus faisait encore plus de cas de la vertu et des dons de la grâce, que des liens du sang et des affections de *parenté*. Il ne s'ensuit rien de plus. Nous soutenons que le second est mal traduit ; si l'on veut examiner de près le texte grec, il porte à la lettre : « Jésus et ses apôtres vinrent à la maison, et la foule s'assembla de nouveau, de manière qu'ils ne pouvaient pas seulement prendre leurs repas. Ceux qui étaient autour de Jésus, ayant entendu le bruit de cette troupe de peuple, sortirent pour fermer la porte, et dirent à ceux qui voulaient entrer : Jésus n'en peut plus, il est en défaillance, ou il est sorti (*Marc.* III, 20). » Il n'est donc point ici question des *proches* ou des *parents* de Jésus, il n'en est parlé qu'au v. 31. L'évangéliste n'a pas pu dire *qu'ils sortirent* de la maison, puisqu'ils n'y étaient pas entrés. Le dessein des apôtres était d'enfermer Jésus ; non par violence, mais pour le délivrer de la foule qui venait l'accabler, et pour lui laisser au moins le temps de prendre de la nourriture. Ce qu'ils disent à cette foule pour l'écarter signifie également *il est sorti* ou *il est hors de lui*, il est tombé en défaillance.

A la vérité, si l'on excepte saint Jean-Baptiste, *parent* du Sauveur, et qui lui rendit témoignage avant même qu'il commençât de prêcher, ses autres *parents* ne crurent pas d'abord en lui, et cela n'est pas étonnant. Une famille pauvre et obscure, telle qu'était celle de Jésus, est naturellement timide. En voyant les contradictions auxquelles Jésus était exposé, ses *parents* craignirent que la haine des Juifs ne retombât sur eux ; l'intérêt de leur repos se joignit au préjugé général, que le fils d'un artisan, né dans l'obscurité, ne pouvait être le Messie ou Rédempteur promis à Israël. Mais après les miracles, la mort, la résurrection et l'ascension de Jésus-Christ, ses *parents* crurent certainement en lui, puisque saint Siméon, son cousin germain, âgé de cent vingt ans, les deux saint Jacques et plusieurs autres de ses *proches* souffrirent le martyre pour lui. *Eusèbe, Hist. eccles.*, l. III, c. 20 et 32. Alors leur foi ne pouvait plus être suspecte ; si elle avait paru plus tôt, les incrédules diraient que la vanité et l'espérance de quelque avantage temporel avaient été les motifs de leur conduite.

PARFAIT, PERFECTION. Ces deux termes ne peuvent être attribués dans le même sens à Dieu et aux créatures. Lorsque nous disons que Dieu est *parfait*, nous entendons qu'il est l'Être par excellence, qui existe de soi-même, qui est sans défaut, dont les attributs ne peuvent augmenter ni diminuer, puisqu'ils sont infinis ; par conséquent tous ces attributs sont des *perfections* absolues. Parmi les êtres créés, au contraire, aucun n'est absolument parfait ; il n'en est aucun dont les attributs ne soient susceptibles d'augmentation et de diminution, puisqu'ils sont bornés. Un être créé est censé *parfait* lorsqu'on le compare à un autre être moins *parfait* que lui, et il est censé imparfait, si on le compare à un être meilleur ou qui a moins de défauts ; ses attributs ne sont donc que des *perfections* ou des imperfections relatives. Quand on demande pourquoi Dieu, qui est tout-puissant, a fait des créatures si imparfaites, c'est comme si l'on demandait pourquoi il a fait des êtres bornés : il ne pouvait pas créer des êtres infinis ou égaux à lui-même. Il n'est aucune créature à laquelle Dieu n'ait pu donner un plus haut degré de *perfection*, et il n'en est aucune à laquelle il n'ait pu aussi en donner moins. Toutes lui sont donc redevables de l'être qu'il leur a donné et du degré de *perfection* qu'il a daigné leur accorder. Si l'on s'obstine à prendre les termes de *perfection* ou d'*imperfection* des créatures dans un sens absolu, on peut fonder sur cet abus des termes, des questions que l'infini n'a pas l'avons fait voir ailleurs. *Voy.* BIEN et MAL. Ceux qui disent que c'est un trait d'injustice et de partialité de la part de Dieu, d'avoir donné à certaines créatures plus de *perfections* qu'aux autres, ne s'entendent pas eux-mêmes. Dans la distribution des dons de pure grâce, peut-il y avoir de l'injustice ou de la partialité ? Dieu sans doute ne doit rien à des créatures qui n'existent pas encore ; l'être qu'il leur donne et chaque degré de *perfection* qu'il y ajoute sont autant de bienfaits purement gratuits. D'ailleurs, la société des créatures sensibles et intelligentes n'est fondée que sur leurs besoins mutuels et sur les secours qu'elles peuvent mutuellement se prêter. Si l'égalité des dons naturels et surnaturels était parfaite entre elles, toute société serait impossible. *Voy.* INÉGALITÉ.

Le terme de *perfection*, dans le Nouveau Testament, signifie ordinairement l'assemblage des vertus morales et chrétiennes ; les *parfaits* sont ceux qui évitent toute espèce de crime et pratiquent la vertu, autant que la faiblesse humaine en est capable. Lorsque Jésus-Christ nous dit : «*Soyez* parfaits *comme votre Père céleste est* parfait (*Matth.* v, 48), on conçoit aisément que cette comparaison ne doit pas être prise à la rigueur; Jésus-Christ nous commande seulement de faire tous nos efforts pour imiter les *perfections* de Dieu, surtout sa bonté bienfaisante à l'égard de tous les hommes; c'est principalement de cet attribut divin qu'il est question dans cet endroit. Il en était de même lorsque Dieu disait aux Juifs : *Soyez saints, parce que je suis saint.* Un jeune homme étant venu demander au Sauveur ce qu'il devait faire pour obtenir la vie éternelle, et ayant assuré qu'il avait gardé tous les commandements de Dieu, notre divin Maître répliqua : *Si vous voulez être* parfait, *allez vendre ce que vous possédez, donnez-le aux pauvres, vous aurez un trésor dans le ciel, et venez me suivre* (*Matth.* xix, 21). Il y a donc un degré de *perfection* qui n'est pas commandé en rigueur et sous peine de damnation, mais par lequel on peut mériter une plus grande récompense dans le ciel; et cette *perfection* consiste principalement dans la pratique des conseils évangéliques. *Voy.* Conseils.

PARFUM. *Voy.* Encens.

PARHERMENEUTES, faux interprètes. On nomma ainsi dans le vii° siècle certains hérétiques qui interprétaient l'Ecriture sainte selon leur sens particulier, et qui ne faisaient aucun cas des explications de l'Eglise et des docteurs orthodoxes. C'est probablement ce qui donna lieu au dix-neuvième canon du concile *in Trullo*, tenu l'an 692, qui défend d'expliquer l'Ecriture sainte d'une autre manière que les saints Pères et les docteurs de l'Eglise. Mais cet abus a été commun à toutes les sectes d'hérétiques.

PARJURE. Ce crime se commet en deux manières : 1° lorsque l'on jure ou que l'on atteste par serment une chose que l'on sait ou que l'on croit être fausse; 2° lorsque l'on n'exécute point ce que l'on avait promis avec serment; dans l'un et l'autre cas, c'est prendre le nom de Dieu en vain, et manquer de respect à Dieu, dont on a osé attester le saint nom. Barbeyrac, dans son *Traité de la morale des Pères*, c. xi, § 14, a trouvé bon d'accuser saint Basile d'avoir eu des idées trop peu justes sur le *parjure*, et d'avoir supposé que c'en est un, lorsqu'en jurant l'on s'est trompé de bonne foi. Il cite l'homélie sur le *Ps.* xiv, n. 5; et les nouveaux éditeurs de saint Basile ont fait voir que cette homélie n'est pas de lui. Mais, quel qu'en soit l'auteur, on le censure mal à propos. Il dit que celui qui a juré de faire une chose, *en la croyant possible* lorsqu'elle ne l'était pas, s'est exposé à commettre une espèce de *parjure*, puisqu'il ne peut pas accomplir ce qu'il avait promis avec serment. Nous ne voyons pas en quoi cet auteur s'est trompé. Quant à saint Basile qui décide. *ep.* 199, *ad Amphiloch.*, can. 29, que le jurement est absolument défendu, il parle comme l'Evangile, et il l'explique, en disant qu'il faut apprendre à ceux qui sont constitués en autorité à *ne pas jurer aisément*. Ensuite il remarque avec raison que celui qui a juré imprudemment de faire une mauvaise action augmente son crime en exécutant son mauvais dessein, sous prétexte qu'il ne veut pas se parjurer; il donne pour exemple Hérode, qui ôta la vie à saint Jean-Baptiste, parce qu'il l'avait ainsi juré. Où est ici l'erreur? En conséquence Beausobre, autre protestant calomniateur des Pères, a excusé les *parjures* que se permettaient les manichéens et les priscillianistes pour cacher leurs erreurs. Ces critiques ne sont casuistes sévères que quand il s'agit d'accuser les Pères de l'Eglise. *Voy.* Jurement.

PAROISSE, terme formé du grec, παροικία, *demeure voisine*. On nomme ainsi la réunion de plusieurs maisons ou de plusieurs hameaux, sous un seul pasteur qui les dessert *in divinis* dans une église particulière, que l'on appelle pour ce sujet *église paroissiale*; et le pasteur en titre se nomme *curé*. Ce qui regarde l'érection, les droits, les revenus, l'administration des *paroisses*, appartient à la discipline, par conséquent à la jurisprudence canonique; nous ne ferons qu'en rapporter historiquement l'origine comme elle se trouve dans les écrivains ecclésiastiques.

Selon les observations du P. Thomassin, il ne paraît pas que pendant les quatre premiers siècles de l'Eglise, il y ait eu des *paroisses* ni des curés en titre; on ne voit point alors de vestiges d'aucune église subsistante, à laquelle l'évêque ne présidât pas. Ce ne fut que vers la fin du iv° siècle que l'on commença d'ériger des *paroisses* en Italie. Cependant, dès le temps de Constantin, il y avait, dans la ville d'Alexandrie et dans les campagnes des environs, des *paroisses* établies; saint Epiphane nous l'apprend; saint Athanase ajoute que dans les villages il y avait des églises et des prêtres pour les gouverner; il en compte dix dans le pays appelé la *Maréote*. Il dit qu'aux jours de fêtes solennelles les curés d'Alexandrie ne célébraient point la messe, mais que tout le peuple s'assemblait dans une église pour assister aux prières et au sacrifice offert par l'évêque. Thomassin, *Discipline de l'Eglise*, 1" part., l. i, c. 21 et 22. En effet, comme l'a remarqué Bingham, à mesure que le nombre des fidèles s'est augmenté, il a fallu multiplier les églises et les ministres pour célébrer l'office divin et administrer les sacrements, surtout dans les grandes villes. Les mêmes raisons, qui ont engagé à augmenter le nombre des diocèses et des évêques, ont également porté ceux-ci à ériger des *paroisses*, à en confier le gouvernement à des prêtres éprouvés, parce qu'ils ne pouvaient plus suffire seuls aux besoins des fidèles. De là on peut conclure que, dès les premiers siècles, il y avait dans les grandes villes, telles que Rome et Alexandrie, sinon des *paroisses*, du moins l'équivalent, c'est-à-dire des églises particulières où l'on célébrait l'office divin aussi bien que dans l'église cathédrale ou épiscopale. Optat de Milève nous apprend qu'à Rome il y avait déjà quarante églises ou basiliques, avant la persécution de Dioclétien, par conséquent à la fin du iiie siècle. De là Bingham conclut que les moindres villes avaient aussi au moins une église desservie par des prêtres et des diacres; qu'il y en avait même à la campagne, dans les villages et les hameaux où les fidèles pouvaient s'assembler, dans les temps de persécution, avec moins de danger que dans les villes, comme il paraît par les conciles d'Elvire et de Néocésarée tenus dans ce temps-là. L'an 542, le concile de Vaisons fait aussi expressément mention des *paroisses* de la campagne, et accorde aux prêtres qui les gouvernent le pouvoir de prêcher, qui avait été d'abord réservé aux évêques. On en établit de même successivement dans les Gaules et dans les pays du Nord; cependant, en Angleterre, cet établissement paraît n'avoir eu lieu que vers la fin du viie siècle. Bingham avoue encore que, dans les grandes villes, les *paroisses* ne furent pas d'abord desservies par des curés en titre, mais par des prêtres que les évêques choisissaient dans leur clergé, et qu'ils changeaient ou révoquaient à volonté. C'est aussi le sentiment de M. de Valois dans ses *Notes sur le premier livre de Sozomène*, c. 15. On ne sait pas précisément s'il en était de même des *paroisses* de la campagne, surtout de celles qui étaient un peu éloignées de la ville épiscopale. *Orig. ecclés.*, t. III, l. xix, c. 8, § 1 et suiv.

PAROISSE (1) est le nom par lequel on désigne un certain territoire, dont les habitants sont soumis, pour le spirituel, à la conduite d'un curé. On donne aussi le nom de *paroisse* à l'église paroissiale, et quelquefois ce mot se prend encore pour tous les habitants d'une *paroisse*, pris collectivement. Les marques qui distinguent les *paroisses* des autres églises sont les fonts baptismaux, le cimetière, la desserte de l'église faite par un curé, et la perception des dîmes. Il y a néanmoins quelques-unes de ces marques qui sont aussi communes à d'autres églises; mais il n'y a que les *paroisses* qui soient régies par un curé. Les droits des *paroisses* sont que les fidèles doivent y assister aux offices et instructions; que, pendant la grand' messe paroissiale, on ne devrait point célébrer de messes particulières; que chacun doit rendre le pain bénit à son tour, s'acquitter du devoir pascal dans sa *paroisse*; que le curé de la *paroisse*, ou celui qui est commis par lui, peut seul administrer les sacrements aux malades; enfin, que chacun doit être baptisé, marié et inhumé dans la *paroisse* où il demeure actuellement. Les registres que les curés sont obligés de tenir des baptêmes, mariages et sépultures, sont ce que l'on appelle vulgairement les *registres des paroisses*. Autrefois les curés, avant de dire la messe, interrogeaient les assistants pour savoir s'ils étaient tous de la *paroisse*; s'il s'en trouvait d'étrangers, ils les renvoyaient dans leur Eglise.

(1) Reproduit d'après l'édition de Liége (*Droit civil et canon*).

Trois choses peuvent donner lieu à l'érection des nouvelles *paroisses*. 1° La nécessité et l'utilité qu'il y a de le faire, par rapport à la distance des lieux, l'incommodité que le public souffre pour aller à l'ancienne *paroisse*, et la commodité qu'il trouvera à aller à la nouvelle; 2° la réquisition des personnes de considération, à la charge par ces personnes de doter la nouvelle église; 3° la réquisition des peuples, auxquels on doit procurer tous les secours spirituels autant qu'il est possible. Avant de procéder à une nouvelle érection, il est d'usage de faire une information *de commodo et incommodo* (1). Dix maisons sont suffisantes pour former une *paroisse*; le concile d'Orléans, tenu dans le viie siècle, et celui de Tolède, l'ont ainsi décidé. C'est à l'évêque à procéder à la division et érection des *paroisses*. La direction des *paroisses* dépendantes des monastères, exempts ou non exempts, appartient à l'évêque diocésain privativement aux religieux. Les anciennes *paroisses* qui ont été démembrées pour en former de nouvelles, sont considérées, à l'égard de celles-ci, comme mère-églises, ou églises matrices; et les nouvelles *paroisses* sont quelquefois qualifiées de filles ou fillettes à l'égard de l'église matrice. Quelques *paroisses* ont aussi des annexes et succursales.

Quoique en général les *paroisses* aient un territoire circonscrit, il y en a plusieurs où il se trouve des fermes en terres qui sont, pendant un an d'une *paroisse*, et l'année suivante d'une autre. C'est surtout ce qu'on remarque pour différentes terres et fermes de la Beauce et de la Sologne. Il y avait aussi autrefois des *paroisses* personnelles, et non territoriales, c'est-à-dire que la qualité des personnes les attachait à une *paroisse*, et le curé avait droit de suite sur ses paroissiens. L'exemple le plus singulier que l'on trouve de ces *paroisses* personnelles est celui des églises de Sainte-Croix et de Saint-Maclou, de la ville de Mantes. Suivant une transaction passée entre les deux curés, l'église de Sainte-Croix était la *paroisse* des nobles et des clercs; dès qu'un homme avait été tonsuré, il devenait dépendant de cette *paroisse*, et quand même il venait à se marier, lui et toute sa famille demeuraient toujours attachés à la même *paroisse*; mais cette transaction fut, avec juste raison, déclarée abusive par arrêt du grand conseil de l'année 1677, qui ordonna que ces deux *paroisses* seraient divisées par territoire, et l'exécution en fut ordonnée par un autre arrêt du 31 mai 1715. A Amboise, la *paroisse* de la chapelle ne s'étend que sur le bailli, le lieutenant général, l'avocat et le procureur du roi, le lieutenant de police, les officiers des eaux et forêts, les verdiers des bois, la noblesse, les possesseurs de fiefs, les gardes du gouverneur, les nouveaux habitants de la

(1) Pour l'érection d'une nouvelle paroisse sous le rapport temporel, l'évêque présente les demandes au gouvernement, qui érige, de concert avec lui, une église en cure ou succursale.

ville pendant la première année de leur établissement, les voyageurs, les officiers du roi et de la reine. Une maison bâtie sur les confins de deux *paroisses*, est de celle en laquelle se trouve la principale porte et entrée de la maison.

L'union de plusieurs *paroisses* ensemble ne peut être faite que par l'évêque; il faut qu'il y ait nécessité ou utilité, et ouïr les paroissiens. On fait au prône des *paroisses* la publication de certains actes, tels que les mandements et lettres pastorales des évêques.

Les criées des biens saisis se font à la porte de l'église paroissiale. On appelle *seigneur de paroisse* celui qui a la haute justice sur le terrain où l'Eglise paroissiale se trouve bâtie, quoiqu'il ne soit pas seigneur de tout le territoire de la *paroisse*. Le gouvernement spirituel des *paroisses* consiste dans tout ce qui concerne la célébration du service divin, l'administration des sacrements, les instructions, les catéchismes, les cérémonies de la sépulture, etc. Le gouvernement temporel comprend l'entretien de l'église paroissiale et des chapelles qui en dépendent, la réparation ou la nouvelle construction du clocher, des cloches, des murs du cimetière, du presbytère; la fourniture des choses nécessaires pour célébrer le service divin; l'administration des biens et des revenus de la fabrique; l'élection et la nomination des marguilliers et des fabriciens; les fonctions des uns et des autres, etc. Le curé est seul en droit de régler ce qui regarde le spirituel de la *paroisse*; mais il est obligé de se conformer aux statuts du diocèse et à l'usage des lieux. Quant au temporel, c'est au corps des paroissiens à faire les règlements qui y sont relatifs; mais il faut que ces règlements soient conformes aux lois de l'Etat et aux statuts et usages du diocèse (1). Le patronage d'une *paroisse* est dû à celui qui a fondé l'église paroissiale, ou qui a fourni à son entretien. (Extrait du *Diction. de Jurisprudence*).

PAROLE. Ce mot en Hébreu a une signification aussi étendue que *res* en latin, qui vient évidemment du grec ῥέω, *je parle*, et que notre mot français *chose*, qui est le *causa* des Latins : nous disons encore *causer* pour *parler*. Comme presque tout se fait par la *parole* parmi les hommes, dans nos versions latines de l'Ecriture sainte, le mot *verbum*, qui est la traduction de l'Hébreu *dabar*, signifie non-seulement *parole*, *promesse*, *volonté déclarée*, *révélation*, mais *chose*, *action*, *événement*, etc. Il serait aisé d'en apporter vingt exemples.

PAROLE DE DIEU. Lorsque Dieu a fait connaître sa volonté aux hommes, soit par lui-même, soit par d'autres hommes auxquels il a donné des signes certains d'une mission surnaturelle, ce qui nous a été ainsi révélé est censé être la *parole de Dieu*. Conséquemment nous donnons ce nom à l'Ecriture

---

(1) Nous avons donné dans notre Dict. de Théologie morale les règlements actuellement en vigueur pour le gouvernement temporel des paroisses.

sainte, parce qu'elle a été originairement écrite par des hommes auxquels Dieu avait donné commission expresse de nous parler de sa part. Il n'est pas nécessaire que Dieu ait révélé ou inspiré immédiatement aux écrivains sacrés toutes les expressions et tous les termes dont ils se sont servis; il suffit que Dieu leur ait révélé ce qu'ils ne pouvaient pas savoir naturellement, qu'il les ait excités, par un mouvement de sa grâce, à écrire, et qu'il ait veillé, par une assistance particulière, à ce qu'ils n'enseignassent aucune erreur. Que cette *parole* ait été prononcée de vive voix, ou qu'elle ait été mise par écrit, c'est une circonstance accidentelle qui n'en change point la nature. Les apôtres ont commencé par prêcher avant d'écrire; la foi de ceux qui les ont entendus n'était pas différente de la foi de ceux qui ont lu leurs écrits : Dieu, sans doute, peut veiller à la conservation d'une doctrine prêchée de vive voix, comme à la sûreté et à l'intégrité de l'Ecriture : c'est ainsi qu'il a conservé la révélation primitive, pendant deux mille cinq cents ans, parmi les patriarches.

Lorsque les hommes qui avaient reçu de Dieu une mission extraordinaire et surnaturelle, ont déclaré qu'ils avaient le pouvoir de donner à d'autres cette même mission, et qu'ils la leur ont donnée en effet pour continuer le même ministère, nous ne voyons pas pourquoi l'on refuserait de regarder comme *parole de Dieu* la doctrine de ces nouveaux envoyés, aussi bien que celle des premiers, surtout lorsqu'ils déclarent tous qu'il ne leur est pas permis de rien ajouter ni de rien changer à ce qui a été prêché d'abord, et que tous enseignent uniformément la même doctrine. *Saint Paul* nous dit que Jésus-Christ a donné non-seulement des apôtres, des prophètes et des évangélistes, mais encore des pasteurs et des docteurs, « afin que nous nous rencontrions tous dans l'unité de la foi...., et que nous ne soyons pas comme des enfants, flottants et emportés à tout vent de doctrine (*Ephes.* IV, 11). » La mission des pasteurs et des docteurs qui ont succédé aux apôtres et aux évangélistes est donc la même que la leur; elle vient de la même source, elle a le même objet; elle mérite donc la même docilité et le même respect de notre part. Le même apôtre dit à son disciple Timothée, qu'il sera bon ministre de Jésus-Christ, en proposant aux fidèles la foi dans laquelle il a été nourri, et la bonne doctrine qu'il a reçue; il lui ordonne de l'enseigner, de la commander (*I Tim.* IV, 6 et 11); de la garder comme un dépôt (VI, 20); de la confier à des hommes fidèles qui seront capables d'enseigner les autres (*II Tim.* II, 2). Après lui avoir dit : « Et, comme vous connaissez dès l'enfance les saintes lettres qui peuvent vous instruire pour le salut par la foi qui est en Jésus-Christ...... » il ajoute: « Je vous en conjure en présence de Dieu et de Jésus-Christ, prêchez la *parole*, etc. (III, 15; IV, 1). » Voilà donc une continuation de mission et de ministère apostolique. Si la lecture de l'Ecriture sainte était absolument nécessaire et suffisait à tous les fidèles pour leur donner la foi et la science du salut, qu'était-il encore besoin de leur prêcher la *parole?* Mais c'est parce que Timothée connaissait ces saints livres, que Paul le jugé capable de prêcher et d'enseigner. L'apôtre pensait donc que la prédication ou l'enseignement des pasteurs était pour les simples fidèles la *parole de Dieu*, et leur tenait lieu des saintes lettres que la plupart ne connaissaient pas et ne pouvaient pas connaître. *Voy.* ECRITURE SAINTE. Ainsi, nous disons que les pasteurs et les prédicateurs nous prêchent la *parole de Dieu*, parce qu'ils ont reçu la mission ordinaire des évêques, et nous sommes certains qu'ils ne nous enseignent rien de contraire à la *parole de Dieu* écrite, tant qu'ils ne sont pas désavoués par ceux qui leur ont donné cette mission. *Voy.* MISSION.

PARRAIN, c'est celui qui présente un enfant au baptême, qui le tient sur les fonts, qui répond de sa croyance et lui impose un nom. Dans les premiers siècles du Christianisme, il était à craindre que l'on ne fût trompé par quelques-uns de ceux qui se présentaient pour recevoir le baptême; on voulut, pour sûreté, avoir le témoignage d'un chrétien bien connu, qui pût répondre de la croyance et des mœurs du nouveau prosélyte, qui se chargeât de continuer à l'instruire et à le surveiller. Ce répondant fut nommé *pater lustralis, lustricus parens, sponsor, patrinus, susceptor, gestator, offerens.* Et il en fut de même des *marraines* par rapport aux personnes du sexe. Cet usage que la prudence avait suggéré à l'égard des adultes, fut jugé utile et convenable à l'égard des enfants, lorsque ce n'étaient point leurs pères et mères qui les présentaient au baptême, il fallait que quelqu'un répondît pour eux aux interrogations qu'on leur faisait. Comme la fonction des *parrains et marraines* à l'égard de leur *filleul* était une espèce d'adoption, l'Eglise jugea convenable qu'elle produisît la même affinité; elle devint un empêchement au mariage, et une loi de Justinien confirma cette discipline. Pendant un temps la coutume s'introduisit de prendre plusieurs *parrains* et plusieurs *marraines;* aujourd'hui l'on n'en prend plus qu'un de chaque sexe; l'on peut en prendre un pour la confirmation, quoique cela ne soit pas absolument nécessaire. Cet usage a été sagement conservé; indépendamment des raisons qui l'ont fait établir dans l'origine, l'affinité spirituelle que contractent le *parrain* et la *marraine* avec leur *filleul* et avec ses père et mère, est un lien de plus entre les familles qui ne peut produire que de bons effets; souvent un enfant qui avait perdu ses parents a trouvé une ressource très-avantageuse dans ceux qui l'avaient présenté au baptême. Saint Augustin nous apprend que les vierges consacrées à Dieu rendaient souvent ce service de charité aux enfants qui avaient été exposés par la cruauté de leurs parents. Bingham, *Orig. ecclés.*, tom. IV, l. II, c. 8.

PARRICIDE. Sous ce nom les auteurs ecclésiastiques entendent non-seulement le meurtre d'un père ou d'une mère commis par un enfant, mais celui d'un enfant commis par son père ou par sa mère. Ce crime a toujours été puni par les lois de l'Eglise aussi bien que par les lois civiles; la peine ordinaire était l'excommunication ou l'état de pénitence perpétuelle; dans plusieurs Eglises il était défendu d'accorder aux coupables la communion, même à la mort. Lorsque les païens s'avisèrent d'accuser les chrétiens d'égorger un enfant dans leurs assemblées, nos apologistes firent sentir l'absurdité de cette calomnie par l'horreur que notre religion nous inspire pour l'homicide en général; mais ils reprochèrent avec force aux païens la multitude des meurtres qui se commettaient parmi eux, la cruauté avec laquelle les pères et mères exposaient leurs enfants pour se décharger de la peine de les nourrir, le peu de scrupule qu'avaient les femmes de se faire avorter. Dans la discipline actuelle, toutes les espèces d'homicides sont encore un cas réservé. Bingham, *Orig. ecclés*, t. VI, l. XVI, c. 10, § 5.

PARSIS ou PARSES, sectateurs de l'ancienne religion des Perses dont Zoroastre a été l'auteur ou le restaurateur. Comme les anciens docteurs ou ministres de cette religion se nommaient *mages*, elle est quelquefois appelée le *magisme.*

Jusqu'à nos jours elle avait été assez mal connue, et elle avait fourni aux savants une ample matière de disputes; les auteurs grecs et latins ne nous en avaient donné que des notions très-imparfaites. Dans le dernier siècle, Hyde, savant anglais, dans son traité *de Religione veterum Persarum*, en avait fait l'éloge plutôt que le tableau; il prétendait que les Grecs, et mêmes les Pères de l'Eglise, l'avaient mal représentée, et avaient attribué aux mages des erreurs auxquelles ceux-ci n'avaient jamais pensé; que la doctrine de Zoroastre était, dans le fond, la croyance d'Abraham et de Noé, la vraie religion des patriarches. Prideaux, dans son *Histoire des Juifs*, tom. I, l. IV, p. 131, en jugea beaucoup moins favorablement; il soutint que les *parsis* étaient *dualistes* et *polythéistes;* qu'ils admettaient deux premiers principes de toutes choses, qu'ils adoraient le soleil, le feu, et plusieurs autres créatures; que sur ce point essentiel les anciens auteurs ne leur en avaient point imposé.

Pour savoir plus certainement la vérité, M. Anquetil entreprit, en 1755, le voyage des Indes, où il savait qu'il y a un assez grand nombre de *parsis*, afin de se procurer les ouvrages originaux de Zoroastre, qui étaient encore inconnus en Europe; il les y a trouvés en effet, les a rapportés en France, et en a donné la traduction en 1771, sous le titre de *Zend-Avesta.* Avec ce secours et celui de plusieurs mémoires insérés dans la *Collection de l'Académie des Inscriptions*, nous pouvons juger de la religion de Zoroastre et des *parsis* avec beaucoup plus de certitude qu'autrefois

Dans le tome LXX, in-12, de ces mémoires, M. Anquetil s'est attaché à prouver que les ouvrages qu'il a publiés sous le nom de Zoroastre sont véritablement de ce législateur, ou du moins qu'ils sont aussi anciens que lui; il a répondu aux doutes et aux objections que quelques savants avaient proposés contre l'authenticité de ces écrits, et nous ne voyons pas que l'on ait encore tenté de détruire les preuves qu'il a données.

La vie de Zoroastre est tirée de ses propres ouvrages et de ceux de ses disciples, des écrivains orientaux rapprochés des auteurs grecs et latins. Ce législateur a paru, selon M. Anquetil, cinq cent cinquante ans avant Jésus-Christ. Hyde est de même avis, et Prideaux ne s'en écarte pas beaucoup. A peu près dans le même temps, Confucius instruisait les Chinois; Phérécide le Syrien, maître de Pythagore, jetait les premiers fondements de la philosophie grecque; les Juifs, transportés à Babylone par les rois d'Assyrie, attendaient la fin de leur captivité. Jérémie, Ézéchiel et Daniel nous ont représenté la religion des Babyloniens comme l'idolâtrie la plus grossière; il est probable que celle des Mèdes et des Perses n'était pas moins corrompue lorsque Zoroastre entreprit de la réformer. Il se retira dans la solitude pour arranger son système; il en sortit pour faire l'inspiré et le prophète; il publia d'abord sa doctrine dans la Médie, sur les bords de la mer Caspienne; il gagna le roi des Mèdes par la persuasion; il séduisit le peuple par des prestiges; il subjugua ses adversaires par la crainte; ses disciples lui ont attribué des milliers de miracles. Enflé de ses succès, il fit mettre des armées en campagne pour établir sa loi par la violence, et c'est ainsi qu'il l'étendit jusque dans les Indes; il fut tout à la fois enthousiaste, imposteur, orgueilleux et sanguinaire. *Zend-Avesta*, tom. I, II° part., p. 64 et 65.

Malgré les peines que M. Anquetil s'est données pour exposer le système théologique de Zoroastre et des mages, *Mém. de l'Acad. des Inscrip.*, t. LXIX, in-12, p. 85, il n'est pas encore fort aisé de prendre le vrai sens de ses dogmes, et il y a sur ce sujet une grande contestation. Selon M. Anquetil, Zoroastre admet un Dieu suprême qu'il nomme l'*Eternel* ou *le temps sans bornes*, et il professe le dogme important de la création. Il suppose que l'Eternel a produit ou créé deux esprits ou génies supérieurs, dont l'un nommé *Ormuzd* est le principe de tout bien; l'autre, appelé *Ahriman*, est naturellement mauvais et cause de tous les maux qui sont dans le monde; que ces deux esprits en ont produit une infinité d'autres qui animent et gouvernent les éléments et les différentes parties de la nature. Conséquemment les mages et les *parsis* adressent un culte à tous ces êtres, ils invoquent ceux qu'ils regardent comme les distributeurs de tous les biens, et implorent leur secours contre les mauvais génies qu'Ahriman a produits. M. Anquetil prétend que ce culte est secondaire et relatif, qu'il se rapporte du moins indirectement à l'Eternel, créateur d'Ormuzd et de tous les bons génies. Mais les preuves qu'il en apporte n'ont pas persuadé tous les savants. M. l'abbé Foucher, qui travaillait alors à un *Traité historique de la religion des Perses*, dans le temps même que M. Anquetil était occupé à la recherche et à la traduction des livres de Zoroastre, s'était appliqué à prouver contre le docteur Hyde, que les Perses professaient non-seulement le *dualisme*, par conséquent une erreur contraire au dogme de l'unité de Dieu, mais qu'ils étaient encore *sabaïtes* ou adorateurs des astres, dans toute la rigueur du terme, et que ce culte ne pouvait en aucune manière se rapporter à un seul Dieu suprême. Ce traité se trouve dans les tomes XLII, p. 161; L, p. 159; LVI, p. 336, des *Mémoires de l'Académie des Inscript.*, in-12.

Après avoir lu le *Zend-Avesta* et les remarques de M. Anquetil, M. l'abbé Foucher est demeuré convaincu de la vérité de ce qu'il avait avancé; et dans un supplément à son traité, il prouve, par les ouvrages même de Zoroastre, que ce fondateur de la religion des Perses n'admet point distinctement un seul premier principe éternel, agissant, tout-puissant et créateur; que selon sa doctrine, *Ormuzd* et *Ahriman* sont deux êtres éternels, et incréés; qu'ils sont sortis du temps sans bornes, non par création, mais par émanation; qu'à proprement parler, ces deux personnages sont les deux seuls dieux, puisque le temps sans bornes n'a point de providence, et n'a eu aucune part à la formation ni au gouvernement du monde. Il fait voir, par les prières mêmes que les *parsis* adressent au soleil, au feu et à l'eau, qu'ils envisagent ces êtres non-seulement comme intelligents et capables d'entendre leurs prières, mais comme puissants et indépendants; qu'ainsi le culte qui leur est rendu peut se rapporter tout au plus à *Ormuzd* qui est leur auteur; mais non à l'Etre suprême et éternel, créateur et gouverneur du monde: d'où il conclut que les *parsis* sont non-seulement *dualistes*, et *sabaïtes*, mais que leur culte est une vraie *magie* ou une *théurgie* absolument semblable à celle des platoniciens du III° et du IV° siècle de l'Eglise. A proprement parler, ils ne sont point *idolâtres*, puisqu'ils ne représentent point par des statues ou des simulacres les esprits ou génies qu'ils adorent, mais ils les honorent dans les êtres naturels avec lesquels ils les supposent identifiés. *Voy.* le tom. LXXIV, in-12, des *Mémoires de l'Acad.*, pag. 235 et suiv.

De là même il s'ensuit que Zoroastre a été non-seulement un imposteur et un faux prophète, mais un mauvais philosophe. Le dogme des deux principes, quand il serait tel que M. Anquetil l'a conçu, ne montre pas un raisonneur profond, il ne résout point la difficulté de l'origine du mal et ne satisfait à aucune objection; que Dieu soit par lui-même l'auteur du mal, ou qu'il ait créé un mauvais principe qui devait le produire et dont il prévoyait la malignité, cela revient au même ; l'un n'est pas plus aisé à concevoir que l'autre. *Voy.* MANICHÉISME. Si l'on suppose que ce principe du mal est éternel et incréé, l'on tombe dans un chaos d'absurdités. Dans les prières des *parsis*, dans toutes leurs cérémonies, *Ormuzd*, être secondaire, est le seul objet de leur confiance et de leurs vœux ; c'est lui qu'ils adorent sous l'emblème du feu : l'Eternel ou le temps sans bornes n'est jamais nommé ni invoqué. Quand même ils regarderaient *Ormuzd* comme l'Être suprême, éternel et incréé, ils lui feraient encore injure, en supposant son pouvoir borné et toujours gêné par un ennemi contre lequel il est continuellement obligé de combattre. Ce n'est point lui qui a créé *Ahriman* ; si celui-ci est éternel et incréé, il est absurde de le supposer essentiellement mauvais. La *Cosmogonie*, ou *l'histoire de la formation du monde*, forgée par Zoroastre, est remplie de fables puériles et ridicules. Selon lui, le ciel, la terre, les astres, les eaux, le feu et toutes les parties de la nature sont animées par des esprits ou des génies ; les moindres phénomènes sont l'opération d'un personnage bon ou mauvais ; c'est le même préjugé qui a fondé le polythéisme de tous les peuples. L'imagination des *parsis*, toujours frappée de la présence de ces êtres bizarres, n'est jamais tranquille ; à tout moment et pour toutes les actions il faut leur adresser des prières ; n'est-il pas ridicule d'invoquer la terre, les vents, les eaux, les arbres, les fruits, les villes, les rues, les maisons, les mois, les jours, les heures, etc. ? Les païens les plus superstitieux n'ont jamais poussé la stupidité jusque-là. Si un *parse* était exact à observer son rituel et toutes les formules qui lui sont prescrites, il ne lui resterait pas un instant pour remplir les devoirs de la vie civile ; sa religion l'assujettit à un cérémonial continuel.

On nous dit que la morale de Zoroastre renferme des préceptes très-sages, qu'elle commande tous les devoirs de justice et d'humanité. Sa loi défend les péchés de pensées, de paroles et d'actions, l'injustice, la fraude, la violence, l'impudicité ; elle veut que la plupart des crimes soient punis de mort ; elle ne prescrit point d'austérités, mais de bonnes œuvres : prêter sans intérêt, planter un arbre, mettre un enfant au monde, nourrir un animal utile, etc., sont des actions méritoires. Mais ces notions raisonnables sont étouffées par la multitude de choses indifférentes qui sont rigoureusement prescrites par cette même loi, ou défendues comme des crimes. Il est absurde de représenter comme des péchés à peu près égaux, de faire tort ou violence à un homme et de blesser un animal, de commettre un adultère et d'approcher d'un corps mort, de mentir pour tromper son prochain et de toucher des ongles ou des cheveux coupés. Si un *parse* avait craché dans le feu ou l'avait soufflé, ou y avait jeté de l'eau, il se croirait digne de l'enfer. Cette multitude de péchés ou de souillures imaginaires met les *parsis* dans la nécessité de recourir à des purifications continuelles ; les plus efficaces se font avec de l'urine de bœuf, et ils ont le courage d'en boire ; la plupart de leurs cérémonies sont d'une malpropreté qui fait soulever le cœur. L'usage dans lequel ils sont de ne point enterrer les morts, mais de les laisser corrompre au grand air et dévorer par les oiseaux carnassiers, suffirait pour infecter les vivants dans des climats moins chauds et moins secs que ceux de la Perse et des Indes. Nous sommes surpris de ce que le savant académicien qui, depuis peu, a comparé ensemble Zoroastre, Confucius et Mahomet, a parlé si avantageusement de la doctrine de Zoroastre ; après l'avoir bien examinée nous ne concevons pas en quel sens on a pu le nommer *un grand homme*. Nous voyons encore moins sur quoi peut être fondé l'éloge pompeux qu'en a fait l'auteur de l'*Essai sur l'hist. du Sabéisme*, c. 11. Nos beaux esprits modernes espèrent-ils donc que les louanges qu'ils donnent aux fondateurs des fausses religions tourneront au désavantage de la véritable ?

Les préceptes de charité et de justice doivent être les mêmes à l'égard de tous les hommes ; mais les *parsis* n'en font l'application qu'aux sectateurs de leur religion ; leurs observances minutieuses et l'exemple de leur législateur leur inspirent le mépris et l'aversion pour tous ceux qui ont une croyance différente de la leur. La cruauté avec laquelle ils punissent les criminels, lorsqu'ils en sont les maîtres, décèle en eux un caractère atroce ; infliger la peine de mort indifféremment pour des crimes très-inégaux, et dont les conséquences ne sont pas également pernicieuses, est un abus qui marque peu de discernement et de sagesse dans un législateur. On a beau dire que les *parses* sont en général doux, obligeants, sociables, d'un commerce sûr et paisible ; cela vient moins de leur croyance et de leur morale, que de l'état d'esclavage et d'impuissance dans lequel ils sont réduits sous la domination des mahométans qui les haïssent et les méprisent. Ceux-ci ne les nomment point autrement que *giaour*, *gaures* ou *guèbres*, c'est-à-dire infidèles. Aussi la religion de Zoroastre, établie d'abord par la violence, a été successivement persécutante ou persécutée, selon que ses sectateurs ont été les plus forts ou les plus faibles. Cambyse, roi de Perse, vainqueur des Egyptiens, se fit un jeu d'insulter à leur religion et d'égorger leurs animaux sacrés. Les mages, qui se trouvaient dans l'armée de Xerxès, l'engagèrent à brûler et à détruire les temples de la Grèce ; les Grecs en laissèrent subsister les ruines, afin d'exciter le ressentiment de leur postérité contre les Perses. Alexandre, leur vainqueur, s'en souvint ; il persécuta les mages et fit détruire dans la Perse les pyrées ou les temples du feu. Sous la nouvelle monarchie des Perses, Sapor et ses successeurs firent périr par milliers les chrétiens qui se trouvèrent dans ses états ; on y compte jusqu'à deux cent mille martyrs. Chosroès

Jura qu'il exterminerait les Romains, ou qu'il les forcerait d'adorer le soleil. A leur tour les mahométans, devenus maîtres de la Perse, opprimèrent les sectateurs du magisme, et les forcèrent de se réfugier dans le Kirwan, province voisine des Indes; quelques-uns s'enfuirent jusqu'à l'extrémité méridionale de l'Inde où ils sont encore, et où M. Anquetil les a trouvés. Par ces observations, l'on voit quel cas on doit faire des visions de nos philosophes incrédules, qui ont voulu nous représenter la religion de Zoroastre et des mages comme un déisme très-pur, capable de rendre un peuple sage et vertueux. Quelques-uns ont affirmé gravement que les *parses*, sans avoir été favorisés d'aucune révélation, ont des idées plus saines, plus nobles, plus universelles de la Divinité que les Hébreux; qu'ils ont toujours adoré un Dieu unique, un Dieu universel, un Dieu parfait, un Dieu de l'univers entier; que Zoroastre, sans se prétendre inspiré, a enseigné le dogme des peines et des récompenses de l'autre vie et du jugement dernier, d'une manière aussi claire et aussi précise que Jésus-Christ; qu'il n'est pas vrai que ses sectateurs croient le mauvais principe indépendant du bon; qu'ils admettent seulement, comme les juifs et les chrétiens, un Dieu tout-puissant, et un diable qui sans cesse rend ses projets inutiles. Il est cependant démontré, par les livres même de Zoroastre, que ce sont là autant d'impostures; que ce législateur s'est donné pour inspiré, a prétendu prouver sa mission divine par des miracles, et que telle est encore l'opinion qu'en ont ses sectateurs. Loin de reconnaître un Dieu unique, créateur et gouverneur de l'univers, il a professé le *dualisme*, l'existence de deux premiers principes aussi anciens l'un que l'autre qui, tous deux, ont contribué à la formation du monde, et dont l'un ne peut empêcher l'autre d'agir; ce n'est qu'à la fin du monde qu'*Ormuzd* ou le bon principe détruira enfin l'empire d'*Ahriman*, auteur de tous les maux. Selon la croyance des juifs et des chrétiens, le démon est une créature dont Dieu réprime la puissance et la malice comme il lui plaît, et qui ne peut rien faire qu'autant que Dieu le lui permet; il n'est pas vrai que cet esprit, devenu méchant par sa faute, rende les projets de Dieu inutiles. *Voy.* DÉMON.

Zoroastre a enseigné l'immortalité de l'âme, la résurrection future, le jugement dernier, les peines et les récompenses de l'autre vie; mais il est faux qu'il ait proposé ces dogmes d'une manière aussi claire et aussi ferme que l'a fait Jésus-Christ; on ne sait pas en quoi Zoroastre a fait consister la récompense des justes dans l'autre vie ni la punition des méchants; il a défiguré ces vérités importantes par des accessoires ridicules; il peut très-bien avoir emprunté ce qu'il y a de bon dans sa doctrine des livres des Juifs, qui, de son temps, étaient répandus dans la Médie. En ordonnant à ses sectateurs de rendre un culte aux astres, aux éléments, aux différentes parties de la nature, il leur a tendu un piége inévitable de polythéisme et de superstition, puisqu'il a supposé que tous ces objets sensibles sont animés par un esprit intelligent, puissant, actif, capable par lui-même de faire du bien aux hommes. C'est l'opinion qui a jeté dans l'idolâtrie toutes les nations de l'univers. Le culte rendu à ces prétendus génies ne peut en aucune manière se rapporter à un Dieu suprême, puisque les *parses* ne connaissent point ce Dieu, et qu'ils attribuent à ces génies un pouvoir naturel et une action immédiate, une intelligence et une volonté qui n'est subordonnée à aucun autre pouvoir suprême. Ce préjugé ne ressemble donc en rien à notre croyance au sujet des anges et des saints; nous faisons profession de croire que ceux-ci ne connaissent rien que ce que Dieu leur fait connaître, qu'ils n'ont point d'autre pouvoir que celui d'intercéder pour nous auprès de Dieu, qu'ils ne font rien que ce que Dieu veut qu'ils fassent, que c'est Dieu qui, par bonté pour nous, veut bien qu'ils le prient en notre faveur. Il est donc impossible que le culte que nous leur rendons se termine à eux et ne se rapporte pas à Dieu. Mais tel est l'aveuglement opiniâtre des incrédules et des protestants; pendant qu'ils ne cessent de nous reprocher le culte et l'invocation des saints comme une superstition et une idolâtrie, ils ont la charité d'absoudre de ce crime les *parsis*, adorateurs du feu et des astres; les Chinois, qui invoquent les esprits moteurs de la nature et les âmes de leurs ancêtres; les païens anciens et modernes, qui ont peuplé de dieux toutes les parties de l'univers; les Egyptiens mêmes, qui honoraient des animaux et des plantes. Ils nous font la grâce de nous supposer plus stupides que toutes les nations du monde. Hyde avait poussé l'entêtement jusqu'à blâmer non-seulement les Pères de l'Eglise qui ont reproché aux mages et aux Perses le culte du feu et du soleil, mais encore les chrétiens qui aimèrent mieux périr dans les supplices que de pratiquer ce culte impie auquel les Perses voulaient les forcer; il accuse les premiers d'ignorance et de mauvaise foi, les seconds d'humeur et d'opiniâtreté, *de Religione vet. Pers.*, c. 4, p. 108. M. l'abbé Foucher a vengé les uns et les autres; il a prouvé que les Pères de l'Eglise étaient très-bien instruits de la croyance des mages, qu'ils ne leur ont attribué que les dogmes qu'ils professaient en effet, qu'ils ont eu raison de regarder le culte du feu et du soleil non-seulement comme un culte civil et relatif, mais comme un culte absolu et religieux; qu'ainsi les chrétiens qui en ont eu horreur et qui l'ont envisagé comme une apostasie formelle, n'ont pas eu tort, *Mém. de l'Acad. des Inscript.*, t. L, in-12, p. 250, 268, etc. M. Anquetil, quoique très-enclin à justifier les Perses, est convenu que ces chrétiens ont raisonné juste, parce que le culte auquel on voulait les forcer était regardé par les Perses comme une renonciation formelle au christianisme, *ibid.*, t. LXIX, p. 319. C'est sur ce même principe que l'on reproche aux Hollandais comme une apostasie, la complaisance qu'ils ont au Japon de fouler aux pieds une image de Jésus-Christ crucifié, parce que, selon l'opinion des Japonais, cette cérémonie est une profession formelle de ne pas être chrétien. *Voy.* JAPON. M. l'abbé Foucher a fait plus : il a montré par le témoignage des auteurs sacrés, que le *sabaïsme* ou l'adoration des astres était l'idolâtrie la plus ancienne et la plus commune dans tout l'Orient, qu'elle était formellement défendue aux Israélites, qu'ils y sont cependant tombés très-souvent, qu'elle régnait dans la Perse, et que les Perses, coupables de ce culte, sont accusés de ne pas connaître le vrai Dieu, t. XLII, p. 180.

La défense faite aux Hébreux ne peut pas être plus expresse, *Deut.*, c. IV, v. 15 : « Lorsque le Seigneur vous a parlé à Horeb, au milieu d'un feu, vous n'avez vu aucune figure...., de peur qu'en regardant le ciel, en voyant le soleil, la lune, et tous les astres, séduits par leur éclat, vous ne les adoriez, et que vous ne rendiez un culte à des êtres que le Seigneur votre Dieu a créés pour le service de toutes les nations qui sont sous le ciel. » Cette défense est répétée, c. XVII, v. 3. Job, faisant son apologie, c. XXXI, v. 26, proteste qu'il n'est point coupable de cette impiété : « Si j'ai envisagé, dit-il, le soleil et la lune dans leur marche brillante, si j'ai ressenti la joie dans mon cœur, si j'ai porté ma main à ma bouche (en signe d'adoration), c'est commettre un grand crime et renier le Très-Haut. » L'auteur du livre de la *Sagesse*, c. XIII, v. 1, déplore l'aveuglement de ceux qui n'ont pas su connaître Dieu par ses ouvrages, mais qui ont regardé le feu, l'air, le vent, les étoiles, l'eau, le soleil et la lune, comme les dieux qui gouvernent le monde. Nous avons vu que c'est ainsi qu'ils sont représentés dans les livres de Zoroastre, et qu'ils sont invoqués par les *parsis*. La principale idolâtrie que les auteurs sacrés reprochent aux Juifs infidèles est d'avoir rendu un culte à la milice du ciel, ou à l'armée du ciel, *IV. Reg.*, c. XVII, v. 16 ; c. XXI, v. 3 et 5, etc. Ézéchiel voit en esprit dans le temple de Jérusalem, 1° des Juifs qui adoraient Baal, c'est l'idolâtrie des Phéniciens ; 2° d'autres qui se prosternaient devant des figures peintes sur la muraille, et devant des images de reptiles et d'animaux, c'était la superstition des Égyptiens ; 3° des femmes qui pleuraient Tamnuz ou Adonis, comme faisaient les Syriens ; 4° des hommes qui tournaient le dos au temple du Seigneur et qui adoraient le soleil levant, c'est évidemment le culte des Perses. Le prophète l'appelle une abomination comme les précédents, c. VIII.

On ne peut mieux savoir quelles étaient les erreurs des Perses que par la leçon que Dieu adresse à Cyrus, deux cents ans avant sa naissance, par la bouche d'Isaïe, c. XLV, v. 4 : *Je vous ai appelé par votre nom, je vous ai désigné par un caractère particulier, et vous ne m'avez pas connu. Je suis le Seigneur ; personne n'est au-dessus de moi, et il n'y a point d'autre Dieu que moi...; je suis le seul Seigneur. C'est moi qui fais la lumière et qui crée les ténèbres, qui donne la paix et qui crée le mal... C'est moi qui ai fait la terre et ses habitants ; mes mains ont étendu les cieux, et leur armée exécute mes ordres.* Prideaux s'était déjà servi de ces passages pour montrer que les Perses étaient véritablement *dualistes* et *sabaïtes*, que leur croyance et leur culte étaient inexcusables. Vainement on dira qu'ils connaissaient le vrai Dieu, le Dieu suprême, et qu'ils l'adoraient ; Isaïe déclare que Cyrus, élevé dans la religion des mages, ne le connaissait pas. On dira que les deux principes étaient des êtres créés, subordonnés et dépendants du Dieu suprême, qu'ils n'étaient que ses ministres, l'un pour faire le bien, l'autre pour faire le mal ; mais Dieu soutient que c'est lui qui fait l'un et l'autre, et qu'il n'y a point d'autre Seigneur que lui. On aura beau prétendre que le culte rendu au soleil et aux astres, aux prétendus génies gouverneurs du monde, se rapporte à Dieu ; Ézéchiel déclare que c'est une abomination. De là il résulte que les auteurs sacrés étaient très-bien instruits des choses dont ils parlent ; que les Pères de l'Église et les chrétiens de la Perse avaient raison de s'en tenir aux notions que l'Écriture nous donne des fausses religions et de la vraie ; que toute apologie qu'on fera de celle de Zoroastre, des mages et des *parsis*, sera mal fondée et absurde. *Voy.* ARMÉE DU CIEL, IDOLATRIE, etc.

PARTIALITÉ. C'est le défaut ou d'un juge qui favorise une partie au préjudice de l'autre, ou d'un distributeur de récompenses qui ne les mesure point selon le mérite des prétendants, ou d'un homme préoccupé par une passion, qui ne juge point équitablement du mérite d'autrui. Lorsqu'un homme fait de plus grands dons à un de ses amis qu'à l'autre, c'est une prédilection et une préférence, mais ce n'est point une *partialité* ; celle-ci ne peut avoir lieu que quand il est question de justice.

Mais les incrédules dont le plus grand talent est d'abuser de tous les termes, soutiennent qu'en admettant une révélation qui n'a pas été faite à tous les peuples, nous supposons en Dieu de la *partialité*. C'en serait une, disent-ils si Dieu avait choisi la postérité d'Abraham pour en faire son peuple particulier, pour lui prodiguer les faveurs de sa providence, les attentions et les miracles, pendant qu'il abandonnait les autres peuples. C'en serait une encore plus marquée, s'il avait envoyé son Fils prêcher, enseigner, faire des prodiges dans la Judée, pendant qu'il laissait les Romains, les Perses, les Indiens, les Chinois, dans les ténèbres de l'infidélité ; s'il avait fait porter ensuite l'Évangile à quelques nations seulement, pendant que les autres n'en ont pas entendu parler. Nous avons beau leur répondre que Dieu, maître de ses dons et de ses grâces, ne les doit à personne, qu'il les accorde ou les refuse à qui il lui plaît ; ils soutiennent que cette raison ne vaut rien, que Dieu est non-seulement incapable de *partialité*, mais encore d'une aveugle prédilection. Dieu, continuent-ils, auteur de la nature et père de tous les hommes, doit les aimer tous également, être également leur bienfaiteur ; celui qui donne l'être, doit donner les suites et les conséquences nécessaires pour le bien-être ; un Dieu infiniment bon ne produit pas des créatures exprès pour les rendre malheureuses, pendant qu'il en prédestine seulement un petit nombre au bonheur, et les y conduit par une suite de secours et de moyens qu'il n'accorde pas à tous ; c'est un blasphème absurde de le supposer bon, libéral, indulgent, miséricordieux, seulement pour quelques-uns, pendant qu'il est dur, avare de ses dons, juge sévère et inflexible à l'égard de tous les autres.

Au mot INÉGALITÉ, nous avons traité amplement cette question, et nous avons démontré qu'il est faux que Dieu doive aimer *également* tous les hommes, accorder à tous une mesure *égale* de bienfaits, soit dans l'ordre de la nature, soit dans l'ordre de la grâce ; que cette *égalité* est absurde et impossible. — 1° Dans l'ordre de la nature, nous avons fait voir que, supposé l'égalité des dons naturels dans tous les hommes, la société serait impossible entre eux, que la vertu serait sans exercice, qu'il n'y aurait plus entre eux aucune relation ni aucun devoir mutuel ; qu'une répartition égale et uniforme de facultés naturelles, de talents, d'industrie et de ressources, serait l'ouvrage d'une nécessité aveugle, et non la conduite d'une Providence intelligente, sage, libre et maîtresse de ses dons ; qu'elle ne pourrait inspirer ni reconnaissance, ni soumission, ni confiance en Dieu ; un tel plan serait donc diamétralement opposé à la sagesse et à la bonté divine : nous osons défier tous les incrédules de prouver le contraire. — 2° Nous avons montré que l'ordre de la grâce étant nécessairement relatif à l'ordre de la nature, la distribution *égale* des moyens de salut et des secours surnaturels entraînerait les mêmes inconvénients que l'égalité des dons naturels ; qu'il ne pourrait y avoir entre les hommes aucune société religieuse, aucun besoin de vertus ni de bons exemples ; alors l'opération de la grâce ressemblerait à celle de nos facultés physiques, et l'on serait encore moins tenté d'en rendre grâces à Dieu que de le remercier des yeux qu'il nous a donnés pour voir, et des pieds que nous avons reçus pour marcher. — 3° au mot ABANDON, nous avons prouvé qu'il est faux que Dieu ait absolument abandonné aucun peuple ni aucun homme, ou qu'il refuse à aucun les secours nécessaires pour parvenir au salut : nos livres saints nous enseignent formellement le contraire. — 4° Il est absurde d'appeler *prédilection aveugle* un choix que Dieu fait avec pleine connaissance et pour des raisons qui nous sont inconnues ; mais les incrédules veulent que Dieu leur rende compte de sa conduite, pendant qu'ils prétendent qu'ils ne lui doivent aucun compte de la leur. — 5° Ce qui les trompe, c'est qu'ils font une comparaison fausse entre les grâces, les bienfaits de Dieu, et ceux que les hommes peuvent distribuer. Comme ces derniers sont nécessairement bornés, ce qui est accordé à un particulier est autant de retranché sur ce qu'un autre peut recevoir ; il est donc impossible qu'un seul soit favorisé, sans que cela ne porte préjudice aux autres ; et voilà justement en quoi consiste le vice de la *partialité*. Mais la puissance de Dieu est infinie, et ses trésors sont inépuisables : ce qu'il donne à l'un ne déroge en rien et ne porte aucun préjudice à la portion qu'il destine aux autres : ce qu'il départit libéralement à un peuple, ne le met pas hors d'état de pourvoir aux besoins des autres peuples. En quoi les grâces accordées aux Juifs ont-elles diminué la mesure des secours que Dieu voulait donner aux Indiens et aux Chinois ? La lumière de l'Évangile répandue chez les nations de l'Europe a-t-elle augmenté les ténèbres des Africains ou des Américains ? Au contraire, il a plu à Dieu de se servir des uns pour éclairer les autres, et nous avons fait voir que les prodiges opérés en faveur des Juifs n'auraient pas été moins utiles aux Égyptiens, aux Iduméens, aux Chananéens, aux Assyriens, si ces nations avaient voulu en profiter. En quel sens peut-on dire que Dieu est un maître dur, injuste, avare, sans miséricorde, envers quel peuple ou quel homme que ce soit ? — 6° Ce n'est pas notre faute si les incrédules entendent mal le terme de *prédestination ;* il ne signifie rien autre chose que le décret que Dieu a formé de toute éternité de faire ce qu'il exécute en effet dans le temps ; or, quand il accorde dans le temps les moyens de salut à telle personne, il ne les refuse pas pour cela à une autre ; donc il n'a jamais formé le décret de les refuser ; donc la prédestination des saints n'emporte jamais avec elle la réprobation positive de ceux qui se damnent par leur faute. *Voy.* PRÉDESTINATION. Quand on veut s'exposer à lire les écrits des incrédules, il faut commencer par avoir des idées nettes et précises des termes dont ils abusent ; autrement l'on s'expose à être dupe de tous leurs sophismes. Le faux reproche qu'ils nous font d'admettre un Dieu capable de *partialité* est à peu près l'unique fondement du déisme, et fournit des arguments aux matérialistes : rien n'est plus commun que cette objection dans leurs livres.

PARTICULARISTES. Quelques théologiens controversistes ont donné ce nom à ceux qui soutiennent que Jésus-Christ n'est mort que pour le salut des prédestinés seuls, et non pour tous les hommes, conséquemment que la grâce n'est pas donnée à tous, et qui restreignent à leur gré les fruits de la rédemption. Nous ne savons pas qui leur a donné cette honorable commission, ni dans quelle source ils ont puisé cette sublime théologie. Ce n'est certainement pas dans l'Écriture sainte, qui nous assure que Jésus-Christ est la victime de propitiation pour nos péchés, non-seulement pour les nôtres, mais pour ceux du monde entier (*I Joan.* II, 2) ; qu'il est le Sauveur de tous les hommes, surtout des fidèles (*I Tim.* IV, 10); qu'il est le Sauveur du monde (*Joan.* IV, 42); l'agneau de Dieu qui efface les péchés du monde (I, 29); qu'il a pacifié par le sang de sa croix ce qui est dans le ciel et sur la terre (*Coloss.* I, 20, etc.). Nous cherchons vainement les passages où il est dit que les prédestinés seuls sont le monde. Ce n'est pas non plus dans les Pères de l'Eglise, qui ont expliqué, commenté, fait valoir tous ces passages, afin d'exciter la reconnaissance, la confiance, l'amour de tous les hommes envers Jésus-Christ; qui prétendent que la rédemption qu'il a opérée a rendu au genre humain plus qu'il n'avait perdu par le péché d'Adam, et qui prouvent l'universalité de la tache originelle par l'universalité de la rédemption. Ce n'est pas enfin dans le langage de l'Eglise, qui répète continuellement dans ses prières les expressions des livres saints que nous avons citées, et celles dont les Pères se sont servis. Cette sainte mère a-t-elle donc envie de tromper ses enfants, en leur mettant à la bouche des manières de parler qui sont absolument fausses dans leur universalité, ou a-t-elle chargé les théologiens *particularistes* de corriger ce qu'elles ont de défectueux? *Voy.* Prédestination, Rédemption, Salut, Sauveur, etc.

PARTICULE. Terme dont on se sert dans l'Eglise latine pour exprimer les miettes ou petites parties du pain consacré, qui tombent sur la patène ou sur le corporal. Les Grecs les nomment μερίδες, et ils appellent de même de petits morceaux de pain non consacré, qu'ils offrent à l'honneur de la sainte Vierge et d'autres saints. Gabriel, archevêque de Philadelphie, a fait un traité pour prouver que cette cérémonie des *particules* est très-ancienne dans l'Eglise grecque, et qu'il en est fait mention dans les liturgies de saint Jean Chrysostome et de saint Basile. Elle n'est point en usage dans l'Eglise latine ; il est seulement recommandé au prêtre qui célèbre la messe de prendre garde qu'aucune *particule* de l'eucharistie ne tombe par terre et ne soit profanée.

Il y a eu une dispute entre les controversistes protestants et les théologiens de Port-Royal, pour savoir si, dans un passage de saint Germain, patriarche de Constantinople, qui vivait au commencement du VIII° siècle, il était question de *particules* de pain consacré ou non consacré ; mais Richard Simon, dans ses notes sur Gabriel de Philadelphie, a soutenu que le passage sur lequel on contestait n'était pas de saint Germain ; qu'ainsi la dispute était sans fondement.

PARVIS, *atrium* en latin, *hader* ou *hazer* en hébreu, signifie dans l'Ecriture sainte, 1° la cour d'une maison; *Matth.*, c. XVI, v. 69, il est dit que saint Pierre était assis dans la cour de la maison du grand prêtre, *in atrio*; 2° la salle d'entrée d'un palais, *Esther*, c. VI, v. 5 ; 3° l'entrée de quelque lieu que ce soit, *Jerem.*, c. XXXII, v. 2 et 12; *Luc.*, c. XI, v. 21. Mais il désigne ordinairement les trois grandes cours ou enceintes du temple de Jérusalem. La première était le *parvis des gentils*,

parce qu'il leur était permis d'y entrer et d'y faire leurs prières ; la seconde était le *parvis d'Israël*, qui était destiné aux seuls Israélites, mais dans lequel ils ne devaient entrer qu'après s'être purifiés ; la troisième était le *parvis des prêtres*, dans lequel était l'autel des holocaustes, et où les prêtres et les lévites exerçaient leur ministère. Un simple Israélite ne pouvait y entrer que quand il offrait un sacrifice, pour lequel il devait mettre la main sur la tête de la victime. Sur ce modèle, l'entrée des anciennes basiliques ou églises chrétiennes était aussi précédée d'une grande cour environnée de portique, dans laquelle se tenaient les pénitents auxquels on avait interdit l'entrée de l'Eglise ; et comme ils y étaient en plein air, on l'appelait *locus hiemantium*. Bingham, *Origine ecclés.*, l. VIII, c. 3, § 5.

PASCAL, qui concerne la fête de Pâques.

PASCAL (l'agneau) était l'agneau que les Juifs devaient immoler à cette fête. *Voy.* Pâque juive.

PASCAL (canon). C'est une table des fêtes mobiles, ainsi appelée, parce que c'est la fête de Pâques qui décide du jour auquel toutes les autres doivent être célébrées.

PASCAL (cierge). *Voy.* Cierge.

PASCALES (lettres), sont les lettres que le patriarche d'Alexandrie écrivait aux autres métropolitains, pour leur désigner le jour auquel on devait faire la fête de Pâques ; il était chargé de cette commission parce que c'est dans l'école d'Alexandrie que se faisait le calcul astronomique, pour savoir quel serait le quatorzième jour de la lune de mars.

PASCAL (temps), est le temps qui s'écoule depuis le jour de Pâques jusqu'au dernier jour de l'octave de la Pentecôte inclusivement ; c'est un temps d'allégresse que l'Eglise chrétienne consacre à célébrer la résurrection de Jésus-Christ. Il est marqué par un office plus court, par la répétition fréquente du mot *alleluia*; on ne jeûne point pendant ce temps-là, et l'on ne prie point à genoux.

PASCHASE Radbert ou Ratbert, moine et abbé de Corbie, mort l'an 865, a été l'un des plus savants et des meilleurs écrivains de son siècle. Il possédait très-bien les langues grecque et hébraïque, chose assez rare dans ce temps-là, et il avait beaucoup lu les Pères. Il écrivit contre les erreurs de Félix d'Urgel, de Claude de Turin et de Gotescalc, mais surtout contre Jean Scot Erigène, qui niait la présence réelle de Jésus-Christ dans l'eucharistie. Son traité *du Corps et du Sang de Jésus-Christ* est devenu célèbre dans les disputes du XVI° et du XVII° siècle entre les catholiques et les protestants. Il l'écrivit, à ce que l'on croit, l'an 831, et, après l'avoir retouché, l'an 845, il l'adressa au roi Charles le Chauve.

Il paraît que dans ce temps-là il y avait dans les Gaules plusieurs personnes qui entendaient assez mal le dogme de la présence de Jésus-Christ dans l'eucharistie, et que le livre de *Paschase* Radbert causa quelques disputes. Charles le Chauve, pour savoir ce qu'il devait en penser, chargea Ratramne, autre moine de Corbie, et qui fut depuis abbé d'Orbais, de lui en écrire son sentiment; c'est ce que fit Ratramne dans un ouvrage intitulé *Du Corps et du Sang du Seigneur*. Quand on se donne la peine de le lire, on voit qu'au lieu d'éclaircir la question, Ratramne ne fit que l'embrouiller davantage. D'un côté, il se sert des expressions les plus fortes pour établir que l'Eucharistie est véritablement le corps et le sang de Jésus-Christ; de l'autre, il semble n'y admettre qu'un changement mystique et une manducation qui se fait seulement par la foi. Ainsi, selon lui, quoique le fidèle ne mange et ne boive réellement et substantiellement que du pain et du vin, il reçoit cependant le corps et le sang de Jésus-Christ : expression très-abusive, puisqu'elle signifie seulement que le fidèle reçoit la vertu ou l'efficacité du corps et du sang de Jésus-Christ, ou qu'il ressent les mêmes effets que s'il recevait la substance même de ce corps et de ce sang divin. Il est absurde de dire qu'un changement qui s'opère dans le fidèle seulement, se fait *dans l'eucharistie*. Aussi Mosheim convient que *Paschase* Radbert et son adversaire semblent se contredire dans plusieurs endroits et ne pas s'entendre eux-mêmes, et qu'ils s'énoncent d'une manière très-ambiguë. Pour nous, il nous paraît que *Paschase* est plus clair et plus précis que Ratramne, qu'il ne tombe point dans la même logomachie et les mêmes contradictions. Quand ils seraient aussi peu exacts l'un que l'autre, et que tous les théologiens de ce siècle seraient tombés dans le même défaut, comme le prétend Mosheim, il serait encore ridicule d'en conclure, comme il fait, qu'au ix° siècle il n'y avait encore dans l'Eglise aucune opinion fixe ou universellement reçue touchant la manière dont le corps de Jésus-Christ est présent dans l'eucharistie.

L'Eglise n'avait pas attendu jusqu'au ix° siècle pour savoir ce qu'elle devait croire touchant un mystère qui s'opère tous les jours, et qui fait la plus essentielle partie de son culte. Sa croyance était fixée par les paroles de l'Ecriture sainte prises dans leur sens naturel, par la manière dont les Pères les avaient entendues, par les prières de la liturgie, par les cérémonies qui les accompagnent. Lorsque *Pascase* Radbert l'exposa dans les mêmes termes que les anciens docteurs de l'Eglise, s'il se trouva des contradicteurs, cela prouve qu'ils étaient fort mal instruits, et que cet écrivain en savait plus qu'eux; il ne s'ensuit rien de plus. Mais les protestants, charmés de trouver au ix° siècle quelques écrivains qui parlaient à peu près comme eux et qui avaient comme eux l'art d'embrouiller la question, en ont fait grand bruit. Ils ont élevé jusqu'aux nues le mérite du moine Ratramne, pour déprimer d'autant celui de *Paschase* Radbert; ils ont insisté sur ce que le premier écrivait par ordre de Charles le Chauve, comme si cet ordre du roi avait donné à ce moine une mission surnaturelle pour exposer la croyance catholique; ils ont représenté *Paschase* comme un novateur, comme un téméraire, un fanatique, dont malheureusement la doctrine a pris racine à la faveur des ténèbres du x° siècle et des suivants, comme si le ix° avait été beaucoup plus lumineux, et comme si Paschase, avec moins de mérite, avait pu avoir plus d'autorité et plus d'empire sur les esprits que son adversaire, dont on veut cependant faire un grand homme; comme si enfin un moine des Gaules avait pu subjuguer les esprits en Angleterre, en Espagne, en Italie, dans la Grèce et dans l'Asie entière, faire adopter ses idées par les jacobites et les nestoriens séparés de l'Eglise romaine depuis trois cents ans. Voilà les chimères que les protestants ne rougissent point de soutenir avec toute la gravité et le sang-froid possible. Ce qu'il y a de plus singulier, c'est que Ratramne a été l'oracle sur la parole duquel l'Eglise anglicane a formé sa croyance. Un auteur anglais a fait une dissertation dans laquelle il fait voir que le verbiage de ce moine a été copié mot à mot dans la profession de foi de l'Eglise anglicane touchant l'eucharistie. *Voy.* le livre intitulé : *Ratramne ou Bertram, prêtre ; du Corps et du Sang du Seigneur*, etc., Amsterdam, 1717. Sublime découverte, d'avoir trouvé dans un moine du ix° siècle l'organe que Dieu avait préparé pour endoctriner les réformateurs du xvi° ! Il nous paraît que les théologiens catholiques pouvaient se dispenser de contester aux protestants cette autorité irréfragable, et et qu'on peut la leur abandonner sans aucun regret. Le père Sirmond fit imprimer en 1618 les ouvrages de *Paschase* Radbert, mais cette édition n'est pas complète; il s'en est trouvé d'autres en manuscrit depuis ce temps-là. *Voy. Vies des Pères et des Martyrs*, etc., tom. III, pag. 674.

PASSAGERS, ou plutôt PASSAGIENS et PASSAGINIENS, nom qui signifie *tout saints*. C'est le nom que quelques auteurs ont donné à certains hérétiques qui parurent dans la Lombardie au xii° siècle; ils furent condamnés avec les Vaudois dans le concile de Vérone, sous le pape Lucius III, l'an 1184, auquel assista l'empereur Frédéric. Ils pratiquaient la circoncision et soutenaient la nécessité des rites judaïques, à l'exception des sacrifices ; c'est pourquoi on leur donna aussi le nom de *circoncis*. Ils niaient le mystère de la sainte Trinité et prétendaient que Jésus-Christ était une pure créature. On vit dans le concile de Vérone les deux puissances se réunir pour l'extirpation des hérésies. On y entrevoit aussi l'origine de l'inquisition, en ce que le pape ordonne aux évêques de s'informer par eux-mêmes ou par des commissaires, des personnes suspectes d'hérésie, suivant le bruit public et les dénonciations particulières. Il distingue les degrés de *suspects*, de *convaincus*, de *pénitents* et de *relaps*, suivant lesquels les peines sont différentes ; et après que l'Eglise a employé contre les coupables les peines spirituelles, elle les abandonne au bras séculier, pour exercer contre eux les châtiments temporels. On voulait réprimer la fureur des hérétiques de ce temps-là et empêcher les cruautés qu'ils exerçaient contre les ecclésiastiques. Ce ne sont donc pas leurs opinions ni leurs erreurs que l'on punissait par des supplices, mais leurs crimes et leurs excès contre l'ordre public.

**PASSALORYNCHITES, ou PETTALORYNCHITES.** *Voy* MONTANISTES.

**PASSIBLE,** capable de souffrir ; *impassible* est le contraire. Les plus anciens hérétiques, les valentiniens, les gnostiques, les sectateurs de Cerdon et de Marcion, ne purent se persuader que le Fils de Dieu se fût revêtu d'une chair *passible* et qu'il eût réellement souffert. Les uns distinguèrent Jésus d'avec le Fils de Dieu; ils dirent que le Christ, Fils de Dieu, était descendu en Jésus au moment de son baptême, mais qu'il s'en était retiré au moment de sa passion ; les autres prétendirent que le Fils de Dieu n'avait été revêtu que d'une chair apparente, n'avait souffert, n'était mort et ressuscité qu'en apparence. L'apôtre saint Jean, dans ses lettres, a condamné les uns et les autres; il dit (*I Joan.* I, 1) : « Nous vous annonçons ce que nous avons vu, entendu et touché de nos mains, concernant le Verbe de vie ; » ce n'était donc pas de simples apparences ; c. II, v. 22: « Celui qui nie que Jésus-Christ soit le Christ, est un imposteur; » c. III, v. 16 : « Nous connaissons l'amour que Dieu nous porte, en ce qu'il a donné sa vie pour nous ; » Jésus et le Fils de Dieu ne sont pas deux personnes différentes ; c. IV, v. 2 : « Tout esprit, qui confesse que Jésus-Christ est venu en chair, est de Dieu ; quiconque divise Jésus, ne vient pas de Dieu, c'est un antechrist. » Les Pères de l'Eglise, surtout saint Irénée et Tertullien, ont réfuté ces hérétiques ; ils ont fait voir que si le Fils de Dieu n'avait pas réellement souffert, il ne serait pas notre rédempteur ni notre modèle ; il nous aurait donné un très-mauvais exemple, en voulant paraître ce qu'il n'était pas et en faisant semblant de souffrir ce qu'il ne souffrait pas; nous ne serions pas obligés d'avoir pour lui aucune reconnaissance, et toutes les prédictions des prophètes touchant les souffrances du Fils de Dieu seraient fausses. Quant à ce que disaient ces hérétiques, qu'il est indigne de Dieu de souffrir, d'être couvert d'opprobres, de mourir sur une croix, Tertullien leur répond que rien n'est plus digne de Dieu que de sauver ses créatures et que de leur inspirer l'amour, la reconnaissance, le courage dans les peines de cette vie, par l'excès même de ce qu'il a souffert pour elles. Mais la tournure que prenaient ces raisonneurs, pour soutenir leur système, démontre qu'ils n'osaient pas contredire le témoignage des apôtres ni contester les faits rapportés par les évangélistes. Dès que le Fils de Dieu avait paru naître et vivre comme les autres hommes, endurer la faim, la soif, la lassitude, les outrages et le supplice de la croix ; qu'il avait paru mourir à la vue des Juifs, et ensuite avait reparu ressuscité et vivant comme auparavant, il s'ensuivait que les apôtres n'étaient point des imposteurs, en publiant tous ces faits ; qu'ils ne disaient que ce qu'ils avaient vu, entendu et touché de leurs mains. Ce témoignage était donc irrécusable. Cependant ces premiers hérétiques étaient à la source des faits, puisqu'ils étaient contemporains des apôtres, et en étaient connus. Il n'y avaient donc alors dans la Judée ni ailleurs aucun témoin ni aucune preuve de la fausseté des faits que les apôtres publiaient ; il fallait donc que ces faits fussent inattaquables et poussés au plus haut degré de notoriété. C'est une réflexion que nous avons déjà faite plus d'une fois, et à laquelle les incrédules n'ont jamais eu rien à répondre. Quelques-uns d'entre eux ont objecté froidement que, selon plusieurs anciens hérétiques, Jésus-Christ n'est pas mort. Dans ce peu de paroles, il y a seulement deux supercheries : 1° ceux d'entre ces hérétiques qui ont distingué Jésus d'avec le Fils de Dieu n'ont pas nié que Jésus ne fût mort; 2° ceux qui ne distinguaient pas convenablement de Jésus, Fils de Dieu, était mort, du moins en apparence, et de manière à persuader à tous les hommes qu'il était véritablement mort. Qui avait révélé à ces hérétiques que tout cela n'était que des apparences ? Mais les incrédules d'aujourd'hui ne sont pas de meilleure foi que ceux des premiers siècles.

**PASSION DE JÉSUS-CHRIST.** Ce sont les souffrances que ce divin Sauveur a endurées, depuis la dernière cène qu'il fit avec ses disciples jusqu'au moment de sa mort, par conséquent pendant un espace d'environ vingt-quatre heures.

« Nous prêchons, dit saint Paul, Jésus crucifié, scandale pour les Juifs, folie selon les gentils, mais aux yeux des élus ou des fidèles, soit juifs, soit gentils, prodige de la puissance et de la sagesse de Dieu (*I Cor.* I, 23 ). On sait que cette réflexion de saint Paul a été développée d'une manière sublime dans un sermon de Bourdaloue sur la *passion* du Sauveur. En effet les Juifs n'ont pas pu se persuader qu'un homme qui s'est laissé prendre, tourmenter et crucifier par eux, fût le Messie ; cependant cet événement leur avait été annoncé par leurs prophètes. Celse, Julien, Porphyre et les autres philosophes païens ont reproché aux chrétiens, comme un trait de folie, d'attribuer la divinité à un Juif puni du dernier supplice ; après dix-sept siècles ce sarcasme est encore renouvelé par les incrédules. Nous répondons à tous que l'ignominie de la mort du Sauveur a été pleinement réparée par sa résurrection, par son ascension glorieuse, par le culte qui lui est rendu d'un bout de l'univers à l'autre ; que ses souffrances étaient nécessaires pour confirmer les autres signes de sa mission : il fallait que ce divin législateur prouvât par son exemple la sainteté et la sagesse des leçons de patience, d'humilité, de soumission à Dieu, de courage, qu'il avait données : ses disciples, destinés au martyre, avaient besoin d'un modèle ; il n'était pas moins nécessaire au genre humain tout entier, destiné à souffrir : après avoir enseigné aux hommes comment ils doivent vivre, il restait encore à leur apprendre la manière dont il faut mourir. Jésus-Christ l'a fait ; et nous soutenons qu'il n'a jamais paru plus grand que pendant sa *passion*.

Il l'avait prédite plus d'une fois ; il en avait désigné le moment ; il avait déclaré d'avance les circonstances et le genre de son supplice ; il voulut encore représenter sa mort par une auguste cérémonie, en conserver le souvenir par un sacrifice qui en renferme l'image et la réalité. Il pouvait se dérober à la fureur de ses ennemis, il les attend ; après avoir médité sur la suite des outrages et des tourments qui l'attendent, il se soumet à son Père, marche d'un pas ferme vers les soldats, se fait connaître à eux, leur commande de laisser aller ses disciples, et opère un miracle pour montrer ce qu'il est et ce qu'il peut. Présenté à ses juges, il leur répond avec modestie et avec fermeté ; il leur déclare qu'il est le *Christ Fils de Dieu* : ce fut l'unique cause de sa condamnation. Livré aux soldats, il souffre les insultes et les outrages dans le silence, sans faiblesse et sans ostentation ; il ne dit rien pour fléchir le magistrat romain qui devait décider de son sort ; il ne fait rien pour contenter la curiosité d'un roi vicieux et d'une cour impie. En marchant au Calvaire, il prédit la punition de ses ennemis avec les expressions de la pitié. Attaché à la croix, il demande grâce pour ses bourreaux, il promet le bonheur éternel à un criminel repentant. Après trois heures de souffrances cruelles, il dit d'une voix forte et qui étonne les assistants : *Tout est consommé* ; il recommande sa mère à son disciple, et son âme à son Père ; il rend le dernier soupir. Sans avoir besoin des prodiges de terreur qui se firent pour lors, nous disons hardiment, comme l'officier romain qui en fut témoin, *Cet homme était véritablement le Fils de Dieu* ( Matth. xxvii, 54 ). Aucun des événements qui arrivèrent ensuite ne peut plus nous étonner.

Tel est le récit qui a été fait par quatre de ses disciples, que l'on nous peint comme des ignorants. S'il n'est pas fidèle, qui leur a suggéré une peinture aussi sublime d'un Dieu mourant pour le salut des hommes ? Mais elle avait été tracée longtemps auparavant. Isaïe, sept cents ans avant l'événement, David, encore plus ancien de trois siècles, avaient peint le Messie souffrant sous les mêmes traits que les évangélistes. Jésus-Christ sur la croix prononça les premières paroles du psaume xxi, et s'en fit l'application : ce psaume entier renferme plusieurs traits frappants. V. 2 : « Mon Dieu, mon Dieu, à quoi vous m'avez délaissé ! ( à quels tourments vous m'avez abandonné ! ) Malgré mes cris, le moment de ma délivrance est encore loin de moi...» V. 5 : « Nos pères ont espéré en vous, et vous les avez délivrés ; ils vous ont invoqué, et vous les avez sauvés.... » V. 7 : « Pour moi, je suis un ver de terre plutôt qu'un homme ; je suis l'opprobre de mes semblables et le rebut du peuple....» V. 8 : «Ceux qui voient mon état m'insultent et m'outragent....» V. 9 : « Ils disent, Puisqu'il a espéré au Seigneur, que le Seigneur le délivre et le sauve s'il l'aime véritablement....» V. 12 : « Ne vous éloignez pas de moi, puisque personne ne m'assiste....» V. 17 : «Mes ennemis, comme des animaux en fureur, m'ont environné, et se sont réunis contre moi ; ils ont percé mes mains et mes pieds....» V. 18 : « Ils ont compté tous mes os ; ils m'ont considéré avec une joie cruelle....» V. 19 : «Ils ont partagé entre eux mes habits, et ils ont jeté le sort sur ma robe...» V. 26 : « Vous serez cependant le sujet de mes louanges ; et je vous rendrai mes vœux dans la nombreuse assemblée de ceux qui vous craignent....» V. 28 : « Toutes les nations de la terre se tourneront vers vous, et viendront vous adorer ; vous serez leur roi et leur Seigneur....» V. 31 : «......et ma postérité vous servira ; cette race nouvelle vous appartiendra ; il sera dit que c'est le Seigneur qui l'a formée. »

Ceux qui entendent l'hébreu ne blâmeront point la manière dont nous traduisons le v. 2 : il nous parait que, dans la bouche de David, ni dans celle de Jésus-Christ, ce n'était point une interrogation ni un reproche qu'ils faisaient à Dieu, mais une simple exclamation sur la rigueur des tourments qu'ils souffraient. On sait que les Juifs, pour détourner le sens du v. 17, ont changé une lettre dans l'hébreu, et qu'en mettant *cari* pour *cáru*, au lieu de lire *ils ont percé mes mains et mes pieds*, ils lisent *comme un lion mes mains et mes pieds*, ce qui ne fait aucun sens, et contredit la version des Septante. Jamais David n'a pu dire de lui-même que ses ennemis avaient compté ses os, avaient partagé ses vêtements ; et avaient jeté le sort sur sa robe ; mais les soldats accomplirent cette prophétie à l'égard de Jésus-Christ ( *Matth.* xxvii, 35 ; *Joan.* xix, 24 ). La prédiction de la conversion des nations par le ministère du Messie s'est vérifiée d'une manière encore plus éclatante.

Celle que fait Isaïe mérite d'être rapportée tout entière ; elle ressemble plutôt à une histoire qu'à une prophétie. Chap. LII, Isaïe, après avoir prédit aux Juifs leur délivrance de la captivité de Babylone, dit, v. 13 : « Mon serviteur aura le don de sagesse, il s'élèvera, il prospérera, il sera grand ; » v. 14 : « De même que plusieurs ont été frappés d'étonnement sur votre sort, ainsi il sera ignoble et défiguré à la vue des hommes ; » 15 : « Il purifiera plusieurs nations, les grands de la terre se tairont devant lui, parce qu'ils on vu celui qui ne leur avait point été annoncé ; il a paru aux yeux de ceux qui n'en avaient pas entendu parler. » — Chap. LIII, v. 1 : « Qui croira ce que nous annonçons ? A qui le bras du Seigneur s'est-il fait connaître ? 2. Il croîtra comme un faible rejeton qui sort d'une terre aride ; il n'a ni éclat ni beauté ; nous l'avons vu, à peine pouvait-on l'envisager. 3. Il est méprisé, le dernier des hommes, l'homme de douleurs ; il éprouve l'infirmité, il cache son visage, nous n'avons pas osé le regarder. 4. Il a vraiment souffert nos maux,

Il a supporté nos douleurs ; nous l'avons pris pour un lépreux, pour un homme frappé de Dieu et humilié. 5. Mais il est blessé par nos iniquités, il est meurtri par nos crimes, le châtiment qui doit nous donner la paix est tombé sur lui, nous sommes guéris par ses blessures. 6. Nous nous sommes égarés tous comme un troupeau errant, chacun s'est écarté de son côté, le Seigneur a rassemblé sur lui l'iniquité de nous tous. 7. Il a été opprimé et affligé, il n'a point ouvert la bouche, il est conduit à la mort comme une victime, il se tait comme un agneau dont on enlève la toison. 8. Il a été délivré des liens et de l'arrêt qui le condamne ; qui pourra révéler son origine ? Il a été retranché de la terre des vivants ; il est frappé pour les péchés de mon peuple. 9. Sa mort sera parmi les impies, et son tombeau parmi les riches, parce qu'il n'a point commis d'iniquité, et que le mensonge n'est point sorti de sa bouche. 10. Dieu a voulu le frapper et l'accabler. S'il donne sa vie pour victime du péché, il vivra ; il aura une postérité nombreuse, il accomplira les desseins du Seigneur. 11. Parce qu'il a souffert, il reverra la lumière et sera rassasié de bonheur. Mon serviteur, juste lui-même donnera aux autres la justice par sa sagesse, et il supportera leurs iniquités. 12. Voilà pourquoi je lui donnerai un partage parmi les grands de la terre ; il enlèvera les dépouilles des ravisseurs, parce qu'il s'est livré à la mort, qu'il a été mis au nombre des scélérats, qu'il a porté les péchés de la multitude, et qu'il a prié pour les pécheurs. »
— Chap. LIV, v. 1 : « Femme stérile qui n'enfantez pas, chantez un cantique de louange, réjouissez-vous de votre fécondité future... ; v. 5. Le Saint d'Israël qui vous rachète sera reconnu Dieu de toute la terre, etc. »

Il y a une conformité frappante entre cette prophétie et le psaume XXI ; dans l'un et dans l'autre nous voyons un juste réduit au comble de l'humiliation et de la douleur, qui souffre avec patience et confiance en Dieu, est ensuite comblé de gloire, et qui procure à Dieu un nouveau peuple formé de toutes les nations. Mais ce qu'ajoute Isaïe, que Dieu a mis sur ce juste l'iniquité de nous tous ; qu'il est blessé pour nos iniquités, meurtri par nos crimes, et que nous sommes guéris par ses blessures ; qu'il est frappé pour les péchés du peuple, qu'il a porté les iniquités de la multitude, etc., désigne trop clairement le Sauveur des hommes, pour qu'on puisse le méconnaître. Il n'est donc pas étonnant que les apôtres et les évangélistes aient appliqué ces traits à Jésus-Christ ; les anciens docteurs juifs en ont fait de même l'application au Messie : ceux d'aujourd'hui, qui prétendent qu'il n'est point question là d'un homme, mais du peuple juif, et qui soutiennent que Dieu les punit actuellement des péchés des autres nations, blasphèment contre la justice divine, font violence à tous les termes, et contredisent la tradition constante de leurs docteurs. On ne doit pas être surpris non plus de ce que les apôtres, présentant d'une main David et Isaïe, de l'autre la narration des évangélistes, appuyée par la notoriété des faits, ont converti tous ceux d'entre les juifs et les gentils qui ont voulu y faire attention, et qui ont cherché la vérité de bonne foi. Il y aurait même lieu de s'étonner de ce qu'un si grand nombre sont demeurés dans l'incrédulité, si les exemples que nous en avons sous les yeux ne nous faisaient voir jusqu'où peuvent aller l'opiniâtreté et la démence des hommes, lorsqu'ils ont bien résolu de ne rien croire.

Jamais nos raisonneurs incrédules ne se sont donné la peine de considérer attentivement les traits de conformité qu'il y a entre les prophéties et les circonstances de la *passion* du Sauveur ; ils se sont contentés d'extraire les commentaires absurdes des Juifs, sans s'embarrasser du ridicule dont ils se couvraient en suivant les leçons de pareils maîtres. Pour affaiblir l'impression que doit faire sur tout homme sensé l'histoire de la *passion* tracée par les évangélistes, ils se sont attachés à travestir quelques circonstances, à relever quelques faits minutieux, à chercher de prétendues contradictions entre les diverses narrations de ces quatre écrivains. S'ils avaient voulu seulement ouvrir une *Concorde des Évangiles*, ils auraient vu l'inutilité de leur travail. Ils ont insisté sur l'agonie de Jésus-Christ au jardin des Olives, ils ont dit qu'en cette occasion le Messie avait montré une faiblesse indigne d'un homme courageux. Mais nous soutenons qu'il y a plus de courage et de vertu à se présenter aux souffrances avec pleine connaissance, après y avoir réfléchi et en surmontant la répugnance de la nature, qu'à y courir en s'étourdissant soi-même et en affectant de les braver. Il ne tenait qu'à Jésus-Christ de déconcerter toutes les mesures des Juifs et de se tirer de leurs mains, comme il l'avait fait plus d'une fois. Si au lieu d'aller au jardin des Olives, selon sa coutume, il était allé à Béthanie ou ailleurs, les Juifs n'auraient pas pu le trouver : et s'il était allé prêcher chez les gentils, ses miracles lui auraient bientôt formé un parti capable de faire trembler les Juifs.

Les censeurs de l'Évangile disent que Jésus parla peu respectueusement au grand prêtre Caïphe ; qu'il ne déclara pas nettement sa divinité ; que, frappé sur une joue, il ne tendit pas l'autre, comme il l'avait ordonné. Il suffit cependant de lire le texte des évangélistes, pour voir que la réponse de Jésus-Christ à Caïphe n'avait rien du tout de contraire au respect ; que c'était une déclaration formelle de sa divinité ; que le conseil des Juifs l'envisagea ainsi, puisque ce fut pour cela même qu'il condamna à la mort Jésus-Christ comme blasphémateur. Ce n'était pas là le lieu de tendre l'autre joue pour recevoir un nouvel outrage, puisque c'était au tribunal même des magistrats juifs, dont le premier devoir était d'empêcher et de venger les outrages. Ces mêmes critiques ajoutent : Comment Dieu a-t-il permis que Pilate, qui voulait sauver Jésus, ait été assez faible pour le condamner, quoique innocent ? Nous ré pendons que Dieu l'a permis comme il permet tous les autres crimes qui se commettent dans le monde. Ils prétendent que Jésus Christ sur la croix se plaignait d'être abandonné de son Père ; Calvin a osé dire que les premières paroles du psaume XXI, que Jésus-Christ prononça pour lors, étaient l'expression du désespoir. Mais la manière dont nous avons traduit ces paroles à la lettre démontre que ce n'était ni une plainte ni un reproche, mais une exclamation sur la rigueur du tourment que souffrait le Sauveur : *Mon Dieu, mon Dieu, à quoi vous m'avez délaissé, à quels tourments vous m'avez réservé !* Quel signe y a-t-il là d'impatience, de mécontentement ou de désespoir ? D'ailleurs, Jésus-Christ en prononçant ces paroles, se faisait l'application de ce psaume ; il faisait voir que ses douleurs étaient l'accomplissement de cette prophétie. Aussi, lorsque toutes les circonstances furent vérifiées, Jésus s'écria : *Tout est consommé.*

Mais nos adversaires soutiennent qu'il y a contradiction entre les évangélistes. Saint Marc dit que Jésus fut crucifié à la troisième heure, c'est-à-dire à neuf heures du matin ; saint Jean écrit que ce fut à la sixième heure ou à midi. Selon saint Mathieu et saint Marc, les deux voleurs crucifiés avec Jésus lui insultaient ; selon saint Luc, un seul injuria le Sauveur.

On n'a qu'à comparer le texte des évangélistes, la contradiction disparaîtra. Lorsque saint Marc dit, c. XV, v. 25 : *Il était la troisième heure, et ils le crucifièrent,* on doit entendre, *et ils se disposèrent à le crucifier.* Les versets suivants témoignent qu'il se passa encore plusieurs choses avant que Jésus fût conduit au Calvaire, et fût attaché à la croix. Saint Jean écrit, c. XIX, v. 14 et 16, qu'*environ* la sixième heure Pilate dit aux Juifs, *voilà votre Roi, et qu'il le leur livra* pour être crucifié. Il n'était donc pas encore la sixième heure, elle était seulement commencée ; or elle commençait à neuf heures du matin. Quant à ce qui regarde les voleurs, il s'ensuit seulement que la narration de saint Luc est plus exacte que celle des deux premiers évangélistes ; il rapporte la conversion du bon larron, de laquelle ils n'ont pas parlé. Selon le jugement des incrédules, il n'a pas pu arriver une éclipse au moment de la mort du Sauveur ; les Juifs n'ont vu aucun des prodiges dont les évangélistes font mention, puisqu'ils ne se sont pas convertis. Aussi les évangélistes ne parlent point d'une éclipse, mais de ténèbres qui couvrirent toute la Judée ; et ces ténèbres purent être causées par un nuage épais. Saint Luc dit formellement que la multitude de ceux qui furent témoins de la mort de Jésus s'en retournèrent en frappant leur poitrine, signe de repentir et de conversion. Quant à l'endurcissement du grand nombre des Juifs, il ne nous surprend pas plus que celui des incrédules d'aujourd'hui. Ils disent qu'il aurait été mieux que Dieu pardonnât le péché d'Adam, au lieu de le punir d'une manière si terrible dans la personne de son propre Fils. De notre côté, nous soutenons qu'il est mieux que Dieu l'ait ainsi puni, afin de donner aux hommes une idée de sa justice, de leur inspirer l'horreur du péché, et de les en préserver.

Quand les objections que nous venons d'examiner seraient plus solides, pourraient-elles obscurcir les traits de la divinité que Jésus-Christ a fait paraître pendant sa *passion* et à sa mort, l'éclat avec lequel il a vérifié les prophéties, le triomphe de sa résurrection, le prodige du monde converti par la prédication d'un Dieu crucifié ? Ce prodige subsiste depuis dix-sept cents ans, en dépit des efforts des incrédules de tous les siècles, et il subsistera autant que l'univers. Jésus-Christ avait dit : *Lorsque j'aurai été élevé de terre, j'attirerai tout à moi ;* il a rempli sa parole, il accomplira de même celle qu'il a donnée d'être avec son Eglise jusqu'à la consommation des siècles. La meilleure manière de savoir si ces souffrances ont été inutiles, excessives, indignes de Dieu, est d'en juger par les effets ; elles ont inspiré aux apôtres et aux premiers chrétiens le courage du martyre ; elles soutiennent les âmes justes dans leurs peines, convertissent souvent les pécheurs, adoucissent pour tous les angoisses de la mort : c'est plus qu'il n'en faut pour les justifier. Nos profonds raisonneurs ont osé les comparer aux souffrances que les païens attribuent à plusieurs de leurs dieux ; c'est mal à propos, disent-ils, que les Pères de l'Eglise en ont fait le reproche aux païens, et ont voulu les en faire rougir, puisque ceux-ci étaient en droit de rétorquer l'argument. Aussi l'ont-ils fait ; Celse n'y a pas manqué, mais Origène n'a pas eu beaucoup de peine à lui répondre. Ce n'est pas de son plein gré que Saturne a été détrôné, mutilé et banni par son fils ; que Jupiter a été combattu par les Titans ; que Prométhée a été enchaîné au Caucase, etc. Toutes ces aventures, loin d'inspirer aux hommes l'amour de la vertu et l'horreur du crime, étaient des leçons très-scandaleuses ; loin de procurer quelque avantage au genre humain, elles n'ont servi qu'à le pervertir. Nous avons fait voir qu'il en est tout autrement des souffrances du Sauveur. Il avait dit : *J'ai le pouvoir de donner ma vie, et j'ai le pouvoir de la reprendre ;* il l'a reprise en effet en se ressuscitant par sa propre vertu ; il a converti et sanctifié le monde par le mystère de la croix. Origène, *contre Celse,* liv. II, n. 34 ; liv. VII, n. 17, etc.

PASSIONS HUMAINES. Nous appelons *passions* les inclinations ou les penchants de la nature, lorsqu'ils sont poussés à l'excès, parce que leurs mouvements ne sont pas volontaires ; l'homme est purement passif lorsqu'il les éprouve, il n'est actif que quand il y consent ou qu'il les réprime. Plusieurs philosophes modernes, appliqués à prendre de travers la morale de l'Évangile, ont prétendu que c'est un projet insensé de vouloir étouffer ou déraciner les *passions ;* que si l'homme n'en avait plus, il serait stupide ;

que celles qui forment le caractère particulier d'un homme sont incurables, et que le caractère ne change jamais. Quelques-uns ont poussé le scandale jusqu'à vouloir justifier toutes les *passions*, et à soutenir qu'il est aussi impossible à l'homme d'y résister que de s'abstenir d'avoir la fièvre. Ainsi, selon leur opinion, toutes les maximes de l'Évangile, qui tendent à nous guérir de nos *passions*, sont absurdes. Cette morale philosophique, digne des établés d'Epicure, aurait fait frémir de colère les stoïciens qui regardaient les *passions* comme des maladies de l'âme, et dont toute l'étude avait pour objet de les réprimer : mais sans nous émouvoir, il faut montrer à nos philosophes qu'ils jouent sur un terme équivoque et que leur morale est fausse.

Il est certain d'abord que nos penchants naturels ne sont nommés *passions* que quand ils sont poussés à l'excès. On n'accuse point un homme de la *passion* de la gourmandise, lorsqu'il ne boit et ne mange que selon le besoin ; de la *passion* de l'avarice, lorsqu'il est seulement économe, et qu'il évite tout gain malhonnête ; de la *passion* de la vengeance, lorsqu'il se contient dans les bornes d'une juste défense, etc. Il n'est pas moins incontestable que ces mêmes penchants, qui contribuent à notre conservation quand ils sont modérés, tendent à notre destruction dès qu'ils sont excessifs. Un philosophe moderne a observé que l'amour et la haine, la joie et la tristesse, les désirs violents et la peur, la colère et la volupté, altèrent la constitution du corps, et peuvent causer la mort lorsque ces *passions* sont portées à l'excès : il le démontre par la théorie des effets physiques que ces différentes affections produisent sur les organes du corps. Il ne peut donc pas nous être permis de nous y livrer, beaucoup moins de les fortifier et de les augmenter par l'habitude d'en suivre les mouvements ; lorsque nous le faisons, nous agissons contre notre propre nature. Enfin, nous savons par notre propre expérience et par celle d'autrui, qu'il dépend de nous de modérer nos penchants, de les réprimer, de les affaiblir par des actes contraires. Lorsque nous y avons réussi, notre conscience nous applaudit ; c'est dans cette victoire même que consiste la *vertu* ou la force de l'âme ; lorsque nous y avons succombé, nous sommes punis par le remords. L'empire sur les *passions* est sans doute plus difficile à certaines personnes qu'à d'autres ; mais il n'est aucun homme à qui la résistance soit absolument impossible. Quand il serait vrai que nous ne pouvons pas changer entièrement notre caractère, il ne s'ensuivrait pas encore que nous ne pouvons pas vaincre nos *passions*. Autre chose est de n'en pas sentir les mouvements, et autre chose d'y succomber et de les suivre. Qu'importe qu'un homme soit né avec un penchant violent à la colère, si à force de se réprimer il est venu à bout de ne plus s'y livrer ? Il en résulte seulement que la douceur et la patience sont des vertus plus diffi-

ciles et plus méritoires pour lui que pour un autre ; s'il est obligé de soutenir ce combat pendant toute sa vie, il en sera d'autant plus digne d'éloges et de récompenses. Lorsque la loi de Dieu nous défend les désirs déréglés, elle entend les désirs volontaires et réfléchis, et non ceux qui sont indélibérés et involontaires, puisqu'ils ne dépendent pas de nous ; elle s'explique assez en disant : *Ne suivez point vos convoitises*. Eccli., c. XVIII, v. 30 : « Que le péché ne règne point dans votre corps mortel, de manière que vous obéissiez à ses convoitises (*Rom.* VI, 12). »

Jésus-Christ, qui connaissait mieux la nature humaine que les philosophes, nous a prescrit la seule vraie méthode de guérir les *passions*, en nous commandant les actes de vertus qui y sont opposés. Ainsi, il nous ordonne de vaincre l'avarice en faisant des aumônes, l'orgueil en recherchant les humiliations, l'ambition en nous mettant à la dernière place, la volupté en mortifiant nos sens, la colère en faisant du bien à nos ennemis, la gourmandise par le jeûne, la paresse par le travail, etc.

Les maximes des stoïciens, touchant la nécessité de vaincre les *passions*, étaient pompeuses et sublimes, mais cette morale avait des défauts essentiels. 1° Elle ne portait sur rien ; le stoïcisme n'opposait aux *passions* point d'autre contrepoids que l'orgueil ou la vaine satisfaction de se croire sage : faible barrière, bien peu capable d'arrêter la fougue d'une *passion* violente. Jésus-Christ nous donne des motifs plus solides, le désir de plaire à Dieu, de mériter un bonheur éternel, de jouir de la paix de l'âme. Aussi cette morale a formé des saints dans tous les âges, de l'un ou l'autre sexe, dans toutes les conditions de la vie. 2° Les stoïciens convenaient eux-mêmes que leurs maximes ne convenaient qu'à un petit nombre d'hommes, qu'il fallait des âmes d'une forte trempe pour les pratiquer ; celles de Jésus-Christ sont populaires, à portée de tous les hommes ; elles ont élevé à l'héroïsme de la vertu les âmes les plus communes, et qui en paraissaient le moins capables. 3° Ceux qui ont examiné de près le stoïcisme, sont convaincus qu'il ne pouvait aboutir qu'à produire dans l'homme une insensibilité stupide ; que cet état, loin de conduire à la vertu, la détruit au contraire jusque dans la racine. Aussi n'est-il aucun des stoïciens les plus célèbres, auquel on ne puisse reprocher quelque vice grossier ; mais on ne peut, sans calomnie, former la même accusation contre les saints instruits à l'école de Jésus-Christ. Pour les tourner en ridicule, nos philosophes ont dit que le projet d'un dévot est de parvenir à ne rien désirer, à ne rien aimer, à ne rien sentir, et que, s'il réussissait, ce serait un vrai monstre. Mais quel est l'homme qui a formé ce projet, à moins qu'il ne fût insensé ? Autre chose est de ne désirer aucun objet dangereux, de rien aimer avec trop d'ardeur, de ne s'attacher à rien avec excès, et autre chose de n'éprouver aucun désir, aucune affection, aucun sentiment. Ce dernier état est impossible; il étoufferait toute vertu, il ferait violer des devoirs essentiels : le premier n'est rien moins que chimérique, les anciens philosophes le conseillaient, et les saints y sont parvenus. Nos nouveaux maîtres de morale disent que les *passions* ne produisent jamais de mal, lorsqu'elles sont dans une juste harmonie et qu'elles sont contre-balancées l'une par l'autre. Soit. La question est de savoir d'abord si cet équilibre dépend de nous ou n'en dépend pas ; en second lieu, de savoir lequel des deux est le plus aisé, le plus sûr et le plus louable, de réprimer une *passion* par une autre, ou de les réprimer toutes par les motifs de religion. Il nous paraît que vouloir guérir une maladie de l'âme par un autre n'est pas un moyen fort sûr de se bien porter. Cette manière de traiter les *passions* demande beaucoup de réflexion, des méditations suivies, des calculs d'intérêt dont très peu d'hommes sont capables ; les motifs de religion sont à portée de tous, et n'entraînent jamais aucun inconvénient. Pour justifier leurs *passions*, les païens les avaient attribuées à leurs dieux ; ce fut le comble du délire et de l'impiété. Au mot ANTHROPOPATHIE, nous avons vu en quel sens l'Ecriture sainte semble attribuer à Dieu les *passions humaines*.

\* PASSIONISTES. En 1775, il s'est formé, en Italie, sous ce nom, une association religieuse. Les passionistes ont fondé un grand nombre de maisons en Italie. Ils en comptent un en Belgique. Ce sont de zélés défenseurs de la religion. Ils donnent des missions qui ont eu beaucoup de succès.

**PASTEUR**, homme qui a reçu de Dieu mission et caractère pour enseigner les fidèles, et leur administrer les moyens de salut que Dieu a établis. Dieu lui-même n'a pas dédaigné de prendre ce titre à l'égard de son peuple ; les prophètes l'ont donné au Messie en prédisant sa venue, Jésus-Christ se l'est attribué, et s'est proposé pour modèle des devoirs d'un bon *pasteur* ; il a revêtu ses apôtres et leurs successeurs de ce caractère, pour en continuer les fonctions jusqu'à la fin des siècles. En les chargeant de ce gouvernement doux, charitable, paternel, il a ordonné aux fidèles d'avoir pour eux la docilité, la soumission, la confiance, qui caractérisent vos ouailles.

Lorsque les hérésiarques des derniers siècles ont voulu former un troupeau à part, ils ont contesté aux *pasteurs* de l'Eglise catholique leur autorité et leur mission ; ils ont soutenu que les *pasteurs* étaient les simples mandataires du corps des fidèles, que leur commission ne leur imprimait aucun caractère, qu'elle était révocable lorsqu'on était mécontent d'eux, et qu'alors ils n'avaient rien de plus que les simples laïques. Mais sur ce point la doctrine des novateurs n'a pas été uniforme. Pendant que les calvinistes prétendaient que tout homme capable d'enseigner peut être établi *pasteur* par l'assemblée des fidèles, les anglicans ont continué à soutenir que l'épiscopat est d'institution divine, qu'un évêque reçoit le caractère et la mission de *pasteur* par l'ordination, mais qu'il tient du souverain la juridiction sur telle partie de l'Eglise. Cette diversité de croyance, dès l'origine de la prétendue réforme, a partagé l'Angleterre entre les épiscopaux et les presbytériens. Parmi les luthériens, les uns ont été jaloux de conserver la succession des évêques sous le nom de surintendants, les autres ont jugé que cela n'était pas nécessaire. De son côté, l'Eglise catholique a continué de croire, comme elle a fait de tout temps, que la mission, le caractère, l'autorité des *pasteurs*, viennent de Dieu, et non des hommes, qu'ils reçoivent par l'ordination des pouvoirs que n'ont point les simples laïques, qu'ils forment par conséquent un ordre à part et distingué du commun des fidèles, que ceux-ci sont obligés par l'institution divine de leur être soumis, de les écouter et de leur obéir. Telle est en effet l'idée que nous en donne l'Ecriture sainte, et telle a été la croyance de tous les siècles.

Ce n'est point aux fidèles, mais aux *pasteurs* seuls que Jésus-Christ a dit, dans la personne de ses apôtres : *Vous serez assis sur douze sièges pour juger les douze tribus d'Israël. Paissez mes agneaux, paissez mes brebis. Comme mon Père m'a envoyé, je vous envoie. Ce que vous lierez ou délierez sur la terre sera lié ou délié dans le ciel. Celui qui vous écoute m'écoute moi-même*, etc. Saint Paul dit aux évêques que c'est le Saint-Esprit, et non le corps des fidèles, qui les a établis pour gouverner l'Eglise de Dieu, que c'est Jésus-Christ qui a établi des *pasteurs* et des docteurs ; que personne ne doit prétendre à cet honneur, mais seulement celui qui est appelé de Dieu comme Aaron ; que lui-même a été fait apôtre, non par les hommes, mais par Jésus-Christ ; il s'attribue le droit de punir et de retrancher de l'Eglise les membres indociles. Il dit aux simples fidèles : « Obéissez à vos préposés ou à vos *pasteurs*, et soyez-leur soumis, car ils veillent continuellement, comme devant rendre compte de vos âmes. (*Hebr.* XIII, 17). » Ce n'est point aux fidèles, mais à Tite et à Timothée, qu'il donne commission d'ordonner des prêtres et d'autres ministres, et de les établir dans les villes pour y exercer les fonctions de *pasteurs*, etc. *Voy.* MISSION. Le premier de ces passages nous paraît mériter une attention particulière. *Luc.*, c. XXII, v, 28, Jésus-Christ dit à ses apôtres : *C'est vous qui avez persévéré avec moi dans mes épreuves ; aussi je vous laisse* (par testament, διατίθεμαι) *un royaume, comme mon Père me l'a laissé, afin que vous mangiez et buviez à ma table dans mon royaume, et que vous soyez assis sur douze sièges pour juger les douze tribus d'Israël*. Il dit ensuite à saint Pierre : *Simon, Satan a demandé de vous cribler* (tous) *comme le froment ; mais j'ai prié pour vous* (seul), *afin que votre foi ne manque pas ; ainsi un jour tourné vers tes frères* (ἐπιστρέψας, *conversus*), *confirmez ou affermissez-les*. » Un protestant, vaincu par l'évidence, est convenu que le *royaume* laissé par Jésus-Christ à ses apôtres est le sacerdoce ; mais il contredit le texte, en ajoutant que Jésus-Christ le leur donne pour eux, et *pour ceux qui croiront à leur prédication*. Il s'agit évidemment ici d'un privilége particulier pour les apôtres, puisque c'est une récompense de leur attachement constant pour leur maître ; de même que ce qui suit est un privilége et un devoir personnel pour saint Pierre d'affermir ses frères dans la foi, et qui l'a rendu le *pasteur* des *pasteurs*. Ainsi s'est formée l'Eglise chrétienne, ainsi elle a toujours été gouvernée. Dans le concile de Jérusalem, les apôtres et les anciens, ou les prêtres, ne consultent point les fidèles pour leur imposer la loi de s'abstenir des viandes immolées, du sang, des chairs suffoquées, et de la fornication (*Act.* xv, 6, etc.). Saint Paul, en parcourant les Eglises, leur ordonnait d'observer ce commandement des apôtres et des anciens, v, 14.

Saint Ignace, établi évêque d'Antioche par les successeurs immédiats des apôtres, recommande continuellement aux fidèles, dans ses lettres, d'être soumis à leur évêque, de ne rien faire sans lui, de lui obéir en toutes choses ; il suppose comme un principe constant, et il le prouve par l'ordre de Jésus-Christ même, que c'est aux évêques de gouverner et de commander, et aux fidèles de se laisser conduire. Au iii<sup>e</sup> siècle, saint Cyprien n'a pas été moins ferme à soutenir les droits, les prérogatives, l'autorité de l'épiscopat. Aussi les hérétiques ont-ils accusé ces deux saints martyrs d'avoir été fort entêtés des priviléges de leur dignité ; mais cet entêtement prétendu leur venait de Jésus-Christ et des apôtres. D'autre part, il n'est que trop évident que les hérétiques n'ont soutenu la doctrine contraire que par nécessité de système. Comme la plupart des prédicants de la réforme étaient des laïques qui se croyaient plus habiles que tous les *pasteurs* de l'Eglise, que les autres étaient de simples prêtres ou des moines révoltés contre leurs évêques, il a bien fallu soutenir que, pour établir une nouvelle religion et une nouvelle Eglise, il n'était besoin ni de mission divine, ni de caractère surnaturel, ni de pouvoirs sacrés ; que tout homme qui croyait avoir trouvé la vérité pouvait la prêcher, si des peuples trouvaient bon de l'écouter. Ils ont publié que les *pasteurs* de l'Eglise avaient perdu leur mission et leur caractère, parce qu'ils enseignaient des erreurs, et que leurs mœurs ne répondaient pas à la sainteté de leurs fonctions. Mais par quel tribunal légitime cette condamnation des ministres de l'Eglise catholique a-t-elle été prononcée ? Selon l'institution de Jésus-Christ, les apôtres, leurs successeurs, ont été établis pour juger les fidèles, et non pour être jugés par eux. Des hommes qui posaient pour principe fondamental de leur schisme, que la seule Ecriture sainte est la règle de ce que l'on doit croire et enseigner, auraient dû commencer par prouver clairement et formellement, par le texte sacré, que des *pasteurs* ignorants ou vicieux perdent leurs pouvoirs et leur caractère, et que les peuples dès ce moment, sont en droit de se révolter contre eux et d'en prendre d'autres. Les prétendus réformateurs commençaient par forger des impostures et des calomnies de toute espèce, pour noircir le clergé catholique et le rendre odieux aux peuples ; ils concluaient ensuite que ces *pasteurs* étaient déchus de leurs pouvoirs et de leur autorité ; ils finissaient par se mettre à leur place et par usurper leurs fonctions. Ainsi le fondement de toute cette belle économie se bornait à l'assertion et à la parole des prédicants : voilà comme la réforme s'est établie.

Aujourd'hui de nouveaux docteurs, soit théologiens, soit canonistes, ramassent les débris de cette doctrine des protestants, condamnée dans Wiclef, dans Jean Hus, dans les vaudois, aussi bien que dans les écrits de Luther et de Calvin, et veulent en faire le fondement d'une nouvelle jurisprudence ecclésiastique. De nos jours on a enseigné et répété que les *pasteurs* de l'Eglise ne sont que les mandataires du corps des fidèles ; que c'est au corps de l'Eglise, et non à ses *pasteurs*, que l'autorité d'enseigner et de gouverner a été donnée : que la puissance des *pasteurs*, n'étant point d'institution divine, ne peut obliger les fidèles en conscience ; qu'ainsi les décisions des *pasteurs* en matière de foi et de discipline, ne peuvent avoir force de loi qu'autant qu'elles sont acceptées par la société des fidèles. On a posé pour maxime que l'Eglise a le pouvoir d'excommunier, et qu'il doit être exercé par les premiers *pasteurs*, *du consentement au moins présumé* de tout le corps ; on a autorisé les fidèles à mépriser ce pouvoir, en décidant que la crainte d'une excommunication injuste ne doit pas nous empêcher de faire notre devoir. Il est aisé de voir si tout cela s'accorde avec la doctrine de l'Ecriture sainte, avec la croyance et la pratique de l'Eglise depuis les apôtres jusqu'à nous. Les ennemis du clergé n'en sont pas demeurés là ; ils ont enseigné que l'Eglise étant étrangère à l'Etat, les ministres ou les *pasteurs* de l'Eglise ne peuvent avoir aucune autorité indépendante de celle du souverain ; que, quoique la foi ne dépende point de lui, cependant la publicité de la foi et du ministère ecclésiastique en dépend ; qu'avant qu'il ait accordé cette publicité, la religion chrétienne ne peut lier le sujet, parce que celui-ci ne peut être contraint que par l'autorité de son souverain ; ils en ont conclu que les décisions même des conciles généraux ne peuvent avoir force de loi qu'autant que le souverain le permet et en autorise la publication ; que c'est au souverain et aux magistrats de juger de la validité d'une excommunication, parce que cette peine prive un sujet de ses droits de citoyen.

Lorsque nos profonds politiques jugent que Dieu, sa parole, son culte, ses lois, les ordres qu'il a donnés, sont étrangers à l'Etat, l'on est bien en droit de douter si ces écrivains eux-mêmes ne sont pas étrangers à l'Eglise, et si jamais ils ont fait profession du christianisme. A les entendre raisonner, on dirait que les souverains ont fait grâce à Jésus-Christ, en permettant que sa doctrine et sa religion fussent prêchées dans leurs Etats ; que, par reconnaissance, ses ministres sont obligés en conscience de mettre cette religion, et l'Evangile qui l'enseigne, sous le joug de la puissance séculière. Nous pensons au contraire que c'est Jésus-Christ qui a fait une très-grande grâce à un souverain et à ses sujets, lorsqu'il a daigné leur procurer la connaissance de sa doctrine et de ses lois, les captiver sous le joug de son Evangile, leur donner une religion qui est le fondement le plus sûr de leurs devoirs mutuels et de leurs droits respectifs, par conséquent le plus ferme appui du repos, de la prospérité et du bonheur des sociétés politiques. Cette vérité est assez démontrée par le fait ; puisque, de tous les gouvernements de l'univers il n'en est point de plus stable, de plus modéré, de plus heureux, à tous égards, que celui des nations chrétiennes.

Sans demander la permission des souverains, Jésus-Christ avait dit à ses apôtres : *Prêchez l'Evangile à toute créature ; quiconque ne croira pas sera condamné. Vous serez traînés devant les rois et les magistrats à cause de moi, et pour leur rendre témoignage....... ne les craignez point... Ce que je vous ai enseigné en secret, publiez-le au grand jour, et ce que je vous dis à l'oreille, prêchez-le sur les toits. Ne craignez point ceux qui tuent le corps et n'ont point de pouvoir sur l'âme, mais craignez celui qui peut envoyer le corps et l'âme au supplice éternel* (Matth. x, 18). Aussi les apôtres n'ont point demandé les lettres d'attache des empereurs païens pour annoncer l'Evangile à leurs sujets ; les *pasteurs*, qui leur ont succédé, ont même bravé les lois qui le leur défendaient, et, par leur constance, ils ont enfin forcé les maîtres du monde à courber leur tête sous le joug de la foi.

Mais on se tromperait grossièrement si l'on croyait que ces *publicistes* antichrétiens soutiennent leur doctrine par zèle pour l'autorité légitime des souverains ; ils sont dans le fond aussi ennemis de cette autorité que de celle des *pasteurs* de l'Eglise. De même qu'ils ont décidé que ceux-ci ne sont que les mandataires des fidèles, que leurs décisions n'ont force de loi qu'autant que l'on veut s'y soumettre, ils ont enseigné aussi que les souverains eux-mêmes ne sont que les mandataires de leurs sujets, que les sujets sont les vrais propriétaires de l'autorité suprême, qu'ils ne peuvent s'en dessaisir d'une manière irrévocable, que, quand les souverains en abusent, les sujets sont en droit de la leur ôter. Ainsi ces zélateurs hypocrites n'ont voulu mettre l'Eglise sous le joug des souverains que pour remettre les souverains eux-mêmes sous le joug des peuples. *Voy.* AUTORITÉ POLITIQUE. Par une contradiction grossière, ils soutiennent, d'un côté, que le souverain a droit d'examiner et de voir si une religion convient ou ne convient pas à la prospérité et à la tranquillité de ses Etats et au bien de ses sujets, par conséquent d'en permettre ou d'en défendre la prédication, la profession et l'exercice ; de l'autre, que le souverain n'a aucun droit de gêner la conscience de ses sujets, que c'est à eux seuls de juger quelle est la religion qu'ils doivent suivre ; que sur ce point la tolérance absolue est de droit naturel et de droit divin. Lorsqu'il s'agit de gêner les *pasteurs* dans l'exercice de leur ministère, le pouvoir des souverains est despotique et absolu ; s'agit-il de réprimer la licence des prédicants, des athées, des incrédules, les prétentions des hérétiques, le souverain a les mains enchaînées par les lois sacrées de la tolérance. C'est selon les règles de cette merveilleuse logique qu'ont été faits les écrits intitulés : *L'Esprit ou les principes du droit canonique ; de l'Autorité du Clergé ; l'Esprit du Clergé*, etc. Les protestants avaient suivi la même marche et avaient usé du même stratagème ; Bayle le leur a reproché dans son *Avis aux réfugiés* ; il est à présumer que personne n'en sera dupe une seconde fois. Tantôt les ennemis du clergé ont peint les *pasteurs* comme des hommes dont les souverains doivent se défier, à cause de l'empire que le ministère des premiers leur donne sur l'esprit des peuples ; tantôt comme les esclaves des souverains, qui ont fait avec eux une conjuration pour asservir les peuples. Ces écrivains fougueux ne se sont pas contentés de calomnier et de noircir les *pasteurs* d'aujourd'hui, ils ont vomi leur fiel jusque sur les apôtres ; ils ont dit que ceux-ci et leurs successeurs commencèrent par prêcher une foi aveugle, qu'ils se donnèrent pour des espèces de dieux sur terre, qu'ils se vantèrent de donner le Saint-Esprit, afin d'allumer l'imagination de leurs prosélytes. Ils recommandèrent beaucoup la charité, parce qu'ils étaient les distributeurs des aumônes et qu'ils en subsistaient eux-mêmes ; ils eurent le zèle du prosélytisme, parce qu'en répandant la foi ils étendaient leur empire sur les âmes et sur les bourses de leurs sectateurs ; c'est pour cela que l'épiscopat devint un objet d'ambition ; les évêques furent les juges et les magistrats des fidèles. Saint Paul l'avait ainsi ordonné. Ils avaient le pouvoir d'excommunier, par conséquent d'ôter à ceux qu'ils proscrivaient les moyens de subsister. Ils régnèrent de cette manière avec un despotisme absolu sur les esprits et sur les cœurs, et ils en usèrent pour allumer parmi leurs prosélytes le fanatisme du martyre : ainsi, sous le nom de *pasteurs*, ils avaient le privilège de tondre le troupeau et de le conduire à la boucherie pour leur propre intérêt. Ce tableau, sans doute, aurait fait peu d'impression s'il avait été moins chargé ; la passion y est trop marquée ; il a fait plus de tort à ceux qui l'ont forgé qu'à ceux qui en sont l'objet ; mais examinons-en tous les traits.

Il n'est pas vrai que les fondateurs du christianisme aient commandé une foi aveugle, puisqu'ils ont commencé par prouver leur mission divine par des signes incontestables ; une foi fondée sur de pareilles preuves n'est point aveugle, mais sage et prudente. *Voy.* Crédibilité. Nous ferons voir dans un moment qu'il en est de même de celle des chrétiens d'aujourd'hui. Non-seulement les apôtres se sont vantés de donner le Saint-Esprit, mais ils ont démontré qu'ils le donnaient par les dons miraculeux qu'ils communiquaient par l'imposition de leurs mains ; il n'était donc pas question dans tout cela de chaleur d'imagination, mais d'une persuasion fondée sur des preuves palpables, et auxquelles l'esprit le plus froid ne pouvait se refuser ; et il est prouvé, par des témoignages incontestables, que les dons miraculeux ont duré dans l'Eglise chrétienne pendant plus d'un siècle. Ces prédicateurs de l'Evangile ont beaucoup recommandé la charité, parce que Jésus-Christ l'avait commandée sur toutes choses, et c'est pour cela qu'on la prêche encore ; Jésus-Christ n'en avait pas besoin pour lui-même, puisqu'il commandait à la nature. Non-seulement ses disciples l'ont prescrite, mais ils l'ont pratiquée, et cette vertu si nécessaire au monde est ce qui a le plus contribué à convertir les païens ; l'empereur Julien en est témoin, et il en a fait l'aveu. Les apôtres ni leurs successeurs n'ont point voulu être les distributeurs des aumônes, puisqu'ils avaient établi des diacres exprès pour les charger de ce soin. Si l'on connaissait les désagréments et les avanies auxquelles les *pasteurs* sont exposés par rapport à la distribution des aumônes, l'on ne serait pas tenté de regarder ce soin comme un objet d'ambition.

A-t-on comparé les travaux, les fatigues, les dangers de l'apostolat et du prosélytisme, pendant les trois premiers siècles, avec les avantages temporels que ce zèle pouvait procurer ? Nous voudrions savoir quelle récompense mondaine a pu dédommager les *pasteurs* de ce temps-là des travaux, des fatigues, de la vie pauvre et austère à laquelle ils étaient condamnés, et du danger du martyre auquel ils étaient continuellement exposés. Nous ne connaissons aucun évêque de ces premiers siècles qui ait fait une grande fortune ; nous voyons, au contraire, que, pour parvenir à l'épiscopat, il fallait renoncer à la fortune, et que la plupart ont fait profession de la pauvreté la plus austère. On a beau dire qu'ils en étaient dédommagés par le respect, par la confiance, par la vénération des fidèles ; nous ne voyons pas que l'on soit fort empressé aujourd'hui d'obtenir ce dédommagement au même prix.

Saint Paul n'avait point ordonné, mais il avait exhorté les fidèles à terminer leurs différends par l'arbitrage des *pasteurs*, plutôt que d'aller plaider au tribunal des magistrats païens, auquel un chrétien ne pouvait comparaître sans danger. Cette morale, quoi que l'on en dise, était très-bonne ; ceux qui l'ont suivie ne s'en sont jamais repentis ; mais nous ne voyons pas quel avantage temporel peuvent trouver les *pasteurs* à être quelquefois les arbitres et les conciliateurs des procès de leurs ouailles. Pourquoi nos philosophes si ambitieux n'ont-ils pas mis en usage les moyens de se concilier, comme les *pasteurs*, l'estime, les respects, la confiance, la vénération de leurs concitoyens, l'empire despotique sur les esprits et sur les cœurs ! Nous concevons encore moins quel intérêt les *pasteurs* de l'Eglise pouvaient avoir à souffler aux fidèles le fanatisme du martyre ; c'était s'imposer à eux-mêmes l'obligation de le subir, et ils y étaient plus exposés que les laïques, puisque c'était principalement contre les *pasteurs* que le gouvernement avait coutume de sévir. Nous savons que des prédicants hérétiques ont souvent bravé le danger du supplice, pour aller exercer en secret leur ministère dans des lieux où ils étaient proscrits ; mais nous sommes moins tentés d'attribuer cette conduite à leur ambition qu'à l'entêtement qui leur avait persuadé la vérité de la doctrine qu'ils professaient. Les incrédules, comme les hérétiques, ont souvent reproché aux *pasteurs* de l'Eglise catholique de vouloir dominer sur la foi de leur troupeau par le don d'infaillibilité qu'ils s'attribuent, de prétendre ainsi être les maîtres d'ériger en dogme de foi telle opinion qu'il leur plaît. S'ils y avaient mieux réfléchi, ils auraient vu que la foi des peuples domine pour le moins autant sur celle des *pasteurs*, que celle-ci sur la croyance des peuples. Car enfin, en quoi consiste l'enseignement de chaque *pasteur* ? A prêcher et à professer la doctrine universellement crue et enseignée dans toute l'Eglise catholique ; rien de plus. Chaque *pasteur*, en entrant en exercice de sa charge, trouve cette doctrine tout établie dans le symbole, dans les catéchismes, dans la liturgie, dans tous les livres dont il lui est permis de se servir, aussi bien que dans l'Écriture sainte ; il a fait serment de n'en jamais enseigner d'autre, de n'y rien ajouter ni rien retrancher. S'il le faisait, ses auditeurs auraient droit de le dénoncer et de l'accuser ; la plupart sont aussi instruits que lui-même ; il serait condamné et dépossédé.

Ce qu'un particulier ne peut pas faire sans causer du scandale, peut-il être exécuté par l'universalité des *pasteurs*, soit dispersés dans leurs Eglises, soit rassemblés dans un concile ? Il est absurde de supposer que des évêques dispersés dans les quatre parties du monde, qui ne se sont jamais vus, et qui ne se connaissent point, conspirent néanmoins dans le projet d'altérer quelqu'un des dogmes de foi, ou d'en établir un nouveau dont on n'avait jamais entendu parler. Quel motif, quel intérêt, quel ressort pourrait mouvoir ainsi uniformément la volonté de plusieurs milliers d'hommes, tous persuadés que le projet dont nous parlons serait un attentat. Si nous les supposons rassemblés, le cas est absolument le même. Quand on pourrait imaginer que trois cent dix-huit évêques des différentes parties du monde, qui n'avaient pas seulement le même langage, puisqu'il y avait des Grecs et des Latins, des Syriens, des Arabes, des Perses, ont unanimement résolu, au concile de Nicée, d'établir en dogme de foi la divinité de Jésus-Christ, qui n'était pas crue auparavant, pourrait-on se figurer encore que, quand ils ont reporté cette nouveauté dans leurs diocèses, elle y a été reçue sans réclamation par l'universalité des fidèles? Le dogme, en lui-même, n'éprouva aucune difficulté ; on n'argumenta d'abord que sur le terme de *consubstantiel*, et il n'y eut d'opposition que de la part de quelques évêques qui s'étaient laissé séduire par les sophismes d'Arius. Il en fut de même des autres articles de doctrine, décidés dans les conciles postérieurs. Nos adversaires se sont imaginé qu'un dogme n'avait pas encore été cru, lorsqu'il n'avait pas encore été mis en question ; mais un dogme révélé de Dieu, et enseigné par les apôtres, n'a commencé à être mis en question que quand il s'est trouvé des novateurs qui, par ignorance ou par opiniâtreté, se sont avisés de le révoquer en doute et de le contester. *Voy.* DÉPÔT DE LA FOI. On distingue les pasteurs du premier ordre, qui sont les évêques, et ceux du second ordre, qui sont les curés ou recteurs des paroisses ; leurs droits respectifs et la différence de leur juridiction sont l'objet de la jurisprudence canonique.

PASTEUR D'HERMAS. *Voy.* HERMAS.

PASTOPHORION, mot grec qui se trouve fréquemment dans la version des Septante, et sur le sens duquel les critiques ne sont pas d'accord. Souvent il est parlé du temple de Jérusalem, et des *pastophoria* ou appartements qui y étaient contigus. Ce terme, dit-on, vient de παστάς ou παστός, *portique*, *vestibule, chambre*, et à la même signification ; φορεῖον signifie aussi *ce que l'on porte*, et le lieu où l'on porte quelque chose ; d'où l'on doit conclure que παστοφορεῖον est à la lettre *un magasin*, le lieu où l'on mettait les offrandes et les provisions du temple. Les appartements des prêtres étaient nommés de même, parce que tout cela était contigu et sous un même toit. Dans les *Constitutions apostoliques*, écrites au iv° ou au v° siècle, il est aussi parlé des *pastophoria* des anciennes églises, par analogie à ceux du temple, l. II, c. 57 ; l'auteur veut que l'église soit un édifice plus long que large, tourné à l'Orient ; qu'il ait de ce côté-là, de part et d'autre, des *pastophoria*, et qu'il ressemble à un vaisseau ; que le siége de l'évêque soit dans le fond, etc. L. VIII. c. 13, il est dit qu'après la communion des hommes et des femmes, les diacres porteront les restes dans les *pastophoria;* c'étaient, dit-on, les appartements des prêtres Bingham, *Orig. ecclés.*, l. VIII, c. 7, § 11. Pour nous, qui pensons qu'au iv° et au v° siècle on traitait les restes de l'eucharistie avec plus de respect qu'un aliment ordinaire, nous sommes persuadés que *pastophoria*, dans ces deux passages, sont les armoires ou tabernacles qui furent appelés par les Latins *ciboria*, et qui étaient placés à côté de l'autel, dans lesquels on réservait l'eucharistie pour les malades : 1° parce que, dans l'origine, ce terme signifie un lieu dans lequel on porte, l'on dépose et l'on conserve quelque chose ; 2° parce que, dans le premier passage, l'auteur des *Constitutions apostoliques* parle de l'intérieur de l'église et non des bâtiments extérieurs ; il décrit le sanctuaire et non les autres parties de l'édifice ; 3° si les appartements des prêtres ont été aussi appelés *pastophoria*, ce n'est qu'une signification dérivée, et qui est venue de ce que ces appartements étaient contigus de ceux dans lesquels on mettait les offrandes. Nous ne faisons ces observations que parce que les protestants ont voulu insinuer par le second passage des *Constitutions apostoliques*, que les restes de l'eucharistie étaient portés dans l'appartement des prêtres pour faire leur nourriture ordinaire, et qu'on ne les traitait pas avec plus de respect que les autres aliments.

PASTORICIDES, nom qui fut donné, dans le xvi° siècle, aux anabaptistes d'Angleterre, parce qu'ils exerçaient principalement leurs fureurs contre les pasteurs, et qu'ils les tuaient partout où ils les trouvaient. *Voy.* ANABAPTISTES.

PASTOUREAUX, secte fanatique, formée au milieu du xiii° siècle par un nommé Jacob, Hongrois, apostat de l'ordre de Cîteaux. Dans sa jeunesse, il commença par assembler une troupe d'enfants en Allemagne et en France, et en fit une croisade pour la terre sainte : ils périrent promptement de faim et de fatigue. Saint Louis ayant été fait prisonnier par les Sarrasins l'an 1250, Jacob, sur une prétendue révélation, prêcha que les bergers et les laboureurs étaient destinés du ciel à délivrer le roi ; ceux-ci le crurent, le suivirent en foule, et se croisèrent dans cette persuasion, sous le nom de *pastoureaux*. Des vagabonds, des voleurs, des bannis, des excommuniés, et tous ceux que l'on appelait *ribaux*, se joignirent à eux. La reine Blanche, gouvernante du royaume dans l'absence de son fils, n'osa d'abord sévir contre eux ; mais lorsqu'elle sut qu'ils prêchaient contre le pape, contre le clergé, contre la foi ; qu'ils commettaient des meurtres et des pillages, elle résolut de les exterminer, et elle en vint promptement à bout. Le bruit s'étant répandu que les *pastoureaux* venaient d'être excommuniés, un boucher tua Jacob, leur chef, d'un coup de hache, pendant qu'il prêchait ; on le poursuivit partout, et on les assomma comme des bêtes féroces. *Hist. de l'Egl. gallic.*, t. XI, l. XXXII, an 1250. Il en reparut encore de nouveaux l'an 1320, qui s'attroupèrent sous prétexte d'aller conquérir la terre sainte, et qui commirent les mêmes désordres. Il fallut les exterminer de la même manière que les premiers. *Ibid.*, tom. XIII, l. XXXVII, an 1320.

PATARINS, PATERINS, ou PATRINS, nom donné, dans le xi° siècle, aux pauliciens ou manichéens qui avaient quitté la Bulgarie, et étaient venus s'établir en Italie, principalement à Milan et dans la Lombardie. Mosheim prouve, d'après le savant Muratori, que ce nom leur fut donné parce qu'ils s'assemblaient dans le quartier de la ville de Milan, nommé pour lors *Cataria*, et aujourd'hui *Contrada de Catarri*. On les appelait encore *cathari* ou purs, et ils affectaient eux-mêmes ce nom pour se distinguer des catholiques. Au mot MANICHÉENS, nous avons vu que leurs principales erreurs étaient d'attribuer la création des choses corporelles au mauvais principe, de rejeter l'Ancien Testament, et de condamner le mariage comme une impureté.

Dans le XIIe et le XIIIe siècle, le nom de *patarins* fut donné à tous les hérétiques en général ; c'est pour cela que l'on a souvent confondu ces *cathares* ou *manichéens* dont nous parlons avec les *vaudois*, quoique leurs opinions fussent très-différentes. Le concile général de Latran, tenu l'an 1179, sous Alexandre III, dit anathème aux hérétiques nommés *cathares*, *patarins* ou *publicains*, *albigeois* et autres ; il avait principalement en vue les Manichéens désignés par ces différents noms ; mais le concile général suivant, célébré au même lieu l'an 1215, sous Innocent III, dirigea aussi ses canons contre les vaudois.

Dès l'an 1074, lorsque Grégoire VII, dans un concile de Rome, eut condamné l'incontinence des clercs, soit de ceux qui vivaient dans le concubinage, soit de ceux qui prétendaient avoir contracté un mariage légitime, ces derniers, qui ne voulaient pas quitter leurs femmes, donnèrent aux partisans du concile de Rome le nom de *patarini* ou *paterini*, pour donner à entendre qu'ils réprouvaient le mariage comme les manichéens ; mais autre chose était d'interdire le mariage aux ecclésiastiques, et autre chose de condamner le mariage en lui-même. Les protestants ont souvent affecté de renouveler ce reproche très-mal à propos.

**PATELIERS.** On nomma ainsi au XVIe siècle quelques luthériens qui disaient fort ridiculement que Jésus-Christ est dans l'eucharistie comme un lièvre dans un pâté. *Voy.* LUTHÉRIENS.

**PATÈNE.** C'est, dans l'Eglise romaine, un vase sacré, d'or ou d'argent, fait en forme de petit plat, qui sert à la messe à mettre l'hostie, et sur lequel on donne à baiser à ceux qui vont à l'offrande. Son nom vient du latin *patina*, qui signifie un plat. Autrefois les *patènes* étaient beaucoup plus grandes qu'elles ne sont aujourd'hui, parce qu'elles servaient à contenir les hosties pour tous ceux qui devaient communier. Anastase le Bibliothécaire rapporte d'après d'anciens monuments, que Constantin le Grand, à l'occasion des obsèques de sa mère sainte Hélène, fit présent à l'Eglise des saints martyrs Pierre et Marcellin, d'une *patène* d'or pur pesant trente-cinq livres. Comme elle pouvait embarrasser le prêtre à l'autel, le sous-diacre tenait ce plat dans ses mains, jusqu'au moment auquel on s'en servait. Fleury, *Mœurs des chrétiens*, n. 35.

**PATENOTRE.** *Voy.* CHAPELET.

**PATER.** *Voy.* ORAISON DOMINICALE.

**PATERNIENS.** Saint Augustin, dans son livre des *Hérésies*, n. 85, dit que les *paterniens*, que quelques-uns nommaient aussi *venustiens*, enseignaient que la chair était l'ouvrage du démon ; ils n'étaient pas pour cela plus mortifiés ni plus chastes ; au contraire, ils se plongeaient dans toutes sortes de voluptés. On dit qu'ils parurent au IVe siècle, et qu'ils étaient disciples de Symmaque le Samaritain. Il ne paraît pas que cette secte ait été fort nombreuse ni qu'elle ait été fort connue des écrivains ecclésiastiques.

**PATERNITÉ**, relation d'un père à l'égard de son fils. Dans le mystère de la sainte Trinité, la *paternité* est la propriété particulière de la première Personne, et qui la distingue des deux autres.

Les Pères de l'Eglise, qui ont défendu ce mystère contre les ariens, les eunomiens et autres hérétiques, ont beaucoup raisonné sur cette qualité de *Père* que Dieu lui-même s'est attribuée dans l'Ecriture sainte ; ils ont fait voir que ce terme, par sa propre énergie, désigne en Dieu un attribut plus auguste que la qualité de créateur. Dieu est *Père* de toute éternité, puisqu'il est nommé le *Père éternel* ; il n'a été créateur que dans le temps. Comme Dieu ne peut pas être sans se connaître soi-même, il n'a jamais pu être sans engendrer le Fils ; d'où il s'ensuit que le Fils est coéternel et consubstantiel au Père ; qu'ainsi le nom de *Père* ne se tire point de la création, comme le prétendaient les ariens et comme le veulent encore les sociniens, mais de la génération éternelle du Verbe.

Les Juifs mêmes le comprirent, puisqu'ils voulurent mettre à mort Jésus-Christ, parce qu'il appelait Dieu, *son Père, se faisant ainsi égal à Dieu* (Joan. v, 18). Cette conséquence aurait été très-fausse, si Jésus-Christ, en nommant Dieu son *Père*, avait entendu son *créateur* ; les Juifs n'auraient pas pu en être scandalisés ; Jésus cependant, loin de les détromper, a toujours continué de parler de même ; il s'ensuit qu'en se nommant *Fils de Dieu*, il n'entendait par là ni la création ni une simple adoption, mais une filiation naturelle et qui emporte l'égalité ou plutôt l'identité de nature. De là les Pères ont encore conclu que quand Jésus-Christ dit à Dieu son Père, *j'ai fait connaître votre nom aux hommes* (Joan. XVII, 6), il n'est question là ni du nom de *Dieu* ni de celui de *créateur*, puisque ces deux noms étaient très-connus des Juifs avant Jésus-Christ, mais qu'il s'agit du nom de *Père* dans le sens rigoureux, nom que les Juifs ne connaissaient pas, et qui ne leur avait pas encore été révélé. Ils ont dit enfin que, quand saint Pierre dit (*Ephes.* III, 14) : « Je fléchis les genoux devant le Père de Notre-Seigneur Jésus-Christ, duquel toute *paternité* est nommée dans le ciel et sur la terre, » il nous donne à entendre que la qualité de *Père*, qui appartient à Dieu essentiellement et par nature, n'a été donnée aux créatures que par communication et par grâce, et que ce nom ne conserve toute son énergie que quand il est donné à Dieu. Conséquemment les Pères ont fait voir qu'il y a entre la *paternité* divine et la paternité humaine des différences essentielles. Aussi les anciens hérétiques ne donnaient à Dieu que malgré eux le titre de *Père*; ils affectaient de le nommer *ingenitus*, *le non engendré*, afin de donner à entendre que le Fils étant engendré n'était pas Dieu. Pétau, *Dogm. théol.*, t. II, l. v, c. 4.

Comme il est très-aisé de tomber dans l'erreur, en parlant du mystère de la sainte Trinité, il faut se conformer exactement au langage des Pères et des théologiens catholiques. Or, ils enseignent que la *paternité* est un attribut relatif à la Personne du Père, et non à la nature divine; que c'est une qualité réelle, tant à raison de son sujet qui est le Père qu'à raison de son terme qui est le Fils; que quoiqu'elle soit incommunicable au Fils, il ne s'ensuit pas que le Père soit un Dieu différent de Dieu le Fils, parce qu'elle ne tombe pas sur la nature divine; conséquemment on ne peut pas en conclure le trithéisme. Du même principe il s'ensuit que la *paternité* n'étant pas un simple mode de subordination, mais une relation réelle, qui a un terme *a quo*, et un terme *ad quem*, on ne peut pas confondre ces deux termes ni établir le sabellianisme, puisque le Père, en tant que Personne, est par sa *paternité* réellement distingué du Fils en tant que celui-ci est aussi Personne divine. Il a fallu nécessairement établir cette précision dans le langage théologique, afin de prévenir et de résoudre les sophismes et les explications erronées des hérétiques. *Voy.* TRINITÉ.

PATIENCE. Dans l'Ecriture sainte, ce terme signifie quelquefois la tranquillité avec laquelle Dieu laisse persévérer les hommes dans le crime, sans les punir, afin de leur laisser le temps de faire pénitence et de rentrer en eux-mêmes (*Exod.* xxxiv, 6; *Ps.* vii, 12, etc). Lorsqu'il est appliqué aux hommes, il se prend pour la constance dans les travaux et dans les peines (*Luc.* xxi, 19); pour la persévérance dans les bonnes œuvres (viii, 15; *Rom.* ii, 7); pour une conduite régulière qui ne se dément point (*Prov.* xix, 11, etc.). Il n'est point de vertu que Jésus-Christ ait plus recommandée à ses disciples; c'est une des premières leçons qu'il leur a données (*Matth.* v, 10), et il en a été lui-même un parfait modèle. Saint Paul répète continuellement la même morale; tous les apôtres l'ont suivie à la lettre, puisqu'ils ont souffert les persécutions et la mort pour la cause de l'Evangile. On accuse même les Pères de l'Eglise de l'avoir poussée trop loin, et d'avoir interdit aux chrétiens la juste défense de soi-même; les incrédules font les mêmes reproches à Jésus-Christ avec aussi peu de fondement. *Voy.* DÉFENSE DE SOI-MÊME.

Nos anciens apologistes, saint Justin, Origène, Méliton, Tertullien, attestent que les premiers chrétiens se sont laissé insulter, maltraiter, dépouiller, conduire au supplice comme des agneaux à la boucherie; que, malgré leur nombre, ils n'ont jamais pensé à se défendre ni à rendre aux persécuteurs le mal pour le mal. Leurs ennemis en sont convenus; ils leur ont même reproché la *frénésie du martyre*; c'est le terme dont ils se sont servis. Celse, Julien, Porphyre, n'ont reproché aux chrétiens ni conjurations, ni séditions, ni violences, ni attentats contre l'ordre public. Lorsque Celse appelle leur société *une sédition*, il entend une séparation d'avec les païens, dans la manière de penser et d'agir, mais qui ne causait aucun trouble et qui n'annonçait aucun dessein capable d'alarmer le gouvernement. M. Fleury, dans son *Tableau des mœurs des Chrétiens*, n. 33, a fait le détail des motifs odieux qui engageaient les païens à persécuter les sectateurs du christianisme; il a prouvé, par le témoignage des auteurs contemporains, le soin avec lequel les chrétiens évitaient tout ce qui aurait pu irriter leurs ennemis et augmenter leur haine. Cette conduite n'a été imitée par aucune des sectes hérétiques qui ont paru depuis le commencement de l'Eglise, moins encore par les protestants que par leurs prédécesseurs. Mais les incrédules modernes, plus injustes et plus téméraires que les anciens, prétendent que la patience des chrétiens n'a pas duré; que lorsqu'ils sont devenus les maîtres, après la conversion des empereurs, ils ont rendu aux païens avec usure les violences qu'ils en avaient éprouvées. » Ils jetèrent, dit-on, la femme de Maximin dans l'Oronte; ils égorgèrent tous ses parents; ils massacrèrent, dans l'Egypte et dans la Palestine, les magistrats qui s'étaient le plus déclarés contre le christianisme. La veuve et la fille de Dioclétien s'étant cachées dans Thessalonique, furent reconnues, mises à mort, et leurs corps furent jetés à la mer. Ainsi les mains des chrétiens furent teintes du sang de leurs persécuteurs dès qu'ils furent en liberté d'agir. » Ceux qui ont forgé cette calomnie ont espéré sans doute que personne ne prendrait la peine de la vérifier, et ne les ferait rougir de leur malignité. La vérité est que toutes ces barbaries ont eu pour auteur Licinius, le plus mortel ennemi des chrétiens; elles ont été commises dans l'Orient où Constantin n'avait aucune autorité; elles sont arrivées l'an 313, immédiatement après la victoire de Licinius sur Maximin; alors il n'y avait encore eu qu'un simple édit de tolérance porté en faveur du christianisme, avec défense expresse aux chrétiens de troubler l'ordre public; Constantin n'a été seul maître de l'empire que l'an 324. Lactance, *de Mort. pers.*, n. 34; Eusèbe, *Hist. ecclés.*, l. viii, c. 17. En quel sens peut-on dire qu'en l'an 313 les chrétiens étaient en liberté d'agir?

Le seul écrivain qui ait fait mention des actes de cruauté que l'on vient de citer, est l'auteur du traité *de la Mort des persécuteurs*; il les attribue formellement à Licinius, et de pareilles atrocités ne pouvaient venir d'une autre main. Quel motif les chrétiens auraient-ils pu avoir de sévir contre Prisca, veuve de Dioclétien, et contre Valéria, sa fille? Plusieurs auteurs ecclésiastiques ont pensé que ces deux princesses étaient chrétiennes, du moins on ne peut pas douter qu'elles n'aient été favorables au christianisme. Le même historien que nous citons dit que Licinius était irrité contre elles, parce qu'il n'avait pas pu obtenir en mariage Valéria, veuve de Maximien-Galère ; il ajoute que la chasteté et le rang de ces deux femmes causèrent leur perte ; *de Morte persec.*, n. 51, *voyez* les notes. Pour quelle raison même les chrétiens auraient-ils usé de vengeance contre les parents de Maximin, qui avait ordonné comme ses collègues, par des rescrits particuliers, la tolérance du christianisme ? *Eusèbe*, l. ix, c. 1 et 9. Mais Licinius, ennemi implacable de Maximin, abusa de sa victoire ; il fit jeter dans l'Oronte la femme de cet empereur, fit égorger ses enfants, fit massacrer les magistrats qui avaient suivi le parti du vaincu ; c'est lui qui fit mourir le césar Valérius, ou Valens, qu'il avait créé lui-même, et le jeune Candidien, fils de Maximien-Galère ; c'est lui qui, après avoir publié avec ses collègues un édit en faveur des chrétiens, recommença contre eux la persécution, dès qu'il fut brouillé avec Constantin. Est-il étonnant qu'un tel monstre n'ait pu souffrir aucun égal, lui que Julien appelle un tyran détesté des dieux et des hommes? Sous Julien même, l'an 361, les chrétiens, multipliés pendant cinquante ans de paix, auraient pu faire trembler l'empereur et l'empire : ils ne se révoltèrent pas plus que sous Dioclétien ; Julien, en écrivant contre eux, ne les en a point accusés ; il leur reproche seulement, dans une de ses lettres, de s'être dévorés les uns les autres pendant les troubles de l'arianisme. Mais ce sont les ariens qui, fiers de la protection que leur accordait l'empereur Constance, avaient commencé les violences contre les catholiques. Nous cherchons vainement dans l'histoire une circonstance dans laquelle les mains des chrétiens aient été teintes du sang de leurs persécuteurs. Aujourd'hui ils ont besoin de *patience* pour supporter la calomnie, les invectives, les sarcasmes, les traits de malignité des incrédules ; jamais le christianisme ne fut attaqué dans les écrits de ces derniers avec autant de fureur que de nos jours ; cet orage passera comme les précédents, bientôt il n'en restera plus qu'un faible souvenir et un fonds d'indignation contre la mémoire de ceux qui l'ont excité. En attendant, nous devons nous en tenir à la leçon de notre divin Maître : *Puisqu'ils m'ont persécuté, ils vous persécuteront. Vous serez odieux à tous à cause de mon nom, mais il ne périra pas un cheveu de votre tête. Par la* patience *vous posséderez vos âmes en paix* (Joan. xv, 20 ; Luc. xxi, 17, 18).

PATRIARCHE. Les auteurs sacrés donnent ce nom aux premiers chefs de famille qui ont vécu, soit avant, soit après le déluge, et qui ont précédé Moïse ; tels sont Adam, Énoch, Noé, Abraham, Jacob et ses douze fils, chefs des tribus des Hébreux. Ceux-ci les nomment *princes des tribus* ou *princes des pères* ; c'est ce que signifie le nom de *patriarche*.

Nous n'entrerons pas dans la question que Brucker a traitée fort au long, et qui est de savoir si les *patriarches* étaient philosophes, et si l'on doit nommer *philosophie* les connaissances dont ils étaient doués. Il n'y aurait aucun lieu à la dispute, si l'on commençait par convenir des termes. Doit-on entendre par *philosophe* un homme qui est redevable de toutes ses connaissances à l'étude, à la méditation, aux observations, aux réflexions, aux expériences qu'il a faites ? Les *patriarches* n'étaient point *philosophes* en ce sens, puisque le premier fonds de leurs connaissances leur était venu par révélation et par tradition. Veut-on désigner par là des hommes qui en savaient plus que les autres touchant les objets qu'il nous importe le plus de savoir, comme Dieu et ses ouvrages, le culte qui lui est dû, la nature et la destinée de l'homme, les préceptes de la morale, et qui d'ailleurs se sont rendus vénérables par leur conduite ? Nous soutenons que les *patriarches* étaient des *sages*, et qu'ils méritaient mieux ce nom que la plupart de ceux auxquels on l'a donné dans la suite. Les premiers que les Grecs ont honorés du nom de *philosophes* étaient des législateurs qui ont policé les sociétés par la religion, mais dont les notions n'étaient ni aussi justes, ni aussi certaines que celles des *patriarches*.

Il est d'ailleurs impossible que des chefs de famille, qui vivaient pendant plusieurs siècles, n'aient pas acquis par réflexion un très-grand nombre de connaissances en fait d'histoire naturelle, de physique, d'astronomie, de géographie, etc., et sans doute ils avaient grand soin de les transmettre à leurs descendants. Nous nous trompons, lorsque nous nous persuadons qu'avant l'invention de l'écriture et des livres, tous les hommes sans exception étaient ignorants ou stupides ; aujourd'hui même il n'est pas rare de trouver dans les campagnes des vieillards non lettrés, mais remplis de bon sens et d'intelligence, qui ont amassé beaucoup de connaissances usuelles, et avec lesquels on peut converser avec fruit : on en a trouvé même parmi les sauvages. Job et ses amis n'avaient été instruits dans aucune académie ; cependant ils raisonnent et disputent sur les ouvrages de Dieu et sur le gouvernement du monde, comme ont fait dans la suite les philosophes de toutes les nations. Le livre de la nature est bien éloquent pour ceux qui ont des yeux capables d'y lire avec réflexion. L'essentiel est de savoir quelle était la croyance des *patriarches* touchant la Divinité et ses ouvrages, le culte qu'il faut lui rendre, la nature et la destinée de l'homme, les règles de la morale. Il est très-peu question dans l'Ecriture sainte des connaissances philosophiques des *patriarches*, mais elle ne nous a pas laissé ignorer leur religion.

En comparant ce qui en est dit dans la Genèse et dans le livre de Job, nous voyons évidemment que ces anciens sages ont adoré un seul Dieu créateur et gouverneur du monde, présent partout, qui connaît tout, et qui dispose de tous les événements, à qui seul par conséquent les hommes doivent adresser leur culte ; ils ne lui supposent ni égaux, ni lieutenants, ni coopérateurs; Dieu a tout fait d'une parole, il gouverne tout par un seul acte de volonté. Vérité capitale et sublime, à laquelle la philosophie des siècles suivants n'a pas su atteindre. Comme les enfants d'Adam, ils font à Dieu des offrandes, des sacrifices de victimes choisies; ils lui adressent leurs prières, ils consacrent le septième jour à son culte, ils se reconnaissent pécheurs, ils ont recours à des purifications et des expiations, ils regardent le vœu et le serment comme des actes de religion, ils veulent que Dieu préside à leurs traités et à leurs alliances. Jamais ils n'ont confondu la nature de l'homme avec celle des animaux. Selon l'histoire de la création, Dieu a pétri de ses mains le corps de l'homme, mais l'âme est le souffle de la bouche de Dieu; au contraire, Dieu a tiré les animaux du sein de la terre, et il les a soumis à l'empire de l'homme, il ne les a créés que pour son usage, de même que les plantes, les arbres et leurs fruits. A l'article ÂME, nous avons prouvé que les *patriarches* ont cru à l'*immortalité* et à la vie future, et que cette foi, qui est celle du genre humain, a persévéré constamment parmi les adorateurs du vrai Dieu. Une morale fondée sur de pareils principes ne pouvait pas être fausse; aussi voyons-nous par la conduite aussi bien que par les leçons des *patriarches*, que la leur était très-pure. Ils connaissaient très-bien les devoirs mutuels des époux, des pères et des enfants, des maîtres et des serviteurs, et les liens de fraternité qui unissent tous les hommes; ils regardaient l'impudicité, l'injustice, la fraude, la perfidie, la violence, le vol, le meurtre, l'adultère, l'oppression, l'orgueil, la jalousie, etc., comme des crimes; l'équité, la douceur, la compassion, la chasteté, la tempérance, l'humanité, la bienfaisance, la patience, comme des vertus. Ce qui distingue particulièrement ces anciens justes, c'est un respect pour la Divinité, un sentiment vif de sa présence, une confiance en son pouvoir et en sa bonté, qui animent toutes leurs actions. Jamais on n'a rien vu de pareil parmi les sectateurs des fausses religions. Aussi celle des *patriarches* n'était pas leur ouvrage; Dieu lui-même l'avait enseignée à Adam, à ses enfants, à Enoch, à Noé; Abraham, Isaac et Jacob la reçurent par tradition, indépendamment des nouvelles instructions que Dieu daigna leur donner : c'est par ce même canal que l'histoire des origines du monde parvint jusqu'à Moïse. La mémoire des faits principaux ne pouvait s'éteindre parmi des témoins auxquels Dieu accordait plusieurs siècles de vie; c'est sur ces faits qu'étaient fondées la croyance, les mœurs, les espérances, les prétentions des familles, la distinction des races privilégiées d'avec les autres.

Lamech, père de Noé, avait vu Adam; Noé lui-même vécut pendant six cents ans avec Mathusalem son aïeul, qui était âgé de trois cent quarante-trois ans lorsqu'Adam mourut. Les vieillards, contemporains de Noé, avaient eu la même facilité de s'instruire, et la même chaîne de tradition subsista après le déluge. Tharé, père d'Abraham, avait vécu plus d'un siècle avec Arphaxad et Phaleg, qui avaient conversé avec Noé pendant deux cents ans. Abraham vivait encore lorsque Jacob vint au monde, et Caath, aïeul de Moïse, avait passé sa vie avec les enfants de Jacob. Il n'y a que cinq personnes tout au plus entre Noé et Moïse. On peut même n'en supposer que quatre, puisque Abraham avait déjà quinze ans, lorsque Noé mourut; et il faut remarquer que jusqu'alors Abraham et ses pères avaient habité la Mésopotamie, séjour de Noé et de ses enfants. Si l'on considère le respect que les jeunes gens devaient avoir pour ces vieillards vénérables, l'empressement de ceux-ci à raconter à leur postérité les grands événements dont ils avaient été témoins ou qu'ils avaient appris de leurs pères, on comprendra que Moïse devait en être parfaitement instruit, et qu'en écrivant la Genèse, il parlait à des hommes qui n'en étaient pas moins informés que lui. L'opinion de la longue vie des premiers hommes s'est conservée même chez les historiens profanes. Josèphe, *Antiq. jud.*, l. I, c. 3, à la fin. Si donc il y eut jamais une histoire authentique, certaine et digne de croyance, c'est incontestablement celle des *patriarches*. Voy. HISTOIRE SAINTE.

Mais la sincérité même de l'historien est un sujet de scandale pour les incrédules. Bien différent des écrivains profanes, qui, pour donner du relief à leur nation, n'ont montré que les vertus et les belles actions de ses héros, Moïse raconte avec ingénuité toutes les fautes que l'on pourrait reprocher aux *patriarches*. On ne doit peut-être pas blâmer les premiers, parce qu'il est plus nécessaire de proposer aux hommes de bons exemples que de mauvais; mais Moïse était conduit par des vues plus sublimes; il fallait faire voir aux Hébreux et à toutes les nations que si Dieu avait choisi la postérité d'Abraham pour en faire son peuple particulier, ce n'était pas pour récompenser ses mérites ni ceux de ses aïeux, mais pour un bienfait purement gratuit (*Deut.* IV, 32; VII, 7; IX, 5, etc.). Il fallait démontrer à tous les hommes que, depuis la création, Dieu a exercé bien plus souvent et plus volontiers sa miséricorde que sa justice, afin de ne pas désespérer les pécheurs; et les incrédules ont encore plus besoin de cette leçon que les autres hommes. Il fallait enfin nous convaincre de cette grande vérité, que, depuis la chute de notre premier père, le salut du genre humain n'est plus une affaire de justice rigoureuse, mais une grâce accordée par les mérites du Rédempteur. C'est ce que les anciens Pères de l'Église répondaient déjà aux marcionites et aux manichéens, qui faisaient contre la conduite des *patriarches* les mêmes reproches que les incrédules renouvellent aujourd'hui. Saint Irénée cite à ce sujet les réflexions d'un ancien disciple des apôtres, et il dit d'après lui : « Nous ne devons point reprocher aux *patriarches* et aux prophètes les fautes dont ils sont blâmés dans l'Ecriture sainte; ce serait imiter le crime de Cham qui tourna en dérision la nudité de son père et encourut sa malédiction; mais nous devons rendre grâces à Dieu pour eux, parce que les péchés leur ont été remis à l'avénement de Notre-Seigneur; et ils rendent grâces eux-mêmes et se réjouissent de notre salut. Quant aux fautes que l'Ecriture sainte rapporte simplement sans les blâmer, ce n'est point à nous de nous rendre leurs accusateurs, comme si nous étions plus sévères que Dieu, et supérieurs à notre maître; mais il faut y chercher un *type*, » c'est-à-dire un sujet d'instruction. *Contra hær.*, l. IV, c. 31. Ensuite il tâche d'excuser le crime de Lot et de ses filles.

De ces réflexions mêmes Barbeyrac et d'autres ont pris occasion de censurer les Pères, comme si les Pères avaient prétendu qu'un *type* bien ou mal supposé dans une action criminelle suffit pour excuser. Nous avons déjà réfuté cette accusation à l'article Saint IRÉNÉE; ce Père excuse Lot, parce qu'il pécha dans l'ivresse, sans le vouloir et sans le sentir; mais saint Irénée n'excuse point cet état d'ivresse. Il excuse les deux filles sur leur simplicité, et parce qu'elles croyaient que le genre humain tout entier avait péri dans l'embrasement de Sodome. Le *type* que saint Irénée trouve sous toute cette action est une très-bonne leçon. Tout cela, dit-il, signifie que le Verbe de Dieu, Père du genre humain, est seul capable de donner à Dieu des enfants dans l'ancienne et dans la nouvelle Eglise; que c'est lui qui a répandu l'esprit de Dieu et la rémission des péchés, qui nous rend la vie; qu'il l'a communiquée à la chair qui est sa créature, lorsqu'il s'est uni à elle; qu'il a ainsi donné à l'une et à l'autre Eglise la fécondité ou le pouvoir d'engendrer à Dieu des enfants pleins de vie. Ainsi, selon saint Irénée, Jésus-Christ a pardonné Lot et ses filles, sous l'Ancien Testament, comme il pardonne encore nos péchés sous le Nouveau. Est-ce là excuser un crime, sous prétexte d'un *type* imaginaire? *Voy.* FIGURE. Mais comme dans ce passage saint Irénée enseigne que les *patriarches*, pardonnés et sauvés par Jésus-Christ, s'intéressent à notre salut, s'en réjouissent et en rendent grâces à Dieu, il n'en a pas fallu davantage pour émouvoir la bile des protestants, prévenus contre l'intercession des saints, et toujours prêts à endoctriner les incrédules.

Puisque c'est à l'avénement de Jésus-Christ que les *patriarches* ont reçu le pardon de leurs péchés et ont été sauvés, on peut demander en quel état étaient leurs âmes avant cet avénement. Abel et d'autres étaient morts près de quatre mille ans avant la venue du Sauveur. Saint Paul, dans l'Epître aux Hébreux, c. XI, v. 39, semble dire que ces anciens justes n'avaient pas encore reçu la récompense de leurs vertus : « Tous, dit-il, éprouvés par le témoignage de leur foi, n'ont point reçu l'effet des promesses; Dieu réservait quelque chose de mieux pour nous, afin qu'ils ne fussent pas sans nous dans l'état de perfection. » Mais les commentateurs observent que cet *état de perfection* doit s'entendre ou de la béatitude consommée, qui n'aura lieu qu'après la résurrection des corps et après le jugement dernier, ou de la consolation et de la joie particulière que tous les justes doivent ressentir de la rédemption du monde entier par Jésus-Christ. Selon cette opinion, les justes de l'Ancien Testament n'ont pas reçu avant Jésus-Christ tout l'effet des promesses de Dieu, ils n'ont pas eu la consolation de voir le monde racheté et sauvé par le Messie; Dieu nous réservait ce privilége; mais cela ne prouve pas qu'avant cette heureuse époque ils n'eussent déjà reçu une partie des récompenses promises à la vertu. En effet, dans le style des *patriarches*, mourir, c'était *dormir avec ses pères*, ou *être réuni à son peuple*, à sa famille ; cette idée était consolante. Jacob mourant attendait *sa délivrance* ou *son salut* (*Genes.* XLIX, 18). L'âme de Samuel, évoquée par Saül, lui dit : « Pourquoi avez-vous troublé mon repos?..... Demain vous et vos enfants serez avec moi (*I Reg.* XXVIII, 15 et 19). Il est dit dans l'*Ecclésiastique*, c. XLIV, v. 16, qu'Enoch fut agréable à Dieu, et fut transporté dans le paradis; or le *paradis* était un lieu de félicité, puisque Jésus-Christ le promit sur la croix au bon larron. Dans le second livre des *Machabées*, c. XV, v. 13, on lit que Judas Machabée eut une vision dans laquelle le grand prêtre Onias lui montra le prophète Jérémie couvert de gloire et d'un éclat majestueux, qui priait pour le peuple et pour la ville sainte; ce prophète était donc dans un état de bonheur et de crédit auprès de Dieu. Jésus-Christ confirme cette ancienne croyance de l'Eglise juive, dans la parabole du mauvais riche (*Luc.* XVI, 22 et 24). Il dit que Lazare mourut, et fut porté par les anges dans le sein d'Abraham; que le riche voluptueux fut après sa mort enseveli dans l'enfer et tourmenté dans les flammes; et cet état de Lazare est représenté comme une récompense des maux qu'il avait endurés pendant sa vie, v. 25. La félicité des justes, après la mort, avait donc lieu aussi promptement que le châtiment des méchants. Il ne s'ensuit pas de là que les saints de l'Ancien Testament aient été sauvés indépendamment des mérites de Jésus-Christ. Au mot RÉDEMPTION, nous prouverons que la mort de ce divin Sauveur a eu un effet anticipé, et que l'effet qu'elle a produit est aussi ancien que le péché d'Adam.

Peu importe de savoir quel est le lieu dans lequel les premiers justes jouissaient du repos et du bonheur, en attendant la venue du Messie qui devait augmenter leur consolation et le degré de leur félicité; il serait inutile de disserter, pour savoir si l'on doit appeler ce séjour le *ciel* ou *l'enfer*, le *paradis* ou les *limbes*; l'Ecriture sainte ne le décide pas assez clairement pour nous autoriser à prendre aucun parti sur ce point.

A l'article ENFER, nous avons fait voir que la descente de Jésus-Christ aux enfers est un article de la croyance chrétienne, renfermé dans le symbole, et que, sous le nom d'*enfer*, les Pères de l'Eglise ont entendu non-seulement le lieu où les réprouvés étaient tourmentés, mais encore celui dans lequel les *patriarches* et les saints de l'Ancien Testament jouissaient du repos et d'un certain degré de bonheur. Nous avons remarqué que, selon l'opinion des Pères, Jésus-Christ a non-seulement visité les anciens justes pour les consoler et leur causer une augmentation de félicité, mais qu'il s'est fait voir aux réprouvés, ou du moins à ceux dont Dieu n'avait pas encore décidé le sort pour l'éternité; et que le sentiment des Pères n'est pas unanime sur le plus ou le moins de fruit qu'a produit cette visite miséricordieuse de notre divin Sauveur. *Voy.* ENFER, § 4.

Nous ne parlerons pas des personnages que les Juifs modernes nomment leurs *patriarches*, parce que cet article tient plus à leur histoire civile qu'à leur religion. Sur la fin du 1er siècle, ou pendant le cours du IIe, il a paru un livre apocryphe, intitulé *Testament des douze patriarches*, dans lequel l'auteur fait parler chacun des enfants de Jacob en faveur de Jésus-Christ et de la religion chrétienne; tout le monde convient que c'est un livre supposé, et il ne paraît pas qu'aucun des anciens Pères de l'Eglise en ait fait cas. Mais quand on compare les divers jugements que les critiques protestans ont portés sur cette production, sur le temps auquel elle a paru, sur la religion et sur le dessein de l'auteur, sur le plus ou le moins de mépris que l'on doit en avoir, on voit que chacun en a parlé uniquement par intérêt de système, et selon qu'il convenait au dessein dont il était occupé. Le docteur Lardner, qui convient de la fausseté de cet ouvrage, n'a pas laissé d'en tirer des conséquences avantageuses au christianisme. *Credibility of the Gospel history*, tom. IV, l. I, c. 19, § 3.

PATRIARCHE ECCLÉSIASTIQUE. Dans l'histoire de l'Eglise on a donné le titre de *patriarche* aux évêques de Rome, d'Antioche, de Jérusalem, d'Alexandrie et de Constantinople. Mais ce qui concerne leur juridiction *patriarcale* et son étendue appartient plutôt à la jurisprudence qu'à la théologie; nous ne sommes chargés que de justifier cette institution contre les accusations des protestants.

Ils disent que ce titre fut un effet de l'ambition des évêques qui occupaient les grands siéges; qu'après avoir dépouillé le peuple et les prêtres, ou les anciens, de l'autorité qu'ils avaient dans le gouvernement de l'Eglise, ils disputèrent entre eux à qui aurait le plus de pouvoir et une juridiction plus étendue; que leurs contestations à ce sujet produisirent les plus grands maux dans l'Eglise. Ils ajoutent que Constantin, qui avait changé la forme de l'administration civile, souhaita que le gouvernement ecclésiastique fût réglé sur le même modèle; que les trois *patriarches* d'Orient et celui de Rome correspondaient aux quatre préfets du prétoire que Constantin avait établis. Mosheim, *Hist. ecclés.*, IVe et Ve siècles.

Fausses suppositions, fausses conjectures. 1° Au mot HIÉRARCHIE, nous avons fait voir qu'il n'est pas vrai qu'à la naissance de l'Eglise le peuple et les anciens aient eu part au gouvernement. 2° Mosheim avoue qu'avant Constantin les évêques des grands siéges avaient déjà un degré de prééminence sur les autres; ce serait donc le gouvernement ecclésiastique qui a servi de modèle à l'administration civile, et non au contraire. D'ailleurs l'établissement qui se fit au Ve siècle, d'un *patriarcat*, pour l'évêque de Jérusalem, aurait dérangé la ressemblance entre l'un et l'autre. 3° Au mot PAPE, § 1, nous avons prouvé que bien avant le IVe et le Ve siècle, les pontifes de Rome ont exercé une juridiction, non-seulement sur tout l'Occident, mais encore dans tout l'Orient. Quant aux motifs de l'institution des *patriarches*, qu'aurait répondu Mosheim, si on lui avait soutenu que les luthériens qui ont établi des surintendants au lieu d'évêques, pour veiller sur les pasteurs inférieurs, ont agi par ambition? Est-ce encore par ce motif que les anglicans ont conservé chez eux des évêques, deux archevêques et un primat? La vérité est que l'Eglise se trouvant déjà établie au IVe siècle chez différentes nations qui n'avaient ni la même langue ni les mêmes usages, l'on jugea convenable que les Latins, les Grecs, les Syriens, les Cophtes ou Egyptiens, eussent chacun chez eux un supérieur ecclésiastique, pour y maintenir l'ordre et l'uniformité dans la discipline, et pour y terminer les différends entre les évêques, lorsqu'il n'était pas possible d'assembler un concile général. Aujourd'hui encore, sans que l'ambition s'en mêle, un évêque dont le diocèse s'étend à plusieurs provinces est obligé d'avoir dans chacune un official, pour y exercer la juridiction contentieuse, et quelquefois d'y avoir un vicaire général.

Enfin, supposons pour un moment que l'ambition ait été le seul mobile des *patriarches* orientaux, et la cause de leurs brouilleries fréquentes, de là s'ensuivrait déjà la nécessité d'un chef dans l'Eglise, d'un tribunal supérieur, qui pût être, sinon juge, du moins arbitre et conciliateur, pour rétablir l'ordre et la paix; autrement le gouvernement aristocratique de ce grand corps aurait été une anarchie continuelle. Aussi Leibnitz, plus modéré et mieux instruit que les autres protestants, est convenu que le corps de l'Eglise étant un, il y a de droit divin dans ce corps un souverain magistrat spirituel; que la vigilance des papes, pour l'observation des canons et le maintien de la discipline, a produit de temps en temps de très-bons effets, et a réprimé beaucoup de désordres. *Esprit de Leibnitz*, t. II, p. 3 et 6. D'autres écrivains, qui ne cherchaient à flatter ni les papes ni le clergé, ont reconnu que la subordination des pasteurs in férieurs à un seul évêque, de piusieurs évêques à un métropolitain, de tous à un seul souverain pontife, est le modèle d'un parfait gouvernement.

PATRIE, lieu dans lequel nous sommes nés et où nous avons été élevés. Dieu, dans l'ancienne loi, a consacré en quelque manière l'amour de la *patrie;* sans cesse Moïse exhorte les Juifs à estimer leurs lois, à chérir leur nation, à s'attacher au sol de la terre promise, et l'on sait jusqu'à quel point ce peuple porta dans la suite le patriotisme. L'auteur du livre de l'Ecclésiastique, c. 44 et suiv., fait l'éloge de tous les personnages qui ont contribué à la force et à la prospérité de la nation juive. Si Jésus-Christ n'a pas commandé l'amour de la *patrie* dans l'Évangile, c'est qu'il était venu pour former entre tous les peuples une société religieuse universelle, par conséquent pour inspirer à tous les hommes une charité générale; il savait d'ailleurs que le patriotisme mal réglé chez les païens les avait rendus ennemis, injustes et souvent cruels les uns envers les autres. Mais le Sauveur lui-même versa des larmes en annonçant les malheurs qui allaient bientôt fondre sur sa nation. En Jésus-Christ, dit saint Paul, il n'y a plus ni Juif, ni Gentil, ni Scythe, ni Barbare; tous sont un même peuple et une seule famille (*Coloss.* III, 11; *Galat.* III, 28). Le patriotisme des Grecs leur faisait regarder comme barbare et comme ennemi tout ce qui n'était pas Grec; l'orgueil national des Romains leur persuada que leur capitale devait être celle du monde entier; ils furent les oppresseurs et les tyrans de l'univers. Mais une preuve que dans la gloire de leur *patrie* ils n'envisageaient que leur intérêt personnel, c'est que dès qu'ils cessèrent d'y être les maîtres et qu'il fallut obéir à un dictateur perpétuel, ils ne purent plus supporter la vie.

L'amour de la *patrie,* lorsqu'il n'est pas réglé par la justice, peut devenir un très-grand vice; mais c'en est un autre de n'avoir pour elle aucune espèce d'attachement, d'en décrier le gouvernement et les lois, d'en mépriser les usages, de vanter sans cesse les autres nations, de peindre le patriotisme comme un aveugle préjugé; c'est néanmoins ce qu'ont fait la plupart de nos philosophes atrabilaires. Ils prétendent que, loin de devoir quelque chose à leur *patrie,* c'est elle, au contraire, qui leur est redevable. Ils payent, disent-ils, le gouvernement qui souvent les opprime, les grands qui les écrasent, le militaire qui les foule, le magistrat qui les juge, le financier qui les dévore; pendant que tous ces gens-là se font payer pour commander, le peuple paye pour obéir et souffrir; il n'est pas une seule de nos actions qui ne soit gênée par une loi, pas un seul bienfait de la nature qui ne soit absorbé ou diminué par un impôt, etc., etc. Pour démontrer l'absurdité de toutes ces plaintes, il suffit de demander à ceux qui les font s'ils aimeraient mieux vivre sous une anarchie absolue, dans un état où chaque particulier serait affranchi de toute loi et maître absolu de ses actions; il est clair que le plus fort ne manquerait pas d'opprimer le plus faible, que dans cet état la société serait impossible. Toute la question est donc réduite à savoir si l'état sauvage est préférable à l'état de société, avec toutes ses entraves et ses inconvénients; si nos philosophes le jugent préférable, qui les empêche d'en aller goûter les douceurs? Malgré leurs déclamations, c'est aux lois, à la police, au gouvernement de leur *patrie* qu'ils sont redevables de la conservation de leur vie, des droits qu'ils tiennent de leur naissance, de leur éducation, de leur sécurité et de leur repos, de la stabilité de leur fortune, des connaissances dont ils se savent si bon gré, de l'indulgence même avec laquelle on a supporté leurs égarements : tout cela mériterait un peu de reconnaissance. Au reste, leur *patrie* pourrait se réconcilier aisément avec ces enfants ingrats; elle n'a qu'à les élever aux dignités, aux honneurs, partager avec eux le pouvoir et l'opulence; alors ils jugeront que tous ces avantages et ces prééminences dont ils se plaignent aujourd'hui, sont la chose du monde la plus juste, la plus raisonnable, la plus naturelle. Quelques-uns ont dit que la religion chrétienne, en nous représentant le ciel comme notre vraie *patrie,* nous détache absolument de celle que nous avons sur la terre, et nous fait négliger les devoirs de la société civile. Ce reproche est évidemment faux, puisque notre religion nous apprend en même temps que nous ne pouvons gagner le ciel qu'en remplissant tous nos devoirs à l'égard de notre *patrie* et de la société. L'expérience nous apprend assez qui sont les meilleurs patriotes, ceux qui croient un Dieu et une autre vie, ou les matérialistes, qui ne croient ni ciel ni enfer.

PATRIPASSIENS ou PATROPASSIENS, nom qui a été donné à plusieurs hérétiques : en premier lieu aux sectateurs de Praxéas, qui, sur la fin du IIe siècle et sous le pontificat du pape Victor, vint à Rome; il enseigna qu'il n'y a qu'une seule Personne divine, savoir; le Père; que le Père est descendu dans Marie, qu'il est né de cette sainte Vierge, qu'il a souffert et qu'il est Jésus-Christ même; c'est du moins la croyance que lui attribue Tertullien dans le livre qu'il a écrit contre cet hérétique; 2° à Noët et aux Noétiens ses disciples, qui enseignaient la même erreur en Asie, à peu près dans le même temps, comme nous l'apprenons de saint Hippolyte de Porto qui les réfuta, et de saint Epiphane; 3° à Sabellius et à ses partisans, au IVe siècle. Il est dit dans le concile d'Antioche, tenu par les eusébiens l'an 345, que les Orientaux appelaient *sabelliens* ceux qui étaient appelés *patripassiens* par les Romains, et qu'ils furent condamnés parce qu'ils supposaient que Dieu le Père était passible. Beausobre, déterminé à justifier tous les hérétiques aux dépens des Pères de l'Église, prétend que cette dénomination est injuste, que les sectaires dont nous venons de parler étaient unitaires, et n'admettaient qu'une seule Personne divine; qu'ils n'ont jamais enseigné que cette Personne s'est unie substantiellement à l'humanité dans Jésus-Christ, ni qu'elle a souffert en lui; que c'était seulement une conséquence que les Pères ont tirée mal à propos de leur doctrine. *Hist. du Manichéisme*, l. III, c. 6, § 7.

Mais il nous paraît singulier qu'un critique du XVIII<sup>e</sup> siècle se flatte de mieux connaître le sentiment des anciens hérétiques que les Pères contemporains qui ont conversé avec eux ou avec leurs disciples, qui ont lu leurs ouvrages et examiné leur doctrine. Il ne sert à rien de dire que si ces sectaires avaient enseigné toutes les erreurs qu'on leur attribue, il aurait fallu qu'ils fussent insensés, qu'ils tombassent en contradiction, qu'ils ne s'entendissent pas eux-mêmes, etc. C'est justement ce que les Pères leur ont reproché cent fois, et nous en avons vu cent exemples parmi les novateurs des derniers siècles. Si les Pères de l'Eglise ont péché en faisant voir aux hérétiques les conséquences de leur doctrine, comment se justifiera Beausobre lui-même, qui ne cesse d'attribuer aux Pères de l'Eglise et aux théologiens catholiques, par voie de conséquence, des erreurs auxquelles ils n'ont jamais pensé, et qu'ils auraient formellement rejetées, si on les leur avait mises sous les yeux? Mosheim, plus équitable et plus judicieux sur ce point que Beausobre, a fait voir que les Pères n'ont point accusé faussement les hérétiques dont nous parlons, et que le nom de *patripassiens* qu'ils leur ont donné est assez juste dans un sens. Ces sectaires disaient que Dieu le Père, considéré précisément selon la nature divine, était impassible; mais qu'il s'était rendu *passible* par son union intime avec la nature humaine de son Fils; c'est ainsi que l'explique Théodoret. Nous disons dans un sens très-orthodoxe, que *Dieu le Père*, ou considéré comme *Père*, est impassible; mais que *Dieu le Fils*, ou considéré comme *Fils*, est passible, parce que ce sont deux Personnes distinctes. L'erreur des *patripassiens* était de prendre le nom de *Père* dans le même sens que nous prenons le nom de *Dieu;* par là ils détruisaient la distinction des Personnes de la sainte Trinité. Mosheim, *Hist. christ.*, sæc. 3, § 32, notes. *Voy.* NOÉTIENS, PRAXÉENS, SABELLIENS.

PAUL (saint), apôtre. On sait qu'il était né Juif, élevé à l'école des pharisiens; il était très-entêté des opinions de sa secte, et il avoue lui-même qu'il fut d'abord un des plus ardents persécuteurs du christianisme. Il allait de Jérusalem à Damas, bien accompagné, pour faire emprisonner et punir tous les chrétiens qu'il y trouverait; sur le chemin, Jésus-Christ lui apparut, lui parla, le renversa par terre, le rendit aveugle; conduit à Damas, il se fit instruire et baptiser; il recouvra la vue, et devint apôtre; telle fut la cause de sa conversion (*Act.* IX; *Galat.* I, etc.). Les incrédules n'ont rien omis pour la rendre suspecte; ils en ont forgé d'autres motifs et ont nié le miracle; ils ont noirci la conduite de saint *Paul*, contesté ses miracles, travesti sa doctrine; nous devons au lecteur quelques réflexions sur chacun de ces chefs.

I. Mylord Littleton, célèbre déiste anglais, revenu au christianisme, a fait un ouvrage exprès sur ce sujet, intitulé : *La religion chrétienne démontrée par la conversion et l'apostolat de saint Paul*. Après avoir exposé la manière simple et naïve dont cet apôtre rend compte de cet événement, il fait voir que saint *Paul* n'a pu se tromper lui-même, ni en imposer aux autres, ni avoir aucun motif pour forger un mensonge; s'il l'avait fait, il n'était pas seul, ses compagnons de voyage auraient pu dévoiler l'imposture; ils n'ont pas pu avoir les mêmes motifs, les mêmes passions, le même intérêt que lui de déguiser la vérité. Saint *Paul* n'était ni un esprit faible ni un visionnaire; ses écrits, ses raisonnements, sa conduite, prouvent le contraire; ses calomniateurs même n'osent lui refuser de l'esprit, de l'étude, des talents; quelque parti que l'on prenne, il faut admettre en lui un changement miraculeux; car enfin *Paul* converti n'est plus juif dans ses préjugés, dans ses inclinations, dans ses sentiments ni dans ses actions. Nous laissons le choix aux incrédules entre le miracle que cet apôtre raconte et celui qu'ils veulent nous persuader. Voir une lumière éclatante en plein jour, en perdre la vue, converser avec Jésus-Christ, être conduit à Damas par la main, être instruit, baptisé, et recouvrer la vue, sont des circonstances que l'on ne peut ni rêver ni forger impunément. Quel motif humain pouvait engager *Paul* à les inventer? L'intérêt? Le christianisme était persécuté; vu l'acharnement des juifs, ce parti encore faible et sans défense devait, selon toutes les apparences, être bientôt écrasé; il y avait plus à gagner à demeurer juif qu'à se faire chrétien; il y avait même beaucoup de danger à changer de parti, puisque les juifs voulurent tuer *Paul*, et qu'il fut obligé de s'enfuir en Arabie (*Act.* IX, 23). *Paul* converti prend à témoin les fidèles de Corinthe, de Thessalonique, d'Éphèse, etc., de son désintéressement. Est-ce l'ambition? Il aurait voulu dominer sur les autres apôtres, se faire chef de secte, avoir une doctrine et un parti à lui; il fait profession du contraire : « Nous sommes le rebut du monde, dit-il, mais nous ne rougissons pas de l'Evangile..... Si nous n'avons rien à espérer qu'en ce monde, nous sommes les plus malheureux de tous les hommes (*I Cor.* IV, 13; XV, 19). Serait-ce mécontentement ou ressentiment contre les Juifs? Il ne se plaint pas d'eux; poursuivi à mort par eux, il les plaint, il les excuse, il ne cherche point à aigrir contre eux les magistrats romains. Ce n'est pas non plus l'esprit d'indépendance, puisque personne n'a commandé plus étroitement que lui la soumission et l'obéissance envers toutes les puissances établies de Dieu, les incrédules mêmes lui en font un crime. Il prend à témoin les fidèles qu'il leur a donné l'exemple de toutes les vertus qu'il leur prêche, que sa conduite a toujours été juste, sainte, irréprochable (*I Thess.* II, 2;

II *Cor.* vii, 8, etc.). On dit qu'il a fait un complot avec les autres apôtres. Dans ce cas, il n'était pas besoin de forger un miracle, les apôtres avaient droit de prendre des collègues, et déjà ils avaient adopté saint Mathias. Il suffisait de dire que, par une étude profonde des Ecritures, *Paul* avait découvert que Jésus était le Messie, qu'en conséquence il s'était réuni aux apôtres pour prêcher cette vérité; supposer un faux miracle, c'était s'exposer à être confondu par les juifs et méprisé par les païens.

Il y a, disent nos adversaires, des contradictions dans le récit que *Paul* fait de sa conversion : dans un endroit il dit que ses compagnons de voyage entendirent la voix qui lui parlait; dans un autre, qu'ils ne l'entendirent pas. Il dit, dans les *Actes*, qu'après sa conversion il retourna de Damas à Jérusalem, et dans l'*Epître aux Galates*, qu'en sortant de Damas il alla en Arabie, et ne vint à Jérusalem que trois ans après. Dans cette même *Epître* il ajoute qu'il n'a vu que Pierre et Jacques, et dans les *Actes* nous lisons qu'il a vécu à Jérusalem avec les apôtres. Nous soutenons que ces narrations ne se contredisent point. *Act.*, c. ix, v. 7, il est dit que ceux qui accompagnaient saint *Paul* furent étonnés d'entendre une voix et de ne voir personne; c. xxii, v. 9, il dit lui-même : « Ceux qui étaient avec moi virent une lumière, mais ils n'entendirent point *la voix de celui qui me parlait.* » Voilà le double sens du mot *entendre* expliqué. Ils virent une lumière et entendirent une voix ; mais ils n'entendirent ni ce que disait cette voix ni qui était la personne qui parlait, parce qu'ils étaient à quelque distance de *Paul*. Chap. ix, v. 26, l'historien, après avoir parlé du séjour de saint *Paul* à Damas, et de ce qui s'y passa, fait mention de son voyage à Jérusalem, mais il ne dit pas que *Paul* y alla immédiatement en sortant de Damas ; il passe sous silence le voyage de Paul en Arabie, mais il ne le contredit pas. C'est dans l'*Epître aux Galates*, c. i, v. 17, que saint *Paul* nous apprend qu'immédiatement après sa conversion il ne vint point de Damas à Jérusalem, mais qu'il alla en Arabie, qu'il retourna à Damas au bout de trois ans, qu'il vint ensuite à Jérusalem. Supprimer ce qui s'est passé entre ces deux sorties de Damas, ce n'est pas le nier. L'apôtre ajoute qu'il ne vit point à Jérusalem d'autres apôtres que Pierre, et Jacques frère du Seigneur. Lors donc que l'auteur des *Actes* dit, c. ix, v. 27, que *Paul* fut conduit *aux apôtres* par Barnabé, et qu'il vécut avec eux, cela ne s'entend que des deux apôtres qui y étaient pour lors, savoir saint Pierre et saint Jacques.

II. A-t-on mieux réussi à noircir la conduite de saint *Paul*? Il a voulu, disent ses accusateurs, être chef de parti, il a divisé le christianisme en deux sectes : l'intention de Jésus-Christ et des apôtres n'était point de détruire le judaïsme, mais de le réformer; aussi les premiers chrétiens joignirent la pratique des lois de Moïse à la foi en Jésus-Christ. *Paul* voulut détruire le judaïsme et abolir les lois de Moïse, et il en est venu à bout; ses partisans firent nommer *ébionites et nazaréens* ceux qui tenaient encore pour le judaïsme; ces premiers disciples des apôtres avaient un Evangile différent de celui de saint *Paul*; ils le regardaient lui-même comme un hérétique et un apostat. Ils envisageaient Jésus-Christ comme un pur homme, c'est *Paul* qui l'a déifié; ainsi le christianisme, tel que nous l'avons, est la religion de *Paul* et non celle de Jésus-Christ. Les premiers auteurs de ce rêve des incrédules sont les juifs, les manichéens, Porphyre et Julien; Toland l'a embrassé dans son *Nazarenus* et dans d'autres ouvrages; c'est lui qui a endoctriné nos dissertateurs modernes. Aux mots Loi CÉRÉMONIELLE et NAZARÉENS, nous les avons déjà réfutés; il suffit d'ajouter ici deux ou trois preuves irrécusables. *Joan.*, c. iv, v. 21, Jésus-Christ dit à la Samaritaine : *L'heure vient à laquelle on n'adorera plus le Père sur la montagne de Samarie ni à Jérusalem.* Or, de l'aveu des juifs, leur culte tenait essentiellement au temple de Jérusalem. *Matth.* c. xv, v. 11, il décide que l'homme n'est point souillé par ce qu'il mange ; ainsi il abolit la distinction des viandes. Cap. xii, v. 8, il dit qu'il est le maître du sabbat, et les juifs ne le lui ont jamais pardonné. Il appelle le sacrement de son corps et de son sang *une nouvelle alliance*; l'ancienne ne devait donc plus subsister. Ce qu'il appelait *le royaume des cieux* n'était pas le règne de la loi de Moïse, mais le règne d'un nouveau culte et d'une loi nouvelle.

Saint *Jean*, chap. i, v. 17, dit que la loi a été donnée par Moïse, que la grâce et la vérité ont été données par Jésus-Christ ; ainsi Pierre, en baptisant Corneille et toute sa maison, ne lui ordonne point de se faire circoncire; dans le concile de Jérusalem il appelle la loi de Moïse *un joug que ni nous ni nos pères n'avons pu porter*, et il ne veut pas qu'on l'impose aux gentils convertis; saint Jacques opine de même : ce sont eux et non saint *Paul* qui dictent la décision. Dans sa *seconde lettre*, c. iii, v. 15, saint Pierre loue la sagesse et les écrits de *Paul*, *son très-cher frère*. Saint Barnabé, dans sa *lettre*, n. 2, enseigne que Jésus-Christ a rendu inutile la loi judaïque. Saint Clément, disciple de saint Pierre, et saint Ignace, instruit par saint Jean, tiennent la même doctrine, *ad Magnes.*, n. 8, 9, 10 : *ad Philad.* n. 6. Où est donc l'opposition de doctrine entre saint *Paul* et les autres apôtres? Il dit lui-même qu'il a comparé son Evangile ou sa doctrine avec celle des apôtres qui étaient à Jérusalem, de peur d'avoir travaillé en vain; qu'ils sont convenus avec lui qu'il prêcherait, particulièrement aux gentils, pendant qu'eux instruiraient les Juifs : *Dextras dederunt mihi et Barnabæ societatis* (Gal. ii, 2 et 9). Loin de vouloir faire secte à part, il réprimanda les Corinthiens qui disaient : « Je suis disciple de *Paul*, moi d'Apollo, moi de Céphas, moi de Jésus-Christ. Jésus-Christ est-il donc divisé ? *Paul* a-t-il été crucifié pour vous, avez-vous été baptisés en son nom? » Mais, dit-on, sa conduite se contredit : après avoir prêché contre la loi de Moïse, après avoir reproché à saint Pierre qu'il judaïsait, il judaïse lui-même pour se réconcilier avec les juifs; il accomplit le vœu de nazaréat; il fait circoncire son disciple Timothée qui était le fils d'un païen; tantôt il enseigne que la circoncision ne sert de rien, tantôt qu'elle est utile si l'on accomplit la loi. Il dit qu'il a vécu comme juif avec les juifs, pour les gagner à Jésus-Christ, et il trouve mauvais que saint Pierre fasse de même. Tout cela peut-il s'accorder?

Fort aisément. Saint *Paul* ne prêche point contre la loi de Moïse; il enseigne qu'elle ne sert de rien *aux gentils* convertis, qu'ils sont justifiés par la loi en Jésus-Christ; c'était la décision du concile de Jérusalem. Il dit qu'elle est utile *aux juifs*, s'ils observent la loi (*Rom.* II, 25), parce qu'en effet elle les faisait souvenir qu'ils étaient *débiteurs de toute la loi* (*Galat.*, v, 2 et 3). Or la loi était encore utile aux juifs, non pour le salut, mais comme police extérieure et locale. Conséquemment, né juif lui-même, il a continué d'observer les cérémonies juives, surtout à Jérusalem, pour ne pas scandaliser ses frères. Il fit circoncire Timothée, afin qu'il pût prêcher aux juifs qui n'auraient pas voulu écouter un incirconcis. Mais hors de Jérusalem et de la Judée, il a vécu avec les païens sans scrupule, afin de les gagner de même. Voilà ce qu'il voulait que fît saint Pierre ou Céphas, à Antioche, et il avait raison. Celui-ci, après avoir fraternisé d'abord avec les gentils convertis, se séparait d'eux pour ne pas déplaire à quelques juifs qui arrivaient de Jérusalem : c'était vouloir forcer ces gentils à judaïser, autoriser les juifs à les regarder comme impurs, et contredire en quelque manière la décision du concile (*Galat.* II, 12). Il n'y a donc ici ni contradiction, ni inconstance, ni dissimulation, et les Juifs avaient tort d'accuser saint *Paul* d'être déserteur de la loi.

Pendant que la foule des incrédules soutient que le parti de saint *Paul* a prévalu et a introduit un christianisme nouveau, un déiste anglais prétend que ce parti a succombé, que les judaïsants ont été les plus forts, qu'ils ont introduit dans l'Église l'esprit judaïque, la hiérarchie, les dons du Saint-Esprit, les cérémonies superstitieuses, etc.; il a emprunté cette imagination des protestants. C'est ainsi que s'accordent nos adversaires, en reprochant aux apôtres de ne s'être pas accordés. Une autre inculpation très-grave, c'est que saint *Paul*, accusé par les juifs, se défend par des mensonges. Frappé par ordre du grand prêtre, il ne tend point l'autre joue, suivant le conseil de Jésus-Christ; il outrage même le pontife, en l'appelant *muraille blanchie*; repris de sa faute, il s'excuse, en disant qu'il ne connaissait pas le grand prêtre : pouvait-il le méconnaître? Il ajoute qu'il est accusé parce qu'il est pharisien, et qu'il prêche la résurrection des morts; cela était faux; il était accusé de prêcher contre la loi. Il n'était plus pharisien, mais chrétien. La justification de saint *Paul* est fort simple. Le conseil de Jésus-Christ de tendre l'autre joue quand on est frappé ne doit point avoir lieu en justice et devant les magistrats; un accusé y est conduit non pour y souffrir violence, mais pour y être condamné ou absous. S. Aug., l. XXII, *contra Faust.*, c. 79. Depuis sa conversion, ou depuis plus de vingt ans, l'apôtre n'avait fait que deux voyages à Jérusalem, et il y avait demeuré peu de temps; pendant cet intervalle, les pontifes avaient changé sept à huit fois, Josèphe en est témoin; ils étaient destitués à volonté par les Romains, ils n'étaient distingués hors du temple par aucune marque de dignité; saint *Paul* pouvait donc ne pas connaître le grand prêtre. Pour prendre le sens de son apologie, il faut se rappeler celle qu'il fit devant Félix et devant Festus, *Act.*, c. XXIV et XXVI; en voici le fond : « Je suis né Juif de la secte des pharisiens, en cette qualité j'ai toujours cru la vie future et la résurrection des morts; conséquemment je crois que Jésus est ressuscité, parce qu'il m'est apparu et m'a parlé sur le chemin de Damas; je crois qu'il est le Messie, parce que les prophètes ont prédit que le Messie souffrirait la mort et ressusciterait; je le prêche ainsi, parce que j'en suis convaincu. Au reste, je n'ai péché en rien contre ma nation ni contre la loi de Moïse. » Cette apologie n'est ni équivoque ni hors de propos. Saint *Paul* la commençait de même devant le conseil des juifs, il faisait sa profession de foi avant de parler de sa conduite. Mais à peine eut-il dit qu'il était pharisien et qu'il s'agissait de le juger sur la résurrection des morts, que la dissension se mit parmi les juges et le tumulte dans l'assemblée; on ne l'écouta plus. Ce n'est pas par sa faute. Ceux qui le jugent aujourd'hui font tout comme les juifs. Ils lui attribuent un caractère orgueilleux, altier, emporté, turbulent. Il se vante, disent-ils, de ses travaux, de ses succès, de la prééminence de son apostolat; il ne peut point souffrir de contradiction; il livre à Satan ceux qui lui résistent. Il menace, il déclare qu'il ne fera grâce ni à ceux qui ont péché *ni aux autres*. Il parle continuellement du droit qu'il a de vivre de l'Évangile, d'exiger des fidèles sa subsistance, etc.; aussi ne fit-il que rebuter les juifs; il causa du tumulte dans plusieurs villes, et s'attira de mauvais traitements par son imprudence. Souvenons-nous que les incrédules ont osé faire les mêmes reproches contre Jésus-Christ lui-même; ceux que l'on fait contre son apôtre ne nous surprendront plus : mais il faut y répondre.

Saint *Paul*, contredit par de faux apôtres qui voulaient détruire sa doctrine et déprimaient son apostolat, était forcé de prouver l'authenticité de sa mission; il n'alléguait pour preuve que des faits dont l'Asie Mineure, la Grèce, la Macédoine, étaient témoins. « Ce n'est pas moi, dit-il, qui ai fait tout cela, mais la grâce de Dieu qui est en moi (*I Cor.* xv, 10). Je suis le dernier des apôtres, indigne de porter ce nom, puisque j'ai persécuté l'Eglise de Dieu (*Ibid.*, 9). » Lorsqu'il se préfère aux grands apôtres, aux apôtres par excellence, il entend les faux apôtres et il le dit clairement (*II Cor.* xi, 13). En citant ses travaux il fait aussi mention de ses tentations et de ses faiblesses (*Ibid.*, xi et xii). Ce n'est pas là de l'orgueil. Livrer un pécheur à Satan, c'est l'exclure de la société des fidèles ; et saint *Paul* déclare qu'il veut le faire pour faire mourir en eux la chair et sauver leur âme (*I Cor.* xii, 21 ; *I Tim.* i, 20). Il craint de trouver parmi les Corinthiens des disputes et des séditions, et des hommes qui n'ont point fait pénitence de leur impudicité ; il déclare qu'il ne fera grâce ni aux uns ni aux autres, c'est-à-dire ni aux séditieux ni aux impénitents ; mais cela ne signifie pas qu'il ne veut faire grâce ni aux coupables ni aux innocents (*II Cor.* xii, 21 ; xiii, 2). En soutenant qu'un ministre de l'Evangile doit recevoir des fidèles du moins la nourriture et le nécessaire, il déclare qu'il n'a jamais usé de ce droit, qu'il a travaillé de ses mains, afin de n'être à charge à personne ; il reproche même aux Corinthiens leur facilité à se laisser dépouiller et maîtriser par de faux apôtres (*Ibid.*). Chez un peuple léger, curieux, disputeur, pétulant, tel que les Grecs, il était impossible d'établir sans bruit une nouvelle doctrine ; ce caractère avait brouillé les philosophes et leurs disciples ; sous l'Evangile il enfanta les hérésies, mais ce n'est pas la faute des apôtres. Il n'a pas tenu aux philosophes incrédules de troubler le repos de l'Europe entière.

III. Par la manière dont ils s'y prennent pour noircir la conduite de saint *Paul*, on voit d'avance comment ils viennent à bout de défigurer ses écrits. Saint Pierre convenait déjà qu'il y a dans les lettres de saint *Paul* des choses difficiles à entendre ; il se plaignait de ce que des hommes ignorants et légers en abusaient comme des autres Ecritures (*II Petr.* iii, 16). C'est encore de même aujourd'hui ; la plupart de ceux qui les censurent ne les ont jamais lues, et peu sont en état de les comprendre. C'est un style mêlé d'hébraïsmes et d'hellénismes, mais qui était très-bien entendu par ceux auxquels saint *Paul* écrivait. La profondeur des questions qu'il traite demande des lecteurs déjà instruits, et qui ne soient préoccupés d'aucun système ; ils sont rares. La multitude des commentaires auxquels ces écrits ont donné lieu ne prouve rien autre chose que le grand nombre de ceux qui ont la démangeaison d'écrire et de répéter ce que d'autres ont dit. S'il nous fallait expliquer tous les passages dont les incrédules, les hérétiques, les théologiens entêtés ont abusé, ce serait la matière d'un gros volume ; nous nous bornerons à ceux qu'on objecte le plus souvent ; nous avons occasion d'en éclaircir plusieurs autres dans différents articles.

Saint *Paul* dit qu'il y a en lui l'homme spirituel et l'homme charnel, l'homme juste et l'homme de péché (*Rom.* vii) ; et il dit ailleurs qu'il est délivré de la loi du péché, que Jésus-Christ vit en lui (*Galat.* ii). Tantôt il enseigne que l'homme est justifié par les œuvres, et tantôt qu'il l'est par la foi sans les œuvres. I. assure que Dieu veut sauver tous les hommes, et en même temps il affirme que ceux qui n'ont point été choisis ont été aveuglés ; que Dieu fait miséricorde à qui il veut, et endurcit qui il lui plaît. Dodwel et d'autres soutiennent que cet apôtre admettait le *fatum* des pharisiens et des esséniens sous le nom de prédestination. Il est vrai que si l'on s'en tenait à l'écorce des termes, sans en rechercher le vrai sens, il serait aisé de conclure que la doctrine de saint *Paul* se contredit ; mais en agit-on ainsi quand on cherche sincèrement la vérité ? saint *Paul* enseigne que par nature, par naissance, en qualité d'enfant d'Adam, il est homme de péché, sous la loi du péché, sous le joug d'une concupiscence impérieuse qui l'entraîne au péché, mais que, par la grâce de Jésus-Christ, il est affranchi de cette loi du péché, que Jésus-Christ vit en lui, qu'il en est de même de tous ceux qui ont été baptisés et régénérés en Jésus-Christ, et qui ne vivent plus selon la chair, etc. (*Rom.* vii, 24 et 25 ; viii, 1 et 2). Il n'y a point là de contradiction.

*Ibid.*, c. ii, v. 13, il dit que ce ne sont pas ceux qui écoutent la loi qui sont justes devant Dieu, mais ceux qui l'accomplissent ; or il est question là de la loi morale, puisque l'apôtre parle des gentils qui la connaissent naturellement et qui en ont les préceptes gravés dans leur cœur. Au contraire, c. iii, v. 28, il dit : « Nous pensons que l'homme est justifié par la foi, sans les œuvres de *la loi*. » Mais il entend la loi cérémonielle des juifs, puisqu'il parle de la justification d'Abraham qui a précédé de longtemps la publication de la loi cérémonielle. L'obstination des protestants à fonder sur ce passage leur prétendue foi justifiante ne leur fait pas honneur ; et il est évident que saint Paul *par la foi d'Abraham*, ch. iv, entend non-seulement la croyance de ce patriarche, mais sa confiance aux promesses de Dieu, et sa fidélité à exécuter les ordres de Dieu ; fidélité qui emporte nécessairement l'obéissance à la loi morale, par conséquent les œuvres. Rien de plus juste ni de mieux suivi que cette doctrine.

Non-seulement saint *Paul* dit (*I Tim.* ii, 4) : « Dieu veut que tous les hommes soient sauvés, » mais il le prouve, parce que Jésus-Christ s'est livré pour la rédemption de tous, et c'est pour cela qu'il veut que l'on prie pour tous sans exception. Le mystère de la prédestination est-il contraire à cette vérité ? En aucune manière. Quoique Dieu veuille sauver tous les hommes, il n'accorde cependant pas à tous la même mesure de grâces ; il appelle les uns à la connaissance de Jésus-Christ et de son Evangile, il laisse les autres dans l'ignorance et dans l'erreur ; c'est dans ce sens qu'il fait miséricorde aux uns et qu'il *endurcit* les autres, c'est-à-dire qu'il les laisse *s endurcir* eux-mêmes ( *Rom.* ix, 18 ). *Voy.* ENDURCISSEMENT. Quand l'apôtre ajoute que quelques juifs ont été *élus*, que d'autres ont été *aveuglés*, c. xi, v. 7, il entend qu'ils se sont aveuglés eux-mêmes, puisqu'il dit, v. 23, que s'ils ne persévèrent pas dans l'incrédulité, ils seront *entés* de nouveau sur l'arbre qui les a portés, et il ajoute, v. 32, que Dieu a laissé d'abord les gentils, aussi bien que les juifs, dans l'incrédulité, afin d'avoir pitié de tous : Dieu ne veut donc ni les aveugler, ni les endurcir, ni les réprouver. *Voy.* PRÉDESTINATION, SALUT. Nous parlons de chacune des Epîtres de saint *Paul* sous son titre particulier.

IV. Les miracles de cet apôtre ont été trop publics, trop évidents et trop multipliés, pour que l'on puisse y soupçonner de l'illusion ou de la fourberie. Il ne les a point opérés en faveur de gens prévenus, ni en présence de témoins disposés à se laisser tromper : c'étaient des juifs ou des païens qu'il fallait convertir ; ni sous la protection d'un parti déjà puissant et déterminé à favoriser l'imposture : deux circonstances toujours nécessaires pour accréditer de faux miracles. Un magicien rendu subitement aveugle en présence d'un proconsul romain qui se convertit ; un jeune homme, qui était tombé du faîte d'une maison, ressuscité à Troade ; un boiteux de naissance guéri à Lystres, à la vue de tout un peuple qui prend *Paul* pour un dieu ; un nombre de prisonniers dont les chaînes se brisent à Philippes, sans qu'aucun soit tenté de s'enfuir ; des malades guéris à Éphèse par le seul attouchement des suaires de l'apôtre. Il n'est point blessé par la morsure d'une vipère, et il guérit tous les malades qui lui sont présentés dans l'île de Malte ou de Méléda, etc. Dans tout cela il n'y a ni préparatifs ni collusion avec personne, et la force de l'imagination ne produit point de semblables effets. Qu'ont objecté les incrédules contre ces faits ? Rien de positif, mais un simple préjugé ; si ces miracles avaient été réels, disent-ils, *Paul* aurait sûrement converti l'univers entier ; cependant nous ne voyons pas que les juifs y aient cru ni que les païens en aient été fort touchés ; souvent ces prétendus miracles n'ont abouti qu'à exciter du tumulte et des séditions, à faire emprisonner, fustiger ou chasser le thaumaturge. Ce préjugé pourrait faire impression sur nous, si les incrédules eux-mêmes n'avaient pas eu soin de nous en guérir ; la plupart ont déclaré que quand ils verraient des miracles, ils ne croiraient pas sous prétexte qu'ils sont plus sûrs de leur jugement que de leurs yeux. S'il y a eu parmi les juifs et parmi les païens beaucoup d'opiniâtres qui pensaient comme eux, il n'est pas fort étonnant que les miracles n'aient pas suffi pour leur ouvrir les yeux.

D'ailleurs, autre chose est de croire à la réalité d'un miracle, et autre chose de renoncer aux erreurs, aux pratiques, aux habitudes dans lesquelles on a été nourri dès l'enfance. La plupart des juifs croyaient qu'un faux prophète pouvait faire des miracles, et les païens étaient persuadés que les magiciens en opéraient ; les uns et les autres ont attribué à la magie ceux de Jésus-Christ et des apôtres. Avec cette fausse croyance, les miracles ne suffisaient pas pour les convertir. *Voy.* MIRACLE. Mais il est faux que ceux de saint *Paul* n'aient pas produit une infinité de conversions ; le même auteur des *Actes*, qui les rapporte, nous instruit aussi des effets qui s'en sont ensuivis, et les Églises nombreuses auxquelles cet apôtre a écrit ses lettres en sont une preuve démonstrative. Il y a des circonstances dans la vie de *saint Paul* sur lesquelles les critiques ont fait des conjectures de toute espèce. Il est dit (*Act.* xvii, 23), que *saint Paul*, passant dans la ville d'Athènes, vit un autel avec cette inscription : *Au Dieu inconnu*, et qu'il en prit occasion de prêcher aux Athéniens le vrai Dieu. Saint Jérôme, *Comment. in Epist. ad Tit.*, c. i, et d'autres, ont cru que l'inscription portait : *Aux dieux étrangers et inconnus*, et que ç'avait été un tour d'adresse de l'apôtre de changer le sens pour avoir lieu d'annoncer le vrai Dieu. Sans entrer dans des discussions inutiles, nous observons seulement, 1° qu'un Athénien a pu faire dresser un autel et une inscription, *au Dieu* unique et souverain que les philosophes soutenaient être incompréhensible, et par conséquent *inconnu ;* qu'ainsi *saint Paul* n'aurait rien changé, ni rien supposé ; 2° que, quand l'inscription aurait été telle qu'on le prétend, le discours de *saint Paul* aurait encore été très-juste ; il aurait dit aux Athéniens : « Puisque vous poussez la superstition jusqu'à honorer les dieux même que vous ne connaissez pas, je vais vous faire connaître le seul vrai Dieu qui vous a été jusqu'ici inconnu. » L'apôtre écrit à Timothée, *Ep. II.* c. iv. v. 17 : *J'ai été délivré de la gueule du lion ;* quelques interprètes ont pensé que *saint Paul* avait été réellement condamné aux bêtes, et qu'il avait été délivré d'une manière miraculeuse ; le plus grand nombre croient que, *par la gueule du lion*, l'apôtre a seulement entendu la persécution de Néron, par l'ordre duquel il fut mis à mort l'année suivante.

PAUL (saint), premier ermite ; ordre établi sous son nom. *Voy.* ERMITES.

**PAULIANISTES.** *Voy.* SAMOSATIENS.
**PAULICIENS.** *Voy.* MANICHÉENS.
**PAULIN** (saint), évêque de Nole dans la Campanie, a été fort estimé de saint Augustin, et ne lui a survécu que d'un an ; il est mort l'an 431, âgé de soixante-dix-huit ans. On a de lui des poëmes et des lettres où brillent la foi la plus pure et une tendre piété. Mosheim dit que ses écrits ne méritent ni louange ni blâme ; c'est déjà beaucoup qu'un protestant ne trouve rien à blâmer dans un Père de l'Église. Basnage prétend qu'il était mauvais théologien, parce qu'il croyait l'intercession des saints. Les *Œuvres de saint Paulin* ont été imprimées à Paris en 1658, in-8°, et réimprimées à Vérone en 1736. Il ne faut pas le confondre avec *saint Paulin*, p triarche d'Aquilée, qui n'a vécu qu'au viii° siècle, sous le règne de Charlemagne ; ce-

lui-ci écrivit contre les erreurs d'Elipan et de Félix d'Urgel. On a réimprimé ses ouvrages à Venise en 1737, in-folio.

**PAUVRE.** Dans tous les temps Dieu a ordonné d'assister les *pauvres*. Sous la loi de nature, le saint homme Job se félicitait d'avoir été *le père des pauvres*, le consolateur, le soutien, le défenseur de tous ceux qui souffraient ; son livre est rempli de sentences et de maximes qui inculquent ce devoir d'humanité. Dans la loi de Moïse, Dieu l'avait commandé rigoureusement ; il voulut que les *pauvres* fussent appelés aux repas que l'on faisait par religion, après les sacrifices et dans les fêtes ; qu'en recueillant les fruits de la terre on laissât quelque chose pour eux ( *Levit.* xix, 9, etc. ); que, dans l'année sabbatique et au jubilé, on eût soin de pourvoir à leur subsistance. Le saint homme Tobie était, parmi les Juifs, ce que Job avait été parmi les patriarches. Daniel exhortait Nabuchodonosor à racheter ses péchés par des aumônes ; les autres prophètes reprochent aux Juifs de n'avoir pas été assez fidèles à remplir ce devoir. Jésus-Christ, dans l'Evangile, a répété les mêmes leçons ; il dit : *Bienheureux ceux qui font miséricorde, parce qu'ils la recevront eux-mêmes* (*Matth.* v, 7) ; et l'on sait que, dans l'Ecriture sainte, la *miséricorde* signifie ordinairement la compassion envers ceux qui souffrent. L'aumône est celle des bonnes œuvres que les apôtres recommandent le plus souvent, et il est constant que la charité des premiers chrétiens contribua plus que toute autre chose à la propagation du christianisme. Chez la plupart des païens, les *pauvres* étaient regardés comme les objets de la colère du ciel. Jésus-Christ commença son Evangile par cette sentence remarquable, *bienheureux les pauvres d'esprit*, c'est-à-dire les *pauvres* contents de leur état, qui n'en rougissent ni n'en murmurent, qui ne désirent pas plus de richesses que Dieu n'a voulu leur en donner; *c'est à eux et pour eux qu'est le royaume des cieux*, ce sont de tous les hommes les plus propres à composer mon Eglise qui est la voie du bonheur éternel. Il est impossible que dans les sociétés les mieux policées il n'y ait un grand nombre de *pauvres* ; tous les hommes ne sont pas également propres au travail, tous n'ont pas reçu de la nature le même degré de santé, de force, de courage, d'industrie, de prévoyance, d'économie; la plupart ne sont capables que de travaux peu lucratifs ; les maladies, les accidents, une nombreuse famille, la fatigue, la vieillesse, ne peuvent donc manquer de les réduire à la mendicité et de les rendre à charge au public. Lorsque nos philosophes économistes et politiques se sont vantés de créer des plans qui banniraient des villes et des campagnes la pauvreté et ses conséquences, ou ils se sont fait illusion à eux-mêmes, ou ils ont voulu éblouir les ignorants. Lorsqu'ils ont décrié l'*aumône* et les *hôpitaux*, ils ont montré autant d'ineptie que d'inhumanité. *Voy.* Aumône, Hôpital.

PAUVRES CATHOLIQUES, nom de certains religieux. C'était une branche des vaudois ou *pauvres de Lyon*, qui se convertirent l'an 1207 ; ils formèrent une congrégation qui se répandit dans les provinces méridionales de la France, qui s'accrut par la conversion de quelques autres vaudois, et qui se fondit, l'an 1256, dans celle des ermites de saint Augustin. Hélyot, *Histoire des Ordres monast.* (édit. Migne).

PAUVRES DE LA MÈRE DE DIEU, autre congrégation fondée en 1556, par un gentilhomme espagnol, nommé Joseph Cazalanza. Leur première occupation fut de tenir les petites écoles dans les campagnes ; dans la suite ils s'établirent dans les villes ; ils y enseignèrent les humanités, les langues anciennes, la théologie, la philosophie et les mathématiques. Ils ont été protégés jusqu'à nos jours par les souverains pontifes ; ils portent le même habit que les jésuites, qui est celui des prêtres espagnols, excepté que leur manteau ne descend que jusqu'aux genoux. Ils sont au nombre des mendiants. Hélyot, *ibid.*

PAUVRES VOLONTAIRES, ordre religieux qui parut vers la fin du xiv° siècle ; ceux qui y étaient engagés prirent la règle de saint Augustin en 1470. Ils étaient tous laïques et ne recevaient point de prêtres ; la plupart ne savaient pas lire ; ils travaillaient de différents métiers, servaient les malades, enterraient les morts, ne possédaient rien et vivaient d'aumônes ; ils se relevaient la nuit pour prier, etc. Cet ordre ne subsiste plus. Hélyot, *ibid.*

**PAUVRETÉ RELIGIEUSE ET VOLONTAIRE.** La maxime de Jésus-Christ, *bienheureux les pauvres*, l'exemple de ce divin Maître et des apôtres, qui ont renoncé à tout pour prêcher l'Evangile, ont engagé une infinité de chrétiens fervents à embrasser le même genre de vie, et le vœu de *pauvreté* est devenu partie essentielle de la profession religieuse. L'Eglise y a donné son approbation ; Dieu lui-même semble l'avoir autorisé par le don des miracles qu'il a daigné accorder à plusieurs de ces pauvres volontaires, et par les conversions qu'ils ont opérées ; il s'est trouvé des circonstances dans lesquelles la pratique d'une *pauvreté* absolue était nécessaire pour exercer avec fruit les fonctions apostoliques. Sans faire attention au temps, aux événements, aux besoins de l'Eglise, les protestants ont condamné ce vœu et l'ont tourné en ridicule ; le vœu de *pauvreté*, disent-ils, est le vœu d'oisiveté et de subsister aux dépens d'autrui ; ils ont rappelé le souvenir des disputes auxquelles ils ont donné lieu parmi les franciscains, et dont le bruit retentit dans toute l'Europe au xiv° siècle. Sans doute les protestants ne prévoyaient pas que les incrédules tourneraient contre les apôtres mêmes les sarcasmes qu'ils lançaient contre le vœu de *pauvreté* des moines ; voilà cependant ce qui est arrivé, et cela prouve qu'il ne faut pas blâmer une chose louable en elle-même, parce qu'il en peut résulter des abus. Lorsque les anciens moines ont embrassé une vie pauvre, loin de se livrer à l'oisiveté et à la mendicité, ils ont trouvé dans le travail de leurs mains, non-seulement leur subsistance, mais encore de quoi faire l'aumône. Après la dévastation de l'Europe par les barbares, les moines ont défriché des lieux incultes; la continuité de ce travail ne pouvait manquer de les enrichir; mais alors les monastères furent la seule ressource des peuples dépouillés, esclaves et malheureux. Après la chute du clergé séculier, ils ont été obligés de renoncer au travail manuel, pour prendre le soin des paroisses abandonnées et le gouvernement des âmes; ce n'était pas là se dévouer à l'oisiveté ni à la mendicité. Au xii° siècle, lorsqu'il fallut travailler à la conversion des albigeois, des vaudois, des pétrobrusiens, des beggards, des apostoliques, etc., les hérétiques entêtés ne voulaient écouter que des prédicateurs aussi pauvres que les apôtres; pour les contenter, il se forma des ordres mendiants. Aujourd'hui encore les missionnaires qui veulent se faire écouter des Siamois sont forcés d'imiter la pauvreté absolue de leurs talapoins. Jusqu'ici nous ne voyons ni désordres ni abus. *Voy.* MENDIANTS.

Pour prêcher avec fruit, il fallait avoir fait des études; les mendiants furent donc obligés de fréquenter les écoles: s'ils y ont contracté les défauts qui y régnaient pour lors; si, dans les contestations qu'ils ont eues entre eux touchant la *pauvreté* religieuse, ils ont mis la même chaleur et la même opiniâtreté que l'on a remarquées dans toutes les disputes scolastiques, il y a de l'injustice à leur en faire un crime personnel. Il s'agissait de savoir si un religieux, qui a fait vœu de *pauvreté*, a encore la propriété des choses qui sont à son usage, si cette propriété appartient à l'ordre entier, ou si elle est dévolue à l'Eglise romaine. Question frivole et qui ne méritait pas de causer un schisme parmi les franciscains. Mais on a vu chez les protestants des schismes pour des questions qui n'étaient guère plus graves : pour savoir si la philosophie est utile ou nuisible à la théologie; si les bonnes œuvres sont un moyen de salut ou seulement un signe et un effet de la foi; si le péché originel est la substance même de l'homme ou un accident de cette substance, etc. Ce n'est donc pas aux protestants qu'il convient de reprocher des schismes et des disputes aux autres. *Histoire de l'Eglise Gall.*, t. XIII, l. 37, an 1322.

PAIEN. *Voy.* PAGANISME.

PÉCHÉ. Ce mot dans l'Ecriture sainte a divers sens : 1° il signifie une transgression de la loi divine, soit en matière grave soit en matière légère. C'est dans ce sens que nous en parlerons ci-après. 2° Il désigne la peine du *péché* ( *Gen.* IV, 7) : « Si tu fais mal, ton *péché* s'ensuivra, » c'est-à-dire, tu en porteras la peine; c. xx, v. 9, Abimélech dit à Abraham : « Vous avez attiré sur nous un grand *péché*, » c'est-à-dire un grand châtiment. 3° Il signifie un vice, un défaut : la concupiscence est appelée un *péché*, parce que c'est un effet du *péché* d'Adam, un vice de la nature, qui nous porte au *péché*; ainsi l'explique saint Augustin. *Levit.*, c. xii, v. 6 et 8; c. xiv, v. 19, les impuretés légales sont appelées des *péchés*. 4° Il exprime la victime offerte pour l'expiation du *péché* : *II Cor.*, c. v, v. 21, il est dit que Dieu a fait *péché pour nous*, c'est-à-dire victime du *péché*, celui qui ne connaissait pas le *péché*. Osée, c. iv, v. 8, « Ils mangeront les *péchés* du peuple, » c'est-à-dire les victimes. Saint Jean, dans sa première *épître*, c. v, v. 16, parle d'un *péché qui est à la mort*; il paraît que c'est l'idolâtrie, parce que la loi de Moïse condamnait à la mort l'homme coupable de ce crime, et l'apôtre finit sa lettre en exhortant les fidèles à s'en préserver. Le *péché*, ou le blasphème *contre le Saint-Esprit*, est l'outrage que fait au Saint-Esprit un homme qui, contre sa conscience, attribue à l'opération du démon des miracles qui sont évidemment les effets de la puissance divine : c'est le comble de l'impiété. Jésus-Christ dit que ce crime ne sera remis ni en ce monde ni en l'autre (*Matth.* xii, 31); saint Augustin dit que c'est l'impénitence finale ou la persévérance obstinée dans le *péché* jusqu'à la mort, *Retract.*, lib. i, c. xix, etc. Saint Fulgence a pensé de même, l. *de Fide ad Petr.*, c. iii. Le *péché*, pour l'expiation duquel saint Paul dit qu'il ne reste plus de victime, est l'apostasie (*Hebr.* x, 26). *Voyez* la *Bible d'Avignon*, t. XIII, p. 350.

Avant de parler des différentes espèces de *péché*, il y a une ou deux questions à résoudre touchant le *péché* en général. Les incrédules demandent d'abord en quel sens nos *péchés* peuvent offenser Dieu : nous leur avons répondu au mot OFFENSE. Une difficulté plus considérable est de savoir si Dieu peut être dans aucun sens la cause du *péché*; s'il peut faire tomber un homme dans le *péché*, afin de le punir de quelques autres *péchés* qu'il a commis. Plusieurs passages de l'Ecriture sainte semblent le supposer ainsi. *II Reg.*, c. xii, 11, Nathan dit à David de la part de Dieu : « Je vous punirai par votre propre famille, » et bientôt après arriva la révolte d'Absalon son fils, c. xvi, v. 10. David, insulté par Séméi dit : « Laissez-le faire, Dieu lui a ordonné de m'injurier. » *III Reg.*, c. xii, v. 15, nous lisons que Dieu avait pris en aversion Roboam, afin d'accomplir les malheurs que le prophète Ahias avait prédits. *Ibid.*, c. xxii, v. 21, un esprit malin dit au Seigneur : *Je serai un esprit menteur dans la bouche des prophètes;* Dieu lui répond : *Va et fais.* Job, c. xii, v. 24, dit que Dieu change le cœur des princes et les trompe; qu'il les jette dans l'erreur. *Ps.* civ, v. 25, le Psalmiste prétend que Dieu changea le cœur des Egyptiens, pour qu'ils eussent de la haine contre son peuple. Dans Isaïe, c. lxiii, v. 17, les Israélites disent au Seigneur : « Pourquoi nous avez-vous égarés hors de vos voies? Vous avez endurci notre cœur, afin que nous ne vous craignissions plus. » Dans Ezéchiel, c. xiv, v. 9, le Seigneur dit lui-même : « Lorsqu'un prophète se trompera, c'est moi qui l'ai trompé. » On voit la même chose dans plusieurs endroits du

Nouveau Testament. *Matth.*, c. VI, v. 13, Jésus-Christ apprend à ses disciples à dire à Dieu : *Ne nous induisez point en tentation ;* cette prière suppose que Dieu peut nous y induire et nous porter au mal. Saint Matthieu dans tout son Evangile suppose que plusieurs crimes sont arrivés, afin d'accomplir ce que les prophètes avaient prédit ; comme le meurtre des innocents, l'incrédulité des Juifs, les outrages faits à Jésus-Christ, etc. *Rom.*, c. I, v. 26, saint Paul prétend que Dieu a livré les philosophes à des passions honteuses et à un sens réprouvé ; *ibid.*, c. V, v. 20, il dit que la loi ancienne est survenue afin que le *péché* fût abondant. *II Thess.*, c. II, v. 10, il prédit que Dieu enverra aux pécheurs une opération d'erreur, afin qu'ils croient au mensonge, etc.

Saint Augustin a cité tous ces passages, et il s'en est servi pour prouver aux pélagiens qu'un même vice peut être tout à la fois un *péché*, et la peine d'un autre *péché*, l. V, *contra Julian.*, c. 3, n. 8 ; il donne pour exemple l'aveuglement des Juifs et la concupiscence qui est en nous : n. 11, « Autre chose est, dit-il, d'avoir de mauvais désirs dans le cœur, et autre chose d'y être livré afin d'en être possédé en y consentant ; c'est ce qui arrive à un homme, lorsqu'il y est livré par un jugement de Dieu. N. 12, lorsqu'il est dit qu'un homme est *livré à ses désirs*, il devient coupable, parce qu'abandonné de Dieu, il y cède et y consent..... D'où il est clair que la perversité du cœur vient d'un secret jugement de Dieu. » N. 13, Julien soutenait que ceux dont parle saint Paul ont été laissés à eux-mêmes par la patience de Dieu, et non poussés au mal par sa puissance ; saint Augustin lui répond : « L'apôtre a mis l'un et l'autre, la *patience* et la *puissance*..... Entendez-le comme il vous plaira. » *L. de Grat. et lib. Arb.*, c. 20, n. 43, il dit que Dieu inclina la mauvaise volonté de Séméi au *péché* qu'il commit, qu'il jeta ou y laissa tomber son mauvais cœur : *cor ejus malum in hoc peccatum misit vel dimisit*. Il dit que Dieu opéra sur le cœur d'Absalon, pour qu'il rejetât le bon conseil d'Achitophel ; n. 42, que le changement du cœur de Roboam vient du Seigneur ; que Dieu opéra sur le cœur d'Amasias, pour qu'il n'écoutât point un conseil salutaire. N. 43, saint Augustin en tire cette conclusion : « De là il est clair que Dieu opère sur le cœur des hommes pour incliner leur volonté soit au bien, par sa miséricorde, soit au mal, suivant leur mérite. » Lorsque Julien lui représente que cette conduite de Dieu est injuste, le saint docteur lui ferme la bouche par cette maxime : « Il ne faut pas douter que Dieu ne soit juste, lors même qu'il fait ce qui nous paraît injuste, et ce qu'un homme ne pourrait faire sans injustice. *Op. imperf.*, l. III, n. 34. C'est ce qui a déterminé Luther, Calvin, Mélanchton, à soutenir que Dieu est la cause des *péchés* aussi bien que des bonnes œuvres, et Jansénius, à prétendre que l'homme pèche même en faisant ce qu'il ne peut pas éviter. Les manichéens et les marcionites abusaient de ces notions pour rendre méprisables les écrivains de l'Ancien Testament, et les incrédules s'en prévalent encore pour rendre la religion ridicule et odieuse.

Aux mots CAUSE et ENDURCISSEMENT, nous avons déjà expliqué une partie des passages que nous venons de citer ; mais sur une matière aussi importante, nous ne devons pas craindre de répéter, puisque nous avons tant d'adversaires qui renouvellent les mêmes objections.

1° Nous avons fait voir que souvent l'Ecriture sainte représente comme *cause* ce qui n'est qu'*occasion*, et semble attribuer à un dessein formel ce qui arrive contre l'intention même de celui qui agit ; nous avons montré en même temps que ce n'est point là un hébraïsme ou une façon de parler particulière aux écrivains sacrés, mais un usage commun à toutes les langues, même à la nôtre. Ainsi, lorsque nous lisons que Dieu aveugle et endurcit les pécheurs, qu'il agit sur leur cœur pour les rendre méchants, cela signifie seulement que sa patience et ses bienfaits sont pour eux une occasion d'ingratitude, d'aveuglement et d'endurcissement ; ainsi la prospérité que Dieu accorda aux Israélites en Egypte servit à exciter la jalousie des Egyptiens, et à leur inspirer de la haine contre son peuple ; c'est dans ce sens que Dieu *tourna leur cœur*, pour y mettre ce sentiment ; ainsi l'a expliqué saint Augustin lui-même, *Enarr. in Ps.* CIV, 25. Une preuve que c'est là le sens, c'est que Dieu se plaint en pareil cas de la malice et de l'ingratitude des hommes. *Isaï.*, c. XLIII, v. 24, il dit aux Juifs : « Vous m'avez fait servir à vos iniquités, » c'est-à-dire, vous vous êtes servis de mes propres bienfaits pour m'offenser. Dieu pourrait-il s'en plaindre, si c'avait été son dessein ? Lorsque nous disons qu'un bienfaiteur *fait des ingrats*, nous n'entendons pas qu'il leur inspire l'ingratitude de propos délibéré.

Dans ces sortes de cas, le mot *ut* que nos versions rendent par *afin de* ou *afin que*, qui semble formel marquer l'intention, serait beaucoup mieux rendu par *de manière que* ; ainsi, *III Reg.*, c. XII, v. 15, Dieu laissa Roboam se conduire *de manière qu'*il fit arriver les malheurs qui avaient été prédits par Ahias. *Matth.* c. XXVI, v. 56, Jésus-Christ reprochant aux Juifs la manière indigne dont ils se saisissent de lui, leur dit : « Tout cela se fait *de manière que* les prédictions des prophètes sont accomplies, » et non *afin de* les accomplir ou *pour* les accomplir ; ce n'était certainement pas l'intention des Juifs. Nous faisons le même usage du mot *pour*, lorsque nous disons d'un militaire tué, qu'il s'était enrôlé *pour* se faire tuer, ou d'un auteur, qu'il a beaucoup travaillé *pour* faire de mauvais ouvrages. Les traducteurs français des épîtres de saint Paul font cette équivoque, lorsqu'ils disent que la loi ancienne est survenue *pour* donner lieu à l'abondance du *péché* (*Rom.* v, 20). Saint Augustin les en avait suffisamment avertis, l. XIX, *contra Faust.*, c. 7 ; *Tract. 3 in Joan.*, c. I, n. 11, etc.;

ils devraient s'en corriger. On pourrait dire dans le même sens que la connaissance de l'Evangile semble n'avoir été donnée à certains hommes que *pour* les rendre plus coupables.

2° Nous avons observé que, dans toutes les langues, on dit qu'un homme fait tout le mal qu'il laisse faire lorsqu'il pourrait l'empêcher, et que l'Ecriture sainte s'exprime de même à l'égard de Dieu ; ainsi, il est dit que Dieu aveugle, endurcit, trompe, égare les hommes lorsqu'il les laisse se tromper, s'égarer, s'aveugler, s'endurcir ; et cela signifie seulement qu'il ne les en empêche point, lorsqu'il pourrait le faire, en leur donnant des grâces plus fortes et plus abondantes. Par conséquent au lieu de lire dans Isaïe, c. LXIII, v. 17, *vous nous avez égarés*, etc., il faut lire : « Vous nous avez laissés nous égarer et endurcir notre cœur, *de manière que* nous ne vous craignons plus. » La preuve de ce sens est dans l'Ecriture même (*Deut.* x, 16, et xv, 7) ; Moïse dit aux Israélites : « Vous n'endurcirez point vos cœurs ; » et le Psalmiste, *Ps.* xciv, v. 8 : « N'endurcissez point vos cœurs, comme ont fait vos pères. » Après avoir dit que Dieu endurcissait Pharaon, l'historien sacré ajoute que Pharaon aggravait ou appesantissait son propre cœur (*Exod.* viii, 15). C'est ainsi que l'entend saint Augustin ; nous avons cité ce qu'il en a dit au mot ENDURCISSEMENT. « Dieu aveugle et endurcit, dit-il, non en donnant de la malice au pécheur, mais en ne lui faisant pas miséricorde..., non en l'excitant au mal, ou en le lui suggérant, mais en l'abandonnant, ou en ne le secourant pas. » *Epis.* cxciv, ad *Sixtum*, c. iv, n. 24 ; *Enarr. in Ps.* lxvii, n. 30 ; *Tract.* 53 *in Joan.*, n. vi, l. i ; *ad Simplic.*, q. 2, n. 15 ; *L. de Nat. et Grat.*, c. xxiii, n. 23, etc. Dieu trompe les faux prophètes (*Ezech.* xiv, v. 9), lorsqu'il accomplit ses desseins d'une manière tout opposée à leurs espérances et à leurs prédictions, mais c'est leur faute et non la sienne. Il permet à l'esprit de mensonge de se placer dans leur bouche ; il leur permet à eux-mêmes de tromper ceux qui veulent les écouter ; mais une simple permission n'est pas un ordre positif, quoique l'un s'exprime comme l'autre. *Voy.* PERMISSION. Dieu n'est pas obligé de donner des lumières surnaturelles et l'esprit de prophétie à ceux qui ne les lui demandent pas, et même qui les rejettent et y résistent. C'est en cela que consiste l'*opération d'erreur* que Dieu envoie à ceux qui veulent se tromper eux-mêmes, *de manière* qu'ils ajoutent foi au mensonge qui les flatte et non aux vérités qui leur déplaisent (*II Thessal.* ii, 10). Après avoir cité les paroles de saint Paul, *Dieu les a livrés à un sens réprouvé*, saint Augustin ajoute : « Tel est l'aveuglement de l'esprit ; quiconque y est livré est privé de la lumière intérieure de Dieu, *mais non entièrement,* tant qu'il est en cette vie ; » *Enarr. in Ps.* vi, n. 8. Cette restriction est remarquable ; elle prouve que saint Augustin n'a pas pensé qu'un pécheur fût jamais entièrement privé de la grâce.

3° Nous avons encore remarqué que, dans le langage des livres saints, comme dans le nôtre, *délaisser, négliger, oublier, abandonner,* ne se disent pas toujours dans un sens absolu, mais par comparaison ; Dieu est censé abandonner quelqu'un lorsqu'il ne lui accorde pas autant de grâces qu'il le faisait autrefois, ou qu'il ne lui en donne pas autant qu'il en distribue à d'autres, ou qu'il ne lui en donne pas d'aussi puissantes qu'il le faudrait pour vaincre sa résistance ; et l'Ecriture dit que Dieu *hait, rejette, réprouve* ceux qu'il punit ainsi. Dans ce sens, Dieu, parlant de la postérité de Jacob et de celle d'Esaü, dit (*Malach.* i, 3) : *J'ai aimé Jacob, et j'ai haï Esaü, Voy.* HAINE, HAÏR. De même lorsqu'un père témoigne beaucoup plus de tendresse à son fils aîné qu'au cadet, nous disons que celui-ci est délaissé, négligé, abandonné, pris en aversion, etc. Les incrédules ont donc tort de se scandaliser, lorsqu'il est dit dans l'Ecriture sainte, que Dieu aime les justes et qu'il hait les pécheurs ; qu'il a choisi les Juifs et qu'il a réprouvé les autres nations : cela signifie seulement qu'il fait moins de grâces aux pécheurs qu'aux justes, et qu'il en a plus accordé aux Juifs qu'aux autres peuples. C'est dans ce même sens que Dieu avait pris en aversion Roboam, Salomon lui-même, lorsqu'il devint idolâtre, Achab, etc., et toute la nation juive, lorsqu'il la punissait.

4° S'il restait quelque doute sur le vrai sens de toutes ces façons de parler, il serait levé par les passages clairs et formels de l'Ecriture sainte, qui déclarent que Dieu ne hait aucune de ses créatures, qu'il est bon, miséricordieux, indulgent pour tous les hommes ; qu'il fait du bien à tous, qu'il en a pitié comme un père pour ses enfants, etc. Ce saint livre répète cent fois que Dieu n'est point cause du *péché*, qu'il le déteste au contraire, qu'il le défend et le punit, qu'il ne donne lieu de pécher à personne, qu'il n'égare et n'induit en erreur qui que ce soit ; qu'il est saint, juste, irrépréhensible dans ses jugements, incapable par conséquent de condamner et de punir des péchés dont il serait lui-même l'auteur. Nous avons cité ailleurs la plupart de ces passages. Vainement les incrédules répliquent que nos livres saints sont donc un tissu de contradictions ; ils ne le sont pas plus que nos discours communs et ordinaires. S'il fallait retrancher du langage toutes les équivoques, les métaphores, les expressions figurées, les idées sous-entendues, les termes impropres, etc., nous serions condamnés à un silence absolu. Souvent c'est le ton, l'inflexion de la voix, le geste, l'air du visage qui détermine le sens de ce que nous disons ; ce secours manque dans les livres. Mais si nous étions aussi familiarisés avec le style des écrivains sacrés qu'avec celui de nos concitoyens, et surtout avec le langage populaire, nous ne trouverions pas plus de difficulté à entendre les uns que les autres.

5° Nous avons aussi disculpé plus d'une fois saint Augustin des erreurs que les hérétiques se sont obstinés de tout temps à lui attribuer ; et nous venons de voir qu'il a expliqué dans le même sens que nous les passages de l'Ecriture sainte qui semblent faire le plus de difficulté. Il est donc juste de faire à son égard ce qu'il a fait à l'égard des écrivains sacrés. Dès qu'il s'est une fois expliqué clairement lorsqu'il instruisait de sang-froid, pourquoi insister sur quelques expressions moins exactes qui lui sont échappées dans la chaleur de la dispute ? Pour prendre le vrai sens des passages de ce saint docteur, dont nos adversaires se prévalent, il faut savoir quel était l'objet de la dispute entre lui et les pélagiens. Julien soutenait que la concupiscence n'est point mauvaise en elle-même, mais un don naturel, utile à l'homme, et qui vient de Dieu ; saint Augustin prétendait que c'est un vice, un effet du *péché* d'Adam, qu'elle vient de Dieu comme châtiment et punition, et non comme un don utile ou avantageux à l'homme. Il l'appelle constamment un *péché*, parce que saint Paul la nomme ainsi ; mais puisqu'il est évident que par *péché* saint Paul entend un vice, un défaut, une dépravation de la nature, et non une faute imputable et punissable, il est absurde de vouloir que saint Augustin l'ait entendu autrement, malgré une déclaration formelle de sa part. *Voy.* CONCUPISCENCE.

Julien insistait et disait : Quand la concupiscence serait une punition et un châtiment, il ne s'ensuivrait pas encore qu'elle est mauvaise en elle-même, parce que, quand Dieu punit en ce monde, il le fait pour le bien de l'homme, et non pour son mal ; Dieu ne peut pas être cause du *péché* ; il n'a donc pu infliger à l'homme une peine qui soit *péché* ni cause du *péché*. Saint Augustin répond que Dieu a pu le faire et qu'il l'a fait, et il le prouve par les passages de l'Ecriture sainte, dans lesquels il est dit que Dieu aveugle, égare, endurcit les pécheurs ; or, dit le saint docteur, cet état est certainement un *péché*, puisque Dieu en reprend les pécheurs et les en punit, et c'est une cause qui les entraîne à de nouveaux *péchés*. Julien n'en demeurait pas là ; il répliquait que s'il est dit que Dieu a rendu les pécheurs aveugles et endurcis, cela signifie seulement que Dieu a usé de patience à leur égard et les a laissés faire, et non qu'il les a poussés au mal par sa puissance. Saint Augustin dit de son côté que l'apôtre attribue leur état non-seulement à la *patience*, mais à la *puissance* de Dieu, et il conclut que Dieu agit sur les cœurs et sur les volontés, et qu'il les tourne soit au bien par sa grâce, soit au mal pour les punir suivant leur mérite. Mais nous avons vu en quel sens saint Augustin l'explique lui-même, et en quoi consiste cet acte de *puissance* sur la volonté des pécheurs ; c'est que Dieu leur refuse son secours ou la grâce, qui seule peut changer leur volonté ; loin de supposer une action positive, et une influence formelle de Dieu sur la volonté des pécheurs pour les pousser au mal, saint Augustin la rejette expressément ; nous avons cité ses paroles : il n'admet autre chose que la soustraction de la grâce, et non encore *de toute grâce*, mais d'une grâce assez forte pour vaincre l'obstination des pécheurs endurcis. Voilà justement ce que Julien ne voulait pas avouer ; en pélagien décidé, il ne reconnaissait ni la nécessité de la grâce pour faire le bien, ni son influence sur la volonté de l'homme pour la mouvoir ; selon lui, Dieu ne contribue pas plus à une bonne action de l'homme qu'à une mauvaise ; il le laisse user, comme il lui plaît, des forces de son libre arbitre. Saint Augustin, qui voulait forcer Julien à reconnaître l'action positive de la grâce, par conséquent de la puissance de Dieu sur la volonté de l'homme, appelait aussi *acte de puissance, opération de Dieu* sur le cœur de l'homme, le refus de cet acte ou de cette opération ; mais, encore une fois, cette expression impropre et inexacte était expliquée ailleurs. Le saint docteur était si éloigné de penser autrement, qu'il dit, *L. de spir. et Lit.*, c. 21, n. 54 : « S'il n'y avait dans l'homme point de volonté qui ne vînt de Dieu, il s'ensuivrait que Dieu serait l'auteur des péchés ; à Dieu ne plaise ! » *Etiam peccatorum (quod absit) auctor est Deus, si non est voluntas nisi ab illo*. La maxime que le saint docteur oppose à Julien touchant la justice de Dieu, pourrait être dangereuse ; les impies pourraient en abuser ; mais il s'est mieux exprimé ailleurs, *Epist.* 194 *ad Sixtum*, c. VI, n. 30 : « Dans les réprouvés, dit-il, Dieu sait condamner l'iniquité, et non la faire. » *In ps.* XLIX, n. 15 : « Dieu n'exige de personne ce qu'il ne lui a pas donné ; et il a donné à tous ce qu'il exige d'eux : » *Non exigit Deus quod non dedit, et omnibus dedit quod exigit*. La justice de Dieu est donc à couvert de reproche, dès qu'il donne toujours à l'homme un pouvoir et un secours suffisant pour faire ce qu'il exige de lui. Dieu n'est certainement pas obligé, par justice, d'augmenter les secours et les grâces à mesure que le pécheur devient plus ingrat et plus obstiné dans le mal. *Voy.* GRACE, § 3. Pour éclaircir les passages de l'Ecriture sainte que l'on nous a opposés, nous aurions pu citer saint Irénée, Origène, Tertullien, saint Basile, saint Grégoire de Nazianze, saint Jean Chrysostome, etc. ; nous avons mieux aimé nous en tenir à saint Augustin, et nous avons consulté par préférence les ouvrages qu'il a écrits contre les pélagiens, afin de prévenir les subterfuges auxquels recourent ordinairement les faux disciples de ce saint docteur.

Les théologiens définissent ordinairement le *péché*, en général, une désobéissance à Dieu ou une transgression de la loi de Dieu, soit naturelle, soit positive. Ils distinguent le *péché actuel* et le *péché habituel* ; le premier est celui que nous commettons par notre propre volonté, en faisant ce que Dieu nous défend ou en omettant de faire ce qu'il nous commande (1) ; le second est la privation de

(1) Il est constant qu'il n'y a pas un seul péché actuel que l'homme ne puisse éviter. On demande si

la grâce sanctifiante, de laquelle un *péché* grief nous dépouille; et alors nous sommes en *état de péché*, qui est l'opposé de l'*état de grâce*. De cette espèce est le *péché originel*, avec lequel nous naissons, à cause du *péché* d'Adam, par lequel lui et sa postérité ont été privés de la grâce sanctifiante et du droit à la béatitude éternelle. *Voy.* ORIGINEL. Parmi les *péchés actuels* on distingue les *péchés* de commission, qui consistent à faire ce que la loi défend, et les *péchés* d'omission qui consistent à ne pas faire ce qu'elle ordonne. Les *péchés* de pensée, de parole, d'action; les *péchés* contre Dieu, contre le prochain, contre nous-mêmes; les *péchés* d'ignorance, de faiblesse, de malice, d'habitude, etc.; tous ces termes sont faciles à comprendre. Un *péché actuel* peut être ou *mortel* ou *véniel*; le premier est celui qui nous prive de la grâce sanctifiante, grâce qui est censée être la vie de notre âme, et sans laquelle nous sommes dans un état de mort spirituelle; on dit de l'homme dans cet état qu'il est ennemi de Dieu, esclave du démon, sujet à la damnation éternelle; ainsi s'exprime l'Ecriture sainte. Le *péché véniel* est une faute moins grièvre, qui ne détruit pas en nous la grâce sanctifiante, mais qui l'affaiblit; qui ne mérite point une peine éternelle, mais un châtiment temporel. Cette distinction est fondée sur l'Ecriture sainte, qui met une différence entre les *pécheurs* et les *justes*, et qui dit cependant qu'aucun homme n'est sans *péché*; il faut donc qu'il y ait des *péchés* qui ne nous dépouillent point de la justice habituelle ou de la grâce sanctifiante, et que Dieu pardonne aisément à notre faiblesse. Il n'est pas toujours aisé de juger si un *péché* est *mortel* ou s'il n'est que *véniel*; il faut faire attention à l'importance du précepte violé, à la tentation plus ou moins forte, à la faiblesse plus ou moins grande de celui qui l'a commis, au scandale et au préjudice qui peut en résulter pour le prochain ou pour la société, etc. Ordinairement nous sommes incapables d'en juger pour nos propres fautes, à plus forte raison pour celles d'autrui. Les stoïciens prétendaient que tous les *péchés* étaient égaux; Cicéron, dans ses *Paradoxes*, a démontré l'absurdité de cette opinion.

Quelques protestants ont pensé que tous les *péchés* d'un juste sont véniels, que tous ceux d'un pécheur, quelque légers qu'ils soient en eux-mêmes, sont mortels; d'autres ont dit que, quoique tous les *péchés* soient mortels en eux-mêmes, Dieu ne les impute pas aux justes, mais qu'il les impute aux

l'homme pourrait les éviter tous avec les grâces ordinaires. Nous avons dit au mot GRACE, 1° que l'homme peut, avec les secours ordinaires de la grâce, éviter tous les péchés mortels; 2° qu'il peut éviter aussi les péchés véniels pris séparément; 3° qu'il ne peut, sans un secours spécial de la grâce, éviter, pendant toute sa vie, tous les péchés véniels. Selon le canon du concile de Trente : « Si quelqu'un dit qu'un homme, une fois justifié, peut, pendant toute sa vie, éviter tous les péchés véniels, si ce n'est par un privilège spécial..., qu'il soit anathème. » Sess. VI, can. 23.

pécheurs. C'est sur ce sentiment absurde que les calvinistes ont fondé leur dogme de l'inamissibilité de la justice; suivant leur opinion, dès qu'un homme est véritablement justifié, il ne peut plus déchoir de cet état, les crimes les plus énormes ne peuvent lui faire perdre entièrement la grâce de l'adoption; d'où il s'ensuit qu'un enfant qui a reçu cette grâce par le baptême ne peut plus en être privé par aucun des *péchés* qu'il commettra dans la suite. Doctrine impie et abominable, qui a été néanmoins adoptée et confirmée par le synode de Dordrecht, *can.* 8 et suiv., et professée par toutes les Eglises calvinistes; les arminiens, qui soutenaient le contraire, ont été condamnés. Le savant Bossuet, *Histoire des Variat.*, liv. XIV, § 5 et suiv., a fait voir l'absurdité de cette opinion, de même que le docteur Arnaud, dans l'ouvrage intitulé : *Renversement de la morale de Jésus-Christ par les erreurs des calvinistes*, etc. *Voy.* INAMISSIBLE. La première proposition condamnée dans Quesnel est conçue en ces termes : *Que reste-t-il à une âme qui a perdu Dieu et sa grâce, sinon le péché et ses suites,.... une impuissance générale au travail, à la prière et à toute bonne œuvre?* Suivant cette doctrine, l'homme dans l'état du péché mortel ne peut plus rien faire qui ne soit un nouveau péché; c'est mal à propos que l'Ecriture sainte exhorte les pécheurs à prier, à faire des aumônes et d'autres bonnes œuvres, afin d'obtenir de Dieu leur conversion. Jamais doctrine n'a été plus fausse et n'a mieux mérité d'être proscrite. Au mot PÉNITENCE nous prouverons qu'il n'est aucun *péché*, si grief qu'il puisse être, qui ne puisse être effacé et remis par le sacrement de pénitence.

PÉCHEUR. Ce terme se prend dans plusieurs sens; il signifie : 1° celui qui est capable de pécher; dans ce sens il est dit que tout homme est *pécheur* (*Ps.* CXV, etc.); 2° celui qui est enclin au péché; ainsi nous naissons tous *pécheurs*, ou portés au péché par la concupiscence qui nous y entraîne; 3° celui qui est souillé par le péché; c'est l'aveu du publicain : Seigneur, soyez propice à moi, *pécheur*; 4° celui qui est dans l'habitude du péché et qui persévère dans l'impénitence; David a dit des hommes de cette espèce : Dieu perdra tous les *pécheurs* (*Ps.* CXLIV, 20, etc.); 5° les Juifs appelaient ainsi les idolâtres : Nous sommes nés Juifs, dit saint Paul, et non *pécheurs*, gentils (*Galat.* II, 15); 6° un homme engagé dans un état qui est une occasion de péché; il est écrit (*Luc.* VI, 34) : Les *pécheurs*, c'est-à-dire les publicains, prêtent à intérêt à d'autres *pécheurs*.

PECTORAL. *Voy.* ORACLE.

PÉDAGOGUE. Le grec παιδαγωγός signifie un *conducteur* ou un *instituteur d'enfants*. Saint Paul (*Galat.* III, 24) dit que la loi de Moïse a été notre *pédagogue* en Jésus-Christ, parce qu'elle a conduit les Juifs à ce divin Maître; il dit (*I. Cor.* IV, 25) : Quand vous auriez dix mille *pédagogues* en Jésus-Christ, vous n'avez pas néanmoins plusieurs pères. En effet, saint Paul était le père des Corinth'ens; il les avait instruits le premier, et il continuait de le faire avec une affection paternelle ; il avait pour eux un attachement plus désintéressé que les autres docteurs qui étaient venus enseigner les Corinthiens après lui.

PEINE ÉTERNELLE. *Voy.* ENFER.

PEINES PURIFIANTES. *Voy.* PURGATOIRE.

* PEINES CANONIQUES. L'Eglise, ayant une véritable juridiction au for extérieur, doit avoir un pouvoir coërcitif; elle l'exerce par les peines canoniques connues sous le nom de *Censures*. (*Voy.* ce mot, et surtout notre Dict. de Théologie mor., art. *Censures ecclésiastiques*.)

PÉLAGIANISME, PÉLAGIENS. Pour avoir une idée juste du *pélagianisme*, il faut, 1° en connaître l'histoire; 2° savoir en quoi consistait la doctrine de Pélage et de ses disciples ; 3° considérer comment elle a été attaquée et comment elle a été défendue.

I. Au commencement du v° siècle, Pélage, moine de Bangor, dans le pays de Galles, voyagea en Italie, et demeura quelque temps à Rome ; il y fit connaissance avec Rufin le Syrien, disciple de Théodore de Mopsueste, et reçut de lui les premières semences de son hérésie, qui consistait à nier la propagation du péché originel dans les enfants d'Adam, et ses suites. Il se lia d'amitié avec Célestius, autre moine, qui était Ecossais de nation. L'an 409, avant la prise de Rome par les Goths, ils allèrent ensemble en Afrique. Pélage, partant pour l'Orient, laissa Célestius à Carthage. Celui-ci fit son possible pour s'y faire ordonner prêtre; mais, en 412, il fut accusé d'hérésie par Paulin, diacre de Milan, et condamné dans un concile tenu par Aurélius, évêque de Carthage ; obligé de s'éloigner, il se retira à Ephèse. Pélage, de son côté, fut accusé d'hérésie par-devant quelques évêques assemblés à Jérusalem, et ensuite dans un concile composé de quatorze évêques, tenu à Lydda ou Diospolis, en Palestine ; il avait pour accusateurs deux évêques gaulois, Héros d'Arles et Lazare d'Aix. Pélage, en désavouant quelques-unes de ses erreurs, en palliant les autres, se fit absoudre, et continua de dogmatiser avec plus de hardiesse qu'auparavant. Les évêques d'Afrique, instruits de ces faits, et assemblés à Milève en 416, en écrivirent au pape Innocent I°', qui, l'année suivante, déclara Pélage et Célestius privés de la communion de l'Eglise. Pélage écrivit au pape pour se justifier; il lui envoya une profession de foi qui existe encore, et dans laquelle il glissait légèrement sur les erreurs qui lui étaient imputées. Célestius alla à Rome en personne, et présenta au pape Zozime, successeur d'Innocent I°', une profession de foi dans laquelle l'erreur paraît un peu plus à découvert. Tous deux finissaient par une protestation de soumission au souverain pontife. Zozime, trompé par cette docilité apparente, écrivit en leur faveur aux évêques d'Afrique.

En 418, Aurélius fit assembler à Carthage un concile de deux cent quatorze évêques, qui renouvelèrent la sentence d'excommunication portée contre Célestius, et déclarèrent qu'ils s'en tenaient au décret d'Innocent I°'. Zozime, mieux informé, fit de même, et cita Célestius à comparaître; celui-ci, au lieu d'obéir, s'enfuit en Orient ; alors Zozime excommunia solennellement Pélage et Célestius, et fit parvenir cette sentence en Afrique et dans l'Orient; les empereurs Honorius et Théodose condamnèrent ces deux hérétiques à l'exil, et leurs disciples à la confiscation de leurs biens; Pélage et Célestius se tinrent cachés dans l'Orient. Dix-huit évêques d'Italie, ayant refusé de souscrire au décret de Zozime, furent privés de leurs siéges ; l'un d'entre eux était Julien, évêque d'Eclane, aujourd'hui Avellino, dans la Campanie, qui écrivit plusieurs ouvrages pour la défense du *pélagianisme* ; chassé de son siége, il fut réduit à se faire maître d'école en Sicile, où il mourut. On ne sait pas de quelle manière Pélage ni Célestius ont fini ; mais leur hérésie, quoique proscrite par l'autorité de l'Eglise et par les lois des empereurs, ne laissa pas de se répandre en Italie et en Angleterre, puisque, l'an 429, le pape saint Célestin VII y envoya saint Germain, évêque d'Auxerre, et saint Loup, évêque de Troyes, pour faire revenir de cette erreur les Bretons qui en étaient infectés. Le *pélagianisme* fut condamné de nouveau dans le concile général d'Ephèse, l'an 431. Personne ne l'a combattu avec plus de force et de succès que saint Augustin; dès l'an 411, lorsque Célestius était à Carthage, le saint docteur n'eut pas plutôt connu ses sentiments, qu'il les attaqua dans ses lettres et dans ses sermons, et il composa ses premiers traités contre le *pélagianisme*, à la prière du tribun Marcellin. Vers l'an 413, saint Jérôme écrivit sa quarante-troisième lettre *à Ctésiphon*, et ensuite trois dialogues contre les *pélagiens* ; mais lorsqu'il eut vu ce que saint Augustin avait fait, et qu'il apprit avec quel zèle ce nouvel athlète combattait pour la foi catholique, il lui céda volontiers la place. Dès ce moment, saint Augustin se regarda comme personnellement chargé de la cause de l'Eglise : pendant vingt ans consécutifs il poursuivit le *pélagianisme* dans tous ses détours ; il répondit à tous les livres de Julien ; il écrivait encore pour les réfuter lorsqu'il mourut, et il n'eut pas le temps d'achever son ouvrage. Il fut l'âme de tous les conciles qui se tinrent en Afrique contre cette hérésie ; il est très-probable que c'est lui qui en dressa les décrets et qui les adressa aux souverains pontifes. Nous verrons ci-après les suites de cette dispute célèbre. Les sociniens et les arminiens, qui font revivre aujourd'hui le *pélagianisme*, disent que les auteurs de cette doctrine ont été condamnés sans avoir été entendus ; c'est une calomnie. Pélage lui-même fut entendu au concile de Diospolis, et il n'y évita sa condamnation qu'en rétractant ou en déguisant ses sentiments. Célestius comparut plusieurs fois devant le pape Zozime, et lorsqu'il y fut cité pour la dernière fois, il s'enfuit, parce qu'il vit que, malgré ses déguisements, ses vrais sentiments étaient découverts. Saint Jérôme et saint Augustin avaient sous les yeux les écrits de Pélage, sa *Lettre à Démétriade*, ses quatre livres touchant le libre arbitre, sa profession de foi adressée au pape Innocent; et nous avons encore son *Commentaire sur les épîtres de saint Paul*, dans lequel on reconnaît aisément ses véritables sentiments. C'est donc avec pleine connaissance de cause que les papes et les conciles d'Afrique ont censuré cette doctrine. Julien lui-même n'en a désavoué aucun article dans ses ouvrages.

II. Nous ne pouvons mieux connaître les erreurs des *pélagiens* que par les écrits que saint Augustin a faits pour les réfuter, et dans lesquels il cite les propres paroles de ses adversaires. Dans son livre *des Hérésies*, qui est l'un des derniers, il réduit le *pélagianisme* à cinq chefs; savoir, 1° que la grâce de Dieu, sans laquelle on ne peut pas observer ses commandements, n'est point différente de la nature et de la loi; 2° que celle que Dieu ajoute de surplus est accordée à nos mérites et pour nous faire agir avec plus de facilité; 3° que l'homme peut, dans cette vie, s'élever à un tel degré de perfection, qu'il n'a plus besoin de dire à Dieu, *pardonnez-nous nos offenses*; 4° que l'on ne baptise point les enfants pour effacer en eux le péché originel; 5° qu'Adam serait mort, quand même il n'aurait pas péché. On voit, par cet exposé et par les autres ouvrages écrits de part et d'autre, que l'erreur fondamentale de Pélage, de laquelle toutes les autres ne sont que des conséquences, était de soutenir que le péché d'Adam n'a pas passé à sa postérité, et qu'il n'a porté préjudice qu'à lui seul. De là il s'ensuivait que les enfants naissent exempts de péché, que le baptême ne leur est pas donné pour effacer en eux aucune tache, mais pour leur assurer la grâce de l'adoption; que, s'ils meurent sans baptême, ils sont sauvés en vertu de leur innocence. S. Aug. lib. I, *de Pecc. merit. et remiss.*, n. 55; *Serm.* 294, cap. 1, n. 2; *Epist.* 156 *Hilarii ad August.* Il s'ensuivait que la mort et les souffrances auxquelles nous sommes sujets ne sont point la peine du péché, mais la condition naturelle de l'homme. Une troisième conséquence était que la nature humaine est aussi saine et aussi capable de faire le bien qu'elle l'était dans Adam; qu'il suffit à l'homme de connaître ses devoirs par la raison, pour être capable de les accomplir; que, quand un païen fait bon usage de ses forces naturelles, Dieu l'en récompense en l'amenant à la connaissance plus parfaite de la loi divine, des leçons et des exemples de Jésus-Christ. De là Pélage concluait que les juifs et les païens ont le libre arbitre; mais que dans les chrétiens seuls il est aidé par la grâce. S. Aug., *L. de Grat. Christi*, c. 31, n. 33. Par conséquent, selon lui, cette grâce était donnée à l'homme, non pour lui rendre possible la pratique du bien, mais pour la lui rendre plus facile, *Ibid.*, c. 29, n. 30. Cette grâce n'était jamais gratuite ni prévenante, mais toujours prévenue par les mérites naturels de l'homme, c. 31, n. 33; et l'on voit que Pélage n'admettait aucune grâce actuelle intérieure. Nous le prouverons ci-après. Il s'ensuivait qu'il n'est aucun degré de vertu et de perfection auquel l'homme ne puisse s'élever par les forces de la nature; que tous ceux qui font bon usage de ces forces sont prédestinés; qu'un païen peut pratiquer les mêmes vertus qu'un chrétien, quoique avec plus de difficulté; que la loi de Moïse pouvait conduire l'homme au salut éternel tout comme l'Evangile; enfin, que le salut de l'homme n'est point une affaire de miséricorde, mais de justice rigoureuse; qu'ainsi, au jugement de Dieu, tous les pécheurs sans exception seront condamnés au feu éternel, parce qu'il a dépendu d'eux seuls de se sauver. S. Aug., *l. de Gestis Pelag.*, c. 11, n. 23; c. 35, n. 65. Mais il s'ensuivait aussi, en dernière analyse, que la rédemption du monde par Jésus-Christ n'était pas fort nécessaire, et que ses effets sont très-bornés. Suivant Pélage, elle consiste seulement en ce que Jésus-Christ nous a donné des leçons et des exemples de vertu, et nous a fait de grandes promesses; d'où il concluait que tous ceux qui n'ont pas connu ce divin Sauveur n'ont eu aucune part au bienfait de la rédemption. S. Aug., l. II; *Op. Imperf.*, n. 146, 188.

Pour réfuter Pélage, saint Augustin attaqua non seulement le principe sur lequel il se fondait, mais encore toutes les conséquences qu'il en tirait. Le saint docteur prouva par l'Ecriture sainte, par la tradition constante des Pères de l'Eglise, par les cérémonies du baptême, que nous naissons tous souillés du péché originel, par conséquent dépouillés de la grâce sanctifiante et de tout droit au bonheur éternel, et que ce droit ne peut nous être rendu que par le baptême. Il fit voir que la nature humaine, affaiblie et corrompue par ce péché, a besoin d'une grâce actuelle et intérieure pour commencer et pour finir toute bonne action méritoire, même pour former de bons désirs; que par conséquent cette grâce est purement gratuite, prévenante, et non prévenue ni méritée par les efforts naturels ou par les bonnes dispositions de l'homme; que c'est le fruit des mérites de Jésus-Christ et non des nôtres; qu'autrement Jésus-Christ serait mort en vain. Tels sont les trois dogmes de foi que l'Eglise a décidés contre les pélagiens, et desquels aucun fidèle ne peut s'écarter sans tomber dans l'hérésie.

Quand on fit observer à Pélage que, suivant l'Evangile (*Joan.* III, 5), « Quiconque n'est point régénéré par l'eau et par le Saint-Esprit ne peut pas entrer dans le royaume de Dieu; » qu'ainsi les enfants morts sans baptême ne peuvent pas être sauvés, il répondit d'abord : Je sais bien où ils ne vont pas, mais je ne sais pas où ils vont, *Quo non eant scio, quo eant nescio*. Ensuite il enseigna qu'à la vérité ces enfants ne peuvent entrer dans le royaume de Dieu ou dans le ciel, mais qu'ils auront la vie éternelle; qu'ils ne peuvent pas être damnés avec justice, puisqu'ils sont sans péchés. S. Aug.,

*Serm.* 294, c. 1, n. 2; *Epist.* 156, etc. Saint Augustin rejette avec raison cette prétendue vie éternelle différente du royaume de Dieu ; il soutient que les enfants, dans lesquels le péché originel n'est pas effacé par le baptême, sont damnés. Cependant il convient qu'il ne lui est pas possible de concilier cette damnation avec l'idée naturelle que nous avons de la justice divine, que Pélage lui-même ne viendrait pas mieux à bout d'accorder avec cette idée l'aveu qu'il fait que ces enfants sont exclus du royaume de Dieu. *Serm.* 294, n. 6 et 7 ; *Epist.* 166, *ad Hieron.*, c. 6, n. 16. Il ne nous paraît pas plus aisé de concilier cette damnation avec ce qu'enseigne constamment saint Augustin lui-même, savoir, que Jésus-Christ est le sauveur des enfants, l. III, *de Peccat. meritis et remiss.*, c. 4, n. 8 ; l. I, *contra Jul.*, c. 2, n. 4 ; c. 4, n. 14 ; l. III, c. 12, n. 24 et 25 ; l. II, *Op. imperf.*, n. 170, etc. ; et Pélage n'osait pas en disconvenir. *L. de Pecc. orig.*, c. 19, n. 20 et 21. Si saint Augustin a seulement entendu que Jésus-Christ est le sauveur des enfants baptisés, et non des autres, on ne conçoit pas pourquoi il ne s'est pas mieux expliqué.

Si l'on s'arrêtait à la lettre des écrits de Pélage, on croirait qu'il admettrait les secours de la grâce intérieure accordé à l'homme pour faire le bien, du moins avec plus de facilité. « Nous ne faisons pas, disait-il, consister la grâce seulement dans la loi, comme on nous en accuse, mais dans les secours de Dieu. En effet, Dieu nous aide *par sa doctrine et par la révélation*, lorsqu'il ouvre les yeux de notre cœur, lorsqu'il nous montre les biens futurs pour nous détacher des biens présents, lorsqu'il nous découvre les embûches du démon, lorsqu'il nous éclaire par le don ineffable de sa grâce, varié à l'infini... Dieu opère donc en nous, comme le dit l'apôtre, le vouloir de ce qui est bon et saint, lorsqu'il nous enflamme par les promesses de la gloire et de la récompense éternelle, lorsqu'en nous montrant la vraie sagesse, il excite notre volonté engourdie à désirer Dieu, lorsqu'il nous conseille (*suadet*) tout ce qui est bon. » S. Aug., *l. de Grat. Christi*, c. 7, n. 8 ; c. 9, n. 11. Julien disait à son tour : « Dieu nous témoigne sa bonté en mille manières, par des commandements, des bénédictions, des moyens de sanctification, en nous réprimant, en nous excitant, en nous éclairant, afin que nous soyons libres d'exécuter sa volonté ou de la négliger. » *Op. imperf.*, l. III, c. 106 et 114 ; l. V, c. 48, etc. De là plusieurs théologiens, par différents motifs, ont prétendu que les pélagiens admettaient véritablement des grâces actuelles intérieures ; les uns ont soutenu ce fait pour en prendre occasion de déclamer contre saint Augustin ; les autres, afin de persuader que la question entre ce saint docteur et les *pélagiens* n'était point la nécessité de la grâce, mais la liberté d'y résister ; d'autres enfin, parce qu'ils ont été frappés de l'énergie des paroles de Pélage, ont cru qu'il admettait du moins une lumière intérieure accordée à l'entendement, quoiqu'il ne voulût point reconnaître de motion imprimée à la volonté. Que faut-il en penser ?

En premier lieu, saint Augustin, dans les divers endroits que nous venons de citer, a toujours soutenu aux *pélagiens* que leur pompeux verbiage ne signifiait rien autre chose que des secours extérieurs, la loi de Dieu, la doctrine, les leçons, les exemples, les promesses, les menaces de Jésus-Christ ; que jamais ils n'ont voulu reconnaître l'inefficacité de ces secours, lorsqu'ils ne sont pas accompagnés d'une grâce intérieure, d'une illumination dans l'entendement, et d'un mouvement dans la volonté. Aujourd'hui les sociniens et les arminiens, héritiers du *pélagianisme*, sont encore dans le même sentiment ; ils soutiennent que l'on ne peut pas prouver par l'Écriture sainte la nécessité de l'une ni de l'autre. Le Clerc l'a répété au moins dix fois dans ses remarques sur les ouvrages de saint Augustin. Après tant de disputes entre ce saint docteur et Julien, qui empêchait ce dernier de s'exprimer plus clairement et d'avouer distinctement au moins la nécessité d'une illumination surnaturelle dans l'entendement de l'homme, pour l'aider à faire une bonne œuvre ? En écrivant son dernier ouvrage, saint Augustin proteste encore qu'il n'a vu dans les livres de cet hérétique aucun vestige de grâce intérieure.

En second lieu, Pélage a dit positivement que dans les chrétiens seuls le libre arbitre est aidé par la grâce, S. August., *lib. de Grat. Christi*, c. 31. Cela est vrai ; s'il n'y a point d'autre grâce que les secours extérieurs dont nous venons de parler, les chrétiens seuls en ont connaissance : mais s'il y a des grâces intérieures, pourquoi Dieu n'en accorderait-il pas aux païens privés de la connaissance des lois divines positives et des leçons de Jésus-Christ ? Aussi, lorsque Pélage, pour prouver que l'homme peut faire le bien sans le secours de la grâce, allégua les vertus et les bonnes œuvres des païens, saint Augustin répondit, 1° que ces vertus étaient ordinairement infectées par le motif de la vaine gloire, et ne se rapportaient pas à Dieu ; 2° que ce qu'il y avait de bon dans les actions des païens ne venait pas d'eux, mais de Dieu et de sa grâce. Il prouva par l'exemple d'Assuérus et d'autres infidèles, que Dieu produit dans le cœur des hommes non-seulement de vraies lumières, mais encore de bonnes volontés ; *L. de Grat. Christi*, c. 24, n. 25 ; *L.* IV, *contra duas Epist. Pelag.*, c. 6, n. 13 ; *L.* IV, *contra Jul.*, cap. 3, n. 16, 17, 32 ; *L.* III, *Op. imperf.*, n. 114, 163 ; *Epist.* 144, n. 2, etc. — En troisième lieu, les *pélagiens* soutenaient qu'un mouvement intérieur, imprimé à la volonté pour la porter au bien détruirait le libre arbitre. En effet, ils entendaient, par *libre arbitre* dans l'homme, un pouvoir égal de se porter au bien ou au mal, une indifférence ou un équilibre de la volonté entre l'un et l'autre. *L.* I, *Op. imperf.*, n. 79 et suiv. ; *L.* III, n. 109, 114, 117 ; *L.* V, n. 48, etc.; saint Jérôme, *Dial* 1 et 3, *contra*

*Pelag.* Les semi-pélagiens en avaient la même notion, *Epist. S. Prosperi ad Aug.*, n° 4. Ils en concluaient qu'un mouvement intérieur de la grâce détruirait cet équilibre. Saint Augustin soutient avec raison que le libre arbitre, ainsi entendu, a été perdu par le péché d'Adam, puisque l'homme naît avec la concupiscence qui le porte au mal et non au bien; qu'il a besoin de la grâce pour contrebalancer cette mauvaise inclination; qu'ainsi la grâce, loin de détruire le libre arbitre, le rétablit. — En quatrième lieu, le saint docteur assure formellement ce que nous soutenons, *L. de Grat. et Lib. arb.*, c. 13, n. 26. Ils disent (les *pélagiens*) « que la grâce qui est donnée par la foi en Jésus-Christ, et qui n'est ni la loi ni la nature, sert seulement à remettre les péchés passés, et non à éviter les péchés futurs ou à vaincre les tentations. » Cela est clair.

On ne peut donc trop blâmer la témérité des hérétiques, qui osent accuser saint Augustin de prévention et d'injustice, parce qu'il a reproché aux *pélagiens* d'être ennemis de la grâce, et qui soutiennent que ces novateurs n'ont pas nié toute espèce de grâce. Il est certain qu'ils ont rejeté toute espèce de *grâce actuelle intérieure*; mais, pour faire illusion, ils appelaient *grâce*, 1° la faculté naturelle que nous avons de faire le bien, parce que c'est un don de Dieu; 2° la conservation de cette faculté en nous, malgré les mauvaises habitudes que nous contractons; 3° les secours extérieurs dont nous avons parlé, la connaissance de la loi de Dieu, de ses promesses et de ses menaces, les maximes et des exemples de Jésus-Christ; 4° la rémission des péchés par les sacrements. Rien de tout cela n'est la grâce actuelle intérieure. Il n'y a pas eu moins d'entêtement de la part de certains théologiens, qui prétendent que deux des principaux points de la dispute entre saint Augustin et les *pélagiens*, étaient de savoir si Dieu accorde ou non la grâce intérieure à tous les hommes, et s'ils peuvent ou ne peuvent pas y résister. Loin d'admettre que Dieu donne la grâce intérieure à tous les hommes, les *pélagiens* soutenaient que Dieu ne la donne à personne, parce qu'elle détruirait le libre arbitre; nous venons de le prouver. Il n'était donc pas question de savoir si l'on peut ou si l'on ne peut pas résister à la grâce actuelle intérieure, puisqu'ils n'en admettaient aucune. Saint Augustin a répété plus d'une fois que consentir ou résister à la vocation de Dieu est le fait de notre propre volonté, *Lib. de Spir. et Lit.*, c. 34, n. 60, etc. Si par *la vocation de Dieu* il n'a pas entendu *la grâce intérieure*, il a joué sur le même équivoque que les *pélagiens*. Ces hérétiques disaient : Dieu veut sauver tous les hommes, et Jésus-Christ est mort pour tous, donc la grâce est donnée à tous. Le venin de l'erreur était encore caché sous ces expressions. 1° Ils entendaient par la *grâce* la connaissance de Jésus-Christ, de ses leçons, de ses exemples, de ses promesses; rien de plus : nous l'avons prouvé. 2° Ils prétendaient que cette grâce est donnée à tous ceux qui la méritent et qui s'y disposent par leurs désirs, par le bon usage de leurs facultés naturelles ; d'où il s'ensuivait que cette grâce n'est pas gratuite, que Dieu n'est pas le maître de la donner aux uns plus qu'aux autres, selon son bon plaisir; que cette distribution est un acte de justice. 3° Ils entendaient que Jésus-Christ est mort pour tous les hommes, et que Dieu veut les sauver tous également et indifféremment, sans aucune prédilection pour les uns plutôt que pour les autres, *œqualiter, indiscrete, indifferenter*. Conséquemment ils rejetaient toute prédestination gratuite. Pélage s'en est expliqué clairement sur ces paroles de saint Paul, *Rom.* c. ix, v. 15 : *J'aurai pitié de qui je voudrai, et je ferai miséricorde à celui dont j'aurai pitié*. « Voici, dit Pélage, le vrai sens : J'aurai pitié de celui que j'ai prévu pouvoir *mériter* miséricorde, de manière que j'en ai eu pitié dès lors. » Les semi-pélagiens pensaient de même; ils se fondaient sur ces autres paroles de saint Paul : *En Dieu il n'y a point d'acception de personnes*, Rom., c. ii, v. 11 ; *Il n'y a point d'iniquité en Dieu*, c. ix, v. 14; comme si c'était une iniquité de la part de Dieu de distribuer inégalement ses bienfaits. Ainsi la manière dont ils entendaient que Dieu veut sauver tous les hommes, et que Jésus-Christ est mort pour tous, renfermait deux erreurs grossières. Dieu ne veut point également et indifféremment le salut de tous, puisqu'il donne aux uns des grâces plus abondantes, plus immédiates, plus puissantes qu'aux autres. Jésus-Christ n'est pas mort également et indifféremment pour tous, puisque tous ne participent pas également aux fruits de sa mort, quoique tous y aient part plus ou moins.

Saint Augustin n'y fut pas trompé ; par l'exemple des enfants dont les uns reçoivent la grâce du baptême, pendant que les autres en sont privés, sans y avoir contribué en rien, il démontra la fausseté du sentiment des *pélagiens*. Il prouva par la doctrine de saint Paul, que la vocation à la foi, seule grâce admise par ces hérétiques, n'a pas été la récompense du mérite des Juifs, ni de celui des gentils, mais un effet de la prédestination gratuite de Dieu, et que tel est le sens de ces paroles de l'apôtre : *J'aurai pitié de qui je voudrai*, etc. Conséquemment le saint docteur donna différentes explications des passages dans lesquels il est dit que Dieu veut sauver tous les hommes, que le Verbe divin éclaire tout homme qui vient en ce monde; que Jésus-Christ est mort pour tous, etc. Mais il faut se souvenir que le but de saint Augustin était uniquement de réfuter le sens faux que les *pélagiens* donnaient à ces mêmes passages. De là certains raisonneurs ont conclu que le saint docteur n'a pas cru l'universalité de la rédemption ni de la distribution des grâces actuelles intérieures, faite à tous les hommes. La fausseté de cette argumentation saute aux yeux. 1° Saint Augustin n'a jamais mis aucune restriction à ces paroles de saint Paul (*II Cor.*

v, 14) : « Un seul est mort pour tous, donc tous sont morts, » par lesquelles il prouve l'universalité du péché originel par l'universalité de la rédemption. Il n'en a mis aucune à ce que dit le même apôtre (*I Tim.* IV, 10) : « Jésus-Christ est le Sauveur de tous les hommes, principalement des fidèles;» ni à ce que dit saint Jean (*Epist.* I, 2) : « Il est la victime de propitiation pour nos péchés, non-seulement pour les nôtres, mais pour ceux du monde entier. » En effet, ces passages ne souffrent aucune exception. *Voy.* SALUT, SAUVEUR. 2° Puisque saint Augustin soutient que Dieu donne des grâces actuelles intérieures aux païens, à qui peut-on supposer que Dieu les refuse ? *Voy.* INFIDÈLES. 3° Il n'y a rien de commun entre la grâce pélagienne et la grâce actuelle intérieure donnée à l'homme pour faire le bien; la première est toujours très-gratuite, quoi qu'en aient dit ces hérétiques; la seconde l'est aussi à l'égard des pécheurs; mais saint Augustin a reconnu cent fois que, dans les justes, une seconde grâce est souvent la récompense du bon usage d'une première grâce. *Voy.* GRACE, § 2.

Lorsque le saint docteur enseigne que la prédestination est purement gratuite et indépendante des mérites de l'homme, on voit de quelle prédestination et de quels mérites il parle; il s'agit uniquement de la prédestination à la grâce ou à la foi, il s'agit de mérites acquis par les forces naturelles de l'homme. Entre saint Augustin et les *pélagiens*, il n'a jamais été question de savoir si, dans la prédestination des saints à la gloire éternelle, Dieu n'a aucun égard aux mérites, produits en eux par la grâce actuelle intérieure, puisque les *pélagiens* n'en admettaient point de cette espèce. Pélage partait évidemment du même principe dont les déistes se servent pour nier toute révélation; il ne voulait pas que Dieu eût de la prédilection pour aucune de ses créatures, ni qu'il accordât plus de bienfaits surnaturels à un homme qu'à un autre, à moins que cet homme ne les eût mérités. Mais on pouvait le réfuter par sa propre doctrine : il appelait *grâce* le pouvoir naturel de faire le bien; or ce pouvoir n'est certainement pas égal dans tous les hommes; plusieurs sont nés avec plus d'esprit, avec un meilleur caractère, avec plus d'inclination à la vertu, avec des passions moins violentes que les autres. Dieu a donc eu de la prédilection pour eux; c'est une grâce ou un bienfait purement gratuit qu'il a daigné leur accorder; ils ne l'avaient pas mérité avant de naître. Dieu sans doute l'a ainsi voulu et résolu de toute éternité; cette volonté, ce décret, ne sont-ils pas une prédestination ? Pélage ne s'apercevait pas qu'il déraisonnait; les semi-pélagiens qui l'imitèrent ne furent pas plus sages, et les déistes qui les ont copiés sans le savoir sont réfutés par les mêmes réflexions. *Voy.* INÉGALITÉ, PARTIALITÉ, RÉVÉLATION, UNIVERSALISTES, etc.

Quant à la rigueur avec laquelle Pélage décidait qu'au jugement de Dieu tous les pécheurs sans exception doivent être condamnés au feu éternel, saint Augustin l'a vivement censurée : « Qu'il sache, dit-il, que l'Eglise n'adopte point cette erreur; quiconque ne fait pas miséricorde, sera jugé sans miséricorde. » *L. de Gestis Pelagii*, c. 3, n° 9 et 11. Il dit ailleurs : « Celui qui sait ce que c'est que la bonté de Dieu peut juger quels sont les péchés qu'il doit punir certainement en ce monde et en l'autre, » *L.* 83, *quæst.* q. 27. « Dieu damnerait tous les hommes, s'il était juste sans miséricorde, et s'il ne la faisait pas éclater davantage, en sauvant des âmes qui en sont indignes, » *Enchir. ad Laurent.*, c. 27. « Dieu, pour ne pas être injuste, ne punit que ceux qui l'ont mérité; mais lorsqu'il fait miséricorde sans qu'on l'ait mérité, il ne fait pas une injustice, » *L.* 4, *contra duas Epist. Pelag.*, c. 6, n° 16. Saint Jérôme avait rejeté avec la même indignation le sentiment de Pélage : « Qui peut souffrir, dit-il, que vous borniez la miséricorde de Dieu, et que vous dictiez la sentence du juge avant le jugement ? Dieu ne pourra-t-il pas, sans votre aveu, pardonner aux pécheurs, s'il le juge à propos ? Vous alléguez les menaces de l'Ecriture, ne concevez-vous pas que les menaces de Dieu sont souvent un effet de sa clémence ? » *Dial. I contra Pelag.*, c. 9; *Op.*, t. IV, col. 501.

III. Si l'on veut voir la suite et l'enchaînement de la dispute entre les *pélagiens* et l'Eglise catholique, il faut lire les dissertations du P. Garnier, jésuite, qui sont jointes à l'édition qu'il a donnée des ouvrages de Marius Mercator, et que Le Clerc a rassemblées dans son *Appendix augustiniana*. Il remonte à l'origine du *pélagianisme*, et fait voir que cette erreur est plus ancienne que Pélage; il fait l'énumération des conciles qui l'ont proscrite, soit en Afrique, soit dans l'Orient, en Italie et dans les Gaules. Il rapporte les lois que les empereurs portèrent pour l'extirper et les souscriptions que l'on exigeait de ceux qui voulaient y renoncer. Il fait le détail des professions de foi et des livres écrits par les *pélagiens*, pour la défense de leurs sentiments, et des ouvrages composés par les docteurs catholiques pour les réfuter; il expose les arguments proposés pour et contre. Il montre les progrès de cette hérésie depuis sa naissance jusqu'à son extinction.

La manière dont Julien travestissait la doctrine catholique pour en inspirer l'horreur est curieuse : « On veut, dit-il, nous forcer de nier que toute créature de Dieu soit bonne, et d'admettre des substances que Dieu n'a pas faites..... On a décidé contre nous que la nature humaine est mauvaise. Nos adversaires enseignent que le libre arbitre a été détruit par le péché d'Adam; que Dieu n'est pas le créateur des enfants; que le mariage a été institué par le diable. Sous le nom de *grâce*, ils établissent tellement la fatalité, qu'ils disent que si Dieu n'inspire pas à l'homme malgré lui le désir du bien, même imparfait, l'homme ne peut ni éviter le mal ni faire le bien. Ils disent que la loi de l'Ancien Testament n'a pas été donnée pour rendre justes ceux qui la pratiqueraient, mais pour faire commettre de plus grands péchés; que le baptême ne renouvelle pas entièrement les hommes, et n'opère pas la rémission entière des péchés, mais que ceux qui l'ont reçu sont en partie enfants de Dieu et en partie enfants du démon. Ils prétendent que, sous l'Ancien Testament, le Saint-Esprit n'a point aidé les hommes à être vertueux, que les apôtres mêmes et les prophètes n'ont pas été parfaitement saints, mais seulement moins mauvais que les autres. Ils poussent le blasphème jusqu'à dire que Jésus-Christ a failli par l'infirmité de la chair : c'est ainsi qu'ils pensent avec les manichéens. » Garnier, *cinquième Dissertat.*, p. 232. L'injustice de toutes ces imputations est palpable, mais tel a été dans tous les siècles l'artifice des hérétiques, de déguiser leur doctrine et celle de leurs adversaires, afin de pallier la fausseté de l'une et d'obscurcir la vérité de l'autre. Vainement saint Augustin démontra la malignité de Julien, et la lui reprocha; cet hérétique obstiné persévéra dans l'erreur jusqu'à la mort. Il paraît que Pélage y fut entraîné moins par le désir d'éviter les excès des manichéens que par l'envie d'ôter aux pécheurs et aux chrétiens lâches tout prétexte de se dispenser de la perfection chrétienne : mais en évitant un excès, il n'aurait pas fallu donner dans un autre. Pendant la vie même de saint Augustin, quelques théologiens crurent aussi trouver de l'excès dans la doctrine de ce saint docteur; ils cherchèrent un milieu entre ses sentiments et ceux des *pélagiens*, et ils donnèrent naissance au Semi-Pélagianisme. *Voy.* ce mot. D'autre part, après sa mort, d'autres prirent dans la plus grande rigueur tout ce qu'il a dit touchant la prédestination, sans faire attention à l'état de la question qu'il traitait, et ils furent nommés *prédestinatiens;* nous en parlerons en son lieu. Au xvi° siècle, Luther et Calvin ont fait la même chose; sous prétexte de suivre la doctrine de saint Paul et de saint Augustin, ils ont admis un décret absolu de prédestination, en vertu duquel les élus sont nécessairement conduits au bonheur éternel, et les réprouvés entraînés dans les abîmes de l'enfer; conduite qui serait contraire à la justice et à la sainteté de Dieu, et qui ferait de l'homme un pur jouet de la fatalité. Ils n'ont cessé de reprocher le *pélagianisme* à l'Eglise catholique et à ses docteurs; mais leur aveuglement a fait effectivement renaître le pur *pélagianisme* parmi les arminiens et les sociniens, et pendant que les premiers font profession de canoniser la doctrine de saint Augustin, les seconds la rejettent hautement, parce que les uns et les autres s'obstinent à lui prêter des sentiments qu'il n'eut jamais. La force avec laquelle ce grand homme a soutenu le dogme catholique lui a mérité à juste titre le nom de *docteur de la grâce;* mais il ne faut pas croire, comme le voulaient certains théologiens, que l'Eglise, en confirmant ces dogmes par les décrets des papes et des conciles, a consacré de même toutes les preuves dont saint Augustin s'est servi pour les établir, toutes les explications qu'il a données des passages de l'Ecriture sainte, toutes les réponses qu'il oppose aux objections, toutes les opinions accessoires qu'il peut avoir suivies dans le cours de la dispute. Nous avons fait voir ailleurs que le pape Célestin I en a fait la distinction, et que saint Augustin lui-même a blâmé ceux qui juraient sur sa parole. Les théologiens, qui accusent de *pélagianisme* ceux qui usent de la liberté que l'Eglise leur laisse, sont des téméraires; le saint docteur ne les aurait pas reconnus pour ses vrais disciples. *Voy.* Saint Augustin.

PÈLERINAGE, voyage fait par dévotion à un lieu consacré par quelque monument de notre religion. Dès la naissance de l'Eglise, les fidèles ont été curieux de visiter les lieux sur lesquels se sont passés les mystères de notre rédemption, Jérusalem et les autres lieux de la Judée, afin de se convaincre par leurs propres yeux de la vérité de l'histoire évangélique, et ils n'ont pas pu le faire sans sentir une émotion douce et religieuse. On en voit des exemples dès le iii° siècle. Lorsque saint Alexandre fut fait évêque de Jérusalem avec saint Narcisse, il était venu de Cappadoce visiter les saints lieux. Eusèbe, *Hist. eccl.*, l. vi, c. 10. Par le même motif, saint Jérôme et les dames romaines qu'il avait instruites, ont voulu y passer leur vie. L'usage de faire la fête des martyrs sur leur tombeau est de même date; nous en sommes convaincus par les actes du martyre de saint Ignace et de saint Polycarpe; on y accourait des environs pour célébrer leur mémoire, et souvent plusieurs évêques s'y rencontraient. L'empereur Julien avoue qu'avant la mort de saint Jean, les tombeaux des apôtres saint Pierre et saint Paul étaient déjà fréquentés; saint Cyrille, *contra Jul.*, l. x, pag. 327. Ce concours augmenta lorsque la liberté fut accordée à l'Eglise. Saint Paulin atteste l'empressement qu'avaient les habitants de l'Italie à visiter le tombeau de saint Félix de Nole, le jour de sa fête. Ce n'est donc pas une dévotion née dans les siècles d'ignorance.

Plus on est instruit, mieux on sent que la piété a besoin d'être aidée par les sens; la vue des reliques d'un saint, de son sépulcre, de sa prison, de ses chaînes, des instruments de son martyre, fait une toute autre impression que d'en entendre parler de loin. Les miracles que Dieu y a souvent opérés excitaient la curiosité des infidèles mêmes, et furent plus d'une fois la cause de leur conversion. Tels furent les motifs qui portèrent, au iv° siècle, l'impératrice Hélène à honorer et à rendre célèbres les saints lieux de Jérusalem et de toute la terre sainte. Saint Jérôme, *Epist. ad Marcell.*, est témoin du concours qui s'y faisait de toutes les parties de l'empire romain. Ainsi cette dévotion s'est introduite naturellement, et sans qu'il ait été besoin de la suggérer au peuple. Un motif d'intérêt s'est joint à la piété dans la suite; l'affluence des pèlerins enrichissait les villes; le respect pour les saints dont les os y reposaient porta les princes à y accorder des droits d'asile et de franchise, comme fit Constantin en faveur d'Hélénople en Bithynie. Rien de plus célèbre en France que la franchise de saint Martin de Tours, et on sait le respect que les Goths, tout barbares qu'ils étaient, témoignèrent pour l'Eglise de Saint-Pierre, lorsqu'ils prirent Rome. Fleury, *Mœurs des chrét.*, n. 44.

Dans les bas siècles, entre les œuvres pénales, qui tenaient lieu de la pénitence canonique, une des plus usitées était le *pèlerinage* aux lieux célèbres de dévotion, comme à Jérusalem, à Rome, à Tours, à Compostelle. Une raison politique y concourait encore; pendant toute la durée du gouvernement féodal, les peuples de l'Europe ne pouvaient avoir entre eux presque aucune communication que par le moyen de la religion : les *pèlerinages* étaient la seule manière de voyager en sûreté; au milieu même des hostilités, les pèlerins étaient regardés comme des personnes sacrées. Il n'est donc pas étonnant que l'on ait vu voyager ainsi les évêques et les moines, les princes et les rois; le goût du roi Robert pour ces courses pieuses est connu. Dans le xi° siècle, le *pèlerinage* de Jérusalem fut très-commun; c'est ce qui donna naissance aux croisades. Aujourd'hui encore dans l'Orient, les pèlerins seuls de la Mecque ont le privilége de traverser librement l'Arabie, et la plupart des *pèlerinages* des mahométans sont des foires. C'est pour cela, dit un voyageur sensé, que tous les *pèlerinages* que l'on n'entreprend qu'à un temps fixe se sont soutenus pendant des milliers d'années, plutôt par le commerce que par dévotion. En France, la première foire franche a commencé à Saint-Denis. Nous ne dissimulons pas qu'il s'y mêla des abus; dès le ix° siècle, un concile de Châlons voulut y remédier. Les pécheurs coupables des plus grands crimes se croyaient purifiés et absous par un *pèlerinage*; les seigneurs en prenaient occasion de faire des exactions sur leurs sujets, pour fournir aux frais du voyage, et c'était un prétexte aux pauvres pour mendier et vivre en vagabonds. De là les protestants, prévenus contre toutes les pratiques religieuses de l'Eglise catholique, sont partis pour réprouver les *pèlerinages*. C'est une superstition, disent-ils, d'attribuer une prétendue sainteté à un lieu quelconque; ce préjugé a été introduit par l'intérêt des prêtres et par les fraudes pieuses des moines; c'est un prétexte pour entretenir la fainéantise et le libertinage. Mais ces censeurs hardis ont oublié que l'Ecriture sainte à laquelle ils nous renvoient toujours, attribue la sainteté aux lieux dans lesquels Dieu a daigné faire éclater sa présence. Dieu dit à Moïse (*Exod.* iii, 5) : « Ote tes souliers, la terre où tu es est une terre sainte. » Le tabernacle et le temple sont appelés le *lieu saint*; Jérusalem et le mont de Sion sont nommés *la ville et la montagne sainte*, etc. Il n'a pas été besoin que les prêtres ni les moines s'en mêlassent pour inspirer aux chrétiens une dévotion qui vient naturellement à l'esprit de tous les peuples, et qui a lieu dans les fausses religions aussi bien que dans la vraie. Il passe pour constant que le *pèlerinage* des Arabes à la Mecque ou à la *Cabaa*, qu'ils croient être l'ancienne demeure d'Abraham, est de la plus haute antiquité.

Il est résulté des abus de cet usage : qui en doute? Il s'en est glissé partout, et l'esprit destructeur des protestants ne les a pas tous bannis; il fallait les retrancher et laisser subsister une pratique utile en ellemême. Parce qu'elle n'est plus nécessaire aux vues de la politique, il ne s'ensuit pas qu'elle est devenue criminelle ou dangereuse. Des protestants modérés, qui se sont trouvés dans de grandes solennités de l'Eglise romaine, sont convenus qu'ils n'avaient pu s'empêcher d'en être touchés; d'autres ont avoué que les prétendus réformateurs ont mal connu la nature humaine, et ont péché contre la prudence, lorsqu'ils ont réduit le culte à une nudité qui le rend incapable d'exciter la piété. *Voy.* CULTE.

PÉNITENCE, regret d'avoir péché, joint à la volonté d'expier ses fautes et de s'en corriger (1). Cette définition est déjà un sujet

(1) Canons de doctrine sur le sacrement de pénitence.

Si quelqu'un dit que la pénitence n'est pas véritablement et proprement un sacrement institué par Notre-Seigneur Jésus-Christ pour réconcilier à Dieu les fidèles, toutes les fois qu'ils tombent en péché depuis le baptême, qu'il soit anathème. Conc. de Trente, xiv° sess., c. 1.—Si quelqu'un, confondant les sacrements, dit que c'est le baptême même qui est le sacrement de pénitence, comme si ces deux sacrements n'étaient pas distingués, et qu'ainsi c'est mal à propos qu'on appelle la pénitence la seconde table après le naufrage, qu'il soit anathème. C. 2. — Si quelqu'un dit que ces paroles de Notre Seigneur Jésus-Christ et Sauveur; Recevez le Saint-Esprit : *Les péchés seront remis à ceux à qui vous les remettrez, et seront retenus à ceux à qui vous les retiendrez*, ne doivent pas être entendues de la puissance de remettre et de retenir les péchés dans le sacrement de pénitence, comme l'Eglise catholique les a toujours entendues dès le commencement; mais que, contre l'institution de ce sacrement, il détourne le sens de ces paroles pour les appliquer au pouvoir de prêcher l'Evangile; qu'il soit anathème. C. 4. — Si quelqu'un dit que la contrition à laquelle on parvient par la discussion, la revue et la détestation de ses péchés, quand, repassant en son esprit les années de sa vie dans l'amertume de son cœur, on vient à peser la grièveté, la multitude et la difformité de ses péchés, et avec cela le hasard où l'on a été de perdre le bonheur éternel, et d'encourir la damnation éternelle avec résolution de mener une meilleure vie; qu'une telle contrition donc n'est pas une douleur véritable et utile, et ne prépare point à la grâce, mais qu'elle rend l'homme hypocrite et plus grand pécheur; enfin, que c'est une douleur forcée et non pas libre ni volontaire; qu'il soit anathème. C. 5. (*Voy.* CONFESSION pour les canons 6, 7 et 8.) — Si quelqu'un dit que l'absolution sacramentelle du prêtre n'est pas un acte judiciaire, mais un simple ministère, qui ne va qu'à prononcer et déclarer à celui qui se confesse que ses péchés lui seront remis, pourvu seulement qu'il croie qu'il est absous encore que le prêtre ne l'absolve pas sérieusement, mais par manière de jeu; ou dit que la confession du pénitent n'est pas requise, afin que le

de disputes entre les catholiques et les hétérodoxes. Luther a prétendu que la *pénitence* consiste seulement dans le changement du cœur et de la conduite, et que le grec μετανοια ne signifie rien autre chose ; le regret du passé, dit-il, serait absurde ; la contrition ou la douleur d'avoir péché, loin de purifier l'homme, ne sert qu'à le rendre hypocrite et plus coupable. Le concile de Trente a condamné cette erreur, et a décidé le contraire, *Sess.* xiv, c. iv, et *can.* 5 (1). La prétention de Luther est fausse à tous égards. Sans insister ici sur l'étymologie du latin *pœnitentia*, il est faux que le grec ne signifie rien autre chose que résipiscence, changement d'idées, d'affections, de conduite ; selon la force du terme, il signifie *considération* ou *connaissance du passé*, et il est impossible qu'un homme se croie obligé de changer de vie, sans reconnaître qu'il a eu tort, qu'il est coupable et digne de punition. Dans le texte hébreu des livres saints, le mot qui exprime la *pénitence* n'est pas moins énergique, et il est souvent accompagné d'autres termes qui en déterminent le sens. *Gen.*, c. vi, v. 6 et 7, *Il se repentit et il eut la douleur dans son cœur ;* III *Reg.*, c. viii, v. 47, *Il retourna à son cœur ;* Job, c. xlii, v. 6, « J'ai parlé comme un insensé ; je me condamnerai donc, et je ferai *pénitence* sur la cendre. » *Jerem.*, c. xxxi, v. 18 : « Vous m'avez châtié, et j'ai été instruit... après que vous m'avez converti, j'ai fait *pénitence ;* et quand vous m'avez fait connaître mon crime, je me suis frappé, j'ai été confus et j'ai rougi. » Un cœur pénitent est appelé *un cœur contrit, brisé, humilié,* etc. Dans le Nouveau Testament, nous lisons, *Matth.*, c. iii, v. 2 et 8 : « Faites *pénitence,* le royaume des cieux est proche... faites de dignes fruits de *pénitence.* » II *Cor.*, c. vii, v. 10 : « La tristesse, qui est selon Dieu, opère la *pénitence* et la santé stable de l'âme. » Il est donc faux que la tristesse, la douleur, le regret d'avoir péché, soient un sentiment insensé ou blâmable ; que la *pénitence* ainsi conçue ne soit pas un acte de vertu. Il serait inutile de prouver que le sens de ces passages de l'Ecriture sainte est confirmé par la tradition, par le sentiment constant des Pères de l'Eglise. Luther n'avait aucun égard à la tradition ; il ne fondait son opinion que sur des raisonnements frivoles ; nous ne savons pas si ses sectateurs y ont persévéré.

Il est évident que Luther ne soutenait ce paradoxe qu'afin d'en conclure que la *pénitence* ne peut être ni une vertu ni un sacrement ; la doctrine catholique est au contraire que la *pénitence* est non-seulement une vertu, mais un sacrement qui efface les péchés commis après le baptême, et qui donne au pécheur la grâce de changer de vie ; ainsi l'a décidé le concile de Trente, *ibid.* Cette décision renferme quatre choses : 1° que Jésus-Christ a donné à son Eglise le pouvoir de remettre les péchés commis après le baptême ; 2° que ce pouvoir doit s'exercer par manière de jugement ; que ce n'est pas seulement l'autorité de déclarer que les péchés sont remis, mais de les remettre en effet de la part de Dieu ; 3° que ce jugement exige l'accusation ou la confession du coupable ; 4° que la confession doit être accompagnée d'un regret sincère et de la volonté de satisfaire à la justice de Dieu pour le péché. Différentes sectes d'hérétiques ont refusé de reconnaître ces divers points de doctrine. Au II° siècle, les montanistes nièrent absolument que l'Eglise pût absoudre aucun pénitent ; au III°, les novatiens ne voulurent admettre la rémission des péchés que dans le baptême ; au VI°, quelques eutychiens soutinrent qu'il fallait se confesser à Dieu et non aux prêtres ; les albanais firent de même au VIII° ; dans le XII°, les vaudois prétendirent qu'un laïque, homme de bien, avait plutôt le pouvoir de remettre les péchés qu'un mauvais prêtre,

prêtre le puisse absoudre ; qu'il soit anathème. C. 9. — Si quelqu'un dit que les prêtres, qui sont en état de péché mortel, cessent d'avoir la puissance de lier et de délier, ou que les prêtres ne sont pas les seuls ministres de l'absolution, mais que ç'a été à tous et à chacun des fidèles chrétiens que ces paroles ont été adressées : *Tout ce que vous aurez lié sur la terre sera aussi lié dans le ciel, et tout ce que vous aurez délié sur la terre sera aussi délié dans le ciel ;* et celles-ci : *Les péchés seront remis à ceux à qui vous les remettrez, et seront retenus à ceux à qui vous les retiendrez ;* de sorte qu'en vertu de ces paroles, chacun puisse absoudre des péchés ; des publics, par la réprehension seulement, si celui qui est repris y défère ; et des secrets, par la confession volontaire, qu'il soit anathème. C. 10. — Si quelqu'un dit que les évêques n'ont pas droit de se réserver des cas, si ce n'est quant à la police extérieure, et qu'ainsi cette réserve n'empêche pas qu'un prêtre n'absolve véritablement des cas réservés ; qu'il soit anathème. C. 11. — Si quelqu'un dit que Dieu remet toujours toute la peine avec la coulpe, et que la satisfaction des pénitents n'est autre chose que la foi par laquelle ils conçoivent que Jésus-Christ a satisfait pour nous ; qu'il soit anathème. C. 12. — Si quelqu'un dit qu'on ne satisfait nullement à Dieu pour ses péchés quant à la peine temporelle, en vertu des mérites de Jésus-Christ, par les châtiments que Dieu même envoie et qu'on supporte patiemment, ou par ceux que le prêtre enjoint, ni même par ceux qu'on s'impose à soi-même volontairement, comme sont les jeûnes, les prières, les aumônes, ni par aucunes autres œuvres de piété, mais que la véritable et bonne pénitence est seulement la nouvelle vie ; qu'il soit anathème. C. 13. — Si quelqu'un dit que les satisfactions par lesquelles les pénitents rachètent leurs péchés par Jésus-Christ, ne font pas partie du culte de Dieu, mais ne sont que des traditions humaines qui obscurcissent la doctrine de la grâce, le vrai culte de Dieu, et même le bienfait de la mort de Jésus-Christ ; qu'il soit anathème. C. 14. — Si quelqu'un dit que les clefs n'ont été données à l'Eglise que pour délier et non pas aussi pour lier, et que pour cela les prêtres agissent contre la fin pour laquelle ils ont reçu les clefs et contre l'institution de Jésus-Christ, lorsqu'ils imposent des peines à ceux qui se confessent, et que ce n'est qu'une fiction de dire qu'après que la peine éternelle a été remise en vertu des clefs, la peine temporelle reste encore le plus souvent à expier ; qu'il soit anathème. C. 15.

(1) Nous avons développé longuement dans notre Dict. de Théol. mor., tout ce qui concerne l'existence, les effets, la matière et la forme, le sujet et le ministre du sacrement de pénitence.

au XIV°, Wiclef enseigna que la confession est superflue ; au XVI°, les luthériens déclarèrent, dans la confession d'Augsbourg, qu'ils conservaient le sacrement de *pénitence* ; mais la plupart en ont retranché l'usage : Calvin ni ses disciples n'ont jamais voulu l'admettre.

L'essentiel est donc de prouver que Jésus-Christ a donné à son Eglise le pouvoir d'absoudre les pécheurs ou de remettre les péchés, les autres points de doctrine s'ensuivront comme autant de conséquences. *Matth.*, c. XVI, v. 19, Jésus-Christ dit à saint Pierre : *Je vous donnerai les clefs du royaume des cieux, tout ce que vous lierez ou délierez sur la terre sera lié ou délié dans le ciel.* C. XVIII, v. 18, le Sauveur adresse les mêmes paroles à tous ses apôtres. *Joan.* c. XX, v. 21, il leur dit : *Comme mon Père m'a envoyé, je vous envoie... Recevez le Saint-Esprit ; les péchés sont remis à ceux auxquels vous les remettrez, et ils sont retenus à ceux auxquels vous les retiendrez.* Les protestants, incommodés par une promesse aussi formelle, en ont tourné et retourné le sens à leur gré. Ils disent que les apôtres et leurs successeurs ont exercé en effet le pouvoir de remettre les péchés, 1° par le baptême qui est souvent appelé par les anciens le *sacrement de la rémission des péchés* ; 2° par l'eucharistie qui, en excitant la foi, efface les péchés ; 3° par la prédication de la parole de Dieu, que saint Paul appelle *la parole de réconciliation*, II. Cor., c. v, v. 19 ; 4° par les prières et par l'imposition des mains, par lesquelles on rétablissait dans la communion de l'Eglise et dans la participation aux saints mystères, les pécheurs qui avaient fait la *pénitence* publique. Toutes ces explications sont-elles justes ?

En premier lieu, un païen même peut baptiser validement, par conséquent remettre ainsi les péchés ; les paroles de Jésus-Christ, adressées aux seuls apôtres, doivent donc signifier quelque chose de plus. — En second lieu, il est faux que jamais l'Ecriture sainte ait attribué à l'eucharistie le pouvoir de remettre les péchés ; on a toujours cru au contraire qu'il fallait être purifié du péché pour recevoir ce sacrement avec fruit, et que, suivant le mot de saint Paul, celui qui le reçoit indignement mange et boit sa condamnation. L'on nous cite un concile d'Orange et un de Carthage, qui ordonnent d'accorder la communion aux mourants, mais ils exigent que ces malades aient reçu la *pénitence*, ou qu'ils l'aient demandée, et qu'ils n'en aient pas été privés par leur faute. Si, après avoir reçu la communion dans cet état, ils reviennent en santé, ces conciles veulent qu'on les réconcilie à l'Eglise par l'imposition des mains, qui était l'absolution solennelle. — En troisième lieu, après avoir écouté la parole de Dieu, et après y avoir cru, il fallait encore recevoir le baptême ; cette divine parole ne remet donc pas les péchés. Saint Jérôme et saint Ambroise disent que les péchés sont remis par la parole de Dieu ; mais l'absolution sacramentelle, aussi bien que la forme du baptême, sont la parole de Dieu ; saint Maxime de Turin dit que cette divine parole est la clef qui ouvre la conscience de l'homme, et lui fait confesser ses péchés ; mais il ne dit pas que c'est par là qu'ils lui sont remis. — En quatrième lieu, nous convenons que l'on réconciliait les pénitents à l'Eglise par des prières et par l'imposition des mains ; mais nous soutenons que ces prières renfermaient une formule d'absolution ; que pour les péchés même qui n'étaient point soumis à la *pénitence* publique, les fidèles croyaient avoir besoin d'absolution, et qu'on la leur donnait.

Rien ne peut mieux démontrer le vrai sens des paroles de l'Ecriture que la croyance et la pratique de l'Eglise : or la croyance contraire à celle des protestants est prouvée par la condamnation que l'Eglise a faite des montanistes, des novatiens et de tous ceux qui n'ont pas voulu reconnaître le pouvoir qu'elle a reçu de Jésus-Christ de remettre les péchés commis après le baptême, d'imposer une *pénitence* aux pécheurs et de les absoudre ensuite, avant que de les admettre à la communion de l'eucharistie. Cette croyance générale et constante est encore attestée par le sentiment et par l'usage des chrétiens orientaux, dont plusieurs sont séparés de l'Eglise romaine depuis plus de douze cents ans. Ni les Grecs schismatiques, ni les jacobites syriens ou cophtes, ni les nestoriens, ni les arméniens, n'ont jamais pensé sur ce sujet comme les protestants ; leurs livres témoignent le contraire. *Perpétuité de la Foi*, tom. V, l. III et IV.

2° Dans ces différentes sociétés chrétiennes, aussi bien que dans l'Eglise romaine, l'absolution se donne par manière de sentence ou de jugement, et par des formules analogues à celle dont on se sert parmi nous. Les protestants en imposent lorsqu'ils disent que cette forme judiciaire ou indicative n'a pas été en usage avant le XII° siècle : il y a des preuves positives du contraire. Au III°, Tertullien, devenu montaniste, blâmait un évêque catholique pour avoir prononcé dans l'Eglise ces paroles : « Je remets les péchés d'adultère et de fornication à ceux qui en ont fait *pénitence*. » *L. de Pudicitia*, c. 1. Voilà une absolution conçue en forme judiciaire. Dans les *Constitutions apostoliques*, l. II, c. 18, lorsqu'un pénitent dit, comme David : *J'ai péché contre le Seigneur*, l'on exhorte les évêques à répondre, comme le prophète Nathan : *Le Seigneur vous a remis votre péché.* C'est encore un jugement. Bingham, anglican très-instruit, convient que chez les Grecs le pénitencier dit quelquefois : « Selon le pouvoir que j'ai reçu de mon évêque, vous serez pardonné; ou soyez pardonné, par le Père, le Fils et le Saint-Esprit, *amen.* » D'autres fois : « Que Dieu vous pardonne par moi pécheur; » ou simplement : « Soyez pardonné. » Arcadius dit que leur formule ordinaire est : « Je vous tiens pour pardonné, » et que c'est le même sens que s'ils disaient comme nous : *Je vous absous.* Notes du P.

Ménard sur le *Sacram. de saint Grégoire*, p. 235. Aussi Bingham est forcé de convenir que, comme le ministre du baptême dit : *Je vous baptise*, celui de la *pénitence* peut dire aussi : *Je vous absous. Orig. eccl.*, l. xix, c. 2, § 6. Or puisque *je vous baptise* ne signifie pas seulement *je vous déclare baptisé ou lavé*, par quelle bizarrerie veut-il que *je vous absous* signifie seulement *je vous déclare absous?* Lorsque Jésus-Christ a dit à ses apôtres : *Guérissez les malades, ressuscitez les morts*, il n'a pas prétendu leur dire seulement : *Déclarez-les guéris ou ressuscités.* Suivant l'expression de saint *Pierre, Epist.* 1, c. iii, v. 21, *le baptême nous sauve*, cela ne signifie pas qu'il nous déclare sauvés; suivant celle de saint *Paul, Ephes.*, c. v, v. 26 : *Jésus-Christ a purifié son Eglise par l'eau du baptême et par la parole de vie.* Dirons-nous qu'il l'a seulement déclarée purifiée ? De même que ce divin Sauveur a dit à ses apôtres : *Celui qui croira et sera baptisé sera sauvé*, il leur a dit aussi : *Les péchés seront remis à celui auquel vous les remettrez.* Donc, lorsque le ministre de la *pénitence* dit : *Je vous absous au nom du Père*, etc., ces paroles opèrent ce qu'elles signifient comme lorsque celui du baptême dit : *Je vous baptise au nom du Père*, etc. En effet, Jésus-Christ leur avait dit encore, *Matth.*, c. xix, v. 28, et *Luc.*, c. xxii, v. 30 : *Vous serez assis sur douze siéges, pour juger les douze tribus d'Israël.* Or, dans le style de l'Ecriture sainte, la qualité de *juge* emporte l'autorité de faire des lois, d'absoudre ou de condamner, et de punir. Aussi saint *Paul*, parlant de l'incestueux de Corinthe (*I Cor.* v, 3), dit : « J'ai déjà jugé ce coupable comme si j'étais présent. » Sur quoi fondés les protestants reprochent-ils aux pasteurs de l'Eglise d'avoir usurpé la qualité de juges contre la défense de Jésus-Christ?

3° Un jugement ne serait pas sage s'il n'était pas exercé avec pleine connaissance de cause; puisque Jésus-Christ a donné à ses apôtres non-seulement le pouvoir de *remettre* les péchés, mais encore celui de les *retenir*, il est évident que les péchés doivent leur être connus; et s'ils sont secrets, le coupable doit les leur révéler par la confession. Au mot CONFESSION, nous avons fait voir que cet acte d'humilité est expressément commandé aux pécheurs dans l'Ecriture sainte; que cette pratique a été en usage dans l'Eglise dans tous les siècles, et depuis les apôtres jusqu'à nous. Les protestants l'ont attaquée par prévention et par esprit d'indépendance, on pourrait dire par libertinage ; ils n'y ont opposé que des sophismes, des allégations fausses et des calomnies. *Voy.* CONFESSION.

4° La confession des péchés serait une hypocrisie si elle n'était pas accompagnée de la contrition, c'est-à-dire d'un regret sincère d'avoir offensé Dieu, d'une ferme résolution de ne plus pécher. De quel front le pécheur oserait-il demander à Dieu le pardon de ses crimes s'il n'en avait aucun regret, s'il était résolu de les continuer et d'y persévérer, s'il ne voulait rien faire pour se punir et pour réprimer les passions qui ont été la cause de ses fautes? Aussi, à l'article CONTRITION, nous avons prouvé que Dieu l'exige absolument des pécheurs, et qu'il n'a promis de leur pardonner que sous cette condition. Nous avons examiné quels doivent être la nature et les motifs de la contrition, pour obtenir de Dieu le pardon du péché. Au mot SATISFACTION, nous ferons voir que Dieu, en nous accordant ce pardon et en nous exemptant de la peine éternelle due au péché, ne nous dispense point de satisfaire à sa justice par des peines temporelles. Ces trois dispositions sont appelées par les théologiens *les actes du pénitent.* Et nous demandons aux protestants si ce ne sont pas là des actes de vertu? Il faut certainement de la force d'âme et du courage pour s'avouer coupable, pour en avoir du regret, pour se punir soi-même et se corriger : ce sont là autant d'actes d'humilité, de soumission à Dieu, de religion et de justice, de confiance en la miséricorde de Dieu, etc. Lorsque l'absolution est accordée à un coupable qui a toutes ces dispositions, nous prions les protestants de nous dire ce qu'il y manque pour être un sacrement, et quelle différence il y a entre ce rite et celui du baptême? Jésus-Christ est également instituteur de l'un et de l'autre; nous avons cité ses paroles à l'égard de l'un et de l'autre, et nous les avons comparées. Les apôtres ont administré l'un et l'autre, et ils exigeaient pour le baptême des dispositions aussi bien que pour la *pénitence.* « Faites *pénitence*, disait saint *Pierre*, et que chacun de vous reçoive le baptême pour la rémission des péchés (*Act.* ii, 38). » Simon le Magicien avait été baptisé; lorsqu'il voulut acheter des apôtres le pouvoir de donner le Saint-Esprit, l'apôtre lui répondit : « Fais *pénitence* de ta méchanceté, et prie Dieu de te pardonner cette pensée de ton cœur, » c. viii, v. 22. Puisque le baptême ne rend pas l'homme impeccable, il n'est pas moins besoin d'un sacrement qui efface les péchés des fidèles baptisés que de celui qui leur a remis le péché originel et les péchés volontaires commis dans l'état d'infidélité; et puisque la foi n'a pas la vertu de prévenir le péché, elle a encore moins la vertu de l'effacer.

Le sentiment commun des théologiens est que les actes du pénitent sont la matière du sacrement de *pénitence*, et que l'absolution du prêtre en est la forme. Quelques-uns tiennent que la matière est l'imposition des mains ; mais ils n'ont embrassé cette opinion que par une raison d'analogie qui n'est rien moins qu'une démonstration. Il suffit de savoir que, sans les trois actes du pénitent et l'absolution réunis ensemble, le sacrement est nul et n'opère point la rémission des péchés. A la vérité, Dieu en a promis le pardon à la contrition parfaite ; mais depuis l'institution du sacrement de baptême et de celui de la *pénitence*, la contrition ne peut pas être censée parfaite ni sincère, à moins qu'elle ne renferme la volonté de recevoir l'un ou l'autre de ces sacrements, suivant le besoin et conformément à l'institution de Jésus-Christ. Il est encore décidé par le concile de Trente, sess. 14, *de Pœnit.*, can. 10, que les évêques et les prêtres sont les ministres du sacrement de *pénitence*, qu'eux seuls ont le pouvoir d'absoudre les pécheurs. Mais outre la puissance de l'ordre, que les prêtres reçoivent par l'ordination, ils ont encore besoin d'un pouvoir de juridiction. Cette juridiction est censée ordinaire lorsqu'elle est attachée à un titre, par exemple, à celui de curé; elle est seulement déléguée lorsqu'elle vient de la simple approbation de l'évêque. Sans l'une ou l'autre, un prêtre ne peut absoudre, ni légitimement ni validement, excepté dans le cas de nécessité. *Voy.* APPROBATION.

PÉNITENCE se dit aussi des bonnes œuvres et des peines que le confesseur impose au pénitent pour la satisfaction des péchés dont il l'absout. *Voy:* SATISFACTION. Une question importante est de savoir s'il y a des péchés tellement griefs, qu'ils ne peuvent être remis par le sacrement de *pénitence*. Deux sectes d'hérétiques ont soutenu autrefois ce paradoxe : les montanistes et les novatiens. *Voy.* ces deux mots. L'Eglise a décidé le contraire par ses décrets et par sa pratique : elle s'est fondée sur des passages formels de l'Ecriture sainte.

Dieu dit aux Juifs par Isaïe, c. I, v. 16 : *Purifiez-vous, cessez de faire le mal, et venez; quand vos péchés seraient rouges comme l'écarlate, ils deviendront blancs comme la neige...* C. LV, v. 6 : *Que l'impie change de conduite et qu'il revienne au Seigneur; le Seigneur aura pitié de lui, parce qu'il pardonne à l'infini.* Et par Ezéchiel, c. XVIII, v. 21 : *Si l'impie fait* pénitence, *il vivra et ne mourra point; je ne me souviendrai point de ses iniquités. Ma volonté est-elle donc la mort du pécheur, et non sa conversion et sa vie?* Or, on sait que les Juifs étaient coupables de crimes énormes, d'idolâtrie, de blasphème, d'injustice, d'oppression des pauvres, etc.; les prophètes leur ont reprochés : c'est pour cela qu'ils les nomment non-seulement des *pécheurs*, mais des *impies*. Cependant Dieu leur promet le pardon s'ils se convertissent. Oserait-on soutenir que Dieu est moins miséricordieux envers les chrétiens qu'envers les Juifs? Aussi Jésus-Christ n'a pas seulement donné à ses apôtres le pouvoir de remettre les fautes légères, mais de remettre tous les péchés sans exception : *Quæcunque solveritis*, etc. Saint Pierre, *Epist. II*, c. III, v. 9, dit que Dieu use de patience, parce qu'il ne veut pas que personne périsse, mais que tous recourent à la *pénitence*; il n'en exclut aucun pécheur. Jésus-Christ ne menace de la perte éternelle que ceux qui refusent de faire *pénitence* (*Luc.* XIII, 3). Lorsque les pharisiens se scandalisèrent de ce qu'il faisait accueil à tous les pécheurs et pardonnait à tous, il confondit ces téméraires censeurs par les paraboles de l'enfant prodigue; de la brebis et de la drachme perdues, etc. Il demanda grâce à son Père, même pour ceux qui l'avaient crucifié. Y eut-il jamais au monde un forfait plus énorme? Aussi saint Pierre leur promit le pardon s'ils voulaient croire en Jésus-Christ et faire *pénitence* (*Act.* III, 19).

Il n'est donc pas étonnant que l'Eglise ait dit anathème aux montanistes et aux novatiens lorsqu'ils ont voulu mettre des bornes à la miséricorde de Dieu et blâmer l'indulgence des pasteurs envers les pécheurs *pénitents*. Ils prétendaient que l'on devait refuser la grâce de la réconciliation à ceux qui avaient apostasié pendant les persécutions, à ceux qui avaient commis de grands crimes après leur baptême, à ceux qui avaient abusé déjà de la *pénitence* en retombant dans le désordre. Personne ne leur résista d'abord avec plus de force que Tertullien : heureux s'il eût toujours persévéré dans les mêmes sentiments! « Dieu, dit-il, qui dans sa justice a destiné un châtiment à tous les péchés de la chair, de l'esprit ou de la volonté, leur a aussi promis le pardon par la *pénitence*... Il ne faut pas désespérer une âme. Si quelqu'un doit faire une seconde *pénitence*, qu'il craigne de pécher de nouveau, et non de se repentir... Que personne ne rougisse de guérir de nouveau en réitérant le même remède. Le moyen de témoigner notre reconnaissance à Dieu est de ne pas dédaigner ce qu'il nous offre. Vous avez péché, mais vous savez à qui vous devez satisfaire pour vous réconcilier avec lui. Si vous en doutez, voyez ce que son Esprit dit aux Eglises. Il leur reproche des désordres, mais il les exhorte à la *pénitence*; il menace, mais il ne menacerait pas les impénitents s'il ne voulait pas pardonner au repentir, etc. » Tertullien cite à l'appui de ces paroles les paraboles de l'Evangile que nous avons alléguées ci-dessus, *de Pœnit.*, c. IV, VII, VIII, etc.

Saint Cyprien, quoique rigide observateur de la discipline, fit décider dans un concile de Carthage auquel il présidait, que l'on recevrait à *pénitence* ceux qui étaient tombés dans la persécution; et le concile de Nicée, tenu au IVe siècle, condamna unanimement la rigueur imprudente des novatiens. Déjà elle avait été proscrite par le cinquante-unième canon des apôtres : « Si un évêque ou un prêtre ne veut pas recevoir celui qui revient après avoir péché, et s'il le rebute, qu'il soit déposé; il contriste Jésus-Christ qui a dit que la conversion d'un pécheur cause plus de joie dans le ciel que la persévérance de quatre-vingt-dix-neuf justes. » C'est la doctrine et la pratique des Pères et les conciles des siècles suivants. Nous convenons qu'il y a eu quelques Eglises dans lesquelles on a poussé la rigueur jusqu'à refuser la *pénitence*, même à l'article de la mort, aux pécheurs connus pour coupables de grands crimes, comme d'apostasie et d'idolâtrie, de meurtre, d'adultère; mais cette sévérité ne fut jamais imitée ni approuvée par l'Eglise universelle. On a senti de même la nécessité d'admettre une seconde fois à la *pénitence* les relaps, ou ceux qui étaient retombés dans le crime après en avoir déjà reçu le pardon, et l'on y était autorisé par l'Evangile. En effet, Jésus-Christ avait dit : *Soyez miséricordieux comme votre Père céleste ; pardonnez, et vous serez pardonnés.* Lorsque saint Pierre lui demanda combien de fois il faut pardonner, il répondit : *Je ne vous dis point jusqu'à sept fois, mais jusqu'à septante fois sept fois.* Il dit ailleurs, jusqu'à sept fois par jour (*Luc.* VI, 36 ; XVII, 4 ; *Matth.* XVIII, 21). C'est dire assez clairement que la miséricorde de Dieu qu'il nous propose pour modèle ne refuse jamais le pardon.

Les montanistes et les novatiens, comme tous les hérétiques, citaient en leur faveur des passages de l'Ecriture. Il est dit (*I Reg.* II, 25) : « Si quelqu'un pèche contre le Seigneur, qui priera pour lui ? » *Matth.*, c. XII, v. 31, Jésus-Christ nous assure que le blasphème contre le Saint-Esprit ne sera remis ni en ce monde ni en l'autre ; saint Paul, *Hebr.*, c. VI, v. 4, dit qu'il est impossible que ceux qui ont été une fois éclairés, qui ont reçu le Saint-Esprit et sont retombés, soient renouvelés par la *pénitence*. Il ajoute, c. X, v. 16, que quand nous péchons volontairement, après avoir reçu la connaissance de la vérité, il ne nous reste plus de victime pour le péché, mais une attente terrible du jugement de Dieu. Saint Jean, *Epist. I*, c. V, v. 16, parle d'un péché qui est à la mort, et pour lequel il n'invite personne à prier. Voilà des arrêts terribles prononcés contre les pécheurs.

Ils sont terribles, sans doute, mais ils n'ont pas le sens que les montanistes et les novatiens y donnaient. Dans le passage cité du livre des Rois, le vieillard Héli réprimandait ses enfants qui étaient prêtres et dont la conduite était très-scandaleuse ; il leur représente que quand un prêtre donne l'exemple de l'impiété, peu de personnes sont tentées de prier pour lui, parce qu'on le regarde comme un réprouvé incorrigible ; mais cela ne prouve pas qu'il ne puisse pas faire *pénitence*. Le blasphème contre le Saint-Esprit, duquel parle le Sauveur, est l'opiniâtreté avec laquelle les Juifs attribuaient ses miracles à l'esprit impur ; il leur déclare que leur perte éternelle est assurée, s'ils persévèrent dans cette disposition jusqu'à la mort. Nous sommes forcés de mettre cette restriction à la menace de Jésus-Christ, puisqu'il pria pour eux sur la croix, et que plusieurs se convertirent. Il en est de même des apostats du christianisme que saint Paul désigne par ces mots *qui sont retombés* ; il est impossible, c'est-à-dire très-difficile qu'ils se renouvellent par une *pénitence* sincère, et l'on en a vu rarement des exemples. Suivant l'apôtre, ces gens-là crucifient Jésus-Christ de nouveau, autant qu'il est en eux, et en le reniant ils semblent témoigner que l'on a bien fait de le crucifier. Dans le second passage de saint Paul, il est encore question des juifs apostats, qui renoncent au christianisme pour retourner au judaïsme ; il les avertit qu'il ne leur reste dans la loi juive aucune victime capable d'expier leur forfait, mais ils pouvaient encore revenir au christianisme, quoique les exemples de ce retour aient été fort rares. Le *péché à la mort*, duquel parle saint Jean, est celui avec lequel un homme meurt sans avoir fait *pénitence*, et il est vrai que les prières faites pour un pécheur mort impénitent seraient fort inutiles. C'est ainsi que les Pères de l'Eglise ont entendu les passages de l'Ecriture sainte desquels les hérétiques abusaient, et c'est ce qui a démontré, dès les premiers siècles, la nécessité de consulter la tradition et l'enseignement de l'Eglise, pour prendre le vrai sens de l'Ecriture sainte. Comment prouver autrement aux novatiens qu'il fallait expliquer les textes qu'ils alléguaient par ceux que nous avons cités en preuve, et que ceux qui expriment la miséricorde de Dieu doivent prévaloir à ceux qui peignent sa justice ? Les clameurs et les plaintes de ces sectaires donnèrent cependant lieu d'augmenter la sévérité de la *pénitence publique*, de laquelle nous allons parler.

PÉNITENCE PUBLIQUE. Dans le II° siècle de l'Eglise et les suivants, les évêques jugèrent que, pour l'édification des fidèles et pour maintenir parmi eux la sainteté des mœurs, il était à propos d'exiger que ceux qui avaient commis de grands crimes après leur baptême fussent privés de la participation aux saints mystères, retenus dans l'état d'excommunication, et fissent publiquement *pénitence*. Voici en quoi elle consistait. Ceux à qui elle était prescrite s'adressaient au pénitencier qui prenait leurs noms par écrit ; le premier jour du carême ils se présentaient à la porte de l'église en habits de deuil, tels que les portaient les pauvres ; entrés dans l'église, ils recevaient, des mains de l'évêque, des cendres sur la tête et des cilices pour se couvrir : ensuite on les mettait hors de l'église, et l'on fermait les portes sur eux. Chez eux ils passaient le temps de leur *pénitence* dans la solitude, le jeûne et la prière ; les jours de fêtes ils se présentaient à la porte de l'église, mais sans y entrer ; quelque temps après on les y admettait pour entendre les lectures et les sermons, mais ils étaient obligés d'en sortir avant les prières ; au bout d'un certain temps, ils étaient admis à prier avec les fidèles, mais prosternés ; enfin on leur permettait de prier debout jusqu'à l'offertoire, et alors ils sortaient. Ainsi il y avait quatre degrés dans la *pénitence publique*, ou quatre ordres de pénitents. Celui qui avait commis un homicide, par exemple, était quatre ans au rang des *pleurants* ; aux heures de la prière, il se trouvait à la porte de l'église revêtu d'un cilice, avec de la cendre sur la tête, sans être rasé ; il se recommandait aux prières des fidèles qui entraient dans l'église. Les cinq années suivantes il était au rang des *auditeurs*, et il entrait dans l'église pour y entendre les instructions ; après ce temps, il était au nombre des *prosternés* pendant sept ans ; enfin il passait au rang que l'on appelait des *connaissants, connitentes* ou *stantes* ; il priait debout jusqu'à ce que les vingt ans de *pénitence* étant accomplis, il recevait l'absolution par l'imposition des mains, et il était admis à la participation de l'eucharistie. Le temps de cette *pénitence* était plus ou moins long, suivant les divers usages des églises ; et il y a encore une grande diversité entre les canons pénitentiaux qui nous restent; les plus anciens sont ordinairement les plus sévères. Saint Basile marque deux ans pour le larcin, sept pour la fornication, onze pour le parjure, quinze pour l'adultère, vingt pour l'homicide, et la vie entière pour l'apostasie. Ce temps était souvent abrégé par les évêques, en considération de la ferveur des *pénitents*; on l'abrégeait encore à la recommandation des martyrs ou des confesseurs, et cette grâce se nommait INDULGENCE. *Voy.* ce mot. Si un fidèle mourait pendant le cours de sa *pénitence* et avant de l'avoir accomplie, on présumait son salut, et l'on offrait pour lui le saint sacrifice. Plusieurs faisaient la *pénitence publique* sans que l'on sût pour quels péchés; d'autres la faisaient en secret, même pour de grands crimes, lorsque la *pénitence publique* aurait causé du scandale ou les aurait exposés à quelque danger. Enfin, l'on a vu quelquefois des personnes très-vertueuses et du plus haut rang, prendre par humilité l'habit des *pénitents*, et en remplir toutes les pratiques avec la plus grande édification.

Lorsque les pénitents étaient admis à la réconciliation, ils se présentaient à la porte de l'église, l'évêque les y faisait entrer et leur donnait l'absolution solennelle. Alors ils quittaient leurs habits de *pénitence*, et recommençaient à vivre comme les autres fidèles. Cette rigueur, dit saint Augustin, était sagement établie; si l'homme récupérait promptement les privilèges de l'état de grâce, il se ferait un jeu de tomber dans le péché. Dans les deux premiers siècles de l'Eglise, le temps de cette *pénitence* ni la manière n'étaient pas réglés; l'on comprend assez qu'elle n'était guère praticable lorsque les chrétiens n'avaient pas l'exercice libre de leur religion ; mais au troisième l'on fit des règlements à ce sujet. Ce fut en partie pour fermer la bouche aux montanistes et aux novatiens, qui reprochaient à l'Eglise catholique de recevoir trop aisément les pécheurs à la réconciliation. Dans quelques églises la rigueur de cette *pénitence* était si grande, que pour les crimes d'idolâtrie, d'homicide et d'adultère, on laissait les pécheurs en *pénitence* pendant le reste de leur vie, et qu'on ne leur accordait pas l'absolution, même à la mort. A l'égard des deux derniers crimes, on se relâcha dans la suite; mais pour les apostats cette sévérité a duré plus longtemps. Cela fut ainsi résolu à Rome et à Carthage du temps de saint Cyprien, et l'on n'accordait l'absolution, à la mort, qu'à ceux qui l'avaient demandée en santé ; si par hasard ils revenaient de leur maladie, ils étaient obligés d'accomplir la *pénitence*. Jusqu'au vi° siècle, quand les pécheurs, après avoir fait *pénitence*, retombaient dans le crime, on ne les recevait plus au bienfait de l'absolution, ils demeuraient séparés de la communion de l'Église, on laissait leur salut entre les mains de Dieu, non que l'on en désespérât, dit saint Augustin, mais afin de maintenir la rigueur de la discipline.

Ce ne fut qu'au iv° siècle que les divers degrés de la *pénitence* furent entièrement réglés, et ces règles furent nommées *Canons pénitentiaux* ; ils ne furent observés rigoureusement que dans l'Eglise grecque ; ce n'était pas une institution des apôtres. Pendant les quatre premiers siècles, les clercs étaient soumis, comme les autres, à la *pénitence* ; dans les suivants, on les déposait de leur ordre et on les réduisait au rang des laïques, lorsqu'ils avaient commis un crime pour lequel ces derniers étaient mis en *pénitence*. Vers la fin du v°, on introduisit une *pénitence* mitoyenne entre la publique et la secrète ; elle se faisait en présence de quelques personnes pieuses, pour des crimes commis dans les monastères ou ailleurs. Enfin, vers le vii°, la *pénitence publique*, pour les péchés occultes, cessa tout à fait. Théodore, archevêque de Cantorbéry, est regardé comme le premier auteur de la *pénitence* secrète en Occident. Sur la fin du viii°, on introduisit la commutation de la *pénitence* en d'autres bonnes œuvres, comme aumônes, prières, pèlerinages. Dans le xii°, on s'avisa de racheter le temps de la *pénitence* canonique pour une somme d'argent qui était employée au bâtiment d'une église ou à un ouvrage d'utilité publique ; cette pratique fut d'abord appelée *relâchement* et ensuite *indulgence*. Dans le xiii° siècle, la pratique de la *pénitence publique* étant absolument perdue, les pasteurs furent contraints à exhorter les fidèles à une *pénitence* secrète pour les péchés secrets et ordinaires ; quant aux péchés énormes et publics, on imposait encore des *pénitences* rigoureuses. Le relâchement augmenta dans le xiv° et le xv° ; on n'ordonnait plus que des *pénitences* légères pour des péchés griefs ; le concile de Trente a travaillé à réformer cet abus ; il enjoint aux confesseurs de proportionner la rigueur des *pénitences* à l'énormité des cas, et il veut que la *pénitence publique* soit rétablie à l'égard des péchés publics. *Observ. de Laubespine* ; Morin, *de Pœnit* ; Fleury, *Mœurs des chrétiens*, n. 25 ; Drouin, *de re Sacrament.*, etc.

**PÉNITENCERIE, PÉNITENCIER.** Ces deux articles ont moins de rapport au dogme qu'à la discipline de l'Eglise ; comme il y a des cas réservés au souverain pontife, et d'autres qui sont réservés aux évêques, le pape a établi un *grand-pénitencier* qui est ordinairement un cardinal, auquel il faut s'adresser pour obtenir le pouvoir d'absoudre des cas et des censures réservés au saint-siège, et la dispense des empêchements qui ont pu rendre un mariage nul. De même les évêques ont établi dans leur cathédrale un *pénitencier*, auquel ils ont donné le pouvoir d'absoudre des cas qui leur sont réservés. Nous devons observer en passant, que les prétendues taxes de la *pénitencerie romaine*, publiées par les protestants pour faire croire aux ignorants que tous les crimes sont remis à Rome pour de l'argent, sont une calomnie grossière ou un abus retranché depuis longtemps; que tous les brefs de la *pénitencerie* sont absolument gratuits et portent ces mots: *pro Deo*. Au mot PÉNITENCE, nous avons observé que, pendant le XII° siècle, l'abus s'introduisit de racheter à prix d'argent ou par une aumône les *pénitences* imposées pour l'expiation des crimes, et nous ne doutons pas que dans ce temps-là l'on n'ait dressé des taxes pour ce rachat; mais racheter des *pénitences* et acheter l'absolution sont deux choses fort différentes; il y a déjà de la malice à les confondre. D'ailleurs, l'an 1215, le concile de Latran avait déjà proscrit tout espèce de trafic en fait d'indulgences ou de rachat de *pénitences*, et le concile de Trente en a renouvelé les décrets, sess. 21, *de Reform.*, c. IX, et sess. 25, *contin.* A quoi sert-il de reprocher à l'Église romaine des abus qu'elle a retranchés?

PÉNITENTS, nom de quelques dévots réunis en confrérie, qui font profession de pratiquer la pénitence publique, en allant en procession dans les rues, couverts d'une espèce de sac, et se donnant la discipline. Cette coutume fut établie à Péronne en 1620, par les prédications pathétiques d'un ermite qui excitait les peuples à la pénitence. Elle se répandit ailleurs, surtout en Hongrie, où elle dégénéra en abus, et produisit la secte des flagellants. *Voy.* ce mot. En retranchant les superstitions qui s'étaient mêlées à cet usage, on a permis d'établir des confréries de *pénitents* en divers lieux d'Italie et ailleurs. On y voit des *pénitents* blancs, aussi bien qu'à Lyon et à Avignon; dans quelques villes du Languedoc et du Dauphiné, il y a des *pénitents* bleus; dans d'autres provinces, des *pénitents* noirs. Ceux-ci assistent les criminels à la mort, leur donnent la sépulture et font d'autres bonnes œuvres. Le roi Henri III, ayant vu la procession des *pénitents* blancs d'Avignon, voulut être agrégé à cette confrérie, et il en établit une semblable à Paris dans l'église des Augustins, sous le titre de l'Annonciation de Notre-Dame. Ce prince assistait aux processions de cette confrérie sans gardes, vêtu d'un long habit de toile blanche, en forme de sac, avec deux trous à l'endroit des yeux, deux longues manches, et un capuchon fort pointu. A cet habit était attachée une discipline de lin et une croix de satin blanc sur un fond de velours tanné. Il fut imité par la plupart des princes et des grands de sa cour. On peut voir, dans les *Mémoires de l'Etoile*, l'effet que produisirent ces dévotions.

PÉNITENTS est aussi le nom de plusieurs congrégations ou communautés de personnes de l'un ou de l'autre sexe, qui, après avoir vécu dans le libertinage, se sont retirées dans ces asiles, pour y expier par la pénitence les désordres de leur vie passée. On a aussi donné ce nom aux personnes qui se dévouent à la conversion des filles et des femmes débauchées. Tel est l'ordre de la pénitence de Sainte-Madeleine, établi vers l'an 1272, par un bourgeois de Marseille nommé *Bernard*, qui travailla par zèle à la conversion des courtisanes de cette ville. Il fut secondé dans cette bonne œuvre par plusieurs autres personnes, et leur société fut érigée en ordre religieux par le pape Nicolas III, sous la règle de saint Augustin. Ils formèrent aussi un ordre religieux de femmes converties, auxquelles ils donnèrent la même règle. La congrégation des *pénitentes* de la Madeleine, à Paris, doit son origine aux prédications du Père Jean Tisserand, cordelier, qui, ayant converti par ses sermons plusieurs femmes publiques, établit cet institut pour retirer celles qui voudraient mener à l'avenir une vie exemplaire. Vers l'an 1294, Charles VIII leur donna l'hôtel de Bohaines, et, en 1500, Louis, duc d'Orléans, qui régna sous le nom de Louis XII, leur donna le sien, où elles demeurèrent jusqu'en 1572; et alors la reine Catherine de Médicis les plaça ailleurs. Dès l'an 1497, Simon, évêque de Paris, leur avait dressé des statuts et donné la règle de saint Augustin. Une des conditions pour entrer dans cette communauté était autrefois d'avoir vécu dans le désordre, et l'on n'y recevait point de femmes au-dessus de trente-cinq ans: depuis la réforme qui y a été faite en 1616, on n'y reçoit plus que des filles, et elles portent toujours le nom de *pénitentes*. *Voy.* MAGDELONNETTES. Il y a aussi en Espagne, à Séville, une congrégation de *pénitentes* du nom de Jésus; ce sont des femmes qui ont mené une vie licencieuse; elles furent fondées, en 1550, sous la règle de saint Augustin. Les *pénitentes* d'Orviète, en Italie, sont une congrégation de religieuses, instituée par Antoine Simonelli, gentilhomme de cette ville. Le monastère qu'il fit bâtir fut d'abord destiné à recevoir de pauvres filles abandonnées par leurs parents, et en danger de perdre leur vertu. En 1660, on fit une maison propre à recevoir des filles qui, après avoir mené une vie scandaleuse, auraient formé la résolution de renoncer au monde et de se consacrer à Dieu par les vœux de religion; leur règle est celle des carmélites.

PÉNITENTS (religieux) DE NAZARETH et DE PICPUS. *Voy.* PICPUS.

PÉNITENTIEL. Livre qui renferme les canons pénitentiaux ou les règles que l'on devait observer touchant la durée et la rigueur des pénitences publiques, les prières que l'on devait faire pour les pénitents au commencement et à la fin de leur carrière, l'absolution qu'il fallait leur donner. Les principaux ouvrages de ce genre sont le *pénitentiel* de Théodore, archevêque de Cantorbéry, celui du vénérable Bède, prêtre anglais, que quelques-uns attribuent à Ecbert, archevêque d'York, contemporain de Bède; celui de Raban Maur, archevêque de Mayence, et le *pénitentiel* romain. Ces livres, introduits depuis le VII° siècle pour maintenir en vigueur la discipline de la pénitence, devinrent très-communs; et comme plusieurs particuliers se donnèrent la liberté d'y insérer des pénitences arbitraires, cet abus contribua à faire naître le relâchement; aussi plusieurs de ces *pénitentiels* furent condamnés par un concile de Paris, sous Louis le Débonnaire, et par d'autres conciles. Morin, *de Pœnit.* Preuve que les évêques ont veillé, dans tous les temps, à prévenir le relâchement de la discipline ecclésiastique.

PENSÉE. Ce mot, dans l'Ecriture sainte, ne signifie pas toujours la simple opération de l'esprit qui pense, souvent il exprime un dessein, un projet, une entreprise. *Ps.* cxlv, v. 4, il est dit qu'au jour de la mort, les *pensées* des grands de la terre périront. *Job,* c. xxiii, v. 13, personne ne peut empêcher les *pensées,* c'est-à-dire les desseins de Dieu. *Sap.,* c. v, v. 16, il est employé pour désigner le *soin* que Dieu prend des justes. Il signifie encore doute, scrupule, soupçon. *Luc.,* cap. xxiv, v. 28, pourquoi les *pensées* s'élèvent-elles dans votre cœur? Enfin il se met pour *raisonnement.* Saint Paul. *Rom.*, c. i, v. 21, dit que les philosophes païens se sont égarés dans leurs *pensées,* parce qu'ils ont été induits en erreur par de faux raisonnements.

Nous ne devons pas être étonnés de ce que notre religion nous apprend à regarder de simples *pensées* comme des péchés; il ne dépend pas de nous, à la vérité, de ne pas les avoir, puisque souvent elles nous viennent malgré nous et nous affligent; mais il est en notre pouvoir de nous y arrêter ou de les rejeter, d'y acquiescer ou d'y résister; elles ne sont péché que quand elles sont délibérées et que nous nous y arrêtons volontairement.

PENTATEUQUE, mot grec composé de πέντε cinq, et de τεῦχος, *volume.* L'on nomme ainsi les cinq livres de Moïse qui sont à la tête de l'Ancien Testament, savoir, la Genèse, l'Exode, le Lévitique, les Nombres et le Deutéronome; nous parlons de chacun de ces livres dans un article particulier. Tous ensemble sont appelés par les juifs *la loi,* parce que la partie la plus essentielle de ce qu'ils renferment est la loi que Dieu donna au peuple juif par le ministère de Moïse. Un des principaux objets que se sont proposés les incrédules de notre siècle, a été de vouloir que le *Pentateuque* ne soit pas l'ouvrage de ce législateur, mais de quelque autre auteur inconnu; aucun d'eux n'a daigné examiner les preuves qui établissent l'authenticité de cet ouvrage, ni les réfuter. Nous sommes donc obligés de les exposer, du moins sommairement, avant de répondre aux objections que l'on a cru pouvoir y opposer.

La première de ces preuves est le témoignage des livres mêmes du *Pentateuque;* partout, excepté dans la Genèse, Moïse y parle comme acteur principal. Il dit que Dieu lui a ordonné d'écrire les événements qu'il rapporte et les lois qu'il prescrit; il ordonne de placer son ouvrage dans le tabernacle, à côté de l'arche. Dans l'exode, où Moïse commence à faire sa propre histoire, il suppose les événements dont il avait parlé dans la Genèse, et ceux-ci ont une liaison essentielle avec les faits qui sont racontés dans l'Exode. Un autre que Moïse n'aurait pas eu la même sagacité, n'aurait pas senti comme lui la nécessité de montrer la législation juive préparée et résolue dans les desseins de Dieu depuis le commencement du monde. *Voy.* GENÈSE. — La seconde est l'attestation des écrivains juifs, postérieurs à Moïse, de Josué, de ceux qui ont rédigé les livres des Juges, ceux des Rois et ceux des Paralipomènes, de David dans ses psaumes, d'Esdras et des prophètes. Tous parlent des ordonnances de Moïse, des livres de Moïse, du livre de la loi : ils rapportent les événements dont il est fait mention dans le *Pentateuque,* ou ils y font allusion; cet ouvrage est donc plus ancien qu'eux tous. Le *psaume* 104 et les suivants sont un abrégé de l'histoire juive, à commencer depuis la vocation d'Abraham jusqu'à l'établissement des Juifs dans la Palestine; le quatre-vingt-neuvième est intitulé : *Prière de Moïse, serviteur de Dieu;* le dernier des prophètes finit par exhorter les Juifs à l'observation de la loi que Dieu a donnée à Moïse; le même langage règne encore dans les livres des Machabées et dans celui de l'Ecclésiastique. Il n'a donc été aucun temps, dans lequel les Juifs n'aient été persuadés de l'authenticité du *Pentateuque.* — 3° Il a fallu ces livres pour établir et perpétuer la religion, le cérémonial, les lois civiles, politiques et militaires des Juifs; il est incontestable que ce peuple a été réuni en corps de nation depuis le temps de Moïse, que la constitution de leur république a été la même jusqu'à l'élection des rois, que ceux-ci n'ont rien changé au fond de la législation; les Juifs mêmes ont continué à observer leurs lois pendant la captivité de Babylone, et ils les ont remises en vigueur dans la Judée après leur retour. Il est impossible que ce détail immense d'ordonnances, d'usages, d'observances, ait pu se conserver par la tradition et sans aucune écriture, et cette nation n'y aurait pas été aussi constamment attachée, si elle n'avait pas cru que le tout était parti de la main d'un législateur inspiré de Dieu. — 4° La forme de ces livres dépose de leur authenticité. Depuis le commencement de l'Exode, ils sont écrits en forme de journal; le Deutéronome, qui est le dernier, est la récapitulation des précédents. Un auteur plus ancien que Moïse aurait pu écrire la Genèse, mais il n'a pas pu faire l'Exode ni les livres suivants. A moins d'avoir été en Egypte et dans le désert, d'avoir été témoin des événements qui s'y sont passés, des marches, des campements, des faits et des circonstances minutieuses arrivées pendant quarante ans, un historien n'a pas pu les écrire dans un si grand détail et avec autant d'exactitude. D'autre part, un écrivain postérieur à Moïse n'aurait pas pu composer la Genèse; il aurait été trop éloigné de la tradition des patriarches : Moïse seul s'est trouvé au point où il fallait être pour lier la chaîne des événements, et les faire correspondre les uns aux autres. — 5° Il y a une différence infinie entre le style de Moïse et celui des écrivains postérieurs : aucun de ceux-ci ne lui ressemble; pour peu qu'on les compare, on voit que Moïse est plus ancien, mieux

Instruit, plus grand, et revêtu d'une autorité supérieure à la leur. Il parle en législateur; les autres sont des historiens et des prophètes: tous parlent de lui avec respect. — 6° Quel autre que lui a pu avoir assez d'ascendant pour faire recevoir aux Juifs, peuple mutin, rebelle et opiniâtre, des lois et des usages très-différents de ceux des autres nations, desquels ils ne supportaient le poids qu'avec répugnance, dont ils avaient secoué vingt fois le joug, et auxquels ils ont toujours été forcés de revenir? Moïse leur fait les reproches les plus sanglants : il leur prédit leurs fautes et leurs malheurs, son histoire les couvrait d'opprobre, et de siècle en siècle ils ont transmis à leurs descendants ce témoignage irrécusable de la mission divine de leur législateur. Un autre que Moïse n'aurait pas osé faire à sa nation des réprimandes aussi sévères, ni placer dans son histoire des faits aussi déshonorants pour elle.

Plus on voudra reculer l'époque de la supposition du *Pentateuque*, plus on rendra ce fait impossible et absurde. Plaçons-le sous quelle date on voudra. Sous Josué, il est question du partage de la Palestine entre les tribus, et ce partage ne fut pas égal; mais la distribution des parts et l'emplacement de chaque tribu avaient été réglés par Moïse, et annoncés d'avance par le testament de Jacob : il n'y eut ni révolte ni murmure à ce sujet; chacune de ces peuplades prit sans contester la portion qui lui revenait. Sous les juges, tout se trouve arrangé suivant ce plan : Jephté argumente contre les Ammonites sur le xxi° chapitre du livre des Nombres, *Jud.*, c. xi, et justifie par l'histoire de Moïse que depuis trois cents ans les Israélites sont en possession légitime du terrain qu'ils occupent. Cette histoire était donc reconnue pour très-authentique. Sous le gouvernement de Samuel, la nation mécontente demande un roi : Moïse l'avait prédit, et avait fait des règlements à ce sujet (*Deut.* xvii, 14); il fallut s'y conformer. Après le règne de Saül, dix tribus contestent à David la royauté : sous Roboam le schisme recommence, et dure jusqu'à la captivité de Babylone. Voilà deux royaumes et deux peuples divisés d'intérêts. Pour prévenir leur réunion, Jéroboam entraîne ses sujets dans l'idolâtrie : cependant les lois civiles et politiques imposées par Moïse continuent à être suivies dans l'un et l'autre royaume. Était-ce dans ces circonstances qu'un imposteur pouvait être tenté de forger, ou avoir assez d'autorité pour les faire recevoir par deux peuples ennemis l'un de l'autre? Tous deux se sont trouvés intéressés à les conserver, pour connaître et maintenir les limites de leurs possessions respectives.

Pendant la captivité de Babylone, nous voyons par les livres de Tobie, d'Esther, de Baruch, d'Ezéchiel et de Daniel, que les Juifs dispersés dans la Chaldée et dans la Médie ont continué de vivre selon leurs lois; ce n'était pas pendant cette dispersion qu'un particulier quelconque pouvait introduire chez cette nation des livres, une législation, une histoire supposée sous le nom de Moïse. Aussi la plupart des incrédules ont imaginé que cette supposition n'a été faite qu'après le retour de la captivité; c'est Esdras, disent ils, qui est l'auteur du *Pentateuque*. De toutes les hypothèses possibles, ils ne pouvaient pas en choisir une plus absurde. Il faut savoir d'abord qu'Esdras, né à Babylone, ne vint dans la Judée que soixante-treize ans après le retour qui s'était fait sous Zorobabel, *Esdr.*, c. vii. Or, Esdras lui-même nous apprend que Zorobabel, Josué, fils de Josédech, qui était grand prêtre, avec les autres chefs de la nation, avait déjà rétabli l'*autel* des holocaustes, les sacrifices, les fêtes, le chant des psaumes de David, *comme il est écrit dans la loi de Moïse, serviteur de Dieu,* c. iii, v. 2. Ce n'est donc pas lui qui en était l'auteur. Il n'était pas au monde lorsque Tobie, Raguel, Esther, Mardochée, Ezéchiel, Daniel, etc., faisaient profession d'observer la religion et les lois prescrites par Moïse. Si les Juifs n'avaient pas déjà l'esprit imbu des lois, des prédictions, des promesses et des menaces de Moïse, comment et par quel motif se sont-ils résolus à quitter la Chaldée soixante-treize ans avant Esdras, à revenir habiter la Palestine, pays dévasté depuis soixante-dix ans, pour y subir le joug d'une loi qui devait leur être inconnue et qui les rendait ennemis de leurs voisins? Esdras, simple prêtre, n'avait aucun moyen de les y forcer lorsqu'il vint dans la Judée; aussi fit-il profession de ne rien prescrire, de ne rien établir que ce qui était ordonné par la loi de Moïse, *Esdr.*, l. I, c. iii, v. 3; c. vi, v. 18; c. vii, ix, x, etc. Si déjà les Juifs n'étaient pas convaincus de l'authenticité de ce livre et de ces lois, il a fallu qu'Esdras fascinât tous les esprits, pour leur persuader faussement que tout cela existait déjà depuis plus de mille ans.

Pour forger à cette époque les livres de Moïse, il fallait fabriquer encore ou altérer tous les livres postérieurs de l'Ecriture qui en font mention; il fallait faire parler vingt auteurs différents sur le ton et suivant le génie qui convenait à chacun d'eux; c'est prêter trop d'habileté à un écrivain juif. Esdras a écrit ses propres livres, partie en hébreu et partie en chaldéen; ceux de Moïse et des auteurs postérieurs sont en hébreu pur. Quelle différence entre le style de Moïse et celui d'Esdras! Il aurait fallu encore que ce dernier inventât les prophéties d'Isaïe et de Jérémie touchant la ruine de Babylone, celles de Daniel sur la succession des quatre grandes monarchies, celles de tous les prophètes qui annonçaient la venue du Messie et la vocation future des gentils; ces divers événements n'étaient pas encore accomplis; les incrédules, sans doute, ne sont pas tentés d'accorder à Esdras le don de prophétie.

Mais une preuve plus forte et plus invincible de l'authenticité des écrits de Moïse est le témoignage de Jésus-Christ que nous ont transmis les apôtres et les évangélistes; dans une infinité de passages des Evangiles, ce divin Maître a cité aux Juifs les lois, les préceptes, les prédictions, les livres de Moïse : il était donc persuadé, comme toute la nation juive, que ces livres étaient l'ouvrage de Moïse et non d'un autre. Pour contredire la croyance commune de toute une nation sur un article aussi important, il faudrait des raisons démonstratives ; les incrédules n'y opposent que des objections frivoles. Dans les articles GENÈSE et DEUTÉRONOME, nous avons répondu à celles que l'on fait contre ces deux livres en particulier. Quelques discoureurs modernes ont avancé que du temps de Moïse l'art d'écrire n'était pas encore connu; le contraire est prouvé par les monuments les plus certains de l'histoire profane. *Voyez l'Origine du langage et de l'écriture, par M. de Gébelin.* D'autres ont dit que dans le désert Moïse manquait de matières propres à faire un livre; ils ont oublié que les Israélites, en arrivant dans le désert, étaient chargés des dépouilles des Egyptiens; l'on employa des métaux, des étoffes et des peaux apprêtées pour construire le tabernacle. Moïse a donc pu avoir des bandelettes de lin, des peaux d'animaux, du papyrus, des tablettes de cire et de bois, sur lesquelles les Egyptiens ont écrit de tout temps, comme nous le voyons par les figures dont ils ont chargé leurs momies (1).

On objecte que Moïse parle de lui-même à la troisième personne ; il ne s'ensuit rien, puisque Xénophon, César, Josèphe, Esdras et d'autres ont fait de même. On ajoute que

(1) Pour détruire l'autorité du *Pentateuque*, les incrédules ont fouillé les entrailles de la terre, interrogé l'histoire, consulté les astres, demandé des preuves aux arts. — L'art d'écrire a été sur tous les autres l'objet d'une attention particulière. Ils ont contesté son existence du temps de Moïse. Si dans la suite ils ont accordé que l'écriture hiéroglyphique était connue, c'était pour établir l'impossibilité d'écrire en hiéroglyphes le Pentateuque qui est rempli de généalogies, de noms propres et de détails très-circonstanciés. Passant ensuite à la matière, ils ont prétendu que « l'art de graver ses pensées sur la pierre polie, sur la brique ou sur le plomb était la seule manière d'écrire. » Il aurait fallu graver cinq volumes sur des pierres polies, ce qui demandait des efforts et un temps prodigieux. Comment, dans un désert, occupé de marches et de contre-marches, obligé d'apaiser les séditions, d'organiser un peuple en corps de nation, de régler tout le détail d'une administration difficile, comment Moïse aurait-il pu écrire son livre? On voit que tout concourt à démontrer que Moïse a été dans une impossibilité absolue d'écrire le Pentateuque.

Avant de répondre directement, nous allons rechercher, 1° quelle était anciennement la matière qui servait à la composition d'un livre ? 2° quelles étaient les différentes espèces d'écriture connues dans l'antiquité ?

1° Quelle était la matière qui servait anciennement à la composition d'un livre ? — Tous les auteurs de l'antiquité disent que la pierre, la brique, le marbre et le bois reçurent d'abord les pensées des mortels. Jusqu'à une époque très-avancée on s'en servit presque toujours pour graver le souvenir de quelque grand événement, ou pour exposer sous les yeux du peuple les lois qui devaient le diriger ( Voir Porphyre, Euhémère dans Lactance, Sanchoniathon dans Théodoret, Hérodote, Diodore de Sicile, Pline, Plutarque, Aulu-Gelle, Diogène-Laërce, etc.). Ensuite où l'auteur du *Pentateuque* entre, sur les lieux voisins de l'Euphrate, dans des détails qui n'ont pu être connus que d'un homme qui

employa des tablettes recouvertes de cire. Pline observe que leur usage remonte au delà de la guerre de Troie. Les autres matières dont on se servit à différentes époques sont la feuille de palmier, l'écorce de certains arbres, une composition faite avec le papyrus, la peau de quelques animaux. Un roi de Pergame en perfectionna la préparation ; de là lui vient le nom de parchemin. On a même vu à Constantinople un Homère écrit en lettres d'or sur les intestins d'un serpent. (Pline, Virgile, Syrus, Mabillon, Calmet, etc.) Nous ne pouvons préciser l'époque où chacune de ces matières fut employée. Nous nous contenterons de rapporter ici l'observation du savant comte de Caylus (*Mem. de l'Acad. des belles-lettres*) : « Il n'est pas douteux que l'écriture une fois inventée n'ait été employée sur tout ce qui pouvait la recevoir. Les matières ont varié selon les temps et les circonstances. On peut dire cependant qu'on aura préféré pour une chose si nécessaire ce qu'il y avait de plus commun et de plus facile à transporter. »

2° Quelles étaient les différentes espèces d'écritures connues dans l'antiquité ? — L'art de conserver le souvenir de la pensée fut, sans aucun doute, un des premiers besoins de l'homme. Aussi un philosophe distingué en fait-il remonter l'origine à Dieu lui-même. Il pense que le souverain de tous les êtres donna l'écriture au premier des mortels aussi bien que le langage. Comme celui-ci, elle dut prendre des formes bien multipliées. Les caractères éprouvèrent beaucoup de la mobilité du temps et des circonstances. Nous trouvons deux espèces d'écritures, différentes entre elles, non-seulement quant à la conformation des caractères, mais même quant à la signification. L'une est hiéroglyphique et l'autre euphonique. — L'écriture hiéroglyphique représente la pensée par des symboles et des images. D'après cela on conçoit que cette espèce d'écriture devrait avoir eu pour ainsi dire autant d'images que nous avons de pensées, et qu'il doit être très-difficile de l'employer pour les idées abstraites et de détails. Elle dut convenir à l'enfance des peuples dont les idées ne sont point multipliées et qui se représentent tout en images : c'était l'écriture des peuples du nouveau monde. A son aide les Mexicains avaient retracé leur histoire et leur législation. Elle fut beaucoup en usage chez les Egyptiens. L'écriture ordinaire eut sans doute tenu un langage trop froid sur ces monuments qui étonnent l'imagination. L'écriture mystérieuse était beaucoup plus en rapport avec eux. Serait-il impossible d'écrire en hiéroglyphes un livre tel que le Pentateuque? Nous avouons que ce serait une tentative très-difficile. Mais l'impossibilité ne nous paraît pas bien démontrée d'après ce que nous venons de dire de l'histoire des Mexicains. — L'écriture euphonique est celle qui nous rappelle les sons auxquels nos idées sont attachées. Avec elle il n'y a aucune parole dont on ne puisse conserver le souvenir. Lucain attribue aux Phéniciens cette merveilleuse invention. Supposant qu'elle soit l'œuvre de l'homme, nous ne pouvons déterminer son origine, seulement nous savons que Cadmus importa l'écriture euphonique lorsqu'il vint se fixer à Thèbes. Il vivait un siècle avant Moïse suivant les tables de bons chronologistes. Il paraît assez bien démontré qu'avant lui Cecrops, fondateur d'Athènes, en avait doté la Grèce. Nous ne nous arrêterons pas à rechercher la différence des caractères. Cette recherche est inutile au but que nous nous proposons. Nous observerons seulement qu'il est indubitable qu'outre l'écriture hiéroglyphique, les Egyptiens avaient aussi des caractères euphoniques ; on s'en servait pour les affaires privées. (Voir Hérodote, Plutarque, Calmet, Champollion, Humboldt, Paravey, etc.)

avait voyagé. L'on se trompe; non-seulement Moïse a pu apprendre ces détails par le récit de quelques voyageurs, mais son aïeul avait vécu avec les enfants de Jacob, qui étaient nés dans la Mésopotamie : il a donc été instruit des détails géographiques par la même tradition qui lui a transmis les événements rapportés dans la Genèse (1).

Enfin nos adversaires disent que si Moïse a écrit le *Pentateuque*, cet ouvrage avait été entièrement oublié des Juifs, puisque, sous Josias, l'on en trouva dans le temple un exemplaire, dont la lecture étonna beaucoup ce roi. Cet étonnement prouve seulement que Josias, dans son enfance, avait été très-mal instruit par un père idolâtre. Est-il certain d'ailleurs que le livre trouvé dans le temple, sous le règne de Josias, était tout le *Pentateuque*? Il est beaucoup plus probable que c'étaient seulement les huit derniers chapitres du Deutéronome, qui renferment les promesses et les bénédictions prononcées par Moïse en faveur de ceux qui accompliraient la loi, et les menaces et les malédictions lancées contre ceux qui la violeraient. *Voy. IV Reg.*, c. xxii, v. 8 et suiv.; *II Par.*, c. xxxiv, v. 14 Sous les rois impies, qui avaient entretenu le peuple dans l'idolâtrie, les prêtres trop timides n'avaient pas osé lire publiquement cette partie de la loi. Sous Josias, dont la piété était déjà prouvée par dix ans d'un règne très-sage, le pontife Helcias jugea qu'il était temps de rétablir cette lecture, et il en eut le courage; de là l'étonnement du roi et du peuple. Mais cela ne prouve pas que le reste du *Pentateuque*, qui renfermait l'histoire, les lois civiles de la nation, les généalogies et les partages des tribus, avait été oublié de même; cet oubli était impossible. Il paraît d'ailleurs évident que le livre trouvé par Helcias dans le temple était l'autographe même de Moïse, ou l'original écrit de la main de ce législateur; il était naturel que Josias fût plus touché de cette lecture que de celle des copies.

Nous ne concevons pas comment Prideaux et d'autres ont pu supposer que sous Josias il ne restait qu'un seul exemplaire du *Pentateuque*; que ce roi et le pontife Helcias ne l'avaient jamais vu, mais que Josias en fit faire des copies; qu'il fit rechercher toutes les autres parties de la sainte Ecriture, et l'un l'introduisit sans que l'autre élevât la voix pour réclamer. Aussi les Juifs se sont-ils fortement élevés contre la fable de Garizim, mise dans le Pentateuque des Samaritains.

De plus, les livres de l'Ancien Testament renferment la substance du Pentateuque. Il aurait donc fallu les falsifier tous. Mais quel est l'homme qui aurait pu le tenter? Comment aurait-il pu en retirer tous les exemplaires? Un seul aurait suffi pour faire découvrir la supercherie. Comment aurait-il pu imiter tous les styles? La critique est si habile, qu'elle reconnaît une petite phrase, un mot introduit dans un écrit; et elle aurait été aveugle pour une interpolation d'une certaine étendue !

Les prédictions et les miracles, dit Bossuet, sont tellement répandus dans tous ces livres, sont tellement inculqués et répétés si souvent, avec tant de tours divers, et une si grande variété de fortes figures, en un mot, en font tellement tout le corps, qu'il faut n'avoir jamais seulement ouvert ces livres saints, pour ne pas voir qu'il est encore plus aisé de les refondre, pour ainsi dire tout à fait, que d'y insérer les choses que les incrédules sont si fâchés d'y trouver, et quand même on leur accorderait tout ce qu'ils demandent, le miraculeux et le divin est tellement le fond de ces livres, qu'il s'y trouverait encore malgré qu'on en eût. En quoi nuisent après cela les diversités des textes? Que nous fallait-il davantage que ce fonds inaltérable des livres sacrés, et que pouvions-nous demander de plus à la divine providence? Et pour ce qui est des versions, est-ce une marque de supposition ou de nouveauté, que la langue de l'écriture soit si ancienne qu'on en ait perdu les délicatesses, et qu'on se trouve empêché à en rendre toute l'élégance ou toute la force dans la dernière rigueur? N'est-ce pas plutôt une preuve de la plus grande antiquité? Et si on veut s'attacher aux petites choses, qu'on me dise si de tant d'endroits où il y a de l'embarras on en a jamais rétabli un seul par raisonnement ou par conjecture. On a suivi la foi des exemplaires; et comme la tradition n'a jamais permis que la saine doctrine pût être altérée, on a cru que les autres fautes, s'il y en restait, ne serviraient qu'à prouver qu'on n'a rien innové par son propre esprit (*a*).

D'après cet exposé, la solution des difficultés nous paraît bien facile. Il est incontestable que l'art d'écrire existait du temps de Moïse. Les caractères de son livre ont-ils été peints ou gravés? il ne nous est point donné de résoudre cette question. Quelques savants très-distingués, appuyés sur des passages de Job, des Proverbes, etc., pensent que l'usage ancien des écrivains sacrés était de graver sur le bois, sur la pierre, sur le plomb; d'où ils concluent que probablement Moïse fit graver son livre sur le bois. Nous ne nous arrêterons pas à réfuter la prétendue impossibilité de le faire. Dans plus de 600,000 hommes Moïse put, sans aucun doute, trouver un assez grand nombre de graveurs pour terminer son ouvrage dans l'espace de quarante ans.

(1) *Intégrité du Pentateuque*. Le Pentateuque a un peu éprouvé le sort des livres anciens : il a ses variantes aussi bien que les livres de Virgile et de Cicéron. Elles ont été causées par la négligence des copistes et sont peu importantes. Mais a-t-on ajouté ou soustrait au Pentateuque une narration d'une certaine étendue, ayant quelque importance doctrinale ou historique? Voilà le véritable point de la question. Nous affirmons que le Pentateuque a cette espèce d'intégrité. On n'en doutera pas, 1° si l'on examine le soin que les Juifs avaient de leurs livres sacrés; 2° si on compare les divers Pentateuques entre eux et avec les autres livres de l'Ancien Testament.

1° Le Pentateuque était le code religieux, civil, politique et militaire des Juifs. Tous les ordres de la nation étaient intéressés à sa parfaite conservation. Ne nous étonnons donc point qu'ils en aient compté les lettres, et le nombre de fois que chaque lettre s'y trouve; ne soyons point surpris qu'ils se soient exposés aux supplices plutôt que de livrer leurs livres sacrés aux profanateurs. Quelle garantie aura-t-on de l'intégrité d'un livre si celle que nous venons de donner ne suffit point?

2° La comparaison des divers Pentateuques, et celle de ceux-ci avec les autres livres de l'Ancien Testament. Les Pentateuques grec, hébreu et samaritain ont entre eux une conformité substantielle. Voilà une preuve complète qu'il n'y a pas eu d'interpolation essentielle depuis la séparation des dix tribus; elle n'aurait pu passer inaperçue, et des peuples rivaux, dont les intérêts étaient si différents sur le sujet en question, n'auraient point souffert que

(*a*) Discours sur l'histoire universelle, II° partie.

es fit copier de même, *Hist. des Juifs*, liv. v, t. I, p. 203. S'il y avait dans toute l'Ecriture sainte un livre que les Juifs fussent intéressés à conserver, c'était certainement le *Pentateuque*; il est absurde d'imaginer que l'on avait oublié et laissé perdre celui-là, pendant que l'on avait conservé les autres. Quatre-vingts ans avant le règne de Josias, les Juifs du royaume de Samarie avaient été emmenés en captivité par Salmanazar. De ce nombre étaient Tobie, Raguël, Gabélus et d'autres Israélites craignant Dieu; peut-on se persuader qu'ils n'avaient pas emporté avec eux des copies de la loi? Il y a deux copies anciennes et authentiques du *Pentateuque*: l'une écrite en caractères samaritains ou phéniciens, qui sont les anciennes lettres hébraïques; l'autre écrite en caractères chaldéens, que les Juifs, revenus de la captivité de Babylone, préférèrent aux lettres anciennes; mais il n'y a pas de différence essentielle entre le texte samaritain et le texte hébreu. Cependant plusieurs savants se sont partagés dans le jugement qu'ils ont porté de ces deux textes; les uns ont élevé jusqu'aux nues la pureté de l'hébreu, et ont exagéré les défauts du samaritain; les autres ont fait le contraire. Prévention de part et d'autre. Il paraît certain que ces deux textes étaient très-conformes dans leur origine; mais outre les fautes des copistes, dont aucun des deux n'est exempt, il est probable que les Juifs de Samarie ont fait dans leur exemplaire quelques additions et quelques changements conformes à leurs préjugés et à leurs prétentions. *Voy.* SAMARITAIN, *Proleg. de la Polyglotte de Walton*, Proleg. 7 et 11 (1).

(1) *De la véracité du Pentateuque.* — Ayant fait un examen approfondi du livre de la Genèse à l'art. GENÈSE, nous nous contenterons de traiter ici la question par rapport aux quatre derniers livres du Pentateuque.

Moïse a-t-il dit la vérité dans son récit?

Il faut tomber dans le pyrrhonisme historique ou admettre comme vraie une histoire, 1° écrite par un historien impartial et bien instruit des événements; 2° qui contient des faits manifestes et qui ont été crus par un peuple témoin oculaire, intéressé à en contester la réalité; 3° qui est en rapport de conformité complète avec tous les monuments qui remontent aux faits. — L'histoire de Moïse renferme tous ces caractères. 1° Moïse était impartial et bien instruit des événements. Témoin oculaire et acteur principal dans le grand drame qu'il rapporte, il n'a pu être trompé. Il raconte sans déguisement ses fautes, celles de ses parents, celles des familles et de la nation tout entière. Il ne cherche que la gloire de Dieu, confie le commandement du peuple au plus digne et laisse ses enfants au dernier rang des lévites. Est-il un historien qui donne plus de preuves de sa vertu et de sa sincérité? 2° L'histoire de Moïse contient des faits manifestes et de nature à être contredits. Les prodiges dont il a transmis le souvenir à la postérité n'étaient pas, comme les mythes du paganisme, perdus dans la nuit des temps ou opérés dans l'ombre. Ils avaient eu pour témoin le peuple tout entier. Ils étaient la sanction première d'une loi dure et sévère. C'étaient eux qui creusaient le tombeau du peuple dans les sables du désert. Si ces prodiges n'avaient pas été vrais, le peuple aurait-il voulu porter le joug de fer dont on le chargeait? N'aurait-il pas imposé silence à

PENTECOTE, fête qui se célèbre le cinquantième jour après Pâques, et c'est ce que signifie le grec πεντηκοστή, *cinquantième*. L'Eglise Juive observait cette fête en mémoire de ce que, cinquante jours après la sortie d'Egypte, Dieu donna aux Israélites la loi sur le mont Sinaï par le ministère de Moïse. Les Juifs la célèbrent encore aujourd'hui par le même motif; ils la nomment *la fête des Semaines*, parce qu'elle termine la septième semaine après Pâques, et la *fête des Prémices*, parce que l'on y offrait les prémices de la moisson du froment. On présentait à Dieu deux pains levés de trois pintes de farine chacun, cette offrande se faisait non par chaque famille, mais au nom de toute la nation; ainsi le témoigne Josèphe, *Antiq.*, l. III, c. x. On immolait aussi différentes victimes, comme il est prescrit, *Num.*, c. XXXIII, v. 27. Puisque cette fête fut instituée immédiatement après la publication de la loi, *Exod.*, c. XXIII, v. 16; c. XXXIV, v. 22, elle a été, dans tous les siècles suivants, une attestation publique de ce grand événement. Dans l'Eglise chrétienne la *Pentecôte* se célèbre en mémoire de la descente du Saint-Esprit sur les apôtres, qui arriva le cinquantième jour après la résurrection de Jésus-Christ; et c'est à ce moment que commença la publication de la loi nouvelle ou la prédication de l'Evangile. Nous ne pouvons pas douter que cette fête n'ait eu lieu dès le temps des apôtres. L'auteur ancien d'un ouvrage autrefois attribué à saint Justin, nous apprend que saint Irénée en parlait déjà dans son livre *de la Pâque, quæst. et respons. ad Orthodox.*, q. 115; Tertullien en fait mention, l.

Moïse, lorsqu'il en appelait à son témoignage? Il a proclamé sa croyance, non-seulement par ses paroles, mais encore par le langage le plus énergique qu'un peuple puisse parler. 3° Par celui des monuments. Les fêtes de Pâques, de la Pentecôte, des Tabernacles, l'Arche d'alliance, le serpent d'airain, les cantiques qui se répétaient de bouche en bouche et d'âge en âge, etc., etc., faisaient passer toute l'histoire du Pentateuque dans l'esprit et dans les mœurs de tous les Israélites. Une histoire a-t-elle jamais eu une attestation plus solennelle?

On a opposé plusieurs difficultés contre la véracité de Moïse. Nous allons examiner les principales.

1re *Objection*. Les événements qui frappent le plus l'esprit, dont le souvenir se conserve le mieux, que transcrivent avec le plus de soin les historiens, sont, sans aucun doute, ceux qui produisent de grands changements dans les empires, ou qui semblent changer les lois de la nature. Tel est le caractère des événements racontés par Moïse. S'ils sont vrais, nous disent les sages du siècle avec le ton de l'ironie, comment se fait-il que nous n'en trouvions aucun vestige dans les histoires profanes? L'Egypte avait le collège de ses prêtres chargés de recueillir les faits qui concernaient la nation égyptienne. Rien ne fait soupçonner qu'ils aient jamais tracé le moindre souvenir d'événements qui intéressaient les Egyptiens à un aussi haut degré que les Hébreux eux-mêmes. Manéthon fut le compilateur de leurs mémoires; Hérodote les consulta, il y puisa cette multitude de fables dont son histoire est remplie. Vainement cherchera-t-on dans ses écrits un mot sur les prodiges de Moïse. Les historiens de l'antiquité qui nous ont donné des histoires universelles, les auteurs qui ont traité plus spécialement des phéno-

de *Idololatr.*, c. xiv, et *l. de Bapt.*, c. xix; et Origène, *l.* viii, *contra Cels.*, n. 22. Or, il est impossible que sous les yeux des témoins mêmes, gardent un silence profond sur ce sujet. Ce silence est inexplicable, à moins d'admettre que Moïse a grandi aux yeux d'un peuple fanatisé des événements qui ne sortaient point de l'ordre ordinaire. Ainsi raisonnent nos adversaires. Ce raisonnement, quoique négatif, pourrait faire de l'impression sur des esprits qui ne sont point habitués à une discussion sérieuse. Pour donner une réponse complète nous allons examiner, 1° si en le supposant absolu, le silence des auteurs profanes serait une preuve de la fausseté du récit de Moïse; 2° s'il y a des raisons qui l'expliquent; 3° s'il est aussi complet qu'on le prétend.

I. Le supposant absolu, le silence des auteurs profanes serait-il une preuve de la fausseté du récit de Moïse? — Le silence ne servit jamais à détruire la foi qu'on doit à un écrivain impartial, et qui est bien instruit des événements. Tous les jours nous lisons dans l'histoire, et nous les accueillons sans les contester, des actions de la plus haute importance, que nous tenons du seul écrivain qui nous les redit. César est le seul auteur de l'antiquité qui rapporte en détail ses expéditions dans les Gaules; et cependant on n'élève pas le moindre doute sur la vérité des faits qu'il raconte. C'est qu'il est dans la nature humaine de croire à une histoire qui a pour elle tous les caractères de crédibilité. Ceux du Pentateuque sont portés au plus haut degré. Moïse connaissait les événements; il donne des preuves d'impartialité; les faits qu'il raconte, quoique de nature à être contredits, ont été crus par un peuple tout entier, témoin oculaire, intéressé à en contester la réalité. Son livre est en rapport de conformité complète avec tous les monuments qui remontent aux événements. Un raisonnement purement négatif ne détruira jamais l'autorité d'un livre dont la vérité est appuyée sur des fondements aussi solides. Ce n'est point la raison qui se montre si sévère, c'est la passion. Si nos ennemis avaient voulu les peser, ils auraient trouvé des motifs du plus grand poids du silence des auteurs profanes.

II. Y a-t-il des raisons qui expliquent le silence des auteurs profanes? — Pour comprendre le silence des auteurs profanes, il faut d'abord rechercher quels sont les écrivains étrangers à la nation juive, qui ont dû rapporter avec quelque étendue les principaux événements du Pentateuque. Ce ne sont point les grands historiens de la Grèce et de l'Italie qu'il faut consulter. L'histoire de leur pays et celle des grands empires de l'Orient les occupent pour ainsi dire exclusivement. S'ils parlent des nations moins importantes, ce n'est qu'autant que leur histoire est liée nécessairement à celle des grands peuples. Ils n'entrent dans des détails circonstanciés que dans les événements rapprochés du temps où ils écrivent. Elles sont bien incomplètes les notions qu'ils nous donnent sur l'origine, les développements de ces vastes Etats de l'Asie, qui occupaient pour ainsi dire une partie du monde. Ce n'est donc point dans leurs écrits qu'il faut aller chercher l'origine, les développements d'un peuple qui tenait un rang si peu élevé au milieu des autres nations. On ne peut attendre des lumières que des auteurs contemporains ou des annales des peuples dont l'histoire est liée avec celle de la sortie des Hébreux de l'Egypte. Mais des auteurs contemporains, nous n'en connaissons pas. L'histoire ne nous offre pas même une sèche analyse des premiers temps de l'Egypte. Les rois, qui exercèrent une si dure tyrannie sur la nation israélite, nous seraient à peine connus dans la Bible. A peine du collége des prêtres chargés de rédiger les annales de la nation. Ce collége existait-il du temps de Moïse? Sa vanité ne lui fit-elle pas taire des faits qui compromettaient si fort l'honneur des rois d'Egypte? Et d'ailleurs, que sont devenus ces monuments historiques si fameux? Chacun le sait; ils périrent avec toutes les richesses littéraires de l'Orient dans cet incendie qui dévora la bibliothèque d'Alexandrie. C'est à peine s'il nous est parvenu quelques fragments de la littérature orientale dans les écrits des SS. PP. Ne serait-ce pas folie de demander à des peuples qui n'ont pu conserver leur histoire, de nous donner celle d'une nation étrangère?

III. Le silence des auteurs profanes est-il aussi complet qu'on le prétend? — Comme nous l'avons dit, les auteurs profanes dont les écrits sont parvenus jusqu'à nous, n'ayant pas été dans la nécessité ou l'occasion de parler des écrits de Moïse, on ne doit point attendre des citations multipliées et étendues. Tel est le caractère de celles que nous allons rapporter. Artapan, cité par Eusèbe, dit que les prêtres d'Héliopolis conservaient le souvenir du passage de la mer Rouge. Les Ichthyophages, assure Déodore, racontent que la mer Rouge s'ouvrit entièrement et laissa son lit à sec. Justin rapporte que les Egyptiens, poursuivant les Hébreux, furent contraints par la tempête de retourner dans leurs foyers. Tacite mentionne les prodiges de Moïse dans le désert. Pline, Apulée, etc., parlent de Moïse comme d'un magicien fameux. Minérius, philosophe pythagoricien, a écrit qu'on chassa les Hébreux de l'Egypte pour faire cesser les fléaux dont Musée accablait ce pays. Nous pourrions multiplier nos citations. Tout esprit non prévenu verra dans celles que nous venons de rapporter des traces de la vérité et les sources de l'Ecriture. Nous l'avons déclaré plus haut: on ne doit point attendre davantage d'auteurs étrangers au peuple de Dieu, qui n'écrivaient point son histoire, qui probablement avaient des préjugés défavorables à une nation dont la religion et la constitution n'avaient rien de commun avec celle des autres peuples.

2° *Objection.* Le récit de Moïse n'est que la compilation des fables des autres peuples. — Loin que le récit de Moïse ait été emprunté aux traditions des païens, celles-ci ne sont, au contraire, pour le plus grand nombre, que des altérations de l'histoire sainte. Quand on prête quelque attention aux fables du paganisme, et qu'on les rapproche des faits que nous lisons dans le Pentateuque, on est tout d'abord étonné de trouver tant de ressemblance. La narration de Moïse ne se trouve pas seulement d'accord avec la tradition générale pour les vérités de la religion, mais encore pour les principaux faits qui sont rapportés dans la Genèse. Tels sont la création et la formation du monde, la création de l'homme, l'innocence et la félicité d'Adam dans le paradis terrestre, la chute et la dégradation du genre humain, l'observation du septième jour consacré au service de Dieu, la longue vie des patriarches, le déluge avec ses principales circonstances, la renaissance du monde par les trois enfants de Noé, la tour de Babel, la confusion des langues et la dispersion des hommes. Nous trouvons ces faits, quoique altérés, dans les auteurs profanes. Sanchoniathon parle du cahos, d'une essence spirituelle, existant de toute éternité et donnant la forme et l'action à la matière. Macrobe, Linus, Orphée, Anaxagore, Hésiode, Euripide, Epycharme, Aristophane, nous donnent le même emblème de l'origine du monde. Toutes les nations septentrionales de l'Europe avaient des notions plus ou moins parfaites de la création. Selon l'Edda: Un être éternel a créé le ciel et la terre, animant par un souffle de chaleur la matière qui dans le commencement n'était qu'un vaste abîme. Thalès, Hésiode, etc., enseignent que la nuit est plus ancienne que le jour. Les païens mettaient l'Érèbe (nuit en Hébreu) au nombre des

minés à célébrer ainsi un événement éclatant et public, duquel ils n'avaient aucune plus anciennes divinités. Une multitude de peuples attachés à l'ancienne coutume commençaient la mesure du jour par la nuit. Au rapport de Diodore de Sicile et de Macrobe, le Égyptiens croyaient que les animaux ont été formés de la terre et de l'eau. Hésiode, Homère, Callimaque, Euripide, Démocrite, Cicéron, Juvénal, Martial, font mention de la boue qui a servi au corps du premier homme. Horace appelle l'âme humaine une portion de l'esprit divin, *Divinæ particulam auræ*. Josèphe et Philon ont avancé que le septième jour était un jour de fête non-seulement pour un seul pays, mais pour tous les peuples. Tous les païens ont admis l'âge d'or. C'était une espèce de paradis. Hésiode, Manéthon, etc., rapportent que dans l'ancien temps les hommes vivaient 300 et 400 ans. On sait que toutes les nations ont eu connaissance d'un déluge. Les Chinois, les Mexicains, les nations septentrionales de l'Europe, ont transmis qu'après le déluge, le monde fut repeuplé par les fils d'un seul homme. Josèphe cite les paroles d'une Sibylle, qui mentionne une haute tour, la confusion des langues et la dispersion des hommes. (Extrait d'une note de Jean Leclerc. Voir Bergier, article *Genèse*.)

On a hâte de se demander d'où vient une telle ressemblance entre l'histoire sacrée et la profane. Les incrédules, pour infirmer l'autorité des livres de Moïse, prétendent qu'il a puisé dans la fable sa cosmogonie. Nous avons démontré ailleurs que Moïse est plus ancien que tous les législateurs et que tous les écrivains du paganisme. S'il y a eu plagiat, on ne doit point l'attribuer à celui qui a écrit le premier, mais bien à ceux qui ont paru ensuite. Des savants du premier ordre ont essayé de démontrer que la fable n'est que la Bible altérée et corrompue. Le savant Huet voyait dans Moïse le type des dieux et des héros du paganisme. Bochart, qui ne le cédait à personne dans la connaissance des langues orientales, voulut prouver par l'étymologie des mots que toute la théologie païenne est fondée sur celle des Hébreux et des Phéniciens. Nous ne les suivrons pas dans leurs savantes recherches. Nous dirons seulement avec Bergier que des conjectures, quelque ingénieuses qu'elles soient, ne porteront jamais la conviction. La tradition nous paraît plutôt la véritable cause de la ressemblance qui se trouve entre la Bible et la fable. Qui pourrait se persuader que le Pentateuque fut assez tôt connu de tous les peuples pour leur donner la connaissance uniforme des premiers principes de la religion et de la formation du monde? Avec la tradition tout s'explique naturellement. Enfants d'un même père, tous les peuples ont appris de lui les premières vérités. Les passions du cœur purent jeter des nuages sur ces premiers enseignements. La fable se mêla peu à peu à la vérité; mais il resta toujours des vestiges de la saine doctrine qu'ils avaient.

3° *Objection*. Le récit de Moïse est un mythe. — Les livres de Moïse forment la première chaîne de ces preuves invincibles en faveur d'une religion surnaturelle qu'aucune puissance humaine ne peut rompre. Aussi ce sont les livres de Moïse qui ont été l'objet de l'attaque la plus vive. Les efforts de l'incrédulité découverts ont été vains, elle a résolu de se masquer ou voiler; tout en professant un respect profond pour Moïse, elle a présenté ses écrits comme semblables à ceux des premiers écrivains de tous les peuples, c'est-à-dire comme un mélange de vrai et d'exagéré. Le fond est vrai, mais il est masqué sous une enveloppe qui le déguise; pour avoir la vérité il faut le dépouiller de cette enveloppe. Quelle est cette enveloppe? Ce sont les miracles, en un mot, toutes les circonstances du récit, qui le placent au-dessus de l'ordre ordinaire. Spenser, dans son ouvrage *De Legibus Hebræorum ritualibus*, avait ouvert la voie. Leclerc, que Bergier attaque si souvent, l'y avait certitude, dont la fausseté même devait leur être connue.

suivi. David Michaëlis développa le naturalisme de Leclerc. Génésius, malgré les importants services qu'il a rendus à la langue hébraïque, est loin d'être irréprochable sur ce point. Heern entra à pleine voile dans la vaste mer. J. Müller fut l'un des plus hardis champions de la nouvelle école. La loi rituelle lui paraît parfaitement digne d'un envoyé de Dieu, entièrement conforme au génie de Moïse et au caractère de son siècle. Ce législateur, dit-il, y consacrait une grande allégorie en action. Tandis que la simple loi fondamentale ne comprenait que le renouvellement de la foi des ancêtres, avec addition de quelques avertissements, la loi rituelle occupait constamment le peuple en frappant vivement tous ses sens. Que Moïse ait éclairci, par des commentaires, la signification de ces pratiques; que cette signification ait été transmise par les ancêtres, cela est vraisemblable, et on en aperçoit des traces. Toutefois, il y avait lieu de penser que, dans les choses essentielles, cette signification n'échappait point aux hommes de quelque portée. Mais celui qui entre le plus ouvertement dans le grand chemin du naturalisme pur et sans déguisement, c'est Strauss. Il prétend que la narration de Moïse est un véritable mythe. Nous avons fait remarquer plus haut l'immense différence qui existe entre Moïse et les historiens mythiques des autres pays. Moïse donne des preuves de véracité sans aucun reproche, il parle à un peuple témoin comme lui de ce qu'il écrit, qui n'aurait pas manqué de le contredire s'il avait osé inventer; tandis que les historiens du paganisme écrivaient ce qu'ils avaient appris d'une vague renommée qui avait grossi et défiguré les faits. Vouloir appliquer à Moïse le système mythique, c'est quelque chose d'incroyable. Quelle étrange chimère! Quoi! deux millions d'hommes se seront accordés à tracer le plan d'une imposture qui devait durer quarante ans! Ils auront dit à Moïse : Vous inventerez les prodiges les plus éclatants; vous composerez la fable la plus absurde, et nous et nos enfants nous feindrons de croire tout ce qu'il vous aura plu d'imaginer; nous nous obligerons solennellement à vous révérer comme l'envoyé du ciel; vous nous imposerez une loi sévère, une religion pénible, chargée d'observances minutieuses; la moindre contradiction sera punie de mort. Nous vous suivrons dans les déserts les plus arides; et s'il nous échappe quelques murmures, vous nous décimerez, et vous cimenterez votre pouvoir du sang de quarante à cinquante mille victimes. N'est-ce pas insulter à la raison humaine que de supposer un semblable pacte entre un fourbe et toute une nation? Et pourquoi encore? pour laisser à la postérité une religion fondée sur l'imposture, une religion qui devait faire le malheur de la nation, comme elle devait faire celui des pères! Le beau projet! qu'il est conforme aux sentiments de la nature! et que ceux qui le prêtent à tout un peuple connaissent bien le cœur humain! Si on veut que ce soit la vanité qui ait présidé à la confection de ce roman, pourquoi les Juifs se sont-ils interdit tout commerce avec les étrangers, et leur ont-ils dérobé si longtemps la connaissance de leurs livres et de leur religion? Pourquoi a-t-on mêlé à cette histoire un si grand nombre de faits capables de déshonorer la nation juive et ses ancêtres? Quelle gloire la famille d'Aaron et la tribu de Ruben pouvaient-elles se promettre des crimes et du supplice de Nadab et d'Abiu, de Dathan et d'Abiron? Et l'adoration du veau d'or, et les murmures continuels des Israélites, et les reproches amers du législateur, et l'arrêt qui condamne toute cette génération à errer, pendant quarante ans, dans le désert, sans pouvoir entrer dans la terre promise, sont-ce là des traits destinés à concilier aux Hébreux l'estime des autres peuples? » On ne peut échapper à aucune de ces absurdités en prétendant que le Pentateuque est un mythe.

La manière dont les *Actes des apôtres* rapportent la descente du Saint-Esprit sur eux, la prédication de saint Pierre, la conversion de huit mille hommes à sa parole, la formation d'une église nombreuse à Jérusalem, porte avec soi la conviction. Le nombre prodigieux de Juifs qui se rassemblaient dans cette ville aux fêtes de Pâques et de la Pentecôte est un fait attesté par la loi qui les y obligeait, *Exod.*, c. XXIII, v. 17, etc.; et par Josèphe, *Antiq. jud.*, l. IV, c. 8. Il est donc impossible que l'on ait ignoré, dans les différentes contrées de l'empire romain, ce qui s'était passé à Jérusalem l'année de la mort du Sauveur. L'auteur des *Actes des apôtres* n'a pu en imposer sur ces faits, sans s'exposer à trouver partout des témoins oculaires prêts à le contredire et à le réfuter; il faut donc que sa narration soit vraie, puisqu'elle a trouvé croyance dans tous les lieux où il s'est formé des Eglises chrétiennes. Peut-on en imposer à des nations entières sur des événements qui ont dû se passer sous les yeux de douze ou de quinze cent mille personnes? Or, s'il est vrai que cinquante jours après la mort de Jésus-Christ les apôtres ont publié hautement à Jérusalem sa résurrection, qu'ils ont été crus d'abord par huit mille Juifs, que bientôt ce nombre a augmenté au point de former une Eglise ou une grande société qui a subsisté dès lors, il est impossible que les faits publiés par ces disciples de Jésus-Christ n'aient pas été vérifiés sur le lieu même d'une manière indubitable. Les deux disciples qui allaient à Emmaüs le jour de la résurrection du Sauveur, témoignèrent leur étonnement de ce qu'un étranger qu'ils rencontrèrent, et qui était Jésus lui-même ressuscité, semblait ignorer ce qui était arrivé à Jérusalem les jours précédents (*Luc.* XXIV, 28). Il fallait donc que ces événements y eussent été très-publics, et y eussent fait le plus grand bruit; la prédication des apôtres le jour de la *Pentecôte* excita de nouveau la curiosité, et en rafraîchit la mémoire. *Voy.* JÉRUSALEM. Puisque l'on convient d'ailleurs que les apôtres, lorsqu'ils se sont mis à la suite de Jésus-Christ, étaient des hommes ignorants, faibles, timides, prêts à s'enfuir au moindre péril, il faut qu'ils se soient trouvés miraculeusement changés, et que le Saint-Esprit soit descendu sur eux, comme Jésus-Christ le leur avait promis. Ainsi la fête de la *Pentecôte* est un monument perpétuel de la divinité de notre religion.

PENTHÈSE. *Voy.* PURIFICATION DE LA SAINTE VIERGE.

PÉPUSIENS. *Voy.* MONTANISTES.

PÈRE. Dans l'Ecriture et dans le langage de tous les anciens peuples, ce nom ne désigne pas seulement celui dont on a reçu la vie, il signifie encore *maître, seigneur, docteur, protecteur, bienfaiteur;* quelquefois il marque l'aïeul, le bisaïeul, la tige d'une famille, quelque éloignée qu'elle soit : ainsi Abraham est appelé le *père* de plusieurs nations; d'autres fois il signifie exemple et modèle : dans ce sens Abraham est le *père* des croyants. On a donné ce nom aux rois, aux magistrats aux supérieurs; il signifie aussi les vieillards, *scribo vobis, patres* (*I Joan.*, II, 13). Il dénote aussi l'auteur, l'inventeur de quelque chose; ainsi Jubal est proclamé le *père* des joueurs d'instruments, et Satan est appelé le *père* du mensonge. L'énergie de ce terme est une conséquence évidente des anciennes mœurs. Dans les premiers âges du monde, lorsqu'il n'y avait point encore d'autre société que celle des familles, un *père* était souverain chez lui, seul maître de ses enfants et de ses domestiques; son autorité n'était bornée par aucune loi civile, mais elle l'était par la loi naturelle dont Dieu est l'auteur, par les sentiments de tendresse que la nature inspire au *père* pour ses enfants, et par l'intérêt qu'il avait de les conserver, dans l'espérance des services qu'il en tirerait dans la suite, et de la reconnaissance qu'il éprouverait de leur part. Ainsi le nom de *père* donné à Dieu emporte non-seulement la notion de créateur, d'auteur de la vie, de souverain maître des hommes, mais encore l'idée de bienfaiteur, de protecteur attentif à leurs besoins et occupé à y pourvoir. Il inspire tout à la fois la soumission, l'obéissance, la reconnaissance, la confiance et l'amour, par conséquent le culte le plus pur; c'est pour cela que Jésus-Christ nous a commandé d'appeler Dieu *notre père.* Chez les païens qui avaient multiplié les dieux, ce nom était dégradé : la pluralité causait dans la religion la même désordre qui aurait régné dans une famille, au lieu d'un seul maître il y en avait eu plusieurs. Comme les docteurs juifs s'attribuaient par orgueil le nom de *père*, Jésus-Christ dit à ses disciples : *N'appelez personne sur la terre votre père; vous n'en avez qu'un qui est dans le ciel* (*Matth.* XXIII, 9). Cela n'a pas empêché les fidèles de donner par respect le nom de *père* à leurs pasteurs : autrefois les évêques n'avaient d'autre titre d'honneur que celui de *révérend père en Dieu*. De nos jours les incrédules se sont appliqués à dégrader et à saper par le fondement le pouvoir paternel; ils ont soutenu que les droits d'un *père* ne viennent point de la nature, mais d'une espèce de contrat qui ne dure qu'autant que les enfants en ont besoin, que ceux-ci en sont affranchis dès qu'ils sont capables de se conduire, etc. Nous avons réfuté cette morale absurde et meurtrière au mot AUTORITÉ CONJUGALE et PATERNELLE.

PÈRE ÉTERNEL, DIEU LE PÈRE. *Voy.* TRINITÉ.

PÈRES DE L'EGLISE. On nomme ainsi les auteurs chrétiens, soit grecs, soient latins, qui ont traité les matières de religion pendant les six premiers siècles de l'Eglise; ceux qui ont vécu depuis le septième sont simplement nommés *écrivains ecclésiastiques*. [Saint Bernard est aussi compté au nombre des Pères de l'Eglise. Il est le dernier de cette illustre suite de savants docteurs.]

C'est une grande question entre les catholiques et les protestants de savoir quelle déférence l'on doit avoir pour le sentiment des *Pères de l'Eglise*. Comme suivant la croyance des premiers, Dieu n'a pas voulu que la vraie doctrine de Jésus-Christ et des apôtres nous fût transmise par l'Ecriture seule sans le secours de la tradition, ils ont le plus grand respect pour les docteurs qui, de siècle en siècle, ont été chargés d'enseigner cette doctrine aux fidèles ; ils les regardent comme des témoins non suspects de ce qui a toujours été cru et professé dans l'Eglise de Jésus-Christ. Les protestants, au contraire, qui soutiennent qu'en matière de foi nous ne devons point avoir d'autre guide que le texte des livres saints, se sont trouvés intéressés à décréditer, autant qu'ils l'ont pu, les dépositaires de la tradition : aussi n'ont-ils rien omis pour déprimer et pour noircir les *Pères de l'Eglise*; ils en ont censuré les talents, la conduite, la doctrine, soit en fait de dogme, soit en fait de morale. A commencer par les centuriateurs de Magdebourg, leurs plus célèbres écrivains, Scultet, Daillé, Le Clerc, Basnage, Beausobre, Mosheim, Brucker, Whitby, etc., se sont donné carrière sur ce sujet, et ont dévoilé toute leur malignité ; et ils ont eu la satisfaction de voir tous leurs reproches fidèlement répétés par les incrédules. Avant d'entrer dans aucun détail, il est essentiel d'exposer en quoi consiste l'autorité que nous attribuons aux *Pères de l'Eglise*; cela est d'autant plus nécessaire, que jamais nos adversaires n'ont voulu le concevoir, et qu'ils s'obstinent toujours à défigurer notre croyance sur ce point.

En matière de dogme ou de morale, le sentiment de quelques *Pères*, en petit nombre, ne fait pas règle ; on n'est pas obligé de le suivre, et jamais aucun catholique ne s'y est astreint. Mais lorsque ce sentiment est unanime, ou du moins soutenu par le très-grand nombre des *Pères*, non-seulement pendant un temps, mais pendant plusieurs siècles, non-seulement dans une contrée de la chrétienté, mais dans les Eglises les plus éloignées les unes des autres ; alors ce sentiment fait tradition, il est censé la croyance commune de l'Eglise universelle, par conséquent dogme de foi. Ainsi l'a entendu le concile de Trente, lorsqu'il a défendu de donner à l'Ecriture sainte un sens contraire au *sentiment unanime des Pères*, sess. 4. L'an 691, le concile *in Trullo* avait déjà porté le même décret. C'est la règle que prescrivait, au v° siècle, Vincent de Lérins, lorsqu'il donnait pour tradition ce qui a été cru partout, toujours, et par tous les fidèles, *quod ubique, quod semper, quod ab omnibus creditum est*, Commonit. cap. 2. Avant lui saint Augustin regardait comme irréfragable le sentiment unanime des docteurs de l'Eglise, *Op. imperf. contra Julian.*, l. IV, n. 112. C'est le sentiment sur lequel Tertullien, au III° siècle, établissait la prescription contre les hérétiques ; il ne faisait que suivre ce qu'avait enseigné au II° siècle saint Irénée touchant la nécessité de suivre la tradition. *adv. Hær.*, l. III, c. 3, n. 1, etc. Et l'on peut déjà montrer le germe de cette croyance dans les exhortations que saint Ignace faisait aux fidèles dans toutes ses lettres, d'être dociles, obéissants à leurs pasteurs. *Voy.* TRADITION.

En effet, le très-grand nombre des docteurs de l'Eglise ont été des évêques ou des prêtres qu'ils avaient chargés d'enseigner : c'est par leur organe que les fidèles, dans tous les lieux, ont reçu la doctrine chrétienne et l'intelligence des saintes Ecritures ; il est donc impossible que la doctrine des pasteurs n'ait pas été celle des Eglises auxquelles ils présidaient. Puisque, dès l'origine, l'on a cru qu'il n'était permis à personne de suivre ni d'enseigner un dogme nouveau, particulier, différent de la croyance commune, s'est-il pu faire que les docteurs qui enseignaient en Egypte et dans la Palestine, dans l'Asie mineure et dans la Grèce, en Italie et sur les côtes de l'Afrique, en Espagne et dans les Gaules, aient professé, comme de concert et par un complot, une foi contraire à la doctrine de Jésus-Christ et des apôtres, soit écrite, soit transmise de vive voix ? Les protestants le prétendent, mais l'absurdité de cette supposition est palpable. Ils ne cessent de nous répéter qu'en nous fiant aux *Pères* ou aux docteurs de l'Eglise, lorsqu'ils professent la même doctrine, nous nous reposons sur la parole des hommes, sur une autorité humaine, sur le jugement humain ; que c'est une foi purement humaine, etc.; ce reproche est évidemment faux, puisque les *Pères* eux-mêmes ont fait profession de ne pas suivre leurs propres lumières ni leur propre jugement, mais l'enseignement de Jésus-Christ et des apôtres, transmis successivement de siècle en siècle par la tradition ou par l'enseignement commun, constant et uniforme des Eglises chrétiennes et de leurs pasteurs. Chez les protestants, comme chez nous, le très-grand nombre des simples fidèles est incapable de lire et d'entendre l'Ecriture sainte ; mais ils disent que chez eux la foi du peuple est divine, parce que leurs pasteurs fondent leurs leçons uniquement sur l'Ecriture sainte ; ils confondent ainsi la parole de leurs pasteurs avec cette Ecriture même. Ensuite, par une contradiction révoltante, ils nient que les simples fidèles catholiques aient une foi divine, quoiqu'elle soit fondée sur la mission divine de leurs pasteurs, sur la conformité de leur croyance avec celle de l'Eglise universelle, sur l'impossibilité qu'il y a toujours eu de changer dans cette Eglise que les apôtres avaient prêchée. En un mot, les *Pères* ont toujours cru et protesté qu'il ne leur était pas permis de rien changer à la doctrine établie par les apôtres, soit écrite, soit non écrite, mais toujours conservée et transmise par tradition dans l'Eglise ; que tout sentiment nouveau, particulier, inouï dans les temps précédents, ne pouvait tenir à la foi chrétienne, était erroné ou suspect ; donc il était impossible qu'un grand nombre de ces *Pères* aient introduit, de concert ou par hasard, un sentiment de cette espèce, se soient accordés en différents lieux, et en différents temps, à enseigner une erreur. Ils l'ont fait, disent les protestants, donc ils ont pu le faire. Pour le prouver, ces grands critiques ont fouillé dans tous les écrits des *Pères*; ils ont rassemblé tous les termes, toutes les expressions qui leur ont paru susceptibles d'un sens erroné ; tout ce qui a pu échapper à ces saints docteurs dans une instruction faite sur-le-champ ou dans la chaleur de la dispute ; toutes les conséquences que l'on en peut tirer bien ou mal ; souvent ces censeurs témé aires ne se sont pas fait scrupule d'altérer ou de tronquer les passages : ensuite ils ont conclu victorieusement que les *Pères* en général ont été mauvais théologiens, mauvais moralistes, mauvais raisonneurs ; que leurs ouvrages sont remplis d'erreurs, que leur sentiment ne mérite aucune attention.

L'injustice de ce procédé saute aux yeux. 1° Ce n'était pas assez de faire voir que tel *Père de l'Eglise* a enseigné une opinion fausse, qu'un autre *Père* en a soutenu une autre qui n'est pas plus vraie, qu'aucun des *Pères* n'est absolument sans tache et sans défaut : l'essentiel était de prouver qu'un grand nombre de ces docteurs se sont accordés à établir la même erreur, soit en même temps et au même lieu, soit en divers temps et en différents lieux ; qu'ils l'ont soutenue dogmatiquement comme une vérité de foi, qu'ils l'ont ainsi introduite dans la croyance commune de l'Eglise. Car enfin, si deux ou trois *Pères* seulement ont pensé de même, s'ils n'ont proposé leur avis que comme une simple opinion que l'on pouvait embrasser ou rejeter sans conséquence, si leur sentiment n'a pas été communément suivi, qu'importe leur méprise ? quel avantage en peut-on tirer ? — 2° En maltraitant ainsi les *Pères de l'Eglise*, les protestants ont appris aux incrédules à ne pas ménager davantage les écrivains sacrés ; il a fallu que ces censeurs injustes répondissent à leurs propres arguments tournés par les incrédules contre les auteurs inspirés. C'est ainsi que leur critique téméraire a servi la religion. Ils ont fait plus. La plupart se sont attachés à justifier non-seulement les anciens philosophes, mais encore les hérétiques, de toutes les erreurs qui leur ont été imputées ; par des interprétations favorables ils ont tout pallié et tout excusé ; leur charité ingénieuse a brillé surtout à l'égard des fondateurs de la réforme, elle a trouvé le secret de changer leurs vices en vertus ; et ils s'élèvent contre les théologiens catholiques, lorsque ceux-ci usent de la moindre indulgence envers les *Pères*; ces derniers sont-ils donc des personnages moins respectables que les hérétiques ? Mosheim, en particulier, a donné un exemple frappant de cette conduite inconséquente. Dans ses notes sur le *Système intellectuel de Cudworth*, chap. IV, § 36, tom. I, p. 856, il s'est proposé de justifier Platon d'une erreur grossière qui lui a été attribuée par des *Pères de l'Eglise* et par un grand nombre de critiques modernes. Il ne peut se persuader, dit-il, qu'un aussi beau génie que Platon ait donné dans une pareille absurdité ; il veut que, pour prendre le sens d'un auteur, on ne se fie point à ses commentateurs, mais que l'on consulte ses propres écrits, et que l'on envisage la totalité de sa doctrine, que l'on examine avec attention la question qu'il traite, que l'on ne prenne point à la lettre des expressions qui sont souvent figurées et métaphoriques, etc. Nous applaudissons volontiers à la sagesse de ces précautions, mais nous demandons pourquoi l'on n'en observe aucune à l'égard des *Pères de l'Eglise?* — 3° Après avoir bien déclamé contre les *Pères*, la honte ou un reste de sincérité a cependant arraché aux protestants des aveux remarquables ; ils ont dit que, malgré tous les défauts que l'on peut reprocher aux *Pères*, ce sont cependant des écrivains très-estimables à cause de leurs talents, de leurs vertus, et des services qu'ils ont rendus au christianisme. Si cet hommage n'est pas sincère, c'est un trait d'hypocrisie détestable ; s'il l'est, c'est une rétractation formelle et une réfutation des reproches que l'on a faits aux docteurs de l'Eglise. Car enfin, en quoi consisteraient leurs talents, s'il était vrai qu'ils ont manqué de critique, de justesse, de force dans le raisonnement, et des connaissances nécessaires pour réfuter solidement les juifs, les païens et les hérétiques ? Où seraient leurs vertus, s'ils avaient usé de supercheries, de mensonges, de fraudes pieuses ; s'ils avaient agi par un faux zèle contre les mécréants ; s'ils avaient scandalisé l'Eglise par leur ambition, par leurs jalousies mutuelles et par leurs disputes ? quels services auraient-ils rendus à la religion, s'ils avaient mal expliqué l'Ecriture sainte, mal développé la doctrine chrétienne, mal enseigné la morale ; s'ils avaient contribué à introduire dans le christianisme toutes les superstitions des juifs et des païens ? Tels sont les reproches des protestants contre les *Pères*; est-ce par quelques protestations vagues de respect que l'on peut en diminuer l'atrocité ? Mais on a droit d'exiger de nous des preuves de la conduite que nous reprochons à nos adversaires, il faut en donner : plus leur haine et leur malignité contre les *Pères* sont excessives et injustes, plus nous devons nous attacher à justifier ces saints personnages, qui sont nos maîtres dans la foi.

Mosheim, dans son *Histoire ecclésiastique*, commence son introduction par déplorer les maux qu'ont faits à l'Eglise l'ignorance, la fainéantise, le luxe, l'ambition, le faux zèle, les animosités et les disputes de ses chefs et de ses docteurs. Souvent, dit-il, ils ont interprété les vérités et les préceptes de la religion d'une manière conforme à leurs systèmes particuliers et à leurs intérêts personnels. Ils ont empiété sur les droits du peuple, ils se sont arrogé une autorité absolue dans le gouvernement de l'Eglise. Ce ne sont pas là de légers reproches. En faisant l'histoire du 1er siècle, il sape l'autorité des *Pères* apostoliques par les doutes qu'il répand sur l'authenticité et l'intégrité de leurs ouvrages ; il regarde comme supposée la seconde lettre de saint Clément, et la première comme corrompue. Au sujet des sept épîtres de saint Ignace, il doute de la vérité de celle qui est écrite à saint Polycarpe, et il prétend que la contestation touchant les six autres n'est pas encore terminée; elle ne le sera jamais pour ceux qui ont intérêt de la prolonger. Il n'oserait décider si la lettre de saint Polycarpe aux Philippiens est véritable; il juge que celle de saint Barnabé est l'ouvrage d'un juif ignorant et superstitieux, et que le *Pasteur d'Hermas* est la production d'un visionnaire. Cela prouve, dit-il, que le christianisme ne doit pas ses progrès aux talents de ceux qui l'ont prêché, puisqu'ils n'étaient ni savants ni éloquents. Nous verrons ci-après si cette réflexion est capable de faire beaucoup d'honneur au christianisme. En parlant du livre impie de Toland, intitulé *Amyntor*, Mosheim avait relevé la témérité avec laquelle cet auteur suspectait l'authenticité des écrits dont nous parlons; il aurait été à propos de s'en souvenir et de ne pas tomber dans le même défaut après l'avoir blâmé. *Vie de Toland*, § 18, p. 94. En traitant de chacun des *Pères* apostoliques en particulier, nous répondons à ce que l'on objecte, soit contre leurs personnes, soit contre leurs écrits. Le Clerc en a jugé plus favorablement.

Au II° siècle, Mosheim soutient que les *Pères* ne furent ni de savants ni de judicieux interprètes de l'Ecriture sainte, qu'ils négligèrent le sens littéral pour de frivoles allégories, qu'ils firent souvent violence aux expressions pour appuyer leurs systèmes philosophiques. Ils n'ont point traité, dit-il, la doctrine chrétienne avec assez d'exactitude pour que l'on puisse savoir ce qu'ils en pensaient. Ils ont mal réfuté les Juifs, parce qu'ils ignoraient leur langue et leur histoire, et qu'ils écrivaient avec une légèreté et une négligence que l'on ne peut pas excuser. Ils ont mieux réussi à combattre les erreurs des païens qu'à développer la nature et le génie du christianisme. La plupart ont manqué de pénétration, d'érudition, d'ordre, de justesse et de force; ils emploient souvent des arguments futiles, plus propres à éblouir l'imagination, qu'à convaincre l'esprit, *Hist. ecclés.*, II° siècle, II° part., c. 3. Cependant Mosheim, dans le chapitre précédent, a donné de grands éloges aux ouvrages de saint Justin, de saint Irénée, d'Athénagore, de saint Théophile d'Antioche, de Clément d'Alexandrie; il a loué leur piété, leur génie, leur érudition, leurs vastes connaissances : ou ces éloges sont un langage hypocrite, ou le jugement général qu'il en a porté est faux. Ce même critique n'ose pas condamner le jugement désavantageux que Barbeyrac a porté de la morale des *Pères* de ce siècle: il avoue que ces docteurs chrétiens sont remplis de préceptes trop austères, de maximes stoïques, de notions vagues, de décisions fausses. Ils ont altéré, dit-il, la simplicité de la morale évangélique, en distinguant les conseils d'avec les préceptes, et en supposant qu'il y a des chrétiens qui doivent être plus parfaits que les autres. D'où il s'ensuit que Barbeyrac n'a pas eu tort de peindre ces *Pères* comme de mauvais moralistes. Nous avons soin de les venger de ces reproches.

Au III° siècle, Mosheim a vu le mal encore plus grand. Les docteurs chrétiens, dit-il, élevés dans les écoles des rhéteurs et des sophistes, employèrent l'art des subterfuges et de la dissimulation pour vaincre leurs adversaires, et ils appelèrent cette méthode *économique;* ils crurent, comme les platoniciens, qu'il était permis d'employer le mensonge pour défendre la vérité. Mosheim a insisté principalement sur ce reproche dans sa dissertation *De turbata per recentiores platonicos Ecclesia*. Il aurait fallu l'appuyer par des preuves démonstratives; ce critique n'en allègue point d'autres que les arguments d'Origène contre Celse, et la méthode de prescription employée par Tertullien contre les hérétiques. D'autres ont allégué la multitude des livres apocryphes supposés dans ce siècle et dans le précédent, comme s'il était certain que les *Pères* ont eu quelque part à toutes ces impostures. Était-ce donc assez de ces soupçons pour prouver une accusation aussi grave? Quand il serait vrai que les arguments d'Origène contre Celse sont faux, si ce *Père* les a crus solides; quand il serait démontré que la méthode de prescription ne vaut rien, si Tertullien l'a jugée bonne et légitime : à quel titre peut-on taxer ces deux docteurs de dissimulation, de fraude, de défaut de sincérité? Si une erreur en fait de raisonnement est une preuve de mauvaise foi, Mosheim lui-même en demeure ici pleinement convaincu. Nous avons justifié ailleurs les *Pères* sur tous ces chefs. *Voy.* Économie, Fraude pieuse, Platonisme, Prescription, etc.

Notre censeur reproche aux *Pères* du IV° siècle d'avoir expliqué et défendu les dogmes fondamentaux de la doctrine chrétienne avec une profonde ignorance et avec la plus grande confusion d'idées; il dit que les partisans du concile de Nicée et de la consubstantialité du Verbe semblaient admettre trois dieux; il en avait parlé avec plus de modération dans ses *Notes sur Cudworth*, t. I, p. 920. Il prétend que, pendant ce siècle, la superstition et les abus dans le culte furent poussés aux derniers excès, que le mal ne fit qu'empirer dans les siècles suivants ; c'est aux *Pères de l'Eglise* qu'il en attribue la faute, parce que, loin de s'opposer à ce désordre, ils l'ont autorisé et fomenté par intérêt personnel. Sous chaque siècle il répète à peu près les mêmes invectives; toute son histoire est, à proprement parler, un libelle diffamatoire, destiné à noircir les docteurs et les pasteurs de l'Eglise. Barbeyrac, dans son *Traité de la Morale des Pères*, n'a pas eu un autre dessein, non plus que Le Clerc dans son *Hist. ecclés.*, et dans ses autres ouvrages. Brucker, dans son *Histoire critique de la Philosophie*, affecte partout d'encenser et de copier Mosheim; ainsi passent de main en main les reproches que Daillé a faits aux *Pères*, dans son traité *de vero Usu Patrum*; mais cette tradition scandaleuse ne fait pas beaucoup d'honneur aux protestants.

1° Si les docteurs de l'Eglise avaient été tels qu'on les représente dans les différents siècles, il faudrait convenir que Jésus-Christ a fort mal exécuté la promesse qu'il avait faite à ceux qu'il envoyait prêcher l'Evangile, d'être avec eux jusqu'à la consommation des siècles, de leur envoyer l'Esprit de vérité, afin qu'il demeurât toujours avec eux (*Matt.* xxviii, 20; *Joan.*, xiv, 16), puisqu'il a permis qu'immédiatement après la mort des apôtres l'Eglise ne fût plus enseignée que par des hommes, les uns sans talents, les autres sans probité, et absolument déchus d'esprit apostolique. Si nous écoutons saint Paul, c'est Dieu qui a donné des apôtres, des prophètes, des évangélistes, des pasteurs et des docteurs, pour perfectionner les saints, pour édifier le corps de Jésus-Christ, pour établir l'unité de la foi, etc. (*Ephes.*, c. iv, v. 11). Si nous en croyons les protestants, les apôtres, les prophètes, les évangélistes ont été à la vérité suscités de Dieu pour cette fin; quant aux pasteurs et aux docteurs qui leur ont succédé, loin d'édifier, ils n'ont fait que détruire; au lieu d'établir l'unité de la foi, ils ont divisé les esprits par des disputes philosophiques; au lieu de perfectionner l'ouvrage commencé par les apôtres, ils l'ont dégradé et dénaturé; et Dieu a trouvé bon d'attendre quinze cents ans avant d'y apporter du remède. Nos adversaires voudront bien nous dispenser de digérer de pareilles impiétés; les déistes et les athées n'ont rien dit de plus injurieux contre le christianisme.

2° Ils disent que, puisque les apôtres mêmes n'ont pas été exempts de préjugés, d'erreurs, de faiblesses, il n'est pas étonnant que leurs disciples les plus zélés en aient été aussi susceptibles; Barbeyrac, *Traité de la Morale des Pères*, c. viii, § 39, p. 125; *Encyclop.*, art. *Pères de l'Eglise*; conséquemment les incrédules n'ont pas manqué de faire contre les apôtres les mêmes reproches que les protestants font contre les *Pères*. Mais nous demandons de quel front l'on ose attribuer des *erreurs et des faiblesses* aux apôtres, quand on fait profession de croire qu'ils avaient reçu le Saint-Esprit, et que, suivant la promesse du Sauveur, cet Esprit divin devait leur enseigner *toute vérité* (*Joan.* xvi, 13), et les revêtir d'une *force divine* (*Luc.* xxiv, 49; *Act.* i, 8).

3° Il a fallu être possédé d'un esprit de vertige pour supposer, d'un côté, que les *Pères* apostoliques n'ont été ni savants, ni éloquents, ni critiques éclairés, ni précautionnés contre la fraude; que c'étaient des hommes simples, crédules, ignorants et quelquefois visionnaires; de l'autre, que ce sont eux qui ont fait la distinction des écrits authentiques et vraiment apostoliques, d'avec les livres forgés et apocryphes; Mosheim, *Hist. ecclés.*, 1ᵉʳ siècle, n° part., c. 2, § 17. Voilà, en vérité, diront les déistes, d'excellents juges pour faire un pareil discernement; c'est une foi bien éclairée et bien sage que celle qui est dirigée par de tels arbitres. Croirons-nous ces docteurs incapables de fraude, pendant que leurs successeurs immédiats ne se sont fait aucun scrupule de forger des livres, etc.? Mais les protestants semblent ne compter pour rien l'avantage qu'ils donnent aux ennemis du christianisme, pourvu qu'ils puissent exhaler leur bile contre les *Pères*. Ce qu'il y a de singulier, c'est que Mosheim a condamné lui-même cette méthode de laquelle il s'est constamment servi. Il observe que si l'on récuse absolument le témoignage des *Pères*, il ne restera plus rien de certain dans l'histoire de l'Eglise; il blâme la témérité de ceux qui, pour se débarrasser de ce témoignage, s'attachent à le décréditer, en alléguant l'ignorance, les erreurs, la mauvaise foi des *Pères*, etc. Tel est cependant le crime dont lui et ses pareils sont coupables. *Voy. Vindiciæ antiquæ Christianorum disciplinæ, adv. Tolandi Nazarenum*, sect. 1, c. 5, § 3 et 4, p. 92 et suiv.

4° Les trois principales sectes protestantes s'accordent très-mal sur ce point. Comme les anglicans se sont moins éloignés que les autres de la croyance catholique, ils ont aussi conservé plus de respect pour les témoins de la tradition; Cave, Grabe, Réeves, Blacwal, Péarson, Bévéridge, et d'autres savants anglais, ont justifié les *Pères* contre les reproches de Daillé et de ses copistes; ils ont soutenu contre les sociniens que l'on doit entendre l'Ecriture sainte conformément aux explications des anciens docteurs de l'Eglise; ils ont travaillé avec succès à rassembler, à éclaircir plusieurs monuments, et à les défendre contre les attaques d'une critique trop hardie. Les luthériens ont été moins équitables, parce qu'ils se sont écartés davantage de la doctrine de l'Eglise ancienne; plusieurs d'entre eux n'ont pas hésité d'imiter l'emportement des calvinistes. Quant à ces derniers, ils n'ont point gardé de mesures; plus ils penchent au socinianisme, plus ils témoignent de prévention et de haine contre les *Pères*, et pour comble d'hypocrisie, ils protestent que c'est la pure vérité qui les force à penser ainsi. Le même personnage pour lequel les uns témoignent beaucoup d'estime, est traité par les autres avec le dernier mépris; souvent un critique protestant en dit du bien ou du mal, suivant qu'il le trouve plus favorable ou plus opposé à son opinion. Le traducteur de Mosheim avoue que l'autorité des *Pères* diminue de jour en jour chez les protestants, *Hist. ecclés.*, tom. I, pag. 5, *note*. Nous n'en sommes pas surpris; nous y voyons diminuer la foi en même proportion, et le protestantisme se rapprocher de jour en jour du déisme : cette progression était inévitable. Ce même écrivain convient que le livre composé par un calviniste anglais nommé

Whitby, contre l'autorité des *Pères*, ne peut manquer de produire un très-mauvais effet, et de prévenir les jeunes étudiants contre ce qu'il y a de bon dans les écrits de ces anciens, *Hist. ecclés.*, tom. V, p. 368. Ce qu'il en dit lui-même dans ses notes fera-t-il moins de mal ?

5° Il n'est pas possible de méconnaître la passion qui fait parler nos adversaires, quand on considère les contradictions et la bizarrerie des reproches qu'ils font aux *Pères de l'Eglise*. Ils se plaignent de ce que ceux du 1ᵉʳ siècle n'étaient ni savants ni éloquents, de ce que ceux du 11ᵉ n'étaient pas instruits de la philosophie des Orientaux ; ils blâment dans ceux du 111ᵉ la connaissance qu'ils avaient de la philosophie et l'usage qu'ils en ont fait ; ils disent que l'éloquence des *Pères* en général est trop enflée, remplie de figures et d'hyperboles. Ils les accusent d'avoir souvent mal raisonné, de n'avoir pas vu les conséquences de ce qu'ils enseignaient ; cependant ils supposent que les *Pères* ont été bons raisonneurs, puisqu'ils leur attribuent, par voie de conséquence, toutes les erreurs possibles ; ensuite ils se fâchent de ce que les *Pères* en ont ainsi agi à l'égard des hérétiques. Il ne faut pas, disent-ils, attribuer les actions des hommes à des principes qu'ils n'ont jamais avoués, ni à de mauvais motifs, lorsqu'ils ont pu en avoir de louables ; et continuellement ils se rendent coupables de cette injustice envers les *Pères*. Ils se plaignent de ce que ceux-ci manquent de méthode, et de ce que les scolastiques en ont trop, etc. Les calvinistes surtout ont poussé l'inconséquence jusqu'au ridicule. Ils ont peint saint Jérôme en particulier comme un imposteur de profession qui ne se faisait aucun scrupule de mentir et d'affirmer le contraire de ce qu'il pensait, et parce qu'il a dit dans un endroit, qu'au commencement de l'Eglise les évêques ne se croyaient pas supérieurs aux prêtres, ces mêmes calvinistes ont triomphé ; ils ont cité ce passage comme une autorité irréfragable, qui doit prévaloir à tous les monuments de l'histoire ecclésiastique. Ils nous reprochent une aveugle prévention en faveur des *Pères*, une obstination marquée à les justifier contre toute apparence de vérité. De notre côté, nous leur reprochons une aveugle prévention contre ces écrivains respectables, et un entêtement malicieux à interpréter dans le plus mauvais sens ce qu'ils ont dit. Ils travaillent ainsi à confirmer les erreurs en leur cherchant des garants et des complices ; au lieu que nous tâchons d'établir des vérités, en faisant voir qu'elles ne sont point contraires au sentiment des docteurs de l'Eglise : lequel de ces deux procédés est le plus louable ?

6° Enfin les plus opiniâtres ont été forcés de se dédire et de se rétracter. Daillé, à la fin de son livre *de vero Usu Patrum*, l. II, c. 6, semble avoir voulu faire aux *Pères* la réparation des outrages dont il les avait chargés. « Leurs écrits, dit-il, renferment des leçons de morale et de vertu capables de produire les plus grands effets, plusieurs choses qui servent à confirmer les fondements du christianisme plusieurs observations très-utiles pour entendre l'Ecriture sainte et les mystères qu'elle contient ; leur autorité sert beaucoup à prouver la vérité de la religion chrétienne. N'est-ce pas un phénomène admirable que tant de grands hommes, doués de tous les talents et de toute la capacité possible, nés en différents temps et en divers climats, pendant quinze cents ans, avec des inclinations, des mœurs, des idées si différentes, se soient néanmoins accordés à croire les preuves du christianisme, à rendre leurs adorations à Jésus-Christ, à prêcher les mêmes vertus, à espérer la même récompense, à recevoir les mêmes Evangiles, à y découvrir les mêmes mystères ?..... Il n'est pas vraisemblable que tant d'hommes célèbres par la beauté de leur génie, par l'étendue et la pénétration de leurs lumières, dont le mérite est prouvé par leurs ouvrages, aient été assez imbéciles pour fonder leur foi et leurs espérances sur la doctrine de Jésus-Christ, pour lui sacrifier leurs intérêts, leur repos et leur vie, sans en avoir évidemment senti le pouvoir divin. Préférerons-nous au suffrage unanime de ces grands hommes les préventions et les clameurs d'une poignée d'incrédules et d'athées, qui calomnient l'Evangile sans l'entendre, qui blasphèment ce qu'ils ignorent, et qui se rendent encore plus suspects par le dérèglement de leurs mœurs que par les bornes étroites de leurs connaissances ? » Ces réflexions sont très-sages ; mais de quel front peut-on les adresser aux incrédules, quand on a fait tout ce que l'on a pu pour leur inspirer de la prévention contre les *Pères* ?

Le Clerc, dans son *Art critique*, t. IV, lettre 4, fait un grand éloge du livre de Daillé ; il blâme la réfutation qu'un Anglais en avait faite ; celle de Guillaume Reeves n'avait pas encore paru ; toute cette lettre est un mélange de bien et de mal, de blâme et de louanges donnés aux *Pères de l'Eglise*, duquel on ne sait quel résultat on doit tirer. Mais dans son *Hist. ecclés.*, an. 101, § 1 et suiv., il a exhalé toute sa bile contre les *Pères* du 11ᵉ siècle. « Ils étaient incapables, dit-il, de bien entendre l'Ecriture sainte, faute de savoir l'hébreu ; c'est pour cela qu'ils s'étaient persuadé faussement que la version des Septante était inspirée. Ils étaient excessivement crédules à l'égard de plusieurs traditions prétendues apostoliques ; c'étaient de mauvais raisonneurs, ignorants dans l'art de la critique, entêtés de platonisme, et qui cherchaient à se rapprocher des païens. » On doit donc regarder comme un miracle de la Providence, la conservation du christianisme entre les mains de docteurs si capables de le corrompre. Aux mots Hébreu, Septante, Tradition, Platonisme, etc., nous réfutons tous ces reproches téméraires, dictés par le seul intérêt du système, et désavoués par les protestants les plus sensés. Beausobre, encore moins équitable, semble n'avoir écrit son *Histoire du Manichéisme* que pour justifier tous les anciens hérétiques aux dépens des *Pères* de *l'Eglise ;* il excuse tout dans les premiers, tout lui paraît suspect et répréhensible dans les seconds ; il ne veut pas que, par voie de conséquence, on impute aux hérétiques des erreurs qu'ils n'ont pas formellement avouées et lui-même n'emploie point d'autre moyen pour taxer d'erreur les *Pères*. Il soutient qu'en rapportant les opinions des hérétiques, ils ont fait des relations visiblement fausses et pleines d'exagérations, qu'ils ont mal raisonné, qu'ils ont cru aveuglément tous les faits qui pouvaient déshonorer leurs adversaires, et qu'ils ont eu la passion de rendre leurs personnes odieuses. Il reproche aux catholiques d'abuser du nom et du témoignage des anciens, pour défendre des opinions fausses et des pratiques superstitieuses ; c'est ce qu'il appelle *le sophisme de l'autorité*, par lequel on prétend, dit-il, enchaîner ce qu'il y a de plus libre en nous, qui est la raison et la foi. *Hist. du Manich.*, préf., pag. 22. Mosheim, *Instit. Hist. christ.*, sæc. i, ii° part., c. 5, § 2, fait les mêmes reproches aux *Pères* touchant les hérésies, et emploie toute son érudition pour les appuyer.

Pour nous, qui pensons que la raison embrasse nécessairement ce qui lui paraît vrai, et que Dieu nous ordonne de croire tout ce qu'il a révélé, nous ne concevons point en quel sens la raison et la foi sont ce qu'il y a de plus libre en nous ; mais il s'agit de justifier les *Pères*. Ceux-ci, sans doute, n'ont pas vécu familièrement avec tous les hérésiarques ni avec les principaux docteurs de chaque secte, ils n'ont donc pu connaître les vrais sentiments de ces personnages que par leurs écrits, par le récit de leurs disciples, par la confession de ceux qui revenaient à l'Eglise, par la renommée publique. Beausobre a-t-il eu de meilleurs mémoires que les contemporains, pour mieux savoir qu'eux ce que les hérétiques ont pensé et enseigné, et pour convaincre les *Pères* de passion ou de crédulité ? On nous dit que souvent les *Pères* ne s'accordent point en exposant la doctrine d'une secte hérétique. Cela n'est pas fort étonnant ; il n'y en eut jamais aucune dont les divers docteurs aient enseigné la même chose, ou aient conservé en entier la doctrine du fondateur. Où en serions-nous, s'il nous fallait juger aujourd'hui de la doctrine de Luther et de Calvin par celle de leurs sectateurs, ou ranger sous un seul système toutes les erreurs des protestants ? Mosheim avoue qu'il n'y avait rien de constant ni d'uniforme entre les différentes sectes de gnostiques, *Hist. christ.*, sæc. ii, § 42. Vainement il prétend que les *Pères* n'ont pas bien compris le système de ces hérétiques, parce qu'ils n'ont pas connu la philosophie orientale dans laquelle ces sectaires avaient puisé leurs erreurs ; nous avons fait voir la témérité de ce reproche au mot *gnostiques*.

Dès qu'il plaît à un critique de forger le système des hérétiques à sa manière, il n'est pas étonnant que les *Pères* lui semblent avoir mal raisonné ; mais les *Pères* n'argumentent pas contre les idées de nos dissertateurs modernes ; ils attaquaient les écrits qu'ils avaient sous les yeux, les adversaires auxquels ils parlaient, les erreurs dont ils avaient la notion ; et nous convenons que les anciens hérétiques n'ont pas toujours autant d'adresse que les modernes pour revêtir une erreur de toutes les apparences de la vérité.

Il est fort singulier que Beausobre prétende avoir mieux connu et mieux compris le système des manichéens, être mieux informé de leurs mœurs et de leur conduite, que saint Augustin, qui avait vécu parmi eux, qui avait été séduit par leurs sophismes, qui avait consulté leurs plus habiles docteurs, qui avait été un des apôtres de leur secte, et qui vint à bout de les confondre dans plusieurs conférences publiques. Il faut être étrangement prévenu pour faire plus de cas des raisonnements et des conjectures d'un discoureur du xviii° siècle, que du témoignage formel d'un auteur contemporain, instruit dans la secte même qu'il réfute. Il n'est pas croyable, dit Beausobre, que les hérétiques aient été coupables de toutes les absurdités et de toutes les abominations qu'on leur prête ; ce n'étaient que des bruits vagues et des accusations sans fondement ; cela n'était prouvé tout au plus que par le témoignage de quelques déserteurs de la secte : or, ceux-ci ne manquent jamais de calomnier le parti qu'ils ont abandonné. Nous soutenons que ces accusations sont très-croyables ; les mêmes désordres dont les hérétiques du xii° siècle et des deux suivants ont été atteints et pleinement convaincus, démontrent que ce qui est arrivé pour lors a pu arriver autrefois. S'il y a quelquefois des transfuges menteurs, il y en a aussi de véridiques. Lorsqu'il s'est agi de calomnier des catholiques, Beausobre ni les autres protestants n'ont pas été aussi scrupuleux et n'ont pas pris autant de soin de vérifier les faits, que les *Pères* l'ont été à l'égard des anciens hérétiques. Mosheim, quoique assez enclin d'ailleurs à penser comme Beausobre, a cependant senti le faible et le ridicule des préventions de ce critique, et il nous paraît avoir eu en vue de le réfuter dans sa troisième *Dissertation sur l'Histoire ecclésiastique*, t. I, § 9, p. 238. « J'ai peine à pardonner, dit-il, à ceux qui ne cessent de nous étourdir par leurs clameurs contre les *Pères*, qui les taxent d'ignorance, de malice, d'intérêt, d'ambition et d'autres crimes, comme si ces anciens n'avaient jamais été de bonne foi, comme s'ils avaient toujours parlé et agi par des motifs criminels, sans honte et contre leur conscience, afin de rendre les hérétiques odieux. Que diraient leurs accusateurs si on les traitait ainsi ? » Voilà comme il s'est fait le procès à lui-même.

Ce n'est point nous qui faisons un sophisme en alléguant *l'autorité des Pères* ; c'est Beausobre qui subtilise sur l'ambiguïté de ce terme. Lorsqu'il s'agit de constater un fait ancien, par exemple de savoir ce qu'ont enseigné tels ou tels hérétiques, ce n'est point un sophisme d'alléguer *l'autorité*, c'est-à-dire le témoignage de ceux qui ont été à portée de s'en instruire, et qui avaient intérêt de s'en informer. Il n'est encore venu à l'idée de personne d'appeler *sophisme d'autorité* la certitude morale fondée sur l'attestation de témoins compétents et en état de déposer d'un fait. Beausobre en impose quand il dit que nous croyons à la parole des *Pères*, parce que nous les regardons comme des saints ; c'est une fausseté : nous n'y croyons que parce que nous savons d'ailleurs qu'ils étaient instruits, sensés et judicieux ; et nous le voyons par leurs écrits. Quand il s'agit d'un dogme, c'est-à-dire de savoir si tel dogme a été cru professé et prêché dans l'Eglise en tel temps et en tel lieu, nous soutenons que le témoignage des *Pères* est une preuve irrécusable, puisque la plupart ont été chargés par état de prêcher et d'enseigner la doctrine chrétienne ; personne n'est plus capable qu'eux de nous apprendre quelle était cette doctrine dans le temps auquel ils ont vécu : sur ce point leur *autorité* se réduit encore au simple témoignage. Lorsqu'un grand nombre de *Pères*, placés en différents lieux et en différents temps, s'accordent à enseigner le même dogme comme partie de la doctrine chrétienne, nous soutenons que ce dogme y appartient véritablement, et que ç'a été la croyance commune de l'Eglise, parce que les *Pères*, dans tous les temps et dans tous les lieux, ont protesté qu'il ne leur était pas permis d'enseigner aucune chose contraire à cette croyance ; ils ont même condamné comme novateurs et comme hérétiques tous ceux qui ont eu cette témérité. Nous persuadera-t-on que les *Pères* ont attaqué et altéré la doctrine commune de l'Eglise établie avant eux, sans le savoir et sans le vouloir, ou qu'ils ont commis ce crime de propos délibéré, en faisant profession de le condamner et de le détester ? Pour qu'ils en vinssent à bout, il aurait encore fallu que la société entière des fidèles se rendît leur complice. En suivant leur doctrine comme orthodoxe, nous ne déférons point à leur autorité personnelle, mais à l'autorité de l'Eglise. Or, nous avons prouvé cette autorité contre les protestants. *Voy.* EGLISE, § 5.

Si d'un côté Beausobre ne veut ajouter aucune foi au témoignage des *Pères*, de l'autre il jure sur la parole de tous les écrivains orientaux, arabes, chaldéens, syriens, égyptiens, juifs cabalistes, etc. ; tout mécréant quelconque lui paraît plus croyable que vingt *Pères de l'Eglise*. Il croit avoir suffisamment disculpé une secte hérétique, lorsqu'il peut faire voir que quelques-uns des *Pères* ont eu des opinions à peu près semblables, ou qui entraînaient les mêmes inconvénients ; il ferme les yeux sur deux différences essentielles. 1° Ces *Pères* ne dogmatisaient pas, aucun n'a jamais prétendu ériger en dogme de foi son opinion particulière ; les hérétiques au contraire ont toujours soutenu que leur doctrine était la seule vraie, et quiconque n'a pas voulu s'y conformer n'a point été admis dans leur secte. 2° Les *Pères* ont toujours été soumis à l'enseignement de l'E-glise, ils ont écouté sa voix comme celle de Jésus-Christ et des apôtres : les sectaires se sont crus plus éclairés que l'Eglise, et ont voulu que leur autorité l'emportât sur la sienne.

Ces deux réflexions suffisent déjà pour démontrer la fausseté des motifs par lesquels les critiques protestants veulent justifier leur conduite. Ils assurent qu'ils rapportent les erreurs des *Pères*, non pour les déprimer, mais pour faire voir que tous les hommes sont faillibles, qu'il faut avoir de l'indulgence pour tous ceux qui se trompent, qu'il ne faut pas juger les anciens hérétiques avec plus de rigueur que nous n'en avons pour les docteurs de l'Eglise. Où est donc la justesse de cet odieux parallèle ? Quand il serait aussi vrai qu'il est faux que les *Pères* ont été coupables de toutes les erreurs dont ils sont accusés par les protestants, il y aurait toujours de fortes raisons pour les excuser. 1° Il serait toujours évident qu'ils se sont trompés de bonne foi, qu'ils ont cru suivre la doctrine enseignée par les apôtres, qu'ils n'ont eu aucun dessein d'innover, de se faire un parti, d'élever autel contre autel. Les anciens hérétiques ont eu des motifs tout différents ; plusieurs se vantaient d'en savoir plus que les apôtres, ils se donnaient le nom fastueux de gnostiques ou d'illuminés ; leur ambition était de devenir chefs de sectes, et ils y sont parvenus ; ils ont divisé l'Eglise, ils lui ont débauché ses enfants pour se les attacher ; ils ne prétendaient pas à moins qu'à renverser le christianisme, en établissant une doctrine différente de celle de Jésus-Christ. 2° Les *Pères* étaient les pasteurs légitimes, ils avaient reçu leur mission des apôtres, ils avaient donc le droit d'enseigner. Mais qui avait donné ce droit à Cérinthe, à Valentin, à Cerdon, à Marcion, etc. ? Ils n'étaient pas entrés dans le bercail de Jésus-Christ par la porte, mais en perçant le mur ; c'étaient donc des larrons et des voleurs (*Joan.* x, 8). A quel titre ont-ils mérité de l'indulgence ? 3° Dans le IIe et le IIIe siècle les pasteurs n'avaient pas pu s'assembler aisément pour confronter la doctrine des différentes Eglises, pour voir si elle était uniforme, et si la tradition était la même partout, ils se sont soumis à cette épreuve dès qu'ils l'ont pu. Jamais les hérétiques n'ont voulu subir ce joug ; quoique condamnés par des conciles généraux, ils ont persisté opiniâtrement dans leurs erreurs, ils ont affecté de les répandre avec encore plus d'éclat. C'est donc faire une injure sanglante aux *Pères de l'Eglise*, que de les mettre de pair avec des sectaires.

Pour comble d'inconséquence, Beausobre qui a dit tant de mal des *Pères* dans son *Histoire du Manichéisme*, a trouvé bon dans ses *Remarques sur le Nouveau Testament*, de recourir à eux pour découvrir la vraie signification d'une infinité de termes ou d'expressions du texte grec, pendant que les protestants en général nous blâment, parce que nous faisons de même. Barbeyrac, dans son *Traité de la Morale des Pères de l'Eglise*, a poussé la malignité et la prévention contre ces auteurs respectables encore plus loin que les autres protestants; il a répété tous les reproches qu'on leur avait faits avant lui, et il en a surajouté de nouveaux. Son dessein était de prouver que les *Pères*, en général, ont été de mauvais moralistes; nous avons déjà observé que Mosheim en a jugé de même; cependant le traducteur de ce dernier convient que Barbeyrac a fait contre les *Pères* plusieurs imputations dont il est aisé de les laver. Il renouvelle d'abord le sophisme répété cent fois par les protestants : savoir, que les *Pères* ne sont pas infaillibles. Aucun d'eux ne l'est en particulier; mais lorsque tous, ou du moins un très-grand nombre, s'accordent à déposer d'un fait public, sensible, palpable, sur lequel il ne lui a pas été possible de se méprendre, nous soutenons que leur témoignage est infaillible; qu'il opère une certitude morale poussée au plus haut degré, et qu'il y a de la folie à s'y refuser. De nos jours on a démontré contre les déistes l'évidence des principes de la certitude morale, et il est incontestable que les déistes, en argumentant contre cette certitude, ne faisaient que copier les sophismes des protestants. Ceux-ci reprochent aux *Pères* d'avoir traité la morale sans suite, sans liaison, sans méthode, et de n'en avoir donné aucun traité complet. Si c'est là un crime, les *Pères* le partagent avec Jésus-Christ et avec les apôtres; aussi les incrédules à leur tour n'ont pas manqué d'objecter que ces divins auteurs ont traité la morale sans ordre et sans méthode, que l'Evangile n'en est point un traité complet, qu'elle n'y est pas prouvée comme elle l'est dans les anciens philosophes. Lorsque les protestants auront donné une bonne réponse aux incrédules, elle nous servira pour justifier les *Pères*. Depuis que les plus habiles auteurs protestants, Grotius, Puffendorf, Cumberland, Hutchinson, etc., ont analysé, démontré, quintessencié la morale, et en ont donné des traités exprès, nous voudrions savoir quelles vertus nouvelles on a vu éclore, surtout parmi les protestants, quel effet ces brillantes productions ont opéré sur leurs mœurs; combien de mécréants ou de pécheurs ont été convertis par les leçons sublimes de nos moralistes modernes. Quand on supposerait que ceux-ci sont plus méthodiques, plus exacts, plus profonds, plus éloquents que les *Pères*, ce qui n'est pas, il y aurait toujours cette grande différence, que les *Pères* prêchaient leur exemple plus puissamment que par leurs discours; de là est venue la différence de leurs succès. Lactance, au IV° siècle, faisait déjà cette observation, et nous ne connaissons personne qui ait entrepris d'y répondre.

Mais en quoi la morale des *Pères* est-elle donc erronée et fautive? Ils ont condamné, disent nos adversaires, la défense de soi-même et de ses biens, le commerce, le prêt à usure, les secondes noces, le serment; ils ont loué à l'excès la continence, le célibat, la virginité, la vie austère et mortifiée; ils ont inspiré aux fidèles le fanatisme du martyre; ils ont approuvé le suicide des femmes qui ont mieux aimé se tuer que de perdre leur chasteté, et plusieurs actions criminelles des patriarches, sous prétexte que c'étaient des types, etc. Il ne faut pas oublier que les incrédules ont fait tous ces mêmes reproches contre les auteurs sacrés. Comme nous parlons en particulier de chacun des *Pères de l'Eglise*, nous n'oublions pas de les disculper, de faire voir ou qu'on leur attribue mal à propos des décisions fausses, ou que les prétendues erreurs qu'on leur impute sont des vérités fondées sur l'Ecriture sainte. On peut voir encore chacun des articles de morale dont il est ici question, comme BIGAMIE, CÉLIBAT, DÉFENSE DE SOI-MÊME, SERMENT, etc. Nos censeurs accusent les *Pères* d'avoir forgé de nouveaux dogmes desquels les apôtres n'avaient pas parlé, cette calomnie est réfutée à l'article DOGME. *Voy.* encore TRADITION, etc.

Dans les préfaces que l'on a mises à la tête des nouvelles éditions des *Pères*, les savants éditeurs se sont attachés à les défendre contre les critiques qui les ont accusés d'être tombés dans plusieurs erreurs sur le dogme; nous avons souvent fait usage de ces apologies, et nous avons démontré l'injustice des accusateurs. *Voy.* les mots DIEU, ANGE, AME HUMAINE, ESPRIT, etc. Vainement encore nos adversaires ont reproché aux *Pères* les explications allégoriques de l'Ecriture, l'ignorance de la langue hébraïque, l'usage de la philosophie : nous avons soin de justifier les *Pères* sur tous ces chefs. *Voyez* ALLÉGORIE, COMMENTATEURS, HÉBREU, PHILOSOPHIE, PLATONISME, etc. Nous ne croyons avoir laissé sans réponse aucune des plaintes des protestants. Afin de ne rien laisser sans y avoir donné un coup de dent, Mosheim a dit beaucoup de mal des dernières éditions des *Pères* qui ont été publiées, soit en France, soit en Angleterre; il prophétise que personne ne les donnera telles que les savants le désirent. *Hist. christ.*, sæc. II, § 37, *notes*. Mais puisque ce critique avait conçu dans sa tête un plan de perfection auquel il était seul capable d'atteindre, il aurait dû, par zèle pour le bien général, en donner au moins un modèle. C'est ici le cas de dire qu'il est plus aisé de demander mieux que de faire aussi bien. Comme les écrivains catholiques ont fait voir l'opposition qu'il y a entre la doctrine des *Pères* et celle des protestants, il n'est pas étonnant qu'ils aient déplu à ces derniers.

* PERFECTIBILITÉ CHRÉTIENNE. Le christianisme est la source du véritable progrès. Tous les siècles pourront toujours y puiser sans crainte de l'épuiser. Les protestants ont abusé de la perfectibilité chrétienne pour la faire passer des actes des fidèles à la doctrine elle-même. La perfectibilité, entendue dans ce sens, a besoin d'être bien comprise. Voici comment M. l'abbé Barran la présente dans son *Exposition raisonnée des dogmes et de la morale du christianisme*, t. I, p. 254 :

« Supposons un instant que la religion de Jésus-Christ puisse être perfectionnée d'une manière progressive : les protestants se trouvent-ils dans les conditions de cette perfectibilité? Je ne le pense pas.

Qu'est-ce, en effet, que le perfectionnement dans les arts, dans les sciences, et, si vous voulez, dans la religion? Dans les arts, la sculpture, par exemple, ce sera de mieux harmoniser, de rendre plus naturelles, plus gracieuses, les formes d'une statue. Perfectionner une science, comme la géométrie, c'est employer des méthodes plus claires, plus précises, plus propres à en faciliter les démonstrations. Il y a sans doute un autre perfectionnement plus large appliqué aux arts et aux sciences ; mais on devrait plutôt lui donner le nom de découverte, d'invention ; car, à la rigueur, perfectionner ne signifie autre chose que rendre plus parfait, dans la forme et le mode, ce qui est déjà pour le fond. La religion, si l'on veut, pourra aussi absolument être susceptible de perfectionnement, en ce sens qu'à une époque il sera possible d'exposer sa doctrine avec plus de clarté, d'augmenter les solennités de son culte, de détruire les superstitions de l'ignorance au milieu des populations. La morale sera perfectionnée dans la pratique, si l'on est plus fidèle à l'observer, si l'on trouve les moyens d'en rendre l'application plus utile, plus profitable à l'humanité, et, sous ce rapport, le mode d'exercer la bienfaisance chrétienne pourra vraiment être amélioré. Est-ce ainsi que les protestants ont réformé, perfectionné la religion et la morale? Se sont-ils bornés à quelque modification dans la forme? Leur prétendu perfectionnement, c'est la mutilation dans la foi, les sacrements et une foule d'autres points qu'ils rejettent, sous prétexte de réforme. C'est le perfectionnement du barbare, qui, pour embellir une statue, lui briserait des membres, lui déformerait les autres, et lui déprimerait le front. Ils ont aussi fait des additions à la religion de Jésus-Christ, ce qui sort encore des limites d'un perfectionnement. D'où ont-ils tiré, par exemple, l'inamissibilité de la justice, la tolérance de la polygamie, la terrible réprobation absolue, la rémission du péché par la croyance même qu'il est remis? Y a-t-il dans la doctrine de Jésus-Christ quelque chose qui conduise à ces principes ? Non, le christianisme réformé, comme ils le prétendent, n'est plus celui du divin Sauveur, celui des apôtres : ils l'ont altéré, défiguré par les retranchements arbitraires qu'ils lui ont fait subir et par les additions monstrueuses qu'ils lui ont imposées. Il est donc manifeste qu'ils sont sortis des conditions d'un véritable perfectionnement.

« Au reste, examinons en peu de mots si la religion chrétienne est susceptible de perfectibilité pour le dogme, la doctrine, les sacrements et le ministère sacré. Jésus-Christ disait à ses apôtres : *Je vous ai fait connaître tout ce que j'ai appris de mon Père* (Joan., xv), c'est-à-dire, tout ce que j'avais mission de vous manifester pour l'établissement de ma religion. *Le Paraclet, que mon Père vous enverra en mon nom, vous enseignera toutes choses* (Ibid., xiv). *Allez donc, instruisez les nations, et faites observer ce que je vous ai ordonné* (Matth. xxviii). Selon le sens naturel de ces paroles, le Sauveur a instruit les apôtres de ce qu'ils devaient communiquer aux hommes ; son Esprit devait, le jour de la Pentecôte, confirmer, développer ces enseignements, et surtout opérer de merveilleux changements dans les dispositions des disciples ; dans la suite, le même Esprit n'a jamais fait défaut aux hommes apostoliques. Le divin Fondateur ne s'est donc pas arrêté à une ébauche pour sa religion : il l'a donnée complète, achevée, parfaite, telle qu'il ordonnait de la prêcher et de la faire observer jusqu'à la fin des siècles. Les apôtres ont-ils été infidèles à leur mission, en altérant la doctrine sainte que Jésus leur avait enseignée ? On ne peut le penser, sans les accuser d'imposture, sans y associer Dieu lui-même, puisqu'ils opéraient les plus grands miracles par son autorité. Mais leurs prédications, ils n'ont jamais prétendu perfectionner en augmentant ou en diminuant le dépôt qui leur avait été confié : ils se faisaient gloire d'enseigner ce qu'ils avaient reçu du Christ. Et *un ange du ciel viendrait-il*, disaient-ils avec confiance, *vous annoncer un Évangile différent de celui que nous vous prêchons, qu'il soit anathème* (Gal. I) ! Donc, elle ne peut être de Jésus-Christ cette doctrine qui enseigne des dogmes qu'il n'a pas ordonné d'enseigner, que les apôtres n'ont point transmis. Donc, elle ne sera pas de Jésus-Christ cette religion où l'on retranche des dogmes, des sacrements que le divin Sauveur a prescrit à ses apôtres de prêcher, de faire observer, et que ceux-ci ont enseignés fidèlement. Voyez l'idée que donnent de la sagesse du Fils de Dieu, ces partisans de la perfectibilité chrétienne. Il aurait d'abord fait connaître des vérités qui, dans la suite, auraient changé de nature ; un sacrifice, dans le principe agréable à Dieu, et puis devenu un acte d'idolâtrie. Dès le berceau du christianisme, on aura eu des moyens nombreux de sanctification par plusieurs sacrements : plus tard, bien que les hommes ne soient pas devenus meilleurs, ces sources de sainteté devaient presque toutes tarir. Et ainsi disparaîtront les dogmes que le divin Maître nous a révélés, et les institutions saintes qu'il est venu fonder. La morale devra apparemment aussi subir ces changements progressifs. À l'époque du Sauveur et des apôtres, on ne pouvait être marié à deux femmes à la fois ; mais, au temps de Luther, la loi est abrogée, on ne sera plus adultère ; c'est le privilège du progrès. Les bonnes œuvres pouvaient être utiles pour le salut dans les premiers siècles du christianisme : un jour, elles seront indifférentes, ou plutôt l'homme se trouvera dans l'impossibilité d'en opérer, et ne devra son salut qu'à l'imputation de la justice du Christ. Bientôt on sera conduit à la négation de la divinité même du Rédempteur, que les protestants rationalistes dépouilleront de tout caractère surnaturel, pour ne reconnaître en lui qu'un simple maître de morale. Viendra enfin un système hardi, fondé sur les mêmes principes, qui transformera le Christ en un être fabuleux et symbolique.

« Au reste, qui fera ces changements progressifs? Qui sera chargé de juger l'opportunité des temps, la maturité des esprits ? Il y aura sans doute quelque société ou synode en rapport avec le Rédempteur pour décider que tel dogme, telle pratique sont surannés, et que d'autres pratiques, des dogmes différents sont obligatoires jusqu'à nouvelle décision. Non, le Christ aurait été plus large dans ses concessions : chacun dans sa religion aura le droit d'examiner, de juger, de prononcer, de modifier, de réprimer, d'adopter, selon ses illuminations, ses goûts, son sentiment, sa délectation intérieure, sa raison. Il faut avoir ni de se yeux ces théories religieuses de la perfectibilité, pour croire que des hommes, instruits d'ailleurs, aient pu les écrire et les donner comme les principes et la nature du christianisme. Chez les catholiques, au contraire, tout dogme nouveau est par là même proscrit. Point de retranchement, point d'augmentation dans la doctrine de notre Sauveur et Maître. Point d'innovation, disait saint Etienne à son célèbre adversaire. Chez nous, l'Église ne fait point de nouveaux articles de foi : elle se borne à définir ceux que nous tenons de Jésus-Christ. Nous ne croyons pour la foi, nous ne pratiquons pour les sacrements, que ce qui a été cru, ce qui a été pratiqué toujours et partout depuis les temps apostoliques. Non, la religion de Jésus-Christ n'est pas perfectible dans le sens où l'entendent aujourd'hui plusieurs sectes protestantes ; et ainsi disparaît, comme réprouvée, comme criminelle, cette faculté de modifications incessantes, qui est cependant la suite nécessaire, visible, du système de l'examen privé et de l'inspiration individuelle. »

PERFECTION. *Voy.* PARFAIT.

PERMETTRE, PERMISSION. Ces deux termes ont un sens équivoque dont les incrédules ont souvent abusé, et il est important de distinguer. *Permettre* signifie quelquefois consentir, ne point défendre, ne point désapprouver; dans ce sens nous appelons *permis* ce qui n'est défendu par aucune loi: personne ne peut être justement puni pour avoir fait une chose ainsi *permise;* un maître qui a donné à son domestique la *permission* de sortir serait injuste s'il le punissait de ce qu'il est sorti. *Permettre* signifie aussi ne point ôter à quelqu'un le pouvoir ni la liberté physique de faire une chose qu'on lui a défendue: dans ce sens Dieu *permet* le péché; il n'ôte point à l'homme le pouvoir de transgresser les lois qu'il lui a imposées, et il ne lui donne pas toujours la grâce efficace qui le préserverait du péché; il ne s'ensuit pas de là que Dieu veut positivement le péché, et qu'il ne peut pas punir le pécheur avec justice. Les incrédules, qui ont dit qu'à l'égard de Dieu *permettre* le péché et vouloir positivement le péché c'est la même chose, en ont imposé grossièrement à ceux qui n'entendent pas les termes. Si dans le discours ordinaire on dit quelquefois *Dieu l'a voulu*, au lieu de dire *Dieu l'a permis*, cet abus du langage ne prouve rien. Dieu sans doute peut toujours empêcher l'homme de pécher, il peut l'en préserver par des grâces puissantes qui produisent leur effet sans nuire à la liberté de l'homme; il ne faut pas en conclure que, quand Dieu ne donne point ses grâces, il veut positivement que l'homme pèche. Raisonner ainsi, c'est supposer, 1° que la loi ou la défense de pécher est fort inutile, puisque Dieu doit toujours empêcher qu'elle ne soit violée; 2° que plus l'homme se porte au péché, plus Dieu doit lui accorder de grâces; 3° qu'un être doué de raison et de liberté doit être conduit d'une manière aussi uniforme que les animaux guidés par l'instinct: car enfin si tous les hommes étaient portés au bien dans toutes leurs actions morales par une suite non interrompue de grâces efficaces, quelle différence y aurait-il entre cette marche de l'homme et celle des animaux entraînés constamment par l'impulsion de la nature, sans pouvoir y résister? Quand on soutient qu'un Dieu sage et bon ne peut pas permettre le péché, cela revient au même que si l'on disait que Dieu n'a pu créer un être capable de bien et de mal moral, doué de raison, de réflexion et de liberté, ou qu'après l'avoir ainsi créé il ne peut pas le laisser maître de son choix. Bayle, pour étayer ce paradoxe, objecte l'état des bienheureux dans le ciel: « Ils sont (dit-il) dans l'heureuse impuissance de pécher; et cet état, loin de dégrader aucune de leurs facultés, les rend plus parfaites; Dieu, sans doute, pouvait sans aucun inconvénient placer l'homme dans le même état sur la terre. » Soit; dans ce cas l'homme serait plus parfait et plus heureux qu'il n'est, son état serait infiniment meilleur. Mais Bayle oublie toujours qu'en exigeant de Dieu un bienfait, parce que c'est le mieux, le plus parfait, le meilleur, il va droit à l'infini, et qu'il suppose Dieu dans l'impuissance d'accorder jamais aux créatures un bienfait borné. L'état physique et moral de l'homme sur la terre est à la vérité moins parfait, moins heureux, moins avantageux que celui des saints dans le ciel; s'ensuit-il que c'est un état absolument mauvais et malheureux, un mal positif à tous égards? Il est certainement meilleur que celui des animaux; donc c'est un bien, mais un bien limité et borné, et c'est pour cela même qu'il semble mauvais par comparaison à un état meilleur. Comment Bayle et tous les incrédules prouveront-ils qu'un Dieu tout-puissant, sage et bon, ne peut pas faire un bien limité et borné? C'est justement parce qu'il est tout-puissant qu'il ne peut pas en faire d'autre.

On objecte qu'un sage législateur doit prévenir et empêcher, *autant qu'il le peut*, la violation de ses lois, qu'il serait coupable s'il *permettait* à quelqu'un de les violer. D'accord. Un législateur humain doit empêcher le mal *autant qu'il le peut*, parce que son pouvoir est borné; ce n'est donc pas exiger de lui l'impossible, que de l'obliger à faire *tout ce qu'il peut*. A l'égard de Dieu, dont la puissance est infinie, c'est une absurdité de vouloir qu'il fasse *tout ce qu'il peut*, qu'il procure le bien, et qu'il empêche le mal *autant qu'il le peut*, puisque son pouvoir n'a point de bornes. Et voilà les deux sophismes sur lesquels sont fondées toutes les objections des incrédules contre la Providence divine, contre la *permission* du mal physique et moral. 1° Ils envisagent le mal comme un terme absolu et positif, au lieu que, dans les ouvrages du Créateur et dans l'ordre de ce monde, rien n'est bien ou mal que par comparaison; 2° ils comparent la conduite de Dieu à celle des hommes; ils lui prescrivent les mêmes règles et les mêmes devoirs, sans faire attention qu'il n'y a aucune ressemblance ni aucune proportion entre un être dont tous les attributs sont infinis, et les êtres bornés. *Voy.* BONTÉ DE DIEU, MAL, etc. Ils se scandalisent encore de ce que Dieu a *permis* ou toléré, chez les patriarches et dans l'ancienne loi, des usages qui sont formellement condamnés comme des désordres par la loi de l'Evangile: par exemple, la polygamie et le divorce. En parlant de ces deux usages, nous avons fait voir qu'il n'y a aucune inconséquence ni aucun défaut de sagesse dans cette conduite de Dieu, parce que dans l'état des patriarches et dans celui des Juifs, le divorce et la polygamie ne pouvaient pas produire d'aussi pernicieux effets que dans l'état de société civile dans lequel sont aujourd'hui presque toutes les nations. Ces deux usages n'étaient donc contraires ni au bien public ni au droit naturel, comme ils le sont aujourd'hui.

\* PERPÉTUITÉ DE L'ÉGLISE. C'est un dogme que l'Eglise doit exister jusqu'à la fin du monde, *usque ad consummationem sæculi*, selon l'énergique expression de l'Ecriture. La perpétuité se manifeste par la visibilité. C'est pourquoi les théologiens traitent en même temps ces deux notes de l'Eglise. *Voy.* VISIBILITÉ.

**PERSE.** Nous n'avons à parler de ce royaume et de ses habitants que pour exposer ce que nous savons de l'établissement et de la durée du christianisme parmi ces peuples. C'est une tradition constante chez les Orientaux, que saint *Pierre*, saint *Thomas*, saint *Barthélemi*, saint *Matthieu* et saint *Jude*, apôtres, ont prêché l'Evangile dans les parties orientales de l'Asie, dans la Chaldée, la Mésopotamie et la Perse ; que saint *Thomas* est allé même jusqu'aux Indes ; que dans la suite, leurs disciples ont porté le christianisme dans la Tartarie et jusqu'à la Chine. Le savant Assémani a donné les preuves de cette tradition dans une dissertation sur les nestoriens ou Chaldéens, qu'il a mise au commencement du IV° volume de sa *Bibliothèque orientale* : l'on ne peut y opposer aucune raison solide.

Parmi les protestants, Beausobre et Mosheim, critiques très-pointilleux d'ailleurs, ont suivi ce sentiment : le premier semble ne l'avoir embrassé que pour contredire les auteurs catholiques qui ont pensé que quand saint *Pierre* a écrit dans sa Ire épître, c. v, v. 13, « l'Eglise élue comme vous à Babylone, et mon fils Marc, vous saluent, » il a entendu sous le nom de Babylone la ville de Rome où il était pour lors. Beausobre soutient que cela est faux, qu'il est question là de Babylone d'Assyrie, d'où il s'ensuit que saint *Pierre* y a prêché, *Hist. du Manich.*, § 2, c. 3. Ce n'est point ici le lieu de traiter cette question ; mais il demeure certain que depuis le Ier siècle de l'Eglise, il y a eu des chrétiens dans la *Perse*, et que dès le siècle suivant ils étaient sous la juridiction des évêques de Séleucie. Ils y furent assez tranquilles jusqu'au IV° : pendant que les empereurs Romains persécutaient les fidèles dans les provinces de l'Asie qui leur étaient soumises, les rois de *Perse* ont protégé, ou du moins toléré le christianisme dans leurs Etats. L'an 325, un archevêque de Séleucie, nommé *Papas*, envoya deux députés au concile de Nicée ; l'évêque d'Edesse et un évêque de *Perse* y assistèrent. Assémani observe que l'état monastique s'introduisit dans la *Perse* très-peu de temps après sa naissance en Egypte, qu'il fit de grands progrès, que la plupart des moines *persans* furent missionnaires et souvent élevés à l'épiscopat.

Mais dès que les empereurs romains eurent embrassé le christianisme et l'eurent rendu dominant dans l'empire, cette religion devint suspecte aux rois de *Perse* ; par un effet de la haine nationale, ils commencèrent à se défier des chrétiens, à les regarder comme des ennemis de leur domination, et comme des sujets toujours prêts à se livrer aux Romains. Conséquemment, dès l'an 330, Sapor II exerça contre eux une persécution sanglante, dans laquelle les Orientaux comptent 160 mille martyrs : ce carnage fut renouvelé dans le siècle suivant, sous le règne de Varanes et d'Isdegerde. Au commencement du v°, les partisans de Nestorius, proscrits dans l'empire romain, se réfugièrent dans la *Perse* et y répandirent leur erreur. Un certain Barsumas, devenu évêque de Nisibe en 435, abusa de sa faveur auprès du roi Phérozès, pour pervertir et persécuter les catholiques, en les peignant comme des amis et des espions des Romains. Plus les hérétiques furent poursuivis par les empereurs, plus ils furent favorisés par les *Perses*, parce qu'on ne pouvait plus les soupçonner d'intelligence avec les ennemis du nom *persan*. Il n'est donc pas étonnant que dans ce royaume les nestoriens aient pris l'ascendant sur les catholiques, et s'y soient maintenus pendant longtemps ; plusieurs fois cependant ils furent enveloppés dans les persécutions excitées contre les chrétiens. En général les *Perses* les traitaient bien ou mal, selon qu'ils étaient en paix ou en guerre avec les Romains ; et quand il était question de faire des traités, c'étaient ordinairement des évêques, ou catholiques, ou nestoriens, qui en étaient les médiateurs. Ces derniers, pendant le VI° et le VII° siècle, profitèrent des moments de calme dont ils jouissaient pour envoyer des missionnaires dans la Tartarie et jusqu'à la Chine. *Voy.* NESTORIENS. L'an 632, les mahométans, devenus maîtres de la *Perse*, accordèrent d'abord aux nestoriens l'exercice libre de leur religion ; mais quoiqu'ils aient toujours eu moins d'aversion pour les hérétiques que pour les catholiques, ils n'ont jamais cessé d'exercer contre les uns et les autres leur caractère oppresseur. De siècle en siècle le nombre des chrétiens a diminué dans la *Perse*, les nestoriens y sont réduits presque à rien, et les catholiques qui s'y trouvent ont été convertis dans les derniers temps par les missionnaires de l'Eglise romaine. Malgré l'opiniâtreté avec laquelle les protestants soutiennent que l'on ne peut pas être chrétien sans lire l'Ecriture sainte, il n'y a aucune preuve que les livres saints aient été traduits en persan dans les premiers siècles. On convient aujourd'hui que la version persanne que nous avons de quelques parties de la Bible n'est pas ancienne. *Voy.* BIBLE. La liturgie fut toujours célébrée, en syriaque chez les chrétiens de la *Perse*, parmi les nestoriens comme parmi les catholiques, quoique ce ne fût pas la langue vulgaire. *Voy.* LITURGIE.

* **PERSES.** Les Perses conservèrent une religion plus conforme au culte primitif que celles des autres païens ; — d'ailleurs l'idolâtrie égara, généralement, plus tard et d'une manière moins déplorable, les fils de Sem que ceux de Japhet, les fils de Japhet que ceux de Cham. Dans le principe, les Perses honoraient Dieu dans le feu et dans le soleil levant. Zerducht, que les Grecs nommaient Zoroastre, premier fondateur de leur religion, se perd dans la plus haute antiquité et dans les ténèbres de la fable. On compte plusieurs Zerducht ou Zoroastre. L'incertitude à cet égard vient de ce que les Grecs, qui ont fait mention d'un Zoroastre, ne s'accordent point sur l'époque de son existence. Plusieurs le placent sous le règne de Darius, fils d'Hystaspe ; d'autres, au contraire, et Platon lui-même qui nomme Zoroastre, en parlent comme d'un sage beaucoup plus ancien, et qui remonte au moins à une époque antérieure à la dynastie des Perses. Pour concilier les témoignages que nous transmettent les Grecs, divers auteurs

comptent deux Zoroastre : l'un qui précéda, l'autre qui suivit l'établissement de cette dynastie. Je me range volontiers à l'opinion la plus probable, attribuant au premier Zoroastre la fondation de la religion, au second son renouvellement.

Le dogme capital des mages (prêtres de la Perse), c'est qu'il existe deux principes ; l'un bon, l'autre mauvais. La lumière était le symbole du premier ; les ténèbres, le symbole du second. Suivant leur opinion, le monde résultait du mélange de ces deux principes (*Zend-Avesta, livre canonique des Perses*). Ils donnaient à la divinité bienfaisante le nom de Vazdan, plus souvent celui d'Ormuzd, d'où les Grecs ont fait Oromaze ; à l'être malfaisant, le nom d'Ahriman : leur horreur pour ce dernier était si grande qu'ils n'écrivaient son nom qu'à rebours. Quelques-uns accordaient l'éternité aux deux principes ; d'autres la regardaient comme l'apanage exclusif d'Armuzd, croyant que Ahriman n'était qu'une simple créature. Tous pensaient que, jusqu'à la fin du monde, les deux divinités seraient dans une lutte continuelle ; mais qu'à cette époque l'être bienfaisant obtiendrait la victoire sur le mauvais, et que, dès lors, chacun d'eux gouvernerait son propre empire : celui-ci, l'empire des ténèbres, avec tous les hommes méchants ; celui-là, l'empire de la lumière, avec tous les hommes vertueux. Voilà les points principaux du système théologique des Perses. Toutefois Zoroastre ne s'arrêta point à ces idées religieuses universellement répandues, il chercha à en étendre l'empire sur les individus, s'en servant pour expliquer les fondements de la morale. Ainsi tout ce qui existe se rattache au règne d'Armuzd ou d'Ahriman : êtres doués ou privés de raison, vivants ou inanimés. Il y a des hommes purs, des animaux purs, des végétaux purs, tous créatures, d'Ormuzd. — Il est aussi des hommes impurs, des animaux impurs, des végétaux impurs, sous l'empire du Dews, qui appartiennent au règne d'Ahriman. On regarde comme impurs les hommes qui, par pensées, par paroles ou par actions, violent la loi de Zoroastre ; les bêtes et les insectes venimeux et nuisibles, les plantes et les végétaux de cette espèce. Dans le règne, au contraire, où prédomine cette loi, tout est pur, tout est sacré ; la puissance de la loi ne s'exerce point uniquement sur les hommes, mais encore sur les animaux et les créatures inanimées. Le devoir des adorateurs d'Ormuzd consiste à entretenir et à séparer tout ce qui est pur et sacré dans la nature, parce que Ormuzd en est le créateur ; de même que la haine qu'ils ont jurée à Ahriman et à son empire leur impose l'obligation de poursuivre et d'extirper les animaux impurs. Les règnes d'Ormuzd et d'Ahriman sont, l'un avec l'autre, dans une guerre perpétuelle ; mais un jour Ahriman sera vaincu, le règne des ténèbres cessera, la domination d'Ormuzd s'étendra sur l'univers, il n'y aura plus qu'un règne de lumière qui embrassera tout. Quelle admirable concordance ne trouvons-nous point entre cette dernière opinion et celle du Sauveur, qui vint au monde pour propager le règne de la lumière et pour détruire celui des ténèbres ! C'est sur cette base que Zoroastre éleva ses lois, destinées à accélérer le développement moral et physique des Perses, ainsi que la prospérité du sol.

La religion de Zoroastre admet un état d'innocence où se trouva l'homme primitif. L'époque à laquelle exista le premier souverain d'Iran (*a*), le grand Dschemschid est, selon Zoroastre, l'âge d'or de sa nation. « Dschemschid, le père des peuples, le plus éclatant des mortels que vit paraître le soleil. Sous son règne, les animaux ne périssaient point ; l'eau, les arbres à fruit, les créatures se multipliaient. Sous son empire glorieux, on ne connaissait pas le froid, la chaleur, la mort, l'emporte-

(*a*) Iran, nom qu'on donne en Orient aux contrées de la haute Asie jusqu'à l'Indus, est encore celui du royaume où vécut Zoroastre.

« ment des passions, ouvrage du Dews. L'homme
« sembla toujours être à sa dix-neuvième année (*il*
« *jouissait d'une jeunesse éternelle*), les enfants pri-
« rent de l'accroissement, tant que régna Dschem-
« schid (*a*), le père des peuples. » Le règne de Dschemschid correspond, en Perse, à l'époque du satya-yug (âge de justice) dans l'Inde. — Partout se reproduit l'idée d'un état de perfection où se trouva d'abord le genre humain, état que les peuples païens appellent âge d'or, que nous nommons paradis. De même qu'elle admet une primitive innocence, la religion de Zoroastre admet aussi une chute. « Un jour
« Ormuzd se dit à lui-même : Comment ma puissance
« sera-t-elle visible, si rien ne lui résiste ? De cette
« pensée naquit Ahriman, principe du mal. » On s'aperçoit aisément que l'idée-première, la tradition du péché originel, n'est ici que défigurée. Notre sainte religion nous apprend que chez l'homme comme chez les anges, le mal naquit de l'abus d'une libre volonté ; elle ne dissimule pas non plus l'influence du mauvais esprit sur la chute du premier homme.

Il est probable que le culte des Perses dont Zoroastre fonda la religion s'adressa d'abord à une divinité qu'ils honoraient dans le soleil, son image, mais qu'ensuite ils adorèrent le soleil ; qu'ils honoraient celui-ci sous l'emblème du feu, et qu'enfin le feu lui-même devint l'objet de leur adoration. Ils vénéraient encore le soleil sous le nom de Mithra. Mithra, au témoignage de Plutarque, était nommé intermédiaire (*Plutarch., de Iside et Osiride*). Plutarque se sert du même mot (μεσίτης) que saint Paul, en parlant du Sauveur, quand il le nomme « Intermédiaire « entre Dieu et les hommes. » Les Perses donnèrent ce surnom à Mithra, parce qu'il tient, sans doute, le milieu entre Oromaze (Ormuzd), le bon, et Ahriman, le mauvais principe, c'est-à-dire qu'il ajoute à l'éclat de la lumière et qu'il combat les ténèbres. Saint Jean, l'évangéliste, dit du Sauveur : « Le Fils « de Dieu a paru pour détruire les œuvres du dé-
« mon. » L'idée d'un semblable intermédiaire se retrouve, dès les premiers âges, dans tout l'Orient, où la tradition des patriarches se répandit déjà avant Abraham, où elle se conserva ensuite plus pure qu'en Occident, quoique cette dernière région en présente aussi des traces visibles, comme le prouvera la suite de nos recherches. Le second Zerdusht ou Zoroastre vécut du temps de Darius, fils d'Hystaspe, passa pour avoir reçu l'inspiration divine, écrivit le *Zend-Avesta*, livre sacré des Mages, changea diverses institutions, fonda les temples du feu.

Si le Mithra des Perses n'est qu'un emblème obscur du Fils de Dieu, du moins, comme l'atteste le docte Abulfarage (*b*) que les musulmans vénèrent à l'égal des chrétiens d'Orient, le célèbre restaurateur du culte des Mages, le second Zoroastre prédit, en termes beaucoup plus clairs, qu'à une époque peu éloignée, une vierge sans tache enfanterait un saint, dont l'apparition serait annoncée par une étoile qui accompagnerait ses adorateurs jusqu'au lieu de sa naissance. Combien s'accorde ce témoignage avec la présence des trois sages de l'Orient à la crèche du Sauveur ! Je n'ignore pas, d'ailleurs, ce que l'on pourrait opposer à cette prophétie. Il est possible, en effet, que Zoroastre l'ait empruntée à Ezéchiel et à Daniel, qui se trouvaient, ainsi que lui, à Babylone Mais alors la sagesse de Zoroastre découlerait de celle des Juifs, chose encore fort remarquable. Que, du reste, l'Orient connût la prédiction de la venue prochaine d'un roi des Juifs et d'une étoile qui guiderait

(*a*) Dschemschid est dépeint généralement comme le fondateur de la société. Son nom est imaginaire.
(*b*) Né en 1226, à Malatia, dans l'Asie Mineure, mort en 1286, primat des Jacobites d'Orient ; auteur d'une *Chronique* ou *Histoire universelle depuis la création du monde*. (*Note du traducteur.*)

vers lui ses adorateurs; l'Ecriture sainte ne laisse aucun doute à cet égard.

Ce qui précède nous indique à quelle idée première se rapporte le système religieux de Zoroastre. Suivant Heeren, il avait imaginé un royaume dont le souverain, malgré sa puissance sans bornes, n'était point le tyran, mais le père de ses sujets; où chaque état, chaque individu se trouvait circonscrit dans une sphère d'activité qu'il ne cherchait point à franchir; où prospéraient les arts de la paix, l'agriculture, le soin des troupeaux, le commerce; où se répandaient la richesse et l'abondance, s'épanchant des mains du prince, comme de celles d'une bienfaisante divinité. L'image d'un semblable royaume et d'un prince semblable existe dans la *Cyropédie*. La croyance qu'ils se réaliseraient un jour se maintenait inaltérable en Asie, à travers la suite des siècles; c'est probablement le point central auquel se ralliaient les opinions de l'Orient : on la découvre dans les lois de Zoroastre. Ce docte observateur de l'antiquité a reconnu, avec beaucoup de sagacité, la base sur laquelle repose la théogonie de Zoroastre, c'est-à-dire l'opinion généralement répandue en Orient, que le règne de la paix, de la vérité et de la justice y devait refleurir. Tous les préceptes et les lois de Zoroastre étaient, sous le rapport physique et moral, calculés de manière à frayer la route à cette grande restauration. Or cette idée fondamentale de tout système est, assurément, ne peut être autre que l'idée du Messie. « Le règne de Dschemschid « reviendra, dit Zoroastre, et la paix et la justice « refleuriront. » Traduisons-nous cette allégorie dans la langue du christianisme, elle équivaut à ces mots : « La condition primitive de l'homme, l'état d'innocence, de justice, de sainteté, lui seront rendus. » Nous devons d'autant moins hésiter à voir ici l'annonce précise de la rédemption, que cette opinion était universelle en Orient (chose incompréhensible, si nous ne supposions pas que cette opinion découle de la révélation); nous le devons d'autant moins encore, que l'idée de la rédemption se trouve pareillement reproduite dans les psaumes et dans les prophètes, avec des images semblables. Ce concours ne démontre-t-il pas l'identité d'origine? Un œil pur, que ne fascine aucun préjugé, reconnaîtra aisément ici les traces de la tradition sacrée.

Du système faussement interprété des deux principes, l'un source du bien, l'autre source du mal, naquit le *manichéisme* qui, reconnaissant l'existence indépendante de ces deux causes primordiales, assigne l'origine du vice, et regarde les imperfections et les souillures du monde physique et moral comme l'œuvre du prince des ténèbres : par une conséquence de cette conviction, il poursuit de sa haine les créatures du mauvais principe, dédaignant jusqu'au corps humain, qu'il s'impose la tâche de dompter et de réduire par l'abstinence de la chair, du vin, du mariage. Je crois aussi que le *chiliasme*, ou l'idée d'un règne millénaire, dérive, sinon en entier, du moins en partie, de ce système religieux. En somme, cette opinion consiste à croire qu'après la venue de l'Antechrist, et quand celui-ci aura été dompté avec ses sectateurs, une résurrection des justes aura lieu, et que tous les hommes vivants à cette époque conserveront la vie : les bons, pour obéir, comme à leurs princes, aux justes ressuscités; les méchants, pour en être domptés et leur demeurer soumis. Suivant cette opinion, le Christ lui-même régnera à Jérusalem, entouré des apôtres, des prophètes de l'ancienne alliance, des martyrs. Les mille ans accomplis, les méchants s'élèveront en ennemis contre les saints, mais seront consumés par le feu du ciel; ensuite auront lieu la résurrection générale et le jugement dernier. On s'accorde à attribuer l'origine de cette croyance à l'interprétation du vingtième chapitre de l'*Apocalypse de saint Jean*, à la vérité, l'un des plus difficiles du livre. Quelques anciens rapportent, cependant, la naissance de cette opinion d'un règne millénaire à Cérinthus, Juif qui s'était probablement converti au christianisme, mais hérétique prononcé qui, dès le temps des apôtres, professait une doctrine erronée. Il est vrai qu'on rencontre chez les rabbins des idées sur un règne millénaire du Messie, qui ont une frappante similitude avec le règne millénaire du Christ.

Quoi qu'il en soit sur son origine, toujours est-il que cette dernière opinion présente des traits de ressemblance irrécusables avec la doctrine du Zend-Avesta sur le dernier combat entre le bon et le mauvais principe, et sur le glorieux triomphe d'Oromaze. C'est ce qui me porte à croire qu'elle n'est qu'une fausse application des traditions relatives au Messie; je suis d'autant plus confirmé dans mon sentiment, que cette opinion trouva un facile accès chez plusieurs sectes des gnostiques, qui cherchaient à concilier les idées païennes avec la doctrine du christianisme. Les catholiques eux-mêmes ne demeurèrent point à l'abri de cette opinion : elle fut embrassée par saint Justin, martyr; par saint Victorin, qui mourut lors des persécutions de Dioclétien; par Népos, évêque en Egypte; par Tertullien, seulement, à ce qu'il paraît, quand il fut tombé dans l'hérésie des montanistes; par Lactance, qui y ajouta à sa manière, et par quelques autres catholiques. Toutefois, comme les catholiques qui croyaient à la future existence d'un règne millénaire visible, ne le regardaient pas comme article de foi, ainsi que l'annonce expressément saint Justin, jamais l'Eglise ne marqua du sceau de l'hérésie cette opinion innocente, mais jamais non plus elle ne la favorisa. Différents Pères de l'Eglise la combattirent : Origène, saint Caïus, disciple d'Irénée; les saints Basile, Grégoire de Nazianze, Ephrem, Jérôme et Augustin. (Schmitt., dans les *Démonst. évang.*, édit. Migne.)

PERSÉCUTEUR. On a ainsi nommé les empereurs et les autres souverains qui ont usé de violence contre les chrétiens pour leur faire abjurer leur religion, ou contre les catholiques pour leur faire embrasser l'hérésie. Mais on abuse du terme lorsque l'on nomme *persécuteurs* les princes qui ont employé les lois pénales pour réprimer des hérétiques séditieux et turbulents qui voulaient se rendre les maîtres, détruire les lois et la religion établie. Les empereurs romains n'auraient pas mérité ce titre odieux, s'ils avaient envoyé au supplice les chrétiens, non à cause de leur religion, mais pour quelque crime ou pour quelque sédition dont ils eussent été coupables. Or, il est incontestable que les chrétiens mis au nombre des martyrs ont été livrés au supplice à cause de leur religion seule, et non pour avoir commis aucun crime. Déjà, au mot MARTYR, § 3, nous avons apporté les preuves de ce fait important; mais il est bon de les répéter en deux mots, afin de fermer, s'il est possible, la bouche aux calomniateurs.

1° Les apologistes du christianisme, saint Justin, Athénagore, Tertullien, etc., dans les mémoires qu'ils ont présentés aux empereurs et aux magistrats, ont toujours posé en fait que l'on ne pouvait reprocher aux chrétiens aucun crime, aucune sédition, aucune infraction des lois civiles et de l'ordre public; 2° leurs propres ennemis leur ont rendu ce témoignage. Pline, dans sa lettre à Trajan, proteste qu'après les informations les plus exactes, il ne les a trouvés coupables d'aucun délit, qu'il a cependant envoyé au supplice ceux qui n'ont pas voulu apostasier. Trajan, par sa réponse, approuve cette conduite. 3° Tacite, Celse, Julien, Libanius, ne leur reprochent que leur superstition, leur aversion pour le culte des dieux, le refus de sacrifier et de jurer par le génie des césars? 4° Les édits portés pour ordonner la persécution ou pour la faire cesser, et dont plusieurs subsistent encore, ne leur imputent point d'autre forfait. 5° Il est certain que tout chrétien qui apostasiait par un acte d'idolâtrie était renvoyé absous; que pour tenter les martyrs on leur promettait non-seulement l'impunité, mais des honneurs et des récompenses. 6° Le premier édit donné par Constantin et par Licinius pour établir la tolérance du christianisme, ne portait amnistie pour aucun délit : les chrétiens n'étaient donc pas dans le cas d'en avoir besoin. Aucun incrédule n'a été assez hardi pour attaquer de front une seule de ces preuves.

De même, lorsque les princes ariens, bourguignons, visigoths ou vandales, ont massacré les catholiques et leur ont fait subir des supplices; ils n'avaient à leur reprocher ni désobéissance, ni révolte, ni trahison; ils ne punissaient en eux que leur croyance et le culte suprême qu'ils rendaient à Jésus-Christ. Mais lorsque les ariens, favorisés par quelques empereurs, envahissaient les églises des catholiques, maltraitaient les évêques ou les faisaient exiler, troublaient les élections, tenaient des assemblées tumultueuses, ce n'était plus le même cas; les empereurs catholiques, qui réprimèrent ces attentats par des lois pénales, n'étaient rien moins que des *persécuteurs*. De même, lorsque les donatistes armés remplirent de tumulte les côtes de l'Afrique, et répandirent l'alarme partout, ils méritaient les peines que Constantin, Honorius et Théodose prononcèrent contre eux. Le Clerc et les autres protestants qui ont appelé *persécution* cette juste sévérité, et qui ont osé comparer les donatistes aux premiers chrétiens, ont trop compté sur l'ignorance de leurs lecteurs. Ainsi encore, lorsque Bucer et d'autres prédicants vinrent enseigner en France les principes séditieux de Luther, lorsqu'ils voulurent y allumer le même feu dont l'Allemagne était embrasée, qu'ils affichèrent des placards injurieux jusqu'aux portes du Louvre; qu'ils brisèrent les images, insultèrent les prêtres, etc., fallait-il tolérer tous ces traits d'insolence? Les édits par lesquels François I<sup>er</sup> porta des peines contre eux étaient-ils une *persécution?* Encore une fois, il ne faut pas abuser des termes ni leur donner un sens arbitraire; comme c'est la cause et non la peine qui fait le *martyr*, c'est elle aussi qui caractérise le *persécuteur* : un séditieux fanatique mis à mort pour avoir troublé l'ordre public par un faux zèle, n'est point un vrai martyr; le souverain qui le fait punir n'est pas non plus un persécuteur, il est le juste vengeur des lois de la société. Enseigner en général que l'on ne doit jamais employer les peines afflictives *pour la cause de la religion*, est une très-fausse maxime; on le doit, lorsque la religion est attaquée par des moyens contraires à la loi naturelle et au repos public. Lorsqu'un insensé est paisible, il faut le plaindre et non le maltraiter; s'il est sujet à des accès de fureur et de frénésie, il faut l'enchaîner : de même lorsqu'un mécréant n'inquiète, n'insulte, n'attaque, ne veut séduire personne, on a pas droit de lui faire violence; s'il est séditieux, calomniateur, insolent, il mérite le châtiment.

Il y a sans doute en fait de religion des erreurs innocentes; mais lorsqu'elles ont pour cause l'orgueil, la jalousie, l'ambition, la haine et les autres passions qui se connaissent aisément par leurs symptômes, elles sont criminelles et punissables. Il n'est donc pas vrai, quoi qu'en disent les mécréants, que les droits de la conscience erronée sont les mêmes que ceux de la conscience droite; cela n'est vrai que quand l'erreur est innocente et involontaire. *Voy.* Conscience. Il est encore faux que personne ne puisse être jugé de ses semblables en cette matière; c'est comme si l'on soutenait que les magistrats ne peuvent plus être juges, lorsque des séditieux leur contestent l'autorité. Celle de l'Eglise est solidement prouvée, et quiconque refuse de s'y soumettre est coupable; ainsi les souverains et les magistrats sont juges légitimes pour discerner si la conduite des mécréants est innocente ou nuisible à la société, et s'ils doivent être tolérés ou punis. *Voy.* Tolérance. Par l'expérience de tous les siècles il est prouvé que les hérétiques et les incrédules, après avoir contesté à l'Eglise le droit de juger leur doctrine, ne manquent jamais de disputer ensuite au gouvernement le droit de réprimer leur conduite; dès qu'ils se sentent assez forts, ils secouent le joug des lois civiles avec autant de hardiesse qu'ils ont méprisé les lois et les censures de l'Eglise. Après avoir déclamé contre la persécution lorsqu'ils étaient faibles, ils finissent par persécuter eux-mêmes leurs adversaires lorsqu'ils ont acquis des forces. Aujourd'hui ceux d'entre les protestants qui sont devenus incrédules, reprochent à leur clergé le même caractère *persécuteur* contre lequel leurs pères ont formé des plaintes si amères; on sait d'ailleurs que partout où ils se sont rendus les plus forts, ils ont opprimé tant qu'ils ont pu les catholiques. Il en aurait été de même parmi nous, si les incrédules de notre siècle avaient pu former un parti assez nombreux et assez redoutable pour faire trembler les croyants : quelques-uns d'entre eux ont eu la bonne foi d'en convenir.

Il y a, dit un écrivain très-sensé, une sorte de *persécution* exercée par la satire, qui n'est guère moins douloureuse pour ceux qui l'éprouvent que celle dont on voudrait délivrer le monde; il est très-probable que ceux qui l'exercent deviendraient oppresseurs et même sanguinaires, s'ils avaient le glaive à la main. Il faut que celui qui prêche la tolérance soit lui-même tolérant, dans quoi il ne montre que le désir de propager son opinion. Le principe fondamental de la tolérance philosophique est la connaissance de la faiblesse de l'homme dans la recherche de la vérité : celui donc qui veut l'inspirer doit montrer qu'il sait se défier de ses propres idées, et voir celles des autres sans mépris et sans aigreur. Lactance a fait un traité *de la Mort des persécuteurs*, dans lequel il s'est attaché à faire voir que tous ont péri d'une manière funeste et qui marquait la vengeance divine. Cet ouvrage a été longtemps inconnu ; Baluze est le premier qui l'ait donné au public. Plusieurs critiques ont douté d'abord s'il était véritablement de Lactance, mais d'autres ont prouvé qu'on le lui doit attribuer.

**PERSÉCUTION**, violence exercée contre quelqu'un pour cause de religion. Jésus-Christ avait prédit à ses disciples qu'ils seraient haïs et persécutés pour son nom (*Matth.* xi, 21 ; xxiii, 34) ; que ceux qui les mettraient à mort croiraient faire une œuvre agréable à Dieu (*Joan.* xvi, 2, etc.). En effet, les *persécutions* qu'ils essuyèrent de la part des Juifs sont rapportées dans les Actes des apôtres. Le motif de cette conduite était la jalousie des chefs de la synagogue, qui voyaient le peuple abandonner leurs leçons pour écouter celles des apôtres, et l'indignation de voir donner pour Messie un Juif crucifié. La punition de cet entêtement des Juifs incrédules fut la ruine de Jérusalem et la dispersion de la nation entière. Les empereurs et les magistrats païens à leur tour imitèrent les Juifs ; Néron, Domitien, Sévère, furent persécuteurs. Les écrivains, qui ont soutenu qu'avant le règne de Trajan il n'y eut point d'édit porté contre les chrétiens, ont eu tort ; le contraire est prouvé par la lettre de Pline et par le récit de Tacite. Il paraît que la persécution de Néron ne fut pas bornée aux chrétiens qui se trouvaient à Rome, mais qu'elle s'étendit dans tout l'empire. On alléguait pour motif que les chrétiens étaient les ennemis du genre humain, parce qu'ils attaquaient des erreurs que l'on regardait comme la religion du monde entier ; on attribua toutes les calamités publiques à la haine que les dieux leur portaient ; on les accusa d'athéisme, parce que l'on ne voyait parmi eux aucun appareil extérieur de religion, et que l'on ne connaissait point d'autre Dieu que ceux du paganisme. On les accusa de toutes sortes de crimes ; que risquait-on à calomnier des hommes regardés comme des ennemis publics ? On recherchait principalement les évêques et les personnes riches ou constituées en dignité ; Celse reproche aux chrétiens avec toute l'aigreur possible, le déchaînement général qui régnait contre eux ; mais il ne leur impute aucun autre crime que de s'assembler en secret, de ne vouloir pas adorer les dieux de l'empire, et de chercher à faire des prosélytes.

L'on compte ordinairement vingt-quatre *persécutions* exercées contre le christianisme depuis Jésus-Christ jusqu'à nous : le P. Riccioli en ajoute deux, savoir la première et la dernière, dans l'ordre que nous allons exposer. 1° Celle de Jérusalem excitée par les Juifs contre saint Étienne, et continuée par Hérode Agrippa, contre saint Jacques, saint Pierre et les autres disciples du Sauveur (*Act.* vii, viii, xii). Elle ne se borna point d'abord à l'Église de Jérusalem, puisque saint Paul, avant sa conversion, avait obtenu des ordres du grand prêtre pour aller l'exercer jusqu'à Damas, à l'extrémité de la Syrie. — La seconde à Rome, sous Néron, commença l'an 64 de Jésus-Christ, et dura jusqu'à l'an 68, à l'occasion de l'incendie de Rome, dont on accusa faussement les chrétiens, et duquel Néron lui-même était véritablement l'auteur ; Juvénal, Sénèque, Tacite, en ont parlé. Saint Pierre et saint Paul y souffrirent le martyre. — La troisième sous Domitien, depuis l'an 90 jusqu'à l'an 96. Saint Jean l'Évangéliste fut plongé à Rome dans de l'huile bouillante, et relégué dans l'île de Patmos ; Nerva, successeur de Domitien, fit cesser l'orage et rappela les exilés. — La quatrième sous Trajan commença l'an 97, et finit l'an 116. A cette occasion, Pline le Jeune, gouverneur de Bithynie, écrivit à Trajan la lettre dont nous avons parlé dans l'article précédent : saint Ignace, évêque d'Antioche, condamné par cet empereur et envoyé à Rome, y fut mis à mort l'an 107. — La cinquième eut lieu sous Adrien, depuis l'année 118 jusqu'en 129. Il y eut quelques interruptions, et l'on crut en être redevable aux apologies que Quadrat et Aristide présentèrent à cet empereur en faveur des chrétiens ; il y eut cependant encore des martyrs sous son règne, l'an 136. — La sixième sous Antonin le Pieux, l'an 138 ; elle dura jusqu'en 153. Ce fut en 150 que saint Justin adressa sa première apologie à ce prince et à ses fils ; et il paraît qu'elle ne demeura pas sans effet, puisqu'il y eut des rescrits adressés aux gouverneurs de province, qui ordonnaient de cesser la persécution ; mais souvent ces ordres furent mal exécutés. En effet, la septième commença sous Marc-Aurèle, l'an 161, et ne finit qu'en l'an 174. Saint Justin fit à ce sujet une seconde apologie, et bientôt il répandit lui-même son sang en témoignage de sa foi ; il souffrit le martyre l'an 167, et saint Polycarpe l'an 169. — La huitième éclata sous Sévère, depuis l'an 199 jusqu'à la mort de ce prince, en 211. — La neuvième sous Maximien l'an 235 ; elle ne dura que trois ans. — La dixième sous Dèce, en 249, fut très-sanglante, mais elle fut courte, parce que Dèce mourut en 251. C'est dans cet intervalle que Origène fut mis en prison et tourmenté pour la foi ; aussi ne put-il survivre que trois ans à ses souffrances ; il mourut à Tyr, l'an 253. Gallus et Volusien recommencèrent bientôt à vexer les chrétiens. — On compte la onzième persécution sous les règnes de Volusien et de Gallien, elle dura trois ans et demi ; la douzième sous Aurélien, depuis l'an 273 jusqu'en 275. — La treizième et la plus cruelle de toutes fut déclarée par Dioclétien et Maximien, l'an 303, et continuée jusqu'en 310, même après l'abdication que le premier fit de l'empire ; son collègue la renouvela en 312, et Licinius, autre empereur, la fit durer dans les provinces où il était le maître jusqu'à l'an 315. Cependant l'an 313 il avait donné, conjointement avec Constantin, un édit de tolérance en faveur du christianisme. Après sa mort, Constantin, devenu seul empereur, donna la paix à l'Eglise. Mosheim, dans son *Histoire chrétienne*, a discuté dans un grand détail les causes, les circonstances, les suites de ces différentes persécutions. — La quatorzième eut lieu dans la Perse sous le règne de Sapor II, à l'instigation des mages et des juifs, l'an 343 ; ils persuadèrent à ce prince que les chrétiens étaient ennemis de sa domination, et tous attachés aux intérêts des Romains. Suivant Sozomène, il y périt seize mille chrétiens dont on connaissait les noms, et une multitude innombrable d'autres ; les Orientaux l'estiment, les uns à cent soixante mille, les autres à deux cent mille. — Une quinzième persécution, mêlée d'artifice et de cruauté, fut celle que Julien exerça contre les chrétiens l'an 362 ; heureusement elle ne dura qu'un an ; mais si cet empereur n'avait pas péri l'année suivante dans la guerre contre les Perses, il avait résolu d'abolir entièrement le christianisme. Kortholdt, *de Persecut. Ecclesiæ primitivæ*. — La seizième, l'an 366. Valens, empereur infecté de l'arianisme, persécuta les catholiques jusqu'en 378.

En 420, Isdegerde, roi de Perse, poursuivit à feu et à sang les chrétiens de ses Etats : cette dix-septième persécution ne finit que trente ans après, sous le règne de Varanes V. On a dit et répété plus d'une fois qu'elle eut pour cause le faux zèle d'un évêque de Suze, nommé Abdas ou Abdaa, qui avait détruit un temple du feu ; cela n'est pas exactement vrai : nous discuterons ce fait au mot ZÈLE DE RELIGION. — Depuis l'an 433 jusqu'en 476, Genséric, roi des Vandales, prince arien et très-cruel, tourmenta les catholiques ; Hunéric, son successeur, fit de même aussi bien que Gondebaud et Trasimond, le premier en 483, le second en 494, le troisième en 504. En Espagne, les ariens excitèrent un nouvel orage sous Leowigilde, ou Leuvigilde, roi des Goths, l'an 584, mais il finit deux ans après, sous Récarède. — La vingt-troisième persécution fut l'ouvrage de Chosroès II, roi de Perse ; il avait juré de poursuivre les Romains à feu et à sang, jusqu'à ce qu'il les eût forcés de renoncer à Jésus-Christ et d'adorer le soleil ; cette fureur dura pendant vingt ans, mais enfin il fut vaincu par l'empereur Héraclius en 627, et réduit à mourir de faim par Siroès son fils. — La vingt-quatrième persécution eut pour auteurs les iconoclastes, sous le règne de Léon l'Isaurique, et ensuite sous Constantin-Copronyme ; les catholiques ressentirent les effets de leur haine depuis l'an 726 jusqu'en 775. Ils ne furent pas mieux traités en Angleterre en 1534, sous les règnes de Henri VIII et de la reine Elisabeth sa fille, lorsque l'un et l'autre eurent fait schisme avec l'Eglise romaine.

— Enfin la vingt-sixième persécution contre la religion chrétienne commença dans le Japon, l'an 1587, sous le règne de Taïco-Sama, à l'instigation des bonzes. Elle fut renouvelée en 1616 par le roi Xongusama, et continuée avec tant de cruauté sous Tosconguno son successeur, en 1631, que le christianisme fut entièrement exterminé dans cet empire. *Voy.* JAPON. Il y a eu de même plusieurs persécutions déclarées contre les chrétiens dans l'empire de la Chine, où il en reste cependant encore un grand nombre.

Pour ne parler ici que de celles qui ont eu lieu sous les empereurs romains, il est constant qu'aucune n'a eu d'autre motif que la haine dont ces princes païens étaient animés contre le christianisme. On ne peut citer aucun fait positif par lequel les chrétiens aient mérité que le gouvernement sévît contre eux ; les incrédules ont vainement fouillé dans tous les monuments de l'histoire pour en trouver. Cependant plusieurs d'entre eux ont entrepris de justifier les *persécutions*, et de prouver que le gouvernement romain n'avait pas tort ; ce qui étonne davantage, c'est que des écrivains protestants leur ont fourni une partie de leurs matériaux. *Voy.* Barbeyrac, *Traité de la morale des Pères*, c. 12, § 49. Cette apologie mérite un moment d'examen,

1° Les Romains, disent ces dissertations, confondaient les chrétiens avec les juifs ; comme ceux-ci fatiguaient le gouvernement par leurs fréquentes révoltes dans la Judée, on jugea que les chrétiens n'étaient pas des sujets plus soumis. Il paraît qu'on ne fit mourir Siméon, parent de Jésus-Christ, que parce qu'il était de la race de David, et par conséquent soupçonné de vouloir exciter des troubles.

*Réponse.* Tacite et Suétone distinguent formellement les chrétiens d'avec les juifs ; Pline et Trajan n'ont pas pu les confondre ; le premier était convaincu par des informations juridiques que le grand nombre des chrétiens étaient non des juifs, mais des païens convertis. Les juifs, loin d'être enveloppés dans les supplices des chrétiens, étaient leurs principaux accusateurs. Quels troubles pouvait exciter Siméon, vieillard âgé de six-vingts ans ? Il fut accusé d'être chrétien et parent du Seigneur par des hérétiques qui furent aussi convaincus d'être du sang de David ; ils ne furent point mis à mort. Hégésippe dans Eusèbe, *Hist. eccl.*, l. III, c. 32.

2° La secte des chrétiens dut paraître aux Romains une association dangereuse, parce qu'ils étaient fort unis entre eux, presque totalement séparés du reste de la société, uniquement soumis à la domination des évêques, seuls juges et seuls magistrats qu'ils reconnussent.

*Réponse.* Sous Dioclétien, au commencement du IV° siècle, comment pouvait-on croire que la secte des chrétiens était une association dangereuse, après une expérience de deux cents ans, pendant lesquels elle n'avait donné aucun sujet de plainte au gouvernement? Ici l'on nous dit que les chrétiens étaient très-unis entre eux; ailleurs on nous reproche qu'ils étaient divisés en plusieurs sectes qui se détestaient. Ils n'étaient séparés du reste de la société que dans les exercices de la religion; pour tout le reste ils vivaient comme les autres citoyens; Tertullien le fait remarquer aux magistrats romains. Il est donc faux qu'ils ne fussent point soumis à l'autorité civile; Jésus-Christ et saint Paul l'avaient formellement ordonné, et Tertullien en prend encore à témoin les magistrats eux-mêmes. Pline ne représente point à Trajan cette association comme dangereuse, mais comme *une superstition excessive et grossière*; ce sont ses termes.

3° Le pouvoir excessif des évêques sur l'esprit de leurs sectateurs parut dangereux aux empereurs; on en voit un exemple à l'occasion du martyre de Fabien, évêque de Rome, dans la cinquante-deuxième lettre de saint Cyprien.

*Réponse.* Le pouvoir prétendu des évêques sous le règne des empereurs païens est une chimère; c'est Constantin qui leur attribua un degré d'autorité dans les affaires civiles, et les incrédules lui en font un crime. Ils ont falsifié la lettre de saint Cyprien pour étayer une calomnie; il dit que le tyran (Dèce) aurait été moins alarmé de voir s'élever contre lui un compétiteur de l'empire, que de voir établir à Rome *un rival de son sacerdoce*: nos adversaires traduisent, *un rival de son pouvoir*, et font déraisonner saint Cyprien. Or la rivalité du sacerdoce regardait uniquement la religion; d'ailleurs il est question là de saint Corneille, et non de saint Fabien.

4° Les chrétiens refusaient de prier les dieux et de leur sacrifier pour la prospérité des empereurs, de rendre à leurs images les honneurs que leur décernaient l'usage et la flatterie; saint Polycarpe ne voulut jamais donner à l'empereur le nom de *seigneur*. Eusèbe nous l'apprend, *Hist. eccl.*, l. IV, c. 13.

*Réponse.* Nouvelle fausseté. On disait à saint Polycarpe: «Quel mal y a-t-il de dire, *seigneur César, et de sacrifier* pour être mis en liberté?» Il ne suffisait donc pas de donner à César le nom de *seigneur*, il fallait sacrifier. Saint Polycarpe devant le juge refusa de jurer *par le génie de César*, parce que ce prétendu génie était une fausse divinité. Il ajouta: « Il nous est ordonné de rendre aux magistrats et aux puissances établies de Dieu l'honneur qui leur est dû, mais sans nous rendre coupables. » En faisant cette ordonnance, saint Paul a aussi recommandé de prier pour les princes et les souverains, et Tertullien proteste que les chrétiens ne manquaient jamais à ce devoir. Vouloir qu'ils rendissent aux images des césars les honneurs que la flatterie et la superstition leur avaient attribués, c'était exiger qu'ils fussent idolâtres.

5° Le peuple, irrité par les prêtres du paganisme, regardait les chrétiens comme des impies, comme des ennemis des dieux; il leur attribuait toutes les calamités publiques; continuellement on criait dans l'amphithéâtre: *Faites périr les impies*. Les magistrats durent être disposés à châtier des hommes qui refusaient de plaider devant eux.

*Réponse.* Mais pourquoi regardait-on les chrétiens comme des impies, des athées, des méchants? parce qu'ils ne voulaient pas adorer les dieux; donc c'est la religion seule que l'on persécutait en eux. Il est faux que les chrétiens attaqués en justice par des païens aient refusé de plaider devant les magistrats; quant aux contestations qu'ils pouvaient avoir entre eux, saint Paul les avait exhortés à les terminer par des arbitres: cela n'était défendu par aucune loi romaine.

6° Comme les chrétiens tenaient leurs assemblées de nuit, on crut qu'ils cabalaient contre l'Etat; on les accusa de manger un enfant et de se souiller par d'horribles impiétés. Cette accusation était peut-être fondée à l'égard de quelques sectes d'hérétiques que les païens ne savaient pas distinguer des orthodoxes.

*Réponse.* Toutes ces accusations étaient démontrées fausses par les informations que Pline avait faites; cependant Trajan ordonna que les chrétiens *accusés et convaincus* fussent punis; donc cette punition ne leur était pas infligée pour des crimes, mais pour leur religion. Il est constant que la haine religieuse des païens était le seul fondement de toutes leurs calomnies. Cependant tous n'étaient pas également furieux; saint Athanase rapporte que, pendant la persécution de Dioclétien et Maximien, plusieurs païens cachèrent des chrétiens, payèrent des amendes et se laissèrent emprisonner plutôt que de les déceler, *Hist. arian.*, n. 64, op. t. I, p. 382. On rendait donc quelquefois justice à leur innocence.

7° L'opinion des chrétiens sur la fin prochaine du monde et sur la vie future fit croire que ces misanthropes se réjouissaient des malheurs publics, et les fit regarder comme ennemis de la société. Tacite dit qu'ils furent convaincus *de haïr le genre humain*.

*Réponse.* La phrase de Tacite nous paraît plutôt signifier qu'ils furent convaincus d'*être haïs du genre humain*. Mais qu'importe? Le cri *tolle impios*, dont retentissait l'amphithéâtre, ne signifie point, *faites périr ceux qui haïssent le genre humain*. Pline, Trajan, les édits des empereurs, Celse, Julien, Libanius, Porphyre, etc., n'ont point condamné les chrétiens par ce motif, mais parce qu'ils détestaient l'idolâtrie; les actes des martyrs en sont encore une preuve. D'ailleurs, quel prétexte pouvaient avoir les païens d'accuser les chrétiens *de haïr le genre humain?* c'est sans doute parce qu'ils enseignaient que les adorateurs des idoles étaient dévoués à la damnation éternelle. Cette croyance, qui devait paraître odieuse aux païens n'était cependant pas un crime contre l'ordre de la société ni contre les lois.

8° Voici une accusation plus grave. Les chrétiens, par leur zèle fanatique et turbulent, ont souvent attiré la persécution sur eux ; ils allaient braver les dieux dans leurs temples, renverser les autels, briser les idoles, troubler les cérémonies païennes : ces sortes d'avanies ne sont jamais permises.

*Réponse.* Si cela est arrivé souvent, pourquoi n'en voyons-nous aucun vestige dans les écrits de nos anciens ennemis ? par là ils auraient excusé leur cruauté. Dans toute l'étendue de l'empire romain, pendant trois cents ans de *persécution*, à peine peut-on citer deux ou trois exemples de zèle imprudent de la part d'un chrétien, et ce sont des écrivains ecclésiastiques qui nous les ont transmis. On parle d'un certain Théodore, soldat, qui brûla un temple de Cybèle dans la ville d'Amasée, et ce fait très-apocryphe n'est rapporté que par Métaphraste. On allègue Polyeucte, qui insulta les idoles dans un temple, et il n'y en a point de preuve que l'imagination de Corneille ; les actes du martyre de saint Polyeucte n'en disent pas un mot. Tillem., *Mém.*, t. III, p. 424 ; Jos. Assémani, *Calend.*, tom. VI, ad 9 *januar.* On nous fait souvenir d'un chrétien qui, dans Nicomédie, arracha l'édit porté contre le christianisme par Dioclétien : il ne fut donc pas la cause de la persécution, puisqu'elle était déjà ordonnée. Ceux qui ont examiné avec le plus d'attention ce trait d'histoire, sont convaincus que la véritable cause de cet orage fut la jalousie et le dépit des prêtres païens, qui voyaient leur crédit, leur autorité, leur pouvoir sur le peuple déchoir et s'anéantir à mesure que le christianisme faisait des progrès ; ils vinrent à bout d'aigrir Dioclétien, prince timide, inconstant, superstitieux, et de lui arracher l'édit qu'il porta contre le christianisme. Voilà toutes les preuves que nos déclamateurs opposent à vingt monuments qui attestent la patience invincible des chrétiens en général. C'est avec aussi peu de fondement qu'ils accusent les chrétiens d'avoir souvent insulté les magistrats sur leur tribunal, et d'avoir provoqué leur cruauté ; ils ne peuvent pas le prouver, et saint Clément d'Alexandrie a formellement blâmé cette conduite. Le concile d'Elvire, tenu vers l'an 300, défendit de mettre au nombre des martyrs celui qui aurait été tué pour avoir brisé des idoles.

Enfin, nos adversaires nous représentent que les chrétiens durent avoir pour ennemis les prêtres du paganisme, les aruspices, les devins, les magiciens, dont ils dévoilaient la fourberie : tous ces hommes, intéressés à la conservation de l'idolâtrie, irritaient le peuple contre les chrétiens qui voulaient la détruire. D'ailleurs les écrits des premiers apologistes du christianisme sont remplis de fiel, d'invectives, de railleries sanglantes contre le paganisme, contre les dieux, et contre leurs adorateurs.

*Réponse.* Les chrétiens eurent aussi pour ennemis les philosophes protecteurs des erreurs populaires, et ceux-ci exercèrent plus d'une fois contre eux la noble fonction d'accusateurs : mais quel fut le prétexte de tous ces gens-là ? l'*impiété.* Les apologistes du christianisme n'ont jamais fait contre les dieux des païens des railleries aussi sanglantes que Aristophane, Sénèque et Juvénal ; ils n'ont pas ridiculisé les devins et les auspices d'une manière plus offensante que Cicéron ; ils n'ont pas même déclamé avec autant d'amertume contre l'idolâtrie que les incrédules modernes le font contre notre religion : ces derniers se croient-ils pour cela dignes d'être persécutés et mis à mort ? Encore une fois, il est scandaleux de voir les protestants suggérer aux incrédules des raisons pour prouver que les chrétiens avaient mérité les cruautés qu'ils ont souffertes de la part des empereurs païens. Mosheim est de ce nombre ; il cite Eusèbe, *Hist. ecclés.*, l. viii, c. 1, qui, avant de raconter la *persécution* de Dioclétien et de Maximien, expose l'état florissant dans lequel était le christianisme ; qui peint ensuite les désordres nés parmi les chrétiens pendant la paix dont ils avaient joui, l'ambition, les animosités mutuelles, les disputes des évêques, les haines, les injustices, les fourberies des particuliers. « Tous ces crimes (ajoute cet historien) avaient irrité le Seigneur ; c'est pour les punir qu'il enflamma la colère des persécuteurs, » Mosheim en conclut que les chrétiens fournirent eux-mêmes des armes à leurs ennemis, qu'ils donnèrent lieu aux païens de représenter aux empereurs qu'il était de l'intérêt public d'exterminer une secte aussi turbulente, aussi ennemie du repos, et aussi capable d'abuser de l'indulgence du gouvernement. *Hist. christ.*, 3ᵉ sect., § 22, n. 3, p. 575.

Le passage d'Eusèbe emporte-t-il cette conséquence ? Parce que Dieu fut juste en punissant les vices des chrétiens, s'ensuit-il que les empereurs furent équitables en les poursuivant à feu et à sang ? Ce n'est pas ici la seule occasion dans laquelle Dieu s'est servi de la démence et de la frénésie des tyrans pour châtier dans son peuple des fautes qui ne semblaient pas mériter un traitement aussi rigoureux. Mais c'est sur des preuves positives qu'il faut juger du vrai sens de la narration d'Eusèbe. 1° Il y a folie à prétendre que les mœurs des chrétiens du iiiᵉ siècle étaient plus mauvaises que celles des païens ; que de tous les sujets de l'empire c'étaient les moins soumis aux lois, les plus ennemis du repos public, les plus capables de donner de l'inquiétude au gouvernement ; qu'ainsi l'on devait sévir uniquement contre eux. Il faudra donc supposer qu'à commencer par Néron, tous les empereurs qui ont persécuté les chrétiens étaient aussi animés par les motifs du bien public, quoique plusieurs de ces princes aient rendu un témoignage formel au caractère paisible et à l'innocence des mœurs des chrétiens. Il faudra supposer encore que Dioclétien, pendant les dix-huit premières années de son règne, fut un très-mauvais politique, non-seulement en les tolérant, mais en leur donnant sa confiance, en les souffrant dans son palais, et en les revêtant de divers emplois, et qu'il ne commença d'être sage que quand son esprit eut baissé. — 2° Une autre absurdité plus forte est de prétendre qu'un monstre de cruauté, tel que Maximien-Galère, qui, pour son amusement, faisait dévorer les hommes par des ours, et jeter les pauvres dans la mer, lorsqu'ils ne pouvaient pas payer les impôts; qui fit tuer ses médecins parce qu'ils ne pouvaient pas le guérir, etc., était capable d'agir par un motif de bien public. On sait que Dioclétien, son collègue, lui résista longtemps avant de consentir à la *persécution*, et qu'il ne lui céda enfin que par faiblesse. Lactance, *de Mort. persec.*, c. 11. Il n'est pas moins certain que le motif de sa haine contre les chrétiens était la superstition stupide à laquelle il était livré, et dans laquelle il était entretenu par sa mère, femme aussi méchante que lui. *Ibid.* — 3° Quand il y aurait eu des coupables parmi les chrétiens, ce n'était pas une raison d'envelopper les innocents dans la même proscription, de sévir contre Prisca, femme de Dioclétien, et contre Valéria sa fille, épouse de Maximien-Galère; de faire périr par les supplices tous les officiers du palais qui étaient chrétiens ou seulement soupçonnés de l'être. Les désordres dont Eusèbe a parlé n'étaient pas de nature à mériter de si cruels tourments. L'on n'avait jamais traité avec autant de barbarie les païens qui avaient excité des séditions, attenté à la vie des empereurs, ou trempé les mains dans leur sang. Si Eusèbe avait peint sous les mêmes couleurs les mœurs d'une secte d'hérétiques, nos adversaires diraient qu'il a exagéré. Cinquante ans auparavant, saint Cyprien avait fait aux chrétiens les mêmes reproches à l'occasion de la *persécution* de Dèce, *Lib. de Lapsis*; il ne s'ensuit pas de là que l'an 249, c'étaient déjà des sujets turbulents et les plus mauvais citoyens de l'empire. — 4° Une preuve que leur conduite était irréprochable dans l'ordre civil, c'est que l'on fut obligé de leur supposer des crimes faux. Maximien fit mettre le feu au palais par ses émissaires, et chargea les chrétiens de cet incendie, comme avait fait Néron à l'égard de celui de Rome, duquel il était lui-même l'auteur; Lactance, *ibid.*, cap. 14. Quiconque consentait à sacrifier était renvoyé absous, cap. 15. L'apostasie avait-elle donc la vertu d'effacer tous les crimes et de guérir tous les vices? — 5° Les chrétiens furent justifiés par le tyran même qui avait résolu de les exterminer. Maximien-Galère, près de mourir et tourmenté par ses remords, donna, l'an 311, un édit pour faire cesser la *persécution*; il y déclara qu'il avait sévi contre les chrétiens, non pour les punir d'aucun attentat contre l'ordre public, mais *parce qu'ils avaient eu la folie de renoncer à la religion et aux usages de leurs aïeux, de se faire des lois conformes à leur goût et de tenir des assemblées particulières.* Voilà donc tout leur crime. Il ajoute que comme plusieurs persévèrent toujours dans leur sentiment, et ne rendent plus de culte ni aux dieux de l'empire ni à celui des chrétiens, il consent à leur faire grâce, à leur permettre de vivre dans le christianisme et de recommencer leurs assemblées, pourvu qu'ils ne fassent rien contre l'ordre public. Il les invite à prier leur Dieu pour lui, et pour la prospérité de l'État. Lactance, *de Mort. pers.*, c. 34; Eusèbe, l. VIII, c. 17. Maximien, dans le rescrit qu'il donna l'année suivante pour le même sujet, ne leur fit pas d'autres reproches que Maximien-Galère, *Eusèbe*, l. IX, c. 9. Il est triste de voir des protestants qui se disent chrétiens, pousser contre leurs frères du IIIᵉ siècle l'injustice et la malignité plus loin que les persécuteurs mêmes. — 6° L'on ne peut pas récuser, sur les faits dont nous parlons, le témoignage de Lactance, il en était témoin oculaire; il avait été appelé à Nicomédie par Dioclétien et logé dans le palais : les scènes les plus sanglantes se passèrent sous ses yeux; il connaissait par lui-même les personnages dont il a fait le portrait. Eusèbe n'a écrit son histoire que pendant les troubles de l'arianisme; il peut très-bien avoir prêté au clergé et aux fidèles de l'an 302, la conduite et le caractère de ceux de l'an 330, et les désordres que les ariens firent naître dans l'Église. Mais nous n'avons pas besoin de ce soupçon pour peser la valeur de ce qu'il a dit. — 7° Enfin, Mosheim a été plus judicieux et plus équitable dans un autre endroit du même ouvrage, *Hist. christ.*, sect. 4, § 1, notes; il s'attache à prouver que les causes de la *persécution* de Dioclétien et Maximien furent, 1° les impostures des prêtres païens et des aruspices, qui assurèrent à ces deux empereurs que la présence des chrétiens empêchait les dieux d'agréer les sacrifices, et de rendre comme autrefois des oracles; 2° les artifices des philosophes, qui leur persuadèrent que les chrétiens avaient changé la doctrine de leur maître, que Jésus-Christ n'avait jamais défendu de rendre un culte aux Dieux; 3° l'ambition de Maximien, qui, possédé du projet de se rendre seul maître de l'empire, craignait que les chrétiens ne se rangeassent du côté de Constance-Chlore et de Constantin son fils, qui leur avaient toujours été favorables. Que ces causes soient réelles ou imaginaires, aucune ne peut faire déshonneur aux chrétiens, ni former aucun préjugé contre leur conduite.

Il ne serait pas plus difficile de montrer l'innocence des chrétiens suppliciés par milliers dans la Perse, que celle des victimes de la barbarie des empereurs romains. On ne peut pas former contre les premiers des accusations mieux prouvées que contre les seconds. Déjà ceux qui les calomnient se réfutent mutuellement; les uns disent que les chrétiens ont été turbulents et séditieux dès leur origine, les autres prétendent que le christianisme s'établit d'abord dans le silence, à l'insu des empereurs et du gouvernement; mais que, quand il eut acquis des forces, les souverains se trouvèrent réduits à l'embrasser. Cela peut nous faire conclure que si nos adversaires étaient eux-mêmes assez forts, il emploieraient la violence pour nous rendre incrédules.

Que penser encore lorsque les protestants veulent nous faire envisager les cruautés exercées contre les catholiques par les Vandales en Afrique, comme une représaille de celles que les empereurs avaient mises en usage contre les donatistes, les ariens et d'autres sectes hérétiques? A la vérité le roi Hunéric allégua ce prétexte dans un de ses édits rapporté par Victor de Vite, *de Persec. Vandal.*, l. IV, c. 11; mais y avait-il la moindre apparence de justice? Les sectes poursuivies par les empereurs avaient excité l'indignation publique par les séditions, les violences, les voies de faits dont elles s'étaient servies pour répandre leurs erreurs; nous l'avons fait voir en parlant de chacun en particulier. Mais par quels attentats les catholiques africains avaient-ils allumé la fureur des Vandales? Jamais les empereurs n'avaient exercé contre aucune secte hérétique les meurtres, les massacres, les tortures, par lesquels les Vandales signalèrent leur barbarie. On ne peut lire sans frémir la relation qu'en a faite Victor de Vite, témoin oculaire. Ils tourmentaient les catholiques uniquement à cause de leur croyance, et pour les forcer à professer l'arianisme; les empereurs avaient sévi contre les hérétiques à cause de leur conduite turbulente et séditieuse. Comme les protestants ont imité les procédés de ces sectaires pour s'établir, et qu'il a souvent fallu les réprimer les armes à la main, ils se croient toujours en droit, comme les Vandales, de nous exterminer, s'ils le pouvaient, sous prétexte de représailles.

PERSÉVÉRANCE, courage et constance d'une âme qui persiste dans la pratique de la vertu, malgré toutes les tentations et les obstacles qui s'y opposent. On nomme *persévérance finale* le bonheur d'un homme qui meurt dans l'état de grâce sanctifiante. On peut donc envisager la *persévérance* de deux manières, l'une purement passive, et c'est la mort de l'homme en état de grâce. Ainsi les enfants qui meurent après avoir reçu le baptême et avant l'usage de raison, les adultes, qui sont tirés de ce monde immédiatement après avoir reçu la grâce de la justification, reçoivent de Dieu cette *persévérance passive*. L'autre que l'on peut nommer *persévérance active*, est la correspondance de l'homme aux grâces que Dieu lui donne pour continuer à faire le bien et à s'abstenir du péché. Celle-ci dépend de l'homme aussi bien que de Dieu; mais il ne dépend pas de lui d'être tiré de ce monde au moment qu'il est en état de grâce. Pélage pensait que l'homme peut persévérer jusqu'à la fin dans la pratique de la vertu, par les seules forces de la nature, ou du moins avec le secours des lumières que la foi lui fournit : les semi-pélagiens étaient dans le même sentiment. Saint Augustin soutint contre eux, avec l'Eglise catholique, que l'homme a besoin pour cela d'une grâce particulière et spéciale, distinguée de la grâce sanctifiante, et que cette grâce ne manque jamais aux justes que par leur faute. Il le prouva dans son traité du *Don de la persévérance*, qui est un de ses derniers ouvrages, et il l'avait déjà fait dans son livre *de Corrept. et Gratia*, c. 16. C'est aussi la doctrine confirmée par le deuxième concile d'Orange, can. 25, et par le concile de Trente, sess. 6, can. 11. Dans ce même livre *de Corrept. et Gratia*, c. 12, n. 34, saint Augustin met une différence entre la grâce de *persévérance* accordée aux anges et à l'homme innocent, et celle que Dieu donne actuellement aux prédestinés; la première, dit-il, donnait à Adam le pouvoir de persévérer s'il le voulait, et il la nomme *adjutorium sine quo*; la seconde rend l'homme formellement persévérant, et il l'appelle *adjutorium quo*. En effet, dès que le don de la *persévérance finale* renferme la mort en état de grâce, avec ce secours il est impossible que le juste ne persévère pas, puisque par la mort il est irrévocablement fixé dans l'état de justice. « Ainsi (dit le saint docteur) Dieu a pourvu à la faiblesse de la volonté humaine, en la tournant au bien irrésistiblement et invinciblement, *ibid.*, n. 38. Mais tant que l'homme est dans cette vie, on ne sait pas s'il a reçu le don de la *persévérance*, puisqu'il peut toujours tomber; celui qui ne persévère point jusqu'à la fin ne l'a certainement pas reçu. » *De Dono persev.*, c. 1.

Lorsque certains théologiens ont voulu appliquer à toute grâce actuelle intérieure ce que saint Augustin a dit de la *persévérance finale*, et donner la distinction entre *adjutorium quo* et *adjutorium sine quo*, comme la clef de toute la doctrine de ce Père touchant la grâce, ils ont abusé grossièrement de la crédulité de leurs prosélytes; ils ont voulu persuader que la volonté humaine, sous l'impulsion de la grâce actuelle, n'agit pas plus que le juste mourant avec la grâce sanctifiante, et qu'elle est dans un état purement passif; jamais saint Augustin n'a enseigné cette absurdité. De sa doctrine on conclut avec raison que le don de la *persévérance finale* renferme, 1° une providence et une protection spéciale de Dieu, qui écarte des justes tout danger et toute occasion de chute, particulièrement à l'heure de la mort; 2° une suite de grâces actuelles efficaces auxquelles l'homme ne résiste jamais, et surtout une grâce efficace au dernier moment de la vie; cette double faveur est certainement un don très-précieux. Les théologiens sont donc bien fondés à soutenir, comme saint Augustin, que le juste ne peut pas mériter ce don en rigueur, *de condigno*; mais qu'il peut s'en rendre digne en quelque manière, *de congruo*, et l'obtenir de Dieu par ses prières, par ses bonnes œuvres, par sa soumission et sa confiance. Sur cette question de la *persévérance finale*, les protestants sont partagés. Les arminiens soutiennent que le juste le mieux affermi dans la foi et dans la piété peut toujours tomber; cet article de leur doctrine a été condamné par le synode de Dordrecht. Conséquemment les gomaristes, attachés à ce synode, prétendent que la grâce du juste est inamissible, qu'il ne peut jamais la perdre *totalement et finalement;* d'où il suit que sa *persévérance* est non-seulement infaillible, mais nécessaire. Bossuet, *Histoire des Variations,* l. XXIV, a démontré l'impiété de cette doctrine; le docteur Arnaud en a fait voir les funestes conséquences, dans l'ouvrage intitulé : *le Renversement de la morale de Jésus-Christ par les erreurs des calvinistes, touchant la justification.* Vainement Basnage a fait tous ses efforts pour en pallier l'absurdité, *Histoire de l'Eglise,* l. XXVI, c. 5, § 3; il n'a fait que la déguiser sous un verbiage inintelligible, qui ne sauve aucun des inconvénients; et il abuse de quelques passages des Pères, auxquels il donne un sens faux et contraire à leur intention. *Voy.* INAMISSIBLE.

PERSONNE, substance individuelle d'une nature raisonnable ou intelligente. C'est la définition qu'en a donnée Boëce, et qui a été adoptée par les théologiens.

On prétend que le latin *persona,* dans l'origine, a signifié le masque des acteurs dramatiques; ceux-ci sont quelquefois appelés *personati,* parce que leur masque était l'image du personnage qu'ils représentaient sur la scène. Les Grecs se servaient du mot πρόσωπον, qui désigne à la lettre ce qui est sous nos yeux. Les êtres purement corporels, tels qu'une pierre, une plante, un animal, ne sont point nommés *personnes,* mais *substances* ou *suppôts, hypostases, supposita;* de même le mot *personne* ne se dit point des universels, des genres, des espèces, mais seulement des natures singulières, des individus; or, la notion d'*individu* ou de *personne* se conçoit de deux manières : positivement, comme quand on dit que la *personne* doit être le principe total de l'action, parce que les philosophes appellent une *personne* toute substance à laquelle on attribue quelque action; et négativement, quand on dit avec les thomistes qu'une *personne* consiste en ce qu'elle n'existe pas dans un autre être plus parfait. Ainsi un homme, quoique composé de deux substances différentes, de corps et d'esprit, ne fait pourtant pas deux *personnes,* puisqu'aucune de ses deux parties ou substances, prise séparément, n'est le principe total d'une action; lorsque nous agissons, c'est le corps et l'âme réunis qui agissent, et l'homme entier n'existe point dans un autre être plus parfait que lui.

En parlant de Dieu, nous sommes forcés de nous servir des mêmes termes qu'en parlant des hommes, parce que les langues ne nous en fournissent point d'autres. Comme la révélation nous fait distinguer en Dieu le Père, le Fils et le Saint-Esprit, il a fallu les appeler *trois personnes,* puisque ce sont trois êtres subsistants et intelligents, dont l'un ne fait pas partie de l'autre, et qui sont chacun un principe d'action. Les Grecs ont donc distingué en Dieu *trois hypostases,* τρεῖς ὑποστάσεις, et ensuite trois personnes, τρία πρόσωπα. Mais il est clair qu'à l'égard de Dieu, le mot de *personne* ne présente pas exactement la même notion qu'à l'égard de l'homme; *trois personnes* humaines sont trois hommes ou trois natures humaines individuelles; en Dieu les *trois personnes* sont une seule nature divine, un seul Dieu. S. Aug., *Epist.* 169, *ad Evod.* Vainement les sociniens disent que l'on a eu tort d'introduire ce langage, de se servir, en parlant de Dieu, du terme de *personne,* qui n'est point dans l'Ecriture sainte; de vouloir ainsi expliquer un mystère essentiellement inexplicable. On y a été forcé pour réprimer la témérité des hérétiques qui se servaient à ce sujet d'un langage erroné et contraire à l'Ecriture sainte. Les sociniens eux-mêmes nous réduisent à cette nécessité, en soutenant que le Père, le Fils et le Saint-Esprit sont seulement trois dénominations ou trois aspects différents d'une seule et même nature divine individuelle; non-seulement cette explication ne se trouve point dans l'Ecriture sainte, mais elle y est formellement contraire. *Voy.* TRINITÉ.

Voici un passage de saint Augustin que les sociniens et les incrédules ont affecté de remarquer, lib. v, *de Trinit.,* c. IX : « Nous disons une essence et *trois personnes,* comme ont fait plusieurs auteurs latins respectables qui n'ont point trouvé d'autre manière plus propre à exprimer ce qu'ils entendaient..... Mais ici le langage humain se trouve très-défectueux; on a dit *trois personnes,* non pas pour exprimer quelque chose, mais pour ne pas demeurer muet. » Donc, reprennent nos adversaires, tout ce que l'on dit des *personnes* divines n'est qu'un verbiage vide de sens. Nous convenons que ces expressions ne nous donnent pas une notion claire; mais elles nous donnent du moins une idée confuse, puisqu'elles signifient trois êtres subsistants et principes des opérations divines. Saint Augustin n'a pas voulu dire autre chose, puisqu'il n'est aucun des Pères qui ait parlé de la sainte Trinité d'une manière plus nette et plus exacte que lui. Nous sommes dans le même embarras à l'égard de tous les attributs de la Divinité, et c'est une des objections que font les athées contre la notion de Dieu : ils disent que nous avons tort d'affirmer que Dieu est bon, juste, sage, puisque ces termes expriment des qualités humaines qui ne conviennent point à Dieu. Les sociniens sont-ils de même avis que les athées? *Voy.* ATTRIBUTS.

En parlant du mystère de l'incarnation, nous disons qu'en Jésus-Christ il y a deux natures très-distinctes, la nature divine et la nature humaine; que ce ne sont pas néanmoins deux *personnes,* mais une seule *personne* divine; parce qu'en Jésus-Christ la nature humaine n'est point un principe total d'action, mais qu'elle existe avec une autre nature plus parfaite. Ainsi, de l'union de la nature humaine avec la nature divine il résulte un seul individu ou un tout qui est un principe d'action : tout ce que fait l'humanité en Jésus-Christ, c'est la *personne* divine qui l'opère; et c'est pour cela que ces opérations sont appelées *théandriques* ou *déiviriles. Voy.* THÉANDRIQUES.

PÉTILIENS. *Voy.* DONATISTES.
PETITS-PÈRES. *Voy.* AUGUSTINS.

PÉTROBRUSIENS, disciples de Pierre de Bruys, hérétique, né en Dauphiné, qui enseigna ses erreurs vers l'an 1110; sa secte se répandit dans les provinces méridionales de France. Pierre le Vénérable, abbé de Cluny, qui vivait dans le même temps, a fait contre les *pétrobrusiens* un ouvrage dans la préface duquel il réduit leurs erreurs à cinq chefs principaux : 1° Ils niaient que le baptême soit nécessaire ni même utile aux enfants avant l'âge de raison, parce que, disaient-ils, c'est notre propre foi actuelle qui nous sauve par le baptême; 2° qu'on ne devait point bâtir d'églises, mais au contraire les détruire; que les prières sont aussi bonnes dans une hôtellerie que dans une église, et dans une étable que sur un autel; 3° qu'il fallait brûler toutes les croix, parce que les chrétiens doivent avoir en horreur tous les instruments de la passion de Jésus-Christ leur chef; 4° que Jésus-Christ n'est pas réellement présent dans l'eucharistie; 5° que les sacrifices, les aumônes et les prières ne servent de rien aux morts. Plusieurs auteurs les ont aussi accusés de manichéisme, et il paraît que ce n'est pas à tort, puisqu'il est prouvé qu'ils admettaient deux principes, comme les anciens manichéens. Roger de Hoveden, dans ses *Annales d'Angleterre*, dit qu'à l'exemple des disciples de Manès, les *pétrobrusiens* ne recevaient ni la loi de Moïse, ni les prophètes, ni les psaumes, ni l'Ancien Testament. Radulphe Ardens, auteur du XIe siècle, rapporte que les hérétiques d'Agénois se vantaient de mener la vie des apôtres, de ne point mentir et de ne point jurer; qu'ils condamnent l'usage des viandes et du mariage; qu'ils rejettent l'Ancien Testament et une partie du Nouveau; et, ce qui est de plus terrible, qu'ils admettent deux créateurs; qu'ils disent que le sacrement de l'autel n'est que du pain tout pur; qu'ils méprisent le baptême; qu'ils rejettent le dogme de la résurrection des morts. Or, ces hérétiques d'Agénois, qui furent ensuite nommés *Albigeois*, étaient de vrais manichéens, comme l'a prouvé Bossuet, *Hist. des Variat.*, l. XI, n. 17 et suiv. Basnage a fait inutilement tous ses efforts pour persuader le contraire : on peut le réfuter par ses propres principes. *Hist. de l'Eglise*, l. XXIV, c. 4, etc. Pierre de Bruys n'était pas un assez habile docteur pour avoir forgé une hérésie de son chef; il ne fit que propager une partie des erreurs que les albigeois, successeurs des pauliciens, avaient répandues avant lui : mais on sait le motif qui a porté les protestants à justifier les hérétiques du XIe et du XIIe siècle, c'est qu'ils ont voulu se les donner pour prédécesseurs. Ils disent que l'on ne doit point ranger ces sectaires parmi les manichéens, à moins que l'on ne prouve qu'ils soutenaient le dogme caractéristique et fondamental du manichéisme, qui est le dogme des deux principes, l'un bon, l'autre mauvais : or, ajoutent-ils, on n'a aucune preuve positive que les albigeois, les *pétrobrusiens*, les henriciens, etc., aient admis deux principes. A cette objection nous répondons, 1° qu'il y a des preuves positives; savoir, le témoignage des auteurs contemporains, Bossuet les a cités; vainement les protestants récusent ces témoins, ou cherchent à éluder les conséquences de ce qu'ils disent; 2° que le dogme des deux principes n'est pas plus caractéristique du manichéisme qu'un autre, puisqu'il avait été soutenu avant Manès par les marcionites et par plusieurs sectes de gnostiques : les autres erreurs des manichéens ne sont point une conséquence de celle-là; il n'y aurait rien de lié, rien de suivi dans leur système; 3° que comme ce dogme est le plus odieux de tous, et le plus capable d'inspirer de l'horreur, les albigeois et leurs prosélytes avaient plus d'intérêt à le cacher que toutes leurs autres rêveries : jamais les chefs de sectes n'ont été fort sincères, ils se sont contentés de montrer, à ceux qui voulaient les séduire, le côté le plus apparent de leur doctrine; 4° que si, pour tenir à une secte, il faut en adopter tous les dogmes, les protestants ont tort de se donner pour successeurs des hérétiques dont nous parlons, puisqu'ils n'en ont pas embrassé toutes les opinions. Il est absurde de nous représenter ces divers sectaires comme des *témoins de la vérité*, pendant que l'on est forcé d'avouer qu'ils professaient des erreurs. Aussi Mosheim, plus prudent que Basnage, s'est contenté d'excuser tant qu'il a pu Pierre de Bruys et ses partisans; il dit que cet homme fit les efforts les plus louables pour réformer les abus et les superstitions de son siècle, mais que son zèle n'était pas sans fanatisme; qu'il fut brûlé à Saint-Gilles, l'an 1130, par une populace furieuse, à l'instigation du clergé, dont ce réformateur mettait le trafic en danger; mais que l'on ne connaît pas tout le système de doctrine que cet infortuné martyr enseigna à ces sectateurs. Cependant il n'a pas osé nier, non plus que Basnage, les cinq erreurs que leur a imputées Pierre le Vénérable. *Hist. ecclésiastique*, XIIe siècle, 1re partie, c. 5, § 7. Or, il est prouvé par ce témoignage et par d'autres que Pierre de Bruys et ses prosélytes brûlaient les crucifix et les croix, détruisaient les églises, insultaient le clergé, etc. Le fanatisme contraire à l'ordre public était certainement punissable; le prétendu réformateur qui allumait ce feu méritait le bûcher dans lequel il a péri; il a été martyr, non de ses opinions, mais des désordres et des violences dont il a été l'auteur. *Hist. de l'Eglise gallic.*, tom. IX, l. XXV, an. 1147.

PETTALORYNCHITES. *Voy.* MONTANISTES.

PEUPLE DE DIEU. Ce titre, souvent donné aux Israélites dans l'Ecriture sainte, scandalise les incrédules; c'est, disent-ils, une absurdité de croire que le Créateur de tous les hommes était le Dieu des Israélites plutôt que le Dieu des Chinois, des Indiens, des Grecs et des Romains; qu'Israël était son fils aîné, son bien-aimé, son héritage, pendant qu'il abandonnait les autres nations. Ces façons de parler, injurieuses à la providence de Dieu, ont rendu les Juifs orgueilleux et insociables; elles leur ont inspiré du mépris et de l'aversion pour les autres peuples, elles ont contribué à les rendre incrédules à la prédication de l'Evangile; ils n'ont pas pu souffrir que les gentils soient appelés comme eux à la grâce de la foi. Quelques réflexions dissiperont aisément ce scandale. 1° S'il y a une vérité clairement enseignée, répétée et inculquée dans les livres saints, c'est la providence générale de Dieu à l'égard de tous les hommes et de toutes les nations. Il est dit cent fois que le Dieu d'Israël est le souverain Seigneur de toute la terre, qu'il règne sur tous les peuples, que ses miséricordes éclatent sur tous ses ouvrages, qu'il conserve, nourrit et protége toutes ses créatures, qu'il a établi des chefs sur toutes les nations, que ses anges sont les protecteurs des monarchies, etc. — 2° Moïse ne pouvait pas prendre plus de précautions qu'il n'a fait pour étouffer l'orgueil chez les Israélites; il leur dit que Dieu les a choisis pour son *peuple*, non parce qu'ils sont meilleurs et plus estimables que les autres, puisqu'au contraire ils sont plus faibles, plus ingrats, plus enclins à se révolter et à se dépraver, mais parce qu'il lui a plu, et parce qu'il l'avait promis à leurs pères. Il les avertit que le seul moyen de conserver la protection et les bienfaits de Dieu, c'est de lui être constamment soumis et fidèles; qu'autrement il les punira de manière à faire trembler tous les autres peuples (*Deut.* VII, etc.). Lorsque les prophètes ont annoncé un Messie, ils l'ont promis, non pour les Juifs seuls, mais pour toutes les nations; les prophéties de Jacob, d'Isaïe, de Malachie, etc., sont formelles sur ce point. C'a donc été de la part des Juifs une opiniâtreté inexcusable de vouloir que la grâce de l'Evangile fût pour eux seuls. — 3° Quoi qu'en disent les incrédules, il est démontré par le fait que Dieu avait accordé aux Israélites des bienfaits qu'il n'avait point départis aux autres nations. Les promesses faites à Abraham, la multiplication étonnante de sa postérité en Egypte, la manière dont Dieu avait tiré les Israélites de l'esclavage, dont il les avait nourris, instruits et conservés dans le désert, les prodiges qu'il avait opérés en leur faveur, la possession de la Palestine qu'il leur avait accordée, etc., étaient certainement des bienfaits particuliers desquels aucun autre peuple ne pouvait se glorifier. Moïse n'avait donc pas tort de leur dire qu'ils étaient spécialement le *peuple*, l'héritage, la possession chérie du Seigneur, etc. Il voulait les rendre reconnaissants, religieux, fidèles à Dieu; il devait donc leur parler de ce que sa bonté avait fait pour eux, et non de ce qu'elle faisait ou voulait faire pour les autres nations. — 4° Il est encore incontestable que, pendant toute la durée de la république juive, tous les peuples connus ont été polythéistes et idolâtres, qu'ils adoraient les astres, les différentes parties de la nature et les héros, pendant que les Israélites rendaient leur culte au seul vrai Dieu, créateur du ciel et de la terre. Il était donc à la lettre *le Dieu d'Israël*, pendant que les autres peuples lui refusaient leur encens, et dans ce même sens il avait été le Dieu d'Abraham, d'Isaac et de Jacob: ou cette différence était l'effet d'une révélation surnaturelle accordée aux Israélites, ou elle venait d'un degré supérieur d'intelligence et de bon sens naturel qu'il leur avait départi; il n'y a pas de milieu. Que les incrédules choisissent celle de ces deux hypothèses qu'il leur plaira, il en résultera toujours que Dieu avait fait aux Israélites ou une faveur naturelle, ou une grâce surnaturelle, que les autres peuples ne partageaient point avec eux. Les incrédules auront beau dire que cette prédilection était un trait de partialité, d'injustice, de bizarrerie de la part de Dieu; il est démontré par le fait et par les principes que Dieu, sans partialité et sans injustice, peut partager inégalement les dons naturels entre les peuples et entre les hommes; donc il peut aussi, sans partialité et sans injustice, leur distribuer inégalement ses bienfaits surnaturels, dès qu'il ne leur demande compte que de ce qu'il leur a donné. Jamais les incrédules ne viendront à bout de renverser cette démonstration, qui sape par le principe tous les systèmes d'incrédulité. *Voy.* ABANDON, JUSTICE DE DIEU, INÉGALITÉ, etc.

* PHALANSTÉRIENS. *Voy.* FOURIÉRISME.
* PHARAON. *Voy.* ÉGYPTE. PLAIES D'ÉGYPTE.

PHARISIENS, secte de Juifs qui était la plus nombreuse et la plus estimée, lorsque Jésus-Christ parut sur la terre; non-seulement les docteurs de la loi, que l'on nommait les *scribes*, et tous ceux qui passaient pour savants, mais le gros du peuple suivait les sentiments des *pharisiens*. Ils différaient des Samaritains en ce qu'ils recevaient, non-seulement la loi de Moïse, mais encore les prophètes, les hagiographes et les traditions des anciens. Ils étaient d'ailleurs opposés aux sadducéens, en ce qu'ils croyaient la vie à venir et la résurrection des morts, la prédestination et le libre arbitre. Il est dit dans l'Ecriture (*Act.* XXIII, 8) que les sadducéens assurent qu'il n'y a point de résurrection, ni d'anges, ni d'esprits, mais que les *pharisiens* croient l'un et l'autre. A la vérité, selon Josèphe, cette résurrection n'était que le passage de l'âme dans un autre corps; il ajoute qu'ils croyaient la prédestination absolue, aussi bien que les esséniens; qu'ils admettaient cependant le libre arbitre de l'homme, comme les sadducéens. Comment conciliaient-ils ensemble ces deux opinions? C'est ce que l'on ne peut pas expliquer. Une autre bizarrerie de leur part, suivant le même historien, était d'enseigner, d'un côté, que les âmes des méchants sont éternellement punies dans l'enfer; de l'autre, que les âmes des justes seuls peuvent revenir à la vie et animer d'autres corps. Il eût été plus naturel de croire l'éternité de la récompense des bons que l'éternité du châtiment des méchants. Quoi qu'il en soit, le caractère distinctif des *pharisiens* était leur attachement aux traditions des anciens; ils prétendaient que ces traditions avaient été données à Moïse sur le mont Sinaï, en même temps que la lettre de la loi ; aussi leur attribuaient ils la même autorité qu'à la loi écrite. C'est ce que les Juifs appellent encore aujourd'hui la LOI ORALE. *Voy.* ce mot. En vertu de l'observation rigide de la loi ainsi expliquée, et souvent défigurée par leurs traditions, les *pharisiens* se croyaient beaucoup plus saints et plus parfaits que les autres Juifs; ils les regardaient comme des pécheurs et des profanes; ils s'en séparaient, ils ne voulaient ni boire ni manger avec eux. De là leur était venu le nom de *pharisiens*, du mot *pharas*, qui en hébreu signifie *séparer*. Cette affectation hypocrite d'une sainteté au-dessus du commun en imposait au peuple et lui inspirait de la vénération. Notre-Seigneur leur a souvent reproché cette hypocrisie; il les accuse d'anéantir la loi de Dieu par leurs traditions; nous voyons en effet dans l'Evangile qu'ils pervertissaient le sens de plusieurs préceptes par les fausses explications qu'ils en donnaient. Dans la suite, les docteurs juifs ont recueilli le fatras des traditions pharisaïques; ils en ont fait une énorme compilation en 12 volumes in-fol., qu'ils ont nommée le TALMUD. *Voy.* ce mot. La plupart sont impertinentes et ridicules, et toutes sont très-onéreuses. Cela n'a pas empêché la secte des *pharisiens*, qui est aujourd'hui celle des *rabbanites* ou *rabbinistes*, n'ait englouti toutes les autres. Depuis plusieurs siècles elle n'a eu d'opposants qu'un très-petit nombre de *caraïtes* ou de juifs attachés à la lettre seule de la loi; tout le reste de cette nation est servilement soumis à la doctrine du *talmud*, et a pour ce livre plus de respect que pour le texte même de Moïse. *Voy.* TALMUD.

Les *pharisiens* étaient du nombre de ceux qui ne voulaient point d'étranger pour roi. De là vint qu'ils proposèrent, par malignité, à notre Sauveur, la question s'il était permis ou non de payer le tribut à César ; quoiqu'ils fussent forcés comme les autres à le payer, ils prétendaient toujours que la loi de Dieu le défendait. Tant qu'ils eurent du pouvoir, ils persécutèrent à outrance tous ceux qui n'étaient pas de leur parti ; mais enfin leur tyrannie, qui avait commencé après la mort d'Alexandre Jannée, finit avec le règne d'Aristobule. Prideaux, *Hist. des Juifs*, l. XIII, § 4; *Dissert. sur les sectes des Juifs*, *Bible d'Avignon*, t. XIII, p. 218. Mosheim, dans son *Histoire chrétienne*, avait prétendu que Josèphe a dit, touchant la doctrine des *pharisiens*, plusieurs choses qui ne s'accordent point avec ce qui en est rapporté avec le Nouveau Testament; mais le docteur Lardner a prouvé le contraire ; il a fait valoir que le récit des évangélistes est très-conforme à celui de Josèphe. *Credibility of the Gospel history*, l. 1, c. 4, § 1.

PHASE. *Voy.* PAQUE.

PHÉLÉTHI. *Voy.* CÉRÉTHI.

\* PHILALÈTHES. On vit, il y a quelques années, une société religieuse se former à Kiel. Elle prit le nom de *Philalèthes* ou d'amis de la vérité. Elle professe un pur déisme. Elle voulut avoir un culte. Un discours, des cantiques sur les principales vertus naturelles et sur les principales phases de la vie, en sont le fond ; elle garda le septième jour et quelques fêtes, tels que le jour de l'an et le premier jour des quatre saisons.

PHILASTRE (saint), évêque de Brescia en Italie, mort l'an 388, eut pour amis saint Ambroise et saint Augustin, pour disciple et pour successeur saint Gaudence. Il composa un *Catalogue des Hérésies*, dans lequel il met au nombre des erreurs plusieurs opinions qui lui paraissaient peu probables, mais qu'il est très-permis de soutenir : les deux meilleures éditions de cet ouvrage sont celle de Hambourg, donnée en 1721 par le savant Fabricius, avec des notes, et celle de Brescia, publiée en 1738 par le célèbre cardinal Quirini, avec les *Œuvres de saint Gaudence*.

PHILÉMON, homme riche de la ville de Colosses en Phrygie, qui avait été converti à la foi, ou par saint Paul, ou par Epaphras, disciple de cet apôtre. Sa maison était une espèce d'église par la piété qui y régnait, et par les bonnes œuvres qui s'y pratiquaient. Onésime, son esclave, peu sensible à ces bons exemples, vola ce bon maître et s'en fuit à Rome. Heureusement, il y rencontra saint Paul, qui le reçut avec charité, l'instruisit, le convertit à la foi et le baptisa. Pour obtenir son pardon, il le renvoya à son maître avec une lettre fort courte, mais qui, dans sa brièveté, est un chef-d'œuvre d'éloquence ; il n'y a pas un mot qui ne respire la charité, le zèle, la tendresse pour un esclave fugitif devenu chrétien; et pour le maître avec lequel l'apôtre veut le réconcilier ; pas un mot qui ne soit capable de toucher et d'attendrir un bon cœur. Il suffit de la lire pour voir s'il est vrai, comme certains incrédules l'ont écrit, que le christianisme n'a contribué en rien à l'abolition de l'esclavage, ni à rendre plus douce la condition des esclaves. Cette religion divine a fait plus, elle a changé les mœurs de ceux-ci et celles de leurs maîtres.

PHILIPPE (saint), apôtre de Jésus-Christ, n'a rien laissé par écrit ; nous ne savons, de ses actions et de ses travaux que ce qui en est rapporté dans l'Evangile. Les auteurs ecclésiastiques ajoutent qu'il alla prêcher la foi en Phrygie, et qu'il y mourut dans la ville d'Hiéraples. Quelques savants ont été persuadés que saint *Philippe* avait prêché dans les Gaules ; Tillemont a combattu cette opinion, *Mém.*, t. 1, pag. 639 ; feu M. Bullet, professeur de théologie à Besançon, s'est appliqué à l'établir, dans une dissertation sur ce sujet. Il ne faut pas confondre cet apôtre avec *Philippe*, un des sept diacres de Jérusalem, duquel il est parlé (*Act.* VI, 5; VIII, 5 et 26 ; XXI, 8, etc.). C'est celui-ci qui convertit les Samaritains, qui baptisa l'eunuque de la reine Candace, etc.

PHILIPPIENS, habitants de la ville de Philippes en Macédoine. Tout le monde convient que saint Paul leur écrivit la lettre qui porte leur nom, lorsqu'il était emprisonné pour la première fois, vers l'an 62. L'apôtre témoigne à ces fidèles la plus tendre reconnaissance pour les secours qu'ils lui avaient procurés, et le zèle le plus ardent pour leur salut ; il les félicite de leur courage à souffrir pour Jésus-Christ, et de leurs bonnes œuvres ; il les excite à la confiance et à la joie. Le dessein de cette lettre entière peut donc nous faire douter si dans nos versions françaises l'on a pris le vrai sens du ch. II, v. 12 et 13, lorsqu'on a ainsi traduit : « Opérez votre salut avec crainte et tremblement : car c'est Dieu qui opère en vous le vouloir et l'action, selon qu'il lui plaît. » Le grec porte : ὑπὲρ τῆς εὐδοκίας ; le latin, *pro bona voluntate*. Or, εὐδοκία signifie constamment l'*affection* que l'on a pour quelqu'un, ou l'*affection* qu'il a lui-même pour les bonnes œuvres. Dans quelque sens qu'on le prenne, comment cette disposition peut-elle être un motif de crainte et de tremblement, et comment celui-ci peut-il s'accorder avec la confiance et la joie? Par la crainte et le tremblement, saint Paul entend ailleurs la défiance de soi-même, et non la défiance du secours de Dieu (*I Cor.* II, 3). On peut donc traduire, sans faire violence au texte : « Travaillez à votre salut, non-seulement comme vous faisiez lorsque j'étais présent, mais encore plus lorsque je suis absent, au milieu de la crainte et du tremblement dont vous êtes saisi : car c'est Dieu qui opère en vous le vouloir et l'action par l'affection qu'il a pour vous. » Loin de vouloir effrayer les *Philippiens*, saint Paul cherche à les rassurer et à les encourager. Ce sens paraît le plus conforme au but général de la lettre. *Voy.* CRAINTE.

**PHILIPPISTES** ou **MÉLANCHTHONIENS**. *Voy.* LUTHÉRIENS.

**PHILOLOGIE** sacrée. On nomme ainsi la partie de la critique qui s'attache principalement à examiner les mots et les expressions du texte sacré et des versions, à en juger suivant les règles de la grammaire, de la rhétorique, de la poétique et de la logique. Les protestants ont beaucoup travaillé en ce genre, ils en font gloire, et nous ne leur en savons pas mauvais gré ; la *philologie sacrée* de Glassius, savant luthérien, passe pour être un des meilleurs ouvrages de cette espèce. Cette manière d'étudier l'Ecriture sainte est utile, sans doute, à quelques égards, mais est sujette à de grands inconvénients.

1° Quand on pousse cette critique trop loin, elle devient minutieuse et ridicule. A quoi servent de longues dissertations, pour expliquer des choses que tout le monde entend d'abord? Il semble que les écrivains sacrés parlent un langage si extraordinaire, qu'il est besoin d'un commentaire sur chaque mot. Les incrédules en prennent occasion de dire que l'Ecriture sainte est un recueil d'énigmes inintelligibles, auxquelles on fait dire tout ce qu'on veut ; que ces livres, loin d'instruire les hommes, ne sont propres qu'à les tromper, à faire naître des erreurs et des disputes interminables. — 2° Cette manière d'envisager l'Ecriture sainte semble la mettre au niveau des livres écrits par les auteurs profanes, dont le sens ne peut être connu que par la finesse de la critique ; mais cet art n'était pas né lorsque les anciens *Pères* de l'Eglise se sont servis des livres saints pour instruire les fidèles ; s'ils ont pu s'en passer, nous pourrions l'ignorer encore sans courir aucun risque à l'égard de notre salut. La tradition constante, l'enseignement commun et universel de l'Eglise, nous paraissent un fondement plus sûr pour appuyer notre foi que toute la sagacité des philologues. Dieu, sans doute, n'a pas attendu jusqu'au XVIe siècle, pour donner à son Eglise une intelligence suffisante des Ecritures, et pour fixer sa croyance. Saint Paul condamne la manie de ceux qui s'amusent à des questions et à des disputes de mots ; elles ne servent, dit-il, qu'à faire naître des haines, des dissensions, des blasphèmes et des imaginations absurdes (*I Tim.* VI, 4) : l'expérience de tous les siècles ne l'a que trop prouvé. — 3° De là est venue la hardiesse de ceux qui ont souvent voulu expliquer et même corriger le texte sacré d'après le style et les idées des auteurs profanes. Les protestants eux-mêmes ont déploré cet abus ; Erasme l'avait condamné, et on le lui a reproché à son tour, de même qu'à Grotius et à d'autres. Mosheim a fait une longue dissertation pour en montrer les funestes conséquences ; il reproche au moins vingt défauts différents à la plupart des critiques et des philologues, tant par rapport aux faits qu'aux expressions de l'Ecriture sainte. *Cogitationes de interpretatione et emendatione sacrarum Litterarum*. — 4° A force de subtilités de grammaire, de figures de rhétorique, de comparaisons et de conjectures, il n'est aucun passage de l'Ecriture sainte duquel on ne puisse détourner et pervertir le sens. Les protestants, après s'être servis de cet art perfide contre les théologiens catholiques, en ont ressenti le contrecoup dans leurs disputes avec les sociniens ; toutes les fois qu'ils ont voulu argumenter par l'Ecriture seule, leurs adversaires leur ont fait voir qu'ils ne redoutaient pas ce genre de combat ; qu'avec les armes défensives des critiques protestants, ils étaient sûrs de triompher. Preuve évidente que tout commentaire, toute observation qui nous conduisent à donner à l'Ecriture un sens opposé à la croyance de l'Eglise, partent certainement d'une critique fausse, et ne méritent aucune attention (1). *Voy.* CRITIQUE.

**PHILOSOPHE, PHILOSOPHIE**. Les anciens disaient que la *philosophie* est la science des choses divines et humaines ; c'était lui faire trop d'honneur ; jamais les *philosophes*, privés du secours de la révélation, n'ont

(1) La philologie sacrée a fait de grands progrès de notre temps. « Les différentes branches de cette étude, dit Mgr Wiseman, quelque étrange que cela puisse paraître, se sont développées progressivement ; et leurs progrès ont constamment tendu à justifier l'Ecriture, et à confirmer nos preuves. La grammaire est nécessairement la base de toute étude qui a les mots pour objet, et je commence aussi par elle. Vous serez peut-être tentés de sourire, quand je dirai de la grammaire d'une langue morte depuis 2000 ans, qu'elle est en voie de progrès et de perfectionnement. Et vous serez sans doute non moins portés à être incrédules quand j'assurerai que ses progrès ont même

connu ni la nature divine, ni la nature humaine; aucun de leurs systèmes n'a été exempt d'erreur: toute leur science s'est réajouté quelque chose à notre sécurité sur des doctrines essentielles. Et cependant ces deux assertions sont parfaitement exactes. Pour le plaisir de ceux qui peuvent s'intéresser à des recherches de ce genre, je vous en esquisserai l'histoire, puis je montrerai les applications utiles et importantes même qui en peuvent être faites. La grammaire de la langue hébraïque vient naturellement des Juifs; et aucun chrétien, dans les temps modernes, n'en a commencé l'étude avant qu'ils lui eussent donné toute la perfection que leurs méthodes défectueuses pouvaient comporter. Toutefois, on peut dire que cette étude a été dirigée chez nous d'une manière indépendante. Elias Levita travaillait à donner aux recherches grammaticales des Kimchi tout le perfectionnement qu'elles pouvaient recevoir des écrivains de sa nation, lorsque Conrad Pellicanus, en 1503, et Reuchlin, trois ans plus tard, publièrent les premiers rudiments d'une grammaire hébraïque à l'usage des chrétiens. Le premier, moine de Tübingen, avait appris seul cette langue, à l'âge de vingt-deux ans, sans autre secours qu'une Bible latine, et par conséquent il n'avait mis dans sa grammaire que les éléments imparfaits qu'il avait pu glaner ainsi. Reuchlin prit, à Rome, des leçons d'un Juif, au prix énorme d'une couronne d'or par heure; c'est à lui que nous devons la plupart des termes de grammaire employés maintenant dans l'étude de la langue sacrée. Sébastian Münster, élève d'Elias, éclipsa bientôt ses prédécesseurs; mais ses travaux, qui étaient copiés presque entièrement sur ceux des rabbins, furent dépassés à leur tour par la méthode plus large et plus lucide de Buxtorf l'aîné. Et ces recherches grammaticales n'occupèrent pas seulement l'Allemagne, mais encore toutes les autres parties de l'Europe. Santes Pagnini, en Italie, et Chevalier en France, publièrent des introductions à l'étude de la langue sacrée. C'est ce qu'on peut appeler la première période de la grammaire hébraïque parmi les chrétiens, période qui finit avec la première moitié du XVIIe siècle (a). Ses caractères sont ceux de l'école juive, de laquelle elle sortait : une attention minutieuse aux changements compliqués des lettres et des points-voyelles, puis à la dérivation et à la formation des noms, avec un oubli presque complet de la structure générale du langage. Toutefois Buxtorf et un autre savant méritent une honorable exception ; Salomon Glass, dont la *Philologie sacrée*, surtout l'édition corrigée de Dath, devrait être constamment sur la table de quiconque se livre aux études bibliques, Salomon Glass amassa un trésor de remarques sur la syntaxe : remarques qui, outre leur utilité pour la grammaire hébraïque, avaient le mérite de mettre pour la première fois la langue du Nouveau Testament en rapport avec celle de l'Ancien. Tandis que l'étude de la grammaire hébraïque avançait ainsi lentement, les autres dialectes sémitiques, connus alors sous le nom général de langues orientales, étaient cultivés avec le plus grand soin. Vers l'époque que, d'après Gésénius, j'ai assignée comme le terme de la première école chrétienne, l'étude de ces langues commença à exercer de l'influence sur la grammaire hébraïque, et marqua ainsi le commencement d'une seconde époque. Louis de Dieu, en 1628, publia le premier la grammaire comparée de l'hébreu, du chaldéen et du syriaque. Il fut suivi par Hottinger (1649) et par Sennert (1653), qui ajouta l'arabe aux langues comparées par ses prédécesseurs; Castell, dans les prolégomènes de son célèbre *Dictionnaire polyglotte*, y ajouta l'éthiopien ou l'abyssinien. C'était un nouvel et important instrument pour

(a) Gésénius, *Geschichte der hebräischen sprache und schrift*. Leipzig, 1825, p. 107-101.

duite à disputer et à douter. Ce n'est point à nous d'exposer la doctrine des différentes sectes de *philosophie*, nous ne devons l'enl'étude de la grammaire hébraïque; mais la syntaxe de ces langues congénères était elle-même imparfaitement développée, et, par suite, l'application qu'on en faisait se renfermait surtout dans les déclinaisons et les conjugaisons. Au commencement du dernier siècle, une application plus étendue d'une branche au moins de cette philologie comparée fut introduite par le savant et habile Albert Schultens. Profondément versé dans la littérature arabe, et ayant sous sa main un trésor de manuscrits orientaux dans la bibliothèque de Leyde, il consacra la plus grande partie de sa vie à éclaircir les difficultés de la philologie hébraïque à l'aide de ces nouvelles sources. Quelque grand que soit son mérite, son attachement aux systèmes qu'il introduisit le premier l'entraîna nécessairement trop loin. Il sacrifia à sa prédilection pour une langue les avantages qu'une comparaison avec tous les dialectes de la même famille aurait pu lui fournir. Il alla même encore plus loin ; car il négligea souvent la structure particulière à la langue hébraïque et les idiotismes qui lui sont propres, pour les parallélismes les plus imperceptibles avec l'arabe. (b). Il fonda ce qu'on appelle l'école hollandaise dans la philologie hébraïque. Comme on pouvait s'y attendre, plusieurs de ces disciples copièrent les fautes du maître ; cependant un petit nombre, plus judicieux, eut soin de les éviter. Tandis que des *arabismes* hasardés et des étymologies forcées défigurent les ouvrages de Vénéma, de Lette et de Scheid, d'autres écrivains, tels que Schroder, ont porté un jugement plus sain dans l'étude de la grammaire. Les *Institutions*, etc., de ce judicieux auteur, furent, pendant plusieurs années, considérées en Allemagne comme l'ouvrage modèle, et elles sont encore, je crois, très-répandues et justement estimées en Angleterre. La syntaxe y est exacte et développée, et c'est peut-être le livre qui remplace le mieux les ouvrages allemands plus étendus de Gésénius et d'Ewald, quand on ne peut les consulter (c).

« Tandis que l'école hollandaise était à son apogée, les Allemands posaient les bases du système qui, quoique plus lent à mûrir, était cependant la seule méthode véritable et solide. Ce système consistait, non pas à tenter de créer d'un seul jet un système grammatical large et complet, mais à éclaircir les points particuliers, soit à l'aide des dialectes congénères, soit en comparant de nombreux passages de la Bible elle-même. Christian-Bénédict Michaelis essaya ces deux méthodes d'une manière très-louable ; Simonis, Storr et beaucoup d'autres contribuèrent par des observations précieuses à rendre méthodiques la syntaxe hébraïque et ses analogies. Au commencement de ce siècle, les matériaux étaient recueillis et n'attendaient plus qu'un investigateur érudit, judicieux et patient, qui sût les disposer, les discuter et les compléter. L'école moderne diffère autant de la première que la tactique de nos jours diffère de celle des temps anciens. De même que celle-ci obligeait la phalange ou la légion à une combinaison de manœuvres qui dépendait surtout de l'exactitude des mouvements et de la position des individus, ainsi tout le système de l'ancienne grammaire dépendait des changements minutieux qui survenaient dans chaque mot en particulier, et des évolutions compliquées de chaque point, soit qu'on l'avançât, soit qu'on le reculât, soit qu'on l'ajoutât. Le grammairien moderne ne néglige pas sans doute ces petits mouvements ; mais il observe surtout l'enchaînement des parties du discours, la force des

(b) *Ibid.*, p. 128.
(c) *Institutiones ad fundamenta linguæ hebraicæ*.—La dernière édition allemande parut à Ulm en 1792.—Cet ouvrage a été réimprimé à Glascow, en 1824.

visager en général que relativement à la religion, et sous ce rapport nous avons à examiner : 1° si les leçons des *philosophes* ont beaucoup servi à éclairer les hommes; 2° si saint Paul les a condamnés avec trop de rigueur; 3° comment ils se sont conduits à l'égard du christianisme, et quels sont les particules dans les circonstances diverses, la valeur différente des formes particulières des mots, et la dépendance mutuelle qui unit les membres secondaires de la phrase aux membres principaux. Il considère surtout les combinaisons les plus larges et les effets les plus importants. La première école cependant avait un avantage que l'autre a négligé ou méprisé; je veux dire le secours des grammaires rabbiniques. Au commencement tout était juif, soit en grammaire, soit en lexicographie, tandis que dans la période suivante les rabbins furent mis à l'écart sous ces deux rapports. Forster (1557) publia son Lexicon, *non ex rabbinorum commentis, nec nostratum doctorum stulta imitatione;* et Masclef résolut de purger la grammaire hébraïque des points, *aliisque inventis masoreticis.* Je ne sais si ses partisans considèrent l'existence de la syntaxe et de la construction hébraïques comme une invention rabbinique; mais, en général, ces grammairiens, qui retranchent les points, affranchissent aussi la langue des liens de la grammaire, et de la sorte représentent le langage inspiré comme un discours où presque tous les mots sont vagues et indéterminés, où chaque phrase est dépourvue de règle et sans construction fixe. Mais, quoi qu'il en soit, les modernes se font un devoir de ne négliger aucun moyen de s'instruire, et c'est à une étude plus approfondie des sources juives qu'il faut attribuer en grande partie de ce qu'il y a de bon dans la grammaire et dans la lexicographie de nos jours. La grammaire aussi des divers dialectes de même famille s'est perfectionnée de la même manière. Le baron de Sacy a totalement changé la forme de la grammaire arabe. Hoffman a laissé peu d'espoir à ceux qui cultivent le champ de la philologie syriaque (*a*). Ce fut à l'aide de ces principes et de ces avantages que Gésénius s'imposa la tâche de publier une grammaire hébraïque complète, qui parut en 1817 (*b*). Cet ouvrage, avec le lexique du même auteur, forme une ère dans la littérature biblique; et, quoiqu'il ait été d'abord l'objet de plusieurs critiques sévères, il a néanmoins obtenu une approbation générale et bien méritée. »

La philologie sacrée a encore marché depuis Gésénius. En 1843, M. l'abbé Glaire publiait un *Manuel lexique hébraïque et chaldaïque*, ouvrage de beaucoup de mérite. Nous avons sur ce sujet un ouvrage beaucoup plus important. M. l'abbé Migne vient de mettre au jour un nouveau volume renfermant, en 996 pages petit in-folio, tout ce qui est nécessaire pour comprendre à fond la langue de l'Ancien Testament.

Faisons d'abord connaître les différents traités que contient ce volume : — 1° Le *Manuel lexique* (*hébraïque-latin*), rangé par ordre alphabétique, et composé par G. Gésénius (le plus savant hébraïsant de l'Allemagne moderne), mais que M. le chevalier Drach a purgé de toutes les impiétés rationalistes et antimessianiques, et qu'il a corrigé, en en faisant disparaître les sens nouveaux et jusqu'alors inconnus, inventés et introduits par l'auteur protestant, pour y rétablir et prouver les sens de l'ancienne tradition des saints-Pères, et auquel il a fait, de plus,

(*a*) Il faut cependant considérer l'ouvrage de Hoffman moins comme un perfectionnement de ce genre, que comme une conséquence des derniers progrès faits dans la grammaire hébraïque et arabe. *Grammaticæ Syr. libri tres.* Halæ, 1827, p. 8.

(*b*) *Ausführliches grammatisch-kritisches Lehrgebæude der hebräischen sprache, mit vergleichung der verwandten dialekte.* Leips., 1817, in-8°, p. 908.

effets qui en ont résulté; 4° si les Pères de l'Eglise ont eu tort de cultiver la *philosophie*, et si par là ils ont nui à la religion; 5° si les incrédules modernes méritent le nom de *philosophes*. Il y aurait ici de quoi faire un gros volume, mais nous abrégerons toutes ces questions (1).

un grand nombre d'additions philologiques (660 pages). — 2° *Grammaire hébraïque*, composée en allemand, par le même Gésénius, traduite en latin, et enrichie d'appendices et de notes théologiques, philologiques et critiques, par F. Tempestini (p. 661-814). — 3° *Lexique de la langue hébraïque,* selon la méthode libre de tous points massorétiques, auquel on a joint un *Appendix* renfermant toutes les expressions chaldaïques qui se trouvent dans l'Ancien Testament, par J. Du Verdier, du clergé de Paris (p. 815-882). — 4° *Nouvelle méthode hébraïque*, délivrée des points massorétiques, à laquelle on a joint des exercices pour une recherche plus facile des racines, par le même (883-946). — 5° *Court et clair enseignement de la langue chaldaïque*, pour l'intelligence des parties de l'Ancien Testament qui ont été écrites en langue chaldaïque, d'après les auteurs les plus renommés, par M. le chevalier Drach (947-964). — 6° *Index des mots latins*, avec indication des pages où ils ont leur expression hébraïque, de manière à former un *Dictionnaire latin-hébreu,* d'après Gésénius (965-987).

(1) Nous ferons précéder ces questions d'une très-importante. Quel est le plan d'une philosophie chrétienne? M. Clausel de Montals l'a ainsi tracé.

« Considérons un instant un grand spectacle, c'est-à-dire l'ensemble et le cercle immense des vérités si nobles, si utiles, si consolantes, en un mot si variées, que Dieu nous fait connaître par les simples lumières de la raison; jetons les yeux sur la philosophie chrétienne. J'en indiquerai rapidement le plan, et l'exacte proportion avec les convictions essentielles à l'homme et avec les principes de son vrai bonheur. Vous jugerez s'il y a rien de mieux lié, de plus clair, de plus inébranlable. Cette doctrine, je l'appelle chrétienne, parce que la substance et le fond en ont été religieusement conservés dans l'Eglise du Sauveur depuis son origine. Elle se compose essentiellement des grandes vérités sur Dieu et sur l'homme. Or, malgré toutes les subtilités du moyen âge, ces vérités se sont toujours maintenues sans atteinte, à l'abri de la foi. Le novateur assez téméraire pour oser y toucher aurait été exclu aussitôt de la société sainte, et on ne l'aurait plus écouté. Il est visible que celui qui veut pénétrer dans la science philosophique doit chercher avant tout où est la certitude, ce qui constitue la certitude, ou, si l'on veut, les moyens de s'assurer de sa présence. On bâtirait en l'air, si l'on ne posait ce fondement. Il ne faut pas aller bien loin pour trouver ces édifices frappants qui distinguent les choses dont on ne saurait douter. Ces traits et ces caractères sont gravés profondément au fond de notre nature. Je m'explique; et pour ne laisser aucun nuage sur une aussi grande question, je veux employer les termes les plus clairs et les exemples les plus sensibles.

« Quand on dit en ma présence : *Un cercle n'est pas un triangle; le soleil se lève à l'orient et finit sa course à l'occident; Rome, ou bien Constantinople, existe*; quand on énonce devant moi ces propositions, je sens dans mon âme une impression profonde et invincible qui exclut tout doute dans mon esprit. Je ne dis pas que ma nature me dispose, m'incline à croire. Non, non, elle me donne une impression tout autrement vive et forte; elle me rend impossible toute hésitation; elle emporte malgré moi et comme sans moi, mon consentement. Voilà sans doute un motif légitime de mon acquiescement ferme et absolu. On a vu, dans les exemples que je viens de citer, la puis-

**I.** *De quelle utilité ont été aux hommes les connaissances et les travaux des philosophes?* Nous n'avons aucun intérêt ni aucun dessein de méconnaître leurs services, nous avouons que ceux d'entre eux qui ont été législateurs sont des personnages très-respectables. Quelque imparfaites, quelque fautives qu'aient été leurs lois, ils ne pouvaient pas faire mieux, leurs lumières ne s'étendaient pas plus loin ; et les hommes, encore à demi-sauvages, n'étaient pas capables de recevoir d'abord une législation parfaite. Solon l'entendait ainsi, lorsqu'il disait qu'il avait donné aux Athéniens, non les meilleures lois possibles, mais les moins mauvaises qu'ils fussent en état de recevoir. Nous nous abstiendrons donc de relever les défauts de ces lois, le docteur Leland les a fait voir dans sa *Nouv. Démonst. évang.*, t. III, c. 3, etc. Un vice essentiel et commun à tous les anciens législateurs a été d'approuver et de recommander l'idolâtrie avec tous les désordres qu'elles traînait à sa suite, parce que c'était alors la seule religion connue. Platon dit, à ce sujet, qu'un sage législateur se gardera bien de toucher à la religion établie, de peur d'en donner une encore plus mauvaise. Mais lorsque la *philosophie* fut devenue la seule

sance irrésistible de l'évidence, du rapport des sens, et, dans mille circonstances, du témoignage des hommes. Les autres principes de certitude, au nombre de deux ou trois, se découvrent aisément par une épreuve semblable. Qui oserait demander une base plus ferme pour asseoir ses jugements? Quel aveuglement de se méfier de ces appuis? il nous serait plus aisé de nous dépouiller de notre être, que de ne pas croire sur de tels garants, puisqu'ils règlent les vues et les déterminations des savants et du peuple, et qu'un homme qui les méconnaîtrait serait regardé unanimement comme ayant plutôt besoin des soins d'un médecin que des raisonnements d'un philosophe. Non, la certitude ne va pas plus loin ici-bas, et cette lumière nous suffit. Ne pas s'en contenter, c'est prendre en dégoût le soleil, et prétendre qu'on ne voit rien, parce que d'autres rayons, partis de je ne sais quel monde chimérique, ne viennent point frapper nos yeux. C'est ce que l'école allemande, qu'on suit beaucoup trop parmi nous, n'a point considéré. Comment ne voit-elle pas que cette séparation du *moi* et du *non moi*, dont on fait tant de bruit, est comblée par la nature, laquelle rend inutile le *pont* imaginaire qu'ils ont inventé, et qui n'est qu'un vain et ridicule travail? Ah! on peut bien appliquer ici ces paroles de l'Ecriture, au sujet de certains esprits : *Ils enfantent laborieusement des inventions que le vent emporte, Eccl.*, 15 ; et encore : *Ils se sont évanouis dans leurs pensées. Rom.*, c. I, v. 21.

« J'ai donc d'incontestables moyens de m'assurer de la vérité. Mais quel est le premier usage que je dois faire de ces lumières et de ces ressources? Quiconque a un cœur, et sent qu'il ne s'est pas donné l'être à lui-même, peut il balancer? Entraîné par le sentiment de sa dépendance et de sa gratitude, ne s'élève-t-il pas d'abord vers son Créateur pour se pénétrer de la réalité de son existence, de ses grandeurs, de ses bienfaits, de ses perfections infinies? La connaissance de Dieu, quel trésor, quelle ineffable conquête! On puise aisément cette connaissance dans la considération de la cause première de l'Etre existant par lui-même. Que voit-on, en effet, dans cet abîme de vie et de gloire? On voit l'être qui se déploie, qui s'étend de toutes parts, sans rencontrer jamais aucune borne. La plénitude de l'existence est son partage ; il trouve en son fonds, sans mesure et sans fin, tout ce qui agrandit l'être, l'embellit et le perfectionne, c'est-à-dire ses attributs infinis et adorables. L'harmonie de la nature, les merveilles du monde visible, proclament à leur tour ces vérités. Enfin, la foi du genre humain et ses cantiques d'adoration les consacrent et les perpétuent. Dès que je tiens ce premier anneau, je parcours aisément tous les autres ; j'avance de *clarté en clarté* (*II Cor.* III, 18), les vérités en foule se développent à mes yeux, et je n'ai plus à craindre que mon aveuglement volontaire. Arrivé à ce point de vue immense et majestueux, je m'arrête un instant pour tourner mes regards sur le chemin que j'ai déjà fait. Je savais que ma nature avait été pour moi un guide fidèle et sûr ; mais enfin j'admire la richesse des dons départis à l'homme, quand je reconnais que la véracité divine donne une nouvelle autorité à l'évidence et aux autres motifs légitimes de croire ; puisque ces impressions, qu'un Dieu souverainement vrai a mises en moi, ne sauraient être un piège ni un instrument d'erreur.

« Dieu nous est connu ; il est la source de toutes les vérités ; il n'en est aucune de nécessaire, qui ne vienne pour ainsi dire d'elle-même s'offrir à nous. Le christianisme est-il divin? Oui, parce que si des prophéties nombreuses accomplies, des miracles avérés, d'autres raisons qui ont converti le monde, et qui ont par conséquent tant de proportion avec mes lumières naturelles, me trompaient, j'aurais le droit d'imputer à Dieu mon erreur ; ce qui ne peut être.

« Enfin l'antique religion de notre patrie mérite-t-elle le respect et l'amour d'un si grand peuple? Il n'est pas permis d'en douter. Car, que nous dit-on? Que la véritable Eglise du Sauveur est tombée peu de siècles après sa naissance, et que depuis longtemps la catholicité n'est qu'un christianisme déchu, corrompu et dénaturé. Mais, je le demande, comment concevoir qu'un Dieu ait été un architecte assez malhabile pour bâtir un édifice ruineux, qui devait crouler peu de temps après s'être élevé sous sa main adorable? D'ailleurs mille indices attestent que rien d'essentiel n'a été changé ; et la suite des successeurs de Pierre, qui remontent sans contestation jusqu'à l'origine, ne suffit-elle pas pour nous garantir que tout nous a été transmis par ce canal, et l'autorité de la parole, et la rémission des péchés, et la grâce des sacrements, et en général tous les biens spirituels apportés au monde par l'Homme-Dieu? On comprend aisément que je ne prétends pas entrer dans le fond des preuves, que tout mon dessein est ici de montrer d'une manière très-rapide l'enchaînement des idées qui composent la philosophie des vrais chrétiens et ensuite tout l'ensemble de leur croyance.

« Concluons. La raison est un magnifique vestibule, mais où l'on désirerait plus de majesté, d'élévation et d'étendue. Quand je considère l'élan de notre nature vers l'infini, je trouve que l'homme est trop grand pour être retenu dans cette première enceinte. En effet, s'il use bien de ses lumières, il en franchit le seuil, et ce portique où il a d'abord arrêté ses pas l'introduit dans un sanctuaire révéré, qui est la religion. Dès qu'il y est entré, sa vue s'étend mille fois plus loin ; de ses regards il pénètre le ciel, il y aperçoit son trône. Ce sera le terme de sa course et le prix de ses vertus. Oui, la religion est cette *maison de Dieu*, cette *porte du ciel* (*Gen.* XXVII, v. 17), qui nous conduit à notre fin, c'est-à-dire au repos après les fatigues, à la joie après la tristesse, à l'immortalité et au vrai bonheur. Heureux, j'ose le dire, celui qui sait se pénétrer de la doctrine que je viens d'exposer! Elle a toujours été celle de l'Eglise ; et j'ajoute, en me servant des termes de saint Paul, qu'elle a les promesses de la vie présente et celle de la vie future : *promissionem habens vitæ quæ nunc est, et futuræ.* (*I Tim.* c. IV, v. 8). »

occupation de quelques hommes oisifs, il se forma bientôt différentes écoles rivales et jalouses les unes des autres; l'esprit de contradiction et la vanité eurent plus de part aux méditations des *philosophes* que l'amour de la vérité. Quand l'un d'entre eux l'aurait trouvée par hasard, comment la démêler dans le chaos de leurs disputes? Toutes ces contestations devinrent très-indifférentes au commun des hommes; et comme les combattants s'estimaient fort peu les uns les autres, ils apprirent au peuple à les mépriser tous : Platon, Cicéron, Sénèque, etc., en font l'aveu.

Ce n'était pas assez de trouver le vrai, il fallait encore le faire embrasser aux autres; des hommes sans autorité ne pouvaient en venir à bout que par des démonstrations. Or, les *philosophes* convenaient qu'ils n'en avaient point, que l'esprit de l'homme est trop borné pour voir clair dans les questions même qui le touchent de plus près; que le sage doit se contenter de probabilités, puisqu'il ne peut avoir une certitude entière. Ils reconnaissaient ainsi la nécessité d'une mission et d'une autorité divines pour instruire efficacement les hommes. Leland, *ibid.*, t. II, c. 10, 11, 12, etc. Aussi combien d'erreurs dans leurs écrits, tant sur le dogme que sur la morale! Les Pères de l'Eglise les ont relevées et ont fait rougir les païens. Sans parler des pyrrhoniens, des académiciens, des sceptiques qui se retranchaient dans un doute universel, des épicuriens qui n'admettaient des dieux et une religion que pour écarter l'accusation d'athéisme, que trouvons-nous chez les *philosophes* même les plus estimés? Quelques efforts que l'on ait faits pour justifier les stoïciens, il paraît démontré que leur Dieu suprême était l'âme du monde; dans cette hypothèse, ni Dieu ni l'homme n'étaient libres; il ne pouvait y avoir une providence, les stoïciens abusaient du terme lorsqu'ils en parlaient. Il n'est pas vrai que, suivant leur idée, le destin ne fût rien autre chose que la volonté suprême du Dieu souverain; nous avons prouvé le contraire, au mot FATALISME. Dans le système de Platon, la puissance de Dieu était gênée et bornée par les défauts de la matière; celle-ci, coéternelle à Dieu et nécessaire comme lui, était essentiellement irréformable. Comment l'homme, composé d'esprit et de matière, aurait-il été libre? Dieu ne se mêlait point du gouvernement du monde; il l'avait abandonné à des esprits inférieurs qui n'étaient ni justes, ni sages, ni fort amis de l'humanité : capricieux et bizarres, ils voulaient être honorés par des rites absurdes et par des crimes; ils distribuaient les biens et les maux de ce monde sans avoir égard au mérite ni à la vertu. Platon admettait l'immortalité de l'âme, mais il ne pouvait pas dire quel était le sort des justes ni des méchants après la mort. Autant que l'on peut percer dans les ténèbres d'Aristote, il paraît qu'il admettait l'éternité du monde; mais on ne sait pas s'il croyait un Dieu, ou s'il était athée; il substitue à la Divinité une *nature* agissante par elle-même, sans dire si elle est intelligente ou aveugle. On ne sait ce qu'il entend par l'âme humaine, qu'il appelle une *entéléchie*, et ne la croit point immortelle. Brucker, *Hist. crit. Philos.*, tom. I; *de secta Peripat.*, § 14, 15, 16.

Voilà cependant les trois sectes de *philosophie* qui ont eu le plus de réputation : leur morale n'est pas plus saine que leur doctrine spéculative. A moins que l'on n'admette un Dieu tout-puissant et libre, juste, sage et attentif à la conduite des hommes, à moins que l'on ne suppose le libre arbitre de l'âme humaine, son immortalité, les peines et les récompenses dans une autre vie, il est impossible d'établir une morale raisonnable. Aussi n'est-il aucun *philosophe* qui ait donné un code moral complet, qui renferme tous les devoirs de l'homme, qui soit exempt d'erreurs grossières, et à l'abri de la contradiction des autres sectes. La morale philosophique n'était point à portée du peuple, et il n'avait aucun motif d'en suivre les préceptes : les *philosophes* eux-mêmes ne les observaient pas : souvent ils décréditaient leurs leçons par leur conduite : Cicéron, Quintilien, Lucien, Aulu-Gelle, etc., en sont témoins. Il n'est donc pas étonnant que, malgré les maximes pompeuses de morale de quelques *philosophes*, les mœurs aient été très-corrompues chez toutes les nations à la venue de Jésus-Christ. Il fallait les leçons, les exemples, les promesses et les menaces d'un Dieu, pour montrer distinctement aux hommes la vertu et le vice, ce qu'ils devraient faire ou éviter, et pour les y déterminer par le poids de l'autorité divine. Quelques incrédules ont eu l'impudence de dire que la morale des *philosophes* devait être plus puissante que celle de l'Evangile, parce que la première est prouvée et que la seconde ne l'est pas. Prouvée, mais comment? par des arguments auxquels le commun des hommes n'entendait rien, et que le moindre souffle de scepticisme pouvait renverser; Cicéron en convient dans son traité *de Officiis*. Mais quand Dieu commande, a-t-il besoin de preuves? « La loi divine, dit Lactance, est réduite en maximes courtes et simples; il ne convenait pas que Dieu parlant aux hommes employât des raisons et des preuves pour confirmer ses oracles, comme si l'on pouvait douter de ce qu'il dit; il s'est exprimé comme il appartient au souverain arbitre de toutes choses, auquel il ne convient pas d'argumenter, mais de dire la vérité. Il a parlé en Dieu. » *Divin. Instit.*, l. III, c. 1 (1).

(1) Voici le jugement porté sur la philosophie par quelques écrivains renommés. « Ce serait un détail bien flétrissant pour la philosophie, dit J.-J. Rousseau, que l'exposition des maximes pernicieuses et des dogmes impies de ces diverses sectes. A entendre les philosophes, ne les prendrait-on pas pour une troupe de charlatans qui crient, chacun de leur côté, sur une place publique : *Venez à moi; c'est moi seul qui ne se trompe point !* L'un prétend qu'il n'y a point de corps, et que tout est représentation; l'autre, qu'il n'y a d'autre substance que la matière; celui-ci avance qu'il n'y a ni vice ni vertu, et que le bien et le mal sont chimères; celui-là, que les hommes sont

II. *Saint Paul a-t-il condamné les anciens philosophes avec trop de rigueur ?* A la vérité l'arrêt qu'il a prononcé contre eux est fort sévère. « Du haut du ciel, dit-il, la colère de Dieu éclate contre l'impiété et l'injustice de tous ceux qui retiennent injustement la vérité divine ; car ce qui peut être connu de la Divinité leur a été manifesté, et c'est Dieu qui le leur a fait connaître. En effet, depuis la création du monde, les attributs invisibles de Dieu, sa puissance éternelle, sa providence, sont devenus sensibles par ses ouvrages, de manière que l'on doit juger inexcusables tous ceux qui ayant connu Dieu ne lui ont point rendu de culte ni d'actions de grâces, mais se sont livrés à de vaines pensées et aux ténèbres de leur cœur. En se donnant pour sages, ils sont devenus insensés, ils ont transformé la majesté d'un Dieu incorruptible en statues et en images d'hommes mortels et de vils animaux ; c'est pour cela que Dieu les a livrés aux désirs de leur cœur, à des passions impures par lesquelles ils ont déshonoré leur propre corps... Ils ont été remplis de malignité, de jalousie ; querelleurs, trompeurs.... superbes, altiers... sans prudence, sans modération, sans affection, sans foi, sans miséricorde. » *Rom.*, c. I, v. 20 et suivants. Leurs successeurs, à qui ce tableau déplaît, sont-ils en état de prouver qu'il est trop chargé ? Il nous serait aisé de montrer qu'il est fidèle, par le témoignage même des auteurs profanes. Les *philosophes* ont été assez éclairés pour connaître Dieu par l'inspection des ouvrages de la nature ; mais ils ont défiguré les attributs divins, en supposant, contre toute évidence, que Dieu ne se mêle point des choses de ce monde, qu'il en a laissé le soin à des esprits inférieurs, que c'est à eux, et non à lui, que le culte doit s'adresser. Premier crime. Ils n'ont point fait connaître Dieu au peuple, parce qu'ils craignaient de l'irriter en attaquant le polythéisme et l'idolâtrie ; ils ont même confirmé l'erreur publique par leur suffrage, quoique plusieurs soient convenus que c'était une absurdité et une insulte faite à la majesté divine. Second trait d'impiété. Le déréglement de leurs mœurs est incontestable ; nous avons nommé les auteurs qui le leur reprochent aussi bien que les Pères de l'Église. Où est donc l'injustice de la censure de saint Paul ? Mais cet apôtre, disent nos adversaires, a décrié la *philosophie* même ; il la nomme la *sagesse de ce monde*, et il prétend que Dieu l'a réprouvée ; il l'envisage comme un obstacle à la foi et au salut ; il canonise ainsi l'ignorance et le mépris des connaissances utiles. C'est une fausseté. Ce que saint Paul appelle *la sagesse de ce monde* n'est point la vraie *philosophie*, mais l'abus que les *philosophes* en ont fait. Puisqu'il dit que l'étude de la nature fait connaître les attributs de Dieu, il ne la condamne donc pas ; et puisqu'il traite les *philosophes* d'insensés, il ne les aurait pas blâmés, s'ils avaient été véritablement sages. Mais il les voyait déjà fermer les yeux à la vérité que Dieu leur montrait, et s'élever contre elle ; dernier trait de méchanceté de leur part : nous allons encore en donner les preuves.

III. *De quelle manière les philosophes se sont-ils conduits à l'égard du christianisme ?* Dès l'origine leurs sentiments furent partagés sur ce sujet comme sur tous les autres. Les uns, frappés de la sainteté de la morale chrétienne, des vertus qu'elle faisait pratiquer, des faits miraculeux sur lesquels elle était fondée, reconnurent la divinité de cette religion, l'embrassèrent sincèrement et en devinrent zélés défenseurs : tels furent saint Justin, Tatien, Hermias, Athénagore, saint

des loups, et qu'ils peuvent se manger en sûreté de conscience (*a*). » Et dans un autre endroit : « Je consultai les philosophes ; je feuilletai leurs livres, j'examinai les diverses opinions ; je les trouvai tous fiers, affirmatifs, dogmatiques même dans leur scepticisme prétendu ; n'ignorant rien, ne prouvant rien, se moquant les uns des autres ; et le point commun à tous me paraît le seul sur lequel ils ont raison. Triomphants quand ils attaquent, ils sont sans vigueur en se défendant ; si vous pesez leurs raisons, ils n'en ont que pour détruire ; si vous comptez les voix, chacun se réduit à la sienne ; ils ne s'accordent que pour disputer (*b*). »

La philosophie se vante de ses progrès. — « Mais en quoi ? demande M. de Cormenin. Est-ce en métaphysique ? Mais il n'y a pas un seul théorème de Kant ou de ses pareils qui ne soit plus ténébreux que tous les mystères du christianisme. Est-ce en législation ? Mais ce n'est pas la philosophie, c'est le christianisme qui a dit que la femme est l'égale de l'homme, qu'il n'y avait plus d'esclaves et que le pauvre valait le riche. C'est là, j'imagine, trois assez belles lois. Est-ce politique ? Mais c'est Jésus qui a réhabilité le peuple. Le prêtre est du peuple, l'évêque est du peuple, le pape est du peuple, le Christ est du peuple. Il n'y a rien de plus peuple que le Christianisme. C'est l'Évangile qui, sous les auspices de Dieu, a scellé l'éternelle et magnifique alliance de l'autorité et de la liberté. Quels sont ces fermes courages, quels sont ces génies politiques, quels sont ces désintéressements si purs, quels sont ces hommes si charitables, quels sont ces penseurs sublimes, quels sont ces dialecticiens transcendants que l'école de la philosophie actuelle ait formés ? Qu'on m'en donne un, un seul, et je jette au feu tous mes arguments. La philosophie éclectique a produit ce qu'elle avait semé ; le néant ; c'est que d'ordinaire tout homme sans croyance, ne sachant où s'appuyer, chancelle et se trouble avec la licence et le despotisme. C'est que presque toutes les métaphysiques mènent à la négation de Dieu, et de la négation de Dieu à l'anarchie. Il n'est certes besoin, en vérité, de se tant vanter qu'on possède la raison souveraine, qu'on est un philosophe indépendant et qu'on fait métier de libre penseur, ni de se tant creuser l'abîme de l'entendement, ni d'échafauder péniblement de si gigantesques systèmes pour aboutir, comme un très-simple mortel, aux deux termes les plus vulgaires de la question : croire, ou ne pas croire. Il y a cependant un troisième terme, c'est de croire aux plus grosses absurdités des métaphysiques les plus incompréhensibles et les plus opposées, et c'est en quoi excelle particulièrement la philosophie éclectique (*a*). »

---

(*a*) Réponse au roi de Pologne.
(*b*) Discours sur les sciences et les arts.

(*a*) L'Éducation et l'enseignement en matière d'instruction secondaire, par Renau.

Théophile d'Antioche, Quadratus, Aristide, Méliton de Sardes, Appollinaire d'Hiéraples, Miltiade, Apollonius, sénateur romain, Pantænus, saint Clément d'Alexandrie, etc.; quelques-uns signèrent leur foi de leur sang. D'autres, moins sincères et moins courageux, ne se convertirent qu'à moitié; ils reconnurent l'excellence de la doctrine chrétienne, mais ils voulurent l'entendre à leur manière et la faire cadrer avec leurs opinions philosophiques; ils enfantèrent ainsi les premières hérésies qui ont troublé l'Eglise; c'est ce que firent Cérinthe, Ménandre, Saturnin, Marcion, Basilide, etc. Plusieurs prirent le nom fastueux de *gnostiques* ou d'hommes *intelligents*, et se vantèrent de voir mieux la nature des choses que les apôtres mêmes. Un bon nombre, encore plus pervers, préférèrent les erreurs et la corruption du paganisme à la sainteté de l'Evangile; ils se déclarèrent ennemis de notre religion; non-seulement ils l'attaquèrent par leurs écrits, comme Celse, Lucien, Porphyre, Julien, Hiéroclès, mais ils enflammèrent la haine des persécuteurs. Saint Justin fut livré au supplice sur l'accusation d'un certain Crescent, *philosophe* cynique, qui en voulait aussi à Tatien. Lactance se plaint de l'animosité de deux *philosophes* de son temps, que l'on croit être Porphyre et Hiéroclès, *Divin. Instit.*, lib. v, c. 2. Ceux qui obsédaient l'empereur Julien, loin de diminuer sa haine contre le christianisme, travaillèrent à l'augmenter. D'autres employèrent l'astuce et la perfidie pour nuire plus efficacement au christianisme; ils rapprochèrent leurs dogmes des nôtres; ils rectifièrent une partie de leurs opinions, ils prétendirent que la doctrine de Jésus-Christ n'était pas fort différente de celle des anciens *philosophes*; que le paganisme épuré, tel que ceux-ci l'enseignaient, pouvait très-bien s'accorder avec la doctrine de l'Evangile; mais que les chrétiens entendaient mal l'un et l'autre. Tel fut l'artifice de la secte des éclectiques ou nouveaux platoniciens, desquels nous avons parlé ailleurs. *Voy.* ECLECTIQUES. C'est d'après ce tableau perfide que les déistes de notre siècle ont voulu nous faire juger de l'ancien paganisme : nous les avons réfutés au mot PAGANISME, § 4. Sur cet exposé simple, nous demandons si saint Paul n'a pas eu raison d'inspirer aux fidèles de la défiance contre les *philosophes*.

IV. *Les Pères de l'Eglise ont-ils eu tort de mêler les notions et les systèmes de philosophie avec les dogmes du christianisme?* Nous soutenons qu'ils y ont été forcés, et qu'il y a de l'injustice à leur en faire un crime. C'est cependant à quoi s'obstinent les protestants. Mosheim, *Hist.*, *ecclés.*, 1ᵉ part., c. 1, § 12; *Hist. christ.*, sæc. II, § 25 et suiv., affecte de douter si la conversion, même sincère, d'un bon nombre de *philosophes*, a été plus avantageuse que nuisible au christianisme; si notre religion a gagné ou perdu par les écrits des savants et par les spéculations des *philosophes* qui ont pris sa défense. « Il est incontestable, dit-il, que sa simplicité et sa dignité ont été altérées, dès que les docteurs chrétiens ont voulu mêler leurs opinions avec la doctrine de Jésus-Christ, et régler la foi et la piété par les faibles lumières de leur raison. » Le traducteur de Mosheim n'a pas manqué d'augmenter ici l'aigreur des expressions et d'enchérir sur son modèle. Le Clerc soutient que l'attachement des Pères à la *philosophie* leur a fait inventer de nouveaux dogmes, *Hist. eccl.*, sect. 2, an. 101, § 21. Déjà l'on voit que cette calomnie a été suggérée aux protestants par l'intérêt du système, et parce qu'il leur importe de ruiner la tradition dès le IIᵉ siècle; mais nous ne sommes pas dupes de leur artifice. Aux mots PÈRES DE L'ÉGLISE, nous avons montré les conséquences impies qui s'ensuivent de cette hypothèse. Nous persistons à leur demander des preuves positives de l'altération faite à la doctrine chrétienne par les disciples mêmes des apôtres; ils ne nous en donnent point. Leur entêtement n'est fondé que sur la fausse idée qu'ils se sont faite du christianisme apostolique : ils s'imaginent qu'il était tel que les réformateurs l'ont bâti au XVIᵉ siècle; il n'en est rien. Car enfin, qui sont les témoins les plus en état de nous en rendre compte, ceux qui ont vécu immédiatement après les apôtres, et qui font profession de suivre leur doctrine, ou des dissertateurs survenus quinze cents ans après? Une autre supposition des protestants est que toute la doctrine de Jésus-Christ et des apôtres doit se trouver expressément et formellement enseignée dans leurs écrits; que tout ce qui n'y est point mot pour mot est étranger au christianisme. Où sont encore les preuves de ce principe?

Mais c'est toujours à nous de prouver : nos adversaires s'en dispensent; prouvons donc que les Pères sont croyables, et que leurs accusateurs sont indignes de foi. 1° Les premiers protestent dans leurs écrits qu'ils suivent exactement la doctrine des apôtres; ils recommandent aux fidèles de ne s'en écarter jamais : ils disent que c'est le crime des hérétiques; s'ils l'ont commis eux-mêmes, s'ils ont été plus attachés aux leçons des *philosophes* qu'à celles des apôtres, s'ils ont voulu expliquer celles-ci par les premières, et non au contraire, ce sont les fourbes les plus impudents qu'il y eût jamais. Saint Ignace ne prêche autre chose aux fidèles que l'attachement à la doctrine des apôtres; il ne leur ordonne la soumission aux pasteurs que parce qu'ils tiennent lieu des apôtres. *Epist. ad Ephes.*, n. 11; *ad Magnes.*, n. 13; *ad Trallian.*, n. 3 et 7; *ad Philadelph.*, n. 5, etc. Saint Polycarpe, *Epist. ad Philippenses*, n. 6, les exhorte à servir Dieu comme il a été ordonné par Jésus-Christ, par ses apôtres qui ont annoncé l'Evangile, et par les prophètes, et à s'éloigner des faux frères qui répandent des erreurs. Saint Justin déclare qu'après avoir essayé de toutes les écoles de *philosophie*, il n'y a rien pu apprendre de vrai, et qu'il y a renoncé pour se livrer à l'étude des livres saints, *Cohort. ad Græc.*, n. 3; *Dial. cum Tryh.*, n. 8, etc. Tatien, Athénagore,

Hermias, saint Irénée, saint Théophile d'Antioche, parlent de même ; les accuserons-nous d'imposture ? nous citerons leurs paroles, au mot PLATONISME.—2° Les protestants ne suivent point eux-mêmes leur propre principe, puisqu'ils tiennent pour doctrine chrétienne des choses qui ne sont point expressément enseignées dans les écrits des apôtres : la parfaite spiritualité des anges, la création des âmes, et non leur préexistence à la formation des corps, la nécessité ou du moins la validité du baptême des enfants et de celui qu'ont administré les hérétiques, l'obligation de célébrer le dimanche ; ils ne pratiquent point le lavement des pieds ni l'abstinence du sang et des chairs suffoquées, quoique l'un et l'autre soient formellement commandés dans le *Nouveau Testament.* Les sociniens et les différentes sectes protestantes disputent pour savoir si tel point de doctrine est ou n'est pas enseigné dans ce livre divin ; les premiers réformateurs y voyaient clairement des dogmes que leurs disciples n'y voient plus. A qui devons-nous croire par préférence ?

Ils se réfutent donc eux-mêmes : à présent il faut justifier les Pères sur l'usage qu'ils ont fait de la *philosophie*. En premier lieu, aucune loi de Jésus-Christ ni des apôtres n'ordonne à tout *philosophe* qui se fera baptiser de renoncer à toutes les opinions philosophiques, même à celle qui n'ont rien de contraire à la doctrine chrétienne ; donc les Pères ont pu conserver ces dernières sans blesser la délicatesse de leur foi. En second lieu, pour défendre efficacement la doctrine chrétienne contre les païens et contre les hérétiques qui l'attaquaient par des arguments philosophiques, il fallait leur en opposer de plus solides, et leur prouver qu'ils étaient dans l'erreur. Sans cela l'on aurait autorisé le reproche d'ignorance et de crédulité stupide que les païens ne cessaient de faire aux chrétiens ; et ceux qui faisaient profession de *philosophie* et d'érudition parmi les païens auraient eu beaucoup plus de répugnance à embrasser notre religion. Telles sont les raisons qui engagèrent Clément d'Alexandrie à cultiver cette étude, et à la défendre contre ceux qui la blâmaient ; *Strom.*, l. I, c. II, III et v, p. 226 et suiv. Mosheim, quoique prévenu qu'il était contre les Pères, n'a pas pu désapprouver cette apologie ; *Hist. christ.*, sæc. II, § 26, note, p. 278. Origène protestait qu'il avait eu les mêmes motifs en s'appliquant à l'étude de la *philosophie*, et il alléguait l'exemple de Pantænus et d'Héraclas, qui avaient fait de même ; *apud Euseb., Hist. eccles.*, l. VI, c. XIX. En troisième lieu, Mosheim a été forcé d'avouer que cette érudition des Pères fut très-utile, 1° pour expliquer plus clairement quelques dogmes qui avaient été enseignés jusqu'alors d'une manière obscure ; 2° pour réfuter les gnostiques et pour arrêter les progrès de leurs erreurs ; 3° pour bannir de l'Église chrétienne plusieurs opinions qui venaient des Juifs. *Hist. christ.*, sæc. III, § 37, p. 719. Il était déjà convenu ailleurs qu'elle servit à faciliter et à multiplier les conversions. Comment a-t-il pu soutenir ensuite qu'elle produisit plus de mal que de bien ? En quatrième lieu, les Pères ne se sont pas bornés là ; ils ont fondé les dogmes du christianisme, non sur des principes philosophiques, mais sur la révélation, sur des passages de l'Ecriture sainte ; et si quelquefois ils se sont trompés sur des questions qui n'étaient pas fort importantes, c'est qu'ils ne prenaient pas le vrai sens des expressions de nos livres saints. Ceux qui les accusent de n'avoir pas exposé la doctrine chrétienne avec assez d'exactitude, de clarté et de méthode, ne voient pas qu'ils font retomber ce reproche sur les auteurs sacrés. En cinquième lieu, les Pères n'ont fait grâce à aucune opinion fausse des *philosophes ;* ils ont mis au grand jour les erreurs, les absurdités, les contradictions de chaque secte ; ils ont fait voir combien la doctrine de nos Ecritures est plus juste, plus raisonnable, plus vraie et plus sublime que celle des *philosophes* les plus vantés. Leibnitz, plus modéré que les autres protestants, a rendu cette justice aux Pères. « Ils ont rejeté, dit-il, tout ce qu'il y avait de mauvais dans la *philosophie* des Grecs. » *Esprit de Leibnitz*, t. II, p. 48. Or ils n'auraient pas pu le faire sans avoir une très-grande connaissance de la doctrine des différentes écoles.

Enfin, aujourd'hui les critiques protestants disent que, faute d'avoir connu la *philosophie* orientale, les Pères n'ont pas bien compris le système des gnostiques, que par cette raison ils ne l'ont pas complètement réfuté ; ils reprochent donc tout à la fois aux Pères l'ignorance et la connaissance de l'ancienne *philosophie*. Mais nous avons satisfait à leurs plaintes au mot GNOSTIQUES, nous y reviendrons encore à l'article PLATONISME, § 3. Les théologiens protestants ne se servent-ils pas encore à présent d'arguments philosophiques pour attaquer le mystère de l'Eucharistie et d'autres articles de notre croyance ? Nous sommes donc forcés de faire contre eux ce que les Pères ont fait contre les anciens hérétiques. Avant de blâmer en général le mélange de la *philosophie* avec la théologie chrétienne, il faut commencer par établir trois ou quatre thèses absurdes : 1° que l'on ne devait admettre à la profession du christianisme aucun *philosophe* converti, ou qu'il fallait lui faire abjurer toute connaissance philosophique, vraie ou fausse ; 2° que l'on ne devait rien répondre aux païens ni aux hérétiques qui attaquaient notre religion par des arguments de cette espèce. Cependant saint Paul voulait qu'un pasteur fût en état d'enseigner une saine doctrine et de réfuter les contredisants ; *Tit.*, c. I, v. 9. 3° Que l'ignorance aurait été plus utile que la science à la propagation et à la conservation de la vraie foi ; que la science même la plus humble est un obstacle aux lumières du Saint-Esprit, etc.

V. *Les incrédules modernes méritent-ils le nom de philosophes?* Pas plus que les anciens hérétiques, et beaucoup moins que les prétendus sages de l'Orient et de la Grèce. Ils ont tous les vices que saint Paul a reprochés à ceux de son temps, et aucune des vertus par lesquelles plusieurs des anciens se sont rendus recommandables. En peignant ceux qui valaient le moins, l'apôtre a fait d'avance le tableau de ceux de nos jours. Ils sont certainement plus coupables que ceux qui étaient nés dans les ténèbres et au milieu des désordres de l'idolâtrie. Non-seulement ils ont pu connaître Dieu par la lumière naturelle, qui a fait de grands progrès, mais ils ont été éclairés dès l'enfance par la révélation ; ils ont volontairement fermé les yeux à l'une et à l'autre. Ceux même d'autrefois qui ne croyaient point de Dieu, ont cependant respecté la religion publique, ils n'ont pas cherché à rendre les peuples athées ; les nôtres auraient voulu faire apostasier les nations entières et bannir de l'univers la notion de Dieu ; plusieurs ont avoué ce dessein, et plusieurs de leurs livres ont été faits exprès pour le peuple. Dans l'impuissance de réussir, ils n'ont pas rougi de donner aux religions les plus fausses la préférence sur le christianisme. Nous leur avons vu faire successivement l'apologie du paganisme, du mahométisme, de la religion de Zoroastre, de celle des Chinois, de celle des Indiens, des infamies de certains idolâtres, de la plupart des sectes d'hérétiques et de mécréants. Ils avaient avoué, lorsqu'ils étaient déistes, que le christianisme était la plus sainte et la meilleure de toutes les religions ; lorsqu'ils sont devenus athées, ils ont soutenu que c'est la plus mauvaise. Après avoir fait semblant de rendre hommage à la sagesse, aux vertus, aux bienfaits de Jésus-Christ, ils ont fini par vomir contre lui des torrents de blasphèmes ; ils l'ont représenté, les uns comme un fourbe ambitieux, les autres comme un visionnaire fanatique.

En punition de l'infidélité des anciens, Dieu, dit saint Paul, les a livrés à des passions impures et honteuses. Ce sont encore ces mêmes passions qui ont fait naître l'incrédulité parmi nous ; c'est au milieu du luxe, des plaisirs, de la corruption des grandes villes, qu'elle s'est montrée plus à découvert. La plupart de ses défenseurs ont souillé leur plume par des écrits licencieux ; ils ont parlé de l'impudicité avec une indifférence et une liberté capables d'étouffer toute honte chez les hommes les plus déréglés. L'apôtre dit que les *philosophes* d'autrefois ont été *pleins de jalousie et de malignité* ; mais ces deux vices percent de toutes parts dans les écrits de leurs successeurs. Ceux-ci n'ont pas cessé de déclamer contre les biens, les honneurs, les priviléges accordés au clergé ; leur ambition aurait été de le supplanter. Dans l'impuissance d'en venir à bout, ils ont soulagé leur humeur par des invectives, des railleries sanglantes, des calomnies de toute espèce contre les prêtres ; quelques-uns ont poussé la fureur jusqu'à écrire qu'il fallait les exterminer et en purger la société ; ils n'ont épargné ni les vivants ni les morts ; ils ont trouvé le moyen d'empoisonner les actions les plus innocentes et de noircir les vertus les plus pures. Ce sont, ajoute saint Paul, des hommes *querel-*

*leurs et trompeurs*. En effet, sur quoi nos incrédules n'ont-ils pas excité des disputes ? Il n'est pas une seule institution divine ou humaine qu'ils n'aient attaquée, et ils n'ont pas été mieux d'accord entre eux qu'avec les croyants. Lorsqu'ils ne professaient que le déisme, ils censuraient les athées ; tombés dans l'athéisme à leur tour, ils ont tourné en ridicule les déistes. Au jugement des matérialistes, tous les autres *philosophes* sont des raisonneurs pusillanimes qui ne poussent pas les conséquences jusqu'où elles peuvent aller, et qui respectent encore les préjugés. Du haut de leur indifférence orgueilleuse, les sceptiques regardent en pitié tous les dogmatiques. Mais lequel d'entre eux s'est jamais fait scrupule de mentir et de tromper, pour étayer ses sentiments ou satisfaire sa passion ? Tous moyens leur ont paru légitimes : fausses histoires, livres supposés, citations de passages tronqués ou altérés, traductions infidèles, témoignages d'auteurs justement décriés, calomnies cent fois réfutées, etc. Ils ont accusé leurs adversaires de tous ces délits, sans pouvoir les en convaincre ; eux-mêmes n'ont pas hésité de s'en rendre coupables. Quel a été le vice général de tous ? Saint Paul l'a indiqué : l'orgueil ; ce sont des hommes *superbes et vains*, enflés de leur prétendu mérite. On sait avec quelle indécence nos écrivains se sont encensés eux-mêmes. Ils ont représenté un *philosophe* comme l'homme le plus grand et le plus important de l'univers, et chacun d'eux croyait se voir lui-même dans ce tableau. Ils se sont donnés pour illuminateurs, maîtres, bienfaiteurs, réformateurs des nations ; du fond de leur cabinet ils croyaient régenter le monde entier ; quelques-uns ont eu la fatuité de demander des statues, et ils se flattaient d'écraser leurs adversaires par un ton de mépris ; et, contre leur attente, c'est par le mépris que le public commence à les punir : une bonne partie de leurs ouvrages sont déjà livrés à la poussière et à l'oubli. Ils ont été, ajoute l'Apôtre, *sans prudence et sans modération*. C'était en manquer absolument que d'attaquer sans distinction toutes les puissances de la terre, les rois et leur autorité, les ministres et le gouvernement, les magistrats et les lois, le sacré et le profane : les anciens ne poussaient pas la témérité jusque-là ; chez un peuple moins doux, l'indécence des modernes aurait été punie par des supplices. Enfin, *sans affection, sans foi, sans miséricorde*, nos prétendus sages ont travaillé à rompre tous les liens de la société, toutes les affections naturelles de l'humanité, les devoirs mutuels des époux, ceux des enfants envers leurs pères et mères, l'attachement des citoyens envers leur patrie, la fidélité des sujets au souverain ; ils ont avili et pour ainsi dire *matérialisé* les motifs de la tendresse des pères pour leurs enfants, des mères pour le fruit de leurs entrailles, de la reconnaissance à l'égard des bienfaiteurs, des amitiés les plus généreuses entre des âmes honnêtes. Pour nous perfectionner, ils voulaient nous mettre au-dessous des brutes. Sans compassion pour les malheureux, ils ont décrié l'aumône, les hôpitaux, les fondations de charité, l'instruction des ignorants, l'état et les fonctions de ceux qui se consacrent au service du prochain ; toute vertu quelconque a essuyé leur censure. Il n'était pas possible de mieux vérifier ce que saint Paul a conclu, qu'*ils sont devenus fous en s'attribuant le titre de sages*. Si l'on nous accusait d'exagérer leurs torts, nous avons leurs livres entre nos mains ; nous en avons cité les paroles dans d'autres ouvrages, et dans plusieurs articles de ce *Dictionnaire* nous avons réfuté leurs folles objections (1).

(1) Voici un coup d'œil jeté sur la philosophie contemporaine, par M. Jéhan.

« Un homme d'un profond génie chrétien, et qui avait longtemps médité sur la marche des choses humaines dans ces trois derniers siècles, a écrit ces paroles : « Il n'y a plus de religion sur la terre, le genre humain ne peut rester en cet état. » (J. de Maistre, Soirées de Saint-Pétersbourg, t. II, p. 279 ). A part ce que la précision de la forme peut laisser paraître d'exagéré dans la pensée, on ne peut s'empêcher de reconnaître qu'il faut bien qu'il se passe dans le monde, à notre époque, quelque chose d'anormal et d'étrange, pour qu'il se soit échappé de cette grande âme un pareil cri de détresse. Il faudrait être en effet bien étranger au mouvement des esprits pour n'être pas frappé du désordre moral qui règne au sein des sociétés modernes. Quel homme attentif n'éprouve une secrète anxiété et ne se sent troublé en lui-même lorsqu'il arrête ses regards sur le spectacle de cette profonde anarchie intellectuelle produite par l'ébranlement de toutes les croyances ? Il n'est plus rien de si sacré, rien de si vénéré par les siècles, qui n'ait été mis en question ; tout est devenu précaire, problématique, incertain ; toute foi, toute conviction est allée s'éteindre dans la froide nuit du scepticisme. Ce scepticisme qui nous dévore n'est point raisonné, mais pratique. Il n'est point un système, mais le résultat de tous les systèmes ; ce n'est point la doctrine d'une secte, c'est l'esprit d'une époque. Aussi le voit-on se jouer de tous les efforts, survivre à toutes les attaques. Jamais avec une liberté aussi effrénée le doute n'a promené sur tous les points de la croyance humaine et dans tous les degrés de la hiérarchie des esprits. On ne sait plus, on ne veut plus croire : on craint toute conviction comme un mécompte. L'hôte funeste nous suit jusqu'auprès du foyer domestique, et là il argumente contre la famille et la propriété. L'esprit d'incrédulité nous obsède, nous presse de toutes parts, il circule pour ainsi dire dans l'air, et toutes les intelligences du siècle en se développant le respirent. Quel Dieu invoquer ? la tradition : elle n'existe plus, tout est nouveau. La religion ? les habiles la veulent en gros comme un moyen d'ordre, de concert avec la police, mais en détail, dogmes et pratiques, on en sourit. De là une mortelle indifférence, une effroyable sécurité dans le mal. On ne connaît d'autre culte que celui de la matière ; hormis les résultats matériels, rien n'attire l'intelligence ; hormis l'intérêt et les plaisirs, rien ne captive le cœur.

« Le point de vue pratique de la science, car la théorie même n'est en défaveur, l'application industrielle des facultés, voilà ce qui touche uniquement. Le génie utilitaire, tel est le seul dieu de l'époque, telle est l'idole sans entrailles que le siècle préconise et encense : nouvel Hercule aux proportions gigantesques, dont le bras nerveux soulève la masse sociale ; d'un souffle ardent il allume nos fourneaux et distend la vapeur ; cette âme de la mécanique ; il parcourt le monde avec une vitesse irrésistible sur le double rail d'un chemin de fer ; mais à son front ne cherchez pas l'étoile radieuse et ne lui demandez pas de vous

PHILOSOPHIE orientale. (*Voy.* PLATONISME, § 3.)

[ La philosophie de l'Orient peut être considérée sous des points de vue très-divers ; et sous chacun d'eux elle fait jaillir des clartés différentes sur les vérités sacrées. On peut simplement considérer la philosophie des différents peuples comme la manifestation caractéristique de leur esprit, comme ces traits distinctifs qui sont aux opérations de leur intelligence ce que leur physionomie matérielle est à leurs passions dominantes. Toute philosophie nationale doit nécessairement porter l'empreinte du système particulier de pensées que la nature, les institutions sociales, ou d'autres causes, ont donné à l'esprit du peuple où elle se développe ; elle sera mystique ou pure-

montrer ses ailes. Cette crise alarmante qui travaille le monde, cette profonde déviation morale, suppose le triomphe de quelqu'une de ces grandes erreurs de la pensée qui lance les peuples hors de leur voie et les entraîne infailliblement vers un abîme. Une doctrine qui précipita la chute des sociétés antiques, qui fut refoulée, dominée par le christianisme, pendant de longs âges de foi, a été renouvelée dans ces derniers siècles, proclamée avec un nouvel éclat, avec un immense retentissement, nous voulons parler du principe de la souveraineté de la raison humaine dans la recherche de la vérité. Il n'est plus permis de se le dissimuler, tel est le principe désastreux qui a frappé au cœur cette Europe jadis si palpitante d'amour, de foi vive et de saintes espérances, maintenant affaissée, chancelante, comme une vierge folle qui s'est enivrée de tous les vins empoisonnés de l'erreur. Le nouveau mouvement imprimé à la philosophie remonte à Descartes, mais on peut dire que cette révolution avait été préparée par la réforme, d'où l'on doit véritablement dater cette aberration de l'esprit humain dans nos temps modernes. Descartes ne fit qu'appliquer aux recherches philosophiques un principe que l'hérésie avait consacré depuis un siècle dans le domaine de la théologie. Nous en convenons, rien n'était plus éloigné de la pensée de Descartes que le dessein de constituer la philosophie en hostilité avec la religion ; et toutefois la philosophie ne tarda pas à faire acte d'indépendance absolue, et à ne vouloir prendre pour règle que la raison, les sens, en un mot l'homme individuel, affranchi de toute autorité divine. Dans l'espace de deux cents ans, tous les anciens systèmes ont été renouvelés ; toutes les solutions essayées, puis abandonnées, puis reprises, puis délaissées encore ; amer labeur, pérégrinations lamentables de l'esprit humain livré à ses seules forces, s'épuisant dans ses ardentes investigations, sans pouvoir rencontrer nulle part, en dehors de la révélation, un point d'appui pour y asseoir l'édifice de ses songes.

« Qu'on ne se hâte pas de nous accuser de blasphème contre la philosophie. Ecoutez plutôt ses plus fervents adeptes. Le chef de l'éclectisme en France, abordant la question de l'existence d'un monde extérieur distinct de nous et de nos pensées, s'exprime ainsi dans un de ses principaux ouvrages : « Je suppose qu'il y eût parmi nous un homme encore étranger aux disputes philosophiques et qui n'apportât ici que du bon sens et de la raison, ne serait-il pas tenté de nous interrompre en ce moment et de nous demander s'il est vrai qu'une pareille question occupe des personnages aussi graves que des philosophes ; qu'elle arrête et tienne en échec les plus puissants esprits, tandis que l'enfant la résout, ce semble, assez bien dès les premiers jours de son existence ? Que deviendrait donc cet homme sensé, qui ne veut pas même que la philosophie prouve l'existence du monde extérieur, si on lui disait qu'elle l'admet tout au plus, la combat souvent et n'y croit jamais légitimement, et que ce n'est point là le délire ou le mensonge d'une secte particulière, mais le résultat

ment logique, profonde ou populaire, abstraite ou pratique, selon la tournure d'esprit qui prévaudra parmi ce peuple. La philosophie expérimentale, que nous devons à Bacon, est le type exact des habitudes de pensée qui dominent dans le caractère anglais, depuis les méditations les plus élevées de nos sages jusqu'au raisonnement pratique de nos paysans. Le mysticisme abstrait, contemplatif et à demi rêveur de l'Hindou, est aussi l'expression naturelle de son calme et de sa nonchalance ordinaires; c'est l'écoulement des brillantes et profondes pensées qui doivent jaillir dans l'âme de quiconque s'assied sur les bords des fleuves majestueux de l'Inde, et s'y prend à rêver. Partout où il y a un grand nombre de sectes, nous pouvons être sûrs d'en rencontrer plusieurs qui professent des doctrines étrangères et discordantes. De là viennent ces apparentes contradictions qui choquent quelquefois dans les meilleurs philosophes grecs, et cette admission des plus hautes vérités sur les preuves les plus faibles, qui étonne dans le plus sublime de leurs écrivains. Mais il suit de là que, si nous trouvons des systèmes philosophiques de ces nations, si distincts dans leurs caractères, si dissemblables dans leurs procédés logiques, arrivant aux mêmes conséquences sur tous les points fondamentaux d'un intérêt moral pour l'humanité, nous sommes forcés de choisir l'une de ces deux conclusions : Ou une tradition primitive, une doctrine commune à toute l'espèce humaine, et par conséquent donnée dès le commencement, est descendue jusqu'à nous par ces nombreux canaux; ou bien, ces doctrines sont si essentiellement, si naturellement vraies, que l'esprit humain, sous toutes les formes possibles, les découvre et les embrasse. Les anciens philosophes concluaient de l'accord général de l'humanité dans une croyance commune, que cette croyance devait être vraie ; et ils prouvaient ainsi plusieurs doctrines importantes et salutaires. Par l'étude approfondie de la philosophie d'un grand nombre de peuples, nous avons fortifié ce raisonnement, et nous lui avons fait faire un pas immense; car nous pouvons dire maintenant sur quelle base ont été reçues ces doctrines. Si nous eussions rencontré un système qui niât la vie future et perpétuelle de l'âme humaine et appuyât sa négation sur des procédés logiques, sur des méthodes de raisonnement complétement indépendantes de tout enseignement étranger, c'eût été assurément une difficulté de quelque valeur. Mais quand nous voyons le mysticisme des Indiens arriver à la même conclusion que le raisonnement synthétique des Grecs, nous devons nous tenir pour assurés que la conclusion est exacte. Dans les fragments de l'*Akhlak-e-Naseri*, ouvrage persan sur l'âme, que le colonel Wilks a traduit, toutes les questions relatives à cette portion de la nature humaine sont discutées avec une pénétration merveilleuse ; et quoique d'après certaines ressemblances avec les philosophes grecs, le traducteur pense que ces raisonnements leur sont empruntés (*a*), il me semble que le tour de la pensée et la forme de l'argumentation ont un ca-

commun de toute la philosophie européenne. Voudrait-il nous croire, messieurs, et ne nous accuserait-il pas nous-mêmes de folie ou d'infidélité? Non, messieurs, je ne cherche point à détruire la philosophie, en lui imputant des absurdités imaginaires. Il a été démontré avec la dernière rigueur que les théories élevées depuis deux cents ans sur la question qui nous occupe sont toutes essentiellement sceptiques; que la diversité que l'on rencontre dans les opinions des philosophes tombe seulement sur les formes du scepticisme, mais que toutes le renferment plus ou moins explicitement, et qu'enfin la philosophie moderne, fille de Descartes et mère de Hume, ne croit pas et n'a plus le droit de croire à l'existence du monde extérieur. » ( Cours sur l'Hist. de la Philosophie moderne, par M. V. Cousin ; p. 9-11. ) « Il est bien étrange, dit-il un peu plus loin, qu'on accuse la philosophie moderne de se perdre dans un dédale de systèmes : c'est vraiment bien de la sévérité envers un pareil enfant... Elle est encore au maillot, pour ainsi dire. » (Ibid. 2ᵉ leçon, p. 33.)

« Après le maître, voici le disciple. « — Assurément, dit Jouffroy, le cercle des incertitudes s'est agrandi, des questions nouvelles ont été ajoutées à celles que la philosophie agitait à son berceau ; mais les nouvelles venues n'ont pas eu meilleure fortune que les anciennes. Prenez une question philosophique quelconque; notez le jour où les premiers systèmes pour la résoudre s'élevèrent ; comparez ces systèmes à ceux qui se disputent aujourd'hui l'honneur de la décider : vous trouverez sans doute plus de perfection et de développement dans ces derniers, mais vous verrez que leur probabilité relative n'a pas varié. Si chacun d'eux pris à part est plus fort, l'équilibre entre eux est le même ; et leur progrès, loin d'aboutir à résoudre la question, n'a fait que consacrer d'une manière plus précise et plus scientifique son incertitude. En sorte que, si l'on demande compte à la philosophie de ce qu'elle a fait depuis qu'elle existe, elle pourra bien répondre qu'elle a mis en lumière un nombre toujours plus grand de questions ; elle pourra bien ajouter qu'elle a enfanté et porté à une perfection de plus en plus grande les différents systèmes qui peuvent aspirer à l'honneur de les résoudre ; mais qu'elle ait résolu une seule de ces questions, voilà ce que la philosophie ne peut pas dire, parce que, si elle le disait, elle serait forcée de trouver des exemples, un tout au moins, c'est-à-dire de déterrer une question philosophique qui soit résolue définitivement, comme le sont une foule de questions physiques et chimiques, et que cet exemple, elle ne le trouverait point, parce qu'il n'existe pas. Et cependant ces questions, Pythagore et Démocrite, Aristote et Platon, Zénon et Épicure, Bacon et Descartes, Leibnitz, Malebranche, Locke et Kant les ont agitées. Ce n'est donc point faute de génie qu'elles n'ont point été résolues. Qu'y a-t-il donc dans ces questions. Qu'y a-t-il dans la philosophie qui ait rendu tout ce génie impuissant? D'où vient qu'une science remuée par de si puissantes mains demeure éternellement inféconde? Là est le problème dans lequel tout l'avenir de la philosophie est placé ; et tant qu'il n'est pas résolu, on est confondu que des esprits distingués osent encore cultiver une science si cultivée, agiter ces questions si agitées, comme si, après le naufrage de tant de grands hommes, aucune intelligence, avant d'avoir découvert l'écueil où ils ont échoué, pouvait se flatter d'être plus habile ou plus heureux, et de rencontrer le port qui leur a échappé!.... ( Nouveaux Mélanges philosophiques, p. 90, 93).

« Après cela, vous seriez tenté peut-être de répéter avec Pascal que « toute la philosophie ne vaut pas un quart d'heure de peine. » Eh bien ! pas du tout. La même bouche, qui tout à l'heure humiliait jusqu'au néant la philosophie, va faire entendre un dithyrambe pour exalter sa puissance : La philosophie est la dernière victoire de la pensée sur toute forme et tout élément étranger; elle est le plus haut degré de la liberté de l'intelligence...; elle est le dernier affranchissement, le dernier progrès de la pensée... Elle est la lumière de toutes les lumières, l'autorité des autorités... Il est temps que, au lieu de former un parti dans l'espèce humaine, elle domine tous les partis. Jeunes gens, arrivés au faite de vos études antérieures, vous trouverez dans la philosophie, avec l'intelligence et l'explication de toutes choses, une paix supérieure et inaltérable. » (Introduction à l'Histoire de la philosophie, par M. V. Cousin, 1ʳᵉ leçon, p. 27 et suiv.)

(*a*) *Transactions of the royal Society Asiatic of great Britain and Ireland*. Lond. 1827, t. 4, p. 511.

ractère décidément original. C'est ainsi que nos convictions ont acquis une force toute nouvelle sur des points de croyance essentiellement nécessaires, qui sont la base du christianisme et qui ont été plus largement développés par ces enseignements. Mais il y a plusieurs systèmes de philosophie asiatique qui sont en contact plus intime avec les Ecritures, qui y font allusion et qui peut-être les attaquent; une fois connus, ils peuvent répandre une grande lumière sur certains passages. Le principal de ces systèmes est celui que l'on connaît généralement sous le nom de *Philosophie orientale*. Il se compose surtout de ces doctrines mystérieuses qui formaient la base de l'ancienne religion persane, et d'où jaillirent les premières sectes du christianisme : la croyance à une lutte entre deux puissances opposées, l'une bonne, l'autre mauvaise ; à l'existence des émanations, principes intermédiaires entre la nature divine et la nature terrestre ; et, par suite, l'adoption de termes mystiques et secrets, exprimant les rapports cachés qui existent entre ces différents ordres d'êtres créés et incréés. Cette philosophie s'infiltra dans tout l'Orient. On ne peut douter que son influence n'eût pénétré parmi les Juifs au temps de notre Sauveur, et que la secte des Pharisiens, en particulier, n'eût adopté une grande partie de ces doctrines mystérieuses. Elle pénétra dans la Grèce, exerça une profonde influence sur les philosophies pythagoricienne et platonicienne, et agit sur le peuple à travers le voile des mystères religieux. Dans plusieurs de ses doctrines elle approchait de si près de la vérité, que les écrivains inspirés adoptèrent quelques unes de ses expressions pour exposer leur propre doctrine. La connaissance que nous avons maintenant de ce système philosophique, grâce à l'étude sérieuse dont il a été l'objet, a servi à confirmer et à éclaircir bon nombre de phrases et de passages autrefois obscurs. Par exemple, lorsque Nicodème ne comprit pas ou feignit de ne pas comprendre l'expression de Notre-Seigneur, qu'il fallait *naître de nouveau*, nous serions peut-être portés à penser que cette expression n'était pas, dans le fait, aisée à comprendre, et nous pourrions trouver ce reproche sévère : *Vous êtes docteur en Israël, et vous ne comprenez pas ces choses* (Joan: III, 10) ? Mais quand nous découvrons que ces paroles étaient la figure ordinaire par laquelle les Pharisiens eux-mêmes exprimaient, dans leur langage mystique, l'action de devenir prosélyte ; que cette locution appartient à la philosophie orientale, et qu'elle est employée par les Brahmanes pour indiquer ceux qui embrassent leur religion (*a*); nous voyons sur-le-champ comment une façon de parler si obscure aurait dû être bien comprise par la personne à laquelle elle était adressée. Bendsten a recueilli soigneusement beaucoup d'inscriptions antiques qui contiennent des allusions mystiques à cette philosophie occulte; et il a fourni par là plusieurs éclaircissements sur des phrases du Nouveau Testament (*b*). Il me suffit de vous dire que les expressions de *lumière* et de *ténèbres*, de la *chair* et de l'*esprit*, les métaphores qui représentent le corps comme le *vase* ou la *tente* de l'âme, locutions qui dans la langue de cette époque étaient les plus propres à exprimer les doctrines si pures du christianisme, ont toutes été retrouvées dans cette philosophie, et ont ainsi perdu l'obscurité qu'on avait coutume de leur reprocher.]

PHOTINIENS, hérétiques du IV° siècle, qui avaient embrassé les erreurs de Photin, évêque de *Sirmium* ou Sirmich, en Hongrie. Celui-ci, disciple de Marcel d'Ancyre, et qui passe pour avoir eu du savoir et de l'éloquence, poussa l'impiété envers Jésus-Christ plus loin que les ariens. Il soutint que c'était un pur homme, né du Saint-Esprit et de la vierge Marie ; qu'une certaine émanation divine, que nous appelons le *Verbe*, était descendue sur lui, qu'en conséquence de l'union de ce Verbe divin avec la nature humaine, Jésus était appelé *Fils de Dieu*, *Fils unique*, parce qu'aucun autre homme n'a été ainsi formé, et *Dieu*, à cause des dons, du pouvoir et des privilèges que Dieu lui avait accordés. Par le *Saint-Esprit*, Photin n'entendait pas une personne distincte de Dieu le Père, mais une vertu céleste émanée de la Divinité. Ainsi cet hérétique n'admettait, comme Sabellius, qu'une seule personne en Dieu. Il fut condamné, non-seulement par les orthodoxes, mais encore par les ariens ; par les évêques d'Orient, dans un concile d'Antioche, tenu en 345 ; par ceux d'Occident, au concile de Milan en 346 ou 347 ; enfin, il fut déposé dans une autre assemblée, à Sirmich, l'an 351, et il mourut en exil l'an 371 ou 375. Son hérésie a été renouvelée dans ces derniers temps par Socin ; et quoique les sociniens y aient apporté quelques palliatifs, le fond de leur système revient au même.

* PHRÉNOLOGIE, ou *Cránologie, Cránioscopie*, prétendue science qui par la conformation du crâne prétend connaître le caractère, les passions, les penchants de l'homme. Nous n'avons pas à envisager cette prétendue science sous le point de vue de sa valeur scientifique : tous les hommes sages ne lui en reconnaissent aucune. Elle intéresse le théologien, parce qu'elle conduit droit au matérialisme. Elle fut interdite à Vienne, lorsqu'elle parut, comme étant la source du fatalisme. Gall a cherché à se justifier de ce grave reproche. « Chaque faculté, disait-il, a sa perception, sa mémoire, son jugement, sa volonté, c'est-à-dire tous les attributs de l'intelligence proprement dite. Toutes les facultés sont douées de la faculté perceptive, d'attention, de souvenir, de mémoire, de jugement, d'imagination..... Chaque faculté est donc une intelligence. Il y a autant de différentes espèces d'intellect ou d'entendement qu'il y a de facultés distinctes. Toute faculté particulière, dit-il encore, est intellect ou intelligence : chaque intelligence *individuelle* a son organe propre. M. Flourens (*Examen de la phrénologie*) : « Mais, avec toutes ces espèces d'*intellects*, avec toutes ces *intelligences* individuelles, que sera l'intelligence générale et proprement dite ?... Ce ne sera plus cette faculté positive et une, que nous entendons, que nous concevons, que nous sentons en nous-mêmes, quand nous prononçons le mot *âme* ou *intelligence*, et c'est là tout l'esprit de la psychologie de Gall. A l'intelligence, faculté essentiellement une, il substitue une foule de petites intelligence ou de facultés distinctes et isolées..... Mais l'unité de l'intelligence, l'unité du *moi*, est un fait du sens intime, et le sens intime est plus fort que toutes les philosophies. » C'est la destruction du *moi*, dit la *Revue médicale*. « S'ils ne veulent pas accepter cette multiplicité d'individualités spirituelles, indépendantes, en prétendant les unir par des liens mystérieux, ils n'expliqueront pas d'une manière plus satisfaisante l'unité du *moi*, ni la possibilité du jugement. Car, comment le *moi*, cet être un, indivisible, inétendu, point convergent de toutes les facultés, partie essentielle de tout acte mental, logique, peut-il exister avec cette pluralité indéfinie des organes ? Il y a ici la plus notoire des contradictions ; disons mieux, la plus formelle absurdité. Faut-il donc le

---

(*a*) V. les Discours de l'auteur sur la présence réelle; et Windischmann, *Philosophie*, etc., p. 558.
(*b*) Dans les *Miscellanea Hafnensia*, t. I, p. 20. Copenhague, 1816.

redire? On ne peut diviser le *moi*, qui n'est que lui, qui est lui ni plus ni moins, et dire en le divisant : Voilà qui vit pour tel organe, voici qui vit pour tel autre. La personnalité ne se prête pas à être ainsi fractionnée : il faut la nier ou la reconnaître dans sa complète intégrité. L'unité matérielle, l'unité organique en particulier, est un composé, une agrégation de parties : mais l'unité spirituelle n'est rien de semblable ; elle est l'unité tout simplement ; bien plus, c'est la destruction de tout jugement. Il est certain, dit la *Revue médicale*, que je puis éprouver à la fois plusieurs sensations. Quelquefois, c'est le même objet qui me les procure : je vois, je goûte et je sens un ragoût ; j'entends et je touche un instrument. D'autres fois, ce sont différents objets qui frappent mes divers sens : j'entends une musique, en même temps que je vois des hommes, que j'éprouve la chaleur du feu, que je sens une odeur, que je mange un fruit ; je discerne parfaitement ces sensations diverses, je les compare, je juge laquelle m'affecte le plus agréablement, je préfère l'une à l'autre, je la choisis. Or, ce *moi*, qui compare les diverses sensations, est inévitablement un être simple ; car, s'il est composé, il recevra par ses diverses parties les diverses impressions que chaque sens lui transmettra : les nerfs de l'œil porteront à une partie les impressions de la vue, les nerfs de l'oreille feront passer à une autre partie les impressions de l'ouïe, ainsi du reste. Mais, si ce sont les diverses parties de l'organe physique, du cerveau, par exemple, qui reçoivent, chacune de son côté, la sensation, comment s'en fera le rapprochement, la comparaison? La comparaison suppose un comparateur ; le jugement suppose un juge unique. Ces opérations ne peuvent se faire, sans que les sensations différentes aboutissent toutes à un être simple. »

D'après les phrénologistes tout se réduit au physique. Il n'y a donc que matière et destruction de la liberté ; car la matière n'est pas libre. C'est ce qu'avoue Broussais : « L'homme a la liberté, si les organes du *moi* et de la volonté, auxquels tient cette faculté, sont vigoureux ; mais, s'ils sont faibles, il ne l'a pas. Examinons d'abord celui qui les a faibles. Eh bien ! il ne sera vraiment libre que pour les actions indifférentes, mais il ne le sera pas pour les actes importants ; il obéira successivement à toutes ses passions, à mesure qu'elles deviendront dominantes..... Je suis libre d'être sage, fidèle, économe, s'écriera le prodigue, le libertin, à qui l'on reproche ses écarts, et je serai cela quand je le voudrai. Mais, s'il n'a pas d'organe qui puisse l'amener à changer de conduite, il ne changera pas. » Le théologien ne peut donc se dispenser de condamner la phrénologie comme détruisant les principes fondamentaux de la morale et de la religion. *Voy.* PHYSIOLOGIE PSYCHOLOGIQUE.

PHRONTISTES. Quelques auteurs ont ainsi nommé les chrétiens contemplatifs, et ont appelé *phrontistères* les monastères, parce que ce sont des lieux consacrés en partie à la contemplation. Ces deux termes sont dérivés du grec φροντίζω, *je pense, je médite*.

PHRYGIENS. *Voy.* MONTANISTES.

PHURIM ou PURIM. *Voy.* ESTHER.

PHYLACTÈRES, terme grec qui signifie *gardes* ou *préservatifs*. Ce sont des bandes de parchemin sur lesquelles les Juifs écrivent certains passages de l'Ecriture sainte, qu'ils portent sur leur front et sur leurs bras, afin de s'exciter à garder soigneusement la loi de Dieu, et à se préserver de l'enfreindre. Voici l'origine de cet usage : Dieu leur avait dit, dans le Deutéronome, c. VI, v. 8 : *Les préceptes que je vous donne seront dans votre cœur. Vous les enseignerez à vos enfants,* vous vous en entretiendrez chez vous et dans vos voyages, vous y penserez en vous couchant et en vous levant. Vous les lierez comme un signe sur vos mains, et comme un frontteau entre vos yeux. Vous les écrirez sur les poteaux et sur les portes de vos maisons. Il avait dit la même chose au sujet de la cérémonie des azymes et de l'offrande des premiers-nés (*Exod.* XIII, 9 et 16). C'était une exhortation à n'oublier jamais la loi du Seigneur, et à la garder exactement en toutes choses. Mais sur la fin de la synagogue, les Juifs, très-enclins à la superstition, prirent ces paroles à la lettre ; ils crurent qu'il fallait les écrire sur des bandes de parchemin, les porter sur leur front et sur leurs bras. Dans saint Matthieu, c. XXIII, v. 5, Jésus-Christ reproche aux pharisiens de porter ces bandes fort larges, afin de se faire remarquer par le peuple. Il aurait été mieux de prendre le vrai sens du texte, et de porter la loi de Dieu *dans leur cœur*. Le mot hébreu qui répond au grec *phylactères* est *thotaphoth* ; celui-ci, suivant plusieurs auteurs, désignait un ornement de tête, ou des pendants que les femmes juives portaient sur leur front : et il signifie en général ligature ou couronne ; mais dans l'*Exode* c. XIII, v. 9, il est rendu par *zicaron*, mémorial. Onkélos l'exprime par *téphilin*, préservatifs. Quoi qu'il en soit, la plupart des juifs modernes portent encore de ces *phylactères* qu'ils nomment *zisis* ; et, en abusant de la signification du terme, ils se persuadent que ce sont des amulettes ou préservatifs contre tout danger, surtout contre les esprits malins : de là l'on a souvent donné aux amulettes le nom de *phylactères*. Cette superstition des juifs a souvent été renouvelée dans le sein même du christianisme par ceux qui ont imaginé que certaines paroles écrites sur du vélin, gravées sur des médailles ou sur des morceaux de métal, pouvaient être un préservatif ou un remède contre les maladies. Les Pères de l'Eglise, et les évêques dans les conciles, ont souvent proscrit cet abus ; mais la crainte de maux imaginaires, l'impatience et le désir de se délivrer d'un mal à quelque prix que ce soit, sont des passions contre lesquelles aucune loi ni aucune censure ne peut prévaloir. Thiers, *Traité des superstitions*, 1re partie, l. V, c. 1 et suivants. *Voy.* AMULETTE.

* PHYSIOLOGIE PSYCOLOGIQUE. Il existe entre l'âme et le corps des communications ; mais comment s'établissent ces rapports? C'est une grande question philosophique. C'est au Dictionnaire de philosophie à exposer la multitude des systèmes inventés pour résoudre ce mystère. Il y a une école nouvelle qui ramène au cervelet le principe et la source de toutes nos sensations et de toutes nos pensées. « Il existe, dit le docteur Foville, entre le cervelet et ses deux nerfs, qui se détachent de la base de son pédoncule, une continuité de tissu que personne, à ma connaissance, n'a soupçonnée depuis Galien ; quant à ce grand homme, il a dit : *Cerebrum vero est omnium nervorum mollium origo*, pensée susceptible d'interprétations diverses. Voici, d'ailleurs, comment est établie la continuité des nerfs auditif et trijumeau avec la substance du cervelet : Du tronc des nerfs auditif et trijumeau, au lieu de

leur insertion aux côtés de la protubérance, se détache une membrane de matière nerveuse blanche, qu'on peut comparer à celle qui, sous le nom de rétine, existe à l'extrémité périphérique du nerf optique et tapisse l'intérieur de l'œil. L'expansion membraniforme de matière nerveuse blanche, qui se détache du nerf auditif et du trijumeau, au lieu de leur insertion à la base du pédoncule cérébelleux, est beaucoup plus forte que la rétine du nerf optique; elle tapisse d'abord le côté externe du pédoncule cérébelleux, et lui donne un aspect lisse différent de l'aspect fasciculé de la protubérance, de laquelle procède le faisceau pédonculaire externe du cervelet. Cette membrane nerveuse se prolonge ensuite sous les bases des lobes cérébelleux qui se trouvent soudés à sa face excentrique. Tous les lobes de la face supérieure du cervelet naissent par une extrémité simple d'une petite bordure fibreuse située sous la marge commune de tous ces lobes, à la partie supérieure de la face externe du pédoncule cérébelleux. Cette petite bordure fibreuse se prolonge dans la substance même du nerf trijumeau; toutes les extrémités des lobes cérébelleux attachées sur cette bordure convergent avec elle dans la direction du nerf trijumeau, qui semble ainsi leur centre d'origine. De ce lieu d'origine, tous les lobes de la face supérieure de l'hémisphère cérébelleux se portent en divergeant dans l'éminence vermiforme supérieure. La doublure fibreuse immédiate de tous ces lobes, faisant suite à la bordure fibreuse émanée du trijumeau, rayonne de cette bordure dans la direction de l'éminence vermiforme, répétant au-dessous de ces lobes, dont elle est la base, la direction qu'ils présentent eux-mêmes à la périphérie cérébelleuse. Voici pour les lobes de la partie supérieure de l'hémisphère cérébelleux. Ceux de la partie inférieure de ce même hémisphère se comportent exactement de même, par rapport au nerf auditif; tous ils convergent par leur extrémité externe dans la direction de ce nerf, et sont attachés à la surface excentrique de la membrane nerveuse qui en émane, et produit une petite bordure fibreuse au point de concours de tous ces lobes dans la direction du nerf auditif. La direction des fibres de cette membrane nerveuse, émanée du nerf auditif, est parallèle à celle des bases des lobes cérébelleux fixés à sa face externe. Ainsi les lobes de la face supérieure de l'hémisphère cérébelleux sont fixés sur une membrane nerveuse émanée du nerf trijumeau. Les lobes de la face inférieure de l'hémisphère cérébelleux sont également soudés à la surface externe d'une membrane nerveuse émanée du nerf auditif, de sorte que les replis de la couche corticale qui constituent la partie principale des lobes cérébelleux pourraient être comparés aux ganglions développés sur les racines postérieures des nerfs spinaux; surtout, si l'on remarquait que, par un prolongement ultérieur de matière fibreuse que ce n'est pas le lieu de décrire ici, ces mêmes replis de la couche corticale du cervelet se rattachent au faisceau postérieur de la moëlle.

« Voici maintenant d'autres faits remarquables. Des replis internes, que présente la membrane nerveuse blanche, émanée des nerfs auditif et trijumeau et combinée avec la couche corticale du cervelet, se détachent des cloisons fibreuses dont les fibres, par leurs terminaisons périphériques, pénètrent la couche corticale, tandis que, par leur prolongement centripète, ces mêmes cloisons se rendent à la surface d'un noyau fibreux que revêtait la membrane nerveuse émanée de l'auditif et du trijumeau. La couche la plus superficielle de ce noyau fibreux est celle dans laquelle concourent toutes ces cloisons fibreuses qui procèdent de l'intérieur des lobes cérébelleux. Cette couche fibreuse superficielle du noyau cérébelleux se rend enfin dans la partie fasciculée du pédoncule cérébelleux qui vient de la protubérance. De sorte que par sa doublure fibreuse immédiate, la couche corticale du cervelet communique directement avec les nerfs auditif et trijumeau et avec les organes sensoriaux auxquels se rendent les extrémités périphériques de ces nerfs, tandis que, par les cloisons fibreuses contenues dans les replis internes de l'espèce de rétine cérébelleuse de l'auditif et du trijumeau, cette même couche corticale communique avec les fibres transversales de la protubérance et par suite avec les faisceaux antérieurs de la moelle. Ces données sont loin de contenir toute l'anatomie du cervelet, elle révèlent seulement dans l'état normal de cet organe des dispositions inconnues que je crois importantes. L'inspection, *post mortem*, du cervelet chez les aliénés, m'a permis de constater, un assez grand nombre de fois depuis deux ans, un état pathologique de cet organe, consistant en adhérences intimes de sa couche corticale avec les parties correspondantes de la pie-mère et de l'arachnoïde. Cet état pathologique est surtout fréquent chez les hallucinés. C'est quelquefois la seule altération qu'on rencontre dans l'encéphale de ceux dont le délire avait pour base unique des hallucinations. Un semblable résultat rapproché des données anatomiques précédentes me semble hautement significatif. J'ajouterai que dans bien des cas la maladie du cervelet à laquelle je fais allusion, a succédé à l'altération préalable de parties périphériques des nerfs auditif et trijumeau. Dans des cas de ce genre, la maladie du cervelet pourrait être comparée, par rapport à sa cause première, à la maladie d'un ganglion lymphatique, déterminée par la phlegmasie de quelqu'un des vaisseaux qui se rendent à ce ganglion. Il existe entre la couche corticale du cerveau et les nerfs olfactif et optique des connexions du même genre que celles que j'ai signalées entre la couche corticale du cervelet et les nerfs auditif et trijumeau...... »

Il y a quelque chose de mystérieux, d'inexplicable, dans les phénomènes de la sensibilité. « Les organes des sens mécaniques, dit M. de Blainville, sont des organes qui aperçoivent mécaniquement les vibrations des corps plongés dans le même milieu et en reproduisent l'image. L'image est la représentation sensoriale d'un être, d'un phénomène ou d'un acte, dans un plus ou moins grand nombre de ses qualités distinctes et propres, par les organes des sens appropriés et aperçus par l'intelligence. Une vibration est un phénomène dans lequel chacun des points d'un corps entre en mouvement, qui se transmet à travers un milieu convenable, de manière à donner une image. Une image de vibration est celle dans laquelle il se reproduit, sur quelques parties de notre organisation sensoriale, une représentation diminuée ou augmentée de ce phénomène. Si ces vibrations se font à la surface des corps, on aura une image de surface; si c'est à l'intérieur, on aura une image de vibration dans le temps. L'intensité du mouvement donne le sentiment de la lumière dans la vision et du son dans l'audition. La vitesse donne les couleurs et les tons. De la sorte la définition d'un organe de vision et d'un organe d'audition, et celle d'une image optique et d'une image acoustique. L'image optique, par exemple, est celle dans laquelle un phénomène de vibration est répété, réduit et augmenté dans un degré plus ou moins grand d'intensité et de rapidité de mouvement dans un organe sensorial approprié. » *Cours d'anatomie comparée au muséum d'histoire naturelle.* 1842.

Tout cela doit être pour nous un grand sujet d'admiration, mais ne doit point nous persuader que la matière peut être le principe de la pensée, qu'il ne faut pas recourir à la spiritualité de l'âme pour expliquer tous les phénomènes intellectuels qui se passent en nous. Nous avons longuement développé cette vérité au mot AME, nous nous contentons d'y renvoyer. Nous avons d'ailleurs démontré au mot PHRÉNOLOGIE que la doctrine qui fait reposer le principe de nos actions sur les sens, détruit le principe même de la morale en anéantissant la liberté.

**PHYSIQUE DU MONDE.** *Voy.* MONDE.

**PICARDS**, hérétiques qui parurent en Bohême au commencement du XVe siècle, dont il n'est pas aisé de découvrir la véritable origine ni d'exposer les opinions. Il y a dans l'ancienne *Encyclopédie* une assez longue dissertation dans laquelle on s'est efforcé de prouver que les *picards* de Bohême étaient des vaudois, qu'ils n'avaient point d'autre croyance que celle qui a été embrassée deux cents ans après par les protestants, que ces sectaires ont été accusés injustement d'avoir les mêmes erreurs et de pratiquer les mêmes infamies que les adamites. L'auteur a copié Beausobre, qui a suivi ce sentiment dans une dissertation sur les adamites de Bohême, laquelle a été jointe à *l'Histoire de la guerre des hussites*, par Lenfant. Mosheim, mieux instruit, et qui semble avoir examiné la question de plus près, pense que les *picards* de Bohême étaient une branche des *beggards*, que quelques-uns nommaient *biggards*, et par corruption *picards*, secte répandue en Italie, en France, dans les Pays-Bas, en Allemagne et en Bohême, et à laquelle on donnait différents noms dans ces diverses contrées. *Voy.* BEGGARDS. Comme le très-grand nombre de ceux qui la composaient étaient des ignorants fanatiques, il est impossible que tous aient eu la même croyance et les mêmes mœurs. C'est donc une très-vaine entreprise de leur attribuer la même profession de foi et la même conduite. Les protestants ont voulu en imposer au monde, lorsqu'ils ont soutenu que les vaudois n'avaient point d'autre doctrine que la leur; Bossuet a prouvé le contraire. *Hist. des Variat.*, l. XI. Il est encore plus ridicule de vouloir absoudre les *picards* des désordres qui leur ont été imputés par plusieurs historiens; mais la manie de Beausobre était de justifier les hérétiques de tous les siècles, malgré les témoignages les plus authentiques, il n'a que des conjectures et des preuves négatives qui ne concluent rien. « C'était, dit Mosheim, vouloir blanchir la tête d'un nègre; je puis prouver, par des pièces authentiques, que je n'avance rien que de vrai. Les recherches que j'ai faites et la connaissance que j'ai de l'histoire civile et religieuse de ce siècle me rendent plus croyable que le laborieux auteur dont je refuse d'adopter le sentiment, qui ne connaissait qu'imparfaitement l'histoire du moyen âge, et qui d'ailleurs n'était point exempt de préjugé et de partialité. » On ne doit pas confondre les *picards* de Bohême avec les *frères bohémiens* ou *frères de Bohême*; ceux-ci étaient une branche des hussites qui, en 1467, se séparèrent des calixtins. *Voy.* HUSSITES.

**PICPUS**, religieux du tiers ordre de saint François, autrement dits *pénitents*, fondés en 1601 à *Picpus*, petit village qui touche au faubourg Saint-Antoine de Paris. Ce village a donné son nom à la maison des religieux, et cette maison, qui n'est que la seconde de l'ordre, a donné le sien à l'ordre entier. Ces franciscains se nomment à Paris *religieux pénitents de Nazareth*, et dans quelques provinces on les appelle *tiercelins*. Jeanne de Sault, veuve de René de Rochechouart, comte de Mortemart, est reconnue pour fondatrice du couvent de *Picpus*; Henri IV accorda des lettres patentes à ce nouvel établissement; Louis XIII posa la première pierre de l'église, et dans les lettres patentes par lesquelles il confirme l'érection de ce monastère en 1624, il prit la qualité de fondateur. C'est le désir d'observer strictement la règle de saint François, qui a donné naissance à ce nouvel institut. *Voy.* FRANCISCAINS.

**PIED.** Dans l'Ecriture sainte les *pieds* se prennent en différents sens, au propre et au figuré. Il est dit dans l'Evangile qu'à l'aspect de Jésus ressuscité les saintes femmes lui touchèrent les *pieds*, *tenuerunt pedes ejus*, c'est-à-dire qu'elles se prosternèrent devant lui par respect. Dans le Deutéronome, c. VIII, v. 4, Moïse dit aux Israélites que dans le désert leurs *pieds* n'ont point été blessés; cela veut dire que leurs souliers ne s'étaient point usés. *Se couvrir les pieds* est une périphrase qui signifie satisfaire aux nécessités de la nature, et souvent les *pieds* se mettant au lieu des parties du corps que la pudeur cache et ne permet pas de nommer (*Isai.* VII, 20; *Ezech.* XIV, 25). *Parler du pied*, c'est gesticuler des *pieds;* Salomon le dit d'un insensé (*Prov.* VI, 13). Apercevoir les *pieds* de quelqu'un, c'est le voir arriver; *Isai.*, c LII, v. 7, *quam speciosi pedes evangelizantium pacem!* qu'il fait beau voir arriver ceux qui annoncent la paix! Dans le sens figuré, les *pieds* sont la conduite; *Ps.* XV, v. 12, *pes meus stetit in directo*, mes pieds sont demeurés fermes dans le droit chemin. Dans un autre sens, ce terme signifie un appui, un soutien; *Job*, c. XXIX, v. 15, dit qu'il a été l'œil de l'aveugle et le *pied* du boiteux. Mais lorsque Jésus dit dans l'Evangile : Si votre *pied* vous scandalise ou vous fait tomber, coupez-le; c'est une métaphore pour nous apprendre que nous devons renoncer à ce que nous avons de plus cher, s'il est pour nous une occasion de péché. Mettre quel qu'un sous les *pieds* d'un autre, c'est le mettre sous sa puissance : David demande à Dieu d'être préservé du *pied de l'orgueil*, c'est-à-dire de la puissance des orgueilleux, et de ne pas être secoué par le bras du pécheur (*Ps.* XXXVI, 12). *Mettre le pied* dans un lieu, signifie en prendre possession : fouler un ennemi aux *pieds*, c'est lui insulter : *trébucher* ou *clocher du pied*, *chanceler sur ses pieds*, c'est déchoir de l'état de prospérité et tomber dans le malheur, etc,: une bonne partie de ces manières de parler se retrouvent dans notre langue. *Glassii Philolog. sacra*, col. 1890.

**PIERRE.** Nous lisons dans le livre de Josué, c. X, v. 11, que ce chef des Israélites, étant venu attaquer les rois des Chananéens qui assiégeaient Gabaon, les mit en fuite; qu'à la descente de Béthoron, Dieu fit pleuvoir sur eux de grosses *pierres* jusqu'à Azéca; de sorte qu'il en mourut un plus grand nombre par cette grêle de *pierres* que par l'épée des Israélites. Les commentateurs disputent pour savoir si ces paroles doivent être prises à la lettre, et si Dieu fit réellement tomber du ciel des pierres sur les Chananéens, ou si l'on doit entendre qu'il fit tomber sur eux une grêle d'une dureté et d'une grosseur extraordinaire, poussée par un vent violent. Dom Calmet a placé à la tête du livre de Josué une dissertation dans laquelle il s'est attaché à établir le sens littéral : ses preuves sont 1° qu'il n'y a aucune nécessité de recourir au sens figuré quand il est question d'un miracle ; il n'en a pas plus coûté à Dieu de faire pleuvoir des pierres sur les Chananéens, que de les faire périr par une grêle très-grosse et très-dure. 2° L'histoire fait mention de différentes pluies de pierres tombées en différents lieux dans le cours des siècles, et ces faits sont si bien attestés, qu'il n'est pas possible de les révoquer en doute. Ce phénomène arrive naturellement par l'éruption subite d'un volcan. 3° L'on ne peut pas nier qu'il ne puisse se former des pierres en l'air, lorsqu'un tourbillon de vent y a transporté à une hauteur considérable de la terre, du sable et d'autres matériaux; alors ces matières mêlées avec des exhalaisons sulfureuses ou bitumineuses, et avec l'humidité des nuées, peuvent se durcir dans un moment par leur propre pesanteur et par la pression de l'air, et retomber incontinent sur la terre. *Bible d'Avignon*, t. III, p. 297.

D'autres commentateurs, qui préfèrent le sens figuré, répondent, en premier lieu, qu'il n'y a point de nécessité non plus de s'en tenir au sens littéral, puisque Dieu a pu opérer par de la grêle le même effet qu'auraient produit des *pierres*. Ils citent à leur tour une multitude d'exemples bien attestés d'orages pendant lesquels il est tombé des morceaux de grêle d'une grosseur énorme, dont quelques-uns pesaient une livre, les autres trois, les autres huit, et qui ont tué une quantité d'hommes et de bestiaux. En second lieu, que les Septante, l'auteur de l'*Ecclésiastique*, c. XLVI, v. 6, et l'historien Josèphe, *Antiq. Jud.*, l. v, c. 1, ont entendu la narration de Josué, de *pierres de grêle*, et non d'une *grêle de pierres*. En troisième lieu, qu'une grêle arrivée à point nommé pour procurer aux Israélites une victoire complète, qui tue leurs ennemis sans les blesser eux-mêmes, qui en fait périr plus que ne pouvait faire leur épée, est certainement un événement miraculeux. Or, pour opérer des miracles, Dieu s'est souvent servi des causes naturelles, mais en les employant d'une manière extraordinaire et impossible à tout autre qu'à lui; et c'est ce qu'il a fait dans l'occasion dont nous parlons. *Bible de Chais*, Jos., c. x. Il serait difficile de trouver de fortes raisons pour préférer l'un de ces sentiments à l'autre; dès que l'on avoue que dans cette circonstance Dieu a opéré un miracle, peu importe de savoir précisément de quelle manière il l'a exécuté. A la vérité les incrédules, attentifs à embrasser le second, ne manqueront pas de dire que cette grêle est arrivée par hasard, comme toutes les autres dont l'histoire fait mention; mais lorsqu'une cause quelconque agit avec autant de justesse et aussi à propos que le pourrait faire l'être le plus puissant et le plus intelligent, il est absurde de recourir au *hasard*, ce n'est plus qu'un terme abusif, destiné à cacher l'ignorance de celui qui s'en sert.

L'histoire sainte fait mention de plusieurs *pierres* ou rochers de la Palestine devenus fameux par les événements qui s'y étaient passés: elle nomme la *pierre d'Ethan*, celle d'*Ezel*, la *pierre du secours*, etc. Il est probable que la *pierre du désert* est la ville de Petra dans l'Arabie. Un de ces rochers, le plus remarquable, est celui d'Horeb, auquel Moïse fit jaillir une fontaine en le frappant de sa baguette (*Exod*. XVII, 6). Ce miracle fut renouvelé environ quarante ans après, et il en est parlé (*Num*. XX, 11). Ceux qui ont cru que c'était le même prodige raconté deux fois, se sont trompés. Le premier se fit à *Raphidim*, onzième station des Israélites, la première année après la sortie d'Egypte; le second, au désert de *Sin*, trente-troisième station, à la quarantième année, immédiatement avant la mort d'Aaron. La première fois Moïse frappa le rocher avec la verge de laquelle il s'était servi en Egypte pour opérer des miracles; la seconde fois il le frappa avec la verge d'Aaron, qui était gardée dans l'arche. A Raphidim, Moïse ne frappa le rocher qu'une fois et en présence des anciens d'Israël; à Sin, il le frappa deux fois en présence de tout le peuple rassemblé, et cette action déplut à Dieu; Moïse en fut puni bientôt après.

Un déiste anglais a cru détruire ce miracle, en disant que la fontaine d'Horeb existait déjà et coulait naturellement; mais que comme les Israélites, au sortir de l'Egypte, n'avaient jamais vu de fontaine, ils prirent celle-là pour un prodige, et que Moïse, de concert avec les anciens qu'il avait apostés, le publia ainsi. Quand les Hébreux auraient été assez stupides pour donner dans cette erreur la première année après leur sortie de l'Egypte, du moins ils ne pouvaient plus y être trompés à la quarantième; ils avaient vu des fontaines avant de sortir de l'Egypte, puisque leur sixième station s'était faite à *Elim*, où il y avait douze fontaines, et qu'ils avaient campé auprès (*Exod*. XV, 27; *Num*. XXXIII, 9). Nous faisons ces remarques, afin de montrer combien les incrédules sont imprudents. Dans le psaume LXXX, v. 17, il est dit que les Israélites ont été rassasiés du miel qui sortait de la *pierre*, c'est-à-dire du miel que les abeilles avaient fait dans les trous des rochers.

PIERRE (saint), chef des apôtres. Au mot CÉPHAS nous avons donné l'étymologie de son nom, et nous avons fait voir la raison pour laquelle Jésus-Christ le lui donna. Au mot PAPE nous avons prouvé que ce divin Sauveur a établi *saint Pierre* chef et premier pasteur de son Eglise, qu'il lui a donné sur ses collègues une primauté non-seulement d'honneur, mais de juridiction, et que ce privilége a passé à ses successeurs. La dignité à laquelle cet apôtre avait été élevé ne l'empêcha point de faire une chute énorme en reniant son maître pendant sa passion; mais la promptitude et l'amertume de son repentir, le courage dont il fut animé après avoir reçu le Saint-Esprit, la constance de son martyre, ont pleinement réparé cette faute. Par cet exemple, disent les Pères de l'Eglise, Dieu a voulu faire voir que les justes doivent toujours craindre leur propre faiblesse, et que les pécheurs pénitents peuvent tout espérer de la miséricorde divine. » Jésus-Christ, après sa résurrection, loin de reprocher à *saint Pierre* son peu de fidélité, le traita toujours avec la même bonté qu'auparavant.

Le premier des miracles opérés par cet apôtre, et rapporté dans les *Actes*, ch. III et IV, mérite beaucoup d'attention. *Saint Pierre* et saint Jean allaient au temple, au moment où les Juifs avaient coutume de s'y rassembler pour prier; ils voient à l'une des portes un boiteux de naissance, connu pour tel de tout Jérusalem; *saint Pierre* le guérit par une parole, au nom de Jésus-Christ : cet homme suit son libérateur, tressaillant de joie et bénissant Dieu; la multitude étonnée se rassemble pour contempler le prodige. Alors l'apôtre élève la voix, il reproche à ces Juifs, qui peu de temps auparavant ont demandé la mort de Jésus, le crime qu'ils ont commis; il atteste que ce Jésus crucifié et mort à leurs yeux est ressuscité, que c'est en son nom et par sa puissance que le boiteux vient d'être guéri, qu'il est le Messie prédit par les prophètes : personne n'ose accuser *saint Pierre* d'imposture; cinq mille Juifs se rendent à l'évidence et croient en Jésus-Christ. Au bruit de cet événement, les chefs de la nation se rassemblent et délibèrent; ils interrogent *saint Pierre*, qui leur répète ce qu'il a dit au peuple, et leur soutient le même fait, la résurrection de son maître. Le résultat de l'assemblée est de défendre aux apôtres de prêcher davantage au nom de Jésus-Christ; quoiqu'ils protestent qu'ils obéiront à Dieu plutôt qu'aux hommes, on les laisse aller, de peur de soulever le peuple. Voilà un fait public, notoire, aisé à vérifier; un disciple du Sauveur a-t-il osé l'inventer, le publier dans le temps même, et citer cinq mille témoins oculaires? Si les apôtres sont des imposteurs, qui empêche les chefs de la nation juive de sévir contre eux? Les apôtres n'ont encore fait qu'un miracle, Jésus en avait fait des milliers lorsqu'ils l'ont mis à mort. La crainte de soulever le peuple ne les empêche pas de laisser lapider saint Etienne, et d'envoyer Saul à Damas, avec commission de mettre les croyants dans les chaînes et de les amener à Jérusalem. Pourquoi cette tranquillité avec laquelle ils souffrent la résistance de *saint Pierre* et de saint Jean ? On dira peut-être qu'ils ont méprisé le prétendu miracle et les suites qu'il pourrait avoir ; mais toute leur conduite démontre qu'ils étaient alarmés des progrès que faisaient les apôtres, qu'ils auraient voulu leur fermer la bouche, qu'ils n'osaient pas néanmoins entreprendre de les convaincre d'imposture. Donc c'est la vérité des faits qui les a retenus dans l'inaction. Quelques incrédules ont reproché à *saint Pierre* la punition d'Ananie et de Saphire comme un trait de cruauté ; nous avons discuté ce fait au mot ANANIE. A l'article CÉPHAS nous avons parlé de la dispute qu'il y eut entre *saint Pierre* et saint Paul à Antioche, au sujet des cérémonies légales.

Pendant longtemps les protestants se sont obstinés à soutenir que *saint Pierre* n'était jamais venu à Rome, qu'il n'y a donc jamais établi son siége; mais le fait contraire est prouvé par les témoignages de saint Clément, de saint Ignace et de Papias, tous trois disciples des apôtres ; Caïus, prêtre de Rome, saint Denis de Corinthe, saint Clément d'Alexandrie, saint Irénée, Origène, ont attesté la même chose au II<sup>e</sup> et au III<sup>e</sup> siècle ; aucun des Pères n'en a douté dans les siècles suivants. Au IV<sup>e</sup>, l'empereur Julien disait qu'avant la mort de saint Jean, les tombeaux de *saint Pierre* et saint Paul étaient déjà honorés en secret ; dans *saint Cyrille*, l. x, pag. 327 : or ces tombeaux étaient certainement à Rome, puisqu'ils y sont encore. Dom Calmet à rassemblé ces preuves dans une dissertation sur ce sujet, *Bible d'Avignon*, tom. XVI, p. 173.

Aussi Basnage, *Hist. de l'Eglise*, l. VII, c. 3, § 3, et Le Clerc, an. 168, § 1, conviennent qu'il n'est pas possible de récuser tous ces témoins ; qu'on ne peut leur opposer que des difficultés de chronologie, que le martyre de *saint Pierre* et de saint Paul à Rome, sous l'empire de Néron, est un fait incontestable. Ils se bornent à soutenir que *saint Pierre* n'a pas été évêque de Rome, plus que d'une autre ville ; qu'il y aurait plus de raison de regarder saint Paul comme fondateur du siége de Rome, que d'attribuer cet honneur à *saint Pierre*. Mais la plupart des témoins, qui attestent le voyage et la mort de cet apôtre à Rome, le regardent aussi comme fondateur de ce siége ; sont-ils moins croyables sur un de ces faits que sur l'autre ? Aussi les protestants les mieux instruits commencent à être plus réservés touchant cette contestation. Ceux d'entre eux qui nient encore que *saint Pierre* ait été évêque de Rome, et qu'il y ait placé son siége ne raisonnent pas conséquemment ; ils avouent que l'on ne sait pas précisément en quelle année *saint Pierre* vint à Antioche ni combien d'années il y demeura, que cependant il est incontestable qu'il y établit une espèce de résidence ; qu'on l'a toujours regardé comme le premier évêque d'Antioche, quoique saint Paul y eût été avant lui. Et quand il est question de Rome, ils ne veulent pas que *saint Pierre* en ait été évêque, parce que l'on ne sait pas en quelle année il y est venu ni combien de temps il y a demeuré, et parce que saint Paul y a été avant lui ; que les apôtres étant évêques de toute l'Église, n'ont eu probablement aucun siège particulier, etc. Ils nieront peut-être que saint Jean l'Évangéliste ait été évêque d'Éphèse.

Il est constant que quand saint Paul a écrit sa lettre aux Romains, il n'avait pas encore été à Rome; il le dit formellement, c. I, v. 13, et cependant il leur écrit que leur foi est annoncée par tout le monde, v. 8; il le répète, c. xv, v. 22. Donc l'Église de Rome était fondée avant que saint Paul y eût paru. Qui en était le fondateur, sinon *saint Pierre*, comme l'ont attesté tous les anciens.

Il nous reste deux lettres de ce saint apôtre, et l'on n'a aucune preuve qu'il ait composé d'autres écrits; la première a toujours été reçue comme authentique d'un consentement unanime, mais on a longtemps douté de la seconde; un passage de saint Isidore de Séville nous apprend qu'au vii<sup>e</sup> siècle il y avait encore en Espagne des églises qui faisaient difficulté de la recevoir. Enfin tous les doutes se sont dissipés, on n'en conteste plus aujourd'hui l'autorité; les protestants mêmes l'admettent comme canonique, parce qu'elle ne renferme aucun passage décisif contre leurs opinions. Mais en cela même ils ne sont pas fidèles à leur principe, qui est de ne recevoir pour ouvrages canoniques que ceux qui ont été admis comme tels de tout temps, et de contester à l'Église le droit de mettre dans le canon certains livres qui n'y étaient pas encore dans les premiers siècles. Sherlock, dans son ouvrage sur *l'usage et les fins de la prophétie*, t. II, p. 63, a fait une dissertation sur l'autorité ou la canonicité de cette seconde épître; il montre que la seule raison pour laquelle quelques anciens et quelques Églises en ont douté, était la différence que l'on trouvait entre le style de cette lettre et celui de la première; il apporte des raisons très-probables de cette différence. Il compare le ii<sup>e</sup> chapitre, dont on était le plus frappé, avec la lettre de saint Jude, et il conjecture que ces deux apôtres ont copié tous deux, dans un ancien livre, la description qu'ils font des faux prophètes; qu'ainsi il n'y a aucune raison de douter de la canonicité de la seconde épître de *saint Pierre*. Les anciens hérétiques ont attribué à ce saint apôtre quelques ouvrages apocryphes; mais ces faux écrits n'ont jamais eu aucun crédit dans l'Église.

PIERRE CHRYSOLOGUE (saint), archevêque de Ravenne, a vécu au v<sup>e</sup> siècle; il est mort l'an 450; c'est son éloquence qui lui a fait donner le surnom de *Chrysologue*. Il reste de lui 176 sermons sur divers sujets, tous fort courts, et dont il y a plusieurs éditions. Comme ce saint archevêque était très-instruit, c'est un témoin irréprochable de la tradition de son siècle; les protestants mêmes sont convenus de ses talents.

PIERRE DAMIEN (le bienheureux), cardinal, était évêque d'Ostie dans le xi<sup>e</sup> siècle; il est mort l'an 1072: il a laissé des sermons, des lettres et d'autres ouvrages qui ont été imprimés à Paris en 1663, en 5 vol. in-fol.; mais ils peuvent être reliés en un seul. L'exemple de ce vertueux cardinal prouve que, dans les siècles même les plus ténébreux, Dieu a suscité dans son Église des hommes très-capables d'instruire et de s'élever contre les erreurs et les vices. « *Pierre Damien*, dit Mosheim, mérite d'avoir placé parmi les écrivains les plus savants et les plus estimables de son siècle, à cause de son esprit, de sa candeur, de sa probité et de son érudition, quoiqu'il ne soit pas tout à fait exempt des préjugés et des défauts de son temps. » Par *préjugés*, Mosheim entend probablement l'estime singulière que le bienheureux *Damien* avait pour les austérités, les pénitences et les autres exercices de la vie monastique. En général, les protestants ont souvent cité les ouvrages de ce pieux cardinal, pour prouver le déréglement des mœurs qui régnait de son temps parmi les ecclésiastiques et les moines; mais en lisant attentivement ses écrits, on voit que le mal n'était pas, à beaucoup près, aussi grand que les ennemis du clergé voudraient le persuader; si les évêques, les prêtres et les moines avaient été aussi pervers qu'on le suppose, le bienheureux *Damien* n'aurait pas travaillé avec tant de succès qu'il l'a fait à les réformer.

PIERRE LOMBARD. *Voy.* Scolastique.

PIÉTÉ, affection et respect pour les pratiques de religion, assiduité à les remplir. Au mot Dévotion, terme synonyme de *piété*, nous avons fait voir que c'est une vertu; nous avons répondu à la plupart des reproches que lui font ordinairement ceux qui ne la connaissent pas; il est bon d'ajouter à ce que nous avons dit une ou deux réflexions. Un déiste a dit : « S'il faut un culte qui entretienne parmi les hommes l'idée d'un Dieu infiniment bon et sage, il est évident que les *seules cérémonies* de ce culte sont toute action bienfaisante, générale ou particulière, et que le plus digne hommage que l'on puisse rendre à la divinité consiste à l'imiter, et non à faire un éloge stérile de ses grandeurs. » Cette morale a besoin de correctif. On peut pratiquer des actions bienfaisantes sans penser à Dieu; quand on les fait par un motif de vaine gloire, est-ce un hommage rendu à la Divinité? Si l'auteur s'était borné à dire qu'une des manières d'honorer Dieu, qui lui est la plus agréable, est de faire du bien aux hommes pour l'amour de lui, il n'aurait fait que répéter ce qu'enseigne l'Évangile. Jésus-Christ nous ordonne d'être parfaits comme notre Père céleste, qui répand ses bienfaits sur les justes et sur les pécheurs. Il nous avertit que si un de nos frères a lieu de se plaindre de nous, il faut aller nous réconcilier avec lui avant d'apporter notre offrande à l'autel. Il dit que Dieu veut la miséricorde plutôt que le sacrifice, et c'est une leçon que les prophètes faisaient déjà aux Juifs. Mais il ne faut pas conclure de là que les œuvres de charité, de miséricorde, de bienfaisance, d'humanité, nous dispensent de faire des actes de religion et de *piété*, puisque Jésus-Christ dit expressément qu'il faut faire les uns et ne pas omettre les autres. Lui-même, après avoir employé les jours entiers à faire du bien, passait encore les nuits à prier Dieu. Dans la concurrence de deux devoirs, l'un de charité, l'autre de *piété*, il faut sans doute donner la préférence au premier ; mais si l'on peut les accomplir tous les deux, il ne faut pas omettre le second. L'éloge des grandeurs de Dieu et de ses perfections, de sa bonté, de sa libéralité, de sa miséricorde, de sa justice, nous fait souvenir de nos devoirs envers lui et à l'égard de nos frères. Défions-nous d'une morale hypocrite qui tend à nous détourner de quelqu'une de nos obligations, sous prétexte d'une plus grande perfection.

Saint Paul a dit (*I Tim.* IV, 8), que la *piété* a les promesses de la vie présente et de la future : par celles de la vie présente il n'entend certainement pas les grandeurs, les richesses et les autres biens de ce monde, Dieu ne les a jamais promis à la *piété* ; mais il a promis de protéger les fidèles, de pourvoir à leurs besoins, de les soutenir et de les consoler dans les peines de cette vie. « Soyez sans avarice, dit-il aux Hébreux, c. XIII, v. 5, et contents de ce que vous possédez à présent ; car Dieu lui-même a dit : *Je ne te délaisserai point ni ne t'abandonnerai jamais.* Ainsi nous pouvons dire avec assurance : Le Seigneur est mon aide, je ne craindrai point ce que l'homme peut me faire. » Le Sauveur lui-même (*Matth.* VI, 25 et 34) veut que ses disciples n'attendent de Dieu que sa protection et les choses nécessaires à la vie ; il ne leur promet rien au delà. Que l'on ne dise donc plus que souvent les gens de bien sont malheureux ; le bonheur ne consiste point dans la possession des honneurs, des richesses, ni dans la prospérité temporelle ; souvent ce prétendu bonheur est trompeur, et n'est rien moins que durable ; il ne peut satisfaire le cœur de l'homme ; mais un juste est protégé de Dieu à proportion du besoin qu'il a de son secours ; sa confiance en Dieu et la paix intérieure dont il jouit, le consolent dans les traverses qu'il éprouve ; l'espérance d'en être récompensé lui donne une véritable joie ; il dit avec saint Paul : Je ressens une joie surabondante dans toutes mes tribulations (*II Cor.* VII, 4) ; au lieu que l'on entend dire aux prétendus heureux de ce monde, *je suis malheureux.*

PIÉTISTES. On a donné ce nom à plusieurs sectes de dévots fanatiques qui se sont élevées parmi les protestants d'Allemagne, surtout parmi les luthériens, pendant le siècle dernier ; il y en a aussi en Suisse parmi les calvinistes. Quelques hommes frappés de voir la piété déchoir de jour en jour, et le vice faire des progrès rapides parmi ceux qui se vantent d'avoir réformé l'Église de Jésus-Christ, formèrent le projet de remédier à ce malheur ; ils prêchèrent et ils écrivirent contre le relâchement des mœurs, ils l'imputèrent principalement au clergé protestant ; ils firent des disciples et formèrent des assemblées particulières. Ainsi en agirent Philippe-Jacques Spéner à Francfort, Schwenfeld et Jacques Bohm en Silésie, Théophile Broschbandt et Henri Muller en Saxe et en Prusse, Wigler dans le canton de Berne, etc. Le même motif a fait naître en Angleterre la secte des quakers ou trembleurs ; celle des hernutes ou frères moraves, et celle des méthodistes. Nous avons parlé de chacune en particulier.

Mosheim, qui a fait assez au long l'histoire des *piétistes*, convient qu'il y eut parmi les partisans de cette nouvelle réforme plusieurs fanatiques insensés, conduits plutôt par une humeur chagrine et caustique que par un vrai zèle ; que, par la chaleur et l'imprudence de leurs procédés, ils excitèrent des disputes violentes, des dissensions et des haines mutuelles, et causèrent beaucoup de scandale. Cet aveu nous donne lieu de faire plusieurs réflexions qui ne sont pas favorables au protestantisme. — 1° Les reproches que les *piétistes* ont faits contre le clergé luthérien, sont précisément les mêmes que les auteurs du luthéranisme avaient élevés dans le siècle précédent contre les pasteurs de l'Église romaine ; ils en ont censuré non-seulement les mœurs et la conduite, mais la doctrine, le culte extérieur et la discipline ; plusieurs *piétistes* voulaient tout réformer et tout changer, ou ils ont eu raison, ou Luther et ses partisans ont eu tort. De là il résulte déjà que la prétendue réforme établie par Luther et les autres n'a pas opéré des effets fort salutaires, puisque des hommes dont Mosheim loue d'ailleurs les mœurs, les talents et les intentions, en ont été fort mécontents, et se sont crus obligés de faire bande à part pour travailler sérieusement à leur salut. — 2° Le résultat de l'une et de l'autre de ces prétendues réformes a été précisément le même ; le faux zèle, l'humeur caustique, le style emporté de plusieurs *piétistes*, ont fait naître des querelles théologiques, des dissensions parmi les pasteurs et parmi les peuples ; souvent il a fallu que les magistrats et le gouvernement s'en mêlassent pour arrêter les effets du fanatisme. Puisque la même chose est arrivée à la naissance du protestantisme, il s'ensuit que ses fondateurs n'ont eu ni un zèle plus pur, ni une conduite plus sage, ni des motifs plus louables que les *piétistes* les plus emportés ; que les uns comme les autres ont été des fanatiques insensés, et non des hommes suscités de Dieu pour réformer l'Église. Mosheim parlant d'un *piétiste* fougueux, nommé Dippélius, dit : « Si jamais les écrits informes, bizarres et satiriques de ce réformateur fanatique parviennent à la postérité, on sera surpris que nos ancêtres aient été assez aveugles pour regarder comme un apôtre un homme qui a eu l'audace de violer les principes les plus essentiels de la religion et du bon sens. » N'avons-nous pas droit de dire la même chose de Luther ? — 3° Nous n'avons pas tort de reprocher aux protestants qu'ils enseignent une doctrine scandaleuse et pernicieuse aux mœurs, lorsqu'ils soutiennent que *les bonnes œuvres ne sont pas nécessaires au salut, que la foi nous justifie indépendamment des bonnes œuvres*, puisque plusieurs *piétistes*, quoique nés protestants, en ont été révoltés aussi bien que nous, et ont opiné à bannir ces maximes de la chaire et de l'enseignement public. D'autres théologiens ont pensé à peu près de même. — 4° Comme il n'y a ni autorité ni règles pour maintenir l'ordre et la décence dans les sociétés de *piétistes*, et que chacun croit être en droit d'y faire valoir ses visions, il est impossible que plusieurs ne donnent dans des travers dont le ridicule retombe sur la société entière, avilit ce qu'il peut y avoir de bon d'ailleurs, et ne cause bientôt la dissolution des membres dans un corps si mal construit. Ainsi la piété peut prendre difficilement racine parmi les protestants, elle s'y trouve transplantée comme dans une terre étrangère ; comment pourrait-elle se conserver parmi des hommes qui ont retranché la plupart des pratiques capables de l'exciter et de la nourrir ? Mosheim, *Hist. ecclés.*, xvii<sup>e</sup> siècle, section 2, ii<sup>e</sup> part., c. 1, § 26 et suiv.

PILATE ( actes de ). Saint Justin, dans sa première apologie, n. 35, dit aux empereurs et au sénat romain : « Que Jésus ait été crucifié, et que l'on ait partagé ses habits, vous pouvez l'apprendre par les actes dressés sous *Ponce-Pilate;* n. 48, que le Christ ait opéré des miracles, vous pouvez en être informés par les actes dressés sous *Ponce-Pilate.* » Tertullien, dans son *Apologétique*, c. 5, parle de ces mêmes actes. « Un personnage, dit-il, ne peut être dieu à Rome, s'il ne plaît au sénat... Tibère, sous le règne duquel le nom de chrétien est entré dans le monde, informé de la Palestine même des faits qui caractérisaient un personnage divin, en fit le rapport au sénat, et l'appuya de son suffrage. Le sénat le rejeta, parce qu'il n'avait pas vérifié lui-même la chose. Tibère demeura dans son sentiment et menaça de punir ceux qui accuseraient les chrétiens. » Ch. 21, après avoir parlé des miracles, de la mort, de la résurrection et de l'ascension de Jésus-Christ, il ajoute : « *Pilate*, partisan de Jésus-Christ dans sa conscience, manda les faits qui concernaient ce personnage à l'empereur Tibère. Les césars même auraient cru en Jésus-Christ, s'ils n'étaient pas nécessaires au siècle, ou si des chrétiens pouvaient être césars. » Eusèbe, *Hist. ecclés.*, l. ii, c. 2, confirme l'existence de la relation de *Pilate*, par le récit de Tertullien ; mais il ne dit pas qu'il l'a vue, non plus que les deux témoins.

Plusieurs critiques protestants, après Tanegui Lefèvre, ont regardé ce fait comme fabuleux, en particulier Le Clerc, *Hist. ecclés.*, an. 29, p. 324. Ils disent, 1° qu'il n'est pas croyable que *Pilate*, écrivant à l'empereur, ait voulu faire l'éloge d'un homme qu'il venait de condamner à mort. 2° Il l'est encore moins que Tibère, prince sans religion, ait voulu faire mettre Jésus-Christ au nombre des dieux ; 3° il ne l'est pas que le sénat, asservi comme il l'était aux caprices de Tibère, ait osé rejeter une proposition appuyée de son suffrage ; 4° Tibère haïssait les Juifs ; il ne lui est donc pas venu dans l'esprit de vouloir faire rendre les honneurs divins à un Juif. Enfin, sous Tibère, le nom de *chrétien* ne peut pas encore avoir été connu à Rome, et il ne pouvait pas encore y avoir eu des accusations formées contre eux. Vingt auteurs ont copié ces objections, et les incrédules en ont conclu que saint Justin avait forgé les actes de *Pilate*. Pour savoir si ces arguments sont fort solides, il faut se souvenir que Tibère mourut l'an 37 de notre ère, que *Pilate* fut rappelé à Rome et envoyé en exil la même année, par conséquent quatre ans après la mort de notre Sauveur. Pendant cet intervalle, il fut témoin des progrès que faisait l'Évangile, du nombre de ceux qui se convertissaient, de l'inquiétude que cela causait aux Juifs, du meurtre de saint Étienne, etc. Il se peut très-bien faire que le bruit de ces mouvements ait pénétré jusqu'à Rome, et que *Pilate* ait été obligé de rendre compte à l'empereur de la conduite qu'il avait tenue à l'égard de Jésus et de ceux qui croyaient en lui ; rien ne nous oblige de supposer que sa relation fut envoyée longtemps avant son rappel. Dans cette supposition, qui est très-probable, nous ne voyons pas pourquoi *Pilate* aurait hésité de rapporter ce que la renommée avait publié dans la Judée, touchant les miracles et la résurrection de Jésus, et sur l'effet que ces faits produisaient. Ce n'est pas lui qui avait condamné Jésus à la mort, il n'avait fait que le livrer à la fureur des Juifs, par la crainte d'exciter une émotion populaire. En second lieu, Tibère, quoique très-peu religieux, a pu vouloir, par caprice ou par quelque autre motif, feindre d'avoir de la religion pour ce moment-là ; puisqu'il haïssait les Juifs, il ne pouvait les mortifier davantage qu'en faisant rendre les honneurs divins à un personnage qu'ils avaient fait crucifier, et qu'ils poursuivaient encore après sa mort, dans la personne de ceux qui croyaient en lui. Le sénat, quoique asservi aux volontés de Tibère, a pu lui représenter des inconvénients et des motifs de ne pas faire ce qu'il proposait. L'on a tort de supposer que ce prince mit beaucoup de chaleur et d'intérêt à faire exécuter le projet qu'il avait formé. On sait qu'il y avait une ancienne loi romaine qui ôtait aux empereurs le pouvoir de créer de nouveaux dieux sans l'approbation du sénat. Tertull., *Apologét.*, c. 5.

Puisque les miracles, la mort et la résurrection de Jésus faisaient du bruit dans la Judée, lui attiraient tous les jours de nouveaux sectateurs, donnaient de l'ombrage et de l'inquiétude aux Juifs, il ne serait pas fort étonnant que déjà sous Tibère ils eussent porté à Rome des plaintes contre cette nouvelle religion naissante, et contre ceux qui l'embrassaient, et qu'en conséquence *Pilate* eût été obligé d'en écrire à l'empereur ; dans ce cas, il est vrai de dire que le nom de chrétien était déjà connu à Rome, et que les chrétiens y avaient déjà des accusateurs. Puisque les incrédules ne nous opposent que des impossibilités prétendues, il nous suffit de leur faire voir que ce qu'ils jugent impossible ne l'est pas. Quant à l'accusation formée contre saint Justin par les incrédules, elle est absurde, puisqu'elle suppose qu'il a été imposteur et faussaire sans motif. Qu'avait-il besoin de citer une relation ou des *Actes de Pilate*, pour prouver que Jésus avait fait des miracles, et qu'il avait été crucifié ? C'étaient des faits publics et desquels toute la Judée était en état de déposer. Il était plus simple d'en appeler au témoignage de toute une province qu'aux *Actes de Pilate*, s'ils n'existaient pas. S'il y a eu des critiques assez prévenus contre le témoignage des Pères, pour traiter de fable la relation de *Pilate*, il s'en est trouvé aussi, même parmi les protestants, qui ont vengé les Pères, et qui ont fait voir qu'il n'y a rien d'incroyable dans leur narration. Tels sont Fabricius, Hœsœus, Have. camps, Mosheim, *Instit. Hist. christ.*, 1re part., c. 4, § 9. Mais, pour faire illusion, les incrédules confondent les *Actes* dont parle saint Justin avec de faux *Actes de Pilate*, que les quartodécimans forgèrent au IIe siècle. Au IIIe, les païens en composèrent d'autres, dans lesquels Jésus-Christ et les chrétiens étaient représentés sous des traits odieux ; l'empereur Maximin les fit afficher et répandre dans tout l'empire : quelques auteurs ont cru que les *Actes de Pilate* étaient l'Évangile de Nicodème, etc. Que prouvent toutes ces fausses pièces, postérieures à saint Justin, contre le fait qu'il rapporte ? Loin de le détruire, elles servent plutôt à le confirmer ; c'est la notoriété de ce même fait qui a donné lieu à des faussaires de forger de faux *actes* au lieu de vrais.

Enfin, les actions de Jésus-Christ sont assez prouvées d'ailleurs sans le témoignage de *Pilate* ; on n'en a fait usage pour appuyer aucun dogme ; mais saint Justin et Tertullien ont eu raison de les citer aux empereurs et aux magistrats ; c'était pour eux une pièce irrécusable. Il y a une dissertation sur ce sujet dans la *Bible d'Avignon*, t. XIII, p. 513.

PISCINE PROBATIQUE, ou PISCINE DES BREBIS, réservoir d'eau placé dans le voisinage du temple de Jérusalem, qui servait probablement à laver les entrailles des victimes. Saint Jean, c. v, v. 2, nous apprend que de temps en temps un ange du Seigneur descendait dans cette *piscine*, en faisait mouvoir l'eau, et que le premier malade qui y était plongé après ce mouvement était guéri, quelle que fût sa maladie. Il ajoute que Jésus-Christ ayant trouvé là un homme paralytique depuis trente-huit ans, le guérit d'une seule parole.

Cet évangéliste, dit un incrédule, est le seul qui ait parlé de ce réservoir d'eau et de sa vertu, c'est donc une fable ; le prétendu paralytique guéri par Jésus était sans doute un mendiant valide qui, de concert avec Jésus, feignit d'être guéri, après avoir feint d'être malade.

*Réponse.* Quand saint Jean serait le seul qui eût parlé de la *piscine probatique*, cela ne serait pas étonnant ; aucun ancien écrivain ne nous a donné une description exacte de la ville de Jérusalem. Mais il est très-probable que Josèphe a voulu désigner cette *piscine* sous le nom de *piscine de Salomon. De la Guerre des Juifs*, liv. v, c. 13. Le Père Hardouin pense que *probatica piscina* signifie *piscine* dont les eaux vont dans une autre ; que celle-ci est la même qu'Isaïe appelle *piscine supérieure*, c. VII, v. 3 ; c. XXXVI, v. 2, et qui avait été faite par Ezéchias (*IV Reg.* XX, 20). La *piscine inférieure* était celle de *Siloé*, piscine qui vient d'ailleurs (*Joan.* IX, 7). Quant à la vertu miraculeuse de la première, si c'était une fable, quelle raison pouvait avoir saint Jean de l'inventer ? Cette circonstance n'ajoutait rien à la réalité ni à l'éclat du miracle opéré par Jésus-Christ, il aurait décrédité sa narration dans l'esprit de tous ceux qui avaient connu la ville de Jérusalem. Il observe que les Juifs furent offensés de ce que Jésus-Christ avait guéri le paralytique un jour de sabbat ; s'ils avaient pu soupçonner qu'il y avait de la collusion et de la fraude, ils en auraient fait un bien plus grand crime au Sauveur. Mais les incrédules se flattent de détruire tous les miracles de l'Évangile par une accusation d'imposture intentée au hasard.

PITIÉ, compassion pour les malheureux, inclination à les soulager. Un ancien poëte dit que la nature nous a rendus sociables en nous donnant des larmes pour les maux d'autrui, que c'est le plus exquis de nos sentiments. Aussi l'Évangile est une leçon continuelle de cette vertu : Jésus-Christ exhorte sans cesse l'homme à compatir aux afflictions de ses semblables, à les consoler, à les secourir ; et il a confirmé cette morale par les exemples les plus touchants ; tous ses miracles ont été destinés à soulager des personnes souffrantes, et souvent la vue des malheurs d'autrui lui a tiré des larmes. Mais sur ce point la morale de plusieurs anciens philosophes était inhumaine et scandaleuse : non-seulement ils ne recommandaient pas la *pitié*, mais ils la regardaient comme une faiblesse. « Zénon, avec tout son esprit, dit Lactance, et les stoïciens, ses sectateurs, disent que le sage est inaccessible à toute affection, qu'il ne fait grâce à aucune faute, que la compassion est une marque de légèreté et de folie, qu'une âme forte ne se laisse ni toucher ni fléchir. » *Divin. Instit.*, l. VI, c. 10. Cicéron leur a fait le même reproche, *Orat. pro Murœna*, et saint Augustin, *de Morib. Eccles.*, l. I, c. 27. La plupart de nos épicuriens modernes sont très-stoïciens sur ce point.

PLAIES DE L'ÉGYPTE. Ce sont les fléaux par lesquels Dieu, à la parole de Moïse, punit le refus obstiné de Pharaon et de ses sujets, qui ne voulaient pas mettre les Israélites en liberté. Ces *plaies* sont au nombre de dix : la 1re fut le changement des eaux du Nil en sang ; la 2e, fut la quantité innombrable de grenouilles dont l'Égypte fut remplie ; la 3e, les moucherons qui tourmentèrent cruellement les hommes et les bêtes ; la 4°, les mouches qui infestèrent tout ce royaume ; la 5°, une peste subite qui tua la plus grande partie des animaux ; la 6°, des ulcères pestilentiels qui attaquèrent les Egyptiens ; la 7°, une grêle épouvantable qui ravagea les campagnes, excepté la terre de Gessen, habitée par les Israélites ; la 8°, une nuée de sauterelles qui achevèrent de détruire les fruits de la terre ; la 9°, les ténèbres épaisses qui couvrirent l'Egypte pendant trois jours ; la 10° et la plus terrible fut la mort des premiers-nés frappés par l'ange exterminateur. Cette *plaie* vainquit enfin la résistance des Egyptiens et de leur roi ; ils laissèrent partir les Israélites. Pour retenir plus aisément ces dix *plaies*, on les a renfermées dans les cinq vers suivants :

   Prima rubens unda est, ranarum plaga secunda;
   Inde culex terris, post musca nocentior istis,
   Quinta pecus stravit, anthraces sexta creavit,
   Post sequitur grando, post brucus dente nefando,
   Nona tegit sol nox, primam necat ultima prolem.

Une grande question entre les incrédules et nous est de savoir si ces châtiments ont été des fléaux miraculeux ou des événements naturels dont Moïse sut profiter habilement pour venir à ses fins ; quelques-uns l'ont prétendu. Nous soutenons au contraire que ce furent des fléaux miraculeux ; déjà nous l'avons fait voir ailleurs, en comparant les opérations de Moïse avec celles des magiciens d'Egypte : *Voy.* MAGIE, § 2 ; mais il y a encore d'autres preuves. 1° Chacun de ces événements considéré en particulier, sans faire attention aux circonstances, à la manière dont ils ont été produits, à la fin à laquelle ils étaient destinés, etc., pourrait peut-être sembler naturel ; une nuée de mouches ou de sauterelles, un orage violent et imprévu, une contagion sur le bétail ou sur les hommes, ne sont pas des miracles ; mais rapprochons ces faits de leurs circonstances, tout change de face. En effet, qu'un ou deux de ces fléaux fussent arrivés en Egypte presque en même temps, cela ne prouverait rien ; mais que tant de malheurs divers, qui n'ont ensemble aucune connexion, se soient rassemblés sur ce royaume dans l'espace d'un mois ou de six semaines, il n'y en a point eu d'exemple dans le reste de l'univers ; cela n'est point selon l'ordre de la nature. — 2° Tous ces fléaux ont été prédits d'avance ; ils sont arrivés précisément au jour et à l'heure pour lesquels Moïse les avait annoncés ; il les produisait en élevant sa baguette ; il les faisait cesser par ses prières ; il les faisait durer à volonté. Il exerçait donc un pouvoir absolu sur la nature, sans employer aucune cause physique. — 3° Les Israélites étaient exempts des *plaies* dont les Egyptiens étaient frappés, aucune ne se fit sentir dans la partie de l'Egypte habitée par les premiers : cette exception n'est point naturelle. — 4° Ces événements avaient été prédits, du moins en gros, à Abraham, 430 ans auparavant ; Dieu lui avait dit : *J'exercerai mes jugements sur le peuple qui retiendra vos descendants captifs. ils sortiront du lieu de leur exil comblés de richesses* (*Gen.* c. xiv, 14). Jacob et Joseph en mourant avaient promis à ces mêmes descendants que Dieu les visiterait et les tirerait de l'Egypte ; les Hébreux s'y attendaient ; aux premiers miracles que Moïse fit en leur présence, ils reconnurent que le moment de leur délivrance était arrivé (*Exod.* iv, 31). La suite des événements démontre donc que les prodiges opérés par Moïse ne sont l'effet ni du hasard ni de l'industrie humaine, mais d'un dessein prémédité, suivi et naturel de la Providence.

Des miracles isolés, qui ne tiennent à rien, desquels on ne voit ni le but ni la nécessité, peuvent paraître suspects : ceux de Moïse sont le fondement de la religion et de la législation juive, et sans ce secours ce grand ouvrage était impossible. Moïse n'opère pas des prodiges pour faire ostentation de son pouvoir, comme font les imposteurs, mais pour rassembler les Israélites en corps de nation, pour les rendre soumis à Dieu et aux lois. Cette révolution a préparé les voies à une autre plus importante, à la mission de Jésus-Christ, et à l'établissement du christianisme. Ce plan de Providence, conçu dès le commencement du monde, embrasse toute la durée des siècles, et nous le voyons accompli. S'il y a un cas où les miracles so ent utiles, nécessaires, conformes à la sagesse et à la bonté divine, c'est certainement celui-là. On nous dit que les Hébreux, peuple ignorant et grossier, ont aisément pris pour des miracles les événements les plus naturels, que la vanité nationale a suffi pour leur persuader que Dieu les avait toujours favorisés par des prodiges ; Moïse ne risquait donc rien en accumulant les miracles dans son histoire. Malheureusement pour les incrédules, ils font deux objections contradictoires ; ils disent d'un côté que Moïse a pu fort aisément faire croire aux Israélites tout ce qu'il a voulu ; de l'autre, ils nous allèguent les murmures, les révoltes, les séditions fréquentes auxquelles ils se sont livrés contre Moïse. Ces révoltes prouvent-elles que c'était un peuple fort docile ? Cependant Moïse les a forcés de plier sous ses lois, ou plutôt sous les lois que Dieu lui-même leur imposait : par quel moyen, sinon par des miracles ? Moïse n'est pas le seul qui les rapporte ; nous avons vu ailleurs que les auteurs profanes, égyptiens, phéniciens, grecs et romains, ont supposé que Moïse avait fait des miracles en Egypte, puisqu'ils l'ont regardé comme un magicien fameux ; *voy.* MOÏSE, § 1 ; s'il n'y en a pas fait, par quel moyen a-t-il tiré son peuple de l'Egypte et l'a-t-il fait subsister pendant quarante ans dans le désert ? Voilà des difficultés auxquelles les incrédules n'ont jamais satisfait (1).

(1) Pharaon s'obstinait à conserver les Israélites sous le joug de la servitude. Pour vaincre son obstination, le Seigneur frappa son peuple de coups si terribles, qu'après plus de trente siècles, notre esprit est encore épouvanté du récit de ces grands fléaux. L'histoire en est trop connue pour avoir besoin de la retracer ici. Continuant notre rôle de dé-

**PLAISIR.** Ce terme n'a pas besoin d'explication, il n'est personne qui n'en comprenne le sens par expérience. Un des reproches les plus ordinaires que font les ennemis du christianisme, c'est que l'Evangile ne défend pas seulement l'excès dans les *plaisirs*, mais qu'il

fenseurs des saints livres, nous nous occuperons seulement des difficultés que les plaies d'Egypte soulèvent. Les unes proviennent du récit même de Moïse; les autres, de l'histoire profane. On demande, 1° comment expliquer les trois principales difficultés que présente le fait des plaies d'Egypte, savoir : l'endurcissement de Pharaon, les prodiges de ses magiciens et les apparentes contradictions de Moïse (*Exod.* VII, 19, 20, 22, et IX, 6, 9). 2° Comment concilier avec ces fléaux et les désastres de la mer Rouge, la puissance et les conquêtes de Sésostris, dont le règne commence 22 ans après la sortie d'Egypte?

I. Ce qui frappe le plus dans les plaies d'Egypte c'est peut-être moins ce qu'elles ont de prodigieux que l'étonnante opiniâtreté de Pharaon. Comment un roi, pour conserver un peuple indocile et avili par l'esclavage, put-il consentir à voir ses sujets et ses Etats accablés par une succession de maux tels que la lamentable histoire des calamités humaines n'en présente pas de semblable? Dieu se serait-il plu, comme le dit l'Ecriture, à endurcir le cœur de Pharaon pour le punir ensuite plus sévèrement? Loin de nous une si criminelle pensée. Dieu permet quelquefois à l'esprit et au cœur de l'homme de suivre leurs penchants mauvais jusque dans leurs dernières limites; et parce que l'abîme qu'ils creusent est si profond qu'il semble surpasser les forces de l'homme, Dieu paraît s'attribuer à lui-même une si grande iniquité. Mais un peu d'attention, l'habitude de lire l'Ecriture sainte, l'explication d'une page par une autre, persuadent bientôt que nos livres sacrés ne se servent d'expressions aussi hardies, qu'afin de peindre fortement ce qui ne pouvait se rendre avec des couleurs ordinaires. Ces réflexions expliquent suffisamment le sens de ces paroles : *Indurabo cor Pharaonis*. Et sans recourir à une intervention spéciale de la Divinité, croit-on qu'il serait impossible de rendre raison de l'endurcissement de Pharaon? Non, l'impossibilité n'existe point; car la page de l'histoire sainte que nous sommes appelés à venger des attaques des ennemis de notre foi, nous donne le secret d'une telle opiniâtreté. Elle nous montre les passions les plus fortes poussant Pharaon dans la voie qu'il a suivie. L'intérêt, l'orgueil, la superstition, sont de puissants mobiles : ils agissaient sur l'esprit de Pharaon. Les idées que nous nous sommes faites des devoirs de la royauté ne lui imposent-elles pas la nécessité de supporter de grandes calamités pour conserver sous sa domination 2,000,000 de citoyens? C'est là précisément le nombre des Israélites qui devaient quitter la terre d'Egypte. Esclaves, ils étaient une des principales richesses du roi; ils servaient à élever ces monuments destinés à perpétuer pendant tant de siècles, le nom des Pharaons. C'est ainsi que les deux passions les plus fortes, l'orgueil et l'intérêt, agissaient sur le grand roi d'Egypte. La superstition le soutenait contre les miracles et contre les prophéties de Moïse. S'il était étonné des prodiges de l'envoyé de Dieu, il voyait à côté de ceux de ses magiciens qui le rassuraient. Si ceux-là étaient plus éclatants, il les attribuait à une plus grande connaissance de la magie.

Nous savons que les prodiges des magiciens de Pharaon (si propres à le confirmer dans son endurcissement) ont été contestés par les incrédules. On nous demande s'il est possible de croire que des hommes aient changé des baguettes en serpents, de l'eau en sang, créé des grenouilles, etc.? Ces œuvres surpassent si fort la puissance d'une créature, que leur réalité ne peut être admise que par la crédulité la plus stupide. Nous savons que quelques commentateurs ont pensé que les yeux des spectateurs avaient été fascinés (S. Jérôm., S. Aug., etc.). Nous n'ignorons pas que quelques autres ont ajouté que les magiciens de Pharaon étaient d'habiles prestidigitateurs, qu'ils firent alors ce que nous voyons faire tous les jours sur nos places publiques, au grand étonnement de la multitude; qu'ils substituèrent avec habileté à leurs baguettes des serpents énervés (a), qu'ils firent paraître des grenouilles où il n'y en avait pas, qu'ils mêlèrent habilement des couleurs à l'eau préparée dans un vase. Ces interprétations ne sont pas dénuées de fondement; elles sont admises par des hommes graves; cependant elles nous semblent fausser le sens du texte sacré. Et pourquoi avoir honte d'avouer avec le commun des docteurs qu'il y avait intervention du démon? L'existence des esprits mauvais, leur puissance surhumaine, leur influence maligne sur les actions des hommes, sont trop manifestement écrites dans la doctrine chrétienne, dans la croyance de tous les peuples, dans l'histoire des nations, pour avoir honte de reconnaître leur action dans les actes où elle est évidemment empreinte. Ainsi se justifie aisément le récit de Moïse des attaques qu'on a voulu lui livrer sous le rapport des prodiges des magiciens. Peut-il se justifier du reproche de contradiction?

Nous lisons au chap. VII de l'Exode, que le Seigneur dit à Moïse : *Etendez la main sur toutes les eaux de l'Egypte, sur les fleuves, sur les fontaines, sur les lacs, sur les marais; que toutes les eaux se changent en sang; que celles qu'on garde dans des vases de bois et de pierre deviennent du sang.* Moïse exécute cet ordre; il s'accomplit. Cette plaie épouvantable dura sept jours. Les magiciens firent si bien, qu'ils réussirent aussi à changer de l'eau en sang. Si toutes les eaux avaient été changées en sang par Moïse, où en trouvèrent-ils pour opérer leur maléfice? Où les Egyptiens en puisèrent-ils pour abreuver leurs troupeaux? L'Ecriture s'est chargée de répondre à cette question. Elle nous apprend que la terre de Gessen fut préservée de ce fléau; elle nous montre les malheureux enfants de l'Egypte creusant des puits d'espace en espace, à quelque distance du fleuve, afin que l'eau, se filtrant et se purifiant dans la terre, devînt au moins potable, et qu'on pût en boire sans danger.

Moïse paraît devant Pharaon et lui dit : Si vous retenez plus longtemps les enfants d'Israël, j'étendrai ma main sur vos campagnes, je commanderai à la peste et elle m'obéira, et elle enlèvera vos chevaux, vos ânes, vos bœufs et vos moutons. Le lendemain, ces menaces furent changées en événements. Toutes les bêtes de charge et les troupeaux des Egyptiens périrent par la peste. Et voilà que de nouveaux troupeaux apparaissent sur la terre d'Egypte pour être frappés par de nouveaux fléaux. Nous les voyons couverts d'ulcères, frappés par la grêle, exterminés par l'ange, la cavalerie est engloutie sous les flots de la mer Rouge. Comment concilier ces plaies avec celle de la peste? La difficulté repose sur les mots *tous les animaux* employés pour exprimer les ravages causés par la peste. Mais personne n'ignore que le mot *tout* signifie souvent un grand nombre, ou quelques individus de toutes les espèces. Nous pourrions en donner la preuve par une multitude de citations tirées de toutes les langues. Contentons-nous d'indiquer quelques passages de l'Ecriture où cette expression est évidemment prise dans ce sens (*Soph.* II, 14; *Act.* X, 12, etc.). On ne doutera pas que l'expression de Moïse doive recevoir cette acception, si l'on considère qu'une aussi haute intelligence ne peut être soupçonnée de contradiction dans la même page de ses écrits.

II. Elle dut être bien malheureuse la position de

(a) On sait qu'on énerve les serpents avec certaines drogues, afin qu'ils ne puissent nuire.

nous interdit toute espèce de *plaisir* quelconque. C'est une fausseté et un abus grossier des termes. En effet, tout ce qui est conforme à nos besoins, à notre goût, à notre inclination, est un *plaisir* pour nous ; ce qui est un *plaisir* pour tel homme, serait un ennui mortel et un tourment pour un autre. En vain proposerez-vous à un homme sensé, laborieux, occupé de choses utiles, les plaisirs bruyants, dispendieux et dangereux que les riches oisifs trouvent nécessaires pour bercer leur ennui ; ils lui paraissent non-seulement insipides, mais fatigants et dégoûtants ; il les fuit au lieu de les rechercher, il en goûte de plus purs dans l'exercice de ses talents. Une âme vertueuse trouve dans la pratique des bonnes œuvres une satisfaction délicieuse que les mondains ne connaissent point ; saint Paul nomme *ce plaisir, la joie et la paix dans le Saint-Esprit, la paix de Dieu qui surpasse toute intelligence et tout sentiment.* L'Evangile, loin de nous interdire ce *plaisir*, nous exhorte à nous le procurer souvent. Il ne nous défend pas non plus les délassements innocents, Jésus-Christ lui-même ne s'y est point refusé : il voulut bien assister aux noces de Cana, à la table de Simon le Pharisien, aux repas que lui donnait Lazare, son ami ; il se laissa parfumer par la pécheresse de Naïm et par Marie, sœur de Lazare ; il se promenait avec ses disciples, il conversait cordialement avec eux. Les pharisiens, censeurs austères et hypocrites, lui firent un crime de ces *plaisirs* honnêtes, qui étaient toujours pour le Sauveur une occasion d'instruire et de faire du bien ; il méprisa leurs reproches. Quant aux *plaisirs* mondains et dangereux pour les mœurs, tels que le jeu, les spectacles, le bal, les assemblées nocturnes, les repas somptueux, l'étalage du luxe dans les fêtes, nous soutenons que l'Evangile les a défendus avec raison ; 1° parce que chez les païens tous ces *plaisirs* étaient très-licencieux, presque toujours infectés d'idolâtrie, et un foyer d'impudicité ; il n'était pas possible d'y prendre part sans être vicieux. 2° Pour modérer un penchant aussi impétueux et aussi aveugle que l'amour du *plaisir*, il faut des maximes rigoureuses, la plupart des hommes n'en rabattront toujours que trop ; tel est le principe sur lequel les philosophes mêmes ont dirigé leur morale ; celle des stoïciens était pour le moins aussi austère que celle de l'Evangile. 3° Jésus-Christ a paru dans un siècle aussi voluptueux et aussi corrompu que le nôtre ; le sadducéisme chez les Juifs, l'épicuréisme chez les païens, étaient la philosophie régnante ; pour décréditer cette doctrine pernicieuse qui nourrissait la volupté, en feignant de la modérer, il fallait poser des maximes directement contraires, et couper le mal à la racine. 4° Dans des circonstances où les chrétiens étaient exposés tous les jours au martyre, il fallait les y préparer par un stoïcisme habituel ; ce n'était pas là le moment d'enseigner une morale indulgente. Aussi Tertullien, fâché contre ceux qui ne voulaient pas renoncer aux spectacles du paganisme, leur demandait si c'est au théâtre que l'on fait l'apprentissage du martyre. Puisque le danger de l'épicuréisme se renouvelle dans tous les siècles, une morale austère est la seule qui convienne à tous les temps ; il se trouvera toujours assez de voluptueux prêts à la contredire, et de philosophes accommodants disposés à la mitiger. *Voy.* Mortification.

PLATONISME, doctrine et système philosophique de Platon. Ce ne devrait point être à nous de développer ce système et d'exposer les sentiments de ce philosophe ; mais nous avons à justifier les Pères de l'Eglise, accusés de *platonisme* par les sociniens et par leurs adhérents. Comme ces derniers auraient voulu persuader que les dogmes de la sainte Trinité, de l'Incarnation, de la divinité de Jésus-Christ, sont des opinions purement humaines, inventées depuis les apôtres, ils ont dit que ç'a été l'ouvrage des Pères du II° et du III° siècle, entêtés de la doctrine de Platon. Ce philosophe, disent-ils, a forgé en Dieu une espèce de Trinité, il a personnifié la raison divine qu'il appelle λόγος, *verbe* ou *parole ;* il donne à Dieu le nom de Père, il suppose

l'Egypte après la sortie des Hébreux. Ses campagnes étaient ravagées, ses animaux détruits, les premiers-nés de ses enfants mis à mort, son armée engloutie sous les flots. Jamais tant de maux n'accablèrent à la fois une seule nation ; et cependant nous la voyons se relever comme par enchantement d'une si profonde misère. Des historiens placent à quelques années de cette grande catastrophe le règne d'un monarque qui éleva la puissance de l'Egypte à son apogée. Vingt-deux ans après commença le grand règne de Sésostris. Comment, dans un si court espace de temps, concilier tant de grandeur avec tant d'abaissement ? Quoique nous puissions contredire la date du règne de Sésostris, nonobstant les découvertes des Champollion, nous l'acceptons telle qu'elle nous est présentée. Voyons si alors la conciliation est possible entre deux états si différents. Nous observerons d'abord que rien ne prouve que toutes les provinces de l'Egypte furent également atteintes par les fléaux. La haute Egypte put être épargnée aussi bien que la terre de Gessen. Mais donnons aux plaies toute l'étendue qu'on leur suppose ; croit-on que 22 ans ne purent suffire pour relever de son abaissement un pays tel que l'Egypte ? Il était le plus beau de l'univers, le plus abondant par la nature du sol, le mieux cultivé. On sait comment elle a fleuri sous le roi Amasis après le règne malheureux d'Apriès et de Pharaon Epha. En parcourant les annales des nations, est-il si rare de trouver des révolutions subites dans la fortune d'un peuple ? Pour ne parler que d'événements dont nous avons été témoins, notre France ne nous en offre-t-elle pas un exemple frappant ? Qui pourrait compter les milliers de victimes écrasées sous le char révolutionnaire, la multitude de nos soldats enlevés par le fer des ennemis ? Qui pourrait calculer les maux que causèrent à la France l'invasion étrangère, l'épidémie qu'elle traîna à sa suite, et la famine qui suivit de si près ? En moins de quinze ans toutes ses plaies sont cicatrisées, la France reprend son rang dans la grande famille européenne. Et l'Egypte, en 22 ans, n'aurait pu réparer les désastres et préparer les merveilles du règne de Sésostris ? Avouons-le : soit qu'on envisage le fond même du récit de Moïse touchant les plaies d'Egypte, soit qu'on le considère dans ses rapports avec l'histoire profane, de toutes parts il est hors d'atteinte.

que l'esprit de Dieu est répandu dans toute la nature. Les Pères de l'Eglise, tous platoniciens et imbus de ces notions, les ont appliquées à ce qui est dit dans l'Evangile, du Père, du Fils et du Saint-Esprit, et du Verbe qui est appelé *Dieu*; ceux qui s'assemblèrent à Nicée, l'an 325, consacrèrent ces mêmes idées en condamnant Arius : ainsi se sont formés les mystères du christianisme auxquels Jésus-Christ ni les apôtres n'ont jamais pensé.

Ce système, ou plutôt ce rêve des sociniens, a été soutenu dans un livre intitulé *le Platonisme dévoilé* ; il a été embrassé par le Clerc, dans son *Art critique*, II° part., sect. 2, n. 11; dans les prolégomènes de son *Histoire ecclés.*, sect. 2, c. 2, et dans le X° tome de sa *Bibliothèque universelle*. Pour l'établir, il a prodigué l'érudition, les conjectures, les sophismes, et il s'est applaudi plus d'une fois de ce travail. Le P. Baltus, jésuite, l'a réfuté dans sa *Défense des saints Pères accusés de platonisme*, publiée en 1711. Beausobre, Jurieu et d'autres protestants ont formé la même accusation de *platonisme* contre les anciens docteurs de l'Eglise ; Brucker, dans son *Histoire critique de la Philosophie*, t. I, p. 667, et Mosheim, dans plusieurs ouvrages, l'ont renouvelée ; elle est devenue une espèce de dogme parmi les protestants, et les incrédules en ont fait un de leurs articles de foi. Pour savoir à quoi nous en tenir sur cette question, nous examinerons, 1° quel a été le sentiment de Platon sur la nature divine et sur l'origine des choses ; 2° si le P. Baltus a réussi ou non à justifier les Pères contre l'accusation de *platonisme*; 3° si les protestants, et surtout Mosheim, sont venus à bout de le réfuter ; 4° s'il est vrai que le nouveau *platonisme* des éclectiques a causé dans l'Eglise autant de troubles que ce dernier le prétend.

I. *Quelle a été l'opinion de Platon, touchant la nature divine et la formation du monde?* Les critiques anciens et modernes, qui ont le plus étudié la doctrine de ce philosophe, conviennent qu'il est difficile de découvrir ses véritables sentiments au milieu des ténèbres dont il semble avoir affecté de s'envelopper ; de là leurs contradictions fréquentes sur ce sujet. Après avoir lu tout ce que Brucker en dit dans son *Hist. critique de la Philosophie*, on n'en sait pas plus qu'après avoir consulté Platon lui-même. C'est surtout dans le *Timée* et dans le supplément à ce dialogue qu'il a parlé de Dieu et du monde : voici à peu près tout ce que l'on en peut tirer. — 1° Il admet un Dieu éternel, intelligent, actif et puissant, bon et bienfaisant par nature, qui est l'auteur du monde, et qui l'a fait le mieux qu'il a été possible. Nous laissons disputer les critiques pour savoir si Platon a conçu Dieu comme un être purement spirituel ou comme un esprit mélangé de matière ; si, selon lui, Dieu a formé le monde de toute éternité ou avec le temps; cette contestation nous paraît consister dans les mots plutôt que dans les choses. — 2° Il suppose une matière éternelle comme Dieu, douée d'un mouvement confus et déréglé, et que Dieu a mise en ordre pour fabriquer le monde ; conséquemment il n'admet point de *création*, quoique plusieurs de ses disciples aient soutenu qu'il attribuait à Dieu le pouvoir créateur. — 3° Il appelle *logos*, *verbe* ou *parole*, l'intelligence, la raison, la connaissance avec laquelle Dieu a fait son ouvrage; mais il ne regarde point cette parole mentale comme un être subsistant, comme une personne ; il n'y a rien dans ses ouvrages qui prouve qu'il en a eu cette notion ; les sociniens en imposent quand ils disent le contraire. — 4° Il prétend qu'en formant le monde, Dieu a suivi un modèle, un plan, une idée archétype qui lui représentait les qualités, les proportions, les perfections qu'il a mises dans son ouvrage et dans chacune de ses parties. Il a conçu le modèle comme un être subsistant, éternel, immuable, il l'appelle un *animal* ou un être animé éternel, *sempiternum animal* ; il dit que Dieu y a rendu le monde conforme, autant qu'il a pu. Telles sont ces idées éternelles de Platon, desquelles on a tant parlé ; il concevait Dieu agissant à la manière d'un homme ; mais il n'a jamais confondu ce modèle avec le *logos*. — 5° Il nomme Dieu *le Père du monde*, et le monde *le Fils unique* ou plutôt *l'ouvrage unique, le Dieu engendré, l'image du Dieu intelligible*, mais il n'a jamais donné ces noms ni au *logos* ni au modèle archétype du monde. Remarque essentielle que la plupart des commentateurs de Platon n'ont pas faite ; ils ont confondu le *logos* avec ce modèle, quoique Platon les distingue très-clairement. Ils en ont conclu que ce philosophe regardait le *logos* comme une personne ; qu'il l'appelait *Dieu* et *Fils de Dieu :* double erreur qui n'a aucun fondement dans les écrits de Platon, et de laquelle les sociniens abusent de mauvaise foi. — 6° Il suppose que Dieu a donné au monde une âme, et qu'il l'a placée dans le milieu de l'univers; conséquemment il appelle le monde un *animal intelligent* ou un être animé, doué de connaissance, mais il ne dit pas précisément où Dieu a pris cette âme, si elle est sortie de lui par émanation, ou s'il l'a tirée du sein de la matière : il y a dans le *Timée* des expressions qui favorisent l'un et l'autre de ces deux sentiments ; mais il n'est pas vrai que dans aucun endroit il ait nommé cette âme l'*Esprit de Dieu*, il l'envisageait au contraire comme une substance mélangée d'esprit et de matière. Après avoir distingué la substance indivisible et immuable d'avec celle qui se divise et change, il dit que Dieu a fait par un mélange une troisième nature, qui est moyenne entre les deux, et qui participe à la nature de l'une et de l'autre. — 7° En effet, il faut qu'il l'ait regardée comme une substance divisible, puisqu'il prétend que les astres et tous les globes, sans en excepter la terre, sont autant d'êtres animés, vivants et intelligents, dont les âmes sont des parties détachées de la grande âme du monde. Conséquemment il appelle tous ces grands corps *les animaux divins*, *les dieux célestes*, *les dieux visibles* ; il dit que la terre est *le premier et le plus ancien des dieux qui sont* dans *l'enceinte du ciel*, que Dieu est l'artisan et le père de tous ces dieux. — 8° Ces dieux visibles, dit-il, en ont engendré d'autres qui sont invisibles, mais qui peuvent se faire voir quand il leur plaît ; ces derniers, *plus jeunes* que les premiers, sont la troupe des démons ou des génies que les peuples adoraient sous les noms de Saturne, de Jupiter, de Vénus, etc. Quoique nous ne puissions, continuet-il, ni concevoir ni expliquer leur naissance, et quoique ce que l'on en rapporte ne soit fondé sur aucune raison certaine ni probable, il faut cependant en croire les anciens qui se sont dits *enfants des dieux*, et qui devaient connaître leurs parents, et nous devons y ajouter foi, *selon les lois*. Ainsi, par respect pour les lois, Platon donne la sanction à la *théogonie* d'Hésiode et des autres mythologues, quoique dans d'autres endroits il fasse profession de mépriser les fables. — 9° C'est à ces dieux de nouvelle date, que Dieu, père de l'univers, a donné la commission de fabriquer les hommes et les animaux. Platon rapporte gravement le discours que Dieu leur adresse à ce sujet, et l'empereur Julien l'a répété comme un oracle ; mais ces ouvriers étant incapables de forger des âmes, Dieu a pris le soin de leur en fournir, en détachant des parcelles de l'âme des astres, et de là sont venues les âmes des hommes et des animaux. Néanmoins dans un endroit du *Timée*, Platon dit que Dieu, pour former les âmes humaines, a pétri les restes de la grande âme du monde, dans le même vase dans lequel il avait formé celle-ci. C'est une allégorie, disent ses commentateurs ; il ne faut pas la prendre à la lettre : nous y consentons.

Il serait inutile de pousser plus loin le détail des visions de Platon ; ce qu'il ajoute sur la préexistence des âmes humaines, sur leur transmigration après la mort des corps, sur le sort éternel des justes et des méchants, est aussi absurde que tout ce qui a précédé. Ce n'est pas sans raison qu'en commençant son dialogue, Platon avait exhorté ses auditeurs à invoquer avec lui l'existence divine, afin de pouvoir parler de Dieu et du monde, et à se souvenir qu'il ne lui était pas possible d'en rien dire de plus certain que ce qu'en avaient débité les autres philosophes. Cet aveu modeste est remarquable, mais le succès de son travail prouve que sa prière ne fut pas exaucée. Nous ne serons donc pas surpris de voir les Pères de l'Église mépriser et tourner en ridicule les rêves de ce grand génie, que Cicéron n'hésitait pas d'appeler le *dieu des philosophes*. Mais nous ne pouvons assez nous étonner de l'obstination des sociniens et des protestants à soutenir que les Pères de l'Église ont puisé dans ce chaos les notions qu'ils ont eues du Verbe divin et des trois Personnes de la sainte Trinité. On n'a qu'à jeter un moment les yeux sur nos Évangiles, sur ce que saint Jean dans son premier chapitre, et saint Paul dans ses lettres, ont enseigné touchant ce mystère ; on verra si les Pères, après avoir reçu ces divines leçons, ont encore pu être tentés de conserver aucun reste de *platonisme* ; mais nous allons apporter des preuves positives du contraire.

II. *La défense des saints Pères accusés de platonisme, composée par le P. Baltus, est-elle solide ou insuffisante?* On conçoit que cet ouvrage ne pouvait être approuvé par les protestants, ennemis déclarés des Pères ; il est écrit, dit Mosheim, avec plus d'érudition que d'exactitude. Il fallait donc montrer en quoi l'auteur n'a pas été exact. Nous soutenons qu'il l'a été plus que ses adversaires ; ceux-ci n'ont allégué que des conjectures, et il leur oppose des preuves positives : les voici en abrégé. — 1° Les Pères, loin d'avoir été prévenus en faveur de la philosophie païenne en général, l'ont regardée comme fausse et trompeuse, parce qu'elle a été le fondement du polythéisme et de l'idolâtrie, et que les philosophes, au lieu de corriger les hommes de cette erreur, ont travaillé à la perpétuer ; nous venons de voir que ç'a été le crime de Platon en particulier. Les Pères ont protesté qu'en se faisant chrétiens ils avaient renoncé à la philosophie des Grecs, pour embrasser celle des écrivains sacrés que les Grecs ont nommés *barbares*. — 2° Loin d'avoir été plus attachés à la doctrine de Platon qu'à celle des autres écoles, les Pères l'ont attaquée et combattue par préférence, à cause de la haute opinion que les païens avaient des lumières et de la sagesse de ce philosophe. Il n'en est aucun duquel les Pères aient dit plus de mal, et auquel ils aient reproché autant d'erreurs. Ils ont regardé ses écrits comme la source des égarements de tous les anciens hérétiques. — 3° Au lieu d'avoir emprunté de lui aucun dogme théologique, ils ont attaqué même ses opinions purement philosophiques touchant l'éternité de la matière, la formation du monde, la nature et la destinée de l'âme, etc., et ils en ont démontré la fausseté. — 4° C'est principalement sur la nature, les attributs, les opérations de Dieu, que les Pères ont reproché à Platon les erreurs les plus grossières ; comment donc auraient-ils emprunter de lui les notions de la Trinité ? Nous verrons ailleurs que la prétendue Trinité platonique n'a rien de commun avec celle que nous croyons ; que la première est l'ouvrage nou de Platon, mais des nouveaux platoniciens. *Voy.* Trinité. — 5° Les Pères ont accusé Platon d'avoir pris dans Moïse ou chez les Juifs ce qu'il a dit de raisonnable touchant la Divinité, mais de l'avoir gâté et corrompu par ses propres imaginations ; il est donc absurde de penser qu'à leur tour ils en ont fait un mélange avec la doctrine des livres saints. — 6° L'un des articles fondamentaux de la philosophie de Platon était, suivant ses propres disciples, que les êtres spirituels et intelligents sont sortis de Dieu par *émanation*, quoiqu'il ne le dise pas positivement ; les Pères, au contraire, ont soutenu que tous les êtres distingués de Dieu ont reçu l'existence par *création*, dogme qui sape par le fondement tout le système philosophique. *Voy.* Émanation. Le P. Baltus a prouvé tous ces faits par les passages les plus formels des Pères qui ont vécu dans les cinq premiers siècles. — 7° Dans un moment nous verrons d'habiles protestants soutenir que les Pères de l'Église ont été *éclectiques*, c'est-à-dire qu'ils ont fait profession de n'être attachés à aucune secte particulière de philosophie; donc il n'est pas vrai qu'ils aient été *platoniciens* plutôt que stoïciens ou pythagoriciens.

Ces raisons nous paraissent plus que suffisantes pour écarter de tous les Pères en général l'accusation de *platonisme;* mais il en est d'autres qui regardent particulièrement les Pères des trois premiers siècles. D'abord il faut effacer du nombre des platoniciens les Pères apostoliques, puisque, suivant nos adversaires mêmes, ces saints hommes n'ont été ni éloquents, ni savants, ni philosophes, non plus que les apôtres leurs maîtres : cependant ils ont distingué trois Personnes en Dieu. Pour leurs successeurs, on est forcé de convenir qu'ils étaient lettrés et instruits. Or, en premier lieu, les Pères disputant contre les païens, pour leur prouver l'unité de Dieu, ont allégué l'opinion de Platon, qui n'admettait qu'un seul Dieu, mais ils ont ajouté que ce philosophe s'est contredit et a méconnu la vérité, en admettant des dieux secondaires. Si quelques-uns disent qu'il a parlé du Verbe divin, ils ajoutent qu'il n'a pas pu le bien connaître, parce que cette connaissance ne peut être acquise que par la révélation : nous citerons ci-après leurs propres paroles. En second lieu, plusieurs des Pères ont soutenu qu'Arius et ses partisans avaient pris dans Platon leur erreur opposée à la divinité du Verbe; comment nous persuader que ç'a été au contraire le crime de ceux qui ont condamné ces hérétiques? En troisième lieu, Le Clerc dit que les Pères se sont trompés en croyant voir dans Platon la Trinité *telle que nous l'admettons*, que sur ce point la doctrine du philosophe est très-différente de celle de l'Écriture sainte; nous avouons qu'elle est très-différente, mais il est faux que les Pères y aient été trompés; nous ferons voir le contraire. En quatrième lieu, quoi qu'en disent les sociniens, la foi chrétienne touchant la Personne du Verbe, sa coéternité avec le Père, et sa divinité, est enseignée plus clairement dans l'Évangile de saint Jean que dans Platon; donc les Pères ont pris cette doctrine dans l'évangéliste et non dans le philosophe. Il est absurde de supposer qu'ils l'ont puisée dans une source très-trouble plutôt que dans une eau très-claire. Le Clerc, dans son commentaire sur le premier chapitre de saint Jean, avait avancé que cet apôtre avait dans l'esprit les idées platoniques de Philon. Les incrédules, qui enchérissent toujours sur les protestants, ont dit que le commencement de l'Évangile de saint Jean a été évidemment écrit par un platonicien ; ainsi les accusations des protestants contre les Pères retombent toujours sur les écrivains sacrés.

Pour justifier pleinement les Pères du IIe et du IIIe siècle, le P. Baltus ne s'est pas borné à des raisons générales; il prouve la fausseté de l'accusation à l'égard de chacun en particulier. Ces Pères sont saint Justin, Tatien, Athénagore, Hermias, saint Théophile d'Antioche, saint Irénée, Clément d'Alexandrie, Tertullien et Origène.

Or, saint Justin, qui avait été platonicien avant sa conversion, ne l'était plus après son baptême; il ne connaissait plus d'autre philosophie que celle des livres saints : il le déclare, *Dialog. cum Triph.*, n. 7 et 8. Il soutient que Platon ni Aristote n'ont pas été capables de nous expliquer les choses du ciel, puisqu'ils ne connaissaient pas seulement celles d'ici-bas, qu'ils ne se sont jamais accordés sur l'origine et sur les principes des choses; *Cohort. ad Græcos*, n. 6, 7 et 8. Il pense que Platon a pris dans Moïse ce qu'il a dit du Dieu suprême, du Verbe et de l'Esprit de Dieu, *mais qu'il l'a mal entendu.* « Nous ne pensons donc pas comme les philosophes, ajoute saint Justin; ce sont eux qui copient ce que nous disons. Chez nous les ignorants mêmes connaissent la vérité, preuve qu'elle ne vient pas de la sagesse humaine, mais de la puissance de Dieu. » *Apol.* 1, n. 60. Est-ce là faire beaucoup de cas des idées de Platon? — Tatien commence son discours contre les Grecs par tourner en ridicule les philosophes, leur doctrine, leurs contradictions, leur ignorance; il n'épargne pas plus Platon que les autres; en parlant du Verbe divin, de sa génération éternelle, de la création du monde qu'il a opérée, Tatien ne montre pas le moindre soupçon qu'il y en ait rien dans Platon. *Contra Græc. Orat.*, n. 2, 5. Il déclare qu'il a renoncé à toute la philosophie des Grecs et des Romains et à toutes leurs opinions, pour embrasser celle du christianisme, n. 35. — Athénagore, *Legat. pro Christ.*, n. 6 et 7, reconnaît que Platon a cru l'existence d'un seul Dieu formateur du monde, mais il ne lui attribue point la connaissance du Verbe créateur. Il dit que les philosophes n'ont pas eu assez de lumières pour trouver la vérité touchant la nature divine, parce qu'ils n'étaient pas éclairés par l'esprit de Dieu. Le discours d'Hermias n'est qu'une dérision des philosophes païens, et Platon n'y est pas plus épargné que les autres; *Hermiæ irrisio gentilium philosophorum.* Saint Théophile d'Antioche, l. II, *ad Autolyc.*, n. 4, 9 et 10, leur reproche l'opposition qui se trouve entre leurs divers sentiments, les erreurs qu'ils ont mêlées avec les vérités; il soutient que les prophètes seuls ont connu le Verbe divin, créateur et gouverneur du monde. — Saint Irénée, *adv. Hær.*, l. II, c. 14, n. 1 et 3, dit que les valentiniens ont pris de côté et d'autre chez les philosophes qui ne connaissaient pas Dieu, et nommément dans Platon, toutes leurs erreurs. Aucun des Pères n'a professé plus clairement la coéternité et la coégalité des trois Personnes divines; mais il avertit qu'aucun homme ne peut connaître Dieu le Père ni son Verbe que par une révélation formelle, l. IV, c. 20, n. 4 et 5. Il était donc bien éloigné d'attribuer cette connaissance à Platon. — Clément d'Alexandrie est celui des anciens que Le Clerc a calomnié avec le plus de hardiesse ; il dit que ce Père était, non pas platonicien, mais éclectique ; qu'il prenait de toutes les sectes ce qu'il jugeait à propos, qu'il transcrivait tous les dogmes des philosophes qui lui paraissaient avoir quelque rapport avec la doctrine chrétienne. De là il prend occasion pour accuser Clément d'avoir mêlé à la théologie toutes les opinions de la philosophie païenne ; mais transcrire des dogmes ou des opinions, ce n'est pas les adopter ; autrement il faudrait encore attribuer à ce même Père toutes les contradictions des anciens philosophes, puisqu'il les rapporte. La seule raison sur laquelle Le Clerc fonde son accusation, c'est que Clément cite les dogmes des différentes sectes sans les réfuter et sans les blâmer ; il croit même que la plupart ne sont fondés que sur des passages de l'Écriture sainte *mal entendus*. Donc ce Père a jugé fausses toutes ces opinions, puisqu'il ne les a crues fondées que sur un malentendu. Il les a suffisamment réfutées d'ailleurs, lorsqu'il a fait profession de ne reconnaître pour vraie philosophie que celle qui a été enseignée par Jésus-Christ, ni pour philosophes sensés que ceux qui ont été inspirés de Dieu, *Strom*. l. vi, c. 7, etc. ; l. v, c. 14, pro. 730, il dit que les Grecs ne connaissent ni comment Dieu est Seigneur, ni comment il est Père et Créateur, ni *l'économie des autres vérités*, à moins qu'ils ne les aient apprises de la vérité même. Si l'on veut savoir ce que pensait Tertullien touchant les philosophes païens et leur doctrine, on n'a qu'à lire les premiers chapitres de ses *Prescriptions contre les hérétiques ;* il y soutient que toutes les hérésies viennent des différentes sectes de philosophie, et en particulier de Platon ; il se moque de ceux qui ont forgé un christianisme stoïque ou platonique ; il ne veut pas qu'il y ait rien de commun entre l'Église et l'académie, etc. — Origène, moins circonspect, a donné lieu à des plaintes mieux fondées, puisque les autres Pères de l'Église lui ont reproché son goût excessif pour l'étude de la philosophie ; il en est convenu lui-même, et il en a donné de bonnes raisons. *Op*. tom. I, pag. 4 ; aussi l'on est déjà obligé de reconnaître qu'il fut éclectique et non platonicien, qu'il recommandait à ses élèves de ne s'attacher à aucune secte de philosophie, mais de chercher parmi toutes les opinions celles qui paraissaient les plus vraies ; *Origenian*. 2, cap. 1, n. 4. On ne doit donc pas s'en rapporter au sentiment du savant Huet, qui accuse Origène d'avoir voulu assujettir les dogmes du christianisme aux opinions de Platon, au lieu de faire le contraire, *ibid*. A la vérité, en écrivant contre Celse, l. vi, n. 8, il dit que Platon a parlé du Fils de Dieu dans le premier livre des *Principes*, ch. 3 ; il dit que les philosophes ont eu quelque notion du Verbe de Dieu ; mais en même temps il ajoute que personne ne peut en discourir d'une manière conforme à la vérité, que ceux qui ont été instruits par la révélation, par les prophètes, par les apôtres et les évangélistes : or il n'a certainement pas accordé ce privilège à Platon. En expliquant les premiers versets de l'Evangile de saint Jean, où il est question du Verbe divin, il ne s'est pas avisé de citer en rien le sentiment de ce philosophe. Rien n'est donc plus mal fondé ni plus injuste que l'accusation de *platonisme* forgé au hasard contre les Pères des trois premiers siècles ; elle est encore absurde quand elle tombe sur les Pères postérieurs au concile de Nicée, tels que Lactance, Eusèbe, saint Augustin ; le P. Baltus en a pleinement justifié ce saint docteur en particulier : quelques louanges données à Platon par les Pères ne suffisent pas pour les placer au rang de ses disciples.

III. *Les protestants ont-ils opposé quelques raisons solides aux preuves du P. Baltus ?* Mosheim, non moins prévenu contre les Pères que Le Clerc, a changé l'état de la question. Il ne s'agit pas, dit-il, de savoir si les Pères ont embrassé toute la philosophie de Platon, jamais personne ne l'a prétendu, mais de savoir s'ils n'en ont pas emprunté *plusieurs choses :* or on ne peut pas le nier, puisque les Pères ont suivi les opinions des éclectiques, et que ceux-ci avaient adopté une partie de la doctrine de Platon ; c'est pour cela même qu'ils ont été appelés les *nouveaux platoniciens*. Mais il ne sert à rien de dire au hasard que les Pères ont pris de Platon *plusieurs choses*, si l'on ne nous montre précisément ce qu'ils ont pris ; en attendant qu'on nous le fasse voir, nous nions cet emprunt, pour les raisons que nous avons apportées ci-dessus. Lorsqu'un dogme quelconque est enseigné dans l'Ecriture sainte, il est absurde de prétendre que les Pères l'ont reçu de Platon, et non des écrivains sacrés, pendant que ces saints docteurs protestent le contraire. Il est évident que la question entre Le Clerc et le P. Baltus était de savoir si les Pères ont emprunté de Platon les notions qu'ils ont eues des trois Personnes divines et du mystère de la sainte Trinité ; nous avons fait voir qu'il n'en est rien : donc l'accusateur des Pères est pleinement confondu. Mosheim devait faire attention qu'en persistant à soutenir que les Pères ont emprunté de Platon *plusieurs choses*, il donne toujours lieu aux sociniens de dire que les Pères ont pris dans ce philosophe ce qu'ils ont dit du Verbe divin et du mystère de la sainte Trinité ; mais ce critique paraît plus ami des sociniens que des Pères. Brucker a poussé l'entêtement encore plus loin que lui, il a traité le P. Baltus avec une hauteur et un mépris intolérables, *Hist. crit. philos*., tom. III, pag. 272, 396, etc. Il reste à savoir si les Pères ont véritablement embrassé le système des éclectiques, en quel sens et jusqu'à quel point ils l'ont suivi : cette discussion sera plus longue que nous ne voudrions.

L'éclectisme, dit Mosheim, eut pour auteur Ammonius Saccas, qui enseignait dans l'école d'Alexandrie sur la fin du II° siècle. Porphyre l'accuse d'avoir apostasié, Eusèbe soutient qu'il vécut et mourut chrétien. Pour concilier ces deux sentiments, d'autres ont distingué deux Ammonius, l'un païen et l'autre chrétien : nous verrons dans un moment si Mosheim a eu raison de préférer l'opinion de Porphyre, apostat lui-même, à celle d'Eusèbe. Il nous paraît que Celse faisait déjà profession de l'éclectisme longtemps avant Ammonius. Quoi qu'il en soit, le système des éclectiques était qu'il ne faut s'attacher à aucune secte particulière de philosophie, mais choisir dans les différentes écoles les opinions qui paraissent les plus vraies. Leur dessein était non-seulement de concilier les dogmes de la philosophie avec ceux du christianisme, en les rapprochant et en les corrigeant l'un par l'autre, mais encore de persuader que le christianisme n'enseignait rien de plus que les philosophes ; que ceux-ci avaient découvert les mêmes vérités que Jésus-Christ, mais que ses disciples les avaient mal entendues et mal expliquées. Ce projet perfide ne tendait pas à moins qu'à mettre les dogmes révélés dans l'Évangile au niveau des opinions humaines, et à laisser aux hommes la liberté d'en prendre ou d'en rejeter ce qu'ils jugeraient à propos. Il est aisé de concevoir les suites funestes que dut avoir une doctrine aussi insidieuse ; Mosheim a eu grand soin de les développer et de les exagérer. C'est ce qu'il a fait non-seulement dans son *Hist. ecclés. du II° siècle*, II° part., cap. 1, § 4 et suivants, mais surtout dans une dissertation sur le trouble que les nouveaux platoniciens ont causé dans l'Église ; *De turbata per recentiores Platonicos Ecclesia*. C'est une de celles qu'il a le plus travaillées, et où il a étalé le plus d'érudition ; il serait à souhaiter qu'il y eût mis autant de bonne foi. Brucker, dans son *Hist. crit. de la Philosophie*, t. II, page 387, n'a pas manqué d'adopter presque toutes les idées de Mosheim ; il a été réfuté en détail par l'auteur de l'*Histoire de l'éclectisme*, en 2 vol., qui a paru en 1766. *Voy.* ÉCLECTISME.

Mosheim nous paraît d'abord injuste à l'égard d'Ammonius, en l'accusant, sur la parole de Porphyre, d'avoir renoncé au christianisme, et d'avoir été l'auteur du système malicieux des éclectiques. « Porphyre (dit-il) devait mieux connaître Ammonius que Eusèbe. » Mais Eusèbe ne se contente pas d'affirmer que Ammonius vécut et mourut chrétien, il le prouve par les ouvrages que ce philosophe avait laissés. Porphyre a certainement calomnié Origène, en disant qu'il était né et qu'il avait été élevé dans le paganisme ; il est constant que ses parents étaient chrétiens, et que Léonide son père fut martyr de la foi chrétienne ; il ne serait donc pas étonnant que Porphyre eût aussi calomnié Ammonius, en disant qu'il embrassa le paganisme dès que l'âge le lui eut rendu sage ; Eusèbe, *Hist. ecclés.*, l. VI, c. 19. « Il n'est pas probable, dit Mosheim, qu'un chrétien sincère et constant ait fondé une secte aussi ennemie du christianisme que l'étaient les éclectiques, ni que ceux-ci aient voulu le reconnaître pour maître. » Soit : d'autre part, si Ammonius avait été apostat et ennemi déclaré du christianisme, est-il probable que Origène et Clément d'Alexandrie, chrétiens très-zélés, eussent voulu être ses disciples ? Or, l'on suppose que ces deux Pères ont eu pour maître Ammonius, quoique cela ne soit prouvé que par la narration de Porphyre. Nous sommes donc forcés par l'évidence de distinguer deux sortes d'éclectiques, que Mosheim a malicieusement confondus. Les premiers se bornaient à penser que, pour convertir les païens lettrés et entêtés de philosophie, et pour combattre avec avantage les hérétiques qui se donnaient pour philosophes, il était utile de connaître les sentiments des différentes sectes de philosophie, de ne s'attacher à aucune, de choisir dans chacune les opinions qui paraissaient les plus vraies, et de montrer que ces vérités n'étaient point contraires aux dogmes du christianisme ; que par conséquent l'on pouvait être bon chrétien sans cesser d'être philosophe. Tel fut l'éclectisme de Pantène, de Clément d'Alexandrie, d'Origène et d'autres Pères ; nous soutenons que ce système n'a rien de blâmable ; que loin d'avoir été pernicieux à la religion, il lui a été très-utile, et qu'il a contribué en effet à réfuter les hérétiques et à convertir plusieurs hommes instruits. *Voy.* PHILOSOPHE, PHILOSOPHIE. L'autre espèce d'éclectiques étaient ces philosophes malicieux et fourbes, qui, pour arrêter les progrès du christianisme, s'attachèrent à choisir dans les différentes écoles de philosophie les opinions qui, à force de palliatifs, pouvaient ressembler en apparence aux dogmes du christianisme, afin de persuader aux esprits superficiels que les philosophes avaient aussi bien découvert la vérité que Jésus-Christ lui-même ; qu'il n'y avait aucune nécessité de renoncer à leur doctrine pour embrasser celle de l'Évangile. Y a-t-il de fortes preuves pour démontrer que Ammonius a embrassé cette seconde espèce d'éclectisme et non la première, qui était plus ancienne que lui ? Mosheim lui-même nous fournit un fait qui semble disculper ce philosophe, *Hist. christ.*, sec. 2, § 53, pag. 373 ; il nous apprend que les gnostiques avaient puisé leur système chez les philosophes orientaux ; que Valentin, en l'adoptant, s'efforça de le fonder sur quelques endroits de l'Évangile expliqués dans un sens mystique : voilà donc déjà la fourberie des éclectiques mise en usage par cet hérésiarque au commencement du II° siècle de l'Église. Or, Valentin était mort avant que Ammonius ait pu tenir l'école d'Alexandrie ; il serait aisé de le démontrer par un calcul certain. Celse, encore plus ancien, avait déjà employé le même manège pour attaquer le christianisme, quoiqu'il n'ait pas eu besoin des leçons de l'école d'Alexandrie. Enfin Mosheim nous apprend que c'était l'artifice des gnostiques en général ; *Instit. Hist. christ.*

*maj.*, II° part., c. 3, § 3 ; or les gnostiques dataient du temps des apôtres. A la vérité Ammonius a eu pour disciple immédiat Plotin, païen zélé ; mais est-il prouvé que celui-ci a conservé fidèlement la doctrine de son maître ? Avant d'écouter les leçons d'Ammonius, Plotin avait entendu plusieurs autres philosophes ; après onze ans de séjour dans l'école d'Alexandrie, il alla dans la Perse pour consulter les philosophes orientaux ; il est donc probable que Ammonius ne connaissait point leur doctrine, que c'est Plotin plutôt que Ammonius qui a fait le mélange bizarre de la philosophie orientale avec la doctrine de Platon et des autres philosophes grecs. Mais, encore une fois, cet artifice est plus ancien que tous les personnages dont nous parlons ; d'ailleurs ce système éclectique ne s'est formé que peu à peu, aucun de ceux qui l'ont embrassé ne s'est astreint à suivre les sentiments de ses maîtres ; Plotin, Porphyre, Jamblique, Hiéroclès, etc., l'ont arrangé chacun à sa manière ; il est donc absurde de juger des opinions d'Ammonius par celles de Jamblique, qui a vécu cent cinquante ans après lui, et de nous donner le sentiment d'un seul éclectique comme celui de toute la secte ; c'est cependant ce qu'a fait Mosheim, *Hist. ecclés.*, loco cit., § 9.

Au reste, peu nous importe que ce soit Ammonius, Plotin ou un autre qui ait formé le système des éclectiques antichrétiens ; nous ne traitons cette question que pour montrer le faible des conjectures et des raisonnements de Mosheim. Nous avons une faute plus grave à lui reprocher, c'est d'avoir donné à entendre que les Pères de l'Eglise ont adopté ce système avec tout ce qu'il avait de mauvais. Après en avoir tracé le plan, tel qu'il le suppose conçu par Ammonius, il ajoute : « Cette nouvelle espèce de philosophie, que Origène et d'autres chrétiens eurent l'imprudence d'adopter, fut très-préjudiciable à la cause de l'Evangile et à la simplicité de la doctrine de Jésus-Christ, etc. » *Ibid.*, § 12. Est-il vrai que ces chrétiens ont adopté l'éclectisme païen ; que, plus attachés au philosophisme qu'à la religion, ils ont entrepris d'assujettir la doctrine de l'Evangile à celle des philosophes, et non au contraire ; qu'ils ont voulu persuader que l'une était à peu près la même que l'autre, etc. ? Nous avons vu plus haut que l'on a fait ce reproche à Origène, mais lui-même il a protesté le contraire. « Après m'être livré tout entier, dit-il, à l'étude de la parole de Dieu, et voyant venir à mes leçons tantôt des hérétiques, tantôt des hommes curieux d'érudition grecque, et surtout des philosophes, je résolus d'examiner les dogmes des hérétiques et les vérités que les philosophes se vantent de connaître. » *Voy.* Eusèbe, *Hist. ecclés.*, l. vi, c. 19. Ce n'était donc pas par amour pour la philosophie païenne que Origène s'y était appliqué, mais par le désir d'instruire les hérétiques et les philosophes ; sa principale étude avait été celle de l'Ecriture sainte ; les éclectiques païens n'avaient ni le même motif ni la même méthode. Il commence ses livres *des Principes*, qui sont son ouvrage le plus philosophique, en disant que tous ceux qui croient que Jésus-Christ est la vérité même, ne cherchent point ailleurs que dans sa parole et dans sa doctrine la science de la vertu et du bonheur ; or cette science est précisément ce que l'on nomme *philosophie.* Dans ce même ouvrage il prouve nos dogmes, non par des raisonnements philosophiques, mais par l'Ecriture sainte. Lorsqu'il avoue que quelques philosophes grecs ont connu Dieu, il ajoute avec saint Paul qu'ils ne l'ont pas glorifié comme Dieu, qu'ils se sont égarés dans leurs pensées, etc. *Contra Cels.*, l. iv, n. 30. Voilà ce que les éclectiques païens n'ont jamais avoué. Nous avons vu plus haut ce qu'en pensait Clément d'Alexandrie.

Aussi Mosheim a cru devoir adoucir ailleurs l'amertume du reproche qu'il avait fait aux Pères. Dans sa dissert. *de Turbata*, etc., n. 5, il dit que les philosophes chrétiens, trompés par de légères ressemblances, prirent pour autant de vérités chrétiennes ce qui n'en avait que l'apparence ; que la cause de leur erreur fut d'une part l'amour de la philosophie, de l'autre l'ignorance et la faiblesse d'esprit ; que faute d'examen ils transportèrent dans la doctrine chrétienne des dogmes et des usages qui n'y avaient aucun rapport. Conséquemment ils embrassèrent la morale des stoïciens, plus austère que celle de l'Evangile, les subtilités de la logique d'Aristote, la plupart des opinions de Platon touchant Dieu, les anges et les âmes humaines, et ils crurent que ce philosophe les avait prises dans les livres des Juifs. Mosheim prouve ces faits importants par le témoignage de saint Augustin, qui dit que si les anciens platoniciens revenaient au monde, ils se feraient chrétiens en changeant peu de choses dans leurs expressions et leurs sentiments : *Paucis mutatis verbis atque sententiis*, lib. *de vera Relig.*, c. 4, n. 6. Mais dans cet endroit même saint Augustin s'est suffisamment expliqué : 1° Il met une restriction à l'égard du grand nombre des platoniciens, *s'ils étaient*, dit-il, *tels qu'on le prétend*. 2° Il parle de ceux qui enseignaient que pour trouver le vrai bonheur, il faut mépriser ce monde, purifier l'âme par la vertu, et l'assujettir au Dieu suprême. Or ces philosophes auraient eu peu de choses à changer dans leurs sentiments *touchant le vrai bonheur ;* il ne s'agissait que de cet article. 3° Ils auraient eu peu de choses à changer en comparaison des philosophes des autres sectes, tels que les épicuriens, les stratoniciens, les pythagoriciens, etc. Mosheim donne aux paroles de saint Augustin un sens forcé, en les séparant de ce qui précède.

Il y a trop de hardiesse à traiter d'ignorants et d'esprits faibles Origène, admiré comme un prodige par tous les philosophes de son temps ; Clément d'Alexandrie, dont les ouvrages attestent encore l'érudition ; Athénagore, l'un de nos plus habiles apologistes, etc. ; mais tout est permis aux protestants pour déprimer les Pères. Quant à l'amour excessif de la philosophie, nous avons fait voir plus haut que les Pères en ont dit plus de mal que de bien. Il est faux qu'ils aient enseigné une morale plus sévère que celle de l'Evangile; nous avons réfuté ce reproche en traitant des différents points de morale sur lesquels les protestants ont attaqué les Pères. *Voy.* ABSTINENCE, BIGAMIE, CÉLIBAT, MORTIFICATION, VIRGINITÉ, etc. Il est encore faux que ces saints docteurs aient adopté les opinions de Platon touchant la Divinité, les anges et les âmes humaines; il n'est au contraire aucun de ces objets sur lesquels les Pères n'aient reproché à ce philosophe des erreurs grossières; et lorsqu'ils ont dit que Platon avait puisé quelques vérités dans les livres saints, ils ont ajouté qu'il les avait mal entendues et altérées dans ses écrits. Pour les subtilités de logique, les Pères, en disputant contre des hérétiques qui en faisaient un usage continuel, ont été forcés de s'en servir à leur tour; personne n'en a autant abusé que les protestants; ce sont les plus habiles sophistes qu'il y eut jamais : nous allons en voir des exemples.

IV. *Le nouveau platonisme des éclectiques a-t-il causé dans l'Eglise autant de trouble que Mosheim le prétend?* D. Marand, dans sa *Préface sur saint Justin*, IIᵉ part., c. 1, § 1, avait dit que Mosheim a débité des sornettes dans sa dissertation *de Turbata*, etc.; celui-ci, piqué de ce reproche, lui a répliqué avec beaucoup d'aigreur dans la préface du IIᵉ tome de ses *Dissertations sur l'Histoire ecclésiastique*. Il soutient qu'il a eu raison d'avancer que l'Eglise a été troublée par les nouveaux platoniciens, et que les Pères ont adopté le nouveau *platonisme, autant que ses opinions n'attaquent et ne détruisent point les premiers éléments du christianisme*. Voilà déjà une restriction qu'il n'avait pas mise dans sa dissertation. Or, si les Pères avaient adopté ce que Platon a dit de Dieu, des anges et des âmes, ils auraient certainement détruit les premières preuves du christianisme. Pour première preuve il cite Tertullien, qui affirme que Platon a été le précepteur de tous les hérétiques; il pouvait ajouter encore que Tertullien a censuré vivement ceux qui introduisaient un christianisme stoïque ou platonique. Mais le reproche que Tertullien fait aux hérétiques regarde-t-il aussi les Pères? Mosheim n'ose le soutenir. « Cependant il ne s'ensuit pas moins, dit-il, que l'Eglise a été troublée par les nouveaux platoniciens. » Fourberie pure; la seule question est de savoir si les Pères ont été complices du crime des nouveaux platoniciens hérétiques; le passage de Tertullien ne le prouve pas, et leur doctrine démontre le contraire. La seconde preuve est celui de saint Augustin, où il dit que les platoniciens, pour se faire chrétiens, n'auraient besoin que de changer un petit nombre d'expressions et de sentiments. Nous avons fait voir que Mosheim en a mal rendu le sens. La troisième est l'exemple de Synésius, évêque de Ptolémaïde, au Vᵉ siècle; suivant l'aveu du P. Petau, cet évêque, dans ses hymnes, parlait de la Trinité en vrai platonicien, il la concevait précisément comme Proclus prétend que Platon l'a entendue. Or on conçoit, dit Mosheim, que ce christianisme platonique a dû se répandre non-seulement dans le diocèse de Synésius, mais dans toute l'Egypte, et même chez les autres nations. A entendre raisonner ce critique, il semble que Synésius, évêque d'une petite ville de la Cyrénaïque, sur le bord des déserts de la Libye, ait eu autant d'autorité et de crédit dans l'Eglise que saint Jean Chrysostome, saint Augustin ou saint Léon; c'est une pure rêverie de sa part. Il aurait dû faire réflexion qu'en poésie il est impossible de s'exprimer avec autant d'exactitude que dans un traité théologique; que les hymnes de Synésius, poète avant son épiscopat, ne sont pas la profession de foi de Synésius évêque; que celui-ci n'a sûrement pas été assez insensé pour donner à son troupeau ses hymnes au lieu de catéchisme. Au Vᵉ siècle, le nouveau *platonisme* et la secte des éclectiques étaient déchus dans l'empire romain; Mosheim l'avoue, *Dissert.*, n. 11. Saint Jean Chrysostome, saint Jérôme, saint Isidore de Damiette, saint Cyrille d'Alexandrie, éclairaient l'Orient de leurs lumières; il est absurde de prétendre que, précisément dans ce temps-là, un évêque d'Egypte a établi le *platonisme* dans l'Eglise. Mais notre habile sophiste confond les époques, brouille les faits, prête aux Pères du IIᵉ et du IIIᵉ siècle les idées et les vues des philosophes païens, afin de faire illusion à ses lecteurs. Ce qu'il dit de saint Justin va plus directement au but; il soutient, contre dom Marand, que ce Père a cru voir la Trinité chrétienne dans Platon, puisqu'il assure que ce philosophe parle du Père, du Verbe et du Saint-Esprit, et qu'il pense que Platon a tiré ce dogme de quelques expressions de Moïse qu'il a *mal entendues*, Apol. I, n. 90. Nous ne disputerons point sur ce fait; il s'ensuit seulement qu'un esprit préoccupé d'un dogme ou d'une opinion, croit aisément l'apercevoir partout où il trouve des expressions tant soit peu analogues à ses idées; mais nous soutenons avec dom Marand, que si saint Justin n'avait pas été instruit du dogme de la sainte Trinité par l'Evangile et par la croyance chrétienne, il n'aurait certainement pas cru le trouver dans Platon. Souvenons-nous de ce que saint Justin a dit ailleurs, *Cohort. ad Græcos*, n. 8 : « Nous ne pensons pas comme les philosophes; ce sont eux qui copient ce que nous disons. *Voy.* TRINITÉ PLATONIQUE, § 3.

Mais l'essentiel est de voir ce que Mosheim conclut des preuves sur lesquelles il se fonde. Il s'ensuit, dit-il, de deux choses l'une, ou que les Pères ont été trompés par une légère ressemblance entre les expressions de Platon et celles de l'Ecriture sainte, ou qu'ils ont feint exprès cette ressemblance, afin de tromper les païens. Pour y réussir, ou ils ont reçu la doctrine de Jésus

Christ suivant les idées de Platon, ou ils ont conformé les opinions de celui-ci à la croyance chrétienne : quelque parti que l'on prenne, il s'ensuivra toujours que les Pères ont été platoniciens, qu'ils ont introduit le *platonisme* dans l'Eglise, qu'ils ont ainsi corrompu la pureté de la foi chrétienne. Fausses conséquences : Mosheim est le seul coupable de la mauvaise foi qu'il voulait attribuer aux Pères. Ces saints docteurs n'ont eu envie de tromper personne, et s'ils se sont trompés eux-mêmes, leur erreur n'a été ni grave ni pernicieuse. Que voulaient les Pères? montrer aux païens entêtés de philosophie que la doctrine chrétienne touchant la Trinité des Personnes en Dieu, n'est ni absurde ni contraire à la lumière naturelle, puisque Platon a dit quelque chose à peu près semblable. Pour que les Pères eussent droit de raisonner ainsi, il n'était pas nécessaire que la ressemblance entre les idées et les expressions de Platon et celles des écrivains sacrés fût complète et parfaite, il suffisait qu'elle fût du moins apparente ; c'était l'affaire des païens de voir s'il y avait ou non beaucoup de différence. Les Pères n'avaient donc besoin ni de corriger Platon par l'Evangile, ni de réformer l'Evangile par les idées de Platon ; ils y ont si peu pensé, qu'ils ont dit que ce philosophe avait *mal entendu*, ou qu'il avait corrompu ce qu'il avait lu dans les livres saints. Ont-ils pu avoir le dessein d'introduire dans l'Eglise une doctrine qu'ils ont jugée *mal entendue*, mal comprise et mal rendue par un philosophe païen ? N'importe, Mosheim les en accuse formellement, *Hist. christ.*, sec. 2, § 34. « Ils expliquaient, dit-il, ce que disent nos livres saints, du Père, du Fils et du Saint-Esprit ; *de manière que cela s'accordât* avec les trois natures en Dieu, ou les trois hypostases admises par Platon, par Parménide et d'autres. » La fausseté de cette calomnie est déjà évidente par ce que nous venons de dire. Il est faux d'ailleurs que Platon, Parménide, ni aucun autre ancien philosophe ait admis en Dieu trois hypostases ou trois Personnes. *Voy.* Trinité platonique.

Mais il ne plaît pas aux ennemis des Pères de voir ni d'avouer le vrai dessein de ces saints docteurs, qui était d'inspirer, aux païens moins d'éloignement pour la foi chrétienne. Ils supposent que les Pères, par un attachement aveugle à la philosophie, et en particulier à celle de Platon, par entêtement pour les opinions qu'ils avaient embrassées avant d'être chrétiens, par envie de duper les païens, ont entrepris d'introduire le *platonisme* dans l'Eglise ; que ce projet les a fascinés au point de leur faire méconnaître la différence qu'il y avait entre la doctrine de Platon et celle de Jésus-Christ, ou leur a inspiré la malice de vouloir les concilier ensemble. Que les éclectiques païens aient tenu cette conduite pour nuire au christianisme, cela se conçoit ; mais que les Pères aient fait de même pour les servir utilement, qu'ils aient eu ainsi moins d'esprit et de prudence que les éclectiques païens, cela est trop fort. Nous avons beau remontrer à nos adversaires que l'attachement prétendu des Pères à la philosophie païenne est faux, puisqu'ils l'ont décriée tant qu'ils ont pu, et qu'ils ont protesté d'y avoir renoncé en se faisant chrétiens ; que leur prévention en faveur de Platon est faussement supposée, puisqu'ils ont relevé les erreurs de ce philosophe aussi bien que celles des autres, et qu'ils lui ont reproché d'avoir gâté ce qu'il avait pris dans nos livres saints : n'importe, les censeurs des Pères ne démordent pas.

Supposons pour un moment ce que Mosheim n'en veut pas contester, que loin d'altérer la doctrine chrétienne par le *platonisme*, les Pères ont corrigé celui-ci par la croyance chrétienne, nous demandons en quoi ce *platonisme*, ainsi réformé, a pu corrompre la pureté de la foi ; voilà ce que Mosheim n'a pas expliqué. Saint Justin, par exemple, a dit que Platon admettait Dieu, qu'il nomme le Père, le Verbe par lequel il a tout fait, et l'Esprit qui pénètre toutes choses ; mais tout le monde, excepté les sociniens, convient que Platon ne donne point ces trois êtres pour trois Personnes subsistantes, coéternelles et consubstantielles, mais comme trois aspects ou trois opérations de la Divinité ; c'est encore la manière dont l'entendent les sociniens. Saint Justin, au contraire, regarde le Père, le Fils et le Saint-Esprit comme trois Personnes distinctes, égales et coéternelles ; il attribue à chacune des opérations propres, et il soutient qu'elles sont un seul Dieu. Nous demandons si, en exposant ainsi sa foi, saint Justin corrige l'Evangile par les notions de Platon, ou s'il réforme celui-ci par le langage de l'Evangile, en quel sens cette doctrine, ainsi changée, est encore du *platonisme*, et quel mal elle a causé dans l'Eglise. Pour nous, il nous paraît qu'ici les vrais platoniciens sont les sociniens, et non les Pères.

Dans sa dissertation, n. 13, Mosheim dit que les éclectiques païens contribuèrent à réfuter les gnostiques ; c'est un mensonge de Porphyre : on n'a jamais eu besoin d'un pareil secours. Les nouveaux platoniciens n'ont écrit ni contre les marcionites, ni contre les manichéens qui soutenaient, comme les gnostiques, que le monde a été fait par un ou par plusieurs êtres inférieurs à Dieu. Il ajoute que ce prétendu remède fut pire que le mal : voyons donc la chaîne des malheurs que l'éclectisme a produits. — 1° Ce système affaiblissait la preuve que nos apologistes tiraient des erreurs grossières, des contradictions, des disputes qui se trouvaient dans les écrits des divers philosophes ; les éclectiques se tiraient de cet argument, en disant que la vérité était éparse dans les différentes sectes, qu'il fallait l'y chercher, et qu'en prenant le vrai sens de leurs opinions il était possible de les concilier ; mais nos apologistes étaient-ils fort embarrassés de détruire ce subterfuge ? Mosheim avoue que cette conciliation prétendue était absurde ; comment accorder Aristote, qui soutenait le monde éternel, avec Platon qui le supposait fabriqué d'une matière informe, etc., etc? D'ailleurs qui avait assez de lumière pour démêler quelques étincelles de vérité au milieu de ce chaos? Fallait-il que l'homme consumât sa vie à comparer les systèmes avant de savoir ce qu'il devait croire? Enfin, c'était à la lueur du christianisme que les éclectiques tâchaient de faire cette conciliation, puisqu'ils se rapprochaient de nos dogmes, de notre morale et des leçons de l'Évangile; Mosheim en convient encore, *Dissert.*, n, 14, 15, 16, 18. Donc c'est à cette source de lumière qu'il fallait avoir recours, et non ailleurs. N'était-ce pas là confirmer l'argument de nos apologistes, au lieu de l'affaiblir? — 2° Ceux-ci reprochaient aux anciens philosophes d'avoir raisonné de tout, excepté de Dieu, de la destinée de l'homme et de ses devoirs; les éclectiques tournèrent leurs études de ce côté-là, *ibid.*, n. 17. Tant mieux : cette correction supposait la vérité de la faute, et c'est encore une obligation que l'on avait à l'Évangile de l'avoir aperçue. En adoptant la morale de Jésus-Christ en plusieurs choses, les éclectiques lui rendaient un hommage non suspect, puisqu'ils furent forcés d'avouer que ce divin Maître était un sage qui avait enseigné d'excellentes choses, n. 18, et qu'ils ne pouvaient lui reprocher aucune erreur, il s'ensuivait clairement qu'il méritait mieux d'être écouté que tous les philosophes; Celse, au II° siècle, n'avait eu garde de faire un pareil aveu. Vainement les éclectiques prétendaient que la doctrine de Jésus avait été mal rendue par ses disciples, on pouvait leur demander : L'entendez-vous mieux que ceux qui ont été instruits par Jésus lui-même? Jusqu'ici nous ne voyons pas en quoi l'éclectisme affaiblissait les arguments de nos apologistes. — 3° Les deux preuves principales employées par ces derniers étaient la sainteté de la morale chrétienne, les vertus et les miracles du Sauveur; les éclectiques n'osèrent contester ni l'un ni l'autre, *ibid.*, n. 23; mais ils copièrent cette morale, ils attribuèrent des miracles et des vertus à Apollonius de Thyane, à Pythagore, à Plotin, etc.; ils soutinrent que par la théurgie on pouvait commander aux génies ou démons, et opérer des prodiges par leurs secours ; n. 25, 26, 27. Malheureusement il ne se trouvait point de témoins oculaires qui pussent attester les miracles ni les vertus des philosophes théurgistes, au lieu que ceux de Jésus-Christ étaient publiés par ses disciples mêmes, et non contestés par ses ennemis : Celse avait eu déjà recours au même expédient avant les éclectiques, et il lui avait fort mal réussi.

Faisons ici quelques réflexions. En premier lieu, Mosheim nous paraît contredire ici ce qu'il a soutenu ailleurs ; *Hist. ecclés.*, II° siècle, II° part., c. 3, § 7 et 8, il dit que les premiers défenseurs du christianisme ne furent pas toujours heureux dans le choix de leurs arguments, que les raisons dont ils se servent, pour démontrer la vérité et la divinité de notre religion, ne sont pas aussi convaincantes que celles qu'ils emploient pour prouver la fausseté et l'impiété du paganisme. Dans sa dissertation, il suppose que tous ces arguments étaient péremptoires avant que les éclectiques n'eussent réussi à les affaiblir; en second lieu, il n'est pas question de savoir quels efforts, quelles ruses, quels sophismes les éclectiques ont mis en usage pour énerver les preuves du christianisme et pour en retarder les progrès, mais de savoir s'ils y ont réussi; car enfin si leurs efforts n'ont rien opéré, s'ils n'ont abouti qu'à mieux faire éclater la puissance divine qui soutenait notre religion, où est le malheur qui en est résulté? Or, nous en jugeons par l'événement; avec tous leurs artifices ils n'ont pu empêcher ni le christianisme de devenir la religion dominante, ni leur secte de déchoir et de s'anéantir enfin avec le paganisme. En troisième lieu, Mosheim nous donne ici le change; il avait à prouver principalement le mal qu'a fait à l'Église l'éclectisme des Pères, et il emploie quatorze ou quinze articles de sa dissertation à montrer le mal qu'a produit l'éclectisme des philosophes païens; c'est de l'érudition prodiguée pure perte, uniquement pour détourner l'attention du lecteur du vrai point de la question. Brucker a fait de même dans tout son ouvrage. Mosheim prétend, n. 28 et 29, que les artifices des éclectiques retinrent plusieurs païens dans leur religion; cela peut être, mais cela n'est pas prouvé ; ils firent, dit-il, apostasier plusieurs chrétiens; cependant il n'en cite qu'un seul exemple positif, savoir, l'empereur Julien. Or, il est certain que cet esprit vain, léger, ambitieux, enclin au fanatisme, fut entraîné à l'idolâtrie par une curiosité effrénée de connaître l'avenir et d'opérer des prodiges par la théurgie; c'est ce qui lui fit ajouter foi aux promesses de Maxime et des autres philosophes païens qui l'obsédaient : il n'y a aucune preuve qu'il ait été séduit par des arguments philosophiques. Saint Basile et saint Grégoire de Nazianze, qui avaient étudié avec lui, le jugèrent dès sa jeunesse; ils prévirent que ce serait un fort mauvais prince; S. Greg. Naz., *Orat.* 4, n. 122. D'autres, dit Mosheim, n. 30, demeurèrent comme neutres entre les deux religions; tels furent Ammien-Marcellin, Chalcidius, Symmaque et Thémistius. Soit. Connaissons-nous les motifs qui les retinrent dans cette indifférence, et sommes-nous certains que ce furent les arguments des éclectiques? Puisque, dans le sein même du christianisme, il se trouve des hommes très-indifférents sur la religion, par caractère et sans motifs raisonnés, il n'est pas fort étonnant qu'il y en a eu aussi parmi les hommes élevés dans le paganisme. Combien n'en vit-on pas de cette trempe à la naissance du protestantisme? Enfin notre critique, n. 33, dévoile les torts des Pères entichés du nouveau *platonisme*. Quelques-uns, dit-il, se firent une religion mélangée de philosophie et de christianisme, comme Synésius, qui niait la fin du monde et la résurrection future. Quand cela serait vrai, ce serait encore une ridiculité de dire qu'un homme, qui est dans l'erreur sur deux articles de notre foi, s'est fait une religion mélangée. Synésius a pu être dans ces deux opinions fausses avant d'être suffisamment instruit : mais il n'y a point persévéré pendant son épiscopat ; aucun ancien auteur ne l'en accuse, et le contraire est prouvé, *Hist. de l'Eclectisme*, t. I, art. 6, p. 157. Notre savant critique fait un long détail des erreurs qu'enseigne l'auteur des *Clémentines*, juif mal converti, et que la plupart des écrivains ont regardé comme un hérétique ébionite ; ce n'est donc pas là un Père de l'Eglise.

Une des maximes de la morale de Platon et des nouveaux platoniciens était qu'il est permis de mentir et de tromper pour un bien et pour l'utilité commune ; de là les impostures forgées par les éclectiques, les faux livres qu'ils supposèrent sous les noms d'Hermès, d'Orphée, etc. Ces philosophes devenus chrétiens, dit Mosheim, ont retenu cette opinion et l'ont suivie à la lettre ; Origène, saint Jérôme, saint Jean Chrysostome, Synésius, l'ont formellement enseignée ; on connaît la multitude de livres supposés, interpolés, falsifiés dans les premiers siècles ; de là les fausses histoires, les fausses légendes, les faux miracles, les fausses reliques, etc. *Dissert.*, n. 41 et suiv. Au mot FRAUDE PIEUSE, nous avons justifié les Pères contre cette accusation téméraire ; nous avons prouvé qu'en la faisant, Mosheim s'est rendu coupable du crime qu'il ose reprocher aux Pères de l'Eglise, puisqu'on ne peut pas l'excuser sur son ignorance. Nous avons ajouté que les mensonges, les impostures, les fausses histoires, les passages d'auteurs tronqués ou falsifiés, etc., sont les principaux moyens dont les prétendus réformateurs se sont servis pour fonder leurs sectes et pour rendre le catholicisme odieux ; qu'encore aujourd'hui plusieurs moralistes protestants soutiennent l'innocence du mensonge officieux ; or, le mensonge qui doit leur paraître le plus officieux et le plus innocent, est celui qu'ils emploient pour persuader un prosélyte de leur religion ; Mosheim lui-même attribue cette pernicieuse doctrine au célèbre ministre Saurin, et ajoute que *s'il a péché en cela, sa faute est légère*; *Histoire ecclés.*, xviii° siècle, § 25. Les controversistes, continue Mosheim, n. 48, ont remarqué que les Pères ont assujetti aux idées de Platon les dogmes du libre arbitre de l'état futur des âmes, de leur nature, et de la sainte Trinité et autres qui y tiennent. Il veut parler sans doute des controversistes protestants et sociniens, ennemis jurés des Pères de l'Eglise ; mais les controversistes catholiques ont prouvé le contraire ; et ils auraient réduit leurs adversaires au silence, si ceux-ci avaient conservé quelques restes de honte et de bonne foi. Enfin, n. 49, Mosheim prétend que c'est le *platonisme* des Pères qui a donné naissance à la multitude des cérémonies introduites dans le culte religieux, qui a fait croire le pouvoir des démons sur les corps et sur les âmes, la vertu des jeûnes, des abstinences, des mortifications, de la continence, du célibat, pour vaincre des esprits malins et les mettre en fuite; que tel a été le sentiment de Porphyre et de l'auteur des *Clémentines*. Il finit en rendant dévotement grâces à Dieu de ce que le protestantisme a enfin purgé la religion de toutes ces superstitions.

En parlant des cérémonies, des démons, des jeûnes, des mortifications, etc., nous avons fait voir que la croyance et les pratiques de l'Eglise catholique sont fondées, non sur le *platonisme*, mais sur l'Ecriture sainte, sur l'exemple de Jésus-Christ, des apôtres, des prophètes, des patriarches, des saints de tous les siècles. En purgeant le christianisme de toutes ces prétendues maladies, les protestants l'ont si bien exténué, qu'il est à l'agonie parmi eux. Ainsi, après un sérieux examen, il résulte que la dissertation de Mosheim sur le nouveau *platonisme*, chef-d'œuvre d'érudition, d'esprit, de sagacité, n'est dans le fond qu'un amas de conjectures, de suppositions fausses et de sophismes ; elle est très-capable d'éblouir les esprits superficiels et les lecteurs peu instruits ; mais elle n'est point à l'épreuve d'une critique exacte, judicieuse et réfléchie. Brucker, en adoptant toutes les idées de Mosheim, n'a pas montré beaucoup de jugement. Le docteur Lardner, savant anglais, a très-bien senti les conséquences impies et absurdes des visions de ces deux luthériens, et il les a développées ; *Credibility of the Gospel History*, t. III, en parlant de Porphyre. *Voy.* TRINITÉ PLATONIQUE, VERBE DIVIN, etc.

PLEURANTS. *Voy.* PÉNITENCE PUBLIQUE.

PNEUMATOMAQUES. *Voy.* MACÉDONIENS.

POESIE DES HÉBREUX. Plusieurs savants ont disputé pour savoir s'il y a, dans le texte hébreu de l'Ecriture sainte, des morceaux de *poésie*. Ceux qui en ont douté n'ont jamais nié qu'il n'y ait plusieurs parties de l'Ancien Testament qui sont écrites avec tout le feu et la vivacité du génie poétique, comme les psaumes, les cantiques, le livre de Job, les lamentations de Jérémie, etc. ; mais ils ont soutenu que nous ne connaissons pas assez la prononciation de l'hébreu pour être en état de juger si ces morceaux sont écrits dans le style nombreux et cadencé des poëtes, s'il y a des vers de telle ou telle mesure, ou des rimes, comme certains critiques l'ont prétendu. Un savant académicien français a fait une dissertation pour prouver qu'il y a des vers mesurés et des rimes ; *Mém. de l'Acad. des Inscript.*, t. VI, in-12, p. 160. Mais personne n'a traité plus exactement cette question que Lowth, professeur dans le collége d'Oxford ; son ouvrage est intitulé : *R. Lowth, de sacra Poesi Hebræorum Prælectiones*; il a été réimprimé en 1770, avec les notes de M. Michaëlis, professeur dans l'université de Gottingue. Ces deux savants soutiennent qu'il y a, dans le texte hébreu, des vers très-reconnaissables, et ils en apportent un grand nombre d'exemples. Dans la *Bible d'Avig.*, t. VII, p. 105, on a placé un discours de l'abbé Fleury, et p. 119, une dissertation de dom Calmet, sur la *Poésie des*

*Hébreux*. Ce dernier, après avoir exposé les sentiments divers des écrivains, finit par juger que l'on ne peut montrer avec certitude, dans le texte hébreu, ni vers cadencés, ni strophes, ni rimes; il n'a pas pu avoir connaissance de l'ouvrage de Lowth et de Michaëlis, qui n'a paru qu'après sa mort; probablement il aurait changé d'avis s'il l'avait lu. En effet, ces deux critiques, très-habiles dans la langue hébraïque, ont fait voir que les livres dont nous venons de parler sont non-seulement écrits dans le style le plus poétique, mais remplis de figures hardies, de métaphores, de prosopopées, d'images, de comparaisons et d'allégories; que l'on y trouve le sublime des pensées, du sentiment, de l'imagination et des expressions. A la réserve du poëme épique, ils nous montrent, dans ces mêmes livres, toutes les espèces de poëmes, des idylles, des élégies, des odes de tous les genres, des ouvrages didactiques et moraux, même des espèces de drames, tels que le cantique de Salomon et le livre de Job. Enfin, ils font sentir combien cette *poésie* est supérieure à celle des auteurs profanes.

« Dans l'origine, dit un académicien très-instruit, le but de la *poésie* fut d'inspirer aux hommes l'horreur du vice, l'amour de la vertu et le désir du ciel; ce fut même cette union étroite qu'elle eut d'abord avec la religion, qui la rendit dans la suite si amie des fables, parce qu'alors cet amas de fables ridicules composait le corps de la religion, qui, dans tout l'univers, excepté chez les Hébreux, était entièrement corrompue. La *poésie* eut le même sort, et tandis que chez le peuple de Dieu elle restait toujours pure et fidèle à la vérité, parmi toutes les autres nations elle servit le mensonge avec d'autant plus de zèle, que le mensonge y tenait la place de la vérité même...... Quel homme doué d'un bon goût, quand il ne serait pas plein de respect pour les livres saints, et qu'il lirait les cantiques de Moïse avec les mêmes yeux dont il lit les odes de Pindare, ne sera pas contraint d'avouer que ce Moïse, que nous connaissons comme le premier historien et le premier législateur du monde, est en même temps le premier et le plus sublime des poëtes? Dans ses écrits, la *poésie* naissante paraît tout d'un coup parfaite, parce que Dieu même la lui inspire, et que la nécessité d'arriver à la perfection par degrés n'est une condition attachée qu'aux arts inventés par les hommes. Cette *poésie*, si grande et si magnifique, règne encore dans les prophètes et dans les psaumes: là brille dans son éclat majestueux cette véritable *poésie*, qui n'excite que d'heureuses passions, qui touche nos cœurs sans nous séduire, qui nous plaît sans profiter de nos faiblesses, qui nous attache sans nous amuser par des contes ridicules, qui nous instruit sans nous rebuter, qui nous fait connaître Dieu sans le représenter sous des images indignes de la Divinité, qui nous surprend toujours sans nous promener parmi des merveilles chimériques; agréable et toujours utile, noble par ses expressions hardies, par ses vives figures, et plus encore par les vérités qu'elle annonce, elle seule mérite le nom de langage divin. » *Mém. de l'Acad. des Inscrip.*, t. VIII, in-12, p. 392 et 404. Cet auteur en prend pour exemple le cantique d'Isaïe, c. XIV, v. 4 et suivants, qu'il traduit en vers français, *ibid.*, p. 415.

« Pour ne point nous flatter, dit à ce sujet l'abbé Fleury, toute notre *poésie* moderne est fort méprisable en comparaison de celle-là; elle ne vaut pas mieux que chez les païens. Les principaux sujets, qui occupent nos beaux esprits, sont encore l'amour profane et la bonne chère: toutes nos chansons ne respirent autre chose. Malgré toute l'antiquité que l'on prétend imiter, l'on a trouvé le moyen de fourrer l'amour avec toutes ses bassesses et ses folies dans les tragédies et les poëmes héroïques, sans respecter la gravité de ces ouvrages, sans craindre de confondre les caractères de ces poëmes divers, dont les anciens ont si religieusement observé la distinction. Pour moi, je ne puis me persuader que ce soit là le véritable usage du bel esprit, que Dieu ait donné à quelques hommes une belle imagination, des pensées vives et brillantes, de l'agrément et de la justesse dans l'expression, et tout le reste de ce qui fait des poëtes, afin qu'ils n'employassent tous ces avantages qu'à badiner, à flatter leurs passions criminelles, et à les exciter dans les autres... Pourquoi employer le génie, l'étude et l'art de bien écrire, à donner aux jeunes gens et aux esprits faibles des mets soigneusement assaisonnés, qui les empoisonnent et qui les corrompent, sous prétexte de flatter leur goût? Il faut donc ou condamner tout à fait la *poésie*, ou lui donner des sujets dignes d'elle, et la réconcilier avec la véritable philosophie, c'est-à-dire avec la bonne morale et la solide piété. Je crois bien que la corruption du siècle et l'esprit de libertinage qui règnent dans le grand monde, y mettent un grand obstacle; mais avec des talents et du courage, pourquoi ne viendrait-on pas à bout de le vaincre? Ne serait-il donc pas possible de faire d'excellents poëmes sur les mystères de la loi nouvelle, sur son établissement et ses progrès, sur les vertus de nos saints, sur les bienfaits que notre nation, notre pays, notre ville, ont reçus de Dieu, sur des sujets généraux de morale, comme le bonheur des gens de bien, le mépris des richesses, etc.? Si cela est très-difficile, du moins le dessein en est beau; et si l'on désespère de pouvoir l'accomplir, il ne faut pas diminuer la gloire de ceux qui y ont réussi. Il faut estimer et admirer la *poésie des Hébreux*, quand même elle ne serait pas imitable. » *Discours sur la Poésie*, etc., p. 116.

POLÉMIQUE (théologie). *Voy.* CONTROVERSE.

POLOGNE. Ce royaume n'a reçu les lumières de la foi qu'au xe siècle; jusqu'alors les Polonais n'avaient été guère mieux policés que ne le sont encore aujourd'hui les Tartares. Ils furent redevables de leur conversion au zèle et à la piété d'une femme.

Dambrowka, fille de Boleslas, duc de Bohême, avait épousé Micislas, duc de Pologne : par ses instructions et par ses exemples elle engagea d'abord son époux à renoncer au paganisme ; l'un et l'autre travaillèrent ensuite à en détacher leurs sujets ; on rapporte cet événement à l'an de Jésus-Christ 966. Le pape Jean XIII, qui en fut informé, envoya promptement, en *Pologne* Ægidius, évêque de Tusculum, et un bon nombre d'ecclésiastiques pour cultiver cette mission, et les fruits en augmentèrent de jour en jour. Les protestants, toujours fâchés des conquêtes qu'a faites l'Eglise romaine par le zèle des papes, n'ont pas manqué de jeter du blâme sur celle-ci. Ils disent que les instructions de ces pieux missionnaires qui n'entendaient pas la langue du pays, n'auraient pas produit beaucoup d'effet, si elles n'avaient pas été accompagnées des édits, des lois pénales, des menaces et des promesses du souverain ; qu'ainsi c'est la crainte des peines et l'espoir des récompenses qui ont jeté les fondements du christianisme dans la *Pologne*. On y établit deux archevêques et sept évêques, dont le zèle et les travaux achevèrent d'amener à la foi chrétienne les peuples de ce vaste royaume. Mais, continuent les censeurs des missions, toutes ces conversions ne furent qu'extérieures ; dans ce siècle barbare on se mettait peu en peine du changement d'affections et de principes qu'exige l'Evangile. Mosheim, *Hist. eccl.*, x° siècle, 1ʳᵉ part., c. 1, § 4. Cette censure imprudente et maligne fournit matière à une foule de réflexions. 1° Les incrédules parlent de même de la conversion de l'empire romain sous Constantin ; ils disent que ce sont les édits, les lois pénales, les menaces et les récompenses de cet empereur, plus que les instructions des missionnaires, qui amenèrent ses sujets à la profession du christianisme ; que toutes ces conversions ne furent qu'extérieures, puisque, sous le règne de Julien, une bonne partie de ces prétendus chrétiens retournèrent au paganisme. Si les critiques protestants se donnaient la peine de réfuter les déistes, leurs raisons nous serviraient à résoudre leurs propres objections. — 2° Ils commencent par oublier que leur prétendue réforme n'est devenue dans aucun lieu du monde la religion dominante que par les édits des souverains, par les ordonnances des magistrats, par les menaces et par la violence exercée contre les catholiques ; le motif des conversions opérées par les prédicants a été non-seulement la crainte des vexations et l'espoir des récompenses, mais très-souvent le libertinage d'esprit et de cœur. Pourvu qu'un prosélyte s'abstînt de l'exercice de la religion catholique, il acquérait la liberté de croire et de faire tout ce qu'il lui plaisait ; plusieurs protestants ont avoué ce désordre. — 3° Il n'y a aucune preuve incontestable des lois pénales, des édits sanglants ni des violences exercées par le duc Micislas contre ses sujets pour les forcer à la profession extérieure du christianisme ; parce que les historiens disent en général que ce prince fit tous ses efforts, employa tous les moyens possibles, ne négligea rien pour amener les Polonais à la foi chrétienne, il ne s'ensuit pas qu'il mit en usage les tortures et les supplices ; mais les protestants, aveuglés par la prévention et dominés par la haine, interprètent toujours les expressions des historiens dans le plus mauvais sens. Pour convertir des peuples ignorants, grossiers, presque stupides, qui ne tiennent à leur fausse religion que machinalement et par habitude, il n'est pas toujours besoin de violents efforts, ni de grands talents ; la douceur, la charité, les exemples de vertu suffisent. Dans les premiers siècles du christianisme, n'a-t-on pas vu de simples particuliers, très-peu instruits, réduits en esclavage et emmenés par des barbares, venir à bout de les convertir ? Dieu attache les grâces de conversion à quels moyens il lui plaît. — 4° Par pure complaisance pour nos adversaires, supposons pour un moment des lois pénales et des édits menaçants portés par Micislas contre les idolâtres polonais. Un souverain convaincu de la vérité, de la sainteté, de la divinité du christianisme, de son utilité au bien temporel et à la prospérité d'un état, de l'absurdité, de l'impiété, des effets pernicieux de l'idolâtrie, ne peut-il, sans blesser le droit naturel, défendre par des édits l'exercice de cette fausse religion ? La prétendue liberté de conscience, tant réclamée par les protestants et par les incrédules, ne peut jamais être le droit de violer la loi naturelle, de se faire du mal à soi-même et aux autres. Si un souverain n'a pas droit de réprimer l'abus de la liberté, il ne peut sans injustice porter aucune loi, puisque toute loi quelconque gêne la liberté. Mais défendre l'exercice de l'idolâtrie, ce n'est pas forcer des sujets à professer le christianisme ; les prédicateurs de la tolérance confondent malicieusement ces deux choses. *Voy.* LIBERTÉ DE CONSCIENCE, TOLÉRANCE, etc.

La religion catholique était demeurée pure depuis son établissement en *Pologne* jusqu'à la naissance du protestantisme au xvi° siècle. Quelques disciples de Luther allèrent y prêcher leur doctrine et y firent des prosélytes ; peu de temps après, les frères moraves ou bohémiens, descendants des hussites, s'y réfugièrent ; plusieurs disciples de Calvin, sortis de la Suisse, y répandirent aussi leurs sentiments ; enfin des anabaptistes et des antitrinitaires ou sociniens y formèrent des sociétés, et s'y sont maintenus pendant assez longtemps. Aujourd'hui l'on y connaît encore au moins quatre religions : 1o le catholicisme qui est la dominante, et il y a quelques églises catholiques du rite grec, aussi bien que des Grecs schismatiques. Les protestants forment un troisième parti, et les Juifs y sont tolérés.

POLYCARPE (saint), évêque de Smyrne, disciple de saint Jean l'Evangéliste, est un des Pères apostoliques ; il y souffrit le martyre l'an 169 de Jésus-Christ, ou quelques années plus tôt, suivant quelques écrivains modernes, et il était alors dans un âge très-avancé. C'est saint Irénée qui nous apprend que *Polycarpe* son condisciple avait été instruit à l'école de saint Jean, qu'il avait conversé encore avec d'autres apôtres, et qu'il avait vécu avec plusieurs des disciples témoins des actions du Sauveur. Il ne nous reste de lui qu'une lettre écrite aux Philippiens, très-respectée de tous les anciens auteurs ecclésiastiques, et qui est dans la *Collection des Pères Apostoliques*, t. II. Cependant quelques protestants, par intérêt de système, ont affecté d'en révoquer en doute l'authenticité. « Elle est regardée, dit Mosheim, par quelques-uns comme véritable, et par d'autres comme supposée, et il n'est pas aisé de décider la question. » *Hist. ecclés.*, 1er siècle, IIe part., c. 2, § 21. Mais la question est très-décidée pour tout homme qui n'a aucun intérêt à la prolonger. Daillé est le seul auteur connu qui ait entrepris de jeter des doutes sur l'authenticité de cette lettre, parce qu'elle renferme un témoignage irréfragable en faveur des lettres de saint Ignace, que ce critique téméraire ne voulait pas admettre. Aussi a-t-il été solidement réfuté par Péarson, *Vindic. Ignat.*, c. 5, et Daillé n'avait allégué, suivant sa coutume, que des raisons frivoles. Le Clerc ne forme aucun doute sur l'authenticité de ce même écrit. *Hist. ecclés.*, an 117, p. 572. Malheureusement pour les protestants, ce monument si respectable renferme deux passages très-clairs : l'un sur la présence réelle de Jésus-Christ dans l'eucharistie, l'autre sur la hiérarchie, ou sur les différents ordres des ministres de l'Eglise ; les protestants en sont fâchés, ils voudraient s'en débarrasser en rendant suspecte la lettre entière. Après le martyre de saint *Polycarpe*, l'Eglise de Smyrne en adressa une relation très-détaillée et très-édifiante aux autres Eglises ; et ce morceau, dont l'authenticité ne fut jamais contestée, contient encore un témoignage formel du culte rendu par les premiers fidèles aux reliques des martyrs. *Voy.* RELIQUES. *Mém. de Tillemont*, t. I, p. 327 et suivantes.

POLYGAMIE, c'est le mariage d'un homme avec plusieurs femmes en même temps. Tout le monde convient que le mariage d'une femme à plusieurs maris en même temps serait contraire à la fin du mariage, qui est la procréation des enfants, par conséquent opposé à la loi naturelle ; aussi ne voit-on pas que ce désordre ait jamais été autorisé chez aucun peuple policé ; mais il y a des auteurs qui ont soutenu qu'il n'en est pas de même du mariage d'un seul homme avec plusieurs femmes, que cet usage, qui règne encore chez plusieurs peuples infidèles, n'est défendu chez les nations chrétiennes que par une loi positive. S'ils avaient examiné la question avec plus de soin, il est probable qu'ils auraient pensé différemment. D'abord Dieu en créant l'homme ne lui donna qu'une seule épouse ; et il ajouta, *ils seront deux dans une seule chair* ; c'est au mariage ainsi réduit à l'unité que Dieu donna sa bénédiction (*Gen.* I, 28 ; II, 24). Telle est l'intention et la première institution du Créateur.

Si la pluralité des femmes avait pu contribuer à peupler plus promptement la terre et à faire le bonheur de l'homme, il est à présumer que Dieu la lui aurait accordée. Dieu y pourvut d'une autre manière par la vie très-longue qu'il voulut bien accorder au premier homme et à ses descendants. C'est là-dessus que Jésus-Christ s'est fondé pour démontrer aux Juifs que le divorce permis par la loi de Moïse était un abus (*Matth.* XIX). Saint Paul, en parlant du mariage, suppose de même qu'il doit être réduit à l'unité (*I Cor.* VII, 2).

Cependant plusieurs patriarches, Lamech, Abraham, Jacob, Esaü, ont eu plusieurs femmes, et ils n'en sont point blâmés dans l'histoire sainte. Moïse n'a point défendu la *polygamie* par ses lois, il semble plutôt la permettre ; Elcana, père de Samuel, David et Salomon, étaient polygames ; tous ont-ils péché contre le droit naturel ? Jésus-Christ, en rappelant le mariage à son institution primitive, a-t-il restreint le droit de la nature ? La loi évangélique, qui établit la monogamie, n'est-elle qu'une loi positive à laquelle on puisse déroger en certains cas ? Voilà trois questions auxquelles un théologien est obligé de satisfaire.

1. Il faut observer d'abord que le droit naturel ne peut pas être exactement le même dans les divers états de la société ; l'objet essentiel de la loi naturelle qui établit ce droit est le bien général de l'humanité : or le bien général change à mesure que l'état de la société varie. Il peut arriver qu'un usage qui ne portait aucun préjudice à l'intérêt général dans un certain état, y nuise dans d'autres circonstances ; dès ce moment cet usage commence à être défendu par la loi naturelle. Dans l'état de société domestique qui a précédé l'état de société civile, lorsque les familles étaient encore isolées, nomades, et formaient autant de peuplades différentes, la *polygamie* était à peu près inévitable, et elle n'entraînait pas les mêmes inconvénients qui en résultent aujourd'hui. Une famille était étrangère à une autre famille, une fille trouvait donc difficilement à s'établir ; pour avoir un époux, elle était presque toujours obligée de s'expatrier. Les femmes, réduites à une condition à peu près semblable à celle des esclaves, et très-sédentaires, ne connaissaient que la tente de leur père ou de leur époux. Conséquemment les filles préféraient de conserver les mœurs, les habitudes, le langage de leur propre famille, en y prenant un seul mari pour plusieurs, que de passer dans une autre peuplade, qui était pour elles un pays étranger. Il est prouvé, par une expérience constante, que plus une jeune personne a été retirée et solitaire, plus il lui en coûte de quitter la maison paternelle. En second lieu, l'intérêt de chacune des familles nomades exigeait que le chef eût une multitude d'enfants et d'esclaves pour garder les troupeaux et se défendre contre les agresseurs ; le père était souverain de cette petite république. De son côté une mère de famille était flattée de régner sur toute cette peuplade sous l'autorité de son époux. De là l'ambi-

tion des femmes d'avoir beaucoup d'enfants ; en cas de stérilité, elles adoptaient ceux de leurs esclaves, et les élevaient avec l'attention d'une mère. La *polygamie* n'était donc alors contraire ni à l'intérêt des femmes, ni à celui des enfants, ni à celui de la famille, ni par conséquent au bien général. Comment aurait-elle pu paraître opposée à la loi naturelle ?

Pour disculper les patriarches polygames, il n'est donc pas nécessaire de recourir à une dispense, ni à une permission particulière de Dieu, ni à l'ignorance dans laquelle ils ont pu être du droit naturel : ils sont suffisamment justifiés par les circonstances. Il n'y avait encore alors point de société civile ni de lois positives établies, et ils étaient chefs de peuplades. Lorsque l'Anglais Pinès fut jeté par un naufrage dans une île déserte avec quatre femmes, et qu'il en eut des enfants, il se trouvait dans un état semblable à celui des patriarches ; oserait-on décider qu'il pécha contre la loi naturelle ? Quand il aurait été besoin d'une dispense pour Abraham et pour Jacob, on devrait encore présumer que Dieu la leur a donnée. En vertu des promesses divines (*Gen.* xii, 1), Abraham était destiné à être la tige d'une grande nation, et déjà il avait à ses ordres un grand nombre de domestiques. Sara son épouse était stérile et hors de l'âge d'avoir des enfants ; il avait donc de fortes raisons de penser que dans cette circonstance la loi de la monogamie n'avait plus lieu pour lui, et l'invitation que lui fit Sara de prendre Agar dut le confirmer dans cette opinion. Dans tous les temps on a jugé que le bien général d'une nation était un motif légitime de dispenser un souverain de certaines lois civiles ou ecclésiastiques, et il nous paraît que Abraham était un personnage non moins important qu'un souverain. Aucun particulier placé en société civile ne s'est jamais trouvé dans les mêmes circonstances que Abraham, et n'a pu se prévaloir de son exemple. Jacob, héritier des promesses faites à son aïeul, était dans un cas moins favorable, puisque Lia, sa première femme, était féconde ; mais elle lui avait été donnée par fraude et malgré lui ; dans la rigueur il aurait pu légitimement la renvoyer d'abord. L'espérance bien fondée de devenir le père d'un peuple nombreux l'excusait aussi bien que l'usage des Chaldéens parmi lesquels il habitait pour lors. Il n'est donc pas étonnant que l'Ecriture ne blâme ni Abraham ni Jacob, et que les Pères de l'Eglise aient conspiré à justifier l'un et l'autre.

II. Lorsque Moïse donna des lois aux Hébreux, il ne lui parut pas possible d'interdire absolument la *polygamie*; il est très-probable qu'elle était en usage chez les nations desquelles il était environné, et que les Hébreux s'y étaient accoutumés en Egypte. Mais Moïse ne la permit pas formellement, il la gêna même et en prévint l'abus par plusieurs de ses lois ; par la même raison il toléra le divorce par la crainte d'un plus grand mal ; c'est ainsi que Jésus-Christ a justifié la conduite de ce législateur (*Matth.*

xix, 8). Le principal objet de Moïse était de pourvoir à l'intérêt national ; une preuve de la droiture de sa conduite, c'est qu'il n'usa point lui-même de la liberté qu'il laissait aux autres. Aussi ne voyons-nous point que la *polygamie* ait été commune chez les Juifs; depuis Moïse jusqu'à David, l'histoire n'en fournit point d'autre exemple que celui d'Elcana, père de Samuel, qui avait deux femmes, et l'Ecriture nous donne à entendre qu'il avait pris la seconde à cause de la stérilité de la première ; cependant, comme il est dit de Jaïr, qu'il avait trente fils tous dans l'âge viril, on ne peut guère présumer qu'il les avait eus d'une seule femme. Dieu avait défendu aux rois des Juifs de prendre un grand nombre de femmes (*Deut.* xvii, 7). La *polygamie* de Salomon était donc inexcusable, et l'Ecriture sainte nous en fait remarquer les funestes effets. De tout temps ç'a été une partie du luxe des souverains de l'Asie. Si David n'est pas formellement blâmé dans les livres saints d'avoir eu plusieurs épouses, cette conduite n'y est pas non plus formellement approuvée.

III. Jésus-Christ, en imposant aux hommes une loi nouvelle et plus parfaite que l'ancienne, ne s'est pas proposé pour objet l'intérêt d'une seule peuplade ou d'une seule nation, mais le bien général de l'humanité. Tous les peuples connus pour lors étaient déjà réunis en autant de sociétés civiles et nationales ; le dessein du Sauveur a été de les unir encore en une seule société religieuse, et de leur apprendre à fraterniser les uns avec les autres : *J'en ferai*, dit-il, *un seul bercail sous un même pasteur*. Dans cet état de choses, il n'est pas difficile de prouver que la *polygamie* est contraire au bien général, par conséquent réprouvée par la loi naturelle, que c'était une nécessité de ramener le mariage à son unité primitive. 1° Dans cet état, la fréquentation libre entre les deux sexes et entre les peuples rend les alliances beaucoup plus faciles. Les femmes, dont le travail est devenu nécessaire à plusieurs arts et au commerce, ne sont plus sédentaires, esclaves, enfermées, victimes de la jalousie de leurs maris, comme elles le sont chez les peuples polygames. Les lois civiles ont réglé leurs droits et ceux de tous les citoyens ; le despotisme des pères de famille ne peut plus avoir lieu : le nouveau degré de liberté qu'acquièrent les enfants exige qu'ils soient unis plus étroitement par les liens du sang et de la naissance. — 2° La *polygamie*, loin de faire le bonheur des époux, y met un obstacle invincible ; c'est le témoignage que rendent les voyageurs qui ont le mieux examiné les mœurs des Asiatiques. » Chez les Turcs, dit M. Tott, la beauté même des femmes devient insipide aux maris ; excepté quelque nouvelle esclave qui peut piquer leur curiosité, le harem ne leur inspire que du dégoût. Le désordre, né de la contrainte et de la réunion de plusieurs femmes, est un effet infaillible de la loi qui en permet la pluralité. La nature, également contrariée dans les deux sexes, doit aussi également les égarer. Souvent l'inclination des femmes les pousse à s'échapper de leur prison, et alors elles en sont toujours les victimes ; la jalousie entretient entre elles une division constante, et les maris sont continuellement occupés à rétablir la paix. » *Mém. sur les Turcs, les Tartares et les Égyptiens*, t. I, disc. prélim., p. 52. — 3° Quelques spéculateurs superficiels se sont persuadé que la *polygamie* contribue à la population : c'est une erreur; les hommes instruits attestent le contraire. Il est clair que six femmes, qui ont chacune un mari, donneront plus d'enfants que si elles n'en avaient qu'un seul en commun ; cela est confirmé par l'état de dépopulation des contrées de l'Asie, où la *polygamie* est permise. Les pauvres, qui ne sont pas en état de nourrir plusieurs femmes, ne peuvent user de cette liberté ; et les riches, pour satisfaire leur lubricité, enlèvent les filles que les pauvres pourraient épouser. Comme un désordre ne manque jamais d'en entraîner d'autres, chez les peuples polygames les maris sont en possession de tuer leurs femmes et leurs filles, sans encourir aucun châtiment. — 4° La pluralité des femmes n'est pas moins contraire à l'éducation des enfants et à l'union des familles. Il est impossible que les enfants de plusieurs mères soient également aimés et soignés par leur père ; il y a nécessairement des prédilections ; de là les jalousies et les divisions entre les mères et entre leurs enfants. Alors le mariage ne peut produire entre les maris et les femmes, entre le père et les enfants, entre les parents par alliance, le même attachement que dans les contrées où il est réduit à l'unité. — 5° La *polygamie* ne peut être établie chez une nation qu'aux dépens des autres. On connaît le commerce infâme qui, dans les différentes contrées de l'Asie, se fait des jeunes gens de l'un et de l'autre sexe pour peupler les sérails de la Turquie et de la Perse, la coutume abominable de faire des eunuques pour en être les gardiens, les crimes que produisent la lubricité, la jalousie, le libertinage chez les peuples asiatiques. Ceux de nos écrivains, qui ont imaginé que les femmes et les filles élevées dans la retraite d'un sérail devaient avoir les mœurs très-pures, se sont grossièrement trompés ; plusieurs voyageurs attestent le contraire.

Il est donc certain que Jésus-Christ, en rétablissant le mariage dans son unité et sa sainteté primitives, a mieux pourvu à l'observation du droit naturel au bien général que tous les autres législateurs. La condamnation qu'il a faite de la *polygamie* ne peut être envisagée comme une simple loi positive, susceptible de dispense, de dérogation ou d'abrogation ; le bien commun de l'humanité exige absolument cette loi dans l'état de société civile. Tout peuple, chez lequel cette loi sainte est impunément violée, ne sera jamais parfaitement policé. De là il s'ensuit que Calvin, qui a taxé d'adultère la *polygamie* des patriarches, était dans l'erreur ; que Luther, qui a prétendu qu'elle n'est pas actuellement contraire au bien général, qui même a eu la faiblesse de la permettre au landgrave de Hesse, a été encore plus coupable. On ne pouvait alléguer en faveur de ce prince l'avantage de ses sujets ni aucun motif d'utilité publique ; il n'exposa point d'autre raison, en demandant dispense, que la lubricité de son tempérament. *Hist. des Variat.*, l. VI, § 1 et suiv. Aucune loi romaine ne permettait la *polygamie* ; il ne fut donc pas difficile aux pasteurs de l'Église d'obliger, par les peines canoniques, les fidèles à observer la loi de l'Évangile qui la défendait ; les polygames furent donc condamnés à quatre ans de pénitence publique. Bingham, *Orig. ecclés.*, l. XVI, § 5. Mais, lorsque les barbares eurent apporté dans nos climats toute la grossièreté et la licence des mœurs de la Germanie, cette discipline reçut souvent des atteintes ; nous voyons que plusieurs de nos rois de la première race s'obstinèrent à prendre plusieurs épouses, et voulurent les garder. Heureusement la résistance courageuse des papes fit peu à peu cesser ce scandale. Cette loi est sujette à des inconvénients, sans doute ; elle peut paraître dure dans certaines circonstances, et plusieurs dissertateurs modernes l'ont fait remarquer ; mais ces inconvénients ne seront jamais aussi grands que ceux qui résulteraient de la *polygamie*. Quand il est question de peser les avantages et les inconvénients d'une loi, il faut avoir égard à l'intérêt général plutôt qu'à celui des particuliers.

On prétend qu'au XVIe siècle il y eut des hérétiques qui soutinrent que la *polygamie* pouvait être permise en certains cas. Bernardin Ochin, qui avait été général des capucins, et qui apostasia pour embrasser le protestantisme, était de ce nombre ; il fut banni de la Suisse en 1543, à cause de ses sentiments ; il se retira en Pologne, où il embrassa les erreurs et la communion des antitrinitaires et des anabaptistes, et il mourut dans la misère en 1564. Ses sectateurs furent nommés *polygamistes*, mais il paraît qu'ils ne furent pas en grand nombre, et qu'ils ne firent pas beaucoup de bruit. C'est cependant un exemple du libertinage d'esprit et de cœur que la prétendue réforme inspirait à ses partisans.

POLYGLOTTE, Bible imprimée en plusieurs langues ; c'est la signification de ce terme grec. La première qui ait paru est celle du cardinal Ximénès, imprimée en 1515, à Alcala de Hénarès, en Espagne ; on la nomme communément *la Bible de Complute*; elle est en 6 volumes in-folio et en quatre langues. Elle contient le texte hébreu, la paraphrase chaldaïque d'Onkélos sur le Pentateuque seulement, la version grecque des Septante et l'ancienne version latine ou italique. On n'y a point mis d'autre traduction latine du texte hébreu que cette dernière, mais on en a joint une littérale au grec des Septante. Le texte grec du *Nouveau Testament* y est imprimé sans accents, afin de représenter plus exactement les anciens exemplaires grecs où les accents ne sont point marqués. On a placé à la fin un apparat des grammairiens, des dictionnaires et des tables. Cette Bible est rare et fort chère. François Ximénès de Cisneros, cardinal et archevêque de Tolède, qui est le principal auteur de ce grand ouvrage, marque, dans une lettre écrite au pape Léon X, qu'il est à propos de donner l'Ecriture sainte dans les textes originaux, parce qu'il n'y a aucune traduction, quelque parfaite qu'elle soit, qui les représente parfaitement. — La seconde *polyglotte* est celle de Philippe II, imprimée à Anvers, chez Plantin en 1572, par les soins d'Arias Montanus. Outre ce qui était déjà dans la *Bible de Complute*, on y a mis les paraphrases chaldaïques sur le reste de l'Ecriture sainte, avec l'interprétation latine de ces paraphrases. Il y a aussi une version latine littérale du texte hébreu, pour l'utilité de ceux qui veulent apprendre la langue hébraïque. A l'égard du *Nouveau Testament*, outre le grec et le latin de la *Bible d'Alcala*, on a joint à cette édition l'ancienne version syriaque en caractères syriaques et en caractères hébreux avec des points-voyelles, pour en faciliter la lecture à ceux qui sont accoutumés à lire l'hébreu. On a aussi ajouté à cette version syriaque une interprétation latine composée par Gui Le Fèvre, qui était chargé de l'édition syriaque du *Nouveau Testament*. Enfin l'on trouve dans la *polyglotte* d'Anvers un plus grand nombre de grammaires et de dictionnaires que dans celle de Complute, et plusieurs petits traités nécessaires pour éclaircir les endroits les plus difficiles du texte. — La troisième *polyglotte* est celle de Le Jay, imprimée à Paris en 1645. Elle a cet avantage sur la *Bible royale de Philippe II*, que les versions syriaque et arabe de l'*Ancien Testament* y sont avec des interprétations latines. Elle contient de plus sur le Pentateuque le texte hébreu samaritain, et la version samaritaine en caractères samaritains. Le *Nouveau Testament* y est conforme à celui de la *polyglotte* d'Anvers, mais on y a joint une traduction arabe avec une interprétation latine. Il y manque un apparat, les grammaires et les dictionnaires qui sont dans les deux autres *polyglottes*, ce qui rend imparfait ce grand ouvrage, recommandable d'ailleurs par la beauté des caractères. — La quatrième est la *polyglotte* d'Angleterre, imprimée à Londres en 1657, et souvent appelée *Bible de Walton*, parce que Bryan Walton, depuis évêque de Winchester, prit le soin de la faire imprimer. Elle n'est pas, à la vérité, aussi magnifique pour la beauté des caractères ni pour la grandeur du papier que celle de Le Jay, mais elle est plus ample et plus commode. On y trouve la vulgate, selon l'édition revue et corrigée par Clément VIII, au lieu que dans celle de Paris la vulgate est telle qu'elle était dans la Bible d'Anvers avant la correction. Il y a de plus une version latine interlinéaire du texte hébreu, au point d'autre version latine sur l'hébreu que notre vulgate. Dans la *polyglotte* d'Angleterre, le grec des Septante n'est pas

celui de la *Bible de Complute*, que l'on a gardé dans les éditions d'Anvers et de Paris, mais le texte grec de l'édition de Rome, auquel on a joint les diverses leçons d'un autre exemplaire grec fort ancien, appelé *alexandrin*, parce qu'il est venu d'Alexandrie. *Voy.* SEPTANTE. La version latine du grec des Septante est celle que Flaminius Nobilius fit imprimer à Rome par l'autorité du pape Sixte V. Il y a de plus, dans la *polyglotte* d'Angleterre, quelques parties de la Bible en éthiopien et en persan qui ne se trouvent point dans celle de Paris, des discours préliminaires ou prolégomènes touchant le texte original, les versions, la chronologie, etc., avec un volume de diverses leçons de toutes ces différentes éditions. Enfin l'on y a joint un dictionnaire en sept langues, composé par Castel, en 2 vol., ce qui fait un total de 8 vol. in-folio. — Une cinquième *polyglotte* est la *Bible de Hutter*, imprimée à Nuremberg en 1599, en douze langues; savoir, l'hébreu, le syriaque, le grec, le latin, l'allemand, le saxon ou le bohémien, l'italien, l'espagnol, le français, l'anglais, le danois, le polonais ou esclavon. — On peut aussi mettre au nombre des *polyglottes* deux Pentateuques, que les Juifs de Constantinople ont fait imprimer en quatre langues, mais en caractères hébreux. L'un, imprimé en 1551, contient le texte hébreu en gros caractères, qui a d'un côté la paraphrase chaldaïque d'Onkélos en caractères médiocres, de l'autre une paraphrase en persan composée par un juif nommé Jacob, avec le surnom de sa ville. Outre ces trois colonnes, la paraphrase arabe de Saadias est imprimée au haut des pages en petits caractères, et au bas est placé le commentaire de Rasch. L'autre Pentateuque, imprimé en 1547, a trois colonnes comme le premier. Le texte hébreu est au milieu, à l'un des côtés une traduction en grec vulgaire, à l'autre une version en langue espagnole. Ces deux versions sont en caractères hébreux, avec les points-voyelles qui fixent la prononciation. Au haut des pages est la paraphrase chaldaïque d'Onkélos, et au bas le commentaire de Rasch.

De ce même genre est le *Psautier* que Augustin Justiniani, religieux dominicain et évêque de Nébio, fit imprimer à Gênes, en quatre langues, l'an 1516; il contient l'hébreu, le chaldéen, le grec et l'arabe, avec les interprétations latines et des gloses. On a encore la Bible *polyglotte* de Vatable, en hébreu, grec et latin. Celle de Volder, en hébreu, grec, latin et allemand. Celle de Porken, imprimée l'an 1546, est en hébreu, en grec, en éthiopien et en latin. Jean Draconits, de Carlostad en Franconie, donna, l'an 1565, les *Psaumes*, les *Proverbes de Salomon*, les *prophètes Michée et Joël*, en cinq langues, en hébreu, en chaldéen, en grec, en latin et en allemand. Le premier modèle de toutes ces Bibles ont été les *Hexaples* et les *Octaples* d'Origène, *Voy.* HEXAPLES. Le père Lelong de l'Oratoire a traité avec soin des *polyglottes* dans un volume in-12 qu'il a publié sur ce sujet; il est intitulé : *Discours historique* sur *les Bibles polyglottes et leurs différentes éditions;* cet ouvrage est curieux et instructif.

**POLYTHÉISME.** *Voy.* Paganisme.
**POMPE DU CULTE DIVIN.** *Voy.* Culte.
**POMPE FUNÈBRE.** *Voy.* Funérailles.
**PONCTUATION DU TEXTE ET DES VERSIONS DE L'ÉCRITURE SAINTE.** *Voy.* Concordance.

PONTIFE, chef des prêtres et des autres ministres de la religion. Le latin *pontifex* paraît être une altération de *potnifex*, mot formé du grec πότνιες, auguste, vénérable; il désigne un homme qui fait des choses augustes, des fonctions sacrées. Le souverain *pontife*, ou le grand prêtre chez les Juifs, était le chef de la religion; les autres sacrificateurs et les lévites lui étaient soumis. Aaron, frère de Moïse, fut le premier revêtu de cette dignité, et ses descendants lui succédèrent; mais, sur la fin de la république juive, plusieurs ambitieux qui n'étaient pas de la race d'Aaron furent intrus dans cette place importante. La suite des *pontifes* a duré pendant 1598 ans depuis Aaron jusqu'à la prise de Jérusalem et la destruction du temple par l'empereur Tite. Le grand prêtre était non-seulement chez les Juifs le chef de la religion et le juge des difficultés qui pouvaient y avoir rapport, mais il décidait encore des affaires civiles et politiques lorsqu'il n'y avait point de juge ou de chef à la tête de la nation. Nous le voyons par le ch. xviii du *Deutéronome*, et par plusieurs passages de Philon et de Josèphe. Lui seul avait le privilége d'entrer dans le sanctuaire une fois l'année; savoir le jour de l'expiation solennelle. Dieu l'avait déclaré son interprète et l'oracle de la vérité; lorsqu'il était revêtu des ornements de sa dignité, qu'il portait ce que l'Ecriture appelle *urim* et *thummim*, il répondait aux demandes qu'on lui faisait, et alors Dieu lui révélait les choses futures ou cachées qu'il devait déclarer au peuple. Il lui était défendu de porter le deuil de ses proches, même de son père et de sa mère, d'entrer dans un lieu où il y avait un cadavre, de se souiller par aucune impureté légale. Il ne pouvait épouser ni une veuve, ni une femme répudiée, ni une fille de mauvaise vie, mais seulement une vierge de sa race, et il devait garder la continence pendant tout le temps de son service (*Exod.* xxviii, 30; *Levit.* xxi, 10 et 13; *IV Reg.* xxiii, 9, etc.). L'habit du grand *pontife* était beaucoup plus magnifique que celui des simples prêtres. Il avait un caleçon et une tunique de lin d'un tissu particulier; sur la tunique il portait une longue robe couleur d'hyacinthe ou de bleu céleste, au bas de laquelle était une bordure composée de sonnettes d'or et de pommes de grenades faites de laines de différentes couleurs, et rangées à quelque distance les unes des autres. Cette robe était serrée par une large ceinture en broderie; c'est probablement ce que l'Ecriture nomme *éphod*. Il consistait dans une espèce d'écharpe qui se mettait sur le cou, et dont les deux bouts, passant sur les épaules, venaient se croiser sur l'estomac, et retournant par derrière, servaient à ceindre la robe. A cet *éphod* étaient attachées sur les épaules deux grosses pierres précieuses, sur chacune desquelles étaient gravés six noms des tribus d'Israël; et par-devant, sur la poitrine, à l'endroit où l'écharpe se croisait, était attaché le *pectoral* ou *rational*: c'était une pièce d'étoffe carrée, d'un tissu précieux et solide, large de dix pouces, dans lequel étaient enchâssées douze pierres précieuses de différentes espèces, sur chacune desquelles était gravé le nom de l'une des tribus d'Israël. Quelques auteurs croient que le rational était double, qu'il formait une espèce de poche dans laquelle étaient renfermés *urim* et *thummim*. La tiare du *pontife* était aussi plus précieuse et plus ornée que celle des simples prêtres; ce qui la distinguait principalement, était une lame d'or qui descendait sur le front et qui se liait par derrière la tête avec deux rubans; sur cette lame étaient écrits ou gravés ces mots: *Consacré au Seigneur*. Cet habit était par conséquent très-majestueux. La consécration d'Aaron et de ses fils se fit dans le désert, par ordre de Dieu, avec beaucoup de solennité et avec les cérémonies écrites dans l'*Exode*, c. xl, v. 12, et dans le *Lev.*, c. viii, v. 1; etc. On doute si à chaque nouveau *pontife* l'on réitérait toutes ces cérémonies, l'*histoire sainte* n'en dit rien; il est probable que l'on se contentait de revêtir le nouveau grand prêtre des habits de son prédécesseur. Quelques-uns pensent que l'on y ajoutait l'onction de l'huile sainte.

Dans l'Eglise chrétienne, le souverain *pontife* est le successeur de saint Pierre, vicaire de Jésus-Christ et pasteur de l'Eglise universelle. Quelques protestants ont écrit que sa dignité a été imaginée sur le modèle du souverain pontificat des Juifs; c'est une vaine conjecture qui ne porte sur aucune preuve, et qui est démontrée fausse par une infinité de raisons. *Voy.* Pape.

Pontifes, religieux ainsi nommés parce qu'ils s'étaient dévoués par charité à la construction et à la réparation des ponts et à la sûreté des grands chemins. Dans le xii° siècle, l'an 1177, un simple berger nommé Bénézet ou Bénédet, né dans le village d'Alvilar en Vivarais, âgé de douze ans, se sentit inspiré de bâtir un pont sur le Rhône à Avignon, pour préserver du danger que l'on courait en le passant en bateau. Sur les preuves qu'il donna d'une inspiration surnaturelle, on lui laissa exécuter son dessein, et il en vint à bout dans l'espace de douze ans. Comme il mourut avant que l'ouvrage fût achevé, l'on bâtit une chapelle sur le pont même, et son corps y fut déposé. Il avait eu des coopérateurs qui s'étaient dévoués comme lui à cette bonne œuvre; cet ordre aurait mérité de subsister plus longtemps. On prétend que les religieux de saint Magloire avaient été institués dans le même dessein que les religieux *pontifes*. Ainsi, dans les siècles mêmes que nous nommons ignorants et barbares, la charité chrétienne s'est signalée par des entreprises étonnantes et qui paraissaient surpasser les forces humaines. Hélyot, *Hist. des Ordres monast.* [édition de Migne]; *Hist. de l'Eglise gallic.*, t. X, l. xxviii, an. 1184.

**PONTIFICAL**, livre dans lequel sont contenues les prières, les rites et les cérémonies qu'observent le pape et les évêques dans l'administration des sacrements de confirmation et d'ordre, dans la consécration des évêques et des églises, et dans les autres fonctions qui sont réservées à leur dignité. Quelques auteurs ont cru que le *pontifical* romain était l'ouvrage de saint Grégoire : ils se sont trompés ; ce saint pape peut y avoir retouché ou ajouté quelque chose, mais le pape Gélase y avait déjà travaillé plus d'un siècle auparavant. *Voy.* SACRAMENTAIRE.

**POPLICAIN, PUBLICAIN**, nom qui fut donné en France, et dans une partie de l'Europe, aux manichéens ; en Orient ils se nommaient *pauliciens. Voy.* MANICHÉISME.

**PORPHYRIEN**. Ce nom fut donné aux ariens dans le IV° siècle, en vertu d'un édit de Constantin. Il y est dit : « Puisque Arius a imité Porphyre en composant des écrits impies contre la religion, il mérite d'être noté d'infamie comme lui ; et comme Porphyre est devenu l'opprobre de la postérité, et que ses écrits ont été supprimés, de même nous voulons que Arius et ses sectateurs soient nommés *porphyriens*. Plusieurs critiques pensent que l'empereur nota ainsi les ariens, parce qu'ils semblaient, à l'exemple de Porphyre, autoriser l'idolâtrie en approuvant que Jésus-Christ fût adoré comme Dieu, quoique, suivant leur opinion, ce fût une créature. D'autres jugent plus simplement que ce nom fut donné aux sectateurs d'Arius, parce que celui-ci avait imité dans ses livres la malignité, le fiel, l'emportement de Porphyre contre la divinité de Jésus-Christ. On sait que ce philosophe païen, né à Tyr, l'an de Jésus-Christ 231, zélé partisan du nouveau platonisme, fut un des plus furieux ennemis de la religion chrétienne. Il avoue lui-même que dans sa jeunesse il avait reçu d'Origène les premières leçons de la philosophie, mais il n'avait pas hérité de ses sentiments touchant le christianisme. Quelques auteurs ecclésiastiques ont écrit que Porphyre avait été d'abord chrétien, qu'ensuite il avait apostasié, mais plusieurs critiques modernes se sont attachés à prouver que cela ne pouvait pas être. Quoi qu'il en soit, on ne peut pas nier qu'il ne connût très-bien la religion chrétienne et qu'il n'eût lu nos livres saints avec beaucoup d'attention ; mais comme font encore aujourd'hui les incrédules, il ne les avait examinés qu'avec les yeux de la prévention, et dans le dessein formel d'y trouver des choses à reprendre. Eusèbe nous apprend que l'ouvrage de Porphyre contre le christianisme était en quinze livres ; dans les premiers il s'efforçait de montrer des contradictions entre les divers passages de l'Ancien Testament, le douzième traitait des prophéties de Daniel. Comme il vit en comparant les histoires profanes avec ces prédictions, que celles-ci sont exactement conformes à la vérité des événements, il prétendit que ces prophéties n'avaient pas été écrites par Daniel, mais par un auteur postérieur au règne d'Antiochus-Epiphane, et qui avait pris le nom de Daniel ; que tout ce que ce prétendu prophète avait dit des choses déjà arrivées pour lors était exactement vrai, mais que ce qu'il avait voulu prédire des événements encore futurs était faux. Saint Jérôme, dans son *Commentaire sur Daniel*, a réfuté cette prétention de Porphyre ; Eusèbe, Apollinaire, Méthodius et d'autres, écrivirent aussi contre lui ; malheureusement les ouvrages de ces derniers sont perdus ; ceux de Porphyre furent recherchés et brûlés par ordre de Constantin ; Théodose fit encore détruire ce que l'on put en trouver. Quelque animé que fût ce philosophe contre notre religion et contre nos livres saints, il ne poussait pas la hardiesse et l'entêtement aussi loin que nos incrédules modernes. Nous voyons dans son *Traité de l'Abstinence*, qui subsiste encore, et qui a été traduit en français par M. de Burigny, qu'il fait en plusieurs choses l'éloge des Juifs, surtout des esséniens ; il avoue qu'il y a eu chez eux des prophètes et des martyrs ; il dit que ce sont des hommes naturellement philosophes ; il approuve plusieurs des lois de Moïse ; l. II, n. 26 ; l. IV, n. 4, 11, 13, etc. Nous savons d'ailleurs qu'il regardait Jésus-Christ comme un sage qui avait enseigné d'excellentes choses ; mais il ajoutait que ses disciples en avaient mal pris le sens, et que les chrétiens avaient tort de l'adorer comme un Dieu. Aujourd'hui de prétendus beaux esprits osent écrire que Moïse a été un imposteur et un mauvais législateur ; que la religion juive était absurde ; que Jésus-Christ est un fourbe visionnaire et fanatique ; que les écrivains sacrés et les prophètes n'o.. t pas eu le sens commun, etc. Porphyre cependant n'était ni un petit esprit ni un ignorant ; au III° siècle on était plus à portée qu'aujourd'hui de savoir la vérité des faits fondamentaux du christianisme ; ce philosophe avait voyagé pour s'instruire ; les aveux qu'il a été obligé de faire fournissent contre les incrédules modernes des arguments desquels ils ne se tireront jamais.

**PORRÉTAINS**. Sectateurs de Gilbert de la Porrée, ou de la Poirée, évêque de Poitiers, qui au milieu du XII° siècle fut accusé et convaincu de plusieurs erreurs touchant la nature de Dieu, ses attributs et le mystère de la sainte Trinité. Son défaut, comme celui d'Abailard, son contemporain, fut de vouloir expliquer les dogmes de la théologie par les abstractions et les précisions de la dialectique. Il disait que la divinité ou l'essence divine est *réellement* distinguée de Dieu ; que la sagesse, la justice et les autres attributs de la Divinité ne sont point *réellement* Dieu lui-même ; que cette proposition,

*Dieu est la bonté*, est fausse, à moins qu'on ne la réduise à celle-ci, *Dieu est bon*. Il ajoutait que la nature ou l'essence divine est *réellement* distinguée des trois Personnes divines, que ce n'est point la nature divine, mais *seulement* la seconde Personne qui s'est incarnée, etc. Dans toutes ces propositions, c'est le mot *réellement* qui constitue l'erreur. Si Gilbert s'était borné à dire que *Dieu* et la *Divinité* ne sont pas la même chose *formellement*, ou *in statu rationis*, comme s'expriment les logiciens, sans doute il n'aurait pas été condamné ; cela signifierait seulement que ces deux termes, *Dieu* et la *Divinité*, n'ont pas précisément le même sens ou ne présentent pas absolument la même idée à l'esprit. Mais ce subtil métaphysicien ne prenait pas la peine de s'expliquer ainsi. Quelques-uns l'ont encore accusé d'avoir enseigné qu'il n'y a point de mérite que celui de Jésus-Christ, et qu'il n'y a que les hommes sauvés qui soient réellement baptisés, mais cette accusation n'est pas prouvée. La doctrine de Gilbert fut d'abord examinée dans une assemblée d'évêques tenue à Auxerre l'an 1147, ensuite dans une autre qui se tint à Paris la même année en présence du pape Eugène III, enfin dans un concile de Reims l'année suivante, auquel le même pape présida ; il interrogea lui-même Gilbert, et il le condamna sur ses réponses entortillées et ses tergiversations ; Gilbert se soumit à la décision, mais il eut quelques disciples qui ne furent pas aussi dociles.

Comme saint Bernard fut un des principaux promoteurs de cette condamnation, les protestants font tout ce qu'ils peuvent pour excuser Gilbert, et faire retomber le blâme sur saint Bernard ; ils disent que l'évêque de Poitiers entendait sa doctrine dans le sens orthodoxe que nous venons d'indiquer, et non dans le sens erroné qu'on lui prêtait ; mais que ces notions subtiles passaient de beaucoup l'intelligence du bon saint Bernard qui n'était pas accoutumé à ces sortes de discussions ; que dans toute cette affaire il se conduisit plutôt par passion que par véritable zèle. Mosheim, *Hist. eccl.*, xii° siècle, ii° part., c. 3, § 11. Heureusement il est prouvé par les écrits du saint abbé de Clairvaux, qu'il entendait très-bien les subtilités philosophiques des docteurs de son temps, mais il avait le bon esprit d'en faire très-peu de cas, et de préférer l'étude de l'Ecriture sainte. Il est à présumer que dans les conciles d'Auxerre, de Paris et de Reims, il y avait d'autres évêques aussi bons dialecticiens que celui de Poitiers ; aucun cependant ne prit son parti. La doctrine de Gilbert est exposée non-seulement par saint Bernard, mais par Geoffroi, l'un de ses moines, qui fut présent au concile et en dressa les actes, et par Otton de Frisingue, historien contemporain plus porté à excuser qu'à condamner Gilbert ; cependant il avoue que ce dernier affectait de ne pas parler comme les autres théologiens : donc il avait tort. Pour exprimer les dogmes de la foi, il y a un langage consacré par la tradition, duquel il n'est pas permis de s'écarter ; et quiconque affecte d'en tenir un autre, ne peut pas manquer de tomber dans l'erreur. Petau, *Dogm. théol.*, t. I, l. 1, c. 8, § 3 et 4 ; *Hist de l'Égl. gallic.*, l. xxv, ann. 1147.

PORTE-CROIX. *Voy.* CROISIERS.

PORTIER. Nous voyons dans l'histoire sainte que les lévites étaient chargés de garder soigneusement la porte du tabernacle, et cette fonction devint très-importante lorsque le temple de Salomon fut bâti. Les *portiers* gardaient les trésors du temple et ceux du roi ; ils étaient obligés de veiller aux réparations de ce vaste édifice ; leur emploi leur donnait par conséquent beaucoup d'autorité. Quelquefois ils exercèrent les fonctions de juges dans des cas qui concernaient la police du temple ; ils devaient surtout veiller soigneusement à ne laisser entrer dans la maison du Seigneur personne qui fût impur (*I Paral.* xvi, 42 ; *II Paral.* xxiii, 19). Dans l'Eglise chrétienne, lorsque les fidèles eurent des édifices consacrés à célébrer la liturgie ou l'office divin, il fallut aussi établir des *portiers* pour y faire à peu près les mêmes fonctions que dans le temple de Jérusalem. Les Grecs les nommaient πυλωροι, les Latins *ostiarii, janitores, œditui* ; mais les premiers ne paraissent pas avoir regardé leur état comme un ordre ecclésiastique. Dans leurs rituels on ne trouve point d'ordination particulière pour les *portiers* ; le concile *in Trullo*, qui fait mention de tous les ordres, ne parle point de celui-là. Jean, évêque de Citre, et Codin, cités par le P. Morin, comptent les *portiers* parmi les officiers de l'Eglise de Constantinople, mais non parmi les ordres du clergé. Coutelier, dans ses remarques sur le ii° livre des *Constit. apost.*, dit que la garde des portes n'était point un ordre, mais un office que l'on confiait quelquefois à des diacres, à des sous-diacres, à d'autres clercs inférieurs, et même à des laïques. Dans l'Eglise latine, l'état des *portiers* a toujours été regardé comme un des ordres mineurs. Il en est fait mention dans la lettre de saint Corneille à Sabin d'Antioche, rapportée par Eusèbe, *Hist. eccl.*, l. vi, c. 43 ; dans saint Cyprien, *ep.* 34 ; dans le iv° concile de Carthage, tenu en 398 ; dans le i° concile de Tolède, can. 4 ; dans le *Sacramentaire de saint Grégoire*. Isidore de Séville, Alcuin, Amalaire, Raban-Maur et tous les anciens liturgistes en parlent de même.

Les *portiers*, dit l'abbé Fleury, étaient nécessaires du temps que les chrétiens vivaient au milieu des fidèles, pour empêcher ceux-ci d'entrer dans les églises, de troubler l'office, de profaner les saints mystères. Ils avaient soin de faire tenir chacun dans son rang, le peuple séparé du clergé, les hommes des femmes, de faire observer le silence et la modestie. Lorsque la messe des catéchumènes était finie, c'est-à-dire après le sermon de l'évêque, ils faisaient sortir non-seulement les catéchumènes et les pénitents, mais encore les juifs et les infidèles auxquels on permettait d'entendre les instructions, et généralement tous ceux qui n'avaient pas droit d'assister à la célébration des saints mystères, et alors ils fermaient les portes de l'église.

Dans le Pontifical romain, les fonctions des *portiers*, marquées dans l'instruction que leur fait l'évêque, et dans les prières qui l'accompagnent lorsqu'il les ordonne, sont de sonner les cloches, de distinguer les heures de la prière, de garder fidèlement l'église jour et nuit, d'avoir soin que rien ne s'y perde, d'ouvrir et de fermer à de certaines heures l'église et la sacristie, d'ouvrir le livre à celui qui prêche. En leur faisant toucher les clefs de l'église, il leur dit : *Conduisez-vous comme devant rendre compte à Dieu des choses qui sont ouvertes par ces clefs.* C'est la formule de leur ordination prescrite par le iv° concile de Carthage. Ces *portiers* enfin devaient avoir soin de la netteté et de la décoration des églises.

En rassemblant toutes ces fonctions, l'on voit que ces officiers étaient très-occupés ; aussi étaient-ils plus ou moins nombreux, suivant la grandeur des églises : l'on en comptait jusqu'à cent dans celle de Constantinople. Cet ordre se donnait à des hommes d'un âge assez mûr pour pouvoir en remplir tous les devoirs. Plusieurs y demeuraient toute leur vie ; quelques-uns devenaient acolytes ou diacres. Quelquefois on donnait cette charge à des laïques ; et c'est à présent l'usage ordinaire de leur en laisser les fonctions. Bingham, *Orig. ecclés.*, t. II, l. III, c. 7, § 1 ; Fleury, *Instit. au droit ecclés.*, t. I, part. I, ch. 6 ; *Mœurs des chrét.*, § 37.

Au mot ORDRE, nous avons fait voir aux protestants qu'il n'est pas vrai que la cause de l'institution des ordres mineurs ait été la mollesse ou l'orgueil des évêques, et leur dédain pour les fonctions moins importantes du service divin ; ç'a été la nécessité et le désir d'imprimer aux fidèles le respect pour le culte du Seigneur.

PORTIONCULE, première maison de l'ordre de saint François, fondée par lui-même près d'Assise, dans le duché de Spolette, en Italie, près d'une église de même nom. Ce saint, n'ayant pas de quoi loger ceux qui venaient se joindre à lui, demanda aux Bénédictins l'église de *Portioncule*, la plus pauvre de ces quartiers, la plus retirée, et dans laquelle il allait souvent prier. Elle lui fut accordée ; il s'y établit, et cette maison est devenue le berceau et le chef-lieu de tout l'ordre des Franciscains. L'indulgence de *Portioncule* est célèbre dans toutes les églises de ces religieux. On rapporte que saint François, priant avec beaucoup de ferveur, eut une vision dans laquelle Jésus-Christ lui dit de s'adresser au pape, qui lui accorderait une indulgence plénière pour tous les vrais pénitents qui visiteraient cette église. En effet, Honorius III lui accorda verbalement cette indulgence ; quelque temps après, le saint eut une autre vision dans laquelle il apprit que Jésus-Christ lui-même avait ratifié cette même grâce. Quatre cents ans après, en 1695, le pape Innocent IX la confirma pour cette même église. Plusieurs autres papes, Alexandre IV, Martin IV, Clément V, Paul III, Urbain VIII, ont étendu l'indulgence attachée à la chapelle de *Portioncule*, à toutes les autres chapelles de l'ordre des Franciscains. *Vies des Pères et des martyrs*, t. IX, p. 384.

POSSÉDÉ, POSSESSION. *V.* DÉMONIAQUE.

POSTCOMMUNION, oraison que le prêtre dit à la messe après la communion, pour remercier Dieu, tant pour lui-même que pour ceux qui ont communié, d'avoir participé aux divins mystères, et pour lui demander la grâce d'en ressentir et d'en conserver les fruits ; elle est précédée d'une antienne ou verset qui est appelé *communion*, parce qu'on le chantait autrefois en un psaume pendant que le peuple communiait. La *postcommunion* est aussi appelée, dans les auteurs liturgistes, *oratio ad complendum*, l'oraison pour finir, parce que c'est la dernière oraison de la messe. Dans les premiers siècles, la *postcommunion* était une action plus longue et plus solennelle. D'abord le diacre, par une formule assez longue, exhortait le peuple à remercier Dieu des bienfaits qu'il avait reçus dans la participation aux saints mystères ; ensuite l'évêque recommandait à Dieu, par une action de grâces, tous les besoins spirituels et temporels des fidèles ; on le voit par les *Constitutions apostoliques*, liv. VIII, c. 14 et 15. Cela se fait encore, mais plus en abrégé aujourd'hui, par l'oraison dont nous parlons et par la prière *Placeat*, etc., que le prêtre dit immédiatement avant de donner la bénédiction. Bingham, *Orig. ecclés.*, t. VI, liv. XV, chap. 6, § 1 et 2 ; Lebrun, *Explication des cérémonies de la Messe*, t. I, p. 637.

PRAGMATIQUE SANCTION (*Dr. eccl.*) (1). Ce terme est emprunté du Code, où les rescrits impériaux pour le gouvernement des provinces sont appelés *Formules pragmatiques* ou *Pragmatiques Sanctions*. Il vient du mot latin *sanctio*, ordonnance, et d'un mot grec qui signifie *affaire*. On l'emploie pour exprimer les ordonnances qui concernent les objets les plus importants de l'administration civile ou ecclésiastique, surtout lorsqu'elles ont été rendues dans une assemblée des grands du royaume, et de l'avis de plusieurs jurisconsultes. Il nous reste deux *Pragmatiques* célèbres dans notre droit ; l'une est de saint Louis, l'autre de Charles VII.

*De la Pragmatique Sanction de saint Louis.* Le plus saint de nos rois, se préparant à une seconde expédition contre les Sarrasins, voulut assurer la tranquillité de l'Église gallicane et prévenir les troubles que pouvait occasionner, pendant son absence, le défaut d'une loi précise. L'ordonnance rendue à ce sujet règle les droits des collateurs et patrons des bénéfices ; elle assure la liberté des élections, promotions et collations ; elle confirme nos libertés, privilèges et franchises ; elle modère les taxes et les exactions de la

(1) Article reproduit d'après l'édition de Liége.

cour de Rome. Cette *Pragmatique* est divisée en six articles, dont voici la teneur. 1. Les églises, les prélats, les patrons et les collateurs ordinaires des bénéfices, jouiront pleinement de leur droit, et on conservera à chacun sa juridiction. 2. Les églises cathédrales et autres auront la liberté des élections, qui sortiront leur plein et entier effet. Un manuscrit du collége de Navarre ajoute après les mots *electiones* les deux qui suivent, *promotiones, collationes.* 3. Nous voulons que la simonie, ce crime si pernicieux à l'Église, soit bannie de tout notre royaume. 4. Les promotions, collations, provisions et dispositions des prélatures, dignités et autres bénéfices ou offices ecclésiastiques, quels qu'ils soient, se feront suivant le droit commun, les conciles et les institutions des anciens Pères. 5. Nous ne voulons aucunement qu'on lève ou qu'on recueille les exactions pécuniaires et les charges très-pesantes que la cour de Rome a imposées ou pourrait imposer à l'Église de notre royaume, et par lesquelles il est misérablement appauvri, si ce n'est pour une cause raisonnable et très-urgente, ou pour une inévitable nécessité, et du consentement libre et exprès de nous et de l'Eglise. 6. Nous renouvelons et approuvons les libertés, franchises, prérogatives et priviléges accordés par les rois nos prédécesseurs et par nous, aux Eglises, aux monastères et autres lieux de piété, aussi bien qu'aux personnes ecclésiastiques. Quelques exemplaires ne renferment point l'article contre les exactions de Rome, mais on croit avec raison que des flatteurs de la cour romaine l'ont retranché de cette ordonnance, qui tend principalement à réprimer les entreprises des papes sur les droits des ordinaires pour les élections, les collations des bénéfices et la juridiction contentieuse. Le célèbre d'Héricourt et quelques autres ont révoqué en doute l'authenticité de la pièce elle-même, mais ce doute nous paraît sans fondement. Fontanon, dans sa *Collection des édits*; Bourchel, dans son *Décret*; du Boulay, dans son *Histoire de l'Université*; les PP. Labbe et Cossart, dans la *Collection des conciles*; Laurière, dans son *Recueil des ordonnances*; Fleuri, dans son *Institution au droit ecclésiastique* et dans son *Histoire*, attribuent au saint roi la *Pragmatique* dont il s'agit. Pinsson l'a publiée sous le même titre, avec des commentaires; du Tillet assure qu'elle se trouve dans les anciens registres de la cour. Partout elle porte le nom de Louis et la date de 1268. Les partisans même de Rome l'ont reconnue, comme les défenseurs de nos libertés. S'il n'en est pas mention dans l'histoire des démêlés de Philippe le Bel avec Boniface VIII, c'est qu'elle est absolument étrangère à cette dispute. Si Charles VII, dans celle qu'il publia sur le même sujet, ne s'autorise point de l'exemple de saint Louis, c'est un argument négatif qui ne peut pas suppléer au défaut des preuves positives. Est-ce une raison pour s'inscrire en faux contre le testament de Philippe-Auguste, parce qu'il n'est point rappelé dans ce même édit de Charles, quoiqu'il ordonne la même chose sur la liberté des chrétiens? On trouve d'ailleurs la *Pragmatique* de saint Louis, citée par Jean-Juvénal des Ursins, dans sa remontrance à Charles VII. N'est-ce donc pas vouloir faire illusion que de représenter le P. Alexandre comme le chef des modernes qui soutiennent la vérité et l'authenticité de cette loi? Ignore-t-on que le parlement en 1461, que les états assemblés à Tours en 1483, que l'Université de Paris en son acte d'appel de 1491, l'ont consacrée dans des actes publics comme l'ouvrage du pieux monarque? Est-il croyable qu'ils la lui aient attribuée solennellement sans s'être bien assurés du fait? Dès l'an 1315, Guillaume du Breuil, célèbre avocat, l'avait rapportée sous le même nom dans la troisième partie de son recueil, connu sous le titre d'ancien Style du parlement. Alors elle n'avait point de contradicteurs : elle a donc pour elle l'ancienneté des suffrages; les vrais modernes sont ceux qui osent la combattre.

*De la Pragmatique Sanction de Charles VII.* Le roi Charles VII, étant à Tours au mois de janvier 1438 (nouveau style), écouta les plaintes qu'on vint lui faire, de la part du concile de Bâle, sur la conduite d'Eugène IV et sur la convocation du nouveau concile de Ferrare; peu de temps après, il se rendit à Bourges avec un grand nombre de princes du sang, de seigneurs et de prélats, pour délibérer sur les affaires présentes de l'Eglise. Il y eut dans cette assemblée l'archevêque de Crète, nonce du pape, les archevêques de Reims, de Tours, de Bourges et de Toulouse. On y compta vingt-cinq évêques, plusieurs abbés, et une multitude de députés des chapitres et des universités du royaume. Ce fut là qu'on dressa le règlement célèbre appelé *Pragmatique Sanction*, décret très-renommé dans nos histoires et dans toute notre jurisprudence ecclésiastique, sans en excepter même celle d'aujourd'hui : car, comme le remarque M. de Marca, « Quoique la *Pragmatique Sanction* ait été abolie sous Léon X et François I<sup>er</sup>, cependant la plupart des règlements qu'on y avait insérés ont été adoptés dans le concordat; il n'y a que les élections qui soient demeurées entièrement éteintes, pour faire place aux nominations royales. » Les séances des prélats de l'Eglise gallicane s'ouvrirent dans le chapitre de la Sainte-Chapelle de Bourges, dès le premier jour de mai de l'an 1438; mais il paraît que ce furent d'abord de simples conférences particulières, et que l'assemblée ne fut publique, générale et solennelle, que le 5 juin. Alors le roi y présida en personne, et les envoyés, tant du pape que du concile de Bâle, se présentèrent pour soutenir les intérêts de leurs maîtres. Les premiers qui parlèrent furent les nonces d'Eugène; ils prièrent le roi de reconnaître le concile de Ferrare, d'y envoyer ses ambassadeurs, d'y laisser aller tous ceux qui voudraient faire le voyage, de rappeler les Français qui étaient à Bâle, de révoquer et de mettre à néant le décret de suspense porté contre le pape. La requête des députés du concile fut toute différente : ils demandèrent que les décrets publiés pour la réformation de l'Eglise, dans son chef et dans ses membres, fussent reçus et observés dans le royaume; qu'il fût fait défense à tous les sujets du roi d'aller au concile de Ferrare, attendu que celui de Bâle était vrai et légitime ; qu'il plût au roi d'envoyer une nouvelle ambassade aux Pères du concile de Bâle, pour achever, de concert avec eux, ce qu'il restait à faire pour le bien et la réformation de l'Eglise ; qu'enfin le droit de suspense porté contre Eugène fût gardé et mis en exécution dans toutes les terres de la domination française. Le principal orateur de cette députation fut le célèbre Thomas de Courcelles, alors chanoine d'Amiens, et depuis curé de Saint-André-des-Arcs, doyen de Notre-Dame de Paris et proviseur de Sorbonne. Quand le roi et l'assemblée eurent entendu les propositions du pape et celles du concile de Bâle, on fit retirer les envoyés ; et l'archevêque de Reims, chancelier de France, prenant la parole, dit que le roi avait convoqué tant de personnes de considération pour prendre leur avis sur le démêlé qui troublait l'Eglise, que son intention était d'empêcher les éclats d'un schisme, et qu'en cela il suivait l'exemple de ses ancêtres, princes toujours remplis d'amour et de respect pour la religion. Cette courte harangue fut suivie du choix qu'on fit de deux prélats, pour parler le lendemain sur la matière présente : ce furent l'évêque de Castres, confesseur du roi, et l'archevêque de Tours. Le premier s'attacha beaucoup à relever le concile au-dessus du pape, dans le cas d'hérésie, de schisme et de réformation générale. L'autre insista particulièrement sur cette réformation, et il en montra la nécessité, non-seulement par rapport à l'Eglise, mais aussi à l'égard de l'Etat. Le chancelier demanda ensuite à l'assemblée si le roi devait offrir sa médiation au pape et au concile, et il fut conclu que cela serait digne de sa piété et de son zèle. Mais comme l'objet principal était de rassembler les points de discipline ecclésiastique qu'on jugeait propres au gouvernement de l'Eglise gallicane, on députa dix personnes, tant prélats que docteurs, pour examiner les décrets du concile de Bâle. Cette révision dura jusqu'au 7 juillet, jour auquel le roi publia l'édit solennel appelé *Pragmatique Sanction*. C'est, à proprement parler, un recueil des règlements dressés par les Pères de Bâle, auxquels on ajouta quelques modifications relatives aux usages du royaume ou aux circonstances actuelles. Voici la substance de cette pièce, divisée en vingt-trois titres, dont Côme Guymier nous a donné un commentaire très-savant, très-long et trop peu lu. Elle est précédée d'une préface, dont le commencement explique le dessein de Dieu dans l'institution de la puissance temporelle. On y établit qu'une des principales obligations des souverains est de protéger l'Eglise et d'employer leur autorité pour faire observer la religion de Jésus-Christ dans les pays soumis à leur obéissance.

TITRE I<sup>er</sup>. *De auctoritate et potestate sacrorum generalium conciliorum temporibusque et modis eadem convocandi et celebrandi.* « Les conciles généraux seront célébrés tous les dix ans; et le pape, de l'avis du concile finissant, doit désigner le lieu de l'autre concile, lequel ne pourra être changé que pour de grandes raisons et par le conseil des cardinaux. Quant à l'autorité du concile général, on renouvelle les décrets publiés à Constance, par lesquels il est dit que cette sainte assemblée tient sa puissance immédiatement de Jésus-Christ; que toute personne, même de dignité papale, y est soumise en ce qui regarde la foi, l'extirpation du schisme et la réformation de l'Eglise dans le chef et dans les membres, et que tous y doivent obéir, même le pape, qui est punissable s'il y contrevient. En conséquence, le concile de Bâle définit qu'il est légitimement assemblé, et que personne, pas même le pape, ne peut le dissoudre, le transférer ni le proroger sans le consentement des Pères de ce concile.

TITRE II. *De electionibus.* « Il sera pourvu désormais aux dignités des églises cathédrales, collégiales et monastiques, par la voie des élections ; et le pape, au jour de son exaltation, jurera d'observer ce décret. Les électeurs se comporteront en tout selon les vues de leur conscience ; ils n'auront égard ni aux prières, ni aux promesses, ni aux menaces de personne ; ils recommanderont l'affaire à Dieu; ils se confesseront et communieront le jour de l'élection ; ils feront le serment de choisir celui qui leur paraîtra le plus digne. La confirmation se fera par le supérieur ; on y évitera tout soupçon de simonie, et le pape même ne recevra rien pour celles qui seront portées à son tribunal. Quand une élection canonique, mais sujette à des inconvénients, aura été cassée à Rome, le pape renverra par-devant le chapitre ou le monastère, pour qu'on y procède à un autre choix, dans l'espace de temps marqué par le droit. » — La *pragmatique*, en adoptant ce décret du concile de Bâle, y ajoute : 1° que celui dont l'élection aura été confirmée par le pape, sera renvoyé à son supérieur immédiat, pour être consacré ou béni, à moins qu'il ne veuille l'être *in curia*, et que dans ce cas-là même, aussitôt après sa consécration, il faudra le renvoyer à son supérieur immédiat pour le serment d'obéissance ; 2° qu'il n'est point contre les règles canoniques que le roi ou les grands du royaume recommandent aux sujets dignes de leur protection, en quoi elle modère les défenses que fait le concile de Bâle par rapport aux prières ou recommandations en faveur des sujets à élire dans les chapitres ou monastères.

TITRE III. *De reservationibus.* « Toutes réserves de bénéfices, tant générales que particulières, sont et demeureront abolies, excepté celles dont il est parlé dans le corps du droit, ou quand il sera question des terres immédiatement soumises à l'Eglise romaine.

Titre IV. *De collationibus*. Il sera établi dans chaque Eglise des ministres savants et vertueux. Les expectatives faisant souhaiter la mort d'autrui, et donnant lieu à une infinité de procès, les papes n'en accorderont plus dans la suite ; seulement il sera permis à chaque pape, durant son pontificat, de pourvoir à un bénéfice sur un collateur qui en aura dix, et à deux bénéfices sur un collateur qui en aura cinquante et au-dessus, sans qu'il puisse néanmoins conférer deux prébendes dans la même Eglise pendant sa vie. On n'entend pas non plus priver le pape du droit de prévention. » Mais le décret touchant la réserve d'un ou de deux bénéfices, quoique rapporté dans la *Pragmatique*, n'a point été approuvé par l'Eglise gallicane, non plus que le décret touchant la prévention, qui a été jugé contraire aux droits des collateurs et des patrons, *item circa* 23. Afin d'obliger les collateurs ordinaires à donner des bénéfices aux gens de lettres, voici l'ordre de discipline qu'on prescrit à cet égard. « Dans chaque cathédrale, il y aura une prébende destinée pour un licencié ou un bachelier en théologie, lequel aura étudié dix ans dans une université. Cet ecclésiastique sera tenu de faire des leçons au moins une fois la semaine ; s'il y manque, il sera puni par la soustraction des distributions de la semaine ; et s'il abandonne la résidence, on donnera son bénéfice à un autre. Cependant, pour lui laisser le temps d'étudier, les absences du chœur ne lui seront point comptées. Outre cette prébende théologale, le tiers des bénéfices, dans les cathédrales et les collégiales, sera pour les gradués, c'est-à-dire les docteurs, licenciés, bacheliers, qui auront étudié dix ans en théologie, ou les docteurs et licenciés en droit ou en médecine, qui auront étudié sept ans dans ces facultés ; ou bien les maîtres ès arts qui auront étudié cinq ans depuis la logique ; tout cela dans une université privilégiée. On accorde aux nobles, *ex antiquo genere*, quelque diminution par rapport au temps de leurs études ; on les réduit à six ans pour la théologie, et à trois pour les autres facultés inférieures ; mais il faudra que les preuves de noblesse, du côté de père et de mère, soient constatées. Les gradués déjà pourvus d'un bénéfice qui demande résidence, et dont la valeur monte à deux cents florins, ou bien qui posséderont deux prébendes dans des églises cathédrales, ne pourront plus jouir du privilége de leurs grades. On aura soin de ne donner les cures des villes murées qu'à des gradués, ou du moins à des maîtres ès arts. On oblige tous les gradués à notifier chaque année leurs noms aux collateurs, ou à leurs vicaires, dans le temps du carême ; s'ils y manquent, la collation faite à un non gradué ne sera pas censée nulle. » L'assemblée de Bourges ajouta quelques explications à ces règlemens. Par exemple, elle consentit à ce que les expectatives déjà accordées eussent leur exécution jusqu'à la fête de Pâques de l'année suivante, et que le pape pût disposer, pendant le reste de son pontificat, des bénéfices qui viendraient à vaquer par la promotion des titulaires à d'autres bénéfices incompatibles. A l'égard des grades, elle voulut que les cures et les chapelles entrassent dans l'ordre des bénéfices affectés aux gradués. Elle permit aux universités de nommer aux collateurs un certain nombre de sujets, laissant toutefois à ces collateurs la liberté de choisir dans ce nombre ; c'est, comme on voit, l'origine des gradués nommés. Enfin, la même assemblée recommande fort aux universités de ne conférer les bénéfices qu'à des ecclésiastiques recommandables par leur vertu et par leur science. *Nam*, ajoute le texte, *ut omnibus notum est et ridiculosum, multi magistrorum nomen obtinent, quos adhuc discipulos magis esse deceret*.

Titre V. *De causis*. « Toutes les causes ecclésiastiques des provinces à quatre journées de Rome seront terminées dans le lieu même, hors les causes majeures et celles des Eglises qui dépendent immédiatement du saint-siége. Dans les appels, on gardera l'ordre des tribunaux ; jamais on n'appellera au pape, sans passer auparavant par le tribunal intermédiaire. Si quelqu'un, se croyant lésé par un tribunal immédiatement sujet au pape, porte son appel au saint-siége, le pape nommera des juges *in partibus* sur les lieux même, à moins qu'il n'y ait de grandes raisons d'évoquer entièrement les causes à Rome. Enfin, on ne pourra appeler d'une sentence interlocutoire, à moins que les griefs ne soient irréparables en définitive.

Titre VI. *De frivolis appellationibus*. « Celui qui appellera avant la définitive, sans titre bien fondé dans son appel, payera à la partie une amende de quinze florins d'or, outre les dépens, dommages et intérêts. »

Titre VII. *De pacificis possessoribus*. « Ceux qui auront possédé sans troubles pendant trois ans, avec un titre coloré, seront maintenus dans leurs bénéfices ; les ordinaires seront tenus de s'enquérir s'il y a des intrus, des incapables. »

Titre VIII. *De numero et qualitate cardinalium*. « Le nombre des cardinaux n'excédera pas vingt-quatre ; ils auront trente ans au moins, et seront docteurs ou licenciés. » Les évêques de France jugèrent qu'il fallait modifier le décret du concile de Bâle, en ce qu'il excluait les neveux des papes du cardinalat, et voulurent qu'on pût décorer de la pourpre tous ceux qui en seraient dignes par leurs vertus et par leurs talents.

Titre IX. *De annatis*. « On n'exigera plus rien désormais, soit en cour de Rome, soit ailleurs, pour la confirmation des élections, ni pour toute autre disposition en matière de bénéfices, d'ordres, de bénédictions, de droits de *pallium*, et cela sous quelque prétexte que ce soit, de bulles, de sceau, d'annates, de menus services, de premiers fruits et de déports. On se contentera de donner un salaire convenable aux scribes, abréviateurs et copistes des expéditions. Si quel'-qu'un contrevient à ce décret, il sera soumis aux peines portées contre les simoniaques ; et si le pape venait à scandaliser l'Eglise en se permettant quelque chose contre cette ordonnance, il faudra le déférer au concile général. » L'assemblée de nos prélats modéra ce décret en faveur du pape Eugène : elle lui laissa pour tout le reste de sa vie la cinquième partie de la taxe imposée avant le concile de Constance, à condition que le payement se ferait en monnaie de France ; que si le même bénéfice venait à vaquer plusieurs fois dans une année, on ne payerait toujours que ce cinquième, et que toute autre espèce de subside cesserait.

Titre X. *Quomodo divinum officium sit celebrandum.* « L'office divin sera célébré avec décence, gravité, la médiante observée; on se lèvera à chaque *Gloria Patri ;* on inclinera la tête au nom de Jésus ; on ne s'entretiendra point avec son voisin, etc. »

Titre XI. *Quo tempore quisque debeat esse in choro.* « Celui qui, sans nécessité et permission demandée et obtenue du président du chœur, n'aura pas assisté à matines avant la fin du *Venite exsultemus,* aux autres heures, avant la fin du premier psaume, et à la messe avant la fin du dernier *Kyrie eleison,* et qui n'y aura pas demeuré jusqu'à la fin, sera réputé absent pour cette heure, sans déroger aux usages plus stricts des Eglises. Celui qui n'aura pas assisté aux processions depuis le commencement jusqu'à la fin éprouvera le même traitement ; le pointeur s'obligera par serment à être fidèle et à n'épargner personne. Lorsqu'il n'y aura pas de distributions établies pour chacune des heures, elles seront prises sur les gros fruits : celui qui n'aura assisté qu'à une heure ne gagnera pas les distributions de tout le jour ; on abolira l'usage de donner au doyen et aux officiers les distributions quotidiennes, sans assister aux heures, quoiqu'ils ne soient pas actuellement absents pour l'utilité de l'Eglise. »

Titre XII. *Qualiter horæ canonicæ sunt dicendæ extra chorum.*

Titre XIII. *De his qui tempore divinorum officiorum vagantur per ecclesiam.*

Titre XIV. *De tabula pendente in choro.* « Chaque chanoine, ou autre bénéficier, pourra voir sur ce tableau ce qu'il y aura à faire à chaque heure pendant la semaine ; et s'il néglige de satisfaire par lui-même, ou par un autre, à ce qui lui sera prescrit, il perdra les distributions d'un jour pour chaque heure. »

Titre XV. *De his qui in missa non complent Credo, vel cantant cantilenas, vel nimis basse missam legunt, præter secretas orationes, aut sine ministro.*

Titre XVI. *De pignorantibus cultum divinum.* « Les chanoines qui s'obligeront à satisfaire leurs créanciers dans un temps prescrit, sous peine de cesser l'office divin, s'ils manquent à leur engagement, perdront, *ipso facto,* trois mois de leur prébende. »

Titre XVII. *De tenentibus capitula tempore missa.* « Il est défendu de tenir chapitre dans le temps de la messe, particulièrement aux jours solennels, sans une urgente et évidente nécessité. »

Titre XVIII. *De spectaculis in ecclesia non faciendis.* Cet article condamne la fête des fous et tous autres spectacles dans l'Eglise.

Titre XIX. *De concubinariis.* « Tout concubinaire public sera suspens *ipso facto,* et privé pendant trois mois des fruits de ses bénéfices au profit de l'Eglise dont ils proviennent. Il perdra ses bénéfices en entier après la monition du supérieur ; s'il reprend sa mauvaise habitude après avoir été puni par le supérieur et rétabli dans son premier état, il sera déclaré inhabile à tout office, dignité ou bénéfice ; si les ordinaires négligent de sévir contre les coupables, il y sera pourvu par les supérieurs, par les conciles provinciaux, par le pape même, s'il est nécessaire. » Au reste, on appelle *concubinaires publics,* non-seulement ceux dont le délit est constaté par sentence, ou par l'aveu des accusés, ou par la notoriété du fait, mais encore quiconque retient dans sa maison une femme suspecte, et qui ne la renvoie pas après en avoir été averti par son supérieur. On ajoute que les prélats auront soin d'implorer le bras séculier, pour séparer les personnes de mauvaise réputation de la compagnie de leurs ecclésiastiques, et qu'ils ne permettront pas que les enfants nés d'un commerce illicite habitent dans la maison de leurs pères.

Le titre 20, *de excommunicatis non vitandis,* lève la défense d'éviter ceux qui ont été frappés de censures, à moins qu'il n'y ait une sentence publiée contre eux, ou bien que la censure ne soit si notoire, qu'on ne puisse ni la nier ni l'excuser.

Le titre 21, *de interdictis indifferenter non ponendis,* condamne les interdits jetés trop légèrement sur tout un canton. Il est dit qu'on ne procédera de cette manière que quand la faute aura été commise par le seigneur, ou le gouverneur du lieu, ou leurs officiers, et qu'après avoir publié la sentence d'excommunication contre eux.

Le titre 22, *de sublatione Clementinæ litteris, tit. de probat.,* supprime une décrétale qui se trouve parmi les Clémentines, et dit que de simples énonciations dans les lettres apostoliques, portant qu'un tel est privé de son bénéfice ou autre droit, ou qu'il y a renoncé, n'est pas suffisante, et qu'il faut des preuves.

Le titre 23, *de conclusione Ecclesiæ gallicanæ,* contient la conclusion de l'Eglise gallicane pour la réception des décrets du concile de Bâle, qui y sont énoncés, avec les modifications dont nous avons parlé. Les évêques prient le roi, en finissant, d'agréer tout ce corps de discipline, de le faire publier dans son royaume, et d'obliger les officiers de son parlement et des autres tribunaux à s'y conformer ponctuellement. Le roi entra dans ces vues, et envoya la *Pragmatique Sanction* au parlement de Paris, qui l'enregistra le 13 juillet de l'année suivante 1439. Mais, par une déclaration du 7 août 1441, il ordonna que les décrets du concile de Bâle, rapportés dans la *Pragmatique*, n'auraient leur exécution qu'à compter du jour de la date de cette ordonnance, sans avoir égard à la date des décrets du concile. On voit dans toute cette pièce une grande attention à recueillir tout ce qui paraissait utile dans les décrets du concile de Bâle, et une déclaration néanmoins bien positive de l'attachement qu'on voulait conserver pour la personne du pape Eugène IV; ce furent en effet les deux points fixes du roi Charles VII et de l'Eglise gallicane, durant tous les démêlés qui affligeaient alors l'Eglise.

La *Pragmatique*, maintenue dans son entier sous Charles VII, qui en ordonna de nouveau l'exécution en 1453, reçut dans la suite de grandes atteintes. On ne voulut jamais l'approuver à Rome; elle fut même regardée, dit Robert Gaguin, comme *une hérésie pernicieuse*, tant il est vrai que cette cour a, de tout temps, érigé ses prétentions en articles de foi. » C'était, s'il en faut croire Pie II, une tache qui défigurait l'Eglise de France, un décret qu'aucun concile général n'avait porté, qu'aucun pape n'avait reçu; un principe de confusion de la hiérarchie ecclésiastique, puisqu'on voyait depuis ce temps-là que les laïques étaient devenus maîtres et juges du clergé; que la puissance du glaive spirituel ne s'exerçait plus que sous le bon plaisir de l'autorité séculière; que le pontife romain, malgré la plénitude de juridiction attachée à sa dignité, n'avait plus de pouvoir en France, qu'autant qu'il plaisait au parlement de lui en laisser. » Ainsi parlait aux ambassadeurs de France, dans l'assemblée de Mantoue en 1459, un pontife bien différent alors de ce qu'il avait été au concile de Bâle, où la *Pramagtique* passait pour une œuvre toute sainte, pour un plan admirable de réformation. La politique de Louis XI osa abattre ce mur de division, élevé depuis plus de vingt ans entre les cours de France et de Rome. Ce monarque crut voir bien des avantages dans la destruction de la *Pragmatique*. C'était d'abord une des règles de sa conduite, de prendre en tout le contre-pied du roi son père. La *Pragmatique* était l'ouvrage de Charles VII, c'en était assez pour qu'elle déplût à Louis XI. D'ailleurs, la discipline établie par cette ordonnance, ramenant tout au droit commun, laissant les élections aux chapitres et aux abbayes, déférant aux évêques la collation des bénéfices, il arrivait que dans chaque province, dans chaque évêché, les seigneurs particuliers se rendaient maîtres, par leur crédit ou par leurs menaces, des principales dignités ecclésiastiques; ce qui augmentait l'autorité des seigneurs vassaux de la couronne, au grand déplaisir de Louis. Ce prince crut qu'il n'en serait pas de même sur l'influence qu'aurait le saint-siège dans le gouvernement de l'Eglise gallicane, après l'abolition de la *Pragmatique*: car, comme le roi serait toujours plus puissant auprès des papes que les seigneurs subalternes, il devait aussi en être plus écouté, quand il demanderait des grâces ecclésiastiques: Louis se flattait même que peu à peu la cour acquerrait une sorte de direction générale pour le choix des sujets, et que les sujets placés à la recommandation de la cour se trouveraient liés à elle par des motifs de reconnaissance; de plus, il espéra qu'en faisant le sacrifice de la *Pragmatique*, il déterminerait le pape à abandonner le parti des princes aragonais, pour favoriser celui des princes Angevins: toutes ces considérations l'engagèrent à écrire au pontife une lettre en date du 27 novembre 1461, dans laquelle il reconnaît que « la *Pragmatique* a été faite dans un temps de schisme et de sédition; qu'elle ne peut causer que le renversement des lois et du bon ordre; qu'elle rompt l'uniformité qui doit régner entre tous les Etats chrétiens; qu'il casse dès à présent cette ordonnance, et que si quelques prélats osent le contredire, il saura les réduire au parti de la soumission. » L'intrigant évêque d'Arras, Jean Geoffroi ou Jouffroy, confident de Louis en tout ce qui concernait l'abolition de la *Pragmatique*, fut le chef de l'ambassade solennelle que le roi envoya au pape, peu de temps après, pour mettre le dernier sceau à cette affaire; il porta la parole dans la première audience de Pie, et reçut le chapeau des mains du saint-père, pour prix de sa flatterie et de ses artifices. Un autre ambitieux, connu par sa perfidie, l'évêque d'Angers, Balue, obtint le même honneur de Paul II, par les mêmes moyens. L'abolition de la *Pragmatique* n'était pas encore revêtue des formes légales: Louis XI, pour procurer la pourpre à son favori, rendit une déclaration à ce sujet. Balue la porta au parlement le premier jour d'octobre 1467, et en requit l'enregistrement; mais il y trouva des oppositions invincibles de la part du procureur général Jean de Saint-Romain, qui déclara que la *Pragmatique* était une ordonnance utile à l'Eglise gallicane, et qu'il fallait la maintenir. Ce respectable magistrat protesta qu'il aimerait mieux perdre sa charge, et la vie même, que de rien faire contre sa conscience, contre le service du roi et le bien de l'Etat. Louis, informé des oppositions du procureur général, fit publier sa déclaration au Châtelet, et voulut, en outre, qu'on lui présentât par écrit les motifs qui avaient empêché le parlement d'enregistrer ses lettres. Cette cour fit dresser alors les longues remontrances qu'on nous a conservées; on y lit que la *Pragmatique Sanction* était le résultat des conciles de Constance et de Bâle; qu'elle avait été dressée du consentement des princes du sang, des évêques, des abbés, des communautés monastiques, des universités du royaume; que l'Etat et l'Eglise jouissaient d'une grande tranquillité depuis qu'on l'observait; qu'on avait vu dans les évêchés des prélats recommandables par leur sainteté; qu'on ne pourrait la détruire sans tomber dans quatre grands inconvénients, la confusion de l'ordre ecclésiastique, la désolation de la France, l'épui sement des finances du royaume, et la ruine totale des Eglises. Cet écrit détaille chacune de ces conséquences, insistant toutefois davantage sur le premier et sur le troisième article, prétendant que, par la destruction de la *Pragmatique*, on va donner lieu au rétablissement des réserves, des expectatives, des évocations de procès en cour de Rome ; qu'ensuite on verra le royaume surchargé d'annates et d'une multitude d'autres taxes. On fait sentir combien ce transport d'argent hors du royaume est préjudiciable à l'État ; on rappelle à cette occasion les sommes qui avaient été payées à la chambre apostolique dans l'espace de trois ans, et l'on en fait monter le total à deux millions cinq cents mille écus d'or. L'Université de Paris se joignit au parlement. A peine la déclaration de Louis XI eut-elle paru, que les docteurs en appelèrent sur-le-champ au concile général ; ils envoyèrent même des députés à Jouffroy, appelé alors le cardinal d'Albi, légat du pape, pour lui signifier l'acte d'appel. Tous ces mouvements pour la *Pragmatique* empêchèrent encore cette fois sa destruction totale. Louis XI s'engagea encore à l'abolir entièrement, dans l'espérance que Sixte IV refuserait la dispense dont le duc de Guyenne, frère du monarque, avait besoin pour épouser Marie de Bourgogne. La mort de ce jeune prince fit cesser ce motif; Louis XI n'en parut pas moins disposé à terminer les contestations qui divisaient les cours de France et de Rome : il traita même avec Sixte en 1472, par des envoyés qui, de concert avec le pape, arrêtèrent, entre autres choses, que le saint-siège aurait six mois, à commencer par le mois de janvier, et les ordinaires six mois, à commencer par février ; et ainsi de suite alternativement, dans lesquels ils conféreraient les bénéfices vacants comme s'il n'y avait aucune expectative. Mais cet accord n'eut pas lieu, et Louis, en 1479, tenta de rétablir la *Pragmatique* dans une assemblée tenue à Lyon, qui en rappela les dispositions principales. Louis XII confirma ce décret dès son avénement à la couronne, et jusqu'en 1512, plusieurs arrêts du parlement en maintinrent l'autorité ; ce qui n'empêchait pas qu'on n'y dérogeât de temps en temps, surtout quand la cour de France était en bonne intelligence avec celle de Rome ; au reste, la *Pragmatique* était toujours une loi de discipline dans l'Eglise gallicane. Jules II crut qu'il était temps de rétablir pleinement son autorité par rapport aux bénéfices et au gouvernement ecclésiastique. Il fit lire dans la quatrième session du concile de Latran, tenue le 10 décembre 1512, les lettres données autrefois par Louis XI pour supprimer la *Pragmatique*. Un avocat consistorial prononça ensuite un long discours, et requit l'abolition totale de cette loi. Un promoteur du concile demanda que les fauteurs de la *Pragmatique*, quels qu'ils pussent être, rois ou autres, fussent cités au tribunal de cette assemblée, dans le terme de soixante jours, pour faire entendre les raisons qu'ils auraient de soutenir un décret si contraire à l'autorité du saint-siége. On fit droit sur le réquisitoire, et l'on décida que l'acte de monition serait affiché à Milan, à Ast et à Paris, parce qu'il n'était pas sûr de le publier en France. L'adresse des envoyés du roi et la mort de Jules II ralentirent la vivacité des procédures. Enfin, Léon X et François Ier, dans leur entrevue à Boulogne, conçurent l'idée du Concordat, qui règle encore aujourd'hui la discipline de l'Eglise gallicane. Le saint-père, non content d'approuver ce traité par une bulle du 18 août 1516, abrogea, par une autre bulle, la *Pragmatique*, qu'il appelle *la corruption française établie à Bourges*. La vérification du Concordat excita des mouvements qui en suspendirent l'exécution ; et lors même qu'il fut enregistré, on vit que la *Pragmatique* occupait toujours le premier rang dans l'estime des ecclésiastiques et des magistrats français. Reconnaissons néanmoins, avec M. de Marca, « que le Concordat a rétabli la paix dans l'Eglise gallicane, et qu'il a fait plus de bien au royaume que la *Pragmatique Sanction*. Il n'est pas étonnant que ce décret ait trouvé dans sa naissance tant de contradicteurs. Le clergé ne put voir tranquillement qu'on le privât d'un de ses plus beaux droits ; il sentit vivement cette perte ; il en appela au futur concile général ; le parlement entra dans ses vues. Un changement si subit et si considérable dans le gouvernement des Eglises, étonnait tous les esprits ; il n'y avait que le temps et l'habitude qui pussent les calmer. » Nous ajouterons, qu'en faisant passer dans la main du souverain le droit d'élire les pasteurs, on pourvoit au gouvernement des Eglises, de manière à n'exciter ni brigues, ni violences ; que d'ailleurs il est important, pour la sûreté du royaume, que nos rois placent dans les évêchés et dans les grands bénéfices, ceux de leurs sujets dont ils connaissent la fidélité, et dont les talents s'étendent au maintien de l'ordre public, comme aux choses de la religion.

Avant de finir sur cette matière, nous examinerons quelques questions. D'abord, on demande si la *Pragmatique* a été dressée par toute l'assemblée de Bourges, comme quelques auteurs l'ont avancé, ou si elle est l'ouvrage du clergé convoqué dans cette assemblée. Le texte même lève les doutes qui pourraient s'élever à ce sujet. Il dit formellement qu'il n'y a eu que les prélats et autres ecclésiastiques représentant l'Eglise de France, qui aient apporté des modifications aux décrets du concile, et même que les Pères de Bâle n'envoyèrent leurs décrets qu'au roi et à l'Eglise. On en peut juger par les paragraphes de la préface, *quæ quidem, quibus attente, et quæ omnia*. Le corps de la *Pragmatique* en renferme autant de preuves qu'il y a de titres : à la suite de chaque titre, l'assemblée accepte ou modifie les décrets ; il est marqué à la fin du premier, que par l'assemblée on n'entend que les évêques et les autres ecclésiastiques qui représentent toute l'Eglise de France ; *acceptavit et acceptat, prout jacent, jam doctorum prælato-*

*rum, cæterorumque virorum ecclesiasticorum ipsam Ecclesiam repræsentantium congregatio sæpe dicta.* Presque tous les mots du paragraphe *Ea propter*, qui contient l'approbation ou confirmation du roi, sont autant de preuves que la *Pragmatique* n'a été faite que par l'Eglise de France.

Voici une autre question qui concerne l'autorité de la *Pragmatique*. On demande si elle a été faite dans le schisme. Plusieurs l'ont cru, fondés sur le témoignage du roi Louis XI, qui le dit dans une lettre au pape Pie II, *ut pote quæ in seditione et schismatis tempore nata sit;* le pape Léon X le dit aussi dans une lettre rapportée dans le cinquième concile de Latran. Ce même pape avance dans le titre premier du concordat, que c'est le motif qui obligea Louis XI de l'abroger. Le parlement de Paris, dans ses remontrances, et le plus grand nombre de nos meilleurs auteurs, ont soutenu avec raison que la *Pragmatique* n'a point été faite dans le schisme; une grande partie des décrets qu'elle renferme ont été dressés, il est vrai, après que les brouilleries du concile de Bâle avec Eugène IV eurent commencé. Le pape voulait faire finir le concile, ou le transférer; les Pères assemblés s'y refusèrent et firent plusieurs décrets contre le pontife. Mais le schisme ne commença qu'à la déposition d'Eugène en 1439, au mois de juin, et fut consommé par l'élection de Félix, au mois de novembre de la même année. Or, l'assemblée de Bourges avait accepté les décrets du concile de Bâle avant cette époque, et le roi Charles VII les avait confirmés le 7 juillet 1438. Il est même à remarquer que le 22ᵉ titre de la *Pragmatique*, qui précède immédiatement la conclusion de l'Eglise gallicane, est un décret du mois de mars 1436. D'ailleurs, le pape lui-même a confirmé les seize premières sessions dans un temps où il n'y avait pas de division entre lui et les Pères assemblés. En un mot, le titre *De l'autorité des conciles*, tiré de la première et de la seconde session, suppose évidemment que le concile a pu faire tous les autres, sans qu'on puisse les arguer de nullité, sous prétexte que n'ayant pas été agréables au saint-père, ils ont été faits en temps de schisme. Il est donc certain que les décrets du concile de Bâle, insérés dans la *Pragmatique*, émanèrent d'une autorité légitime. Mais, nous dira-t-on, de quel droit l'Eglise gallicane a-t-elle apposé des modifications à un règlement qui devrait être révéré comme celui de l'Eglise universelle? Nous répondrons, avec l'auteur des Mémoires du clergé, t. X, p. 58 et suivantes, que le roi et l'Eglise de France assemblés à Bourges n'ont pas voulu diminuer l'autorité du concile de Bâle, mais que les décrets des conciles, sur ce qui regarde la discipline extérieure et le gouvernement, ne doivent être reçus qu'autant qu'ils sont utiles aux peuples qu'on veut conduire, et qu'il en faut de différents, suivant les circonstances, les temps et les mœurs des Etats et des siècles. Les conciles généraux ont fait leurs règlements de la manière la plus convenable à la plus grande partie des nations. Quoiqu'il y eût des pays qui parussent demander d'autres lois dans leur état présent, les évêques de ces contrées n'ont pas cru devoir s'opposer aux décrets des conciles où ils se sont trouvés; ils ont supposé que ces dispositions regardaient seulement les peuples et les Eglises placés dans certaines circonstances, et qu'ailleurs on y apposerait les modifications nécessaires. pour les rendre utiles. Tels sont les vrais principes consacrés dans la préface de la *Pragmatique*, § *Quæ omnia*. Ces règles sur la discipline de l'Église sont bien expliquées dans le procès-verbal de la chambre ecclésiastique des états de 1614, au sujet du concile de Trente, dont cinquante-cinq prélats du clergé demandaient la réception avec certaines modifications. Cette manière de recevoir les décrets des conciles généraux en matière de discipline n'est point nouvelle; les grandes Eglises ont été persuadées, dans tous les temps, que, sans faire injure à ces assemblées, on pouvait maintenir les coutumes anciennes dont les peuples étaient édifiés, et qui convenaient aux circonstances. On sait la vénération que toutes les Eglises avaient pour le premier concile de Nicée; c'est néanmoins un sentiment ordinaire que le vingtième canon de ce concile, qui ordonne de prier debout aux jours de dimanche, et depuis Pâques jusqu'à la Pentecôte, n'a point été suivi dans plusieurs Eglises, et surtout dans celles de l'Occident, qui conservèrent toujours leur usage de prier à genoux. Chaque pays a eu ses règles et ses coutumes particulières, non-seulement dans ce qui concerne l'ordre et les cérémonies du service divin, la solennité des fêtes et les autres choses de discipline, que l'on regarde comme moins considérables, mais aussi dans les empêchements qui peuvent rendre nuls les mariages des catholiques, et sur d'autres points dont les suites sont considérées comme moins importantes.

Alexandre III, dans une réponse à un évêque d'Amiens, rapportée dans la Collection de Bernard de Pavie, la première des anciennes Collections des Décrétales, l. IV, tit. 16, *De frigidis et maleficiatis*, § 3, c. 3, suppose qu'un mariage reconnu à Rome pour légitime, pourrait être nul en France. On croit devoir ajouter sur les usages de l'Eglise gallicane, que plusieurs, qui lui étaient particuliers, sont devenus la discipline générale de toute l'Eglise. — La coutume de faire publier des bans, pour empêcher les mariages clandestins, a commencé dans l'Eglise de France, et a été érigée en loi générale par un décret d'Innocent III, rapporté dans le cinquante-unième canon, entre ceux qui sont attribués au quatrième concile de Latran, tenu en 1215, et par les Pères du concile de Trente, sess. 24, c. 1. Il en est de même de l'usage observé dans les chapitres, d'affecter une prébende pour la substance du théologal, et une autre pour la préceptoriale qui a passé du clergé de France dans toute l'Eglise.

Ce que nous venons de dire nous a paru d'autant plus important, qu'il justifie les modifications apposées par l'assemblée de Bourges aux décrets du concile de Bâle, et qu'il nous fait voir, dans l'ancienneté des coutumes qui nous ont été propres, un des principaux fondements de nos franchises et de nos libertés. Enfin, la question la plus utile sur la *Pragmatique* est de savoir quelle autorité on lui donne dans l'usage de notre siècle ; si une partie de ses dispositions fait encore la règle de notre discipline, ou si elle y est regardée comme abrogée dans toutes ses parties. Quelques auteurs ont avancé que la *Pragmatique* est entièrement abrogée dans l'Eglise de France. Ils sont fondés sur le discours de Pie II, dans l'assemblée de Mantoue ; sur la lettre de Louis XI au même pontife ; sur plusieurs bulles et actes de Jules II et de Léon X, et spécialement sur la bulle de ce dernier pape, *Pastor æternus* ; mais cette opinion ne peut plaire qu'à des ultramontains, pour qui tous les décrets de Rome sont des oracles. C'est la doctrine commune du royaume, que les articles de la *Pragmatique* non contraires à ceux du concordat qui y sont suivis, n'ont pas été abrogés ; plusieurs même ont été confirmés par d'autres ordonnances et par la jurisprudence des arrêts : les articles dont le concordat ne parle point ont été conservés. François I*er* s'en explique assez clairement dans le préambule, lorsqu'il expose les raisons qui l'ont déterminé à conclure ce traité avec Léon X : *Ita confecta temperataque sunt ea conventa, ut pleraque Pragmaticæ Sanctionis capita, firma nobis posthac rataque futura sint, qualia sunt ea quæ de reservationibus in universum aut sigillatim factis statuunt, de collationibus, de causis, de frustatoriis appellationibus, de antiquatione constitutionis Clementinæ quam litteris vocant, de libere quieteque possidentibus, de concubinariis, quædamque alia quibus nihil iis conventis derogatum abrogatumque fuit ;* nisi *(si in quibusdam capitibus nonnulla interpretanda, immutandave censuimus) quod ita referre utilitati publicæ arbitraremur*. Les gens du roi disent la même chose dans l'avis qu'ils donnèrent, en 1586, sur les sommes que les officiers du pape entreprenaient de faire lever dans le royaume. *Le concordat n'a dérogé à la* Pragmatique, *sinon ès points qu'il a expressément corrigés ou révoqués*. On doit observer néanmoins qu'il y a des articles dans la *Pragmatique* dont il n'est point parlé dans le Concordat, et qui ne sont pas suivis ; tel est le titre 8 *de numero et qualitate cardinalium*, qui n'est pas observé ; tel est le titre 9 *de annatis*. Ainsi, il peut y avoir des articles de la *Pragmatique* concernant le pape et la cour de Rome, qui ne soient plus en usage, quoiqu'ils ne soient point mentionnés dans l'accord des restaurateurs des lettres ; mais ceux qui règlent la discipline intérieure de l'Eglise de France ont toujours force de loi, s'ils n'ont pas été révoqués : on a maintenu dans toute leur vigueur les titres qui regardent la célébration de l'office divin, et ceux qui suivent, jusqu'à la conclusion de l'Eglise gallicane. Plusieurs arrêts confirment cette explication.

Le chapitre d'Orléans avait dressé des statuts contraires aux règlements de la *Pragmatique* ; quomodo divinum officium sit celebrandum, quo tempore quisque debeat esse in choro ; qualiter horæ canonicæ sint dicendæ, et de his qui tempore divinorum officiorum vagantur per ecclesiam. Le procureur général du parlement de Paris se rendit appelant comme d'abus de ces nouveaux statuts, qui furent annulés par arrêt du 5 août 1535. Il paraît, par un arrêt de la même cour, rendu le premier janvier 1551, que, peu de temps après, le chapitre d'Orléans ayant cessé d'exécuter ce règlement, le parlement réitéra ce qu'il avait ordonné. Autres arrêts rendus contre le chapitre de Saint-Etienne de Troyes, le 12 octobre 1535 ; le chapitre de Saint-Pierre de Mâcon, le 11 juillet 1672 ; le chapitre de Meaux, le 5 août 1703. Il est ordonné par celui-ci, « que les doyens, chanoines et chapelains, et autres du clergé de ladite église, seront tenus d'observer l'article de la *Pragmatique*, tiré du concile de Bâle, au titre *quo tempore quisque debeat esse in choro*. Et en conséquence, que nul ne serait payé de la rétribution fixée pour les heures de l'office, s'il n'y a assisté, à moins d'une excuse légitime en cas de droit. » On en rapporte quelques autres, tome X des *Mémoires du Clergé*, pages 84, 85 et 86.

Nous ne croyons pas pouvoir terminer nos recherches sur la *Pragmatique*, d'une manière plus intéressante pour le lecteur, qu'en transcrivant ce que dit l'auteur du Clergé de France, dans son discours préliminaire, page 38, tome I. « *La Pragmatique*, revêtue de l'autorité de Charles VII, éleva un mur de séparation entre les cours de France et de Rome. Louis XI osa l'abattre ; mais, changeant au gré des caprices de sa politique, il tenta de le rétablir. Sixte IV sut temporiser, et le nuage se dissipa. Bien différents de ces deux hommes, Louis XII et Jules II firent éclater leurs querelles. Au lieu de ménager son ennemi par des délais, à l'exemple de Sixte, Jules, ardent et belliqueux, se montra aussi prompt à prendre les armes qu'à lancer des anathèmes. Au lieu de se borner à des menaces comme Louis XI, Louis XII se vengea par des procédures mal entreprises et mal soutenues. Léon X et François I*er* ouvrirent une scène nouvelle, les restaurateurs des lettres le furent de la discipline ecclésiastique. François acquit plus de gloire à Boulogne que dans les champs de Marignan. Quoi de plus capable de signaler son règne que le Concordat, ce chef-d'œuvre de sagesse et de justice ? Préparé par les lumières d'une triste expérience, établi par le concours des deux autorités, cimenté par les contradictions, ce traité si libre a fait cesser les brigues, les réserves et l'abus des expectatives (1). »

(1) Cet article respire en plusieurs points un gallicanisme exagéré. La pragmatique envahissait évidemment les droits du saint-siège. Le peu de temps pendant lequel elle fut en vigueur montra qu'elle renfermait des principes anarchiques. Il fallut recourir au Concordat.

**PRAGUE** (Jérôme de). *Voy.* Hussites.

**PRAXÉENS** ou **PRAXÉIENS**, sectateurs de Praxéas, hérétique du ii<sup>e</sup> siècle. Celui-ci avait été d'abord disciple de Montan; il l'abandonna ensuite, et vint à Rome, où il fit connaître au pape Victor les erreurs de la secte qu'il avait quittée; mais il devint lui-même chef de parti. Il enseigna qu'il n'y a qu'une seule personne divine, savoir le Père; que c'est le Père qui est descendu dans la sainte Vierge et en a pris naissance; qu'il a souffert et qu'il est Jésus-Christ même. A peu près dans le même temps, un certain Noët, de Smyrne ou d'Ephèse, enseignait la même erreur en Asie. *Voy.* Noétiens. Elle fut embrassée par Sabellius. *Voy.* Sabellianisme. Ces divers hérétiques et leurs sectateurs furent appelés *monarchiens* ou *monarchiques*, parce qu'ils ne reconnaissaient que Dieu le Père comme Seigneur de toutes choses, et *patripassiens*, parce qu'ils le supposaient capable de souffrir.

Tertullien écrivit contre Praxéas un livre dans lequel il le réfute avec beaucoup de force. Il lui oppose la croyance de l'Eglise universelle, qui est qu'il n'y a qu'un seul Dieu, mais que Dieu a un Fils, qui est son Verbe, qui est sorti de lui, par lequel toutes choses ont été créées, que ce Verbe a été envoyé par le Père dans le sein de la Vierge Marie; que c'est ce Verbe qui est né d'elle, homme et Dieu tout ensemble, qui est nommé Jésus-Christ, qui est mort, qui a été enseveli, et qui est ressuscité. Voilà, continue Tertullien, la règle de l'Eglise et de la foi depuis le commencement du christianisme; or, ce qu'il y a de plus ancien est la vérité, ce qui est nouveau est l'erreur; *contra Prax.*, c. 2. Ce Père prouve ensuite le dogme catholique par une foule de passages de l'Ecriture sainte.

Comme, au jugement des protestants, un hérétique ne peut jamais avoir tort, Le Clerc, dans son *Hist. ecclés.*, à l'an 186, p. 789, a tâché de disculper Praxéas aux dépens de Tertullien; il pense que le premier ne niait pas absolument la distinction entre le Père et le Fils, qu'il soutenait seulement que ces deux Personnes n'étaient pas deux substances, au lieu que Tertullien admettait en Dieu distinction et pluralité de substances. C'est une pure calomnie contre ce Père. Dans le chapitre même que nous citons, il répète deux fois que le Père, le Fils et le Saint-Esprit sont une seule et même substance, parce qu'ils sont un seul Dieu.

Beausobre, dans son *Hist. du Manichéisme*, l. iii, c. 6, § 7, a poussé plus loin la hardiesse; comme Tertullien a dit à la fin de son livre des *Prescriptions* que l'hérésie de Praxéas a été confirmée par Victorien, on convient, dit Beausobre, que ce Victorien est le pape Victor: 1° c'est une imposture, aucun auteur ancien n'en a eu le moindre soupçon; il était réservé aux protestants de forger cette accusation sans preuve; 2° les savants conviennent que les sept derniers chapitres des *Prescriptions* ne sont pas de Tertullien: *voy.* les *notes de Lupus* sur le chapitre 45. 3° Quand ils en seraient, Beausobre observe lui-même que Tertullien était irrité de ce que le pape Victor avait retiré sa communion aux montanistes; son accusation serait donc fort suspecte. Ensuite Beausobre entreprend de justifier Praxéas, Noët et Sabellius des erreurs qui leur sont imputées par les Pères de l'Eglise. — 1° Il dit que Tertullien n'était pas à Rome où Praxéas enseignait sa doctrine, qu'il ne l'a pas connue, qu'il était fâché de ce que Praxéas avait décrié les montanistes, que c'est d'ailleurs un controversiste véhément, sujet à des exagérations; mais il paraît certain que Praxéas, sorti de Rome, porta ses erreurs en Afrique; Tertullien a donc pu les connaître. Ce controversiste, quoique fâché, ne s'est pas exposé sans doute à passer pour calomniateur: s'il a mal rendu les opinions de son adversaire, pourquoi Beausobre ne les a-t-il pas exposées telles qu'elles étaient? — 2° L'homélie, dit-il, de saint Hippolyte contre Noët, paraît suspecte à plusieurs critiques; en la comparant avec le livre de Tertullien, on voit que l'auteur de l'homélie a copié celui-ci. Point du tout, la conformité du récit des deux auteurs prouve que tous deux ont dit la vérité, et non que l'un a copié l'autre. Si l'homélie en question n'est pas de saint Hippolyte, elle est du moins d'un écrivain de ce temps-là, c'est toujours un témoin qui confirme ce qu'a dit Tertullien. — 3° Saint Epiphane, qui a suivi Hippolyte, *Hæres.* 57, p. 481, dit: « Les noétiens enseignaient que Dieu est unique, et qu'*il est impassible*, qu'il est le Père, qu'il est le Fils, et qu'il *a souffert* afin de nous sauver. » A moins d'être fou, l'on ne peut pas tomber dans une contradiction aussi grossière. La contradiction n'est qu'apparente, les noétiens entendaient que Dieu comme Père est impassible, mais que comme Fils incarné et revêtu d'un corps, il a souffert pour nous sauver. Le sens de saint Epiphane est évident, mais Beausobre n'a pas voulu le voir. — 4° Hippolyte et Epiphane accusent Noët de s'être vanté qu'il était Moïse, et que son frère était Aaron; c'est une extravagance incroyable. Rien moins, il se vantait que l'âme ou l'esprit de Moïse était en lui, et celle d'Aaron dans son frère; c'était une imposture mais non un trait de démence. — 5° Les anciens en général accusent les sabelliens d'avoir enseigné que Dieu le père a souffert, ce qui leur a fait donner le nom de *patripassiens*; cependant saint Epiphane ne leur attribue point cette erreur, *Hær.* 62: au contraire, dans le sommaire du I<sup>er</sup> tome de son ii<sup>e</sup> livre, il les en absout: « Les sabelliens, dit-il, ont les mêmes sentiments que les noétiens, si ce n'est qu'ils nient contre Noët que le Père ait souffert. » Nous convenons que Sabellius ne s'exprimait pas comme Noët; il ne disait pas comme lui que Dieu le Père, devenu Fils et incarné, avait souffert; il prétendait qu'une certaine énergie émanée du Père, une certaine portion de la nature divine s'était unie à Jésus, que dans ce sens Jésus était Fils de Dieu; de là il ne s'ensuivait pas que Dieu le Père a souffert : ainsi Sabellius ne méritait pas le nom de *patripassien*. Mais est-il bien sûr que ses sectateurs se sont toujours exprimés comme lui, qu'aucun d'eux n'a parlé comme Noët et comme Praxéas, et que les Pères ont eu tort de donner aux sabelliens le nom de *patripassiens ?* Il n'y eut jamais une secte d'hérétiques dont tous les membres pensassent et parlassent de même. Beausobre a donc tort à tous égards de prétendre que les Pères en général nous ont mal représenté les erreurs des anciens hérétiques. Aujourd'hui les trois principales sectes protestantes ont si bien varié, défiguré, tourné et retourné leur doctrine, que nous ne savons plus ce que chacun croit ou ne croit pas. Mosheim, *Hist. christ.*, sec. II, § 68, a suivi en très-grande partie les idées de Le Clerc et de Beausobre; mais ces trois critiques ne nous paraissent avoir réussi qu'à montrer leur prévention contre les Pères de l'Eglise en général, et contre Tertullien en particulier.

Soit que Praxéas ait envisagé le Père, le Fils et le Saint-Esprit comme trois aspects, trois noms ou trois opérations de la même Personne divine, et non comme trois êtres subsistants, soit qu'il ait dit que Jésus-Christ était Fils de Dieu par son humanité seulement, et que le Père s'était fait une seule et même Personne avec lui, il était toujours également hérétique; et quand Tertullien n'aurait pas parfaitement entendu des sectaires qui ne s'entendaient pas eux-mêmes, il n'y aurait pas encore lieu de s'en prendre à lui.

PRÉADAMITES, habitants de la terre, que quelques auteurs ont supposé avoir existé avant Adam. En 1655, Isaac de la Perreyre fit imprimer en Hollande un livre dans lequel il prétendait prouver qu'il y a eu des hommes avant Adam, et ce paradoxe absurde trouva d'abord des sectateurs; mais la réfutation que Desmarais, professeur de théologie à Groningue, fit de ce livre l'année suivante, étouffa cette rêverie dès sa naissance, quoique la Perreyre eût fait une réplique.

Celui-ci donne le nom d'*adamites* aux Juifs qu'il suppose descendus d'Adam, et de *préadamites* aux gentils qui, selon lui, existaient déjà longtemps avant Adam. Convaincu que l'Écriture sainte était contraire à son système, il eut recours aux histoires fabuleuses des Egyptiens et des Chaldéens, que les incrédules nous opposent encore aujourd'hui, et aux imaginations ridicules de quelques rabbins qui ont feint qu'il y avait eu un autre monde avant celui dont parle Moïse. Il fut pris en Flandre par des inquisiteurs qui le condamnèrent; mais il appela de leur sentence à Rome, où il alla et où il fut reçu avec bonté par le pape Alexandre VII; il y fit imprimer une rétractation de son livre, et s'étant retiré à Notre-Dame des Vertus, il y mourut converti. — Les preuves et les raisonnements de cet auteur sont trop absurdes pour valoir la peine de les rapporter en détail; non-seulement il prétend que tous les peuples différents des Hébreux ne sont pas descendus d'Adam, mais que le péché d'Adam ne leur a pas été communiqué, que le déluge n'a pas été universel, qu'il ne s'étendit que sur les pays habités par la race d'Adam.

L'auteur de cet article de l'ancienne Encyclopédie a eu tort d'assurer que Clément d'Alexandrie, dans ses *Hypotyposes*, a enseigné le même système que la Perreyre, qu'il a cru la matière éternelle, la métempsycose et l'existence de plusieurs mondes avant celui d'Adam. A la vérité Photius reproche ces erreurs et plusieurs autres à Clément d'Alexandrie; mais il est évident que Photius était tombé sur un exemplaire des *Hypotyposes* altéré par les hérétiques. Rufin le pensait ainsi, et Photius le soupçonnait lui-même, puisqu'il dit en parlant de ces erreurs, *soit qu'elles viennent de l'auteur lui-même ou de quelque autre qui a emprunté son nom.* Il reconnaît que Clément d'Alexandrie enseigne le contraire dans les ouvrages que nous avons, et que le style en est différent; cod. 109, 110, 111. En effet, le Père, dans son *Exhort. aux Gentils*, c. 4 et 5, enseigne clairement la création de la matière. Il y a donc tout lieu de croire que le prétendu livre des *Hypotyposes* a été faussement supposé sous le nom de Clément d'Alexandrie; Tillemont, *Mém.*, t. II, p. 191 et suivantes.

PRÊCHEURS ou PRÉDICATEURS (FRÈRES). *Voy.* DOMINICAINS.

PRÉDESTINATION. Ce terme signifie à la lettre une destination antérieure ; mais dans le langage théologique il exprime le dessein que Dieu a formé de toute éternité de conduire par sa grâce certains hommes au salut éternel.

Il y a des Pères de l'Eglise qui ont pris quelquefois le terme de *prédestination* en général, tant pour la destination des élus à la grâce et à la gloire, que pour celle des réprouvés à la damnation; mais cette expression a paru trop dure : aujourd'hui ce mot ne se prend plus qu'en bonne part pour l'élection à la grâce et à la gloire ; le décret contraire se nomme *réprobation.* Saint Augustin, dans son livre *du Don de la persévérance*, c. 7, n. 15, et ch. 14, n. 35, définit la *prédestination*, « la prescience et la préparation des bienfaits par lesquels sont certainement délivrés ceux que Dieu délivre; » et c. 17, n. 41 : « Dieu dispose ce qu'il fera lui-même selon sa prescience infaillible : voilà ce que c'est que prédestiner, rien de plus. » Selon saint Thomas, 1re part., q. 23, art. 1, la *prédestination* est la manière dont Dieu conduit la créature raisonnable à sa fin, qui est la vie éternelle.

Comme Dieu ne conduit l'homme au salut éternel que par la grâce, les théologiens distinguent la *prédestination* à la grâce d'avec la *prédestination* à la gloire; celle-ci, disent-ils, est une volonté absolue par laquelle Dieu fait choix de quelques-unes de ses créatures pour les faire régner éternellement avec lui dans le ciel, et leur accorde conséquemment les grâces efficaces qui les conduiront infailliblement à cette fin. La *prédestination* à la grâce est de la part de Dieu une volonté absolue et efficace d'accorder à telles de ses créatures le don de la foi, de la justification, et les autres grâces nécessaires pour arriver au salut, soit qu'il prévoie qu'elles y parviendront en effet, soit qu'il sache qu'elles n'y parviendront pas. Tous ceux qui sont prédestinés à la grâce ne sont pas pour cela prédestinés à la gloire, parce que plusieurs résistent à la grâce et ne persévèrent pas dans le bien. Au contraire, ceux qui sont prédestinés à la gloire le sont aussi à la grâce; Dieu leur accorde le don de la vocation à la foi, de la justification et de la persévérance, comme l'explique saint Paul, *Rom.*, c. VIII, v. 30.

Il est important sur cette matière de distinguer les vérités dont tous les théologiens catholiques conviennent, d'avec les opinions sur lesquelles ils disputent; or tous tombent d'accord, 1° qu'il y a en Dieu un décret de *prédestination*, c'est-à-dire une volonté absolue et efficace de donner le royaume des cieux à tous ceux qui y parviennent en effet. *Epist. synod. episcop. Afric.*, cap. 14. 2° Que Dieu, en les prédestinant à la gloire éternelle, leur a aussi destiné les moyens et les grâces par lesquelles il les y conduit infailliblement. Saint Fulgence, *de Verit. Prædestin.*, l. III. 3° Que ce décret est en Dieu de toute éternité, et qu'il l'a formé avant la création du monde, comme le dit saint Paul, *Ephes.*, c. I, v. 3, 4 et 5. 4° Que c'est un effet de sa bonté pure; qu'ainsi ce décret est parfaitement libre de la part de Dieu, et exempt de toute nécessité. *Ibid.*, v. 6 et 11. 5° Que ce décret de *prédestination* est certain et infaillible, qu'il aura infailliblement son exécution, qu'aucun obstacle n'en empêchera l'effet; ainsi le déclare Jésus-Christ, *Joan.*, c. x, v. 27, 28, 29. 6° Que sans une révélation expresse, personne ne peut être assuré qu'il est du nombre des prédestinés ou des élus; on le prouve par saint Paul, *Philipp.*, c. II, v. 12; *I Cor.*, c. IV, v. 4; et le concile de Trente l'a ainsi décidé, sess. 6, c. 9, 12, 16, et can. 15. 7° Que le nombre des prédestinés est fixe et immuable, qu'il ne peut être augmenté ni diminué, puisque Dieu l'a fixé de toute éternité, et que sa prescience ne peut être trompée. *Joan.*, c. x, v. 27; S. Aug., l. *de Corrept. et Gratia*, cap. 13. 8° Que le décret de la *prédestination* n'impose, ni par lui-même ni par les moyens dont Dieu se sert pour l'exécuter, aucune nécessité aux élus de pratiquer le bien. Ils agissent toujours très-librement, et conservent toujours, dans le moment même qu'ils accomplissent la loi, le pouvoir de ne pas l'observer. Saint Prosper, *Respons. ad 6 object. Gallor.* 9° Que la *prédestination* à la grâce est absolument gratuite; qu'elle ne prend sa source que dans la miséricorde de Dieu; qu'elle est antérieure à la prévision de tout mérite actuel; c'est la doctrine de saint Paul, *Rom.*, c. xvi, v. 6. 10° Que la *prédestination* à la gloire n'est pas fondée sur la prévision des mérites humains, acquis par les seules forces du libre arbitre; car enfin, si Dieu trouvait dans le mérite de nos propres œuvres le motif de notre élection à la gloire éternelle, il ne serait plus vrai de dire avec saint Pierre, qu'on ne peut être sauvé que par Jésus-Christ. 11° Que l'entrée dans le royaume des cieux, qui est le terme de la *prédestination*, est tellement une grâce, *Gratia Dei, vita æterna*, Rom., c. VI, v. 23, qu'elle est en même temps un salaire, une couronne de justice, une récompense des bonnes œuvres faites par le secours de la grâce, puisque saint Paul l'appelle *merces, bravium corona justitiæ*, II Tim., c. IV, v. 8; Phillipp., c. III, v. 14.

Tels sont les divers points de doctrine touchant la *prédestination*, qui sont ou formellement contenus dans l'Ecriture sainte, ou décidés par l'Eglise contre les pélagiens, les semi-pélagiens et les protestants; pourvu qu'une opinion quelconque ne donne atteinte à aucune de ces vérités, il est permis à un théologien de l'embrasser et de la soutenir. Or, on dispute vivement dans les écoles catholiques, pour savoir si le décret de la *prédestination* à la gloire est antérieur ou postérieur à la prévision des mérites surnaturels de l'homme aidé par la grâce. Il est question de savoir si, selon notre manière de concevoir, Dieu veut en premier lieu, d'une volonté absolue et efficace, le salut de quelques-unes de ces créatures; si c'est en conséquence de cette volonté ou de ce décret qu'il résout de leur accorder des grâces qui leur fassent infailliblement opérer de bonnes œuvres; ou, au contraire, si Dieu résout d'abord d'accorder à ses créatures tous les secours de grâces nécessaires au salut; et si c'est seulement en conséquence de la prévision des mérites qui résulteront du bon usage de ces grâces, qu'il veut leur donner le bonheur éternel.

Suivant le premier de ces deux sentiments, le décret de la *prédestination* est absolu, antécédent, gratuit à tous égards; suivant le second, ce décret est conditionnel et conséquent, mais toujours gratuit dans ce sens, qu'il ne suppose que des mérites acquis par des grâces gratuites. Par le simple exposé de la question, il est clair qu'elle n'est pas fort importante, puisqu'il ne s'agit que de la manière d'arranger les décrets de Dieu suivant nos faibles idées : c'est, dit Bossuet, une précision peu nécessaire à la piété. En effet, il est difficile de voir quel acte de vertu peut nous inspirer le zèle ardent pour la *prédestination* absolue.

Cependant il n'est point de question théologique sur laquelle on ait écrit davantage et avec plus de chaleur; d'un côté, les augustiniens, vrais ou faux, et les thomistes, tiennent pour la *prédestination* absolue et antécédente; de l'autre, les molinistes ou congruistes sont pour la *prédestination* conditionnelle et conséquente. Nous exposerons les raisons des deux partis, sans en embrasser aucun. En premier lieu, disent les augustiniens, il est inutile de distinguer deux décrets de la part de Dieu, l'un de *prédestination* à la grâce, l'autre de *prédestination* à la gloire; il n y en a qu'un seul qui envisage la gloire comme la fin, et les grâces comme les moyens d'y parvenir. En effet, tout agent sage se propose d'abord une fin, ensuite il voit les moyens d'y parvenir, et il les prend. Or, la gloire est la fin que Dieu se propose d'abord, la distribution des grâces et les mérites qui s'ensuivront sont les moyens d'y parvenir; donc Dieu a voulu et a décerné la gloire éternelle d'une créature, avant d'envisager ses mérites. En second lieu, de l'aveu de tous les théologiens, la volonté générale de Dieu de donner à tous les hommes des grâces et des moyens de salut suppose en Dieu un décret général de les sauver tous; donc la volonté particulière de donner à quelques-uns des grâces de choix, des grâces efficaces, surtout la grâce de la persévérance finale, suppose aussi un décret particulier de Dieu de les sauver par préférence, et qui précède la prévision de l'effet que produiront ces mêmes grâces. En troisième lieu, la grâce de la persévérance finale est inséparable de la concession de la gloire éternelle, et cette grâce est purement gratuite; c'est le sentiment de saint Augustin et de toute l'Eglise, opposé à celui des semi-pélagiens; donc le décret de Dieu de donner la gloire éternelle est aussi gratuit et indépendant de tout mérite, que le décret d'accorder le don de la persévérance finale. En quatrième lieu, saint Augustin a envisagé la *prédestination* dans sa totalité, comme un seul et même décret de Dieu purement gratuit; il assure que telle est la croyance de l'Eglise, et qu'on ne peut l'attaquer sans tomber dans l'erreur; lib. *de Dono persev.*, c. 19, n. 48; c. 23, n. 65. Tous les Pères de l'Eglise postérieurs à saint Augustin, et attachés à sa doctrine, ont pensé et parlé de même. En cinquième lieu, suivant cette même doctrine, qui est celle de saint Paul, par un funeste effet du péché d'Adam, tout le genre humain est une masse de perdition et de damnation; Dieu en tire ceux qu'il juge à propos, et y laisse qui il lui plaît, sans que l'on puisse en donner d'autre raison que sa volonté; donc cette volonté ou ce décret n'a ni pour raison ni pour motif, la prévision des mérites de l'homme. En sixième lieu, saint Paul, *Rom.*, c. VIII, v. 30, arrange les décrets de Dieu de la même manière que les partisans de la *prédestination* absolue. *Ceux que Dieu a prédestinés*, dit-il, *il les a appelés, ceux qu'il a appelés, il les a justifiés; et ceux qu'il a justifiés, il les a glorifiés.* Voilà le décret de *prédestination* placé avant toutes choses; il y a donc de la témérité à vouloir le concevoir autrement. Enfin, malgré toutes les subtilités mises en usage par les molinistes, ils ne sont pas encore parvenus à pallier les inconvénients de leur opinion, ni à montrer clairement en quoi elle est différente de celle des semi-pélagiens touchant la *prédestination*. Saint Paul demande à tous les hommes : *Quis te discernit?* Or, dans le système des congruistes, c'est l'homme qui, en consentant à la grâce, se discerne d'avec celui qui n'y obéit pas. Si nous connaissions quelques arguments plus forts des augustiniens, nous les rapporterions avec la même fidélité.

Mais leurs adversaires ne les laissent pas sans réponse. Ils disent, pour détruire le premier, que la gloire éternelle doit être moins envisagée comme une fin que Dieu se propose, que comme une récompense qu'il veut accorder. Dieu, ajoutent-ils, a de toute éternité prédestiné les choses comme il les exécute dans le temps; or, il donne la gloire éternelle à cause des mérites de l'homme, et il inflige la peine éternelle à cause des démérites; *Matth.*, c. XXIV, v. 35 et 41; donc il les a prédestinés de même. Peut-on dire qu'il a regardé la peine éternelle des réprouvés comme une fin qu'il se proposait? La seule *prédestination* absolue et gratuite que l'on puisse admettre, est celle des enfants qui meurent immédiatement après leur baptême ou avant l'âge de raison; Dieu n'a prévu en eux aucun mérite : aussi le ciel leur est accordé, non comme récompense, mais comme héritage d'adoption; il n'y a aucune comparaison à faire entre leur *prédestination* et celle des adultes.

A la seconde preuve des augustiniens, ils répondent : Les grâces que Dieu accorde aux prédestinés ne sont censées *grâces particulières, grâces de choix, grâces efficaces*, que parce qu'elles sont données sous la direction de la prescience divine ; or cette prescience ne suppose pas un décret, elle le précède. L'argument que l'on nous oppose, continuent les congruistes, n'est bon qu'en supposant la grâce efficace par elle-même, ou la grâce prédéterminante; or nous n'en reconnaissons point de cette espèce.

A la troisième, ils disent, 1° que, suivant saint Augustin, l. *de Dono persev.*, c. 6, n. 10, l'homme peut mériter ce don par ses prières : *Hoc ergo Dei donum suppliciter emereri potest.* Epist. 486, *ad Paulin.*, c. 3, n. 7. Le saint docteur enseigne que la foi mérite la grâce de faire le bien ; donc elle mérite aussi la grâce d'y persévérer. Lorsque les semi-pélagiens l'ont soutenu ainsi, saint Augustin ne les a repris qu'en ce qu'ils disaient que la foi vient de nous, l .*de Dono persev.*, c. 17, n. 43; c. 21, n. 56. 2° En avouant même que la grâce de la persévérance finale est purement gratuite, et que le bonheur éternel en est une suite nécessaire, cela n'empêche pas néanmoins que ce bonheur ne soit une récompense : il n'y a donc point de justesse à soutenir que le décret de donner la persévérance est le même que le décret d'accorder la récompense éternelle, et que Dieu veut gratuitement accorder ce qu'il doit e par justice.

A la quatrième, les congruistes nient que saint Augustin dans ses livres de la *Prédestination des saints* et *du Don de la persévérance*, ait parlé de la *prédestination* à la gloire; entre les pélagiens ou les semi-pélagiens et saint Augustin, il n'a jamais été question que de la *prédestination* à la grâce, à la foi, à la justification. Ces théologiens prétendent le prouver, en comparant la lettre de saint Prosper à saint Augustin touchant les semi-pélagiens, à la réponse que le saint docteur y a faite dans les deux livres dont nous parlons. *Voy.* Semi-Pélagiens. Par *les saints*, disent-ils, saint Augustin a entendu, comme saint Paul, les fidèles, les hommes baptisés, et non les bienheureux. Cela est encore démontré par la comparaison que fait le saint docteur entre ce qu'il nomme la *prédestination des saints*, et la *prédestination* de l'humanité de Jésus-Christ à l'union hypostatique; or celle-ci n'a certainement pas été une récompense, non plus que la vocation des juifs ou des gentils à la foi ; au lieu que le bonheur éternel en est une. Il en est de même quand on compare la *prédestination* des adultes à la gloire, avec celle des enfants au baptême. Toutes ces comparaisons ne sont justes que quand il est question de la *prédestination* des adultes à la grâce de la foi et de la justification ; donc c'est ce que saint Augustin a entendu par *prédestination des saints* : autrement il aurait déraisonné dans tout son ouvrage. Il dit que la *prédestination* ne doit pas nous causer plus d'inquiétude que la prescience ; que l'on peut faire contre l'une les mêmes objections que contre l'autre ; l. *de Dono persev.*, c. 15, n. 38; c. 22, n. 57 et 61. Cela ne serait pas vrai, si le décret de la *prédestination* à la gloire était antérieur à la prescience. Dans ses livres de la *prédestination des saints* et *du Don de la persévérance*, saint Augustin répète sans cesse, ou qu'il faut admettre la *prédestination* telle qu'il l'a prêche, ou qu'il faut soutenir que la grâce est donnée aux mérites de l'homme: or, en admettant la *prédestination* à la gloire non gratuite, il ne s'ensuit pas pour cela que la grâce n'est pas donnée gratuitement. Donc la *prédestination* soutenue par saint Augustin ne regarde point la gloire, mais la grâce.

Au sujet de la cinquième preuve, les congruistes se récrient sur l'équivoque de laquelle les augustiniens abusent. Le genre humain tout entier serait sans doute une masse de perdition et de damnation, s'il n'avait pas été racheté par Jésus-Christ ; mais c'est manquer de respect à ce divin Sauveur que de soutenir que, malgré la rédemption, le genre humain tout entier est encore dévoué aux flammes éternelles, et qu'il faut un décret absolu de *prédestination* pour tirer de cette masse de damnés un petit nombre d'hommes pour lesquels Dieu daigne avoir de la prédilection. Cela ne peut être affirmé que contre les sociniens et les pélagiens, qui n'admettent qu'une rédemption métaphorique. Lorsqu'un homme a été baptisé, osera-t-on soutenir qu'il n'a pas été tiré de la masse de damnation, à moins qu'il ne soit prédestiné au bonheur éternel? Les calvinistes le disent, mais un catholique ne le pensera jamais. Basnage, *Hist. de l'Église*, l. xxvi, c. 5, § 19. Saint Paul a comparé la totalité du genre humain plongé dans l'infidélité, à une masse d'argile de laquelle le potier tire des vases, les uns pour servir d'ornement, les autres pour de vils usages ; il appelle *vases d'ornements préparés pour la gloire*, ceux que Dieu a appelés à la foi, soit d'entre les juifs, soit d'entre les gentils, *Rom.*, c. ix, v. 21 et 24. Or, ces *appelés* n'étaient pas tous prédestinés au bonheur éternel. On change donc le sens des termes de saint Paul, quand on appelle *masse de perdition et de damnation* tous ceux qui ne sont pas prédestinés à persévérer dans la grâce. Ce n'est point là le sens de saint Augustin non plus que celui de saint Paul ; Maffei, *Hist. théol. dogmat. et opin. de divina Gratia*, l. xiii, § 6, n. 2 et suiv., pag. 218.

Quant à la sixième preuve, qui est le passage de saint Paul, *Rom.*, c. viii, v. 29, les congruistes soutiennent qu'il est pour eux et contre leurs adversaires. *Ceux que Dieu a prévus*, dit l'Apôtre, *il les a aussi prédestinés à être conformes à l'image de son Fils... Or, ceux qu'il a prédestinés, il les a aussi appelés ; ceux qu'il a appelés, il les a justifiés ; et ceux qu'il a justifiés, il les a glorifiés.* » Saint Paul met la prévision avant tout ce que Dieu a fait pour ceux qu'il nomme *les saints*. Mais si l'on y fait bien attention, il ne s'agit point ici de *prédestination à la gloire ;* s'il en était question, saint Paul n'aurait pas dit des prédestinés que *Dieu les a glorifiés ;* il aurait dit, *Dieu les glorifiera ;* et nous venons de voir que l'Apôtre nomme *vases d'ornement préparés pour la gloire*, tous ceux auxquels Dieu accorde le don de la foi : ainsi ce passage ne prouve ni pour ni contre la *prédestination* gratuite au bonheur éternel. Cette question était absolument étrangère au dessein que saint Paul se proposait dans l'Épître aux Romains. Saint Augustin l'a très-bien compris, puisqu'il dit, en citant ce passage de l'Apôtre : *Enarr. 2. in Ps.* xviii, n. 3 : *Gloria Dei qua salvi facti sumus, qua creati in bonis operibus sumus.* In Ps. xxxix, n. 4, *Deus quando nos glorificat, facit nos honoratiores.* Ce n'est donc point ici la gloire éternelle. L. ii, *contra duas Epist. Pelag.*, c. 9, 22, il explique le passage de saint Paul de la *prédestination* à la foi, et non de la *prédestination* à la gloire. *Voy.* Vocation.

Ce n'est pas une grande difficulté pour les congruistes de montrer la différence entre leur système et celui des semi-pélagiens. Ceux-ci disaient que le commencement de la foi ne vient point de Dieu ni de sa grâce, mais de l'homme et de ses bonnes dispositions naturelles ; qu'ainsi Dieu prédestine à la foi tous ceux dont il prévoit les bonnes dispositions. Dans cette hypothèse, la foi n'est plus un don gratuit, une pure grâce, mais une récompense des bonnes dispositions de l'homme. A Dieu ne plaise, disent les congruistes, que nous pensions ainsi ! nous croyons avec toute l'Église que le don de la foi est de la part de Dieu une pure grâce, un bienfait absolument gratuit, et nous ne reconnaissons dans l'homme aucun mérite proprement dit avant qu'il ait la foi. Entre les semi-pélagiens et les théologiens catholiques il était question de la *prédestination à la foi ;* entre les augustiniens et nous il s'agit de la *prédestination à la gloire ;* où est donc la ressemblance entre l'opinion des semi-pélagiens et la nôtre ?

Les congruistes n'en demeurent pas là ; ils allèguent à leur tour, en faveur de leur sentiment, des preuves diverses qui sont autant d'objections contre celui des augustiniens. Ils disent : 1° Dans toute l'Ecriture sainte il n'est jamais question de *prédestination* gratuite à la gloire éternelle ; nous défions nos adversaires de citer un seul passage qui prouve directement leur opinion : ils ne l'appuient que sur des conséquences forcées qu'ils tirent du texte sacré ; jamais question n'a donné lieu à un plus grand abus de la parole de Dieu, surtout des Epîtres de saint Paul. *Voy.* ROMAINS. 2° Cette prétendue *prédestination* est un sentiment inouï parmi les Pères de l'Eglise des quatre premiers siècles ; tous ont conçu la *prédestination* à la gloire éternelle comme fondée sur la prévision des mérites de l'homme acquis par la grâce : aucun n'a conçu comment Dieu pouvait prédestiner autrement une récompense, un prix, un salaire. Nous pouvons citer à ce sujet saint Justin, saint Irénée, Clément d'Alexandrie, Origène, saint Jean Chrysostome, saint Hilaire, saint Ambroise, saint Jérôme, saint Cyrille d'Alexandrie, Théodoret, etc. Saint Prosper est convenu du fait, *Epist. ad Aug.*, n. 8, saint Augustin ne l'a pas nié : il a seulement dit, l. *de Præd. sanct.*, c. 14, n. 27, que ces Pères n'avaient pas eu besoin de traiter expressément cette question ; mais il a toujours fait profession de suivre leur doctrine, et l. *de Dono persev.*, cap 19 et 20, n. 48, 51, il ajoute que les anciens Pères ont suffisamment soutenu la *prédestination* gratuite, en enseignant que toute grâce de Dieu est gratuite. 3° En effet, l'on a vu les définitions que ce saint docteur a données de la *prédestination*, l. *de Dono persev.*, c. 7, n. 15. « C'est, dit-il, la prescience et la préparation des bienfaits par lesquels sont certainement délivrés ceux que Dieu délivre. » Il le répète, c. 14, n. 35 ; c, 17, n. 41 ; *de Pecc. merit.*, l. II, n. 47 ; *in Ps.* LXVIII, *serm.* 2, n. 13 ; *de Spir. et Litt.*, n. 7 ; *ad Simplician.*, l. I, § 2, n. 6 ; l. *de Prædest. sanct.*, n. 19 ; *De Civitate Dei*, lib. XI, 19 et 23 ; *in Joan., Tract.* 48, n. 4, et *Tract.* 83, n. 1. Selon lui, la prescience marche toujours avant le décret de Dieu. Il parle de même de la réprobation, l. *de Perfect. Just.*, c. 13, n. 31 ; *Épist.* 186, c. 7, n. 23. Or personne, excepté les calvinistes, ne s'est avisé d'admettre un décret de réprobation antérieur à la prescience des démérites des réprouvés. 4° Rien de plus inutile, continuent les congruistes, qu'un décret absolu et particulier de *prédestination*, indépendant de la prescience. Dieu de toute éternité prévoyant le péché d'Adam, a résolu de racheter par Jésus-Christ, le monde, la nature humaine, le genre humain ; par conséquent tous les hommes sans exception. En quoi consiste le rachat, sinon dans la possibilité dans laquelle tous les hommes sont rétablis par Jésus-Christ, de récupérer le bonheur éternel et d'éviter la damnation ? Voilà donc une *prédestination* générale de tout le genre humain au bonheur éternel, en vertu de laquelle Dieu veut donner à tous, par Jésus-Christ, des moyens de salut plus ou moins prochains, puissants et abondants pour y parvenir, mais d'en accorder à quelques-uns plus et de plus puissants qu'aux autres ; cette volonté est évidemment une *prédestination* particulière et très-gratuite en faveur de ceux-ci, et c'est celle que saint Paul a soutenue dans son épître aux Romains. En même temps que Dieu a résolu de donner des moyens à tous, il a prévu l'usage qu'en ferait chaque particulier : il a donc résolu en même temps d'accorder en effet le bonheur éternel à ceux qui correspondraient à ses grâces, et de punir par un supplice éternel ceux qui en abuseraient. Qu'avons-nous besoin d'un autre décret antérieur ? Le plan de *prédestination* ainsi conçu s'accorde exactement avec les dix ou douze vérités que nous avons établies au commencement de cet article ; on ne peut y faire voir aucune opposition. Dans ce même plan, la puissance, la bonté, la sagesse, la miséricorde de Dieu, éclatent également. Dieu pouvait damner le monde entier, il a voulu le sauver ; le pouvoir et l'espérance qu'il lui donne de récupérer le salut par Jésus-Christ est une pure grâce ; il laisse à l'homme toute la faiblesse qu'il a contractée par le péché, mais il veut y remédier par ses grâces, et chacune de ces grâces est un bienfait purement gratuit, mérité par Jésus-Christ et non par l'homme. Ici point de grâce prétendue naturelle, point de grâce pélagienne, point de mérite humain ; le salut n'est plus une affaire de justice rigoureuse, mais de miséricorde infinie. Nous demandons si le système de la *prédestination* absolue est plus sublime, plus digne de Dieu, plus consolant, plus propre à nous porter à la vertu que celui-ci. 5° Le premier est sujet à des difficultés insurmontables ; ses partisans ont beau dire que par son décret Dieu tire les prédestinés de la masse de perdition, mais qu'il y laisse les réprouvés ; que le décret de *prédestination* est positif, mais que le décret de réprobation n'est que négatif ; un mot ne suffit pas pour trancher la difficulté. Nous avons vu que saint Augustin a parlé de l'un de ces deux décrets comme de l'autre ; en effet, on ne conçoit pas comment l'un est plus positif que l'autre, comment l'un est antérieur à la prescience, et l'autre postérieur ; ces distinctions subtiles n'ont été forgées que pour pallier l'embarras dans lequel on se trouvait. A entendre raisonner les augustiniens, il semble que Dieu soit aveugle à l'égard des réprouvés, ou qu'il ferme les yeux pour ne pas les voir et ne pas penser à eux. Mais ces malheureux sont-ils mieux traités par un décret négatif que par un décret positif? Dans le tableau du jugement dernier, Jésus-Christ fait prononcer par son Père contre les réprouvés une sentence aussi positive que celle qu'il rend en faveur des prédestinés ; il faut donc que l'une et l'autre aient été résolues de toute éternité par un décret également positif. Dans ce système on ne conçoit plus en quel sens Dieu veut sauver tous les hommes et leur donner des grâces à tous, ni en quel sens Jésus-Christ est mort pour tous. 6° Pour trouver dans saint Augustin le système d'une *prédestination* indépendante de la prescience, il faut absolument entendre ce qu'il a dit dans le même sens que l'entendent les calvinistes; entre ceux-ci et les augustiniens il n'y a de différence que dans les conséquences qu'ils tirent des expressions du saint docteur. Ces derniers font aux congruistes les mêmes reproches que font les premiers contre le concile de Trente et contre les théologiens catholiques en général; on peut voir dans Basnage qu'ils ne veulent admettre aucun milieu entre le prédestinatianisme rigide de Calvin et le semi-pélagianisme; il est fâcheux que les augustiniens semblent autoriser cette erreur en accusant toujours leurs adversaires d'être semi-pélagiens. Basnage, *Hist. de l'Eglise*, l. xi, c. 9, § 1. Nous savons très-bien, continuent les congruistes, que saint Augustin, l. *de Corrept. et Grat.*, c. 7, n. 14, a dit que Judas a été prédestiné ou élu pour verser le sang de Jésus-Christ, tout comme les autres apôtres l'ont été pour obtenir son royaume : *Illos debemus intelligere electos per misericordiam, illum per judicium; illos ad obtinendum regnum suum, illum ad fundendum sanguinem suum.* Mais faut-il prendre pour la profession de foi de ce saint docteur une phrase échappée dans la dispute, et qu'il a contredite dans ses autres ouvrages? 7° Enfin le système de la *prédestination* absolue ne peut aboutir qu'à augmenter l'objection des incrédules touchant la permission du mal moral ou du péché d'Adam, duquel Dieu prévoyait les suites horribles, et qu'il a cependant laissé commettre pendant qu'il pouvait l'empêcher sans nuire à la liberté de l'homme. C'est une des objections sur lesquelles Bayle a le plus insisté dans ce qu'il a écrit à ce sujet, et les déistes ne cessent de la renouveler pour attaquer la révélation. On ne voit pas où est la nécessité de leur fournir une arme de plus.

Telles sont les principales objections des congruistes contre le système de la *prédestination* absolue et antécédente à la prescience de Dieu; nous les exposons avec impartialité, sans les adopter pour cela, et sans prendre parti pour ni contre, parce qu'il n'y a aucune nécessité. Cette question fut vivement débattue au concile de Trente entre les franciscains et les dominicains; mais le concile s'est abstenu très-sagement de prononcer sur cette contestation; il s'est borné à condamner les excès dans lesquels étaient tombés les protestants sur cet article.

Luther et Calvin avaient poussé l'entêtement pour la *prédestination* absolue jusqu'au blasphème. Suivant leur doctrine, Dieu, de toute éternité, par un décret immuable, a partagé le genre humain en deux parts, l'une d'heureux favoris auxquels il veut absolument donner le bonheur éternel, auxquels il accorde des grâces efficaces par lesquelles ils font nécessairement le bien; l'autre d'objets de sa colère qu'il a destinés au feu éternel, et dont il dirige tellement les actions, qu'ils font nécessairement le mal, s'y endurcissent et meurent dans cet état. Cette doctrine horrible fut soutenue par Bèze et par d'autres réformateurs. Mélanchthon, plus modéré, en eut horreur et tâcha de l'adoucir. Parmi les sectateurs de Calvin, quelques-uns persévérèrent à soutenir comme lui qu'antérieurement même à la prévision du péché d'Adam, Dieu a prédestiné la plupart des hommes à la damnation. Ils furent nommés *supralapsaires;* d'autres enseignèrent que Dieu n'a fait ce décret de réprobation que conséquemment à la prévision du péché de notre premier Père : on leur donna le nom d'*infralapsaires.* Ils ne disaient pas, comme les précédents, que Dieu avait tellement résolu la chute du premier homme, qu'Adam ne pouvait pas éviter de pécher; mais ils prétendaient que depuis cette chute ceux qui pèchent n'ont pas le pouvoir de s'en abstenir.

Quoique toute cette doctrine fasse horreur, elle a été dominante chez les calvinistes presque jusqu'à nos jours. Ils ont persisté à soutenir que c'est la pure doctrine de l'Ecriture sainte, et que saint Augustin l'a défendue de toutes ses forces contre les pélagiens. Sur la fin du dernier siècle, Bayle assurait qu'aucun ministre n'osait enseigner le contraire; que si quelques-uns avaient paru s'en écarter, ce n'était qu'en apparence, qu'ils avaient changé quelques expressions des prédestinations rigides, afin de ne pas effaroucher les esprits; mais que le fond du système était toujours le même. *Rép. aux quest. d'un Prov.*, ii° part., c. 170, et 183.

En 1601, Jacob Van Harmine, connu sous le nom d'*Arminius*, professeur en Hollande, attaqua ouvertement la *prédestination* absolue; il soutint que Dieu veut sincèrement sauver tous les hommes, et qu'il donne à tous sans exception des moyens suffisants de salut, qu'il ne réprouve que ceux qui ont abusé de ces moyens et qui ont résisté. Arminius eut bientôt un grand nombre de sectateurs. Mais Gomar, autre professeur, soutint opiniâtrément la doctrine rigide des premiers réformateurs, et conserva un parti puissant. Ainsi le calvinisme se trouva divisé en deux factions, l'une des arminiens ou remontrants, l'autre des gomaristes ou contre-remontrants. C'est pour terminer cette dispute que les états généraux de Hollande convoquèrent, en 1618, un synode national à Dordrecht; les gomaristes y furent les plus forts; ils condamnèrent les arminiens, et il fût défendu d'enseigner leur doctrine. Mais cette décision, loin de calmer les esprits, ne servit qu'à les diviser davantage; elle ne trouva aucun partisan en Angleterre; elle fût rejetée dans plusieurs contrées de la Hollande et de l'Allemagne; elle n'a pas même été respectée à Genève. Mosheim nous assure que depuis ce moment la doctrine de la *prédestination* absolue déclina d'un jour à l'autre, qu'insensiblement les arminiens ont repris le dessus. *Hist. ecclés.*, xvii° siècle, sect. 2, ii° part., c. 2, n. 12. En effet, la plupart des théologiens calvinistes, loin d'être augustiniens, sont devenus pélagiens, et plusieurs tombent dans le socinianisme. *Voy.* ARMINIENS, GOMARISTES, DORDRECHT, INFRALAPSAIRES, SUPRALAPSAIRES, UNIVERSALISTES, etc.

Il est étonnant que des hommes, qui prétendent toujours avoir l'Ecriture sainte pour seule règle de leur croyance, y aient vu successivement des dogmes si opposés ; cela nous paraît démontrer la fausseté du fait et l'abus continuel que les protestants font de la parole de Dieu. Il n'est pas moins étrange qu'un bon nombre de théologiens, qui se disent catholiques, veuillent faire de la *prédestination* absolue et gratuite un dogme sacré, un point essentiel de la doctrine de saint Augustin, approuvée par l'Eglise; qu'ils osent traiter de pélagiens et d'hérétiques leurs adversaires, et qu'ils se donnent le titre orgueilleux de *défenseurs de la grâce;* défenseurs perfides qui livrent aux déistes les vérités les plus saintes de notre religion, et qui persévèrent dans leur fanatisme, pendant que les calvinistes rougissent aujourd'hui de la frénésie des premiers réformateurs. Nous savons très-bien qu'il y a des partisans de la *prédestination* gratuite qui sont beaucoup plus modérés, et qui rejettent toutes les conséquences erronées que l'on voudrait tirer de leur opinion : nous n'avons garde de les confondre avec les faux augustiniens, mais ils devraient démontrer que c'est à tort qu'on leur impute ces conséquences.

PRÉDESTINATIENS. L'on désigne quelquefois par ce nom tous ceux qui soutiennent la *prédestination* absolue et indépendante de la prescience de Dieu; mais il faut nécessairement en distinguer deux espèces, savoir, les *prédestinatiens* mitigés et catholiques, et les *prédestinatiens* rigides ou hérétiques. Les premiers tiennent la doctrine de la prédestination absolue, sans attaquer et sans nier aucune des vérités théologiques que nous avons posées sur ce sujet dans notre article précédent; ils enseignent que Dieu veut sincèrement sauver tous les hommes, et que Jésus-Christ est mort pour tous, conséquemment que Dieu donne à tous, même aux réprouvés, des grâces suffisantes pour parvenir au salut; qu'en prédestinant les uns au bonheur éternel, et en leur donnant des grâces efficaces pour faire le bien, il ne leur ôte pas le pouvoir ni la liberté de résister à ces grâces; qu'en réprouvant les autres négativement, il ne les détermine pas pour cela aux péchés qu'ils commettront; qu'au contraire il leur donne les grâces nécessaires pour s'en préserver, grâces auxquelles ils résistent. Les *prédestinatiens* rigides soutiennent, au contraire, que Dieu ne veut sincèrement sauver que les prédestinés, et que Jésus-Christ n'est mort que pour eux; que les grâces efficaces qui leur sont accordées les mettent dans la nécessité de faire le bien et d'y persévérer, puisque jamais l'homme ne résiste à la grâce intérieure; que néanmoins ils sont libres, parce que pour l'être il suffit d'agir volontairement et sans contrainte ; conséquemment, ils pensent que les réprouvés sont dans l'impuissance de faire le bien, parce qu'ils sont ou déterminés positivement au mal par la volonté de Dieu, ou privés des grâces nécessaires pour s'en abstenir; qu'ils sont néanmoins punissables, parce qu'ils ne sont ni contraints ni forcés au mal, mais entraînés invinciblement par leur propre concupiscence.

Tels sont les sentiments absurdes et impies que des esprits opiniâtres ont osé, dans tous les temps, attribuer à saint Augustin. Au v° siècle, ceux que l'on nomma *prédestinatiens*; au ix°, Gotescalc et ses partisans; au xii°., les albigeois et d'autres sectaires; au xiv° et au xv°, les wicléfites et les hussites ; au xvi°, Luther, Calvin et ses sectateurs ; au xvii°, Jansénius et ses défenseurs, ont embrassé pour le fond le même système. Tous n'ont pas professé clairement et distinctement toutes les erreurs qui en sont les conséquences; les premiers ne les ont peut-être pas aperçues; les derniers, aguerris par douze siècles de disputes, ont fait tous leurs efforts pour les pallier ; mais ils ont beau faire, tous ces dogmes erronés se tiennent et forment une chaîne indissoluble ; dès que l'on en soutient un seul, il faut les admettre tous ou se contredire à chaque instant. Ce sont donc les écrits de saint Augustin contre les pélagiens qui ont donné lieu à ces contestations toujours renaissantes. Cela nous paraît prouver que ces écrits ne sont pas fort clairs ; il faut avoir beaucoup d'orgueil pour se flatter de les mieux entendre que l'Eglise universelle.

Ceux qui ont traité de l'hérésie des *prédestinatiens* du v° siècle disent qu'elle à commencé dès le temps de saint Augustin dans le monastère d'Adrumet en Afrique, dont les moines prirent de travers plusieurs expressions de ce saint docteur. Peu de temps après, la même chose arriva dans les Gaules, où un prêtre nommé *Lucidus* enseigna, 1° qu'avec la grâce l'homme n'a rien à faire; 2° que depuis le péché d'Adam, le libre arbitre de la volonté est entièrement éteint ; 3° que Jésus-Christ n'est pas mort pour tous les hommes ; 4° que Dieu en force quelques-uns à la mort ; 5° que quiconque pèche après avoir reçu le baptême meurt en Adam ; 6° que les uns sont destinés à la mort, les autres prédestinés à la vie. Le cardinal Noris, qui rapporte ces propositions, *Hist. Pelag.*, c. 15, p. 182 et 183, dit qu'elles ont besoin d'explication, et il tâche de leur donner un sens orthodoxe ; mais il nous paraît y avoir assez mal réussi, et que son commentaire même a grand besoin de correctif. Il n'est donc pas étonnant que Fauste, évêque de Riez en Provence, ait condamné ces propositions du prêtre Lucidus; que cette sentence ait été confirmée par deux conciles, l'un d'Arles, l'autre de Lyon ; et qu'en fin de cause, Lucidus ait été obligé de se rétracter.

Ces faits ont été prouvés par le P. Sirmond. dans l'histoire qu'il a donnée du *pré-*

*destinatianisme*; par Maffei, *Hist. theol. dogmatum et opin. de divina Gratia*, etc., l. xvi, c. 7, et par d'autres théologiens. Ils ont cité en preuve un livre intitulé *Prædestinatus*, qui porte le nom de Primasius, disciple de saint Augustin; Gennade, prêtre de Marseille, la *Chronique de saint Prosper*, et Arnobe le Jeune, tous auteurs contemporains, qui affirment ou qui supposent l'existence de l'hérésie des *prédestinatiens*.

Mais Jansénius et les faux augustiniens, qui enseignent encore l s mêmes erreurs que ces hérétiques, ont prétendu que toute cette histoire est une fable; que Primasius, Gennade, Arnobe le Jeune et Faust de Riez sont tous pélagiens ou du moins semi-pélagiens; qu'ils ont osé nommer *prédestinatiens* les vrais disciples de saint Augustin, et traiter d'hérésie la véritable doctrine de ce Père; que les prétendus conciles d'Arles et de Lyon n'ont jamais existé; que c'est une trame tissue par Fauste de Riez, pour persuader que la doctrine de saint Augustin a été flétrie. Ils s'inscrivent de même en faux contre l'accusation d'hérésie intentée à Gotescalc dans le ix° siècle; ils soutiennent que c'est Hincmar de Reims, et Raban-Maur, évêque de Mayence, qui étaient eux-mêmes hérétiques, et qui ont professé le semi-pélagianisme en condamnant *Gotescalc*. Voyez ce mot.

Cette apologie du *prédestinatianisme*, faite d'abord par Jansénius, a été renouvelée par le président Mauguin, dans une dissertation par laquelle il s'est proposé de réfuter en détail l'histoire du P. Sirmond. Mais le P. Deschamps, en écrivant contre Jansénius, a fait voir que ce novateur a emprunté d'un calviniste célèbre tout ce qu'il a dit pour justifier les *prédestinatiens; de Hæresi Jansen.*, disp. 7, c. 6 et 7. Comme il paraît que Mauguin a puisé dans la même source, son livre s'est trouvé réfuté d'avance. Il est fâcheux que le cardinal Noris ait ignoré ou dissimulé ce fait, lorsqu'il a dit que les erreurs rétractées par le prêtre Lucidus, et attribuées aux *prédestinatiens* par Gennade de Marseille, sont les mêmes reproches que l'on faisait contre la doctrine de saint Augustin, et auxquels saint Prosper a répondu; *Hist. Pelag*, c. 15, p. 182, 183; Basnage, *Histoire de l'Eglise*, l. xii, c. 2, pense de même; il avoue que le concile d'Arles, et celui de Lyon, l'an 475, ont condamné cette doctrine, parce que, suivant lui, ces deux conciles étaient composés de semi-pélagiens. Comme ces évêques étaient les personnages les plus respectables qu'il y eût alors dans le clergé des Gaules, s'ils avaient été tous imbus du semi-pélagianisme, il serait fort singulier que leurs successeurs eussent condamné unanimement cette erreur dans le deuxième concile d'Orange, l'an 529.

Laissons donc de côté toutes ces imaginations dont les unes détruisent les autres; tout homme sensé comprend, 1° qu'il est impossible que Fauste de Riez ait été assez insensé pour vouloir en imposer à Léonce d'Arles, son métropolitain, auquel il adressait ses écrits, et pour lui parler d'un prétendu concile tenu dans sa ville d'Arles, auquel il avait dû présider, si ce concile était imaginaire; 2° qu'il est impossible qu'en 475, trente évêques assemblés aient osé renouveler contre la doctrine de saint Augustin des reproches auxquels ils ne pouvaient ignorer que saint Prosper avait répondu, surtout après la lettre que le pape saint Célestin avait écrite aux évêques des Gaules pour imposer silence aux détracteurs de la doctrine de saint Augustin; et qu'il ne se soit pas trouvé pour lors un seul évêque gaulois pour en prendre la défense. 3° C'est une imposture de prétendre que la doctrine de Lucidus et des *prédestinatiens* était la même que celle de saint Augustin; elle n'y ressemblait pas plus que celle de Calvin, de Jansénius et de leurs adhérents. 4° Saint Fulgence a écrit contre les ouvrages de Fauste de Riez, mais on ne voit pas qu'il lui ait reproché aucune imposture. 5° Il y a un aveuglement inconcevable à ne vouloir reconnaître aucun milieu entre le *prédestinatianisme* rigide et le *semi-pélagianisme;* nous avons fait voir le contraire en distinguant les *prédestinatiens* catholiques d'avec les hérétiques. Ces derniers auraient dû être nommés *réprobatiens*, aussi bien que ceux d'aujourd'hui, puisque, de leur pleine autorité, ils réprouvaient et damnaient le genre humain tout entier, à la réserve peut-être d'un homme sur mille. Petau, *de Incarn.*, l. xiii, c. 7; *Hist. de l'Egl. gall.*, t. i, l. iii, an. 431 et 434; t. II, l. iv, an. 475.

\* PRÉDESTINÉS. Voy. ÉLUS.

PRÉDÉTERMINATION. Dans le langage des théologiens scolastiques, ce terme signifie une opération de Dieu qui fait agir les hommes, qui les détermine ou les fait se déterminer dans toutes les actions bonnes ou mauvaises. On l'appelle autrement *prémotion physique* ou décret de Dieu *prédéterminant*. Tous les catholiques conviennent que pour faire une bonne œuvre, une action méritoire et utile au salut, l'homme a besoin du secours de la grâce; or, la grâce est une lumière surnaturelle donnée à l'entendement, et une motion que Dieu imprime à la volonté pour la rendre capable d'agir; rien n'empêche donc d'appeler la grâce une *prémotion* ou une *prédétermination*, puisqu'elle nous prévient et influe sur nos actions. Doit-elle être nommée *prémotion physique* ou seulement *prédétermination morale?* Au mot GRACE, § 5, nous avons fait voir que ni l'une ni l'autre de ces expressions n'est parfaitement juste, parce que l'influence de la grâce ne ressemble à celle d'aucune cause naturelle.

On dispute dans les écoles pour savoir si une *prédétermination physique* est nécessaire à l'homme pour produire ses actions naturelles. La plupart des philosophes et des théologiens prétendent qu'il n'en est pas besoin. Il est, disent-ils, de la nature d'une faculté active et d'une cause libre de produire ses actes par elle-même, sans l'intervention d'aucune cause ex'érieure; on ne conçoit pas en quel sens elle se détermine elle-même, si elle est déterminée par un agent plus puissant qu'elle. D'ailleurs, si cette détermination est cause *physique*, il y a une connexion nécessaire entre cette cause et l'action qui s'ensuit, par conséquent l'action de la volonté n'est plus libre dans aucun sens; on ne conçoit pas même que ce soit pour lors une action humaine : puisqu'elle vient de Dieu comme cause, l'homme n'est plus que l'instrument.

D'autre part, les thomistes soutiennent que la *prédétermination physique* est nécessaire pour rendre l'homme capable d'agir; telle est, disent-ils, la subordination ou la dépendance nécessaire de la cause seconde à l'égard de la cause première. Puisque Dieu a sur ses créatures non-seulement un domaine moral, mais un domaine physique, il doit avoir sur toutes leurs actions non-seulement une influence morale, mais une influence physique. Cette action de Dieu, loin d'être un obstacle à la liberté humaine, est au contraire un complément nécessaire de cette liberté, sans lequel l'homme ne pourrait pas agir. Dieu sans doute est assez puissant pour proportionner son action à la nature de l'homme; puisqu'il a fait l'homme libre, il le fait agir librement. Quand on leur demande en quel sens Dieu prédétermine la volonté humaine au péché, ils disent que cette action de Dieu se borne à ce qu'il y a de physique dans l'action de l'homme, et qu'elle ne touche point à ce qu'il y a de moral, ou, en termes de l'école, que Dieu influe sur le matériel du péché, et non sur le formel, c'est-à-dire sur ce qui constitue le péché. Comme il paraît que les thomistes n'attachent point à la plupart des termes dont ils se servent la même sens que les autres théologiens, et qu'ils se croient en droit de rejeter toute comparaison que l'on peut faire entre la cause première et toute autre cause, il est probable que la dispute touchant la *prédétermination physique* ne finira pas sitôt.

**PRÉDICATEUR, PRÉDICATION.** Nous appelons *prédication* l'action d'annoncer la parole de Dieu en public, faite par un homme revêtu d'une mission légitime. Dans les premiers siècles de l'Eglise, les évêques seuls étaient chargés de cette fonction; à l'exemple de Jésus-Christ et de saint Paul, *Joan.*, c. IV, v. 2 ; *I Cor.*, c. I, v. 17, ils la regardaient comme la plus importante de leur ministère. Les premiers exemples que nous connaissions de prêtres chargés de prêcher, sont ceux d'Origène et de saint Jean Chrysostome dans l'Eglise d'Orient, de saint Félix de Nole et de saint Augustin en Occident : il n'est pas étonnant que l'on se soit écarté de l'usage ordinaire en faveur d'hommes aussi recommandables par leurs talents. Par les différentes révolutions qui sont arrivées dans l'Occident, les évêques se sont trouvés obligés de se décharger de cette fonction sur les prêtres. La même raison a fait accorder aux religieux le pouvoir de prêcher, dans toutes les églises où ils sont appelés; autrefois il n'y avait que les pasteurs qui instruisissent le troupeau qui leur était confié. Dans l'Eglise romaine, il faut être au moins diacre pour avoir le pouvoir de prêcher. On appelle proprement *prédications* les discours que l'on fait aux infidèles pour leur annoncer l'Evangile; et *sermons*, ceux que l'on adresse aux fidèles pour nourrir leur piété et les exciter à la vertu.

Plusieurs auteurs ont écrit des traités sur l'éloquence de la chaire, plusieurs ont censuré avec assez d'amertume les défauts dans lesquels tombent trop souvent les *prédicateurs;* nous n'avons dessein de nous ériger ici ni en censeurs ni en apologistes, mais d'envisager les choses à charge et à décharge. Il nous paraît d'abord que le goût dépravé des auditeurs est la cause principale des fautes dans lesquelles tombent ceux qui annoncent la parole de Dieu ; ils y sont entraînés par le ton de leur siècle et par les applaudissements que l'on a la faiblesse de leur donner, lors même qu'ils prêchent d'une manière évidemment vicieuse ; nous en sommes convaincus par des exemples récents. De nos jours quelques philosophes se sont avisés de reprocher aux orateurs chrétiens qu'ils n'enseignaient pas *une morale naturelle*. Il n'en a pas fallu davantage pour séduire de jeunes orateurs; ils ont cessé de citer l'Evangile, ils ont laissé de côté la morale de Jésus-Christ, pour prêcher une morale prétendue philosophique ; ils ont fait des harangues académiques au lieu de sermons, et les éloges qu'un certain public antichrétien leur a prodigués, ont achevé de pervertir leur goût; et l'exemple d'un seul suffit pour en gâter mille.

« C'est une chose déplorable, dit un écrivain très-sensé, que certains orateurs chrétiens, renonçant en quelque sorte aux principes de leur religion, semblent perdre de vue l'Evangile, et ne rougissent pas de lui substituer en chaire une morale purement païenne. Ce sont de nouveaux Sénèques, et non des disciples de saint Paul ou des ministres de Jésus-Christ. La philosophie est trop faible pour mettre un frein aux passions, pour donner au cœur de l'homme une consolation solide, pour montrer la vraie source des désordres et y appliquer des remèdes efficaces. Ce privilége est celui de la foi, il n'y a qu'elle qui puisse nous éclairer et nous fortifier, elle seule fournit ces grands motifs qui font préférer à toutes choses la pratique de la vertu. Les Pères étudiaient et prêchaient l'Evangile ; jamais ils n'ont cité les philosophes ; aussi leurs discours avaient-ils l'autorité et la force de la parole de Dieu : ils opéraient des conversions et faisaient germer la piété dans les âmes. »

Jésus-Christ, disait saint Paul, m'a envoyé prêcher, non sur le ton de l'éloquence profane, de peur d'anéantir la force de la croix de Jésus-Christ....... Je suis venu vous annoncer la loi de Jésus-Christ, non avec le talent des orateurs et des sages, mais ne sachant rien que Jésus crucifié... Ma prédication et mes discours n'ont point été dans le style persuasif de l'éloquence humaine, mais accompagnés des signes de l'esprit et de la puissance de Dieu, afin que votre foi ne fût pas fondée sur la sagesse des hommes, mais sur l'autorité divine, *I Cor.*, c. I, v. 17; c. II, v. 1. Un des principaux arguments que nos anciens apologistes ont opposés aux païens, a été l'inutilité des leçons de leurs philosophes; ces hommes si renommés pour leur éloquence n'avaient pas corrigé les nations d'un seul vice : la morale de Jésus-Christ, annoncée par des pêcheurs et par des ignorants, convertissait les peuples, changeait les mœurs, faisait cesser les désordres les plus anciens. Entreprendra-t-on aujourd'hui d'arracher à notre religion ce caractère de divinité, ou de rétablir le paganisme, en nous donnant pour règle la morale de ses défenseurs? — D'autres ont reproché aux *prédicateurs* une basse adulation à l'égard de ceux qui gouvernent, un silence perfide sur leurs vices et sur les malheurs dont ils sont la cause. A l'instant nos jeunes orateurs se sont jetés sur les matières d'administration et de politique, se sont crus capables de régenter les rois et leurs ministres, n'ont plus envisagé dans les saints que leurs talents pour le gouvernement, ont parlé comme s'ils étaient appelés pour présider aux conseils des nations. Jésus-Christ ni les apôtres n'ont pas eu cette ambition : ils ont prêché la vertu et non la politique, les devoirs du commun des hommes et non les règles de la conduite des césars, la félicité de l'autre vie et non la prospérité des affaires de ce monde.

La fonction respectable de *prédicateur* demande non-seulement un talent naturel pour la parole, mais une connaissance très-étendue de la morale chrétienne, par conséquent une étude assidue de l'Ecriture sainte et des ouvrages des Pères de l'Eglise, une connaissance suffisante des mœurs de la société, des passions et des vices du cœur humain, des moyens qui soutiennent la vertu et la piété, des dangers et des tentations auxquelles elles succombent. Les pasteurs et les missionnaires, qui ont joint à de longues études l'expérience que l'on acquiert dans le tribunal de la pénitence et dans la conduite des âmes, sont infiniment plus capables d'instruire et de toucher les auditeurs, que de jeunes orateurs qui ne sont munis d'aucun de ces secours. Mais comme cette fonction est en elle-même très-difficile, il est nécessaire de s'y exercer de bonne heure; on ne doit donc pas blâmer les premiers essais de ceux qui entrent dans cette carrière, lorsqu'ils donnent lieu d'espérer qu'ils se perfectionneront dans la suite.

Ceux qui ont dit que les sermons ne devraient être que des leçons de morale, ont eu tort. L'Evangile n'a pas été seulement destiné à nous prescrire ce que nous devons faire, mais aussi à nous enseigner ce que nous devons croire; et les Pères de l'Eglise, non plus que les apôtres, n'ont jamais séparé le dogme d'avec la morale. Il n'est aucun des articles de notre croyance duquel il ne s'ensuive des conséquences morales; et toutes les fois qu'il est arrivé des erreurs sur le dogme, la morale n'a jamais manqué de s'en ressentir. L'ignorance des vérités de la foi est beaucoup plus commune que l'on ne pense, même parmi ceux qui se croient fort instruits, puisque les philosophes incrédules, qui ont attaqué de nos jours le christianisme, ont méconnu et défiguré la doctrine qu'il enseigne. Qu'ils l'aient fait par ignorance ou par malice, il ne s'ensuit pas moins qu'il faut enseigner en public aussi bien qu'en particulier, aux adultes non moins qu'aux enfants, les vérités chrétiennes telles qu'elles sont. — On peut assurer en général qu'un sermon qui a pour base l'Ecriture sainte, qui en est une explication suivie comme les homélies des Pères, qui expose clairement le dogme et en fait sentir les conséquences morales, sera toujours solide, édifiant, utile, approuvé par tous ceux qui n'ont pas le goût dépravé, quand même le *prédicateur* n'aurait pas d'ailleurs les talents d'un orateur profane, pourvu qu'il ait l'esprit et les vertus de son état, et qu'il soit pénétré lui-même des vérités qu'il enseigne aux autres. On demandait au bienheureux Jean d'Avila, l'apôtre de l'Andalousie, des règles sur l'art de prêcher. Je ne connais, répondit-il, d'autre art que l'amour de Dieu et le zèle pour sa gloire.

Barbeyrac ennemi déclaré des Pères de l'Eglise, a trouvé très-mauvais qu'on les proposât pour modèle aux orateurs chrétiens; suivant son avis, leurs sermons sont non-seulement remplis d'erreurs en fait de morale, mais composés sans art et sans méthode; leur éloquence est affectée et vicieuse, leur style boursouflé, orné de figures déplacées et superflues; ce sont des déclamations de rhéteurs plutôt que des discours édifiants, sensés et raisonnables. Il faut avoir une forte dose de présomption pour se flatter de pouvoir détruire une réputation établie depuis douze ou quinze siècles, et consacrée par la vénération de l'Eglise entière. Du moins, pour y réussir, il ne faudrait pas commencer par se contredire, comme font les protestants. Parmi les Pères, surtout les plus anciens, il y en a dont les écrits ne sont ni polis ni recherchés, mais de la plus grande simplicité; leurs censeurs ont grand soin de le faire remarquer, d'en conclure que c'étaient des idiots très-peu propres à nous instruire de la croyance et de la morale chrétienne. Quant à ceux qui ont étudié les lettres humaines et l'art de l'éloquence, qui ont fait l'admiration de leur siècle, même des philosophes païens, ces critiques atrabilaires nous les donnent pour des rhéteurs et des sophistes.

Nous leur demandons : ces hommes célèbres que vous déprimez, ont-ils été écoutés, suivis, respectés et admirés de leur temps, ou ne l'ont-ils pas été? Leurs discours ont-ils été inutiles ou efficaces, sans effet ou suivis de conversions? S'ils ont produit du fruit comme toute l'antiquité l'atteste, donc les Pères ont eu, suivant le temps, les lieux, les mœurs et le goût des peuples, le genre d'éloquence qu'il fallait pour remplir dignement leur ministère. Les ministres protestants voudraient-ils répéter aujourd'hui les sermons de Luther, de Zwingle, de Calvin, et des autres premiers prédicants? Que diraient-ils, si nous nous donnions la peine de recueillir dans leurs écrits toutes les erreurs, les absurdités, les grossièretés, les sottises dont ils sont remplis, comme ils ramassent eux-mêmes dans les Pères de l'Eglise tout ce qui leur paraît un sujet de blâme? Ils regardent cependant les premiers comme des apôtres suscités de Dieu pour réformer et endoctriner l'Eglise.

Nous voudrions être en état de faire un parallèle entre les discours des orateurs protestants les plus estimés et les plus admirés parmi eux, et les sermons de saint Basile, de saint Grégoire de Nazianze, de saint Jean Chrysostome, de saint Ambroise, de saint Augustin, que Barbeyrac ose mépriser; nous verrions de quel côté nous trouverions le plus de science, de pensées sublimes et de véritable éloquence.

Fleury, *Mœurs des chrét.*, § 39, en parlant de l'ordre de l'ancienne liturgie, de laquelle le sermon de l'évêque faisait toujours partie, a suffisamment justifié la manière de prêcher suivie par les Pères de l'Eglise.

PRÉEXISTANT, chose qui existe avant une autre. Comme les anciens philosophes n'admettaient pas la création, ils croyaient que Dieu avait fait toutes choses d'une matière *préexistante* et éternelle comme lui. Quelques-uns ont dit que Dieu a tout fait de ce qui n'existait pas, *ex non exstantibus*; cette expression paraît d'abord signifier qu'il a tout fait de rien, par conséquent qu'il a tout créé; mais les critiques modernes soutiennent que par *non exstantia* ils entendaient la matière, et que cela signifiait seulement que Dieu avait donné une forme à ce qui n'en avait point. Au reste, une matière *préexistante*, éternelle et sans forme, est pour le moins aussi difficile à concevoir que la création; la matière a-t-elle pu exister sans dimensions ou sans étendue, et les dimensions ne sont-elles pas une forme? *Voy.* CRÉATION.

Les pythagoriciens et les platoniciens ont cru la *préexistence* des âmes humaines, c'est-à-dire que les âmes avaient existé dans une autre vie avant d'être envoyées dans des corps pour les animer; ils ajoutaient que l'union de ces âmes à des corps qui sont pour elles une espèce de prison, était une punition des péchés qu'elles avaient commis dans une vie précédente. On accuse Origène d'avoir eu la même opinion, et il semble quelquefois la soutenir; mais le savant Huet a observé qu'Origène, aussi bien que saint Augustin, est demeuré dans le doute touchant la véritable origine de l'âme. *Origenian.*, l. II, c. 6, n. 1. D'ailleurs les philosophes, qui ont admis la *préexistence* des âmes, ont cru qu'elles étaient sorties de la substance de Dieu par émanation, au lieu qu'Origène a certainement admis la création des esprits aussi bien que celle des corps; nous l'avons fait voir au mot ÉMANATION.

PRÉFACE, partie de la messe qui précède immédiatement le canon, et qui commence par ces mots, *Sursum corda*. Les écrivains liturgistes nous apprennent que cette prière ou action de grâces, qui sert de préparation à la consécration, se trouve dans tous les vieux sacramentaires et dans les liturgies les plus anciennes, dans celles de saint Jacques, de saint Basile, de saint Jean Chrysostome, des *Constitutions apostoliques*, etc. Déjà, au IIIe siècle, saint Cyprien en a parlé dans son traité de *l'Oraison dominicale*, et les Pères du IVe en font souvent mention. Dans le *Sacramentaire de saint Grégoire*, il y a des *préfaces* propres, comme des collectes, presque pour toutes les messes : on n'en a retenu que neuf dans le missel romain; mais dans les nouveaux missels des divers diocèses, on en a placé de propres pour toutes les grandes fêtes, et qui ont été composées sur le modèle des anciennes. Dans le rite gothique, la *préface* est appelée *immolation*, dans le mozarabique *illation*, dans le gallican *contestation*. Il est étonnant que les protestants aient osé rejeter comme superstitieuses des prières aussi respectables, aussi anciennes, et qui, suivant la croyance de tous les siècles, datent du temps des apôtres. Lebrun, *Explic. des cérém. de la Messe*, t. II, p. 378.

PRÉJUGÉS de religion. Les incrédules nomment ainsi les notions religieuses qu'un homme a reçues dans son enfance; on les prend, disent-ils, sans connaissance, on les conserve par habitude, sans réflexion et sans examen; et il en est de même dans toutes les religions du monde. Si donc un croyant tient la vérité, c'est par hasard; nous ne voyons pas en quoi sa foi peut être louable et méritoire. — Lorsque les incrédules voudront être de bonne foi, ils conviendront que c'est aussi par hasard qu'ils ont embrassé tel ou tel système d'incrédulité; ils sont sociniens, déistes, athées, matérialistes, sceptiques ou indifférents, suivant l'opinion des maîtres qui les ont endoctrinés, et suivant les livres qui leur sont tombés par hasard entre les mains. Déjà ils conviennent qu'un très-grand nombre de leurs prosélytes sont incrédules sur parole, et sont très-peu en état d'approfondir une question. Lorsque le déisme était à la mode, tout incrédule était déiste; lorsque l'athéisme a été prêché, tous sont devenus athées, et bientôt après pyrrhoniens. Ceux qui sont parvenus à ce degré, sont donc convaincus qu'ils se sont déjà trompés deux fois; nous voudrions savoir par quel moyen ils sont certains de ne pas être encore trompés pour la troisième.

Il y a une différence essentielle entre eux et les croyants. Parmi ceux-ci, tous ceux qui ont été en état de faire un examen réfléchi des preuves de la religion, l'ont fait par le désir de connaître la vérité et d'avoir un puissant motif d'être vertueux; ce motif est certainement louable. Ceux au contraire qui se vantent d'avoir fait cet examen sans préjugé, et de ne pas avoir trouvé des raisons suffisantes de croire, étaient déjà prévenus contre la religion; ils désiraient de pouvoir en secouer le joug pour mettre leurs passions plus à l'aise; la plupart étaient déjà libertins de cœur, avant de l'être par l'esprit. Nous demandons laquelle de ces deux dispositions est la plus capable de nous conduire à la vérité. S'il n'y a pas de mérite à l'avoir reçue dès l'enfance, il y en a du moins à la conserver au milieu des pièges que lui tendent les incrédules, et des efforts qu'ils font pour la détruire. Ce n'est pas d'aujourd'hui, c'est dans tous les siècles que les mécréants se sont vantés d'avoir mieux examiné la religion que les croyants, et plus ils ont débité d'absurdités, plus ils se sont flattés d'être supérieurs aux autres hommes.

Nous savons très-bien que les idées et les opinions que l'on a reçues dès l'enfance ont une très-grande force, et qu'il est très-difficile de s'en détacher; c'est pour cela même que nous aimons à excuser, autant qu'il est possible, l'aveuglement de ceux qui ont été élevés dans une fausse religion; mais il ne nous appartient pas de décider jusqu'à quel point ils sont innocents ou criminels, excusables ou punissables devant Dieu; lui seul est leur juge. C'est aussi ce qui doit nous inspirer la plus vive reconnaissance pour la grâce que Dieu nous a faite en nous faisant naître dans le sein de la vraie religion. *Voy.* EXAMEN.

PRÉJUGÉS LÉGITIMES. *Voy.* PRESCRIPTION.

PRÉMICES. Ce sont les premiers fruits de la récolte annuelle, d'une terre nouvellement défrichée, d'un arbre nouvellement planté, et les premières productions de la fécondité des animaux. Suivant l'ancienne loi, tout cela devait être offert au Seigneur; c'est un commandement souvent répété dans les livres de Moïse et dans ceux des prophètes. Chaque Israélite devait porter au moins une partie de ces fruits au tabernacle, et ensuite au temple, y adorer le Seigneur et le remercier, attester qu'à son égard Dieu avait accompli les promesses qu'il avait faites à son peuple, manger ensuite cette offrande avec les lévites, les étrangers et les pauvres, *Deut.*, c. XXVI, v. 1 et suivants.

Ordinairement les païens offraient les *prémices* à leurs dieux; les Egyptiens à Isis, qu'ils regardaient comme la déesse de la fécondité; les Grecs et les Romains à Cérès ou à Diane qui, de même qu'Isis, était la lune. Cette superstition venait probablement de ce que tous les animaux portent pendant un certain nombre de mois ou de lunes, et que, selon l'opinion populaire, la lune influe beaucoup sur la température de l'air. Pour préserver les Israélites de ces vaines observances, Dieu voulut que les *prémices* fussent censées lui appartenir. Ainsi cette loi était établie, 1° afin de les faire souvenir que Dieu seul est le distributeur des biens de ce monde, et que nous en sommes redevables à sa bonté; 2° afin de perpétuer le souvenir des prodiges que Dieu avait opérés en faveur de son peuple, et de la manière dont il l'avait mis en possession de la terre promise; le témoignage qu'en rendaient tous les Israélites à cette occasion, était un monument de la vérité des faits de l'histoire sainte; 3° afin d'entretenir entre eux l'esprit de fraternité et de charité envers les pauvres; 4° pour modérer en eux l'esprit de propriété et l'empressement de jouir des biens de la terre. Pour cette même raison, il leur était ordonné de rejeter comme impurs les fruits que portait un arbre pendant les trois premières années; ceux de la quatrième seulement étaient censés les *prémices* consacrés au Seigneur. *Levit.*, c. XIX, v. 23 et 24. L'expérience sans doute avait convaincu Moïse qu'avant quatre ans un arbre ne pouvait porter des fruits sains et d'une maturité parfaite.

Reland, *Antiq. sacr. vet. Hebr.*, III° part., c. 8, met une distinction entre les fruits *primitifs* et les *prémices* des fruits; mais elle ne paraît fondée que sur des traditions rabbiniques, qui ne méritent aucune attention.

PREMIER, dans l'Ecriture sainte, ne se dit pas seulement 1° à l'égard du temps; il signifie encore 2° celui qui donne l'exemple aux autres. *I Esdr.*, c. IX, v. 2, il est dit : *La main des magistrats fut dans cette première transgression;* c'est-à-dire que le mauvais exemple vint principalement de leur part. 3° Ce qu'il y a de meilleur. *Exod.*, c. XXX, v. 33; *myrrha prima* est la myrrhe la plus pure et la plus excellente. 4° Le premier en dignité; dans ce sens saint Pierre est appelé le *premier* des apôtres; Jésus-Christ dit : Si quelqu'un veut être le *premier*, qu'il commence par se mettre le dernier. 5° *Premièrement* ou en *premier lieu*. I Machab., c. I, v. 1, il est dit d'Alexandre, *primus regnavit in Græcia*, il régna premièrement dans la Grèce. 6° *Avant que;* Luc., c. II, v. 2, nous lisons que le dénombrement de la Judée fut fait *premier que*, ou avant que Cyrinus fût gouverneur de Syrie. Vainement les incrédules ont argumenté sur cette expression pour prouver que saint Luc avait contredit l'histoire.

PREMIER-NÉ. *Voy.* AÎNÉ.

PRÉMONTRÉ, ordre de chanoines réguliers, institué en 1120, par saint Norbert, prêtre, né à Senten, dans le diocèse de Cologne, et ensuite archevêque de Magdebourg. Ce pieux ecclésiastique, touché de voir le relâchement qui s'était introduit dans la plupart des chapitres de chanoines, entreprit d'y mettre la réforme et d'y rétablir toutes les observances religieuses, l'abstinence, le jeûne, le dépouillement de toute propriété, l'assiduité aux offices divins et à la prière, le zèle pour le salut du prochain; avec le secours des évêques et des souverains pontifes, il en vint à bout dans une bonne partie de l'Allemagne et de la France, et il voulut que les maisons de son ordre fussent des espèces de séminaires pour former des ouvriers évangéliques.

La première de ces maisons fut bâtie dans

le diocèse et au voisinage de Laon, ville de Picardie, dans un lieu que le saint fondateur nomma *Prémontré, Præmonstratum*. Le nombre s'en accrut tellement que, trente ans après, cet ordre nouveau possédait plus de cent abbayes tant en France qu'en Allemagne; et après avoir été d'abord d'une pauvreté excessive, il devint opulent par la multitude de donations qui lui furent faites. Il fut approuvé par Honoré II l'an 1126, et confirmé dans la suite par plusieurs papes. Saint Norbert établit aussi des religieuses qui pratiquaient les mêmes observances que les chanoines réguliers. Les travaux apostoliques de cet homme zélé réparèrent les ravages qu'avaient faits dans les Pays-Bas les erreurs d'un nommé Tanquelin, hérétique qui y avait répandu sa doctrine et y avait causé plusieurs séditions.

Si nous en croyons le traducteur de l'*Histoire ecclésiastique* de Mosheim, l'ordre de *Prémontré*, dans le temps de sa prospérité, a possédé mille abbayes, trois cents prévôtés, un plus grand nombre de prieurés, et cinq cents couvents de religieuses; il a eu trente-cinq maisons en Angleterre, et soixante-cinq abbayes en Italie. Quoi qu'il en soit, le succès de saint Norbert, la rapidité avec laquelle son ordre s'est répandu, la quantité de chapitres qu'il a réformés, les secours qu'il a reçus de la part des évêques et des souverains pontifes, nous paraissent prouver qu'au XIIe siècle le clergé séculier n'était pas aussi corrompu et aussi gangrené que les protestants le prétendent. Des ecclésiastiques sans mœurs et sans principes, sans honte et sans religion, n'eussent pas consenti aussi aisément à se réformer; et dans un siècle perverti à tous égards, un réformateur n'aurait pas trouvé autant d'appui. Pour corriger les abus et rétablir la régularité, saint Norbert n'employa ni les déclamations, ni les discours séditieux, ni la calomnie, ni la violence, comme ont fait les prétendus réformateurs du XVIe siècle; la douceur, la charité, les exhortations paternelles, le bon exemple, de ferventes prières pour implorer le secours de Dieu, la patience, furent les seules armes dont il se servit. *Hist. de l'Egl. Gallic.*, t. VIII, l. XXIV, ann. 1120. A la vérité, le bien qu'il a produit ne s'est pas soutenu pendant plusieurs siècles; l'an 1245, le pape Innocent IV se plaignit du relâchement qui s'était introduit dans l'ordre de *Prémontré*; il en écrivit au chapitre général, et il y a lieu de présumer que cette remontrance ne fut pas inutile. En 1288, le général Guillaume demanda et obtint du pape Nicolas IV la permission de manger de la viande pour les religieux de son ordre qui seraient en voyage; preuve que l'abstinence était pratiquée dans les maisons. En 1460, à la prière du général, Pie II accorda la permission générale de manger de la viande, excepté depuis la Septuagésime jusqu'à Pâques. Comme dans tous les pays de l'Europe et dans tous les temps les aliments maigres ont toujours été plus rares et plus chers que la viande, la pauvreté des monas-tères a été souvent une juste raison d'user d'indulgence envers plusieurs ordres religieux. Mais si celui de *Prémontré* a été sujet au relâchement, il s'y est fait aussi plusieurs réformes : il y en a eu une en Lorraine où ces religieux possèdent et desservent plusieurs cures; elle a commencé à Sainte-Marie-aux-Bois et à Verdun; le chef-lieu est la maison de Pont-à-Mousson. Paul V, Grégoire XV, Urbain VIII, Innocent X et Innocent XII l'ont approuvée. Il s'en est fait une en Espagne qui est beaucoup plus ancienne et plus austère; Grégoire IX et Eugène IV l'ont confirmée. Les *prémontrés* ont un collége à Paris, et peuvent prendre des degrés dans la faculté de théologie.

PRÉMOTION. *Voy.* Prédétermination.

PRÉPUCE. *Voy.* Circoncision.

PRÉSAGE, signe par lequel on prétend connaître l'avenir; c'est une des espèces de divination. L'on sait quelle a été dans tous les temps la curiosité des hommes, surtout de ceux qu'une passion violente agitait, combien de moyens absurdes et criminels ils ont employés pour pénétrer dans un avenir que la Providence divine a trouvé bon de nous cacher pour notre repos et notre plus grand bien. Mais, à parler exactement, toutes les manières de prévoir l'avenir ne sont pas comprises sous le nom de *présage;* il en est qui sont appelées autrement.—L'on s'est flatté de pénétrer dans l'avenir par l'aspect des astres et par les phénomènes de l'air, c'est l'*astrologie* judiciaire; par le vol, le cri, les attitudes, l'appétit des oiseaux, ce sont les *auspices;* par l'inspection des entrailles des animaux, ce sont les *aruspices;* par les *songes*, par les *sorts*, les *oracles* ou par les réponses de certaines personnes auxquelles on supposait un esprit prophétique; par les réponses des morts, c'est la *nécromancie*. Nous parlons de ces différentes espèces de divination sous leur nom particulier.

Ce que l'on appelait proprement *présage* était d'une autre espèce. On prétendait pouvoir juger de l'avenir, 1° par les paroles fortuites que l'on entendait prononcer. Un homme, qui sortait de chez lui le matin pour commencer une affaire, écoutait avec soin les paroles de la première personne qu'il rencontrait, ou l'on envoyait un esclave écouter ce que l'on disait dans la rue, et sur des mots proférés à l'aventure il jugeait du bon ou du mauvais succès futur de son dessein. 2° Par le tressaillement de quelque partie du corps, comme du cœur, des yeux, des sourcils. 3° Par l'engourdissement subit de quelque membre, par le tintement des oreilles. 4° Par les éternuements; on les croyait de bon ou de mauvais *présage*, suivant l'heure à laquelle ils arrivaient; de là l'usage de faire un souhait heureux à ceux qui éternuent. 5° Une chute imprévue dans une entreprise était censée présager un malheur. 6° Il en était de même de la rencontre fortuite de certaines personnes, comme d'un nègre, d'un eunuque, d'un nain, d'une personne contrefaite ou de certains animaux. 7° Parmi les différents noms que l'on donnaît aux enfants, ou par lesquels on commençait une affaire, on préférait ceux qui signifiaient quelque chose d'agréable à ceux dont le sens était fâcheux ; on évitait même de prononcer ces derniers dans le discours ordinaire, et l'on usait d'une périphrase.

8° L'on prenait à mauvais augure certains événements fortuits, comme de se trouver treize à table, de renverser une salière, etc. Mais il ne suffisait pas d'observer simplement les *présages;* il fallait de plus les accepter lorsqu'ils paraissaient favorables, en remercier les dieux, leur en demander la confirmation et l'accomplissement. Lorsqu'ils étaient fâcheux, l'on avait grand soin de les rejeter, de prier les dieux d'en détourner l'effet, de cracher promptement pour en témoigner de l'horreur ; *Hist. de l'Acad. des Inscript.*, tom. I, in-12, p. 66.

Il n'est pas inutile de connaître toutes ces absurdités : elles nous montrent jusqu'où est allée la faiblesse, ou plutôt la folie de l'esprit humain, chez les peuples mêmes qui passaient pour les plus éclairés et les plus sages.

Dieu, dans la loi de Moïse, avait défendu aux Israélites toutes ces superstitions, en proscrivant toute espèce de divination quelconque. *Levit.*, c. xix, v. 31 ; *Deut.*, c. xviii, v. 20 ; *Num.*, c. xxiii, v. 23 ; *Jerem.* c. x, v. 2. L'on a tort de penser que la multitude de lois cérémonielles qui leur étaient imposées devait être pour eux un joug insupportable ; à le bien prendre, il l'était moins que celui dont les païens se chargeaient par superstition. Une bonne partie de ces terreurs paniques et de ces vaines pratiques subsistent encore chez les nations qui ne sont pas éclairées des lumières de la foi. — Elles auraient dû sans doute cesser absolument parmi les chrétiens, surtout après l'extinction du paganisme ; mais les habitudes et les préjugés populaires, nourris par la peur, par l'intérêt sordide et par la crédulité, ne sont pas aisés à déraciner. Les Pères de l'Eglise, en particulier saint Jean Chrysostome et saint Augustin, ont souvent déclamé contre ces restes d'idolâtrie, en ont démontré l'absurdité et l'opposition aux vérités de la foi ; il en est toujours demeuré quelque teinture dans les esprits timides et ignorants. Les barbares idolâtres, sortis des forêts du Nord et répandus dans l'Europe entière, en ont ramené une bonne partie avec eux. Les censures des conciles, les leçons des évêques et des autres pasteurs ont diminué le mal, sans le déraciner entièrement ; et, à la honte de l'esprit humain, notre siècle, qui se prétend si éclairé, n'en est pas encore parfaitement guéri.

La philosophie, disent les incrédules, la connaissance de la nature et des causes physiques, est le seul remède efficace contre cette contagion. Cela est faux. Les anciens philosophes connaissaient déjà suffisamment la nature pour sentir l'absurdité des erreurs populaires ; et, loin de s'opposer à la superstition des *présages*, ils l'ont confirmée par leurs écrits et par leurs exemples. Cic., l. ii, *de Divinat.*, *in fine.* Les épicuriens, qui n'admettaient point de dieux, étaient les plus mauvais physiciens de tous ; et, parmi les athées modernes, il s'en est trouvé qui croyaient à la magie, aussi bien que les épicuriens. La religion chrétienne, bien enseignée et bien connue, est d'une toute autre efficacité que la philosophie. *Voy.* DEVIN. Bingham, *Orig. ecclés.*, l. xvi, c. 5.

PRÉSANCTIFIÉS. On appelle *messe des présanctifiés* celle dans laquelle le prêtre offre à l'autel et consomme à la communion les espèces eucharistiques consacrées la veille ou quelques jours auparavant, dans laquelle par conséquent il ne se fait point de consécration. Cette messe n'est en usage dans l'Eglise latine que le jour du vendredi saint ; mais dans l'Eglise grecque elle a lieu pendant tout le carême. L'ancienne coutume des Grecs est de ne consacrer l'eucharistie en carême que le samedi et le dimanche, jours auxquels ils ne jeûnent point, et le jour de l'Annonciation de la sainte Vierge. Cette discipline est établie par le concile de Laodicée, tenu vers l'an 363, can. 49 ; par le concile *in Trullo*, tenu en 692, et par d'autres monuments. Lebrun, *Explic. des cérém.*, t. IV, p. 373 ; Bingham, *Orig. ecclés.*, l. xv, c. 4, § 12 ; Ménard, *Notes sur le Sacram. de S. Grégoire*, p. 75.

Cet usage de conserver l'eucharistie pour les jours suivants avec un profond respect, et les prières que font les Grecs dans la *messe des présanctifiés*, démontrent qu'ils n'ont point, touchant l'eucharistie, le même sentiment que les protestants. Ils ne pensent point, comme ces derniers, que c'est simplement une cérémonie commémorative de la cène que Jésus-Christ fit avec ses apôtres la veille de sa mort ; ils croient au contraire, comme les catholiques, que les espèces consacrées sont véritablement et substantiellement le corps et le sang de Jésus-Christ ; que ce divin Sauveur y est présent, non-seulement dans l'action de communier, mais d'une manière permanente, et que l'action de l'offrir à Dieu est un véritable sacrifice.

PRESBYTÈRE. Anciennement l'on nommait ainsi le chœur des églises, parce que les prêtres seuls avaient droit d'y prendre place ; la nef était pour les laïques. Dans saint Paul, *I Tim.*, c. iv, v. 14, le *presbytère* signifie l'assemblée des prêtres. Parmi les catholiques, l'on appelle encore ainsi la maison du curé de la paroisse, parce qu'il y est le seul prêtre en titre.

PRESBYTÉRIEN. *Voy.* ANGLICAN.

PRESCIENCE, connaissance certaine et infaillible de l'avenir. Une des vérités que la révélation nous enseigne est que Dieu, de toute éternité, a connu certainement tout ce qui arrivera dans toute la durée des siècles, soit les événements qui dépendent des causes physiques et nécessaires, soit les actions libres des créatures intelligentes. *Deut.*, c. xxxi, v. 21 : *Je sais*, dit le Seigneur, *tout ce que feront les Israélites lorsqu'ils seront dans le pays que je leur ai promis.* En effet, Dieu venait de le prédire dans les versets précédents. *I Reg.*, c. II, v. 3 : *Le Seigneur est le Dieu des connaissances ; nos pensées lui sont présentes d'avance. Ps.* CXXXVIII, v. 3 et 4, le Psalmiste dit à Dieu : *Vous avez connu de loin mes pensées, et vous avez prévu toutes mes actions.* Isaïe, c. XLI, v. 23, défie les faux dieux des nations de prédire l'avenir, parce que cette connaissance est réservée au seul vrai Dieu : *Annoncez-nous ce qui doit arriver dans l'avenir, et nous saurons que vous êtes des dieux.* On pourrait citer vingt autres passages. — Sur cette connaissance de Dieu est fondée la certitude des prophéties : conséquemment, Tertullien a fort bien dit que la *prescience* de Dieu a autant de témoins qu'elle a formé de prophètes. Or, Dieu a fait aux hommes des prédictions depuis le commencement du monde. En punissant Adam de sa désobéissance, il lui promit un Rédempteur qui en réparerait les effets : ce n'était point un événement qui dépendît de causes nécessaires. Il instruisit Abraham de la destinée de sa postérité, quatre cents ans avant que les événements commençassent à s'accomplir ; il accorda le don de prophétie à Jacob, à Joseph, à Moïse, etc. On peut dire que le peuple de Dieu, depuis sa naissance jusqu'à sa destruction, a été conduit et gouverné par des prophéties.

Il n'est pas possible de concevoir en Dieu une providence, à moins qu'on ne lui suppose une connaissance parfaite de l'avenir et des actions libres de toutes les créatures. Sans cela, cette providence se trouverait à tout moment déconcertée dans ses desseins et arrêtée dans l'exécution de ses volontés par les actions imprévues des hommes ; on ne pourrait plus lui attribuer la toute-puissance, encore moins l'immutabilité : continuellement Dieu serait obligé de changer ses décrets, d'en former de tout contraires, parce qu'il se rencontrerait des obstacles qu'il n'aurait pas prévus. Son gouvernement serait sujet à peu près aux mêmes inconvénients que celui des hommes.

Plusieurs anciens philosophes ont refusé à Dieu la science de l'avenir, parce qu'ils ne pouvaient pas en concilier la certitude avec la liberté des actions humaines. Si elles sont infailliblement prévues, disaient-ils, elles arriveront donc infailliblement ; il ne sera pas plus possible à l'homme de s'en abstenir que de tromper la *prescience* divine. Les marcionites renouvelèrent ce sophisme. Aujourd'hui les sociniens raisonnent encore de même, plus coupables en cela que les anciens philosophes, qui n'avaient pas été instruits comme eux par la révélation. Ils ne font pas attention que Dieu, par son éternité, est présent à tous les instants de la durée des créatures, comme par son immensité il est présent à tous les lieux. Il n'y a donc à son égard ni passé ni avenir ; il voit toutes choses comme présentes : c'est pour cela même que saint Augustin et saint Grégoire, pape, ne voulaient pas que cette connaissance de Dieu fût appelée *prescience*, mais simplement *science* ou *connaissance*. Or, en quoi la connaissance d'une action présente nuit-elle à la liberté de celui qui la fait ? Il est impossible, disent ces raisonneurs, que ce que Dieu a prévu n'arrive pas ; nous en convenons ; mais il est impossible aussi que l'action que nous voyons présente ne se fasse pas actuellement. La certitude que nous en avons nuit-elle à la liberté de celui qui agit ? La connaissance certaine et infaillible que Dieu a de ce qui arrivera dans mille ans d'ici n'influe pas plus sur la nature des événements ni sur les volontés humaines que la connaissance certaine et infaillible qu'il a de ce qui se passe actuellement. Dieu voit les choses présentes telles qu'elles sont, et les futures telles qu'elles seront ; il les voit nécessaires, si elles doivent être l'effet nécessaire des causes physiques ; il les voit libres, si ce sont des actions qui dépendent de la volonté humaine. Elles seront donc libres, puisque Dieu les voit ainsi. C'est le raisonnement de saint Augustin, l. III *de Lib. Arb.*, c. 3 et 4.

Ceux qui nous apprennent que les sociniens refusent à Dieu la *prescience* ne nous disent point comment ces sectaires conçoivent la toute-puissance de Dieu et son immutabilité, ni ce qu'ils pensent de la multitude de prophéties dont l'Ecriture sainte es remplie. S'ils admettent un Dieu qui n'est ni tout-puissant ni immuable, s'ils ôtent à la religion chrétienne les prophéties, qui sont une des preuves principales de sa divinité, s'ils disent que, quand Jésus-Christ a prédit des actions libres, il ne parlait que par conjecture, nous ne voyons pas en quel sens on peut encore les mettre au nombre des chrétiens. Mais on sait que, de conséquence en conséquence, le socinianisme conduit ses partisans jusqu'au dernier période de l'incrédulité.

La *prescience* de Dieu se nomme aussi *prévision*. Les théologiens disputent pour savoir si cette *prescience* suppose toujours un décret de la part de Dieu, s'il n'y a rien de futur que ce que Dieu a positivement résolu. En premier lieu, lorsqu'il est question des péchés, l'on ne conçoit pas en quel sens Dieu les rend futurs par un décret. Si l'on dit que c'est par le décret de les permettre ou de ne pas les empêcher, l'on joue sur les mots, puisqu'une simple permission est plutôt la négation d'un décret qu'un décret positif. D'ailleurs, la volonté de permettre une action que l'on prévoit future suppose déjà qu'elle est future, et qu'elle sera si Dieu n'y met point obstacle. En second lieu, lorsqu'il s'agit d'actions purement indifférentes, on ne voit pas la nécessité de pareils décrets pour chacune de ces actions. Dès que Dieu a donné à l'homme le pouvoir d'agir, l'on comprend que l'homme agira sans qu'il soit besoin que toutes ses actions soient déterminées par un décret particulier.

Il y a une différence quand on parle des actes de vertu, des bonnes œuvres utiles au salut, puisque l'homme ne peut en faire sans le secours actuel de la grâce divine ; il est clair qu'aucune n'est future en vertu du décret que Dieu a fait de donner la grâce. Mais à moins que l'on ne suppose la grâce prédéterminante, on ne peut pas, en bonne logique, prétendre que la bonne action est future par la nature même de la grâce. Puisque le décret de Dieu n'ôte point à l'homme le pouvoir de résister, on ne comprend pas comment ce décret seul rend futur ce qui demeure toujours contingent.

Au reste, il y a plus de subtilité dans cette question que d'utilité. Il nous suffit de savoir qu'aucun décret de Dieu, non plus que sa *prescience*, ne nuit à la liberté de l'homme. Dieu a voulu que l'homme fût libre, afin qu'il fût capable de mérite et de démérite, de récompense et de châtiment; Dieu contredirait ce décret s'il en faisait un autre incompatible avec cette liberté, s'il usait de sa toute-puissance pour détruire ce qu'il a sagement établi. *Voy.* PRÉDÉTERMINATION, SCIENCE DE DIEU.

**PRESCRIPTION.** Tertullien a fait au III° siècle un ouvrage qu'il a intitulé : *Prescriptions contre les hérétiques*. Il entend sous ce nom ce que l'on appelle au barreau *fin de non-recevoir*, c'est-à-dire raisons par lesquelles il est prouvé, sans entrer dans le fond des questions, que l'adversaire ne doit pas être admis à disputer. C'est ce que les controversistes modernes ont nommé *préjugés légitimes* contre les hérétiques. Voici les raisons alléguées par Tertullien. 1° La méthode des hérétiques est de disputer contre nous par les Ecritures; or, je soutiens que l'on ne doit pas les y admettre. Avant de contester sur la lettre et sur le sens d'un titre, il faut commencer par examiner à qui il appartient. Or, c'est à l'Eglise et non aux hérétiques que Dieu a donné les Ecritures ; elle seule peut savoir quelles sont les vraies Ecritures ; c'est d'elle seule que les hérétiques peuvent l'apprendre; elle en a reçu l'intelligence des apôtres, qui les lui ont données. De quel droit les hérétiques prétendent-ils les mieux entendre qu'elle? La dispute par les Ecritures ne peut rien terminer. Telle secte d'hérétiques rejette certaines Ecritures, ajoute ou retranche à celles qu'elle reçoit, en pervertit le sens à son gré. A quoi peut aboutir une contestation dans laquelle on ne convient pas du titre sur lequel on doit se fonder? Il faut donc remonter plus haut, voir de quelle source, par quel canal, à quelle société et de quelle manière sont venues les Ecritures et la foi chrétienne. Où se trouvera la vraie foi et la vraie manière de la recevoir, là se trouvera aussi la véritable Ecriture et la vraie manière de l'entendre. — 2° La doctrine chrétienne est une doctrine révélée ; Jésus-Christ l'a reçue de son Père ; les apôtres l'ont reçue de Jésus-Christ, et ils l'ont fidèlement transmise aux Eglises qu'ils ont établies. La seule manière de juger si une doctrine est chrétienne, c'est de voir si elle est conforme à la croyance des Eglises fondées par les apôtres. Toutes ces Eglises sont une seule et même Eglise, qui est la première et la seule apostolique, tant qu'elles conservent l'unité, la paix, la fraternité et le sceau de l'hospitalité. Puisque les apôtres ont enseigné les Egli-

ses, tant de vive voix que par écrit, elles seules peuvent rendre témoignage de ce qu'ils ont prêché. Toute doctrine qui ne s'accorde pas avec la leur est étrangère à la foi ; elle est fausse dès qu'elle ne vient ni des apôtres ni de Jésus-Christ. Or, telle est la doctrine des hérétiques. — 3° La catholicité, ou l'uniformité de doctrine et de foi entre la multitude des Eglises dispersées sur la terre, en démontre clairement la vérité. Comment tant de sociétés différentes auraient-elles pu altérer la foi d'une manière uniforme? Lorsque plusieurs personnes se trompent, chacun le fait à sa manière : le résultat ne peut être le même. C'est ce qui arrive aux différentes sectes d'hérétiques : il n'en est pas deux qui s'accordent. De même que l'unité de croyance entre les Eglises catholiques prouve qu'aucune d'elles ne s'est trompée, ainsi la diversité de doctrine entre les sectes d'hérétiques démontre que toutes sont dans l'erreur. — 4° La doctrine chrétienne est plus ancienne que les hérésies, puisque celles-ci ne sont que différentes altérations de la doctrine enseignée par les apôtres; il y avait des chrétiens avant Marcion, Valentin et les autres chefs de secte. Ces premiers chrétiens étaient-ils dans l'erreur? Ce serait donc en faveur de l'erreur que le baptême, la foi, les miracles, les dons du Saint-Esprit, la mission divine, le sacerdoce, le martyre, ont été accordés à l'Eglise. Dieu a développé toute sa puissance pour établir dans le monde la religion de Jésus-Christ, sans daigner faire connaître à ceux qui l'embrassaient, sans faire enseigner ce qu'il voulait que l'on crût, et sans rien faire pour perpétuer cette croyance. Viendra-t-on à bout de nous le persuader? Non : la doctrine vraie est celle qui a été enseignée la première; celle que l'on a forgée depuis est étrangère et fausse.

Que les hérétiques commencent donc par nous montrer l'origine de leurs Eglises, la succession de leurs évêques et de leurs pasteurs depuis les apôtres jusqu'à nous. De même que les apôtres n'ont point enseigné une doctrine différente l'un de l'autre, les hommes apostoliques ne se sont point écartés de la doctrine de leurs maîtres; autrement ils se seraient séparés du tronc apostolique. Nos Eglises les plus modernes ne sont pas moins apostoliques que les anciennes, parce qu'elles ont reçu la doctrine des apôtres par un canal qui n'a pas été rompu. Il en est tout autrement des sectes hérétiques ; on sait quels ont été leurs fondateurs ; ce n'a été ni des apôtres, ni des disciples des apôtres, ni des hommes attachés au corps apostolique. Ce sont des étrangers nouveaux-venus qui disputent la succession paternelle aux enfants légitimes. — 5° Une doctrine que les apôtres ont condamnée ne vient certainement pas d'eux ; or ils ont condamné d'avance la doctrine de Marcion, d'Appellès, de Valentin, des gnostiques, des caïnites, des ébionites, des nicolaïtes, etc. Tertullien le fait voir en détail. Ces mêmes apôtres nous ordonnent de nous défier des hérétiques, de ne point les écouter, de rompre même toute société avec eux. 6° La conduite de ces derniers est évidemment l'effet des passions ; ils ne défèrent à aucune autorité, à aucune tradition, ils ne suivent que leur propre sens ; par là on peut juger du mérite de leur foi. La diversité d'opinions parmi eux est comptée pour rien, pourvu que tous se réunissent à combattre contre la vérité. Tous élèvent le ton, promettent la vraie science, sont docteurs avant d'être instruits ; les femmes même chez eux disputent, décident, dogmatisent, usurperaient volontiers toutes les fonctions du sacerdoce. L'ambition des hérétiques n'est pas de convertir les païens, mais de pervertir les fidèles. Pour nous, c'est la chaîne des témoignages, la constance de la tradition, l'uniformité de l'enseignement dans toutes les églises chrétiennes qui nous subjuguent et nous dirigent. Tertullien répond ensuite aux objections des hérétiques et aux prétextes sur lesquels ils fondaient leur opposition à la doctrine catholique. Saint Cyprien et saint Augustin ont répété, contre les schismatiques et les hérétiques plusieurs des raisonnements de Tertullien.

Dans le siècle passé, nos controversistes à leur tour se sont servis de la même méthode contre les protestants. En particulier, les frères de Wallembourg, t. I, tract. 7, *de Præscriptionibus catholicis*, ont fait voir qu'il n'est pas un seul des arguments de Tertullien qui n'ait une égale force tant contre les protestants que contre les hérétiques des premiers siècles, et ils le prouvent en détail. — Nicole, dans ses *Préjugés légitimes contre les calvinistes*, a fait aux protestants en général plusieurs reproches à peu près semblables à ceux que Tertullien élevait contre les premiers hérétiques ; il démontre par le caractère personnel des prétendus réformateurs, par la manière dont ils ont établi leur secte, par les moyens dont ils se sont servis, par les effets qui en ont résulté, que cette révolution n'a pas été l'ouvrage de Dieu, mais celui des passions humaines. Nous exposerons ces raisons en abrégé au mot PROTESTANTS. Le ministre Claude entreprit de réfuter ce livre ; Nicole répliqua par deux additions à son ouvrage. — Quelques autres théologiens se sont bornés à prouver, contre les mêmes sectaires, l'autorité de l'Eglise, seul moyen de terminer les disputes en matière de foi et de doctrine, seul tribunal établi par Jésus-Christ pour maintenir l'intégrité de sa doctrine, et contre lequel les hérétiques se soulèvent sans aucune raison légitime.

Le savant Bossuet s'y est pris d'une autre manière : il a posé pour principe qu'une société qui se prétend chrétienne, et qui varie dans sa doctrine, qui suit tantôt une opinion et tantôt une autre en matière de foi, n'a point la véritable doctrine de Jésus-Christ ; il a montré ensuite que les protestants n'ont pas cessé pendant plus d'un siècle de changer de croyance et de réformer leurs confessions de foi. Ce fait est d'ailleurs incontestable, puisqu'aujourd'hui la plupart des luthériens et des calvinistes ne suivent plus en plusieurs choses les opinions de Luther et de Calvin, pour lesquelles cependant ces prétendus réformateurs ont fait schisme avec l'Eglise. *Voy.* VARIATION.

On conçoit que les protestants ont dû faire tous leurs efforts pour parer aux conséquences fâcheuses que l'on tire contre eux de ces divers arguments. En parlant de l'ouvrage de Tertullien, ils ont dit que la méthode de *prescription* pouvait n'être pas blâmable dans son siècle, lorsque la tradition était encore, pour ainsi dire, toute fraîche, et que les différentes Eglises fondées par les apôtres subsistaient encore, mais qu'il n'en est plus de même aujourd'hui. La *prescription*, ajoutent-ils, ne peut être un argument solide que quand il s'agit d'une doctrine établie par les apôtres ou par leur autorité. Mosheim, *Hist. ecclésiast.*, IIIᵉ siècle, IIᵉ part., c. 3, § 10, note du traducteur, tome I, pag. 290. Mais ces critiques font peu de réflexion à ce qu'ils disent. 1° La tradition descendue des apôtres n'était pas moins fraîche au IVᵉ siècle qu'au IIIᵉ, puisque tous ceux qui étaient chargés de la transmettre convenaient et protestaient qu'il ne leur était pas permis de l'altérer ; s'ils l'avaient fait, les peuples ne l'auraient pas souffert ; cela leur était même impossible, puisqu'ils étaient placés à cinq ou six cents lieues les uns des autres, et qu'il ne pouvait y avoir aucun concert entre eux. On a démontré contre les incrédules, que la certitude morale ou historique qui est la tradition des faits ne perd rien de sa force par le laps des siècles ; nous soutenons qu'il en est de même de la tradition des dogmes, puisque celle-ci porte sur un fait public, éclatant, facile à vérifier ; au IVᵉ siècle, toute la question se réduisait à demander : *Qu'enseignait-on dans l'Eglise pendant le siècle passé ?* Il en a été de même de tous les siècles suivants. L'on a toujours dit comme au IIIᵉ, *nihil innovetur, nisi quod traditum est*. 2° Au IVᵉ siècle, toutes les Eglises fondées par les apôtres subsistaient encore ; peut-on prouver qu'alors elles étaient moins attachées à la doctrine des apôtres qu'au IIIᵉ ; qu'elles avaient perdu de vue les leçons des pasteurs du IIIᵉ, qui leur avaient recommandé de ne pas s'en écarter, et le précepte de saint Paul qui la défendu ? *II Thess.*, c. II, v. 14, etc. C'est néanmoins au IVᵉ siècle que les protestants soutiennent que se sont faits les prétendus changements dans la doctrine des apôtres qu'ils reprochent à l'Eglise catholique. D'ailleurs ils oublient une remarque essentielle de Tertullien, c'est que toutes les Eglises particulières plus récentes, mais unies de communion et de croyance avec les Eglises apostoliques, étaient elles-mêmes apostoliques comme les premières, puisqu'elles tenaient aussi fermement les unes que les autres à la doctrine des apôtres. Il n'est donc pas vrai que les Eglises apostoliques ne subsistent plus aujourd'hui ; et puisque l'Eglise de Rome, fondée immédiatement par les apôtres, n'a jamais cessé d'exister et d'enseigner, toute l'Eglise unie de communion avec elle est véritablement aussi apostolique que celles dont parlait Tertullien. La constance d'une Eglise dans la doctrine des apôtres n'a pas dépendu de la question de savoir si, dans l'origine, elle avait été fondée par un des apôtres ou par un de leurs disciples, puisque plusieurs, quoique fondées par un apôtre, ont fait naufrage dans la foi ; mais alors cet écart a été remarqué, a fait du bruit, a excité les réclamations et les anathèmes du corps entier de l'Eglise. 3° Entre les protestants et nous, il s'agit d'une doctrine que nous soutenons avoir été établie par les apôtres ou par leur autorité ; c'est donc le cas de leur opposer l'argument de la *prescription*. Quand nous ne pourrions pas prouver par un texte clair, formel, exprès, tiré des écrits des apôtres, que tel article a été établi par eux ou par leur autorité, nous en serions encore certains par un argument solide ; c'est que dans le temps auquel nous voyons cet article formellement et publiquement professé dans l'Eglise, on faisait aussi profession de ne point s'écarter de ce que les apôtres avaient enseigné et établi. Contre cette protestation publique, que prouve l'argument négatif des protestants, qui consiste à dire : Nous ne voyons pas cet article couché clairement et formellement dans les écrits des apôtres ; nous ne le trouvons professé hautement qu'au III° ou au IV° siècle ; donc ce ne sont pas les apôtres qui l'ont établi ? Pour que cet argument pût détruire le nôtre, il faudrait commencer par prouver que les apôtres ont tout écrit, qu'ils ont défendu de prêcher ce qui n'était pas écrit. Les protestants, qui veulent tout voir dans l'Ecriture, n'y trouveront certainement pas cette défense, puisque nous y voyons le précepte contraire, II Thess., c. II, v. 14. Ces mêmes critiques disent, en parlant de nos controversistes, qu'ils ne disputaient pas de bonne foi avec les protestants ; ils voulaient que ceux-ci prouvassent leur doctrine par des passages de l'Ecriture sans se donner la liberté de les expliquer, de les commenter, d'en tirer des conséquences ; ils se bornaient à soutenir leurs prétentions, sans montrer les principes sur lesquels elles étaient fondées ; ils imitaient le procédé d'un homme qui, étant depuis longtemps en possession d'une terre, refuse de montrer ses titres, et exige que ceux qui la lui disputent prouvent qu'ils sont faux. Mosheim, *Hist. ecclés.*, XVII° siècle, sect. 2, 1re p., c. 1, § 15, note du trad., t. V, pag. 133. Mais en accusant de mauvaise foi les controversistes catholiques, ne sont-ce pas nos adversaires qui s'en rendent eux-mêmes coupables ? Le principe fondamental des protestants est que l'Ecriture sainte est la *seule règle* de croyance que l'on doit suivre ; lorsqu'ils veulent établir un point de doctrine contraire à celle de l'Eglise, avons-nous tort d'exiger qu'ils le prouvent par l'Ecriture seule, sans lui donner un sens arbitraire ? Des explications, des commentaires, des argumentations, ne sont plus l'*Ecriture seule*, ce sont leurs propres imaginations ; lorsque nous leur donnons des explications fondées sur une tradition constante, ils les rejettent ; et ils veulent que nous admettions les leurs qui ne sont fondées sur rien.

Il est faux que nos controversistes aient jamais manqué de montrer et de prouver nos principes. Ils ont d'abord établi le principe opposé à celui des protestants ; savoir, que l'Ecriture sainte n'est pas *la seule règle de foi*, mais qu'il faut encore consulter la tradition, soit pour suppléer au silence de l'Ecriture, soit pour prendre le vrai sens de ce qu'elle dit ; et ils ont prouvé ce principe par l'Ecriture sainte elle-même, aussi bien que par l'usage constant suivi dans l'Eglise depuis sa naissance jusqu'à nous, et par des raisonnements tirés de la nature même des choses. *Voy.* ECRITURE SAINTE.

Dans la discussion des diverses questions particulières, nos controversistes n'ont jamais manqué de prouver la vérité de la croyance de l'Eglise par l'Ecriture sainte, aussi bien que par la tradition. Il est donc absolument faux que nous ayons jamais refusé de produire nos titres ; mais nous avons toujours soutenu et nous soutenons encore que les protestants n'avaient aucun droit d'exiger de nous cette complaisance, parce que ce sont des agresseurs injustes, sans caractère et sans mission. Des plaideurs condamnés par les magistrats ont-ils droit de forcer leurs juges à prouver la justice de leur arrêt par le texte des lois, et à répondre à toutes les objections que l'on peut leur opposer ?

Mosheim et son traducteur disent que Nicole et d'autres établirent la défense du papisme sur le seul principe de la *prescription*. Si par *prescription* l'on entend seulement la possession dans laquelle l'Eglise catholique était de sa doctrine depuis quinze siècles, le fait avancé par ces deux critiques est faux. Lorsque nous rapporterons, au mot PROTESTANTS, les arguments de Nicole, on verra qu'il a insisté sur cinq ou six autres raisons très-solides. Plusieurs calvinistes à la vérité ont essayé de lui répondre, principalement le ministre Jurieu, dans un livre intitulé : *Préjugés légitimes contre le papisme*, qui n'est qu'un recueil d'accusations calomnieuses. Le ministre Claude voulut prouver qu'un protestant, avec l'esprit le plus borné, pouvait plus aisément se convaincre de la vérité de sa religion qu'un catholique ; c'est un paradoxe dont la fausseté saute aux yeux.

Touchant l'*Histoire des variations*, composée par le savant Bossuet, ils soutiennent que l'Eglise romaine, mais surtout les papes, ont souvent varié *dans leur doctrine* et dans leur discipline, que c'est le sentiment des théologiens français. Pure calomnie. Ils disent que l'*Exposition de la Foi catholique*, composée par le même auteur, fut d'abord condamnée par un pape, et ensuite approuvée par un autre ; qu'elle fut censurée par l'université de Louvain, et même par la Sorbonne en 1671. Trois faits absolument faux. Basnage a fait son *Histoire de l'Eglise* en deux volumes in-folio, pour prouver que l'Eglise catholique a varié sur la plupart des articles de sa doctrine ; il était bien sûr qu'aucun théologien catholique ne ferait deux volumes in-folio pour le réfuter.

Cependant nos adversaires sont forcés d'avouer que les travaux des controversistes catholiques furent suivis de la conversion de plusieurs princes, et même de plusieurs savants protestants ; mais ils prétendent que ce fut moins un effet des raisons théologiques que des motifs temporels. Ils ont donc lu dans les cœurs de tous ces divers personnages, pour connaître la vraie cause de leur changement de religion?.

PRÉSENCE RÉELLE. *Voy.* EUCHARISTIE, § 1 et suivants.

PRÉSENTATION DE JÉSUS-CHRIST AU TEMPLE. *Voy.* PURIFICATION.

PRÉSENTATION DE LA SAINTE VIERGE, fête qui se célèbre dans l'Eglise romaine, le 21 novembre, en mémoire de ce que la sainte Vierge fut dans son enfance présentée au temple, et consacrée à Dieu par ses parents. C'est une ancienne tradition qu'il y avait, dans le temple de Jérusalem, de jeunes filles qui y étaient élevées dans la piété, et qui y vivaient dans la retraite. Il est dit dans le second livre *des Machabées*, c, III, v. 19, que quand Héliodore voulut enlever par violence les trésors du temple, *les vierges renfermées couraient vers le grand prêtre Onias*. De ce nombre ont été Josabeth, femme de Joïada, *IV Reg.*, c. XI, v. 2, et Anne fille de Phanuel, *Luc.*, c. II, v. 37. L'on a présumé qu'il en était de même de la sainte Vierge ; c'est le sentiment de saint Grégoire de Nysse, *Serm. in Nat. Christi*, 779, et c'est ce qui a fait instituer la fête de la *Présentation de la sainte Vierge*.

Elle était déjà célébrée chez les Grecs dans le XIIe siècle ; l'empereur Emmanuel Commène en parle dans une de ses ordonnances rapportée par Balsamon ; nous avons sur cette fête plusieurs discours de Germain et de saint Turibe, patriarches de Constantinople. Le pape Grégoire XI, informé de cet usage des Grecs, l'introduisit en Occident l'an 1372 ; trois ans après, le roi Charles V la fit célébrer dans sa chapelle, et en 1585 Sixte-Quint ordonna que l'on en récitât l'office dans toute l'Eglise. *Vies des Pères et des Martyrs*, tom. XI, pag. 363 ; Thomassin, *Traité des fêtes*, livre II, chap. 20, n. 7.

PRÉSENTATION DE NOTRE-DAME ; c'est le nom de trois ordres de religieuses. Le premier fut projeté en 1618 par une fille pieuse, appelée *Jeanne de Cambrai* ; mais il ne fut pas établi. Le second le fut en France vers l'an 1627, par Nicolas Sanguins, évêque de Senlis ; il fut approuvé par Urbain VIII, mais il ne fit pas de progrès. Le troisième fut institué en 1664 par Frédéric Borromée, visiteur apostolique de la Valteline. Ayant obtenu des habitants de Morbegno, bourg de cette contrée, un lieu retiré et solitaire, ce prélat y établit une congrégation de filles, sous le titre de la *Présentation de Notre-Dame*, et il leur donna la règle de saint Augustin. Celles qui ont une maison à Paris sous le même titre sont des bénédictines mitigées. Hélyot, *Histoire des Ordres relig.* [édition de Migne].

PRÊTRE. Ce nom signifie en général un homme destiné à remplir les fonctions du culte divin ; tel est le sens du latin *sacerdos*, donné ou voué aux choses sacrées, et du grec ἱερός, homme sacré. Πρεσβύτερος, mot duquel nous avons fait celui de *prêtre*, signifie non-seulement un ancien, un vieillard, mais un homme respectable et constitué en dignité. L'état et les fonctions des *prêtres* ont été différents dans les diverses religions, soit vraies, soit fausses ; nous sommes obligés de les considérer sous ces différents aspects.

I. Il n'est aucune nation connue, soit dans les premiers temps, soit dans les derniers siècles, qui n'ait eu une religion, et par conséquent des *prêtres* ; le bon sens a suffi pour leur faire comprendre qu'il ne convenait pas à toute personne de présider au culte de la Divinité, que par respect cette fontion devait être réservée au personnage le plus éminent d'une famille ou d'une société. Ainsi, dans les premiers âges du monde, les pères de famille étaient les ministres du culte sacré ; nous voyons Noé, Job, Abraham, Isaac, Jacob, offrir des sacrifices. Suivant cette coutume, aussi ancienne que le monde, les aînés des Israélites étaient naturellement destinés au sacerdoce, mais Dieu leur substitua la tribu entière des Lévites, parce que chez une nation qui allait se civiliser et former une société politique, il était convenable que les *prêtres* fussent un ordre séparé du peuple. — Les auteurs profanes sont d'accord avec les écrivains sacrés pour nous apprendre qu'originairement le chef de la société était le *prêtre* de sa tribu. Melchisédech, Anius, les rois d'Egypte, de Sparte, de Rome, étaient souverains pontifes. Dans la suite les empereurs romains voulurent être revêtus de cette dignité : l'on a retrouvé le même usage parmi des peuples de l'Amérique ; et à la Chine le plus solennel des sacrifices ne peut être offert que par l'empereur.

On trouve dans l'*Hist. de l'Acad. des Inscript.*, t. XV, in-12, page 143, l'extrait de deux mémoires sur les honneurs et les prérogatives accordés aux *prêtres* dans toutes les religions profanes. Il y est prouvé que les Egyptiens, les Ethiopiens, les Chaldéens, les Perses, les peuples de l'Asie mineure, les Grecs, les Romains, les Gaulois, les Germains, l'on peut y ajouter les Indiens et les Chinois, ont pensé et agi de même à cet égard, que tous ont regardé les *prêtres* comme les personnages les plus respectables de la société ; que les ministres de toutes les religions profanes ont eu plus de crédit, de pouvoir et d'autorité que ceux de la vraie religion.

Il ne faut cependant pas s'étonner de ce que les incrédules, qui ne font aucun cas de la religion, qui voudraient même l'anéantir, ont fait tous leurs efforts pour avilir les *prêtres* et le sacerdoce ; ils se font gloire de ne pas penser comme le reste des hommes. Ils disent qu'un état auquel sont attachés des honneurs, de la considération, du crédit, doit nécessairement pervertir l'esprit et le cœur de ceux qui s'y trouvent élevés, et doit en faire des hommes dangereux. Cette observation ne tend à rien moins qu'à prouver que le mérite personnel, les talents, les lumières, l'expérience des affaires, sont des qualités dangereuses dans la société, parce qu'elles procurent nécessairement à celui qui les possède un degré de crédit et d'autorité qui le rend capable de nuire, s'il est méchant et vicieux. Par la même raison il est très à propos de ne pas accorder beaucoup de considération aux philosophes, parce qu'elle pervertirait l'esprit et le cœur, et qu'ils ne manqueraient pas d'en abuser. En cela il nous donnent un très-bon avis. Ce sont les *prêtres*, disent-ils, qui ont forgé la religion pour leur intérêt; mais y avait-il des *prêtres* avant qu'il y eût une religion? Puisque dans l'origine ce sont les chefs de famille qui ont fait les fonctions du culte divin, il s'ensuit sans doute que ces pères de famille croyaient un Dieu, qu'ils avaient une religion, qu'il était de leur intérêt de la transmettre à leurs enfants, afin que ceux-ci fussent des hommes et non des brutes. Supposer une époque dans laquelle tous les pères étaient des athées hypocrites, qui ont prêché un Dieu sans y croire, qui ont enseigné une religion sans en subir eux-mêmes le joug, qui ont agi pour leur intérêt personnel, sans envisager celui de leurs descendants et de la société, c'est pousser trop loin le ridicule et l'absurdité.

II. Nous n'avons certainement aucun intérêt à disculper les *prêtres* des fausses religions; nous croyons qu'ils ont beaucoup contribué à entretenir les peuples dans leurs erreurs, mais il nous paraît juste de ne pas les accuser sans raison; or, il n'y en a aucune de leur attribuer l'origine de toutes les superstitions et de toutes les fables qui ont infecté le monde entier, et les plaintes des philosophes incrédules, à ce sujet, viennent d'une pure prévention. En effet, au mot PAGANISME, § 1ᵉʳ, nous avons fait voir que l'erreur fondamentale des fausses religions qui est la pluralité des dieux, n'est venue d'aucune imposture, mais du penchant naturel à l'esprit humain de supposer partout, des esprits, des génies, des intelligences, et de leur attribuer les qualités de l'humanité; beaucoup d'autres imaginations fausses ne sont que des conséquences de celle-là; nous le prouverons ailleurs. *Voy.* SUPERSTITION.

Il y a pour le moins autant de raison d'imputer les anciennes erreurs religieuses aux philosophes qu'aux *prêtres*. On sait que, dans tous les pays du monde, ceux que les nations appelaient *les sages*, étaient tout à la fois leurs *prêtres* et leurs philosophes, que le culte divin était une partie essentielle de la magie, c'est-à-dire de la philosophie. Suivant le témoignage d'Hérodote, les sages d'Egypte étaient en même temps philosophes, législateurs et *prêtres* de leur nation. Les mages des Chaldéens étaient plus occupés de philosophie que de religion Les gymnosophistes des Indes, prédécesseurs des brahmes d'aujourd'hui, cultivaient également ces deux études. Chez les Chinois, les lettrés seuls peuvent devenir mandarins, et présider en cette qualité à certains sacrifices. Dans la Grèce et à Rome, le sacerdoce était une magistrature; les épicuriens même ne faisaient pas scrupule de l'exercer, et Cicéron ne voulait pas que la religion fût séparée de l'étude de la nature, *de Divinat.*, l. II, *in fine*. Les druides gaulois, les *prêtres* germains étaient les seuls philosophes de ces deux nations. Si tous ces gens-là ont forgé, nourri, perpétué les erreurs, est-ce plutôt en qualité de *prêtres* qu'en qualité de philosophes? Les philosophes plus que les *prêtres* ont été les fermes soutiens de l'idolâtrie contre les prédicateurs de l'Évangile; ce sont eux et non les *prêtres* qui ont écrit contre le christianisme; Celse, Julien, Cécilius dans Minutius-Félix, Porphyre, Jamblique, Maxime de Madaure, etc., n'étaient pas *prêtres*, mais philosophes de profession. C'est à eux que nos apologistes reprochent d'avoir allégué en faveur de l'idolâtrie les prétendus prodiges opérés, et les oracles rendus par les dieux; d'avoir accusé les chrétiens d'athéisme et d'impiété, et d'avoir excité contre eux la haine des magistrats et la fureur du peuple.

III. Nos adversaires ont encore été moins équitables à l'égard du sacerdoce judaïque. Chez les Juifs, les *prêtres* formaient une tribu particulière, mais leurs fonctions se bornaient au culte divin; ils n'avaient aucune part au gouvernement civil. Les juges que Moïse, par le conseil de Jéthro, établit pour décider les contestations des Israélites, furent choisis dans chaque tribu; *Exod.*, c. XVIII, v. 21; *Deut.*, c. I, v. 15. Dans le nombre de quinze chefs qui ont gouverné successivement la nation, il n'y a eu de *prêtres* que Héli et Samuel, encore est-il douteux si ce dernier était de la tribu de Lévi. En comparaison des autres tribus, le sort des lévites n'était rien moins qu'avantageux; leur vie était précaire, ils ne possédaient point de terres labourables, ils vivaient des dîmes et des oblations; lorsque le peuple se livrait à l'idolâtrie et oubliait la loi de Dieu, la subsistance des *prêtres* était fort mal assurée. Il faut que leur tribu ait été la moins florissante, puisque c'était la moins nombreuse. Ils rendaient les mêmes services que les *prêtres* égyptiens, sans avoir les mêmes priviléges. Outre les fonctions qu'ils avaient à remplir dans le temple, ils étaient dépositaires des archives, des lois, de l'histoire de la nation; Moïse leur avait confié ses livres. Ils devaient régler le temps et l'ordre des fêtes, par conséquent le calendrier; ils gardaient les titres du partage des terres fait entre les tribus, et les généalogies sur lesquelles ce partage était fondé. En cas de doute sur le sens des lois, ils devaient les expliquer, veiller aux purifications et aux abstinences ordonnées par la loi, vérifier l'état des lépreux et des lieux infectés de contagion, etc. Il n'est pas étonnant que Moïse les eût dispersés dans toutes les tribus, puisqu'ils étaient nécessaires partout. L'histoire dépose que souvent ils ont résisté aux entreprises injustes et téméraires des rois ; aussi ceux-ci devinrent despotes lorsqu'ils se furent arrogé le droit de disposer du sacerdoce, et qu'ils eurent dépouillé les *prêtres* de toute espèce d'autorité. Ils étaient obligés de quitter leur demeure pour aller remplir leurs fonctions dans le temple ; pendant tout le temps de leur service il leur était défendu de rien boire qui pût enivrer, et d'habiter avec leurs épouses ; il y avait peine de mort s'ils étaient entrés dans le temple sans être purifiés et revêtus de leurs habits sacerdotaux, s'ils avaient mis sur l'autel un feu étranger, s'ils avaient osé pénétrer dans le sanctuaire, etc. Suivant les traditions juives rapportées par Reland, *Antiq. sacr. vet. Hebr.*, pag. 92, la multitude de rites, d'abstinences, de précautions imposées aux *prêtres*, était un véritable esclavage. On ne doit pas oublier qu'après la captivité de Babylone, ce fut une famille de *prêtres* qui, par des prodiges de valeur, affranchit la nation du joug tyrannique et cruel des rois de Syrie.

Cela n'a pas empêché les incrédules modernes de représenter les *prêtres* juifs comme les sangsues et les fléaux de leur république ; ils se sont prévalus d'un fait rapporté dans le livre des *Juges*. Il est dit que de jeunes débauchés de la ville de Gabaa, dans la tribu de Benjamin, abusèrent si cruellement de la femme d'un lévite, qu'elle en mourut. Ils voulurent outrager le lévite lui-même d'une manière impudique, malgré les remontrances d'un vieillard qui lui avait accordé l'hospitalité, *Jud.*, c. XIX. Dans l'excès de sa douleur, ce lévite coupa en morceaux le cadavre de sa femme, et les envoya aux différentes tribus pour les exciter à la vengeance. Les Israélites, indignés de voir renouveler parmi eux les abominations de Sodome, s'assemblèrent, sommèrent les Benjamites de livrer les coupables ; et, sur leur refus, ils leur déclarèrent la guerre. Dans les deux premiers combats les Benjamites furent vainqueurs : Dieu le permit pour punir les autres tribus d'avoir agi par passion et sans l'avoir consulté. Confus et repentants de leur faute, les Israélites le consultèrent enfin ; ils suivirent les avis du grand *prêtre* ; ils surprirent les Benjamites et les taillèrent en pièces, à la réserve de six cents hommes qui prirent la fuite. — Voyez, disent les incrédules, comme les *prêtres* et les lévites furent toujours prêts à faire répandre du sang pour leur intérêt. Mais il était moins question, dans cette circonstance, de venger un lévite que d'exécuter la loi de Dieu, qui défendait sous peine de mort les abominations dont les habitants de Gabaa étaient coupables. Les Benjamites, de leur côté, étaient punissables pour avoir refusé de faire justice et pour avoir pris les armes par un esprit de révolte.

Ce fait étrange paraît être arrivé immédiatement après la mort de Josué, quoiqu'il ne soit rapporté qu'à la fin du livre des *Juges*. Alors le gouvernement était démocratique chez les Israélites. Phinées, petit-fils d'Aaron, qui était grand *prêtre*, n'avait aucune autorité politique : la guerre contre les Benjamites fut résolue par une délibération unanime des tribus, et sans le consulter, *Jud.*, c. XX, v. 7. L'historien remarque qu'alors il n'y avait point de roi ou de chef dans Israël, et que chacun faisait ce qui lui semblait bon, c. XXI, v 14. Ce n'est donc pas ici le lieu de s'en prendre au mauvais gouvernement des *prêtres*. Nous ne nous arrêterons pas à répondre aux objections que les incrédules ont faites contre les autres circonstances de cette narration ; elles viennent uniquement de ce qu'ils ignorent ou feignent d'ignorer la grossièreté des mœurs des anciens peuples, et qu'ils ne veulent avoir aucun égard à la manière très-brève dont les écrivains sacrés rapportent les événements.

IV. Mais c'est surtout aux *prêtres* du christianisme que les incrédules, en marchant sur les traces des protestants, ont déclaré la guerre. Ces derniers prétendent que, dans le commencement de l'Eglise, il n'y avait ni hiérarchie ni distinction entre les ministres de la religion et les laïques ; que les *prêtres* étaient simplement les anciens, ou les hommes les plus distingués par leur mérite et par leur rang dans la société ; que le changement de discipline sur ce point a été l'ouvrage de l'orgueil du clergé. Aux mots ÉVÊQUE, HIÉRARCHIE, etc., nous avons réfuté cette imagination des protestants ; et à l'article CLERGÉ, nous avons fait voir que la nature du sacerdoce évangélique exigeait que ceux qui en sont revêtus fussent un ordre particulier et distingué des laïques.

Basnage, *Histoire de l'Eglise*, tome I, liv. I, chap. 7, § 3, soutient que, dans les premiers siècles, de simples *prêtres* pouvaient ordonner d'autres *prêtres* sans l'intervention d'aucun évêque ; il cite en preuve le passage de saint Paul de la première Epître à Timothée, c. IV, v. 14, où il dit : *Ne négligez pas la grâce qui est en vous et qui vous a été donnée par l'inspiration divine, avec l'imposition des mains du presbytère*. Or, reprend Basnage, le *presbytère* est l'assemblée des *prêtres*. Il ajoute que le sentiment de saint Jean Chrysostome, qui l'entend autrement, ne fait pas preuve. Il ne tenait qu'à lui d'apprendre de saint Paul lui-même le vrai sens de ce passage. L'Apôtre écrit au même Timothée, *Epist. II*, c. I, v. 6 : *Je vous avertis de ressusciter la grâce de Dieu qui est en vous par l'imposition de* mes mains. Saint Paul, apôtre, n'était-il que *prêtre* ? Aucun des autres exemples cités par Basnage ne prouve ce qu'il veut.

Un point essentiel est de justifier contre les reproches des incrédules le degré d'autorité temporelle dont les *prêtres* se sont trouvés revêtus dans certains siècles ; nous sommes donc obligés d'en examiner l'origine, d'en suivre les progrès, d'en considérer les effets et les conséquences. Quoique nous en ayons déjà parlé ailleurs, il est bon de confirmer ce que nous en avons dit par de nouvelles réflexions. Lorsque Jésus-Christ a institué le sacerdoce de la loi nouvelle, il n'y a point attaché de pouvoir civil ni politique, il n'a pas même voulu l'exercer lui-même, *Luc.*, c. xiv, v. 14. Il a chargé ses apôtres d'enseigner toutes les nations, de consacrer l'eucharistie, de donner le Saint-Esprit, de remettre les péchés, de faire même des miracles pour soulager les malheureux, mais non d'exercer aucune fonction civile. Quand il leur a promis de les placer sur douze siéges pour juger les douze tribus d'Israël, il a voulu sans doute leur confier le gouvernement spirituel de l'Eglise, et non le soin des affaires temporelles. Mais si les fidèles, convaincus des lumières, de la probité, de la sagesse de leurs pasteurs, les ont souvent pris pour arbitres de leurs intérêts temporels, ferons-nous un crime à ceux-ci de s'être attiré la confiance de leurs ouailles et d'en avoir usé pour maintenir la paix? Lorsque saint Paul exhorte les chrétiens à terminer toutes leurs contestations par des arbitres, il ne les renvoie point au jugement des *prêtres* : il dit, au contraire, que celui qui est enrôlé dans la milice du Seigneur ne se mêle point des affaires séculières, *II Tim.*, c. ii, v. 4. Mais quelquefois un *prêtre* se trouve forcé de s'en mêler par charité, pour prévenir le mal et procurer le bien.

Lorsque les empereurs eurent embrassé le christianisme, et qu'ils connurent les talents, les vertus, le zèle charitable des évêques, ils les chargèrent de veiller sur plusieurs objets d'utilité publique, de la visite des prisons, de la protection des esclaves, du soin des enfants exposés, du soulagement des pauvres et des misérables, de la police contre les jeux de hasard et les lieux de prostitution, etc. On le voit par les lois de ces princes; ils espérèrent que tous ces devoirs de charité seraient mieux remplis par les pasteurs que par les magistrats, surtout lorsque ceux-ci étaient encore païens; ils ne furent pas trompés. Les *prêtres* et les évêques pouvaient-ils se dispenser de répondre à cette marque de confiance du gouvernement? On les accuse de l'avoir fait par ambition, par l'empressement de se rendre importants, pour acquérir ainsi du crédit, de l'autorité, du pouvoir. Mais déjà ils s'étaient acquittés de la plus grande partie de ces soins sous le règne des empereurs païens, lorsque cela ne pouvait leur procurer aucune espèce de considération. Jésus-Christ avait dit à ses apôtres, *Matth.*, c. x, v. 8 : *Guérissez les malades, ressuscitez les morts, purifiez les lépreux, chassez les démons.* Lorsque les pasteurs n'eurent plus ces pouvoirs surnaturels, ils ne durent pas pour cela se croire dispensés de soulager les malheureux par des secours naturels. Après l'invasion des barbares, qui traînaient à leur suite l'ignorance et le désordre, les services des ministres de la religion devinrent encore plus nécessaires; eux seuls conservaient quelques notions de la justice et des lois. Les rois francs, Clovis et ses successeurs, donnèrent leur confiance aux évêques; ils leur attribuèrent le jugement de plusieurs affaires, à cause de leurs lumières, de leur probité, de leur désintéressement, et parce qu'ils avaient contribué beaucoup à soumettre les peuples à cette nouvelle domination. Les peuples, de leur côté, préféraient d'être jugés suivant les lois romaines, connues des clercs seuls, plutôt que suivant le code brutal des barbares; ainsi s'établit la juridiction temporelle du clergé. Peut-on légitimement lui en faire un crime?

Pendant les siècles d'anarchie, de désordre, de brigandage, qui suivirent le règne de Charlemagne, les peuples opprimés et malheureux ne trouvèrent de ressource que dans la charité de leurs pasteurs. Il n'est pas étonnant que l'on ait accordé de grands biens, des honneurs, des prérogatives à celui des ordres de l'Etat duquel on tirait le plus de services. Dans le temps que ces biens furent donnés au clergé, ils étaient à peu près de nulle valeur, puisqu'une partie de la France était presque déserte; il fallait les remettre en culture. L'administration de la justice lui fut confiée, parce que les laïques n'étaient plus en état de s'en acquitter. On a beau dire que tout cela fut un effet de l'ambition et de la rapacité des *prêtres*, ce reproche, dicté par une ignorance malicieuse, est réfuté par l'histoire. Nous soutenons que cette révolution fut l'effet de la nécessité et des circonstances. Nous ne prétendons pas qu'il n'en est résulté aucun abus; que l'application des *prêtres* aux affaires temporelles n'a jamais nui aux soins spirituels qu'ils devaient aux peuples; qu'ils ont toujours eu raison de vouloir conserver ce qui leur était acquis par une très-longue possession : la vertu la plus pure n'est pas toujours assez éclairée pour voir le sage milieu qu'il faudrait garder, pour apercevoir ce qui convient le mieux, eu égard au changement des temps, des mœurs, des circonstances. Mais qu'en résulte-t-il? Que le caractère sacré des *prêtres* ne les met pas à couvert des faiblesses de l'humanité; que souvent ils sont entraînés comme les autres hommes par le torrent des erreurs et des mœurs de leur siècle. Mais il n'est pas moins vrai que les narrations scandaleuses, les déclamations outrées, les calomnies que les protestants, aussi bien que les incrédules, se sont permises à ce sujet contre le clergé, sont aussi injustes qu'absurdes. Nous ne prendrons donc pas la peine de répondre en détail aux invectives de ces derniers contre les *prêtres;* si on voulait les en croire, tout ministre de la religion est un mauvais citoyen, un ennemi de sa patrie et de ses semblables, un monstre pétri de tous les vices. Ces traits de fureur et de démence, dont leurs écrits sont remplis, suffiront pour les rendre méprisables aux yeux de la postérité. *Voy.* CLERGÉ, HIÉRARCHIE, PRESBYTÉRANISME.

PRÊTRISE, l'un des trois ordres majeurs,

le premier après l'épiscopat. Les théologiens le définissent, ordre sacré qui donne le pouvoir de consacrer le corps et le sang de Jésus-Christ, de l'offrir en sacrifice, et de remettre les péchés. Au mot ORDINATION nous avons prouvé que c'est un sacrement, puisque c'est une cérémonie que Jésus-Christ a établie, qui attache un homme à un état distingué de celui du peuple, qui lui imprime par conséquent un caractère, qui lui donne des pouvoirs surnaturels, qui lui impose des devoirs particuliers, et lui donne la grâce nécessaire pour les remplir; nous l'avons fait voir par des textes formels de l'Ecriture sainte, et nous en avons encore cité plusieurs au mot HIÉRARCHIE. Au mot SACRIFICE, nous prouverons qu'aucune religion ne peut subsister sans sacrifice, ni conséquemment sans sacrificateurs; que dans toutes les religions du monde les sacrificateurs ont été des personnages distingués du peuple, et déjà dans l'article précédent, nous venons de montrer que c'est Dieu lui-même qui l'a ainsi réglé.

Sur ce fondement le concile de Trente a dit anathème à quiconque ose enseigner que, dans le Nouveau Testament, il n'y a point de sacerdoce extérieur et visible; que l'ordination ne donne point le Saint-Esprit, que vainement les évêques se flattent de ce pouvoir, que l'imposition de leurs mains n'imprime aucun caractère, que celui qui est prêtre peut redevenir simple laïque, etc. Sess. 3, can. 1 et 4. C'était la doctrine des protestants, et ils la soutiennent encore. Mais dans le temps même que les prétendus réformateurs s'attachaient ainsi à déprimer le sacerdoce de l'Eglise catholique, ils se créaient à eux-mêmes un pontificat et une autorité bien supérieure à celle des prêtres. Luther se qualifiait évangéliste de Wirtemberg par l'autorité de Dieu même; il décidait à son gré du culte religieux; Calvin en agissait à Genève d'une manière encore plus despotique, et chaque prédicant faisait de même partout où il trouvait des sectateurs assez dociles pour se ranger sous sa conduite. Pendant que ces pasteurs de nouvelle création enseignaient que les prêtres ne peuvent tenir leurs pouvoirs que du peuple, ils auraient fait un beau bruit, si le peuple avait entrepris de leur ôter l'autorité de laquelle ils s'étaient eux-mêmes revêtus.

Dans l'Eglise catholique, l'ordination des prêtres se fait avec beaucoup de cérémonies. L'évêque, après avoir récité les litanies et d'autres prières, met ses deux mains sur la tête de chacun des ordinands, et tous les prêtres qui sont présents en font autant, sans prononcer aucune formule. Mais immédiatement après, pendant que tous tiennent les mains étendues sur les ordinands, l'évêque prononce sur eux une prière par laquelle il demande à Dieu pour eux le Saint-Esprit et la grâce du sacerdoce, et il le supplie de les consacrer lui-même au ministère de ses autels. En second lieu, l'évêque leur fait aux mains l'onction du saint chrême, avec une prière relative à cette action. Ensuite il présente et fait toucher à tous les vases qui contiennent le pain et le vin destinés au saint sacrifice, en leur disant : « Recevez le pouvoir d'offrir le sacrifice à Dieu, et de célébrer des messes pour les vivants et pour les morts, au nom du Seigneur. » Conséquemment ces nouveaux prêtres récitent avec l'évêque les prières du canon et consacrent avec lui. Après la messe, l'évêque leur impose de nouveau les mains, en leur disant : « Recevez le Saint-Esprit; les péchés seront remis à ceux auxquels vous les remettrez, etc. »

C'est une question parmi les théologiens de savoir quelle est, dans ces différentes cérémonies, celle qui constitue l'essence de l'ordination sacerdotale; on demande si c'est la première imposition des mains faite par l'évêque et par les prêtres assistants, avec la prière qui l'accompagne; si la porrection des instruments du saint sacrifice qui se fait ensuite, est ou n'est pas de l'essence de cette ordination. Le sentiment le plus commun est que cette seconde cérémonie est accessoire et non essentielle à la validité de l'ordination, et l'on en apporte plusieurs preuves. On dit, 1° saint Paul parlant de la grâce du sacerdoce, dit à Timothée, qu'elle lui a été donnée par la prière avec l'imposition des mains du presbytère ou de l'assemblée des prêtres; il ne fait mention d'aucune autre cérémonie ; 2° dans tous les monuments de l'histoire et de la discipline ecclésiastique, avant le x° ou le xi° siècle, il n'est pas question de la porrection des instruments, mais seulement de l'imposition des mains pour l'ordination des prêtres; 3° cette porrection des instruments du sacrifice n'a lieu ni chez les Grecs, soit catholiques, soit schismatiques, ni chez les jacobites, ni chez les nestoriens; cependant l'Eglise catholique regarde comme valide la *prêtrise* de ceux qui ont été ordonnés dans ces différentes sectes. Ces raisons doivent paraître solides.

Cependant le P. Merlin, jésuite, a fait, en 1745, un traité historique et dogmatique sur les formes des sacrements, dans lequel il donne lieu de douter si la porrection des instruments n'est pas essentielle à l'ordination sacerdotale, et si les preuves du contraire sont aussi solides qu'elles le paraissent d'abord.

En premier lieu, il observe et il prouve, par des passages formels des Pères, que jusqu'au xii° siècle l'on s'est abstenu de mettre par écrit dans le dernier détail les rites et les formes des sacrements; que l'on a scrupuleusement observé ce que l'on appelait *le secret des mystères;* que telle a été la discipline de l'Eglise dès les premiers siècles. C'est pour cela que la liturgie n'a été mise par écrit qu'à la fin du iv° siècle, et que les apôtres mêmes se sont abstenus de prescrire dans leurs lettres les rites et les formes des sacrements. Il n'est donc pas étonnant que saint Paul désigne l'ordination sous le nom seul d'imposition des mains jointe à la prière; il n'était pas nécessaire d'en dire davantage à Timothée; instruit d'ailleurs par des leçons de vive voix. En second lieu, il est constant que l'usage des Pères et des conciles a été de nommer *imposition des mains* le rit de plusieurs sacrements, et même leur forme, puisqu'ils disent, *manus impositiones sunt verba mystica*. Ce nom est donné non-seulement à la confirmation, mais encore à la pénitence et à l'absolution : en parlant de la réconciliation des hérétiques à l'Eglise, ils disent indifféremment *manus eis imponantur in pœnitentiam* ou *in Spiritum sanctum*. Le baptême est ainsi nommé par le concile d'Elvire, can. 39, et par le premier concile d'Arles, can. 6. Il n'y aurait donc pas lieu de s'étonner quand la porrection des instruments dans l'ordination des prêtres, avec la formule qui l'accompagne, aurait été appelée *imposition des mains* par les auteurs ecclésiastiques antérieurs au XII° siècle. En troisième lieu, l'on assure mal à propos que les Grecs suppriment cette porrection dans leur ordination; mais ils la réunissent à l'imposition des mains. L'évêque assis devant l'autel met la main sur la tête de l'ordinand qui est à genoux près de lui, et il lui applique le front contre l'autel chargé des instruments du saint sacrifice, en lui disant : *La grâce divine élève ce diacre à la dignité du sacerdoce*; ainsi la porrection des vases se trouvant réunie à l'imposition des mains, elle détermine les paroles de la forme à signifier le double pouvoir du sacerdoce.

Il faudrait donc que les théologiens qui soutiennent que cette porrection n'est point de l'essence de l'ordination, fussent en état de prouver qu'avant le XI° siècle, dans l'Eglise latine, les vases n'entraient en aucune manière dans la cérémonie ; que l'imposition des mains se faisait sans que l'ordinand fût près de l'autel chargé des vases pleins, comme il l'est chez les Grecs. Il est évident que la présence et la proximité de ces vases suffit pour que l'on puisse dire avec vérité qu'ils sont présentés à l'ordinand, et que cette présentation fait partie de l'ordination.

Il ne servirait à rien de répliquer que les auteurs qui ont parlé de l'ordination des Grecs, qui nous ont donné leur rituel et leur eucologe, n'ont fait mention ni de la proximité ni de la présence des vases sacrés dans cette cérémonie; on sait que ces auteurs ont souvent manqué d'attention et d'exactitude dans les relations qu'ils ont données du cérémonial et de la croyance des Grecs et des autres sectes orientales, et que ce défaut a induit en erreur plusieurs théologiens. En effet, les Orientaux croient comme nous que l'eucharistie est un vrai sacrifice, que les prêtres seuls ont le pouvoir de l'offrir, que Jésus-Christ a donné à ses apôtres, qui sont les premiers prêtres, deux pouvoirs, l'un sur son corps naturel, l'autre sur son corps mystique, qu'il a exprimé l'un par ces paroles, *Faites ceci en mémoire de moi*; l'autre, en leur disant, *Recevez le Saint-Esprit*, etc. Il serait donc étonnant qu'ils n'eussent pas senti la nécessité d'exprimer l'un et l'autre de ces pouvoirs dans l'ordination de la *prêtrise*. Ce qu'il y a de certain, c'est que, dans le *Sacramentaire de saint Grégoire*, il est fait mention du pouvoir d'offrir le saint sacrifice dans les prières de l'ordination des prêtres. Saint Grégoire, *Liber Sacram.*, p. 238, et notes du P. Ménard, p. 291.

Ce n'est point à nous de décider si ces raisons du P. Merlin sont péremptoires; mais elles nous paraissent mériter toute l'attention des théologiens. Si elles avaient été mieux connues, ceux qui ont traité des ordinations anglicanes n'auraient pas avancé, comme ils ont fait, que la porrection de vases du saint sacrifice n'est pas en usage chez les Grecs pour l'ordination des prêtres.

PRÉVENANT, GRACE PRÉVENANTE. *Voy.* GRACE.

PRÉVISION. *Voy.* PRESCIENCE.

PREUVE. *Voy.* LIEUX THÉOLOGIQUES et RELIGION.

PRIÈRE, demande que l'on fait à Dieu. Jésus-Christ dit qu'il faut prier toujours et ne jamais se lasser ; il en a donné lui-même l'exemple. Les quarante jours qu'il passa dans le désert furent employés sans doute à ce saint exercice; c'est ainsi qu'il se préparait à remplir son divin ministère. Après avoir consumé les jours à instruire et à secourir par des miracles les affligés, il passait encore les nuits en *prières*. Luc., c. VI, v. 12. Les apôtres firent de même. Pendant les dix jours qui s'écoulèrent depuis l'ascension du Sauveur jusqu'à la descente du Saint-Esprit, ils persévérèrent unanimement dans la *prière*, *Act.*, c. I, v. 14. Ils allaient au temple aux heures ordinaires de la *prière*, c. III, v. 1. Saint Pierre venait de prier, lorsqu'il reçut les envoyés du centenier Corneille, c. X, v. 9. Saint Paul recommande souvent ce saint exercice aux fidèles, et les premiers chrétiens suivirent exactement cette leçon; leurs assemblées fréquentes se passaient à s'instruire et à prier, parce qu'ils étaient persuadés que la *prière* publique est la plus agréable à Dieu ; de là l'institution des *heures canoniales*. *Voy.* ce mot, et MŒURS DES CHRÉTIENS, c. 6. Ce n'est donc pas sans raison que l'Eglise approuve les instituts monastiques dans lesquels on consacre à la *prière* une bonne partie du jour et de la nuit.

Dans le paganisme on ne demandait aux dieux que des biens temporels; les auteurs profanes, aussi bien que les écrivains ecclésiastiques, attestent que la plupart des *prières* des païens étaient des crimes, des désirs et des demandes contraires à la justice, à la pudeur, à la charité, à la bonne foi, et telles que l'on n'aurait pas osé les faire en public. Sénèque, Horace et d'autres conviennent que l'on ne s'avisait pas de demander aux dieux la vertu, la probité, la sagesse, la prudence; de pareils vœux n'auraient pas été conformes aux caractères vicieux que l'on attribuait à ces fausses divinités.

Jésus-Christ au contraire nous a recommandé de chercher, en premier lieu, le royaume de Dieu et sa justice en nous promettant que le reste nous sera donné par surcroît, *Matth.*, c. vi, v. 33. Il ne nous défend pas de demander à Dieu des biens temporels, mais il veut que nous bornions nos désirs au simple nécessaire. Dans la *prière* qu'il a daigné nous enseigner, une seule demande a pour objet notre pain de chaque jour ; toutes les autres regardent les dons de la grâce et l'affaire du salut.

Comme les incrédules ne voudraient aucun exercice de religion, ils soutiennent que la *prière* est injurieuse à Dieu. Ce grand Etre, disent-ils, qui sait tout, n'a pas besoin de nos demandes pour connaître ce qu'il nous faut et ce qui nous est le plus avantageux ; lui exposer nos désirs, c'est lui témoigner de la défiance et du mécontentement. Lorsque nous lui demandons d'être délivrés des maux de ce monde, nous exigeons qu'il change pour nous par des miracles le cours de la nature. Comment peut-il exaucer deux hommes ou deux nations qui lui font des *prières* contraires ? Si nous le supplions de nous guérir de nos vices, et de nous donner les vertus que nous n'avons pas, nous voulons qu'il fasse notre propre ouvrage, puisqu'il dépend de nous d'éviter le mal et de pratiquer le bien. Ainsi, suivant cette décision, tout homme qui croit un Dieu et qui l'invoque est un insensé, et c'est la folie du genre humain tout entier.

Mais ce que Dieu peut faire de plus avantageux pour nous, c'est de nous préserver de la fausse sagesse des incrédules. Il nous ordonne de lui exposer nos besoins, non pour les lui faire connaître, mais pour lui témoigner notre dépendance, notre soumission, notre confiance, et reconnaître aussi son souverain domaine. Qui s'avisa jamais de penser qu'un enfant fait injure à son père lorsqu'il lui demande une grâce ? Celles que nous attendons de Dieu sont sans doute assez précieuses pour valoir la peine d'être demandées. — Sans faire des miracles, Dieu peut nous réserver ou nous délivrer des fléaux de la nature. La marche de l'univers n'est point le jeu nécessaire et purement mécanique des causes physiques ; Dieu le conserve et le dirige par son action immédiate, et sans cela tout retomberait dans le chaos. Nous ne connaissons point toutes les causes physiques ni tous leurs effets ; comment pourrions-nous discerner ce qui est ou n'est pas le résultat d'un simple mécanisme ? Lorsque Dieu nous suggère des pensées pour notre bien spirituel ou temporel, ce n'est pas un miracle mais le plan ordinaire de bonté et de sagesse suivant lequel il gouverne habituellement les esprits ; or, ces pensées nous font prendre des précautions, employer des remèdes, consulter d'autres hommes, éviter des malheurs, etc. Qui de nous n'en a pas fait l'épreuve ? Les insensés attribuent ces événements au hasard, un homme sensé s'en croit redevable à Dieu. Des vœux contraires en apparence ne le sont pas réellement, lorsqu'ils sont accompagnés de résignation à la Providence (1).

Acquérir et pratiquer des vertus, nous corriger de nos vices, est sans doute l'ouvrage de notre volonté, mais non de notre volonté seule, puisque nous avons besoin pour cela du secours surnaturel de la grâce. Or, il dépend de Dieu de nous donner des grâces plus ou moins fortes et abondantes ; il les a promises à la *prière*, c'est à nous d'obéir avec reconnaissance. Pour un cœur qui aime Dieu, la *prière* est un exercice doux et consolant ; il nous distrait du sentiment de nos maux, il ranime l'espérance et le courage, il tranquillise l'esprit et calme les passions, il touche les pécheurs et soutient les justes. Cette expérience, attestée par tous les saints, est d'un tout autre poids que les fausses réflexions des incrédules.

Quelquefois ils ont dit que les Juifs ne priaient pas, qu'il n'y a point de *prières* dans leurs livres ; d'autres fois, que leurs *prières* étaient grossières, ils ne demandaient que des biens temporels ; souvent elles étaient injustes et cruelles, c'étaient des imprécations contre leurs ennemis. Il suffit cependant de lire les cantiques de Moïse, de Débora, d'Anne, mère de Samuel, d'Isaïe et des autres prophètes ; les vœux de Salomon dans le temple, ceux d'Esther, de Judith, de Tobie, surtout les psaumes de David, pour être convaincu que les Juifs priaient, et qu'ils demandaient à Dieu autre chose que des biens temporels ; le psaume 118 en particulier est une invocation continuelle de la grâce divine. Au mot IMPRÉCATION, nous avons fait voir que dans les livres saints, ce qu'on prend pour des imprécations et des sentiments de vengeance, est seulement des prédictions.

D'autre part, les protestants prétendent que l'on ne doit adresser des *prières* qu'à

(1) Les incrédules ont fait contre la prière une difficulté qui est un pur sophisme pour celui qui connaît la nature de Dieu. Ils disent : « Ou nous demandons ce qui est dans l'ordre de la nature et qui doit nous arriver, ou nous demandons ce qui est opposé aux lois de la nature. Dans le second cas c'est un miracle que nous sollicitons ; chose bien téméraire de la part d'une créature. Dans le premier la prière est inutile, puisque la faveur sollicitée arrivera indépendamment de toute espèce de demande. » Mais quand on demanderait à Dieu un miracle, qu'y aurait-il de coupable et de téméraire, lorsqu'on le demande dans les circonstances où Dieu a permis de solliciter une telle faveur ? Ensuite est-ce bien un miracle qu'on demande dans les prières ordinaires ? Non, car on demande que Dieu, souverain maître de toute chose, qui gouverne tout par sa providence, dispose l'ordre pour que tel malheur ne nous arrive pas ; et Dieu, sans rien changer aux dispositions qu'il avait prises, a pu disposer tout en conséquence de notre supplication. C'est là une réponse à ceux qui prétendent que par la prière on ose demander à Dieu de modifier ses décrets. Il y a sans doute des choses qui sont dans l'ordre ordinaire que nous sollicitons, qui arriveraient indépendamment de nos prières, mais ces choses nous sont inconnues, et, dans l'incertitude, la prudence nous commande de prier. D'ailleurs il y a un effet qui ne manque jamais de suivre une bonne prière, c'est la grâce. La prière bien faite n'est donc jamais inutile.

Dieu seul ; qu'invoquer les saints c'est une superstition et un acte d'idolâtrie ; nous prouverons le contraire au mot Saint.

On distingue deux sortes de *prières*, l'une vocale, l'autre mentale. La première se fait en prononçant des mots, la seconde est purement intérieure, sans proférer des paroles. *Voy.* Oraison mentale. Celle-ci est la plus parfaite, sans doute ; l'autre n'aurait aucun mérite, si elle n'était accompagnée de l'attention de l'esprit et de l'affection du cœur. On appelle *prière* ou *oraison jaculatoire* celle qui consiste dans un simple mouvement du cœur vers Dieu, soit qu'on l'exprime par quelques paroles courtes, soit qu'on ne l'exprime pas.

PRIÈRE PUBLIQUE. *Voy.* Heures Canoniales.

PRIMAT (*Droit ecclés.*) (1). Ce nom, qui emporte un titre de dignité, s'est introduit dans l'Eglise, ainsi que ceux d'archevêques, de patriarches et de papes, que quelques siècles après l'établissement du christianisme. Les évêques des plus grands sièges s'étaient contentés jusqu'alors de la seule dénomination d'évêques, qui leur était commune avec ceux des sièges moins considérables : on ne vit qu'avec une sorte de peine les prélats des premières villes affecter ou recevoir ces titres plus relevés : mais l'usage prévalut, et on appela *archevêque* ou *métropolitain*, l'évêque de la principale ville de chaque district. On donna le nom de *primat* ou *d'archevêque* à ceux dont les sièges se trouvaient placés dans les villes qui tenaient le rang de capitales par rapport à plusieurs districts. Les évêques des villes qui étaient elles-mêmes regardées comme capitales à l'égard de plusieurs grandes provinces ou royaumes, furent appelés patriarches. Leur autorité et leur juridiction s'étendaient sur les *primats* eux-mêmes, et absorba dans la suite l'autorité de ces derniers. Ce fut particulièrement dans l'Eglise grecque ou d'Orient que ces différentes dénominations furent d'abord admises. L'Eglise latine n'eut pendant longtemps d'autres manières de désigner les évêques des principaux sièges que la qualité d'archevêques ; si les noms de *patriarche* ou de *primat* y furent ensuite reçus, ce fut dans un sens bien moins étendu, et avec des prérogatives bien inférieures à celles dont jouissaient les prélats revêtus des mêmes titres dans l'Eglise orientale. Deux choses surtout contribuèrent à rendre plus difficile l'introduction de ces titres, et des pouvoirs et des droits qui s'y trouvaient attachés. La grande autorité dont l'évêque de Rome a toujours joui dans l'Eglise latine, s'opposait à l'accroissement de l'autorité des sièges inférieurs ; et lorsque les évêques de Rome voulurent dans la suite employer cette même autorité pour étendre celle de quelques-uns des principaux métropolitains, la résistance qu'ils éprouvèrent de la part des métropolitains voisins, et même de quelques-uns de leurs suffragants, rendit presque toujours ces tentatives inutiles. Quoique l'on rencontre quelquefois le titre de *primat* accordé à des évêques ou archevêques de l'Eglise latine, ce titre n'annonce point en leur faveur les mêmes avantages qu'il indiquait relativement aux évêques orientaux. Ce n'était guère pendant les onze premiers siècles (surtout dans les Gaules) qu'un simple titre d'honneur accordé quelquefois à l'ancienneté de l'ordination, d'autres fois au mérite personnel, mais sans aucune prééminence ni supériorité de droit. Malgré tout le crédit que le pape saint Léon s'était si justement acquis par ses vertus et sa doctrine, il ne put réussir à faire agréer à l'Eglise des Gaules le dessein qu'il avait d'y établir différents *primats* auxquels des métropolitains fussent subordonnés. L'attachement de l'Eglise gallicane à ses anciens usages écarta cette nouveauté.

Presque tous les auteurs conviennent que jusqu'après le milieu du xi° siècle, on ne reconnut dans les Gaules l'autorité d'aucun primat, et que tous les métropolitains étaient immédiatement soumis au saint-siège. Si quelques-uns avaient eu quelque prééminence sur les autres, ce n'avait été qu'en vertu des vicariats dont les papes avaient voulu les honorer, et qui étaient uniquement attachés à leurs personnes. Depuis longtemps ces vicariats ont cessé d'être en usage, et ne seraient plus aujourd'hui reçus. Le plus ancien *primat*, en vertu d'un titre perpétuel, que l'on reconnaisse en France, est l'archevêque de Lyon. Cette dignité lui fut conférée en 1079 par Grégoire VII, qui occupait alors le saint-siège, et qui, par une bulle, accorda à l'Eglise de Lyon le droit de primatie sur les quatre provinces lyonnaises, qui sont celles de Lyon, de Sens, de Rouen et de Tours. L'antiquité de l'Eglise de Lyon, que l'on peut regarder comme la première des Eglises de France qui ait eu un siège épiscopal, semblait mériter cette distinction. Il paraît même que Grégoire VII crut moins accorder un droit nouveau à cette Eglise que la remettre en possession d'anciens droits que le défaut d'usage avait, en quelque sorte, fait oublier. Ces motifs n'en eurent pas plus de force sur deux des métropolitains que le pape assujettissait à la primatie de Lyon. L'archevêque de Tours fut le seul qui la reconnut volontairement et s'y soumit de gré. Robert, archevêque de Sens, y opposa la plus vive résistance, et fut privé, par le pape, de l'usage du *pallium* dans sa province, en punition de cette désobéissance prétendue. Quel crime pouvait-on faire à ce prélat de vouloir conserver la liberté de son Eglise et les prérogatives de son siège. (1) ? D'Himbert, qui le remplit après lui ne montra pas la même vigueur, et se soumit à la primatie de Lyon. Ses successeurs regardèrent cette conduite comme une faiblesse de sa part, qui n'avait pu préjudicier à leurs droits, et ne s'en opposèrent pas moins fortement à l'autorité

---

(1) Article reproduit d'après l'édition de Liége.

(1) Celui de désobéir à une autorité compétente.

que les archevêques de Lyon voulaient prendre dans leur province. Ils eurent l'avantage d'être en cela soutenus par nos rois, qui ne voyaient qu'avec peine qu'on entreprit d'assujettir l'archevêque de la province dans laquelle ils résidaient d'ordinaire à une puissance étrangère. L'archevêque de Lyon jouissait en effet alors de la souveraineté sur cette ville.

Les disputes renouvelées souvent entre ce petit souverain et ses sujets, engagèrent ces derniers à recourir à la protection de nos rois, et à désirer de se soumettre à leur autorité. Un des articles du traité fut que les droits de primatie seraient conservés sur la province de Sens. Le dédommagement n'était pas fort avantageux pour les archevêques. Depuis cette époque, ceux de Sens furent obligés de reconnaître la primatie. Lorsqu'en 1622 l'évêché de Paris fut distrait de la métropole de Sens et érigé en archevêché, ce ne fut qu'à condition que la nouvelle métropole relèverait immédiatement de la primatie de Lyon, à laquelle elle demeurerait soumise : c'est ce qui est stipulé dans les bulles et lettres patentes données à ce sujet. *Ita tamen*, porte la bulle, *quod Ecclesia ipsa Parisiensis, Ecclesiæ primatiali Lugdunensi, et illius archiepiscopo, adinstar dictæ Ecclesiæ Senonensis, subjacere debeat.* Il n'est donc pas étonnant que, malgré tous les efforts de feu M. de Beaumont, archevêque de Paris, le droit et l'exercice de la primatie de l'Église de Lyon sur celle de Paris, aient été confirmés par un autre arrêt du parlement de Paris, prononcé à l'occasion du jugement rendu par M. de Montazet, archevêque de Lyon, en faveur des Hospitalières du faubourg Saint-Marceau. Le même parlement a jugé dans les mêmes principes, par un autre arrêt du 30 avril 1779, par lequel les demoiselles Rallet et Lefèvre, novices ursulines de la rue Sainte-Avoie à Paris, à l'examen desquelles M. l'archevêque de Paris avait refusé de procéder, conformément à la déclaration du 10 février 1742, ont été renvoyées par-devant M. l'archevêque de Lyon, pour être examinées, quoique M. de Beaumont eût subsidiairement conclu à ce qu'il lui fût donné acte, de ce que dans le cas où la cour jugerait l'examen des novices légitime, lors même que le temps de leur noviciat est passé depuis onze ans comme dans l'espèce, il offrait de le faire subir aux deux novices dont il s'agissait.

La province de Tours a fait des tentatives au commencement de ce siècle, pour se soustraire à la primatie de Lyon; mais elle n'a pas réussi.

Quant à la métropole de Rouen, elle n'avait jamais supporté que fort impatiemment les prétentions de celle de Lyon. Depuis l'érection de la dernière en primatie, plusieurs contestations s'étaient élevées entre les prélats des deux sièges : elles se renouvelèrent avec plus de chaleur vers la fin du siècle dernier. M. de Saint-Georges remplissait alors le siège de Lyon : celui de Rouen était occupé par M. Colbert. L'affaire fut portée au conseil d'État; elle fut instruite avec tout le soin possible; les plus célèbres jurisconsultes écrivirent ou furent consultés : on publia de part et d'autre les mémoires les plus approfondis. Enfin, par arrêt du 2 mai 1702, le roi, sans s'arrêter aux requêtes et demandes de l'archevêque de Lyon, tendantes à être maintenu dans le droit de primatie sur la province de Rouen comme sur celle de Lyon, Tours, Sens et Paris, ayant égard à celles de l'archevêque de Rouen, et à l'intervention des évêques de la province de Normandie, maintient l'archevêque de Rouen et ses successeurs dans le droit et possession où était, de temps immémorial, l'Église de Rouen, de ne reconnaître d'autre supérieur immédiat que le saint-siége ; fait défenses à l'archevêque de Lyon, ses grands vicaires, officiaux, et à tous autres de l'y troubler à l'avenir; et, en conséquence, déclare qu'il y avait abus dans les provisions et visa donnés par l'archevêque de Lyon et ses grands vicaires, de bénéfices situés dans le diocèse de Rouen, sur le refus de l'archevêque de Rouen ou de ses grands vicaires; déclare abusives les appellations de l'official de Rouen, relevés à l'officialité primatiale de Lyon, permission de citer, citations, procédures et jugements rendus en conséquence ; ordonne que les appellations des ordonnances et jugements de l'archevêque de Rouen, ses grands vicaires ou officiaux, seront relevés immédiatement à Rome ; fait défenses à toutes personnes de les relever à l'officialité primatiale de Lyon, à peine de nullité ; en ce qui concerne les appellations comme d'abus interjetés, tant par l'archevêque de Rouen, des deux bulles de Grégoire VII de l'année 1079, que par l'archevêque de Lyon, de la sentence rendue par le cardinal de Sainte-Croix, le 12 novembre 1455, et des bulles de Caliste III des 23 mai 1453 et 12 juillet 1458, le roi déclare respectivement non-recevables dans lesdites appellations comme d'abus, sans amende ; ordonne que l'arrêt sera lu, publié, enregistré partout où besoin sera, et que toutes lettres patentes nécessaires seront sur ce expédiées. En conséquence de cet arrêt, le roi a donné ses lettres patentes le 4 août 1702, adressées aux parlements de Paris et de Rouen, et à tous autres officiers justiciers qu'il appartiendra, etc. Les lettres patentes ont été enregistrées au parlement de Paris le 13 décembre 1702, et au parlement de Rouen le 20 du même mois. L'auteur du *Recueil de Jurisprudence canonique*, après avoir rapporté le dispositif de l'arrêt de 1702, observe que dans cette célèbre contestation, il a été jugé qu'un évêque peut être *primat* sans avoir sous lui de métropolitain. On ne voit cependant pas que l'arrêt donne cette qualité à l'archevêque de Rouen. Il est vrai qu'il se qualifie de *primat* de Normandie; et quoique ce nom ne convienne qu'à un prélat qui a juridiction sur d'autres métropoles, il n'en jouit pas moins réellement de quelques-uns des droits primatiaux, dans toute l'étendue de sa province ecclésiastique.

L'archevêque de Bourges jouit aussi du droit de primatie. Ce droit, attaché depuis longtemps à son siége, lui fut confirmé par les papes Eugène III et Grégoire IX. Sa primatie paraît s'être autrefois étendue sur la province de Bordeaux : d'anciens monuments attestent que les archevêques de Bourges y ont fait des visites, et que les archevêques de Bordeaux ont reconnu cette primatie ; mais depuis longtemps ces derniers ont secoué le joug ; ils prennent même la qualité de *primat* d'Aquitaine. Ce privilége leur fut accordé en 1306, par le pape Clément V, Français de nation, et qui, avant sa promotion au souverain pontificat, avait rempli le siége de Bordeaux. Il exempta en même temps cette province de la juridiction de l'archevêque de Bourges; ce qui confirme que la primatie de ce dernier s'étendait anciennement, comme nous venons de le dire, sur la province ecclésiastique de Bordeaux, et ce qui prouve le droit, ou pour mieux dire, le pouvoir que s'étaient arrogé les souverains pontifes, de soumettre ou de soustraire les métropoles à la juridiction les unes des autres. L'attention qu'ont eue les archevêques de Bordeaux de se maintenir dans l'exemption que leur avait accordée le saint-siège, a donné plus de force à cette exemption, qu'elle n'en tenait du rescrit pontifical. La primatie de l'archevêque de Bourges, qui par là se trouvait réduite à un titre sans fonctions, a repris la dignité et l'éclat qui paraissent devoir l'accompagner, lors de l'érection, faite en 1675, de l'évêché d'Albi en archevêché. Les archevêques de Bourges, dont les évêques d'Albi étaient suffragants, ne consentirent à cette érection que sous la réserve et la condition, que le nouvel archevêché, ainsi que les évêchés de Rodez, de Castries, de Cahors, de Vabres et de Mendes, que l'on détachait aussi de la Province de Bourges, pour en former la nouvelle province d'Albi, resteraient soumis à la juridiction primatiale de l'archevêché de Bourges.

La qualité de *primat* est encore prise par plusieurs archevêques du royaume de France; mais elle n'est qu'un simple titre pour eux. Ainsi, l'archevêque de Bordeaux, comme on vient de le dire, s'intitule *primat* d'Aquitaine; l'archevêque de Sens, quoique soumis à la primatie de Lyon, se qualifie de *primat* de Germanie; l'archevêque de Vienne se donne le titre de *primat des primats* ; cependant il n'a de juridiction sur aucun *primat*, ni même sur aucun métropolitain : l'archevêque d'Arles lui conteste la qualité de *primat* de la Gaule narbonnaise, qui est en même temps revendiquée par l'archevêque de Narbonne. Ces différentes prétentions on pu tirer leur origine des vicariats que les papes s'étaient mis dans l'usage de donner à différents évêques dans le v° et le vi° siècle. Le pape Zozime revêtit Patrocle, évêque d'Arles, du titre de son vicaire dans les Gaules. Hormisdas, ou, selon d'autres, Symmaque accorda la même faveur, à saint Remi, évêque de Reims. *Vices nostras per omne regnum dilecti et spiritualis filii nostri Ludovici, salvis privilegiis quæ metropolitanis decrevit antiquitas, tibi committimus.* En vertu de ce rescrit, les archevêques de Reims ont réclamé les droits de *primat*, jusqu'à Grégoire VII, qui, sollicité par les métropolitains français, s'opposa à ce que jamais celui de Reims exerçât sur eux aucune autorité. Depuis cette époque, l'archevêque de Reims s'est borné à se dire *primat* de la Gaule belgique, sans faire aucun acte de juridiction primatiale.

Les droits et pouvoirs des *primats* ne répondent point parmi nous, à la magnificence du titre. Les prélats qui en jouissent, même avec fonctions, ne peuvent, ni faire des visites dans les métropoles des archevêques qui relèvent d'eux, ni indiquer les assemblées des conciles provinciaux, ni faire porter devant eux la croix, ni se servir du *pallium*, ni officier pontificalement dans les mêmes métropoles. Fevret liv. III de son *Traité de l'abus*, chap. 3, rapporte fort au long les permissions et consentements que M. de Marquemont, archevêque de Lyon, demanda et obtint pour célébrer pontificalement dans l'église paroissiale de saint Eustache, à Paris. Toute l'autorité et juridiction des *primats* se réduisent, d'une part, à juger par eux-mêmes des appels interjetés devant eux des ordonnances des métropolitains qui leur sont soumis, en matière volontaire, et à pourvoir sur les refus de *visa* ou collations, lorsqu'ils sont collateurs forcés, même à les suppléer en cas de déni de justice; et d'un autre côté, à faire prononcer dans leurs officialités primatiales, sur les appels des sentences des officiaux métropolitains. Ils ont encore le droit de conférer, par dévolution, les bénéfices auxquels les métropolitains auraient négligé de pourvoir dans le temps qui leur est prescrit par les Lois canoniques (1). *Voyez* ARCHEVÊQUE, DÉVOLUTION, DIOCÈSE, ÉVÊQUE, PATRIARCHE, VISA.

PRIMAUTÉ, droit d'occuper la première place. Au mot PAPE nous avons prouvé que le souverain pontife, en qualité de successeur de saint Pierre sur le siége de Rome, a dans l'Église universelle une *primauté*, non-seulement d'honneur et de préséance, mais d'autorité et de juridiction. *Voy.* PAPE, § 1 et 2.

PRIME. *Voy.* HEURES CANONIALES.

PRINCE. *Voy.* ROI.

PRINCE DES PRÊTRES. *Voy.* PONTIFE.

PRINCIPAUTÉS. *Voy.* ANGES.

PRISCILLIANISME, PRISCILLIANISTES. L'an 380 ou l'année suivante, on vit naître en Espagne une secte d'hérétiques dont le principal chef fut Priscillien, homme savant, riche et insinuant; c'est ce qui fit donner à ses partisans le nom de *priscillia-*

(1) Quelques archevêques de France portent encore le titre de primat; mais ce n'est plus qu'un titre sans juridiction.

*nistes*. Sulpice-Sévère, auteur contemporain, dans son *Histoire sainte*, 1. II, c. 46, et saint Jérôme, *Epist.* 43, *ad Ctesiph.*, col. 476, nous apprennent que ces sectaires réunissaient aux erreurs des manichéens celles des gnostiques.

Ceux même qui sont le plus portés à les excuser, avouent qu'ils niaient, comme les manichéens, la réalité de la naissance et de l'incarnation de Jésus-Christ ; qu'ils soutenaient que le monde visible n'était pas l'ouvrage de l'Être suprême, mais celui de quelque démon, ou du mauvais principe. Ils adoptaient la doctrine des gnostiques touchant les *éons*, prétendus esprits émanés de la nature divine. Ils considéraient les corps humains comme des prisons que l'auteur du mal avait construites pour y enfermer les esprits célestes ; ils condamnaient le mariage et niaient la résurrection des corps. Mosheim, *Hist. ecclés.*, IV° siècle, II° part., c. 5, § 22. Voilà certainement les principales erreurs des manichéens et des gnostiques ; il n'est donc pas étonnant que l'on ait attribué aux *priscillianistes* les autres opinions fausses de ces deux sectes, savoir, qu'il n'y a pas trois Personnes en Dieu, que les âmes humaines sont de la même substance que Dieu, que l'homme n'est point libre dans ses actions, mais soumis à la fatalité, que l'ancien Testament n'est qu'une allégorie, que l'usage de manger de la chair est criminel et impur. Nous pouvons donc ajouter foi à ceux qui nous disent que ces mêmes hérétiques jeûnaient le dimanche, le jour de Noël et le jour de Pâques, pour attester qu'ils ne croyaient ni la naissance ni la résurrection du Sauveur, qu'ils recevaient dans leurs mains l'eucharistie, mais qu'ils ne la consommaient pas, parce qu'ils ne croyaient pas la réalité de la chair de Jésus-Christ. L'on ajoute qu'ils s'assemblaient la nuit et dans des lieux écartés, qu'ils priaient nus, hommes et femmes, et qu'ils se livraient à l'impudicité, qu'ils gardaient un secret inviolable sur ce qui se passait dans leurs assemblées, et qu'ils n'hésitaient pas de se parjurer pour tromper ceux qui voulaient le savoir. Priscillien et ceux qu'il avait séduits furent d'abord condamnés dans un concile de Saragosse l'an 381, et dans un autre, tenu à Bordeaux, en 385. Cet hérésiarque, ayant appelé de cette sentence à l'empereur Maxime qui résidait à Trèves, fut convaincu par ses propres aveux de la plupart des erreurs et des désordres dont nous venons de parler ; conséquemment il fut condamné à mort et exécuté avec plusieurs de ses partisans. Leur supplice n'éteignit point le *priscillianisme*; il en demeura des sectateurs en Espagne, et ils y causèrent des troubles pendant près de deux siècles ; saint Léon fit tous ses efforts pour extirper en Italie et en Espagne jusqu'aux derniers restes des manichéens et des *priscillianistes*; mais il paraît que ces derniers susbsistaient encore au milieu du VI° siècle.

Tillemont, qui a peint ainsi ces hérétiques et leurs erreurs, cite pour garants non-seulement Sulpice-Sévère, saint Ambroise et saint Jérôme, auteurs contemporains ; saint Augustin et saint Léon, qui ont vécu immédiatement après ; mais encore les actes des conciles qui ont condamné ces hérétiques, *Mém.*, t. VIII, p. 491 et suiv.

On a cependant entrepris, dans l'ancienne *Encyclopédie*, de les justifier, et de faire retomber tout l'odieux du scandale sur leurs accusateurs et sur leurs juges. L'auteur de cet article a copié Beausobre dans son *Histoire du Manichéisme*, et dans sa *Dissertation sur les Adamites ;* l'ambition de ce dernier était de disculper tous les hérétiques aux dépens des Pères de l'Église. Mais Mosheim, plus judicieux, blâme ceux qui suivent aveuglément Beausobre, sans examiner ce qu'il y a de vrai ou de faux dans ce qu'il dit. *Hist. ecclés.*, IV° siècle, II° part., c. 5, § 22, note (0).

L'encyclopédiste observe d'abord que Sulpice-Sévère attribue à Priscillien beaucoup de belles qualités, de l'esprit, de l'érudition, de l'éloquence, l'application au travail, la sobriété, le désintéressement. Mais les talents ni les vertus ne mettent point un homme à couvert de l'erreur, cela est prouvé par l'exemple de plusieurs autres hérésiarques ; plus leurs principes ont été corrompus, plus ils ont affecté les dehors de la vertu. Sulpice Sévère reproche aussi à Priscillien beaucoup de vanité et d'orgueil que lui inspirait son habileté dans les sciences profanes ; c'était assez de ce vice pour l'égarer. Il était aussi accusé d'avoir étudié la magie, et dans la suite il le fut d'avoir eu un commerce criminel avec des femmes. — Il observe en second lieu que, suivant l'aveu de saint Augustin, les livres des *priscillianistes* ne contenaient rien qui ne fût catholique ou très-peu différent de la foi catholique. Comment concilier, dit-il, ce témoignage avec les erreurs des gnostiques et des manichéens que ce même Père leur attribue ? Mais cet apologiste charitable en impose sur saint Augustin. Ce Père dit que les *priscillianistes* prêchent la foi catholique *à ceux qu'ils craignent*, non pour la suivre, mais pour se cacher sous ce masque; qu'il n'y eut jamais d'hérétiques plus fourbes ni plus habiles à déguiser leurs vrais sentiments. *Epist.* 237, *ad Ceretium*, n. 3. — Plusieurs Pères, continue notre critique, ont cru que l'âme émanait de Dieu, sans la croire consubstantielle à Dieu ; il a pu en être de même des *priscillianistes*. Autre imposture ! on le défie de citer un seul Père de l'Église qui ait enseigné, comme les manichéens, les *priscillianistes* et les stoïciens, que les âmes humaines sortaient de la substance de Dieu par émanation. *Voy.* ÉMANATION. — Il ne veut pas que les *priscillianistes* aient confondu, comme Sabellius, les Personnes divines ; ils croyaient, dit-il, la préexistence du Verbe, mais ils ne le croyaient pas *Fils de Dieu*, parce que ce titre ne lui est pas donné dans l'Écriture : suivant leur opinion, Jésus-Christ n'était Fils de Dieu qu'autant qu'il était né de la Vierge. Comment cet écrivain n'a-t-il pas vu qu'il se réfute lui-même ? Puisque les *priscillianistes* n'admettaient pas la divinité du Verbe, ils n'admettaient donc pas trois Personnes en Dieu, non plus que Sabellius et les autres antitrinitaires. Puisqu'ils ne croyaient point l'incarnation d'une Personne divine, ils étaient donc dans l'erreur sur les deux principaux dogmes du christianisme. Cependant leur apologiste persiste à dire qu'il est fort incertain si ces sectaires soutenaient quelques erreurs, et quelles étaient leurs opinions.

Il ne veut pas croire, non plus que Mosheim, que ces hérétiques mentaient et se parjuraient sans scrupule pour cacher leurs erreurs et leurs mystères, et qu'ils se livraient à l'impudicité dans leurs assemblées ; cela n'est prouvé, dit-il, que par le témoignage d'un nommé Fronton qui avait feint d'être de leur parti, afin de découvrir ce qui se passait parmi eux. Il se trompe ; les preuves sont, 1° la confession de Priscillien lui-même, qui se reconnut coupable de plusieurs turpitudes ; 2° l'aveu de plusieurs de ses sectaires qui se convertirent ; S. Aug., *ibid.* ; 3° le jugement de Sulpice-Sévère, qui, très-disposé d'ailleurs à les excuser, les appelle des hommes très-indignes de vivre, *luce indignissimi*; 4° la différence des peines qu'ils subirent ; pendant que les plus coupables furent punis de mort, les autres furent seulement exilés. L'apologiste oppose à ces preuves, 1° le silence de saint Jérôme, qui ne reproche point de crimes à Latronien ni à Tibérien, deux des chefs. Qu'importe, dès qu'il les reproche à la secte en général. *Voyez* la lettre citée. Saint Ambroise, dit-il, témoigne de la compassion pour le vieux évêque Hyginus qui fut envoyé en exil ; soit : ce vieillard pouvait n'avoir eu aucune part aux crimes de la secte. Mais lorsque les *priscillianistes* condamnés au concile de Saragosse voulurent se justifier auprès du pape Damase, ce pontife ne voulut pas seulement les voir, et saint Ambroise fit de même, *Sulpit. Sever.*, l. ii, c. 49. Il n'est pas vrai que Sulpice-Sévère ait dit que l'on reconnaissait plutôt les *priscillianistes* à la modestie de leurs habits et à la pâleur de leur visage qu'à la différence de leurs sentiments. Nos adversaires ne se corrigeront-ils jamais de la mauvaise habitude de falsifier les auteurs ? Sulpice-Sévère dit qu'il est moins indigné contre les *priscillianistes* que contre leurs accusateurs ; cependant il appelle la conduite des premiers *une perfidie*, leur doctrine, *une peste pour l'Espagne*, leur société, *une secte pernicieuse*, et ceux qui furent suppliciés, *des hommes indignes de vivre*. Il observe que Priscillien, Instantius et Salvianus gagnèrent l'Italie avec le cortège très-indécent de leurs femmes, et d'autres personnes du sexe de mauvaise réputation ; cela ne convenait guère à trois évêques.

2° L'on cite en leur faveur Latinius Pacatus, orateur païen, qui, dans le *panégyrique de Théodose*, après la défaite de Maxime, déplore la cruauté avec laquelle ce dernier avait fait supplicier non-seulement des hommes, mais des femmes. Il dit que Euchrocie, veuve du poète Delphidius, qui eut la tête tranchée, n'avait point d'autre crime que d'être trop religieuse et trop attachée au culte de la Divinité. Mais que prouve le témoignage d'un païen trompé par l'extérieur hypocrite de ces sectaires ? Convenait-il à une femme honnête et vertueuse de suivre des évêques condamnés pour hérésie en Italie et dans les Gaules, et de mener avec elle sa fille Procula, que l'on accusait d'avoir eu un commerce impudique avec Priscillien ? Ce mépris des bienséances était plus propre à confirmer les soupçons qu'à les dissiper. On sait d'ailleurs que les beggards et d'autres, coupables des mêmes désordres que les *priscillianistes*, n'avaient pas un air moins dévot ni moins mortifié.

3° Sulpice-Sévère appelle les témoins qui déposèrent contre Priscillien et contre ses adhérents, *des hommes vils* ; mais ils ne furent pas les seuls, puisque ce chef de parti avoua lui-même les turpitudes dont il était coupable, et que ceux qui se convertirent dans la suite confirmèrent cet aveu. On dit que la confession de Priscillien lui fut arrachée par la torture. Cela est faux. Sulpice-Sévère dit que les témoins s'accusèrent eux-mêmes et leurs compagnons avant l'interrogatoire, *ante quæstionem* ; c'est mal à propos que l'on veut entendre par là les tortures de la question.

4° Les principaux accusateurs, dit l'apologiste, furent Ithace et Idace, évêques espagnols, hommes méchants et très-vicieux, avec deux autres nommés Magnus et Rufus, dont Sulpice-Sévère parle avec horreur et mépris. Nous convenons que ces évêques firent un personnage odieux et indigne de leur confrère, en poursuivant des hérétiques au tribunal d'un prince de mauvais caractère. Ils furent détestés avec raison par leurs confrères, et surtout par saint Martin, qui demanda grâce pour les *priscillianistes* ; mais la passion des accusateurs ne prouve pas l'injustice de la sentence.

5° Le juge fut un nommé Evode, préfet du prétoire, homme dur et sévère. Cependant ce magistrat si dur, après avoir convaincu les accusés, ne voulut pas prononcer la sentence, il renvoya les pièces du procès à l'empereur. Celui-ci, tout méchant qu'il était, suivit encore les règles de la justice, puisqu'il ne condamna que les plus coupables à la mort ; il se contenta d'exiler les autres, ou pour toujours, ou seulement pour un temps. On dit qu'il en voulait principalement aux biens des *priscillianistes*, cela peut être ; mais il n'était pas nécessaire de les faire périr pour confisquer leurs biens. Après la mort de ce tyran, l'on ne découvrit aucune preuve de leur innocence, et lorsque saint Léon, dans le siècle suivant, recommença les informations contre les *priscillianistes*, il retrouva parmi eux les mêmes erreurs et les mêmes désordres qui avaient régné parmi leurs prédécesseurs. S. Leo, *ep.* 93, *ad Turibium*, c. 1.

6° Dans le concile de Saragosse, on reprocha aux *priscillianistes* des irrégularités et non des crimes. On voit par les canons de ce concile que parmi eux les laïques et les femmes enseignent qu'ils ont des assemblées secrètes dans les lieux écartés, qu'ils jeûnent le dimanche, qu'ils marchent pieds nus, que quelques-uns reçoivent l'eucharistie sans la manger à l'église, que plusieurs de leurs prêtres quittent leur ministère pour entrer dans l'état monastique. Ce concile aurait-il passé sous silence des crimes capitaux, tels que la prostitution, la nudité, le parjure, etc., si les *priscillianistes* en avaient été réellement coupables? A cela nous répondons, 1° que nous n'avons qu'une partie des actes du concile de Saragosse, qu'ainsi nous ne savons pas ce que portaient les canons qui ne subsistent plus; 2° que les évêques de ce concile n'ont pu juger que des délits qui leur étaient connus; or, il est probable qu'à la naissance du *priscillianisme* en Espagne, les partisans de cette hérésie ne se livrèrent pas d'abord aux crimes énormes que l'on vit bientôt éclore parmi eux. Elle aurait d'abord révolté toutes les âmes honnêtes. Mais s'ils se tenaient absolument innocents, pourquoi ne voulurent-ils comparaître ni au concile de Saragosse ni à celui de Bordeaux ? *Voyez* Sulpice-Sévère à l'endroit cité.

7° Les évêques qui renoncèrent au *priscillianisme* n'abjurèrent que des erreurs; saint Ambroise trouvait bon que l'on conservât dans les bénéfices et les dignités ceux qui se réuniraient à l'Eglise. Dictinnius, l'un d'entre eux, est révéré comme un saint en Espagne. Aussi ne disons-nous pas que tous les *priscillianistes* étaient coupables des mêmes déréglements; plusieurs s'étaient laissé séduire par les apparences de vertu et de piété qu'affectaient les hérétiques; ils furent détrompés lorsqu'ils apprirent les turpitudes auxquelles la plupart se livraient. Ils revinrent donc de bonne foi à l'Eglise ; pourquoi les aurait-on dépouillés de leurs dignités ? Une erreur innocente à laquelle un homme a renoncé dès qu'il l'a connue, ne peut pas l'empêcher de devenir un saint : tel a été sans doute le cas de Dictinnius.

8° Enfin, on a condamné dans les *priscillianistes*, dit notre auteur, la doctrine de saint Augustin; selon ce Père, l'homme est déterminé invinciblement au mal par la corruption de sa nature, ou au bien par l'action du Saint-Esprit. A la vérité cette doctrine ôte à l'homme la liberté d'indifférence, cependant elle a été solennellement approuvée par l'Eglise ; ainsi saint Léon, en réfutant les *priscillianistes*, ne s'est pas aperçu qu'il réfutait saint Augustin. Cette calomnie des protestants et de quelques autres hérétiques a été mille fois réfutée; jamais saint Augustin n'a dit que l'homme était invinciblement déterminé à une bonne ou à une mauvaise action; il ne s'est servi du mot *invinciblement* qu'en parlant du don de la persévérance finale qui renferme la mort en état de grâce; un homme pourrait-il encore résister à la grâce après sa mort? Le saint docteur a rejeté la liberté d'indifférence, prise dans le sens des pélagiens, pour un penchant égal au bien et au mal, pour une égale facilité de faire l'un ou l'autre par les seules forces du libre arbitre. Tout catholique la rejette dans ce sens. Mais deux *pouvoirs réels* et deux *pouvoirs égaux* ne sont pas la même chose, saint Léon n'était pas assez ignorant pour s'y tromper.

Puisque le *priscillianisme* a subsisté en Espagne pendant près de deux cents ans, qu'il y a causé des disputes et des troubles, qu'enfin ceux qui y étaient tombés sont revenus à l'Eglise, les Pères, tels que saint Jérôme, saint Ambroise, saint Augustin, saint Léon, Paul Orose qui vivait en Espagne, les évêques du concile de Brague tenu l'an 563, ont été certainement très à portée de le connaître; il nous paraît que leur témoignage est d'un tout autre poids que les conjectures et les visions des critiques protestants. Ceux-ci d'ailleurs ne s'accordent point dans le jugement qu'ils portent de ces anciens hérétiques. — On voit par la lettre que nous avons citée de saint Léon à Turibius, que cet évêque espagnol l'avait averti de la renaissance du *priscillianisme* en Espagne ; ce même évêque en connaissait si bien les erreurs, qu'il les avait exposées et rangées en dix-sept articles, sur chacun desquels saint Léon fait des réflexions. Aujourd'hui on vient nous dire que nous ne savons pas certainement quelles étaient les erreurs des *priscillianistes*, parce que nous n'avons plus leurs livres; qu'aucun ancien historien ne nous a fidèlement exposé leur doctrine. Que manquait-il donc à l'évêque Turibius pour la connaître, et quel motif pouvait-il avoir de ne pas l'exposer exactement à saint Léon?

En parlant de l'horreur qu'inspire aux évêques des Gaules, et surtout à saint Martin, la conduite des accusateurs de Priscillien, Mosheim dit que les chrétiens n'avaient point encore appris que ce fût un acte de piété et de justice de livrer les hérétiques aux magistrats pour les faire punir : cette doctrine abominable, continue-t-il, était réservée pour les temps auxquels la religion devait devenir un instrument de despotisme, de haine et de vengeance. Ce trait de malignité porte à faux, manque de justesse et d'équité. 1° Longtemps avant la procédure faite contre Priscillien, il y avait eu des lois portées par les empereurs contre les hérétiques, en particulier contre les manichéens et contre les donatistes, et plusieurs avaient été punis. 2° Ce ne sont pas les évêques qui avaient livré Priscillien aux magistrats, c'est lui-même qui avait appelé du jugement des évêques à celui de l'empereur; par le premier il aurait été condamné tout au plus à être dégradé de l'épiscopat et privé de la communion ; par le second il fut condamné à mort. 3° Il y a de la calomnie à insinuer que l'on a livré aux magistrats toutes sortes d'hérétiques ; cela n'a été fait qu'à ceux dont les erreurs ou la conduite intéressaient l'ordre public et le bien temporel de la société. Or, telles étaient les erreurs des manichéens et des *priscillianistes*. « Les princes ont compris, dit saint Léon, que laisser à ces sectaires la vie et la liberté de dogmatiser, c'était détruire toute honnêteté dans les mœurs, dissoudre tous les mariages, fouler aux pieds toutes les lois divines et humaines. » *Epist. cit.* 4° Que signifie *livrer les hérétiques aux magistrats pour les punir ?* C'est laisser aux magistrats le soin de juger si les hérétiques méritent ou non d'être punis par des peines afflictives; mais par cette expression perfide les protestants veulent faire entendre que les évêques ont saisi les hérétiques par violence, les ont condamnés à mort, et les ont ensuite livrés pieds et poings liés aux magistrats pour exécuter la sentence; c'est ainsi qu'ils en imposent aux ignorants. — A l'article saint LÉON, nous avons justifié ce saint pape contre les calomnies de Beausobre, qui l'accuse d'avoir attribué aux manichéens et aux *priscillianistes* des erreurs qu'ils ne soutenaient pas, et des désordres desquels ils n'étaient pas coupables.

PRISCILLIENS. *Voy.* MONTANISTES.

PROBABILISME, PROBABILISTES. Il y a eu entre les casuistes une dispute longue et vive pour savoir quelle conduite on doit tenir entre deux opinions plus ou moins probables, dont l'une décide que telle chose est permise, l'autre qu'elle ne l'est pas. Sur ce point, comme sur plusieurs autres, l'on a donné dans les deux excès. Quelques-uns ont soutenu qu'il est permis de suivre l'opinion la moins probable, et ils entendaient par *opinion probable,* toute opinion en faveur de laquelle on pouvait citer au moins le sentiment d'un docteur de quelque réputation; ils ont été appelés *probabilistes.* Il est aisé de voir que cette morale était absurde et condamnable. D'autres ont prétendu que l'on ne peut, en sûreté de conscience, suivre jamais une opinion, quelque probable qu'elle soit; qu'il faut toujours prendre pour règle une opinion certaine et incontestable; on les a nommés *antiprobabilistes.* Autre excès qui nous mettrait hors d'état d'agir dans une infinité de circonstances dans lesquelles il faut nécessairement prendre un parti, sans pouvoir cependant sortir du doute dans lequel on est touchant ce que la loi prescrit. Le seul milieu raisonnable et le seul approuvé par l'Eglise est qu'entre deux opinions en faveur desquelles il y a des raisons et des autorités, il faut, après un sérieux examen, suivre celle qui paraît la mieux fondée, afin de ne pas s'exposer témérairement au danger de pécher.

Mais il ne faut pas croire que tous les *probabilistes* ont donné dans le même excès de relâchement; plusieurs ont entendu par *opinion probable,* non celle en faveur de laquelle on peut citer tout au plus une ou deux autorités, mais celle qui est appuyée sur des raisons, et soutenue par un nombre de docteurs graves et non suspects. Le *probabilisme* ainsi entendu a été le sentiment commun des casuistes de toutes les écoles, de tous les ordres religieux et de toutes les nations; il y a de l'entêtement à soutenir que ce sentiment était une corruption de la morale, un principe de fausses décisions, un moyen d'excuser et d'autoriser tous les pécheurs.

Cependant, en confondant le *probabilisme* ainsi conçu avec le *probabilisme* le plus relâché, on a trouvé le moyen de persuader aux ignorants et aux demi-savants que ce dernier était le sentiment commun des seuls casuistes jésuites, à l'exclusion de tous les autres. C'est ce que Pascal a soutenu avec tout l'esprit et toute la malignité possibles dans les *Lettres provinciales ;* d'autres se sont efforcés de prouver tout ce qu'il avait dit, et l'on a écrit amplement pour et contre ce fait, qui a paru fort important. Les protestants n'ont pas manqué de venir à l'appui des accusateurs; en dernier lieu, Mosheim a répété contre les jésuites tous les reproches qui leur ont été faits par esprit de cabale et de parti. *Hist. ecclés.,* xvi$^e$ siècle, sect. 3, 1$^{re}$ part., c. 1, § 35 ; xvii$^e$ siècle, sect. 2, 1$^{re}$ part., c. 1, § 35. Le traducteur a encore enchéri sur l'original. Néanmoins l'un et l'autre avouent que l'on aurait tort d'imputer à tous les jésuites en général les maximes erronées et les pratiques corrompues qu'on leur a reprochées, que plusieurs de leurs casuites ont enseigné le contraire. Ils conviennent que les adversaires de cette société célèbre ont été plus loin qu'ils ne devaient; qu'ils ont exagéré les choses pour donner carrière à leur zèle et à leur éloquence ; que l'on a imputé à ses membres des principes que l'on tirait par induction de leur doctrine, et qu'ils auraient désavoués; que l'on n'a pas toujours interprété leurs expressions dans leur véritable sens; que l'on a représenté les conséquences de leur système d'une manière partiale et qui ne s'accorde pas toujours avec l'exacte équité. Puisque tout cela est vrai, pourquoi répéter encore des accusations dictées par la haine et par la malignité, et dont on est forcé d'avouer l'injustice? *Voy.* CASUISTES.

PROCÈS. Jésus-Christ dit à ses disciples, *Matth.,* c. v, v. 38 : *Vous savez ce qu'il est dit : On exigera œil pour œil et dent pour dent ; pour moi je vous dis de ne point résister au mal* (ou au méchant); *mais si quelqu'un vous frappe sur une joue, tendez-lui l'autre. Si quelqu'un veut plaider contre vous et vous enlever votre robe, abandonnez-lui encore votre manteau.* Saint Paul a répété la même morale aux fidèles. *I Cor.,* c. vi, v. 6. *Parmi vous,* dit-il aux Corinthiens, *un frère plaide contre son frère, et cela par-devant les infidèles. C'est déjà un mal qu'il y ait entre vous des procès ; pourquoi ne pas plutôt souffrir une injure? pourquoi ne pas supporter une fraude?* Les censeurs de l'Evangile ont blâmé hautement cette morale : elle défend, disent-ils, la juste défense de soi-même; s'il fallait l'observer, la société ne pourrait subsister.

Plusieurs Pères de l'Eglise ont pris à la lettre les paroles de Jésus-Christ et de saint Paul; Athénagore, *Legat. pro Christ.,* c. 1, dit aux païens : « Non-seulement nous ne nous défendons pas contre ceux qui nous frappent, et nous n'intentons point de procès à ceux qui nous enlèvent notre bien, mais nous avons appris à tendre l'autre joue, etc. » Lactance, *Divin. Instit.*, l. vi, c. 18, n. 12; saint Basile, *Epist. ad Amphil.*, can 55; saint Grégoire de Nazianze, *Orat.* 3, soutiennent que c'est un précepte rigoureux pour un chrétien.

Barbeyrac, occupé à chercher des erreurs de morale dans les Pères de l'Eglise, soutient que c'en est ici une très-grave; il leur reproche de n'avoir pas pris le sens des *paroles proverbiales* de Jésus-Christ, et d'avoir ainsi condamné la juste défense de soi-même. Pour justifier sa censure, ce grand moraliste aurait dû nous montrer d'abord en quoi son objection est mieux fondée que celles des incrédules, ensuite nous donner le vrai sens des paroles prétendues proverbiales de Jésus-Christ. Puisqu'il n'a fait ni l'un ni l'autre, nous sommes obligés d'y suppléer, de faire voir que le Sauveur, ni saint Paul, ni les Pères, n'ont pas tort.

Dans quelles circonstances Jésus-Christ parlait-il à ses disciples? il leur dit : *L'heure vient à laquelle quiconque vous ôtera la vie croira faire une œuvre agréable à Dieu* (*Joan.* xvi, 2). *Heureux ceux qui souffrent persécution pour la justice, parce que le royaume des cieux est à eux. Vous serez heureux lorsque vous serez persécutés à cause de moi,* etc. (*Matth.*, v, 18). De quoi aurait-il servi aux premiers fidèles, de poursuivre la réparation d'un tort ou d'une injure par-devant les magistrats déterminés à les mettre à mort? Leur patience poussée jusqu'à l'héroïsme devait être une des preuves de la divinité du christianisme, et des attraits les plus propres à gagner les païens; c'est ce que l'événement a démontré. Cette patience était donc un devoir rigoureux pour les apôtres et pour les premiers chrétiens; les paroles de Jésus-Christ ne sont pas plus proverbiales que celles de saint Paul. Athénagore n'a donc pas eu tort de les prendre à la lettre en faisant l'apologie du christianisme au tribunal des magistrats.

La leçon que l'Apôtre faisait aux Corinthiens n'était pas moins sage. S'ils n'avaient pas le courage de supporter un tort ou une injure de la part de leurs frères, comment pouvait-on espérer qu'ils souffriraient patiemment les outrages et l'injustice des persécuteurs? Quelle idée ceux-ci pouvaient-ils concevoir du christianisme, lorsqu'ils voyaient parmi les chrétiens le même défaut de charité, les mêmes fraudes, les mêmes vengeances que parmi les païens? A la vérité, lorsque Lactance, saint Basile et saint Grégoire de Nazianze ont écrit, les choses étaient changées, le christianisme était dominant, mais il restait encore des païens à convertir; les catholiques étaient exposés à la persécution des ariens; les Pères avaient donc encore de très-bonnes raisons de répéter aux fidèles les leçons de l'Evangile, sans entrer dans le détail des différents cas dans lesquels les *procès* peuvent être excusés ou blâmés. Aujourd'hui même il est très-vrai dire en général que tout *procès* est ou un crime ou un malheur, un combat dangereux pour la vertu; qu'il est bien difficile de plaider sans que la passion n'y entre pour quelque chose ; que tout plaideur d'inclination est une peste pour la société; qu'ordinairement il vaut beaucoup mieux souffrir un dommage ou une insulte que d'en poursuivre la réparation par un *procès*. Les magistrats les plus sages, les jurisconsultes les plus habiles sont en cela de même avis que les théologiens et les moralistes. *Voyez* DÉFENSE DE SOI-MÊME.

PROCESSION, marche solennelle du clergé et du peuple, qui se fait dans l'intérieur de l'église ou au dehors, en chantant des hymnes, des psaumes ou des litanies. Les *processions* peuvent avoir tiré leur origine de l'ancien usage dans lequel étaient les évêques de célébrer le service divin, non-seulement dans leur église cathédrale, mais encore dans les autres églises de la ville épiscopale, surtout au tombeau des martyrs le jour de leur fête; ils y allaient en *procession*, suivis du clergé et du peuple ; c'est ce que l'on nommait aussi *station*. De même lorsque l'évêque devait célébrer dans l'église cathédrale, le clergé des autres églises y allait en *procession* avec le peuple pour assister à la messe pontificale. Il est donc hors de propos de chercher l'usage des *processions* dans le paganisme, comme ont voulu faire certains critiques plus malicieux qu'instruits. L'histoire sainte nous parle des marches solennelles qui se sont faites pour transporter l'arche d'alliance d'un lieu à un autre; c'étaient de vraies *processions*. Les chrétiens firent de même à la translation des reliques des martyrs; il est parlé dans l'*Histoire ecclésiastique de Théodoret*, l. iii, c. 10, d'une *procession* célèbre qui se fit l'an 362, lorsque les reliques du martyr saint Babilas furent transportées du faubourg de Daphné dans l'église d'Antioche, et de laquelle l'empereur Julien fut très-irrité. Dans la suite on a fait des *processions* pour rappeler aux fidèles le souvenir des voyages du Sauveur dans la Judée, pour implorer la miséricorde divine dans des temps de calamité, pour demander à Dieu quelque grâce particulière ; telles sont les *processions* des rogations, du jubilé, etc. *Voy.* LITANIES. Le P. Lebrun, *Explic. des cérém. de la Messe*, t. I, p. 85, a parlé fort au long de celle qui se fait le dimanche avant la messe dans la plupart des églises. Les plus célèbres dans toute l'Eglise catholique sont aujourd'hui celles du Saint-Sacrement, le jour et pendant l'octave de la Fête-Dieu.

Dans les siècles passés, lorsque les mœurs étaient grossières et la piété peu éclairée, il se commettait dans certaines *processions* des indécences; l'on y voyait des spectacles très-peu propres à exciter la dévotion. Cet abus avait tiré son origine de la représentation trop naïve de nos mystères, qui se faisait souvent les jours de fêtes. Peu à peu les évêques sont venus à bout de les supprimer partout ; mais ce n'a pas été sans éprouver de la résistance de la part des peuples. *Voy.* FÊTE.

PROCESSION DU SAINT-ESPRIT. *Voy.* SAINT-ESPRIT.

PROCHAIN. Ce terme dans l'Ecriture

sainte signifie quelquefois un proche parent, d'autres fois un homme du même pays, de la même tribu; souvent il désigne un voisin ou un ami. Mais lorsque Dieu nous commande d'aimer le *prochain* comme nous-mêmes, il veut que nous ayons de la bienveillance pour tous les hommes sans exception, et que nous leur fassions du bien. C'est ainsi que Jésus-Christ l'a expliqué par la parole du Samaritain charitable, *Luc.*, c. x, v. 30. Cela n'empêche pas qu'il ne puisse y avoir de bonnes raisons de faire du bien par préférence à ceux qui paraissent le mériter le mieux. *Voy.* AMOUR DU PROCHAIN.

PRODIGE, événement surprenant dont on ignore la cause, et que l'on est tenté de regarder comme surnaturel. Il y a dans les *Mémoires de l'Académie des Inscriptions*, t. VI, in-12, p. 76, des réflexions très-sensées sur les *prodiges* rapportés par les écrivains du paganisme. L'auteur, qui n'était rien moins que crédule, en distingue de deux espèces : les uns sont des faits qui ne peuvent avoir été produits par aucune cause physique, et que l'on serait forcé d'attribuer à l'opération de Dieu ou à celle du démon, s'ils étaient bien constatés. Mais aucun de ces faits n'est suffisamment attesté, aucun n'est rapporté par des témoins oculaires ; ce sont simplement des bruits adoptés par la crédulité des peuples, et que les historiens n'ont jamais prétendu garantir. Les autres, qui sont mieux prouvés, sont des phénomènes naturels, mais qui ont été regardés comme miraculeux, parce que l'on n'en connaissait pas la cause, et que l'on n'était pas accoutumé à les voir. En effet, ces *prodiges* prétendus se réduisent, 1° à des pluies extraordinaires, comme des pluies de pierres, de briques, de terre, de cendres, de métaux, ou couleur de sang ; et ce sont des faits naturels, causés par l'éruption de quelque volcan : l'auteur le prouve par plusieurs exemples anciens et modernes ; 2° à des météores aperçus au ciel tels que les aurores boréales, les feux nocturnes, etc. Ces phénomènes n'ont aujourd'hui plus rien d'effrayant, depuis que, par une savante théorie, l'on en a découvert la cause ; mais autrefois l'on ne manquait jamais de les envisager comme des signes de la colère du ciel, qui annonçaient quelque malheur extraordinaire, et le peuple le croit encore ainsi.

C'est donc fort mal à propos que les incrédules veulent faire une comparaison de ces prétendus *prodiges* avec les miracles qui sont rapportés dans l'*Histoire de l'ancien* ou du *nouveau Testament*, ou par les écrivains ecclésiastiques. Ceux-ci sont ordinairement attestés par des témoins oculaires ou par des monuments authentiques qui ne laissent aucun doute sur la réalité de ces faits, et ils sont de telle nature que l'on ne peut les attribuer à aucune cause physique. Ils ont été opérés d'ailleurs dans des circonstances où ils étaient nécessaires pour intimer aux hommes les volontés de Dieu, pour leur imposer de nouveaux devoirs, pour établir un nouvel ordre de choses ; et l'effet qui en est résulté leur servira d'attestation jusqu'à la fin des siècles. Rien de semblable n'a eu lieu à l'égard des *prodiges* de l'antiquité païenne.

L'auteur de ce mémoire le termine par une réflexion très-sage, et que l'on ne peut remettre trop souvent sous les yeux des incrédules. « La philosophie moderne, dit-il, en même temps qu'elle a éclairé et perfectionné les esprits, les a néanmoins rendus quelquefois trop dogmatiques et trop décisifs. Sous prétexte de ne se rendre qu'à l'évidence, ils ont cru pouvoir nier l'existence de toutes les choses qu'ils avaient peine à concevoir, sans faire réflexion qu'ils ne devaient nier que les faits dont l'impossibilité est évidemment démontrée, c'est-à-dire qui impliquent contradiction..... Le parti le plus sage, lorsque la vérité ou la fausseté d'un fait qui n'a rien d'impossible en lui-même n'est pas évidemment démontrée, serait de se contenter de le révoquer en doute, sans le nier absolument. Mais la suspension et le doute ont toujours été et seront toujours un état violent pour le commun des hommes, même pour les philosophes. La même paresse d'esprit qui porte le vulgaire à croire les faits les plus extraordinaires sans preuves suffisantes, produit un effet tout contraire dans les philosophes. Ils prennent le parti de nier les faits les mieux prouvés, lorsqu'ils ont quelque peine à les concevoir, et cela pour s'épargner la peine d'une discussion et d'un examen fatigant. C'est encore par une suite de la même disposition d'esprit, qu'ils affectent de faire si peu de cas de l'étude des faits et de l'érudition. Ils trouvent bien plus commode de la mépriser que de travailler à l'acquérir, et ils se contentent de fonder ce mépris sur le peu de certitude qui accompagne ces connaissances, sans penser que les objets de la plupart de leurs recherches philosophiques ne sont nullement susceptibles de l'évidence mathématique, et ne donneront jamais lieu qu'à des conjectures plus ou moins probables, de même genre que celles de la critique et de l'histoire, et pour lesquelles il ne faut pas une plus grande sagacité que pour celles qui servent à éclaircir l'antiquité. D'ailleurs ils devraient faire réflexion que, pour l'intérêt même de la physique, et peut-être encore de la métaphysique, il importerait aux philosophes d'être instruits de bien des faits rapportés par les anciens, et des opinions qu'ils ont suivies. Les hommes ont eu à peu près autant d'esprit dans tous les temps ; ils n'ont différé que par la manière de l'employer ; et si notre siècle a acquis une méthode inconnue à l'antiquité, comme le prétendent quelques-uns, nous ne devons pas nous flatter d'avoir donné par là une étendue assez grande à notre esprit, pour qu'il doive absolument mépriser les connaissances et les réflexions de ceux qui nous ont précédés. » *Voy.* MIRACLES.

PROFANATION, PROFANE. Ces deux termes viennent de *fanum*, temple ou lieu sacré ; *profanus* signifie par conséquent ce qui est hors du lieu sacré, ce qui n'est point destiné au culte de la Divinité : quand il est dit d'un homme, il désigne celui qui n'est pas initié aux mystères, celui qui ne les connaît pas. *Profaner* une chose sainte, c'est en faire un usage qui n'a plus de rapport au culte de Dieu. Ainsi l'on *profane* une église lorsqu'on y commet un crime, ou que l'on s'en sert pour des usages qui n'ont rien de respectable ; on *profane* les vases sacrés lorsqu'on les emploie comme des vases communs ; c'est une *profanation* d'abuser des paroles de l'Ecriture sainte pour exprimer des obscénités ou pour faire des opérations magiques, etc. Dans le style des écrivains sacrés, un *profane* signifie quelquefois un impie, celui qui ne fait aucun cas des choses saintes ; ainsi il est dit qu'Esaü fut un *profane*, parce qu'il fit moins de cas de la bénédiction attachée à son droit d'aînesse que d'un potage de lentilles. On lit dans le *Lévitique*, chap. xix, v. 7, que si quelqu'un mange de la victime d'un sacrifice le troisième jour, il sera *profane* et coupable d'impiété. Dieu voulait que la chair des victimes fût mangée promptement, afin qu'elle ne fût pas exposée à se corrompre. *Voyez* Sacrilège.

PROFESSEUR DE THÉOLOGIE. *Voy.* Théologie.

PROFESSION DE FOI, déclaration publique de ce que l'on croit : lorsqu'elle est couchée par écrit, on l'appelle aussi *symbole* ou *confession de foi*. *Voyez* ces mots. L'Eglise n'admet personne à recevoir le baptême sans qu'il ait fait sa *profession de foi* ; lorsqu'on baptise les enfants, les parrains et les marraines la font au nom du baptisé ; on l'exige encore des hérétiques qui veulent se réconcilier à l'Eglise. La plus ancienne *profession de foi* que nous connaissions est le symbole des apôtres. Aux mots Arianisme, Ariens, nous avons remarqué la multitude des *professions* ou *confessions de foi* dressées par ces hérétiques, mais qu'ils aient su jamais se contenter d'aucune et s'y fixer : il en a été de même des protestants ; nous en avons cité au moins douze ou quinze : l'Eglise catholique, plus constante dans sa croyance, conserve encore aujourd'hui le symbole de *Nicée*, qui n'est que le développement de celui des apôtres.

PROFESSION RELIGIEUSE. *Voy.* Vœu.

\* PROGRÈS (Doctrine du). Au mot Croyances catholiques (progrès des) nous avons exposé comment le christianisme entend le progrès. Nous nous contentons de rapporter ici l'appréciation que les Conférences de Saint-Flour ont faite de la doctrine du progrès. « Le mot progrès, grammaticalement pris, signifie changement de place, mouvement en avant ; ce mot, appliqué aux vérités révélées elles-mêmes, n'aurait donc de sens qu'autant que ces vérités seraient mobiles, changeantes. Or, le mot de vérité, à lui seul, implique l'immutabilité, parce que la vérité repose sur l'essence des choses qui est immuable ; de plus, l'origine divine des vérités révélées leur imprime un caractère nouveau d'immutabilité en les marquant du sceau de l'intelligence et de la véracité infinies. Prétendre que ce qui est reconnu vrai par la raison humaine peut cesser de l'être et devenir faux, c'est nier la réalité de l'objet même qui est reconnu vrai, ou plutôt l'existence de la certitude dans la raison humaine. Et toutefois, il faut bien admettre que, si ce qui est vrai ne peut jamais cesser de l'être, il est tout un ensemble de connaissances dans les sciences morales et physiques, qui, étant fondé sur l'expérience, peut et doit grandir avec elle ; mais affirmer que les vérités reconnues révélées peuvent changer ou même être complétées par l'esprit humain, c'est d'abord leur ôter leur titre de révélées, puisque, élaborées de nouveau par l'intelligence de l'homme, elles ne seraient plus l'œuvre de Dieu, mais la sienne et le produit de son esprit ; c'est ensuite assujettir l'intelligence divine au contrôle de la nôtre ; c'est dire que le soleil peut emprunter sa lumière aux rayons qui émanent de lui. Mais, en outre, on ne peut pas dire du christianisme, comme des sciences morales et surtout physiques, dont l'expérience perfectionne les théories en ajoutant incessamment aux données sur lesquelles elles portent, que ses enseignements peuvent aussi être plus étendus ou mieux adaptés aux besoins variables de l'humanité, à ses différents âges ; car, 1° Il faudrait montrer que quelque chose manque au christianisme, indiquer les développements, les modifications que l'on voudrait y faire, et faire voir que ces développements et ces modifications seraient un perfectionnement véritable ; or, c'est ce qu'on n'a pu faire après de bien longs et de bien durs travaux. Le génie n'a pas manqué à l'œuvre ; des siècles lui ont été donnés pour l'accomplir, et tout cela n'a servi qu'à démontrer l'impuissance absolue de l'homme à perfectionner l'œuvre de Dieu. 2° Cette impuissance résulte encore, non-seulement du fait de l'origine divine du christianisme, mais de sa perfection intrinsèque, que la publicité de sa doctrine et l'application qui en est faite depuis son origine à toutes les sciences et à tous les intérêts pratiques de l'humanité, rendent évidente, et pour ainsi dire palpable. Quelque différence que puissent établir entre les divers âges des sociétés le mouvement des idées et les changements qu'il détermine dans les mœurs, il n'y aura rien à modifier dans les vérités révélées pour les adapter aux besoins respectifs des temps ; il suffira d'en modifier l'application selon ces besoins mêmes. Le mot *progrès* appliqué aux vérités révélées elles-mêmes n'a donc pas de sens ; mais s'agit-il de la connaissance de ces vérités, du mode de les exposer et de les défendre, il est admissible, il est nécessaire.

« Pour résoudre cette question, distinguons avec soin deux choses bien différentes, et que néanmoins on confond souvent, savoir, 1° l'exposé des preuves qui établissent la divinité du christianisme, et de la société qui en a le dépôt, et encore des différentes vérités qu'il embrasse ; 2° la controverse. Eh bien ! nous disons de la première de ces deux choses qui forme la partie positive et, pour ainsi dire, constituante de l'enseignement religieux, 1° qu'elle ne doit pas changer pour le fonds des preuves, dont la force repose à la fois sur les vérités mêmes qu'elles prouvent et sur les lois premières de notre esprit, immuables comme ces vérités. Il en est de même, et pour la même raison, du mode de les exposer. Il en est un qui, les présentant dans leur point de vue le plus lumineux, le plus en harmonie avec les lois premières et communes de notre esprit, est dès lors le plus propre à y porter la conviction, et ce mode, on le comprend, ne doit pas changer. Sans examiner s'il a jamais été parfaitement compris et appliqué, il est logique de penser qu'il a dû l'être, au moins dans ce qu'il a de plus essentiel, pour cela seul qu'il est fondé sur la nature. On doit conclure de cela qu'il est sage de tenir à la méthode reçue généralement jusqu'à évidence d'une amélioration à introduire. 2° Ce que nous venons de dire, toutefois, doit être entendu avec quelque restriction ; en effet, si la raison est la même dans tous les hommes, dans ce qu'elle a de fondamental, il y a d'un homme à un homme, d'une nation à une nation, d'un siècle enfin à un autre siècle, des différences accessoires indéfiniment multipliées et variables. Il suit de là que telle preuve et telle manière de présenter cette preuve, excellentes pour un temps, pour un homme, pour une nation, sont moins bonnes pour un autre temps, pour un autre homme, pour une autre nation; évidemment il faut tenir compte de ces différences. La seconde partie de l'enseignement religieux est, avons-nous dit, la controverse; à elle se rattachent toutes les considérations qui ont pour but de préparer les esprits à écouter la démonstration proprement dite, et à en saisir la force : elle consiste donc principalement à dissiper les préjugés et à combattre les erreurs qui obscurcissent ou attaquent les vérités qu'il appartient à la démonstration d'établir. Or, évidemment c'est à des erreurs vivantes, à des erreurs qui aient cours dans les esprits, et non à des fantômes inutilement évoqués, qu'elle doit s'attaquer, et cela avec le genre de considérations et le mode de les présenter qui s'adaptent le mieux aux dispositions de ceux à qui l'on a affaire.

« Voici donc en quoi le progrès est admissible et nécessaire dans le mode d'exposer et de défendre les vérités révélées : 1° la partie polémique de l'enseignement religieux doit être modifiée dans son objet, selon les erreurs et les préjugés essentiellement variables qu'on a à détruire; 2° la forme, soit de l'exposé des vérités, soit de la polémique proprement dite, doit être mise en rapport avec les dispositions des esprits, dans le choix des raisonnements, et plus encore dans la manière de les présenter. Ces principes semblent incontestables : pour prévenir l'abus qu'on pourrait en faire, qu'il suffise d'ajouter que l'appréciation des erreurs de son temps et des tendances caractéristiques d'une époque demandent de fortes études; encore la prudence veut-elle généralement qu'on attende, pour marcher dans des routes quelque peu nouvelles, qu'on y soit précédé par le gros des hommes sages et compétents. Il ne serait guère moins dangereux de s'exposer, trop facilement comme le représentant du savoir et de l'expérience, et de rejeter à ce titre toute modification nouvelle, que d'introduire ces modifications avant que l'utilité en soit bien établie. Cela posé, l'histoire de l'enseignement chrétien à tous les âges vient confirmer la vérité de ces principes dont il n'a été qu'une exacte application. 1° A mesure que des erreurs surgissent et se répandent, apparaissent des réfutations qui prennent bientôt place dans les auteurs élémentaires, pour disparaître à leur tour et faire place à une controverse nouvelle. De toute cette partie de la théologie il n'y a et ne peut y avoir de fixe que le lien de la famille qui unit toutes les erreurs. Il est bon, toutefois, de mettre toujours ce lien en évidence; c'est le meilleur moyen de bien entendre la nature des erreurs nouvelles, et de donner à leur réfutation plus de profondeur et de solidité. Ce point est trop clair pour nous y arrêter davantage. 2° Ce que nous avons à dire sur la forme de la polémique mérite plus de développements.

« Pour se former une idée des progrès que nous présente l'histoire de la polémique dans ses formes, il suffit de prendre pour terme de comparaison, d'une part, les meilleurs ouvrages de l'antiquité chrétienne contre les hérétiques, ceux de Tertullien, par exemple, ou de S. Augustin, et d'autre part, les écrits que Bossuet et Nicole ont publiés contre les protestants touchant l'autorité de l'Eglise. Les premiers, supérieurs, à quelques égards, aux seconds, leur sont inférieurs sous le rapport de la précision et de la clarté du langage; la pensée se reproduit dans ceux-ci sous des formes plus rigoureusement déterminées : on remarque le même progrès dans les ouvrages modernes qui traitent la question de l'autorité en général. Cela doit paraître d'autant plus naturel que, suivant l'opinion commune, notre langue philosophique, moins variée que celle des anciens, la surpasse par son caractère éminemment logique; avantage qui vient en partie de ce qu'elle réunit et fixe, sous certains mots fondamentaux, des groupes d'idées autrefois flottantes dans les périphrases arbitraires, et aussi de l'ordre des mots dans la phrase que le christianisme a rendu plus analogue à l'ordre intrinsèque des idées, par cela même qu'il a détruit toute erreur et enseigné toute vérité morale. Ce que nous disons de l'expression des idées s'applique également à la méthode qui les combine. Le génie gréco-romain des Pères a une marche moins régulière que le génie catholique des temps modernes, et semble avoir retenu dans sa course plus de cette liberté propre au génie oriental, source primitive du grand fleuve des conceptions humaines. Les Pères appartenaient ou touchaient à cette époque où l'antique Orient, apparaissant avec toutes ses doctrines sur la scène du monde occidental, y modifia sensiblement l'état de l'esprit humain. Le génie moderne au contraire s'est préparé lentement dans le gymnase de la scolastique du moyen âge. Si cette première éducation lui a communiqué une disposition à une sorte de rigorisme logique qui gêne la puissance et la liberté de ses mouvements, il a contracté aussi, sous cette rude discipline, des habitudes sévères de raison, un tact admirable pour l'ordonnance et l'économie des idées, une supériorité de méthode dont les trois derniers siècles portent particulièrement l'empreinte. C'est une époque bien remarquable de l'esprit humain que celle qui produisit les Erigène, les Abeilard, les S. Anselme, les Guillaume de Paris, les S. Thomas d'Aquin, les S. Bonaventure; mais les travaux de cet âge diffèrent essentiellement de ceux des premiers siècles. Les grands esprits du moyen âge, au lieu de s'occuper à prouver le christianisme que personne n'attaquait, cherchaient à construire une science concordant essentiellement avec la foi catholique, en saisissant l'harmonie de toutes les vérités.

« Luther donne le signal d'une ère nouvelle. Bossuet, marteau des protestants, les écrase; avec lui Nicole et Pélisson, par la force irrésistible de leur logique, les poussent à leurs dernières conséquences. Au secours du protestantisme accourt la philosophie du XVIIIe siècle. J.-J. Rousseau et Voltaire renouvellent contre le christianisme les mêmes objections qu'avaient faites les philosophes des premiers siècles. Bergier, Nonnote, Bullet et Guénée les réfutent en reproduisant les preuves que les Pères avaient opposées aux philosophes de leur temps, mais conformément au caractère de l'esprit moderne, sous des formes plus logiques, plus précises et plus rigoureuses.

« La logique et l'érudition de trois siècles ayant ainsi préparé les voies, il est impossible que de ce grand travail il ne sorte pas un nouveau développement de la vérité. Tous les points de la doctrine révélée ont passé par le crible du raisonnement et de l'expérience, et le raisonnement et l'expérience les ont entourés d'un éclat nouveau. Un grand ouvrage est à faire, qui résume tous ces travaux, qui fasse refluer toutes les eaux des connaissances humaines vers leur source divine, qui réunisse les mille voix de la science en un concert immense de louanges à Dieu et à son Christ. Quel que soit le temps où cette œuvre sera accomplie, le clergé a la sienne, et cette œuvre est belle et pressante à la fois. Autour de lui tout s'agite d'une incroyable ardeur de savoir. Qu'il s'inspire de la sublimité de son caractère et de sa mission ! Que chacun de ses membres s'efforce de faire fructifier le talent qu'il a reçu, et alors d'*injustes* reproches tomberont, et rien ne manquera à la milice sainte pour la conquête du monde, lorsque chacun sera prêt à y marcher avec la triple armure de la foi, de la science et de la vertu. »

« Tel est l'esprit humain, ajouterons-nous avec M. Newman, qu'il ne saisit pas immédiatement une idée sous toutes ses faces, et même plus elle a d'étendue et de profondeur, plus il sent que sa débile intuition a besoin des secours de la réflexion et du temps. Ce qui est vrai d'une idée est bien autrement vrai d'une doctrine, c'est-à-dire d'un ensemble d'idées dont il faut voir les aspects divers, les applications variées, et dont la valeur et la portée précises n'apparaissent jamais si bien qu'au milieu des contradictions et des épreuves que le temps fait subir à tout. De plus, ce qui est vrai d'une doctrine humaine est bien autrement vrai, sous le rapport qui nous occupe, d'une doctrine divine et mystérieuse : on peut défier qui que ce soit d'arriver à l'idée du christianisme, sinon par une succession de concepts, de vues, de propositions qui se prêtent une lumière et une force réciproques, se corrigent et s'expliquent mutuellement, et concourent ainsi à représenter, d'une manière plus ou moins exacte et intégrale, ce fait si complexe, qu'on nomme la religion chrétienne. L'humanité, prise en masse, n'échappe pas à cette loi d'un mouvement graduel dans la connaissance explicite de la vérité. Placez-la, par supposition, en présence d'une doctrine, elle ne peut tout de suite ni en appliquer tous les principes ni en formuler toutes les conséquences, parce qu'elle ne comprend et n'agit qu'avec des forces collectives, dont chacune s'ébranle et apporte son concours en vertu d'idées progressivement acquises. Ce que l'humanité fait aussitôt, le voici : elle proclame, avec une tranquille autorité, soit l'ensemble, soit quelques détails de la doctrine reçue; vous en niez un point, elle l'affirme contradictoirement après s'être interrogée; vous en faites des applications, elle les condamne ou les ratifie d'une manière expresse, après avoir examiné; et ainsi, chaque jour, elle applique à des cas particuliers sa croyance générale; elle arrive à une conscience plus distincte et plus précise des choses qu'elle admettait réellement, mais vaguement; elle réduit en formules fixes et nettes ce qui est la substance et l'âme de ses convictions et le résultat de ses expériences. L'avénement du christianisme n'a pas changé, en ceci, la condition naturelle de l'humanité : c'était chose impossible, à moins de donner à l'humanité tout entière une existence simultanée et de la précipiter immédiatement dans sa fin. Il résulte de là que, à travers dix-huit siècles, l'idée du christianisme a nécessairement reçu un développement quelconque, si on la considère dans sa plus minutieuse exactitude, et, s'il est permis de dire, dans les linéaments qui en accusent à nos yeux les proportions et les formes.

« Que les rationalistes se calment; il n'y a rien là qui doive les faire triompher d'aise, comme il n'y a rien non plus qui puisse alarmer les catholiques. Le développement que nous admettons n'est pas de ceux qui transforment les doctrines, en les attaquant dans leur essence, mais bien de ceux qui annoncent la force et la fécondité d'un principe toujours identique à lui-même. Car, 1° le dogme catholique, considéré objectivement, est tout d'une pièce, et il est sorti des mains de Dieu, qui lui a donné pour mission de conquérir le monde. Il a passé de la bouche de Jésus-Christ sous la plume des apôtres et dans leur enseignement oral, d'où il a continué sa marche, au moyen de la parole et des écrits, pour arriver pur et intègre, sans rien acquérir ni rien perdre, jusqu'à nous, hommes du XIXe siècle. Quand donc on dit qu'il se développe, cela n'indique pas qu'il reçoive du ciel quelque vérité supplémentaire, bien moins encore qu'il ramasse quelque idée, s'il y en a, sur le chemin suivi par les opinions humaines; cela marque simplement qu'il tire de sa plénitude un rayon de sa lumière originelle, pour en frapper comme d'un glaive l'erreur qui se dresse contre lui, ou bien pour en répandre le salutaire éclat sur les consciences qui tremblent dans quelque obscurité. Ainsi, lorsqu'au milieu du IIIe siècle, à la suite d'une controverse entre le pape saint Étienne et saint Cyprien, la validité du baptême régulièrement conféré par les hérétiques fut proclamée vérité de foi, il n'y eut ni conquête opérée par l'esprit humain, ni nouvelle révélation de Dieu, il y eut seulement exposition nette et authentique d'une doctrine certainement acquise, mais que l'enseignement commun n'avait pas mise en relief, en un mot, l'on imposa la croyance explicite d'un point resté jusque-là l'objet d'une croyance implicite. 2° Le développement de la doctrine et des pratiques du culte, de quelque façon qu'il commence et se produise, n'est réellement accompli que sous le contrôle et par l'autorité de l'Église. Nous pourrions établir ici la nécessité d'un juge infaillible en matière de foi ; nous pourrions faire voir qu'un livre ne s'explique pas de lui-même quand il plaît au premier venu d'en fausser ou d'en nier le sens; qu'il faut une magistrature vivante pour interpréter un code, surtout lorsqu'il est étendu et profond comme l'Evangile, et qu'enfin la nature même de l'acte de foi suppose l'infaillibilité dans l'autorité qui le réclame. Mais ce serait un travail superflu ; nous défendons la théorie du développement doctrinal, non pas telle que les rationalistes voudront l'imaginer, mais telle que les théologiens l'admettent et que l'histoire du christianisme nous la montre appliquée. Or, tout le monde sait que, selon les principes du catholicisme, l'Église est la dépositaire et l'interprète infaillible de la révélation et la gardienne incorruptible de la pureté du culte. C'est seulement sous le bénéfice de cette condition qu'il y a légitime et vrai développement. Ainsi une double assertion constitue la théorie catholique du développement; c'est que, 1° il se fait graduellement une manifestation plus expresse de la vérité révélée, et que, 2° cette manifestation doit s'opérer et s'opère en effet au nom et sous le contrôle souverain de l'Église.

« C'est l'unanime enseignement des Pères que la révélation faite au premier homme, renouvelée par le ministère de Moïse et des prophètes, agrandie et développée par Jésus-Christ, recevra dans le ciel un suprême accroissement ; que c'est toujours la même vérité, la même lumière s'épanouissant d'une manière progressive, en rayons plus étendus et plus brillants, selon les conseils de Dieu et les besoins variables de l'humanité. On comprend aussitôt que ces graves autorités ne peuvent des lors regarder la loi du développement doctrinal comme contradictoire à l'esprit du christianisme. Et, en effet, « le Vieux Testament, dit un docteur, annonçait ouvertement le Père, plus obscurément le Fils ; le Nouveau Testament nous a montré le Fils avec clarté, laissant dans une sorte de demi-jour (subobscure quodammodo) la divinité du Saint-Esprit. Mais maintenant le Saint-Esprit est au milieu de nous, et il se découvre plus nettement à nous. Car il n'était pas sage de promulguer la divinité du Fils avant que celle du Père fût admise, ni de surcharger, pour ainsi dire notre foi par la doctrine sur le Saint-Esprit, de peur qu'une nourriture trop abondante, une lumière trop vive ne dépassât ce que nous avions de force. » (Greg. Nazian., Orat. 5.) On connaît la doctrine analogue de saint Vincent de Lérins : « Gardienne vigilante et fidèle des dogmes qu'elle a reçus, jamais l'Église du Christ n'y fait aucun changement, aucune suppression, aucune addition..... Qu'a-t-elle voulu par les décrets des conciles, sinon imposer une foi plus expresse en ce qui d'abord était cru d'une foi moins expresse? sinon consigner par écrit ce que les anciens avaient reçu de la tradition, présenter beaucoup de choses en peu de mots, et faire comprendre un sens antique par la propriété d'un terme nouveau! » (Vincent. Lirin., lib. contra profan. vocum novitat. Vid. ejusdem Commonit., c. 27 et seqq.) Je pense qu'on ne pourrait guère s'exprimer plus énergiquement sur ce point que ne l'a fait saint Grégoire pape : « Le Saint-Esprit, dit-il, instruit peu à peu son Église. » (Homil. 26

in *Ezechiel.* Cf. Petav. *de Incarnat.*, lib. xiv, ch. 2; *de Trinit.*, lib. ii, ch. 7.) Les grands théologiens des temps modernes, résumant les pensées des Pères et suivant les traces de leur illustre aïeul, saint Thomas, ont formulé avec précision la doctrine de l'Eglise sur la question présente. Ils établissent trois choses : la première, qu'il n'y a pas d'autre source des vérités de foi catholique que la Révélation ; la seconde, qu'il appartient qu'à l'Eglise de transmettre, d'interpréter, de déterminer et de définir ces vérités ; la troisième, que cette définition se produit par un progrès lent, au fur et à mesure des besoins du peuple fidèle. « Il est avéré, dit l'un d'eux, que l'on croit maintenant de foi explicite des choses que précédemment on ne croyait pas ainsi, bien qu'elles fussent implicitement contenues dans la doctrine antique... Beaucoup d'exemples pourraient être apportés en preuves, et certainement l'Eglise a le droit de faire de telles définitions. Il n'est pas besoin en ce cas d'une révélation nouvelle; il suffit de l'assistance infaillible du Saint-Esprit pour interpréter et rendre explicite ce qui était contenu dans la révélation d'une manière seulement implicite.» (Suarez, *De fide*, disput. 2, sect. 6. Cf. Bellarm., *de verbo Dei non scripto*, c. 9.) Puis l'écrivain fait voir qu'il existe une distinction entre les articles du symbole, proposés dès le commencement à la foi explicite de tous les chrétiens, et les points de foi que les docteurs catholiques doivent connaître, exposer et défendre en raison des nécessités que le temps amène. « Ainsi, dit un autre théologien, ni les conciles, ni les souverains Pontifes, ni les saints interprètes de l'Ecriture ne produisent des choses nouvellement révélées; mais ce que l'Eglise a reçu des Apôtres, ils le transmettent pur et intègre, ou bien ils l'interprètent et l'expriment, ou bien ils l'affirment comme conséquence directe et nécessaire. » (Melch. Cano, *de Locis theol.*, lib. xii, c. 3. Cf. Vasquez, *de Locis theol.*, disp. 12.)

« Au surplus, quoique cette discussion soit bien abrégée, on peut la resserrer et la clore en quelques mots : 1° La doctrine chrétienne admet-elle un développement ? Oui. Nous le prétendons, comme on vient de le voir ; les rationalistes le pensent, puisqu'ils le soutiennent comme la thèse contre le catholicisme. 2° En quoi consiste ce développement ? Dans une simple expansion du dogme révélé, expansion qui se fait sous le contrôle infaillible et par l'autorité de l'Eglise. Cela se prouve par la doctrine unanime des théologiens et par l'histoire exacte de nos doctrines. 3° Y a-t-il bien loin de ce développement ainsi entendu et pratiqué à un rationalisme quelconque? Il y a tout un monde. Pour les catholiques, la révélation exclusivement est la source des vérités religieuses, l'Eglise en est l'organe; pour les rationalistes, l'organe et la source des vérités religieuses; c'est exclusivement la raison. Pour les catholiques, la révélation est une manifestation extérieure et surnaturelle de Dieu ; l'Eglise est une autorité extérieure et divine; la loi, le tribunal, le juge, tout est placé hors des atteintes de l'homme. Pour les rationalistes, la raison est bien une manifestation de Dieu, mais manifestation intime et naturelle ; par suite elle reste autorité intérieure, naturelle et, en définitive, humaine et individuelle; car la loi, le tribunal, le juge, c'est la conscience de chaque homme qui joue à la fois tous ces rôles. Il résulte de là que, pour les uns, la vérité est objective dans son développement comme dans sa première apparition, et douée d'un mouvement régulier qui entraîne et maintient les esprits dans le plan d'une incorruptible unité, tandis que pour les autres elle est, à tous égards et constamment, subjective et soumise à une mobilité qui la rend personnelle et variable. D'un système à l'autre il y a donc aussi loin que du séjour lumineux d'où fut renversé l'archange jusqu'aux profondeurs incommensurables où il tomberait encore, comme dit le poëte, si la main de Dieu ne l'avait retenu dans sa chute. »

PROLÉGOMÈNES DE l'ÉCRITURE SAINTE. *Voyez.* CRITIQUE SACRÉE.

PROMESSES DE DIEU. Un des attributs de la Divinité que l'Ecriture sainte nous inculque le plus souvent est la fidélité de Dieu à tenir ses *promesses*, fidélité qu'elle exprime par le mot *vérité*. C'est le sens des passages où il est dit que la *vérité* de Dieu demeure é ernellement, qu'il juge avec justice et *vérité*, que la miséricorde et la *vérité* se sont rencontrées, etc. Mais il faut se souvenir que les promesses de Dieu sont toujours conditionnelles, qu'elles supposent que nous ferons de notre part ce que Dieu exige de nous ; il le déclare formellement; *Ezech.*, c. xxxiii, v. 13. *Lorsque j'aurai dit au juste qu'il vivra, s'il vient à faire le mal, je ne me souviendrai plus de sa justice, il mourra dans son iniquité.* Dans les écrits des prophètes et ailleurs, Dieu reproche souvent aux Juifs qu'ils ont *rompu son alliance :* or cette alliance consistait dans les promesses que Dieu leur avait faites et dans l'obéissance qu'il exigeait d'eux.

Voilà ce que les juifs ne veulent pas reconnaître depuis dix-sept cents ans, et c'est pour cela qu'ils s'obstinent à espérer un autre Messie que Jésus-Christ, qui remplira dans la plus grande exactitude et à la lettre les *promesses* pompeuses que Dieu a faites à leurs pères. Ces *promesses*, disent-ils, sont absolues ; elles ne renferment aucune condition ; elles n'ont pas été accomplies après le retour de la captivité de Babylone, encore moins à l'avénement du Messie des chrétiens ; donc elles le seront un jour par le Messie qui nous est promis. En cela les juifs s'aveuglent volontairement. 1° Il est de la nature même des *promesses* divines de renfermer une condition, puisqu'il est absurde de supposer que Dieu n'a aucun égard au mérite des hommes, qu'il destine les mêmes bienfaits aux justes et aux impies : cent fois Moïse a dit aux Juifs tout le contraire ; et en leur faisant de la part de Dieu les plus magnifiques promesses, il leur a fait aussi les menaces les plus terribles. 2° Ce sont eux-mêmes qui ont mis obstacle à l'accomplissement parfait des prédictions concernant le retour de la captivité de Babylone. Un grand nombre de Juifs ne voulurent pas profiter de la liberté que Cyrus leur donnait de retourner dans la Judée ; la seule tribu de Juda, avec une partie de celles de Lévi et de Benjamin revinrent dans leur patrie ; les autres se fixèrent sur les bords du Tigre et de l'Euphrate. Ceux même qui se rétablirent dans leurs anciennes possessions, ne furent pas fort exacts à suivre leur loi ; on le voit par les reproches d'Aggée, de Zacharie et de Malachie, par les livres d'Esdras et des Machabées. 3° Ils conviennent eux-mêmes que l'accomplissement des *promesses* est *retardé* depuis dix-sept cents ans, à cause de leurs péchés ; pourquoi ne veulent-ils pas croire qu'il a été *diminué* par la même raison ? 4° L'accomplissement de ces *promesses*, dans le sens qu'ils leur donnent, serait absurde et indigne de Dieu ; il exigerait des miracles sans nombre, et tels que l'imagination la plus folle peut à peine se les représenter. La félicité qu'ils attendent sous leur Messie est incompatible avec la constitution de la nature humaine et avec la sagesse divine : loin de contribuer au salut des juifs, elles ne pourrait causer que leur perte éternelle ; ils se flattent de l'espérance de satisfaire leur sensualité, de se venger de tous leurs ennemis, de voir tous les peuples, devenus leurs esclaves, arriver à Jérusalem des extrémités du monde, etc. Jamais Dieu n'a promis toutes ces absurdités. *Voy.* Prophétie.

Nous opposons les mêmes raisons aux incrédules, lorsqu'ils nous objectent que Dieu n'a tenu aucune des *promesses* qu'il avait faites au patriarche Abraham, à David, à Salomon et à leur postérité. Nous soutenons que Dieu les a exécutées autant que la nature de ces *promesses* le comportait, et que le méritait la conduite de ceux à qui elles étaient faites. Dieu prévoyait sans doute les obstacles qui s'opposeraient à un accomplissement plus parfait ; il n'a pas laissé de faire de grandes promesses afin d'engager les Juifs à être plus fidèles.

Il ne tenait qu'à Dieu, disent les incrédules, de rendre les Juifs tels qu'il les fallait pour que ces *promesses* fussent accomplies dans toute leur étendue. Nous répondons qu'il tenait aussi aux Juifs, puisqu'ils étaient doués de liberté, et que Dieu ne leur a refusé aucun des secours dont ils avaient besoin. Il est ridicule de prétendre que, pour nous rendre heureux, Dieu doit tout faire seul, sans exiger aucune correspondance de notre part.

On peut nous objecter le psaume LXXXVIII ; Dieu y fait à David et à sa postérité de magnifiques *promesses*, et il ajoute : *Si ces enfants abandonnent ma loi et violent mes préceptes, je les châtierai par des afflictions ; mais je ne leur ôterai point ma miséricorde, et je ne dérogerai point à ma vérité, à la fidélité de mes promesses. Je l'ai juré à David par ma sainteté même, je ne le tromperai point, sa postérité subsistera éternellement*, etc. Dans ce psaume néanmoins David se plaint que Dieu a rejeté son Christ et rompu son alliance ; il demande : *Où sont donc, Seigneur, vos anciennes miséricordes que vous m'avez promises avec serment ?* etc. Après la mort de ce roi, à la seconde génération, les trois quarts du royaume furent enlevés à sa postérité. — *Réponse.* Si l'on veut lire attentivement ce psaume, l'on verra que David fort affligé use d'exagération, soit pour étaler les *promesses* du Seigneur, soit pour peindre ses peines, et que toutes ses expressions ne doivent pas être prises à la lettre. Il sentait lui-même pourquoi il était affligé, puisqu'il finit ses plaintes en bénissant Dieu qui le châtiait de ses fautes. Quant à sa postérité, Dieu nous fait remarquer que, pour punir le crime de Salomon, il l'aurait entièrement privé du trône, lui et ses descendants, mais qu'à cause des *promesses* qu'il a faites à David,

il leur en conservera au moins une partie ; *III Reg.*, c. XI, v. 13. Le mot *éternellement* ne peut pas être pris à la rigueur lorsqu'il est question des bienfaits temporels ; il signifie seulement une longue durée.

La témérité des incrédules ne s'est pas arrêtée là, ils prétendent que les *promesses* faites dans le Nouveau Testament ne sont pas mieux accomplies que celles de l'Ancien La royauté, disent-ils, était promise au Messie ; Jésus-Christ, qui s'est appliqué ces prédictions, parle souvent de son royaume, cependant il n'a pas régné. Il promettait à ses disciples toutes choses en abondance ; il leur dit que tout ce qu'ils demanderont en son nom leur sera accordé, que ceux qui croiront en lui chasseront les démons et feront d'autres miracles, qu'avec un grain de foi l'on pourra transporter les montagnes ; cependant nous ne voyons arriver aucun de ces prodiges. Il était venu, dit-il, pour délivrer le monde du péché, et le péché n'a pas cessé de régner ; il était venu pour sauver tous les hommes, et à peine y en a-t-il un sauvé sur mille. Il avait promis de préserver son Eglise de toute erreur, cela n'a pas empêché qu'elle ne tombât dans l'idolâtrie, en adorant l'eucharistie, les saints, leurs images et leurs reliques, etc. On voit que ce dernier reproche est emprunté des protestants ; ce serait donc à eux d'y répondre, et de faire voir aux incrédules comment les erreurs qu'ils reprochent à l'Eglise catholique peuvent s'accorder avec les *promesses* que Jésus-Christ lui avait faites. Mais les protestants ne se sont jamais mis en peine de savoir si les reproches qu'ils faisaient à l'Eglise romaine étaient autant d'armes qu'ils mettaient à la main des ennemis du christianisme ; c'est à nous qu'ils laissent le soin de le défendre contre les mécréants de toutes les sectes.

Nous soutenons que Jésus-Christ a été et qu'il est encore le roi et le législateur de toutes les nations qui croient en lui, et qu'il exerce sur elles un pouvoir souverain, plus visible et plus absolu que celui de tous les potentats de l'univers. Il a si bien tenu parole à ses disciples, que quand il leur demanda : *Lorsque je vous ai envoyés sans argent et sans provisions, vous a-vous manqué de quelque chose ?* ils lui répondirent : *Non, Seigneur* (*Luc.*, XXII, 35). Dans tous les temps les saints ont rendu témoignage de l'efficacité de la prière, ils la connaissaient par expérience. A la vérité le Sauveur a promis que les croyants feraient des miracles en son nom, mais il n'a pas dit que ce don serait accordé à tous. Que les apôtres et les premiers fidèles aient fait des miracles, c'est un fait attesté d'une manière incontestable. *Voy.* Miracle. Il ne s'est écoulé aucun siècle pendant lequel il ne s'en soit fait dans l'Eglise romaine. La hardiesse des hérétiques et des incrédules à les nier ne suffit pas pour prouver que Jésus-Christ a manqué à sa *promesse*. Quant au pouvoir de transporter les montagnes, il suffit d'avoir du bon sens pour comprendre que cette expression populaire ne doit pas être prise à la lettre.

Jésus-Christ a véritablement délivré le monde du péché, puisqu'il a donné et donne encore à tous les hommes les secours et les grâces nécessaires pour éviter tout péché; et il sauve tous les hommes, puisqu'il fournit à tous les moyens de se sauver. Exiger qu'il les sauve sans qu'ils correspondent à la grâce, et sans qu'ils usent des moyens nécessaires, c'est une absurdité. Il a promis d'être avec son Eglise et de la préserver d'erreur jusqu'à la consommation des siècles; malgré les calomnies de nos adversaires, nous soutenons qu'il l'en a préservée en effet, et qu'il l'en préservera. L'accusation d'idolâtrie a été tant de fois réfutée, qu'ils devraient rougir de la répéter encore. *Voy.* PAGANISME, § 11.

Quoique Dieu, en vertu de sa sainteté et de sa justice, ne puisse manquer aux *promesses* qu'il a faites, il ne s'ensuit pas qu'il doive exécuter de même toutes ses menaces. Non-seulement il a promis de pardonner à tout pécheur qui se repentira, mais il dit : *je ferai miséricorde à qui je voudrai (Exod.* XXXIII, 19). Lorsqu'il daigne pardonner au pécheur le plus indigne, il ne fait tort à personne, ses menaces mêmes sont une preuve de bonté; s'il voulait toujours punir, il ne menacerait pas, il frapperait sans en avertir.

* *PROMULGATION. Voy.* LOI, et surtout le Dictionnaire de Théologie morale.

PROPAGANDE. *V.* MISSIONS ÉTRANGÈRES.
PROPAGATION DU CHRISTIANISME. *Voy.* CHRISTIANISME.

* PROPAGATION DE LA FOI (Œuvre de la). Sur ce globe arrosé du sang de Jésus-Christ, il est encore des myriades d'hommes qui ne le connaissent pas, et qui, comme autrefois nos pères, se prosternent devant d'ignobles et stupides divinités, et se livrent sans remords comme sans frein, à tous les monstrueux excès de l'état sauvage. Voilà ce qui reste à gagner à l'empire de Jésus-Christ. Voilà la tâche immense que s'est imposée et que poursuit sans relâche l'*Association pour la propagation de la foi.* Trois moyens sont mis en œuvre à cette fin : les missions, les prières et une faible contribution pécuniaire. L'association travaille à former et à secourir ces hommes qui, favorisés d'une vocation sublime, s'en vont porter la bonne nouvelle aux deux extrémités du monde ; qui, sourds à ces deux mots si puissants sur tout cœur d'homme, *famille* et *patrie,* abandonnent généreusement le sol natal et le toit paternel pour aller, à travers les périls des fleuves et les ennuis de la solitude, chercher une nouvelle patrie, se créer une nouvelle famille au delà des mers. Tandis que ces hommes généreux combattent au loin les combats du Seigneur, les associés les soutiennent par la prière. Il n'est pas un missionnaire qui ne réclame ce secours. Le plus illustre de tous, saint François Xavier, écrivait du fond de l'Asie à ses frères de Rome: « Je ne suis qu'un prêtre et je ne mérite pas de servir d'instrument aux miséricordes de Dieu sur les Indiens, cependant souvenez-vous de moi dans vos prières, et je ne désespère pas que Dieu m'emploie à planter sa foi sur ces terres idolâtres. » Les associés à l'œuvre de la Propagation de la foi sont invités à dire tous les jours un *Pater* et un *Ave.* Qui oserait refuser un si faible tribut de prières? A ce tribut quotidien de la prière, l'Eglise demande d'ajouter le tribut non moins facile de cinq centimes par semaine. Autrefois elle suffisait seule à ces vastes entreprises, parce que de tous les points de la terre, les nations venaient mettre leurs trésors à ses pieds, et que les rois eux-mêmes se faisaient gloire d'être ses nourriciers. La riche et nombreuse milice des ordres religieux fournissait chaque année de précieuses recrues à cette armée d'apôtres et de martyrs. Privée aujourd'hui de ces puissants appuis, l'Eglise est obligée de demander l'obole du pauvre. Le pauvre a répondu à l'appel de sa mère, elle a produit des sommes énormes. L'association de la propagation de la foi fera un éternel honneur à la noble et généreuse ville de Lyon, qui l'a établie vers 1818.

PROPHÈTE, homme qui prédit l'avenir par l'inspiration de Dieu. Dans l'Ecriture sainte, ce terme n'a pas toujours le même sens; quelquefois il signifie : 1° Un homme doué de connaissances supérieures, soit divines, soit humaines : voilà pourquoi l'on avait donné d'abord le nom de *voyants,* ou d'hommes éclairés, à ceux qui dans la suite furent nommés *prophètes, I Reg.,* c. IX, v. 9. Dans ce sens, saint Paul, *Tit.,* c. I, v. 12, appelle *prophète des Crétois,* un homme de leur nation qui les avait peints au naturel, et *I Cor.,* c. XIV, v. 6, il appelle *don de la prophétie* les connaissances supérieures que Dieu donnait à quelques-uns d'entre les fidèles pour instruire et édifier les autres, et il préfère ce don à celui des langues. Ce qu'a dit Notre-Seigneur, *Matth.,* c. XIII, v. 57, qu'aucun *prophète* n'est privé d'honneur que dans sa patrie, peut avoir le même sens. 2° Celui qui a une connaissance surnaturelle des choses cachées, soit pour le présent, soit pour le passé : ainsi Samuel prophétisa, ou fit connaître à Saül que les ânesses qu'il cherchait étaient retrouvées. Les soldats qui maltraitaient notre Sauveur dans le prétoire de Pilate, lui disaient : Prophétise, qui est celui qui t'a frappé. 3° Un homme inspiré que Dieu fait parler, même sans qu'il comprenne tout le sens de ce qu'il dit : ainsi saint Jean observe dans son Évangile que Caïphe prophétisa en disant, au sujet de Jésus-Christ, qu'il était expédient qu'un homme mourût pour le peuple, *Joan.,* c. XI, v. 51. Josèphe nomme *prophètes,* c'est-à-dire inspirés, les auteurs des treize premiers livres de l'Ecriture sainte. 4° Celui qui porte la parole au nom d'un autre ; *Exod.,* c. VII, Dieu dit à Moïse : « Ton frère Aaron sera ton *prophète,* il parlera pour toi. » Jésus-Christ et saint Etienne reprochent aux Juifs d'avoir persécuté tous les *prophètes,* tous ceux qui leur parlaient de la part de Dieu. Nathan fit cette fonction en reprochant à David l'enlèvement de Bethsabée et le meurtre d'Urie, de même que saint Jean-Baptiste, lorsqu'il reprit Hérode d'avoir un commerce criminel avec sa belle-sœur. 5° L'on appelait encore *prophètes,* ceux qui composaient et chantaient des hymnes ou des cantiques à la louange de Dieu, avec un enthousiasme qui paraissait surnaturel. Saül ayant rencontré une troupe de ces chantres se joignit à eux, et l'on fut étonné de le voir parmi les *prophètes, I Reg.,* c. X, v. 6; et lorsque, saisi d'un accès de mélancolie, il chantait dans sa maison, l'historien sacré dit qu'il prophétisait, c. XVIII, v. 10. David,

Asaph et d'autres étaient *prophètes* dans le même sens, et les jeunes gens que l'on exerçait à ce talent sont appelés *les enfants des prophètes*, IV Reg., c. II. 6° Ce nom désignait encore un homme doué d'un pouvoir surnaturel, du don des miracles ; nous lisons, *Eccli.*, c. LXVIII, que le corps d'Elisée *prophétisa* après sa mort, parce que l'attouchement de ce corps ressuscita un mort qui avait été mis dans le même tombeau : à la vue des miracles opérés par Jésus-Christ, les Juifs disaient : *Un grand prophète s'est élevé parmi nous, et Dieu a visité son peuple* (*Luc.* XVI, 7). 7° Enfin, dans le sens propre, un *prophète* est un homme à qui Dieu a révélé l'avenir, auquel il a fait connaître les événements futurs que la sagesse humaine ne peut pas prévoir, et lui a donné ordre de les annoncer. Ce don surnaturel est un signe certain de mission divine ; il prouve que celui qui en est doué est envoyé de Dieu. C'est dans ce sens qu'Isaïe, Jérémie, Ezéchiel, etc., ont été *prophètes*, et leurs prophéties sont une partie de l'Ancien Testament.

En confondant ces différentes significations, les incrédules ont cherché à dégrader les fonctions des *prophètes* ; ils ont dit que c'était un art que l'on pouvait apprendre, puisqu'il y en avait des écoles chez les Juifs. Si par *prophète* l'on entend seulement un homme plus instruit que le commun du peuple, un orateur, un poëte ou un musicien, ce talent pouvait s'acquérir sans doute, et il y avait des écoles pour y former les jeunes gens. Mais si l'on prend le nom de *prophète* dans un sens plus propre, pour un homme inspiré de Dieu, doué du pouvoir de faire des miracles, de prévoir et de prédire l'avenir, ce n'était plus un art, mais un don surnaturel que Dieu seul pouvait accorder. Pour peu que l'on veuille examiner les prédictions des *prophètes* juifs, l'on verra évidemment que l'art, les prestiges ni l'imposture n'y ont pu avoir aucune part. Vainement ces mêmes incrédules ont observé qu'il y a eu de prétendus *prophètes* chez presque toutes les nations, que les uns ne sont pas plus inspirés ni plus respectables que les autres, que tous ont été des fanatiques visionnaires dont le peuple a été la dupe. La multitude des *prophètes* vrais ou faux, la confiance que tous les peuples ont eue en eux, prouvent seulement que toutes les nations se sont accordées à croire que la connaissance de l'avenir est un apanage de la Divinité, que Dieu peut la donner aux hommes, et qu'en effet il en a donné quelques personnages privilégiés : dans tout cela il n'y a aucune erreur. De savoir si tel ou tel homme qui s'attribue ce don, le possède en effet, c'est une autre question qui demande le plus sérieux examen, et sur laquelle il est vrai que la plupart des peuples ont poussé trop loin la crédulité.

Mais est-il vrai qu'il n'y a aucune différence entre les *prophètes* juifs et les devins ou les oracles des autres nations ? Les incrédules ne se sont pas donné la peine d'en faire la comparaison. 1° Les prophéties n'ont pas commencé à éclore chez les Juifs : ce don que Dieu a fait aux hommes est aussi ancien que le monde ; à peine Adam fut-il créé, qu'en voyant la compagne que Dieu lui avait donnée, il prophétisa l'étroite union qui régnerait entre les époux ; il n'avait pas encore eu le temps de le sentir par expérience. Dès qu'il fut tombé dans le péché, Dieu lui annonça un Rédempteur futur, qui cependant ne devait venir au monde qu'après quatre mille ans. Dieu avertit Noé du déluge universel cent vingt ans avant qu'il arrivât ; il instruisit Abraham du sort futur de sa postérité ; Jacob, au lit de la mort, dévoila distinctement à chacun de ses enfants la destinée réservée à sa famille ; c'est par l'esprit prophétique que Joseph devint premier ministre du roi d'Egypte, etc. L'on peut dire en quelque manière que, dans les premiers âges du monde, la Providence divine l'a gouverné par des prophéties ; mais les Juifs seuls en ont été dépositaires. — 2° Ces hommes doués de l'esprit prophétique ne sont point de simples particuliers sans autorité et sans considération ; ce sont les personnages les plus respectables de l'univers, des patriarches chefs de familles ou plutôt de peuplades nombreuses : Abraham père de plusieurs peuples, Jacob tige des douze tribus de sa nation, Moïse fondateur d'une république et auteur d'une législation qui devait durer quinze cents ans ; ce sont les juges ou les chefs souverains de ce même peuple : David qui en était roi, Isaïe né du sang royal, Ezéchiel de race sacerdotale, Daniel premier ministre et revêtu de toute l'autorité du roi d'Assyrie, etc. Osera-t-on comparer ces grands hommes aux vils jongleurs qui, chez les autres nations, faisaient le métier de devin pour gagner leur vie ? 3° Les *prophètes* dont l'Histoire sainte fait mention étaient respectables non-seulement par le rang qu'ils tenaient dans le monde, mais encore davantage par leurs vertus, par leur courage, par leur amour pour la vérité, par leur soumission aux ordres de Dieu. Ils n'ont pas abusé des lumières surnaturelles qu'ils avaient reçues, pour flatter les passions des rois, des grands ni du peuple ; ils leur ont reproché hautement leurs vices ; ils leur ont annoncé les châtiments de Dieu avec autant de fermeté que ses bienfaits. Plusieurs ont été victimes de leur zèle, et ils l'avaient prévu ; ils ont bravé les tourments et la mort pour dire la vérité. Les incrédules eux-mêmes ont senti les conséquences de cette destinée, et ils l'ont tournée en dérision ; ils ont dit que la profession de *prophète* était *un mauvais métier* : mauvais sans doute pour ce monde ; c'est ce qui prouve que personne n'a pu être tenté de l'usurper. Si de nos jours le métier de philosophe avait été sujet aux mêmes épreuves, il aurait été moins recherché par nos beaux esprits. Il y a eu de faux *prophètes*, la même histoire sainte nous l'apprend : mais ils prêchaient l'idolâtrie, ils n'annonçaient que des prospérités, ils décriaient les vrais *prophètes* du Seigneur ;

c'étaient des hommes sans conséquence, et toutes leurs prédictions se sont trouvées fausses. Il n'est pas difficile d'appliquer ce portrait à ceux qui ont prophétisé de nos jours l'anéantissement prochain du christianisme. 4° Les prophéties de l'Ancien Testament et du Nouveau n'ont point pour objet les vils intérêts des particuliers; elles ne flattent les passions, les goûts, la curiosité de personne, comme les faux oracles des païens. Par la bouche des *prophètes* Dieu parle comme maître et juge souverain des nations, comme arbitre de leur sort pour ce monde et pour l'autre. Elles annoncent les destinées non-seulement du peuple juif, mais leur principal objet est la venue du Rédempteur, la vocation générale de tous les peuples à la connaissance de Dieu, le salut éternel de tous les hommes. Ces grands événements méritaient sans doute d'occuper la Providence divine et d'exciter l'attention du genre humain tout entier. Pour rabaisser l'importance des prophéties, les incrédules affectent de les isoler, de les concentrer dans un coin de la Judée, de fermer les yeux sur la relation qu'elles ont avec l'intérêt général du monde : juges aveugles et infidèles, ils ne nous empêcheront pas de voir ce que contiennent les livres des *prophètes*. Ce ne sont point quelques phrases ambiguës, quelques sentences énigmatiques, comme les oracles de Delphes; ce sont des discours entiers et suivis, et les mêmes objets y sont souvent tracés sous vingt images différentes.

A la vérité, les Juifs, les manichéens, les sociniens, les incrédules en contestent le sens; mais tous agissent par intérêt de système. Depuis dix-sept siècles l'Eglise chrétienne y voit les mêmes objets, Jésus-Christ, ses mystères, la vocation des nations à la foi, le plan de la rédemption et du salut du monde; et les anciens docteurs juifs y ont vu la même chose que les chrétiens. Que prouvent contre cette antique tradition, confirmée par Jésus-Christ et par ses apôtres, des objections dictées par l'ignorance ou par le désir de s'aveugler ?—5° Ces prophéties font une suite continue et une chaîne qui s'étend depuis Adam jusqu'à Jésus-Christ : la race de la femme qui doit écraser la tête du serpent; le chef né de Juda, qui rassemblera les peuples; le descendant d'Abraham, dans lequel seront bénies toutes les nations de la terre; le *prophète* semblable à Moïse, que l'on doit écouter sous peine d'encourir la vengeance divine; le prêtre éternel selon l'ordre de Melchisédech, duquel David a parlé; l'enfant né d'une vierge, dont Isaïe a prédit la naissance, et l'homme de douleur duquel il a peint les tourments; l'oint du Seigneur, saisi pour les péchés du peuple, qui excitait les gémissements de Jérémie; le Christ, chef des nations, duquel Daniel annonce l'avènement et en fixe l'époque; le désiré des nations, l'ange de la nouvelle alliance, que les derniers *prophètes* Aggée et Malachie ont vu arriver dans le second temple, sont-ils un personnage différent de l'Agneau de Dieu que Jean-Baptiste a montré au doigt, et auquel il avait préparé les voies ? L'une de ces prophéties confirme l'autre; elles deviennent plus claires à mesure que les événements sont plus prochains, jusqu'à ce qu'enfin leur accomplissement en dévoile pleinement le sens. Quiconque ne voit point là un plan réfléchi et dirigé par la Providence, cherche à s'aveugler de propos délibéré. — 6° Enfin les *prophètes* n'ont point fait en secret leurs prédictions, ils ne les ont point consignées dans des mémoires cachés; ils les ont publiées au grand jour, à la face des rois et des peuples, et souvent ils les leur ont données par écrit, afin qu'ils pussent les examiner à loisir, et que les incrédules eussent le temps de se convaincre de la vérité. Elles ont été soigneusement conservées par la nation même qui y a vu ses propres crimes et la source de tous ses malheurs; nous les avons telles qu'elles ont été écrites, et plusieurs le sont depuis plus de trois mille ans. Il faut donc qu'elles aient été d'une toute autre importance que les oracles mensongers et frivoles dont les sectateurs de l'idolâtrie se sont plu autrefois à repaître leur crédulité.

A présent nous demandons à nos adversaires s'ils ont bonne grâce à placer les unes et les autres au même rang, à prétendre que les *prophètes* juifs étaient, aussi bien que ceux des païens, de vils jongleurs, des hommes de néant et sans honneur, qui faisaient un métier de la divination, des imposteurs qui abusaient le peuple, ou des ambitieux qui voulaient se donner de l'importance et du crédit, des séditieux, gagés par les prêtres pour inquiéter les rois et troubler la nation, des fanatiques insensés qui ont été la cause de tous les malheurs dans lesquels elle est tombée, parce qu'ils les lui avaient prédits. C'est sous ces traits odieux que les incrédules de notre siècle ont trouvé bon de les représenter. Nous n'en sommes pas surpris. Cette suite de prophéties est, selon l'expression de saint Pierre, *Ep.* II, c. i, v. 19, un trait de lumière qui dissipe toutes les ténèbres; elle démontre une révélation divine, une religion que Dieu lui-même a enseignée aux hommes depuis les commencements du monde, qu'il a confirmée de siècle en siècle par de nouvelles preuves, et qu'il veut perpétuer jusqu'aux dernières générations de la race humaine. Entrer dans la discussion de ces divins oracles, c'est une tâche de laquelle les incrédules se sentent incapables; il leur était plus aisé de tourner en ridicule et d'avilir les *prophètes*. La différence qu'il y a entre les mœurs des anciens Orientaux et les nôtres, leur a fourni des traits de satire sanglante; c'est en cela surtout que brille leur capacité. Sous le nom de chacun des *prophètes*, nous répondons aux reproches personnels que nos adversaires leur ont faits.

Dodwel, dans ses *Dissertations sur saint Cyprien*, a employé la quatrième à prouver que l'esprit prophétique a continué parmi les chrétiens au moins jusqu'au règne de Constantin, ou jusqu'au iv° siècle; que l'on ne peut y soupçonner de l'illusion, et que saint Paul avait prescrit aux fidèles les précautions les plus sages, pour distinguer avec certitude la véritable inspiration d'avec le fanatisme, et la vérité d'avec l'erreur. Nous donnerons un extrait de cette savante dissertation au mot VISION PROPHÉTIQUE. Mosheim, dans les siennes sur l'*Histoire ecclésiastique*, t. II, p. 132, en a fait aussi une pour prouver qu'il y a eu des *prophètes* dans l'Eglise chrétienne, en prenant ce terme dans le sens le plus rigoureux, pour des hommes qui avaient le don de connaître et de prédire l'avenir. En effet, nous lisons dans les Actes des apôtres, c. XI, v. 28, qu'un *prophète* nommé *Agabus* annonça une famine qui régna dans la Palestine, sous le règne de l'empereur Claude ; et c. XXI, v. 10 et 11, il assura les fidèles de Césarée, en présence de saint Paul, que cet apôtre serait enchaîné à Jérusalem et livré aux gentils par les Juifs. Saint Pierre, *Ep.* II, c. II, v. 1 et 2, prédit aux fidèles qu'il s'élèvera parmi eux de faux *prophètes*, qui séduiront plusieurs personnes et formeront des sectes pernicieuses. Saint Paul fait de même dans plusieurs de ses lettres, et ses prophéties n'ont été que trop bien accomplies. *Act.*, c. XXVII, v. 22, il assure ceux qui étaient dans le même vaisseau que lui, qu'aucun d'eux ne périra, malgré la violence de la tempête par laquelle ce vaisseau était tourmenté ; et l'événement justifia la prédiction. L'Apocalypse de saint Jean est une prophétie presque continuelle. Ce critique n'a eu dessein que de confirmer les preuves de Dodwel. Mais il fait voir que dans le grand nombre de passages du Nouveau Testament où il est parlé de *prophètes* et de prophéties, il n'est pas question de simples docteurs d'hommes qui avaient reçu de Dieu le don de prédire l'avenir, mais d'hommes suscités et inspirés de Dieu pour expliquer parfaitement la doctrine chrétienne, pour annoncer aux fidèles les volontés divines, pour découvrir même les plus secrètes pensées des cœurs, en un mot, pour instruire, reprendre, corriger avec une sagesse surnaturelle. Saint Paul distingue cette fonction d'avec celle des simples docteurs, *Rom.*, c. XII, v. 6 ; *I Cor.*, c. XII, v. 10 ; *Ephes.*, c. IV, v. 11, etc. Ainsi le nom de *prophète* y est pris, comme dans l'Ancien Testament, dans le sens le plus étendu, pour un homme inspiré de Dieu, et éclairé d'une lumière surnaturelle.

Plusieurs critiques protestants ont soutenu que le don de prophétie dans ces passages, signifie seulement une capacité singulière pour entendre et pour expliquer les prophéties de l'Ancien Testament. Mosheim prouve contre eux qu'il s'agit non d'une capacité naturelle ou acquise, mais d'un don surnaturel de Dieu, puisque saint Paul le met sur la même ligne que le don des langues et celui de guérir les maladies ; que ce don était accordé à certaines personnes, non-seulement pour entendre les anciennes prophéties, mais pour en faire de nouvelles au besoin, même pour opérer des miracles. Saint Irénée et Origène attestent que de leur temps ce don subsistait dans l'Eglise ; Dodwel et d'autres auteurs prétendent qu'il y a duré jusqu'à la conversion de Constantin, par conséquent jusqu'au commencement du IV⁰ siècle.

Nous savons bon gré au docteur Mosheim d'avoir soutenu cette vérité ; mais nous ne voyons pas comment on peut la concilier avec ce qu'il dit ailleurs, que, dès le temps des apôtres la doctrine chrétienne a commencé de s'altérer par le défaut de capacité et par la témérité de plusieurs docteurs. Nous ne pouvons pas comprendre comment Dieu, qui a daigné conserver pendant trois siècles les dons miraculeux dans son Eglise, et l'inspiration divine, n'a cependant rien fait pour prévenir et empêcher l'altération de la doctrine chrétienne ; comment tous ces *prophètes* dont il est parlé dans le Nouveau Testament, n'ont pas fait tous leurs efforts pour remédier à cette altération prétendue ? A quoi servait donc le don de prophétie ? Les deux suppositions de Mosheim nous paraissent contradictoires ; il est étonnant que ce docteur, dont la sagacité est prouvée, ne s'en soit pas aperçu. Dodwel a raisonné plus conséquemment, parce que les anglicans admettent l'autorité de la tradition, au moins pour les trois premiers siècles de l'Eglise.

PROPHÈTES (faux). Il est souvent parlé dans l'Ecriture sainte de *faux prophètes* qui se disaient envoyés et inspirés de Dieu, et qui ne l'étaient pas ; qui faisaient de fausses prédictions pour plaire aux rois et aux peuples, qui contredisaient et décriaient les vrais *prophètes* du Seigneur. Moïse, *Deut.*, c. XIII, avait défendu aux Juifs d'écouter un prétendu *prophète* qui aurait voulu les entraîner dans l'idolâtrie ; il avait ordonné qu'un tel homme fût mis à mort. Les prêtres de Baal se donnaient pour *prophètes* ; ils trompaient Achab, en ne lui annonçant que des prospérités. Michée, *prophète* du Seigneur, dit à ce roi que Dieu a envoyé un esprit de mensonge dans la bouche de tous ces *faux prophètes*, *III Reg.*, c. XXII, v. 23. Dieu dit par Ezéchiel, c. XIV, v. 9 : *Lorsqu'un prophète s'égare, c'est moi qui l'ai trompé*. Les incrédules font grand bruit de ces passages. Dieu peut-il tromper un *prophète* ? peut-il envoyer un esprit de mensonge dans sa bouche ? Quel signe nous restera-t-il pour distinguer un vrai d'avec un *faux prophète*, pour savoir si nous devons croire ou non à un homme qui prétend nous parler de la part de Dieu ? — *Réponse*. Dans cette circonstance le signe était palpable : les *prophètes* d'Achab étaient des idolâtres ; Michée adorait le vrai Dieu et prophétisait en son nom : Moïse avait donné ce signe aux Israélites, pour distinguer un vrai d'avec un *faux prophète* (*Deut.* XIII). Quand au discours que Michée adresse au roi, il est évident que c'est une parabole allégorique, et il y aurait de la folie à vouloir la prendre à la lettre. Dieu y est représenté assis sur un trône, qui tient conseil avec les anges, comme un roi avec ses ministres, qui converse avec l'esprit de mensonge, etc. : tout cela pouvait-il s'entendre dans le sens littéral ? Quoique Dieu dise à l'esprit malin : *Va et fais* ce que tu veux ; ce n'est point un ordre positif, ou une commission expresse que Dieu lui donne, mais une simple permission qu'il lui accorde. Cela ne signifie donc rien, sinon que Dieu permit aux *faux prophètes* de s'aveugler eux-mêmes et de tromper le roi ; ces méchants hommes voulaient gagner les bonnes grâces d'Achab, et ce prince voulait être trompé : Dieu ne les empêcha pas de le faire. De même, lorsqu'il est dit que Dieu trompe les *prophètes*, cela signifie qu'il ne les empêche pas de se tromper, et qu'en certaines circonstances il ne leur donne pas les lumières surnaturelles dont ils auraient besoin pour connaître et pour dire la vérité. Aux mots CAUSE, ENDURCISSEMENT, PERMISSION, nous avons fait voir que dans toutes les langues l'usage est de représenter comme cause d'un événement ce qui n'en est que l'occasion ; d'appeler également permission le consentement positif donné à une chose, et l'inaction dans laquelle on se tient en la laissant faire : équivoques sur lesquelles on peut multiplier les objections à l'infini. Dans Ezéchiel même, c. XIII, v. 6 et 7, Dieu se plaint de ce que les *faux prophètes* osent parler en son nom, quoiqu'il ne les ait pas envoyés, et qu'il ne leur ait rien dit. Dieu n'avait donc aucune part aux faussetés qu'ils débitaient. C'est dans ce sens qu'il dit, c. XIV, v. 9, qu'il les a trompés, en envoyant aux idolâtres des châtiments, au lieu des bienfaits que les imposteurs leur promettaient. Il a permis qu'il y eût de *faux prophètes*, comme il permet qu'il y ait de faux docteurs, de mauvais philosophes, des prédicants incrédules, qui trompent leurs lecteurs par de faux raisonnements, comme les *prophètes* infidèles trompaient les Juifs par de fausses promesses.

PROPHÈTES, hérétiques enthousiastes qui ont paru en Hollande, où on les nommait *prophetantes* ; il y a lieu de croire que c'étaient des quakers. La plupart s'appliquaient à l'étude du grec et de l'hébreu ; tous les premiers dimanches de chaque mois ils se rassemblaient dans un village près de Leyde, ils y passaient tout le jour à la lecture de l'Ecriture sainte, à former différentes questions et à disserter sur le sens de divers passages. On dit qu'ils affectaient une exacte probité, qu'ils avaient horreur de la guerre et du métier des armes, qu'en beaucoup de choses ils étaient dans les sentiments des arminiens ou remontrants. On ne les accuse pas cependant d'avoir prophétisé ; probablement on les appelait *prophetantes*, parce qu'ils se croyaient inspirés et illuminés comme les quakers.

Mais Mosheim convient que, dans le cours du siècle dernier, il parut parmi les protestants une foule prodigieuse de fanatiques qui se donnaient pour *prophètes* et se mêlaient de prédire l'avenir ; quelque absurdes que fussent leurs prédictions, ils trouvèrent des partisans et des apologistes. Il nomme Nicolas Drabicius, Christophe Kotter, Christine Poniatovia et plusieurs autres moins célèbres, *Hist. ecclésiast.*, XVII° siècle, sect. 2, part. II, chap. 1, § 41. Cette maladie de cerveau est aussi ancienne que la réforme, et n'a pas peu contribué à ses progrès. Luther, dès le commencement de ses prédications, prophétisa la chute prochaine de l'empire papal et la ruine de Babylone, c'est-à-dire de l'Eglise romaine. Il voyait clairement cette révolution dans le *prophète* Daniel et dans saint Paul, et il se servait de cet artifice pour exciter la haine des peuples contre le catholicisme ; le désir d'accomplir les oracles de Luther a mis plus d'une fois les armes à la main de ses sectateurs : *Hist. des variat.*, l. XIII, § 12 ; *Défense de cette histoire*, 1<sup>er</sup> disc., § 53 ; 1<sup>re</sup> *Instruct. past. sur les promesses de l'Eglise*, § 44. Il en a été de même chez les calvinistes : le célèbre Jurieu crut voir dans l'Apocalypse les mêmes événements que Luther avait découverts dans Daniel et dans saint Paul ; il osa fixer l'époque précise de l'anéantissement du papisme. Malheureusement pour lui et pour les protestants, rien n'arriva de ce qu'il avait prédit. Mais s'il ne communiqua pas aux calvinistes des Cévennes et du Vivarais l'esprit prophétique, il leur inspira le fanatisme furieux et sanguinaire, il leur mit les armes à la main. On ne peut lire qu'avec effroi la multitude de meurtres, d'incendies, de cruautés, de profanations, de crimes de toute espèce, qu'ils ont commis pendant plus de vingt ans. Il fallut mettre des troupes en campagne, employer les supplices et les exécutions militaires pour mettre à la raison ces forcenés, et les réduire enfin à plier sous le joug des lois et de l'obéissance. Le souvenir de ces désordres ne peut être de longtemps effacé ; ils duraient encore en 1710. *Voy. l'Histoire du fanatisme de notre temps*, par Brueys.

A la honte de notre siècle, on a vu renouveler une partie de cette frénésie parmi les partisans des convulsions ; l'exemple des protestants aurait dû corriger les visionnaires plus récents ; mais l'esprit de vertige sera toujours le même chez tous ceux qui se révoltent contre l'Eglise. *Dieu*, dit saint Paul, *les livrera tellement à l'erreur, qu'ils ne croiront plus qu'au mensonge ; et ainsi seront condamnés tous ceux qui résistent à la vérité et consentent à l'injustice* (*II Thess.* II, 10).

PROPHÉTIE, prédiction des événements futurs, faite par inspiration divine. Par *événements futurs* l'on n'entend point les effets naturels et nécessaires des causes physiques : un astronome prédit les éclipses, un pilote prévoit une tempête, un médecin annonce les crises d'une maladie, sans être pour cela prophète. Un politique habile qui connaît par expérience le jeu ordinaire des passions humaines, le caractère et les intérêts de ceux qui sont à la tête des affaires, peut présager de loin certaines révolutions, et en parler avec une espèce de certitude sans être inspiré de Dieu. Une *prophétie* proprement dite est la prédiction des actions libres que les hommes feront dans telle ou telle circonstance. Dieu seul peut les connaître ; surtout lorsqu'il est question d'hommes qui n'existent pas encore ; lui seul peut les révéler (1).

Une *prophétie* est encore plus frappante et plus évidemment divine, lorsqu'elle annonce des événements surnaturels et miraculeux. Dieu seul sait ce qu'il a résolu de faire par sa toute-puissance dans les temps à venir ; lorsqu'un homme les a prédits de loin, et qu'ils sont arrivés comme il l'avait dit, nous ne pouvons plus douter qu'il n'ait été un vrai prophète, et qu'il n'ait parlé par inspiration divine. Ainsi, lorsque Dieu fit connaître au patriarche Abraham, que ses descendants seraient un jour esclaves en Egypte, mais qu'ils seraient délivrés par des prodiges, et cela quatre cents ans avant l'événement, *Gen.*, c. xv, v. 13 et suiv., cette *prophétie*, exactement accomplie au temps marqué, portait un double caractère de divinité. Puisque Dieu seul pouvait faire ces miracles, lui seul pouvait aussi les annoncer. Il en est de même de la promesse que Jésus-Christ fit à ses apôtres de convertir les nations par les miracles qu'ils opéreraient en son nom : il était également impossible à l'esprit humain de prévoir cette conversion, et aux forces humaines de l'accomplir. Or, tel est le caractère de la plupart des *prophéties* de l'Ancien Testament.

Les incrédules, de concert avec les sociniens, pensent que Dieu ne peut ni prévoir ni prédire les actions libres des hommes ; nous avons prouvé le contraire au mot PRESCIENCE ; et au mot PROPHÈTE, nous avons fait voir la différence infinie qu'il y a entre les *prophéties* contenues dans l'Ecriture sainte, et les prétendues prédictions auxquelles les païens donnaient leur confiance.

Quelques déistes ont fait contre la preuve que nous tirons des *prophéties* une objection spécieuse : « Pour que cette preuve, disent-ils, fût convaincante, il faudrait trois choses dont le concours est impossible. Il faudrait que j'eusse été témoin de la *prophétie*, que je fusse aussi le témoin de l'événement, et qu'il me fût démontré que cet événement n'a pu cadrer fortuitement avec la *prophétie* ; car enfin la clarté d'une prédiction faite au hasard n'en rend pas l'accomplissement impossible. » Nous soutenons que cet argument renferme trois faussetés : il est faux que pour être certain qu'une *prophétie* a été faite longtemps avant l'événement, il soit nécessaire d'en avoir été témoin ; il suffit d'en être assuré par l'histoire et par des monuments incontestables ; il en est de même de la certitude de l'événement et de sa conformité avec la prédiction, et il est faux que l'accomplissement d'une *prophétie* claire et chargée d'un grand nombre de circonstances puisse se faire par hasard, surtout lorsque Dieu seul peut opérer ce qui est prédit.

Il est aisé de faire l'application des règles contraires. Dieu assure Abraham que dans quatre cents ans il donnera la Palestine à sa postérité, non à celle qui descendra d'Ismaël, mais aux descendants d'Isaac. Dieu renouvelle cette promesse à Isaac lui-même, en

(1) Le cardinal de la Luzerne a traité ce sujet dans sa savante *Dissertation sur les prophéties* (dans les *Démonst. évang.*; éd. Migne). Nous y renvoyons le lecteur.

faveur des enfants de Jacob, à l'exclusion de ceux d'Esaü. Mais il est dit que cette postérité sera réduite en esclavage et opprimée par les Egyptiens, mais qu'elle sera mise en liberté par une suite de prodiges. C'est sur cette *prophétie* que ces patriarches dirigent leur conduite. Jacob, près de mourir en Egypte, la laisse par testament à ses enfants, il assigne d'avance les diverses contrées de la terre promise que chaque tribu doit occuper; il veut y être enterré avec ses pères ; Joseph mourant rappelle ce souvenir à ses neveux : *Dieu vous visitera, il vous reconduira dans la terre qu'il a promise à Abraham, à Isaac et à Jacob ; emportez mes os avec vous lorsque vous partirez.* Tout cela s'exécute. Les Israélites s'en souviennent lorsque Moïse vient leur annoncer leur délivrance de la part du Seigneur, et ils l'adorent. Par une suite de prodiges, les Egyptiens sont forcés de les mettre en liberté ; après quarante ans de séjour dans le désert, ils se mettent en possession de la Palestine, et ils se conforment aux dernières volontés de Jacob et de Joseph. Il est impossible que Moïse ait forgé cette *prophétie* en même temps que toute l'histoire de la postérité d'Abraham, qui en est l'accomplissement. Les faits principaux en sont attestés par l'histoire profane, aussi bien que par les livres des Juifs. Il est encore plus impossible que cet accomplissement se soit fait par hasard, puisqu'il a fallu une suite de miracles. L'ordre dans une longue suite de faits ne peut pas plus être l'effet du hasard, que l'ordre dans les ouvrages de la nature.

Nous pourrions faire voir la même authenticité et la même vérité dans les *prophéties* qui regardent Jésus-Christ et la conversion du monde dont il est l'auteur, et dans les prédictions qu'il a faites lui-même. Mais jamais les incrédules ne se sont donné la peine de comparer les événements avec ces prédictions, de considérer la suite des *prophéties* et le rapport qu'elles ont aux circonstances dans lesquelles elles ont été faites.

Il est incontestable que c'est cet examen qui a contribué, autant que les miracles de Jésus-Christ et des apôtres, à la conversion des Juifs. Ce divin Maître lui-même, après leur avoir dit: *Mes œuvres rendent témoignage de moi*, ajoute aussitôt : *Approfondissez les Ecritures, elles rendent aussi témoignage de moi* (*Joan.* v, 36). Il est dit, *Act.*, c. xviii, v. 28, que saint Paul et Apollo convainquaient les Juifs, en ne disant rien que ce qui est écrit dans les prophéties. Cap. xxviii, v. 23, nous lisons qu'à Rome, les Juifs vinrent trouver l'Apôtre, que pendant tout un jour il leur prouva la foi en Jésus-Christ par la loi de Moïse et par les prophètes, et que plusieurs crurent. Saint Pierre, dans la IIe Epître, c. i, v. 18, après avoir cité le miracle de la transfiguration, dit : *Nous avons quelque chose de plus ferme dans les paroles des prophètes, que vous faites bien de regarder comme un flambeau qui luit dans un lieu obscur.*

Mais certains critiques, trop hardis et suivis par les incrédules, ont prétendu que les *prophéties* alléguées aux Juifs par les apôtres et par les docteurs chrétiens, ne peuvent pas être appliquées à Jésus-Christ dans le sens propre, littéral et naturel, mais seulement dans un sens figuré, typique et allégorique ; qu'elles ont été accomplies littéralement dans un autre personnage qui était le type ou la figure de Jésus-Christ, et ensuite vérifiées dans ce divin Sauveur d'une manière plus sublime. Nous soutenons au contraire que le très-grand nombre de ces *prophéties* regardent directement et littéralement Jésus-Christ, et non un autre objet ; qu'elles n'ont été accomplies qu'en lui ; qu'ainsi cette preuve est très-solide, non-seulement contre les juifs, mais contre les païens et contre toute espèce d'incrédules ; et nous nous sommes attachés à le démontrer dans plusieurs articles de ce *Dictionnaire*. Nous mettons au rang de ces *prophéties* directes et littérales : 1° Les paroles que Dieu adressa au tentateur après la chute d'Adam, par lesquelles il lui prédit que la race de la femme lui écraserait la tête, *Gen.*, c. III, v. 15. *Voy.* Protévangile. 2° La *promesse* que Dieu fit au patriarche Abraham de bénir toutes les nations dans un de ses descendants, *Gen.*, c. XXII, v. 18. *Voy.* Race. 3° La prédiction que Jacob fit à son fils Juda, que le Messie naîtrait de sa race. *Voy.* Juda. Ce que Moïse dit aux Juifs, *Deut.*, c. XVIII, v. 15, que Dieu leur suscitera un prophète semblable à lui, et que s'ils ne l'écoutent pas, Dieu en sera le vengeur. 5° Le psaume CIX, où David parle d'un prêtre selon l'ordre de Melchisédech, dont le sacerdoce sera éternel. *Voy.* Melchisédéciens. 6° Le psaume XXI, dans lequel sont représentées les souffrances du Messie, et duquel Jésus-Christ lui-même se fit l'application sur la croix. *Voy.* Psaume. 7° La *prophétie* d'Isaïe, c. VII, v. 14, qui annonce qu'un enfant naîtra d'une vierge, et sera nommé *Emmanuel*, Dieu avec nous. *Voy.* Emmanuel. 8° Le chapitre LIII du même prophète, qui prédit les souffrances du Sauveur. *Voy.* Isaïe. 9° Le passage de *Daniel*, c. IX, v. 24, où il est prédit que le Christ sera mis à mort soixante-dix semaines, ou quatre cent quatre-vingt-dix ans après la reconstruction de Jérusalem. *Voy.* Daniel. 10° Les *prophéties* d'Aggée, c. II, v. 7, et de Malachie, c. III, v. 1, par lesquelles ils assurent que le Messie viendra dans le second temple que les Juifs rebâtissaient pour lors. *Voy.* Aggée et Malachie.

Nous ne prétendons point que ce soient là les seules *prophéties* de l'Ancien Testament, qui regardent Jésus-Christ dans le sens propre, direct et littéral ; mais celles-ci, qui sont les principales, et sur lesquelles les juifs disputent avec le plus d'opiniâtreté, suffisent pour réfuter la prétention des incrédules et des critiques téméraires dont nous avons parlé. Nous convenons qu'outre ces prédictions directes, il est d'autres *prophéties* que l'on appelle typiques et allégoriques, qui regardent un autre personnage, mais qui n'ont point été accomplies en lui dans toute l'énergie des termes dans lesquels elles sont conçues ; et que les écrivains du Nouveau Testament ont appliquées à Jésus-Christ. Ainsi saint Matthieu, c. II, v. 15, applique à Jésus enfant, rapporté de l'Egypte, ce que le prophète Osée avait dit du peuple juif : *J'ai appelé mon Fils de l'Egypte ;* et v. 17, il représente le massacre des innocents comme l'accomplissement des paroles de Jérémie, touchant la désolation de la Judée, lorsque ses habitants furent emmenés en captivité : *Rachel pleure ses enfants et ne veut pas se consoler, parce qu'ils ne sont plus*, etc.

Est-ce mal à propos et sans raison que les apôtres et les évangélistes ont fait ces applications des *prophéties ?* Non, sans doute. 1° Ils ont aussi fait usage des *prophéties* littérales et directes dont nous avons parlé ; il n'en est presque point qui ne soit répétée dans le Nouveau Testament ; les autres ne sont donc ajoutées que par surcroît. 2° C'était la méthode des anciens docteurs de la synagogue : nous le voyons encore aujourd'hui par les Paraphrases chaldaïques et par le Talmud ; c'était donc un argument personnel contre les juifs attachés à la tradition de leurs docteurs ; et cette preuve n'est pas moins forte aujourd'hui contre les juifs modernes, puisqu'ils font encore profession de s'en tenir à leur ancienne tradition. C'est ce qui a autorisé les Pères de l'Eglise à s'en servir.

Quoique cette preuve ne paraisse pas au premier coup d'œil devoir faire la même impression sur le païen et sur l'incrédule, elle est cependant encore suffisante pour les convaincre, parce qu'il est impossible qu'il se trouve tant de rapport entre l'objet de ces *prophéties* et Jésus-Christ, sans que ce divin Sauveur en soit la fin et le terme. Nous avouons qu'il résulte plus de lumière des *prophéties* dont le sens direct et littéral regarde uniquement Jésus-Christ et l'établissement de son Eglise ; nous ne citons dans le même sens que les anciens docteurs juifs. On peut en voir les preuves. dans Galatin, *de Arcanis cathol. veritatis*, l. V, etc. Pour en pervertir le sens et en éluder les conséquences, les juifs modernes les entendent tout autrement que leurs anciens maîtres. Entêtés d'un Messie roi, conquérant, glorieux, et de la prospérité temporelle qu'ils espèrent sous son règne, ils veulent que toutes les *prophéties* soient accomplies à la lettre, quelque absurde que soit le sens qu'ils y donnent. Ils attendent un fils de David, lorsque la race de ce roi est anéantie ; un guerrier, qui est cependant appelé le *prince de la paix ;* un destructeur des nations, pendant que le Messie est annoncé comme l'auteur de leur salut ; un vainqueur, mais qui doit subir la mort pour les péchés de son peuple ; un règne temporel et en même temps éternel sur la terre ; tous les plaisirs sensuels, ainsi que le libérateur promis doit faire régner *la justice éternelle et la sainteté parfaite*. Toutes ces idées sont certainement contradictoires.

Dieu, disent-ils, a promis par ses prophètes que le Messie reconduira dans la Judée les douze tribus d'Israël, *Ezech.*, c. xxxvii, v. 16. C'est une fausseté. A la fin de la captivité de Babylone, Zorobabel reconduisit dans la Judée tous les Juifs qui voulurent y retourner ; mais il n'est point question là du Messie ; le prophète n'en a pas parlé ; et à présent les douze tribus sont tellement confondues, qu'aucun juif ne peut montrer de quelle tribu il est. Suivant le même prophète, c. xxxviii et xxxix, Gog et Magog doivent périr avec leurs armées sur les montagnes d'Israël. Les juifs ont rêvé que Gog et Magog sont les chrétiens et les mahométans, et ils se promettent d'en faire une boucherie sanglante, lorsqu'ils auront le Messie à leur ête. Cependant Ezéchiel n'a pas dit un seul mot du Messie dans ces deux chapitres, et il paraît qu'il a voulu désigner, dans l'endroit cité, la défaite des armées envoyées contre les Juifs sous les Machabées.

Ils disent que, suivant la prédiction de Zacharie, c. iv, les montagnes doivent s'abaisser, les vallées s'aplanir, l'Euphrate et le Nil se dessécher pour laisser passer les Juifs ; que le mont des Olives sera fendu en deux, etc. Mais Dieu ne fait pas des miracles ridicules et superflus, uniquement pour satisfaire l'orgueil d'une nation. Le sens de la *prophétie* est évident : Quand il faudrait abaisser les montagnes, aplanir les vallées et bouleverser la nature entière, Dieu le ferait pour ramener son peuple de la captivité de Babylone ; sa promesse s'accomplira malgré tous les obstacles. Le temple de Jérusalem, continuent les juifs, doit être rebâti suivant la forme, le plan et les dimensions tracées par Ezéchiel, c. xl et suiv. Aussi le temple a-t-il été rebâti après la captivité de Babylone, et les juifs ne peuvent pas prouver que l'on n'a pas suivi la forme et le plan tracés par Ezéchiel.

Il est dit par le même prophète, c. xxxvii, et par Daniel, c. xii, etc., que tous les peuples doivent venir à Jérusalem célébrer les fêtes juives, que l'idolâtrie et tous les crimes doivent être détruits par toute la terre, que le prophète Elie doit revenir, que la résurrection des morts doit se faire sous le règne du Messie. Rien de tout cela, disent les juifs, n'est arrivé, ni après la captivité de Babylone, ni sous le règne du prétendu Messie adoré par les chrétiens. Donc tout cela s'accomplira dans les siècles futurs, lorsque Dieu l'aura résolu. C'est ainsi que les juifs se bercent de fausses espérances. Quoi qu'ils en disent, après la captivité de Babylone, les Juifs, dispersés dans les différentes contrées de l'Orient, sont revenus à Jérusalem célébrer leurs fêtes; ils ne se sont plus livrés à l'idolâtrie dans la Judée comme auparavant ; et par les différentes réformes que fit Esdras, leurs mœurs furent moins corrompues. Quand cette révolution serait annoncée en termes encore plus pompeux, il ne s'ensuivrait pas que la prédiction n'a pas été suffisamment accomplie.

Ezéchiel ne prédit point la résurrection des morts, mais il compare la délivance des Juifs captifs à Babylone à la résurrection des morts, et il ne parle point du Messie. Quant au retour d'Elie, ce prophète est revenu au monde dans la personne de Jean-Baptiste, et il y a paru de nouveau à la transfiguration de Jésus-Christ. Les Juifs doutèrent si Jean-Baptiste ou Jésus lui-même n'était pas Elie ressuscité. *Matth.*, c. xvi, v. 14; c. xvii, v. 3 et 12, etc.

Les Juifs, en confondant les événements qui devaient arriver au retour de la captivité de Babylone, et qui sont annoncés avec emphase par les prophètes, avec les prodiges spirituels qui devaient être opérés par le Messie, ont fait des *prophéties* un chaos inintelligible ; et c'est sur cette confusion que les incrédules argumentent : comme si c'étaient les prophètes eux-mêmes qui ont fait ce mélange, et qui ont induit les Juifs en erreur. Mais quand on cherche sincèrement le vrai, l'on distingue aisément ce qui doit être pris à la lettre d'avec ce qu'il faut entendre dans un sens figuré ; ce qui a dû arriver au retour des Juifs dans la Judée, d'avec ce qui s'est accompli quatre ou cinq cents ans après.

Il est vrai qu'il y a encore aujourd'hui dans le christianisme un nombre de figuristes dont le système est très-propre à nourrir l'entêtement des juifs, puisqu'il est fondé sur le même préjugé. Lorsqu'une *prophétie* ne leur semble pas avoir été suffisamment accomplie sous l'Ancien Testament ou à la venue de Jésus-Christ, ils concluent qu'elle le sera à la fin du monde, au second avénement du Sauveur, lorsqu'il viendra juger les vivants et les morts. En mêlant ensemble toutes les *prophéties* qui leur semblent pouvoir désigner le même objet, celles des anciens prophètes avec celles de l'Evangile, celles de saint Paul et celles de l'Apocalypse, ils forment un tableau d'imagination, mais qui peut être détruit aussi aisément qu'il est composé. Comment prouvera-t-on aux juifs qu'ils ont tort de transporter à l'avénement futur de leur Messie les prédictions qui ne leur paraissent pas suffisamment accomplies, pendant qu'on se donne la liberté de les appliquer à un second avénement du Sauveur ? Le plus sûr est donc de nous en tenir au sens littéral des *prophéties*, suffisamment fixé par la tradition de l'Eglise, puisque l'on ne peut tirer aucune conséquence des explications mystiques, et qu'une infinité d'écrivains de toutes les sectes en ont abusé pour débiter des visions. *Voy.* Figurisme.

PROPICE, PROPITIATION, PROPITIATOIRE. Ces termes, dérivés du latin *prope*, proche, auprès, sont une métaphore. Comme nous disons que le péché nous éloigne de Dieu ou éloigne Dieu de nous, nous disons aussi que la pénitence nous en rapproche. Ainsi Dieu est *propice* lorsqu'il se rapproche de nous pour nous accorder ses grâces et ses bienfaits. Lorsque le publicain disait à Dieu : *Seigneur, soyez propice à moi, pauvre pécheur*, cela signifiait, Seigneur, rapprochez-vous de moi, et pardonnez-moi les péchés qui m'éloignent de vous. Saint

Jean, *Epist.* I, c. IV, v. 2, dit que *Jésus-Christ est la victime de* propitiation *pour nos péchés, non-seulement pour les nôtres, mais pour ceux du monde entier*, parce que sa mort, qu'il a offerte à Dieu pour les péchés de tous les hommes, a satisfait à la justice divine, les a réconciliés tous avec elle, a mérité pour eux tous la grâce et la gloire éternelle dont le péché les rendait indignes.

Dans l'ancienne loi, les sacrifices offerts pour les péchés sont appelés *sacrifices propitiatoires*, pour la même raison; et le jour de l'expiation générale est nommé le jour de la *propitiation*, *Levit.*, c. XXIII, v. 28. L'Église catholique tient pour article de foi que la messe est un sacrifice de *propitiation* pour les vivants et pour les morts, parce que c'est le sacrifice même de Jésus-Christ renouvelé et offert à Dieu pour effacer les péchés des vivants et des morts, par conséquent pour leur appliquer les mérites de ce divin Sauveur. *Voy.* MESSE. — C'était une espèce de serment parmi les juifs de dire : Dieu me soit *propice* pour que je ne fasse point telle action, c'est-à-dire Dieu me préserve de la faire. — Le couvercle de l'arche d'alliance était nommé *propitiatoire*, à cause de sa forme. Il était plat et surmonté de deux chérubins ou anges, tournés l'un vers l'autre, et dont les ailes étendues formaient une espèce de trône. *Levit.*, c. XVI, v. 2. C'est là que Dieu daignait rendre sa présence sensible, sous la forme d'une nuée ou autrement, et qu'il donnait ses réponses au grand prêtre, lorsqu'il était consulté. Ce trône était donc appelé le *propitiatoire*, à cause que Dieu s'y rapprochait de son peuple et daignait se rendre accessible. *Exod.*, c. XV, v. 22; *Num.*, c. VII, v. 89 Cette présence divine est nommée par les docteurs juifs *schékinah*, demeure, habitation, séjour. Aussi, dans le grand jour des expiations, le grand prêtre, tenant à la main le sang de la victime immolée pour les péchés du peuple, se présentait devant le *propitiatoire*, s'approchait ainsi de la Divinité, intercédait et faisait *propitiation* pour toute la nation. Par cette même raison, les Juifs pieux et fidèles à observer la loi, quelque éloignés qu'ils fussent du tabernacle ou du temple, se tournaient de ce côté-là pour faire leurs prières, parce que c'était là que Dieu daignait habiter et répandre ses grâces. *III Reg.*, c. VIII, v. 48; *Dan.*, c. VI, v. 10; Prideaux, *Hist. des Juifs*, l. III, § 1. Par analogie à l'arche d'alliance, quelques auteurs chrétiens ont nommé *propitiatoires* les dais ou baldaquins qui couvraient l'autel, ou les ciboires suspendus sous ces dais, dans lesquels on conserve l'eucharistie : c'était un témoignage de la foi à la présence réelle de Jésus-Christ dans le saint sacrement.

PROPOS. On appelle communément *bon propos* la résolution formée par un pénitent de ne plus retomber dans le péché, et d'en éviter les occasions. Ce *bon propos* est nécessairement renfermé dans la contrition, sans cela, elle ne serait pas nécessaire. On ne peut pas dire avec vérité que l'homme se repent d'avoir offensé Dieu, et qu'il déteste son péché, à moins qu'il ne soit dans la ferme résolution de changer de conduite, et d'éviter, autant qu'il le pourra, tout sujet de tentation. C'est la décision du concile de Trente, sess. 14, c. 4. Elle est fondée sur l'Ecriture sainte; Dieu dit aux pécheurs, *Ezech.*, c. XVIII, v. 31 : *Rejetez loin de vous toutes les prévarications que vous avez commises; faites-vous un esprit et un cœur nouveau... Revenez à moi, et vous vivrez.* Se faire un cœur nouveau, c'est changer d'inclinations, d'attachements et d'habitudes, ne plus aimer, ne plus rechercher ce qui a été la cause du péché.

PROPOSITION. L'on appelait *pains de proposition* ou d'offrande les pains qui étaient présentés à Dieu, et renouvelés chaque semaine par les prêtres dans le tabernacle, et ensuite dans le temple de Jérusalem. Le prêtre de semaine, tous les jours de sabbat, mettait ces pains sur une table d'or destinée à cet usage dans le sanctuaire. Ils étaient au nombre de douze, et désignaient les douze tribus d'Israël. Chaque pain était d'une grosseur assez considérable, puisqu'on y employait deux affarons de farine, ou environ six pintes. On les plaçait tout chauds sur la table, et l'on ôtait les vieux qui avaient été exposés pendant toute la semaine. Les prêtres seuls pouvaient en manger; et si David en mangea une fois avec ses gens, ce fut par nécessité. Cette offrande était accompagnée d'encens et de sel, et l'on brûlait l'encens sur la table, lorsque l'on y mettait des pains nouveaux. Les rabbins ont beaucoup disserté sur la forme de ces pains, sur la manière dont ils étaient pétris, cuits et arrangés; mais ce qu'ils en disent n'est rien moins que certain. Dès le commencement du monde, Dieu a voulu que les hommes lui présentassent les aliments dont ils se nourrissaient, parce que ce sont les plus précieux de tous les biens. Il voulait par là les faire souvenir que c'est lui seul qui les leur fournit, qu'ils en sont redevables à sa bonté, qu'ils doivent en être reconnaissants, en user avec modération, et en faire part à leurs frères. Cette offrande était donc une très bonne leçon, et non une cérémonie frivole et ridicule, comme le prétendent les incrédules.

\* PROPRIÉTÉ (Droit de). Dans notre Dictionnaire de Théologie morale, nous avons examiné le droit de propriété dans son principe et dans ses conséquences, nous nous contentons d'ajouter ici quelques considérations de M. l'abbé Barran.

« Dans l'état actuel de l'homme, il lui faut, pour l'exciter au travail, au développement de son industrie, un autre mobile que l'intérêt général de la grande société dont il ferait partie, dit M. l'abbé Barran, *Exposition raisonnée des dogmes et de la morale du christianisme*, t. II, p. 247. Aussi y verrait-on nécessairement l'un ou l'autre de ces abus, peut-être les deux à la fois; le despotisme des chefs pesant sur les membres pour en obtenir la tâche journalière, ou l'homme actif, laborieux, s'épuisant de fatigue pour le négligent et le paresseux, membre comme lui de cette association dont son oisiveté ne l'empêcherait pas de recueillir les avantages. Sans parler d'une foule d'autres inconvénients qui en seraient la suite inévitable, que ferait-on des enfants? Puisque les parents n'auraient aucune propriété à leur préparer, à leur laisser, il faudrait que ces enfants leur devinssent étrangers dès qu'il serait possible de les aggréger à la communauté. Peut-être même les leur arracherait-on, comme à Sparte, pour les faire élever suivant le bon plaisir ou l'intérêt des magistrats de la république. Où serait alors la famille avec ses devoirs et ses affections sacrées? Elle n'existerait plus: on n'aurait, comme chez les animaux, que des mères et des petits, qui, une fois séparés, ne conserveraient aucun rapport avec ceux dont ils auraient reçu la vie; ils seraient pour eux des étrangers. Voilà où aboutiraient les théories de nos communistes modernes, s'il était possible de les réaliser.

« Mais, dira-t-on, n'avons-nous pas aujourd'hui le christianisme avec sa puissante moralisation? Les peuples modernes seront donc plus propres à ce régime de communauté sociale qu'on ne l'était dans les temps anciens. On s'exagère évidemment l'influence du christianisme, si l'on va jusqu'à lui attribuer une modification complète, radicale de la nature humaine, en pensant qu'il fait de l'homme un être accompli qui ne puisse plus faillir. Il n'en est pas ainsi, comme nous en faisons tous les jours la bien triste expérience. Ainsi les partisans de ce système se jetteraient dans une grande erreur, s'ils prétendaient établir leurs théories sur la perfection essentielle des chrétiens. Je conviens qu'une communauté peu nombreuse pourra se former parmi eux avec plus de facilité que chez les Spartiates, parce qu'ils s'aimeront les uns les autres; qu'ils se supporteront avec patience et charité; que, d'un autre côté, leurs chefs se montreront en tout des modèles, comme des guides; que ce seront plutôt des pères occupés du bonheur de leurs enfants, ainsi qu'on l'a vu autrefois dans le Paraguay. Cela sera possible, je le répète, dans une société peu nombreuse; mais, tenter de l'établir dans une grande nation, ce serait une folie. Dieu n'a pas imposé cette condition sociale comme une conséquence de sa religion. Le divin législateur des chrétiens n'a changé nulle part l'état politique des peuples pour les astreindre à la communauté des biens. Au contraire, nous le voyons sanctionner de son autorité le respect de la propriété : *Rendez à César ce qui appartient à César* (*Matth.* XXII), disait-il aux Pharisiens. Ailleurs, Jésus-Christ parle de la propriété de l'ouvrier avec lequel le père de famille fait une convention, comme salaire du travail qu'il attend de lui, et le soir venu ce père de famille dit à l'ouvrier : *Mon ami, prenez ce qui vous appartient* (*Matth.* XX). Entendez encore Jésus-Christ plaçant le vol à côté de l'homicide, qu'apparemment on n'a pas l'intention de justifier aujourd'hui. Un jeune homme s'approche du Sauveur et lui dit : *Bon maître, que faut-il que je fasse pour acquérir la vie éternelle?* — *Gardez les commandements*, lui répond Jésus-Christ. — *Quels commandements?* — *Ceux ci : Vous ne tuerez point.... vous ne déroberez point* (*Matth.* XIX). Et saint Paul nous assure que ni les voleurs ni les avares n'entreront dans le royaume céleste (*I Cor.* VI). Voici enfin comment saint Jean décrit l'impénitence de certains hommes dans les derniers temps : *Et ils ne firent point pénitence, ni de leurs meurtres, ni de leurs empoisonnements, ni de leurs impudicités, ni de leurs vols* (*Apoc.*, c. IX).

« Qu'on ne se serve donc pas du christianisme comme d'un prétexte, qu'on ne dénature point sa charité, pour niveler les conditions sociales et proclamer la loi agraire. La religion impose aux riches l'obligation rigoureuse de faire l'aumône et de prêter à celui qui est dans un besoin passager; elle la menace de la colère divine, des châtiments qui en seront la suite, s'il méconnaît ses devoirs sacrés : mais, en même temps, elle defend au pauvre de porter atteinte à la *propriété* d'autrui ; il se rendrait coupable d'une injustice qui l'exclurait, lui aussi, du royaume du ciel. D'ailleurs, la plupart des communistes de nos jours ne peuvent invoquer cette influence chrétienne sur les esprits pour les rendre plus propres à la vie phalanstérienne (*Voy.* FOURIÉRISME, SAINT-SIMONISME) ; ceux qui repoussent nos principes pour se jeter dans le panthéisme ou le matérialisme le plus abject, voilà leur dogme ; eux dont la morale est la plus obscène volupté et le cynisme le plus dégoûtant. Vous savez que les saint-simoniens ont aussi tâché d'expérimenter leurs théories d'harmonisation sociale, et que bientôt le désordre s'est introduit dans la famille : les fils et les filles ont réclamé contre le *Père commun*, en lui reprochant de ne pas se conformer assez sa gestion aux capacités, et de s'être permis certaines irrégularités contre la justice commutative, bien qu'ils l'eussent fait et *acclamé* Dieu. »

Objection des communistes : « A la bonne heure, qu'il y ait un droit de propriété : pour le légitimer, il faudrait que les biens fussent partagés également ; sans cela, vous ne protégez qu'une injustice sous l'apparence d'un droit. » M. l'abbé Barran leur répond : « Je conviens qu'à l'époque où les familles étaient peu nombreuses, elles durent s'établir avec une possession proportionnée aux membres qui les formaient; du moins chacun put satisfaire ses goûts d'extension territoriale. Mais l'inégalité de fortune ne tarda pas à s'introduire, tantôt par des causes indépendantes de toute volonté humaine, comme des épidémies, des dérangements de saisons et autres accidents funestes; tantôt par inconduite, négligences ou fausses spéculations, ce qui a dû faire passer les fortunes dans d'autres familles plus heureuses et mieux réglées. Or, qui pourra dire que l'injustice a amené ces changements, et que la violence ou les préjugés les ont sanctionnés et maintenus? On aurait pu établir, comme chez les Juifs, que le premier possesseur rentrerait dans ses droits chaque cinquantième année, et qu'ainsi il n'existerait nulle part une aliénation perpétuelle : mais cette règle n'a pas eu lieu ailleurs, nous concevons combien elle aurait pu nuire au zèle pour le travail et l'industrie, qui n'est efficacement encouragée que par le droit réel de propriété perpétuelle. D'ailleurs, tel est l'ordre établi, ordre qu'on ne peut déclarer avec vérité injuste ni oppressif, que les fortunes accumulées sont aussi une propriété légitime qui a un droit sacré au respect, à l'inviolabilité ; et y porter atteinte aujourd'hui ou à une autre époque, ce serait une véritable injustice, une spoliation. Le divin législateur des chrétiens recommande aux riches d'être miséricordieux et charitables envers le pauvre, mais sans faire entendre une seule parole de doute sur le droit de leurs propriétés, et sans leur imposer l'obligation de partager leur fortune avec leurs fermiers et leurs voisins. Et puis, à quoi aboutirait cette répartition d'inégalité? Combien de temps pensez-vous qu'elle pût se maintenir? L'homme est si faible, si mobile, si passionné, que, le jour même du partage territorial et mobilier, l'égalité aurait disparu par les ventes, les dons, le jeu, les prodigalités, et par mille transactions qui se font dans le commerce de la vie. Ce serait donc à recommencer tous les mois, ou au moins à la fin de chaque année, comme un règlement de comptes. Malgré tant de belles théories et de discours à grand effet, il faut se résigner à l'inégalité de fortunes, comme à une nécessité de notre condition sur la terre. Dès-lors, une immense possession doit être respectée de tous, comme le petit patrimoine du cultivateur ou les épargnes de l'artisan : elle est protégée par le même principe, le droit sacré de la propriété. »

PROSE, hymne composée de vers sans mesure, mais qui n'ont qu'un certain nombre de syllabes, avec des rimes, qui se chante aux messes solennelles, après le graduel et l'*alleluia*, et qui en est censée la suite. C'est pour cela que, dans plusieurs missels, les *proses* sont nommées *séquences*, *sequentia*. On en attribue l'invention à Notker, moine de Saint-Gall, qui écrivait vers l'an 880; mais il dit, dans la préface du livre où il en parle, qu'il en avait vu dans un antiphonaire de l'abbaye de Jumiéges, qui fut brûlée par les Normands l'an 841. D'autres en firent à son exemple, et bientôt il y en eut pour toutes les fêtes et les dimanches de l'année, excepté depuis la Septuagésime jusqu'à Pâques. Mais la plupart furent composées avec tant de négligence, que l'on a loué les chartreux et les bernardins de ce qu'ils n'ont point admis de *proses* dans leurs missels. Il y a quelques diocèses où l'usage est établi de dire une *prose*, au lieu d'une hymne, aux secondes vêpres des fêtes doubles.

L'Eglise romaine n'en admet que quatre principales, celle de Pâques, *Victimæ Paschali*; celle de la Pentecôte, *Veni, Sancte Spiritus*; celle du saint Sacrement, *Lauda, Sion*, et celle qui se dit pour les morts, *Dies iræ*. La première est d'un auteur inconnu; la seconde est attribuée par Durand au roi Robert, qui vivait au commencement du xi° siècle; mais il est plus probable qu'elle a été faite par Herman le Raccourci, *Hermanus contractus*, qui écrivait vers l'an 1040, et que le roi Robert fut l'auteur d'une autre plus ancienne qui commençait par *Sancti Spiritus adsit nobis gratia*, et qui a été dite dans l'ordre de Cluny, dès le xi° siècle. La troisième est de saint Thomas d'Aquin, auteur de l'office du saint Sacrement. Celle qui se dit pour les morts a été composée par le cardinal Frangipani, appelé aussi Malabrancha, docteur de Paris, de l'ordre des dominicains, qui mourut à Pérouse, l'an 1294. Mais elle n'a commencé à être d'un usage commun qu'au commencement du xvii° siècle. Depuis ce temps-là l'on en a composé qui sont d'un style plus poétique et d'un meilleur goût que les anciennes. Lebrun, *Explic. des Cérém. de la messe*, tom. I, ii° part., art. 6, pag. 209.

PROSÉLYTE. Terme grec, qui répond parfaitement au latin *advena*, étranger, homme arrivé d'ailleurs : les Juifs donnaient ce nom aux étrangers qui s'établissaient parmi eux, et qui embrassaient leur religion ou en tout ou en partie. Conséquemment ils en distinguaient de deux espèces : ils nommaient les uns *prosélytes de la porte*, les autres *prosélytes de la justice*. Les premiers étaient des étrangers qui avaient renoncé à l'idolâtrie, et faisaient profession d'adorer le seul vrai Dieu, article fondamental de la religion judaïque, sans la profession duquel ils n'auraient pas été soufferts parmi les Juifs. Ceux-ci, persuadés que la loi de Moïse n'était imposée qu'à leur nation, permettaient à un étranger d'habiter parmi eux, pourvu qu'il s'abstînt de toute idolâtrie, qu'il adorât le vrai Dieu, et qu'il observât les sept préceptes de la loi naturelle imposés aux enfants de Noé. *Voy.* ce mot. Il lui était permis de rendre ses hommages à Dieu dans le temple; mais il ne pouvait y entrer que par la première porte, et dans la première enceinte, qui était appelée le parvis des gentils, *atrium gentium*; de là vint le nom de *prosélytes de la porte*, que l'on donna aux étrangers de cette espèce. On croit communément que Naaman le Syrien, et Corneille le centenier étaient de ce nombre. Les seconds étaient des païens qui avaient embrassé toute la religion juive, et s'étaient obligés à l'observer aussi exactement que les Juifs de naissance; ils étaient appelés *prosélytes de la justice*, parce qu'ils s'étaient engagés à vivre dans la sainteté et la justice prescrites par la loi. Les Juifs recevaient volontiers ces sortes d'étrangers; nous voyons même dans l'Evangile, *Matth.*, c. xxiii, v. 15, que, du temps de Notre-Seigneur, ils se donnaient de grands mouvements pour convertir des païens, et les attirer à la profession du judaïsme. Ces *prosélytes* étaient initiés par la circoncision; dès ce moment ils étaient admis aux mêmes rites et aux mêmes priviléges que les Juifs naturels. Par analogie, l'on a aussi nommé *prosélytes* les juifs et les païens convertis au christianisme. Prideaux. *Hist. des Juifs*, tome II, liv. xiii, pag. 145.

PROSEUCHE. *Voy.* ORATOIRE.

PROSPER (saint), né en Aquitaine vers l'an 405, et mort l'an 463, a passé une partie de sa vie en Provence et à Rome. Quoique simple laïque il a mérité d'être mis au rang des Pères de l'Eglise. C'est lui qui avertit saint Augustin de la naissance du semi-pélagianisme dans les Gaules. En 428 ou 429, de concert avec un nommé Hilaire, il écrivit au saint docteur sur son livre *de Correptione et Gratia* causait beaucoup de bruit à Marseille parmi un nombre de personnages respectables par leur dignité et par leurs vertus; la doctrine qu'ils y opposaient était le semi-pélagianisme. Pour réponse, saint Augustin adressa à tous les deux ses livres *de la Prédestination des saints* et *du Don de la Persévérance*. Pour connaître exactement les sentiments des semi-pélagiens, il faut comparer ces deux ouvrages avec la lettre de *saint Prosper* et avec celle d'Hilaire, précaution que n'ont pas toujours prise ceux qui ont écrit sur cette matière.

*Saint Prosper* prit la défense des écrits de saint Augustin contre les fausses interprétations des semi-pélagiens; ceux-ci lui attribuaient les opinions des prédestinatiens, qui sont les mêmes que celles de Calv.n; *saint Prosper* fit voir qu'elles sont fort différentes de celles du saint docteur, et il répondit à toutes les objections. Il écrivit encore plusieurs autres ouvrages contre ces nouveaux ennemis de la grâce de Jésus-Christ. En 1711, l'on en a donné à Paris une bonne édition in-fol. Plusieurs critiques ont attribué à *saint Prosper* les deux livres *de la Vocation des gentils*, d'autres les attribuent à saint Léon avec plus de vraisemblance; mais on convient que ni l'un ni l'autre de

ces sentiments n'est absolument certain.
*Hist. de l'Egl. gallic.*, tome I, pag. 438, etc.
*Hist. littér. de la France*, tom. II, pag. 369.

PROSTERNATION ou PROSTERNEMENT. L'action de se mettre à genoux, de frapper la terre avec le front, ou de se coucher de son long aux pieds de quelqu'un, a toujours été la marque du plus profond respect, surtout parmi les Orientaux ; dans cette attitude un homme témoigne qu'il se met à la merci de celui qu'il salue ; les sauvages mêmes ont compris l'énergie de ce signe. C'est ce que les écrivains sacrés expriment ordinairement par le terme d'*adorer*. Ainsi lorsqu'il est dit qu'Abraham *adora* les habitants de Heth et les anges qui lui apparurent, que Judith *adora* Holopherne, qu'Achior *adora* Judith, que les mages *adorèrent* Jésus enfant, cela signifie qu'ils se prosternèrent en signe de respect. Nous nous prosternons de même pour *adorer* Dieu, pour lui témoigner notre respect et notre soumission, parce que nous ne pouvons témoigner à Dieu nos sentiments par d'autres signes que par ceux dont nous nous servons à l'égard des hommes. Il ne s'ensuit pas de là que quand nous nous prosternons devant les hommes, nous leur témoignons le même degré de respect et de soumission que nous avons pour Dieu : par conséquent le mot *adorer*, dans ces différentes circonstances, ne peut pas avoir le même sens. C'est néanmoins sur cette équivoque que les protestants nous font un crime de ce que nous nous prosternons devant les saints et devant leurs images. *Voy.* ADORATION.

PROSTERNÉS. *Voy.* PÉNITENCE PUBLIQUE.

PROSTITUTION. Ce désordre a été toléré chez toutes les nations païennes ; il y en a même plusieurs qui ont poussé l'aveuglement jusqu'à en faire une pratique de religion. Mais Dieu l'avait sévèrement défendu aux Israélites, *Deut.*, c. XXIII, v. 17. *Aucune fille d'Israël ne sera prostituée, et aucun Israélite ne se livrera à un commerce infâme. Vous n'offrirez point à Dieu le prix de la prostitution, quelque vœu que vous ayez fait ; c'est une abomination aux yeux du Seigneur.* Il est évident que par cette défense Dieu voulait inspirer de l'horreur pour la dépravation des femmes païennes, qui consacraient à la déesse de l'impudicité une partie de ce qu'elles avaient gagné par le crime. Pour rendre l'idolâtrie odieuse, les écrivains sacrés la désignent souvent sous le nom de *prostitution*.

Quelques philosophes modernes ont vainement affecté de nier que chez les Babyloniens et chez d'autres peuples, la *prostitution* ait été pratiquée par motif de religion. Non-seulement Jérémie, écrivant aux Juifs captifs à Babylone, les prévient contre ce scandale, *Baruch.*, c. VI, v. 42 ; mais Hérodote, l. I, § 199, en parle comme témoin oculaire, et Strabon, l. XVI, p. 1081. La même coutume régnait en quelques endroits de la Phénicie, selon Lucien, *de Dea Syria*, et Justin, l. XXII, à *Sicca-Veneria*, ville d'Afrique, qui était une colonie de Phéniciens ; Valère-Maxime, l. II, c. 6, § 15 ; Saint August., *de Civit. Dei*, l. IV, c. 10 ; et dans l'île de Cypre, *Athen. deipn.*, l. XII, p. 516. Ce désordre infâme durait encore au commencement du IV° siècle de l'Eglise dans quelques temples de la Phénicie ; Constantin devenu chrétien les fit détruire. Eusèbe, *de Vita Constantin.*, l. III, c. 58, pag. 613 ; Socrate, *Hist. ecclés.*, l. I, c. 18. A la honte de notre siècle, un philosophe incrédule n'a pas rougi d'approuver cette infamie, qui est en usage au Japon. Un autre sujet de confusion pour nous est que l'on tolère dans le christianisme un désordre public qui était sévèrement défendu chez les Juifs.

PROTESTANTS. L'on a donné d'abord ce nom aux disciples de Luther, parce que l'an 1529 ils protestèrent contre un décret de l'empereur et de la diète de Spire, et ils en appelèrent à un concile général. Ils avaient à leur tête six princes de l'empire, savoir, Jean, électeur de Saxe ; Georges, électeur de Brandebourg, pour la Franco ie ; Ernest et François, ducs de Lunebourg ; Philippe, landgrave de Hesse, et le prince d'Anhalt. Ils furent secondés par treize villes impériales. Par là on peut juger des progrès qu'avait faits le luthéranisme douze ans après sa naissance. Mais c'était plutôt l'ouvrage de la politique que celui de la religion ; cette ligue protestante était moins formée contre l'Eglise catholique que contre l'autorité de l'empereur. L'on a aussi nommé *protestants* en France les disciples de Calvin, et l'usage s'est établi de comprendre indifféremment sous ce nom tous les prétendus réformés, les anglicans, les luthériens, les calvinistes et les autres sectes nées parmi eux. Nous avons parlé de chacune sous son nom particulier ; mais au mot RÉFORMATION nous examinerons le protestantisme en lui-même, nous ferons voir que cette religion nouvelle a été l'ouvrage des passions humaines, et qu'elle ne mérite à aucun égard le nom de *réforme* que ses sectateurs lui ont donné.

Lorsqu'on leur demande où était leur religion avant Luther ou Calvin, ils disent : *dans la Bible*. Il fallait qu'elle y fût bien cachée, puisque pendant quinze cents ans personne ne l'y avait vue avant eux telle qu'ils la professent. Vous vous trompez, reprennent-ils ; les manichéens ont vu comme nous dans l'Ecriture sainte que c'est une idolâtrie de rendre un culte religieux aux martyrs ; Vigilance, que c'est un abus d'honorer leurs reliques ; Aérius, que c'en est une autre de prier pour les morts ; Jovinien, que le vœu de virginité est une superstition. Bérenger a trouvé aussi bien que nous dans l'Evangile, que le dogme de la transsubstantiation est absurde ; les albigeois, que les prétendus sacrements de l'Eglise romaine sont de vaines cérémonies ; les vaudois et d'autres, que les évêques ni les prêtres n'ont ni caractère ni autorité dans l'Eglise de plus que les laïques, etc. Il est donc prouvé que notre croyance a toujours été professée ou en tout ou en partie, par quelque société de chrétiens, et que l'on a tort de la taxer de nouveauté.

Voilà en vérité la tradition la plus pure et la plus respectable qu'il y ait au monde ; le dépôt en est toujours hors de l'Eglise et non dans l'Eglise ; elle a pour seuls garants des sectaires toujours frappés d'anathème. Il fallait encore ajouter à cette liste honorable les gnostiques, les marcionites, les ariens, les nestoriens, les eutychiens, etc. Tous ont vu de même dans l'Ecriture sainte leurs erreurs et leurs rêveries ; ils ont cru, comme les *protestants*, que ce livre leur suffisait pour être la règle de leur foi ; mais comment les *protestants* sont-ils assurés de mieux voir que tous ces docteurs, dans la Bible, les articles de croyance, sur lesquels ils ne s'accordent pas avec eux ? Citer de prétendus *témoins de la vérité*, et n'être jamais entièrement de leur avis, adopter leur sentiment sur un point, et le rejeter sur tous les autres, ce n'est pas leur donner beaucoup de poids ni de crédit. Une croyance ainsi formée de pièces rapportées et de lambeaux empruntés des hérétiques dont plusieurs n'étaient plus chrétiens et n'adoraient pas Jésus-Christ, ne ressemble guères à la doctrine de ce divin Maître.

Si la Bible renfermait toutes les erreurs que les sectaires de tous les siècles ont prétendu y trouver, ce serait le livre le plus pernicieux qu'il y eût dans le monde ; les déistes n'auraient pas tort de dire que c'est une pomme de discorde destinée à mettre tous les hommes aux prises les uns avec les autres. Mais enfin, puisque les *protestants* prétendent au privilège de l'entendre comme il leur plaît, ils n'ont aucune raison de disputer ce même droit aux autres sectes ; ainsi voilà toutes les erreurs et toutes les hérésies possibles justifiées par la règle des *protestants*. Mais nous voudrions savoir pourquoi l'Eglise catholique n'a pas aussi le droit de voir dans l'Ecriture sainte que tous ceux qui se séparent d'elle, pervertissent le sens de ce livre divin, qui lui a été donné en dépôt par les apôtres ses fondateurs. Saint Pierre reprochait déjà aux hérétiques de dépraver le sens des Ecritures pour leur propre perte, *Épist. II*, cap. III, v. 16. Deux cents ans après, Tertullien leur soutenait que l'Ecriture ne leur appartenait pas, puisque ce n'est pas à eux ni pour eux qu'elle a été donnée ; que c'est le titre de la seule famille des vrais fidèles, auquel les étrangers n'ont rien à voir, *de Præscript.*, c. 37. C'est aux *protestants* de prouver que cette exclusion ne les regarde pas. Si du moins ils formaient entre eux une seule et même société chrétienne, le concert de leur croyance pourrait paraître imposant ; mais l'Eglise anglicane, l'Eglise luthérienne ou prétendue évangélique, l'Eglise calviniste ou réformée, l'Eglise socinienne, ne sont pas plus unies entre elles qu'avec nous. Les calvinistes ne haïssent pas moins les anglicans qu'ils ne détestent les catholiques ; quoiqu'ils aient tenté plus d'une fois de faire société avec les luthériens, ceux-ci n'ont jamais voulu y consentir ; souvent ils ont écrit les uns contre les autres avec autant d'animosité que contre l'Eglise romaine ; certains docteurs luthériens ont été maltraités à outrance, parce qu'ils semblaient pencher au sentiment des calvinistes ; ni les uns ni les autres ne fraternisent avec les sociniens.

Pour pallier ce scandale, ils ont été réduits à dire que toutes les sectes qui s'accordent à croire les articles principaux ou fondamentaux du christianisme, sont censées composer une seule et même église chrétienne que l'on peut nommer *catholique* ou *universelle*. Mais quelle union forment ensemble des sociétés qui ne veulent avoir ni la même croyance, ni le même culte, ni la même discipline ? Ce n'est certainement pas là l'Eglise que Jésus-Christ a fondée, puisqu'il la représente comme un seul royaume, une seule famille, un seul troupeau rassemblé dans un même bercail et sous un même pasteur. *Voy.* Eglise, § 2 (1).

PROTÉVANGILE DE SAINT JACQUES. C'est le nom que porte un Evangile apocryphe et rempli de fables, que Guillaume Postel avait rapporté de l'Orient, et que Théodore Bibliander fit imprimer à Bâle l'an 1552, in-8°. Fabricius en a donné la notice, *Codex apocryph. Nov. Testam.*, pag. 48 et suiv.

Beausobre, *Hist. du Manich.*, tom. I, l. II, c. 2, § 8 et suiv., fait voir que ce prétendu *protévangile* est la production d'un nommé Leucius ou Leuce-Carin, hérétique du II° siècle et de la secte des docètes, qui condamnaient le mariage et qui enseignaient que le Fils de Dieu, pour s'incarner, n'avait pris qu'une chair fantastique et apparente ; l'ouvrage dont nous parlons était composé pour autoriser ces deux erreurs. Il était nommé *protévangile*, parce que l'auteur y raconte des événements qui ont précédé la prédication de l'Evangile, savoir la naissance et l'éducation de la sainte Vierge, et la naissance du Sauveur ; mais il ne mérite aucune croyance.

L'on a aussi donné le nom de *protévangile* à la première promesse que Dieu a faite de la rédemption future du genre humain,

---

(1) Le protestantisme est arrivé aujourd'hui à une décomposition complète. Un disciple de l'école d'Hégel divise les protestants d'Allemagne en quatre classes : 1° Les *vieux croyants*, ce sont les vieillards imbus de préjugés, qui croient encore à la Trinité, aux miracles et à la satisfaction par la mort de Jésus-Christ. 2° Les croyants éclairés, qui sont des déistes et des philosophes de l'école de Kant. Pour eux les maximes évangéliques sont dignes de l'admiration du sage. 3° Les croyants modernes, qui font de la religion une espèce de *sentimentalité*, mais sans fondement bien solide ; c'est le christianisme poétisé. 4° Le straussisme, qui est l'incrédulité complète ou, pour nous servir d'une expression consacrée, *la non croyance illimitée*. Cette non croyance illimitée donne à chaque siècle d'ajouter ou de retrancher à volonté aux dogmes chrétiens. — Cette courte exposition de l'état du protestantisme en Allemagne nous montre qu'il n'y a réellement plus de christianisme dans les enfants des premiers-nés de la réforme.

et qui est renfermée dans les paroles que Dieu prononça contre le serpent après la chute d'Adam, *la race de la femme t'écrasera la tête* (*Gen.*, III, 15). Par *la race de la femme* les Pères de l'Eglise ont entendu Jésus-Christ Fils de Dieu, né d'une femme par l'opération du Saint-Esprit, et sans le concours d'aucun homme ; conséquemment plusieurs interprètes ont dit que ces paroles sont le *protévangile*, c'est-à-dire la première nouvelle de la rédemption. Cette croyance est fondée sur la pensée de saint Paul qui a dit, *Hebr.*, c. II, v. 14, que le Fils de Dieu a participé à la chair et au sang, afin de détruire par sa mort celui qui avait l'empire de la mort, c'est-à-dire le démon, et sur ces paroles de saint Jean, *Epist.* I, c. III, v. 8 : *Dès le commencement le démon est l'auteur du péché, et le Fils de Dieu est venu pour détruire les œuvres du démon.* Dans l'Apocalypse, il est dit, c. XII, v. 9, que le grand dragon, l'ancien serpent qui est le démon et Satan, a été précipité sur la terre, etc. Conséquemment les Pères ont conclu que la rédemption du monde est aussi ancienne que le péché d'Adam, et qu'il n'y a eu aucun intervalle entre le péché et le pardon. *Voy.* RÉDEMPTION.

PROTHÈSE, mot grec qui signifie *préparation*. Les Grecs appellent *autel de Prothèse* un petit autel sur lequel ils préparent tout ce qui est nécessaire pour le saint sacrifice, le pain, le vin, les vases, etc. ; ensuite ils portent le tout en procession et avec beaucoup de respect, sur l'autel principal sur lequel on doit célébrer. Ce respect avec lequel les Grecs préparent et portent le pain et le vin destinés au sacrifice, a paru excessif à quelques théologiens latins ; ils en ont fait un reproche aux Grecs, comme si ces derniers rendaient un culte religieux aux symboles eucharistiques avant la consécration ; mais les Grecs n'ont pas eu de peine à justifier leur pratique. Elle prouve qu'ils ont la même croyance que nous, touchant le sacrement de l'eucharistie et le sacrifice de la messe ; s'ils pensaient comme les protestants, ils n'auraient aucun respect pour ces symboles.

PROTOCANONIQUES. On nomme ainsi les livres de l'Ecriture sainte qui ont été reconnus de tout temps pour canoniques, soit par les Juifs pour l'Ancien Testament, soit par l'Eglise chrétienne pour le Nouveau, et sur la canonicité desquels il n'y a jamais eu de doute ni de contestation ; et l'on appelle *deutérocanoniques* ceux desquels on a douté pendant quelque temps. *Voy.* CANON et DEUTÉROCANONIQUE.

PROTOCTISTES. Hérétiques origénistes qui soutenaient que les âmes avaient été créées avant le corps ; c'est ce que leur nom signifie. Vers le milieu du VI° siècle, après la mort du moine Nonnus, chef des origénistes, ils se divisèrent en deux branches, l'une des *protoctistes* dont nous parlons, l'autre des *isochristes* dont nous avons fait mention sous leur nom. Les premiers furent aussi nommés *tétradites*, et ils eurent pour chef un nommé Isidore. *Voy.* ORIGÉNISTES.

PROTOMARTYR, premier témoin, titre donné à saint Etienne, parce qu'il est le premier qui ait souffert la mort pour Jésus-Christ et pour l'Evangile. Quelques auteurs ont aussi donné ce nom à Abel, mais improprement ; quoique ce fils d'Adam soit mort innocent, l'Ecriture ne dit point qu'il a souffert pour la défense de la religion.

PROTOPASCHITES. Dans l'*Histoire ecclésiastique*, ceux qui célébraient la pâque avec les juifs, et qui usaient comme eux de pain sans levain, sont appelés *protopaschites*, parce qu'ils faisaient cette fête le quatorzième jour de la lune de mars, par conséquent avant les orthodoxes, qui ne la faisaient que le dimanche suivant. Les premiers furent aussi nommés *sabbathiens* ou *quartodécimans*. *Voy.* ce mot.

PROTOPLASTE, premier formé ; c'est un surnom d'Adam.

PROTOSYNCELLE. *Voy.* SYNCELLE.

PROTOTHRONE. On appelait ainsi dans l'Eglise grecque le premier évêque d'une province ecclésiastique, ou celui qui tenait la première place après le patriarche ou après le métropolitain. Ces sortes de distinctions n'avaient pas été introduites par ambition ni par orgueil, mais pour établir un ordre constant dans la discipline, et afin que l'on pût savoir, dans le cas de la vacance du siége patriarcal ou métropolitain, auquel des évêques la juridiction était dévolue.

PROVERBE. Dans l'Ecriture sainte ce mot signifie, 1° une sentence commune et populaire, et même une chanson ; *Num.*, c. XXI, v. 27 : *Dicetur in proverbio, venite in Hesebon*, etc. 2° Une raillerie, une dérision ; *Deut.*, c. XXVIII, v. 27 : *Erit Israel in proverbium*, Israël sera le jouet de tous les peuples. 3° Une énigme, une sentence obscure ; il est dit du sage, *Eccli.*, c. XXIX, v. 3 : *Occulta proverbiorum exquiret*, il recherchera le sens caché des bonnes maximes. Une parabole, un discours figuré ; *Joan.*, c. X, v. 6 : *Hoc proverbium dixit eis Jesus.*

PROVERBES (livre des). C'est un des livres de l'Ancien Testament ; il est ainsi nommé, parce que c'est un recueil de sentences morales et de maximes de conduite pour tous les états de la vie, que l'on attribue à Salomon. En effet, son nom paraît à la tête de l'ouvrage, il est encore répété dans le corps du livre, c. X, v. 1, et c. XXV, v. 1. Dans le III° livre des *Rois*, il est dit que ce prince avait composé trois mille paraboles, c. IV, v. 32. Les anciens Pères ont appelé ce recueil *Panarète*, c'est-à-dire trésor de toutes les vertus. Les docteurs juifs, aussi bien que l'Eglise chrétienne, en ont toujours fait honneur à Salomon, et l'ont toujours mis au rang des livres saints.

Cependant quelques critiques hardis, à la tête desquels est Grotius, ont douté si Salomon en est l'auteur. Ils ne nient point que ce prince n'ait fait faire un recueil des maximes de morale des écrivains de sa nation ;

mais ils prétendent que sous Ezéchias, Eliacim, Sobna et Joaké y ajoutèrent ce qui avait été écrit de meilleur depuis Salomon; qu'ainsi cette compilation est partie de différentes mains. Grotius en donne pour preuve la différence de style qu'il a cru y remarquer. Les neuf premiers chapitres, dit-il, sont écrits en forme de discours suivis; mais au chap. x jusqu'au chap. xxii, v. 16, le style est coupé, sententieux, rempli d'antithèses. Au v. 17 et suivants, il ressemble davantage au commencement du livre; mais au ch. xxiv, v. 23, il redevient court et sans liaison; c. xxv, on lit ces mots : *Voici les paroles recueillies par les gens d'Ezéchias, roi de Juda;* ch. xxx : *Discours d'Agur, fils de Joaké;* enfin le c. xxxi a pour titre : *Discours du roi Lamuel.* Mais des conjectures aussi faibles ne peuvent pas prévaloir sur la tradition constante qui a toujours attribué ce livre à Salomon. La différence de style prouve seulement que ce livre n'a pas été composé de suite, mais par morceaux détachés, comme se font ordinairement les recueils. Si la variété du style prouvait quelque chose, il faudrait soutenir que les *Proverbes,* l'Ecclésiaste et le Cantique ne peuvent être de la même main, puisque le style de ces trois ouvrages est fort différent. Le chapitre xxv, v. 1, porte : Voici les paraboles de Salomon, recueillies par les gens d'Ezéchias, roi de Juda ; mais les recueillir, ce n'est pas en être l'auteur. Il n'est pas sûr que, c. xxx, v. 1, *Agur* et *Joaké* soit deux noms d'hommes; la Vulgate les prend pour deux noms appellatifs, dont l'un signifie *celui qui amasse,* l'autre *celui qui rend,* ou qui vomit. Enfin, puisque l'histoire ne fait mention d'aucun roi nommé *Lamuel,* ce peut être un surnom ou une épithète donnée à Salomon.

Parmi les anciens, Théodore de Mopsueste, parmi les modernes l'auteur des *Sentiments de quelques théologiens de Hollande,* sont les seuls qui aient révoqué en doute l'inspiration de ce livre, et qui aient prétendu qu'il a été composé par une industrie purement humaine.

Les anciennes versions, la grecque et la latine contiennent quelques additions et quelques transpositions qui ne sont point dans l'hébreu, mais saint Jérôme a rendu la Vulgate plus exacte qu'elle n'était auparavant. *Voy. Bible d'Avignon,* t. VIII, p. 1.

PROVIDENCE, attention et volonté de Dieu de conserver l'ordre physique et moral qu'il a établi dans le monde en le créant. Si Dieu ne prenait aucun soin des choses de ce monde, surtout des créatures intelligentes, il serait nul pour nous, et il nous serait fort indifférent de savoir s'il existe ou n'existe pas. La bonté, la sagesse, la justice, la sainteté que nous lui attribuons seraient des mots vides de sens, la morale ne serait qu'une vaine spéculation, et la religion serait une absurdité. C'est ce que l'on a dit autrefois aux épicuriens, qui admettaient des dieux sans vouloir leur attribuer une *providence* on a soutenu avec raison qu'Epicure admettait la Divinité en apparence, et qu'il la détruisait en effet.

Aussi la première leçon que Dieu a donnée à l'homme en le mettant au monde, a été de lui apprendre que son créateur était aussi son maître, son père, son législateur et son bienfaiteur ; Dieu ne s'est pas seulement fait connaître à lui comme un être d'une nature supérieure, mais comme l'auteur et le conservateur de toutes choses, comme le rémunérateur de la vertu et le vengeur du crime. C'est par là que Moïse commence son histoire, et cette histoire sainte n'est autre que l'histoire de la *Providence.* Suivant le tableau qu'elle fait de la création, Dieu, en tirant du néant le monde, n'a point agi avec l'impétuosité aveugle d'une cause nécessaire, mais avec l'intelligence d'un être libre, avec réflexion, avec prévoyance, avec attention à la perpétuité de son ouvrage et au bien-être de ses créatures. *Il a dit, et tout a été fait,* mais il a vu aussi que *tout était bien.* Après avoir formé deux créatures humaines, il leur ordonne de se multiplier, de peupler la terre, de la soumettre à leur empire; il les bénit, afin qu'elles prospèrent. Bientôt il leur donne une loi, et il les punit pour l'avoir violée. Il en agit de même à l'égard de leurs enfants; il se conduit envers les premiers hommes comme un père dans sa famille : après avoir exercé pour eux sa sagesse et sa bonté, il fait éclater sa justice en punissant le crime; et de siècle en siècle ses leçons deviennent plus frappantes. Les égarements dans lesquels les hommes ne tardèrent pas de tomber, ne nous font que trop sentir combien elles étaient nécessaires; mais il est bon de remarquer la sagesse avec laquelle la divine *Providence* les a dirigées.

Les événements arrivés dans l'enfance du monde, que nous appelons *l'état de nature,* tendaient principalement à convaincre les hommes de l'attention que Dieu donne à l'ordre physique de l'univers; tels furent le déluge universel, la confusion des langues et la dispersion des peuples, l'embrasement de Sodome, les sept années de famine en Egypte, etc. Dieu savait que les hommes aveugles allaient bientôt attribuer à d'autres qu'à lui le gouvernement de la nature, en supposant que les astres, les éléments, les phénomènes du ciel, les productions de la terre, étaient dirigés par des génies, des démons ou de prétendus dieux inférieurs et secondaires; que telle serait l'origine du polythéisme et de l'idolâtrie. Il était donc nécessaire que Dieu frappât de grands coups sur la nature pour apprendre aux hommes qu'il en est le seul maître, et qu'il la conduit seul par sa *providence.* Les instructions qu'il donna aux Hébreux par Moïse, les prodiges qu'il opéra en leur faveur, eurent pour objet principal de faire voir non-seulement à eux, mais à tous leurs voisins, qu'il est l'arbitre souverain du sort de toutes les nations; que c'est lui seul qui leur accorde la prospérité ou leur envoie des malheurs, qui les établit dans une contrée ou les transplante ailleurs, qui leur donne la paix ou la guerre, etc. Alors s'introduisait chez les différents peuples le culte des dieux tutélaires et nationaux, et le culte des héros; chaque peuple voulait avoir le sien et en être seul protégé. C'était tout à la fois un effet des préventions et des haines nationales, et une cause propre à les perpétuer. Dieu voulait les faire cesser, et cela serait arrivé si les hommes avaient été moins aveugles et moins obstinés dans leur erreur ; en adorant tous un seul Dieu, ils auraient été mieux disposés à fraterniser. Au mot JUDAÏSME, nous avons fait voir qu'il n'est pas vrai que les Juifs aient pensé sur ce sujet comme les autres peuples, qu'ils aient regardé le Créateur du ciel et de la terre comme un Dieu local et particulier. Quant aux leçons de Jésus-Christ dans l'Evangile, elles ont un objet encore plus sublime, c'est de nous apprendre que cette même *Providence* divine conduit seule et comme il lui plaît l'ordre surnaturel; que depuis le commencement du monde elle a eu pour objet le salut du genre humain; que tel a été dans tous les siècles le but de sa conduite; mais qu'elle exécute ce grand dessein par des moyens impénétrables à nos faibles lumières, qu'elle éclaire telle nation par le flambeau de la foi, pendant qu'elle en laisse telle autre dans les ténèbres de l'infidélité; sans que celle-ci ait droit de se plaindre, ni l'autre de s'enorgueillir ; qu'à chaque particulier même Dieu accorde telle mesure de grâce et de dons surnaturels qu'il le juge à propos, sans que personne ait droit de lui demander raison de sa conduite.

Ainsi nous pouvons dire que dans tous les siècles la *providence* de Dieu s'est rendu témoignage à elle-même, par les leçons qu'elle a faites aux hommes et par la manière dont elle les a gouvernés, leçons et gouvernement toujours analogues aux besoins de l'humanité, qui ne peuvent être par conséquent l'ouvrage du hasard, mais le plan d'une sagesse infinie. Les incrédules ne peuvent l'attaquer qu'en objectant qu'il n'a pas réussi ; mais il n'a tenu qu'aux hommes de le faire réussir, et il ne tient encore qu'aux incrédules de contribuer au succès, en ouvrant les yeux à la lumière, en prêchant la religion et la vertu, au lieu de professer l'impiété. Ils ne font aujourd'hui que répéter les sophismes des anciens philosophes contre la *Providence*, et retomber dans les mêmes préjugés. En effet, pourquoi un si grand nombre de raisonneurs ont-ils méconnu cette grande vérité? Nous le voyons par leurs écrits. Les uns pensaient qu'il était impossible qu'une seule intelligence pût voir toutes choses dans le dernier détail et y donner son attention ; les autres jugeaient que ces soins minutieux seraient indignes de la majesté divine, dégraderaient sa sagesse et sa puissance; d'autres prétendaient qu'une telle administration troublerait son repos et son bonheur. Une preuve, disaient la plupart, que ce n'est point un Dieu souverainement puissant et sage qui a fait le monde, c'est qu'à plusieurs égards il y a de grands défauts dans cet ouvrage; et une preuve que ce n'est pas lui qui le gouverne, c'est qu'il y arrive continuellement du désordre ; en est-il un plus grand que d'y laisser la vertu sans récompense et le vice sans châtiment? Déjà, quatre mille ans avant nous, les amis de Job raisonnaient ainsi, et ce saint homme soutenait contre eux la cause de la *Providence*.

Conséquemment, parmi les philosophes païens, les uns, comme les épicuriens, soutinrent que dans le monde tout est l'effet du hasard; que les dieux, endormis dans un profond repos, ne s'en mêlaient en aucune manière. Les autres, surtout les stoïciens, imaginèrent que tout était décidé par la loi du destin, loi à laquelle la Divinité même était soumise. D'autres enfin, dociles aux leçons de Platon, imaginèrent que le monde avait été fait et qu'il était gouverné par des esprits, génies, démons ou intelligences inférieures à Dieu; que ces ouvriers impuissants et malhabiles n'avaient pas su corriger les imperfections de la matière, et ne pouvaient pas empêcher les désordres de ce monde.

Aucun de ces systèmes n'était ni honorable à la Divinité, ni consolant pour les hommes; voilà cependant tout ce que la raison humaine, cultivée par cinq cents ans de spéculations philosophiques, avait trouvé de mieux. Il est clair que ce chaos d'erreurs était fondé sur quatre notions fausses : la première, touchant la *création*, que les philosophes ne voulaient pas admettre; la seconde, touchant le *bien* et le *mal*, qu'ils prenaient pour des termes absolus, pendant que ce sont seulement des termes de comparaison ; la troisième, à l'égard de la puissance *infinie*, qu'ils comparaient à la puissance bornée des hommes; la quatrième enfin, concernant la justice divine, qu'ils supposaient faussement devoir s'exercer en ce monde. Il est de notre devoir de le démontrer. 1° Si les philosophes avaient compris que Dieu a le pouvoir créateur, qu'il opère par le seul vouloir, qu'à sa seule parole, au seul acte de sa volonté, tout a été fait, ils auraient conçu de même que le gouvernement de l'univers ne peut pas coûter davantage à Dieu, ni plus dégrader sa majesté souveraine, que la création. Ici les philosophes comparaient déjà l'intelligence et la puissance divine à l'intelligence et à la puissance humaine; et parce qu'un roi serait fatigué et dégradé s'il entrait dans les plus minces détails du gouvernement de son empire, ils en concluaient qu'il en serait de même de Dieu. Conséquence ridicule et fausse. C'est donc l'idée du pouvoir créateur qui a élevé l'esprit et l'imagination des écrivains sacrés, et qui leur a inspiré, en parlant de la puissance de Dieu, des expressions si supérieures à toutes les conceptions philosophiques. Dieu, selon leur style, n'a fait qu'appeler du néant les êtres, et ils se sont présentés; il tient les eaux des mers et il pèse le globe dans le creux de sa main ; les cieux sont l'ouvrage de ses doigts, c'est lui qui dirige les astres dans leur course majestueuse ; d'un mot il peut abîmer le ciel et la terre, les faire rentrer dans le néant, etc. Il lui suffit de connaître sa puissance, pour voir non-seulement tout ce qui est, mais tout ce qui peut être. — 2° Sous les mots Bien et Mal, nous avons fait voir qu'il n'y a dans le monde ni bien ni mal absolu, mais seulement par comparaison ; que quand on soutient qu'il y a du *mal*, cela signifie seulement qu'il y a moins de *bien* qu'il ne pourrait y en avoir. Nous avons observé qu'il n'est aucune créature à laquelle Dieu n'ait fait du bien, quoiqu'il eût pu lui en faire davantage, et quoiqu'il lui en ait fait moins qu'à d'autres. Or c'est une absurdité de prétendre que tout est *mal*, parce que tout est *moins bien* qu'il ne pourrait être ; c'en est une autre de supposer qu'un être créé, par conséquent essentiellement borné, peut être absolument *bien* et sans défauts à tous égards ; il serait comme Dieu la perfection infinie. — 3° L'on se fait une fausse notion de l'infini, quand on suppose que Dieu, parce qu'il est tout-puissant, doit faire tout le bien qu'il peut ; cela est impossible, puisqu'il en peut faire à l'infini. Cette supposition renferme une contradiction, puisque c'en est une de vouloir que Dieu tout-puissant ne puisse pas faire mieux. Ici revient encore la comparaison fausse entre la puissance de Dieu et la puissance humaine ; l'homme doit faire *tout le bien*, ou le *mieux* qu'il peut, parce que son pouvoir est borné ; il n'en est pas de même à l'égard de Dieu, parce que son pouvoir est infini. — 4° Les philosophes ne raisonnaient pas mieux lorsqu'ils étaient scandalisés de ce que Dieu ne punit pas toujours les crimes en ce monde ; une conduite contraire serait trop rigoureuse à l'égard d'un être aussi faible et aussi inconstant que l'homme, elle lui ôterait le temps et les moyens de faire pénitence. Quelquefois ce qui paraît un crime aux yeux des hommes est une action louable ou innocente ; bien plus, souvent ce qui leur semble être un acte de vertu vient d'une intention criminelle ; la *Providence* serait donc injuste, si elle se conformait au jugement des hommes. D'autre part, les récompenses de ce monde ne sont pas un prix suffisant pour une âme vertueuse, immortelle de sa nature ; il faut que la vertu soit éprouvée sur la terre pour mériter un bonheur éternel. Si les philosophes païens en avaient eu connaissance, ils auraient raisonné tout différemment ; leurs reproches contre la *Providence* n'étaient fondés que sur leur ignorance. Ce sont néanmoins ces notions fausses qui ont le plus indisposé les païens contre le christianisme, qui ont fait éclore les premières hérésies, qui servent encore aujourd'hui de fondement aux divers systèmes d'incrédulité. « Les chrétiens, dit Cécilius dans *Minutius Félix*, prétendent que leur Dieu, curieux, inquiet, ombrageux, imprudent, se trouve partout, sait tout, voit tout, même les plus secrètes pensées des hommes ; se mêle de tout, même de leurs crimes ; comme si son attention pouvait suffire, et au gouvernement général du monde, et aux soins minutieux de chaque particulier. Folle prétention. La nature suit sa marche éternelle, sans qu'un Dieu s'en mêle ; les biens et les maux tombent au hasard sur les bons et sur les méchants ; les hommes religieux sont souvent plus maltraités par la fortune que les impies ; si le monde était gouverné par une sage *Providence*, les choses sans doute iraient tout autrement. » Voilà ce que les athées et les matérialistes disent encore tous les jours. Celse et Julien étaient indignés de ce que les Juifs se croyaient plus chéris et plus favorisés de Dieu que les autres nations, de ce que les chrétiens à leur tour se flattaient d'être plus éclairés que les païens. Ils comparaient l'état obscur, abject, malheureux, dans lequel les Juifs avaient toujours vécu, à la prospérité, aux victoires, à la célébrité dont les Grecs et les Romains pouvaient se glorifier ; ils regardaient tout cet éclat extérieur comme la preuve d'une prédilection particulière de la *Providence*, et comme une récompense du culte que ces peuples avaient rendu aux dieux. A présent les déistes soutiennent que la prédilection de Dieu envers les juifs, si elle était vraie, serait un trait de partialité, d'injustice, de malignité, qu'ainsi les écrivains sacrés, qui la supposent, nous donnent une fausse idée de la Divinité et de sa *providence*. — Les marcionites et les manichéens argumentaient à peu près de même ; la différence qu'ils trouvaient entre la loi de Moïse et celle de l'Evangile, entre la conduite de Dieu envers les premiers hommes, et celle qu'il a tenue dans la suite, leur paraissait prouver que ces deux plans de *providence* ne pouvaient pas être du même Dieu ; que l'auteur de l'ancienne loi était plutôt un être méchant qu'un génie ami des hommes. Ils ne voyaient pas que le genre humain, dans son enfance, ne pouvait et ne devait pas être conduit de la même manière que dans son âge mûr. La plupart des objections des manichéens contre l'Ancien Testament ont été renouvelées de nos jours par les déistes ; ils ont poussé l'aveuglement jusqu'à objecter contre la *Providence* les faits mêmes qui la prouvent, qui en démontrent la sagesse et la bonté.

La plupart des sectes des gnostiques ne purent se persuader que Dieu eût voulu s'abaisser jusqu'à s'incarner dans le sein d'une femme, éprouver les misères et les faiblesses de l'humanité, souffrir et mourir sur une croix ; ainsi les effusions de la bonté de Dieu et les rigueurs de sa justice, les bienfaits et les châtiments, ont servi tour à tour aux hommes insensés et indociles, de prétexte pour blasphémer contre la *Providence*. Leur manie a toujours été de dire : *Si j'étais Dieu, j'agirais tout autrement* ; Dieu pouvait leur répondre, *Et moi aussi j'agirais différemment si j'étais homme*. En examinant de près l'esprit qui a dicté d'un côté le prédestinatianis me., de l'autre le pélagianisme, nous verrions qu'il a été relatif au caractère personnel des acteurs : les uns ont attribué à Dieu le despotisme des mauvais princes, les autres la conduite indulgente et douce des bons rois : il fallait s'en tenir à ce que Dieu lui-même a daigné nous révéler dans l'Ecriture sainte touchant la conduite adorable de sa *providence*, toujours juste sans cesser d'être bonne et bienfaisante, et toujours bonne sans déroger à sa justice. *Voy*. BONTÉ, JUSTICE, etc.

Un des ouvrages modernes les plus propres à nous faire admirer la *Providence* divine dans l'ordre physique du monde est intitulé : *Etudes de la nature*, et les objets sur lesquels l'auteur présente ses réflexions, sont les plus dignes d'occuper les méditations d'un philosophe; mais un théologien doit principalement étudier la conduite de cette même *Providence* dans l'ordre moral, surtout dans l'ordre surnaturel, tel que la révélation nous le fait connaître : à l'aide du flambeau de la foi, nous voyons que cette *Providence* divine est encore plus admirable dans le gouvernement des esprits que dans la conduite des corps, dans l'effusion des dons de la grâce que dans la distribution des bienfaits de la nature.

PRUDENCE, l'une des vertus que les moralistes nomment *cardinale*, et qui, suivant l'Ecriture sainte, est un don de Dieu. Sous le nom de *prudence*, les anciens philosophes entendaient principalement l'habileté de l'homme à connaître ses véritables intérêts pour ce monde, à prévoir les dangers pour l'avenir, à éviter tout ce qui peut lui causer du dommage; l'Evangile, au contraire, entend par la *prudence* l'attention de prévoir et de prévenir tout ce qui pourrait nuire à notre salut ou à celui des autres. Aussi, Jésus-Christ distingue la *prudence* des enfants du siècle d'avec celle des enfants de lumière, *Luc.*, c. XVI, v. 8, et il nous ordonne de joindre à la *prudence* du serpent, la simplicité de la colombe, *Matth.*, c. x, v. 16. Saint Paul nous apprend qu'il y a une *prudence* de la chair qui est ennemie de Dieu, *Rom.*, c. VIII, v. 7. Telle était la disposition de ceux qui ne voulaient pas embrasser l'Evangile, dans la crainte de s'exposer aux persécutions : il fait remarquer que ceux qui ont le plus de *prudence* et de capacité pour les affaires de ce monde, sont souvent les plus aveugles et les plus téméraires à l'égard de l'affaire du salut, *I Cor.*, c. I, v. 19.

PRUDENCE, poëte chrétien, dont le vrai nom était *Aurelius Prudentius Clemens*, naquit en Espagne l'an 348; il a par conséquent écrit sur la fin du IV° siècle et au commencement du V°. Il n'y a rien de profane dans ses poésies, tout y respire la vertu et la piété. Quoique la langue latine fût déjà beaucoup déchue de son temps, il y a dans ce poëte plusieurs morceaux dignes du siècle d'Auguste, et l'on chante encore dans l'office divin quelques-unes des hymnes qu'il a composées. Comme il était très-instruit de la doctrine chrétienne, plusieurs savants n'hésitent point de le ranger parmi les docteurs de l'Eglise ou parmi les témoins de la tradition. Le Clerc, quoique protestant, ou plutôt socinien, convient que ceux qui ont voulu soutenir qu'au IV° siècle l'on n'invoquait pas encore les saints, peuvent être réfutés par plusieurs morceaux des poésies de *Prudence*; en effet cet auteur atteste dans plusieurs endroits l'invocation des saints, le culte rendu à la croix et à leurs reliques, et la coutume de placer leurs images sur l'autel. On trouvera une notice exacte des ouvrages de ce poëte dans les *Vies des Pères et des Martyrs*, t. XII, p. 117 et suiv.

PSALMISTE, PSALMODIE. *Voy*. PSAUME.

PSATYRIENS, nom qui fut donné, au IV° siècle, à une secte de purs ariens; on n'en sait pas l'origine. Dans le concile d'Antioche, l'an 360, ces hérétiques soutinrent que le Fils de Dieu avait été tiré du néant de toute éternité; qu'il n'était pas Dieu, mais une créature; qu'en Dieu la génération ne différait point de la création. C'était la doctrine qu'Arius avait enseignée d'abord, et qu'il avait prise dans Platon. Théodoret, *Hær. Fab.*, l. IV, p. 387.

PSAUME, cantique ou hymne sacré. Le livre des *psaumes* est nommé en hébreu *Theillim* (louange), parce que ce sont des chants destinés à louer Dieu; le grec ψαλμοί vient de ψάλλειν, toucher légèrement ou pincer un instrument de musique, parce que le chant des *psaumes* était accompagné du son des instruments. Ils sont au nombre de cent cinquante; les Hébreux n'en ont jamais compté davantage, quoiqu'ils ne les partagent pas absolument comme nous; mais cette variété est légère, elle ne mérite pas attention. Il n'est aucun livre de l'Ecriture sainte dont l'authenticité soit mieux établie; c'est un fait constant que, depuis David jusqu'à nous, les Juifs n'ont pas cessé de faire usage des *psaumes* dans leurs assemblées religieuses. Ce pieux roi les fit chanter dans le tabernacle, dès qu'il l'eût fait placer à Jérusalem sur le mont de Sion; il régla les fonctions des lévites à cet égard; il établit quatre mille chantres, auxquels il donna des instruments, et il chantait lui-même avec eux; *I Par.*, c. XXIII, v. 5. Salomon son fils conserva le même ordre dans le temple lorsqu'il l'eut fait bâtir, et l'on continua de l'observer jusqu'à ce que le temple fût détruit par Nabuchodonosor. Pendant la captivité de Babylone, un des plus vifs regrets des Juifs était de ne plus entendre chanter les cantiques de Sion; mais dès qu'il furent de retour, Zorobabel, leur chef, et Jésus, fils de Josédech, grand prêtre, firent dresser un autel pour y offrir des sacrifices, et rétablirent le chant des *psaumes* tel qu'il était auparavant; *I Esdr.*, c. III, v. 2 et 10.

C'est une question de savoir si David est le seul auteur des 150 *psaumes* sans exception, ou s'il y en a quelques-uns qui ont été composés par d'autres écrivains hébreux, tels que Asaph, Idithun, Eman, les enfants de Coré, etc., comme le titre de plusieurs *psaumes* semble l'indiquer. L'un et l'autre de ces sentiments est soutenu par des Pères de l'Eglise et par d'habiles interprètes; mais il n'est pas nécessaire d'en embrasser un, puisque l'Eglise n'a rien décidé sur ce point : en lisant attentivement ces divins cantiques, on voit que tous ont été composés par le même esprit, c'est-à-dire par l'esprit de Dieu. Il est certain, par une multitude de passages de l'Ecriture sainte, et par le sujet même de la plupart des *psaumes*, que David est l'auteur du très-grand nombre; si d'autres que lui en ont fait, ils l'ont pris pour guide et pour modèle. Il n'y a pas lieu non plus d'assurer que c'est Esdras ou un autre qui en a fait la collection : cela n'a pas été nécessaire. Probablement les prêtres et les lévites en avaient chacun un recueil, puisque c'était à eux de les chanter; ils l'emportèrent sans doute à Babylone, afin de les enseigner et d'y exercer leurs enfants; ils n'avaient pas moins besoin de ce livre que du Lévitique, qui renfermait le détail de leurs fonctions, et ils étaient assurés que leur famille reviendrait dans la Judée au bout de soixante-dix ans. Ceux qui revinrent en effet durent rapporter ce livre avec eux aussi bien que leur généalogie, afin de rentrer en possession du sacerdoce; *I Esdr.*, c. II, v. 62. Comme Esdras était prêtre, il avait sans doute un recueil de *psaumes*, mais ce n'était pas le seul, puisque soixante-treize ans avant son arrivée, et avant même la fondation du second temple, Zorobabel avait rétabli les sacrifices, le chant des *psaumes* et les fêtes, c. III, v. 2-10. Rien de tout cela ne fut interrompu, si ce n'est pendant les trois années de la persécution d'Antiochus; mais tout fut réparé par les Machabées. Josèphe, *Antiq. Jud.*, l. XII, c. 11. Le même ordre continua jusqu'à la destruction du second temple, faite par les Romains, et les Juifs l'ont repris autant qu'ils ont pu, dès qu'ils ont eu des synagogues ou des lieux d'assemblée pour exercer leur religion.

Il est difficile d'apercevoir dans le *psautier* un ordre quelconque, et d'en faire une division relative, soit à la chronologie, soit aux divers sujets, puisque le même *psaume* traite souvent de plusieurs objets différents. La division que les juifs en ont faite en cinq parties est purement arbitraire et ne sert à rien.

La matière ou le sujet des *psaumes* en général a donné lieu à des erreurs; les nicolaïtes, les gnostiques, les marcionites, les manichéens, qui rejetaient l'*Ancien Testament*, eurent la témérité de regarder ces cantiques sacrés comme des chansons purement profanes. Saint Philastre les a réfutés dans son *Catalogue des Hérésies*, c. 126. « Ils ont eu, dit saint Léon, l'audace et l'impiété de rejeter les *psaumes* qui se chantent dans l'Eglise universelle avec la plus grande dévotion. » *Serm.* 8, col. 4, t. II, p. 117. Ils en composèrent de plus analogues à leurs opinions. Les anabaptistes n'avouent point que ce soient des cantiques inspirés de Dieu.

L'Eglise chrétienne, aussi bien que l'Eglise judaïque, a toujours cru le contraire; il suffit d'avoir du bon sens et un peu de connaissance des saintes écritures, pour apercevoir que dans les *psaumes* l'esprit de Dieu a élevé le génie et conduit la plume de l'auteur. David y célèbre les grandeurs de Dieu et toutes les perfections divines, la vérité et la sainteté de sa loi, la magnificence de ses ouvrages, les bienfaits dont il comble les hommes, les vertus des anciens justes, les grâces que le Seigneur accorde à ceux qui suivent leur exemple, le bonheur éternel qu'il leur prépare, les châtiments dont il punit les méchants. En louant leurs faux dieux, les païens excitaient et fomentaient les passions et les vices qu'ils leur attribuaient : les cantiques composés à l'honneur du vrai Dieu ne sont que des leçons de vertu.

Où pouvons-nous trouver, dit le savant Bossuet, des monuments plus authentiques de notre foi, des motifs plus solides d'espérance, des moyens plus puissants pour allumer en nous le feu de l'amour divin ? Ces chants religieux rappellent les principaux faits de l'Histoire sainte : on sait que la coutume des anciens était de célébrer par des cantiques les événements intéressants dont ils voulaient transmettre la mémoire à la postérité; l'usage en fut établi chez les Hébreux depuis Moïse, et continué constamment. A l'exemple de ce législateur, Débora, Anne, mère de Samuel, Ezéchias, Isaïe, Habacuc, Jonas, Tobie, Judith, l'Ecclésiastique, etc.; sous le *Nouveau Testament*, la sainte Vierge Marie, le prêtre Zacharie, le vieillard Siméon, composèrent des cantiques pour exalter les bienfaits de Dieu; David célébra pour les siens presque tous les faits qui intéressaient son peuple. Ces monuments qui accompagnent l'histoire, et dont la plupart ont été faits à la date même des événements, en attestent la certitude. Par les récits de David, nous sommes convaincus que les écrits de Moïse et les autres livres historiques existaient de son temps : il n'aurait pas été possible de conserver un souvenir exact de tant de choses par la seule tradition.

Plusieurs *psaumes* sont évidemment prophétiques et regardent le Messie. Jésus-Christ lui-même s'en fait l'application, il y a renvoyé plus d'une fois les juifs incrédules; ses apôtres leur ont opposé la même preuve, ils ont montré le vrai sens des expressions du roi prophète. Plusieurs en effet ne peuvent convenir qu'à Jésus-Christ; il faut faire violence aux termes, pour les adapter à un autre personnage. Les juifs eux-mêmes ont toujours cru y voir le Messie futur; nous avons encore les explications de leurs anciens docteurs. Enfin, c'est le sentiment des Pères de l'Eglise qui ont succédé immédiatement aux apôtres, aussi bien que de ceux qui sont venus à la suite; c'est donc une tradition de laquelle il n'est pas permis de s'écarter. David annonce la génération éternelle et la naissance temporelle du Fils de Dieu, ses miracles, ses humiliations, ses souffrances, sa mort, sa résurrection, sa gloire, son sacerdoce éternel, l'établissement de son règne, malgré les efforts de toutes les puissances de la terre, la réprobation des juifs, la vocation des gentils. A la vue de tant de prédictions si claires, pouvons-nous douter que Dieu n'ait voulu préparer et confirmer d'avance notre foi aux mystères de son Fils ? — Nous trouvons dans ces cantiques de quoi affermir notre espérance, non-seulement par la vavacité avec laquelle ils peignent le bonheur sublime que Dieu réserve aux justes, mais en nous montrant l'exactitude avec laquelle Dieu exécute ses promesses à l'égard de ses serviteurs. David répète continuellement que Dieu est bon, juste, saint, fidèle à sa parole ; et que sa miséricorde est éternelle ; il atteste que Dieu a fidèlement gardé l'alliance qu'il avait faite avec Abraham, Isaac, Jacob et leur postérité ; qu'il a exécuté tout ce qu'il leur avait promis ; *Ps.* civ, v. 8 et suiv. Il excite ainsi notre confiance aux nouvelles promesses que Dieu nous a faites par Jésus-Christ, l'espérance d'obtenir le bonheur du ciel par les mérites de ce divin Sauveur.—En répétant les expressions enflammées par lesquelles David témoigne à Dieu son amour, il est difficile de ne pas sentir quelques étincelles de ce feu divin. Il exalte les perfections infinies de Dieu, sa puissance, sa sagesse, sa justice, sa bonté, son amour pour les créatures, sa patience, sa douceur à l'égard des pécheurs, et la facilité avec laquelle il leur pardonne. Personne n'en fit jamais une plus douce expérience que ce roi pénitent : aussi en parle-t-il avec un cœur pénétré. Après l'exemple de Jésus-Christ, il n'en est aucun plus capable que le sien de nous apprendre à aimer nos frères, à tout pardonner à nos ennemis. Pour obtenir de Dieu un entier oubli de ses fautes, il lui expose la patience avec laquelle il a souffert la haine, les persécutions, les opprobres des méchants, le silence profond qu'il a gardé, en considérant ses afflictions comme des châtiments et des épreuves qui lui venaient de la main de son souverain maître. Où puiser ailleurs que dans les *psaumes* les sentiments d'une piété plus tendre ? Tout ce qui tenait au culte du Seigneur affectait le cœur de David ; il ne parle qu'avec enthousiasme de la montagne sainte, du tabernacle, de l'arche d'alliance, de la loi, des chants des lévites, des sacrifices et des solennités de Sion; il y invite tous les peuples, il gémit dans son exil d'en être éloigné. Le respect pour la majesté de Dieu, la crainte de ses jugements, l'admiration, la reconnaissance, l'aveu de sa propre faiblesse , la confiance, l'amour ; le désir d'être désormais fidèle au Seigneur, animent toutes ses expressions.

Cela n'a pas empêché les incrédules de chercher dans les *psaumes* des sujets de scandale ; ils disent que ce roi y montre à tout moment des sentiments de vengeance, qu'il lance des malédictions et des imprécations contre ses ennemis, qu'il demande à Dieu de les punir, de les faire périr avec toute leur postérité. Au mot IMPRÉCATION, nous avons fait voir que ce sont là des prédictions et rien de plus ; saint Augustin l'a remarqué, *de Sermone Domini in monte*, lib. 1, n. 72,

serm. 56, n. 3 ; David proteste au contraire qu'il ne s'est vengé d'aucun ennemi. D'ailleurs les Pères de l'Eglise ont observé que sous le nom de ses ennemis ce roi entend les ennemis de Dieu et de Jésus-Christ, principalement les juifs incrédules et réprouvés, et qu'il annonce les vengeances du Seigneur qui tomberont sur eux ; cela paraît évidemment par *le psaume* xxi, que Jésus-Christ s'est appliqué sur la croix, *Matth.*, c. xxvii. v. 46 ; ce qui y est dit des méchants ne peut pas s'entendre des ennemis de David.

Les imitateurs de leur incrédulité ajoutent que ce roi montre peu de foi à la vie future : il demande si les morts loueront le Seigneur, s'ils annonceront ses miséricordes dans le tombeau ; il appelle l'état des morts, *les ténèbres, le séjour de l'oubli et de la perdition,* etc. Mais dans combien d'autres passages David ne parle-t-il pas de la vie future, du bonheur éternel des justes, de la fin déplorable des méchants ? Il dit qu'ébranlé quelquefois par la prospérité temporelle de ces derniers, il a été tenté de douter si les justes ne travaillent pas en vain ; mais qu'il a pénétré dans ce mystère de la Providence, en considérant la fin dernière des impies : il conclut en disant : *Dieu sera mon partage pour l'éternité* (*Ps.* lxxii, 12 et suiv.). Il exhorte les justes à ne pas envier le sort des pécheurs en ce monde, il les assure que Dieu sera leur héritage pour jamais, *Ps.* xxxvi, v. 7. Il espère que Dieu ne laissera pas son âme dans le séjour des morts, mais lui rendra une nouvelle vie qui ne finira plus, *Ps.* xv, v. 10, etc. Ce n'est donc que par comparaison avec ce que nous faisons sur la terre, qu'il demande si les morts loue.ont le Seigneur comme les vivants.

Quant au style des *psaumes*, personne ne doute aujourd'hui que ce ne soit une vraie poésie, c'est-à-dire des vers cadencés et mesurés ; mais comme nous ne connaissons plus la vraie prononciation de l'hébreu, nous ne pouvons pas en sentir l'harmonie. Josèphe, Origène, Eusèbe, saint Jérôme parmi les anciens ; Le Clerc, Bossuet , Fleury, dom Calmet, et d'autres parmi les modernes, ont été de ce sentiment. Mais personne ne l'a mieux prouvé que Lowth dans son traité *de sacra Poesi Hebræorum*, et Michaëlis dans ses notes sur cet ouvrage. Ils font voir que les *psaumes* sont en vers, non de la même mesure, mais les uns plus courts et les autres plus longs. Le style en est sentencieux, coupé en paraboles et en maximes, plein de figures hardies, relatives au génie, aux mœurs, aux usages des Orientaux. Les métaphores y sont fréquentes, de même que les images et les comparaisons empruntées des choses naturelles, de la vie commune, surtout de l'agriculture, de l'histoire et de la religion des Juifs. Ce style poétique est vif, énergique, animé par la passion et par le sentiment, sublime dans les objets, dans les pensées, dans les mouvements de l'âme et dans les expressions ; tout y est personnifié, tout y vit et y respire, rien n'est plus capable d'émouvoir ; les poésies profanes sont froides en comparaison de celles de David.

Lowth soutient qu'il y a souvent dans les *psaumes* un sens mystique et figuré; que plusieurs désignent le Messie sous le nom de David ou d'un autre personnage. Michaëlis rejette ce double sens : il prétend que si un *psaume* regarde David, il ne sert à rien de l'appliquer au Messie; que si celui-ci en est l'objet, on ne doit pas y en chercher un autre, *Prælect.* 11, p. 221. Mais en cela il contredit non-seulement les interprètes juifs et les chrétiens, mais encore les apôtres et les évangélistes, qui ont appliqué à Jésus-Christ, dans le sens allégorique, plusieurs passages tirés des *psaumes* et des autres livres saints, qui semblent désigner d'autres personnages dans le sens littéral. *Voy.* Allégorie, Figure, etc. Il ne nie pas cependant que plusieurs *psaumes* ne soient prophétiques.

Ces deux critiques ont distingué dans le psautier des poëmes de presque toutes les espèces, des idylles, des élégies, des pièces didactiques et morales, mais surtout des odes de tous les genres et de la plus grande beauté. Ils ajoutent que, sans la connaissance de la poésie hébraïque, il est impossible d'entendre parfaitement les *psaumes* et les autres livres saints écrits à peu près dans le même style. Aussi personne ne disconvient que les *psaumes* ne soient souvent obscurs, soit à cause du style figuré et poétique; soit à raison de ce que le texte hébreu n'est pas toujours correct, parce qu'il a été souvent copié, soit enfin à cause de la variété des versions, parmi lesquelles il n'est pas toujours aisé de distinguer la meilleure, quoiqu'elles soient en grand nombre.

La plus ancienne est celle des Septante, mais elle est souvent peu d'accord avec les autres versions grecques qu'Origène avait rassemblées dans ses *Hexaples*. La paraphrase chaldaïque passe pour être du rabbin Josèphe l'Aveugle; elle est beaucoup plus moderne et moins exacte que celle des autres livres hébreux, composée par Onkélos et par Jonathan. La traduction syriaque est très-ancienne, elle a été faite sur l'hébreu. Il y a deux versions arabes des *psaumes*, dont l'une a été faite sur le texte original, l'autre sur le syriaque, suivant l'opinion commune. Celle des Ethiopiens a été tirée du cophte des Egyptiens, qui a été emprunté des Septante. *Voy.* Bible, Version. — L'ancienne Vulgate latine ou italique a été prise sur les Septante, avant que leur version eût été corrigée par Origène, par Hésychius et par le prêtre Lucien; elle est d'une si haute antiquité, que l'on n'en connaît ni la date ni l'auteur. On convient que le style n'en est pas élégant; mais les premiers chrétiens, à l'exemple des apôtres, faisaient beaucoup plus de cas du sens et des choses que de la pureté du langage. Cependant, lorsque saint Jérôme eut retouché deux fois cette version en la comparant au texte hébreu, on adopta bientôt dans l'Eglise romaine ses corrections, et c'est de cette version ainsi corrigée que nous nous servons encore aujourd'hui. Lorsque ce Père eut fait dans la suite une version latine entièrement nouvelle sur le texte hébreu, il jugea lui-même qu'il fallait continuer à chanter dans l'Eglise la précédente, à laquelle les fidèles étaient accoutumés, mais que, pour en avoir l'intelligence, il faut souvent recourir au texte original; *Epistola ad Suniam et Fretelam*, *Op.* tom. II, col. 647. Plusieurs savants prétendent que, dans le x$^e$ et le xi$^e$ siècle, la plupart des églises de l'Italie et des Gaules avaient adopté la dernière version latine de saint Jérôme faite sur le texte hébreu; mais au xvi$^e$, Pie V y fit rétablir l'usage du psautier romain. Cependant il n'empêcha point que l'on ne continuât de chanter l'ancienne italique non corrigée, dans l'église du Vatican, dans la cathédrale de Milan, à Saint-Marc de Venise et dans la chapelle de Tolède, où l'on suit le rite mozarabique, parce que cet usage n'y avait jamais été interrompu.

La multitude des commentaires faits sur les *psaumes* est infinie; parmi le grand nombre des interprètes, les uns se sont principalement attachés au sens littéral, les autres au sens figuré et allégorique; plusieurs ont réuni l'un et l'autre. En général on ne doit pas blâmer ceux qui ont eu pour principal objet d'en tirer des réflexions propres à confirmer la foi et à régler les mœurs, qui ont cherché à nourrir la piété des fidèles plutôt qu'à les rendre habiles dans l'intelligence du texte. Les protestants désapprouvent cette méthode, mais leur goût ne fait pas règle; quelque estimable que soit la science, la vertu nous paraît encore préférable. Nous ne savons pas comment ils peuvent concilier l'usage qu'ils font des *psaumes* avec l'aversion qu'ils témoignent pour les explications allégoriques et mystiques de l'Ecriture sainte. Car enfin il est évident que la plupart de ces cantiques, entendus dans le sens littéral, seraient des prières absurdes. Prenons seulement pour exemple le *psaume* L$^e$, qui convient si bien aux pécheurs pénitents. Que signifient dans le sens littéral les v. 16, 20 et 21. *Délivrez-moi, Seigneur, du sang.... Répandez vos bienfaits sur Sion, afin que les murs de Jérusalem soient rebâtis..... Alors les peuples chargeront vos autels de victimes.* Nous ne pensons pas que les protestants s'intéressent beaucoup à la reconstruction des murs de Jérusalem, ni qu'ils soient tentés d'offrir au Seigneur des sacrifices sanglants. Que veulent-ils donc dire à Dieu, si en chantant ces paroles ils les entendent à la lettre? On pourrait citer cent autres exemples.

Après ce que nous avons dit de l'excellence de ces divins cantiques, on ne doit pas être étonné de ce que l'Eglise chrétienne, dès son origine, en a introduit le chant dans sa liturgie, *Constit. apost.*, liv. II, cap. 6. Saint Paul exhorte les fidèles à s'édifier les uns les autres par ce saint exercice, *Ephés.*, c. v, v. 19; *Coloss.*, c. III, v. 16. Les solitaires et les cénobites y employaient les moments qu'ils ne donnaient pas au travail, et lorsqu'ils se trouvèrent rassemblés dans un monastère en nombre suffisant, ils y établirent la psalmodie continuelle pour le jour et pour la nuit. *Voy.* ACOEMÈTES. Les Pères de l'Église, les saints de tous les siècles en ont fait le sujet habituel de leur méditation, plusieurs en avaient continuellement les paroles à la bouche. Il est consolant de répéter encore aujourd'hui les mêmes cantiques qui ont été consacrés à louer le Seigneur depuis près de trois mille ans.

On nomme *psaumes graduels* le CXIX° et les suivants jusqu'au CXXXIV°; les interprètes ont donné plusieurs explications de ce nom qui paraissent peu probables. Dom Calmet a pensé que *canticum graduum*, cantique de la montée, signifie cantique du retour de la captivité de Babylone, parce que ces *psaumes* semblent composés pour demander à Dieu le bienfait ou pour l'en remercier. Lowth et Michaëlis nous paraissent avoir mieux rencontré, en disant que ces *psaumes* avaient été faits pour être chantés pendant que le peuple *montait* au temple, pour célébrer quelque solennité. Le sentiment de ceux qui prétendent que le très-grand nombre des *psaumes* font allusion à la captivité de Babylone ne paraît pas encore avoir acquis beaucoup de partisans. *Voy.* POÉSIE HÉBRAÏQUE.

PTOLÉMAITES, sectateurs d'un certain Ptolémée, l'un des chefs des gnostiques, qui avait ajouté de nouvelles rêveries à leur doctrine. Dans la loi de Moïse il distinguait des choses de trois espèces; selon lui, les unes venaient de Dieu, les autres de Moïse, les autres étaient de pures traditions des anciens docteurs. *S. Epiphane*, 1 b. I, t. II, *Hær.* 33.

PUBLICAIN. C'est ainsi que se nommaient, chez les Romains, les receveurs des impôts. Comme les Juifs ne supportaient qu'avec beaucoup de répugnance le joug des Romains et ne leur payaient tribut que très-malgré eux, ils avaient horreur de la profession des *publicains;* nous en voyons des exemples sensibles dans l'Evangile. La loi de Moïse leur avait défendu de prendre pour roi un homme qui ne fût pas de leur nation, *Deut.*, c. XVII, v. 15; conséquemment ils détestaient la domination étrangère sous laquelle ils étaient forcés de vivre : *Nous n'avons,* disaient-ils, *jamais été asservis à personne. Nemini servivimus unquam (Joan* VIII, 33). En cela ils ne disaient pas la vérité, puisqu'ils avaient été plusieurs fois réduits en servitude par des princes étrangers; mais les galiléens, les hérodiens, les judaïtes ou sectateurs de Judas le Gaulonite, les pharisiens en général, n'en étaient pas moins infatués de leur ancienne liberté. Pour tendre un piège à Jésus-Christ, ils lui demandèrent s'il était permis ou non de payer le tribut à César, *Matth.*, c. XXII, v. 17.

Après les Samaritains, les *publicains* étaient les hommes que le commun des Juifs détestait le plus; il les regardait en général comme des fripons et des hommes sans honneur; il les mettait dans le même rang que les païens : *Sit tibi sicut ethnicus et publicanus (Matth.* XVIII, 17). Il y en avait néanmoins plusieurs qui étaient Juifs, témoin Zachée qui est appelé chef des publicains; et saint Matthieu qui renonça à sa profession pour s'attacher à Jésus-Christ. Aussi les Juifs ne pardonnaient point au Sauveur la société dans laquelle il vivait avec ces gens-là; ils le nommaient *l'ami des publicains et des pécheurs,* ils lui reprochaient de boire et de manger avec eux. L'on sait que Jésus-Christ leur répondit : *Je ne suis point venu appeler les justes, mais les pécheurs à la pénitence (Luc.* v, 32). — Il nous paraît néanmoins que Grotius et d'autres ont trop exagéré, lorsqu'ils ont dit que l'on ne permettait pas aux *publicains* d'entrer dans le temple ni dans les synagogues, que l'on ne recevait pas leurs offrandes non plus que celles des prostituées, et que l'on ne voulait pas prier pour eux. Dans saint Luc, c. XVIII, v. 10, Jésus-Christ nous représente un pharisien et un *publicain* qui priaient tous deux dans le temple, l'un avec beaucoup d'orgueil, et l'autre avec beaucoup d'humilité. — Le nom de *publicains* ou *poblicains* fut aussi donné en France et en Angleterre aux albigeois. *Voy.* ce mot.

PUISSANCE DE DIEU, attribut de la Divinité que l'on exprime par le mot de *toute-puissance,* afin de donner à entendre que Dieu peut non-seulement tout ce qu'il veut, mais tout ce qui est possible, tout ce qui ne renferme point de contradiction, et que sa *puissance* n'a point de bornes. Cette vérité peut se démontrer par la notion même de Dieu : il est l'Etre nécessaire, existant de soi-même; il n'a point de cause, et il est lui-même la cause de tous les êtres; comment donc l'Etre divin serait-il borné? Rien n'est borné sans cause. Les êtres contingents et créés sont bornés parce qu'ils ont une cause; Dieu, en les créant, leur a donné tel degré d'être et de facultés qu'il lui a plu; mais Dieu, qui n'a point de cause, ne peut être borné par aucune raison. Sa nécessité d'être est absolue : or une nécessité absolue et une nécessité bornée seraient une contradiction. Puisque l'Etre divin n'est pas borné, aucune des facultés, aucun des attributs qui lui conviennent, n'est borné; tous ces attributs tiennent à son essence; ils sont infinis comme cette essence même; ainsi la *puissance* divine est infinie comme toutes les autres perfections de Dieu. *Voy.* INFINI. Il faut cependant convenir que cette vérité, quoique démontrable, n'a été bien connue que par la révélation. S'il y a quelques anciens philosophes qui aient attribué à Dieu la *toute-puissance,* ils n'ont pas compris toute l'énergie de ce terme; ils ont réellement borné cette *puissance* souveraine, en niant la possibilité de la création. Y a-t-il un pouvoir plus grand que celui de créer, de produire des êtres par le seul vouloir? C'est donc l'idée de la création reçue par révélation qui nous a donné la notion la plus claire de la *toute-puissance* divine ; ce n'est pas sans raison que ces deux idées sont réunies dans le symbole : Je crois en Dieu, le Père *tout-puissant, Créateur* du ciel et de la terre.

Suivant l'opinion de tous les anciens philosophes, Dieu, pour produire le monde, a eu besoin d'une matière préexistante et éternelle comme lui ; et parce qu'il n'a pas été possible d'en corriger les défauts, de là sont venues les imperfections de son ouvrage : voilà donc en Dieu une double impuissance. Mais ces grands génies n'ont pas compris que si la matière est éternelle, nécessaire, incréée, l'état dans lequel elle était avant la formation du monde était aussi éternel et nécessaire, par conséquent essentiel et immuable ; Dieu n'aurait donc pas pu le changer, il n'aurait eu aucun pouvoir sur la matière. C'est l'argument que les Pères de l'Eglise ont opposé aux philosophes, et par lequel ils ont démontré que la *toute-puissance* divine emporte nécessairement le pouvoir de créer la matière. Saint Justin, *Cohort. ad gentes*, n. 23 ; saint Théophile, *ad Autolic.*, liv. II, n. 4, etc. — Marcion, Manès et leurs disciples, égarés par les philosophes orientaux, raisonnaient encore plus mal ; ils faisaient à Dieu une injure plus évidente, en supposant un principe actif du mal, coéternel à Dieu, qui avait gêné la *puissance* divine et l'avait empêché de produire tout le bien que Dieu aurait voulu faire. Les Pères, qui les ont réfutés, ont fait voir que c'est une absurdité d'admettre deux principes actifs, coéternels, qui se gênent mutuellement dans leurs volontés et dans leurs opérations, desquels par conséquent la puissance est très-bornée, et le sort très-malheureux, puisque rien n'est plus fâcheux à un être intelligent que de ne pas pouvoir faire ce qu'il veut. Tertull., l. I, *contra Marcion.*, c. 3 ; saint Augustin, l. *de Nat. boni*, c. 43 ; *adv. Secundin.*, c. 20, etc.

Les philosophes se jetaient dans ces fausses hypothèses, parce qu'ils ne voulaient pas attribuer à Dieu les maux et les imperfections de ce monde ; ils aimaient mieux borner sa *puissance* que de déroger à sa bonté ; mais ils se faisaient une fausse idée de la bonté divine. Ils supposaient que Dieu ne serait pas bon, s'il ne faisait pas à ses créatures tout le bien qu'il peut leur faire : or cela est impossible, puisqu'il peut lui en faire à l'infini. Quelque degré de bien que Dieu leur accorde, il peut toujours l'augmenter à l'infini ; et comme nous appelons *mal* la privation d'un plus grand bien, dans toute supposition possible, il se trouvera toujours dans la créature un mal d'imperfection, c'est-à-dire la privation d'une perfection plus grande de laquelle elle était susceptible par sa nature. D'ailleurs Dieu, étant l'Etre nécessaire, existant de soi-même, est essentiellement libre, indépendant, maître de distribuer ses dons en telle mesure qu'il lui plaît. Or il n'est aucune créature à laquelle il n'ait accordé quelque degré de perfection et de bien-être, à laquelle par conséquent il n'ait témoigné de la bonté. S'il a pu lui donner davantage, il a pu aussi lui donner moins, sans qu'elle ait aucun sujet de mécontentement ni de plainte. Cette vérité, applicable à chaque particulier, ne l'est pas moins à l'égard de la totalité des êtres ou de l'univers en général.

On dit : Mais Dieu les a faits de manière que le péché règne dans le monde : or le péché est non-seulement un mal relatif ou un moindre bien, mais un mal absolu et positif ; comment le concilier avec la bonté de Dieu, pendant qu'il est le maître de l'empêcher ? Nous avons déjà répondu ailleurs que le péché vient de l'homme et non de Dieu ; c'est l'abus volontaire et libre d'une faculté bonne en elle-même, qui est le pouvoir de choisir entre le bien et le mal. L'homme rendu impeccable par nature ou par grâce serait sans doute plus parfait que l'homme capable de pécher ; mais on ne prouvera jamais que le pouvoir qu'il a d'être vertueux ou vicieux à son choix, et de se rendre ainsi heureux ou malheureux, est un pouvoir mauvais et pernicieux en lui-même, un mal positif que Dieu a fait à l'homme. Ceux qui ont bien usé de leur libre arbitre ont-ils lieu d'être mécontents d'en avoir été doués ? ils en béniront Dieu pendant toute l'éternité. Or, Dieu donne à tous les hommes les secours dont ils ont besoin pour bien user de cette faculté ; il ne faut pas la confondre avec l'abus que l'homme en fait. *Voy.* BIEN, MAL, BONHEUR, MALHEUR, OPTIMISME, etc.

De là même il s'ensuit qu'il ne faut pas raisonner de la bonté divine jointe à une *puissance* infinie, comme on raisonne de la bonté de l'homme, dont le pouvoir est très-borné. Pour que l'homme soit censé bon il doit faire tout le bien qu'il peut, et ce bien sera toujours borné, de même que son pouvoir. A l'égard de Dieu, vouloir qu'il fasse tout le bien qu'il peut, c'est une absurdité, puisque encore une fois il en peut faire à l'infini, que sa *puissance* n'a point de bornes, et qu'en vertu de sa liberté souveraine il est le maître de choisir entre les divers degrés de bien qu'il peut faire. Une comparaison fautive entre la bonté de Dieu et la bonté de l'homme a trompé les anciens philosophes ; les modernes en abusent encore.

Que les premiers, privés des lumières de la révélation, aient mal raisonné sur la nature et sur les attributs de Dieu, nous n'en sommes pas surpris ; cela démontre la faiblesse de la raison humaine. Mais que les incrédules modernes ferment volontairement les yeux à la révélation qui les éclaire, et répètent encore les sophismes des anciens, c'est un aveuglement inexcusable. Si Dieu, disent-ils, est infiniment puissant, il n'a eu nulle raison de ne pas rendre les êtres sensibles infiniment heureux : or, il ne l'a pas fait, donc il ne l'a pas pu. Ne lui faisons-nous pas plus d'honneur en disant qu'il a tout fait par la nécessité de sa nature, qu'en supposant qu'il pouvait faire mieux et qu'il ne l'a pas voulu? Cette nécessité tranche toutes les difficultés et finit toutes les disputes. Nous n'avons pas le front de dire, *Tout est bien;* nous disons, *Tout est moins mal qu'il se pouvait.* N'en déplaise à ces raisonneurs, la *nécessité* supposée sans raison, ou plutôt contre toute raison, ne tranche aucune difficulté et ne fait que prolonger les disputes. Il est absurde de supposer qu'un Etre existant de soi-même, indépendant de toute cause et créateur de tous les êtres, est sous le joug d'une nécessité quelconque; d'où viendrait-elle? qui la lui aurait imposée? Il n'y a dans Dieu d'autre nécessité que d'être ce qu'il est, par conséquent souverainement indépendant, libre, maître absolu de ses volontés et de ses actions. A la vérité, il ne peut agir contre ce qu'exige la souveraine perfection; il agirait contre sa nature, il ne serait plus ce qu'il est. Mais comment prouvera-t-on que cette perfection exigeait qu'il fît plus de bien aux créatures sensibles, et qu'il les rendît plus heureuses et plus parfaites qu'elles ne sont?

Une autre absurdité est de dire qu'il les aurait rendues *infiniment heureuses;* un bonheur infini est celui de Dieu, aucune créature n'en est capable; celui des saints dans le ciel n'est point actuellement infini, puisque les uns jouissent d'un plus grand bonheur que les autres; il est infini seulement *en puissance,* parce qu'il ne finira jamais. Nous avons donc raison de dire dans un sens, *Tout est bien,* c'est-à-dire, il y a dans toutes choses un certain degré de bien; si nous entendions, comme les optimistes, que *tout est absolument bien,* nous aurions autant de tort que ceux qui prétendent que *tout est absolument mal.* Par la même raison, nous soutenons que tout pourrait être *moins mal,* et que Dieu pouvait faire *mieux,* puisque enfin *bien* et *mal* ne sont que des termes de comparaison dans ce que Dieu a fait. *Voyez* Mal, Optimisme.

On nous dit : Puisqu'il n'y a dans ce monde qu'un degré de bien très-borné, à quel t tre jugez-vous que Dieu est tout-puissant? Vous ne devez lui supposer que le degré de *puissance* qu'il a fallu pour ce qu'il a fait; un ouvrage fini et borné ne vous donne pas droit de supposer une *puissance infinie.* Aussi ne jugeons-nous pas de l'infinité de la *puissance divine* par la perfection de son ouvrage, mais parce que Dieu est le créateur : or la création suppose une puissance infinie. Nous tirons encore cette notion de celle de l'Etre existant de soi-même, indépendant de toute cause, seul éternel et cause de tous les êtres; et, encore une fois, ces notions nous sont venues de la révélation, puisque la raison des anciens philosophes ne s'est jamais élevée jusque-là, et que celle des philosophes modernes retombe dans les mêmes ténèbres, dès qu'elle tourne le dos aux lumières de la foi. Ainsi, lorsque nous disons que la *toute-puissance* de Dieu ou sa *puissance infinie* est démontrable, nous entendons qu'elle l'est avec le secours de la nouvelle lumière que la foi nous a donnée. En nous fixant à cette règle, nous ne sommes pas tentés d'affirmer que Dieu peut faire ce qui renferme contradiction, changer l'essence des choses, faire qu'une chose soit et ne soit pas. Dieu, dit saint Augustin, est tout-puissant avec sagesse, *Deus est sapienter omnipotens.* Par conséquent, il l'est aussi avec bonté et avec justice; parce que ses perfections ne lui sont pas moins essentielles que la *puissance.* Par conséquent, l'on doit s'abstenir de tout système qui tend à exalter une de ses divines qualités au préjudice de l'autre, et de tout raisonnement qui ne s'accorde point avec les vérités qu'il a plu à Dieu de nous révéler, soit dans l'Ecriture sainte, soit par l'enseignement général de l'Eglise.

Quelques Pères de l'Eglise semblent avoir enseigné que Dieu ne peut rien faire de plus que ce qu'il veut en effet; d'où certains théologiens ont conclu que la *puissance* de Dieu ne s'étend pas plus loin que sa volonté, et que tout ce qu'il ne veut pas faire lui est impossible. Mais le P. Pétau, *Dogm. theol.,* t. I, l. v, c. 6, a fait voir que ces Pères ont seulement entendu que Dieu ne peut jamais vouloir malgré lui, être forcé dans ses volontés, ni vouloir ce qu'il ne peut pas faire. L'Ecriture sainte nous enseigne clairement que Dieu aurait pu faire des choses qu'il n'a pas voulu faire, créer d'autres mondes que celui-ci, anéantir toutes les créatures, etc.

PUISSANCES CÉLESTES. L'on appelle ainsi les anges en général, et plus particulièrement ceux d'entre les esprits bienheureux, desquels Dieu se sert pour faire éclater sa puissance sur la terre, pour faire des miracles, soit afin de récompenser les justes, soit afin de punir les méchants. *Voy.* Anges.

PUISSANCE PATERNELLE, ECCLÉSIASTIQUE, POLITIQUE. *Voy.* Autorité.

PUNITION. *Voy.* Justice de dieu.

PUR, PURETÉ. Dans l'Ancien Testament, ces termes expriment plus ordinairement la netteté du corps que la sainteté de l'âme. La loi de Moïse ne se bornait pas à prescrire les pratiques du culte de Dieu et les devoirs de religion. Comme les Juifs habitaient un pays assez borné, très-peuplé, et qui aurait été malsain si l'on n'avait pas pris des précautions pour prévenir toute infection, Moïse fit des lois très-détaillées sur la *pureté* et l'impureté du corps, sur la propreté à l'égard des hommes et des animaux; et il prescrivit différentes purifications pour remédier à toute espèce de souillure. C'était un plan très-sage que d'établir comme une peine ce qui était un remède contre la transgression de la loi. Nous ne devons pas être surpris de ce que ce législateur fonda toutes ces observances sur le motif de la religion ; tout autre motif aurait fait peu d'impression sur les Hébreux, peuple encore très-peu policé, et dont les mœurs étaient devenues très-grossières pendant l'espèce d'esclavage auquel ils avaient été réduits en Egypte. La sagesse de cette conduite est suffisamment prouvée par l'effet qui s'ensuivit. Tacite reconnaît que les Juifs en général étaient sains et vigoureux, *Corpora hominum salubria et ferentia laborum.*

Parmi les chrétiens qui vivent sous des climats moins sujets à la contagion que celui de la Palestine, il n'est plus question d'impureté légale ; la *pureté* consiste dans l'innocence du cœur, et on ne regarde comme impur que ce qui peut souiller l'âme. Mais on se tromperait beaucoup, si l'on se persuadait que la *pureté* intérieure n'était point commandée aux Juifs ; la loi leur défendait toute espèce de crime ; elle leur ordonnait d'aimer Dieu de tout leur cœur, d'accomplir sa loi avec exactitude, et de ne s'en écarter en rien ; un juif qui s'en acquittait avait certainement l'âme *pure*, exempte de péché. Plusieurs, à la vérité, se bornaient à l'extérieur ; mais Dieu leur a souvent reproché cette hypocrisie par ses prophètes ; *Isaï.*, c. I, v. 16 ; c. LVIII, v. 5 ; *Jerem.*, c. VII, v. 5 ; *Amos.*, c. V, v. 14, etc.

PURGATOIRE, lieu ou plutôt état dans lequel les âmes des justes, sorties de ce monde sans avoir suffisamment satisfait à la justice divine pour leurs fautes, achèvent de les expier avant d'être admises à jouir du bonheur éternel. Voici quelle est sur ce point la doctrine de l'Eglise catholique décidée par le concile de Trente, sess. 6, *de Justif.*, can. 30 : « Si quelqu'un dit que, par la grâce de la justification, la coulpe et la peine éternelle sont tellement remises au pénitent qu'il ne lui reste plus de peine temporelle à souffrir, ou en ce monde ou en l'autre dans le purgatoire, avant d'entrer dans le royaume des cieux, qu'il soit anathème. *Sess.* 22, can. 3 : Si quelqu'un dit que le sacrifice de la messe n'est pas propitiatoire, qu'il ne doit point être offert pour les vivants et pour les morts, pour les péchés, les peines, les satisfactions et les autres nécessités, qu'il soit anathème. » *Sess.* 25, le concile ordonne aux docteurs et aux prédicateurs de n'enseigner sur ce point que la doctrine des Pères et des conciles, d'éviter toutes les questions de pure curiosité, à plus forte raison tout ce qui peut paraître incertain ou fabuleux, capable de nourrir la superstition et de favoriser un gain sordide (1).

Rien de plus sage que ces décrets. Le concile ne décide point si le *purgatoire* est un lieu particulier dans lequel les âmes sont renfermées, de quelle manière elles sont purifiées, si c'est par un feu ou autrement, quelle est la rigueur de leurs peines ni quelle en est la durée, jusqu'à quel point elles sont soulagées par les prières, par les bonnes œuvres des vivants, ou par le saint sacrifice de la messe ; si ce sacrifice opère leur délivrance *ex opere operato* ou autrement ; s'il profite à toutes en général, ou seulement à celles pour lesquelles il est nommément offert, etc. Les théologiens peuvent avoir chacun leur opinion sur ces différentes questions ; mais elles ne sont ni des dogmes de foi ni d'une certitude absolue, et personne n'est obligé d'y souscrire. Holden ; *de Resol. fid.* l. II, c. 6, § 1 et 2 ; Véron, *Reguil. fid. cathol.*, c. 2, § 3, n. 5, et § 5 ; Bossuet, *Expos. de la foi cathol.*, art. 8.

La définition du concile de Trente suppose ou renferme quatre vérités qu'il ne faut pas confondre : la première, qu'après la rémission de la coulpe du péché et de la peine éternelle, obtenue de Dieu dans le sacrement de pénitence, il reste encore au pécheur une peine temporelle à subir ; nous prouverons cette vérité au mot SATISFACTION ; la seconde, que quand on n'y a pas satisfait en ce monde, on peut et on doit là subir après la mort, et c'est la question que nous allons traiter ; la troisième que les prières et les bonnes œuvres des vivants peuvent être utiles aux morts, soulager et abréger leurs peines, nous l'avons prouvé dans l'article PRIÈRES POUR LES MORTS ; la quatrième, que le sacrifice de la messe est propitiatoire, qu'il a par conséquent la vertu d'effacer les péchés et de satisfaire à la justice divine pour les vivants et pour les morts ; nous l'avons fait voir au mot MESSE.

Daillé, ministre protestant de Charenton, dans son traité *de Pœnis et Satisfactionibus humanis*, a combattu de toutes ses forces contre ces quatre points de la doctrine catholique ; aucun autre protestant n'a rien pu dire de plus fort. Si nous faisons voir qu'il n'a pas détruit les preuves du dogme du *purgatoire*, et que celles qu'il y a opposées sont nulles, nous ne craindrons pas de trouver un adversaire plus redoutable. Or nous prouvons l'existence d'un *purgatoire* après cette vie, 1° par l'Ecriture sainte. *Matth.*, c. XII, v. 32, Jésus-Christ dit : *Si quelqu'un*

---

(1) « Nous déclarons que les âmes des véritables pénitents, morts dans la charité de Dieu avant que d'avoir fait de dignes fruits de pénitence, pour expier leurs péchés de commission ou d'omission, sont purifiées après leur mort par les peines du purgatoire, et qu'elles sont soulagées de ces peines par les suffrages des fidèles vivants comme sont : le sacrifice de la messe, les prières, les aumônes et les autres œuvres de piété, que les fidèles font pour les autres fidèles, suivant les règles de l'Eglise ; et que les âmes de ceux qui n'ont point péché depuis leur baptême, ou celles de ceux qui, étant tombés dans des péchés, en ont été purifiés dans leurs corps, après en être sortis, comme nous venons de dire, entrent aussitôt dans le ciel et voient la Trinité, les uns plus parfaitement que les autres, selon la différence de leur mérite ; enfin, que les âmes de ceux qui sont morts en état de péché mortel actuel, ou dans le seul péché originel, descendent aussitôt en enfer pour y être toutes punies, quoique inégalement » (Conc. de Florence, an. 1439, sess. 10, décret d'union des Grecs avec les Latins).

« Les évêques auront un soin particulier que la foi et la créance des fidèles touchant le purgatoire soit conforme à la saine doctrine qui nous en a été donnée par les saints Pères, et qu'elle leur soit prêchée suivant leur doctrine et celle des conciles précédents ; qu'ils bannissent des prédications qui se font devant le peuple grossier, les questions difficiles et trop subtiles sur cette matière, qui ne servent à rien pour l'édification ; qu'ils ne permettent point non plus qu'on avance ou qu'on agite sur ce sujet des choses incertaines, ou tout ce qui tient d'une certaine curiosité ou manière de superstition, ou qui ressent un profit sordide et messéant. » (Conc. de Trente, sess. 25.)

blasphème contre le Fils de l'homme, il pourra en obtenir le pardon ; mais s'il blasphème contre le Saint-Esprit, ce péché ne lui sera remis ni dans le siècle présent ni dans le siècle futur. De là nous concluons qu'il y a donc des péchés qui sont remis dans le siècle futur, autrement l'expression du Sauveur ne signifierait rien : or comme le péché ne peut être remis dans le siècle futur, quant à la coulpe et à la peine éternelle, il peut donc y être remis quant à la peine temporelle.

Pour détruire cette conséquence, Daillé fait une dissertation de douze énormes pages in-4°, et il s'efforce de tirer cinq ou six conséquences absurdes du sens que nous donnons à ce passage ; mais, comme sa logique est fausse et sophistique, elle ne vaut pas la peine d'une longue réfutation ; son grand principe est qu'il est absurde que Dieu remette une partie de la peine du péché, sans la remettre tout entière ; que ce pardon serait illusoire ; qu'un créancier n'est pas censé remettre une dette, s'il n'en quitte réellement qu'une partie. A cela nous répondons que si le péché est une dette, il faut le comparer à celle qui porte intérêt : or un créancier peut très-bien remettre à son débiteur le capital, sans lui quitter les intérêts. Mais dans le fond cette comparaison arbitraire ne prouve rien. Nous convenons que la peine temporelle due au péché ne peut pas être remise, sans que la coulpe et la peine éternelle ne le soient déjà. Daillé au contraire nous accuse de croire que la peine temporelle peut être remise dans le siècle futur, lorsque la peine éternelle ne l'est pas encore ; c'est ainsi qu'il donne le change à ses lecteurs. Il prétend que, dans le passage de saint Matthieu, Jésus-Christ, par le *siècle futur*, entend, comme les juifs, le règne du Messie, et, par le *siècle présent*, le temps qui a précédé. Suivant ce commentaire, le Sauveur a voulu dire : Si quelqu'un blasphème contre le Saint-Esprit, il ne sera pardonné ni sous la loi de Moïse qui est une loi de rigueur, ni sous le règne de Jésus-Christ et de l'Evangile qui est une loi de grâce. Mais est-il bien certain que Dieu pardonnait plus difficilement à un juif qui avait moins de connaissances et de lumières, qu'à un chrétien qui en a davantage ? Cela paraît formellement contraire à la doctrine de saint Paul, qui enseigne qu'un chrétien prévaricateur est plus punissable qu'un juif, *Hebr.*, c. x, v. 28 et 29. Aussi Daillé, peu content de cette explication, en donne une autre : il dit que, par le *siècle présent*, l'on peut entendre tout le temps qui précède la résurrection générale et le jugement dernier, et par le *siècle futur*, le temps qui doit suivre ce grand jour. Mais, sans parler des divers inconvénients de cette explication, il est certain que, par le *siècle présent*, les écrivains sacrés entendent ordinairement le temps qui précède la mort, et par le *siècle futur* le temps qui la suit ; donc si un péché grief qui n'a pas été entièrement pardonné ou effacé dans cette vie peut l'être dans le siècle futur, ce ne peut être qu'en vertu d'une expiation qui se fait après la mort. Daillé a cité lui-même le passage dans lequel saint Paul dit d'Onésiphore : *Que Dieu lui fasse trouver miséricorde dans ce jour* (II Tim., I, 18), c'est-à-dire au jour du jugement dernier ; et par là il prouve que Dieu pardonne des péchés dans ce grand jour. Mais si un péché grief, tel que le blasphème contre le Saint-Esprit, n'avait pas été remis avant la mort quant à la coulpe et à la peine éternelle, pourrait-il être pardonné après la mort ? 2° *Act.*, cap. II, v. 24, saint Pierre dit que Dieu a ressuscité Jésus-Christ, en le délivrant des douleurs ou des souffrances de l'enfer ou du tombeau, parce qu'il était impossible qu'il y fût retenu. Quoi qu'en disent Daillé et ses pareils, les douleurs dont parle saint Pierre ne sont pas celles de la mort, puisque Jésus-Christ les avait endurées dans toute la rigueur ; ni celles du tombeau, puisque le corps de Jésus-Christ, placé dans le tombeau et séparé de son âme, ne pouvait pas souffrir ; ni celles des damnés, Jésus-Christ ne les a jamais méritées ; il serait ridicule de dire que Dieu l'en a délivré ou préservé. Donc nous sommes forcés d'entendre les douleurs qu'enduraient les âmes qui n'étaient ni dans le ciel ni dans l'enfer. Jésus-Christ ne les a point ressenties ; au contraire, il a consolé ces âmes souffrantes et les a assurées de leur délivrance prochaine ; Dieu l'en a donc préservé en le ressuscitant, comme le dit saint Pierre. Il y a donc après cette vie des peines qui ne sont point celles des damnés, et l'on ne peut en supposer d'autres que des peines expiatoires ; c'est précisément ce que nous appelons le *purgatoire*. Peu nous importe que plusieurs interprètes aient entendu autrement ce passage ; le sens que nous lui donnons est littéral, simple et naturel, au lieu que nos adversaires lui font violence. 3° *I Cor.*, c. III, v. 13, saint Paul dit que *le jour du Seigneur fera connaître l'ouvrage de chacun, et que le feu éprouvera ce qu'il est ; que si l'ouvrage de quelqu'un demeure, il en recevra la récompense ; que si son ouvrage est brûlé, il en recevra du dommage, mais qu'il sera sauvé comme par le feu*. Daillé a encore employé seize pages pour éclaircir ou plutôt pour embrouiller ce passage. Il soutient qu'il est là question du travail ou de la doctrine des ouvriers évangéliques ; soit : on doit juger de même de tout autre ouvrage relatif au salut. Il dit que le texte grec ne porte point *le jour du Seigneur*, mais *un jour* quelconque ; nous répliquons qu'il serait ridicule de dire qu'un jour le feu brûlera en ce monde l'ouvrage des prédicateurs de l'Evangile, et que l'ouvrier sera sauvé comme par le feu. En recourant ainsi à des métaphores, à des comparaisons arbitraires, il n'est aucun passage de l'Ecriture sainte duquel on ne puisse tordre le sens à son gré. Il nous paraît plus simple d'entendre celui-ci de l'épreuve que subissent dans l'autre vie les œuvres de chaque homme en particulier, et du feu expiatoire dont il s'est sauvé, lorsqu'il a travaillé solidement pour le ciel. — Bellarmin a cité plusieurs autres passages de l'Ecriture en faveur du dogme du *purgatoire;* Daillé use toujours de la même méthode pour en esquiver les conséquences; il serait inutile de le suivre plus longtemps dans cette discussion.

La seconde preuve que nous alléguons de ce même dogme est la tradition de l'Eglise, tradition attestée de par l'usage dans lequel elle a toujours été de prier pour les morts, et l'Eglise s'est fondée sur les passages de l'Ecriture sainte dont les protestants détournent aujourd'hui le sens. La manière dont ils les expliquent nous démontre la cause pour laquelle ils ont posé pour principe que l'Ecriture sainte est la seule règle de foi; c'est qu'ils savaient bien que cette règle ne les gênerait jamais. Au reste, c'est de leur part une supercherie palpable, puisqu'ils prennent pour règle, non le texte de l'Ecriture, mais l'explication arbitraire qu'ils y donnent. Le catholique, plus sincère, prend pour sa règle le sens qui a toujours été donné à cette même Ecriture par toutes les sociétés de chrétiens qui vivent en communion de foi et qui font profession de s'en tenir à ce que les apôtres ont enseigné. Il en est instruit par le témoignage des Pères qui ont été les pasteurs et les docteurs de ces sociétés, par les décisions que les conciles ont faites contre ceux qui attaquaient l'ancienne doctrine, par les usages et les pratiques qui ont toujours servi d'explication à cette même doctrine, ou écrite ou enseignée de vive voix.

Or un de ces usages a été dès le commencement de prier pour les morts; l'Eglise a donc supposé que les morts pouvaient être dans un état de souffrance et recevoir du soulagement par les prières des vivants. *Voy.* PRIÈRES POUR LES MORTS. Déjà plusieurs protestants sont convenus que cet usage a commencé l'an 208 ou immédiatement après; mais cela ne prouve pas, disent-ils, que l'on croyait déjà le dogme du *purgatoire;* on priait pour les morts, parce que l'on pensait que les âmes des justes n'allaient pas prendre possession de la gloire immédiatement après la mort, mais qu'elles étaient détenues dans un lieu particulier que l'on appelait *le paradis* ou *le sein d'Abraham,* jusqu'au jugement dernier; on demandait à Dieu d'accélérer le moment de leur bonheur. Telle a été l'opinion des anciens Pères.

*Réponse.* Accordons pour un moment cette supposition. Ces âmes connaissaient sans doute le bonheur qui leur était destiné, et le temps que devait durer leur captivité; or il leur était impossible de le connaître, sans désirer ardemment de le posséder, sans éprouver par conséquent du regret de ne pas en jouir encore. On le supposait ainsi, puisque l'on demandait à Dieu d'abréger le retard de ce bonheur. Donc l'on jugeait que ces âmes étaient dans un état d'épreuve et d'anxiété; elles ne pouvaient y être qu'afin qu'elles fussent purifiées davantage; donc on les supposait dans le *purgatoire.*

Longtemps avant l'an 200, saint Justin, dans son *Dialogue avec Tryphon,* n. 105, parlant de l'âme de Samuel, évoquée par la pythonisse, disait: « Il paraît que les âmes des justes et des prophètes tombent sous le pouvoir des esprits tels que cette femme en avait un. C'est pour cela que Dieu nous a enseigné, par l'exemple de son Fils, à désirer et à demander, au sortir de cette vie, que nos âmes ne tombent point sous ce même pouvoir. Aussi le Fils de Dieu, près d'expirer sur la croix, dit : « Mon Père, je remets mon esprit entre vos mains. » On a traité d'erreur grossière cette réflexion de saint Justin, parce que l'on a cru que, suivant l'opinion de ce saint martyr, les esprits dont il parle avaient sur les âmes des justes le même empire que les démons exercent sur les damnés; mais on lui attribue cette pensée mal à propos. Autant qu'il nous paraît, il a seulement entendu que ces esprits pouvaient punir les âmes des fautes qui n'étaient pas suffisamment expiées, et les retenir au moins pendant quelque temps dans l'état que nous appelons le *purgatoire.* Saint Clément d'Alexandrie, *Str.,* l. vi, c. 14, p. 794, dit qu'un fidèle qui meurt après avoir quitté ses vices, doit effacer encore par un supplice les péchés qu'il a commis après le baptême. Liv. vii, c. 10, p. 865, et c. 12, p. 879, il ajoute qu'un gnostique ou un chrétien éclairé a pitié de ceux qui, châtiés après leur mort, avouent leurs fautes malgré eux par le supplice qu'ils endurent. Origène, dans dix ou douze passages, enseigne la même doctrine; nous ne les citons pas: l'autorité de ce Père est suspecte aux protestants, parce qu'il a été porté à croire que toutes les peines de l'autre vie, mêmes celles de l'enfer, sont expiatoires. Tertullien, lib. *de Anima,* c. 35 et 38, prouve par les paroles de l'Evangile, *Matt.,* c. v, v. 26, qu'il y a dans l'autre vie une prison de laquelle on ne sort point que l'on n'ait payé jusqu'à la dernière obole.

Saint Cyprien, *Epist.* 52, *ad Antonian.*, p. 72. « Autre chose est, dit-il, d'attendre le pardon, et autre chose d'entrer dans la gloire : l'un, mis en prison, n'en sort qu'après avoir payé jusqu'à la dernière obole ; l'autre reçoit d'abord la récompense de sa foi et de son courage : on peut, ou être purifié du péché par des souffrances et en supportant longtemps la peine du feu, ou les effacer tous par le martyre. Enfin, autre chose est d'attendre la sentence du Seigneur au jour du jugement, et autre chose d'en recevoir incontinent la couronne. » On ne peut pas distinguer avec plus de soin les divers états dans lesquels peut se trouver une âme juste en sortant de cette vie ; mais saint Cyprien n'était pas l'inventeur de cette doctrine, elle n'a excité la réclamation de personne. Il serait inutile de citer les Pères du iv° siècle.

Ce qui a fait croire aux protestants que le dogme que nous soutenons est nouveau, qu'il est né postérieurement aux apôtres, c'est qu'ils n'ont pas vu dans les écrits du i" siècle le mot de *feu purifiant* ni de *purgatoire.* Mais, encore une fois, l'Eglise n'a pas défini que le *purgatoire* est un *feu ;* que les protestants professent le fond du dogme, on leur permettra, s'ils le veulent, de trouver un autre terme pour exprimer ce que nous entendons par le *purgatoire*.

Une troisième preuve de la doctrine catholique sur ce point est la croyance des Juifs; il est constant que, cinq cents ans au moins avant Jésus-Christ, les Juifs croyaient que des aumônes faites pour les morts leur étaient profitables. C'est ce qui introduisit parmi eux la coutume de placer des aliments sur la sépulture de leurs parents, afin de nourrir les pauvres. Tobie dit à son fils, c. IV, v. 18 : *Mettez votre pain et votre vin sur la sépulture du juste, et gardez-vous d'en manger ou d'en boire avec les pécheurs.* L'auteur de l'*Ecclésiastique* fait la même leçon, c. VII, v. 37 : *La libéralité*, dit-il, *est agréable à tous ceux qui vivent ; n'empêchez pas qu'elle ne s'étende sur les morts.* Rien de plus connu que la réflexion de l'auteur du second livre des *Machabées*, c. XII, v. 46 : *C'est une sainte et salutaire pensée de prier pour les morts, afin qu'ils soient délivrés de leurs péchés.* Les Juifs le croient encore. — Quand même les protestants seraient bien fondés à nier la canonicité de ces livres des Juifs, ils seraient néanmoins obligés d'en admettre le témoignage, du moins comme historique, et d'avouer le fait qui y est rapporté ou supposé. Or, où les Juifs ont-ils puisé cette croyance ? Les protestants diront sans doute que les Juifs l'avaient empruntée des Chaldéens, que c'est une des rêveries de la philosophie orientale. Pour le croire, il faudrait oublier, 1° la haine que les Juifs devaient naturellement avoir contre les Chaldéens qui les retenaient en captivité ; 2° la défense que Jérémie leur avait faite d'adopter en aucune manière les usages et les opinions des Chaldéens, *Baruch*, c. VI ; 3° le fait incontestable attesté par l'histoire, savoir : que les Juifs n'ont jamais été plus en garde contre tout ce qui venait des païens, que depuis la captivité. S'il était ici question d'une erreur, il serait fort singulier que les prophètes postérieurs à la captivité n'en eussent pas averti les Juifs, que Jésus-Christ et les apôtres n'eussent rien dit pour en prévenir les chrétiens ; cela eût été plus nécessaire que de les détourner des cérémonies légales.

La quatrième preuve que nous opposons aux protestants est l'inconstance et la variété de leurs opinions sur le dogme dont nous parlons, et les aveux que plusieurs d'entre eux ont été forcés de faire. Calvin lui-même était plus circonspect que ses disciples ; dans son *Instit.*, l. III, c. 25, § 6, il dit qu'il ne faut pas nous informer avec trop de curiosité de l'état des âmes après la mort et avant la résurrection, puisque Dieu ne nous l'a pas révélé ; qu'il faut nous contenter de savoir que les âmes des fidèles sont dans un état de repos, où elles attendent avec paix la gloire promise, et que tout demeure ainsi en suspens jusqu'à l'arrivée de Jésus-Christ en qualité de rédempteur. Voilà un état mitoyen entre la gloire éternelle et la damnation, qui ressemble beaucoup au *purgatoire*; et c'est la croyance commune des calvinistes.

Les anglicans ont conservé l'office des morts, ils en ont seulement retranché les oraisons par lesquelles on implore la miséricorde de Dieu envers les défunts ; mais les autres protestants détestent cet office comme un reste de papisme. Il est dit dans l'*Apologie de la confession d'Augsbourg*, § 33 : « Nous savons que les anciens ont parlé de la prière pour les morts, et nous ne l'empêchons pas. » Grotius était dans le même sentiment. Luther a dit que ce n'est pas un crime de demander à Dieu pardon pour les morts. Wiclef et Jean Hus ne rejetaient pas le *purgatoire*. D'où est donc venue l'horreur que les protestants plus modernes ont conçue contre ce dogme ?

Beausobre commence par avouer que la nécessité de la purification des âmes avant d'entrer dans le ciel est un sentiment qui ne fait point déshonneur à la raison, qui a paru conforme à l'Ecriture, qui a été embrassé par plusieurs Pères, et qui a fourni à la superstition le prétexte d'inventer le *purgatoire* ; ensuite il soutient que la transmigration des âmes, qui est le *purgatoire philosophique*, vaut mieux que le *purgatoire catholique* ; *Histoire du Manich.*, t. II, l. VII, c. 5, § 6. Mais le *purgatoire catholique* est-il donc autre chose que la purification des âmes avant d'entrer dans le ciel ? Si c'est un sentiment conforme à la raison, à l'Ecriture sainte, à la croyance de plusieurs Pères, comment peut-il être une superstition ? Voilà ce que nous ne concevons pas. Pour rendre notre croyance odieuse et ridicule, il nous renvoie aux dialogues de saint Grégoire le Grand, et aux légendes où l'on a rapporté des fables et de vaines imaginations touchant le *purgatoire*. Mais ces fables, s'il y en a, sont-elles notre croyance ? Il faut attaquer telle que le concile de Trente l'a exposée, et non telle que des esprits crédules ou mal instruits l'ont rêvée.

Enfin, une cinquième preuve est l'idée que l'Ecriture sainte nous donne de la justice de Dieu, en nous disant que Dieu donnera à chacun *selon ses œuvres*. Nous demandons s'il est juste qu'un pécheur qui a vécu dans le désordre pendant toute sa vie, qui est rétabli dans l'état de grâce par une pénitence sincère, soit aussi abondamment récompensé, et jouisse du bonheur éternel aussi promptement qu'un juste qui a persévéré pendant toute sa vie dans la pratique de la vertu, et qui meurt dans les sentiments d'un parfait amour pour Dieu ? Jamais ce plan de justice divine n'entrera dans un esprit sensé.

Suivant l'opinion commune des protestants, toutes les âmes sorties de ce monde dans l'état de justification sont, jusqu'au jour du jugement dernier, dans l'attente de la gloire éternelle, mais dans un état de paix, de repos, exemptes d'inquiétude et de souffrance. Si le monde, après avoir déjà duré six mille ans, en dure encore autant ou davantage, où sera la différence et l'inégalité entre le sort du juste Abel et celui de Ca..r.

mort pénitent? Nous ne connaissons aucun protestant qui ait daigné faire cette réflexion.

La plupart des objections de Daillé et des autres contre le *purgatoire* ne sont que des arguments négatifs, et encore portent-ils souvent sur une fausse supposition. Les Pères, disent-ils, les conciles des premiers siècles ne parlent point du *purgatoire* dans les circonstances mêmes dans lesquelles ils auraient dû en parler; ils n'y croyaient donc pas. Lorsque le sixième concile général condamna Origène, qui soutenait que toutes les peines de l'autre vie sont expiatoires, qu'un jour les damnés et les démons seront purifiés de leur crimes et pardonnés, c'était là le cas de distinguer les peines de l'enfer d'avec celles du *purgatoire*; le concile n'en a pas dit un mot. Il n'en est pas question dans l'exposition de la foi donnée par saint Epiphane, ni dans la réfutation qu'il a faite des erreurs d'Aérius, qui blâmait la prière pour les morts; le dogme du *purgatoire* lui était donc inconnu. Les autres Pères de l'Eglise, qui ont eu occasion d'expliquer les passages de l'Ecriture que nous alléguons en faveur de ce dogme, leur ont donné un autre sens. — *Réponse.* Nous avons déjà dit que si, pour contenter les protestants, il faut absolument leur montrer dans les Pères et les conciles le nom de *purgatoire*, nous renonçons à la gloire de les en convaincre; mais qu'importe le nom, si nous y trouvons la chose ? Il importe encore moins de savoir si les conciles et les Pères ont parlé de ce dogme précisément dans les endroits où il plaît aux protestants de vouloir qu'ils l'aient traité, pourvu qu'ils l'aient enseigné ailleurs. Or on peut voir dans *les frères de Wallembourg*, t. II, tract. v, *de Purgat.*, les passages de Tertullien, de saint Cyprien, de saint Jean Chrysostome, de saint Epiphane, de saint Ambroise, de saint Jérôme, de saint Augustin, de saint Fulgence, qui parlent les uns de l'état des âmes qui ont besoin d'expiation dans l'autre vie; les autres de l'utilité des prières et des aumônes que l'on fait pour les soulager; on y trouve même un passage de saint Augustin, *Enchir.*, cap. 69, dans lequel le saint docteur doute si cette purification des âmes se fait par un feu purgatoire, *per ignem quemdam purgatorium*, ou autrement. Ces mêmes controversistes ont cité un passage du quatrième concile général tenu à Chalcédoine, un du troisième concile de Carthage, un du quatrième et un du premier concile de Brague, où il est question de l'usage de faire des offrandes, des sacrifices, des suffrages pour les morts. On est étonné de voir Daillé, plus téméraire que tous ses confrères, assurer gravement que saint Grégoire pape a été au vi° siècle l'auteur du dogme du *purgatoire.*

Mosheim, mieux instruit, convient qu'il a commencé dès le ii° siècle, par conséquent peu de temps après la mort du dernier des apôtres; *Hist. ecclés.*, ii° siècle, ii° partie, c. 3, § 3.

Etait-il donc nécessaire que le concile de Chalcédoine, en condamnant l'origénisme sur la fin du vii° siècle, proscrivit encore une doctrine qui avait été réprouvée par toute l'Eglise, au iv°, dans Aérius et ses sectateurs? Il est faux que saint Epiphane, en la réfutant, ne dise rien du *purgatoire*; il dit, *Hær.* 75, § 7 : « Les prières que l'on fait pour les morts leur sont utiles, quoiqu'elles n'effacent pas tous les péchés... Nous faisons mention des pécheurs et des justes : des pécheurs, afin d'implorer pour eux la miséricorde du Seigneur; des justes..., afin d'honorer Jésus-Christ, etc., §8 : L'Eglise observe nécessairement cette pratique qu'elle a reçue des anciens. » Voilà donc des morts qui ont des péchés à effacer et qui ont besoin que l'on implore pour eux la miséricorde de Dieu; c'est ce que nous entendons par *des morts en purgatoire.*

Daillé avance avec trop de confiance que les Grecs et les autres sectes de chrétiens orientaux ne croient point le *purgatoire*; il était fort mal instruit, le contraire est prouvé d'une manière incontestable, *Perpét. de la foi*, tom. V, p. 610. Les Pères, dit-il, et les conciles qui ont condamné et réfuté les *pélagiens*, ont décidé qu'il n'y a point de lieu ni d'état mitoyen entre le ciel et l'enfer; tous ont enseigné qu'après la mort il n'est plus question de mérites, de pénitences, ni de purification. — *Réponse.* Pour prendre le sens des décisions portées contre les pélagiens, il faut connaître l'erreur de ces hérétiques; ils prétendaient que les enfants morts sans baptême n'entraient pas dans le royaume des cieux, mais qu'en vertu de leur innocence ils jouissaient de la *vie éternelle.* Les Pères et les conciles, en décidant que ces enfants sont morts avec le péché originel, ont rejeté avec raison ce lieu ou cet état mitoyen entre le ciel et l'enfer, qu'il plaisait aux pélagiens d'appeler *la vie éternelle*, comme s'il pouvait y avoir une vie éternelle hors du royaume des cieux. Mais ce lieu ou cet état prétendu éternel n'a rien de commun avec l'état passager des âmes qui ont des péchés à expier, et qui, après leur purification, sont sûres de jouir de la gloire éternelle (1).

Nous ne disons point, non plus que les Pères, que ces âmes acquièrent de nouveaux mérites : entre expier le péché et mériter, il y a une très-grande différence; leurs souffrances ne sont pas non plus une pénitence proprement dite, celle-ci consiste dans le regret du péché et dans la résolution de ne plus le commettre : or, les âmes en *purgatoire* savent bien qu'elles ne peuvent plus pécher. Elles ne peuvent pas enfin se purifier comme en cette vie, par la pénitence, par les bonnes œuvres, par les sacrements; mais elles portent la peine temporelle due aux péchés véniels et aux péchés déjà effa-

(1) Il n'y a rien de défini sur la nature des peines du purgatoire. On croit communément qu'on y endure la peine du feu, et beaucoup de théologiens pensent, avec saint Thomas, que les peines du purgatoire surpassent tout ce qu'on peut souffrir en cette vie : *Pœna purgatorii, quantum ad pœnam damni et sensus, excedit omnem pœnam istius vitæ.*

cés en cette vie quant à la coulpe et à la peine éternelle. Nos adversaires brouillent tout, ne veulent entendre ni expliquer aucun dogme, parce qu'ils veulent donner à toute notre croyance une tournure condamnable.

Mosheim, non moins injuste, dit que la purification des âmes après la mort est une doctrine des païens, qu'elle fut mieux expliquée et mieux établie au v° siècle qu'auparavant, que ce fut dans la suite une source de richesses, intarissable pour le clergé, qu'elle continue encore aujourd'hui d'enrichir l'Eglise romaine. *Hist. ecclés.*, v° siècle, II° partie, c. 3, § 2. Il ajoute qu'au x° on craignait le feu du *purgatoire* beaucoup plus que le feu de l'enfer, parce que l'on espérait d'être à couvert de celui-ci par la médiation des saints et par les prières du clergé, au lieu que l'on ne connaissait aucun moyen de se soustraire au feu du *purgatoire*. Le clergé ne manqua pas de nourrir cette crainte superstitieuse pour augmenter ses richesses et son autorité, x° siècle, II° part., c. 3, § 1.

Avant de lancer ces traits de satire fausse et maligne, Mosheim aurait dû faire une réflexion : c'est que les sociniens et les déistes soutiennent aussi que la divinité de Jésus-Christ est une doctrine des païens, qu'elle ne fut expliquée et établie qu'au IV° siècle, et pour l'intérêt du clergé, parce qu'il importait aux prêtres, déjà censés ministres de Jésus-Christ, d'être regardés comme ministres d'un Dieu. Mais Mosheim est beaucoup plus ami des sociniens et des déistes que des catholiques. Il savait bien que l'usage de prier pour les morts est beaucoup plus ancien que le v° siècle, puisqu'il est convenu que le dogme du *purgatoire* a commencé dès le II°; Tertullien et saint Cyprien en ont parlé au III° comme d'un usage établi avant eux, pratiqué par conséquent dans un temps auquel il ne pouvait être d'aucun profit pour le clergé, puisque pour lors il ne recevait aucune rétribution manuelle pour ses fonctions. Mosheim n'ignorait pas que, quand saint Jean Chrysostome et les autres Pères du IV° siècle exhortaient les fidèles à faire des aumônes pour les morts, ils entendaient des aumônes faites aux pauvres et non au clergé. Il est donc incontestable que, dans l'origine, l'intérêt du clergé n'a pu entrer pour rien dans les prières et les offrandes faites pour les morts. Il n'est pas moins certain qu'au x° siècle, après les ravages faits dans toute l'Europe par divers essaims de barbares, les principales richesses du clergé ne sont pas venues des fondations faites pour les morts, mais de l'abandon qui lui a été fait de terres incultes qu'il a mises en valeur, et qui étaient censées pour lors appartenir au premier occupant. Il l'est enfin que, dans les fondations mêmes qui ont été faites pour les morts, dans l'érection des abbayes et des monastères, la formule *pro remedio animæ meæ et animæ patris mei*, etc., signifiait très-souvent *pour satisfaire à une restitution que mon père ou mes aïeux auraient dû faire*, puisque alors les grands s'étaient enrichis par le pillage des biens de l'Eglise et de ceux des particuliers, qu'ainsi l'on pensait à éviter l'enfer encore plus que le purgatoire.

C'est d'ailleurs prêter aux hommes du x° siècle une absurdité trop grossière, que de supposer qu'ils ont cru que les aumônes, les dotations d'églises, les messes, les prières des prêtres et des religieux, ne contribuaient en rien à leur faire éviter l'enfer. Un auteur aussi instruit que Mosheim a dû savoir qu'au x° siècle on ne croyait pas, comme les protestants, que les bonnes œuvres en général ne contribuent en rien au salut; jamais cette doctrine n'a régné dans l'Eglise, jamais aucun membre du clergé n'a enseigné ni rêvé que les mêmes pratiques qui peuvent soulager les souffrances des morts ne sont d'aucun mérite pour les vivants.

Jurieu n'a pas laissé de se permettre la même calomnie. Il dit que chez les catholiques l'on fait tout pour éviter le *purgatoire*, rien pour se sauver de l'enfer : suivant eux, dit-il, un acte de contrition sauve de l'enfer, mais toute la contrition de tous les pénitents ensemble ne ferait rien contre les peines du *purgatoire*. Nous défions les protestants de citer un seul écrivain catholique qui ait soutenu ou seulement proposé cette doctrine absurde. D'un côté, il nous accuse de faire un trop grand usage de la terreur pour amener les âmes à la sainteté, d'user de cruauté en leur faisant envisager les peines du *purgatoire* comme inévitables, lors même qu'elles croient être sauvées de l'enfer par une vraie pénitence. De l'autre, il suppose que parmi nous la crainte de l'enfer est étouffée par la terreur du *purgatoire*. Mais la frayeur d'une peine éternelle est-elle donc moins cruelle que celle d'une peine temporelle? Il y a là en vérité du vertige et du délire.

Enfin, Jurieu soutient que quand le dogme du *purgatoire* ne ferait plus de mal aujourd'hui, il faudrait encore le bannir à cause de celui qu'il a fait : Ç'a été là, dit-il, la source de toutes les superstitions de l'Eglise romaine, *Préservatif contre le changement de religion*, art. 8. Nous lui disons à notre tour que quand ce dogme aurait produit tout le mal qu'il prétend, il ne nous serait pas encore permis d'en étouffer la croyance : dès que c'est une vérité, il ne nous appartient pas de vouloir corriger par le mensonge ou par le silence les prétendus abus produits par des dogmes que Dieu a révélés. A la vérité les protestants, qui se sont cru plus sages que Dieu, ont fait main basse sur tous les articles de croyance et de pratique dans lesquels il a plu à leur fanatisme de voir des abus; mais nous ne sommes pas tentés d'imiter leur témérité (1).

(1) M. de Trevern, *Discussion amicale sur l'Eglise anglicane et en général sur la réformation*, t. II, lettre 13, p. 196, s'exprime ainsi, sur le purgatoire : « Des le temps de la Synagogue, l'Ecriture nous apprend qu'on offrait des sacrifices pour les morts. A l'armée de Judas Machabée, plusieurs soldats avaient, contre la défense de Dieu, enlevé dans les temples de Jamnia

**PURIFICATION.** Ce terme a un double sens : lorsqu'il est employé à l'égard du corps, il signifie l'action de se laver ou le corps entier ou une partie, pour en écarter toute espèce d'ordure ; quand il est question de l'âme, c'est l'action de détester ses péchés,

des objets consacrés aux idoles, et les avaient cachés sous leurs habits, au moment d'une bataille où tous ces soldats perdirent la vie. Leur faute, qu'on regarda comme la cause de leur mort, fut découverte à l'instant où on allait les enterrer. Judas Machabée, croyant avoir lieu de penser, ou qu'ils n'avaient pas assez connu la loi pour comprendre la grièveté de leur transgression, ou qu'ils s'en étaient repentis devant Dieu avant d'expirer, fit faire une quête e passer l'argent à Jérusalem, afin qu'on y offrît des sacrifices pour leurs péchés. » Considérant aussi, dit l'Ecriture, qu'une grande miséricorde est réservée à ceux qui meurent dans la piété, ce qui est une sainte et salutaire pensée, il ordonna une expiation pour ces morts, afin qu'ils fussent délivrés de leurs péchés. Ce passage était trop direct et trop clair pour ne pas offusquer ceux qui, au XVIe siècle, entreprirent de nouveau contre le purgatoire et la prière pour les morts. Ils se persuadèrent qu'il n'y avait, pour s'en débarrasser, qu'à lui enlever son autorité divine, et ils dirent : « Ce livre des Machabées ne fut jamais compris dans le canon des Hébreux. » Et que ne dirent-ils aussi qu'il n'avait jamais pu l'être, ce canon ayant été clos sous Esdras, beaucoup avant les Machabées ? Ils dirent encore : Quelques Pères ont douté de l'autorité de ce livre. Il eût été de la bonne foi d'ajouter que le grand nombre n'en avait jamais douté ; que généralement il avait été lu avec les autres Ecritures divines dans les assemblées chrétiennes ; que le troisième concile de Carthage, en consacrant la tradition ancienne, l'avait rangé parmi les écrits inspirés : « Ce sont ces livres, dit-il, que nos pères nous ont appris à lire dans l'Eglise, sous le titre d'Ecritures divines et canoniques ; » que saint Augustin le place dans le canon des Ecritures dont il donne l'énumération, *lib. de Doctr. christ.* c. 8, et qu'il le cite en preuve contre les hérétiques ; qu'il est mis au rang des saintes Ecritures par Innocent Ier, dans sa réponse à saint Erupèce, évêque de Toulouse, en 405 ; par Gélase, assisté de 70 évêques, dans le décret du concile romain, en 494. Au reste, ne nous étendons par davantage sur la canonicité qui appartient certainement à ce livre, et que les réformateurs n'auraient pas songé à lui contester sans l'évidence de ce passage. Laissons de côté, pour un instant, son autorité divine ; nous n'en irons pas moins, quoi qu'on fasse, à notre but. Car Messieurs de la religion réformée admettent les livres des Machabées comme une histoire véridique. Donc il est de fait historique que, selon les livres des Machabées, les Juifs, les sacrificateurs, la synagogue, pensaient qu'il était pieux et salutaire d'offrir des sacrifices pour les morts, afin qu'ils fussent délivrés de leurs péchés. Josèphe nous indique assez que cette croyance se maintenait de son temps, lorsqu'il témoigne que les Juifs ne priaient point pour ceux qui s'étaient eux-mêmes privés de la vie. Or, ils ne priaient pas sans doute pour ceux qui étaient déjà dans le sein d'Abraham, où l'on n'avait nul besoin de prières, ni pour ceux qui seraient en enfer, où les prières sont inutiles. Et encore, le but de leurs prières était d'obtenir la rémission des péchés pour les défunts, que par conséquent ils ne plaçaient pas dans le sein d'Abraham, où rien d'impur n'était admis ; encore moins dans l'enfer, également fermé au pardon et à l'espérance. Ils croyaient donc à un état mitoyen, entre l'un et l'autre ; et cet état mitoyen que vous désignerez sous tel nom qu'il vous plaira, nous lui donnons celui de *Purgatoire*.

« La pratique de prier pour les morts n'a pu s'établir si universellement que par la prédication des apôtres..... Ce ne fut pas sans raison, dit saint Chrysostome, que les apôtres ordonnèrent que, dans la célébration des mystères redoutables, il fût fait mémoire des défunts ; car ils savaient combien il en revient aux morts d'utilité et de profit. Homil. 69, *ad Pop. Antioch.* Saint Augustin, qui a composé un traité sur nos devoirs envers les morts, où les prières pour eux reviennent sans cesse, s'exprimait ainsi dans un sermon : « Les pompes funéraires, la foule qui les accompagne, la recherche somptueuse dans la structure des mausolées, sans être de la moindre ressource pour les défunts, peuvent bien offrir quelque sorte de consolation aux vivants ; mais ce dont il ne faut pas douter, c'est que les prières de l'Eglise, le saint sacrifice, les aumônes, ne leur portent du soulagement, n'obtiennent pour eux d'être traités plus miséricordieusement qu'ils n'avaient mérité ; car l'Eglise universelle, instruite par la tradition de ses Pères, observe qu'à l'endroit du sacrifice où l'on fait mention des morts, on prie et on offre pour tous ceux qui sont décédés dans la communion du corps de Jésus-Christ. *Serm.* 172. » Dans son ouvrage *contre les Hérésies*, il range Aérius entre les hérétiques, ainsi qu'avait fait avant lui saint Epiphane, pour avoir nié, contre la doctrine et la tradition de tous les temps, l'utilité des prières pour les morts ; l'un et l'autre nous témoignant ainsi qu'elle était regardée dans l'Eglise parmi les vérités révélées et connues par tradition apostolique. »

M. de Trévern signale l'accord de toutes les liturgies sur la prière pour les morts :

« Liturgie des nestoriens du Malabar : « Souvenons-nous de nos pères, de nos frères, des fidèles qui sont sortis de ce monde dans la foi orthodoxe ; prions le Seigneur de les absoudre, de leur remettre leurs péchés, leurs prévarications, de les rendre dignes de partager la félicité éternelle avec les justes qui se sont conformés à la volonté divine. » Une autre liturgie nestorienne du Malabar, nous présente encore les paroles suivantes, dans une prière admirable : « Seigneur Dieu des armées, recevez aussi cette oblation pour toute l'Eglise catholique, pour les prêtres, pour les princes catholiques, pour ceux qui gémissent dans la pauvreté, l'oppression, la misère et les larmes, pour les fidèles trépassés, etc. »

Et ces autres paroles d'une autre prière de la même liturgie : « Affermissez, ô mon Dieu, la paix et le repos des quatre parties du monde.... Détruisez les guerres ; éloignez les batailles au-delà des extrémités de la terre ; dissipez les nations qui veulent la guerre.... Relâchez aussi les liens, les péchés et toutes les dettes de ceux qui sont morts : nous vous en supplions par votre miséricorde et vos bontés infinies. » La liturgie des nestoriens chaldéens : « Recevez cette oblation, ô mon Dieu !.... pour tous ceux qui pleurent, qui sont malades, qui souffrent dans l'oppression, les calamités, les infirmités, et pour tous les trépassés que la mort a séparés de nous. » Et dans une autre oraison de la même liturgie : « Pardonnez les délits et les péchés de ceux qui sont morts ; nous vous le demandons par votre grâce et vos miséricordes éternelles. » Dans les belles actions de grâces que font les nestoriens après la célébration des mystères, les morts ne sont jamais oubliés : « Bénissez, ô mon Dieu, les trépassés, pardonnez à leurs péchés. » Les nestoriens, à la différence des Orientaux en général, ont une messe particulière pour les morts : j'y trouve une bénédiction pour eux qu'il faudrait copier tout entière ; vous la lirez dans le P. Lebrun, t. III, p. 537. Sur la fameuse inscription trouvée en Chine, et qui atteste que des prêtres partis de Syrie y prêchèrent avec succès l'Evangile au VIIe siècle, on lit à la huitième colonne ces mots : « Ils font sept fois par jour des prières qui sont très-utiles aux vivants et aux morts. » — Les Arméniens, ainsi que la plupart des Orientaux, n'ont point de

de s'en purifier par la pénitence, d'en obtenir de Dieu le pardon. *Voy.* Pureté. Tous les hommes, même les plus grossiers, ont compris que la *purification* du corps était le symbole naturel de celle de l'âme; conséquemment chez tous les peuples, dans la re messe particulière pour les morts, comme notre canon ne change point pour la messe des défunts. On voit que les Arméniens, en célébrant pour un mort, disent : « Souvenez-vous, Seigneur, soyez miséricordieux et propice aux âmes des défunts, et en particulier à celles pour qui nous offrons ce saint sacrifice. » Leur liturgie offre de très-belles prières pour les vivants et pour les morts en général : le diacre s'adressant à tous les fidèles s'écrie : « Nous demandons qu'il soit fait mention dans ce sacrifice de tous les fidèles en général, hommes et femmes, jeunes et vieux, qui sont morts avec la foi en Jésus-Christ. — Souvenez-vous, Seigneur, et ayez pitié d'eux, » répond le chœur. — Le prêtre seul : « Donnez-leur le repos, la lumière, et une place parmi vos saints dans votre règne céleste, et faites qu'ils soient dignes de votre miséricorde. Souvenez-vous, Seigneur, et ayez pitié de l'âme de votre serviteur N., selon votre miséricorde... Souvenez-vous aussi, Seigneur, de ceux qui se sont recommandés à nos prières, vivants ou morts ; accordez-leur en récompense des biens véritables et qui ne soient point passagers. » Les Grecs du patriarcat de Constantinople se servent, il y a plus de onze cents ans, de deux liturgies sous le nom de saint Basile et de saint Chrysostome : on y lit cette recommandation pour les morts : « Nous vous offrons aussi, pour le repos et la délivrance de l'âme de votre serviteur N., afin qu'elle soit dans le lieu lumineux où il n'y a ni douleur ni gémissement, et que vous la fassiez reposer, ô Seigneur notre Dieu, au lieu où brille la lumière de votre face. » Il faut observer que cette liturgie est suivie, non-seulement des Églises grecques de l'empire ottoman qui dépendent du patriarche de Constantinople, mais encore de celles qui sont en Occident, à Rome, dans la Calabre, dans la Pouille, dans la Géorgie, dans la Mingrélie, dans la Bulgarie et dans la Russie entière. Sur la croyance et la pratique des Russes et de tous les Grecs en général, nous avons un témoignage très-éclatant dans leur grand catéchisme nommé d'abord la confession orthodoxe des Russiens, et auquel les patriarches du rit grec ont donné depuis le titre de confession orthodoxe de l'église orientale. Or, sur le septième article du symbole, on lit que « les âmes ne peuvent, après la mort, obtenir le salut et la rémission de leurs péchés par leur repentir et par aucun acte de leur part, mais par les bonnes œuvres et les prières des fidèles, et surtout par le sacrifice non sanglant que l'Eglise offre tous les jours pour les vivants et pour les morts. » — La liturgie d'Alexandrie, ou des cophtes jacobites, fait commémoration des morts ainsi qu'il suit : « Souvenez-vous, Seigneur, de tous ceux qui se sont endormis et ont fini leurs jours dans le sacerdoce, comme aussi de tout l'ordre des laïques. Daignez, Seigneur, accorder le repos à leurs âmes, dans le sein d'Abraham, Isaac et Jacob ; introduisez-les... dans le paradis de délices, dans ce séjour d'où sont bannis la douleur, la tristesse et les soupirs du cœur, et où brille la lumière de vos saints. » Les diacres récitent ici les noms des défunts, et le prêtre poursuit : « Ordonnez, ô mon Dieu ! que les âmes que vous appelez, reposent dans cette demeure bienheureuse... » Il revient encore aux défunts dans une oraison ultérieure : « Conservez par l'ange de la paix ceux qui sont vivants, et faites, ô mon Dieu! reposer les âmes des défunts dans le sein de nos pères, Abraham, Isaac et Jacob, dans le paradis de la félicité. » —Liturgie des Abyssins ou Éthiopiens : « Ayez pitié, ô mon Dieu, des âmes de vos serviteurs et de vos servantes, qui ont été nourris de votre corps et de votre sang, et se sont endormis à la mort dans votre foi. » Le prêtre, dans une longue et belle prière, après la consécration, dit encore : « Sauvez éternellement ceux qui font votre volonté : consolez les veuves, soutenez les orphelins, et ceux qui se sont endormis et sont morts dans la foi, daignez les recevoir. » — Liturgie des Syriens orthodoxes et jacobites : Le diacre : « Nous faisons derechef commémoration de tous les trépassés qui sont morts dans la vraie foi, soit qu'ils aient appartenu à cette église, à ce pays, ou à quelque région que ce puisse être, et sont arrivés à vous, mon Dieu, qui êtes le Seigneur et le maître de tous les esprits et de toute chair. Nous prions, implorons et supplions le Christ notre Dieu, qui a reçu leurs âmes, de les rendre ; par ses miséricordes, dignes du pardon de leurs péchés, et de nous faire parvenir avec eux dans le royaume. C'est pourquoi nous disons trois fois *Kyrie eleison.* » Le prêtre incliné prie pour les morts, et ensuite élevant la voix : « Ô mon Dieu ! Seigneur de tous les esprits et de toute chair, souvenez-vous de ceux dont nous nous souvenons, et qui sont sortis de ce monde dans la vraie foi : donnez le repos à leurs âmes... les rendant dignes de la félicité que l'on goûte dans le sein d'Abraham, d'Isaac, de Jacob, où brille la lumière de votre face, et d'où sont bannis les chagrins, les douleurs, les gémissements.... N'entrez pas en jugement avec vos serviteurs, parce qu'aucun des hommes ne sera justifié devant vous ; comme n'est aucun de ceux qui marchent sur la terre. Qui fut jamais exempt de péchés ou de toute souillure, si ce n'est Notre-Seigneur Jésus-Christ votre Fils unique, par lequel nous espérons pour nous et pour eux miséricorde et rémission des péchés, à cause de lui et de ses mérites ? » — L'ancienne liturgie connue sous le nom de Saint-Jacques, citée par le concile *in Trullo*, et expliquée au IV° siècle par saint Cyrille de Jérusalem, met dans la bouche du prêtre la prière suivante pour les morts : « Seigneur, notre Dieu, souvenez-vous de toutes les âmes dont nous avons fait mémoire et dont nous n'en avons point fait, de tous ceux qui sont morts dans la vraie foi, depuis Abel le juste jusqu'à présent : faites-les reposer dans la région des vivants, dans votre royaume, dans les délices du paradis, dans le sein d'Abraham, Isaac et Jacob, nos saints Pères, où il n'y a plus de douleurs, ni gémissements, ni tristesse, où la lumière de votre face, qui regarde tout, brille en toute manière. » Saint Cyrille l'expliquait ainsi aux néophytes : « Célébrant le sacrifice, nous prions en dernier lieu pour ceux qui sont décédés parmi nous, estimant que leurs âmes reçoivent beaucoup de secours du sacrifice redoutable de nos autels.... Si les proches de quelque pauvre exilé présentant au prince une couronne d'or pour apaiser sa colère, ce serait sans doute un bon moyen pour l'engager d'abréger le temps ou d'adoucir la peine de l'exil. C'est ainsi qu'en priant pour les morts pendant le sacrifice, nous offrons à Dieu, non pas une couronne d'or, mais Jésus-Christ, son Fils, mort pour nos péchés, afin de rendre propice et à eux et à nous celui qui de sa nature est très-porté à la clémence. » — La liturgie mozarabe ou espagnole : « Nous vous offrons, ô Père souverain, cette hostie immaculée pour votre sainte Eglise, pour la satisfaction du siècle prévaricateur, pour la purification de nos âmes, pour la santé des infirmes, pour le repos et l'indulgence des fidèles trépassés, afin que, changeant le séjour de ces tristes demeures, ils jouissent de l'heureuse société des justes. » — « Assemblez-vous, disent les *Constitutions apostoliques*, dans les cimetières; faites-y la lecture des Livres sacrés, chantez-y des psaumes pour les martyrs, pour les saints, et pour vos frères qui sont morts dans le Seigneur, et offrez ensuite l'Eucharistie. »

« Il serait superflu de citer les liturgies de l'Eglise latine, dont personne ne doute. »

ligion vraie comme dans les fausses, l'usage a été de se laver avant de remplir les devoirs du culte religieux, non pas que l'on crût qu'une *purification* extérieure pouvait opérer la pureté de l'âme, comme quelques incrédules ont affecté de le supposer, mais parce qu'en se lavant le corps on témoignait que l'on désirait avoir la pureté intérieure, et être exempt de péché. Or, ce désir, lorsqu'il est sincère, est la première disposition nécessaire pour l'acquérir.

Dans la *Genèse*, c. xxxv, v. 2, Jacob, avant d'aller offrir un sacrifice à Béthel, ordonne à ses gens de se laver et de changer d'habits; il ne se proposait certainement pas d'imiter les païens par cette pratique. L'idolâtrie ne faisait encore que de naître dans la Chaldée, et Jacob ordonne en même temps à tous ceux qui doivent l'accompagner de lui apporter toutes les idoles qu'ils avaient entre eux, et il les enfouit sous un arbre. Les *purifications* ont donc été en usage parmi les patriarches adorateurs du vrai Dieu, avant d'être pratiquées et profanées par les païens. Nous convenons que ces derniers en ont perverti l'usage et leur ont attribué une vertu qu'elles n'ont certainement pas. Nous voyons dans Virgile que Enée, sortant du combat, se fait scrupule de toucher ses dieux pénates, avant d'avoir lavé ses mains dans une eau vive; il n'avait sûrement pas beaucoup de regret d'avoir tué un grand nombre d'ennemis. L'action de se laver en pareil cas était donc une pure momerie. C'est avec raison qu'un autre poëte s'écrie à ce sujet : « Hommes trop indulgents pour vous-mêmes, qui pensez que des meurtres peuvent être effacés par l'eau d'un fleuve! « Mais l'erreur des païens ne prouve pas que l'usage de se purifier était mauvais en lui-même, que l'on a dû s'en abstenir à cause de l'abus, approcher des autels du Seigneur avec un extérieur souillé et dégoûtant, et avec moins de respect que l'on n'en a pour un personnage à qui l'on craint de déplaire. Aussi avant de donner la loi à son peuple, Dieu ordonne à tous les Israélites de se purifier pendant deux jours, de laver leurs vêtements, et de se tenir prêts pour le troisième; *Exod.*, c. xix, v. 10. Sans doute il n'exigeait pas d'eux une cérémonie superstitieuse ou inutile, mais il voulait leur imprimer le respect pour la divinité.

Les païens, superstitieux observateurs de rites dont ils ne connaissaient ni la raison ni l'utilité, inventèrent des *purifications* de toute espèce; ils en faisaient non-seulement avec l'eau, mais ils y ajoutaient le sel, le soufre, la cendre, le sang des victimes, la salive, le miel, l'orge, le feu, les flambeaux, les plantes odoriférantes; les Indiens et les parsis croient se purifier avec l'urine de vache. Ces *purifications* étaient différentes, selon les différents dieux auxquels on voulait plaire, et souvent l'on en usait pour se délivrer de prétendues impuretés absolument imaginaires, comme pour s'être approché d'un étranger, pour avoir respiré son haleine, ou pour avoir mangé avec lui, etc.

Moïse prescrivit aux Juifs plusieurs *purifications*, mais simples et naturelles, puisqu'elles se faisaient avec de l'eau, sans aucun rit inutile ou absurde. Sous un climat aussi chaud que la Palestine, cette précaution était nécessaire pour prévenir tout danger de corruption et d'infection; c'est pour cela que l'usage du bain y est encore si fréquent aujourd'hui. De prétendus philosophes ont demandé pourquoi il fallait, selon la loi juive, se laver ou se purifier lorsqu'on avait touché un cadavre, une femme incommodée, un reptile; lorsque l'on avait eu un songe impur ou un flux de sang, etc. Ils ne savaient pas que ces imprudences ou ces accidents, qui sont chez nous sans conséquence, pouvaient être dangereux pour les Juifs. Une preuve incontestable, c'est que les Européens qui, pendant les Croisades, négligèrent les précautions de propreté dans la Palestine, rapportèrent la lèpre en Europe. Mais les *purifications* légales n'avaient pas seulement pour but d'entretenir la propreté du corps et la santé, elles tendaient principalement à inspirer aux Juifs le respect pour la divinité, l'attention la plus scrupuleuse dans les pratiques de son culte, la circonspection dans toutes les circonstances de la vie. Encore une fois, nous savons bien que ces cérémonies ne donnaient pas la pureté de l'âme; mais il est constant qu'un Juif, accoutumé à envisager la loi dans toutes ses actions, en devenait plus attentif à éviter les crimes qu'elle lui défendait. Si dans la suite cette attention devint une pure hypocrisie, c'est qu'alors les Juifs avaient été pervertis par le mauvais exemple des païens.

Nous nous garderons donc bien de blâmer la coutume établie parmi le peuple même le plus grossier et parmi les habitants de la campagne, de se laver, de se tenir plus propres les jours de fêtes pour assister au service divin, qu'ils ne sont les jours ouvrables en vaquant à leurs travaux. C'est une preuve de respect pour les devoirs et les assemblées de religion dont il est bon d'entretenir l'habitude. Des censeurs imprudents disent que l'attention à cette propreté extérieure détourne de penser à la pureté de l'âme; c'est une fausseté. Le peuple serait moins en état de sentir la nécessité d'être pur intérieurement pour rendre à Dieu un culte qui lui soit agréable, s'il était accoutumé à paraître au pied des autels avec un extérieur aussi négligé qu'il l'a dans les travaux les plus vils. Les protestants, si portés d'ailleurs à censurer tous les usages des catholiques, ont conservé celui-ci, et ils portent plus loin que nous l'attention sur ce point.

PURIFICATION DES FEMMES JUIVES. Il était réglé par la loi de Moïse, *Levit.*, c. xii, que les femmes qui étaient accouchées d'un enfant mâle seraient censées impures pendant quarante jours, et celles qui avaient mis au monde une fille, pendant quatre-vingts jours, après lesquels elles devaient se présenter au temple pour rendre leurs hommages au Seigneur. Lorsque les jours de la *purification* étaient accomplis, l'accouchée portait à l'entrée du tabernacle ou du temple un agneau pour être offert en holocauste, et le petit d'un pigeon ou d'une tourterelle pour victime du péché. Les pauvres offraient deux tourterelles ou deux petits de colombe. Par une autre loi portée dans l'*Exode*, c. xiii, v. 2, Dieu avait ordonné qu'on lui offrît tous les premiers-nés des familles, et qu'on les rachetât pour un certain prix; on payait cinq sicles pour un garçon et trois pour une fille. C'était en mémoire de ce que Dieu avait fait périr tous les premiers-nés des Egyptiens par la main de l'ange exterminateur, et avait conservé ceux des Israélites. Ce miracle était assez important pour que les Juifs fussent obligés d'en conserver le souvenir. *Ibid.*, v. 14.

Mais pourquoi une femme, après ses couches, était-elle censée impure? pourquoi cette différence des temps après la naissance d'un garçon et après celle d'une fille? pourquoi ce sacrifice *pour le péché*? Etait-ce donc un crime d'avoir mis un enfant au monde? Quand nous ne pourrions rien répondre à toutes ces questions, il ne s'ensuivrait pas que la loi était absurde, mais que nous ignorons les raisons physiques et morales sur lesquelles elle était fondée. Quelques auteurs ont pensé qu'elle était relative au climat et aux incommodités auxquelles les femmes asiatiques sont sujettes après leurs couches, et ils ont cité en preuve l'opinion qui régnait chez les Grecs et chez les autres Orientaux, touchant l'impureté des femmes dans cet état; ce qu'il y a de certain, c'est que, même parmi nous, l'on est persuadé que, pendant les quarante jours qui suivent les couches, les femmes sont sujettes à divers accidents; c'était donc un trait de sagesse de la part du législateur des Hébreux, de les avoir forcées à garder la maison, et à se séparer de toute société pendant ce temps-là. — Quant au sacrifice qu'elles devaient offrir ensuite *pour le péché*, cette expression dans le texte hébreu ne signifie pas toujours un péché proprement dit, mais un défaut, une imperfection, une impureté légale : or, tel en est le sens dans la loi dont nous parlons, puisqu'elle ajoute immédiatement, *et cette femme sera ainsi purifiée du flux de son sang* (Levit. xii, 7 et 8). Ne peut-on pas ajouter, comme ont fait plusieurs commentateurs, que ce sacrifice *pour le péché* était destiné à faire souvenir aux femmes qu'elles avaient mis au monde un enfant souillé du péché originel?

Comme les anglicans ont conservé la cérémonie de la bénédiction des femmes après leurs couches, les commentateurs anglais ont donné une raison morale de la loi du Lévitique, à laquelle nous applaudissons volontiers. « Il était juste, disent-ils, qu'une femme, dans cette circonstance, offrît un holocauste pour témoigner à Dieu sa reconnaissance de ce qu'il avait conservé la vie à son enfant, de ce qu'il l'avait sauvée elle-même du danger de la perdre par les douleurs de l'enfantement, et de ce qu'il lui avait rendu les forces. Par là elle se recommandait, elle et son fruit, à la Providence divine, elle en implorait l'assistance, afin de pouvoir donner à cet enfant une bonne éducation. Dans le premier âge les enfants sont exposés à tant d'accidents, que si Dieu ne les prenait pas spécialement sous sa garde, et ne chargeait pas ses anges de veiller à leur conservation, elle serait à peu près impossible; et l'on ne saurait trop inculquer cette leçon aux parents chrétiens. » *Bible de Chais*, sur l'endroit cité.

Il ne faut donc pas blâmer la coutume que les femmes observent dans l'Eglise romaine de se présenter à l'église en relevant de leurs couches, d'y recevoir la bénédiction du prêtre, et d'y faire une légère offrande. Ce n'est ni pour se purifier ni pour racheter leur enfant, mais pour faire hommage à Dieu de ce dépôt, le remercier de ce qu'il a daigné le conserver et l'adopter par le baptême, pour lui demander la grâce de le bien élever. Cette cérémonie n'a rien que d'édifiant, quoiqu'elle ne soit ordonnée par aucune loi. « Si les femmes, dit le pape Innocent III, désirent d'entrer dans l'Eglise immédiatement après leurs couches, elles ne pèchent pas en y entrant, et on ne doit pas les en empêcher. Mais si par respect elles aiment mieux s'en éloigner pour quelque temps, nous ne pensons pas que l'on doive blâmer leur dévotion. » Cap. *de Purif. post partum*.

PURIFICATION DE LA SAINTE VIERGE, fête que l'Eglise romaine célèbre le second jour de février, en mémoire de ce que la sainte Vierge, par humilité, se présenta au temple quarante jours après la naissance de Jésus-Christ, pour satisfaire à la loi de Moïse dont nous venons de parler dans l'article précédent. On la nomme encore la fête de la *Présentation de Jésus-Christ au temple*, par la même raison, et *la Chandeleur*, à cause des cierges dont on fait la bénédiction, que l'on allume et que l'on porte en procession ce jour-là. Les Grecs l'appellent *Hypante*, rencontre, parce que le vieillard Siméon et la prophétesse Anne rencontrèrent Jésus-Christ dans le temple lorsqu'il y fut présenté au Seigneur, et le reconnurent pour le Messie.

Quelques auteurs ont écrit que cette fête fut instituée sous le règne de l'empereur Justin, ou sous celui de Justinien, l'an 542, à l'occasion d'une mortalité qui emporta cette année-là une très-grande partie des habitants de Constantinople; mais il est certain que cette solennité est beaucoup plus ancienne, puisque saint Grégoire de Nysse, mort l'an 396, a fait un sermon de *Occursu Domini*, dans lequel il dit que c'est la fête du jour auquel notre Sauveur et sa sainte Mère allèrent au temple, et y portèrent la victime prescrite par la loi. Ménard, *sur le Sacram. de saint Grég.*, p. 40. Saint Cyrille d'Alexandrie, mort l'an 444, et le pape Gélase, qui a vécu avant l'an 496, en ont parlé de même. Il se peut faire que l'an 542 la *fête de la Chandeleur* ne fût pas encore célébrée dans tout l'empire romain, ni même à Constantinople, que Justin et Justinien en aient ordonné la célébration et l'aient fixée au second jour de février;

mais il est certain que la première institution est antérieure à cette époque au moins de deux cents ans ; et il est étonnant que Bingham, si instruit d'ailleurs des antiquités ecclésiastiques, ait ignoré ce fait. C'est encore mal à propos qu'il soutient contre Baronius, que dans l'origine cette fête ne regardait pas la *purification de la sainte Vierge*, mais *la rencontre du Seigneur*, comme son nom le témoigne, puisque saint Grégoire de Nysse a réuni ces deux objets dans la célébration de la fête. Quoiqu'on ne sache pas précisément l'époque à laquelle elle a été introduite dans l'Occident, il paraît que l'on ne peut pas la reculer plus tard que le pontificat de Gélase Ier.

Plusieurs auteurs ecclésiastiques ont pensé que l'intention de ce pape fut de substituer la cérémonie de la *Chandeleur* aux lustrations ou purifications que les païens faisaient des villes et des campagnes, au mois de février, en l'honneur de Pluton et des dieux mânes. Cela peut être; mais il n'est pas hors de propos de remarquer avec quelle facilité les païens avaient changé en superstitions les usages les plus innocents. Comme c'est au mois de février que viennent les premiers beaux jours, c'est aussi dans ce mois que les laboureurs recommencent les travaux de la campagne, et la première chose qu'ils font est de brûler sur la terre le chaume qui reste des moissons, les herbes sèches et les racines qui gêneraient l'action de la charrue. Des ignorants superstitieux s'imaginèrent que ces feux allumés dans la campagne étaient une cérémonie religieuse fort utile aux succès de l'agriculture; ils la dédièrent aux mânes qui sont censés demeurer dans la terre, et à Pluton, dieu des enfers; et le mot *februum*, l'action d'allumer du feu, signifia dès ce moment une purification religieuse, et donna son nom au mois de *février*. — Ceux qui ont imaginé que l'usage d'allumer des cierges et de les porter en procession le jour de la Chandeleur est un reste du paganisme ou de superstition païenne, ont très-mal rencontré ; ç'a été au contraire un préservatif établi contre les idées des païens ; il en a été de même de la plupart des anciennes cérémonies de l'Eglise. V. CÉRÉMONIE.

PURIM, fête des Sorts. *Voy.* ESTHER.
PURITAINS ou PRESBYTÉRIENS. *Voy.* ANGLICANS.

* PUSÉYSME. Il est de la destinée de toute confession chrétienne qui se sépare de l'Eglise catholique d'altérer profondément le christianisme. L'anglicanisme, quoiqu'il eût conservé une hiérarchie puissante, quoique son épiscopat se trouvât à la tête de l'enseignement religieux pour le diriger, porta une grave atteinte aux principes religieux et moraux, changea et corrompit les formules des prières publiques pour leur en substituer d'autres plus conformes à l'esprit mondain. Le mal devint si grand vers 1830, qu'il se forma au célèbre collège d'Oxford une école pour ramener l'anglicanisme à sa vérité primitive. Vers 1833, commencèrent à paraître les traités pour les temps présents, dans lesquels on essayait de ramener le christianisme protestant à un meilleur esprit. Les docteurs Pusey et Newman y déployaient beaucoup de zèle et de talent. Il sortit de leurs plumes une suite de *Tracts* qui attaquaient avec vivacité le relâchement dans les croyances et dans la morale. Ils défendaient avec vivacité le symbole de saint Athanase ; ils essayaient de prouver que l'épiscopat anglican remontait aux apôtres sans interruption. Des ouvrages écrits dans cet esprit étaient de nature à faire une profonde impression sur l'anglicanisme : de nombreux champions de cette Eglise se présentèrent à leur tour dans l'arène. Ils attaquèrent vivement la nouvelle école et l'accusèrent de conduire le protestantisme au catholicisme. Les puséystes répondirent par de nouveaux *Tracts* dans lesquels ils montraient par des témoignages incontestables que l'anglicanisme s'était profondément éloigné de la doctrine primitive. C'était en appeler à la tradition : chacun se mit à la parcourir. Les anciens missels et les anciens bréviaires romains furent feuilletés. Les anglicans, tout étonnés d'y trouver une mine extrêmement riche, puisèrent et composèrent plusieurs ouvrages de piété dont tout le fond avait été pris dans nos livres liturgiques. Nos plus belles hymnes furent transportées en Angleterre ; nos cérémonies y furent établies ; on revêtit le surplis, la confession fut introduite dans l'école d'Oxford, etc. C'était se rapprocher du catholicisme. Il y avait encore loin de là à la doctrine catholique. Voici comment l'auteur des notes de l'édition Lefort expose les principales doctrines de l'école puséyste.

« Essentiel à l'existence de toute Eglise, l'piscopat est d'institution divine, et n'est pas seulement, comme l'entendent quelques théologiens anglicans, une institution utile, un moyen. Les luthériens, les réformés de France et autres pareils, sont hors de l'Eglise : donc, avec eux, point de communion. On insiste avec force sur les prérogatives de l'Eglise, l'obéissance qui lui est due en vertu du baptême, la présence mystique et perpétuelle de Notre-Seigneur dans l'Eglise, l'insuffisance de l'Ecriture séparée de la tradition et la nécessité de celle-ci, enfin sur l'importance des symboles. Le principe du salut par la foi seule, principe qui semble avoir été ratifié par l'Eglise anglicane, est réprouvé comme une erreur pestilentielle. Sur la justification, à quelque différence dans le langage près, on ne s'écarte guère du concile de Trente. On est d'assez bonne composition sur les sacrements, et l'on serait disposé à en admettre plus de deux, ne fût-ce qu'en faveur de l'ordination. Mais sur ce point, les idées de l'école ne paraissent pas encore très-arrêtées. Il faut en dire autant, ce semble, de sa doctrine sur la sainte Eucharistie. Elle en parle, à la vérité, avec beaucoup de chaleur et catholiquement, le dogme de la Transsubstantiation excepté, lequel, néanmoins, paraît avoir des partisans. Si, faute de comprendre son système, nous n'entreprenons pas d'en dire davantage sur cet important sujet, il nous faut déclarer toutefois que, sous un autre rapport, elle a bien mérité du christianisme. S'attachant à démontrer le pouvoir régénérateur du baptême, elle demande que ce sacrement soit administré avec soin, car beaucoup de membres de l'Eglise anglicane n'y ont vu et n'y voient encore qu'une cérémonie, qu'un symbole. Souvent, par suite de ce dédain, on a baptisé avec une extrême négligence, ou bien l'on n'a pas baptisé du tout. L'exacte observance des rituels est tenue en grande estime par le puséysme ; il déplore les rudes mutilations qu'ils ont subies au seizième siècle, et il voudrait réclamer ce que le temps a enlevé aux débris conservés par la réformation. A cause de cela, il est raillé par ses adversaires et quelquefois admonesté par les évêques. Contrairement aux idées d'un grand nombre d'anglicans, il exalte la dévotion liturgique et la place au-dessus des réunions religieuses pour la prière sociale et de famille. Il désirerait réunir les fidèles deux fois par jour aux offices de l'Eglise. Vous croyez peut-être que la liturgie anglicane est son idéal? Nullement. Il la préfère sans doute de beaucoup aux trente-neuf articles, et infiniment aux livres des homélies; mais il gémit d'y voir la marque de la rude main des réformateurs, surtout dans la liturgie eucharistique (*Communion service*). Quelques-uns, cependant, cherchent une manière d'adoucissement à leurs regrets, dans ce qu'ils considèrent comme une mystérieuse disposition de la providence : ils estiment que le service anglican, dont le caractère pénitentiel, et en quelque façon abaissé, contraste si fort avec la masse jubilante des alleluia du Bréviaire, est après tout peut-être plus en harmonie avec la condition de l'homme pécheur.

« Les puséystes aiment tellement l'ascétisme de l'Eglise catholique, qu'ils semblent disposés à admettre que nos mitigations ont énervé la discipline. Ils aiment et les principes fondamentaux de nos ordres religieux, et nos spiritualistes. En effet, l'anglicanisme est si pauvre en spiritualistes, que, quand on en veut, il faut bien les venir chercher parmi nous. L'école de Pusey porte un grand respect aux personnages illustres du moyen âge, et elle ne manque ordinairement pas de donner le titre de *saint* à ceux qui ont été canonisés. La réaction qui s'est opérée sous ce rapport est digne de remarque. Jusqu'à ces derniers temps, aucun protestant anglais n'aurait dit saint Anselme, ou saint Thomas de Cantorbéry, ou saint Bonaventure, sans l'accompagnement obligé d'une moquerie ou d'un ricanement. Aujourd'hui, comme pour faire pièce aux partisans de l'ancienne mode, des hommes respectables rendent hommage au mérite insulté et s'attachent à le louer.

« Avant de clore cette imparfaite esquisse, il faut cependant ajouter que l'école se formalise beaucoup des hommages dont les saints sont l'objet chez nous, ainsi que du style des prières que nous leur adressons. C'est là son cheval de bataille. Elle cite, pour les disséquer avec une rigueur impitoyable, quelques-uns de nos livres de prières et quelques traits ardents de nos prédicateurs. Sans examiner si les passages critiqués sont en tout conformes aux règles de la prudence et d'une piété éclairée, nous devons dire que sous ce rapport les *puséystes* ont souvent montré très-peu de candeur et de bonne foi. Mais il leur fallait un épouvantail, afin d'empêcher la désertion vers Rome de ceux qui, comme eux-mêmes, avaient conçu certains doutes sur la validité de l'anglicanisme. Les puséystes disent : « De fortes présomptions *semblent* s'élever contre l'anglicanisme, à cause de son isolement. Où donc est alors la catholicité? De fortes présomptions semblent également s'élever contre l'Eglise romaine, à raison de ce qui en elle porte *l'apparence* de l'idolâtrie. Où donc est alors la sainteté? Dans ce dilemme, le mieux pour l'anglican, c'est de rester ce que la Providence l'a fait. »

Quoique le puséysme n'eût d'autre but que de renouveler l'anglicanisme, il se trouva amené à étudier le catholicisme. Un grand nombre de docteurs comprirent que la vérité appartenait à la seule Eglise romaine. Ils abandonnèrent tout ce qu'ils avaient de plus cher au monde pour rentrer dans le giron de l'Eglise. Beaucoup d'autres docteurs ont résisté à l'appel de leurs amis, à l'impression de la grâce. Le mouvement vers le catholicisme est aujourd'hui arrêté, espérons qu'il reprendra son cours et que le docteur Pusey, qui est le chef de la nouvelle école, donnera au monde l'exemple de ce courage religieux qui sacrifie tout à Dieu.

Nous croyons devoir terminer cet article par l'appréciation qu'un homme compétent a fait du puséysme.

« Les infirmités sous lesquelles succombait l'Eglise anglicane étaient arrivées à leur maximum, lorsque tout à coup un esprit nouveau s'est manifesté dans son sein, qui a fait concevoir aux anglicans l'espoir d'arracher leur Eglise aux ruines qui menaçaient de l'écraser, et aux catholiques la confiance de voir un jour retourner au giron de l'Eglise de Jésus-Christ des frères dont ils déplorent l'égarement. Afin d'entraver cette œuvre de rénovation, les ennemis de l'Eglise anglicane ont eu recours à un premier stratagème, celui de désigner par les noms de deux ou trois personnages ce mouvement régénérateur, espérant déguiser ainsi son universalité et lui ôter son caractère véritable pour le réduire aux proportions mesquines d'une doctrine individuelle. La conséquence de cette tactique a été de répandre, en Angleterre et sur le continent, l'opinion que le docteur Pusey, M. Newman et quelques autres célébrités de l'université d'Oxford, sont des hommes qui devancent leur église et qui cherchent à l'entraîner dans la voie où ils se sont eux-mêmes engagés de leur propre mouvement. Cette idée, qu'un grand nombre de catholiques paraissent partager, est complétement erronée : le docteur Pusey et M. Newman sont loin d'avoir de pareilles préventions, et c'est fort gratuitement que leurs adversaires les représentent comme des chefs de secte; ils ne cessent de protester contre l'abus qu'on fait de leurs noms : et d'ailleurs, pour quiconque est témoin de l'œuvre divine qui s'accomplit en Angleterre, il est impossible, dans ce siècle d'indifférence, d'attribuer à la seule influence de quelques hommes des prodiges qu'une puissance surhumaine a seule pu opérer. Le docteur Pusey, M. Newman, etc., marchent avec leur église, mais ne la devancent pas ; ils se bornent à féconder par leur talent le merveilleux travail de rénovation dont Oxford est aujourd'hui le centre. Les *nouvelles* doctrines d'Oxford n'ont de nouveau que le nom dont on les pare; et l'on représente à tort comme une innovation ce qui n'est qu'une restauration, dont l'objet est de rendre graduellement à l'Eglise anglicane ses doctrines et ses traditions oubliées, ses pratiques laissées dans l'abandon. Les partisans de cette renaissance sont tellement opposés à toute idée d'innovation, qu'ils travaillent activement à purger leur église de tout ce que les réformateurs de ce dernier siècle y ont successivement introduit, afin de lui rendre son aspect primitif. C'est en appelant l'Evangile et la *tradition* à leur aide, qu'ils réparent les brèches du passé, et l'on peut dire que l'église anglicane se *déprotestantise* par chaque pas qu'elle fait en avant. Aussi une pareille restauration excite-t-elle la colère des puritains, qui s'ingénient à représenter, sous des couleurs odieuses, le clergé engagé dans cette croisade. Mais, en dépit de leurs violences, ce grand changement se réalisera de la manière dont s'opèrent tous les changements moraux ; c'est-à-dire graduellement et peut-être d'une manière insensible. La persuasion, l'exemple de vies saintes agiront simultanément ; l'influence du temps contribuera à adoucir les préventions, en accoutumant les oreilles à entendre certaines vérités ; et l'église prétendue réformée d'Angleterre renouera successivement les liens avec le passé, en proclamant chaque jour quelqu'une des doctrines et des pratiques de la religion catholique. Non-seulement, le mouvement n'est pas limité à Oxford; mais, depuis les grands journaux de Londres jusqu'à la plus obscure des publications de province, hostiles ou favorables à cette restauration, toutes les feuilles constatent des faits qui, dans leur ensemble, en démontrent l'universalité. L'Angleterre, l'Irlande, l'Ecosse, l'Amérique, l'Inde, toutes les colonies sont en proie au travail moral qui préoccupe à la fois le clergé et les fidèles. La vie laborieuse et évangélique des ecclésiastiques devient un louable sujet d'émulation pour les laïques ; le langage de la chaire est mesuré, prudent, très-souvent orthodoxe, et le prédicateur insinue dans ses discours ce que les préjugés encore nombreux et l'instruction actuelle de son auditoire ne lui permettent pas de dire ouvertement ; à mesure que l'esprit catholique se rallume dans l'église anglicane, l'humilité et la charité y remplacent les fausses vertus que le protestantisme avait enfantées. Il ne faut pas se dissimuler que ces manifestations de la grâce divine ont pour résultat momentané d'attacher plus fortement que jamais les anglicans à leur église. Comment, disent-ils, irions-nous chercher ailleurs la vérité, quand Dieu nous donne des preuves aussi éclatantes de sa miséricorde? Pourquoi abandonnerions-nous une Eglise que sa grâce régénéra, et qui est en ce moment l'objet de si abondantes miséricordes?

« Une autre considération qui empêche le clergé anglican, même le plus avancé, de se séparer de son église, c'est que, si, au lieu de travailler à régénérer l'Angleterre et à instruire les populations dans le sens de la rénovation, il venait à se joindre aux catholiques, il livrerait par là au parti protestant de l'Eglise anglicane ces magnifiques monuments, héritage d'un passé glorieux, ces cathédrales, ces abbayes, ces collèges où tant de souvenirs catholiques semblent n'avoir échappé au marteau puritain que pour aider le clergé anglican à *déprotestantiser* l'Angleterre. Ainsi, pendant que nous assistons, d'une part, au retour vers des doctrines et des pratiques dont tout cœur catholique doit se réjouir, d'un autre côté cette régénération rend à l'Eglise anglicane une vie qui allait s'éteindre en elle et retient dans son sein les membres qui étaient à la veille de l'abandonner. Mais, si la régénération de l'Eglise anglicane tend à éloigner les individus d'embrasser notre foi, cette régénération rapproche de nous et entraîne vers le centre de l'unité catholique l'Eglise anglicane tout entière : car, à mesure que la restauration de l'esprit catholique augmente l'attachement du clergé anglican pour son Eglise, il augmente aussi dans son cœur le désir de voir son Eglise, comme corps, ne pas rester plus longtemps isolée, séparée de l'Eglise romaine et des autres Eglises qui sont en communion avec elle. Telle semble devoir être la marche du grand mouvement auquel nous assistons, du travail religieux dont le résultat final sera la conversion de l'Angleterre. »

PYGMÉES. On sait que sous ce nom les Grecs et les Latins désignaient un peuple fabuleux, des hommes qui n'avaient qu'une coudée de hauteur. Le prophète Ezéchiel, c. XXVII, v. 11, parlant de la ville de Tyr, de ses forces, de ses armées, fait mention des *Gammadim* qui étaient sur ses tours, et qui suspendaient leurs carquois contre ses murailles. Comme l'hébreu *gomed* signifie une coudée, la Vulgate a traduit *Gammadim* par *Pigmæi*, et ce terme a exercé les commentateurs. Le paraphraste chaldéen l'a rendu par *Gappadim*, les Cappadociens et les Septante par φύλακες, des *gardes*. La conjecture la plus vraisemblable est que le prophète, par *Gammadim*, a entendu les guerriers de la ville de *Gammadès* dans la Palestine.

PYRRHONISME en fait de religion. *Voy.* INDIFFÉRENCE, SCEPTICISME.

PYTHON, terme grec duquel les Septante et la Vulgate se servent souvent pour exprimer les devins, les magiciens, les nécromanciens; le mot hébreu qui y correspond est *ob*, au pluriel *oboth*; et par la manière dont celui-ci est employé, il y a lieu de conclure qu'il signifie non-seulement un devin, un sorcier, ou un esprit familier, mais le don, le talent ou l'art de deviner, de découvrir les choses cachées, de prédire l'avenir, d'évoquer les morts.

Si l'on veut remonter à la signification primitive de ces deux termes, on ne se trouvera pas peu embarrassé. *Ob*, disent les hébraïsants, signifie une outre, une bouteille, un vase creux et profond, *Job*, c. XXXII, v. 19; de là les rabbins concluent que *oboth* sont ceux qui parlaient du ventre, et en effet les Septante l'ont traduit quelquefois par *engastrimythes*, qui exprime la même chose; mais le talent de parler du ventre ne donne pas celui de deviner ni de prédire l'avenir. D'ailleurs il n'est pas probable que les *engastrimythes* aient été fort communs dans la Judée, au lieu que les devins, les magiciens, les sorciers s'y multipliaient; les rois idolâtres les favorisèrent, les rois pieux les punissaient et les chassaient; Saül en avait agi ainsi au commencement de son règne, ensuite il eut la faiblesse de vouloir les consulter; il alla trouver, dit l'historien sacré, une femme *qui avait un ob*, et lui dit : *Devine-moi par l'ob*, ou évoque-moi la personne que je te désignerai; *I Reg.*, c. XXVIII, v. 8. *Voy.* l'art. suiv. De là on peut conclure que *ob* signifie souffle, esprit, inspiration, le commerce avec les esprits, etc. En effet, *oboth*, en hébreu, exprime aussi des soufflets ou des esprits follets. *Abbouba*, mot chaldéen, où la racine *ab*, *oub*, est doublée, est une flûte, instrument à vent; l'on y reconnaît aisément *ambubaiæ*, qui en latin signifie des joueurs de flûtes. Or, *souffle, esprit, inspiration*, sont synonymes dans toutes les langues; *ob* est donc à la lettre un esprit ou une inspiration. — Quoi qu'il en soit, par la loi de Moïse il était sévèrement défendu de consulter les *oboth*, les esprits et ceux qui prétendaient en avoir : *Levit.*, c. XIX, v. 31; c. XX, v. 27; *Deut.*, c. XVIII, v. 11.

Le grec *Python*, disent les grammairiens, est dans la mythologie un serpent qui naquit du limon de la terre détrempée par les eaux du déluge; il fut tué par Apollon, qui est le soleil; de là le surnom d'*Apollon Pythien*, et de la *Pythie* qui recevait l'inspiration sur un trépied placé à l'ouverture de la caverne de Delphes. Mais quelle relation y a-t-il entre un serpent et l'art de deviner ou de prédire l'avenir? Pour nous, il nous semble qu'il y a ici une confusion de deux ou trois significations différentes. *Pu*, *Py*, est la puanteur, une vapeur, une exhalaison infecte et puante; *thon* ou *chton*, est la terre; ainsi l'on a très-bien aperçu que le prétendu serpent tué par Apollon, ce sont les exhalaisons de la terre détrempée par le déluge, dissipées par la chaleur du soleil. Mais *thon*, qui signifie la terre, signifie aussi bas et profond, un creux, une caverne; *python* exprime donc littéralement *exhalaison de la caverne*. Comme la vapeur puante qui sortait de la caverne de Delphes faisait tourner la tête, on imagina qu'elle communiquait le don de prédire l'avenir; ainsi le mot *python* exprima l'inspiration prophétique, de là les oracles de la *Pythie*, et toutes les folies qui s'ensuivirent.

Cette discussion étymologique nous a semblé nécessaire pour démontrer que les Septante ni la Vulgate n'ont pas eu tort de rendre le mot hébreu *oboth* par le grec *pythones* ; jusqu'à présent les commentateurs ni les grammairiens ne paraissent pas avoir vu pourquoi ces deux mots sont synonymes.

PYTHONISSE, sorcière, devineresse, magicienne. Nous lisons, *I Reg.*, c. xxviii, v. 7, que Saül, inquiet touchant le succès de la bataille qu'il allait livrer aux Philistins, et ne recevant point de réponse du Seigneur, alla consulter pendant la nuit une *pythonisse*, à laquelle il ordonna d'évoquer Samuel, mort depuis quelque temps ; que ce prophète lui apparut en effet, et lui prédit que le lendemain il perdrait la bataille et y serait tué ; ce qui arriva.

Ce fait a donné lieu à une question importante qui partage les anciens et les modernes : il s'agit de savoir si l'âme de Samuel a véritablement apparu et a parlé à Saül, ou si ce qui est raconté à ce sujet n'est qu'un jeu et une supercherie de la part de la magicienne, qui feignit de voir Samuel, et parla en son nom à Saül. On demande si cela arriva par la puissance du démon et par les forces de l'art magique, ou si Dieu voulut que Samuel apparût par un effet miraculeux de la puissance divine, et non par aucun effet de la magie. Il y a sur ce sujet une dissertation de dom Calmet, *Bible d'Avignon*, tome IV, page 71, et une du docteur Stackouse ; l'une et l'autre sont réunies dans la *Bible de Chais*, tome V. Nous allons en donner un court extrait.

Ceux qui tiennent pour la réalité de l'apparition de Samuel, comme saint Justin, Origène, Anastase d'Antioche, etc., ont cru que les démons avaient quelques pouvoirs sur les âmes des saints avant que Jésus-Christ descendît aux enfers. Saint Augustin, lib. II, *de Doctr. Christ.*, c. 32, ne trouve aucun inconvénient à dire que le démon fit paraître l'âme de Samuel. D'ailleurs le récit de l'Ecriture dit expressément que Samuel parut, qu'il parla, qu'il annonça au roi sa mort prochaine et la défaite de son armée. La *pythonisse* n'était pas en état de faire une semblable prédiction. Ceux qui prétendent que Samuel n'apparut point, sont partagés entre eux : les uns, comme Tertullien, saint Basile, saint Grégoire de Nysse, croient que le démon prit la forme de Samuel, et parla ainsi à Saül. Les autres, tels que Eustache d'Antioche, saint Cyrille d'Alexandrie, etc., pensent que la magicienne ne vit rien, mais qu'elle feignit de voir Samuel, qu'elle parla en son nom, qu'elle trompa ainsi Saül et tous les assistants. Cette opinion semble contredite par la narration même ; elle dit que la *pythonisse* fut troublée en voyant Samuel ; que Saül lui-même connut que c'était véritablement ce prophète, et qu'il se prosterna. Le rabbin Lévi-Ben-Gerson veut que tout cela se soit passé dans l'imagination de Saül : Ce prince, dit-il, frappé des menaces que Dieu lui avait faites, et troublé par la vue du danger présent, s'imagina voir Samuel qui lui réitérait les mêmes menaces, et lui annonçait sa mort prochaine. Mais ce sentiment ne s'accorde pas mieux que les précédents avec le récit de l'écrivain sacré.

D'autres enfin, comme saint Ambroise, Zénon de Vérone, saint Thomas, etc., sont persuadés que le démon ni la fourberie de la *pythonisse* n'eurent aucune part à cette affaire ; mais qu'à l'occasion des évocations de cette femme, Dieu par sa puissance, indépendamment de l'art magique, fit paraître aux yeux de Saül une figure de Samuel, qui prononça à ce prince l'arrêt de sa mort et de sa perte entière, pour le punir de sa vaine curiosité et de la violation de la loi dont il se rendait coupable. Ce dernier sentiment paraît le mieux fondé et le plus conforme au texte sacré. *Eccli.*, c. xlvi, v. 23, il est dit : *Après cela Samuel mourut ; il déclara et fit connaître au roi que la fin de sa vie était proche. Il éleva la voix du fond de la terre, et prophétisa pour détruire l'impiété de la nation. I Paral.*, c. x, v. 13. *Saül mourut pour avoir consulté la* pythonisse. Les Septante ajoutent, *et le prophète Samuel lui répondit*. Par la manière dont l'auteur du premier livre des Rois a parlé, il donne lieu de croire qu'il était persuadé de la réalité de l'apparition de Samuel.

On fait contre ce sentiment quelques objections qui ne paraissent pas difficiles à résoudre. On dit, 1° Dieu n'avait pas besoin de faire un miracle pour apprendre à Saül qu'il serait battu par les Philistins et qu'il périrait dans la bataille. Nous répondons que si Dieu ne faisait de miracles que quand il en a besoin, il n'en ferait jamais, puisqu'il est le maître de faire agir les causes physiques comme il lui plaît, et sans que le cours de la nature paraisse dérangé ou interrompu. L'on ferait la même objection contre tout autre moyen duquel Dieu se serait servi pour faire connaître l'avenir à Saül.

2° Dieu avait refusé de répondre à Saül, on suppose donc qu'il a changé de dessein et qu'il s'est contredit. Faire paraître Samuel en conséquence de l'évocation de la *pythonisse*, c'était convaincre les assistants de l'efficacité de son art. — *Réponse*. Il n'y a point de contradiction ni d'inconstance à changer de conduite lorsque les circonstances changent. A une curiosité que Dieu n'avait pas voulu satisfaire, Saül ajoutait un acte de superstition rigoureusement défendu par la loi ; c'était donc un nouveau crime ; et c'est pour le punir que Dieu lui fit annoncer par Samuel sa défaite et sa mort prochaine. Le trouble dont la *pythonisse* fut saisie en apercevant ce prophète, était plus que suffisant pour démontrer qu'il n'apparaissait pas en vertu du pouvoir de cette femme, puisqu'elle fut étonnée elle-même du succès de l'évocation ; il n'y eut donc aucun danger d'erreur pour les assistants.

3° Samuel devait être un personnage suspect à Saül, puisque ce prophète ne lui avait jamais prédit que des choses funestes, et qu'il lui avait fait souvent des reproches très-vifs. — *Réponse*. Mais enfin, les prédictions de Samuel avaient toujours été vérifiées par l'événement ; c'était donc assez pour que Saül, inquiet sur le succès de la bataille qui allait se donner, voulût l'interroger plutôt que tout autre.

4° Saül ne vit point Samuel, puisque, sur le portrait que la *pythonisse* lui fit du personnage qu'elle voyait, il se prosterna la face contre terre. — *Réponse*. Le texte porte formellement que Saül *connut que c'était Samuel*; il ne pouvait d'ailleurs méconnaître l'air ni la voix de ce prophète : c'est donc parce qu'il le reconnut très-bien qu'il se prosterna par frayeur et par respect.

5° La frayeur affectée par la *pythonisse* était feinte, puisqu'elle répond aux questions de Saül avec toute sa présence d'esprit, et qu'elle conserve assez de sang-froid pour lui apprêter à manger. — *Réponse*. Pour que cette femme ait été véritablement effrayée, il n'est pas nécessaire qu'elle soit tombée en syncope, ou qu'elle ait absolument perdu la parole ; elle eut le temps de se remettre pendant la conversation de Saül avec Samuel ; d'ailleurs en pareil cas la présence de plusieurs personnes suffit pour diminuer la peur.

6° Si Saül, ajoute-t-on encore, avait été persuadé qu'il parlait véritablement à Samuel, et que ses prédictions allaient s'accomplir, il n'aurait pas eu la force de converser avec cette femme ni de manger avec ses gens ; du moins il n'aurait pas livré bataille. — *Même réponse*. Saül eut le temps de se calmer pendant que la *pythonisse* apprêtait à manger ; il avait besoin de reprendre des forces pour aller rejoindre ses troupes, et lorsque deux armées sont en présence, il n'est plus temps de reculer. Il est clair que le combat fut de la part de Saül un coup de désespoir.

Quand on ferait vingt autres raisonnements touchant la conduite de ce roi, ce ne seraient jamais que des conjectures, elles ne suffiraient pas pour détruire la preuve tirée de la narration de l'écrivain sacré. Il en résulte toujours que l'apparition de Samuel fut réelle et miraculeuse, et que l'on ne peut attaquer ce sentiment par aucune raison solide.

FIN DU TOME TROISIÈME

# TABLE DES MATIÈRES.

NOTA. Les articles précédés d'un astérisque * sont nouveaux ; ceux où il y a des intercalations ou des notes sont précédés de chiffres qui indiquent le nombre des intercalations ou des notes. Ceux qui sont précédés de (*a*) sont reproduits d'après l'édition de Liége.

## J

| | |
|---|---|
| (1) Jacob, | col. 9 |
| Jacobins, | 15 |
| Jacobites, | 15 |
| Jacques le Majeur, | 20 |
| Jacques le Mineur, | 20 |
| Jacques de Nisibe, | 22 |
| Jaculatoire, | 22 |
| Jahel, | 23 |
| Jalousie, | 23 |
| (3) Jansénisme, | 25 |
| Japon, | 34 |
| Jardin d'Eden. *Voy.* Paradis. | |
| Jean-Baptiste (Saint), | 37 |
| Jean (chrétiens de Saint-). *Voy.* Mandaïtes. | |
| Jean - Chrysostome. *Voy.* Chrysostome. | |
| Jean Damascène (Saint). *Voy.* Damascène. | |
| Jean l'Évangéliste (Saint), | 38 |
| Jean (Saint), | 41 |
| Jean de Poilli, | 41 |
| Jéhovah, | 41 |
| (1) Jephté, | 42 |
| Jérémie, | 45 |
| Jéricho, | 47 |
| Jérôme de Prague. *V.* Hussites. | |
| Jérôme (Saint), | 48 |
| Jéronymites, | 50 |
| Jérusalem (Église de), | 51 |
| * Jérusalem. (Destruction de), | 56 |
| Jésuates, | 61 |
| (1) Jésuites, | 62 |
| Jé uitesses, | 62 |
| Jésus-Christ, | 63 |
| Jeu, | 73 |
| Jeûne, | 74 |
| Joachimites, | 77 |
| Joannites, | 78 |
| Job, | 78 |
| Joël, | 80 |
| Joie, | 81 |
| Jonas, | 82 |
| Josaphat, | 83 |
| Joseph, | 84 |
| (1) Josèphe, | 88 |
| Josué, | 93 |
| Jour, | 94 |
| Jours d'abstinence, de férie, de fêtes, de jeûne. *V.* ces mots. | |
| Jourdain, | 95 |
| Jovianistes, | 96 |
| (1) Jubilé, | 97 |
| Juda, | 101 |
| Judaïsants, | 104 |
| Judaïsme, | 109 |
| * Judaïsme réformé, | 121 |
| Judas Iscariote, | 122 |
| Jude (Saint), | 122 |
| Judith, | 124 |
| Jugement, | 125 |
| Jugement de zèle, | 126 |
| Jugement dernier, | 126 |
| Juges, | 127 |
| Ju fs, | 128 |
| * Juifs chrétiens | 143 |
| Julien, | 145 |

| | |
|---|---|
| Jurement, serment, | 144 |
| (10) Juridiction, | 149 |
| Juste, | 171 |
| Justice, | 173 |
| * Justice originelle, | 182 |
| (1) Justification, | 184 |
| Justin (Saint), | 185 |

## K

| | |
|---|---|
| * Kalmoukes, | 191 |
| * Kantisme, | 195 |
| Karaïte. *V.* Caraïte. | |
| Keirotonie. *V.* Imposition des mains. | |
| Kerl ou Ketib, | 200 |
| Késitah, | 201 |
| Ki'oun, | 201 |
| Korban. *V.* Corban | |
| Kyrie eleison. | 202 |

## L

| | |
|---|---|
| Labadistes, | 203 |
| Labrum, | 204 |
| Lactance, | 204 |
| Lai, | 205 |
| Laïcocéphale, | 206 |
| Lamentation, | 208 |
| Lampadaire, | 208 |
| Lampatiens, | 209 |
| Lamprophores, | 210 |
| Lanfranc, | 210 |
| (1) Langage, langue, | 211 |
| Langues (Confusion des). *Voy.* Babel. | |
| Langage typique. *V.* Type. | |
| Langue vulgaire, | 216 |
| Laosynacte, | 219 |

| | |
|---|---|
| Lapidation, | 221 |
| Latin, | 222 |
| Latitudinaire, | 223 |
| Latran, | 226 |
| Latran (Chanoines de), | 228 |
| Latrie, | 228 |
| Laudes. *V.* Heures canoniales. | |
| Laure, | 230 |
| Lavabo, | 250 |
| Lazare, | 252 |
| Lazaristes, | 257 |
| Leçon, | 257 |
| Lecteur, | 258 |
| Lecticaires, | 259 |
| Lecture de l'Ecriture sainte, | 259 |
| Lectures de Bayle, | 242 |
| Légendaire, | 245 |
| Légende, | 244 |
| Légion fulminante, | 245 |
| Légion Thébaine, | 247 |
| Législateur, | 230 |
| Léon (Saint), | 252 |
| Lettres (Belles-), | 254 |
| Lettres, | 258 |
| Léviathan, | 259 |
| Lévite, | 259 |
| Lévitique, | 261 |
| Lévitiques, | 261 |
| Libation. *V.* Eau. | |
| Libellatiques, | 272 |
| Libelles diffamatoires, | 259 |
| Libérateur. *V.* Médiateur. | |
| (1) Libère, | 263 |
| * Liberté, | 264 |
| * Liberté des anges, | 264 |

# TABLE DES MATIÈRES.

- *Liberté des bienheureux, 265
- *Liberté des damnés, 266
- *Liberté de Dieu, 267
- *Liberté de Jésus-Christ, 269
- *Liberté de l'homme, 270
- (1) Libre arbitre, 272
- *Liberté des églises, 282
- *Liberté de l'Eglise gallicane, 282
- (1) Liberté chrétienne, 286
- Liberté de penser, 290
- Libertius. V. Affranchis.
- Libertins, 298
- Libres, 299
- *Libres penseurs, 299
- Licence, Licencié, 299
- *Lieux saints, 300
- (1) Lieux théologiques, 301
- Ligature, 306
- Limbes, 307
- *Linguistique. V. Ethnographie.
- Litanies, 308
- (2) Liturgie, 309
- Livre, 327
- (1) Livres saints ou sacrés, 330
- Livres défendus, 334
- Loi, 312
- (2) Loi naturelle, 316
- Lois divines positives, 353
- (1) Loi mosaïque, 359
- (1) Loi cérémonielle, 372
- Lois civiles des Juifs, 383
- Lois politiques des Juifs, 386
- Loi orale, 387
- Loi chrétienne, 389
- (1) Lois ecclésiastiques, 395
- (1) Lois civiles, 403
- Lollards, 406
- *Longanimité, 407
- *Longévité, 407
- Lot, 408
- (1) Luc (Saint), 409
- Lucianistes, 411
- Lucifériens, 411
- Lumière, 412
- Luminaire. V. Cierge.
- (3) Luthéranisme, 425
- Luthérien, 430
- Luxe, 436
- Luxure. Voy. Impudicité.
- (2) Lyon, 439

## M

- Macaires, 441
- Macarisme, 442
- Macédoniens, 442
- Maccabées, 444
- Machasar, 448
- Machicot, 448
- Macrostiche, 448
- Madianites, 449
- Maforte, 450
- Madeleine, 450
- Magdelonnettes, 452
- Mages, 453
- Magie, 457
- Magistrat, 469
- *Magnétisme, 472
- *Magnificat*, 475
- Mahométisme, 479
- Main, 489
- Mains (Imposition des). Voy. Imposition.
- Maître des Sentences. V. Scolastique.
- Majeure, 490
- Majoristes, 490
- Mai, 491
- Malabares, 501
- Malabare (Rite), 502
- Malachie, 502
- Malade, 504
- Malédiction. V. Imprécation.
- Maléfice, 506
- *Malgaches, 508
- Mambré, 508
- Mamillaires, 509
- *Mammona*, 509
- Mandaïtes, 510
- Mânes, 511
- Manichéisme, 513
- Manifestaires, 536
- Manipule. V. Habits sacerdotaux.
- (1) Manne du désert, 536
- Mansionnaire, 539
- Mantellates, 540
- Maosim, 540
- Maran-Atha, 541
- (1) Marc (Saint), 542
- Marcelliens, 543
- Marcionites, 544
- Marcosiens, 549
- (11) Mariage, 551
- (a) Mariage, 577
- (1) Marie, 630
- *Maristes, 642
- Maronites, 642
- *Martinistes, 644
- (1) Martyr, 644
- Martyre, 672
- Martyrologe, 674
- Masbothéens, 676
- Mascarade, 677
- Masore, 677
- Massaliens, 679
- Massiliens, 681
- Matérialisme. V. Trinitaires.
- Mathurins. V. Trinitaires.
- Matière sacramentelle, 683
- Matines. V. Heures canoniales.
- Matthias (Saint), 684
- Matthieu, 684
- Maxime (Saint), 688
- Maximianistes, 688
- Méchants, 688
- *Méchitaristes, 690
- Médiateur, 690
- Médisance, 692
- Méditation. V. Oraison mentale.
- Medraschim, 693
- Mélancolie religieuse, 693
- Mélanchtoniens. V. Luthériens.
- Melchisédéciens, 694
- Melchites, 696
- Méléciens, 697
- Mélote, 698
- Membres corporels attribués à Dieu. V. Anthropologie.
- Membres de l'Eglise. V. Eglise.
- Menaces, 698
- Ménandriens, 699
- Mendiants, 701
- Mènée, Ménologe, 704
- Mennonites. V. Anabaptistes.
- Mensonge, 705
- Mer, 707
- Mer d'airain, 711
- Mer Morte, 711
- Mer Rouge, 713
- Merci, 717
- Mercredi des Cendres. V. Cendres.
- Mère de Dieu, 717
- Mérite, 719
- (2) Messe, 724
- Messie, 735
- Métamorphistes, 751
- Métangismonites, 751
- Métanoia, 751
- (1) Métaphysique, 751
- Métempsycose. V. Transmigration des âmes.
- Méthodistes, 754
- Méthodistes, 760
- Métrète, 761
- Métrocomie, 761
- *Métropole, 761
- Meurtre. V. Homicide.
- Mezuzath, 761
- Michée, 762
- Michel, 763
- Miel, 763
- Militante, 763
- Millénaires, 764
- Minéen, 765
- *Minéralogie, 765
- Mineure, 765
- Mineurs (Ordres), 765
- Mineurs (Clercs), 766
- Mineurs (Frères), 766
- Mingréliens, 766
- Minimes, 768
- *Ministère, 768
- Ministre, 769
- Ministre des sacrements, 769
- Minutius Félix, 771
- (3) Miracle, 771
- Miramiones, 803
- Miséricorde de Dieu, 803
- *Miséricorde (Œuvres de la), 803
- Misna. V. Talmud.
- Missel, 806
- Mission, 808
- Missions étrangères, 814
- *Missions protestantes, 826
- Mitre, 829
- Mittenes. V. Lapses.
- Moabites, 830
- (1) Mœurs, 831
- (1) Moine, Monastère, 837
- (2) Moïse, 869
- Moisson, 878
- (1) Molinisme, 878
- Molinosisme, 881
- Moloch, 882
- *Momiers, 883
- Monarchie, 884
- Monastères. V. Moines
- Monastériens. V. Anabaptistes.
- Monastique (Etat). V. Moines.
- Mondain, 884
- (1) Monde, 885
- Monde (Antiquité du), 893
- Monde (Fin du), 899
- Monophysites, 905
- (1) Monothélites, 905
- Montanistes, 910
- (1) Morale, 911
- Morale chrétienne, 911
- Moraves (Frères). V. Hernutes.
- Mort, 923
- *Mort de Jésus-Christ, 931
- Mort (le), 954
- Morts (Etat des), 955
- Morts (Prières pour les), 955
- Morts, 941
- Mortification, 941
- Moscovites. V. Russes.
- Mozarabes, 947
- Murmure, 918
- Musach, 649
- Musique. V. Chant ecclésiastique.
- *Mutilés de Russie, 919
- Myron. V. Carême.
- Mystère, 949
- Mystères du paganisme, 956
- *Mysticisme, 963
- Mystique, 963
- *Mythe, 965
- Nabuchodonosor. V. Daniel.
- Nahum, 968
- Naissance de Jésus-Christ V. Marie.
- Nathan, 969
- Nathinéens, 969
- Nations. V. Gentils.
- Nativité, 970
- Nativité de la sainte Vierge (Fête de la), 971
- Nature, Naturel, 971
- Nature divine. V. Dieu.
- Nature humaine. V. Homme.
- Nature (Etat de), 974
- Nazaréat, Nazaréen, 977
- Nazaréens, 979
- *Nécessariens, 982
- *Nazianze. V. Grégoire (St).
- Nécessitant, 982
- Nécessité, 983
- *Nécessité (Doctrine de la), 984
- ou Fatalisme, 984
- Néchiloth, 989
- Nécrologe, 989
- Nécromancie, 990
- Nef des églises. V. Chœur.
- Néginoth. V. Néchiloth.
- (1) Nègres, 992
- Néhémie, 998
- Néoménie, 999
- Néophyte, 1000
- Nergal ou Nergel, 1000
- Nestorianisme, Nestoriens, 1001
- Neuvaine, 1017
- Nicée, 1018
- Niche, 1023
- Nicodème, 1023
- Nicolaïtes, 1024
- Noachides. V. Noé.
- Noces, 1026
- Noces (Secondes). V. Bigames, 1026
- Nocturne. V. Heures canoniales, 1026
- Noé, 1026
- Noël, 1029
- Noétiens, 1030
- Nohestan, 1031
- Nom, 1031
- Nom de Jésus, 1033
- Nom de Marie, 1034
- Nom de baptême, 1034
- Nombres, 1034
- *Nominaux, 1035
- Non-Conformistes, 1036
- None. V. Heures canoniales.
- Nonnes. V. Religieuses.
- Nord, 1036
- *Notes de l'Eglise, 1044
- *Notes de propositions. V. Censure des écrits et Qualification de propositions.
- Notions de Dieu, 1044
- Notre-Dame, 1044
- Nouveau, 1045
- Novateur, 1045
- Novatiens, 1048
- Novice, Noviciat, 1051
- Ntoupi. V. Broucolacas.
- Nu-pieds spirituels, 1051
- Nuée, 1051
- Nuée (colonne de), 1052
- Nuit, 1055
- Nuptial, Bénédiction nuptiale. V. Mariage.
- Nyctages ou Nyctazontes, 1057

## O

- O (Les) de Noël. V. Annonciation.
- Ob. V. Python.
- Obéissance, 1057
- Obéissance (Vœu d'). V. Vœu.

## N

- Naaman. V. Elisée.

# TABLE DES MATIÈRES.

Objection, 1058
Oblat, 1060
*Oblats de Marie immaculée, 1061
Oblatæ, 1061
Oblates, 1061
Oblation, 1061
Obligation morale. *V.* Devoir.
Obscénité, 1065
Obsèques. *V.* Funérailles. Prières pour les morts.
Observances légales., *V.* Loi cérémonielle.
Observance religieuse ou ecclésiastique, 1067
Observer, 1070
Obsession, 1070
Occasion. *V.* Cause.
Occurrence, 1071
Octaples, 1071
Octateuque, 1071
Octave, 1071
Odeur, 1072
Odilon (S.), 1072
*Odin, 1075
Odon (S.), 1075
Œconomie, 1075
Œcuménique, 1074
Œcuménius, 1076
Œil, 1076
Œuvres (Bonnes), 1077
*Œuvre des six jours, 1083
Offense, 1085
Offerte, Offertoire, 1086
Office divin, 1086
Office (Saint-). *V.* Inquisition.
Officiant, 1089
Offrande, 1089
Oingts, 1093
Oint. *V.* Onction.
Oisif, Oisiveté, 1093
Olivétains, 1093
Ombre, 1093
Omission, 1095
Omphalophysiques, 1095
Onction, 1095
Ondoyer, 1098
Oneirocritie, 1099
Ononychiie, 1099
Opérante (Grâce). *V.* Grâce.
Opération, 1100
Ophites, 1100
Opinionistes, 1102
Optimistes, 1102
*Opus operatum. V.* Sacrement.
Oracles, 1112
Oraison, 1120
Oraison dominicale, 1120
Orale (Loi). *V.* Loi.
*Orarium. V.* Etole.
Oratoire, 1123
Oratoires des Hébreux, 1124
Oratoire (Congrégation de l'), 1125
Orbibariens, 1126
Ordalie ou Ordéal. *V.* Epreuves superstitieuses.
Ordinal, 1126
Ordinand, 1127
Ordination, 1128
Ordinations anglicanes. *V.* Anglicans.
Ordre, 1132
Ordres militaires, 1137
Ordres monastiques ou religieux, 1140
Orébites. *V.* Hussites.
Oreille, 1144
*Organiques (Articles), 1145
Orgueil, 1145
Orient, 1146
Orientaux, 1147
Orientaux (Philosophes). *V.*

Gnostiques.
Origène, 1119
Origénistes, 1157
(5) Originel (Péché), 1158
Ornements des églises. *V.* Eglises.
Ornements pontificaux et sacerdotaux. *V.* Habits.
Orphelin, 1166
Orthodoxe, Orthodoxie, 1167
Os, 1167
*Osculum. V.* Baiser de paix.
Osée, 1168
Osiandriens, 1169
*Osiris, 1170

## P

Paciaires. *V.* Trêve de Dieu.
Pacien (Saint), 1171
Pacifique (Hostie). *V.* Hostie.
Pacifiques, ou Pacificateurs, 1171
Pacte, 1171
Pacte social. *V.* Société.
Pædobaptisme. *V.* Baptême des enfants.
(2) Paganisme, 1173
Pain, 1208
Pains (Multiplication des), 1209
Pain azyme ou pain à chanter. *V.* Azyme.
Pain bénit, 1209
Pain conjuré. *V.* Epreuves superstitieuses.
Pains de proposition ou d'offrande, 1211
Paix, 1212
Paix, ou baiser de paix, 1213
Pajonistes, 1214
Palamites. *V.* Hésicastes.
Palestine. *V.* Terre promise.
Palingénésie, 1214
Palle, 1219
Pallium, 1220
Palmes. *V.* Rameaux.
Panacrante. *V.* Conception immaculée.
Panagie, 1220
Panarète, 1221
Panoplie, 1221
*Panthéisme, 1221
Papas, 1226
(9) Papauté, Pape, 1226
Papesse Jeanne, 1255
Pâque, 1258
Pâques, 1262
Parabole, 1265
Parabolans, ou Parabolains, 1268
Paraclet, 1269
Paraclétique, 1271
Paradis, 1271
Paradis terrestre, 1272
Paradis céleste, 1274
Paraguay. *V.* Missions étrangères.
Paralipomènes, 1275
Paranymphe, 1276
Paraphrases chaldaïques, 1276
Parascève, 1281
Parasche, 1281
Parathèse, 1281
Pardon, 1281
Pardon, chez les juifs, 1282
Pardon, chez les catholiques, 1283
Parénèse, 1285
Parents, 1284
Parfait, Perfection, 1286
Parfum. *V.* Encens.
Parhermeneutes, 1287

Parjure, 1287
Paroisse, 1288
(a) Paroisse, 1289
Parole, 1291
Parole de Dieu, 1291
Parrain, 1293
Parricide, 1293
Parsis ou Parses, 1294
Partialité, 1302
Particularistes, 1304
Particule, 1305
Parvis, 1305
Pascal, 1306
Pascales (Lettres), 1306
Pascal (Temps), 1306
Paschase Radbert, 1306
Passagers ou Passagiens et Passaginieus, 1308
Passalorynchites ou Petraloryncbites. *V.* Montanistes.
Pasible, 1309
Passion de Jésus-Christ, 1310
Passions humaines, 1318
*Passionistes, 1319
Pasteur, 1319
Pasteur d'Hermas. *V.* Hermas.
Pastophorion, 1327
Pastoricides, 1328
Pastoureaux, 1328
Patarius, Paterins ou Patrins, 1328
Pateliers, 1329
Patène, 1329
Patenôtre. *V.* Chapelet.
*Pater. V.* Oraison dominicale.
Paterniens, 1329
Paternité, 1330
Patience, 1331
Patriarche, 1333
Patriarche ecclésiastique, 1339
Patrie, 1341
Patripassiens ou Patropassiens, 1342
Paul (S.), apôtre, 1343
Paul (S.), ermite. *V.* Ermites.
Paulianistes. *V.* Samosatiens.
Paulin (S.), 1352
Pauvre, 1353
Pauvres catholiques, 1353
Pauvres de la Mère de Dieu, 1354
Pauvres volontaires, 1354
Pauvreté religieuse et volontaire, 1354
Paien. *V.* Paganisme.
(1) Péché, 1355
Pécheur, 1364
Pectoral. *V.* Oracle.
Pédagogue, 1364
Peine éternelle. *V.* Enfer.
Peines purifiantes. *V.* Purgatoire.
*Peines canoniques, 1365
Pélagianisme, Pélagiens, 1365
Pèlerinage, 1376
(1) Pénitence, 1378
Pénitence (Œuvres de), 1385
Pénitence publique, 1388
Pénitencerie, Pénitencier, 1390
Pénitents, 1391
Pénitents (Congrégations de), 1391
Pénitents de Nazareth et de Picpus. *V.* Picpus.
Pénitentiel, 1392
Pensée, 1393
(5) Pentateuque, 1393
Pentecôte, 1402

enthèse. *V.* Purification de la sainte Vierge.
Pépusiens. *V.* Montanistes.
Père, 1407
Père éternel, Dieu le Père. *V.* Trinité.
Pères de l'Eglise, 1408
*Perfectibilité chrétienne, 1424
Perfection. *V.* Parfait.
Permettre, Permission, 1426
*Perpétuité de l'Eglise, 1428
Perse, 1429
*Perses (Religion des), 1430
Persécuteur, 1434
Persécution, 1437
Persévérance, 1447
Personne, 1449
Pétiliens. *V.* Donatistes.
Petits-Pères. *V.* Augustins.
Pétrobrusiens, 1451
Pettaloryncbites. *V.* Montanistes.
Peuple de Dieu, 1452
*Phalanstériens. *V.* Fouriérisme.
*Pharaon. *V.* Egypte, Plaies d'Egypte.
Pharisiens, 1454
Phase. *V.* Pâque.
Phélétbi. *V.* Céréthi.
*Philalèthes, 1455
Philatre (S.), 1456
Philémon, 1456
Philippe (S.), apôtre, 1456
Philippiens, 1456
Philippistes, ou Mélanchtoniens. *V.* Luthériens.
(1) Philologie sacrée, 1457
(5) Philosophe, Philosophie, 1458
*Philosophie orientale, 1476
Photiniens, 1479
*Phrénologie ou Crâniologie, Crânioscopie, 1480
Phrontistes, 1481
*Phrygiens. *V.* Montanistes.
Phurim ou Purim. *V.* Esther.
Phylactères, 1481
*Physiologie psychologique, 1482
Physique du monde. *V.* Monde.
Picards, 1485
Picpus, 1485
Pied, 1486
Pierre, 1486
Pierre (S.), apôtre, 1488
Pierre Chrysologue (S.), 1491
Pierre Damien (le bienheureux), 1491
Pierre Lombard. *V.* Scolastique.
Piété, 1492
Piétistes, 1495
Pilate (Actes de), 1495
Piscine Probatique, 1497
Pitié, 1498
(1) Plaies de l'Egypte, 1498
Plaisir, 1501
Platonisme, 1504
Pleurants. *V.* Pénitence publique.
Pneumatomaques. *V.* Macédoniens.
Poésie des Hébreux, 1524
Polémique (Théologie). *V.* Controverse.
Pologne, 1526
Polycarpe (S.), 1528
Polygamie, 1529
Polyglotte, 1531

Polythéisme. *V.* Paganisme.
Pompe du culte divin. *V.* Culte.
Pompe funèbre. *V.* Funérailles.
Ponctuation du texte et des versions de l'Ecriture sainte. *V.* Concordance.
Pontife, 1557
Pontifes (Religieux), 1558
Pontifical, 1559
Poplicain, Publicain, 1559
Porphyrien, 1559
Porrétains, 1560
Porte-Croix. *V.* Croisiers.
Portier, 1562
Portioncule, 1563
Possédé, Possession. *V.* Démoniaque.
Postcommunion, 1564
(a) (1) Pragmatique sanction.
Prague (Jérôme de). *V.* Hussites.
Praxéens ou Praxéiens, 1564
Préadamites, 1565
Prêcheurs ou Prédicateurs (Frères). *V.* Dominicains.
Prédestination, 1564
Prédestinatiens, 1575
* Prédestinés. *V.* Elus.
Prédétermination, 1578
Prédicateur, Prédication, 1579
Préexistant, 1583
Préface, 1584
Préjugés, 1584
Préjugés de religion, 1584
Préjugés légitimes. *V.* Prescription.
Prémices, 1585
Premier, 1586

Premier-né. *V.* Aîné.
Prémontré, 1586
Premotion. *V.* Prédétermination.
Prépuce. *V.* Circoncision.
Présage, 1588
Présanctifiés, 1590
Presbytère, 1590
Presbytérien. *V.* Anglican.
Prescience, 1590
Prescription, 1593
Présence réelle. *V.* Eucharistie, § 1 et suiv.
Présentation de Jésus-Christ au temple. *V.* Purification.
Présentation de la sainte Vierge (Fête de la), 1599
Prêtre, 1600
Prêtrise, 1606
Prévenant, Grâce prévenante. *V.* Grâce.
Prévision. *V.* Prescience.
Preuve. *V.* Lieux théologiques et Religion.
(1) Prière, 1610
Prière publique. *V.* Heures canoniales.
(a) (2) Primat, 1615
Primauté, 1618
Prime. *V.* Heures canoniales.
Prince. *V.* Roi.
Principautés. *V.* Anges.
Priscillianisme, Priscillianistes, 1618
Priscilliens. *V.* Montanistes.
Probabilisme, Probabilistes, 1625
Procession, 1628
Procession du Saint-Esprit. *V.* Saint-Esprit.

Prochain, 1628
Prodige, 1629
Profanation, Profane, 1630
Professeurs de théologie. *V.* Théologie.
Profession de foi, 1631
Profession religieuse. *V.* Vœu.
* Progrès (Doctrine du), 1631
Prolégomènes de l'Ecriture sainte. *V.* Critique sacrée.
Promesses de Dieu, 1638
* Promulgation. *V.* Loi, et surtout le Dictionnaire de théologie morale.
Propagande. *V.* Missions étrangères.
Propagation du christianisme. *V.* Christianisme.
* Propagation de la foi (Œuvre de la), 1641
Prophète, 1642
Prophétie, 1650
Propitiation, Propitiatoire, 1656
Propos, 1657
Proposition, 1658
* Propriété (Droit de), 1658
Prose, 1660
Prosélyte, 1661
Proseuche. *V.* Oratoire.
Prosper (S.), 1662
Prosternation ou Prosternement, 1663
Prostitués. *V.* Pénitence publique.
Prostitution, 1665
(1) Protestants, 1664
Protévangile de saint Jacques, 1665
Prothèse, 1667

Protocanoniques, 1667
Protoctistes, 1667
Protomartyr, 1668
Protopaschites, 1668
Protoplastes, 1668
Protosyncelle. *V.* Syncelle.
Protothrône, 1668
Proverbe, 1668
Proverbes (Livre des), 1668
Providence, 1669
Prudence, 1675
Prudence (le poète), 1675
Psalmiste, Psalmodie. *V.* Psaume.
Psatyriens, 1676
Psaume, 1676
Ptolémaïtes, 1683
Publicain, 1683
Puissance de Dieu, 1684
Puissances célestes, 1688
Puissance paternelle, ecclésiastique, politique. *V.* Autorité.
Punition. *V.* Justice de Dieu.
Pur, Pureté, 1688
(3) Purgatoire, 1689
Purification, 1701
Purification des femmes juives, 1700
Purification de la sainte Vierge (Fête de la), 1708
Purim. *V.* Esther.
Puritains ou Presbytériens. *V.* Anglicans.
* Puseysme, 1709
Pygmées, 1713
Pyrrhonisme. *V.* Indifférence, Scepticisme.
Python, 1713
Pythonisse, 1713

FIN DE LA TABLE DES MATIÈRES.

Imprimerie MIGNE, au Petit-Montrouge.

www.ingramcontent.com/pod-product-compliance
Lightning Source LLC
Chambersburg PA
CBHW052128010526
44113CB00034B/892